Matthias Fahrner
Handbuch Internationale Ermittlungen

Handbuch Internationale Ermittlungen

Dr. Matthias Fahrner
Ministerialrat a.D. in Baden-Württemberg
z. Zt. abgeordnet an die Universität Konstanz

2020

C.H.BECK

Zitiervorschlag: *Fahrner* Internationale Ermittlungen § Rn.

www.beck.de

ISBN 978 3 406 71220 3

© 2020 Verlag C.H.Beck oHG
Wilhelmstraße 9, 80801 München
Druck: Kösel GmbH & Co. KG
Am Buchweg 1, 87452 Altusried-Krugzell

Satz und Umschlaggestaltung: Druckerei C. H. Beck Nördlingen

Gedruckt auf säurefreiem, alterungsbeständigem Papier
(hergestellt aus chlorfrei gebleichtem Zellstoff)

Vorwort

Dass ein gescheitertes Rechtshilfeverfahren eine jener zentralen Stationen war, von der aus der Zug des alten Europas 1914 über den Balkan in seine lange Nacht der Zerstörung und Dunkelheit abfuhr, dürfte heute nur noch wenigen Experten bekannt sein. Nach dem erfolgreichen Terrorattentat auf den österreichisch-ungarischen Thronfolger und seine Frau in Sarajevo durch eine Organisation großserbischer Nationalisten stellte die kaiserliche und königliche Regierung am 22.7.1914 dem Königreich Serbien ein harsches Ultimatum, das sich am 25.7.1914 bereit erklärte, dem bedingungslos in allen Punkten nachzukommen – bis auf einen, der dann der Anlass für die erste Kriegserklärung Österreich-Ungarns an Serbien und jene Lawine an Kriegserklärungen auslöste, die schließlich das alte Europa unter sich begrub: Serbien erklärte sich zu umfassender Zusammenarbeit, Verfolgung und Verhaftung auch eigener Beamter und Offiziere bereit. Es verweigerte lediglich eine Beteiligung österreichisch-ungarischer Emissäre an den eigenen strafrechtlichen Untersuchungen des Attentats und der Verfolgung etwaiger Beteiligter im eigenen Land, weil dies der eigenen Verfassung und Strafprozessgesetzen widersprechen würde.[1] Seine ausführliche Begründung unter Bezugnahme auf seine Verfassung und sein Strafsystem half damals Serbien, die Sympathie der Weltöffentlichkeit wiederzuerlangen, was nicht zuletzt schnell und dauernd die Kriegsschuldfrage und das weitere Geschehen mitbestimmen sollte.

Heute, nach einem Jahrhundert mit nicht wenigen Tiefen und Höhen für Europa und die Welt, wirkt vieles, als werde sich doch im Großen und Ganzen als Lehre aus alledem eine bessere nachbarschaftliche Koexistenz, verstärkte Kooperation und – vor allem in engeren Kreisen – verdichtete inter- und supranationale Koordination immer mehr durchsetzen. Indes, scheinen die Rückschläge – bis hin zu zumindest verbalen Rückfällen in alte Zeiten – und Herausforderungen gerade für die internationale Zusammenarbeit nicht auszugehen. Auch in der jüngeren Zeitgeschichte hat das Recht der Beweismittel- und Informationserhebung gerade in Bezug auf die Strafverfahren stets spannende Bezüge aufzuweisen, denkt man etwa an wechselseitige extensivste Überwachungsaktivitäten der Nachrichtendienste gegenüber Politikern und Bürgern, den sog. „Cyberwar", Aufklärungsmissionen wie beispielsweise im Fall al-Hariri, in Srebrenica, beim Lockerbie-Attentat oder Flug MH-17, an den Ankauf von Kontendaten von „Steuerflüchtlingen", die „Panama-Papers" oder Streitigkeiten über „Privacy Shields", Fluggastdaten, und vieles mehr.

Die persönliche Reise des Autors zu diesem Buch begann, wie nicht selten, mit einer *prima facie* harmlosen Rechtsfrage in einem Verfahren in „seiner" großen Strafkammer. Es ging um die Detailfrage, ob und wie in einem auf Konfliktverteidigung angelegten komplexeren Verfahren wegen größerer transeuropäischer Betäubungsmitteltransaktion mit sechs beteiligten Ländern die Verwertung von Gesprächsaufzeichnungen, die im Rahmen einer deutschen Observation mit technischen Hilfsmitteln im Fahrgastraum eines Pkw aufgenommen wurden, während sich das Fahrzeug ungeplant in einem anderen Staat befand, verwertet werden dürften. Schnell stellte sich die Frage, ob die nach außen in

---

[1] „*Le Gouvernement Royal serb a reçu la communication du Gouvernement Impérial et Royal du 10 [23] de ce mois, et il est persuadé que sa réponse éloignera tout malentendu qui menace de gâter les bons rapports de voisinage entre la Monarchie austro-hongroise et le Royaume de Serbie.... 6° Le Gouvernement Royal – cela va de soi – considère de son devoir d'ouvrir une enquête contre qui sont ou qui éventuellement auraient été mêlés au complot du 15/28 juin et qui se trouveraient sur le territoire du Royaume.* **Quant à la participation de cette enquête des organes des autorités austro-hongroises, qui seraient délégués à cet effet par le Gouvernement I. et R. le Gouvernement Royal ne peut pas l'accepter, car ce serait une violation de la Constitution et de la loi sur la procédure criminelle.** *Cependant dans des cas concrets des communications sur le résultats de l'instruction en question pourraient être données aux organes austro-hongrois.*", zit. nach: Ministerium des K. und U. Hauses und Äußeren: Österreichisch-Ungarisches Rotbuch. diplomatische Aktenstücke betreffend die Beziehungen Österreich-Ungarns zu Italien in der Zeit v. 20.7.1914 bis 23.5.1915, Mainz 1915, Nr. 25.

Vorwort

keiner Weise sichtbare Aufzeichnung, die erst wieder in Deutschland durch die Ermittler gesichert und abgehört werden konnte, einen Eingriff in die Hoheitsrechte des Nachbarstaats darstellen würde und wenn ja, wie überhaupt dessen Zustimmung zur Verwertung beschafft werden könnte.

Während der Tätigkeit als Strafrichter in einem Grenzbezirk, mit Rechtshilfefragen betrauten und bei den landesweiten Qualitätszirkeln teilnehmenden Dezernent einer Staatsanwaltschaft, ergab sich der Eindruck, dass bei den sehr guten weiterführenden Kommentaren und der Fülle an sehr spezifischen Aufsätzen doch eine systematische Einführung und Zusammenstellung des internationalen Beweis- und Informationsrechts weiterhin drängend ausstehe. Bei all dem blieb der Eindruck eines besonders unzugänglichen und rechtsunsicheren Gebietes, das erfahrenere Kolleginnen und Kollegen mieden, wo es nur möglich war. Nicht zuletzt, um in Zeiten immer höherer von außen gebotener „Schlagzahlen" der Justiz zeitintensive „Nachforschungen" mit erneuter Einarbeitung für jeden Einzelfall zu vermeiden, kam die Idee auf, in einem knappen Skript zumindest die *essentialia* zur Beseitigung der größten Zugangsschranken auch für den Kreis von Kolleginnen und Kollegen zusammenzustellen, mit denen sich häufig entsprechende Diskussionen „über den Gang" ergaben.

Im Weiteren reiften allerdings Interesse und Anspruch, die komplexeren Probleme der diplomatischen Amts- und internationalen Rechtshilfe im Zusammenhang mit einem Untersuchungsausschuss aufzugreifen, aber auch in der Rückbesinnung auf die informations- und datenschutzrechtlichen Fragestellungen aus früheren Tätigkeiten im Bundesministerium der Justiz und für Verbraucherschutz sowie im Fokus zwischen Sicherheitsbehörden, zuständigem Landesministerium, Bundesrat, Bundestag und der europäischen Ebene einzubeziehen. Nicht zuletzt halfen frühere Einblicke als Praktikant bei den Vereinten Nationen in New York während der dortigen Beratung und Verabschiedung der *Elements of Crime of the International Criminal Court* und in Brüssel während der Diskussion des Anerkennungsprinzips im damaligen Europäischen Verfassungsvertrag, die Thematik zu vertiefen.

Dass das vorliegende Werk abgeschlossen werden konnte, verdankt es namentlich Herrn VRiBayObLG a. D. Prof. Dr. *Bernd von Heintschel-Heinegg* und meinen stets unterstützenden *Eltern*. Ihnen bin ich zu außerordentlichem Dank verpflichtet.

Besonderer Dank für ihren – jeweils unterschiedlichsten – Rat, ihre Hinweise, ihren Ansporn, auch bei der kritischen Durchsicht und andere gute Dienste gebührt an dieser Stelle:

- Dr. *Franz Baumann*, Assistent Secretary General of the United Nations Organisation a. D.;
- Dr. *Wolfgang Münch*, Bundesministerium der Finanzen, ehemaliger Inspektor der Joint Inspection Unit des UN-Systems;
- Direktor *Andreas Owe Vaagt*, Rechtsabteilung des Sektretariats der Vereinten Nationen;
- Vortragende Legationsrätin Dr. *Annette Weerth* und Legationsrat I. Klasse *Arne Hartig*, Auswärtiges Amt;
- Ministerialräte *Edgar Ratziwill* und *Thomas Weber* sowie allen früheren Kolleginnen und Kollegen im Bundesministerium der Justiz und für Verbraucherschutz;
- Regierungsdirektor Dr. *Holger Karitzky*, Bundesamt für Justiz;
- Ministerialräte a. D. Dr. *Gerhard Lechleitner* und *Harald Georgii*, Deutscher Bundestag;
- Vizepräsident a. D. *Wolfgang Drexler*, MdL, Ministerialdirigent *Andreas Finkenbeiner*, Parlamentsrat *Simon Letsche* sowie parlamentarische Berater Dr. *Philipp Ronsfeld* und *Johanna Molitor*, Landtag von Baden-Württemberg;
- Oberstaatsanwalt *Benedikt Welfens*, Landtag von Brandenburg, zuvor Eurojust;
- Senator Dr. *Herbert O. Zinell*, Ministerialdirektor im Innenministerium Baden-Württemberg a. D.;
- Ministerialrat Dr. *Philipp Zinkgräf*, Kriminaloberrat *Hartmut Keil* und Kriminalhauptkommissar *Markus Steigner*, Innenministerium Baden Württemberg;

Vorwort

- Erster Kriminalhauptkommissar *Jürgen Münch*, Landeskriminalamt Baden-Württemberg;
- Professor Dr. *Marco Mansdörfer*, Professor Dr. *Franz C. Mayer;* Professor Dr. Dr. h. c. *Ingolf Pernice,* sowie Frau Privatdozentin Dr. *Anna-Katharina Mangold;*
- sowie meinen früheren Kolleginnen und Kollegen rund um die 5. Große Strafkammer des Landgerichts Stuttgart, der Staatsanwaltschaft Rottweil, im Landgerichtsbezirk Konstanz, im Landtag von Baden-Württemberg und der Universität Konstanz namentlich Frau Prof. Dr. *Liane Wörner,* den Kollegen im Bereich Strafrecht einschließlich Herrn Dr. *Christian Brand* sowie Herrn Dr. *Christian Strasser-Gackenheimer* und dem gesamten Fachbereich für ein überaus anregendes und motivierendes Umfeld beim Abschluss der Arbeit.

Dem Verlag C. H. Beck und insbesondere seinem Lektorat unter der Leitung von Frau Bärbel Smakman danke ich für die Aufnahme in sein Programm und die hervorragende Begleitung.

Das Werk ist auf dem Stand v. 1.6.2019, es bezieht bereits umzusetzende Rechtsakte der EU, namentlich die Europäische Ermittlungsanordnung, ein. Allerdings kann jedes gedruckte Werk, zudem von einem einzelnen Autor, lediglich eine Momentaufnahme des Rechts geben. Das weitere Rechtshilfe-, Datenaustausch- und Datenschutzrecht im Rahmen der EU hat gerade in den letzten Monaten eine Dynamik entfaltet, die einen Nachvollzug, um auf der Höhe des aktuellen Rechtsstandes zu sein, zu einer wahrhaft dauerhaften Sisyphus-Aufgabe werden lässt. Mit der Neukonstituierung von Europäischem Parlament und Kommission bot sich ein kurzer Ruhepunkt an. Parallel stehen allerdings nicht nur nationale Umsetzungsakte, grundsätzliche Fragen wie zur Staatsanwaltschaft als Justizbehörde im Unionsrecht, weitere Projekte wie die europäische Identitätsermittlungsplattform oder aber die unklare weitere Beteiligung des Vereinigten Königreichs von Großbritannien und Nordirland im Bereich der strafrechtlichen Kooperation im Zuge des „Brexit" im Raum. Obwohl sich der Autor nach Kräften um Korrektheit und Vollständigkeit bemüht hat, können Ungenauigkeiten und Fehler nicht ausgeschlossen werden. Umso mehr gilt der alte Grundsatz der Rechtshilfereferenten: Nichts Geschriebenes kann völlig die persönliche Nachfrage und den persönlichen Kontakt ersetzen!

Der Autor dankt in diesem Sinn ebenso für jeden Hinweis und Verbesserungsvorschlag, der der Anwendungspraxis dieses faszinierenden Rechtsbereichs weiter zugute kommen kann.

Stuttgart, den 1.6.2019 *Matthias Fahrner*

Inhaltsverzeichnis

Vorwort	V
Abkürzungsverzeichnis	XIX
Verzeichnis der abgekürzten zitierten Literatur	XLIII

1. Kapitel. Einleitung 1
    A. Informationszugänge im Überblick 1
    B. Internationale Ermittlungen aus Sicht der Beteiligten im Strafverfahren . 4
    C. Art und Weise internationaler Ermittlungen 5
    D. Besonderheiten im anschließenden Verfahren 8
    E. Rechtsschutz 9
    F. Aktuelle Entwicklungen 9

2. Kapitel. Unmittelbare Informationsgewinnung deutscher Ermittlungsorgane im Ausland bzw. bei Auslandsbezug 15
§ 1 Grundlagen 15
    A. Kompetenz und völkerrechtliche Schranken 15
        I. Grundsatz der Inlandsorientierung 15
        II. Völkerrechtliche Zulässigkeit grenzüberschreitender Ermittlungen .. 15
    B. Grundrechtliche Schranken 22
        I. Deutsches Verfassungsrecht 22
        II. Unionsgrundrechte und völkerrechtliche Menschenrechte 24
§ 2 Ermittlungshandlungen und fremde Hoheitsrechte 24
    A. Internationale Immunitäten und Exemtionen 24
        I. Überblick 24
        II. Staatliche Repräsentanten 25
        III. Allgemeine Staatenimmunität 27
        IV. Internationale und supranationale Organisationen 27
    B. Grenzüberschreitende Militärstationierungen und -einsätze 29
        I. Überblick 29
        II. Besatzungsrecht in Deutschland 30
        III. NATO 30
        IV. Europäische Union 37
        V. System der Vereinten Nationen 38
        VI. Sonstige völkerrechtliche und deutsche Regelungen 38
    C. Schiffe und Gewässer 40
        I. Überblick 40
        II. Seen, Flüsse und Flussmündungen 40
        III. Meere 44
    D. Luftfahrzeuge und Luftraum 52
        I. Überblick 52
        II. Grenzüberschreitende polizeiliche Luftraumnutzung 53
        III. Landeverlangen 53
        IV. Flaggenprinzip und Ermittlungen bei Luftfahrzeugen 54
        V. Datenerhebung bei Luftfahrtbetreibern 56
    E. „Staatsferne Räume": Antarktis, Weltraum und Weltraumgegenstände .. 57
        I. Antarktis 57
        II. Weltraum 58

Inhaltsverzeichnis

	F. Internationale Postsendungen	60
	I. Weltpostvertrag	60
	II. Zollrechtliche Kontroll- und Anhaltebefugnisse	61
§ 3	Strafrechtliche Ermittler im Ausland	61
	A. Grundsätze	61
	B. Grenzüberschreitende Observation	64
	I. Vorausetzungen	65
	II. Durchführung	67
	III. Verfahren nach Durchführung	69
	C. Grenzüberschreitende Nacheile	69
	I. Voraussetzungen	70
	II. Durchführung	72
	III. Verwertbarkeit von Informationen	73
	D. Gemeinsame Ermittlergruppen	74
	I. Europäische Union	74
	II. Andere internationale Grundlagen	77
	E. Weitere Formen der (offenen) Beteiligung polizeilicher Ermittler im Ausland	78
	I. Verbindungsbeamte und gemeinsame Zentren	78
	II. Fallbezogen entsandte Ermittler und Verbindungsbeamte	81
	III. Grenzüberschreitende Fahndungsaktionen	82
	IV. Grenzüberschreitende Entsendung von Spezialeinheiten zur Strafverfolgung	82
	V. Ermittler für konkrete Maßnahmen im Rahmen der Rechtshilfe	82
	F. Einsatz verdeckter Ermittler im Ausland	83
	I. Grundlagen	83
	II. Rechtshilferechtliche Voraussetzungen	84
	III. Ersuchen und Vereinbarung	85
	IV. Durchführung	86
	V. Anschlussverfahren	87
§ 4	Unmittelbare Ladungen und Kontakt zu Personen im Ausland	87
	A. Grundlagen	87
	B. Unmittelbare Übersendung von Ladungen und Verfahrensurkunden	88
	C. Art und Weise der unmittelbaren Kommunikation	89
	D. Kommunikation über eine deutsche Auslandsvertretung	91
	E. Unmittelbare Kommunikation für Verfahrensbeteiligte	92
§ 5	Konsularische Vernehmungen	92
§ 6	Teilnahme an Ermittlungsmaßnahmen eines anderen Staates und eigene Verhandlungen im Ausland	94
§ 7	Grenzüberschreitende technikgestützte Ermittlung	96
	A. Überblick	96
	B. Fernerkundung und offene Abtrahlungen	96
	C. Offene Informationsquellen in Datennetzen, insbesondere im Internet	97
	D. Grenzüberschreitende Telekommunikationsüberwachung und unmittelbare Datenerhebung bei Diensteanbietern	98
	I. Grundsätze	98
	II. Europäische Union	99
	III. Sonstige Staaten	101
	E. Fernzugriff auf nicht offen zugängliche Computersysteme	101
§ 8	Umwidmung grenzüberschreitender (präventiv-)polizeilicher Erkenntnisse	104
	A. Grenzüberschreitende Einsätze	104
	I. Allgemeine Regelungen der Europäischen Union	104
	II. Ergänzungsvereinbarungen mit den deutschen Nachbarstaaten	107

III. Inländisches Recht	109
IV. Verwertung	110
B. Präventivpolizeilicher Datenaustausch	110

3. Kapitel. Informationserhebung unter Einschaltung ausländischer Stellen ... 115

§ 9 Grundlagen ... 115
- A. Rechtsgrundlagen ... 115
  - I. Überblick ... 115
  - II. Schneller Überblick für die Praxis ... 117
  - III. Rechtshilfegrundlagen im Einzelnen ... 118
- B. Anwendbares Recht ... 135
  - I. Problemlage und Überblick ... 135
  - II. Anwendbares Recht für die Durchführung bzw. Vornahme der Rechtshilfehandlung ... 136
- C. Grund- und Verfahrensrechte der Betroffenen ... 140
  - I. Schutz in den Rechtshilfeinstrumenten ... 140
  - II. Internationale Menschenrechtsverbürgungen ... 141
  - III. Begründung aus dem innerstaatlichen Recht ... 143
  - IV. Konkreter Rechtsschutz ... 148

§ 10 Spontanübermittlungen ... 149
- A. Anzeigen und Verfolgungsübernahmeersuchen ... 150
  - I. Strafanzeige, Strafverlangen, Strafantrag, Verfahrensübernahme ... 150
  - II. Internationale Grundlagen ... 151
- B. Übermittlung von Ergebnissen von Strafverfahren ... 152
  - I. Europäische Union ... 152
  - II. Europarat ... 153
  - III. Weitere bi- und multilaterale Übereinkommen ... 153
- C. Spontanübermittlung von interessierenden Informationen ... 154
  - I. Deutsches Recht ... 154
  - II. Europäische Union ... 154
  - III. Internationale Übereinkommen ... 156

§ 11 Voraussetzungen der Rechtshilfe auf Ersuchen ... 158
- A. Allgemeine Voraussetzungen ... 158
  - I. Grundlagen nach deutschem Recht ... 158
  - II. Zulässigkeit nach einem konkreten Rechtshilfeinstrument ... 158
  - III. Zulässigkeit bei vertragsloser Rechtshilfe ... 165
- B. Beschränkungen ... 165
  - I. Allgemeine Hinweise ... 165
  - II. Einzelne Ablehnungsgründe ... 166
- C. Besonderheit der polizeilichen Rechts- und Amtshilfe ... 181
  - I. Begriff und Gegenstand ... 181
  - II. Anwendbare Rechtsgrundlagen ... 182
  - III. Innerstaatliche Zuständigkeit und Befugnisse ... 185
  - IV. Besondere Zusammenarbeitsebenen ... 188
  - V. Besonderheiten im Verfahren ... 192
  - VI. Regierungsvereinbarungen zur Bekämpfung bestimmter Formen der grenzüberschreitenden Kriminalität ... 194
- D. Die Europäische Ermittlungs- bzw. Beweisanordnung ... 196
  - I. Überblick ... 196
  - II. Geltungsbereich ... 197
  - III. Gegenstand ... 198
  - IV. Verfahren ... 198

Inhaltsverzeichnis

§ 12 Das Ersuchen und sein Gang im ersuchenden Staat	200
A. Zuständigkeiten und Gang des Ersuchens	200
I. Überblick und Problemlage	200
II. Konkrete Zuständigkeiten nach deutschem Recht	201
III. Normierte Geschäftswege und Beteiligte	204
IV. Ausgestaltung in den Einzelnen Rechtshilfebeziehungen	206
V. Praxishinweis: Vorgehen im konkreten Fall	211
B. Schriftform und alternative Übermittlungsformen	219
C. Form und notwendige Angaben	220
I. Formulare	221
II. Allgemeine Förmlichkeiten	222
III. Bestandteile des Ersuchens	222
IV. Besondere Anforderungen der einzelnen Rechtshilfeinstrumente	226
D. Übersetzung	229
I. Übersetzungspflicht	229
II. Durchführung der Übersetzung	231
E. Mehrfertigungen	232
F. Authentizitätsnachweis	232
I. Erforderlichkeit	232
II. Form	233
G. Technische Übermittlung des Ersuchens	235
I. Traditionelle Übermittlungsform	235
II. Alternative Übermittlungsformen	235
§ 13 Weiteres Verfahren und Kommunikation	236
A. Prüfung und Bewilligung	236
I. Zuständigkeiten und Empfang	236
II. Prüfungsumfang und Auslegung	237
III. Schwierigkeiten bei der Erledigung, Konsultation und Ergänzungen	240
IV. Ablehnung	243
V. Zeitpunkt und Aufschub der Durchführung	245
VI. Bedingungen	248
B. Durchführung, vorbereitende und ergänzende Maßnahmen	249
I. Überblick	249
II. Europäische Ermittlungsanordnung	250
C. Teilnahme an Rechtshilfehandlungen des ersuchten Staates	250
I. Überblick: Verfahrensrechte und weiterer Nutzen	250
II. Rechtshilferechtliche Gewährleistungen	251
III. Organisation der Teilnahme von Verfahrensbeteiligten	254
IV. Organisation der Teilnahme der Ermittlungsorgane des Bezugsverfahrens	255
V. Ausländische Bedingungen und Wünsche	258
D. Übermittlung der Ergebnisse	259
I. Allgemeine Regelungen	259
II. Schriftliche Unterlagen	260
III. Gegenstände	262
IV. Aussagen von ausländischen Amtsträgern	266
V. Daten und elektronische Kommunikation	268
E. Begleitende und Folgemaßnahmen im ersuchenden Staat	270
I. Weitere Kommunikation mit dem ersuchten Staat	270
II. Spätere Mitteilungen an den übermittelnden Staat	271
III. Weiterübermittlungen im ersuchten Staat	272
IV. Praxishinweis: Innerstaatliche Nachberichtspflichten	272

	F. Kostenerstattung	273
	I. Erstattungsfreiheit und Erstattungspflicht	273
	II. Konsultationspflicht	275
	III. Innerstaatliche Abwicklung	275
§ 14	Informationserhebungen bei ausländischen Stellen	276
	A. Auskünfte allgemein	276
	B. Besonderer Datenaustausch	277
	I. Schneller Datenaustausch auf polizeilicher Ebene innerhalb der EU	277
	II. Austausch im Rahmen der Terrorismusbekämpfung innerhalb der EU	282
	III. Austausch im Rahmen der Terrorismusbekämpfung außerhalb der EU	285
	C. Rechtsauskünfte	287
	I. Europäisches Justizielles Netz	287
	II. Europarat	287
	III. Sonstige Rechtsauskünfte	290
	D. Auskünfte und Übersendungen aus Akten	290
	I. Rechtsgrundlagen	290
	II. Ersuchen	291
	III. Übersendung	292
	E. Auskünfte aus bestimmten Registern und behördlichen Informationssystemen	292
	I. Strafregisterauskünfte	292
	II. Ausländer-/Aufenthaltsregister	298
	III. (Straßen-)Verkehrsregister	302
	IV. Waffenregister	305
	V. Verwaltungsrechtliche Informationssysteme im Rahmen der EU	306
	F. Analysen und Lagebilder	309
	I. Geldfälschung	309
	II. Betäubungsmittel	310
	III. Gefälschte und echte (Ausweis-)Dokumente	310
	IV. Sonstige Bereiche	310
	G. Herausgabe von Unterlagen und Gegenständen	311
	I. Rechtsgrundlagen	311
	II. Anwendungsbereich	311
	III. Ersuchen	312
	IV. Richterlicher Beschluss	312
	V. Weitere besondere Voraussetzungen und Durchführungsregeln	313
§ 15	Informationserhebung durch Rechtshilfe an oder bei Dritten	314
	A. Überblick	314
	B. Beweiserhebung von und an Personen	315
	I. Überblick und allgemeine Anforderungen	315
	II. Vernehmung im Inland und Ladung im Ausland	324
	III. Überstellung zu Ermittlungszwecken ins Inland	331
	IV. Transnationale Videosimultanübertragung	338
	V. Telefonkonferenz	346
	VI. Vernehmungen durch die ersuchte Stelle	348
	VII. Überstellung eines im Inland oder sonst Inhaftierten zur Beweisaufnahme im Ausland für ein inländisches Verfahren	360
	VIII. Klassischer Erkennungsdienst und Daktyloskopie	364
	IX. Körperliche Untersuchungen und DNA	370
	C. Fahndung, Observation und verdeckte Ermittlungen	374
	I. Personen- und Sachfahndung	374

Inhaltsverzeichnis

II. Kontrollierte Lieferung	378
III. Observation	384
IV. Einsatz verdeckter Ermittler und vertraulicher Informanten	386
D. Beschaffung von Gegenständen, Durchsuchungen und Beschlagnahmen	392
I. Überblick	392
II. Beschlagnahmen und Durchsuchungen	395
III. Beschlagnahmen und Durchsuchungen im Rahmen der EU	402
E. Informationstechnische Systeme und Daten	409
I. Allgemeine Grundlagen	409
II. Umgehende vorläufige Sicherung und Ermittlungen	417
III. Beweiserhebung bezüglich Computerdaten und -systemen	420
IV. Datenerhebung in Echtzeit	424
F. Telekommunikation	426
I. Überblick	426
II. Bereits erfolgte Telekommunikationen	428
III. Zukünftige Telekommunikation	429
G. Wirtschaftsbeziehungen	434
I. Finanzdaten	434
II. Fluggastdaten	449
§ 16 Strafrechtlicher Informationsaustausch über supranationale Zentraldateien	454
A. SIS – Schengen-Informationssystem	454
I. Überblick und Rechtsgrundlagen	454
II. Ausschreibungszwecke	456
III. Datenverarbeitung im Rahmen des SIS	458
B. Europol-Informationssystem und SIENA	462
I. Europol-Informationssystem (EIS)	463
II. SIENA – Netzanwendung für sicheren Informationsaustausch	464
C. EU-Zollinformationssystem (ZIS)	464
I. Zweck und Rechtsgrundlagen	464
II. ZIS-Datenverarbeitung im engeren Sinn	465
III. Aktenauskunftssystem FIDE	467
§ 17 Informationserlangung über inter- und supranationale Einrichtungen	468
A. Eurojust, Europäisches Justizielles Netz und internationale Netzwerke	468
I. Europäisches Justizielles Netz	469
II. Eurojust	471
III. Weitere Strafverfolgungs-Netzwerke	476
B. Europol	477
I. Struktur	479
II. Zuständigkeiten	480
III. Allgemeine Aufgaben und Befugnisse	482
IV. Informationsverarbeitung	484
C. Interpol	496
I. Überblick	496
II. Datenverarbeitung allgemein	497
III. Besondere Datenverarbeitungsformen	500
IV. Zugriff und Weiterverarbeitung	504
V. Datenschutz und Datensicherheit	507
D. Erhebung von Daten zwischen- und überstaatlicher Einrichtungen	507
I. Europäische Staatsanwaltschaft (EuStA)	508
II. Europäisches Amt für Betrugsbekämpfung (OLAF)	509
III. Organe und andere Stellen der EU	512
IV. Internationale Strafgerichtshöfe	514
V. Sonstige internationale Organisationen	515

4. Kapitel. Verarbeitung und Nutzung ausländischer Informationen 519
§ 18 Überblick über bestehende Verarbeitungsschranken 519
    A. Systematik 519
    B. Zustimmungsvorbehalte und Verarbeitungsverbote 521
    C. Verarbeitungsschranken aus erheblichen und fortwirkenden
       Rechtsfehlern 523
§ 19 Datenschutz und Datensicherheit 525
    A. Überblick 525
       I. Systematik 525
       II. Europäische Union 527
       III. Datenschutzübereinkommen des Europarats 534
       IV. Weitere Rechtshilfeübereinkommen 535
    B. Datenschutzgrundsätze 536
       I. Allgemein 536
       II. Europäische Union – JI-RL 537
    C. Technisch-organisatorische Vorkehrungen, Dokumentation und
       Kontrolle 538
       I. Verarbeitung allgemein 539
       II. Übermittlungsvorgänge 540
       III. Datensicherheit im engeren Sinne 542
       IV. Nachvollziehbarkeit und Protokollierung 544
       V. Unabhängige Kontrollstellen 546
    D. Korrekturmechanismen, Berichtigung, Sperrung und Löschung 548
       I. Berichtigung 548
       II. Sperrung bzw. Kennzeichnung 550
       III. Löschung 551
    E. Auskunftspflicht und Haftung gegenüber dem übermittelnden Staat 553
§ 20 Spezialität und Zweckbindung 554
    A. Abgrenzung 554
    B. Spezialität 555
    C. Zweckbindung im Unionsrecht 557
       I. Besondere Regelungen 557
       II. Allgemeines Unionsrecht 561
       III. Unionseigene Organe, Agenturen und Einrichtungen 561
    D. Zweckbindung im allgemeinen Rechtshilferecht 562
       I. Grundsatz 562
       II. Einzelne Rechtshilfeinstrumente 562
    E. Umwidmung 564
    F. Weiterübermittlung 566
§ 21 Bedingungen und Vertraulichkeit 569
    A. Überblick 569
    B. Bedingungen 569
       I. Anwendungsbereich 569
       II. Wirksamkeit 570
       III. Nachträgliche Bedingungen 570
       IV. Rechtsfolgen 571
    C. Vertraulichkeit 572
       I. Regelungsmöglichkeiten 572
       II. Anknüpfungspunkte 572
       III. Ausnahmen 574
       IV. Vertraulichkeitsschutz durch Bedingungen 574
       V. Vertraulichkeitsschutz durch Verwendungs- und
          Verarbeitungsbeschränkungen 575

Inhaltsverzeichnis

5. Kapitel. Beweisaufnahme und Beweisverwertung ... 577
§ 22 Grundsätze ... 577
    A. Aufklärungspflicht ... 577
    B. Effektive Verteidigung, Verfahrensfairness und Konfrontationsgebot ... 579
§ 23 Beweisaufnahme in der Hauptverhandlung ... 581
    A. Verfahren allgemein ... 581
    B. Erkenntnisse aus kommissarischen Ermittlungshandlungen ... 581
    C. Vernehmung von Zeugen und Sachverständigen ... 584
        I. Allgemeine Regeln ... 584
        II. Transnationale Videovernehmung in der Hauptverhandlung ... 585
    D. Verlesung von Niederschriften und Erklärungen ... 586
        I. Anwendung der allgemeinen Regeln ... 586
        II. Niederschrift einer ausländischen richterlichen Vernehmung ... 590
        III. Allgemeine Verlesung nach § 251 Abs. 1 StPO ... 602
    E. Beweisanträge ... 605
        I. Anträge auf Beweisaufnahme mit Auslandsbezug allgemein ... 605
        II. Anträge auf Vernehmung von Auslandszeugen und -sachverständigen ... 608
§ 24 Beweisverwertung in strafgerichtlichen Urteilen ... 617
    A. Bindung an den Inbegriff der Hauptverhandlung ... 617
    B. Spezialität, Vertraulichkeit, Zustimmungsvorbehalt und andere Bedingungen ... 619
    C. Beweisverwertungsverbote ... 621
        I. Allgemeine Dogmatik ... 621
        II. Konkrete Fallkonstellationen ... 622
        III. Reichweite im konkreten Fall ... 629
    D. Einschränkungen des Beweiswertes ... 631

6. Kapitel. Rechtsschutz ... 635
§ 25 Überblick ... 635
    A. Rechtslage ... 635
    B. Grundsatz des jeweiligen Rechtsschutzes und Tendenzen der Überwindung ... 635
    C. Rechtsschutz gegen internationale Organisationen ... 636
    D. Problem der Drittbetroffenen ... 637
§ 26 Rechtsschutz in Bezug auf die Informationserhebung im Ausland ... 637
    A. Strafrechtliches Bezugsverfahren ... 637
    B. Probleme eines ergänzenden Rechtsschutzes ... 641
    C. Rechtsschutz im Erhebungsstaat ... 643
    D. Regelungen im Rechtshilferecht ... 645
        I. Europäische Union ... 645
        II. Weitere Rechtshilfeverträge ... 647
        III. Europäische und internationale Organisationen und Einrichtungen ... 647
§ 27 Rechte hinsichtlich der Datenspeicherung und Informationsverarbeitung ... 648
    A. Überblick ... 648
    B. Informations- und Mitteilungspflichten ... 653
    C. Anspruch auf Auskunft über gespeicherte Informationen und Akteneinsicht ... 655
        I. Grundlagen ... 655
        II. Europäische Union ... 656
    D. Ansprüche auf Berichtigung, Löschung und Sperrung ... 662
        I. Grundlagen ... 662

II. Europäische Union	663
III. Sonstige Rechtshilfeinstrumente	668
§ 28 Schadensersatz	669
A. Grundsätze	669
B. Besondere Regelungen	670
I. Haftung europäischer und internationaler Organisationen	670
II. Grenzüberschreitender Einsatz von Amtsträgern	671
III. Europäische Union im Übrigen	672
IV. Weiteres Rechtshilferecht	674
C. Umsetzung im deutschen Recht	675
I. Anspruchsgrundlagen	675
II. Voraussetzungen	675
III. Haftungszurechnung	675
D. EMRK	676

Abkürzungsverzeichnis

ABl.	Amtsblatt
Abs.	Absatz
ADIZ	Air Defense Identification Zones
AEMR	Allgemeine Erklärung der Menschenrechte
AEUV	Vertrag über die Arbeitsweise der Europäischen Union
aF	alte Fassung
AFIS	Automatisiertes Fingerabdruckidentifizierungssystem
ASF-SLTD	Automated Search Facility – Stolen and Lost Travel Documents Database
AG	Amtsgericht/Aktiengesellschaft
AHRG	Gesetz über die Rechtsbehelfe bei Verletzung des Anspruchs auf rechtliches Gehör (Anhörungsrügengesetz) (Österreich)
AiStÜ	Übereinkommen über die gegenseitige Amtshilfe in Steuersachen
AJIL	American Journal of International Law
AKostG	Auslandskostengesetz
allg.	allgemein
AntarktisV	Antarktis-Vertrag
AntiDrogenAbk DE/US	Abkommen zwischen der Regierung der Bundesrepublik Deutschland und der Regierung der Vereinigten Staaten von Amerika über die Bekämpfung des ungesetzlichen Verkehrs mit Betäubungsmitteln (Anti-Drogen-Abkommen DE/US)
AntiOrgKrimAbk DE/BG	Abkommen zwischen der Regierung der Bundesrepublik Deutschland und der Regierung der Republik Bulgarien über die Zusammenarbeit bei der Bekämpfung der Organisierten und der schweren Kriminalität
AntiOrgKrimAbk DE/CFSR	Abkommen zwischen der Regierung der Bundesrepublik Deutschland und der Regierung der Tschechischen und Slowakischen Föderativen Republik über die Zusammenarbeit bei der Bekämpfung der organisierten Kriminalität
AntiOrgKrimAbk DE/GE	Abkommen zwischen der Regierung der Bundesrepublik Deutschland und der Regierung von Georgien über die Zusammenarbeit bei der Bekämpfung der organisierten Kriminalität, des Terrorismus und anderer Straftaten von erheblicher Bedeutung
AntiOrgKrimAbk DE/HU	Abkommen zwischen der Regierung der Bundesrepublik Deutschland und der ungarischen Republik über die Zusammenarbeit bei der Bekämpfung der Organisierten Kriminalität
AntiOrgKrimAbk DE/KG	Abkommen zwischen der Regierung der Bundesrepublik Deutschland und der Regierung der Kirgisischen Republik über die Zusammenarbeit bei der Bekämpfung der organisierten Kriminalität sowie des Terrorismus und anderer Straftaten von erheblicher Bedeutung

Abkürzungsverzeichnis

AntiOrgKrimAbk DE/LT	Abkommen zwischen der Regierung der Bundesrepublik Deutschland und der Regierung der Republik Litauen über die Zusammenarbeit bei der Bekämpfung der organisierten Kriminalität, des Terrorismus und anderer Straftaten mit erheblicher Bedeutung
AntiOrgKrimAbk DE/PL	Abkommen zwischen der Regierung der Bundesrepublik Deutschland und der Regierung der Republik Polen über die Zusammenarbeit bei der Bekämpfung der Organisierten Kriminalität und anderer schwerer Straftaten
AntiOrgKrimAbk DE/RO	Abkommen zwischen der Regierung der Bundesrepublik Deutschland und der Regierung von Rumänien über die Zusammenarbeit bei der Bekämpfung der organisierten Kriminalität sowie des Terrorismus und anderer Straftaten von erheblicher Bedeutung
AntiOrgKrimAbk DE/RU	Abkommen zwischen der Regierung der Bundesrepublik Deutschland und der Regierung der Russischen Föderation über Zusammenarbeit bei der Bekämpfung von Straftaten von erheblicher Bedeutung
AntiOrgKrimAbk DE/SI	Abkommen zwischen der Regierung der Bundesrepublik Deutschland und der Regierung der Republik Slowenien über die Zusammenarbeit bei der Bekämpfung von Straftaten mit erheblicher Bedeutung
AntiOrgKrimAbk DE/TN	Abkommen zwischen der Regierung der Bundesrepublik Deutschland und der Regierung der Tunesischen Republik über die Zusammenarbeit bei der Bekämpfung von Straftaten von erheblicher Bedeutung
AntiOrgKrimAbk DE/TR	Abkommen der Regierung der Bundesrepublik Deutschland und der Regierung der Republik Türkei über die Zusammenarbeit bei der Bekämpfung von Straftaten mit erheblicher Bedeutung insbesondere des Terrorismus und der Organisierten Kriminalität
AntiOrgKrimAbk DE/UZ	Abkommen v. 16. November 1995 zwischen der Regierung der Bundesrepublik Deutschland und der Regierung der Republik Usbekistan über die Zusammenarbeit bei der Bekämpfung der organisierten Kriminalität, des Terrorismus und anderer Straftaten von erheblicher Bedeutung (BGBl. 1998 II 75)
AntiOrgKrimAbk DE/VN	Abkommen zwischen der Regierung der Bundesrepublik Deutschland und der Regierung der Sozialistischen Republik Vietnam über die Zusammenarbeit bei der Bekämpfung von schwerwiegenden Straftaten und der Organisierten Kriminalität
AntiTerrorFinÜ	Internationales Übereinkommen zur Bekämpfung der Finanzierung des Terrorismus
AO	Abgabenordnung
ApostillenÜ	Haager Übereinkommen zur Befreiung ausländischer Urkunden von der Legalisation
ApostillenÜbG	Gesetz zu dem Haager Übereinkommen vom 5. Oktober 1961 zur Befreiung ausländischer öffentlicher Urkunden von der Legalisation
arg.	argumentum
argent.	argentisch(e)

Abkürzungsverzeichnis

Art.	Artikel
ASF	Automated Search Facility
ATDG	Gesetz zur Errichtung einer standardisierten zentralen Antiterrordatei von Polizeibehörden und Nachrichtendiensten von Bund und Ländern (Antiterrordateigesetz)
Aufenth	Gesetz über den Aufenthalt, die Erwerbstätigkeit und die Integration von Ausländern im Bundesgebiet (Aufenthaltsgesetz)
AÜG	Gesetz zur Regelung der Arbeitnehmerüberlassung (Arbeitnehmerüberlassungsgesetz)
AuMiAu	Automatisches Mitteilungs- und Auskunftsverfahren
AuRAG	Gesetz zur Ausführung des Europäischen Übereinkommens betreffend Auskünfte über ausländisches Recht und seines Zusatzprotokolls (Auslands-Rechtsauskunftsgesetz)
AUSA	Assistant United States Attorney
ausf.	ausführlich
AuskAust GG 2009	Abkommens zwischen der Bundesrepublik Deutschland und der Regierung von Guernsey über den Auskunftsaustausch in Steuersachen
AuskAust IM 2009	Abkommens zwischen der Bundesrepublik Deutschland und der Regierung der Insel Man über die Unterstützung in Steuer- und Steuerstrafsachen durch Auskunftsaustausch
AWG	Außenwirtschaftsgesetz
B	Beschluss
B EZB/2016/19	Beschluss (EU) 2016/1162 der Europäischen Zentralbank über die Offenlegung vertraulicher Informationen bei strafrechtlichen Ermittlungen
B 2001/887/JI	Beschluss des Rates über den Schutz des Euro vor Fälschungen
B 2002/494/JI	Beschluss des Rates zur Einrichtung eines Europäischen Netzes von Anlaufstellen betreffend Personen, die für Völkermord, Verbrechen gegen die Menschlichkeit und Kriegsverbrechen verantwortlich sind
B 2003/170/JI	Beschluss 2003/170/JI des Rates über die gemeinsame Inanspruchnahme von Verbindungsbeamten, die von den Strafverfolgungsbehörden der Mitgliedstaaten entsandt sind
B 2003/335/JI	Beschluss 2003/335/JI des Rates betreffend die Ermittlung und Strafverfolgung von Völkermord, Verbrechen gegen die Menschlichkeit und Kriegsverbrechen
B 2005/511/JI	Beschluss 2005/511/JI des Rates über den Schutz des Euro gegen Fälschung durch Benennung von Europol als Zentralstelle zur Bekämpfung der Euro-Fälschung
B 2005/671/JI	Beschluss 2005/671/JI des Rates über den Informationsaustausch und die Zusammenarbeit betreffend terroristische Straftaten
B 2008/615/JI	Beschluss 2008/615/JI des Rates zur Vertiefung der grenzüberschreitenden Zusammenarbeit, insbesondere zur Bekämpfung des Terrorismus und der grenzüberschreitenden Kriminalität (Prümer Ratsbeschluss)
B 2008/617/JI	Beschluss 2008/617/JI des Rates über die Verbesserung der Zusammenarbeit zwischen den Spezialeinheiten der Mitgliedstaaten der Europäischen Union in Krisensituationen
BAK	Blutalkoholkonzentration
BayZustV	Zuständigkeitsverordnung (Bayern)

Abkürzungsverzeichnis

BeamtStG	Gesetz zur Regelung des Statusrechts der Beamtinnen und Beamten in den Ländern (Beamtenstatusgesetz)
Begr.	Begründung
Bek.	Bekanntmachung
Belgrader Konvention	Übereinkommen. über die Regelung der Schifffahrt auf der Donau mit Zusatzprotokoll v. 26.3.1998 (Belgrader Konvention)
BetrugBekämpfAbk EG/CH	Abkommen über die Zusammenarbeit zwischen der Europäischen Gemeinschaft und ihren Mitgliedstaaten einerseits und der Schweizerischen Eidgenossenschaft andererseits zur Bekämpfung von Betrug und sonstigen rechtswidrigen Handlungen, die ihre finanziellen Interessen beeinträchtigen
BfJ	Bundesamt für Justiz
BfJG	Gesetz über die Errichtung des Bundesamts für Justiz
BfV	Bundesamt für Verfassungsschutz
BGBl.	Bundesgesetzblatt
BGH	Bundesgerichtshof
BGHSt	Entscheidungen des Bundesgerichtshofs (Strafsachen) Amtliche Sammlung
BinSchVerfG	Gesetz über das gerichtliche Verfahren in Binnenschifffahrtssachen
BKA	Bundeskriminalamt
BKAG	Gesetz über das Bundeskriminalamt und die Zusammenarbeit des Bundes und der Länder in kriminalpolizeilichen Angelegenheiten (Bundeskriminalamtgesetz)
BMJV	Bundesministerium der Justiz und für Verbraucherschutz
BND	Bundesnachrichtendienst
BNDG	Gesetz über den Bundesnachrichtendienst (BND-Gesetz)
BodenseeSchiffÜ	Übereinkommen über die Schiffahrt auf dem Bodensee
BPolG	Gesetz über die Bundespolizei (Bundespolizeigesetz)
BR-Drs.	Bundesratsdrucksache
BRRG	Rahmengesetz zur Vereinheitlichung des Beamtenrechts (Beamtenrechtsrahmengesetz)
BSO	Verordnung über die Schifffahrt auf dem Bodensee (Bodensee-Schifffahrts-Ordnung)
BT-Drs.	Bundestagsdrucksache
BtM	Betäubungsmittel
BtMG	Gesetz über den Verkehr mit Betäubungsmitteln (Betäubungsmittelgesetz)
BVerfG	Bundesverfassungsgericht
BVerfGE	Entscheidungen des Bundesverfassungsgerichts (Amtliche Sammlung)
BVerfSchG	Gesetz über die Zusammenarbeit des Bundes und der Länder in Angelegenheiten des Verfassungsschutzes und über das Bundesamt für Verfassungsschutz (Bundesverfassungsschutzgesetz)
BWPolG	Polizeigesetz (Baden-Württemberg)
BZR	Bundeszentralregister
BZRG	Gesetz über das Zentralregister und das Erziehungsregister (Bundeszentralregistergesetz)
CIA	Central Intelligence Agency
CIC	Corpus Iuris Civilis
CKÜ	Übereinkommen über Computerkriminalität (Cybercrime Konvention)

Abkürzungsverzeichnis

CKÜ-Prot	Zusatzprotokoll zum Übereinkommen über Computerkriminalität betreffend die Kriminalisierung mittels Computersystemen begangener Handlungen rassistischer und fremdenfeindlicher Art
CMI	Comité Maritime International
DAR	Deutsches Autorecht (Zeitschrift)
Datenschutz-RL ..	Verordnung (EU) 2018/1725 des Europäischen Parlaments und des Rates vom 23. Oktober 2018 zum Schutz natürlicher Personen bei der Verarbeitung personenbezogener Daten durch die Organe, Einrichtungen und sonstigen Stellen der Union, zum freien Datenverkehr und zur Aufhebung der Verordnung (EG) Nr. 45/2001 und des Beschlusses Nr. 1247/2002/EG
Datenschutz-RL 1994	Richtlinie 95/46/EG des Europäischen Parlaments und des Rates zum Schutz natürlicher Personen bei der Verarbeitung personenbezogener Daten und zum freien Datenverkehr
DatSchAbk USA/EU	Abkommen zwischen den Vereinigten Staaten von Amerika und der Europäischen Union über den Schutz personenbezogener Daten bei der Verhütung, Untersuchung, Aufdeckung und Verfolgung von Straftaten
DatSchÜ	Übereinkommen zum Schutz des Menschen bei der automatischen Verarbeitung personenbezogener Daten bezüglich Kontrollstellen und grenzüberschreitendem Datenverkehr (Datenschutzübereinkommen)
DBA AM 2016	Abkommen zwischen der Bundesrepublik Deutschland und der Republik Armenien zur Vermeidung der Doppelbesteuerung und zur Verhinderung der Steuerverkürzung auf dem Gebiet der Steuern vom Einkommen und vom Vermögen
DBA MK 2006	Abkommen vom 13. Juli 2006 zwischen der Regierung der Bundesrepublik Deutschland und der mazedonischen Regierung zur Vermeidung der Doppelbesteuerung auf dem Gebiet der Steuern vom Einkommen und vom Vermögen
DBDD	Deutsche Beobachtungsstelle für Drogen und Drogensucht
dh	das heißt
DNA	Deoxyribonucleic Acid
DRiZ	Deutsche Richterzeitung
DS-GVO	Verordnung (EU) 2016/679 des Europäischen Parlaments und des Rates zum Schutz natürlicher Personen bei der Verarbeitung personenbezogener Daten, zum freien Datenverkehr und zur Aufhebung der Richtlinie 95/46/EG (Datenschutz-Grundverordnung)
EBDD	Europäische Beobachtungsstelle für Drogen und Drogensucht
EBDD-VO	Verordnung (EWG) Nr. 302/93 des Rates zur Schaffung einer Europäischen Beobachtungsstelle für Drogen und Drogensucht
ECRIS	Europäisches Strafregisterinformationssystem
ECRIS-Beschluss .	Beschluss 2009/316/JI des Rates zur Einrichtung des Europäischen Strafregisterinformationssystems (ECRIS) gemäß Artikel 11 des Rahmenbeschlusses 2009/315/JI
EEA	Europäische Ermittlungsanordnung
EEA-RL	Richtlinie 2014/41/EU des Europäischen Parlaments und des Rates über die Europäische Ermittlungsanordnung in Strafsachen

Abkürzungsverzeichnis

EG-Datenschutz-VO	Verordnung (EG) 45/2001/EG des Europäischen Parlaments und des Rates zum Schutz natürlicher Personen bei der Verarbeitung personenbezogener Daten durch die Organe und Einrichtungen der Gemeinschaft und zum freien Datenverkehr
EG-FeuerwaffenRL	Richtlinie 91/477/EWG über die Kontrolle des Erwerbs und des Besitzes von Waffen
EGFL	Europäischer Garantiefonds für die Landwirtschaft
EGKS	Europäische Gemeinschaft für Kohle und Stahl
EGMR	Europäischer Gerichtshof für Menschenrechte
EIONET	Europäisches Umweltinformations- und Umweltbeobachtungsnetz (European Environment Information and Observation NETwork)
EIS	Europol Information System
EJG	Gesetz zur Umsetzung des Beschlusses (2002/187/JI) des Rates vom 28. Februar 2002 über die Errichtung von Eurojust zur Verstärkung der Bekämpfung der schweren Kriminalität (Eurojust-Gesetz)
EJKoV	Verordnung über die Koordinierung der Zusammenarbeit mit Eurojust (Eurojust-Koordinierungs-Verordnung)
EJN	Europäisches Justizielles Netz
EJN-Beschluss	Beschluss 2008/976/JI des Rates über das Europäische Justizielle Netz
ELER	Europäischer Landwirtschaftsfonds für die Entwicklung des ländlichen Raums
EMCDDA	European Monitoring Centre for Drugs and Drug Addiction
EMRK	Konvention zum Schutz der Menschenrechte und Grundfreiheiten v. 4.11.1950
6. EMRKProt	Protokoll Nr. 6 zur Konvention zum Schutz der Menschenrechte und Grundfreiheiten über die Abschaffung der Todesstrafe (EMRK-6. ZP)
EmsDollV DE/NL	Vertrag zwischen der Bundesrepublik Deutschland und dem Königreich der Niederlande über die Regelung der Zusammenarbeit in der Emsmündung (Ems-Dollart-Vertrag)
endg.	endgültig
ErgV-RHÜ 1959 DE/AT	Vertrag v. 31.1.1972 zwischen der Bundesrepublik Deutschland und der Republik Österreich über die Ergänzung des Europäischen Übereinkommens v. 20.4.1959 über die Rechtshilfe in Strafsachen und die Erleichterung seiner Anwendung
ErgV-RHÜ 1959 DE/CH	Vertrag zwischen der Bundesrepublik Deutschland und der Schweizerischen Eidgenossenschaft über die Ergänzung des Europäischen Übereinkommens über die Rechtshilfe in Strafsachen vom 20. April 1959 und die Erleichterung seiner Anwendung
ErgV-RHÜ 1959 DE/CZ	Vertrag zwischen der Bundesrepublik Deutschland und der Tschechischen Republik über die Ergänzung des Europäischen Übereinkommens über die Rechtshilfe in Strafsachen v. 20.4.1959 und die Erleichterung seiner Anwendung
ErgV-RHÜ 1959 DE/FR	Vertrag v. 24.10.1974 zwischen der Bundesrepublik Deutschland und der Französischen Republik zu dem Europäischen Übereinkommen v. 20.4.1959 über die Rechtshilfe in Strafsachen (BGBl. 1978 II 328)

Abkürzungsverzeichnis

ErgV-RHÜ 1959
DE/IL .... Vertrag v. 20.7.1977 zwischen der Bundesrepublik Deutschland und dem Staat Israel über die Ergänzung des Europäischen Übereinkommens v. 20.4.1959 über die Rechtshilfe in Strafsachen und die Erleichterung seiner Anwendung

ErgV-RHÜ 1959
DE/IT .... Vertrag v. 24.10.1979 zwischen der Bundesrepublik Deutschland und der Italienischen Republik über die Ergänzung des Europäischen Übereinkommens v. 20.4.1959 über die Rechtshilfe in Strafsachen und die Erleichterung seiner Anwendung

ErgV-RHÜ 1959
DE/NL .... Vertrag zwischen der Bundesrepublik Deutschland und dem Königreich der Niederlande über die Ergänzung des Europäischen Übereinkommens v. 20.4.1959 über die Rechtshilfe in Strafsachen und die Erleichterung seiner Anwendung

ErgV-RHÜ 1959
DE/PL .... Vertrag zwischen der Bundesrepublik Deutschland und der Republik Polen über die Ergänzung des Europäischen Übereinkommens v. 20. April 1959 über die Rechtshilfe in Strafsachen und die Erleichterung seiner Anwendung

ErgVb-RHÜ 1959
DE/CZ .... Vereinbarung zwischen dem Bundesministerium des Innern der Bundesrepublik Deutschland und dem Ministerium des Innern der Tschechischen Republik zur Durchführung des Artikels 21 des Vertrages vom 28. April 2015 zwischen der Bundesrepublik Deutschland und der Tschechischen Republik über die polizeiliche Zusammenarbeit und zur Änderung des Vertrages vom 2. Februar 2000 zwischen der Bundesrepublik Deutschland und der Tschechischen Republik über die Ergänzung des Europäischen Übereinkommens über die Rechtshilfe in Strafsachen vom 20. April 1959 und die Erleichterung seiner Anwendung

ErgVb-RHÜ 1959
DE/IL .... Vereinbarung v. 9. Juli 1982 zwischen der Regierung der Bundesrepublik Deutschland und der Regierung des Staates Israel zu dem deutsch-israelitischen Vertrag über die Ergänzung des Europäischen Übereinkommens über die Rechtshilfe in Strafsachen und die Erleichterung seiner Anwendung

ErgVb-RHÜ 1959
DE./TR .... Vereinbarung zwischen der Regierung der Bundesrepublik Deutschland und der Regierung der Republik Türkei v. 4./7.11.1974 über den Geschäftsweg bei der gegenseitigen Rechtshilfe in Strafsachen

ERVVO RHSt .... Verordnung über die elektronische Kommunikation und Aktenführung in Angelegenheiten der strafrechtlichen Zusammenarbeit mit dem Ausland im Lande Nordrhein-Westfalen

etc .... et cetera (und so weiter)

ETS .... Europe Treaty Series (Veröffentlichungsreihe für Konventionen des Europarates zwischen 1948 und 2004)

ETS Nr. 030 .... Europäisches Übereinkommen über die Rechtshilfe in Strafsachen (RHÜ 1959)

ETS Nr. 052 .... Europäisches Übereinkommen über die Ahndung von Zuwiderhandlungen im Straßenverkehr (VerkDelAhndÜ)

ETS Nr. 073 .... Europäisches Übereinkommen über die Übertragung der Strafverfolgung

XXV

Abkürzungsverzeichnis

ETS Nr. 101	Europäisches Übereinkommen über die Kontrolle des Erwerbs und des Besitzes von Schußwaffen durch Einzelpersonen
ETS Nr. 119	Europäisches Übereinkommen über Straftaten im Zusammenhang mit Kulturgut
ETS Nr. 120	Europäische Übereinkommen über Gewalttätigkeiten und Fehlverhalten von Zuschauern bei Sportveranstaltungen und insbesondere bei Fußballspielen
ETS Nr. 172	Übereinkommen über den Schutz der Umwelt durch das Strafrecht
ETS Nr. 189	Zusatzprotokoll zum Übereinkommen über Computerkriminalität betreffend die Kriminalisierung mittels Computersystemen begangener Handlungen rassistischer und fremdenfeindlicher Art
ETS Nr. 211	Übereinkommen. des Europarats über die Fälschung von Arzneimittelprodukten und ähnliche Verbrechen, die eine Bedrohung der öffentlichen Gesundheit darstelle
ETS Nr. 218	Übereinkommen des Europarats über einen integrierten Schutz, Sicherheit und Service-Ansatz bei Fußballspielen und anderen Sportveranstaltungen
ETS Nr. 221	Übereinkommen zum Schutz des architektonischen Erbes Europas
EU	Europäische Union
EuAbgG	Gesetz über die Rechtsverhältnisse der Mitglieder des Europäischen Parlaments aus der Bundesrepublik Deutschland (Europaabgeordnetengesetz)
EU-Anti-Arzneimittelfälschungsü	Übereinkommen des Europarats über die Fälschung von Arzneimittelprodukten und ähnliche Verbrechen, die eine Bedrohung der öffentlichen Gesundheit darstellen
EUAuslÜ	Übereinkommen aufgrund von Artikel K.3 des Vertrags über die Europäische Union über die Auslieferung zwischen den Mitgliedstaaten der Europäischen Union
EU-BA	Europäische Beweisanordnung
EU-Beschäftigungsbedingungen	Beschäftigungsbedingungen für die sonstigen Bediensteten der Europäischen Union [in der Fassung der VO (EWG, Euratom, EGKS) Nr. 259/68 des Rates vom 29. Februar 1968]
EUCARIS	Vertrag über ein Europäisches Fahrzeug- und Führerscheininformationssystem/ Europäisches Fahrzeug- und Führerscheininformationssystem
EuDatSchEmpf	Empfehlung Nr. R (87) 15 des Ministerkomitees des Europarats an die Mitgliedsstaaten über die Nutzung personenbezogener Daten im Polizeibereich
EuDatSchÜZP	Zusatzprotokoll bezüglich Kontrollstellen und grenzüberschreitendem Datenverkehr v. 8. November 2001 zum Übereinkommen des Europarats zum Schutz des Menschen bei der automatischen Verarbeitung personenbezogener personenbezogener Daten bezüglich Kontrollstellen und grenzüberschreitendem Datenverkehr
EuGH	Europäischer Gerichtshof
EuGRZ	Europäische Grundrechte Zeitschrift
Euratom	Europäische Atomgemeinschaft
Eurodac-VO	Verordnung (EU) Nr. 603/2013 des Europäischen Parlaments und des Rates v. 26. Juni 2013 über die Einrichtung von Eurodac für den Abgleich von Fingerabdruckdaten zum Zwecke der effektiven An-

Abkürzungsverzeichnis

	wendung der Verordnung (EU) Nr. 604/2013 zur Festlegung der Kriterien und Verfahren zur Bestimmung des Mitgliedstaats, der für die Prüfung eines von einem Drittstaatsangehörigen oder Staatenlosen in einem Mitgliedstaat gestellten Antrags auf internationalen Schutz zuständig ist und über der Gefahrenabwehr und Strafverfolgung dienende Anträge der Gefahrenabwehr- und Strafverfolgungsbehörden der Mitgliedstaaten und Europols auf den Abgleich mit Eurodac-Daten sowie zur Änderung der Verordnung (EU) Nr. 1077/2011 zur Errichtung einer Europäischen Agentur für das Betriebsmanagement von IT-Großsystemen im Raum der Freiheit, der Sicherheit und des Rechts,
Euro-Fälschungsschutz-VO	Verordnung (EG) Nr. 1339/2001 des Rates zur Ausdehnung der Wirkungen der Verordnung (EG) Nr. 1338/2001 zur Festlegung von zum Schutz des Euro gegen Geldfälschung erforderlichen Maßnahmen auf die Mitgliedstaaten, die den Euro nicht als einheitliche Währung eingeführt haben
Euro-Geldfälschungs-VO	Verordnung (EG) Nr. 1338/2001 des Rates zur Festlegung von zum Schutz des Euro gegen Geldfälschung erforderlichen Maßnahmen
Eurojust	The European Union's Judicial Cooperation Unit
EurojustB	Beschluss 2002/187/JI des Rates über die Errichtung von Eurojust zur Verstärkung der Bekämpfung der schweren Kriminalität
Europol	Europäisches Polizeiamt
Europol-AbfrageV	Verordnung zur innerstaatlichen Bestimmung der zuständigen Behörden für die Abfrage des Europol-Informationssystems (Europol-Abfrageverordnung)
Europol-Beschluss	Beschluss 2009/371/JI des Rates zur Errichtung des Europäischen Polizeiamts
EuropolG	Gesetz zur Anwendung der Verordnung (EU) 2016/794 des Europäischen Parlaments und des Rates vom 11. Mai 2016 über die Agentur der Europäischen Union für die Zusammenarbeit auf dem Gebiet der Strafverfolgung (Europol) und zur Ersetzung und Aufhebung der Beschlüsse 2009/371/JI, 2009/934/JI, 2009/935/JI, 2009/936/JI und 2009/968/JI des Rates (Europol-Gesetz)
EuropolÜ	Rechtsakt des Rates über die Fertigstellung des Übereinkommens aufgrund von Artikel K.3 des Vertrags über die Europäische Union über die Errichtung eines Europäischen Polizeiamts (Europol-Übereinkommen)
EUSportGewaltÜ	Europäisches Übereinkommen über Gewalttätigkeit und Fehlverhalten von Zuschauern bei Sportveranstaltungen und insbesondere bei Fußballspielen
EUStA	Europäische Staatsanwaltschaft
EUStaatImmÜ	Europäisches Übereinkommen über Staatenimmunität
EUStA-VO	Verordnung (EU) 2017/1939 des Rates zur Durchführung einer Verstärkten Zusammenarbeit zur Errichtung der Europäischen Staatsanwaltschaft (EUStA)
EUSuchtÜ	Übereinkommen über den unerlaubten Verkehr auf See zur Durchführung des Artikels 17 des Übereinkommens der Vereinten Nationen gegen den unerlaubten Verkehr mit Suchtstoffen und psychotropen Stoffen

Abkürzungsverzeichnis

EuTerrBekämpfÜ	Europäisches Übereinkommen zur Bekämpfung des Terrorismus
EuTerrBekämpfÜ-ÄndProt	Protokoll zur Änderung des Europäischen Übereinkommens zur Bekämpfung des Terrorismus
EUTS	Übereinkommen zwischen den Mitgliedstaaten der Europäischen Union über die Rechtsstellung des zum Militärstab der Europäischen Union abgestellten beziehungsweise abgeordneten Militär- und Zivilpersonals, der Hauptquartiere und Truppen, die der Europäischen Union gegebenenfalls im Rahmen der Vorbereitung und Durchführung der Aufgaben im Sinne des Artikels 17 Absatz 2 des Vertrags über die Europäische Union, einschließlich Übungen, zur Verfügung gestellt werden, sowie des Militär- und Zivilpersonals der Mitgliedstaaten, das der Europäischen Union für derartige Aufgaben zur Verfügung gestellt wird (EU-Truppenstatut)
EUV	EU-Vertrag idF v. Lissabon
evtl.	eventuell
EWG	Europäische Wirtschaftsgemeinschaft
EZB	Europäische Zentralbank
f.	folgend(e)
FADO	Europäisches Bildarchivierungssystem (False and Authentic Documents Online)
FBI	Federal Bureau of Investigation
ff.	fortfolgend(e)
FIDE	File Identification Database (Aktenauskunftssystem)
FlugDaG	Gesetz über die Verarbeitung von Fluggastdaten zur Umsetzung der Richtlinie (EU) 2016/681 (Fluggastdatengesetz)
FS	Festschrift
GA	General Assembly der Vereinten Nationen/Goltdammer`s Archiv für Strafrecht (Zeitschrift)
GABl.	Gemeinsames Amtsblatt
GASP	Gemeinsame Außen- und Sicherheitspolitik
GBA	Generalbundesanwalt
GeisÜbk	Internationales Übereinkommen gegen Geiselnahme
GeldwÜ	Übereinkommen des Europarates über Geldwäsche, Terrorismusfinanzierung sowie Ermittlung, Beschlagnahme und Einziehung von Erträgen aus Straftaten
GeldwÜ 1990	Übereinkommen über Geldwäsche sowie Ermittlung, Beschlagnahme und Einziehung von Erträgen aus Straftaten
gem.	gemäß
GemVwVStrafR-AngiAusl	Gemeinsamen Verwaltungsvorschrift des Justizministeriums und des Innenministeriums über die Ausübung der Befugnisse im Rechtshilfeverkehr mit dem Ausland in strafrechtlichen Angelegenheiten
GewSchÜ	Übereinkommen des Europarats zur Verhütung und Bekämpfung von Gewalt gegen Frauen und häuslicher Gewalt (Gewaltschutzübereinkommen)
GG	Grundgesetz für die Bundesrepublik Deutschland
ggf.	gegebenenfalls
GMBl.	Gemeinsames Ministerialblatt
GO-EP	Geschäftsordnung Europäisches Parlament
GPS	Global Positioning System

Abkürzungsverzeichnis

GRCh	Charta der Grundrechte der Europäischen Union
GVG	Gerichtsverfassungsgesetz
GZPA DE/AT	Vereinbarung zwischen dem Bundesministerium des Innern der Bundesrepublik Deutschland und dem Bundesministerium für Inneres der Republik Österreich über die Zusammenarbeit im Gemeinsamen Zentrum Passau
hM	herrschende Meinung
Hrsg.	Herausgeber
ICAO	Internationale Zivilluftfahrtorganisation/ Abkommen über die Internationale Zivilluftfahrt (Chicagoer Abkommen)
ICJ	Internationaler Gerichtshof
ILM	International Legal Materials
InfAuslR	Informationsbrief Ausländerrecht (Zeitschrift)
InfoAust AI 2010	Abkommen zwischen der Bundesrepublik Deutschland und der Regierung von Anguilla über den steuerlichen Informationsaustausch Anwendung
InfoAust BS 2010	Abkommen zwischen der Bundesrepublik Deutschland und dem Commonwealth der Bahamas über die Unterstützung in Steuer- und Steuerstrafsachen durch Informationsaustausch
InfoAust KY 2010	Verfolgung von Steuerstrafsachen auf der Grundlage des Abkommens zwischen der Bundesrepublik Deutschland und der Regierung der Kaimaninseln über die Unterstützung in Steuer- und Steuerstrafsachen durch Informationsaustausch
InfoAust MC 2010	Abkommen zwischen der Bundesrepublik Deutschland und dem Fürstentum Monaco über die Unterstützung in Steuer- und Steuerstrafsachen durch Informationsaustausch
InfoAust SM 2010	Abkommen zwischen der Bundesrepublik Deutschland und der Republik San Marino über die Unterstützung in Steuer- und Steuerstrafsachen durch Informationsaustausch
InfoAust TC 2010	Abkommen zwischen der Bundesrepublik Deutschland und der Regierung der Turks- und Caicosinseln über den steuerlichen Informationsaustausch Anwendung
InfoAust VC 2010	Abkommen zwischen der Bundesrepublik Deutschland und St. Vincent und die Grenadinen über die Unterstützung in Steuer- und Steuerstrafsachen durch Informationsaustausch Anwendung
InfoAust VG 2010	Abkommen zwischen der Bundesrepublik Deutschland und der Regierung der Britischen Jungferninseln über die Unterstützung in Steuer- und Steuerstrafsachen durch Informationsaustausch Anwendung
insbes.	insbesondere
IntAFMAbk	Internationales Abkommen zur Bekämpfung der Falschmünzerei (Falschmünzerei-Abkommen)
IntBestG	Gesetz zur Bekämpfung internationaler Bestechung vom 10.9.1998
IntBestÜ	Übereinkommen über die Bekämpfung der Bestechung ausländischer Amtsträger im internationalen Geschäftsverkehr
InterpolDVO	INTERPOL's Rules on the Processing of Data, III/IRPD/GA/2011 (2014), abzurufen unter: http://www.interpol.int/About-INTERPOL/Legal-materials/The-Constitution
Interpol-KontrollO	Rules on the Control of Information and Access to INTERPOL's Files, II.E/RCIA/GA/2004(2009, abzurufen unter: http://www.interpol.int/About-INTERPOL/Legal-materials/The-Constitution

Abkürzungsverzeichnis

InterpolVerf	Constitution of the ICPO-INTERPOL, I/CONS/GA/1956(2008), abzurufen unter: http://www.interpol.int/About-INTERPOL/Legal-materials/The-Constitution
IntStrafR	Internationales Strafrecht
IPBPR	Internationaler Pakt über bürgerliche und politische Rechte
IRC	Internationales Rechtshilfezentrum
iRd	im Rahmen der(s)
IRG	Gesetz über die Internationale Rechtshilfe in Strafsachen
IRSG	Schweizer Bundesgesetz über internationale Rechtshilfe in Strafsachen (Rechtshilfegesetz)
IRSV	Schweizer Verordnung über internationale Rechtshilfe in Strafsachen
iRv	im Rahmen von
ISS	International Space Station
ISS-Regierungs-Abk	Übereinkommen v. 29. Januar 1998 zwischen der Regierung Kanadas, Regierungen von Mitgliedstaaten der Europäischen Weltraumorganisation, der Regierung Japans, der Regierung der Russischen Föderation und der Regierung der Vereinigten Staaten von Amerika über Zusammenarbeit bei der zivilen Internationalen Raumstation mit weiteren vier Memoranda of Understanding.
IStGH	Internationaler Strafgerichtshof
IStGHG	Gesetz über die Zusammenarbeit mit dem Internationalen Strafgerichtshof (IStGH-Gesetz)
IStGHSt	Römisches Statut des Internationalen Strafgerichtshofs
IT	Informationstechnik
ITU	Internationale Fernmeldeunion
iÜ	im Übrigen
JGG	Jugendgerichtsgesetz
JI-RL	Richtlinie 2016/680 zum Schutz natürlicher Personen bei der Verarbeitung personenbezogener Daten durch die zuständigen Behörden zum Zwecke der Verhütung, Ermittlung, Aufdeckung oder Verfolgung von Straftaten oder der Strafvollstreckung sowie zum freien Datenverkehr und zur Aufhebung des Rahmenbeschlusses 2008/977/JI des Rates
JIT	Joint Investigation Teams
JVEG	Gesetz über die Vergütung von Sachverständigen, Dolmetscherinnen, Dolmetschern, Übersetzerinnen und Übersetzern sowie die Entschädigung von ehrenamtlichen Richterinnen, ehrenamtlichen Richtern, Zeuginnen, Zeugen und Dritten (Justizvergütungs- und -entschädigungsgesetz)
Kap.	Kapitel
KG	Kammergericht
KLPD	Nationale Zentralstelle der Niederländischen Polizei
KOM	Mitteilungen der Kommission
Kontroll-VO	Verordnung (EURATOM, EG) Nr. 2185/96 des Rates betreffend die Kontrollen und Überprüfungen vor Ort durch die Kommission zum Schutz der finanziellen Interessen der Europäischen Gemeinschaften vor Betrug und anderen Unregelmäßigkeiten
KonsularG	Gesetz über die Konsularbeamten, ihre Aufgaben und Befugnisse (Konsulargesetz)
KorrStRÜ	Strafrechtsübereinkommen über Korruption

Abkürzungsverzeichnis

KorrStRÜZProt	Zusatzprotokoll zum Strafrechtsübereinkommen über Korruption
KrimBekAbkU-SAAG	Gesetz zur Ausführung des Abkommens zwischen der Regierung der Bundesrepublik Deutschland und der Regierung der Vereinigten Staaten von Amerika vom 1. Oktober 2008 über die Vertiefung der Zusammenarbeit bei der Verhinderung und Bekämpfung schwerwiegender Kriminalität
LanzaroteÜ	Übereinkommen des Europarats zum Schutz von Kindern vor sexueller Ausbeutung und sexuellem Missbrauch (Lanzarote-Konvention)
LJZ	Liechtensteinische Juristen-Zeitung
LKA	Landeskriminalamt
LK-StGB	Leipziger Kommentar zum StGB
LuftfahrtÜ 1970	Übereinkommen zur Bekämpfung der widerrechtlichen Inbesitznahme von Luftfahrzeugen
MA-Akte	Revidierte Rheinschifffahrtsakte (Mannheimer Akte)
MAD	Militärischer Abschirmdienst
MDR	Monatsschrift für Deutsches Recht
MenschHÜ	Übereinkommen des Europarats zur Bekämpfung des Menschenhandels
MIAS	Mehrwertsteuer-Informationaustauschsystem
MiStra	Anordnung über Mitteilungen in Strafsachen
MondV	Vertrag über die Aktivitäten auf dem Mond und anderen Himmelskörpern (Mondvertrag)
MÜ 1971	Übereinkommen zur Bekämpfung widerrechtlicher Handlungen gegen die Sicherheit der Zivilluftfahrt (Montrealer Übereinkommen 1971)
mwN	mit weiteren Nachweisen
MwSt.	Mehrwertsteuer
mWv	mit Wirkung vom
NATO	North Atlantic Treaty Organization
Neapel II	Übereinkommen aufgrund von Artikel K.3 des Vertrags über die Europäische Union über gegenseitige Amtshilfe und Zusammenarbeit der Zollverwaltungen (Neapel II-Übereinkommen)
NJW	Neue Juristische Wochenschrift (Zeitschrift)
NLMR	Newsletter Menschenrechte
NoeP	Nicht offen ermittelnde Polizeibeamte
Nr.	Nummer
NStZ	Neue Zeitschrift für Strafrecht
NStZ-RR	Neue Zeitschrift für Strafrecht Rechtsprechungs-Report
NTS	Abkommen zwischen den Parteien des Nordatlantikvertrags über die Rechtsstellung ihrer Truppen (NATO-Truppenstatut)
NTS-PfP	Übereinkommen zwischen den Vertragsstaaten des Nordatlantikvertrags und den anderen an der Partnerschaft für den Frieden teilnehmenden Staaten über die Rechtsstellung ihrer Truppen sowie dem Zusatzprotokoll
NTS-ZA	Zusatzabkommen zu dem Abkommen zwischen den Parteien des Nordatlantikvertrages über die Rechtsstellung ihrer Truppen hinsichtlich der in der Bundesrepublik Deutschland stationierten ausländischen Truppen

Abkürzungsverzeichnis

NTS-ZA-UProt	Unterzeichnungsprotokoll zum Zusatzabkommen (zu dem Abkommen zwischen den Parteien des Nordatlantikvertrages über die Rechtsstellung ihrer Truppen hinsichtlich der in der Bundesrepublik Deutschland stationierten ausländischen Truppen)
NTSZusVG	Gesetz zu dem Abkommen zwischen den Parteien des Nordatlantikvertrags vom 19. Juni 1951 über die Rechtsstellung ihrer Truppen und zu den Zusatzvereinbarungen vom 3. August 1959 zu diesem Abkommen (Gesetz zum NATO-Truppenstatut und zu den Zusatzvereinbarungen)
NukterrBekÜ	Internationales Übereinkommen zur Bekämpfung nuklearterroristischer Handlungen
NZWehrr	Neue Zeitschrift für Wehrrecht
OECD	Organisation für wirtschaftliche Zusammenarbeit und Entwicklung/ Organisation for Economic Co-operation and Development
OEÜ	Europäisches Übereinkommen über die Entschädigung für Opfer von Gewalttaten
OIA	Office of International Affairs
OLAF	Europäisches Amt für Betrugsbekämpfung (Office Européen de Lutte Anti-Fraude)
OLAF-Errichtungsbeschluss	Beschluss der Kommission zur Errichtung des Europäischen Amtes für Betrugsbekämpfung (OLAF)
OLAF-VO	Verordnung 883/2013 über die Untersuchungen des Europäischen Amtes für Betrugsbekämpfung (OLAF) und zur Aufhebung der Verordnung (EG) Nr. 1073/1999 des Europäischen Parlaments und des Rates und der Verordnung (Euratom) Nr. 1074/1999 des Rates
OLG	Oberlandesgericht
OWiG	Gesetz über Ordnungswidrigkeiten in der Fassung der Bekanntmachung (Ordnungswidrigkeitengesetz)
Palermo I (UNTOC)	Übereinkommen der Vereinten Nationen gegen die grenzüberschreitende organisierte Kriminalität (Palermo I)
Palermo II	Zusatzprotokoll zur Verhütung, Bekämpfung und Bestrafung des Menschenhandels, insbesondere des Frauen- und Kinderhandels zum Übereinkommen der Vereinten Nationen v. 15. November 2000 gegen die grenzüberschreitende organisierte Kriminalität
Palermo III	Zusatzprotokoll gegen die Schleusung von Migranten auf dem Land-, See- und Luftweg zum Übereinkommen der Vereinten Nationen v. 15. November 2000 gegen die grenzüberschreitende organisierte Kriminalität
Palermo IV	Protokoll v. 31. Mai 2001 gegen die unerlaubte Herstellung von Schusswaffen, dazugehörigen Teilen und Komponenten und Munition und gegen den unerlaubten Handel damit in Ergänzung des Übereinkommens der Vereinten Nationen gegen die grenzüberschreitende organisierte Kriminalität
PartAbk EU/NZ	Partnerschaftsabkommen über die Beziehungen und die Zusammenarbeit zwischen der Europäischen Union und ihren Mitgliedstaaten einerseits und Neuseeland andererseits
PartAbk EU/VN	Rahmenabkommen über umfassende Partnerschaft und Zusammenarbeit zwischen der Europäischen Union und ihren Mitgliedstaaten einerseits und der Sozialistischen Republik Vietnam andererseits

Abkürzungsverzeichnis

PCIJ Reports	Entscheidungssammlung des Ständigen Internationalen Gerichtshofs
PlSprMarkUebk ..	Übereinkommen über die Markierung von Plastiksprengstoffen zum Zweck des Aufspürens
PNAAbk EG/CA	Abkommen zwischen der Europäischen Gemeinschaft und der Regierung Kanadas über die Verarbeitung von erweiterten Fluggastdaten und Fluggastdatensätzen (PNR-Abkommen EG/Kanada)
PNR	Passenger Name Record
PNRAbk EU/ AUS	Abkommen zwischen der Europäischen Union und Australien über die Verarbeitung von Fluggastdatensätzen (Passenger Name Records – PNR) und deren Übermittlung durch die Fluggesellschaften an den Australian Customs and Border Protection Service (PNR-Abkommen EU/Australien)
PNRAbk EU/US	Abkommen zwischen den Vereinigten Staaten von Amerika und der Europäischen Union über die Verwendung von Fluggastdatensätzen und deren Übermittlung an das United States Department of Homeland Security (PNR-Abkommen EU/USA)
PNR-RL	Richtlinie EU 2016/681 des Europäischen Parlaments und des Rates über die Verwendung von Fluggastdatensätzen (PNR-Daten) zur Verhütung, Aufdeckung, Ermittlung und Verfolgung von terroristischen Straftaten und schwerer Kriminalität
PolZollZusErProt DE/FR	Protokoll zwischen der Regierung der Bundesrepublik Deutschland und der Regierung der Französischen Republik über den grenzüberschreitenden Einsatz von Luftfahrzeugen zur Ergänzung des Abkommens vom 9. Oktober 1997 über die Zusammenarbeit der Polizei- und Zollbehörden in den Grenzgebieten
PolZV DE/AT	Vertrag zwischen der Bundesrepublik Deutschland und der Republik Österreich über die grenzüberschreitende Zusammenarbeit zur polizeilichen Gefahrenabwehr und in strafrechtlichen Angelegenheiten
PolZV DE/BE	Abkommen zwischen der Regierung der Bundesrepublik Deutschland und der Regierung des Königreichs Belgien über die Zusammenarbeit der Polizeibehörden und Zollverwaltungen in den Grenzgebieten
PolZV DE/BE/ FR/LU	Übereinkommen zwischen den Regierungen der Bundesrepublik Deutschland, der Regierung des Königreichs Belgien, der Regierung des Großherzogtums Luxemburg und der Regierung der Französischen Republik zur Einrichtung und zum Betrieb eines Gemeinsamen Zentrums der Polizei- und Zollzusammenarbeit im gemeinsamen Grenzgebiet
PolZV DE/CH ...	Vertrag zwischen der Bundesrepublik Deutschland und der Schweizerischen Eidgenossenschaft über die grenzüberschreitende polizeiliche und justizielle Zusammenarbeit
PolZV DE/CZ	Vertrag zwischen der Bundesrepublik Deutschland und der Tschechischen Republik über die polizeiliche Zusammenarbeit und zur Änderung des Vertrages vom 2. Februar 2000 zwischen der Bundesrepublik Deutschland und der Tschechischen Republik über die Ergänzung des Europäischen Übereinkommens über die Rechtshilfe in Strafsachen vom 20. April 1959 und die Erleichterung seiner Anwendung
PolZV DE/DK ...	Abkommen zwischen der Regierung der Bundesrepublik Deutschland und der Regierung des Königreichs Dänemark über die polizeiliche Zusammenarbeit in den Grenzgebieten

Abkürzungsverzeichnis

PolZV DE/FR	Abkommen zwischen der Regierung der Bundesrepublik Deutschland und der Regierung der Französischen Republik über die Zusammenarbeit der Polizei- und Zollbehörden in den Grenzgebieten
PolZV DE/LU	Vereinbarung zwischen dem Bundesminister des Innern der Bundesrepublik Deutschland sowie dem Justizminister und Minister der öffentlichen Macht des Großherzogtums Luxemburg über die polizeiliche Zusammenarbeit im Grenzgebiet zwischen der Bundesrepublik Deutschland und dem Großherzogtum Luxemburg
PolZV DE/NL	Vertrag zwischen der Bundesrepublik Deutschland und dem Königreich der Niederlande über die grenzüberschreitende polizeiliche Zusammenarbeit und die Zusammenarbeit in strafrechtlichen Angelegenheiten
PolZV DE/PL	Abkommen zwischen der Regierung der Bundesrepublik Deutschland und der Regierung der Republik Polen über die Zusammenarbeit der Polizei-, Grenz- und Zollbehörden
pr.	principium
PRADO	Öffentliches Online-Register echter Identitäts- und Reisedokumente des Rates der Europäischen Union
Protokoll I	Zusatzprotokoll zu den Genfer Abkommen v. 12.8.1949 über den Schutz der Opfer internationaler bewaffneter Konflikte
ProtRHÜ 2000	Protokoll - v. Rat gemäß Artikel 34 des Vertrags über die Europäische Union erstellt - zu dem Übereinkommen über die Rechtshilfe in Strafsachen zwischen den Mitgliedstaaten der Europäischen Union
PrümV	Vertrag zwischen dem Königreich Belgien, der Bundesrepublik Deutschland, dem Königreich Spanien, der Französischen Republik, dem Großherzogtum Luxemburg, dem Königreich der Niederlande und der Republik Österreich über die Vertiefung der grenzüberschreitenden Zusammenarbeit, insbesondere zur Bekämpfung des Terrorismus, der grenzüberschreitenden Kriminalität und der illegalen Migration
PrümVAG	Ausführungsgesetz zum Prümer Vertrag und zum Ratsbeschluss Prüm
RaBIT	Soforteinsatzteam zur Grenzsicherung
RAPEX	Rapid Exchange of Information System
RASFF	Europäisches Schnellwarnsystem für Lebensmittel und Futtermittel (Rapid Alert System for Food and Feed)
RAuskÜ	Europäisches Übereinkommen betreffend Auskünfte über ausländisches Recht
RAuskÜZP	Zusatzprotokoll v. 15. März 1978 zum Europäischen Übereinkommen betreffend Auskünfte über ausländisches Recht
RaumstationsÜ	Übereinkommen zwischen der Regierung Kanadas, Regierungen von Mitgliedstaaten der Europäischen Weltraumorganisation, der Regierung Japans, der Regierung der Russischen Föderation und der Regierung der Vereinigten Staaten von Amerika über Zusammenarbeit bei der zivilen internationalen Raumstation
RB	Rahmenbeschluss
RB 2002/465/JI	Rahmenbeschluss 2002/465/JI des Rates über gemeinsame Ermittlungsgruppen
RB 2002/475/JI	Rahmenbeschluss 2002/475/JI des Rates v. 13. Juni 2002 zur Terrorismusbekämpfung
RB 2002/584/JI	Rahmenbeschlusses des Rates über den Europäischen Haftbefehl und die Übergabeverfahren zwischen den Mitgliedstaaten

Abkürzungsverzeichnis

RB 2003/757/JI	Rahmenbeschluss 2003/577/JI über die Vollstreckung von Entscheidungen über die Sicherstellung von Vermögensgegenständen oder Beweismitteln in der Europäischen Union
RB 2006/960/JI	Rahmenbeschluss 2006/960/JI des Rates über die Vereinfachung des Austauschs von Informationen und Erkenntnissen zwischen den Strafverfolgungsbehörden der Mitgliedstaaten der Europäischen Union
RB 2008/977/JI	Rahmenbeschluss 2008/977/JI über den Schutz personenbezogener Daten, die im Rahmen der polizeilichen und justiziellen Zusammenarbeit in Strafsachen verarbeitet werden
RB 2008/978/JI	Rahmenbeschluss 2008/978/JI des Rates über die Europäische Beweisanordnung zur Erlangung von Sachen, Schriftstücken und Daten zur Verwendung in Strafsachen
RB 2009/315/JI	Rahmenbeschluss 2009/315/JI des Rates über die Durchführung und den Inhalt des Austauschs von Informationen aus dem Strafregister zwischen den Mitgliedstaaten
RefE	Referentenentwurf
REITOX	Europäisches Informationsnetz für Drogen und Drogensucht (Réseau Européen d'Information sur les Drogues et les Toxicomanies)
Res.	Resolution
RG	Reichsgericht
RHAbk DE/HK	Abkommen zwischen der Regierung der Bundesrepublik Deutschland und der Regierung der Sonderverwaltungsregion Hongkong der Volksrepublik China über die gegenseitige Rechtshilfe in Strafsachen
RHAbk DE/XK	Abkommen zwischen der Regierung der Bundesrepublik Deutschland und der Regierung der Republik Kosovo über die justizielle Zusammenarbeit in Strafsachen
RHAbk EU/JP	Abkommen zwischen der Europäischen Union und Japan über die Rechtshilfe in Strafsachen
RheinPolZAbk DE/FR	Abkommen zwischen der Regierung der Bundesrepublik Deutschland und der Regierung der Französischen Republik über die Zusammenarbeit bei der Wahrnehmung schifffahrtspolizeilicher Aufgaben auf dem deutsch-französischen Rheinabschnitt
RheinSchiffV DE/CH	Vertrag zwischen der Bundesrepublik Deutschland und der Schweizerischen Eidgenossenschaft über die Schiffahrt auf dem Untersee und dem Rhein zwischen Konstanz und Schaffhausen
RHÜ 1959	Europäisches Übereinkommen über die Rechtshilfe in Strafsachen (Europäisches Rechtshilfeübereinkommen) (ETS Nr. 030)
RHÜ 2000	Rechtsakt des Rates v. 29. Mai 2000 über die Erstellung des Übereinkommens – gemäß Artikel 34 des Vertrags über die Europäische Union – über die Rechtshilfe in Strafsachen zwischen den Mitgliedstaaten der Europäischen Union
RHÜ EU/US	Abkommen zwischen der Europäischen Union und den Vereinigten Staaten von Amerika über Rechtshilfe (EU-US-Rechtshilfe-Rahmenabkommen)
RHÜ D-XK	Abkommen zwischen der Regierung der Bundesrepublik Deutschland und der Regierung der Republik Kosovo über die justizielle Zusammenarbeit in Strafsachen
RHV DE/CA	Vertrag v. 13. Mai 2002 zwischen der Bundesrepublik Deutschland und Kanada über die Rechtshilfe in Strafsachen

Abkürzungsverzeichnis

RHV DE/TN	Vertrag zwischen der Bundesrepublik Deutschland und der Tunesischen Republik über die Auslieferung und die Rechtshilfe in Strafsachen
RHV DE/US	Vertrag zwischen der Bundesrepublik Deutschland und den Vereinigten Staaten von Amerika über die Rechtshilfe in Strafsachen
RHZustV	Vereinbarung zwischen der Bundesregierung und den Landesregierungen über die Zuständigkeit im Rechtshilfeverkehr mit dem Ausland in strafrechtlichen Angelegenheiten
RiStBV	Richtlinien für das Strafverfahren und das Bußgeldverfahren
RiVASt	Richtlinien für den Verkehr mit dem Ausland in strafrechtlichen Angelegenheiten
RL 2004/82/EG	Richtlinie 2004/82/EG des Rates über die Verpflichtung von Beförderungsunternehmen, Angaben über die beförderten Personen zu übermitteln
RL (EU) 2017/1371	Richtlinie (EU) 2017/1371 des Europäischen Parlaments und des Rates über die strafrechtliche Bekämpfung von gegen die finanziellen Interessen der Union gerichtetem Betrug
RMinBl.	Reichsministerialblatt
Rn.	Randnummer
Rspr.	Rechtsprechung
RStGH	Ruanda-Strafgerichtshof
S./s.	Siehe/Seite
Schengener Grenzkodex	Verordnung (EU) 2016/399 des Europäischen Parlaments und des Rates über einen Gemeinschaftskodex für das Überschreiten der Grenzen durch Personen
SchengenÜbk	Übereinkommen zwischen den Regierungen der Staaten der Benelux-Wirtschaftsunion, der Bundesrepublik Deutschland und der Französischen Republik betreffend den schrittweisen Abbau der Kontrollen an den gemeinsamen Grenzen)
SchiffsführStrafZustÜ	Internationales Übereinkommen zur Vereinheitlichung der Regeln über die strafgerichtliche Zuständigkeit bei Schiffszusammenstößen und anderen mit der Führung eines Seeschiffes zusammenhängenden Ereignissen
SchÜ	Europäisches Übereinkommen über Straftaten im Zusammenhang mit Kulturgut (ETS Nr. 119)
SchusswaffenÜ	Europäisches Übereinkommen über die Kontrolle des Erwerbs und des Besitzes von Schußwaffen durch Einzelpersonen (ETS-Nr. 101)
SchwarzArbG	Gesetz zur Bekämpfung der Schwarzarbeit und illegalen Beschäftigung (Schwarzarbeitsbekämpfungsgesetz)
schweiz.	schweizer/schweizerisch
SDÜ	Übereinkommen zur Durchführung des Übereinkommens von Schengen v. 14. Juni 1985 zwischen den Regierungen der Staaten der Benelux-Wirtschaftsunion, der Bundesrepublik Deutschland und der Französischen Republik betreffend den schrittweisen Abbau der Kontrollen an den gemeinsamen Grenzen
SeeSchSichÜ	Übereinkommen zur Bekämpfung widerrechtlicher Handlungen gegen die Sicherheit der Seeschiffahrt

Abkürzungsverzeichnis

SeeSchSichÜbG ..	Gesetz zu dem Übereinkommen vom 10. März 1988 zur Bekämpfung widerrechtlicher Handlungen gegen die Sicherheit der Seeschiffahrt und zum Protokoll vom 10. März 1988 zur Bekämpfung widerrechtlicher Handlungen gegen die Sicherheit fester Plattformen, die sich auf dem Festlandsockel befinden (Gesetz zu dem Seeschiffahrt-Sicherheitsübereinkommen)
SeeSchSichÜProt 2005	Protokoll von 2005 zum Übereinkommen zur Bekämpfung widerrechtlicher Handlungen gegen die Sicherheit der Seeschifffahrt
SeeSchStrO	Seeschifffahrtsstraßen-Ordnung
SFSA	Übereinkommen zur Durchführung der Bestimmungen des Seerechtsübereinkommens der Vereinten Nationen vom 10. Dezember 1982 über die Erhaltung und Bewirtschaftung von gebietsübergreifenden Fischbeständen und Beständen weit wandernder Fische (Straddling Fish Stocks Agreement)
SichZusAbK DE/ AE	Abkommen zwischen der Regierung der Bundesrepublik Deutschland und der Regierung der Vereinigten Arabischen Emirate über die Zusammenarbeit im Sicherheitsbereich
SichZusAbk DE/ AL	Abkommen zwischen der Regierung der Bundesrepublik Deutschland und dem Ministerrat der Republik Albanien über die Zusammenarbeit im Sicherheitsbereich
SichZusAbk DE/ EGY	Abkommen zwischen der Regierung der Bundesrepublik Deutschland und der Regierung der Arabischen Republik Ägypten über die Zusammenarbeit im Sicherheitsbereich
SichZusAbk DE/ RS	Abkommen zwischen der Regierung der Bundesrepublik Deutschland und der Regierung der Republik Serbien über die Zusammenarbeit im Sicherheitsbereich
SichZusAbk DE/ TN	Abkommen zwischen der Regierung der Bundesrepublik Deutschland und der Regierung der Tunesischen Republik über die Zusammenarbeit im Sicherheitsbereich
SIENA	Netzanwendung für sicheren Informationsaustausch
SIRENE	Supplementary Information Request at the National Entry
SIS	Schengener Informationssystem
SIS II	Schengener Informationssystem der zweiten Generation
SIS II-Beschluss ...	Beschluss 2007/533/JI des Rates über die Einrichtung, den Betrieb und die Nutzung des Schengener Informationssystems der zweiten Generation (SIS II)
SIS II-VO	Verordnung (EG) Nr. 1987/2006 des Europäischen Parlaments und des Rates v. 20. Dezember 2006 über die Einrichtung, den Betrieb und die Nutzung des Schengener Informationssystems der zweiten Generation (SIS II)
SISNET	Kommunikationsplattform des Schengener Informationssystems (abgeschaltet)
SkAufG	Gesetz über die Rechtsstellung ausländischer Streitkräfte bei vorübergehenden Aufenthalten in der Bundesrepublik Deutschland (Streitkräfteaufenthaltsgesetz)
SklavereiAbk	Übereinkommen über die Sklaverei

Abkürzungsverzeichnis

SklavStG	Gesetz betreffend die Bestrafung des Sklavenraubes und des Sklavenhandels
SLTD	Stolen and Lost Travel Documents Database – Datenbank gestohlener und verlorener Dokumente
SMS	Short Message Service
sog.	sogenannt(e, en)
Sportpublikum-SicherheitsÜ	Übereinkommen des Europarats über einen integrierten Schutz, Sicherheit und Service-Ansatz bei Fußballspielen und anderen Sportveranstaltungen (ETS Nr. 218)
SprengMarkÜbk	Übereinkommen über die Markierung von Plastiksprengstoffen zum Zweck des Aufspürens v. 1. März 1991(BGBl. 1998 II 2302)
SRÜ	Seerechtsübereinkommen von 1982
StAnz	Staatsanzeiger
StGB	Strafgesetzbuch
StIGH	Ständiger Internationaler Gerichtshof
StPO	Strafprozessordnung
StraFo	Strafverteidiger Forum (Zeitschrift)
StrafRegÜ DE/US	Vereinbarung zwischen der Regierung der Bundesrepublik Deutschland und der Regierung der Vereinigten Staaten von Amerika über den Rechtshilfeverkehr in Strafsachen und über die Erteilung von Auskünften aus dem Strafregister v. 18. April 1961
StratPartAbk EU/CA	Abkommen über eine strategische Partnerschaft zwischen der Europäischen Union und ihren Mitgliedstaaten einerseits und Kanada andererseits
StV	Strafverteidiger (Zeitschrift)
StVÜ	Wiener Übereinkommen über den Straßenverkehr
SVR	Straßenverkehrsrecht
SWIFT	Society for Worldwide Interbank Financial Telecommunication
TanDEM-X-Satellit	Deutscher Radarsatellit
TerraSAR-X-Satellit	Deutscher Erdbeobachtungssatellit
Terrorismusbekämpfungs-RL	Richtlinie (EU) 2017/541 des Europäischen Parlaments und des Rates zur Terrorismusbekämpfung und zur Ersetzung des Rahmenbeschlusses 2002/475/JI des Rates und zur Änderung des Beschlusses 2005/671/JI des Rates
TerrorVerhÜ	Übereinkommen des Europarats zur Verhütung des Terrorismus
TFTP	Trivial File Transfer Protocol
TK	Telekommunikation
TKÜ	Telekommunikationsüberwachung
Tokioter Abkommen	Abkommen über strafbare und bestimmte andere an Bord von Luftfahrzeugen begangene Handlungen
TRACES	Trade Control and Expert System
Transparenz-VO	Verordnung (EG) Nr. 1049/2001 des Europäischen Parlaments und des Rates über den Zugang der Öffentlichkeit zu Dokumenten des Europäischen Parlaments, des Rates und der Kommission

Abkürzungsverzeichnis

UAbs.	Unterabsatz
UmwSchStrafRÜ	Übereinkommen über den Schutz der Umwelt durch das Strafrecht (ETS Nr. 172)
UN	Organisation der Vereinten Nationen
UN-Charta	Charta der Vereinten Nationen
ungar.	ungarisch(e)
UNImmÜ	Übereinkommen über die Vorrechte und Immunitäten der Vereinten Nationen v. 13.2.1946
Unionszollkodex	Verordnung (EU) Nr. 952/2013 des Europäischen parlaments und des Rates zur Festlegung des Zollkodex der Union
UNODC	United Nations Office on Drugs and Crime
UNRSPr	UN Principles relating to remote sensing of the Earth from space
UNSC	United Nations Security Council, Sicherheitsrat der Vereinten Nationen
UNStImmÜbk	UN Übereinkommen über die Staatenimmunität – United Nations Convention on Jurisdictional Immunities of States and Their Property, v. 2. Dezember 2004 (UN Doc. A/59/508) – für Deutschland noch nicht in Kraft.
UNSuchtÜ	Übereinkommen der Vereinten Nationen gegen den unerlaubten Verkehr mit Suchtstoffen und psychotropen Stoffen (Suchtstoffübereinkommen 1988)
USA	Vereinigte Staaten von Amerika
U.S.C.	U.S. Code (Abschnitt 18 – Crimes and Criminal Procedure)
VerkDelAhndÜ	Europäisches Übereinkommen über die Ahndung von Zuwiderhandlungen im Straßenverkehr (ETS Nr. 052)
VG	Verwaltungsgericht
vgl.	vergleiche
VIS	Visa-Informationssystem
Visakodex	Verordnung (EG) Nr. 810/2009 des Europäischen Parlaments und des Rates über einen Visakodex der Gemeinschaft
Visa-VO	Verordnung (EG) Nr. 539/2001 des Rates zur Aufstellung der Liste der Drittländer, deren Staatsangehörige beim Überschreiten der Außengrenzen im Besitz eines Visums sein müssen, sowie der Liste der Drittländer, deren Staatsangehörige von dieser Visumpflicht befreit sind
VIS-VO	Verordnung (EG) Nr. 767/2008 des Europäischen Parlaments und des Rates über das Visa-Informationssystem (VIS) und den Datenaustausch zwischen den Mitgliedstaaten über Visa für einen kurzfristigen Aufenthalt (VIS-Verordnung)
VISZ-Beschluss	Beschluss 2008/633/JI des Rates über den Zugang der benannten Behörden der Mitgliedstaaten und von Europol zum Visa-Informationssystem (VIS) für Datenabfragen zum Zwecke der Verhütung, Aufdeckung und Ermittlung terroristischer und sonstiger schwerwiegender Straftaten
VISZG	Gesetz über den Zugang von Polizei- und Strafverfolgungsbehörden sowie Nachrichtendiensten zum Visa-Informationssystem (VIS-Zugangsgesetz)
VO	Verordnung (EU/EG/EWG/EGKS)
VO (EG, Euratom) 2988/95	Verordnung (EG, Euratom) Nr. 2988/95 des Rates vom 18. Dezember 1995 über den Schutz der finanziellen Interessen der Europäischen Gemeinschaften
VölkerR	Völkerrecht

Abkürzungsverzeichnis

Vorrechte-Protokoll	Protokoll über die Vorrechte und Befreiungen der Europäischen Union
VwVfG	Verwaltungsverfahrensgesetz
WDO	Wehrdisziplinarordnung
WeltraumregistrierungsÜ	Übereinkommens über die Registrierung von in den Weltraum gestarteten Gegenständen
WeltraumrettungsÜ	Übereinkommen über die Rettung und die Rückführung von Raumfahrern sowie die Rückgabe von in den Weltraum gestarteten Gegenständen
WeltrV	Vertrag über die Grundsätze zur Regelung der Tätigkeiten von Staaten bei der Erforschung und Nutzung des Weltraums einschließlich des Mondes und anderer Himmelskörper (Weltraumvertrag)
wistra	Zeitschrift für Wirtschafts- und Steuerstrafrecht
WKÜ	Wiener Übereinkommen über konsularische Beziehungen
wN	weiteren Nachweisen
WPV 1999	Weltpostvertrag 1999
WPV	Weltpostvertrag von 2008 – von Deutschland bislang nicht ratifiziert
WÜD	Wiener Übereinkommen über diplomatische Beziehungen
WV	Wiener Übereinkommen über das Recht der Verträge
WWW	World Wide Web
ZahlVAbk EU/US	Abkommen zwischen der Europäischen Union und den Vereinigten Staaten von Amerika über die Verarbeitung von Zahlungsverkehrsdaten und deren Übermittlung aus der Europäischen Union an die Vereinigten Staaten für die Zwecke des Programms zum Aufspüren der Finanzierung des Terrorismus
ZaöRV	Zeitschrift für ausländisches öffentliches Recht und Völkerrecht
zB	zum Beispiel
ZEuS	Zeitschrift für europarechtliche Studien
ZFdG	Gesetz über das Zollkriminalamt und die Zollfahndungsämter (Zollfahndungsdienstgesetz)
ZIS	Zeitschrift für Internationale Strafrechtsdogmatik/Zollinformationssystem der EU
ZISAG	Gesetz zur Ausführung des Beschlusses 2009/917/JI des Rates vom 30. November 2009 über den Einsatz der Informationstechnologie im Zollbereich sowie zur Verordnung (EG) Nr. 515/97 des Rates vom 13. März 1997 über die gegenseitige Amtshilfe zwischen Verwaltungsbehörden der Mitgliedstaaten und die Zusammenarbeit dieser Behörden mit der Kommission im Hinblick auf die ordnungsgemäße Anwendung der Zoll- und der Agrarregelung (ZIS-Ausführungsgesetz)
ZKA	Zollkriminalamt
Zollinformations-Beschluss	Beschluss 2009/917/JI des Rates über den Einsatz der Informationstechnologie im Zollbereich
EUZollInfTech-Abk	Übereinkommen auf Grund von Artikel K.3 des Vertrags über die Europäische Union über den Einsatz der Informationstechnologie im Zollbereich

Abkürzungsverzeichnis

Zollinformations-VO	Verordnung (EG) Nr. 515/97 des Rates über die gegenseitige Amtshilfe zwischen Verwaltungsbehörden der Mitgliedstaaten und die Zusammenarbeit dieser Behörden mit der Kommission im Hinblick auf die ordnungsgemäße Anwendung der Zoll- und der Agrarregelung
ZollVG	Zollverwaltungsgesetz
ZP	Zusatzprotokoll
ZP I-RHÜ 1959 .	Zusatzprotokoll zum Europäisches Übereinkommen über die Rechtshilfe in Strafsachen
ZP II-RHÜ 1959	Zweites Zusatzprotokoll zum Europäischen Übereinkommen über die Rechtshilfe in Strafsachen
ZPO	Zivilprozeßordnung
ZRP	Zeitschrift für Rechtspolitik
ZStW	Zeitschrift für die gesamte Strafrechtswissenschaft
zT	zum Teil
ZusBekämKrimÜ DE/US	Abkommen zwischen der Regierung der Bundesrepublik Deutschland und der Regierung der Vereinigten Staaten von Amerika über die Vertiefung der Zusammenarbeit bei der Verhinderung und Bekämpfung schwerwiegender Kriminalität
ZustVb2004	Vereinbarung zwischen der Bundesregierung und den Landesregierungen von Baden-Württemberg, Bayern, Berlin, Brandenburg, Bremen, Hamburg, Hessen, Mecklenburg-Vorpommern, Niedersachsen, Nordrhein-Westfalen, Rheinland-Pfalz, Saarland, Sachsen, Sachsen-Anhalt, Schleswig-Holstein und Thüringen über die Zuständigkeit im Rechtshilfeverkehr mit dem Ausland in strafrechtlichen Angelegenheiten (Zuständigkeitsvereinbarung 2004)

Verzeichnis der abgekürzten zitierten Literatur

Ambos, K., Beweisverwertungsverbote, 2010 (zit.: *Ambos* Beweisverwertungsverbote)
Ambos, K., Internationales Strafrecht. Strafanwendungsrecht, Völkerstrafrecht, Europäisches Strafrecht, Rechtshilfe, 5. Aufl. 2018 (zit.: *Ambos* IntStrafR)
Ambos, K./König, S./Rachow, P., Rechtshilferecht in Strafsachen, 2014 (zit.: NK-Rechtshilfe*R/Bearbeiter*)
Baldus, M./Grzeszick, B./Wienhues, S., Staatshaftungsrecht. Das Recht der öffentlichen Ersatzleistungen, 5. Aufl. 2018 (zit.: *Baldus/Grzeszick/Wienhues* StaatshaftungsR)
Baumann, R./Brenner, H., Die strafprozessualen Beweisverwertungsverbote, 2. Aufl. 2004 (zit.: *Baumann/Brenner* Beweisverwertungsverbote)
Birke, R., Strafverfolgung nach dem NATO-Truppenstatut. Grundlagen und Praxis eines „international-arbeitsteiligen" Strafverfahrens, 2004 (zit.: *Birke* NATO-Truppenstatut)
Graf, J.-P., Beck Online-Kommentar StPO mit RiStBV und MiStra, 32. Ed. 1.1.2019 (zit.: BeckOK StPO/*Bearbeiter*, Ed. Datum)
Grützner, H./Pötz, P.-G./Kreß, C./Gazeas, N., Internationaler Rechtshilfeverkehr in Strafsachen, Loseblattwerk, Stand Dezember 2016 (zit.: GPKG/*Bearbeiter*)
Hackner, T./Schierholt, C., Internationale Rechtshilfe in Strafsachen, 3. Aufl. 2017 (zit.: *Hackner/Schierholt* Int. Rechtshilfe)
Hecker, B., Europäisches Strafrecht, 5. Aufl. 2015 (zit.: *Hecker* EuropStrafR)
Heussner, K., Informationssysteme im Europäischen Verwaltungsverbund, 1. Aufl. 2007 (zit.: *Heussner* Informationssysteme)
Ipsen, K., Völkerrecht, 7. Aufl. 2018 (zit.: *Bearbeiter* in Ipsen VölkerR)
Janicki, K., Beweisverbote im deutschen und englischen Strafprozeß, 2002 (zit.: *Janicki* Beweisverbote)
Johannes, P. C./Weinhold, R., Das neue Datenschutzrecht bei Polizei und Justiz, 2018 (zit.: *Johannes/Weinhold* DatenschutzR)
Karlsruher Kommentar zur Strafprozessordnung – mit GVG, EGGVG und EMRK, 8. Aufl. 2019 (zit.: KK-StPO/*Bearbeiter*)
Karpenstein, U./Mayer, F. C., EMRK. Konvention zum Schutz der Menschenrechte und Grundfreiheiten, 2. Aufl. 2015 (zit.: Karpenstein/Mayer/*Bearbeiter*)
Langbauer, M., Das Strafrecht vor den Unionsgerichten, 2015 (zit.: *Langbauer* Das Strafrecht vor den Unionsgerichten)
Lisken, H./Denninger, E., Handbuch des Polizeirechts, 6. Aufl. 2018 (zit.: *Bearbeiter* in Lisken/Denninger HdB PolizeiR)
Löwe, E./Rosenberg, W., StPO, 27. Aufl. 2017 (zit.: LR/*Bearbeiter*)
Mergner, T., Fernwirkung von Beweisverwertungsverboten, 2005 (zit.: *Mergner* Fernwirkung)
Meyer-Goßner, L./Schmitt, B., Strafprozessordnung, 62. Aufl. 2019 (zit.: Meyer-Goßner/Schmitt/*Bearbeiter*)
Milke, T., Europol und Eurojust: Zwei Institutionen zur internationalen Verbrechensbekämpfung und ihre justitielle Kontrolle, 2003 (zit.: *Milke* Europol)
Nagel, K.-F., Beweisaufnahme im Ausland, 1988 (zit.: *Nagel* Beweisaufnahme)
Norouzi, A. B., Die audiovisuelle Vernehmung von Auslandszeugen, 2010 (zit.: *Norouzi* Audiovisuelle Vernehmung)
Popp, P., Grundzüge der internationalen Rechtshilfe, 2001 (zit.: *Popp* Rechtshilfe)
Laufhütte, H. W./Rissing-van Saan, R./Tiedemann, K., Leipziger Kommentar zum Strafgesetzbuch, 12. Aufl. 2006 ff. (zit.: LK-StGB/*Bearbeiter*)

Literaturverzeichnis

Schädel, P., Die Bewilligung internationaler Rechtshilfe in Strafsachen in der Europäischen Union, 2005 (zit.: *Schädel* Bewilligung)

Scheller, S., Ermächtigungsgrundlagen für die internationale Rechts- und Amtshilfe zur Verbrechensbekämpfung. Konkretisierung des Gesetzesvorbehalts, Diss. Jur., Freiburg 1997 (zit.: *Scheller* Ermächtigungsgrundlagen)

Schomburg, W./Lagodny, O./Gleß, S./Hackner, T., Internationale Rechtshilfe in Strafsachen, 5. Aufl. 2014 (zit.: Schomburg/Lagodny/Gleß/Hackner/*Bearbeiter*)

Schuster, F. P., Verwertbarkeit im Ausland gewonnener Beweise im deutschen Strafprozess (Schriften zum Prozessrecht), 2006 (zit.: *Schuster* Verwertbarkeit)

Sieber, U./Satzger, H./v. Heintschel-Heinegg, B., Europäisches Strafrecht, 2. Aufl. 2014 (zit.: HdB-EuStrafR/*Bearbeiter*)

Simitis, S. (Hrsg.), Bundesdatenschutzgesetz. Kommentar, 8. Aufl. 2014 (zit.: Simitis/*Bearbeiter* BDSG)

Graf Vitzthum, W./Proelß, A., Völkerrecht, 7. Aufl. 2016 (zit.: *Bearbeiter* in Graf Vitzthum/Proelß VölkerR)

v. Heintschel-Heinegg, B./Stöckel, H., KMR – Kommentar zur Strafprozessordnung, Stand 2015 (zit.: KMR/*Bearbeiter*)

Wenger, F., Beweisanträge des Angeklagten auf Vernehmung von Auslandszeugen – sinnvolle Veränderung durch das Rechtspflegeentlastungsgesetz, 1997 (zit.: *Wenger* Auslandszeugen)

Wolter, J./Paeffgen, H.-U., Systematischer Kommentar zur Strafprozessordnung. Bd. 10: EMRK, 4. Aufl. 2012 (zit.: SK-StPO/*Bearbeiter*)

1. Kapitel. Einleitung

„Gerichte und Staatsanwaltschaften klagen über das kaum überschaubare Gewirr von Vorschriften und Formalien. Ein internationales Rechtshilfeersuchen fertigen zu müssen, ist für viele eine Horrorvision: was lässt das ausländische Recht im Einzelfall zu, wer ist für die erbetenen Maßnahmen zuständig, Fragen über Fragen. Ist ein Ersuchen gestellt, dauert seine Erledigung Monate, oftmals Jahre! ... Der ‚kleine Dienstweg' ist auch strafprozessual gefährlich: Die Nichtbeachtung zwischenstaatlicher Rechtshilferegelungen kann nämlich Auswirkungen auf die Verwertbarkeit der so gewonnenen Erkenntnisse haben."[1]

A. Informationszugänge im Überblick

Dem ist zur Problematik zunächst wenig hinzuzufügen. Ergänzen mag man allerdings die **1** Analyse eines der wohl besten Kenner des Rechtshilferechtes aus deutscher Sicht, *Wolfgang Schomburg:* „Hauptproblem ist sicherlich die kaum noch überschaubare Vielfalt divergierender Übereinkommen in sich überlappenden geographischen Rechtsräumen, ohne systematische Abstufung nach der möglichen Kooperationstiefe".[2] Ähnlich pointiert und zu recht weist etwa *Eisele* darauf hin, dass mit der ständigen und fortdauernden Ausweitung der Befugnisse zum Datenaustausch innerhalb der EU und mit Drittstaaten wie vor allem den USA eine kaum noch zu durchschauende Aufsplitterung des Datenverkehrs und des Datenschutzes verbunden ist, bei dem für einzelne Sachbereiche nicht nur getrennte Informationssysteme entstehen, sondern diese auch inhaltlich voneinander abweichende Regelungen enthalten.[3] Dem ist zur Problematik zunächst wenig hinzuzufügen. Ergänzen mag man allerdings die Analyse eines der wohl besten Kenner des Rechtshilferechtes aus deutscher Sicht, *Wolfgang Schomburg:* „Hauptproblem ist sicherlich die kaum noch überschaubare Vielfalt divergierender Übereinkommen in sich überlappenden geographischen Rechtsräumen, ohne systematische Abstufung nach der möglichen Kooperationstiefe".[4] Ähnlich pointiert und zu recht weist etwa *Eisele* darauf hin, dass mit der ständigen und fortdauernden Ausweitung der Befugnisse zum Datenaustausch innerhalb der EU und mit Drittstaaten wie vor allem den USA eine kaum noch zu durchschauende Aufsplitterung des Datenverkehrs und des Datenschutzes verbunden ist, bei dem für einzelne Sachbereiche nicht nur getrennte Informationssysteme entstehen, sondern diese auch inhaltlich voneinander abweichende Regelungen enthalten.[5] Das Bild setzt sich, unter dem Einfluss des neueren Unionsrechts zum Datenschutz (namentlich der DS-GVO und der JI-RL) fort:[6] Seit der deutschen und europäischen Ausformung der Grundrechte auf Datenschutz[7] wandelt sich das weitere Strafverfahrensrecht immer dynamischer und grundlegender, um sich stets bruchloser in das allgemeine Datenverarbeitungs- und Schutzrecht zu integrieren. Dieser grundsätzliche Wandlungsprozess ist bei weitem noch nicht abgeschlossen. So steht seitdem nicht nur seit längerem eine grundlegende Novelle neuer zentraler Verarbeitungs- und Nutzungsregelungen für aus der Rechtshilfe gewonnene Erkenntnisse im Gesetz über die internationale Rechtshilfe in Strafsachen (IRG), sondern auch in der StPO selbst an – und

---

[1] So etwa *Caesar* in Hailbronner, Zusammenarbeit der Polizei- und Justizverwaltungen in Europa, 1996, 23.
[2] *Schomburg* ZRP 1999, 237; vgl. dazu auch HdB-EuStrafR/*Lagodny* § 31 Rn. 9 mit konkretem Beispiel.
[3] HdB-EuStrafR/*Eisele* § 49 Rn. 3.
[4] *Schomburg* ZRP 1999, 237; vgl. dazu auch HdB-EuStrafR/*Lagodny* § 31 Rn. 9 mit konkretem Beispiel.
[5] HdB-EuStrafR/*Eisele* § 49 Rn. 3.
[6] Vgl. ausführlich unten § 19 Rn. 1 ff.
[7] Vgl. BVerfGE 65, 1 = NJW 1984, 419; sowie die dort und in Folge weiteren abgeleiteten Grundrechte auf infomationelle Selbstbestimmung sowie auf Integrität und Vertraulichkeit informationstechnischer Systeme.

1. Kapitel

aus.[8] Ihnen gegenüber bleiben allerdings weiter eine Fülle an Einzelvorschriften des jeweiligen Bundes- und Landesrechts im Bereich der Straftatbekämpfung und Gefahrenabwehr wirksam, die darzustellen den hier beabsichtigten Rahmen und das Ziel des Werks bei weitem sprengen würde.[9]

2 Trotz einer kodifizierten deutschen **Rechtsgrundlage,** dem IRG, und ausführlich zusammenfassenden und wenigstens die Ermittlungsbehörden, aber auch größtenteils die Gerichte bindenden RiVASt[10] scheint kaum ein Rechtsgebiet – „in einem Gestrüpp oft sehr technisch anmutender Regelungen"[11] – derart sperrig und schwer zugänglich wie die Fragen der Erkenntnisermittlung mit Auslandsbezug für ein deutsches Strafverfahren. Demgegenüber wird die „kleine Rechtshilfe" auch regelmäßig von der Rechtswissenschaft hinter dem „dramatischeren" Auslieferungsrecht geradezu stiefmütterlich oder als bloßer Annex behandelt.[12] Die Polizistin, der Staatsanwalt oder die Richterin sieht sich mit ihrer rechtsfehlerfreien Anwendung damit meist nur sporadisch – wenn auch deutlich in zunehmender Frequenz – als „Nebenkriegsschauplatz" der eigentlichen materiellen und prozessualen Fragen ohne schnellen Zugang zu verlässlichen Lösungen konfrontiert. Bei all dem sind die Ermittlungsorgane in zunehmendem Erledigungsdruck nach der RiStBV gehalten, namentlich in Haftsachen (Nr. 5 RiStBV), das Verfahren zu beschleunigen, unnötige Kosten zu vermeiden (Nr. 5a RiStBV) und natürlich stets im Übrigen verhältnismäßig und strikt rechtmäßig zu handeln. Demgegenüber besteht auch bei den weiteren Verfahrensbeteiligten, wie Nebenklagevertretern und der Verteidigung, (noch) häufig zu große Unsicherheit, um etwa in der knappen Begründungsfrist eine Revision wegen Rechtsfehlern ausgerechnet in diesem Bereich der Beweiserhebung und -verwertung erkennen und – gemessen an den hohen Anforderungen der Obergerichte – begründen zu können. Nur wenige, meist besonders exklatante Verstöße erreichen daher etwa den BGH und ermöglichen eine rechtsklärende und -sichernde Spruchpraxis.

3 Als **Reaktion** am hilfreichsten erscheint weiterhin für die Praxis, neben dem „Versuch ins Blaue hinein", oft die **altbewährte Übung,** mutmaßlich kundigere Kollegen oder Stellen mehr oder weniger informell um **Auskunft zu bitten.** Hierzu bieten sich für die staatlichen Ermittler und Richter zunächst die Rechtshilfereferentinnen und -referenten der jeweiligen Behörden oder Gerichte an, die dies meist als eine Zusatzaufgabe neben ihrer hauptsächlichen Diensttätigkeit betreiben, aber sich über spezielle Netzwerke auf dem Laufenden zu halten wissen. In der zweiten und dritten Linie, neudeutsch als „*second level support*", stehen dann die Rechtshilfereferate der Justizministerien bzw. -senatsverwaltungen oder der Obergerichte im Rahmen ihrer Zuständigkeit und schließlich eventuell die beim Bundesamt für Justiz oder dem Bundeskriminalamt (BKA), wenn nicht beim Bundesministerium der Justiz und beim Auswärtigen Amt.

---

[8] Vgl. https://www.bmjv.de/SharedDocs/Gesetzgebungsverfahren/Dokumente/RefE_Umsetzung_RL-EU-2016-680_und_Anpassung_datnschutzrechtlicher_Bestimmungen.pdf?__blob=publicationFile&v=3 (abgerufen am 21.05.2019); BT-Drs. 19/4671.

[9] Insoweit wird hier in Kapitel 4 (§§ 18–21) das grundlegende europäische sowie internationale und daraus fortbestehende nationale Umsetzungsrecht dargestellt; auf die sich weiter in sehr dynamischer Entwicklung befindlichen spezifischen Fortentwicklungen des Polizei-, Nachrichtendienst- und allgemeinen Verwaltungsrechts muss auf die sich parallel fortentwickelnden Kommentierungen und Einzelliteratur – nur beispielhaft etwa die Ausführungen von Wörner in der anstehenden 2. Auflage von Ambos/König/Rackow, Rechtshilferecht in Strafsachen, zu den im Gesetzgebungsverfahren nach dem Entwurf BT-Drs. 19/4671 derzeit geplanten §§ 77c ff. IRG n.F. – verwiesen werden.

[10] Vgl. *Nagel* Beweisaufnahme 49 ff., 60 ff. mwN; OLG Köln NJW 1985, 572; zust. dazu *Junker* DRiZ 1985, 161 ff.; da jedenfalls die eingehende Rechtshilfe unter die Justizverwaltung gezählt wird, bindet sie insoweit auch die Gerichte gem. Nr. 1 Abs. 1 RiVASt.

[11] *Nagel* Beweisaufnahme 12.

[12] Vgl. *Nagel* Beweisaufnahme 11 f. mit nahezu wortgleichen wN aus dem ausländischen Schrifttum, S. 33 ff. mit alternativen Ansätzen, sowie S. 65 ff. mwN zur Geschichte und Begriffsbestimmung der „kleinen Rechtshilfe"; richtig hielt bereits *Jeschek* ZStW 1954, 541 den Begriff für „irreführend bescheiden angesichts der quantitativen und qualitativen Bedeutung".

A. Informationszugänge im Überblick   1. Kapitel

Für den meist wichtigsten Informationsaustausch, die Rechtshilfe innerhalb der EU, kann 4
nicht genug auf die Einrichtungen des **Europäischen Justiziellen Netzes (EJN)** hingewiesen werden. Dieses bietet namentlich in Gestalt der **Website https://www.ejn-crimjust.europa.eu/ejn/** stets aktualisierte Informationen für die Grundlagen der Rechtshilfe,[13] die leider „vielen deutschen Staatsanwälten und Richtern immer noch nur unzulänglich bekannt" sind.[14] Zusätzlich gibt es etwa einen aktualisierten, wenn auch für die Praxis etwas knappen **„Leitfaden für den Austausch von strafverfolgungsrelevanten Informationen" als offizielles Dokument des Rates der EU**.[15]

Zudem sind mit dem EJN und Eurojust Infrastrukturen vorhanden, die den Informations- 5
austausch durch geeignete Ansprechpartner enorm erleichtern können. Dazu zählen insbesondere die **nationalen Kontaktstellen,** die als aktive Vermittler und möglichst einzige Anlaufstellen im zwischenstaatlichen Austausch (*„Single Point of Contact/SPOC"*) die justizielle Zusammenarbeit zwischen den Mitgliedstaaten – insbesondere bei der Verfolgung der schweren Kriminalität – für die anderen Kontaktstellen, örtlichen Justizbehörden zu den anderen zuständigen Behörden in ihrem oder einem anderen Mitgliedstaat erleichtern und dazu insbesondere möglichst zweckdienliche Direktkontakte unterstützen sollen.[16] Sie stellen den genannten Ermittlungsorganen die erforderlichen rechtlichen und praktischen Informationen zur Verfügung, um es ihnen zu ermöglichen, ein Ersuchen um justizielle Zusammenarbeit effizient vorzubereiten, oder um die justizielle Zusammenarbeit im Allgemeinen zu verbessern.[17] Sie sollen die Hürden senken, die allzu häufig für die oben ausgeführte kaum rationale Unsicherheit und Zurückhaltung gerade bei sonst hochqualifizierten Ermittlungsorganen sorgen. Allerdings bestehen durch nationale Kontaktstellen für jedes einzelne Netzwerk und zahlreiche verschiedene Einrichtungen und Dateisysteme innerhalb der EU mittlerweile zahlreiche alternative Kommunikationskanäle. Daher sind Bemühungen nachvollziehbar, zwischen diesen gewisse Rangverhältnisse für die Praxis zu etablieren, ohne dass sich dies bislang in rechtlichen Verpflichtungen niedergeschlagen hat.[18]

Für **Verteidigerinnen und Verteidiger** bzw. andere Rechtsvertretungen steht ein 6
solches Instrumentarium bislang leider nicht zur Verfügung. Allerdings entwickeln sich immer mehr Ansätze zu entsprechenden **europäischen Plattformen für die Verteidigung,** die über Informations- und Kontaktangebote deren Effektivität in transnationalen Verfahren stärken wollen.[19] Zudem werden die Ermittlungsorgane jedenfalls im Bereich der EU immer stärker in die Pflicht genommen, Verdächtigen bzw. Beschuldigten und Opfern von Straftaten die Wahrnehmung ihrer Rechte auch im internationalen Kontext zu erleichtern bzw. erst zu ermöglichen – sei es über entsprechende Belehrungen oder anderes aktives Handeln, wie im Folgenden nicht nur im besonderen Teil der Rechtsausübung (Teil 6), sondern auch jeweils situationsbedingt zu zeigen sein wird.

Eine systematische, wissenschaftliche wie praktische Auseinandersetzung mit den Grenzen 7
des Informationsbeschaffungs- und -verwendungsrechtes bei Beweismitteln mit Auslandsbezug ist umso mehr geboten. Dazu leisten die stark zunehmenden Sammelwerke zum Europäischen oder internationalen Straf- und -verfahrensrecht[20] einen ebenso wichtigen

---

13 Vgl. Art. 4 Abs. 5 EJN-Beschluss, Art. 7–9 EJN-Beschluss; ausf. → § 11 Rn. 3 ff.
14 So etwa *v. Langsdorff* StV 2003, 472 (473).
15 Ratsdok. 6261/17.
16 Art. 4 Abs. 1 EJN-Beschluss; vgl. die Leitlinien für SPOC Ratsdok. 10492/14 sowie Ratsdok. 6261/17, 31 ff.
17 Art. 4 Abs. 2 EJN-Beschluss.
18 Vgl. etwa Ratsdok. 6261/17, 31 ff., zu einer sinnvollen Auswahl vgl. etwa S. 55 f.
19 Zum von der EU geförderten PenalNet und den Alternativor allemnsätzen wie das leider gescheiterte Projekt der Arbeitsgruppe EU-Defense vgl. HdB-EuStrafR/*Esser* § 57 Rn. 34 ff.; zur Institutionalisierung einer europäischen Verteidigung durch einen European Criminal Law Ombudsman vgl. HdB-EuStrafR/*Esser* § 59 Rn. 21 f. sowie im Anschluss weitere alternative Ansätze.
20 Vgl. nur etwa *Sieber/Satzger/v. Heintschel-Heinegg,* Europäisches Strafrecht, 2. Aufl. 2014; *Ambos/König/Rackow,* Rechtshilferecht in Strafsachen, 2015; *Ambos,* Internationales Strafrecht, 4. Aufl. 2014; daneben allgemeine Einführungsliteratur wie *Esser,* Europäisches und Internationales Strafrecht, 2014; sowie ebenso das spezielle Einführungswerk von *Hackner/Schierholt,* Internationale Rechtshilfe in Strafsachen, 2. Aufl. 2012.

Anteil wie zahllose Einzelveröffentlichungen und insbesondere die traditionellen und neueren Kommentierungen der einschlägigen Rechshilfevorschriften, voran des IRG.[21] Indes, bisweilen scheinen sie sogar das Bild des verästelten, kaum überschaubaren und unzugänglichen Rechtsgebiets in der Schnittfläche vieler Fachbereiche vom Strafverfahrens- bis zum Völkerrecht zu verstärken. Demgegenüber will das **vorliegende Handbuch** vor allem diesen Zugang auf diese weitere Fachliteratur in dem Maße eröffnen, wie dies namentlich Praktikerinnen und Praktiker, aber auch bisweilen der Einstieg in den wissenschaftlichen Diskurs erfordern. Dazu bedient es sich zweier bekannter **Gliederungstechniken,** einerseits des **Klammerprinzips,** nach dem Allgemeines vor dem Speziellen behandelt wird, andererseits einer **Abbildung des Verfahrensgangs,** indem insbesondere hinter die Phase der Beweissicherung und Informationserhebung (Teile 2 und 3) die der weiteren Verarbeitung und Nutzung allgemein (Teil 4), und in der Beweisaufnahme in der Hauptverhandlung und Beweiswürdigung im Urteil (Teil 5) nacheinander abgearbeitet werden. Besonders wurde der Versuch unternommen, aus den jeweiligen konkreten Situationen heraus einen schnellen Zugang zu ermöglichen. Das Klammerpinzip schließt indes – auch um Wiederholungen zu vermeiden – vor allem in **speziellen Situationen der Beweis- und Informationsgewinnung** (vor allem §§ 14 ff.) den Rückgriff in weitem Umfang auf den „**Allgemeinen Teil**" **des „kleinen Rechtshilferechts"** (→ Kap. 3 Rn. 1 ff.) nicht aus, sondern bedingt ihn geradezu. Dabei wird auch in der Binnenstruktur der einzelnen Komplexe zwischen dem Recht innerhalb der Staaten der EU und dem weiteren Völkerrecht sowie den einzelnen zahlreichen unterschiedlichsten Rechtsgrundlagen nur insoweit unterschieden, wie es für eine schnell zugängliche und möglichst leicht verständliche Darstellung angemessen scheint.

B. Internationale Ermittlungen aus Sicht der Beteiligten im Strafverfahren

8 §§ 160, 244 StPO erlegen den **deutschen Ermittlungsbehörden bzw. Gerichten die Pflicht** auf, den **Sachverhalt des Bezugsverfahrens unter allen Gesichtspunkten und mit allen Erkenntnisquellen** zu erforschen, die dafür von Bedeutung, und, nach den weiteren Normen, angemessen sind. Bis auf § 244 Abs. 5 S. 2 StPO für Auslandszeugen differenziert das Gesetz bei der Reichweite dieser Pflicht nicht zwischen rein inländischen Beweismitteln und solchen mit Auslandsbezug; dies wäre auch mit den zentralen Prinzipien des deutschen Strafprozesses nicht zu vereinbaren.[22]

9 Dagegen ist eine primäre Beweiserhebungsbefugnis mit hoheitlichem Sanktionieren durch die **Verfahrensbeteiligten** dem deutschen Recht (im Unterschied zum *Common Law*) weitgehend fremd, abgesehen von dem unten anzusprechenden Sonderproblem der Ladungen zur Hauptverhandlung (→ § 4 Rn. 33 ff.).[23] Auch die bekannten völkerrechtlichen Vereinbarungen und Normen des Unionsrechts geben Angeklagtem, Verteidigung, Privat- oder Nebenkläger oder sonstigen Verfahrensbeteiligten keine Befugnis, selbst in irgendeiner hoheitlichen Weise mit Wirkung in einem anderen Staatsgebiet tätig zu werden oder selbst um Rechtshilfe zu ersuchen. Der Grund liegt einerseits in der Rechtsnatur des Rechtshilferechts als grundsätzlich zwischenstaatlichem Recht. Andererseits stehen die möglichen Missbrauchsgefahren einer unmittelbaren Ausdehnung der Befugnisse und Verpflichtungen auf Verfahrensbeteiligte bzw. ihre Rechtsvertreter entgegen. Folgerichtig sehen sowohl das internationale Recht von Organisationen wie Eurojust oder Europol als auch die vertraglichen Rechtshilfeübereinkommen sowie die Rechtsinstrumente der EU **keine gesonderte Entlastungsrechtshilfe** für die Verteidigung bzw. den Angeklagten vor.[24]

---

[21] Vgl. insbes. *Grützner/Pötz*, Internationaler Rechtshilfeverkehr in Strafsachen. Loseblattsammlung, Stand 2016; sowie, in Vorbereitung *Ambos/König/Rackow*, Rechtshilferecht in Strafsachen, 2. Aufl. (erscheint voraus. Oktober 2019) sowie *Schomburg/Lagodny/Gleß/Hackner*, Internationale Rechtshilfe in Strafsachen, 5. Aufl. 2012.
[22] Vgl. grdl. BVerfGE 57, 250 (275) = NJW 1981, 1719; *Nagel* Beweisaufnahme 1.
[23] Vgl. *Nagel* Beweisaufnahme 22 ff.
[24] Vgl. hierzu und zum Ganzen *Nagel* Beweisaufnahme 125 ff. mwN.

Ein gewisses Korrektiv für diese erhebliche Beeinträchtigung einer „Waffengleichheit", 10
im deutschen Rechtsverständnis eher aber einer **effektiven Verteidigung,** kann zwar in
der strikten „Neutralitätspflicht" aller Ermittlungsbehörden zumindest nach deutschem
Recht erkannt werden: Sie sind bereits durch ihre **allgemeine Aufklärungspflicht,** zB
nach § 160 Abs. 2 StPO, verpflichtet, auch bei Auslandsbezug in gleicher Weise zugunsten
des Beschuldigten wie gegen ihn zu ermitteln. Bislang scheint keine bessere Lösung
gefunden, um die Fairness des Verfahrens, die Wirksamkeit der Verteidigung und diesem
Sinn ihre „Waffengleichheit" zu sichern, als bei der **Beurteilung von Beweisanregungen
und -anträgen,** zuletzt im Rahmen von § 244 StPO das gerichtliche Ablehnungsermessen
zu reduzieren (→ § 23 Rn. 132). Neben der Frage **effektiven Rechtsschutzes** (Teil 6) in
den naturgemäß geteilten „kleinen Rechtshilfeverfahren" scheint dies mit zunehmender
internationaler Verflechtung der Sachverhalte rechtspolitisch eine der vordringlichsten Aufgaben, denen sich vor allem die engeren europäischen Rechtshilfekreise bislang wohl noch
nicht hinreichend gestellt haben. Sonst bleibt wenig von dem hehren Grundsatz, dass „die
international-arbeitsteilige Strafverfolgung nicht zulasten der festgenommenen Person bestehen darf" und „in der internationalen Zusammenarbeit in Strafsachen eine Aufgabenverteilung im Hinblick auf den Schutz der Grundrechte des Verdächtigen besteht".[25]

C. Art und Weise internationaler Ermittlungen

Zur Erfüllung ihrer umfassenden Aufklärungspflicht bei der **Informations- und Beweis-** 11
erhebung können die **Ermittlungsorgane** vor allem auf unmittelbare Erkenntnisse deutscher Stellen oder solche mithilfe anderer Staaten, insbesondere des jeweiligen Inhabers der
Gebietshoheit, oder von supra- und internationalen Organisationen aus dem Ausland bzw.
mit Auslandsbezug im Wege der Rechts- oder Amtshilfe, zurückgreifen.

I. Daneben bliebe zwar noch die vor allem dem *Common Law* auch im Strafverfahren 12
bekannte Form, „greifbaren" Verfahrensbeteiligten oder Dritten die **Beweismittelbeschaffung** mit hoheitlicher Sanktionsierungsandrohung **aufzuerlegen**. Diese Form ist rechtlich –
mit der Ausnahme der Vorlage- und Auslieferungspflicht von Gegenständen nach § 95 StGB,
die keine Inlandsbeschränkung aufweist – dem deutschen Strafverfahrensrecht fremd, nicht
jedoch dem Verwaltungs- oder Steuerverfahren. Ebenso dürfen die faktischen Wirkungen
und Rechtsreflexe hier nicht unterschätzt werden. Die mögliche Kollision zwischen der
Herbeischaffungspflicht und einem Offenbarungsverbot des Gebietsstaates zB aufgrund von
Verschwiegenheits- oder Geheimnisschutzpflichten, wird seit langem breit vor allem von der
wirtschaftsstrafrechtlichen Literatur etwa im Bereich des „internationalen IT-Strafrechts" diskutiert, sodass auf diese insoweit verwiesen werden kann.[26]

II. Als Gegenmodell zur Amts- und Rechtshilfe im Einzelfall öffnen sich gerade die 13
engeren europäischen Rechtskreise zunehmend der **unmittelbaren transnationalen Ermittlung, Beweiserhebung und -sicherung** (unten Teil 2). Letztere kann einen weiten
Rahmen umfassen, darunter etwa:
- die unmittelbare Ladung von Zeugen (→ § 4 Rn. 1 ff.),
- der gezielte transnationalen Einsatz von Ermittlungsbeamten (→ § 3 Rn. 1 ff.),
- die Verwendung von Erkenntnissen von Amtsträgern, die aus anderem Grund im Ausland
  tätig waren und dort Kenntnisse oder Beweismittel erhalten haben (→ § 3 Rn. 80 ff.; § 6),
- oder aber Ermittlungen mittels grenzüberschreitender Telekommunikations- und Informationsmedien und -netze, namentlich des Internets (→ § 7).

Bei dieser unmittelbaren Informationserhebung im Ausland sind die Grenzen des inlän- 14
dischen, internationalen und ggf. fremden nationalen Rechts zu beachten (sogleich § 1).

---

[25] So etwa treffend Ruanda-Strafgerichtshof NJW 2005, 2934 (2935 f.): Mindestrechte nach Festnahme im Ausland und nach Einlieferung.
[26] Vgl. hier nur noch *Nagel* Beweisaufnahme 20 f. mwN.

Darunter zählen insbesondere die Rechte, die sich aus den Prinzipien der souveränen Gleichheit der Staaten und dem Gewalt- und Interventionsverbot untereinander als Garanten einer friedlichen Weltordnung ergeben (→ § 1 Rn. 3 ff.).

15 Sie konkretisieren sich in der **Abgrenzung von Hoheitsbereichen und Hoheitsrechten,** für die die territorialen Grenzen nur den ersten Anhaltspunkt bieten, aber natürlich die Tradition bestimmter Immunitäten, zB von Diplomaten, Staatoberhäuptern, Militärangehörigen, entsprechenden Liegenschaften, Fahrzeugen und anderen beweglichen Sachen einschließen (→ § 2 Rn. 1 ff.). Sie gelten natürlich spiegelbildlich auch **im deutschen Staatsgebiet** und beschränken die deutsche Strafgewalt, vor allem aber ihre Verfolgungs- und Ermittlungskompetenzen.

16 III. Die Informationserhebung unter Einschaltung ausländischer staatlicher Stellen hingegen geschieht im Wege der Amts- bzw. **Rechtshilfe** (unten Teil 3). Für das Strafverfahren erfolgt sie unmittelbar grundsätzlich im Rahmen der justiziellen Rechtshilfe, auch wenn Polizeidienststellen als Ermittlungsbehörden handeln. Ergänzend können Informationen, die aus polizeilicher, nachrichtendienstlicher, verwaltungsbehördlicher oder sonstiger zwischenstaatlicher Rechtshilfe erlangt wurden, unter besonderen Regeln in Strafverfahren Eingang finden.

17 1. Bei dem **Begriff der Rechtshilfe** ist zuerst die jeweils stark abweichende Definition in verschiedenen nationalen und internationalen Bezügen zu beachten (→ § 11 Rn. 14 ff.).[27] Für das deutsche Recht gilt gem. § 59 Abs. 1 IRG als Rechtshilfe in diesem Kontext jede Unterstützung, die für ein ausländisches Verfahren in einer strafrechtlichen Angelegenheit gewährt wird, unabhängig davon, ob das ausländische Verfahren von einem Gericht oder von einer Behörde betrieben wird und ob die Rechtshilfehandlung von einem Gericht oder von einer Behörde vorzunehmen ist.[28] Diese sehr weite Definition, die maßgeblich alleine an eine **konkrete „strafrechtliche Angelegenheit"** anknüpft, die auch Ordnungswidrigkeiten, Adhäsionsverfahren, Strafvollstreckung, Wiederaufnahmen und Gnadensachen oder Ähnliches umfassen kann, unterscheidet sich bereits von der engeren des innerdeutschen Amts- und Rechtshilferechts, nach der die vorzunehmende Handlung eine gerichtliche sein muss.[29] Das Europäische Rechtshilfeübereinkommen (RHÜ 1959)[30] etwa stellt hingegen zwar auch auf einen entsprechenden weiten Verfahrensbegriff ab, verlangt aber zusätzlich, dass im ersuchenden Staat für die Verfolgung (bereits) eine Justizbehörde zuständig ist, wobei letztere autonom durch jeden Vertragsstaat definiert werden kann (Art. 1 Abs. 1 RHÜ 1959).

> **Praxishinweis:**
> Der Begriff der Justizbehörde ist derzeit im Rahmen der EU stark in die Diskussion geraten. Namentlich ist zweifelhaft geworden, ob angesichts vor allem des externen Weisungsrechts (§§ 146, 147 Nr. 1, 2 GVG) **die deutschen Staatsanwaltschaften überhaupt Justizbehörden im Sinn des Unionsrechts sein können.** Im Rahmen eines Vorabentscheidungsverfahrens ist der EuGH mit der Frage angerufen worden, **ob sie als Justizbehörden** einen europäischen Haftbefehl selbst erlassen können.[31] Die ausstehende Entscheidun des EuGH bleibt besonders aufmerksam für das gesamte Recht der internationalen Ermittlungen zu verfolgen, zumal der Schlussantrag des Generalanwalts die Frage mit der Begründung verneint hat, dass für die Annahme einer Justizbehörde im vorgelegten Fall angesichts der langen Haftmöglichkeiten zur Sicherung der Grundrechte eine richterliche Unabhängigkeit und nicht nur funktionale Zuordnung zur Judikative erforderlich sei.[32] Zudem dringt der Generalanwalt vor allem auf die Notwendigkeit einer autonomen einheitlichen Definition nach dem Unionsrecht, die funktional durch die Verbindung mit dem Grundrechtsschutz determiniert ist.

---

[27] Vgl. zum Ganzen ausf. *Nagel* Beweisaufnahme 52 ff. mwN.
[28] Dem folgend auch Nr. 2 RiVASt.
[29] Vgl. auch *Nagel* Beweisaufnahme 52 ff. mwN.
[30] Europäisches Übk. über die Rechtshilfe in Strafsachen v. 20.4.1959 (BGBl. 1964 II 1369).
[31] Verbundene Rechtssachen C-508/18 und C-82/19.
[32] https://eur-lex.europa.eu/legal-content/DE/TXT/HTML/?uri=CELEX:62018CC0508&from=EN

Damit scheint für den Bereich der transnationalen Zusammenarbeit im Unionsrecht der **18** Weg der **bisherigen internationalen Übereinkommen** versperrt, den Vertragsparteien jeweils die Definition der Justizbehörde jedenfalls soweit zu überlassen, wie es sich nicht um eindeutige Überschreitung, namentlich durch Einbeziehung von Polizei oder Nachrichtendiensten handelte. Die wichtigste derartige einseitige Definitionsmöglichkeit gab Art. 24 RHÜ 1959 auch mit Wirkung für die darauf aufbauenden bilateralen und multilateralen Ergänzungs- und Fortführungsverträge, die die deutschen Staatsanwaltschaften regelmäßig einschließen (→ § 11 Rn. 34 ff.).

Im **neueren Unionsrecht** ist die Stellung der Ermittlungsbehörden zumindest insoweit **19** klargestellt, dass die Staatsanwaltschaften Europäischen Ermittlungsanordnungen selbst unmittelbar erlassen oder validieren können (Art. 2 lit. c EEA-RL → § 11 Rn. 223 ff.). Ähnlich sind in den Rechtsinstrumenten Aussagen entweder in den Vorschriften oder Erwägungsgründen getroffen. Es bleibt gleichwohl – auch vor den Problemen der Gewährleistung der Unabhängigkeit der Justiz in einigen Mitgliedstaaten – gespannt abzuwarten ob der EuGH dem Generalanwalt folgen wird, dass auch sonst, wie bisher, im Bereich der „kleinen Rechtshilfe", keine Bedenken an einer Einbeziehung der Staatsanwaltschaft unter den Begriff der Justizbehörde bestehen – solange damit keine eigene längere, nicht nur vorläufige Freiheitsentziehung ohne richterliche Entscheidung verbunden ist. Entscheidend soll dafür sein, dass die Staatsanwaltschaften jedenfalls im Bereich der Beweissicherung und -erhebung funktional legaler- und legitimerweise an der Ausübung der Rechtsprechung mitwirken, sofern sie wiederum als Organ der Rechtspflege getrennt bleiben von reinen Stellen der Exekutive, wie namentlich der Polizei. Unabhängig davon könnte dies die Debatte um eine Aufhebung des externen Weisungsrechts einmal mehr beleben.

2. Das **Völkerrecht** enthält **keine allgemeine Verpflichtung** der Staaten, sich unter- **20** einander Rechts- und Amtshilfe zu leisten.[33] Vielmehr steht diese jeweils in ihrem Ermessen, soweit sie sich nicht durch völkerrechtliche Übereinkommen oder andere Rechtsinstrumente untereinander zur Vornahme unter bestimmten Verfahren verpflichtet haben (→ § 9 Rn. 5 ff.). Vor diesem Hintergrund folgt vor allem, dass auch wenn alle Rechtshilfevereinbarungen zwischen zwei Staaten nicht durchgreifend sein sollten, gleichwohl stets um Rechtshilfe ersucht und nach Ermessen als **vertragslose Rechtshilfe** geleistet werden kann, soweit sie nicht (in der Praxis ganz ausnahmsweise) ausdrücklich ausgeschlossen sein sollte.[34]

3. Die Rechtshilfe kann die Vornahme oder Unterstützung bei praktisch allen Ermitt- **21** lungshandlungen beinhalten. Dazu zählen als „klassische"[35] **Formen der Rechtshilfe** insbesondere die Folgenden:

a) Am wenigsten eingriffsintensiv für die Betroffenen erscheint die **Überlassung von** **22** **bereits vorhandenen Informationen.** Sie kann etwa erfolgen durch Auskünfte zB hinsichtlich Rechtsvorschriften, Registereinträgen, Akten oder sonst die Herausgabe und zeitweise Überlassung von bereits vorhandenen Informationen, Beweismitteln, Sachverständigengutachten, Abschriften einschlägiger Schriftstücke und Akten, einschließlich Regierungs-, Bank-, Finanz-, Firmen- und Geschäftsunterlagen in Form von Originalen oder beglaubigten Abschriften (vor allem § 14).

b) Auf einer zweiten Stufe erscheint die Hilfe des Ersuchten **zur eigenen Informati-** **23** **onsgewinnung des ersuchenden Staates.** Wichtige Beispiele hierfür sind die Zustellung von Ladungen als gerichtliche Schriftstücke, sonstige Erleichterungen des freiwilligen Erscheinens von Personen im ersuchenden Vertragsstaat und, soweit möglich, die zeitweise Überstellung oder sonstige Verfügbarkeit von Inhaftierten oder, als neue Form der Rechts-

---

[33] Vgl. auch NK-RechtshilfeR/*Ambos/Poschadel* I Rn. 2 mwN.
[34] Vgl. *Nagel* Beweisaufnahme 72 ff. mwN.
[35] Vgl. etwa Art. 7 Abs. 2 UNSuchtÜ; Art. 18 Abs. 2 Palermo I; **für Hongkong:** Art. 1 Abs. 3 RHAbk DE/HK; **Japan:** Art. 3 RHAbk EU/JP; **Kanada:** Art. 1 Abs. 5 RHV DE/CA; **die USA:** Art. 1 Abs. 2 RHV DE/US.

hilfe, die grenzüberschreitende (in Ton und Bild oder bloß als Ton) simultanübertragene Vernehmung bzw. Befragung (→ § 15 Rn. 6 ff., 132 ff.).

24 c) Weiterhin kann der ersuchte Staat selbst zu **eigener Informationserhebung tätig werden, die dann an den ersuchenden Staat übermittelt wird.**

25 Hierzu zählt etwa die Abnahme von Zeugenaussagen oder anderen Erklärungen, die Vornahme von Durchsuchungen und Beschlagnahmen, die Untersuchung von Gegenständen und Inaugenscheinnahme von Örtlichkeiten (→ § 15 Rn. 180; § 15 Rn. 401 ff.).

26 Hierzu treten immer stärker **moderne Ermittlungsmethoden auf,** die aus dem nachrichtendienstlichen Bereich stammen oder sich aus neuen technischen und gesellschaftlichen Entwicklungen ergeben haben. Zu den „besonderen", dh moderneren Ermittlungsmethoden im Rahmen der Rechtshilfe, für die häufiger ausdrückliche Normen in Abkommen vorausgesetzt werden, bzw. sich zunehmend in jüngeren Übereinkommen finden, gehören etwa laufende Überwachung von Telekommunikation oder Wirtschaftsbeziehungen wie Bankkonten oder Fluggastdaten (→ § 15 Rn. 577 ff.), oder sonstigen Observationen und transnationale verdeckte oder gemeinsame Ermittlungen, sowie in diesem Zusammenhang auch die sog. kontrollierte Lieferung als ein Spezialfall, den das inländische deutsche Verfahrensrecht so nicht kennt (→ § 15 Rn. 336 ff.).

27 Damit unmittelbar zusammenhängend ergibt sich die Frage, wie Beweisgegenstände und Informationen vor allem in **elektronischer Form verfahrenssicher übermittelt** werden können (→ § 13 Rn. 194 ff.). Ebenso gewinnt die Teilnahme von Stellen und Beteiligten aus dem ersuchenden Staat bei derartigen Informationserhebungen, nicht nur bei Vernehmungen, immer größere Bedeutung (→ § 13 Rn. 97 ff.).

28 d) Im engen Zusammenhang zu dieser Beschaffung von Beweismitteln und Informationen ist die **internationale Fahndung nach Personen oder Gegenständen** zu sehen. (→ § 15 Rn. 307 ff.)

29 e) Schließlich können **sonstige Rechtshilfehandlungen** ebenfalls zu einer **Verbesserung der Informationslage im ersuchenden Staat** führen, wie die Auslieferung und die damit einhergehenden Informationsübermittlungen oder die, ggf. auch vorläufig sichernde, Vollstreckungshilfe, wie etwa bei der Sicherstellung bzw. dem Einfrieren von Gegenständen und Vermögen.[36] Dabei sind Auslieferung und Vollstreckung regelmäßig von den Abkommen der „kleinen Rechtshilfe" ausdrücklich oder systematisch bzw. konkludent ausgeschlossen.[37]

30 f) Daneben ist endlich auch ein weiteres Umfeld, wie etwa an eine Absicherung der eigenen Ermittlungsmaßnahmen des ersuchenden Staates, zB gegenüber fremden Streitkräften durch deren Militärpolizei zu denken.[38]

D. Besonderheiten im anschließenden Verfahren

31 Aus der Ermittlung und Informations- bzw. Beweiserhebung mit Auslandsbezug folgen häufig besondere Folgepflichten des Völker- oder autonomen nationalen Rechts, die die **Frage der weiteren Verarbeitung und Nutzung** (4. Kapitel) neben und hin zur **Beweiserhebung und -verwertung** über Hauptverhandlung und Urteil (5. Kapitel unten Teil 5) bis in die Revision entscheidend betreffen können.

> **Praxishinweis:**
> Hier vor allem liegen angesichts komplexer Gemengelagen häufige Fehlerquellen, die den rechtlichen Bestand einer Sachentscheidung gefährden können, sodass diesen auf allen Ebenen nicht zu unterschätzende Bedeutung zukommen kann.

---

[36] Vgl. etwa bspw. **für die Schweiz:** Art. 29 BetrugBekämpfAbk EG/CH.
[37] Vgl. etwa besonders ausdrücklich **für Kanda:** Art. 1 Abs. 6 RHV DE/CA.
[38] Vgl. etwa Art. 28 Abs. 2 NTS-ZA für in Deutschland aufhältige NATO-Streitkräfte.

E. Rechtsschutz

Eine weitere, noch nicht befriedigend geklärte Frage bleibt der **Rechtsschutz von Verfahrensbeteiligten und Drittbetroffenen** bei der transnationalen Beweiserhebung (→ 6. Kapitel). 32

F. Aktuelle Entwicklungen

Vor allem hier manifestiert sich ein sich immer stärker **vollziehender Prozess der Wandlung** des rein völkerrechtlichen auf souveräner Koexistenz angelegten Kooperationsrechts zu einem **transnationalen Koordinierungsrecht**. 33

I. Allerdings sind die wichtigsten Grundlagen der Kooperation in strafrechtlichen Ermittlungen weiterhin völkerrechtlicher Art und alleine nach völkerrechtlichen Grundsätzen auszulegen und anzuwenden (vor allem → § 9).[39] 34

1. Dies gilt auch für die Rechtsordnung des **Europarats,** jener 1949 praktisch zeitgleich mit der Bundesrepublik Deutschland gegründeten internationalen Organisation, die mittlerweile bis auf Belarus praktisch alle Staaten mit Gebiet auf dem europäischen Kontinent, namentlich auch **Russland** und die Türkei umfasst. Neben seiner bekanntesten Arbeit, der Europäischen Menschenrechtskonvention (EMRK), deren fundamentale Menschenrechte seit 1949 durch zahlreiche Protokolle fortgeschrieben und erweitert bzw. konkretisiert wurden (→ § 9 Rn. 1 ff.), bilden seine Konventionen in vielen Bereichen ein nur selten betrachtetes Netz für die Kooperation der europäischen Staaten, aber auch die Harmonisierung von deren Recht, etwa deren materiellen Strafrechts.[40] Darunter ist das Europäische Übereinkommen über die Rechtshilfe in Strafsachen von 1959 einerseits nur eines unter vielen, andererseits ist es bis heute die Grundlage bzw. zentraler Ausgangspunkt für Rechtshilfe auf dem Europäischen Kontinent (→ § 9 Rn. 126 ff.). Selbst weiterhin als völkerrechtliches Übereinkommen, folgt sie allerdings wie alle von ihr abgeleiteten Verträge dem Grundsatz der „Rechtshilfe soweit wie möglich" und kann dem Individuum keine unmittelbaren Rechte geben.[41] Gleiches gilt für bedeutsame selbstständige Übereinkommen wie zB zur Cyberkriminalität, die sich zu einer globalen Kooperationsgrundlage entwickelt hat. Es liegt damit ebenfalls primär an den jeweiligen Mitgliedstaaten, die Abkommen nach ihrem innerstaatlichen Recht in Wirkung zu setzen und für einen verfassungsadäquaten Schutz der Betroffenen und ihrer Rechte zu sorgen. 35

Ergänzt wird dieses zwischenstaatliche Kooperationsrecht durch zunehmende unmittelbare Beziehungen des Individuums dort, wo staatliche Souveränität keine mediatisierende Wirkung hat, jedoch im Reflex eingeschränkt wird. Das gilt für die bereits genannte Europäische Menschenrechtskonvention, die dem Individuum ein unmittelbares Klagerecht (zumindest auf Entschädigung) vor dem **Europäischen Gerichtshof für Menschenrechte** (EGMR) in Straßburg bietet. Das gilt aber auch für die seit 1945 und erneut seit 1993 geschaffenen internationalen Straftribunale bis hin zum **Internationalen Strafgerichtshof** (IStGH) in Den Haag.[42] Ihnen kommt aber nur in den außerordentlichen Situationen von „*Crimes against Humanity*" eine Zuständigkeit zu. Bei diesen „abgeleiteten Völkerrechtssubjekten" greifen Sonderregeln im Kooperations-, dh Rechtshilfeverhältnis – allerdings meist nur als Hilfe der Staaten gegenüber den Gerichtshöfen (→ § 17 Rn. 282 ff.). Andere für die strafverfahrensrechtliche und polizeiliche Kooperation zentrale internationale Orga- 36

---

[39] Vgl. etwa auch aus Sicht des internationalen Strafrechts die Übersicht bei *Ambos* IntStrafR § 5 Rn. 5 ff. mwN.
[40] Vgl. *Ambos* IntStrafR § 11 Rn. 2 ff. mit umfassenden Nachweisen.
[41] Vgl. NK-RechtshilfeR/*Kubiciel* RHÜ 1959 IV Art. 1 Rn. 555.
[42] Vgl. hier nur etwa *Ambos* IntStrafR § 6 ff. mwN; zur Rechtshilfe für internationale Gerichte *Ambos* IntStrafR § 8 Rn. 86 ff.

nisationen, namentlich **Interpol,** treten zwar grundsätzlich nicht unmittelbar gegenüber dem Einzelnen, schon gar nicht mit irgendwelchen klassischen Eingriffsbefugnissen einer Polizei auf (→ § 17 Rn. 173 ff.). Während sie sich aber immer stärker zu zentralen Koordinierungsstellen der internationalen Datenverarbeitung und -weiterleitung auch im Bereich der Strafermittlungen ausprägen, haben sich als gewisses Korrektiv jedenfalls in deren jeweiligen Organisationsrahmen mögliche Rechtsbehelfe entwickelt, die dem Individuum ohne staatliche Vermittlung offen stehen (Kapitel 6).

37 2. Schließlich öffnen die Staaten, vor allem in der „westlichen" Gemeinschaft Europas, wie bereits angesprochen, auch untereinander ihre Territorien für **unmittelbares Handeln von Hoheitsträgern,** namentlich Polizeibeamten und anderen Ermittlern, aus anderen Staaten, ohne dass es einer Gestattung im Einzelfall stets bedürfte (vor allem → § 3 Rn. 1 ff.). Gleiches gilt für die Sonderregelungen für Ermittlungen in Bezug auf Truppen anderer Staaten im jeweiligen Aufenthaltsstaat, namentlich der **NATO in Deutschland** (vgl. → § 2 Rn. 27 ff.). Das Besatzungsregime hat sich unmittelbar nach der Niederringung des aggressiven und menschenverachtenden „3. Reiches" beginnend kurz nach Ende des 2. Weltkrieges insbesondere in der Zeit von 1955–1990 in Deutschland in ein gleichberechtigtes Kooperationsverhältnis verwandelt. Die heute bestehenden Befugnisse bezüglich der Truppen von NATO-Staaten im jeweiligen Aufenthaltsstaat, die teilweise unmittelbar in dessen staatliche Souveränität eingreifen, beruhen jedoch auf der formalen souveränen Gleichheit.

38 II. An der Speerspitze der Verdichtung zu einem transnationalen Koordinierungsrecht steht jedoch nach wie vor für Deutschland die **EU.**

39 1. Einerseits haben sich in ihrem Rahmen Ausmaß, Intensität und Form der Befassung mit grenzüberschreitenden strafrechtlichen Ermittlungen stark verändert. So war die justizielle und polizeiliche Zusammenarbeit und die diese berührende Harmonisierung im Bereich der Verfahrensrechte, namentlich der Rechte von Verdächtigen bzw. Beschuldigten und von Opfern von Straftaten, und des materiellen Strafrechts von der rein intergouvernementalen Zusammenarbeit, bis fast zuletzt in wesentlichen Teilen sogar außerhalb des **engeren EU-Rahmens** oder nur im Rahmen der sog. „3. Säule" in die weitere Dachkonstruktion der EU alter Prägung einbezogen.[43] Erst mit dem Vertrag von Lissabon infolge des Entwurfs des Europäischen Verfassungsvertrags wurden diese Rechtsbereiche im Rahmen des Raums der Freiheit, der Sicherheit und des Rechts endgültig in das engere, allgemeine Unionsrecht und dessen allgemeine und besondere Rechtssetzungsverfahren einbezogen. Dazu zählen namentlich für die Ebene der strafjustiziellen Zusammenarbeit Art. 82 ff. AEUV, für die polizeilichen Art. 87 ff. AEUV, für Europol Art. 88 AEUV und für Eurojust Art. 85 AEUV sowie zuletzt die Europäische Staatsanwaltschaft nach Art. 86 AEUV. Die Kompetenzen der EU unterliegen danach im Bereich des Strafrechts und Strafprozessrechts insgesamt weiter im Rechtssetzungsverfahren einigen Besonderheiten; sie sind vor allem in den genannten Kooperationsbereichen erheblich ausgeweitet worden, jedoch weiterhin nicht unbegrenzt.[44] Zu ihnen zählen insbesondere:

- Erleichterungen für die Zusammenarbeit zwischen den Justizbehörden oder entsprechenden Behörden der Mitgliedstaaten im Rahmen der Strafverfolgung (Art. 82 Abs. 1 lit. d AEUV);
- Regeln und Verfahren, mit denen die Anerkennung aller Arten von gerichtlichen Entscheidungen in der gesamten EU sichergestellt wird und Kompetenzkonflikte zwischen den Mitgliedstaaten verhindert werden (Art. 82 Abs. 1 lit. a, b AEUV);

---

[43] Vgl. etwa *Vernimmen* in Hailbronner, Zusammenarbeit der Polizei- und Justizverwaltungen in Europa, 1996, 17 ff.; erst 1985 entwickelte sich eine EU-Arbeitsgruppe zur Rechtshilfe, zuerst nur als Ergänzung zu den bereits sehr umfassenden Arbeiten an den Konventionen des Europarats; seit 1992 sind sie Teil der Europäischen Union in der 3. Säule, vgl. *Caesar* in Hailbronner, Zusammenarbeit der Polizei- und Justizverwaltungen in Europa, 1996, 23 (26 f.).

[44] Vgl. Art. 82 f. AEUV; dazu etwa ausf. *Herdegen* in Breitenmoser/Gless/Lagodny, Schengen und Dublin in der Praxis, 2010, 43 (48 ff. mwN); HdB-EuStrafR/*Wasmeier* § 32 Rn. 50 ff.

- Mindestvorschriften zur Zulässigkeit von Beweismitteln auf gegenseitiger Basis zwischen den Mitgliedstaaten zur Erleichterung der gegenseitigen Anerkennung und der polizeilichen und justiziellen Zusammenarbeit in Strafsachen mit grenzüberschreitender Dimension (Art. 82 Abs. 2 lit. a AEUV);
- Mindestvorschriften zu den Rechten der Opfer von Straftaten und des Einzelnen im Strafverfahren zu den gleichen Zwecken (Art. 82 Abs. 2 lit. b, c AEUV);
Die Festlegung der Straftaten in Bereichen besonders schwerer Kriminalität, die aufgrund der Art oder der Auswirkungen der Straftaten oder aufgrund einer besonderen Notwendigkeit, sie auf einer gemeinsamen Grundlage zu bekämpfen, eine grenzüberschreitende Dimension haben (Art. 83 Abs. 1 AEUV).

Demgegenüber sind die zwischenzeitlich angestoßenen Projekte **weitergehender Rechtsvereinheitlichung** im Strafrecht und Strafprozessrecht stets ohne große Resonanz geblieben.[45]

2. Hingegen hat die EU, ihrem Ursprung als einer möglichst unbeschränkten Austauschgemeinschaft im Wirtschaftbereich folgend, als leitende Prinzipien auch die Kooperation in der Kriminalitätsbekämpfung und die der **Verfügbarkeit und Anerkennung** verankert. Dabei zeigt vor allem die Perspektive des Integrationsgesetzgebers der EU eine gewisse Tendenz zu „Kollateralschäden" für den Rechtsschutz der Betroffenen.

a) Der mit dem Haager Programm 2005 aufgestellte **Grundsatz der Verfügbarkeit** strebt an, dass unionsweit ein Strafverfolgungsorgan in einem Mitgliedstaat alle benötigten Informationen, die in einem anderen Mitgliedstaat vorhanden sind, erhalten kann.[46]

b) Indes weist vor allem anderen der **Grundsatz der gegenseitigen Anerkennung**[47] den Weg zu einer „superstaatlichen" Ordnung. Orientiert an der *„Full Faith and Credit Clause"* der USA,[48] ist er geprägt zunächst durch die Durchsetzung einer expansiven Interpretation, die sich nicht nur auf die Authentizität einer Urkunde bezieht, sondern die **inhaltliche Anerkennung** einer Anordnung und damit dieser zugrundeliegenden Rechtsentscheidung und -ordnung meint. Soweit dies vorbehaltlos geschehen soll, also die Rechts- und Wertungsentscheidung auch bei der Durchführung in einem anderen Mitgliedstaat möglichst nicht mehr in Zweifel gezogen oder überprüft werden sollen, gar Verwertungsschranken a priori nie höher als bei innerstaatlichem Verfahren sein dürfen,[49] kann dies zu **erheblichen innerstaatlichen Spannungen** sowohl politischer wie auch verfassungsrechtlicher Art führen. Hier stoßen die Interessen der übergreifenden Rechtsgewährleistung und deren Klarheit, Erkennbarkeit, Einfachheit und damit verbundener Effektivität und Effizienz auf die ebenso legitimen Fragen der demokratischen Selbstbestimmung und nationaler Rechtsschutzordnungen gegenüber „fremden" Wertungsentscheidungen.

3. All dies und der entstehende „Zwischenzustand" ist namentlich **nicht unproblematisch im Hinblick auf Abwehr- und Verteidigungsrechte** von Betroffenen und Beschuldigten und insbesondere den dahinter stehenden – trotz jedem Verfassungsverbund doch divergierenden – materiellen und prozeduralen Grundrechtsgewährleistungen.[50] Be-

---

[45] Vgl. etwa *Schädel* Bewilligung 42 f. mwN.
[46] ABl. 2005 C 53, 1; vgl. hierzu etwa *Papayannis* ZEuS 2008, 219 (225 f.) mit deutlicher Kritik; dazu im Überblick *Böse,* Der Grundsatz der Verfügbarkeit von Informationen in der strafrechtlichen Zusammenarbeit der Europäischen Union, 2007, 21 ff.; *Schmidt,* Der Grundsatz der Verfügbarkeit, 2018, 45 ff.; umfassend auch zur Realisierung *Pörschke,* Der Grundsatz der Verfügbarkeit von Informationen am Beispiel des Prümer Modells, 2014, 110 ff.
[47] Vgl. dazu unter anderem Schomburg/Lagodny/Gleß/Hackner/*Hackner* IRG Einführung Rn. 26; Schomburg/Lagodny/Gleß/Hackner/*Gleß* Hauptteil III Einführung Rn. 53 ff. mwN.
[48] Vgl. Art. IV sect. 1 sowohl der Articles of Confederation als auch der Bundesverfassung von 1787; interessanterweise sind die gesamtdeutschen Verfassungen diesen Zwischenschritt zur staatlichen Rechts- und Vollstreckungseinheit nie ausdrücklich gegangen, sondern haben ihn zT auf Ebene des einfachen Rechts vorausgesetzt.
[49] So stets die Forderung europäischer Akteure der inneren Sicherheit, vgl. etwa Ratsdok. 6261/17, 31 ff.
[50] Vgl. ausf. HdB-EuStrafR/*Wasmeier* § 32 mwN; *Papayannis* ZEuS 2008, 219 (245 ff.); *Ahlbrecht* NStZ 2006, 70 ff.; *Gazeas* ZRP 2005, 18 ff. jeweils mwN; dazu auch mit detaillierter Beschreibung der Ver-

denken werden dabei zu Recht insbesondere an der einseitigen Ausrichtung an einer „maximalen Punitivität" und Umgehung rechtsstaatlicher Sicherungen, vor allem durch geteilte oder rechtlich oder jedenfalls tatsächlich unwirksame Rechtsbehelfe erhoben.[51] Eine „Meistbegünstigung" verstanden nur als eine solche der Staaten, die tendenziell Grundrechte der Betroffenen lediglich als zu minimierende (Integrations-)Hindernisse sehe, sei hochgefährlich.[52] Dies gilt insbesondere auch, wenn der *effet utile* als wesentlicher Auslegungsgrundsatz des Unionsrechts[53] in einer „plumpen" Binnenmarktanalogie des „freien Verkehrs von Beweismitteln" verstanden würde.

45   4. Wohl auch aus diesem Grund sind besonders ehrgeizige Regelungsversuche des Unionsgesetzgebers, wie zu einem Rahmenbeschluss zum Informationsaustausch nach dem Grundsatz der Verfügbarkeit,[54] häufig gescheitert.

46   Dies gilt namentlich für die nach dem Grünbuch zur Anerkennung[55] verabschiedete **Europäische Beweisanordnung,** die wie zuvor die beiden Anläufe zum Europäischen Haftbefehl zu massiven Diskussion und Kritik auch und gerade in der deutschen Rechtswissenschaft geführt hat.[56] Sie haben allerdings in den Rechtsakten wie dem „Schwedischen Rahmenbeschluss" – RB 2006/960/JI[57] schnell eine Fortsetzung gefunden. Für die justizielle Rechtshilfe in Strafverfahren bedeutet die Einführung der **Europäischen Ermittlungsanordnung** durch das Vierte Gesetz zur Änderung des Gesetzes über die internationale Rechtshilfe in Strafsachen[58] im IRG einen grundlegenden Epochenwandel im Hinblick auf eine Vereinheitlichung der Rechtsgrundlagen, der nicht genug gewürdigt werden kann. Dies, auch wenn eine solche Rechtseinheit selbst für den Bereich der EU kaum am Horizont erscheint. Zudem schimmert stets die notwendige Auseinandersetzung mit dem Problem des Rechtsschutzes durch, auch wenn eine adäquate und befriedigende Lösung weiterhin aussteht (→ § 25 Rn. 4 ff.).

47   5. Gerade die gegenseitige Anerkennung kann ein wesentlicher Integrationshebel sein, der die Auseinandersetzung um eine hohe und zunehmende Konvergenz der Rechtsordnungen in einem Verfassungsverbund bedingt.[59] So stellen die Mechanismen der **Harmonisierung** einen wichtigen Lösungsansatz auf dem Weg zu oder gerade vor einer Rechtsvereinheitlichung dar,[60] der sich im Bereich der Union bis hin zum materiellen Strafrecht weiter vollzieht.[61] Vor allem als immer neue Reaktionen auf verschiedenste Terrorakte ist

---

fahrensrechte im Stockholmer Programm *Ambos* IntStrafR § 10 Rn. 142 ff., 159 ff. mwN, mwN auch eingehend zur Kritik und den deutlichen Schwächen und Unzulänglichkeiten der entsprechenden Unionsrichtlinien und -rahmenbeschlüsse.

[51] Vgl. *Gazeas* ZRP 2005, 18.

[52] Vgl. etwa *Lagodny* in Breitenmoser/Gless/Lagodny, Schengen in der Praxis, 2009, 259 (271 ff. mwN); Schomburg/Lagodny/Gleß/Hackner/*Hackner* IRG Einleitung Rn. 5 ff., 117 ff. mwN; vielleicht dazu weiter ausf. etwa HdB-EuStrafR/*Gleß* § 38 Rn. 59 ff.; zu den insbes. nicht zeitgleich umgesetzten Vorstellungen des Haager Programms von 2004 NK-RechtshilfeR/*Wörner* IV Rn. 462 mwN.

[53] Vgl. zu den Auslegungsmethoden und -grundsätzen allg. hier nur etwa HdB-EuStrafR/*Satzger* § 9 Rn. 50 ff. mwN.

[54] KOM(2005) 490 endg.; vgl. dazu auch *Papayannis* ZEuS 2008, 219 (226 ff.).

[55] *Ambos* IntStrafR § 12 Rn. 86 ff. mwN.

[56] Vgl. zur RB 2008/978/JI allg. *Ambos* IntStrafR § 12 Rn. 85 mwN; zur Kritik etwa *Ambos* ZIS 2010, 557; *Heger* ZIS 2007, 547 ff.; *Krüßmann* StraFo 2008, 458 ff.; *Roger* GA 2010, 27; *Schünemann/Roger* ZIS 2010, 515 ff.; *Schierholt* ZIS 2010, 567 ff.; vgl. NK-RechtshilfeR/*Kubiciel* IV Rn. 372 ff. mwN; vgl. eingehend NK-RechtshilfeR/*Wörner* IV Rn. 457 ff. mwN; HdB-EuStrafR/*Gleß* § 38 Rn. 8 ff.

[57] Rahmenbeschluss 2006/960/JI des Rates über die Vereinfachung des Austauschs von Informationen und Erkenntnissen zwischen den Strafverfolgungsbehörden der Mitgliedstaaten der Europäischen Union v. 18.12.2006, ABl. 2006 L 386, 89; vgl. dazu etwa *Papayannis* ZEuS 2008, 219 (228 f.).

[58] BGBl. 2017 I 31.

[59] Auch dies zeigen die USA exemplarisch von den ersten Entscheidungen über eine Hineininterpretation eines immanten „*public policy*" dh Ordre-public-Vorbehaltes bis etwa zu den zeitgenössischen Diskussionen um die Schließung nicht heterosexueller Ehen, vgl. etwa Franchise Tax Board v. Hyatt, 538 U.S. 488, 494 (2003); Pacific Employers Ins. Co. v. Industrial Accident Comm'n, 306 U.S. 493, 502 (1939).

[60] Vgl. ausf. HdB-EuStrafR/*Hecker* § 10.

[61] Vgl. *Ambos* IntStrafR § 11 Rn. 5 ff., vor allem Rn. 11 ff. mit umfassendem Überblick und detaillierter Darstellung der unterschiedlichen Wirkungsmechanismen, sowie wN.

ein geradezu dramatischer Anstieg der Unionsrechtsakte oder der Bemühungen darum im Bereich der „inneren Sicherheit" zu beobachten. Diese konzentrieren sich allerdings bei weitem nicht auf diese spezifischen Angriffe auf die zivile Gesellschaft.[62] Vielmehr ist in diesem „Fahrwasser" sowie dem der Geldwäsche und Bekämpfung der organisierten Kriminalität in immer neuen Wellen eine Fülle an Rechtsakten zu beobachten. Diese sind oft durch wechselseitige referenzierende, kaum transparente oder präzise Regelungen geprägt, die mit meist überaus umfassendem Anwendungsbereich bis weit in die Alltagskriminalität hineinreichen. Dadurch müssen sie sich und ihre unionsrechtlich forcierte Transformation im nationalen Recht nicht selten jedenfalls im Grenzbereich der grund- und verfassungsrechtlichen Schranken beider Ebenen festmachen lassen. Gleichermaßen hoch problematisch und untauglich scheint der Versuch, durch isoliert gesetzte ökonomische Indikatoren in einer Makroperspektive die nationalen Justizsysteme „effizienter" machen zu wollen, ohne auf die eigentlichen Güter der Rechtssysteme, wie Rechtsfrieden, Akzeptanz oder gar „Gerechtigkeit" eingehen zu können.[63] Hier genau zeigt sich auch die Grenze der Wurzeln der alten Wirtschaftsgemeinschaft gegenüber einem umfassenden Verfassungsverbund und die berechtigte Kritik an zu einseitigen Denkmustern „in Brüssel", die damit erkennbar noch nicht Schritt gehalten haben.

III. Insgesamt bleibt vor diesem Hintergrund derzeit fraglich, ob sich aus den jeweils in **48** den einzelnen beteiligten Staaten ablaufenden Rechtshilfeverfahren allmählich das allgemeine **Bild eines übergreifenden „International-Arbeitsteiligen" Strafverfahrens** formt.[64] Dies hätte zur Folge, dass namentlich die Grund- und Verfahrensrechte für die Betroffenen in vollem Umfang wie bei einem rein innerstaatlichen Verfahren wenigstens in ihrer internationalen Dimension angewendet werden könnten.

Indes verkennt ein solch genereller und ambitionierter Ansatz nicht nur die rechtliche **49** Tradition der internationalen Rechtshilfe. Vor allem differenziert er nicht nach der Intensität des Kooperatioonsverhältnisses und der Unterschiedlichkeit der Rechtsordnungen. So mag das Bild einer nahtlosen Arbeitsteilung im Bereich der EU, auch aufgrund der Ausformungen des Unionsrechts, immer naheliegender werden. Im Verhältnis mit Staaten, die weit von deutschen bzw. unionsweiten Grundrechtsstandards entfernt sind, wird man sich indes schwertun, eine nahtlose Aufgabenüberlassung und -zurechnung auch und gerade im Rechtsschutz im Sinne eines einheitlichen Verfahrens annehmen zu wollen. Die deutschen Stellen würden einerseites gerade aus ihrer Grundrechtsbindung und -verantwortung teilweise entlassen, müssten andererseits aber auch uneingeschränkt mit den arbeitsteilig erlangten Beweiserergebnissen und deren Folgen leben.

Bei alledem wird durchaus intensiv diskutiert, ob die rechtliche Rücknahme des inner- **50** staatlichen Rechtsschutzes **verfassungsrechtliche Grenzen** einhalten bzw. verletzen kann. So hat das BVerfG in seinem Lissabon-Urteil gerade für den Bereich des Strafrechts

---

[62] Vgl. etwa nur im Dezember 2016: Proposal for a Directive of the European Parliament and of the Council on countering money laundering by criminal law, KOM(2016) 826; Proposal for a Regulation of the European Parliament and of the Council on the mutual recognition of freezing and confiscation orders, KOM(2016) 819/2; Proposal for a Regulation of the European Parliament and of the Council on the establishment, operation and use of the Schengen Information System (SIS) in the field of police cooperation and judicial cooperation in criminal matters, amending Regulation (EU) No 515/2014 and repealing Regulation (EC) No 1986/2006, Council Decision 2007/533/JHA and Commission Decision 2010/261/EU, KOM(2016) 883; Communication from the Commission to the European Parliament, the European Council and the Council: Second progress report towards an effective and genuine Security Union, KOM(2016) 732; Implementation of the counter-terrorism agenda set by the European Council, Ratsdok. 14260 EXT 1/16; Mitteilung der Kommission an das Europäische Parlament, den Rat, den Europäischen Wirtschafts- und Sozialausschuss und den Ausschuss der Regionen: Auf dem Weg zu einer europäischen Strafrechtspolitik: Gewährleistung der wirksamen Durchführung der EU-Politik durch das Strafrecht, KOM(2011) 573 endg.
[63] Vgl. „*EU Justice Scoreboard*" zuletzt 2016, herausgegeben von der Europäischen Kommission am 11.4.2016.
[64] Vgl. vor allen anderen die Entwicklung von *Schomburg/Lagodny/Gleß/Hackner* Einleitung Rn. 105 ff.; dazu zuletzt ausf. mit Erläuterung der zentralen Folgerungen HdB-EuStrafR/*Lagodny* § 31 Rn. 39 ff. mwN; dazu fragend auch HdB-EuStrafR/*Gleß* § 38 Rn. 4 ff.

und der Rechtshilfe bindende deutsche Verfassungsschranken für eine weitere Integration gesetzt.[65] Gleiches gilt für die Frage, ob unmittelbare Ermittlungshandlungen anderer Staaten durch verfassungsrechtliche Grundprinzipien noch gedeckt sind, etwa in Deutschland sich noch im Rahmen von Art. 24 GG befinden, oder ob Art. 20 GG hier bereits absolute Grenzen setzt.[66] Ein Lösungsbaustein liegt sicher darin, in der durchaus schrittweise, bedächtig und vorsichtig erfolgten Öffnung, alleine eine Frage der widerruflichen Ausübung und Duldung in eng umgrenzten Bereichen, nicht aber eine weitergehenden Verfügung des staatlichen Selbstorganisationsrechtes zu erkennen. Andererseits wird man die zunehmende transnationale Vertrauensbasis, solange sie dies eben frei von Unterordnung und Gewalt rechtfertigt, durchaus – im Erbe *Immanuel Kants* – als Verwirklichung des Strebens ansehen können und müssen „als gleichberechtigtes Glied in einem vereinten Europa dem Frieden der Welt zu dienen."[67]

51 Allerdings stößt diese Rechtfertigung an ihre neuen Grenzen, wenn das Rechtsstaatsprinzip in Gestalt der **Rechtssicherheit für die „Rechtsunterworfenen"** – und damit ggf. sogar seine Subjektqualität als Ausgang jeder legitimen Rechtsordnung – verletzt wird. Mithin, wenn der oder die Einzelne die konkret anwendbaren Zusammenarbeitsformen nicht kennen kann, er also nicht weiß, wie und warum gegen ihn vorgegangen bzw. kooperiert wird und welche Auswirkungen dies für ihn haben kann.[68] Dies gilt sicher für traditionelle hoheitlich-manifeste Ermittlungen, aber auch für den Gebrauch von Informationen in inländischen Strafverfahren aus Quellen der internationalen Kooperation von Sicherheitsbehörden, deren rechtliche Grundlagen (nicht konkrete Gestalt) nicht vollständig transparent und parlamentarisch-demokratisch kontrolliert sind. Erst recht gibt es berechtigten Grund zur Besorgnis, wenn europäische Einrichtungen und internationale Organisationen jeweils untereinander unter eigenen Rechtsregimen und fern staatlicher Kontrolle immer komplexer miteinander kooperieren.[69] Insoweit wird künftig zunehmend zu prüfen bleiben, wie stark die Maximen des „bestimmten, erkennbaren und vorhersehbaren" Rechts auch auf das Strafverfahrens- und Rechtshilferecht kritisch anzuwenden sind. Gleiches gilt für Kooperationsbeziehungen, die in der Ausgestaltung und Entstehung erkennbar asymmetrisch ausgeprägt sind.

52 Unbeschadet dieser großen rechtspolitischen Linien zu einer immer koordinierteren Zusammenarbeit mit dem *caveat*, dass dies immer an den Friedens-, Gerechtigkeits- und Wahrhaftigkeitszielen jeder Rechtsordnung und rechtsstaatlichen Verfassungsordnung konkret rückgebunden und gemessen werden muss, bleibt, der **Prozess der Rationalisierung** der Diskussion und der Anwendung durch Schaffung von Transparenz und Verständnis, aber auch Komplexitätsreduktion mittels systematischer Durchdringung der tatsächlichen Rechtslage eine drängende, fortwirkende Aufgabe des juristischen Alltags aber auch darüber hinaus.

---

[65] Vgl. BVerfG EuGRZ 2009, 339; vgl. hierzu etwa *Polakiewicz* in Breitenmoser/Gless/Lagodny, Schengen und Dublin in der Praxis, 2010, 121 (133 f.).
[66] *Cremer* ZaöRV 2000, 103 (127 ff. mwN).
[67] Präambel des Grundgesetzes.
[68] Vgl. nur *Polakiewicz* in Breitenmoser/Gless/Lagodny, Schengen und Dublin in der Praxis, 2010, 121 (134); *Lagodny* in Breitenmoser/Gless/Lagodny, Schengen in der Praxis, 2009, 274.
[69] Vgl. HdB-EuStrafR/*Storbeck* § 47 Rn. 48 ff. mwN.

2. Kapitel. Unmittelbare Informationsgewinnung deutscher Ermittlungsorgane im Ausland bzw. bei Auslandsbezug

§ 1 Grundlagen

A. Kompetenz und völkerrechtliche Schranken

I. Grundsatz der Inlandsorientierung

Nach deutschem Recht dürfen deutsche Gerichte, Ermittlungsorgane und Sicherheitsbehörden **grundsätzlich nur im Inland Tätigkeit entfalten.** Dies folgt für Gerichte im strafrechtlichen Ermittlungsverfahren etwa aus § 166 GVG, nach dem ein Gericht Amtshandlungen „*im Geltungsbereich dieses Gesetzes* auch außerhalb seines Bezirks" vornehmen darf. Dies gilt gem. § 143 GVG (und entsprechenden innerstaatliche Übereinkommen) ebenso für die Staatsanwaltschaften und die ihrer Weisung bei strafrechtlichen Untersuchungen unterstellten Ermittlungsbehörden.[1] Für die Sicherheitsbehörden – namentlich im präventiven Bereich und für die Nachrichtendienste – wird dies im Übrigen aus ihren jeweiligen Aufgaben- und Kompetenznormen geschlossen, wie etwa § 75 BWPolG, wonach die Polizeidienststellen im (ganzen) Landesgebiet zuständig sind (sie in der Regel jedoch nur in ihrem Dienstbezirk tätig werden sollen), soweit gesetzlich keine Ausnahmen bestimmt sind. Eine derartige ausdrückliche Erlaubnis wird für den Bundesnachrichtendienst (BND) unter anderem in § 1 Abs. 2 S. 1 BNDG ausgesprochen, während sich die Aufgaben- und Befugnisnormen insbesondere der weiteren Sicherheitsbehörden des Bundes, namentlich BKA, Zollfahndung, Bundespolizei, Bundesamt für Verfassungsschutz (BfV) und Militärischer Abschirmdienst (MAD) eine ausdifferenzierte Zwischenstellung einnehmen, sodass hier auf den entsprechenden Gesetzestext zu verweisen ist.

Das bedeutet, dass die auf Informationserhebung gerichtete **Ermittlungshandlung** grundsätzlich im Inland vorgenommen werden muss, auch wenn die Information bzw. Informationsquelle sich im Ausland befindet. An dieser Stelle stellt sich also nicht die Frage der Zulässigkeit transnationaler Kommunikation mit amtlichen Stellen oder Privatpersonen oder sonst transnationaler Ermittlungshandlungen. Für eine Vornahme einer aktiven Tätigkeit *als solcher* im Ausland bedarf es dagegen einer hinreichend expliziten Erlaubnisnorm.[2] Solche bestehen in den nachfolgend im Einzelnen behandelten zwischenstaatlichen Befugnisnormen, seien sie durch die entsprechenden Zustimmungsrechtsakte – seien es die Mechanismen des Europa- oder Völkerrechts – in deutsches Recht umgesetzt oder sonst national autonom gesetzt worden, wie namentlich im IRG oder in den Organisationsgesetzen der entsprechenden Sicherheitsbehörden.

II. Völkerrechtliche Zulässigkeit grenzüberschreitender Ermittlungen

Umstritten ist indes die Reichweite der **Beschränkungen** für dieses Ermittlungshandeln, die **aufgrund ihrer Auswirkungen im Ausland** folgt. Eine Ermittlungsmaßnahme ist dabei nicht *ipso iure* völkerrechtswidrig, weil sie *außerhalb der eigenen Territorialhoheit* erfolgt, sondern *kann* es sein, weil sie *innerhalb eines fremden Staatsgebietes* vorgenommen wird.[3] Dabei maßgeblich ist insbesondere der völkerrechtliche Grundsatz der souveränen

---
[1] Vgl. Meyer-Goßner/Schmitt/*Schmitt* GVG § 166 Rn. 4 mwN.
[2] Vgl. hier auch zum Ganzen *Ambos* IntStrafR § 2 mwN.
[3] *Nagel* Beweisaufnahme 19.

Gleichheit der Staaten, der stets zu beachten ist. So umfasst etwa nach dem BGH die Achtung der territorialen Integrität anderer Staaten ganz allgemein alle Staatshandlungen **im Ausland,** durch die in die Gebietshoheit – ohne generell oder im Einzelfall erteilte Einwilligung oder ohne Vorliegen eines anderen völkerrechtlichen Rechtstitels – eingegriffen wird. Allerdings können ebenso **in das Ausland hineinreichende Maßnahmen** die souveräne Gleichheit der Staaten verletzen:[4]

„Die Achtung der territorialen Integrität anderer Staaten umfasst ganz allgemein alle Staatshandlungen im Ausland, durch die in die Gebietshoheit ohne generell oder im Einzelfall erteilte Einwilligung oder ohne Vorliegen eines anderen völkerrechtlichen Rechtstitels eingegriffen wird. Auch in das Ausland hineinreichende Maßnahmen, **abgesehen von Akten ohne rechtsgestaltende Wirkung,** können die souveräne Gleichheit der Staaten verletzen."

4   Unter den, aufgrund immer stärkeren transnationalen Bezügen und Informationserhebungen erheblich in Diskussion geratenen Einzelfragen lassen sich folgende, wohl unstreitigen Extreme leicht für den Praktiker abschichten, sodass in den allermeisten Fällen eine Beurteilung bereits auf dieser Stufe leicht fällt:

5   1. Einigkeit besteht einerseits darin, dass jedenfalls Zugriff auf **öffentlich zugängliche Informationen** völkergewohnheitsrechtlich stets erlaubt ist. Dies wird etwa auch von den USA ausdrücklich gegenüber der Bundesrepublik Deutschland anerkannt, allerdings dadurch eingeschränkt, dass für „Ermittlungshandlungen" ein nicht bereits dort stationierter ausländischer Justiz- oder Polizeivertreter gesetzlich verpflichtet sei, je nach Art der ausländischen Ermittlungen das Federal Bureau of Investigation (FBI), die zentrale Interpoldienststelle der USA oder das Office of International Affairs (OAI) vorab über das Vorhaben zu unterrichten und eine Durchführungserlaubnis einzuholen.

6   2. Andererseits scheint ebenfalls nicht bezweifelt zu werden, dass jede hoheitliche Maßnahme durch **Ausübung oder Androhung von Zwang** in einem fremden Staatsgebiet **grundsätzlich** eine Verletzung von dessen Souveränität darstellt und daher **völkerrechtswidrig** ist.[5] Dem gleichzustellen dürfte ein **offenes Auftreten als bzw. wie ein Hoheitsträger sein,** da dieses regelmäßig eine entsprechende Zwangswirkung oder Hoheitszumaßung bewirken dürfte.

7   Anders als früher etwa der Bundesgrenzschutz besitzt heute auch die Bundespolizei – wie sämtliche andere deutsche Polizei- und Ermittlungsbehörden – keinen notifizierten Kombattantenstatus iSv Art. 43 Abs. 3 Protokoll I zur Genfer Konvention v. 12.8.1949 über den Schutz der Opfer internationaler bewaffneter Konflikte.[6] Solange nicht aufgrund der konkreten Konfliktlage das Völkerrecht internationaler oder sonstiger Konflikte zur Anwendung kommt, kann auf dieses nicht zurückgegriffen werden.

8   3. **Umstritten** ist hingegen der Zwischenbereich, der vor allem durch **verdeckte** bzw. nicht vollständig gegenüber der Zielperson oder einem sonst Betroffenen offengelegten Ermittlungsmaßnahmen zur Informationserhebung im Ausland gekennzeichnet ist.

9   a) Wie *Sieber*[7] vertritt eine starke Ansicht in der deutschen Rechtslehre jedenfalls hinsichtlich der verdeckte Erhebung von Daten auf fremden informationstechnischen Systemen im Ausland die generelle These, dass **jede grenzüberschreitende Ermittlungsmaßnahme** in die völkerrechtliche Souveränität des fremden Staates, in dessen

---

[4]   BGHSt 45, 188 = NJW 1999, 3788 unter Berufung auf *Verdross/Simma,* Universelles Völkerrecht, 3. Aufl. 2010, §§ 454, 456; allg. zum Verbot der Vornahme von Hoheitsakten auf fremdem Staatsgebiet vgl. *Epping* in Ipsen VölkerR § 7 Rn. 60 ff. sowie bereichsspezifisch: *Mokros* in Lisken/Denninger HdB PolizeiR, 5. Aufl. 2012, N Rn. 1. Zum US-amerikanischen Rechtsverständnis vgl. *Nadelmann,* Harvard International Law Journal 31 (1990), 37 ff.; bereichsspezifisch *Nadelmann,* Cops Across Borders, 1993.
[5]   Vgl. etwa NK-RechtshilfeR/*Ambos/Poschadel* I Rn. 2 mwN mit Eingehen auf die Rechtfertigungsgründe einer Intervention nach Art. 51 UN-Charta.
[6]   Zusatzprotokoll zu den Genfer Abkommen vom 12. August 1949 über den Schutz der Opfer internationaler bewaffneter Konflikte v. 8.6.1977 (BGBl. 1990 II 1550, 1551).
[7]   Vgl. zum Ganzen, *Sieber,* Gutachten C zum 69. Deutschen Juristentag 2012, 145 ff. mit umfassenden wN.

Gebiet sie Auswirkungen hat, eingreife.[8] Daraus wird gefolgert, dass **jeweils eine konkrete Zustimmung, vertragliche Übereinkunft oder ein Völkergewohnheitsrecht bestehen müsse,** nach denen ein solcher Eingriff gerechtfertigt sein müsse. Letzteres wird insbesondere für grenzüberschreitende Ferneingriffe in informationstechnische Systeme unter Berufung auf die Beratungen zur Cybercrime-Konvention[9] (CKÜ, → § 7 Rn. 24 ff.; → § 15 Rn. 496 ff.) verneint, die gezeigt hätten, dass selbst die teilnehmenden Staaten kein andersartiges Völkergewohnheitsrecht unter sich anerkannt hätten. Dies scheint indes die Beratungen etwas unpräzise wiederzugeben, nach denen die Teilnehmer letztendlich feststellten, dass es noch nicht möglich war, ein umfassendes verbindliches Rechtsregime in diesem (konkreten) Bereich vorzubereiten, teilweise weil konkrete Erfahrungen fehlten, andererseits wegen der Erkenntnis, dass die angemessene Lösung oft von den genauen Umständen des Einzelfalles abhänge, die die Formulierung einer allgemeinen Regel (noch) schwierig gestalte.[10]

b) Die von *Sieber* daraus gestellte und verneinte Frage, ob ein Völkergewohnheitsrecht bestehe und damit generell jeweils für die konkrete Fallgestaltung bestehen müsse, das derartige Eingriffe konkret erlaube, setzt sich indes bereits dem **Einwand** aus, ob nicht vielmehr richtigerweise auch gerade **aus dem Prinzip der Souveränität** bei hier rein zwischenstaatlicher Betrachtung umgekehrt aus dem bestehenden Völkerrecht die **Vermutung zugunsten der Zulässigkeit des Handelns des Staates auf eigenem Staatsgebiet** mit Auswirkungen auf fremdem Staatsgebiet folgern müsste, hinsichtlich dessen Einschränkung umgekehrt nachweisbar sein muss. Letzteres scheint auch bei grenzüberschreitenden Wirkungen dem Umweltvölkerrecht und seinen, diese Auswirkungen begrenzenden Übereinkommen zugrunde zu liegen. Andere Mechanismen, wie etwa die formlose, ggf. verdeckte oder über Privatpersonen erfolgte Informationseinholung, scheinen nicht nur nach dem deutschen Recht als eine anerkannte Übung. 10

Gegen die Folgerung der genannten Ansicht, jede staatliche Fernwirkung erlaube außerhalb expliziter völkerrechtlicher Erlaubnisnormen oder konkreter Zustimmung des betroffenen Staates, über die auch Beteiligte wie der Serviceprovider nicht verfügen könnten, nur das Selbstverteidigungsrecht aus Art. 51 UN-Charta,[11] wird man ebenfalls die bereits genannte **diplomatische und nachrichtendienstliche „globale" Praxis** anzuführen haben, wonach bislang Stand des Völkerrechtes nach aktueller Diskussion zu sein scheint, dass durch schlichte Erhebungen im Ausland, egal ob bei oder unter Umgehung der amtlichen Stellen des betroffenen Hoheitsträgers, ohne Anmaßung von Hoheitsgewalt keine Verletzung des Völkerrechtes vorliegt, jedenfalls solange nicht spezielle Schutznormen wie die Immunität diplomatischer oder konsularischer Vertretungen, der Staatsoberhäupter oder der diplomatischen Delegationen verletzt werden. 11

Tatsächlich scheint die strikte Ablehnung jeder staatlicher informationsbeschaffenden Tätigkeit in einem anderen Staat sich auf einer etwa irreführenden Auslegung der **Lotus-Entscheidung des Ständigen Internationalen Gerichtshofs (StIGH)**[12] und der umfassenden nationalen verwaltungs- und verfassungsrechtlichen Judikatur zum umfassenden Rechtsschutz gegen schlicht-hoheitliches Handeln entwickelt zu haben. Der StIGH führte damals aus: 12

---

[8] Vgl. zudem etwa *Gleß* NStZ 2000, 57 ff. mwN; ähnlich bereits *Nagel* Beweisaufnahme 2, 8 mwN, Letzterer verkürzend jede Ermittlungstätigkeit als hoheitlich gleichsetzend am Beispiel amtlich versandter Fragebögen.
[9] Übereinkommen über Computerkriminalität v. 23.11.2001 (BGBl. 2008 II 1242).
[10] ETS Nr. 185 Explanatory Report Rn. 293 f. – CKÜ: „*The drafters ultimately determined that it was not yet possible to prepare a comprehensive, legally binding regime regulating this area. In part, this was due to a lack of concrete experience with such situations to date; and, in part, this was due to an understanding that the proper solution often turned on the precise circumstances of the individual case, thereby making it difficult to formulate general rules.*"
[11] Charta der Vereinten Nationen v. 26.6.1945 (BGBl. 1973 II 430).
[12] PCIJ Reports 1927 Serie A Nr. 10, 1 (18 f.); Hervorhebung durch den Verfasser.

„*Now the first and foremost restriction imposed by international law upon a State is that – failing the existence of a permissive rule to the contrary – it may not **exercise its power** in any form in the territory of another State. In this sense jurisdiction is certainly territorial; it cannot be exercised by a State outside its territory except by virtue of a permissive rule derived from international custom or from a convention.*"

Eine weiterführende Interpretation hat allerdings an „*exercise its power*" bzw. in der ebenfalls authentischen französischen Fassung „*tout exercice de sa puissance*" anzuknüpfen. Der StIGH spricht hier also nicht von jeder Aktivität eines Staates, sondern der Ausübung von staatlicher Macht bzw. Hoheit. Konkretisiert wird dies im völkerrechtlichen Schiedsspruch in Sachen **Islas de Palmas** zwischen den USA und den Niederlanden:

„*Sovereignty in the relation between States signifies independence. Independence in regard to a portion of the globe is the **right to exercise** therein, to the exclusion of any other State, the **functions** of a State. The development of the national organisation of States during the last few centuries and, as a corollary, the development of international law, have established this principle of the exclusive competence of the State in regard to its own territory in such a way as to make it the point of departure in settling most questions that concern international relations.... Territorial sovereignty, as has already been said, involves the exclusive right **to display the activities of a state**.*"[13]

Aufgrund der völkergewohnheitsrechtlichen Verankerung des Instituts der *acta gestionis* wird man den Begriff „*function*" wiederum nicht extrem weit im Sinn jeder staatlichen Betätigung verstehen können, sondern eben im Zusammenhang mit „*to **exercise** the functions*" zwar nicht nur hoheitlich im Sinne der Subordinationslehre, aber doch spezifisch unterschieden von „Jedermannsrechten", auch bei Selbst- und Fremdhilferechten wie Notwehr und Festhalterechten, aber eben auch bei der Informationserlangung einordnen müssen.

13 In diesem Sinn grenzen auch **Übereinkommen im Rahmen der Vereinten Nationen** unerlaubte von erlaubter grenzüberschreitender Ermittlung und Strafverfolgung ab. So bestimmt Art. 2 Abs. 3 UNSuchtÜ: „Eine Vertragspartei unterlässt im Hoheitsgebiet einer anderen Vertragspartei die Ausübung der Gerichtsbarkeit und die Wahrnehmung von Aufgaben, die nach innerstaatlichem Recht ausschließlich den Behörden dieser anderen Vertragspartei vorbehalten ist".[14] Sie spiegelt sich auch in **nationalen Normen** wie Art. 271 Abs. 1 schweiz. StGB:

„Wer auf schweizerischem Gebiet ohne Bewilligung für einen fremden Staat Handlungen vornimmt, **die einer Behörde oder einem Beamten zukommen,** wer solche Handlungen für eine ausländische Partei oder eine andere Organisation des Auslandes vornimmt, wer solchen Handlungen Vorschub leistet, wird mit Freiheitsstrafe bis zu drei Jahren oder Geldstrafe, in schweren Fällen mit Freiheitsstrafe nicht unter einem Jahr bestraft".

14 Eine solche Betrachtung folgt auch im Übrigen den **wesentlichen Grundprinzipien des Völkerrechtes,** wie sie etwa in Art. 2 UN-Charta und in der diese konkretisierenden Resolution der UN-Generalversammlung GA Res. Nr. 2625 (1970) zum Ausdruck kommen:[15]

15 Art. 2 Nr. 4 UN-Charta verbietet jede gegen die territoriale Unversehrtheit oder die politische Unabhängigkeit eines Staates gerichtete oder sonst mit den Zielen der Vereinten Nationen unvereinbare Androhung oder Anwendung von **Gewalt.** Zwar ist die Reichweite des Gewaltbegriffes, der sich aus dem engeren Kriegsbegriff nach dem 2. Weltkrieg

---

[13] Ständiger Schiedshof (PCA), Island of Palmas case v. 4.4.1928, UN, Reports of International Arbitral Awards, vol. II, 829 ff. = ZaöRV 1 (1929), Teil 2, S. 3, 15 f.; Hervorhebung im Text durch den hiesigen Verfasser.

[14] Amtliche Übersetzung; vgl. Originalfassung in Englisch: „*A Party shall not undertake in the territory of another Party the exercise of jurisdiction and performance of functionswhich are exclusively reserved for the authorities of that other Party by its domestic law*".

[15] Erklärung über Grundsätze des Völkerrechts betreffend freundschaftliche Beziehungen und Zusammenarbeit zwischen den Staaten im Einklang mit der Charta der Vereinten Nationen A/RES/2625 (XXV) v. 24.10.1970; vgl. ergänzend aus der Perspektive des internationalen Strafrechts *Ambos* IntStrafR § 2 Rn. 2 ff. mwN.

§ 1 Grundlagen

heraus entwickelt hat,[16] im Einzelnen streitig. Insbesondere diskutiert wird, wie weit politischer oder wirtschaftlicher Druck diesen erfüllen kann, zumal der Kernbereich auf militärische Gewalt ausgerichtet bleibt.[17] In der bloßen Informationserlangung und Verwendung für ein Strafverfahren im Inland wird man allenfalls in engsten Ausnahmefällen bei ganz besonderen politischen Auswirkungen eines Verfahrens eine derartige Schwelle als berührt ansehen können.

Auch der Grundsatz des **Interventionsverbotes** nach Art. 2 Nr. 7 UN-Charta, dürfte ebenfalls, soweit die Zuständigkeit für das eigene Strafverfahren völkerrechtskonform mit einem hinreichenden Anknüpfungspunkt begründet werden kann, auch nicht aus der grenzüberschreitenden Informationserlangung und -verwendung verletzt sein. Er umfasst nämlich, dass ein Eingreifen in Angelegenheiten, die ihrem Wesen nach zur inneren Zuständigkeit eines Staates gehören, den Vereinten Nationen und wohl erst recht ihren Mitgliedern untereinander untersagt wird. Damit eingeschlossen ist zwar vor allem jede auch unter der Schwelle der Gewalt liegende **subversive Tätigkeit,** die darauf ausgerichtet ist, dass sich ein Staat fremdem Willen unterordnet.[18] Dies ist bei der Informationsbeschaffung und Verwendung zur eigenen Strafverfolgung allerdings nur in ganz besonderen politischen Konstellationen denkbar. Darüber hinaus wird weithin auch gefolgert, dass selbst die Spionagetätigkeit als solche völkerrechtlich nicht verboten, aber ohne Einfluss einer Immunität am nationalen Recht des betroffenen Zielstaates zu messen ist.[19]

Bei der Auslegung des Grundsatzes der gleichen **Souveränität** der Staaten nach Art. 2 Nr. 1 UN-Charta kann neben der bereits entwickelten Interpretation auf die allgemeine Auslegung zurückgegriffen werden. Danach darf es kein Staat unternehmen, einen anderen Staat seiner Befehlsmacht zu unterwerfen,[20] worunter aber auch in Verbindung[21] mit Interventions- und Gewaltverbot gezählt werden kann, in einem andere Staat konkurrierende Befehlsmacht gegenüber dessen Subjekten auszuüben, ohne dass dies durch dessen Zustimmung entweder im konkreten Fall oder durch entsprechende rechtliche Vereinbarungen gedeckt ist.[22] Insoweit folgt wiederum aus der Gebietshoheit der souveränen Staaten untereinander, dass im Hoheitsgebiet eines fremden Staates ohne dessen Zustimmung keine Hoheitsakte gesetzt werden dürfen,[23] was wiederum auf die bereits erörterte Rechtsprechung zurückführt.

Auch die von der UN-Generalversammlung jüngst einvernehmlich ohne Abstimmung angenommene, unverbindliche Deklaration „*The right to privacy in the digital age*"[24] fordert im Wesentlichen nur die Mitgliedstaaten auf, nach ihrem eigenen **Recht das universelle Menschenrecht auf Privatheit** bzw. Datenschutz nach Art. 12 AEMR[25] und Art. 17 IPBPR[26] zu respektieren, die daraus folgenden Verpflichtungen zu erfüllen und hierzu effektive nationale Kontrollmechanismen *ex ante* und *ex post* bereitzustellen.

Schließlich führen auch die **expliziten völkervertraglichen Regelungen,** wie für die Observation kontrollierte Lieferungen, verdeckte Ermittler oder sonstigen grenzüberschrei-

---

[16] *Bothe* in Graf Vitzthum/Proelß VölkerR 8. Abschnitt Rn. 9 mwN.
[17] Vgl. *Graf Vitzthum* in Graf Vitzthum/Proelß VölkerR 1. Abschnitt Rn. 75 mwN; *Bothe* in Graf Vitzthum/Proelß VölkerR 8. Abschnitt Rn. 10 ff. mwN.
[18] Vgl. *Graf Vitzthum* in Graf Vitzthum/Proelß VölkerR 1. Abschnitt Rn. 76 mwN.
[19] Vgl. etwa *Hoffmann-Riem,* Stellungnahme zur Anhörung des 1. Untersuchungsausschusses des 18. Deutschen Bundestags, 13 ff. mwN auch zur Entscheidung des IGH ICJ Reports 2012, 99 ff., lediglich betreffend die zivilrechtliche Staatenimmunität für hoheitliches Handeln im Ausland; zu Letzterem auch grundlegend BVerfGE 92, 277 (321 f.); LK-StGB/*Werle/Jeßberger* vor § 3 Rn. 225 f. mwN.
[20] Vgl. *Graf Vitzthum* in Graf Vitzthum/Proelß VölkerR 1. Abschnitt Rn. 73 mwN.
[21] Vgl. zur notwendigen Zusammenschau Art. 2 Abs. 1 A/RES/2625 (XXV).
[22] Vgl. StIGH PCIJ Reports 1 (1923) Series A Nr. 1, 6 – Wimbledon.
[23] So ausdrücklich etwa *Kau* in Graf Vitzthum/Proelß VölkerR 3. Abschnitt Rn. 154 mwN.
[24] UN GA A/RES/68/167 basierend auf UN Docs. A/C.3/68/L.45 limited; angenommen UN GA A/68/PV.70, S. 20 am 18.12.2013.
[25] Allgemeine Erklärung der Menschenrechte v. 10.12.1948, UN GA A/RES/217 A (III).
[26] Internationaler Pakt über bürgerliche und politische Rechte v. 19.12.1966 (BGBl. 1973 II 1533).

tenden Einsatz von Polizeibeamten (→ § 3 Rn. 4 ff.) nicht im Umkehrschluss dazu, im Verhältnis der Vertragsparteien oder Drittstaaten jede Informationserhebung ohne Zustimmung oder innerhalb vereinbarter Grundlagen mit dem Träger der Gebietshoheit als unzulässig oder gar unverwertbar anzusehen. Denn derartige Verträge haben keinen ausschließenden Charakter, sie begründen – wie sonst auch im Bereich der Rechtshilfe – nur in ihrem speziellen konkreten Geltungsbereich rechtliche Verhaltenszusagen im Sinne einer faktischen Gestattung bzw. Vornahme durch den Verpflichteten und (wenn auch nur allgemein völkerrechtlich) geschützte Verhaltenserwartungen durch den Berechtigten.[27]

20 Zudem handelt es sich um einzelne Maßnahmen, die in einem herausgehobenen Maß die staatliche Souveränität berühren können, ohne die völkerrechtlichen Grenzen stets oder typischerweise zwingend zu überschreiten. So sind die Regelungen historisch insbesondere als Maßnahmen zur Stärkung zwischenstaatlicher Rechtssicherheit und Vertrauensbildung vor dem Hintergrund von mutmaßlichen Pannen und Skandalen beim grenzüberschreitenden Einsatz von Drogen-Scheinkäufern und Observationsteams zu sehen.[28] Gleichzeitig bewirken sie eine deutlich erhöhte Rechtssicherheit sowohl für die Einsatzkräfte als auch die Behörden im Zielstaat, wie etwa in den Regelungen zu Dienstwaffen. Wie bereits in Art. 20 Art. 1 RHÜ 2000 und den Erwägungsgründen 9 und 10 RHÜ 2000 im Wortlaut zum Ausdruck kommt, soll dieser Artikel die allgemeinen Grundsätze des Völkerrechts unbeschadet lassen. Aus ihm darf nicht geschlossen werden, dass die Überwachung von Telekommunikation und erst recht andere Überwachungen in andere Situationen nicht zulässig seien.[29]

21 c) Damit erscheint folgerichtig **für den konkreten Anwendungsfall** an dieser Stelle zu trennen zwischen einem Verhalten, durch das ein Staat auf dem Gebiet eines anderen erkennbar Hoheitsrechte, sonstige dem Staat vorbehaltene Funktionen oder Aktivitäten ausüben will, und anderem Verhalten, indem der Staat als solcher nicht in Erscheinung tritt und sich insbesondere nicht auf Sonderrechte beruft. Konsequenterweise muss dies dann der völkerrechtlich im Bereich der Immunität etablierten **Unterscheidung zwischen acta (iure) imperii und acta gestionis** (→ Rn. 22; § 2 Rn. 14) entsprechend, auch um eine lückenlose Gewährleistung der Souveränität des Gebietsstaates sicherzustellen, nach der ein Staat ebensowenig die Vornahme von fremden Hoheitsakten wie von sonst nach seinem Recht unrechtmäßigem Verhalten zu dulden hat[30]: Entweder der Staat will als solcher auch in fremdem Hoheitsgebiet auftreten und handeln, dann verfügt er über Immunität, greift aber ohne Erlaubnis automatisch in die Souveränität ein, oder aber er tut dies gerade nicht, dann hat er keinerlei Hoheitsrechte im fremden Gebiet und muss sich voll der lokalen Souveränität und ihren Gesetzen unterwerfen, hat aber grundsätzlich insoweit Handlungsfreiheit, solange diese ihm nicht in zulässiger Weise durch den dortigen Staat eingeschränkt wird. Diplomatische und konsulare Vertretungen sind damit grundsätzlich ebenso als *acta imperii,* umgrenzt durch die besonderen völkervertraglichen und -gewohnheitsrechtlichen Gestattungen einzuordnen, wie zB Staatsbesuche, sofern sie noch Hoheitsrechte, Funktionsausübung oder zumindest deren Anschein in sich bergen (→ § 2 Rn. 14).

22 Ebenso klar zu beurteilen ist die früher besonders diskutierte **amtliche Kontaktaufnahme und Kommunikation mit Personen im Ausland,** wie etwa durch eine Ladung, die grundsätzlich die fremde Souveränität berühren kann. Gleiches gilt auch für die bloße Zusendung von Fragebögen durch als solche erkennbare amtliche Ermittlungsstellen.[31] Wesentlich ist dabei die **Wirkung besonderer staatlicher Autorität** im Sinn von *acta*

---

[27] Vgl. insges. *Nagel* Beweisaufnahme; s. dazu noch → 9 Rn. 10 f. bei der vertragslosen Rechtshilfe.
[28] Vgl. *Busch,* Polizeiliche Drogenbekämpfung – eine internationale Verstrickung, 1999, 245 f. mwN, sowie *Aden/Busch* in Roggan/Kutscha, Handbuch zum Recht der Inneren Sicherheit, 2006, 539.
[29] Schomburg/Lagodny/Gleß/Hackner/*Gleß/Schomburg* III B 1 Art. 20 Rn. 3.
[30] Vgl. BVerfGE 63, 343 (361) = NJW 1983, 2757; *Nagel* Beweisaufnahme 18 f. mwN; vgl. auch zum Handeln als/durch Privatpersonen und zur hinreichenden staatlichen Zurechenbarkeit NK-RechtshilfeR/ *Ambos/Poschadel* I Rn. 13 mwN.
[31] *Nagel* Beweisaufnahme 2 mwN und konkreten Beispielen aus der „Auslieferungskartei" des BMJV.

imperialis, die den *acta gestionis* gerade nicht zugrunde liegt. Auf die Ausübung oder Androhung von Zwang kommt es dabei nicht an.[32] Deswegen berühren rein zivilrechtlich Rechtsgeschäfte und -handlungen, auch wenn diese legalen Zwang zur Vollstreckung androhen oder vornehmen, geradezu *per definionem* nicht die Souveränität des Gebietsstaates. Auch die Form einer amtlichen Kontaktaufnahme, ob sie rechtliche Folgen anordnet oder in Aussicht stellt, ist bei der Annahme eines hoheitlichen Handelns in diesem Sinn nicht entscheidend. Ob ein Ermittlungsorgan sich ausdrücklich bei der (Tele-)Kommunikation zu erkennen gibt oder dies aus den Umständen zB einer Informationserhebung vor Ort hervorgeht, führt zu keinem anderen Ergebnis. Allerdings hat sich, wenn noch nicht als Völkergewohnheitsrecht so doch als Praxis zwischen vielen Staaten die Übung herausgebildet, dass solche Kontaktaufnahmen, wenn sie unter einer Schwelle bleiben, die die fremde Souveränität nicht infrage stellen, jedenfalls als erlaubt angesehen werden (→ § 4 Rn. 5).

Die **bloße Wahrnehmung von offen erkennbaren Informationen,** sei es durch 23 unmittelbare oder durch passive, jedermann offenstehende technische Hilfsmittel unterstützte – beispielsweise durch Fernglas oder „Lauschposten" – sinnliche Wahrnehmung über die Grenze hinweg ist hingegen ebenso wenig als Hoheitswahrnehmung zu charakterisieren, wie die Informationserlangung im fremden Territorium selbst, die sich nach außen **in nichts von der durch eine Privatperson unterscheidet.** Demgemäß wird man auch die legendierte Teilnahme an transnationaler Kommunikation nicht unter dem Blickwinkel der eben nicht widerleglich vermuteten Souveränitätsverletzung, sondern alleine der Ermächtigungsgrundlagen des Erhebungsstaates zu werten haben. Die Fälle bloßer Beobachtungen oder Informationserhebungen ohne jeden hoheitlichen Anschein, gleichgültig, ob sie über die Grenze hinweg oder direkt im Zielstaat erfolgen, wie auch im Bereich nachrichtendienstlichen Aufklärung durch nicht-offizielle amtliche oder nicht-amtliche „Kundschafter" sind danach völkerrechtlich grundsätzlich nicht erlaubnispflichtig, würden jedoch jedem nationalen Verbots- und Verfolgungsrecht (und ggf. -pflicht) eines betroffenen Gebietsstaates unterfallen. Ob dieses wiederum in der weiteren Folge zu Verarbeitungs- bzw. Verwertungsverboten im vornehmenden Staat führen kann, ist autonom durch dessen Recht zu klären (→ § 24 Rn. 22 ff.).

Soweit sie allerdings wiederum systematisch bzw. geplant nur unter dem speziellen 24 gegenständlichen oder personalen staatlichen Schutz etwa einer diplomatischen Vertretung stattfinden können, müssten sie wohl erneut als Hoheitseingriffe zu werten sein, also wenn **die staatliche Einrichtung im Ausland und ihr völkerrechtlicher Schutz,** für einen Beobachter erkennbar, **gezielt und systematisch eingesetzt** würden. Inzident ist dann wiederum allerdings zu fragen, ob die konkrete Form der Informationsgewinnung ggf. unter Beachtung ihres Ausmaßes und ihrer Eingriffsschwelle rechtlich zwischen den beteiligten Staaten anerkannt oder geduldet ist. So ist alleine die Befragung von Personen, die sich selbst auf das „exterritoriale" Gelände begeben haben, zwar bei offen gelegter amtlicher Eigenschaft Hoheitsakt, aber in keinem Fall zu beanstanden. Die bloßen audiovisuellen Beobachtungen vom Gelände einer Botschaft sind, unabhängig von ihrer konkreten Zuordnung als hoheitlicher Akt, sicher klar zu trennen von der Verwendung technischer Zugriffs- und Entschlüsselungseinrichtungen zum Zugang auf fremde Informationen vom Schutz der Botschaft aus ebenso wie die gezielt eingeplante Nutzung des Schutzes einer diplomatischen Vertretung für den Unterhalt eines Agentennetzes. In letzterem liegt auch der Grund für die klare Trennung zwischen offiziellen Residenturen der Nachrichtendienste in einem anderen Staat und verdeckten anderen Operationen.

Wäre ein Verhalten **im Inland** ohne **besondere staatliche Befugnisnorm** rechtswid- 25 rig, so wirkte diese Einordnung aus Sicht des jeweiligen Staates auch in ihrem völkerrechtlichen Verhältnis bei der Frage der Einordnung als Hoheitsakt. Wiederum unabhängig von

---

[32] Anders noch *Nagel* Beweisaufnahme 21 ff. als Hauptunterscheidungsmerkmal im Gegensatz zum Common Law, mwN.

der umfassenden Abwehrberechtigung und Schutzpflicht des betroffenen Gebietsstaates für seine Einrichtungen und Rechtsunterworfenen wird man richtigerweise aus diesem Grund einen Souveränitätseingriff zu begründen haben, der stets einer völkerrechtlichen Erlaubnisnorm bedarf. Letzteres gilt wiederum trotz der Relevanz des Grundrechtes auf informationelle Selbstbestimmung bzw. des allgemeinen Persönlichkeitsrechtes nicht für Informationserhebungen, die im Alltag durch jedermann vorgenommen werden, etwa die Beobachtung im öffentlichen Raum ohne Überwindung einer besonderen Vertraulichkeit mit technischen Hilfsmitteln oder informatorische Erhebungen in Alltagsgesprächen, die ggf. auf entsprechende Generalklauseln, wie etwa §§ 160 Abs. 1, 161 Abs. 1 StPO gestützt werden können. Fernzugriffe auf ein informationstechnisches System eines nach deutschem Recht im Inland Grundrechtsfähigen im Ausland sind hingegen – namentlich wegen der rechtlichen Eingriffstiefe in das speziell ausgeformte Grundrecht auf Gewährleistung der Vertraulichkeit und Integrität informationstechnischer Systeme verbunden mit den tatsächlichen gezielten und ungezielten Manipulationsfolgen – stets auch als eine Souveränitätsverletzung zu behandeln und nur mit spezieller Erlaubnisnorm zu begründen (→ § 7 Rn. 35).

26 Erst recht stellen staatliche Maßnahmen, die die besonderen Befugnisnormen überschreiten, etwa ihrerseits gegen den *völkerrechtlichen* Schutz fremder staatlicher Einrichtungen wie diplomatische oder konsularische Immunität verstoßen, Hoheitseingriffe dar, also etwa, wenn ein Staat in fremdem Gebiet unter technischen Vorkehrungen den diplomatischen Schutz dritter Staaten verletzt.

B. Grundrechtliche Schranken

I. Deutsches Verfassungsrecht

27 Die Anwendbarkeit der **Grundrechtsnormen des Grundgesetzes** (und wohl auch für die Landesbehörden, die ihrer jeweiligen Landesverfassung) auch für Ermittlungshandlungen mit Bezug ins Ausland sind immer weniger bestritten.

28 Das BVerfG hat bislang offen gelassen, ob die Geltung deutscher Grundrechte einen **hinreichenden territorialen Bezug** voraussetzt.[33] Ebenfalls hat es ausdrücklich offen gelassen, ob die Grundrechte des Grundgesetzes für „geheimdienstliche Tätigkeiten" allgemein (gemeint wohl: für **jede verdeckte hoheitliche Informationserhebung** deutscher Stellen) gelten, und insbesondere Art. 10 GG generell ausländische Kommunikationsteilnehmer im Ausland vor deutschen Zugriffen schützt.

29 Allerdings hat das Gericht einen hinreichenden Bezug für die Anwendung von Art. 10 GG in dem Fall **angenommen,** dass durch die Erfassung und Aufzeichnung des Telekommunikationsverkehrs mithilfe auf deutschem Boden stationierter Empfangsanlagen eine technisch-informationelle Beziehung zu den jeweiligen Kommunikationsteilnehmern und ein – den Eigenarten von Daten und Informationen entsprechender – Gebietskontakt hergestellt wird. Ein weiterer Anknüpfungspunkt sei, wenn die Auswertung der so erfassten Telekommunikationsvorgänge auf deutschem Boden stattfinde. Damit sind etwa die Fälle der TK-Auslandskopfüberwachung, der Benutzung des Mechanismus einer „Stillen SMS" ins Ausland oder der Empfang von GPS-Peilsignalen von Sendern an einem Fahrzeug im Ausland im Inland unproblematisch umfasst.

30 Die **ganz hM** geht allerdings auch davon aus, dass **sämtliche Datenerhebungen und Informationsgewinnung, die deutsche Stellen selbst im Ausland vornehmen,** an den deutschen Grundrechten zu messen sind.[34] Die Grundrechte binden danach die

---

[33] BVerfGE 100, 313 ff. = NJW 2000, 55.
[34] Vgl. HdB-EuStrafR/*Esser* § 55 Rn. 1 mwN; *Papier,* Gutachterliche Stellungnahme zum Beweisbeschluss SV-2 des 1. Untersuchungsausschusses des 18. Deutschen Bundestags, 7; *Hoffmann-Riem,* Stellungnahme zur Anhörung des 1. Untersuchungsausschusses des 18. Deutschen Bundestags, 11 f.

deutsche öffentliche Gewalt auch, soweit Wirkungen ihrer Betätigung außerhalb des Hoheitsbereiches eintreten[35] oder Eingriffshandlungen in Grundrechte außerhalb des deutschen Territoriums durch deutsche Stellen vorgenommen werden.[36] Die Gegenmeinung, die bislang in der Praxis vor allem seitens der Bundesregierung bzw. des BND für dessen Auslandsaufklärung vertreten worden ist,[37] stützt sich insbesondere auf den Wortlaut von § 1 Abs. 2 S. 2 BNDG, dem zugrunde liege, dass ein Grundrechtseingriff eine die Schutzbedürftigkeit begründende Gebietsbezogenheit voraussetze.[38] Allerdings ist der Gesetzgeber, nicht zuletzt aufgrund Art. 79 GG und Art. 19 Abs. 1 S. 2 GG, nicht zur impliziten Interpretation und Modifikation der Grundrechte berechtigt. Vielmehr müssen diese insoweit verfassungsautonom ausgelegt werden. Nach Art. 1 Abs. 3 GG binden die Grundrechte sämtliches hoheitliches Handeln deutscher Staatsgewalt, eine territoriale Einschränkung ist weder im Wortlaut dieser oder der Grundrechtsnormen, noch ihrem weiteren Normzusammenhang oder Sinn und Zweck zu erkennen; vielmehr wurde die räumliche Reichweite der Inhalte des Grundgesetzes auch bereits vor 1990 nicht mit dessen territorialem Geltungsbereich begrenzt.[39]

Gleiches gilt, wenn Informationen sozusagen **aus dem Ausland ins Inland** „einstrahlen", wenn also etwa eine reine Kommunikation zwischen im Ausland befindlichen Partnern, wie im Ausgangsfall des BVerfG, faktisch durch inländische Anlagen empfangen wird, aber auch, wenn die Informationen bei der **faktischen Durchleitung** durch Deutschland, wie sie im Rahmen des Internets und dem sog. „Routing" stattfindet, erhoben werden. 31

Gelten die Grundrechte insoweit, sind die Wirkungen zu beachten, insbesondere **deren Anforderungen** an eine hinreichend bestimmte, verhältnismäßige und ggf. dem Zitiergebot genügende **Eingriffs- bzw. Befugnisnorm,** die nach heute wohl ganz herrschend anerkannter Dogmatik nicht grundsätzlich in einer bloßen Aufgabennorm liegen kann.[40] Ob dies allerdings die weitere Verarbeitung und Nutzung namentlich im strafrechtlichen Bereich ausschließen würde, wäre nach allgemeinen strafrechtlichen Kriterien zu beurteilen. Die inländischen Eingriffs-/Befugnisnormen vor allem der strafrechtlichen Ermittlungsorgane und der präventiven Polizei genügen diesen Anforderungen in grundrechtlicher Sicht, eine explizite Erwähnung der Geltung auch im Ausland „spiegelbildlich" zur Grundrechtsgeltung bedarf es insoweit jedenfalls nicht, soweit dem nicht ausdrücklich der Wortlaut entgegen steht. 32

Zu beachten ist, dass für **ausländische juristische Personen** die Grundrechtsfähigkeit nach Art. 19 Abs. 3 GG grundsätzlich nicht besteht, auch wenn dies insbesondere für solche juristischen Personen mit Zugehörigkeit zu einem anderen Mitgliedstaat der EU bereits deutlich in Zweifel gestellt ist bzw. bereits eine Grundrechtsfähigkeit angenommen wird.[41] 33

---

[35] BVerfGE 57, 9 (23) mwN; vgl. *Kment,* Grenzüberschreitendes Verwaltungshandeln, 2010, 183; *Yousif,* Die extraterritoriale Geltung der Grundrechte bei der Ausübung deutscher Staatsgewalt im Ausland, 2007, 70 ff.
[36] Vgl. *Hoffmann-Riem,* Stellungnahme zur Anhörung des 1. Untersuchungsausschusses des 18. Deutschen Bundestags, 10.
[37] Vgl. ausf. *Bäcker,* Stellungnahme zur Anhörung des 1. Untersuchungsausschusses des 18. Deutschen Bundestags, 16 ff. mit umfangreichen Nachweisen.
[38] Vgl. Stellungnahme der Bundesregierung in BVerfGE 100, 313 (338 f.) = NJW 2000, 55.
[39] Vgl. zu weiteren Argumenten nur *Bäcker,* Stellungnahme zur Anhörung des 1. Untersuchungsausschusses des 18. Deutschen Bundestags, 18 ff. mwN.
[40] Wenn man dies auch jedenfalls für zielgerichtete Erhebungen auch schlicht-hoheitlich und verdeckter Art annehmen müsste, müsste man wohl folgerichtig zu dem Schluss kommen, dass für den nachrichtendienstlichen Bereich nach bisherigem Gesetzesstand die Aufgabennorm des § 1 Abs. 2 S. 1 BNDG dem nicht genügen kann, mithin entsprechende Datenerhebungen rechtswidrig wären, soweit sie einen Eingriff in ein Grundrecht darstellen würden, auch wenn Erfolg und Handlung der deutschen Stellen dazu nicht im Ausland stattgefunden hätten, sofern man nicht eine andere Auslegung des „Geltungsbereiches" nach § 1 Abs. 2 S. 2 BNDG vornehmen könnte; vgl. ausf. *Bäcker,* Stellungnahme zur Anhörung des 1. Untersuchungsausschusses des 18. Deutschen Bundestags, 17 mwN in Fn. 60.
[41] Vgl. BVerfGE 129, 78 Rn. 56 ff. mwN = NJW 2011, 3428.

34 Die verfassungsrechtliche Verantwortlichkeit der an das Grundgesetz gebundene Hoheitsgewalt und damit auch der Schutzbereich der Grundrechte, insoweit er ihr gegenüber besteht, endet allerdings grundsätzlich dort, wo ein Vorgang in seinem **wesentlichen Verlauf von einem fremden Staat** nach seinem, von der Bundesrepublik Deutschland unabhängigen Willen gestaltet wird.[42] Dieser Grundsatz dürfte auch auf alle entsprechenden einvernehmlichen Kooperationsformen unter der Mitwirkung deutscher Stellen anwendbar sein, die dadurch unmittelbar, durch eigene Erhebung Informationen erlangen.

II. Unionsgrundrechte und völkerrechtliche Menschenrechte

35 Hinsichtlich der **Geltung der Unionsgrundrechte, der EMRK und der völkerrechtlichen Grundrechtsverbürgungen,** namentlich in der AEMR und dem IPBPR ist auf die jeweils allgemeine Dogmatik für die Wirkmechanismen für deutsche Hoheitsträger zu verweisen (→ § 9 Rn. 120 ff.). Neben den rein völkerrechtlichen Wirk- und Sanktionierungsmechanismen[43] ist neben dem innerstaatlichen einfachen Gesetzesrang, sofern kein Völkergewohnheitsrecht vorliegt, neben den Austrahlungswirkungen der EMRK und des Unionsrechtes vor allem auf den Anwendungsvorrang von letzterem zu verweisen.

§ 2 Ermittlungshandlungen und fremde Hoheitsrechte

A. Internationale Immunitäten und Exemtionen

I. Überblick

1 Zwar gilt das Territorialprinzip des Strafrechts ohne Rücksicht auf den „exterritorialen Status" von **Auslandsvertretungen.**[1] Die Zulässigkeit der direkten Erhebung von Informationen von ausländischen Amtsträgern, Personen in ihrem Umkreis und ihnen zuzurechnenden Gegenständen werden jedoch insbesondere durch die Rechtsinstitute der **Staatenimmunität sowie der diplomatischen und konsularischen Immunität** beschränkt. Während erstere vor allem durch das Völkergewohnheitsrecht anerkannt ist, sind letztere in den entsprechenden sog. Wiener Übereinkommen kodifiziert. Dieser Stand spiegelt sich unter dem Gesichtspunkt der Gerichtsbarkeit, der aber auch entsprechende Ermittlungsmaßnahmen einschließt, in §§ 18–21 GVG. Zusätzlich bestehen besondere Übereinkommen über Vorrechte und Befreiungen von Organen und Angehörigen von **Internationalen Organisationen** und eine Konvention über die Vertretung von Staaten in Beziehungen mit Internationalen Organisationen[2] sowie völkerrechtliche Rechtsgrundlagen wie etwa das Übereinkommen über die Vorrechte und Immunitäten der Vereinten Nationen[3] unter anderem mit Geltung sogar für **Teilnehmer von Veranstaltungen der Vereinten Nationen** oder für **Rüstungskontrolleure,** in denen entsprechende Immunitäten ausgestaltet sind. Zur Vermeidung umfangreicher Ausführungen kann hier allgemein auf das umfassende und detailreiche **aktuelle Rundschreiben des Auswärtigen Amtes** „Zur Behandlung von Diplomaten und anderen bevorrechtigten Personen in der Bundesrepublik Deutschland" sowie auf die gängige Kommentar- und ergänzend die ausgiebige Fachliteratur verwiesen werden.[4]

---

[42] BVerfGE 66, 39 Rn. 65; vgl. auch BVerfGE 55, 349 (362 f.) = NJW 1981, 1499; BVerfGE 57, 9 (23 f.).
[43] Vgl. ausf. zum Ganzen etwa *Heintze* in Ipsen VölkerR § 32 Rn. 9 ff. mwN.
[1] Vgl. die Rspr. und Lit. zu § 3 StGB, sowie insbes. etwa OLG Köln NStZ 2000, 39 f.; VG Koblenz BeckRS 2007, 26608 = InfAuslR 2007, 435 ff.
[2] Wiener Übk. über das Recht der Staaten in ihren Beziehungen zu Internationalen Organisationen mit universellem Charakter v. 14.3.1975, AJIL 69 (1975), 730; vgl. *Kau* in Graf Vitzthum/Proelß VölkerR 3. Abschnitt Rn. 73 mwN.
[3] v. 13.2.1946 (BGBl. 1980 II 941 ff.).
[4] Vgl. Rundschreiben v. 15.9.2015 – Gz.: 503-90-507.00, GMBl. 2015, 1206; vgl. dazu auch die Anordnungen der verschiedenen Landesregierungen, bspw. Anordnung der Landesregierung Baden-Württ-

II. Staatliche Repräsentanten

Dabei ist zunächst die **personale Immunität** der Organe fremder Staaten und die diplomatische und konsularische Immunität ihrer Gesandtschaften zu beachten, vgl. auch Nr. 193 ff. RiStBV.

1. Ermittlungsmaßnahmen hinsichtlich des in diesem Rahmen konkret geschützten **Personenkreises** sind in aller Regel ausnahmslos unzulässig. So genießen **Staatsoberhäupter,** jedenfalls, solange sie im Amt sind, absolute Immunität, deren Reichweite bei Rechtshilfe an den IStGH gem. § 21 GVG allerdings derzeit noch nicht vollständig geklärt scheint.[5] Diesen folgt die Immunität der andere **Repräsentanten fremder Staaten** und deren Begleitung, die sich auf amtliche Einladung in der Bundesrepublik Deutschland aufhalten, § 20 GVG. **Diplomaten und Konsularbeamte** genießen, soweit sie als Missionschef oder Konsul ihr Agrément bzw. ihre Exequatur erhalten haben oder sonst legitimiert sind, von der Einreise zur Dienstaufnahme bis zu einer angemessenen Zeit zur Ausreise nach Ende ihrer amtlichen Tätigkeit oder Erklärung zur *persona non grata* (Art. 4, 9, 31, 32, 39, 43 WÜD,[6] Art. 19, 23, 25 ff. WKÜ [7]). Der Schutz des Diplomaten gilt dabei für alle Dienst- und Privathandlungen gem. Art. 29 WÜD, während der des konsularischen Personals auf dienstliche Zusammenhänge gem. Art. 41, 43 WKÜ eingeschränkt ist. Abgestuft ist der Schutz auch vor Ermittlungsmaßnahmen gegenüber Familienangehörigen von Diplomaten, Verwaltungsbeamten und technischem Personal sowie persönlichem Personal.[8] Zu beachten ist insbesondere, dass der Diplomat nicht selbst auf seine Immunität verzichten kann.[9] Nach wohl hM folgt bei der **Durchreise** diplomatischer oder konsularischer Exterritorialer durch Drittstaaten keine entsprechende allgemeine Immunität, sondern lediglich die konkreten, allerdings ihr weitgehend entsprechenden Freiheiten aus Art. 40 WÜD bzw. Art. 54 WKÜ.[10]

Die Immunität der Gesandten besteht **für alle dienstlichen,** dh dem Entsendestaat zurechenbaren, **Handlungen,** auch wenn diese evident oder schwerwiegend gegen das Recht des anderen Staates verstoßen, etwa wenn beispielsweise der Verdacht terroristischer Handlungen naheliegt.[11] Nach der bisherigen herrschenden Ansicht soll die diplomatische Immunität auch unabhängig von der der Staats- und Regierungsorgane sein und daher auch nicht bei Völkerstraftaten entfallen können, solange nur die amtliche Tätigkeit nicht beendet ist.[12]

Zu beachten ist, dass Deutschland wie weitaus die meisten Staaten aus Furcht vor möglichen Missbräuchen weder der International Convention on Special Missions von 1969 beigetreten ist, noch es eine allgemeine Regel des Völkerrechtes aus Sicht des BGH gibt, die es einem Staat ermöglicht, einer Person als **Sonderbotschafter** Ad hoc- und Ad personam-Immunität zu sichern, die keine Funktion eines anerkannten Diplomaten zu schützen hat.[13] Daher sind Maßnahmen wie die Durchsuchungen, auch dann zulässig, wenn sich Personen auf einen solchen Status berufen sollten.

---

tembergs über das Verhalten gegenüber Diplomaten und anderen bevorrechtigten Personen v. 22.5.1995, GABl. 1995, 516; StAnz 1975, 5; vgl. ebenso etwa bei Meyer-Goßner/Schmitt/*Schmitt* GVG § 18 Rn. 1 ff.; ausf. nur *Kreicker,* Völkerrechtliche Exemtionen, 2007.
[5] Vgl. BGH NJW 1985, 639.
[6] Wiener Übk. über diplomatische Beziehungen v. 18.4.1961 (BGBl. 1964 II 957).
[7] Wiener Übk. über konsularische Beziehungen v. 24.4.1963 (BGBl. 1969 II 1585).
[8] Vgl. zB Art. 37, 38 WÜD; Art. 43 Abs. 1 S. 2 WKÜ, Art. 71 WKÜ; hierzu ausf. Rundschreiben des Auswärtigen Amtes v. 15.9.2015 – Gz.: 503-90-507.00, GMBl. 2015, 1206.
[9] Rundschreiben des Auswärtigen Amtes v. 15.9.2015 – Gz.: 503-90-507.00, GMBl. 2015, 1206 VII A I.
[10] Die wiederum eine Akkreditierung voraussetzen; vgl. Nr. 2.1.1.1. Rundschreiben des Auswärtigen Amtes v.15.9.2015 – Gz.: 503-90-507.00, GMBl. 2015, 1206; zum Meinungsstand *Kau* in Graf Vitzthum/Proelß VölkerR 3. Abschnitt Rn. 64 mwN.
[11] BVerfGE 96, 68 (80) = NJW 1998, 50; *Kau* in Graf Vitzthum/Proelß VölkerR 3. Abschnitt Rn. 61 mwN.
[12] IGH EuGRZ 2003, 563 – Kongo./.Belgien; *Kau* in Graf Vitzthum/Proelß VölkerR 3. Abschnitt Rn. 63 mwN.
[13] BGHSt 32, 275 = NJW 1984, 2048 – Tabatabai.

6   2. Die Immunität besteht insbesondere in einem **umfassenden Zeugnisverweigerungsrecht,** für Konsuln in dienstlichen Angelegenheiten, wobei nur der Entsendestaat und nicht der Betroffene auf dieses verzichten kann (vgl. Art. 31, 32 WÜD, Art. 44, 58 WKÜ).

7   3. **Zustellungen** an Exterritoriale und in Liegenschaften mit diplomatischer und konsularischer Immunität sind nach Grundsätzen der Zustellung ins Ausland vorzunehmen, vgl. Nr. 196, 197 RiStBV.

8   4. Falls sich Exterritoriale zu einer **Vernehmung oder Befragung** bereit erklärt haben, ist insbesondere Nr. 198 RiStBV zu beachten. Aus Höflichkeit, aber auch, weil die Durchführung nicht erzwungen werden kann, soll der Betroffene möglichst bald vernommen und entlassen werden. Die Vernehmung in durch Exterritorialität geschützten Dienst- oder Wohnräumen und die Anwesenheit an dem Strafverfahren Beteiligter oder Dritter darf nur im Rahmen einer völkerrechtlich wirksamen Betretensgestattung (→ Rn. 11) erfolgen, wobei die Teilnahme eines sonst Beteiligten in dem Ersuchen auf Gestattung besonders zu begründen ist.

9   5. Das Recht des freien Verkehrs zu amtlichen Zwecken schützt jede Form der amtlichen **Korrespondenz und Kommunikation** zwischen der Mission, ihren Amtsträgern und anderen Missionen sowie der Regierung des Entsendestaates (vgl. Art. 27 WÜD, Art. 35 WKÜ); Kuriere müssen sich allerdings entsprechend ausweisen können, Funksendeanlagen müssen genehmigt worden sein. Ob Gepäck durchleuchtet werden darf, ist umstritten.[14] Während bei **konsularischem Kuriergepäck** gem. Art. 35 Abs. 3 S. 2 WKÜ die zuständige Behörde des Empfangsstaats verlangen darf, dass ein ermächtigter Vertreter des Entsendestaats es in ihrer Gegenwart öffnet, wenn sie trifftige Gründe für die Annahme hat, dass das Gepäck etwas anderes als konsularische Korrespondenz, Schriftstücke und Gegenstände enthält, fehlt eine derartige Regelung für **Diplomatengepäck** bzw. diplomatisches Kuriergepäck in Art. 27 WÜD. Nach dem amtlichen Rundschreiben des Auswärtigen Amtes soll lediglich bei dringendem Verdacht eines besonders gravierenden Missbrauchs eine Öffnung durch einen berechtigten Vertreter des Entsendestaates möglich sein und stets dringend Rücksprache mit dem Auswärtigen Amt erfolgen.[15] Weigern Diplomaten die Durchleuchtung ihrer Person oder ihres Gepäcks, kann das Passieren der Abfertigungskontrolle und die Abreise verweigert werden.[16]

10 6. Ermittlungsmaßnahmen sind nicht zulässig hinsichtlich der **beweglichen Sachen,** die einem der bereits genannten Schutzbereiche eines Immunitätsträger oder Kuriers mit unterliegen oder zu den diplomatischen bzw. konsularischen Archiven zählen (Art. 24 WÜD, Art. 33 WKÜ).

11 7. **Ermittlungshandlungen in geschützten Dienst- oder Wohnräumen** dürfen nur durchgeführt werden, soweit sie durch eine entsprechende Gestattung wie insbesondere die nach entsprechendem Verfahren zu ersuchende schriftliche Zustimmung des Missionsschefs gedeckt sind (vgl. Nr. 199 RiStBV). Nach Art. 22 Abs. 1 WÜD, Art. 31 Abs. 1 WKÜ sind die Räumlichkeiten der Missionen unverletzlich und dürfen zu jedem strafrechtlichen Zweck ausnahmslos nur mit Zustimmung des Missionschefs betreten werden und Ermittlungsmaßnahmen durchgeführt werden (Art. 22 Abs. 1 S. 2, Abs. 3 WÜD; ebenso trotz des etwas schwächeren Wortlautes Art. 31 Abs. 2 S. 1, Abs. 4 WKÜ). Dies gilt jedoch bei Konsulaten nur für ausschließlich dienstlich genutzten Räumlichkeiten und nicht für Honorarkonsuln, Art. 31 WKÜ. Während bei Konsulaten eine mutmaßliche Zustimmung zum Betreten und Maßnahmen zur sofortigen Gefahrenabwehr unterstellt wird, wird diese mit ganz erheblicher Zurückhaltung ohne Fixierung auch bei anderen diplomatischen Vertretungen als *ultima ratio* angenommen.[17]

---

[14] Vgl. *Kau* in Graf Vitzthum/Proelß VölkerR 3. Abschnitt Rn. 57 mwN.
[15] Vgl. Rundschreiben des Auswärtigen Amtes v. 15.9.2015 – Gz.: 503-90-507.00, GMBl. 2015, II F II 2. A.
[16] Vgl. Rundschreiben des Auswärtigen Amtes v. 15.9.2015 – Gz.: 503-90-507.00, GMBl. 2015, II F II 2. A.
[17] Art. 31 Abs. 2 S. 2 WKÜ; Rundschreiben des Auswärtigen Amtes v. 15.9.2015 – Gz.: 503-90-507.00, GMBl. 2015, III A I; *Kau* in Graf Vitzthum/Proelß VölkerR 3. Abschnitt Rn. 61 mwN.

8. Nicht hinreichend geklärt scheint, inwieweit schlicht gewonnene Erkenntnisse etwa **12** bei erlaubtem Betreten einer Mission, als Zufallsfund nach zugestimmter Teilaufhebung ohne nähere Bedingungen zB der Spezialität, bei einem unaufschiebbaren Einsatz zur Gefahrenabwehr oder bei erlaubtem dienstlichen oder außerdienstlichen Aufenthalt **verarbeitet und verwertet** werden dürfen. Jedenfalls die gezielte Täuschung und der Einsatz technischer Mittel dürften eine klare Verletzung der Immunität darstellen, hingegen die Beobachtungen – zB als Gast auf einer offiziellen bzw. öffentlichen Veranstaltung – eher zulässig sein. Inwieweit sich daraus echte Beweisverwertungs- oder Verarbeitungsverbote ergeben, wäre wohl anhand der allgemeinen autonomen Regeln zu beurteilen (→ § 24 Rn. 22 ff.).

III. Allgemeine Staatenimmunität

Darüber hinaus kann sich nach den Grundsätzen der **Staatenimmunität** eine doppelte **13** Beschränkung ergeben. Da nach dem traditionellem Grundsatz *par in parem non habet iurisdictionem* ein Staat nicht Gerichtsbarkeit über einen anderen hat, kann dies über die bereits genannten Immunitäten eine fehlende Gerichtsbarkeit und damit ein **Verfahrenshindernis auch für Ermittlungshandlungen** oder Inzidentprüfungen begründen, ebenso wie namentlich die passive Beteiligung eines Staates als Einziehungs-/Verfallsberechtigter oder juristische Organisation im Sinne der StPO.[18] Anderseits kann die daraus abgeleitete allgemeine **Immunität von (Vermögens-)Gegenständen des ausländischen Staates** im Inland den Zugriff auch zur Beweissicherung und Informationserhebung verbieten.

Völkergewohnheitsrechtlich ist dabei die Staatenimmunität **nur bezüglich hoheitlichen** **14** **Handels** *(acta iure imperii)*, nach Lesart des BVerfG jedenfalls nur für öffentlich-rechtliches Handeln anerkannt.[19] Demgemäß genießen auch hoheitlich auftretende Ermittler, auch ggf. von Gliedstaaten (→ § 3 Rn. 12), im Ausland unabhängig von der Frage der Souveränitätsverletzung (→ § 3 Rn. 3) Immunität, soweit nichts anderes vereinbart ist.[20] Demgegenüber sieht das UN-Übereinkommen über die Staatenimmunität von 2004,[21] das noch nicht in Kraft getreten und von Deutschland nicht ratifiziert ist, zwar keine konstitutive Beschränkung auf Hoheitsakte, jedoch zahlreiche Ausnahmen vor, die im Wesentlichen das privatrechtliche Handeln umfassen und insbesondere wohl nicht strafrechtliche Ermittlungen gegen konkrete Amtsträger berühren. Auch der Zugriff auf Gegenstände des fremden Staates in Art. 18, 19 UN-Übereinkommen über die Staatenimmunität von 2004 wird lediglich in der Beziehung zu unzulässigen Gerichtsverfahren gesehen. Dagegen sieht das lediglich unter Deutschland und sieben weiteren Mitgliedstaaten des Europarates in Kraft befindliche Europäisches Übereinkommen über Staatenimmunität[22] eine Konzeption nach den Grundsätzen der beschränkten Staatenimmunität vor, insbesondere auch beim Zugriff auf Vermögensstände im Inland vor (Art. 23, 26 EUStaatImmÜ). Dieses Übereinkommen gilt jedoch insbesondere nicht für Verfahren betreffend Geldstrafen (Art. 29 lit. c EUStaatImmÜ), Streitkräfte (Art. 31 EUStaatImmÜ) und diplomatische und konsularische Immunitäten (Art. 32 EUStaatImmÜ).

IV. Internationale und supranationale Organisationen

Die **Immunität der internationalen Organisationen** orientiert sich an dem Immuni- **15** tätsrecht zwischen den Staaten. Beispielhaft seien hier nur das System der Vereinten

---

[18] Vgl. auch *Kau* in Graf Vitzthum/Proelß VölkerR 3. Abschnitt Rn. 95 mwN.
[19] Vgl. BVerfGE 16, 27 (612 ff.) = NJW 1963, 1732; *Kau* in Graf Vitzthum/Proelß VölkerR 3. Abschnitt Rn. 89 ff. mit umfassenden Nachweisen.
[20] Vgl. *Cremer* ZaöRV 2000, 103 (119 ff. mwN).
[21] United Nations Convention on Jurisdictional Immunities of States and Their Property v. 2.12.2004, UN Doc. A/59/508.
[22] v. 16.5.1972 (BGBl. 1990 II 34).

Nationen und die EU angeführt, da sich zu nahezu jeder internationalen Organisation entweder in deren Konstitutionsakten oder angeschlossenen Ausführungsverträgen oder sonstigem Sekundärrecht entsprechende Regelungen finden.

1. Vereinte Nationen

16 So sind zunächst das **Vermögen** der **Vereinten Nationen,** ihre Archive und die in ihrem Besitz befindlichen Schriftstücke ebenso unverletzlich wie ihre **Räumlichkeiten** und namentlich vor jeder Durchsuchung und Beschlagnahme und jeder sonstigen Form eines Eingriffs durch vollziehende Gewalt, Verwaltung, Justiz oder Gesetzgebung geschützt (Art. 2 Abs. 2–4 UNImmÜ).[23] Ihre amtliche Korrespondenz und sonstiger Nachrichtenverkehr unterliegt nicht der Zensur und darf unter Verwendung von Verschlüsselungen oder Kurieren erfolgen, deren Schutz dem diplomatischer Kuriere entspricht (Art. 3 Abs. 9, 10 UNImmÜ). Die Überwachung durch einen Staat scheint damit eher faktisch vorausgesetzt als rechtlich untersagt.

17 Die **Vertreter der Mitglieder** in der Organisation und ihre gesamte Delegation genießen Immunität von jeder Gerichtsbarkeit, für Amtshandlungen und Äußerungen auch nach Amtsende, Festnahme, Beschlagnahme ihres persönlichen Gepäcks sowie aller Papiere und Schriftstücke, sowie das Recht auf gesicherte Kommunikation wie die Organisation selbst, mit Ausnahme gegenüber den Stellen ihres eigenen Staates (Art. 3 Abs. 9, 10 UNImmÜ). Der **Generalsekretär** und seine beigeordneten Generalsekretäre, wohl damit auch der bzw. die stellvertretende und die Untergeneralsekretäre genießen mit ihren Familienangehörigen vollen diplomatischen Schutz (Art. 4 Abs. 19 UNImmÜ). Dagegen erstreckt sich die Immunität der weiteren **Bediensteten** nur auf die amtlichen Handlungen und Äußerungen, soweit sie überhaupt nach der Bestimmung des Generalsekretärs darunter fallen sollen (Art. 4 Abs. 17 f. UNImmÜ). **Experten bzw. Sachverständige** genießen hingegen wiederum die gleichen umfassenderen Immunitäten wie die Delegationsmitglieder (Art. 6 Abs. 22 UNImmÜ). Zusätzlich gewährleistet das deutsche Vertragsgesetz den Schutz von Teilnehmern an Kongressen, Seminaren oder ähnlichen Veranstaltungen wie Experten, sofern sie nicht Deutsche sind (vgl. Art. 3 UNImmÜ).

18 Die Immunität soll dabei nie den Personen als solchen dienen, sondern der Organisation, bzw. bei Delegationen den Mitgliedstaaten, und kann daher von diesen aufgehoben werden, bzw. soll **aufgehoben** werden, wenn dies ohne Schädigung ihrer Interessen geschehen kann und sonst verhindert würde, „dass der Gerechtigkeit Genüge geschieht" (vgl. Art. 4 Abs. 14 UNImmÜ, Art. 5 Abs. 20 UNImmÜ, Art. 6 Abs. 23 UNImmÜ).

2. Europäische Union

19 Ähnlich sieht das Protokoll über die Vorrechte und Befreiungen der **Europäischen Union** (Protokoll Nr. 7 nach dem Vertrag von Lissabon)[24] die vollständige Unverletzlichkeit der Liegenschaften und Vermögensgegenstände (Art. 1 Vorrechte-Protokoll) sowie Archive (Art. 2 Vorrechte-Protokoll), der diplomatische Schutz der Nachrichtenübermittlung ihrer Organe (Art. 5 Vorrechte-Protokoll), der Indemnität und **Immunität der Mitglieder des Europäischen Parlamentes** (Art. 8, 9 Vorrechte-Protokoll) die „üblichen" Vorrechte für die Vertreter der Mitgliedstaaten (Art. 10 Vorrechte-Protokoll) und von Drittstaaten (Art. 16 Vorrechte-Protokoll) bei der EU sowie der Kommission und des Präsidenten des Europäischen Rates (Art. 19 Vorrechte-Protokoll) sowie der Befreiung der Beamten und Bediensteten, auch von der Europäischen Zentralbank (EZB) und Europäischen Investitionsbank (Art. 21, 22 Vorrechte-Protokoll) von der Gerichtsbarkeit bezüglich der von ihnen in amtlicher Eigenschaft vorgenommenen Handlungen, einschließlich ihrer mündlichen und schriftlichen Äußerungen (Art. 11 lit. a Vorrechte-Protokoll) vor. Auch hier kann die

---

[23] Übk. über die Vorrechte und Immunitäten der Vereinten Nationen v. 13.2.1946 (BGBl. 1980 II 941).
[24] v. 8.4.1965, ABl. 1967 Nr. 152, 13.

Immunität grundsätzlich aufgehoben werden, soweit dies den Interessen der Union nicht zuwiderläuft (Art. 17 Vorrechte-Protokoll). Dagegen ist eine Aufhebung des diplomatischen Schutzes der Mitglieder der Unionsgerichte auch an deren Satzungen zu messen (Art. 20 Vorrechte-Protokoll).

Bei Ermittlungsmaßnahmen gegen **Mitglieder des Europäischen Parlamentes** und 20 ihren Immunitätskreis sind dabei nicht nur die bereits genannten Art. 8 f. Vorrechte-Protokoll, sondern auch Nr. 192b RiStBV mit näheren Verfahrensregelungen zu beachten.

B. Grenzüberschreitende Militärstationierungen und -einsätze

I. Überblick

Allgemein werden die Zuständigkeiten und Befugnisse des Entsende- und Aufnahmestaates 21 für eigene Ermittlungen gegenüber grenzüberschreitend eingesetztem bzw. stationiertem Militär durch die von dem Aufnahmestaat verbürgten Befreiungen von der eigenen Gerichtsbarkeit bzw. Gebietshoheit beschränkt. Die konkrete Verteilung der Ahndungs- und Ermittlungsbefugnisse folgt dabei, soweit keine Sonderregelungen bestehen, der vereinbarten Verteilung der Gerichtsbarkeit oder hilfsweise anderen Übereinkommen und Übungen. Insbesondere soweit eine Immunität zugunsten eines Entsendestaates reicht, können die Befugnisse anderer Staaten beschränkt sein, sich aber auch die Pflicht zu deren Aufhebung oder aber eigenen Ermittlungen im Ausland durch erstgenannten ergeben. Unabhängig hiervon bleiben die Gebote der Rechtshilfe zwischen Entsendestaat, ggf. Verwendungsorganisation und Aufnahmestaat, die an geeigneter Stelle (→ Kap. 3) erörtert werden.

Nach **innerstaatlichem Recht** ergibt sich für die Bundesrepublik Deutschland folgende 22 Ausgangslage: War es bis nach der Wiedervereinigung traditionell nur Aufnahmestaat, so gewinnt ihre Stellung als **Entsendestaat** immer weitere Bedeutung. Im Rahmen der eingeräumten Kompetenzen als Entsendestaat üben die deutschen Strafermittlungsorgane ihre Ermittlungsbefugnisse gemäß dem deutschen Recht aus. Hinsichtlich der innerstaatlichen Zuständigkeit bestehen zudem zu beachtende, häufig noch als unzureichend empfundene Sonderregeln, wie die ergänzende besondere örtliche Zuständigkeit nach § 11a StPO neben der des letztes Stationierungs- bzw. Wohnortes nach §§ 8 Abs. 2, 9 Abs. 1 S. 2 StPO.[25] Hinzu treten, die strafrechtlichen Ermittlungen überlagernde, Aufklärungszuständigkeiten des Disziplinarvorgesetzten nach § 32 Abs. 1 S. 2 WDO, die etwa Durchsuchungskompetenzen nach § 20 WDO nach sich ziehen.[26] Als **Aufnahmestaat** verbleibt es im Inland im völkerrechtlich erlaubten Rahmen ohnehin immer bei den bestehenden Zuständigkeiten und Befugnissen der inländischen (zivilen) strafrechtlichen Ermittlungsbehörden.[27]

Sowohl für den Einsatz deutscher Truppen im Ausland als auch für die Stationierung von 23 Truppen im Inland stellen nach dem Ende des **Besatzungsrechtes** nach dem 2. Weltkrieg und der deutschen Wiedervereinigung die **Abkommen im Rahmen der NATO und** – in der praktischen Bedeutung noch deutlich dahinter – **der EU** die weitaus wichtigsten Grundlagen dar, die für den Aufenthalt westlicher Truppen im alten Bundesgebiet durch das Aufnahmestatut ergänzt werden, während für die neuen Bundesländer auch das NATO-Recht nur indirekt über Sondervereinbarungen gilt. Für Deutschland als einen an grenzüberschreitenden Militärstationierungen oder -einsätzen beteiligten Staat richtet sich daher mittlerweile das Verhältnis zwischen der Personal- und Sachhoheit eines Militär entsendenden Staates und der Gebietshoheit eines „aufnehmenden" Staates nach den all-

---

[25] Vgl. zu all dem umf. zuletzt *Stam*, Strafverfolgung bei Straftaten von Bundeswehrsoldaten im Auslandseinsatz, 2014; *Stam* ZIS 2010 628 ff.
[26] Für die Anwendung bei deutscher Auslandsstationierung s. BVerwGE 132, 100 = NVwZ-RR 2009, 378.
[27] Vgl. etwa OLG Hamm NStZ 1981, 272; OLG Zweibrücken NJW 1975, 2150 = MDR 1976, 68.

gemeinen Regelungen der beteiligten Staaten zueinander, wie sie sonst in Friedenszeiten allgemein üblich sind. Dieses bestimmt sich nach dem zwischen diesen **abstrakt oder konkret vereinbarten Aufenthaltsrecht,** dem *ius ad praesentiam*, subsidiär zu dem nur sehr wenige Regelungen des allgemeinen Völkerrechtes auffindbar sind.

II. Besatzungsrecht in Deutschland

24 Durch Art. 7 Vertrag über die abschließende Regelung in Bezug auf Deutschland v. 12.9.1990[28] hatten die **vier Siegermächte** „ihre Rechte und Verantwortlichkeiten in Bezug auf Berlin und Deutschland als Ganzes beendet." Als Ergebnis werden die damit zusammenhängenden von allen vier Mächten (Frankreich, damalige Sowjetunion, USA und Vereinigtes Königreich von Großbritannien und Nordirland) gemeinsamen Vereinbarungen, Beschlüsse und Praktiken endgültig beendet, alle entsprechenden Einrichtungen der vier Mächte aufgelöst und bestimmt: „Das vereinte Deutschland hat demgemäß volle Souveränität über seine inneren und äußeren Angelegenheiten." Die erfolgten und zuvor möglichen vertraglichen Vereinbarungen der Bundesrepublik Deutschland mit einzelnen oder mehreren damaligen Besatzungsmächten werden hierdurch allerdings nicht berührt, sodass entsprechendes öffentliches oder dem Geheimschutz unterliegendes Sonderrecht noch bestehen und in Wirkung sein kann.

25 Durch § 1 BRRG wurde generell jedes eventuell noch als solches fortbestehende und noch nicht in Bundes- oder Landesrecht überführtes **Besatzungsrecht** aufgehoben. Dies umfasste allerdings ebenfalls **nicht** die vertraglichen Regelungen der deutschen Seite mit **einzelnen** oder allen **Besatzungsmächten,** damit die Immunität für Angehörige der westlichen Besatzungstruppen, deren Unterstützung aber auch Überleitungseinrichtungen, sowie Besonderheiten für Straftaten im 2. Weltkrieg und während der Besatzungszeit, die in Art. 3 ff. des ebenfalls 1953 in Paris nach Scheitern der Europäischen Verteidigungsgemeinschaft unterzeichneten Überleitungsvertrages geregelt wurden.[29]

26 Nach Art. 1 Vertrag über die Beziehungen zwischen der Bundesrepublik Deutschland und den Drei Mächten v. 23.10.1954 (Deutschlandvertrag),[30] hatten die **Westmächte** sich – in der deutlich abgeschwächten Fassung nach Scheitern der Europäischen Verteidigungsgemeinschaft – (nur noch) zu einer Herstellung der vollen inneren und äußeren Souveränität der Bundesrepublik unter recht umfangreichen Vorbehalten in dessen Art. 2, namentlich des Status stationierter Truppen nach Art. 4, 5 verpflichtet. Diese Regelungen wurden allerdings wiederum mit der vollen Mitgliedschaft der Bundesrepublik Deutschland in der NATO durch die Regeln für alle Streitkräfte der Partner, sowie in speziell für solche in der Bundesrepublik Deutschland stationierte, abgelöst.

III. NATO

27 Insbesondere im heutigen Verhältnis der **NATO-Staaten untereinander** bildet Art. 7 NTS[31] die Grundlage für jede Koordination der strafrechtlichen Kompetenzen von Entsende- und Aufnahmestaat. Diese wird durch **Zusatzabkommen** zu dem Abkommen zwischen den Parteien des Nordatlantikvertrages über die Rechtsstellung ihrer Truppen hinsichtlich der **in der Bundesrepublik Deutschland stationierten ausländischen Truppen** (NTS-ZA)[32] und unter anderem das zeitgleich zu diesem Vertrag und dem NATO-Truppenstatut (NTS) gemeinsam geschlossenen Unterzeichnungsprotokoll (NTS-

---

[28] „Zwei-plus-Vier-Vertrag" (BGBl. 1990 II 1317).
[29] Vertrag zur Regelung aus Krieg und Besatzung entstandener Fragen (BGBl. 1955 II 301, 405 ff.).
[30] BGBl. 1955 II 215 ff.
[31] Abk. zwischen den Parteien des Nordatlantikvertrags über die Rechtsstellung ihrer Truppen v. 19.6.1951 (BGBl. 1961 II 1190 ff.).
[32] v. 3.8.1959 (BGBl. 1961 II 1183, 1218).

ZA-UProt)[33] sowie durch das deutsche Gesetz zum NATO-Truppenstatut und zu den Zusatzvereinbarungen ausgestaltet.

1. Anwendungsbereich

Der **Anwendungsbereich** des NATO-Kollisionsrechtes für strafrechtlich-polizeiliche Ermittlungen ist in mehrfacher Dimension ausdifferenziert: 28

    a) In „subjektiv-räumlicher Hinsicht" wird er zwar gem. Art. 1, 2 NTS-PfP[34] über alle NATO-Mitgliedstaaten auch auf das **Personal und alle Gebiete der Mitgliedstaaten** der Partnerschaft für den Frieden erstreckt.[35] Allerdings hat sich die Bundesregierung für Letztere einen Ausnahmevorbehalt für die Strafgerichtsbarkeit ausbedungen, den sie durch eine Verordnung gem. Art. 2 § 2 Abs. 7 SkAufG[36] (→ Rn. 68) ausfüllen kann. 29

    b) Das NATO-Truppenstatut ist zweitens anwendbar auf **alle grenzüberschreitenden Einsätze und Stationierungen,** sofern sie im **Einvernehmen mit dem Aufnahmestaat** erfolgen, unabhängig zu welchem Zweck.[37] Deutschland hat für hier anwesende Truppen der ursprünglichen Besatzungsmächte mit dem Aufenthaltsvertrag (→ Rn. 24 ff.) und für die weiteren ursprünglichen NATO-Verbündeten durch gesonderte Erklärung bzw. Notenwechsel für die weiteren Mitgliedstaaten das Einverständnis zur Stationierung erklärt.[38] 30

    c) Nach Art. I Abs. 1 lit. a NTS gilt das NATO-Truppenstatut für **alle Truppenteile,** folglich nach ganz hM auch auf Kriegsschiffen und für Handlungen in und mittels Militärflugzeugen.[39] 31

    d) Allerdings muss für die Anwendbarkeit des NATO-Rechtes **der Betroffene in persönlicher Hinsicht dem Militärrecht des Entsendestaates unterliegen** (Art. VII Abs. 1 lit. a NTS). Dies ist dann der Fall, wenn er dem Einsatz bzw. Stationierungsvorhaben zugerechnet werden kann.[40] 32

    aa) Umfasst sind so zunächst die **Mitglieder der Truppe** des Entsendestaates, die sich im Zusammenhang mit Dienstobliegenheiten im fremden Staatsgebiet aufhalten (Art. I Abs. 1 lit. a NTS). Dieser Status endet jedenfalls mit der endgültigen Entlassung aus der Truppe.[41] Analog werden von der Rechtsprechung auch Fahnenflüchtige nicht mehr als unter das NATO-Truppenstatut fallend angesehen.[42] 33

    bb) Die **Familienangehörigen der Angehörigen der Truppen und des zivilen Gefolges** unterstehen nur teilweise der Gerichtsbarkeit den Sonderregeln des NATO-Truppenstatuts, nämlich soweit sie ausdrücklich einbezogen sind;[43] im Zusammenwirken mit dem Vorrechtsverzicht der Bundesrepublik Deutschland im Bereich der konkurrieren- 34

---

[33] Unterzeichnungsprotokoll zum Zusatzabkommen zu dem Abkommen zwischen den Parteien des Nordatlantikvertrages über die Rechtsstellung ihrer Truppen hinsichtlich der in der Bundesrepublik Deutschland stationierten ausländischen Truppen v. 3.8.1959 (BGBl. 1961 II 1313).

[34] Übk. zwischen den Vertragsstaaten des Nordatlantikvertrags und den anderen an der Partnerschaft für den Frieden teilnehmenden Staaten über die Rechtsstellung ihrer Truppen sowie dem Zusatzprotokoll v. 19.6.1995 (BGBl. 1998 II 1338).

[35] Die Mitgliedsländer der „Partnerschaft für den Frieden" der NATO haben die Möglichkeit, dem PfP-Truppenstatut v. 19.6.1995 (BGBl. 1998 II 1338) beizutreten. Der Anwendungsbereich des NATO-Truppenstatuts wird dadurch auch auf Einsätze in den PfP-Partnerstaaten ausgedehnt; vgl. *Birke* NATO-Truppenstatut 80 ff.

[36] Gesetz über die Rechtsstellung ausländischer Streitkräfte bei vorübergehenden Aufenthalten in der Bundesrepublik Deutschland (Streitkräfteaufenthaltsgesetz) v. 20.7.1995 (BGBl. 1995 II 554).

[37] Vgl. ausf. *Birke* NATO-Truppenstatut 77 ff.

[38] Vgl. Vertrag über den Aufenthalt ausländischer Streitkräfte in der Bundesrepublik v. 23.10.1954 (BGBl. 1955 II 253); Bek. v. 9.5.1955 (BGBl. 1955 II 630); Notenwechsel (BGBl. 1999 II 508; 1990 II 1391, 1392); vgl. dazu *Birke* NATO-Truppenstatut 79 f. mwN.

[39] Vgl. *Birke* NATO-Truppenstatut 94 ff. mit Überblick zum Diskussionsstand.

[40] Vgl. *Birke* NATO-Truppenstatut 90 f. mwN.

[41] BGHSt 28, 96 (99) = NJW 1978, 2457; OLG Karlsruhe NZWehrr 1993, 125; Letzteres zit. nach *Birke* NATO-Truppenstatut 94.

[42] Vgl. BGHSt 28, 96 (99) = NJW 1978, 2457.

[43] Besonderheiten gelten insbes. beim Festnahmerecht, vgl. *Birke* NATO-Truppenstatut 99 ff. mwN.

den Gerichtsbarkeit (→ Rn. 41) obliegt diese dann dem Entsendestaat auch vorrangig für diese Familienangehörigen, soweit er sie seinem Militärrecht unterstellt hat (Art. VII Abs. 1 lit. a, Abs. 3 NTS).[44] Als ziviles Gefolge fallen die direkt bei der Truppe beschäftigten Arbeitskräfte ebenfalls unter das NATO-Truppenstatut,[45] nicht aber die bereits im Aufnahmestaat zuvor ansässigen Ortskräfte (Art. I Abs. 1 lit. b NTS). Die Familienangehörigen umfassen Ehegatten und unterhaltsberechtigte Kinder mit beliebiger Staatsangehörigkeit, soweit sie nicht als Angehörige des zivilen Gefolges die des Aufnahmemitgliedsstaates haben oder sich dort bereits zuvor gewöhnlich aufhielten (Art. I Abs. 1 lit. c NTS, Art. VII Abs. 4 NTS).[46]

35 **cc) Beurlaubte Truppenangehörige** unterliegen in einem Vertragsstaat dem NATO-Recht nur, soweit besondere Vereinbarungen dies begründen, wie namentlich für die Mitglieder und Zivilangestellten der US-Streitkräfte, die in Europa außerhalb der Bundesrepublik Deutschland oder Nordafrika stationiert sind, und ihre Familienangehörigen, sofern sie einen Ausweis besitzen, der ihren Standort angibt.

Hinweis: Für Familienangehörige gilt Art. 1 des Abkommens zwischen der Bundesrepublik Deutschland und den Vereinigten Staaten von Amerika über die Rechtsstellung von Urlaubern (BGBl. 1961 II 1384). Gem. Art. 2 Abs. 1 dieses Abkommens sind diese Urlauber grds. innerhalb der Gerichtsbarkeit der US-Streitkräfte durch eine Verhandlung in Deutschland zu ahnden, soweit nicht Disziplinarvergehen geringerer Bedeutung oder entgegenstehende militärische Erfordernisse betroffen sind.[47]

36 **dd)** Keine Geltung haben die Regeln indes auch für in einen anderen Mitgliedstaat verbrachte **Kriegsgefangene**.[48]

2. Gerichtsbarkeit

37 Den Ausgangspunkt für die Kompetenz zu Ermittlungsmaßnahmen stellt im NATO-Kontext die **Gerichtsbarkeit** in Straf- und Disziplinarsachen dar, die allgemein in Art. VII NTS geregelt ist. Dabei wird grundsätzlich die Gerichtsbarkeit der Militärbehörden des Entsendestaates über alle dem Militärrecht dieses Staates unterworfenen Personen durch den Aufnahmestaat anerkannt. Ebenso die über die Mitglieder einer Truppe oder eines zivilen Gefolges und über deren Angehörige in Bezug auf die innerhalb seines Hoheitsgebietes des Aufnahmestaates begangenen und nach seinem Recht strafbaren Handlungen, die somit regelmäßig zu konkurrierenden Gerichtsbarkeiten führen kann.[49]

38 **a)** Eine jeweils **ausschließliche Gerichtsbarkeit** des Entsende- bzw. Aufnahmestaates besteht hingegen für Handlungen, soweit diese **nur nach dessen Recht** strafbar sind, insbesondere wenn sie gegen die Sicherheit dieses Staates gerichtet sind, wie Hochverrat, Sabotage oder Spionage (Art. VII Abs. 2 NTS). Die Gerichtsbarkeit des Entsendestaates erstreckt sich auch nie auf Personen, die **Staatsangehörige des Aufnahmestaates** sind oder dort ihren gewöhnlichen Aufenthalt haben, es sei denn, dass diese Personen Mitglieder der Truppe des Entsendestaates sind (Art. VII Abs. 4 NTS). Für die weitere Bestimmung, insbesondere, ob eine Strafbarkeit nach dem Entsendestaat vorliegt, ist ein Konsultationsverfahren detailliert geregelt, insbesondere mit einer Aussetzungspflicht der deutschen Ermittlungsorgane (Art. 17 f. NTS-ZA).

39 **b)** Soweit eine **konkurrierende Gerichtsbarkeit** besteht, regelt Art. VII Abs. 3 lit. a NTS den grundsätzlichen **Vorrang des Entsendestaates** bei strafbaren Handlungen von Mitgliedern der Truppe oder Mitgliedern (nicht aber Angehörigen) des zivilen Gefolges, die nur gegen das Vermögen oder die Sicherheit dieses Staates oder nur gegen die Person

---

[44] Vgl. *Birke* NATO-Truppenstatut 97 ff. mwN.
[45] Vgl. *Birke* NATO-Truppenstatut 96 mwN.
[46] Vgl. *Birke* NATO-Truppenstatut 97 ff. mwN.
[47] Vgl. auch *Birke* NATO-Truppenstatut 93.
[48] Vgl. *Birke* NATO-Truppenstatut 100 f. mwN.
[49] Art. 7 Abs. 1 NTS; allerdings insbesondere nicht bei außerhalb des Ausnahmestaates begangenen Taten vgl. *Birke* NATO-Truppenstatut 84.

oder das Vermögen eines anderen Mitglieds der Truppe oder des zivilen Gefolges dieses Staates oder eines Angehörigen gerichtet sind oder sich aus einer Handlung oder Unterlassung **in Ausübung des Dienstes** ergeben. Ansonsten ist die Gerichtsbarkeit des Aufnahmestaates (lit. b) vorrangig. Die Ausübung im Dienst richtet sich bei Aufenthalten in Deutschland nach dem Recht des Entsendestaates, für die weitere Bestimmung gilt das oben genannte Konsultationsverfahren (Art. 17 f. NTS-ZA).

Die **nicht vorrangige Gerichtsbarkeit** soll erst greifen, wenn der Verzicht des bevor- 40 rechtigten Staates der Behörde des anderen Staates mitgeteilt wird, was ersterer insbesondere auf Ersuchen, in dem der andere Staat erklärt, dass er diesem Verzicht besondere Wichtigkeit beimessen würde (Art. VII Abs. 3 lit. c NTS).

c) Allerdings besteht für die **in Deutschland stationierten ausländischen NATO-** 41 **Truppen** zunächst auf Ersuchen des Entsendestaates eine umfassende Pflicht der deutschen Stellen, auf ihre etwaige vorrangige *konkurrierende* Gerichtsbarkeit zu verzichten, soweit nicht die Todesstrafe droht, Art. 19 Abs. 1 NTS-ZA.

Dabei werden Ersuchen und Verzicht abstrakt, **also ohne dass es weiterer Erklärun-** 42 **gen im konkreten Fall bedarf,** für alle ursprünglichen Unterzeichnerstaaten, dies bei Unterzeichnung erklärt und nicht zurückgenommen haben, angenommen (Art. 19 Abs. 1 S. 1 NTS-ZA-UProt). Dies haben alle ursprünglichen NATO-Mitglieder umfassend erklärt.[50]

Gleichwohl kann der **Verzicht** auf die Ausübung ansonsten bestehender vorrangiger 43 konkurrierender Gerichtsbarkeit durch die deutschen Behörden gem. Art. 19 Abs. 3 NTS-ZA für den Einzelfall **zurückgenommen** werden. Zu beachten ist, dass dies natürlich nicht die Fälle vorrangiger Gerichtsbarkeit des Entsendestaates, *„in duty"*, erfasst, wonach dieser gem. Art. VII Abs. 3 NTS seinerseits um Verzicht ersucht werden müsste. Nach deutschem Recht erfolgt die Rücknahmeerklärung durch die sachlich und örtlich zuständige Staatsanwaltschaft (Art. 3 NTSZusVG).Sie kann nach dem Abkommen erfolgen, sobald sie Kenntnis über einen entsprechenden Fall hat, jedoch spätestens 21 Tage, nachdem eine Mitteilung des Entsendestaates erfolgt ist, dass ein entsprechender Fall eingetreten ist, soweit nicht bilateral eine kürzere Frist vereinbart worden ist (Art. 19 Abs. 2 NTS-ZA). Ausgangspunkt ist, dass nach Ansicht der deutschen Behörde **Belange der deutschen Rechtspflege** die Ausübung der deutschen Gerichtsbarkeit erfordern, was insbesondere der Fall sein kann, wenn es sich um Staatsschutz-Straftaten in der Zuständigkeit des Generalbundesanwalts oder der Oberlandesgerichte, Straftaten mit Todesfolge, sowie Raub und Vergewaltigung handelt, soweit sich diese Straftaten nicht gegen ein Mitglied einer Truppe, eines zivilen Gefolges oder gegen einen Angehörigen richten, jeweils einschließlich Versuch und Teilnahme (Art. 19 Abs. 2 lit. a NTS-ZA-UProt).[51] Ist der Entsendestaat damit nicht einverstanden, ist ein Streitschlichtungsverfahren mit Eskalationsmöglichkeit vorgesehen (Art. 19 Abs. 4 NTS-ZA).

Schließlich kann für alle Fälle konkurrierender Gerichtsbarkeit eine **Abgabe** zwischen 44 den jeweils zuständigen Behörden und Gerichten der Entsendestaaten und der Bundesrepublik Deutschland erfolgen, wobei die nötige Zustimmung bei Übernahme durch Deutschland durch die zuständige Staatsanwaltschaft erklärt wird (Art. 19 Abs. 5 NTS-ZA, Art. 3 NTSZusVG).

3. Grundsätze der Informationserhebung durch deutsche Ermittlungsorgane

Die deutschen Ermittlungsorgane können vor diesem Hintergrund **in Ausübung der** 45 **eigenen Gerichtsbarkeit** als Entsende- oder Aufnahmestaat tätig werden. Sie können **aber auch trotz fehlender Gerichtsbarkeit vorläufige eigene Maßnahmen zur Beweissicherung** – insbesondere als Aufnahme- für den Entsendestaat – treffen.[52] So

---

[50] Vgl. Bek. v. 14.8.1964 (BGBl. 1964 II 1231).
[51] Unterzeichnungsprot. zum Zusatzabkommen v. 3.8.1959 (BGBl. 1961 II 1313).
[52] *Birke* NATO-Truppenstatut 65 f. mwN.

richtet sich das Festnahme- und Gewahrsamsrecht zwar grundsätzlich nach der Gerichtsbarkeit, jedoch erlaubt es dem Entsendestaat auch die vorläufige Festnahme bei Gefahr im Verzug darüber hinaus und stellte die Kooperation bei jeder Festnahme im Anwendungsbereich des NATO-Truppenstatuts sicher (Art. 20–24 NTS-ZA).

46 Dabei sind wesentliche Fälle mit Berührung deutscher Ermittlungsbehörden geregelt, sodass ein Rückgriff auf die umstrittene Frage, inwieweit Immunitätsrechte aus dem NATO-Recht gegenüber Ermittlungshandlungen ansonsten allgemein bestehen, sich meist erübrigt (→ Rn. 34 f.).

47 So ist bei jeder Einleitung eines Ermittlungsverfahrens gegen einen Truppenangehörigen im weiteren Sinne oder wegen Gefährdung der Sicherheit der entsandten Truppe der Entsendestaat zu unterrichten (Art. 21 Abs. 1 NTS-ZA). Ergibt sich im Verlauf eines Verfahrens oder einer Vernehmung vor einem deutschen Ermittlungsorgan, dass ein **Amtsgeheimnis** eines der beteiligten Staaten oder beider oder eine Information, die der Sicherheit eines der beteiligten Staaten oder beider schaden würde, preisgegeben werden könnte, so hat das Gericht bzw. die Behörde vorher die **schriftliche Einwilligung** der zuständigen Behörde einzuholen, dass das Amtsgeheimnis oder die Information preisgegeben werden darf. Erhebt die Behörde Einwendungen gegen die Preisgabe, so trifft die Stelle alle in ihrer Macht stehenden Maßnahmen, einschließlich des Geheimschutzes, um die Preisgabe zu verhüten, vorausgesetzt, dass die verfassungsmäßigen Rechte einer beteiligten Partei dadurch nicht verletzt werden (Art. 38 Abs. 1 NTS-ZA). Aber auch sonst sind alle möglichen Schutzmaßnahmen, insbesondere zum Ausschluss der Öffentlichkeit nach §§ 172–175 GVG zu ergreifen, ebenso nach diesen Vorschriften und der möglichen Übertragung der Verhandlung auf ein anderes Gericht wegen Besorgnis einer Gefährdung der Sicherheit einer Truppe oder eines zivilen Gefolges, entsprechend § 15 StPO (Art. 38 Abs. 2 NTS-ZA). Bei deutschen Hauptverhandlungen gegen einen Truppenangehörigen im weiteren Sinne sind weiterhin besondere **Beschuldigtenrechte** zu beachten, die allerdings in aller Regel nicht weiter reichen als die StPO, mit Ausnahme des Anspruchs auf Kommunikation mit und Anwesenheit eines Vertreters des Entsendestaates (Art. VII Abs. 9 lit. g NTS). Eine wesentliche Ausnahme ist allerdings das Recht aus Art. VII Abs. 9 lit. c NTS, Belastungszeugen gegenübergestellt zu werden, was der Verlesung nach § 251 StPO entgegenstehen kann.[53] Auch sonst hat ein Vertreter des Entsendestaates das **Recht auf Anwesenheit** bei Ausübung deutscher Gerichtsbarkeit über Truppenangehörige im weiteren Sinne bei Hauptverhandlungen,[54] aber auch bei allen Ermittlungsmaßnahmen, soweit dies bilateral vereinbart ist (Art. 25 Abs. 2 S. 1 NTS-ZA). Entsprechend sind die Termine rechtzeitig vorab mitzuteilen (Art. 25 Abs. 1 lit. d, Abs. 2 S. 2 NTS-ZA).

4. Einzelne Maßnahmen zur Informationserhebung

48 Im Besonderen ergeben sich für **einzelne Maßnahmen zur Informationserhebung** folgende Regeln.

49 a) Im Rahmen der eigenen Gerichtsbarkeit können deutsche Ermittlungsorgane Ladungen und **Vernehmungen** direkt den Mitgliedern einer Truppe sowie ihrem zivilen Gefolge einschließlich ihrer Angehörigen im Inland unmittelbar zustellen oder die Verbindungsstelle darum ersuchen (Art. 19 Abs. 6 lit. b NTS-ZA, Art. 37 NTS-ZA). Soweit die Ladung nach deutschem Recht erzwingbar ist, ergreifen die Militärbehörden alle im Rahmen ihrer Befugnisse liegenden Maßnahmen, um sicherzustellen, dass der Ladung Folge geleistet wird, sofern nicht dringende militärische Erfordernisse dem entgegenstehen (Art. 37 Abs. 1 S. 1 NTS-ZA).[55] Falls die Ladung nicht über die Verbindungsstelle zugestellt worden ist, ist

---

[53] Vgl. BGHSt 26, 18 ff. = NJW 1978, 2457.
[54] Ersteres aus Art. 25 Abs. 1 lit. a S. 1 NTS-ZA, soweit dies nicht mit den Sicherheitsinteressen unvereinbar ist, lit. b.
[55] Vgl. *Marenbach* NJW 1974, 1020.

diese unverzüglich über die Ladung unter Angabe des Adressaten und seiner Anschrift sowie der Zeit und des Ortes der anstehenden Verhandlung oder Beweisaufnahme zu **unterrichten;** bei Angehörigen gilt dies nicht, wenn die Militärbehörden die Befolgung der Ladung nicht wirksam unterstützen können.[56] Auf besonderes oder allgemeines Ersuchen des betreffenden Entsendestaates wird von jedem dem Beschuldigten zugestellten Schriftstück eine Abschrift der Verbindungsstelle zugeleitet.[57] Für eine öffentliche Zustellung gelten Sonderregeln (Art. 36 NTS-ZA).

Wegen möglicher Verletzung eines Amtsgeheimnisses ist bei einer Vernehmung eine etwa erforderliche Einwilligung zu beachten (→ Rn. 47). und alle möglichen **Schutzmaßnahmen,** insbesondere zum Ausschluss der Öffentlichkeit nach §§ 172–175 GVG und nach § 15 StPO wegen Besorgnis einer Gefährdung der Sicherheit einer Truppe oder eines zivilen Gefolges entsprechend § 15 StPO zu ergreifen (Art. 38 Abs. 2 NTS-ZA). Ansonsten gilt zwar für die Rechte und Vorrechte von Zeugen und Sachverständigen wie Verletzten grundsätzlich das Recht der Vornahmebehörde bzw. des Gerichtes, diese „berücksichtigt jedoch die Rechte und Vorrechte angemessen, welche Zeugen, Verletzte und Sachverständige, wenn sie Mitglieder einer Truppe, eines zivilen Gefolges oder Angehörige sind, vor einem Gericht des Entsendestaates, und, wenn sie nicht zu diesem Personenkreis gehören, vor einem deutschen Gericht haben würden" (Art. 39 NTS-ZA). 50

b) Vertreter der zuständigen deutschen Ermittlungsorgane können selbst Erkenntnisse durch die **Teilnahme an einer durch den Entsendestaat** im Anwendungsbereich **durchgeführten Hauptverhandlung** gegen einen Beschuldigten gewinnen. Richtet sich eine strafbare Handlung ausschließlich gegen die Sicherheit der Bundesrepublik, gegen in der Bundesrepublik befindliche Vermögenswerte, gegen einen Deutschen oder eine sich im Bundesgebiet aufhaltende Person, die nicht Truppenangehörige im weiteren Sinne ist, und wird die Strafgerichtsbarkeit durch ein Gericht oder eine Behörde eines Entsendestaates ausgeübt, so hat ein deutscher Vertreter das Recht, bei der Hauptverhandlung anwesend zu sein, soweit dies nicht mit Sicherheitsinteressen unvereinbar ist (Art. 25 Abs. 1 lit. a S. 2, lit. b, c NTS-ZA, Art. 26 Abs. 2 NTS-ZA). Die Hauptverhandlung des Entsendestaates gegen einen Angehörigen im weiteren Sinne hat dabei grundsätzlich in der Bundesrepublik Deutschland zu erfolgen (Art. 26 NTS-ZA). 51

c) Für **Durchsuchungen, Beschlagnahmen und sonstigen Ermittlungsmaßnahmen** finden sich indes nur wenige Regelungen. 52

aa) Archive, Dokumente, als solche erkennbare Dienstpostsendungen und **Eigentum einer Truppe** unterliegen grundsätzlich nicht der Durchsuchung, Beschlagnahme oder Zensur durch die deutschen Behörden, sofern auf die Immunität nicht verzichtet wird (Art. 40 NTS-ZA). 53

bb) Im Rahmen der deutschen Gerichtsbarkeit unter Geltung des NTS-ZA „kann auch der Entsendestaat im Benehmen mit den deutschen Behörden hinsichtlich der Modalitäten diese Maßnahme durch seine eigene Polizei durchführen lassen", wenn eine Strafverfolgungsmaßnahme innerhalb einer **Liegenschaft** vollzogen werden soll (Art. 28 pr. S. 2 NTS-ZA). Soweit hier von einem „Benehmen" ausgegangen wird, dürfte die deutsche Bedeutung im Sinne einer bloßen Beteiligung im Sinne einer Anhörung bzw. Information ohne notwendigerweise herzustellendes Einvernehmen auszugehen sein. Durch die Verwendung des „*auch*" wird grundsätzlich auf ein stets zusätzlich gegebenes grundsätzlich freies Zugangsrecht der deutschen Ermittlungsorgane in Liegenschaften der NATO-Partner geschlossen, die allerdings entsprechend zu benachrichtigen seien und stets die eigentliche Ermittlungshandlung übernehmen könnten. Dies bestätigt den Grundsatz, dass die deutsche Polizei berechtigt ist, ihre Aufgaben innerhalb einer einer Truppe oder einem zivilen Gefolge zur ausschließlichen Nutzung überlassenen Liegen- 54

---

[56] Art. 37 Abs. 1 S. 2 NTS-ZA; aufgrund gewisser Rechtsunsicherheit ist dies wohl auch bei ausschließlich deutscher Gerichtsbarkeit nach dem NATS empfehlenswert, vgl. Art. 19 Abs. 6 lit. a NTS-ZA.
[57] Art. 19 Abs. 6 lit. a NTS-ZA für die ausschließliche Gerichtsbarkeit, ansonsten wohl aus der allgemeinen gegenseitigen Unterstützungs- und Koordinierungsverpflichtung.

schaften in dem Maße wahrzunehmen, in dem die öffentliche Ordnung und Sicherheit der Bundesrepublik gefährdet oder verletzt ist (Art. 28 pr. S. 1 NTS-ZA). Dazu wird im Unterzeichnungsprotokoll zum NATO-Zusatzabkommen weiter ausgeführt, dass die Behörden einer entsandten Truppe den zuständigen deutschen Behörden auf Bundes-, Länder- und Kommunalebene jede angemessene Unterstützung gewähren, die zur Wahrnehmung der deutschen Belange erforderlich ist, damit sie ihre Amtspflichten erfüllen können (zu Art. 53 Abs. 4bis lit. a NTS-ZA-UProt). Hierzu zählt namentlich der Zutritt zu den Liegenschaften nach **vorheriger Anmeldung,** wobei in Eilfällen und bei Gefahr im Verzuge die Behörden der Truppe den sofortigen Zutritt ohne vorherige Anmeldung ermöglichen (zu Art. 53 Abs. 4bis lit. a NTS-ZA-UProt). Beide Seiten gestalten den Zutritt so, dass weder die Wahrnehmung deutscher Belange noch im Gang befindliche oder bereits angesetzte militärische Übungen in unangemessener Weise beeinträchtigt werden und berücksichtigen die Erfordernisse der militärischen Sicherheit, insbesondere die Unverletzlichkeit von Räumen, Einrichtungsgegenständen und Schriftstücken, die der Geheimhaltung unterliegen (zu Art. 53 Abs. 4bis lit. b, c NTS-ZA-UProt). Die Behörden der Truppe entscheiden in jedem Fall, ob sie die deutschen Behörden begleiten (zu Art. 53 Abs. 4bis lit. a NTS-ZA-UProt). Bei Durchführung durch den Entsendestaat ist die Maßnahme unverzüglich und, soweit es von deutscher Seite gewünscht wird, in Anwesenheit von Vertretern deutscher Behörden durchzuführen (Art. 28 pr. S. 3 NTS-ZA). Sollte zwischen den beteiligten Behörden beider Seiten keine Einigung erzielt werden, so werden auf beiden Seiten die zuständigen höheren Behörden befasst (zu Art. 53 Abs. 4bis lit. d NTS-ZA-UProt).

55   cc) Diese konkreten Regelungen für Liegenschaften in Deutschland gelten nur nach Maßgabe des Art. VII Abs. 10 lit. a NTS, dessen Reichweite allerdings unklar ist. Er gebietet für alle Stationierungen im Rahmen der NATO, dass ordnungsmäßig aufgestellte militärische entsandte Einheiten oder Verbände einer Truppe die **Polizeigewalt** in allen Lagern, Anwesen oder anderen Liegenschaften im Aufnahmestaat innehaben und ihre Militärpolizei alle geeigneten Maßnahmen treffen kann, um die Ordnung und Sicherheit innerhalb dieser Liegenschaften aufrechtzuerhalten. Umstritten ist dabei, ob dies Ausdruck einer die Gebietshoheit des Aufnahmestaates teilweise ausschließenden **Immunität der entsandten Truppen** ist, die insbesondere für **ungeregelte Ermittlungsmaßnahmen** greifen könnte.[58]

56   Das kann mit guten Argumenten für **Überwachungs- und Ermittlungsmaßnahmen gegen einzelne Militärangehörige,** die weder Handlungen *iure imperii* des Entsendestaates noch diesen als solchen treffen, verneint werden, sodass etwa Observationen und technische Überwachungen, Durchsuchungen und Beschlagnahmen sowie körperliche Untersuchungen, zB BAK-Kontrollen außerhalb der Liegenschaften selbst, **auch ohne Einverständnis des Entsendestaates zulässig** wären,[59] auch wenn ein solches Einverständnis stets ratsam und vorzuziehen wäre. Dies gilt jedenfalls solange durch solche Maßnahmen nicht die Binnenordnung der Truppe, wie sie für Liegenschaften und eingeschränkt geschlossene Verbände geschützt ist, beeinträchtigt wird, da sich darauf die anerkannten Interessen des Entsendestaates und die daraus folgende erklärte Rücknahme der Gebietshoheit beschränken. Macht der Entsendestaat eine Immunität oder Maßnahmen seiner Ansicht nach ausschließende vorrangige Gerichtsbarkeit geltend, wäre dies im vorgesehenen Konsultations- und Schlichtungsweg zu klären.

57   d) **Außerhalb der eigenen Gerichtsbarkeit** können deutsche Ermittlungsorgane unmittelbar Erkenntnisse bei der unterstützenden Tätigkeit für die Stellen des Entsendestaates oder bei sonstiger Teilnahme an dessen Ermittlungsvornahmen gewinnen. Dies gilt etwa, wenn die deutschen Behörden im Rahmen der **Rechtshilfe,** insbesondere bei der Festnahme für den anderen Staat tätig werden gem. Art. VII Abs. 5, 6 NTS.[60] Darüber hinaus

---

[58] Ausf. *Birke* NATO-Truppenstatut 115 ff.
[59] Vgl. ebenso *Birke* NATO-Truppenstatut 158 f.
[60] Hierzu ausführend, insbes. zu Zuständigkeit und Verfahren Art. 4a NTSZusVG.

wird von einer überzeugenden Ansicht auch das Recht angenommen, außerhalb der eigenen Gerichtsbarkeit Ermittlungshandlungen im Interesse des anderen Staates **bei Gefahr im Verzug** vorzunehmen, also wenn dieser nicht rechtzeitig ein entsprechendes Ersuchen stellen kann, zB bei Kontrolle und Blutentnahme eines der Trunkenheitsfahrt verdächtigen Truppenangehörigen.[61]

IV. Europäische Union

Im **Rahmen der EU,** insbesondere für Truppen und Zivilpersonal, die der EU zur Erfüllung ihrer Aufgaben von den Mitgliedstaaten zur Verfügung gestellt werden, gilt das **EU-Truppenstatut** (EUTS),[62] allerdings subsidiär unter anderem zum NATO-Recht und anderen bi- oder multilateralen Abkommen (vgl. Art. 19 Abs. 6 lit. c EUTS). 58

1. Anders als das NATO-Truppenstatut enthält Art. 1 EUTS klare und teilweise vom NATO-Truppenstatut abweichende Definitionen der zentralen Begriffe insbesondere für den Anwendungsbereich. So werden namentlich als Familienangehörige alle Personen angesehen, die nach den Rechtsvorschriften des Entsendestaates als Familienangehöriger definiert oder anerkannt oder als Haushaltsangehöriger des Militär- oder Zivilpersonals bezeichnet sind (Art. 1 Nr. 3 EUTS). 59

2. Das **Verhältnis zum Aufnahmestaat** orientiert sich am NATO-Truppenstatut, insbesondere bei der Konzeption der aufgeteilten Gerichtsbarkeit in Art. 17 EUTS, dem Schutz der dienstlichen Schriftstücke in Art. 15 EUTS, der allerdings bei Missbrauch nach Konsultation entfallen kann, und bei der Polizeigewalt der entsandten Truppen in und außerhalb von ihren Liegenschaften nach Art. 12 EUTS. Wie dort werden allerdings keine weitergehenden Regelungen zu möglichen strafrechtlichen Ermittlungsmaßnahmen getroffen. Allerdings legt die Ausgestaltung der bereits genannten Normen auch keine Exemtion der Liegenschaften nahe und Art. 11 EUTS aufgrund der Unterstellung unter die allgemeinen Benutzungsregeln im Zweifelsfall Ermittlungsmaßnahmen im Umfeld, wie zB der Telekommunikationskontrolle außerhalb des Immunitätsbereiches. 60

3. Dagegen trifft Art. 8 EUTS **eingehende Regelungen zur Immunität.** Danach genießt das zu den EU-Organen abgestellte bzw. abgeordnete Militär- oder Zivilpersonal Immunität von der Gerichtsbarkeit hinsichtlich der von ihm in Ausübung seines Dienstes vorgenommenen mündlichen oder schriftlichen Äußerungen sowie Handlungen auch nach Ende der Abstellung bzw. Abordnung, Art. 8 Abs. 1 EUTS. Diese Immunität wird im Interesse der EU und nicht zum persönlichen Vorteil des Personals gewährt (Art. 8 Abs. 2 EUTS) und sowohl vom Entsendestaat als auch den jeweiligen EU-Organen aufgehoben in allen Fällen, in denen die Immunität verhindern würde, dass der Gerechtigkeit Genüge geschieht, und in denen sie dies können, insbesondere unbeschadet der Interessen der EU. Liegt nach Ansicht einer zuständigen Behörde oder einer gerichtlichen Stelle eines Mitgliedstaats ein Missbrauch der Immunitäten vor, so erfolgt ein Konsultationsverfahren mit Eskalationsmöglichkeiten (Art. 8 Abs. 5–7 EUTS). Die EU-Organe arbeiten jederzeit mit den zuständigen Behörden der Mitgliedstaaten zusammen, um eine geordnete Rechtspflege zu erleichtern (Art. 8 Abs. 4 EUTS). 61

---

[61] Vgl. *Birke* NATO-Truppenstatut 66 f., da die Gerichtsbarkeit nicht die Einleitung und vorläufige Durchführung von Ermittlungsverfahren erfasst; unter Berufung auf LG Duisburg NJW 1965, 643 gegenüber LG Krefeld NJW 1965, 310 mwN insbes. unter Berücksichtigung der US-Amerikanischen Interpretation des NATS, die stets zu einem parallelen Ermittlungsverfahren auch bei vorrangiger Gerichtsbarkeit des Partnerstaates führt.

[62] Übk. zwischen den Mitgliedstaaten der Europäischen Union über die Rechtsstellung des zu den Organen der Europäischen Union abgestellten beziehungsweise abgeordneten Militär- und Zivilpersonals, der Hauptquartiere und Truppen, die der Europäischen Union gegebenenfalls im Rahmen der Vorbereitung und Durchführung der Aufgaben im Sinne des Artikels 17 Absatz 2 des Vertrags über die Europäische Union, einschließlich Übungen, zur Verfügung gestellt werden, sowie des Militär- und Zivilpersonals der Mitgliedstaaten, das der Europäischen Union für derartige Aufgaben zur Verfügung gestellt wird" v. 17.11.2003 (BGBl. 2005 II 18).

V. System der Vereinten Nationen

62 Auch der Verwendung von Truppen im Rahmen von **UN-Einsätzen,** insbesondere zur Friedenssicherung wird regelmäßig durch Ad-hoc-Abkommen mit den Aufnahmestaaten geregelt. In dem dafür erarbeiteten **Musterentwurf der Vereinten Nationen** sind wesentliche Regelungen zur Abgrenzung der Befugnisse des Aufnahmestaates enthalten.[63] Auf die jüngst unter gewissem öffentlichem Druck zunehmend ergänzten Verpflichtungen zur Rechtshilfe an den Aufnahmestaat wird unten eingegangen (→ § 17 Rn. 292 ff.).

63 Die Beschränkung der Gerichtsbarkeit und Eingriffsbefugnisse des Aufnahmestaates erfolgt ausdrücklich im Hinblick auf die **persönliche Immunität sowie die Exemtion** der Liegenschaften, während die von Gegenständen im Musterentwurf ungeregelt bleibt. Interessant bleibt die im Muster eröffnete Alternative, für ungeregelte Fälle das Übereinkommen über die Vorrechte und Immunitäten der Vereinten Nationen v. 13.2.1946 entweder anwendbar zu erklären (Nr. 3 des Entwurfs) oder nur im Abkommen selbst ausdrückliche erklärte Vorrechte zuzulassen (Nr. 4 des Entwurfs), was insbesondere dann Anwendung finden soll, wenn der Vertragspartner nicht allgemein als Staat anerkannt ist.

64 Nach Nr. 16 des Entwurfs sind die von der Regierung des Gastlandes für das Hauptquartier, die Lager und für andere Räumlichkeiten, die für die Durchführung einsatzbezogenen Aktivitäten, Verwaltungstätigkeiten und zur Unterbringung erforderlich sind, zur Verfügung gestellten **Liegenschaften,** ungeachtet dessen, dass sie Hoheitsgebiet des Gastlandes bleiben, unverletzlich und unterstehen der **ausschließlichen Kontrolle und Autorität der Vereinten Nationen.** Demnach sind gem. Nr. 19 des Entwurfs ausschließlich die Vereinten Nationen befugt, Amtsträgern der Regierung oder anderen Personen, die nicht Mitglieder des Friedenssicherungseinsatzes der Vereinten Nationen sind, den Zutritt zu diesen Räumlichkeiten zu genehmigen.

65 Die Mitglieder des UN-Sekretariats behalten ihre Vorrechte auch bei einem solchen Einsatz (Nr. 25 des Entwurfs). Militärbeobachter, Zivilpolizisten der Vereinten Nationen und andere Zivilkräfte, die namentlich von dem Leiter des UN-Einsatzes der Aufnahmeregierung mitgeteilt wird, genießen die Immunitäten als Sachverständige im Auftrag der Vereinten Nationen (→ Rn. 17). Das dem militärischen Anteil des Friedenssicherungseinsatzes der Vereinten Nationen assignierte **Militärpersonal** der nationalen Kontingente soll hingegen die im konkreten Abkommen ausdrücklich vorgesehenen Vorrechte und Immunitäten haben. Die örtlich eingestellten Mitglieder des Friedenssicherungseinsatzes der Vereinten Nationen sollen nach Nr. 28 des Entwurfs die Immunitäten hinsichtlich ihrer Amtshandlungen genießen, sofern im weiteren Abkommen nichts anderes festgelegt wird.

VI. Sonstige völkerrechtliche und deutsche Regelungen

66 1. **Fehlt es an konkreten Vereinbarungen** zwischen dem Entsende- und Aufnahmestaat, obwohl es sich um einen einvernehmlichen Aufenthalt fremder Truppen handelt, ist umstritten, inwieweit **allgemeine völkerrechtliche Regelungen** bestehen, die die allgemein hoheitlichen und namentlich Ermittlungsbefugnisse des Gebietsstaates gegenüber diesen Streitkräften, ihren Einrichtungen, Gegenständen und insbesondere Angehörigen beschränken.

67 Eine **Immunität** von einvernehmlich aufgenommenen fremden Truppenangehörigen im Rahmen ihrer Diensterfüllung in Deutschland nahm bereits das RG an.[64] Sie wurde durch ein *obiter dictum* des BVerfG, dem die Verwaltungsgerichte folgten, jedenfalls für Fragen des öffentlichen Rechtes und vor Inkrafttreten des Streitkräfteaufenthaltsgesetzes auch in der Haltung der Bundesregierung übernommen. Diese Rechtsprechung umfasst

---

[63] Entwurf eines Muster-Abkommens über die Rechtsstellung der Truppen zwischen den Vereinten Nationen und Gastländern v. 9.10.1990, UN-Dok. A/45/594.
[64] RGSt 52, 167 f.; vgl. *Birke* NATO-Truppenstatut 150 f.

allerdings nur hoheitliche Akte *iure imperii,* also gerade nicht Handlungen allgemeinen Charakters.[65] Auch für das Strafrecht wird diese Rücknahme der Hoheitsgewalt durch die herrschende Literatur angenommen. Dies, obwohl wohl kein entsprechender Satz des Völkervertragsrechtes oder Völkergewohnheitsrechtes besteht. Alleine die Herleitung aus einer Immunität *sui generis* oder aus der allgemeinen Staatenimmunität schwankt.[66] Entsprechend variieren auch sehr die Aussagen zur Reichweite, insbesondere wird durchaus häufig vertreten, dass die allgemeine Immunität sich entsprechend den Regelungen im Rahmen der NATO auf dienstlich zuordenbare Gegenstände und die Truppe als Organ des Entsendestaates als solches beschränke, nicht aber der (jedenfalls vorläufigen) Verfolgung einzelner Angehöriger oder sonstige Ermittlungsmaßnahmen gegen diese entgegensteht.[67] Jedenfalls für Liegenschaften wird unter anderem aus den Rechten für Kriegsschiffe eine Rücknahme des Hoheitsrechtes des Aufnahmestaates bei fehlender Regelung dergestalt angenommen, dass dies nur mit Zustimmung des verantwortlichen Offiziers betreten und hoheitliche Maßnahmen durchgeführt werden dürften.[68]

2. Für den **vorübergehenden Aufenthalt** fremder Streitkräfte **in der Bundesrepublik** Deutschland für Übungen, Durchreise auf dem Landwege und Ausbildung von Einheiten ermächtigt Art. 1 SkAufG die Bundesregierung, Vereinbarungen mit den Entsendestaaten zu schließen, die auch der Bundeswehr den Aufenthalt in ihrem Hoheitsgebiet gestatten, und durch Rechtsverordnung ohne Zustimmung des Bundesrates in Kraft zu setzen. Nach Art. 2 SkAufG werden **in die Vereinbarungen,** soweit erforderlich, **Regelungen aufgenommen,** dass zwar Mitglieder ausländischer Streitkräfte namentlich auch der **Strafgerichtsbarkeit** deutschem Recht unterliegen; von deren Ausübung soll allerdings abgesehen werden, es sei denn, dass wesentliche Belange der deutschen Rechtspflege die Ausübung erfordern (Art. 2 § 7 Abs. 1, 2 SkAufG). Wird von der Ausübung der Gerichtsbarkeit abgesehen, so hat der Entsendestaat den Täter unverzüglich aus dem Gebiet der Bundesrepublik Deutschland zu entfernen (Art. 2 § 7 Abs. 2 S. 2 SkAufG). Nach Art. 2 § 9 SkAufG sollen die deutschen Behörden und Gerichte im Rahmen ihrer Zuständigkeiten und Befugnisse berechtigt sein, **Zwangsmaßnahmen** gegenüber Mitgliedern ausländischer Streitkräfte anzuordnen und auszuüben und nach der vorläufigen Festnahme eines Mitgliedes der ausländischen Streitkräfte unverzüglich den Verbindungsoffizier seiner Streitkraft hiervon zu unterrichten und mitzuteilen, welcher Staatsanwalt zuständig ist und welchem Richter der vorläufig Festgenommene vorgeführt wird. Derartige Streitkräfteaufenthaltsabkommen hat die Bundesregierung unter anderem mit **Polen,** Tschechien, Österreich und Estland abgeschlossen:

- **Estland:** Abk. zwischen der Regierung der Bundesrepublik Deutschland und der Regierung der Republik Estland über den vorübergehenden Aufenthalt von Mitgliedern der Streitkräfte der Bundesrepublik Deutschland und der Streitkräfte der Republik Estland auf dem Gebiet des jeweils anderen Staats v. 21.11.2007 (BGBl. 2008 II 1278, iK gem. Bek. v. 5.2.2009, BGBl. 2009 II 204);
- **Österreich:** Abk. zwischen der Regierung der Bundesrepublik Deutschland und der Regierung der Republik Österreich über den vorübergehenden Aufenthalt von Angehörigen der deutschen Bundeswehr und Angehörigen des österreichischen Bundesheeres auf dem Gebiet des jeweils anderen Staats v. 6.11.2007 (BGBl. 2008 II 1290);
- **Polen:** Abk. zwischen der Regierung der Bundesrepublik Deutschland und der Regierung der Republik **Polen** über den vorübergehenden Aufenthalt von Mitgliedern der Streitkräfte der Bundesrepublik Deutschland und der Streitkräfte der Republik **Polen** auf dem Gebiet des jeweils anderen Staats v. 23.8.2000 (BGBl. 2001 II 178, iK gem. Bek. v. 30.5.2002, BGBl. 2002 II 1660);

---

[65] BVerfGE 16, 27 (62) = NJW 1963, 1732; vgl. auch BVerfGE 77, 170 (207) = NJW 1988, 1651; BVerwG ZaöRV 50 (1990), 77; VGH Kassel NJW 1989, 470; 2055; *Birke* NATO-Truppenstatut 151 f.
[66] *Birke* NATO-Truppenstatut 153 ff., ausf. S. 123 ff. mit Darstellung des Völkerrechts.
[67] Vor allem *Birke* NATO-Truppenstatut 155 ff. mwN.
[68] Vgl. etwa *Dahm/Delbrück/Wolfrum,* Völkerrecht, 2. Aufl. 1989, Bd. I 1 S. 481 zit. nach *Birke* NATO-Truppenstatut 154.

2. Kapitel

- **Tschechien:** Abk. zwischen der Regierung der Bundesrepublik Deutschland und der Regierung der Tschechischen Republik über den vorübergehenden Aufenthalt von Mitgliedern der Streitkräfte der Bundesrepublik Deutschland und der Streitkräfte der Tschechischen Republik auf dem Gebiet des jeweils anderen Staats v. 31.7.2003 (BGBl. 2003 II 1975, iK gem. Bek. v. 11.6.2004, BGBl. 2004 II 995);

69 3. Der Status von **Kriegsgefangenen** richtet sich nach Art. 99 ff. Genfer Abkommen über die Behandlung der Kriegsgefangenen.[69]

C. Schiffe und Gewässer

I. Überblick

70 Bei Ermittlungshandlungen auf Gewässern mit internationalem Bezug ist gleichermaßen eine völkerrechtlich verankerte Kompetenzverteilung beachtlich. Die sog. **Flaggenhoheit** dehnt zwar nach traditionellem Völkerrecht die Souveränität eines Staates auf Schiffe aus, welche seine Flagge führen, schränkt aber nur teilweise die sonstige territoriale Hoheitsgewalt ein.

71 So besteht nach deutschem Recht gem. § 4 StGB eine **Strafbarkeit** auch außerhalb des deutschen Hoheitsgebietes für Taten an Bord von Schiffen, die die **deutsche Flagge** führen. Für diese Fälle sind namentlich für die Bestimmung des zuständigen Gerichts und damit der Staatsanwaltschaft § 10 Abs. 1 StPO, §§ 10a, 12 ff. StPO zu beachten.

72 Das **Führen fremder Flagge** bewirkt keine Einschränkung der deutschen Straf- und Ermittlungskompetenz für **Taten innerhalb des Hoheitsgebietes,** soweit keine Sonderregelungen greifen. Das Flaggenprinzip wird regelmäßig nur im Rahmen der Meeresschifffahrt relevant. Strittig ist, ob für ein Meer erforderlich ist, dass das salzhaltige Gewässer, an das mehrere Staaten anliegen, zu anderen Meeren eine natürliche Verbindung besitzen muss.[70] Für **andere internationale Gewässer** kann es besondere Rechtsregime geben, die allerdings für die Fragen der Hoheits- und Ermittlungsbefugnisse in aller Regel keine Regelung treffen.[71] Ansonsten gilt die allgemeine, unbeschränkte Hoheitsgewalt des jeweiligen Staates in seinen jeweiligen Grenzen, die für internationale Gewässer zwischen den Anliegern in aller Regel vertraglich fixiert sind.[72]

II. Seen, Flüsse und Flussmündungen

73 1. Für deutsche **Binnengewässer** bleibt es bei der uneingeschränkten Straf- und Ermittlungsgewalt.

> **Praxishinweis:**
> Nach § 14 GVG iVm §§ 1 Abs. 2, 3 Abs. 3 S. 1, Abs. 4 BinSchVerfG ist für Straf- und Bußgeldsachen nur das Gericht des Tatortes zuständig, soweit im Schwerpunkt die Taten in der Verletzung von schifffahrtspolizeilichen Vorschriften besteht und nicht außerhalb eines Seehafens begangen ist oder die Seeschifffahrtstraßen-Ordnung gilt. Letzteres bestimmt sich wiederum nach § 1 SeeSchStrO, insbesondere Abs. 1 S. 2 im Bereich der Küstenländer für die dort im Einzelnen beschriebenen Gewässerabschnitte.

74 2. Der **Bodensee** weist aus binnendeutscher Sicht zunächst die Besonderheit auf, dass er traditionell nicht zu den Bundeswasserstraßen iSv Art. 89 Abs. 1, 2 GG zählt, sondern

---

[69] v. 12.8.1949 (BGBl. 1954 II 838), dort; vgl. auch *Birke* NATO-Truppenstatut 100 f.
[70] Nach wohl hM muss eine solche Verbindung bestehen, vgl. ausf. *Graf Vitzthum* in Graf Vitzthum, Handbuch des Seerechts, 2006, Kap. 1 Rn. 1.
[71] Vgl. *Heintschel von Heinegg* in Ipsen VölkerR § 38 Rn. 10 ff. mit Auflistung der wichtigsten Verträge.
[72] Vgl. *Epping* in Ipsen VölkerR § 7 Rn. 8 ff. mwN.

Eigentum, Regelungskompetenz und Aufsicht grundsätzlich in den Händen der anliegenden Länder, also dem Freistaat Bayern und Baden-Württemberg liegt. Art. 74 Abs. 1 Nr. 21 GG begründet eine konkurrierende Gesetzgebungskompetenz des Bundes für das Wasserstraßenrecht.[73] Daneben treten die grenzschützenden Befugnisse, namentlich der Bundespolizei.

a) Grundsätzlich gelten auch auf den zum Bodensee und dem Rheinlauf bis Schaffhausen 75 gehörenden Gewässern die **territorialen Hoheitsgrenzen,** soweit nicht vertragliche Vereinbarungen die Ausübung auf dem benachbarten Hoheitsgebiet vorsehen. Hierbei ist insbesondere auf die Regelungen im Rahmen der EU, namentlich zur grenzüberschreitenden Observation und Nacheile sowie die jeweiligen bilateralen Polizeiverträge zB für polizeilichen Grenzstreifen, zu verweisen (→ § 3 Rn. 4 ff.).

b) Darüber hinaus haben für den **Obersee einschließlich des Überlinger Sees** die 76 Anreinerstaaten Bundesrepublik Deutschland, Österreich und Schweiz unabhängig von der Abgrenzung ihrer Staatsgebiete im Bodensee durch das Übereinkommen über die Schifffahrt auf dem Bodensee[74] die Ausübung zusätzlicher hoheitlicher Befugnisse trilateral geregelt.

aa) Danach ist jede der drei Seiten primär für einen **„Vollzugsbereich"** zuständig, der 77 an ihr Landgebiet angrenzt (Art. 9 BodenseeSchiffÜ).

bb) Jedoch sind die zuständigen Organe eines Vertragsstaates zur **Feststellung des** 78 **Sachverhaltes und zur Vornahme unaufschiebbarer sonstiger Maßnahmen** unabhängig von diesen Bereichen und Hoheitsgebieten berechtigt, wenn sie, insbesondere im Zusammenhang mit einem Unfall, Vorgänge wahrnehmen, die den dringenden Verdacht einer Zuwiderhandlung gegen die Schifffahrtsvorschriften begründen, oder wenn sie aus diesen Gründen ein Fahrzeug weiterverfolgen (Art. 10 Abs. 1, 2 BodenseeSchiffÜ). Ausgenommen sind solche Maßnahmen allerdings gegenüber Dienstfahrzeugen einer Vertragspartei, bei Routinekontrollen aller Art sowie in den Ausschließlichkeitszonen des Überlinger Sees (Art. 11 BodenseeSchiffÜ). Die Maßnahmen müssen das eigene Recht der Ermittlungsorgane und dies Grundsätze der Rechtsordnung des für den „Vollzugsbereichs" eigentlich zuständigen Staates wahren (Art. 10 Abs. 3 BodenseeSchiffÜ). Dieser Staat muss auch unverzüglich bei vorläufigen Festnahmen und Sicherstellungen unterrichtet werden (Art. 12 Abs. 1 BodenseeSchiffÜ). Während festgenommene Staatsangehörige dieses Staates und dort gewöhnlich Aufhältige unverzüglich zu übergeben sind (Art. 12 Abs. 2 BodenseeSchiffÜ), richtet sich die Übergabe von Gegenständen vor allem nach der weiteren Verfolgungszuständigkeit (Art. 12 Abs. 3 BodenseeSchiffÜ).

cc) Daneben können auf Ersuchen diese Befugnisse im Fall besonderer Veranstaltungen 79 ausgedehnt werden (Art. 10 I lit. c BodenseeSchiffÜ).

dd) Für die weitere Verfolgung von Verstößen gegen Schifffahrtsvorschriften enthält das 80 Bodenseeschifffahrtsübereinkommen zusätzliche Vorschriften im Hinblick auf die internationale Arbeitsteilung und Rechtshilfe (Art. 13 ff. BodenseeSchiffÜ). Die Zuständigkeit richtet sich nicht nach den Vollzugsbereichen, sondern vorrangig dem gewöhnlichen Aufenthalt des Verdächtigen (Art. 13 BodenseeSchiffÜ).

c) Für den **Untersee und die sonstige Rheinstrecke** zwischen dem Oberseeanschluss 81 in Konstanz und Schaffhausen besteht vorrangig ein gesonderter bilateraler deutsch-schweizerischer Vertrag (RheinSchiffV DE/CH).[75] Danach werden auch die Schifffahrtsvorschriften zuvorderst von beiden Seiten auf ihrem Hoheitgebiet vollzogen (Art. 11 Abs. 1 RheinSchiffV DE/CH). Auch hier sind die innerstaatlich zuständigen Stellen auch zur Feststellung des Sachverhaltes und zur Vornahme unaufschiebbarer sonstiger Maßnahmen auf dem Gewässer im jeweils anderen Hoheitgebiet befugt, soweit es sich eben um schweren

---

[73] Vgl. BVerfGE 15, 1.
[74] v. 1.6.1973 (BGBl. 1975 II 1406).
[75] Vertrag zwischen der Bundesrepublik Deutschland und der Schweizerischen Eidgenossenschaft über die Schifffahrt auf dem Untersee und dem Rhein zwischen Konstanz und Schaffhausen v. 1.6.1973 (BGBl. 1975 II 1412).

Zuwiderhandlung gegen Schifffahrtsvorschriften handelt (Art. 11 Abs. 2 RheinSchiffV DE/CH) oder dies bei besonderen Veranstaltungen eingeräumt wurde (Art. 11 Abs. 3 RheinSchiffV DE/CH). Allerdings fehlen hier Regelungen zur Übergabe von Personen und Sachen; jedoch dürfte in diesem Fall der generelle Auffangverweis in Art. 12 Rhein-SchiffV DE/CH auf die Vorschriften des Bodenseeschiffahrtübereinkommen einschlägig sein.

82 d) Die eigentlichen **Regelungen für den Schiffsverkehr** bzw. die Schifffahrt sind indes für alle genannten Hoheitsgebiete in Form der **Bodensee-Schifffahrts-Ordnung (BSO)** für den gesamten Bereich des Bodensees, einschließlich des Rheins bis Schaffhausen, vereinheitlicht. Die Anwendbarkeit folgt einerseits aus den bereits genannten tri- und bilateralen Verträgen,[76] andererseits für Deutschland aus dem jeweiligen Landesrecht.[77] Aus letzterem folgen auch die landesrechtliche Zuständigkeit für entsprechende polizeiliche Kontrollen.[78]

83 3. Für die wichtigsten **internationalen Flüsse Deutschlands** gelten nur vereinzelt besondere relevante internationale Regelungen:

84 a) Für den **Rhein** sieht die Revidierte Rheinschifffahrtsakte (Mannheimer-Akte – MA-Akte) in der Fassung aller Zusatzprotokolle freie Durchfahrtsrechte (Art. 1 f. MA-Akte) und nur eingeschränkte Kontrollrechte des Zolls (Art. 9, 12 MA-Akte) vor. Wichtig ist, dass auch strafrechtliche Angelegenheiten zur Untersuchung und Bestrafung aller Zuwiderhandlungen gegen die schifffahrts- und strompolizeilichen Vorschriften, besonderen (darunter fünf deutschen amtsgerichtlichen) Rheinschifffahrtsgerichten unterliegen (Art. 34 Abs. 1 MA-Akte iVm Art. 33 ff. MA-Akte), wobei dasjenige „kompetent" ist, in dessen Bezirk die strafbare Handlung begangen ist (Art. 35 MA-Akte). Für Ordnungswidrigkeiten aufgrund Verstößen gegen schifffahrtspolizeiliche Vorschriften sind weitere Sonderregelungen zu beachten (Art. 32 ff. MA-Akte). Wichtig ist, dass zugehörige Zustellungen, auch von Vorladungen, eines Mitgliedstaates Gültigkeit wie die des Territorialstaates haben und, soweit bekannt, ausschließlich an den Wohnsitz des Betroffenen in einem Rheinuferstaat zu bewirken sind (Art. 40 Abs. 2, 3 MA-Akte).

85 Diese Regelungen werden durch das **Abkommen zwischen Deutschland und Frankreich** für den gemeinsamen Rheinabschnitt zwischen beiden Staaten weiter deutlich ausgestaltet:[79] Danach dürfen die im Rahmen der innerstaatlichen Kompetenzverteilung zuständigen Behörden unabhängig von den tatsächlichen Staatsgrenzen auf der gesamten Breite im gemeinsamen Abschnitts des Rheins die Aufgaben der Schifffahrtspolizei, der polizeilichen Ermittlungen, namentlich die Tatbestandsaufnahme, das Sammeln von Beweisen und die Fahndung nach den Tätern sowie die Zustellung von Schriftstücken auf schwimmenden Fahrzeugen, Anlagen oder Schwimmkörpern und, in dringenden Fällen, die Gefahrenabwehr vornehmen (Art. 2, 3 RheinPolZAbk DE/FR). Ausgenommen sind unter anderem die Ufer, Hafeneinfahrten, Flussmündungen und Altrheinarme, Seitenkanäle und Schifffahrtsanlagen. Zur Wahrnehmung ihrer eigenen Aufgaben dürfen die Behörden an Bord ihrer Fahrzeuge den Rheinabschnitt auf seiner gesamten Breite befahren und soweit erforderlich am Ufer im Hoheitsgebiet der anderen Vertragspartei anlegen und sich auf dem Landweg zur nächstgelegenen Dienststelle der zuständigen Behörde begeben (Art. 7 Abs. 1 RheinPolZAbk DE/FR). Sie dürfen weiterhin an Bord von Fahrzeugen, schwimmenden Anlagen oder Schwimmkörpern gehen, allerdings Wohnräume ohne Zustimmung des Inhabers nur zur Abwehr einer Lebensgefahr oder einer erheblichen Gefahr

---

[76] Art. 0.01 BSO; Art. 5 BodenseeSchiffÜ; Art. 6 RheinSchiffV DE/CH.
[77] Für Baden-Württemberg gem. § 39 WG BW iVm Nr. 1 dortiger Anlage 4 und § 1 EinfVO-BSO BW; für Bayern gem. Verordnung zur Einführung der Verordnung über die Schiffahrt auf dem Bodensee (EV-BodenseeSchO BY) v. 20.3.1976 (GVBl. S. 55) gem. Art. 1 des Gesetzes über die Schiffahrt auf dem Bodensee v. 23.12.1975 (GVBl. S. 424).
[78] Vgl. insbesondere § 9a EinfVO-BSO BW; § 10 EV-BodenseeSchO BY.
[79] Abk. zwischen der Regierung der Bundesrepublik Deutschland und der Regierung der Französischen Republik über die Zusammenarbeit bei der Wahrnehmung schifffahrtspolizeilicher Aufgaben auf dem deutsch-französischen Rheinabschnitt (RheinPolZAbk DE/FR) v. 10.11.2002 (BGBl. 2002 II 1892 ff.).

für die Gesundheit betreten (Art. 7 Abs. 2 RheinPolZAbk DE/FR). Dabei können deutsche und französische Behörden ihre Aufgaben auch gemeinsam wahrnehmen und zu diesem Zweck Beauftragte der anderen Seite an entsprechenden Maßnahmen teilnehmen (Art. 7 Abs. 4 RheinPolZAbk DE/FR). Insgesamt ist auf gegenseitige Information und Abstimmung insoweit zu achten, dass Kontrollen nicht unmittelbar nacheinander aus denselben Gründen durchgeführt werden (vgl. Art. 3 Abs. 3 S. 2 RheinPolZAbk DE/FR, Art. 7 Abs. 3 RheinPolZAbk DE/FR). Weiterhin ist ein Dienstausweis mit Lichtbild mitzuführen (Art. 13 Abs. 1 RheinPolZAbk DE/FR). Ansonsten gibt es detaillierte Regelungen zB zu Schutz und Unterstützung, Haftung, Kosten und Informationsnutzung (Art. 5, 9 ff. RheinPolZAbk DE/FR).[80] Für schifffahrtsrechtliche Verstöße gilt das Recht des feststellenden Staates, sonst die allgemeinen kollissionsrechtlichen Regelungen (Art. 8 RheinPolZAbk DE/FR). Diese Regelungen werden derzeit allerdings im Zuge der bereits eröffneten gemeinsamen deutsch-französischen Wasserschutzpolizeistation weiter überarbeitet.

86 b) Die Belgrader Konvention zur Regelung der Schifffahrt auf der **Donau**[81] enthält noch weniger für Ermittler relevante Normen. Allenfalls von Relevanz ist Art. 26 Belgrader Konvention, nach der die auf der Donau geltenden Gesundheits- und Polizeivorschriften ohne Unterscheidung aufgrund der Flagge, des Abgangs- oder Bestimmungsorts der Schiffe oder sonstiger Umstände angewandt werden, die Überwachung davon und von Zollvorschriften auf der Donau von den Donaustaaten wahrgenommen wird und die Vorschriften so ausgestaltet sein müssen, dass sie die Schifffahrt nicht behindern.

87 c) Für die **Elbe** und die **Oder** bzw. **Neiße** sind heute gar keine Sonderregelungen in dieser Hinsicht zu berücksichtigen.[82] Es bleibt hier bei den besonderen Formen der polizeilichen oder rechtshilfrechtlichen Zusammenarbeit. Allerdings sieht im Verhältnis zu Tschechien nunmehr Art. 3 der Durchführungsvereinbarung zu Art. 21 des deutsch-tschechischen Polizeiabkommens v. 28.4.2015 vor, dass Grenzkontrollen wegen vorübergehender Wiedereinführung von Binnengrenzkontrollen auf der Elbe in genau bestimmten Bereichen vorgenommen werden dürfen, soweit vorher hierum rechtzeitig ersucht wurde.[83]

88 4. Im Bereich der **Ems**-Mündung ist der konkrete Grenzverlauf mit den Niederlanden zwar weiterhin ungeklärt, es bestehen jedoch im Hinblick auf die strompolizeilichen Aufgaben und Kompetenzen und insbesondere die Zuständigkeit der Polizeibehörden, der Strafverfolgungsbehörden und der Gerichte im Übrigen klare Vereinbarungen (vgl. zum Folgenden Art. 32 f. EmsDollV DE/NL, zur Strompolizei Art. 19 ff. EmsDollV DE/NL):[84] Sie bestimmen sich zunächst nach dem Flaggenstaat des Wasserfahrzeugs. Wenn dieses keinem der beiden Staaten angehört, entscheidet der Bestimmungs- oder Ausgangshafen im Bereich der Emsmündung oder weiteren Flußverlaufs. Die Polizeibeamten der nicht zuständigen Vertragspartei sind berechtigt, nach den Vorschriften ihres Staates in Vertretung zur Abwendung einer offensichtlich unmittelbar drohenden Gefahr oder auf Ersuchen der

---

[80] Zur Informationsnutzung wird auf die Vorschriften des SDÜ verwiesen, **für Frankreich:** Art. 6 RheinPolZAbk DE/FR.
[81] Übk. über die Regelung der Schifffahrt auf der Donau mit Zusatzprotokoll v. 26.3.1998 (Belgrader Konvention) v. 18.8.1948 (BGBl. 1999 II 577; 2000 II 176).
[82] So sehen etwa die Vereinbarungen für die Oder zum Grenzverlauf, zum Umweltschutz und zur Wasserwirtschaft keine besonderen Regelungen vor, vgl. etwa Vertrag zwischen der Bundesrepublik Deutschland und der Republik Polen über die Zusammenarbeit auf dem Gebiet der Wasserwirtschaft an den Grenzgewässern v. 15.1.1994 (BGBl. 1994 II 60 ff.); Abk. v. 7.4.1994 zwischen der Regierung der Bundesrepublik Deutschland und der Regierung der Republik Polen über die Zusammenarbeit auf dem Gebiet des Umweltschutzes (BGBl. 1998 II 283 ff.); Abkommen über die gemeinsame Verbesserung der Situation an den Wasserstraßen im deutsch-polnischen Grenzgebiet von 2015 usw.
[83] Art. 3 Deutsch-tschechische Vereinbarung zur Durchführung des Artikels 21 des deutsch-tschechischen Vertrages über die polizeiliche Zusammenarbeit und zur Änderung des deutsch-tschechischen Vertrages über die Ergänzung des Europäischen Übereinkommens über die Rechtshilfe in Strafsachen und die Erleichterung seiner Anwendung v. 15.6.2017 (BGBl. 2017 II 1277).
[84] Vertrag zwischen der Bundesrepublik Deutschland und dem Königreich der die Niederlande über die Regelung der Zusammenarbeit in der Emsmündung v. 8.4.1960 (BGBl. 1963 II 602 ff.).

Polizeibehörde der zuständigen Vertragspartei die erforderlichen unaufschiebbaren Maßnahmen zu treffen, Ausweise und sonstige Urkunden zu prüfen, Erkennungszeichen von Wasserfahrzeugen festzustellen und Beweismittel zu sichern. Sie haben allerdings unverzüglich der Polizeibehörde der zuständigen Vertragspartei ihre Feststellung mitzuteilen sowie ihre etwaigen Protokolle und andere Unterlagen zu übergeben. Die vorschriftsmäßig aufgenommenen Protokolle haben die gleiche rechtliche Bedeutung wie die von den entsprechenden Beamten der anderen Vertragspartei aufgenommenen Protokolle.

III. Meere

1. Allgemeines Seerecht

89   Für das **Gebiet der Meere** gilt für praktisch alle Staaten das UN-Seerechtsübereinkommen (SRÜ) v. 10.12.1982.[85] Dieses Seerecht ist auch grundsätzlich für den Luftraum über den entsprechenden Seebereichen anwendbar, allerdings gehen die spezielleren Regelungen des Luftverkehrsrechts (→ Rn. 147 ff.) dem vor. Für Israel, Venezuela und die USA ist auf die vier Seerechtskonventionen von 1958, vor allem für die Türkei und Peru mangels Ratifikation gar auf das Völkergewohnheitsrecht zurückzugreifen.[86] Nach deutschem Recht gilt die Zuständigkeit des AG Hamburg gem. § 10a StPO, sofern kein anderes Gericht nach allgemeinen Regeln einschließlich des deutschen Flaggenprinzips zuständig ist (→ Rn. 70 ff.).

90   Nach dem SRÜ gelten die folgenden Regelungen:

91   a) **Flaggenprinzip.** Nach Art. 91 Abs. 1 S. 2 SRÜ besitzen Schiffe die Staatszugehörigkeit des Staates, dessen **Flagge** zu führen sie berechtigt sind. Dabei legt nach S. 1 jeder Staat die Bedingungen fest, zu denen er Schiffen seine Staatszugehörigkeit gewährt, sie in seinem Hoheitsgebiet in das Schiffsregister einträgt und ihnen das Recht einräumt, seine Flagge zu führen. Wie bereits nach dem früheren UNCTAD-Übereinkommen zur Registrierung von 1986[87] gebietet Art. 19 Abs. 1 S. 3 SRÜ – allerdings ebenso sanktionslos –, dass zwischen dem Staat und dem Schiff eine echte Verbindung bestehen muss.

92   **Hoheitliche Maßnahmen** in Bezug auf diese Schiffe sind für andere Staaten, insbesondere wenn es sich nicht im engeren Hoheitsgebiet eines Staates befindet, völkerrechtlich erheblich eingeschränkt, selbst wenn es sich nicht um staatliche Schiffe im engeren Sinne handelt, die volle Immunität genießen (nach Art. 32, 95, 96 SRÜ).

93   b) **Hoheitsbereiche der Küstenstaaten.** Nach Art. 2 Abs. 1, 3 SRÜ ist der souveräne **Hoheitsbereich des Küstenstaates,** der sich jenseits seines Landgebiets und seiner inneren Gewässer sowie im Fall eines Archipelstaats jenseits seiner Archipelgewässer auf einen angrenzenden Meeresstreifen, der als Küstenmeer bezeichnet wird, abzugrenzen von Anschluss- und Wirtschaftszone sowie Festlandsockel und Hoher See, wobei in letzteren und dem Küstenmeer die unterschiedlichen Einschränkungen des durch das SRÜ ausgeformten Völkerrechtes auf die Souveränität greifen.

94   aa) In den **inneren Gewässern** einschließlich Archipelgewässern unterliegen auch fremdflaggige Schiffe uneingeschränkt der jeweiligen Gebietshoheit, sofern keine Immunität aus anderem Grund, vor allem für Staats- und Kriegsschiffe (→ Rn. 1; 13 f.; 21) greift (vgl. Art. 2 Abs. 1, 218, 220 SRÜ).[88] Umgekehrt kann aus der Flaggenhoheit keine weitergehende Befugnis zur Erhebung von Informationen vor Ort im fremden Staatsgebiet hergeleitet werden, als aus Übereinkommen, insbesondere zur unmittelbaren polizeilichen Informationserhebung und zu den konsularischen Beziehungen, und den allgemeinen Regeln des Völkerrechtes (→ § 1 Rn. 3 ff.) folgt. Der Flaggenstaat kann auch nur nach entsprechenden Übereinkommen ein Recht auf vorrangige Gerichtsbarkeit haben (→ Rn. 138 ff.). Für

---

[85] Seerechtsübereinkommen der Vereinten Nationen v. 10.12.1982 (BGBl. 1994 II 1798 ff.).
[86] Vgl. *Heintschel von Heinegg* in Ipsen VölkerR § 38 Rn. 11 f.
[87] ILM 26 (1987), 1236 ff.
[88] *Prölß* in Graf Vitzthum/Proelß VölkerR 5. Abschnitt Rn. 38.

§ 2 Ermittlungshandlungen und fremde Hoheitsrechte

Archipelgewässer ist allerdings auch ein Recht der friedlichen Durchfahrt wie für Küstenmeerbereiche (→ sogleich Rn. 96 ff.) vorgeschrieben (Art. 52, 53 SRÜ).

bb) Im Bereich des **Küstenmeeres** sind die Zugriffsrechte des Anliegerstaates im eigenen Hoheitsgebiet jedoch bereits grundsätzlich für **Durchfahrten** eingeschränkt. 95

(1) Schiffe aller Staaten, ob Küsten- oder Binnenstaaten, genießen das – auch gewohnheitsrechtliche – **Recht der friedlichen Durchfahrt** durch das Küstenmeer gem. Art. 17, 18, 24 SRÜ, sodass dessen Behauptung grundsätzlich als Einwand gegen staatliche Hoheits- und Ermittlungsmaßnahmen geltend gemacht werden kann. Ob das Schiff dafür bemannt sein muss, ist bislang ungeklärt (Art. 19 SRÜ). 96

Die Durchfahrt muss **friedlich** sein, dazu muss sich das Schiff der Beeinträchtigung des Friedens, der Ordnung oder der Sicherheit des Küstenstaats enthalten, insbesondere darf es im Küstenmeer keine Tätigkeiten vornehmen, die nicht unmittelbar mit der Durchfahrt zusammenhängt (Art. 19 SRÜ). Unter anderem zum Schutz der Fischereigesetze, zum Umweltschutz und zur Verhütung von Verstößen gegen die Zoll- und sonstigen Steuergesetze, Einreise- oder Gesundheitsgesetze und diesbezüglichen sonstigen Vorschriften des Küstenstaats kann dieser Gesetze im Einklang mit dem Völkerrecht erlassen, an die sich durchfahrende Schiffe zu halten haben (Art. 21 SRÜ). 97

Das Recht der freien Durchfahrt kann auch durch den Küstenstaat zeitweise nach hinreichender vorheriger Bekanntmachung **ausgesetzt** werden, soweit dies zum Schutz seiner Sicherheit erforderlich ist (Art. 25 Abs. 3 SRÜ). 98

(2) Gemäß Art. 27 Abs. 1 SRÜ soll die **Strafgerichtsbarkeit** des Küstenstaats an Bord eines das Küstenmeer **durchfahrenden fremden Schiffes** nicht ausgeübt werden, um wegen einer während der Durchfahrt an Bord des Schiffes begangenen Straftat eine Person festzunehmen oder eine Untersuchung durchzuführen. 99

Dies **gilt aber nicht,** wenn sich die Folgen der Straftat auf den Küstenstaat erstrecken, die Straftat geeignet ist, den Frieden des Landes oder die Ordnung im Küstenmeer zu stören, die Hilfe der örtlichen Behörden vom Kapitän des Schiffes oder von einem Diplomaten oder Konsularbeamten des Flaggenstaats erbeten worden ist oder wenn solche Maßnahmen zur Unterdrückung des unerlaubten Verkehrs mit Suchtstoffen oder psychotropen Stoffen erforderlich sind (Art. 27 Abs. 1 SRÜ). 100

Unberührt bleibt auch das Recht des Küstenstaats, alle nach seinen Gesetzen zulässigen Maßnahmen zur Festnahme oder Untersuchung an Bord eines fremden Schiffes zu ergreifen, das **nach Verlassen der inneren Gewässer** das Küstenmeer durchfährt (Art. 27 Abs. 2 SRÜ). 101

(3) Für **das Verfahren** ist bei durchfahrenden Schiffen auf die vorherige Benachrichtigung und Kontaktaufnahme des Flaggenstaates auf Verlangen des Schiffsführers sowie auf die Interessen der Seeschifffahrt allgemein zu achten (Art. 27 Abs. 3, 4 SRÜ). 102

(4) Bei einer reinen Transitdurchfahrt ist weiter das **eingeschränkte freie Geleit** nach Art. 27 Abs. 5 SRÜ zu beachten; danach darf der Küstenstaat nur bei Vergehen gegen den Schutz der Meeresumwelt nach Teil XII des SRÜ und Verstößen gegen die zulässig für Anschlusszonen erlassenen Vorschriften Maßnahmen an Bord eines sein Küstenmeer durchfahrenden fremden Schiffes ergreifen, um wegen einer **Straftat, die vor der Einfahrt des Schiffes** in das Küstenmeer begangen wurde, eine Person festzunehmen oder eine Untersuchung durchzuführen, wenn dieses Schiff aus einem fremden Hafen kommt und das Küstenmeer nur durchfährt, ohne in die inneren Gewässer einzulaufen. 103

(5) Soweit der Küstenstaat sich dies nicht, wie Deutschland und zahlreiche andere Staaten, vorbehalten hat, gilt, zwischen den Vertragparteien des Internationalen Übereinkommens zur Vereinheitlichung von Regeln über die strafgerichtliche Zuständigkeit bei Schiffszusammenstößen und anderen mit der Führung eines Seeschiffes zusammenhängenden Ereignissen (hier: SchiffsführStrafZustÜ),[89] auch im Küstenmeer die alleinige Zustän- 104

---

[89] v. 10.5.1952 (BGBl. 1972 II 652 [668 ff.]); zum Ratifikationsstatus und den erklärten Vorbehalten s. CMI Yearbook 2009, 455 ff.

digkeit des Flaggenstaates für die **straf- und disziplinarrechtliche Verantwortlichkeit für den Kapitän und das sonstige Personal für alle mit der Führung des Schiffes zusammenhängende Ereignisse,** soweit diese nicht in Häfen, Reeden und inneren Gewässern ereignen (Art. 1 SchiffsführStrafZustÜ). Insoweit dürfen Beschlagnahmen und Zurückhaltungen des Schiffes selbst zu Untersuchungszwecken nur durch den Flaggenstaat angeordnet werden (Art. 1 SchiffsführZustÜ).

105 cc) Für bestimmte **Meerengen** verstärkt sich das Recht der friedlichen Durchfahrt zu einem umfassenderen Transitrecht. Soweit keine speziellere Regelung durch internationale Übereinkünfte besteht, ist dies für Meerengen der Fall, die der internationalen Schifffahrt dienen und bei denen die Fahrroute zwischen den beiden Bereichen der hohen See (oder ausschließlichen Wirtschaftszonen) zwingend durch das Küstenmeer der Anliegerstaaten führt (Art. 37 SRÜ, zu anderen Meerengen s. Art. 36, 38, 45 Abs. 1 lit. c SRÜ).[90] Das Transitrecht darf nicht ausgesetzt und die ununterbrochene und zügige Transitdurchfahrt in der gesamten Meerenge nicht behindert werden (Art. 38 Abs. 1 SRÜ, Art. 42 Abs. 2 SRÜ, Art. 44 S. 2 SRÜ). Liegt keine solche Transitdurchfahrt vor, gelten die allgemeinen Bestimmungen und Befugnisse, namentlich im Küstenmeer, Art. 38 Abs. 3 SRÜ (→ Rn. 95 ff.). Weiterhin können Schifffahrtswege geregelt werden (Art. 41 SRÜ). Zur Überwachung von Verschmutzungen durch Transitschiffe sollen die betroffenen Anlieger- und Benutzerstaaten zusammenarbeiten (Art. 43 lit. b SRÜ).

106 **c) Befugnisse der Anliegerstaaten.** In bestimmten Bereichen, die an das Küstenmeer und damit den souveränen Territorialbereich angrenzen, dürfen Anliegerstaaten bestimmte einzelne Befugnisse ausüben:

107 aa) In einer an sein Küstenmeer angrenzenden Zone von maximal 24 Seemeilen, die als **Anschlusszone** bezeichnet wird, kann jeder anliegende Küstenstaat – gewohnheitsrechtlich anerkannt, ohne territoriale Souveränität und daher ggf. überlappend mit anderen Küstenstaaten – die erforderliche Kontrolle ausüben, um Verstöße gegen seine Zoll- und sonstigen Steuergesetze, Einreise- oder Gesundheitsgesetze und diesbezüglichen sonstigen Vorschriften in seinem Hoheitsgebiet oder in seinem Küstenmeer zu verhindern und Verstöße gegen diese Gesetze und sonstigen Vorschriften, die in seinem Hoheitsgebiet oder in seinem Küstenmeer begangen worden sind, zu ahnden (Art. 33 SRÜ).[91] Es geht lediglich um vorgelagerte Kontrollbefugnisse, um Gesetzesverstöße bezogen auf das eigene Hoheitsgebiet (beginnend mit dem Küstenmeer) zu verhindern oder zu ahnden. Für zulässig angesehen wird das Anhalten und Festhalten, die Durchsuchung und die Nacheile zur Durchführung der Kontrolle.[92] Weitergehende Regelungen, wie nach Feststellung eines Verstoßes zu verfahren ist, trifft die Norm nicht. Allerdings dürften für den Ausgleich mit den alleine völkerrechtlich kollidierenden Interessen des Flaggenstaates in dessen Sinn erst recht die Regelungen im Bereich des Küstenmeeres (→ Rn. 88–92) entsprechend anzuwenden sein.

108 bb) Im Bereich ausschließlicher Wirtschaftszonen die bis zu 200 Seemeilen in die Hohe See hineinreichen können, können die Küstenstaaten insbesondere souveräne Rechte zum Zweck der **Erforschung und Ausbeutung, Erhaltung und Bewirtschaftung** geltend machen (Art. 55 ff. SRÜ). Zur Ausübung dieser Rechte bezogen auf **lebenden Ressourcen** kann der Küstenstaat in dieser Zone die erforderlichen Maßnahmen einschließlich des Anhaltens, der Überprüfung, des Festhaltens und gerichtlicher Verfahren ergreifen, um die Einhaltung der von ihm in Übereinstimmung mit diesem Übereinkommen erlassenen Gesetze und sonstigen Vorschriften sicherzustellen (Art. 73 Abs. 1 SRÜ). Festgehaltene

---

[90] Eine Sonderregel gilt für die Meerenge von Messina, in der ein nicht suspendierbares Recht der friedlichen Durchfahrt gilt; nicht durchsetzbar waren wohl bislang Beschränkungsversuche des Transitrechtes durch Anreiner der Meerengen von Gibraltar, der dänischen Meerengen sowie außereuropäischen Meerengen vgl. zum Ganzen ausf. *Heintschel von Heinegg* in Ipsen VölkerR § 41 Rn. 1 ff. mwN.
[91] *Heintschel von Heinegg* in Ipsen VölkerR § 44 Rn. 3 ff. mwN.
[92] Vgl. hierzu und zum Folgenden *Heintschel von Heinegg* in Ipsen VölkerR § 44 Rn. 1; *Graf Vitzthum* in Graf Vitzthum, Handbuch des Seerechts, 2006, Kap. 2 Rn. 188 ff., 197.

Schiffe und ihre Besatzung sind nach Hinterlegung einer angemessenen Kaution oder anderen Sicherheit sofort freizugeben (Art. 73 Abs. 2 SRÜ). Wird ein fremdes Schiff festgehalten oder zurückgehalten, so hat der Küstenstaat sofort den Flaggenstaat auf geeigneten Wegen von den ergriffenen Maßnahmen sowie von allen später verhängten Strafen in Kenntnis zu setzen (Art. 73 Abs. 4 SRÜ). Die Reichweite dieser Regelungen stellt im Übrigen einen Schwerpunkt der bisherigen Rechtsprechung des internationalen Seegerichtshofs dar.[93]

Ansonsten gilt die Freiheit der Schifffahrt der Hohen See (Art. 58 Abs. 1 SRÜ iVm Art. 87 SRÜ). Ausdrücklich zulässig ist die Bekämpfung der Piraterie und die Nacheile durch andere Staaten (Art. 58 Abs. 2 SRÜ iVm Art. 88 ff., 103 SRÜ). 109

d) Hohe See. Auf **Hoher See** unterstehen Schiffe nur der Hoheitsgewalt ihres Flaggenstaates, soweit das Völkerrecht keine anderen Befugnisse anderer Staaten ausdrücklich vorsieht. 110

aa) Die Befugnis zum Vorgehen durch alle Staaten besteht grundsätzlich (mit der Ausnahme Somalias im Fall der Seeräuberei) **nur außerhalb des souveränen Hoheitsgebietes** eines Küstenstaates, mithin außerhalb der Küsten- und Archipelgewässer. Innerhalb seines Staatsgebietes obliegt der Kampf gegen Seeräuberei, Sklavenhandel, unberechtigte Rundfunksendungen etc alleine dem Küsten- bzw. Archipelstaat.[94] Dagegen gelten gem. Art. 37, 38 SRÜ die Befugnisse unbeschadet etwaiger Anschluss- und ausschließlicher Wirtschaftszonen und könnten auch, soweit sich keine andere Erlaubnisnorm finden sollte, erst recht vom Küstenstaat bei privilegierten Transitdurchfahrten durch Meerengen herangezogen werden. 111

bb) Die Kompetenz darf dabei nicht nur von Kriegsschiffen oder Militärluftfahrzeugen sondern von anderen **Schiffen oder Luftfahrzeugen** vorgenommen werden, die deutlich **als im Staatsdienst stehend gekennzeichnet** und als solche erkennbar sind und die hierzu (nach nationalem Recht) befugt sind (vgl. Art. 107 SRÜ, Art. 110 Abs. 5 SRÜ, Art. 111 Abs. 5 SRÜ). 112

cc) Die **wichtigsten** – auch völkergewohnheitsrechtlich weitestgehend anerkannten – **Eingriffsbefugnisse** sind in Art. 99 ff. SRÜ geregelt: 113

(1) Nach Art. 110 SRÜ darf auf Hoher See ein fremdes Schiff **angehalten** werden, wenn begründeter Anlass für den Verdacht besteht, dass das Schiff 114

- Seeräuberei oder Sklavenhandel betreibt,
- nicht genehmigte Rundfunksendungen verbreitet, für die der Flaggenstaat des Kriegsschiffs Gerichtsbarkeit hat (Art. 109 SRÜ),
- oder keine Staatszugehörigkeit besitzt oder, obwohl es eine fremde Flagge führt oder sich weigert, seine Flagge zu zeigen, in Wirklichkeit dieselbe Staatszugehörigkeit wie das Kriegsschiff besitzt.

In diesen Fällen kann gem. Art. 110 Abs. 2 SRÜ, zunächst zur Überpüfung der Berechtigung zur Flaggenführung, ein Boot unter dem Kommando eines Offiziers zu dem verdächtigen Schiff entsendet werden. Dieses entsandte Kommando kann das angehaltene Schiff betreten und dort die relevanten Dokumente prüfen. Bleibt danach der Verdacht bestehen, dass einer der genannten Gründe vorliegt, so kann eine weitere Untersuchung an Bord des Schiffes vorgenommen werden, die so rücksichtsvoll wie möglich durchzuführen ist. Erweist sich der Verdacht als unbegründet und hat das angehaltene Schiff keine den Verdacht rechtfertigende Handlung begangen, so ist ihm jeder Verlust oder Schaden zu ersetzen (Art. 110 Abs. 3 SRÜ). 115

(2) Der Tatbestand des **Sklavenhandels** verweist dabei auf das gesonderte Konventionssystem des Übereinkommens über die Sklaverei (SklavereiAbk) des Völkerbundes v. 116

---

[93] Vgl. nur Auflistung bei *Heintschel von Heinegg* in Ipsen VölkerR § 44 Rn. 29 Fn. 226.
[94] Vgl. etwa *Heintschel von Heinegg* in Ipsen VölkerR § 45 Rn. 13 mwN sowie den Ausnahme vor Somalia aufgrund Art. 2 des Beschlusses UNSC Dok. S/RES/1851 v. 16.12.2008 sowie Art. 10 des Beschlusses UNSC Dok. S/RES/1846 v. 2.12.2008.

25.9.1926 mit seinem Protokoll von 1953,⁹⁵ das lediglich die Weitergeltung im System der Vereinten Nationen bekräftigte, und der ergänzenden Konvention über die Abschaffung von Sklaverei, Sklavenhandel und vergleichbaren Einrichtungen und Praktiken v. 7.9.1956 mit ausführlichen Definitionen und Grundsätzen zur Zusammenarbeit. Nach Art. 1 SklavereiAbk ist Sklaverei gekennzeichnet dadurch, dass an einer Person „mit dem Eigentumsrechte verbundene" Befugnisse ausgeübt werden. Der Sklavenhandel umfasst jeden Akt der Festnahme, des Erwerbes und der Abtretung einer Person, in der Absicht, sie in den Zustand der Sklaverei zu versetzen; jede Handlung zum Erwerb eines Sklaven, in der Absicht, ihn zu verkaufen oder zu vertauschen; jede Handlung zur Abtretung eines zum Verkauf oder Tausch erworbenen Sklaven durch Verkauf oder Tausch und überhaupt jede Handlung des Handels mit Sklaven oder der Beförderung von Sklaven. Dementsprechend ist nach § 2 Gesetz betreffend die Bestrafung des Sklavenraubes und des Sklavenhandels (SklavStG) v. 28.7.1895⁹⁶ mit Freiheitsstrafe nicht unter einem Jahr strafbar, wer Sklavenhandel betreibt oder bei der diesem Handel dienenden Beförderung von Sklaven vorsätzlich mitwirkt.

117 **(3)** Den wichtigsten Fall von Art. 110 SRÜ bildet der **Verdacht der Seeräuberei.** Erfasst ist namentlich jede rechtswidrige Gewalttat, Freiheitsberaubung oder jede Plünderung, welche die Besatzung oder die Fahrgäste eines privaten Schiffes oder Luftfahrzeugs zu privaten Zwecken begehen und die gerichtet ist gegen ein anderes Schiff oder Luftfahrzeug oder gegen Personen oder Vermögenswerte an dessen Bord auf Hoher See oder einem anderen Ort, der keiner staatlichen Hoheitsgewalt untersteht, sowie jede Beteiligung, Anstiftung oder Beihilfe hieran (Art. 101 SRÜ). Ein Schiff oder Luftfahrzeug gilt als Seeräuberschiff oder -luftfahrzeug, wenn es von den Personen, unter deren tatsächlicher Gewalt es steht, zur Begehung solcher Handlung bestimmt ist (Art. 103 SRÜ). Von Staatsschiffen und -luftfahrzeugen kann Seeräuberei nur im Falle der Meuterei begangen werden (Art. 102 SRÜ). Entscheidend ist, dass die Handlung stets gegen ein anderes Schiff oder Luftfahrzeug gerichtet, **von privaten Personen und zu privaten Zwecken** begangen sein muss. Nach hM zählen daher Gewalttaten zur Verfolgung politischer Ziele nicht darunter, sodass etwa ein Vorgehen gegen Terroristen durch die Norm nicht abgedeckt ist.⁹⁷

118 **Handelt** es sich um ein **Seeräuberschiff** oder -luftfahrzeug oder eines, das in deren Gewalt steht, kann jeder Staat dieses **aufbringen,** die Personen an Bord des Schiffes oder Luftfahrzeugs **festnehmen** und die dort befindlichen Vermögenswerte **beschlagnahmen** (Art. 105 S. 1 SRÜ). Die Gerichte des Staates, der das Schiff oder Luftfahrzeug aufgebracht hat, können über die zu verhängenden Strafen entscheiden sowie die Maßnahmen festlegen, die hinsichtlich des Schiffes, des Luftfahrzeugs oder der Vermögenswerte zu ergreifen sind (Art. 105 S. 2 SRÜ);⁹⁸ dies schließt auch Auslieferungen an andere zur Verfolgung bereite und fähige Staaten ein (Art. 106 SRÜ). Erfolgte die Aufbringung allerdings ohne hinreichenden Grund, folgt daraus eine Schadensersatzpflicht (Art. 106 SRÜ).

119 **(4)** Weiterhin besteht die Befugnis zum Anhalten und Aufbringen aus der **Nacheile** durch staatliche Schiffe des Küstenstaats gem. Art. 111 SRÜ.

120 Erforderlich ist zunächst, dass die zuständigen Behörden des Küstenstaats **guten Grund zu der Annahme** haben, dass das Schiff gegen die Gesetze und sonstigen Vorschriften dieses Staates **verstoßen** hat (Art. 111 Abs. 1 S. 1 SRÜ). Dieser „gute Grund" setzt keine Betroffenheit auf frischer Tat voraus.⁹⁹ Ein Verstoß in der ausschließlichen Wirtschaftszone bzw. betreffend den Festlandsockel berechtigt nur zur Nacheile, wenn das mutmaßlich verletzte Recht mit dem SRÜ vereinbar ist (Art. 111 Abs. 2 SRÜ).

121 Weiterhin muss die Nacheile **beginnen,** solange sich das fremde Schiff oder eines seiner Boote innerhalb der inneren Gewässer, der Archipelgewässer, des Küstenmeers oder der

---

⁹⁵ BGBl. 1972 II 1473.
⁹⁶ RGBl. 1895, 425.
⁹⁷ Vgl. etwa *Heintschel von Heinegg* in Ipsen VölkerR § 45 Rn. 13 mwN.
⁹⁸ Vorbehaltlich der Rechte gutgläubiger Dritter.
⁹⁹ Vgl. etwa *Heintschel von Heinegg* in Ipsen VölkerR § 45 Rn. 16 f. mwN.

§ 2 Ermittlungshandlungen und fremde Hoheitsrechte **2. Kapitel**

Anschlusszone des nacheilenden Staates befindet (Art. 111 Abs. 1 S. 2 Hs. 1 SRÜ). Ob sich das nacheilende Schiff in diesem Bereich befindet, ist unbeachtlich (Art. 111 Abs. 1 S. 3, 4 SRÜ). Die Nacheile gilt erst dann als begonnen, wenn sich das nacheilende Schiff durch die ihm zur Verfügung stehenden geeigneten Mittel davon überzeugt hat, dass das verfolgte Schiff, eines seiner Boote oder andere im Verband arbeitende Fahrzeuge, die das verfolgte Schiff als Mutterschiff benutzen, sich innerhalb der Grenzen des Küstenmeers oder gegebenenfalls innerhalb der Anschlusszone, der ausschliesslichen Wirtschaftszone oder über dem Festlandsockel befinden (Art. 111 Abs. 4 S. 1 SRÜ). Die Nacheile darf erst begonnen werden, nachdem ein Sicht- oder Schallsignal zum Stoppen aus einer Entfernung gegeben wurde, in der es von dem fremden Schiff wahrgenommen werden kann (Art. 111 Abs. 4 S. 2 SRÜ).

Ausserhalb des Küstenmeers oder der Anschlusszone darf die Nacheile **nicht unterbro-** 122 **chen** worden sein (Art. 111 Abs. 1 S. 2 Hs. 2 SRÜ). Dafür ist ein durchgängiger Sichtkontakt nicht erforderlich, auch sind wohl eine vorübergehende Unterbrechung, etwa zum Einsammeln von Beweismitteln, und eine Ablösung des nacheilenden Schiffes unschädlich.[100]

Das Recht der Nacheile **endet,** sobald das verfolgte Schiff das Küstenmeer seines eigenen 123 oder eines dritten Staates erreicht (Art. 111 Abs. 3 SRÜ).

Infolge des Rechts der Nacheile darf das betroffene Schiff gestoppt, aufgebracht, zur 124 Untersuchung durch die zuständigen Behörden des Küstenstaates in einen seiner Häfen geleitet und in seinem Hoheitsbereich festgehalten werden.[101] Dabei müssen die Maßnahmen verhältnismäßig sein, können aber auch die Anwendung von Gewalt einschließen.[102] Wurde ein Schiff ausserhalb des Küstenmeers unter Umständen gestoppt oder festgehalten, welche die Ausübung des Rechts der Nacheile nicht rechtfertigen, so ist ihm jeder dadurch erlittene Verlust oder Schaden zu ersetzen (Art. 111 Abs. 8 SRÜ).

(5) Für die Kontrolle der Einhaltung der Vorschriften über die **Erhaltung und Bewirt-** 125 **schaftung von gebietsübergreifenden Fischbeständen** und Beständen weit wandernder Fische sieht das entsprechende Übereinkommen („*Straddling Fish Stocks Agreement"* [SFSA]) in Form eines selbstständigen Durchführungsübereinkommens des SRÜ weitergehende Kontrollrecht vor:[103]

Nach Art. 21 f. SFSA kann in jedem Gebiet der Hohen See, das von einer sub- 126 regionalen oder regionalen Organisation oder Vereinbarung betreffend Fischereibewirtschaftung erfasst ist, ein Mitgliedstaat durch ordnungsgemäß bevollmächtigte Inspektoren an Bord von Fischereifahrzeugen, welche die Flagge eines anderen Vertragsstaates der Konvention führen oder nach hinreichendem Verdacht staatenlos sind, gehen und diese kontrollieren, unabhängig davon, ob dieser Vertragsstaat auch Mitglied der Organisation der Teilnehmer an der Vereinbarung ist, um sicherzustellen, daß die festgelegten Erhaltungs- und Bewirtschaftungsmaßnahmen für gebietsübergreifende Fischbestände und Bestände weit wandernder Fische eingehalten werden. Besteht nach dem Anbordgehen und der Kontrolle hinreichender Grund zu der Annahme eines Verstoßes, so sichert der durchführende Staat gegebenenfalls das Beweismaterial und teilt dem Flaggenstaat umgehend den behaupteten Verstoß mit, worauf dann eine Abstimmung über das weitere Verfahren folgt.

Weiterhin kann gem. Art. 20 Abs. 6 SFSA, wenn ein hinreichender Grund zu der 127 Annahme besteht, dass ein Schiff auf Hoher See vorher in einem Gebiet unter den Hoheitsbefugnissen eines Küstenstaats unbefugt Fischfang betrieben hat, der Flaggenstaat des Schiffes auf Ersuchen des betreffenden Küstenstaats eine sofortige, gründliche Unter-

---

[100] Vgl. etwa *Heintschel von Heinegg* in Ipsen VölkerR § 45 Rn. 17 mwN.
[101] Folgt aus Art. 111 Abs. 1 S. 3, Abs. 7 und 8 SRÜ.
[102] Vgl. etwa *Heintschel von Heinegg* in Ipsen VölkerR § 45 Rn. 17 mwN.
[103] Übk. zur Durchführung der Bestimmungen des Seerechtsübereinkommens der Vereinten Nationen v. 10.12.1982 über die Erhaltung und Bewirtschaftung von gebietsübergreifenden Fischbeständen und Beständen weit wandernder Fische v. 4.8.1995 (BGBl. 2000 II 1022), vgl. BT-Drs. 14/2421.

suchung einleiten, mit dem Küstenstaat bei Durchsetzungsmaßnahmen zusammenarbeiten und die zuständigen Behörden des Küstenstaats ermächtigen kann, auch außerhalb des Nacheilerechts auf Hoher See an Bord des Schiffes zu gehen und es zu kontrollieren.

128 **(6)** Ein Aufbringen und andere Maßnahmen wegen begründetem Verdacht der Beteiligung am **unerlaubten Verkehr mit Suchtstoffen** oder psychotropen Stoffen sind auf Hoher See nach dem SRÜ nur auf Ersuchen des Flaggenstaates zulässig (Art. 108 Abs. 2 SRÜ).[104]

129 **e) Befugnis kraft Zustimmung des Schiffsführers?** Umstritten ist, ob in **völkerrechtlich nicht geregelten Fällen** für Ermittlungsmaßnahmen eines Küsten- oder Drittstaates die **Zustimmung** des verantwortlichen Kapitäns eines Schiffes ausreicht, oder stets die Zustimmung des Flaggenstaates erforderlich ist.[105]

2. Besondere Konventionen

130 Im Zusammenhang mit dem Seerecht werden nach **besonderen Konventionen** diese Befugnisse der beteiligten Staaten ergänzt und präzisiert und um Verpflichtungen komplementiert.

131 a) Zur Ahndung und **Bekämpfung des Terrorismus** und Proliferation von Massenvernichtungswaffen hat außerhalb des SRÜ das Protokoll von 2005 zum Übereinkommen zur Bekämpfung widerrechtlicher Handlungen gegen die Sicherheit der Seeschiffahrt v. 10.3.1988[106] zur Änderung des bislang uneingeschränkten Flaggenprinzips insoweit geführt, dass unter den Vertragsstaaten, zu denen Deutschland wie die meisten der „alten" EU-Staaten nicht zählt, der Flaggenstaat anderer Vertragsstaaten die Kompetenz zum Anhalten und zur Durchsuchung beim Verdacht eines der genannten Verstöße (Art. 3 ff. SeeSchSichÜbProt 2005) sowie weiterer Maßnahmen bei dessen Verdichtung nicht nur ausdrücklich genehmigen kann (Art. 8bis SeeSchSichÜbProt 2005). Vielmehr kann der Flaggenstaat notifizieren, dass der ersuchende andere Vertragsstaat auch ohne ausdrückliche Genehmigung diese Maßnahmen durchführen kann, wenn der Flaggenstaat auf das entsprechende Ersuchen nicht innerhalb von vier Stunden geantwortet hat (Art. 8bis Abs. 5 lit. d SeeSchSichÜbProt 2005). Dieser Mechanimus spiegelt die Bestrebungen der USA, die auch vor diesem Hintergrund mit wichtigen Flaggenstaaten außerhalb Deutschlands entsprechende bilaterale Abkommen abschlossen.[107]

132 Eher abzulehnen dürfte sein, aus den Resolutionen des UN-Sicherheitsrates gegen Terrorismus und Proliferation von Massenvernichtungswaffen völkerrechtliche Eingriffsbefugnisse auf hoher See gegen Schiffe unter Flagge herleiten zu wollen, auch wenn das Ergebnis durchaus wünschenswert sein könnte.[108]

133 b) Weitergehend sind die Regelungen zur Bekämpfung des unerlaubten Verkehrs mit **Betäubungsmitteln** und Suchtstoffen:

134 aa) So sieht etwa das **UNSuchtÜ**[109] die Verpflichtung zu keinen geringeren Kontrollen in Zollfreizonen und Freihäfen als sonst im Inland sowie besondere Überwachungs- und Kontroll-/Ermittlungssysteme vor (Art. 18 Abs. 1 UNSuchtÜ). Vor allem Art. 17 UNSuchtÜ regelt die Zusammenarbeit der Vertragsparteien hinsichtlich des unerlaubten Verkehrs auf See, scheint jedoch weitgehend im SRÜ aufgegangen, bis auf die Befugnis vom Flaggenstaat, einen anderen handelnden Staat allgemein zum Anhalten, Durchsuchen und

---

[104] Vgl. *Heintschel von Heinegg* in Ipsen VölkerR § 45 Rn. 12 mwN.
[105] *Heintschel von Heinegg* in Ipsen VölkerR § 45 Rn. 12 mwN.
[106] Das Übereinkommen von 1988 selbst ist mit gänzlich anderer Stoßrichtung in Deutschland anwendbar (BGBl. 1990 II 496) gemäß Bek. v. 16.6.1992 (BGBl. 1992 II 526); zum Text des bislang lediglich von 38 Staaten ratifizierten Protokoll v. 14.10.2005 (BGBl. 2015 II 1446), iK in Deutschland seit 28.4.2016.
[107] Vgl. *Heintschel von Heinegg* in Ipsen VölkerR § 45 Rn. 20 mwN.
[108] UN Dok. S/RES/1373 v. 28.9.2001 und UN Dok. S/RES/1540 v. 28.4.2004; vgl. hierzu *Heintschel von Heinegg* in Ipsen Völkerrecht § 45 Rn. 21 mwN in Fn. 326.
[109] Übk. der Vereinten Nationen gegen den unerlaubten Verkehr mit Suchtstoffen und psychotropen Stoffen v. 20.12.1988 (BGBl. 1993 II 1136).

zur Beweissicherung unter Beachtung der Hoheitsrechte der Küstenstaaten, der Durchführung durch offen gekennzeichnete Schiffe, Sicherheit auf See und etwaiger Bedingungen aufgrund eines Ersuchens zu ermächtigen (gem. Art. 17 Abs. 4–8, 10, 11 UNSuchtÜ). Nach Art. 17 Abs. 9 UNSuchtÜ erwägen die Vertragsparteien den Abschluss weiterer Abkommen zur Förderung dieser Ziele.

bb) Als wohl wichtigstes Abkommen zur Umsetzung dieses Aufrufs kann das **EUSuchtÜ** 135 gelten.[110] Dessen Anwendungsbereich richtet sich hinsichtlich Schiffen nach Art. 1 lit. d EUSuchtÜ sowie einschlägigen Straftaten gem. Art. 1 lit. c EUSuchtÜ nach Art. 3 Abs. 1 UNSuchtÜ und den dort detailliert beschriebenen Betäubungsmitteldelikten, an denen sich auch § 29 BtMG orientiert.

(1) Das EUSuchtÜ enthält einerseits die Verpflichtung zu Gerichtsbarkeit (Art. 3 Abs. 1 136 –3 EUSuchtÜ), aber auch den Grundsatz, dass der Flaggenstaat die bevorrechtigte Gerichtsbarkeit über jede an Bord seines Schiffes begangene einschlägige Straftat hat (Art. 3 Abs. 4 EUSuchtÜ), was gem. Art. 1 lit. b EUSuchtÜ bedeutet, dass bei Ausübung die der Gerichtsbarkeit des anderen Staates über die betreffende Straftat ausgeschlossen ist.

(2) Andererseits sieht es die Möglichkeit für den Flaggenstaat vor, andere Mitgliedstaaten 137 um Hilfe im Rahmen ihrer Mittel zu ersuchen (Art. 4 EUSuchtÜ).

(3) Schließlich erweitert es aber die Rechte der anderen Staaten auch auf Zwangsmaß- 138 nahmen **außerhalb ihres Küstenmeeres** über das SRÜ hinaus. Nach Art. 6 EUSuchtÜ kann der eingreifende Staat, wenn er den begründeten Verdacht hat, dass ein Schiff, das die Flagge einer anderen Vertragspartei führt oder deren Registrierungszeichen zeigt oder irgendeinen anderen Hinweis auf die Staatszugehörigkeit trägt, an der Begehung einer einschlägigen Straftat beteiligt ist oder dazu benutzt wird, das Schiff in Gewässern außerhalb des Küstenmeers einer jeden Vertragspartei stoppen, anhalten und einige oder andere in diesem Übereinkommen festgelegten Maßnahmen zu treffen. Allerdings dürfen diese Maßnahmen nicht ohne Genehmigung des Flaggenstaats getroffen werden.

Deswegen hat der eingreifende Staat den Flaggenstaat **um die Genehmigung zu er-** 139 **suchen,** die konkreten Handlungen vornehmen zu dürfen. Ersuchen und Genehmigung orientieren sich an den allgemein für Rechtshilfeersuchen geltenden Regeln (→ Rn. 12). Dies gilt insbesondere für Schriftform (Art. 19 Abs. 1 EUSuchtÜ), Inhalt (Art. 21 EUSuchtÜ), nicht nötige Beglaubigung (Art. 20 EUSuchtÜ) und Übersetzung nur bei Vorbehalt (Art. 19 Abs. 2, 3 EUSuchtÜ), Geschäftsweg über benannte Zentralbehörden ggf. unter Einschaltung von Interpol oder des Rates für die Zusammenarbeit auf dem Gebiet des Zollwesens (Art. 17, 18 EUSuchtÜ) sowie umgehende Entscheidung und Erledigung (Art. 7 EUSuchtÜ).

Die **Durchführung** richtet sich nach den im Einzelnen genehmigten Maßnahmen 140 (Art. 9 EUSuchtÜ), wobei die Maßnahmen offen ggf. durch Kriegs- oder andere staatliche Schiffe nach dem Recht des eingreifenden Staates unter Beachtung der Sicherheit der Schifffahrt, namentlich von Personen und Ladung, durchzuführen sind (Art. 11, 12 EU-SuchtÜ). Bei begründetem Verdacht können weitere Zurückhaltungsmaßnahmen erfolgen, während sonst Personen freizulassen und Gegenstände freizugeben sind (Art. 10 Abs. 3 EUSuchtÜ). Der Kapitän des betroffenen Schiffes hat das uneingeschränkte konsularische Kommunikationsrecht mit dem Flaggenstaat; sein Anspruch auf Verkehr mit den Schiffseigentümern oder -betreibern kann verhindert oder verzögert werden, wenn hinreichender Grund zur Annahme besteht, dass dies die Untersuchungen auf eine einschlägige Straftat behindern würde (Art. 11 Abs. 4 EUSuchtÜ).

Um es dem Flaggenstaat zu ermöglichen, über die Ausübung seiner bevorrechtigten 141 Gerichtsbarkeit zu entscheiden, übermittelt der eingreifende Staat dem Flaggenstaat unverzüglich eine **Zusammenfassung der Beweise für Straftaten,** die aufgrund der nach Art. 9 EUSuchtÜ getroffenen Maßnahmen entdeckt wurden (gem. Art. 13 Abs. 1 EU-

---

[110] Übk. über den unerlaubten Verkehr auf See zur Durchführung des Artikels 17 des Übereinkommens der Vereinten Nationen gegen den unerlaubten Verkehr mit Suchtstoffen und psychotropen Stoffen" v. 31.1.1995 (BGBl. 1998 II 2233).

SuchtÜ). Der Flaggenstaat bestätigt umgehend den Eingang der Zusammenfassung. Entdeckt der eingreifende Staat Beweise, die vermuten lassen, dass nicht unter dieses Übereinkommen fallende Straftaten begangen wurden oder dass sich nicht an einschlägigen Straftaten beteiligte verdächtige Personen an Bord befinden, so notifiziert er dies dem Flaggenstaat; gegebenenfalls konsultieren die beteiligten Vertragsparteien einander (Art. 13 Abs. 2 EUSuchtÜ).

142 Der eingreifende Staat darf **andere** als auf die Ermittlung und Strafverfolgung wegen einschlägiger Straftaten gerichtete **Maßnahmen,** einschließlich der Inhafthaltung von Personen, – nur ergreifen, wenn der Flaggenstaat seine ausdrückliche Zustimmung erteilt oder die Maßnahmen auf die Ermittlung und Strafverfolgung wegen einer Straftat gerichtet sind, die begangen wurde, nachdem die Person in das Hoheitsgebiet des eingreifenden Staates verbracht wurde (Art. 13 Abs. 3 EUSuchtÜ).

143 Notifiziert der Flaggenstaat den eingreifenden Staat, dass er seine bevorrechtigte Gerichtsbarkeit ausübe, so übergibt er den Fall umgehend seinen zuständigen Behörden zum Zweck der Strafverfolgung (nach Art. 14 EUSuchtÜ). Die Ausübung der Gerichtsbarkeit durch den eingreifenden Staat wird ausgesetzt, außer zum Zweck der Übergabe von Personen, Schiffen, Ladungen und Beweismitteln in Übereinstimmung mit diesem Übereinkommen. Maßnahmen, die er gegen das Schiff und Personen an Bord trifft, können als im Rahmen des Verfahrens des Flaggenstaats getroffen angesehen werden. Gesicherte Personen, Schiffe und sonstige Gegenstände werden ihm, ggf. gegen Zusicherung der Nichtvollstreckung von Todesstrafe nach Art. 16 EUSuchtÜ, gem. Art. 15 EUSuchtÜ übergeben.

144 Eine Kostenerstattung findet grundsätzlich nicht statt (Art. 25 EUSuchtÜ). Schadensersatz gegenüber Dritten ist in Art. 26 EUSuchtÜ geregelt, die durchführenden Bediensteten des eingreifenden Staates dürfen jedenfalls nicht strafrechtlich belangt werden (Art. 11 Abs. 3 EUSuchtÜ).

145 Die **Bedingungen,** die der Flaggenstaat bei seiner Genehmigung zum Eingriff hinsichtlich der **Verwertung** erlangter Informationen gemacht hat, sind zu beachten (Art. 23 EUSuchtÜ). Der Flaggenstaat kann insbesondere die Genehmigung von der Bedingung abhängig machen, dass die erlangten Informationen oder Beweismittel ohne seine vorherige Zustimmung von den Behörden des eingreifenden Staates nicht für andere als die einschlägige Straftaten betreffenden Ermittlungen oder Verfahren verwendet oder weitergeleitet werden.

146 c) Abkommen wie etwa die von Deutschland auch nicht ratifizierte International Convention on Arrest of Ships[111] haben auf die Befugnisse staatlicher Ermittlungsbehörden keine Auswirkung. Ebenso dürfte aus dem Selbstverteidigungsrecht allenfalls in Ausnahmefällen ein Eingriffsrecht in die Schifffahrtsfreiheit der Hohen See folgern.[112]

D. Luftfahrzeuge und Luftraum

I. Überblick

147 Im **Luftraum** gelten zunächst die **allgemeinen** Grundsätze des Völkerrechts und damit der Gebietshoheit.[113] Auch insoweit gilt die **volle und ausschließliche Lufthoheit des Gebietsstaates** (Art. 1, 2 ICAO). Zum Staatsgebiet gehört dabei auch der Luftraum über dem Küstenmeer (→ Rn. 93). Über Meerengen besteht auch für Flugzeuge ein eigenes Transitrecht (Art. 37, 39 SRÜ). Dagegen gilt über der Hohen See die Freiheit des Überflugs, wobei umstritten ist, ob das Recht der Nacheile durch einen Küstenstaat gegenüber Luftfahrzeugen geltend gemacht werden kann (Art. 12 ICAO, Art. 87 SRÜ).[114]

---

[111] Vgl. IMO A/CONF.188/6 v. 19.3.1999.
[112] *Heintschel von Heinegg* in Ipsen VölkerR § 45 Rn. 21 mwN.
[113] Zum Funkrecht im Luftraum, dem sog. „Ätherraum" → § 7 Rn. 7 f.
[114] *Hobe* in Ipsen VölkerR § 46 Rn. 9 f. mwN.

§ 2 Ermittlungshandlungen und fremde Hoheitsrechte　　　　　　　　　　　　　**2. Kapitel**

Sie werden variiert mit gewissen Einschränkungen insbesondere aus der partiellen diplo- **148** matischen oder konsularischen Immunität, soweit nicht für die Zivilluftfahrt die Regelungen vor allem des **Chicagoer Abkommens** über die Internationale Zivilluftfahrt (ICAO) v. 7.12.1944[115] und seinen Anhängen gelten. In diesem für die Bundesrepublik Deutschland voll anwendbaren Übereinkommen sind die verschiedenen Freiheiten des Luftverkehrs eingeführt, die als stärkstes Recht den ungehinderten Überflug ohne Landung, als schwächstes den Transport von Fracht ohne Stopp im Heimatstaat des Luftfahrzeuges beinhalten.

Fremde Staatsluftfahrzeuge, auch solche, die im Militär-, Zoll- und Polizeidienst ver- **149** wendet werden, dürfen das Hoheitsgebiet eines anderen Staates nur nach und entsprechend dessen Bewilligung überfliegen oder dort landen (Art. 3 ICAO).[116] Die Zivilluftfahrt darf nicht für andere Zwecke missbraucht werden (Art. 4 ICAO).[117] Bei den zivilen Flugzeugen sind die nicht planmäßig eingesetzten Flüge privilegiert, da sie ohne vorherige Erlaubnis ein- und durchfliegen dürfen, allerdings an Streckenvorgaben gebunden sind.[118]

II. Grenzüberschreitende polizeiliche Luftraumnutzung

Einen gewissen Pioniercharakter für grenzüberschreitende hoheitliche Befugnisse von Luft- **150** fahrzeugen in fremden Luftraum stellt das Durchführungsabkommen zwischen Deutschland und Frankreich v. 7.4.2016 dar. Mit Frankreich ist mittlerweile durch eine Durchführungsvereinbarung im Einzelnen geregelt, dass und wie Luftfahrzeuge grenzüberschreitend eingesetzt werden dürfen (→ § 3 Rn. 4).[119] Danach ist insbesondere für straf- und zollrechtliche Ermittlungen sowie grenzüberschreitenden Observationen und Nacheile, bei Großereignissen oder Transport ziviler nuklearer Stoffe sowie Such- und Rettungsmaßnahmen der grenzüberschreitende Einsatz Luftfahrzeugen im Hoheitsgebiet der anderen Seite „auf Ersuchen" gestattet (Art. 1 PolZollZusErProt DE/FR). Wie der französische Text naheliegt, ist hier kein förmliches Ersuchen erforderlich, sondern lediglich die Benachrichtigung der zuständigen Gemeinsamen Zentren (dazu ausdrücklich Art. 8 PolZollZusErProt DE/FR). Die eingesetzten Bediensteten unterligen den gleichen Plichten wie die Bediensteten des Lufthoheitsstaates und haben deren Verkehrsvorschriften zu beachten (Art. 2 Abs. 1 PolZollZusErProt DE/FR).

III. Landeverlangen

Jeder Gebietsstaat kann die **Landung** von sämtlichen Privatflugzeugen **zur Inspektion** **151** **verlangen** und notfalls mit Waffengewalt durchsetzen, wenn diese unbefugt sein Hoheitsgebiet überfliegen oder wenn ausreichende Gründe für die Schlussfolgerung vorliegen, dass sie zu Zwecken benützt werden, die mit den Zielen des Übereinkommens unvereinbar sind.[120] Er kann einem solchen Luftfahrzeug auch alle sonstigen Anweisungen erteilen, um derartige Verletzungen zu beenden. Stets muss dabei aber auf die Leben der Passagiere und Mannschaften an Bord und die Sicherheit des Luftverkehrs allgemein Rücksicht genommen werden. Dazu gehört auch, dass gegen Zivilluftfahrzeuge in der Luft staatlicherseits

---

[115] BGBl. 1956 II 411 ff.
[116] Nach richtiger Meinung ist an den Zweck des Fluges anzuknüpfen, nicht an die Benutzung durch eine öffentliche Körperschaft, vgl. *Hobe* in Ipsen VölkerR § 46 Rn. 15 mwN und Beispielen.
[117] Zur besonderen Relevor allemnz der sog. CIA-Gefangenenflüge ausf. *Hobe* in Ipsen VölkerR § 46 Rn. 23 mwN.
[118] Vgl. iE das Mehrseitige Abk. über gewerbliche Rechte im nichtplanmäßigen Luftverkehr in Europa v. 30.4.1956 (BGBl. 1959 II 821 ff.); vgl. *Hobe* in Ipsen VölkerR § 46 Rn. 17 mwN.
[119] Protokoll zwischen der Regierung der Bundesrepublik Deutschland und der Regierung der Französischen Republik über den grenzüberschreitenden Einsatz von Luftfahrzeugen zur Ergänzung des Abkommens v. 9.10.1997 über die Zusammenarbeit der Polizei- und Zollbehörden in den Grenzgebieten (PolZollZusErProt DE/FR) v. 7.4.2016 (BGBl. 2017 II 194).
[120] Grundlage hierfür und für das Folgende ist Art. 3bis lit. b, c ICAO.

keine Gewalt angewendet werden darf und dass im Falle des Abfangens das Leben der Personen an Bord und die Sicherheit des Luftfahrzeuges nicht gefährdet werden dürfen; wobei allerdings die Rechte nach der UN-Charta, mithin vor allem das Selbstverteidigungsrecht, unberührt bleiben, jedenfalls soweit der Grundsatz der Verhältnismäßigkeit strikt gewahrt bleibt.[121] Ist ein solches Luftfahrzeug gelandet, ist der Aufenthaltsstaat zur Durchsuchung sowie Prüfung der Papiere ohne unangemessene Verzögerung und ggf. zur Verfolgung von Straftaten berechtigt (Art. 16 ICAO).

152 Einige Staaten haben als sog. **„Air Defense Identification Zones" (ADIZ)** Bereiche im Luftraum vor ihrem Staatsgebiet unlitareral unter Berufung auf Art. 11 ICAO bestimmt, in denen sie von anfliegenden Luftfahrzeugen Informationen über Ziel, Kurs und zur weiteren Identifizierung verlangen. Es wird damit das Recht vorbehalten, einfliegende Maschinen, die der Aufforderung zur Informationsübermittlung nicht nachkommen, abzufangen und zur Landung zu zwingen. Ob alleine die Verweigerung dies völkerrechtlich rechtfertigt, ist umstritten.[122] Allerdings kann der Einflug in die Zonen völkerrechtlich, außer während eines bewaffneten Konflikts, nicht verboten werden und dürfen von Flugzeugen, die in den Luftraum des Staates nicht einfliegen wollen oder die ADIZ selbst nicht durchfliegen, keine Informationen eingeholt werden.

IV. Flaggenprinzip und Ermittlungen bei Luftfahrzeugen

153 Auch für **Luftfahrzeuge** gilt eine über das **Flaggenprinzip,** namentlich die durch die Eintragung in ein staatliches Register vermittelte „Staatsangehörigkeit", die einen besonderen räumlichen Anknüpfungspunkt für die Strafbarkeit, wie in § 4 StGB, und der gerichtlichen und staatsanwaltschaftlichen Zuständigkeit, wie in § 10 Abs. 2 StPO, darstellen kann (gem. Art. 17 ff. ICAO). Diese konkurrierende Strafgewalt des Eintragungsstaates ist auch in Art. 3 Abs. 1 und 3 Tokioter Abkommen[123] verankert.

154 1. In gewisser Weise korrespondierend zum Flaggenprinzip sind durch mehrere Folgeabkommen alle Vertragsstaaten verpflichtet, **bestimmte Angriffe** auf die Luftfahrt **unter Strafe und eigene Jurisdiktion** zu stellen, woraus jedoch keine Verfolgungs- und Bestrafungspflicht im jeweils konkreten Fall folgt: Dazu zählt zunächst die widerrechtliche Inbesitznahme von Luftfahrzeugen (LuftfahrtÜ 1970),[124] andere vorsätzliche gewalttätige Handlungen gegen Personen an Bord, Beschädigung von Luftfahrzeugen oder das Verbringen von dazu geeigneten Gegenständen in ein solches, die geeignet sind, die Sicherheit des Luftfahrzeuges zu gefährden (MÜ 1971),[125] sowie die Geiselnahme (GeisÜbk).[126] Im Zusammenhang damit ist die Verpflichtung aller Staaten auf die möglichst umfassende Kontrolle sämtlicher Plastiksprengstoffe und deren chemisch-physikalische Markierung durch Beimengungen zu sehen (PlSprMarkUebk).[127] Weiterhin unter Strafe und Jurisdiktion zu stellen sind gewalttätige Handlungen auf bzw. gegen Flughäfen, die der internationalen Zivilluftfahrt dienen.[128]

---

[121] Art. 3bis lit. a ICAO in der Fassung des Protokolls von 1980; vgl. *Hobe* in Ipsen VölkerR § 46 Rn. 4, 34 ff. mit zahlreichen historischen und aktuellen Beispielen.
[122] Vgl. hierzu und zum Ganzen *Hobe* in Ipsen VölkerR § 46 Rn. 13 mwN; zu den Einrichterstaaten gehören insbes. die USA, Australien, Frankreich, Japan und Kanada.
[123] Abk. über strafbare und bestimmte andere an Bord von Luftfahrzeugen begangene Handlungen (Tokioter Abkommen) v. 14.9.1969 (BGBl. 1969 II 121 ff.).
[124] Übk. zur Bekämpfung der widerrechtlichen Inbesitznahme von Luftfahrzeugen v. 16.12.1970 (BGBl. 1972 II 1506).
[125] Übk. zur Bekämpfung widerrechtlicher Handlungen gegen die Sicherheit der Zivilluftfahrt v. 23.9.1971 (BGBl. 1977 II 1230).
[126] Int. Übereinkommen gegen Geiselnahme v. 18.12.1979 (BGBl. 1980 II 1361 ff.).
[127] Übk. über die Markierung von Plastiksprengstoffen zum Zweck des Aufspürens v. 1.3.1991 (BGBl. 1998 II 2302).
[128] Prot. zur Bekämpfung widerrechtlicher gewalttätiger Handlungen auf Flughäfen, die der internationalen Zivilluftfahrt dienen, in Ergänzung des am 23.9.1971 in Montreal beschlossenen Übereinkommens zur

2. Daraus folgt indes **keine Immunität** oder sonstige Einschränkung der Gebietshoheit 155
in Bezug auf **am Boden** befindliche Maschinen, zB hinsichtlich strafrechtlicher Durchsuchungen oder Vornahme sonstiger Ermittlungs- oder Zwangsmaßnahmen wie vorläufigen Festnahmen. Die zuständigen Behörden jedes Vertragsstaates haben unter anderem gem. Art. 16 ICAO das Recht, die Luftfahrzeuge der anderen Vertragsstaaten bei der Landung oder beim Abflug ohne unangemessene Verzögerung zu untersuchen und die durch dieses Übereinkommen vorgeschriebenen Zeugnisse und anderen Papiere zu prüfen. Auch die Besatzungen können zur Verantwortung gezogen und arrestiert und die Flugzeuge beschlagnahmt werden.[129]

Gemäß Art. 13 ICAO sind die Gesetze und Vorschriften eines Vertragsstaates über den 156
Einflug oder Ausflug von Fluggästen, Besatzung oder Fracht in Luftfahrzeugen in sein oder aus seinem Hoheitsgebiet, wie Einflug, Abfertigungs-, Einreise-, Pass-, Zoll- und Quarantänevorschriften, von den Fluggästen oder der Besatzung oder in deren Namen und hinsichtlich der Fracht beim Einflug oder Ausflug sowie innerhalb des Hoheitsgebietes dieses Staates zu befolgen. Die Internationale Zivilluftfahrtorganisation (ICAO) versucht über Anhänge zum Chicagoer Abkommen die Praxis der Mitgliedstaaten überschaubar und möglichst vereinheitlicht zu halten. Der wichtigste Anhang, Anlage 9 enthält dabei die zentralen Richtlinien für die Einreise für Flugzeuge und Passagiere notwendigen Informationen und Dokumente. Dort spiegeln sich etwa die Bemühungen der EU im Übergang von bloß maschinenlesbaren zu auch biometrischen Pässen, vor allem für Flüchtlinge.[130]

3. Allerdings haben nach Art. 18 Tokioter Abkommen die Vertragsstaaten, darunter die 157
Bundesrepublik Deutschland, bei allen Maßnahmen zur Untersuchung oder Festnahme oder sonstiger Ausübung ihrer Gerichtsbarkeit die Sicherheit und anderen Interessen der Luftfahrt gebührend zu beachten; sie haben so vorzugehen, dass ein **unnötiges Aufhalten** des Luftfahrzeugs, der Fluggäste und Besatzung sowie der Ladung **vermieden** wird (Art. 18 Tokioter Abkommen).

4. Weiterhin darf ein Vertragsstaat, der nicht Eintragungsstaat ist, ein Luftfahrzeug **im** 158
Flug nur dann behindern, wenn die Strafgewalt eine an Bord begangene strafbare Handlung ausgeübt werden soll, die sich auf das Hoheitsgebiet dieses Staates auswirkt, von einem oder gegen einen Staatsangehörigen oder ständig Aufhältigen begangen wurde, sich gegen die Sicherheit des Staates richtet, in einer Verletzung der in diesem Staat geltenden Flug- oder Luftverkehrsregeln besteht, oder wenn die Ausübung zur Erfüllung einer multilateralen völkerrechtlichen Verpflichtung erforderlich ist (Art. 4 Tokioter Abkommen). Im Flug befindet sich das Luftfahrzeug von dem Augenblick an, in dem es zum Zwecke des Startes Kraft aufwendet, bis zu dem Augenblick, in dem der Landelauf beendet ist (Art. 1 Abs. 3 Tokioter Abkommen).

5. Etwas weiter zeitlich gefasst sind hingegen die **Befugnisse des Kommandanten** 159
eines Luftfahrzeuges, vorläufig sichernde Maßnahmen gegen Straftaten oder Gefahren verdächtigte Personen zu treffen und diese an Staaten nach Ladung zu übergeben; sie gelten vom Schließen der Türen nach dem Einsteigen bis zu ihrem Öffnen zum Aussteigen (Art. 5 ff. Tokioter Abkommen). Er kann nach den Sondervorschriften, insbesondere bei Verdacht einer widerrechtlich unternommenen Inbesitznahme eines Luftfahrzeugs oder sonst einer strafbaren Handlung, den Verdächtigen nach Sondervorschriften, die sich allerdings mittlerweile weitestgehend mit den entsprechenden allgemeinen Regeln decken, in Haft nehmen und ggf. ausliefern (Art. 12 ff. Tokioter Abkommen). Daran schließt sich allerdings eine unverzügliche Mitteilungspflicht an den Staat, dessen Angehörigkeit der Verdächtige besitzt und ggf. andere besonders interessierte Staaten an (Art. 13 Abs. 5 Tokioter Abkommen).

Bekämpfung widerrechtlicher Handlungen gegen die Sicherheit der Zivilluftfahrt (BGBl. 1977 II 1230), vgl. BT-Drs. 12/3196.
[129] *Hobe* in Ipsen VölkerR § 46 Rn. 23.
[130] Vgl. etwa ICAO EC 6/3–2015/05 v. 6.2.2015; *Hobe* in Ipsen VölkerR § 46 Rn. 29 mwN.

V. Datenerhebung bei Luftfahrtbetreibern

160 Grundsätzlich können durch deutsche Ermittler die **bei den Luftfahrtbetreibern vorhandenen Daten** im Rahmen der allgemeinen Vorschriften der StPO sowie besonderen, etwa des Luftverkehrs- und -frachtrechtes erhoben werden.

161 1. Bis zur Umsetzung der neuen RL (EU) 2016/681 des Europäischen Parlaments und des Rates über die Verwendung von Fluggastdatensätzen (PNR-Daten) zur Verhütung, Aufdeckung, Ermittlung und Verfolgung von terroristischen Straftaten und schwerer Kriminalität v 27.4.2016 (PNR-RL),[131] ausführlich → § 15 Rn. 713 ff.) bleibt es bei folgenden Regelungen: Zum Zweck der Gefahrenabwehr und Strafverfolgung haben darüber hinaus Luftfahrtunternehmen, die **Fluggäste über die Schengen-Außengrenzen in das Bundesgebiet** befördern, **auf Anordnung** die im einzelnen genannten Daten aus den von den Fluggästen mitgeführten Dokumenten zu erheben und diese, sobald die Annahme der Fluggäste für den betreffenden Flug geschlossen ist, unverzüglich an die näher bestimmte Bundespolizeibehörde **zu übermitteln**.[132] Bei den genannten Zwecken handelt es sich einerseits um die Aufgaben der Bundespolizei zur polizeilichen Kontrolle des grenzüberschreitenden Verkehrs einschließlich der Überprüfung der Grenzübertrittspapiere und der Berechtigung zum Grenzübertritt, der Grenzfahndung und der Abwehr von Gefahren (§ 2 Abs. 2 S. 1 Nr. 2 BPolG). Andererseits geht es um die Verfolgung mutmaßlicher Straftaten, die entweder gegen die Sicherheit der Grenze oder die Durchführung der (präventiven) Bundespolizeiaufgaben nach § 2 BPolG gerichtet sind, die durch den Grenzübertritt oder in unmittelbarem Zusammenhang nach den Vorschriften des Passgesetzes, des Aufenthaltsgesetzes oder des Asylverfahrensgesetzes begangen wurden, oder einen Grenzübertritt mittels Täuschung, Drohung, Gewalt oder auf sonst rechtswidrige Weise ermöglichen sollen, soweit sie bei der Kontrolle des grenzüberschreitenden Verkehrs festgestellt werden (§ 12 Abs. 1 S. 1 Nr. 1–3 BPolG).

162 Die Anordnung und Übermittlung erfolgen mittels Datenfernübertragung nach festgelegten Datenformaten; auf anderem Weg nur ausnahmsweise, wenn eine Datenfernübertragung im Einzelfall nicht gelingt (§ 31a Abs. 2 BPolG). Bei den Luftfahrtunternehmen sind die aus diesem Grund erhobenen Daten spätestens 24 Stunden nach ihrer Übermittlung zu löschen (§ 31a Abs. 5 S. 1 BPolG). Bislang werden bei der Bundespolizeibehörde eingegangene Daten 24 Stunden nach der Einreise der Fluggäste des betreffenden Fluges gelöscht, sofern sie nicht zur Erfüllung der genannten Aufgaben,[133] also insbesondere für die Strafverfolgung benötigt werden, § 31a Abs. 5 S. 2 BPolG (→ § 19 Rn. 148). Die weitergehenden Übermittlungspflichten nach den §§ 63 f. AufenthG bleiben unberührt (§ 31a Abs. 6 BPolG).

163 2. Dagegen sieht das europäische und deutsche Recht – nach heftigen Gesetzgebungsdiskussionen in der Folge der Anschläge in Paris im Jahr 2015 – zukünftig eine übergreifende Erhebungs- und Verarbeitungsverpflichtung der Luftfahrtunternehmen oder eine Speicherberechtigung der Behörden „**auf Vorrat**" **von Fluggastdaten** vor (→ § 15 Rn. 713 ff.).

164 3. Derartige Verpflichtungen gelten aber für inländische bzw. europäische Luftfahrtunternehmen namentlich **im Verhältnis gegenüber den USA, Kanada und Australien,** die Reisende in diese Staaten befördern aufgrund entsprechender Abkommen der EU[134] mit diesen Staaten. Diese bestehen jedoch bislang lediglich in einer direkten Über-

---

[131] ABl. 2016 L 132.
[132] Gem. § 31a Abs. 1 BPolG nach § 2 Abs. 2 S. 1 Nr. 2 BPolG und § 12 Abs. 1 S. 1 Nr. 1–3 BPolG; die einzelnen Daten finden sich in § 31a Abs. 3 BPolG.
[133] Wiederum nach §§ 2 Abs. 1 Nr. 2, 12 Abs. 1 S. 1 Nr. 1–3 BPolG.
[134] Abk. zwischen den Vereinigten Staaten von Amerika und der Europäischen Union über die Verwendung von Fluggastdatensätzen und deren Übermittlung an das United States Department of Homeland Security v. 14.12.2011, ABl. 2012 L 215, 5 ff.; Abk. zwischen der Europäischen Gemeinschaft und der Regierung Kanadas über die Verarbeitung von erweiterten Fluggastdaten und Fluggastdatensätzen v. 3.10.2005, ABl. 2006 L 82, 15 ff. bzw. Abk. zwischen der Europäischen Union und Australien über die Verarbeitung von

§ 2 Ermittlungshandlungen und fremde Hoheitsrechte

mittlungsverpflichtung der europäischen Luftbeförderungsunternehmen an die amerikanischen bzw. kanadischen oder australischen Behörden ohne Einschaltung nationaler oder gesamteuropäischer Stellen. Die in den Zielstaaten gespeicherten Daten können aber aufgrund Spontanübermittlung oder sonst im Wege der ersuchten Rechtshilfe auch im Inland Relevanz erhalten (→ § 15 Rn. 709 ff.).

E. „Staatsferne Räume": Antarktis, Weltraum und Weltraumgegenstände

Als wesentliche staatsferne Räume neben der Hohen See und den Tiefenböden der Meere unterliegen vor allem die Antarktis und der Weltraum völkerrechtlichen Regelungen, die sowohl durch Staatsverträge und Entscheidungen internationaler Instanzen als auch weitestgehend völkergewohnheitsrechtlich auch außerhalb des jeweiligen Kreises an staatlichen Mitgliedern anerkannt sind. 165

I. Antarktis

Die Gebietshoheit über die **Antarktis** wird traditionell (seit den 1940er Jahren) in verschiedenen, sich teilweise überlappenden, Sektoren bis zum geografischen Südpol durch verschiedene Staaten beansprucht.[135] Diese sind, auch bei genannten umstrittenen Überlappungen, durch deutsche Ermittlungsorgane tunlichst zu beachten. Durch den 1961 geschlossenen **Antarktisvertrag**[136] werden diese Ansprüche an die Ausübung von Territorialhoheit nicht infrage gestellt, aber Erweiterungen des Umfangs und Kreises der Ansprüche ausgeschlossen (Art. 4 AntarktisV). 166

Als Antarktis wird in diesem Sinn der geografische Bereich südlich des 60. Grades südlicher Breite verstanden (Art. 6 AntarktisV), die zum antarktischen Kontinentalverbund gehörenden nördlich liegenden Inseln werden gesondert beansprucht, während für sie das antarktische Rechtsregime nicht gilt. Für die **Gewässer** im antarktischen Bereich lässt der Antarktisvertrag „die Rechte oder die Ausübung der Rechte eines Staates nach dem Völkerrecht in Bezug auf die Hohe See in jenem Gebiet unberührt" (Art. 6 Hs. 2 AntarktisV). Während die weiter einschränkenden, vorrangigen materiellen Regelungen des Antarktisrechtes dem gleichwohl vorgehen,[137] dürfte vor allem im Bereich der Strafrechtspflege das Seevölkerrecht (→ Rn. 89 ff.) jedenfalls so anzuwenden sein, wie wenn das jeweilige antarktische Küstengebiet reguläres Territorium des beanspruchenden Staates wäre. 167

Der Gebietshoheit unterstehen damit grundsätzlich auch die Forschungs- und sonstigen Einrichtungen von Drittstaaten sowie ihr Personal und andere Aufhältige. Insoweit trifft der Antarktisvertrag nur Regelungen für den möglichen Aufenthalt und möglichst hohe Kooperation, nicht die anwendbare **Jurisdiktion**. Allerdings sollen das **wissenschaftliche Personal**, das in der Antarktis zwischen den Expeditionen und Stationen **ausgetauscht** wird, und benannte **Inspekteure** zur Prüfung der Vertragseinhaltung zwischen den Vertragsstaaten – unbeschadet der Haltung der Vertragsparteien bezüglich der Gerichtsbarkeit über alle anderen Personen in der Antarktis – in Bezug auf alle Handlungen oder Unterlassungen, die sie während ihres der Wahrnehmung ihrer Aufgaben dienenden Aufenthalts in der Antarktis begehen, nur der Gerichtsbarkeit der Vertragsparteien unterstehen, deren Staatsangehörige sie sind (Art. 8 Abs. 1 AntarktisV iVm Art. 3 Abs. 1 lit. b AntarktisV, Art. 7 AntarktisV). Die weiteren Fragen der Gerichtsbarkeit sollen durch die Konsultativtreffen der Vertragsstaaten geregelt werden, was bislang praktisch nicht erfolgt ist, sodass Ad-hoc-Lösungen basierend 168

Fluggastdatensätzen (Passenger Name Records – PNR) und deren Übermittlung durch die Fluggesellschaften an den Australian Customs and Border Protection Service v. 29.9.2011, ABl. 2012 L 186, 4 ff.
[135] Vgl. ausf. etwa *Dahm/Delbrück/Wolfrum*, Völkerrecht, 2. Aufl. 1989, Bd. I/2, 484 ff.
[136] Antarktis-Vertrag v. 1.12.1959 (BGBl. 1978 II 1517, 1518) mit Umweltschutzprotokoll v. 4.10.1991 (BGBl. 1994 II 2478, 2479; 1997 II 708).
[137] Vgl. *Dahm/Delbrück/Wolfrum*, Völkerrecht, 2. Aufl. 1989, Bd. I/2, 487 f. mwN.

auf dem Personalitäts- und Flaggenprinzip verbreitet sein sollen.[138] Ansonsten sind die betroffenen Vertragsparteien bei einer Streitigkeit über die Ausübung von Gerichtsbarkeit in der Antarktis verpflichtet, einander umgehend zu konsultieren, um zu einer für alle Seiten annehmbaren Lösung zu gelangen (Art. 8 Abs. 2 AntarktisV).

II. Weltraum

169 Durch den Weltraumvertrag (WeltrV) v. 27.1.1967[139] und das ihm folgende weitere Vertrags- und übereinstimmende Völkergewohnheitsrecht[140] wird die originäre Aneignung und Ausübung exklusive Hoheitsrechte im **Weltraum** einschließlich am Mond und anderen Himmelskörpern ausdrücklich ausgeschlossen (Art. 2 WeltrV). Die Abgrenzung zwischen Welt- und Luftraum wird nicht juristisch scharf, sondern rein gewohnheitsmäßig und in unterschiedlichen Anschauungen in einer Höhe von ca. 80–110 Kilometern über der Erdoberfläche vorgenommen.[141]

170 Während des **Durchflugs** durch den Luft- in den Weltraum unterliegen Weltraumfahrzeuge der Hoheitsgewalt des jeweiligen Gebietsstaates wie andere Luftfahrzeuge, ein freies Durchflugsrecht hat sich nicht durchsetzen können.[142] Anerkannt ist auch, dass Staaten wie im Seerecht um ihre Weltraumgegenstände bzw. Fahrzeuge Sicherheitszonen errichten können.[143]

171 1. Ansonsten richtet sich die **Hoheitsgewalt an Weltraumfahrzeugen und sonstigen -gegenständen,** sowie **Besatzungen** nach Registerstaat. Als Weltraumgegenstände in diesem Sinn gelten nach hM alle vom Menschen für das All geschaffenen Sachen, auch wenn sie erst dort zusammengebaut werden.[144] Nur für die Frage des Haftungsregimes relevant ist die Abgrenzungfrage für Weltraumfahrzeuge, die sich im Luftraum vorwiegend wie gewöhnliche Luftfahrzeuge verhalten.[145] Jeder Weltraumgegenstand ist durch den Startstaat in einem eigenen Register zu registrieren und dies und sämtliche relevanten Änderungen unverzüglich dem Generalsekretär der Vereinten Nationen mitzuteilen (Art. 8 WeltrV, Art. 2 ff. WeltraumregistrierungsÜ).[146] Das Register des Generalsekretärs ist für jedermann in vollem Umfang und frei zugänglich (Art. 3 Abs. 2 WeltrV). Als Startstaat gilt dabei jeder Staat, der einen Weltraumgegenstand startet oder dessen Start durchführen lässt oder von dessen Hoheitsgebiet oder Anlagen ein Weltraumgegenstand gestartet wird (Art. 1 lit. a WeltraumregistrierungsÜ). Der Staat, in dem ein in den Weltraum gestarteter Gegenstand registriert ist, behält die Hoheitsgewalt und Kontrolle über diesen Gegenstand und dessen gesamte Besatzung, während sie sich im Weltraum oder auf einem Himmelskörper befinden (Art. 8 Abs. 1 WeltrV). Wurde ein Weltraumgegenstand nicht registriert, dürfte nach Völkergewohnheitsrecht entsprechend dem Gedanken des kaum ratifizierten Mondvertrags die Hoheitsgewalt und Kontrolle auch über die Besatzung des Herkunftsstaates nicht verloren gehen.[147] Für Weltraumtouristen sollen bis zu weiteren Regelungen die Vorschriften auf Besatzungsmitglieder entsprechend anzuwenden sein.[148]

---

[138] Vgl. etwa *Dahm/Delbrück/Wolfrum*, Völkerrecht, 2. Aufl. 1989, Bd. I/2, 490 f. mwN.
[139] Vertrag über die Grundsätze zur Regelung der Tätigkeiten von Staaten bei der Erforschung und Nutzung des Weltraums einschließlich des Mondes und anderer Himmelskörper (BGBl. 1969 II 1967 ff.).
[140] Vgl. im Überblick *Hobe* in Ipsen VölkerR § 47 Rn. 4 ff. mwN.
[141] Vgl. ausf. *Hobe* in Ipsen VölkerR § 47 Rn. 2 f. mwN.
[142] Vgl. ausf. *Hobe* in Ipsen VölkerR § 47 Rn. 13 mwN.
[143] Vgl. *Hobe* in Ipsen VölkerR § 47 Rn. 14.
[144] Vgl. *Hobe* in Ipsen VölkerR § 47 Rn. 22 mwN.
[145] Vgl. hier *Hobe* in Ipsen VölkerR § 47 Rn. 22, 47 f. mwN.
[146] Übk. über die Registrierung von in den Weltraum gestarteten Gegenständen v. 14.1.1975 (BGBl. 1979 II 650).
[147] Vgl. Art. 12 Abs. 1, Art. 13 Vertrag über die Aktivitäten auf dem Mond und anderen Himmelskörpern (Mondvertrag, MondV), von Deutschland nicht unterzeichnet und für lediglich derzeit 15 Staaten, sämtlich ohne eigene Weltraumaktivität, in Kraft, vgl. *Hobe* in Ipsen VölkerR § 47 Rn. 8 f. mwN.
[148] Vgl. *Hobe* in Ipsen VölkerR § 47 Rn. 48 mwN, so wurde auch der erste Weltraumtourist als „guest cosmonaut" deklariert.

Alle Stationen, Einrichtungen, Geräte und Raumfahrzeuge auf dem Mond und anderen **172**
Himmelskörpern sind Vertretern anderer Vertragsstaaten **frei zugänglich** zu halten, soweit
der Grundsatz der Gegenseitigkeit eingehalten ist; der Besuch ist so rechtzeitig anzumelden,
dass geeignete Konsultationen stattfinden und größtmögliche Vorsichtsmaßnahmen getroffen werden können, um in der zu besuchenden Anlage die Sicherheit zu gewährleisten und
eine Beeinträchtigung des normalen Betriebs zu vermeiden (vgl. Art. 12 WeltrV).[149]

2. Bei **Rückkehr zur Erde** bleibt jedenfalls das Eigentum an Weltraumgegenständen **173**
unberührt; sie oder ihre Bestandteile sind dem betreffenden Registrierstaat, der auf Ersuchen Erkennungsmerkmale mitteilt, zurückzugeben, wenn sie außerhalb seiner Grenzen
aufgefunden werden (vgl. Art. 8 Abs. 2 WeltrV). **Bergungsaktionen** auf der Erde sind
grundsätzlich nur auf Wunsch des Startstaates, jedenfalls nach stets erforderlich unverzüglicher, vorheriger Information von diesem oder des Generalsekretärs der Vereinten Nationen, durchzuführen (Art. 1, 5 WeltraumrettungsÜ).[150] Soweit allerdings die Besatzung
infolge eines Unfalls oder einer Notlage landet bzw. gelandet ist, sind sofort die möglichen
Schritte zur Rettung und erforderlichen Hilfeleistung vorzunehmen und diese rasch und
unbehelligt zu Vertretern der Startbehörde bzw. in den Registerstaat zurückzuführen.[151]
Werden sonst, insbesondere im Weltraum, Gegenstände oder Bestandteile aufgefunden, so
werden sie auf Ersuchen der Startbehörde ihren Vertretern zurückgegeben oder zu deren
Verfügung gehalten (Art. 5 Abs. 3 WeltraumrettungsÜ). Ansonsten gewähren die Raumfahrer unterschiedlicher Staaten einander bei Tätigkeiten im Weltraum und auf Himmelskörpern jede mögliche Hilfe und informieren sich die Staaten untereinander über alle von
ihnen im Weltraum entdeckten Erscheinungen, die eine Gefahr für Leben oder Gesundheit
von Raumfahrern darstellen könnten (Art. 5 Abs. 2 WeltrV).

3. Die Hoheitsrechte an Bord der **Internationalen Raumstation** ISS sind vor allem **174**
durch das Regierungsabkommen v. 29.1.1998 geregelt.[152] Entsprechend dem Registrierungsprinzip behält jeder Staat die Hoheitsgewalt über die von ihm hinzugefügten Module,
wobei für die europäischen Partnerstaaten die *European Space Agency* diese Aufgabe wahrnimmt (vgl. hierzu und zum Folgenden Art. 5 RaumstationsÜ). Ebenfalls behält jeder Mitgliedstaat des Abkommens die Hoheitsgewalt über das Personal mit seiner Staatsangehörigkeit. Die Ausübung der Jurisdiktion und Kontrolle einschließlich der entsprechenden Verfahren wird jedoch durch das Abkommen, und die weiteren auf seiner Basis ergangenen
Arrangements weiter bestimmt. So finden sich ausführliche Regelungen für die strafrechtliche Jurisdiktionsgewalt über das Personal, auch bei Missachtung der Verhaltensregeln, die
sich an der Personalhoheit festmacht, aber auch bestimmte Konsultationspflichten und insbesondere eine volle gegenseitige Rechtshilfepflicht für diese Fallkonstellationen einschließt
(ausf. Art. 22 RaumstationsÜ). Die ISS hat zusätzlich stets einen Kommandanten, der nur
noch dem Flugdirektor untersteht und die Befehlsgewalt ausübt. Nur für den Transfer technischer Daten sind explizite Kooperationsregeln vorgesehen (Art. 19 f. RaumstationsÜ).

4. Für **Telekommunikationssatelliten** bieten die verschiedenen regionalen Organisa- **175**
tionen eine weitere Form der Kooperation und Koordinierung, insbesondere soweit sie den
geostationären Orbit betreffen.[153]

Anerkannt scheint mittlerweile die völkerrechtliche Freiheit der Aussendung von Sig- **176**
nalen aus dem Weltraum in fremdes Territorium, die starken Bestrebungen aus dem
früheren Ostblock einer notwendigen Zustimmung des betroffenen Zielstaates scheint in

---

[149] Vgl. näher mit weiteren Rechtsnormen *Hobe* in Ipsen VölkerR § 47 Rn. 18.
[150] Übk. über die Rettung und die Rückführung von Raumfahrern sowie die Rückgabe von in den Weltraum gestarteten Gegenständen v. 22.4.1968 (BGBl. 1971 II 237 ff.).
[151] Art. 2 ff. WeltraumrettungsÜ mit dem weiteren Verfahren, insbes. der Koordinierung mit dem Startstaat; ansonsten Art. 5 WeltrV.
[152] Übk. zwischen der Regierung Kanadas, Regierungen von Mitgliedstaaten der Europäischen Weltraumorganisation, der Regierung Japans, der Regierung der Russischen Föderation und der Regierung der Vereinigten Staaten von Amerika über Zusammenarbeit bei der zivilen internationalen Raumstation (RaumstationsÜ) v. 29.1.1998 (BGBl. 1998 II 2447) mit weiteren vier Memoranda of Understanding.
[153] Vgl. hierzu und zum Folgenden *Hobe* in Ipsen VölkerR § 47 Rn. 31 ff., 49 ff. mwN.

den Hintergrund geraten.[154] Allerdings hindert dies die Strafbarkeit nach dem Recht des betroffenen Zielstaates nicht und kann durch den Register- oder sonstigen Aufsichtsstaat unterbunden werden. Soweit **Signale ausgestrahlt werden,** dürfen diese wohl auch durch staatliche Stellen im jeweiligen Gebiet *ipso facto* stets ohne Weiteres empfangen und weiterverwendet werden. Dies gilt auch für die Nutzung derartiger ausgestrahlter Richtsignale satellitengestützter **Navigationssysteme,** wie namentlich dem US-amerikanischen GPS, dem russischen Glosnass etc.

177 Auch die passive und wohl auch aktive **Fernerkundung** aus dem Weltraum – also mittels reinen Empfangs von der Erde erfolgender Abstrahlungen bzw. der Reflektion von selbst ausgesandten Signalen – sind, ohne vorherige Zustimmung oder Konsultation, grundsätzlich von der Weltraumfreiheit abgedeckt, ziehen aber Notifizierungs- und Weitergabepflichten nach sich, wobei letztere auch im Wege der Rechtshilfe potentiell nutzbar gemacht werden können (→ § 7 Rn. 4 ff.).

178 5. Für **nukleare Antriebe**[155] und **Weltraummüll**[156] gelten besondere Informations- und Kooperationspflichten. Jüngere Vorschläge für mehr Informationstransparenz bei **militärischen Satelliten** haben sich bislang bei den Betreibern, vor allem den USA, noch nicht durchsetzen können.[157]

F. Internationale Postsendungen

179 Für alle verkörperten Sendungen im Inland gelten auch bei Auslandsbezug grundsätzlich die allgemeinen Vorschriften, soweit nicht ein Immunitätsschutz eines fremden Staates oder einer internationalen Organisation (→ Rn. 9, 14, 16 ff.) eingreift.

I. Weltpostvertrag

180 Zwar sieht sowohl der aktuelle Weltpostvertrag (WPV) von 2008, als auch die letzte Vorgängerversion von 1999, die die Bundesrepublik noch ratifiziert hat,[158] grundsätzlich die **Freiheit der Durchbeförderung** vor (Art. 2 WPV 1999 bzw. Art. 5 WPV 2008): Danach ist jede Postverwaltung verpflichtet, die ihr von einer anderen Postverwaltung übergebenen „Kartenschlüsse und Briefsendungen des offenen Durchgangs" stets auf den schnellsten Beförderungswegen und mit den sichersten Beförderungsmitteln weiterzuleiten, die sie für ihre eigenen Sendungen benutzt, wobei die anderen Mitgliedsländer Verletzungen eines Staates durch die Einstellung des Postverkehrs mit diesem sanktionieren können.

181 Dies steht jedoch der **Kontrolle auf gefährliche oder verbotene Inhalte** und ggf. der Beschlagnahme **nicht im Wege,** wie bereits aus weiteren Vorschriften des WPV hervorgeht. So ist nach Art. 3 Abs. 1 WPV 1999 so lange der Absender über eine Postsendung verfügungsberechtigt, wie sie dem Empfangsberechtigten noch nicht ausgeliefert worden ist, es sei denn, dass sie in Anwendung der Rechtsvorschriften des Bestimmungslandes beschlagnahmt worden ist. Erst der WPV in der Fassung von 2008, an den sich die Deutsche Post wohl ebenfalls gebunden sieht, stellt ausdrücklich den bereits zuvor unterstellten Bezug zur möglichen Beschlagnahme unzulässiger Sendungen – auch durch die innerstaatlich zuständigen (Zoll, Polizei- oder sonstigen Ermittlungsbehörden) der Transitstaaten – ausdrücklich her (Art. 5 Abs. 1 WPV).

182 Sehr detailliert werden in beiden Vertragsfassungen die **unzulässigen Sendungsinhalte** eingegrenzt: dazu zählen etwa Betäubungs-/Rauschmittel und psychotrope Stoffe, gefähr-

---

[154] Vgl. *Hobe* in Ipsen VölkerR § 47 Rn. 31 ff. mwN.
[155] Vgl. UN GA Res. 47/68 v. 14.12.1992; dazu *Hobe* in Ipsen VölkerR § 47 Rn. 47 mwN.
[156] Vgl. UN GA Res. A/62/217 v. 21.12.2007; dazu *Hobe* in Ipsen VölkerR § 47 Rn. 45 f. mwN.
[157] Dazu *Hobe* in Ipsen VölkerR § 47 Rn. 41 f. mwN.
[158] Weltpostvertrag v. 15.9.1999 (BGBl. 2002 II 1449 ff.).

liche und radioaktive Stoffe; obszöne oder gegen die guten Sitten verstoßende Gegenstände; Gegenstände, deren Einfuhr oder Verbreitung im Bestimmungsland verboten ist sowie solche, die wegen ihrer Beschaffenheit oder Verpackung eine Gefahr für die Mitarbeiter der Post oder andere Sendungen darstellen.[159]

Während der WPV 1999 nur die Zollkontrolle der Postverwaltungen des Einlieferungs- und des Bestimmungslandes nach ihren innerstaatlichen Rechtsvorschriften der Zollkontrolle ausdrücklich gestattet (Art. 31 Abs. 1 WPV 1999), sieht der WPV in der Fassung von 2008 zusätzlich in Art. 11 WPV 2008 von allen Partnern zu bestrafende Handlungen, insbesondere hinsichtlich der Sendung von Rauschmitteln und Kinderpornographie, vor. **183**

II. Zollrechtliche Kontroll- und Anhaltebefugnisse

Die zollrechtlichen Kontroll- und Anhaltebefugnisse ergeben sich weiterhin aus dem Unionszollkodex[160] und ergänzend § 5 ZollVG, während die innerstaatlichen Polizeibehörden auf ihre allgemeinen Eingriffsbefugnisse, namentlich §§ 94 ff., 99 StPO zurückgreifen können. **184**

§ 3 Strafrechtliche Ermittler im Ausland

A. Grundsätze

Wie bereits oben ausgeführt (→ Einl. Rn. 13 ff.), ist die Rechtslage bei strafrechtlichen Ermittlungshandlungen im Ausland auf unterschiedlichen Ebenen zu betrachten, die zwar getrennt sind, sich aber nicht selten wechselseitig bedingen. **1**

I. Zunächst müssen die Voraussetzungen für den Einsatz nach **innerstaatlichem Recht** **2** **des Entsendestaates,** soweit spezielle Normen fehlen, in gleicher Weise wie für entsprechende Maßnahmen im Inland vorliegen, mithin etwa die Zuständigkeit und, soweit erforderlich, konkrete Eingriffsbefugnis gegeben sein. Weiterhin muss das innerstaatliche Recht den Einsatz gerade auch im Ausland decken, was wiederum aus Sondernormen oder Aufgabenzuweisungen ebenso wie aus Generalklauseln folgen kann.

II. Auf der zweiten Ebene ist die **völkerrechtliche Zulässigkeit** zu prüfen. Abgesehen von dem Ausnahmefall, dass kein *hoheitliches* Handeln im Ausland vorliegt **3** (→ Rn. 14), bedarf jede unmittelbare Ermittlungsmaßnahme einer völkerrechtlichen Erlaubnis. Diese kann im Völkergewohnheitsrecht, insbesondere aber in entsprechenden völkerrechtlichen Übereinkommen liegen.[1] Ansonsten muss sie im Einzelfall unter den Regelungen des diplomatischen Verkehrs im Allgemeinen und des rechts- bzw. amtshilferechtlichen im Besonderen eingeholt werden. Ist die Vornahme durch eigene Ermittler nicht möglich, muss der Weg der Rechts- oder ggf., soweit erstere hierfür Raum lassen sollte, der allgemeinen Amtshilfe beschritten werden (→ Kap. 3; va § 11 Rn. 125 ff.). Besteht wiederum keinerlei derartige Erlaubnis, kann das Verhalten nur gerechtfertigt sein, wenn entweder eine im Nachhinein erfolgte Genehmigung den Mangel noch heilt oder sich die Maßnahme nur auf den bereits angeführten Bereich von „Jedermannsrechten" ohne Inanspruchnahme staatlicher Autorität beschränkt. Hierzu zählen etwa auch die anerkannten Selbsthilferechte wie Notwehr und das vorläufige Festhalterecht bis zur Eingreifmöglichkeit der staatlichen Stellen des Staates, der die Gebietshoheit ausübt.

---

[159] Art. 25 f. WPV 1999, insbes. Art. 25 Abs. 2 WPV 1999; entsprechend Art. 15 WPV 2008.
[160] VO (EU) Nr. 952/2013 des Europäischen Parlaments und des Rates zur Festlegung des Zollkodex der Union v. 9.10.2013, ABl. 2013 L 269, 1, insbesondere hier Art. 46 ff. Zollkodex.
[1] Vgl. NK-RechtshilfeR/*Ambos/Poschadel* I Rn. 15 mwN.

2. Kapitel
2. Kapitel. Unmittelbare Informationsgewinnung deutscher Ermittlungsorgane

4 Während bereits in einem weiteren geografischen Geltungsbereich **Abkommen** zu besonderen Formen schwerer grenzüberschreitender, regelmäßig organisierter Kriminalität den internationalen Einsatz von Ermittlern in gemeinsamen Teams oder arbeitsteiliger Observation kontrollierter Lieferungen erlauben, hat sich die Zusammenarbeit in Europa weitaus intensiver entwickelt.[2] Als wesentlicher Durchbruch kann dabei das Schengener Durchführungsübereinkommen (SDÜ) angesehen werden, das mittlerweile zwar fast vollständig durch neuere Rechtsinstrumente im Rahmen der **EU bzw. des Schengen Raumes** fortentwickelt und damit abgelöst worden ist.[3] Das SDÜ kann jedoch parallel weiterhin als Grundlage der **bilateralen Polizeiverträge** verstanden werden, die Deutschland mit seinen Nachbarstaaten abgeschlossen hat, nämlich:

- **Belgien** (PolZV DE/BE),[4]
- **Dänemark** (Grenzgebieten (PolZV DE/DK),[5]
- **Frankreich** (PolZV DE/FR und RheinPolZAbk DE/FR),[6]
- **Luxemburg** (PolZV DE/LU),[7]
- **Niederlande** (PolZV DE/NL),[8]
- **Polen** (PolZV DE/PL),[9]
- **Österreich** (PolZV DE/AT),[10]
- **Schweiz** (PolZV DE/CH)[11] und
- **Tschechien** (PolZV DE/CZ und ErgV-RHÜ 1959 DE/CZ).[12]

---

[2] Vgl. die Übersichten auch zur Anwendbarkeit beim damaligen Stand das Handbuch für grenzüberschreitende Einsätze, Ratsdok. 10505/4/09 REV 4.

[3] Vgl. hier nur *Fischer*, Justiz und innere Sicherheit im EU-Recht, 2014, 345 ff. mwN; NK-RechtshilfeR/*Kubiciel* IV Rn. 241 ff. mwN.

[4] Abk. zwischen der Regierung der Bundesrepublik Deutschland und der Regierung des Königreichs Belgien über die Zusammenarbeit der Polizeibehörden und Zollverwaltungen in den Grenzgebieten v. 27.3.2000 (BGBl. 2002 II 1533 ff.).

[5] Abk. zwischen der Regierung der Bundesrepublik Deutschland und der Regierung des Königreichs Dänemark über die polizeiliche Zusammenarbeit in den) v. 21.3.2001 (BGBl. 2002 II 1537 ff.).

[6] Abk. zwischen der Regierung der Bundesrepublik Deutschland und der Regierung der Französischen Republik über die Zusammenarbeit der Polizei- und Zollbehörden in den Grenzgebieten v. 9.10.1997 (Abkommen von Mondorf) (BGBl. 1998 II 2479) und Abk. zwischen der Regierung der Bundesrepublik Deutschland und der Regierung der Französischen Republik über die Zusammenarbeit bei der Wahrnehmung schifffahrtspolizeilicher Aufgaben auf dem deutsch-französischen Rheinabschnitt v. 10.11.2000 (BGBl. 2002 II 1892 ff.).

[7] Vereinbarung zwischen dem Bundesminister des Innern der Bundesrepublik Deutschland sowie dem Justizminister und Minister der öffentlichen Macht des Großherzogtums Luxemburg über die polizeiliche Zusammenarbeit im Grenzgebiet zwischen der Bundesrepublik Deutschland und dem Großherzogtum Luxemburg v. 24.10.1995 (BGBl. 1996 II 120).

[8] Vertrag zwischen der Bundesrepublik Deutschland und dem Königreich der die Niederlande über die grenzüberschreitende polizeiliche Zusammenarbeit und die Zusammenarbeit in strafrechtlichen Angelegenheiten v. 2.3.2005 (BGBl. 2006 II 194 ff.).

[9] Abk. zwischen der Regierung der Bundesrepublik Deutschland und der Regierung der Republik Polen über die Zusammenarbeit der Polizei-, Grenz- und Zollbehörden) v. 15.5.2014 (BGBl. 2015 II 234). **Hinweis:** Dieser tritt nach dem Inkrafttreten des Schengen-Besitzstandes für Polen im Bereich der polizeilichen Zusammenarbeit ausdrücklich in seinem Geltungsbereich anstelle des früheren Polizeivertrags vom 2002 und dürfte auch den ergänzenden Regelungen des Vertrages zwischen der Bundesrepublik Deutschland und der Republik Polen über die Ergänzung des Europäischen Übereinkommens v. 20.4.1959 über die Rechtshilfe in Strafsachen und die Erleichterung seiner Anwendung (ErgV-RHÜ 1959 DE/PL) v. 17.7.2003 (BGBl. 2004 II 530 ff.) vorgehen, vgl. BT-Drs. 18/3696, 31 mit Auflistung der außer Kraft tretenden bilateralen Verträge.

[10] Vertrag zwischen der Bundesrepublik Deutschland und der Republik Österreich über die grenzüberschreitende Zusammenarbeit zur polizeilichen Gefahrenabwehr und in strafrechtlichen Angelegenheiten v. 10.11.2003 und 19.12.2003 (BGBl. 2005 II 858 ff.).

[11] Vertrag zwischen der Bundesrepublik Deutschland und der Schweizerischen Eidgenossenschaft über die grenzüberschreitende polizeiliche und justizielle Zusammenarbeit v. 27.4.1999 (BGBl. 2001 II 948).

[12] Vertrag zwischen der Bundesrepublik Deutschland und der Tschechischen Republik über die polizeiliche Zusammenarbeit und zur Änderung des Vertrages v. 2.2.2000 zwischen der Bundesrepublik Deutschland und der Tschechischen Republik über die Ergänzung des Europäischen Übereinkommens über die Rechtshilfe in Strafsachen v. 20.4.1959 und die Erleichterung seiner Anwendung v. 28.4.2015 (BGBl. 2016 II 474). Dieser ergänzt den praktisch zeitgleichen Vertrag zwischen der Bundesrepublik Deutschland

Diese sehen weiter ausdifferenzierte Formen des unmittelbaren grenzüberschreitenden 5
Einsatzes deutscher Ermittler vor, wobei diejüngsten Abkommen mit der Republik **Polen**
von 2015 und Tschechien 2016 angesichts ihres Detailgrades geradezu als neue Referenzdokumente angesehen werden können. Die in allen Dokumenten angeführten Einsatzformen gelten sowohl namentlich für die Fortsetzung von offener Nacheile und verdeckter Observation ebenso wie der originäre Einsatz im Zielland. Dabei sind insbesondere Befugnisse für einen bestimmten grenznahen Bereich und räumlich nicht innerhalb der Staatsgebiete begrenzte Regelungen zu unterscheiden, die sich in den Polizeiverträgen auch dann finden, wenn diese in ihrem Titel auf die grenznahe Zusammenarbeit ausgelegt scheinen.

III. Schließlich sind bei der konkreten Erhebung die sich daraus ergebenden konkreten 6
Vorgaben an das **Verfahren der Erhebung** zu beachten.

1. Dabei sind die Verfahrens- und Formvorschriften – jedenfalls unstrittig für polizeilich- 7
präventive und strafprozessuale Maßnahmen – des für das jeweilige Ermittlungsorgan und die jeweilige Ermittlungsmaßnahme einschlägigen Rechtes zu beachten, soweit diese nicht ausnahmsweise durch konkretere, abschließende Bestimmungen im Rahmen von Übereinkommen etc als *leges speciales* verdrängt werden. Soweit allerdings Letztere nur einen Rahmen vorgeben, in dem die nationalen Verfahrensregeln angewendet werden können, muss nach der allgemeinen Methodik der Auslegung und Lösung von Normkonflikten im Regelfall angenommen werden, dass diese als engere Anforderungen weiterhin zu beachten sind, sofern dies nicht zu offenkundigen Widersprüchen führen würde.

2. Oft klären namentlich die genannten bilateralen Polizeiverträge, die Deutschland mit 8
den europäischen Nachbarstaaten geschlossen hat, auf Basis des mittlerweile weitgehend durch neuere Normen der EU überholte Regelungen des SDÜ ausführlich die **weiteren Einsatzbedingungen** allgemein.

a) Dazu zählen der Einsatz auch von Flug- und Wasserfahrzeugen, Einhaltung von 9
Verkehrsregeln, gelockerte Bindung an Grenzübergänge, das Tragen von Dienstwaffe, -ausrüstung und -kleidung bzw. Uniform, sowie die Haftung. Da sie im Regelfall keine Auswirkungen auf die ordnungsgemäße Beweiserhebung im Sinn der strafrechtlichen Verwertbarkeit haben und eine Ausführung im Detail hier den Rahmen sprengen würde, kann auf die jeweiligen, aus sich selbst gut erklärlichen Normen verwiesen werden:

- **Belgien** (Art. 16 f PolZV DE/BE),
- **Dänemark** (Art. 13 PolZV DE/DK),
- **Frankreich** (Art. 19 PolZV DE/FR),
- **Luxemburg** (Art. 10 f. PolZV DE/LU),
- **die Niederlande** (Art. 25 ff., 29 ff. PolZV DE/NL),
- **Österreich** (Art. 25 ff. PolZV DE/AT),
- **Polen** (Art. 33 ff. PolZV DE/PL),
- **Schweiz** (Art. 29 ff. PolZV DE/CH) und
- **Tschechien** (Art. 20 ff. PolZV DE/CZ).

b) Außerdem kann der Einsatz auch nach allgemeinen Regeln, wo diese im Sonderfall 10
fehlen, unter dem Einwand des ordre public untersagt oder mit Bedingungen und Auflagen verbunden werden, wie zB:

- **die Niederlande** (Art. 35 PolZV DE/NL),
- **Österreich** (Art. 33 PolZV DE/AT),
- **Polen** (Art. 39 PolZV DE/PL),
- **Schweiz** (Art. 42 PolZV DE/CH) und
- **Tschechien** (Art. 28 PolZV DE/CZ).

und der Tschechischen Republik über die Ergänzung des Europäischen Übereinkommens über die Rechtshilfe in Strafsachen v. 20.4.1959 und die Erleichterung seiner Anwendung v. 2.2.2000 (BGBl. 2001 II 733 ff.) insbes. um Aspekte der grenznahen polizeilichen Zusammenarbeit; so enthalten zB beide Verträge Regelungen zur Nacheile, die nebeneinander anwendbar sind.

11 c) Auch die Bestimmungen der internationalen Vereinbarungen über den grenzüberschreitenden Einsatz von Ermittlern sind im Licht der geltenden nationalen und internationalen Grundrechtsgewährleistungen auszulegen und anzuwenden, in Europa somit vor allem die EMRK, sowie der IPBPR.[13] Soweit in den vereinbarten Verfahrensbestimmungen auf das nationale Recht des Gebietsstaates verwiesen wird, ist das gemeint, dass dieser für den Einsatz eigener Beamten mit entsprechender Funktion im ansonsten gleichen Fall anzuwenden hätte, bei Bundesstaaten mit unterschiedlichen föderalen Rechtsgrundlagen wäre wohl bei nicht anders zu klärenden Zweifeln von der Anwendung des Rechtes für dessen Bundesbeamte auszugehen.[14] Dabei sind natürlich die besonderen Bindungen der inländischen Beamten etwa an die inländischen Grundrechte ebenso zu beachten wie allgemein die Bindung an das allgemeine Recht, sofern es gerade keine hoheitsbedingten Ausnahmen vorsieht, wie zB im Bereich des Straßenverkehrsrechtes.

12 IV. Werden grenzüberschreitend Ermittlungsbeamte eines Staates in einem anderen in hoheitlicher Form eingesetzt, folgt daraus nicht nur der bereits ausgeführte Eingriff in das Souveränitätsrecht, der einer normierten oder ausdrücklich gewährten Erlaubnis bedarf. Vielmehr genießen sie umgekehrt bei hoheitlicher Ermittlungshandlung als *acta iure imperii* **Immunität**.[15] Dies gilt auch für Beamte von Gliedstaaten soweit diese aufgrund der konkreten Inanspruchnahme durch den Gesamt- oder (ausnahmsweise) Gliedstaat geltend gemacht wird. Die Bundesrepublik Deutschland hat etwa zum Europäischen Übereinkommen über Staatenimmunität erklärt, dass die (Bundes-)Länder sich in gleichem Maß auf die Immunität berufen können und die daraus folgenden Vorrechte, aber auch Verpflichtungen für sie gelten, wie für den Bund.[16] Die Frage der Immunität gegenüber unmittelbaren fremden Ermittlungsmaßnahmen stellt wiederum ein verfassungsrechtliches Problem für den Gebietsstaat dar, insbesondere was Rechtsschutz und Rechtswegegarantie betrifft.[17] Auch in diesem Licht sind die fast in allen Polizeiverträgen, dem SDÜ und seinen Nachfolgern verankerten **ausdrücklichen Bestimmungen zur zivil- und strafrechtlichen Verantwortlichkeit** der Beamten und der (meist gesamtschuldartigen) Haftung der beteiligten Staaten gegenüber den betroffenen Bürgern (und in der Regel Regress des Gebiets- beim Einsatzstaat) zu betrachten (Art. 17 Abs. 2, 6 ZP II-RHÜ 1959[18]). Sofern – obwohl stark zunehmend – Regelungen zu Rechtsbehelfen fehlen, muss der Rechtsschutz gegen die unmittelbare Ermittlungsmaßnahme grundsätzlich vor dem Vornahmestaat begehrt werden, während gegenüber dem Gebietsstaat ein einklagbarer Schutzanspruch gegen entsprechende Maßnahmen gegeben sein kann (→ § 26 Rn. 2 ff.).[19]

B. Grenzüberschreitende Observation

13 Nach Art. 40 SDÜ besteht die Möglichkeit, eine im Inland begonnene Observation in den Hoheitsbereich eines anderen Mitgliedstaates hinein fortzusetzen. Die Mitgliedstaaten können untereinander gem. Art. 40 Abs. 6 SDÜ erweiterte oder zusätzliche Regelungen treffen.[20] Diese finden sich insbesondere in den Polizeiverträgen

---

[13] Vgl. *Cremer* ZaöRV 2000, 103 (126 f. mwN).
[14] Vgl. *Cremer* ZaöRV 2000, 103 (116 ff.) mwN).
[15] Vgl. ausf. *Cremer* ZaöRV 2000, 103 (119 ff. mwN).
[16] Erklärung nach Art. 28 Abs. 2 EUStaatImmÜ, vgl. Europäisches Übereinkommen über Staatenimmunität v. 16.5.1972 (BGBl. 1990 II 34); vgl. *Cremer* ZaöRV 2000, 103 (122).
[17] Vgl. *Cremer* ZaöRV 2000, 103 (136 ff. mwN); vgl. zum parallelen Problem hinsichtlich Europol (→ § 25 Rn. 9 f.; → § 26 Rn. 48).
[18] Zweites Zusatzprotokoll zum Europäischen Übereinkommen über die Rechtshilfe in Strafsachen v. 8.11.2001 (BGBl. 2014 II 1038).
[19] Vgl. auch *Cremer* ZaöRV 2000, 103 (138 mwN).
[20] Vgl. zu den daraus folgenden Problemen etwa *Monica den Boer* in Hailbronner, Zusammenarbeit der Polizei- und Justizverwaltungen in Europa, 1996, 95 ff.; vgl. allg. *Breitenmoser* in Breitenmoser/Gless/Lagodny, Schengen in der Praxis, 2009, 25 (44 ff.); zur Geltung auch für Vereinigtes Königreich *Janicki*

§ 3 Strafrechtliche Ermittler im Ausland

der Bundesrepublik Deutschland mit den Nachbarstaaten.[21] Mittlerweile ist diese auch im Wesentlichen durch Art. 17 ZP II-RHÜ 1959 übernommen, wobei die dort im Einzelnen festgelegten Straftaten nur im Dringlichkeitsfall die Anwendung begrenzen (Art. 17 Abs. 2, 6 ZP II-RHÜ 1959). Für die Zollfahndung gilt Art. 21 Neapel II.[22]

I. Vorausetzungen

Folgende **materiellen und formellen Vorausetzungen** müssen dafür erfüllt sein: 14

1. Ausgangspunkt ist, dass die **observierte Person** selbst im Verdacht steht, an einer 15 Straftat beteiligt zu sein. Es muss somit ein entsprechender Anfangsverdacht gem. § 152 StPO vorliegen.[23] Weiterhin muss es sich grundsätzlich um eine **auslieferungsfähige Straftat** – im Bereich des SDÜ aus dem sehr weitgehenden und flexiblen und im Jahr 2003 erweiterten Katalog – handeln (Art. 40 Abs. 7 SDÜ).[24] Dabei soll – abstrahiert von der konkreten Straferwartung – auf die „abstrakten" Auslieferungsmöglichkeiten zwischen den beteiligten Staaten und wohl nicht auf das autonome Unionsrecht für die im Raum stehende Straftat abzustellen sein, die sich nach den jeweiligen Auslieferungsübereinkommen meist an einer Mindest- bzw. Höchststraferwartung des vertypten Deliktes orientiert.[25] Eine solche Einschränkung besteht nach Art. 17 ZP II-RHÜ 1959 nicht, wenn die Zustimmung des Einsatzstaates vorliegt, ansonsten muss bereits der genannte Verbrechenskatalog einschlägig sein.

a) Nach einigen bilateralen Polizeiverträgen wird die Möglichkeit der Observation 16 erweitert. Eine grenzüberschreitende Observation ist etwa im Verhältnis mit Österreich und den Niederlanden auch zulässig, um die **Vollstreckung** einer rechtskräftig verhängten freiheitsentziehenden Sanktion zu ermöglichen, wenn zu erwarten ist, dass die noch zu vollstreckende freiheitsentziehende Sanktion oder die Summe mehrerer entsprechender Sanktionen mindestens (noch) vier Monate beträgt.[26] Im Verhältnis mit der Schweiz und den Niederlanden gilt entsprechendes zur Ermöglichung bzw. Sicherung der Vollstreckung aller auslieferungsfähigen Straftaten.[27]

b) Nach diesen Polizeiverträgen, aber auch dem im Jahr 2003 erweiterten SDÜ genügt 17 es auch, wenn von dem Betroffenen im Rahmen einer notwendigen Ermittlungsmaßnahme ernsthaft anzunehmen ist, dass er als **Kontaktperson** zur Identifizierung oder Auffindung einer vorgenannten Person, also eines Verdächtigen und zur Strafvollstreckung Aufzufindenden, führen kann.[28]

c) Schließlich kann eine Observation **zum Zwecke der Verhinderung** einer ausliefe- 18 rungsfähigen Straftat namentlich im Verhältnis mit Österreich und **Polen** ausnahmsweise zulässig sein, wenn die zuständige Behörde des Vertragsstaates, auf dessen Gebiet sich die Observation erstrecken soll, vorab zugestimmt bzw. erklärt hat, die Maßnahme nicht

---

Beweisverbote 497 ff. mwN; vgl. auch Art. 17 ZP II-RHÜ 1959, der allerdings für Deutschland nicht in Kraft ist; vgl. auch HdB-EuStrafR/*Hetzer* § 41 Rn. 53 ff.
[21] Vgl. **für Belgien:** Art. 9 PolZV DE/BE; **Dänemark:** Art. 8 PolZV DE/DK; **Frankreich:** Art. 15 PolZV DE/FR; **Luxemburg:** Art. 5 PolZV DE/LU.
[22] Vgl. dazu *Gleß* NStZ 2000, 57 (59); HdB-EuStrafR/*Zurkinden/Gellert* § 42 Rn. 26 f.
[23] Schomburg/Lagodny/Gleß/Hackner/*Gleß* SDÜ Art. 40 Rn. 8.
[24] Beschluss des Rates B 2003/725/EG v. 2.10.2003, ABl. 2003 L 60, 37.
[25] So wohl jedenfalls Schomburg/Lagodny/Gleß/Hackner/*Gleß* SDÜ Art. 40 Rn. 9; *Würz,* Das Schengener Durchführungsübereinkommen, 1997, Rn. 89.
[26] **Für Österreich:** Art. 11 Abs. 2 PolZV DE/AT; **die Niederlande:** Art. 11 Abs. 2 PolZV DE/NL.
[27] Für **die Niederlande:** Art. 11 Abs. 2 PolZV DE/NL; **die Schweiz:** Art. 14 Abs. 1 S. 1 Hs. 2 PolZV DE/CH.
[28] So aufgreifend **für die Niederlande:** Art. 11 Abs. 1 PolZV DE/NL; **Österreich:** Art. 11 Abs. 1 PolZV DE/AT; für einfache Zustimmung ohne Subsidiaritätserklärung für **die Niederlande:** Art. 16 Abs. 1 PolZV DE/NL; **die Schweiz:** Art. 15 Abs. 1 PolZV DE/CH; Beschluss des Rates B 2003/725/EG v. 2.10.2003, ABl. 2003 L 60, 37; vgl. zum Ganzen Schomburg/Lagodny/Gleß/Hackner/*Gleß* SDÜ Art. 40 Rn. 8; zur Ergänzung um Kontaktpersonen seit 2003 mwN.

durchführen zu können.[29] Ohne vorherige Zustimmung gestattet ist sie nur bei besonderer Dringlichkeit, soweit sie *nicht* im Rahmen eines Ermittlungsverfahrens erfolgt und der Zweck der Observation nicht durch die Übernahme der Amtshandlung durch Organe des anderen Vertragsstaates oder durch Bildung gemeinsamer Observationsgruppen erreicht werden kann.

19   2. Bei den Observanden muss es sich um **Beamte eines Mitgliedstaates** handeln, die hierzu gemäß der Aufzählung in Art. 40 Abs. 4 SDÜ berechtigt sind.[30] Dabei handelt es sich für die Bundesrepublik Deutschland um die Beamten der Polizeien des Bundes und der Länder sowie, beschränkt auf den Bereich des unerlaubten Verkehrs mit Betäubungsmitteln und des unerlaubten Handels mit Waffen, die Beamten des Zollfahndungsdienstes als Ermittlungspersonen der Staatsanwaltschaft.

20   3. Es muss sich um eine bereits **im Herkunftsland begonnene, dh laufende Observation** handeln.[31] Zumindest nach Ansicht der Bundesregierung genügt hier für Deutschland bereits eine kurzfristige Observation nach § 163 StPO, während kritischere Stimmen der Literatur eine langfristigere nach § 163f StPO für erforderlich halten.[32]

21   4. In **formeller Hinsicht** muss grundsätzlich der Mitgliedstaat, in dessen Bereich die Observation fortgesetzt werden soll, vorab der grenzüberschreitenden Observation auf der Grundlage eines **zuvor gestellten** und begründeten **Rechtshilfeersuchens zugestimmt** haben.

22   a) Dieses Ersuchen muss an eine in bzw. nach den Übereinkommen benannte Behörde gerichtet worden sein, wobei für eingehende Ersuchen in Deutschland nicht das BKA, sondern die Stelle nach § 74 IRG zuständig ist.[33] Es erfolgt in Form eines **polizeilichen Ersuchens**. Für den Geschäftsweg finden sich vor allem in den bilateralen Polizei- bzw. Ergänzungsverträgen ausführliche Regelungen, die auch die gleichzeitige Unterrichtung anderer Stellen vorsehen, einschließlich Sonderregeln für die oben genannten präventiven Observationen:

- **Belgien:** Art. 9 Abs. 2, PolZV DE/BE,
- **Dänemark:** Art. 8 PolZV DE/DK,
- **Frankreich:** Art. 15 Abs. 2, 3 PolZV DE/FR,
- **Luxemburg:** Art. 5 PolZV DE/LU,
- **die Niederlande:** Art. 11 Abs. 3–6, 10 PolZV DE/NL iVm Anlage I PolZV DE/NL und Art. 11 Abs. 1 S. 2, 3, Abs. 9 PolZV DE/NL,
- **Österreich:** Art. 11 Abs. 4–6 PolZV DE/AT und Art. 16 Abs. 3 PolZV DE/AT,
- **Schweiz:** Art. 14 Abs. 1 S. 4, Abs. 4 PolZV DE/CH,
- **Tschechien:** Art. 19 Abs. 1 S. 4–6, Abs. 7 ErgV-RHÜ 1959 DE/CZ. In Tschechien ist es an das Polizeipräsidium der Tschechischen Republik oder betreffend Straftaten im Warenverkehr die Generalzolldirektion zu richten.

23   Mit Ausnahme letztgenannten Falles ist Adressat etwa in Österreich der Gerichtshof erster Instanz, in dessen Bezirk die Einreise erfolgt, als Bewilligungsbehörde und gleichzeitig die Sicherheitsdirektionen der Länder bzw. in Zollfragen die zuständigen Finanzbehörden erster Instanz, wobei die Übermittlung auch über die nationalen Zentralstellen oder unmittelbar die einsatzführenden Polizeibehörden erfolgen kann. Entsprechend ist das Ersuchen, unmittelbar oder über die nationalen Zentralstellen, an die schweizerischen

---

[29] **Für Österreich:** Art. 16 Abs. 1 PolZV DE/AT; **Polen:** Art. 22 Abs. 3 PolZV DE/PL.
[30] Beachtlich hierzu ist die vereinfachte einseitige Änderung der nationalen Definitionen von „Beamten", „Behörden" und „zuständige Ministerien" durch Beschluss des Rates Nr. 2000/586/JI v. 28.9.2000, ABl. 2000 L 248, 1 f.; iSd Polizeivertrags mit der **Schweiz** sind alle Bediensteten bzw. Amtswalter einer Polizeibehörde iSv Art. 4 Abs. 1 PolZV DE/CH umfasst; Schomburg/Lagodny/Gleß/Hackner/*Gleß* SDÜ Art. 40 Rn. 15a; konkret hierzu **für Tschechien:** Art. 19 Abs. 6 nF PolZV DE/CZ; vgl. *Cremer* ZaöRV 2000, 103; vgl. daran orientiert Art. 17 Abs. 1 ZP II-RHÜ 1959.
[31] Vgl. zB Art. 17 Abs. 1 ZP II-RHÜ 1959: „fortzusetzen"; hierzu näher auch *Cremer* ZaöRV 2000, 103 (108).
[32] Näher Schomburg/Lagodny/Gleß/Hackner/*Gleß* SDÜ Art. 40 Rn. 4 ff. mwN.
[33] Vgl. Schomburg/Lagodny/Gleß/Hackner/*Gleß* SDÜ Art. 40 Rn. 10 f.

Strafverfolgungsbehörden des Bundes oder örtlich vom Grenzübertritt zuerst betroffenen Kantons zu richten.[34]

Die Behörde des betroffenen Gebietsstaats kann die, grundsätzlich formlose, **Zustim-** 24
mung mit Auflagen verbinden.[35]

b) Ohne vorherige Zustimmung kann die Observation grenzüberschreitend fort- 25
gesetzt werden, wenn es sich um eine Person handelt, die selbst im Verdacht steht, an einer im **Katalog des Art. 40 Abs. 7 SDÜ genannten Straftat** beteiligt zu sein und wegen der besonderen Dringlichkeit die Zustimmung nicht vorab eingeholt werden konnte (Art. 40 Abs. 2 SDÜ, ebenso Art. 17 Abs. 6 ZP II-RHÜ 1959). Durch bilaterale Abkommen entfällt die Beschränkung auf die Katalogtaten, sodass die zustimmungslose Observation wegen aller auslieferungsfähigen Straftaten zulässig wird.[36]

Allerdings muss noch während der Observation diese unverzüglich der notifizierten bzw. 26
durch bilateralen Vertrag geregelten Behörde des betroffenen Mitgliedstaates mitgeteilt und das Rechtshilfeersuchen mit den Gründen, die den Grenzübertritt ohne vorherige Zustimmung rechtfertigen, **unverzüglich nachgereicht werden**.[37] Für diesen Fall sind namentlich im Verhältnis mit Österreich auch die für die Übermittlung zuständigen Behörden in den bilateralen Verträgen weiter festgelegt.[38]

c) Die Observation ist **einzustellen,** sobald der Mitgliedstaat dies verlangt, oder wenn 27
die Zustimmung nicht fünf Stunden nach Grenzübertritt vorliegt.[39] Im Verhältnis mit **Polen** und Tschechien ist dies nunmehr auf zwölf Stunden ausgedehnt (Art. 22 Abs. 2 Nr. 2 PolZV DE/PL, Art. 19 Abs. 2 S. 2 PolZV DE/CZ).

II. Durchführung

Die Observation im anderen Mitgliedstaat ist insbesondere nach Art. 40 Abs. 3 SDÜ wie folgt **durchzuführen:**

1. Nach den für die Schengen-Staaten **allgemein gültigen Regelungen des SDÜ** sind 28
die observierenden Beamten an Art. 40 SDÜ und das Recht des betroffenen Mitgliedstaates gebunden und haben Anordnungen von dessen örtlich zuständigen Behörden zu befolgen.[40] Sie haben ein Dokument zum Nachweis der Zustimmung, soweit nicht wegen der noch nicht möglichen Gestattung noch ausstehend, während der Observation bei sich zu führen und müssen in der Lage sein, jederzeit ihre amtliche Funktion nachzuweisen.[41] Sie dürfen ihre Dienstwaffe mit sich führen, es sei denn, die ersuchte Vertragspartei hat dem

---

[34] **Für die Schweiz:** Art. 14 Abs. 4 PolZV DE/CH, wobei die Zentralstelle zumindest in jedem Fall eine Kopie erhalten muss.
[35] Art. 40 Abs. 1 S. 1, 2, 4 SDÜ; ebenso Art. 17 Abs. 1 S. 2 ZP II-RHÜ 1959; **für die Schweiz:** Art. 14 Abs. 1 S. 2 PolZV DE/CH vor dem Schengenbeitritt der Schweiz, sowie Art. 15 Abs. 1 S. 1, 2 PolZV DE/CH für die ergänzende präventive Observation; ebenso **für Tschechien:** Art. 19 Abs. 1 S. 2 PolZV DE/CZ.
[36] Vgl. **für Österreich:** Art. 11 Abs. 9 PolZV DE/AT; **die Schweiz:** Art. 14 Abs. 2 S. 1 PolZV DE/CH; **Tschechien:** Art. 19 Abs. 2 PolZV DE/CZ; für Kontaktpersonen gilt dies ebenfalls **für Österreich:** gem. Art. 11 Abs. 1 S. 2 PolZV DE/AT.
[37] Art. 40 Abs. 2, 5 SDÜ; vgl. **für Österreich:** Art. 11 Abs. 7 PolZV DE/AT: örtlich zuständige Sicherheitsdirektion der Länder; **die Schweiz:** Art. 14 Abs. 2 S. 1 PolZV DE/CH: Polizeikommando Schaffhausen oder Basel-Stadt, für präventive Observation **die Schweiz:** gem. Art. 15 Abs. 2, 3 PolZV DE/CH; **Tschechien:** Art. 19 Abs. 5 PolZV DE/CZ; ausf. wiederum **für die Niederlande:** Art. 11 Abs. 7, 10 iVm Anlage I PolZV DE/NL.
[38] **Für Österreich:** Art. 11 Abs. 7 S. 2 PolZV DE/AT: das LKA BW/BY bzw. die zuständigen Bundespolizeidienststellen; beachte **für die Schweiz:** Art. 15 Abs. 3 S. 4 PolZV DE/CH: Kopien an beide nationalen Kontaktstellen.
[39] Vgl. etwa Art. 17 Abs. 2 S. 2 ZP II-RHÜ 1959; **für die Schweiz:** Art. 14 Abs. 2 S. 2, Art. 15 Abs. 3 S. 5 PolZV DE/CH PolZV DE/CZ.
[40] Art. 40 Abs. 3 lit. a SDÜ; hieran auch im Folgenden orientiert Art. 17 Abs. 3 ZP II-RHÜ 1959; **für die Schweiz:** Art. 14 Abs. 3 PolZV DE/CH; **Tschechien:** Art. 19 Abs. 3 Nr. 1 PolZV DE/CZ.
[41] Art. 40 Abs. 3 lit. b, c SDÜ; **für Tschechien:** Art. 19 Abs. 3 Nr. 4, 5 PolZV DE/CZ zu beidem.

ausdrücklich widersprochen; der Gebrauch ist mit Ausnahme des Falles der Notwehr aber nicht zulässig.[42]

29 **Wohnungen und öffentlich nicht zugängliche Grundstücke** dürfen nicht betreten werden.[43] Umgekehrt dürfen der Öffentlichkeit zugängliche Arbeits-, Betriebs- und Geschäftsräume während der Öffnungszeiten betreten werden (Art. 40 Abs. 3 lit. f SDÜ).

30 Auch darf die zu observierende Person grundsätzlich nicht eigenmächtig angehalten oder festgenommen werden (Art. 40 Abs. 3 lit. f SDÜ). Angriffe auf die observierenden Beamten sind als Straftaten wie solche gegen entsprechende Beamte des Zielstaates zu ahnden (Art. 42 SDÜ). Für Schäden durch die Observanden haftet der Herkunftsstaat (Art. 43 SDÜ). Auf Verlangen ist die Observation an die Beamten der Vertragspartei, auf deren Hoheitsgebiet die Observation stattfindet, zu übergeben.[44]

31 2. Diese Regelungen werden durch **bilaterale Verträge** mit den deutschen Nachbarn ergänzt:

32 **a)** Danach gilt die Bewilligung der Observation ausdrücklich für das gesamte fremde **Hoheitsgebiet**.[45]

Ausdrücklich ist hier auch festgeschrieben, dass die **Einreise** nicht an Grenzübergänge und deren Öffnungszeiten gebunden ist,[46] aber die Verkehrsregeln zu beachten sind.[47] Dabei werden häufig – jedenfalls vertraglich – den ausländischen Dienstfahrzeugen dieselben **Sonderrechte im Straßenverkehr** eingeräumt wie inländischen.[48] Ebenfalls wird zumindest die Absicht erklärt, auch den Einsatz von Luftfahrzeugen entsprechend zu erlauben.[49] Mit Frankreich ist mittlerweile durch eine Durchführungsvereinbarung im Einzelnen geregelt, dass und wie Luftfahrzeuge grenzüberschreitend eingesetzt werden dürfen (→ § 2 Rn. 150).[50]

33 Ausdrücklich dürfen im Verhältnis mit **Polen** auch Tarnmittel, wie Tarnkennzeichen und -papiere verwendet werden, soweit dies im Ersuchen bzw. der Situation der Benachrichtigung entsprechend berücksichtigt ist (Art. 23 PolZV DE/PL). Sonst ergibt sich dies aus den allgemeinen Vorschriften, entscheidend bleibt dabei, dass sich die Beamten gegebenenfalls ausweisen können.

34 **b) Erforderliche technische Mittel** dürfen von den Beamten des einen Vertragsstaates auch auf dem Hoheitsgebiet des anderen eingesetzt werden, soweit dies nach dessen innerstaatlichem Recht zulässig ist und der sachleitende Beamte des Vertragsstaates, auf dessen Hoheitsgebiet die technischen Mittel eingesetzt werden sollen, ihrem Einsatz im Einzelfall

---

[42] Art. 40 Abs. 3 lit. d SDÜ; vgl. **für Belgien:** Art. 16 PolZV DE/BE: auch Dienstkleidung und dienstliche Zwangsmittel, ebenso **für Luxemburg:** Art. 10 PolZV DE/LU; mit einem Einspruchsrecht des Gebietsstaats zB auch Art. 13 Abs. 1, 3 PolZV DE/DK; **für Tschechien:** vgl. auch Art. 19 Abs. 3 Nr. 6 PolZV DE/CZ.

[43] Art. 40 Abs. 3 lit. e SDÜ; vgl. bestätigend **für Österreich:** Art. 11 Abs. 13 PolZV DE/AT; **die Niederlande:** Art. 11 Abs. 12 PolZV DE/NL; **Tschechien:** Art. 19 Abs. 3 Nr. 7 PolZV DE/CZ; dagegen ist nunmehr in allen Rechtsgrundlagen das Recht zum Betreten von öffentlichen Geschäftsräumen während der Öffnungszeiten unstreitig gegeben, vgl. *Cremer* ZaöRV 2000, 103 (109 mwN).

[44] Art. 40 Abs. 1 S. 3 SDÜ; **für die Schweiz:** ebenso noch Art. 14 Abs. 1 S. 3 PolZV DE/CH; **Tschechien:** Art. 19 Abs. 1 S. 3 PolZV DE/CZ.

[45] **Für Belgien:** Art. 9 Abs. 2 S. 2 PolZV DE/BE; **die Niederlande:** Art. 11 Abs. 8 PolZV DE/NL; **Österreich:** Art. 11 Abs. 8 PolZV DE/AT; **die Schweiz:** Art. 14 Abs. 1 S. 5 PolZV DE/CH.

[46] **Für die Schweiz:** Art. 14 Abs. 1 S. 6; Art. 15 Abs. 4 PolZV DE/CH; ausf. neu und allgemein für **Tschechien** Art. 22 f. PolZV DE/CZ.

[47] **Für die Schweiz:** Art. 14 Abs. 3 Nr. 2 PolZV DE/CH; **Tschechien:** Art. 19 Abs. 3 Nr. 2 PolZV DE/CZ.

[48] Vgl. etwa **für Belgien:** Art. 11 Abs. 1 PolZV DE/BE; **Frankreich:** Art. 17 Abs. 1 PolZV DE/FR, auch wenn diese noch nicht auf deutscher Seite innerstaatlich umgesetzt sind, vgl. BT-Drs. 13/10113, 20.

[49] **Für Belgien:** Art. 11 Abs. 3 PolZV DE/BE; **Frankreich:** Art. 17 Abs. 3 PolZV DE/FR; **Tschechien:** Art. 22 PolZV DE/CZ.

[50] Prot. zwischen der Regierung der Bundesrepublik Deutschland und der Regierung der Französischen Republik über den grenzüberschreitenden Einsatz von Luftfahrzeugen zur Ergänzung des Abkommens v. 9.10.1997 über die Zusammenarbeit der Polizei- und Zollbehörden in den Grenzgebieten (PolZollZusErProt DE/FR) v. 7.4.2016 (BGBl. 2017 II 194).

zugestimmt hat.⁵¹ Über diese im Einzelfall mitgeführten Mittel haben sich die Partnerstaaten gegenseitig zu unterrichten.⁵²

c) Zusätzlich erhalten die Beamten in einigen Partnerstaaten **weitere Sicherungsbefugnisse**:⁵³ Wird die observierte Person auf **frischer Tat** bei der Begehung oder Beteiligung an einer nach dem Recht des Vertragsstaates, auf dessen Hoheitsgebiet die Observation fortgesetzt wird, auslieferungsfähigen Straftat betroffen, dürfen die observierenden Beamten, die unter der Leitung des ersuchten Vertragsstaates tätig sind, die Person **festhalten**.⁵⁴ Die festgehaltene Person darf im Hinblick auf ihre Vorführung vor die zuständige Behörde des ersuchten Vertragsstaates einer Sicherheitsdurchsuchung unterzogen, ihr dürfen während der Beförderung Handfesseln angelegt und die von ihr mitgeführten Gegenstände bis zum Eintreffen von Beamten der zuständigen Behörde des ersuchten Vertragsstaates vorläufig sichergestellt werden.⁵⁵ 35

d) Der Vertrag mit **Polen** sieht nunmehr auch ausdrücklich gemeinsame und geteilte Observationsteams vor, die unter der Leitung des Gebietsstaates stehen (Art. 22 Abs. 4 Nr. 2 PolZV DE/PL). Dazu kann auch um Teilnahme des anderen Staates an der Observation im ersuchenden Staat ersucht werden (Art. 22 Abs. 5 PolZV DE/PL). 36

III. Verfahren nach Durchführung

Nach der Observation ist über jede Operation den zuständigen Behörden des betroffenen Mitgliedstaates Bericht zu erstatten, dabei kann das persönliche Erscheinen der observierenden Beamten gefordert werden.⁵⁶ Die Behörden des Herkunftsstaates unterstützen auf Ersuchen die nachträglichen Ermittlungen einschließlich gerichtlicher Verfahren des Mitgliedstaates, auf dessen Hoheitsgebiet eingeschritten wurde.⁵⁷ Daraus kann sich auch eine ohne Weiteres weiterverwendbare Erkenntnisquelle und Beweismittel für ein deutsches Verfahren ergeben, wenn die Observation durch fremde Beamte im Inland wahrgenommen wurde. Ansonsten sind die eigenen Erkenntnisse der deutschen Beamten wohl ohne Weiteres verwend- und verwertbar.⁵⁸ 37

C. Grenzüberschreitende Nacheile

Die Informationserhebung stellt bei der Nacheile – im Gegensatz zur Observation – nicht den primären Zweck, sondern allenfalls einen zusätzlichen Nutzen dar. Allerdings können bei der Nacheile gewonnene Erkenntnisse für strafrechtliche Verfahren Relevanz entfalten, sodass die Rechtmäßigkeit der Maßnahme ebenfalls inzidente Bedeutung für deren Verwendbarkeit und Verwertbarkeit haben kann. 38

---

⁵¹ **Für Frankreich**: Art. 17 Abs. 2 PolZV DE/FR ohne Einverständnispflicht; **die Niederlande**: Art. 11 Abs. 11 S. 1; **Österreich**: Art. 11 Abs. 12 S. 1 PolZV DE/AT; **Polen**: Art. 24 PolZV DE/PL; **die Schweiz**: Art. 14 Abs. 3 S. Nr. 8 PolZV DE/CH; PolZV DE/NL; dagegen allgemeinere Regelung wie im SDÜ **für Tschechien**: Art. 19 Abs. 3 Nr. 3, Abs. 4 PolZV DE/CZ; vgl. dazu *Cremer* ZaöRV 2000, 103 (109).
⁵² **Für die Niederlande**: Art. 11 Abs. 11 S. 2 PolZV DE/NL; **Österreich**: Art. 11 Abs. 12 S. 2 PolZV DE/AT; **Polen**: Art. 24 PolZV DE/PL.
⁵³ Nicht dagegen **für Tschechien**: Art. 19 Abs. 3 Nr. 8 PolZV DE/CZ.
⁵⁴ **Für Österreich**: Art. 11 Abs. 11 S. 1, 5 PolZV DE/AT; **Polen**: Art. 22 Abs. 4 Nr. 3 PolZV DE/PL; **die Schweiz**: Art. 14 Abs. 3 Nr. 9 PolZV DE/CH; vgl. zum Hintergrund *Cremer* ZaöRV 2000, 103 (142 mwN).
⁵⁵ **Für Österreich**: Art. 11 Abs. 11 S. 2–4 PolZV DE/AT; **Polen**: Art. 22 Abs. 4 Nr. 3 PolZV DE/PL; **die Schweiz**: Art. 14 Abs. 3 Nr. 9 PolZV DE/CH;.
⁵⁶ Art. 40 Abs. 3 lit. g SDÜ; ebenso Art. 17 Art. 3 lit. g ZP II-RHÜ 1959; sowie noch **die Schweiz**: Art. 14 Abs. 3 Nr. 6 PolZV DE/CH; **Tschechien**: Art. 19 Abs. 3 Nr. 9 PolZV DE/CZ.
⁵⁷ Art. 40 Abs. 3 lit. h SDÜ; ebenso Art. 17 Art. 3 lit. h ZP II-RHÜ 1959; sowie noch **die Schweiz**: Art. 14 Abs. 3 Nr. 7 PolZV DE/CH; **Tschechien**: Art. 19 Abs. 3 Nr. 10 PolZV DE/CZ.
⁵⁸ Vgl. hierzu NK-RechtshilfeR/*Kubiciel* IV Rn. 230; *Böse* ZStW 114 (2002), 148 (179); *Gleß* NStZ 2000, 57 (61).

39 Ein völkerrechtliches Gewohnheitsrecht der grenzüberschreitenden Nacheile besteht nicht, vielmehr bedarf sie als – prinzipiell offen erkennbare – hoheitliche Maßnahme einer abstrakten oder konkreten Erlaubnis.[59] Nach Art. 41 SDÜ ist die Nacheile – unter bestimmten zeitlichen und örtlichen Begrenzungen je nach Mitgliedstaat – möglich, soweit besondere Eile bei der grenzüberschreitenden Verfolgung geboten ist. Auch hier sind bilaterale Erweiterungen im grundlegenden Art. 41 SDÜ vorgesehen[60] und finden sich ergänzende und erweiternde Regelungen in den bilateralen Polizeiverträgen:[61]

- **Belgien:** Art. 10 f. PolZV DE/BE,
- **Dänemark:** Art. 9 f. PolZV DE/DK,
- **Frankreich:** Art. 16 PolZV DE/FR,
- **Luxemburg:** Art. 6 PolZV DE/LU,
- **Polen:** Art. 25 PolZV DE/PL,
- **Schweiz:** Art. 16 PolZV DE/CH,
- **Tschechien:** ErgV-RHÜ 1959 DE/CZ, Art. 14 PolZV DE/CZ.

I. Voraussetzungen

40 Die Voraussetzungen sind ähnlich, jedoch nicht identisch, wie die der grenzüberschreitenden Observation:

41 1. Die grenzüberschreitende Nacheile ist zulässig, wenn aus dem Inland entweder ein auf frischer Tat bei einer Beteiligung einer **qualifizierten Straftat Betroffener oder** ein aus **Untersuchungs- oder Strafhaft Geflohener** verfolgt wird.[62]

42 a) Der Zielstaat hat durch seine Erklärung nach Art. 41 Abs. 9 SDÜ entweder den dort genannten **Deliktskatalog** oder aber alle auslieferungsfähigen Straftaten, also parallel zur Observation gem. Art. 40 SDÜ, bestimmt.[63] So ist im Verhältnis mit den Niederlanden oder Tschechien die Nacheile grundsätzlich für alle auslieferungsfähigen Straftaten möglich, mit Österreich zudem, wenn bei Entzug von der Vollstreckung noch mindestens vier Monate zu verbüßen sind.[64] In Deutschland ist umstritten, ob jede Verfolgung nach frischer Tat noch unter Art. 41 SDÜ fallen kann.[65] Bei der Definition des **Flüchtigen** soll dabei auf die Judikatur und Literatur zu § 167 GVG zurückgegriffen werden können.[66]

43 b) Die Nacheile zur **Verfolgung von Vollstreckungsflüchtlingen** ist im Verhältnis mit der Schweiz und Tschechien deutlich weitergehend geregelt und umfasst die aus Untersuchungshaft, der Unterbringung in einem psychiatrischen Krankenhaus, der Sicherungsverwahrung, Strafhaft oder amtlichem Gewahrsam Geflohenen, wobei nach dem Übereinkommen mit Tschechien dieser vorrangige Gewahrsam eine freiheitsentziehende Maßnahme strafrechtlicher Art sein muss.[67]

44 c) Darüber hinaus sehen einige bilaterale Polizeiverträge – namentlich mit Österreich und den Niederlanden – weitergehende Nacheilerechte vor. In diesem Rahmen ist die Nacheile auch möglich, soweit sich eine Person einer **polizeilichen oder zollamtlichen**

---

[59] Vgl. *Cremer* ZaöRV 2000, 103 (119 mwN); hierzu und zum ganzen Folgenden auch HdB-EuStrafR/ *Hetzer* § 41 Rn. 57 ff.
[60] Art. 41 Abs. 10 SDÜ; zudem bleiben die günstigeren Benelux-Regeln in Kraft, Art. 41 Abs. 8 SDÜ.
[61] Vgl. allg. *Hackner* in Breitenmoser/Gless/Lagodny, Schengen in der Praxis, 2009, 277 (290 ff. mwN); zur Nacheile beim Zoll vgl. Art. 20 Neapel II, dazu HdB-EuStrafR/*Zurkinden*/*Gellert* § 42 Rn. 23 ff.
[62] Art. 41 Abs. 1 S. 1, 2, Abs. 4 SDÜ; vgl. auch **die Schweiz:** Art. 16 Abs. 1 S. 1 Nr. 1 PolZV DE/CH und **Tschechien:** Art. 14 Abs. 1 lit. a, b PolZV DE/CZ.
[63] **Für die Schweiz:** Art. 16 Abs. 1 S. 1 Nr. 2 PolZV DE/CH.
[64] **Für Österreich:** Art. 11 Abs. 2 PolZV DE/AT; Art. 12 Abs. 1 Nr. 4 PolZV DE/AT; **die Niederlande:** Art. 12 Abs. 1 Nr. 3 PolZV DE/NL; **Tschechien:** Art. 14 Abs. 1 S. 1 lit. a PolZV DE/CZ.
[65] Vgl. Schomburg/Lagodny/Gleß/Hackner/*Gleß* III E 1 Art. 41 Rn. 3.
[66] Vgl. Schomburg/Lagodny/Gleß/Hackner/*Gleß* III E 1 Art. 41 Rn. 2.
[67] **Für die Schweiz:** Art. 16 Abs. 1 S. 1 Nr. 2 PolZV DE/CH; **Tschechien:** Art. 14 Abs. 1 S. 1 lit. b PolZV DE/CZ.

("Schleierfahndungs-")Kontrolle innerhalb einer Entfernung von höchstens 150 km von der Binnengrenze entzieht. Ähnlich ist dies bei einer solchen Kontrolle „im Grenzgebiet" nach **Tschechien** (Art. 14 Abs. 1 S. 1 lit. c PolZV DE/CZ).

Voraussetzung ist entweder, dass diese Kontrolle zu dem Zweck erfolgen soll, um Personen aufzufinden, die einer auslieferungsfähigen Straftat verdächtigt oder zu einer freiheitsentziehenden Sanktion verurteilt wurden, wegen derer eine Auslieferung zulässig scheint.[68] Ähnlich gilt dies für Kontrollen wegen aller möglichen Straftaten, aber nur in einem Grenzraum von 30 km im Verhältnis mit der **Schweiz** (Art. 16 Abs. 7 PolZV DE/CH).

Ohne diese zusätzliche Voraussetzung kann die Nacheile auch erfolgen, soweit sich der Betroffene der **polizeilichen oder zollamtlichen ("Schleierfahndungs-")Kontrolle** entzieht, sofern dabei eindeutige Anhaltezeichen missachtet werden und in der Folge eine Gefährdung der öffentlichen Sicherheit herbeigeführt wird.[69]

d) Ebenso ist die Nacheile nach bzw. von Österreich, Tschechien und im Verhältnis mit den Niederlanden möglich zur Verfolgung von Personen, die sich im Falle einer **außerordentlich befristet wiedereingeführten (Binnen-)Grenzkontrolle** nach Art. 2 Abs. 2 SDÜ entziehen.[70] 45

2. Wie bei der Observation muss die Nacheile auch durch **Amtsträger** erfolgen, die dem zuvor abstrakt den Partnern notifizierten Kreis angehören. Für Deutschland ist dieser Kreis für beide Ermächtigungsgrundlagen identisch, Art. 41 Abs. 7 SDÜ (→ Rn. 19). 46

3. Die **Nacheile** (nur) nach dem SDÜ ist nur über die **Landgrenzen,** damit wohl nicht die See oder per Luftfahrzeug zulässig.[71] Ergänzend sehen indes mittlerweile einige bilaterale Polizeiübereinkommen die Nacheile ausdrücklich auch über die Luft- und Wassergrenzen vor.[72] Im Verhältnis mit Frankreich ist zudem nun durch das PoZollZusErProt DE/FR ausdrücklich geregelt, dass und wie Luftfahrzeuge auch zur Nacheile grenzüberschreitend eingesetzt werden dürfen (→ § 2 Rn. 150).[73] 47

Nicht vollständig geklärt, jedoch eher zu bejahen ist die Frage, ob eine Nacheile auch durch mehrere Staaten zulässig ist, wenn dadurch nicht die jeweils für die Nacheile gesetzten zeitlichen und örtlichen Beschränkungen überschritten werden.[74] 48

4. Schließlich darf wegen der **besonderen Dringlichkeit** der Angelegenheit die Unterrichtung der zuständigen Behörden des Zielstaates mit einem der in Art. 44 SDÜ vorgesehenen Kommunikationsmittel nicht rechtzeitig möglich oder nicht so rechtzeitig zur Stelle gewesen sein, als dass diese die Verfolgung hätten übernehmen können.[75] Eine tatsächliche vorangehende oder nachträgliche Zustimmung des Zielstaates oder Rechtshilfeersuchen ist daher nicht erforderlich. 49

---

[68] **Für die Niederlande:** Art. 12 Abs. 1 Nr. 1 PolZV DE/NL; **Österreich:** Art. 12 Abs. 1 Nr. 1 PolZV DE/AT.
[69] **Für die Niederlande:** Art. 17 Abs. 2 PolZV DE/NL; **Österreich:** Art. 17 Abs. 2 PolZV DE/AT.
[70] **Für die Niederlande:** Art. 17 Abs. 1 PolZV DE/NL; **Österreich:** Art. 17 Abs. 1 PolZV DE/AT; **Tschechien:** Art. 14 Abs. 1 S 1 lit. d PolZV DE/CZ iVm Art. 21 PolZV DE/CZ mit ausführlichen Regelungen, die dem SDÜ-Stand entsprechen.
[71] Art. 41 Abs. 5 lit. b SDÜ; Art. 14 Abs. 4 PolZV DE/CZ zum Ausschluss von Luftfahrzeugen vgl. NK-RechtshilfeR/*Kubiciel* IV Rn. 231 mwN.
[72] **Für die Niederlande:** Art. 12 Abs. 1 Nr. 2 PolZV DE/NL; **Österreich:** Art. 12 Abs. 1 Nr. 2 PolZV DE/AT; **Tschechien:** jetzt ausdrücklich Art. 14 Abs. 4, sowie Art. 22 PolZV DE/CZ; **Frankreich:** Art. 17 Abs. 3 PolZV DE/FR.
[73] Prot. zwischen der Regierung der Bundesrepublik Deutschland und der Regierung der Französischen Republik über den grenzüberschreitenden Einsatz von Luftfahrzeugen zur Ergänzung des Abkommens v. 9.10.1997 über die Zusammenarbeit der Polizei- und Zollbehörden in den Grenzgebieten v. 7.4.2016 (BGBl. 2017 II 194).
[74] Vgl. Schomburg/Lagodny/Gleß/Hackner/*Gleß* SDÜ Art. 41 Rn. 17 mwN; dagegen etwa *Bubnoff* ZRP 2000, 60 gegen die Zulässigkeit einer „Durcheile".
[75] Art. 41 Abs. 1 S. 1 SDÜ; vgl. zB auch **für die Schweiz:** Art. 16 Abs. 1 S. 1 PolZV DE/CH.

II. Durchführung

50 Die Nacheile ist auf das Festhalten des Betroffenen gerichtet. Spätestens beim Grenzübertritt haben die nacheilenden Beamten Kontakt mit der zuständigen Behörde des Zielstaates aufzunehmen.[76] Diese sind meist in den bilateren Verträgen detailliert bezeichnet.

> **Praxishinweis:**
> Aufgrund der sehr detaillierten Regelungen ist hier auf die einzelnen Übereinkommen zu verweisen, namentlich:
> - **Niederlande:** Deutsche Ersuchen sind in den Niederlanden unmittelbar an die nationale Staatsanwaltschaft zu richten. Die Übermittlung kann auch erfolgen über die die Nationale Zentralstelle der Niederländischen Polizei (KLPD – Meldestelle grenzüberschreitende Observationen). Ebenfalls kann die Übermittlung erfolgen über alle niederländischen Behörden, die mit der Durchführung verschiedener polizeilicher Aufgaben betraut sind; die Übermittlung erfolgt dann über das örtlich zuständige Internationale Rechtshilfezentrum (IRC). Der Nationalen Zentralstelle der Niederländischen Polizei (KLPD – Meldestelle grenzüberschreitende Observationen) ist stets eine Kopie des Ersuchens gleichzeitig zuzuleiten. Im Fall einer Eilobservation ist diese den Meldezentren der Grenzregionen anzuzeigen. Die Zustimmung zu einem Einsatz von technischen Mitteln entscheidet der landesweit zuständige Staatsanwalt für grenzüberschreitende Observation (Art. 12 PolZV DE/NL iVm Anlage I PolZV DE/NL).
> - **Österreich:** Im Rahmen ihrer jeweiligen örtlichen Zuständigkeit je nach Grenzübertritt die Sicherheitsdirektionen der Bundesländer Vorarlberg, Tirol, Salzburg und Oberösterreich sowie zusätzlich die entsprechenden Finanzstrafbehörden 1. Instanz, falls deren sachliche Zuständigkeit ebenfalls betroffen ist (Art. 12 Abs. 2 PolZV DE/AT).
> - **die Schweiz:** Als zuständige Behörde für das Ersuchen die Strafverfolgungsbehörden des Bundes oder an die Strafverfolgungsbehörden des Kantons, auf dessen Gebiet der Grenzübertritt voraussichtlich erfolgen soll; für eine Eilmitteilung in der Schweizerischen Eidgenossenschaft das Polizeikommando Basel-Stadt oder das Polizeikommando Schaffhausen; in Fällen von übergeordneter Bedeutung oder über das Grenzgebiet hinausgegangen, die nationale Zentralstelle der Schweiz (Art. 14 Abs. 2, 16 Abs. 1, 6 PolZV DE/CH).
> - **Tschechien:** Die zuständige Behörde des Vertragsstaates, auf dessen Hoheitsgebiet die Nacheile begonnen wurde, nimmt unverzüglich, im Regelfall noch vor dem Grenzübertritt der nacheilenden Polizeibeamten, Kontakt mit der zuständigen Behörde des anderen Vertragsstaates auf und benachrichtigt das Gemeinsame Zentrum (Art. 14 Abs. 2 PolZV DE/CZ). Die Zuständigkeit richtet sich nach den innerstaatlichen Regelungen, umfasst sind jedenfalls in Tschechien auch das Ministerium des Innern, die Generalinspektion der Sicherheitscorps sowie die Behörden der Polizei und der Zollverwaltung.

51 1. Die nacheilenden Beamten müssen entweder durch Kleidung oder Fahrzeug als solche **eindeutig erkennbar sein,** getarnte Fahrzeuge und Zivilkleidung sind nicht zulässig, zudem müssen sie sich jederzeit in ihrer amtlichen Funktion ausweisen können (Art. 41 Abs. 5 lit. d SDÜ).[77]

52 2. Durch Vertragserklärung hat der Zielstaat festgelegt, ob den Nacheilenden entweder überhaupt kein **Festhalterecht** zusteht oder nur soweit, bis die eigenen Behörden die Festnahme und Identitätsfeststellung vornehmen können.[78] Haben die Nacheilenden ein vorläufiges Festnahmerecht, darf der Betroffene im Hinblick auf seine Vorführung vor den örtlichen Behörden lediglich einer Sicherheitsdurchsuchung unterzogen, ihm während der Beförderung Handschellen angelegt und mitgeführte Gegenstände sichergestellt werden.[79]

---

[76] Art. 41 Abs. 1 S. 3 SDÜ; vgl. **für Österreich:** Art. 17 Abs. 3 PolZV DE/AT; **die Schweiz:** Art. 16 Abs. 1 S. 2 PolZV DE/CH.

[77] Vgl. zB auch **für Tschechien:** Art. 14 Abs. 5 lit. c PolZV DE/CZ.

[78] Art. 41 Abs. 2, 9 SDÜ; zB eingeräumt **für Österreich:** in Art. 12 Abs. 1 Nr. 3 PolZV DE/AT; ausf. für **die Schweiz:** Art. 16 Abs. 2 PolZV DE/CH; **Tschechien:** Art. 14 Abs. 6 PolZV DE/CZ.

[79] Art. 41 Abs. 5 lit. f SDÜ; vgl. dazu **für die Niederlande:** Art. 29 PolZV DE/NL; **die Schweiz:** Art. 16 Abs. 4 Nr. 3 PolZV DE/CH; **Tschechien:** Art. 14 Abs. 5 lit. d PolZV DE/CZ.

3. Die Verfolgung ist stets **einzustellen,** sobald der Zielstaat dies verlangt.[80] Weiterhin 53 hat der Zielstaat durch Erklärung bestimmt, ob die Nacheile nur in einem bestimmten Binnenbereich oder für eine bestimmte Zeitdauer oder unbegrenzt zulässig ist (Art. 41 Abs. 3, 9 SDÜ). Für das **gesamte Hoheitsgebiet und zeitlich unbegrenzt** gilt das Nacheilerechte etwa für Deutschland im Verhältnis mit der Schweiz, Österreich, den Niederlanden und Tschechien.[81] Bilateral mögliche Nacheilen wegen Flucht von Grenz- oder Schleierfahndungskontrollen (→ Rn. 44) sind zudem abzubrechen, wenn die Fortsetzung der Maßnahme zu einer konkreten Gefährdung von Leib, Leben oder Gesundheit der verfolgten Person oder Dritter führt und diese Gefährdung in einem offenkundigen Missverhältnis zu der abzuwehrenden Gefahr steht.[82]

4. Auf Ersuchen der nacheilenden Beamten haben die **örtlich zuständigen Behörden** 54 **des Zielstaates** die betroffene Person zu ergreifen, um ihre Identität festzustellen oder die Festnahme vorzunehmen.[83] Der so Festgenommene kann ungeachtet seiner Staatsangehörigkeit zum Zwecke der Vernehmung festgehalten werden, wobei die einschlägigen Bestimmungen des nationalen Rechts sinngemäß Anwendung finden.[84] Ist der Festgenommene nicht Staatsangehöriger des Zielstaates, so ist er spätestens sechs Stunden nach Ergreifung freigelassen, es sei denn, die örtlich zuständigen Behörden des Zielstaates erhalten vor Ablauf dieser Frist ein Ersuchen, egal in welcher Form, um vorläufige Festnahme zum Zwecke der Auslieferung.[85] Dabei zählen allerdings die Stunden zwischen Mitternacht und neun Uhr nicht mit. Ebenso bleibt die Möglichkeit der vorläufigen Festnahme durch den Gebietsstaat nach eigenem Recht stets unberührt.[86]

5. Hinsichtlich der Bindung der Nacheilenden an Recht und Anweisungen des Ziel- 55 staates, Betreten von Wohnungen und Grundstücken,[87] der Dienstwaffen sowie Bericht an den Zielstaat und Unterstützung der weiteren Ermittlungen durch den Herkunftsstaat gilt dasselbe wie bei der Observation nach Art. 40 SDÜ (→ Rn. 29).[88] Ebenso gilt der Schutz vor Straftaten und die Schadensersatzhaftung nach Art. 42, 43 SDÜ (→ Rn. 30).

III. Verwertbarkeit von Informationen

Informationen, die die Nacheilenden ohne Verstoß gegen die Hoheitsrechte des Ziel- 56 staates erhalten haben, sind wohl ohne Weiteres verwertbar. Umstritten ist hingegen die Verwendbarkeit für Erkenntnisse nach Überschreiten der durch Erklärung des Zielstaates gesetzten zeitlichen und räumlichen Beschränkungen (→ § 18 Rn. 6).[89]

---

[80] Art. 41 Abs. 1 S. 4 SDÜ; vgl. **für die Niederlande:** Art. 12 Abs. 1 Nr. 3 PolZV DE/NL; **Österreich:** Art. 17 Abs. 3 S. 2 PolZV DE/AT; **Tschechien:** Art. 14 Abs. 2 S. 2 PolZV DE/CZ.
[81] **Für die Niederlande:** Art. 12 Abs. 1 Nr. 3 PolZV DE/NL; **Österreich:** Art. 12 Abs. 1 Nr. 3 PolZV DE/AT; **Tschechien:** Art. 14 Abs. 4 PolZV DE/CZ 2016; **die Schweiz:** Art. 16 Abs. 3 S. 1 PolZV DE/CH.
[82] Vgl. **für die Niederlande:** Art. 17 Abs. 3 PolZV DE/NL; **Österreich:** Art. 17 Abs. 3 S. 2 PolZV DE/AT.
[83] Art. 41 Abs. 1 S. 5 SDÜ; **die Schweiz:** Art. 16 Abs. 1 S. 4 PolZV DE/CH; **Tschechien:** Art. 14 Abs. 3, 6 PolZV DE/CZ.
[84] Art. 41 Abs. 1, 2 SDÜ; ebenso noch hierzu und zum Folgenden **für die Schweiz:** Art. 16 Abs. 5 PolZV DE/CH; **Tschechien:** Art. 14 Abs. 3, 5 lit. d, 6 PolZV DE/CZ; zum (früheren) Problem der Festnahme von Staatsangehörigen des Gebietsstaates wegen der Auslieferungsverbote vgl. *Cremer* ZaöRV 2000, 103 (107 mwN).
[85] Art. 41 Abs. 6 S. 3 SDÜ; dabei warf die kurze Frist häufig wegen rechtsstaatlicher Garantien des Gebietsstaates, namentlich Frankreich, erhebliche praktische Schwierigkeiten auf, vgl. nur *Bubnoff* ZRP 2000, 60; zu weiteren Auslegungsfragen vgl. auch *Hackner* in Breitenmoser/Gless/Lagodny, Schengen in der Praxis, 2009, 277 (290 ff.).
[86] Vgl. etwa *Bubnoff* ZRP 2000, 60 (62 mwN).
[87] Vgl. **für die Niederlande:** Art. 12 Abs. 1 Nr. 4 PolZV DE/NL; **Österreich:** Art. 12 Abs. 1 Nr. 5 PolZV DE/AT.
[88] Nach Art. 41 Abs. 5 lit. a, c, e–h SDÜ; vgl. **für die Schweiz:** Art. 16 Abs. 4 PolZV DE/CH; **Tschechien:** Art. 23 PolZV DE/CZ.
[89] Vgl. Schomburg/Lagodny/Gleß/Hackner/*Gleß* SDÜ Art. 41 Rn. 7 wonach nach hM in Deutschland kein Verwertungsverbot gelten soll unter Berufung auf *Goy*, Vorläufige Festnahme und grenzüberschreitende Nacheile, 2002, 257 f.

57 Umgekehrt besteht eine, grundsätzlich unbeschränkte, Erkenntnisquelle für den Zielstaat wie bei der Observation in der Pflicht der Nacheilenden, selbst wenn die Nacheile nicht erfolgreich war, sich zum Bericht bei der zuständigen Behörde, soweit zT dazu, sich bis zur Klärung des Sachverhaltes bereitzuhalten, sowie ihres Dienstherrenstaates zur Unterstützung der nachträglichen Ermittlungen einschließlich gerichtlicher Verfahren des Einsatzgebietsstaates.[90]

D. Gemeinsame Ermittlergruppen

58 Gemeinsame Ermittlergruppen („*Joint Investigation Teams*", JIT) sind insbesondere in der Zusammenarbeit im Rahmen der EU und ihrer Nachbarstaaten, aber auch in einzelnen überregionalen Übereinkommen und bilateralen Verträgen vorgesehen. Häufig kann mit einer gemeinsamen Ermittlungsgruppe eine grenzüberschreitende kontrollierte Lieferung verbunden sein (→ § 15 Rn. 336 ff.).[91]

I. Europäische Union

59 1. Die wichtigste **allgemeine Rechtsgrundlage innerhalb Europas** stellt – bis zum Inkrafttreten der Europäischen Ermittlungsanordnung – vor allem in Art. 13 RHÜ 2000 dar, aber auch parallel (wegen der damals wohl zu schleppend angesehenen Ratifizierung des Übereinkommens) der gesonderte Rahmenbeschluss 2002/465/JI des Rates (RB 2002/465/JI), die beide in § 93 IRG umgesetzt sind.[92] An ihnen orientiert sich der mittlerweile auch für Deutschland in Kraft getretene Art. 20 ZP II-RHÜ 1959.[93] Für die Zusammenarbeit der Zollermittler bietet primär Art. 24 Neapel II eine entsprechende Grundlage für die Durchführung bzw. Beteiligung. Ergänzungen finden sich in bilateralen Rechtshilfeabkommen, Zusatzverträgen zu bestehenden Übereinkommen oder Polizeiverträgen. Mit (jeweiligem) Inkrafttreten des RHÜ 2000 dürften manche zuvor gefassten allgemeineren Regelungen in bilateralen Abkommen überholt sein.[94] Nach Art. 13 Abs. 11 RHÜ 2000 sollen allerdings andere Grundlagen für gemeinsame Ermittlungsgruppen nicht in ihrer Fortgeltung berührt werden. Dementsprechend ergänzen auch die neueren Regelungen im Polizeivertrag mit der Republik **Polen** das gemeinsame Unionsrecht für operative Ermittlungsgruppen, die nicht unter der Leitung von Justizbehörden stehen, namentlich zu einem gemeinsamen Abschlussbericht und gemeinsamen Medienerklärungen.[95]

---

[90] Vgl. etwa **für die Schweiz**: Art. 16 Abs. 4 Nr. 4 PolZV DE/CH; **Tschechien**: Art. 14 Abs. 5 lit. f PolZV DE/CZ.
[91] Nicht nachvollziehbar scheint allerdings, wenn NK-RechtshilfeR/*Güntge* IV Rn. 76 wohl aus § 61b Abs. 1 S. 1 IRG ableiten will, eine Gemeinsame Ermittlungsgruppe bedürfe zwingend eines völkerrechtlichen Vertrages, der diese vorsehe. Damit wird insbes. die Möglichkeit von völkerrechtlichen Ad-hoc-Vereinbarungen, die bewusst nicht negative Formulierung der Vorschrift verkannt. Ebenso wird durch die Alternativität und den Vorrang der völkerrechtlichen Normen wohl das primäre Zusammenspiel und die Komplementarität der völker-/unionsrechtlichen Kooperationsinstrumente und des nationalen Rechtshilferechtes verkannt.
[92] Rahmenbeschluss 2002/465/JI des Rates über gemeinsame Ermittlungsgruppen v. 13.6.2002, ABl. 2002 L 162, 1 ff.; vgl. allg. HdB-EuStrafR/*Neumann* § 34 Rn. 7 ff.; zur mutmaßlichen Ablösung des Rahmenbeschlusses RB 2002/465/JI durch die nachgelagerte Ratifizierung des RHÜ 2000 vgl. NK-RechtshilfeR/*Kubiciel* IV Rn. 314; zur Umsetzung im IRG vgl. NK-RechtshilfeR/*Wörner* IV Rn. 511 ff. mwN; zur Umsetzung in Österreich vgl. NK-RechtshilfeR/*Zerbes* IV Rn. 625 f.
[93] Vgl. dazu ausf. Denkschrift BT-Drs. 18/1773, 41 ff.
[94] So zB die Koordinierungsgruppen **für Polen**: Art. 17 ErgV-RHÜ 1959 DE/PL; **Tschechien**: Art. 10 PolZV DE/CZ; vgl. allerdings ausdrücklichen Verweis **für die Niederlande** in Art. 4 Nr. 2d PolZV DE/NL sowie die ergänzenden allgemeinen Bestimmungen **für Frankreich** in Art. 11 Abs. 2 Nr. 2 PolZV DE/FR.
[95] Ausf. **für Polen**: Art. 12 PolZV DE/PL, zum Verhältnis zu den sonstigen gemeinsamen Ermittlungsgruppen BT-Drs. 18/3696, 3; vgl. dazu HdB-EuStrafR/*Neumann* § 34 Rn. 2 ff.

> **Praxishinweis:**
> Gute erste und zusammenfassende Informationen zu zentralen Fragen bei der Einrichtung und Durchführung bietet der **Leitfaden für Gemeinsame Ermittlungsgruppen,** den der Rat der Europäischen Union den Mitgliedstaaten offiziell zugeleitet hat und der so offen über die Webseite der Union abrufbar ist.[96] Dort finden sich auch Verweise auf weiterführende Informationen, die Ermittler bei den entsprechenden Stellen erhalten können. Weiterhin gibt es Hinweise darauf, wie logistische und auch finanzielle Unterstützung von Eurojust und Europol bei der Einrichtung und Durchführung Gemeinsamer Ermittlungsgruppen erlangt werden kann.[97] Zusätzlich bieten seit längerem Europol und Eurojust weitere Informationsmittel für Gemeinsame Ermittlungsgruppen an, darunter insbesondere **Europol ein ausführliches Handbuch** mit Erläuterung der Rechtsgrundlagen und einer Modellvereinbarung[98] sowie Eurojust zur Finanzierung.[99]

2. Nach den genannten Rechtsgrundlagen können die zuständigen Behörden **von zwei oder mehr Mitgliedstaaten** eine gemeinsame Ermittlungsgruppe bilden.[100]   **60**

a) Dies muss **zur Durchführung strafrechtlicher Ermittlungen** in einem oder mehreren der an der Gruppe beteiligten Mitgliedstaaten für einen bestimmten Zweck erfolgen. Eine gemeinsame Ermittlungsgruppe kann insbesondere gebildet werden, wenn in dem Ermittlungsverfahren eines Mitgliedstaats zur Aufdeckung von Straftaten **schwierige und aufwendige Ermittlungen mit Bezügen zu anderen Mitgliedstaaten** vorzunehmen sind **oder** wenn mehrere Mitgliedstaaten Ermittlungen zur Aufdeckung von Straftaten durchführen, die infolge des zugrundeliegenden Sachverhalts **ein koordiniertes und abgestimmtes Vorgehen in den beteiligten Mitgliedstaaten erforderlich** machen (Art. 13 Abs. 2 RHÜ 2000, Art. 1 Abs. 1 UAbs. 1 S. 1, UAbs. 2 RB 2002/465/JI).   **61**

b) Die Bildung der gemeinsamen Ermittlungsgruppe ist **zeitlich zu begrenzen** und auch in **personeller Hinsicht zu konkretisieren** (Art. 13 Abs. 1 RHÜ 2000, Art. 1 Abs. 1 S. 1 RB 2002/465/JI). Damit soll sichergestellt werden, dass eine solche Ermittlungsgruppe nicht zu einer permanenten Form der Zusammenarbeit wird. Sollte sich praktisch das Problem einer Verstetigung stellen oder diese wünschenswert sein, liegt es an den beteiligten Stellen bzw. Staaten, eine hinreichende dauerhafte Lösung zB durch vertragliche Übereinkünfte zu schaffen.   **62**

c) Die gemeinsame Ermittlungsgruppe wird **in einem der Mitgliedstaaten** gebildet, in dem die Ermittlungen voraussichtlich durchzuführen sind (Art. 13 Abs. 1 UAbs. 3 S. 2 RHÜ 2000, Art. 1 UAbs. 3 S. 2 RB 2002/465/JI). Ohne dass dies ausdrücklich bestimmt ist, dürfte es sich anbieten, dabei voraussichtliche Schwerpunkte der Ermittlungen maßgeblich für die Auswahl des „Anker-Mitgliedstaates" zu berücksichtigen.   **63**

d) Soweit es die Rechtsvorschriften der betreffenden Mitgliedstaaten oder die zwischen ihnen anwendbaren Übereinkünfte dies gestatten, kann vereinbart werden, dass auch andere Personen neben den Vertretern der zuständigen Behörden der Mitgliedstaaten, die die Gruppe gebildet haben, an den Tätigkeiten der gemeinsamen Ermittlungsgruppe beteiligt sein können (sog. **„Assoziierte Mitglieder"**), wie namentlich Bedienstete von EU-Organen und -Stellen die entweder mit Ermittlungstätigkeiten oder unterstützenden Dienstleistungen betraut sind, oder wohl auch, wenn diese von den mutmaßlichen Strafta-   **64**

---

[96] Vgl. Ratsdok. 6128/1/17.
[97] Vgl. Ratsdok. 6128/1/17, 21 ff.
[98] Vgl. https://www.europol.europa.eu/content/page/joint-investigation-teams-989 (zuletzt abgerufen am 21.5.2019). Zusätzlich ist die Gründung eines „GEG-Netzwerks" hervorzuheben, dessen Informationen ebenfalls über die Webseiten von Europol erreicht werden können, vgl. HdB-EuStrafR/*Neumann* § 34 Rn. 16; als Mantel für Modellvereinbarungen vgl. auch Proposal for a Council Resolution on a Model agreement for setting up a Joint Investigation Team, Ratsdok. 14313/16.
[99] http://www.eurojust.europa.eu/Practitioners/JITs/Eurojust-JITsFunding/Pages/Eurojust-JITsfunding.aspx (zuletzt abgerufen am 24.5.2019).
[100] Nach Art. 13 Abs. 1 S. 1 RHÜ 2000, Art. 1 Abs. 1 RB 2002/465/JI; ebenso und im Folgenden, soweit nicht anders genannt, parallel, Art. 20 ZP II-RHÜ 1959.

ten besonders betroffen scheinen (Art. 13 Abs. 12 RHÜ 2000, Art. 1 Abs. 12 RB 2002/465/JI).[101] Insbesondere Personal von **Europol** kann in unterstützender Funktion an gemeinsamen Ermittlungsgruppen teilnehmen, die auch Ermittlungen im Zusammenhang mit Europol-Straftaten führen (→ § 12 Rn. 77 ff.).[102]

65   3. Die Bildung einer gemeinsamen Ermittlungsgruppe erfolgt **durch Vereinbarung der zuständigen Behörden.**

66   a) Ein **Ersuchen,** eine solche abzuschließen, kann von jedem der betroffenen Mitgliedstaaten gestellt werden und muss die Angaben wie allgemein für Rechtshilfeersuchen nach Art. 14 RHÜ 1959 – darunter insbesondere eine Bezeichnung bzw. Beschreibung der mutmaßlichen strafbaren Handlung und kurze Darstellung des Sachverhaltes – enthalten, sowie zusätzlich Vorschläge für die Zusammensetzung der Gruppe (Art. 13 Abs. 1 UAbs. 3, Abs. 2 RHÜ 2000; Art. 1 Abs. 1 UAbs. 3, Abs. 2 RB 2002/465/JI).

67   b) Die **Vereinbarung** selbst muss dann den Zweck der gemeinsamen Ermittlungsgruppe, den begrenzten Zeitraum ihrer Bildung und die Zusammensetzung angeben. Im gegenseitigen Einvernehmen im Wege der Vereinbarung kann die Einsetzungsdauer verlängert werden.[103] Soll ergänzend Personal von Europol teilnehmen, muss auch mit diesem eine entsprechende Vereinbarung geschlossen werden (Art. 6 Abs. 2 Europol-Beschluss).

68   4. Nach ihrer Einsetzung kann die gemeinsame Ermittlungsgruppe im Hoheitsgebiet aller beteiligten Mitgliedstaaten tätig werden. Die durch die Vereinbarung, dem Übereinkommen bzw. Rahmenbeschluss und nationalem Recht gesetzten **Rahmenbedingungen** dafür sollen sich danach bestimmen, maßgeblich dem Recht des Einsatzstaates, aber auch das Recht der mitwirkenden Staaten zu beachten und gleichzeitig eine effektive Arbeit zu ermöglichen (Art. 13 Abs. 3–6 RHÜ 2000, Art. 1 Abs. 3–6 RB 2002/465/JI):

69   a) Die **Leitung** der gemeinsamen Ermittlungsgruppe erfolgt durch ein Mitglied, das aus der an den strafrechtlichen Ermittlungen beteiligten zuständigen Behörde des Mitgliedstaats stammt, in dem der Einsatz der Gruppe stattfindet.[104] Dieses Mitglied handelt im Rahmen der ihm nach innerstaatlichem Recht zustehenden Befugnisse.

70   b) Ebenso führt die Gruppe insgesamt ihren Einsatz einerseits gemäß den **Rechtsvorschriften** des Mitgliedstaats durch in dem er stattfindet. Der Mitgliedstaat, in dem der Einsatz der Gruppe erfolgt, schafft die notwendigen organisatorischen Voraussetzungen für ihren Einsatz. Alle Mitglieder nehmen ihre Aufgaben unter der genannten Leitung unter jeweiliger Berücksichtigung der Bedingungen wahr, die ihre eigenen Behörden in der Vereinbarung zur Bildung der Gruppe festgelegt haben. Dies gilt auch für das Europol-Personal nach Art. 6 Abs. 2, 3 Europol-Beschluss. Die aus den anderen Mitgliedstaaten entsandten Mitglieder sind berechtigt, bei Ermittlungsmaßnahmen im Einsatzmitgliedstaat **anwesend** zu sein, soweit nicht der Gruppenleiter, aus besonderen Gründen nach Maßgabe der Rechtsvorschriften des Einsatzstaats, anders entscheidet. Sie können nach Maßgabe der Rechtsvorschriften des Einsatzstaats vom Gruppenleiter mit der Durchführung bestimmter **Ermittlungen betraut** werden, sofern dies von den zuständigen Behörden des Einsatzstaates und von ihrem Entsendestaat gebilligt worden ist.

71   c) **Informationen, über die ein Entsendestaat verfügt,** darf das entsprechende Gruppenmitglied, für die Zwecke der von der Gruppe geführten strafrechtlichen Ermittlungen im Einklang mit den Rechtsvorschriften seines Landes und im Rahmen seiner

---

[101] Vgl. ausf. NK-RechtshilfeR/*Wörner* IV Rn. 522 f.; HdB-EuStrafR/*Neumann* § 34 Rn. 11 ff.
[102] Gem. Art. 6 B 2009/371/JI; zum JIT-Network bei Europol vgl. NK-RechtshilfeR/*Wörner* IV Rn. 512 mwN.
[103] Art. 13 Abs. 1 UAbs. 1 S. 1, 2 RHÜ 2000; Art. 1 Abs. 1 UAbs. 1 S. 1, 2 RB 2002/465/JI; eine solche konkrete, wenn auch eher informelle Vereinbarung wird wohl auch **für Polen:** Art. 17 ErgV-RHÜ 1959 DE/PL unterstellt; zur zentralen Bedeutung der präzisen Zweckbestimmung vgl. ausf. NK-RechtshilfeR/*Kubiciel* IV Rn. 316 mwN; zum Charakter als öffentlich-rechtliche Vereinbarung und weiteren Inhalten vgl. NK-RechtshilfeR/*Wörner* IV Rn. 516 f.
[104] Die deutsche Leitungsbefugnis nach § 61b Abs. 1 S. 2 IRG bezieht sich nur auf die in (bzw. für) Deutschland vorzunehmenden Ermittlungsmaßnahmen, vgl. dazu auch NK-RechtshilfeR/*Güntge* IV Rn. 79; allgemeiner zum RHÜ 2000 NK-RechtshilfeR/*Kubiciel* IV Rn. 317.

Befugnisse der Gruppe vorlegen (Art. 13 Abs. 9 RHÜ 2000, Art. 1 Abs. 9 RB 2002/465/ JI, Art. 20 Abs. 9 ZP II-RHÜ 1959). Es gilt also das jeweilige Übermittlungsrecht ohne besondere Erweiterung. Europol-Teilnehmer dürfen nach weiterer Regelung in der Kooperationsvereinbarung Informationen aus den Europol-Datenbanken weitergeben, haben aber die nationalen Europol-Stellen entsprechend zu unterrichten (Art. 6 Abs. 4 Europol-Beschluss).

d) Benötigt die gemeinsame Ermittlungsgruppe **Ermittlungsmaßnahmen** in einem bzw. durch einen beteiligten Mitgliedstaat, so können die von diesem Mitgliedstaat in die Gruppe entsandten Mitglieder die zuständigen Behörden ihres Landes ersuchen, diese Maßnahmen zu ergreifen; ihre Vornahme wird in dem betreffenden Staat gemäß den Bedingungen erwogen, die für im Rahmen innerstaatlicher Ermittlungen erbetene Maßnahmen gelten würden (Art. 13 Abs. 7 RHÜ 2000, Art. 1 Abs. 7 RB 2002/465/JI). Erfordert die Arbeit der gemeinsamen Ermittlungsgruppe die Unterstützung durch einen nicht an ihr beteiligten Mitgliedstaat, kann der Einsatzstaat entsprechend den einschlägigen Übereinkünften oder Vereinbarungen ein Rechtshilfeersuchen an diesen richten (Art. 13 Abs. 8 RHÜ 2000, Art. 1 Abs. 8 RB 2002/465/JI).

72

e) Für die **assoziierten Mitglieder** gelten diese besonderen Rechte nicht, es sei denn, dass die Vereinbarung ausdrücklich etwas anderes vorsieht (Art. 13 Abs. 12 S. 3 RHÜ 2000, Art. 1 Abs. 12 S. 3 RB 2002/465/JI).[105]

73

5. Verwendet werden dürfen die von einem Mitglied während seiner Zugehörigkeit zu einer gemeinsamen Ermittlungsgruppe rechtmäßig durch eigene Ermittlungsmaßnahmen, Informationsvorlagen oder sonst erlangte Informationen, soweit sie den zuständigen Behörden der betroffenen Mitgliedstaaten nicht anderweitig und damit nach anderen, ggf. leichteren Rechtsvorschriften, zugänglich sind. Weiterhin muss sich die Verarbeitung in den Zwecken halten, zu denen die Gruppe gebildet wurde, zur **Abwehr einer unmittelbaren und ernsthaften Gefahr** für die öffentliche Sicherheit genutzt werden, oder sonst – auch in einem Ermittlungsverfahren nach dem gerade genannten mit ausdrücklicher Zustimmung erfolgen (→ § 20 Rn. 33 ff.).[106]

74

Zusätzlich dürfen Informationen, die ein Mitglied des **Europol-Personals** im Rahmen seiner Teilnahme an einer gemeinsamen Ermittlungsgruppe mit Zustimmung und unter Verantwortung des Mitgliedstaats, der die betreffende Information zur Verfügung gestellt hat, erlangt, nach den für Europol geltenden Bedingungen in einem Europol-Dateisystem gespeichert und weiterverarbeitet werden (→ § 16 Rn. 53 ff. und → § 17 Rn. 83 ff.).[107]

75

II. Andere internationale Grundlagen

Hinter dieser Regelungsdichte bleiben **andere Übereinkommen** deutlich zurück und verweisen auf im Einzelfall zu regelnde Absprachen.

76

1. Die weitaus wichtigsten unter diesen Normsystemen stellen die **Übereinkommen mit den USA** dar, wobei das Abkommen Deutschlands den Rahmen des von der EU geschlossenen auch in diesem Bereich ausfüllt:[108] Im EU-Übereinkommen ist allerdings lediglich festgelegt, dass zur **Bildung** und Einsatz erforderliche Maßnahmen im Hoheitsgebiet der beteiligten Staaten ergriffen werden, wenn die Partner dies für zweckmäßig erachten, sodass strafrechtliche Ermittlungsverfahren und eine Strafverfolgung, an denen

77

---

[105] Vgl. näher NK-RechtshilfeR/*Wörner* IV Rn. 522 f.
[106] Vgl. Art. 13 Abs. 10 RHÜ 2000, Art. 1 Abs. 10 RB 2002/465/JI; die Zustimmung kann allerdings nur unter bestimmten Bedingungen verweigert werden; vgl. Art. 1 Abs. 10 lit. b RB 2002/465/JI; etwas ungenau hier NK-RechtshilfeR/*Kubiciel* IV Rn. 320 mwN; vgl. ebenso iE hier Art. 20 Abs. 10 ZP II-RHÜ 1959.
[107] Vgl. Art. 6 Abs. 5 B 2009/371/JI; fraglich ist, ob dies auch auf paneuropäische Ermittlungsgruppen nach Art. 20 Abs. ZP II-RHÜ 1959 zutrifft.
[108] Art. 12bis RHV D/US, Art. 5 RHÜ EU/US; vgl. dazu auch NK-RechtshilfeR/*Docke/Momsen* IV Rn. 443 ff., dort insbes. auch zur Erweiterung, dass solche Ermittlungsgruppen auch möglich sind, selbst wenn Deutschland nur mittelbar von den Bezugsstraftaten betroffen ist.

einer oder mehrere der Mitgliedstaaten der EU und die USA beteiligt sind, erleichtert werden (Art. 12bis Abs. 1 RHV D/US, Art. 5 Abs. 1 RHÜ EU/US). Die für die jeweilige Ermittlungsgruppe maßgeblichen **Modalitäten** wie Zusammensetzung, Bestandsdauer, Standort, Organisation, Funktionen, Zweck und Umfang der Beteiligung von Gruppenmitgliedern aus einem Staat an Ermittlungen im Hoheitsgebiet eines anderen Staates werden im Einvernehmen zwischen den betreffenden für die Ermittlung und Verfolgung von Straftaten und von den jeweiligen Staaten bestimmten zuständigen Behörden festgelegt (Art. 12bis Abs. 2 RHV D/US, Art. 5 Abs. 2 RHÜ EU/US). Dazu sollen die jeweils beteiligten Behörden in unmittelbaren Kontakt treten, wobei Ersuchen einer Polizeibehörde der USA an das BKA zu richten sind. Die Staaten können sich auf andere geeignete Kommunikationswege einigen, wenn außergewöhnliche Komplexität, große Tragweite oder andere Umstände in Bezug auf einige oder auf alle Aspekte eine zentralere Koordinierung erforderlich erscheinen lassen (Art. 12bis Abs. 3 RHV D/US, Art. 5 Abs. 3 RHÜ EU/US). Um erforderliche Ermittlungsmaßnahmen in einem der Staaten, von denen die Ermittlungsgruppe gebildet wurde, durchzuführen, kann ein von diesem Staat in die Gruppe entsandtes Mitglied die Behörden seines Staates nach den für innerstaatliche Ermittlungen geltenden Rechtsnormen ersuchen, ohne dass der andere Staat ein Rechtshilfeersuchen einreichen muss (Art. 12bis Abs. 4 RHV D/US, Art. 5 Abs. 4 RHÜ EU/US).

78 2. Die etwa in den bilateralen Polizeiverträgen, wie etwa mit der **Schweiz und den Niederlanden** vereinbarten möglichen gemischt besetzte Kontroll-, Observations- und Ermittlungs- sowie Analyse- und Arbeitsgruppen, dürfen insoweit vor allem als Ergänzung und Abrundung flexibler Organisationsformen verstanden werden, die zu anderen Einsatzformen (→ Rn. 93 ff.) überleiten.[109] Die beteiligten Beamten haben im anderen Mitgliedstaat grundsätzlich keine Hoheitsbefugnisse, bei der Datenabfrage sind die Beschränkungen zu beachten, dass diese nur unter Leitung eines Beamten des Gebietsstaates gewährt werden darf.[110]

79 3. Mit anderen Staaten ist die Einrichtung von gemeinsamen Ermittlungsgruppen nicht im Umkehrschluss ausgeschlossen, sondern folgt vielmehr Ad-hoc-Vereinbarungen. So sind gemischte Ermittlungsteams mit **Japan** nicht unüblich, erfordern allerdings eine erhebliche tatsächliche und rechtliche Vorbereitung.[111]

E. Weitere Formen der (offenen) Beteiligung polizeilicher Ermittler im Ausland

I. Verbindungsbeamte und gemeinsame Zentren

80 Neben operativen gemeinsamen Einsatzgruppen können im Rahmen von strafrechtlichen Ermittlungen auch die vorhandenen **gemeinsamen Zentren und** darin oder sonst tätige **Verbindungsbeamten** relevant bei der Erhebung von ausländischen Informationen werden.[112] Ihre Bedeutung liegt dabei allerdings insbesondere in der Übermittlung von Informationen, jedoch auch, wenn auch weniger, in eigener „originärer" Wahrnehmung. Weitaus von einem „Nischendasein" entfernt, stellt diese Zusammenarbeit im bilateralen oder eng beschränkten regionalen internationalen Rahmen eine seit langem durchaus wichtige

---

[109] Vgl. **für die Niederlande:** Art. 19 PolZV DE/NL; **die Schweiz:** Art. 20 Abs. 1 PolZV DE/CH.
[110] Vgl. **für die Niederlande:** Art. 26 Abs. 2 PolZV DE/NL; **die Schweiz:** Art. 20 Abs. 1, Art. 28 PolZV DE/CH.
[111] Vgl. Ratsdok. 15008/16, 18 f. mit weiteren möglichen Herangehensweisen.
[112] Vgl. – auch zu anderen Formen der Zusammenarbeit und dadurch bedingter Auslandsaufenthalte zB im Rahmen gemeinsamer Fortbildungseinrichtungen, Arbeitskreise von Führungsbeamten wie die Task Force Europäischer Polizeichefs oder des ständigen Ausschusses für die Zusammenarbeit in Strafsachen (COSI) – HdB-EuStrafR/*Hetzer* § 41 Rn. 8 ff., 65 f.; näher auch Ratsdok. 6261/17, 44 f.

Säule der Kooperation dar. Sie tritt neben die größeren Organisationsformen – namentlich Interpol und Europol –, die in vielem als ihr Vorbild und Ideengeber erachtet werden können. Letztere sollen allerdings aus systematischen Gründen erst später an geeigneter Stelle bei Fragen der Informationsübermittlung eingehend dargestellt werden (→ § 17 Rn. 49 ff., 173 ff.).

1. Eine wesentliche Grundlage für eine derartige Kooperation für den **Schengenraum** 81 findet sich namentlich in Art. 47, 125 SDÜ. Danach können die Vertragsparteien bilaterale Absprachen über die befristete oder unbefristete Entsendung von Verbindungsbeamten einer Vertragspartei zu Polizeidienststellen einer anderen Vertragspartei treffen. Diese muss das Ziel haben, die Zusammenarbeit zwischen den Vertragsparteien zu fördern und zu beschleunigen, was insbesondere durch Unterstützung des Informationsaustausches zur präventiven und repressiven Verbrechensbekämpfung, bei polizeilicher und justizieller Rechtshilfe in Strafsachen und der grenzüberwachenden Behörden an den Außengrenzen erfolgen kann.[113]

Zur Vernetzung der **Verbindungsbeamten** der EU-Mitgliedstaaten, Europol und Euro- 82 just untereinander wurde ein Ratsbeschluss geschaffen, der namentlich die Notifizierung aller abgeordneten Verbindungsbeamten zwischen den Mitgliedstaaten untereinander und dem Generalsekretariat des Rates vorsieht (Art. 3 B 2003/170/JI[114]).[115] Diese Verbindungsbeamten sollen grundsätzlich im Rahmen der ihnen von dem Entsende- und Empfangsstaat jeweils erteilten Weisungen nur beratend und unterstützend tätig werden, Informationen erteilen und ihre Aufträge erledigen (Art. 47 Abs. 3 S. 1, 2 SDÜ). Zur selbstständigen Durchführung von polizeilichen Maßnahmen sind sie nicht berechtigt. Sie berichten aber regelmäßig an den Leiter des Polizeidienstes, zu dem sie entsandt sind (Art. 47 Abs. 3 S. 3 SDÜ). Verbindungsbeamte in Drittstaaten können dabei aufgrund einer Vereinbarung nicht nur für ihren Entsendestaat, sondern auch einen anderen Schengenstaat tätig werden (Art. 47 Abs. 4 SDÜ).

Eine entsprechende Regelung findet sich für die Zusammenarbeit durch entsandte **Zoll-** 83 **ermittler** (Art. 125 SDÜ).

2. In diesem Rahmen oder von ihm unabhängig sehen zahlreiche **Abkommen auf** 84 **bilateraler Ebene** bzw. in einem sehr kleinen Kreis von Staaten entsprechende Einrichtungen **namentlich gemeinsame Zentren** zunehmend vor, wie etwa im Verhältnis mit den deutschen Nachbarstaaten:

- **Dänemark:** Art. 4 PolZV DE/DK,
- sehr ausf. auch **für Frankreich:** Art. 3 ff. PolZV DE/FR,
- **die Niederlande:** Art. 24, 30 PolZV DE/NL,
- **Österreich:** Art. 24 PolZV DE/AT,
- **Polen:** Art. 11, 27 ff. PolZV DE/PL,
- **Schweiz:** Art. 23 PolZV DE/CH,
- **Tschechien:** Art. 4 f. PolZV DE/CZ.

Wohl jüngstes neu geregeltes Beispiel ist das deutsch-österreichische gemeinsame Zen- 85 trum in Passau.[116]

Danach können in den gemeinsamen Zentren, auch mit vereinbarter Beteiligung von 86 Drittstaaten,[117] Beamte der Behörden beider Vertragsstaaten im Rahmen ihrer jeweiligen

---

[113] Vgl. *Breitenmoser* in Breitenmoser/Gless/Lagodny, Schengen in der Praxis, 2009, 25 (48).
[114] Beschluss 2003/170/JI des Rates über die gemeinsame Inanspruchnahme von Verbindungsbeamten, die von den Strafverfolgungsbehörden der Mitgliedstaaten entsandt sind v. 27.2.2003, ABl. 2003 L 210, 1.
[115] Vgl. *Breitenmoser* in Breitenmoser/Gless/Lagodny, Schengen in der Praxis, 2009, 25 (48).
[116] Vereinbarung zwischen dem Bundesministerium des Innern der Bundesrepublik Deutschland und dem Bundesministerium für Inneres der Republik Österreich über die Zusammenarbeit im Gemeinsamen Zentrum Passau (GZPA DE/AT) v. 28.3.2017 (BGBl. 2018 II 21).
[117] **Für Österreich:** Art. 24 Abs. 3, 7 PolZV DE/AT; vgl. umgekehrt Beteiligung an Zentren mit anderen Nachbarstaaten in **den Niederlanden:** Art. 24 Abs. 6 PolZV DE/NL; **die Schweiz:** Art. 23 Abs. 7 PolZV DE/CH; **Tschechien:** Art. 5 PolZV DE/CZ.

Zuständigkeiten räumlich unmittelbar zusammenarbeiten, um in Angelegenheiten, die den Zuständigkeitsbereich der Behörden in den genannten Grenzgebieten betreffen, Informationen auszutauschen, zu analysieren und weiterzuleiten sowie bei der Koordinierung der grenzüberschreitenden Zusammenarbeit nach diesem Vertrag unterstützend mitzuwirken.[118] Im Verhältnis mit der Schweiz können die Stellen auch bei der Überstellung von Ausländern, wohl auch zu strafrechtlichen Zwecken, mitwirken.[119]

87 Unter diesen gemeinsamen Zentren ist vor allem das von Belgien, Frankreich, Luxemburg und Deutschland in Luxemburg hervorzuheben, nicht nur weil dessen vertragliche Regelung besonders detailliert und geradezu mustergültig geraten ist, insbesondere, was den Informationsaustausch und gemeinsame Datensysteme angeht.[120] Daneben sind bilaterale Zentren auf Grundlage der entsprechenden nachbarschaftlichen Polizeiverträge unterschiedlich lange bereits fest etabliert unter anderem mit Frankreich (in Kehl), den Niederlanden (in Goch-Hommersum), Dänemark (in Padborg), **Polen** (in Slubice), Tschechien (in Schwandorf und Petrovic), Österreich (nunmehr in Passau) sowie in Basel mit der Schweiz.

88 Wichtig ist, dass den in Zentren oder sonst als Verbindungsbeamten oder zu anderem Zweck (→ Rn. 93) entsandten Ermittlungsbeamten *grundsätzlich keine hoheitlichen Befugnisse* zustehen, wo sie ihnen nicht ausdrücklich durch den Zielstaat, in dessen Gebiet sie sich befinden, konkret oder allgemein in Abkommen verliehen oder anerkannt worden ist.[121]

89 Besonders wichtig sind die Vorschriften, die für die **Übermittlung personenbezogener Daten** bestehen. Diese verweisen regelmäßig auf die allgemeinen Vorschriften der spontanen und auf Ersuchen im Rahmen der polizeilichen Rechtshilfe erfolgenden Informationsermittlung, sodass diese, ggf. bis auf die Sonderformen der Geschäfts- und sonstigen Kommunikationswege, zu beachten sind.[122]

90 **3. An den deutschen Auslandsvertretungen** versehen derzeit 66 Verbindungsbeamtinnen und -beamte des BKA an 53 Standorten in 51 Ländern ihren Dienst. Grundlage sind häufig die besonderen bilateralen Übereinkommen gegen schwere Kriminalität,[123] wo andere Übereinkommen fehlen. Die Beamten werden sowohl ermittlungsinitiierend als auch ermittlungsunterstützend tätig. Ihre Aufklärungs- und Unterstützungstätigkeit, ihre Informationssammlung und -auswertung und ihr sonstiger ermittlungsbezogener Einsatz orientieren sich in aller Regel an einem konkreten, polizeilich relevanten Sachverhalt. Darüber hinaus obliegt ihnen die strategische und taktische Beobachtung der Kriminalitätslage im Empfangsstaat bzw. der Region einschließlich der Maßnahmen zur Kriminalitäts-

---

[118] **Für Belgien:** Art. 4 PolZV DE/BE; **die Niederlande:** Art. 24 Abs. 2 PolZV DE/NL; **Österreich:** Art. 24 Abs. 2 PolZV DE/AT; **die Schweiz:** Art. 23 Abs. 2, 5 PolZV DE/CH; **Tschechien** Art. 5 Abs. 2 PolZV DE/CZ.

[119] **Für die Schweiz:** Art. 23 Abs. 3 PolZV DE/CH; mit den **Niederlanden** nur „Rückführung nach Art. 24 Abs. 3 PolZV DE/NL".

[120] Übk. zwischen der Regierung der Bundesrepublik Deutschland, der Regierung des Königreichs Belgien, der Regierung der Französischen Republik und der Regierung des Großherzogtums Luxemburg zur Einrichtung und zum Betrieb eines Gemeinsamen Zentrums der Polizei- und Zollzusammenarbeit im gemeinsamen Grenzgebiet (PolZV DE/BE/FR/LU) v. 24.10.2008 (BGBl. 2011 II 130 ff.).

[121] Vgl. etwa **für Dänemark:** Art. 4 Abs. 3 PolZV DE/DK; **Frankreich:** Art. 4 Abs. 6 PolZV DE/FR; **Österreich:** ausdrücklich Art. 24 Abs. 4 S. 1 PolZV DE/AT; aber auch Art. 27 Abs. 1, 3, 4 PolZV DE/AT; Art. 3 Abs. 2 GZPA DE/AT; **Tschechien:** Art. 5 Abs. 4 PolZV DE/CZ; indirekt etwa **für die Niederlande:** Art. 24 Abs. 2 PolZV DE/NL; ausdrücklich mit Klarstellung, dass auf alle diese Verbindungsbeamten die Regelungen des SDÜ Anwendung finden etwa **für Frankreich:** Art. 12 Abs. 1 PolZV DE/FR.

[122] Vgl. etwa **für Frankreich:** Art. 11, 13 f. PolZV DE/FR; **die Niederlande:** Art. 24 Abs. 2 S. 2 PolZV DE/NL; **Österreich:** Art. 24 Abs. 2 S. 2 PolZV DE/AT; Art. 3 Abs. 4, 5 GZPA DE/AT; **die Schweiz:** Art. 28 PolZV DE/CH; **Tschechien:** Art. 5 Abs. 2 PolZV DE/CZ.

[123] Vgl. etwa **Bulgarien** (AntiOrgKrimAbk DE-BG); **Kirgisistan** (AntiOrgKrimAbk DE/KG); **Litauen** (AntiOrgKrimAbk DE/LT); **Polen** (AntiOrgKrimAbk DE/PL); **Rumänien** (AntiOrgKrimAbk DE/RO); **Russland** (AntiOrgKrimAbk DE/RU); **Slowenien** (AntiOrgKrimAbk DE/SI); **Tschechien** (AntiOrgKrimAbk DE/CFSR); **Tunesien** (AntiOrgKrimAbk DE/TN); **Ungarn** (AntiOrgKrimAbk DE/HU); **Usbekistan** (AntiOrgKrimAbk DE/UZ); **Vereinigte Arabische Emirate** (SichZusAbK DE/AE); **Vietnam** (AntiOrgKrimAbk DE/VN), wobei weder die Existenz einer derartigen Regierungsvereinbarung die Umsetzung sicherstellt noch umgekehrt Voraussetzung ist.

bekämpfung, insbesondere der international organisierten Kriminalität. Diese Verbindungsbeamten üben keine hoheitliche Tätigkeit in dem Empfangsstaat aus und haben bei ihrer Tätigkeit das Völkerrecht, das Recht des Empfangsstaates sowie die mit den Empfangsstaaten getroffenen Vereinbarungen zu beachten.[124]

Die **Bundespolizei** setzt zudem in 20 Staaten sog. grenzpolizeiliche Verbindungsbeamte ein. In zwölf weiteren Staaten sind grenzpolizeiliche Verbindungsbeamte im Nebenamt akkreditiert. Ihre Aufgabe ist es, die grenzpolizeilich bedeutsamen Lagefelder in den Einsatzstaaten zu beobachten. Dazu gehört die Beobachtung der Lage an den Außengrenzen der EU und von Maßnahmen zur Kriminalitätsbekämpfung, insbesondere der Maßnahmen gegen die international organisierte Schleusungskriminalität.[125] Zusätzlich beschäftigt die Bundespolizei speziell ausgebildete Beamtinnen und Beamte als sog. Dokumenten- und Visumberater derzeit an 28 Standorten in 20 Ländern in Europa, Asien und Afrika und an deutschen Auslandsvertretungen. Ziel ist es, unerlaubte Einreisen nach Deutschland bzw. in das Vertragsgebiet der Schengen-Staaten schon am Ausgangspunkt der Reise zu verhindern.[126]

4. Als ein Beispiel für eine entsprechende vereinbarte Zusammenarbeit außerhalb des Schengenraumes können etwa die Verbindungsbeamten gelten, die zu repressiven oder präventiven Zwecken bei Straftaten von erheblicher Bedeutung zB zwischen der **Türkei, Kirgisistan, Russland, Tunesien, Usbekistan, Vietnam und den Vereinigten Arabischen Emiraten** und der Bundesrepublik Deutschland entsandt werden können.[127]

91

92

II. Fallbezogen entsandte Ermittler und Verbindungsbeamte

Damit ist wiederum auf dem Spektrum der Zusammenarbeitsformen der Schritt getan zu den **konkret fallbezogen ins Ausland entsandten nationalen Verbindungsbeamten und Ermittlungsteams.** Ähnlich wie in von vornherein auf Gleichrangigkeit angelegten gemeinsamen Ermittlungsteams können Polizeibeamte zB im Verhältnis mit den Niederlanden, Österreich, **Polen** und der Schweiz grenzüberschreitend bei einem **dringendem Bedarf zur Verfolgung von Straftaten** eingesetzt und den zuständigen Stellen des anderen Vertragsstaates ausnahmsweise zur Wahrnehmung polizeilicher Vollzugsaufgaben einschließlich hoheitlicher Befugnisse **unterstellt werden**.[128] Ein solcher dringender Bedarf liegt bei der Verfolgung von Straftaten insbesondere vor, wenn ohne diesen Einsatz die Ermittlungen aussichtslos oder wesentlich erschwert wären.[129] Zu jeder derartigen Unterstellung ist das Einvernehmen zwischen den zuständigen Stellen der beidseitig beteiligten Vertragsstaaten erforderlich.[130] Die unterstellten Beamten dürfen nur unter der Leitung und in der Regel nur in Anwesenheit von Beamten des anderen Vertragsstaates hoheitlich tätig werden, sie sind an dessen Recht gebunden, und ihm wird ihr Handeln – namentlich

93

---

124 https://www.bka.de/DE/UnsereAufgaben/Aufgabenbereiche/InternationaleFunktion/Verbindungsbeamte/verbindungsbeamte.html (zuletzt aufgerufen am 21.5.2019).
125 So http://www.bundespolizei.de/Web/DE/03Unsere-Aufgaben/04Internationale-Aufgaben/GVB.html (zuletzt aufgerufen am 21.5.2019).
126 http://www.bundespolizei.de/Web/DE/03Unsere-Aufgaben/04Internationale-Aufgaben/DVB.html (zuletzt aufgerufen am 21.5.2019).
127 **Für die Türkei:** Art. 3, 6. Spiegelstrich AntiOrgKrimAbk DE/TR sowie entsprechend die Regierungsabkommen **Kirgisistan** (AntiOrgKrimAbk DE/KG); **Rumänien** (AntiOrgKrimAbk DE/RU); **Tunesien** (AntiOrgKrimAbk DE/TN); **Usbekistan** (AntiOrgKrimAbk DE/ZU); **Vereinigte Arabische Emirate** (SichZusAbK DE/AE); **Vietnam** (AntiOrgKrimAbk DE/VN). Vgl. ähnlich in **Ägypten** (SichZusAbk DE/EG); **Albanien** (SichZusAbk DE/AL); **Georgien** (AntiOrgKrimAbk DE/GE); **Russland** (AntiOrgKrimAbk DE/RU); **Serbien** (SichZusAbk DE/RS).
128 **Für die Niederlande:** Art. 6 Abs. 1 PolZV DE/NL; **Österreich:** Art. 6 Abs. 1 PolZV DE/AT; **Polen:** Art. 13 PolZV DE/PL; **die Schweiz:** Art. 22 Abs. 1 PolZV DE/CH; in anderen Nachbarstaaten dagegen Verbindungsbeamte ausdrücklich nur ohne Exekutivbefugnisse, vgl. **für Belgien:** etwa Art. 5 PolZV DE/BE.
129 **Für die Niederlande:** Art. 6 Abs. 3 PolZV DE/NL; **Österreich:** Art. 6 Abs. 3 PolZV DE/AT; **die Schweiz:** Art. 22 Abs. 3 PolZV DE/CH.
130 **Für die Niederlande:** Art. 6 Abs. 2 PolZV DE/NL; **Österreich:** Art. 6 Abs. 2 PolZV DE/AT; **die Schweiz:** Art. 22 Abs. 2 PolZV DE/CH.

haftungstechnisch – im Außenverhältnis zugerechnet.¹³¹ Ungeklärt scheint, ob die von diesen Beamten gewonnenen schlichten Erkenntnisse in ihrem Entsendestaat ohne Zustimmung des Einsatzstaates verwendet werden dürfen, soweit die Unterstellung der entsprechenden Amtsträger im Zeitpunkt der Verwendung nicht mehr besteht; namentlich erscheint hier fraglich, ob § 54 StPO im Sinne einer notwendigen Aussagegenehmigung durch den Einsatzstaat Anwendung finden kann bzw. muss.

III. Grenzüberschreitende Fahndungsaktionen

94 Noch enger, nunmehr auf Ermittlungsmaßnahmen bezogen, sieht etwa der Polizeivertrag mit der Schweiz vor, dass sich die zuständigen Behörden in den Grenzgebieten nach Maßgabe festgelegter Pläne jeweils auf ihrem Hoheitsgebiet an grenzüberschreitenden Fahndungsaktionen, wie zum Beispiel Ringalarmfahndungen nach flüchtigen Straftätern beteiligen, wobei bei überregionaler Bedeutung die Zentralstellen wohl zumindest nachrichtlich einzubinden sind.¹³²

IV. Grenzüberschreitende Entsendung von Spezialeinheiten zur Strafverfolgung

95 Haben die zuständigen Behörden eines **EU-Mitgliedstaats** berechtigten Grund zu der Annahme, dass eine terroristische iSv Art. 1 Abs. 1 RB 2002/475/JI¹³³ bzw. der seit Mai 2017 ersetzenden Terrorismusbekämpfungs-RL¹³⁴ oder andere Straftat vorliegt, die eine ernste unmittelbare physische Bedrohung für Personen, Eigentum, Infrastrukturen oder Institutionen in diesem Mitgliedstaat darstellt, können sie andere Unionsstaaten um **grenzüberschreitende Entsendung** von **Spezialeinheiten zur Strafverfolgung ersuchen,** deren besondere Aufgabe darin besteht, Krisensituationen zu bewältigen.¹³⁵ Es handelt sich dabei letztlich um eine Ausgestaltung der Beistands- und Hilfeklauseln des EU-Primärrechts nach dem Vertrag von Lissabon.¹³⁶ Der zuständigen Behörde des ersuchten Mitgliedstaats steht es frei, ein derartiges Ersuchen entgegenzunehmen oder abzulehnen oder eine andere Art von Hilfeleistung vorzuschlagen. Im Falle der vereinbarten Durchführung von Operationen im Hoheitsgebiet des ersuchenden Mitgliedstaats sind die Beamten der unterstützenden Spezialeinheit befugt, im Hoheitsgebiet des ersuchenden Mitgliedstaats unterstützend tätig zu werden und alle erforderlichen Maßnahmen für die Bereitstellung der erbetenen Hilfeleistung zu treffen, vorausgesetzt sie handeln unter der Verantwortung, Zuständigkeit und Leitung des ersuchenden Mitgliedstaats und unter Einhaltung seiner gesetzlichen Bestimmungen sowie im Rahmen der Zuständigkeiten, die ihnen ihr nationales Recht verleiht.

V. Ermittler für konkrete Maßnahmen im Rahmen der Rechtshilfe

96 **Im Weg der allgemeinen Rechtshilfe,** falls nicht gegebenenfalls polizeilicher Amtshilfe, aufgrund eines Ersuchens kann **konkret gestattet** werden die – gerade auch im vertragsfreien Bereich durchaus häufige – Praxis, Ermittlungsteams oder andere Beamte für konkrete Maß-

---

[131] **Für die Niederlande:** Art. 6 Abs. 4 PolZV DE/NL; **Österreich:** Art. 6 Abs. 4 PolZV DE/AT; **die Schweiz:** Art. 22 Abs. 4 PolZV DE/CH.
[132] **Für die Schweiz:** Art. 20 Abs. 2 PolZV DE/CH; vgl. ähnlich angedeutet für Dänemark in Art. 4 Abs. 3, 3. Spiegelstrich PolZV DE/DK; ausdrücklich auch **für Frankreich:** Art. 11 Abs. 2 Nr. 2, 4. Spiegelstrich PolZV DE/FR.
[133] Rahmenbeschluss des Rates zur Terrorismusbekämpfung v. 13.6.2002, ABl. 2002 L164, 3; aK seit 15.3.2017.
[134] RL (EU) 2017/541 des Europäischen Parlaments und des Rates zur Terrorismusbekämpfung und zur Ersetzung des Rahmenbeschlusses 2002/475/JI des Rates und zur Änderung des Beschlusses 2005/671/JI des Rates v. 15.3.2017, ABl. 2017 L 88, 6 ff.
[135] Gemäß dem Beschluss 2008/617/JI des Rates über die Verbesserung der Zusammenarbeit zwischen den Spezialeinheiten der Mitgliedstaaten der Europäischen Union in Krisensituationen (B 2008/617/JI) v. 23.6.2008, ABl. 2006 L 210, 73 ff.
[136] Vgl. vor allem Art. 222 AEUV sowie auch Art. 196 f. AEUV sowie Art. 42 Abs. 7 EUV.

nahmen der Straftatermittlung und -verfolgung grenzüberschreitend zu entsenden. Nicht zuletzt wegen der rechtsstaatlichen Voraussetzungen und der Selbstbehauptung der staatlichen Souveränität erhalten derartige Ermittler regelmäßig keinerlei Befugnisse zu eigenständigem hoheitlichen Handeln und sind voll auf die Vornahme durch die innerstaatlichen Hoheitsträger oder deren konkrete Gestattung angewiesen. Nach den allgemeinen Regeln dürfte ihnen die Ausübung von im Einsatzstaat vorgesehenen „Jedermannsrechten" jedenfalls in haftungsrechtlicher Hinsicht nicht verwehrt sein. Auch dürften eigene schlichte Wahrnehmungen, sofern keine Hoheitsausübung angemaßt wurde, nach den allgemeinen Regelungen, jedenfalls soweit nicht der Einsatzstaat etwas anderes bei der Gestattung ausbedungen hat, ohne Weiteres verwendbar sein. Einer Verwertung im Rahmen der Beweisaufnahme und -würdigung könnte die Rechtswidrigkeit einer für die Wahrnehmung kausalen Maßnahme nur nach den allgemeinen im Inland geltenden Regeln entgegengehalten werden können.

F. Einsatz verdeckter Ermittler im Ausland

I. Grundlagen

Auch durch eigene verdeckte Ermittler können staatliche Ermittlungsorgane strafverfahrensrechtliche Erkenntnisse in fremden Hoheitsgebieten gewinnen. Diese Informationserhebung durch den Einsatz von Ermittlungsbeamten von Polizei und Zoll berührt trotz ihrem verdeckten Charakter intensiv die fremde Souveränität des betroffenen Zielstaates. Zudem birgt sie für die eingesetzten Beamten die Gefahr erheblicher Rechtsunsicherheiten und kann zu tatsächlichen Risiken führen, denen nicht zuletzt aus der staatlichen Fürsorgepflicht begegnet werden muss. Aus diesen Gründen findet diese besondere Ermittlungsmethode zunehmend Berücksichtigung in Übereinkommen zur polizeilichen oder strafrechtlichen Rechtshilfe. Dort wird meist gleichzeitig der Einsatz von ausländischen Beamten im Inland für inländische Verfahren geregelt, ohne dies begrifflich zu trennen. Sollen von dem ausländischen Beamten, der im Inland verdeckt ermittelt hat, Erkenntnisse in ein inländisches Strafverfahren eingeführt werden, sind die allgemeinen Grundsätze bei der Übernahme und Verwertung ausländischer Erkenntnisse – vorbehaltlich etwaig vorhandener oder konkret vereinbarter Sonderregelungen – zu beachten (→ § 15 Rn. 374 ff.). 97

1. Selbstverständlich müssen für deutsche verdeckt ermittelnde Amtsträger die grundsätzlichen materiellen und formellen Voraussetzungen der einschlägigen **deutschen Normen** wie bei einem rein inländischen Einsatz eingehalten werden, sodass die Rechtsgrundlagen nach §§ 110a ff. StPO für echte Ermittler, sowie die allgemeinen Auffangnormen für nicht offen ermittelnde Beamte, einschließlich der RiStBV mit ihrer Anlage D.II erfüllt sein müssen.[137] Die Anwendung dieser Regelungen auf – auch grenzüberschreitend – im Internet unter einer mehr oder weniger tiefgehenden Legende verdeckt operierender Ermittlungsbeamter gelangt zunehmend in die Diskussion (→ § 7 Rn. 11 f.).[138] 98

2. Nach den **engeren europäischen** Zusammenarbeitsformen – namentlich Art. 14 Abs. 1 RHÜ 2000 – konnten Mitgliedstaaten im Wege der Rechtshilfe vereinbaren, einander bei strafrechtlichen Ermittlungen durch verdeckt oder unter falscher Identität handelnde Beamte zu unterstützen. Nach der offen gefassten Regelung erscheint möglich, dass ein Verdeckter Ermittler des ersuchenden Staates im ersuchten aber auch einer des ersuchten Staates im Hoheitsgebiet des ersuchenden Staates tätig wird. Diese Norm wurde, soweit fristgemäß zum 22.5.2017 umgesetzt, durch Art. 29 EEA-RL[139] ersetzt, der im Verfahren gewisse Änderungen enthält. (zum Ganzen systematisch → § 19 Rn. 374 ff.). 99

---

[137] Vgl. neben der allgemeinen Kommentierung, wie etwa Meyer-Goßner/Schmitt/*Köhler* StPO §§ 110a ff. mwN zu den Erfordernissen insbes. *Schneider* NStZ 2004, 359 ff.
[138] Vgl. BVerfGE 120, 274 Rn. 310 f. = NJW 2008, 822 – Online-Durchsuchung; zuletzt insbes. *Soiné* NStZ 2014, 248 ff. mwN.
[139] RL 2014/41/EU des Europäischen Parlaments und des Rates über die Europäische Ermittlungsanordnung in Strafsachen v. 3.4.2014, ABl. 2014 L 130, 1.

100 Entsprechende Regelungen finden sich in Art. 23 Neapel II für verdeckte Zollermittler sowie in Art. 19 ZP II-RHÜ 1959 optional für Vertragsstaaten des Europarates außerhalb der EU.

101 Zu diesen treten in den bilateralen Polizeiverträgen Deutschlands einige weitere, ergänzende und detailliertere Ausgestaltungen, wie etwa mit **Polen** (Art. 20 PolZV DE/PL).

102 Nur im Verhältnis mit Tschechien ist ausdrücklich geregelt, dass durch die Regelungen zu grenzüberschreitenden Verdeckten Ermittlern andere Formen grenzüberschreitenden verdeckten Einsatzes, wie wohl insbesondere nach deutschem Recht dem Scheinaufkäufer etc, nicht ausgeschlossen werden und wohl den allgemeinen Formen der Zusammenarbeit oder nach deren entsprechender Anwendung genügen sollen (Art. 21 PolZV DE/CZ). Nunmehr sind ausdrücklich auch nicht offen ermittelnde Polizeibeamte (NoeP) in die Kooperation einbezogen.

II. Rechtshilferechtliche Voraussetzungen

103 Die **materiellen Voraussetzungen aus Sicht des Rechtshilferechts** sind dabei unterschiedlich stark geregelt:

104 1. Grundsätzlich darf der Einsatz insbesondere erfolgen, um Informationen zu sammeln und Kontakte zu bestimmten Personen herzustellen.[140]

105 2. Im RHÜ 2000 und ZP II-RHÜ 1959 ist die Anwendung weitgehend den Mitgliedstaaten überlassen (zum Ganzen systematisch → § 15 Rn. 386 ff.). Ansonsten darf keiner der beteiligten Mitgliedstaaten bei Notifizierung des RHÜ 2000 die Anwendung des Artikels ausgeschlossen haben oder muss seine Erklärung zurückgenommen haben (Art. 14 Abs. 4 RHÜ 2000, Art. 27 Abs. 2 RHÜ 2000, Art. 19, 26 ZP II-RHÜ 1959).

106 3. Nach den **Polizeiverträgen** mit Österreich, der Schweiz und Tschechien kann die Durchführung verdeckter fremder Ermittlungen auf dem eigenen Staatsgebiet bewilligt werden, wenn der ersuchende Vertragsstaat darlegt, dass ohne diese Maßnahme die **Aufklärung** des Sachverhalts **aussichtslos oder wesentlich erschwert würde**.[141] Hierzu dürfen Beamte des ersuchenden Vertragsstaates, die nach dem Recht des ersuchenden Vertragsstaates die Stellung eines verdeckten Ermittlers haben, für einzelne, zeitlich begrenzte Einsätze verwendet werden. Die weiteren Voraussetzungen für verdeckte Ermittlungen richten sich nach dem Recht des ersuchten Vertragsstaates.[142] Die Vertragsstaaten unterrichten einander über die jeweiligen Voraussetzungen für die Durchführung verdeckter Ermittlungen nach ihrem innerstaatlichen Recht.[143]

107 4. Im Verhältnis mit der **Schweiz** gilt zudem die Besonderheit, dass entweder **zusätzlich zureichende tatsächliche Anhaltspunkte** für das Vorliegen einer rechtshilfefähigen Straftat bestehen müssen (womit insbesondere weiterhin vor allem der fiskalische Bereich abgeschirmt bleibt, Art. 17 Abs. 1 S. 1 PolZV DE/CH),[144] oder aber, wie auch im Verhältnis mit den Niederlanden, ein bereits (binnen- oder transnational) bestehender Einsatz zur Verhinderung von auslieferungsfähigen **Straftaten von erheblicher Bedeutung** auf dem Hoheitsgebiet des anderen Vertragsstaats fortgesetzt werden soll.[145]

108 5. Zusätzlich ist nach einigen Polizeiverträgen der **Einsatz zu präventiven Zwecken** möglich. Danach können verdeckte Ermittlungen zum Zwecke der Verhinderung von vorsätzlichen und nicht nur auf Antrag zu verfolgenden auslieferungsfähigen Straftaten von

---

[140] Vgl. den erläuternden Bericht zu Neapel II nach *Cremer* ZaöRV 2000, 103 (110 Fn. 39 mwN).
[141] **Für die Niederlande:** Art. 14 Abs. 1, 3 S. 1 PolZV DE/NL; **Österreich:** Art. 14 Abs. 1 S. 1, Abs. 3 PolZV DE/AT; **die Schweiz:** Art. 17 Abs. 1 S. 1, 3, Abs. 2 S. 1 PolZV DE/CH; **Tschechien:** Art. 21 Abs. 1, 2 S. 1 PolZV DE/CZ, hat dort die Stellung als „*agent*"; vgl. zur Schweiz *Cremer* ZaöRV 2000, 103 (109 ff. mwN).
[142] **Für die Niederlande:** Art. 14 Abs. 2 S. 1 PolZV DE/NL; **Österreich:** Art. 14 Abs. 2 PolZV DE/AT.
[143] **Für Österreich:** Art. 14 Abs. 2 S. 3 PolZV DE/AT.
[144] *Cremer* ZaöRV 2000, 103 (110).
[145] **Für die Schweiz:** Art. 18 Abs. 1 PolZV DE/CH; **die Niederlande:** Art. 18 Abs. 1 PolZV DE/NL verlangt zusätzlich eine vorsätzliche und nicht nur auf Antrag verfolgbare auslieferungsfähige Straftat.

erheblicher Bedeutung auf dem Hoheitsgebiet des anderen Vertragsstaates fortgesetzt werden, soweit es das jeweilige innerstaatliche Recht zulässt, und wenn dieser der grenzüberschreitenden verdeckten Ermittlung auf der Grundlage eines zuvor gestellten Ersuchens zugestimmt hat.[146]

III. Ersuchen und Vereinbarung

Der Einsatz kann erst aufgrund einer **Vereinbarung** erfolgen, die wiederum geschlossen wird nach einem **Rechtshilfeersuchen,** über das die zuständigen Behörden des ersuchten Mitgliedstaats in jedem Einzelfall unter Beachtung ihrer innerstaatlichen Rechtsvorschriften und Verfahren entscheiden (Art. 14 Abs. 1, 2 S. 1 RHÜ 2000). 109

1. Das **RHÜ 2000** stellt für das Rechtshilfeersuchen über die allgemeinen keine besonderen Anforderungen auf (→ § 15 Rn. 386 f.). Die Vereinbarung muss die Dauer der verdeckten Ermittlungen, die genauen Voraussetzungen und die Rechtsstellung der betreffenden Beamten bei den verdeckten Ermittlungen unter Beachtung der beiderseitigen innerstaatlichen Rechtsvorschriften und Verfahren regeln (Art. 14 Abs. 2 S. 2 RHÜ 2000). 110

2. Nach den **bilateralen Ergänzungsübereinkommen und Polizeiverträgen** kann der ersuchte Vertragsstaat den Einsatz auf seinem Hoheitsgebiet aufgrund eines Ersuchens bewilligen. 111

Im Ersuchen sind nach den Vereinbarungen mit Österreich und den Niederlanden die einzelnen, zeitlich begrenzten Einsätze und die voraussichtliche Dauer der verdeckten Ermittlungen **anzugeben**.[147] Ist bei Stellung des Ersuchens erkennbar, dass sich die verdeckten Ermittlungen über einen bestimmten Zeitraum erstrecken werden, können die verdeckten Ermittlungen zunächst für die Dauer von bis zu einem Monat ersucht und bewilligt werden. Eine Verlängerung der Bewilligung, die mit einer Abänderung der ursprünglich erteilten Bewilligung verbunden sein kann, ist zulässig. Die Bewilligung eines Ersuchens, mit der der Durchführung einer verdeckten Ermittlung zugestimmt wird, erstreckt sich auf das gesamte Hoheitsgebiet des ersuchten Vertragsstaates.[148] Nach dem Abkommen mit Tschechien muss die wahre Identität des Polizeibeamten nicht offenbart werden (Art. 21 Abs. 1 S. 3 PolZV DE/CZ). Jedenfalls im Verhältnis mit den Niederlanden müssen im Ersuchen die beabsichtigten einzusetzenden technischen Mittel in der Regel angegeben werden (Art. 14 Abs. 8 S. 2 PolZV DE-NL). 112

Das Ersuchen ist im unmittelbaren bzw. „zentralisierten" **Geschäftsweg** an die im jeweiligen Übereinkommen genannte polizeiliche Stelle oder unter ihrer gleichzeitigen Unterrichtung an die Staatsanwaltschaft des ersuchten Vertragsstaates zu richten, die für die Anordnung oder Zustimmung zu einer rein inländischen verdeckten Ermittlung zuständig wäre.[149] Ist für die innerstaatliche Bewilligung eine Justizbehörde (→ 1. Kap. Rn. 18 ff.) zuständig, kann in der Vereinbarung geboten sein, das Ersuchen direkt an sie zu richten.[150] Erfordert das Recht des ersuchten Staates eine richterliche Anordnung, reicht der ersuchende Staat sie oder eine Erklärung seines zuständigen Gerichtes mit dem Ersuchen ein bzw. auf Anforderung nach.[151] 113

3. Nach einigen bilateralen Abkommen ist der Einsatz sogar **ohne vorheriges Ersuchen** zulässig, wenn wegen besonderer **Dringlichkeit** ein Ersuchen vor dem Grenzübertritt 114

---
[146] Vgl. **für Österreich:** etwa Art. 18 Abs. 1 PolZV DE/AT.
[147] **Für die Niederlande:** Art. 14 Abs. 3 PolZV DE/NL; **Österreich:** Art. 14 Abs. 3 PolZV DE/AT.
[148] **Für die Niederlande:** Art. 14 Abs. 1 S. 2 PolZV DE/NL; **Österreich:** Art. 14 Abs. 1 S. 2 PolZV DE/AT; **die Schweiz:** Art. 17 Abs. 1 S. 2 PolZV DE/CH; **Tschechien:** Art. 21 Abs. 1 PolZV DE/CZ.
[149] **Für die Niederlande:** Art. 8 Abs. 1–4 PolZV DE/NL, Art. 14 Abs. 7, 9 PolZV DE/NL; **Österreich:** Art. 14 Abs. 9 PolZV DE/AT; **die Schweiz:** Art. 17 Abs. 6; 18 Abs. 2 PolZV DE/CH; **Tschechien:** Art. 21 Abs. 1 S. 4, 5; Abs. 8 PolZV DE/CZ.
[150] **Für die Niederlande:** Art. 8 Abs. 3 PolZV DE/NL, Art. 14 Abs. 7 PolZV DE/NL; **Österreich:** Art. 8 Abs. 1; 14 Abs. 7 PolZV DE/AT.
[151] **Für die Niederlande:** vgl. Art. 8 Abs. 4 PolZV DE/NL, Art. 14 Abs. 7 PolZV DE/NL; **Österreich:** Art. 8 Abs. 4; 14 Abs. 7 PolZV DE/AT.

nicht gestellt werden kann, wenn die Voraussetzungen im fremden Hoheitsgebiet im Übrigen vorliegen und ernsthaft zu befürchten ist, dass ohne grenzüberschreitende verdeckte Ermittlungen die Identität der eingesetzten Beamten aufgedeckt würde.[152] Dies ist allerdings nicht möglich bei reinen präventiven Einsätzen des Verdeckten Ermittlers, wo diese überhaupt vorgesehen sind,[153] oder zum Teil auf das Grenzgebiet beschränkt (Art. 21 Abs. 5 S. 4 PolZV DE/CZ). Unverzüglich ist dann der Einsatz anzuzeigen und ein Ersuchen nachzureichen, in dem auch die Gründe dargelegt werden, die einen Einsatz ohne vorherige Zustimmung rechtfertigen, ist unverzüglich nachzureichen. Das Tätigwerden des verdeckten Ermittlers hat sich in diesen Fällen auf das zur Aufrechterhaltung der Legende unumgänglich notwendige Maß zu beschränken.

IV. Durchführung

115 Die verdeckten Ermittlungen werden stets **nach den innerstaatlichen Rechtsvorschriften und Verfahren** des Mitgliedstaats durchgeführt, in dessen Hoheitsgebiet sie stattfinden (Art. 14 Abs. 3 S. 1 RHÜ 2000). Dies gilt insbesondere für die Bedingungen, unter denen verdeckte Ermittler eingesetzt werden.[154]

116 1. Die Behörden des ersuchenden Vertragsstaates stimmen sich bereits möglichst umfassend und eng bei der **Vorbereitung des Einsatzes** mit den zuständigen Behörden des ersuchten Vertragsstaates ab.[155] Sie unterrichten sich gegenseitig über ihre jeweiligen rechtlichen Voraussetzungen für die Durchführung.[156] Die beteiligten Staaten arbeiten auch in der Folge eng zusammen, um die Vorbereitung und Überwachung der verdeckten Ermittlung sicherzustellen und um Vorkehrungen für die Sicherheit der verdeckt oder unter falscher Identität handelnden Beamten zu treffen (Art. 14 Abs. 3 S. 2 RHÜ 2000).

117 2. Die **Leitung** des Einsatzes obliegt einem Beamten des ersuchten Vertragsstaates; das Handeln der Beamten des ersuchenden Vertragsstaates ist dem ersuchten Vertragsstaat zuzurechnen.[157] Der ersuchte Vertragsstaat ergreift die **erforderlichen Maßnahmen**, um den ersuchenden Vertragsstaat bei der Durchführung personell, logistisch und technisch zu unterstützen und um die Beamten des ersuchenden Vertragsstaates während ihres Einsatzes auf dem Hoheitsgebiet des ersuchten Vertragsstaates zu schützen.[158] Zur Absicherung des Einsatzes erforderliche **technische Mittel** dürfen mitgeführt werden, soweit der Zielstaat nicht ausdrücklich widerspricht, andere technische Mittel können mit Zustimmung des sachleitenden Beamten des ersuchten Staates eingesetzt werden.[159] Nach dem Vertrag mit **Polen** können ausdrücklich Tarnmittel und -kennzeichen nach dem eigenen nationalen Recht verwendet werden (Art. 23 PolZV DE/PL). Beim Grenzübertritt sind die verdeckten Ermittler nicht an offizielle Grenzübergänge und deren Öffnungszeiten gebunden.[160]

---

[152] **Für Österreich:** Art. 14 Abs. 6 PolZV DE/AT; **die Schweiz:** Art. 17 Abs. 5 PolZV DE/CH; **Tschechien:** Art. 21 Abs. 5 PolZV DE/CZ; dagegen sieht **für die Niederlande** Art. 14 Abs. 6, 7 PolZV DE/NL lediglich ein beschleunigtes Ersuchensverfahren in diesen dringenden Fällen vor.

[153] **Für die Schweiz:** Art. 18 Abs. 1, 3 PolZV DE/CH; **die Niederlande:** Art. 18 Abs. 2 PolZV DE/NL erklärt hier systemlogisch das vereinfachte Ersuchensverfahren nicht für anwendbar.

[154] **Für Österreich:** Art. 14 Abs. 2 S. 1 PolZV DE/AT; **die Schweiz:** Art. 17 Abs. 3 S. 1 PolZV DE/CH: Diese legt der ersuchte Staat nach seinem Recht fest und informiert den ersuchenden; **für Tschechien:** Art. 21 Abs. 3 PolZV DE/CZ.

[155] Vgl. etwa **für die Niederlande:** Art. 14 Abs. 3 S. 4 PolZV DE/NL; **die Schweiz:** Art. 17 Abs. 2 S. 2 PolZV DE/CH; **Tschechien:** Art. 21 Abs. 2 S. 2 PolZV DE/CZ.

[156] Vgl. nur exemplarisch **für die Niederlande:** Art. 14 Abs. 2 S. 3 PolZV DE/NL.

[157] **Für die Niederlande:** Art. 14 Abs. 4 S. 1 PolZV DE/NL; **Österreich:** Art. 14 Abs. 4 S. 1 PolZV DE/AT; **die Schweiz:** Art. 17 Abs. 2 S. 3 PolZV DE/CH; **Tschechien:** Art. 21 Abs. 2 S. 3 PolZV DE/CZ.

[158] **Für die Niederlande:** Art. 14 Abs. 5 PolZV DE/NL; **Österreich:** Art. 14 Abs. 5 PolZV DE/AT; **die Schweiz:** Art. 17 Abs. 4 PolZV DE/CH.

[159] **Für die Niederlande:** Art. 14 Abs. 8 PolZV DE/NL; **Österreich:** Art. 11 Abs. 12; 14 Abs. 8 PolZV DE/AT; **Tschechien:** Art. 21 Abs. 4 PolZV DE/CZ: Der Gebrauch der Dienstwaffe ist aber nur bei Notwehr erlaubt; spezieller **für Polen:** Art. 24 PolZV DE/PL.

[160] Vgl. etwa **für die Schweiz:** Art. 14 Abs. 1 S. 6 PolZV DE/CH; Art. 17 Abs. 1 S. 4 PolZV DE/CH.

3. Der ersuchte Vertragsstaat kann **jederzeit die Beendigung** der verdeckten Ermittlungen verlangen.[161] 118

V. Anschlussverfahren

Über die Durchführung und **Ergebnisse** des Einsatzes verdeckter Ermittler werden die zuständigen Behörden des Vertragsstaates, auf dessen Hoheitsgebiet der Einsatz erfolgte, unverzüglich **schriftlich unterrichtet**.[162] 119

Der ersuchte Vertragsstaat kann Maßgaben für die **Verwendung** der im Wege einer verdeckten Ermittlung gewonnenen Erkenntnisse festlegen.[163] Allein der Vertrag mit Tschechien enthält die wohl sonst allgemein anwendbare Regelung, dass die Vertragsstaaten alles unternehmen, auch nach Beendigung des Einsatzes, die **Identität des Verdeckten Ermittlers geheim zu halten** und seine Sicherheit zu gewährleisten (Art. 21 Abs. 7 PolZV DE/CZ). 120

§ 4 Unmittelbare Ladungen und Kontakt zu Personen im Ausland

A. Grundlagen

Die **grundlegende Problematik** der unmittelbaren Kontaktaufnahme von Ermittlungsorganen zu möglichen Auskunftspersonen oder anderen Betroffenen im Ausland bringt Nr. 121 Abs. 1 S. 1 RiVASt für das **deutsche Recht** auf den Punkt: Danach dürfen deutsche Behörden und Gerichte in strafrechtlichen Angelegenheiten mit Personen, die im Ausland wohnen – gleichgültig ob sie Deutsche oder Ausländer sind –, unmittelbar schriftlich oder fernmündlich nur dann in Verbindung treten, „wenn nicht damit zu rechnen ist, dass der ausländische Staat dieses Verfahren als einen unzulässigen Eingriff in seine Hoheitsrechte beanstandet". 1

I. Unzulässig sind daher stets, soweit keine völkerrechtlichen Übereinkünfte mit dem betreffenden Staat bestehen (ausdrücklich Nr. 121 Abs. 4 RiVASt): 2

Mitteilungen, in denen dem Empfänger in einem fremden Hoheitsgebiet für den Fall, dass er etwas tut oder unterlässt, Zwangsmaßnahmen oder sonstige **Rechtsnachteile angedroht** werden, 3

- durch deren Empfang **Rechtswirkungen herbeigeführt,** insbesondere Fristen in Lauf gesetzt werden,
- oder in denen der Empfänger zu einem **Tun oder Unterlassen aufgefordert** wird (zB eine Aufforderung zum Erscheinen vor einer Behörde). Vor diesem Hintergrund sind – unabhängig vom möglichen kumulativen Vorliegen auch der weiteren Voraussetzungen durch die konkrete Ausgestaltung – die detaillierten Sonderregelungen für **Ladungen** aller Ermittlungsorgane zu beachten, die ja definiert sind als an den Betroffenen gerichtete Aufforderung, dieser möge, zB als Zeuge, an einem bestimmten Ort zu einer bestimmten Zeit erscheinen.[1]

II. Aus § 37 Abs. 1 StPO iVm § 183 ZPO folgt ansonsten die Möglichkeit einer **förmlichen Zustellung** im Ausland (zur Art und Weise der Kommunikation → Rn. 17 ff.). 4

---

[161] **Für die Niederlande:** Art. 14 Abs. 4 S. 2 PolZV DE/NL; **Österreich:** Art. 14 Abs. 4 S. 2 PolZV DE/AT; **die Schweiz:** Art. 17 Abs. 2 S. 4 PolZV DE/CH; **Tschechien:** Art. 21 Abs. 2 S. 4 PolZV DE/CZ.
[162] **Für die Niederlande:** Art. 14 Abs. 10 PolZV DE/NL; **Österreich:** Art. 14 Abs. 10 PolZV DE/AT; **die Schweiz:** Art. 17 Abs. 7 PolZV DE/CH.
[163] **Für die Niederlande:** Art. 14 Abs. 2 S. 2 PolZV DE/NL; **Österreich:** Art. 14 Abs. 2 S. 2 PolZV DE/AT; **die Schweiz:** Art. 17 Abs. 3 S. 1, 2 PolZV DE/CH schreibt noch die wohl selbstverständliche Mitteilung darüber an den ersuchenden Staat fest.
[1] Vgl. etwa KK-StPO/*Senge* StPO § 48 Rn. 2.

5 **III. Unbedenklich** und damit unmittelbar vorzunehmen sollen neben Eingangsbestätigungen, Zwischenbescheiden und Mitteilungen wie über die Einstellung eines Ermittlungsverfahrens an Beschuldigte, Antragstellerinnen und Antragsteller grundsätzlich auch **bloße Terminabstimmungen und Benachrichtigungen** von der Aufhebung eines Termins sein.[2]

6 **IV.** Soweit keine entgegenstehende Praxis des betroffenen Drittstaates oder sonst Anhaltspunkte für dessen Anstoß bekannt sind, dürfte auch bei **Anfragen** der Ermittlungsorgane bei Auskunftspersonen, ob sie auf eine (erfolgte oder zukünftige) Ladung erscheinen und aussagen würden und ob sie zB bei ihrer Vernehmung als Zeuge oder Sachverständiger etwas Sachdienliches zur Klärung der Beweisfragen beitragen können, eine Einschaltung des Drittstaates nicht notwendig sein.[3] Diese kann daher dann zB unmittelbar durch Telekommunikationsmittel wie Telefon oder E-Mail unmittelbar erfolgen, soweit diese Kontaktmöglichkeiten bereits bekannt sind.[4]

7 Dagegen dürfte jede **Ermittlung einer Kontaktmöglichkeit** mit dem Betroffenen, die ein absolutes Minimum an Aufwand und Außenwirkung überschreitet, als Ermittlungsmaßnahme zu beurteilen sein, wobei insbesondere die Praxis der Beziehungen mit dem konkreten Aufenthaltsstaat zu berücksichtigen sein dürfte, sodass zB mit manchen Staaten die telefonische Nachfrage unter einer privaten Telefonnummer bei Angehörigen, am (ehemaligen) Arbeitsplatz oder bei sonstigen Bekannten nach einer aktuellen Erreichbarkeit noch unproblematisch unter Nr. 121 Abs. 1 RiVASt gefasst werden könnte, während dies in anderen Staaten bereits Probleme aufwerfen könnte.

8 Insbesondere wurde jedenfalls vor der wesentlichen Verdichtung der Zusammenarbeit innerhalb der EU und des Schengenraumes die **Zusendung von Fragebögen** an Zeugen durch deutsche Ermittlungsorgane als hoheitlicher Eingriff in die Souveränität bewertet und beanstandet.[5] Soweit die direkte Zustellung von Ladungen und anderen Schriftstücken nunmehr allerdings erlaubt ist, dürfte erst recht diese Form der unverbindlichen Bitte um Informationen ohne notwendiges Erscheinen zu einer Vernehmung als erlaubt anzusehen sein.

9 Ebenso scheint hinsichtlich **Nachfragen nach dem Erscheinen** zu einer Vernehmung ein gewisser Spagat geboten, da der BGH einerseits für erforderlich hält, dass jedenfalls das Gericht vor Annahme einer Unerreichbarkeit alles Mögliche getan hat, um die Auskunftsperson zum Erscheinen in der Hauptverhandlung zu bewegen (→ § 23 Rn. 102, 136 ff.), andererseits kein hoheitlich wirkender Druck auf die Auskunftsperson ausgeübt werden darf.[6]

10 Manche Länder, wie namentlich die USA, kommunizieren ihre Rechtsauffassung, dass sie die **unmittelbare Kontaktaufnahme insbesondere zu Anbietern von Telekommunikations- oder auf informationstechnischen Systemen basierenden Dienstleistungen** mit Sitz in den USA bzw. deren Tochterunternehmen dann nicht als souveränitätsrelevant ansehen, wenn sich das Begehren auf eine **freiwillige Auskunft** beschränkt (→ § 7 Rn. 23).

B. Unmittelbare Übersendung von Ladungen und Verfahrensurkunden

11 Die **unmittelbare Übersendung von Ladungen** wie andere Verfahrensurkunden entwickelt sich in engeren internationalen Rechtshilfekreisen immer mehr zur Regel, da das gegenseitige Vertrauen in die Achtung der Hoheit und die Zuverlässigkeit zunimmt.[7] Soweit der betroffene Hoheitsstaat die unmittelbare Übersendung von Ladungen durch die

---

[2] Gem. Nr. 121 Abs. 1 S. 2 RiVASt; vgl. auch Schomburg/Lagodny/Gleß/Hackner/*Schomburg/Hackner* IRG vor § 68 Rn. 65.
[3] Vgl. etwa BGH NStZ 1995, 244; Schomburg/Lagodny/Gleß/Hackner/*Schomburg/Hackner* IRG vor § 68 Rn. 64 mwN auch zur ansonsten bestehenden Möglichkeit der Nutzung von BKA-Verbindungsbeamten.
[4] Vgl. ausf. *Rose* wistra 1998, 11 ff. mwN; *Schomburg* NJW 1995, 1931 (1933 mwN).
[5] *Nagel* Beweisaufnahme 2 mwN.
[6] Vgl. zum Problem *Rose* wistra 1998, 11 (12 f. mwN).
[7] Vgl. OLG Brandenburg StV 2003, 324; LR/*Becker* StPO § 37 Rn. 253.

Post durch Übereinkommen oder einseitige Gestattung zugelassen hat, soll von dieser Möglichkeit Gebrauch gemacht werden, sofern nicht ein besonderer Zustellungsnachweis zweckmäßig ist (Nr. 121 Abs. 2 RiVASt).

I. Innerhalb der **EU-Mitgliedstaaten und** der assoziierten **Schengenstaaten**[8] gilt 12 allerdings das Gebot, dass jeder Mitgliedstaat Personen, die sich im Hoheitsgebiet eines anderen Mitgliedstaats aufhalten, für sie bestimmte Verfahrensurkunden unmittelbar durch die Post übersendet (soweit keine Ausnahme nach Art. 5 Abs. 2 RHÜ 2000 eingreift, → § 15 Rn. 65).

Viele bilaterale Vereinbarungen[9] sind allerdings mittlerweile in diesem allgemeinen EU- 13 Rechtsrahmen aufgegangen. Dadurch werden wohl namentlich alle restriktiven Übereinkommen, die lediglich die Möglichkeit der direkten Übermittlung vorsehen, überholt, wie etwa im Verhältnis zu Schweiz.[10] Fraglich ist, ob im Verhältnis mit Tschechien und **Polen** weiterhin das Verbot direkter Zusendung greift, soweit ein Zustellungsersuchen hätte abgelehnt werden können,[11] und die stets fortbestehende alternative Möglichkeit des Ersuchens, soweit dies der ersuchende Staat im Einzelfall für erforderlich hält.[12] Überholt ist indes jedenfalls wohl der Ergänzungsvertrag zum RHÜ 1959 mit den Niederlanden, der noch ein striktes Verbot direkter Übersendung vorsah.[13] Soweit nicht durch Ratifizierung des RHÜ 2000 durch den betroffenen Zielstaat überholt, könnten (eher selten) noch die enummerative Vorgängerregelung des Art. 52 SDÜ gelten.[14]

II. Dringend zu beachten ist, dass Deutschland ausdrücklich die **Nichtanwendbarkeit** 14 der unmittelbaren Zustellung im weiteren Kreis der **Mitgliedstaaten des RHÜ 1959** erklärt hat,[15] sodass hier grundsätzlich von einer nicht möglichen unmittelbaren Zustellbarkeit auszugehen ist.

III. Im Weiteren kann sich aus anderen Rechtshilfeübereinkommen oder der bilateralen 15 Staatenpraxis die Möglichkeit ableiten, auch Ladungen unmittelbar zustellen zu dürfen. Hierzu ist jedenfalls außerhalb des Kreises des RHÜ 2000 **stets eine Überprüfung anhand des Länderteils der RiVASt** anzuraten.

IV. Ansonsten kommt, wie oben dargelegt, eine unmittelbare Ladung nicht in Betracht, 16 da dem sich deren Gehalt nicht etwa in einer bloßen Terminabstimmung nach Nr. 121 Abs. 1 S. 2 RiVASt erschöpft, sondern, wie auch Nr. 121 Abs. 4 RiVASt ausdrückt, der Empfänger amtlich zu einem Tun oder Unterlassen aufgefordert wird, auch wenn Zwangsmaßnahmen oder sonstige Rechtsnachteile nicht angedroht und Fristen nicht in Lauf gesetzt werden. In diesen Fällen hat also die Ladung oder ein Surrogat mittels Rechtshilfe zu erfolgen (→ § 15 Rn. 63 ff.).

C. Art und Weise der unmittelbaren Kommunikation

Die **konkret zu verwendende Art und Weise der unmittelbaren Kommunikation** 17 richtet sich grundsätzlich nach den Vorgaben der Gerichte und Ermittlungsbehörden, die auch bei rein inländischen Sachverhalten gelten würden.

I. Dies gilt zunächst für die Wahl der **Zusendungsform**. 18

---

[8] Gem. Art. 2 RHÜ 2000, ansonsten noch Art. 52 SDÜ, vgl. NK-RechtshilfeR/*Kubiciel* IV Rn. 259.
[9] Vgl. noch *Rose* wistra 1998, 11 (15 f. mwN).
[10] Vgl. etwa **für die Schweiz:** Art. 3a ErgV-RHÜ 1959 DE/CH und Art. 12 PolZV DE/CH, grds. verpflichtende direkte Ladung allerdings auch im Bereich finanzieller Interessen nach Art. 28 Abs. 1 BetrugBekämpfAbk EG/CH; wohl überholt auch **Polen:** Art. 5 Abs. 1 S. 1 ErgV-RHÜ 1959 DE/PL; **Tschechien:** Art. 6 Abs. 1 S. 1 ErgV-RHÜ 1959 DE/CZ.
[11] **Für Polen:** Art. 5 Abs. 1 S. 2 ErgV-RHÜ 1959 DE/PL; **Tschechien:** Art. 6 Abs. 1 S. 2 ErgV-RHÜ 1959 DE/CZ.
[12] **Für Polen:** Art. 5 Abs. 3 ErgV-RHÜ 1959 DE/PL; **Tschechien:** Art. 6 Abs. 1 S. 3 ErgV-RHÜ 1959 DE/CZ.
[13] **Für die Niederlande:** Art. 6 ErgV-RHÜ 1959 DE/NL.
[14] Vgl. zum Verhältnis *Hackner* in Breitenmoser/Gless/Lagodny, Schengen in der Praxis, 2009, 277 (286).
[15] Vorbehaltserklärung zu Art. 16 ZP II-RHÜ 1959 gem. Art. 33 Abs. 2 ZP II-RHÜ 1959 v. 20.2.2015.

19 1. Soweit eine **förmliche Zustellung** erforderlich ist, gilt über § 37 Abs. 1 StPO die ZPO und dort für Auslandszustellungen insbesondere § 183 ZPO.[16] Danach ist eine Zustellung im Ausland nach den bestehenden völkerrechtlichen Vereinbarungen vorzunehmen. Dürfen Schriftstücke unmittelbar durch die Post übersandt werden, so soll durch Einschreiben mit Rückschein zugestellt werden, § 183 Abs. 1 ZPO. Eine Zustellung durch Niederlegung soll stets unzulässig sein.[17]

20 2. Soweit die unmittelbare Übersendung von Schriftstücken **ansonsten durch die Post** zugelassen ist, soll von dieser Möglichkeit Gebrauch gemacht werden, sofern nicht ein besonderer Zustellungsnachweis zweckmäßig ist, sodass auf diesem Weg zB auch schriftliche Anhörungsbogen versandt werden können (Nr. 121 Abs. 2 RiVASt).

21 3. Die Kommunikation durch Postübersendungen wird man zwar aus den genannten völkerrechtlichen sowie tatsächlichen Erwägungen eher als bei rein inländischen Sachverhalten als empfehlenswerten Regelfall anzusehen haben. Gegebenenfalls kann aber sogar die Ladung durch **moderne Kommunikationsmittel** möglich und geboten sein. Ist die Zustellung der Ladung nicht vorgeschrieben, so kann diese im Inland grundsätzlich formlos erfolgen, zB auch (fern-)mündlich.[18] Dem steht dann auch in der Reichweite der möglichen direkten Kommunikation kein zwingender Grund wegen des Auslandsbezugs entgegen, sofern nicht ausnahmsweise, was wohl nicht der Fall ist, etwas anderes zwischen den beteiligten Staaten vereinbart ist. Allerdings genügt die formlose Nachfrage oder Ladungsübermittlung alleine ohne zugestellte förmliche Ladung in der Regel nicht, um bei dessen Weigerung zum Erscheinen eine Unerreichbarkeit des Auslandszeugen nach §§ 244, 251 StPO begründen zu können (→ § 23 Rn. 100, 136, 139, 147).[19]

22 **II. Weiter für die zu verwendenden Sprachen:**
23 1. Aus der deutschen Gerichtssprache gem. § 184 GVG folgt, dass das Gericht grundsätzlich das Recht, aber auch grundsätzlich – jedenfalls in der Reichweite der Rechte von Verfahrensbeteiligten oder zwingendem anderen Prozessrecht – die Pflicht hat, jede Kommunikation von seiner Seite in **deutsch** zu führen bzw. auf den Weg zu bringen.[20]
24 2. Allerdings ist auch bei der unmittelbaren Übersendung vor allem von Ladungen oder anderen Übermittlungen, die ggf. nachteilige Rechtsfolgen für den Betroffenen auslösen, die **Übersetzungspflicht** gegenüber dem Empfänger, der die deutsche Sprache nicht hinreichend beherrscht[21] sowie allgemein nach Nr. 181 Abs. 2 RiStBV iVm Nr. 121 Abs. 2 S. 1 RiVASt, zu beachten (für Ladungen auch ausführlicher → § 15 Rn. 71).[22]
25 Dabei wird man dann, wenn sich der übermittelnden Stelle die Übersetzungspflicht aufdrängen musste, einen **erheblichen Rechtsfehler** erkennen müssen, der jedenfalls den unmittelbaren Rechtsfolgen gegenüber dem Betroffenen entgegensteht, wenn er nicht geheilt wurde oder nicht sonst ausgeschlossen werden kann, dass er sich ausgewirkt hat. Eine solche Situation kann insbesondere gegeben sein, wenn **hinreichende Anhaltspunkte** bereits im Verfahren ersichtlich waren, **dass der Empfänger die deutsche Sprache nicht hinlänglich versteht,** was nicht zuletzt deswegen bereits bei seiner ersten Vernehmung aktenkundig, oder sonst jeder weiteren, zu machen ist, vgl. Nr. 181 Abs. 1 RiStBV. Ist indes für die zuständige Stelle nichts hinreichendes ersichtlich dafür, dass der Empfänger die Mitteilung nicht verstehen wird, so kann dies insbesondere nicht hinsichtlich anderer Betroffener, wie insbesondere der Verfahrensbeteiligten zu einem unmittelbar wirksamen Rechtsfehler führen, wobei allerdings auch hier die Anforderungen zB bei einer Ablehnung eines Beweisantrages oder einer ersatzweisen Verlesung etwa wegen Unerreich-

---

[16] Vgl. hierzu auch *Wenger* Auslandszeugen 12 ff. mwN.
[17] Vgl. hier nur NK-RechtshilfeR/*Kubiciel* IV Rn. 257 mwN.
[18] Vgl. KK-StPO/*Senge* § 48 Rn. 3; *Rose* wistra 1998, 11.
[19] Vgl. hier nur BGH BeckRS 9998, 85108 = NStZ 1984, 519 f.
[20] Vgl. *Rose* wistra 1998, 11 (12 mwN).
[21] Vgl. nach Art. 5 Abs. 3 RHÜ 2000; zB auch ausdrücklich **für die Schweiz:** Art. 3 lit. b ErgV-RHÜ 1959 DE/CH, Art. 12 Abs. 2 PolZV DE/CH.
[22] Vgl. ua *Schomburg* NJW 1995, 1931 mwN.

barkeit des nur auf deutsch Geladenen im Einzelnen nach den dort entwickelten Kriterien sorgsam zu prüfen sind (→§ 23 Rn. 100, 136, 139, 147 ff.).[23]

III. Einer besonderen **Authentifizierung** wie im Bereich der Rechtshilfe (→ § 12 Rn. 199 ff.) bedarf es bei direkter Kommunikation nicht.

IV. Im Sonderfall der **Ladung** sind auch bei direkter Übermittlung **keine Zwangsandrohungen**[24] jedoch ggf. **Rechtshinweise** aufzunehmen (Nr. 116 Abs. 1 RiVASt → § 15 Rn. 77), die voraussichtliche Entschädigung einschließlich **Reisekosten anzugeben** (Nr. 116 Abs. 2 RiVASt, → § 15 Rn. 79) und die **aufenthaltsrechtlichen Regelungen** zu beachten (entsprechend Nr. 116 Abs. 4–6 RiVASt) und darüber und über ein etwaiges freies bzw. sicheres Geleit aufzuklären (→ § 15 Rn. 81).[25] Innerhalb der EU bzw. der assoziierten Schengenstaaten ist ein **Vermerk** beizufügen, aus dem hervorgeht, dass der Empfänger sich bei der Behörde, die die Urkunde ausgestellt hat, oder bei anderen Behörden dieses Mitgliedstaats erkundigen kann, welche Rechte und Pflichten er im Zusammenhang mit der Urkunde hat, der ebenfalls, soweit nötig, zu übersetzen ist.[26]

V. Von einem **Nachweis** einer **wirksamen Zustellung** durch Einschreiben mit Rückschein gem. § 37 Abs. 1 StPO iVm § 183 Abs. 1 S. 2 ZPO kann, insbesondere bei einer in dieser Weise möglichen **Ladung** nur dann ausgegangen werden, wenn der Rückschein die Unterschrift des Empfängers oder einer ihm sicher zuordenbaren Person trägt.[27] Teilweise wird diese Zusendeart auch durch Übereinkommen geboten, zB mit Tschechien und **Polen** (Art. 6 Abs. 1 S. 1 PolZV DE/CZ, Art. 5 Abs. 1 S. 1 ErgV-RHÜ 1959 DE/PL). Da weitgehend im Schengenraum möglich, sollte im ersuchten Staat möglichst die Ladung als Einschreiben mit Rückschein mit dem Zusatz „eigenhändig" versandt werden, sodass – wohl widerlegbar – sichergestellt werden kann, dass sie nur an den Empfänger ausgehändigt wird. Eine **Ersatzzustellung** im Ausland ist ansonsten nicht prozessual wirksam.[28] Die Zustellungswirkung soll sonst die gleiche sein wie durch eine vergleichbare inländische Behörde im Zielstaat.[29]

D. Kommunikation über eine deutsche Auslandsvertretung

Als eine Zwischenform zur internationalen Rechtshilfe ist ansonsten noch die **Kommunikation über die Auslandsvertretungen oder sonstige amtliche deutsche Vertreter** im Wege der rein inländischen Amtshilfe möglich, soweit die genannten Rahmen eingehalten werden, also weder zwingendes deutsches Verfahrensrecht noch das Hoheitsrecht des betroffenen anderen Staates verletzt werden.

I. Für die **konsularische Amtshilfe** ergibt sich dies insbesondere aus dem KonsularG iVm dem Länderteil der RiVASt, die wiederum Ausdruck des WKÜ und anderer völkerrechtlicher Übereinkünfte sind, dabei ist, etwa durch Abklärung mit dem RiVASt-Länderteil, darauf zu achten, ob diese Amtshilfe nur gegenüber deutschen Staatsangehörigen oder ausnahmsweise allgemein zulässig sind (→ § 5 Rn. 2).[30] Nach Nr. 130 Abs. 1 RiVASt können die deutschen Auslandsvertretungen um die Durchführung von konsularischen Zustellungen, wenn ihnen dies laut Länderteil gestattet ist, im Wege der Amtshilfe in

---

[23] Vgl. hierzu auch *Rose* wistra 1998, 11 (12 mwN).
[24] Nach Nr. 121 Abs. 2 S. 3 RiVASt; vgl. auch Art. 28 Abs. 3 BetrugBekämpfAbk EG/CH; vor der Vornahme einer Ladung sollte durch Staatsanwaltschaft und Polizei auch stets die Frage der Erforderlichkeit nach Nr. 67 RiStBV beachtet werden, → § 15 Rn. 9 f.
[25] Vgl. auch **für die Schweiz**: Art. 3a lit. c ErgV-RHÜ 1959 DE/CH, Art. 28 Abs. 2 BetrugBekämpfAbk EG/CH; *Wenger* Auslandszeugen 20 ff. mwN.
[26] Gem. Art. 5 Abs. 4 RHÜ 2000; ebenso **für die Schweiz**: Art. 28 Abs. 4 BetrugBekämpfAbk EG/CH.
[27] *Hackner/Schierholt* Int. Rechtshilfe Rn. 183; vgl. OLG Brandenburg BeckRS 2002, 30293638 = StV 2003, 324; LR/*Becker* StPO § 37 Rn. 253.
[28] OLG Oldenburg StraFo 2005, 248; Schomburg/Lagodny/Gleß/Hackner/*Schomburg/Hackner* IRG vor § 68 Rn. 30; *Hackner/Schierholt* Int. Rechtshilfe Rn. 183.
[29] **Für Polen**: Art. 5 Abs. 2 ErgV-RHÜ 1959 DE/PL; **Tschechien**: Art. 6 Abs. 2 PolZV DE/CZ.
[30] Vgl. auch *Rose* wistra 1998, 11 (14 f. mwN).

eigener Zuständigkeit ersucht werden. Allerdings sollte hiervon in der Regel abgesehen werden, soweit der unmittelbare Geschäftsweg für die Übermittlung von Rechtshilfeersuchen eröffnet ist. Dies schließt natürlich ein, dass nicht nur diese nicht möglich sein darf, sondern auch die unmittelbare Zustellung durch Einschreiben gem. § 183 Abs. 1 ZPO aus tatsächlichen oder rechtlichen Gründen nicht erfolgreich scheint. Gemäß § 16 KonsularG sind die Konsularbeamten dementsprechend berufen, auf Ersuchen deutscher Gerichte und Behörden Personen, die sich in ihrem Konsularbezirk aufhalten, Schriftstücke jeder Art zuzustellen. Über die erfolgte Zustellung ist ein schriftliches Zeugnis auszustellen und der ersuchenden Stelle zu übersenden.

31 **II.** Weitere gängige Praxis ist zusätzlich die **Inanspruchnahme grenznaher deutscher Gerichte oder Ermittlungsbehörden** für Vernehmungen und andere Ermittlungshandlungen im Wege der innerstaatlichen Amts- bzw. Rechtshilfe auf Basis namentlich von §§ 156 ff. GVG. Die wohl hM geht dabei davon aus, dass auch zB bei alternativ möglichen ausländischen Vernehmungen keine besonderen Voraussetzungen hierfür erforderlich sind, außer der allgemeinen, dass die Auskunftsperson bereit ist, im Inland entsprechend zur Amtshandlung zu erscheinen, während nach aA besondere Umstände des Einzelfalls ausnahmsweise das Absehen von der Rechtshilfe rechtfertigen müssten oder der Betroffene sich grenznah im Ausland aufhalten müsse.[31]

32 **III.** Soweit eine Ladung nicht an eine formale Zustellung gebunden ist, hat auch der BGH es für zulässig erachtet, sie mithilfe eines im Ausland **abgeordneten Verbindungsbeamten** der Polizei durchzuführen, gleichwohl empfohlen, die Ladung vorzugsweise auf förmlichem, diplomatischem Weg zu bewirken.[32] Andere Staaten, wie etwa die USA, gestatten es, dass ein in den USA vereinbarungsgemäß stationierter Polizeiattaché – nicht also ein ad hoc entsandtes Ermittlungsorgan – eines anderen Staates alleine freiwillige Befragung, auch zB über Telekommunikationsmittel, durchführt.

E. Unmittelbare Kommunikation für Verfahrensbeteiligte

33 Da die genannten Regelungen für die transnationale Kommunikation der **staatlichen Stellen** gelten, sind sie ohne Weiteres auf alle Formen der Ladung zu Vernehmungen oder sonst Vornahme eigener Ermittlungsmaßnahmen in dem jeweiligen Stadium, in denen das Ermittlungsorgan die Verfahrensherrschaft hat, anwendbar. Wechselt diese mit dem Zwischenverfahren von der Staatsanwaltschaft auf das Gericht, kann diese gleichwohl nach den genannten Regeln gem. § 214 Abs. 3 StPO selbst Zeugen in die Hauptverhandlung laden.[33] Weitgehend ungelöst scheint indes, wie mit dem **Selbstladerecht des Angeklagten** nach §§ 220 Abs. 1, 38 Abs. 1 StPO zu verfahren ist, da dieses normalerweise über einen Gerichtsvollzieher und damit mit hoheitlicher Hilfe unmittelbar zu bewirken ist, jedoch Regelungen für die transnationale Anwendung fehlen;[34] der BGH scheint dies bei der Reduzierung des Ermessens bei der Ladungspflicht des Gerichtes auf Beweisanträge nach § 244 StPO mitberücksichtigt zu haben (→ § 23 Rn. 132).

§ 5 Konsularische Vernehmungen

1 Nach § 15 Abs. 1 KonsularG sind die Konsularbeamten berufen, auf Ersuchen deutscher Gerichte und Behörden Vernehmungen und entsprechend § 15 Abs. 5 KonsularG Anhö-

---

[31] Vgl. OLG Schleswig NStZ 19789, 240 (241); aA OLG München NJW 1962, 56 (57); *Rose* wistra 1998, 11 (13 mwN).
[32] BGH NStZ 1990, 226; dazu *Rose* wistra 1998, 11 (13).
[33] Vgl. *Rose* wistra 1998, 11 (16 mwN).
[34] Vgl. zum Ganzen ausf. *Rose* wistra 1998, 11 (17 f. mwN).

rungen durchzuführen. Dies hält sich in dem Rahmen ihrer Aufgaben, Rechtshilfeersuchen zu erledigen (gem. Art. 5 lit. j WKÜ), soweit dies geltenden internationalen Übereinkünften entspricht oder, in Ermangelung solcher, mit den Gesetzen und sonstigen Rechtsvorschriften des Empfangsstaats vereinbar ist. Hintergrund ist, dass es den Konsularbeamten völkerrechtlich freisteht, mit Angehörigen des Entsendestaats in ihrem Residenzstaat zu verkehren, sie aufzusuchen und sich von ihnen aufsuchen zu lassen.[1] Zwar dürfen diese Rechte nur nach Maßgabe der Gesetze und sonstigen Rechtsvorschriften des Empfangsstaats ausgeübt werden (Art. 36 Abs. 2 WKÜ). Es wird jedoch vorausgesetzt, dass diese die Verwirklichung der zugrundeliegenden Zwecke vollständig ermöglichen müssen. Weiterhin haben die Konsularbeamten mit Ausnahme von besonderen Sperrzonen der nationalen Sicherheit, volle Bewegungsfreiheit im Empfangsstaat (Art. 34 WKÜ) und geschützten freien amtlichen Verkehr mit allen Stellen des Entsendestaates (Art. 35 WKÜ), der auch gegenüber Drittstaaten gilt (Art. 54 Abs. 3, 4 WKÜ). Wohl Grundlage für die deutsche konsularische Rechtshilfe im (bundes-)staatlichen Innenverhältnis[2] ist unmittelbar Art. 35 Abs. 1 GG, da nach §§ 1, 2 VwVfG, §§ 4 ff. VwVfG nicht gelten.

A. Die Entscheidung, ob um eine konsularische Vernehmung ersucht wird, steht grundsätzlich im **pflichtgemäßen Ermessen** des befassten Gerichtes bzw. der zuständigen Ermittlungsbehörde.[3] Die konsularische Vernehmung kann auch an einer Auskunftsperson durchgeführt werden, die die **Staatsangehörigkeit** des Entsendestaates des Konsuls nicht hat, soweit sie vor ihm freiwillig erschienen ist.[4] Erweckt etwa eine Einlassung bzw. Beweisanregung bereits aufgrund völligen Fehlens von nachprüfbaren Einzelheiten den Eindruck einer Schutzbehauptung, ist es ermessensgerecht, wenn das Gericht allein die Vernehmung des Zeugen in der Hauptverhandlung zur Erforschung der Wahrheit als geeignete Form der Beweiserhebung ansieht, weil es entscheidend auf den persönlichen Eindruck und die Glaubwürdigkeit des Zeugen ankommt.[5]

Allerdings findet das Ermessen der Ermittlungsbehörden weiterhin eine Grenze in Nr. 130 Abs. 2 RiVASt. Selbst wenn der deutschen Auslandsvertretung laut RiVASt-Länderteil die **Befugnis zu konsularischen Vernehmungen eingeräumt** ist, können diese nur ausnahmsweise bei **Vorliegen besonderer Gründe** um Amtshilfe in eigener Zuständigkeit ersucht werden. Solche Gründe liegen insbesondere dann vor, wenn der erstrebte Zweck durch ein Rechtshilfeersuchen an die Behörden des ersuchten Staates nicht oder nicht rechtzeitig erreicht werden würde oder wenn mit einem Rechtshilfeersuchen ein unzumutbarer Aufwand an Arbeit, Zeit oder Kosten verbunden wäre. Diese Inanspruchnahme ist zu begründen.

B. Die entsprechenden **Amtshilfeersuchen** können der deutschen Auslandsvertretung unter nachrichtlicher Beteiligung des Auswärtigen Amtes unmittelbar übersandt werden (Nr. 131 Abs. 1 RiVASt); die Berichtspflicht an die oberste Justiz- bzw. Verwaltungsbehörde bei besonderen Umstände nach Nr. 13 Abs. 1 RiVASt gilt entsprechend. Nur wenn ein Angehöriger einer deutschen Auslandsvertretung selbst vernommen werden soll, ist das Ersuchen der obersten Justiz- oder Verwaltungsbehörde vorzulegen und die Vermittlung des Auswärtigen Amts in Anspruch zu nehmen (Nr. 131 Abs. 3 RiVASt). Sofern eine Vernehmung, die eine richterliche ersetzt, erforderlich erscheint, ist dies in dem Ersuchen anzugeben (Nr. 130 Abs. 2 S. 6 RiVASt).

C. Bei der **Durchführung** sind die für die jeweilige Vernehmung geltenden deutschen **verfahrensrechtlichen Vorschriften** sinngemäß anzuwenden (§ 15 Abs. 3 S. 1 KonsularG). Dies gilt insbesondere für die **rechtzeitige Benachrichtigung** und das **Teilnahmerecht** der Prozessbeteiligten, sowie ihr Recht, bei der Vernehmung Fragen zu

---

[1] Nach Art. 36 Abs. 1 lit. a WKÜ, wohl auch Völkergewohnheitsrecht.
[2] Vgl. BGH NStZ 1989, 382 (383); BGHSt 45, 354 ff. = NJW 2000, 1204.
[3] Vgl. BFH BeckRS 1998, 30028017.
[4] BGH NStZ 1984, 128 (129); BeckRS 1992, 31087161 = StV 1992, 548 f.
[5] Vgl. BFH BeckRS 1998, 30028017 mwN.

stellen oder hilfsweise die dem Konsularbeamten zur Erledigung zu übersendenden Fragen um eigene zu ergänzen.[6] Für die Teilnahme eines deutschen Richters oder Beamten an der Vernehmung gelten die Voraussetzungen für die Teilnahme an ausländischen Vernehmungen nach Nr. 140–142 RiVASt entsprechend, Nr. 131 Abs. 2 RiVASt.

6 Bei der konsularischen Vernehmung müssen **Dolmetscher** nicht vereidigt werden (§ 15 Abs. 3 S. 2 KonsularG). Darüber hinaus kann der vernehmende Konsularbeamte selbst die notwendigen Übersetzungen vornehmen, wenn er diese beherrscht, ohne dass dies auch der Behandlung als richterliche Vernehmung entgegensteht.[7] Ein gesonderter **Protokollführer** muss nicht zugezogen werden, das Protokoll kann auch von dem vernehmenden Konsularbeamten geführt werden (§ 15 Abs. 3 S. 3 KonsularG).

7 Einigkeit besteht, dass **kein Sachvortrag** des Zeugen nach § 69 Abs. 1 StPO erfolgt, wenn ein Fragenkatalog zu beantworten ist.[8] **Vorhalte** aus früheren, zB polizeilichen, Vernehmungen des Empfangsstaates werden Inhalt der Vernehmung und können so verwertet werden.[9] Wird um eidliche Vernehmung ersucht, so ist der Konsularbeamte zur Abnahme des **Eides** befugt (§ 15 Abs. 2 S. 2 KonsularG).

8 Der Konsularbeamte darf **keine Zwangsmittel** anwenden (§ 15 Abs. 3 S. 4 KonsularG).

9 D. Die Vernehmungen und die Vereidigungen und die über sie aufgenommenen Niederschriften stehen solchen inländischer Gerichte und Behörden gleich (§ 15 Abs. 4 KonsularG). Die Vernehmung kann damit **als richterliche** behandelt werden, wenn das Ersuchen von einem Gericht oder von einer Behörde, die um richterliche Vernehmungen im Inland ersuchen kann, gestellt worden ist (§ 15 Abs. 2 S. 1 KonsularG) und sie den Form- und Verfahrensvorschriften genügt (→ § 23 Rn. 43 ff.). Weiterhin ist Nr. 130 Abs. 2 S. 4 RiVASt zu beachten, wonach Vernehmungen, durch die eine richterliche Vernehmung ersetzt werden soll, nur Berufskonsularbeamtinnen oder beamte dann vornehmen können, wenn sie die Befähigung zum Richteramt haben oder hierzu vom Auswärtigen Amt besonders gem. § 19 Abs. 1, 2 KonsularG ermächtigt sind.

§ 6 Teilnahme an Ermittlungsmaßnahmen eines anderen Staates und eigene Verhandlungen im Ausland

1 A. Eine wesentliche unmittelbare Erkenntnisquelle kann auch in der **Teilnahme deutscher Ermittlungsorgane an Ermittlungsmaßnahmen,** namentlich Vernehmungen oder Durchsuchungen durch Behörden und Gerichte anderer Staaten, bestehen, die von diesen aufgrund eines Rechtshilfeersuchens oder eigenen Anlässen erfolgen kann. Auch wenn diese Teilnahme rein passiv sein sollte, hat sie, sofern sie nicht lediglich in der „anonymen" Anwesenheit wie anderes Publikum bei einer öffentlichen Verhandlung bestehen sollte, hoheitlichen Charakter und bedarf daher einer Erlaubnis des Gebietsstaates.[1] Soweit die entsprechende Ermittlungshandlung **im Rahmen eines Rechtshilfeersuchens** erfolgt, bestehen hierzu ausdifferenzierte Regelungen, auf die unten im Zusammenhang ausführlich eingegangen wird (Kap. 3, insbesondere auch → § 13 Rn. 81 ff.). Im Übrigen gelten maßgeblich die innerstaatlichen Rechtsvorschriften und die Gestattung des Gebietsstaates, für deren Einschränkung bislang keine völkerrechtlichen Übereinkommen und Regelungen bestehen.

2 B. Als wohl weitreichendster Eingriff in die Souveränität des Gebietsstaates ist die **vollständige Durchführung der förmlichen Beweiserhebung oder** gar der teilweisen oder

---

[6] Vgl. BGH BeckRS 1976, 00295.
[7] BGH Urt. v. 2.8.1977 – 1 StR 130/77.
[8] BGH StV 1981, 393; BeckRS 2011, 02915.
[9] BGH Urt. v. 2.8.1977 – 1 StR 130/77.
[1] Vgl. auch *Nagel* Beweisaufnahme 181 mwN.

ganzen **Hauptverhandlung** durch das Gericht oder sonst zuständigen Stelle im anderen Staat zu nennen. Sie ist – trotz besonders einfach scheinender Folgerungen für das anwendbare Recht – bislang stets vereinzelter Ausnahmefall geblieben.[2]

I. Da dieses Vorgehen evident die Ausübung von Hoheitsrechten darstellt und der Zustimmung des Gebietsstaates bedarf, andererseits eine vertragliche Regelung hierzu nirgendwo ersichtlich ist, sind die **Regelungen der vertraglosen Rechtshilfe** anzuwenden, um eine Zustimmung hierzu zu erlangen.[3] Vor diesem Hintergrund sind die Erfolgsaussichten für ein derartiges Ansinnen deutlich begrenzt, jedoch – insbesondere im Verhältnis zur **Schweiz**[4] oder **Common-Law-Staaten** – nicht *a priori* ausgeschlossen.[5] Da in den USA die dortigen Behörden und Gerichte jede geeignete Person mit der Vernehmung beauftragen zu können, kann möglicherweise daran auch zugunsten eines beauftragten ausländischen Richters oder sonstigen Ermittlungsorganes angeknüpft werden, so dass diesen die eigene Durchführung unter dem Dach der innerstaatlichen Autoritärr ermöglicht würde.[6] Auch hier fehlen allerdings bsilang verallgemeinerbare praktische Erfahrungen und Übungen. 3

II. Allerdings dürfte in diesen Fällen, auch unter Berücksichtigung des **innerstaatlichen Rechtes**, diese Form nur eine Ultima-ratio-Lösung sein, die jedenfalls nicht standardmäßig bei ansonsten nicht erreichbaren Zeugen oder nicht geeigneten Surrogaten für die Vernehmung im Inland stets in Erwägung gezogen werden muss. 4

III. Auch bei der Vornahme im Ausland müssen nicht nur die **ausdrücklichen Bedingungen des gestattenden Staates,** sondern auch die **Rechte etwaiger Betroffener,** namentlich der Auslandszeugen beachtet werden. So greift keine Erscheinenspflicht und eine Sanktionierung ist grundsätzlich nicht möglich. Zwangsmaßnahmen im Übrigen, etwa bei nicht gerechtfertigtem Aussageungehorsam, müssten wohl stets dem Gebietsstaat bzw. seinem Vertreter vorbehalten bleiben.[7] Da die hierzu von der Lehre abstrakt entwickelten Grundsätze ihren Niederschlag in den Rechtshilferegeln zur transnationalen Videovernehmung gefunden haben, können die dort entwickelten Verfahrensdetails auch als Grundlage für die notwendigen konkreten Vereinbarungen im Rahmen der vertraglosen Rechtshilfe vor der Durchführung dienen. 5

IV. Aus Sicht des **deutschen Rechts** ist wohl selbst eine teilweise oder ganze Durchführung der Hauptverhandlung im Ausland grundsätzlich zulässig.[8] Da hierzu natürlich die Zustimmung des Gebietsstaates erforderlich ist, ist die Frage, ob zusätzlich analog § 166 GVG die Zustimmung des örtlich zuständigen Gerichtes eingeholt werden muss, eher von akademischer Bedeutung. Der Grundsatz der Öffentlichkeit steht nicht entgegen, soweit eine entsprechende öffentliche Bekanntgabe des Termins durch Aushang erfolgt ist, selbst wenn rechtliche oder faktische Gegebenheiten im Gebietsstaat das tatsächliche Erscheinen von Publikum verhindern. Da bereits das Verhandeln im Inland außerhalb des eigenen Gerichtsbezirkes im Ermessen des Gerichts steht, besteht auf eine solche Verhandlung im Ausland erst recht kein Anspruch.[9] Insgesamt sind die Regelungen der RiVASt für die Teilnahme im ersuchten Staat anzuwenden, da diese begrifflich auch die Teilnahme an einer eigenen Rechtshandlung einschließen (somit → § 13 Rn. 97 ff.). 6

---

[2] Vgl. zum Ganzen ausf. *Nagel* Beweisaufnahme 192 ff. mit historischen Nachweisen seit 1881.
[3] Vgl. *Nagel* Beweisaufnahme 199 mwN.
[4] Vgl. *Nagel* Beweisaufnahme 201 ff. zu konkreten Fällen und dabei getroffenen Vereinbarungen in der Schweiz; dagegen seien Belgien nur höchst ausnahmsweise und Frankreich sowie Österreich zur Gestattung nicht bereit.
[5] Anders allerdings in Österreich vgl. NK-RechtshilfeR/*Zerbes* IV Rn. 605 ff. mwN.
[6] Vgl. *Nagel* Beweisaufnahme 201 mwN.
[7] Vgl. *Nagel* Beweisaufnahme 196 mwN.
[8] Vgl. hierzu und zum Folgenden *Nagel* Beweisaufnahme 256 ff. mwN.
[9] Vgl. BGHSt 22, 250 (255) = NJW 1969, 105.

§ 7 Grenzüberschreitende technikgestützte Ermittlung

A. Überblick

1 Wie bereits angesprochen, stellt sich vor allem bei grenzüberschreitenden Ermittlungen durch Abfangen oder sonstiges Erheben von Telekommunikation und faktisch zugänglichen informationstechnischen Systemen ohne Rechtshilfe, vertraglichen Rahmen oder sonstige Zustimmung des Staates, in dem sich die Bezugsobjekte befinden, die Frage nach einer **Souveränitätsverletzung** (→ § 1 Rn. 3 ff.). Damit verbunden ist das Problem, inwieweit und welche Normen des Völkerrechts anwendbar sind und in welchem Maße nationales Recht des „Herkunftsstaates" der Information beachtet werden muss.

2 Dagegen steht außer jedem Zweifel, dass das **deutsche Recht** die vom Inland aus handelnden deutschen Ermittlungsbehörden auch hinsichtlich möglicher Ermittlungsmaßnahmen mit Wirkungen im Ausland bindet. Auch wenn andererseits die nachrichtendienstliche Praxis weiterhin verteidigt wird, kann man eine Unanwendbarkeit etwa der Grundrechte für das Handeln deutscher staatlicher Stellen außerhalb eines personalen oder territorialen Bezugs zum Inland allerdings nicht begründen. Vielmehr ist jede deutsche Staatsgewalt an das Grundgesetz und das alleine in dessen Rahmen gültige und wirksame einfache innerstaatliche oder vereinbarte Recht gebunden (→ § 1 Rn. 30).

3 Daher muss je nach Art und Intensität der Informationserhebung durch deutsche Gerichte und andere **Strafverfolgungsorgane** eine entsprechende **Eingriffsgrundlage** für einen entsprechenden Eingriff im Inland erfüllt sein, wie etwa §§ 94 ff. StPO für offene Maßnahmen beim Betroffenen, §§ 100a ff. StPO insbesondere für verdeckte Maßnahmen gegenüber dem Betroffenen oder sonst unter Eingriff in das Telekommunikationsgeheimnis, § 110 Abs. 3 StPO für den Fernzugriff auf informationstechnische Systeme und § 161 StPO für Auskünfte und sonstige Ermittlungen insbesondere aus öffentlich zugänglichen Quellen.

B. Fernerkundung und offene Abtrahlungen

4 I. Die Erhebung von Informationen mittels **satellitengestützter Fernerkundung,** namentlich visueller Daten von der Erdoberfläche oder in Abstrahlungen enthaltenen Informationen weist in völkerrechtlicher Hinsicht kaum Einschränkungen auf.

5 Soweit derartige technische Infrastrukturen durch eigene **staatliche Stellen oder dem innerstaatlichen Recht unterstellte private Einrichtungen** betrieben werden, sind die allgemeinen innerstaatlichen Rechtsgrundlagen anwendbar. Das Satellitendatensicherheitsgesetz stellt dabei für private Betreiber in Deutschland detaillierte Regelungen auf, die allerdings zur Herausgabe von Daten an Strafermittlungsorgane nichts aussagen. Insbesondere bei direktem staatlichem Einfluss auf die entsprechenden Infrastrukturen kann ergänzend im Binnenverhältnis auf die Grundsätze der Amtshilfe aus §§ 4 ff. VwVfG bzw. Art. 35 GG zurückgegriffen werden, soweit nicht das allgemeine Strafprozessrecht, namentlich über §§ 94, 96 StPO, § 161 Abs. 1 S. 1 StPO, § 160 Abs. 4 StPO, die abschließende Grundlage bietet. Wie das BVerfG ausdrücklich festgestellt hat, gelten in derartigen Fallkonstellationen auch bei der Fernerkundung die Grundrechte und mithin für entsprechende Eingriffe die Notwendigkeit einer hinreichend bestimmten Befugnisnorm.[1] Zugriffsmöglichkeiten bieten in dieser Hinsicht etwa die seit 2007 mit einer Auflösung von bis zu einem Meter präzise aktiven TerraSAR-X- und TanDEM-X-Satelliten des Deutschen Zentrums für Luft- und Raumfahrt. Die kommerziellen fünf Satelliten der zunächst deutschen RapidEye AG wurden hingegen von dem Unternehmen BlackBridge in **Kana-**

---

[1] BVerfGE 100, 313 ff. = NJW 2000, 55; → § 1 Rn. 31 f.

da übernommen. Weiterhin können, wenn auch ebenfalls wohl nur in Ausnahmesituationen, möglicherweise Zugänge über den BND, eher für Abstrahlungsaufzeichnungen als visuelle Fernerkundung, und über ihn mit „befreundeten Diensten" für Ermittlungsvorgänge in Betracht kommen.

Eine besondere Rolle kommt dem **Copernicus System** zu, das gemäß der grundlegenden VO (EG) Nr. 377/2014[2] als das Erdbeobachtungs- und Überwachungsprogramm der EU unter anderem auch der Sicherheitsüberwachung dienen soll. Nach Art. 13 Abs. 2 VO (EG) Nr. 377/2014 bzw. Art. 24 VO (EG) Nr. 377/2014 können Durchführungsrechtsakte erlassen werden, um die Nutzung von Copernicus-Daten und -Informationen durch die Mitgliedstaaten zu fördern. Weiterhin können Bedingungen und Beschränkungen für den Zugang zu Copernicus-Daten und -Informationen und ihre Verwendung geregelt werden. Aktuell dient hierzu die delegierte VO (EU) Nr. 1159/2013.[3] Konkrete Vorschriften für eine strafrechtliche Nutzung von Daten sind bislang nirgends enthalten.

In völkerrechtlicher Hinsicht ist diese satellitengestützte Fernerkundung durch die Weltraumfreiheit abgedeckt.[4] Die mittlerweile wohl gewohnheitsrechtlich anerkannten Prinzipien für die weltraumbasierte Fernerkundung der Vereinten Nationen (UNRSPr) von 1986 (Fernerkundung)[5] bestätigen, dass es **keiner vorherigen Zustimmung des betroffenen (mit)erkundeten Staates** – weder vor einem konkreten Erhebungsvorgang noch vor der Einrichtung einer solchen Fernerkundungseinrichtung überhaupt – bedarf. Allerdings sind letztere beim Generalsekretär der Vereinten Nationen zu notifizieren (Nr. 9 UNRSPr). Zudem sind bei der Einrichtung bestimmte Solidaritäts- und Entwicklungsprinzipien zu beachten (Nr. 2 ff. UNRSPr). Ferner ordnen die UNRSPr in Nr. 12 UNRSPr einen **diskriminierungsfreien Zugriff erkundeter Staaten** auf die Roh- und Analysedaten und in Nr. 13 UNRSPr entsprechende Konsultationsobliegenheiten an, die auch als Grundlage für Ersuchen um entsprechende Auskünfte angeführt werden können.

II. Während für die **flugzeuggestützte Fernerkundung** das Verbot ungenehmigter militärischer und ziviler Einflüge jenseits der Flugfreiheiten der Zivilluftfahrt (→ § 2 Rn. 147 ff.) zu beachten ist,[6] begegnet die **Fernerkundung vom eigenen Territorium aus** mittels **passiver Sensorik**, also der bloßen Erfassung eingehender Signale auch mit technischen Hilfsmitteln keinerlei völkerrechtlichen Bedenken. Problematisch als Übergangsbereich erweist sich indes der grenzüberschreitende **Einsatz aktiver Sensortechnik,** mithin das Aussenden von Signalen, um aus Reaktionen wie insbesondere der Reflexion Sensorinformationen zu gewinnen. Soweit der Einsatz gezielt grenzüberschreitend erfolgt, wird man darin wohl eine Souveränitätsverletzung bzw. notwendige vorherige Gestattung erkennen müssen, da derartige Signale nicht von der „Ätherfreiheit" für Fernmelde- und Rundfunkdienste und dem internationalen Sende- und Fernmelderecht abgedeckt sind.[7]

C. Offene Informationsquellen in Datennetzen, insbesondere im Internet

Völkerrechtlich kann aus deutscher Sicht allgemein anerkannt gelten, dass die Informationserhebung aus **Internet- und anderen grenzüberschreitend mittels technischen Medien zugänglichen Informationsquellen, zu denen bestimmungsgemäß keine be-

---

[2] VO (EU) Nr. 377/2014 des Europäischen Parlamentes und des Rates zur Einrichtung des Programms Copernicus und zur Aufhebung der Verordnung (EU) Nr. 911/2010 v. 3.4.2014, ABl. L 122, 44.
[3] Delegierte VO (EU) Nr. 1159/2013 der Kommission zur Ergänzung der Verordnung (EU) Nr. 911/2010 des Europäischen Parlaments und des Rates über das Europäische Erdbeobachtungsprogramm (GMES) durch die Festlegung von Registrierungs- und Lizenzierungsbedingungen für GMES-Nutzer und von Kriterien für die Einschränkung des Zugangs zu GMES-spezifischen Daten und Informationen der GMES-Dienste v. 12.7.2013 (ABl. 2013 L 309, 1).
[4] Vgl. zum ganzen Absatz ausf. *Hobe* in Ipsen VölkerR § 47 Rn. 34 ff. mwN.
[5] UN Principles relating to remote sensing of the Earth from space v. 3.12.1986, UN A/RES/41/65.
[6] Vgl. zum ausf. *Hobe* in Ipsen VölkerR § 46 Rn. 32 f. mwN.
[7] Vgl. zum ausf. *Hobe* in Ipsen VölkerR, 5. Aufl. 2014, § 47 Rn. 43 ff. mwN.

sonderen **Zugangsvoraussetzungen erfüllt** sein müssen, auch grenzüberschreitend ohne Rechtshilfe möglich sind,[8] wie dies auch mittlerweile das Konventionsrecht deklaratorisch feststellt (Art. 32 lit. a CKÜ. Dies hat sowohl für Datenquellen, die sich vollständig im Ausland befinden – zB der Dateninhalt von WWW-Webseiten – aber auch Teilressourcen von offenen Informationsquellen im Ausland zu gelten, soweit auf diese über den allgemein eröffneten Weg zugegriffen wird. Erst recht kann es keine Rolle spielen, wenn zB technisch eine Anfrage auf eine offene Internet-Quelle im Inland (auch) über ausländische technische Telekommunikationsstrukturen geleitet wird, wie dies aufgrund des „Routings" zur Nutzung der schnellsten Übertragungswege üblich ist, und dies bisweilen gezielt zum Abgreifen von Informationen durch dritte Staaten (*„Spoofing"*) genutzt wird.

10 **Entscheidendes Abgrenzungskriterium** stellt hierbei primär die **Bestimmung durch den Inhaber der Information** dar. So ist auch eine vertraulich bestimmte Kommunikation auf diese Weise nicht zu erheben, wenn sie unverschlüsselt erfolgt, zB als E-Mail im Klartext über das Internet übermittelt wird. Anderes wird nur zu gelten haben, wenn aus dem konkreten Medium der Übertragung dem verständigen Sender klar sein muss, dass es sich um keine vertrauliche Kommunikation handeln kann, etwa wenn diese technisch unverschlüsselt mittels offenem Sprechfunk erfolgt.

11 Entsprechend kann **nicht die faktische Fernzugänglichkeit** maßgeblich sein, etwa die Tatsache, dass Computer überhaupt an das Internet angeschlossen sind, oder sie dabei zusätzlich einem auch größeren Kreis der Öffentlichkeit bekannte „Sicherheitslücken" oder sonstige offene Schnittstellen aufweisen. Entsprechend wird man wiederum auch eine (besonders) leichte Überwindung erkennbarer Schutzmechanismen zB durch Eingabe zutreffender einfacher Passwörter oder das Eindringen in Kommunikationsgruppen unter einer Legende auch bei nur oberflächlicher, allerdings tatsächlicher Prüfung nicht als offenen Zugriff als zulässig ansehen können. Im Übrigen muss hier ergänzend auf Rechtsprechung und Literatur auch zu rein nationalen Zugriffen verwiesen werden.

12 Eine Besonderheit, die aber ebenfalls mit den Diskussionen im Bereich des inländischen Rechts abgedeckt scheint, stellen sog. **„Verdeckte Ermittler in sozialen Netzwerken"** dar.[9] Hier stellt sich zunächst die Frage nach der Grundrechtsrelevanz, vor allem des Allgemeinen Persönlichkeitsrechts bei gezielter Informationssammlung und Identifizierung, sowie einer hinreichenden Ermächtigungsgrundlage, namentlich § 163 Abs. 1 StPO, soweit nicht eine Erhebung im Rahmen einer (vom Teilnehmerkreis geschlossenen) Telekommunikation erfolgt (dazu sogleich → Rn. 13 ff.).

D. Grenzüberschreitende Telekommunikationsüberwachung und unmittelbare Datenerhebung bei Diensteanbietern

I. Grundsätze

13 Ohne weiteres alleine nach innerstaatlichem Recht zulässig ist die Überwachung von Telekommunikation, die zwischen einem **Teilnehmer im Inland** mit einem solchen im Ausland geführt wird, jedenfalls wenn sie nicht ausgehend vom letztgenannten, also entweder aufgrund einer ungezielten strategischen oder aber einer auf den inländischen Teilnehmer bezogenen gezielten Überwachung erfolgt.

14 Deswegen stellt auch die (verdeckte) **Teilnahme eines Ermittlungsbeamten an grenzüberschreitender Telekommunikation,** wie Chats oder Online-Foren, zu denen er offenen, dh für die andere Teilnehmer erkennbaren Zugang hat, auch wenn er seine Eigenschaft als Ermittlungsbeamter verschwiegen oder unter einer Legende ver-

---

[8] Vgl. GPKG/*Vogel/Burchard* IRG vor § 1 Rn. 17; Schomburg/Lagodny/Gleß/Hackner/ *Schomburg/Hackner* IRG vor § 68 Rn. 37c; *Hackner/Schierholt* Int. Rechtshilfe Rn. 193; aA wohl noch *Spatschek/Alvermann* wistra 1999, 333 (334 ff.).

[9] Vgl. BVerfG NJW 2008, 822; dazu allg. etwa *Henrichs/Wilhelm* Deutsche Polizei 2010, 6 ff.; *Henrichs/Wilhelm* Kriminalistik 2010, 30 ff.

schleiert hat, jedenfalls dann kein besonderes völkerrechtliches Problem dar, wenn den Teilnehmern sein Herkunftsland nicht gezielt verschwiegen worden ist. Es bleibt dann bei den allgemeinen, derzeit intensiv diskutierten Fragen, in welchem inländischen Rechtsrahmen dieses Verhalten gefasst werden muss. Nach derzeitigem Diskussionsstand muss dabei – jedenfalls im Regelfall – nicht von einer nach §§ 110a ff. StPO förmlichen Legendierung und Richtervorbehalt ausgegangen werden, sondern lediglich von nicht offen ermittelnden Polizeibeamten auf Grundlage von § 161 Abs. 1 S. 2 StPO, § 163 Abs. 1 S. 2 StPO.[10] Zumal nach der Rechtsprechung des BVerfG ein Eingriff in das Recht auf informationelle Selbstbestimmung nicht schon immer dann vorliegt, wenn eine staatliche Stelle sich unter einer Legende in eine Kommunikationsbeziehung zu einem Grundrechtsträger begibt. Dies wohl aber, wenn sie dabei ein schutzwürdiges Vertrauen des Betroffenen in die Identität und die Motivation seines Kommunikationspartners ausnutzt, um persönliche Daten zu erheben, die sie sonst nicht erhalten würde. Zu den Kommunikationsbeziehungen, in deren Rahmen das Vertrauen eines Kommunikationsteilnehmers in die Identität und Wahrhaftigkeit der anderen nicht schutzwürdig ist, da hierfür keinerlei Überprüfungsmechanismen bereitstehen, gehört danach ausdrücklich auch der Fall, „wenn bestimmte Personen – etwa im Rahmen eines Diskussionsforums – über einen längeren Zeitraum an der Kommunikation teilnehmen und sich auf diese Weise eine Art ‚elektronische Gemeinschaft' gebildet hat. Auch im Rahmen einer solchen Kommunikationsbeziehung ist jedem Teilnehmer bewusst, dass er die Identität seiner Partner nicht kennt oder deren Angaben über sich jedenfalls nicht überprüfen kann. Sein Vertrauen darauf, dass er nicht mit einer staatlichen Stelle kommuniziert, ist in der Folge nicht schutzwürdig."[11]

II. Europäische Union

15 Bislang lediglich zwischen den **EU-Mitgliedstaaten** anerkannt im Rahmen des RHÜ 2000[12] können die Ermittlungsbehörden die Telekommunikation, weit verstanden als technischen Vorgang, auch dann überwachen und die Inhalte erheben, sofern nur das Gebiet und technische Einrichtungen auf dem Gebiet der Mitgliedstaaten betroffen sind.

16 **1.** Die Erhebung kann durch staatliche Stelle jeweils **in ihrem eigenen Hoheitsgebiet** auch dann unmittelbar erfolgen, wenn diese über **Bodenstation** und Systeme **im Hoheitsgebiet eines anderen Mitgliedstaats** erfolgen. Solange sich die Zielperson der Überwachung in ihrem eigenen Hoheitsgebiet befindet, sind die zuständigen Behörden berechtigt, für die Zwecke einer strafrechtlichen Ermittlung nach Maßgabe ihres innerstaatlichen Rechts die Überwachung mittels eines im Inland befindlichen bezeichneten Diensteanbieters durchzuführen, ohne dass die Behörden des Mitgliedstaat, in dessen Hoheitsgebiet sich die Bodenstation befindet, überhaupt eingeschaltet werden (Art. 19 Abs. 2 RHÜ 2000). Die dazu notwendige unmittelbare (Fern-)Zugangsmöglichkeit auf die Bodenstation und zugehörigen Systeme hat der Mitgliedstaat, in dem sich diese Systeme befinden, sicherzustellen (Art. 19 Abs. 1 RHÜ 2000). Daneben haben die Behörden aber auch die Möglichkeit – insbesondere wenn es bei ihnen keine Vermittlungsstelle gibt –, den Mitgliedstaat, in dessen Hoheitsgebiet sich die Bodenstation befindet, um eine rechtmäßige Überwachung des Telekommunikationsverkehrs zu ersuchen (Art. 19 Abs. 2 RHÜ 2000).

17 **2.** Umgekehrt kann nach Art. 20 RHÜ 2000,[13] soweit dies **ohne technische Hilfe**, also insbesondere über eigene Bodenstationen möglich ist, auch durch eigene Ermittlungsmaßnahmen grundsätzlich die Telekommunikation eines Gerätes überwacht werden, das sich **im Hoheitsgebiet eines anderen Mitgliedstaats** befindet. Dies betrifft namentlich den

---
[10] Vgl. etwa *Soiné* NStZ 2014, 248 ff. mwN.
[11] BVerfG BeckRS 9998, 52682; BVerfGE 120, 274 Rn. 310 f. = NJW 2008, 822 – Online-Durchsuchung.
[12] Gem. Art. 19 RHÜ 2000; und seit dem 22.5.2017 auf Grundlage von Art. 31 EEA-RL, soweit richtlinienkonform fristgerecht innerstaatlich umgesetzt.
[13] Seit dem 22.5.2017 ebenso auf Grundlage von Art. 31 EEA-RL.

Fall einer einfach überstrahlenden Mobilfunkeinrichtung, in der das Gerät eingebucht ist. Soweit man nicht die sog. Auslandkopfüberwachung, bei der mittels technischer Vorrichtungen im Inland der Telekommunikationsverkehr mit dem Ausland erhoben werden kann, richtigerweise als rein inländischen Sachverhalt ansehen möchte, dürfte dieser jedenfalls danach gerechtfertigt sein.[14]

18 **a)** Grundlage hierfür muss eine nach innerstaatlichem Recht zulässige **Überwachungsanordnung** der zuständigen Behörde eines Mitgliedstaats im Zuge strafrechtlicher Ermittlungen sein, die infolge der Begehung einer spezifischen Straftat, einschließlich des strafbaren Versuchs durchgeführt werden, um die dafür Verantwortlichen festzustellen und festzunehmen, Anklage gegen sie zu erheben, sie strafrechtlich zu verfolgen oder abzuurteilen (Art. 20 Abs. 1 RHÜ 2000).

19 **b)** Von dieser Überwachung ist der Mitgliedstaat, in dessen Hoheitsgebiet der Anschluss der Zielperson genutzt wird – wohl sofern er hierauf nicht verzichtet hat (Art. 20 Abs. 2 RHÜ 2000) – vor deren Beginn **zu unterrichten,** wenn die überwachende Stelle bereits bei Anordnung Kenntnis davon hat, dass sich die Zielperson in dessen Hoheitsgebiet befindet, ansonsten unmittelbar, nachdem sie davon Kenntnis erhält (Art. 20 Abs. 2 RHÜ 2000). Dabei sind die Angabe der die Überwachung anordnenden Behörde, eine Bestätigung, dass eine rechtmäßige Überwachungsanordnung im Zusammenhang mit einer strafrechtlichen Ermittlung erlassen wurde, Angaben zum Zwecke der Identifizierung der Zielperson und des zugrundeliegenden mutmaßlichen strafbaren Verhaltens, sowie die voraussichtliche Dauer der Überwachung mitzuteilen (Art. 20 Abs. 3 RHÜ 2000). Die Mitgliedstaaten haben als Adressaten Kontaktstellen notifiziert, die rund um die Uhr besetzt sind, damit eine schnelle Antwort auf die Unterrichtung innerhalb 96 Stunden erfolgen kann (Art. 20 Abs. 4 lit. d RHÜ 2000, Art. 24 Abs. 1 lit. e RHÜ 2000). Der unterrichtete Mitgliedstaat behandelt die so übermittelten Informationen nach Maßgabe seines innerstaatlichen Rechts vertraulich (Art. 20 Abs. 5 RHÜ 2000). Ist der überwachende Mitgliedstaat der Ansicht, dass die Informationen besonders geheimhaltungsbedürftig sind, so können sie der zuständigen Behörde über eine besondere Behörde übermittelt werden, sofern dies zwischen den betreffenden Mitgliedstaaten bilateral vereinbart wurde (Art. 20 Abs. 6 RHÜ 2000).

20 **c)** Grundsätzlich in dieser Frist hat die zuständige Stelle des unterrichteten Staates **zu entscheiden,** ob sie die Durchführung oder die Fortsetzung der Überwachung ggf. unter Bedingungen, die in einem vergleichbaren innerstaatlichen Fall zu erfüllen wären, **bewilligt** (Art. 20 Abs. 4 lit. a (i) RHÜ 2000). Wenn die Überwachung nach dem innerstaatlichen Recht des unterrichteten Mitgliedstaats oder wegen einer politischen Straftat oder Verletzung des ordre public nach Art. 2 RHÜ 1959 nicht zulässig wäre, kann sie ansonsten mit schriftlicher Begründung verlangen, dass die Überwachung **nicht durchgeführt oder beendet** wird (Art. 20 Abs. 4 lit. a (ii) RHÜ 2000).[15] Weiterhin kann sie dann auch gesondert mit Mitteilung der Gründe verlangen, dass das Material, das bereits gesammelt wurde, während sich die Person in diesem Hoheitsgebiet befand, nicht oder nur unter den von ihm festzulegenden Bedingungen **verwendet** werden darf (Art. 20 Abs. 4 lit. a (iii) RHÜ 2000). Ist ausnahmsweise eine fristgemäße Entscheidung nicht möglich, kann die ursprüngliche Frist um eine kurze, mit dem überwachenden Mitgliedstaat zu vereinbarende Frist von höchstens acht Tagen verlängert werden, damit die nach ihrem innerstaatlichen Recht erforderlichen Verfahren durchgeführt werden können, wobei der unterrichtete Mitgliedstaat dem überwachenden schriftlich die Bedingungen mitteilt, die gemäß seinem innerstaatlichen Recht die beantragte Fristverlängerung rechtfertigen (Art. 20 Abs. 4 lit. a (iv) RHÜ 2000). Zudem kann der unterrichtete Mitgliedstaat eine kurze Darstellung des Sachverhalts und jede weitere Information verlangen, die er benötigt,

---

[14] Vgl. näher zur Auslandkopfüberwachung BVerfG BeckRS 2009, 34592.
[15] Vgl. hierzu und zur Ausnahme der fiskalischen Straftat nach Art. 2 RHÜ 2000 vgl. NK-RechtshilfeR/*Kubiciel* IV Rn. 339.

um beurteilen zu können, ob in einem vergleichbaren innerstaatlichen Fall eine Überwachung genehmigt werden würde (Art. 20 Abs. 4 lit. c RHÜ 2000).

d) Solange keine Entscheidung über die Bewilligung oder Beendigung vorliegt, darf der 21 überwachende Mitgliedstaat zwar **vorläufig** die Überwachung fortsetzen, aber das bereits gesammelte Material nicht verwenden (Art. 20 Abs. 4 lit. b RHÜ 2000). Eine Verwendung ist nur möglich, soweit die betreffenden Mitgliedstaaten etwas anderes vereinbart haben, oder es zur Ergreifung dringlicher Maßnahmen zur Abwehr einer unmittelbaren und ernsthaften Gefahr für die öffentliche Sicherheit erforderlich ist, wobei im letztgenannten Fall der Bewilligungs-Mitgliedstaat über jegliche derartige Verwendung unter Angabe der Gründe zu unterrichten ist.

3. Dementsprechend wird man auch sog. „**Stille SMS**" – unabhängig von dem zen- 22 tralen Problem der richtigen innerstaatlichen Rechtsgrundlage – danach entsprechend der oben genannten Kategorien zu beurteilen haben, ob sich das Zielgerät im fremden Hoheitgebiet befindet, die SMS über dortige Netzinfrastruktur vermittelt werden muss und ein unmittelbares Zugriffsrecht des Sendestaates darauf besteht.

III. Sonstige Staaten

Die **USA** sehen keine Verletzung ihrer Souveränität darin, dass eine ausländische Straf- 23 verfolgungsbehörde an einen Provider herantritt, um von diesem auf Freiwilligkeitsbasis **Telekommunikationsdaten oder Daten zur Beanspruchung von Informationsdienstleistungen** zu erhalten. Dies kann sowohl über das amerikanische Mutterunternehmen als auch über eine Tochter im Inland oder innerhalb der EU (unter Einhaltung der allgemeinen Regelungen im Verhältnis zum anderen Mitgliedstaat) erfolgen. Ein solches Begehren darf aber nicht den Inhalt einer echten Telekommunikation betreffen, also in diesem Bereich nur **Bestands- und Verkehrsdaten.** Inhaltsdaten echter Kommunikation können auf freiwilliger Basis nur unmittelbar begehrt werden, wenn es sich um einen **Notfall** handelt, etwa im Fall von Amokläufen, schweren Erpressungen oder Terrorismus. Bei Zweifelsfällen sollte das Bundesamt für Justiz kontaktiert werden. In echten Notfällen sollte sogleich die Kontaktstelle des „24/7-Netzwerks" informiert werden, wobei dies am sinnvollsten über die deutsche Kontaktstelle erfolgen kann, als die das Referat SO 43 des BKA fungiert. Bei einer entsprechenden Kontaktierung des Diensteanbieters ist besonders darauf zu achten, dass möglichst ein Gerichtsbeschluss auch in Übersetzung beigefügt und die übrigen Vorschriften der unmittelbaren Kontaktierung von Zeugen bzw. Sachverständigen gewahrt sind. Zudem ist zu berücksichtigen, dass bei solchen Begehren in die USA die Vertraulichkeit seitens des Providers auch gegenüber dem Anschlussinhaber nicht zwingend gewährleistet ist. Ansonsten, namentlich, wenn die Vertraulichkeit nicht gesichert scheint, im Falle einer Weigerung oder bei Inhaltsdaten ohne Vorliegen einer Notsituation kann eine Herausgabe nur im Wege der Rechtshilfe (→ § 15 Rn. 577) erreicht werden.

E. Fernzugriff auf nicht offen zugängliche Computersysteme

I. Für den unmittelbaren grenzüberschreitenden Zugriff auf informationstechnische Syste- 24 me existiert als multilateraler Rechtsrahmen bislang praktisch ausschließlich das Übereinkommen über Computerkriminalität (Cybercrime-Konvention – CKÜ) des Europarates, dem sich wichtige außereuropäische Staaten angeschlossen haben (→ § 15 Rn. 496 ff.).

1. Danach ist der unmittelbare Fernzugriff auf nicht offen zugängliche informationstech- 25 nische, bzw. Computersysteme (in der Terminologie des CKÜ) nur zulässig, wenn die Ermittlungsbehörde hierzu die **rechtmäßige und freiwillige Zustimmung der Person eingeholt hat, die rechtmäßig befugt** ist, die Daten mittels dieses Computersystems an sie weiterzugeben und der Zugriff und Empfang der Daten mittels eines Computersystems in ihrem Hoheitsgebiet erfolgt (gem. Art. 32 lit. b CKÜ).

26   a) Allerdings wird man auch diese Norm nach den oben getroffenen allgemeine Feststellungen richtigerweise **auch außerhalb des Kreises der CKÜ-Vertragsparteien** als Ausdruck des allgemeinen auch völkerrechtskonformen Rechtsgedankens verstehen dürfen, dass mit der freiwilligen und rechtmäßigen Zustimmung des Verfügungsberechtigten über einen dafür vorgesehenen Zugang kein die Souveränität eines Staates, in dem zumindest ein Teil der Daten gespeichert sind, verletzender Völkerrechtsverstoß vorliegt, jedenfalls soweit nicht dessen Rechtsvorschriften explizit eine Übertragung ins Ausland durch den Berechtigten untersagen würden, was wiederum grundrechtlich problematisch sein könnte. Allein die Tatsache, ob der Verfügungsberechtigte selbst die Dateien im Inland herunterlädt und dann den Ermittlungsbehörden übergibt oder diese den technischen Vorgang von dessen freiwilligen und rechtmäßigen Zustimmung vollständig gedeckt, selbst vornehmen, vermag hier keinen wesentlichen Unterschied begründen.

27   b) Weiterhin scheint der deutsche Wortlaut von Art. 32 lit. b CKÜ insoweit irreführend, dass es ebenfalls nicht darauf ankommen kann, ob der Zugriff auf die Daten von einem **Gerät** erfolgt, über das der Berechtigte verfügungsbefugt ist, sondern alleine, ob der Zugriff **entsprechend seiner Verfügungsbefugnis** erfolgt, also zB Daten in einem „Fernspeicher" ebenso von einem Rechner der Polizei aus heruntergeladen werden dürfen.[16]

28   c) Die zentrale Frage bleibt aber meist, wer im konkreten Fall diese **berechtigte Person** ist. Dies kann sich nur nach den konkreten, in der Regel zivilrechtlichen, Rechtsbeziehungen und dabei häufig dem zwischen beteiligten bestehenden Rechtsverhältnissen beurteilen.

29   aa) So ist jedenfalls der vertragsgemäße **„Inhaber"** zB eines E-Mailpostfachs, eines gemieteten physikalischen Servers oder eines abgegrenzt ausgebildeten logisch-virtuellen informationstechnischen Systems, zB eines durch Zugangsrechte abgrenzbaren Datenspeichers oder virtuellen Servers, verfügungsbefugt.

30   bb) Ob andere Personen ohne Zustimmung oder gar Kenntnis dieses Inhabers als Zustimmungsberechtigte ausreichen, erscheint insbesondere fraglich. Dazu könnten der Ressourcen- oder zugrundeliegende **Systeminhaber** wie etwa ein Provider zählen oder etwa der Arbeitgeber bei einem von einem Beschäftigten mitgenutzten Geschäftssystem. Der Wortlaut scheint hier offen, auch wenn er auf die nationalen Regelungen verweist. Die Erläuterungshinweise richten hier den Blick ebenfalls auf die konkreten Umstände. Nach deutschem Recht würde man ergänzen wollen nach Treu und Glauben unter Berücksichtigung der konkreten Verkehrsanschauung:

> „Who is a person that is 'lawfully authorised' to disclose data may vary depending on the circumstances, the nature of the person and the applicable law concerned. For example, a person's e-mail may be stored in another country by a service provider, or a person may intentionally store data in another country. These persons may retrieve the data and, provided that they have the lawful authority, they may voluntarily disclose the data to law enforcement officials or permit such officials to access the data, as provided in the Article."[17]

Bemerkenswert erscheint hier der unscharfe Verweis durch *„persons"*. Mit dem Sinn und Zweck dieser Verweisung für das Entfallen einer konkreten staatlichen Zustimmung auf die Rechtslage zwischen den an der Datenspeicherung bzw. dem informationstechnischen System Beteiligten dürfte jedenfalls dann, wenn sich der Provider die Weitergabe für den Fall der Strafverfolgung ausdrücklich vorbehalten hat, aber wohl auch, wenn er nach dem für die Beziehung zwischen den Beteiligten sonst geltenden Recht zur Weitergabe berechtigt wäre, auch dieser durch seine alleinige freiwillige Zustimmung Art. 32 lit. b CKÜ erfüllen.

31   d) Entscheidend bleibt indes, dass auf diesen Verfügungsberechtigten kein unmittelbarer oder indirekter Zwang ausgeübt wurde und auch sonst seine vorherige Zustimmung als **freiwillig** angesehen werden kann, wo sich mangels anderer ausdrücklicher Kriterien aufgrund der Sachnähe die Anknüpfung an die Einwilligung des allgemeinen deutschen bzw. europäischen Datenschutzrechtes anbieten kann.

---

[16] Vgl. auch ETS Nr. 185 Explanatory Report Rn. 293 f. – CKÜ.
[17] ETS Nr. 185 Explanatory Report Rn. 294 – CKÜ.

2. Daher bleibt es hier, wie beim allgemeinen Völkerrecht dabei, dass gegen einen 32
Inhaber von informationstechnischen System oder Ressourcen im Ausland kein Zwang angewendet oder angedroht werden darf (→ § 1 Rn. 6 ff.), sodass eine entsprechende für den Provider offene Herausgabeanordnung vor dem Hintergrund einer Durchsuchung und Beschlagnahme jedenfalls nicht in Betracht kommt, wenn sich dieser im Ausland befindet.

Die bisher stark in der Literatur vertretene Ansicht, dass jede derartige Anordnung auch 33
dann aufgrund einer Souveränitätsverletzung nicht möglich sein soll, wenn der **Provider seinen Sitz im Inland** hat, sich die **Ressource** aber **physikalisch im Ausland** befindet,[18] scheint angesichts des „*cloud computing*" in dieser Generalität kaum praktisch haltbar. Angesichts von georedundanten oder sonst international verteilten und vernetzten Speichersystemen dürfte zunehmend für den Provider und erst recht für das Ermittlungsorgan kaum bzw. unmöglich feststellbar werden, wo sich die Daten im Zeitpunkt des Zugriffs oder gar der Anordnung oder ihrer Bekanntgabe befinden.

3. Weitgehend ungeklärt erscheint die Frage, wann die Souveränität verletzt oder ggf. der 34
Zugriff noch von einer Zustimmung des Verfügungsberechtigten gedeckt ist, wenn eine Ermittlungsbehörde sich durch eine **Legende** oder eine V-Person grenzüberschreitend über einen Berechtigten Zugang auf Daten verschafft, also etwa ein Internetermittler sich als Interessent oder potentielles Opfer ausgibt und darauf grenzüberschreitend Zugang zu Informationen, wie einem geschlossenen Informationsforum eingeräumt bekommt.

4. Die vollständig gegenüber **allen Betroffenen verdeckte grenzüberschreitende** 35
Informationserhebung ohne Vorliegen einer offenen Quelle dürfte nach mittlerweile gesicherter hM jedenfalls aus deutscher Sicht klar gegen die Souveränität des Staates verstoßen, in dem sich die Quelle befindet, wenn nicht im Wege der Rechtshilfe nicht zumindest dessen Zustimmung eingeholt wird (→ § 1 Rn. 8 ff.).[19] Auch hier dürfte es in Zukunft sehr problematisch werden, wenn die Informationsquelle dauerhaft oder nur kurzzeitig über mehrere Staaten verteilt ist, die insbesondere nicht die Staaten sind, in denen der Provider seinen Sitz hat. Dies kann zunehmend für die Ansicht sprechen, die jede vorläufige Sicherung erlaubt, allerdings die Auswertung nur mit Zustimmung der (mit-)betroffenen Staaten erlaubt.[20]

5. Weiterhin sehr bedenkenswert scheinen die Fragen, ob diese Kriterien und damit 36
letztlich die Awendbarkeit der völkerrechtlichen Beschränkungen außer Betracht bleiben können oder müssen, wenn der **Zugriff auf Daten alleine im Inland** erfolgt, die hier mit- oder zwischengespeichert werden. Zu denken sind hier insbesondere an folgende Konstellationen:

- **georedundante Speicherung** von Diensteanbietern (gleichzeitige, insoweit identische Inhaltsspeicherung an verschiedenen Orten weltweit unter anderem zur Steigerung von Datenerfügbarkeit und -sicherheit);
- **Zwischenspeicherungen** im Rahmen des Datentransportes (vor allem Paketweiterleitung und Pufferungen im Rahmen des Internet) und damit einer technischen, nicht notwendigerweise grundrechtlich als solche geschützten Telekommunikation;
- **Ggf. gezieltes Umleiten von Datenströmen durch das Inland** (vor allem Internet-Rerouting-Techniken).

Dabei muss allerdings stets auch der – in der vorgenannten Aufstellugn zunehmende – 37
Eingriffscharakter in fremde Rechte und Rechtsordnungen beachtet werden.

6. Insgesamt zeigt dies den **weiter drängenden völkerrechtlichen Klärungsbedarf**, 38
der bereits bei Erstellung des CKÜ festgestellt wurde:[21]

---

[18] Vgl. *Hackner/Schierholt* Int. Rechtshilfe Rn. 193.
[19] Vgl. hierzu auch Denkschrift zum Vertragsgesetz BT-Drs. 16/7218, 52.
[20] So wohl *Bär* DRiZ 2007, 221.
[21] ETS Nr. 185 Explanatory Report Rn. 293 f. – CKÜ.

> *„The issue of when a Party is permitted to unilaterally access computer data stored in another Party without seeking mutual assistance was a question that the drafters of the Convention discussed at length. There was detailed consideration of instances in which it may be acceptable for States to act unilaterally and those in which it may not. The drafters ultimately determined that it was not yet possible to prepare a comprehensive, legally binding regime regulating this area. In part, this was due to a lack of concrete experience with such situations to date; and, in part, this was due to an understanding that the proper solution often turned on the precise circumstances of the individual case, thereby making it difficult to formulate general rules. Ultimately, the drafters decided to only set forth in Article 32 of the Convention situations in which all agreed that unilateral action is permissible. They agreed not to regulate other situations until such time as further experience has been gathered and further discussions may be held in light thereof. In this regard, Article 39, paragraph 3 provides that other situations are neither authorised, nor precluded."*

39 II. Derzeit sind weitere Bemühungen auf Ebene der EU erkennbar, den unmittelbaren Zugang zu den Diensteanbietern weiter zu strukturieren und effizienter und effektiver zu gestalten.[22] Dabei handelt es sich um in Aussicht genommene Projekte, die Arbeitsteilung zwischen den Mitgliedstaaten bei Ermittlungen insbesondere im Rahmen von Cloud-Speichern und Diensten möglichst klar abgegrenzt gestalten und dazu auch möglicherweise Regelungen über Kompetenzübernahmen erreichen. Allerdings konnten sich bislang Forderungen nach einer Erweiterung des CKÜ namentlich im Hinblick auf einen Fernzugriff auf Cloud-Daten auch ohne Zustimmung des Berechtigten, ggf. auch im Wege bilateraler oder engerer multilateraler Ergänzungsabkommen, auch im Hinblick auf gravierende rechtliche Bedenken, nicht durchsetzen.[23]

§ 8 Umwidmung grenzüberschreitender (präventiv-)polizeilicher Erkenntnisse

A. Grenzüberschreitende Einsätze

I. Allgemeine Regelungen der Europäischen Union

1 Grenzüberschreitende präventiv- bzw. allgemeinpolizeiliche Einsätze sind bislang **nur innerhalb der EU bzw. im Rahmen des SDÜ** vorgesehen. Vor allem nach dem Prümer Ratsbeschluss[1] bzw. darüber hinaus dem vorangehenden Vertrag von Prüm (PrümV)[2] zwischen den dortigen, engeren ursprünglichen Vertragsparteien, und den Zusatzvereinbarungen zum SDÜ und RHÜ 2000 und den Polizeiverträgen der Nachbarstaaten mit Deutschland bestehen erheblich erweiterte Möglichkeiten für grenzüberschreitende polizeiliche Einsätze, bei denen auch relevante Informationen für Strafverfahren im In- oder Ausland erhoben oder sonst erlangt werden können.[3]

2 1. Eine wesentliche Grundlage für **gemeinsame Zentren und Verbindungsbeamte** findet sich, wie bereits für den Bereich der Strafverfolgung ausgeführt (→ § 3 Rn. 80) in Art. 47, 125 SDÜ. Diese werden in bilateralen Abkommen – ebenso wie die verbundenen

---

[22] Vgl. insbes. Schlussfolgerungen des Rates v. 9.6.2016 zur Verbesserung der Strafjustiz im Cyberspace, Ratsdok. 10007/16, Ratsdok. 13982/16 sowie Ratsdok. 15072/1/16.
[23] Vgl. insbes. Ratsdok. 13982/16, 4 f.
[1] Beschluss 2008/615/JI des Rates zur Vertiefung der grenzüberschreitenden Zusammenarbeit, insbesondere zur Bekämpfung des Terrorismus und der grenzüberschreitenden Kriminalität v. 23.6.2008, ABl. 2008 L 210, 1.
[2] Vertrag zwischen dem Königreich Belgien, der Bundesrepublik Deutschland, dem Königreich Spanien, der Französischen Republik, dem Großherzogtum Luxemburg, dem Königreich der die Niederlande und der Republik Österreich über die Vertiefung der grenzüberschreitenden Zusammenarbeit, insbesondere zur Bekämpfung des Terrorismus, der grenzüberschreitenden Kriminalität und der illegalen Migration v. 27.5.2005 (BGBl. 2006 II 626).
[3] Einen guten Überblick über alle Formen (zum damaligen Stand) bietet das Handbuch für grenzüberschreitende Einsätze, Ratsdok. 10505/4/09 REV 4. Zur wohl mittlerweile positiv geklärten Diskussion der verfassungsrechtlichen Zulässigkeit hinsichtlich der deutschen Territorialhoheit vgl. *Eisel* Kriminalistik 2000, 706 ff. mwN.

Formen der Entsendung zu nicht-hoheitlichem Handeln, wie zB zur Ausbildung,[4] oder präventiven Zwecken – weiter ausgestaltet.[5] Dazu kann gehören, dass die Polizeibehörden in den **Grenzgebieten,** deren nachgeordnete Dienststellen und zugehörige Einsatzkräfte bei vergleichbarer Aufgabenstellung und entsprechender Zuständigkeit eine besondere Kooperation betreiben. Außer in regelmäßigen Kontakten ist mittlerweile durchaus häufig vorgesehen, dass Beamte des einen Vertragsstaates im anderen Vertragsstaat für einen bestimmten Zeitraum und für Angelegenheiten von grenzüberschreitender Art tätig werden, ohne dabei selbst hoheitlich zu handeln.[6]

2. Der Prümer Ratsbeschluss sieht allgemein die **Möglichkeiten gemeinsamer Einsätze** vor und übernimmt damit soweit den Acquis des PrümV.[7] Hierzu unterscheidet er vor allem **zwei Einsatzformen** jeweils zur **Abwehr von Gefahren** für die öffentliche Sicherheit und Ordnung sowie zur Verhinderung von Straftaten. In diesen Fällen können die entsandten Beamten Uniformen, sowie nach Recht des Entsendestaats Dienstwaffe und andere Ausrüstungsgegenstände mit sich führen (soweit der Aufnahmestaat dies nicht untersagt), dürfen diese aber nur im Fall der Notwehr oder Nothilfe gebrauchen (wenn nicht der Aufnahmestaat etwas anderes erlaubt hat, Art. 19 Abs. 1, 2 Prümer Ratsbeschluss). Dienstfahrzeuge sind inländischen vor allem bei Sonderrechten gleichgestellt (Art. 19 Abs. 3 Prümer Ratsbeschluss). Schutz und Beistand, zivilrechtliche Haftung und strafrechtliche Verantwortung sind weiterhin geregelt in Art. 20 ff. Prümer Ratsbeschluss. Die entsandten Beamten bleiben in dienstrechtlicher, insbesondere in disziplinarrechtlicher Hinsicht den in ihrem Mitgliedstaat geltenden Vorschriften unterworfen (Art. 23 Prümer Ratsbeschluss):

a) Als ein Anwendungsfall können **gemeinsame Streifen** oder sonstige Einsatzformen durch Beamte mehrerer Mitgliedstaaten in einem Einsatzstaat **vereinbart** werden, durch die die Beamten in einem anderen Mitgliedstaat bei Einsätzen mitwirken (gem. Art. 17 Abs. 1 Prümer Ratsbeschluss).

aa) Gemeinsame Streifen sollen dabei stets unter der Leitung und in der Regel in Anwesenheit mindestens eines Beamten des Einsatzgebietsstaates stattfinden.[8]

bb) Durch diesen Staat können die vom anderen Staat entsandten Beamten einerseits mit Zustimmung des Entsendestaates mit der Wahrnehmung hoheitlicher Befugnisse des Aufnahme-Mitgliedstaats betraut werden. Andererseits kann der Einsatzgebietsstaat diesen Beamten auch die Befugnis einräumen, ihre eigenen hoheitlichen Befugnisse nach dem Recht ihres Entsendestaats in seinem Gebiet auszuüben (Art. 17 Abs. 2, S. 1, Abs. 4 Prümer Ratsbeschluss).

Allgemein dürfen entsandte Beamte derartige hoheitliche Befugnisse nur unter der Leitung und in der Regel in Anwesenheit von Beamten des Aufnahme-Mitgliedstaats wahrnehmen, sind an das innerstaatliche Recht des Aufnahme-Mitgliedstaats gebunden und unterliegen den Weisungen der zuständigen Stelle des Aufnahme-Mitgliedstaats (Art. 17 Abs. 2 S. 2, 3, Abs. 3 Prümer Ratsbeschluss). Ihr Handeln wird dem Aufnahme-Mitgliedstaat zugerechnet (Art. 17 Abs. 2 S. 4 Prümer Ratsbeschluss).

cc) Solche gemeinsamen Streifen sind zusätzlich in den Polizeiverträgen als Zusatzverträgen zum SDÜ der Bundesrepublik Deutschland vorgesehen in den folgenden Staaten:

- **die Niederlande:** Art. 19 PolZV DE/NL,
- **Österreich:** Art. 19 PolZV DE/AT,

---

[4] Vgl. zB **für Belgien:** Art. 15 PolZV DE/BE; **Dänemark:** Art. 5 PolZV DE/DK; **Österreich:** Art. 5, 24 Abs. 5 PolZV DE/AT; **die Schweiz:** Art. 13 Nr. 3, 4 PolZV DE/CH; **Tschechien:** Art. 3 PolZV DE/CZ; **Polen:** Art. 14 ff. PolZV DE/PL, dort auch in Art. 18 zur Zusammenarbeit im Zeugenschutz und Art. 19 zur präventiven Terrorbekämpfung.
[5] Vgl. zB **für Österreich:** Art. 5, 24, 27 PolZV DE/AT; **Luxemburg:** Art. 9 PolZV DE/LU; **die Schweiz:** Art. 21 PolZV DE/CH; besonders umf. Katalog in Art. 4 Nr. 2 PolZV DE/CH und Ausführungen wie **für die Niederlande:** Art. 24, 30 PolZV DE/NL.
[6] Vgl. etwa auch **für Belgien:** Art. 4 PolZV DE/BE.
[7] Vgl. auch *Papayannis* ZEuS 2008, 219 (235 mwN).
[8] Vgl. zum Polizeivertrag mit der Schweiz vor allem *Cremer* ZaöRV 2000, 103 (112 f. mwN).

- **Tschechien:** Art. 10 PolZV DE/CZ,
- **Polen:** Art. 9 PolZV DE/PL, bereits Art. 5 Nr. 6 ErgV-RHÜ 1959 DE/PL sowie der
- **Schweiz:** Art. 20 Abs. 1 Pol/ZV DE/CH vorgesehen.[9]

9   So sieht etwa namentlich der Polizeivertrag mit **Polen** vor, dass bei der Durchführung einer gemeinsamen Streife die Beamten auch im anderen Hoheitsgebiet nach dort geltendem Recht befugt sind, die Maßnahmen zu ergreifen, die zur Feststellung der Identität einer Person erforderlich sind, und deren Personalien aufzunehmen, Kontrollen der Identitätsnachweise, der Führerscheine, der Fahrzeugscheine, der Fahrzeugversicherungen und anderer Dokumente sowie zollrechtliche Kontrollen durchzuführen. Weiterhin dürfen sie eine Person vorläufig festnehmen und sie einem Beamten der anderen Partei übergeben und auch alle sonstigen notwendigen Maßnahmen durchführen, zu denen sie von einem Beamten des Einsatzgebietsstaats hinzugezogen werden (Art. 9 Abs. 3 PolZV DE/PL).

10 b) Andererseits können zur **Hilfeleistung** bei Massenveranstaltungen und ähnlichen **Großereignissen, Katastrophen** sowie **schweren Unglücksfällen** auf Ersuchen des Mitgliedstaats, in dessen Hoheitsgebiet die Lage eingetreten ist, Beamte, Spezialisten und Berater entsandt werden.[10]

11 3. Wie bereits oben (→ § 3 Rn. 95) angeführt, können zusätzlich nach dem Beschluss B 2008/617/JI in **Krisensituationen Spezialeinheiten** eines Mitgliedstaats, deren besondere Aufgabe als Strafverfolgungseinheit darin besteht, solche Situationen zu bewältigen, auf Ersuchen der zuständigen Behörde des Einsatzes nach im freien Ermessen zu entscheidender Zustimmung des Herkunftsstaates zu spezifizierten Hilfeleistungen eingesetzt werden. Eine solche Situation ist gegeben, wenn die zuständigen Behörden berechtigten Grund zu der Annahme haben, dass eine Straftat vorliegt, die eine ernste unmittelbare physische Bedrohung für Personen, Eigentum, Infrastrukturen oder Institutionen in diesem Mitgliedstaat darstellt.[11] Diese Spezialeinheiten dürfen im Einsatzmitgliedstaat unterstützend tätig werden, solange sie unter der Verantwortung, Zuständigkeit und Leitung des ersuchenden Mitgliedstaats, unter Einhaltung seiner gesetzlichen Bestimmungen, und im Rahmen der Zuständigkeiten, die ihnen ihr nationales Recht verleiht, handeln (Art. 3 Abs. 3 B 2008/617/JI).

12 4. Schließlich haben die ursprünglichen Mitgliedstaaten des PrümV, insbesondere die Benelux-Staaten, Frankreich und Österreich sowie **Polen** mit Deutschland vereinbart, dass Beamte einer Vertragspartei im Fall eines **dringenden Bedarfs ohne vorherige Zustimmung der anderen Vertragspartei die gemeinsame Grenze überschreiten** dürfen, um im grenznahen Bereich im Hoheitsgebiet der anderen Vertragspartei nach Maßgabe des innerstaatlichen Rechts des Gebietsstaats vorläufige Maßnahmen zu treffen, die **zur Abwehr einer gegenwärtigen Gefahr für Leib oder Leben** erforderlich sind.[12] Der Begriff des dazu erforderlichen dringenden Bedarfs (Art. 25 Abs. 2 PrümV) im Sinn der Vorschrift entspricht dabei wohl dem der Gefahr im Verzug, also soweit nach der Situation nicht auf das Einschreiten der Beamten oder eine Zustimmung des Einsatzstaates gewartet werden kann. Letzterer ist allerdings unverzüglich zu unterrichten (Art. 25 Abs. 3, 4 PrümV). Ihm wird das Handeln zugerechnet (Art. 25 Abs. 5 PrümV). Die Nothilfe darf nur andauern, bis der Einsatzstaat eingreifen kann. Die grenzüberschreitend tätigen Beamten sind an die vom Einsatzstaat gegebenen Weisungen gebunden (Art. 25 Abs. 3 PrümV).

---

[9] Ähnlich die gemeinsamen Posten **für Luxemburg** nach Art. 4 Abs. 3 PolZV DE/LU für besondere Anlässe ohne Exekutivbefugnisse im jeweils anderen Staat.
[10] Art. 18 Abs. 3c Prümer Ratsbeschluss; darin wohl aufgegangen **für die Niederlande:** Art. 22 S. 1 Nr. 3 PolZV DE/NL; **Österreich:** Art. 22 S. 1 Nr. 3 PolZV DE/AT; **für die Schweiz:** Art. 24 Abs. 1 Nr. 3 PolZV DE/CH; **Tschechien:** Art. 12, 13 PolZV DE/CZ.
[11] Art. 2 lit. c B 2008/617/JI, insbes. aufgrund der in Art. 1 Abs. 1 RB 2002/475/JI bzw. Art. 3 Terrorismusbekämpfungs-RL.
[12] Nach Art. 25 Abs. 1 PrümV; vgl. insoweit wohl in den Prümer Regelungen aufgegangen **für Österreich:** Art. 21 PolZV DE/AT; **die Niederlande:** Art. 21 PolZV DE/NL mit vorläufigem Festnahmerecht; daneben steht die ausführliche Regelung zur Grenzüberschreitung bei Gefahr im Verzuge **für Polen** nach Art. 10 Abs. 2 PolZV DE/PL und **Tschechien** Art. 13 PolZV DE/CZ.

5. Ein Einsatz deutscher Polizeibeamter kann unter anderem ferner nach Art. 20 VO (EU) Nr. 2016/1624[13] als Mitglied der europäischen Grenz- und Küstenwacheteams zu gemeinsamen Aktionen, Soforteinsätzen zu Grenzsicherungszwecken und im Rahmen von Teams zur Unterstützung der Migrationsverwaltung (zuvor: **Soforteinsatzteams zur Grenzsicherung** – RaBIT) zur Unterstützung der EU-Grenzsicherungseinheit Frontex erfolgen, wenn aufgrund Massenzustroms illegaler Einwanderer ein Mitgliedstaat diesen Einsatz auf seinem Hoheitsgebiet beantragt. Anwendbares Recht, Befugnisse und Haftung werden darin geregelt, ebenso der mögliche Zwangsmitteleinsatz. Für Informationserlangung und -verarbeitung finden sich auch hier derzeit noch keine Sondervorschriften, außer der, dass den Beamten Zugriff auf die Daten in den für Grenzkontrollen nötigen Datenbanken vom ersuchenden Mitgliedstaat eingeräumt werden kann.

6. Deutsche Polizeibeamte können schließlich bei **Auslandsmissionen** zur Mitwirkung an polizeilichen oder anderen nichtmilitärischen Aufgaben im Rahmen von internationalen Maßnahmen eingesetzt werden. Dies kann auf Ersuchen und unter Verantwortung von internationalen Organisationen erfolgen, wie gem. § 8 Abs. 1 S. 1 BPolG der Vereinten Nationen, einer regionalen Abmachung oder regionalen Einrichtung gemäß Kap. VIII der UN-Charta, der die Bundesrepublik Deutschland angehört, der EU oder der Westeuropäischen Union. Andererseits sind im Einzelfall **humanitäre Einsätze** zur Rettung von Personen aus einer gegenwärtigen Gefahr für Leib oder Leben im Ausland im Einvernehmen mit dem Staat möglich, in dessen Hoheitsgebiet der Einsatz erfolgen soll, § 8 Abs. 2 BPolG.

Bei **Auslandsmissionen der EU** können Polizeibeamte eingesetzt werden, um Aufgaben im Rahmen der Gemeinsamen Sicherheits- und Verteidigungspolitik nach Beschluss des Rates unter Beteiligung des Hohen Vertreters mit Zielen wie Konfliktverhütung, Friedenseinhaltung, Abrüstung, humanitäre Aufgaben und Rettungseinsätze als eigene geschlossene Einheiten oder Ergänzung von Einheiten anderer Staaten wahrzunehmen.[14] Eine besondere Form stellt die nach Art. 42 Abs. 1 S. EUV derzeit ohne Deutschland geschaffene European Gendarmerie Force dar.

II. Ergänzungsvereinbarungen mit den deutschen Nachbarstaaten

Bilaterale Ergänzungsvereinbarungen mit Nachbarstaaten Deutschlands ergänzen diese Befugnisse weiter:

- **Belgien:** Art. 13 PolZV DE/BE,
- **Dänemark:** Art. 10 PolZV DE/DK,
- **Frankreich:** Art. 18 PolZV DE/FR,
- **Österreich:** Art. 26 Abs. 2 PolZV DE/AT und Art. 29 Abs. 1 S. 1 PolZV DE/AT,
- **Polen:** Art. 21 Abs. 2 ErgV-RHÜ 1959 DE/PL und Art. 37 PolZV DE/PL,
- **Tschechien:** Art. 27 Abs. 2 PolZV DE/CZ und Art. 20 PolZV DE/CZ.

Zentral ist dabei die in fast allen Polizeiverträgen anzutreffende Regelung, dass Beamten, die auf dem Hoheitsgebiet des anderen Vertragsstaates tätig werden, durch diesen Vertragsstaat **nur unter Leitung eines ihrer Beamten** der **Zugriff auf behördliche Sammlungen personenbezogener Daten** gewährt wird. Dies schließt selbstverständlich nicht die schlichte oder ggf. ausdrücklich erlaubte hoheitliche Informationserhebung durch eigene Beobachtungen und Wahrnehmungen – vorrangig nach dem vereinbarten, sonst dem Recht des Staates, in dem diese erfolgen, und nur ergänzend dem eigenen Recht der Beamten – aus.

---

[13] VO (EU) 2016/1624 des Europäischen Parlaments und des Rates über die Europäische Grenz- und Küstenwache und zur Änderung der Verordnung (EU) 2016/399 des Europäischen Parlaments und des Rates sowie zur Aufhebung der Verordnung (EG) Nr. 863/2007 des Europäischen Parlaments und des Rates, der Verordnung (EG) Nr. 2007/2004 des Rates und der Entscheidung des Rates 2005/267/EG v. 14.9.2016, ABl. 2016 L 251, 1.

[14] Nach Art. 42 EUV oder Art. 43 EUV nach der Fassung nach dem Vertrag von Lissabon; vgl. *Mokros* in Lisken/Denninger HdB PolizeiR, 5. Aufl. 2012, O Rn. 392 ff.

18 1. Unter anderem erhalten Beamte auf diese Weise das schlichte **Recht zur Abkürzung** oder des Wendens über das Gebiet des Partnerstaates. So dürfen, soweit es verkehrsbedingt notwendig ist, die Beamten des einen Vertragsstaates zu den in diesem Vertrag geregelten Zwecken das Hoheitsgebiet des anderen Vertragsstaates befahren, um das eigene Hoheitsgebiet auf möglichst kurzem Wege wieder zu erreichen. Eine Unterrichtung ist nur erforderlich, wenn Sonderrechte in Anspruch genommen werden.[15]

19 2. Weiterhin dürfen Beamte für Maßnahmen, die sie nach innerstaatlichem Recht auf den auf eigenem Hoheitsgebiet gelegenen Streckenabschnitten von **grenzüberschreitenden Reisezügen oder Passagierschiffen** durchführen, bereits auf dem Hoheitsgebiet des anderen Vertragsstaates zusteigen oder nach Beendigung der Maßnahmen dort aussteigen. Kann eine auf dem eigenen Hoheitsgebiet nach Maßgabe des innerstaatlichen Rechts begonnene Kontrollmaßnahme, insbesondere die Überprüfung einer Person oder einer Sache, nicht im Grenzgebiet abgeschlossen werden, und steht zu erwarten, dass andernfalls der Zweck der Maßnahme nicht erreicht werden kann, darf diese auf dem Hoheitsgebiet des anderen Vertragsstaates so lange fortgesetzt werden, wie dies unabdingbar erforderlich ist, um die Maßnahme abzuschließen.[16]

20 3. Auch die **Übergabe von Gegenständen und Personen** kann eine weitergehende erlaubte Einfahrt ins Inland des anderen Vertragsstaates bis zu einem geeigneten vereinbarten Übergabepunkt begründen.[17] Neuerdings sind im Vertrag mit Tschechien auch die zu gestattende Durchlieferung von Personen in eigener Verantworung (Art. 17 PolZV DE/CZ) und die Begleitung von gefährlichen Transporten (Art. 19 PolZV DE/CZ) vorgesehen.

21 4. Weiterhin kann etwa im Verhältnis mit Österreich, **Polen** und den Niederlanden, der Vertragsstaat eine **Bedarfsgrenzkontrollstelle auf dem Hoheitsgebiet des anderen Vertragsstaates,** zB in einem Grenzbereich von 5 km, hinter der Grenze einrichten, soweit keine geeignete Örtlichkeit auf dem eigenen Hoheitsgebiet zur Verfügung steht und die zuständige Behörde des anderen Vertragsstaates der Maßnahme im Einzelfall zugestimmt hat. Diese muss erforderlich sein, um eine zeitliche begrenzte Grenzkontrolle nach Art. 2 Abs. 2 SDÜ durchzuführen, die der Vertragsstaat zur Sicherung der öffentlichen Ordnung oder nationalen Sicherheit beschlossen hat. Die Kontrolle erfolgt alleine nach dem Recht des durchführenden Staates, Beamte des Gebietsstaates sollen anwesend sein.[18]

22 Ebenfalls können deutsche Beamte in Tschechien an wenigen bestimmten Straßenübergängen und auf Bahnstrecken nur vom bzw. bis zum grenznächsten Bahnhof durchgeführt werden; dafür ist allerdings ein Ersuchen an das Ministerium des Innern der Tschechischen Republik erforderlich (Art. 1, 2, 4 ErgVVb-RHÜ 1959 DE/CZ).[19]

23 5. Ähnlich wie in Krisensituationen (→ Rn. 11; § 3 Rn. 95) können Polizeibeamte auch dann zB im Verhältnis mit Österreich, der Schweiz oder Tschechien grenzüberschreitend eingesetzt werden, indem bei **dringendem Bedarf zur Abwehr von Gefahren für die öffentliche Sicherheit oder Ordnung** Beamte der Polizeibehörden des einen Vertragsstaates den zuständigen Stellen des anderen Vertragsstaates ausnahmsweise zur Wahrnehmung polizeilicher Vollzugsaufgaben einschließlich hoheitlicher Befugnisse **unterstellt**

---

[15] **Für Österreich:** Art. 29 Abs. 1 S. 2 PolZV DE/AT.
[16] **Für Österreich:** Art. 29 Abs. 2 PolZV DE/AT; **die Niederlande:** Art. 23 PolZV DE/NL jeweils mit ergänzendem Verweis auf weitere Regelungen; **Polen:** Art. 38 PolZV DE/PL; **Tschechien:** Art. 15 PolZV DE/CZ 2016.
[17] **Für Österreich:** Art. 30 PolZV DE/AT; **Polen:** Art. 26 PolZV DE/PL; **Tschechien:** Art. 16 f. PolZV DE/CZ.
[18] Ausf. **für Österreich:** Art. 23 PolZV DE/AT; **Polen:** Art. 29 PolZV DE/PL.
[19] Vgl. Vereinbarung zwischen dem Bundesministerium des Innern der Bundesrepublik Deutschland und dem Ministerium des Innern der Tschechischen Republik zur Durchführung des Artikels 21 des Vertrages vom 28. April 2015 zwischen der Bundesrepublik Deutschland und der Tschechischen Republik über die polizeiliche Zusammenarbeit und zur Änderung des Vertrages vom 2. Februar 2000 zwischen der Bundesrepublik Deutschland und der Tschechischen Republik über die Ergänzung des Europäischen Übereinkommens über die Rechtshilfe in Strafsachen vom 20.4.1959 und die Erleichterung seiner Anwendung v. 6.9.2017 (BGBl. 2017 II 1277).

§ 8 Umwidmung grenzüberschreitender (präventiv-)polizeilicher Erkenntnisse

werden.[20] Ein dringender Bedarf liegt insbesondere vor, wenn der Erfolg einer erforderlichen polizeilichen Maßnahme ohne den Einsatz vereitelt oder ernsthaft gefährdet würde.[21] Zu jeder derartigen Unterstellung ist das Einvernehmen zwischen den zuständigen Stellen beider Vertragsstaaten erforderlich.[22] Die unterstellten Beamten dürfen nur unter der Leitung und in der Regel in Anwesenheit von Beamten des anderen Vertragsstaates hoheitlich tätig werden, sie sind an dessen Recht gebunden und ihm wird ihr Handeln zugerechnet.[23]

6. Auch im Verhältnis mit der **Schweiz** können bei Bedarf gemeinsame Streifen sowie gemischt besetzte Kontroll-, Observations-, Analyse- und sonstige Arbeitsgruppen eingerichtet werden, deren Mitglieder allerdings im anderen Mitgliedstaat grundsätzlich keine Hoheitsrechte ausüben und nur den eingeschränkten Datenzugang erhalten.[24]

7. Ebenfalls werden Rechte der **Nacheile**, der **Observation** und des **Einsatzes Verdeckter Ermittler präventiv zur Gefahrenabwehr** eingeräumt, die aus Gründen des Sachzusammenhanges bereits oben dargestellt worden sind (→ § 3 Rn. 13 ff., 38 ff., 96 ff.).

III. Inländisches Recht

Damit korrespondiert das **deutsche Recht**.

1. Der Einsatz **ausländischer Polizeibeamter in Deutschland** ist unter anderem in § 64 Abs. 4 BPolG und den Polizeigesetzen der Länder, wie etwa § 78 BWPolG vorgesehen.[25] Danach können Vollzugsbeamte anderer Staaten mit polizeilichen Aufgaben im Zuständigkeitsbereich der Bundespolizei Amtshandlungen vornehmen, soweit der Prümer Ratsbeschluss oder völkerrechtliche Vereinbarungen dazu oder nach Art. 59 Abs. 2 GG dies vorsehen. Zusätzlich erlaubt § 64 Abs. 4 S. 3 BPolG, Vollzugsbeamte anderer Staaten der EU im gegenseitigen Einvernehmen mit Aufgaben des Vollzugsdienstes in der Bundespolizei nach Maßgabe der für die Bestellung von Hilfspolizeibeamten geltenden Vorschriften des § 63 Abs. 2–4 BPolG zu betrauen. § 78 Abs. 3 S. 2 BWPolG erstreckt die Befugniseinräumung für Polizeibeamte anderer Länder nach Abs. 1, 2 auch auf ausländische Bedienstete von Polizeibehörden und Polizeidienststellen, soweit der Prümer Ratsbeschluss oder völkerrechtliche Vereinbarungen dies vorsehen oder das Innenministerium Amtshandlungen dieser Polizeibehörden oder Polizeidienststellen allgemein oder im Einzelfall zustimmt.

2. Der **Einsatz deutscher Polizeibeamter im Ausland** ist durch das innerstaatliche Recht entsprechend geregelt, etwa in §§ 8, 65 Abs. 2 BPolG und den Polizeigesetzen der Länder, etwa § 79 BWPolG.[26] Nach § 65 Abs. 2 BPolG dürfen Bundespolizeibeamte zu Amtshandlungen im Ausland tätig werden, soweit der Prümer Ratsbeschluss oder völkerrechtliche Vereinbarungen dies vorsehen oder das Bundesministerium des Innern im Einvernehmen mit den zuständigen Stellen des anderen Staates einer Tätigkeit von Beamten der Bundespolizei im Ausland allgemein oder im Einzelfall zustimmt. Statt letzterem erlaubt etwa § 79 Abs. 1. S. 2 BWPolG den Einsatz auch, wenn es das Recht des jeweiligen Staates vorsieht. Für Auslandsmissionen bzw. humanitäre Auslandseinsätze ist § 8 BPolG zu beachten, Polizeibeamte der Länder werden hierzu gem. § 14 BeamtStG zur Bundespolizei abgeordnet.

3. Auch bei allen grenzüberschreitenden Einsätzen haben deutsche Beamte grundsätzlich vollständig das für sie sonst im Inland geltende **deutsche Recht zu wahren**,[27] soweit nicht das supra- bzw. zwischenstaatliche Recht etwas anderes vorsieht, vgl. zB § 79 Abs. 1. S. 2 Hs. 2 BWPolG.

---

[20] **Für Österreich:** Art. 6 Abs. 1 PolZV DE/AT; **die Schweiz:** Art. 22 Abs. 1 PolZV DE/CH; **Tschechien:** Art. 12 Abs. 1 PolZV DE/CZ.
[21] **Für Österreich:** Art. 6 Abs. 3 PolZV DE/AT; **die Schweiz:** Art. 22 Abs. 3 PolZV DE/CH.
[22] **Für Österreich:** Art. 6 Abs. 2 PolZV DE/AT; **die Schweiz:** Art. 22 Abs. 2 PolZV DE/CH.
[23] **Für Österreich:** Art. 6 Abs. 4 PolZV DE/AT; **die Schweiz:** Art. 22 Abs. 4 PolZV DE/CH.
[24] **Für die Schweiz:** Art. 20 Abs. 2 PolZV DE/CH; Art. 28 PolZV DE/CH, letzterer zum Datenzugang; ebenso **für die Niederlande:** Art. 24 PolZV DE/NL.
[25] Vollständige Liste bei *Mokros* in Lisken/Denninger HdB PolizeiR, 5. Aufl. 2012, O Rn. 204.
[26] Vollständige Liste bei *Mokros* in Lisken/Denninger HdB PolizeiR, 5. Aufl. 2012, O Rn. 204.
[27] *Mokros* in Lisken/Denninger HdB PolizeiR, 5. Aufl. 2012, O Rn. 199.

IV. Verwertung

30 Haben deutsche Polizeibeamte Prozesshandlungen im Ausland durchgeführt, so besteht ein **Verwertungsverbot**, wenn dabei die Standards des deutsche Verfassungs- und Strafprozessrechtes nicht gewahrt wurden; wurden diese gewahrt so soll die Verletzung des Rechtes des Vornahmestaates (unter Beachtung von dessen Souveränität) keine Auswertungen auf die Verwertbarkeit haben.[28] Noch nicht hinreichend geklärt scheint, unter welchen Voraussetzungen deutsche Ermittlungsorgane bei entsprechenden Erkenntnissen im Ausland eine eigene Strafverfolgungspflicht trifft, insbesondere ob bei möglicher (konkurrierender) internationaler Zuständigkeit unverzüglich entsprechende Maßnahmen zumindest im Inland einzuleiten sind.

B. Präventivpolizeilicher Datenaustausch

31 I. Der Datenaustausch innerhalb der EU-Polizeibehörden zur Gefahrenabwehr wurde insbesondere durch Art. 13–16 Prümer Ratsbeschluss neu gefasst.

32 1. Nach Art. 13 Prümer Ratsbeschluss dürfen zur Verhinderung von Straftaten und zur Abwehr einer Gefahr für die öffentliche Sicherheit und Ordnung bei **Großveranstaltungen mit grenzüberschreitender Dimension,** insbesondere Sportveranstaltungen oder Tagungen des Europäischen Rates, die Mitgliedstaaten einander sowohl mit als auch ohne Ersuchen nach Maßgabe des Rechts des übermittelnden Mitgliedstaats nichtpersonenbezogenen Daten und Daten über Personen, wenn rechtskräftige Verurteilungen oder andere Tatsachen die Annahme rechtfertigen, dass diese Personen bei den Veranstaltungen Straftaten begehen werden oder von ihnen eine Gefahr für die öffentliche Sicherheit und Ordnung ausgeht, übermitteln, die hierzu erforderlich sind (Art. 13, 14 Abs. 1 Prümer Ratsbeschluss).[29] Die personenbezogenen Daten sind präventiv zweckgebunden, dürfen nicht für die Strafverfolgung verwendet werden und sind unverzüglich, spätestens nach einem Jahr zu löschen, vgl. Art. 14 Abs. 2 Prümer Ratsbeschluss. Dadurch wurde unter anderem die Gemeinsame Maßnahme GM 97/339/JI ersetzt.

33 2. Dagegen ist eine Zweckänderung bei den personenbezogenen Daten möglich, die die Mitgliedstaaten nach Maßgabe ihres innerstaatlichen Rechts im Einzelfall auf oder ohne Ersuchen über die benannten Kontaktstellen übermitteln. Soweit dies erforderlich ist, weil bestimmte Tatsachen die Annahme rechtfertigen, dass die Betroffenen Straftaten iSd Art. 1–3 RB (EU) 2002/475/JI (nunmehr: Art. 3 ff. Terrorismusbekämpfungs-RL) zur **Terrorismusbekämpfung** begehen werden, Art. 16 Abs. 1, 3 Prümer Ratsbeschluss. Die zu übermittelnden Daten umfassen Namen, Vornamen, Geburtsdatum und Geburtsort sowie die Darstellung der Tatsachen, aus denen sich die Annahme ergibt, Art. 16 Abs. 2 Prümer Ratsbeschluss. Soweit der übermittelnde Mitgliedstaat Verwendungsbedingungen stellt, ist der Empfangsstaat daran gebunden, Art. 16 Abs. 4 Prümer Ratsbeschluss. Eine Zweckänderung ist nach Art. 26 Abs. 1 Prümer Ratsbeschluss mit Zustimmung des übermittelnden Mitgliedstaates nach seinen innerstaatlichen Regelungen möglich. Auch Spontanübermittlungen zur Terrorismusbekämpfung, etwa von Eurojust, sind seit 2002 vorgesehen.[30]

34 II. In bilateralen Ergänzungsverträgen bzw. Polizeiabkommen mit den **deutschen Nachbarstaaten** finden sich – aufbauend auf dem SDÜ – noch weitergehende Befugnisse,

---

[28] *Mokros* in Lisken/Denninger HdB PolizeiR, 5. Aufl. 2012, O Rn. 200; *Fastenrath/Skerka* ZEuS 2009, 246; *Kühne*, Strafprozessrecht, 9. Aufl. 2015 § 3 Rn. 48.1.

[29] Vgl. namentlich den Leitfaden für die Zusammenarbeit bei Großveranstaltungen, ABl. 2017 C 314, 4 sowie den Überblick in diesem Bereich im Leitfaden Informationsaustausch, Ratsdok. 6261/17, 41 ff. mwN.

[30] Vgl. *Esser* GA 2004, 717 ff. mwN.

während die Vorschriften zum Informationsaustausch hinsichtlich von Großereignissen, Katastrophen und Unglücksfällen wohl, mit Ausnahme im Verhältnis mit der Schweiz, im EU/Prümer Besitzstand aufgegangen sind.[31]

Allgemein können im Verhältnis mit Österreich, den Niederlanden, **Polen,** der Schweiz und Tschechien die zuständigen Polizeibehörden der jeweiligen Vertragsstaaten danach einander im Einzelfall auch ohne Ersuchen nach Maßgabe des innerstaatlichen Rechts Informationen einschließlich personenbezogener Daten mitteilen, soweit Anhaltspunkte dafür vorliegen, dass die Kenntnis der Informationen **zur Abwehr von Gefahren für die öffentliche Sicherheit oder Ordnung** durch den Empfänger erforderlich ist.[32] Der Empfänger ist verpflichtet, die Erforderlichkeit der übermittelten Daten zu überprüfen und nicht erforderliche Daten zu löschen, zu vernichten oder an die übermittelnde Stelle zurückzuübermitteln sowie der übermittelnden Behörde Mitteilung zu machen, wenn sich die Unrichtigkeit der Informationen ergibt.[33] 35

Im Verhältnis mit der Schweiz können Ersuchen um Hilfe zur Abwehr von Gefahren für die öffentliche Sicherheit oder Ordnung unmittelbar zwischen den zuständigen Polizeibehörden übermittelt und beantwortet werden; für die Verhütung von Straftaten gilt dies allerdings nur, soweit nicht die Justizbehörden für die Maßnahme bei einer Verfolgung als Straftat zuständig wären (Art. 4 Abs. 3 PolZV DE/CH). 36

Weitergehend können ohne bereits informell im Verhältnis mit den Niederlanden zum Zwecke der Abwehr von Gefahren für die öffentliche Sicherheit oder Ordnung oder der Verhinderung von Straftaten direkt Informationen ohne Angaben personenbezogener Daten über bevorstehende, polizeilich relevante Ereignisse und Aktionen, möglichst so rechtzeitig mitgeteilt werden, dass die erforderlichen Maßnahmen zeitgerecht getroffen werden können.[34] 37

Soweit der Datenaustausch erfolgt, wird grundsätzlich bei der Verarbeitung und Nutzung auf die Regelungen des SDÜ (bzw. wohl das Nachfolgerecht) und ergänzend das nationale Recht verwiesen.[35] 38

III. Ähnlich ist im Spezialabkommen des Europarates ein präventiver Datenaustausch vorgesehen. 39

1. Dies gilt etwa bei **Großveranstaltungen** zur Verhinderung und Kontrolle der Gewalttätigkeit und des Fehlverhaltens von Zuschauern nach dem EUSportGewaltÜ.[36] Danach sind die Vertragsparteien verpflichtet, untereinander die enge Zusammenarbeit und den Austausch geeigneter Informationen zwischen den Polizeikräften der verschiedenen betroffenen oder voraussichtlich betroffenen Örtlichkeiten zu erleichtern und eng zusammenzuarbeiten, insbesondere bei der Identifizierung und Vorbereitung von Spielen, bei denen Gewalttätigkeiten besonders zu befürchten sind (Art. 3 Abs. 1 lit. b EUSportGewaltÜ, Art. 4 Abs. 1 EUSportGewaltÜ). Die Verpflichtung der Parteien, sich zu bemü- 40

---

[31] Vgl. etwa **für die Niederlande:** Art. 22 PolZV DE/NL; **Österreich:** Art. 22 PolZV DE/AT; **Tschechien:** Art. 8 PolZV DE/CZ; insbes. aber **für die Schweiz:** Art. 24 Abs. 1 Nr. 1, 2 PolZV DE/CH; die jeweiligen bilateralen Abkommen zur Katastrophenhilfe bleiben unberührt; zum allgemeinen präventivpolizeilichen Datenaustaussch nach Art. 39, 46 SDÜ vgl. hier nur NK-Rechtshilfe/Kubiciel IV Rn. 223ff., 239f. mwN.
[32] **Für die Niederlande:** Art. 20 S. 1 PolZV DE/NL; **Österreich:** Art. 20 PolZV DE/AT; **Polen:** Art. 6 PolZV DE/PL; **die Schweiz:** Art. 11 S. 1 PolZV DE/CH, die Zuständigkeit und Beteiligung der Justizbehörden richtet sich nach den Vorschriften für Ersuchen und allgemeinen Regeln, Art. 11 S. 3 PolZV DE/CH; **Tschechien:** Art. 7 PolZV DE/CZ.
[33] **Für die Niederlande:** Art. 20 S. 2 PolZV DE/NL; **Österreich:** Art. 15 S. 2 PolZV DE/AT iVm Art. 20 S. 2 PolZV DE/AT; Art. 15 S. 2 PolZV DE/AT; **die Schweiz:** Art. 11 S. 2 PolZV DE/CH.
[34] **Für die Niederlande:** Art. 4 Abs. 1 Nr. 1b PolZV DE/NL; **Belgien:** ähnlich Art. 7 PolZV DE/BE und **Luxemburg:** Art. 4 Abs. 1 PolZV DE/LU hinsichtlich Einsätzen mit grenzüberschreitenden Auswirkungen.
[35] Vgl. etwa **für Dänemark:** Art. 7 PolZV DE/DK; sehr ausführliche, dem aber weitgehend entsprechende Regelungen enthält **für Tschechien:** Art. 30 PolZV DE/CZ.
[36] Europäisches Übk. über Gewalttätigkeit und Fehlverhalten von Zuschauern bei Sportveranstaltungen und insbesondere bei Fußballspielen v. 19.8.1985 (BGBl. 2004 II 1643).

hen, unter Einhaltung der bestehenden rechtlichen Verfahrensweisen und des Grundsatzes der Unabhängigkeit der Gerichtsbarkeit dafür zu sorgen, das Zuschauer, die Akte der Gewalttätigkeit oder andere strafbare Handlungen begehen, identifiziert und in einem ordentlichen Gerichtsverfahren verfolgt werden (Art. 5 Abs. 1 EUSportGewaltÜ), kann insoweit auch als Grundlage für den Informationsaustausch verstanden werden.

41 2. Ein ähnlicher präventiver Datenaustausch ist in Art. 4 TerrorVerhÜ[37] vorgesehen. Danach gewähren die Vertragsparteien einander, soweit angebracht und unter gebührender Berücksichtigung ihrer Möglichkeiten, Hilfe und Unterstützung, um sich besser in die Lage zu versetzen, die **Begehung terroristischer Straftaten zu verhüten,** unter anderem durch den Austausch von Informationen und bewährten Vorgehensweisen. Ähnlich enthält das Internationales Übereinkommen zur Bekämpfung der Finanzierung des Terrorismus (AntiTerrorFinÜ)[38] entsprechende Grundlagen für einen vielfältigen Informationsaustausch auch unter Einschaltung von Interpol (vgl. insbesondere Art. 18 Abs. 3 AntiTerrorFinÜ).

42 Sehr weitgehend ist in diesem Zusammenhang der präventive Datenaustausch der Identifizierungs- und Sachverhaltsdaten von **Terrorverdächtigen mit den USA** zur Verhinderung terroristischer Straftaten ausgestaltet, der auch zur Strafverfolgung genutzt werden kann (Art. 10, 13 Abs. 1 lit. a ZusBekämKrimÜ DE/US[39]). Danach ist Übermittlung nach Maßgabe des jeweiligen innerstaatlichen Rechts im Einzelfall mit oder ohne Ersuchen möglich. Die Weitergabe muss erforderlich sein, weil bestimmte Tatsachen die Annahme rechtfertigen, dass der Betroffene terroristische Straftaten oder Straftaten, die mit Terrorismus oder einer terroristischen Gruppe oder Vereinigung in Zusammenhang stehen, begehen wird. Diese Straftaten sind nach dem innerstaatlichen Recht der übermittelnden Vertragspartei definiert. Gleichgestellt ist der Fall, dass der Verdächtige eine Ausbildung zur Begehung der genannten Straftaten durchläuft oder durchlaufen hat. Den Kreis der umfassten Straftaten können die beiden Staaten jeweils durch Erklärung gegenüber einander bestimmen. Der Austausch erfolgt über nationale Kontaktstellen, in Deutschland das BKA. Die zu übermittelnden personenbezogenen Daten umfassen, alle Namen, Aliaspersonalien und Identitätsdaten, Ausweisnummern, Fingerabdruckdaten sowie die Darstellung der Tatsachen, aus denen sich die Annahme des Terrorismusbezuges ergibt. Bedingungen bei der Übermittlung können auferlegt werden, solange sie keine allgemeinen Einschränkungen der Verwendung bedeuten. Unabhängig davon können die Vertragsparteien auch nicht personenbezogene Daten mit Terrorismusbezug übermitteln.[40]

43 3. Hat gem. Art. 33 Abs. 1 MenschHÜ[41] eine Vertragspartei anhand der ihr zur Verfügung stehenden Informationen konkrete Anhaltspunkte dafür, dass das Leben, die Freiheit oder die körperliche Unversehrtheit eines Opfers oder Zeugen nach diesem Übereinkommen (Art. 28 Abs. 1) im Hoheitsgebiet einer anderen Vertragspartei unmittelbar gefährdet ist, so übermittelt sie diese Informationen in einem solchen Fall unverzüglich an die andere Vertragspartei, damit diese geeignete Schutzmaßnahmen ergreifen kann. Die weiteren Übermittlungen zum Opferschutz folgen aus Art. 34 MenschHÜ.

44 4. Nach Art. 5 ff. SchusswaffenÜ[42] benachrichtigt ein Mitgliedstaat, in dem eine Schusswaffe von einer Privatperson kauft oder an eine Privatperson verkauft, übermittelt oder anderweitig überlassen oder ein- bzw. ausgeführt wurde, den Staat, wo der Erwerber ansässig ist, die Waffe hingelangt ist oder durchbefördert wird und übermittelt in Form und Verfahren nach Art. 8 f. SchusswaffenÜ weiter spezifizierte Informationen hierzu. Auch ist

---

[37] Übk. des Europarats zur Verhütung des Terrorismus v. 16.5.2005 (BGBl. 2011 II 300).
[38] v. 9.12.1999 (BGBl. 2003 II 1923).
[39] Abk. zwischen der Regierung der Bundesrepublik Deutschland und der Regierung der Vereinigten Staaten von Amerika über die Vertiefung der Zusammenarbeit bei der Verhinderung und Bekämpfung schwerwiegender Kriminalität v. 1.10.2008 (BGBl. 2009 II 1010).
[40] **Für die USA:** Art. 10 Abs. 6 ZusBekämKrimÜ DE/US.
[41] Übk. des Europarats zur Bekämpfung des Menschenhandels v. 16.5.2005 (BGBl. 2012 II 1107).
[42] Europäisches Übk. über die Kontrolle des Erwerbs und des Besitzes von Schußwaffen durch Einzelpersonen v. 28.6.1978 (ETS Nr. 101).

für derartige Geschäfte grundsätzlich die vorherige Erlaubnis des Zielstaates erforderlich (Art. 10 SchusswaffenÜ).

IV. Zahlreiche **weitere bilaterale Abkommen** gestatten den präventiven Datenaustausch, namentlich etwa bei der Bekämpfung von Betäubungsmitteln, Terrorismus und organisierten und anderen erheblichen Straftaten, wie zB mit der Türkei.[43] Auf sie kann hier nicht umfassend eingegangen werden. **45**

---

[43] **Für die Türkei:** Art. 3, 1., 3., 4. Spiegelstrich AntiOrgKrimAbk DE/TR sowie ebenso **Kirgisistan** (AntiOrgKrimAbk DE/KG); **Russland** (AntiOrgKrimAbk DE/RU); **Tunesien** (AntiOrgKrimAbk DE/TN); **Usbekistan** (AntiOrgKrimAbk DE/ZU); **Vereinigte Arabische Emirate** (SichZusAbK DE/AE); **Vietnam** (AntiOrgKrimAbk DE/VN). Vgl. ähnlich in **Albanien** (SichZusAbk DE/AL), **Ägypten** (SichZusAbk DE/EGY), **Georgien** (AntiOrgKrimAbk DE/GE), **Serbien** (SichZusAbk DE/RS).

3. Kapitel. Informationserhebung unter Einschaltung ausländischer Stellen

§ 9 Grundlagen

A. Rechtsgrundlagen

I. Überblick

Die Informationserhebung unter Einschaltung ausländischer Stellen im Strafverfahren 1 erfolgt im Wege der Rechtshilfe. Diese, sog. „kleine", Rechtshilfe, tritt im völkerrechtlichen Verkehr neben andere Rechtshilfeformen wie insbesondere die Auslieferung und Vollstreckungshilfe. Sie findet ihr **normatives Fundament** in einer Fülle unterschiedlichster Rechtsgrundlagen. Dabei soll auf das Zusammenspiel der deutschen Rechtsordnung, der supra- und völkerrechtlichen Regelungen und der Rechtsordnung des betroffenen ausländischen Staates im Einzelnen sogleich unten (→ Rn. 95 ff.) eingegangen werden.

> **Praxishinweis:**
> Dabei müssen die ausländischen Stellen im völkerrechtlichen Verkehr anerkannt sein, also einem primären oder sekundären Völkerrechtssubjekt aus Sicht des die Rechtshilfe empfangenden Staates zuzuordnen sein. Daher stellt sich bei Teil-, Exil- und De-facto-Regimen stets die Frage der Anerkennung und möglicher politischer Implikationen, während ansonsten vor allem bei privaten Organisationen eine Rechtshilfe begrifflich bereits ausscheidet.[1]

1. Für Deutschland gilt neben besonderen Umsetzungsrechtsakten und allgemeinen 2 Ratifikationsgesetzen zu den jeweiligen Übereinkommen **nachrangig** das Gesetz über die internationale Rechtshilfe in Strafsachen (IRG) gem. § 1 Abs. 3 IRG.[2] Es enthält für den Bereich der „kleinen Rechtshilfe" im Bereich der EU in §§ 91 ff. IRG Regelungen, die wiederum vorrangig gegenüber seinen allgemeinen Vorschriften, wie insbesondere §§ 59 ff. IRG, sind.[3] Schließlich verweist § 77 Abs. 1 IRG zum Lückenschluss auf die StPO, JGG und OWiG und damit das allgemeine Strafverfahrensrecht.[4]

Die Richtlinien für den Verkehr mit dem Ausland in strafrechtlichen Angelegenheiten 3 (**RiVASt**) dienen dazu, die Anwendung der Rechtsnormen im Bereich der Rechtshilfe zu vereinfachen und zu vereinheitlichen. Nach Nr. 1 Abs. 2 RiVASt sind sie anzuwenden, soweit ihnen nicht völkerrechtliche Übereinkünfte (Verträge, Vereinbarungen, Gegensei-

---

[1] Vgl. NK-RechtshilfeR/*Ambos/Poschadel* I Rn. 37; GPKG/*Vogel* IRG § 1 Rn. 4.
[2] Zum Vorrang und zur Frage der Lückenfüllung bzw. Abgeschlossenheit der völkervertraglichen Regelung, die sich allerdings primär bei eingehendem Ersuchen stellt, vgl. ausf. NK-RechtshilfeR/*Ambos/Poschadel* I Rn. 38 ff. mwN; für die Normen in der Schweiz, namentlich Art. 63–80d IRSG und Art. 24–35 IRSV, s. NK-RechtshilfeR/*Zerbes* IV Rn. 640 ff.
[3] Vgl. zur Entstehung der besonderen IRG-Normen und zum Vorrangprinzip insbes. NK-RechtshilfeR/*Wörner* IV Rn. 453 ff., 470 ff. mwN insbes. mit Betonung abschließender Regelungen zum Grundrechtsschutz der Betroffenen, die einen Rückgriff im Wege der „Meistbegünstigung" an dieser Stelle ausschließt; vgl. ähnlich die Abgrenzung für die Schweiz, *Popp* Rechtshilfe Rn. 88.
[4] Dabei bleibt letztlich weiter ungeklärt, ob die StPO an sich unmittelbar oder über § 77 IRG nur mittelbare Geltung für die jeweiligen Eingriffsvoraussetzungen zukommt. Diese Unklarheit ist vor allem auf die umstrittene historische Einordnung der ersuchenden Rechtshilfe als Strafrechtspflege nach historisch vor allem bayerischer Auffassung einerseits, andererseits reiner Außenpolitik (hM) zurückzuführen, vgl. ausf. NK-RechtshilfeR/*Racknow* I Rn. 115 mwN. Sie zeigt sich heute noch vor allem in der Frage der „ersuchenden Stelle", → § 12 Rn. 66 ff.

tigkeitserklärungen und Ähnliches)⁵ entgegenstehen bzw. in besonderen Fällen eine Abweichung erforderlich ist. Für Entscheidungen, die der richterlichen Unabhängigkeit unterliegen, enthalten sie nur Hinweise, Nr. 1 Abs. 1 S. 2 RiVASt.

4   Auf die zahlreichen partiellen inländischen Rechts- und Ausführungsvorschriften wird ansonsten an geeigneter Stelle einzugehen sein.

5   2. In besonderer Weise wird das konkrete Verfahren der möglichen Kooperation allerdings bestimmt durch die jeweils **zwischen den beteiligten Völkerrechtssubjekten geltenden Rechtshilfegrundlagen.** Diese sind entsprechend ihrer jeweiligen Rechtsform nach auszulegen.⁶ Weit entfernt von einer Kodifizierung auch nur konkreter bilateraler Beziehungen, stehen oft gänzlich unterschiedliche rechtliche Instrumente nebeneinander, deren Verhältnis zudem oft unklar ist.

6   a) Grundsätzlich ist jedes Intrumentarium der Rechtshilfe für sich zu betrachten. Sind daher zB durch mehrere bi- oder mulitlaterale Verträge Formen der Zusammenarbeit vereinbart, stehen diese grundsätzlich **unabhängig voneinander** als Rechtsgrundlage mit ihren jeweiligen konkreten Voraussetzungen zur Verfügung.⁷ Namentlich die völkervertraglichen Rechtshilfeübereinkommen stellen eine positive Selbstbindung der Vertragsstaaten dar. Sie sollen eine (begrenzte) Leistungsverpflichtung hinsichtlich der gebotenen Unterstützung begründen.⁸

7   b) Soweit nicht ausdrücklich etwas anderes bestimmt ist, schließt eine bestimmte Rechtshilfegrundlage eine anderweitig vereinbarte oder zugestandene Form der Kooperation nicht aus. Insoweit kann man – entsprechend dem Grundsatz im deutschen Arbeitsrecht – von einem „**Günstigkeitsprinzip** der internationalen Rechtshilfe" sprechen.⁹ Anderes kann nur gelten, wenn dies aus den konkreten Bestimmungen eines Übereinkommens oder aus seinem Kontext hervorgeht. Ein solches Beispiel sind die Übereinkommen zum Geheimschutz, wobei sich etwa die Frage bei den Beschränkungen der Informationspflicht in den außerhalb der strafrechtlichen Rechtshilfe geschlossenen Doppelbesteuerungsabkommen stellte (→ Rn. 76 f.; 157).¹⁰ Beispielsweise soll etwa der Schengen-Besitzstand das RHÜ 2000 mit seinen Zusatzprotokollen, soweit zwischen den Beteiligten in Kraft, nicht beeinträchtigen.¹¹ Andererseits verteidigt etwa das Schweizerische Bundesgericht die weitergehenden Beschränkungen bei fiskalischen Delikten aus dem Schengen-Besitzstand gegenüber anderen Konventionen wie dem Auslieferungsabkommen.¹² Zu berücksichtigen ist stets die Sonderrolle der Staaten mit Opt-Out-

---

5   Vgl. zur vorrangigen Geltung und Auslegung von Entscheidungen des UN-Sicherheitsrates aus Art. 103 UN-Charta vor allem im Bereich der Terrorbekämpfung NK-RechtshilfeR/*Ambos/Poschadel* I Rn. 30 ff. mwN.
6   So insbes. die völkerrechtlichen Verträge nach Art. 31 ff. WKV auf Grundlage grds. nur der authentischen Sprachfassungen, Sicherheitsratsentscheidungen dementsprechend analog; hingegen Unionsrechtsakte nach den Auslegungskriterien des Unionsrechts, vgl. hier nur NK-RechtshilfeR/*Ambos/Poschadel* I Rn. 32 mwN.
7   Klare Rangvorschriften sieht wohl vor allem alleine das weitere Unionsrecht vor, etwa die EEA-RL (→ § 11 Rn. 223 ff.); zum Kollisionsrecht aus Sicht des Unionsrechts und seinen Wiederhall heute in §§ 91 ff. IRG vgl. NK-RechtshilfeR/*Ambos/Poschadel* I Rn. 47 mwN.
8   Vgl. zum Ganzen auch NK-RechtshilfeR/*Ambos/Poschadel* I Rn. 33 ff. mwN.
9   Vgl. etwa Art. 26 Abs. 4 RHÜ 1959, Art. 1 RHÜ 2000; Art. 7 Abs. 6, 7, 20 UNSuchtÜ; Art. 18 Abs. 6, 7, 30 Palermo I; **für Hongkong:** Art. 3 RHAbk DE/HK; **Japan:** Art. 27 RHAbk EU/JP; auch mit klarerer Formulierung etwa Art. 25 KorrStRÜ; gegen diese „Meistbegünstigung der Staaten, nicht der Individuen" *Lagodny* in Breitenmoser/Gless/Lagodny, Schengen in der Praxis, 2009, 259 (271 ff. mwN); krit. ebenso *Schomburg/Lagodny/Gleß/Hackner* Einl. Rn. 5 ff., 117 f.; vgl. auch *Nagel* Beweisaufnahme 40 ff. mwN; vgl. auch aktuell dazu NK-RechtshilfeR/*Ambos/Poschadel* I Rn. 107 mwN; zur Einschränkung der Meistbegünstigung im Unionsrecht überzeugend NK-RechtshilfeR/*Wörner* IV Rn. 454 ff. und 470 ff., s. dazu bereits den Anmerkung gerade oben; das Schweizerische Bundesgericht geht indes soweit, im Sinn einer „Rosinentheorie" das vereinbarte und autonome Rechtshilferecht jeweils nach Sachfragen kombiniert in maximal möglicher Weise anzuwenden, vgl. *Popp* Rechtshilfe Rn. 76 f.
10 *Nagel* Beweisaufnahme 83 f. mwN.
11 *Hackner* in Breitenmoser/Gless/Lagodny, Schengen in der Praxis, 2009, 277 (284 ff. mwN).
12 Vgl. *Uebersax* in Breitenmoser/Gless/Lagodny, Schengen und Dublin in der Praxis, 2010, 83 (88 mwN).

Möglichkeit, insbesondere das Vereinigte Königreich und Irland, die allerdings den Bereich der Rechtshilfe weitgehend anerkannt haben.[13]

Klare Regelungen zur Ablösung bzw. zum Vorrang gegenüber anderen Regelungen enthält vor allem das engere Unionsrecht, wie beispielhaft die Richtlinie zur Europäischen Ermittlungsanordnung (Erwägungsgrund 35 EEA-RL, Art. 3, 34 EEA-RL). **8**

c) Aus ihrem Sinn und Zweck heraus schließen konkrete Rechtshilfevorschriften auch grundsätzlich weitergehende Verpflichtungen oder Leistungen nach Ermessen nicht aus.[14] **9**

3. Auch wenn kein konkretes Rechtshilfeinstrument im konkreten Fall zwischen den beteiligten Staaten besteht, kann trotzdem die Rechtshilfe durch den anderen Staat alleine auf der Grundlage seines eigenen nationalen Rechtshilferechts im sog. „**vertragsfreien Bereich**" geleistet werden. Alleine, er hat keine völkerrechtliche Verpflichtung dazu. **10**

Sollte keinerlei durchgreifende beidseitig vereinbarte oder sonst gültige völkerrechtliche Rechtsgrundlage zur Verfügung stehen, greifen die Grundregeln der vertraglosen Rechtshilfe, nach der jeder ersuchte Staat **nach Maßgabe seines nationalen Rechtes und autonomen Ermessens** entscheiden kann, ob und wie er einem Ersuchen nachhilft. Völkerrechtliche Vereinbarungen binden nur positiv in der Verpflichtung Rechtshilfe zu leisten. Sollten alle zwischen zwei Staaten bestehenden Rechtshilfevereinbarungen nicht eingreifen, kann somit gleichwohl stets um Rechtshilfe ersucht und nach Ermessen als vertraglose Rechtshilfe geleistet werden, soweit sie nicht (ganz ausnahmsweise) ausdrücklich ausgeschlossen sein sollte.[15] Im vertraglosen Bereich ist allerdings die Freiheit des ersuchten Staates, Rechtshilfe zu gewähren oder zu verweigern, durch das Völkerrecht weder in positiver noch negativer Hinsicht (wenn man von das innerstaatliche Recht indirekt prägenden andere Normen des internationalen Rechtes, wie den Menschenrechten absieht) begrenzt. Auch durch eine ständige Übung im Bereich der vertraglosen Rechtshilfe tritt keine Selbstbindung des ersuchten Staates ein. Ebenso kann sich ein ausländischer Staat nicht etwa darauf berufen, dass das innerstaatliche Recht die Möglichkeit oder Verpflichtung zu der ersuchten Rechtshilfe vorsieht.[16] **11**

II. Schneller Überblick für die Praxis

1. Der **Überblick** über die daraus durchaus „chaotisch" wirkende Summe unterschiedlichster Kooperationsgrundlagen wird insbesondere durch die **RiVASt mit ihrem Länderteil (Anhang II)** wesentlich erleichtert.[17] Dort werden die wichtigsten Rechtshilfeinstrumente je nach dem Zielland aufgeführt. **12**

2. Für den meist wichtigsten Informationsaustausch, die Rechtshilfe innerhalb der EU, kann zudem nicht genug auf die Einrichtungen des Europäischen Juristischen Netzes hingewiesen werden. Dieses bietet namentlich in Gestalt der **Website https://www.ejn-crimjust.europa.eu/ejn/** stets aktualisierte Informationen für die Grundlagen der Rechtshilfe (vgl. Art. 4 Abs. 5, EJN-Beschluss, Art. 7 ff. EJN-Beschluss; → § 17 Rn. 4 ff.), die leider „vielen deutschen Staatsanwälten und Richtern immer noch nur unzulänglich bekannt" sind.[18] Zudem sind mit dem EJN und Eurojust Infrastrukturen vorhanden, die den Informationsaustausch durch geeignete Ansprechpartner enorm erleichtern können (→ § 17 Rn. 10 ff.). **13**

---

[13] Vgl. etwa *Janicki* Beweisverbote 469 ff., 491 ff. mwN.
[14] Vgl. *Nagel* Beweisaufnahme 70 ff., 82 ff. mwN; ebenso detailliert NK-RechtshilfeR/*Ambos/Poschadel* I Rn. 37 ff.
[15] Vgl. *Nagel* Beweisaufnahme 72 ff. mwN.
[16] *Nagel* Beweisaufnahme 75 mwN.
[17] Vgl. auch etwa partielle Übersichten wie *Polakiewicz* in Breitenmoser/Gless/Lagodny, Schengen und Dublin in der Praxis, 2010, 121 ff. mwN.
[18] So etwa *v. Langsdorff* StV 2003, 472 (473).

14   3. Die entsprechenden „großen" Kommentierungen und Loseblattsammlungen bieten ebenfalls einen überaus hilfreichen Zugang zu den einzelnen Rechtsnormen mit entsprechenden Übersichten.[19]

15   4. Ansonsten können im Zweifelsfall neben besonderen Rechtshilfereferenten im eigenen Gericht oder Staatsanwaltschaft, die sog. Bewilligungsbehörden, namentlich bei den Generalstaatsanwaltschaften, Jusitzministerien bis hin zum Bundesamt für Justiz auch vorab informelle Hilfestellung geben.

III. Rechtshilfegrundlagen im Einzelnen

16   Ein Versuch einer **Systematisierung** der Rechtsgrundlagen kann angesichts der genannten Struktur stets nur unvollkommen sein. Traditionell heißt es zwar, idealtypisch ließen sich rund um Deutschland als Mitglied von EU, Europarat und anderen internationalen Organisationen, in deren Rahmen jeweils Rechtshilfeübereinkommen getroffen wurden, gewisse konzentrische „Rechtskreise" erkennen.[20] Jedoch kann daraus nicht geschlossen werden, der „engste" Kreis enthalte die tauglichsten, da am weitestreichenden und am einfachsten anzuwendenden Rechtshilfegrundlagen. Vielmehr durchbrechen sowie Vertragswerke mit zusätzlichen Mitgliedstaaten sowie bilaterale Vereinbarungen zur Ergänzung oder mit konkurrierenden Rechtshilfeformen, auch zur polizeilichen bzw. steuer- oder zollfahndungsmäßigen Zusammenarbeit, dieses Bild. Außerdem kann selbst die Zusammenarbeit mit Fokus auf den europäischen Kontinent heute auch nicht mehr derart konzentrisch geordnet angesehen werden, da zB die Mitgliedschaften im Rahmen des Schengen-Instrumentariums nicht an die EU gekoppelt sind. Weiterhin ist zu beachten, dass viele Rechtsinstrumente innerhalb eines Rechtskreises nicht von allen Mitgliedstaaten ratifiziert und in Wirkung gesetzt sind und damit auch nicht absehbar zu rechnen ist.

17   Es lohnt gleichwohl, zunächst von diesem Modell der Rechtskreise auszugehen, da sich so eine gewisse **im Regelfall praxistaugliche Priorisierung bei der Suche** nach einer tauglichen zwischenstaatlichen Rechtshilfegrundlage ergibt, die der Reichweite der Rechtshilfepflicht und der Normierungsdichte der entsprechenden Verfahren und möglichen Rechtshilfeformen folgt:

1. Europäische Union

18   a) Den engsten Kreis bilden **Formen der verstärkten Zusammenarbeit vor allem der EU-Staaten außerhalb des Rechtsrahmens der EU.** Darunter fiel früher vor allem der Schengen-Besitzstand, später dann der Vertrag von Prüm mit weiteren „modernen" Formen der Zusammenarbeit etwa im Erkennungsdienst und der Observation. Beide erscheinen allerdings mittlerweile weitgehend durch in das „allgemeine" Recht der EU „aufgesogen" bzw. konsolidiert. Traditionell machen teilweise die Republik Irland und Dänemark, vor allem aber das Vereinigte Königreich in verschiedenem Maß von zu beachtenden Opt-Out-Klauseln weiterhin Gebrauch. Die Frage, inwieweit sich das Vereinigte Königreich nach dem sog. „**Brexit**" weiter an der straf- oder sicherheitsrechtlichen Zusammenarbeit beteiligen wird, harrt weiter Klärung.

19   aa) Für den **Schengen-Besitzstand** hat sich das Verhältnis zum Unionsrecht sogar umgekehrt, da einerseits nur im ersteren Island, Norwegen, die Schweiz und Liechtenstein ganz oder zumindest teilweise partizipieren.[21] Andererseits ist der „Schengen-Besitzstand"

---

[19] Hier sind vor allem die Werke von *Grützner/Pötz/Kreß* und *Schomburg/Lagodny/Gleß/Hackner* sowie ergänzend auch der NK-RechtshilfeR-Kommentar von *Ambos/König/Racknow* zu nennen.
[20] Vgl. etwa zuletzt HdB-EuStrafR/*Lagodny* § 31 Rn. 4 ff. mwN.
[21] Vgl. auch *Schomburg* NJW 2001, 801 ff.; zu den „schengenassoziierten Staaten" vgl. die Übersicht von NK-RechtshilfeR/*Wörner* IV Rn. 472 mwN; HdB-EuStrafR/*Schröder/Stiegel* § 35 Rn. 25 ff.; speziell zu Liechtenstein, HdB-EuStrafR/*Schröder/Stiegel* § 35 Rn. 50.

heute vollständig in das Unionsrecht übernommen und fortentwickelt worden.[22] Neumitglieder der EU haben diesen auch ohne Weiteres umzusetzen. Das ursprüngliche Übereinkommen von Schengen v. 14.6.1985 zwischen den Regierungen der Staaten der Benelux-Wirtschaftsunion, der Bundesrepublik Deutschland und der Französischen Republik betreffend den schrittweisen Abbau der Kontrollen an den gemeinsamen Grenzen[23] hat als Absichts- und Übergangsinstrument nur noch historische Bedeutung. Auch das Übereinkommen zu dessen Durchführung (SDÜ) v. 19.6.1990[24] wurde nach der Übernahme in das Recht der EU durch den Vertrag von Amsterdam durch zahlreiche Sekundärrechtsakte zunächst in den vergemeinschafteten und intergouvernementalen Säulen fortentwickelt. Dazu zählt namentlich der Bereich der polizeilichen Zusammenarbeit und Rechtshilfe. Neuerdings widmet sich der Rat der EU auch der Rechtsbereinigung, in dem er ausdrücklich Sekundärrechtsakte im Rahmen des Schengen-Systems, dh Beschlüsse des Exekutivausschusses und Gemeinsame Maßnahmen, ausdrücklich aufhebt.[25] Aus der Begründung sind die jeweils ersetzenden neueren Rechtsakte ersichtlich.

bb) Auch der sog. **Prümer Besitzstand,** der auf dem Vertrag von Prüm (PrümV)[26] **20** beruhte, ist praktisch in allen wesentlichen Bestandteilen, vor allem durch den Beschluss des Rates (Prümer Ratsbeschluss) v. 23.6.2008, in das Unionsrecht übernommen worden.[27] Durch das Ausführungsgesetz zum Prümer Vertrag und zum Ratsbeschluss Prüm v. 10.7.2006,[28] das durch Art. 1 des Gesetzes v. 31.7.2009[29] an den Prümer Ratsbeschluss angepasst worden ist (PrümVAG), ist der Inhalt in deutsches Recht umgesetzt worden. In § 1 PrümVAG wird der Prümer Ratsbeschluss für unmittelbar anwendbar erklärt. Angesichts der Tatsache möglicher Grundrechtseingriffe durch Verarbeitungen von Daten, namentlich zwischen den EU-Staaten auszutauschenden DNA-Mustern, und vorhandene Fachgesetze mit evidenten systematischen Zusammenhängen erscheint dieses ungewöhnliche Vorgehen nur aus der ursprünglichen Natur des Gesetzes als Vertragsgesetz zum PrümV erklärbar. Zudem befand sich damals der Vertrag von Lissabon, und damit eine neue unionsrechtliche Rechtsgrundlage, bereits in der Ratifizierung, sodass dieses Verfahren möglicherweise auch deswegen vertretbar erschien.

cc) Obwohl nach dem Unionsrecht, wie vor allem Art. 82 Abs. 3 AEUV, sowie Art. 83 **21** AEUV für den Katalog grenzüberschreitender Straftaten oder Art. 86 AEUV für die Europäische Staatsanwaltschaft, **weiterhin Möglichkeiten der verstärkten Zusammenarbeit** einzelner Mitgliedstaaten existieren, scheinen diese bislang kaum in Anspruch genommen worden zu sein (zur EUStA → § 17 Rn. 229 ff.). Inwieweit gänzliche neue völkerrechtliche Verträge der Mitgliedstaaten, die nicht lediglich der Fortschreibung bisheriger Vereinbarungen oder der Durchführung des Unionsrechts im weiteren Sinn dienen,

---

[22] Insbes. durch das RHÜ 2000, vgl. dort Art. 2 RHÜ 2000, hierzu insges. NK-RechtshilfeR/*Kubiciel* IV Rn. 264 f., 268 mwN.
[23] Übk. zwischen den Regierungen der Staaten der Benelux-Wirtschaftsunion, der Bundesrepublik Deutschland und der Französischen Republik betreffend den schrittweisen Abbau der Kontrollen an den gemeinsamen Grenzen v. 14.6.1985 (ABl. 2000 L 293, 13).
[24] Übk. zur Durchführung des Übereinkommens von Schengen v. 14.6.1985 zwischen den Regierungen der Staaten der Benelux-Wirtschaftsunion, der Bundesrepublik Deutschland und der Französischen Republik betreffend den schrittweisen Abbau der Kontrollen an den gemeinsamen Grenzen v. 19.6.1990 (BGBl. 1993 II 1013).
[25] Vgl. VO EU 2016/93 v. 2.2.2016, ABl. 2016 L 26, 1; VO EU 2016/94 v. 2.2.2016, ABl. 2016 L 26, 6 und VO (EU) 2016/95, ABl. 2016 L 26, 12.
[26] Vertrag zwischen dem Königreich Belgien, der Bundesrepublik Deutschland, dem Königreich Spanien, der Französischen Republik, dem Großherzogtum Luxemburg, dem Königreich der die Niederlande und der Republik Österreich über die Vertiefung der grenzüberschreitenden Zusammenarbeit, insbesondere zur Bekämpfung des Terrorismus, der grenzüberschreitenden Kriminalität und der illegalen Migration v. 27.5.2005 (BGBl. 2006 II 626); vgl. ausf. dazu HdB-EuStrafR/*Hetzer* § 41 Rn. 79 ff.
[27] Beschluss des Rates 2008/615/JI zur Vertiefung der grenzüberschreitenden Zusammenarbeit, insbesondere zur Bekämpfung des Terrorismus und der grenzüberschreitenden Kriminalität v. 23.6.2008, ABl. 2008 L 210, 1.
[28] BGBl. 2006 I 1458.
[29] BGBl. 2009 I 2507.

außerhalb der Rechtsordnung des Unionsrechtes möglich sind, wäre im Einzelfall nach den allgemeinen Grundsätzen zu prüfen.

22 **b)** Der eigentliche **Rechtskreis der EU** lässt sich im Bereich der Rechtshilfe wiederum klar in zwei nebeneinander stehende Teile spalten.

23 **aa)** Das **Unionsrecht** im engeren Sinn ist einerseits durch zahlreiche Rechtsakte, insbesondere (Rahmen-)beschlüsse und einige Verordnungen und Richtlinien geprägt, die meist sehr partielle Bereiche der Rechtshilfe abdecken.

24 Viele heute noch gültige Grundlagen entstanden dabei überwiegend in einer Zeit vor Inkrafttreten des Vertrages von Lissabon im Rahmen der damaligen Säulenstruktur der EU. Dabei kam der Rechtshilfe in Strafsachen regelmäßig lediglich Bedeutung im nicht vergemeinschafteten Bereich zu, sofern nicht besondere Kompetenzen der Europäischen Gemeinschaften, etwa beim Schutz von deren finanziellen Interessen, berührt waren. Deshalb finden sich hier viele Rahmenbeschlüsse, die durch gesonderte gesetzgeberische Maßnahmen in das jeweilige nationale Recht, also zB das deutsche Bundes- und ggf. Landesrecht voll übernommen werden mussten. Den Rahmenbeschlüssen kam jedenfalls zum Zeitpunkt ihrer Fassung keinerlei innerstaatlich verbindliche Wirkung zu.

25 Nunmehr steht, namentlich wegen Art. 82 Abs. 1 S. 2 lit. d AEUV, das Instrumentarium des ordentlichen Gesetzgebungsverfahrens der Union zur Verfügung, sodass entsprechende Normen regelmäßig in Form von Richtlinien verabschiedet werden. Für deren Anwendung im nationalen Recht gelten die allgemeinen Grundlagen des Europarechtes, also die Umsetzungspflicht und die Möglichkeit der Vorabwirkung, die hier allerdings, da regelmäßig mit belastender Wirkung für den Einzelnen, nicht eingreift.[30]

26 Eine **gewisse Kodifizierung** des „kleinen Rechtshilferechtes" haben der – als gescheitert anzusehende – Versuch einer Europäischen Beweisanordnung zur Erlangung von Sachen, Schriftstücken und Daten zur Verwendung in Strafsachen, noch in Form des Rahmenbeschlusses 2008/978/JI v. 18.12.2008, und **vor allem die Richtlinie 2014/41/EU des Europäischen Parlaments und des Rates zur Europäischen Ermittlungsanordnung in Strafsachen**[31] bewirkt, **die bis zum 22.5.2017 umzusetzen** war. Die Europäische Beweisanordnung wäre bis 19.1.2011 umzusetzen gewesen.[32] Dazu ist es in Deutschland und wohl in fast allen Mitgliedstaaten der EU bislang nicht gekommen.[33] Sie ist auch nicht mehr zu erwarten, zumal die umfassendere Neuregelung in Gestalt der noch umfassenderen Europäischen Ermittlungsanordnung vor der Umsetzung steht, auf die im Folgenden ausführlich eingegangen wird (→ § 11 Rn. 224 ff.). Im Fall einer Umsetzung hätte die Europäische Beweisanordnung von den ersuchenden Behörden vorrangig angewendet werden sollen, wenn damit die gesamte erforderliche Rechtshilfe oder Teile aus einem umfangreicheren Ersuchen hätten erledigt werden können (Art. 21 Abs. 2, 3 RB 2008/978/JI).[34] Die bisherigen Rechtshilfeinstrumente wären aber weiter gültig (Art. 21 Abs. 1 RB 2008/978/JI) und weiter den Informationsaustausch erleichternde spätere Spezialabkommen zwischen allen oder einzelnen Mitgliedstaaten vorrangig anwendbar gewesen (Art. 21 Abs. 4–6 RB 2008/978/JI). Darin findet sich der Grundsatz, dass neue

---

[30] Vgl. zur Wirkungsweise des Europarechts speziell aus Blickwinkel des Strafrechts insbes. HdB-EuStrafR/ *Satzger* § 1 Rn. 7 ff., namentlich§ 1 Rn. 54 ff. mwN zur unmittelbaren Wirkung von Richtlinien; zur Kompetenz des Unionsgesetzgebers HdB-EuStrafR/*Jokisch/Jahnke* § 2 Rn. 29 ff. mwN.
[31] v. 3.4.2014, ABl. 2014 L 130, 1.
[32] ABl. 2008 L 350, 72; vgl. zur Europäischen Beweisanordnung allg. *Ambos* IntStrafR § 12 Rn. 84 f. mwN; zur Kritik etwa *Ambos* ZIS 2010, 557; *Heger* ZIS 2007, 547 ff.; *Krüßmann* StraFo 2008, 458 ff.; *Roger* GA 2010, 27; *Schünemann/Roger* ZIS 2010, 515 ff.; *Schierholt* ZIS 2010, 567 ff.
[33] Vgl. hierzu und zum Folgenden BT-Drs. 18/9575, 18, 46 f.: Die Europäische Beweisanordnung gilt nur im Verhältnis zwischen Dänemark und Irland untereinander, Ratsdok. 9983/14 PROAPP v. 15.5.2014; *Ronsfeld*, Rechtshilfe, Anerkennung und Vertrauen, 2015, 131 ff. mwN.
[34] Rahmenbeschluss 2008/978/JI des Rates über die Europäische Beweisanordnung zur Erlangung von Sachen, Schriftstücken und Daten zur Verwendung in Strafsachen v. 18.12.2008, ABl. 2008 L 350, 72 → § 11 Rn. 223.

Instrumente primär zu einer Steigerung der Effektivität und Effizienz der Rechtshilfe beitragen, diese aber nicht stärker beschränken sollen.

Gleichermaßen ist auf die **querschnittartigen Unionsrechtsakte** zu Mindeststandards 27 des Datenschutzes sowie neu nach Art. 82 Abs. 2 AEUV des Strafverfahrens, zu verweisen. Namentlich die Regelungen des Datenschutzes spielen eine zentrale Rolle bei der weiteren Verarbeitung und Verwendung von mit Auslandsbezug erlangten Daten und werden daher in Kap. 4 im Zusammenhang behandelt. Die weiteren Standards zum Verfahrensrecht werden jeweils in das deutsche Strafprozessrecht übernommen und von der allgemeinen Literatur hierzu ausführlich behandelt, während sich Besonderheiten aus Sicht des Rechtshilferechts sich praktisch nicht ergeben.

Während auf die Unionsrechtsakte speziell zur Zusammenarbeit auf Ebene der Polizei- und 28 Zollbehörden an systematischer Stelle eingegangen wird, hätte eine hinreichende Behandlung des komplexen **nachrichtendienstlichen** Datenaustausches den hier verfügbaren Rahmen gesprengt. Der in strafprozessualer Hinsicht relevante Austausch der Steuer- und Verwaltungsbehörden innerhalb der EU wird in Schwerpunkten behandelt (→ § 14 Rn. 214).

Zu den **zahlreichen Sonderregeln** vor allem zu bestimmten Rechtshilfeformen, die 29 hier nicht im Einzelnen aufgeführt werden können, sondern jeweils im Rahmen der konkreten Informationserhebung behandelt werden, treten Rechtsakte zur ergänzenden Zusammenarbeit zB bei Völkerstraftaten oder im Bereich der Euro-Fälschungen. Auf das Sonderrecht der Union im Bereich der Terrorbekämpfung wird ebenfalls gesondert eingegangen (→ § 14 Rn. 502 ff.).

Beispiele:

- Völkerstraftaten:
  – Beschluss des Rates zur Einrichtung eines Europäischen Netzes von Anlaufstellen betreffend Personen, die für Völkermord, Verbrechen gegen die Menschlichkeit und Kriegsverbrechen verantwortlich sind (B 2002/494/JI) v. 13.6.2002, ABl. 2002 L 167, 1;
  – Beschluss 2003/335/JI des Rates betreffend die Ermittlung und Strafverfolgung von Völkermord, Verbrechen gegen die Menschlichkeit und Kriegsverbrechen (B 2003/335/JI) v. 8.5.2003, ABl. 2003 L 118, 12.
- Euro-Fäschungen:
  – Verordnung (EG) Nr. 1338/2001 des Rates zur Festlegung von zum Schutz des Euro gegen Geldfälschung erforderlichen Maßnahmen v. 28.6.2001, ABl. 2001 L 181, 6;
  – Verordnung (EG) Nr. 1339/2001 des Rates zur Ausdehnung der Wirkungen der Verordnung (EG) Nr. 1338/2001 zur Festlegung von zum Schutz des Euro gegen Geldfälschung erforderlichen Maßnahmen auf die Mitgliedstaaten, die den Euro nicht als einheitliche Währung eingeführt haben (Euro-FälschungsschutzVO) v. 28.6.2001, ABl. 2001 L 181, 11;
  – Beschluss des Rates über den Schutz des Euro vor Fälschungen (B 2001/887/JI) v. 6.12.2001, ABl. 2001 L 329, 1;
  – sowie die Rolle von Europol nach Art. 1 Europol-Beschluss iVm Anhang des B 2005/511/JI[35] sowie insbesondere Art. 14 IntAFMAbk.[36]

Alle diese unionsrechtlichen Rechtsinstrumente wurden regelmäßig, soweit erforderlich, 30 durch Einzelländerungsgesetze im deutschen Recht aufgenommen und werden im Folgenden an den entsprechenden Stellen mitbehandelt.

Da im Rechtshilfeverkehr zwischen den EU-Mitgliedstaaten die genannten partiellen 31 Unionsrechtsakte regelmäßig die einfachsten und komfortabelsten Verfahren und Formen der Informationsgewinnung bereitstellen, lohnt sich nach der Orientierung in der RiVASt für die Rechtshilfe innerhalb des Rechtsraums der EU zuerst der Blick auf sie bzw. die deutschen Organisations- und Verfahrensgesetze, wie zB StPO, IRG, BZRG oder BKAG, sowie Anlassgesetze, in die diese regelmäßig Aufnahme gefunden haben.

---

[35] Beschluss 2005/511/JI des Rates über den Schutz des Euro gegen Fälschung durch Benennung von Europol als Zentralstelle zur Bekämpfung der Euro-Fälschung v. 12.7.2005, ABl. 2005 L 185, 35.
[36] Internationale Abk. zur Bekämpfung der Falschmünzerei („Genfer Abkommen") v. 20.4.1929 (RGBl. 1933 II 913).

3. Kapitel   3. Kapitel. Informationserhebung unter Einschaltung ausländischer Stellen

32   bb) Das andere „Standbein" der Zusammenarbeit innerhalb der EU bildet das multi- und ergänzende bilaterale Vertragsrecht zwischen den Mitgliedstaaten.

33   Diese können in ein bestimmtes komplementäres Verhältnis zu Rechtsakten des Unionsrechtes treten, wie es sich etwa beim Zollinformationssystem (→ § 16 Rn. 59 ff.) oder bei den besonderen Formen der Zusammenarbeit im Rahmen des sog. „Prüm-Vertrages" und zugehörigen Unionsrechtsakt gezeigt hat.

34   Das wichtigste Rechtshilfeinstrument in diesem Bereich, das **Übereinkommen v. 29.5.2000** über die Rechtshilfe in Strafsachen zwischen Mitgliedstaaten der Europäischen Union (RHÜ 2000)[37] mit seinem derzeit einzigen Protokoll (ProtRHÜ 2000)[38] insbesondere zu Bankauskünften, steht jedoch als vollständiger völkerrechtlicher Vertrag gänzlich unabhängig neben dem Unionsrecht. Es baut seinerseits vielmehr auf dem Rechtshilfeübereinkommen des Europarates auf. Das RHÜ 2000 ist andererseits als partielle Fortschreibung und damit Teil des Schengenbesitzstandes zu verstehen, Art. 2 RHÜ 2000. Es beansprucht daher – soweit – auch für die nicht zur Union zählenden assoziierenden Schengen-Mitglieder Gültigkeit.[39] Letzteres gilt allerdings nur, soweit es die dort bereits festgelegten Formen der Zusammenarbeit neu fasst oder weiter vereinfacht. Nicht umfasst sind damit neuere Formen der Rechtshilfe, wie insbesondere die Rückgabe von Gegenständen, die zeitweise Überstellung von Auskunftspersonen ins Ausland zu inländischen Ermittlungszwecken, Video- und Telefonvernehmung oder Telekommunikationsüberwachung. Im Verhältnis zum RHÜ 1959 will das RHÜ 2000 explizit auf diesem und seinem ProtRHÜ 2000 aufbauen und den Austausch weiter erleichtern (Art. 1 Abs. 1 lit. a, b RHÜ 2000). Es will auch nicht günstigeren Bestimmungen in bestehenden oder zukünftigen Abkommen oder einheitlichen Rechtsvorschriften entgegenstehen (Art. 1 Abs. 2 RHÜ 2000).

35   c) Allerdings bestehen auch **bilaterale nationale Rechtshilfeverträge der EU- und Schengenstaaten untereinander.**

36   aa) Traditionell für die Rechtshilfe unmittelbar am bedeutsamsten sind darunter diejenigen Verträge, die als **Ergänzungsverträge auf dem RHÜ 1959 aufbauen.** Sie wirken aber zumindest faktisch nur fort, soweit sie nicht durch entsprechende gleiche oder günstigere gemeinsame Regelungen in dessen Zusatzprotokollen, dem RHÜ 2000 oder dem SDÜ überholt sind. Unter der Fülle dieser Vereinbarungen,[40] die teilweise nicht einmal im Länderteil der RiVASt genannt sind, sind insbesondere die mit der Schweiz,[41] den anderen Nachbarstaaten Deutschlands sowie Italien,[42] sowie allgemein den später hinzugekom-

---

[37] Übk. – gem. Art. 34 des Vertrags über die Europäische Union vom Rat erstellt – über die Rechtshilfe in Strafsachen zwischen Mitgliedstaaten der Europäischen Union v. 29.5.2000 (BGBl. 2005 II 651).

[38] Protokoll – vom Rat gem. Art. 34 des Vertrags über die Europäische Union erstellt – zu dem Übereinkommen über die Rechtshilfe in Strafsachen zwischen Mitgliedstaaten der Europäischen Union v. 16.10.2001 (BGBl. 2005 II 662).

[39] Soweit das RHÜ 2000 zwischen einzelnen Staaten noch nicht in Kraft getreten sein sollte, gilt das SDÜ weiter fort, vgl. *Schomburg* NJW 2001, 801 (802).

[40] Übersicht bei Schomburg/Lagodny/Gleß/Hackner/*Lagodny* II B a–h zum RHÜ 1959.

[41] Vertrag zwischen der Bundesrepublik Deutschland und der Schweizerischen Eidgenossenschaft über die Ergänzung des Europäischen Übereinkommens über die Rechtshilfe in Strafsachen v. 20.4.1959 und die Erleichterung seiner Anwendung (BGBl. 1975 II 1169) in der Fassung des Vertrags zwischen der Bundesrepublik Deutschland und der Schweizerischen Eidgenossenschaft über die Änderung des Vertrages über die Ergänzung des Europäischen Übereinkommens über die Rechtshilfe in Strafsachen v. 20.4.1959 und die Erleichterung seiner Anwendung (ErgV-RHÜ 1959 D/CH) v. 13.11.1969 (BGBl. 2001 II 962).

[42] Vertrag zwischen der Bundesrepublik Deutschland und der Republik Österreich über die Ergänzung des Europäischen Übereinkommens v. 20.4.1959 über die Rechtshilfe in Strafsachen und die Erleichterung seiner Anwendung (ErgV-RHÜ 1959 DE/AT) v. 31.1.1972 (BGBl. 1975 II 1157).
Vertrag zwischen der Bundesrepublik Deutschland und der Italienischen Republik über die Ergänzung des Europäischen Übereinkommens v. 20.4.1959 über die Rechtshilfe in Strafsachen und die Erleichterung seiner Anwendung (ErgV-RHÜ 1959 DE/IT) v. 24.10.1979 (BGBl. 1982 II 111).
Vertrag zwischen der Bundesrepublik Deutschland und dem Königreich der die Niederlande über die Ergänzung des Europäischen Übereinkommens v. 20.4.1959 über die Rechtshilfe in Strafsachen und die Erleichterung seiner Anwendung (ErgV-RHÜ 1959 DE/NL) v. 30.8.1979 (BGBl. 1981 II 1158).

menen EU-Mitgliedstaaten, relevant. Sie können insbesondere noch weitergehende Kooperationsformen als die bereits genannten Rechtsinstrumente vorsehen.[43]

bb) Hinzu kommen die bilateralen Verträge mit allen deutschen Nachbarstaaten oder andere Instrumente, die zusätzlich die **polizeiliche oder grenzpolizeiliche Zusammenarbeit** regeln und bislang nur teilweise im Unionsrecht aufgegangen sind. Diese wurden bereits oben aufgelistet (→ § 3 Rn. 4). 37

In der polizeilichen Zusammenarbeit ist die im strafrechtlichen Ermittlungsbereich des **Zolles** grundsätzlich, ggf. mit Sonderregeln, mitumfasst.[44] 38

cc) Vor allem in diesem Rahmen werden die Befindlichkeiten im Verhältnis der **Schweiz** zur EU und Deutschland deutlich.[45] Sie liegen einerseits im Wunsch nach einer überaus engen Kooperation der Nachbarstaaten, andererseits dem traditionell gleichrangigen Bestreben, das sog. Bankgeheimnis zu schützen und jede dagegen gerichtete Rechtshilfeverpflichtung im fiskalischen Bereich hermetisch auszuschließen. So sind die Ergänzungs- bzw. Polizeiverträge mit der Schweiz ebenso wie die Schengeninstrumente überaus detailreich abgefasst, etwa bei Straßenverkehrsdaten (→ § 14 Rn. 191 ff.; 194 ff.). Sie umfassen auch die Zusammenarbeit von Polizei, Justiz und Verwaltungsbehörden. Nach den generellen Ausnahmen im Blick auf fiskalische Straftaten erfolgte mit Abkommen zur Bekämpfung von Betrug (Art. 2 BetrugBekämpfAbk EG/CH),[46] das namentlich die Interessen von EU, Mitgliedstaaten oder Schweiz finanziell schädigende Straftaten in Bezug auf Warenverkehr, indirekte Steuern, Subventionen und Erstattungen und Ausschreibungen umfasst, eine weitere Annäherung. Auch hier werden ausdrücklich, allerdings nur noch, Straftaten betreffend direkte Steuern von der Rechtshilfepflicht ausgenommen. 39

dd) Weiterhin bestehen besondere Regierungsabkommen zur **Bekämpfung der Organisierten und schweren Kriminalität,** sowie ggf. des Terrorismus Deutschlands mit heutigen Mitgliedstaaten der EU, die durch den Beitritt von den Instrumentarien des Unionsrechts zumindest teilweise, wenn nicht vollständig überholt wurden. Dies betrifft die Übereinkommen mit Bulgarien,[47] **Litauen,**[48] Rumänien,[49] Tschechien und Slowa- 40

Vertrag zwischen der Bundesrepublik Deutschland und der Französischen Republik zu dem Europäischen Übereinkommen v. 20.4.1959 über die Rechtshilfe in Strafsachen (ErgV-RHÜ 1959 DE/FR) v. 24.10.1974 (BGBl. 1978 II 328).

[43] Vertrag zwischen der Bundesrepublik Deutschland und der Tschechischen Republik über die Ergänzung des Europäischen Übereinkommens über die Rechtshilfe in Strafsachen v. 20.4.1959 und die Erleichterung seiner Anwendung (ErgV-RHÜ 1959 DE/CZ) v. 2.2.2000 (BGBl. 2001 II 733).
Vertrag zwischen der Bundesrepublik Deutschland und der Republik Polen über die Ergänzung des Europäischen Übereinkommens v. 20.4.1959 über die Rechtshilfe in Strafsachen und die Erleichterung seiner Anwendung (ErgV-RHÜ 1959 DE/PL) v. 17.7.2003 (BGBl. 2004 II 530).

[44] Vgl. etwa Art. 40 Abs. 4 SDÜ; Art. 41 Abs. 7 SDÜ; Art. 44 SDÜ; Art. 101 Abs. 1 lit. b SDÜ; **für Österreich:** Art. 37 PolZV DE/AT; **die Schweiz:** Art. 44 PolZV DE/CH; sehr ausf. **für die Niederlande:** Art. 39 PolZV DE/NL; zur Zollzusammenarbeit vgl. ausf. HdB-EuStrafR/*Zurkinden/Gellert* § 42 Rn. 6 ff.

[45] Vgl. für **die Schweiz** zum PolZV DE/CH ausf. *Hecker* EuropStrafR 196 ff.; allgemeine Übersicht zum Rechtshilfeverhältnis mit der Schweiz ua bei HdB-EuStrafR/*Schröder/Stiegel* § 35 Rn. 34 ff. mwN sowie *Popp* Rechtshilfe Rn. 25 ff.

[46] Abk. über die Zusammenarbeit zwischen der Schweizerischen Eidgenossenschaft einerseits und der Europäischen Gemeinschaft und ihren Mitgliedstaaten andererseits zur Bekämpfung von Betrug und sonstigen rechtswidrigen Handlungen, die ihre finanziellen Interessen beeinträchtigen v. 26.10.2004 (BGBl. 2008 II 182 ff.); vgl. dazu *Hecker* EuropStrafR 512 ff. mwN.

[47] Abk. zwischen der Regierung der Bundesrepublik Deutschland und der Regierung der Republik Bulgarien über die Zusammenarbeit bei der Bekämpfung der Organisierten und der schweren Kriminalität (AntiOrgKrimAbk DE/BG) v. 30.9.2003 (BGBl. 2005 II 418).

[48] Abk. zwischen der Regierung der Bundesrepublik Deutschland und der Regierung der Republik Litauen über die Zusammenarbeit bei der Bekämpfung der organisierten Kriminalität, des Terrorismus und anderer Straftaten mit erheblicher Bedeutung (AntiOrgKrimAbk DE/LT) v. 23.2.2001 (BGBl. 2002 II 2810).

[49] Abk. zwischen der Regierung der Bundesrepublik Deutschland und der Regierung von Rumänien über die Zusammenarbeit bei der Bekämpfung der organisierten Kriminalität sowie des Terrorismus und anderer Straftaten von erheblicher Bedeutung (AntiOrgKrimAbk DE/RO) v. 15.10.1996 (BGBl. 1998 II 1035).

kei,⁵⁰ **Slowenien**⁵¹ und **Ungarn**⁵². Es handelt sich aber, wie aus der Einordnung in der RiVASt,⁵³ des bloßen Abschlusses als Regierungsabkommen und nicht vollen völkerrechtlichen Vertrags mit Ratifizierung, und vor allem dem Wortlaut der Vorschriften, die das Verhältnis zu der (justiziellen) Rechtshilfe in Strafsachen regeln, lediglich um besondere Formen der polizeilichen Zusammenarbeit, die allerdings nach wie vor zumindest zum Teil in Strafverfahren nutzbar gemacht werden können (→ § 11 Rn. 125 ff.).

2. Europäische Zusammenarbeit im Übrigen

41 a) Das **für den europäischen Gesamtkontinent** zentrale **Europäische Übereinkommen über die Rechtshilfe in Strafsachen v. 20.4.1959** (RHÜ 1959)⁵⁴ wurde als völkerrechtlicher Vertrag im Rahmen des **Europarates** von dessen Mitgliedstaaten geschlossen und mit unterschiedlichen Vorbehalten und Erklärungen, die stets aktualisiert wurden, ratifiziert. Es steht geradezu idealtypisch für die Gattung der völkerrechtlichen Verträge, die in Deutschland alleine durch das Vertragsgesetz in das innerstaatliche Recht umgesetzt wurden, sodass ein Widerhall in den rein nationalen Rechtsnormen des deutschen Verfahrensrechtes nicht zu erwarten ist, auch wenn bei IRG und RiVASt vieles als Grundlage genommen wurde.

42 Es ist auch das bedeutsamste und mit Modellcharakter verbundene Dokument der Rechtshilfe im Bereich der Beweisgewinnung. Dieses Vertragswerk bildet nicht nur die Basis für die Rechtshilfe zwischen allen Mitgliedstaaten des Europarates sowie Israel, Chile und Südkorea und nach deren Ratifikation Südafrika und Brasilien und damit bereits 50 Staaten. Es ist mit Abstand das an Mitgliederzahl umfassendste allgemeine Übereinkommen der „kleinen Rechtshilfe", aber ebenso auch unmittelbarer oder indirekter Bezugspunkt zahlreicher weiterer bi- und multilateraler Übereinkommen. Mittlerweile wird es selbst durch, derzeit zwei, Zusatzprotokolle im Kreis aller Vertragsstaaten ergänzt, wobei das 2. Zusatzprotokoll zu RHÜ 1959, das im wesentlichen Zusammenarbeitsformen aus dem RHÜ 2000 auf den weiteren Kreis der Europaratsmitglieder übernehmen soll, erst 2015 von Deutschland ratifiziert worden ist.⁵⁵

43 Umstritten ist allerdings, ob bereits mit dem RHÜ 1959 in seiner ursprünglichen Fassung modernere Formen der Rechtshilfe, wie Telekommunikations- und Wohnraumüberwachung, sowie körperliche und DNA-Untersuchungen abgedeckt sind, was etwa seitens des Vereinigten Königreichs, im Gegensatz zur deutschen Regierungs- und weit überwiegenden Auffassung, bestritten wird.⁵⁶ Selbst wenn ein solcher Anwendungsbereich allerdings eröffnet sein sollte, bliebe jeweils die Frage nach einer nationalen Ausnahme zB wegen vorrangigen Grundrechtsschutzes (→ Rn. 139 ff.).

---

⁵⁰ Abk. zwischen der Regierung der Bundesrepublik Deutschland und der Regierung der Tschechischen und Slowakischen Föderativen Republik über die Zusammenarbeit bei der Bekämpfung der organisierten Kriminalität (AntiOrgKrimAbk DE/CFSR) v. 13.9.1991 (BGBl. 1993 II 37).
⁵¹ Abk. zwischen der Regierung der Bundesrepublik Deutschland und der Regierung der Republik Slowenien über die Zusammenarbeit bei der Bekämpfung von Straftaten mit erheblicher Bedeutung (AntiOrgKrimAbk DE/SI) v. 2.3.2001 (BGBl. 2002 II 2810).
⁵² Abk. zwischen der Regierung der Bundesrepublik Deutschland und der ungarischen Republik über die Zusammenarbeit bei der Bekämpfung der Organisierten Kriminalität (AntiOrgKrimAbk DE/HU) v. 22.3.1991 (BGBl. 1993 II 743).
⁵³ Vgl. die Überschrift und die Fußnote 1 RiVA Länderteil, Anlage IV zu Anhang II.
⁵⁴ Europäisches Übk. über die Rechtshilfe in Strafsachen (RHÜ 1959) v. 20.4.1959 (BGBl. 1964 II 1369), Vorbehalt allgemein möglich gem. Art. 23 RHÜ 1959; Zusatzprotokoll zum Europäischen Übereinkommen über die Rechtshilfe in Strafsachen (ZP I-RHÜ 1959) v. 17.3.1978 (BGBl. 1990 II 124), gültig für fast alle Mitglieder Europarat; Vorbehalte eingeschränkt nach Art. 8 ZP I-RHÜ 1959; Zweites Zusatzprotokoll zum Europäischen Übereinkommen über die Rechtshilfe in Strafsachen (ZP II-RHÜ 1959) v. 8.11.2001 (BGBl. 2014 II 1038).
⁵⁵ Vgl. zur Ratifizierung BGBl. 2015 II 520 ff. mit Liste der ebenfalls anwendenden Staaten; zu Hintergründen *Schomburg* NJW 2001, 801 ff.; zur Entstehungsgeschichte vgl. neben den üblichen amtlichen Motiven etwa *Nagel* Beweisaufnahme 39 ff. mwN; Kurzsynopse von RHÜ 2000 und ZP II-RHÜ 1959 bei *Polakiewicz* in Breitenmoser/Gless/Lagodny, Schengen und Dublin in der Praxis, 2010, 121 (127 f.).
⁵⁶ Vgl. *Janicki* Beweisverbote 471 ff.

b) Daneben sind im Rahmen des **Europarates** zahlreiche **Spezialübereinkommen** 44 geschlossen worden. Ihre Hauptfunktion besteht darin, für bestimmte Bereiche der Strafverfolgung, entweder bestimmten Verfahrensteilen oder Deliktsbereiche, einen gemeinsamen gesicherten Kooperationsbereich zu schaffen, in dem die legitimen Ausnahmen von der Rechtshilfeverpflichtung minimiert sind.[57] Dies wird zum einen – nicht zuletzt im Hinblick auf die beidseitige Strafbarkeit als Voraussetzung – erreicht, indem sie zu Gerichtsbarkeit, Strafbarkeit und innerstaatlicher Verfolgung von bestimmten Tatbeständen zu verpflichten.[58] Im Bereich der „kleinen Rechtshilfe" enthalten sie jedoch häufig auch Ergänzungen gegenüber dem RHÜ 1959, indem sie in dessen Anwendungsbereich oder im Bereich der sonst noch vertragslosen Rechtshilfe den „Meistbegünstigungsgrundsatz" zu verankern.[59] Dazu gehört die Einschränkung der Gründe, unter deren Anführung eine Rechtshilfe verweigert werden darf (→ § 11 Rn. 45 ff.), wobei das RHÜ 1959 insoweit ausdrücklich unter den Vertragsparteien abgeändert wird. Bei diesen verschiedenen, in unterschiedlichem zeitlichen Kontext entstandenen Spezialübereinkommen haben vor allem folgende für die jeweiligen Anwendungsbereiche Relevanz:

aa) Das (derzeit wohl noch wichtigste) Spezialübereinkommen zur **Geldwäsche** sowie 45 Ermittlung, Beschlagnahme und Einziehung von **Erträgen aus Straftaten** von 1990 (GeldwÜ 1990)[60] ist von allen Europaratsmitgliedern und **Australien** ratifiziert. Es enthält ein vollständiges Rechtshilfeinstrumentarium zur Ermittlung, vorläufigen Sicherstellung und Einziehung von Tatwerkzeugen und Erträgen oder Vermögensgegenständen, deren Wert diesen Erträgen entspricht (Art. 7 Abs. 2 lit. b GeldwÜ 1990, Art. 8 ff. GeldwÜ 1990). Die Rechtshilfe in diesem Rahmen umfasst insbesondere jede Maßnahme der Beschaffung und Sicherung von Beweisen hinsichtlich des Vorhandenseins, des Ortes oder der Bewegung, der Beschaffenheit, der rechtlichen Zugehörigkeit oder des Wertes der genannten Vermögensgegenstände (Art. 8 GeldwÜ 1990). Die Mitgliedstaaten können sich allerdings jeweils vorbehalten, dass dies nur auf die in ihrer Erklärung bezeichneten Straftaten oder Kategorien von Straftaten Anwendung finden soll (Art. 2 Abs. 1, 2 GeldwÜ 1990), sodass dies jeweils vorab mitzuprüfen ist.

Fortgeführt wird diese Konvention vor allem durch das **Übereinkommen des Europa-** 46 **rats über Geldwäsche sowie Ermittlung, Beschlagnahme und Einziehung von Erträgen aus Straftaten und über die Finanzierung des Terrorismus (GeldwÜ)** v. 16.5.2005.[61] Nach langer Überlegung, die wohl auch rechtsstaatliche Bedenken widerspiegeln mag, hat sich der Bundesgesetzgeber Ende 2016 zur Ratifikation – allerdings unter zahlreichen angekündigten Erklärungen und Vorbehalten – entschlossen.[62] Der Verweis auf den Terrorismus bezieht sich nur auf den letzten Bestandteil des Titels. Im Begründungszusammenhang der Terrorfinanzierung will das Übereinkommen die Ahndung der Geldwäsche und dann allgemein in Art. 15 ff. GeldwÜ Ermittlungs-, Beschlagnahme- und Einziehungs-/Verfallsmaßnahmen in einem sehr weiten Umfang einbeziehen. In einer sehr unübersichtlichen Struktur sollen in einem sehr weiten Anwendungskreis unter anderem Produktpiraterie, Umweltstraftaten, einfacher Betrug und Diebstahl etc einbezogen werden. Dieser erscheint rechtsstaatlich trotz (oder gerade wegen) eines komplizierten Kanons an Ausnahmetatbeständen in Art. 28 GeldwÜ bedenklich. Ob dem durch die anvisierten umfassenden Vorbehaltserklärungen hinreichend begegnet werden kann, bleibt durchaus

---

[57] Vgl. hierzu und zum Folgenden den Überblick bei HdB-EuStrafR/*Schomburg* §§ 3 f. mwN.
[58] Vgl. etwa Art. 18 ff., 27 ff., 31 MenschHÜ; Übereinkommen des Europarates über Computerkriminalität (CKÜ).
[59] Vgl. etwa Art. 17 Abs. 1, 2 TerrorVerhÜ sowie nur exemplarisch ETS Nr. 62 ff. Explanatory Report – TerrorVerhÜ; ebenso das CKÜ.
[60] Übk. über Geldwäsche sowie Ermittlung, Beschlagnahme und Einziehung von Erträgen aus Straftaten v. 8.11.1990 (BGBl. 1998 II 520).
[61] BGBl. 2016 II 1370.
[62] Regierungsentwurf BT-Drs. 18/9235 mit vollständiger Denkschrift, allerdings ohne Eingang auf die lange Verzögerung; Übernahme ohne weitere Änderungsvorschläge durch den Rechtsausschuss des Bundestags, BT-Drs. 18/9800 sowie Zustimmung des Bundesrats am 25.11.2016, BR-Drs. 633/16.

kritisch abzuwarten, zumal der Mehrwert gegenüber dem deutlich präziseren GeldwÜ 1990 wenig ersichtlich scheint. Die Relevanz des neuen Abkommens im Bereich der grenzüberschreitenden Beweiserhebung und Beweismittelsicherung dürfte neben dem RHÜ 1959 und seinen Zusatzprotokollen sowie dem CKÜ vor allem in der Rechtshilfe in Bezug auf Konteninformationen liegen (Art. 16 ff. GeldwÜ).

47 bb) Zur grenzüberschreitenden **Entschädigung** von Personen, die unmittelbar **durch eine vorsätzliche Gewalttat** eine schwere Körperverletzung oder Gesundheitsschädigung erlitten haben, oder der unterhaltsberechtigten Angehörigen der durch eine solche Tat Getöteten sieht das zugehörige Opferentschädigungsübereinkommen (OEÜ) von 1983[63] ohne nähere Ausformung lediglich den Grundsatz der Meistbegünstigung vor: Danach soll die Rechtshilfe unter größtmöglicher Anwendung bestehender Regeln zur Erreichung der genannten Aufgabe geleistet werden (Art. 12 OEÜ).

48 cc) Unter den weiteren echten „Querschnittsübereinkommen" ermächtigt das Europäische Übereinkommen über die Übertragung der Strafverfolgung[64] in Art. 28 den ersuchten Staat zu vorläufigen Beweiserhebungen und -sicherungen. Er wurde von Deutschland allerdings bislang nicht ratifiziert. Die Überstellungsabkommen sehen hingegen eine sonstige Rechtshilfe, gerade im Bereich der Beweiserhebung oder -übermittlung, nicht vor.

49 dd) Für die Beweis- und Informationserhebung und -sicherung in Bezug auf **Computersysteme und elektronische Daten** aller Art beinhaltet die Cybercrime-Konvention (CKÜ) v. 23.11.2001 vielfältige und detaillierte Regelungen. Mit einem deutlich über die Europaratsmitglieder erweiterten Mitgliederkreis zählt es mittlerweile zum wichtigsten Übereinkommen in diesem Bereich mit erheblicher Ausstrahlungswirkung.

50 Die Konvention enthält aber unabhängig von der Rechtshilfe nicht nur in Bezug auf die Sicherung und Erlangung von Daten und Computersystemen unter anderem die Verpflichtung, bestimmte Computerdelikte nach nationalem Recht strafbar zu machen und die Strafgerichtsbarkeit auszuüben. Vielmehr werden für diese Computerdelikte und **alle anderen mittels eines Computersystems begangenen Straftaten für Rechtshilfehandlungen aller Art** allgemeine Regelungen getroffen (Art. 14 Abs. 2 CKÜ, Art. 23 ff. CKÜ) und, wo ansonsten keine Rechtshilfevereinbarung bestehen würde, eine solche verankert (Art. 27 CKÜ). Auch die ausführlichen Sonderregeln für die Informationserhebung und vorläufige und endgültige Beweissicherung von Computersystemen und Computerdaten aller Art sollen zwar zunächst nur bestehende Rechtshilfevereinbarungen ergänzen. Wo solche bestehenden Rechtshilfeverhältnisse fehlen oder unzureichend sind, können die ergänzenden Bestimmungen die entsprechenden Verfahren jedoch weitgehend vollständig regeln. Auch hier ist darauf zu achten, dass eine Umsetzung in Deutschland alleine durch das Vertragsgesetz erfolgt ist. Wegen der Orientierung an Computersystemen und -daten wird das CKÜ ausführlich unten entsprechend behandelt, auch wenn die Rechtshilfehandlung sich nicht darauf beschränken muss (→ § 15 Rn. 496 ff.).

51 Das bislang einzige Zusatzprotokoll (CKÜ-Prot)[65] erweitert lediglich den Kreis der Computerdelikte um bestimmte, mittels Computersystemen begangene Handlungen rassistischer und fremdenfeindlicher Art.

52 ee) Die Zusammenarbeit im Bereich **terroristischer Straftaten** findet zunehmend auf allen internationalen Ebenen Berücksichtigung in mehr oder weniger weitreichenden Kooperationsinstrumenten. Dabei steht das von allen Europaratsmitgliedern ratifizierte Übereinkommen zur Bekämpfung des Terrorismus (EuTerrBekämpfÜ) von 1977[66] gemeinsam mit dem zugrundeliegenden UN-Übereinkommen zeitlich zu Beginn, beeinflusst

---

[63] Europäisches Übk. über die Entschädigung für Opfer von Gewalttaten v. 24.11.1983 (BGBl. 1996 II 1120).
[64] v. 15.5.1972, ETS Nr. 073.
[65] Zusatzprotokoll zum Übereinkommen über Computerkriminalität betreffend die Kriminalisierung mittels Computersystemen begangener Handlungen rassistischer und fremdenfeindlicher Art v. 28.1.2003 (BGBl. 2011 II 290).
[66] Europäisches Übk. zur Bekämpfung des Terrorismus v. 27.1.1977 (BGBl. 1978 II 321).

insbesondere durch den damaligen internationalen Terror mit Bezug zum Nahen Osten. Das EuTerrBekämpfÜ ist dabei weniger als eigenständige Rechtshilfegrundlage, sondern als Ergänzung des RHÜ 1959 zu verstehen. Es soll namentlich die dortige Ausnahme von der Rechtshilfepflicht bei „politischen Straftaten" für terroristische Straftaten aufheben, um eine weitergehende verpflichtende Rechtshilfe zu erreichen.[67]

Die größten Schwierigkeiten bereitet seit jeher bei derartigem Sonderrecht die Umgrenzung des **sachlichen Anwendungsbereichs** rund um den Begriff des „Terrorismus" bzw. der terroristischen Straftat. Zur Definition verweist das EuTerrBekämpfÜ auf zahlreiche UN-Übereinkommen. Es sollen insbesondere widerrechtliche Handlungen gegen die Sicherheit der Zivilluftfahrt einschließlich der Inbesitznahme von Luftfahrzeugen, Angriffe auf das Leben, die körperliche Unversehrtheit oder die Freiheit völkerrechtlich geschützter Personen einschließlich Diplomaten, Entführung, Geiselnahme oder eine schwere widerrechtliche Freiheitsentziehung, sowie Straftaten mittels automatischer Schußwaffen oder Sprengstoffe, wenn dadurch Personen gefährdet werden, einschließlich Beteiligung und Versuch umfasst werden. 53

Diese Definition, nicht aber die „kleine Rechtshilfe" selbst, wird durch ein Änderungsprotokoll **(EuTerrBekämpfÜÄndProt)** von 2003[68] weitgehend geändert bzw. ergänzt werden, das allerdings erst in Kraft treten wird, wenn alle Mitgliedstaaten des EuTerrBekämpfÜ ihm zugestimmt haben (Art. 18 EuTerrBekämpfÜÄndProt), was wiederum in deutlicher Ferne scheint. 54

Das weit überwiegend ratifizierte Übereinkommen zur Verhütung des Terrorismus (TerrorVerhÜ) von 2005 ergänzt den Kreis der terroristischen Straftaten um die öffentliche Aufforderung (Art. 5 TerrorVerhÜ), Anwerbung (Art. 6 TerrorVerhÜ) und Ausbildung (Art. 7 TerrorVerhÜ) in Bezug auf terroristische Straftaten, unabhängig davon, ob eine solche Haupttat tatsächlich begangen wurde bzw. nach Ermittlungsstand begangen worden sein soll (Art. 8 TerrorVerhÜ). Der Kreis der terroristischen Bezugstaten wird allerdings im Vergleich zum EuTerrBekämpfÜ im Anhang des Übereinkommens bereits etwas weiter gezogen und bezieht auch den Schutz der Seeschifffahrt und Einrichtungen auf See gegen Terrorakte ein. 55

ff) Für den **Menschenhandel** sieht das von fast allen Europaratsstaaten ratifizierte Übereinkommen des Europarats zur Bekämpfung des Menschenhandels von 2005 in Art. 32 MenschHÜ eine allgemeine Meistbegünstigung beim Informationsaustausch vor.[69] Das Abkommen knüpft an die Ziele der Verhütung und Ahndung von Menschenhandel an, sei er innerstaatlich oder grenzüberschreitend, der organisierten Kriminalität zuzuordnen oder nicht (Art. 2 MenschHÜ). Der Menschenhandel selbst macht sich entweder an besonderen Formen der Opfer (Art. 4 lit. a MenschHÜ) oder, unabhängig davon, alleine an deren Minderjährigkeit fest (Art. 4 lit. c–e MenschHÜ), wobei das Opfer als „Kind" als Person unter 18 Jahren definiert wird). 56

Aufgrund der Subsumtion von Menschenhandel als **Sklaverei** tritt eine, sich meist jedoch aufgrund gleicher Strukturen nicht auswirkende, Konkurrenz zu den entsprechenden Übereinkommen gegen Sklaverei ein, deren Anwendung allerdings grundsätzlich mitgeprüft werden sollte.[70] 57

gg) Der **Schutz der sexuellen Entwicklung von Kindern** (dh allgemein Minderjährige), ist Gegenstand der von Deutschland 2015 und sonst fast vollständig von den Europaratsmitgliedern ratifizierten Lanzarote-Konvention von 2007.[71] Es sieht eine allgemeine Verpflichtung zur Rechtshilfe vor (Art. 38 Abs. 1 lit. c, Abs. 3 LanzaroteÜ). 58

---

[67] Vgl. nur *Janicki* Beweisverbote 485 f. mwN.
[68] Prot. zur Änderung des Europäischen Übereinkommens zur Bekämpfung des Terrorismus v. 15.5.2003 (BGBl. 2010 II 1231).
[69] Vgl. zum Ganzen *Lindner*, Die Effektivität transnationaler Maßnahmen gegen Menschenhandel in Europa, 2014, 182 ff., 199 f.
[70] Vgl. EGMR NJW 2010, 3003 – Rantsev./.Zypern und Russland; vgl. dazu *Mohler* in Breitenmoser/ Gless/Lagodny, Schengen und Dublin in der Praxis, 2010, 7 (22 mwN).
[71] Übk. des Europarates zum Schutz von Kindern vor sexueller Ausbeutung und sexuellem Missbrauch v. 25.10.2007 (BGBl. 2015 II 26).

3. Kapitel

3. Kapitel. Informationserhebung unter Einschaltung ausländischer Stellen

59   Im Bereich des **Schutzes gegen Gewalt an Frauen und vor häuslicher Gewalt** ist mittlerweile seit 2017 für Deutschland das EU-Gewaltschutzübereinkommen von 2011 in Kraft getreten.[72] Es beinhaltet neben umfangreichen nationalen materiellen und verfahrenstechnischen Umsetzungsverpflichtungen in Art. 62–65 GewSchÜ umfangreichere Vorschriften zum Informationsaustausch, aber auch Datenschutz bei der Strafverfolgung. Problematisch erscheint, dass eine Ungleichbehandlung insoweit erfolgt, dass lediglich Frauen, nicht aber Gewaltopfer männlichen oder dritten Geschlechts geschützt sind. Im Sinne einer angemessene Gleichbehandlung erscheint hier ein dringender Erweiterungsbedarf, der allerdings wohl im Teilnehmerkreis auf gewissen Widerstand stößt. Für den speziellen Schutz von Frauen sind die umschriebenen zu strafenden Handlungen sehr extensiv beschrieben.

60   hh) Gegen den **unerlaubten Verkehr mit Sucht- und Wirkstoffen** enthält das außer von Deutschland bislang von wenigen Europaratsstaaten ratifizierte EUSuchtÜ von 1995[73] nur Regelungen zur Ausdehnung der Ermittlungen auf Schiffen in internationalen Gewässern (→ § 2 Rn. 135 ff.). Noch nicht gänzlich in Kraft ist hingegen für den Bereich der **Arzneimittel** das EU-Arzneimittelfälschungsübereinkommen von 2011,[74] mit verschiedenen Kooperationsverpflichtungen (Art. 17 EU-Anti-ArzneimittelfälschungsÜ sowie Art. 21 f. EU-Anti-ArzneimittelfälschungsÜ).

61   ii) Nach der Umsetzung der Neuregelung der Abgeordnetenbestechung hat Deutschland auch als einer der letzten Europaratsstaaten das **Strafrechtsübereinkommen über Korruption** (KorrStRÜ) von 1999,[75] das zusammen mit dem Zusatzprotokoll (KorrStRÜZ-Prot)[76] unter anderem hinsichtlich Schiedsrichtern und Schöffen praktisch alle Formen der Korruption von öffentlichen Amts-, Mandats- und Funktionsträgern ebenso wie solche im privatwirtschaftlichen Bereich betrifft, ratifiziert.[77] Es enthält ebenfalls ein eigenständiges Rechtshilfeübereinkommen.

62   jj) Im Bereich der **Umweltdelikte** ist das einschlägige Übereinkommen über den Schutz der Umwelt durch das Strafrecht (UmwSchStrafRÜ) v. 4.11.1998[78] weder von Deutschland noch sonst von einer größeren Zahl der Europaratsstaaten ratifiziert worden. Es bringt in seinem Art. 12 UmwSchStrafRÜ einen allgemeinen Verweis auf die mögliche Rechtshilfe und erweitert die Möglichkeit der Rechtshilfe auf gewisse Umweltübertretungen.

63   kk) Entsprechendes gilt für das Europäisches Übereinkommen über die Ahndung von Zuwiderhandlungen im Straßenverkehr (VerkDelAhndÜ) v. 30.11.1964,[79] mit Art. 17 VerkDelAhndÜ, der die Rechtshilfe in Strafsachen auf Verkehrsübertretungen nach diesem Übereinkommen ausdehnt und dessen Inkrafttreten für Deutschland ebenfalls eher ferner liegt.

64   ll) Während das bisherige Europäische Übereinkommen über Gewalttätigkeiten und Fehlverhalten von Zuschauern bei **Sportveranstaltungen** und insbesondere bei Fußballspielen sich mit allgemeinen Zusammenarbeitsmaximen begnügt,[80] enthält das durch Deutschland noch nicht ratifizierte Nachfolgedokument, das Übereinkommen des Europa-

---

[72] Übk. des Europarats zur Verhütung und Bekämpfung von Gewalt gegen Frauen und häuslicher Gewalt v. 11.5.2011 (BGBl. 2017 II 1026).
[73] Übk. über den unerlaubten Verkehr auf See zur Durchführung des Artikels 17 des Übereinkommens der Vereinten Nationen gegen den unerlaubten Verkehr mit Suchtstoffen und psychotropen Stoffen v. 31.1.1995 (BGBl. 1998 II 2233).
[74] Übk. des Europarats über die Fälschung von Arzneimittelprodukten und ähnliche Verbrechen, die eine Bedrohung der öffentlichen Gesundheit darstellen v. 28.10.2011, ETS Nr. 211.
[75] Strafrechtsübereinkommen über Korruption v. 27.1.1999 (BGBl. 2016 II 1322).
[76] Zusatzprotokoll zum Strafrechtsübereinkommen über Korruption v. 15.5.2003 (BGBl. 2016 II 1322).
[77] BGBl. 2017 II 696.
[78] ETS Nr. 172.
[79] ETS Nr. 052.
[80] ETS Nr. 120; die in Art. 5 Abs. 1 EuSportGewÜ formulierte Verpflichtung der Parteien unter Einhaltung der bestehenden rechtlichen Verfahrensweisen und des Grundsatzes der Unabhängigkeit der Gerichtsbarkeit dafür zu sorgen, dass Zuschauer, die Akte der Gewalttätigkeit oder andere strafbare Handlungen

rats über einen integrierten Schutz, Sicherheit und Service-Ansatz bei Fußballspielen und anderen Sportveranstaltungen (Sportpublikum-SicherheitsÜ) in Art. 11 Abs. 2 Sportpublikum-SicherheitsÜ Regelungen zum Informationsaustausch, insbesondere einem nationalen „Ansprechpunkt".[81]

mm) Ähnlich bestehen auch in beiden für Deutschland noch nicht wirksamen Übereinkommen des Europarats über Straftaten im Zusammenhang mit **Kulturgut** eine Verpflichtung zur Rechtshilfe im Rahmen näher ausformulierter Beschränkungsmöglichkeiten in Art. 7 ff. und 19 StrafKulturgutSchÜ[82] oder der als Nachfolger konzipierten „Convention on Offences relating to Cultural Property" (ETS Nr. 221). 65

nn) Hingegen enthält etwa das Europäische Übereinkommen über die Kontrolle des Erwerbs und des Besitzes von **Schusswaffen** durch Einzelpersonen (SchusswaffenÜ) keinerlei Regelungen in Bezug auf Rechtshilfe in Strafsachen. 66

3. Besondere bilaterale Vereinbarungen

Verlässt man diese europäischen Institutionen, gelangt man auf der nächsten Stufe zu den **bilateralen Rechtshilfeabkommen mit grundsätzlich deliktsübergreifendem Anwendungsbereich,** von denen nur die wichtigsten behandelt werden können. Erneut ist hier zunächst auf die Hilfsmittel des Länderteils der RiVASt sowie der Loseblattsammlungen (→ Rn. 14) hinzuweisen. Die Umsetzung in deutsches Recht ist grundsätzlich nur durch Vertragsgesetze oder allenfalls allgemeine Öffnungsklauseln zum Datenaustausch, etwa im BKAG, erfolgt. 67

a) Hervorzuheben sind zunächst einige **„klassische" bilaterale Rechtshilfeabkommen mit zentralen „westlichen" Partnerstaaten,** an denen Deutschland direkt oder als EU-Mitglied berechtigt und verpflichtet ist, namentlich mit den USA, **Kanada**[83] oder **Japan.**[84] Die Einbindung in den EU-Rahmen ist dabei stark abweichend. 68

Während zB mit **Japan** die EU ein umfassendes Vollabkommen abgeschlossen hat, bildet das Abkommen der EU mit den **USA** (RHÜ EU/US) v. 25.6.2003[85] nur ggf. ergänzend den Rahmen für weitere Abkommen der Mitgliedstaaten mit den USA, wie der Vertrag der Bundesrepublik Deutschland v. 14.10.2003 über die Rechtshilfe in Strafsachen, der durch den Zusatzvertrag v. 18.4.2006 an die EU-Rahmenbestimmungen angepasst worden ist.[86] Beide Abkommen befinden sich in der Evaluierung, vor allem scheinen Änderungen zur Beschleunigung der Rechtshilfe allgemein und zum Umgang mit elektronischen Beweismitteln angedacht.[87] Zuletzt in Kraft getreten ist ein ergänzendes US-deutsches Regierungsabkommen über die Vertiefung der Zusammenarbeit hinsichtlich nicht weiter definierter „schwerwiegende Kriminalität" (ZusBekämKrimÜ DE/US) v. 69

---

begehen, identifiziert und in einem ordentlichen Gerichtsverfahren verfolgt werden, könnte allerdings uU auch benigne interpretatum als Grundlage für den Informationsaustausch verstanden werden.

[81] ETS Nr. 218.
[82] Europäisches Übereinkommen über Straftaten im Zusammenhang mit Kulturgut v. 23.6.1985 (ETS-Nr. 119).
[83] Vertrag zwischen der Bundesrepublik Deutschland und Kanada über die Rechtshilfe in Strafsachen v. 13.5.2002 (RHV DE/CA) (BGBl. 2004 II 962 ff.); vgl. BT-Drs. 15/2598 und zugehörigen parlamentarischen Vorgang.
[84] Abk. zwischen der Europäischen Union und Japan über die Rechtshilfe in Strafsachen (RHAbk EU/JP) v. 31.11.2009, ABl. 2010 L 39, 20; vgl. dazu HdB-EuStrafR/*Schröder/Stiegel* § 35 Rn. 16 ff. mwN.
[85] Abk. zwischen der Europäischen Union und den Vereinigten Staaten von Amerika über Rechtshilfe v. 25.6.2003 (BGBl. 2007 II 1618, 1652); Beschluss 2009/820/GASP; vgl. dazu HdB-EuStrafR/*Schröder/Stiegel* § 35 Rn. 6 ff., 11 ff. mwN.
[86] Vertrag zwischen der Bundesrepublik Deutschland und den Vereinigten Staaten von Amerika über die Rechtshilfe in Strafsachen in der Fassung des Zusatzvertrags v. 18.4.2006 zum Vertrag zwischen der Bundesrepublik Deutschland und den Vereinigten Staaten von Amerika über die Rechtshilfe in Strafsachen (BGBl. 2007 II 1618) bzw. dem parlamentarischen Vorgang zu BT-Drs. 16/4377, der auch die Denkschrift mit den Erläuterungen enthält.
[87] EU-Ratsdok. 14735/15 v. 27.11.2015; vgl. zur gesamten Genese der Abkommen mit den USA NK-RechtshilfeR/*Docke/Momsen* IV Rn. 397 ff. mwN.

3. Kapitel 3. Kapitel. Informationserhebung unter Einschaltung ausländischer Stellen

1.10.2008.[88] Es übernimmt insbesondere die zentralen Instrumentarien zu DNS- und daktyloskopischen Daten aus dem Prümer Ratsbeschluss bzw. PrümV im Verhältnis mit den USA, allerdings aus dem Kontext losgelöst mit durchaus nicht unproblematischen Fragen zur Rechtssicherheit und effektiven Wahrung von Betroffenenrechten (→ § 15 Rn. 296 ff.; § 27 Rn. 31 ff.).

70 Grundsätzlich allenfalls nur subsidiäre Geltung haben demgegenüber das RHÜ EU/US bis auf das Verbot allgemeiner Datenschutzbedingungen und der Berufung auf das Bankgeheimnis (Art. 3, 13 RHÜ EU/US) das damit im Verhältnis der Bundesrepublik Deutschland mit den USA praktisch nicht zur Anwendung kommt. Bei den partiellen Abkommen gelten noch alte bilaterale Übereinkommen zur Bekämpfung von illegalem Betäubungsmittelverkehr (AntiDrogenAbk DE/US)[89] und zu Auskünften aus dem Strafregister (StrafRegÜ DE/US)[90] fort. Ebenfalls hinzuweisen ist auf einige neuere Übereinkommen insbesondere zum Austausch von Passagierdaten (→ § 15 Rn. 707 ff.)[91] sowie – ebenfalls aus Anlass der Terrorbekämpfung – zu den Daten zentraler globaler Zahlungsverkehr-Kommunikationsdienstleister, zu denen bislang nur die wegen der dortigen Überwachungspflichten zunächst aus den USA nach Belgien übersiedelte SWIFT Genossenschaft zählt (ZahlVAbk EU/US, → § 15 Rn. 698 ff.).[92]

71 **b)** Mit **Israel** ist vor allem der Ergänzungsvertrag zum RHÜ 1959 relevant, den Deutschland geschlossen hat.[93]

72 **c)** Dagegen hat mit der **Türkei** der Ergänzungsvertrag zum RHÜ 1959[94] weniger Gehalt. Dafür sieht ein Regierungsabkommen von 2003 für erheblich bedeutsame und insbesondere terroristische und organisiert-kriminelle Straftaten in den Bereichen Terrorismus, Betäubungsmittel, Schleusung und Menschenhandel, Falschgeld, Erpressung, Computer-, Eigentums-, Urheberrechts- und Fälschungsdelikte einen umfassenden Austausch vorhandener Daten und auf Ersuchen abgestimmte operative Maßnahmen zur Verhütung, Aufklärung und Ermittlung von Straftaten – allerdings auf polizeilicher Ebene – vor.[95]

---

[88] Abk. zwischen der Regierung der Bundesrepublik Deutschland und der Regierung der Vereinigten Staaten von Amerika über die Vertiefung der Zusammenarbeit bei der Verhinderung und Bekämpfung schwerwiegender Kriminalität v. 1.10.2008 (BGBl. 2009 II 1010).

[89] Abk. zwischen der Regierung der Bundesrepublik Deutschland und der Regierung der Vereinigten Staaten von Amerika über die Bekämpfung des ungesetzlichen Verkehrs mit Betäubungsmitteln v. 20.7.1957 (BGBl. 1957 II 709 ff.).

[90] Vereinbarung zwischen der Regierung der Bundesrepublik Deutschland und der Regierung der Vereinigten Staaten von Amerika über den Rechtshilfeverkehr in Strafsachen und über die Erteilung von Auskünften aus dem Strafregister v. 18.4.1961 (BGBl. 1961 II 471 ff.).

[91] Abk. zwischen den Vereinigten Staaten von Amerika und der Europäischen Union über die Verwendung von Fluggastdatensätzen und deren Übermittlung an das United States Department of Homeland Security (PNRAbk EU/US) v. 14.12.2011, ABl. 2011 L 215, 5.

[92] Abk. zwischen der Europäischen Union und den Vereinigten Staaten von Amerika über die Verarbeitung von Zahlungsverkehrsdaten und deren Übermittlung aus der Europäischen Union an die Vereinigten Staaten für die Zwecke des Programms zum Aufspüren der Finanzierung des Terrorismus (ZahlVAbk EU/US) v. 27.7.2010, ABl. 2010 L 195, 5.

[93] Vertrag zwischen der Bundesrepublik Deutschland und dem Staat Israel über die Ergänzung des Europäischen Übereinkommens vom 20.4.1959 über die Rechtshilfe in Strafsachen und die Erleichterung seiner Anwendung (ErgV-RHÜ 1959 DE/IL) v. 20.7.1977 (BGBl. 1980 II 1334) und Vereinbarung zwischen der Regierung der Bundesrepublik Deutschland und der Regierung des Staates Israel zu dem deutsch-israelitischen Vertrag über die Ergänzung des Europäischen Übereinkommens vom 20.4.1959 über die Rechtshilfe in Strafsachen und die Erleichterung seiner Anwendung (ErgVb-RHÜ 1959 DE/IL) v. 9.7.1982 (BGBl. 1982 II 691 ff.).

[94] Vereinbarung zwischen der Regierung der Bundesrepublik Deutschland und der Regierung der Republik Türkei über den Geschäftsweg bei der gegenseitigen Rechtshilfe in Strafsachen (ErgVb-RHÜ 1959 DE/TR) v. 4./7.11.1974 (BGBl. 1975 II 417; 1976 II 1799).

[95] Abk. der Regierung der Bundesrepublik Deutschland und der Regierung der Republik Türkei über die Zusammenarbeit bei der Bekämpfung von Straftaten mit erheblicher Bedeutung insbesondere des Terrorismus und der Organisierten Kriminalität (AntiOrgKrimAbk DE/TR) v. 3.3.2003 (BGBl. 2004 II 1059).

d) Weitere ausführliche Rechtshilfeverträge bestehen etwa mit dem Sonderwirtschafts- 73
gebiet **Hongkong** der Volksrepublik China (RHAbk DE/HK)[96] und **Tunesien** (RHV
DE/TN).[97] Mit **Tunesien** besteht darüber hinaus ein Vertrag zur Bekämpfung von Straftaten mit erheblicher Bedeutung.[98] Jüngst ratifiziert wurde auch ein Rechtshilfevertrag mit
dem **Kosovo,** der in Art. 1 RHAbk DE/XK[99] auf das RHÜ 1959 verweist und Regelungen zum Datenschutz enthält.

e) Andere einschlägige Rechtshilfeübereinkünfte der Bundesrepublik Deutschland be- 74
schränken sich im Wesentlichen auf die Anerkennung allgemeiner völkerrechtlicher
Pflichten und die Gewährung der Rechtshilfe nach dem **Grundsatz der Gegenseitigkeit**.[100] Zu letzteren zählen etwa die Erklärungen mit **Brasilien,**[101] die deutsch-**mexikanische** Vereinbarung von 1957,[102] sowie die Notenwechsel mit **Marokko**[103] und **Senegal,**[104] während die Vereinbarung mit **Kenia** von 1971 darüber hinaus zumindest noch
einige wenige Vereinbarungen zum ministeriellen Geschäftsweg und zur Kostentragung
enthält.[105]

f) Beachtlich sind ferner eine gewisse Fülle an bilateralen Ergänzungsverträgen zu 75
mulitlateralen Abkommen oder eigenständigen Übereinkommen **zu bestimmten Bereichen,** insbesondere nach 2001 bezüglich Terrorismus, Betäubungsmittel- und organisierter
Kriminalität sowie jüngst zu Steuerstraftaten.[106]

aa) Dazu zählen die jüngsten Abkommen Deutschlands seit 2010 mit verschiedenen 76
früheren mutmaßlichen **„Steueroasen"** über die Unterstützung durch **Informationsaustausch in Steuer- und Steuerstrafsachen** namentlich mit:

- **Anguila** (InfoAust AI 2010),[107]
- **den Bahamas** (InfoAust BS 2010),[108]
- **den Britischen Jungferninseln** (InfoAust VG 2010),[109]

---

[96] Abk. zwischen der Regierung der Bundesrepublik Deutschland und der Regierung der Sonderverwaltungsregion Hongkong der Volksrepublik China über die gegenseitige Rechtshilfe in Strafsachen v. 26.5.2009 (BGBl. 2009 II 62 ff., 497).
[97] Vertrag zwischen der Bundesrepublik Deutschland und der Tunesischen Republik über die Auslieferung und die Rechtshilfe in Strafsachen v. 19.7.1966 (BGBl. 1969 II 1157).
[98] Abk. zwischen der Regierung der Bundesrepublik Deutschland und der Regierung der Tunesischen Republik über die Zusammenarbeit bei der Bekämpfung von Straftaten von erheblicher Bedeutung (AntiOrgKrimAbk DE/TN) v. 7.4.2003 (BGBl. 2004 II 1570).
[99] Abk. zwischen der Regierung der Bundesrepublik Deutschland und der Regierung der Republik Kosovo über die justizielle Zusammenarbeit in Strafsachen v. 29.6.2015 (BGBl. 2016 II 938 ff.), vgl. BR-Drs. 128/16 mit Regierungsentwurf des Ratifizierungsgesetzes und Denkschrift.
[100] Notenwechsel mit Mexiko (BGBl. 1957 II 500 ff.).
[101] Erklärung der brasilianischen Regierung v. 8.4.1926, die mit Wirkung v. 30.6.1952 wieder in Kraft gesetzt worden ist (BGBl. 1953 II 129) sowie durch den deutsch-brasilianischen Notenwechsel v. 6.2./15.5.1957 (BAnz. Nr. 91 v. 14.5.1958).
[102] Bek. über die deutsch-mexikanische Vereinbarung über die gegenseitige Gewährung von Rechtshilfe in Strafsachen v. 8.6.1957 (BGBl. 1957 II 500 ff.).
[103] Bek. über die Vereinbarung zwischen der Bundesrepublik Deutschland und der Regierung des Königreichs Marokko über die gegenseitige Leistung von Rechtshilfe in Strafsachen v. 27.1.1959 (BGBl. 1959 II 118 ff.), in dem sich Marokko verpflichtet „anlässlich von Ersuchen der Regierung der Bundesrepublik Deutschland die notwendigen Untersuchungsmaßnahmen in Strafsachen durchzuführen und ... dass diese Garantie eine Zusicherung von ihrer Seite darstellt."
[104] Durch Notenwechsel v. 11.6.1968/27.3.1969 und 17.4.1969 geschlossene deutsch-senegalesischen Vereinbarung über die gegenseitige Rechtshilfe in Strafsachen (BGBl. 1971 II 1309).
[105] Bek. der Vereinbarung zwischen der Regierung der Bundesrepublik Deutschland und der Regierung der Republik Kenia über die gegenseitige Rechtshilfe in Strafsachen v. 19.5.1971 (BGBl. 1971 II 924 ff.).
[106] Zu älteren Verträgen im Bereich der Abgabensachen mit Österreich vgl. *Nagel* Beweisaufnahme 47 mwN.
[107] Abk. zwischen der Bundesrepublik Deutschland und der Regierung von Anguilla über den steuerlichen Informationsaustausch Anwendung v. 19.3.2010 (BGBl. 2010 II 1381).
[108] Abk. zwischen der Bundesrepublik Deutschland und dem Commonwealth der Bahamas über die Unterstützung in Steuer- und Steuerstrafsachen durch Informationsaustausch v. 9.4.2010 (BGBl. 2011 II 642).
[109] Abk. zwischen der Bundesrepublik Deutschland und der Regierung der Britischen Jungferninseln über die Unterstützung in Steuer- und Steuerstrafsachen durch Informationsaustausch Anwendung v. 5.10.2010 (BGBl. 2011 II 895).

- **Guernsey** (AuskAust GG 2009),[110]
- **der Insel Man** (AuskAust IM 2009),[111]
- **den Kaimaninseln** (InfoAust KY 2010),[112]
- **Monaco** (InfoAust MC 2010),[113]
- **San Marino** (InfoAust SM 2010),[114]
- **St. Vincent und Grenadinen** (InfoAust VC 2010)[115] und
- **den Turks- und Caicosinseln** (InfoAust TC 2010).[116]

77 Im Gegensatz zu den sonstigen Steuerverfahrensabkommen, zB zur Vermeidung der Doppelbesteuerung, die meist nur ein Verwendungsverbot oder Zustimmungsvorbehalt für die in Amtshilfe für Steuersachen übermittelten Informationen jedenfalls außerhalb von Steuerstrafverfahren beinhalten, sind in diesen Abkommen detaillierte Regelungen für Auskunfts- und Informationsbeschaffungpflicht rund um **wirtschaftliche Vorgänge** und deren weitere Verwendbarkeit enthalten (ausführlich dazu → § 15 Rn. 678 ff.).

78 **bb)** Zur **Bekämpfung der organisierten und schweren Kriminalität** bzw. von Straftaten mit erheblicher Bedeutung – neuer auch etwas weiter zur Zusammenarbeit im Sicherheitsbereich – hat Deutschland auch besondere Regierungsabkommen mit einigen Staaten abgeschlossen, die heute nicht der EU angehören und nur teilweise das RHÜ 1959 ratifiziert haben. Es handelt sich um die Verträge mit folgenden Staaten:

- **Albanien** (SichZusAbk DE/AL),
- **Ägypten** (SichZusAbk DE/EGY),
- **Georgien** (AntiOrgKrimAbk DE/GE),
- **Kirgisistan** (AntiOrgKrimAbk DE/KG)
- **Russland** (AntiOrgKrimAbk DE/RU),
- **Serbien** (SichZusAbk DE/RS),
- **Tunesien** (SichZusAbk DE/TN),[117]
- **Usbekistan** (AntiOrgKrimAbk DE/UZ),
- **den Vereinigten Arabischen Emiraten** (SichZusAbK DE/AE),
- **Vietnam** (AntiOrgKrimAbk DE/VN).

79 Dabei handelt es sich um eine Zusammenarbeit nur auf polizeilicher Ebene, die entsprechend dort zu behandeln ist (→ § 11 Rn. 141).

80 **g)** Die vor allem in den letzten Jahren zunehmenden umfassenderen **Partnerschaftsabkommen der Europäischen Union** mit Drittstaaten enthalten meist Abschnitte über die Zusammenarbeit in den bekannten besonderen Bereichen der Kriminalitätsbekämpfung, mithin Terrorismus und Geldwäsche, Organisierte Kriminalität und Korruption, Betäubungsmittel- und Menschenhandel. Migration und Cyberkriminalität. Allerdings verweisen sie regelmäßig auf die bestehenden Rechtshilfeinstrumente oder neu abzuschließende besondere Vereinbarungen. Hier zu erwähnen sind insbesondere die Abkommen mit:

---

[110] Abk. zwischen der Bundesrepublik Deutschland und der Regierung von Guernsey über den Auskunftsaustausch in Steuersachen v. 26.3.2009 (BGBl. 2010 II 973).

[111] Abk. zwischen der Bundesrepublik Deutschland und der Regierung der Insel Man über die Unterstützung in Steuer- und Steuerstrafsachen durch Auskunftsaustausch v. 2.3.2009 (BGBl. 2010 II 957).

[112] Abk. zwischen der Bundesrepublik Deutschland und der Regierung der Kaimaninseln über die Unterstützung in Steuer- und Steuerstrafsachen durch Informationsaustausch v. 27.5.2010 (BGBl. 2010 II 664).

[113] Abk. zwischen der Bundesrepublik Deutschland und dem Fürstentum Monaco über die Unterstützung in Steuer- und Steuerstrafsachen durch Informationsaustausch v. 22.6.2010 (BGBl. 2011 II 653).

[114] Abk. zwischen der Bundesrepublik Deutschland und der Republik San Marino über die Unterstützung in Steuer- und Steuerstrafsachen durch Informationsaustausch v. 21.6.2010 (BGBl. 2011 II 908).

[115] Abk. zwischen der Bundesrepublik Deutschland und St. Vincent und die Grenadinen über die Unterstützung in Steuer- und Steuerstrafsachen durch Informationsaustausch Anwendung v. 29.3.2010 (BGBl. 2011 II 253).

[116] Abk. zwischen der Bundesrepublik Deutschland und der Regierung der Turks- und Caicosinseln über den steuerlichen Informationsaustausch Anwendung v. 4.6.2010 (BGBl. 2011 II 882).

[117] Abk. zwischen der Regierung der Bundesrepublik Deutschland und der Regierung der Tunesischen Republik über die Zusammenarbeit im Sicherheitsbereich v. 26.9.2016 (BGBl. 2017 II 538).

- **Australien** (RAbk EU/AU),[118]
- **Kanada** (StratPartAbk EU/CA),[119]
- **Neuseeland** (PartAbk EU/NZ),[120]
- **Vietnam** (PartAbk EU/VN).[121]

Als unmittelbar verpflichtend auslegbare Klauseln zum Informationsaustausch und zur **81** Zusammenarbeit sind dabei die Ausnahme, allgemein für die Zusammenarbeit bei der Strafverfolgung in Art. 33 RAbk EU/AU, bei der terroristischen Geldwäsche in Art. 21 Abs. 2 StratPartAbk EU/CA, bzw. bei Terrorismus allgemein in Art. 11 Abs. 2 lit. b PartAbk EU/NZ und Art. 34 Abs. 2 PartAbk EU/NZ sowie Art. 10 Abs. 2 lit. c PartAbk EU/VN, Art. 24 Abs. 2 S. 2 PartAbk EU/VN.

4. Multilaterale Abkommen zu bestimmten Kriminalitäts- oder Phänomenbereichen

Eine letzte Gruppe an Rechtshilfeinstrumenten lässt sich schließlich in den **multilateralen 82 Abkommen mit grundsätzlich globalem oder regionalem Mitgliederkreis zu bestimmten Kriminalitäts- oder Phänomenbereichen** erkennen. Vor allem bei ihnen ist allerdings die beidseitige Mitgliedschaft von ersuchendem und ersuchtem Staat jeweils ebenso besonders sorgfältig zu verifizieren, wie etwa Vorbehalte und Vertragserklärungen. Ferner sind die Dichte der Verfahrensregelungen, die Verbindlichkeit der Normen und damit ihre Anwendbarkeit in den einzelnen Dokumenten sehr unterschiedlich, sodass eine Berufung darauf nicht immer erfolgreich ist. Sie können ihrerseits wieder Bezugspunkt, nicht aber Rechtsgrundlage für Übereinkommen des Europarates, Rechtsakte der EU oder bilaterale Abkommen, wie oben bereits genannt, bilden.

a) Das Internationale Abkommen zur **Bekämpfung der Falschmünzerei** („Genfer **83** Abkommen" – IntAFMAbk) v. 20.4.1929[122] bildet dabei geradezu – eine weiterhin in Geltung stehende – Ur-Form für diese Gattung.

b) Für den wohl wichtigeren **BtM-Bereich** ist das Übereinkommen der Vereinten **84** Nationen gegen den unerlaubten Verkehr mit Suchtstoffen und psychotropen Stoffen (**Suchtstoffübereinkommen 1988** – UNSuchtÜ) v. 20.12.1988[123] besonders hervorzuheben. Es ist sachlich anwendbar auf die im Einzelnen näher umschriebenen Straftaten mit internationalem Ausmaß der Produktion, des Handels und Vertriebs von Betäubungsmitteln und psychotropen Stoffen gem. Art. 2 Abs. 1 UNSuchtÜ, Art. 3 Abs. 1 UNSuchtÜ. Diese Stoffe sind in der Anlage und den weiteren zugrundeliegenden UN-Übereinkommen von 1961 und 1971 beschrieben. Des Weiteren werden Geldwäsche und, im Rahmen der jeweiligen innerstaatlichen Rechtsordnung, Werbungs- und Unterstützungshandlungen in diesem Deliktsbereich umfasst.

c) Gegen die **grenzüberschreitende organisierte Kriminalität** wurde im Rahmen **85** der Vereinten Nationen ein Übereinkommen v. 15.11.2000 mit drei Zusatzprotokollen[124] („**Palermo I-IV**") geschlossen. Es gilt für die Beteiligung an einer organisierten kriminellen Gruppe (Art. 5 Palermo I), des Waschens ihrer Erträge (Art. 6 Palermo I), der Korruption (Art. 8 Palermo I) und der Behinderung der Justiz durch Falschaussagen oder Hin-

---

[118] Rahmenabk. zwischen der Europäischen Union und ihren Mitgliedstaaten einerseits und Australien andererseits v. 7.8.2016 (BGBl. 2018 II 1481).
[119] Abk. über eine strategische Partnerschaft zwischen der Europäischen Union und ihren Mitgliedstaaten einerseits und Kanada andererseits v. 30.10.2016 (BGBl. 2017 II 742).
[120] Partnerschaftsabk. über die Beziehungen und die Zusammenarbeit zwischen der Europäischen Union und ihren Mitgliedstaaten einerseits und Neuseeland andererseits v. 5.10.2016 (BGBl. 2017 II 702).
[121] Rahmenabk. über umfassende Partnerschaft und Zusammenarbeit zwischen der Europäischen Union und ihren Mitgliedstaaten einerseits und der Sozialistischen Republik Vietnam andererseits v. 27.6.2012 (BGBl. 2017 II 785).
[122] RGBl. 1933 II 913.
[123] BGBl. 1993 II 1137 ff.
[124] BGBl. 2005 II 954 ff.

derung der Dienstausübung (Art. 23 Palermo I) sowie andere schweren Straftaten (Art. 3 Abs. 1 Palermo I). Diese schweren Straftaten müssen mit Freiheitsstrafe im Höchstmaß von mit mindestens vier Jahren bedroht 8 Art. 2 lit. b Palermo I), grenzüberschreitender Natur (Art. 3 Abs. 2 Palermo I) sein, und eine organisierte kriminelle Gruppe muss an ihnen mitwirken (iSv Art. 2 lit. a Palermo I). Als solche gilt wiederum eine „strukturierte" Gruppe von drei oder mehr Personen, die eine gewisse Zeit lang besteht.[125] Sie muss gemeinsam mit dem Ziel vorgehen, eine oder mehrere „schwere Straftaten" oder andere der umschriebenen Straftaten zu begehen, um sich unmittelbar oder mittelbar einen finanziellen oder sonstigen materiellen Vorteil zu verschaffen. Dabei darf sie nicht nur zufällig zur unmittelbaren Begehung einer einzelnen Straftat gebildet worden sein. Förmlich festgelegter Rollen für ihre Mitglieder, einer kontinuierlichen Mitgliedschaft oder sonst einer ausgeprägten Struktur bedarf es hingegen nicht.

86   Der Kreis der besonders umfassten Straftaten wird durch die entsprechenden Zusatzprotokolle erweitert. So wird nach dem 1. Zusatzprotokoll ausdrücklich der **vorsätzliche Menschenhandel** (Art. 1 Abs. 3 Palermo II, Art. 5 Palermo II) mit Beteiligungs- und Unterstützungshandlungen umfasst (Art. 3 lit. a, c Palermo II). Das 2. Zusatzprotokoll erfasst vor allem die **Schleusung von Migranten** (Art. 1 Abs. 3, Art. 5 Palermo III), dh „die Herbeiführung der unerlaubten Einreise einer Person in einen Vertragsstaat, dessen Staatsangehörige sie nicht ist oder in dem sie keinen ständigen Aufenthalt hat, mit dem Ziel, sich" – also als Täter – „unmittelbar oder mittelbar einen finanziellen oder sonstigen materiellen Vorteil zu verschaffen" (Art. 3 lit. a Palermo III).

87   Das **3. Zusatzprotokoll (Palermo IV),** das die Herstellung und den Handel von **Feuerwaffen,** Komponenten und Munition ebenfalls als besondere Delikte einbezieht, hat zwar Deutschland nicht ratifiziert. Allerdings hat die EU das Dokument, mit Wirkung für die Mitgliedstaaten im Rahmen der Unionskompetenzen für die Herstellung und den Handel mit Schusswaffen, ratifiziert.[126] Dass damit auch die Rechtshilferegelungen in Strafsachen durch die Mitgliedstaaten anzuwenden wären, dürfte zweifelhaft sein.

88   **d)** Das Internationale Übereinkommen zur Bekämpfung der **Finanzierung des Terrorismus** (AntiTerrorFinÜ) v. 9.12.1999[127] verpflichtet allgemein in Art. 12 Abs. 1 AntiTerrorFinÜ zur möglichst umfassenden Rechtshilfe bei entsprechenden Straftaten. Es verweist zur Definition des Terrorismus auf zahlreiche durch andere UN-Übereinkommen definierte Schutzbereiche. Ebenfalls umfasst sein sollen „andere Handlungen, durch die eine Bevölkerung eingeschüchtert oder eine Regierung oder Internationale Organisation genötigt werden soll" (Art. 2 AntiTerrorFinÜ). Eine solche terroristische Tat muss in finanzieller Weise unterstützt werden, um den Anwendungsbereich zu eröffnen (Art. 1 Nr. 1 AntiTerrorFinÜ).

89   **e)** Zur **Bekämpfung nuklearterroristischer Handlungen** enthält das entsprechende UN-Abkommen ausführliche Regelungen der „kleinen Rechtshilfe" (insbes. Art. 14 ff. NukterrBekÜ).[128]

90   **f) Abkommen, die die Aufteilung einer überschneidenden Strafkompetenz oder unmittelbare grenzüberschreitende Ermittlungsbefugnisse zwischen Staaten regeln,** enthalten oft mehr oder weniger präzise gefasste Pflichten zum Informationsaustausch und zur Amts- und Rechtshilfe (dazu bereits → Kap. 2). Beispielhaft sei hier nur noch das Übereinkommen zur Bekämpfung der widerrechtlichen Inbesitznahme von Luftfahrzeugen ((LuftfahrtÜ 1970)) v. 16.12.1970[129] erwähnt, das in Art. 10 Abs. 1 LuftfahrtÜ

---

[125] Zur gesamten Definition einschließlich dem Folgenden Art. 2 lit. a, c Palermo I.
[126] Beschluss des Rates 2014/164/EU v. 11.2.2014 über den Abschluss – im Namen der Europäischen Union – des Protokolls gegen die unerlaubte Herstellung von Schusswaffen, dazugehörigen Teilen und Komponenten und Munition und gegen den unerlaubten Handel damit, in Ergänzung des Übereinkommens der Vereinten Nationen gegen die grenzüberschreitende organisierte Kriminalität (B 2014/164/EU), ABl. 2014 L 89, 7.
[127] BGBl. 1999 II 37.
[128] Internationales Übk. zur Bekämpfung nuklearterroristischer Handlungen v. 13.4.2005 (BGBl. 2007 II 1586).
[129] BGBl. 1972 II 1506 (→ § 2 Rn. 154).

1970 eine umfassende Rechtshilfepflicht und in Art. 11 LuftfahrtÜ 1970 die Pflicht zu spontanen Übermittlungen der Umstände einer solchen Tat an den ICAO-Rat vorsieht. Weitere UN-Abkommen betreffen etwa den Schutz von Diplomaten[130] oder die Hochseepiraterie.[131]

g) Die Abkommen zu **grenzüberschreitenden Militärstationierungen und -einsätzen** lassen sich insoweit als ein Spezialfall der letztgenannten Gruppe ansehen. So regeln zur Zusammenarbeit bei der Strafverfolgung im Umfeld vor allem Art. VII Abs. 5, 6 NTS die Rechtshilfe zwischen Entsende- und Aufnahmestaat namentlich für Festnahmen, aber auch bei allen sonstigen Ermittlungsmaßnahmen oder sonst im Strafverfahren, die durch bilaterale Verträge weiter ausgestaltet werden können.[132] Weiterhin unterstützen die Behörden des Aufnahme- und des Entsendestaates „sich gegenseitig bei der Durchführung aller erforderlichen Ermittlungen in Strafsachen sowie bei der Beschaffung von Beweismitteln, einschließlich der Beschlagnahme und geeignetenfalls der Aushändigung von Gegenständen, die mit einer strafbaren Handlung im Zusammenhang stehen" (Art. VII Abs. 6 lit. a NTS). Weitere Ersuchen sind etwa für Zustellungen in Verfahren ausschließlich deutscher Gerichtsbarkeit als Aufnahmestaat (Art. 19 Abs. 6 NTS-ZA) sowie zur Sicherung der Ordnung von Einsätzen durch die Militärpolizei vorgesehen (Art. 28 Abs. 2 NTS-ZA). 91

Eine umfassende Rechtshilfe der zuständigen Behörden und Gerichte im Rahmen ihres innerstaatlichen Rechts zur Unterstützung von Strafverfahren haben auch die Stationierungsvereinbarungen der Bundesregierung nach dem **Streitkräfteaufenthaltsgesetz (SkAufG)** vorzusehen (Art. 2 § 7 Abs. 3 S. 1 SkAufG). 92

Ähnlich sieht dies auch das **EU-Truppenstatut** und das ansonsten geltende allgemeine Unionsrecht vor (Art. 8 Abs. 4 EUTS). 93

h) Bei **Korruptionsdelikten** hat sich Deutschland bislang multilateralen Rechtshilfeinstrumenten kaum angeschlossen. So ist das Übereinkommen der Vereinten Nationen gegen Korruption v. 31.10.2003 nicht ratifiziert.[133] Eine Ausnahme bildet das wohl von allen Mitgliedstaaten anwendbare Übereinkommen über die Bekämpfung der **Bestechung ausländischer Amtsträger** im internationalen Geschäftsverkehr (IntBestÜ) v. 17.12.1997 der OECD, das Festlegungen zur Strafbarkeit, Gerichtsbarkeit und in Art. 9 Abs. 1 S. 1 IntBestÜ die größtmögliche Rechtshilfe gebietet. Aufgrund dieses Abkommens ist im deutschen Recht dauerhaft die Gleichstellung ausländischer Amtsträger bei deutschen Bestechungsdelikten erfolgt.[134] 94

B. Anwendbares Recht

I. Problemlage und Überblick

Die wohl größte Herausforderung bei der Informationserhebung unter Einschaltung ausländischer Stellen stellt das im Einzelnen konkret anwendbare Recht dar. 95

Hier treffen nicht nur die Rechtsordnung aller beteiligten Stellen, sondern auch das sie verbindende europäische Unions- sowie partielle oder allgemeine Völkerrecht aufeinander. Ausgangspunkt bei der Bestimmung des konkret anwendbaren Rechtes ist zunächst, dass jede staatliche Stelle an ihr Recht gebunden ist. Daher sind die jeweiligen Schritte des Rechtshilfeersuchens (soweit die Übermittlung nicht spontan erfolgt), der Informations- 96

---

[130] Übk. über die Verhütung, Verfolgung und Bestrafung von Straftaten gegen völkerrechtlich geschützte Personen einschließlich Diplomaten v. 14.12.1973 (BGBl. 1976 II 1745).
[131] Vgl. zB Art. 100, 110 f. SRÜ; Art. 8 ff. Übereinkommen zur Bekämpfung widerrechtlicher Handlungen gegen die Sicherheit der Seeschiffahrt (SeeSchSichÜ) v. 10.3.1988 (BGBl. 1990 II 494, mit dem zugehörigen SeeSchSichÜbG).
[132] Vgl. die ausdrückliche Ermächtigung in Art. 24 NTS-ZA.
[133] Dort insbes. Art. 43 ff. zur Rechtshilfe.
[134] Übereinkommen von Paris v. 17.12.1997 (BGBl. 1998 II 2327; Art. 2 IntBestG).

gewinnung und im ausländischen Staat, dessen Übermittlungshandlung, sowie die Weiterverarbeitung und Verwertung im Zielstaat zu trennen.

97 Dabei erscheint der **Grundsatz** selbstverständlich, dass jede staatliche Ermittlungsbehörde, jedes Gericht und jede sonstige Stelle zunächst das **Recht des eigenen Staates** anwendet, dem sie zugehören. Darin sind auch die in das jeweilige nationale Recht nach den allgemeinen innerstaatlichen Regeln übernommenen Normen des Völkerrechts sowie ggf. des europäischen Unionsrechts enthalten.

98 1. Dieser Grundsatz gilt weitgehend uneingeschränkt für Stellen, die Informationen aus dem Ausland entgegennehmen, weiter verarbeiten und nutzen (→ § 18 Rn. 2).[135] Darunter fällt namentlich auch die gerichtliche Beweisaufnahme und Verwertung (→ Kap. 5). Hier stellt sich die Frage, wie weit aus Sicht des innerstaatlichen Rechtes aufgrund der Art und der Erhebungsweise der Beweismittel diese möglicherweise mit besonderem Bedacht zu behandeln sind. Bislang sind die zaghaften Ansätze nicht durchgedrungen, die aus dem Gedanken der Rechtseinheit und -vereinfachung innerhalb der EU fordern, dass solche Überlegungen grundsätzlich auszuschließen seien und das bei der Erhebung angewendete Recht nicht mehr zu hinterfragen sei.[136]

99 2. Steht am Beginn einer Informationsgewinnung für ein inländisches Verfahren ein Rechtshilfeersuchen, hat die ersuchende Stelle ebenfalls aus Sicht ihres inländischen Rechts die dafür anwendbaren Regeln zu ermitteln. Für die **Stellung des Rechtshilfeersuchens,** bis zur **Übermittlung und umgekehrt Empfangnahme** der Resultate gilt das Recht des ersuchenden Staates, ebenso wie umgekehrt das Recht des ersuchten Staates für den **Empfang und Weiterleitung des Ersuchens und Rückleitung der Ergebnisse** durch dessen Stellen (zur Verwertung → § 18 Rn. 2). Vorrangig ist dabei das zwischen ersuchendem und ersuchtem Staat vereinbarte oder sonst geltende internationale Rechtshilferecht zu beachten, soweit es innerstaatlich anwendbar ist (→ Rn. 1 ff.).

II. Anwendbares Recht für die Durchführung bzw. Vornahme der Rechtshilfehandlung

1. Das Prinzip des locus regit actum

100 Für die eigentliche Durchführung bzw. Vornahme der Rechtshilfehandlung gilt ebenfalls primär das Recht des ersuchten Staates.[137] Ausnahmsweise kann die Vornahme nahezu abschließend durch das Rechtshilferecht geregelt sein, etwa bei der Zustellung von Schriftstücken und deren Nachweis (→ § 15 Rn. 63 ff.).[138] Ansonsten stellt sich hier die zentrale Frage, inwieweit sich das Recht des durchführenden Staates für Recht des ersuchenden Staates öffnen kann bzw. aus völker- und unionsrechtlichen Verpflichtungen muss. Dabei bleibt es zunächst bei dem traditionellen Grundsatz, dass für die Vornahme der Handlung das **Prinzip des locus regit actum:** alleine das Verfahrensrecht des ersuchten Staates, gilt, wie etwa nach Art. 3 Abs. 1 RHÜ 1959.[139] So ist nach Nr. 26 RiVASt bei einem Ersuchen um Rechtshilfe „zu beachten, dass die ausländischen Behörden das Ersuchen nach den Zuständigkeitsvorschriften und in der Regel auch nach den Formvorschriften des ausländischen Rechts erledigen; deren Einhaltung genügt für das deutsche Verfahren. Die auslän-

---

[135] Vgl. hier nur NK-RechtshilfeR/*Kubiciel* IV Rn. 273 mN in Fn. 19.
[136] Vgl. etwa *Brüner/Hetzer* NStZ 2003, 113 ff.
[137] Vgl. bereits RGSt 7, 293 (295), BGHSt 1, 219 (221) = NJW 1951, 810, stRspr; *Norouzi* Audiovisuelle Vernehmung 163 f. mit umfassenden Nachweisen der Rspr. und Lit.; *Nagel* Beweisaufnahme 74 ff., 150 ff. mwN zur Notwendigkeit innerstaatlicher Ermächtigungsgrundlagen aus deutscher Sicht sowie zur zutreffenden Auslegung aus dem authentischen Wortlaut des RHÜ 1959, dass sich die Kollisionsnorm nicht nur auf die Form, sondern auch das Verfahren, jedoch nicht die materiellen Voraussetzungen, die anderweitig auch im RHÜ 1959 geregelt sind, bezieht.
[138] Vgl. hier nur *Nagel* Beweisaufnahme 149 mwN.
[139] Vgl. etwa auch die Kritik an einem zu allgemeinen Verständnis des Grundsatzes von *Gleß* FS Grünwald, 1999, 197 (201 ff. mwN).

dischen Behörden können, insbesondere wenn dies in völkerrechtlichen Übereinkünften vorgesehen ist, gebeten werden, bei der Erledigung des Ersuchens bestimmte deutsche Verfahrensvorschriften zu berücksichtigen."

2. Zunehmende Öffnung für das Recht des ersuchenden Staates

Mit zunehmender Verbundenheit und Dichte der gemeinsamen Rechtskreise, aber auch deren Ausstrahlung ins allgemeine Völkerrecht im zeitlichen Verlauf ist eine weitergehende **gegenseitige Öffnung** zu beobachten:[140] **101**

a) So sieht bereits das ursprüngliche RHÜ 1959 vor, dass der ersuchte Staat einem Ersuchen um eidliche Vernehmung stattzugeben habe, sofern sein Recht dem nicht *entgegenstehe* (Art. 3 Abs. 2 RHÜ 1959). Dem entspricht ein besonders zurückhaltendes Modell, nach dem das Übereinkommen selbst genau die Öffnungsmöglichkeiten enumerativ und mit Ausnahmecharakter regelte.[141] **102**

b) Viele neuere multi- und bilaterale Abkommen geben die Formel vor, dass der ersuchte Staat sein Verfahrensrecht anwende, jedoch die im Ersuchen **erbetenen Formen, soweit ihm dies nach innerstaatlichem Recht möglich** sei, beachte.[142] Damit hat es der ersuchte Staat in der Hand, wie weit er sein Recht entsprechend öffnen will. Entsprechendes kommunizieren für den vertragsfreien Bereich zB auch die **USA**. Danach sei es häufig möglich, anstelle der Verfahren oder Maßnahmen, die in der Regel in einem amerikanischen Ermittlungs- oder Gerichtsverfahren angewendet würden, die in dem Ersuchen genannten Verfahren oder Maßnahmen anzuwenden, solange diese mit dem amerikanischen Recht vereinbar seien. **103**

c) Am umfassendsten ist die Öffnung als eine Pflicht für die Rechtshilfe auf Ersuchen **innerhalb der EU** ausgeprägt: Wird im Anwendungsbereich des EU-Rechtshilfeübereinkommens Rechtshilfe geleistet, **hat der ersuchte Mitgliedstaat die vom ersuchenden Mitgliedstaat ausdrücklich angegebenen Formvorschriften und Verfahren einzuhalten,** soweit im Übereinkommen nichts anderes bestimmt ist und sofern die angegebenen Formvorschriften und Verfahren nicht den Grundprinzipien des Rechts des ersuchten Mitgliedstaats zuwiderlaufen (Art. 4 Abs. 1 RHÜ 2000). **104**

Dies hat auch das 2. Zusatzprotokoll für das RHÜ 1959 (Art. 8 ZP II-RHÜ 1959) übernommen.[143] **105**

Entsprechendes sieht das (bislang nicht umgesetzte) Unionsrecht für die **Europäische Beweis- bzw. Ermittlungsanordnung** vor (Art. 9 Abs. 2 EEA-RL). Danach hat die Vollstreckungsbehörde einer solchen Europäischen Beweis- bzw. Ermittlungsanordnung die von der Anordnungsbehörde ausdrücklich angegebenen Formvorschriften und Verfahren einzuhalten, sofern im Unionsrechtsakt nichts anderes bestimmt ist und diese Formvorschriften und Verfahren nicht wesentlichen Rechtsgrundsätzen des Vollstreckungsstaats entgegenstehen. Eigenständige Zwangsmaßnahmen können aus diesen Formvorschriften allein aber nicht begründet werden, sie benötigen weiterhin eine hinreichende Ermächtigungsgrundlage im Recht des vornehmenden Staates (Art. 12 S. 2 RB 2008/978/JI). **106**

3. Berücksichtigung beim konkreten Ersuchen um Rechtshilfe

Wie weit diese Öffnung im anderen Staat möglich ist, ist aus Sicht des ersuchenden Staates in zweierlei Hinsicht von zentraler Bedeutung, bei der weiteren Verwendung der erhobenen Informationen bis hin zu ihrer Würdigung in der das Strafverfahren abschließenden **107**

---

[140] Vgl. auch Überblick über die Rechtslage zum damaligen Stand bei *Nagel* Beweisaufnahme 160 ff. mwN.
[141] Vgl. etwa Art. 25 RHV DE/TN: Recht des ersuchten Staates, nur Ausnahme für Frage, ob Vereidigung und Ur- oder Abschriften.
[142] Vgl. etwa Art. 7 Abs. 12 UNSuchtÜ; Art. 18 Abs. 17 Palermo I; **für Hongkong:** Art. 6 Abs. 2 RHAbk DE/HK; **Japan:** Art. 10 Abs. 2 RHAbk EU/JP; **Kanada:** Art. 12 Abs. 1 RHV DE/CA; **die USA:** Art. 19 Abs. 1 RHV DE/US; Art. 9 GeldwÜ 1990; Art. 27 Abs. 3 CKÜ, soweit subsidiär anwendbar; *Hackner/Schierholt* Int. Rechtshilfe Rn. 174 Fn. 25; vgl. ähnlich Art. 65 IRSG, dazu NK-RechtshilfeR/ *Meyer* IV Rn. 657.
[143] Vgl. zur inhaltlichen Gleichheit zum RHÜ 2000 insbes. die Denkschrift in BT-Drs. 18/1773, 34 f.

Entscheidung sowie bereits bei den **Anforderungen, die im Hinblick darauf in dem Rechtshilfeersuchen geltend zu machen sind.**

108 Hier gilt wiederum, begründet insbesondere im Hinblick auf die eigenen Verfahrensgrundsätze, namentlich Konfrontationsprinzip, Öffentlichkeit und sonst Grundrechte und Rechtsstaatsprinzip, die Maxime, dass **die Möglichkeiten der Öffnung zur Beachtung des eigenen Verfahrensrechtes bei ausgehenden Ersuchen voll auszuschöpfen** sind (insbesondere → § 22 Rn. 1, 8 ff.).

109 Zwar gilt nach Nr. 26 S. 2 RiVASt „Die ausländischen Behörden *können*, insbesondere wenn dies in völkerrechtlichen Übereinkünften vorgesehen ist, gebeten werden, bei der Erledigung des Ersuchens bestimmte deutsche Verfahrensvorschriften zu berücksichtigen". Dieses „können" ist nach der Rechtsprechung als ein grundsätzliches „müssen" im Sinne einer zwingenden möglichen Anwendung deutscher Verfahrensregeln zu interpretieren, da alleine die Beachtung der abweichenden Verfahrensvorschriften des ausländischen Staates dann nicht (mehr) genügt, wenn deutsche Rechtsvorschriften hätten beachtet werden können.[144]

110 Gerechtfertigt durch den Sinn und Zweck dieser Regelung, eben den deutschen rechtsstaatlichen und grundrechtlichen Verfahrensprinzipien, wird man dies allerdings in zweierlei Hinsicht auf wesentliche deutsche Verfahrensregeln eingeschränkt sehen müssen, um nicht jede Rechtshilfe durch reine Ordnungsvorschriften völlig zu überfrachten:

111 a) Aus der Ex-post-Sicht der Beweisverwertung betrachtet, würde es den deutschen Grundsätzen der Beweisverwertungsverbote widersprechen, wenn alleine aufgrund der Beweiserhebung im Ausland jeder Verstoß bei der Erhebung zu einem Verwertungsverbot führen würde. Vielmehr wird man insoweit grundsätzlich unterschiedslos die allgemeinen dogmatischen Regeln anzuwenden haben, also etwa auf wesentliche Verletzungen unter Beachtung der gängigen Institute wie der Abwägungslehre zu rekurrieren haben (→ § 24 Rn. 16 ff.).

112 b) Aber auch davon abgesehen, würde die Anforderung an alle beteiligten Stellen überspannt, wenn das deutsche Verfahrensrecht völlig uneingeschränkt anzuwenden und dies im Ersuchen, unter voller Normzitierung, einzufordern wäre.

113 Dazu ist einerseits darauf zu verweisen, dass es eigentlich gar kein unmittelbar inländisches Recht für die ausländische Beweiserhebung gibt (wenn man von Randnormen wie bei der Überstellung von Gefangenen zur Durchführung im Ausland absieht), sodass stets ohnehin nur eine sinngemäße Anwendung infrage kommt. Andererseits bleibt auch im völkerrechtlichen Verkehr eine grundsätzliche Rücksichtnahme auf die Hoheit des ersuchten Staats zu beachten. So können etwa Vorschriften zur allgemeinen Richterstellung oder Zuständigkeitsverteilung zwischen Ermittlungsorganen im ersuchten Staat nicht Gegenstand des anzuwendenden deutschen Rechts sein, auch wenn ihnen im Inland wichtige Bedeutung für die Wirksamkeit einer Beweiserhebung zugesprochen wird. Ferner würde es dem transnationalen Kooperationsverhältnis widersprechen, wenn – *ad extremis* – die deutsche StPO einschließlich sämtlichen möglicherweise mitrelevanten Organisations- und Verfahrensvorschriften im weitesten Sinn vollständig dem Ersuchen beigefügt würde, mit der Bitte, diese 1:1 anzuwenden. Vielmehr kann die Übernahmepflicht sich nur auf die wesentlichen, die Rechte der Beteiligten und die Rechtsstaatlichkeit des Gesamtverfahrens und der einzelnen Beweiserhebungs- und -sicherungshandlung schützenden Normen beziehen. Leider fehlt bislang hierzu ein klarer Norm- oder Rechtekatalog sowohl im eigentlichen Recht wie auch in ausführenden oder erläuternden Vorschriften, der dem zB des § 114b StPO nunmehr für die Rechte des verhafteten Beschuldigten entsprechen würde. Einstweilen muss sich das deutsche Ermittlungsorgan vielmehr mit einigen Leitentscheidungen und der eigenen Auslegung nach Maßgabe und Hilfe der gängigen Dogmatik und Kommentierung begnügen. Das wesentlichste Gewicht kommt dabei sicherlich Normen wie § 136a StPO, dem Nemo-tenetur-Grundsatz, dem Recht auf rechtliches

---

[144] Vgl. hier nur BGH BeckRS 2007, 05549 = NStZ 2007, 417.

Gehör, den Rechten auf effektive Verteidigung und daraus Verfahrenfairness sowie dem Konfrontationsrecht der Verteidigung und der Aufklärungspflicht zu.

Vor diesem Hintergrund gehören zweifelsfrei, wie auch vom BGH festgestellt, zB die Benachrichtigungs- und Mitwirkungsrechte von Verteidigung und Beschuldigtem bei kommissarischen Vernehmungen, daneben Regelungen über Belehrung über Wahrheitspflicht und Verweigerungsrechte bei Vernehmungen oder sonst wesentliche Verteidigungsrechte des unmittelbar bzw. allgemein im Verfahren als Beschuldigter Betroffenen zum anwendbaren Kernbereich.[145]

Eine gewisse Richtschnur dürfte geben, die *unmittelbar* für die Beweiserhebung bzw. -sicherung in der StPO aufgeführten Rechtsvorschriften ohne Eingriff in die reine Organisationsautonomie des ersuchten Staats zu beachten. Ausgeschlossen blieben damit die nicht im Gesetzeswortlaut verankerten weiteren ungesetzlichen Rechtsvorschriften ebenso wie verfahrensergänzende Vorschriften in einem weiteren Sinn. Beispielsweise müssten, da in der deutschen Rechtsordnung (anders als im anglo-amerikanischen Rechtskreis) nicht von zentraler Bedeutung die *Chain of Custody,* also die lückenlose Kette von der Gewinnung der Beweissache bis zur Beweisaufnahme, nicht die §§ 94 ff. StPO ausführenden ergänzenden Normen der Asservatenverwahrung zwingend durch den ersuchten Staat beachtet werden.

Grundsätzlich sollte, soweit verhältnismäßig möglich, vorab mit dem vornehmenden Staat geklärt werden, wie weit die deutschen Vorschriften zur Geltung kommen können, um dem ersuchten Staat bereits die Anwendung möglichst zu erleichtern.

c) Schließlich ist darauf zu verweisen, dass aufgrund des transnationalen Kooperationsverhältnisses die Pflicht der deutschen ersuchenden Stellen, auf die mögliche Einhaltung des eigenen Rechts zu bestehen, nicht schrankenlos gelten kann und gilt. Vielmehr ist die Verpflichtung grundsätzlich durch die entsprechenden klaren und hinreichenden Ausführungen im Ersuchen, ggf. mit einer ergänzenden Kommunikation vor der Vornahme genüge getan. Werden bei der Ausführung der Rechtshilfe in der Anwesenheit deutscher Ermittlungsorgane Verstöße gegen anwendbares deutsches Recht erkennbar, kann eine Pflicht zum Einschreiten auch nur im Rahmen der völkerrechtlichen Rücksichtnahme angenommen werden. Keinesfalls kann sie in der Anmaßung hoheitlicher Befugnisse bestehen und wird sich daher praktisch weitgehend auf entsprechende Hinweise beschränken. Kollusives Verhalten wird hingegen selbstverständlich die Verwertbarkeit der gewonnenen Beweise nach allgemeinen Prinzipien entsprechend berühren.

4. Exkurs: Berücksichtigung bei Rechtshilfehandlungen in Deutschland

Da unter dem Gesichtspunkt der vereinbarten Durchführung der Rechtshilfe nach den Grundsätzen der **Gegenseitigkeit** der umgekehrte Fall einer in Deutschland vorzunehmenden **eingehenden Rechtshilfe** beachtlich sein kann, sei in einem **kurzen Exkurs** hierauf wie folgt verwiesen:

Hier wäre zu beachten, dass die Vornahme von Rechtshilfehandlungen auf eingehende Ersuchen in Deutschland wie vielen anderen Staaten allenfalls punktuell unmittelbar geregelt ist. Vielmehr wird in einer, mehr oder weniger gesetzlich angeordneten Analogie auf die Regelungen des innerstaatlichen Strafprozessrechtes zurückgegriffen, obwohl dessen wesentlichste Voraussetzung, eben das Vorliegen eines innerstaatlichen Strafverfahrens, nicht gegeben ist.[146] Allerdings handelt es sich dabei um die Normen, denen insgesamt die größte Sachnähe und insbesondere vergleichbare Abwägungen zwischen privaten, oft grundrechtlich geschützten, Rechtspositionen und staatlichen Eingriffsinteressen zukommt. Zwingenden Charakter haben sie für eingehende Ersuchen daher auch nur, soweit sie in dieser Abwägung als erheblich angesehen werden müssen, insbesondere wenn sie den rechtsstaatlich verbürgten Kernbereich des Betroffenen in für die rechtsstaatlicher Gemeinschaft wesentlicher Weise schützen. Daher kann auch eine gewisse Öffnung ein-

---

[145] Vgl. auch *Nagel* Beweisaufnahme 170 ff. mwN.
[146] Vgl. zum Ganzen *Nagel* Beweisaufnahme 152 ff., 165 ff. mwN.

treten, wenn in dem konkreten Rechtshilfeverhältnis aufseiten des ersuchenden Staates eine angemessene Kompensation abstrakt durch das erreichte Näheverhältnis der Rechtsordnungen oder durch konkrete Bedingungen und Zusagen erreicht werden kann. Wie schon von *Nagel* vorgeschlagen,[147] lässt sich damit die erhebliche Unsicherheit, inwieweit Normen des ersuchten Staates als vorrangig bzw. zwingend betrachtet werden müssen, weiter einengen: Soweit Verfahrens- und Formvorschriften sich lediglich aus den Zwecken eines innerstaatlichen Strafverfahrens, darunter auch seine Effektivität, Effizienz und Schnelligkeit, herleiten, sind sie für die (analoge) Anwendung für eingehende Rechtshilfeersuchen gerade nicht zwingend. Dies gilt etwa für den generellen Ausschluss der Verteidigung von einer kommissarischen Vernehmung. Anders kann dies aber sein, wenn sie, namentlich aus höherrangigem Recht, zwingende Rechtspositionen der Betroffenen, Verdächtigen, Beschuldigten, sonstigen Verfahrensbeteiligten oder Drittbetroffenen schützen.

C. Grund- und Verfahrensrechte der Betroffenen

120 Wie stets in strafrechtlichen Verfahren, kommt den Grund- und Verfahrensrechten der Beschuldigten und anderen von Beweiserhebungen und -verwertungen Betroffenen, eine besondere Bedeutung zu. Allerdings ist die Einwirkung der nationalen und internationalen Grundrechte als Beschränkung der transnationalen Rechtshilfe gegenüber dem rein nationalen Strafverfahren komplex und erfolgt auf vielfältigen Wegen.

I. Schutz in den Rechtshilfeinstrumenten

121 Zunächst ist als Grundsatz festzuhalten, dass die zwischenstaatlichen **Rechtshilfeinstrumente** selbst nur die Reichweite der Verpflichtungen der Staaten untereinander zur Rechtshilfe regeln. Sie folgen dem traditionellen Völkerrecht in ihrer Selbstcharakterisierung als rein zwischenstaatliche Vereinbarungen. Sie sollen nach ganz hM insbesondere **keine völkerrechtlichen Rechte Einzelner schaffen oder verbürgen**.[148] Das bereits oben (→ Rn. 7) ausgeführte „Günstigkeitsprinzip" betrifft daher nur die Erleichterung der Zusammenarbeit und des Informationsaustausches, und gerade nicht die Wahrung der Rechte der unmittelbaren oder Drittbetroffenen.[149]

122 Auch innerstaatlich begründen sie prinzipiell keine unmittelbaren subjektiven Rechte des Verdächtigten bzw. Beschuldigten oder eines Drittbetroffenen, soweit dies nicht, höchst ausnahmsweise, ausdrücklich ersichtlich gewollt wäre.

123 Zwar enthalten Rechtshilfevereinbarungen meist eine mehr oder weniger große Anzahl aus einem eher begrenzten Kanon an möglichen **Gründen,** auf die sich der eine Staat **zur Verweigerung der Informationsweitergabe** an den anderen berufen kann (→ § 11 Rn. 45 ff.). Allerdings handelt es sich dabei ebenfalls primär um staatlich-autonome völkerrechtliche Verweigerungsrechte, und damit lediglich sekundär eine Reaktion und völkerrechtliche Reflexion auf eine mögliche anderweitig begründete Pflicht zur Verweigerung oder Einschränkung aus dem innerstaatlich geltenden Recht. Diese vereinbarten Beschränkungen sind daher ebenfalls zunächst **objektiv-formal** ausgestaltet.

124 Dies gilt auch, wenn sich einzelne Formulierungen allmählich denen aus internationalen **Grundrechtsverbürgungen** bekannten annähern und so eine gewisse Kongruenz eintritt. Ob eine konkrete Verweigerung oder Beschränkung der Rechtshilfe eine **völkerrecht-**

---

[147] *Nagel* Beweisaufnahme 152 ff., 165 ff. mwN.
[148] Vgl. ausdrücklich BVerfGE 46, 214 ff. = NJW 1977, 2355; offen gelassen von BVerfGE 57, 9 (25 ff.) = NJW 1981, 1154 zum Auslieferungsrecht des Europäischen Auslieferungsübereinkommens v. 13.12.1957 (BGBl. 1964 II 1369); BGHSt 18, 218 = NJW 1963, 823; BGHSt 30, 347 ff. = NJW 1982, 1238.
[149] Vgl. *Lagodny* in Breitenmoser/Gless/Lagodny, Schengen in der Praxis, 2009, 259 (271 f. mwN); *Nagel* Beweisaufnahme 62 mwN; vgl. teleologisch relativierend NK-RechtshilfeR/*Ambos/Poschadel* I Rn. 21 ff., 107 mwN.

liche Vertragsverletzung zwischen den beteiligten Staaten darstellt, bleibt alleine im Rahmen des Rechtshilfeübereinkommens festzustellen, sofern nicht *gemeinsame* völker- oder europarechtliche Normen dies modifizieren.[150] Davon ist die Frage von Grundrechtsverletzungen im Verhältnis zu den Betroffenen dogmatisch klar zu trennen.

Eine Ausnahme können insoweit die ausdrücklichen Rechtsbehelfe darstellen, die namentlich die **Verpflichtungen der Organe internationaler Organisationen** regeln, auf Anforderung durch einen Betroffenen im Bereich der Selbstkontrolle, ggf. durch gesonderte Kontrollinstanzen, tätig zu werden, exemplarisch etwa bei Interpol (→ § 17 Rn. 226).   125

II. Internationale Menschenrechtsverbürgungen

Demgegenüber können **Sonderregelungen** des Unionsrechtes für die **Rechtshilfe innerhalb der EU sowie der Europäischen Menschenrechtskonvention (EMRK)** in diesem und dem weiteren Rahmen der gesamteuropäischen Zusammenarbeit unter den Europaratsmitgliedern für die Durchsetzung bestimmter Grund- und Verfahrensrechte sorgen, die nach den innerstaatlichen Mechanismen durch alle beteiligten staatlichen Stellen zu beachten sind.[151]   126

1. Die **EU** ist durch ihr Bekenntnis zur Achtung der EMRK im Rahmen ihrer eigenen **Grundrechtecharta** bzw. durch ihren Beitritt sind die Grundrechte der EMRK verpflichtet, die daraus sowie den Traditionen der Mitgliedstaaten folgenden Grundrechtsverbürgungen im Rahmen ihrer gesamten Tätigkeit zu achten.[152] Damit sind diese grundlegenden Normen auch beim Setzen, bei der Auslegung und beim Vollzug des Unionsrechtes zu beachten. Dies gilt zB auch für Europol.[153]   127

Innerhalb der EU ist eine zunehmende Auseinandersetzung mit der Frage des Grundrechtsschutzes im Rahmen der Rechtshilfe und polizeilichen Zusammenarbeit zu beobachten. Sie besteht einerseits im Bemühen, durch ein „Einebnen" national vorbehaltener Gewährleistungen mögliche Einschränkungen der Kooperation zu beseitigen. Andererseits soll dies kompensiert werden durch eine zumindest deklarierte Ausweitung des Schutzes durch die europäischen Grundrechte der EU-Grundrechtecharta (GRCh)[154] sowie der EMRK auch in detaillierteren Ausgestaltungen durch das sekundäre Unionsrecht.[155] Diese erfolgt allerdings nicht stets im Gleichklang, sodass erhebliche Missverhältnisse entstehen können.   128

Beispielhaft kann etwa einer **Europäischen Ermittlungsanordnung** der Vollzug versagt werden, wenn Vorschriften zur Bestimmung und Beschränkung der strafrechtlichen Verantwortlichkeit in Bezug auf die Pressefreiheit und die Freiheit der Meinungsäußerung in anderen Medien bestehen, die es unmöglich machen, die Europäische Ermittlungs-   129

---

[150] Vgl. dazu auch HdB-EuStrafR/*Lagodny* § 31 Rn. 13 ff. mwN.
[151] Namentlich die EMRK schafft kein einheitliches Verfahren unabhängig von den nationalen Verfahrensordnungen und den jeweiligen Verantwortlichkeiten, ebensowenig wie eine generelle Verhaltens- und Verantwortungszurechnung, vgl. BGHSt 55, 70 (71) = NJW 2010, 2224; dazu *Schomburg/Lagodny/Gleß/ Hackner* Einleitung Rn. 232 ff. mit dem Modell des „international-arbeitsteiligen Strafverfahrens"; vgl. allg. HdB-EuStrafR/*Kreicker* § 51 Rn. 5 ff.; *Hecker* EuropStrafR 79 ff.; zu aktuellen Entwicklungen vergleiche den Sammelband *Ruggeri,* Human rights in European criminal law. New developments in European legislation and case law after the Lisbon Treaty, Cham ua 2015; zum Unionsrecht zum Schutz von Verdächtigen, Beschuldigten und Opfern, die allerdings für die meisten grenzüberschreitenden Informationserhebungen kaum Relevanz haben, vgl. namentlich HdB-EuStrafR/*Wasmeier* § 32 Rn. 53 ff. mwN.
[152] Gut nachvollziehbar die Darstellung der komplexen Wechselbeziehungen bei *Ambos* IntStrafR § 10 Rn. 1 ff. und 107 ff. jeweils mwN; vgl. ebenso ausf. HdB-EuStrafR/*Esser* § 53, speziell zum Verhältnis zur EMRK ebd., Rn. 32 ff., 40 ff. mwN; besondere Probleme bereitet bei der Anwendung der Unionsgrundrechte die Frage, wann eine Durchführung von Unionsrecht durch Stellen der Mitgliedstaaten vorliegt, vgl. dazu ausf. HdB-EuStrafR/*Esser* § 56 Rn. 17 ff. mwN; *Michl,* Die Überprüfung des Unionsrechts am Maßstab der EMRK, 2014.
[153] Vgl. hier etwa nur *Milke* Europol 201 ff. mwN.
[154] Charta der Grundrechte der Europäischen Union v. 12.12.2007, ABl. 2007 C 303, 1.
[155] Vgl. ausf. mit Fokus auf das Straf- und Strafverfahrensrecht *Ambos* IntStrafR § 10 Rn. 142 ff. mwN.

anordnung zu vollstrecken, oder sonst berechtigte Gründe für die Annahme bestehen, dass die Vollstreckung der angegebenen Ermittlungsmaßnahme mit den Verpflichtungen des Vollstreckungsstaats nach Art. 6 EUV und der EU-Grundrechte-Charta unvereinbar wäre (Art. 11 Abs. 1 lit. a, f EEA-RL).[156] Auf darüber hinaus gehende nationale Grundrechte kann hingegen nur noch in Ausnahmefällen eine Verweigerung gestützt werden.

130   Die **Rechtsakte im Rahmen der EU,** namentlich soweit sie Ansprüche auf Schadensersatz oder ausdrücklich hinsichtlich der Datenverarbeitung regeln, geben dem Einzelnen nach den allgemeinen Regeln des Unionsrechtes vor den nationalen und europäischen Gerichten einklagbare Rechte. Für die Anwendbarkeit, insbesondere auch bei noch nicht umgesetzten Richtlinien, kann und muss hier aus Kapazitätsgründen auf die Praxis und Lehre zum allgemeinen Europarecht verwiesen werden.[157] Die Grundrechte des Unionsrechts, maßgeblich kodifiziert durch die Grundrechtecharta, bauen im hier interessierenden Bereich im Wesentlichen auf denen der EMRK auf und sind unter deren Berücksichtigung auszulegen.[158]

131   Wesentliche konkrete Rechte der Betroffenen bei grenzüberschreitender Informationsgewinnung und -verarbeitung in der EU werden hier namentlich in Kap. 6 dargestellt. Sie erstrecken sich, über die verschiedensten Instrumentarien auch auf die Zusammenarbeit auf vertraglicher Grundlage, wie heute vor allem dem RHÜ 2000, Rahmenbeschlüssen wie dem Prümer Ratsbeschluss oder anderen speziellen Rechtsinstrumenten, sei es in der Errichtung von Verbunddatensystemen wie dem ZIS oder dem Europol-Informationssystem. Soweit diese Instrumente allerdings noch in der „3. Säule" der früheren „Dach-EU" als Rahmenbeschlüsse ergangen sind, braucht es wiederum zumindest einen Anwendungsbefehl im Inland, während für Verordnungen und Richtlinien auf die allgemeinen Grundlagen des neueren europäischen Unionsrechtes zurückgegriffen werden kann.

132   2. Allgemein steht seit der Soering-Rechtsprechung des EGMR fest, dass die **Grundrechte der EMRK** die ersuchten europäischen Staaten auch bei der Entscheidung über die Rechtshilfe binden, auch wenn dies nicht ausdrücklich in den Übereinkommen genannt ist.[159] Dem ist nicht nur die nationale Judikatur, sondern auch der EuGH gefolgt.[160]

133   Dazu gehört nach **Art. 13 EMRK** (und Art. 47 GRCh) auch das Recht auf einen **effektiven Rechtsschutz,** der auch gegenüber Rechtshilfeakten Geltung haben muss.[161] Ergänzt wird dies etwa durch das Recht des Betroffenen auf Information über verdeckte Überwachungsmaßnahmen und damit wohl auch Übermittlungen, damit ein wirksamer Rechtsschutz sichergestellt ist, sobald dies ohne Gefährdung berechtigter überwiegender Geheimhaltungsinteressen möglich ist.[162] Andererseits schützt Art. 6 EMRK wohl auch im Rechtshilfeverkehr das Ansehen der Person und die Vertraulichkeit ihrer Daten.[163] Problematisch scheinen demgegenüber, dass das Beweismittel-Rechtshilferecht auch an dieser Stelle aus dem Auslieferungsrecht historisch abgeleitet ist, und häufig keinen Blick auf

---

[156] Vgl. HdB-EuStrafR/*Wasmeier* § 32 Rn. 55 mwN.
[157] Vgl. etwa *Frenz,* Europarecht, 2. Aufl. 2016, 13 ff., 47 ff. mwN; *Streinz,* Europarecht, 10. Aufl. 2016, §§ 5, 6 mwN; zur Wirkungsweise des Unionsrechts und zu den Kompetenzen der EU im Bereich des Strafrechtes vgl. *Ambos* IntStrafR § 9; § 10 Rn. 142 ff.; § 11 Rn. 22 ff. jeweils mwN; *Hecker* EuropStrafR 303 ff. mwN; *Langbauer,* Das Strafrecht vor den Unionsgerichten, 2015, 155 ff.
[158] Vgl. zuvor genannte, insbes. *Streinz,* Europarecht, 10. Aufl. 2016, §§ 10 Rn. 748 ff. mwN; *Ambos* IntStrafR § 10 Rn. 99 mwN; zu den prozessualen Grundrechten insbes. auch *Satzger,* Internationales und europäisches Strafrecht, Strafanwendungsrecht, europäisches Straf- und Strafverfahrensrecht, Völkerstrafrecht, 7. Aufl. 2016, § 11 mwN.
[159] EGMR EuGRZ 1989, 314 = NJW 1990, 2183 – Soering./.UK; vgl. dazu etwa *Polakiewicz* in Breitenmoser/Gless/Lagodny, Schengen und Dublin in der Praxis, 2010, 121 (125 mwN).
[160] Vgl. EuGH BeckRS 9998, 92949 = JuS 2009, 360 mAnm *Streinz* – Kadi./.Rat und Kommission; dazu *Polakiewicz* in Breitenmoser/Gless/Lagodny, Schengen und Dublin in der Praxis, 2010, 121 (125 f.).
[161] Vgl. dazu etwa *Breitenmoser/Weyeneth* in Breitenmoser/Gless/Lagodny, Schengen und Dublin in der Praxis, 2010, 155 (176 f. mwN).
[162] *Breitenmoser/Weyeneth* in Breitenmoser/Gless/Lagodny, Schengen und Dublin in der Praxis, 2010, 155 (177) unter Berufung auf die Entscheidung EGMR EuGRZ 1979, 278 ff. – Klass./.Deutschland.
[163] Vgl. *Breitenmoser/Weyeneth* in Breitenmoser/Gless/Lagodny, Schengen und Dublin in der Praxis, 2010, 155 (177 f. mwN).

Drittbetroffene, etwa den Bezugspunkt personenbezogener Daten oder den Inhaber eines Beweismittels hat, dem häufig nur eine verwaltungsrechtliche Prüfung *ex post* bleibt.[164]

Dies betrifft außerhalb von Art. 6 Abs. 3 EMRK (→ § 22 Rn. 6 ff.) maßgebliche Grundrechte des jeweiligen Betroffenen, darunter:[165] **134**

- Recht auf Leben (Art. 2 EMRK sowie 6. EMRK-Protokoll[166] und 13. EMRK-Protokoll[167]) und Verbot von Folter, unmenschlicher oder erniedrigender Behandlung oder Strafe (Art. 3 EMRK),
- Recht auf (Fortbewegungs-)Freiheit und Sicherheit (Art. 5 EMRK),
- Achtung des Privat- und Familienlebens (Art. 8 Abs. 1, 1. Var. EMRK),
- Schutz der Vertraulichkeit der Wohnung (Art. 8 Abs. 1, 2. Var. EMRK) und der Korrespondenz (Art. 8 Abs. 1, 3. Var. EMRK) und die daraus abgeleiteten Rechte zum Schutz der Telekommunikation und personenbezogenen Daten,[168]
- Recht auf Achtung des Eigentums (Art. 1 EMRK Zusatzprotokoll),[169]
- Schutz von Medien (Art. 10 EMRK) und Religionsausübung (Art. 9 EMRK),
- Öffentlichkeitsgebot, die Unbefangenheit des Gerichts und die Fairness des Verfahrens (Art. 6 Abs. 1 EMRK) sowie die Gesetzlichkeit der Strafe (Art. 7 EMRK),
- Unschuldsvermutung (Art. 6 Abs. 2 EMRK),
- Selbstbelastungsverbot (*nemo tenetur se ipsum accusare* aus Art. 6 EMRK).[170]

Das 7. EMRK-Protokoll[171] mit einem Doppelverfolgungsverbot und dem Recht auf Überprüfung von gerichtlichen Entscheidungen sowie Entschädigung ist für Deutschland noch nicht in Kraft getreten. **135**

III. Begründung aus dem innerstaatlichen Recht

Die Rechte von Beteiligten im strafrechtlichen Bezugsverfahren und sonstigen Betroffenen leiten sich ansonsten **primär aus dem innerstaatlichen Recht** und den in diesem Rahmen anwendbaren anderweitigen völkerrechtlichen Rechtsgewährleistungen ab. **136**

Die **Rechtshilfe leistende Stelle** bleibt ebenso wie die Stelle, der die Hilfeleistung gilt, **an die in ihrem Staat** wirksame **Rechtsordnung, einschließlich der geltenden Grund- und Verfahrensrechte, gebunden** und auch die das jeweilige nationale Recht setzenden Instanzen müssen sich zumindest in der Regel an den nationalen und ggf. internationalen Grundrechten messen lassen.[172] Insoweit zu Recht wird von bedeutenden Stimmen die konkrete Rechtshilfebeziehung als ein Dreieck verstanden, in dem **137**

---

[164] Vgl. ausdrücklich *Esser/Lagodny/Blaskey*, The Individual as Subject of International Cooperation in Criminal Matters, 2002, 722 ff. mwN mit der Ausnahme der Beteiligung von Drittbetroffenen vor der Übermittlung in Israel.
[165] Zu den einzelnen Grundrechten iE vgl. vor allem die allgemeinen Kommentierungen zur EMRK, etwa *v. Karpenstein/Mayer*, Konvention zum Schutz der Menschenrechte und Grundfreiheiten. Kommentar, 2. Aufl. 2015; SK-StPO Bd. 10; *Ambos* IntStrafR § 10 Rn. 16 ff. mwN; zu den prozessualen Grundrechten insbes. auch *Satzger*, Internationales und europäisches Strafrecht, Strafanwendungsrecht, europäisches Straf- und Strafverfahrensrecht, Völkerstrafrecht, 7. Aufl. 2016, § 11 mwN; *Esser*, Europäisches und Internationales Strafrecht, 2014, 171 ff. mwN.
[166] Prot. Nr. 6 zur Konvention zum Schutz der Menschenrechte und Grundfreiheiten über die Abschaffung der Todesstrafe v. 22.10.2010 (BGBl. 2010 II 1198).
[167] Prot. Nr. 13 zur Konvention zum Schutz der Menschenrechte und Grundfreiheiten über die vollständige Abschaffung der Todesstrafe v. 22.10.2010 (BGBl. 2010 II 1198).
[168] Vgl. HdB-EuStrafR/*Kreicker* § 51 Rn. 54 ff.; Karpenstein/Mayer/*Pätzold* EMRK Art. 8 Rn. 24 ff. mwN.
[169] Zusatzprotokoll zur Konvention zum Schutz der Menschenrechte und Grundfreiheiten v. 22.10.2010 (BGBl. 2010 II 1198).
[170] Vgl. dazu nur *Ambos* IntStrafR § 10 Rn. 37 mwN; HdB-EuStrafR/*Kreicker* § 51 Rn. 40 mwN.
[171] Prot. Nr. 7 zur Konvention zum Schutze der Menschenrechte und Grundfreiheiten v. 22.11.1984 (BGBl. 1988 II 628).
[172] Vgl. etwa *Breitenmoser* in Breitenmoser/Gless/Lagodny, Schengen in der Praxis, 2009, 25 (29 f.) aus schweizerischer Sicht; zu den einzelnen Grundrechtseingriffen im Rahmen einer Rechtshilfe s. *Scheller* Ermächtigungsgrundlagen 199 ff. mwN.

neben den beiden beteiligten Staaten der Betroffene eine wichtige Rechtsposition einnimmt.[173]

138 Den **Betroffenen** kann in diesem Rahmen auch ein **innerstaatlicher Anspruch** gegen den Rechtshilfe leistenden Staat zustehen, ihre Grund- und Verfahrensrechte zu beachten und zu schützen. Daraus kann eine doppelte Spannung zu den völkervertraglichen Verpflichtungen zur Rechtshilfe entstehen:

139 1. Einerseits kann sich hier besonders die Frage nach dem **Geltungsverhältnis zwischen den völkerrechtlichen Rechtshilfevereinbarungen und Grundgewährleistungen** stellen, wenn keine höherrangigen innerstaatlichen Rechtsverbürgungen zur Verfügung stehen. Fehlen klare innerstaatliche Rangregelungen zugunsten eines Vorrangs dieser Rechtsverbürgungen vor anderen völkerrechtlichen Vereinbarungen, könnten regelmäßig die neueren Rechtshilfeübereinkommen nach den Grundsätzen der *lex posterior* und *lex specialis* vorrangig anzuwenden sein, mithin die (Grund-)Rechtsverbürgungen derogieren. Dem entgegen wird zwar allgemein ein **Vorrang jedenfalls der wesentlichen Grundrechtsverbürgungen** nicht nur in Gestalt der EMRK, sondern auch zB des internationalen Paktes über bürgerliche und Politische Rechte von 1966 (IPBPR) angenommen, während die AEMR eine noch ungeklärte besondere Rolle als unverbindlichen Ausdruck möglicher völkergewohnheitsrechtlicher Menschenrechte einnimmt. Die theoretisch-dogmatische Herleitung bleibt im Einzelnen durchaus in der Diskussion. Die Nichtanwendung der allgemeinen Konfliktregeln des Vorranges der späteren und der spezielleren Normen ist hier im Ergebnis weitgehend unbestritten. Dazu leistet einerseits das Prinzip kohärenten Handelns einen Beitrag, dass ein Staat bei Abschluss verschiedener grundrechts- und rechtshilferechtlicher Verpflichtungen nicht widersprüchlich handeln soll. Andererseits begrenzen die innerstaatlichen verfassungsrechtlichen Gebote zur Beachtung des eigenen verfassungsrechtlichen Grundrechteschutzes wie auch der internationalen Menschenrechtsverbürgungen die Vertragsabschluss und -wirkungskompetenzen.

140 Tatsächlich wird den internationalen Menschenrechten oft auf unterschiedlichsten Wegen ein Vorrang vor anderen völkerrechtlichen Verträgen eingeräumt, sei es durch deren Erhebung in einen vorrangigen, ggf. nationalen Verfassungsrang, die Anerkennung als regionales oder allgemeines Völkergewohnheitsrecht und die Einräumung eines Zwischenranges, sei es, wie in Deutschland herrschend, aus dem Grundsatz „konventionskonformer Auslegung" eine bevorzugte Berücksichtigung. Diese besteht wiederum darin, dass entgegenstehende Normen insoweit nicht angewandt werden, also entsprechende nach der **EMRK** abgeschlossene Verpflichtungen namentlich zur Rechtshilfe, deswegen diese **nicht verdrängen können.**

141 2. Andererseits stellt sich die Frage, ob sich der **ersuchte Staat** aufgrund der von ihm eingegangenen völkerrechtlich **vereinbarten Rechtshilfeverpflichtung als Beschränkung der Grund- und Verfahrensrechte** berufen kann.[174] Ist die Beachtung der Rechte der Betroffenen im Rahmen der Rechtshilfe möglich, wird sich der Rechtshilfe leistende Staat insbesondere gegen daraus folgende Ansprüche der Betroffenen nicht auf den Einwand der Unmöglichkeit berufen können. Obwohl die weltweiten Rechtsordnungen stark unterschiedlich sind, werden auch deutsche Ermittlungsorgane nicht um eine „kleine Rechtshilfe" ersuchen dürfen, die diesen Grundsätzen des ersuchten Staates diametral und klar erkennbar entgegenläuft.

142 Vor diesem Hintergrund sind die vereinbarten bzw. sonst vorbehaltenen Begrenzungen der Rechtshilfeverpflichtungen als **Mechanismus der zwischenstaatlichen Geltendmachung derjenigen Grund- und Verfahrensrechte** von Betroffenen festzustellen, zu denen der Rechtshilfestaat aus anderen Gründen, die aus seinem eigenen Recht begründet sind, verpflichtet sein kann. Die rechtshilferechtlichen Vorbehalte geben damit einen

---

[173] *Lagodny* in Breitenmoser/Gless/Lagodny, Schengen in der Praxis, 2009, 259 (271 ff.).
[174] Etwas knapp hierzu unter Berufung auf Art. 26 f., 46 WKV und zum Folgenden NK-RechtshilfeR/ *Ambos/Poschadel* I Rn. 104 mwN.

äußeren Rahmen für die Beachtung dieser innerstaatlich wirksamen Rechte. Ähnliches gilt für Verfahrensnormen für die Rechtshilfe, die Betroffenenrechte zur Anwendung bringen können. Dabei wird das Ausmaß der konkreten Verpflichtung der beteiligten Stellen durch den äußeren Rahmen der Rechtshilfeinstrumente ebenso bestimmt wie durch die ausfüllenden Schutzpflichten aus ihrem jeweiligen sonstigen Recht.

So ergeben sich im Bereich der **vertragsfreien Rechtshilfe** aufgrund des durch keine 143 Rechtshilfepflicht eingeschränkten Ermessens keine Einschränkungen der innerstaatlich gebotenen Berücksichtigung der Rechtspositionen der Betroffenen.

Im Bestreben, beide Perspektiven möglichst in Einklang zu bringen, jedenfalls nicht 144 gegen mögliche Schutzpflichten zugunsten von Betroffenen zu verstoßen, spiegeln sich derartige Schutzpflichten wiederum als **Rechtsreflex** in den Rechtshilfeinstrumenten, und sind in diesem Sinn mit den Verweigerungsgründen der vertraglich vereinbarten Rechtshilfe in gewisser Weise verknüpft. Namentlich sind sie damit auch **in ihrem Licht auszulegen,** soweit dies methodisch möglich bzw. notwendig ist.

a) Eine derartige **ausdrückliche Rücksichtnahme** auf den (national hergeleiteten) 145 Grundrechtsschutz in den eigentlichen **Normen** der Rechtshilfeübereinkommen ist bislang kaum festzustellen.[175]

b) Nicht wenige Rechtshilfeinstrumente berufen sich allerdings in den **Motiven, Erwä-** 146 **gungsgründen oder an anderer Stelle** auch und gerade auf die Grundsätze der Menschen- und Bürgerrechte des nationalen und internationalen Rechtes. Dabei hat die **EMRK** die weitaus größte Bedeutung, während der IPBPR allenfalls am Rande und die anderen regionalen oder globalen Menschenrechtsverbürgungen wohl gar nicht vorkommen.

Hier kann der Anknüpfungspunkt liegen für eine **konforme Auslegung** der objektiven 147 Normen des Rechtshilferechtes zur Realisierung der gebotenen Grundrechtsgewährleistung. Dies gilt umso mehr, wenn diese durch andere Völkerrechtsnormen zwischen den beteiligten Rechtshilfepartnern verbürgt bzw. die beteiligten Staaten durch dieselben Normen gleichermaßen verpflichtet sind. Allerdings müssen dies die Auslegungstechniken, namentlich der Wortlaut und eigene Sinn und Zweckbestimmung des Rechtshilfeinstrumentes hergeben.

Diese völkerrechtlichen Gewährleistungen werden ihrerseits wiederum nach ganz hM 148 nicht durch die regelmäßig späteren Rechtshilfeverträge eingeschränkt (→ Rn. 126 ff.).

c) Demgegenüber haben **einige Aspekte des Grund- und Verfahrensrechte** bereits 149 eine gewisse erhebliche und zunehmend prominente Beachtung und ausdrückliche Regelungen unter den Beschränkungen der Rechtshilfepflicht in deren jeweiligen Rechtsgrundlagen (→ § 11 Rn. 45 ff.) gefunden:

aa) Dies gilt zunächst für das **Verbot der Doppelsanktionierung** nach dem Ne-bis-in- 150 idem-Grundsatz.[176]

bb) Des Weiteren wurden bereits die **Diskriminierungs- und Willkürverbote** aus 151 Art. 26 IPBPR und Art. 14 EMRK in einzelne Vertragstexte als Beschränkungen der Rechtshilfepflicht übernommen, wo dies – etwa wegen besonderer Gefahrenlagen für die Menschenrechtswahrung im Rahmen des Terrorismus – konkret besonders geboten schien.[177]

cc) Unter dem Gesichtspunkt des **Schutzes personenbezogener Daten** kommt Ver- 152 fahrensregelungen bei der Informationserhebung und -weiterverarbeitung zusehends eine

---

[175] Vgl. ausf. hierzu und zum Ganzen *Ziegenhahn*, Der Schutz der Menschenrechte bei der grenzüberschreitenden Zusammenarbeit in Strafsachen, 2002.
[176] Vgl. bereits *Mansdörfer*, Das Prinzip des ne bis in idem im europäischen Strafrecht, 2004; ausf. und aktuell *Ambos* IntStrafR § 10 Rn. 163 ff. mwN; *Hecker* EuropStrafR 461 ff. mwN, zuletzt wohl der Sammelband von *Hochmayr*, „Ne bis in idem" in Europa. Praxis, Probleme und Perspektiven des Doppelverfolgungsverbots, 2015 (Schriften des Frankfurter Instituts für das Recht der Europäischen Union 10).
[177] Vgl. etwa Art. 8 Abs. 2 EuTerrBekämpfÜ; Art. 15 AntiTerrFinÜ einschließlich der ethnischen Herkunft und der faktischen Erschwerung der Lage dieser Personen aus einem der genannten Gründe; vgl. dazu bereits *Nagel* Beweisaufnahme 122 ff. mwN.

hervorgehobene Bedeutung zu. Sie finden ihren Ausdruck in zahlreichen Vorschriften zur Vertraulichkeit, Zweckbindung und sonstigen Verwendungs- und Verarbeitungsregeln (→ §§ 20, 21 vor allem Kap. 4) – und zwar seit langem nicht mehr nur in den komplexen Regelungen des Unionsrechtes und den besonders auf die Datenverarbeitung konzentrierten internationalen Zusammenarbeitsformen wie Interpol. Vielmehr finden umfangreiche Verfahrensregeln dazu – bisweilen geradezu anhand von Musterentwürfen – zusehends Eingang in bilaterale Rechtshilfeübereinkommen sonst traditioneller Prägung.[178]

153 Derartige ausdrückliche Sonderregelungen erhöhen allerdings nicht zwingend die Effektivität des Rechtsschutzes für die Betroffenen. Sie können sogar zu einer **effektiv-faktischen Unterbindung der Wirkung von innerstaatlichen Grundrechten** führen, die, gemessen an der Schutzverpflichtung zumindest eines vertragsschließenden Teils, durchaus problematisch erscheinen kann.

154 Beispielsweise ist in den neueren Rechtshilfevereinbarungen von EU oder Bundesrepublik Deutschland mit den USA, ein evidentes Missverhältnis zwischen geradezu „barocken Phrasen" zu den Rechtspositionen von Betroffenen zu beobachten. Manche kunstvoll verklausulierte Formel ließe sich dabei ohne Inhaltsverlust zu einem bloßen Verhältnismäßigkeitsgrundsatz reduzieren (Art. 11 Abs. 1, 2 ZusBekämKrimÜ DE/US). Durch **ausufernde und extrem unscharfe Ausnahmeregelungen** kann dem Schutz der Betroffenen allerdings oft nur geringe Bedeutung zukommen. Eine reine Verhältnismäßigkeit ohne Rücksicht auf einen unantastbaren Wesenskern ist etwa beim besonderen Schutz bestimmter personenbezogener Daten im Bereich der DNA-, daktyloskopischen und insbesondere terroristischen Daten zu diagnostizieren, wo Rasse, ethnische Herkunft, politische Anschauungen, religiöse oder sonstige Überzeugungen, die Mitgliedschaft in Gewerkschaften, die Gesundheit und das Sexualleben übermittelt werden dürfen, sobald sie nur „für die Zwecke dieses Abkommens besonders relevant sind" und die Vertragsparteien in „Anerkennung der besonderen Schutzbedürftigkeit" „geeignete Schutzvorkehrungen" treffen (Art. 12 ZusBekämKrimÜ DE/US).

155 **Faktisch unmöglich** wird jeder Individualschutz durch grundrechtlich verbürgte Ansprüche dann, wenn dies **durch** eine **institutionelle und verfahrenstechnische Ausgestaltung** komplementiert wird, in der der Einzelne seine Rechte praktisch nicht effektiv zur Geltung bringen kann. Dies muss etwa dann konstatiert werden, wenn ein Betroffener unter nicht justiziabler Begründung des Schutzes von Quellen oder Ermittlungsinteressen gar keine Möglichkeit hat, zu erfahren, ob Daten über ihn gespeichert wurden und seine *pro forma* gegebenen Berichtigungs- und Löschungsansprüche, zudem noch mithilfe der praktisch nicht frist- oder verfahrensmäßig gebundenen innerstaatlichen Sicherheitsbehörde selbst geltend zu machen und zu realisieren (→ § 27 Rn. 73 f., 112).

156 Hier stellt sich die Frage, ob diese Regelungen nur durch Auslegung oder durch Rückgriff auf allgemeine ergänzende Regeln angewendet werden dürfen, sodass sie mit den Vorgaben nationaler und internationaler Grundrechte, soweit noch möglich, in Einklang zu bringen sind.

157 **dd) Steuerdaten** wurden traditionell durch die Ausnahme sog. fiskalischer Straftaten, eine strenge Verwendungsbeschränkung ansonsten übermittelter Daten durch Spezialität und Zweckbindung und das sog. Bankgeheimnis geschützt (→ § 11 Rn. 66 ff., 73 ff.). Für sie ergibt sich vor allem das Problem materiell aus den konträren Interessen des Steuergeheimnisses oder der wirksamen Prüfung der Steuerehrlichkeit, formell aus den oft außerhalb der strafrechtlichen Rechtshilfe geschlossenen Doppelbesteuerungsabkommen, die teilweise nur einen begrenzten Informationsaustausch vorsahen.[179] Vor dem Hintergrund der Wirtschafts- und Finanzkrise seit 2009 und einer öffentlichen Bloßstellung von „Steueroasen" und „Steuerflucht" in wiederholten Wellen ist ein klarer Abbau von Schranken des Informationsaustauschs an der Schnittstelle zwischen den beteiligten Staaten zu

---

[178] Zu letzteren vgl. bereits *Heußner* Informationssysteme 310 ff. mwN.
[179] Vgl. allg. *Hendricks*, Internationale Informationshilfe im Steuerverfahren, 2004; *Nagel* Beweisaufnahme 84.

beobachten (→ § 15 Rn. 659 ff.). Dieser Prozess, der durch die neuen Regelungen der OECD zum Datenaustausch noch nicht abgeschlossen ist, ist aus Sicht einer materiellen Wahrheitssuche, Rechtsgleichheit und -effektivität auch bei der Ahndung von Abgabenvergehen und -verbrechen sowie andererseits der Rechtssicherheit gegenüber anderen Formen der Informationserlangung zu begrüßen. Die richtige Verankerung etwaiger Schutzbereiche vor staatlicher Verarbeitung und Verwendung liegen im staatlichen Recht des ersuchenden Staates in einer gebotenen Gleichbehandlung mit rein innerstaatlichen Sachverhalten und auf der Grundlage von dessen politischen Wertungsentscheidungen.

d) Ansonsten ist das wesentliche Einfallstor für Begrenzungen, die – auch und gerade aus grund- und verfahrensrechtlichen Verpflichtungen – eine Rechtshilfe ausschließen, weiterhin der Auffangtatbestand des **ordre public** (zum Ganzen ausführlich → § 11 Rn. 110 ff.).[180] Er schafft für den Staat, der sich auf ihn beruft, einen Tatbestand, der schwer inhaltlich zu fassen ist, und somit eher einen Begründungsaufwand und politische Wirkungen möglicher Gegenseitigkeit oder anderer Reaktionen einschließt.

Das genaue Verhältnis zur (inner-)staatlichen Pflicht, Grund- und Verfahrensrechte zu beachten und zu schützen, ist indes – hier besonders – noch nicht grundsätzlich geklärt. Dies gilt namentlich für die Fragen, welche Intensität die befürchtete Verletzung annehmen muss, damit der Staat sich innerstaatlich auf den ordre public berufen muss, oder gar darauf, Kriterien für irgendeine völkerrechtliche Beurteilung der „inneren Rechtmäßigkeit" einer Berufung auf den ordre public zu bestimmen, um dies gegen einen mutmaßlichen Missbrauch des nicht-justiziablen Verweigerungsrechts anführen zu können. Allerdings ist dabei die Entwicklung eines „Europäischen ordre public" mit besonderem Interesse zu beobachten. Durch die Verbindung mit Bedingungen und anderen Teilleistungen der Rechtshilfe kann er auch eine konkrete Rechtshilfe und ihre Wirkung begrenzen, ohne diese ganz ausschließen zu müssen.

3. Die Geltung von Grund- und Verfahrensrechten **aus der Rechtsordnung des ersuchenden Staats** kann zunächst vor allem als Teilproblem der Geltung von dessen Rechtsordnung im Rahmen einer Rechtshilfe insgesamt verstanden werden (→ Rn. 95 ff.). Die Veranlassung von Handlungen ausländischer Behörden im Ausland durch deutsche Stellen unterliegt der Bindung an die Grundrechte des Grundgesetzes sowie die sonst für inländische staatliche Stellen geltenden Grund- und Verfahrensrechte.

a) Allgemeine Rechtsbehelfe oder die Verfassungsbeschwerde können allerdings an der **Unmittelbarkeit eines Eingriffs** scheitern.[181] Dies gilt natürlich, soweit wie im Bereich der Spontanübermittlung, es bereits an der Veranlassung eines möglichen Eingriffs fehlt, wobei die Frage möglicher Folgeeingriffe durch die weitere Verwendung der Informationen dahin gestellt bleibt (auch → § 18 Rn. 7, § 22 Rn. 6 f.). Auch ein ausgehendes Rechtshilfeersuchen als solches stellt nach ständiger Rechtsprechung keinen unmittelbar der Bundesrepublik Deutschland zurechenbaren Eingriff dar (zum Ganzen ausführlich → § 26 Rn. 18. ff.). Es bewirkt zwar, dass der ersuchte Staat eine Prüfung anstellt, ob die Voraussetzungen der Zulässigkeit der Rechtshilfe gegeben sind oder eine völkervertragliche Verpflichtung zu deren Ausführung besteht. Nach traditioneller Meinung kann selbst, wenn diese Prüfung zum Ergebnis kommt, dass eine Verpflichtung zur Rechtshilfe besteht, diese und die Ausführung der Rechtshilfe nicht am Maßstab der Grundrechte des Grundgesetzes überprüft werden. Etwas anderes könne, so das BVerfG, nur gelten, wenn die Bundesrepublik Deutschland „**einen bestimmenden Einfluss**" auf die Ausgestaltung und den Vollzug der innerstaatlichen Ordnung des ersuchten Staates hätte", gemeint ist wohl letztlich: auf den Vollzug der Rechtshilfemaßnahme als solcher hätte. Daraus ergibt sich die dogmatische spannende Frage, inwieweit durch die neuen Anerkennungsmechanismen der EU, vor allem der europäischen Ermittlungsanordnung, sich ein solcher bestimmender

---
[180] Vgl. aus schweizerischer Sicht etwa iE *Popp* Rechtshilfe Rn. 341 ff.
[181] Vgl. zum Ganzen etwa BVerfG Beschluß des Zweiten Senats BVerfGE 57, 9 (23 ff.) = NJW 1981, 1154 zum Auslieferungsverfahren.

Einfluss auf den ersuchenden bzw. „anordnenden" Staat verschiebt, der seine Grundrechte nach den Grundsätzen des Europarechts anwendet, soweit er nicht durch das Unionsrecht daran gehindert ist.

162 Nehmen ausländische Behörden Eingriffe innerhalb des deutschen Staatsgebietes mit Billigung und Duldung deutscher Behörden vor, so sind die deutschen Grundrechte stets relevant, soweit die deutschen Stellen das Recht und die Möglichkeit haben, die Eingriffe zu unterbinden.[182] Sind derartige Eingriffe rechtswidrig, folgt auch aus den Grundrechten die Pflicht für deutsche Behörden, diese zu verhindern.

163 b) Zu berücksichtigen ist zudem, dass nach hM auch **das Verfahren der ausgehenden Rechtshilfe** ein **Verwaltungsverfahren** darstellt, sodass sich der meist erweiterte strafprozessuale Rechtsschutz insbesondere des Beschuldigten darauf nicht unmittelbar bezieht. So sollen etwa die besonderen Beschuldigtenrechte zB des Art. 6 Abs. 3 EMRK nicht unmittelbar im eigentlichen Rechtshilfeverfahren gelten. Allerdings finden diese durch das **strafrechtliche Bezugsverfahren,** das den Rahmen der Rechtshilfe bietet, regelmäßig Anwendung.[183]

IV. Konkreter Rechtsschutz

164 Der **konkrete Rechtsschutz** folgt damit der geteilten Zuständigkeit zwischen den beteiligten Staaten im Rahmen der Rechtshilfe (im Einzelnen → § 25 Rn. 4 ff.).

165 1. So wird im Rahmen der „kleinen Rechtshilfe" einerseits der vorgelagerte Rechtsschutz einschließlich vorbeugender Rechtsbehelfe vor allem durch das **strafrechtliche Bezugsverfahren** und die dortige Stellung als Verfahrensbeteiligte oder Drittbetroffene geprägt. Andererseits sind die dortigen allgemeinen Regeln für den nachträglichen Schutz von Beschuldigten im Rahmen der Einschränkung der Verwertbarkeit von Informationen aufgrund der Informationserhebung ebenso anzuwenden (→ § 24 Rn. 16 ff.) wie die möglichen anschließenden Rechtsbehelfe. Konkrete innerstaatliche Rechtsbehelfe, namentlich von Drittbetroffenen, gegenüber einzelnen Beweiserhebungsmaßnahmen durch ausländische Stellen wie etwa § 98 Abs. 2 S. 2 StPO, würden indes zu einer Nachprüfung des dortigen Verhaltens und damit einer Verletzung völkerrechtlicher Grundprinzipien führen.

166 2. Im **ersuchten Staat** stehen dem von Eingriffsmaßnahmen Betroffenen grundsätzlich die Rechtsbehelfe wie gegen vergleichbare dort rein innerstaatlich veranlasste Maßnahmen offen. Allerdings bereitet die Frage des Rügepotentials, insbesondere eine **mögliche Bindung des ersuchten Staates** an das Ersuchen und die dem vorausgehenden Entscheidungen im ersuchenden Staat gewisse Probleme. Diese nehmen durch die neueren Rechtshilfeinstrumente des Unionsrechts zu.

167 Im traditionellen Rechtshilferecht dürfte die Lösung, wie bereits angedeutet, einerseits in der durchaus weiten, wenig durch Ersuchen und Vorentscheidungen gebundenen, **Verweigerungs- oder Beschränkungsmöglichkeiten der Rechtshilfe** liegen, sodass ein Angriff auf die in der Souveränitätssphäre des ersuchenden Staates liegenden Entscheidungen kaum erforderlich sein dürfte.

---

[182] Vgl. *Papier,* Gutachterliche Stellungnahme zum Beweisbeschluss SV-2 des 1. Untersuchungsausschusses des 18. Deutschen Bundestags, 8 mwN.
[183] Da die Entscheidung des EGMR NJW 2012, 3709 – Stojkovic./.Frankreich und Belgien, die fehlende Anwesenheit des Verteidigers bei einer iRd Rechtshilfe im Ermittlungsverfahren erfolgten Beschuldigtenvernehmung primär an der späteren Verwertung durch das erkennende Gericht in der Hauptsache festmacht und ansonsten sich auf die Ausgestaltungshoheit der Mitgliedstaaten bezieht, kann sie ebenfalls im Geist der genannten traditionellen hM interpretiert werden, sodass die Argumente von *Ambos* IntStrafR § 10 Rn. 60 ff. nicht zwingend sind; vgl. auch dazu *Gleß* FS Wolter, 2013, 1357 ff.; *Gleß* ZStW 125 (2013), 573 (576 ff.); *Nagler* StV 2013, 325 ff.; *Stiebig* ZJS 2012, 617; *Stiebig* JR 2011, 172; *Zöller* ZJS 2010, 441; allg. zu Art. 6 Abs. 3 EMRK HdB-EuStrafR/*Kreicker* § 51 Rn. 25 ff. mwN.

3. Kapitel

§ 10 Spontanübermittlungen

Die sog. Spontanübermittlungen stellen die Informationsweitergaben im Wege der transnationalen Rechtshilfe dar, die ohne ein Ersuchen erfolgen. Nur in diesem Sinn, aus der Perspektive des Empfängerstaates, verdienen sie damit die Bezeichnung „spontan", bleiben doch auch in diesem Fall sämtliche beteiligten Stellen an ihr Recht, namentlich zum Datenschutz gebunden. 1

In ihrem Völkerrechtsverhältnis steht es souveränen Staaten stets frei, Informationen weiterzugeben.[1] Die völkervertraglichen Rechtshilfegrundlagen für Spontanübermittlungen enthalten in aller Regel keine Verpflichtung, sondern sehen diese als eine Möglichkeit vor. In beiden Fällen erscheint eine entsprechende Ermessensentscheidung des Übermittlungsstaates für den Empfänger grundsätzlich nicht justiziell nachprüfbar. Ihre rechtliche Bedeutung – über politische Absichtserklärungen hinaus – enthalten die Regelungen daher primär als Rechtfertigung und Rechtsgrundlage im innerstaatlichen Verhältnis zu den vom Datenaustausch Betroffenen sowie ggf. der Regelung von geordneten Verfahren. Die Regelungsdichte ist folglich bei einer Vielzahl entsprechender Übermittlungsnormen sehr unterschiedlich und regelmäßig gering, sodass die weitere Ausfüllung dem allgemeinen Recht der beteiligten Staaten (vor allem → § 9 Rn. 95 ff.; 120 ff.) überlassen bleibt. 2

Zur wesentlichsten völkervertraglichen Regelung zählen **Vorkehrungen zur Zuständigkeit,** die sicherstellen sollen, dass Spontanübermittlungen im Wege der Rechtshilfe auch als solche wahrgenommen werden und ihren Sinn und Zweck beim eigentlichen Empfänger effektiv und effizient erreichen. 3

Dagegen enthalten **Rechtsinstrumente für Spontanübermittlungen nach dem Unionsrecht,** aufbauend vor allem auf dem „gemeinsamen Raum der Freiheit, der Sicherheit und des Rechts", naturgemäß weit häufiger echte Pflichten zur Übermittlung von Informationen auch ohne vorangegangenes Ersuchen, sowie detaillierte Verfahrensregelungen. Das Rechtshilfeabkommen der EU-Staaten kann dabei als Auffangnorm angesehen werden, da es bestimmt, dass Spontanübermittlungen grundsätzlich unmittelbar zwischen den Justizbehörden (→ 1. Kap. Rn. 18 ff.), die für ihre Stellung und Erledigung örtlich zuständig sind, übermittelt und auf demselben Weg zurückgesandt werden, sofern nichts anderes bestimmt ist (Art. 6 Abs. 1 S. 2 RHÜ 2000).[2] Es gelten ansonsten die gleichen Ausnahmemöglichkeiten wie bei der Kommunikation bei Ersuchen (→ § 12 Rn. 14, 119, 201; § 13 Rn. 133). 4

Die bereits genannte Vielzahl an Rechtsgrundlagen für Spontanübermittlungen lässt bedingt situativ kategorisieren: 5

- Die Übermittlungen können erfolgen, weil der weitergebende Staat damit selbst eine Form der Rechtshilfe erreichen will, die sich ihrerseits nicht in einer Informationsübermittlung erschöpft. Neben dem hier bewusst ausgeklammerten Auslieferungs- und Vollstreckungsrecht kommt dabei der **Bitte um Durchführung eines eigenen Strafverfahrens** im Empfängerstaat der Übermittlung besondere Bedeutung zu (→ Rn. 6 ff.);
- Die Übermittlung von Informationen **zu im Inland erfolgten Verurteilungen** stellen einen Mechanismus dar, der zahllose Ersuchen „ins Blaue" vermeiden kann, wenn er für die Stellen des empfangenden Staates verlässlich ist; daher ist dieser Bereich auch durch Übermittlungsverpflichtungen gekennzeichnet (→ Rn. 21 ff.);
- Ergänzt wird dies durch **allgemeine Klauseln der spontanen Übermittlung** vor allem von personenbezogenen Daten unter sonstigen Informationen im Rahmen allgemeiner Rechtshilfeinstrumente, wobei auch hier dem **Informationsverbund der EU** besondere eigene Regelungen zukommen (→ Rn. 28 ff.).

---

[1] Wie hier auch NK-RechtshilfeR/*Ambos/Poschadel* I Rn. 16 ff. mwN.
[2] Spätestens damit dürfte die früher teilweise verneinte Frage, ob Spontanübermittlung auch Rechtshilfe sei, positiv entschieden sein, aA wohl noch *Nagel* Beweisaufnahme 51 mwN.

A. Anzeigen und Verfolgungsübernahmeersuchen

6 Wesentliche Informationen über strafrechtlich relevante Sachverhalte können an eine staatliche Stelle gelangen, damit dort ein Strafverfahren eingeleitet werden kann oder soll. Die Bezeichnungen und der Grad der Formalisierung sind dabei nicht einheitlich.

I. Strafanzeige, Strafverlangen, Strafantrag, Verfahrensübernahme

7 Innerstaatlich kann die Behandlung wie eine allgemeine Strafanzeige oder aber besondere verfahrensrechtliche Vorkehrungen die Folge sein. So kann nach § 158 Abs. 1 StPO jede **Strafanzeige**, egal aus welcher Quelle sie stammt, nach dem Legalitätsprinzip die Ermittlungsbehörden verpflichten, Ermittlungen aufzunehmen. Die Strafanzeige ist dabei (bloße) Mitteilung eines Sachverhaltes, der nach Meinung des Anzeigenden, der nicht Verletzer oder Nebenklage- oder Strafantragsberechtigter zu sein braucht, Anlass für eine Strafverfolgung bietet, löst allerdings eine Prüfungspflicht der Staatsanwaltschaft aus.[3]

8 Dagegen sehen für bestimmte Straftaten gegen ausländische Staaten §§ 102 ff. StGB zur innerstaatlichen Strafverfolgung unter anderem ein nötiges **Strafverlangen** des betroffenen Staates vor, § 104a StGB. Diese Straftaten umfassen Angriffe auf Leib, Leben oder Ehre von Staatsoberhäuptern, Regierungsmitgliedern oder akkreditierten Leitern diplomatischer Vertretungen im Inland sowie Verletzungen von Flaggen und Hoheitszeichen. Neben einer Ermächtigung der Bundesregierung, bestehenden diplomatischen Beziehungen und verbürgter Gegenseitigkeit zur Tat- und Ahndungszeit ist das genannte Strafverlangen erforderlich. Für dieses gelten gem. § 77e StGB die Regelungen für Strafanträge nur partiell, wobei die mögliche Rücknahme (§ 77d StGB) deutlich klarer einer entsprechenden Anwendung zugänglich ist, als die Frage eines Übergangs der staatlich-gebundenen Antragsberechtigung bei Tod oder Geschäftsunfähigkeit (§ 77 StGB), die hier wohl keine Wirkung entfalten können.[4] Die wichtigsten Vorschriften der Antragsfrist (§ 77b StGB) und -form (§ 158 StPO) gelten ohnehin ausdrücklich nicht. Das Strafverlangen kann als solches unbefristet gestellt werden, sein Fehlen hindert in der Zwischenzeit ebenso wenig, wie das eines Strafantrages sonst das Ermittlungsverfahren, wohl bis hin zu vorläufiger Festnahme und Haftbefehl (vgl. § 127 Abs. 3 StPO, § 130 StPO). Für die nötige Form des Strafverlangens bleibt es mangels Regelung im Strafverfahrensrecht bei den allgemeinen völkerrechtlichen Grundlagen und Gepflogenheiten. Zuständig für die Abgabe und für die Annahme sind daher aus Sicht des innerstaatlichen Rechtes die entsprechenden innerstaatlich bestimmten vertretungsberechtigten Stellen, namentlich die diplomatischen Vertretungen, Außenministerien bis hin zu den Staatsoberhäuptern.[5] Vor allem bei ersterem soll indes das Strafverlangen nicht beachtlich sein, wenn der Botschafter offensichtlich gegen den Willen der vertretenen Regierung handelt. Insgesamt wird man hinsichtlich der Konkretheit und Erkennbarkeit eines entsprechenden Erklärungsbewusstseins und -willens gewisse Mindestanforderungen stellen müssen, sodass etwa lediglich politische Erklärungen, schon gar nicht, wenn sie nicht zielgerichtet im Hinblick auf einen diplomatisch empfangsberechtigten Vertreter auf den Weg gebracht wurden, nicht ausreichen dürften. Ansonsten dürfte eine bestimmte Form, namentlich der schriftlichen Fixierung, sinnvoll, aber nicht zwingend sein.

9 Außerhalb dieses Anwendungsbereichs dürften auch bei Verletzung von Repräsentanten mit internationalem Bezug die allgemeinen Erfordernisse des **Strafantrags** nach §§ 77 ff. StGB und § 158 StPO insgesamt Anwendung finden. Dies gilt etwa, wenn ein ausländisches Regierungsmitglied sich im Ausland oder nicht in amtlicher Eigenschaft im Inland aufgehalten hat, während er beleidigt wurde, oder wenn die Beleidigung von ihnen oder

---

[3] Meyer-Goßner/Schmitt/*Schmitt* StPO § 158 Rn. 2 mwN.
[4] Vgl. *Fischer* StGB, 65. Aufl. 2018, § 77e Rn. 2.
[5] Vgl. hierzu und zum Folgenden Schönke/Schröder/*Eser* StGB § 104a Rn. 3.

des Botschafters nicht in Bezug auf die amtliche Stellung erfolgte, sodass §§ 185 ff. StGB Anwendung finden.

Die Frage eines förmlichen Verfahrens zur Prüfung einer, den mitteilenden Staat entlastenden **Verfahrensübernahme,** die durch Begründung eines originär eigenen Verfahrens erfolgt, ist indes Frage des Kooperationsrechtes dieser speziellen Rechtshilfeform, die allerdings bislang – mit der Ausnahme entsprechender Vertragsgesetze zur Übernahme von Übereinkommen – keine besondere Ausprägung im rein deutschen Recht gefunden hat. Besonderheiten für das übernommene Verfahren ergeben sich insoweit nur daraus, namentlich durch besondere Mitteilungspflichten über den Gang des „übernommenen" Verfahrens.[6] Diese Mitteilung erlaubt den Justizbehörden des anderen Staates die Beachtung und insbesondere die vollständige Einstellung ihres eigenen Verfahrens nach erfolgreichem Abschluss des „übernommenen Verfahrens", namentlich aufgrund Strafklageverbrauchs nach dem Grundsatz *ne bis in idem*. 10

II. Internationale Grundlagen

1. Unter den vielfältigen vertraglichen Grundlagen nimmt **für den gesamteuropäischen Raum** das RHÜ 1959 einmal mehr eine zentrale Bedeutung ein.[7] Nach Art. 21 RHÜ 1959 kann eine Vertragspartei bei einer anderen eine **Anzeige zum Zweck der Strafverfolgung** durch deren Gerichte machen. 11

a) Diese ist, soweit die empfangende Vertragspartei keine andere Erklärung abgegeben hat, auf dem **justizministeriellen Geschäftsweg** zu übermitteln.[8] Dagegen können, darauf aufbauend, Anzeigen innerhalb des Anwendungsbereichs des RHÜ 2000, also vor allem zwischen den EU-Staaten, stets von Gerichten an die zuständigen Stellen direkt übersandt werden (Art. 6 Abs. 1 S. 3 RHÜ 2000). 12

b) Soweit nichts anderes vorbehalten wurde, muss der anzeigende Staat die Anzeige nicht **übersetzen** (Art. 16 RHÜ 1959, Art. 21 Abs. 3 RHÜ 1959). 13

c) Ist eine solche Anzeige erfolgt, hat der ersuchte Staat dem ersuchenden Staat die aufgrund dieser Anzeige getroffenen Maßnahmen **mitzuteilen** und ihm gegebenenfalls eine Abschrift der **ergangenen Entscheidung zu übermitteln** (Art. 21 Abs. 2 RHÜ 1959). 14

2. Vor allem die **bilateralen Ergänzungsverträge zum RHÜ 1959** enthalten sehr detaillierte Regelungen zur Anzeige und Übernahme der Strafverfolgung, namentlich zu Strafanträgen, Form des Ersuchens, Behandlung des Verfahrens im ersuchten aber auch ersuchenden Staat und mögliche Verfahrenshindernisse aufgrund der „Verfahrensübergabe".[9] 15

3. Im Rahmen des Europarates gibt es weitere Übereinkommen zur Anzeige bzw. Übernahme des Verfahrens auf Ersuchen. 16

a) Dazu zählt namentlich das ausführliche Instrumentarium bei Gewalt gegen Frauen in Art. 62, 64 Abs. 2, 3 GewSchÜ. 17

b) Andere, zB bei Zuwiderhandlungen im Straßenverkehr,[10] hat Deutschland allerdings, ebenso wie das sehr detaillierte allgemeine Europäische Übereinkommen über die Übertragung der Strafverfolgung v. 15.5.1972 bislang nicht ratifiziert.[11] 18

---

[6] Vgl. etwa *Hackner/Schierholt* Int. Rechtshilfe Rn. 4: Die dortige Ablehnung eines Charakters als Rechtshilfe überhaupt verkennt sowohl die Leistung der Informationsweitergabe, als auch die zumindest rechtsreflexhafte Entlastung des mitteilenden Staates nach seinem eigenen Recht.

[7] Zwischen den Vertragsstaaten, die es ratifiziert haben, nimmt Art. 11 ZP II-RHÜ 1959 inhaltliche Präzisierungen vor, vgl. Denkschrift BT-Drs. 18/1773, 37.

[8] Art. 21 Abs. 1 S. 1, 2 RHÜ 1959, eine entsprechende Erklärung muss nach Art. 15 Abs. 6 RHÜ 1959 erfolgt sein; vgl. hierzu und zum Ganzen auch NK-RechtshilfeR/*Kubiciel* IV Rn. 563.

[9] Vgl. etwa **für Frankreich:** Art. 11 ErgV-RHÜ 1959 DE/FR; **Israel:** Art. 14, 16 f. RHÜ DE/IL; **Italien:** Art. 12 ErgV-RHÜ 1959 DE/IT; **die Niederlande:** Art. 11 ErgV-RHÜ 1959 DE/NL; **Österreich:** Art. 14 f. ErgV-RHÜ 1959 DE/AT; **Polen:** Art. 13 ErgV-RHÜ 1959 DE/PL; **die Schweiz:** Art. 12 ErgV-RHÜ 1959 DE/CH; **Tschechien:** Art. 14 PolZV DE/CZ.

[10] Europäisches Übk. über die Ahndung von Zuwiderhandlungen im Straßenverkehr v. 30.11.1964, ETS Nr. 052, insbes. Art. 1, 14 ff. VerkDelAhndÜ.

[11] Europäisches Übk. über die Übertragung der Strafverfolgung v. 15.5.1972, ETS Nr. 073.

19 4. Über den europäischen Rechtskreis hinaus kann exemplarisch auf das **Abkommen mit den USA** hingewiesen werden. Danach kann eine Vertragspartei eine Sache an die andere Vertragspartei zur Prüfung im Hinblick auf strafrechtliche Ermittlung und Verfolgung verweisen, indem sie eine zusammenfassende Darstellung des Sachverhalts nebst Übersetzung in die Sprache der empfangenden Vertragspartei beifügt und die empfangende Vertragspartei die andere Vertragspartei über das bezüglich der Verweisung Veranlasste und die Gründe dafür unterrichtet (Art. 22 RHV DE/US).[12]

20 5. Schließlich kann auch zB **Europol** nach vorheriger Kenntnisgabe an Eurojust die zuständigen Behörden der betreffenden Mitgliedstaaten um die Einleitung, Durchführung oder Koordinierung von strafrechtlichen Ermittlungen ersuchen (nach Art. 5 Abs. 1 lit. d Europol-Beschluss, Art. 7 Europol-Beschluss). Daraufhin sind die so adressierten Mitgliedstaaten verpflichtet, das Ersuchen entgegenzunehmen, in angemessener Weise zu prüfen und Europol darüber zu unterrichten, ob die Ermittlungen, die Gegenstand des Ersuchens sind, eingeleitet werden. Entscheiden die zuständigen Behörden des Mitgliedstaats, einem Ersuchen seitens Europol nicht stattzugeben, so setzen sie Europol von ihrer Entscheidung in Kenntnis und teilen dem europäischen Polizeiamt die Gründe hierfür mit. Letzteres kann unterbleiben, wenn sie die Gründe nicht mitteilen können, weil hierdurch wesentliche nationale Sicherheitsinteressen beeinträchtigt oder der Erfolg laufender Ermittlungen oder die Sicherheit von Personen gefährdet würden. Die Übermittlung in beide Richtungen erfolgt grundsätzlich über die zentralen nationalen Stellen und ggf. Verbindungsbeamten, sofern nicht der Mitgliedstaat den direkten Kontakt geregelt hat (Art. 7 Abs. 4 Europol-Beschluss, Art. 8 Abs. 2 Europol-Beschluss).

B. Übermittlung von Ergebnissen von Strafverfahren

21 Die primäre Bedeutung der Übermittlung von Ergebnissen von Strafverfahren liegt darin, eine Berücksichtigung von ausländischen Vorstrafen vor allem eines eigenen Staatsangehörigen in inländischen Verfahren zu ermöglichen, die von einem Minimum an Aufwand und Zeitverzögerung begleitet ist. Dieses Ziel wird durch anlassbezogene oder regelmäßige Übermittlung der Datenbestände, im Rahmen der EU vorrangig durch neuere Instrumente gewährleistet (→ § 14 Rn. 124 ff., 136), die eine weit größere Aktualität ermöglichen. Dabei sind die Tilgungs- und Sperrfristen grundsätzlich zu beachten. So findet in Deutschland über § 59 IRG § 54 BZRG Anwendung, wonach keine Auskunftsübermittlung bei getilgter oder sonst nicht übermittelbarer Eintragung erfolgt.

I. Europäische Union

22 Innerhalb der EU gilt Folgendes: Hat ein Verurteilter die Staatsangehörigkeit eines oder mehrerer anderer EU-Mitgliedstaaten, so hat der Verurteilungsstaat sicherzustellen, dass jeder Herkunftsmitgliedstaat, dessen Staatsangehörigkeit der verurteilte Unionsbürger besitzt, so schnell wie möglich über ergangene und in sein Strafregister eingetragene Verurteilung unterrichtet wird (gem. Art. 4 Abs. 2 RB 2009/315/JI).[13] Diese Übermittlung erfolgt zwischen den von den Staaten jeweils benannten Zentralbehörden (Art. 3 RB 2009/315/JI). Nach erfolgtem Ablauf der Übergangsfrist von drei Jahren hat die Übermittlung elektronisch standardisiert zu erfolgen (Art. 11 Abs. 3 RB 2009/315/JI). Umfasst sind alle Verurteilungen, mithin „jede rechtskräftige Entscheidung eines Strafgerichts gegen eine

---

[12] Vgl. BT-Drs. 16/4377, 60.
[13] Rahmenbeschluss 2009/315/JI des Rates über die Durchführung und den Inhalt des Austauschs von Informationen aus dem Strafregister zwischen den Mitgliedstaaten (RB 2009/315/JI) v. 26.2.2009, ABl. 2009 L 93, 23.

natürliche Person im Zusammenhang mit einer Straftat, sofern diese Entscheidungen in das Strafregister des Urteilsstaats eingetragen werden" (gem. Art. 2 lit. a RB 2009/315/JI). Sollten spätere Änderungen oder eine Streichung von Informationen im Strafregister eintreten, so sind diese ebenfalls unverzüglich über die Zentralbehörden an den Herkunftsmitgliedstaat zu übermitteln (Art. 4 Abs. 3 RB 2009/315/JI). Das Bundesamt für Justiz als BZR-Registerbehörde kann die eingegangenen Informationen über ausländische Verurteilungen einer zuständigen Staatsanwaltschaft weiter mitteilen (§ 56a BZRG).

II. Europarat

Im Rahmen des **Europarates** folgt eine Übermittlungsverpflichtung zwischen den weiteren Mitgliedstaaten des RHÜ 1959,[14] für die der Vorrang dieser elektronischen Übermittlung gem. Art. 12 Abs. 3 RB 2009/315/JI (noch) nicht gilt, aus Art. 22 RHÜ 1959, regelmäßig in der Neufassung des Abs. 1 durch Art. 4 des 1. Zusatzprotokolls. Danach ist jede Vertragspartei von allen strafrechtlichen Verurteilungen und nachfolgenden Maßnahmen zu benachrichtigen, die in das Strafregister des anderen Staates eingetragen worden sind, die ihre Staatsangehörigen betreffen, die nicht auch die Staatsangehörigkeit des verurteilenden Staates haben. Diese Mitteilung hat mindestens einmal jährlich durch die Justizministerien untereinander zu erfolgen. 23

In bilateralen Ergänzungsverträgen sind dabei oft kürzere Intervalle vorgesehen, jedoch dürften diese mit vollständiger Implementierung des EU-Mechanismus insoweit überholt sein.[15] 24

Nach dem durch Art. 4 ZP I-RHÜ 1959 angefügten Art. 22 Abs. 2 RHÜ 1959 folgt daraus eine besondere verpflichtende Rechtshilfeform, die **Abschriften der zugrundeliegenden Urteile** und zusammenhängenden Maßnahmen **auf Ersuchen** zu übermitteln.[16] 25

III. Weitere bi- und multilaterale Übereinkommen

1. Die zwischen Deutschland und **Polen** bzw. Tschechien vor Inkrafttreten des RB 2009/315/JI vereinbarte besondere Mitteilungspflicht von Gerichtsentscheidungen, die zur Aberkennung des Rechtes, von einer **Fahrerlaubnis** des Empfängerstaates im Übermittlungsstaat Gebrauch zu machen, führten, dürfte durch den neuen Mechanismus des Registerverbundes überholt sein.[17] Sie war eingeführt worden, um dem missbräuchlichen „Führerscheintourismus" durch unterschiedliche faktische Anforderungen für die Wiedererteilung entzogener Fahrerlaubnisse entgegenzuwirken. 26

2. Unter den weiteren Vertragsgrundlagen sei beispielsweise angeführt, dass nach dem Falschmünzerei-Abkommen die entsprechend eingerichteten Zentralstellen sich untereinander **jede Verurteilung von Falschmünzern** und sonstige zweckdienliche Unterlagen, insbesondere die Personenbeschreibungen, Fingerabdrücke und Lichtbilder der Falschmünzer in dem ihnen zweckdienlich erscheinenden Umfang mitteilen können, sofern es sich nicht um Fälle mit rein örtlicher Bedeutung handelt.[18] 27

---

[14] Gilt auch durch textgleiche Übernahme in Art. 38 RHV DE/TN im Verhältnis mit **Tunesien**.
[15] ZB vierteljährlich im Verhältnis mit **Frankreich:** Art. 12 Abs. 1 ErgV-RHÜ 1959 DE/FR; **den Niederlanden:** Art. 12 Abs. 1 ErgV-RHÜ 1959 DE/NL; **Österreich:** Art. 16 Abs. 1 ErgV-RHÜ 1959 DE/AT; **der Schweiz:** Art. 13 Abs. 1 ErgV-RHÜ 1959 DE/CH; **Tschechien:** Art. 15 PolZV DE/CZ; Art. 14 ErgV-RHÜ 1959 DE/PL; dagegen alle sechs Monate mit Israel oder Italien, **Israel:** Art. 15 Abs. 1 ErgV-RHÜ DE/IL; **Italien:** Art. 22 Abs. 1 ErgV-RHÜ 1959 DE/IT.
[16] Vgl. dazu NK-RechtshilfeR/*Kubiciel* IV Rn. 564 mwN.
[17] **Für Polen:** Art. 15 ErgV-RHÜ 1959 DE/PL; **Tschechien:** Art. 16 PolZV DE/CZ.
[18] Art. 14 Nr. 2 IntAFMAbk, beachte hierzu die partielle Zentralstellenfunktion von Europol für den Euro nach dem B 2005/511/JI.

C. Spontanübermittlung von interessierenden Informationen

28 Neben den beiden genannten Sonderformen sehen die überwiegende Zahl aller multi- und bilateralen Rechtshilfeverträge neben der Rechtshilfe auf Ersuchen mögliche Spontanübermittlungen vor, wenn diese dem Sinn und Zweck der Kooperation, namentlich der Förderung der Ahndung und ggf. Prävention von Straftaten in transnationaler Kompetenz- und Arbeitsteilung dienen. Diese Spontanübermittlungen können Informationen unterschiedlichster Art betreffen, von Anschriften und Amtsbezirken der zuständigen Behörden zur Erleichterung der Rechtshilfe[19] bis hin zu personenbezogenen Daten von Verdächtigen oder Dritten.

I. Deutsches Recht

29 Nach § 61a IRG dürfen deutsche Gerichte und Staatsanwaltschaften ohne ein Ersuchen personenbezogene Daten aus strafprozessualen Ermittlungen an die zuständigen öffentlichen Stellen anderer Staaten sowie zwischen- und überstaatliche Stellen übermitteln, soweit eine Spontanübermittlung an ein deutsches Gericht oder eine deutsche Staatsanwaltschaft zulässig wäre. Weiterhin müssen Tatsachen die Annahme rechtfertigen, dass die Übermittlung erforderlich ist,

- um ein eine im Einzelfall bestehende Gefahr für den Bestand oder die Sicherheit des Staates oder für Leib, Leben oder Freiheit einer Person oder für Sachen von erheblichem Wert, deren Erhaltung im öffentlichen Interesse geboten ist, abzuwehren,
- ein Rechtshilfeersuchen des Empfängerstaates in einem Verfahren zur Strafverfolgung oder zur Strafvollstreckung vorzubereiten wegen einer Straftat, die in Deutschland im Höchstmaß mit Freiheitsstrafe von mehr als fünf Jahren bedroht ist, soweit die Voraussetzungen zur Leistung von Rechtshilfe auf Ersuchen vorlägen, wenn ein solches gestellt würde, oder
- eine Straftat, die in Deutschland im Höchstmaß mit Freiheitsstrafe von mehr als fünf Jahren bedroht ist, zu verhindern.

30 Ist ein angemessenes Datenschutzniveau im Empfängerstaat gewährleistet, genügt jede Straftat mit erheblicher Bedeutung (§ 61a Abs. 1 S. 2 IRG). Allerdings dürfen keine überwiegenden schutzwürdigen Interessen des Betroffenen entgegenstehen (nach § 61a Abs. 3 IRG) und sind stets die Bedingungen nach § 61a Abs. 2 IRG zu stellen.

II. Europäische Union

31 Auch hier ergibt sich im **Rahmen der EU** eine besonders dichte, teilweise sich überlagernde, komplexe gesonderte Rechtsmaterie.

32 1. Durch das **sekundäre Unionsrecht** sind zunehmend Bereiche und Verfahren des spontanen Datenaustausches unterschiedlichster Ermittlungsorgane geregelt. Hinzu treten Verbunddateien und gemeinsame Institutionen wie Europol, Eurojust, EJN oder OLAF. Daraus ergibt sich eine detailreiche Regelungsmaterie, die jeweils gesondert zu behandeln ist.[20]

33 2. Daneben ist eine allgemeine Form des **möglichst umfassenden und schnellen Datenaustausches auch ohne Ersuchen durch den Rahmenbeschluss 2006/960/JI** über die Vereinfachung des Austauschs von Informationen und Erkenntnissen zwischen den Strafverfolgungsbehörden (RB 2006/960/JI) vorgesehen. Diese Verpflichtung löst die Ermessensvorschrift des Art. 46 SDÜ ab; ob man allerdings darin über den Wortlaut hinaus

---

[19] Vgl. etwa **für Tschechien:** Art. 11 Abs. 4 PolZV DE/CZ; **Polen:** Art. 10 Abs. 4 ErgV-RHÜ 1959 DE/PL, nunmehr wohl aufgegangen im EJN-Instrumentarium, → § 17 Rn. 68; § 17 Rn. 3 ff.
[20] Vgl. etwa exemplarisch → Kap. 3 § 8 Rn. 31 ff.; § 17 Rn. 1 ff.; → § 18 Rn. 1 ff.). Für die technische Behandlung → § 18 Rn. 27; § 19 Rn. 63, 88; § 21 Rn. 22.

eine wesentliche Verschärfung im Sinne einer nun vollständig gebundenen Entscheidung erblicken kann, erscheint fraglich.[21]

Nach Art. 7 RB 2006/960/JI stellen sich die zuständigen Strafverfolgungsbehörden der Mitgliedstaaten untereinander unaufgefordert Informationen und Erkenntnisse in Fällen zur Verfügung, in denen konkrete Gründe für die Annahme bestehen, dass diese Informationen und Erkenntnisse dazu beitragen könnten, bestimmte Straftaten aufzudecken, zu verhüten oder aufzuklären. 34

Die Norm gilt dabei nicht nur für die polizeiliche Zusammenarbeit, sondern als zuständige Strafverfolgungsbehörde gelten die notifizierten nationalen Polizei-, Zoll oder sonstigen Behörden, die nach nationalem Recht befugt sind, „Straftaten oder kriminelle Aktivitäten aufzudecken, zu verhüten und aufzuklären und in Verbindung mit diesen Tätigkeiten öffentliche Gewalt auszuüben und Zwangsmaßnahmen zu ergreifen." Darunter fallen namentlich nicht die Behörden oder Stellen, die sich speziell mit Fragen der nationalen Sicherheit befassen (Art. 2 lit. a RB 2006/960/JI). 35

Bei diesen Straftaten muss es sich um solche nach Art. 2 Abs. 2 EuHB-Beschluss[22] handeln, also solche aus dem umfangreichen Katalog, die mit einer Höchststrafe von mindestens drei Jahren Freiheitsstrafe bedroht sind. 36

Es werden nur die Informationen und Erkenntnisse zur Verfügung gestellt, die für die erfolgreiche Aufdeckung, Verhütung oder Aufklärung der betreffenden Straftat oder kriminellen Aktivität für sachdienlich und erforderlich gehalten werden. Nicht übermittelt werden Informationen und Erkenntnisse, für die im Fall eines Ersuchens einer der Ablehnungsgründe (des Art. 10 RB 2006/960/JI) eingreifen würde. 37

Die weiteren Modalitäten dieses spontanen Austausches richten sich nach dem nationalen Recht des Mitgliedstaats, der die Informationen zur Verfügung stellt. 38

In **das deutsche Recht** setzt § 92c IRG die Spontanübermittlungspflicht des Art. 7 RB 2006/960/JI um. Danach ist die Übermittlung bei Verpflichtung nach dem RB 2006/960/JI oder aus sonstiger völkerrechtlicher Grundlage vorzunehmen, 39

- wenn eine Übermittlung auch ohne Ersuchen an ein deutsches Gericht oder eine deutsche Staatsanwaltschaft zulässig wäre,
- die Übermittlung geeignet ist, ein Strafverfahren in dem anderen Mitgliedstaat einzuleiten oder ein dort bereits eingeleitetes Strafverfahren zu fördern,
- und die Stelle, an die die Daten übermittelt werden, für die dafür zu treffenden Maßnahmen zuständig ist.

Die weiteren Voraussetzungen und Bedingungen bestimmen sich nach § 61a Abs. 2–4 IRG iVm § 92c Abs. 2 IRG. 40

3. Daneben sei für das sekundäre Unionsrecht hier nur exemplarisch auf weitere, ergänzende Grundlagen für Spontanübermittlungen hingewiesen: So können etwa zu **Völkermord, Verbrechen gegen die Menschlichkeit und Kriegsverbrechen** die dafür notifizierten nationalen Anlaufstellen in den Grenzen des geltenden innerstaatlichen Rechts alle sachdienlichen Informationen austauschen ohne ein diesbezügliches Ersuchen untereinander auszutauschen (Art. 1, 2 B 2002/494/JI).[23] Andererseits hat eine Strafverfolgungs- bzw. Ermittlungsbehörde eines Mitgliedstaats, der bekannt wird, dass eine Person, die der Begehung eines der genannten Verbrechen verdächtigt wird, sich in einem anderen Mitgliedstaat aufhält, die dort zuständigen Behörden über ihren Verdacht und die betreffenden Anhaltspunkte nach Maßgabe einschlägiger internationaler Vereinbarungen und des innerstaatlichen Rechts zu unterrichten (Art. 3 Abs. 3 B 2003/335/JI). 41

---

[21] Dafür jedenfalls *Mohler* in Breitenmoser/Gless/Lagodny, Schengen und Dublin in der Praxis, 2010, 7 (16); davor galt bereits Art. 7 RHÜ 2000, vgl. dazu NK-RechtshilfeR/*Kubiciel* IV Rn. 288.
[22] Rahmenbeschluss des Rates über den Europäischen Haftbefehl und die Übergabeverfahren zwischen den Mitgliedstaaten v. 13.6.2002, ABl. 2002 L 190, 1.
[23] Beschluss des Rates zur Einrichtung eines Europäischen Netzes von Anlaufstellen betreffend Personen, die für Völkermord, Verbrechen gegen die Menschlichkeit und Kriegsverbrechen verantwortlich sind (2002/494/JI) v. 13.6.2002, ABl. 2002 L 167, 1.

42 4. Daneben treten **zahlreiche Spezialvereinbarungen** zwischen einzelnen Mitgliedstaaten der EU, bei denen stets mitzuprüfen ist, ob sie nicht durch neuere Grundlagen des sekundären Unionsrechts überholt sind (→ § 9 Rn. 3 ff.). Hierzu zählt insbesondere die Zusammenarbeit auf Ebene der Polizei-, Zoll- und sonstigen Ermittlungsbehörden, die namentlich durch (Grenz-)Polizeiverträge geregelt ist (→ 3 Rn. 4; § 8 Rn. 31 ff.). Hier finden sich auch umfangreiche Regelungen zur weiteren Verarbeitung und Nutzung der Daten. So wird etwa in der **polizeilichen Zusammenarbeit** mit **Polen** der Empfänger verpflichtet, die Erforderlichkeit der übermittelten Daten zu überprüfen und nicht erforderliche Daten zu löschen, zu vernichten oder an die übermittelnde Stelle zurückzuübermitteln sowie der übermittelnden Behörde Mitteilung zu machen, wenn sich die Unrichtigkeit der Informationen ergibt.[24]

43 5. **Generell** können nach Art. 7 RHÜ 2000 die zuständigen Behörden der Mitgliedstaaten im Rahmen ihrer innerstaatlichen Rechtsvorschriften auch ohne ein diesbezügliches Ersuchen Informationen über Straftaten und Ordnungswidrigkeiten (Art. 3 Abs. 1 RHÜ 2000) austauschen, deren Ahndung oder Bearbeitung zu dem Zeitpunkt, zu dem die Information übermittelt wird, in den Zuständigkeitsbereich der empfangenden Behörde fällt. Dabei kann die übermittelnde Behörde nach Maßgabe ihres innerstaatlichen Rechts Bedingungen für die Verwendung dieser Informationen durch die empfangende Behörde festlegen, an die die empfangende Behörde gebunden ist (Art. 7 Abs. 2, 3 RHÜ 2000). Für Verfahren und Weg dieser Übermittlungen gelten die Vorschriften wie bei Ersuchen (→ § 12 Rn. 41, 119, 201).

III. Internationale Übereinkommen

44 1. Ebenso können nach zahlreichen, auf bestimmte **Phänomenbereiche der Kriminalität bezogenen multilateralen Abkommen** relevante Spontaninformationen ausgetauscht werden.

45 a) So können „unbeschadet des innerstaatlichen Rechts die zuständigen Behörden eines Vertragsstaats einer zuständigen Behörde in einem anderen Vertragsstaat ohne vorheriges Ersuchen Informationen im Zusammenhang mit Strafsachen übermitteln, wenn sie der Auffassung sind, dass diese Informationen der Behörde dabei behilflich sein könnten, Ermittlungen und Strafverfahren durchzuführen oder erfolgreich abzuschließen, oder den anderen Vertragsstaat dazu veranlassen könnten, ein Rechtshilfeersuchen nach dem jeweiligen Übereinkommen zu stellen".

46 Diese exemplarisch herausgegriffene Regelung des UN-Abkommens gegen grenzüberschreitende organisierte Kriminalität (Art. 18 Abs. 4 Palermo I)[25] stimmen mehr oder weniger mit dem Wortlaut oder Regelungsgehalt zahlreicher multilateraler Konventionen überein. Hierzu zählen insbesondere auch die Spezialübereinkommen des Europarates, zB zur Bekämpfung der Computerkriminalität (Art. 26 CKÜ), zur Terrorismusprävention (Art. 22 TerrorVerhÜ), Menschenhandel (Art. 34 Abs. 2–4 MenschHÜ), Korruption (Art. 28 KorrStRÜ) oder zur Vorbereitung der Einziehung (Art. 10 GeldwÜ 1990). Besondere Verpflichtungen zu Spontanübermittlungen enthalten auch Art. 62, 64 Abs. 2, 3 GewSchÜ zum Schutz von Frauen.

47 b) Im Bereich der **Falschgeldkriminalität** sind die Spontanübermittlungsbefugnisse der Zentralstellen untereinander sehr detailliert geregelt, wobei Europol hier für die EU hinsichtlich von Eurofälschungen vor allem als übermittelnde Stelle, dagegen die nationalen Zentralbanken insbesondere als Empfangsstellen für alle anderen Geldzeichenfälschungen fungieren (Art. 14 IntAFMAbk, Art. 1 B 2005/511/JI).

48 Danach soll jede Zentralstelle in dem ihr zweckdienlich erscheinenden Umfang den anderen eine Sammlung von entwerteten echten Musterstücken des in ihrem Land um-

---

[24] Vgl. hier etwa **für die Niederlande:** Art. 15 PolZV DE/NL.
[25] Das UNSuchtÜ enthält eine solche Regelung noch nicht.

laufenden Geldes übermitteln, regelmäßig unter Angabe aller erforderlichen Einzelheiten jede neue Ausgabe von Geld in ihrem Lande und die Einziehung oder Außerkurssetzung von Geld mitteilen.

Ebenso soll sie in dem ihr zweckdienlich erscheinenden Umfang, abgesehen von Fällen **49** rein örtlicher Bedeutung, jede Entdeckung falschen oder verfälschten Geldes mit einer technischen Beschreibung, Wiedergabe oder, wenn es angängig, einem Stück der falschen Noten mitteilen, ebenso jede Ermittlung, Verfolgung, Verhaftung, Verurteilung und Ausweisung von Falschmünzern sowie gegebenenfalls ihren Aufenthaltswechsel und sonstige zweckdienliche Unterlagen, insbesondere die Personenbeschreibungen, Fingerabdrücke und Lichtbilder der Falschmünzer sowie schließlich die festgestellten Einzelheiten der Herstellung mit einer Auskunft, ob nach den Feststellungen das gesamte in Umlauf gesetzte Falschgeld hat beschlagnahmt werden können.

2. Auch **bilaterale Verträge** enthalten in unterschiedlicher Reichweite ähnliche Klau- **50** seln:

Die Formel des Übereinkommens der Vereinten Nationen gegen die grenzüberschreiten- **51** de organisierte Kriminalität gilt entsprechend beim Schutz öffentlicher finanzieller Interessen im Verhältnis mit der **Schweiz** (Art. 37 BetrugBekämpfAbk EG/CH). Ähnlich können im Verhältnis mit **Japan** und bei erheblichen Straftaten mit der **Türkei** alle Informationen über Strafsachen übermittelt werden, soweit die Rechtsvorschriften des Übermittlungsstaates dies zulassen.[26] Auch nach dem AntiDrogenAbk DE/US von 1957 können ohne Ersuchen Nachrichten über die mutmaßliche Beförderung von Betäubungsmitteln oder über an deren Schmuggel Beteiligte unverzüglich und unmittelbar übermittelt werden, soweit dies für den Empfängerstaat von Interesse ist.

Sehr weitgehend ist der präventive Datenaustausch der Identifizierungs- und Sachver- **52** haltsdaten bzw. analytischen Daten von **Terrorverdächtigen mit den USA** zur Verhinderung terroristischer Straftaten ausgestaltet, der auch zur Strafverfolgung genutzt werden kann (Art. 10, 13 Abs. 1 lit. a ZusBekämKrimÜ DE/US, Art. 9 Abs. 1 ZahlVAbk EU/US).

3. Die spontanen Informationspflichten im Rahmen der **NATO-Streitkräfte** gehen **53** über die im internationalen Bereich üblichen Mitteilungen vom Ausgang von Verfahren (→ Rn. 31 ff.) hinaus. Sie betreffen auch die Zivilkräfte und ihre Angehörigen. In diesem Verhältnis haben sich die Behörden der Vertragsparteien in allen Fällen, in denen ihre Gerichtsbarkeit konkurriert, darüber zu unterrichten, was veranlasst worden ist (Art. VII Abs. 6b NTS). Ebenfalls allgemein unterrichten die Behörden des Aufnahmestaates die Militärbehörden des Entsendestaates unverzüglich von der **Festnahme** eines Mitglieds einer Truppe oder eines zivilen Gefolges oder eines Angehörigen (Art. VII Abs. 5b NTS). Weiterhin sind die deutschen Behörden hinsichtlich der **Einleitung von Verfahren** gegen hier stationierte Truppen oder über von diesen im Inland Festgenommene, auch ggf. Deutsche, wegen Handlungen im Inland und Berührung inländischer Sicherheitsfragen stets durch den Entsendestaat zu informieren (Art. 21 Abs. 2 NTS-ZA). Besteht hinsichtlich der Truppen in Deutschland eine **konkurrierende Gerichtsbarkeit,** so teilt der Übersendestaat grundsätzlich spontan mit, ob er diese wahrnimmt (Art. 19 Abs. 2 NTS-ZA).

---

[26] **Japan:** Art. 26 Abs. 1 RHAbk EU/JP; **die Türkei:** Art. 3, 1. Spiegelstrich AntiOrgKrimAbk DE/TR; dazu und zu den weiteren Regierungsabkommen über schwere Kriminalität → § 11 Rn. 141; § 12 Rn. 12.

3. Kapitel

§ 11 Voraussetzungen der Rechtshilfe auf Ersuchen

A. Allgemeine Voraussetzungen

1 Die Rechtshilfe, die eine ausländische Stelle für ein deutsches Ermittlungsorgan leisten soll, unterliegt – wie bereits ausgeführt (→ § 9) – einem komplexen Regelwerk, das sich zunächst an der Bitte um diese Rechtshilfe, dem Ersuchen, festmacht.

I. Grundlagen nach deutschem Recht

2 Die wesentlichen Grundvoraussetzungen für die von deutschen Ermittlungsbehörden und Gerichten ins Ausland ausgehenden Ersuchen spiegelt Nr. 25 RiVASt wie folgt: Ausländische Staaten können danach um Rechtshilfe gebeten werden,
- soweit völkerrechtliche Übereinkünfte (vertragliche Rechtshilfe)
- oder das Recht des ausländischen Staates (vertragslose Rechtshilfe) dies **zulassen**.
- Dabei ist der Grundsatz der **Verhältnismäßigkeit nach deutschem Recht** zu beachten.

3 Bestehen Zweifel, ob ein ausländischer Staat um Rechtshilfe ersucht werden soll, zB weil die deutschen Behörden einem entsprechenden eingehenden ausländischen Ersuchen nicht stattgeben würden, ist der obersten Justiz- oder Verwaltungsbehörde zu berichten oder ihr das Ersuchen vorzulegen, Nr. 25 Abs. 2 RiVASt.

II. Zulässigkeit nach einem konkreten Rechtshilfeinstrument

4 In der Frage der „**Zulässigkeit**" der Rechtshilfe zeigen die unterschiedlichsten **völkerrechtlichen Rechtshilfeinstrumente** ein sehr vielfältiges Bild. Erneut ist hervorzuheben, dass der Begriff der RiVASt zumindest missverständlich ist, da die einzelnen Rechtshilfeinstrumente keine geschlossene Kodifikation der Zulässigkeit der Zusammenarbeit im transnationalen Verhältnis geben, sondern unterschiedliche Möglichkeiten und vor allem Verpflichtungen zur Hilfeleistung auf Anforderung, die kaum geordnet, kumulativ und in der Regel unabhängig voneinander nebeneinander bestehen. Erneut wird ihr Charakter einer völkerrechtlichen Verpflichtungserklärung der beteiligten Staaten und damit auch Funktion für eine gewisse Rechtssicherheit und Vorhersehbarkeit zwischen den Beteiligten deutlich. Allerdings würde jeder Versuch, auch nur die wichtigsten Rechtshilfevereinbarungen (→ § 9 Rn. 16 ff.) subsumtionsfähig darstellen zu wollen, jeden Rahmen sprengen. Vielmehr können nur die notwendigen Punkte für die Prüfung anhand der konkreten Vertragsdokumente anhand vor allem des Beispiels des RHÜ 1959 deutlich gemacht werden. Allerdings stellen sich viele der daran anknüpfenden und häufig nicht für den konkreten Fall bereits durch Rechtsprechung, Praxis und Lehre beantworteten Fragen nur in Randbereichen der Geltung.

5 Eine **grundsätzliche Rechtshilfeverpflichtung** knüpft sich danach an folgende Voraussetzungen:

1. Anwendbarkeit der Rechtshilfegrundlage

6 a) Es muss **ein Ersuchen „unter Vertragsstaaten"** vorliegen, vgl. zB Art. 1 Abs. 1, Art. 3 Abs. 1 RHÜ 1959.

7 aa) Zunächst muss ein **Ersuchen** vorliegen, dh, eine entsprechende Bitte von einem Völkerrechtssubjekt an ein anderes vorliegen (→ § 12 Rn. 65).

8 bb) Die Rechtshilfeverpflichtung zielt – unabhängig von der Frage der internen Zuständigkeit – auf das **Verhältnis zwischen Völkerrechtssubjekten** ab, mithin vor allem

Staaten, aber auch die von ihnen geschaffenen internationalen Organisationen, die im Rahmen ihres Primär- oder Sekundärrechtes Rechtshilfeverpflichtungen unterliegen oder diese geltend machen können.[1]

cc) Für die beteiligten Völkerrechtssubjekte muss das **Rechtshilfeinstrument** wirksam anwendbar sein.

Während für die Instrumente im Rahmen der EU ihre jeweiligen Wirkungsmechanismen einschließlich des Anwendungsvorrangs des Unionsrechtes zu beachten sind, richtet sich die Anwendung völkerrechtlicher Rechtshilfeverträge im Verhältnis zwischen den Vertragsparteien zunächst nach der **beidseitigen Ratifikation**.[2] Es muss also eine wirksame Ratifizierung vorliegen, wenn nicht die entsprechende Vertragspartei den Vertrag ausnahmsweise anderweitig für für sie anwendbar erklärt hat. Vor allem bei multilateralen Konventionen kann der Kreis der Unterzeichner deutlich weiter sein als der Staaten, die diese ratifiziert haben, und die Ratifikation erst lange Zeit nach der Unterzeichnung erfolgen. Im Bereich der Rechtshilfe selten, setzen bisweilen multilaterale Abkommen zusätzlich ein Mindestmaß an Ratifikationen vor ihrem Inkrafttreten insgesamt voraus. Dies gilt insbesondere, wenn andere multilaterale Konventionen im Wortlaut abgeändert werden sollen. Auch diese Änderungen gelten nur, wenn sie insgesamt und zwischen den konkreten Vertragsparteien in Kraft getreten sind, sonst bleibt es bei der alten Fassung.

Da für Rechtshilfeverpflichtungen, wie oben ausgeführt, der „Günstigkeitsgrundsatz" gilt, stellt die **Derogation** oder Verengung konkreter Gewährungsgrundlagen durch spätere Vereinbarungen, selten aufgrund ausdrücklicher Regelung oder allgemeiner aufgrund des Vorrangs späterer oder spezieller Normen nach den Grundsätzen *lex posterior* bzw. *lex specialis*, kaum ein Problem dar.

Hingegen sehr sorgfältige Prüfung verdienen die **Vorbehalte und sonstigen Erklärungen**, die die jeweiligen Vertragsparteien zu einem Übereinkommen abgegeben haben, vor allem, wenn auf die Möglichkeit solcher Vorbehalte und Erklärungen bereits ausdrücklich im Vertragstext verwiesen wird. Sie können nicht nur die Vorschriften zB zur Zuständigkeit und zum Verfahren in wesentlichen Punkten ergänzen, sondern auch ebenso die Fragen des Anwendungsbereichs abändern und einschränken.

Während die Webseiten des Europarats zu jeder in diesem Rahmen verfassten Konvention alle erforderlichen Informationen übersichtlich aufbereitet anbieten, spiegelt die „Treaty Collection" der Vereinten Nationen deren Ressourcensituation oft auch durch die erheblichen zeitlichen Verzögerungen der Dokumentation wieder. So bleibt häufig nur die Recherche im elektronischen Bundesgesetzblatt Band II.

2. Ziel: Taugliche Rechtshilfehandlung

Das Ersuchen muss auf eine **taugliche Rechtshilfehandlung** abzielen.

a) Deren **Kreis** ist in aller Regel **nicht abschließend** festgelegt, wie auch § 59 Abs. 2 Hs. 1 IRG für den umgekehrten Fall eingehender Ersuchen spiegelt.

Zwar finden sich zunehmend Kataloge in den Vertragstexten, die bestimmte Rechtshilfehandlungen anführen.[3] Diese neueren Texte beinhalten indes ebenfalls in aller Regel, wie zB der Vertrag mit den USA, eine Generalklausel, nach der beispielsweise neben den im Einzelnen aufgeführten konventionellen und modernen Formen der Hilfeleistung auch

---

[1] Allerdings unterliegt die Rechtshilfe im Verhältnis zu internationalen Organisationen, namentlich den geschaffenen internationalen Gerichtshöfen bzw. Tribunalen Sonderregeln, vgl. auch NK-RechtshilfeR/ *Ambos/Poschadel* I Rn. 8 mwN sowie ebd. Rn. 13 zum Ausschluss von Rechtshilfe durch reine Privatpersonen; zum Kreis der Völkerrechtssubjekte aus Schweizer Sicht *Popp* Rechtshilfe Rn. 92 ff.
[2] Vgl. hierzu und zum Ganzen nur Schomburg/Lagodny/Gleß/Hackner/*Lagodny* IRG § 1 Rn. 5 ff., 16 ff. mwN.
[3] *Hackner/Schierholt* Int. Rechtshilfe Rn. 173; vgl. oben, zB auch Art. 1 Abs. 2 RHV DE/US; ferner ausdrücklich am Beispiel von Art. 1 Abs. 5 RHV DE/Ca die Erläuterungen (Denkschrift) der Bundesregierung zur Regelungstechnik in BT-Drs. 15/2598, 18.

etwa „jede andere Form der Rechtshilfe, die nicht nach dem Recht des ersuchten Staates verboten ist"[4] eingeschlossen ist.

17 Umfasst sind im Rahmen der „kleinen Rechtshilfe" folglich grundsätzlich **alle möglichen Arten der Weitergabe und ggf. vorgelagerten Beschaffung von Beweismitteln und sonstigen Informationen,** namentlich solchen, die wieder zur Sicherung und Erhebung von Beweismitteln und anderen Verfahrensaufgaben dienen können, die durch die Organe und Stellen des Völkerrechtssubjektes erbracht werden können. Zu den klassischen Arten dieser Hilfeleistungen zählen insbesondere Auskünfte, die Vornahme von Zustellungen oder Untersuchungshandlungen oder die Übermittlung von Beweisstücken, Akten oder Schriftstücken, vgl. etwa Art. 3 Abs. 1 RHÜ 1959. Ob sich aus Regelungen besonderer Rechtshilfeformen wie Telekommunikationsüberwachung, Oberservation oder Ähnliches im Umkehrschluss herauslesen lassen kann, dass diese von allgemein gefassten Klauseln nicht umfasst sein sollen, erscheint eher zweifelhaft (→ § 9 Rn. 43). Allerdings gelangt man bei derartigen besonders grundrechtsrelevanten Eingriffen häufig an die Grenzen des Rechtes des ersuchten Staates, die sich wiederum über die vereinbarten und vorbehaltenen Beschränkungen der Rechtshilfeverpflichtungen auswirken.

18 b) Generell dem Rechtsregime der „kleinen Rechtshilfe" unterfallen **nicht** Hilfeleistungen im Rahmen der anderen Rechtshilfearten. Hierzu zählen namentlich die **Auslieferungs- und Vollstreckungshilfe** mit allen unmittelbar geregelten, vorbereitenden und zusammenhängenden Handlungen.[5] So dürften wegen der speziellen Übereinkommen vom Geltungsbereich des RHÜ 1959 nicht nur Verhaftungen und die Vollstreckung verurteilender Erkenntnisse sondern alle in den entsprechenden anderen Konventionen geregelten Hilfeleistungen ausgenommen sein (vgl. Art. 1 Abs. 2, 1./2. Var. RHÜ 1959).

3. Rechtshilfe „strafrechtlicher Art": umfasste Bezugsverfahren und beteiligte Stellen

19 Weiterhin muss es sich um eine **Rechtshilfe strafrechtlicher Art** handeln. Hier vor allem fehlt eine verbindende einheitliche Definition zwischen den unterschiedlichsten Rechtsgrundlagen. Zur Unterscheidung von einer ausgeschlossenen sonstigen Amtshilfe oder Rechtshilfe in einem anderen Bereich werden in den Vertragstexten und anderen Rechtsinstrumenten neben anderen vor allem zwei Hauptansätze verfolgt:[6]

20 a) Einerseits wird letztlich auf **Sinn und Zweck der Hilfeleistung und ihren Kontext** abgestellt. Dies kann entweder unmittelbar an die erstrebte Rechtshilfehandlung oder das Bezugsverfahren angeknüpft werden.

21 Daraus ergeben sich Anwendungs- und Abgrenzungsfragen vor allem:
- bei **Verfahrensteilen oder Nebenverfahren** namentlich nach dem deutschen Strafprozessrecht, die nicht zum Kern des Ermittlungsverfahrens gegen natürliche Personen wegen der Straftatbeteiligung zählen. Bei den entsprechenden Übereinkommen ist stets auf den formulierten Anwendungsbereich zu achten, der insbesondere Verfahren gegen juristische Personen, Nebenbeteiligte oder Annexverfahren wie das Adhäsionsverfahren oder die Vollstreckung ausschließen kann.
- Weiterhin stellt sich stets die Frage, inwieweit die Rechtshilfe in Strafsachen auch dann angewendet werden können, wenn sich das Verfahren lediglich auf **Ordnungswidrigkeiten** bezieht.
- Schließlich scheint der Anwendungsbereich vor allem dann zweifelhaft, wenn **andere Verfahren mit Sanktionsgegenstand oder öffentlicher Verhaltensüberprüfung** alleine, parallel oder verzahnt zu strafrechtlichen Ermittlungen im Raum stehen. Dies

---

[4] So etwa **für die USA:** Art. 1 Abs. 2 Nr. 9 RHV DE/US; ähnlich **für Kanada:** Art. 1 Abs. 5 lit. h RHV DE/CA.
[5] Vgl. etwa **für Japan:** Art. 1 Abs. 2 RHAbk EU/JP; **Kanada:** Art. 1 Abs. 6 RHV DE/CA.
[6] Vgl. auch NK-RechtshilfeR/*Ambos/Poschadel* I Rn. 9 ff., 37 aE mwN; aus Sicht der Schweiz *Popp* Rechtshilfe Rn. 101 ff., 116 ff. mwN.

betrifft etwa disziplinarrechtliche oder vergleichbare berufsständische Verfahren ebenso wie die parlamentarischen Enquêterechte im Rahmen von Untersuchungsausschüssen oder dem Petitionsausschussrecht.

Die Antworten der einzelnen Rechtshilfeinstrumente darauf sind höchst unterschiedlich: 22
aa) Für die **Europaratsstaaten, Chile, Israel und Korea** muss sich nach dem **RHÜ** 23 **1959** das Ersuchen auf ein **Verfahren hinsichtlich strafbarer Handlungen** beziehen, zu deren Verfolgung in dem Zeitpunkt, in dem um Rechtshilfe ersucht wird, die Justizbehörden des ersuchenden Staates zuständig sind (Art. 1 Abs. 1 RHÜ 1959). Dieser Begriff sollte nach der Begründung weit zu interpretieren sein.[7] Ordnungswidrigkeiten sollen jedenfalls damit umfasst sein, sobald sie das Stadium bei einer Justizbehörde (→ 1. Kap. Rn. 18 ff.; Rn. 34 ff.) erreicht haben.[8] Mit dem weiten Verfahrensbegriff wird die Anwendung auch in allen strafrechtlichen Nebenverfahren grunsätzlich eröffnet,[9] während andere Verfahren – unbeschadet der Frage nach einer tauglichen Ausgangsbehörde (→ § 12 Rn. 66 ff.) – nur dann erfasst scheinen, wenn zumindest auch eine Straftat – oder eben Ordnungswidrigkeit – mit im Raum steht.

Das gesonderte GeldwÜ 1990 dehnt auf Ebene des Europarats die Rechtshilfe auf die 24 Ermittlung, vorläufige Sicherstellung und **Einziehung** von Tatwerkzeugen und Erträgen oder Vermögensgegenstände, deren Wert diesen Erträgen entspricht, aus Straftaten aus (Art. 1, 2, 7 GeldwÜ 1990).

bb) Im Verhältnis der **EU- und weiteren Schengenstaaten** untereinander dehnte 25 zunächst bereits Art. 49 SDÜ klar die Rechtshilfepflicht auf Ordnungswidrigkeiten, Entschädigungen für Strafverfolgungsmaßnahmen, Gnadensachen, Adhäsionsverfahren und das Vollstreckungsverfahren aus. Damit wurden vielfältige Regelungen in bilateralen Ergänzungsverträgen zum RHÜ 1959 vereinheitlichend fortgeschrieben.[10] Das RHÜ 2000 präzisiert seinerseits nur hinsichtlich **Ordnungswidrigkeiten** geringfügig weiter:[11] Ordnungswidrigkeiten werden umschrieben als Handlungen, die nach dem innerstaatlichen Recht des ersuchenden oder des ersuchten Mitgliedstaats oder beider als Zuwiderhandlungen gegen Rechtsvorschriften durch Verwaltungsbehörden geahndet werden, gegen deren Entscheidung ein auch in Strafsachen zuständiges Gericht angerufen werden kann. Ebenfalls nach dem RHÜ 2000 sind auch Straf- und Ordnungswidrigkeitsverfahren **gegen juristische Personen** umfasst, die im ersuchenden Mitgliedstaat verfolgt werden können,[12] soweit bzw. solange sie noch nicht vom SDÜ bzw. RHÜ 2000 erfasst (gewesen) sind, auch aufgrund bilateraler Ergänzungsverträge im Verhältnis mit zahlreichen Mitgliedern des RHÜ 1959.[13] Auch aufgrund der zahlreichen bilateralen Ergänzungsverträge zum RHÜ 1959 ist häufig die Rechtshilfepflicht oder -möglichkeit bereits ausdrücklich im Textwort-

---

[7] ETS Nr. 030 Explanatory Report S. 4 – RHÜ 1959.
[8] Vgl. ausf. ETS Nr. 030 Explanatory Report S. 4 – RHÜ 1959 unter lit. i; vgl. dazu jetzt auch ausdrücklich Art. 1 Abs. 3 ZP II-RHÜ 1959 mit Denkschrift, BT-Drs. 18/1773, 32; insges. dazu auch *Nagel* Beweisaufnahme 118 f.; darüber hinaus allg. ausdrücklich einbezogen im Verhältnis mit **Israel** in Art. 2 lit. a ErgV-RHÜ DE/IL.
[9] Vgl. ETS Nr. 030 Explanatory Report S. 4 – RHÜ 1959 ausdrücklich für Adhäsionsklagen, Gnadensachen und Entschädigung für unschuldig befundene Verfahrensbeteiligte, vgl. auch **für Israel:** Art. 2 lit. b– e ErgV-RHÜ DE/IL.
[10] So sahen dort einige Verträge lediglich die Einbeziehung vor, wenn bereits ein Verfahrensstadium bei einer Justizbehörde erreicht war, andere schlossen jede Ordnungswidrigkeit ohne diese Einschränkung ein, vgl. zB dort **für erstens für Österreich:** Art. 1 Abs. 1 ErgV-RHÜ 1959 DE/AT; Art. 2 lit. d ErgV-RHÜ 1959 DE/AT; **Italien:** Art. 1 lit. a ErgV-RHÜ 1959 DE/IT; ansonsten **für Frankreich:** Art. 1 lit. a ErgV-RHÜ 1959 DE/FR; **die Niederlande:** Art. 2 lit. a ErgV-RHÜ 1959 DE/NL; **Polen:** Art. 2 ErgV-RHÜ 1959 DE/PL; **Tschechien:** Art. 2 PolZV DE/CZ; iÜ an den genannten Fundstellen die weiteren Angaben zu Gnaden-, Adhäsions- und den anderen genannten Verfahren, allerdings in leicht schwankender Variation, die durch das SDÜ jeweils vereinheitlicht worden ist.
[11] Durch Art. 3 Abs. 1 RHÜ 2000 für EU- und Schengenstaaten (Art. 2 Abs. 1 RHÜ 2000).
[12] Art. 3 Abs. 2 RHÜ 2000; so auch in seinem Bereich **für die Schweiz:** Art. 26 Abs. 1 lit. c BetrugBekämpfAbk EG/CH.
[13] Vgl. etwa **für Israel:** Art. 2 lit. a ErgV-RHÜ 1959 DE/IL; **die Schweiz:** Art. 1 lit. a ErgV-RHÜ 1959 DE/CH; Art. 26 Abs. 1 lit. a BetrugBekämpfAbk EG/CH.

3. Kapitel 3. Kapitel. Informationserhebung unter Einschaltung ausländischer Stellen

laut ausgedehnt auf die **Strafvollstreckung**,[14] **Gnadensachen**,[15] **Entschädigung** für Haft[16] und andere Zwangsmaßnahmen und **Adhäsionsverfahren**.[17]

26   cc) Ähnlich erfolgt eine Ausdehnung im Verhältnis mit den **USA** auch auf die meisten Ordnungswidrigkeiten:[18] Bereits die ursprüngliche Fassung des RHV DE/US umfasste jede Rechtshilfe in strafrechtlichen Ermittlungsverfahren und in Strafverfahren (Art. 1 Abs. 1 S. 1 RHV DE/US), was auch die meisten Nebenverfahren und mögliche Parallelverfahren einschloss. Ausdrücklich ist die Rechtshilfe, soweit nichts anders im Einzelnen ausdrücklich bestimmt ist, unabhängig davon zu leisten, ob die Handlung, die Gegenstand des Bezugsverfahrens im ersuchenden Staat ist, nach dem Recht des ersuchten Staates eine Straftat oder eine Ordnungswidrigkeit darstellt (Art. 1 Abs. 4 RHV DE/US).

27   Nach der Neufassung von Art. 1 Abs. 1 S. 2 RHÜ DE/US durch den Zusatzvertrag von 2006 schließen die Begriffe „Strafrechtliche Ermittlungsverfahren oder Strafverfahren" nicht mehr nur Ordnungswidrigkeiten nach dem deutschen Kartellrecht, sondern auch sämtliche Ermittlungen und Verfahren wegen Ordnungswidrigkeiten ein, „soweit sie im *ersuchenden* Staat zu Gerichts- oder Strafverfahren führen können *und* soweit sie im *ersuchten* Staat Straftaten darstellen würden" (Art. 1 Abs. 1 S. 2 Nr. 2 RHV DE/US). Zusätzlich dazu sollen auch Ermittlungen und Verfahren einer nationalen Verwaltungsbehörde als Bezugsverfahren ausreichen, die diese zu Handlungen mit Blick auf eine strafrechtliche Verfolgung oder Verweisung an die Ermittlungs- oder Strafverfolgungsbehörden führt, es sei denn, dass die Verwaltungsbehörde davon ausgeht, dass es nicht zu einer Verfolgung beziehungsweise Verweisung kommt (Art. 1 Abs. 1 S. 2 Nr. 3 RHV DE/US).

28   dd) Das Abkommen der EU mit **Japan** formuliert, dass Rechtshilfe in Verbindung mit Ermittlungen, Strafverfolgungen oder sonstigen Verfahren, einschließlich Gerichtsverfahren, in Strafsachen geleistet werde (Art. 1 Abs. 1 RHAbk EU/JP). Noch weniger zurückgeführt auf das Bezugsverfahren leisten sich die Vertragsparteien nach dem Abkommen mit **Hongkong** Rechtshilfe bei der Ermittlung zur Verfolgung von Straftaten (vgl. etwa Art. 1 Abs. 1, 2 RHAbk DE/HK).

29   ee) Noch weitergehend scheint der Begriff der **„strafrechtlichen Angelegenheit"** in einigen Abkommen, der wiederum mit § 59 IRG übereinstimmt. Dort jedenfalls wird der Begriff überaus breit ausgelegt – lediglich als Abgrenzung zu rein zivil-, präventiv-polizeilich- oder etwa steuerverwaltungsrechtlichen Angelegenheiten.[19] Nach § 1 Abs. 1 IRG sind „Strafrechtliche Angelegenheiten im Sinne dieses Gesetzes ... auch Verfahren wegen einer Tat, die nach deutschem Recht als Ordnungswidrigkeit mit Geldbuße oder die nach ausländischem Recht mit einer vergleichbaren Sanktion bedroht ist, sofern über deren Festsetzung ein auch für Strafsachen zuständiges Gericht entscheiden kann."

30   Diese Definition wird etwa im Vertrag mit **Kanada** verfolgt,[20] der anwendbar sein soll für jede Unterstützung, die der ersuchte Staat für ein Verfahren im ersuchenden Staat (eben) in einer strafrechtlichen Angelegenheit gewährt. Gerade in der (ebenfalls gültigen) französischen Textfassung wird besonders deutlich, dass sich dieser Einordnung als strafrechtliche Angelegenheit grundsätzlich auf die Perspektive des ersuchenden Staats und nur sekundär bei einzelnen Ausnahmen auch auf den ersuchten Staat beziehen muss. Dies ist hier von besonderer Bedeutung, da „Strafrechtliche Angelegenheiten" für jeden Vertragspartner unterschiedlich definiert ist, und nur „für Deutschland" Verfahren betreffend Handlungen oder Unterlassungen, die als Straftaten oder Ordnungswidrigkeiten eingestuft sind, soweit die Ordnungs-

---

[14] **Für Israel:** Art. 2 lit. ErgV-RHÜ 1959 DE/IL für bestimmte Vollstreckungen.
[15] Vgl. etwa **für Israel:** Art. 2 lit. c ErgV-RHÜ 1959 DE/IL; **die Schweiz:** Art. 1 lit. c ErgV-RHÜ 1959 DE/CH.
[16] Vgl. etwa **für Israel:** Art. 2 lit. b ErgV-RHÜ 1959 DE/IL; **die Schweiz:** Art. 1 lit. b ErgV-RHÜ 1959 DE/CH.
[17] **Für Israel:** Art. 2 lit. e RHÜ DE/IL; **die Schweiz:** Art. 26 Abs. 1 lit. b BetrugBekämpfAbk EG/CH.
[18] Detailliert für **die USA:** Art. 1 Abs. 1 S. 2 RHV DE/US; vgl. hierzu und zum Folgenden auch NK-RechtshilfeR/*Docke/Momsen* IV Rn. 433 mwN.
[19] Vgl. Schomburg/Lagodny/Gleß/Hackner/*Lagodny* IRG § 1 Rn. 4, § 59 Rn. 9 f. jeweils mwN.
[20] Vgl. Denkschrift, BT-Drs. 15/2598, 17.

§ 11 Voraussetzungen der Rechtshilfe auf Ersuchen   **3. Kapitel**

widrigkeiten bei einem Strafgericht anhängig sind, während aus Sicht **Kanadas** nur durch nationales oder provinzielles Gesetz begründete Straftaten umfasst sind (Art. 1 Abs. 3 RHV DE/CA). Insoweit ist auch Art. 2 des Vertragsgesetzes zu verstehen, der den Fall regelt, dass sich die Bezugstat im eingehenden Rechtshilfeersuchen aus **Kanada** als deutsche Ordnungswidrigkeit darstellen würde. Eingeschlossen sind ausdrücklich jeweils Verfahren betreffend Straftaten im Zusammenhang mit Abgaben, Steuern, Zöllen und dem internationalen Kapital- oder Zahlungsverkehr (Art. 1 Abs. 4 RHV DE/CA). Ausgenommen sind hingegen Verfahren nach den Kartellgesetzen beider Vertragsparteien (Art. 1 Abs. 7 RHV DE/CA).

Ähnlich ist wohl der Anwendungsbereich „in Strafsachen" im Abkommen mit **Tunesien** 31 zu werten (Art. 22 Abs. 1 RHV DE/TN). Dieses erweitert diesen ausdrücklich auf Gnadensachen und deutsche Ordnungswidrigkeiten.[21]

b) Andererseits wird in unterschiedlichem Ausmaß auf die an der Rechtshilfe **betei-** 32 **ligten Stellen** abgestellt. Dies einerseits als ein formales Kriterium, das dem ersuchten Staat schnell eine negative Entscheidung über ein Ersuchen erlauben kann, andererseits im Hinblick auf die Sicherung des Vorrangs der Justizorgane gegenüber den polizeilichen und anderen Ermittlungsbehörden. So kann auch die Frage, ob ein Gericht das Ersuchen stellen muss, oder Staatsanwaltschaften oder andere Sicherheitsbehörden genügen, und ob das Ersuchen an eine solche bestimmte Stelle gerichtet sein muss, im Einzelnen im ersuchenden Staat zu prüfen sein.

Würde eine vertragliche Rechtshilfe – auch unter Berücksichtigung einer funktionellen 33 Aufgabenverteilung im Rahmen des Strafverfahrensrechts, namentlich §§ 161, 162 StPO – lediglich an der ausgehenden Stelle scheitern, ist an die Möglichkeit **innerstaatlicher Amtshilfe,** etwa nach Art. 35 Abs. 1 GG oder § 4 VwVfG (entsprechend) zu denken. So könnte etwa ein parlamentarischer Untersuchungsausschuss oder eine Disziplinarstelle in einer solchen Konstellation eine Amtshilfe bei einer vom Rechtshilfeinstrument umfassten innerstaatlichen Stelle um entsprechende Durchführung ersuchen, sofern dafür die Voraussetzungen der genannten Rechtsnormen vorliegen, also insbesondere kein rechtliches Verbot, entgegenstehendes Staatswohl, unverhältnismäßig großer Aufwand, Gefährdung eigener Aufgaben, oder ein einfacherer Weg zur Zielerreichung dem widersprechen.

aa) Namentlich muss nach dem **RHÜ 1959** das Ersuchen, um „justizieller Art" zu sein, 34 dem ersuchten Staat **von Justizbehörden des ersuchenden Staates** zugehen (Art. 3 Abs. 1 RHÜ 1959). Diese Justizbehörde muss zum Zeitpunkt des Ersuchens in dem Verfahren hinsichtlich strafbarer Handlungen zuständig sein (Art. 1 Abs. 1 RHÜ 1959). Bei der Ausarbeitung der Konvention war umstritten, inwieweit Staatsanwaltschaften unter den Begriff der Justizbehörde fallen.[22] Vor diesem Hintergrund wurde explizit bestimmt, dass jede Vertragspartei durch eine Erklärung bei der Unterzeichnung oder Hinterlegung ihrer Ratifikations- oder Beitrittsurkunde die Behörden bezeichnen könne, die sie als Justizbehörden im Sinne dieses Übereinkommens betrachte (Art. 24 RHÜ 1959).

Einige Ergänzungsverträge präzisieren den allgemeinen Gedanken auch im Vertragstext, 35 dass das Ersuchen mindestens von einer Justizbehörde *ausgehen* und für dessen Erledigung eine solche oder eine Verwaltungsbehörde zuständig sein muss, wobei die Polizei auch darunter gerechnet wird.[23] Darin drückt sich der allgemeine Grundsatz aus, dass es auf die Zuständigkeit für die ersuchte Rechtshandlung im Inland nur indirekt im Rahmen der Möglichkeit der Durchführung, nicht aber der Natur als justizielle Rechtshilfe als Grundlage für die Anwendung des justiziellen Rechtshilferechtes überhaupt ankommt.[24]

Da das Ersuchen bei der Zulässigkeit bzw. Verpflichtung der Rechtshilfe auf die er- 36 suchende Behörde abstellt, kommt für deutsche ausgehende Ersuchen der entsprechenden Erklärung der Bundesrepublik Deutschland zum RHÜ 1959 v. 2.10.1976 (ergänzt nach der

---
[21] Art. 39 RHV DE/TN und [zugehöriges] Zusatzprotokoll (zum RHV DE/TN, BGBl. 1969 II 1186).
[22] ETS Nr. 030 Explanatory Report S. 3, 12 – RHÜ 1959.
[23] Vgl. etwa **für Österreich:** Art. 1, 3 ErgV-RHÜ 1959 DE/AT; **Polen:** Art. 1 ErgV-RHÜ 1959 DE/PL; **Tschechien:** Art. 1 PolZV DE/CZ.
[24] Vgl. *Hackner/Schierholt* Int. Rechtshilfe Rn. 173.

Wiedervereinigung am 3.12.1993) konstitutive Bedeutung zu,[25] die anlässlich des Inkrafttretens des ZP II-RHÜ 1959 für Deutschland nochmals völkerrechtlich erklärt worden ist.[26] Als Justizbehörden werden darin alle ordentlichen Gerichte und Staatsanwaltschaften sowie die obersten Justizverwaltungen der Länder, Bundesamt für Justiz und BMJ(V) sowie die Zentrale Stelle der Landesjustizverwaltungen zur Aufklärung nationalsozialistischer Verbrechen aufgeführt.

37 **bb)** Ähnlich bestimmen **andere Abkommen** etwa auch den Anwendungsbereich alleine nach den jeweils unter den Vertragsparteien bekannt gemachten zuständigen Behörden.

38 Hierzu zählt namentlich auch das **Rechtshilfeübereinkommen mit den USA.** Dabei muss eine „zuständige Behörde" um die Rechtshilfe ersuchen, die nach dem Anhang zum Vertrag oder einer späteren ändernden diplomatischen Erklärung benannt ist (zB Art. 1 Abs. 3 RHV DE/US). Dabei handelt es sich, ohne dass dies vom ersuchten Staat materiell geprüft wird, um Behörden, die nach jeweiliger nationaler Ansicht zuständig sein sollen, um Rechtshilfe in strafrechtlichen Ermittlungsverfahren oder in Strafverfahren zu ersuchen. Die Liste der deutschen Behörden deckt sich dabei zunächst vollständig mit dem RHÜ 1959 (→ Rn. 34 ff.). Allerdings sind zusätzlich das Bundesministerium für Wirtschaft und Arbeit, das Bundeskartellamt und das Zollkriminalamt, sowie das BKA im Kreis der tauglichen „zuständigen Behörden" für das Stellen eines Rechtshilfeersuchens ergänzt.[27] Damit ist in diesem Bereich gewollt die polizeiliche und ggf. dem Strafverfahren vorgelagerte oder eingebundene (wirtschafts-)verwaltungsrechtliche Amtshilfe in die allgemeine strafrechtliche Rechtshilfe einbezogen. Folglich gibt es aus deutscher Sicht auch keinen Bedarf mehr für eine im Rahmenabkommen der EU mit den USA vorgesehene ergänzende Verwaltungsamtshilfe.[28]

39 Andere Staaten, wie etwa die **Schweiz,** trennen die Rechtshilfe (kumulativ) als Sonderfall zur Unterstützung eines justiziellen Verfahrens (ausschließlich) vor einer ausländischen Justizbehörde von der Amtshilfe im Allgemeinen, wobei dies im Einzelnen nicht unumstritten ist.[29] Dies greift etwa das Abkommen zum Schutz von finanziellen Interessen mit der Schweiz auf und trennt klar zwischen der justiziellen, auf dem RHÜ 1959 aufbauenden Rechtshilfe zwischen Justizbehören und der sonstigen, wohl auch im präventivpolizeilichen Bereich wirksamen Amtshilfe zwischen sonstigen Behörden.[30]

40 Selten erfolgt die Abgrenzung so klar wie im **Polizeivertrag** mit den Niederlanden, wo als taugliche Behörden zur Anwendung des Vertrags für die Bundesrepublik Deutschland die Polizeivollzugsbehörden des Bundes und der Länder als Polizeibehörden und die Staatsanwaltschaften und Gerichte als Justizbehörden definiert werden (Art. 3 Abs. 1 PolZV DE/NL). Ansonsten sind die entsprechenden Nachbarschaftsübereinkommen meist sehr weit im Anwendungsbereich gehalten, wobei eher die Natur der Behörde, von der das Ersuchen ausgeht, neben der Kategorie der Rechtsgrundlage (Ergänzungsvertrag versus (grenz-)polizeiliches Übereinkommen) die beste Vermutung für die Art als justizielle Rechts- oder sonstige polizeiliche Amts- oder Rechtshilfe geben.

41 **cc)** Ein solches formales Erfordernis einer bestimmten Stelle, von der das Ersuchen herrührt, wird **allerdings zunehmend aufgegeben.** So setzt das Abkommen mit Japan nur für die Vermittlung Zentralstellen voraus (Art. 4 f. RHAbk EU/JP). Im Verhältnis mit **Kanada** und **Hongkong** dagegen liegt eine Rechtshilfe unabhängig davon vor, ob sie von einem Gericht oder einer sonstigen Behörde begehrt wird oder zu leisten ist.[31]

---

[25] Deutsche Erklärung BGBl. 1976 II 1799; vgl. *Nagel* Beweisaufnahme 58 ff. mwN.
[26] BGBl. 2015 II 520.
[27] Anhang zum Vertrag zwischen der Bundesrepublik Deutschland und den USA über die Rechtshilfe in Strafsachen mit Denkschrift, BT-Drs. 16/4377, 20 f., 53.
[28] Vgl. Denkschrift, BT-Drs. 16/4377, 75.
[29] Vgl. etwa *Breitenmoser* in Breitenmoser/Gless/Lagodny, Schengen in der Praxis, 2009, 25 (28 ff. mwN).
[30] Letztere wird hier nicht weiter behandelt, vgl. Art. 7 ff. BetrugBekämpfAbk EG/CH, zum Anwendungsbereich Art. 8 BetrugBekämpfAbk EG/CH.
[31] Letzteres nur ausdrücklich in Art. 1 Abs. 2 Hs. 2 RHV DE/CA; sonst auch Art. 1 Abs. 1, 2 RHAbk DE/HK.

4. Weitere Voraussetzungen

a) Vor allem zur Anwendung der multilateralen besonderen Rechtshilfevereinbarungen 42
müssen die **besonderen qualifizierenden Voraussetzungen** zB **an das Vorliegen einer
Straftat** aus einem bestimmten Deliktsbereich, ggf. mit abstraktem oder konkretem grenzüberschreitenden Charakter gegeben sein. Dagegen fallen die Anforderungen hinsichtlich
der strafrechtlichen Natur im Übrigen meist sehr schwach bzw. vage aus. So findet etwa das
Übereinkommen der Vereinten Nationen gegen die grenzüberschreitende organisierte Kriminalität, „soweit darin nichts anderes bestimmt ist, Anwendung auf die Verhütung, Untersuchung und strafrechtliche Verfolgung" derartiger Straftaten (Art. 3 Abs. 1 Palermo I.).

b) Allgemein dürfen zur Zulässigkeit, dh Verbindlichkeit vertraglicher oder sonst bestimmter Rechtshilfe **keine der genannten Ablehnungsgründe** und im Rechtshilfeinstrument immanenten Ausnahmen und Beschränkungen eingreifen. (→ Rn. 45 ff. Abschnitt 3.3.2.). 43

III. Zulässigkeit bei vertragsloser Rechtshilfe

Die **„Zulässigkeit" vertragsloser Rechtshilfe** lässt sich hingegen kaum abstrakt beschreiben, da sie alleine dem Ermessen und internen Recht des ersuchten Staates unterliegt. Sie
dürfte wohl für Ordnungswidrigkeiten nur dann in Betracht kommen, wenn die Taten nach
dem Recht des ersuchten Staates mit einer Strafe und nicht nur mit einer verwaltungsmäßigen Sanktion, wie einem Bußgeld bedroht sind.[32] Wohl weiterhin kaum Erfolgsaussichten hat ein Rechtshilfeersuchen im vertragsfreien Bereich an einen Common-Law-Staat, wenn es nicht von einem Gericht ausgeht.[33] 44

B. Beschränkungen

Wie bereits ausgeführt, endet die Rechtshilfepflicht, soweit der ersuchte Staat einen vereinbarten, vorbehaltenen oder sonst völkerrechtlich anerkannten Ablehnungsgrund geltend
macht.[34] Auch bei den Ablehnungsgründen ist nach den verschiedenen vertraglichen oder
vertraglosen sowie europarechtlichen Grundlagen zu unterscheiden. 45

I. Allgemeine Hinweise

1. Weiterhin ist zu beachten, dass die Ablehnung von Rechtshilfeersuchen zwar theoretisch 46
als völkerrechtliche Pflichtverletzung justiziabel sein kann, jedoch, soweit ersichtlich, eine
Anrufung internationaler Rechtsinstanzen aus diesem Grund praktisch nicht stattfindet.[35]
So bleibt es bei einer Wechselbeziehung, in der die zentralen Begrifflichkeiten der Ablehnungsgründe der jeweiligen nationalen Interpretation und daraus Beurteilungsspielraum
sowie allenfalls der Wissenschaft überlassen bleiben. Dem wiederum versuchen zusätzliche
Vereinbarungen zwischen Parteien, unter denen bereits vertragliche Rechtshilfebeziehungen bestehen, entgegen zu wirken. Daher lassen sich die völkerrechtlichen Rechtsinstrumente der Rechtshilfe unter diesem Gesichtspunkt in drei Kategorien einordnen:[36]

---

[32] *Nagel* Beweisaufnahme 119 mwN.
[33] Vgl. *Nagel* Beweisaufnahme 143 mwN.
[34] Nach Art. 27, 46 WKV kann sich ansonsten eine Vertragspartei nicht auf ihr innerstaatliches Recht berufen, um die Nichterfüllung eines Vertrags zu rechtfertigen, es sei denn bei Abschluss sei die Verletzung ihres innerstaatlichen Rechts offenkundig gewesen. Vielmehr bindet sie sonst gem. Art. 26 WKV der Vertrag, wie er in Kraft ist, sodass sie ihn nach Treu und Glauben zu erfüllen hat.
[35] Dies mag neben dem Problem der schwer erkennbaren Erfolgsaussichten und der Natur der Rechtshilfe auch möglicherweise der erspürten Bedeutung der Konstellation geschuldet sein, vgl. Vorwort.
[36] Vgl. zum Folgenden insbes. *Nagel* Beweisaufnahme 78 ff. mwN.

47 **a)** Die weitaus meisten „Vollabkommen", wie namentlich das RHÜ 1959, sehen **bestimmte Beschränkungen** als ausdrückliche Ausnahmen der ebenfalls positiv geregelten Rechtshilfeverpflichtung vor, die einem mehr oder weniger bekannten und tradierten Kanon entsprechen und ggf. weiter im Vertragstext ausgestaltet werden.

48 **b)** Daneben beinhalten spezielle **Übereinkommen umgekehrt den Abbau von Beschränkungen** und gerade keine konkrete Verpflichtung zur Rechtshilfe. Sie schließen vielmehr ausdrücklich einzelne Beschränkungen in Bezug auf bestimmte Rechtshilfebeziehungen und ggf. besondere Umstände aus. Sie bauen damit vor allem auf den erstgenannten bestehenden Konventionen auf und begrenzen die dort genannten Beschränkungen oder schließen einzelne aus. wie insbesondere im Bereich der Terrorbekämpfung Beschränkungen hinsichtlich politischer, militärischer oder finanzieller Straftaten oder bei bi- und multilateralen Ergänzungsverträgen im Sinn einer engeren Kooperation (→ § 9 Rn. 52).

49 Auch im Bereich der **vertraglosen Rechtshilfe** können diese Übereinkommen die Verpflichtung begründen, ein Ersuchen nicht aus den ausgeschlossenen Gründen abzulehnen, aber das Ermessen ansonsten nicht begrenzen.

50 **c)** Die dritte Kategorie von Verpflichtungsklauseln besteht in der Zusicherung „dass die Vertragsparteien einander die **weitestgehende Hilfe**" gewähren. Sie knüpfen damit für den Bereich der vertraglosen Rechtshilfe an die letztgenannten Klauseln an, indem sie diese verallgemeinern. Die Bindungswirkung und Reichweite dieser Klausel ist umstritten; sie kann aber praktisch als kaum mehr als eine politische Zusage und Verbot reiner, völlig unbegründeter Willkür gedeutet werden.[37] Denn sie teilt den Charakter aller völkerrechtlichen Normen, die nicht erzwungen werden können. Auf der anderen Seite beinhaltet die Klausel den Gedanken eines Diskriminierungsverbots im Sinn einer Meistbegünstigung hinsichtlich der Leistung von Rechtshilfe. Schließlich hat sich der Staat verpflichtet, grundsätzlich alles das, was ihm als Rechtshilfe möglich ist, grundsätzlich auch zu leisten, jedenfalls sofern keine anderen übergeordneten völkerrechtlichen Ablehnungsgründe oder aber sein nationales Recht eingreifen.[38] Was er als sein eigenes Recht mit möglichen Begrenzungen setzt, bleibt ihm indes unbenommen.

51 **2.** Soweit bei Zusicherung „weitestgehender Hilfe" andere, besondere Vereinbarungen ausdrückliche Beschränkungen der Rechtshilfe regeln, wird man ihnen gegenüber der genannten allgemeinen Verpflichtungsklausel **Vorrang** einräumen müssen, soweit sie nicht wiederum ausdrücklich im Sinne von Vereinbarungen der zweiten Kategorie aufgehoben sein sollten.[39] Dieser recht komplizierte Mechanismus gilt wohl auch für Verträge anderer Art, wie Doppelbesteuerungsabkommen, die nur einen beschränkten Informationsaustausch vorsehen; diese Klauseln müssen allerdings wiederum zurücktreten, wenn ein Rechtshilfeübereinkommen die Ablehnungsgründe der fiskalischen Straftat aufgehoben bzw. entsprechend beschränkt hat.[40]

52 Nur soweit in diesem Sinn die vertraglichen Verpflichtungen dem ersuchten Staat Raum lassen, kann er sich völkerrechtskonform auf Ablehnungsgründe, die aus seinem innerstaatlichen Recht herrühren, berufen.[41] Dann aber beschränken innerstaatliche Gesetze das Ermessen des ersuchten Staates bzw. seiner zuständigen Stellen in wirksamer Weise jedenfalls im Innenverhältnis, indem er rechtswidrig handelt, falls er die Rechtshilfe trotzdem gewährt.[42]

II. Einzelne Ablehnungsgründe

53 Der **Kanon der einzelnen anerkannten Ablehnungsgründe** der Rechtshilfe ist damit nicht nur weder abschließend noch losgelöst von den konkreten bilateralen Rechtshilfebe-

---

[37] *Nagel* Beweisaufnahme 79 ff. mwN.
[38] Vgl. auch *Nagel* Beweisaufnahme 81.
[39] Vgl. *Nagel* Beweisaufnahme 82 f. mwN.
[40] Vgl. auch *Nagel* Beweisaufnahme 84.
[41] *Nagel* Beweisaufnahme 84 ff. mwN.
[42] *Nagel* Beweisaufnahme 86.

ziehungen, er befindet sich in einem praktisch stetigen Wandel, der jeweils durch eine Mehr- und Vielzahl von Rechtshilfeinstrumenten geprägt sein kann.[43] Dabei stammen einige Gründe ohnehin aus dem Bereich des hier weit prominenteren Auslieferungsrechts und sind allenfalls eingeschränkt aufgrund anderer Prozesssituationen und -beiträge übertragbar. Andere, wie etwa zum Schutz von Bankgeheimnis und fiskalischen Interessen sowie politische Straftaten und beidseitige Strafbarkeit befinden sich auf dem Rückzug. Dagegen gewinnen Reflektionen grund- und verfahrensrechtlichen Schutzes zu Recht immer stärker an Bedeutung und Reichweite.

Insgesamt lassen sich, ohne Anspruch auf Vollständigkeit, folgende Ablehnungsgründe hervorheben: 54

- Zunächst die „klassische Trias" **militärischer, politischer** und **fiskalischer** Straftaten, wobei letztere eng zusammenhängt mit dem **sog. Bankgeheimnis,** das sich aufgrund evidenter Missbräuche derzeit weithin auf dem Rückzug befindet;
- Das Fehlen der (möglicherweise im ersuchten Staat erforderlichen und damit) „**beidseitigen Strafbarkeit**", vor allem bei nötiger Informationserhebung ggf. mit Zwang gegenüber Grundrechtsträgern nach innerstaatlichem Recht;
- Das davon klar zu trennende Fehlen von **Gegenseitigkeit,** also der Gewährung der Rechtshilfe durch den ersuchenden für den ersuchten Staat im potentiellen umgekehrten Fall;
- Allgemein die Gründe der **Unmöglichkeit** und **Unzumutbarkeit** für den ersuchten Staat. Unter diesen Oberbegriff kann nicht nur das Unterschreiten einer bestimmten **Erheblichkeitsschwelle** vor allem der Bezugstat (faktische oder juristisch verankerte De- minimis-Regelungen) gefasst werden, sondern auch die folgenden teilweise expliziten, in **Grund- und Verfahrensrechten wurzelnden Ausnahmetatbestände** gefasst werden:
  – Anwendung des **Doppelbestrafungsverbots** („*ne bis in idem*"),
  – Schutz **eigener Staatsangehöriger** (sehr unüblich in der „kleinen Rechtshilfe"),
  – Verwahrung gegen die Mitwirkung an Verfolgungen wegen **Rasse, Religion, Staatsangehörigkeit oder politischen Anschauungen,**
  – Schutz gegen Mitwirkung an einem Verfahren mit **drohender Todesstrafe;**
- Schließlich der allgemeine Auffangausnahmetatbestand des „**ordre public**", der auch diese Erwägungen mit aufgreifen kann.

Zu diesen **einzelnen Ablehnungsgründen** scheint folgendes besonders beachtlich. 55

1. Militärische Straftaten

Traditionell wird Rechtshilfe in aller Regel nicht geleistet, wenn **militärische Straftaten** verfolgt werden sollen (vgl. etwa Art. 4 Abs. 1 Nr. 4 RHAbk DE/HK). 56

Dahinter steht historisch einerseits der Gedanke der erklärten generellen Neutralität wichtiger Staaten in potentiellen bewaffneten Konflikten, andererseits das Prinzip, dass in solchen Konflikten und sonst bei der Verfolgung möglicher nationaler militärischer Rivalitäten gegenläufige staatliche Interessen besonders stark auftreten können, die der Rechtshilfe widersprechen können.[44] 57

Unter den **einzelnen Rechtshilfeinstrumenten** enthält vor allem das recht bald nach dem 2. Weltkrieg entstandene **RHÜ 1959 des Europarats** von 1959 (noch) eine dementsprechende Ausnahmeklausel. Nach Art. 1 Abs. 2, 3. Var. RHÜ 1959 findet das Übereinkommen und damit die Pflicht zur Rechtshilfe zwischen den Vertragsstaaten keine Anwendung auf **militärische strafbare Handlungen,** die nicht nach „gemeinem Recht" strafbar sind. Dagegen enthalten **SDÜ und das RHÜ 2000** keine entsprechend einschrän- 58

---

[43] Vgl. etwa auch die Übersicht bei NK-RechtshilfeR/*Ambos/Poschadel* I Rn. 62 ff. mwN.
[44] *Schädel* Bewilligung 121 mwN; *Nagel* Beweisaufnahme 105 ff. mwN; aus Sicht der Schweiz *Popp* Rechtshilfe Rn. 153 ff. mwN.

kenden Regelungen, während § 7 IRG nur die Auslieferung für unzulässig erklärt. **Innerhalb der NATO** ist vielmehr ausdrücklich in derartigen Strafsachen Rechtshilfe zu leisten (insbesondere nach Art. 7 VII Abs. 6 lit. a NTS). Die insoweit uneingeschränkte Rechtspflicht dürfte zu Recht auch in allen besonderen Rechtshilfeinstrumenten der EU bestehen, die zunehmend auch als System kollektiver Sicherheit nach außen und innen wirkt.[45]

59   Die Reichweite des Begriffs **„militärische Straftaten"** wird grundsätzlich durch die Behörden des ersuchten Staates autonom bestimmt. Das RHÜ 1959 verweist hierzu in seiner Begründung in Abrenzung zu *„offences under ordinary law"* auf das Auslieferungsrecht.[46] Danach sollen sich als militärisch solche Straftatbestände erweisen, die unmittelbar der Schaffung oder Aufrechterhaltung militärischer Stärke des ersuchten Staates bzw. dem Schutz sonstiger militärischer Rechtsgüter oder Mittel dienen.[47] Nicht zum Militär zählen Einheiten und angeschlossene Stellen, die bestimmungsgemäß lediglich der Aufrechterhaltung der Ordnung im Inneren dienen. Soweit gleichzeitig ein allgemeiner Straftatbestand verwirklicht wird (zB ein Diebstahl unter Soldaten) bleiben die Regelungen der Rechtshilfe anwendbar.[48]

60   Mit der amtlichen englischen Textversion und Begründung (→ Rn. 59) wird klar, dass die Begriffe **„gemeines Recht"** bzw. *„droit commun"* der deutschen Übersetzung und französischen Fassung missverständlich scheinen, soweit sie nicht auf gemeinsame Standards verweisen, die auch militärische Straftaten einschließen könnten, sondern eben lediglich Taten nach dem jeweiligen allgemeinen Strafgesetz. Fraglich dürfte gleichwohl sein, inwieweit konkrete militärische Völkerrechtsstraftaten, vor allem nach dem IStGHSt,[49] noch unter den Ausnahmetatbestand fallen können. Jedenfalls unter den Staaten, die auch das Statut des Internationalen Strafgerichtshofs ratifiziert haben, oder wenn Verbrechen aus den originären Kanons der ursprünglichen völkerstrafrechtlichen Tribunale von Nürnberg und Tokio im Raum stehen, erscheint dies durchaus mit besseren Gründen zu bezweifeln.

2. Politische Straftaten

61   Dass Rechtshilfe nicht **für politische Straftaten** geleistet wird, ist ebenfalls eine traditionelle Beschränkungsklausel, die allerdings noch stärker im globalen Informationsaustausch fortwirkt.

62   Bei der Suche nach dem historischen und teleologischen **Hintergrund** ist bei der „kleinen Rechtshilfe", anders als im Aushilferecht, der Grundgedanke des Asyls wenig ergiebig. Allerdings kann sich der ersuchte Staat durch den pauschalen Ablehnungsgrund politische Auswirkungen einer Ablehnungsentscheidung aus konkreten Erwägungen hinsichtlich der Legitimität oder moralischen Rechtfertigung einer mutmaßlichen politischen Tat ersparen.[50] Insgesamt ist indes die Tendenz erkennbar, mit zunehmendem Zusammenwachsen der völkerrechtlichen Wertegemeinschaft zunehmend, bestimmte Verhaltensweisen ohne Rücksicht auf mögliche politische Motive allgemein auch im Rechtshilferecht nicht als billigens- und schützenswert anzusehen. Dies gilt insbesondere, wenn die Tat als **terroristisch** angesehen werden muss, weil sie entweder ob ihrer besonderen Brutalität, Wahllosigkeit und Willkür in Bezug auf die Opfer außerhalb jeder Verhältnismäßigkeit steht oder, zunehmend auch gesehen, die Rechtsgutverletzungen schwerer wiegen als der Zweck der Tat.[51] Bedenkenswert ist vor allem aus Perspektive Deutschland (und damit

---

[45] Vgl. *Schädel* Bewilligung 122 ff. mwN; ein Rückgriff auf den ordre public als Ersatzklausel, da die Ausnahme in EU-Rechtsakten nicht vorgesehen ist, dürfte damit, auch vor dem Hintergrund der GASP, zunehmend schwierig zu legitimieren sein.
[46] ETS Nr. 030 Explanatory Report S. 4 – RHÜ 1959.
[47] Vgl. Schomburg/Lagodny/Gleß/Hackner/*Schomburg/Hackner* IRG § 7 Rn. 4; *Nagel* Beweisaufnahme 105; umfassend iE *Schädel* Bewilligung 119 ff.
[48] *Nagel* Beweisaufnahme 105 mwN.
[49] Römisches Statut des Internationalen Strafgerichtshofs v. 17.7.1998 (BGBl. 2000 II 1393).
[50] *Nagel* Beweisaufnahme 106 ff.; *Schädel* Bewilligung 97 ff. mwN auch zur historischen Entwicklung; aus Sicht der Schweiz *Popp* Rechtshilfe Rn. 131 ff. mwN.
[51] Vgl. zu einer angeblichen „absoluten [sic!] und relativen Unverhältnismäßigkeit" *Schädel* Bewilligung 107 mwN.

eventuell die Gegenseitigkeitsfrage) der Ansatz des Widerstandsrechtes aus Art. 20 Abs. 4 GG, das zwischen legitimer und illegitimer politischer Devianz einen gewissen Orientierungspunkt geben mag.[52] Aufgrund der gemeinsamen Werteordnung der EU, wie sie namentlich in Art. 2 EUV zum Ausdruck kommt, dürfte der Beschränkungsgrund der politischen Straftat zwischen den Mitgliedstaaten nur noch in besonderen Ausnahmefällen zu rechtfertigen sein, wenn gerade nicht von einem Angriff auf gemeinsame Werte des Werte- und Verfassungsverbundes der Union gesprochen werden kann.[53]

Der Begriff der **politischen Tat** ist demgemäß vor den jeweils konkreten politischen 63 Hintergründen besonders umstritten und diskutiert geblieben.[54] Einigkeit besteht jedenfalls einerseits darin, dass die völkerrechtliche Beurteilungsbefugnis, wie natürlich stets die faktische, dem ersuchten Staat zukommt. Anderseits ist anerkannt, dass sog. **absolute politische Delikte,** die sich unmittelbar gegen den Bestand, die Handlungsfähigkeit oder Sicherheit eines Staates richten und ausschließlich ihn seine politische Organisation oder eigenen Recht verletzten, zu trennen sind von **relativen politischen Delikten.** Letztere sollen in einer gewissen, engeren oder weiteren, Beziehung zum Bereich des „Politischen" stehen, die durch eine Ideal- oder Realkonkurrenz mit einer anderen politischen Straftat ebenso geprägt sein könne, wie durch die Motive des Täters. Dieser Zusammenhang kann entweder aus einem einheitlichen Lebenssachverhalt oder einer anderen engen Konnexität begründet sein, etwa kann die weitere Tat als relative politische gelten, wenn sie eine absolut politische ermöglichen oder sichern soll und diese Zweckbestimmung äußerlich erkennbar ist.[55] Dogmatisch umstritten ist dann weiterhin, ob dieser Zusammenhang den allgemeindeliktischen Charakter und privat-persönliche Zielsetzung überwiegen muss.[56] Richtigerweise wird man die Frage der politischen Verfolgung durch den Vorwurf einer mutmaßlich sonst nicht-politischen Tat nicht hier, sondern unter der Frage des orde public zu erfassen haben.[57]

Nach dem Art. 2 lit. a Alt. 1 RHÜ 1959 kann ein ersuchter Staat die Rechtshilfe 64 verweigern, wenn sie sich auf strafbare Handlungen bezieht, die er als politisch oder als mit einer solchen zusammenhängenden strafbaren Handlung ansieht. Diese Ausnahme sehen etwa auch weitere Europaratsübereinkommen wie Art. 18 Abs. 1 lit. d GeldwÜ 1990 oder im Fall ihrer subsidären Anwendung die Cybercrime-Konvention (Art. 27 Abs. 4 lit. a CKÜ) vor. Die Ablehnungsmöglichkeit gilt ebenso im Verhältnis mit Hongkong und mit Japan (Art. 4 Abs. 1 Nr. 3 RHAbk DE/HK, Art. 11 Abs. 1 lit. a RHAbk EU/JP). Auch Interpol darf nach Art. 3 InterpolVerf bei derartigen Straftaten nicht tätig werden (→ § 17 Rn. 173).

Dagegen sehen vor allem die phänomenbezogenen Spezialübereinkommen des Euro- 65 parates vor, dass eine pauschale **Ablehnung** mit Hinweis auf den Charakter als politische Straftat, namentlich auch eine mit einer politischen Straftat oder auf politischen Beweggründen beruhenden Straftat, in ihrem jeweiligen Geltungsbereich, also für bestimmte Deliktsbereiche, **nicht erfolgen darf** und das RHÜ 1959 insoweit ausdrücklich abgeändert wird. Dies gilt vor allem für **terroristische Straftaten einschließlich Vorfeldstraftaten** zwischen den Vertragsparteien der UN-Konvention bzw. europäischen Übereinkommen.[58] Auch im Rahmen des Art. 3 Abs. 10 UNSuchtÜ darf Rechtshilfe bezüglich der dort erfassten **BtM-Straftaten** nicht als politische Delikte abgelehnt werden.

---

[52] Vgl. *Schädel* Bewilligung 113.
[53] Vgl. insbes. Art. 9 ProtRHÜ 2000, dazu NK-RechtshilfeR/*Kubiciel* IV Rn. 368 f. mwN; allg. auch *Schädel* Bewilligung 114 ff. mwN.
[54] Zum Ganzen *Nagel* Beweisaufnahme 107 ff.; *Schädel* Bewilligung 98 ff. mwN.
[55] *Schädel* Bewilligung 104 mwN.
[56] *Schädel* Bewilligung 104 f. mwN.
[57] Unklar hier *Schädel* Bewilligung 108 f., 111 f. mwN.
[58] Art. 8 Abs. 1 S. 2, Abs. 3 EuTerrBekämpfÜ, Art. 20 Abs. 1 TerrorVerhÜ, wobei die komplizierten Regelungen zu Vorbehalten im weiteren Art. 20 nur die Auslieferung betreffen; vgl. allg. dagegen Art. 14 AntiTerrorFinÜ.

3. Fiskalische Straftaten

66 Der Ausschluss bzw. die Ablehnungsmöglichkeit der Rechtshilfe für sog. „**fiskalische Straftaten**" ist historisch und politisch durch wirtschaftliche Eigeninteressen des ersuchten Staates begründet.[59]

67 Der Begriff der „fiskalischen Straftaten" umfasst in aller Regel alle Zuwiderhandlungen gegen Abgaben-, Steuer-, Zoll- und Devisengesetze, die Anwendung auf sog. Monopolgesetze ist strittig.[60] Grundsätzlich obliegt auch hier die Definition primär dem ersuchten Staat.

68 a) Die Möglichkeit des ersuchten Staates, nach **Art. 2 lit. a Alt. 2 RHÜ 1959** die Rechtshilfe zu verweigern, weil sich das Ersuchen auf eine nach seinem Recht fiskalische strafbare Handlung bezieht,[61] ist innereuropäisch bereits durch das erste Zusatzprotokoll für die meisten Mitgliedstaaten entfallen.[62] Inwieweit dies für diese Mitgliedstaaten auch für die Rechtshilfe für Strafrechtserträge nach Art. 18 Abs. 1 lit. d GeldwÜ 1990 gilt, scheint klärungsbedürftig. Durch Art. 11 Abs. 3 EEA-RL ist in ihrem Anwendungsbereich (→ Rn. 227 ff.) jedenfalls der Einwand fehlender gleichartiger Abgaben entfallen.

69 b) Im Verhältnis mit der **Schweiz** wird der ansonsten umfassende fiskalische Vorbehalt durch das ergänzende Vollabkommen zum Schutz finanzieller Interessen der Partner praktisch nur noch auf den Bereich direkter Steuern, also insbesondere auf Kapitaleinkünfte, zurückgenommen.[63] Dort ist auch unter dem Gesichtspunkt der beiderseitigen Strafbarkeit zu beachten, dass die Schweiz autonom ihre Rechtshilfe allgemein im Bereich des Abgabenbetrugs für zulässig erklärt, dieser aber ein arglistiges Verhalten über das „bloße unrichtige Ausfüllen" einer Steuererklärung hinaus erfordert.[64] Diese Schranke wird weiterhin durch die Rechtsprechung des schweizerischen Bundesgerichtes klar verteidigt.[65] In diesem Rahmen wurde zusätzlich ein neuer möglicher aber nicht zwingender, De-minimis-Ablehnungsgrund der Amts- und Rechtshilfe geschaffen: Wenn der verkürzte oder erschlichene Betrag 25.000 EUR oder der Wert der unerlaubt ein- oder ausgeführten Waren 100.000 EUR voraussichtlich nicht übersteigt, wird danach die Rechtshilfe verweigert, es sei denn, die Tat wird wegen ihrer Art oder wegen der Person des Verdächtigen von der ersuchenden Vertragspartei als sehr schwerwiegend betrachtet (Art. 3 BetrugBekämpfAbk EG/CH).

70 c) Die Verweigerung der Rechtshilfe unter der Berufung auf einen fiskalischen Charakter der Tat wird durch **weitere Konventionen ausgeschlossen.** Dies gilt namentlich für alle Mitglieder des CKÜ im Hinblick auf die dort aufgeführten speziellen Computerdelikte (Art. 25 Abs. 4 S. 2 CKÜ; ausf. → § 15 Rn. 520 ff.). Hierzu zählen weiter die UN-Übereinkommen für BtM-Straftaten (Art. 3 Abs. 10 UNSuchtÜ) und organisierte Kriminalität

---

[59] Vgl. *Nagel* Beweisaufnahme 111 ff. mwN; *Schädel* Bewilligung 82 ff. mwN.
[60] Vgl. einschließlich Monopolgesetzen etwa *Müller/Wabnitz*, Wirtschaftskriminalität, 1997, 151; aA *Schädel* Bewilligung 81.
[61] Zum Hintergrund vgl. *Lagodny* in Breitenmoser/Gless/Lagodny, Schengen in der Praxis, 2009, 259 (265).
[62] Art. 1 RHÜ 1959-ZP 1; überholt daher die entsprechenden Regelungen in den innereuropäischen bilateralen Ergänzungsverträgen, etwa **für Frankreich:** Art. 2 ErgV-RHÜ 1959 DE/FR; **Italien:** Art. 2 ErgV-RHÜ 1959 DE/IT; **die Niederlande:** Art. 3 Abs. 1 ErgV-RHÜ 1959 DE/NL unter Reduzierung auf Verletzung des ordre public dadurch; **Österreich:** Art. 4 Abs. 1 ErgV-RHÜ 1959 DE/AT mit ausdrücklichem Verzicht auch auf gleichartige Abgabe im Inland; vgl. dazu auch *Schomburg* NJW 2001, 801 f.; NK-RechtshilfeR/*Kubiciel* IV Rn. 248 ff.
[63] **Für die Schweiz:** Art. 2 Abs. 4 BetrugBekämpfAbk EG/CH; vgl. zu Hintergrund, Auslegung und Anwendung insbes. *Pieth/Eymann* in Breitenmoser/Gless/Lagodny, Schengen in der Praxis, 2009, 343 ff., vor allem 347 ff. mwN; vgl. aktuell ausf. mit allen erforderlichen Einzelheiten NK-RechtshilfeR/*Wieckowska* IV Rn. 703 ff. mwN; ausf. über die Rechtslage aus Sicht der Schweiz *Popp* Rechtshilfe Rn. 160 ff., vor allem 177 ff. zum kontroversen Leitbegriff des Abgabenbetrugs nach autonomem schweizerischen Strafrecht, dazu die De-minimis-Regelung in Rn. 180.
[64] Vgl. bereits *Nagel* Beweisaufnahme 114 f. mwN.
[65] Vgl. *Uebersax* in Breitenmoser/Gless/Lagodny, Schengen und Dublin in der Praxis, 2010, 83 (88 mwN); deswegen hat die Schweiz auch das RHÜ 1959-ZP 1 nicht unterzeichnet, *Polakiewicz* in Breitenmoser/Gless/Lagodny, Schengen und Dublin in der Praxis, 2010, 121 (125).

(Art. 18 Abs. 22 Palermo I) ebenso wie das AntiTerrorFinÜ für terroristische Straftaten (Art. 13 AntiTerrorFinÜ). Gleiches gilt im Bereich der **bilateralen Vereinbarungen** für die Abkommen mit **Kanada** und Hongkong (Art. 1 Abs. 4 RHV DE/CA, Art. 1 Abs. 4 RHAbk DE/HK), wobei letzteres eine Verweigerung erlaubt, wenn Hauptzweck des Ersuchens die Festsetzung oder Beitreibung von Steuern ist (Art. 4 Abs. 1 Nr. 7 RHAbk DE/HK). Andere Abkommen, wie im Verhältnis mit Österreich, beziehen entsprechende Ersuchen der Finanzbehörden sogar ausdrücklich in die Rechtshilfe ein und regeln die notwendige Geheimhaltung (Art. 4 ErgV-RHÜ 1959 DE/AT). Dagegen beschränkt etwa das Abkommen mit den USA die Ausnahmen auf **Devisenstraftaten,** solange keine gesonderte Erklärung erfolgt ist (Art. 1 Abs. 4, 7 RHV DE/US), und **bestimmte Steuerstraftaten,** für die detaillierte Sonderregelungen gelten (Art. 25 Abs. 2 RHV DE/US).

d) Zu beachten sind bei fiskalischen Straftaten die häufig gesondert abgeschlossenen **Doppelbesteuerungs- oder sonstigen administrativen Kooperationsabkommen,** die teilweise zu einer Normenkollision wegen partieller Informationsbeschränkung führen können.[66] 71

e) Vor allem aber sind die besonderen bilateralen Rechtshilfeabkommen Deutschlands seit 2010 mit Staaten über die Rechtshilfe in Steuer- und Steuerstrafsachen zu beobachten, die ihrerseits sich besonders stark zuvor auf den Ausschluss fiskalischer Straftaten und das Bankgeheimnis berufen haben (→ § 15 Rn. 660 ff.). 72

4. „Bankgeheimnis"

Das sog. **Bankgeheimnis** kann sich als weitere Rechtshilfeschranke ergeben. 73

Dies gilt freilich nicht, wenn die Berufung darauf **ausgeschlossen** ist, wie zB zwischen den Mitgliedstaaten für die nach UNSuchtÜ (Art. 7 Abs. 5 UNSuchtÜ), AntiTerrorFinÜ (Art. 12 Abs. 2 AntiTerrorFinÜ) oder Übereinkommen der Vereinten Nationen gegen die grenzüberschreitende organisierte Kriminalität (Art. 18 Abs. 8 Palermo I) umfassten Delikte. Ein solcher Ausschluss besteht ebenso, wenn es um die Bestechung ausländischer Amtsträger nach dem OECD-Abkommen geht (Art. 9 Abs. 3 IntBestÜ), sowie im Verhältnis der EU-Staaten mit den USA und Japan (Art. 4 Abs. 5 RHÜ EU/US, Art. 13 RHÜ EU/US, Art. 11 Abs. 3 RHAbk EU/JP). 74

Gleiches gilt, wenn das „Bankgeheimnis" nicht im entsprechenden verpflichtenden Rechtshilfeübereinkommen erwähnt ist, wie im **RHÜ 1959** und den darauf aufbauenden Abkommen. Daher dürften auch jedenfalls zwischen dessen Mitgliedern die ausdrücklichen Regelungen in den Europaratsabkommen gegen Korruption und zur Ertragssicherung ins Leere laufen: Diese sehen vor, dass im Bereich der Korruptionsdelikte und hinsichtlich der Ertragssicherung die Rechtshilfe nicht unter Berufung auf das Bankgeheimnis abgelehnt werden darf, jedoch für dessen Aufhebung die Genehmigung eines Strafrichters oder einer anderen in Strafsachen tätigen Justizbehörde einschließlich der Staatsanwaltschaft verlangt werden darf (Art. 26 Abs. 3 KorrStRÜ und Art. 18 Abs. 7 GeldwÜ 1990).[67] 75

Im Verhältnis zur **Schweiz** ist eine zögernde Rücknahme des Bankgeheimnisses zu beobachten. Sie ist einerseits durch die Eingrenzung der Tatbestände bis auf Straftaten bezüglich direkter Steuern geprägt (→ § 15 Rn. 659, 669 ff.). Andererseits wird sie durch einen immer kompromissloseren Schutz solcher Daten bei jeder Form der Erlangung auf anderen Wegen unter anderem durch einen absoluten Spezialitätsgrundsatz gegen eine entsprechende Verwendung kompensiert. Dem entspricht es, dass der Ausschluss des Bankgeheimnisses im Abkommen bezüglich Straftaten gegen öffentliche finanzielle Interessen 76

---

[66] Vgl. allg. *Hendricks,* Internationale Informationshilfe im Steuerverfahren, 2004 mwN; zum Europaratsübereinkommen zur Verwaltungshilfe in Steuersachen und insbes. der Schweiz vgl. *Polakiewicz* in Breitenmoser/Gless/Lagodny, Schengen und Dublin in der Praxis, 2010, 121 (126).

[67] Zu beachten ist weiterhin, dass dieses Übereinkommen für Deutschland noch nicht in Kraft ist. Gleiches gilt aber wohl für Art. 7 ProtRHÜ 2000, vgl. zur Reichweite iÜ NK-RechtshilfeR/*Kubiciel* IV Rn. 365 f.

(außer direkte Steuern) nur unmittelbar bei Bankauskünften und nicht für alle Ermittlungshandlungen ausgeschlossen wird (Art. 32 Abs. 5 BetrugBekämpfAbk EG/CH).

77 Auch an dieser Stelle ist auf die bilateralen Abkommen zur Rechtshilfe in Steuer- und Steuerstrafsachen mit Staaten zu verweisen, die ihrerseits sich besonders stark zuvor auf den Ausschluss fiskalischer Straftaten und das Bankgeheimnis berufen haben (→ § 15 Rn. 660 ff.).

5. Beid(er)seitige Strafbarkeit

78 Der Grundsatz der **beid(er)seitigen Strafbarkeit** spielt im Bereich der „kleinen Rechtshilfe" vor allem eine Rolle, wenn der engere europäische Rechtshilferaum verlassen werden soll, und wenn es um die Durchführung von Durchsuchungen und Beschlagnahmen geht.[68]

79 a) Insgesamt ist eine Tendenz zu beobachten, die in den Abkommen **verpflichtend gestellten Delikte** stets als ausreichend für die Überwindung des Gebotes der doppelten Strafbarkeit anzusehen, auch wenn diese noch nicht umgesetzt worden sind, wie etwa hinsichtlich der aufgezählten Computerdelikte des CKÜ bei den speziellen Formen der Rechtshilfe zur Sicherung und Erlangung von Daten (Art. 29 ff. CKÜ) oder der Bestechungsdelikte bezüglich ausländischer Amtsträger nach dem OECD-Übereinkommen (Art. 9 Abs. 2 IntBestÜ).[69]

80 b) Ansonsten **uneingeschränkt** besteht diese Möglichkeit der Rechtshilfeverweigerung vor allem, wenn die Rechtsordnung in grundsätzlichen Werteentscheidungen eher voneinander entfernt zu stehen scheinen und daher ansonsten eine größere Anwendung der Generalklausel des „ordre public" im Raum stehen würde.[70] So sieht etwa das **UN-Abkommen** gegen organisierte Kriminalität nach Art. 18 Abs. 17 Palermo I die mögliche Verweigerung der Rechtshilfe bei fehlender beiderseitiger Strafbarkeit vor, hingegen nicht das UNSuchtÜ, wohl aus der Erwägung der allgemein definierten Straftaten. Gleichermaßen ist die Klausel in den bilateralen Abkommen mit **Hongkong** (Art. 4 Abs. 1 Nr. 8 RHAbk DE/HK) sowie das mit der **Türkei** für erhebliche Straftaten (Art. 5 Abs. 2 AntiOrgKrimAbk DE/TR) nicht weiter eingeschränkt. Letzteres ist bemerkenswert, da es in dieser Allgemeinheit eine Einschränkung des zwischen den Staaten geltenden RHÜ 1959 bedeutet, die nach diesem nicht zulässig ist.[71]

81 c) Innerhalb einer gewissen „westlichen Wertegemeinschaft" formuliert ausgerechnet das Abkommen mit **Japan** am allgemeinsten die hier regelmäßige Zwischenposition: Danach ist die Berufung auf das Erfordernis der fehlenden Strafbarkeit auch im ersuchten Staat zur Ablehnung des Ersuchens dann ohne Weiteres möglich, wenn es das **Ergreifen von Zwangsmaßnahmen voraussetzt** (Art. 11 Abs. 2 RHAbk EU/JP). Das Abkommen mit **Kanada** schränkt dies noch weiter dahingehend ein, dass die fehlende Strafbarkeit im ersuchten Staat nur einen Verweigerungsgrund darstellt, wenn zur Erledigung des Rechtshilfeersuchens Zwangsmaßnahmen ergriffen werden müssen, sofern sich diese nicht auf die Vernehmung von Zeugen oder Sachverständigen beziehen (Art. 3 Abs. 1, 2 RHV DE/CA). Zusätzlich kann für bestimmte fiskalische Straftaten, namentlich „im Zusammenhang mit dem internationalen Kapital- oder Zahlungsverkehr" die beiderseitige Strafbarkeit ver-

---

[68] Vgl. allg. dazu *Nagel* Beweisaufnahme 97 ff. mwN; aus Sicht der Schweiz etwa *Popp* Rechtshilfe Rn. 196 ff., 247 f. mwN insbes. auch zum Problem der „Identität der Strafbarkeit" und zum Problem der ausnahmsweise auch erlaubten Rechtshilfe zur Entlastung des Beschuldigten nach Art. 64 Abs. 2 IRSG.
[69] Allg. ebenso *Nagel* Beweisaufnahme 100.
[70] Vgl. NK-RechtshilfeR/*Ambos/Poschadel* I Rn. 53 ff. sowie ausf. *Capus*, Strafrecht und Souveränität. Das Erfordernis der beidseitigen Strafbarkeit in der internationalen Rechtshilfe in Strafsachen, 2010 vor allem zum Wechselverhältnis zwischen innerstaatlicher Verfassungsordnung, den Elementen Demokratie- und Rechtsstaatlichkeitsgebot sowie dem Grundsatz und den europäischen Entwicklungen nicht nur aus schweizerischer Sicht.
[71] Vgl. auch den Vorbehalt der Türkei zum RHÜ 1959 v. 24.6.1969, bezogen nur auf Durchsuchungen und Beschlagnahmen und die entsprechenden Vorbehalte und Erklärungen der Bundesrepublik Deutschland.

langt werden (Art. 3 Abs. 3 RHV DE/CA). Dagegen ist die Ausnahme zB im Vertrag mit den **USA** ausgeschlossen, wenn nicht ausdrücklich im Übereinkommen etwas anderes vorgesehen ist, was dann bei Durchsuchungen und Beschlagnahmen erfolgt (Art. 1 Abs. 4 RHV DE/US, Art. 11 Abs. 1 Nr. 1 RHV DE/US).

d) Der **europäische Raum** zeigt die weiteren Phasen der Eliminierung dieser Ausnahme: Auch im Rahmen des **RHÜ 1959** durfte das Erfordernis beiderseitiger Strafbarkeit nur noch bei der Durchsuchung und Beschlagnahme von Gegenständen vorbehalten werden.[72] Dies wurde für den **Schengenraum** bereits weiter eingeschränkt, sodass der Grundsatz der doppelten Strafbarkeit zwischen Mitgliedstaaten dann nicht mehr geltend gemacht werden durfte, wenn die mutmaßliche Tat im ersuchenden oder ersuchten Staat mit einer Freiheitsstrafe oder die Freiheit beschränkenden Maßregel der Sicherung und Besserung im Höchstmaß von mindestens sechs Monaten bedroht und im anderen zumindest als Ordnungswidrigkeit verfolgt wird.[73] Im Rahmen des **Anerkennungsprinzips der EU** wird die Ausnahme des RHÜ 1959 für Durchsuchungen und Beschlagnahmen unter anderem durch Art. 3 Abs. 2 RB 2003/757/JI aufgehoben, der bestimmt, dass sie zwischen den EU-Mitgliedstaaten nicht mehr angewendet werden darf (→ § 15 Rn. 431 f.).[74] Anwendbar bleibt er damit in diesem Staatenkreis nur bei Aus- und Durchlieferungen (vgl. §§ 43, 65 IRG).[75] Weiterhin ist nach dem GeldwÜ 1990 die Berufung auf die fehlende beidseitige Strafbarkeit möglich, soweit die ersuchte Zusammenarbeit Zwangsmaßnahmen umfasst, oder sie aus rechtlichen Gründen in innerstaatlichen vergleichbaren Fällen nicht zulässig wäre (Art. 18 Abs. 1 lit. f, Abs. 2 GeldwÜ 1990). Wie die Ausnahme fiskalischer Straftaten schützt der Grundsatz hier insbesondere in Rechtshilfeverhältnissen zB mit der **Schweiz und Liechtenstein** vor einer Rechtshilfeverpflichtung in Wirtschafts- und Steuerstraftaten, die der ersuchte Staat nicht kennt. Vor diesem Hintergrund sind auch die Gleichstellungsklauseln hinsichtlich bestimmter Abgaben oder Delikte zu betrachten.

Entsprechend wird die differenzierte Regelung der **Europäischen Ermittlungsanordnung** zu beachten sein, wonach die Strafbarkeit im Vollstreckungsstaat zwar grundsätzlich gegeben sein muss, sofern entweder das Beweismittel oder die Information sich nicht bereits im staatlichen Bereich befindet oder es sich um eine Vernehmung oder „nichtinvasive Ermittlungsmaßnahme" handelt (→ Rn. 223 ff.) oder der zugrunde gelegte Sachverhalt im Anordnungsstaat eine Straftat aus einem sehr weiten Katalog an Straftaten darstellt, die dort mit einer Höchststrafe von mindestens drei Jahren bedroht ist (Art. 10 Abs. 2, 11 Abs. 1 lit. g, Abs. 2 EEA-RL iVm Anhang D EEA-RL). Diese Ausnahme greift wiederum nicht ein, wenn die Europäische Ermittlungsanordnung sich auf eine Straftat bezieht, die außerhalb des Hoheitsgebiets des Anordnungsstaats und ganz oder teilweise im Hoheitsgebiet des Vollstreckungsstaats begangen worden sein soll (Art. 11 Abs. 1 lit. e EEA-RL). Andererseits können „invasive" Eingriffsmaßnahmen außer Vernehmungen abgelehnt werden, die nach innerstaatlichem Recht eine Katalog- oder sonstig qualifizierte Tat voraussetzen würden, die nicht gegeben ist (Art. 10 Abs. 2 EEA-RL, Art. 11 Abs. 1 lit. h, Abs. 2 EEA-RL). Ebenso können alle Eingriffsmaßnahmen abgelehnt werden, die innerstaatlich eine Straftat voraussetzen würden, wenn lediglich mutmaßlich eine Ordnungswidrigkeit vorliegt (Art. 11 Abs. 1 lit. c EEA-RL).

e) Soweit anwendbar, hat der Grundsatz auch die Funktion, dass Beschränkungen individueller Rechte nur in dem Umfang zulässig sein sollen, wie sie es auch in einem inländischen Strafverfahren wären, nicht aber, wenn ein solches bei einem vergleichbaren Sachverhalt gar nicht gegeben wäre. Bei der **Beurteilung** kann und muss sich der ersuchte Staat auf den mitgeteilten Sachverhalt beschränken, und ggf. nach dem Verfahrensrecht der

---

[72] Nach dem ursprünglichen Art. 5 Abs. 1 lit. a RHÜ 1959.
[73] Gem. Art. 51 lit. a SDÜ; Dies gilt auch bei Verfolgung von Delikten gegen öffentliches finanzielles Interesse außer bei direkten Steuern mit **der Schweiz Art.** 31 Abs. 1 lit. a BetrugBekämpfAbk EG/CH.
[74] Überholt wohl damit **für Polen:** Art. 3 Abs. 1 S. 1 ErgV-RHÜ 1959 DE/PL; **Tschechien:** Art. 4 Abs. 1 S. 1 PolZV DE/CZ.
[75] Hackner/Schierholt Int. Rechtshilfe Rn. 173.

Rechtshilfe (→ § 13 Rn. 23 ff.) Nachfragen stellen oder Konsultationen beginnen. Beiderseitige Verfolgbarkeit ist nie erforderlich, auf das Vorliegen von Strafanträgen oder Verjährung kommt es, soweit nicht ausdrücklich anderes bestimmt sein sollte, wohl nicht an.[76]

6. Gegenseitigkeit

85 Der **Grundsatz der Gegenseitigkeit** kann in verschiedener Funktion, bezogen auf bestimmte Verfahrensweisen oder materielle Sachverhalte, als Ablehnungsgrund oder gerade umgekehrt als Verpflichtung zur Rechtshilfe, Verwendung finden.[77] Allerdings ist dies in allen Konstellationen im Bereich der vereinbarten „kleinen Rechtshilfe" kaum mehr der Fall. Dies folgt auch daraus, dass die ausführlicheren neueren Rechtshilfeverträge die wechselseitigen Pflichten weitgehend und für alle Parteien gleich regeln. Allerdings sehen eher ältere Übereinkommen die Gegenseitigkeit noch ausdrücklich vor. Vor diesem Hintergrund wird auch nachfolgend an geeigneten Stellen, bei denen noch am ehesten die Gegenseitigkeit gefordert wird, in kurzen Exkursen auf Besonderheiten der inländischen deutschen Rechtshilfe für hier eingehende Ersuchen hingewiesen.

86 a) Als die Rechtshilfeverpflichtungen begründendes Prinzip entfaltet die Gegenseitigkeit etwa im Verhältnis zu **Mexiko**[78] und **Kenia**[79] sowie soweit noch fortgeltend im Registerübereinkommen mit den USA (Nr. 1 StrafRegÜ DE/US) Bedeutung.

87 Die Möglichkeit, sich die mangelnde Gegenseitigkeit als Ablehnungsgrund für bestimmte Handlungen vorzubehalten, sieht insbesondere noch das **RHÜ 1959** in seiner ursprünglichen Form vor, allerdings nur für zwei sehr enge Bereiche: bezüglich der von dem ersuchenden Staat für eingehende Ersuchen vorbehaltenen besonderen Voraussetzungen der Durchsuchung und Beschlagnahme und für die Übersetzung (Art. 5 Abs. 2 RHÜ 1959, Art. 16 Abs. 2 RHÜ 1959, Art. 23 Abs. 3 RHÜ 1959). Diese werden durch zahlreiche Rechtshilfeinstrumente im Rahmen der EU- und Schengenstaaten praktisch vollständig aufgehoben (→ § 15 Rn. 434 ff.), allerdings nicht in fiskalischen Strafsachen mit der Schweiz (etwa Art. 41 BetrugBekämpfAbk EG/CH).

88 Auch im Bereich der **vertragslosen Rechtshilfe** zur Informationsgewinnung und -übermittlung und dem diese regelnden jeweiligen autonomen staatlichen Rechtshilferecht ist das Fehlen der Gegenseitigkeit als allgemeiner Ablehnungsgrund im Verschwinden begriffen oder verschwunden, wie auch in Deutschland.[80]

89 b) Die Gegenseitigkeit ist dann gegeben, wenn gesichert ist, dass der ersuchende Staat bei sinngemäßer Umkehrung der Sachlage seinerseits die erbetene Rechtshilfe leisten würde.[81]

90 Da vor allem die umfassende materiell-rechtliche **Prüfung** auch des autonomen Rechtes des ersuchenden Staates oft die Möglichkeiten des ersuchten Staates übersteigt und zudem aufgrund reziproker Klauseln auf beiden Seiten nicht selten in einem Zirkel endet, der kaum entschieden werden kann, genügt häufig, dass der ersuchende Staat dem ersuchten die Gegenseitigkeit zusichert oder dies in Form der genannten Übereinkommen abstrakt bereits getan hat. Umgekehrt tritt der Grundsatz wiederum etwa in Wirkung, wenn die ersuchte Vertragspartei laut konkreter Vertragsvorschriften, nach Konsultationen, ein Ersuchen ablehnen kann, wenn die ersuchende Vertragspartei einem Ersuchen um Zusammenarbeit in ähnlichen Fällen wiederholt nicht stattgegeben hat.[82] Da der Grundsatz alleine

---

[76] *Nagel* Beweisaufnahme 102 mwN.
[77] Vgl. dazu auch NK-RechtshilfeR/*Ambos*/*Poschadel* I Rn. 51 f. mwN; vgl. zur Anwendung im schweizerischen Rechtshilferecht *Popp* Rechtshilfe Rn. 428 ff. mwN.
[78] Deutsch-mexikanische Vereinbarung über die gegenseitige Gewährung von Rechtshilfe in Strafsachen v. 4.10./18.12.1956 (BGBl. 1957 II 500).
[79] Nr. 1 der Bek. der Vereinbarung zwischen der Regierung der Bundesrepublik Deutschland und der Regierung der Republik Kenia über die gegenseitige Rechtshilfe in Strafsachen v. 19.5.1971 (BGBl. 1971 II 924 ff.).
[80] *Nagel* Beweisaufnahme 90, 92 ff. mwN zum Ganzen, insbes. zum deutschen, österreichischen und schweizerischen Recht.
[81] Hierzu und zum Folgenden *Nagel* Beweisaufnahme 92 ff.
[82] Wie etwa **für die Schweiz:** Art. 41 BetrugBekämpfAbk EG/CH.

die Interessen des ersuchten Staates schützt, kann dieser sich stets im Ermessen über die völkerrechtliche Beschränkung seiner Rechtshilfepflicht hinwegsetzen.

Verfahrenstechnisch ist daher bei der Stellung eines Ersuchens in einem Fall, in dem der Grundsatz der Gegenseitigkeit vom ersuchten Staat angeführt werden könnte, zwar eine Vermeidung der Ablehnung und ggf. Verkürzung der Konsultationen durch **Zusicherung der Gegenseitigkeit** gem. § 76 S. 1 IRG bereits im Ersuchen möglich, jedoch ist dringend darauf zu achten, dass derartige Erklärungen gem. §§ 74 Abs. 1, 76 S. 2 IRG nur durch die dazu zuständigen Bundesbehörden erfolgen dürfen.[83] Sie sind daher unbedingt mit der zuständigen obersten Justizverwaltung bzw. schlussendlich auf dem Dienstweg mit den beteiligten Bundesministerien oder nachgeordneten Bundesbehörden abzuklären. Dies gilt selbst dann, wenn, was sich allerdings kaum je ergeben dürfte, in solchen Fällen der ministerielle Geschäftsweg (→ § 12 Rn. 27 ff.) nicht gegeben sein sollte. Die Gegenseitigkeitszusicherung erzeugt keine Verbindlichkeit für eingehende Ersuchen, sie ist zudem durch den Bund jederzeit widerrufbar.[84]

7. Einwand der Unmöglichkeit

Unter dem **Einwand der Unmöglichkeit** sind klar verschiedene Konstellationen zu 92 trennen:

a) Dass Rechtshilfe auch völkerrechtlich nicht geschuldet ist, wenn sie aus **tatsächlichen** 93 **Gründen unmöglich** ist, findet sich in mehr oder weniger expliziter Form in allen Rechtshilfeinstrumenten. Dies folgt dem allgemeinen auch hier geltenden rechtlichen Grundsatz „*impossibilium nulla obligatio est*".[85] In diesem Sinn ist der unterschiedlich formulierte Grundsatz wie etwa in der Form von Art. 1 Abs. 1 RHÜ 1959 zu verstehen, wonach sich die Mitgliedstaaten (hier: *nur*) verpflichtet haben, „*soweit wie möglich* Rechtshilfe zu leisten".

b) Dass die Hilfe auch **rechtlich zulässig** sein muss, folgt hingegen aus den besonderen, 94 diese reflektierenden Vorschriften der Rechtshilfeinstrumente und über den Grundsatz des ordre public, sowie darüber hinaus vor allem im Ermessen des vertragslosen Bereichs auch aus entsprechenden nationalen Regelungen, wie zB für eingehende Ersuchen durch § 59 Abs. 3 IRG.[86]

Gleichwohl wird etwa in den UN-Übereinkommen ausdrücklich festgeschrieben, dass 95 eine Rechtshilfe versagt werden darf, wenn die Maßnahme als innerstaatliche Amtshilfe oder nach dem Rechtshilferecht des ersuchten Staates unzulässig wäre (Art. 7 Abs. 15 lit. c, d UNSuchtÜ, Art. 18 Abs. 21 lit. c, d Palermo I). Ähnlich erlaubt das ursprüngliche RHÜ 1959 für Durchsuchungen und Beschlagnahmen den Vorbehalt, dass „Die Erledigung des Rechtshilfeersuchens ... mit dem Recht des ersuchten Staates vereinbar sein" muss (Art. 5 RHÜ 1959). Mit derartigen Verweisen kann allerdings nicht das innerstaatliche Rechtshilferecht gemeint sein, da dann die Verpflichtung letztendlich völlig ins Leere liefe. Vielmehr muss die Maßnahme im (in der Regel analog anzuwendenden) Strafprozessrecht des ersuchten Staates zuerst überhaupt zumindest sinngemäß vorgesehen sein. Zweitens müssen die vorgesehenen besonderen Voraussetzungen für ihre Durchführung, wie zB bei der Wohnraum- oder Telekommunikationsüberwachung in Deutschland, wie wenn sie durch rein innerstaatliche Rechtshilfe veranlasst wäre, erfüllt sein.[87] Die Frage der weiteren Verarbeitung und Verwendung hat hier außer Betracht zu bleiben, da sie alleine dem ersuchenden Staat obliegt.

---

[83] Vgl. iE Schomburg/Lagodny/Gleß/Hackner/*Lagodny/Hackner* IRG § 76.
[84] Vgl. hier nur NK-RechtshilfeR/*Racknow* I Rn. 143 f.; GPKG/*Vogel/Burchard* § 76 Rn. 6 ff.
[85] Vgl. bereits das römische CIC, D. 50.17.185.
[86] Vgl. hierzu OLG Frankfurt a.M. bei *Hackner/Schierholt* Int. Rechtshilfe Rn. 173 wohl zur Auslieferung; dagegen *Nagel* Beweisaufnahme 123; zur Ablehnung im autonomen schweizerischen Recht bei Unmöglichkeit wegen Immunität, Niederschlagung oder Amnestie vgl. *Popp* Rechtshilfe Rn. 275 ff.
[87] *Nagel* Beweisaufnahme 120 f. mwN.

96 Weitgehende Einigkeit besteht andererseits, dass – auch wenn nicht von einem Vorbehalt beiderseitiger Strafbarkeit umfasst – keine Verpflichtung des ersuchten Staates besteht, eine Rechtshilfehandlung durchzuführen, die sein internes Recht insgesamt oder für Strafverfahren überhaupt nicht kennt bzw. anerkennt.[88]

8. Einwand der Unverhältnismäßigkeit

97 Die **Unverhältnismäßigkeit** der ersuchten Handlung aus Sicht des ersuchten Staates als Begründung für eine Ablehnung ist vor allem bei vertraglich geregelter „kleiner Rechtshilfe" eher ungebräuchlich.[89]

98 **a)** Sie kann wohl vor allem im Bereich vertragsfreier Rechtshilfe für eine Ablehnung angeführt werden, da Übereinkommen und EU-Rechtsakte – mit Ausnahme des europäischen Erträgeübereinkommens[90] – sie nicht allgemein vorsehen.[91] Der Einwand der Unverhältnismäßigkeit kann, soweit erhebbar, aufgrund Missverhältnisses der Eingriffstiefe, aber auch des Erledigungsaufwandes zum Vorwurf und zum Nutzen insbesondere für die Erkenntnisgewinnung begründet werden.

99 Inwieweit entsprechende Klauseln des Ergänzungsvertrages mit Tschechien[92] und der Türkei für personenbezogene Daten bei erheblicher Kriminalität[93] aufgrund der fehlenden Regelung im **RHÜ 1959** und des Unionsrechtes Bestand haben können, scheint zweifelhaft.

100 Im Bereich der zukünftigen **Europäischen Ermittlungsanordnung** kann die Vollstreckungsbehörde eine aus ihrer Sicht unverhältnismäßige oder im Anordnungsstaat innerstaatlich nicht zulässige Maßnahme dazu die Anordnungsbehörde zur Wichtigkeit der Ermittlungsmaßnahme konsultieren, die dann die Anordnung zurückziehen kann, allerdings nicht muss (Art. 6 Abs. 1, 3 EEA-RL).

101 **b)** Allerdings dürfte bei **umgesetzten EU-Rechtsakten** auch sonst der Verhältnismäßigkeitsgrundsatz über die europäischen und nationalen Grundrechte einwirken. Folglich dürfte jedenfalls gemessen an den Grundrechteberührungen der Grundsatz einschränkend zur Anwendung kommen, wenn die Eingriffstiefe, nicht aber der Erledigungsaufwand infrage steht. Dies gilt insbesondere auch für die zukünftige Europäische Ermittlungsanordnung (Art. 11 Abs. 1 lit. f EEA-RL).

102 **c)** Eng verwandt mit der Unverhältnismäßigkeit sind bestimmte **Erheblichkeitsschwellen**, die die **USA** für die Bearbeitung bzw. Erledigung von Rechtshilfeersuchen kommunizieren. Danach können Ersuchen, die bestimmte Schwellenwerte unterschreiten, in die niedrigste Dringlichkeitsstufe (→ § 13 Rn. 63) eingeordnet oder gänzlich abgelehnt werden. Dies beziehe sich insbesondere auf geringfügige Straftaten wie beispielsweise Eigentums- oder Finanzdelikte mit einem Gesamtschadensvolumen von 5.000 US $ oder weniger, Drogendelikte mit geringfügigen Mengen verbotener Substanzen und Tätlichkeiten oder versuchte Tätlichkeiten, durch die keine oder nur leichte Verletzungen herbeigeführt wurden. Dagegen sollen Ersuchen selbst dann nicht abgelehnt werden, wenn der Zweck durch eigene Maßnahmen des ersuchenden Staates oder informelle Amtshilfe in den USA erledigt werden könnte, etwa wenn das begehrte Material öffentlich zugänglich ist oder der Zeuge volle Kooperationsbereitschaft zeigt.

---

[88] Vgl. Empfehlung des Ministerrates des Europarates v. 28.6.1985, R (86) 10; OLG Köln – 2 WS 375/83 v. 16.6.1983 dazu *Janicki* Beweisverbote 471 f. mwN.

[89] Im weitesten Sinn wird man auch die autonome schweizerische Prüfung der Verjährung der Bezugstat hierunter fassen können, da dann die rechtshilfe weder erforderlich noch sonst verhältnismäßig wäre, vgl. auch *Popp* Rechtshilfe Rn. 259 ff., dort Rn. 400 ff. umf. zur Verhältnismäßigkeitsprüfung im Allgemeinen und Rn. 420 ff. in Abwägung zum Geheimschutz.

[90] Art. 18 Abs. 1 lit. c GeldwÜ 1990: wenn nach Auffassung der ersuchten Vertragspartei die Bedeutung der Angelegenheit, auf die sich das Ersuchen bezieht, die Durchführung der erbetenen Maßnahme nicht rechtfertigt.

[91] Vgl. *Hackner/Schierholt* Int. Rechtshilfe Rn. 173.

[92] **Für Tschechien:** Art. 3 PolZV DE/CZ gibt einen Ablehnungsgrund bei einem offensichtlichen Missverhältnis des Aufwandes zum Gewicht der Tat.

[93] **Für die Türkei:** Art. 6 Nr. 3 S. 1 AntiOrgKrimAbk DE/TR.

9. Doppelbestrafungsverbot

Die Anwendung des Verbots der **Doppelbestrafung (ne bis in idem)** im Bereich der 103 „kleinen Rechtshilfe" ist nicht unproblematisch. Schließlich würden durch sie Verfahren, anders als bei der Auslieferung, primär nicht verhindert, sondern lediglich Beweismittel und Erkenntnisse vorbehalten. Dies kann gerade zu einer Verschlechterung der Rechtsstellung des Betroffenen führen.[94]

Ausdrücklich eingeräumt ist ein entsprechender Beschränkungsgrund der Rechtshilfe 104 gleichwohl in den Abkommen mit Japan und Hongkong. Nach ihnen wird die Beweis-Rechtshilfe auch verweigert, wenn sie sich auf eine Straftat bezieht, derentwegen die Person im Hoheitsbereich der ersuchten Vertragspartei bereits verurteilt, freigesprochen oder begnadigt worden ist.[95] Ähnlich findet sich ein Verweigerungsrecht wegen Verstoß gegen das Doppelbestrafungsverbot im Europäischen Geldwäscheübereinkommen und nun auch der Ermittlungsanordnung nach Unionsrecht (Art. 18 Abs. 1 lit. e GeldwÜ 1990, Art. 11 Abs. 1 lit. d EEA-RL). Jedenfalls, soweit die EU-Ebene an diesen Rechtsgrundlagen mitbeteiligt ist, ist dabei von dem vom EuGH intensiv umrissenen autonom nach unionsrechtlichen Maßstäben ausgeformten Tatbegriff, ansonsten dem Tatbegriff des ersuchten Staates auszugehen.[96]

10. Ablehnungsgründe in der Person der Betroffenen

a) Nur sehr altgediegene Rechtshilfeinstrumente müssen betonen, dass die **Staatsange-** 105 **hörigkeit des ersuchten Staates** diesen nicht von der „kleinen Rechtshilfe" abhält.[97] Ansonsten hat der Ausnahmegrund – anders als bei der Auslieferung – bei der Informationsbeschaffung und -weitergabe keinerlei Anwendungsbereich.[98]

b) Namentlich soweit spezielle Übereinkommen den Ausnahmetatbestand der politi- 106 schen oder militärischen Straftat nicht mehr zulassen, findet als neuer Ausnahmetatbestand Eingang, dass der ersuchte Staat die Rechtshilfe verweigern darf, wenn er ernstliche Gründe für die Annahme hat, dass das Rechtshilfeersuchen wegen Straftat gestellt worden ist, um eine Person wegen ihrer **Rasse, ihrer Religion, ihrer Staatsangehörigkeit oder ihrer politischen Anschauungen zu verfolgen** oder zu bestrafen, oder dass die Lage dieser Person aus einem dieser Gründe erschwert werden könnte.[99] Art. 21 Abs. 1 TerrorVerhÜ dehnt dies weiter auf die ethnische Herkunft aus. Ähnliches gilt im Verhältnis mit **Japan und Hongkong,** wo zusätzlich Diskriminierung wegen Geschlecht und politischer Meinung umfasst sind (Art. 11 Abs. 1 lit. b, c RHAbk EU/JP, Art. 4 Abs. 1 Nr. 2, 5, Abs. 2 RHAbk DE/HK).

11. Drohende Todesstrafe

Den Einwand einer **drohenden Todesstrafe** kennen viele multilaterale Rechtshilfeinstru- 107 mente nur im Bereich der Auslieferung (vgl. etwa Art. 21 Abs. 3 TerrorVerhÜ, vgl. auch etwa Art. VII Abs. 7 NTS). Für die hier interessierende Situation eines ausgehenden deutschen Ersuchens kann sich die Problematik wegen der Verbote in Art. 102 GG, Art. 1

---

[94] Vgl. etwa auch zum Ganzen HdB-EuStrafR/*Eser* § 36; aus schweizerischer Sicht *Popp* Rechtshilfe Rn. 262 ff.
[95] **Für Hongkong:** Art. 4 Abs. 1 Nr. 6 RHAbk DE/HK; **Japan:** Art. 11 Abs. 1 lit. d RHAbk EU/JP ohne ausdrückliche Einbeziehung der Begnadigung; vgl. zur Problematik dadurch verschlechterter Beweiswerte *Nagel* Beweisaufnahme 124 mwN.
[96] Vgl. hier nur BGH NJW 2014, 1025 ff. mit umfassenden Nachweisen über die Rspr. des EuGH; ausf. iE für gängige Fallkonstellation und konkrete Elemente *Rosbaud/Lagodny* in Breitenmoser/Gless/Lagodny, Schengen und Dublin in der Praxis, 2010, 97 ff. mwN.
[97] Vgl. etwa Abs. 3 AntiDrogenAbk DE/US
[98] Vgl. auch *Schädel* Bewilligung 206 f. mwN; *Lagodny* ZRP 2000, 175 ff.
[99] Vgl. etwa Art. 8 Abs. 2 EuTerrBekämpfÜ; Art. 15 AntiTerrorFinÜ einschließlich der ethnischen Herkunft und der faktischen Erschwerung der Lage dieser Personen aus einem der genannten Gründe; vgl. dazu bereits *Nagel* Beweisaufnahme 122 ff. mwN.

6. EMRKProt[100] entweder allenfalls in ganz besonderen Konstellationen mit Drittstaatbeteiligung oder, ebenso theoretisch, über den Einwand der Gegenseitigkeit stellen.[101]

108 Ausdrücklich sehen die Abkommen mit Japan und Hongkong vor, dass der ersuchte Staat die Rechtshilfe verweigert, wenn das Ersuchen eine Straftat zum Gegenstand hat, die im Hoheitsbereich der ersuchenden Partei mit der Todesstrafe bedroht ist. Letztere verpflichtet sich, keine ihr überlassenen Beweismittel in einem solchen Verfahren zu verwenden (Art. 11 Abs. 1 lit. b, c RHAbk EU/JP, Art. 4 Abs. 2 RHAbk DE/HK). Eine solche, zudem verpflichtend formulierte Klausel ist gerade unter dem Gesichtspunkt des Lebens- und sonstigen Rechtsschutzes des Beschuldigten höchst problematisch: Sie erlaubt dem ersuchten Staat zwar sozusagen „seine Hände in Unschuld zu waschen" und sich jeder Verwicklung in derartigen Verfahren zu enthalten. Sie kann aber gerade dazu führen, dass entlastende und damit in letzter Konsequenz vor einer unberechtigten Todesstrafe rettende Informationen nicht übermittelt werden. Dies widerspricht dem Sinn und Zweck der Norm ebenso wie den Schutzpflichten des Lebensschutzes. Aus diesem Grund wäre bei eingehenden Ersuchen wohl trotz der Klausel die entsprechende Rechtshilfe, wenn auch mit möglichen Absicherungen durch Bedingungen zu leisten.

109 Wo die Abkommen eine solche Ausnahme nicht vorsehen, muss der Weg für Deutschland zB über den ordre public gesucht werden.[102] Ähnliches gilt für den wohl ohnehin nur bei der Auslieferung bislang genannten Problembereich möglicher mitverursachter bzw. geförderter Folter, unmenschlicher oder erniedrigender Strafe oder Behandlung (vgl. etwa Art. 21 Abs. 2 TerrorVerhÜ). Insgesamt können hier die vom ersuchten Staat gestellten Bedingungen an die Verwendung der übermittelten Informationen einen wirksamen Interessenausgleich gewährleisten.[103]

12. Ordre Public

110 Der **ordre public** des ersuchten Staates ist als allgemeine, äußerste Schranke der Rechtshilfepflicht und genereller Beschränkungsgrund stets zu beachten.[104] Praktisch ausnahmslos alle Übereinkommen und autonomen Regelungen sehen *expressis verbis* die Möglichkeit des ersuchten Staates vor, eine Rechtshilfe zu verweigern, die als Verstoß gegen seinen ordre public ansieht. Dahinter steht der Gedanke, dass einem Staat nie zugemutet werden kann, durch eine Rechtshilfeverpflichtung wichtige Grundsätze seiner Rechtsordnung zu verletzen oder eigenen wesentlichen Interessen zu schaden.[105] Allerdings ist die Ausgestaltung dieses ordre public sehr unterschiedlich:

---

[100] Prot. Nr. 6 zur Konvention zum Schutz der Menschenrechte und Grundfreiheiten über die Abschaffung der Todesstrafe v. 22.10.2010 (BGBl. 2010 II 1198).
[101] Bei eingehenden Ersuchen und damit ggf. iRv Gegenseitigkeitseinwänden kann theoretisch der deutsche ordre public zB Geltung erlangen, der etwa verbietet, dass Informationsübermittlungen aus Deutschland zu einer Verurteilung zu einer Todesstrafe beitragen; BGH NStZ 1999, 634; Schomburg/Lagodny/Gleß/Hackner/*Schomburg/Hackner* IRG § 8 Rn. 26, § 59 Rn. 21; *Hackner/Schierholt* Int. Rechtshilfe Rn. 173 auch zu Klärungsverfahren.
[102] Vgl. ausdrücklich im Verhältnis mit den USA die Denkschrift, BT-Drs. 16/4377, 54; vgl. dazu und zum Ganzen NK-RechtshilfeR/*Docke/Momsen* IV Rn. 404 ff. mwN.
[103] Vgl. auch *Schädel* Bewilligung 198 mit dem wohl falschen Begriff der Spezialität.
[104] Beachte hierzu und zum Folgenden insbes. NK-RechtshilfeR/*Ambos/Poschadel* I Rn. 64 ff. mwN, insbes. zur Auffangfunktion und zur Anwendbarkeit bei der Bewilligungsprüfung ausgehender Ersuchen. Richtigerweise wird man angesichts der Bindung an das eigene inländische Recht sowohl für das Bezugsverfahren wie die bewilligende bzw. ersuchende Stelle eine Anwendung des Grundsatzes für entbehrlich halten müssen, sodass auch die Diskussion über die Reichweite in diesen Fällen zwischen Schomburg/Lagodny/Gleß/Hackner/*Lagodny* IRG § 73 Rn. 4 und GPKG/*Vogel* § 73 Rn. 19 eher unergiebig scheint.
[105] *Nagel* Beweisaufnahme 115 ff. mwN; vgl. zur Definition des EuGH im Hinblick auf den nationalen ordre public: Wenn die Anerkennung bzw. Durchführung „gegen einen wesentlichen Rechtsgrundsatz verstieße und deshalb in einem nicht hinnehmbaren Gegensatz zur Rechtsordnung des Vollstreckungsstaates stünde", EuGH Urt. v. 28.3.2000 – Rs. C-7/98, Slg. 2000, I-1935, Rn. 3 = NJW 2000, 1853 – Krombach; dazu HdB-EuStrafR/*Esser* § 58 Rn. 33.

a) Dies gilt zunächst für die **Ausgestaltung in den Rechtshilfeinstrumenten.** So kann 111
zB nach dem RHÜ 1959 der ersuchte Staat die Rechtshilfe verweigern, wenn er der
Ansicht ist, dass die Erledigung des Ersuchens geeignet ist, die Souveränität, die Sicherheit,
die öffentliche Ordnung oder andere wesentliche Interessen seines Landes zu beeinträchtigen (Art. 2 lit. b RHÜ 1959). Diese Formel findet sich in praktisch allen entsprechenden
Übereinkommen.[106] Das GeldwÜ 1990 ergänzt als weiteren Ablehnungsgrund, dass die
erbetene Maßnahme den Grundlagen der Rechtsordnung der ersuchten Vertragspartei
widerspricht (Art. 18 Abs. 1 lit. a GeldwÜ 1990); dies darf aber nicht allein darin seinen
Grund haben, dass eine juristische Person betroffen ist oder eine solche aufgelöst oder ein
Betroffener verstorben ist (Art. 18 Abs. 8 GeldwÜ 1990).

Das Abkommen bezüglich erheblicher Kriminalität mit der **Türkei** erweitert den Ab- 112
lehnungsgrund ausdrücklich auch für den Fall, dass die Rechtshilfe den internationalen
Verpflichtungen oder anderen wesentlichen Interessen des ersuchten Staates widerspricht,
bzw. die Übermittlung personenbezogener Daten nach innerstaatlichen Regelungen untersagt ist und insbesondere die Interessen der betroffenen Personen beeinträchtigt würden.[107]
Hier wird der weite Zusammenhang mit den auch informatorischen Grundrechten besonders deutlich.

Das Übereinkommen mit **Hongkong** gestaltet dies weiter aus, indem es explizit weitere 113
Verweigerungsgründe nennt, die sonst weitgehend allgemein unter den ordre public subsumiert würden. Dazu gehört die mögliche Verweigerung, wenn der ersuchte Staat der
Ansicht ist, dass die Gewährung des Ersuchens seine wesentlichen Interessen schwerwiegend beeinträchtigen würde, es wesentliche Gründe für die Annahme einer einschlägigen
Diskriminierung gibt, Art. 4 Abs. 1 Nr. 2, 5, Abs. 2 RHAbk DE/HK (→ Rn. 106), oder
wenn das Ersuchen eine Straftat zum Gegenstand hat, die im ersuchenden Staat mit der
Todesstrafe bedroht ist, Art. 4 Abs. 1 Nr. 2, 5, Abs. 2 RHAbk DE/HK (→ Rn. 108). Im
Verhältnis mit **Japan** gelten ähnliche ausdrückliche Einschränkungen, wenn bei mit Todesstrafe bedrohten Delikten nach Sicht des ersuchten Staates seine wesentlichen Interessen
beeinträchtigt sein können, oder den genannten diskriminierenden Strafverfolgungen
(Art. 11 Abs. 1 lit. b, c RHAbk EU/JP). Fehlt es an einer solchen Regelung, schließt eine
im Raum stehende Todesstrafe nicht nach dem ordre public zwingend die „kleine Rechtshilfe" aus.[108]

b) In diesem recht weiten Rahmen bleibt es vor allem bei der **Interpretationshoheit** 114
des jeweiligen ersuchten Staates. So führen die **USA** jedenfalls für den vertragsfreien
Bereich wohl unter Berufung an den ordre public an, dass Ersuchen verweigert würden,
wenn die Erledigung aus dortiger Sicht wesentliche amerikanische Interessen dadurch
beeinträchtigen würde, zum Beispiel in Fällen von diffamierenden Äußerungen, die gemäß
amerikanischer Auffassung nicht strafrechtlich verfolgt werden müssen und sogar eine in
den USA von der Verfassung geschützte Meinungsäußerung darstellen können.[109]

Anerkannt ist, dass die **wesentlichen Interessen** des ersuchten Staates auch in folgenden 115
Konstellationen vorliegen können

---

[106] Vgl. zB Art. 7 Abs. 15 lit. b UNSuchtÜ; Art. 18 Abs. 21 lit. b Palermo I; Art. 26 Abs. 2 KorrStRÜ; Art. 18 Abs. 1 lit. b GeldwÜ 1990; **für Hongkong:** Art. 4 Abs. 1 Nr. 1 RHAbk DE/HK; **Japan:** Art. 11 Abs. 1 lit. b S. 1 RHAbk EU/JP; **Kanada:** Art. 2 Abs. 1 RHV DE/CA; **Kenia:** Nr. 2 der Bek. der Vereinbarung zwischen der Regierung der Bundesrepublik Deutschland und der Regierung der Republik Kenia über die gegenseitige Rechtshilfe in Strafsachen v. 19.5.1971 (BGBl. 1971 II 924 ff.); **die Schweiz:** Art. 42 PolZV DE/CH; **Tunesien:** Art. 23 Abs. 2 RHV DE/TN; **die USA:** Art. 3 RHV DE/US ohne „öffentliche Ordnung".
[107] **Für die Türkei:** Art. 5 Abs. 1; Art. 6 Nr. 3 S. 2, 3 AntiOrgKrimAbk DE/TR; ebenso die anderen Regierungsabkommen zur polizeilichen Zusammenarbeit im Bereich der schweren Kriminalität, → Rn. 212.
[108] Vgl. NK-RechtshilfeR/*Ambos/Poschadel* I Rn. 98 mwN.
[109] Vgl. zu den Einschränkungen im Verhältnis mit den USA allg. NK-RechtshilfeR/*Docke/Momsen* IV Rn. 405 ff. mwN.

- in **Betriebs- oder Geschäftsgeheimnissen,** soweit diese auch spezifisch dem Staat und nicht nur in ihm ansässigen Organisationen, Unternehmen oder Privatpersonen wichtig sind;[110]
- darin, dass die **Beziehungen zu Drittstaaten** belastet würden;
- darin, dass das Strafverfahren im ersuchenden Staat **wesentlichen Verfassungsprinzipien widerspricht,** vor allem den Grundsätzen der eigenen Rechtsstaatlichkeit nicht genügt; dies gilt insbesondere, soweit kein konkreter anderer Ablehnungsgrund eingreift.

116 Allerdings ist hierbei die Grenze bis zu einer „anmaßenden Verabsolutierung der eigenen Rechtsordnung" fließend, die wiederum von ersuchenden Staaten unter dem Gesichtspunkt der Gegenseitigkeit kaum zu akzeptieren wäre. Deswegen werden häufig auch innerstaatliche Vorkehrungen getroffen, dass die Ablehnung durch zentrale und übergeordnete Stellen nach hinreichenden umfassenden politisch-rechtlichen Opportunitätserwägungen getroffen werden müssen. Verfahrensmäßige Lösungsansätze durch Konsultationsverfahren oder Eskalationsstufen werden auch zunehmend ausdrücklich in den Rechtshilfetexten formuliert (→ § 13 Rn. 24 ff.). Überaus kritisch und kaum nachvollziehbar muss der Ansatz gesehen werden, dass inländische Steuergeheimnis stets über der ordre public schützen zu wollen, da dieses wiederum Ausdruck des zu wahrenden Allgemeinen Persönlichkeitsrechtes sei.[111]

117 Für **Deutschland** gilt ergänzend der ordre public als Grenze jeder Rechtshilfe aus § 73 IRG. Obwohl die Norm nur für die eingehende Rechtshilfe aller Art unmittelbare Wirkung entfalten kann, kann der hier verankerten Rechtsprechung und Literatur[112] auch für ausgehende Ersuchen um „kleine Rechtshilfe" nicht nur im Fall des im Raum stehenden Einwands fehlender Gegenseitigkeit Bedeutung zukommen. Diese kann in den unterschiedlichen Argumentationsansätzen sowie Wertungsmaßstäben liegen, die aus deutscher Sicht zu einer Verweigerung der Rechtshilfe unter dem Gesichtspunkt des ordre public dienen würden.

118 Der Wortlaut der Norm ist dabei wenig ergiebig: Die Leistung von Rechtshilfe sowie die Datenübermittlung ohne Ersuchen ist danach unzulässig, wenn sie wesentlichen Grundsätzen der deutschen Rechtsordnung widersprechen würde. Bei Rechtshilfe innerhalb der EU ist die Leistung unzulässig, wenn die Erledigung zu den in Art. 6 EUV enthaltenen Grundsätzen im Widerspruch stünde.

119 Im Bereich der (ausgehenden) „kleinen Rechtshilfe" stellen sich zudem diese Schranken weit seltener als etwa im Bereich der Auslieferung, sodass auf die dort entwickelten Grundsätze verwiesen werden kann.[113]

120 c) Für die **Rechtshilfe innerhalb der EU** ist ein Prozess der (Selbst-)Beschränkung des staatlichen ordre public in zweifacher Hinsicht festzustellen.

121 Im Verhältnis der EU-Mitgliedstaaten untereinander gilt vorrangig, wenn nicht ausschließlich ein **gemeinsamer europäischer ordre public,** der aus den Grundsätzen des Art. 6 EUV hergeleitet wird; seinerseits verweist dieser auf die Charta der Grundrechte der EU v. 7.12.2000 in der am 12.12.2007 in Straßburg angepassten Fassung und die Grundrechte, wie sie in der Europäischen Konvention zum Schutz der Menschenrechte und Grundfreiheiten gewährleistet sind und wie sie sich aus den gemeinsamen Verfassungsüberlieferungen der Mitgliedstaaten als allgemeine Grundsätze Teil des Unionsrechts ergeben. Der Verweis in § 73 S. 2 IRG ist daher als Ausnahme vom allgemeinen nationalen ordre

---

[110] Hierzu und zum Folgenden *Nagel* Beweisaufnahme 116 mwN; vgl. hierzu auch § 117 Abs. 3 Nr. 4 AO als Regelbeispiel für die Ablehnung nach dem ordre public, allerdings ohne direkte Übernahme ins deutsche strafrechtliche Rechtshilferecht, vgl. hierzu NK-RechtshilfeR/*Ambos/Poschadel* I Rn. 99 mwN.
[111] So *Schädel* Bewilligung 92 mwN, der aber gleichzeitig fordert, ein rechtspolitisches Signal an Steuerstraftäter zu senden, die sich in der Vergangenheit auf eine Sonderbehandlung verlassen konnten, *Schädel* Bewilligung 95, 200 ff. mwN.
[112] Vgl. insbes. die Übersicht bei Schomburg/Lagodny/Gleß/Hackner/*Lagodny* IRG § 73 Rn. 111.
[113] Vgl. dazu etwa *Hackner/Schierholt* Int. Rechtshilfe Rn. 173; 29 f. mwN; Schomburg/Lagodny/Gleß/Hackner/*Lagodny* IRG § 73 Rn. 14 ff. mwN.

public in S. 1 zu erkennen.[114] Darin spiegelt sich nicht zuletzt der Anwendungsvorrang des Unionsrechts, ohne dass hier gerade auf die komplexen Wechselwirkungen im europäischen Verfassungsverbund gerade im Bereich der Grundrechtsgeltung eingegangen werden kann.

Die Rücknahme autonomer nationaler Vorbehalte im Rahmen allgemeiner Ordre-public-Inanspruchnahmen spiegelt sich vor allem im **Grundprinzip der gegenseitigen Anerkennung** von Entscheidungen im Bereich des Strafverfahrensrechts, wie es in Art. 82 Abs. 1 AEUV als Ergebnis einer ständigen Rechtsprechung und Praxis zum Ausdruck kommt. So hat der EuGH etwa formuliert: „[…] dass ein gegenseitiges Vertrauen der Mitgliedstaaten in ihre jeweiligen Strafjustizsysteme besteht, und dass jeder Mitgliedstaat die Anwendung des in den anderen Mitgliedstaaten geltenden Strafrechts akzeptiert, auch wenn die Anwendung seines eigenen nationalen Rechts zu einem anderen Ergebnis führen würde."[115] 122

Allerdings hat sich, wiederum vor allem im Auslieferungsrecht, dieser Grundsatz nicht als einschränkungslos durchführbar erwiesen.[116] Vielleicht auch aus diesem Grund ist der, gerade das Anerkennungsprinzip voll durchsetzenden Europäischen Beweisanordnung, ebenso kein Erfolg beschieden gewesen wie gleichgerichteten Rechtsakten in anderen Strafverfahrensbereichen. Daher wird der Anerkennungsgrundsatz durch **regelmäßig im Unionsrecht selbst abschließend verankerte Ausnahmen** erneut zurückgenommen.[117] 123

Vor allem soll seit dem 22.5.2017 die Vollstreckung einer wirksamen **Europäischen Ermittlungsanordnung** verweigert werden können, wenn sie im konkreten Fall wesentlichen nationalen Sicherheitsinteressen schaden, die Informationsquelle gefährden oder die Verwendung von Verschlusssachen über spezifische nachrichtendienstliche Tätigkeiten voraussetzen würde.[118] Ebenfalls kann der Vollzug versagt werden, wenn Vorschriften zur Bestimmung und Beschränkung der strafrechtlichen Verantwortlichkeit in Bezug auf die Pressefreiheit und die Freiheit der Meinungsäußerung in anderen Medien bestehen, die es unmöglich machen, die Europäische Ermittlungsanordnung zu vollstrecken, oder sonst berechtigte Gründe für die Annahme bestehen, dass die Vollstreckung der angegebenen Ermittlungsmaßnahme mit den Verpflichtungen des Vollstreckungsstaats nach Art. 6 EUV und der EU-Grundrechte-Charta unvereinbar wäre (Art. 11 Abs. 1 lit. a, f EEA-RL). 124

C. Besonderheit der polizeilichen Rechts- und Amtshilfe

I. Begriff und Gegenstand

Die strafrechtliche Rechtshilfe zielt traditionell auf die Kooperation zwischen den primären Organen der Rechtspflege ab. Gleichwohl erhält die polizeiliche Rechts- und Amtshilfe eine wichtige und stets weiter zunehmende Bedeutung. 125

Der **Begriff der „polizeilichen Rechts- und Amtshilfe"** ist bereits mehrdeutig. Natürlich kann sich der ersuchte Staat stets seiner Polizeikräfte im Rahmen seiner innerstaatlichen Ordnung zur Durchführung der eigentlichen Rechtshilfehandlung, etwa einer Durchsuchung, Beschlagnahme, Fahndungsmaßnahme oder Ähnlichem, bedienen. Dies gilt jedenfalls, soweit nicht etwas anderes, zB für Vernehmungen, durch die das Rechtshilfeinstrument vorgeschrieben oder vorbehalten und im konkreten Fall ersucht ist. 126

---

[114] Vgl. hierzu und zum Folgenden ausf. Schomburg/Lagodny/Gleß/Hackner/*Lagodny* IRG § 73 Rn. 107 ff. mwN und NK-RechtshilfeR/*Wörner* IV Rn. 463 mwN; zum in Einzelheiten komplizierten Verhältnis von § 73 S. 2 IRG zum Unionsrecht vgl. weitergehend NK-RechtshilfeR/*Ambos/Poschadel* I Rn. 70 ff. mwN.
[115] EuGH NJW 2003, 1173 – Gözütok und Brügge; vgl. dazu *Schramm* ZJS 2010, 615 (618); zum Europäischen ordre public und dem Anerkennungsprinzip vgl. allg. HdB-EuStrafR/*Wasmeier* § 32 Rn. 45 ff. mwN.
[116] Vgl. etwa Schomburg/Lagodny/Gleß/Hackner/*Lagodny* IRG § 73 Rn. 109 f. mwN.
[117] Vgl. dazu bereits oben Einleitung → 1. Kap. Rn. 43.
[118] Art. 11 Abs. 1 lit. b EEA-RL; zur Zurücknahme des nationalen ordre public ausf. *Ronsfeld,* Rechtshilfe, Anerkennung und Vertrauen – Die Europäische Ermittlungsanordnung, 2015, 154 ff. sowie zum europäischen ordre public S. 169 ff.

127 Als eine Rechts- und Amtshilfe der Polizeibehörden lässt sich dagegen im engeren Sinne eine solche identifizieren, die direkt transnational auf die deren Ebene, mithin ohne Einschaltung von Justizorganen im engeren Sinn – in Deutschland Gerichten und Staatsanwaltschaften (→ 1. Kap. Rn. 18 ff.) – ersucht und geleistet wird. Dies allerdings sozusagen aus der gegenseitigen Perspektive einer „*Black box*" der weiteren innerstaatlichen Aufgabenverteilung und Kommunikationswege. So wäre für eine solche Einordnung unbeachtlich, wenn die ersuchte Polizeibehörde etwa den Beschluss eines inländischen Gerichtes oder die Zustimmung der inländischen Staatsanwaltschaft für die Durchführung der ersuchten Maßnahme einholen oder diese sonst, etwa durch Benachrichtigung, mitbeteiligen müsste. Allerdings sind solche Fälle bislang regelmäßig der Rechtshilfe auf Ebene der Justizbehörden jedenfalls dann vorbehalten, wenn ein Eilfall nichts anderes gebietet.

128 Die **internationale Kooperation der Polizeibehörden** ist mittlerweile vielfältig ausgestaltet und erlaubt nahezu alle möglichen Formen der Zusammenarbeit in den präventiven wie repressiven Aufgabenbereichen durch Datenaustausch ebenso wie unmittelbare Tätigkeit im Gastland (hierzu insbesondere → §§ 3; 7; 8). Dabei überschneiden sich in den Regelungen der entsprechenden Übereinkommen häufig die polizeiliche Rechtshilfe bzw. sonstige Zusammenarbeit in Strafsachen mit der Abwehr von Gefahren und Verhinderung von Straftaten.[119] Hier kann vor allem die Frage der Verwendungsmöglichkeit erlangter Informationen zurück zum Charakter der Informationserhebung und zur Zulässigkeit einer Zweckänderung nach dem Datenschutzrecht führen.

129 Auch **in Strafverfahren** können Polizeibehörden unter bestimmten Voraussetzungen ohne Einschaltung der zuständigen Justizorgane unmittelbar miteinander verkehren. Allerdings finden sich gesonderte rechtshilferechtliche Regelungen dazu in aller Regel nur im Rahmen des Unionsrechts und, soweit nicht darin aufgegangen, im Schengen-Besitzstand sowie den bilateralen Polizeiverträgen Deutschlands mit seinen Nachbarstaaten. Dabei bilden die schnellen Austauschmechanismen der gemeinsamen Verbundsysteme um das Schengener Informationssystem (SIS, → § 16 Rn. 1 ff.) und Europol (→ § 16 Rn. 52 ff.) sowie die Sonderregelungen zum „schnellen Datenaustausch" nach dem RB 2006/960/JI und zur Terrorabwehr (→ § 14 Rn. 52 ff.) besonders flexible Grundlagen auch für zeitkritischen und informellen Datenaustausch. Vor allem soweit es sich um **bereits verfügbare Informationen** handelt, erfolgt die Rechtshilfe über das Instrumentarium des RB 2006/960/JI, eines Rückgriffs namentlich auf die Polizeiverträge bedarf es nicht mehr.

130 Ansonsten ist stets zu prüfen, ob die allgemeinen Rechtshilfeinstrumente auch die Polizeibehörden mit einbeziehen. Darüber hinaus stellt die internationale Polizeiorganisation Interpol die zentrale Plattform für die globale polizeiliche Zusammenarbeit dar (→ § 17 Rn. 173 ff.). Sie war das Vorbild für das mittlerweile in den EU-Rechtsrahmen als Agentur eingefügte Europäische Polizeiamt Europol (→ § 17 Rn. 49 ff.). Im deutschen Recht sind die Normen für den internationalen polizeilichen Datenaustausch in Strafsachen auch sehr verstreut, finden sich zwar schwerpunktmäßig im IRG, dem BKA, aber auch in Vertrags- und Einzelgesetzen sowie dem sonstigen Strafverfahrensrecht, worauf an den jeweiligen Stellen im Einzelnen einzugehen ist.

II. Anwendbare Rechtsgrundlagen

131 Ist zu beurteilen, ob ein Ersuchen einer bestimmten deutschen Polizeibehörde überhaupt **von dem Rechtshilfeinstrument abgedeckt** ist, ist zwischen sechs Gruppen von Amts- und Rechtshilfeverträgen zu unterscheiden (→ § 11 Rn. 32 ff.):
- Solchen, die in ihrer Formulierung bzw. den Katalogen eindeutig nur Justizbehörden unter Ausschluss der Polizeibehörden fassen, wie insbesondere das **RHÜ 1959**;

---

[119] Vgl. für die meisten nachbarschaftlichen Polizeiverträge hier nur etwa **für die Niederlande:** Art. 2 PolZV DE/NL.

- Anderen, die keinerlei Einschränkungen hinsichtlich der Behörden, die das Ersuchen stellen können, treffen und damit auch Polizeibehörden einschließen, sofern die weiteren Anforderungen gegeben sind, wie etwa die Rechtshilfeverträge mit **Hongkong, Japan** und **Kanada;**
- Dritten, die in den Katalogen der benannten tauglichen Behörden *auch* zentrale polizeiliche Ermittlungsbehörden einschließen, wie etwa das Abkommen mit den **USA,** das BKA;
- Vierten, die keinerlei sachliche, geografische und organisatorische Begrenzung hinsichtlich der Bekämpfung von besonderen terroristischen, organisierten, schweren oder sonst erheblichen Kriminalitätsformen machen, aber als taugliche Ersuchenssteller nur das Bundesministerium des Innern (sowie Fachministerien zB im Bereich Suchstoffe) sowie BKA, Zoll- und Grenzschutzbehörden angeben, nicht aber Justizbehörden oder -verwaltungen;[120]
- Ferner die in einem einheitlichen Rechtshilfedokument die polizeiliche Kooperation in Strafsachen gesondert mitregeln, wie etwa das Amts- und Rechtshilfeabkommen mit der **Schweiz;**
- Schließlich Rechtshilfeinstrumente, die nur die polizeiliche Zusammenarbeit umfassen, wie insbesondere die **Polizeiverträge Deutschlands mit seinen Nachbarstaaten.**

Während sich bei den ersten vier Gruppen keine weiteren Probleme des Anwendungsbereichs ergeben, ist bei den letzten beiden Kategorien weiter zu prüfen, ob die konkrete Polizeidienststelle selbst oder diese über eine andere innerstaatliche Polizeibehörde in der Lage ist, um eine entsprechende Rechtshilfe zu ersuchen. **132**

1. Auch hier ist der Kreis der **zur Amts-/Rechtshilfe aktiv und passiv berechtigten Dienststellen** entweder in einem Katalog aufgeführt, oder aber mehr oder weniger genau umschrieben. Dabei ist vor allem zu beachten, dass zwei Typen von Verträgen anzutreffen sind: Einerseits solche, die die polizeiliche Zusammenarbeit allgemein regeln und bei denen die Frage der Grenzgebietbezogenheit lediglich für besondere Befugnisse der Behörden, namentlich den unmittelbaren Dienstverkehr ohne Einschaltung der Zentralstellen relevant ist, wie insbesondere die Verträge mit der Schweiz, Österreich, **Polen,** Dänemark, den Niederlanden sowie auch Luxemburg. Andererseits solche, die nur die Grenzzusammenarbeit und keine sonstige Kooperation der Polizeien darüber hinaus regeln, wie namentlich mit Frankreich und Belgien. Deutlich wird die Zweiteilung am Ergänzungsvertrag und rein grenzpolizeilichen Polizeivertrag mit Tschechien. Die grenzpolizeilich ausgelegten Verträge und Bestimmungen knüpfen meist maßgeblich an die jeweiligen regionalen Dienstsitze bzw. die deutsche bundesstaatliche Gliederung an. **133**

a) Am allgemeinsten bestimmt der Polizeivertrag mit der **Schweiz,** dass die Zusammenarbeit auf Ersuchen für alle Behörden von Polizei, Grenzpolizei, Bundesgrenzschutz und Grenzwache gelten soll (Art. 4 Abs. 1 PolZV DE/CH). Die Definition der baden-württembergischen Regierungsbezirke Freiburg, Tübingen und Stuttgart und der Kantone Aargau, Basel-Stadt und -Land, Schaffhausen, St. Gallen, Thurgau und Zürich als Grenzgebiete, begrenzt nicht die polizeiliche Amts-/Rechtshilfe, sondern hat vor allem Funktion für die unmittelbare Kommunikation der Polizeibehörden ohne Einschaltung der Zentralstellen, des BKA und des Bundesamts für Polizeiwesen und die Bundespolizei (Art. 4 Abs. 7 PolZV DE/CH). **134**

---

[120] Vgl. die entsprechenden Abkommen **für Bulgarien** (AntiOrgKrimAbk DE-BG); **Kirgisistan** (AntiOrgKrimAbk DE/KG); **Litauen** (AntiOrgKrimAbk DE/LT); **Polen** (AntiOrgKrimAbk DE/PL); **Rumänien** (AntiOrgKrimAbk DE/RO); **Slowakei und Tschechien** (AntiOrgKrimAbk DE/CFSR); **Slowenien** (AntiOrgKrimAbk DE/SI); **Ungarn** (AntiOrgKrimAbk DE/HU); **Russland** (AntiOrgKrimAbk DE/RU); **Tunesien** (AntiOrgKrimAbk DE/TN); **Usbekistan** (AntiOrgKrimAbk DE/ZU); **Vereinigte Arabische Emirate** (SichZusAbK DE/AE); **Vietnam** (AntiOrgKrimAbk DE/VN). Vgl. ähnlich bei ebenfalls nur als Regelbeispiel genannten umfangreichen Deliktskatalogen **Albanien** (SichZusAbk DE/AL); **Ägyten** (SichZusAbk DE/EGY); **Georgien** (AntiOrgKrimAbk DE/GE).

135 Eingeschränkt funktional definieren die Abkommen mit den **Niederlanden** und **Österreich** die umfassten deutschen Behörden allgemein funktional als „Polizeivollzugsbehörden des Bundes und der Länder", die es als Polizeibehörden definiert sowie die davon getrennten Justizbehörden, nämlich Gerichte und Staatsanwaltschaften (Art. 3 PolZV DE/NL, Art. 3 PolZV DE/AT). Noch weiter bestimmt das Polizeiabkommen mit **Frankreich,** welches für die Polizeien der Länder Baden-Württemberg, Rheinland-Pfalz sowie „den Bundesgrenzschutz als Träger grenz- und bahnpolizeilicher Aufgaben", mithin heute die Bundespolizei und den Zoll in den entsprechenden Regierungsbezirken gelte (Art. 1 Abs. 1 PolZV DE/FR). Andere Verträge wie mit **Belgien und Luxemburg** nennen die so bestimmten Dienststellen der Nachbarbundesländer NRW, Rheinland-Pfalz und des Saarlandes sowie der Bundespolizei zwar nur „Verbindungsstellen" bzw. „Kontaktstellen", machen aber im Folgenden deutlich, dass nur diese entsprechenden Ersuchen neben den üblichen Wegen über die nationalen Zentralbehörden stellen sollen können (Art. 3 Abs. 1 PolZV DE/BE, Art. 8 PolZV DE/BE, Art. 2 Abs. 1 lit. a PolZV DE/LU, Art. 3 PolZV DE/LU).

136 Soweit keine Legaldefinition, wie genannt, erfolgt, wird mit dem Begriff der Polizeien auf das jeweilige nationale Recht verwiesen, wobei sich aus Sinn und Zweck ergibt, dass hier auch in Ländern, die dem sog. Einheitsprinzip folgen, wohl nur der sog. Polizeivollzugsdienst und nicht die allgemeinen Ordnungsbehörden gemeint sein können.

137 b) Andere Verträge nennen die jeweiligen Polizeidienststellen des Bundes und der Anrainerländer ganz konkret mit entsprechender offizieller Behördenbezeichnung, wie etwa die Abkommen mit **Dänemark** (Art. 2 Abs. 2 PolZV DE/DK) sowie mit **Polen,** das sowohl umfasste Grenzbehörden als auch nationale Kontaktstellen eindeutig definiert (Art. 2, 3 PolZV DE/PL).

138 c) Dies gilt jetzt auch für die Kooperation mit **Tschechien** (Art. 2 Abs. 1 PolZV DE/CZ), während der insoweit 2016 aufgehobene Ergänzungsvertrag zum RHÜ 1959 noch die sonstige polizeiliche Rechtshilfe einbezog und gesonderte Regelungen zu gemeinsamen Ermittlungen traf (Art. 23 PolZV DE/CZ).

139 2. Wie bereits ausgeführt, fällt demgegenüber die **sachlich-funktionale Definition des Anwendungsbereichs** meist sehr weit und unscharf aus und umfasst regelmäßig alle präventiven und repressiven polizeilichen Aufgaben. Die klare Trennung in Deutschland verwischt insoweit zusätzlich durch den Begriff der Bekämpfung von Straftaten bzw. Kriminalität (Art. 3 PolZV DE/CH).

140 a) Eine Besonderheit in diesem Bereich stellen die detaillierten Regelungen im Polizeivertrag mit **Polen** dar, der unter anderem gesonderte Regelungen auch für Ordnungswidrigkeiten trifft. Danach verpflichtet der Vertrag zur Kooperation nicht nur bei der Verhütung, Aufdeckung und Bekämpfung von Straftaten und Verfolgung der Täter von Straftaten nach dem innerstaatlichen Recht beider Parteien und bei der Verhütung und Abwehr von Gefahren für die öffentliche Sicherheit und Ordnung, sondern auch namentlich bei der Fahndung nach vermissten Personen und den Ermittlungen zur Identifizierung von Personen mit nicht festgestellter Identität und von unbekannten Toten (Art. 1 Abs. 1, 2 PolZV DE/PL). Weiterhin erstreckt sich die Zusammenarbeit – mit einer gewissen Einschränkung beim Informationsaustausch – auf bestimmte Taten, im Bereich des Verkehrs-, Aufenthalts-, Zoll- und Warenverkehrsrechts sowie des Eigentums- und Vermögensschutzes, die **Ordnungswidrigkeiten** in beiden Staaten darstellen, oder in einem Staat eine solche und im anderen als Straftat eingeordnet sind (Art. 1 Abs. 3, Art. 7 PolZV DE/PL).

141 b) Hingegen sind die **bilateralen Verträge zur Bekämpfung von besonderen terroristischen, organisierten, schweren oder sonst erheblichen Kriminalitätsformen, wie etwa der Schleußungskriminalität,** gerade wesensmäßig geprägt durch ihre Beschränkung auf bestimmte Deliktsformen, wenn auch mit stark unterschiedlichen Ausprägungen und Systematisierungen, sodass hier auf die jeweiligen Texte zu verweisen ist:

- **Ägypten** (SichZusAbk DE/EGY),
- **Albanien** (SichZusAbk DE/AL),
- **Bulgarien** (AnAntiOrgKrimAbk DE/BG),
- **Georgien** (AntiOrgKrimAbk DE/GE),
- **Litauen** (AntiOrgKrimAbk DE/LT),
- **Kirgisistan** (AntiOrgKrimAbk DE/KG,
- **Polen** (AntiOrgKrimAbk DE/PL),
- **Rumänien**(AntiOrgKrimAbk DE/RO),
- **Russland** (AntiOrgKrimAbk DE/RU),
- **Serbien** (SichZusAbk DE/RS),
- **Slowakei und Tschechien** (AntiOrgKrimAbk DE/CFSR),
- **Slowenien** (AntiOrgKrimAbk DE/SI),
- **Tunesien** AntiOrgKrimAbk DE/TN,
- **Ungarn** (AntiOrgKrimAbk DE/HU),
- **Usbekistan** (AntiOrgKrimAbk DE/ZU),
- **Vereinigte Arabische Emirate** (SichZusAbK DE/AE),
- **Vietnam** (AntiOrgKrimAbk DE/VN).

In der meist bausteinartigen Beschreibung der Anwendungsbereiche findet sich regelmäßig weder eine eigene präzise Definition auch nur der zugrundeliegenden Begriffe, noch ein ausdrücklicher Verweis auf die entsprechenden multilateralen Abkommen (→ § 9 Rn. 82 ff.). Gleichwohl wird man diese, namentlich das Übereinkommen der Vereinten Nationen gegen die grenzüberschreitende organisierte Kriminalität und das UNSuchtÜ, nicht zuletzt aufgrund sprachlicher Anspielungen zumindest bei der Auslegung berücksichtigen können. Die ergänzenden Kataloge an Regelbeispielen für bestimmte einzelne Deliktsarten haben ebenfalls aufgrund ihrer Reichweite und rein exemplarischen Charakter auch keine inhaltliche Umgrenzungsfunktion. Auch hier bleibt es vor allem bei der Abstimmung der beteiligten Staaten und dem Ermessen des Ersuchten, ob in einem konkreten Fall eine Kooperation erfolgen kann.

III. Innerstaatliche Zuständigkeit und Befugnisse

Für die Frage, ob ein konkretes Amts-/Rechtshilfeersuchen durch eine bestimmte deutsche Polizeibehörde möglich ist, ist weiterhin die Kompetenzverteilung zu beachten. Bestehen supra- bzw. internationale Rechtsinstrumente, so ergibt sich eine gewisse Wechselbeziehung mit der sonst alleine maßgeblichen **innerstaatlichen Aufgaben- und Kompetenzverteilung.**

So verweisen die Regelungen zur polizeilichen Amts- und Rechtshilfe ausdrücklich auf die innerstaatlichen Zuständigkeiten auch im ersuchenden Staat oder setzen deren Beachtung voraus.[121] Ist andererseits beispielsweise eine Amts-/Rechtshilfe rechtshilferechtlich auf Ebene der Polizei ausschließlich oder, vor allem aufgrund besonderer Dringlichkeit, effektiver möglich, steht dem die Ermittlungen leitenden Organ, also Staatsanwaltschaft bzw. Gericht nach deutschem Recht frei, diese bei bzw. über die Polizei zu veranlassen.

1. Damit kommt **der Aufgabenverteilung nach dem deutschen Strafverfahrensrecht,** insbesondere §§ 158 ff. StPO und des sechsten bis zehnten Abschnitts des Ersten Buchs der Strafprozessordnung zunächst die primäre Bedeutung zu. Während etwa § 161 Abs. 1 StPO die Polizei unter die Ermittlungsleitung der Staatsanwaltschaft und in die ergänzende Beweisbeschaffung des Gerichts nach §§ 214 Abs. 4, 221 StPO stellt, regelt § 163 Abs. 1 StPO als Auffangklausel eigene Ermittlungkompetenzen der Polizei beim ersten Zugriff und in Eilsachen. Sie darf zur Erforschung des Sachverhalts alle Anordnun-

---
[121] Vgl. etwa **für die Niederlande:** Art. 7 Abs. 1 PolZV DE/NL.

gen, die keinen Aufschub gestatten treffen, um die Verdunkelung der Sache zu verhüten. In allen diesen Fällen, einschließlich denen, in denen sie zur Durchführung aufgerufen ist, darf sie alle Behörden um Auskunft ersuchen, sowie Ermittlungen jeder Art vornehmen, soweit nicht andere gesetzliche Vorschriften ihre Befugnisse besonders regeln.

146   a) Daher dürfen das BKA im Rahmen seiner originären und Auftragszuständigkeit nach dem BKAG sowie andere Polizeibehörden **Ersuchen stellen**
- in den Fällen des § 163 Abs. 1 StPO, sofern eine Erledigung polizeilicher Ersuchen in einer (das konkrete Rechtshilfeverhältnis betreffenden) völkerrechtlichen Übereinkunft vorgesehen ist (Nr. 123 Abs. 3 lit. a RiVASt, Nr. 124 Abs. 3 lit. a RiVASt),
- sofern es sich um Ersuchen um Durchführung von Fahndungsmaßnahmen, um Personenfeststellungen, um Erteilung von Auskünften sowie zur Vorbereitung eines ausgehenden Ersuchens – zB um Feststellung der Aussagebereitschaft eines Zeugen – handelt und bei der Erledigung strafprozessuale Zwangsmaßnahmen ausgeschlossen sind (Nr. 123 Abs. 3 lit. b RiVASt, Nr. 124 Abs. 3 lit. b RiVASt) oder
- auf Anordnung der Staatsanwaltschaft, sofern in einer (das konkrete Rechtshilfeverhältnis betreffenden) völkerrechtlichen Übereinkunft eine Pflicht zur Erledigung solcher Ersuchen enthalten ist (Nr. 123 Abs. 4 S. 4, Alt. 2 RiVASt, Nr. 124 Abs. 4 RiVASt).

147   Unberührt bleiben selbstverständlich auch hier die besonderen rechtlichen Regelungen, etwa zur Fahndung und zum Erkennungsdienst mittels Verbunddateien, Europol und Interpol (→ § 15 Rn. 253 ff., 307 ff.; § 16 Rn. 7 ff., 53 ff.; § 17 Rn. 194 ff.).

148   Das BKA darf daneben Ersuchen stellen, sofern die Bundesregierung hierzu allgemein oder für den Einzelfall die Genehmigung erteilt hat (Nr. 123 Abs. 3 lit. a, b RiVASt, Nr. 124 Abs. 3 RiVASt).

149   b) Daneben darf das BKA **Ersuchen der Justizbehörden** in bestimmten Fällen **übermitteln,** insbesondere, wenn die Übermittlung auf polizeilicher Ebene gebotene Vorteile, zB hinsichtlich der Schnelligkeit der Erledigung mit sich bringt (→ § 12 Rn. 108 ff.). Eine derartige Übermittlungskompetenz anderer Polizeibehörden ist hingegen nicht vorgesehen, da die Ziele einer besonders schnellen Kommunikation, wie sie das BKA gewährleisten kann, so nicht zu erreichen sind, weil dieses entweder einzuschalten wäre oder der Justizbehörde über andere unmittelbare Kommunikationsebenen ein ebenso effizienter Weg zur Verfügung steht.

150   c) Unabhängig von der Grundlage der polizeilichen Rolle ist stets die **Sachleitungsbefugnis** der Justizbehörden zu beachten (Nr. 122 S. 2 RiVASt). Die Polizei darf in den zuerst genannten Fällen zwar ohne Mitwirkung vor allem der Staatsanwaltschaft entsprechend aktiv werden, auch wenn sich eine frühzeitige Einbindung empfiehlt. Ein Tätigwerden gegen bzw. unter bewusster Umgehung der Sachleitungsbefugnis ist jedenfalls nach innerstaatlichem Recht rechtswidrig.

151   Ausdrücklich regelt alleine der Polizeivertrag mit der Schweiz, dass eine Polizeibehörde eine polizeiliche Amts-/Rechtshilfe auch im Auftrag der zuständigen Justizbehörde ersuchen und beantworten darf (Art. 4 Abs. 5 PolZV DE/CH), wie dies auch innerstaatlich verankert ist.

152   2. Zusätzlich ist die **Verbandskompetenz im Bundesstaat** auch hier besonders zu beachten. Die Zuständigkeitsregelungen für Bundes- und Landespolizeidienststellen für strafrechtliche Ermittlungen, wie sie sich insbesondere aus den Sondernormen des BKAG, BPolG etc sowie dem GVG und den Landespolizeigesetzen ergeben, werden für das Teilverfahren des internationalen Ersuchens um Amts- und Rechtshilfe und die gesamte daraus folgende Kooperation zunächst durch § 3 BKAG verdrängt. Die daraus folgende grundsätzliche Zuständigkeit des BKA für die internationale polizeiliche Zusammenarbeit folgt ihrerseits aus Art. 32 GG, wonach sämtlich auswärtige Beziehungen und ihre Pflege grundsätzlich eine Bundesaufgabe ist.

153   Dabei hindert die **Rolle des BKA** im Dienstverkehr bei richtiger Auslegung nicht die Möglichkeit der **anderen Polizeidienststellen, Ersuchen im eigenen Namen** aus

eigenem Anlass oder Anordnung eines Justizorgans zu stellen. Dies wird insbesondere aus der Begründung des BKAG sowie Normen der RiVASt deutlich.[122] Solche Ersuchen sind über das BKA im polizeilichen internationalen Dienstverkehr zu vermitteln, wenn keine Ausnahmen greifen, die eine direkte, **unmittelbare Kommunikation** der regionalen oder anderen Polizeidienststellen erlauben:

a) Abgesehen von den Sondervorschriften im Rahmen von Interpol und Schengen-Informationssystem (§ 3 Abs. 1, 1a BKAG; dazu → § 16 Rn. 29 ff. und → § 17 Rn. 174 f.) stellt § 3 Abs. 2 S. 1, 2. Alt. BKAG den **Grundsatz** auf, dass der zur Verfolgung von Straftaten erforderliche Dienstverkehr der Polizeien des Bundes und der Länder allen soweit zuständigen öffentlichen Stellen anderer Staaten **dem BKA obliegt.** 154

b) Diese Zuständigkeit des BKA greift allerdings **nicht ein,** soweit besondere bundesgesetzliche Vorschriften, insbesondere die Vorschriften über die internationale Rechtshilfe in Strafsachen, anderes bestimmen (§ 3 Abs. 2 S. 2 1. Var. BKAG, demgemäß Nr. 124 Abs. 1 RiVASt). 155

Hierzu zählen alle Vertragsgesetze zu den Polizei- und anderen Rechtshilfeverträgen des Bundes ebenso wie die Umsetzungen von Rahmenrechtsakten des Unionsrechts durch Bundesgesetze, namentlich auch innerhalb des IRG, auf die jeweils an geeigneter Stelle eingegangen wird. Daher dürfen andere Polizeibehörden als das BKA auch nach innerstaatlichem Recht selbst Ersuchen stellen in den Fällen von § 163 StPO, wenn dies in einer völkerrechtlichen Übereinkunft vorgesehen ist (Nr. 124 Abs. 3 lit. a RiVASt). Hingegen würde ein entsprechendes reines Regierungsabkommen, wie im Bereich der schweren Kriminalität (→ Rn. 141), nicht genügen. Daher wird in diesen Vereinbarungen in Anwendung von § 3 BKAG auch stets das BKA als zuständige Stelle genannt. 156

Hingegen sehen alle **Polizeiverträge mit den Nachbarstaaten** im Rahmen ihres Anwendungsbereichs (→ Rn. 139 ff.) im Falle von Rechtshilfeersuchen im strafrechtlichen Bereich grundsätzlich eine unmittelbare Kommunikation der dazu tauglichen Polizeidienststellen, jedenfalls bei der Kriminalitätsbekämpfung mit Bezug zu den Grenzregionen, (→ Rn. 193 ff.) vor. 157

Daher kommt der weiteren Bestimmung des § 3 Abs. 3 BKAG nur eine **Auffangfunktion** zu, falls eine Regelung in diesen Rechtshilfeinstrumenten fehlt, dass beim polizeilichen Dienstverkehr mit den entsprechenden Behörden der Mitgliedstaaten der EU und sonstigen Nachbarstaaten (also mittlerweile nur noch mit der Schweiz), soweit dieser sich entweder 158

- auf Kriminalität von regionaler Bedeutung im Grenzgebiet bezieht oder,
- soweit Gefahr im Verzug ist (§ 3 Abs. 3 S. 1 BKAG).

In diesen Fällen bleibt es bei der allgemeinen (kriminal-)polizeilichen Zuständigkeit. Diese liegt dann zwar regelmäßig im Bereich der Landespolizei, kann aber auch aufgrund anderer Normen etwa der Bundespolizei (vgl. § 12 BPolG) oder eben auch dem BKA (vor allem § 4 BKAG) zugewiesen sein. 159

c) Diese Aufgabenverteilung kann durch **bestimmte Vereinbarungen** weiter modifiziert werden. Solche Vereinbarungen sind einerseits möglich zwischen dem Bundesministerium des Innern und den zuständigen obersten Landesbehörden (§ 3 Abs. 2 S. 2 2. Var. BKAG). Andererseits können die zuständigen obersten Landesbehörden mit den zuständigen ausländischen Stellen im Rahmen der vom Bund abgeschlossenen Abkommen entsprechende Vereinbarungen schließen, wobei solche „Untervereinbarungen" in den vorliegenden Polizeiverträgen nicht vorgesehen scheinen (§ 3 Abs. 2 S. 2 3. Var. BKAG). 160

---

[122] Vgl. BT-Drs. 13/1550, 22 f. spricht insbes. vom Dienstweg als „polizeilichen Informationsweg" und macht entsprechende weitere Ausführungen; nach Nr. 123 Abs. 4 S. 4 1. Alt. RiVASt darf das BKA ausgehende Ersuchen der anderen Polizeibehörden vermitteln, nach Nr. 124 Abs. 1 RiVASt verkehren andere Polizeibehörden mit ausländischen Behörden über das BKA, soweit nicht in einer völkerrechtlichen Übereinkunft der unmittelbare Geschäftsweg auf der Ebene der Polizeibehörden vorgesehen ist oder aufgrund von Vereinbarungen des Bundesministers des Innern mit den obersten Landesbehörden Ausnahmen zugelassen sind.

Sollten diese eher seltenen Fälle in Betracht kommen, empfiehlt sich ein Blick in die entsprechende Kommentierung.

161 d) Außerdem können **im Einvernehmen mit dem BKA** andere Polizeidienststellen bei abgrenzbaren Fallgestaltungen im Rahmen regionaler Schwerpunktmaßnahmen den erforderlichen Dienstverkehr mit den zuständigen Behörden anderer Staaten führen (§ 3 Abs. 3 S. 3 BKAG).

162 e) Unberührt bleibt stets die eigene Zuständigkeit des **Zolls** für die internationale Zusammenarbeit der Zollbehörden (§ 3 Abs. 2 S. 2 4. Var. BKAG).

163 3. Weiterhin treffen vor allem untergesetzliche Normen Regelungen zur **Kompetenzverteilung** und Verfahren **innerhalb der Landespolizeien**. Oft obliegt der Kontakt mit dem Ausland in der Regel dem LKA, wenn er nicht ausdrücklich auch den lokalen Polizeidienststellen eröffnet ist.

164 Stets zu beachten ist dabei, dass grundsätzlich zwischen jeder dienstlichen Kommunikation – nicht nur sämtlicher Justiz- oder Verwaltungsbehörden, sondern auch aller Polizeibehörden eines Landes – mit dem BKA das jeweilige **Landeskriminalamt (LKA) als Zwischenstation** einzuschalten ist (Nr. 6 S. 1 RiVASt (iVm Nr. 122 S. 1 RiVASt)). In Eilfällen können beide Seiten zwar unmittelbar miteinander in Verbindung treten, das jeweilige LKA ist aber gleichzeitig zu unterrichten (Nr. 6 S. 2 RiVASt (iVm Nr. 122 S. 1 RiVASt)).

165 Auch kann eine Mitteilungs- oder sonstige Beteiligungspflicht des LKA oder sonst einer übergeordneten oder obersten Polizeidienststelle im Land im Raum stehen. Die Wirksamkeit des Ersuchens nach außen beeinträchtigt dies nicht, auch hier wäre eine Überprüfung durch den ersuchten Staat ein systemwidriger Eingriff in die Souveränität der Binnenorganisation.

166 4. Entsprechend muss die Kommunikation von Dienststellen der Bundespolizei mit dem BKA über das Bundespolizeipräsidium oder im Eilfall unter dessen gleichzeitiger Benachrichtigung erfolgen (Nr. 6 S. 3 RiVASt).

IV. Besondere Zusammenarbeitsebenen

1. Unionsrecht

167 Im Rahmen der polizeilichen Kooperation in der **EU bzw. der Schengen-Staaten** sind die vorrangigen Mechanismen für **Informationen** zu beachten, die **bereits** bei der ersuchten Behörde bzw. sonst im staatlichen Bereich für diese **verfügbar** sind (insgesamt → § 14 Rn. 11 ff.).

168 Für kontrollierte Lieferungen, gemeinsame Ermittlungsgruppen oder verdeckte Ermittler finden die allgemeinen Regelungen allenfalls dann Anwendung, wenn keine Sonderregelungen bestehen (daher s. jeweils dort in → § 3 Rn. 58 ff., 97 ff. und → § 15 Rn. 336 ff., 374 ff.). Der unmittelbare polizeiliche Austausch kann entweder aus einer Eilkompetenz erfolgen oder sich auf spezifische polizeiliche Maßnahmen oder Informationsarten beziehen.

169 a) Ausgangspunkt ist dabei, dass die durch den **Anwendungsbereich** abstrakt umfassten Polizeidienststellen, (teilweise auch, soweit sie bezeichnet sind, die ihnen nachgeordneten Dienststellen) bei der Aufklärung von strafbaren Handlungen Ersuchen um Hilfe einander direkt übermitteln können und diese unmittelbar erledigen können und sollen (Art. 8 Abs. 1, 2 S. 1 PolZV DE/BE). Dies ist ein Teil des allgemein möglichen direkten Dienstverkehrs der umfassten Polizeidienststellen (Art. 3 Abs. 3 PolZV DE/BE).

170 Die neueren Polizeiverträge enthalten hier **Regelbeispiele** für die Arten polizeilicher Hilfeleistung, die aber nicht abschließend sind und auch den nachfolgend genannten Ausnahmen nicht vorgehen, die ihrerseits in der innerstaatlichen Kompetenzverteilung wurzeln.[123]

---

[123] Nicht abschließender Katalog.

- **Österreich:** Art. 7 Abs. 2 PolZV DE/AT,
- **die Niederlande:** Art. 7 Abs. 2 PolZV DE/NL,
- **die Schweiz:** Art. 4 Abs. 4 PolZV DE/CH,
- **für Tschechien:** Art. 8 PolZV DE/CZ.

Daher sind trotz aller Kataloge die Kompetenzen auch stets ausdrücklich auf die innerstaatlichen Zuständigkeiten, wie sie sich in Deutschland aus den besonderen Normen sowie § 163 StPO ergeben, begrenzt.[124] 171

Dies gilt insbesondere für die **Fahndung**,[125] bei der allerdings vor allem parallel die besonderen internationalen Fahndungsinstrumente, namentlich Interpol und das SIS eingreifen (→ § 15 Rn. 307 ff.; § 16 Rn. 1 ff.; § 17 Rn. 190 ff.). Daher dürften auch im Verhältnis zur Schweiz die speziellen polizeilichen Rechtshilfemaßnahmen zur Fahndung durch den Beitritt zum Schengen-Besitzstand überholt sein (Art. 5 ff. PolZV DE/CH). 172

Ähnlich gilt dies für **bloße Auskünfte** aus polizeilichen und anderen staatlichen Informationssammlungen (→ § 14 Rn. 1 ff.) sowie reinen **informatorischen Befragungen und Ermittlungen** ohne Zwanganwendung,[126] gerade auch im Vorfeld von eigentlichen Ermittlungsmaßnahmen und Vernehmungen.[127] Hier finden einzelne Erhebungen, wie der Austausch von Fahrzeug- und Halterdaten von Kraftfahrzeugen im Verhältnis mit der Schweiz, besondere detaillierte Regelung, die wohl in der Praxis besonders aufgeworfene Fragen widerspiegeln (→ § 14 Rn. 194 ff.).[128] 173

b) Meist erfolgt regelmäßig eine Abgrenzung zur originären Kompetenz der Justizbehörden und damit eine Beschränkung der Hilfeleistung meist dahingehend, dass entweder **nur bereits vorhandene Informationen** übermittelt werden dürfen **oder** jedenfalls **keine Zwangsmaßnahmen** zur Informationserlangung ergriffen werden dürfen.[129] 174

aa) Bemerkenswert ist in diesem Zusammenhang allerdings der neueste Polizeivertrag mit **Polen**, der keinerlei solche ausdrückliche Begrenzung vorsieht (Art. 5 PolZV DE/PL). Hier dürfte alleine auf die jeweilige innerstaatliche Kompetenzabgrenzung und damit Befugnis der ersuchenden und ersuchten Polizeibehörden abzustellen sein. So dürfte auch ein rein polizeiliches Ersuchen um Zwangsmaßnahmen möglich sein, wobei die nationalen Vorschriften zu den Vorbehalten bzw. Beteiligung der Justizbehörden und deren etwaige Überwindung bei Gefahr im Verzug zu beachten wären.[130] 175

bb) Dagegen soll im Verhältnis mit **Belgien** und **Dänemark** der (unmittelbare) polizeiliche Geschäftsweg stets ausgeschlossen sein, wenn das Ersuchen oder seine Erledigung eine **Zwangsmaßnahme** erfordert (Art. 8 Abs. 3 PolZV DE/BE). Wie aus dem Normkontext eindeutig hervorgeht, muss die Zwangsmaßnahme im konkreten Fall erforderlich sein. Dass die Informationserhebung mittels einer Maßnahme erfolgt, die nach nationalem Recht auch mit Zwang durchgesetzt werden kann, reicht alleine nicht aus. So sind Ersuchen und Erledigung insbesondere zulässig, wenn die Informationserhebung durch die Polizei auf 176

---

[124] Vgl. zB **für die Niederlande:** Art. 7 Abs. 1 PolZV DE/NL; **Österreich:** Art. 7 Abs. 1 PolZV DE/AT; **die Schweiz:** Art. 4 Abs. 1 PolZV DE/CH; **Tschechien:** Art. 8 Abs. 1 PolZV DE/CZ; *Janicki* Beweisverbote 494 mwN; aA wohl *Wolters* Kriminalistik 1997, 172 ff.
[125] Vgl. **für die Schweiz:** Art. 4 Abs. 4 S. Nr. 6; Art. 5 PolZV DE/CH; auch **die Schweiz:** Art. 9 ErgV-RHÜ 1959 DE/CH, jeweils wohl überholt durch den Schengen-Besitzstand rund um das SIS; **Israel:** Art. 11 Abs. 5 RHÜ DE/IL; **Österreich:** Art. 3 Abs. 1 lit. a ErgV-RHÜ 1959 DE/AT; **die Niederlande:** Art. 9 Abs. 7 ErgV-RHÜ 1959 DE/NL.
[126] **Für die Schweiz:** Art. 9 ErgV-RHÜ 1959 DE/CH; vgl. auch **Israel:** Art. 11 Abs. 5 RHÜ DE/IL; **die Niederlande:** Art. 9 Abs. 7 ErgV-RHÜ 1959 DE/NL spricht allg. von Auskünften; beachte die besondere Ausführlichkeit von Art. 6 PolZV DE/PL für Polen, der auch personenbezogene Daten einschließt.
[127] **Für die Schweiz:** Art. 9 ErgV-RHÜ 1959 DE/CH; vgl. auch **Israel:** Art. 11 Abs. 5 RHÜ DE/IL.
[128] **Für die Schweiz:** Art. 9 PolZV DE/CH, der ausführlichere Art. 35 PolZV DE/CH ist nie in Kraft getreten.
[129] Vgl. ausf. zur Problematik der Abgrenzung von Rechtshilfe und anderer polizeilicher Amtshilfe *Breitenmoser* in Breitenmoser/Gless/Lagodny, Schengen in der Praxis, 2009, 25 (28 ff. mwN), danach ist jede Informationsbeschaffung mit hoheitlichem Eingriff als Rechtshilfe zu behandeln.
[130] Interessanterweise schweigt sich auch die Denkschrift darüber völlig aus, vgl. BT-Drs. 18/3696, 32.

freiwilliger Basis bei den betreffenden Personen erfolgen kann (Art. 8 Abs. 1, 5. Spiegelstrich PolZV DE/BE).

177 Weiterhin bestimmen die Abkommen mit **Dänemark** und der **Schweiz,** dass die unmittelbare polizeiliche Amts-/Rechtshilfe ausgeschlossen ist, wenn die Erledigung der begehrten Maßnahme nach innerstaatlichem Recht einer **Justizbehörde vorbehalten** ist.[131] Ebenso formuliert jetzt Art. 1 PolZV DE/CZ mit **Tschechien.** Hingegen verweist etwa der Polizeivertrag mit den Niederlanden darauf, dass die Unterstützung nur im Rahmen des jeweiligen innerstaatlichen Strafverfahrensrechts erfolgt (Art. 7 Abs. 1 PolZV DE/NL).

178 Der Mondorfer Vertrag mit **Frankreich** sieht allerdings primär nur den größtmöglichen Informationsaustausch sowie die operative Zusammenarbeit, konzentriert auf die eingerichteten gemeinsamen Zentren und die Möglichkeit der umfassenden unmittelbaren Kooperation der umfassten grenzpolizeilichen beidseitigen Dienststellen vor (Art. 4 Abs. 2 PolZV DE/FR, Art. 5, 10 PolZV DE/FR). Er enthält allerdings zumindest noch die Klausel, dass sich diese Behörden bei der Bekämpfung der Kriminalität die Informationen unmittelbar mitteilen, die für das Grenzgebiet von Bedeutung sind und insbesondere in Einzelfällen einander die Personalien von Beteiligten an Straftaten sowie Informationen über den Sachverhalt, Täterverbindungen und über typisches Täterverhalten mitteilen (Art. 11 Abs. 1 Nr. 1 PolZV DE/FR). Diese Klausel findet sich auch im (Grenz-)Polizeivertrag mit den **Niederlanden, Österreich und der Schweiz,** wo allerdings klargestellt ist, dass dies keine personenbezogenen Daten umfasst.[132]

179 cc) Dagegen können polizeiliche Ersuchen um Beweissicherung **bei Gefahr im Verzug** im Verhältnis mit Österreich, der Schweiz und den Niederlanden **auch Zwangsmaßnahmen** beinhalten.[133]

180 (1) Die entsprechenden Ersuchen können nicht nur durch die Staatsanwaltschaft, sondern auch durch die nach **innerstaatlichem Recht insoweit „anordnungszuständigen" Vollzugsbeamten** gestellt werden. Damit ist für deutsche Behörden auf die StPO verwiesen.[134] Ausdrücklich fokussiert das Polizeiabkommen mit der Schweiz alleine auf die Polizeibehörden, die allerdings zuständig sein müssen (Art. 10 Abs. 1 S. 1 PolZV DE/CH).

181 (2) Es muss **Gefahr im Verzug** hinsichtlich eines Beweisverlustes bei Einhaltung der üblichen Ersuchenswege vorliegen. Dies ist alleine durch den ersuchten Staat im Rahmen seiner Rechtsordnung zu prüfen.[135]

182 (3) **Gegenstand** kann jede Spuren- und Beweissicherung einschließlich der Durchführung von körperlichen Untersuchungen sowie Durchsuchung und Beschlagnahme sein. Kein tauglicher Gegenstand ist eine vorläufige Festnahme, jedenfalls zum Zweck der Sicherung der Auslieferung.[136]

183 (4) In Fällen, denen besondere Bedeutung in politischer, tatsächlicher oder rechtlicher Beziehung zukommt, ist – soweit möglich – vorab die Bundesregierung ins Benehmen zu setzen, vor der Stellung oder Erledigung des Ersuchens auf dem dafür vorgesehenen Dienstweg die Landesregierung zu unterrichten und die Entscheidung der Bundesregierung abzuwarten.[137]

184 (5) Das Ersuchen ist **unmittelbar** an die für die Durchführung zuständige Justiz- oder Polizeibehörde im ersuchten Staat zu richten und kann **in jeder Form,** ausdrücklich auch

---

[131] **Für Dänemark:** Art. 6 Abs. 2 PolZV DE/DK; **die Schweiz:** Art. 4 Abs. 1 S. 1 PolZV DE/CH.
[132] **Für die Niederlande:** Art. 4 Abs. 1a PolZV DE/NL; **Österreich:** Art. 4 Abs. 1, 1. Spiegelstrich PolZV DE/AT; **die Schweiz:** Art. 4 Abs. 2 PolZV DE/CH.
[133] **Für die Niederlande:** Art. 8 PolZV DE/NL; **Österreich:** Art. 8 PolZV DE/AT; **die Schweiz:** Art. 10 Abs. 1 PolZV DE/CH.
[134] Vgl. Denkschrift, BT-Drs. 16/57, 37.
[135] **Für die Niederlande:** Art. 8 Abs. 2 PolZV DE/NL; **Österreich:** Art. 8 Abs. 3 PolZV DE/AT; vgl. Denkschrift, BT-Drs. 16/57, 37.
[136] Vgl. Denkschrift, BT-Drs. 16/57, 37.
[137] Nach der Denkschrift, BT-Drs. 16/57, 37 soll hier auch § 74 IRG in Verbindung mit Nr. 8 der Vereinbarung zwischen der Bundesregierung und den Landesregierungen über die Zuständigkeit im Rechtshilfeverkehr mit dem Ausland in strafrechtlichen Angelegenheiten gelten.

mündlich erfolgen. Soweit Anträge in diesem Rahmen mündlich gestellt worden sind, sind sie allerdings unverzüglich schriftlich zu bestätigen.

(6) Unverzüglich nach Stellen des Ersuchens sind die notwendigen Beteiligungen der Justizbehörden durchzuführen: 185

Die zuständige Justizbehörde ist unverzüglich über die Stellung des Ersuchens einschließlich der besonderen Umstände des Falles, die auf Gefahr im Verzug schließen lassen, **zu unterrichten,** um die Sachleitungsbefugnis der Staatsanwaltschaft oder des Gerichts sicherzustellen.[138] 186

Soweit das Recht des ersuchten Vertragsstaates für die Anordnung oder Aufrechterhaltung der Maßnahme eine **richterliche Anordnung** erfordert, wird diese oder eine Erklärung des im ersuchenden Staat zuständigen Gerichts unverzüglich nachgereicht. Die Vertragsstaaten haben sich spätestens dabei über die maßgeblichen Vorschriften ihres innerstaatlichen Rechts zu unterrichten.[139] 187

(7) Die **Übermittlung der Ergebnisse** bedarf sodann grundsätzlich eines förmlichen Rechtshilfeersuchens der zuständigen Justizbehörde (→ 1. Kap. Rn. 18 ff.). Ist auch die Übermittlung eilbedürftig, kann sie von der ersuchten unmittelbar an die ersuchende Behörde erfolgen, soweit dies nach innerstaatlichem Recht zulässig ist.[140] Dabei sind an die Eilbedürftigkeit hohe Anforderungen zu stellen.[141] Ist die ersuchte Behörde keine Justizbehörde, bedarf es stets der vorherigen Zustimmung der nach innerstaatlichem Recht des ersuchten Staates zuständigen Justizbehörde.[142] 188

c) Bei den entsprechenden möglichen **Dienstwegen** enthalten die Verträge drei grundlegende Varianten: 189

- Den Weg über die gemeinsamen Zentren oder ähnliche Einrichtungen, wie Verbindungsbeamte,
- der Weg über die nationalen Zentralstellen oder
- die direkte Kommunikation zwischen den nachgeordneten, ggf. nur den genannten grenzgebietrelevanten Polizeidienststellen.

aa) Dabei bleibt es zunächst beim **Grundsatz,** dass die transnationale Kommunikation zwischen den **zentralen Polizeibehörden** erfolgt.[143] Am allgemeinsten nach Wortlaut und Systematik erlaubt das Abkommen mit **Polen** den Zentralbehörden jede Form der unmittelbaren Zusammenarbeit (Art. 4 Abs. 1 PolZV DE/PL). 190

bb) Die **gemeinsamen Zentren und Verbindungsbeamten** sind primär auf Übermittlungs- und Hilfsaufgaben beschränkt (→ § 3 Rn. 80 ff.; § 8 Rn. 2). 191

cc) Sofern eine Eilkompetenz zur vorläufigen Beweissicherung wegen **Gefahr im Verzug** (→ Rn. 179 ff.) besteht, sind die dafür geltenden Sonderregelungen zu beachten. Allerdings bestimmt (nur) das Abkommen mit der Schweiz, dass, soweit auch dies wegen der Gefahr im Verzug nicht möglich sein sollte, bzw. nicht einer der folgenden Gründe – Grenzangelegenheit oder Einvernehmen bei konkreter Sachähnlichkeit – die Übermittlung über die Zentralstellen zu erfolgen hat.[144] 192

Weiterhin sehen ausdrücklich etwa der Ergänzungsvertrag mit **Tschechien** und der Polizeivertrag mit der **Schweiz** sowie mit **Polen** für die Grenzgebiete die unmittelbare Kommunikation vor, wenn ein Ersuchen nicht rechtzeitig über den Geschäftsweg zwischen den nationalen Zentralstellen gestellt werden können.[145] 193

---
[138] **Für die Niederlande:** Art. 8 Abs. 3 PolZV DE/NL; **Österreich:** Art. 8 Abs. 3 PolZV DE/AT; vgl. Denkschrift, BT-Drs. 16/57, 37.
[139] **Für die Niederlande:** Art. 8 Abs. 4 PolZV DE/NL; **Österreich:** Art. 8 Abs. 4 PolZV DE/AT.
[140] **Für die Niederlande:** Art. 8 Abs. 5 PolZV DE/NL; **Österreich:** Art. 8 Abs. 5 PolZV DE/AT.
[141] Denkschrift, BT-Drs. 16/57, 37.
[142] **Für die Niederlande:** Art. 8 Abs. 5 PolZV DE/NL; **Österreich:** Art. 8 Abs. 5 PolZV DE/AT.
[143] Vgl. etwa **für die Niederlande:** Art. 7 Abs. 4 S. 1 PolZV DE/NL; **Österreich:** Art. 7 Abs. 4. S. 1 PolZV DE/AT.
[144] **Für die Schweiz:** Art. 4 Abs. 2 S. 2 PolZV DE/CH, Art. 10 Abs. 1 S. 2 PolZV DE/CH.
[145] **Für Tschechien:** Art. 6 Abs. 2 PolZV DE/CZ; **die Schweiz:** Art. 4 Abs. 2 S. 3 Nr. 2 PolZV DE/CH; **Polen:** Art. 4 Abs. 2 S. 1 Alt. 2 PolZV DE/PL.

194 Ähnlich greift der Polizeivertrag mit den Niederlanden und der mit Österreich durch Verweis auf das SDÜ diesen Eilfall auf.[146] Ähnliches gilt auch für die Schweiz (Art. 4 Abs. 2 S. 3 Nr. 2 PolZV DE/CH).

195 dd) Für eine **unmittelbare Kommunikation anderer Polizeibehörden im Rahmen der Grenzzusammenarbeit** muss in der Regel ein Bezug zur grenzpolizeilichen Zusammenarbeit gegeben sein.

196 Teilweise wird vorgeschrieben, dass nur die Informationen zwischen den untergeordneten Polizeidienststellen unmittelbar ausgetauscht werden dürfen, die für das Grenzgebiet von Bedeutung sind, und dass die originären Zuständigkeiten der nationalen Zentralstellen ausgenommen sind.[147] Der (Grenz-)Polizeivertrag mit Tschechien variiert dies nur leicht, indem er auf jeden Austausch „bei der Kriminalitätsbekämpfung in den Grenzgebieten" abstellt (Art. 6 PolZV DE/CZ). Darunter ist zu verstehen, dass sich der grenzüberschreitende Dienstverkehr auf Straftaten bezieht, bei denen der Schwerpunkt der Tat und ihrer Verfolgung in den Grenzgebieten liegt. Dies ist auch das Kriterium im Verhältnis mit der Schweiz (Art. 4 Abs. 2 S. 3 Nr. 1 PolZV DE/CH).

197 So bestimmt etwa der Polizeivertrag mit **Belgien:** Ist das Ersuchen nicht durch den Bezug zum Grenzgebiet gerechtfertigt und die Bearbeitung nach dem nationalen Recht des ersuchten Staats den Justizbehörden vorbehalten, ist die ersuchende Polizeibehörde unmittelbar darüber zu informieren, dass eine Bestätigung durch ein förmliches justizielles Rechtshilfeersuchen erfolgen muss. In Erwartung dieser Bestätigung wird das polizeiliche Ersuchen bereits vorsorglich an die örtlich zuständige Justizbehörde weitergeleitet (Art. 8 Abs. 2 PolZV DE/BE).

198 ee) Ferner erlaubt etwa der Ergänzungsvertrag mit Tschechien und die Polizeiverträge mit den Niederlanden, Österreich, **Polen** und der Schweiz eine direkte Zusammenarbeit, wenn dies aufgrund von **tat- oder täterbezogenen Zusammenhängen** im Rahmen **abgrenzbarer Fallgestaltungen** zweckmäßig ist und dazu das Einvernehmen der jeweiligen nationalen Zentralstellen vorliegt bzw. dies so vereinbart war.[148]

199 ff) Schließlich finden sich in den Polizeiverträgen, wie besonders ausführlich mit den Niederlanden, allgemeine Vorschriften, die zum ergänzenden Informationsaustausch ohne jeden förmlichen Rechtshilfeweg ermächtigen, soweit es sich **nicht um personenbezogene Daten** handelt.[149] Dazu gehören etwa allgemeine über Sachverhalte, Täterverbindungen und typisches Täterverhalten, gemeinsame Verzeichnisse mit Angaben über Zuständigkeiten und Erreichbarkeiten, Informationen über Ausrüstung und Kommunikationsmittel einschließlich Entscheidungen zur Anschaffung von Ausrüstungssystemen mit dem Ziel der Sicherstellung verbesserter Kompatibilität auch im Bereich des Funks und der Telekommunikation.

200 d) Natürlich greift auch in diesen Bereichen das Verweigerungsrecht der ersuchten Behörde aus dem ordre public, weitere Ausnahmen werden jedoch mehr oder weniger beschränkt.[150]

V. Besonderheiten im Verfahren

201 Zum **weiteren Verfahren** gelten einige weitere Besonderheiten, die teilweise aus den Rechtshilfeinstrumenten, und zum Teil aus dem nationalen Recht herrühren. Soweit keine Sonderregelungen bestehen, gelten auch innerstaatlich die Regelungen des ersten Teils der

---

[146] **Für die Niederlande:** Art. 7 Abs. 4 S. 2 PolZV DE/NL; **Österreich:** Art. 7 Abs. 4 S. 2 PolZV DE/AT.
[147] **Für Luxemburg:** Art. 3 Abs. 2, 4 PolZV DE/LU; nur ersteres **Dänemark:** Art. 6 Abs. 1 PolZV DE/DK; **Polen:** Art. 4 Abs. 2 S. 1 Alt. 1 PolZV DE/PL.
[148] **Für die Niederlande:** Art. 7 Abs. 4 S. 2 Nr. 2 PolZV DE/NL; **Österreich:** Art. 7 Abs. 4 S. 2 Nr. 2 PolZV DE/AT; **Polen:** Art. 4 Abs. 2 S. 2 PolZV DE/PL; **die Schweiz:** Art. 4 Abs. 2 S. 3 Nr. 3 PolZV DE/CH; **Tschechien:** Art. 6 Abs. 3 PolZV DE/CZ.
[149] Zum Ganzen → § 8 Rn. 37; vgl. hier etwa **für die Niederlande:** nur Art. 4 Abs. 1 PolZV DE/NL.
[150] Vgl. ausdrücklich **für Belgien:** Art. 20 PolZV DE/BE.

RiVASt wie für eigene Ersuchen von Justizorganen (Nr. 122 S. 1 RiVASt; → § 12 Rn. 10 ff.).

1. Besondere Regelungen zur **Form des Ersuchens** finden sich im Rahmen der Polizeiverträge selten, mit Ausnahme der Eilmaßnahmen (→ Rn. 184). 202

Lediglich das Übereinkommen mit **Polen** hat festgeschrieben, dass Ersuchen schriftlich erstellt und unter Nutzung der verfügbaren technischen Mittel übertragen werden. Nur bei besonderer Dringlichkeit könne das Ersuchen mündlich übermittelt und unverzüglich schriftlich nachgereicht werden (Art. 5 Abs. 2 PolZV DE/PL). Zudem werden hier ähnliche Vorgaben zum Inhalt gemacht wie beim RB 2006/960/JI: So müssen enthalten sein der Name der ersuchenden Behörde, die Beschreibung des Gegenstandes des Ersuchens und dessen Begründung. Vor allem muss letztere im Falle der Übermittlung von Informationen die Begründung, insbesondere den Zweck und die geplante Art und Weise der Nutzung der übermittelten Informationen enthalten (Art. 5 Abs. 3 PolZV DE/PL). Weiterhin sind Ersuchen und Antwort jeweils englische Übersetzungen beizufügen, wenn nicht vorab vereinbarte Formulare verwendet werden, der Kontakt zwischen Grenzbehörden oder die Vermittlung über ein gemeinsames Zentrum erfolgt (Art. 5 Abs. 4 PolZV DE/PL). 203

Ansonsten wird man das Schweigen eines Vertragsdokumentes so deuten müssen, dass das Ersuchen in jeder Form und mit jedem Übermittlungsmedium gestellt werden können. 204

2. Teilweise wird im Bereich der unmittelbaren Informationsübermittlung eine **nachrichtliche Beteiligung der nationalen Zentralstellen** in Fällen von übergeordneter und überregionaler Bedeutung auch im Rechtshilfetext verankert,[151] oder zumindest deklaratorisch darauf verwiesen, dass innerstaatliche Unterrichtungspflichten unberührt bleiben.[152] Ansonsten bleibt es bei der oben genannten innerstaatlichen Aufgabenverteilung, insbesondere der Beteiligungspflicht des BKA. 205

3. Rein nach innerstaatlichem Recht hat das BKA vor einem Ersuchen die **Entscheidung des zuständigen Bundesministeriums einzuholen** und das Bundesministerium des Innern zu benachrichtigen, wenn 206

- die Bewilligungsbehörde eines Justizersuchens eine Berichtspflicht wegen der mutmaßlichen besonderen Bedeutung des Ersuchens in politischer, tatsächlicher oder rechtlicher Beziehung, etwa wegen Bezugs zum ordre public oder zur Beschlagnahme und Herausgabe von bedeutsamen Kulturgütern, treffen würde,[153] oder
- eine Zuwiderhandlung gegen Vorschriften über öffentlich-rechtliche Abgaben oder einen Bannbruch im Raum steht, sofern nicht Gefahr im Verzug ist oder aufgrund einer vertraglichen Pflicht eine Zustellung erfolgen soll. Der Vorbehalt soll auch dann nicht eingreifen, wenn der zu ersuchende Staat das ZP I-RHÜ 1959 ratifiziert hat oder es sich um die Schweiz oder einen Mitgliedstaat der EU handelt.[154]

Aufgrund des BfJ-Erlasses (→ § 12 Rn. 24) dürfte das Bundesamt für Justiz praktisch ausnahmslos in diesen Fällen der Ansprechpartner des BKA sein. 207

Diese Regelung dürfte auch, zumindest sinngemäß, für **andere Polizeibehörden im unmittelbaren Dienstverkehr mit dem Ausland** zu beachten, bzw. deren praktische Anwendung zumindest angeraten sein. 208

4. Teilweise finden sich besondere Regelungen für den Fall, dass nicht die ersuchte Polizeibehörde, sondern eine andere, möglicherweise auch eine Justizbehörde, zuständig ist. In diesen Fällen ist die ersuchte Behörde verpflichtet, das Ersuchen an die **zuständige** (Justiz- oder Polizei-)Behörde weiterzuleiten und die ersuchende Behörde darüber und über die für die Erledigung zuständige Behörde zu unterrichten.[155] Die zuständige 209

---

[151] **Für Luxemburg:** Art. 3 Abs. 3 PolZV DE/LU.
[152] **Für Dänemark:** Art. 6 Abs. 3 PolZV DE/DK; **die Niederlande:** Art. 7 Abs. 4 S. 3 PolZV DE/NL; **Österreich:** Art. 7 Abs. 4 S. 3, 4 PolZV DE/AT; **die Schweiz:** Art. 4 Abs. 6 PolZV DE/CH.
[153] Nr. 123 Abs. 5 Alt. 2 RiVASt iVm Nr. 13 Abs. 1 RiVASt.
[154] Nr. 123 Abs. 5 Alt. 1 RiVASt iVm Nr. 5c ZustVb2004.
[155] Vgl. Art. 5 Abs. 5 PolZV DE/PL mit entsprechender ausdrücklicher Einbeziehung der funktionalen Weiterleitung an die Justizbehörden in der Denkschrift, BT-Drs. 18/3696, 32; **für die Niederlande:**

Behörde erledigt dann das Ersuchen und übermittelt das Ergebnis an die ersuchende Behörde zurück.[156] Nur im Verhältnis mit **Polen** wird noch weiter geregelt, dass die Behörde, an die das Ersuchen weitergeleitet wurde, dieses weiterzubearbeiten und der ersuchenden Behörde unmittelbar antworten kann. Eine Weiterverweisung durch die falsch adressierte, tatsächlich unzuständige Behörde ist dadurch nach Sinn und Zweck nicht ausgeschlossen, da die Erledigung des Ersuchens ebenso wie die staatliche Kompetenzordnung gewährleistet sein soll. Die Konsultationspflicht bei Unmöglichkeit der Bearbeitung (Art. 5 Abs. 6 PolZV DE/PL) entspricht den heutigen Standards allgemeiner Rechtshilfeinstrumente.

210 5. Auch nur im Polizeivertrag mit **Polen** festgelegt ist, dass Informationsübermittlungen **unentgeltlich** erfolgen (Art. 6 Abs. 1 PolZV DE/PL, Art. 7 PolZV DE/PL).

211 6. Auf die Zweckbindung und den regelmäßigen Verwendungsvorbehalt in gerichtlichen Verfahren sowie besondere Regelungen des Datenschutzes ist besonders zu achten (→ § 20 Rn. 15 ff.). Leider enthält nur das Abkommen mit **Polen** die Klarstellung, dass wenn die übermittelnde Behörde zum Zeitpunkt der Übermittlung von Informationen, einschließlich personenbezogener Daten, ihre Zustimmung erteilt hat, sie als Beweismittel in dem Strafverfahren, im Rahmen dessen sie übermittelt wurden, verwendet werden können (Art. 5 Abs. 7 PolZV DE/PL). Dies entspricht den Regelungen im RB 2006/960/JI und der Umsetzung im IRG.[157]

VI. Regierungsvereinbarungen zur Bekämpfung bestimmter Formen der grenzüberschreitenden Kriminalität

212 Hingegen sind die **Regierungsvereinbarungen zur Bekämpfung bestimmter Formen der grenzüberschreitenden Kriminalität** erkennbar an umfassenderer Polizeikooperation und nicht primär polizeilicher Amtshilfe oder gar Rechtshilfe in Strafsachen ausgerichtet:

- **Ägypten** (SichZusAbk DE/EGY),
- **Albanien** (SichZusAbk DE/AL),
- **Bulgarien** (AntiOrgKrimAbk DE-BG),
- **Georgien** (AntiOrgKrimAbk DE/GE),
- **Kirgisistan** (AntiOrgKrimAbk DE/KG),
- **Litauen** (AntiOrgKrimAbk DE/LT),
- **Polen** (AntiOrgKrimAbk DE/PL),
- **Rumänien** (AntiOrgKrimAbk DE/RO),
- **Russland** (AntiOrgKrimAbk DE/RU),
- **Serbien** (SichZusAbk DE/RS),
- **Slowakei und Tschechien** (AntiOrgKrimAbk DE/CFSR),
- **Slowenien** (AntiOrgKrimAbk DE/SI),
- **Tunesien** (AntiOrgKrimAbk DE/TN),
- **Ungarn** (AntiOrgKrimAbk DE/HU),
- **Usbekistan** (AntiOrgKrimAbk DE/UZ),
- **Vereinigte Arabische Emirate** (SichZusAbK DE/AE),
- **Vietnam** (AntiOrgKrimAbk DE/VN).[158]

Art. 7 Abs. 3 PolZV DE/NL; **Österreich:** Art. 7 Abs. 3 PolZV DE/AT; **die Schweiz:** Art. 4 Abs. 1 S. 2 PolZV DE/CH.

[156] **Für Österreich:** Art. 7 Abs. 3 S. 4 PolZV DE/AT; **die Niederlande:** Art. 7 Abs. 3 S. 2 PolZV DE/NL; **Polen:** Art. 5 Abs. 4 S. 2 PolZV DE/PL.

[157] Vgl. § 92 Abs. 2 IRG, § 92b IRG; Denkschrift, BT-Drs. 18/3696, 32 f.

[158] Vgl. hierzu und zum ganzen Folgenden im Einzelnen jeweils mit stark abweichendem Aufbau jedoch meist gleichen Regelungen. Eine genaue Aufschlüsselung der folgenden gemeinsamen Regelungen würde bei weitem zu unübersichtlich werden, sodass hier ausnahmsweise auf sie verzichtet wurde.

1. Sie enthalten gleichwohl in jeweils unterschiedlicher Ausprägung in der Regel für die 213
verschiedenen Deliktsbereiche der Bekämpfung des Terrorismus, der Suchtstoff-, Organisierten und sonst schweren bzw. erheblichen Kriminalität folgende besonderen **Anknüpfungspunkte:**

- die **Übermittlung** – spontan oder auf Ersuchen – von **Informationen und Personalien von Tatbeteiligten** an Straftaten, insbesondere auch von Hinterleuten und Drahtziehern, Strukturen der Tätergruppen und kriminellen Organisationen und die Verbindungen zwischen ihnen, typisches Täter- und Gruppenverhalten, den Sachverhalt insbesondere die Tatzeit, den Tatort, die Begehungsweise, die Objekte der Straftat, Besonderheiten sowie die verletzten Strafnormen und getroffenen Maßnahmen, soweit dies für die Bekämpfung von Straftaten oder zur Abwehr einer im Einzelfall bestehenden erheblichen Gefahr für die öffentliche Sicherheit erforderlich ist; 214
- die **Durchführung von zulässigen Maßnahmen auf Ersuchen,** wobei die Anwesenheit von Vertretern der zuständigen Behörden des ersuchenden Staates gestattet werden kann, diese jedoch nicht an operativen Maßnahmen selbst mitwirken dürfen;
- **aufeinander abgestimmte polizeiliche Maßnahmen** bei operativen Ermittlungen mit personeller, materieller und organisatorischer Unterstützung;
- der **Austausch von Mustern** von aus Straftaten erlangten Gegenständen, kriminalistischen **Analysen** und anderen Forschungsergebnissen sowie sonstigen **Erfahrungen** und Informationen über gebräuchliche und neue Formen an kriminellen Methoden in den jeweiligen Straftatbereichen;
- sowie sonstige Fortbildung und **Erfahrungsaustausch,** Arbeitstreffen und Entsendung von (nicht-operativen) Verbindungsbeamten.

2. Sämtliche Maßnahmen erfolgen alleine nach **Maßgabe des jeweiligen innerstaatlichen Rechts des ersuchten Staates,** sowie ausdrücklich vorbehaltlich des ordre public und politischer Straftaten. Unklar bleibt die meist verwendete Formulierung, dass nicht nur die Rechtshilfe sondern auch die Zusammenarbeit in fiskalischen Straftaten unberührt bleiben soll. Systematisch dürften dies und der Bezug zu den verschiedenen multilateralen Übereinkommen wie UNSuchtÜ und Übereinkommen der Vereinten Nationen gegen die grenzüberschreitende organisierte Kriminalität dafür sprechen, dass die Regierungsabkommen diese letztgenannten Straftaten gerade nicht vom Anwendungsbereich gesondert ausnehmen wollten. 215

3. Entsprechende **Ersuchen** sind grundsätzlich schriftlich zu stellen. In dringenden Fällen kann das Ersuchen auch mündlich übermittelt werden, es muss aber unverzüglich schriftlich bestätigt werden. Ersuchen können dabei auf deutscher Seite nur von den zuständigen Bundesministerien des Innern, sowie (in ihrem Geschäftsbereich) der Finanzen und für Gesundheit gestellt werden sowie durch das BKA, die Grenzschutzdirektion und das Zollkriminalamt. Die korrespondierenden zentralen Sicherheitsbehörden der Vertragspartner sind in den jeweiligen Regierungsabkommen ebenfalls aufgeführt. 216

4. Die **Übermittlung** von Informationen erfolgt nach dem jeweiligen Abkommen vor allem nach Maßgabe des jeweiligen innerstaatlichen Rechts. Die übermittelnde Stelle ist allerdings stets verpflichtet, auf die Richtigkeit der zu übermittelnden Daten sowie auf die Erforderlichkeit und Verhältnismäßigkeit in Bezug auf den mit der Übermittlung verfolgten Zweck zu achten. Dabei sind die nach dem jeweiligen innerstaatlichen Recht geltenden Übermittlungsverbote zu beachten. Die Übermittlung der Daten unterbleibt, wenn die übermittelnde Stelle Grund zu der Annahme hat, dass dadurch gegen den Zweck eines innerstaatlichen Gesetzes verstoßen würde oder schutzwürdige Interessen der betroffenen Personen beeinträchtigt würden. Weiterhin haben die übermittelnde und die empfangende Stelle jeweils sicherzustellen, dass die Übermittlung und der Empfang der Daten aktenkundig gemacht werden. 217

218 5. Ferner sehen sämtliche Regierungsabkommen in diesem Bereich umfangreiche Regelungen zur weiteren Verarbeitung und zum **Datenschutz** vor, die sich an den gängigen EU-Standards orientieren.

219 **a)** So gilt für alle übermittelten Informationen ein **Spezialitätsgrundsatz im weiteren Sinne** (→ § 20 Rn. 1 ff.), dass diese nur zu den im jeweiligen Abkommen bezeichneten Zwecken und zu den durch die übermittelnde Stelle vorgegebenen Bedingungen verwendet werden dürfen. Darüber hinaus ist die Verwendung zur Verhütung und Verfolgung von Straftaten sowie zur Abwehr von erheblichen Gefahren für die öffentliche Sicherheit zulässig. Ein grundsätzlicher Vorbehalt vor einer gerichtlichen oder sonstigen **strafprozessualen Verwendung** besteht indes – anders als etwa beim RB 2006/960/JI – **nicht**.

220 **b)** Weiterhin soll die empfangende Stelle die übermittelnde Stelle auf Ersuchen über die Verwendung der übermittelten Daten und über die dadurch **erzielten Ergebnisse** unterrichten.

221 **c)** Erweist sich, dass unrichtige Daten oder Daten, die nicht übermittelt werden durften, übermittelt worden sind, so ist dies dem Empfänger unverzüglich mitzuteilen. Er ist verpflichtet, die **Berichtigung oder Löschung** unverzüglich vorzunehmen. Die übermittelnde Stelle weist bei der Übermittlung von Daten auf die nach ihrem innerstaatlichen Recht vorgesehenen Fristen für die **Aufbewahrung** dieser Daten hin, nach deren Ablauf sie gelöscht werden müssen. Unabhängig von diesen Fristen sind die übermittelten Daten zu löschen, sobald sie für den Zweck, für den sie übermittelt worden sind, nicht mehr erforderlich sind. Bis dahin sind die Daten stets wirksam gegen unbefugten Zugang, unbefugte Veränderung und unbefugte Bekanntgabe zu schützen.

222 **d)** Schließlich haben die Betroffenen Ansprüche auf **Auskunft und Schadensersatz** nach jeweils ausdifferenzierten Regelungen.

D. Die Europäische Ermittlungs- bzw. Beweisanordnung

I. Überblick

223 Um die sehr unterschiedlichen Grundlagen der Rechtshilfe bei der Beweisgewinnung in strafrechtlichen Ermittlungsverfahren, insbesondere nach dem RHÜ 1959, dem SDÜ und dem RHÜ 2000, sowie dem RB 2003/757/JI[159] zusammenzufassen, hat die EU zunächst den Anlauf einer einheitlichen **Europäischen Beweisanordnung** unternommen. Dieser sehr ambitionierte Versuch, das Prinzip der vorbehaltlosen Anerkennung und Vollziehung von Entscheidungen eines Mitgliedstaates in einem anderen möglichst umfassend durchzusetzen, muss allerdings als gescheitert angesehen werden.[160] Der entsprechende Rahmenbeschluss 2008/978/JI v. 18.12.2008 für die Europäische Beweisanordnung, umzusetzen bis 19.1.2011,[161] wurde in praktisch allen Mitgliedstaaten, Deutschland eingeschlossen, nicht umgesetzt.

224 Nunmehr wurde nach langen Beratungen durch den „ordentlichen Unionsgesetzgeber" mit der am 3.4.2014 beschlossenen Richtlinie 2014/41/EU des Europäischen Parlaments und des Rates v. 3.4.2014 über die **Europäische Ermittlungsanordnung in Strafsachen**[162] (EEA-RL) ein erneuter Anlauf der weitgehenden Kodifikation unternommen.

---

[159] Rahmenbeschluss 2003/577/JI des Rates über die Vollstreckung von Entscheidungen über die Sicherstellung von Vermögensgegenständen oder Beweismitteln in der Europäischen Union v. 22.7.2003, ABl. 2003 L 196, 45.

[160] Vgl. BT-Drs. 18/9575, 18, 46 f.; vgl. zur RB 2008/978/JI allg. *Ambos* IntStrafR § 12 Rn. 84 f. mwN; zur Kritik etwa *Ambos* ZIS 2010, 557; HdB-EuStrafR/*Gleß* § 38 Rn. 8 ff.; *Heger* ZIS 2007, 547 ff.; *Krüßmann* StraFo 2008, 458 ff.; *Roger* GA 2010, 27; *Schünemann/Roger* ZIS 2010, 515 ff.; *Schierholt* ZIS 2010, 567 ff.; vgl. hierzu und zum Folgenden auch *Ronsfeld*, Die Europäische Ermittlungsanordnung, 2015, allerdings mit wenigen konkreten Aspekten für die praktische Anwendung.

[161] Rahmenbeschluss 2008/978/JI des Rates über die Europäische Beweisanordnung zur Erlangung von Sachen, Schriftstücken und Daten zur Verwendung in Strafsachen v. 18.12.2008, ABl. 2008 L 350, 72.

[162] ABl. 2014 L 130, 1.

Dieser scheint nach der Aufhebung der Säulenstruktur der EU und des damit anwendbaren Instrumentariums der – bis 22.5.2017 zwingend umzusetzenden (Art. 36 Art. EEA-RL) – Richtlinie erfolgversprechend. Deutschland hat bereits das entsprechende Unionsrecht durch **umfassende Ergänzungen, vor allem für eingehende Ersuchen, im IRG durch das Vierte Gesetz zur Änderung des Gesetzes über die internationale Rechtshilfe in Strafsachen mit Wirkung zum 22.5.2017** umgesetzt.[163] Für **ausgehende Ersuchen** bleibt die bereits angekündigte Revision der RiVASt aufmerksam zu verfolgen.[164]

Allerdings sind bereits jetzt in einigen anderen Mitgliedstaaten **erhebliche Umsetzungsverzögerungen** zu beobachten.[165] Zudem sind eine unmittelbare Anwendung bei mangelhafter Umsetzung nach Umsetzungsfrist und ein Vorgriff durch Mittel der Auslegung aufgrund der Belastungswirkung der Betroffenen zumal ohne unmittelbare Drittbegünstigung grundsätzlich ausgeschlossen.[166] Es dürfte daher zukünftig zunächst stets sehr genau zu prüfen sein, ob die Europäische Ermittlungsanordnung bereits im Rechtshilfeverkehr zwischen den EU-Mitgliedstaaten zur Anwendung kommen kann oder noch auf die früheren Rechtshilfeinstrumente zurückgegriffen werden muss. Allerdings dürfte die **Stärkung der Verfahrensrechte der Betroffenen** in einigen bemerkenswerten Einzelpunkten im Fall einer mangelhaften nicht fristgemäßen Umsetzung zu einer unmittelbaren Anwendung der Richtlinie führen können. 225

Auch die EEA-RL als, etwas zurückgenommene, neue Ausprägung des Anerkennungsprinzips ist, nicht völlig zu Unrecht, auf bereits einige Kritik der Rechtswissenschaft gestoßen, die sich – wie zuvor beim RB 2008/978/JI – vor allem am fragmentierten und unzureichenden Rechtsschutz der Betroffenen festmacht.[167] 226

II. Geltungsbereich

1. Mit dem Inkrafttreten der Richtlinie über die entsprechenden Umsetzungsbestimmungen, *de jure* **nach dem Stichtag 22.5.2017**, soll die **Vereinheitlichung im Unionsrecht** eintreten (s. aber zur noch mangelhaften Umsetzung → Rn. 225). Die konkreten Bestimmungen ersetzen zwischen den Mitgliedstaaten das RHÜ 1959 mit den beiden Zusatzprotokollen und die auf Art. 26 RHÜ 1956 ergangenen Ergänzungsverträge, das SDÜ und das RHÜ 2000 sowie den RB 2003/757/JI. Gleiches gilt, soweit überhaupt umgesetzt, für den RB 2008/978/JI, wobei entsprechende Bezugnahmen auf die letztgenannten Rahmenbeschlüsse von da ab als solche auf die EEA-RL zu lesen sind (Art. 34 Abs. 1, 2 EEA-RL). 227

2. Zwischen den Mitgliedstaaten dürfen **andere Übereinkünfte** im Anwendungsbereich der EEA-RL nur noch angewandt oder abgeschlossen werden, wenn diese die Möglichkeit bieten, die Vorschriften dieser Richtlinie weiter zu verstärken oder zu einer weiteren Vereinfachung oder Erleichterung der Verfahren zur Beweiserhebung beitragen, und gleichzeitig das in dieser Richtlinie niedergelegte Schutzniveau gewahrt ist.[168] 228

Für die vor dem Stichtag eingegangenen Ersuchen gilt das alte Recht noch bis zu deren Erledigung (Art. 35 EEA-RL). 229

3. **Räumlich** soll die EEA-RL für alle EU-Mitgliedstaaten gelten, wobei auf Grundlage der bestehenden Optionsrechte das Vereinigte Königreich sich beteiligen will, nicht jedoch 230

---

[163] Vgl. Regierungsentwurf mit umfassender Begründung in BT-Drs. 18/9757 v. 26.9.2016, Zustimmung des Bundesrates am 16.12.2016, BR-Drs. 691/16.
[164] Bei Redaktionsschluss ist die Umsetzung noch nicht erfolgt.
[165] Vgl. zum Umsetzungsstand Ratsdok. 1908/18 v. 7.2.2018, danach war die Umsetzung in 22 Mitgliedstaaten erfolgt.
[166] Vgl. auch NK-RechtshilfeR/*Wörner* IV Rn. 465 mwN.
[167] Hierzu und zum Folgenden *Ambos* IntStrafR § 12 Rn. 85 mwN; *Ahlbrecht* StV 2013, 114 ff.; *Heydenreich* StraFo 2012, 439 ff.
[168] Art. 34 Abs. 3, 4 EEA-RL: Die entsprechenden bestehenden und neuen Übereinkommen müssen die Mitgliedstaaten der Kommission notifizieren.

Dänemark und Irland (Erwägungsgründe Nr. 43–55 EEA-RL). Auch für die weiteren Schengenstaaten dürfte die Europäische Ermittlungsanordnung insgesamt nicht als Fortentwicklung gelten.

III. Gegenstand

231 Zentral für die Anwendung der EEA-RL ist das Vorliegen einer **Europäischen Ermittlungsanordnung** (EEA). Dabei handelt es sich um eine **gerichtliche Entscheidung,** die von einer Justizbehörde eines Mitgliedstaats (→ 1. Kap. Rn. 18 ff.) (des Anordnungsstaates) zur Durchführung einer oder mehrerer spezifischer Ermittlungsmaßnahme(n) in einem anderen Mitgliedstaat („Vollstreckungsstaat") zur Erlangung von Beweisen gemäß dieser Richtlinie erlassen oder „validiert", gemeint wohl bestätigt bzw. autorisiert, wird.[169]

232 1. Die Europäische Ermittlungsanordnung soll **alle Ermittlungsmaßnahmen** mit Ausnahme gemeinsamer Ermittlungsgruppen, den dortigen internen Informationsaustausch und deren Weiterverwendung (Art. 3 EEA-RL), sowie die Observation nach dem SDÜ umfassen (Erwägungsgrund Nr. 9 EEA-RL).

233 a) Sie ist damit **weitergehend als die gescheiterte Europäische Beweisanordnung,** die nicht anwendbar sein sollte zur Durchführung von Vernehmungen oder Entgegennahme von Aussagen, bezüglich DNA-Erhebungen oder -verarbeitungen, auf Vorrat gespeicherten Kommunikationsdaten, Echtzeit-TKÜ, Überwachungen von Kontenbewegungen oder verdeckten Überwachungsmaßnahmen, Untersuchungen von Sachen, Schriftstücken und Daten sowie Auskünften aus Strafregistern (Art. 4 Abs. 2, 3 RB 2008/978/JI).

234 b) Eine Europäische Ermittlungsanordnung kann namentlich auch erlassen werden, um Beweismittel zu erlangen, die sich **bereits im Besitz der zuständigen Behörden** des Vollstreckungsstaats befinden.[170] Dabei dürfte angesichts der ausgeprägten speziellen Instrumentarien jedenfalls unter Beweismittel nicht Strafregister- oder Verfahrensauskünfte zu verstehen sein (→ § 14 Rn. 124 ff.). Ebenfalls nicht umfasst sind Maßnahmen zur Vollstreckungs*sicherung* wie zur Einziehung oder Verfall.

235 c) Ferner dürfte davon auszugehen sein, dass die gesamten grenzüberschreitenden **rein polizeilichen Beweiserhebungen** (→ Rn. 126 ff.) sowie **sonstige Informationserhebungen,** die nicht in der Richtlinie genannt werden, auch nicht von ihr umfasst sein dürften. Insgesamt erscheint hier nicht unerheblicher Raum für Rechtsunsicherheit.

236 2. Eine Europäische Ermittlungsanordnung kann erlassen werden in Bezug auf **Strafverfahren,** die eine Justizbehörde (→ 1. Kap. Rn. 20) wegen einer nach dem nationalen Recht des Anordnungsstaats strafbaren Handlung eingeleitet hat oder mit denen sie befasst werden kann, sowie in Bezug auf deutsche **Ordnungswidrigkeitenverfahren,** jeweils einschließlich entsprechender Anschlussverfahren mit denen eine juristische Person zur Verantwortung gezogen oder bestraft werden kann (Art. 4 EEA-RL).

IV. Verfahren

237 Die Europäische Ermittlungsanordnung kleidet – wie schon die Europäische Beweisanordnung – das **normale Rechtshilfeverfahren auf Ersuchen** ähnlich wie der Europäische Haftbefehl zunächst lediglich in eine **neue Terminologie.** Damit ergibt sich

---

[169] Zu polizeilichen Ermittlungsanordnungen vgl. *Ambos* IntStrafR § 12 Rn. 88 ff. mwN; zum Diskussionsstand darüber eingehend *Ronsfeld,* Die Europäische Ermittlungsanordnung, 2015, 138 ff. mwN.

[170] Art. 1 Abs. 1 EEA-RL; Ebenso handelte es sich bereits bei der Europäischen Beweisanordnung um eine von einer zuständigen Behörde eines Mitgliedstaats erlassene justizielle Entscheidung zur Erlangung von Sachen, Schriftstücken und Daten aus einem anderen Mitgliedstaat zur Verwendung in einem Straf- und Ordnungswidrigkeitenverfahren auch gegen juristische Personen, gem. Art. 1 Abs. 1, 5 RB 2008/978/JI. Keine Rolle spielt, ob sich diese bereits im Besitz von einer seiner Vollstreckungsbehörden befinden, Art. 4 Abs. 4 RB 2008/978/JI.

jedoch eine Verschiebung der Interpretation des Vorgangs auf einen solchen der grenzüberschreitenden Anerkennung und Vollziehung. Danach wird die Europäische Ermittlungsanordnung in dem Anordnungsstaat von einer Anordnungsbehörde „erlassen" und aufgrund des Anerkennungsinstrumentariums in dem Staat, in dem die Ermittlungsmaßnahme durchzuführen ist, durch die zuständige Vollstreckungsbehörde „vollstreckt" (Art. 1, 2 EEA-RL).

1. Gleichwohl gelten **Form- und Verfahrensvorschriften** für die Abfassung, Übermittlung, Prüfung, Auslegung, Konsultation und ggf. Vollstreckung und Ergebnisübermittlung sowie Kostentragung, die denen der allgemeinen Verfahren der Rechtshilfe entsprechen. 238

Nach den Motiven zum Umsetzungsgesetz, das allerdings etwas unklar im Hinblick auf ausgehende Ersuchen seine Anwendung definiert,[171] wird die Verwendung der durch die Richtlinie gebotenen Formblätter für die **„Ermittlungsanordnung"** gesetzlich festgeschrieben (§ 91j Abs. 1 IRG). Soll ein Ersuchen (in Ordnungswidrigkeitenverfahren) durch eine Verwaltungsbehörde gestellt werden, soll die Staatsanwaltschaft bei dem Landgericht, in dessen Bezirk die Verwaltungsbehörde ihren Sitz hat, für die nach der Richtlinie erforderliche justizielle Bestätigung zuständig sein (§ 91j Abs. 2 IRG nF). Diese hat festzustellen, dass die Voraussetzungen vorliegen, insbesondere, dass das Ersuchen dem Grundsatz der Verhältnismäßigkeit entspricht und im rein inländischen Vergleichsfall eine entsprechende Maßnahme unter denselben Bedingungen angeordnet werden könnte (§ 91j Abs. 3 IRG nF). Die Bestätigung kann auch durch das insoweit befasste Gericht erfolgen, wenn die Anordnung der Maßnahme ansonsten dem Richter vorbehalten wäre (§ 91j Abs. 4 IRG nF). 239

2. Namentlich bei den **Versagungsgründen** (→ Rn. 68, 83, 100 f., 104, 124) und durch enge **Fristsetzungen** (→ § 13 Rn. 54) ergeben sich graduelle Verschärfungen, sodass auf diese, wenn auch bislang nur vorläufig aufgrund der erst zukünftigen Wirkung ebenso im sachlichen Zusammenhang eingegangen werden kann, wie für die kodifizierenden Sonderregelungen für bestimmte Ermittlungsmaßnahmen in Art. 22 ff. EEA-RL. 240

3. Eine besondere Bedeutung erfährt hingegen, wohl ohne grundlegende Änderungen in der Sache, der **nunmehr ausdrückliche Grundrechtsschutz** des unmittelbaren oder Drittbetroffenen einschließlich des Schutzes seiner Daten und Verfahrensrechte, die jeweils auf das bestehende allgemeine Unionsrecht verweisen.[172] 241

4. Aus der terminologisch gesteigerten Bedeutung der Anordnung folgt auch, dass im Vergleich zu anderen Rechtshilfeersuchen deren **materielle Voraussetzungen** nicht mehr gänzlich dem nationalen Recht überlassen bleiben. 242

Vielmehr darf die **Anordnungsbehörde** diese nur nach einer Einzelfallprüfung erlassen, wenn sie für die Zwecke eines erfassten Straf- bzw. sonstigen Sanktionsverfahrens unter Berücksichtigung der Rechte der verdächtigen oder beschuldigten Person notwendig und verhältnismäßig ist und die in der Europäische Ermittlungsanordnung Ermittlungsmaßnahmen ebenso in einem vergleichbaren innerstaatlichen Fall unter denselben Bedingungen hätten angeordnet werden können.[173] 243

---

[171] § 91a IRG nF soll sich nach BT-Drs. 18/9575, 55 nur auf die eingehende Rechtshilfe beziehen, obwohl aus § 91j IRG und der Überschrift klar ist, dass auch die ausgehende Rechtshilfe umfasst sein soll.
[172] Vgl. hierzu als wesentliche Errungenschaft der Verhandlungen rund um die EEA-RL NK-RechtshilfeR/ Wörner IV Rn. 465 mwN; HdB-EuStrafR/Gleß § 38 Rn. 10, 84e.
[173] Art. 6 Abs. 1, 2 EEA-RL; ebenso allerdings wohl mit noch deutlich eingeschränkterer Nachprüfung durch ersuchte beteiligte Stellen Art. 7 RB 2008/978/JI.

3. Kapitel

§ 12 Das Ersuchen und sein Gang im ersuchenden Staat

A. Zuständigkeiten und Gang des Ersuchens

I. Überblick und Problemlage

1 Rechtshilfe befindet sich stets an der Schnittfläche zwischen völkerrechtlichem Verkehr und innerstaatlichem Justizverfahren. Dies zeigt sich nirgendwo deutlicher als bei der Frage, welche innerstaatlichen Stellen bei einem Ersuchen vor Übermittlung ins Ausland beteiligt bzw. zu beteiligen sind. Die Antwort darauf ist keineswegs trivial, sondern verlangt Hintergrundwissen zu den verfassungs- und völkerrechtlichen Rahmenbedingungen.

2 1. Dies gilt, auch wenn die Regel – vor allem im Rechtshilfeverkehr innerhalb der EU – immer stärker als etabliert gelten kann, Ersuchen um „kleine Rechtshilfe", die keine freiheitsentziehenden Maßnahmen wie etwa die Überstellung zur Beweiserhebung betreffen, möglichst effizient und damit direkt und ohne Einschaltung weiterer Stellen durchführen zu können. Damit sollen vor allem die Wege von der für das Bezugsverfahren zuständigen Justizbehörde (→ 1. Kap. Rn. 18) so kurz und schnell wie möglich gestaltet werden.

3 2. Demgegenüber greifen viele Faktoren, die eine Beteiligung oder – gar ausnahmsweise – Zuständigkeitsverschiebung auf andere Stellen gebieten können, die nur systematisch vor dem Hintergrund der allgemeinen bundes- und binnenstaatlichen Kompetenzordnung verstanden werden können. Während eine Verschiebung der Zuständigkeit als „ersuchende Stelle" einen seltenen Ausnahmefall darstellt, gewährleisten in der Regel etablierte Geschäftswege und „abzweigende" Berichtspflichten die notwendige Beteiligung übergeordneter Stellen.

4 3. Überlagert werden die innerstaatlichen Fragen durch die Rechtshilfeinstrumente, die die Kompetenzfragen der beteiligten Staaten spiegeln und selbst durch Definition von Kontaktebenen und -wegen jeweils für eine Normierung sorgen wollen. Während rechtshilferechtlich das Ersuchen von einer bestimmten Stelle abgefasst oder, weit aus häufiger, übermittelt sein muss, um nicht aus formalen Gründen abgewiesen werden zu können bzw. zu werden, gewährleisten innerstaatlich bestimmte Geschäftswege und Berichtspflichten eine Kontrolle der Kohärenz der auswärtigen Beziehungen.[1]

5 4. Die **innerdeutsche Zuständigkeitsverteilung** ergibt sich zunächst aus dem Spannungsfeld, dass nach dem Grundgesetz die Pflege der Beziehungen zu auswärtigen Staaten Sache des Bundes ist (Art. 32 Abs. 1 GG), was nicht nur die grundsätzlich alleinige Kompetenz zum Abschluss völkerrechtlicher Verträge und Übertragung von Hoheitsrechten auf zwischenstaatliche Einrichtungen einschließt (Art. 24 Abs. 1 GG, Art. 32, 59 Abs. 1 S. 2 GG).

6 Allerdings haben die Länder im Rahmen grenznachbarschaftlicher Beziehungen die Möglichkeit eigener Hoheitsübertragungen (Art. 24 Abs. 1a GG) und im Bereich eigener Gesetzgebung eigene Vertragsschlusskompetenzenn (Art. 32 Abs. 3 GG), wodurch sie zumindest zu partiellen eigenen Völkerrechtssubjekten werden, allerdings in ihrem Handeln grundsätzlich von der Zustimmung des Bundes abhängig bleiben. Umgekehrt sind die Länder durch den Bund im Binnenverhältnis bei Verträgen und Hoheitsübertragungen nicht nur im Rahmen der Gesetzgebung über den Bundesrat, sondern auch unmittelbar bei besonderer Betroffenheit zu beteiligen (vgl. Art. 32 Abs. 2 GG).

7 Die auf Art. 23 GG aufbauende EU stellt wiederum einen Verfassungs- und Rechtsverbund ganz eigener Art auch im Hinblick auf die Rollenverteilung von Bund und Ländern dar. Demgegenüber liegt die Strafrechtspflege grundsätzlich bei den Ländern,

---

[1] Vgl. zum Ganzen auch *Nagel* Beweisaufnahme 133 ff., 263 ff. mwN.

sofern nicht die Rollen des BVerfG, des BGH und des Gemeinsamen Senats als Instanzen der Rechtseinheit betroffen sind (Art. 93 ff. GG).

Eine besondere Rolle spielen weiterhin die primär dem Bund zugewiesenen und von diesem auftragsmäßig auf die Länder, vor allem auf die Ebene der Oberlandesgerichte, rückübertragenen Kompetenzen im Bereich Völkermord, völkerstrafrechtliche Verbrechen gegen die Menschlichkeit, Kriegsverbrechen und andere Handlungen gegen das friedliche Zusammenleben der Völker sowie der Staatsschutz (Art. 96 Abs. 5 GG; vgl. vor allem § 120 GVG). Die Aufgaben des Generalbundesanwalts beim BGH orientieren sich zwar an dieser gerichtlichen Aufgabenverteilung, sind daran aber nicht gebunden (vgl. § 142a GVG). 8

Während Letzteres die allgemeine Rolle der Staatsanwaltschaften und Gerichte im Bezugsverfahren bestimmt, unterfällt nach ganz hM das gesamte Verfahren auch der „kleinen Rechtshilfe" zunächst vorrangig grundsätzlich den Regeln für die Pflege der auswärtigen Beziehungen.[2] 9

II. Konkrete Zuständigkeiten nach deutschem Recht

1. Dem folgend bestimmt das IRG als **Grundsatz:** „Über die Stellung von Rechtshilfeersuchen an ausländische Staaten entscheidet das **Bundesministerium der Justiz und für Verbraucherschutz** (BMJV) im Einvernehmen mit dem Auswärtigen Amt und mit anderen Bundesministerien, deren Geschäftsbereich von der Rechtshilfe betroffen wird" (§ 71 Abs. 1 S. 1 Alt. 2 IRG). 10

2. Allerdings wird dieser Grundsatz durch mehrere **wichtige gesetzliche Beschränkungen** selbst in der Praxis immer mehr zum vereinzelten Ausnahmefall, aber auch Auffangkompetenz für nicht anderweitig geregelte Fallkonstellationen: 11

a) Zunächst ist festzustellen, dass auch für die Zuständigkeitsregelung die Einschränkung des Anwendungsbereichs des IRG aus § 1 Abs. 3 IRG gilt,[3] wonach Regelungen in **völkerrechtlichen Vereinbarungen Vorrang** genießen, die „unmittelbar anwendbares innerstaatliches Recht" geworden sind. Soweit also ein durch Vertragsgesetz umgesetztes Übereinkommen besondere Regelungen zu den beteiligten Stellen trifft, ist dies vorrangig. Besondere Bedeutung hat dies, wenn dort etwa bestimmte Kontaktpunkte bzw. Zentralstellen oder ein bestimmter Geschäftsgang (→ Rn. 27 ff.) vereinbart ist. Vor allem dadurch kann sich eine Verschiebung der Zuständigkeiten für die eigentliche Stellung und letztendliche Übermittlung eines Ersuchens ergeben, während die Beteiligung innerstaatlicher Stellen alleine nach innerstaatlichem Recht zu gewährleisten ist. 12

b) Im Übrigen hat der Bund auf der Grundlage von § 74 Abs. 2 IRG durch die Vereinbarung zwischen der Bundesregierung und den Landesregierungen über die Zuständigkeit im Rechtshilfeverkehr mit dem Ausland in strafrechtlichen Angelegenheiten (Zuständigkeitsvereinbarung 2004)[4] die **Ausübung der aktiven und passiven Rechtshilfekompetenz** auch im Außenverhältnis weitgehend auf die **Länder** übertragen. Diese Delegation ist nur auf die Ausübung begrenzt und daher grundsätzlich jederzeit rückhol- und beschränkbar,[5] wobei die Zuständigkeitsvereinbarung 2004 die Fixierung dessen darstellt. Der Bund soll „Herr des Verfahrens" bleiben und jedenfalls nicht Art. 84 GG, 13

---

[2] Vgl. für Auslieferungsersuchen BVerfGE 57, 9 (23 ff.) = NJW 1981, 1154; allg. ausf. die Motive zum IRG, BT-Drs. 9/1338, 94 f.; allg. Schomburg/Lagodny/Gleß/Hackner/*Schomburg/Hackner* IRG § 74 Rn. 6 mwN.
[3] Dies folgt unter anderem auch aus dem Wortlaut von § 74 Abs. 4 S. 2 IRG.
[4] Vereinbarung zwischen der Bundesregierung und den Landesregierungen von Baden-Württemberg, Bayern, Berlin, Brandenburg, Bremen, Hamburg, Hessen, Mecklenburg-Vorpommern, Niedersachsen, Nordrhein-Westfalen, Rheinland-Pfalz, Saarland, Sachsen, Sachsen-Anhalt, Schleswig-Holstein und Thüringen über die Zuständigkeit im Rechtshilfeverkehr mit dem Ausland in strafrechtlichen Angelegenheiten (Zuständigkeitsvereinbarung 2004) v. 28.4.2004, BAnz 2004, 11494.
[5] Vgl. etwa *Nagel* Beweisaufnahme 265; Schomburg/Lagodny/Gleß/Hackner/*Schomburg/Hackner* IRG § 74 Rn. 10.

sondern eine spezielle Form der Organleihe zur Anwendung kommen;[6] die Bundesregierung soll weiterhin in der vollen parlamentarischen Verantwortung auch für sämtliche Entscheidungen der Länderbehörden sein, die im Rahmen der Rechtshilfe getroffen wurden.[7] Eine solche Interpretation, die die ausschließliche Kompetenz des Bundes für die auswärtigen Angelegenheiten wahrt, ist mit dem System der Art. 84 ff. GG allerdings schwerlich in Einklang zu bringen. Eine dann gebotene ausdrückliche Verankerung im Grundgesetz scheint jedoch nirgends auf der Tagesordnung.

14   aa) Die Zuständigkeitsvereinbarung 2004 geht dabei vom **Grundsatz** aus, dass sämtliche Entscheidungen über ausgehende Ersuchen in der „sonstigen Rechtshilfe", also mit Ausnahme von Auslieferungs- und Vollstreckungshilfe, **an die Länder delegiert** werden, soweit keine freiheitsentziehenden Maßnahmen betroffen sind.

15   So werden ausdrücklich alle **Entscheidungsbefugnisse** über ausgehende Ersuchen in der „sonstigen Rechtshilfe" umfasst,[8] soweit keine Durchbeförderung von Zeugen oder eine solche zur Vollstreckung begehrt wird (Nr. 2c ZustVb2004). Parallel werden die Befugnisse zur **Stellung der entsprechenden Rechtshilfeersuchen** delegiert (Nr. 3c ZustVb2004). Bei Ersuchen an den IStGH dürften keine Sonderregeln greifen.[9] Auch für Ersuchen an einen Mitgliedstaat der EU greift nur in Ausnahmekonstellationen die besondere Regelung, dass bei Observation und Durchlieferung die Bundesregierung ihre Entscheidungskompetenz für das gesamte Bundesgebiet an das Land delegiert, in dessen Gebiet die Grenze überschritten werden soll (Nr. 1 S. 2 ZustVb2004).

16   Die Landesregierungen können diese ihnen übertragenen Befugnisse jeweils wiederum durch eigene Rechtsvorschriften weiter übertragen (§ 74 Abs. 2 S. 2 IRG, Nr. 4 ZustVb2004). Diese Weiterübertragung, die jedenfalls nach dem Wortlaut nicht auf nachgeordnete Behörden beschränkt ist, ist jeweils landesspezifisch erfolgt. Das Stellen von Ersuchen und die Entscheidung darüber ist im Bereich der eingehenden und ausgehenden „sonstigen Rechtshilfe" – jedenfalls ohne freiheitsentziehende Maßnahmen – fast vollständig auf die Generalstaatsanwaltschaften und Oberlandesgerichte, sowie die weiteren Staatsanwaltschaften und Gerichte nach meist gleichem Muster übertragen:

- Den **Staatsanwaltschaften sowie Land- und jedenfalls größeren Amtsgerichten** ist grundsätzlich die ausgehende Rechtshilfe zur eigenen Ausübung überlassen. Meist gilt, dass bei Amtsgerichten, die keinen Präsidenten bzw. Präsidentin haben, das übergeordnete Landgericht zuständig ist, sodass die Ersuchen dort ausgehen bzw. entschieden werden.[10]
- Den **Oberlandesgerichten und Generalstaatsanwaltschaften** wird neben der Ausübung in eigenen Fällen regelmäßig die Bewilligung bzw. das Stellen ausgehender Ersuchen bei Formen der „großen Rechtshilfe" übertragen, wobei für die Durchbeförderungen von Personen zwischen EU-Mitgliedstaaten dies häufig nicht mehr erfolgt.[11]
- Die **Landesjustizverwaltungen** (also die Justizministerien bzw. -senatsverwaltungen) sind demgegenüber weiter zuständig, wenn dies wegen der Zuständigkeitsvereinbarung 2004 im Verkehr mit dem Bund oder anderen Staaten geboten ist. Letzteres ist insbesondere der Fall, wenn kein unmittelbarer oder konsularischer Geschäftsweg zur Verfügung steht (→ Rn. 28, 40 ff.).[12]

---

[6] Vgl. Motive zum IRG, BT-Drs. 9/1338, 95.
[7] So jedenfalls Schomburg/Lagodny/Gleß/Hackner/*Schomburg/Hackner* IRG § 74 Rn. 10 f.
[8] Definiert als Rechtshilfe des Fünften Teils des IRG.
[9] Nr. 2d ZustVb2004 spricht nur von Ersuchen sonstiger Art, die von dem IStGH in Deutschland eingehen, nicht umgekehrt.
[10] Vgl. **für Bayern**: § 81 Abs. 2 Nr. 2 BayZustV, § 82 Abs. 1 S. 1 BayZustV; **für Baden-Württemberg**: Nr. II 2 Gemeinsame Verwaltungsvorschrift des Justizministeriums und des Innenministeriums über die Ausübung der Befugnisse im Rechtshilfeverkehr mit dem Ausland in strafrechtlichen Angelegenheiten (GemVwVStrafRAngiAusl) v. 9.12.1994, GABl. 1994, 835.
[11] Vgl. **für Bayern**: § 82 Abs. 1 S. 2 BayZustV.
[12] Vgl. **für Bayern**: § 82 Abs. 2 BayZustV.

Daher kann, soweit keine der letztgenannten Ausnahmen greift, davon ausgegangen 17
werden, dass die genannten Stellen, soweit sie das Bezugsverfahren führen, entsprechende
Ersuchen um Informationserhebung, Beweisgewinnung und deren Übermittlung selbst
stellen können. Ausnahme bilden dann alleine die kleineren Amtsgerichte, bei denen die
Kompetenz für das Stellen entsprechender Ersuchen formal beim Präsidenten des übergeordneten Landgerichtes liegt, der diese regelmäßig, meist aber nur gerichtsintern, auf
beauftragte Fachreferenten übertragen hat.

In diesem Rahmen können die Länder auch Zuständigkeitsregelungen für **polizeiliche** 18
Rechtshilfeersuchen treffen, die nicht dem BKA oder einer anderen Stelle zugewiesen
sind. So entscheidet in Bayern über ausgehende Ersuchen im polizeilichen Rechtshilfeverkehr das LKA, soweit nicht in einer völkerrechtlichen Übereinkunft der unmittelbare
Geschäftsweg auf der Ebene der Polizeibehörden vorgesehen ist.[13]

bb) Ausgenommen von der bundesstaatlichen Delegation und damit in der **Zuständig-** 19
keit des Bundes bleiben indes nach den ausdrücklichen Bestimmungen der Zuständigkeitsvereinbarung 2004 ausgehende Rechtshilfesachen, bei denen der Bezug den entsprechenden Beschränkungen der vertraglichen Rechtshilfe insbesondere auf Grundlage des
RHÜ 1959 und die dahinter stehenden politischen Problemlagen (ausführlich → § 11
Rn. 58 f., 64 f.) deutlich wird. Es handelt sich um Ersuchen, die **nicht an einen Mitgliedstaat der EU gerichtet** werden und sich beziehen

- entweder auf eine **politische** Straftat oder mit einer solchen zusammenhängende oder auf ein **militärisches** Delikt (Nr. 5b ZustVb2004);
- oder eine Zuwiderhandlung gegen Vorschriften über **öffentlich-rechtliche Abgaben** oder einen Bannbruch, sofern nicht Gefahr im Verzug ist oder sofern aufgrund einer vertraglichen Pflicht eine Zustellung erfolgen soll. Der Vorbehalt der Bundeskompetenz soll auch dann nicht eingreifen, wenn der zu ersuchende Staat das ZP I-RHÜ 1959 ratifiziert hat oder es sich um die Schweiz handelt.

Die weiteren Ausnahmen der Zuständigkeitsvereinbarung 2004 spiegeln lediglich das 20
ohnehin vorrangige Recht des IRG und anderen Bundesrechts wider.[14]

cc) Nach der Zuständigkeitsvereinbarung 2004 **beteiligen die Länder den Bund,** 21
wenn die gesamtstaatlichen Interessen dies wie folgt erfordern:

- Die Landesregierungen setzen sich in Fällen, denen **besondere Bedeutung** in politischer, tatsächlicher oder rechtlicher Beziehung zukommt, mit der Bundesregierung rechtzeitig ins Benehmen und tragen Bedenken der Bundesregierung Rechnung (Nr. 8 Abs. 1 ZustVb2004).
- Ebenfalls beteiligen die Landesregierungen den Bund, wenn die Erledigung eines Rechtshilfeersuchens in **Anwesenheit eines Richters oder Beamten des ersuchenden Staates** stattfinden soll, soweit es sich nicht um ein Ersuchen im Rechtshilfeverkehr mit den Mitgliedstaaten der EU sowie mit den Staaten Island, Liechtenstein, Norwegen und der Schweiz handelt (Nr. 8 Abs. 2 ZustVb2004);
- Ferner übermitteln sie Abschriften der **gerichtlichen Entscheidungen** über die Zulässigkeit der Rechtshilfeleistung bzw. solche, die sich mit grundsätzlichen Fragen des Rechtshilferechts befassen (Nr. 7b ZustVb2004).

Umgekehrt trifft die Bundesregierung in den Fällen, in denen Interessen eines Landes 22
berührt sind, die Entscheidung über Rechtshilfeersuchen im Benehmen mit der beteiligten
Landesregierung (Nr. 9 ZustVb2004). Wie stets versteht sich unter Benehmen lediglich die
rechtzeitige Information, nicht ein notwendiges Einvernehmen.

c) Auf Bundesebene hat das **Bundesamt für Justiz** als eine dem BMJV nachgeordnete 23
Behörde von diesem weitgehend die Ausübung von dessen Aufgaben im Bereich der

---

[13] Vgl. **für Bayern:** § 84 BayZustV.
[14] Insbes. der Verweis auf § 74 Abs. 1 S. 3 IRG, wobei die weitere Ausnahme, wenn „für die Anregung eines Rechtshilfeersuchens eine Bundesbehörde zuständig ist" ebenso als Hinweis auf ausdrückliche Zuweisungen verstanden werden muss.

internationalen strafrechtlichen Zusammenarbeit durch eine Übertragungsanordnung übertragen bekommen. Die gesetzliche Grundlage hierfür bildet § 74 Abs. 1 S. 3 IRG zusammen mit dem Errichtungsgesetz des Bundesamt für Justiz.[15] Danach nimmt das Bundesamt für Justiz durch oder aufgrund eines Gesetzes zugewiesene Aufgaben unter anderem im Bereich des internationalen Rechtsverkehrs wahr (§ 2 Abs. 1 BfJG). Es unterstützt das BMJV in der europäischen und internationalen rechtlichen Zusammenarbeit, insbesondere auf dem Gebiet der „sonstigen Rechtshilfe" in Strafsachen, als nationale Kontaktstelle, namentlich im Rahmen des Europäischen Justiziellen Netzes sowie in Fragen der Vereinfachung des internationalen Rechtsverkehrs (§ 2 Abs. 2 Nr. 3 BfJG). Mit weiteren zusammenhängenden Aufgaben kann es durch das BMJV beauftragt werden (§ 2 Abs. 3 BfJG).

24   Dieser gesetzliche Rahmen wird vor allem durch den Erlass zur Übertragung von Aufgaben an das Bundesamt für Justiz (BfJ-Erlass) ausgefüllt.[16] Darin wird die Ausübung sämtlicher Befugnisse auch in der „sonstigen Rechtshilfe" übertragen, bei Ersuchen an ausländische Staaten und im Rechtshilfeverkehr mit internationalen Gerichtshöfen zu entscheiden, soweit diese nicht auf die Länder übertragen sind (→ Rn. 14 ff.). Das Bundesamt für Justiz hat auch grundsätzlich zu entscheiden, wenn die Entscheidung über ein internationales Fahndungsersuchen ansonsten von dem Ermittlungsorgan eines Landes beim BMJV einzuholen wäre. Es ist auch anstelle des BMJV vor ausgehenden Ersuchen ins Benehmen zu setzen, wenn dies die Zuständigkeitsvereinbarung mit den Ländern vorsieht. Das Bundesamt für Justiz hat in allen diesen Fällen, wenn die Entscheidung besondere politische, tatsächliche oder rechtliche Bedeutung aufweist, dem BMJV zu berichten und die dortige Entscheidung abzuwarten. Gleiches gilt, wenn im Rahmen der ebenfalls festgelegten Aufgaben das Bundesamt für Justiz als nationale deutsche Kontaktstelle der verschiedenen informellen Netzwerke – wie vor allem dem EJN, den EU-Netzwerken für Kriegsverbrecher und Völkermord, der Vermögensabschöpfungsstellen und Vermögensermittlung (CARIN), sowie Eurojust – auftritt. Das Führen einer bundeseinheitlichen Statistik obliegt dem Bundesamt für Justiz dagegen nur im Bereich anderer strafrechtlicher Rechtshilfeformen. Auch die etwas kryptischen Verweise § 74 Abs. 1 S. 4 und Abs. 4 IRG an das Bundesamt für Justiz betreffen lediglich Ersuchen in der EU-Geldsanktionsvollstreckung und ausgehende Spontanübermittlungen und mithin hier nicht einschlägige Sachverhalte.

25   d) Dass § 74 Abs. 1 S. 2 IRG eine Zuständigkeitsverlagerung **auf ein anderes Bundesministerium** nur vorsieht, wenn für die *Leistung* der Rechtshilfe eine Behörde in dessen **Geschäftsbereich** zuständig ist, wird man so auslegen müssen, dass eine solche Zuständigkeitsverlagerung für ausgehende Ersuchen zwischen den Bundesbehörden nicht in diesem Rahmen, sondern vor allem durch die entsprechenden völkerrechtlichen Vereinbarungen oder Sonderregelungen in der Anwendung des Unionsrechts vorgesehen ist. Nur in diesem letzteren Rahmen kommen damit namentlich die Kompetenzen der Zoll- und ggf. Steuerfahndungsbehörden des Bundes zur Geltung.

26   e) Für die Befugnisse des **BKA** ist zusätzlich ausdrücklich anerkannt, dass die Kompetenzen zur unmittelbaren Datenübermittlung und Ausschreibung nach dem BKAG der Zuständigkeit nach dem IRG vorgehen (§ 74 Abs. 3 IRG).[17]

III. Normierte Geschäftswege und Beteiligte

27   Zur weiteren **Systematisierung** der im Einzelnen überaus komplexen und vielschichtigen Prozesse eines Rechtshilfevorgangs, vor allem vor dem Hintergrund der meist wesentlich komplexeren Auslieferungsverfahren, ist eine gewisse Schematisierung auch international verbreitet bzw. anerkannt, die im Regelfall zu einer schnellen Zuordnung verhelfen:

---

[15] BGBl. 2006 I 3171 ff.
[16] Erlass des Bundesministeriums der Justiz v. 2.1.2007 – II B 6 – BfJ, abgedruckt bei Schomburg/Lagodny/Gleß/Hackner/*Hackner* Anhang 7.
[17] Wie aus BR-Drs. 94/95, 93 deutlich wird, bezieht sich hier die Einschränkung „aus ausländisches Ersuchen" nur auf die letzte Variante der Identitätsfeststellung.

1. Entsprechend den völkerrechtlichen Gepflogenheiten sind **vier Geschäftswege** definiert (Nr. 5 RiVASt). Auf sie verweist insbesondere der **Länderteil der RiVASt**. Sie bestimmen sich nach der Ebene, auf der der Austausch der Informationen im zwischenstaatlichen Verkehr erfolgt. Danach bestehen für den Verkehr zwischen den Staaten folgende Geschäftswege mit absteigender Förmlichkeit und Anzahl der im eigentlichen Geschäftsgang beteiligten Behörden: 28

- der **diplomatische** Geschäftsweg, bei dem die Regierungen als solche förmlich miteinander unter Einschaltung der förmlichen Wege der Auswärtigen Dienste kommunizieren;
- der **ministerielle** Geschäftsweg mit der Kommunikation durch die obersten Justiz- und Verwaltungsbehörden, also in der Regel die einzelnen Fachministerien untereinander;
- der **konsularische** Geschäftsweg über die konsularische Vertretung des einen Staates im anderen Staat mit dessen Regierungsstellen;
- und schließlich den **Geschäftsweg unmittelbar** zwischen der konkreten Ausgangsbehörde des Ersuchens und der ersuchten Behörde.

Diese Geschäftswege sind im völkerrechtlichen Verkehr der Staaten untereinander jeweils in ihrem Geltungsbereich grundsätzlich einzuhalten, soweit nicht aus besonderen Gründen mit vorheriger Genehmigung der beteiligten obersten Justiz- oder Verwaltungsbehörden eine andere Kommunikationsebene gewählt werden kann. Allerdings kann zwischen ihnen ein Rangverhältnis im Maß der Förmlichkeit ausgemacht werden. Daher kann, auch wenn ein Geschäftsweg „niedrigerer Ordnung" vereinbart ist, stets ein höherrangiger beschritten werden. Ein solches Vorgehen kann, zB wegen der außenpolitischen Bedeutung oder zu erwartender Komplikationen, angezeigt erscheinen.[18] Andererseits kann sich eine – in der Regel erleichternde – Praxis über die Vereinbarungen in den Rechtstexten hinaus entwickelt haben, die allerdings in letzter Konsequenz keine Selbstbindung des ersuchten Staates zur Rechtspflicht auslöst. Ältere Abkommen lassen bisweilen auch ausdrücklich den Mitgliedstaaten die Wahl unter alternativen Geschäftswegen, die sie dann jeweils durch Erklärung anerkennen. 29

2. Weiterhin werden drei wesentliche Rollen im Hinblick auf die innerstaatlichen Zuständigkeiten bei (ein- und) ausgehenden Ersuchen definiert (Nr. 7 RiVASt): 30

- ggf. eine **Prüfungsbehörde,** die bewertet, ob ausgehende Ersuchen in der ihr vorgelegten Form gestellt werden dürfen und ordnungsgemäß abgefasst sind (und bei eingehenden Ersuchen, ob sie ordnungsgemäß erledigt worden sind) sowie
- ggf. eine **Bewilligungsbehörde,** die entscheidet, ob ein ausgehendes Ersuchen tatsächlich gestellt wird (oder ein eingehendes erfüllt wird).[19]

Hinzu tritt im ersuchten Staat die **Vornahmebehörde,** die eingehende Ersuchen tatsächlich ausführt bzw. von ihren Ermittlungspersonen oder sonstigen Hilfskräften ausführen lässt. 31

Interessanterweise nicht konsequent definiert ist die **tatsächlich um Rechtshilfe ersuchende Stelle,** von der das Ersuchen ausgeht (→ Rn. 66 ff.). 32

Im Idealfall ergibt sich folgendes Verfahren, das allerdings in dieser Förmlichkeit allenfalls bei Auslieferungsfällen (noch) voll ausgeprägt ist: 33

a) Ist nicht der unmittelbare Geschäftsweg ohne besondere Prüfungsbehörde innerstaatlich vorgeschrieben, so legt das Ermittlungsorgan, von dem das Ersuchen ausgeht, den vollständigen Entwurf des Ersuchens (mit Anschreiben, Anlagen, Begleitbericht und ggf. Begleitschreiben und Übersetzungen) der zuständigen Prüfungsbehörde vor und nimmt 34

---

[18] Vgl. zum Ganzen *Nagel* Beweisaufnahme 133 ff. mwN; ETS Nr. 030 Explanatory Report S. 20 – RHÜ 1959; NK-RechtshilfeR/*Racknow* I Rn. 118.
[19] Die Bewilligungsbehörde prüft dabei nicht nur die außenpolitischen Implikationen, sondern (erneut) die innerstaatliche Zuständigkeit des Ersuchens und trifft schließlich ihre Ermessensentscheidung anhand der kriminal- und außenpolitischen Zweckmäßigkeit des Ersuchens, NK-RechtshilfeR/*Racknow* I Rn. 133; GPKG/*Vogel/Burchard* IRG vor § 1 Rn. 109; *Schnigula* DRiZ 1984, 177 f.

eine Mehrfertigung dieser vorgelegten Unterlagen zu ihren Akten (gem. Nr. 30 Abs. 1 S. 1 RiVASt).

35   b) Die **Prüfungsbehörde** wird durch jeweilige bundes- oder landesrechtliche Vorschriften bestimmt (Nr. 7 Abs. 2 S. 2 RiVASt). Sie gibt das Ersuchen mit den erforderlichen Bemerkungen zurück, wenn es zu beanstanden ist. Ist das nicht der Fall, vermerkt sie dies auf dem Begleitbericht und leitet, sofern sie nicht selbst Bewilligungsbehörde ist (Nr. 7 Abs. 2 S. 3 RiVASt), die Unterlagen auf dem vorgeschriebenen Weg der Bewilligungsbehörde zu (Nr. 30 Abs. 1 S. 2, 3 RiVASt). Sollte die Legalisation, Apostille oder sonstige zentrale Beglaubigung erforderlich sein (→ Rn. 199 ff.), hat sie diese herbeizuführen (Nr. 28 Abs. 3 S. 1 RiVASt).

36   c) Die **Bewilligungsbehörde** übermittelt schließlich nach ihrer stattgebenden Entscheidung das Ersuchen auf dem vorgeschriebenen Geschäftsweg in den ersuchten Staat (Nr. 30 Abs. 2 S. 1 RiVASt). Zuvor hat die Bewilligungsbehörde die verpflichtenden eigenständigen Vorberichte bei besonderer politischer Bedeutung der jeweiligen obersten Justizbehörde des Landes oder dem Bundesamt für Justiz vorzulegen und vor Freigabe deren Rückmeldung abzuwarten (Nr. 13 Abs. 1 RiVASt). Ist der diplomatische Geschäftsweg vorgeschrieben, kann das Ersuchen unmittelbar der deutschen diplomatischen Vertretung in dem ersuchten Staat übersandt werden, wenn die oberste Justiz- oder Verwaltungsbehörde die Ermächtigung hierzu allgemein oder für den Einzelfall erteilt hat (Nr. 30 Abs. 2 S. 2 RiVASt).

37   3. Die jeweils **konkret anzuwendenden Geschäftswege** richten sich allerdings vor allem nach dem konkreten **Rechtshilfeverhältnis** der beteiligten Staaten:

38   a) Im **vertragslosen Rechtshilfeverkehr** oder wenn in den entsprechenden speziellen Übereinkommen und sonst zwischen den beteiligten Staaten eine Regelung fehlt, muss **stets der diplomatische Geschäftsweg** eingehalten werden, wenn nicht die oberste Justiz- oder Verwaltungsbehörde etwas anderes genehmigt (Nr. 5 Abs. 2, 3 RiVASt).

39   b) Dagegen ist bei den **einzelnen Rechtshilfeinstrumenten** im Bereich der „kleinen Rechtshilfe" eine starke Tendenz zu möglichst unkomplizierten und damit unmittelbaren Geschäftswegen wenigstens dann zu erkennen, wenn keine vergleichbar starken Eingriffe in Grund- und Verfahrensrechte wie beim Auslieferungsrecht im Raum stehen. Daraus resultieren zwei Phänomene: Einerseits dominiert immer stärker eine Art eigener Geschäftsweg in Form von gegenseitig mitgeteilten Zentralstellen je Partnerstaat, die aber untereinander mit geringerer Förmlichkeit als die Geschäftsgänge höherer Ordnung kommunizieren. Andererseits treten neben diese neuere Ebene teilweise alternativ, teilweise kumulativ der unmittelbare Geschäftsweg oder gar weitere zusätzliche mögliche Kommunikationsebenen. Dazu zählen Institutionen wie Verbindungsbeamte, gemeinsame Zentren, Verbunddateisysteme, andere Formen der Netzwerke wie das EJN, eigenständige Verbindungsinstitutionen wie Eurojust, Europol und Interpol, sodass sich häufig mittlerweile nicht mehr die Frage stellt, welche Kommunikationsebene anwendbar ist, sondern welcher unter einer Vielzahl im konkreten Fall der Vorrang eingeräumt werden sollte:

IV. Ausgestaltung in den Einzelnen Rechtshilfebeziehungen

1. Europäische Union

40   Bei der Rechtshilfe innerhalb der **EU** sind die beiden genannten Phänomene am stärksten ausgeprägt. Hier gilt regelmäßig jedenfalls der unmittelbare Geschäftsweg bei verschiedenen möglichen weiteren Übermittlungswegen.

41   a) Rechtshilfeersuchen und Spontanübermittlungen nach dem **RHÜ 2000** werden grundsätzlich stets unmittelbar zwischen den Justizbehörden (→ 1. Kap. Rn. 18 ff.), die für ihre Stellung und Erledigung örtlich zuständig sind, übermittelt und auf demselben Weg zurückgesandt, sofern nichts anderes bestimmt ist (Art. 6 Abs. 1 S. 2 RHÜ 2000). Lediglich Ersuchen um zeitweilige Überstellung oder Durchbeförderung sowie die turnusgemä-

ße Mitteilung von Strafnachrichten werden zwingend über Zentralstellen übermittelt, soweit nicht auf anderer Rechtsbasis Abweichendes bestimmt ist (Art. 6 Abs. 8 RHÜ 2000). Auch in besonderen Fällen kann die Übermittlung von Ersuchen und Erledigung aber auch weiterhin auf einer oder beiden Seiten über eine zentrale Behörde erfolgen (Art. 6 Abs. 2 RHÜ 2000). Zudem haben das Vereinigte Königreich und Irland das Recht, sich jede Übersendung über eine Zentralstelle vorzubehalten, wobei ihnen gegenüber der Grundsatz der Gegenseitigkeit angewandt werden kann (Art. 6 Abs. 3 RHÜ 2000). Unmittelbare und zentralisierte Übermittlung sind auch anwendbar, wenn auf einer Seite eine Polizeistelle, Zoll- oder Verwaltungsbehörde im Rahmen des RHÜ 2000 am Rechtshilfeverkehr teilnimmt (Art. 6 Abs. 5, 6 RHÜ 2000), sofern der ersuchte Staat auf der Gegenseite keinen Vorbehalt hiergegen erklärt hat (Art. 6 Abs. 7 RHÜ 2000).

b) Hinter diesen „fortgeführten Schengen-Besitzstand" fallen auch nicht die anderen **besonderen Rechtshilfeinstrumente des Unionsrechts** ohne besonderen Grund zurück, sondern setzen ihn mehr oder weniger klar voraus. Schon Art. 53 SDÜ hatte einen unmittelbaren Geschäftsweg vorgesehen, bei Überstellungen und Durchbeförderungen hingegen noch den justizministeriellen Geschäftsweg.[20] Ferner sieht das Unionsrecht für den Austausch von Informationen über die Ermittlungen zu Völkermord, Verbrechen gegen die Menschlichkeit und Kriegsverbrechen iSd Art. 6, 7 und 8 IStGHSt mit dem IStGH und untereinander *ergänzend* je eine zentrale nationale Anlaufstelle je Mitgliedstaat vor (Art. 1, 2 B 2002/494/JI).

Dagegen trägt für den Bereich der sensiblen **DNA** sowie **daktyloskopischer Daten** der Prümer Ratsbeschluss mit zwingenden einzelnen nationalen Kontaktstellen für den automatisierten Abruf neben technischen vor allem datenschutzrechtlichen Bedenken und insbesondere der Nachvollziehbarkeit und Kontrollierbarkeit des Datenaustausches Rechnung (Art. 3 Abs. 1, Art. 6 bzw. Art. 9, 11 Prümer Ratsbeschluss). Für den weiteren Datenaustausch im Fall eines Treffers verweist er jedoch auf das allgemeine Rechtshilferecht, mithin die zwischen den Unionsstaaten durch das RHÜ 2000 üblichen Übermittlungswege im unmittelbaren Geschäftsweg (Art. 5 bzw. Art. 10 Prümer Ratsbeschluss). Da der Prümer Ratsbeschluss als eine Erleichterung des Datenaustausches verstanden werden will, dürfen insbesondere die Regelungen zur Kommunikation über nationale Kontaktstellen im Bereich des **automatisierten Abrufs aus Fahrzeugregistern** und der Übermittlung von Daten bei Großveranstaltungen (Art. 12, 15 Prümer Ratsbeschluss) nicht so aufgefasst werden, dass sie andere Übermittlungswege aus anderen Rechtshilfeinstrumenten beschränken wollten. Dies wird etwa an dem abweichenden Wortlaut der Vorschriften deutlich: so soll beim Fahrzeugregisterabruf die nationale Zentralstelle nur für eingehende Ersuchen zuständig sein, bei Großveranstaltungen wird die Funktionsweise der nationalen Kontaktstelle ganz dem innerstaatlichen Recht vorbehalten (Art. 12 Abs. 2, Art. 15 S. 2 Prümer Ratsbeschluss).

Auch ansonsten orientieren sich die besonderen modernen Austauschinstrumente des Unionsrechts, insbesondere durch **Verbunddateisysteme** etwa bei Strafregistern, Fahndungsdateien wie dem SIS oder dem Zollinformationssystem der EU (ZIS) an technischen und datenschutzrechtlich geprägten Anforderungen nach nationalen **Kopfstellen** als Verbindungspunkten. Dies schließt die unmittelbare rechtliche Abrufbefugnis der Justiz- und vor allem Polizeidienststellen nicht aus, sondern regelt im Allgemeinen lediglich ihre technische Umsetzung (zum Ganzen → § 14 Rn. 130 f., 186; § 16 Rn. 55, 58; § 17 Rn. 175).

c) Für die **Europäische Ermittlungsanordnung** gilt seit dem 22.5.2017 ebenfalls grundsätzlich der unmittelbare Geschäftsweg, der alternativ durch das Einschalten nationaler oder europäischer Zentralstellen erleichtert werden kann (Art. 7 EEA-RL). Die Bestimmung der Anordnungsbehörde bleibt dem nationalen Recht überlassen. Damit kann jeder Mitgliedstaat, zB bei Überstellungen, die Zuständigkeit einer übergeordneten Stelle statt dem eigentlichen Ermittlungsorgan beibehalten oder aber die Befugnisse für alle

---

[20] Art. 53 Abs. 3 SDÜ; abgelöst durch das RHÜ 2000 gem. Art. 2 Abs. 2 RHÜ 2000.

Formen der Anordnung vereinheitlichen. Zur Erleichterung der Bestimmung der zuständigen Behörde kann insbesondere auf das Europäische Justizielle Netz und seine nationalen Anlauf- und Kontaktstellen sowie das Internet-Suchwerkzeug zurückgegriffen werden (→ § 17 Rn. 3 ff.).[21] Ähnliches hätte bereits die Europäische Beweisanordnung vorgesehen (Art. 8 RB 2008/978/JI).

46   d) Nach der Aufnahme praktisch aller Staaten mit einer besonderen Assoziierung mit der EU namentlich im Rahmen des Acquis von Schengen bleibt hier nur noch das Verhältnis vor allem mit der Schweiz zu erwähnen: Auch mit der **Schweiz** gilt grundsätzlich stets der unmittelbare Geschäftsweg, wobei teilweise die Übermittlung über nationale Zentralstellen erfolgen kann oder diesen jeweils durch „ihre" unmittelbar beteiligten Behörden eine Kopie übermittelt werden muss.[22] Erfordert die Ausführung eines strafrechtlichen Ersuchens Ermittlungen, die von mehreren zuständigen Behörden in der Schweiz vorzunehmen sind, so empfiehlt es sich, solche Ersuchen an das Bundesamt für Justiz in Bern zu richten. Dieses hat die Möglichkeit, die Koordination der Ermittlungen einer einzigen schweizerischen Behörde zu übertragen. Für Überstellungen und Durchbeförderungen gilt der justizministerielle Geschäftsweg, in Eilfällen der unmittelbare.[23]

2. Konventionen des Europarats

47   Zwischen den sonstigen **Mitgliedstaaten des Europarates,** die das RHÜ 1959 anwenden, ist hingegen **grundsätzlich der (justiz)ministerielle Geschäftsweg** erforderlich (Art. 15 Abs. 1 RHÜ 1959). Dies ist auch ein Ausdruck des mittlerweile „hohen Alters" des RHÜ 1959 von 1959.

48   a) Bereits diese **Ausgangsfassung des RHÜ 1959** sah und sicht aber wesentliche Ausnahmen von dieser für den paneuropäischen Austausch eher umständlichen Regelung vor: Danach gilt die Regel vor allem für Untersuchungshandlungen und Überstellungen, nicht aber reine Zustellungs- oder Auskunftersuchen (Nach Art. 13 Abs. 1 (nicht Abs. 2) RHÜ 1959 (→ § 14 Rn. 157 ff.), für die gem. Art. 15 Abs. 3 RHÜ 1959 der unmittelbare Geschäftsweg ebenso möglich ist, wie gem. Art. 15 Abs. 4 RHÜ 1959 für Ersuchen um der Strafverfolgung vorausgehende Erhebungen. In dringenden Fällen kann gem. Art. 15 Abs. 2 RHÜ 1959 auch stets statt dem sonst gebotenen ministeriellen Geschäftsweg das Ersuchen unmittelbar übermittelt werden, wobei die Erledigung wiederum über die Justizministerien erfolgt.

49   b) Vor allem sind aber Erleichterungen dieses Geschäftswegs durch **bilaterale Vereinbarungen** (gem. Art. 15 Abs. 7 RHÜ 1959) und Abänderung durch einseitige Erklärungen der ersuchten Vertragsstaaten (nach Art. 15 Abs. 6 RHÜ 1959) möglich, wobei im letzteren Fall auch bei jeder Rechtshilfe eine Abschrift an das Justizministerium des ersuchten Staates verlangt werden kann. Auf dieser Grundlage sind zahllose Regelungen in bilateralen Ergänzungsvereinbarungen auch von Deutschland vor allem mit seinen Nachbarstaaten getroffen worden, die regelmäßig vor allem für alle Beweis- bzw. Informationserhebungen nach außen, meist auch für solche mit Zwangsmaßnahmen, allerdings nicht solche die freiheitsentziehende Maßnahmen wie Durchführung und Überstellung betreffen.[24] Inwieweit diese Regelungen noch neben den grundsätzlich vorrangigen Unions- und Schengenbesitzstandes Anwendung finden, scheint an dieser Stelle nur dann klärungsbedürftig, wenn zwischen ihnen ein Widerspruch auftreten sollte bzw. der ersuchte Staat Bedenken an einer nach einem der Instrumente möglichen unmittelbaren Übermittlung

---

[21] Vgl. etwa auch ausdrücklich Art. 7 Abs. 5 EEA-RL.
[22] Letzteres vgl. etwa Art. 27 Abs. 1 BetrugBekämpfAbk EG/CH.
[23] Näher der Länderteil der RiVASt zur Schweiz mit Auflistung aller relevanten Rechtshilfeinstrumente.
[24] Hier nur zB **für die Schweiz:** Art. 8 Abs. 2 ErgV-RHÜ 1959 DE/CH; **Italien:** Art. 11 Abs. 1 ErgV-RHÜ 1959 DE/IT; ähnlich **für Tschechien:** Art. 11 Abs. 1 PolZV DE/CZ; **Polen:** Art. 10 Abs. 1 ErgV-RHÜ 1959 DE/PL, die stattdessen den Austausch zwischen einem Justizministerium der Bundesrepublik Deutschland und dem Tschechiens oder der obersten Staatsanwaltschaft Tschechiens bzw. dem polnischen Justizministerium vorsehen.

geltend machen sollte. Insgesamt verhilft hier unter den Mitgliedstaaten des RHÜ 1959 vor allem der Länderteil der RiVASt zu einem aktuellen Überblick.

c) Für die Vertragsstaaten des 2. **Zusatzprotokolls zum RHÜ 1959,** zu denen Deutschland seit 2015 zählt, wird die Geschäftswegregelung des RHÜ 1959 vollständig neu gefasst (Art. 4 ZP II-RHÜ 1959).[25] Er orientiert sich dann im Wesentlichen an der entsprechenden Regelung im **RHÜ 2000** (→ Rn. 41): Danach wird in Art. 15 Abs. 1 RHÜ 1959 nF zwar der justizministerielle Geschäftsweg weiter als Ausgangspunkt definiert, aber grundsätzlich und weitestgehend der unmittelbare Geschäftsgang, auch für Ordnungswidrigkeiten sowie für Urteilsabschriften nach dem ZP I-RHÜ 1959 (Art. 15 Abs. 6 RHÜ 1959), ermöglicht.[26] Eine Ausnahme bilden vor allem Ersuchen um zeitweise Überstellung, sofern ein beteiligter Staat einen entsprechenden Vorbehalt erklärt hat (Art. 15 Abs. 2 RHÜ 1959). Auch für Strafregisterauszüge kann sich noch der justizministerielle Geschäftsweg ergeben (vgl. hier nur Art. 15 Abs. 5 RHÜ 1959; → § 14 Rn. 159).

50

Allerdings bleiben weiterhin **modifizierende Erklärungen** der Vertragsparteien möglich (nach Art. 15 Abs. 8 RHÜ 1959). Vor einer Generalklausel werden die verschiedenen Modelle zur Einbindung von Zentralstellen aufgezählt, nämlich eine Übermittlung stets oder nur außerhalb von Eilfällen über benannte Zentralstellen, wobei in letzteren Fällen deren zwingende Benachrichtigung vorgesehen werden kann. Selbstverständlich sollen die weitergehenden bilateralen Regelungen zum unmittelbaren Geschäftsweg unangetastet weiter gelten (Art. 15 Abs. 10 RHÜ 1959).

51

3. Andere multilaterale Abkommen

Für die Rechtshilfe nach den thematisch beschränkten **multilateralen Abkommen** finden ebenfalls immer stärker der unmittelbare Geschäftsweg bzw. der über Zentralbehörden Anwendung. Letzterer gewährleistet, wie früher die sehr förmlichen Geschäftswege, unter möglicherweise sehr unterschiedlichen beteiligten Rechtsordnungen und Staaten eine hinreichende politische Koordinierungs-, Kontroll- und Steuerungsmöglichkeit.

52

a) So gleichen sich hier die **Übereinkommen im Rahmen des Europarats** weitgehend, indem sie den Übermittlungsweg grundsätzlich über benannte Zentralbehörden vorsehen, wie etwa das Opferentschädigungübereinkommen (Art. 12 S. 2 OEÜ). Dies gilt grundsätzlich auch für die Abkommen gegen Korruption (Art. 29, 30 Abs. 1 KorrStRÜ), zur Computerkriminalität (im Fall seiner subsidiären Anwendung; Art. 27 Abs. 2 CKÜ), und zur Ertragssicherung (Art. 23, 24 GeldwÜ 1990). Bei diesen drei Rechtshilfeinstrumenten ist jedoch auch der direkte Übermittlungsweg möglich, soweit bloße Mitteilungen ohne Zwangsmaßnahmen erfolgen oder ein Eilfall vorliegt, wobei dann parallel der Weg über die Zentralbehörden beschritten werden muss.[27]

53

b) In den beiden **UN-Übereinkommen** gegen Organisierte Kriminalität sowie Suchtstoffkriminalität ist lediglich bestimmt, dass die Übermittlung über Zentralstellen erfolgen soll, soweit sich der ersuchte Staat nicht den diplomatischen Geschäftsweg vorbehalten hat (Art. 7 Abs. 8 UNSuchtÜ, Art. 18 Abs. 13 Palermo I). Nach dem Übereinkommen der Vereinten Nationen gegen die grenzüberschreitende organisierte Kriminalität können ausdrücklich regionale Zentralstellen in einem Staat mit unterschiedlichen Rechtssystemen, wie zB im Vereinigten Königreich, eingerichtet sein (ausf. Art. 18 Abs. 13 Palermo I).

54

c) Das globale **Übereinkommen zur Falschgeldbekämpfung** von 1929 kann mit dem festgeschriebenen unmittelbaren Verkehr von Zentralstellen geradezu als Pionier dieser Form gelten (Art. 12 f. IntAFMAbk). Allgemeine Rechtshilfeersuchen sollen allerdings

55

---

[25] Vgl. auch Denkschrift BT-Drs. 18/1773, 33.
[26] Art. 15 Abs. 1 S. 1, 2 RHÜ 1959; für Ordnungswidrigkeiten gilt dies gem. Art. 15 Abs. 3 RHÜ 1959 iVm Art. 1 Abs. 3 3 RHÜ 1959 der durch Art. 1 ZP I-RHÜ 19 eingefügt wurde; der unmittelbare Geschäftsweg gilt auch für Observationen und verdeckte Ermittler, Art. 15 Abs. 4 RHÜ 1959.
[27] Art. 30 Abs. 2, 4 KorrStRÜ allerdings mit möglichen Vorbehalten nach Art. 30 Abs. 6 KorrStRÜ, Art. 24 Abs. 2, 5 GeldwÜ 1990, Art. 27 Abs. 9 CKÜ.

möglichst im Wege des unmittelbaren Verkehrs zwischen den Gerichtsbehörden, gegebenenfalls durch Vermittlung der Zentralstellen, ansonsten im justizministeriellen oder konsularischen Verkehr erfolgen (Art. 16 Abs. 1 IntAFMAbk). Innerhalb der EU ist Europol die Aufgabe der Zentralstelle zugewiesen, allerdings nur hinsichtlich der Fälschung betreffend den Euro, nicht aber von Drittwährungen (Art. 1 B 2005/511/JI).

56 d) Das **OECD-Übereinkommen gegen Korruption** überlässt es den Staaten, eine oder mehrere zuständige Verbindungsstellen zu notifizieren (Art. 11 IntBestÜ).

4. Bilaterale Übereinkommen

57 Ein noch bunteres Bild zeichnen die **bilateralen Rechtshilfeübereinkommen**. Hier lohnt sich unbedingt, jeweils den aktuellen Länderteil der RiVASt zu konsultieren:

58 a) Im **Verhältnis zu den USA** muss das Ersuchen stets über den U. S. Attorney General bzw. das Department of Justice oder eine von ihm bestimmte Person erfolgen, auf deutscher Seite über das Bundesamt für Justiz,[28] wobei in dringenden Fällen die deutschen Landesjustizverwaltungen direkt mit dem U. S. Attorney General verkehren können (Art. 2 RHV DE/US). Die ausländischen Ersuchen um Rechtshilfe in strafrechtlichen Ermittlungs- und Gerichtsverfahren werden vom US-Justizministerium, Abteilung Strafrecht, Büro für internationale Angelegenheiten (U. S. Department of Justice, Criminal Division, Office of International Affairs, OIA) bearbeitet.

59 Eine Ausnahme gilt gem. Nr. 3 StrafRegÜ DE/US für Ersuchen auf Strafregisterauskünfte, die von Gerichten und Staatsanwaltschaften sowie dem BKA direkt über den Legal Attaché bei der Botschaft der USA in Deutschland gerichtet werden können. Eine weitere Ausnahme folgt aus dem AntiDrogenAbk DE/US von 1957, nach dem ein unmittelbarer Austausch von Nachrichten und Beweismaterialien wie Strafregisterauszügen, Lichtbildern, Fingerabdrücken, Auskünften, Beschreibungen etc in BtM-Sachen zwischen dem BKA und dem US Treasury Department stattfinden kann.

60 b) Im Verhältnis mit **Kanada** gilt grundsätzlich der beidseitige justizministerielle Geschäftsweg, in Deutschland über das Bundesamt für Justiz, wobei Besonderheiten nur bei bestimmten eingehenden Ersuchen der kanadischen Polizeibehörden bestehen (Art. 11 Abs. 1 S. 1, Abs. 2 RHV DE/CA). Ebenso gilt mit **Hongkong** der reine ministerielle Geschäftsgang über das BMJV auf deutscher Seite (Art. 2 RHAbk DE/HK). Ähnlich findet der Austausch mit **Kenia** zwischen dem BMJV und dem Generalstaatsanwalt der Republik Kenia statt.[29] Allerdings hat die Bundesrepublik Deutschland nach Gründung des Bundesamts für Verfassungsschutz alle Staaten, mit denen einschlägige bilaterale Übereinkommen bestehen, 2007 förmlich über die Gründung des Bundesamt für Justiz und die Übertragung der Aufgaben im justizministeriellen oder anderen Geschäftsweg auf dieses in Kenntnis gesetzt. Schwierigkeiten haben sich in der Praxis nicht ergeben. Vielmehr kann daher davon ausgegangen werden, dass in allen diesen Bereichen die Zuständigkeit des Bundesamts für Justiz anstelle des BMJV akzeptiert wird.

61 c) In der **Türkei** gilt bei erheblichen Straftaten eine direkte Übermittlung zwischen dem BKA, ZKA, Grundschutzdirektionen, BMI und BMG mit dem türkischen Innen- bzw. Gesundheitsministerium oder dem Staatssekretariat für Zoll (Art. 2 AntiOrgKrimAbk DE/TR). Ansonsten besteht ein diplomatischer Geschäftsweg über die deutsche Botschaft Ankara an das türkische Justizministerium, wobei Ergebnisse auf dem gleichen Weg zurückgeleitet werden.[30] In der Praxis erfolgt auf dieser Basis bei ausgehenden Ersuchen hinsicht-

---

[28] Das U. S. Department of Justice wurde förmlich über die Gründung des Bundesamt für Justiz und die Übertragung von Aufgaben in Kenntnis gesetzt, zuvor war das Bundesministerium der Justiz Übermittlungs- und Kontaktstelle.

[29] Nr. 4 Bek. der Vereinbarung zwischen der Regierung der Bundesrepublik Deutschland und der Regierung der Republik Kenia über die gegenseitige Rechtshilfe in Strafsachen v. 19.5.1971 (BGBl. 1971 II 924 ff.).

[30] Nr. 1b, 2 ErgVb-RHÜ 1959 DE/TR, im Geschäftsweg scheint sich der Inhalt des Übereinkommens kraft Notentausches von 1974/75 zu erschöpfen.

lich der Vernehmung von Beschuldigten, Zeugen und Sachverständigen oder Zustellung von Schriftstücken eine abgekürzte Übermittlung des Ersuchens des deutschen Ermittlungsorgans unmittelbar über die deutsche Botschaft in Ankara an das türkische Justizministerium, das das Ersuchen an die ersuchte türkische Behörde weiterleitet. Für andere ausgehende Ersuchen muss allerdings der volle diplomatische Geschäftsweg über die Landesjustizverwaltung, das Bundesamt für Justiz, das Auswärtige Amt und die Deutsche Botschaft in Ankara beschritten werden.

d) Auch im Verhältnis mit **Japan** können alle im Anhang II des Abkommens aufgeführ- 62 ten Behörden, darunter in Deutschland alle Gerichte, Staatsanwaltschaften, BKA, ZKA, die Zentralstelle Ludwigsburg, die Justizministerien von Bund und Ländern sowie das Bundesamt für Justiz Ersuchen stellen, allerdings muss die Übermittlung in beide Richtungen stets über die bilateralen Zentralbehörden, in Deutschland das Bundesamt für Justiz und in Japan der Justizminister (genauer: the International Affairs Division, Criminal Affairs Bureau in the Ministry of Justice), die Nationale Kommission für Öffentliche Sicherheit oder die von ihnen benannten Personen erfolgen (Art. 4–6 RHAbk EU/JP iVm Anh. I, II RHAbk EU/JP).[31] Der diplomatische Geschäftsweg sollte nicht mehr beschritten werden.

e) Mit **Israel** ist in Strafverfahren wegen nationalsozialistischer Gewaltverbrechen die 63 unmittelbar die Übermittlung zwischen deutschen Gerichten, Staatsanwaltschaften bzw. der Zentralen Stelle Ludwigsburg und der Untersuchungsstelle für NS-Gewaltverbrechen beim Landesstab der israelischen Polizei möglich (nach Nr. 1a, c ErgV-RHÜ 1959 DE/IL). Ansonsten findet der justizministerielle Geschäftsweg Anwendung, in Eilfällen können sich die unmittelbar zuständigen Behörden „zur Vorbereitung der Durchführung" bereits ein Doppel des Ersuchens übersenden (Art. 11 Abs. 1 ErgV-RHÜ 1959 DE/IL).

f) **Tunesien** ist dagegen ein Beispiel für den festgeschriebenen förmlichen diplomati- 64 schen Geschäftsweg, wobei in dringenden Fällen die Übermittlung zwischen dem BKA und der zentralen tunesischen Polizeibehörde erfolgen darf (Art. 35 Abs. 1, 2 RHV DE/TN).

V. Praxishinweis: Vorgehen im konkreten Fall

In Anwendung dieser Vorgaben ist das **Ersuchen in einem konkreten Fall** von der 65 ersuchenden Stelle auf dem vorgeschriebenen Geschäftsweg im Original an die zur Vornahme der begehrten Rechtshilfehandlung zuständige ausländische Behörde zu übersenden (Nr. 27 Abs. 1 S. 1 RiVASt), wobei die innerstaatliche Zuständigkeitsverteilung und Mitbeteiligung zu beachten ist.

1. Bestimmung der „ersuchenden Stelle"

a) Danach ist zunächst die im konkreten Fall **zuständige „ersuchende Stelle"** zu 66 bestimmen, von der als Aussteller des Ersuchens dieses formell herzurühren hat. Bemerkenswerterweise fehlt eine Definition, welche beteiligte die „ersuchende Stelle" ist, sowohl im IRG als auch in den untergesetzlichen Normen.[32] Hierbei hilft die Terminologie, dass das Ersuchen im völkerrechtlichen Verkehr letztlich von einem Staat und nicht seinen Binnenstellen ausgeht ebenso wenig weiter wie die Zuständigkeitsvereinbarung 2004 und RiVASt, die wie das IRG nur über die Entscheidung über das Stellen von Rechtshilfeersuchen, bzw. dessen Bewilligung[33] und über dessen Übermittlung und Vornahme sprechen.

Die Bestimmung ist in vielem auch von geringerem Gewicht, da beide denkbaren 67 Möglichkeiten, dass die am Ausgangspunkt des Dienstweges und am nächsten am Bezugsverfahren stehende Dienststelle ein Ersuchen im eigenen Namen abfasst oder für eine übergeordnete Stelle entwirft und so auf den Dienstweg bringt, auf dem die weitere

---

[31] Ratsdok. 15008/16, 12, 18, mit E-Mail cabiad@moj.go.jp.
[32] Der Begriff scheint lediglich einmal in Nr. 30 Abs. 1 S. 1 Hs. 1 RiVASt vorzukommen.
[33] Vgl. § 74 Abs. 1 S. 1 Alt. 2 IRG, Nr. 7 Abs. 1 S. 1 RiVASt.

Prüfung und Bewilligung bzw. Entscheidung erfolgt, nahe beieinander liegen. Da insbesondere eine informatorische Abstimmung zwischen den beteiligten Stellen ohnehin regelmäßig erforderlich scheint, wo sie nicht in einer zusammenfallen, kann sie auch leicht darüber erfolgen, wie einerseits eine möglichst klare Zuordnung der Stellen und damit konkreten Kontaktpartner und ihrer Erreichbarkeiten, andererseits eine Berücksichtigung der Gepflogenheiten des internationalen Rechtsverkehrs gewährleistet werden kann. Zwar können sich konkrete Fragen eines zuständigen Gerichts für einen Rechtsschutz gegen ein Ersuchen an die Stelle geknüpft sein, die dieses „in die Welt" gesetzt hat. Allerdings ist auch hier überaus zweifelhaft, ob neben dem selbstverständlichen Schutz im Bezugsverfahren und später gegen belastende Vollzugsakte überhaupt eine rechtliche Wirkung zukommt, die einen Rechtsweg gem. Art. 19 Abs. 4 GG eröffnet.[34]

68 Allerdings wird die klare Zuordnung an eine bestimmte Stelle als Ausgangspunkt des Ersuchens in vielen Rechtshilfeinstrumenten bei Fragen des weiteren Verfahrens vor allem im unmittelbaren Geschäftsgang vorausgesetzt. Weiter drängt sich die rein praktische Frage auf, welche Stelle letztendlich als Absender des Ersuchens in Erscheinung tritt und zB im Text als Urheber zu nennen ist.

69 Sofern nichts zwingend anderes aus dem Rechtshilferecht seitens des zu ersuchenden Staates oder der innerstaatlichen Aufgabenzuschreibung folgt, ist die Stelle, bei der das strafrechtliche Bezugsverfahren anhängig ist, und die tatsächlich das Ersuchen initiiert, als ersuchende Stelle anzusehen.[35] Eine Abweichung kann sich aus folgenden Gesichtspunkten ergeben aus

- dem Anwendungsbereich des Rechtshilfeinstruments, insbesondere die Beschränkung auf bestimmte Justizbehörden, wie ggf. Gerichte (→ § 11 Rn. 32 ff.), oder auf den polizeilichen Austausch oder bestimmte Polizeibehörden (→ § 11 Rn. 131 ff.);
- der bundesstaatlichen Kompetenzverteilung (→ Rn. 14 f.);
- der Kompetenzverteilung im entsprechenden Bundesland, soweit kein Ermittlungsorgan des Bundes die Ermittlungen führt (→ Rn. 16).

70 Stets ist dabei genau darauf zu achten, dass die entsprechenden Aufgabenzuschreibungen nicht lediglich auf die Übermittlungsbefugnis, den weiteren Beteiligungsweg bzw. die abstrahierten Rollen als Prüfungs- und Bewilligungsbehörde abstellen. Am stärksten ist die Einschränkung bei Rechtshilfeinstrumenten erkennbar, die nach dem Wortlaut voraussetzen, dass ein Ersuchen von einer bestimmten Stelle gestellt (und nicht nur „übermittelt") sein muss.

71 **a) Unproblematisch** sind insbesondere die Fälle, die mittlerweile weitaus den Regelfall darstellen, in denen das Ermittlungsorgan sowohl nach Bundes- wie Landesrecht selbst zur Entscheidung über das Stellen des Ersuchens berechtigt ist und in den Anwendungsbereich des Rechtshilfeinstruments fällt. Es ist damit selbst ersuchende Stelle vor allem (soweit das innerstaatliche Recht nichts anderes vorsieht) im Fall,

- wenn der unmittelbare Geschäftsweg eröffnet ist,
- das Ermittlungsorgan eine Staatsanwaltschaft oder ein Gericht (mit Ausnahme der „kleinen Amtsgerichte ohne Präsidenten") ist
- und kein Vorbehalt des Bundes oder einer übergeordneten Landesbehörde bei der Delegation greift.

72 Ansonsten hat diese initiierende Stelle bei der tatsächlich das Ersuchen abfassenden Stelle dieses anzuregen, wie auch etwa die Staatsanwaltschaft es nach Rechtshängigkeit bei Gericht diesem gegenüber wie andere Prozessbeteiligte anzuregen bzw. zu beantragen hätte.

73 **b)** Letzteres gilt insbesondere, wenn **nach dem Rechtshilfeinstrument nur von einer anderen Stelle** als der im Bezugsverfahren zuständigen das Ersuchen gestellt werden kann.

---

[34] Vgl. etwa BVerfGE 57, 9 (23 ff.) = NJW 1981, 1154.
[35] Vgl. zum Ganzen *Nagel* Beweisaufnahme 269 ff.

Ist etwa das Ersuchen im Ermittlungsverfahren erforderlich und ist es rechtshilferechtlich nur als gerichtliches zulässig oder nicht aussichtslos, so hat die Staatsanwaltschaft es gem. § 162 StPO beim Ermittlungsrichter zu erwirken.

Soll ein Ersuchen in einer Strafsache auf **polizeilicher Ebene** gestellt werden, ist damit zunächst jeweils zu prüfen, ob ein Ersuchen der Justizbehörde durch die Polizei übermittelt werden kann und ob ein eigenes polizeiliches Ersuchen durch das Justizorgan veranlasst werden kann. Nur wenn beide Möglichkeiten offen stehen, ist nach Opportunitätsgesichtspunkten anhand der konkreten Vor- und Nachteile aus den jeweiligen Rechtshilfeinstrumenten zu entscheiden, welche Alternative gewählt werden sollte. 74

c) Dass ein bestimmter **Geschäftsweg höherer Ordnung** vorgeschrieben ist, berührt die Stellung der „ersuchenden Behörde" grundsätzlich nicht. Vielmehr setzt der Geschäftsweg gerade voraus, dass das bereits abgefasste Ersuchen auf ihm nur in bestimmter Weise übermittelt wird. Dabei ist stets zu prüfen, ob die letztendlich übermittelnde Behörde nach innerstaatlichem Recht das Rechtshilfeersuchen selbst als eigenes stellen dürfte und darum im Wege der innerstaatlichen Amtshilfe gebeten werden kann, ob eine auf dem Geschäftsweg näherliegende, wenn nicht das Ermittlungsorgan des Bezugsverfahrens selbst innerstaatlich und nach dem Rechtshilfeinstrument ansonsten zur Stellung des Rechtshilfeersuchens berechtigt wäre und, falls beide Alternativen eröffnet wären, welcher aus Opportunitätsgesichtspunkten der Vorzug zu geben ist. 75

d) Soweit sich der Bund oder eine Landesregierung bzw. die oberste Behörde der Landesjustizverwaltung eine **Entscheidung vorbehalten,** statt sie auf eine Landesstelle zu delegieren, wird man die Stelle, der die Entscheidung vorbehalten ist, als ersuchende Stelle ansehen müssen, auf die das Ersuchen „ausgezeichnet" wird. Demgemäß sind die vorbereitenden Akte als Antrag bzw. Anregung, ein solches Ersuchen vorzunehmen zu betrachten. 76

aa) Ersuchen, die nach dem Zuständigkeitsvereinbarung 2004 dem **Bund vorbehalten** sind, also insbesondere wenn mutmaßliche politische, militärische oder fiskalisch geprägte Bezugstaten im Raum stehen (→ Rn. 19), werden vom Bundesamt für Justiz für das BMJV oder ausnahmsweise von letzterem selbst als ersuchender Behörde im eigenen Namen gestellt. Ein solches Ersuchen kann wiederum ein zuständiges Ermittlungsorgan des Bezugsverfahrens anregen, wobei es ggf. den Dienstweg zu beachten hat. 77

bb) In Angelegenheiten die nach den Zuständigkeitsvorschriften des jeweiligen Landes den **jeweiligen obersten Justizverwaltungen vorbehalten** sind, ist aus den entsprechenden Vorschriften zu ermitteln, ob damit das Ersuchen von der jeweiligen Behörde ausgehen soll, was allerdings regelmäßig der Fall ist. So ist beispielsweise in Baden-Württemberg die vom Bund im Rahmen der Zuständigkeitsvereinbarung 2004 auf die Landesregierung übertragene Befugnis[36] zur Stellung von Ersuchen um „sonstige Rechtshilfe" mit Ausnahme von Ersuchen um Durchbeförderung von Zeugen auf die Ministerien für ihren jeweiligen Geschäftsbereich übertragen worden.[37] Von der darin ebenfalls eingeräumten Möglichkeit der weiteren Subdelegation (Nr. 3 GemVwVStrafRAngiAusl) hat das Justizministerium Gebrauch gemacht. Es hat sich im Grundsatz alle ihm vorgenannt übertragenen Befugnisse vorbehalten, soweit sich nicht aus folgenden Bestimmungen anderes ergebe (Nr. I 2 lit. c GemVwVStrafRAngiAusl). 78

Weiterübertragen sind danach **auf die Staatsanwaltschaften und Gerichte** die Ersuchen um „sonstige Rechtshilfe", wenn sie aufgrund einer völkerrechtlichen Übereinkunft entweder auf dem unmittelbaren oder konsularischen Geschäftsweg gestellt oder im Rahmen des diplomatischen Geschäftsweges aufgrund einer Ermächtigung des Justizministeriums unmittelbar der deutschen diplomatischen Vertretung in dem ersuchten Staat übersandt werden können (Nr. II 2 Nr. I. 2c GemVwVStrafRAngiAusl). 79

---

[36] Vgl. erneut § 74 Abs. 2 IRG.
[37] Nr. 2 lit. c der Bek. des Justizministeriums über die Weiterübertragung der Befugnisse der Landesregierung im Rechtshilfeverkehr mit dem Ausland in strafrechtlichen Angelegenheiten auf die Ministerien v. 9.12.1994, Az. 9350-III/359 (GABl. 1994/17, 900).

80 Nur wenn dies nicht der Fall ist – also der diplomatische Weg über die Bundesministerien oder (wohl auch) der justizministerielle über die Ebene des Bundes oder Landes bzw. über einen diesen fortführenden „Zentralstellenweg" zu verfolgen ist –, bleibt das Justizministerium für das Stellen des Ersuchens selbst zuständig (Nr. I 2 lit. c Nr. I. 2c GemVwV-StrafRAngiAusl) und muss damit wohl konsequenterweise als ersuchende Stelle angesehen werden.

81 e) Trifft das Gesetz eine Regelung für ein **besonderes Prüf- und Bewilligungsverfahren,** wie insbesondere im Bereich der Rechtshilfe mit Bezug zu freiheitsentziehenden Maßnahmen wie namentlich die **grenzüberschreitende Gefangenenüberstellung zur Beweisaufnahme** nach §§ 69, 70 IRG (→ § 15 Rn. 98 ff.), so ist zunächst die dortige Rollenverteilung, die sich am Auslieferungsverfahren orientiert, maßgebend, soweit aus dem Rechtshilfeinstrument nicht zwingend anderes folgt.[38] Dies präzisierend erklärt zB Baden-Württemberg, dass in diesen Fällen der örtliche Generalstaatsanwalt als Bewilligungsbehörde über jedes Ersuchen entscheidet wie (auch) ansonsten auf Anregung eines Ersuchens aus seiner Behörde (Nr. II 2 lit. a Nr. I. 2c GemVwVStrafRAngiAusl). Auch hier wird klar die Trennung zwischen dem Ersuchen durch den Generalstaatsanwalt als zuständige Bewilligungsbehörde und ersuchende Stelle und den vorgelagerten bloßen Anregungen bzw. Amtshilfebitten gezogen.

82 f) Schließlich bleiben die nicht anderweitig vorbehaltenen Fälle offen, in denen zudem ein Amtsgericht keinen Präsidenten hat und deswegen der Präsident des Landgerichts über sämtliche verbleibenden Rechtshilfeersuchen aus dessen Spruchkörpern zu entscheiden hat. Dazu trifft etwa Baden-Württemberg die klare Wertung, dass das Amtsgericht hier lediglich die „Anregung" zur Stellung eines Ersuchens durch das Landgericht bzw. dessen Präsidenten gibt (Nr. II 2 lit. b Nr. I. 2c GemVwVStrafRAngiAusl). Dies folgt der Einordnung, dass die Initiierung durch das Ersuchen nicht noch Teil der allgemeinen Rechtspflege und des Bezugsverfahrens sondern bereits der Rechtshilfe als Teil der Auswärtigen Beziehungen ist und somit die Kompetenz zum Ersuchen auf einer geschlossenen Subdelegationskette vom Bund beruht.[39] Das heißt weiter, dass **auch im unmittelbaren Geschäftsweg nicht das „kleine" Amtsgericht, sondern das Landgericht über seinen Präsidenten unmittelbarer Kommunikationspartner der im Ausland ersuchten Stelle bleibt.** Damit wird auch der Sinn und Zweck der Konzentration auf dieser Ebene erreicht, nämlich diese kleineren Amtsgerichte von der für sie seltenen Rechtshilfe zu entlasten und die Fachkompetenz auch regional zu bündeln. Zwar besteht die Möglichkeit, dass durch völkerrechtliche Vereinbarung eines „unmittelbaren Kontaktes" anderes zu bestimmen, jedoch dürften die entsprechenden Übereinkommen nur ausnahmsweise in einem entsprechenden Sinn auszulegen sein, wenn keine andere Interpretation zur Wahrung der innerstaatlichen Aufgabenverteilung möglich ist.

83 Auch wenn die Regelungen anderer Länder – vielleicht noch vor dem Hintergrund der dort traditionell vertretenen Theorie, dass das Stellen von Ersuchen der Rechtspflege und damit im Zweifel der Landeskompetenz zugehöre – nicht derart präzise sind, dürfte ebenfalls anzunehmen sein, dass dort ebenfalls an die Entscheidung über das Ersuchen dessen Urheberschaft geknüpft ist.[40]

2. Notwendige Beteiligung weiterer Behörden bei Stellen des Ersuchens

84 a) Demnach ist die Sprachwahl in Nr. 30 Abs. 1 S. 1 RiVASt nach der „die ersuchende Stelle" „das Ersuchen" der Prüfungsbehörde vorzulegen hat, irreführend. Zu diesem Stadium ist das eigentliche Rechtshilfeersuchen noch nicht existent, es handelt sich lediglich um eine **Anregung bzw. einen Entwurf.** Die eigentliche um Rechtshilfe ersuchende Stelle ist die Stelle, die darüber entscheidet, ob das Ersuchen tatsächlich gestellt wird oder

---

[38] Wegen dessen Anwendungsvorrang, § 1 Abs. 3 IRG.
[39] Vgl. Motive zum IRG, BT-Drs. 9/1338, 94 f.
[40] Vgl. hier zB deutlich unschärfer § 82 BayZustV; vgl. weiter Motive zum IRG, BT-Drs. 9/1338, 94 f.

nicht, mithin die Bewilligungsbehörde, die erst ggf. nach der Stellungnahme der Prüfungsbehörde entscheidet. Daher ist „das Ersuchen" vor diesem Rechtsakt in einem anderen Sinn, nämlich doppelt zu verstehen und meint einerseits den rein sprachlich gefassten Entwurf eines späteren Rechtshilfeersuchens. Es meint aber auch die Kommunikation der initiierenden Stelle auf die Prüfungs- bzw. Bewilligungsbehörde, ein Rechtshilfeersuchen zu stellen. Ist die zum Ersuchen berechtigte Stelle nicht die für die Ermittlungen im Bezugsverfahren zuständig, hat letztere erstere **„um ein (Rechtshilfe-)Ersuchen zu ersuchen":**

Dies kann entweder, vor allem im Bereich der Staatsanwaltschaften, zB an die Generalstaatsanwaltschaft durch eine Vorlage im unmittelbaren Dienstweg abgebildet werden, oder aber dem Dienstweg folgen, etwa von der Staatsanwaltschaft über die Generalstaatsanwaltschaft an die das Ersuchende stellende Justizverwaltung und ggf. über diese an die entsprechende Bundesbehörde. **85**

Hingegen dürften sich, soweit keine anderslautenden Regelungen vorhanden sind, die befassten **Gerichte und Ermittlungsrichter** unmittelbar an die zum Ersuchen berechtigte Stelle wenden können. Es handelt sich dann wohl um ein **Verfahren der Amtshilfe** gem. Art. 35 Abs. 1 GG.[41] Dies gilt auch, wenn die Justizverwaltung desselben Landes wie Gericht des Bezugsverfahrens über das Stellen des Rechtshilfersuchens oder in dessen Rahmen entscheidet; es handelt sich dann insbesondere um keine Maßnahme der Dienstaufsicht.[42] **86**

Die **Pflicht des Ermittlungsorgans** richtet sich nach den Normen des Bezugsverfahrens. Dies adressiert bei der Staatsanwaltschaft die Pflicht zur Sachverhaltsaufklärung (§§ 160, 161 StPO). Das Gericht im Stadium des Hauptverfahrens trifft dabei insbesondere sowohl die eigene Aufklärungspflicht als auch Pflichten aus dem Beweisantragsrecht, vgl. § 244 StPO (auch → § 22 Rn. 1 ff. und → § 23 Rn. 104 ff.). **87**

b) Die **nachrichtliche Beteiligung der Landesjustizverwaltung** bei einem entsprechenden amtshilfeförmigen Antrag an das zuständige Bundesamt für Justiz bzw. BMJV auf Stellen eines Rechtshilfeersuchens durch das Gericht des Bezugsverfahrens dürfte – außerhalb der unten genannten Berichtspflichten – nicht zwingend, sondern allenfalls aus praktischen Gründen ratsam sein. Ansonsten bleibt es dabei, dass die Landesregierungen gem. der Zuständigkeitsvereinbarung 2004 durch den Bund in wichtigen Fällen, um die es in derartigen Fällen der Bundeszuständigkeit gehen dürfte, ins Benehmen gesetzt werden (Nr. 9 ZustVb2004). **88**

c) Eine gesonderte **Prüfungsbehörde** ist im Bereich der „sonstigen Rechtshilfe" nicht vorgesehen, vielmehr fallen hier – auch nach einzelnen ausdrücklichen Rechtsvorschriften – diese Rolle und die der Bewilligungsbehörde zusammen,[43] meist auch mit der ersuchenden Behörde. **89**

d) Die **Entscheidung darüber, ein Rechtshilfeersuchen zu stellen,** dürfte damit mit der **Bewilligung** – abweichender Terminologie zum Trotz – identisch sein.[44] Alleine das Stellen eines Ersuchens dürfte keine unmittelbare Rechtswirkung (jedenfalls für den von der Beweiserhebung Betroffenen) entfalten und daher nicht anfechtbar sein.[45] Anders wird dies allerdings weithin jedenfalls insoweit gesehen, wenn durch Versagen einer vom Strafgericht des Bezugsverfahrens im Wege der innerstaatlichen Amtshilfe erbetenen Stellung eines Rechtshilfeersuchens die damit erstrebten Beweismittel für den Angeklagten nicht erreichbar werden. Dann soll in der Versagung grundsätzlich ein anfechtbarer Justizverwaltungsakt **90**

---

[41] Vgl. BGHSt 31, 323 ff. mwN = NJW 1983, 2335.
[42] Vgl. Schomburg/Lagodny/Gleß/Hackner/*Schomburg/Hackner* IRG § 74 Rn. 15 mwN.
[43] Vgl. zB **für Baden-Württemberg** ausdrücklich Nr. IV 2 GemVwVStrafRAngiAusl.
[44] Vgl. wie hier NK-RechtshilfeR/*Ambos/Poschadel* I Rn. 116; GPKG/*Vogel/Burchard* IRG vor § 1 Rn. 108 f. mwN. Anderes würde nur gelten, wenn man in der Bewilligung ein Indiz für die Entscheidung über ein von einer anderen Behörde herrührendes Ersuchen sehen könnte.
[45] Vgl. BVerfGE 58, 9 (23 ff.); nach hL handelt es sich um einen Justizverwaltungsakt auf dem Gebiet der Strafrechtspflege iSv § 23 EGGVG; zum Ganzen *Nagel* Beweisaufnahme 272 ff.; dies folgt schon aus dem Wortlaut von § 74 IRG, der eine Behörde als Entscheidungsstelle vorsieht.

gem. §§ 23 ff. EGGVG vorliegen.[46] Die Entscheidung über das Stellen der Rechtshilfe steht zwar grundsätzlich im Ermessen, wenn sie im Wege der Amtshilfe erfolgt; allerdings ist dieses Ermessen aufgrund der rechtsstaatlichen Bedeutung der Leistung der Rechtshilfe ggf. deutlich zu reduzieren.[47] Die in Art. 20 Abs. 3 GG verankerte Pflicht zur Gewährung eines rechtsstaatlichen Verfahrens wirkt sich auch auf den Umfang der Amtshilfepflicht der Behörden gem. Art. 35 GG aus; sie haben deshalb grundsätzlich dazu beizutragen, dass dem Gericht möglichst gute Beweismittel zur Verfügung stehen.[48] Birgt das Rechtshilfeersuchen von vornherein keinerlei realistische Chance auf Gewinnung des erstrebten Beweismittels, etwa weil ein Versagungsgrund in vergleichbaren Fällen durch den zu ersuchenden Staat regelmäßig angewandt wurde, ist die Ablehnung, ein Ersuchen zu stellen, nicht ermessens- und rechtsfehlerhaft.[49] Bei der Entscheidung über ausgehende Ersuchen sind auch Gerichte an die entsprechenden Verwaltungsvorschriften, namentlich die RiVASt und Einzelweisungen gebunden. Allerdings besteht ein Spannungsfeld zwischen der richterlichen Unabhängigkeit beim Ermessen, ein Ersuchen zu stellen, sowie darin der Entscheidung über Umfang und Form, einerseits, und andererseits den verwaltungsrechtlichen Bindungen der Bewilligungsstelle. Es ist dadurch aufzulösen, dass die Gesamtentscheidung im Licht der richterlichen Unabhängigkeit zu treffen ist. Von der Bewilligung selbst darf insbesondere nur aus Gründen abgesehen werden, die sich in vertretbarer Weise den Interessen der Pflege der auswärtigen Beziehungen zuordnen lassen. Hierzu zählen nicht reine fiskalische Erwägungen oder Gründe innerhalb des Bezugsverfahrens.[50]

3. Berichtspflichten

91 Vor allem, wenn auf diesem Geschäfts- und Dienstweg nicht die vor allem nach den innerstaatlichen Rechtsvorschriften oder der Einbindung von Zentralstellen nach dem Rechtshilfeinstrument erfolgt, treffen die ersuchende dh bewilligende Stelle gesonderte **Pflichten zur Berichterstattung,** die, zusammen mit dem Abwarten einer Rückmeldung, vor der Entscheidung über das Stellen des Rechtshilfeersuchens stehen können.

92 **a)** Liegt der Berichtsempfänger auf dem Geschäftsweg, also insbesondere dem diplomatischen oder ministeriellen, so wird der Vorbericht **als Begleitbericht** mit dem Ersuchensentwurf vorgelegt (Nr. 11 Abs. 2 RiVASt). Dabei macht es keinen Unterschied, ob der Berichtsempfänger selbst ersuchende Stelle oder dieser übergeordnet ist. Im letzteren Fall ist der Vorbericht regelmäßig durch die Bewilligungs- oder ggf. Prüfungsbehörde vor der Freigabe, bzw. durch die ersuchende Stelle vor Beginn zwischenstaatlicher Aktivität vorzulegen und die Rückmeldung darauf abzuwarten (Nr. 13 Abs. 1 RiVASt).

93 **b)** Die besonderen **Berichtspflichten** können insbesondere aus der RiVASt sowie Zuständigkeitsvereinbarung 2004 oder anderen Vorschriften herrühren. Sie können nicht nur vor Abgang des Ersuchens (Vorbericht), sondern auch im Nachgang, vor allem nach Eingang von dessen Ergebnissen (Nachbericht, dazu → § 13 Rn. 214 ff.) eingreifen. Zu den wesentlichsten Vorberichtspflichten zählen:

94 **aa) Vor der Ausführung der Weiterleitung eines ausgehenden Ersuchens** ist der obersten Justiz- oder Verwaltungsbehörde zu berichten und deren Äußerung abzuwarten, wenn das Ersuchen aus der Sicht des ersuchenden oder des ersuchten Staates **von besonderer Bedeutung in politischer, tatsächlicher oder rechtlicher Beziehung** sein könnte (Nr. 13 Abs. 1 RiVASt). Eine besondere Bedeutung liegt insbesondere vor, wenn Anhaltspunkte für die Verhängung oder Vollstreckung der Todesstrafe oder einen Verstoß gegen wesentliche Grundsätze der deutschen Rechtsordnung (ordre public) – zB eine

---

[46] Vgl. OLG Hamm NStZ 1982, 215; BVerfG NJW 1984, 40; *Nagel* Beweisaufnahme 281.
[47] Vgl. BGHSt 31, 323 ff. mwN = NJW 1983, 2335.
[48] Vgl. BGHSt 29, 109 = NJW 1980, 464.
[49] Vgl. BGHSt 31, 323 ff. mwN = NJW 1983, 2335.
[50] Vgl. BGH NJW 1978, 1425; *Nagel* Beweisaufnahme 279 ff. mwN; Schomburg/Lagodny/Gleß/Hackner/ *Schomburg/Hackner* IRG § 74 Rn. 14 mwN.

drohende menschenrechtswidrige Behandlung oder politische Verfolgung – bestehen. Hierzu zählen auch Fälle, die die Beschlagnahme und Herausgabe von bedeutsamen Kulturgütern betreffen. Diese oberste Justiz- oder Verwaltungsbehörde eines Landes sorgt dann auch dafür, dass in den genannten Fällen sich die Landesregierung mit der Bundesregierung rechtzeitig ins Benehmen setzt und den Bedenken der Bundesregierung Rechnung getragen wird (Nr. 8 Abs. 1 ZustVb2004).

bb) Auch wenn die Erledigung eines Rechtshilfeersuchens **in Anwesenheit eines Richters oder Beamten des ersuchenden Staates im Ausland** stattfinden soll, soweit es sich nicht um ein Ersuchen im Rechtshilfeverkehr mit den Mitgliedstaaten der EU sowie mit den Staaten Island, Liechtenstein, Norwegen und der Schweiz handelt, hat die Landesregierung die Pflicht, sich mit der Bundesregierung vorab ins Benehmen zu setzen und ihren Bedenken Rechnung zu tragen (Nr. 8 Abs. 2 ZustVb2004). Aus diesem Grund wird man auch hier eine zwingende Vorabberichtspflicht der ersuchenden Landesstelle an die jeweilige oberste Justizbehörde anzunehmen haben.

cc) Ist für die Bewilligung eines Ersuchens durch den Zielstaat eine an diesen gerichtete **Gegenseitigkeitszusage** (→ § 11 Rn. 91) erforderlich, kann diese nur durch die Bundesregierung bzw. für sie eine Bundesbehörde, dh das Bundesamt für Justiz, abgegeben werden (§ 76 S. 2 IRG), sodass ein entsprechendes Ersuchen mit der zuständigen Stelle des Bundes abzustimmen ist.

dd) Vorzulegen ist ein Ersuchen der obersten Justiz- oder Verwaltungsbehörde auch, wenn es (zB um Erteilung von Auskünften) an eine **ausländische diplomatische Vertretung in Deutschland** gerichtet werden soll (Nr. 133 Abs. 1 RiVASt). Mit den zuständigen ausländischen konsularischen Vertretungen oder den Konsularabteilungen der ausländischen diplomatischen Vertretungen ist in Einzelfällen ohne grundsätzliche Bedeutung der unmittelbare Geschäftsverkehr zulässig (Nr. 134 Abs. 1 S. 1 RiVASt). Allerdings sind auch hier die Sonderregeln bei Ersuchen um Akteneinsicht zu beachten (Nr. 134 Abs. 1 S. 3 RiVASt). Mit diesen Sonderregelungen ist auf die besonderen Immunitäten und Vorrechte der diplomatischen Vertretungen (→ § 2 Rn. 3 ff.) verwiesen.

ee) Weiter ist – mit der Ausnahme der Nutzung des Europäischen Justiziellen Netzes – ein Ersuchen mit der **Bitte um Rechtsauskunft an einen ausländischen Staat** durch ein Gericht eines Landes der obersten Justiz- oder Verwaltungsbehörde des Landes vorzulegen. Diese ist zugleich die Übermittlungsstelle des gerichtlichen Ersuchens (→ § 14 Rn. 77 ff.).

ff) Ebenfalls ist der obersten Justiz- oder Verwaltungsbehörde zu berichten oder ihr das Ersuchen vorzulegen, wenn **Zweifel** bestehen, **ob ein ausländischer Staat um Rechtshilfe ersucht werden soll,** zB weil die deutschen Behörden einem entsprechenden ausländischen Ersuchen nicht stattgeben würden (Nr. 25 Abs. 2 RiVASt).

gg) Die Berichtspflicht wegen möglichen Bezugs zu Immunitätsfragen betrifft dagegen nur eingehende Ersuchen (Nr. 13 RiVASt).

hh) Eine Berichtspflicht kann sich in selteneren Fällen allerdings auch **aus den konkreten anzuwendenden Rechtshilfeinstrumenten** ergeben, etwa wenn der unmittelbare oder konsularische und nicht der justizministerielle Geschäftsweg notifiziert ist. Eine solche Pflicht folgt etwa aus Art. 16 Abs. 2 IntAFMAbk.

4. Übermittlungswege

a) Die **Weiterleitung des Ersuchens** bis zur Übermittlung an eine für den Empfang zuständigen Stelle des ersuchten Staates erfolgt dann auf den in den Rechtshilfeinstrumenten oder (hilfsweise) nach dem nationalen Rechtshilferecht festgeschriebenen **Geschäfts- und Dienstwegen.**

b) Neben diesen Geschäftswegen bestehen weitere **alternative Übermittlungsmöglichkeiten** für Ersuchen, die die Kompetenz der ersuchenden und weiter ansonsten beteiligten Behörden nicht berühren:

104 **aa)** Die Übermittlung kann **über zwischenstaatliche Stellen** erfolgen, wenn dies ausdrücklich vorgesehen ist, wie zB **Interpol**. So können nach den **UN-Konventionen** die Parteien die Übermittlung über Interpol in dringenden Fällen vereinbaren (Art. 7 Abs. 8 UNSuchtÜ, Art. 18 Abs. 13 Palermo I). Das RHÜ 1959 sieht in seiner ursprünglichen Form vor, dass die Übermittlung über Interpol dann erfolgen kann, wenn der unmittelbare Geschäftsweg nach diesen Übereinkommen zugelassen ist (Art. 15 Abs. 5 RHÜ 1959). In seiner Neufassung, die aber für Deutschland noch nicht gilt, wird die Übermittlung über Interpol zugelassen, wenn der unmittelbare Geschäftsweg erlaubt ist *oder* ein Eilfall vorliegt.[51] Die Vermittlung über Interpol kann auch bei allen besonders dringenden Ersuchen im Verhältnis mit **Kanada** erfolgen, die weiterhin allerdings über die Justizministerien zu leiten sind (Art. 11 Abs. 1 S. 2 RHV DE/CA).

105 Allgemein möglich ist die Vermittlung über Interpol etwa nach den meisten bereichsspezifischen Rechtshilfeübereinkommen des Europarats (Art. 30 Abs. 3 KorrStRÜ oder Art. 24 Abs. 3 GeldwÜ 1990, Art. 27 Abs. 9 lit. b CKÜ).

106 Das RHÜ 2000 erweitert dies noch, dass in dringenden Fällen alle Rechtshilfeersuchen über Interpol *oder* über eine andere Institution gestellt werden können, die gemäß Bestimmungen, die auf dem Vertrag über die EU angenommen wurden, zuständig ist (Art. 6 Abs. 4 RHÜ 2000). Dies zielt insbesondere auf Europol, Eurojust und das EJN ab.

107 **bb)** Insgesamt stehen innerhalb der **EU** und assoziierten Staaten eine Vielzahl von alternativen Übermittlungswegen zur Verfügung, zwischen denen eine Entscheidung, überspitzt gesagt, häufig länger dauern könnte als die Übermittlung selbst. Neben das EJN als weitgehend informatorische erste Anlaufstelle sowie Eurojust und Europol mit auch aktiv koordinierenden Möglichkeiten treten gemeinsame Zentren mit Übermittlungsmöglichkeiten vor allem auf polizeilicher Ebene, sowie bilateral ausgetauschte Verbindungsbeamte auf staatsanwaltschaftlich/richterlicher oder polizeilicher Ebene. Sie alle können bei der eigentlichen Übermittlung eines Ersuchens unterschiedliche Hilfestellung leisten, ohne dass hier im Detail darauf eingegangen werden könnte (→ § 3 Rn. 80 ff., → § 11 Rn. 167 ff. und → § 17 Rn. 75).

108 **cc)** Zusätzlich zu den originären Formen eines polizeilichen Ersuchens, ggf. auf Veranlassung bzw. im Auftrag eines Ermittlungsorgans (→ § 11 Rn. 125 ff.) kann auch die **Übermittlung des Ersuchens eines Justizorgans auf Ebene der Polizeibehörden** erfolgen, soweit dies im konkreten Rechtshilfeverkehr vorgesehen ist.

109 (1) So darf (aus Sicht des innerstaatlichen Rechts betrachtet) das **BKA** ausgehende Ersuchen von Justizorganen in folgenden Fällen an eine ausländische Stelle, einschließlich Interpol, vermitteln:
- Es wird um Durchführung von Fahndungsmaßnahmen, Personenfeststellungen, Erteilung von schlichten Auskünften aus bereits vorhandenen Informationen oder zur Vorbereitung eines ausgehenden Ersuchens – zB um Feststellung der Aussagebereitschaft eines Zeugen – ersucht und bei der Erledigung sind strafprozessuale Zwangsmaßnahmen ausgeschlossen (Nr. 123 Abs. 3 lit. b, Abs. 4 S. 1 Alt. 1 RiVASt);
- Es wird um Festnahme, Anordnung der vorläufigen Auslieferungshaft oder vorläufige Inhaftnahme ersucht (Nr. 123 Abs. 4 S. 1 Alt. 2 RiVASt);
- Für das Ersuchen ist in einer völkerrechtlichen Übereinkunft der Geschäftsweg über das BKA – insbesondere über Interpol oder Europol – vorgesehen (Nr. 123 Abs. 4 S. 2 RiVASt);
- Es liegt ein Ersuchen einer anderen Polizeibehörde in eigener Zuständigkeit oder auf Anordnung der Staatsanwaltschaft vor (Nr. 123 Abs. 4 S. 4 Alt. 1 RiVASt iVm Nr. 124 Abs. 3, 4 RiVASt);
- Es liegt ein Eilfall vor und der unmittelbare Geschäftsweg ist zugelassen (Nr. 123 Abs. 4 S. 3 RiVASt).

---

[51] Nach Art. 4 ZP II-RHÜ 1959 durch Art. 15 Abs. 7 RHÜ 1959.

Nach älteren Rechtshilfeformen treten das BKA und die polizeiliche Zentralbehörde im anderen Staat auch dann unmittelbar in Austausch, auch wenn eine Justizbehörde um eine polizeiliche Eilmaßnahme ersucht.[52]   **110**

Soll ein Ersuchen, bei dem diese Voraussetzungen nicht vorliegen, ausnahmsweise durch das BKA vermittelt werden, führt die ersuchende Behörde die Entscheidung ihrer obersten Justiz- oder Verwaltungsbehörde herbei (Nr. 123 Abs. 4 S. 5 RiVASt). In diesem Fall ist mit dem zu vermittelnden Ersuchen dem BKA auch mitzuteilen, dass die oberste Justiz- oder Verwaltungsbehörde die Genehmigung dazu erteilt hat (Nr. 125 Abs. 1 RiVASt).   **111**

Soll das Ersuchen im Original oder in dem von der ersuchenden Behörde festgelegten Wortlaut an die ausländische Behörde weitergegeben werden, ist darauf besonders hinzuweisen (Nr. 125 Abs. 2 RiVASt).   **112**

Die Justiz- oder Verwaltungsbehörden eines Landes treten bei jeder Kommunikation grundsätzlich nur über das jeweilige LKA mit dem BKA in Verbindung; die unmittelbare Kommunikation ist Eilfällen vorbehalten, in denen das betreffende LKA parallel in Kenntnis zu setzen ist (Nr. 6 RiVASt).   **113**

(2) Andere Polizeibehörden als das BKA dürfen zwar auf Anordnung der Staatsanwaltschaft Ersuchen stellen, sofern in einer völkerrechtlichen Übereinkunft eine Pflicht zur Erledigung solcher Ersuchen enthalten ist (vgl. Nr. 124 Abs. 3, 4 RiVASt). Eine gesonderte Kompetenz, rechtlich wirksam Rechtshilfeersuchen eines Justizorgans auf polizeilicher Ebene zu vermitteln, bestünde mangels Grundlage im innerstaatlichen Recht nur, wenn dies in einem Rechtshilfeinstrument zB in grenzpolizeilichen Strafrechtsfällen, ausdrücklich vorgesehen wäre (→ § 11 Rn. 155 ff.).   **114**

B. Schriftform und alternative Übermittlungsformen

Auch in der Frage, in welcher äußeren Form Rechtshilfeersuchen in Strafsachen zwischen den beteiligten Völkerrechtssubjekten zu übermitteln sind, ist eine geradezu „rasante" Entwicklung zu beobachten. Sie spannt sich mit der unterschiedlichen Verdichtung der verschiedenen Rechtskreise von der fast zeremoniellen Schriftform mit traditioneller Legalisation bis hin zur bloßen Eingabe in ein gemeinsames Datensystem oder einem (fern-)mündlichen „Zuruf".   **115**

I. Traditionell wird ein Rechtshilfeersuchen ausschließlich in Schriftform abgefasst und als Dokument **„körperlich"** übermittelt. Eine solche Form gilt, wo besondere Regelungen fehlen, namentlich im Bereich der vertraglosen Rechtshilfe und bei völkerrechtlichen Übereinkommen, die nur anderweitige Regelungen treffen, zB lediglich in der Zusage der Gegenseitigkeit bzw. größtmöglicher Rechtshilfe (→ § 11 Rn. 91). Der bilaterale Vertrag mit Hongkong schreibt ebenfalls diese traditionelle Schriftform ausdrücklich fest (Art. 5 Abs. 1 RHAbk DE/HK).   **116**

II. Daneben treten zunehmend andere Formen der Übermittlung. Sie bestehen insbesondere in moderneren Übermittlungsmedien wie Telefax oder Ähnlichem, der Verwendung von in Formularen abgefassten Dokumente, die auch mit modernen Medien übermittelt werden können, sowie rein elektronischen Formen von Ersuchen bis hin zum automatisierten Datenabruf. Auf letztere wird an anderer Stelle, namentlich bei den Fahndungsinstrumenten (→ § 15 Rn. 312) sowie den transnationalen Verbundinformationssystemen (→ § 16 Rn. 1 ff.) eingegangen.   **117**

---

[52] Vgl. etwa **für Italien:** Art. 9 Abs. 3 ErgV-RHÜ 1959 DE/IT; **Österreich:** Art. 3 Abs. 3 Art. ErgV-RHÜ 1959 DE/AT.

118 1. Einerseits erlauben viele jüngere Rechtshilfeabkommen **die beschleunigte Übermittlung** mittels moderner Kommunikationsmittel wie **Telefax oder „elektronische Post".**

119 a) So müssen Rechtshilfeersuchen und Spontanübermittlungen nach dem **RHÜ 2000** nicht nur schriftlich, sondern können auch durch andere Mittel erfolgen, die die Erstellung einer schriftlichen Fassung unter Bedingungen ermöglichen, die dem empfangenden Mitgliedstaat die Feststellung der Echtheit gestatten. Gleiches sieht nunmehr Art. 7 Abs. 1 EEA-RL vor.[53] In beiden Alternativen ist somit das Vorliegen in Schrift- bzw. Textform beim Empfänger weiterhin erforderlich und lediglich die besondere Form der Übermittlung, namentlich durch Telefax oder E-Mail ermöglicht.[54]

120 b) Auch das Rechtshilfeabkommen mit den **USA** erlaubt seit 2006 die elektronischen Übermittlungsformen, wobei eine förmliche schriftliche Bestätigung im Anschluss zu erfolgen hat, wenn der ersuchte Staat dies verlangt.[55] Weitergehend ist, unabhängig von einem Verlangen, im Verhältnis mit **Israel** stets eine schriftliche Bestätigung von „telegrafischen Ersuchen" vorzunehmen (Art. 10 Abs. 2 RHÜ DE/IL).

121 2. Andererseits werden Ersuchen **unabhängig von ihrer Form und Übermittlung, namentlich auch (fern-)mündlich** als möglich erklärt, jedoch grundsätzlich eine zusätzliche unverzügliche schriftliche **Bestätigung** verlangt. So können (fern-)mündliche Ersuchen etwa nach den **UN-Konventionen gegen Suchtstoff- und organisierte Kriminalität** in dringenden Fällen erfolgen, müssen allerdings umgehend schriftlich bestätigt werden; derartige Ersuchen können auch wirksam gestellt werden, wenn die beteiligten Vertragsparteien dies sonst vereinbart haben (Art. 7 Abs. 9 S. 3 UNSuchtÜ, Art. 18 Abs. 14 Palermo I). Ähnlich ist im Verhältnis zu den **USA** aus dringenden Gründen ein formloses Ersuchen möglich, muss aber innerhalb von zehn Tagen bestätigt werden, wenn nicht die ersuchte zentrale Behörde einer anderen Regelung zustimmt (Art. 17 Abs. 3 S. 2 RHV DE/US). Auch im Verhältnis mit **Japan** können dringende Ersuchen auf jedem sicheren Kommunikationsweg erfolgen, müssen allerdings umgehend schriftlich bestätigt werden, wenn der ersuchte Staat es verlangt (Art. 8 Abs. 1, 2 RHAbk EU/JP). Telefonische Ersuchen, die umgehend schriftlich bestätigt werden müssen, sind auch nach einigen **Ergänzungsvereinbarungen zum RHÜ 1959** möglich zB mit der Schweiz, Italien, der Türkei bei erheblichen Straftaten oder Israel.[56] Auf die Sonderregelungen der polizeilichen Amts-/Rechtshilfe (→ § 11 Rn. 125 ff.) sei hier ebenfalls nochmals hingewiesen.

C. Form und notwendige Angaben

122 Der inhaltlichen Form, in der ein schriftliches ausführliches Rechtshilfeersuchen zu stellen ist, kommt eine herausgehobene Bedeutung zu. Sie hat nicht nur die ersuchende Stelle zu beachten, sondern auch das Ermittlungsorgan oder sonstige initiierende Stelle, von der die Anregung zu einem Rechtshilfeersuchen ausgeht und von dem die Vorlage eines vollständigen Entwurfs erwartet wird (vgl. Nr. 30 Abs. 1 S. 1 RiVASt).

---

[53] Entsprechend hätte dies auch nach Art. 8 Abs. 1 RB 2008/978/JI gegolten; ob verschlüsselte und signierte E-Mails mit entsprechenden Anhängen den Erfordernissen ohne zusätzliche Übermittlung genügen, scheint diskussionswürdig, vgl. NK-RechtshilfeR/*Kubiciel* IV Rn. 282 mwN zum weiteren Diskussionsstand.

[54] Vgl. etwa Art. 25 Abs. 1 GeldwÜ 1990.

[55] **Für die USA:** Art. 17 Abs. 3 S. 1 RHV DE/US; veraltet für telegrafische Ersuchen **für die Schweiz:** Art. 7 Abs. 1 ErgV-RHÜ 1959 DE/CH; zu den Regelungen mit den USA vergleiche ergänzend insbes. NK-RechtshilfeR/*Docke/Momsen* IV Rn. 400.

[56] **Für die Schweiz:** Art. 7 Abs. 1 ErgV-RHÜ 1959 DE/CH; sowie **Italien:** Art. 8 Abs. 2 ErgV-RHÜ 1959 DE-IT; **Israel:** Art. 10 Abs. 2 RHÜ DE/IL, wobei hier jeweils die zeitliche Komponente fehlt; **die Türkei:** Art. 8 Abs. 2 S. 2 AntiOrgKrimAbk DE/TR.

Bedauerlicherweise gelten dabei jeweils für die supra- bzw. internationalen Rechtshilfe- 123
instrumente eigens festgelegte Standards, deren Nichtbeachtung zu einer Ablehnung der
Rechtshilfe oder zumindest großen zeitlichen Verzögerungen führen kann. Demgegenüber
enthält das IRG kaum Vorgaben, vielmehr werden diese ergänzend durch die RiVASt auf
untergesetzlicher Ebene detailliert vorgegeben. Vor allem die RiVASt enthält zudem in
Kap. A, zweiter Teil, eine Sammlung an wichtigen Mustern, die grundsätzlich nicht verbindlich, aber von erheblichem Nutzen sind.[57]

> **Praxistipp: Empfohlenes Vorgehen für die Praxis**
> Es bietet sich grundsätzlich folgende Strategie an:
> - Stehen Hilfsmittel in Form von Anwendungen und Formularen bzw. deren -sammlungen außerhalb der RiVASt zur Verfügung, sollte auf diese zurückgegriffen werden;
> - Ansonsten sollten mithilfe der RiVASt und ggf. deren Mustern ein Entwurf erstellt werden, der möglichst alle in den verschiedenen Rechtshilfeverhältnissen denkbar geforderten Angaben enthält, auch wenn diese im konkreten Fall nicht unbedingt erforderlich sind;
> - Anhand des konkreten Rechtshilfeinstruments wird dieser Entwurf überprüft, ob er den dort genannten Anforderungen genügt.

I. Formulare

1. Namentlich für die **Rechtshilfe innerhalb der EU und des Schengen-Raumes** 124
werden, wo das Ersuchen nicht bereits elektronisch gestellt werden kann, zunehmend
verbindliche Formulare eingeführt. Dabei ist zwischen den eigenständigen Rechtsakten
im Rahmen des Unionsrechts und den auf dem RHÜ 1959 aufbauenden Rechtshilferecht
zu unterscheiden. Weiterhin stellt die EU vor allem über das Europäische Justizielle Netz
(EJN) **Hilfsmittel** zur möglichst schnellen Abfassung von Ersuchen in möglichst einheitlicher Form bereit (→ § 17 Rn. 4).

a) Vor allem nach der **Europäischen Ermittlungsanordnung** werden seit dem 125
22.5.2017 die Ersuchen bzw. „Anordnungen" auf dem im Anhang der EEA-RL definierten
Formblatt A aufbauen, das die rechtlich detailliert gebotenen wesentlichen Angaben
enthalten muss (Art. 5 EEA-RL). Die Anwendung dieser Formblätter wird **durch § 91j
Abs. 1 IRG nF,** soweit die dahinter stehende Europäische Ermittlungsanordnung rechtlich
und tatsächlich im konkreten Rechtshilfeverhältnis (nach zwingend nötiger beidseitiger
staatlicher Umsetzung bereits) anwendbar ist, **verbindlich.** Besondere Regelungen werden
danach auch für ergänzende Anordnungen, die auf bereits ergangenen aufbauen, gelten
(Art. 8 EEA-RL). Im Ganzen folgt die Europäische Ermittlungsanordnung hier ihrer
gescheiterten Vorgängerin, der Europäischen Beweisanordnung (Art. 6 RB 2008/978/JI).
Bei den detaillierten Angaben zur Bezugsstraftat, die insbesondere die gebotene Bearbei-
tungszeit im ersuchten Mitgliedstaat bedingen, hilft das Formular durch entsprechende
Einordnungsfragen weiter (die zB in Abschnitt G.3 einzutragen sind). An die für alle
Ersuchen notwendigen Angaben schließen sich zunächst die Abschnitte an, die jeweils nur
für bestimmte Formen der Rechtshilfe ausgefüllt werden müssen (Abschnitt H), sodann
folgen Ausführungen zu einzuhaltenden Form- und Verfahrensvorschriften sowie zu den
Rechtsbehelfen sowie zur erlassenden Behörde und ggf. zum validierenden Justizorgan.

b) Bereits zuvor galten Vereinheitlichungen und Formulare etwa für den **schnellen** 126
Austausch bereits verfügbarer Informationen nach den RB 2006/960/JI, wo das
entsprechende Formular in Anhang B verwendet werden soll[58] (ausführlich → § 14
Rn. 11 ff.).

---

[57] Am einfachsten zu finden über http://www.verwaltungsvorschriften-im-internet.de/bsvwvbund_17072008_O4013300111.htm (zuletzt abgerufen am 28.5.2019).
[58] ABl. 2006 L 386, 89 (98 ff.); oder unter RB 2006/960/JI.

127   c) Ein rechtlich nicht vorgesehenes Hilfsmittel mit erheblichem Potential bietet im Rahmen des Europäischen Justiziellen Netzes eine **Websoftware,** mit der sehr weitgehend Rechtshilfeersuchen aller Art innerhalb der EU über Eingabemasken erstellt werden können.[59] Es ist insbesondere geeignet für die Rechtshilfe im Rahmen des genannten Unionsrechts sowie für Ersuchen, die innerhalb der Union auf dem RHÜ 1959 und dem RHÜ 2000 aufbauen.

128   2. Ansonsten bzw. ergänzend helfen vor allem **Nr. 8 ff. RiVASt** bei der Erstellung eines durchaus komplexen ausgehenden Rechtshilfevorgangs, in dem das eigentliche Ersuchen lediglich den Kern bildet.

II. Allgemeine Förmlichkeiten

129   Allgemein gilt zunächst, dass auf die **äußere Form aller Schriftstücke** einschließlich der Anlagen besondere Sorgfalt zu verwenden ist (Nr. 8 Abs. 1 RiVASt). Auf die für ausländische Behörden bestimmten Schriftstücke sind Eingangsstempel, Randschreiben, Prüfungsvermerke und dergleichen nicht zu setzen (Nr. 8 Abs. 3 RiVASt). Wie bereits angesprochen, wird die Verwendung von Vordrucken nicht nur ausdrücklich für zulässig erklärt (Nr. 8 Abs. 2 RiVASt). In wichtigen Anwendungsfällen verweist die RiVASt selbst auf die in ihrer Anlage abgebildeten Muster (→ Rn. 123, 135).

130   Ausländische Behörden sind mit der amtlichen im Empfangsland geltenden Bezeichnung zu benennen; ausländische Orte sollen – bis auf postalische Anschriften –, falls vorhanden, mit den deutschen üblichen **Bezeichnungen** angegeben werden, ausländische Staaten sind mit ihrer amtlichen Bezeichnung oder deren Kurzfassung zu benennen, hinsichtlich der Bezeichnung wird auf den Länderteil hingewiesen. Abkürzungen dürfen nur gebraucht werden, soweit sie allgemein üblich, eindeutig und auch im Ausland verständlich oder in einem Vermerk erläutert sind. Im völkerrechtlichen Verkehr vor allem außerhalb der EU und der Schengenstaaten erscheint weiterhin üblich, Paragraphenangaben durch „Art." zu ersetzen, also zumindest vertretbar und häufig sinnvoll, zB statt „§ 242" StGB „Art. 242" zu formulieren.

III. Bestandteile des Ersuchens

1. Anschreiben

131   Das eigentliche **Ersuchen,** also die förmliche Bitte um eine bestimmte Hilfeleistung, soll mit allen zu seiner Erledigung erforderlichen Angaben in ein und dasselbe Schriftstück aufgenommen werden (Nr. 27 Abs. 2 RiVASt). Zentraldokument des schriftlichen Ersuchens ist damit in aller Regel das **Anschreiben** der ersuchenden an die ersuchte Stelle. Sind im Ausland mehrere Rechtshilfehandlungen vorzunehmen, müssen so viele Ersuchen gestellt werden wie Behörden voraussichtlich für die Erledigung in Betracht kommen (Nr. 27 Abs. 1 S. 3 RiVASt). Ein allgemeines Muster für ein solches Anschreiben findet sich nicht, allerdings können die Muster für bestimmte Rechtshilfehandlungen mit ihren Gemeinsamkeiten ohne Weiteres als eine erste Orientierung dienen.

132   a) Das Anschreiben soll die **Anschrift** der ersuchenden Behörde, das Aktenzeichen und den Namen eines Ansprechpartners angeben (mit E-Mail-Adresse, Telefon- und Faxnummer; Nr. 8 Abs. 1 RiVASt). Ersuchen, deren Erledigung besonders eilt, und Ersuchen in Haftsachen sind bereits im Kopf des Schreibens als Eilsache oder Haftsache zu bezeichnen (Nr. 27 Abs. 4 RiVASt). Bestehen Zweifel, welche Behörde für die Erledigung zuständig ist, ist im Anschreiben neben der vermutlich zuständigen Behörde der Zusatz „oder die sonst zuständige Behörde" anzubringen (Nr. 27 Abs. 1 S. 2 RiVASt). Wie sonst in Geschäftsbriefen sollten bereits in einer gesonderten Betreffzeile die wichtigsten Orientie-

---

[59] https://www.ejn-crimjust.europa.eu/ejn/CompendiumChooseCountry.aspx (zuletzt abgerufen am 28.5.2019).

rungspunkte des Ersuchens, namentlich die Art der ersuchten Handlung, des Betroffenen und der Art des Bezugsverfahrens und der Bezugstat genannt werden. Ebenfalls sollten die Anlagen, die später auch tatsächlich an den ersuchten Staat übermittelt werden, im Einzelnen aufgeführt werden, einschließlich der beigefügten Übersetzungen (→ Rn. 174 ff.).

b) Der **Text** des Anschreibens soll Anrede und Schlussformel enthalten (Nr. 8 Abs. 1 RiVASt). Er soll knapp und klar gefasst sein, jedoch ausreichend Auskunft über das **Verfahren** geben, für das die Rechtshilfe begehrt wird. **133**

Jedes Ersuchen muss, soweit erforderlich, **Angaben** über die Person des **Betroffenen,** seine Staatsangehörigkeit und seinen derzeitigen Aufenthaltsort enthalten, und die **Handlung,** um deren Vornahme ersucht wird, genau bezeichnen (Nr. 29 Abs. 1 RiVASt). Zweckmäßigerweise sollten diese zentralen Angaben bereits in der Betreffangabe als auch möglichst in den Kopfabsätzen des eigentlichen Ersuchenstextes vorweggenommen sein. Weiterhin sollte der Ersuchenstext systematisch und im logischen Rahmen ergänzend nach Wichtigkeit optisch klar und leserfreundlich gegliedert sein. **134**

Wie bereits angesprochen, enthält die RiVASt einige **Muster** zentraler Ersuchenstexte für die wichtigsten traditionellen Rechtshilfehandlungen bei der grenzüberschreitenden Informationserhebung und -übermittlung, darunter für Ersuchen um: **135**

- Auskunft (Muster Nr. 33),
- Erteilung einer Auskunft aus dem Strafregister (Muster Nr. 33a, Englisch Nr. 33b),
- Herausgabe von Gegenständen (Muster Nr. 29),
- Durchsuchung, Beschlagnahme und Herausgabe (Muster Nr. 28),
- Zustellung von Schriftstücken (Muster Nr. 31–31b),
- Vernehmung eines Beschuldigten (Muster Nr. 32),
- Vernehmung von Zeugen (Muster Nr. 32a).

Im Übrigen lässt sich aus den unterschiedlichen Rechtshilfeinstrumenten folgende Liste der Detailangaben zusammenstellen, deren Aufnahme – je nach konkreter Konstellation der Rechtshilfe – angeprüft werden sollte: **136**

aa) Soweit dies nicht bereits erschöpfend in der Absenderangabe erfolgt ist, ist die eigentliche verfahrensführende **Stelle,** also etwa die befasste Staatsanwaltschaft oder das Hauptsachegericht nach Anklageerhebung amtlich zu bezeichnen. Bei Zusammenarbeit auf polizeilicher Ebene ist die Justizbehörde und möglichst ihr Aktenzeichen ebenfalls anzugeben. **137**

bb) Weiterhin sollte bereits an möglichst früher Stelle im Text so präzise wie möglich **Gegenstand und Grund bzw. Art des Ersuchens** benannt werden, um dem Empfänger eine schnelle Orientierung für die weitere Prüfung zu ermöglichen. Dabei sollte nicht nur die Rechtshilfehandlung – ggf. entsprechend der Bezeichnung in der Liste der Regelbeispiele des konkreten Rechtshilfeinstruments oder der dortigen Normüberschriften – benannt werden. Vielmehr sollten auch, soweit vorhanden und bekannt, die **konkreten Normen des entsprechenden Rechtshilfeübereinkommens** oder sonstigen -instruments, die die Hilfeleistung aus Sicht der ersuchenden Behörde regeln, angeführt und eine mögliche daraus folgende Rechtshilfeverpflichtung bzw. -zusage thematisiert werden. Allerdings ist gerade bei letzterem in der Wahl der Formulierungen die diplomatische Höflichkeit soweit wie möglich zu beachten. **138**

cc) Sodann kann es sich anbieten, die notwendigen **Ausführungen zum Bezugsverfahren und Sachverhalt** anzuschließen, die auch sehr komprimiert ausfallen können. Zu denken ist an Ausführungen zur Art der Ermittlungen und zum Stand des Verfahrens, etwa zur gerichtlichen Anhängigkeit, oder ob es sich um bestimmte Neben- oder Anschlussverfahren handelt. **139**

Weiterhin sollten die **wesentlichen Straftaten,** wegen derer ermittelt wird, beziehungsweise ggf. die der Strafverfolgung zugrunde liegen, jeweils mithilfe der üblichen Benennungen des Rechtshilfeinstruments oder des nationalen Rechts, wie zB in einer Anklageschrift, und konkreten Paragraphen/Artikeln möglichst genau bezeichnet werden. **140**

141 Danach sollte – soweit nicht zB nur für ein Zustellungsersuchen entbehrlich – der **Bezugssachverhalt,** aufgrund dessen die Ermittlungen erfolgen, zunächst räumlich und zeitlich identifiziert und knapp aber präzise so beschrieben werden, dass die mögliche, im Raum stehende Erfüllung einer Bezugstat daraus ersichtlich wird. Auch hier kann sich eine Orientierung am konkreten Anklagesatz als Mindestmaßstab anbieten. Wichtig ist insgesamt für das Bezugsverfahren, dass die Formulierungen derartig offen gestaltet sind, dass damit weder die Beweiserhebung noch das weitere Verfahren fälscht wird, noch eine Besorgnis der Befangenheit des Gerichts droht.

142 Spätestens hier sollten erforderliche **Angaben zur Identität und Staatsangehörigkeit** der Beschuldigten oder sonst Hauptbetroffenen eingeführt werden. Dabei sollten alle bekannten Angaben, insbesondere zu Geburts- und weiteren Familien- sowie Aliasnamen, Geburtsdatum -ort und -staat sowie Aufenthaltsort und -staat möglichst einbezogen werden.

143 Ebenfalls sollten hier bereits die **tatsächlichen Grundlagen** für mögliche aufgeworfene rechtliche Fragen, zB der zwischenstaatlichen Verteilung der Verfolgungszuständigkeiten gelegt werden. Soweit in der konkreten Rechtshilfebeziehung, zB für die Priorisierung der Bearbeitung durch den ersuchten Staat oder die Verpflichtung zur Rechtshilfe überhaupt erforderlich, sollten Ausführungen zur Deliktsart und ggf. zum Schadensvolumen bzw. Ausmaß der mutmaßlichen Straftat folgen. Hier kann es sich anbieten, ähnlich wie im Auslieferungsverkehr für jede prozessuale Tat zumindest die höchste Strafandrohung der im Raum stehenden Delikte gemeinsam mit diesem anzuführen.

144 Bereits hier kann, soweit erforderlich, auf den Abdruck der relevanten materiellen und ggf. kompetenzbegründenden **Strafvorschriften** im Anhang verwiesen werden.

145 dd) Die Beschreibung des engeren Sachverhalts sollte idealerweise die Ausgangsbasis für die erbetene **Rechtshilfe begründen** und weiter logisch zu ihr hinführen. So wäre der Zweck, zu dem die Maßnahmen erbeten werden und warum das erbetene Beweismaterial für das Ermittlungs- oder Gerichtsverfahren erheblich ist, darzulegen. Weiterhin sind die betroffenen Personen und Gegenstände der konkreten Rechtshilfehandlung so genau wie möglich zu identifizieren. So sind etwa mindestens Namen und Anschrift des Zustellungsempfängers anzugeben. Insbesondere bei einer begehrten Vernehmung oder anderen Zwangsmaßnahme zur Beweiserhebung sollte der Beweisgegenstand und die Beweiserheblichkeit dargelegt werden, etwa indem unterschiedliche Einlassungen oder sonstiges Vorbringen der Verteidigung dargestellt werden, sodass eine Prüfung der Erheblichkeit der Beweisaufnahme und deren zielgerichtete Durchführung erleichtert bzw. erst ermöglicht wird. In diesem Kontext kann auch auf praktisch alle Personen oder Institutionen eingegangen werden, die im Zusammenhang mit dem Ersuchen von Bedeutung sind, und ihre Rolle beschrieben werden.

146 ee) Ferner sind die **Anforderungen an die Rechtshilfehandlungen** zu präzisieren, die sich jeweils nach deren Art richten. Sie werden hier vor allem im „besonderen Teil" (→ §§ 14, 15) dargestellt. Darunter zählen etwa die zur Form der Zustellung, zur Durchführung einer Beschlagnahme und der angestrebten Sicherung und Übergabe der betroffenen Gegenstände, zur eidlichen oder uneidlichen Vernehmung und ggf. dazu einzelne Leitfragen oder der Verweis auf den gebotenen Fragenkatalog im Anhang.

147 Soweit es möglich und erforderlich ist, bestimmte **deutsche Verfahrensvorschriften** (die beigefügt werden, → Rn. 157) zu berücksichtigen (→ § 9 Rn. 101 ff.), ist die entsprechende Bitte dazu in den Text ausdrücklich aufzunehmen, wobei auch hier die Gebote der Höflichkeit im internationalen Verkehr dringend zu beachten sind (vgl. Nr. 26 S. 2 RiVASt).

148 Steht etwa Verfahrensbeteiligten nach deutschen Vorschriften das **Recht zur Teilnahme** an einer Beweisaufnahme zu und haben sie nicht darauf verzichtet,[60] ist die Bitte auszusprechen, die ersuchende Behörde von dem anberaumten Termin so **rechtzeitig zu benach-**

---

[60] Nr. 29 Abs. 2 S. 1 RiVASt gebietet, vorab die Teilnahmeberechtigten zu befragen, ob sie auf ihr Teilnahmerecht verzichten.

richtigen, dass die Beteiligten von dem Zeitpunkt der Beweisaufnahme verständigt werden und an ihr teilnehmen können (Nr. 29 Abs. 2 RiVASt). Erscheint ausnahmsweise – zB weil die Beteiligten sich im Gebiet des ersuchten Staates aufhalten – die unmittelbare Benachrichtigung durch die Behörden des ersuchten Staates zweckmäßiger, ist in dem Ersuchen darum zu bitten und die Anschrift der Beteiligten in das Ersuchen aufzunehmen. Ebenfalls in aller Regel sollten kurze Ausführungen zur möglichen, erwünschten oder gebotenen **Anwesenheit von Amtsträgern oder Verfahrensbeteiligten** bei der Vornahme gemacht werden, die für einige Länder im Idealfall bereits vollständig namentlich im Ersuchen zu bezeichnen sind. Auch diese Ausführungen sollten etwa in Form einer Bitte erfolgen.

Soweit veranlasst, sollten sich Ausführung zur Art der Dringlichkeit anschließen. Stets kann es sich anbieten, unter Beachtung der diplomatischen Höflichkeit auf einen **Zeitrahmen** hinzuweisen, in dem die Maßnahme getroffen oder das Beweismaterial übersandt werden sollte, wobei dieser kurz etwa mit dem notwendigen Fortgang des Verfahrens begründet werden sollte. 149

Nicht nur im anglo-amerikanischen Bereich kann es sich vorsorglich anbieten, auch um eine **vertrauliche Behandlung** des Ersuchens zu bitten, falls diese, namentlich im Hinblick auf das Bezugsverfahren, geboten ist. 150

ff) Schließlich sollten etwaige im Raum stehende Bedenken der ersuchten Stelle bereits möglichst umfassend im Ersuchen aufgegriffen werden. 151

Dies betrifft einerseits tatsächliche und rechtliche Ausführungen, um möglichen im Raum stehenden Einwänden der **Beschränkung der Rechtshilfe** entgegenzuwirken. Vor allem bei rechtlichen Gründen zur Annahme einer Leistungsverpflichtung sollte unter diplomatischer Höflichkeit stets der Hinweis erfolgen, dass es sich nur um die eigene Rechtsauffassung handelt. In diesen Rahmen fällt auch die häufig gebotene zumindest allgemeine Erklärung, dass die erbetene bzw. eine vergleichbare Maßnahme nach innerstaatlichem Recht im Inland ergriffen werden könnte, sowie ggf. der Nachweis, dass das Ersuchen von einem Strafrichter oder einer anderen zuständigen Justizbehörde (→ 1. Kap. Rn. 18 ff.) genehmigt wurde. 152

Andererseits geht es um die **Verarbeitung und Verwendung** der Informationen und Beweismittel. Der Grad etwaiger Zusicherungen sollte sich einmal mehr an den konkreten Rechtshilfebeziehungen orientieren. Er kann reichen von der allgemeinen Zusage sorgfältiger Behandlung und ggf. Rückgabe bis hin zu vor allem für anglo-amerikanische Stellen erforderlichen detaillierten Angaben über die Personen bzw. Personengruppe, die übergebene Sachen in Gewahrsam haben werden, Orte, an die sie verbracht werden und Termine, an denen sie zurückgegeben werden sollen. 153

Schließlich sollte, soweit unter Beachtung der konkreten Vorschriften des jeweiligen Rechtshilfeverhältnisses gegeben (→ § 13 Rn. 220 ff.), die **Erstattung der notwendigen Kosten und Auslagen zugesichert** werden. 154

gg) Kontaktangaben möglichst präziser Art für Rückfragen etc, ggf. unter Hinweis auf die nach dem Geschäftsweg zuständigen Stellen, sollten, soweit noch nicht anderweitig erfolgt, vor den üblichen diplomatischen Schlussformeln den Text abschließen. 155

c) Wie alle an ausländische Behörden gerichteten amtlichen Schreiben soll das Anschreiben von einem Richter bzw. Beamten des höheren Dienstes und vergleichbarer Laufbahngruppen **unterzeichnet** werden (Nr. 9 Abs. 1 RiVASt). Innerhalb der übertragenen Aufgaben nach RPflG tritt an deren Stelle der Rechtspfleger. Die jeweils oberste Justiz- oder Verwaltungsbehörde kann Ausnahmen von dieser Regel zustimmen. Der Unterschrift ist die Amtsbezeichnung (Dienstbezeichnung) und ein Abdruck des **Dienstsiegels** beizufügen (Nr. 9 Abs. 3 RiVASt). 156

2. Anlagen: Gesetzestexte und Aktenteile

Dem Anschreiben als **Anlage** beigefügt werden können die genannten, erforderlichen Gesetzestexte ebenso wie zB Akten und Urkunden (vgl. Nr. 27 Abs. 2 S. 2, 3 RiVASt). 157

Bei den Anlagen ist dafür zu sorgen, dass ein Verlust oder eine Verwechslung möglichst vermieden wird. So ist auf Lichtbildern, Ablichtungen, Plänen und dergleichen gegebenenfalls zu vermerken, welche Person oder welchen Gegenstand sie darstellen (Nr. 27 Abs. 3 RiVASt). Akten und Urkunden sollen dem Ersuchen, soweit möglich, nur in beglaubigter Mehrfertigung beigefügt werden, andernfalls ist zumindest bei Urkunden eine beglaubigte Mehrfertigung bei der ersuchenden Stelle zurückzubehalten (Nr. 27 Abs. 2 S. 3, 4 RiVASt). An erforderlichen Gesetzesnormen im Wortlaut beigefügt werden sollten, je nach der konkreten Rechtshilfebeziehung, insbesondere die anwendbaren Normen des deutschen Verfahrensrechtes, möglichst jedenfalls alle wesentlichen im Raum stehenden Straftatbestände sowie, soweit erforderlich ergänzende Normen zB zu den Beteiligungsformen aus dem Allgemeinen Teil des StGB. Gerade bei den Verfahrensnormen kann es sich anbieten, die anwendbaren zentralen Normen der konkreten Beweiserhebung aus der StPO vollständig beizufügen, jedoch auf entfernt liegende weitere Verfahrensvorschriften zu verzichten. Dies gilt insbesondere, wenn die Organisations- und Verfahrensautonomie des ersuchten Staates betroffen ist. Im Zweifel sollte jedoch, „abgefedert" durch die „diplomatische" Hinführung im Ersuchenstext, eher großzügig zugunsten einer Beifügung von Normen verfahren werden, solange dies weder als „Bevormundung" wirken noch die praktische Anwendbarkeit in Zweifel bringen kann.

3. Begleitschreiben

158 Ein **Begleitschreiben** ist an eine **deutsche Auslandsvertretung** oder an eine **besondere ausländische Empfangsstelle** im unmittelbaren Verkehr zu richten, wenn diese das Ersuchen an die ersuchte Behörde weitergeben soll (Nr. 11 Abs. 1 lit. b RiVASt). Hierzu können die Muster Nummer 2, 2a verwendet werden. Auch hier gelten die Vorschriften für Anschreiben[61] (→ Rn. 129 f.). Soweit im Verhältnis zu bestimmten Staaten die Einschaltung besonderer Übermittlungsbehörden (zB der vorgesetzten Generalstaatsanwaltschaft) vorgesehen ist, wird das Begleitschreiben von dieser Behörde gefertigt (Nr. 30 Abs. 1 S. 4 RiVASt). Dies richtet sich teilweise nach dem Geschäftsweg (→ Rn. 27 ff.), für den sich im Regelfall in der RiVASt Anhang II – Länderteil die entsprechenden Angaben schnell feststellen lassen.

4. Begleitbericht

159 Der **Begleitbericht** ist der Bericht an eine Bewilligungs- bzw. Prüfungs- und von dieser an die obersten Justiz- oder Verwaltungsbehörde, der im Rahmen des Geschäftsganges vor Übermittlung des Ersuchens an das Ausland vorgelegt wird (→ Rn. 92).[62] Der Begleitbericht wird nicht an ausländische Behörden weitergegeben (Nr. 12 Abs. 1 S. 1 RiVASt). Er kann auch in abgekürzter Form erfolgen, zB unter Verwendung von Stempeln auf eine Mehrfertigung des Begleitschreibens oder eines Zuleitungsschreibens an die Vornahmebehörde aufgebracht werden (Nr. 11 Abs. 2 S. 2 RiVASt). Seine Erforderlichkeit bestimmt sich nach der Berichtspflicht, namentlich Nr. 12, 13 und 25 Abs. 2 RiVASt (→ Rn. 21, 88, 91 ff., 212 ff.).

IV. Besondere Anforderungen der einzelnen Rechtshilfeinstrumente

160 Die **unterschiedlichsten Anforderungen der einzelnen Rechtshilfeinstrumente** hinsichtlich des Ersuchsens erschöpfend darstellen zu wollen, ist im vornhinein zum Scheitern verurteilt. Die einzelnen Rechtshilfeinstrumente außerhalb des engeren Unionsrechts zeigen zwar einen konstanten Kern an zentralen erforderlichen Angaben, jedoch zahlreiche Besonderheiten und Ergänzungen, sodass immer überaus ratsam ist, den Entwurf des Ersuchenstextes an diesem Maßstab nochmals kritisch zu überprüfen.

---

[61] Namentlich nach Nr. 8 RiVASt.
[62] Näher Nr. 11 Abs. 2 RiVASt.

§ 12 Das Ersuchen und sein Gang im ersuchenden Staat **3. Kapitel**

Regelmäßig finden sich recht detaillierte Angaben dazu in einem zweiten Abschnitt der **161** einzelnen Rechtshilfeübereinkommen (→ § 9 Rn. 16 ff.) direkt nach den generellen Fragen des jeweiligen Anwendungsbereichs. Diese müssen oft gemeinsam mit den anschließenden Vorschriften zu bestimmten Rechtshilfehandlungen gelesen werden. Demgegenüber kann hier nur auf die folgenden zentralen Rechtshilfegrundlagen eingegangen werden, wobei auch hier ergänzend auf die Ausführungen zu den einzelnen Rechtshilfehandlungen (→ §§ 14, 15 und → § 11 Rn. 125 ff.) sowie auf besondere Zusammenarbeitsformen (→ § 11 Rn. 223 ff.) zu verweisen ist.

Allgemein kann daher nur auf Folgendes hingewiesen werden: **162**

1. Multilaterale Abkommen

Weitgehend am flexibelsten und genügsamsten scheinen hier die **multilateralen Abkommen**, insbesondere im Rahmen des Europarats und der UN. **163**

a) Nach dem **RHÜ 1959** müssen Rechtshilfeersuchen die Behörde, von der das Ersuchen ausgeht, den Gegenstand und Grund bzw. Art des Ersuchens, sowie, soweit möglich, die Identität und die Staatsangehörigkeit der Person, gegen die sich das Verfahren richtet, und, soweit erforderlich, den Namen und die Anschrift des Zustellungsempfängers angeben (Art. 14 Abs. 1 RHÜ 1959). Dieser Kanon wird von den UN-Abkommen sowie einigen bilateralen Abkommen mehr oder weniger gleichlautend übernommen.[63] Des Weiteren müssen Ersuchen die strafbare Handlung bezeichnen und eine kurze Darstellung des Sachverhalts enthalten, wenn sie auf Untersuchungshandlungen, einschließlich Vernehmungen, Durchsuchungen und Beschlagnahmen oder um Übermittlung von Beweisstücken, Akten oder Schriftstücken, also mit Ausnahme von bloßen Zustellungen oder Auskünften aber auch Überstellungen zielen (Art. 14 Abs. 2 RHÜ 1959). Aufgrund bilateraler Ergänzungsverträge müssen bei eiliger Übersendung auf polizeilicher Ebene die Justizbehörde und ihr Aktenzeichen ebenfalls angegeben werden.[64] Auch nach den UN-Übereinkommen müssen die eigentliche verfahrensführende Behörde, Gegenstand und Art der Ermittlung, Strafverfolgung oder Gerichtsverfahrens und ausdrücklich der Zweck, zu dem die Maßnahmen erbeten werden, angegeben werden, ebenso wie Einzelheiten über bestimmte Verfahren, die auf Wunsch der ersuchenden Vertragspartei angewendet werden sollen (Art. 7 Abs. 10 UNSuchtÜ, Art. 18 Abs. 15 Palermo I). **164**

b) Im Geltungsbereich des **RHÜ 2000 innerhalb der Europäischen Union und der Schengenstaaten** sind g em. Art. 4 Abs. 1 RHÜ 2000 zusätzlich die Formvorschriften und Verfahren anzugeben, die vom ersuchten Staat nach Möglichkeit einzuhalten sind. Weiterhin kann eine Frist für die Erledigung angegeben werden, für die Gründe zu nennen sind.[65] Im Geltungsbereich einiger bilateraler Ergänzungsverträge zum RHÜ 1959 soll gleich im Ersuchen angegeben werden, wenn die Anwesenheit von Amtsträgern oder Verfahrensbeteiligten bei der Vornahme gestattet werden soll.[66] **165**

c) Nach dem **GeldwÜ 1990** muss, soweit es um die Beweiserhebung und nicht Vollstreckung geht oder die Zusammenarbeit Zwangsmaßnahmen umfassen soll, der Wortlaut der Gesetzesbestimmungen angeben werden. Wenn dies nicht möglich ist, ist das anzuwendende Recht darzustellen und zu erklären, dass die erbetene Maßnahme oder eine andere Maßnahme mit ähnlichen Wirkungen im Hoheitsgebiet der ersuchenden Vertragspartei nach ihrem innerstaatlichen Recht ergriffen werden könnte. Beizufügen ist, soweit dies **166**

---

[63] Beispielsweise Art. 7 Abs. 10 UNSuchtÜ; Art. 18 Abs. 15 Palermo I; Art. 27 GeldwÜ 1990; **für Japan:** Art. 8 Abs. 3 RHAbk EU/JP; **Kanada:** Art. 10 Abs. 1 RHV DE/CA; **Österreich:** Art. 3 Abs. 2 S. 2 ErgV-RHÜ 1959 DE/AT; **Tunesien:** Art. 34 Abs. 1, 2 RHV DE/TN; **die USA:** Art. 17 Abs. 1, 2 RHV DE/US.

[64] **Für Israel:** Art. 10 Abs. 3 RHÜ DE/IL; **Italien:** Art. 8 Abs. 3 ErgV-RHÜ 1959 DE/IT; **die Niederlande:** Art. 8 Abs. 2 ErgV-RHÜ 1959 DE/NL; **die Schweiz:** Art. 7 Abs. 2 ErgV-RHÜ 1959 DE/CH; gilt nach Art. 9 Abs. 6 ErgV-RHÜ 1959 DE/FR nur in Bezug auf die Übermittlung über Interpol.

[65] Art. 4 Abs. 2 RHÜ 2000; ebenso iÜ Art. 35 Abs. 2 BetrugBekämpfAbk EG/CH.

[66] Vgl. zB **für die Schweiz:** Art. 8 Abs. 1 S. 2 ErgV-RHÜ 1959 DE/CH.

seitens des ersuchten Staates erforderlich ist, der Nachweis, dass das Ersuchen von einem Strafrichter oder von einer anderen in Strafsachen tätigen Justizbehörde (einschließlich einer Staatsanwaltschaft) genehmigt ist.[67]

167 Weiterhin müssen, soweit erforderlich und möglich, Angaben zu den betroffenen Personen, einschließlich Name, Geburtsdatum und -ort, Staatsangehörigkeit und Aufenthaltsort gemacht werden. Wenn es sich um eine juristische Person handelt, muss ihr Sitz genannt werden. Ferner sind die Vermögensgegenstände, bezüglich derer die Zusammenarbeit erbeten wird, der Ort, an dem sie sich befinden, ihre Verbindung zu der oder den betroffenen Personen sowie der Zusammenhang mit der Straftat zu benennen. Weiterhin müssen alle verfügbaren Informationen über die Interessen Dritter an diesen Vermögensgegenständen und schließlich jedes von der ersuchenden Vertragspartei gewünschte besondere Verfahren angegeben werden (Art. 27 Abs. 1 GeldwÜ 1990).

2. USA

168 Bei Rechtshilfeersuchen **in die USA** ist zusätzlich zu den genannten Anforderungen der UN-Übereinkommen (→ Rn. 164) insbesondere zu beachten, dass der Wortlaut der anwendbaren strafrechtlichen Bestimmungen mitzuteilen ist (Art. 17 Abs. 1 Nr. 3 lit. b RHV DE/US). Zusätzlich sind für einzelne besondere Arten von Rechtshilfe besondere Angaben erforderlich (Art. 17 Abs. 2 RHV DE/US). Grundsätzlich muss ausführlich dargelegt werden, warum das erbetene Beweismaterial für das ausländische Ermittlungs- oder Gerichtsverfahren erheblich ist. Ansonsten besteht die Gefahr, dass die befassten Gerichte oder Behörden der USA allzu weit gefasste Ersuchen, als sog. *„fishing expeditions"*, die darauf abzielen, das Netz möglichst weit nach eventuell nicht einmal existierendem Beweismaterial auszuwerfen, zurückweisen. Die Sachverhaltsdarstellung sollte Angaben enthalten, die eine Ausgangsbasis für die erbetene Rechtshilfe bilden und logisch zu ihr hinführen. Weiter sollte der Zeitraum bezeichnet sein, in dem sich der Sachverhalt ereignet hat. Ebenfalls sollte auch auf Personen oder Institutionen eingegangen werden, die im Zusammenhang mit dem Ersuchen von Bedeutung sind und ihre Rolle beschrieben werden. Die wesentlichen Straftaten, wegen derer ermittelt wird, beziehungsweise ggf. die der Strafverfolgung zugrundeliegenden Straftatbestände sollten bezeichnet werden.

169 Außerdem sollten in dem Ersuchen die Verfahren oder Maßnahmen genannt werden, die bei der Erledigung des Ersuchens einzuhalten sind. Sollen Amtsträger oder Verfahrensbeteiligte an einer Zeugenvernehmung oder Vorlage von Beweismitteln teilnehmen können, so sind diese im Ersuchen namentlich zu bezeichnen (Art. 10 Abs. 3 RHV DE/US). Weiterhin muss ausdrücklich ersucht werden, wenn eine eidliche Vernehmung erfolgen soll (Art. 10 Abs. 2 RHV DE/US). Ebenso ist ergänzend darum zu ersuchen, wenn Unterlagen oder die Existenz oder Nichtexistenz von Beweismitteln amtlich bestätigt werden sollen (→ § 13 Rn. 148). Bis auf letzteres entspricht dies im Übrigen weitgehend den Anforderungen an Ersuchen nach **Hongkong,** bei denen die einschlägigen Gesetze ebenfalls jedenfalls zusammengefasst zu beschreiben bzw. anzugeben sind und Angaben zu gewünschten Verfahrensweisen und dem Zeitraum, in dem die Erledigung gewünscht wird, ergänzt werden können (Art. 5 Abs. 2 RHAbk DE/HK).

170 Unbedingt ist darauf zu achten, dass eingehende Rechtshilfeverfahren in den USA grundsätzlich nicht vertraulich behandelt werden, sofern dies nicht im Ersuchen unter ausdrücklichem Hinweis auf Art. 14 RHV DE/US explizit erbeten wird. Das heißt, sofern kein anderslautender Beschluss eines amerikanischen Gerichts vorliegt, werden die Inhalte des Ersuchens öffentlich zugänglich gemacht, sobald dieses bei Gericht eingereicht wird. Namentlich interessierte Parteien werden über das Vorliegen und die Inhalte des Ersuchens informiert, und zwar auch Personen, gegen die ermittelt wird. Zwar werden durch die mit der Durchführung betrauten US-Staatsanwälte häufig in eigener Initiative bereits die Ge-

---

[67] Vgl. Art. 18 Abs. 3, 7 GeldwÜ 1990 für Ermittlungen betreffend das Bankgeheimnis oder Zwangsmaßnahmen.

richte um einen vertraulichen Umgang ersucht, auch wenn das in dem Ersuchen gar nicht angesprochen wurde, zur Verringerung des Risikos einer Offenlegung vertraulicher Angelegenheiten sollte jedoch unbedingt dargelegt werden, inwieweit und warum Vertraulichkeit geboten ist. Ebenso sollte das Ersuchen, wenn eine Maßnahme dringend ist, Ausführungen zur Art der Dringlichkeit und zu dem Zeitrahmen enthalten, in dem die Maßnahme getroffen oder das Beweismaterial übersandt werden sollte. Wegen der Kategorisierung nach Dringlichkeit durch das *Office of International Affairs* sind auch hier Angaben zur Deliktsart und ggf. zum Schadensvolumen bzw. Ausmaß der mutmaßlichen Straftat entscheidend (→ § 13 Rn. 63).

Insgesamt soll besonders darauf geachtet werden, dass das Ersuchen möglichst klar und 171 einfach abgefasst wird, da die Empfänger in den USA in der Regel eine von einem Nichtjuristen angefertigte Übersetzung und nicht den Originalwortlaut in der Fremdsprache lesen werden.

3. Kanada

Im Verhältnis mit **Kanada** sind insbesondere nach einzelnen ersuchten Rechtshilfehand- 172 lungen besondere zwingende Angaben zu beachten, so etwa bei der Überlassung von Beweismitteln Angaben über die Personen bzw. Personengruppe, die diese in Gewahrsam haben werden, den Ort an den es verbracht werden soll und den Termin an dem es zurückgegeben wird (Art. 10 Abs. 2 RHV DE/CA, → § 13 Rn. 177; § 14 Rn. 236).

4. Japan

Im Verhältnis mit **Japan** muss bei allen Rechtshilfeersuchen zusätzlich zu den allgemein 173 genannten Angaben stets der Sachverhalt, Art und Stand des Verfahrens, der Wortlaut oder Auszug der einschlägigen Rechtsvorschriften des ersuchenden Staates einschließlich der anwendbaren Strafen aufgeführt sein, sowie die erbetene Rechtshilfe und ihr Zweck beschrieben werden (Art. 8 Abs. 3 RHAbk EU/JP). Soweit möglich und sachdienlich soll das Ersuchen auch Informationen zum Auffinden und zur Identifizierung von Personen und Gegenständen enthalten, bei Vernehmungen einen Fragenkatalog, sowie bei Ladungen Informationen zur Aufwands- und Kostenentschädigung für den Betroffenen (Art. 8 Abs. 4 RHAbk EU/JP). Ebenfalls sollen besondere zu beachtende Verfahren, Gründe für etwaige Vertraulichkeit und weitere Informationen zu Erleichterung der Erledigung mitgeteilt werden (Art. 8 Abs. 5 RHAbk EU/JP). Da das japanische Strafverfahrensrecht weitgehend dem amerikanischen folgt, verlangt ein Gerichtsbeschluss in der Regel ebenso *„probable cause"*. Es wird ausdrücklich empfohlen, bei Unsicherheiten insbesondere aufgrund der unterschiedlichen Verfahrensordnungen vor einem Ersuchen den *„Legal Attaché"* der japanischen Botschaft in Deutschland zu konsultieren,[68] was allerdings nur nach Rücksprache mit den entsprechenden deutschen Justizverwaltungen erfolgen darf.

D. Übersetzung

I. Übersetzungspflicht

Nach Nr. 14 Abs. 1 S. 1 RiVASt ist im **Grundsatz von einer Übersetzungspflicht** für 174 ausgehende Ersuchen auszugehen, soweit nicht in völkerrechtlichen Übereinkünften etwas anderes bestimmt ist (vgl. Länderteil).

1. Die Übersetzungspflicht bestimmt sich damit **nach dem jeweiligen Rechtshilfein-** 175 **strument:**

a) Eine **Europäische Ermittlungsanordnung** ist vom „ausstellenden", dh ersuchen- 176 den, Staat in einer Amtssprache des Vollstreckungsmitgliedstaates auszufüllen oder zu über-

---

[68] Vgl. Ratsdok. 15008/16, 18 ff.

setzen. Alternativ kann die Übermittlung in einer anderen Amtssprache der Union erfolgen, wenn der Vollstreckungsstaat diese notifiziert hat (Art. 5 Abs. 2, 3 EEA-RL). Gleiches hätte bereits für die Europäische Beweisanordnung gegolten (Art. 6 Abs. 2 RB 2008/978/JI).

177 b) Ansonsten gilt für den **paneuropäischen Bereich** als grundsätzlich wichtigste Ausnahme der Übersetzungspflicht Art. 16 Abs. 1 RHÜ 1959, nach dem die Übersetzung der Ersuchen und der beigefügten Schriftstücke gerade **nicht verlangt wird.**[69] Die Modellwirkung auf andere Rechtshilfeinstrumente blieb allerdings gering. Zudem findet die Regel durch viele Beschränkungen kaum Anwendung: Sie gilt nur vorbehaltlich gesonderter Vereinbarungen der Mitgliedstaaten untereinander, erklärter Vorbehalte des ersuchten Vertragsstaats, dass Ersuchen und Anlagen mit einer Übersetzung in einer eigenen offiziellen Sprache oder einer anderen bezeichneten Sprache des Europarats übermittelt werden müssen, oder wenn der ersuchte Vertragsstaat sich hinsichtlich einer derartigen Sprachfassung auf den Grundsatz der Gegenseitigkeit beruft.[70] Ähnlich bestimmt Art. 16 Abs. 3 IntAFMAbk, dass ersuchende und ersuchte Stelle jeweils ohne Übersetzung in ihrer Sprache übermitteln, wenn nichts anderes vereinbart ist, allerdings auch sonst das ersuchte Land die Beifügung einer von der ersuchenden Behörde beglaubigten Übersetzung des Ersuchens in seine eigene Sprache verlangen kann.

178 So besteht auf Basis des RHÜ 1959 zB auch im Austausch zwischen Deutschland und **Frankreich** nur soweit keine Pflicht zur Beifügung einer Übersetzung, soweit das Ersuchen und die Anlagen bereits in der Sprache des ersuchten Staates abgefasst sind (Art. 10 ErgV-RHÜ 1959 DE/FR). Allerdings wird in der Praxis auch hier in der Regel eine Übersetzung beigefügt, um eine baldige Erledigung zu fördern.

179 Mit **Polen und Tschechien** gilt in diesem Bereich eine besonders ausführlich geregelte Übersetzungspflicht des Ersuchens und aller beigefügter Schriftstücke in eine Sprache des ersuchten Staates, die von einem amtlich bestellten oder vereidigten Übersetzer des ersuchenden Vertragsstaates anzufertigen ist, wobei die Beglaubigung seiner Unterschrift unter der Übersetzung nicht erforderlich ist.[71] Besteht die Rechtshilfe in einer Zustellung, so muss das entsprechende Schriftstück dann nicht übersetzt werden, wenn der Empfänger der Sprache, in der es abgefasst ist, kundig ist, ist er dieser unkundig, dann muss zumindest der wesentliche Inhalt in der Sprache des ersuchten Aufenthaltsstaates übersetzt werden, wenn nicht bekannt ist, dass er nur einer anderen Sprache kundig ist, in die ansonsten zu übersetzen ist.[72]

180 Insoweit ist eine vorsorgliche Übersetzung in eine Amtssprache der ersuchten Stelle stets angeraten, wenn diese ohne Weiteres – auch zeitlich – möglich ist. Ansonsten wären nach den jeweiligen bilateralen Ergänzungsverträgen zum RHÜ 1959 auch die zahlreichen Vorbehaltserklärungen zum Übereinkommen jeweils im Einzelnen zu prüfen.[73] Da Deutschland sich ebenfalls vorbehalten hat, dass eine Übersetzung ins Deutsche bei eingehenden Ersuchen beigefügt sein muss,[74] ist ohnehin nach dem Gegenseitigkeitsvorbehalt von einer Übersetzungspflicht auszugehen.

181 c) Die **meisten multi- und bilateralen Rechtshilfeverträge** bestimmen hingegen bereits als Grundsatz, dass das Ersuchen und weitere Unterlagen grundsätzlich in der

---

[69] So auch Art. 25 Abs. 2, 3 GeldwÜ 1990; ausdrücklich auch nochmals im Verhältnis mit **der Schweiz** für alle Ersuchen Art. 10 ErgV-RHÜ 1959 DE/CH; **Italien:** Art. 10 ErgV-RHÜ 1959 DE/IT; **die Niederlande:** Art. 16 ErgV-RHÜ 1959 DE/NL.
[70] Allerdings bestanden jedenfalls zahlreiche, jedoch teilweise zum Teil aufgegebene entsprechende Vorbehalte, die jedoch wiederum durch Zusatzvereinbarungen häufig hinfällig wurden, sodass die Lage sehr unübersichtlich ist, vgl. *Nagel* Beweisaufnahme 138 f.
[71] **Für Tschechien:** Art. 12 Abs. 1 PolZV DE/CZ; vgl. auch Art. 6 Abs. 6 PolZV DE/CZ; praktisch inhaltsgleich alleine mit Entfallen der Qualifikation des Übersetzers für **Polen:** Art. 11 Abs. 1–3 ErgV-RHÜ 1959 DE/PL.
[72] **Für Tschechien:** Art. 12 Abs. 1 S. 3, Abs. 2 PolZV DE/CZ; **Polen:** Art. 11 Abs. 3, 4 ErgV-RHÜ 1959 DE/PL.
[73] Unter http://www.coe.int/de/web/conventions/full-list/-/conventions/treaty/030/declarations (zuletzt abgerufen am 21.5.2019).
[74] Erklärung zu Art. 16 RHÜ 1959 anlässlich der Ratifikation v. 2.10.1976.

Sprache des ersuchten Staates zu übermitteln sind, bzw. in einer Sprache, die der ersuchte Staat, ggf. getrennt von Normal- oder Eilfällen, als akzeptabel notifiziert hat.[75]

d) Bei anderen bilateralen Verträgen führt die Wahlmöglichkeit der Kommunikationssprache in jedem Fall zu einem optionalen Entfallen der Übersetzungsverpflichtung: 182

So wird im Geltungsbereich des Polizeivertrages mit der **Schweiz** die Kommunikation 183 stets auf deutsch geführt, jedoch können die Ersuchen in französischer und italienischer Sprache durch die entsprechenden Kantone beantwortet werden (Art. 46 PolZV DE/CH).

Mit der **Türkei** kann bei der Zusammenarbeit im Bereich erheblicher Kriminalität die 184 Kommunikation auf deutsch, englisch oder türkisch erfolgen (Art. 8 Abs. 1 AntiOrgKrimAbk DE/TR). Mit **Tunesien** erfolgt die Kommunikation französisch (Art. 40 RHV DE/TN).

Eine weitere – nicht nur historisch bedingte – Ausnahme gilt im Verhältnis zu **Israel**. In 185 Verfahren wegen nationalsozialistischer Gewaltverbrechen können deutsche polizeiliche Ersuchen direkt in deutscher Sprache gestellt werden (Nr. 1b ErgV-RHÜ 1959 DE/IL). Ansonsten werden Ersuchen jeweils in der Sprache des ersuchenden Staates gestellt, sind jedoch mit allen beigefügten oder nachfolgenden Schriftstücken in die Sprache des ersuchten Staates oder ins Englische zu übersetzen (Art. 12 Abs. 1 S. 1 RHÜ DE/IL).

2. Ist Übersetzungsverzicht vereinbart, kann es sich bei **besonders bedeutsamen oder** 186 **eilbedürftigen Ersuchen** im Interesse einer schnelleren Erledigung **empfehlen,** gleichwohl Übersetzungen des Ersuchens beizufügen (Nr. 14 Abs. 1 S. 3 RiVASt).

3. Ein in völkerrechtlichen Übereinkünften vereinbarter Übersetzungsverzicht berührt 187 nicht die **Übersetzungspflichten aus Art. 6 Abs. 3 lit. a EMRK** zugunsten des **Betroffenen, namentlich bei Ladungen** und gerichtlichen Sachentscheidungen (Nr. 14 Abs. 4 RiVASt, Nr. 181 Abs. 2 RiStBV). Dies entspricht auch der Übersetzungspflicht nach einigen neueren Abkommen.[76]

II. Durchführung der Übersetzung

1. Die Übersetzung **erstreckt sich** auf das vollständige Ersuchen und seinen Anlagen und 188 ist dem Ersuchen beizufügen. Nicht zu übersetzen sind Vorgangsbestandteile, die im Inland verbleiben, insbesondere also Begleitberichte (→ Rn. 159).

2. Die Art und Weise der Durchführung erfolgt grundsätzlich alleine auf der Grundlage 189 des nationalen Rechts.

a) Danach können bei ausgehenden Ersuchen mehrsprachige **Vordrucke** verwendet 190 werden (vgl. Muster Nr. 2a, 31b, 33b dRiVASt, Nr. 14 Abs. 3 S. 1 RiVASt).

b) Im Übrigen sind die Übersetzungen gem. Nr. 14 Abs. 3 RiVASt von der Behörde zu 191 beschaffen, die das dem Ersuchen zugrundeliegende Verfahren betreibt. Diese Übersetzungen müssen den die Richtigkeit der Übersetzung bestätigenden Vermerk eines **amtlich bestellten oder vereidigten Übersetzers bzw. Dolmetschers** tragen, wenn dies in völkerrechtlichen Übereinkünften vorgesehen ist oder wenn Rechtshilfe auf vertragsloser Grundlage begehrt wird. In Zweifelsfällen sollte das beabsichtigte Ersuchen vor Anfertigung der Übersetzungen einer eventuell im konkreten Geschäftsgang vorgesehenen Bewilligungs- oder sonstigen Aufsichts- oder Zentralstelle vorgelegt werden.

Alleine aufgrund innerstaatlicher Standards, die sich auch für spätere Verfahrensfragen 192 auswirken können, empfiehlt es sich dessen ungeachtet auf die nachgewiesene **Qualität der Übersetzung** zu achten. Zudem haben sich nicht hinreichend qualifizierte Überset-

---

[75] Vgl. zB Art. 7 Abs. 9 S. 3 UNSuchtÜ; Art. 18 Abs. 14 Palermo I; **Hongkong:** Art. 5 Abs. 4 RHAbk DE/HK; **die USA:** Art. 18 RHV DE/US; **Japan:** Art. 9 RHAbk EU/JP iVm Anhang III RHAbk EU/JP, danach ist für Japan in dringenden Fällen auch eine englische Übersetzung akzeptabel, der Vorbehalt der Gegenseitigkeit mit einem Staat, der selbst Englisch in Eilfällen nicht akzeptiert, greift gegenüber der Bundesrepublik Deutschland nicht ein; generelle Übersetzungspflicht in **Kanada** nach Art. 16 RHV DE/CA in eine der Amtssprachen, also nach Kanada englisch oder französisch.

[76] Vgl. etwa für **Japan:** Art. 22 Abs. 3 RHAbk EU/JP → § 15 Rn. 71.

zungen nicht selten als Hauptgrund für gescheiterte oder wesentlich verzögerte Rechtshilfeverfahren erwiesen.[77] Nicht nur in außereuropäische oder seltenere Sprachen erweisen sich automatisierte Übersetzungen alleine durch öffentlich verfügbare Programme bislang stets mit überaus großem Risiko als unzuverlässig. Als *zusätzliche* Maßnahme hat sich etwa im Verhältnis mit Japan die Beifügung einer informellen englischen Fassung des eigentlichen Ersuchens neben der amtlichen japanischen Übersetzung bewährt.[78]

193 c) Das Abkommen mit **Tunesien** erfordert alleine, dass die Übersetzung gem. Art. 40 RHV DE/TN mit dem **Amtssiegel** versehen sein muss.

E. Mehrfertigungen

194 Zur Anzahl der zu fertigenden Exemplare des Gesamtersuchens finden sich praktisch keine ausdrücklichen Vorschriften in den Rechtshilfeinstrumenten. Die Regelungen beschränken sich in aller Regel auf die Auslieferungs- und Vollstreckungshilfe. Aus der Zweckmäßigkeit und Üblichkeit im diplomatischen Rechtshilfeverkehr hat sich die auch in der RiVASt verankerte Praxis entwickelt, grundsätzlich für jede beteiligte Stelle im ersuchenden und ersuchten Staat bzw. für ihre Akten eine Mehrfertigung vorzuhalten und jeweils bis zu ihr weiterzusenden.

195 Dem ausländischen Staat werden **das Ersuchen, seine Anlagen und die Übersetzungen grundsätzlich in zweifacher Fertigung** übermittelt (Nr. 30 Abs. 1 S. 1 RiVASt). Daher ist mit dem Belegexemplar für die Akte der ersuchenden Behörde stets mindestens dreifache Fertigung der gesamten Unterlagen (ohne Übersetzungen) erforderlich. Die Zahl der erforderlichen Mehrfertigungen erhöht sich neben dem bereits genannten Belegexemplar der Akte auf insgesamt sechs im förmlichen diplomatischen Geschäftsgang (Nr. 30 Abs. 4 RiVASt). Vier Mehrfertigungen sind im ministeriellen Geschäftsweg über ein Bundesministerium oder Bundesamt, drei im sonstigen ministeriellen Geschäftsweg sowie bei Ermächtigung zur Direktübersendung an die deutsche Auslandsvertretung im diplomatischen Geschäftsweg und im konsularischen Verkehr erforderlich.

196 Die **Übersetzungen** für den ersuchten Staat sind stets nur in zweifacher Fertigung beizufügen.

197 **Berichte** und gegebenenfalls ihre Anlagen sind, soweit nichts anderes vorgeschrieben ist, mit zwei zusätzlichen Mehrfertigungen vorzulegen, die der Unterrichtung des Bundesamtes für Justiz dienen, das seinerseits das Auswärtige Amt in Kenntnis setzt (Nr. 12 Abs. 1 S. 1 RiVASt). Sie müssen nicht beigefügt werden, wenn ersichtlich ist, dass zu einer Unterrichtung des Bundesamtes für Justiz und des Auswärtigen Amtes kein Anlass besteht (Nr. 12 Abs. 1 S. 2 RiVASt). Werden Berichte auf dem Dienstweg vorgelegt, sind für die beteiligten Behörden jeweils zusätzliche Mehrfertigungen beizufügen (Nr. 12 Abs. 2 RiVASt.).

198 Mehrfertigungen im Sinne der RiVASt können durch jede Art der Vervielfältigung der Urschrift hergestellt werden (Nr. 8 Abs. 5 RiVASt). Die **Beglaubigung** von Schriftstücken, die zur Verwendung im Ausland bestimmt sind, kann auch von einem Urkundsbeamten der Geschäftsstelle vorgenommen werden (Nr. 9 Abs. 2 RiVASt).

F. Authentizitätsnachweis

I. Erforderlichkeit

199 Das Erfordernis eines förmlichen Authentizitätsnachweises ist im strafrechtlichen Rechtshilfeverkehr zur Informationsübermittlung und Beweismittelgewinnung weitestgehend zurückgenommen und damit vor allem dem vertragsfreien Bereich vorbehalten.

---

[77] Vgl. etwa für die Erfahrungen mit Japan Ratsdok. 15008/16, 20.
[78] Vgl. Ratsdok. 15008/16, 20.

1. Nach dem **Europäischen Rechtshilfeübereinkommen** und nach dem Europäi- 200
schen Erträgeübereinkommen ist für Schriftstücke und Urkunden, die aufgrund des Übereinkommens übermittelt werden, **keinerlei Art von Beglaubigung** erforderlich, was insbesondere für das Ersuchen und seine Anlagen gilt.[79] Hier kommt der um die paneuropäischen Staaten erweiterte Mitgliederkreis – wie Israel, Chile oder Südkorea (→ § 9 Rn. 42) – erneut zur Geltung.

Dies bestätigt für die **EU- und Schengenstaaten** bereits das RHÜ 2000, während es für 201
die weiteren (darauf und dem SDÜ aufbauenden) Rechtshilfeinstrumente des Unionsrechts so selbstverständlich ist, dass dies nur allenfalls noch beiläufig Erwähnung findet:[80] Art. 6 Abs. 1 S. 1 RHÜ 2000 bestimmt ausdrücklich, dass Rechtshilfeersuchen und Spontanübermittlungen danach *auch* durch Mittel erfolgen können, die die Erstellung einer *schriftlichen Fassung* unter Bedingungen ermöglichen, die dem empfangenden Mitgliedstaat die *Feststellung der Echtheit* gestatten. Aus der systematischen Stellung, letztlich aufbauend auf dem RHÜ 1959, ist klar, dass damit keine höheren Anforderungen als dort für den Authentizitätsnachweis gelegt werden dürfen, also insbesondere nicht indirekt wieder auf Legalisation oder Apostille rekurriert wird. Ebenso muss zB die Europäische Ermittlungsanordnung (nur) in einer Form schriftlich oder elektronisch übermittelt werden, um die Feststellung ihrer Echtheit zu ermöglichen.[81]

2. **Keiner Bestätigung, Beglaubigung oder Legalisation** bedürfen grundsätzlich 202
Rechtshilfeersuchen nach **Tunesien** (Art. 41 RHV DE/TN), **Kanada** (Art. 15 RHV DE/CA) sowie in die **USA** (Art. 23 RHV DE/US), sofern nichts anderes ausdrückliches vorgesehen ist. Gleiches gilt im Verhältnis zu **Hongkong,** soweit nicht die jeweiligen eigenen Rechtsvorschriften anderes erfordern sollten (Art. 13 RHAbk DE/HK). Ebenfalls keine gesonderte Authentifizierung benötigen im Verhältnis mit **Japan** Urkunden, die die Unterschrift oder das Siegel einer zuständigen Behörde oder Zentralbehörde tragen und dadurch beglaubigt sind (Art. 7 RHAbk EU/JP).

3. Insbesondere bei **UN-Übereinkommen** bleiben allerdings die Authentifizierungs- 203
anforderungen für strafrechtliche Rechtshilfeersuchen dem ersuchten Mitgliedstaat vorbehalten.[82] Hier können neben gesonderten Vereinbarungen, auch Vorbehalte der Gegenseitigkeit greifen.

4. Ob und welche Formen förmlicher Beglaubigung ansonsten bei ausgehenden Er- 204
suchen um „sonstige Rechtshilfe" erforderlich sind, ergibt sich meist akkurat **aus dem Länderteil der RiVASt.**

II. Form

Soweit keine besonderen Formen bestimmt sind, erfolgt der Authentizitätsnachweis durch 205
die förmliche **Legalisation,** soweit nicht ein solcher durch Apostille erfolgen kann.

1. Traditionell muss auch die Echtheit von Rechtshilfeersuchen wie von anderen staatli- 206
chen Urkunden im völkerrechtlichen Verkehr durch **Legalisation** bestätigt werden (Nr. 28 Abs. 1 S. 1 RiVASt).

Die Legalisation ist heute auch im Bereich der justiziellen – erst recht „kleinen" – 207
Rechtshilfe in Strafsachen nur noch eine **vereinzelte Ausnahme,** die häufig, aber nicht immer, an den diplomatischen Geschäftsweg geknüpft ist und jedenfalls konstruktiv dem unmittelbaren Austausch widerspricht. Wann dieser noch erforderlich ist, ergibt sich am schnellsten aus dem Länderteil der RiVASt iVm Nr. 28 Abs. 2 S. 1 RiVASt.

---

[79] Art. 17 RHÜ 1959; ersteres bestätigt zB **für Israel:** Art. 12 Abs. 2 RHÜ DE/IL; letzteres ausdrücklich in Art. 26 GeldwÜ 1990.
[80] Das SDÜ beruft sich in Art. 48 insoweit auf das RHÜ 1959 und erklärt sich als weitere Erleichterung, sodass Art. 17 RHÜ 1959 als Mindeststandard vorausgesetzt und einbezogen ist.
[81] Art. 7 Abs. 1 EEA-RL; für die Europäische Beweisanordnung bereits Art. 8 Abs. 1 RB 2008/978/JI.
[82] Vgl. Art. 14 Palermo I; das UNSuchtÜ enthält keine entsprechende (deklaratorische) Regelung.

3. Kapitel

208 Das Institut der Legalisation ist im Haager Übereinkommen zur Befreiung ausländischer Urkunden von der Legalisation (ApostillenÜ)[83] völkervertraglich verankert. Dies entspricht insoweit der völkergewohnheitlichen Tradition.

209 Durch die Legalisation bestätigt förmlich die (berufs-)konsularische Vertretung eines Staates mit Sitz in einem anderen Staat, dass die von dem letztgenannten Sitzstaat mutmaßlich ausgestellten amtlichen Urkunden auch tatsächlich von dessen Organen herrühren.[84] Das Verfahren stammt damit aus einer Zeit, in der mangels entsprechender Telekommunikationsmittel eine amtliche Zertifizierung der eigenen Repräsentanz vor Ort im fremden Staat für die Anerkennung amtlicher Urkunden eines anderen Staates für erforderlich gehalten wurde. Es werden zwei Formen der Legalisation unterschieden: In einem engeren Sinn zertifiziert die Vertretung des Staates, dass die Unterschrift auf einer seiner amtlichen Urkunden echt ist (Nr. 28 Abs. 1 S. 1 RiVASt). Eine erweiterte Legalisation umfasst auch die Bestätigung, dass der Aussteller nach den Gesetzen zur Ausstellung der Urkunde zuständig war und dass die Urkunde in gesetzlicher Form aufgenommen ist (Nr. 28 Abs. 1 S. 2 RiVASt).

210 Nur die Legalisation im engeren Sinn ist (beiläufig) durch das ApostillenÜ geregelt (Art. 2 S. 2 ApostillenÜ). Sie erstreckt sich unter anderem auf alle Urkunden, die ein staatliches Gericht oder eine Amtsperson als Organ der Rechtspflege ausgestellt hat, die schließt ausdrücklich Staatsanwälte, Urkundsbeamte der Geschäftsstelle und Gerichtsvollzieher ein (Art. 1 Abs. 2 lit. a ApostillenÜ). Im Übrigen ist es die Sache des Ausstellungs- und Verwendungsstaates, wie er zwischen seinen konsular- und sonstigen Behörden das Verfahren des Bestätigungsnachweises weiter normiert.[85]

211 Die Legalisation durch die ausländische berufskonsularische Vertretung in Deutschland ist bei ausgehenden Ersuchen **durch die deutsche Prüfungsbehörde** herbeizuführen (Nr. 28 Abs. 3 S. 1 RiVASt). Situationen, in denen eine solche nicht vorhanden ist und der Verkehr mit dem ausländischen Konsulat im Inland durch die ersuchende Stelle direkt erfolgen müsste, sind kaum denkbar, da vor allem ein unmittelbarer Geschäftsweg wohl gerade Zeichen einer Verfahrensvereinfachung und -beschleunigung ist, die ausnahmslos das Entfallen des Legalisationserfordernisses durch entsprechende Regelung einschließt. Soweit der Zielstaat – oder ausnahmsweise ein Rechtshilfeinstrument – keine anderweitigen Regelungen getroffen hat, genügt es für die Vornahme in der Regel, wenn jeweils ein mit Beglaubigungsvermerk versehenes Exemplar der Unterlagen entsprechend Muster Nr. 3 RiVASt legalisiert wird (Nr. 28 Abs. 3 S. 2 RiVASt).

212 2. Eine gewisse – jedoch den heutigen Rechtspraxis in der strafrechtlichen Zusammenarbeit **weitgehend ebenfalls bereits überholte – Vereinfachung** bedeutet die sog. **(Haager) Apostille.** Die Beglaubigung der Authentizität der Urkunde erfolgt hier nicht durch die konsularische Vertretung des Empfangsstaates im Ersuchensstaat, sondern durch eine zuständige, möglichst herausgehobene und ggf. notifizierte Stelle des Staates, von dem das Ersuchen ausgeht. Das Verfahren signalisiert ein gewisses etabliertes Grundvertrauen zwischen den beteiligten Staaten, das heute weitgehend global üblich ist. Es stellt die einfachste Ersparnis einer Stelle im völkerrechtlichen Austausch dar und kann eine deutliche Verfahrensbeschleunigung bewirken.

213 a) Die genauen Umstände, wann und wie das Apostillenverfahren zur **Anwendung** kommt, ergeben sich aus den entsprechenden völkerrechtlichen Vereinbarungen, die im Länderteil der RiVASt verzeichnet sind (vgl. Nr. 28 Abs. 2 S. 2 RiVASt). Dabei scheint vor allem der Kreis der Mitgliedstaaten des ApostillenÜ maßgeblich. Unter den Vertragsstaaten, zu denen auch Deutschland zählt, soll das ApostillenÜ jedoch im bilateralen Verhältnis nicht angewandt werden, soweit einseitige Vorbehalte geltend gemacht werden. Deutschland hat solche gegen einzelne Mitgliedstaaten erklärt, sodass, soweit eine Klärung über die RiVASt nicht erfolgen kann, sich eine Abklärung über das Auswärtige Amt dringend empfehlen kann.

---

[83] v. 6.10.1951 (BGBl. 1965 II 875 ff.).
[84] Vgl. Art. 2 S. 2 ApostillenÜ; für die deutsche Legalisation durch deutsche Konsule im Ausland § 13 KonsularG.
[85] Vgl. für Deutschland § 13 KonsularG zur Zuständigkeit, Verfahren und insbes. Vermerkform.

Der gegenständliche Anwendungsbereich der Apostille bestimmt sich nach dem Apostillen Ü wie der der Legalisation.[86] Zwischen den Vertragsstaaten des Übereinkommens darf zur Bestätigung der Echtheit der Unterschrift, der Eigenschaft, in welcher der Unterzeichner der Urkunde gehandelt hat, und gegebenenfalls der Echtheit des Siegels oder Stempels, mit dem die Urkunde versehen ist, nur verlangt werden, dass die Apostille von der zuständigen Behörde des Staates angebracht wird, in dem die Urkunde errichtet worden ist (Art. 3 ApostillenÜ). 214

b) Die **Zuständigkeit für die Erteilung der Apostille** folgt aus den innerstaatlichen deutschen Rechtsvorschriften, die auf der Ermächtigung der Bundes- und Landesregierung sowie nachgeordneten Behörden zum Erlass dazu aus Art. 2 ApostillenÜbG beruhen. Damit wird auch die Verpflichtung aus dem ApostillenÜ erfüllt, wonach jeder Vertragsstaat die zuständigen Behörden, die ein näher bestimmtes Register über die ausgestellten Apostillen zu führen haben (Art. 7 ApostillenÜ), dem Ministerium für auswärtige Angelegenheiten der Niederlande zu notifizieren hat (Art. 6 ApostillenÜ). Während für Urkunden des Bundes regelmäßig das Bundesverwaltungsamt zuständig ist, liegt die Zuständigkeit für ausgehende Rechtshilfeersuchen von Staatsanwaltschaften und Gerichten im Bezirk eines Landgerichts in der Regel bei dessen Präsidenten, für Oberlandesgerichte und Generalstaatsanwaltschaften meist bei dem jeweiligen Justizministerium. Auch hier ist, falls nicht regelmäßig identisch, die Prüfungsbehörde für die Einholung zuständig, wenn nichts anderes bestimmt ist. 215

c) Für die **Abfassung der Apostille** ist in aller Regel das Muster Nr. 3a RiVASt maßgebend (vgl. Nr. 28 Abs. 2 S. 2 RiVASt). Es folgt den Vorgaben des ApostillenÜ. Danach wird die Apostille auf der Urkunde selbst oder auf einem mit ihr verbundenen Blatt angebracht.[87] Sie muss dem Muster nach der Anlage zum ApostillenÜ entsprechen, kann aber in der Amtssprache der Behörde, die sie ausstellt, abgefasst werden. Die gedruckten Teile des Musters dürfen auch in einer zweiten Sprache wiedergegeben werden. Die Überschrift „Apostille (Convention de La Haye du 5 octobre 1961)" muss indes stets zwingend in französischer Sprache abgefasst sein. Die Unterschrift und das Siegel oder der Stempel auf der Apostille bedürfen selbst keiner Bestätigung (Art. 5 Abs. 3 ApostillenÜ). 216

G. Technische Übermittlung des Ersuchens

I. Traditionelle Übermittlungsform

Übersendungen zu den beteiligten Stellen im Ausland erfolgen in der Regel durch die **allgemeine Post**. In Eilfällen und bei Unzulänglichkeit der Postverhältnisse im Bestimmungsland sollen private Kurierdienste in Anspruch genommen werden (Nr. 10 Abs. 1 S. 1 RiVASt). Sendungen an Behörden im außereuropäischen Raum sind grundsätzlich mit Luftpost oder privaten Kurierdiensten zu übermitteln (Nr. 10 Abs. 1 S. 2 RiVASt). Soweit es ausnahmsweise im unmittelbaren Schriftverkehr mit deutschen Auslandsvertretungen aus Sicherheitsgründen oder wegen der Unzulänglichkeit der Postverhältnisse im Bestimmungsland erforderlich scheint, ist nach der detaillierten Regelung der RiVASt der Kurierweg des Auswärtigen Amts zu benutzen (Nr. 10 Abs. 2 RiVASt). 217

II. Alternative Übermittlungsformen

1. Zunehmend bedeutsam ist, dass **in Eilfällen** und soweit es für die Übermittlung ausgehender Ersuchen ausreichend ist, auch **andere Übermittlungsformen,** wie zB Fern- 218

---

[86] Nach Art. 1 Abs. 2 lit. a ApostillenÜ zählen hierzu insbes. Urkunden eines staatlichen Gerichts oder einer Amtsperson als Organ der Rechtspflege, einschließlich der Urkunden, die von der Staatsanwaltschaft oder einem Vertreter des öffentlichen Interesses, von einem Urkundsbeamten der Geschäftsstelle oder von einem Gerichtsvollzieher ausgestellt sind sowie Urkunden der Verwaltungsbehörden.
[87] Hierzu und zum Folgenden Art. 4 ApostillenÜ.

schreiben, Telefax, Telefon, E-Mail, in Anspruch genommen werden können (→ Rn. 115 ff.; Nr. 10 Abs. 3 RiVASt. Dabei ist nach Nr. 10 Abs. 3 S. 2 RiVASt bei der Übermittlung personenbezogener Daten auf ausreichenden Datenschutz zu achten.

219 **2.** Auf die Übermittlung **mittels Interpol und anderer zwischenstaatlicher Stellen** wurde bereits eingegangen (→ Rn. 103 ff.).

220 **3.** Der Datenaustausch mittels **Verbunddateien und automatisierte Übermittlungen auf Abruf** kann ebenfalls als besondere Form und damit Fortentwicklung der Rechtshilfe auf Ersuchen verstanden werden (→ § 16).

§ 13 Weiteres Verfahren und Kommunikation

A. Prüfung und Bewilligung

I. Zuständigkeiten und Empfang

1 Grundsätzlich bleiben die konkreten Vorgänge im ersuchten Staat, die ein Rechtshilfeersuchen auslöst, für den ersuchenden Staat und seine Stellen eine „**black box**", die rechtlich nur bei Verwertung der zurückübermittelnden Ergebnisse und, soweit im Fall etwaiger Probleme erforderlich, eine Rolle zu spielen hat.[1]

1. Empfangsbestätigung

2 Ob eine **Empfangsbestätigung** erfolgt, richtet sich nach den Gepflogenheiten des ersuchten Staates, ggf. unter Berücksichtigung der besonderen Praxis im konkreten bilateralen Rechtshilfeverkehr. Soweit nicht vereinbart bzw. vorgeschrieben, kann sie nicht erwartet werden. So hat sich etwa im Verhältnis mit **Japan** eine Empfangsbestätigung in einer englisch abgefassten E-Mail als gute Praxis eingebürgert.[2]

3 Erstmalig für die **Europäische Ermittlungsanordnung** ist seit dem 22.5.2017 allgemein eine Pflicht des Empfangsstaates eingeführt, den Erhalt der Anordnung (dh des Ersuchens) unverzüglich, unter Verwendung des im Anhang aufgeführten Formblattes B, zu bestätigen (Art. 16 Abs. 1 EEA-RL). Das Formblatt identifiziert die Europäische Ermittlungsanordnung über die erlassende Behörde, sowie Datum und Aktenzeichen ihrer Entscheidung und teilt sodann insbesondere detaillierte Kontaktinformationen zu der Behörde, die sie entgegengenommen hat und die, an die sie zuständigkeitshalber übermittelt wurde, mit. Danach hat die „zuständige Behörde des Vollstreckungsstaats, bei der die Europäische Ermittlungsanordnung eingeht", deren Eingang unverzüglich, in jedem Fall aber binnen einer Woche nach Eingang zu bestätigen, indem sie das Formblatt ausfüllt und entsprechend weiterleitet. Hat der Zielstaat eine zentrale Behörde für den Empfangsstaat benannt, gilt die Pflicht sowohl für diese als auch für die Vollstreckungsbehörde, die die Europäische Ermittlungsanordnung von der zentralen Behörde entgegennimmt. Unklar bleibt indes, dass auch die „zuständige Behörde", die die Europäische Ermittlungsanordnung zuerst entgegengenommen hat, aber gerade nicht zuständig für die Vollstreckung ist, ebenso wie die Vollstreckungsbehörde, der sie die Europäische Ermittlungsanordnung unverzüglich übermittelt, den Empfang zu bestätigen hat (Art. 16 Abs. 2 EEA-RL iVm Art. 7 Abs. 6 EEA-RL). Hier ist wohl einfach das vorangehende „zuständig" (ebenso wie in der englischen Fassung) irrig gesetzt.

---

[1] Die deutsche dogmatische Trennung zwischen (idR) gerichtlicher Prüfung und (außenpolitischer) Bewilligung bzw. Leistungsermächtigung bei eingehenden Ersuchen kann in anderen Staaten keineswegs vorausgesetzt werden, wie bereits der Vergleich mit Österreich zeigt, vgl. *Schomburg/Lagodny/Gleß/ Hackner* Einleitung Rn. 171.

[2] Ratsdok. 15008/16, 14.

2. Zuständigkeit für die weitere Bearbeitung

Für die **Zuständigkeit für die weitere Bearbeitung im ersuchten Staat** hat sich die in Deutschland gerade für eingehende Ersuchen entwickelte Struktur von Prüfungs-, Bewilligungs- und Vornahmestelle (Nr. 7 RiVASt) zwar als Konstrukt hilfreich und durchaus verbreitet erwiesen, kann aber nicht allgemein vorausgesetzt werden. Zudem ist sie für das Auslieferungsrecht ausgeprägt worden und im Bereich der „kleinen Rechtshilfe" vor allem für Maßnahmen ohne freiheitsentziehende Auswirkungen meist ebenso wie in Deutschland in zahlreichen Staaten stark flexibilisiert bzw. vereinfacht. Dagegen wird in anderen ausländischen Staaten bei der prinzipiellen Zuständigkeitsaufteilung nicht zwischen unterschiedlichen Formen der Rechtshilfe unterschieden:

So erfolgt etwa in den **USA** die Prüfung grundsätzlich jedes Rechtshilfeersuchens durch einen Juristen („*Trial Attorney*" oder „*Senior Trial Attorney*") sowie einen Rechtspfleger („*Paralegal*") des *Office of International Affairs* (OIA) des U. S. Department of Justice, die mit dem Fall beauftragt werden und ggf. die weitere Korrespondenz führen. Sie haben das eingehende Ersuchen zu prüfen und festzustellen, ob es geltendem Rechtshilferecht und inländischen Rechtsvorschriften gerecht wird und wie es gegebenenfalls am besten zu erledigen ist.

3. Weiterleitung an die zuständige Stelle

Ist innerhalb des ersuchten Staates die mit einem Rechtshilfeersuchen befasste Behörde zu dessen Erledigung **nicht zuständig,** so leitet sie es – wie in vielen Übereinkommen ausdrücklich vorgesehen – von Amts wegen an die innerstaatlich zuständige Behörde weiter und verständigt davon den ersuchenden Staat auf dem unmittelbaren Weg, falls das Ersuchen auf diesem gestellt wurde.[3] Wie zB aus der Anti-Korruptionskonvention des Europarates ersichtlich, handelt es sich vor allem um den Fall, dass bei erlaubter unmittelbarer Übermittlung des Ersuchens eine unzuständige Behörde adressiert wurde (Art. 30 Abs. 4 KorrStRÜ).

II. Prüfungsumfang und Auslegung

Der Maßstab für die Prüfung, ob die Rechtshilfe durchgeführt werden kann, richtet sich nach den Verpflichtungen der konkreten Rechtshilfeinstrumente, dem staatlichen Rechtshilfe- und sonstigen Verfahrensrecht. Dabei sind völkerrechtliche Grundsätze und andere Rechtsnormen ebenfalls zu berücksichtigen. Auf der anderen Seite kann es notwendig sein, ggf. das eingegangene Ersuchen auszulegen, um dessen Begehren rechtlich erfassen und erfüllen zu können. Die Richtigkeit der stattgebenden Prüfung zugunsten einer Durchführung der Rechtshilfe ist wiederum weitgehend der Nachprüfung im ersuchenden Staat aufgrund des Grundsatzes der souveränen Gleichheit bzw. der Souveränität untereinander entzogen (→ § 24 Rn. 16 ff., 30; § 26 Rn. 11).

1. Prüfungsumfang

Grundsätzlich kann und wird der ersuchte Staat eigenständig **alle Voraussetzungen prüfen,** die die erbetene Maßnahme in seinem Herrschaftsbereich voraussetzt:
- Dazu zählt insbesondere, ob die erbetene Rechtshilfe nach innerstaatlichem Recht überhaupt **grundsätzlich möglich** ist, namentlich eine entsprechende Rechtshandlung und eine Rechtsgrundlage für sie besteht.
- Weiterhin ist zu prüfen, ob eine **Pflicht** zur Leistung der begehrten Rechtshilfe besteht, und wenn nicht, ob diese gleichwohl geleistet werden soll.

---

[3] Art. 18 RHÜ 1959, Art. 24 Abs. 4 GeldwÜ 1990, Art. 7 Abs. 6 EEA-RL auch Art. 8 Abs. 5 RB 2008/978/JI oder **für die Schweiz:** Art. 27 Abs. 3 BetrugBekämpfAbk EG/CH; **die USA:** Art. 19 Abs. 2 RHV DE/US.

- Schließlich stellt sich die Frage, ob und ggf. wie **im weiteren Verfahren** den Erfordernissen der Rechtsordnung des ersuchten Staates (oder anderer von ihm anerkannter Interessen) Genüge getan werden kann.

9 Der Grundsatz der vollen Prüfung der Voraussetzungen der Rechtshilfe wird allerdings in wesentlichen Punkten **eingeschränkt:**

10 **a)** Zunächst ist aufmerksam die Entwicklung bei den Verweigerungsgründen einer sonst verpflichtenden Rechtshilfe zu beobachten (ausführlich → § 11 Rn. 46 ff.). Dies gilt namentlich, auch über den Bereich der EU hinaus, für die Beschränkung wegen der fehlenden **Strafbarkeit der mutmaßlichen Bezugstat im eigenen Rechtssystem.** Sie führt dazu, dass die befassten Stellen des ersuchten Staates nicht mehr die Voraussetzungen des eigenen materiellen Strafrechts für die Ausführung einer Rechtshilfehandlung prüfen müssen und dürfen.

11 **b)** Darüber hinaus setzt sich durch das **Unionsrecht** immer weiter das sog. **Anerkennungsprinzip** durch, nach dem Entscheidungen, die in einem Mitgliedstaat in anerkannter Weise getroffen wurden, durch andere Mitgliedstaaten nicht mehr hinterfragt werden. Die Grundlage bildet Art. 82 Abs. 1 AEUV, der nicht nur abschließende, sondern auch verfahrensbegleitende Entscheidungen bei der justiziellen Zusammenarbeit in Strafsachen umfasst und ausdrückt: „[...] dass ein gegenseitiges Vertrauen der Mitgliedstaaten in ihre jeweiligen Strafjustizsysteme besteht und dass jeder Mitgliedstaat die Anwendung des in den anderen Mitgliedstaaten geltenden Strafrechts akzeptiert, auch wenn die Anwendung seines eigenen nationalen Rechts zu einem anderen Ergebnis führen würde."[4]

12 Dies spiegelt sich etwa im – allerdings gegenüber der gescheiterten Europäischen Beweisanordnung deutlich durch Ausnahmen zurückgenommenen Grundsatz der **Europäischen Ermittlungsanordnung:**

„Die Vollstreckungsbehörde erkennt eine nach dieser Richtlinie übermittelte EEA ohne jede weitere Formalität an und gewährleistet deren Vollstreckung in derselben Weise und unter denselben Modalitäten, als wäre die betreffende Ermittlungsmaßnahme von einer Behörde des Vollstreckungsstaats angeordnet worden, es sei denn, die Vollstreckungsbehörde beschließt, einen der Gründe für die Versagung der Anerkennung oder der Vollstreckung oder einen der Gründe für den Aufschub der Vollstreckung nach dieser Richtlinie geltend zu machen" (Art. 9 Abs. 1 EEA-RL).

13 So kann bei zahlreichen Ersuchen um Informationen und Beweismittel nicht mehr geltend gemacht werden, dass die begehrte Beschaffung nicht im nationalen Recht vorgesehen sei (Art. 10 Abs. 1, 2 EEA-RL): Dazu zählen etwa alle Informationen, die sich im Besitz oder unmittelbaren Zugriff der Vollstreckungsbehörde innerhalb des polizeilichen bzw. strafprozessualen Bereichs befinden, sowie nicht invasiven Ermittlungsmaßnahmen und Vernehmungen. Dagegen sind die Gründe für eine Versagung der Vollstreckung abschließend aufgeführt, wobei die fehlende Strafbarkeit bei Vorliegen transeuropäischer Katalogstraftaten und bei „nicht invasiver Informationsbeschaffung" einschließlich von Vernehmungen nicht zur Verweigerung berechtigen (Art. 11 Abs. 1, 2 EEA-RL).

14 Der Schutz der Grund- und Verfahrensrechte ist dabei in den spezifischen europäischen Wirkungsmechanismen, namentlich der Geltung der EMRK und der GRCh weiter auch von der Vollstreckungsbehörde durch eigene Prüfung zu beachten, auch wenn der nationale ordre public mit dem Anerkennungsprinzip ebenfalls zurückgenommen wird (→ § 9 Rn. 120 ff.).[5]

15 **c)** Ohne dass dies im Zielstaat ebenso ausgeprägt sein muss, kann jedenfalls im Zuge der zugesicherten **Gegenseitigkeit** von Relevanz sein, dass aus deutscher Sicht bei hier eingehenden Ersuchen der Prüfungsmaßstab auch anderweitig zurückgenommen ist:

16 **aa)** Die Frage der **notwendigen Bestimmtheit** aller Ersuchensbestandteile, insbesondere der Sachverhalts- und Rechtsnormschilderung, muss die Besonderheiten des Rechtes des

---

[4] EuGH NJW 2003, 1173 – Gözütok und Brügge; vgl. dazu *Schramm* ZJS 2010, 615 (618).
[5] Vgl. hier nur etwa Art. 11 Abs. 1 lit. a–f EEA-RL.

ersuchenden Staates berücksichtigen, allerdings, wie beim Auslieferungsrecht, ein Mindestmaß einhalten.[6]

bb) (Inzidenz-)Fragen der Erforderlichkeit der ersuchten Ermittlungshandlung, etwa der **Beweiswert** eines ggf. sicherzustellenden und zu übermittelnden Gegenstands, unterliegen allein der Beurteilung durch den ersuchenden Staat aus Sicht seines eigenen Verfahrens. Ihr Fehlen aus Sicht der ersuchten Behörden wird allenfalls in evidenten Fällen nicht zu tolerieren sein.[7]

cc) Namentlich bei der Prüfung, ob der dargestellte Sachverhalt den **Tatbestand einer Strafvorschrift** erfüllt, dürfen aus deutscher Sicht nicht die gleichen strengen Maßstäbe angelegt werden wie sonst. Die ersuchte Stelle hat vielmehr die Möglichkeit in Betracht zu ziehen, dass bei gleichen oder vergleichbaren Straftatbeständen das Recht des ersuchenden Staates geringere Anforderungen an die Tatbestandserfüllung stellt als das deutsche Recht und die ersuchende Stelle das strafrechtlich relevante Verhalten nur in dem Umfang mitteilt, der erforderlich ist, um nach den dortigen Rechtsgrundsätzen die Tatbestandserfüllung darzutun. Reicht der dargelegte Sachverhalt danach nicht aus, um auch bei den hier gestellten Anforderungen das Vorliegen des gesetzlichen Tatbestandes nachzuweisen, so besagt das noch nicht, dass die inländische Strafbarkeit nicht gegeben ist. In einem solchen Fall muss es deshalb für die Zulässigkeit der Rechtshilfe genügen, wenn sich aus der Gesamtheit des Sachverhalts und sonstiger dem Gericht vorliegender Erkenntnisquellen der entsprechende Verdacht ergibt, dass der Straftatbestand auch nach deutschem Recht erfüllt ist. Allerdings muss ein Mindeststandard so beachtet werden, dass etwa dem Betroffenen der Sachverhalt ein zureichender Rückschluss auf das ihm vorgeworfene Geschehen ermöglicht ist, sodass dieses sich dieses von anderen abgrenzt und er seine Verteidigung darauf ausrichten kann.[8]

d) Stets behält der ersuchte Staat regelmäßig das Recht und die Pflicht, über die Einhaltung seines **ordre public** auch auf die anderer grundsätzlicher Maßstäbe seines eigenen Handelns, wie insbesondere seiner Grundrechte zu wachen.[9]

2. Auslegung des Ersuchens

Grundsätzlich hat der ersuchte Staat, auch wenn dies nicht in den Rechtshilfeübereinkommen ausdrücklich festgeschrieben ist, nach den Grundsätzen wie der Courtoisie bzw. Völkerrechtsfreundlichkeit, Rechtshilfeersuchen wohlwollend zu prüfen. Er hat dazu im Rahmen der gültigen und anerkannten Methoden eine *benigne interpretatio* bei der **Auslegung** im Rahmen des ihm Möglichen walten zu lassen.

a) Dies kann insbesondere auch nicht nur eine technische **Fehlbezeichnung der begehrten Handlung nach dem Recht des ersuchten Staates unbeachtlich** machen, sondern auch zu einer **Umdeutung des Ersuchens nach seinem Sinn und Zweck** führen: So kommen über den Wortlaut des Ersuchens **hinausgehende Maßnahmen** in Betracht, soweit sie offensichtlich seinem Sinn und Zweck entsprechen (Nr. 4 Abs. 1 S. 2 RiVASt). Ferner haben die für das Ersuchen zuständigen Stellen statt einer bezeichneten eine nach ihrem Recht mögliche und für das Ersuchensbegehren taugliche Ermittlungshandlung anzunehmen und diese weiter zu prüfen und zu verfolgen, wenn die ausdrücklich genannte nicht vorhanden oder erkennbar nicht zur Erfüllung des Begehrens geeignet ist.[10] So schreibt etwa auch das Unionsrecht für die **Europäische Ermittlungsanordnung** fest, dass die Vollstreckungsbehörde, wann immer möglich, auf eine andere, auch nicht im Anwendungsbereich des Rechtshilfeinstruments vorgesehene Ermittlungsmaß-

---

[6] Vgl. hierzu und zum Folgenden BGHSt 27, 168 ff. = NJW 1977, 1598.
[7] Vgl. OLG Köln BeckRS 2011, 01478.
[8] Vgl. etwa OLG Karlsruhe BeckRS 2013, 00656 mwN.
[9] BGHSt 27, 222 (227) = NJW 1977, 2036; OLG Köln BeckRS 2011, 01478.
[10] Vgl. etwa für deutsche Stellen OLG Köln BeckRS 2011, 01478 mwN für die Auslegung eines Auskunftbegehrens hinsichtlich sichergestellter Daten als Herausgabebegehren mwN.

nahme zurückgreift, wenn die in der konkreten Europäische Ermittlungsanordnung angegebene Ermittlungsmaßnahme nach dem Recht des Vollstreckungsstaats nicht besteht oder in einem vergleichbaren innerstaatlichen Fall nicht zur Verfügung stehen würde (Art. 10 Abs. 1 EEA-RL).

22 b) Umstritten aus deutscher Sicht scheint, wie weit eine **Auslegung des Ersuchens in tatsächlicher Hinsicht** erfolgen kann. Dies ergibt sich etwa, wenn ein mit Namen angegebener Zeuge aus der Sachverhaltsschilderung über Tatsachen in einer Funktion bekunden soll, die ersichtlich ein anderer innegehabt hat. Einerseits wird hier argumentiert, die zusätzliche (irreführende) Namensnennung dürfe nicht zu einer nicht am Sinn, sondern nur am Buchstaben orientierten Interpretation des Ersuchens führen, vielmehr sei die Beweiserhebung im Rahmen vernünftiger, dh am sachbezogenen Interesse der ersuchenden Stelle auszulegen.[11] Andererseits wird darauf verwiesen, dass das Ersuchen den Umfang der erbetenen Rechtshilfe festlege und dieser nicht eigenmächtig überschritten werden dürfe, die ersuchende Stelle sei nämlich alleine Herrin des Rechtshilfeersuchens.[12] Auch hier dürfte eine Abwägung geboten sein, die einerseits möglicherweise nicht erkennbaren Gefahren für die Beweisintegrität und Vertraulichkeit des Bezugsverfahrens, andererseits den allgemeinen Gedanken der notwendigen Beweissicherung bei drohendem Beweisverlust aus § 67 Abs. 1 IRG für eingehende Ersuchen, auf den ggf. im Rahmen von Gegenseitigkeitsgedanken auch bei der ausgehenden Rechtshilfe durch den ersuchten Staat Bezug genommen werden kann, unterscheidet. Die Praxis behilft sich richtigerweise in zunehmendem Maße mit unmittelbaren, informellen, flexiblen und daher schnellen Rückfrage- und Konsultationsmöglichkeiten (→ Rn. 25).

III. Schwierigkeiten bei der Erledigung, Konsultation und Ergänzungen

23 Bleiben trotz größtmöglicher Auslegung und Beschränkung des Prüfungsmaßstabs Schwierigkeiten bestehen, die einer Vollziehung der Rechtshilfe aus rechtlichen oder tatsächlichen sowie zulässigen Zweckmäßigkeitserwägungen entgegenstehen, besteht die weithin anerkannte, jedoch nicht gesicherte vorauszusetzende internationale Praxis, dass der ersuchte Staat mit dem ersuchenden in Verbindung tritt, um auf die Probleme hinzuweisen und diesem die Möglichkeit zu geben, diese ggf. gemeinsam zu beseitigen, damit die Rechtshilfe noch erfolgen kann. Dabei ist eine zunehmende Verrechtlichung zu beobachten, die den gesamten Abstimmungsprozess einschließt. Sie wurzelt im Bestreben, eine sichere Grundlage für dieses weitere Verfahren zu schaffen, um die mögliche Kommunikation zu ordnen, gegenseitige Verpflichtungen zu fixieren, aber auch den weiteren Austausch von Daten im Verlauf der Konsultationen abzusichern. Dabei richtet sich regelmäßig die Kommunikationsebene nach dem für das Ersuchen geltenden Geschäftsweg bzw. zusätzlich gegebenen Übermittlungsmöglichkeiten.

1. Benachrichtungs- und Konsultationspflichten

24 In diesem Sinn ist eine Verankerung zunächst einer **Benachrichtungs-** und dann einer weitergehenden **Konsultationspflicht** vor allem in jüngeren Rechtshilfeinstrumenten zu beobachten. Dabei kann aus der Regelung nur bestimmter Konsultationsfälle oder gar einem vollständigen Schweigen des Rechtshilfeinstruments keineswegs geschlossen werden, dass ansonsten eine Konsultation ausgeschlossen wäre. Vielmehr dürfte damit zu rechnen sein, dass sie vom ersuchten Staat auch in den nicht vorhergesehenen Fällen betrieben wird, um die Rechtshilfe möglichst im Sinn der wechselseitigen Kooperation erfolgreich abschließen zu können.

---

[11] Vgl. *Wilkitzki* GA 1999, 67 ff. mwN.
[12] OLG Jena Beschl. v. 1.10.1998 – AR (S) 177/98, zit. nach OLG Karlsruhe Beschl. v. 15.6.2007 – 1 AK 48/05; aA *Wilkitzki* GA 1999, 67 ff.

a) Während das RHÜ 1959 und die UN-Konventionen regelmäßig noch keine 25
Regelungen für erforderlich bzw. angebracht hielten, fixieren das ZP II-RHÜ 1959 in
Art. 7 Abs. 2 und Abs. 3 S. 2 ZP II-RHÜ 1959 und noch weitergehend das Rechtsübereinkommen der EU zwischen den EU-Mitgliedstaaten sowie die Spezialübereinkommen des Europarats und das weitere Unionsrecht, wie zur Europäischen Ermittlungsanordnung, die Pflicht der Behörden des ersuchten Mitgliedstaats, unverzüglich die Behörden des ersuchenden Mitgliedstaats zu unterrichten, wenn das Ersuchen nicht oder **nicht vollständig gemäß ihren Anforderungen erledigt werden kann**.[13] Dabei sind die Bedingungen (→ Rn. 71 ff.) mitzuteilen, unter denen das Ersuchen aus Sicht des ersuchten Staates erledigt werden könnte. Danach können die Behörden des ersuchenden und des ersuchten Mitgliedstaats vereinbaren, in welcher Weise die weitere Bearbeitung des Ersuchens erfolgen soll. Dabei kann diese weitere Bearbeitung dann von der Einhaltung der zuvor besprochenen Bedingungen abhängig gemacht werden. Ähnlich wird eine allgemeine Konsultationspflicht im Fall etwaiger Schwierigkeiten bei der Erledigung oder Auslegung des Ersuchens bzw. ggf. Rechtsinstruments verankert, so insbesondere in Art. 10 Abs. 4 EEA-RL, Art. 16 EEA-RL, sowie etwa auch im Verhältnis mit **Japan**.[14] Entsprechendes gilt im Verhältnis mit **Hongkong** (Art. 4 Abs. 5 RHAbk DE/HK), wenn eine Verweigerung oder Aufschub in Betracht gezogen wird zur Prüfung, ob bestimmte Bedingungen diese entbehrlich machen. Gleiches gilt im Verhältnis mit den **USA** (Art. 15 Abs. 1 RHV DE/US) und **Japan** (Art. 11 Abs. 1 lit. b, Abs. 4 RHAbk EU/JP), wenn die Erledigung ansonsten wegen des Verstoßes gegen den ordre public zu verweigern wäre.

b) Ebenfalls im Verhältnis mit den USA und Japan sind Konsultationen durchzuführen, 26
wenn ein **laufendes strafrechtliches Ermittlungsverfahren oder Strafverfahren** im ersuchten Staat durch die uneingeschränkte Erfüllung des Ersuchens beeinträchtigt würde (Art. 19 Abs. 5 Nr. 2 RHV DE/US).

c) Sind im Verhältnis mit den USA speziell aus anderen **Vertraulichkeits- bzw. Daten-** 27
schutzgründen Bedingungen erforderlich, soll sich der ersuchte Staat mit dem ersuchenden ins Benehmen setzen (Art. 15 Abs. 4 RHV DE/US).

d) Wenn sich ein zur Vernehmung oder Herausgabe von Gegenständen Aufgeforderter 28
auf Immunität, Unfähigkeit oder ein **Vorrecht nach dem Recht des ersuchenden Staates beruft,** kann im Verhältnis mit den **USA** der ersuchte Staat den ersuchenden Staat um eine Erklärung über das Bestehen des Anspruchs bitten. Bestätigt dieser ihn nicht, so wird die Beweiserhebung durchgeführt; allerdings bleibt die weitere Entscheidung über das Bestehen des Anspruchs im ersuchenden Staat unberührt (Art. 10 Abs. 5 RHV DE/US).

e) Wenn ein rein **praktisches Problem,** namentlich in dem vom ersuchten Staat 29
gewünschten Verfahren oder bei einer Videovernehmung, die Erledigung verhindert, sieht das Abkommen mit **Japan** vor, dass sich die beteiligten Staaten gegenseitig konsultieren, um das Problem zu lösen (Art. 10 Abs. 3 S. 2 RHAbk EU/JP, Art. 16 Abs. 1 S. 2 RHAbk EU/JP).

f) Wenn die vollständige Erledigung **Kosten außergewöhnlicher Art** verursachen 30
würde, sehen unter anderem die Rechtshilfeabkommen mit den **USA** (Art. 19 Abs. 2 RHV DE/US), **Kanada** (Art. 18 Abs. 2 RHV DE/CA), **Japan** (Art. 12 Abs. 3 RHAbk EU/JP) und **Hongkong** (Art. 12 Abs. 3 RHAbk EU/JP) eine spezielle Konsultationspflicht vor.

---

[13] Art. 4 Abs. 4 S. 1 RHÜ 2000; ebenso zB Art. 31 KorrStRÜ; für **die Schweiz**: Art. 35 Abs. 2 BetrugBekämpfAbk EG/CH; jetzt umf. Art. 9 Abs. 6 EEA-RL, Art. 10 Abs. 5 EEA-RL, Art. 16 Abs. 2, 3 EEA-RL.
[14] Wie etwa **für Japan**: Art. 28 Abs. 1 und 2 RHAbk EU/JP; vgl. ähnlich Art. 8 Abs. 6 RB 2008/978/JI, Art. 13 Abs. 4, 5 RB 2008/978/JI, Art. 15 Abs. 4 RB 2008/978/JI.

3. Kapitel

2. Notwendige ergänzende Angaben

31 Zum Weiteren bestehen insbesondere Regelungen, wenn der ersuchte Staat zur Erledigung **weitere Angaben** benötigt oder diese aus seiner Sicht die Erledigung des Ersuchens erleichtern.

32 **a)** Laut einer Vielzahl von Abkommen kann und soll er diese dann beim ersuchenden Staat anfordern.[15] Gleiches gilt auch für das Unionsrecht, namentlich die Europäische Ermittlungsanordnung (Art. 11 Abs. 4 EEA-RL). Nach dem Abkommen gegen bestimmte Finanzstraftaten mit der Schweiz hat die ersuchte Behörde ihrerseits der ersuchenden unverzüglich alle Angaben zu übermitteln, die es dieser ermöglichen, ihr Ersuchen zu ergänzen oder auf weitere Maßnahmen auszudehnen (Art. 27 Abs. 4 BetrugBekämpfAbk EG/CH). Als ein Beispiel für das Nachschieben von Informationen, das ansonsten in den anderen Rechtshilfeübereinkommen angedeutet oder allgemein unterstellt wird, kann das Rechtshilfeabkommen mit Kanada gelten. Danach werden ergänzende Angaben zur Verfügung gestellt, soweit diese dem ersuchten Staat für die Erledigung des Ersuchens im Einzelfall notwendig erscheinen (Art. 11 Abs. 3 RHV DE/CA).

33 **b)** Nach einem neueren, noch nicht verbreiteten Mechanismus sind auch **fehlerhafte oder unvollständige Ersuchen vorläufig zu erledigen,** sofern sie die für ihre Erledigung unerlässlichen Informationen enthalten. Dies scheint sich vor allem bei der vorläufigen Sicherung von Vermögenswerten durchzusetzen. Ähnlich sieht das CKÜ für die unverzügliche vorläufige Sicherung von Computerdaten und andere ähnlich eilbedürftige Maßnahmen im Hinblick auf „flüchtige Sachverhalte" vor. Nach Art. 28 GeldwÜ 1990 kann der ersuchte Staat bei Mängeln zur Ergänzung oder Änderung des Ersuchens, ggf. unter Fristsetzung, auffordern, aber bereits vorläufige Ermittlungs- und Sicherungsmaßnahmen treffen. Dies findet sich ebenfalls im Abkommen mit der Schweiz gegen Finanzstraftaten (Art. 27 Abs. 4 BetrugBekämpfAbk EG/CH). Die Pflicht zur späteren Berichtigung bzw. Ergänzung ihres Ersuchens durch die Behörde der ersuchenden Vertragspartei bleibt davon unberührt. Deswegen hat die ersuchte Behörde die ersuchende mit der vorläufigen Vornahme auf die Mängel hinzuweisen und ihr eine Frist für die Berichtigung zu setzen und unverzüglich alle weiteren Angaben zu übermitteln, die es dieser ermöglichen, ihr Ersuchen zu ergänzen oder auf weitere Maßnahmen auszudehnen.

34 **c)** Soweit diese Maßnahmen nicht im Rechtshilfeübereinkommen oder maßgeblichen, ggf. beidseitigen, nationalen Recht verankert sind, kann es sich anbieten, nach mehr oder weniger formlosen Konsultationen das Ersuchen nochmals in einer ggf. abgesprochenen und insbesondere durchführbaren Form **nochmals vollständig zu übersenden**.

3. Art und Weise der Folgekommunikation

35 Die **Form entsprechender Kommunikationen** ist in aller Regel nicht gesondert geregelt und kann sich oft im direkten Kontakt mit der konkreten Prüfungs-/Bewilligungsstelle oder ggf. der ausführenden Stelle des ersuchten Staates und der ersuchenden Stelle vollziehen, ohne dass es hierfür eine feste Praxis gäbe.

36 Die **USA** gehen davon aus, dass in solchen Fällen der mit der Prüfung und Veranlassung beauftragte Jurist oder Rechtspfleger des *Office of International Affairs* mit der ersuchenden Stelle per Post oder Telekommunikation in Kontakt tritt, wenn das Ersuchen teilweise unzureichend ist, um weitere Informationen zu erbitten, ehe entschieden wird, ob es erledigt werden kann oder nicht. In der Praxis mit Deutschland erfolgt der Kontakt des *Office of International Affairs* grundsätzlich über das Bundesamt für Justiz. Neuerdings kommen, vor allem bei Ersuchen um Telekommunikations- und Computerdaten, unmittelbare Telefonkonferenzen der amerikanischen Seite auch mit den deutschen Ermittlungsorganen zur Anwendung.

---

[15] Art. 7 Abs. 11 UNSuchtÜ; Art. 18 Abs. 16 Palermo I; Art. 9 Abs. 1 S. 2 IntBestÜ; **für Japan:** Art. 9 Abs. 6 RHAbk EU/JP; **die USA:** Art. 19 Abs. 5 Nr. 1 RHV DE/US.

Mit Japan hat sich als gute Praxis eingebürgert, dass die weitere Kommunikation per E- 37
Mail in englischer Sprache jeweils zeitnah und informell geführt wird.[16]

Dagegen bestehen **innerhalb der EU** neben den Vorgaben des bereichsspezifischen 38
Unionsrechts, wie insbesondere neu zur Europäischen Ermittlungsanordnung zahlreiche
weitere Mechanismen, um „stockenden" Ersuchen – gerade auch auf Anregung und
Wunsch der ersuchenden Stelle bzw. der dahinterstehenden Ermittlungsorgane des Bezugsverfahrens – noch zu einem möglichst zeitnahen und effektiven Erfolg zu verhelfen,
namentlich das EJN und Eurojust (ausführlich dort → § 17 Rn. 12, 32, 34).

IV. Ablehnung

Da bei der Ablehnung des Ersuchens bzw. die Verweigerung der Rechtshilfe stets, wenn 39
auch nicht rechtlich, in einem gewissen Maß das Moment eines „unfreundlichen Aktes" im
völkerrechtlichen Verhältnis mitschwingt,[17] stellt sie – jedenfalls unter, durch Rechtshilfeinstrumente erkennbar, „befreundeten" – Staaten stets nur eine *ultima ratio* dar. Sie soll
daher nur zurückhaltend und abgefedert durch völkerrechtliche Höflichkeitsformen angewendet werden, wenn keine andere Lösung auf das Ersuchen möglich ist.

1. Völkerrechtliches Ablehnungsrecht

Völkerrechtlich darf der ersuchte Staat die Rechtshilfe ablehnen, wenn er zu ihr nicht 40
verpflichtet ist. Eine Verpflichtung besteht im Geltungsbereich eines entsprechenden bindenden Rechtshilfeübereinkommens (→ § 9 Rn. 12 ff.) nur, wenn dessen formelle und
materielle Anforderungen erfüllt sind (→ § 11 Rn. 4 ff.), also insbesondere die formellen
Anforderungen für das Ersuchen und seine Übermittlung eingehalten sind und kein
zulässiger weiterer Ablehnungsgrund (→ § 11 Rn. 45 ff.) eingreift.[18]

a) So kann der ersuchte Staat das Ersuchen zurückweisen, wenn es erkennbar nicht von 41
einer dazu **berechtigten Stelle des ersuchten Staates stammt**. Dies gilt ausdrücklich
vom RHÜ 1959 (vgl. Art. 3 RHÜ 1959) bis hin zur Europäischen Ermittlungsanordnung
(vgl. Art. 9 Abs. 3 EEA-RL),[19] jedoch implizit in allen Rechtshilfebeziehungen. In diesen
Fällen kann sich die Stelle, die das Ersuchen gestellt oder initiiert hat, mithilfe der innerstaatlichen Mechanismen, vor allem der innerstaatlichen Amtshilfe an eine anerkannte zum
Stellen des Ersuchens berechtigte Stelle wenden (→ § 12 Rn. 84 ff.).

b) Bei der Ablehnung zu berücksichtigen sind insbesondere die **wohlwollende Aus-** 42
legung und der reduzierte Prüfungs- und Rügemaßstab (→ Rn. 9 ff., 20 ff.). Dies gilt
namentlich im Geltungsbereich des Unionsrechts, dessen Anerkennungsgrundsatz sich in
einem deutlich verringerten Kanon von Ablehnungsgründen ausdrückt.

Insbesondere nach der künftigen **Europäischen Ermittlungsanordnung** werden ge- 43
ring invasive oder etablierte Standardrechtshilfemaßnahmen identifiziert, die in jedem Mitgliedstaat zur Verfügung stehen müssen und die auch nicht für geringfügige Straftaten oder
Ordnungswidrigkeiten abgelehnt werden dürfen, namentlich Übermittlung von Informati-
onsmitteln und Beweisen, die die ersuchte Stelle bereits besitzt, Vernehmungen, aber auch
Identifizierung von Inhabern von Telefonanschlüssen und IP-Adressen sowie sog. „nicht

---

[16] Ratsdok. 15008/16, 14 f.
[17] Vgl. zum Ganzen etwa *Nagel* Beweisaufnahme 77.
[18] Vgl. etwa Art. 7 Abs. 15 lit. a UNSuchtÜ; Art. 18 Abs. 21 lit. a Palermo I; **für Japan:** Art. 11 Abs. 1, insbes. lit. e RHAbk EU/JP, wenn das Ersuchen den Erfordernissen des Abkommens nicht gerecht wird.
[19] Ähnliches war für den RB 2008/978/JI vorgesehen, danach durfte auch eine Verwaltungsbehörde die Vornahme ablehnen, wenn die Anordnung nicht durch ein Gericht bzw. (Ermittlungs-)Richter oder Staatsanwalt erfolgt bzw. bestätigt wurde, Art. 11 Abs. 4 RB 2008/978/JI, Art. 13 Abs. 1 lit. e, Abs. 2 S. 2 RB 2008/978/JI. Die Ablehnung konnte grds. nur nach Einzelfallprüfung erfolgen, wenn nicht der Staat einen entsprechenden Vorbehalt nach Art. 11 Abs. 5 RB 2008/978/JI gemacht hat. Bis zur endgültigen Entscheidung konnte die Anerkennung der Europäischen Beweisanordnung aufgeschoben werden, Art. 16 Abs. 1 lit. b RB 2008/978/JI.

invasive Ermittlungsmaßnahmen", allerdings nach Maßgabe des Rechtes des Vollstreckungsstaates (Art. 10 Abs. 2 EEA-RL, Art. 11 Abs. 2 EEA-RL). Unter letzterem sollen „beispielsweise Maßnahmen …, die das Recht auf den Schutz der Privatsphäre oder das Recht auf Eigentum gemäß dem nationalen Recht nicht verletzen" zu verstehen sein (Erwägungsgrund 16 EEA-RL). Hier wird trotz dem Verweis auf das Recht des Vollstreckungsstaates vor allem in der Weiterentwicklung des Begriffs dem allgemeinen, allerdings gemeinsamen, Europäischen Grundrechtsschutz, zB in Bezug auf die Meinungs-, Berufs-, Koalitions- oder Religionsfreiheit wohl eine neue auffangende Bedeutung zukommen (müssen), wenn nicht bereits aus dem Wortlaut der „nicht invasiven Ermittlungsmaßnahmen" derartige Eingriffe als nicht umfassbar angesehen werden müssen.

44 c) Die **USA** kommunizieren, dass Ersuchen, die bestimmte **Schwellenwerte unterschreiten,** in die niedrigste Dringlichkeitsstufe (→ Rn. 63) eingeordnet oder gänzlich abgelehnt werden könnten. Dies wird wohl auch angewandt, auch wenn dies im eigentlichen Rechtshilfeinstrument nicht ausdrücklich vorgesehen ist. Die Beschränkung beziehe sich insbesondere auf geringfügige Straftaten wie beispielsweise Eigentums- oder Finanzdelikte mit einem Gesamtschadensvolumen von 5.000 US-Dollar oder weniger, Drogendelikte mit geringfügigen Mengen verbotener Substanzen und Tätlichkeiten oder versuchte Tätlichkeiten, durch die keine oder nur leichte Verletzungen herbeigeführt wurden.

45 d) Abgelehnt werden kann das Ersuchen aber auch, etwa im Verhältnis mit Hongkong, wenn der ersuchende Staat **Bedingungen,** zB hier zur Vertraulichkeit in der weiteren Verwendung der übermittelten Daten, nicht einhalten kann (Art. 4 Abs. 3 RHAbk DE/HK; insbesondere → Rn. 73).

2. Europäische Ermittlungsanordnung

46 Mit der **Europäischen Ermittlungsanordnung** wird der **Ultima-ratio-Gedanke** in einer neuen Form verankert. Damit wird eine neue Qualität in dieser Hinsicht ab dem 22.5.2017 erreicht, da nicht nur einmalig detailliert die Möglichkeiten des Rückgriffs auf alternative, allein mögliche, oder weniger belastende Ermittlungsmaßnahmen nach Konsultation (Art. 10 EEA-RL), sondern die eigenständige Berechtigung und Verpflichtung zur Beseitigung von Vollstreckungshindernissen, hier die Aufhebung von Immunitäten und Vorrechten (Art. 10 Abs. 5 EEA-RL) festgeschrieben werden.

3. Vorkehrungen zur Vermeidung des Scheiterns von Ersuchen

47 Seit jeher wird auf der anderen Seite **verfahrensmäßig** versucht, die faktischen Wirkungen einer Ablehnung so gering wie möglich zu halten bzw. dem Rechtshilfeersuchen doch noch möglichst zum Erfolg zu verhelfen.

48 a) Nach praktisch allen vertraglichen Rechtshilfegrundlagen ist jede Verweigerung von Rechtshilfe vom ersuchten Staat dem ersuchenden **mitzuteilen** und (ggf. unverzüglich) zu **begründen.**[20] Dies gilt ausdrücklich im Verhältnis mit Japan auch bei einer nur möglichen Teilerledigung (Art. 10 Abs. 6 S. 3 RHAbk EU/JP). Mit der Türkei sind in Anwendung des Vetrages bezüglich erheblicher Kriminalität allerdings die Gründe nur im Regelfall mitzuteilen (Art. 5 Abs. 3 AntiOrgKrimAbk DE/TR).

49 b) Wie bereits oben (→ Rn. 23 ff.) ausgeführt, werden zunehmend Maßnahmen geregelt, um eine Ablehnung zu vermeiden.[21] Hierzu zählt insbesondere die Konsultation durch den ersuchten Staat und „Nachbesserungen" oder „Rücknahmen" durch den er-

---

[20] Art. 19 RHÜ 1959; Art. 7 Abs. 16 UNSuchtÜ; Art. 18 Abs. 22 Palermo I; Art. 30 GeldwÜ 1990; Art. 27 Abs. 7 S. 2, 3 CKÜ; **für Hongkong:** Art. 6 Abs. 4 RHAbk DE/HK; **Japan:** Art. 11 Abs. 4 RHAbk EU/JP; **Kanada:** Art. 2 Abs. 4 RHV DE/CA; **Tunesien:** Art. 24 RHV DE/TN; **die USA:** Art. 19 Abs. 6 RHV DE/US.
[21] So als recht frühes Beispiel die Pflicht für den ersuchten Staat, die Gewährung unter Bedingungen zu prüfen, vgl. **für Israel:** Art. 3 RHÜ DE/IL.

§ 13 Weiteres Verfahren und Kommunikation

suchenden Staat, sowie zunehmend die autonome Auslegung und Suche nach gangbaren Alternativen durch den ersuchten Staat.

4. Nachberichtspflicht bei Ablehnung

Erfolgt tatsächlich eine Ablehnung des Ersuchens, löst dies nach deutschem innerstaatlichem Recht regelmäßig eine **besondere Nachberichtspflicht** aus (→ Rn. 215). 50

V. Zeitpunkt und Aufschub der Durchführung

Ergibt die Prüfung, dass ein Rechtshilfeersuchen nicht abgelehnt, sondern erfüllt werden 51 soll, stellt sich die Frage nach der weiteren Durchführung. Sowohl der Prozess der Prüfung als auch des weiteren Vollzugs bis zur Übermittlung der Ergebnisse steht in einem Spannungsfeld zwischen den Möglichkeiten, Eigeninteressen und dem Ermessen des ersuchten Staates und den Beschleunigungsinteressen der ersuchenden Stelle. Diese Interessenabwägung wird – jeweils abhängig von der „Verdichtung" des Rechtskreises – in einem unterschiedlichen Grad an Verbindlichkeit und Detailliertheit in den einzelnen Rechtshilfeinstrumenten berücksichtigt:

1. Rechtshilferechtliche Vorgaben für Durchführungszeiträume

Im neueren EU-Recht finden sich zunehmend **präzise enge Vorgaben für die Durchführungszeiträume** der Rechtshilfe insgesamt einschließlich der Ergebnisübermittlung. 52

a) Besonders eng sind die zeitlichen Anforderungen für die Informationsübermittlung 53 für den **schnellen polizeilichen Datenaustausch** im Rahmen des RB 2006/960/JI (→ § 14 Rn. 11 ff.) geregelt. Dort sind Antwortfristen zwischen acht Stunden und 14 Tagen verpflichtend vorgesehen. Dem Vorteil der besonders schnellen, zu garantierenden Ergebnisübermittlung steht der Nachteil gegenüber, dass die voll strafrechtliche Verwertung grundsätzlich die Zustimmung der Justizbehörde des ersuchten Mitgliedstaates, im Regelfall im Wege der förmlicheren Rechtshilfe erfordert.

b) Für **Europäische Ermittlungsanordnungen** gilt seit dem 22.5.2017 grundsätzlich 54 eine Frist zur Prüfung und Entscheidung der Bewilligung von insgesamt höchstens 30 Tagen.[22] Sie soll um höchstens weitere 30 Tage verlängert werden, und die Vollstreckung grundsätzlich in spätestens 90 Tagen, soweit kein Aufschubgrund besteht, einzuhalten sein. Zusätzlich hat die Entscheidung über die Anerkennung oder Vollstreckung und die Durchführung der Ermittlungsmaßnahme genauso rasch und vorrangig wie in einem vergleichbaren innerstaatlichen Fall zu erfolgen (Art. 12 Abs. 1 EEA-RL). Kürzere Fristen, die die Anordnungsbehörde aufgrund von Verfahrensfristen, der Schwere der Straftat oder anderer besonders dringender Umstände festgelegt hat oder ein von ihr bestimmter Zeitpunkt für die Durchführung, sind von der Vollstreckungsbehörde möglichst weitgehend zu berücksichtigen (Art. 12 Abs. 2 EEA-RL). Eine Fristüberschreitung muss in jedem Fall mit Gründen mitgeteilt werden und kann Konsultationen auslösen (Art. 12 Abs. 5, 6 EEA-

---

[22] **Exkurs:** Ähnlich hätten für eine Europäische Beweisanordnung folgende Vorgaben gegolten: Hat die Anordnungsbehörde verkürzte Fristen einzuhalten, so sind diese möglichst weitgehend zu berücksichtigen, Art. 15 Abs. 1 RB 2008/978/JI. Ansonsten ist die Inbesitznahme durch die Vollstreckungsbehörde binnen höchstens 60 Tagen zu gewährleisten, Art. 15 Abs. 3 RB 2008/978/JI, sofern kein Grund für einen Aufschub der Vollstreckung nach Art. 16 Abs. 2 gegeben ist, solange der Vollstreckungsstaat dies für angemessen hält, weil die Vollstreckung eine laufende strafrechtliche Ermittlung oder Verfolgung beeinträchtigen könnte, oder wenn die betreffenden Sachen, Schriftstücke oder Daten bereits in anderen Verfahren verwendet werden, solange, bis sie zu diesem Zweck nicht mehr benötigt werden. Die Aufschubentscheidung muss durch ein Justizorgan getroffen werden, Art. 16 Abs. 3 RB 2008/978/JI. Sobald der Grund für den Aufschub nicht mehr besteht, hat die Vollstreckungsbehörde unverzüglich die notwendigen Maßnahmen für die Vollstreckung der Europäischen Beweisanordnung zu treffen und hiervon die zuständige Behörde im Anordnungsstaat in einer Form, die einen schriftlichen Nachweis ermöglicht, zu unterrichten, Art. 16 Abs. 4 RB 2008/978/JI.

RL). Ein Aufschub kann nur so lange erfolgen, wie der Vollstreckungsstaat dies für angemessen hält, weil die Vollstreckung der Anordnung eine laufende strafrechtliche Ermittlung oder Verfolgung beeinträchtigen könnte, oder, wenn die betreffenden Sachen, Schriftstücke oder Daten bereits in anderen Verfahren verwendet werden, so lange, bis sie zu diesem Zweck nicht mehr benötigt werden (Art. 15 Abs. 1 EEA-RL). Sobald der Grund für den Aufschub nicht mehr besteht, hat die Vollstreckungsbehörde unverzüglich die notwendigen Maßnahmen für die Vollstreckung der Europäische Ermittlungsanordnung zu treffen und hiervon die Anordnungsbehörde in einer Form zu unterrichten, die einen schriftlichen Nachweis ermöglicht (Art. 15 Abs. 2 EEA-RL).

2. Beschleunigungsgebot

55 Ansonsten findet sich **in neueren Abkommen** häufig ein mehr oder weniger präzises **Beschleunigungsgebot**.

56 **a)** So ist etwa nach den Abkommen innerhalb der EU, mit den USA, Hongkong, der Schweiz in finanziellen Interessen sowie dem Übereinkommen der Vereinten Nationen gegen die grenzüberschreitende organisierte Kriminalität das Rechtshilfeersuchen so rasch wie möglich zu erledigen.[23] Die von dem ersuchenden Mitgliedstaat angegebenen Verfahrens- und sonstigen **Fristen** sind so weit wie möglich zu berücksichtigen.

57 **b)** Ohne die ausdrückliche Bezugnahme auf Verfahrensfristen verpflichtet auch das Abkommen mit Japan zur umgehenden Erledigung und Übermittlung der Ergebnisse, soweit keine Aufschub- oder sonstigen Verzögerungsgründe wie praktische oder rechtliche Probleme eingreifen (Art. 10 Abs. 1, 6 S. 1 RHAbk EU/JP). Dieselbe Regelung findet sich in den speziellen Europaratsübereinkommen über Computerkriminalität (Art. 27 Abs. 7 S. 1 CKÜ) und zum Menschenhandel (Art. 34 Abs. 1 MenschHÜ), wobei trotz fehlendem ausdrücklichen Bezug zum RHÜ 1959 dies sich auf die Ersuchen auf dessen Grundlage beziehen dürfte. Dagegen gilt das Beschleunigungsgebot im Bereich der Korruptionsdelikte nur für die alternative Rechtshilfe unmittelbar nach dem Strafrechtsübereinkommen über Korruption.[24]

3. Aufschub

58 Ist dies nicht der Fall, regeln Rechtshilfeinstrumente meist generell oder punktuell, wann ein ersuchter Staat die Durchführung des Ersuchens **aufschieben** kann:

59 **a)** So ist nach dem Art. 6 Abs. 1 **RHÜ 1959** der Aufschub der Durchführung explizit nur für die Übergabe von Gegenständen, Akten oder Schriftstücken geregelt, wenn sie für ein anhängiges Strafverfahren benötigt werden. Ansonsten dürfte der Zeitpunkt der Durchführung der Informationserhebung und -übermittlung allerdings im Ermessen des ersuchten Staates liegen.[25]

60 Daran ändert auch der „Beschleunigungsappell" im **ZP II-RHÜ 1959** nichts.[26] Allerdings sieht dieses einen allgemein gültigen Aufschubgrund vor, wenn die Erledigung die Ermittlungen, die Strafverfolgung oder andere damit zusammenhängende Verfahren, beeinträchtigen würde (Art. 7 Abs. 1 ZP II-RHÜ 1959).

61 **b)** Nach dem europäischen Übereinkommen über Geldwäsche sowie Ermittlung, Beschlagnahme und Einziehung von Erträgen aus Straftaten kann der Aufschub ebenso durch den ersuchten Staat allgemein erfolgen, wenn die Gefahr besteht, dass die ersuchten Maßnahmen die von seinen Behörden selbst **geführten Ermittlungen oder Verfahren beeinträchtigen.** (Art. 19 GeldwÜ 1990). Ähnlich kann nach dem UN-Suchtstoffüber-

---

[23] Art. 4 Abs. 2 S. 1 RHÜ 2000; Art. 18 Abs. 24 S. 1 Palermo I; **für Hongkong:** Art. 6 Abs. 1 RHAbk DE/HK, Art. 5 Abs. 2 Nr. 6 RHAbk DE/HK; **die Schweiz:** Art. 35 Abs. 1 BetrugBekämpfAbk EG/CH; **die USA:** Art. 19 Abs. 5 S. 1 RHV DE/US.
[24] Art. 26 Abs. 1 KorrStrÜ, Art. 31 KorrStrÜ gelten nur alternativ, Art. 25 Abs. 2, 3 KorrStrÜ.
[25] Im Umkehrschluss aus Art. 6 Abs. 1, 2 RHÜ 1959.
[26] Art. 1 Abs. 1 ZP II-RHÜ 1959, vgl. dazu Denkschrift, BT-Drs. 18/1773, 32.

einkommen, der Cybercrime-Konvention und dem bilateralen Abkommen mit Hongkong der Aufschub mit der Begründung erfolgen, dass die Rechtshilfe laufende Ermittlungen, Strafverfolgungen oder Gerichtsverfahren beeinträchtigen würde.[27]

Ebenso kann sonst im Verhältnis mit den **USA** (Art. 19 Abs. 5 Nr. 2 RHV DE/US) **und** 62 **Kanada** (Art. 2 Abs. 2, 3 RHV DE/CA) der ersuchte Staat, wenn die Erledigung des Ersuchens ein eigenes laufendes strafrechtliches Ermittlungsverfahren oder Strafverfahren beeinträchtigen würde, die Erledigung aufschieben, oder nach Konsultation Bedingungen an den ersuchten Staat stellen (→ Rn. 72 f.). Ähnlich kann im Verhältnis mit Tunesien ein Aufschub erfolgen, wenn Unterlagen oder Gegenstände für ein anhängiges Strafverfahren im ersuchten Staat benötigt werden (Art. 27 Abs. 1 RHV DE/TN).

c) Zusätzlich beanspruchen die **USA** das **faktische Recht**, Rechtshilfeersuchen nach- 63 rangig zu priorisieren, wenn das Ersuchen eine geringfügige Straftat betrifft und aus anderen Gründen nach dortiger Beurteilung **weniger dringlich** ist als andere Ersuchen. Damit Schwerkriminalität betreffende Ersuchen vorrangig behandelt würden, würden alle Ersuchen in unterschiedliche Dringlichkeitsstufen eingeteilt, wobei es nicht möglich sei, bei Ersuchen, die geringfügige Straftaten betreffen, eine schnelle Erledigung zu garantieren. Bei letztgenannten Straftaten werden die ausländischen Stellen bereits um Zurückhaltung beim Stellen von Rechtshilfeersuchen gebeten. Ersuchen, die bestimmte Schwellenwerte unterschreiten, würden in die niedrigste Dringlichkeitsstufe eingeordnet oder gänzlich abgelehnt. Dies beziehe sich insbesondere auf geringfügige Straftaten wie beispielsweise Eigentums- oder Finanzdelikte mit einem Gesamtschadensvolumen von 5.000 US-Dollar oder weniger, Drogendelikte mit geringfügigen Mengen verbotener Substanzen und Tätlichkeiten oder versuchte Tätlichkeiten, durch die keine oder nur leichte Verletzungen herbeigeführt wurden.

4. Kommunikation bei absehbarer Verzögerung

Ist erkennbar, dass sich das Verfahren verzögern wird bzw. Fristen nicht eingehalten werden 64 können, sehen die Rechtshilfeinstrumente unterschiedliche Kommunikationsformen der beteiligten Staaten vor.

a) Für die Rechtshilfe nach dem RHÜ 2000 gilt die Pflicht, dass wenn sich absehen lässt, 65 dass eine vom ersuchenden Mitgliedstaat gesetzte Frist nicht eingehalten werden kann, die Behörden des ersuchten Mitgliedstaats **unverzüglich die voraussichtliche Erledigungsdauer angeben,** wenn sich aus den bei dem Ersuchen für die Fristsetzung genannten Gründen konkrete Anhaltspunkte für die Vermutung ergeben, dass jedwede Verzögerung zu einer erheblichen Beeinträchtigung des im ersuchenden Mitgliedstaat anhängigen Verfahrens führen wird.[28] Daraufhin teilen die Behörden des ersuchenden Mitgliedstaats ebenfalls unverzüglich mit, ob das Ersuchen dennoch aufrechterhalten wird. Die Behörden des ersuchenden und des ersuchten Mitgliedstaats können daraufhin vereinbaren, in welcher Weise die weitere Bearbeitung des Ersuchens erfolgen soll (Art. 4 Abs. 4 S. 2, 3 RHÜ 2000).

Eine besonders detaillierte Regelung der unverzüglichen Informationspflichten – aller- 66 dings ohne Verfahrensfristen – über die Ergebnisse, drohende Verzögerung oder sonstige Entscheidung enthält Art. 31 Abs. 1 GeldwÜ 1990.

b) Im Verhältnis mit Hongkong muss der ersuchte Staat umgehend den ersuchenden von 67 allen Umständen **informieren,** die geeignet sind, die Beantwortung erheblich zu verzögern (Art. 6 Abs. 3 RHAbk DE/HK).

c) Im UN-Suchtstoffübereinkommen 1988, der Cybercrime-Konvention und bilateral 68 mit Hongkong wird eine **Konsultationspflicht** des ersuchten Staates ausgelöst, damit

---

[27] Art. 7 Abs. 17 UNSuchtÜ, Art. 27 Abs. 5 CKÜ; insoweit zwar gleich, aber im Kontext insges. weitergehend Art. 18 Abs. 25, 26 Palermo I; **für Hongkong:** Art. 4 Abs. 4, 5 RHAbk DE/HK.

[28] Art. 4 Abs. 4 S. 1 RHÜ 2000; ebenso auch zum Folgenden für **die Schweiz:** Art. 35 Abs. 2 S. 3 ff. BetrugBekämpfAbk EG/CH.

festgestellt werden kann, ob die Rechtshilfe unter den notwendig erachteten Bedingungen noch geleistet werden kann. Dies gilt auch im Verhältnis mit Japan allgemein (Art. 10 Abs. 3 RHAbk EU/JP). Steht ein Aufschub wegen anderer Verfahren im Raum, der durch Bedingungen möglicherweise abgewendet werden könnte, muss im Verhältnis mit Kanada die Unterrichtung des ersuchten Staates darüber mit einer entsprechenden Begründung umgehend erfolgen (Art. 2 Abs. 4 RHV DE/CA).

69 d) Dagegen sieht das Übereinkommen der Vereinten Nationen gegen die grenzüberschreitende organisierte Kriminalität in Art. 18 Abs. 24 S. 2 Palermo I nur die Pflicht des ersuchten Vertragsstaates vor, angemessene Nachfragen des ersuchenden Staates nach dem Stand der Bearbeitung zu beantworten. Dem hat sich das Abkommen mit Japan als zusätzliche Verpflichtung zur eigenen unverzüglichen Konsultationspflicht der ersuchten Stelle angeschlossen (Art. 10 Abs. 5 RHAbk EU/JP).

70 e) Das 2. Zusatzprotokoll zum RHÜ 1959 legt nach Art. 7 Abs. 3 ZP II-RHÜ 1959 dem ersuchten Staat eine Begründung bei jedem Aufschub auf, sowie eine Mitteilungspflicht bei zu erwartenden Verzögerungen.

VI. Bedingungen

71 Bedingungen, die der ausländische Staat an die gewährte Rechtshilfe geknüpft hat, sind nach § 71 IRG durch alle deutschen Stellen in der Folge zu beachten (dazu ausführlich → §§ 20, 21, 24 Rn. 87 ff.). Es handelt sich um durch den Rechtshilfeleistenden gestellte und durch den die Rechtshilfe empfangenden Staat akzeptierte Ge- und Verbote für den Umgang mit den erhaltenen Informationen oder Gegenständen. Bedingungen für die Verarbeitung und Verwendung von übermittelten Informationen sind völkerrechtlich grundsätzlich nur zulässig, soweit das Rechtshilferecht den ersuchten Staat nicht zur bedingungslosen Erfüllung verpflichtet, also insbesondere, soweit Beschränkungen der Rechtshilfepflicht (→ § 11 Rn. 45) greifen oder im Bereich der vertragsfreien Rechtshilfe.[29]

72 Idealtypisch stellen die Normen dafür im **Verhältnis mit den USA** die Grundlagen und das Verfahren für mögliche Bedingungen bei der Durchführung von Ersuchen und der Übermittlung von Ergebnissen dar.[30] Danach können Bedingungen nach Konsultationen gestellt werden, wenn sonst die Erfüllung wegen Verstoß gegen den ordre public verweigert werden müsste oder sonst wegen Beeinträchtigung eines eigenen laufenden Ermittlungs- oder Strafverfahrens sowie zur Wahrung der Vertraulichkeit und des Datenschutzes im Übrigen (Art. 14 Abs. 2 RHV DE/US, Art. 15 Abs. 1 RHV DE/US, Art. 19 Abs. 5 Nr. 2 RHV DE/US; → 21 Rn. 24 ff.). Allerdings dürfen nach dem EU-US-Rechtshilfe-Rahmenabkommen das im bilateralen Abkommen der Bundesrepublik Deutschland mit den USA nachvollzogen worden ist, als Bedingung für die Bereitstellung von Beweismitteln und Auskünften keine allgemeinen Einschränkungen mit Blick auf die Rechtsnormen des ersuchenden Staates für den Umgang mit personenbezogenen Daten auferlegt werden.[31] Die erläuternde Note führt als Gründe hierfür aus, dass damit sichergestellt werden soll, dass für die Ablehnung (und Bedingungen) der Rechtshilfe Datenschutzgründe nur in Ausnahmefällen geltend gemacht werden dürfen, etwa wenn nach Abwägung der im konkreten Fall zu berücksichtigenden wichtigen Interessen, wozu auch eine ordnungsgemäße Rechtspflege gehört, und zum anderen des Interesses des Schutzes der Privatsphäre, der ersuchte Staat zu der Auffassung gelangt, dass die Übermittlung der vom ersuchenden Staat erbetenen spezifischen Daten Schwierigkeiten grundsätzlicher Art bereitet, sodass eine Übermitt-

---

[29] *Nagel* Beweisaufnahme 28 ff. mwN.
[30] Tatsächlich wies in der Praxis wohl vor allem die Anwendung dieser Regeln bei Deutschland erhebliche Probleme auf, zu denen wohl erst jüngst nach jahrelangen Verhandlungen eine Verständigung erreicht werden konnte. Aufgrund gewisser Beeinflussungen auch jenseits förmlicher Gegenseitigkeitsregelungen sind diverse Komplikationen auch bei von Deutschland in die USA gerichteten Ersuchen nicht auszuschließen.
[31] Art. 15 Abs. 1 S. 3 RHV DE/US, Art. 9 Abs. 2 lit. b RHÜ EU/US, Art. 13 RHÜ EU/US.

lung aus Gründen seiner wesentlichen Interessen abzulehnen ist. Ausgeschlossen werden soll indes, dass der ersuchte Staat aufgrund einer extensiven Auslegung der Datenschutzgrundsätze die Zusammenarbeit kategorisch oder systematisch ablehnt. Daher darf alleine die Tatsache, dass der ersuchende und der ersuchte Staat unterschiedliche Datenschutzsysteme haben oder unterschiedliche Methoden des Schutzes von personenbezogenen Daten anwenden darf, nicht eine zusätzliche Bedingung in diesem Zusammenhang begründen.[32]

Ähnlich kann zB im Verhältnis zu **Kanada, Hongkong** oder **Japan** sowie nach dem ZP II-RHÜ 1959, dem GeldwÜ 1990 und dem CKÜ der ersuchte Staat Bedingungen stellen, wenn er ansonsten die Durchführung ablehnen oder aufschieben müsste (→ Rn. 39 ff.; 58 ff.).[33] Dies gilt im Verhältnis mit Israel (Art. 3 RHÜ DE/IL) oder den Niederlanden (Art. 3 Abs. 2 ErgV-RHÜ 1959 DE/NL) ausdrücklich nur hinsichtlich einer dadurch entbehrlichen Ablehnung wegen Verstoßes gegen den ordre public. Ebenso können im Verhältnis mit Japan (Art. 13 Abs. 1, 2 RHAbk EU/JP, Art. 26 Abs. 2 RHAbk EU/JP) und Hongkong (Art. 4 Abs. 3 RHAbk DE/HK) ausdrücklich Bedingungen gestellt werden, um die Vertraulichkeit der übermittelten Informationen im Bezugsverfahren oder außerhalb zu sichern. Bedingungen können im Verhältnis mit Japan (Art. 14 RHAbk EU/JP, Art. 18 Abs. 4 RHAbk EU/JP) und Hongkong (Art. 17 Abs. 2, 3 RHAbk DE/HK) ferner namentlich zur Beförderung, Verwahrung und Untersuchung von übermittelten Gegenständen und bei Bankinformationen gestellt werden.

Der ersuchte Staat hat vor der Ablehnung oder Aufschiebung die Möglichkeit der Bedingung zu prüfen und diese dem ersuchenden Staat zu übermitteln, wenn dieser sie annimmt, ist er an sie gebunden.[34]

B. Durchführung, vorbereitende und ergänzende Maßnahmen

I. Überblick

Grundsätzlich hat der ersuchte Staat das Ersuchen in der bestmöglichen Weise im ersuchten Umfang auszuführen.[35] Das dabei anzuwendende Recht ergibt sich aus dem des Vornahmestaates, soweit es nicht durch die mit dem Rechtshilfeübereinkommen übernommenen Pflichten überlagert wird bzw. sich nicht für Verfahren nach dem Recht des ersuchenden Staates geöffnet hat (ausführlich → § 9 Rn. 101 ff.). Im Übrigen hängt die Durchführung von der Art der ersuchten Handlung ab, sodass sie dort jeweils auszuführen ist (→ §§ 14, 15).

1. Der Organisation kann das ausdrückliche **Verlangen** des ersuchenden Staates dienen, dass er über Zeit und Ort der Vornahme zu unterrichten ist.[36]

2. Zum Umfang der durchzuführenden Maßnahmen kann Nr. 4 RiVASt als autonome deutsche Regelung auch als Ausdruck weitgehend üblicher Völkerrechtspraxis, soweit nicht speziell geregelt, verstanden werden und auch Bedeutung im Rahmen der Gegen-

---

[32] Vgl. BT-Drs. 16/4377, 51.
[33] Art. 7 Abs. 2 ZP II-RHÜ 1959; Art. 20 GeldwÜ 1990; Art. 27 Abs. 6 CKÜ; **für Hongkong:** Art. 4 Abs. 3 RHAbk DE/HK wegen Vertraulichkeit; **Japan:** namentlich Art. 11 Abs. 1 lit. b RHAbk EU/JP bei drohender Todesstrafe sowie Art. 10 Abs. 3 RHAbk EU/JP bei Gefährdung eigener Verfahren; **Kanada:** Art. 2 Abs. 3 RHV DE/CA.
[34] Vgl. etwa **für Japan:** Art. 11 Abs. 4 RHAbk EU/JP; **Kanada:** Art. 2 Abs. 3 S. 2 RHV DE/CA.
[35] Vgl. etwa nach der Europäischen Beweisanordnung hätte der ersuchte Staat so wie es nach seinem eigenen Recht am besten möglich ist, durch Übermittlungen und ggf. erforderliche Zwangsmaßnahmen durchzuführen, Art. 11 Abs. 2 RB 2008/978/JI. Dabei müssten für die Europäische Beweisanordnung alle Maßnahmen wie bei entsprechenden innerstaatlichen Beweiserhebungen zur Verfügung stehen, Art. 11 Abs. 3 RB 2008/978/JI. Soweit es dem ersuchten Staat möglich wäre, hätte er nach dem Recht der anordnenden Stelle zu handeln, Art. 12 RB 2008/978/JI.
[36] Insbes. nach Art. 4 S. 1 RHÜ 1959, **für Hongkong:** Art. 10 Abs. 2 RHAbk DE/HK; **Kanada:** Art. 7 Abs. 1 RHV DE/CA.

seitigkeit entfalten. Danach wird Rechtshilfe grundsätzlich nur in dem Umfang geleistet, in dem sie erbeten wird (Nr. 4 Abs. 1 S. 1 RiVASt). Allerdings kommen über den Wortlaut des Ersuchens **hinausgehende Maßnahmen** in Betracht, soweit sie offensichtlich seinem Sinn und Zweck entsprechen (Nr. 4 Abs. 1 S. 2 RiVASt). **Vorbereitende Maßnahmen** können nach Nr. 4 Abs. 2 RiVASt ausnahmsweise schon getroffen werden, bevor ein eingehendes Ersuchen gestellt worden ist, so zB die Inhaftnahme zur Vorbereitung einer Auslieferung, Beschlagnahme in Erwartung eines Herausgabeersuchens, Ermittlung des Wohnorts und der Aussagebereitschaft eines Zeugen zur Vorbereitung eines Vernehmungsersuchens. Ähnliche Flexibilisierungsklauseln enthalten viele fremde autonome Rechtsordnungen.

78   3. Im Verhältnis mit den **USA** sind die **Gerichte** des ersuchten Staates befugt, die für die Erledigung des Ersuchens **erforderlichen Beschlüsse einschließlich Durchsuchungsbefehle** zu erlassen (nach Art. 19 Abs. 3 RHV DE/US). Die zuständigen Behörden des ersuchten Staates unterstützen im Rahmen ihrer rechtlichen Möglichkeiten den ersuchenden Staat in jeder Weise vor den zuständigen Richtern und Beamten des ersuchten Staates. Erfüllt das Ersuchen die Anforderungen, wird es vom *Office of International Affairs* (OIA) im Regelfall derjenigen US-Staatsanwaltschaft zur Erledigung zugeleitet, die zum US-Justizministerium gehört und für den geographischen Bereich zuständig ist, in dem sich das erbetene Beweismaterial oder der gesuchte Zeuge befindet. Dort wird in der Regel ein (beigeordneter) Staatsanwalt (AUSA) mit der Erledigung des Ersuchens beauftragt, wenn dafür Zwangsmaßnahmen (wie Zeugenladungen, Aufforderung zur Vorlage von geschäftlichen oder behördlichen Unterlagen oder Computerdaten oder Hausdurchsuchungen) erforderlich sind. Er erwirkt dann die für die Durchführung notwendigen Gerichtsbeschlüsse. In einigen Fällen erfolgt die Durchführung stattdessen durch eine Bundespolizeibehörde wie beispielsweise das FBI. In bestimmten Fällen kann das *Office of International Affairs* das Ersuchen auch direkt erledigen. Nur in sehr seltenen Fällen wird ein Ersuchen von einer Behörde eines der 50 Bundesstaaten erledigt, da diese im Allgemeinen nicht der US-Bundesregierung unterstellt sind.

79   Unbedingt ist darauf zu achten, dass eingehende Rechtshilfeverfahren grundsätzlich nicht vertraulich behandelt werden, sofern dies nicht im Ersuchen explizit erbeten wird. Das heißt sofern kein anderslautender Beschluss eines amerikanischen Gerichts vorliegt, werden die Inhalte des Ersuchens öffentlich zugänglich gemacht, sobald dieses bei Gericht eingereicht wird. Namentlich interessierte Parteien werden über das Vorliegen und die Inhalte des Ersuchens informiert, und zwar auch Personen, gegen die ermittelt wird. Allerdings werden durch die mit der Durchführung betrauten US-Staatsanwälte häufig in eigener Initiative bereits die Gerichte um einen vertraulichen Umgang ersucht, auch wenn das in dem Ersuchen gar nicht angesprochen wurde, sicher ist dies jedoch nicht.

II. Europäische Ermittlungsanordnung

80 Mit der **Europäischen Ermittlungsanordnung** trifft die Vollstreckungsbehörde auch die Pflicht, der Vollstreckung entgegenstehende Vorrechte und Immunitäten, soweit möglich, unverzüglich selbst ggf. unter Einschaltung weiterer Behörden zu beseitigen (Art. 11 Abs. 5 EEA-RL), wobei etwa für die Aufhebung von Abgeordneten-Immunitäten zu klären sein dürfte, ob das zuständige Parlament hier als „Behörde" zu verstehen sein dürfte.

C. Teilnahme an Rechtshilfehandlungen des ersuchten Staates

I. Überblick: Verfahrensrechte und weiterer Nutzen

81 Die Teilnahme von Akteuren des Bezugsverfahrens an der Rechtshilfehandlung bietet vor allem zwei wesentliche Vorteile für dieses Verfahren: Den Verfahrenbeteiligten wird eine

lückenlose Begleitung des Verfahrens und so die möglichst effektive Wahrung der Rechte vor allem für die Verteidigung gewährleistet. Dies betrifft insbesondere das Konfrontationsrecht aus der EMRK (Art. 6 Abs. 3 lit. d EMRK) bzw. dem IPBPR (Art. 14 Abs. 3 lit. e IPBPR; → § 22 Rn. 7 ff.), Fragen an Belastungszeugen zu stellen oder stellen zu lassen als Teil des fairen Verfahrens. Durch die potentielle oder gar tatsächliche Transparenz jeder Informationsgewinnung durch die eigene (mögliche) Anwesenheit gewinnt das Verfahren eine besondere Legitimität. Dies kann auch seine Rechtsfriedensfunktion erhöhen, wenn von vornherein eine „Manipulation" ausgeschlossen ist, auch wenn die Beweisaufnahme im Ausland nach allen bisherigen Grundsätzen stets nichtöffentlich stattfindet. Zudem kann die Qualität des Beweismittels steigen, zB wenn die Teilnehmer die Glaubhaftigkeit einer Aussage oder eines Zeugen im Zusammenhang selbst beurteilen können.

Wegen des Grundsatzes der öffentlichen Beweisaufnahme in der Hauptverhandlung haben sie dann allerdings auf eine Fixierung bei der Beweiserhebung im Ausland Wert zu legen, sodass diese Beobachtungen und Erkenntnisse auch später in der Beweisaufnahme in der Hauptverhandlung im Strengbeweis eingeführt werden kann (→ § 23 Rn. 1 ff. und → § 24 Rn. 3). **82**

Soweit möglich, hat der ersuchende Staat auf die Wahrung der **Waffengleichheit** hinzuwirken, dh dass Verteidigung und Staatsanwaltschaft möglichst ein gleichberechtigtes Recht zur Teilnahme erhalten. Allen Verfahrensakteuren und der Effizienz des Verfahrens insgesamt kommt darüber hinaus zugute, dass bei Anwesenheit des Ermittlungsorgans und der Verfahrensbeteiligten des Bezugsverfahrens die Rechtshilfehandlung zielgerichteter gesteuert werden kann, als wenn stets gesonderte Kommunikationen über die Distanz zwischen der ersuchenden und der ersuchten Behörde, ggf. noch über einen Geschäftsweg höherer Ordnung erforderlich wären. Dadurch ist eine weitaus effektivere und effizientere Steuerung der Beweisaufnahme insbesondere einer Vernehmung möglich, da flexibel auf Entwicklungen vor dem Hintergrund des Bezugsverfahrens reagiert werden kann und nicht stets die Informationen ggf. durch (ergänzende) Ersuchen gefiltert erst an die vornehmende Stelle weitergegeben werden und etwa eine Vernehmung im Ausland mehrfach mit neu verfeinerten Fragekatalogen durchgeführt werden müsste.[37] Vor diesem Hintergrund haben die früheren Ängste vor allem durch den Anschein fremder Hoheitsgewalt und mögliche Beeinflussung der innerstaatlichen Rechtspflege bei der Rechtshilfe signifikant an Bedeutung selbst bei den Staaten verloren, bei denen diese lange, etwa wegen früherer Dekolonisierungsprozesse, mitprägend waren.[38] Sie können allerdings immer noch vor allem in der vertraglosen Rechtshilfe durchschimmern, sodass in diesen Fallkonstellationen eine besondere Behutsamkeit angezeigt scheint. **83**

II. Rechtshilferechtliche Gewährleistungen

Mittlerweile sehen einige, aber bei weitem nicht alle **Rechtshilfeinstrumente** die Teilnahme von Amtsträgern und Verfahrensbeteiligten aus dem ersuchenden Staat an Rechtshilfehandlungen vor. Sie wird oft auch außerhalb davon, selbst im vertragsfreien Rechtshilfeverkehr, zugelassen. Dies gilt vor allem anderen bei Vernehmungen von Auskunftspersonen im Ausland, ist jedoch nicht darauf beschränkt. Während dies nach dem nationalen Recht strikt zu trennen ist (→ Rn. 98 ff., 105 ff.), unterscheiden sie zwischen dem Ermittlungsorgan des Bezugsverfahrens und den dortigen weiteren Beteiligten regelmäßig nicht: **84**

1. Die Reichweite der einzelnen Erlaubnistatbestände in den verschiedenen Rechtshilfeinstrumenten ist zwar unterschiedlich, jedoch grundsätzlich sehr weit gefasst: **85**

a) So erklärt das **RHÜ 1959,** dass nach Art. 4 S. 2 RHÜ 1959 sowohl die Amtsträger („*Officials*") als auch „interessierte Personen" bei der Erledigung des Rechtshilfeersuchens **86**

---

[37] Vgl. hierzu und zum Folgenden *Nagel* Beweisaufnahme 177 ff. mwN auch zur historischen Entwicklung.
[38] Vgl. bereits *Nagel* Beweisaufnahme 182 f. mwN auch zum Folgenden.

"vertreten" sein können, wenn das Recht des ersuchten Staates **es erlaubt**. Dies geht vom historischen Bild der weiten Entfernung und schlechten Erreichbarkeit aus, bei dem bei einer Rechtshilfe im Regelfall die genannten Berechtigten nicht selbst teilnehmen können. Danach können sich sowohl die Amtsträger als auch die interessierten Personen vertreten lassen, wobei alleine der ersuchte Staat und die seiner Entscheidungen zugrundeliegende, grundsätzlich nationale Rechtsordnung die gestattete Art der Vertretung bestimmt. Sie kann etwa auf Rechtsanwälte oder vergleichbare Beistände beschränkt sein. Natürlich wird die Teilnahme der Ermittlungsorgane und Betroffenen des Bezugsverfahrens *in persona* dadurch nicht ausgeschlossen. Diese unterfallen auch sicher dem Personenkreis der Amtsträger und interessierten Personen, ohne dass das RHÜ 1959 – jedenfalls im verbindlichen amtlichen Wortlaut[39] – eine solche Einschränkung selbst enthält. So lässt sich die Norm auch so auslegen, dass die Teilnahme, zB von außenpolitischen Amtsträgern des ersuchenden Staates oder von Drittbetroffenen danach jedenfalls möglich ist. Eine sachliche Beschränkung auf bestimmte Ermittlungshandlungen, wie Vernehmungen, kennt das RHÜ 1959 ebenfalls nicht. Allerdings verbleibt auch hier der Verweis auf das nationale Recht. Da die echten Mitgliedstaaten des RHÜ 1959 als Mitglieder des Europarats auch an die EMRK gebunden sind, wird allerdings insbesondere aus dem dort enthaltenen Konfrontationsrecht (→ Rn. 81 und im Einzelnen → § 22 Rn. 7 ff.) grundsätzlich die Pflicht folgen, bei Vernehmungen jedenfalls nicht aus Sicht des nationalen Rechts die Vertretung der Verteidigung zu untersagen, auch wenn auf diese Möglichkeit bei der Abfassung der RHÜ 1959 explizit hingewiesen wurde. In ähnlicher Richtung konkretisiert auch das 2. Zusatzprotokoll zum RHÜ 1959, dass Ersuchen um Anwesenheit der beteiligten Behörden oder Personen nicht abgelehnt werden sollen, wenn durch eine solche Anwesenheit die Erledigung des Ersuchens den Bedürfnissen der ersuchenden Vertragspartei wahrscheinlich besser gerecht wird und daher ergänzende Rechtshilfeersuchen wahrscheinlich vermieden werden (Art. 2 ZP II-RHÜ 1959).

87 **b)** Ansonsten sehen die meisten multi- oder bilateralen Rechtshilfeübereinkommen ein entsprechendes Teilnahmerecht zumindest bei Vernehmungen vor: Erlaubt werden kann die Teilnahme etwa nach den ausführlichsten Regelungen mit den **USA, Kanada, Hongkong,** der **Türkei** sowie **Frankreich** Richtern oder Beamten des ersuchenden Staates und anderen mit dem Verfahren befassten Personen, soweit das Recht des ersuchten Staates **dies nicht verbietet**.[40] Ähnliches gilt aufgrund bilateraler Ergänzungsverträge zum RHÜ 1959, wie mit **Israel** oder Italien, wenn das Recht des ersuchenden Staates dies zulässt.[41] Ausdrücklich generell zugelassen ist die Teilnahme etwa im Verhältnis mit Österreich oder den Niederlanden sowie teilweise mit der Schweiz.[42] Gleiches gilt im Verhältnis mit Tschechien und Polen, allerdings dort vorbehaltlich des ordre public, und, soweit noch anwendbar, fiskalischer oder politischer Straftaten.[43] Die Teilnahme von Amtsträgern kann auch im Bereich der bilateralen polizeilichen Regierungsübereinkommen gegen schwere

---

[39] Anders allerdings die nicht verbindliche deutsche Übersetzung, die von „beteiligten Behörden und Personen" spricht.
[40] **Für Frankreich:** Art. 4 RHÜ 1959 DE/FR; **Hongkong:** Art. 10 Abs. 3 RHAbk DE/HK; **Kanada:** Art. 7 Abs. 1 RHV DE/CA; **die Türkei:** Art. 3 2. Spiegelstrich AntiOrgKrimAbk DE/TR; **die USA:** Art. 10 Abs. 3 RHV DE/US.
[41] **Für Israel:** Art. 5 Abs. 1 RHÜ DE/IL; **Italien:** Art. 4 S. 1 ErgV-RHÜ 1959 DE/IT.
[42] **Für Österreich:** Art. 6 Abs. 1 ErgV-RHÜ 1959 DE/AT; **die Niederlande:** Art. 5 ErgV-RHÜ 1959 DE/NL; **die Schweiz:** Art. 4 ErgV-RHÜ 1959 DE/CH; Art. 30 Abs. 1 BetrugBekämpfAbk EG/CH; vgl. ausführend etwa zur Rechtshilfe in Strafsachen zwischen Deutschland und der Schweiz: GPKG/ *MacLean,* Internationaler Rechtshilfeverkehr in Strafsachen, 77. Lfg. April 2007, II S 16, Rn. 46; zu dem Schweizer Bundesgesetz v. 20.3.1981 über internationale Rechtshilfe in Strafsachen und die hierzu ergangene Verordnung v. 24.2.1982: *Schultz* ZStW 96 (1984), 595 ff.; *Frei* LJZ 1987, 13 ff.; zur Praxis der Schweiz bei deutschen Rechtshilfeersuchen in Fiskalsachen: *Dreßler* wistra 1989, 161 ff.; zur möglichen Teilnahme von Amtsträgern und Verfahrensbeteiligten in Österreich ausf. NK-RechtshilfeR/*Zerbes* IV Rn. 605 ff.; zur großzügig zu bewilligenden Teilnahme in der Schweiz sowie den Voraussetzungen insbes. NK-RechtshilfeR/*Meyer* IV Rn. 658 ff. mwN.
[43] **Für Polen:** Art. 4 S. 1 ErgV-RHÜ 1959 DE/PL; **Tschechien:** Art. 5 S. 1 PolZV DE/CZ.

und organisierte Kriminalität zugelassen sein.⁴⁴ Nach den bilateralen Steuerstrafabkommen (→ § 9 Rn. 76 f.) kann ausdrücklich um die Teilnahme von Amtsträgern an Steuerprüfungen bzw. sonstigen Ermittlungshandlungen in Steuerstrafsachen ersucht werden (→ § 15 Rn. 692).

Dabei streicht zB der Vertrag mit den USA den Gegensatz zwischen der **mitumfassten** **Vernehmung oder Aushändigung von Beweisgegenständen** von der jedenfalls im Wortlaut nicht umfassten Durchsuchung und Beschlagnahme systematisch heraus (Art. 10 Abs. 3 RHV DE/US gegenüber Art. 11 RHV DE/US). Das Abkommen mit Kanada auf der anderen Seite, sieht ebenso wie das RHÜ 1959 grundsätzlich keine Beschränkung auf bestimmte Rechtshilfehandlungen vor (Art. 7 Abs. 2 RHV DE/CA). 88

c) Durchaus verwunderlich und wenig nachvollziehbar schweigt gerade die Richtlinie zur **Europäischen Ermittlungsanordnung** sowohl im Normtext wie den Erwägungsgründen zum Teilnahmerecht der Verteidigung sowie sonst Betroffenen des Bezugsverfahrens, während sie ausführliche Regelungen für die Teilnahme von Ermittlungs- und Hilfsorganen des ersuchenden Anordnungsstaates im Vollstreckungsstaat enthält (Art. 9 Abs. 4–6 EEA-RL). Hier ist man auf die Umsetzung des weiteren Unionsrechtes zu den Rechten der Verteidigung und der Betroffenen in die jeweiligen nationalen Rechte und den zugrundeliegenden Grund- und Verfahrensrechten bis hin zu Art. 6 EMRK verwiesen, ohne dass eine eindeutige Koordinierungsnorm besteht.⁴⁵ 89

Für eine oder mehrere Behörden des Anordnungsstaats kann die Anordnungsbehörde jedoch ohne Weiteres darum ersuchen, dass sie die zuständigen Behörden des Vollstreckungsstaats bei der Vollstreckung unterstützen dürfen, soweit in einem vergleichbaren innerstaatlichen Fall derartige Behörden an der Durchführung mitwirken könnten (Art. 9 Abs. 4 S. 1 EEA-RL). Dem hat die Vollstreckungsbehörde zu entsprechen, sofern diese Unterstützung nicht den wesentlichen Rechtsgrundsätzen des Vollstreckungsstaats zuwiderläuft und nicht seinen wesentlichen nationalen Sicherheitsinteressen schadet (Art. 9 Abs. 4 S. 2 EEA-RL). Diese Hilfskräfte des Anordnungsstaates können sogar in einem vereinbarten Umfang nach dem Recht des Vollstreckungsstaates dort Hoheitsbefugnisse wahrnehmen (Art. 9 Abs. 5 EEA-RL). 90

d) Dagegen kennen etwa die Rechtshilfeübereinkommen der Vereinten Nationen keine ausdrückliche Zulassung von Ermittlungsorganen und Betroffenen. Diese ist dadurch nicht ausgeschlossen, jedoch nicht verbindlich geregelt. 91

2. Die Zulassung steht stets unter dem Vorbehalt, dass der **ersuchte Staat dem zustimmt**.⁴⁶ Dabei ist, soweit nicht klar ausdrücklich anderes bestimmt, auch bei weitgehender Zusicherung im Rechtshilfeübereinkommen in jedem Fall eine konkrete Zustimmung der zuständigen Stelle des ersuchten Staates einzuholen.⁴⁷ 92

a) Damit eine Zustimmung erfolgen kann, muss ein entsprechender konkreter **Antrag** bei dem zur Rechtshilfe ersuchten Staat eingegangen sein. Dieser Antrag kann mit dem Ersuchen verbunden gewesen sein, jedoch auch gesondert gestellt werden. Soweit für diesen Antrag keine gesonderten Regelungen bestehen, ist der für das Rechtshilfeersuchen verwendete Geschäftsweg zu nutzen.⁴⁸ Im Verhältnis mit Österreich ist zu beachten, dass 93

---

⁴⁴ Vgl. **für Belgien:** AntiOrgKrimAbk DE-BG; **Kirgisistan:** AntiOrgKrimAbk DE/KG; **Litauen:** AntiOrgKrimAbk DE/LT; **Polen:** AntiOrgKrimAbk DE/PL; **Rumänien:** AntiOrgKrimAbk DE/RO; **Russland:** AntiOrgKrimAbk DE/RU; **Slowakei** und **Tschechien:** AntiOrgKrimAbk DE/CFSR; **Slowenien:** AntiOrgKrimAbk DE/SI; **Tunesien:** AntiOrgKrimAbk DE/TN; **Ungarn:** AntiOrgKrimAbk DE/HU; **Usbekistan:** AntiOrgKrimAbk DE/UZ; **Vereinigte Arabische Emirate:** SichZusAbK DE/AE; **Vietnam:** AntiOrgKrimAbk DE/VN.
⁴⁵ Soweit nur sehr schwach Erwägungsgründe Nr. 18, 39 EEA-RL.
⁴⁶ Vgl. Art. 4 S. 2 RHÜ 1959, für **Kanada:** Art. 7 RHV DE/CA; unklar ob dies auch in **der Schweiz** erklärt werden muss bei Art. 30 Abs. 1 BetrugBekämpfAbk EG/CH; vgl. allg. *Nagel* Beweisaufnahme 185 f., wobei dies in dem Bereich vor allem vertragloser Rechtshilfe bei Common Law-Staaten nur im Falle aktiver Teilnahme gelten soll.
⁴⁷ Vgl. ausf. *Nagel* Beweisaufnahme 186 f. mwN.
⁴⁸ Vgl. ETS Nr. 030 Explanatory Report S. 6 – RHÜ 1959.

nach Art. 6 Abs. 2 ErgV-RHÜ 1959 DE/AT die Zustimmung durch den dortigen Bundesminister für Justiz zu erfolgen hat.

94 **b)** Die Zustimmung bedeutet zB nach dem RHÜ 1959, dass der ersuchte Vertragsstaat nach seinem **eigenen Recht prüfen kann und muss**, ob eine solche Teilnahme möglich ist.[49] Da möglicherweise von Relevanz für die Frage der Gegenseitigkeit, ist darauf hinzuweisen, dass in Deutschland bei eingehenden Ersuchen diese Teilnahme grundsätzlich zugelassen werden soll.

95 **c)** Die **Zustimmung des Betroffenen,** gegen den eine Maßnahme in Anwesenheit der genannten Berechtigten aus dem ersuchenden Staat durchgeführt werden soll bzw. wird, ist dagegen grundsätzlich nicht erforderlich.[50]

96 **3.** Als Besonderheit gewähren die Ergänzungsverträge mit Tschechien und Polen den Teilnehmern aus dem ersuchenden Staat das **freie Geleit**.[51] Ansonsten dürfte dieses gesondert zu Bewilligen sein, ohne dass hierauf, ebenso wie auf die persönliche Teilnahme des Beschuldigten, grundsätzlich ein Anspruch bestehen dürfte (→ § 15 Rn. 34 ff., 192 f.).

III. Organisation der Teilnahme von Verfahrensbeteiligten

97 Dafür, dass die dazu **berechtigten Beteiligten des Bezugsverfahrens** an der Rechtshilfehandlung teilnehmen können, haben bereits die mit dem Ersuchen befassten deutschen Stellen möglichst effektiv Sorge zu tragen:

98 **1.** Richtigerweise richtet sich die **Teilnahmeberechtigung der Verfahrensbeteiligten** nach dem deutschen Recht, das auch für das Bezugsverfahren gilt (vgl. auch Nr. 29 Abs. 2 S. 1 RiVASt). Denn alleine aus der Tatsache, dass die Beweiserhebung im Ausland erfolgt, können keine weitergehenden Rechte im Hinblick auf das Bezugsverfahren hergeleitet werden. Daher sind auch die Gestattungen der einzelnen Rechtshilfeinstrumente und nach dem Recht des ersuchten Staates nicht als Erweiterung sondern nur als weiterer Rahmen für die Teilnahme zu verstehen. Demgemäß bleibt es mangels dezidierter Regelungen bei der Frage, ob ein Anwesenheitsrecht besteht, bei den (ggf. entsprechend anzuwendenden) Normen der StPO, vor allem §§ 168c, 168d, 224 f. StPO. Soweit *de lege ferenda* eine Erweiterung der Teilnahmerechte der Verteidigung, etwa bei Drittdurchsuchungen und -beschlagnahmen wünschenswert und durchaus wertungsmäßig unproblematisch wäre, fehlen hierfür *de lege lata* entsprechende Grundlagen.

99 Jedenfalls entsprechend den Vorschriften der StPO (vgl. §§ 168c Abs. 5 S. 2 StPO, § 224 Abs. 1 S. 2 StPO) besteht keine Teilnahmeberechtigung und sind daher auch keine Maßnahmen zu deren Vorbereitung und Absicherung durchzuführen, wenn die Teilnahme (oder Benachrichtigung) den **Untersuchungserfolg gefährden** würde.

100 **2.** Bereits **vor Stellung des Ersuchens** sind die Verfahrensbeteiligten, denen nach den deutschen Vorschriften das Recht zur Teilnahme an einer Beweisaufnahme zusteht, **zu befragen,** ob sie hierauf verzichten (Nr. 29 Abs. 2 S. 1 RiVASt). Gemeint ist hier nach der klaren Systematik die Beweiserhebung bzw. Maßnahme zur Beweissicherung oder sonstigen Informationserhebung im Ausland, zunächst ohne jede Wertung, ob dieses Begehren im ersuchten Staat Erfolg haben kann oder nicht. Auch muss der Wortlaut der Teilnahme entsprechend den Rechtshilfeinstrumenten einerseits und den insgesamt dahinter stehenden Verfahrensrechten andererseits nicht nur die Teilnahme der Verfahrensbeteiligten selbst *in persona,* sondern auch durch Vertreter ermöglichen. Die Befragungspflicht ist keiner Stelle zugeordnet, sondern trifft richtigerweise bereits das Ermittlungsorgan des Bezugsverfahrens, das das Ersuchen einleitet, und umfasst neben der ersuchenden Stelle

---

[49] Vgl. ETS Nr. 030 Explanatory Report S. 6 – RHÜ 1959 hierzu und zum Folgenden.
[50] So ausdrücklich etwa für die Schweiz nach Art. 30 Abs. 1 S. 2 BetrugBekämpfAbk EG/CH für die allgemeine Regel jedenfalls aus Sicht des Rechtshilferechtes.
[51] Nach Art. 12 RHÜ 1959; **für Polen**: Art. 4 S. 3 ErgV-RHÜ 1959 DE/PL; **Tschechien:** Art. 5 S. 3 PolZV DE/CZ; dies erfolgt zB in **Österreich** automatisch durch das autonome Recht, hier § 59 Abs. 2 AHRG, vgl. NK-RechtshilfeR/*Zerbes* IV Rn. 606.

auch die etwaige letztzuständige Bewilligungsbehörde. Die Befragung ist jedenfalls dann noch nachzuholen, wenn die Teilnahme noch möglich ist.

3. Soweit ein solcher Verzicht nicht wirksam erklärt ist, muss **die zuständige Stelle des ersuchten Staates** (→ Rn. 4 f.) im Ersuchen (→ § 12 Rn. 148) oder gesondert gebeten werden, dass die betroffenen Beteiligten an der Rechtshilfehandlung teilnehmen können (vgl. Nr. 29 Abs. 2 S. 2 Alt. 2 RiVASt). 101

4. Weiterhin ist dafür Sorge zu tragen, dass die Beteiligten von dem Zeitpunkt der Beweisaufnahme **verständigt werden** und so tatsächlich an ihr teilnehmen können.[52] Dies erfordert grundsätzlich eine so rechtzeitige Benachrichtigung, dass die Teilnahme wenigstens theoretisch möglich ist.[53] Eine Verhinderung der Beteiligten bzw. ihrer Vertreter hindert dann allerdings den Fortgang der Rechtshilfehandlung grundsätzlich nicht. Namentlich haben aus Sicht des deutschen Rechts die zur Anwesenheit Berechtigten keinen Anspruch auf die Verlegung eines Termins wegen Verhinderung (§ 168c Abs. 5 S. 3 StPO, § 224 Abs. 1 S. 1 Hs. 2 StPO). 102

a) Grundsätzlich soll dies so gelöst werden, dass die zuständige Stelle im ersuchten Staat gebeten wird, ihrerseits die ersuchende Behörde von dem anberaumten Termin so rechtzeitig zu benachrichtigen, dass die Teilnahme möglich ist (Nr. 29 Abs. 2 S. 2 RiVASt). Dies wird in den wichtigsten Rechtshilfeinstrumenten dadurch flankiert, dass der ersuchende Staat nach seinem ausdrücklichen Verlangen über Zeit und Ort der Vornahme der Rechtshilfehandlung zu unterrichten ist.[54] 103

b) Erscheint ausnahmsweise, zB weil die Beteiligten sich im Gebiet des ersuchten Staates aufhalten, die unmittelbare Benachrichtigung durch die Behörden des ersuchten Staates zweckmäßiger, ist in dem Ersuchen darum zu bitten und die Anschrift der Beteiligten in das Ersuchen aufzunehmen (Nr. 29 Abs. 2 S. 3 RiVASt). 104

IV. Organisation der Teilnahme der Ermittlungsorgane des Bezugsverfahrens

Für die Teilnahme der **Ermittlungsorgane** des Bezugsverfahrens an der Rechtshilfehandlung im ersuchten Staat sind hingegen noch andere Regeln zu beachten. 105

Dabei ist zentral festzustellen, dass die Teilnahme an Rechtshilfehandlungen im Ausland nicht Teil des Bezugsverfahrens ist.[55] Damit geht unter anderem einher, dass sie maßgeblich als auswärtige Angelegenheit zählt, die grundsätzlich der Bundesregierung obliegt. Die richterliche Unabhängigkeit erstreckt sich nur bis zur Beschlussfassung des Gerichts, eine solche Teilnahme durchführen zu wollen. Beim gesamten weiteren Verfahren handeln auch Ermittlungsrichter und Spruchkörper des Zwischen- oder Hauptverfahrens unter dem auch für sie zwingenden Rechtshilferecht. Daher gilt die RiVASt nicht nur als Empfehlung, sondern verpflichtend (vgl. Nr. 1 RiVASt). 106

1. Aus dem Wunsch des Ermittlungsorgans folgt nicht dessen Befugnis, selbst nach, neben oder statt einem erfolgten Rechtshilfeersuchen direkten Kontakt mit der zuständigen Vornahmebehörde aufzunehmen.[56] Vielmehr sind die **Zuständigkeiten und Geschäftsgänge** grundsätzlich so einzuhalten, wie wenn die Teilnahme nicht erfolgen würde. Eine explizite Zuständigkeitsverschiebung wegen der Teilnahme ist weder aus der RiVASt noch der Zuständigkeitsvereinbarung 2004 oder sonst einer Rechtsnorm ersichtlich, sodass es bei der Zuständigkeit nach den allgemeinen Regeln (→ Rn. 4 f.) bleibt. 107

---

[52] Nr. 29 Abs. 2 S. 2 Alt. 1 RiVASt; vgl. zum Ganzen Schomburg/Lagodny/Gleß/Hackner/*Schomburg/Hackner* IRG vor § 68 Rn. 78 mwN insbes. zur Verpflichtung des Richters des Bezugsverfahrens, auf die rechtzeitige Benachrichtigung hinzuwirken.
[53] BGH NStZ 1988, 563 f.; Schomburg/Lagodny/Gleß/Hackner/*Schomburg/Hackner* IRG vor § 68 Rn. 78 mwN.
[54] Gem. Art. 4 S. 1 RHÜ 1959, **für Hongkong:** Art. 10 Abs. 2 RHAbk DE/HK; **Kanada:** Art. 7 Abs. 1 RHV DE/CA; **die USA:** Art. 10 Abs. 3 RHV DE/US.
[55] Vgl. hierzu und zum Folgenden namentlich BGHZ 71, 9 ff. = NJW 1978, 1425; Schomburg/Lagodny/Gleß/Hackner/*Schomburg/Hackner* IRG § 74 Rn. 13 ff. mwN.
[56] BGH NJW 1983, 2769 (2770).

3. Kapitel 3. Kapitel. Informationserhebung unter Einschaltung ausländischer Stellen

108   2. Allerdings bedarf die Teilnahme deutscher Richter oder Beamter an Amtshandlungen im Ausland einer **außenpolitisch begründeten innerdeutschen Genehmigung** (Nr. 140 Abs. 1 S. 1 RiVASt). Dies gilt entsprechend für den Fall, dass die Teilnahme an Amtshandlungen im Ausland auf Ersuchen einer ausländischen Stelle erfolgen soll (Nr. 140 Abs. 5 RiVASt). Ist die Genehmigung nicht allgemein erteilt, so ist sie einzuholen, bevor das eigentliche Rechtshilfersuchen an eine ausländische Behörde oder an eine deutsche Auslandsvertretung (im diplomatischen bzw. konsularen Geschäftsweg) abgesandt wird (Nr. 140 Abs. 1 S. 3 RiVASt).

109   a) Eine gesonderte Genehmigung ist entbehrlich, wenn sie **allgemein erteilt** ist. Dies kann auch durch konkrete untergesetzliche Rechtsnormen, wie insbesondere durch Erlasse oder Verwaltungsvorschriften erfolgen und ist sinnvollerweise bei der ansonsten zuständigen Genehmigungsbehörde zu erfragen.

110   **Generell** bestehen jedoch bereits für folgende Fälle Sonderregelungen:

111   aa) **Polizeibeamte** von BKA und den Polizeien des Bundes und der Länder sowie Beamte der Finanzbehörden dürfen im Rahmen ihrer Zuständigkeit ohne Genehmigung in das Ausland entsandt werden, wenn ohne die **sofortige Entsendung** der Ermittlungszweck nicht erreicht werden kann und die ausländische Behörde vorher zugestimmt hat (Nr. 141 Abs. 1 RiVASt). Der obersten Verwaltungsbehörde ist dann gleichzeitig mit der Entsendung der Beamtin oder des Beamten zu berichten.

112   bb) Jedenfalls im Verhältnis zum Bund haben die Länder diesen nicht zu beteiligen, wenn die Anwesenheit in Mitgliedstaaten der EU, Island, Liechtenstein, Norwegen oder der Schweiz erfolgen soll (Nr. 8 Abs. 2 ZustVb2004). Daraus kann allerdings nicht ohne Weiteres geschlossen werden, dass eine Beteiligung oder Genehmigung der zuständigen obersten Landesjustizverwaltung entbehrlich wäre. In Zweifelsfällen sollte daher entsprechende Vergewisserung durch Rücksprache erfolgen.

113   b) Liegt keine generelle Genehmigung vor, obliegt sie grundsätzlich der obersten Justiz- oder Verwaltungsbehörde des Bundes oder Landes (Nr. 140 Abs. 1 S. 1 RiVASt). Für die Teilnahme eines Ermittlungsrichters, Gerichtes oder einer Staatsanwaltschaft bleibt es dabei vorbehaltlich anderer Regelungen bei der Zuständigkeit der jeweiligen Justizministerien bzw. -verwaltungen.[57]

114   Die Genehmigung erfolgt grundsätzlich durch **Berichtsvorlage,** entweder im Wege des normalen Geschäftsgangs des Ersuchens bzw. des Entwurfs, falls das Ersuchen auch sonst nur durch eine übergeordnete Stelle gestellt werden kann (→ § 12 Rn. 66 ff.) oder einer gesonderten Vorlage vor Ingangsetzen des eigentlichen Ersuchensvorgangs. Im letzteren Fall dürfte sich, mangels besonderer Regelung, die Vorlage nach dem allgemeinen Dienstweg des Ermittlungsorgans bis zur zuständigen Genehmigungsbehörde richten.

115   In dem Bericht zur Genehmigung sind die Sachlage und die Gründe der Teilnahme **darzustellen** (Nr. 140 Abs. 3 S. 1 RiVASt). Beizufügen ist das Original des Rechtshilfersuchens, wenn für die Stellung des Ersuchens der ministerielle oder der diplomatische Geschäftsweg vorgeschrieben ist, in den übrigen Fällen ein Entwurf des Ersuchens (Nr. 140 Abs. 3 S. 2 RiVASt).

116   Die Länder haben wiederum sich vor Genehmigung mit dem **Bund ins Benehmen** zu setzen und dessen Bedenken Rechnung zu tragen, wenn die Erledigung eines Rechtshilfersuchens in Anwesenheit eines Richters oder Beamten des ersuchenden Staates stattfinden soll, soweit es sich nicht um ein Ersuchen im Rechtshilfeverkehr mit den Mitgliedstaaten der EU sowie mit den Staaten Island, Liechtenstein, Norwegen und der Schweiz handelt (Nr. 8 Abs. 2 ZustVb2004).

117   c) Materiell soll die Teilnahme nur angeregt werden, wenn **besondere Umstände eine Anwesenheit erfordern,** namentlich wenn zu erwarten ist, dass durch die Inanspruchnahme der ausländischen Behörden allein der mit dem Ersuchen erstrebte Zweck nicht erreicht würde (Nr. 140 Abs. 2 RiVASt).

---

[57] Die Genehmigungsbefugnis ist weiter delegierbar, Nr. 140 Abs. 3 S. 2 RiVASt.

d) Eine Untersagung der Teilnahme durch die zuständige oberste Justizbehörde verletzt **118**
nicht die richterliche Unabhängigkeit.[58] Die Entscheidung ist auch keine Maßnahme der
Dienstaufsicht, die auf dem Dienstgerichtsweg angefochten werden könnte.[59]

Die Bundesregierung kann der Teilnahme außenpolitische Bedenken entgegensetzen, die **119**
von der über die Genehmigung entscheidenden Justizbehörde zu berücksichtigen sind.[60]
Diese Bedenken können selbst dann bestehen, wenn der ersuchte Staat signalisiert, dass er
keine Bedenken an einer Genehmigung hat.[61]

Alleine fiskalische Erwägungen können dagegen die Versagung rechtswidrig machen, **120**
dies ist aber jedenfalls im Bezugsverfahren, etwa mit der Revision, als solches nicht
anzugreifen.[62] Ob der gesonderte (Justiz-)Verwaltungsrechtsweg eröffnet ist, ist umstritten
und bislang von der Rechtsprechung offen gelassen. Richtigerweise dürfte es hinsichtlich
der Betroffenen des Bezugsverfahrens an einer möglichen unmittelbaren Rechtsverletzung, hinsichtlich des Ermittlungsorgans an einer entsprechenden Rechtsträgerfähigkeit
fehlen.[63]

Umstritten ist, ob die genehmigende Stelle *a maiore ad minus* das Ermittlungsorgan **121**
anweisen kann, die Durchführung der Vernehmung im Ausland zurückzustellen.[64] Zwar
wird dafür angeführt, dass der Bund jederzeit das Rechtshilfeverfahren beenden könne, ja
ggf. müsse. Allerdings bewirkt dies eine zeitliche Steuerung eines Verfahrens, noch dazu
mit häufiger Unschärfe und Unsicherheit für das Ermittlungsorgan und vor allem die
dortigen Beteiligten, die zudem kaum praktisch mit Rechtsbehelfen angreifbar ist. Zudem
dürfte ein solcher Eingriff in die zeitliche Steuerung des Verfahrens eindeutig einen in die
dort geltende richterliche Unabhängigkeit darstellen. Insgesamt wäre daher eine solche
Maßgabe eine nicht zu rechtfertigende Beeinträchtigung. Vielmehr ist die Genehmigungsbehörde darauf verwiesen, die Teilnahme zu untersagen und ggf. ihrerseits auf die spätere
Möglichkeit einer Neubeantragung hinzuweisen.

3. Weiterhin ist vor der Durchführung der Teilnahme die **vorherige Genehmigung** **122**
der ausländischen Regierung einzuholen, sofern diese die Anwesenheit nicht generell
gestattet hat (Nr. 142 Abs. 1 S. 1 RiVASt). Ist diese Genehmigung nicht – ggf. im Zuge
der „außenpolitischen" Genehmigung (→ § 12 Rn. 21, 78, 81) – von der obersten Justiz-
oder Verwaltungsbehörde eingeholt und dem Richter oder Beamten mitgeteilt worden,
muss die Genehmigung der ausländischen Regierung gleichwohl vor Reiseantritt eingeholt
werden.[65] Dazu hat das Ermittlungsorgan, das die Teilnahme durchführen möchte, sich
entweder – vor allem, wenn der unmittelbare Geschäftsweg anwendbar ist – der Unterstützung der ersuchten Behörde oder, ansonsten, der deutschen Auslandsvertretung zu bedienen. Letzteres dürfte beim konsularischen Geschäftsweg auch das Konsulat, sonst grundsätzlich die deutsche Botschaft im jeweiligen Zielstaat sein (vgl. dazu Nr. 128, 129 Abs. 2
RiVASt). Auch hier dürfte dem innerdeutschen Dienstweg jedenfalls über die oberste
Justiz- oder Verwaltungsbehörde zu folgen sein, wenn diese nicht die Ermächtigung zum
unmittelbaren Verkehr mit der deutschen diplomatischen Vertretung allgemein oder für
den Einzelfall erteilt hat.[66] Zur Genehmigung der ausländischen Regierung selbst gilt das
bereits oben festgestellte. Auch hier sind im Übrigen gestellte Bedingungen zu beachten,
soweit sie akzeptiert werden (vgl. § 72 IRG).

---

[58] BGH NJW 1983, 2769; Schomburg/Lagodny/Gleß/Hackner/*Schomburg/Hackner* IRG § 74 Rn. 13 ff.
[59] BGHZ 94, 150 = NJW 1986, 664; Schomburg/Lagodny/Gleß/Hackner/*Schomburg/Hackner* IRG § 74 Rn. 15.
[60] BGHZ 71, 9 (12) = NJW 1978, 1425; BVerfG BeckRS 1979, 106450 = DRiZ 79, 219.
[61] BGHZ 71, 9 (12) = NJW 1978, 1425.
[62] BGH NJW 1986, 664 (665).
[63] Vgl. zum Ganzen auch Schomburg/Lagodny/Gleß/Hackner/*Schomburg/Hackner* IRG § 74 Rn. 14 mwN.
[64] Vgl. dazu insgesamt mit der aA hL Schomburg/Lagodny/Gleß/Hackner/*Schomburg/Hackner* IRG § 74 Rn. 14 mwN.
[65] Hierzu und zum Folgenden Nr. 142 Abs. 1 S. 2 RiVASt.
[66] Entsprechend Art. 30 Abs. 2 RiVASt.

123 4. Schließlich sind die erforderlichen **reisekostenrechtlichen Genehmigungen einzuholen**. Die entsprechenden, grundsätzlichen jeweils landes- oder bundesspezifischen Vorschriften über Auslandsdienstreisen gelten auch bei der Teilnahme an Rechtshilfehandlungen im Ausland (Nr. 140 Abs. 4 RiVASt). Sie können vornehmlich besondere Pflichten zur Berichterstattung sowie bei der Planung, Durchführung und Bezahlung des Auslandsaufenthaltes auslösen, ohne dass hier darauf eingegangen werden kann. Auch die reisekostenrechtliche Versagung beeinträchtigt die richterliche Unabhängigkeit nicht, für sie gelten die oben genannten Erwägungen der außenpolitischen Genehmigung entsprechend.[67]

V. Ausländische Bedingungen und Wünsche

124 Liegen alle erforderlichen Genehmigungen einschließlich der Einreiseformalitäten vor, so beschränkt sich die Rolle der Teilnehmer aus dem ersuchten Staat auf eine untergeordnete und grundsätzlich rein passive. **Ausländische Bedingungen und Wünsche** sind stets genau zu beachten, auch wenn sie erst im Ausland durch eine ausländische Behörde mitgeteilt werden.[68]

125 1. Auf die Besonderheiten der Europäischen Ermittlungsanordnung rein bezogen auf staatliche Akteure, nicht die Verteidigung, wurde bereits oben eingegangen (→ Rn. 89 f.). Ansonsten sind wenige Regelungen vorhanden: Nach dem BetrugBekämpfAbk EG/CH haben die Anwesenheitsberechtigten auch das Recht, die ausführenden Behörden in fremde Räumlichkeiten zu begleiten und über diese Zugang zu denselben Dokumenten wie diese (Art. 30 Abs. 2 S. 1 BetrugBekämpfAbk EG/CH).

126 2. Teilweise ist allerdings auch in Rechtshilfeinstrumenten ausdrücklich geregelt, dass die Teilnahmeberechtigten während der Durchführung der Vernehmung bzw. sonstigen Ermittlungsmaßnahme **Fragen oder andere Maßnahmen anregen** können.[69] Im Verhältnis mit Hongkong ist festgeschrieben, dass sich Beteiligte, aber systematisch auch die Vertreter des ersuchenden Staates, **anwaltlich vertreten** lassen können (Art. 10 Abs. 3 RHAbk DE/HK). Im Verhältnis mit **Israel** kann der ersuchte Staat Beteiligten aufgeben, sich durch einen Anwalt vertreten zu lassen, wenn sie **Fragen** stellen oder Maßnahmen bei der Durchführung anregen wollen (Art. 4 Abs. 3 RHÜ DE/IL). Soweit sich diese Regelungen ausdrücklich auf Vernehmungen beziehen, können sie auch als Ausgangspunkt für eine entsprechende Anwendung bei anderen Beweiserhebungen, wie etwa Augenscheinsvornahmen oder Durchsuchungen dienen.

127 3. Zu beachten ist indes insbesondere, wie die durch die Teilnahme gewonnenen eigenen **Erkenntnisse der Ermittlungsorgane gesichert und verwendet** werden dürfen. Dabei ergeben sich bereits erhebliche Beschränkungen für die spätere Verwendung durch die Regelungen der Öffentlichkeit und den Strengbeweis (→ § 23 Rn. 3 ff.).

128 Andererseits schwankt die Beweissicherung und Verwertbarkeit aus dem Gesichtspunkt der Rechtshilfe geradezu extrem:

129 a) Nach der **Europäischen Ermittlungsanordnung** wird die Möglichkeit geschaffen, den an der Durchführung beteiligten Stellen der Anordnungsstaaten unmittelbar die Ergebnisse zu übermitteln, wohl auch verstanden als mitzugeben (Art. 13 Abs. 1 UAbs. 2 EEA-RL).

130 b) Die Abkommen mit den **USA** (Art. 10 Abs. 3 RHV DE/US) **und Kanada** (Art. 8 Abs. 3 RHV DE/CA), erlauben den Teilnehmern aus dem ersuchenden Staat nicht nur Fragen vorzuschlagen, sondern auch ein Wortprotokoll der Vernehmung anzufertigen.

---

[67] BGH NJW 1986, 664 f.; Schomburg/Lagodny/Gleß/Hackner/*Schomburg/Hackner* IRG § 74 Rn. 14.
[68] Nr. 142 Abs. 2 RiVASt; vgl. auch zu Bedingungen zB Art. 30 Abs. 1 S. 3 BetrugBekämpfAbk EG/CH.
[69] Vgl. zB **für Israel:** Art. 5 Abs. 2 RHÜ DE/IL; **Italien:** Art. 4 S. 2 ErgV-RHÜ 1959 DE/IT; **Österreich:** Art. 6 Abs. 1 ErgV-RHÜ 1959 DE/AT; **Polen:** Art. 4 S. 2 ErgV-RHÜ 1959 DE/PL; **die Schweiz:** Art. 30 Abs. 2 S. 2 BetrugBekämpfAbk EG/CH; **Tschechien:** Art. 5 S. 2 PolZV DE/CZ kann gestattet werden; vgl. auch *Nagel* Beweisaufnahme 188 mwN.

Audio-visuelle Mittel zur Aufzeichnung von Zeugenaussagen sind jedoch stets nur mit Zustimmung der aussagenden Person gestattet (Art. 10 Abs. 4 RHV DE/US). Im Verhältnis mit Kanada erstreckt sich das Vorschlagsrecht auf alle Ermittlungsmaßnahmen und das Protokollrecht auf alle Verfahrenshandlungen.

c) Auf der einen Seite steht etwa die **Schweiz**, die nach Abkommen oder autonomem Recht jede Protokollierung oder sonstige Übermittlung von Erkenntnissen aus der Teilnahme an Dritte außerhalb der im Nachgang nach ordentlicher Rechtshilfeentscheidung übersandten (in aller Regel schriftlich oder gegenständlichen) Informationen untersagt.[70] So bestimmt etwa der Art. 30 Abs. 3 BetrugBekämpfAbk EG/CH: 131

„Ihre Anwesenheit darf nicht zur Folge haben, dass Tatsachen unter Verletzung des Amtsgeheimnisses oder der Rechte der betroffenen Person anderen als den nach den vorstehenden Absätzen ermächtigten Personen bekannt werden. Die Informationen, die der Behörde der ersuchenden Vertragspartei zur Kenntnis gebracht worden sind, dürfen erst dann als Beweise verwendet werden, wenn der Beschluss über die Übermittlung der Unterlagen über die Erledigung rechtskräftig ist".

D. Übermittlung der Ergebnisse

I. Allgemeine Regelungen

Die Ergebnisse der Rechtshilfe, insbesondere die erlangten Erkenntnisse, Informationen und Beweismittel oder aber die Gründe der Erfolglosigkeit sind vom ersuchten Staat an den ersuchenden zurückzuübermitteln. 132

1. Weg der Übermittlung

Grundsätzlich gilt für den **Weg der Übermittlung** der des Ersuchens entsprechend. So wird etwa regelmäßig mit dem unmittelbaren Geschäftsweg des Ersuchens dieser auch für die Ergebnisübermittlung autorisiert. Dies gilt etwa ausdrücklich für das RHÜ 2000 für den unmittelbaren Geschäftsweg innerhalb der EU, sofern nichts Besonderes bestimmt ist (zB Art. 6 Abs. 1 S. 2 RHÜ 2000). 133

Soweit Zentralbehörden die Ergebnisse zu erhalten haben, obwohl die unmittelbare Übermittlung möglich wäre, kann bisweilen auch zur Beschleunigung eine zusätzliche unmittelbare Übersendung in Kopie durch unmittelbar befasste Behörde im ersuchten Staat vorgesehen sein (Art. 27 Abs. 2 BetrugBekämpfAbk EG/CH). 134

Soweit nicht der unmittelbare Geschäftsweg eingreift, wird das in den **USA** beschaffte Beweismaterial vom befassten Staatsanwalt (AUSA) in der Regel an das *Office of International Affairs* (OIA) übersandt, damit dieses es an die zentrale Behörde des ersuchenden Staates weiterleitet. In dringenden Fällen kann das Beweismaterial mit Zustimmung des *Office of International Affairs* und der zentralen Behörde des ersuchenden Staates unmittelbar an die Behörde im ersuchten Staat übersandt werden, die das Beweismaterial benötigt. 135

Bei einer Europäischen Ermittlungsanordnung können die Beweismittel auch den an der Rechtshilfehandlung mitwirkenden Stellen des ersuchenden Staates gleich mitgegeben werden, wenn darum ersucht wurde (Art. 13 Abs. 1 S. 2 EEA-RL). 136

2. Übermittlungszeiträume

In Fortsetzung der Pflichten für eine beschleunigte Prüfung und Durchführung bestimmen zunehmend die Rechtshilfeinstrumente eine **unverzügliche Übermittlungsverpflichtung.** 137

So hat im Verhältnis mit Japan nach Art. 10 Abs. 6 RHAbk EU/JP der ersuchte Staat umgehend vom Ergebnis der Erledigung des Ersuchens zu unterrichten und die erlangten 138

---

[70] Dies nach autonomem Recht iRd § 65a Abs. 3 schweiz. IRSG.

Zeugenaussagen, Erklärungen oder Gegenstände zu übermitteln. Ähnlich informiert nach der GeldwÜ 1990 der ersuchte Staat unverzüglich über die getroffenen Maßnahmen, deren endgültiges Ergebnis und die Bestimmungen seines innerstaatlichen Rechtes, die unmittelbar zur Aufhebung der Maßnahme führen würden (Art. 31 Abs. 1 GeldwÜ 1990).

139 Auch aus der **Europäischen Ermittlungsanordnung** wird die Pflicht zur **unverzüglichen** unmittelbaren Übermittlung der Beweisergebnisse an die Anordnungsbehörde bzw. eine von ihr benannte andere Stelle begründet (Art. 13 EEA-RL). Allerdings kann die Übermittlung des Beweismittels so lange ausgesetzt werden, bis über einen Rechtsbehelf entschieden wurde, es sei denn, in der Europäischen Ermittlungsanordnung werden ausreichende Gründe dafür angegeben, dass eine sofortige Übermittlung für die ordnungsgemäße Durchführung ihrer Ermittlungen oder die Wahrung von individuellen Rechten unerlässlich ist. Jedoch wird die Übermittlung des Beweismittels ausgesetzt, wenn sie der betroffenen Person einen schweren und irreparablen Schaden zufügen würde (Art. 13 Abs. 2 EEA-RL).

3. Konkrete Art und Weise der Übermittlung und Rückübermittlung

140 Die **konkrete Art und Weise der Übermittlung** erfolgt abhängig nach der ersuchten Rechtshilfehandlung, dem erlangten Ergebnis und den Wünschen des ersuchenden Staates. Auch die **Rückgabe** der übermittelten Unterlagen und Gegenstände hängt vor allem von deren Art, dem Rechtshilfeinstrument und den konkreten Vereinbarungen der beteiligten Staaten ab (vor allem → §§ 14, 15):

141 So hat bei einer Europäischen Ermittlungsanordnung die Vollstreckungsbehörde bei der Übermittlung der erlangten Beweismittel anzugeben, ob sie verlangt, dass die Beweismittel an den Vollstreckungsstaat zurückzugeben sind, sobald sie von dem Anordnungsstaat nicht mehr benötigt werden (Art. 13 Abs. 3 EEA-RL). Werden die betreffenden Gegenstände, Schriftstücke oder Daten bereits für andere Verfahren benötigt, so kann die Vollstreckungsbehörde auf ausdrückliches Ersuchen der Anordnungsbehörde und nach deren Konsultierung die Beweismittel unter der Voraussetzung vorübergehend übermitteln, dass sie, sobald sie im Anordnungsstaat nicht mehr benötigt werden oder zu einem zwischen den zuständigen Behörden vereinbarten Zeitpunkt oder bei einer zwischen den zuständigen Behörden vereinbarten Gelegenheit an den Vollstreckungsstaat zurückgegeben werden (Art. 13 Abs. 4 EEA-RL).

II. Schriftliche Unterlagen

142 Den Regelfall stellt nach wie vor die Übermittlung der Ergebnisse einer Rechtshilfe durch Übersendung schriftlicher Unterlagen dar.

143 1. Dies gilt nicht nur für bereits vor der Rechtshilfe vorhandene Dokumente, die gerade mit dieser erlangt werden sollten, sondern grundsätzlich auch für Vernehmungen und die Ergebnisse von anderen Untersuchungshandlungen, die im Regelfall weiterhin in schriftlichen Protokollen festgehalten werden.

144 Auch **von Vernehmungen und anderen Beweisaufnahmen** stellt der ersuchte Staat schriftliche Aufzeichnungen dem ersuchenden zur Verfügung.[71] Ebenfalls von Zeugen vorgelegte Schriftstücke, Gegenstände oder Aufzeichnungen werden im Verhältnis mit **Hongkong** nach Art. 10 Abs. 1 RHAbk DE/HK mit übermittelt.

145 2. Dabei kann als Grundsatz gelten, dass im Regelfall von bereits vorhandenen schriftlichen Dokumenten **nur Abschriften** übersandt werden, soweit nicht ausnahmsweise anderes ersucht und bewilligt worden ist. Hingegen werden von extra angefertigten Niederschriften grundsätzlich Originale bzw. Mehrfertigung übersandt. Nach deutschem Recht soll um die Überlassung ausländischer Akten im Original nur ersucht werden, wenn eine

---

[71] Vgl. etwa **für Hongkong**: Art. 10 Abs. 1 RHAbk DE/HK.

Auskunft oder eine beglaubigte Mehrfertigung der Akten oder eines Teils der Akten nicht ausreicht (Nr. 118 Abs. 3 RiVASt).

a) Im Rahmen des **RHÜ 1959** wird der Grundsatz, dass für Schriftstücke und Urkunden, die aufgrund des Übereinkommens übermittelt werden, keinerlei Art von Beglaubigung erforderlich sind (Art. 17 RHÜ 1959), in diesen Fällen ausdifferenziert: Danach sind grundsätzlich von allen Dokumenten beglaubigte Abschriften oder Kopien zu übermitteln (Art. 3 Abs. 3 RHÜ 1959). Verlangt der ersuchende Staat aber ausdrücklich die Übermittlung von Urschriften, soll dem soweit irgend möglich stattgegeben werden.[72] Die Übermittlung kann aufgeschoben werden, wenn die Unterlagen, insbesondere im angeforderten Original, für anhängige eigene Strafverfahren im ersuchten Staat benötigt werden (Art. 6 Abs. 1 RHÜ 1959). **146**

b) Im Rahmen des **Unionsrechts** trifft vor allem die Richtlinie zur Europäischen Ermittlungsanordnung detaillierte Regelungen zur Übermittlung von Informationen über die Durchführung und Ergebnisse der Rechtshilfehandlung.[73] **147**

c) Dagegen sollen im Verhältnis mit den USA grundsätzlich **nur Abschriften** übermittelt werden, es sei denn, der ersuchende Staat ersucht ausdrücklich um Übermittlung von Urschriften; in diesem Fall gibt der ersuchte Staat dem Ersuchen soweit wie möglich statt (vgl. Art. 9 Abs. 3 RHV DE/US). Außerdem kann um die **Beglaubigung der Unterlagen** und um **Bestätigung der Nichtexistenz** ersucht werden (gem. Art. 9 Abs. 5 RHV DE/US). **148**

d) Im Verhältnis mit **Hongkong** sind von öffentlich nicht zugänglichen amtlichen Schriftstücken wohl stets nur Kopien zu übermitteln (Art. 12 RHAbk DE/HK). **149**

e) Nach dem Rechtshilfevertrag mit **Japan** sind Zeugenaussagen, Erklärungen und Schriftstücke, die aufgrund des Ersuchens beschafft bzw. erstellt wurden, grundsätzlich in Urschrift und nur, sofern berechtigte Gründe vorliegen, in beglaubigter Abschrift zu übersenden (Art. 10 Abs. 6 RHAbk EU/JP). **150**

f) Nach dem allgemeinen Abkommen mit **Tunesien** wird einem Ersuchen um Urschrift, soweit wie möglich stattgegeben, während ansonsten Abschriften übermittelt werden (Art. 25 Abs. 3 RHV DE/TN). **151**

g) Nach den bilateralen Steuerstrafabkommen kann explizit um die Übersendung von beglaubigten Kopien ersucht werden (→ § 15 Rn. 678 ff.). **152**

3. Entsprechend völkerrechtlicher Übung oder ausdrücklicher Regelung in wenigen Rechtshilfeinstrumenten werden die angefertigten oder erhaltenen Dokumente durch den ersuchten Staat **grundsätzlich nicht für den ersuchenden übersetzt.** Im Verhältnis mit Israel beispielsweise brauchen übermittelte Schriftstücke nur dann mit einer Übersetzung in eine Amtssprache des ersuchenden Staates oder Englisch versehen werden, wenn der ersuchende Staat die Kosten übernimm (Art. 12 Abs. 1 S. 2 RHÜ DE/IL). **153**

4. Soweit extra aufgrund der Rechtshilfe angefertigte **Abschriften oder mehrgefertigte Niederschriften** übersandt werden, ist davon auszugehen, dass diese nach dem Willen der beteiligten Staaten bzw. Stellen in das Eigentum des Empfängers übergehen sollen. Soweit nichts anderes vorbehalten oder insbesondere ausbedungen ist, erhält der Empfänger die volle Verfügungsgewalt ohne verbleibende Rechte des ersuchten Staates an den körperlichen Dokumenten.[74] Der Empfänger hat es damit auch in der Hand, diese weiter zu verwenden und ggf. zu archivieren oder zu vernichten. Dabei wird insbesondere die Verwendung der enthaltenen Informationen durch die allgemeinen oder für den konkreten Fall dafür ausbedungenen Regelungen beschränkt (→ § 18). **154**

---

[72] Art. 3 Abs. 3 S. 2 RHÜ 1959; ebenso **für Kanada** in Art. 12 Abs. 3 RHV DE/CA nach dem ein Ersuchen um beglaubigte Abschriften wie ein solches um Auskunft behandelt wird.
[73] Art. 16 EEA-RL; die Regelung der von gewonnenen sächlichen Beweismitteln findet sich dagegen in Art. 13 EEA-RL; Diese verfahrensbezogenen Übermittlungen, insbes. zu den Ergebnissen des Verfahrens im ersuchten Staat, sind fortgeführt von der Europäischen Beweisanordnung, die iE in Art. 17 RB 2008/978/JI ausgeführt worden sind.
[74] Vgl. auch arg. e contrario Art. 6 Abs. 2 RHÜ 1959.

155 Hingegen gelten für übersandte **Originaldokumente** bzw. Fertigungen, die erkennbar im ersuchten Staat weiter verwendet werden sollen, grundsätzlich die gleichen Regelungen wie für andere Beweisgegenstände (→ Rn. 157 ff.). So sind auch Urschriften aus den Akten nach dem RHÜ 1959 unverzüglich zurückzugeben (Art. 6 Abs. 2 RHÜ 1959).

156 5. Aus Sicht des deutschen Rechts scheint insbesondere das **Durchsichtsrecht im Inland** beachtlich: sofern Unterlagen nicht bereits durch den ersuchten Staat hinreichend gesichert wurden, sei es im Wege der Identifizierung der genauen herauszugebenden Gegenstände, sei es auf ausdrückliches Ersuchen oder autonom aufgrund eigenen Rechts, müssten wohl in Anwendung von § 110 StPO die im Inland eingegangenen Papiere vor der Weiterverwendung durchgesehen werden.[75] Sofern der Inhaber nichts anderes genehmigt hat, sind dazu nur die Staatsanwaltschaft oder ihre Ermittlungspersonen befugt. Sie haben die sächlichen oder elektronischen Unterlagen auf Verfahrensrelevanz und Wahrung der grundrechtlichen Erhebungs- und Verwertungsverbote, namentlich im Kernbereich des Persönlichkeitsrechts, zu prüfen und bei aussonderbaren Teilen unverzüglich für die Rückgabe zu sorgen. Letztere wird man als Folgenbeseitigung im Hinblick auf den *status quo ante* zu deuten haben. Waren diese ausgesonderten Unterlagen bereits im Herrschaftsbereich des ersuchten Staates, sind sie diesem ohne Weiteres unverzüglich zurückzugewähren, soweit nicht besondere Regelungen für den weiteren Verbleib bzw. Rückgabe allgemein getroffen waren. Sollen sie an den letzten Gewahrsamsinhaber zurück gewährt werden, ist hierum, soweit es nicht bereits im Rahmen der geleisteten Rechtshilfe bestimmt war, erneut gesondert zu ersuchen. Eine gesonderte richterliche Beschlagnahmeentscheidung nach der Sichtung ist jedenfalls dann nicht erforderlich, wenn die Unterlagen aufgrund einer inländischen richterlichen Entscheidung im Wege der Rechtshilfe erlangt wurden bzw. die Zwangswirkung gegenüber den dritten Rechteinhabern bereits im Inland entsprechend den Vorstellungen der StPO hergestellt wurde.

III. Gegenstände

157 Soweit angefordert, kann auch die Rechtshilfe in der Übermittlung von Gegenständen bestehen. Dabei kann es sich um Gegenstände aller Art, einschließlich Akten und Unterlagen handeln, die körperlich übermittelt werden sollen und entweder sich bereits im Gewahrsam der ausländischen Stellen befanden oder durch die Rechtshilfehandlung, namentlich die Sicherstellung durch Beschlagnahme oder im Wege der Herausgabe durch einen Dritten erlangt wurden.

158 1. Dieser weite Anwendungsbereich deckt sich damit bei der RHÜ 1959 ebenso wie in anderen Rechtshilfeinstrumenten.[76] Die Europäische Ermittlungsanordnung trifft ohne nähere Spezifikation Regelungen über die zu übermittelnden Beweismittel (vgl. auch Art. 13 Abs. 3, 4 EEA-RL). Dagegen hatte die gescheiterte Europäische Beweisanordnung noch ihren Anwendungsbereich ausdrücklich auf alle weiteren Sachen, Schriftstücke oder Daten erstreckt, die die Vollstreckungsbehörde bei der Vollstreckung der Europäischen Beweisanordnung entdeckt und ohne weitere Ermittlungen als relevant für die Verfahren erachtet hat.[77]

---

[75] Die Durchsicht wird für alle Unterlagen, die an die Ermittlungsorgane gelangen, für erforderlich gehalten, vgl. Meyer-Goßner/Schmitt/*Köhler* StPO § 110 Rn. 1; jedenfalls für im Ausland gesondert auf Ersuchen sichergestellte Unterlagen folgt dies bereits aus § 77 Abs. 1 IRG ebenso wie dem Grundsatz, dass im Inland das eigene Recht grds. wie in inländischen Sachverhalten zu gelten hat, insbes. wenn dies zum Grundrechtsschutz erforderlich ist.

[76] Dies geht bereits aus Art. 6 Abs. 2 RHÜ 1959 hervor, nachdem die Gegenstände sowie die Urschriften von Akten oder Schriftstücken, die in Erledigung eines Rechtshilfeersuchens übermittelt worden sind, vom ersuchenden Staat so bald wie möglich dem ersuchten Staat zurückzugeben sind, sofern dieser nicht darauf verzichtet.

[77] Art. 4 Abs. 5 RB 2008/978/JI; deren Übermittlung hat unverzüglich zu erfolgen, soweit keine Gründe für einen Aufschub der Vollstreckung nach Art. 16 RB 2008/978/JI bestehen oder ein Rechtsmittel nach Art. 18 RB 2008/978/JI eingelegt wurde, Art. 15 Abs. 5 RB 2008/978/JI, Art. 18 Abs. 6 RB 2008/

Bei der Bekämpfung von **Falschgeld** ist das Falschmünzerei-Abkommen zu beachten **159** (Art. 11 ff. IntAFMAbk). Danach soll an die eingerichteten Zentralstellen eingezogenes Falschgeld, Gerätschaften und andere Tatmittel bzw. -produkte sowie echte Musterstücke an die Regierung oder Ausgabebank, um deren Geld es sich handelt, herausgegeben werden; ausgenommen sind die Beweisstücke, die nach den Gesetzen des Landes, in dem die Strafverfolgung stattgefunden hat, bei den Akten oder in den Archiven verwahrt werden müssen (Art. 11 S. 2 IntAFMAbk, Art. 14 Abs. 1 IntAFMAbk).

2. Die Herausgabe kann mit Rücksicht auf die Interessen des ersuchten Staates auf- **160** geschoben oder bedingt werden:

a) Nach Art. 6 Abs. 1 RHÜ 1959 kann der ersuchte Staat deren Übergabe **aufschieben,** **161** solange er sie für ein anhängiges Strafverfahren benötigt. Ansonsten gelten hier die allgemeinen Regeln für den Aufschub (→ Rn. 58 ff.).

b) Dazu trifft auch die Europäische Ermittlungsanordnung detaillierte Regelungen **162** (Art. 13 EEA-RL; → Rn. 54).

c) Nach Art. 20 Abs. 2 RHÜ DE/US kann der ersuchte Staat durch seine zentrale **163** Behörde verlangen, dass der ersuchende Staat den **Bedingungen, die zum Schutz der Interessen Dritter** an dem zu übergebenden Gegenstand für notwendig erachtet werden, zustimmt.[78] Ansonsten können solche **Bedingungen** nach den allgemeinen Regeln angebracht werden. Im Verhältnis mit **Japan** erfolgt die Übermittlung unter den Bedingungen, die für andere innerstaatliche Behörden gelten würde, während keine Beschränkungen für öffentlich verfügbare Gegenstände möglich sind (Art. 21 RHAbk EU/JP). Etwa bei grenzüberschreitend stationierten NATO-Kräften kann die Herausgabe von einer Rückgabe innerhalb einer bestimmten Frist abhängig gemacht werden (Art. VII Abs. 6 lit. a S. 2 NTS). Ähnlich kann im Verhältnis mit **Tunesien** ein Aufschub erfolgen, wenn die Unterlagen für ein anhängiges Strafverfahren im ersuchten Staat benötigt werden (Art. 27 Abs. 1 RHV DE/TN).

3. Zudem ist namentlich im **Verhältnis mit den USA** unter Einfluss von deren An- **164** forderungen an eine geschlossene „*Chain of Custody*" die Möglichkeit vorgesehen, gesondert darum zu ersuchen, dass jeder Amtsträger im ersuchten Staat, der einen beschlagnahmten Gegenstand verwahrt, unter Anwendung der im Ersuchen angegebenen Verfahren die Identität des Gegenstands, die **lückenlose Dauer des Gewahrsams und jede Zustandsveränderung bestätigt,** wodurch diese Bestätigungen unter Anwendung der im Vertrag angegebenen Verfahren im ersuchenden Staat als Beweis der Richtigkeit der darin enthaltenen Angaben zulässig ist (Art. 11 Abs. 3 RHV DE/US). Wie für alle weiteren Bestätigungen sind durch einen Notenwechsel von 2004 **einheitliche Formblätter verpflichtend.**[79]

Ebenso kann auf Ersuchen nicht nur die **Authentizität übersandter Unterlagen** **165** durch eine Apostille oder Bescheinigung der Echtheit des zuständigen Verwahrers entsprechend dem im Ersuchen angegebenen Verfahren bestätigt werden, sondern auch entsprechend dem im Ersuchen angegebenen Verfahren von dem zuständigen Verwahrer bestätigt werden, dass solche Unterlagen, um deren Herausgabe ersucht wurde, nicht vorliegen oder **nicht existieren,** was ebenfalls im ersuchenden Staat als Beweismittel im Sinne eines Nachweises der Richtigkeit der darin enthaltenen Angaben verwendet werden kann.[80]

Schließlich kann mit demselben Beweiswert bei Beweismitteln, die im ersuchten Staat **166** von Betroffenen nach Aufforderung oder im Rahmen einer Zeugenvernehmung erhoben wurden, auf Verlangen eine Bestätigung oder die Nichtexistenz derartiger Beweismittel

---

978/JI. Die Vollstreckungsbehörde hat bei der Übersendung mitzuteilen, ob sie die Rücksendung verlangt, wenn diese vom Anordnungsstaat nicht mehr benötigt werden, Art. 15 Abs. 6 RB 2008/978/JI.
[78] Vgl. auch § 66 Abs. 2 Nr. 3 IRG für in Deutschland eingehende Ersuchen.
[79] Abgedruckt bei BT-Drs. 16/4377, 77 ff., hier Formblatt E, S. 82.
[80] **Für die USA:** Art. 9 Abs. 5 RHV DE/US; Formblatt A für Echtheit, B für Nichtvorhandensein, BT-Drs. 16/4377, 78 f.

bestätigt werden.[81] Diese Bestätigungen sollen nach den im Ersuchen genannten Verfahren beglaubigt werden, wobei bei Geschäftsunterlagen die Bestätigung durch eine Bescheinigung, ein Protokoll oder ein anderes Schriftstück erfolgen kann, worin die vom ersuchenden Staat verlangten wesentlichen Informationen enthalten sind.[82]

167 Im Verhältnis mit **Japan** hat der ersuchte Staat dem ersuchenden die mit Erledigung erlangten Zeugenaussagen, Erklärungen oder Gegenstände zu übermitteln, „einschließlich", dh unter Beachtung etwaiger Ansprüche Betroffener auf Immunität, Zeugnisunfähigkeit oder ein Vorrecht entsprechend den Rechtsvorschriften des ersuchenden Staates (Art. 10 Abs. 6 S. 1 RHAbk EU/JP).

168 Im Verhältnis mit **Hongkong** sind alle verlangten Informationen in Bezug auf das Ergebnis einer Durchsuchung, den Ort und die Umstände der Beschlagnahme und die anschließende Verwahrung zu übermitteln (Art. 17 Abs. 4 RHAbk DE/HK).

169 4. Die Herausgabe berührt grundsätzlich die Rechte Dritter an den übermittelten Gegenständen nicht:

170 Nach den Verträgen mit Kanada (Art. 4 Abs. 2 RHV DE/CA) und Hongkong (Art. 17 Abs. 3 RHAbk DE/HK) und im Verhältnis mit Kenia[83] sowie zahlreichen bilateralen Ergänzungsverträgen zum RHÜ 1959[84] bleiben ausdrücklich die **Rechte Dritter** und grundsätzlich die Rechte des ersuchten Staates durch die Herausgabe von Gegenständen im Wege der Rechtshilfe ausdrücklich unberührt.[85]

171 Nach deutschem Recht ist gem. § 66 Abs. 2 Nr. 3 IRG bei eingehenden Ersuchen zu gewährleisten, dass die Rechte Dritter unberührt bleiben und die Rückgabe auf Verlangen unverzüglich erfolgt. Hierauf könnten sich auch ersuchte Staaten im Rahmen der **Gegenseitigkeit** beim Stellen von Bedingungen berufen.

172 Ferner verpflichten unter anderem die bilateralen Ergänzungsverträge zum RHÜ 1959 den ersuchten Staat, keine **Zollpfandrechte** oder sonstige dingliche Haftung an zu übermittelnden Gegenständen geltend machen, soweit diese nicht Ansprüche gegen den durch die Straftat Geschädigten betreffen.[86]

173 5. Die **Beförderung, Verwahrung und Rückgabe** wird zunächst vor allem durch die Rechtshilfeinstrumente und konkrete Bedingungen und Vereinbarungen geregelt:

174 **a)** Dazu können im Verhältnis mit Japan (Art. 14 Abs. 1 RHAbk EU/JP) und Hongkong (Art. 17 Abs. 2 RHAbk DE/HK) ausdrücklich Bedingungen über die Beförderung und Verwahrung gestellt werden. Namentlich im Verhältnis mit Japan kann der ersuchte Staat verlangen, dass der ersuchende übermittelte Gegenstände unter präzisierten **Bedingungen** befördert, instandhält und zurückgibt (Art. 14 Abs. 1, 2 RHAbk EU/JP). Kann eine Untersuchung den Gegenstand **beschädigen,** so darf diese im Verhältnis mit Japan nicht ohne vorherige Genehmigung des ersuchten Staates erfolgen (Art. 14 Abs. 3 RHAbk EU/JP).

---

[81] **Für die USA:** Art. 10 Abs. 6 S. 1, 2, 5 RHV DE/US; allerdings wurden diese wohl bislang nur bei eingehenden Ersuchen der USA verwendet, da für eine solche „*chain of custody*" im deutschen Verfahrensrecht wenig Notwendigkeit besteht, vgl. NK-RechtshilfeR/*Docke/Momsen* IV Rn. 418 aE mwN.

[82] **Für die USA:** Art. 10 Abs. 6 S. 3, 4 RHV DE/US; Formblatt C für Echtheit, D für Nichtvorhandensein, BT-Drs. 16/4377, 80 f.

[83] Nr. 3 Bek. der Vereinbarung zwischen der Regierung der Bundesrepublik Deutschland und der Regierung der Republik Kenia über die gegenseitige Rechtshilfe in Strafsachen v. 19.5.1971 (BGBl. 1971 II 924 ff.).

[84] **Für Frankreich:** Art. 3 Abs. 2 ErgV-RHÜ 1959 DE/FR; **Israel:** Art. 4 Abs. 2 RHÜ DE/IL; **Italien:** Art. 3 Abs. 2 ErgV-RHÜ 1959 DE/IT; **die Niederlande:** Art. 4 Abs. 2 ErgV-RHÜ 1959 DE/NL; **Polen:** Art. 3 Abs. 4 ErgV-RHÜ 1959 DE/PL; **Tschechien:** Art. 4 Abs. 4 PolZV DE/CZ; **die Schweiz:** Art. 2 Abs. 2 ErgV-RHÜ 1959 DE/CH und auch Art. 34 Abs. 3 BetrugBekämpfAbk EG/CH.

[85] Jedenfalls bei eingehendem Ersuchen wird der Begriff der Rechte Dritter sehr weit verstanden und umfasst nicht nur dingliche, sondern auch Vermögensschutz-, Urheber- und Geheimhaltungsrechte, vgl. OLG Frankfurt a.M. NStZ-RR 2001, 156; *Schmidt* NJW-RR 2005, 161 (167).

[86] **Für Israel:** Art. 4 Abs. 3 RHÜ DE/IL; **Italien:** Art. 3 Abs. 4 ErgV-RHÜ 1959 DE/IT; **die Niederlande:** Art. 4 Abs. 4 ErgV-RHÜ 1959 DE/NL; **Polen:** Art. 3 Abs. 5 ErgV-RHÜ 1959 DE/PL; **die Schweiz:** Art. 2 Abs. 7 ErgV-RHÜ 1959 und auch Art. 34 Abs. 3 BetrugBekämpfAbk EG/CH; **Tschechien:** Art. 4 Abs. 5 PolZV DE/CZ.

b) Selten wird, wie im Verhältnis mit der Schweiz, Frankreich oder Italien bestimmt, dass **175**
die **Übergabe** grundsätzlich durch Übersendung mit der Post oder Übergabe an der
Grenze erfolgen soll.[87]

6. Des Weiteren greift bei der Beförderung, Übergabe und Verwahrung das deutsche **176**
Recht ein: Bei jeder Übergabe sind gem. Nr. 96 Abs. 3 RiVASt, Nr. 114 Abs. 3 RiVASt
iVm Anhang I Nr. 6 RiVASt bezüglich der **Übernahme** des Gegenstandes ins Inland die
Zoll- und Außenwirtschaftsbedingungen zu beachten, und ggf. die entsprechenden Stellen
zu beteiligen. Die **Verwahrung** des Gegenstandes erfolgt nach den besonderen Vorschriften der RiVASt sowie den allgemeinen Verwaltungsvorschriften der Länder über die
Verwahrung (Nr. 96 Abs. 4 S. 2 RiVASt, Nr. 114 Abs. 3 RiVASt iVm Nr. 74 RiStBV).
Der Gegenstand muss namentlich zur Vermeidung von Schadensersatzansprüchen vor
Verlust, Entwertung oder Beschädigung durch den entgegennehmenden Beamten, dann
die Stelle, der die weitere Verfügung zusteht, geschützt werden. Hinsichtlich der weiteren
Verwendung und Behandlung sind insbesondere die vom ersuchten Staat gestellten **Bedingungen** zu beachten (Nr. 96 Abs. 4 S. 1 RiVASt, Nr. 114 Abs. 3 RiVASt). Gegenstände, die von Gerichten oder anderen Instanzen als Beweismittel oder zu ähnlichen
Zwecken verwendet werden sollen sind zollfrei.[88] Allerdings können sie, wie zB Betäubungsmittel, einer besonderen Einfuhrgenehmigung unterliegen, die ggf. zur Erleichterung durch die Ausfuhrgenehmigung des ersuchten und übergebenden Staates erfüllt sein
kann.[89]

7. Regelungen über die **Rückgabe** vom ersuchenden an den ersuchten Staat sind häufig **177**
in den Rechtshilfeübereinkommen enthalten.[90] So bestimmt beispielsweise das RHÜ 1959
(Art. 6 Abs. 2 RHÜ 1959) ebenso wie die Abkommen mit den USA (Art. 20 Abs. 1 RHV
DE/US), Kanada (Art. 5 RHV DE/CA) und Tunesien (Art. 27 Abs. 2 RHV DE/TN),
dass im Wege der Rechtshilfe übermittelte Gegenstände sowie die Urschriften von Akten
oder Schriftstücken vom ersuchenden Staat so bald wie möglich dem ersuchten Staat
zurückgegeben werden, sofern dieser nicht darauf verzichtet hat. Durch bilaterale Ergänzungsverträge wird dies dahingehend ausgeweitet, dass der ersuchende Staat auf die Rückgabe bereits dann verzichten kann, wenn nachweislich aus dem ersuchten Staat keine
Rechte an dem Gegenstand geltend gemacht werden[91] bzw. umgekehrt, dass auf Rückgabe
nicht verzichtet werden kann, wenn Rechte von Dritten geltend gemacht werden und
diese dem Verzicht nicht zustimmen.[92]

8. Wird die Rückgabe des Gegenstandes entgegen der Vereinbarungen unmöglich, dürfte **178**
ein Entschädigungsanspruch des ersuchten Staates bestehen. Dieser dürfte auch den Rückgriff beinhalten, wenn der ersuchte Staat wegen der Unmöglichkeit der Rückgabe an den
früheren Gewahrsamsinhaber oder den faktischen oder rechtlichen Untergang von Rechten
Dritter aufgrund der faktischen oder sonstigen Wirkungen der Rechtshilfe auf Entschädigung bzw. Schadensersatz in Anspruch genommen wird.[93]

---

[87] **Für Frankreich:** Art. 3 Abs. 4 ErgV-RHÜ 1959 DE/FR; **Italien:** Art. 3 Abs. 5 ErgV-RHÜ 1959 DE/IT; **die Schweiz:** Art. 2 Abs. 8 ErgV-RHÜ 1959 DE/CH.
[88] Nach Art. 104 lit. d VO (EG) Nr. 1186/2009 des Rates über das gemeinschaftliche System der Zollbefreiungen v. 16.11.2009, ABl. 2009 L 324, 23; vgl. Die zoll- und außenwirtschaftsrechtlichen Bestimmungen über die Hereinschaffung und Herausgabe von Gegenständen im internationalen Rechtshilfeverkehr in strafrechtlichen Angelegenheiten, Anlage der Bek. des BMJ v. 11.7.2005, 9350/2 – 1 – 1 -71 665/2004, BAnz. 2005/139.
[89] Vgl. Mitteilung 9350/2 – 1 – 1 -71 665/2004, BAnz. 2005/139 unter Berufung auf § 14 Betäubungsmittel-Außenhandelsverordnung.
[90] Vgl. etwa auch **für Japan** Art. 14 Abs. 2 RHAbk EU/JP zu möglichen Bedingungen des ersuchten Staates.
[91] **Für die Schweiz:** Art. 2 Abs. 4 ErgV-RHÜ 1959 DE/CH.
[92] **Für Österreich:** Art. 7 Art. ErgV-RHÜ 1959 DE/AT.
[93] Vgl. Schomburg/Lagodny/Gleß/Hackner/*Lagodny* IRG § 66 Rn. 31 mwN vor allem für den umgekehrten Fall bei nach Deutschland eingehendem Rechtshilfeersuchen.

IV. Aussagen von ausländischen Amtsträgern

179 1. Ergänzend kann sich aus Sicht des Ermittlungsorgans anbieten, die durch die Rechtshilfehandlung gewonnenen Erkenntnisse unmittelbar durch Aussagen von Amtsträgern des ersuchten Staates in das Verfahren einzuführen und zu verwerten. Dabei ist vom Regelfall auszugehen, dass dies erst in der gerichtlichen Hauptverhandlung (→ § 23 Rn. 14 ff.) erfolgt. Denkbar scheint indes auch, im Wege einer gebotenen vorläufigen Beweissicherung auch im Ermittlungs- und sonstigen Verfahren die Aussagen von ausländischen Amtsträgern originär im Inland zu sichern. Demgegenüber dürfte im Rechtshilfeverhältnis zumindest praktisch vorrangig allerdings die eigene Sicherung durch Niederschrift oder ggf. moderne Formen wie Videoaufzeichnung in der Sphäre des ersuchten Staates und gegenständliche Übersendung sein. Soweit derartige Begehren nicht vom ursprünglichen Ersuchen umfasst waren, ist ein erneutes Rechtshilfeersuchen zu stellen.

180 Nur ganz ausnahmsweise ist die Vernehmung von Auskunftspersonen **gänzlich unzulässig** wie bei Ersuchen um Auskünfte zur Rechtslage im Rahmen des Abkommens des Europarats (→ § 14 Rn. 99).[94] Nach den bilateralen Steuerstrafabkommen kann hingegen explizit um die Gestellung von Zeugen ersucht werden (→ § 15 Rn. 678 ff.).

181 2. Besonderheiten sind dabei vor allem hinsichtlich der **Ladung sowie der Aussageverweigerungsrechte und etwaiger Vorbehalte einer Aussagegenehmigung** und dabei insbesondere der Einbindung der zugehörigen Körperschaft des Amtsträgers zu beachten. Diese folgen vor allem aus dem über- und zwischenstaatlichen Recht sowie konkreten akzeptierten Bedingungen der Rechtshilfehandlung.

182 Zwar gelten §§ 54 und 76 Abs. 2 StPO nur für Amtsträger deutscher Körperschaften.[95] Gleichwohl sind die Verweigerungsrechte auch der Amtsträger und Bediensteten ausländischer Stellen aus ihrem Dienstrecht durch deutsche Gerichte jedenfalls im Sinn der rechtlichen Unmöglichkeit bzw. Unerreichbarkeit ihrer Aussage nach §§ 244, 251 StPO hinzunehmen. Beschränkungen der Aussage sind vor allem als Bedingungen iSv § 71 IRG zu verstehen. Die regelmäßig von deutschen Amtswaltern vorgelegten Aussagegenehmigungen sind ohnehin nur ein Ausdruck der erfolgten Genehmigung, sodass bei ausländischen Amtsträgern solche nicht erwartet werden dürfen. Unabhängig davon sollte der Zeuge oder Sachverständige – ggf. auch freibeweislich – befragt werden, ob er in seiner Auskunftsfähigkeit durch das Recht seiner Stelle beschränkt ist. Ebenfalls muss hingenommen werden, wenn ein Zeuge insgesamt durch einen ausländischen Staat gesperrt wird.[96]

183 Generell zu beachten sind vor allem folgende spezielle Genehmigungs- und Verweigerungsregeln:

184 a) Generell gilt für **Zeugen, die sich im Ausland befinden** ohnehin, dass deren Aussage und Erscheinen vor deutschen Ermittlungsorganen nicht erzwungen werden kann (→ § 15 Rn. 12). Der Ladung über die oder in Abstimmung mit der Dienststelle der Auskunftsperson, in der Regel im Wege eines eigenen Rechtshilfeersuchens sollte, wo besondere Regelungen fehlen, sowohl aus Gründen der Courtoisie als auch der Steigerung der Erfolgswahrscheinlichkeit der Vorrang gegenüber einer unmittelbaren Ladung auch dann gegeben werden, wenn letztere ansonsten im Rechtshilfeverhältnis für Auskunftspersonen vorgeschrieben ist.

185 b) Wie bereits ausgeführt (→ § 2 Rn. 7), sind Zustellungen im **Inland** an Exterritoriale und in Liegenschaften mit **diplomatischer und konsularischer Immunität** nach Grundsätzen der Zustellung ins Ausland vorzunehmen (vgl. Nr. 196, 197 RiStBV). Die

---

[94] § 4 AuRAG bestimmt ausdrücklich dazu: „Die Vernehmung einer Person, die ein Auskunftsersuchen in einem anderen Vertragsstaat bearbeitet hat, ist zum Zwecke der Erläuterung oder Ergänzung der Antwort unzulässig."; dazu Begründung BT-Drs. 10/3434, 13: „Der für das Verbot einer Vernehmung der Auskunftsperson nach § 4 des Ausführungsgesetzes maßgebende Grund, dass die Schriftlichkeit des Auskunftsverfahrens keine Ausnahme duldet, gilt für Auskünfte in Strafsachen in gleicher Weise".
[95] Vgl. etwa Meyer-Goßner/Schmitt/*Schmitt* StPO § 54 Rn. 4, 14.
[96] OLG Hamburg NJW 2005, 2326; KK-StPO/*Diemer* StPO § 251 Rn. 9.

Immunität besteht insbesondere in einem umfassenden Zeugnisverweigerungsrecht, für Konsulen in dienstlichen Angelegenheiten, wobei nur der Entsendestaat und nicht der Betroffene auf dieses verzichten kann (vgl. Art. 31, 32 WÜD, Art. 44, 58 WKÜ). Falls sich Exterritoriale zu einer Vernehmung oder Befragung bereit erklärt haben, sind weitere Sonderregeln zu beachten.[97]

c) Diese Regelungen gelten in der Regel entsprechend für die **Bediensteten internationaler Organisationen** nach den jeweiligen Protokollen über deren Vorrechte und Befreiungen (→ § 2 Rn. 15 ff.). 186

d) Für die Aussagen von Bediensteten und Amtsträgern der **EU** gilt Art. 19 des Statuts der Beamten der Europäischen Gemeinschaften.[98] Der Beamtenstatus ist auf alle Organe, Agenturen und andere Gemeinschaftseinrichtungen ausgedehnt, jedoch grundsätzlich an einen Ernennungsakt unter Einweisung in eine Dauerplanstelle verbunden (Art. 1a, 1b VO (EU, Euratom) 1296/2009). Die Regelungen zu Aussagen sind auch auf die weiteren Beschäftigten im Rahmen der Union entsprechend anwendbar.[99] 187

aa) Danach darf der EU-Beamte oder -Bedienstete, auch nach seinem Ausscheiden aus dem Dienst, ihm bei seiner amtlichen Tätigkeit bekannt gewordenen Tatsachen nicht ohne Zustimmung seiner Anstellungsbehörde vor Gericht vorbringen oder über sie aussagen, soweit es sich nicht um eine Sache eines Bediensteten oder ehemaligen Bediensteten vor dem Gerichtshof oder vor dem Disziplinarrat eines EU-Organs handelt (Art. 19 Abs. 1 S. 1, Abs. 2 VO (EU, Euratom) 1296/2009). Die Zustimmung darf nur versagt werden, wenn die Interessen der Gemeinschaften es erfordern und die Versagung für den Beamten keine strafrechtlichen Folgen haben kann (Art. 19 Abs. 1 S. 2 VO (EU, Euratom) 1296/2009). 188

bb) Für parlamentarische Assistenten im **Europaparlament** können seit 2009 gem. Art. 127 S. 2 EU-Beschäftigungsbedingungen Durchführungsbestimmungen erlassen werden, die dem spezifischen Charakter der Beschäftigungsbeziehung zwischen dem Mitglied und dem akkreditierten parlamentarischen Assistenten Rechnung tragen. Weiterhin sind auch für **Europaabgeordnete** die besonderen Vorschriften des Europäischen Parlamentes für vertrauliche Dokumente und sensible Informationen zu beachten.[100] Das deutsche Zeugnisverweigerungsrecht für Mitglieder deutscher Parlamente und ihre Mitarbeiter gelten für sie nicht generell.[101] Lediglich die Abgeordneten des Europaparlaments aus Deutschland haben ein eigenständiges Zeugnisverweigerungsrecht, das sich auch nicht auf ihre Mitarbeiter erstreckt und subsidiär zu den Regelungen des Unionsrechtes ist (§§ 1, 6 EuAbgG). 189

cc) Ähnliches gilt für **Europol**: Sollen Mitglieder des Verwaltungsrates, der Direktor und seine Stellvertreter, Personal von Europol oder Verbindungsbeamte sowie alle anderen Personen, die einer besonderen Verpflichtung zur Zurückhaltung und Verschwiegenheit unterliegen, als Zeugen vernommen werden, so ist ihre Verschwiegenheitspflicht und die Notwendigkeit einer Aussagegenehmigung zu beachten (nach Art. 41 Europol-Beschluss). Die Genannten haben auch nach dem Ende des Dienstverhältnisses, über alle Tatsachen und Angelegenheiten, von denen sie in Ausübung ihres Amtes oder im Rahmen ihrer Tätigkeit Kenntnis erhalten, gegenüber allen nicht befugten Personen sowie gegenüber der Öffentlichkeit Stillschweigen zu bewahren, soweit nicht die Tatsachen und Angelegenheiten, ihrer Bedeutung nach keiner vertraulichen Behandlung 190

---

[97] Insbes. Nr. 198 RiStBV.
[98] Festgelegt durch die VO 31 (EWG) 11 (EAG) des Rates über das Statut der Beamten und über die Beschäftigungsbedingungen für die sonstigen Bediensteten der Europäischen Wirtschaftsgemeinschaft und der Europäischen Atomgemeinschaft (ABl. 1962, 45, 1385) zuletzt geändert durch die VO 1296/2009 v. 29.12.2009, ABl. 2009 L 348, 10 ff. sowie Beschäftigungsbedingungen der sonstigen Bediensteten der Gemeinschaften, ABl. 2009 L 348, 184 ff. (EU-Beschäftigungsbedingungen).
[99] Gem. Art. 11 Abs. 1 EU-Beschäftigungsbedingungen, Art. 54 Abs. 1 EU-Beschäftigungsbedingungen, Art. 127 Beschäftigungsbedingungen.
[100] Diese finden sich in Anlage XI GO-EP.
[101] Vgl. Wortlaut von § 55 Abs. 1 S. 1 Nr. 4 StPO.

bedürfen (Art. 41 Abs. 2 Europol-Beschluss). Sieht – wie in Deutschland – das Recht des Mitgliedstaats ein Recht auf Aussageverweigerung vor, so bedürfen die Genannten zu einer Aussage eine Aussagegenehmigung, die der Direktor und für ihn der Verwaltungsrat erteilt (Art. 41 Abs. 3 UAbs. 4 Europol-Beschluss). Wird ein Verbindungsbeamter zu einer Aussage über Informationen aufgefordert, die er von Europol erhalten hat, so wird diese Genehmigung nach Zustimmung des betreffenden Mitgliedstaats erteilt. Besteht die Möglichkeit, dass sich die Aussage auf Informationen und Erkenntnisse erstreckt, die ein Mitgliedstaat an Europol übermittelt hat oder von denen ein Mitgliedstaat erkennbar betroffen ist, so ist vor der Genehmigung die Stellungnahme dieses Mitgliedstaats einzuholen (Art. 41 Abs. 3 UAbs. 5 Europol-Beschluss). Die Aussagegenehmigung darf nur versagt werden, soweit dies zur Wahrung vorrangiger Interessen von Europol oder des oder der betroffenen Mitgliedstaaten notwendig ist (Art. 41 Abs. 3 UAbs. 6 Europol-Beschluss).

191 **e)** Für Erkenntnisse, die im Bereich europäischer **grenzüberschreitender polizeilicher Ermittlungen** erlangt wurden, sind weitere Sonderregelungen zu beachten:

192 So kann nach einer grenzüberschreitenden **Observation** das persönliche Erscheinen der observierenden Beamten vom Gebietsstaat gefordert werden.[102] Die Behörden des Herkunftsstaates haben auf Ersuchen die nachträglichen Ermittlungen einschließlich gerichtlicher Verfahren des Mitgliedstaates, auf dessen Hoheitsgebiet eingeschritten wurde, zu unterstützen.[103] Gleiches gilt für die Nacheile[104] (→ § 3 Rn. 57).

193 **f)** Für die Vernehmung von **NATO-Bediensteten** gelten besondere Regelungen (ausführlich → § 2 Rn. 49 f.). Danach ist die persönliche Ladung möglich, die Dienststelle ist jedenfalls zu benachrichtigen. Ergibt sich im Verlauf eines strafrechtlichen oder nichtstrafrechtlichen Verfahrens bzw. einer Vernehmung vor einem Gericht oder einer Behörde, dass ein Amtsgeheimnis eines der beteiligten Staaten oder beider oder eine Information, die der Sicherheit eines der beteiligten Staaten oder beider schaden würde, preisgegeben werden könnte, so hat das Gericht oder die Behörde vorher die schriftliche Einwilligung der zuständigen Behörde dazu einzuholen (Art. 38 Abs. 1 S. 1 NTS-ZA). Erhebt die zuständige Behörde Einwendungen gegen die Preisgabe, so sind Vorkehrungen zum Ausschluss der Öffentlichkeit und ggf. Geheimschutz zu treffen und die entsprechenden Stellen haben sich darüber zu konsultieren (Art. 38 Abs. 1 S. 2, Abs. 2 NTS-ZA).

V. Daten und elektronische Kommunikation

194 **1.** Ein Thema, dem sich die Übereinkommen bislang noch nicht (hinreichend) gewidmet haben, ist die Übermittlung von Daten, die etwa bei Erhebung von Telekommunikationen oder aus informationstechnischen Systemen oder audiovisuellen Erhebungen, etwa bei Observationen oder Dokumentation von Rechtshilfemaßnahmen, anfallen.

195 Standards zu hinreichend forensisch abgesicherten Übertragungswegen – zB Verwendung digitaler Signierungen und damit Authentizitäts- und Integritätskontrollen – stehen bislang weitgehend aus. Meist bleibt es hier den konkreten Absprachen der beteiligten Behörden überlassen, einen allseitig gangbaren Weg zu finden, der entweder in einer Übermittlung direkt über das Internet, vor allem aber von Datenträgern oder gar – unter dem Problem des Medienbruches als Kosten der gesicherten Dokumentation – in der Übersendung von Ausdrucken bestehen kann. So sehen etwa auch die USA in ihren Regierungsmitteilungen die Übermittlungen entsprechend dem CKÜ bei aufgrund von Rechtshilfe erstrebten und gewonnenen Computerdaten in allen dort genannten Formen vor (→ § 15 Rn. 566).

---

[102] Art. 40 Abs. 3 lit. g SDÜ; ebenso **für die Schweiz:** noch Art. 14 Abs. 3 Nr. 6 PolZV DE/CH; **Tschechien:** Art. 19 Abs. 3 Nr. 9 PolZV DE/CZ.

[103] Art. 40 Abs. 3 lit. h SDÜ; ebenso **für die Schweiz:** noch Art. 14 Abs. 3 Nr. 7 PolZV DE/CH; **Tschechien:** Art. 19 Abs. 3 Nr. 10 PolZV DE/CZ.

[104] Vgl. etwa **für die Schweiz:** Art. 16 Abs. 4 Nr. 4 PolZV DE/CH; **Tschechien:** Art. 18 Abs. 4 Nr. 7, 8 PolZV DE/CZ.

§ 13 Weiteres Verfahren und Kommunikation   **3. Kapitel**

2. Allerdings nimmt die **Zahl der standardisierten Bereiche** beständig zu: **196**
a) Hierzu zu zählen sind die **Organisationsnetzwerke** wie EJN, Eurojust, Europol und **197** Interpol mit ihren sowie anderen Verbunddatensystemen (→ § 17). Zu Letzteren im engeren Sinn zählen die Datensysteme im Rahmen von SIS und ZIS (→ § 16 Rn. 47 ff., 70 f.). In einem weiteren Sinn wird man auch das Europäische Strafregisterinformationssystem (ECRIS) (→ § 14 Rn. 124 ff.) und das Visa-Informationssystem (VIS) dazu zu zählen haben, die einen automatisierten Datenaustausch mittels standardisierter Schnittstellen umsetzen. Für die Übermittlung der Fingerabdruckdaten trifft die Eurodac-VO[105] genaue Festlegungen für die Datenformate, während die weiteren technischen Anforderungen durch die zuständige Agentur festgelegt werden.[106]

b) Auch die Austauschmechanismen zu **daktyloskopischen Daten, DNA und Fahr- 198 zeugdaten** im Rahmen des Prümer Ratsbeschluss sind durch den Durchführungsbeschluss B 2008/616/JI[107] und vor allem seinem Anhang detailliert geregelt (→ § 14 Rn. 191 ff.; § 15 Rn. 258 ff., 299 ff.).

c) Im Bereich der **simultanen Videoübertragung innerhalb der EU** verweisen die **199** entsprechenden Referenzdokumente detailliert auf die bestehenden Standards vor allem der Internationalen Fernmeldeunion (ITU), die tunlichst eingehalten werden sollten (→ § 15 Rn. 152).

3. Zudem ist seit dem 14.10.2010 mit Einführung der **§§ 77a, b IRG** die Möglichkeit **200** gegeben, nicht nur Verfahrensakten auch in Rechtshilfesachen elektronisch zu führen.[108] Vielmehr soll nach Maßgabe von jeweiligen Rechtsordnungen der Länder gelten: „Ist nach diesem Gesetz für die Leistung von Rechtshilfe die Einreichung schriftlicher Unterlagen einschließlich von Originalen oder beglaubigten Abschriften notwendig, können auch elektronische Dokumente vorgelegt werden" (§ 77a Abs. 1 S. 1 IRG). Dabei ist der Begriff der „Einreichung" unklar gewählt und vor allem die Anwendung für die ausgehende Rechtshilfe schwierig.[109] Die zur Anwendung notwendigen Verordnungen der Länder werden im Zuge der Einführung der elektronischen Aktenführung nach und nach erlassen. Rechtsklarer ist dabei die Regelung des Landes NRW: „Gerichte und Behörden können nach Maßgabe der nachfolgenden Vorschriften elektronische Nachrichten zum Zweck der internationalen Rechtshilfe in Strafsachen von ausländischen Gerichten und Behörden empfangen oder an diese senden."[110] In dieser Verordnung werden dann die genauen Anforderungen an den Austausch getroffen. Ähnliches dürfte bald auch von den anderen Ländern zu erwarten sein. Die vom IRG ähnlich wie sonst im elektronischen Rechtsverkehr geforderten Authentizitäts- bzw. Integritätsnachweise, primär durch die sog. elektronische Signatur (§ 77a Abs. 1 S. 2, Abs. 2 IRG), werden durch die Anlage 2 der Verordnung von NRW an das e-Codex-Projekt *(„e-Justice Communication via Online Data Exchange")* der meisten EU-

---

[105] VO (EU) Nr. 603/2013 des Europäischen Parlaments und des Rates über die Einrichtung von Eurodac für den Abgleich von Fingerabdruckdaten zum Zwecke der effektiven Anwendung der Verordnung (EU) Nr. 604/2013 zur Festlegung der Kriterien und Verfahren zur Bestimmung des Mitgliedstaats, der für die Prüfung eines von einem Drittstaatsangehörigen oder Staatenlosen in einem Mitgliedstaat gestellten Antrags auf internationalen Schutz zuständig ist und über der Gefahrenabwehr und Strafverfolgung dienende Anträge der Gefahrenabwehr- und Strafverfolgungsbehörden der Mitgliedstaaten und Europols auf den Abgleich mit Eurodac-Daten sowie zur Änderung der Verordnung (EU) Nr. 1077/2011 zur Errichtung einer Europäischen Agentur für das Betriebsmanagement von IT-Großsystemen im Raum der Freiheit, der Sicherheit und des Rechts v. 26.6.2013, ABl. 2013 L 180, 1.
[106] Art. 24 Eurodac-VO sowie Art. 25 Eurodac-VO zum weiteren Verfahren.
[107] Beschluss 2008/616/JI des Rates zur Durchführung des Beschlusses 2008/615/JI zur Vertiefung der grenzüberschreitenden Zusammenarbeit, insbesondere zur Bekämpfung des Terrorismus und der grenzüberschreitenden Kriminalität (B 2008/616/JI) v. 23.6.2008, ABl. 2008 L 210, 12.
[108] § 77a Abs. 2 IRG; vgl. hierzu und zum Folgenden BT-Drs. 17/1288; BT-Drs. 17/2458; BGBl. 2010 I 1408 ff.
[109] Eine Definition findet sich auch nicht in den Motiven, es ist lediglich ersichtlich, dass die Neuregelung orientiert an dem Fall eingehender Ersuchen in der Geldstrafenvollstreckung erfolgte.
[110] VO über die elektronische Kommunikation und Aktenführung in Angelegenheiten der strafrechtlichen Zusammenarbeit mit dem Ausland im Lande Nordrhein-Westfalen (ERVVO RHSt) v. 24.3.2015, GVBl. NRW 2005, 324.

Staaten angebunden, dessen Betreung NRW innehat. Es ist zu erwarten, dass in diesem oder ähnlichem Rahmen zumindest innerhalb der EU über die bekannten EJN- und polizeilichen Netzwerke allgemeine Infrastrukturen und Standards sich alsbald herausbilden werden, die auch und gerade die Übermittlung nicht nur von Verfahrensdokumenten sondern auch Rechtshilfeergebnissen in einer gerichtssicheren, Authentizität und Integrität gewährleistenden Weise mit medienbruchfreiem Anschluss an die elektronische Aktenführung im Inland ermöglichen können. Erste Bemühungen hierzu unter dem Schlagwort „e-evidence" haben etwa den Rat für Inneres und Justiz 2016 beschäftigt.[111]

201 Sollten hierbei deutliche Fortschritte und Konkretisierungen erreicht werden, wären allerdings auch präzisere, allgemein anwendbare Normen im IRG und in der RiVASt überaus wünschenswert. Bis dahin scheint jedoch noch ein weiter und durchaus mühsamer Weg, bei dem tunlichst inkompatible Insellösungen für einzelne Rechtshilfeinstrumente zu vermeiden und hinreichende technische Expertise einzubeziehen wäre.

E. Begleitende und Folgemaßnahmen im ersuchenden Staat

I. Weitere Kommunikation mit dem ersuchten Staat

202 Unter bestimmten Umständen kann die **weitere Kommunikation zwischen dem ersuchenden und dem ersuchten Staat** erforderlich sein:

203 1. Sind die mit dem Ersuchen übermittelten Informationen für die Prüfung, Bewilligung oder Vornahme der Rechtshilfe **unzureichend,** kann der ersuchende Staat Maßnahmen ergreifen, um diese doch noch zu ermöglichen. Dazu dienen die vor allem bereits dargestellten Mechanismen der Information und Konsultation durch bzw. mit dem ersuchten Staat (→ Rn. 23 ff.).

204 2. Haben sich **wesentliche Verhältnisse im Laufe der Rechtshilfe geändert,** also zwischen Stellen des Ersuchens und dessen Erfüllung, ist nach deutschem Recht die ersuchte Behörde unverzüglich zu informieren, sobald die deutschen Stellen hiervon Kenntnis haben:

205 Ändern sich nach Abgang eines Ersuchens die Verhältnisse in einer für die Erledigung bedeutsamen Weise, ist die ersuchte ausländische Behörde unverzüglich auf dem vorgeschriebenen Geschäftsweg, in Eilfällen unmittelbar und gegebenenfalls über das BKA (über bzw. unter Benachrichtigung des zuständigen LKA) zu benachrichtigen (Nr. 31 Abs. 1 RiVASt, ggf. iVm Nr. 6 RiVASt). Haben sich die Verhältnisse zwischen der Anregung vorläufiger Maßnahmen im Ausland (zB durch Einleitung der internationalen Fahndung) oder bekannten vorläufige Maßnahmen der ausländischen Behörden in Erwartung eines Ersuchens und der Stellung des förmlichen Rechtshilfeersuchens wesentlich geändert, gilt dies entsprechend (Nr. 31 Abs. 1 RiVASt). Die zuständige deutsche Justizbehörde unterrichtet die zuständige Behörde des ersuchten EU-Mitgliedstaats ebenfalls unverzüglich über die Aufhebung einer richterlichen Anordnung (Nr. 200 RiVASt).

206 Dies spiegelt die **vereinzelt in Übereinkommen verankerte Pflicht** zur entsprechenden Information wider: Dazu zählt etwa das GeldwÜ 1990, wonach gem. Art. 31 Abs. 2 GeldwÜ 1990 der ersuchende Staat unverzüglich über jede Überprüfung, Entscheidung oder andere Tatsache unterrichtet, die dazu führt, dass die Einziehungsentscheidung ganz oder teilweise nicht mehr vollstreckbar ist, oder jede Änderung in tatsächlicher oder rechtlicher Hinsicht, die dazu führt, dass Maßnahmen nicht mehr gerechtfertigt sind. Ähnlich hat im Verhältnis mit **Japan** der ersuchende den ersuchten Staat unverzüglich darüber zu informieren, wenn das freie Geleit beendet ist, sofern diese Information vom ersuchten Staat verlangt wird und vom ersuchenden Staat für notwendig erachtet wird (Art. 23 Abs. 4 RHAbk EU/JP). Nach dem Übereinkommen der Vereinten Nationen gegen die grenz-

---

[111] Vgl. Schlussfolgerungen des Rates v. 9.6.2016 zur Verbesserung der Strafjustiz im Cyberspace, Ratsdok. 10007/16, Ratsdok. 13982/16 sowie Ratsdok. 15072/1, 16.

überschreitende organisierte Kriminalität setzt der er suchende den ersuchten Staat unverzüglich darüber zu informieren, wenn das freie Geleit beendet ist, sofern diese Information vom ersuchten Staat verlangt wird und vom ersuchenden Staat für notwendig erachtet wird (Art. 23 Abs. 4 RHAbk EU/JP). Nach dem Übereinkommen der Vereinten Nationen gegen die grenzüberschreitende organisierte Kriminalität setzt der ersuchende Staat den ersuchten umgehend **in Kenntnis,** wenn die erbetene Rechtshilfe nicht mehr erforderlich ist (Art. 18 Abs. 24 S. 3 Palermo I).

3. Weiterhin steht dem ersuchenden Staat grundsätzlich offen, neben den bereits erfolgten, **um weitere Rechtshilfeleistungen zu ersuchen.** Ein solches Ergänzungsersuchen[112] bestimmt sich mangels besonderer Bestimmungen nach den allgemeinen Regelungen für Ersuchen. Die Sonderregeln für Nachtrags- bzw. Ergänzungsersuchen wie im Auslieferungsrecht finden sich für die „kleine Rechtshilfe" nicht (vgl. §§ 4, 35 IRG). Allerdings enthält die EEA-RL diverse Sondervorschriften, die insbesondere eine Bezugnahme im Ergänzungsersuchen auf das ursprüngliche Ersuchen, eine erleichterte Kommunikation mit der Vollstreckungsbehörde und zur gerichtlichen Validierung vorsehen.[113] Zudem kann der **ersuchte Staat** berechtigt oder verpflichtet sein, auf neue Ermittlungsansätze hinzuweisen.[114] 207

II. Spätere Mitteilungen an den übermittelnden Staat

Weiterhin kann der ersuchende Staat verpflichtet sein, **zu einem späteren Verfahrens-** 208
stand, dem ersuchten Staat bestimmte Mitteilungen zu machen. Solche Mitteilungspflichten können sich insbesondere aus konkreten akzeptierten Bedingungen für die Erfüllung des Rechtshilfeersuchens ergeben und sind auch als solche zu beachten, § 72 IRG. Solche Verpflichtungen können sich auch generell aus dem Rechtshilfeinstrument, das der Rechtshilfe zugrunde gelegt hat, ergeben:

1. Der ersuchende Staat kann danach verpflichtet sein, über die beabsichtigte **Offenle-** 209
gung vertraulicher Informationen den übermittelnden Staat **zu informieren** und zu konsultieren, soweit es sich nicht um eine Verwendung bzw. Offenlegung im Rahmen der im Ersuchen bezeichneten oder sonst erlaubten Verwendung handelt. (→ Rn. 23 ff., ausführlich → § 21 Rn. 18).[115] Nur beispielsweise kann nach dem Übereinkommen mit den USA der Staat, der ein Beweismittel oder eine Auskunft vorbehaltlich einer Bedingung zur Verfügung gestellt hat, von dem anderen Staat verlangen, dass er im Hinblick auf diese Bedingung die Verwendung des Beweismittels oder der Auskunft darlegt (Art. 15 Abs. 6 RHV DE/US). Dies gilt im Verhältnis mit Japan nur, soweit ein außergewöhnlicher Fall dies rechtfertigt (Art. 13 Abs. 3 RHAbk EU/JP).

2. Ähnlich ist im Rahmen der **polizeilichen Zusammenarbeit** nicht nur bei der 210
Nacheile und Observation (→ § 3 Rn. 56 f., 119 f.) teilweise in bilateralen Nachbarverträgen die Pflicht des Empfängers vorgesehen, den Übermittlerstaat auf Ersuchen über die Verwendung der übermittelnden Daten und die dadurch erzielten Ergebnisse zu informieren.[116]

3. Schließlich ist nur nochmals auf die teilweisen Verpflichtungen bei der **Verwendung** 211
von ohne Ersuchen übermittelten Informationen hinzuweisen.

---

[112] Zu Unterschieden von der bereits genannten Ergänzung eines sonst nicht umsetzbaren Ersuchens, vgl. nur für ausgehende Ersuchen Nr. 18, 157 RiVASt.
[113] Art. 8 EEA-RL; vgl. zur gleichen Regelung in Art. 6 ProtRHÜ 2000 mit der Erleichterung, dass bei Ersuchen betreffend dieselbe Tat nur noch die erforderlichen zusätzlichen Angaben gemacht werden müssen, vgl. NK-RechtshilfeR/*Kubiciel* IV Rn. 362 ff.
[114] Vgl. etwa Art. 5 ProtRHÜ 2000 für alle Rechtshilfemaßnahmen, wenn sich bei der Erledigung zweckmäßige andere bzw. ergänzende Ermittlungen gezeigt haben; vgl. dazu NK-RechtshilfeR/*Kubiciel* IV Rn. 359 f. mwN.
[115] Vgl. hier nur insbes. Art. 26 Abs. 4 ZP II-RHÜ 1959.
[116] **Für die Schweiz:** Art. 27 Nr. 1 PolZV DE/CH.

III. Weiterübermittlungen im ersuchten Staat

212   1. Wesensgemäß ist im Inland die Übermittlung der Rechtshilfeergebnisse von der **empfangenden Stelle** an die Stelle, die um Rechtshilfe ersucht bzw. diese für ein eigenes Verfahren **veranlasst hat,** die im Regelfall nach dem umgekehrten Geschäfts- bzw. Dienstweg des Ersuchens erfolgt.

213   2. Des Weiteren erfolgen Übermittlungen der Ergebnisse im Rahmen des Verfahrens insbesondere an die **Beteiligten** nach dem **innerstaatlichen Verfahrensrecht,** zB aus der Anhörung der Verfahrensbeteiligten nach § 33 StPO vor anschließenden Entscheidungen, der Beweisaufnahme in der Hauptverhandlung (→ § 23 [Rn. 1]) oder im Wege des Akteneinsichtsrechts. Zur weiteren Verarbeitung und Verwendung der erhaltenen Informationen ausführlich → §§ 18 ff., 22 ff.

IV. Praxishinweis: Innerstaatliche Nachberichtspflichten

214   Ist eine Rückmeldung des ersuchten Staates erfolgt, können sich **Nachberichtspflichten** für die im ersuchenden Staat beteiligten Stellen ergeben:

215   1. Nachträglich an die oberste Justiz- oder Verwaltungsbehörde zu berichten ist in folgenden Fällen:

- Wenn ein **Ersuchen im Ausland abgelehnt wurde,** hat dies die Bewilligungsbehörde gem. Nr. 13 Abs. 2 S. 1 RiVASt zu berichten.
- Wenn von der obersten Justiz- oder Verwaltungsbehörde das Ersuchen weitergeleitet wurde und die Erledigungsstücke nicht über sie eingehen, hat die ersuchende Behörde über die Erledigung gem. Nr. 30 Abs. 5 RiVASt zu berichten.
- Weiterhin ist gem. Nr. 13 Abs. 2 S. 2 RiVASt zu berichten, wenn ein Ersuchen, welches eine Zuwiderhandlung gegen Vorschriften über öffentlich-rechtliche Abgaben oder einen Bannbruch betrifft, wegen Gefahr im Verzug ohne die ansonsten erforderliche Beteiligung der Bundesregierung gestellt wurde.

216   Die Form des Nachberichts orientiert sich an der sonstiger Berichte an die obersten Jusitz- bzw. Verwaltungsbehörden. Für Mehrfertigungen gilt das bereits oben Ausgeführte (→ § 12 Rn. 194 ff.). Es ist also gem. Nr. 12 RiVASt jeweils eine Mehrfertigung für jede auf dem Dienstweg beteiligte Behörde und jeweils eine für das Bundesamt für Justiz und das Auswärtige Amt zu fertigen, es sei denn, dass diese offensichtlich nicht zu beteiligen sind.

217   2. Auch die Vorlage jeder **gerichtlichen Entscheidung,** die sich mit grundsätzlichen Fragen des Rechtshilferechts befasst, an die obersten Justiz- oder Verwaltungsbehörden durch die Ermittlungsorgane des Landes ist gem. Nr. 13 Abs. 3 RiVASt als Nachberichtspflicht ausgestaltet. Sie ist in drei Mehrfertigungen vorzulegen, da die Landesregierung ihrerseits solche Entscheidungen der Bundesregierung vorzulegen hat (Nr. 7b ZustVb2004). Für die Entgegennahme dürfte wohl das Bundesamt für Justiz für das BMJV im Rahmen der allgemeinen Verweisungen des BfJ-Erlasses zuständig sein (→ § 12 Rn. 23 ff.), allerdings erfolgt die Übersendung in der Praxis regelmäßig an beide Behörden.

218   3. Weitere Nachberichtspflichten, insbesondere bei Schwierigkeiten mit der Erfüllung des Ersuchens, können sich im Rahmen der bereits erfolgten **Einschaltung von EJN bzw. Eurojust** ergeben. Diese können aber auch erstmalig bei derartigen Schwierigkeiten eingeschaltet bzw. konsultiert werden (→ § 17 Rn. 10, 12, 23, 34 ff.).

219   4. Im Bereich der **polizeilichen Rechtshilfe** können sich weitere Mitteilungs- und Benachrichtigungspflichten, vor allem bei der unmittelbaren Kommunikation der Dienststellen im ersuchenden und ersuchten Staat gegenüber dem BKA und ggf. dem zuständigen LKA ergeben (→ § 11 Rn. 205, 209).

§ 13 Weiteres Verfahren und Kommunikation **3. Kapitel**

F. Kostenerstattung

I. Erstattungsfreiheit und Erstattungspflicht

Die Kosten der erhaltenen Rechtshilfe werden nach deutschem Recht ins Ausland nur **220** erstattet, soweit eine völkerrechtliche Übereinkunft dies zulässt oder der ausländische Staat auch seinerseits eine Erstattung verlangt (Nr. 15 Abs. 1 RiVASt).

Es hat sich mittlerweile eine weitgehende völkerrechtliche Übung entwickelt, dass die **221** Staaten untereinander grundsätzlich **ganz auf die Erstattung der Kosten verzichten,** die ihnen innerstaatlich durch die Leistung der Rechtshilfe entstanden sind.[117] Dies folgt der Überlegung, dass vor allem in häufig genutzten Rechtshilfebeziehungen sich die Kosten statistisch weitgehend gegeneinander aufheben. Ein Verzicht des ersuchten Staates kann jedoch nicht verbindlich vorausgesetzt werden, soweit eine klare Regelung fehlt.

Auch wenn eine Pflicht zur Kostenerstattung grundsätzlich bestehen bzw. durch das **222** Rechtshilfedokument nicht ausgeschlossen sein sollte, kann der ersuchte Staat auf sie **verzichten,** wie etwa auch § 75 IRG für Deutschland zeigt. Eine Gegenseitigkeit wird dabei jedenfalls von deutscher Seite nicht mehr vorausgesetzt.[118] Allerdings sind wegen des möglicherweise hohen, oft unvorhersehbaren Aufwands jedenfalls aus deutscher Sicht grundsätzlich durch den ersuchenden Staat die Kosten für Herstellung und Betrieb der Verbindung sowie Dolmetscher und Sachverständige bei einer Videovernehmung oder Anhörung per Telefonkonferenz und, soweit vor bei Bewilligung gefordert und zugesichert, die Kosten einer Telekommunikationsüberwachungsmaßnahme zu tragen.[119]

In den Rechtshilfeinstrumenten ist die Frage, ob und ggf. in welchen Fallkonstellationen **223** der ersuchende Staat dem Ersuchen die durch die Rechtshilfe entstandenen Kosten zu ersetzen hat, höchst uneinheitlich geregelt:

1. Eine Kostenerstattungspflicht ist regelmäßig bei der polizeilichen Zusammenarbeit **224** **generell ausgeschlossen** (→ § 3 Rn. 1 ff.; § 11 Rn. 210). Namentlich im Rahmen der Europäischen Ermittlungsanordnung soll der ersuchte Vollstreckungsstaat alle Kosten tragen. Bei außergewöhnlichen Kosten soll er jedoch die Anordnungsbehörde konsultieren können (Art. 21 EEA-RL). Ebenso sind im Verhältnis mit den USA nach dem ZusBekämKrimÜ DE/US (Art. 21 ZusBekämKrimÜ DE/US), in der polizeilichen Kooperation mit Österreich nach Art. 36 PolZV DE/AT und bei der Zusammenarbeit bezüglich erheblicher Kriminalität mit der Türkei (Art. 8 Abs. 3 AntiOrgKrimAbk DE/TR) die Kosten grundsätzlich nicht zu erstatten.

2. Auch im Rahmen des **Europäischen Rechtshilfeübereinkommens** erfolgt grund- **225** sätzlich keine Kostenerstattung (Art. 20 RHÜ 1959). Hiervon gibt es allerdings folgende Ausnahmen. Erstattet werden die Kosten:

- von zeitweisen Überstellungen (nach Art. 11 RHÜ 1959),
- durch die Beiziehung von Sachverständigen im ersuchten Staat,
- der Reisekostenvorschüsse, die der ersuchte Staat dem Zeugen oder Sachverständigen auf besonderen Wunsch gewährt hat (Art. 10 Abs. 3 S. 1 RHÜ 1959).

Anerkanntermaßen fallen in diesem Kontext auch Übersetzer, nicht aber mündliche **226** Dolmetscher iSv §§ 185, 191 GVG unter den Begriff der Sachverständigen.[120] Da das RHÜ 1959 die modernen, besonders kostenintensiven Ermittlungsmaßnahmen vor allem der Telekommunikationsüberwachung nicht vorgesehen hat und vorhersehen konnte, wird nach wohl hM die Beanspruchung der Kostenerstattung in diesen Fällen durch den

---

[117] Vgl. Schomburg/Lagodny/Gleß/Hackner/*Schomburg/Hackner* IRG § 75 Rn. 2 mwN; vgl. bspw. Art. 42 RHV DE/TN mit Ausnahme von Sachverständigengutachten und Durchlieferung.
[118] Vgl. Schomburg/Lagodny/Gleß/Hackner/*Schomburg/Hackner* IRG § 75 Rn. 1.
[119] Vgl. Nr. 15 Abs. 1 RiVASt; Nr. 77 Abs. 2 lit. d RiVASt; Nr. 77a Abs. 1 lit. e RiVASt; auch Schomburg/Lagodny/Gleß/Hackner/*Schomburg/Hackner* IRG § 75 Rn. 2a.
[120] BGH NStZ 1998, 158; Schomburg/Lagodny/Gleß/Hackner/*Schomburg/Hackner* IRG § 75 Rn. 2a.

ersuchten Staat nicht ausgeschlossen.¹²¹ Die Frage ist daher sinnvollerweise bei der Prüfung und Bewilligung vor der Durchführung der Maßnahme zu klären. Vor diesem Hintergrund sorgen die bilateralen Ergänzungsverträge zum RHÜ 1959 sowie das RHÜ 2000 (→ § 9 Rn. 34 ff.) und das ZP II-RHÜ 1959¹²² für Rechtssicherheit.

227 **3.** Ansonsten enthalten die verschiedenen Rechtshilfeinstrumente jeweils eine unterschiedliche Auswahl aus einem Kanon an Ausnahmetatbeständen von der Kostenerstattungsfreiheit:

228 **a)** Im Verhältnis zur **Schweiz** sind bei der bloßen Rückgabe von Gegenständen an den Berechtigten im ersuchenden Staat dem ersuchten Staat die erforderlichen Kosten zu erstatten (Art. 11 ErgV-RHÜ 1959 DE/CH), ebenso die Kosten bei polizeilicher Katastrophenhilfe (Art. 45 PolZV DE/CH). Gleiches gilt bei der polizeilichen Zusammenarbeit mit den Niederlanden (Art. 38 PolZV DE/NL).

229 **b)** Im Verhältnis zu den **USA** (Art. 21 Abs. 1 RHV DE/US) und **Japan** (Art. 12 Abs. 1, 2 RHAbk EU/JP) trägt jeweils der ersuchte Staat die Kosten, soweit es sich nicht um solche für einen Sachverständigen, eine Übersetzung oder Niederschrift, Reisekosten von Zeugen oder Überstellungskosten sowie Kosten einer Videoübertragung handelt. Unklar scheint damit, ob in BtM-Sachen die vollständige Freistellungsvereinbarung von jedem Kostenersatz im Anti-Drogen-Abkommen DE/US von 1957 in BtM-Sachen implizit aufgehoben wurde.

230 **c)** Ähnlich werden im Verhältnis mit **Kanada** (nur) die Kosten für Sachverständige und die Überstellung einschließlich der Beförderung des Wach- oder Begleitpersonals erstattet (Art. 18 Abs. 1 RHV DE/CA).

231 **d)** Im Verhältnis mit **Israel** und aus **anderen Ergänzungsverträgen zum RHÜ 1959** sind die Kosten für die Herausgabe von Gegenständen zu erstatten,¹²³ bzw. für die Rückgabe an den Berechtigten.¹²⁴ Gleichfalls sind auch häufig die Kosten für die zeitweise Überstellung einschließlich Durchführung im Ausland zu erstatten.¹²⁵ Nach den neueren Ergänzungsverträgen mit Polen und Tschechien sind auch die Kosten einer Telekommunikation erstattbar, wobei der ersuchte Staat unverzüglich die voraussichtlich entstehenden Kosten mitzuteilen hat und der ersuchende bei vorzeitiger Beendigung ebenfalls zur Kostenerstattung verpflichtet ist.¹²⁶

232 **e)** Ähnlich sind im Verhältnis mit **Hongkong** die Kosten für Überstellung, Sachverständige, Übersetzungen sowie die Gebühren für einen Rechtsbeistand, der auf Wunsch der ersuchenden Vertragspartei beauftragt wurde, zu übernehmen (Art. 7 Abs. 1 RHAbk DE/HK).

233 **f)** Mit **Kenia** werden dagegen nur die Sachverständigenkosten erstattet.¹²⁷ Letzteres gilt auch für die Rechtshilfe nach dem Falschmünzerei-Abkommen (Art. 16 Abs. 6 IntAF-MAbk).

234 **g)** Im Verhältnis mit **Japan** werden vom ersuchenden Staat auch **außergewöhnliche Kosten** getragen und es sind ausdrücklich abweichende Vereinbarungen von Fall zu Fall möglich (Art. 12 Abs. 2 lit. e RHAbk EU/JP).

235 **h)** Dagegen hat nach den **UN-Übereinkommen** und dem **GeldwÜ 1990** der ersuchte Staat die gewöhnlichen Kosten der Erledigung zu tragen, sofern die beteiligten Staaten nichts anderes verabreden.¹²⁸

---

¹²¹ Schomburg/Lagodny/Gleß/Hackner/*Schomburg/Hackner* IRG § 75 Rn. 2a.
¹²² Art. 5 ZP II-RHÜ 1959; auch für die Überstellung und ein Konsultationsverfahren für erhebliche oder außergewöhnliche Kosten.
¹²³ **Für Israel:** Art. 13 RHÜ DE/IL; **Österreich:** Art. 13 ErgV-RHÜ 1959 DE/AT.
¹²⁴ **Für Italien:** Art. 11 ErgV-RHÜ 1959 DE/IT.
¹²⁵ **Für Österreich:** Art. 13 ErgV-RHÜ 1959 DE/AT; **Polen:** Art. 12 Abs. 1 ErgV-RHÜ 1959 DE/PL; **Tschechien:** Art. 13 Abs. 1 PolZV DE/CZ.
¹²⁶ **Für Polen:** Art. 12 Abs. 2 ErgV-RHÜ 1959 DE/PL; **Tschechien:** Art. 13 Abs. 2 PolZV DE/CZ.
¹²⁷ Nr. 5d Bek. der Vereinbarung zwischen der Regierung der Bundesrepublik Deutschland und der Regierung der Republik Kenia über die gegenseitige Rechtshilfe in Strafsachen v. 19.5.1971 (BGBl. 1971 II 924 ff.).
¹²⁸ Art. 7 Abs. 19 UNSuchtÜ; Art. 18 Abs. 28 Palermo I; Art. 34 GeldwÜ 1990.

i) Die Protokolle zu den **Steuerstrafabkommen** enthalten ausführliche Regelungen 236
wann und in welcher Höhe statt normalerweise durch den ersuchten Staat „außergewöhnliche Kosten" durch den Ersuchenden zu tragen sind.[129]
4. Regelungen zur Verteilung bei Schadensersatzleistung enthält Art. 35 GeldwÜ 1990. 237
5. Im Bereich der vertragsfreien Rechtshilfe verlangen insbesondere häufig Common- 238
Law-Staaten eine Übernahme der Kosten.[130]

II. Konsultationspflicht

Nach den UN-Übereinkommen und dem GeldwÜ 1990 besteht bei außergewöhnlichen 239
Kosten eine **Konsultationspflicht,** um die Bedingungen für die Erledigung festzulegen.[131]
Eine solche Konsultationspflicht besteht auch bilateral im Verhältnis zu den USA (Art. 19
Abs. 2 RHV DE/US) und mit Kanada (Art. 18 Abs. 2 RHV DE/CA).

III. Innerstaatliche Abwicklung

Nach **deutschem Recht** fallen Kosten, die der deutschen Seite durch die Inanspruch- 240
nahme von Rechtshilfe im Ausland entstehen, zunächst regelmäßig der Behörde zur Last,
die das Ersuchen **angeregt** hat (Nr. 15 Abs. 5 S. 1 RiVASt). Für die Vermittlungshandlungen des auswärtigen Dienstes herrscht regelmäßig Kostenfreiheit (§§ 8, 9 AKostG). Für
sonstige Amtshilfe deutscher Stellen beim Ersuchen dürfte das allgemeine Amtshilferecht
Anwendung finden, wonach diese gebührenfrei erfolgt und Auslagen nur zu erstatten sind,
wenn zwischen Behörden unterschiedlicher Rechtsträger im Einzelfall 35 EUR übersteigen (§ 8 VwVfG). Zu diesen Auslagen wird man auch die geltend gemachten Kosten
Dritter, etwa ausländischer Stellen zählen müssen. Sind bei einer Einlieferung mehrere
Justizverwaltungen beteiligt, gilt die Vereinbarung des Bundes und der Länder über die
Kosten in Einlieferungssachen v. 22.6.1993.[132]

Den **Beschuldigten oder sonst Verfolgten bzw. Betroffenen des Bezugsverfah-** 241
rens können die Kosten der Rechtshilfe allgemein mangels Rechtsgrundlage nicht auferlegt werden, soweit entsprechende Normen fehlen.[133] Allerdings sieht das Kostenrecht
vor, dass Beträge, die ausländischen Behörden, Einrichtungen oder Personen im Ausland
zustehen, sowie Kosten des Rechtshilfeverkehrs mit dem Ausland in voller Höhe erhoben
werden, selbst dann, wenn aus Gründen der Gegenseitigkeit, der Verwaltungsvereinfachung
oder aus vergleichbaren Gründen keine Zahlungen zu leisten sind.[134] Diese Auslagen gelten
auch als Kosten des Strafverfahrens, sodass sie der allgemeinen Kostenerstattung unterliegen.[135] Umfasst sind damit auch die Übersetzungskosten des ersuchten Staates oder einer
sonstigen innerstaatlichen befassten Stelle, soweit diese zu erstatten wären. Ist die Übersetzung alleine in der Person des Beschuldigten oder Betroffenen veranlasst, also nicht im
allgemeinen Weg der Rechtshilfe erfolgt, so sind diese nur bei dessen Verschulden auferlegt
(§ 464c StPO, Nr. 9005 KV GKG). Für die Erstattung der Auslagen von Auslandszeugen
ergeben sich besondere Regelungen (→ § 15 Rn. 28, 69, 79).

---
[129] Für **Anguilla:** InfoAust AI 2010; **Bahamas:** InfoAust BS 2010; **die Britischen Jungferninseln:** InfoAust VG 2010; AuskAust GG 2009; **Insel Man:** AuskAust IM 2009; **die Kaimaninseln:** InfoAust KY 2010; **San Marino:** InfoAust SM 2010; **St. Vincent und die Grenadinen:** InfoAust VC 2010; **die Turks- und Caicosinseln:** InfoAust TC 2010; → § 15 Rn. 679.
[130] *Nagel* Beweisaufnahme 144.
[131] Art. 7 Abs. 19 UNSuchtÜ; Art. 18 Abs. 28 Palermo I; Art. 34 GeldwÜ 1990.
[132] Nr. 15 Abs. 5 S. 2 RiVASt; BAnz. 1993, 6658 auch als Nr. 5 zur Anlage I RiVASt [.
[133] Wie zB im Auslieferungs- und Vollstreckungsrecht §§ 38, 57a IRG; vgl. Schomburg/Lagodny/Gleß/Hackner/*Schomburg/Hackner* IRG § 75 Rn. 2, 6 mwN.
[134] Vgl. Nr. 15 Abs. 2 RiVASt, dessen Verweis auf die Verordnung über die Kosten im Bereich der Justizverwaltungen noch nicht auf das GKG aktualisiert ist; § 3 Abs. 2 GKG iVm Nr. 9014 KV GKG, vgl. auch § 1 Abs. 2 Nr. 5 GKG iVm Nr. 9015 f. KV GKG für das vorbereitende Ermittlungs- und für das Ordnungswidrigkeitsverfahren.
[135] ISv § 464a Abs. 1 S. 1 StPO; vgl. Meyer-Goßner/Schmitt/*Schmitt* StPO § 464a Rn. 1.

§ 14 Informationserhebungen bei ausländischen Stellen

A. Auskünfte allgemein

1 Die Erhebung von Informationen, die bereits bei einer ausländischen Stelle vorhanden sind, erfolgt – unbeschadet der Form der Übermittlung und Verwendung, insbesondere im Strengbeweisverfahren – im Wege der Auskunft.

2 **I.** Keine Auskunft ist die **Herausgabe** von sichergestellten Sachen und Daten oder die körperliche Übermittlung bereits im Gewahrsam befindlicher Gegenstände (→ Rn. 227 ff.; § 15 Rn. 401 ff.).[1]

3 **II.** Für Auskünfte als sozusagen „mildeste Form" der Rechtshilfe gilt das allgemeine Rechtshilferecht regelmäßig ohne besondere Zusatzregeln.

4 Allerdings unterliegen zB in **Japan** Auskünfte aus den Steuerregistern einem notwendigen gerichtlichen Beschluss.[2]

5 Zudem sind – vor allem im Unions- und Schengenrecht, aber auch in zB den Konventionen des Europarats – besondere Rechtsakte und -normen zu beachten. Hierzu zählen insbesondere Rechtsnormen

- zu den **Auskünften aus den Verbunddateisystemen** wie im Rahmen von SIS, ZIS, Europol oder Interpol (→ § 16 [Rn. 1 ff.]; § 17 Rn. 180 ff.);
- zum **schnellen polizeilichen Datenaustausch** (→ Rn. 11 ff.);
- zu **bestimmten Kriminalitätsbereichen,** insbesondere dem Terrorismus (→ Rn. 52 ff.); innerhalb der EU können aber zB auch, wenn einer Ausländerbehörde bei der Bearbeitung eines Antrags auf eine Aufenthaltsgenehmigung Umstände bekannt werden, dass jemand, der einer Völkerstraftat verdächtigt wird, die zuständigen Strafverfolgungs- bzw. Ermittlungsbehörden untereinander um alle sachdienliche Angaben, einschließlich Angaben der Ausländerbehörden, ersuchen (Art. 3 Abs. 2 B 2003/335/JI).
- zu **bestimmten Arten und Quellen von Auskünften** insbesondere aus bestimmten Registern (→ Rn. 118 ff.).

6 Für andere vereinbarte Register und Ermittlungsgrundlagen greifen hingegen die allgemeinen Auskunftsregelungen. So können etwa die im Schengenraum zu erhebenden **Meldebescheinigungen** über die polizeilichen oder allgemeinen Auskunftsinstrumentarien grenzüberschreitend abgefragt werden.[3]

7 **III.** Grundsätzlich einem getrennten Rechtsregime unterliegen auch Auskünfte über die Rechtsordnung im ersuchten Staat (→ Rn. 77 ff.). Für Auskünfte aus dem Strafregister gelten auch nach der RiVASt besondere Regeln (Nr. 118 Abs. 4 RiVASt; → Rn. 118 ff.).

8 **IV.** Ansonsten ist ein Auskunftsersuchen einer deutschen Justizbehörde grundsätzlich auf dem vorgeschriebenen Geschäftsweg an eine ausländische Justizbehörde zu richten, auch wenn die Auskunft von einer Verwaltungsbehörde zu erteilen wäre (Nr. 118 Abs. 2 RiVASt). Daraus folgt wohl ein Vorrang der unmittelbaren justiziellen Rechtshilfe gegenüber der internationalen Amtshilfe zwischen Verwaltungsbehörden, um die die Justizbehörde im Wege der innerstaatlichen Amtshilfe eine Verwaltungsbehörde ersucht. Zu derartigem Auskunftsersuchen gehören insbesondere Auskünfte aus ausländischen Registern, Dateien und sonstigen Sammlungen, aus ausländischen behördlichen Akten aller Art oder über tatsächliche Verhältnisse und Vorkommnisse im Ausland oder das Ergebnis von ausländischen Feststellungen. Für das Ersuchen kann auf Muster 33 der RiVASt zurückgegriffen werden.

9 Besondere Bedeutung hat allerdings auch der Informationsaustausch und **Auskünfte auf polizeilicher Ebene** (→ § 11 Rn. 125 ff.).

---

[1] OLG Köln BeckRS 2011, 01478 mwN.
[2] Vgl. Ratsdok. 15008/16, 13.
[3] Vgl. zur Meldepflicht Art. 45 SDÜ.

B. Besonderer Datenaustausch

Auf den besonderen Datenaustausch im Rahmen der Verbunddateisysteme des SIS (II), des 10
Europol-Informationssystems sowie des ZIS einerseits sowie der für den Bereich der
polizeilichen und strafjustiziellen Zusammenarbeit geschaffenen Einrichtungen der EU,
namentlich das EJN, Eurojust und Europol wird unten gesondert eingegangen (→ §§ 16,
17). Daher sind an dieser Stelle – vor den besonderen Auskunftsquellen – lediglich zwei
besondere Mechanismen zum Austausch von Daten und Erkenntnissen ohne Ermittlungshandlungen
nach außen hervorzuheben, der schnelle polizeiliche Datenaustausch sowie der
besondere Datenaustausch hinsichtlich terroristischer Straftaten.

I. Schneller Datenaustausch auf polizeilicher Ebene innerhalb der EU
1. Überblick

Mit dem Rahmenbeschluss 2006/960/JI über die Vereinfachung des Austauschs von 11
Informationen und Erkenntnissen zwischen den Strafverfolgungsbehörden besteht seit
18.12.2006 zwischen den EU- oder Schengenmitgliedern ein Rechtshilfeinstrument zur
Übermittlung von Informationen. Der RB 2006/960/JI entwickelt Regelungen des SDÜ
fort und ersetzt diese in seinem Regelungsbereich.[4]

Die Besonderheit des Datenaustausches mithilfe des RB 2006/960/JI besteht im Folgen- 12
den:
- Es sind nur Informationen umfasst, die im ersuchten Staat bereits innerhalb des staatlichen Verantwortungsbereichs **vorhanden** sind oder ohne Zwangsbefugnisse erlangt werden können;[5]
- Der Austausch ist darauf ausgelegt, dass er **besonders schnell** erfolgen kann, wozu insbesondere Bearbeitungsfristen, Formulare, sonstige Formfreiheit und unmittelbare Geschäftswege dienen;
- Der Austausch kann auf deutscher Seite nicht auf Ebene der Gerichte und Staatsanwaltschaften, sondern **nur der Polizei** und sonstiger Ermittlungsbehörden erfolgen;
- Die Verwendung der übermittelten Informationen als **Beweismittel** vor einer Justizbehörde ist grundsätzlich an eine **gesonderte Zustimmung der Justizbehörde** im ersuchten Staat gebunden.[6]

Damit berührt der RB 2006/960/JI nicht Rechtshilfeleistungen anderer Art.[7] Bestehen- 13
de oder neue Abkommen unter den Mitgliedern, die den Austausch weiter erleichtern,
bleiben, solange sie die Beziehungen zu den anderen Mitgliedstaaten nicht beeinträchtigen,
ebenso unberührt wie die alternativen bestehenden oder neuen Rechtshilfeinstrumente
(Art. 1 Abs. 2 RB 2006/960/JI, Art. 12 Abs. 3–5 RB 2006/960/JI).

Umgesetzt ist er in deutsches Recht[8] mit §§ 92–92c IRG nF für Ersuchen im Bereich 14
der Strafrechtspflege sowie im präventiven Bereich unter anderem durch Änderungen der
einzelnen Behörden- und Bereichsgesetze[9] sowie im Bereich der Abgabenordnung. Das

---
[4] Art. 39 Abs. 1–3 SDÜ, Art. 46 SDÜ gem. Art. 12 Abs. 1 RB 2006/960/JI; vgl. zum Ganzen HdB-EuStrafR/*Eisele* § 49 Rn. 24 f.
[5] Vgl. insges. zum Hintergrund *Mohle* in Breitenmoser/Gless/Lagodny, Schengen und Dublin in der Praxis, 2010, 3 (11 ff. mwN).
[6] Vgl. §§ 92, 92a IRG, dazu insbes. NK-RechtshilfeR/*Wörner* IV Rn. 473 ff., 479, 496 ff. mwN.
[7] Vgl. *Breitenmoser* in Breitenmoser/Gless/Lagodny, Schengen in der Praxis, 2009, 25 (40 f.).
[8] Durch Änderungsgesetz v. 21.7.2012 (BGBl. 2012 I 1566 ff.); vgl. BT-Drs. 17/5096 zum Entwurf der Bundesregierung mit Begründung; und Anpassungen für eingehende Ersuchen in §§ 478, 481; für nach RB 2006/960/JI eingehende Ersuchen gilt die Übermittlungspflicht im Bereich der Strafrechtspflege §§ 92–92a IRG.
[9] §§ 14a, 27 Abs. 2, 3 BKAG, § 27a BKAG; §§ 32a, 33a BPolG; §§ 34a, 35a ZFdG; §§ 11a, 11b ZollVG; § 6a SchwarzArbG.

Ratsdok. Nr. 9512/10 v. 26.5.2010 enthält ausführliche, unverbindliche Leitlinien zur Anwendung, wobei insbesondere der Länderteil nach jeweils ersuchten Staaten weiterführen kann.[10]

15   Entscheidend ist für den Austausch nach RB 2006/960/JI neben der Verpflichtung zur besonderen Schnelligkeit auch die zur grundsätzlichen Gleichbehandlung mit inländischen Ersuchen gem. Art. 3 Abs. 3 RB 2006/960/JI.

2. Besondere Voraussetzungen

16   Wie bereits oben angerissen unterliegt der Datenaustausch nach dem RB 2006/960/JI, auch wenn es sich in der Sache um Rechtshilfe in Strafsachen oder präventivpolizeilichen Angelegenheiten handelt, **besonderen materiellen und formellen Voraussetzungen:**
17   a) Geregelt ist der Austausch **zwischen zuständigen Strafverfolgungsbehörden.**
18   aa) Diese sind gem. Art. 2 lit. a RB 2006/960/JI definiert als nationale Polizei-, Zoll- oder sonstige Behörden, die nach nationalem Recht befugt sind, Straftaten oder kriminelle Aktivitäten aufzudecken, zu verhüten und aufzuklären sowie in Verbindung mit diesen Tätigkeiten öffentliche Gewalt auszuüben und Zwangsmaßnahmen zu ergreifen.
19   bb) Zu diesen Strafverfolgungsbehörden zählen nach der deutschen Auslegung zwingend **nicht die Staatsanwaltschaft und Gerichte,** die folglich keine Ersuchen nach dem RB 2006/960/JI direkt stellen können.[11] Begründet wird dies vor allem aus der Rechtsgrundlage des RB 2006/960/JI nunmehr in Art. 78 EUV, der sich weiterhin alleine auf die polizeiliche Zusammenarbeit in Fortführung der entsprechenden Vorschriften des SDÜ beziehe.[12]
20   Dies macht den Datenaustausch auf Grundlage der RB 2006/960/JI **aus deutscher Sicht zu einer rein polizeilichen,** mit Ausnahme gleichgestellter Ermittlungsbehörden wie insbesondere dem Zoll. Es hindert allerdings die Staatsanwaltschaften und Gerichte nicht, nach deutschem Prozessrecht die Polizeibehörden entsprechende Ersuchen stellen zu lassen (→ § 11 Rn. 143 ff.).
21   cc) Behörden oder Stellen, die sich speziell mit Fragen der nationalen Sicherheit befassen, fallen nicht unter den Begriff der zuständigen Strafverfolgungsbehörde (Art. 2 lit. a S. 2 RB 2006/960/JI), also **insbesondere nicht die Nachrichtendienste.**[13] Wegen des Trennungsgebots aus § 8 BVerfSchG und den entsprechenden Landesnormen sowie für BND und MAD scheiden diese auch als indirekte Auftraggeber deutscher Ermittlungsbehörden im Rahmen des RB 2006/960/JI aus.
22   dd) Die „zuständigen Strafverfolgungsbehörden" sind durch jeden Mitgliedstaat gegenüber dem Generalsekretariat des Rates durch jederzeit änderbare Erklärung zu notifizieren (Art. 2 lit. a S. 3 RB 2006/960/JI), um der ersuchten Behörde schnell Gewissheit über die Ersuchensberechtigung zu verschaffen.
23   b) Die ersuchende Strafverfolgungsbehörde muss **innerhalb** der ihr nach nationalem Recht **zustehenden Befugnisse** handeln und **strafrechtliche Ermittlungen oder ein polizeiliches Erkenntnisgewinnungsverfahren** durchführen (Art. 3 Abs. 2 RB 2006/960/JI).
24   Bei ersteren handelt es sich um ein Verfahrensstadium, in dem die zuständigen Strafverfolgungs- oder Justizbehörden, einschließlich der Staatsanwaltschaft, Maßnahmen ergreifen, um Sachverhalte, Verdächtige und Umstände bezüglich einer oder mehrerer festgestellter konkreter strafbarer Handlungen zu ermitteln und zu identifizieren (Art. 2 lit. b RB 2006/960/JI).
25   Bei der zweiten Alternative hat das Verfahren noch nicht das Stadium von strafrechtlichen Ermittlungen erreicht. Die zuständige Strafverfolgungsbehörde ist jedoch nach nationalem

---
[10] Ratsdok. Nr. 9512/10, 27 ff.
[11] Vgl. BT-Drs. 17/5096, 15.
[12] Vgl. BT-Drs. 17/5096, 15 noch unter Berufung auf Art. 30 EUV aF.
[13] Vgl. BT-Drs. 17/5096, 15.

Recht bereits befugt, Informationen über Straftaten oder kriminelle Aktivitäten zu sammeln, zu verarbeiten und zu analysieren, um festzustellen, ob eine konkrete strafbare Handlung begangen wurde oder in Zukunft begangen werden könnte (Art. 2 lit. c RB 2006/960/JI).

Dagegen soll der Beschluss nicht dazu verpflichten, Informationen und Erkenntnisse 26
bereitzustellen, die gerade als Beweismittel vor einer „Justizbehörde" verwendet werden sollen (Art. 1 Abs. 4 S. 1 RB 2006/960/JI).

c) Umfasst sind **alle Arten von Informationen oder Angaben,** die bei Strafverfol- 27
gungsbehörden oder bei Behörden oder privaten Stellen vorhanden und für die Strafverfolgungsbehörden **ohne das Ergreifen von Zwangsmaßnahmen** verfügbar sind (Art. 2 lit. d RB 2006/960/JI).

aa) Damit sind insbesondere auch Abfragen aus anderen Registern oder sonstige Aus- 28
künfte von anderen Behörden umfasst, soweit diese nach nationalem Recht ohne Weiteres möglich sind. In Deutschland werden hierunter jedenfalls alle Maßnahmen nach § 160 Abs. 4 StPO, § 163 Abs. 1 StPO verstanden,[14] wobei im Gesetzgebungsverfahren die Anwendbarkeit für den innerdeutschen Datenabgleich etwa nach § 98c StPO umstritten blieb.[15] Der Begriff soll allerdings auch sämtliche Maßnahmen umfassen, die alleine auf die Ermittlungsgeneralklauseln gestützt werden können und keine spezifischen Ermächtigungsgrundlagen erfordern.[16]

bb) Der RB 2006/960/JI verpflichtet die Mitgliedstaaten ausdrücklich **nicht** dazu, 29
Informationen und Erkenntnisse mit dem Ziel **zu sammeln** und zu speichern, sie den zuständigen Strafverfolgungsbehörden anderer Mitgliedstaaten bereitzustellen (Art. 1 Abs. 3 S. 2 RB 2006/960/JI), oder die Informationen aufgrund des Ersuchens durch **Zwangsmaßnahmen** im Sinne des nationalen Rechts zu erheben (Art. 1 Abs. 5 RB 2006/960/JI). Allerdings sind durch solche Zwangsmaßnahmen bereits anderweitig erhobenen Informationen ohne Weiteres übermittelbar, soweit es das nationale Recht des ersuchten Staates zulässt (Art. 1 Abs. 6 RB 2006/960/JI).

d) Neben dem Verfahren auf Ersuchen sieht der RB 2006/960/JI auch einen Spon- 30
tandatenaustausch vor (Art. 7 RB 2006/960/JI, → § 10 Rn. 33 ff.). Ansonsten handelt es sich um eine lediglich besondere Form der allgemeinen internationalen Amts- und **Rechtshilfe auf Ersuchen:**

aa) Für das **Ersuchen** muss in jedem Fall das **Formular** nach Anhang B RB 2006/960/ 31
JI verwendet werden und alle dort genannten Angaben eingetragen werden (Art. 5 Abs. 3 RB 2006/960/JI). Das Ersuchen hat sich auf die erforderlichen Informationen oder Erkenntnisse **zu beschränken** und soll keine kürzere Frist zur Erfüllung setzen, als für seinen Zweck notwendig ist (Art. 5 Abs. 2 RB 2006/960/JI). In dem Ersuchen ist zu erläutern, zu welchem Zweck die Informationen und Erkenntnisse erbeten werden, die vorhandenen **konkreten Gründe** für die Annahme anzugeben, dass sachdienliche Informationen und Erkenntnisse in einem anderen Mitgliedstaat vorliegen, und welcher Zusammenhang zwischen dem Zweck und der Person, auf die sich die genannten Informationen und Erkenntnisse beziehen, besteht (Art. 5 Abs. 1 RB 2006/960/JI). Damit sollen sog. „fishing expeditions" ohne konkreten Anhaltspunkt ausgeschlossen werden.[17]

bb) Der Austausch kann ausdrücklich über alle für die internationale Zusammenarbeit 32
im Bereich der Strafverfolgung **verfügbaren direkten oder indirekten Kanäle,** darunter Europol, erfolgen (Art. 6 Abs. 1 S. 1 RB 2006/960/JI). Eine Auflistung der wichtigsten Kanäle enthalten die Leitlinien des Rates, namentlich:

- SIRENE (→ § 16 Rn. 1, 47),
- Nationale Europol-Stellen und Verbindungsbeamte von Europol,

---

[14] BT-Drs. 17/5096, 21.
[15] BT-Drs. 17/5096, 33, 38: Die Bundesregierung sah diesen unproblematisch gegenüber den Bedenken des Bundesrates, der um eine Prüfung der Konkretisierung bat, umfasst.
[16] Vgl. GPKG/*Böse* RbInfoA Rn. 3; NK-RechtshilfeR/*Kubiciel* IV Rn. 390.
[17] BT-Drs. 17/5096, 16.

- Nationale Zentralbüros von Interpol,
- sonstige Verbindungsbeamte,
- die internationale gegenseitige Amtshilfe der Zollverwaltungen („Neapel II-Übereinkommen")
- sowie andere bilaterale Kanäle der Zusammenarbeit.[18]

33   Die Mitgliedstaaten teilen dazu auch dem Generalsekretär des Rates **Anlaufstellen** mit, an die in dringenden Fällen Ersuchen gerichtet werden können, der diese den anderen Mitgliedern notifiziert (Art. 6 Abs. 1 S. 3–5 RB 2006/960/JI). Diese sind in Anhang V der Leitlinien enthalten und umfassen zB für Deutschland das BKA, das ZKA und die Bundesfinanzdirektion West.[19]

34   cc) Dabei ist für das Ersuchen und den Informationsaustausch die **Sprache** des jeweils benutzten Kommunikationswegs zu verwenden (Art. 6 Abs. 1 S. 2 RB 2006/960/JI).

35   e) Liegen die genannten Voraussetzungen vor, so besteht eine **grundsätzliche Übermittlungspflicht** der ersuchten Stelle. Ausdrücklich ist ein ersuchter Mitgliedstaat verpflichtet, für seine Erfüllung keine strengeren Bedingungen zu stellen bzw. zu prüfen als die, die innerstaatlich für die Zurverfügungstellung und Anforderung der gewünschten Informationen und Erkenntnisse gelten würden.[20]

36   aa) Insbesondere darf der ersuchte Staat den Austausch nicht von der **Zustimmung oder Genehmigung durch eine Justizbehörde** abhängig machen, wenn diese in einem innerstaatlichen Verfahren nicht nötig wäre (Art. 3 Abs. 3 S. 2 RB 2006/960/JI). Wäre allerdings eine solche Zustimmung oder Genehmigung durch eine Justizbehörde für den Zugriff auf die Daten auch durch eine innerstaatliche Strafverfolgungsbehörde erforderlich, ist die ersuchte Behörde verpflichtet, die zuständige Justizbehörde um eine Zustimmung oder Genehmigung für den Zugang zu den erbetenen Informationen und für den Austausch dieser Informationen zu ersuchen; diese wendet bei ihrer Entscheidung (neben den besonderen Ablehnungsgründen; Art. 10 Abs. 1, 2 RB 2006/960/JI) dieselben Vorschriften an wie in einem rein innerstaatlichen Fall (Art. 3 Abs. 4 RB 2006/960/JI).

37   bb) Die zuständige Strafverfolgungsbehörde hat das Zurverfügungstellen von Informationen oder Erkenntnissen gem. Art. 3 Abs. 4 RB 2006/960/JI, Art. 10 Abs. 2 RB 2006/960/JI zu verweigern, wenn die zuständige **Justizbehörde** den Zugang zu den erbetenen Informationen und den Austausch dieser Informationen **nicht genehmigt** hat.

38   cc) Die Übermittlung kann verweigert werden, wenn das Ersuchen nicht der entsprechenden Form genügt, also nicht von einer notifizierten Behörde, nicht auf einem der anerkannten Kanäle oder unmittelbar gestellt ist, oder die im Formular genannten Angaben nicht hinreichend enthält.[21]

39   dd) Ein Ersuchen einer Strafverfolgungsbehörde eines anderen Mitgliedstaates nach dem RB 2006/960/JI kann auch stets zurückgewiesen werden, wenn auch eine **entsprechende Anfrage einer innerstaatlichen Behörde** zurückgewiesen worden wäre.[22]

40   ee) Die Übermittlung kann auch verweigert werden, wenn die Information eindeutig für die Zwecke, für die um sie nachgesucht wurde, **irrelevant** ist **oder in keinem Verhältnis** dazu stehen würde (Art. 10 Abs. 1 lit. c RB 2006/960/JI). Dies ist nach einer abstrakten Verhältnismäßigkeits-/Bagatellklausel auch der Fall, wenn sich das Ersuchen auf eine strafbare Handlung bezieht, die nach seinem Recht des ersuchten Mitgliedstaats mit einer Freiheitsstrafe von einem Jahr oder weniger *im Höchstmaß* bedroht ist (Art. 10 Abs. 2 RB 2006/960/JI).

---

[18] Ratsdok. Nr. 9512/10, 5 f.
[19] Ratsdok. Nr. 9512/10, 128 ff.
[20] Gem. Art. 3 Abs. 3 S. 1 RB 2006/960/JI; Vgl. hierzu etwa *Breitenmoser* in Breitenmoser/Gless/Lagodny, Schengen in der Praxis, 2009, 25 (39 f.).
[21] Folgt aus den oben genannten Anforderungen, zudem vgl. BT-Drs. 17/5096, 16.
[22] Dies folgt aus dem Gleichbehandlungsgrundsatz, vgl. Art. 3 Abs. 3 RB 2006/960/JI; BT-Drs. 17/5096, 15.

ff) Eine Verweigerung ist auch möglich, wenn die Übermittlung den Erfolg laufender 41
Ermittlungen bzw. eines **laufenden polizeilichen Erkenntnisgewinnungsverfahrens
oder die Sicherheit von Personen** gefährden würde (Art. 10 Abs. 1 lit. b RB 2006/960/
JI). Darunter fällt insbesondere auch, wenn die Rechtshilfe eine Behandlung im ersuchenden Staat ermöglicht, die gegen die Grundrechte der EMRK verstößt.[23]

gg) Schließlich ist die Verweigerung möglich, wenn konkrete Gründe für die Annahme 42
bestehen, dass die Zurverfügungstellung der Informationen oder Erkenntnisse wesentliche
nationale Sicherheitsinteressen (also den engeren ordre public) des ersuchten Mitgliedstaats beeinträchtigen würde (Art. 10 Abs. 1 lit. a RB 2006/960/JI).

f) Die Mitgliedstaaten haben sicher zu stellen, dass sie, soweit sie zur Auskunft ver- 43
pflichtet sind, Ersuchen grundsätzlich innerhalb der in der RB 2006/960/JI aufgeführten
abgestuften Höchstfristen beantworten können:

aa) Die Frist beträgt **acht Stunden,** wenn das Ersuchen als **dringend** bezeichnet wurde, 44
es Straftaten nach Art. 2 Abs. 2 EuHB-Beschluss betrifft und die erbetenen Informationen
oder Erkenntnisse **in einer Datenbank verfügbar sind,** auf die die Strafverfolgungsbehörde unmittelbar zugreifen kann (Art. 4 Abs. 1 RB 2006/960/JI).

Würde die Zurverfügungstellung von Informationen oder Erkenntnissen innerhalb von 45
acht Stunden eine unverhältnismäßige Belastung für die ersuchte Strafverfolgungsbehörde
darstellen, so kann sie die Informationen oder Erkenntnisse zu einem späteren Zeitpunkt
zur Verfügung stellen. In diesem Fall unterrichtet die ersuchte Strafverfolgungsbehörde die
ersuchende Strafverfolgungsbehörde unverzüglich von dieser Verzögerung und stellt die
angeforderten Informationen oder Erkenntnisse so bald wie möglich, **spätestens jedoch
binnen drei Tagen** zur Verfügung (Art. 4 Abs. 2 S. 2 RB 2006/960/JI).

bb) Handelt es sich um ein nicht dringend bezeichnetes Ersuchen, für das ansonsten die 46
weiteren gerade genannten Voraussetzungen zutreffen, beträgt die Frist **eine Woche** (Art. 4
Abs. 3 RB 2006/960/JI).

cc) In allen **anderen Fällen** stellen die Mitgliedstaaten sicher, dass die erbetenen 47
Informationen der ersuchenden zuständigen Strafverfolgungsbehörde innerhalb von **14 Tagen** mitgeteilt werden (Art. 4 Abs. 4 RB 2006/960/JI).

g) Ist die ersuchte zuständige Strafverfolgungsbehörde **nicht in der Lage, die Frist** 48
einzuhalten, so hat sie dies unter Verwendung des in Anhang A des RB 2006/960/JI
enthaltenen Formblatts mit den Gründen hierfür der ersuchenden Stelle **unverzüglich
mitzuteilen.** Die Möglichkeit der nachträglichen Beantwortung ist nur für das dringende
Ersuchen mit einer dafür verlängerten Frist von drei Tagen explizit genannt (Art. 4 Abs. 2
RB 2006/960/JI). Da aber ein erneutes Ersuchen nur eine unnötige Formalität entgegen
dem Sinn und Zweck der Vereinfachung und Beschleunigung des Rahmenbeschlusses
wäre, dürfte vieles dafür sprechen, diese nachträgliche Beantwortungsermächtigung auch
für die anderen Arten von Ersuchen anzuwenden, soweit nicht deren Erledigung naheliegt.
So scheint auch der deutsche Umsetzungsgesetzgeber die Frist nicht als Ausschlussfrist zu
verstehen.[24]

h) Für die Übermittlung sind alle verfügbaren Kanäle nach ihren jeweiligen Regeln zu 49
nutzen (→ Rn. 32). Sofern der Austausch eine Straftat oder kriminelle Aktivität betrifft, die
unter das Mandat von **Europol oder Eurojust** fällt, sind diesen die Informationen oder
Erkenntnisse **ebenfalls mitzuteilen** (Art. 6 Abs. 2 RB 2006/960/JI).

3. Informationsverwendung

Für die **Weiterverwendung** der übermittelten Informationen bestehen detaillierte Vor- 50
schriften, insbesondere ist stets der Zustimmungsvorbehalt der zuständigen Justizbehörden

---

[23] Vgl. EGMR EuGRZ 1989, 314 ff. – Soering./.UK; *Breitenmoser* in Breitenmoser/Gless/Lagodny, Schengen in der Praxis, 2009, 25 (40 mwN).
[24] Vgl. BT-Drs. 17/5096, 16.

bei der Verwendung in einem justiziellen Verfahren zu beachten (→ § 18 Rn. 5, 11 ff. und → § 20 Rn. 31; § 24 Rn. 12). Hierzu bestimmt § 92b IRG[25]:

„Informationen einschließlich personenbezogener Daten, die nach dem Rahmenbeschluss 2006/960/JI an eine inländische Polizeibehörde übermittelt worden sind, dürfen nur für die Zwecke, für die sie übermittelt wurden, oder zur Abwehr einer gegenwärtigen und erheblichen Gefahr für die öffentliche Sicherheit verwendet werden. Für einen anderen Zweck oder als Beweismittel in einem gerichtlichen Verfahren dürfen sie nur verwendet werden, wenn der übermittelnde Staat zugestimmt hat. Von dem übermittelnden Staat für die Verwendung der Daten gestellte Bedingungen sind zu beachten."

51 Eine Verpflichtung des ersuchten Mitgliedstaates, diese Zustimmung, möglichst sogar fristgemäß, einzuholen, ist im RB 2006/960/JI nicht enthalten.

II. Austausch im Rahmen der Terrorismusbekämpfung innerhalb der EU

1. Überblick

52 Im Nachklang der Anschläge v. 11.9.2001 hatte die EU unmittelbar durch den Gemeinsamen Standpunkt des Rates über die Anwendung besonderer Maßnahmen zur Bekämpfung des Terrorismus gefasst.[26] In dessen Anhang wurde eine Namensliste „von Personen, Vereinigungen und Körperschaften, die an terroristischen Handlungen beteiligt sind" aufgestellt, wobei Personen und Organisationen des Al-Qaida-Netzwerks, die bereits anderweitig erfasst wurden, außer Betracht blieben. Diese Liste wird seitdem durch stets neue Ratsbeschlüsse halbjährlich aktualisiert und umfasst derzeit (nur noch) elf Personen und 25 Organisationen.[27]

53 Zunächst wurden durch den Beschluss 2003/48/JI[28] besondere Maßnahmen des polizeilichen und justiziellen Informationsaustausches an diese Liste geknüpft. Mit dem Beschluss 2005/671/JI über den Informationsaustausch und die Zusammenarbeit betreffend terroristische Straftaten,[29] der diesen Beschluss aufgehoben hat, wird der besondere Austausch über terroristische Straftaten und Terrorverdächtige **von der konkreten Liste unabhängig** gemacht.

54 Stattdessen richtet sich das Eingreifen der besonderen Mechanismen für den Informationsaustausch nach dem Vorliegen einer **terroristischen Straftat**, vgl. Art. 1 lit. a B 2005/671/JI (→ Rn. 56 ff.).

55 Allerdings haben die bestehenden „*Blacklists*" von terroristischen Organisationen in der Terroristen-VO[30] weiterhin eine indirekte Wirkung. Sie eröffnen besondere Straftatbestände, namentlich § 18 AWG, und den Anwendungsbereich besonderer inländischer Aufklärungsinstrumente und Ermittlungs- und Datenverarbeitungsgrundlagen, insbesondere im ZollVG, die Meldepflicht bei Verdacht der Terrorfinanzierung und das ATDG.[31]

---

[25] Anknüpfend an Art. 3 Abs. 5 RB 2006/960/JI.
[26] v. 27.12.2001, ABl. 2001 L 344, 93.
[27] Vgl. Beschluss 2014/72/GASP des Rates zur Aktualisierung und Änderung der Liste der Personen, Vereinigungen und Körperschaften, für die die Artikel 2, 3 und 4 des Gemeinsamen Standpunkts 2001/931/GASP über die Anwendung besonderer Maßnahmen zur Bekämpfung des Terrorismus gelten, und zur Aufhebung des Beschlusses 2013/395/GASP v. 10.2.2014, ABl. 2014 L 40, 56 ff.
[28] Beschluss 2003/48/JI des Rates vom 19.12.2002 über die Anwendung besonderer Maßnahmen im Bereich der polizeilichen und justiziellen Zusammenarbeit bei der Bekämpfung des Terrorismus gemäß Artikel 4 des Gemeinsamen Standpunkts 2001/931/GASP, ABl. 2003 L 16, 68.
[29] Beschluss 2005/671/JI des Rates über den Informationsaustausch und die Zusammenarbeit betreffend terroristische Straftaten v. 20.9.2005, ABl. 2005 L 253, 22 ff.
[30] VO (EG) Nr. 881/2002 des Rates über die Anwendung bestimmter spezifischer restriktiver Maßnahmen gegen bestimmte Personen und Organisationen, die mit den ISIL (Da'esh)- und Al-Qaida-Organisationen in Verbindung stehen v. 27.5.2002, ABl. 2002 L 139, 9.
[31] Vgl. ausf. mit umfassendem Nachweis des aktuellen Diskussionsstandes NK-RechtshilfeR/*Racknow* V Rn. 1 ff. mwN.

2. Begriff der terroristischen Straftat

Der für die Rechtshilfe im Rahmen der EU mittlerweile zentrale Begriff der **terroristi-** 56
schen Straftat ist nunmehr in **Art. 3 ff. Terrorismusbekämpfungs-RL** mit Umsetzungsfrist zum 8.9.2018 neu gefasst worden. Zuvor galt Art. 1–3 RB 2002/475/JI, der durch erstgenannten aufgehoben ist.

a) Danach bilden den Kern der – weiterhin im Einzelnen national erweiterbaren – 57
terroristischen Straftaten vorsätzliche Handlungen, die durch die Art ihrer Begehung oder den jeweiligen Kontext einen Staat oder eine internationale Organisation ernsthaft schädigen können, wenn sie mit dem Ziel begangen werden,
- die Bevölkerung auf schwerwiegende Weise einzuschüchtern;
- öffentliche Stellen oder eine internationale Organisation rechtswidrig zu einem Tun oder Unterlassen zu zwingen
- oder die politischen, verfassungsrechtlichen, wirtschaftlichen oder sozialen Grundstrukturen eines Landes oder einer internationalen Organisation ernsthaft zu destabilisieren oder zu zerstören.[32]

Zu diesen vorsätzlichen Handlungen zählen, einschließlich der Drohung eine solche 58
Straftat zu begehen:
- Angriffe auf das Leben einer Person, die zum Tode führen können;
- Angriffe auf die körperliche Unversehrtheit einer Person;
- Entführung oder Geiselnahme;
- schwerwiegende Zerstörungen unter anderem an Regierungs- und anderen öffentlichen Einrichtungen, Verkehrsmitteln, Infrastruktur einschließlich Informatiksystemen, an einem allgemein zugänglichen Ort oder an Privateigentum, die Menschenleben gefährden oder zu erheblichen wirtschaftlichen Verlusten führen können;
- das Kapern von Luft- und Wasserfahrzeugen oder anderen Verkehrsmitteln;
- Delikte um atomare, biologische und chemische Waffen, Schusswaffen und Sprengstoffe;
- Freisetzung gefährlicher Stoffe oder Herbeiführen von Bränden, Überschwemmungen oder Explosionen, wenn dadurch das Leben von Menschen gefährdet wird
- sowie Störung oder Unterbrechung der Versorgung mit Wasser, Strom oder anderen lebenswichtigen natürlichen Ressourcen, wenn dadurch das Leben von Menschen gefährdet wird.[33]

Neu hinzugekommen sind die vorsätzliche und unbefugte schwere Behinderung oder 59
Störung des Betriebs eines Informationssystems und der rechtswidrige Eingriff in Daten in qualifizierten Fällen, nämlich wenn sie gegen eine „kritischen Infrastruktur" verübt wurden oder erstere einen schwerem Schaden verursachen oder eine beträchtliche Anzahl von Informationssystemen unter Verwendung eines Computerprogramms, das in erster Linie dafür ausgerichtet oder hergerichtet wurde, beeinträchtigt wurden (Art. 3 Abs. 1 lit. i Terrorismusbekämpfungs-RL iVm Art. 3, 4, 7, 9 RL 2013/40/EU).[34]

b) Weiterhin zählen dazu das Anführen, sowie die Beteiligung an den Handlungen einer 60
terroristischen Vereinigung einschließlich Bereitstellung von Informationen oder materiellen Mitteln oder durch jegliche Art der Finanzierung ihrer Tätigkeit mit dem Wissen, dass diese Beteiligung zu den strafbaren Handlungen der terroristischen Vereinigung beiträgt (Art. 4 Terrorismusbekämpfungs-RL). Eine terroristische Vereinigung meint dabei einen auf längere Dauer angelegten organisierten Zusammenschluss von mehr als zwei Personen, die zusammenwirken, um terroristische Straftaten zu begehen. Organisiert ist der Zusammenschluss, wenn er nicht nur zufällig zur unmittelbaren Begehung einer strafbaren Hand-

---

[32] Art. 3 Abs. 1 Terrorismusbekämpfungs-RL, wortgleich wie zuvor Art. 1 Abs. 1 RB 2002/475/JI.
[33] Zum Hintergrund des Katalogs durch die entsprechenden Einzelübereinkommen vgl. bereits *Wehner*, Europäische Zusammenarbeit bei der polizeilichen Terrorismusbekämpfung aus rechtlicher Sicht. Aufgezeigt am Beispiel der Bundesrepublik Deutschland, 1993, 127 ff. mwN.
[34] RL 2013/40/EU des Europäischen Parlaments und des Rates über Angriffe auf Informationssysteme und zur Ersetzung des Rahmenbeschlusses 2005/222/JI des Rates v. 12.8.2013, ABl. 2013 L 218, 8.

lung gebildet wird und der nicht notwendigerweise förmlich festgelegte Rollen für seine Mitglieder, eine kontinuierliche Zusammensetzung oder eine ausgeprägte Struktur hat.

61 c) Ebenso sollen umfasst sein, schwere Diebstähle oder Erpressungen mit dem Ziel, eine der genannten terroristischen Kernstraftaten zu begehen, sowie die Ausstellung gefälschter Verwaltungsdokumente mit dem Ziel eine solche Handlung zu begehen oder eine terroristische Vereinigung zu unterstützen (Art. 12 Terrorismusbekämpfungs-RL).

62 d) Schließlich sollen auch jeweils Beihilfe, Anstiftung und Versuch erfasst sein (Art. 14 Terrorismusbekämpfungs-RL).

63 e) Neu seit 2017 geregelt sind auch **Vorfeldstraftaten,** die durchaus problematisch weit über das Versuchsstadium nach vorne ragen und dabei weitgehend den aktuellen deutschen Regelungen in §§ 89a–89c StGB etc entsprechen. Dazu zählen:
- Die Öffentliche Aufforderung zur Begehung einer terroristischen Straftat,
- die Anwerbung für terroristische Zwecke,
- die Durchführung und das Absolvieren einer Ausbildung für terroristische Zwecke,
- Reisen für terroristische Zwecke und deren Organisation oder sonstige Erleichterung
- sowie Terrorismusfinanzierung.

64 f) Betont wird, dass dies nicht die Pflicht berührt, die Grundrechte und die allgemeinen Rechtsgrundsätze aus Art. 6 EUV zu achten.[35] Bemerkenswerterweise findet sich allerdings nur noch deutlich eingeschränkt der ursprüngliche Verweis, dass die Mitgliedstaaten nicht dazu verpflichtet seien, Maßnahmen zu ergreifen, die im Widerspruch zu Grundprinzipien stehen, die sich aus Verfassungsüberlieferungen ergeben und die Freiheit der Meinungsäußerung, insbesondere die Pressefreiheit und die Freiheit der Meinungsäußerung in anderen Medien, betreffen. Sie seien auch nicht verpflichtet, Maßnahmen zu ergreifen, die in Widerspruch zu Bestimmungen stehen, die die Rechte und Verantwortlichkeiten sowie die Verfahrensgarantien für die Presse oder andere Medien regeln, wenn diese Bestimmungen sich auf die Feststellung oder Begrenzung der Verantwortlichkeit beziehen (so Art. 2 RB 2008/919/JI). Geradezu ins Gegenteil verkehrt wurde nunmehr in Art. 23 Abs. 2 Terrorismusbekämpfungs-RL aus der Beschränkung ein (zusätzlicher) Regelungsvorbehalt, wonach die Mitgliedstaaten unionsrechtlich besonders ermächtigt werden, „die Modalitäten festlegen, die gemäß den Grundprinzipien in Bezug auf die Freiheit der Presse und anderer Medien erforderlich sind und damit im Einklang stehen und die die Rechte und Verantwortlichkeiten der Presse oder anderer Medien sowie die entsprechenden Verfahrensgarantien regeln".

3. Regelungen zum Informationsaustausch

65 Anders als bei anderen Regelungsbereichen **fehlt (bislang) ein besonderes Rechtshilfeinstrument** für terroristische Straftaten, an dem sich die formalen und materiellen Voraussetzungen für das Ersuchen und die Hilfeleistung einheitlich ablesen ließen. Vielmehr wurde ein doppelter – und nun mehr dreifacher – Weg beschritten, der auf den bestehenden Institutionen aufbaut. Die zentrale Rechtsgrundlage dafür war und ist weiterhin der bereits genannte B 2005/671/JI.

66 a) Einerseits werden die Mitgliedstaaten verpflichtet, sicherzustellen, dass **unmittelbare Rechtshilfeersuchen,** die von einem anderen Mitgliedstaat – und damit im Rahmen der allgemeinen Rechtshilfeinstrumente – im Zusammenhang mit terroristischen Straftaten gestellt werden, als dringliche Angelegenheit und mit Vorrang behandelt werden (Art. 4 B 2005/671/JI).

67 Weiterhin ist sicherzustellen, dass alle relevanten Informationen, die in Dokumenten, Akten, Mitteilungen, Gegenständen oder anderen Beweismitteln enthalten sind, die im Zuge von strafrechtlichen Ermittlungen oder strafrechtlichen Verfahren im Zusammenhang mit terroristischen Straftaten beschlagnahmt oder eingezogen wurden, den Behörden

---

[35] Art. 23 Terrorismusbekämpfungs-RL, zuvor Art. 1 Abs. 2 RB 2002/475/JI.

anderer interessierter Mitgliedstaaten gemäß den innerstaatlichen Rechtsvorschriften und den einschlägigen internationalen Rechtsinstrumenten so schnell wie möglich zugänglich gemacht werden können, wenn dort Ermittlungen im Zusammenhang mit terroristischen Straftaten durchgeführt werden oder eingeleitet werden könnten oder diese Straftaten Gegenstand strafrechtlicher Verfolgung sind. Dabei ist zu beachten, dass laufende Ermittlungen nicht gefährdet werden (Art. 2 Abs. 6 B 2005/671/JI).

Durch die Definition im RB 2002/475/JI, nunmehr Art. 3 ff. Terrorismusbekämpfungs-RL, werden die Mitgliedstaaten zudem verpflichtet, alle dort umfassten terroristischen Straftaten unter Strafe zu stellen, sodass sich das Problem der beiderseitigen Strafbarkeit nicht stellen kann. Ebenso muss die Jurisdiktion für diese Straftaten übernommen werden (Art. 19 Terrorismusbekämpfungs-RL). 68

b) Andererseits sollen die vorhandenen Informationen zu terroristischen Straftaten bei **Eurojust und Europol gebündelt** und über die dortigen Austauschmechanismen und Informationssysteme auch den Mitgliedstaaten in einfacher Weise zugänglich gemacht werden (→ § 17 Rn. 15, 51, 64). 69

aa) Dazu benennt jeder Mitgliedstaat innerhalb seiner Polizeidienste oder sonstigen Strafverfolgungsbehörden eine **spezialisierte Dienststelle,** sowie eine nationale Eurojust-Anlaufstelle für Terrorismusfragen oder sonst geeignete zuständige Behörde. Diese haben Zugriff jeweils auf alle einschlägigen Informationen über die von seinen Strafverfolgungsbehörden durchgeführten strafrechtlichen Ermittlungen zu terroristischen Straftaten und deren Ergebnissen, erfassen diese und leiten sie an Europol bzw. Eurojust gemäß deren entsprechenden Rechtsgrundlagen und den innerstaatlichen Rechtsvorschriften weiter (Art. 2 Abs. 1–3 B 2005/671/JI). 70

bb) An **Europol** zu übermitteln sind danach Informationen zur Identifizierung der Person, Vereinigung oder Körperschaft, zu den Handlungen, die Gegenstand von Ermittlungen sind und ihre besonderen Umstände, zu den betreffenden Straftaten, über die Verbindungen zu anderen einschlägigen Fällen, den Einsatz von Kommunikationstechnologien und über die Bedrohung, die durch den Besitz von Massenvernichtungswaffen entsteht (Art. 2 Abs. 4 B 2005/671/JI). 71

cc) An **Eurojust** werden jeweils übermittelt die Informationen zur Identifizierung der Person, Vereinigung oder Körperschaft, die Gegenstand strafrechtlicher Ermittlungen oder strafrechtlicher Verfolgung ist, über die betreffende Straftat und rechtskräftige Verurteilungen wegen terroristischer Straftaten. Weiterhin sind zu übermitteln jeweils die besonderen Tatumstände, über die Verbindungen zu anderen einschlägigen Fällen, sowie über die Rechtshilfeersuchen, einschließlich der Ersuchen um Beweiserhebung, die an einen anderen Mitgliedstaat gerichtet oder von einem anderen Mitgliedstaat gestellt wurden, und deren Ergebnisse (Art. 2 Abs. 5 B 2005/671/JI). 72

c) Schließlich beteiligt sich die EU für ihren Zuständigkeitsbereich zunehmend an den Übereinkommen vor allem des Europarats betreffend Terrorismus, namentlich zuletzt durch Beitritt zum Übereinkommen des Europarats zur Verhütung des Terrorismus.[36] 73

III. Austausch im Rahmen der Terrorismusbekämpfung außerhalb der EU

Neben den bereits genannten Abkommen (→ § 8 Rn. 41 f.; § 9 Rn. 40, 46, 52 ff.), die vor allem allgemeine Formulierungen einer weitest möglichen Rechtshilfepflicht ohne weitere Konkretisierung beinhalten oder zur Einschränkung von Beschränkungstatbeständen allgemeinerer Rechtshilfeinstrumente führen, stechen besondere bilaterale Vereinbarungen heraus. 74

1. Die zahlreichen **bilateralen Regierungsverträge Deutschlands mit vielfältigen inner- und außereuropäischen Staaten zur Bekämpfung von besonderen terroristischen, organisierten, schweren oder sonst erheblichen Kriminalitätsformen** er- 75

---

[36] Beschluss 2018/889 v. 4.6.2018, Abl. L 159, 1 f.

lauben im Rahmen der Zusammenarbeit auf polizeilicher Ebene einen weitgehenden Informationsaustausch zum „Zwecke der Bekämpfung des Terrorismus".[37] Unter letztgenanntem Zweck sollen Maßnahmen zu verstehen sein, die sich auf namentlich genannte typische Deliktsbereiche beziehen, welche sich allerdings mehr an den allgemein grenzüberschreitenden Straftaten zB nach dem Europol-Beschluss als an den entsprechenden europäischen und multilateralen Regelungen zur Terrordefinition (→ Rn. 56 ff.) orientieren. Danach sollen die Vertragsparteien auf der Grundlage ihres innerstaatlichen Rechts und vorbehaltlich der Bestimmung des ordre public und politischer Straftaten „Informationen und Erkenntnisse austauschen über geplante und begangene terroristische Akte, Verfahrensweisen und terroristische Gruppierungen, die Straftaten planen, begehen oder begangen haben, soweit dies für die Bekämpfung von Straftaten des Terrorismus oder zur Abwehr einer im Einzelfall bestehenden erheblichen Gefahr für die öffentliche Sicherheit erforderlich ist."[38] Für diesen polizeilichen Datenaustausch sind die spezifischen Übermittlungs-, Verwendungs- und Datenschutzregelungen zu beachten, die allerdings auf ein allgemeines Zustimmungserfordernis für die gerichtliche bzw. strafprozessuale Verwendung der Informationen verzichten.

76　2. Andere bilaterale Abmachungen deutscher Stellen setzen den überaus problematischen Charakter eines gesonderten Ausnahmestrafrechts und vor allem -strafverfahrensrechtes fort, das rechtsstaatliche Gewährleistungen bis an oder über die Grenzen des verfassungsrechtlich Zulässigen verkürzt. Dies gilt insbesondere für den Grundsatz der Rechtssicherheit, der nicht nur die Nachhaltigkeit und damit folgende Verlässlichkeit des Rechtes, sondern auch die Vorhersehbarkeit und Erkennbarkeit beinhaltet. Sie können nicht nur im Bereich des materiellen Strafrechtes gelten, sondern auch das prozessuale Recht umfassen. Dies gilt umso mehr in der Zusammenschau mit den weiteren Bestandteilen des Rechtsstaatsprinzips, nämlich der Gewähr wirksamer Rechtswahrung *ex ante* und *ex post* und damit zusammenhängend dem prozeduralen Schutz der Grundrechte, einschließlich der Unverletzlichkeit von Leben und Freiheit sowie dem allgemeinen Persönlichkeitsrecht mit dem Recht auf informationelle Selbstbestimmung. Schließlich wird letztlich die Subjektsqualität der Betroffenen im allen staatlichen Verfahren bereits durch den Ansatz verkannt, dass seinen Rechten durch staatliche Instanzen und rein objektive Ersatzabsicherungen, wie die Kontrolle alleine durch besondere Datenschutzbeauftragte oder gar nur durch materielle Datenschutzregelungen Rechnung getragen werden könnte. Von daher verfassungsrechtlich überaus angreifbar sind „Geheimabkommen", die die Regierung unter Einstufung als Verschlusssache zum Datenaustausch etwa mit den **USA** trifft,[39] soweit sie Regelungen zum Ausmaß der Übermittlungen *trans legem* und damit letztlich *ultra vires* und rechtlich oder als Rechtsreflex zur Beschränkung von Rechten der Betroffenen beinhalten sollten.

---

[37] Vgl. zu den den Abkommen zugrundeliegenden Begrifflichkeiten und Vorstellungen iE *Wehner,* Europäische Zusammenarbeit bei der polizeilichen Terrorismusbekämpfung aus rechtlicher Sicht. Aufgezeigt am Beispiel der Bundesrepublik Deutschland, 1993, 127 ff.; zu Zusammenarbeitspflichten aufgrund Entscheidungen des UN-Sicherheitsrates, wie namentlich RES 1373 (2001) vgl. NK-RechtshilfeR/*Ambos/Poschadel* I Rn. 30 mwN.
[38] Vgl. die entsprechenden Abkommen, vor allem **für Belgien:** Art. 5 AntiOrgKrimAbk DE-BG; **Kirgisistan:** Art. 4 AntiOrgKrimAbk DE/KG; **Litauen:** Art. 1 AntiOrgKrimAbk DE/LT; **Polen:** Art. 1 AntiOrgKrimAbk DE/PL; **Rumänien:** Art. 4 AntiOrgKrimAbk DE/RO; **Russland:** Art. 1 Abs. 2 AntiOrgKrimAbk DE/RU; **Slowakei** und **Tschechien:** Art. 4 AntiOrgKrimAbk DE/CFSR; **Slowenien:** Art. 1 Abs. 2 AntiOrgKrimAbk DE/SI; **Tunesien:** Art. 1 Abs. 1 Nr. 1, 2 AntiOrgKrimAbk DE/TN; **Ungarn:** Art. 2 AntiOrgKrimAbk DE/HU; **Usbekistan:** Art. 5 AntiOrgKrimAbk DE/UZ; **Vereinigte Arabische Emirate:** Art. 1 Abs. 1 Nr. 1 SichZusAbK DE/AE; **Vietnam:** Art. 1 AntiOrgKrimAbk DE/VN.
[39] Vgl. etwa ein mutmaßliches *„Memorandum of Understanding"* der deutschen Bundesregierung mit den USA v. 18.5.2016, von dessen Inhalt nur gerüchteweise Teile bekannt geworden sind.

C. Rechtsauskünfte

I. Europäisches Justizielles Netz

Mittlerweile erlauben die Mechanismen des **Europäischen Justiziellen Netzes** für die 77 angeschlossenen Mitgliedstaaten der EU eine sehr umfangreiche und meist „niedrigschwellige" Amts- und Rechtshilfe sowie andere Instrumentarien bei der Suche nach dem in einem andere Staat geltenden Recht (→ § 17 Rn. 3 ff.).

II. Europarat

Für Rechtsauskünfte im Übrigen stellt das Europäische Übereinkommen betreffend Auskünfte über ausländisches Recht (RAuskÜ) v. 7.6.1968[40] einen Mechanismus der Rechtshilfe zur Verfügung, der mit dem Zusatzprotokoll v. 15.3.1978 auf den Strafrechtsbereich erweitert wird.[41] Nach dem ausführenden deutschen AuRAG kann ein deutsches Gericht, das in einem anhängigen Strafverfahren ausländisches Recht einer der Vertragsparteien anzuwenden hat, eine Auskunft nach den Vorschriften des Übereinkommens einholen (§§ 1 Abs. 1 S. 2 AuRAG, § 10 AuRAG). Dabei ist der Kreis der Teilnehmerstaaten nicht nur auf die allermeisten Europaratsmitglieder begrenzt, sondern umfasst auch zB Belarus, Mexiko und Marokko. 78

1. Ein Ersuchen kann eine **Frage nach dem Recht eines Mitgliedstaates** des Übereinkommens auf bestimmten Rechtsgebieten betreffen. 79

Nach dem ursprünglichen Abkommen durften solche Fragen nur das Gebiet des Zivil- und Handelsrechts, das Verfahrensrecht und die Gerichtsverfassung auf diesen Gebieten betreffen (Art. 1 Abs. 1 RAuskÜ). Durch das Zusatzprotokoll wird gem. Art. 1 RAuskÜZP die Fragemöglichkeit auf das **Strafrecht,** Strafverfahrensrecht und Gerichtsverfassung auf dem Gebiet des Strafrechts, einschließlich der Strafverfolgungsbehörden, sowie das Recht der Vollstreckung und des Vollzugs von Strafen erstreckt. Ebenso sind **Ordnungswidrigkeiten** umfasst, sofern deren Verfolgung zur Zeit des Auskunftsersuchens in die Zuständigkeit der Justizbehörden der ersuchenden Vertragspartei fällt.[42] 80

Zur **Ergänzung** kann im Ersuchen Auskunft auch zu Punkten erbeten werden, die andere als die angeführten Rechtsgebiete betreffen, sofern diese Punkte mit denen im Zusammenhang stehen, auf die sich das Ersuchen in erster Linie bezieht (Art. 4 Abs. 3 RAuskÜ). 81

Mitgliedstaaten steht es gem. Art. 1 Abs. 2 RAuskÜ frei, untereinander bei Mitteilung an den Generalsekretär des Europarates den sachlichen Anwendungsbereich zu erweitern. Hierzu hat Deutschland allerdings bislang keine Erklärung abgegeben. 82

2. Ein zur Auskunft verpflichtendes Ersuchen über Fragen auf den genannten Rechtsgebieten kann nach Art. 1 Abs. 1 RAuskÜ, Art. 3 Abs. 1 RAuskÜ nur von einem **Gericht im Rahmen eines von ihm anhängigen Verfahrens** gestellt werden. Da Deutschland die obersten Justizverwaltungen der Länder und das BMJV als Übermittlungsstelle bestimmt hat, hat es darauf verzichtet, anzuzeigen, welche Behörden es als Gericht im Sinne des Übereinkommens versteht (Art. 3 Abs. 2 RAuskÜ). 83

Gemäß Art. 2 RAuskÜZP könnten Fragen auf den genannten Strafrechtsgebieten auch von jeder Justizbehörde, die für die Strafverfolgung oder für die Vollstreckung und den Vollzug rechtskräftig verhängter Strafen zuständig ist, auch bereits dann gestellt werden, wenn die Einleitung eines Verfahrens in Aussicht genommen ist. Deutschland hat dies in einem Vorbehalt jedoch für ausgehende Ersuchen unter Berufung auf den Amtsermitt- 84

---
[40] BGBl. 1974 II 937.
[41] BGBl. 1987 II 58, 593.
[42] Vgl. hierzu den ETS Nr. 097 Explanatory Report und die Erklärung der Bundesrepublik Deutschland v. 23.7.1987 sowie Begründung in BT-Drs. 10/3434, 13.

lungsgrundsatz der Gerichte ausgeschlossen,[43] ebenso wie die Erweiterung bei Zivilrechtsfragen auf Prozesskostenhilfebehörden (Art. 3, 4 RAuskÜZP). Auch können keine Parteien in Strafsachen oder Ordnungswidrigkeitsverfahren die Anfrage stellen (§ 10 AuRAG).[44] Schließlich hat Deutschland von der Möglichkeit, mit anderen Mitgliedstaaten weitere zur Frage berechtigte Behörden zu vereinbaren (Art. 3 Abs. 3 RAuskÜ), keinen Gebrauch gemacht.

85   3. Damit muss ein deutsches **Auskunftsersuchen** von einem Gericht ausgehen (Art. 3 Abs. 1 S. 1 RAuskÜ).

86   a) Das **Ersuchen** muss das Gericht und die Art der Rechtssache nennen.[45] Es muss möglichst genau die Punkte, zu denen Auskunft über das Recht des ersuchten Staates gewünscht wird, angeben. Für den Fall, dass im ersuchten Staat mehrere Rechtssysteme bestehen, ist möglichst das System zu bezeichnen, auf das sich die gewünschte Auskunft beziehen soll. Weiterhin muss es eine Darstellung des Sachverhalts mit den Angaben enthalten, die zum Verständnis des Ersuchens und zu seiner richtigen und genauen Beantwortung erforderlich sind. Wenn es zum besseren Verständnis des Ersuchens notwendig ist, können Schriftstücke in Abschrift beigefügt werden (Art. 4 Abs. 2 RAuskÜ). Ist das Ersuchen durch Parteien mit gerichtlicher Genehmigung abgefasst, so ist ihm die gerichtliche Entscheidung beizufügen, durch die es genehmigt worden ist (Art. 4 Abs. 4 RAuskÜ).

87   b) Das Auskunftsersuchen und seine Anlagen müssen gem. Art. 14 RAuskÜ in der **Sprache** oder in einer der Amtssprachen des ersuchten Staates abgefasst oder von einer Übersetzung in diese Sprache begleitet sein, soweit nicht die beteiligten Staaten unter sich etwas anderes vereinbart haben.

88   c) Der ersuchende Mitgliedstaat kann eine oder mehrere **Übermittlungsstellen** bestimmen, die ausgehende Auskunftsersuchen an die zuständige ausländische Empfangsstelle zu übermitteln haben (Art. 2 Abs. 2 RAuskÜ). Diese werden nach Art. 2 Abs. 3, Art. 21 RAuskÜ wie Empfangsstellen unter den Mitgliedstaaten bekannt gemacht. Hat der Mitgliedstaat keine Übermittlungsstelle bestimmt, kann er anzeigen, welche Behörden er als Gericht im Sinne des Übereinkommens versteht (Art. 3 Abs. 2 RAuskÜ). Nach dem AuRAG ist das BMJV die Übermittlungsstelle für die Bundesgerichte und das BVerfG.[46] Für die Gerichte der Länder bestimmen die Landesregierungen oder für sie die Justizverwaltungen die zuständige Übermittlungsstelle (§ 9 Abs. 2 S. 2 AuRAG iVm § 9 Abs. 4 AuRAG). Dabei kann nach § 9 Abs. 2 S. 3 AuRAG in jedem Land nur eine Übermittlungsstelle eingerichtet werden. Für die Länder ist in der Regel die oberste Justizbehörde, zB in Baden-Württemberg oder Bayern das Justizministerium, zuständig.[47]

89   Aus diesem Grund bestimmt auch die RiVASt:

„Wird eine Auskunft über ausländisches Recht benötigt, ist der obersten Justiz- oder Verwaltungsbehörde zu berichten. Von unmittelbaren Anfragen bei ausländischen Stellen ist abzusehen" (Nr. 118 Abs. 1 RiVASt).

90   4. Zur Entgegennahme und Erledigung des Ersuchens hat jeder Mitgliedstaat grundsätzlich eine zentrale staatliche **Empfangsstelle** einzurichten, sofern dies aus Gründen des Verfassungsrechtes in Bundestaaten nicht verschiedenen staatlichen Stellen zu übertragen ist (Art. 2 Abs. 1 RAuskÜ, Art. 16 RAuskÜ). Die entsprechenden Stellen – in Deutschland wären dies alleine das BMJV[48] – werden dem Generalsekretär des Europarates mitgeteilt, der sie jedem Mitgliedstaat notifiziert (Art. 2 Abs. 3, Art. 21 RAuskÜ).

---

[43] Erklärung der Bundesrepublik Deutschland v. 23.7.1987 sowie Begründung in BT-Drs. 10/3434, 12.
[44] Begründung in BT-Drs. 10/3434, 12 f.
[45] Zu den einzelnen Punkten Art. 4 Abs. 1, 2 RAuskÜ.
[46] § 9 Abs. 2 S. 1 AuRAG mit Delegationsmöglichkeit kraft Verordnung § 9 Abs. 3 S. 2 AuRAG.
[47] Vgl. **für Baden-Württemberg:** § 1 EuAuskÜbkGZustV BW; **Bayern:** § 74 S. 1, 2 BayZustVO.
[48] § 9 Abs. 1, 3 AuRAG mit der Möglichkeit der Delegation mit Zustimmung des Bundesrats, von der kein Gebrauch gemacht wurde.

a) Das Auskunftsersuchen ist gem. Art. 5 RAuskÜ von der Übermittlungsstelle unmittelbar der Empfangsstelle des ersuchten Staates zu **übermitteln.** 91

b) Die Empfangsstelle ist dann **verpflichtet,** für die Beantwortung Sorge zu tragen, sofern nicht die Ersuchte das Auskunftsersuchen **ablehnen** kann. Legitime Gründe hierfür sind, wenn der Empfangsstaat durch die Rechtssache, für die das Ersuchen gestellt worden ist, seine Interessen berührt sieht, oder wenn er die Beantwortung für geeignet hält, seine Hoheitsrechte oder seine Sicherheit zu gefährden (Art. 10 Abs. 1 RAuskÜ, Art. 11 RAuskÜ). 92

c) Die Empfangsstelle kann das Ersuchen entweder **selbst beantworten** oder es an eine andere staatliche oder an eine öffentliche Stelle sowie in geeigneten Fällen oder aus Gründen der Verwaltungsorganisation auch an eine private Stelle oder an eine geeignete rechtskundige Person zur Beantwortung **weiterleiten** (Art. 6 Abs. 1, 2 RAuskÜ). 93

Ist bei Letzterem mit **Kosten** zu rechnen, so hat sie vorab die Zustimmung der ersuchenden Stelle einzuholen und dazu die private Stelle oder die rechtskundige Person anzuzeigen, an die das Ersuchen weitergeleitet werden soll, und möglichst genau die Höhe der voraussichtlichen Kosten mitzuteilen (Art. 6 Abs. 3 RAuskÜ). Nach § 2 AuRAG hat das ersuchende deutsche Gericht der Übermittlungstelle nach deren Information über die Kostenpflicht zu antworten, ob das Ersuchen aufrechterhalten wird. 94

d) Die Empfangs- oder beantwortende Stelle kann über den Weg, der für die Beantwortung vorgesehen ist, von der Stelle, von der das Ersuchen ausgeht, die **ergänzenden Angaben** verlangen, die sie für die Beantwortung für erforderlich hält (Art. 13 RAuskÜ). 95

e) Das Auskunftsersuchen ist gem. Art. 12 S. 1 RAuskÜ **so schnell wie möglich** zu beantworten. Beantwortet die Empfangsstelle das Ersuchen nicht selbst, so hat sie vor allem darüber zu wachen, dass es **unverzüglich erledigt** wird (iSv Art. 12 RAuskÜ, Art. 10 Abs. 2 RAuskÜ). Nimmt die Beantwortung längere Zeit in Anspruch, so hat die Empfangsstelle die ausländische Behörde, die sich an sie gewandt hat, entsprechend zu unterrichten und dabei nach Möglichkeit den Zeitpunkt anzugeben, zu dem die Antwort voraussichtlich übermittelt werden kann (Art. 12 S. 2 RAuskÜ). 96

5. Die Empfangsstelle übermittelt in ihrer, sonst gem. Art. 14 RAuskÜ in einer vereinbarten Amtssprache die **Antwort** an die Übermittlungsstelle (Art. 9 RAuskÜ). 97

Die **Antwort** hat, je nach den Umständen des Falles, in der Übermittlung des Wortlauts der einschlägigen Gesetze und Verordnungen sowie in der Mitteilung von einschlägigen Gerichtsentscheidungen zu bestehen. Ihr sind, soweit dies zur gehörigen Unterrichtung des ersuchenden Gerichts für erforderlich gehalten wird, ergänzende Unterlagen wie Auszüge aus dem Schrifttum und aus den Gesetzesmaterialien anzuschließen. Erforderlichenfalls können der Antwort erläuternde Bemerkungen beigefügt werden. Insgesamt ist der Zweck zu wahren, in objektiver und unparteiischer Weise über das Recht des ersuchten Staates zu unterrichten (Art. 7 RAuskÜ). 98

Die in der Antwort enthaltenen Auskünfte binden die ersuchende Stelle nicht (Art. 8 RAuskÜ). Die Vernehmung einer Person, die ein Auskunftsersuchen in einem anderen Vertragsstaat bearbeitet hat, zum Zwecke der Erläuterung oder Ergänzung der Antwort ist gem. § 4 AuRAG unzulässig (→ § 13 Rn. 180). 99

6. Die Beantwortung ist bis auf die **Kosten** für eine dazu eingeschaltete rechtskundige private Stelle oder Privatperson (Art. 6 RAuskÜ) kostenlos, soweit die beteiligten Staaten nichts anderes vereinbart haben (Art. 15 RAuskÜ). Die Kostenerstattung nach außen erfolgt gem. § 3 AuRAG durch die Übermittlungsstelle, der das ersuchende deutsche Gericht sie zu erstatten hat. Es handelt sich um gerichtliche Auslagen und damit Kosten des Verfahrens, die auch dem Verurteilten auferlegt werden können.[49] 100

---

[49] Vgl. Begründung BT-Drs. 7/993, 7.

3. Kapitel

III. Sonstige Rechtsauskünfte

101 Benötigt **ansonsten** – vor allem von Staaten, die nicht Mitglied des RAuskÜ sind – eine deutsche Stelle eine Auskunft über ausländisches Recht, ist zwar nicht das AuRAG anwendbar, allerdings die Regelung der RiVASt, soweit nicht die Regelungen in konkrete Rechtshilfeübereinkommen eingreifen. Da es sich, wenn spezielle Regelungen fehlen, um eine allgemeine Rechtshilfe „sonstiger Art" handelt, gelten die allgemeinen Regeln, insbesondere auch zum Ersuchen und Geschäftsweg. Nur soweit die Bestimmung der RiVASt damit in Einklang zu bringen ist (vgl. Nr. 1 Abs. 2 RiVASt), gilt auch hier gem. Nr. 118 Abs. 1 RiVASt, dass Anfragen unter Vermittlung der obersten Justiz- oder Verwaltungsbehörde zu erfolgen haben und von unmittelbaren Anfragen bei ausländischen Stellen abzusehen ist.

D. Auskünfte und Übersendungen aus Akten

102 Für die Übersendung von Abschriften einschließlich Reproduktionen oder Originalen von Akten und Aktenbestandteilen gelten grundsätzlich die gleichen Regeln wie für Auskünfte. Dies gilt soweit keine Sonderregelungen greifen. So richten sich die Auskünfte und Übersendungen vor allem aus den Akten, die mit amtlichen Registern zusammenhängen oder Teil von besonderen Dateisystemen oder transnationalen Organisationen sind, nach den dafür geltenden Regelungen (vor allem → Rn. 118 ff.; §§ 16, 17).

I. Rechtsgrundlagen

103 Ansonsten bestehen kaum **Sonderregelungen,** sodass vor allem die allgemeinen Bestimmungen Anwendung finden:

104 1. Im Bereich des Europarates bildet Art. 6 RHÜ 1959 die Grundlage. Dort wird vorausgesetzt, dass alle Bitten um Auskünfte im normalen **Ersuchensweg** erfolgen. Ähnlich enthalten das Unionsrecht und die weiteren Rechtshilfe im Allgemeinen praktisch keine besonderen Regelungen.

105 2. Nach einigen wichtigen Rechtshilfeinstrumenten wird die allgemeine Hilfeleistung zur Übersendung von Abschriften und Aktenbestandteilen verstärkt, wenn ihr eine Benachrichtigung über eine **erfolgte Verurteilung eines Staatsangehörigen** des nunmehr um Übersendung ersuchenden Staates durch den ersuchten vorausging:

106 a) Dies betrifft einerseits Staaten, die im Rahmen des EU-Beschlusses zur Zusammenarbeit bei Strafregistern **(RB 2009/315/JI)** nach einer Verurteilung in ihrem Hoheitsgebiet dem Staat, aus dem der Betroffene stammt, Informationen zu seiner Verurteilung übermittelt haben (Art. 4 Abs. 2, 3 RB 2009/315/JI). Auf anschließendes bzw. späteres Ersuchen des genannten Herkunftsstaates im Einzelfall sind der dortigen Zentralbehörde eine Abschrift der in Betracht kommenden Urteile und nachfolgenden Maßnahmen sowie alle weiteren diesbezüglichen Auskünfte zu übermitteln, um ihr die Prüfung zu ermöglichen, ob dadurch eine Maßnahme auf nationaler Ebene erforderlich wird (Art. 4 Abs. 4 RB 2009/315/JI).

107 b) Eine entsprechende Verpflichtung jeder Vertragspartei wird unter den Vertragsstaaten des **ZP I-RHÜ 1959** festgeschrieben: Nach der durch Art. 4 ZP I-RHÜ 1959 geänderten Fassung des Art. 22 RHÜ 1959 hat ein Mitgliedstaat, der den anderen über eine Verurteilung von dessen Staatsangehörigkeiten benachrichtigt hat, diesem auf Ersuchen im Einzelfall eine Abschrift der in Betracht kommenden Urteile und Maßnahmen sowie alle weiteren diesbezüglichen Auskünfte im Geschäftsgang der Justizministerien zu übermitteln, um dort die Prüfung zu ermöglichen, ob dadurch innerstaatliche Maßnahmen erforderlich werden.[50] Dadurch wird die entsprechende Regelung in vielen bilateralen

---

[50] Nach Art. 4 ZP I-RHÜ 1959 der angefügte Art. 22 Abs. 2 RHÜ 1959 nF.

Ergänzungsverträgen im Fall der beidseitigen Ratifizierung des Zusatzprotokolles überholt bzw. stehen beide Grundlagen alternativ nebeneinander, wobei der Geschäftsweg besonders zu beachten ist.[51] Im Verhältnis mit Frankreich besteht die Pflicht zur beglaubigten Abschriftübermittlung einer Abschlussentscheidung auch, wenn der ersuchende Staat die Kenntnis über den allgemeinen Strafnachrichtenaustausch erlangt hat (Art. 12 Abs. 2 RHÜ 1959 DE/FR).

3. Im **Verhältnis zu den USA** besteht ausdrücklich eine **uneingeschränkte Herausgabepflicht** für Unterlagen, einschließlich Urkunden oder Informationen in jeglicher Form, die sich im Besitz einer Regierungsstelle oder Behörde befinden und öffentlich zugänglich sind, bzw. sonst nach Ermessen in demselben Umfang und unter denselben Bedingungen, wie sie den entsprechenden Behörden innerhalb des ersuchten Staates zugänglich wären (Art. 9 Abs. 1, 2 RHV DE/US). Auch gilt gem. Art. 9 Abs. 4 RHV DE/US die Ablehnungsmöglichkeit wegen fehlender beidseitiger Strafbarkeit für die Durchsuchung und Beschlagnahme in diesen Fällen nicht. 108

4. Betreffen die Auskünfte **Falschgeldverfahren,** kann auch auf das Falschmünzerei-Abkommen zurückgegriffen werden (Art. 14 IntAFMAbk). Danach können von der jeweils zuständigen Zentralstelle (→ § 10 Rn. 47; § 12 Rn. 59; § 13 Rn. 159) sämtliche Informationen und Unterlagen erlangt werden, die jede Entdeckung falschen oder verfälschten Geldes mit einer technischen Beschreibung umfassen. Auch können Beschreibungen oder gar Originale der falschen Noten erlangt werden. Ferner sind sämtliche Informationen zu Ermittlung, Verfolgung, Verhaftung, Verurteilung und Ausweisung von Falschmünzern sowie gegebenenfalls ihre Aufenthaltswechsel und sonstige zweckdienliche Unterlagen zu übermitteln. Dazu zählen auch insbesondere Personenbeschreibungen, Fingerabdrücke und Lichtbilder der Falschmünzer sowie die festgestellten Einzelheiten der Herstellung und, ob nach den Feststellungen das gesamte in Umlauf gesetzte Falschgeld hat beschlagnahmt werden können. 109

5. Die Übersendung kann nach bilateralen Ergänzungsvereinbarungen, zB mit der Schweiz (Art. 2 Abs. 6 ErgV-RHÜ 1959 DE/CH), nicht nur für das eigentliche Strafverfahren, sondern auch für Folgeverfahren **zur Entziehung der Fahrerlaubnis** erfolgen. 110

6. Für Auskünfte in **Steuerstrafverfahren** stehen seit jüngerer Zeit vor allem spezielle bilaterale Steuerstrafabkommen mit mutmaßlichen früheren „Steueroasen" zur Verfügung, auf die unten im Zusammenhang mit möglichen verbundenen Ermittlungsmaßnahmen näher eingegangen wird (→ § 15 Rn. 378 ff.). 111

II. Ersuchen

Ersuchen um Auskünfte und Ablichtungen aus ausländischen Behörden- und Gerichtsakten aller Art sind auf dem **vorgeschriebenen Geschäftsweg** und grundsätzlich der allgemeinen delegierten Zuständigkeit an eine ausländische Justizbehörde zu richten, auch wenn die Auskunft von einer Verwaltungsbehörde zu erteilen wäre (Nr. 118 Abs. 2 RiVASt). Dabei kann das Muster 33 der RiVASt als Orientierung dienen. 112

Gemäß Nr. 118 Abs. 3 RiVASt soll um die Überlassung ausländischer Akten im **Original** nur ersucht werden, wenn eine Auskunft oder eine beglaubigte Mehrfertigung der Akten oder eines Teils der Akten nicht ausreicht. Nach einigen Rechtshilfeübereinkommen, zB dem RHÜ 1959 (Art. 3 Abs. 3 S. 2 RHÜ 1959) und mit den USA (Art. 9 Abs. 3 RHV DE/US), sollen grundsätzlich nur Abschriften übermittelt werden, es sei denn, der ersuchende Staat ersucht ausdrücklich um Übermittlung von Urschriften; in diesem Fall gibt der ersuchte Staat dem Ersuchen soweit wie möglich statt (→ § 13 Rn. 145 ff.). Außerdem kann im Verhältnis zu den **USA** gem. Art. 9 Abs. 5 RHV DE/US um die 113

---

[51] Vgl. etwa **für die Schweiz:** Art. 13 Abs. 2 ErgV-RHÜ 1959 DE/CH mit ministeriellem Geschäftsweg; ebenso mit Abweichungsmöglichkeit durch Erklärung **für Israel:** Art. 15 Abs. 2 RHÜ DE/IL; **Italien:** Art. 13 Abs. 2 ErgV-RHÜ 1959 DE/IT; **die Niederlande:** Art. 12 Abs. 2 ErgV-RHÜ 1959 DE/NL; **Österreich:** Art. 16 Abs. 2 ErgV-RHÜ 1959 DE/AT.

Beglaubigung der Unterlagen und um **Bestätigung der Nichtexistenz** ersucht werden (→ § 13 Rn. 165 f.).

III. Übersendung

114 Für die **Übersendung** gelten vor allem die bereits allgemein erörterten Regelungen (→ § 13 Rn. 132 ff.):

115 1. Wie bereits angesprochen, besteht regelmäßig das ausdrücklich fixierte Recht des ersuchten Staates, deren **Übergabe aufzuschieben,** solange er sie für ein anhängiges Strafverfahren benötigt (→ § 13 Rn. 61 f.).[52]

116 2. Für **Erkenntnisse aus inländischen Telekommunikationsüberwachungen** sind – jedenfalls im Verhältnis mit Polen (Art. 16 Abs. 7 ErgV-RHÜ 1959 DE/PL) und Tschechien (Art. 17 Abs. 5 PolZV DE/CZ) – dieselben Voraussetzungen an die Übermittlung, Benachrichtigung, Verwendung und Vernichtung zu beachten, wie wenn diese Daten erst aufgrund der Rechtshilfe erhoben worden wären (→ § 15 Rn. 623).

117 3. Werden ansonsten Originale übersandt, so gelten die Regelungen wie für andere Gegenstände wegen der grundsätzlich bestehenden unverzüglichen **Rückgabepflicht,** sofern der ersuchte Staat nicht darauf verzichtet hat (→ § 13 Rn. 140 f., 155).[53] Bei Originalen sind für die weitere Handhabung die Vorschriften über übersandte Gegenstände zu beachten (→ § 13 Rn. 157 ff.).

E. Auskünfte aus bestimmten Registern und behördlichen Informationssystemen

I. Strafregisterauskünfte

118 Für Strafregisterauskünfte zwischen den paneuropäischen und anderen Mitgliedstaaten gelten zunächst die Sonderregeln nach Art. 13 RHÜ 1959 vorrangig vor allgemeinen Rechtshilferegeln um Auskunft (→ Rn. 1 ff.). Noch enger sind die Regelungen des Europäischen Strafregisterinformationssystems der EU.

1. Vorabprüfung

119 Bevor die Rechtshilfe hinsichtlich einer Auskunft aus dem Strafregister in Erwägung gezogen wird, ist zu prüfen, ob nicht ein **Auszug aus dem deutschen Strafregister ausreicht,** da wesentliche Entscheidungen aus anderen Staaten in dieses bereits übernommen werden, ohne dass es eines besonderen Rechtshilfeersuchens bedarf. Sie werden grundsätzlich wie Eintragungen aufgrund von Entscheidungen und Handlungen deutscher Behörden behandelt, sodass es einer gesonderten Anforderung auch ausländischer Erkenntnisse und Eintragungen nicht bedarf. Auch rechtlich werden die so eingetragenen Verurteilungen durch ausländische Gerichte denen deutscher Gerichte gleichgestellt (§ 56 Abs. 1 S. 1 BZRG). Dabei sind Rechtsfolgen den inländischen, denen sie am meisten entsprechen, gleichgestellt, wobei Nebenstrafen und Nebenfolgen für die Anwendung des Gesetzes keine Rechtswirkung haben (§ 56 Abs. 1 S. 2 BZRG).

120 In das deutsche Strafregister eingetragen werden rechtskräftige strafrechtliche Verurteilungen und zugehörige Folgeentscheidungen (§ 54 Abs. 3 BZRG), die durch ausländische Gerichte ergangen sind, wenn:
- der Verurteilte gem. § 54 Abs. 1 Nr. 1 BZRG Deutscher oder im Geltungsbereich dieses Gesetzes geboren oder wohnhaft ist

---

[52] Hier nur zB Art. 6 Abs. 1 RHÜ 1959.
[53] Vgl. hier nur Art. 6 Abs. 2 RHÜ 1959.

- und wegen des der Verurteilung zugrundeliegenden oder sinngemäß umgestellten Sachverhalts auch nach dem im Geltungsbereich dieses Gesetzes geltenden Recht, ungeachtet etwaiger Verfahrenshindernisse, eine Strafe oder eine Maßregel der Besserung und Sicherung hätte verhängt werden können (§ 54 Abs. 1 Nr. 2 BZRG). Ist dies nur hinsichtlich eines Teils der abgeurteilten Tat oder Taten erfüllt, wird allerdings gem. § 54 Abs. 2 BZRG die Verurteilung insgesamt eingetragen.
- Stammt die Eintragung aus einem Mitgliedstaat der EU, darf sie nicht im Widerspruch zur Charta der Grundrechte der Europäischen Union stehen; ansonsten darf sie wesentlichen Grundsätzen der deutschen Rechtsordnung nicht widersprechen (§ 53a BZRG).

121 Die Eintragung erfolgt durch die deutsche Registerbehörde, wenn ihr die Verurteilung von einer Behörde des Staates, der sie ausgesprochen hat, **mitgeteilt** worden ist (§ 55 Abs. 1 BZRG). Diese Mitteilung erfolgt vor allem durch die Mechanismen der Spontanübermittlungen (→ § 10 Rn. 21 ff.), namentlich im Rahmen des Austausches innerhalb der EU sowie im Zuge der Übermittlungen im Rahmen von Art. 22 RHÜ 1959 unter den dortigen Mitgliedstaaten. Allerdings kann vor allem bei letzterem das lückenlose Funktionieren des Benachrichtigungsmechanismus nicht vorausgesetzt werden.

122 Vor der Eintragung soll der **Betroffene** von der Registerbehörde unverzüglich dazu gehört werden, wenn sein Aufenthalt feststellbar ist (§ 55 Abs. 2 S. 1 BZRG). Ergibt sich daraus oder aus der Mitteilung, dass die Voraussetzungen für die Eintragung nicht vorliegen, darf sie nach § 55 Abs. 1 Hs. 2 BZRG, § 55 Abs. 2 S. 2 BZRG nicht erfolgen bzw. ist zu entfernen. Gegen die Eintragung steht dem Betroffenen gem. § 55 Abs. 2 S. 3, 4 BZRG die Beschwerde zu.

123 Für diese – damit „normalen" – Auskünfte findet im Regelfall das **automatische Mitteilungs- und Auskunftsverfahren** (AuMiAu) für die Erteilung von Führungszeugnissen und Auskünften zwischen der angemeldeten Endstelle und dem Bundesamt für Justiz Anwendung.[54]

2. Europäische Union – ECRIS

124 Sind darüber hinaus Strafregisterauskünfte von deutschen Ermittlungsorganen **aus anderen EU-Mitgliedstaaten** einzuholen, können diese – wie rein nationale Auskunftsersuchen – unmittelbar beim Bundesamt für Justiz – Bundeszentralregister – erbeten werden (Nr. 118 Abs. 4 RiVASt).

125 Für die EU-Mitgliedstaaten sind die Regelungen zur Einrichtung des **Europäischen Strafregisterinformationssystems** der Rahmenbeschluss 2009/315/JI (RB 2009/315/JI) und der durchführende Beschluss 2009/316/JI (ECRIS-Beschluss)[55] grundsätzlich vorrangig. Mit ihnen sieht das Unionsrecht einen besonderen Rahmen für den Austausch von Strafregisterinformationen innerhalb der EU vor (Art. 12 RB 2009/315/JI). Durch diese Rechtsinstrumente sind aber wiederum Regelungen, die den Austausch noch weiter vereinfachen, nicht ausgeschlossen (Art. 12 Abs. 4 RB 2009/315/JI). Zwischen Deutschland und seinen EU-Nachbarn ohne Österreich, sowie mit dem Vereinigten Königreich, Spanien und der Slowakei besteht bereits das elektronische „*Network of Judicial Registers*", das allerdings in ECRIS aufgegangen ist. Mit der Umsetzung des RB 2009/315/JI zum 27.4.2012 fiel der mindestens jährliche Strafnachrichtenaustausch nach Art. 22 RHÜ 1959 zwischen den Mitgliedstaaten weg (Art. 12 Art. 3 RB 2009/315/JI). Entsprechend wird man die Regelung der Nr. 118 Abs. 4 RiVASt auch auf das neue Auskunftssystem des RB 2009/315/JI zu beziehen haben, das auch zentral über das Bundeszentralregister zu nutzen ist.

---

[54] § 21a BZRG; näheres mit den aktuellen Webanwendungen für Gerichte, Staatsanwaltschaften, Führungszeugnisstellen und anderen möglichen Teilnahmeberechtigten ist im Webangebot des Bundesamtes für Justiz zu erfahren.

[55] Beschluss 2009/316/JI des Rates zur Einrichtung des Europäischen Strafregisterinformationssystems (ECRIS) gemäß Artikel 11 des Rahmenbeschlusses 2009/315/JI v. 6.4.2009, ABl. 2009 L 93, 33.

3. Kapitel

126 Im Geltungsbereich des RB 2009/315/JI besteht einerseits eine grundsätzliche Speicherungs- und Übermittlungspflicht für alle Verurteilungen, andererseits soll vor allem eine **Konzentration aller Strafregistereinträge bei der zuständigen Behörde des Herkunftsmitgliedsstaates** erreicht werden. Die weiteren **technischen Einzelheiten** des elektronischen Austausches nach einer noch laufenden Übergangsfrist sind im ECRIS-Beschluss, den darauf aufbauenden Durchführungsbestimmungen und dem (rechtlich nicht verbindlichen) Handbuch des Rates für die Rechtsanwender von ECRIS enthalten (Art. 6 Abs. 2 ECRIS-Beschluss). Insbesondere finden sich im Anhang des ECRIS-Beschluss die gemeinsamen Kategorisierungen und Codierungen der Straftaten und Sanktionen. Diese Standardisierungen zusammen mit der Infrastruktur der Kommission für den Informationsaustausch für den nötigen Datenaustausch zwischen den Zentralstellen der Mitgliedstaaten bilden ECRIS. Es verwirklicht damit keine zentrale Strafregisterdatenbank, sondern ein System, in dem alle Strafregisterdaten ausschließlich in von den Mitgliedstaaten betriebenen Datenbanken gespeichert und übermittelt werden (vgl. Art. 3 Abs. 2 ECRIS-Beschluss).

127 a) Die Zentralbehörde eines Mitgliedstaats kann nach Maßgabe ihres innerstaatlichen Rechts zu folgenden Zwecken um Informationen aus dem Strafregister eines anderen Mitgliedstaates und diesbezügliche **Auskünfte ersuchen:**

128 aa) Wenn diese nach Art. 6 Abs. 1 RB 2009/315/JI **zum Zwecke eines Strafverfahrens gegen eine Person oder zu anderen Zwecken** als einem Strafverfahren benötigt werden.

129 bb) Wenn eine **Person,** die ihren Wohnsitz in dem ersuchenden oder dem ersuchten Mitgliedstaat oder die Staatsangehörigkeit eines dieser beiden Staaten hat oder hatte, Informationen aus ihrem eigenen Strafregister beantragt (Art. 6 Abs. 2 RB 2009/315/JI). Seit dem 27.4.2012 muss die Zentralbehörde, wenn der Antragsteller nur die Staatsangehörigkeit eines anderen Mitgliedstaates hat, bei der Zentralbehörde des Herkunftsmitgliedstaats um die Informationen und diesbezügliche Auskünfte aus dem Strafregister ersuchen, um diese Informationen und diesbezüglichen Auskünfte in den der betroffenen Person bereitzustellenden Auszug aufnehmen zu können (Art. 6 Abs. 3 RB 2009/315/JI).

130 b) Ersuchen um Informationen aus dem Strafregister werden zwischen den Mitgliedstaaten grundsätzlich **über die benannten Zentralbehörden** gestellt.[56]

131 Will ein **deutsches Gericht oder anderes Ermittlungsorgan** (entsprechend § 41 BZRG unbeschränkte) **Strafregisterauskünfte** über einen Betroffenen, der **nicht die deutsche Staatsangehörigkeit** besitzt, aus einem anderen EU-Mitgliedstaat erhalten, so hat es – auch daher – zwingend das **Ersuchen an das Bundeszentralregister** zu richten, das als deutsche Zentralstelle für die weitere Bearbeitung und Übermittlung an die ersuchende Stelle Sorge trägt (gem. § 57a Abs. 7 BZRG, Nr. 118 Abs. 4 RiVASt).[57] Direkt in den Zielstaat gerichtete Ersuchen werden regelmäßig abgelehnt.[58]

132 Das Ersuchen muss gem. Art. 10 Abs. 1 RB 2009/315/JI in einer vom ersuchten Mitgliedstaat anerkannten Amtsprache gestellt werden. Dabei war stets das im Anhang zum RB 2009/315/JI abgedruckte **Formular** zu verwenden,[59] bis die Übermittlung nach Ablauf der Übergangsfrist von drei Jahren gem. Art. 11 Abs. 3–7 RB 2009/315/JI auf standardisiert elektronischem Weg umgesetzt wurde, was heute noch für neue Mitgliedstaaten ein Problem sein kann. Bis dahin und im Fall eines Systemausfalls erfolgt die Übermittlung grundsätzlich mittels Formular, auch ggf. in elektronisch übermittelter Form, so dass der empfangende Herkunftsstaat die Echtheit feststellen kann.

---

[56] Art. 6 Abs. 1, 7 Abs. 1 RB 2009/315/JI, die Benennung erfolgt gem. Art. 3 RB 2009/315/JI gegenüber der Kommission und dem Generalsekretariat des Rates, das diese Information den Mitgliedstaaten und Eurojust übermittelt.
[57] Vgl. BT-Drs. 17/5224, 28.
[58] So ausdrücklich BT-Drs. 17/5224, 28.
[59] Gem. Art. 6 Abs. 4 RB 2009/315/JI, Art. 10 Abs. 1 RB 2009/315/JI.

c) Bei der weiteren Behandlung des Ersuchens ist zu unterscheiden, ob der Betroffene **133 Staatsangehöriger des ersuchten Staates (Herkunftsstaat)** ist oder nicht (Drittstaat).

aa) Wird der **Herkunftsstaat** um Auskunft ersucht, übermittelt er nicht nur die von 134 ihm und von den Mitgliedstaaten ausgesprochenen Verurteilungen, die in sein nationales Strafregister eingetragen wurden (Art. 7 Abs. 1 RB 2009/315/JI), sondern auch alle nach dem 27.4.2012 zur zentralisierten Speicherung aus anderen Mitgliedstaaten übermittelten und demgemäß zur Weiterleitung gespeicherten Verurteilungen, ohne Rücksicht darauf, ob diese im eigenen (autonomen) nationalen Strafregister gespeichert sind (Art. 4, 5 RB 2009/315/JI). Damit werden etwaige Filterkriterien der nationalen Strafregister (zB eine Mindeststrafhöhe) zunächst aufgrund der jeweiligen Zentralstellenfunktion des Herkunftsstaates unbeachtlich.

(1) Jeder Herkunftsstaat hat ab dem Stichtag alle **übermittelten Informationen** zu 135 Verurteilungen zu seinen Staatsangehörigen durch andere Mitgliedstaaten zum Zwecke der Weiterübermittlung bei einer benannten Zentralbehörde (Art. 3 RB 2009/315/JI) gem. Art. 5 Abs. 1 RB 2009/315/JI zu speichern. Umfasst sind gem. Art. 2 lit. a RB 2009/315/JI alle Verurteilungen, mithin alle rechtskräftigen Entscheidungen eines Strafgerichts gegen eine natürliche Person im Zusammenhang mit einer Straftat, sofern diese Entscheidungen in das Strafregister des Urteilsstaats eingetragen werden.

Dazu hat seit dem Stichtag (Art. 13 RB 2009/315/JI) eine **Spontanübermittlung** von 136 Amts wegen bei jeder Verurteilung eines Unionsbürgers in einem Mitgliedstaat, die dort in das Strafregister eingetragen wird, an den Herkunftsstaaten – nach Ablauf der Übergangsfrist von drei Jahren ebenfalls elektronisch standardisiert – zu erfolgen (Art. 4 Abs. 2 RB 2009/315/JI, Art. 11 Abs. 3–7 RB 2009/315/JI). Bis dahin und im Fall eines Systemausfalls erfolgt die Übermittlung in einer gleichen Weise, wie oben für das Ersuchen angegeben, sodass der empfangende Herkunftsstaat die Echtheit feststellen kann.

Der übermittelnde Urteilsmitgliedstaat kann die Zentralbehörde des Herkunftsmitglied- 137 staats in Kenntnis setzen, dass die übermittelten Informationen **nicht zu anderen Zwecken** als denen eines Strafverfahrens weitergeleitet werden dürfen (Art. 7 Abs. 2 UAbs. 3 S. 1 RB 2009/315/JI).

Sollten spätere **Änderungen oder eine Streichung von Informationen** im Straf- 138 register eintreten, so sind diese gem. Art. 4 Abs. 3 RB 2009/315/JI ebenfalls unverzüglich vom Verurteilungsstaat über die Zentralbehörden an den Herkunftsmitgliedstaat zu übermitteln. Dieser hat nach Art. 5 Abs. 2 RB 2009/315/JI die Informationen in seiner Speicherung identisch zu ändern.

(2) Der **Umfang zu speichernden und dadurch übermittelnden Informationen** 139 ergibt sich aus der detaillierten Regelung des Art. 11 RB 2009/315/JI, sowie den ergänzenden Informationen des ECRIS-Beschluss sowie dem Anwendungshandbuch (→ Rn. 125).

Obligatorisch von den Urteilsmitgliedstaaten zu übermitteln und vom Herkunftsstaat 140 zentral zu speichern und weiter zu übermitteln sind Informationen zu der Person des Verurteilten, darunter vollständiger aktueller und ggf. früherer Name, Geburtsdatum und -ort, Geschlecht und Staatsangehörigkeit, Datum der Verurteilung und ihrer Rechtskraft sowie Bezeichnung des aussprechenden Gerichts Informationen, über die ihr zugrundeliegenden Straftat (Tatdatum; Bezeichnung oder rechtliche Qualifikation sowie Bezugnahme auf die anwendbaren gesetzlichen Vorschriften) und zum Inhalt der Verurteilung, insbesondere Hauptstrafe und etwaige zusätzliche Strafen, Maßnahmen der Besserung und Sicherung und Folgeentscheidungen, die die Vollstreckung der Strafe abändern (Art. 11 Abs. 1 lit. a RB 2009/315/JI, Art. 11 Abs. 2 S. 1 RB 2009/315/JI).

Soweit sie in das nationale Strafregister eingetragen sind, sind sie gem. Art. 11 Abs. 1 lit. 141 b RB 2009/315/JI ebenfalls als sog. **fakultative Informationen** zu übermitteln und gem. Art. 11 Abs. 2 S. 1 RB 2009/315/JI zentral zu speichern. Dazu zählen die Namen der Eltern der verurteilten Person, das Aktenzeichen des Urteils, der Ort der Tatbegehung und der Verlust von politischen, bürgerlichen oder sonstigen Rechten, die sich aus der Verurteilung ergeben.

142 **Zusätzliche Informationen,** die den Zentralbehörden zur Verfügung stehen, wie die Identitätsnummer der verurteilten Person oder die Art und Nummer ihres Identitätsdokuments, die Fingerabdrücke der betreffenden Person und gegebenenfalls Pseudonym und/oder Aliasname(n) oder alle anderen Informationen über die Verurteilungen, die in das Strafregister eingetragen sind, können von den Urteilsstaaten an die Zentralbehörde des Herkunftsstaates übermittelt und können dort gespeichert werden (Art. 11 Abs. 1 lit. c RB 2009/315/JI, Art. 11 Abs. 2 S. 2 RB 2009/315/JI).

143 Gemäß Art. 11 Abs. 6, 7 RB 2009/315/JI werden für die einheitliche elektronische Speicherung und Übermittlung gemeinsame technische und organisatorische Standards eingerichtet, die binnen drei Jahren nach der Einigung darüber im Rat umzusetzen sind.

144 (3) Erfolgt das **Ersuchen zu anderen Zwecken als einem Strafverfahren,** so beantwortet diese Zentralbehörde das Ersuchen in Bezug auf eigene und übermittelte Verurteilungen nach Maßgabe ihres innerstaatlichen Rechts (Art. 7 Abs. 2 RB 2009/315/JI). Hat der Urteilsmitgliedstaat den Herkunftsmitgliedstaats in Kenntnis gesetzt, dass die übermittelten Informationen nicht zu anderen Zwecken als denen eines Strafverfahrens weitergeleitet werden dürfen, unterrichtet dessen Zentralbehörde die des nunmehr um Auskunft ersuchenden Staates darüber und welcher andere Mitgliedstaat die Informationen übermittelt hat, damit der ersuchende Mitgliedstaat ein Ersuchen unmittelbar an den Urteilsmitgliedstaat richten kann, um die Informationen über diese Verurteilungen zu erhalten (Art. 7 Abs. 2 UAbs. 3 RB 2009/315/JI).

145 (4) An einen **Nichtmitgliedstaat** des RB 2009/315/JI, der den Herkunftsmitgliedstaat um Auskunft ersucht, können keine weitergehenden Informationen übermittelt werden, als an Mitgliedstaaten (Art. 7 Abs. 3 RB 2009/315/JI).

146 bb) Ist der ersuchte Staat **nicht der Herkunftstaat,** hat der Betroffene also nicht dessen Staatsangehörigkeit, werden von diesem (weiterhin) die Informationen über **innerstaatliche Verurteilungen** in dem im Allgemeinen Europäischen Rechtshilfeübereinkommen (in Art. 13 RHÜ 1959) vorgesehenen Umfang übermittelt (Art. 7 Abs. 4 RB 2009/315/JI). Sie betreffen also die im Strafregister des ersuchten Staats enthaltenen Verurteilungen, die gegen Drittstaatsangehörige und gegen Staatenlose ergangen sind.

147 d) Das **Ersuchen** ist nach diesen Maßgaben von der Zentralbehörde des ersuchten Mitgliedstaats **gegenüber der Zentralbehörde des ersuchenden Mitgliedstaats** zu **beantworten.**

148 **aa)** Handelt es sich um ein Ersuchen aufgrund eines **Antrags des Betroffenen** gem. Art. 6 Abs. 2 RB 2009/315/JI, so wird die Antwort innerhalb einer Frist von zwanzig Arbeitstagen ab Eingang übermittelt (Art. 8 Abs. 2 RB 2009/315/JI).

149 Ansonsten sind die Ersuchen nach Art. 6 Abs. 1 RB 2009/315/JI unverzüglich und in jedem Fall innerhalb einer Frist von **höchstens zehn Arbeitstagen** ab Eingang des Ersuchens nach Maßgabe der innerstaatlichen Gesetze, Vorschriften oder sonstigen Gepflogenheiten des ersuchten Staates unter Verwendung des im Anhang enthaltenen Formblatts zu beantworten (Art. 8 Abs. 1 S. 1 RB 2009/315/JI). Benötigt der ersuchte Mitgliedstaat weitere Informationen zur Identifizierung der Person, auf die sich das Ersuchen bezieht, so konsultiert er unverzüglich den ersuchenden Mitgliedstaat, damit innerhalb von zehn Arbeitstagen nach Eingang der erbetenen Zusatzinformationen eine Antwort erteilt werden kann (Art. 8 Abs. 1 S. 2 RB 2009/315/JI).

150 bb) Die Übermittlung der Auskunft soll gem. Art. 11 Abs. 4 RB 2009/315/JI ebenfalls im Endzustand **elektronisch in standardisierter Form** erfolgen, die der Rat festgelegt hat. Die Mitgliedstaaten haben dazu einen Umsetzungszeitraum von jeweils drei Jahren und die erfolgte Umsetzung dem Rat mitzuteilen (Art. 11 Abs. 6, 7 RB 2009/315/JI). Nach der erfolgten Umsetzung übermitteln die Zentralbehörden der Mitgliedstaaten einander diese Informationen nur auf elektronischem Wege in einem Standardformat (Art. 11 Abs. 3 RB 2009/315/JI), und auf näherer Grundlage des ECRIS-Beschluss, sofern nicht aufgrund Systemausfalls der frühere Austausch in anderer Weise erforderlich ist (Art. 11 Abs. 5 RB 2009/315/JI).

Nach Art. 7 Abs. 5 RB 2009/315/JI ist in letztgenannten Fällen bei der Übermittlung **151** der Antwort auf das Ersuchen das ebenfalls im Anhang zum RB 2009/315/JI enthaltene Formular zu verwenden, dem ein Strafregisterauszug nach Maßgabe des innerstaatlichen Rechts beigefügt wird. Der ersuchte Mitgliedstaat antwortet gem. Art. 10 Abs. 2 RB 2009/315/JI in einer der Amtssprachen oder in einer anderen, von beiden Mitgliedstaaten akzeptierten Sprache.

cc) Sind nach Art. 4 Abs. 3, Art. 5 Abs. 2 RB 2009/315/JI Informationen namentlich **152** durch Berichtigungen, abändernde Entscheidungen oder Streichungen von Eintragungen geändert worden, darf der Herkunftsmitgliedstaat nur die **aktualisierten Informationen** verwenden und weiterleiten (Art. 5 Abs. 3 RB 2009/315/JI).

e) Personenbezogene Daten, die aufgrund eines Ersuchens in diesem Rahmen des RB **153** 2009/315/JI übermittelt wurden, sind nur **zweckgebunden zu verwenden.** Erfolgt die Übermittlung in einen Nichtmitgliedstaat, hat der übermittelnde Mitgliedstaat dies zB durch entsprechende rechtshilferechtliche Bedingungen zu gewährleisten (Art. 9 Abs. 4 RB 2009/315/JI).

aa) Dabei ist **insbesondere die enge Spezialität** zu beachten, wonach die Daten, die **154** gem. Art. 7 Abs. 1, 4 RB 2009/315/JI nach Ersuchen **zum Zweck eines Strafverfahrens** mitgeteilt wurden, nur für das Strafverfahren verwendet werden dürfen, für das sie entsprechend dem im Anhang enthaltenen Formblatt erbeten wurden (Art. 9 Abs. 1 RB 2009/315/JI). **Für jedes neue Strafverfahren** ist damit eine erneute Auskunft durchzuführen.

bb) Erfolgt die **Übermittlung für andere Zwecke,** darf die Verwendung nur für die **155** erbetenen Zwecke erfolgen.[60]

cc) Die einzigen beiden Ausnahmen sind die – aus Sicht des RB 2009/315/JI unbe- **156** schränkte – Verwendung in dem Mitgliedstaat, aus dem die personenbezogenen Daten **ursprünglich stammten** (Art. 9 Abs. 5 RB 2009/315/JI), sowie die Verwendung im ersuchenden Staat, um einer **unmittelbaren und ernsthaften Gefahr für die öffentliche Sicherheit** vorzubeugen (Art. 9 Abs. 3 RB 2009/315/JI).

3. Auskünfte unter Europaratsstaaten

Für **andere, paneuropäische Strafregisterauskünfte** gilt das RHÜ 1959. Nach **Art. 13** **157** **Abs. 1 RHÜ 1959** hat der ersuchte Staat die von den Justizbehörden einer Vertragspartei für eine Strafsache erbetenen Auszüge aus dem Strafregister und auf dieses bezügliche Auskünfte in dem Umfang zu übermitteln, in dem seine Justizbehörden sie in ähnlichen Fällen selbst erhalten könnten. In anderen Fällen wird dem Ersuchen gem. Art. 13 Abs. 2 RHÜ 1959 stattgegeben unter den Voraussetzungen, die in den gesetzlichen oder sonstigen Vorschriften oder durch die Übung des ersuchten Staates vorgesehen sind. Die Unterscheidung zwischen beiden Alternativen sahen die Ersteller der Konvention allerdings nicht im Umfang der Auskunft, sondern in der Notwendigkeit einer strafrechtlichen Angelegenheit (→ § 11 Rn. 23) für ein Ersuchen nach Abs. 1.[61]

a) Für das **Rechtshilfeersuchen** gelten grundsätzlich die allgemeinen Regeln nach **158** Art. 14 ff. RHÜ 1959. Allerdings sind für ausgehende Ersuchen deutscher Behörden möglichst die Muster 33a bzw. 33b der Nr. 118 Abs. 2 lit. a RiVASt zu verwenden.

b) Für die Ersuchen nach Art. 13 Abs. 1 RHÜ 1959 ist stets der unmittelbare **Über-** **159** **mittlungsweg** zwischen den zuständigen Behörden eröffnet (Art. 15 Abs. 3 S. 1 RHÜ 1959). Die (vom RHÜ 1959 anerkannte) Justizbehörde (→ § 11 Rn. 34 ff.) des ersuchenden Staates kann ein entsprechendes Ersuchen um Strafregisterauskunft also direkt an die Stelle, die der ersuchte Staat für diesen Fall als zuständig ansieht, stellen. Dabei dürfte sich die Zuständigkeit, wo entsprechende Erklärungen fehlen, nach dem innerstaatlichen Recht

---

[60] Art. 9 Abs. 2 RB 2009/315/JI für die anderen Zwecke gem. Art. 7 Abs. 2, 4 RB 2009/315/JI.
[61] Ersichtlich ist dies auch durch Art. 33 RHV DE/TN, der praktisch wortgleich die Regelung des RHÜ 1959 übernimmt, sich aber in den beiden Absätzen dadurch unterscheidet, dass in Abs. 1 eine Justizbehörde, in Abs. 2 ein Zivilgericht oder eine Verwaltungsbehörde die Auskunft begehrt.

für derartige Ersuchen, hilfsweise für Strafregisterauskünfte allgemein, ergeben. Ansonsten kann auch stets der justizministerielle Weg gewählt werden, insbesondere, wenn die zuständige Behörde nicht bekannt ist.[62] Die Ersuchen nach Art. 13 Abs. 2 RHÜ 1959 sollen dagegen, wo bilaterale Erleichterungen nicht greifen, über den justizministeriellen Geschäftsweg abgewickelt werden.[63] Auf die Begrenzung auf gleichgelagerte innerstaatliche Auskünfte in Abs. 1 wird nicht – auch nach den RiVASt-Mustern – besonders eingegangen. Vielmehr dürfte aus der Sicht des ersuchten Staates durch den Übermittlungsweg folgern, welche Art von Auskunft nach Art. 13 RHÜ 1959 gewünscht wird, also bei einer unmittelbaren Übersendung grundsätzlich (nur) eine solche nach Abs. 1.

160 Ob neben dem sehr flexiblen EU-Verfahren noch Raum für die bilateralen Ergänzungsvereinbarungen zum RHÜ 1959 bleibt,[64] dürfte fraglich sein. Diese erlauben noch stärker den unmittelbaren Geschäftsweg zu den meist konkret benannten Registerbehörden.[65]

4. Bilaterale Abkommen und sonstiger Rechtshilfeverkehr

161 a) Unter den **bilateralen Abkommen** übernimmt das mit **Tunesien** am klarsten den Wortlaut des RHÜ 1959 (Art. 33 RHV DE/TN). Eine Sonderregel gilt gem. Nr. 3 StrafRegÜ DE/US für Ersuchen auf Auskünfte aus Strafregistern in den **USA,** die von Gerichten und Staatsanwaltschaften sowie dem BKA direkt über den Legal Attaché bei der Botschaft der USA in Deutschland gerichtet werden können. Sie werden nach dem genannten Übereinkommen unter Berücksichtigung des Grundsatzes der Gegenseitigkeit in gleichem Umfang erteilt, wie sie die amerikanischen Behörden erhalten würden.

162 b) Im **sonstigen Rechtshilfeverkehr** bleibt es bei den Regelungen für eine Auskunft als sonstige Rechtshilfehandlung. Auch hier können bzw. sollten die Muster 33a bzw. 33b RiVASt als Orientierung dienen und soweit nichts anderes bestimmt ist, im vorgeschriebenen Geschäftsweg die zuständige Behörde adressiert werden; wenn das Register von einer Verwaltungsbehörde geführt wird, grundsätzlich eine zuständige Justizbehörde (Nr. 118 Abs. 2 lit. a RiVASt).

163 c) Vor allem im vertragsfreien Rechtshilfeverkehr ist bei Geltendmachung des Grundsatzes der **Gegenseitigkeit** § 59 IRG iVm § 54 BZRG zu berücksichtigen, wonach keine Auskunftsübermittlung bei getilgter oder sonst nicht übermittelbarer Eintragung erfolgt.

II. Ausländer-/Aufenthaltsregister

1. Zugängliche Informationsquellen

164 Der Zugriff auf nationale Aufenthalts-, Ausweisdokumenten- und Aufenthaltstitelregister in anderen Staaten ist derzeit wohl lediglich im Schengen-Rahmen durch das Visa-Informationssystem (VIS) der EU näher ausgestaltet. Aufgrund der gegenseitigen Anerkennung von Aufenthaltsberechtigungen und der ganz erheblichen Menge an betroffenen Fällen hat sich für ein solches Verbunddatensystem ein besonderes Bedürfnis ergeben.[66] Ansonsten sind die üblichen Wege der Rechtshilfe um Auskunft,[67] allerdings wohl durchaus mit beachtlichten Übermittlungssperren zu den Strafbehörden im Bereich der ersuchten Staaten, zu beschreiten. Die reine auf die Identifizierung mittels Fingerabdrücken ausgerichtete Eurodac-Datenbank von Asylbewerbern und unberechtigt in die EU eingereisten bzw.

---

[62] Vgl. ETS Nr. 030 Explanatory Report S. 9 – RHÜ 1959.
[63] Art. 15 Abs. 3 S. 2 RHÜ 1959; vgl. auch dies bestätigend **für Israel:** Art. 11 Abs. 3, 4 RHÜ DE/IL.
[64] Vgl. etwa **für Italien:** Art. 9 Abs. 4 ErgV-RHÜ 1959 DE/IT; **die Niederlande:** Art. 9 Abs. 4, 6 ErgV-RHÜ 1959 DE/NL; **Österreich:** Art. 10 ErgV-RHÜ 1959 DE/AT; **Polen:** Art. 8 ErgV-RHÜ 1959 DE/PL zu polizeilichen oder sonstigen Anforderungen **für Tschechien:** Art. 9 PolZV DE/CZ.
[65] Vgl. etwa **für Polen:** Art. 10 Abs. 2 ErgV-RHÜ 1959 DE/PL; **die Schweiz:** Art. 8 Abs. 4 ErgV-RHÜ 1959 DE/CH; **Tschechien:** Art. 11 Abs. 3 PolZV DE/CZ.
[66] Zur Genese des VIS vgl. ausf. *Heußner* Informationssysteme 107 ff. mwN; HdB-EuStrafR/*Eisele* § 49 Rn. 11.
[67] Insbes. unter Beachtung von Nr. 118 Abs. 2 lit. a RiVASt.

aufhältigen Drittstaatern wird im Rahmen des daktyloskopischen Erkennungsdienstes (→ § 15 Rn. 262 ff.) behandelt.

2. Das Visa-Informations-System der EU (VIS) **165**

Das **VIS** basiert aktuell auf der mehrfach geänderten VO (EG) 767/2008 (VIS-VO).[68] Das VIS ist mittlerweile voll umgesetzt und in Betrieb.[69] Es dient unter anderem der Verbesserung der Durchführung der gemeinsamen Visumpolitik

- zur Erleichterung der Visumantragsverfahren,
- der Betrugsbekämpfung,
- Kontrollen an den Außengrenzübergangsstellen und im Hoheitsgebiet der Mitgliedstaaten,
- der Identifizierung von Personen, die die Voraussetzungen für die Einreise in das Hoheitsgebiet der Mitgliedstaaten oder den dortigen Aufenthalt nicht bzw. nicht mehr erfüllen,
- sowie zur Verhinderung von Gefahren für die innere Sicherheit der einzelnen Mitgliedstaaten (Art. 2 VIS-VO).

Aus letztgenanntem Grund erhalten nach Art. 3 VIS-VO auch Sicherheits- und Straf- **166** verfolgungsorgane unter bestimmten Bedingungen Zugriff auf die gespeicherten Daten. Dieser Zugriff ist in Deutschland zusätzlich durch das VISZG geregelt und umfasst letztlich alle Straftaten, für die ein Europäischer Haftbefehl bei einer Auslieferungskonstellation erlassen werden könnte (→ § 10 Rn. 36).

a) **Anwendungsbereich.** Das VIS **betrifft nur** die sog. **Schengen-Visa,** also die nach **167** dem gemeinsamen Regime von Art. 9 ff. SDÜ und dem diese fortführenden Visakodex[70] geregelten einheitlichen Sichtvermerke und damit verbundenen Ein- und Durchreise- sowie Aufenthaltsgenehmigungen betreffend das Hoheitsgebiet der Mitgliedstaaten. Letzteres betrifft nur den geplanten Aufenthalt in diesem Gebiet für eine Dauer von höchstens drei Monaten je Sechsmonatszeitraum ab dem Zeitpunkt der ersten Einreise in das Hoheitsgebiet der Mitgliedstaaten. Weiterhin umfasst ist die Durchreise durch die internationalen Transitzonen der Flughäfen von Mitgliedstaaten. Nicht eingeschlossen sind damit die für längere Aufenthalte oder aus anderen Gründen ausgestellten nationalen Visa und sonstigen Aufenthaltstitel. Bestrebungen, dieses partielle Verbundsystem um sämtliche Visa und insbesondere wegen der Zunahme visafreier Einreisegestattungen zu einem allgemeinen Ein- und Ausreisesystem auszubauen, befinden sich weiterhin in einem frühen Gesetzgebungsstadium.[71]

Während diese Regelungen für das Vereinigte Königreich und Nordirland keine Anwen- **168** dung finden, gelten sie als Fortentwicklung des Schengen-Besitzstandes auch für Norwegen, Island sowie die Schweiz mit Liechtenstein.

b) **Gespeicherte Informationen.** Gespeichert werden die mit den genannten einheitli- **169** chen Visa bei der Antragstellung (Art. 8 f. VIS-VO), im weiteren Verfahren und insbesondere bei der Erteilung (Art. 10 VIS-VO), Ablehnung (Art. 11 VIS-VO), Verlängerung (Art. 14 VIS-VO), Annulierung und Aufhebung (Art. 13 VIS-VO) erhobenen Daten.

---

[68] VO (EG) Nr. 767/2008 des Europäischen Parlaments und des Rates über das Visa-Informationssystem (VIS) und den Datenaustausch zwischen den Mitgliedstaaten über Visa für einen kurzfristigen Aufenthalt (VIS-Verordnung) v. 9.7.2008, ABl. 2008 L 218, 60.
[69] Vgl. COM(2016) 194 final, S. 2 f.; Nachdem bereits seit 2004 Rechtsakte der EU die Grundlage für das VIS gelegt haben, dauert die Einführung seiner verpflichtenden Anwendung stufenweise nach Regionen der den konsularischen Ausstellungsorten der Visa gem. Art. 48 VIS-VO fort, nachdem es am 11.10.2011 offiziell in Betrieb gegangen ist., vgl. insbes. Entscheidung 2004/512/EG sowie die zahlreichen Durchführungsbeschlüsse der Kommission zum Inkrafttreten für jeweils neue Stufen, wie zuletzt wohl Durchführungsbeschluss (EU) 2015/912 der Kommission zur Festlegung des Zeitpunkts der Inbetriebnahme des Visa-Informationssystems (VIS) in der einundzwanzigsten, zweiundzwanzigsten und dreiundzwanzigsten Region v. 12.6.2015, ABl. 2015 L 148, 28 ff.
[70] VO (EG) Nr. 810/2009 des Europäischen Parlaments und des Rates über einen Visakodex der Gemeinschaft (Visakodex) v. 13.7.2009, ABl. 2009 L 243, 1.
[71] Vgl. COM(2016) 194 final v. 6.4.2016.

170 aa) Zu diesen **Daten** zählen insbesondere:
- die Namen, Staatsangehörigkeiten, Geschlecht und Heimatanschrift des Antragstellers,
- Art, Nummer, Gültigkeit und Aussteller des Ausweisdokumentes,
- Status des Verfahrens,
- Zweck und Ziel des Aufenthaltes,
- derzeitige Beschäftigung bzw. Bildungseinrichtung,
- Namen des Sorgeberechtigten,
- Foto und Fingerabdrücke,
- sowie Angaben zu der Person oder Einrichtung, die eine Einladung ausgesprochen hat und/oder verpflichtet ist, die Kosten für den Lebensunterhalt des Antragstellers während des Aufenthalts zu tragen (oft sog. „Einlader") (Art. 9 VIS-VO).

171 Diese werden bereits bei der Antragstellung aus dem Antragsformular gewonnen und bei **Erteilung bzw. Verlängerung des Schengen-Visums** ergänzt um die Nummer der Visumsmarke, die für die Recherche eine zentrale Bedeutung haben kann, sowie den Angaben zur Ausstellungs- bzw. Verlängerungsstelle, Gründe und Dauer der Gültigkeit (Art. 10 VIS-VO, Art. 14 VIS-VO).

172 Bei der **Verweigerung, Ablehnung oder Annullierung** werden hinzugefügt Angaben zur entscheidenden Behörde, Datum und Ort, sowie Grund der Entscheidung. Dazu gehört insbesondere, ob
- ein ungültiges bzw. gefälschtes Ausweisdokument vorgelegt wurde,
- der Aufenthalt nicht genügend begründet oder der Nachweis genügender Mittel oder einer Reisekrankenversicherung nicht erbracht wurde,
- eine Ausschreibung zur Einreiseverweigerung
- oder sonst eine Gefahr für die öffentliche Sicherheit im weiteren Sinne nach Art. 2 Abs. 19 Grenzkodex vorliegt
- oder der Betroffene selbst um die Aufhebung gebeten hat (Art. 12 Abs. 2 VIS-VO, Art. 13 Abs. 2 VIS-VO).

173 bb) Die Daten werden **abgefragt** bei jeder der Visumsbeantragung folgenden Erstellung eines neuen Antragsdatensatzes, mit dem der Vorhandene verknüpft wird (Art. 8 Abs. 1–3 VIS-VO). Sie werden ebenfalls geprüft bei jeder Entscheidung, das Visum zu annullieren, aufzuheben oder zu verlängern, wobei die Suche nach Antragsnummer, Namen, Daten des Reisedokumentes, des Einladers, Nummer der Visumsmarke, aber auch nach Fingerabdrücken erfolgen kann (Art. 15 Abs. 1, 2 VIS-VO). Schließlich kann das VIS gem. Art. 21 f. VIS-VO zur Bestimmung der Zuständigkeit oder sonst im Asylverfahren abgefragt werden.

174 Bei **Kontrollen an den Außengrenzen** kann zum Zwecke der Verifizierung der Identität des Visuminhabers, der Echtheit des Visums und zur Klärung der Frage, ob die Voraussetzungen für eine Einreise in das Hoheitsgebiet der Mitgliedstaaten gem. Art. 5 Schengener Grenzkodex[72] erfüllt sind, eine Abfrage mit der Nummer der Visumsmarke, soweit möglich, in Kombination mit einer Verifizierung der Fingerabdrücke des Visuminhabers erfolgen.[73] Ergibt dies, dass Daten über den Visuminhaber im VIS gespeichert sind, kann die zuständige Grenzkontrollbehörde ausschließlich für diese die genannten Daten im Antragsdatensatz sowie in einem oder mehreren damit verbundenen Antragsdatensatz/-datensätzen abfragen (Art. 18 Abs. 4 VIS-VO).

175 Zu den gleichen Zwecken können die Behörden, die **im Hoheitsgebiet der Mitgliedstaaten** dafür zuständig sind, **kontrollieren,** ob die **Voraussetzungen** für die Einreise in das Hoheitsgebiet der Mitgliedstaaten oder den dortigen **Aufenthalt erfüllt** sind. Sie können gem. Art. 19 VIS-VO mit der Nummer der Visummarke, soweit technisch mög-

---
[72] VO (EU) 2016/399 des Europäischen Parlaments und des Rates über einen Gemeinschaftskodex für das Überschreiten der Grenzen durch Personen (Schengener Grenzkodex) v. 9.3.2016, ABl. 2016 L 77, 1.
[73] Art. 18 Abs. 1 VIS-VO, beachte Übergangsvorschriften zur Identifizierung mittels Fingerabdrücken in Art. 18 Abs. 2 f VIS-VO.

lich auch in Kombination mit einer Verifizierung der Fingerabdrücke des Visuminhabers oder nur mit der Nummer der Visummarke eine Abfrage durchführen.

Ausschließlich **zum Zwecke der Identifizierung** einer Person, die die Voraussetzungen für eine Einreise oder einen Aufenthalt nicht (mehr) erfüllt, kann die Abfrage auch alleine mit den Fingerabdrücken der Person durchgeführt werden, bzw. wenn dies technisch nicht möglich ist, durch Abfrage von Namen oder Daten von Ausweisdokumenten jeweils in Kombination mit der Staatsangehörigkeit (Art. 20 VIS-VO). 176

cc) Die Daten werden **höchstens fünf Jahre gespeichert,** die Frist beginnt grundsätzlich mit dem Ablauf des Visums bzw. der Annullierungsentscheidung oder der Eintragung des Antrags, wenn dieser zurückgenommen wurde (Art. 23 VIS-VO). Die Daten werden zudem gem. Art. 25 VIS-VO unverzüglich gelöscht, sobald der Betroffene Unionsbürger geworden ist. 177

dd) **Berichtigungen und Löschungen** sind nach Art. 24 VIS-VO nur durch den eintragenden Mitgliedstaat möglich, der Hinweis eines anderen löst die unverzügliche Prüfpflicht und ggf. ein Konsultationsverfahren aus (→ § 19 Rn. 133). 178

ee) Eine Übermittlung an Drittstaaten und internationale Organisationen ist hinsichtlich identifizierender Antragsdaten möglich zur Prüfung des Nachweises der Identität und zum Zwecke der Rückführung, insbesondere soweit der eingebende Mitgliedstaat zugestimmt hat, der Zielstaat ein entsprechendes Datenschutzniveau hat und das Gemeinschaftsrecht dies erlaubt (Art. 31 VIS-VO). 179

ff) Für das System bestehen klare Regelungen zur Infrastruktur und Betriebsverantwortung (Art. 26 ff. VIS-VO) sowie zur Datensicherheit (Art. 32 VIS-VO),[74] zu Protokollierungen (Art. 34 VIS-VO) und zur Kontrolle durch die nationalen und den europäischen Datenschutzbeauftragten (Art. 41 ff. VIS-VO). 180

gg) Die **Betroffenen** und ihre Einlader sind gem. Art. 37 VIS-VO bei Visumsbeantragung über die Verarbeitung und ihre Rechte (→ § 27 Rn. 41) schriftlich allgemein zu informieren. 181

c) **Zugriffsmöglichkeiten in Strafsachen.** Auf die Daten des VIS dürfen die notifizierten und bekannt gegebenen[75] **Sicherheits- und Strafverfolgungsbehörden** im Einzelfall und auf einen begründeten schriftlichen oder elektronischen Antrag nach Art. 3 VIS-VO zugreifen. Zwar hat der EuGH mit Urteil v. 16.4.2015 den maßgeblichen Beschluss 2013/392/EU wegen fehlender vorheriger Anhörung des Europäischen Parlaments für nicht erklärt, jedoch seine Fortwirkung bis zum Inkrafttreten eines Nachfolgeaktes angeordnet.[76] 182

aa) Dazu müssen berechtigte Gründe zu der Annahme bestehen, dass die Abfrage von VIS-Daten erheblich zur Verhütung, Aufdeckung oder Ermittlung terroristischer und sonstiger schwerwiegender Straftaten beitragen wird. Europol kann gem. Art. 3 Abs. 1 VIS-VO im Rahmen seines Mandats auf das VIS zugreifen, wenn dies zur Wahrnehmung seiner Aufgaben erforderlich ist. Für deutsche Behörden gilt hier nach dem Katalog gem. § 3 VISZG zunächst die Beschränkung auf die Verhütung, Aufdeckung oder Ermittlung einer im Katalog umschriebenen Straftat. 183

(1) Dazu zählen die §§ 129a, 129b StGB, sowie eine in § 129a Abs. 1 Nr. 1, 2, Abs. 2 Nr. 1–5 StGB bezeichneten Straftat. Letztere muss bestimmt sein, die Bevölkerung auf 184

---

[74] Beschluss 2010/260/EU der Kommission über den Sicherheitsplan für den Betrieb des Visa-Informationssystems v. 4.5.2010, ABl. 2010 L 112, 25; Entscheidung 2009/876/EG der Kommission zur Annahme von technischen Umsetzungsmaßnahmen für die Dateneingabe und die Verknüpfung der Antragsdatensätze, den Datenzugang, die Änderung, Löschung und vorzeitige Löschung von Daten sowie für das Führen von und den Zugriff auf Aufzeichnungen im Visa-Informationssystem v. 30.11.2009, ABl. 2009 L 315, 30; Entscheidung 2009/756/EG der Kommission zur Festlegung der Auflösungs- und Verwendungsspezifikationen für Fingerabdrücke für die biometrische Identifizierung und Überprüfung im Visa-Informationssystem v. 9.10.2009, ABl. 2009 L 270, 14.
[75] Liste der zuständigen Behörden, deren dazu ermächtigte Bedienstete die Befugnis haben, Daten des Visa-Informationssystems (VIS) einzugeben, zu ändern, zu löschen oder abzufragen, ABl. 2016 C 187, 4.
[76] EuGH BeckRS 2015, 80510.

erhebliche Weise einzuschüchtern, eine Behörde oder eine internationale Organisation rechtswidrig mit Gewalt oder durch Drohung mit Gewalt zu nötigen oder die politischen, verfassungsrechtlichen, wirtschaftlichen oder sozialen Grundstrukturen eines Staates oder einer internationalen Organisation zu beseitigen oder erheblich zu beeinträchtigen. Weiterhin muss die Art ihrer Begehung oder ihre Auswirkungen einen Staat oder eine internationale Organisation erheblich schädigen können. Ebenfalls umfasst sind Straftaten, die darauf gerichtet sind, eine dieser Straftaten anzudrohen, einer Straftat im Zusammenhang mit terroristischen Aktivitäten gem. Art. 3 RB 2002/475/JI, nunmehr Art. 3 ff. Terrorismusbekämpfungs-RL.

185 (2) Allerdings ist gem. § 3 Nr. 5 VISZG der Zugriff aber auch wegen **jeder Straftat** möglich, die nach Art. 2 Abs. 2 EuHB-Beschluss auslieferungsfähig und im Höchstmaß von mindestens drei Jahren Freiheitsstrafe bedroht ist, was die anderen Varianten wohl stets mit einschließt und nahezu *ad absurdum* führt.

186 **bb)** Der Zugriff erfolgt über **zentrale Zugangsstellen,** die dafür verantwortlich sind, dass die Zugangsvoraussetzungen und die Verfahren strikt eingehalten werden, die in einem gesonderten Beschluss, dem VISZ-Beschluss, festgelegt sind (Art. 3 Abs. 2 S. 1 VIS-VO iVm VIS-Beschluss. Die zentralen Zugangsstellen können nach § 2 Abs. 2 VISZG beim Bund und bei den Ländern eingerichtet werden. Das BMI stellt die vom Bund und den Ländern jeweils bestimmten zugangsberechtigten Polizeibehörden, Strafverfolgungsbehörden und Nachrichtendienste zusammen und notifiziert sie der EU (§ 2 Abs. 1, 3 VISZG).

187 **cc)** Die zum Abruf erforderlichen Daten und das **einzuhaltende Verfahren** ergeben sich aus den Art. 4, 5 VISZ-Beschluss.[77] Dabei ist insbesondere der Kreis der **abfragbaren Datenfelder** etwas eingeschränkt, wenn auch sehr weit gefasst. In dringenden Ausnahmefällen können die zentralen Zugangsstellen schriftliche, elektronische oder mündliche Anfragen entgegennehmen und erst nachträglich prüfen, ob sämtliche Zugangsvoraussetzungen – so auch, ob ein dringender Ausnahmefall vorlag – erfüllt sind (Art. 3 Abs. 2 S. 2, 3 VIS-VO). Diese nachträgliche Prüfung erfolgt unverzüglich nach der Bearbeitung der Anfrage.

188 **dd)** Für die **Weiterverarbeitung** gelten wohl weiterhin die Vorschriften von Art. 8 ff. VISZ-Beschluss. Darin finden sich Regelungen zur Verwendung nur für die genannten „schweren Straftaten" sowie zu Datenschutz und Datensicherheit, Protokollierung, Haftung und Rechten Betroffener.[78]

189 **d) Zugriff über nationale Visabehörden.** Andererseits können die Strafverfolgungsbehörden durch Auskunft oder Spontanübermittlung **ihrer nationalen Visabehörden** Kenntnis und Informationen aus dem VIS erlangen. Deren Pflichten aufgrund geltenden innerstaatlichen Rechts für die Übermittlung von Informationen über kriminelle Aktivitäten, die in Ausübung ihrer Befugnisse aufgedeckt werden; an die zuständigen Behörden zum Zwecke der Verhütung, Ermittlung und strafrechtlichen Verfolgung der betreffenden Straftaten sollen durch die VIS-VO nicht berührt werden. Auch dürfte in diesem Fall nicht der Verweis von Nr. 118 Abs. 2 RiVASt eingreifen, dass grundsätzlich die ausländische Justizbehörde zu ersuchen ist, da die Norm den Fall einer inländischen Auskunft oder Amtshilfe nicht betrifft.

III. (Straßen-)Verkehrsregister

190 Die Übermittlung von Daten aus verkehrsbezogenen Registern erfolgt meist unter den allgemeinen Regeln für Behördenauskünfte der justiziellen oder polizeilichen Rechtshilfe.

---

[77] Beschluss 2008/633/JI des Rates über den Zugang der benannten Behörden der Mitgliedstaaten und von Europol zum Visa-Informationssystem (VIS) für Datenabfragen zum Zwecke der Verhütung, Aufdeckung und Ermittlung terroristischer und sonstiger schwerwiegender Straftaten v. 23.6.2008, ABl. 2008 L 218, 129.

[78] Letzteres nach Art. 14 VISZ-Beschluss.

§ 14 Informationserhebungen bei ausländischen Stellen   **3. Kapitel**

Als alternativer Weg ist der Bezug über Austauschmechanismen der zuständigen Verkehrs(register)behörden (zB EUCARIS als Verbunddatensystem der EU-Mitgliedstaaten) denkbar. Er ist manchmal in den Rechtshilfeinstrumenten angelegt, wenn auch jeweils im Einzelfall zu prüfen scheint, ob dies eine effektivere oder effiziente Möglichkeit sein kann. Sonderregeln bestehen insbesondere im Austausch der EU-Staaten nach dem Prümer Ratsbeschluss sowie im Verhältnis mit der Schweiz.

1. Auskunftssystem der Europäischen Union – EUCARIS

Nach **Art. 12 Prümer Ratsbeschluss** können die benannten nationalen Kontaktstellen der Mitgliedstaaten **Eigentümer- oder Halterdaten sowie Fahrzeugdaten aus den nationalen Fahrzeugregistern** automatisiert im Einzelfall aufgrund einer vollständigen Fahrgestellnummer oder eines vollständigen Kennzeichens abrufen. Der Abruf muss nach dem für sie geltenden innerstaatlichen Recht erfolgen   191

- zur Verhinderung und Verfolgung von Straftaten,
- sowie zur Verfolgung solcher Verstöße, die bei dem abrufenden Mitgliedstaat in die Zuständigkeit der Gerichte oder Staatsanwaltschaften fallen, oder
- zur Abwehr von Gefahren für die öffentliche Sicherheit fallen.

Die Einzelheiten der technischen Ausgestaltung des Verfahrens werden nach dem Prümer Ratsbeschluss (gem. Art. 12 Abs. 2 S. 3 Prümer Ratsbeschluss, Art. 33 Prümer Ratsbeschluss) im Durchführungsrechtsakt, hier dem B 2008/616/JI geregelt.   192

Damit dürfte auch die Sonderregelung zum Austausch von Verkehrsregisterauskünften im Verhältnis mit den Niederlanden (Art. 9 Abs. 5 ErgV-RHÜ 1959 DE/NL) überholt sein.   193

2. Schweiz

Da die **Schweiz** nicht zu diesem engen Kreis gehört, bleiben die Vorschriften des bilateralen Polizeivertrags in Wirkung (Art. 9, 35 PolZV DE/CH). Die dortige zweigeteilte und auf ersten Blick „doppelte" Rechtsgrundlage erschließt sich weniger aus der Systematik der Sonderregeln in Art. 34 ff. PolZV DE/CH für verkehrsbezogene Übertretungen, aus deutscher Sicht verstanden als straßenverkehrsbezogene Ordnungswidrigkeiten. Vielmehr setzen diese letzteren Regelungen[79] die Existenz von auf nationaler Ebene zentralisierten Verkehrsregistern voraus. Da in der Schweiz weiterhin vor allem Fahrzeugdaten nur bei den jeweiligen kantonalen Verkehrsregisterbehörden vorhanden sind, sind diese Normen bis auf weiteres (noch) nicht in Kraft getreten. Daher bleibt es bei Art. 9 PolZV DE/CH, der den Austausch mit den jeweiligen Registerbehörden regelt, ohne eine Zentralstelle vorauszusetzen, und seiner Verweisung auf die entsprechende Anwendung des Art. 35 Abs. 2–7 PolZV DE/CH   194

a) Danach sind auf Ersuchen gespeicherte Daten über Kraftfahrzeuge und deren Anhänger sowie Halter zu übermitteln (Art. 9 Abs. 1 PolZV DE/CH). Die Übermittlung muss zur **Feststellung oder Bestimmung** einer Person in ihrer Eigenschaft als Halter von Fahrzeugen, der Fahrzeuge eines Halters oder der Fahrzeugdaten dienen. Sie muss weiterhin erforderlich sein   195

- zur **Verfolgung von Straftaten,** die im Zusammenhang mit dem Straßenverkehr oder sonst mit Kraftfahrzeugen, Anhängern, Kennzeichen oder Fahrzeugpapieren, Fahrerlaubnissen oder Führerscheinen stehen;
- zur Verfolgung von Zuwiderhandlungen gegen Rechtsvorschriften auf dem Gebiet des Straßenverkehrs;
- für Verwaltungsmaßnahmen auf dem Gebiet des Straßenverkehrs,
- oder zur Überwachung des Versicherungsschutzes im Rahmen der Kraftfahrzeug-Haftpflichtversicherung (Art. 9 Abs. 1 PolZV DE/CH).

---

[79] Art. 34, 35 Abs. 1, 8 f. PolZV DE/CH; Art. 36–41 PolZV DE/CH.

196 b) Zunächst ist bereits sehr genau geregelt, **welche Fahrzeug- und Halter- bzw. Eigentümerdaten** die zentralen Fahrzeugregisterbehörden für die Erledigung von Ersuchen **bereithalten** dürfen (Art. 9 Abs. 1 S. 4 PolZV DE/CH, Art. 35 Abs. 3 PolZV DE/CH).

197 c) Das **Ersuchen** darf sich nur auf ein bestimmtes Fahrzeug oder einen bestimmten Halter richten (Art. 9 Abs. 1 S. 4 PolZV DE/CH, Art. 35 Abs. 2 S. 3 PolZV DE/CH). Bei Ordnungswidrigkeiten nach deutschem Recht darf nur unter Verwendung von Fahrzeugdaten angefragt werden (Art. 9 Abs. 1 S. 4 PolZV DE/CH, Art. 35 Abs. 2 S. 4 PolZV DE/CH). Die ersuchende Behörde hat den Zweck innerhalb des genannten Katalogs anzugeben, für den die zu übermittelnden Daten benötigt werden (Art. 9 Abs. 1 S. 4 PolZV DE/CH, Art. 35 Abs. 2 S. 1, 2 PolZV DE/CH). Die die Anfrage muss unter Verwendung einer **Kennung** der zum Empfang dieser Daten berechtigten Behörde erfolgen (Art. 9 Abs. 1 S. 4 PolZV DE/CH, Art. 35 Abs. 4 S. 1 PolZV DE/CH). Die Ersuchen wegen Straftaten oder Verkehrsordnungswidrigkeiten können auch von den Justizbehörden, ggf. über die Polizeibehörden (→ § 11 Rn. 170 ff.) gestellt werden (Art. 9 Abs. 5 PolZV DE/CH). Die Polizeibehörden können ihre Ersuchen an die zentrale Registerbehörde in ihrem Vertragsstaat, in Eilfällen direkt an eine Polizeibehörde des anderen Vertragsstaates, richten (Art. 9 Abs. 2 PolZV DE/CH). Die **Erledigung der Ersuchen** kann zwischen den zentralen (für die Schweiz: kantonalen) Registerbehörden – auch im Wege eines automatisierten Anfrage- und Auskunftsverfahrens – erfolgen, in Eilfällen auch direkt zwischen den Polizeibehörden (Art. 9 Abs. 3 PolZV DE/CH). Die zentralen Registerbehörden der Vertragsstaaten sind berechtigt, den jeweiligen nationalen Polizeibehörden im automatisierten Wege den Zugriff auf die erlangten Daten für die genannten Zwecke zu ermöglichen (Art. 9 Abs. 4 PolZV DE/CH).

198 d) Außerordentlich detaillierte Vorschriften finden sich in diesem Bereich zur Datensicherheit und zum **technischen Datenschutz bei und nach der Übermittlung** (→ § 19 Rn. 98). Danach hat jeder beteiligte Vertragsstaat Vorkehrungen bei der Übermittlung der personenbezogenen Daten zu treffen. Dazu gehört insbesondere, dass Datenträger nicht unbefugt gelesen, kopiert, verändert oder entfernt werden können, automatisierte Datenverarbeitungssysteme mithilfe von Einrichtungen zur Datenübertragung nicht von Unbefugten genutzt werden können und gewährleistet ist, dass die zur Benutzung eines automatisierten Datenverarbeitungssystems Berechtigten ausschließlich auf die ihrer Zugriffsberechtigung unterliegenden Daten zugreifen können (Art. 9 Abs. 1 S. 4 PolZV DE/CH, Art. 35 Abs. 7 S. 1, 2 PolZV DE/CH). Weiterhin sind Maßnahmen zu ergreifen, um zu verhindern, dass bei der Übertragung personenbezogener Daten sowie bei einem Transport von Datenträgern die Daten unbefugt gelesen, kopiert, verändert oder gelöscht werden können (Art. 9 Abs. 1 S. 4 PolZV DE/CH, Art. 35 Abs. 7 S. 2 PolZV DE/CH). Die übermittelnde Behörde darf die Übermittlung nur zulassen, wenn die Anfrage unter Verwendung einer Kennung der zum Empfang dieser Daten berechtigten Behörde erfolgt (Art. 9 Abs. 1 S. 4 PolZV DE/CH, Art. 35 Abs. 4 S. 1 PolZV DE/CH) und dies durch ein selbstständiges Verfahren zu prüfen (Art. 9 Abs. 1 S. 4 PolZV DE/CH, Art. 35 Abs. 4 S. 3 PolZV DE/CH). Versuchte Anfragen ohne oder mit fehlerhafter Kennung hat sie zu protokollieren und im Zusammenwirken mit der anfragenden Behörde Fehlversuchen nachzugehen (Art. 9 Abs. 1 S. 4 PolZV DE/CH, Art. 35 Abs. 4 S. 2 PolZV DE/CH). Der Empfänger hat sicherzustellen, dass die übermittelten Daten nur bei den zum Empfang bestimmten Endgeräten empfangen werden (Art. 9 Abs. 1 S. 4 PolZV DE/CH, Art. 35 Abs. 5 S. 1 PolZV DE/CH).

199 Zudem hat die übermittelnde Behörde eine **umfassende Protokollierungspflicht** für die Inhalte aller Übermittlungen und Anfragen (Art. 9 Abs. 1 S. 4 PolZV DE/CH, Art. 35 Abs. 5 S. 1 PolZV DE/CH, → § 19 Rn. 119).

200 Der übermittelnde Staat ist besonders verpflichtet, auf die **Richtigkeit** der personenbezogenen Daten zu achten (Art. 9 Abs. 1 S. 4 PolZV DE/CH, Art. 35 Abs. 6 S. 1 PolZV DE/CH). Unrichtige oder nicht erlaubte Übermittlung dem empfangenden Vertragsstaat sind unverzüglich mitzuteilen (Art. 9 Abs. 1 S. 4 PolZV DE/CH, Art. 35 Abs. 6 S. 2 PolZV DE/CH). Dieser ist verpflichtet, die Berichtigung oder Vernichtung vorzunehmen oder zu vermerken, dass die Daten unrichtig sind oder unrechtmäßig übermittelt wurden (Art. 9 Abs. 1 S. 4 PolZV DE/CH, Art. 35 Abs. 6 S. 3 PolZV DE/CH). Die Auskunftsrechte des Betroffenen richten sich nach dem Recht, wo er seinen Anspruch geltend macht (Art. 9 Abs. 1 S. 4 PolZV DE/CH, Art. 35 Abs. 6 S. 4 PolZV DE/CH). Die Auskunftserteilung unterbleibt, wenn dies wegen eines Übermittlungszweckes unerlässlich ist (Art. 9 Abs. 1 S. 4 PolZV DE/CH, Art. 35 Abs. 6 S. 5 PolZV DE/CH).

e) Wichtig ist, dass der **Spezialitätsgrundsatz** strikt zur Anwendung kommt: Die 201 übermittelten Daten dürfen nur zu dem Zweck genutzt werden, zu dessen Erfüllung sie übermittelt wurden (Art. 9 Abs. 1 S. 2 PolZV DE/CH). Die Übermittlung unterbleibt, wenn durch sie schutzwürdige Interessen des Betroffenen beeinträchtigt würden (Art. 9 Abs. 1 S. 2 PolZV DE/CH). Die übermittelten Daten werden nicht länger als für den verfolgten Zweck erforderlich vom empfangenden Vertragsstaat gespeichert, wobei sich **Prüf- und Löschungsfristen** nach Maßgabe des nationalen Rechts bestimmen (Art. 9 Abs. 1 S. 4 PolZV DE/CH, Art. 35 Abs. 6 S. 6, 7 PolZV DE/CH).

3. Sonstiger Rechtshilfeverkehr

Ansonsten sind nach **Art. 10 Internationales Abkommen über Kraftfahrzeugver-** 202 **kehr**[80] die Vertragsstaaten verpflichtet, auf Ersuchen die Auskünfte zu erteilen, die zur **Feststellung der Inhaber von internationalen Zulassungsscheinen oder internationalen Führerscheinen** geeignet sind, wenn deren Kraftfahrzeug einen schweren Unfall veranlasst hat oder wenn sie sich einer Zuwiderhandlung gegen Bestimmungen über den Verkehr schuldig gemacht haben. Wenn sie Personen das Recht aberkannt haben, von internationalen Zulassungsscheinen oder Führerscheinen Gebrauch zu machen, haben sie den ausstellenden Staaten Namen, Vornamen und Adresse des Betroffenen mitzuteilen.

Ergänzend sind nach dem Wiener Übereinkommen über den Straßenverkehr[81] die 203 Vertragsparteien auch verpflichtet, jeder darum ersuchenden Vertragspartei die **notwendigen Auskünfte zur Ermittlung der Person** zu geben, auf deren Namen ein Kraftfahrzeug oder ein mit einem solchen Fahrzeug verbundener Anhänger in ihrem Hoheitsgebiet **zugelassen** ist (Art. 3 Abs. 6 StVÜ). Dazu muss aus dem vorgelegten Ersuchen hervorgehen, dass dieses Fahrzeug im Hoheitsgebiet der ersuchenden Vertragspartei in einen schweren Unfall verwickelt war oder der Fahrer dieses Fahrzeugs einen schwerwiegenden Verstoß gegen die Straßenverkehrsordnung begangen hat, der schwere Strafen oder einen Entzug der Fahrerlaubnis nach sich ziehen kann.[82]

IV. Waffenregister

1. Der Informationsaustausch hinsichtlich der Zuordnung von Waffen zu Eigentümern 204 bzw. Besitzern oder behördlichen Erlaubnissen erfolgt derzeit **auch im Rahmen der EU** grundsätzlich nur im Rahmen der **allgemeinen justiziell-polizeilichen Austauschmechanismen**. Dabei sind die Ausschreibung von Waffen nach dem SIS II und die polizeilichen Verbundsysteme im Rahmen von Europol und auf nationaler Ebene sowie ggf. das ZIS hervorzuheben.

Durch die Regelungen innerhalb des SchusswaffenÜ, vor allem aber Art. 91 Abs. 5 SDÜ 205 kommt dem Rückgriff auf die „eigenen" staatlichen Waffenbehörden für die Ermittlungen eine grundsätzlich vorrangige Bedeutung zu. Dies gilt inbesondere, wenn Informationen zu Waffen von im Inland ansässigen Personen ermittelt werden sollen. Wichtig ist hierbei,

---

[80] v. 24.4.1926 (RGBl. 1930 II 1234).
[81] v. 8.11.1968 (BGBl. 1977 II 809 ff.).
[82] Vgl. zum Ganzen auch Nr. 244 RiStBV.

dass die EG-Feuerwaffen-RL[83] in Fortschreibung der durch sie aufgehobenen Art. 77–81 SDÜ und Art. 83–90 SDÜ vor allem das materielle und formelle Verfahrensrecht in den Mitgliedstaaten erheblich harmonisieren will. Sie enthält jedoch auch eine Verpflichtung zur Einrichtung nationaler Waffenregister sowie die Verpflichtung aller Waffenhändler, ein umfassendes Waffenbuch zu führen (Art. 4 Abs. 4 UAbs. 2 EG-Feuerwaffen-RL).

206 2. Nach Art. 4 Abs. 5 S. 1 EG-Feuerwaffen-RL haben die Mitgliedstaaten, ab 31.12.2014 ausnahmslos, zu gewährleisten, dass bei allen Feuerwaffen jederzeit eine Verbindung zu ihren jeweiligen Besitzern hergestellt werden kann. Dazu hatten sie zu diesem Stichtag ein computergestütztes zentral oder dezentral eingerichtetes **Waffenregister** einzuführen und ab da stets auf dem aktuellen Stand zu halten, in dem jede unter diese Richtlinie fallende Waffe registriert ist (Art. 4 Abs. 4 EG-Feuerwaffen-RL). In diesem Waffenregister werden für mindestens 20 Jahre Typ, Modell, Fabrikat, Kaliber, Seriennummer sowie Namen und Anschriften des Lieferanten und der Person, die die Waffe erwirbt oder besitzt, registriert und gespeichert. Jeder zuständigen Behörde ist der Zugang zu den gespeicherten Daten zu gewährleisten. Für grenzüberschreitende Auskünfte dürften die allgemeinen Regeln, insbesondere zum schnellen polizeilichen Datenaustausch anzuwenden sein.

207 3. Während das SchusswaffenÜ des Europarates und der darauf aufbauende Art. 91 SDÜ zusätzlich eine zeitnahe Übermittlung beim **grenzüberschreitenden Erwerb bzw. Handel** an den voraussichtlichen Zielstaat, der in dem Herkunftsstaat des Erwerbes gesehen wird, ermöglichen wollen, sucht die EG-Feuerwaffen-RL den **grenzüberschreitenden Transport,** wo nicht untersagbar, besser kontrollieren.

208 a) Nach dem **SchusswaffenÜ** hat lediglich ein Mitgliedstaat, in dem eine Schusswaffe von oder an eine Privatperson verkauft, übermittelt oder anderweitig überlassen oder ein- bzw. ausgeführt wurde, an den Staat, wo der Erwerber ansässig ist, die Waffe hingelangt ist oder durchbefördert wird, die näher bestimmten Informationen zu übermitteln.[84] Besondere Regelungen für die Rechtshilfe sind ansonsten nicht vorgesehen.

209 b) Nach **Art. 91 SDÜ** ist der genannte Mitteilungsmechanismus des SchusswaffenÜ verbindlich hinsichtlich der dort umfassten Schusswaffen. Gleiches gilt für Mitgliedstaaten, die dieses Übereinkommen nicht ratifiziert haben, nach ihrem nationalen Recht, auch beim Erwerb von Feuerwaffen durch Privatpersonen oder Einzelhändler, die sich gewöhnlich in dem Hoheitsgebiet einer anderen Vertragspartei aufhalten oder dort ihren Sitz haben (Art. 91 Abs. 1, 2 SDÜ). Art. 91 Abs. 3 SDÜ legt ergänzend die unverzügliche Übermittlungspflicht und die mindestens zu übermittelnden Angaben zu den Personalien des Erwerbers und seiner vorgelegten waffenrechtlichen Berechtigung, sowie zu den Merkmalen und zur Identifizierungsnummer der betreffenden Feuerwaffe fest. Die zuständigen, zu benennenden nationalen Behörden können gem. Art. 92 Abs. 4, 5 SDÜ die erhaltenen Informationen den zuständigen örtlichen Polizeidienststellen und den Grenzüberwachungsbehörden zum Zwecke der Verhütung oder Verfolgung von Straftaten und Ordnungswidrigkeiten übermitteln.

210 c) Die **EG-Feuerwaffen-RL** stellt den Besitz einer Waffe während einer **Reise durch andere Mitgliedstaaten** unter Genehmigungspflicht aller Staaten – mit der Ausnahme insbesondere von Sport- und Jagdwaffen – und schafft Übermittlungspflichten an den Bestimmungs- und an die Durchreisestaaten (Art. 12, 13 EG-Feuerwaffen-RL).

V. Verwaltungsrechtliche Informationssysteme im Rahmen der EU

211 1. Die EU verfügt mittlerweile über zahlreiche Informationssysteme, die je nach Ausgestaltung für die strafrechtliche Beweiserhebung wichtige Informationen beinhalten

---

[83] RL 91/477/EWG des Rates über die Kontrolle des Erwerbs und des Besitzes von Waffen v. 18.6.1991, ABl. L 1991 256, 51.
[84] Form und Verfahren nach Art. 8 f. SchusswaffenÜ.

können, sodass hier nur exemplarisch ein erster Zugang zu ausgewählten Bereichen eröffnet werden kann.[85] Diese Informationssysteme bestehen in Aufgabenfeldern der Verwaltung, die bereits lange vergemeinschaftet sind, ebenso wie in solchen, die jedenfalls vor dem Vertrag von Lissabon der intergouvernementalen Zusammenarbeit unterlagen. Auf die speziellen Verbunddateien im Bereich der inneren Sicherheit und Strafverfolgung einschließlich des Zolls wird an anderer Stelle näher eingegangen (→ § 16 [Rn. 1 ff.]).

Grundsätzlich verfügt jedes dieser Systeme über eine eigenständige europäische Rechtsgrundlage regelmäßig in Form einer Verordnung oder Richtlinie des Unionsrechts. Sie enthalten oft im Rahmen allgemeiner Regelungen auch solche zum bereichsspezifischen Verwaltungsinformationsaustausch und zur Amtshilfe. Diese Rechtsgrundlagen können durch weitere Rechtsakte fortgeschrieben und ggf. zahlreiche weitere Durchführungsrechtsakte ergänzt sein. Die Organisationsstruktur ist je nach Entstehungszeit und insbesondere Autonomieinteresse der Mitgliedstaaten höchst heterogen. Sie reicht von noch rein nationalen Datenspeicherungen mit nur manuellem Austausch bis zu von europäischen Organen und Agenturen verwalteten Zentralsystemen mit Zugriff durch die Mitgliedstaaten. Entsprechend unterschiedlich sind die Arten der gespeicherten Informationen und Verfahren, einschließlich des Datenschutzes ausgestaltet. Ebenso variieren die Regelungen insbesondere zur Weiterverarbeitung für Zwecke der Gefahrenabwehr und Strafverfolgung, das unmittelbare oder mittelbare Zugriffsrecht von Ermittlungsorganen und die Rechte von Betroffenen.[86] Insgesamt ist folglich stets ein Blick in die Rechtsgrundlagen, wo die einfache Auskunft der eigenen nationalen Behörde nicht ausreichen mag, unabwendbar. Soweit die Informationen bei einer europäischen Stelle gebündelt sind, sind subsidiär die allgemeinen Regelungen zum Datenschutz und Amtshilfe bzw. sonstigen Informationsaustausch der EU-Einrichtungen zu beachten (→ § 17 Rn. 227 ff.). Dies gilt auch, soweit im Rahmen von Förderprogrammen dem Europäischen Amt für Betrugsbekämpfung (OLAF) die zentrale Funktion bei der Informationsermittlung und ersten Aufklärung wegen einem möglichen Missbrauch gegen die finanziellen Interessen der EU zukommt (→ § 17 Rn. 243 ff.).

2. Wie bereits angesprochen, ergeben sich diese Systeme aus den unterschiedlichen Verwaltungsbereichen, die in unterschiedlicher Form Aufgaben der EU berühren.

a) Das gilt zunächst für die Informationssysteme der **Steuerverwaltung** zu grenzüberschreitenden Handelsvorgängen.[87] Diese folgen zur Erhebung von innergemeinschaftlichen Vorgängen mit Relevanz für die Mehrwert- bzw. Verbrauchssteuern. Sie werden zwar grundsätzlich weiterhin rein national erhoben.[88] Das Unionsrecht soll jedoch im Rahmen der allgemeinen Harmonisierungsvorschriften insbesondere eine Doppelbelastung verhindern (vgl. Art. 110 ff. AEUV). In der Vergangenheit hat gerade der mangelnde Informationsaustausch oft zu Abgabendelikten, wie den sog. Umsatzsteuerkarussellen, geführt. Um dem entgegenzuwirken, sind im Rahmen ausführlicher Vorschriften zum Informationsaustausch zwischen den Finanzbehörden, aber auch möglichen Informationsrechten von Wirtschaftsbeteiligten das Mehrwertsteuer-Informationsaustauschsystem MIAS[89] und das organisatorische Austauschnetzerk Eurofisc (Art. 33 ff. VO (EU) 904/2010)

---

[85] Vgl. weiter, wenn auch ebenfalls exemplarisch *Heußner* Informationssysteme 2007; HdB-EuStrafR/*Schröder* § 33 Rn. 27 ff.
[86] Vgl. im Überblick noch *Heußner* Informationssysteme 307 ff.
[87] Vgl. hier nur den Überblick von *Hendricks,* Internationale Informationshilfe im Steuerverfahren, 2004 und *Heußner* Informationssysteme 37 ff. mwN; HdB-EuStrafR/*Schröder* § 33 Rn. 27 ff.
[88] Wobei die Eigenmittel der EU teilweise darauf indirekt aufbauen.
[89] Grundlage ist die mittlerweile alleine die VO (EU) Nr. 904/2010 des Rates über die Zusammenarbeit der Verwaltungsbehörden und die Betrugsbekämpfung auf dem Gebiet der Mehrwertsteuer v. 7.10.2010, ABl. 22010 L 268, 1 nach ursprünglicher Begründung in der VO (EWG) Nr. 218/92 des Rates v. 27.1.1992 über die Zusammenarbeit der Verwaltungsbehörden auf dem Gebiet der indirekten Besteuerung (MwSt.) v. 27.1.1992, ABl. 1992 L 24, 1.

3. Kapitel

eingerichtet worden. Ähnlich geregelt ist die Zusammenarbeit bei Verbrauchssteuern[90] und bei direkten Steuern.[91]

215 b) Ebenfalls vor dem Hintergrund möglicher Betrugsbekämpfung erfolgt die Zusammenarbeit im Bereich der **gemeinsamen Agrarpolitik**.[92] Hier handelt es sich insbesondere um die europäischen oder nationalen Beihilfen sowie im Rahmen des europäischen Agrarmarktes um den Europäischen Garantiefonds für die Landwirtschaft (EGFL) und des Europäischen Landwirtschaftsfonds für die Entwicklung des ländlichen Raums (ELER).[93] Die Kooperation besteht im Wesentlichen in Informationsmitteilungen der Mitgliedstaaten an die Kommission,[94] wo die Informationen den dort geltenden allgemeinen Regeln für Datenschutz und Weiterverarbeitung unterliegen.[95] Zusätzlich werden in einem System nationaler „schwarzer Listen" unzuverlässige Marktteilnehmer gesammelt und gegebenenfalls unionsweit ausgetauscht.[96] Ergänzend ist etwa auf das, vor allem aus gesundheitspolitischen Gründen eingerichtete, Tierverbringungssystem TRACES der EU-Kommission zu verweisen.[97]

216 c) Im Bereich des **Lebensmittelrechts** wird eine weitgehende Harmonisierung der materiellen und Verwaltungsgrundsätze und die Einrichtung einer Europäischen Behörde für Lebensmittelsicherheit mit vor allem wissenschaftlich-analytischen Aufgaben begleitet durch ein Schnellwarnsystem (RASFF), das unterschiedlichste vor allem nationale Stellen und Organisationen vernetzt.[98] Auch für diese europäische Behörde gelten neben gesonderten Vorschriften zur Vertraulichkeit die allgemeinen Regelungen für die EU-Einrichtungen.[99] Allgemein im Bereich der **Produktsicherheit** erfolgt ein Austausch über kon-

---

[90] VO (EU) Nr. 389/2012 des Rates über die Zusammenarbeit der Verwaltungsbehörden auf dem Gebiet der Verbrauchsteuern und zur Aufhebung von Verordnung (EG) Nr. 2073/2004 v. 2.5.2012, ABl. L 121, 1 und RL 2011/16/EU des Rates über die Zusammenarbeit der Verwaltungsbehörden im Bereich der Besteuerung und zur Aufhebung der Richtlinie 77/799/EWG v. 15.2.2011, ABl. 2011 L, 4.

[91] RL 2010/24/EU des Rates über die Amtshilfe bei der Beitreibung von Forderungen in Bezug auf bestimmte Steuern, Abgaben und sonstige Maßnahmen v. 16.3.2010, ABl. 2010 L 84, 1 und Durchführungsverordnung (EU) Nr. 1189/2011 der Kommission zur Festlegung der Durchführungsbestimmungen zu bestimmten Artikeln der Richtlinie 2010/24/EU des Rates über die Amtshilfe bei der Beitreibung von Forderungen in Bezug auf Steuern, Abgaben und sonstige Maßnahmen v. 18.11.2011, ABl. 2011 L 302, 16.

[92] Art. 38 ff. AEUV; vgl. dazu insges. HdB-EuStrafR/*Schröder* § 33 Rn. 42 ff.

[93] Grundlage des aktuellen Fonds ist die VO (EU) Nr. 1306/2013 des Europäischen Parlaments und des über die Finanzierung, die Verwaltung und das Kontrollsystem der Gemeinsamen Agrarpolitik und zur Aufhebung der Verordnungen (EWG) Nr. 352/78, (EG) Nr. 165/94, (EG) Nr. 2799/98, (EG) Nr. 814/2000, (EG) Nr. 1290/2005 und (EG) Nr. 485/2008 des Rates Rates v. 17.12.2013, ABl. 2013 L 347, 549; ein allgemeiner Rahmen für die Betrugsbekämpfung ist die Delegierte Verordnung (EU) 2015/1971 der Kommission zur Ergänzung der Verordnung (EU) Nr. 1306/2013 des Europäischen Parlaments und des Rates um besondere Bestimmungen über die Meldung von Unregelmäßigkeiten betreffend den Europäischen Garantiefonds für die Landwirtschaft und den Europäischen Landwirtschaftsfonds für die Entwicklung des ländlichen Raums und zur Aufhebung der Verordnung (EG) Nr. 1848/2006 der Kommission v. 8.7.2015, ABl. 2015 L 293, 6.

[94] Nach Art. 3, 5 VO 1306/2013 melden die Mitgliedstaaten – unter Berücksichtigung einer *de minimis* Regel und weitere Durchführungsvorschriften – der Kommission spätestens binnen zwei Monaten nach Ende eines jeden Quartals alle Unregelmäßigkeiten, die Gegenstand einer ersten amtlichen oder gerichtlichen Feststellung gewesen sind; vgl. insgesamt auch noch *Heußner* Informationssysteme 48 ff., 76 ff. mwN.

[95] S. dazu also unten zur Abfrage bei der Kommission; vgl. hier Art. 5 Abs. 2 VO 1306/2013.

[96] VO (EG) Nr. 1469/95 des Rates über Vorkehrungen gegenüber bestimmten Begünstigten der vom EAGFL, Abteilung Garantie, finanzierten Maßnahmen v. 22.7.1995, ABl. 1995 L 145, 1 mit einigen Durchführungs-VO; vgl. *Heußner* Informationssysteme 56 ff.

[97] Entscheidung 2003/24/EG der Kommission über die Entwicklung eines integrierten EDV-Systems für das Veterinärwesen v. 19.8.2003, ABl. 2003 L 8, 44; vgl. weiter *Heußner* Informationssysteme 77 ff.

[98] Vgl. VO (EG) 178/2002 des Europäischen Parlaments und des Rates zur Festlegung der allgemeinen Grundsätze und Anforderungen des Lebensmittelrechts, zur Errichtung der Europäischen Behörde für Lebensmittelsicherheit und zur Festlegung von Verfahren zur Lebensmittelsicherheit v. 28.1.2002, ABl. 2002 L 31, 1; vgl. zum Ganzen *Heußner* Informationssysteme 82 ff. mwN.

[99] Art. 39 ff. VO (EG) 178/2002 unter Bezug auf das allgemeine EU-Datenschutzrecht s. unten; Art. 50 ff. VO (EG) 178/2002 speziell zum Schnellwarnsystem und dessen Vertraulichkeits- und allgemeinem Datenschutz.

§ 14 Informationserhebungen bei ausländischen Stellen　　　　　　　　　　**3. Kapitel**

krete Produktgefahren über einen Informationsverbund (RAPEX).[100] Zur gemeinschaftlichen Vorbeugung und Bekämpfung von **Epidemien** besteht ebenfalls ein Informationssystem.[101] Schließlich besteht im Bereich des **Umweltschutzes** ein Rahmen für möglicherweise relevante Umweltinformationen und die Kooperation zwischen den nationalen und europäischen Stellen.[102]

d) Besondere Bedeutung hat in diesem Zusammenhang auch für den Bereich der **Suchtstoffe und Betäubungsmittel** die Europäische Beobachtungsstelle für Drogen und Drogensucht (EBDD bzw. engl. EMCDDA).[103] Zweck der Beobachtungsstelle ist, der Union und ihren Mitgliedstaaten objektive, zuverlässige und auf europäischer Ebene vergleichbare Informationen über die Drogen- und Drogensuchtproblematik und ihre Folgen zu liefern. Dazu sammelt die Beobachtungsstelle gem. Art. 2 lit. a EBDD-VO eigene und von den Mitgliedstaaten übermittelte Daten, die sie den Mitgliedstaaten zur Verfügung stellt. Zudem unterhält sie ein Europäisches Informationsnetz für Drogen und Drogensucht (REITOX), das europa- und mitgliedstaatweite Jahresberichte erstellt. Der Zugang kann auch mittels der Deutschen Beobachtungsstelle für Drogen und Drogensucht (DBDD) erfolgen. 217

F. Analysen und Lagebilder

Neben der allgemeinen Rechtshilfe ist insbesondere auf die Unterstützung von speziellen Untersuchungen durch Europol im Rahmen seiner Zuständigkeiten, Möglichkeiten und Prioritätensetzung hinzuweisen (→ § 17 Rn. 76, 78). 218

I. Geldfälschung

Daneben kommt im Bereich der **Geldfälschung** der Rechtshilfe im Rahmen des Art. 14 Falschmünzerei-Abkommen, für den **Euro** aber insbesondere den europäischen Sondervorschriften eine zentrale Bedeutung zu. Danach kooperieren EZB, Kommission und nationale Behörden insbesondere mit Europol als zentraler Ermittlungsbehörde zu einem wirksamen Schutz des Euro vor Geldfälschung (Art. 7 Euro-Geldfälschungs-VO).[104] Sie leisten Amtshilfe im Bereich der Bekämpfung des Inumlaufbringens falscher Banknoten und falscher Münzen, die insbesondere auch wissenschaftliche Unterstützung umfasst. Dazu dienen auch die in jedem Euro-Mitgliedstaat eingerichteten nationalen **(Münz-)Analyse-** 219

---

[100] RL 2001/95/EG des Europäischen Parlaments und des Rates über die allgemeine Produktsicherheit v. 3.12.2001, ABl. 2002 L 11, 4, vgl. *Heußner* Informationssysteme 87 ff.
[101] Beschluss Nr. 1082/2013/EU des Europäischen Parlaments und des Rates zu schwerwiegenden grenzüberschreitenden Gesundheitsgefahren und zur Aufhebung der Entscheidung Nr. 2119/98/EG v. 22.10.2013, ABl. 2013 L 293, 1 sowie zugehöriger Durchführungsbeschluss (EU) 2017/253 der Kommission v. 13.2.2017 zur Festlegung von Verfahren für Warnmeldungen als Teil des im Hinblick auf schwerwiegende grenzüberschreitende Gesundheitsgefahren und für den Informationsaustausch, die Konsultation und die Koordinierung der Reaktion auf solche Gefahren gemäß dem Beschluss Nr. 1082/2013/EU des Europäischen Parlaments und des Rates eingerichteten Frühwarn- und Reaktionssystems, ABl. 2017 L 37, 23; vgl. *Heußner* Informationssysteme 92 ff.
[102] Etwa allg. der Rahmen der EIONET rund um die Europäische Umweltagentur, gem. VO (EG) Nr. 401/2009 des Europäischen Parlaments und des Rates über die Europäische Umweltagentur und das Europäische Umweltinformations- und Umweltbeobachtungsnetz v. 23.4.2009, ABl. 2009 L 126, 13; darin finden sich allgemeine Kooperationspflichten in Art. 4 Abs. 2 VO (EG) 401/2009; vgl. *Heußner* Informationssysteme 64 ff.
[103] Vgl. VO (EG) Nr. 1920/2006 des Europäischen Parlaments und des Rates über die Europäische Beobachtungsstelle für Drogen und Drogensucht (Neufassung) v. 12.12.2006, ABl. 2006 L 376, 1; urspr. VO (EWG) Nr. 302/93 des Rates zur Schaffung einer Europäischen Beobachtungsstelle für Drogen und Drogensucht v. 8.2.1993, ABl. 1993 L 36, 1.
[104] VO (EG) Nr. 1338/2001 des Rates zur Festlegung von zum Schutz des Euro gegen Geldfälschung erforderlichen Maßnahmen v. 28.6.2001, ABl. 2001 L 181, 6. Diese gilt auch gemäß Euro-Fälschungsschutz-VO in vollem Umfang für die Mitgliedstaaten der EU, die den Euro (noch) nicht eingeführt haben.

zentren (Art. 4, 5 Euro-Fälschungsschutz-VO). Für Euro-**Banknoten** wird allerdings diese Aufgabe ganz vorrangig durch die EZB wahrgenommen, die die technischen und statistischen Daten über falsche Banknoten und Münzen, die in den Mitgliedstaaten oder Drittländern entdeckt werden, sammelt, registriert und speichert.[105]

220 Auf diese Daten haben die zuständigen nationalen Behörden **Zugriff**, ebenso die Kommission im Rahmen ihrer Zuständigkeit und Europol aufgrund eines Kooperationsabkommens der beiden Einrichtungen (Art. 3 Abs. 3 Euro-FälschungsschutzVO). Die Europäische Zentralbank teilt den zuständigen nationalen Behörden und nach dem Kooperationsabkommen Europol das einschlägige **Endergebnis ihrer Analyse und ihrer Klassifizierung** jeder neuen Art von falschen Banknoten mit, die ihr über die nationalen Analysezentren unverzüglich zu übermitteln sind (Art. 4 Abs. 4 Euro-Fälschungsschutz-VO).

221 Werden verdächtige Euro-Noten als vermutlich neue Art von falschen Banknoten der EZB zu Prüfungs- und Testzwecken von den nationalen Analysezentren übermittelt, schließt das ihre weitere Verwendung sowie ihre Einbehaltung als Beweismittel im Rahmen von Strafverfahren nicht aus (Art. 4 Abs. 3 Euro-FälschungsschutzVO).

222 Insbesondere aus dem B 2001/887/JI ergibt sich die **Pflicht** der nationalen Ermittlungsbehörden, im Rahmen von Ermittlungen über Fälschungen und Straftaten im Zusammenhang mit der Fälschung des Euro die **erforderlichen Prüfungen** in Bezug auf vermutlich falsche Banknoten und Münzen durch das nationale (Münz-)Analysezentrum vornehmen zu lassen und die Ergebnisse durch diese an Europol und ggf. Eurojust zu übermitteln.

II. Betäubungsmittel

223 Im Bereich der **Drogenkriminalität** ist zusätzlich auf die Lageberichte und Datenbanken der Europäischen Beobachtungsstelle für Drogen und Drogensucht (EBDD bzw. engl. EMCDDA) und insbesondere auf seine europa- und mitgliedstaatweiten Jahresberichte zu verweisen (→ Rn. 217). Weiterhin kommt dem Büro der Vereinten Nationen für Drogen- und Verbrechensbekämpfung (*United Nations Office on Drugs and Crime*, UNODC) eine entsprechende globale Funktion zu, das als Teil des Sekretariats ohne eigene Rechtspersönlichkeit voll im Rechtsrahmen der Vereinten Nationen operiert (→ § 17 Rn. 291).

III. Gefälschte und echte (Ausweis-)Dokumente

224 Bereits seit 1998 unterhält das Generalsekretariat des Rats der EU ein Bildarchivierungssystem mit Informationen über Fälschungstechniken und Abbildungen echter und gefälschter Dokumente **(FADO)**, das für nationale Zentralstellen abrufbar ist.[106] Ausdrücklich umfasst der Informationsaustausch keine personenbezogenen Daten.[107]

225 Ähnlich bietet daraus das Online-Register **PRADO** frei zugänglich im Internet Informationen zu echten Identitäts- und Reisedokumenten.[108]

IV. Sonstige Bereiche

226 Ausdrücklich sehen auch zB die UN-Abkommen allgemein als taugliche Rechtshilfehandlung vor, Sachverständigengutachten zur Verfügung zu stellen (*„providing expert evaluations"*).[109]

---

[105] Hierzu und zum folgenden Art. 3, 4 Euro-Fälschungsschutz-VO.
[106] Vgl. Gemeinsame Maßnahme 98/700/JI v. 3.12.1998 aufgrund von Artikel K.3 des Vertrags über die Europäische Union angenommen – betreffend die Errichtung eines Europäischen Bildspeicherungssystems (FADO), ABl. L 333, 4 ff. v. 9.12.1998.
[107] Art. 1 Abs. 2 B 2000/261/JI (des Beschlusses des Rates zur Verbesserung des Informationsaustausches zur Bekämpfung von Totalfälschungen von Reisedokumenten v. 2.3.2000, ABl. 2000 L 81, 1).
[108] Portal unter http://www.consilium.europa.eu/prado/de/prado-start-page.html (zuletzt abgerufen am 21.5.2019).
[109] Vgl. etwa Art. 18 Abs. 3 lit. e Palermo I.

G. Herausgabe von Unterlagen und Gegenständen

I. Rechtsgrundlagen

Die rechtshilferechtliche Grundlage für die Übergabe von Gegenständen, Akten oder Schriftstücken, die sich bereits im Herrschaftsbereich des ersuchten Staates befinden, sind eher unübersichtlich und finden sich meist im Zusammenhang mit der Durchsuchung und Beschlagnahme oder nur im Rahmen allgemeiner Vorschriften. 227

1\. Das gilt etwa im Bereich des RHÜ 1959 (Art. 3 Abs. 1, Art. 6 RHÜ 1959), der UN[110] und bilateralen Abkommen wie mit Kanada (Art. 4, 5 RHV DE/CA), Japan (Art. 14, 21 RHAbk EU/JP) oder Hongkong (Art. 17 Abs. 2 RHAbk DE/HK). Eine detaillierte Regelung findet im Verhältnis mit den USA Anwendung (Art. 9 RHV DE/US). Auch bei grenzüberschreitend stationierten NATO-Kräften kann gem. Art. VII Abs. 6 lit. a NTS allgemein um Herausgabe von Gegenständen ersucht werden. 228

2\. Im Rahmen der **EU** kann seit Mai 2017 eine **Europäische Ermittlungsanordnung** in Bezug auf die Erlangung von Beweismitteln, die sich bereits im Besitz der zuständigen Behörden des Vollstreckungsstaats befinden, erlassen werden (Art. 1 Abs. 1 EEA-RL). Dafür gelten dann die allgemeinen Regelungen einer solchen Europäischen Ermittlungsanordnung (→ § 11 Rn. 223 ff.). 229

Der **Ratsbeschluss zur Sicherstellung von Vermögensgegenständen und Beweismitteln** v. 22.7.2003 (RB 2003/757/JI) hingegen umfasst **nicht** die Herausgabe von bereits in der staatlichen Gewahrsamssphäre befindliche Gegenstände, die als beweiserhebliche Gegenstände in einem Strafverfahren dienen können (Art. 1, 2, 10 Abs. 2, 3 RB 2003/757/JI).[111] Eine Sicherstellungsentscheidung ist nämlich nur eine *vorläufige* Maßnahme, mit der einstweilen jede Vernichtung, Veränderung, Verbringung, Übertragung oder Veräußerung von Vermögensgegenständen verhindert werden soll (Art. 2 lit. b RB 2003/757/JI). Dies geschieht aber durch die Begründung des Gewahrsams des ersuchten Staates gerade nicht durch die schlichte Überlassung von bereits anderweitig sichergestellten Gegenständen an den ersuchenden Staat. 230

II. Anwendungsbereich

Der **Anwendungsbereich** der Regelungen zur Herausgabe richtet sich nach folgenden Kriterien: 231

1\. Mangels besonderer Regelungen gelten die jeweiligen autonomen staatlichen Definitionen hinsichtlich **tauglicher Objekte** (→ § 15 Rn. 405 ff.). 232

2\. Die Herausgabe von bereits bei einem ersuchten Staat in amtlichem Gewahrsam bzw. Verwahrung befindlichen Gegenständen ist zunächst **zu trennen** von der Rechtshilfe, mit der sich der ersuchte Staat erst den Gewahrsam über diese Gegenstände **verschaffen** soll. Die im letztgenannten Fall angeführte Sicherstellung erfolgt namentlich, wenn jemand **außerhalb der staatlichen Sphäre Gewahrsam** durch besondere Maßnahmen, vor allem der Beschlagnahme, ggf. nach Durchsuchung, an ihnen ausübt. Sie kann auch durch Herausgabe eines über den Gewahrsam Verfügungsberechtigten auf freiwilliger Basis oder, wo dies in der Rechtsordnung vorgesehen ist, auferlegte und ggf. erzwungene Verpflichtung umgesetzt sein. In jedem dieser Fälle handelt es sich um eine rechtshilferechtliche Beschaffung von außerhalb der staatlichen Sphäre, die daher an geeigneter Stelle (→ § 15 Rn. 414 f.) behandelt wird. 233

3\. Weiterhin ist die Herausgabe von Gegenständen im Wege „sonstiger" von anderen Formen der Rechtshilfe abzugrenzen, namentlich der Herausgabe im Zusammenhang mit einer Auslieferung[112] oder als Teil einer Vollstreckungshilfe nach bereits erfolgter Strafent- 234

---
[110] Vgl. etwa Art. 18 Abs. 3 lit. e Palermo I.
[111] Vgl. hier nur *Ambos* IntStrafR § 12 Rn. 83 mwN.
[112] Vgl. etwa §§ 38, 66 Abs. 3 IRG; Nr. 96 RiVASt.

scheidung.[113] Eine besondere Form der Herausgabe ist vor allem für die **Rückgabe** von Gegenständen an den Berechtigten im ersuchenden Staat vorgesehen.[114] Auf der anderen Seite kann die Herausgabe nicht nur **zum Zwecke einer Verwendung als Beweismittel** erfolgen. So erstrecken sich viele bilaterale Ergänzungsverträge und neuere Rechtsnormen das Herausgaberecht auf Einziehungs- und Verfallsgegenstände,[115] allgemein für Akten und sonstige Gegenstände bis zum Ende der Strafvollstreckung[116] und für Folgeverfahren zur Entziehung der Fahrerlaubnis.[117]

III. Ersuchen

235 In Art. 6 RHÜ 1959 und den anderen Übereinkommen[118] wird vorausgesetzt, dass die Bitte um Übergabe von Gegenständen im **normalen Ersuchensweg** erfolgt. Für ein Ersuchen um Herausgabe ohne vorherige Durchsuchung und Beschlagnahme steht in der RiVASt das Muster Nr. 29 als Orientierung zur Verfügung. Es ist im Ersuchen der Grund für diese Maßnahme anzugeben und die Gegenstände möglichst genau zu beschreiben.[119]

236 Im Verhältnis zu **Kanada** ist zu beachten, dass das Ersuchen zwingend bei der Überlassung von Beweisstücken, Angaben über die Person oder die Personengruppe enthalten müssen, die das Beweisstück in Gewahrsam haben werden, den Ort, an den das Beweisstück verbracht werden soll, und den Termin, an dem das Beweisstück zurückgegeben wird (Art. 10 Abs. 2 lit. d RHV DE/CA).

IV. Richterlicher Beschluss

237 Grundsätzlich geht die RiVASt ausdrücklich davon aus, dass auch für Ersuchen um Herausgabe von Gegenständen, die sich bereits in amtlichem Gewahrsam befinden, ein **richterlicher Beschluss erforderlich** und daher dem Ersuchen beizufügen ist, soweit eine völkerrechtliche Übereinkunft nichts anderes vorsieht (Nr. 114 Abs. 2 RiVASt).

238 1. Allerdings passt das **für den Beschluss empfohlene Muster** Nr. 30 zunächst nicht wirklich auf die Konstallation, dass nicht auch um Durchsuchung und Beschlagnahme ersucht werden muss. Die Bezeichnung als „Beschlagnahmebeschluss" ist gegenüber dem ersuchten Staat weder zutreffend noch im völkerrechtlichen Verkehr oportun, da der ersuchende Staat gegenüber dem ersuchten nach dem Grundsatz der souveränen Gleichheit (→ § 1 Rn. 3 ff.; § 2 Rn. 13) keinerlei Hoheitsrechte anwenden kann. Die Bezeichnung scheint zunächst vor allem dem systematischen Zusammenhang mit der Regelung der Beschlagnahme geschuldet.

239 Aber auch im Verhältnis nach außen kann das rechtlich notwendige Sicherstellungsverhältnis zur Herstellung des Gewahrsams nicht analog dem inländischen Haftbefehl bei Überstellung ins Inland stets als hoheitliche Beschlagnahme gedeutet werden. Richtig ist, dass wenn der ersuchte Staat die Gegenstände selbst aufgrund von hoheitlichen Maß-

---

[113] § 71a IRG betrifft lediglich die Herausgabe eines abgeschöpften Vermögens nach Verfall oder Einziehung und dürfte damit für die Beweismittelsicherung keine praktische Relevanz haben.
[114] Art. 8 RHÜ 2000; Art. 12 ZP II-RHÜ 1959 und **für Hongkong:** Art. 17 Abs. 2 S. 2 RHAbk DE/HK; **Kanada:** Art. 4 Abs. 1 S. 2 RHV DE/CA. Überholt durch RHÜ 2000 wohl **für Frankreich:** Art. 3 Abs. 3 ErgV-RHÜ 1959 DE/FR; **Italien:** Art. 3 Abs. 3 ErgV-RHÜ 1959 DE/IT; **die Niederlande:** Art. 3 Abs. 3 ErgV-RHÜ 1959 DE/NL; **Österreich:** Art. 5 ErgV-RHÜ 1959 DE/AT; sehr detailliert **für Polen:** Art. 3 Abs. 2 ErgV-RHÜ 1959 DE/PL; **Tschechien:** Art. 4 Abs. 2 PolZV DE/CZ; hingegen **für die Schweiz gegen eine Herausgabe:** Art. 34 Abs. 1 BetrugBekämpfAbk EG/CH.
[115] **Für Polen:** Art. 3 Abs. 6 ErgV-RHÜ 1959 DE/PL; **die Schweiz:** Art. 2 Abs. 3 ErgV-RHÜ 1959 DE/CH; Art. 34 Abs. 1 BetrugBekämpfAbk EG/CH; **Tschechien:** Art. 4 Abs. 6 PolZV DE/CZ.
[116] **Für die Schweiz:** Art. 2 Abs. 5 ErgV-RHÜ 1959 DE/CH.
[117] **Für die Schweiz:** Art. 2 Abs. 6 ErgV-RHÜ 1959 DE/CH.
[118] Vgl. zB für **Kanada:** Art. 4 Abs. 1 RHV DE/CA.
[119] Gem. Nr. 114 Abs. 1 S. 1, 3 RiVASt; vgl. dazu *Hackner/Schierholt* Int. Rechtshilfe Rn. 188; eine spezifizierte Auflistung aller begehrter Schriftstücke ist wie bei eingehenden Ersuchen nicht erforderlich, vgl. NK-RechtshilfeR/*v. Galen* IV Rn. 174 mwN.

nahmen mit grundsätzlichem Zwangscharakter, wie vor allem der Beschlagnahme, selbst in seinen Gewahrsam gebracht hat, diese Zwangswirkung gegenüber dem sonst berechtigten Inhaber für die Dauer der Rechtshilfe bis zur Rückübermittlung in den ersuchten Staat aufrecht erhalten werden muss (sofern nicht alle Berechtigten gerade dieser Übermittlung zugestimmt hätten), um nach dem Abschluss eine Rückkehr zum *status quo ante* im Verhältnis zwischen ersuchtem Staat und Betroffenem wiederherzustellen. Bestand indes eine solche Beziehung zwischen einem sonst Berechtigten und dem staatlichen Gewahrsam im Sinn einer Zwangswirkung nicht, wird jedenfalls bei eingehenden Ersuchen richtigerweise alleine auf das Rechtsregime der Auskunft, nicht der Herausgabe nach § 66 IRG zurückgegriffen.[120] Ebenso wird man einen „Beschlagnahmebeschluss" genau dann zu treffen haben, wenn dies zur Klarstellung einer Zwangswirkung auch bei Übermittlung des Gegenstandes ins Inland erforderlich ist, und die Übermittlung nicht aufgrund eines Rechtshilfeinstruments erfolgt, das einen solchen gesonderten Beschluss entbehrlich macht bzw. nicht für erforderlich hält.

2. Rechtsinstrumente, die wie das **RHÜ 1959** nur von den Anforderungen der Beschlagnahme und der Abwicklung der Heraus- und Rückgabe sprechen (Art. 5, 6 RHÜ 1959), wird man jeweils genau zu deuten haben. Das RHÜ 1959 trifft keine Aussage über eine notwendige richterliche Beschlagnahmeanordnung, sondern setzt lediglich das Ersuchen einer Justizbehörde voraus (→ § 11 Rn. 6 ff.) und verweist ansonsten auf das Recht des ersuchten Staates (Art. 3 Abs. 1 RHÜ 1959). 240

3. Entsprechend gestalten dies bilaterale Ergänzungsabkommen zum RHÜ 1959 und andere Vereinbarungen aus. 241

a) Ausdrücklich einen richterlichen Beschluss **für erforderlich** für die bloße Herausgabe erklären zB die Ergänzungsvereinbarungen mit **Israel**. Danach gilt zweifelsfrei, dass Gegenstände stets nur herausgegeben werden können, wenn ein Beschlagnahmebeschluss der zuständigen Justizbehörde vorliegt (Art. 4 Abs. 1 S. 1 RHÜ DE/IL). 242

b) Dagegen sehen praktisch **alle anderen (innereuropäischen) bilateralen Ergänzungsverträge** als Erleichterung vor, dass ein solcher richterlicher Beschluss **entbehrlich** ist, wenn das Ersuchen selbst von einem Gericht gestellt wird bzw. ausgeht und das Ersuchen ergibt, dass die Voraussetzungen für eine Beschlagnahme nach dem Recht des ersuchenden Staates vorliegen würden.[121] Ähnlich, aber offener, erleichtert der Ergänzungsvertrag mit den Niederlanden, dass eine dem Beschlagnahmebeschluss gleichwertige Urkunde diesem gleichsteht oder, wenn sich sonst ergibt, dass die Voraussetzungen vorliegen.[122] Ähnlich erklären die Ergänzungsverträge mit **Tschechien und Polen** eine solche Anordnung oder Erklärung für **entbehrlich,** wenn sich die angeforderten schriftlichen Unterlagen als Original oder Mehrfertigung bereits **im amtlichen Gewahrsam befinden oder freiwillig herausgegeben** werden; das Ersuchen soll dann wie eines um Auskunft zu behandeln sein.[123] 243

V. Weitere besondere Voraussetzungen und Durchführungsregeln

1. Soweit Rechtsinstrumente **besondere Vorbehalte oder Voraussetzungen** für das Leisten der Rechtshilfe im Rahmen von (Durchsuchungen und) Beschlagnahmen vorsehen, wird man diese Einschränkungen nicht auf die reine Herausgaben beziehen können, bzw. allenfalls, soweit sie, aus ihrer Fassung im Rechtshilfeinstrument erkennbar, für die Konstellation einer „fortgesetzten Beschlagnahme" (→ Rn. 233 f.) Geltung haben sollen. 244

Nach dieser Wertung gelten die Vorbehaltsmöglichkeiten von Art. 5 RHÜ 1959 für die Herausgabe bereits im amtlichen Gewahrsam des ersuchten Staates befindlicher 245

---

[120] So wohl zu verstehen Schomburg/Lagodny/Gleß/Hackner/*Lagodny* IRG § 66 Rn. 7a.
[121] Vgl. etwa **für Frankreich**: Art. 3 Abs. 1 ErgV-RHÜ 1959 DE/FR; **Italien**: Art. 3 Abs. 1 ErgV-RHÜ 1959 DE/IT; **die Schweiz**: Art. 2 Abs. 1 ErgV-RHÜ 1959 DE/CH.
[122] **Für die Niederlande**: Art. 4 Abs. 1 ErgV-RHÜ 1959 DE/NL.
[123] **Für Polen**: Art. 3 Abs. 3 ErgV-RHÜ 1959 DE/PL; **Tschechien**: Art. 4 Abs. 3 PolZV DE/CZ.

Unterlagen nicht – unabhängig davon, ob sie im ersuchten Staat mit einer Zwangsmaßnahme im Gewahrsam gehalten werden. Die dort möglichen allgemeinen Vorbehalte des ersuchten Staates gegen die Leistung der Rechtshilfe, wie doppelte Strafbarkeit und Gegenseitigkeit (→ § 11 Rn. 82, 87), betreffen nur Beschlagnahmeakte selbst, nicht die Herausgabe von Gegenständen, die bereits aus anderen Gründen als der Rechtshilfe sichergestellt wurden.[124] Anderes wird wiederum zu gelten haben, wenn die Herausgabe als nur rechtshilferechtlich verselbstständigter Akt nach einer vorläufigen Sicherstellung im Rahmen des RB 2003/757/JI erfolgt. Sonst ergäben die dort geregelten Erleichterungen im Hinblick auf den Einwand der beiderseitigen Strafbarkeit keinen Sinn. Der RB 2003/757/JI erklärt ausdrücklich, dass bei den genannten Katalogstraftaten (→ § 15 Rn. 461 ff.) auch bei der Herausgabe nach vorläufiger Sicherstellung zu Beweiszwecken eine Berufung auf die fehlende Strafbarkeit im ersuchten Staat nicht mehr zulässig ist (Art. 10 Abs. 3 RB 2003/757/JI). Da Deutschland dies entsprechend in nationales Recht umgesetzt hat (§ 97 IRG), ist einem seitens deutscher Stellen um Rechtshilfe angerufenen Mitgliedstaat insoweit auch eine Berufung auf fehlende Gegenseitigkeit nicht mehr möglich.

246 2. Die Klausel wie zB im Verhältnis mit Israel, wonach Gegenstände nicht herausgegeben werden, die „nach dem Recht des ersuchten Staates der Beschlagnahme nicht unterliegen" (Art. 4 Abs. 1 S. 2 RHÜ DE/IL), ließe sich zwar hinterfragen, da der ersuchte Staat offensichtlich gleichwohl selbst Gewahrsam begründet hat, muss aber so im Wortlaut hingenommen werden. Gemeint sind Gegenstände, für die ansonsten zum Schutz bestimmter privater oder öffentlicher Interessen abstrakt eine **Beschlagnahmefreiheit** nach dem Recht des ersuchten Staates, wie etwa § 97 StPO besteht. Hier setzt sich das letztlich nicht nur beweis- sondern auch datenschutzrechtliche Verarbeitungs- und Verwertungsverbot bei der Übermittlung ins Ausland auch bei faktischer Erlangung durch.

247 3. Für die **Übermittlung, Aufbewahrung, Verwendung und Rückgabe der Gegenstände,** die bereits im öffentlichen Gewahrsam waren, als das Ersuchen einging, gelten die gleichen Regelungen wie für solche, die erst im Wege der Rechtshilfe gesondert erlangt werden mussten. Diese wurden deswegen bereits im allgemeinen Teil (→ § 13 Rn. 157 ff.) dargestellt.

§ 15 Informationserhebung durch Rechtshilfe an oder bei Dritten

A. Überblick

1 Vor allem bei der Rechtshilfe zur Informationserhebung außerhalb der staatlichen Sphäre zeigt sich, dass zwar bestimmte etablierte Formen bestehen, jedoch der Kreis der möglichen **Rechtshilfemaßnahmen nicht abschließend** festgelegt und in einem ständigen Ausdifferenzierungs- und Erweiterungsprozess begriffen ist.[1]

2 Während einige Bereiche detaillierten Regelungen oder gar besonderen Rechtshilfeinstrumenten unterliegen, bleibt **ansonsten** nur der **Rückgriff auf das bereits dargestellte (vor allem → §§ 11–13) allgemeine Rechtshilferecht.** Nur soweit es das Recht des betroffenen Staates hergibt, können derartige Maßnahmen auch auf die allgemeinen Klauseln der polizeilichen Zusammenarbeit gestützt werden, vor allem wenn alleine die Regie-

---

[124] Dies folgt grammatikalisch bereits am besten aus beiden Originalfassungen, die von Beschlagnahmebeschlüssen und nicht Beschlagnahmen wie die deutsche Übersetzung sprechen, sowie in historisch-systematischer Auslegung durch die Gegenüberstellung eben von Art. 5 und 6, wobei letzterer nach dem ETS Nr. 030 Explanatory Report S. 6 f. – RHÜ 1959 ausdrücklich nicht nur aufgrund des Ersuchens nach Art. 5, sondern bereits aus anderen Gründen beschlagnahmte oder sonst im Gewahrsam befindliche Gegenstände umfassen soll; insoweit wohl nur deklaratorisch **für Israel:** Art. 6 ERgV-RHÜ DE/IL.

[1] Vgl. auch Schomburg/Lagodny/Gleß/Hackner/*Hackner* IRG Einführung Rn. 75 ff.

rungsabkommen zur Bekämpfung von Terrorismus und besonderen Kriminalitätsformen als Grundlage in Betracht kommen (→ § 11 Rn. 143 ff.).

Die **Teilnahme an Rechtshilfehandlungen** ist dabei keine eigene Maßnahme, sondern 3 eine Ergänzung anderer Handlungen und wurde daher bereits – mit der Ausnahme der Vernehmungen im Ausland, wo sie besondere Bedeutung hat – abschließend oben dargestellt (vor allem → § 6 sowie → § 13 Rn. 81 ff.).

Die Informationserhebung an oder bei Dritten im Wege der Rechtshilfe kommt **grund-** 4 **sätzlich** zum Tragen, wenn die Amtsträger des ersuchten Staates **im dortigen Hoheitsgebiet** oder sonstigen Immunitätsbereichen (→ § 2 [Rn. 1 ff.]) tätig werden sollen, während für die Informationserhebung im eigenen Hoheitsgebiet die jeweiligen inländischen Behörden hinreichend befugt sind. Eine derartige Rechtshilfe ist auch nur erforderlich, wenn nicht die Ermittlungshandlung unmittelbar durch eigene Beamte oder Stellen im Ausland vorgenommen werden kann (→ §§ 3 ff.). Eine wesentliche **Ausnahme** ist die Vornahme von vorbereitenden Handlungen, die zur Beweisaufnahme im ersuchenden Staat führen sollen – insbesondere die Ladung von Zeugen (→ § 4 Rn. 11 ff.). Eine andere ist die Kooperation über Staatsgrenzen hinweg, auch wenn die eigentliche Information im Inland gewonnen wird, etwa durch gemeinsame Ermittlungsgruppen oder die Observation kontrollierter Lieferungen oder auch die grenzüberschreitende Fahndung, auch wenn diese dann im Inland zum Erfolg führt (→ § 3 Rn. 58 ff.; § 15 Rn. 307 ff.). Auch die Telekommunikations- und Computerüberwachung kann ein grenzüberschreitendes Zusammenwirken erfordern, auch wenn die Informationserhebung im Inland erfolgt (→ § 7 Rn. 13 ff.). Schließlich sind vor allem beim Einsatz längerfristig verdeckter Ermittler oder geschützter Informanten unterschiedlichste Varianten der grenzüberschreitenden Zusammenarbeit denkbar (→ § 3 Rn. 97 ff., 374 ff.).

Eine weitere Besonderheit besteht bei Informationserhebungen, die im Rahmen der EU 5 „ohne Zwangsmittel" erlangt werden können. Diese können auch nach dem Recht der Auskunft erlangt werden (→ § 14 [Rn. 1 ff.], insbesondere → § 14 Rn. 11 ff.).

B. Beweiserhebung von und an Personen

I. Überblick und allgemeine Anforderungen

1. Grundfragen

Die **Beweiserhebung an Personen** bzw. die Informationsgewinnung durch, an oder 6 unmittelbar über Personen bildet einen Kern jedes Strafverfahrens. Grundsätzlich sind bei einem möglichen Auslandsbezug, insbesondere wenn sich der Betroffene im Ausland befindet oder ausnahmsweise dorthin verbracht werden soll, folgende Aspekte zu bedenken:

- welches Regelungsregime gilt, dies macht sich an der konkreten Rechtshilfebeziehung und der Art der Beweiserhebungsmaßnahme fest;
- ob eine unmittelbare Beweiserhebung durch eine mildere Form ersetzt werden kann oder muss, zB eine schriftliche Auskunft oder Erklärung;
- ob für die Vernehmung der Auskunftsperson besondere Immunitäten oder Aussagegenehmigungen zu beachten sind (bereits → § 13 Rn. 179 ff.);
- ob der Betroffene im Inland erscheinen muss bzw. kann und wie dies zu bewerkstelligen ist;
- ob und ggf. wie aufenthaltsrechtliche Probleme zu lösen sind;
- ob die Verhaftung des Betroffenen bei Grenzübertritt drohen würde und wie damit aus Sicht des Ermittlungsorgans umzugehen ist;
- ob die Aussage mögliche Schutzpflichten auch mit Verpflichtung zur grenzüberschreitenden Kooperation hinsichtlich der Auskunftsperson auslöst.

7 Die **Beweiserhebung an Personen** kann wie nach inländischem deutschem Recht durch Vernehmung oder sonstige Anhörung sowie besondere Formen wie der Gegenüberstellung, Beobachtung, Untersuchung oder erkennungsdienstlichen Behandlung erfolgen.

8 Die **Vernehmung** gehört dabei zu den zentralen förmlichen Ermittlungshandlungen. Aufgrund der Stellung als Beschuldigter oder der (späteren) Geltung des Strengbeweises und damit der Einordnung anderer Auskunftspersonen als Zeugen oder Sachverständige können auch in frühen Ermittlungsstadien besondere Regelungen zu beachten sein. Die Vernehmung kann sowohl unter der Verantwortung der Staatsanwaltschaft durch sie selbst oder die Polizei vorgenommen, oder aber durch das Gericht organisiert werden.[2] Die deutschen Ermittlungsbehörden, also Polizei und Staatsanwaltschaft, haben dabei in jedem Fall die RiStBV zu beachten.[3]

2. Erforderlichkeit und Verzichtbarkeit

9 Gerade wenn ein Auslandsbezug besteht, der oft aufwendige Maßnahmen erfordert, ist vorab zu prüfen, ob die förmliche persönliche Beweiserhebung notwendig ist. So ist namentlich zu verifizieren, ob die **Vernehmung** vor dem oder sogar im Stadium der Hauptverhandlung **erforderlich** ist oder eine andere Form der Anhörung, zB durch schriftliche oder freibeweisliche Kommunikation, ausreicht (Nr. 67 f. RiStBV). Wenn eine solche Vernehmung bei einem rein inländischen Sachverhalt jedenfalls vor der Hauptverhandlung **entbehrlich** scheint, dürfte dies erst recht bei einem oft erschwerenden Auslandsbezug gelten, jedenfalls soweit keine Beweisverluste für Hauptverhandlung und Beweiswürdigung zu befürchten sind.

10 Eine **schriftliche Aussage** scheint (zunächst) ausreichend und ggf. geboten, wenn der Zeuge glaubwürdig erscheint und eine vollständige Auskunft von ihm erwartet werden kann (Nr. 67 Abs. 1 RiStBV). Dies empfiehlt sich nach der Norm besonders, wenn der Zeuge für seine Aussage Akten, Geschäftsbücher oder andere umfangreiche Schriftstücke benötigt. Gemäß Nr. 68 RiStBV kann weiterhin die Vernehmung von Zeugen entbehrlich sein, weil die schriftliche Erklärung einer öffentlichen Behörde ausreicht, insbesondere wenn diese gem. § 256 StGB in der Hauptverhandlung genügt. Allerdings sind auch bei einer schriftlichen Befragung, wenn sich der Zeuge im Ausland befindet, die Regelungen für die unmittelbare Kontaktaufnahme zu beachten.[4] Scheint eine solche von dem Aufenthaltsstaat als völkerrechtlicher Eingriff aufgefasst werden zu können, muss auch diese Kommunikation mit der Auskunftsperson im Wege der Rechtshilfe erfolgen (dazu bereits → § 4 Rn. 6 ff.).

3. Formen der Beweiserhebung

11 Soweit die Beweiserhebung von bzw. an dem Betroffenen erforderlich ist und nicht unmittelbar durch die Ermittlungsorgane auch im Ausland vorgenommen werden kann (→ Rn. 4), ist mittels Rechtshilfe – namentlich des Aufenthalts- und ggf. anderer Durchreisestaaten – der Betroffene dazu zu bewegen, diese im Inland, oder hilfsweise im Ausland zu ermöglichen.

12 **a)** Dementsprechend steht auch bei einem Auslandsbezug die unmittelbare Vornahme der Beweiserhebung durch das zuständige deutsche Ermittlungsorgan im Vordergrund, die durch das **Erscheinen des Betroffenen im Inland,** wenn auch mit Rechts- oder ggf. Amtshilfe einer ausländischen Stelle, bewirkt werden soll. Entscheidend ist, dass ein Betroffener im Ausland nach hM **keine Pflicht zum Erscheinen im Inland** hat bzw. jedenfalls nicht dazu gezwungen werden kann (→ Rn. 75). Dem gegenüber gibt es verschiedene Maßnahmen, ein Erscheinen zu ermöglichen bzw. zu fördern:

---

[2] Vgl. §§ 48 ff. StPO, §§ 72 ff. StPO, §§ 133 ff. StPO, §§ 161a ff. StPO.
[3] Namentlich Nr. 18–20, 64 ff. und 22 f. RiStBV.
[4] Namentlich Nr. 121 RiVASt; wie bereits Nr. 67 Abs. 2 RiStBV ausführt.

aa) Zur Vorbereitung des Erscheinens im Inland dient, soweit sich der Betroffene auf 13 freiem Fuß befindet, vor allem seine **Ladung**, deren **Zustellung im Wege der Rechtshilfe** bewirkt werden kann (→ Rn. 63 ff.), vor allem wenn eine direkte Zustellung nicht möglich ist (→ § 4 Rn. 11 ff.).

bb) Daneben sehen die Abkommen mit den USA (Art. 5 Abs. 1 RHV DE/US) und 14 Hongkong (Art. 15 Abs. 1 RHAbk DE/HK) eine **Aufforderung** des ersuchten Staates an den Betroffenen zum Erscheinen im ersuchenden oder einem Drittstaat vor. Dessen Antwort soll dem ersuchenden Staat unverzüglich übermittelt werden. Dies dürfte für deutsche Strafverfahren allerdings nur als Ergänzungsmöglichkeit der Ladung einzuordnen sein. Dagegen ist die früher noch – vor allem von Deutschland – alternativ vorgesehene Rechtshilfe durch Ladung unmittelbar durch den ersuchten Staat selbst zu einer Vernehmung durch den ersuchenden Staat gänzlich außer Übung gekommen.[5]

cc) Als weitere „Spielart" ist, wie im Verhältnis mit Japan, die **Unterrichtung des** 15 **Betroffenen von der Ladung** durch den ersuchten Staat möglich (Art. 22 Abs. 1 S. 2 RHAbk EU/JP).

dd) Dagegen ist das **Erscheinen** eines Angehörigen der in Deutschland stationierten 16 NATO-Truppen auf Ladung, sofern diese an sich erzwingbar wäre, nach Art. 37 Abs. 1 S. 1 NTS-ZA auf Ersuchen durch die Militärbehörden des Entsendestaates **sicherzustellen**. Ferner hat nach dem SkAufG die Bundesregierung in ihren Stationierungsvereinbarungen darauf zu achten, dass der ausländische Staat verpflichtet wird, im Rahmen seiner Rechtsordnung darauf hinzuwirken, dass Mitglieder seiner Streitkräfte, die verdächtigt werden, während des Aufenthalts auf deutschem Hoheitsgebiet eine Straftat begangen zu haben, sich dem Strafverfahren der zuständigen deutschen Behörde stellen (Art. 2 § 7 Abs. 3 S. 1 SkAufG). Ist ein Mitglied ausländischer Streitkräfte, das einer Straftat verdächtig ist, in den ausländischen Staat zurückgekehrt, so wird dieser auf Ersuchen des betroffenen Staates den Fall seinen zuständigen Behörden zum Zwecke der Strafverfolgung unterbreiten (Art. 2 § 7 Abs. 3 S. 3 SkAufG).

b) Ist der Betroffene in anderer Sache **in Haft,** kann er zur Vernehmung oder zu den 17 jeweils umfassten Zwecken der Beweiserhebung zeitweise in einen anderen Staat, namentlich den ersuchenden oder den ersuchten, **überstellt** werden. Seine Überführung zum Zweck der Behandlung oder Vernehmung als Beschuldigter darf hingegen stets nur nach dem Auslieferungsrecht erfolgen (→ Rn. 105, 238).

c) Die **Beweiserhebung an Betroffenen im ersuchten Staat durch diesen** gehört 18 wiederum zum traditionellen Kern der Rechtshilfe. Hierzu kann, soweit durch Rechtsgrundlagen wie nach dem IRG abgedeckt, sogar eine zeitweise Überstellung aus dem Inland erfolgen. Dabei sind die Unterschiede der Rechtssysteme häufig von Bedeutung: So kommt im anglo-amerikanischen Rechtskreis der Frage einer Subpoena-Anordnung zentrale Bedeutung zu (→ Rn. 182). Hingegen unterscheidet das japanische Recht im Verfahren, jedoch nicht dem grundsätzlichen Beweiswert, stark zwischen „*Testimony/Examination*" vor einem Richter und dem sonstigen „*Interview/Statement*" vor Polizei oder Staatsanwaltschaft.[6]

d) Eher außergewöhnlich ist die Vernehmung des Betroffenen in einer **ins Ausland** 19 **verlegten deutschen Beweiserhebung** oder gar Hauptverhandlung des deutschen Gerichtes (→ § 6 [Rn. 1 ff.]). Vor allem letzteres soll bereits nach dem rein innerstaatlichen Ermessen unter der Berücksichtigung fiskalischer Erwägungen nur in Ausnahmefällen bei besonders wichtigen Fällen in Betracht kommen, setzt aber auch mangels allgemeiner Vereinbarungen stets die besondere Zustimmung des ersuchten Aufenthaltsstaates im Rahmen der Rechtshilfe voraus.[7]

e) Schließlich sind mittlerweile **transnationale Beweiserhebungen** weitgehend auf 20 vertraglicher oder notfalls autonom-vertragsfreier Grundlage möglich. Darunter zählt ins-

---

[5] Vgl. *Nagel* Beweisaufnahme 219 f. mwN.
[6] Vgl. EU Ratsdok. 15008/16, 7 f.
[7] Vgl. *Nagel* Beweisaufnahme 261; *Rose* wistra 2001, 290 (291 mwN).

besondere die **Videosimultanübertragung** bei Vernehmungen, die den Anforderungen des Strengbeweises nach § 247a StPO entspricht (→ Rn. 132 ff.). Soll die Vernehmung außerhalb der Hauptverhandlung erfolgen, ist dies mittlerweile nach § 58b StPO ebenfalls nach deutschem Recht ohne Weiteres möglich. Aber auch andere Formen, die im Vor- und Umfeld hilfreich sein können, werden zunehmend auch in den Vertragstexten üblich, wie etwa die bereits teilweise vorgesehene „Telefonkonferenz", dh audioübertragene Befragung (→ Rn. 166 ff.). Im Verhältnis mit den USA besteht auch ausdrücklich die Möglichkeit der Videoaufzeichnung und anschließender Übermittlung, die allerdings gleichrangig zur Simultanübertragung steht (Art. 10bis Abs. 3 RHV DE/US). Soll die Videoübertragung alleine der **Anhörung** und nicht der formalen Beweisaufnahme dienen, kann sie auch außerhalb der entsprechenden ausdrücklichen Befugnisnormen der StPO erfolgen, soweit die konkrete Art und Weise nicht tragenden Rechtsprinzipien oder Verfahrensvorschriften zuwiderläuft.[8]

4. Rechtliche Möglichkeit der Einreise

21 Soll der Betroffene **aus dem Ausland im Inland** zu einer Beweisaufnahme (freiwillig oder ggf. überstellt) erscheinen, so ist vor der einleitenden Maßnahme, also Ladung oder Überstellungsersuchen, stets die **rechtliche Möglichkeit der Einreise** zu klären. Insbesondere haben sich die Ermittlungsorgane auch um ein Visum zu bemühen (Nr. 116 Abs. 5 RiVASt).

22 a) Der Betroffene muss nach dem **Aufenthaltsrecht einreise- und aufenthaltsberechtigt** im Inland sein.

23 aa) Grundsätzlich benötigt der Betroffene nach § 48 Abs. 2 AufenthG einen **gültigen Pass oder Passersatz** oder einen Ausweisersatz, soweit er nicht bereits durch Rechtsverordnung von der Passpflicht befreit ist (§ 3 Abs. 1 AufenthG). Ein deutscher Reiseausweis darf für einen Ausländer im Ausland ausgestellt werden, um ihm die Einreise in das Bundesgebiet zu ermöglichen, sofern er nachweislich keinen Pass oder Passersatz besitzt, ihn nicht auf zumutbare Weise erlangen kann, keine Versagungsgründe vorhanden sind (§ 5 AufenthG) und die Voraussetzungen für die Erteilung des für die Einreise nach Deutschland erforderlichen Aufenthaltstitels gem. § 7 Abs. 1 AufenthG vorliegen (→ Rn. 24 ff.). Ansonsten kann in begründeten Einzelfällen das Bundesministerium des Inneren oder eine von ihm bestimmte Stelle eine Ausnahme von der Passpflicht für bis zu sechs Monate zulassen (§ 3 Abs. 2 AufenthG).

24 bb) Weiterhin muss gem. § 4 AufenthG grundsätzlich ein **Aufenthaltstitel** bei Einreise und während des Aufenthalts vorliegen.

25 Dabei muss **zumindest ein Visum** nach §§ 5, 6 AufenthG erlangt werden, soweit nicht bereits aus anderen Gründen ein Visum entbehrlich ist. Der wohl wichtigste Fall für letzteres ist, wenn der Betroffene im Rahmen des vorrangigen Schengen-Aufenthaltsrechts von der dort eingeführten Befreiung der Staatsangehörige für drei Monate von der Visumspflicht (sog. Positivstaater) profitiert.[9]

26 Für einen Aufenthalt bis zu drei Monaten wird nach § 6 Abs. 1 Nr. 2 AufenthG iVm Visakodex **grundsätzlich ein Schengen-Visum** erteilt, das nach § 6 Abs. 2 AufenthG bis auf sechs Monate verlängert werden kann. Notfalls können gem. §§ 6 Abs. 4, 14 Abs. 2 AufenthG Grenzübergangsstellen ein entsprechendes Ausnahmevisum erteilen.

27 Für ein solches Visum müssen die Voraussetzungen des § 5 Abs. 1 AufenthG vorliegen. Grundsätzlich darf **kein Ausweisungsgrund** vorliegen und der Aufenthalt nicht aus einem sonstigen Grund die Interessen der Bundesrepublik Deutschland beeinträchtigen oder gefährden. Weiterhin muss die Passpflicht erfüllt sein und es muss die Identität und Staatsangehörigkeit und der **Lebensunterhalt einschließlich der Mittel für die Rückreise** gesichert sein.

---

[8] Vgl. *Esser* NStZ 2003, 464 ff.; *Rinio* NStZ 2004, 188 ff.
[9] Gem. Art. 1 Abs. 2 Visa-VO iVm Anh. II der jeweils aktualisierten Visa-VO.

Dabei kann der **notwendige Nachweis ausreichender Mittel** zum Bestreiten des 28
Lebensunterhaltes einschließlich der Mittel für die Rückreise in der Regel durch Vorlage
der Ladung erbracht werden (Nr. 119 Abs. 4 RiVASt). Bestehen Zweifel an der Rückkehrbereitschaft, kann die deutsche Auslandsvertretung eine Kostenübernahmeerklärung fordern. Schließt der Zeuge oder Sachverständige zur Risikoabsicherung im Krankheitsfall
eine Versicherung ab, so können iRd § 7 Abs. 1 S. 1 JVEG die dafür entstehenden Kosten
erstattet werden, wenn das Bestehen des Versicherungsschutzes Voraussetzung der Visumserteilung ist.

cc) Da § 5 Abs. 1 AufenthG **nur Regelvoraussetzungen** aufstellt, kann die Aufent- 29
haltsbehörde eine Ausnahme, namentlich bei Vorliegen eines **Ausweisungsgrundes,** wie
insbesondere nach früheren Verurteilungen nach §§ 53 ff. AufenthG oder wegen eines
(Wieder-)Einreiseverbotes nach früherer Ausweisung gem. § 11 AufenthG, zulassen. Liegt
allerdings einer der Ausweisungsgründe nach § 54 Nr. 5–5b AufenthG wegen der dort
genannten Gefährdungen der freiheitlichen demokratischen Grundordnung oder der Sicherheit der Bundesrepublik Deutschland vor, so kann die Ausnahme gem. § 5 Abs. 4
AufenthG nur durch das Bundesministerium des Innern oder die von ihm bestimmte Stelle
erfolgen.

Von den in § 5 Abs. 1 AufenthG genannten Voraussetzungen, einschließlich der Pass- 30
pflicht bei Erteilung, ist **abzusehen** und ein Visum zu erteilen bzw. zu verlängern, wenn
die Voraussetzungen als **aussagebereiter Verletzter** der bestimmten Straftaten für ein
Strafverfahren vorliegen.[10] Dazu muss der bzw. die Betroffene Opfer eines Menschenhandels (§§ 232, 233, 233a StGB) oder einer Beschäftigungsstraftat[11] sein. Weiterhin muss
die vorübergehende Anwesenheit im Bundesgebiet für ein Strafverfahren wegen dieser
Straftat von der Staatsanwaltschaft oder dem Strafgericht für sachgerecht erachtet werden,
weil ohne seine bzw. ihre Angaben die Erforschung des Sachverhalts erschwert wäre, und
er bzw. sie seine bzw. ihre Bereitschaft erklärt hat, in dem Strafverfahren wegen der Straftat
als Zeuge auszusagen. Im Fall der Menschenhandelsdelikte muss der bzw. die Betroffene
zusätzlich jede Verbindung zu den Personen, die beschuldigt werden die Straftat begangen
zu haben, abgebrochen haben. Damit sollen auch die Anforderungen an den Opferschutz
und die Möglichkeit einer Bedenkzeit nach Art. 13, 14 MenschHÜ umgesetzt sein.

Ansonsten kann bei **politisch gebotener Einreise** von den Anforderungen des § 5 31
Abs. 1 AufenthG abgesehen werden (§ 5 Abs. 3 S. 2 AufenthG).

Wird von der Versagung wegen eines Ausweisungsgrundes ausnahmsweise abgesehen, 32
kann die Ausländerbehörde nach § 5 Abs. 3 S. 3 AufenthG darauf hinweisen, dass eine
Ausweisung wegen einzeln zu bezeichnender Ausweisungsgründe, die Gegenstand eines
noch nicht abgeschlossenen Straf- oder anderen Verfahrens sind, möglich ist.

b) Ist eine Einreise der Auskunftsperson aus aufenthaltsrechtlichen Gründen trotz ent- 33
sprechender Bemühungen des zuständigen Ermittlungsorgans nicht möglich und insbesondere keine mögliche Ausnahmebewilligung „ohne offensichtliche Willkür" zu erlangen, so
ist die Auskunftsperson unerreichbar mit den Folgen der §§ 244 Abs. 3, 251 StPO (→ § 23
Rn. 80, 88, 109, 136 f.).[12]

5. Freies bzw. sicheres Geleit

Weiterhin sind bereits die Voraussetzungen bzw. Folgen für das **freie Geleit beim Er-** 34
scheinen im Inland nach internationalen Übereinkünften bzw. das **sichere Geleit nach**
§ 295 StPO zu prüfen, zumal der Betroffene oder andere Stellen darüber ggf. zu informieren sind.

a) Das **freie bzw. sichere Geleit** (im Folgenden aufgrund uneinheitlicher Bezeichnung 35
des gleichen Instituts in verschiedenen Abkommen zur Unterscheidung von § 295 StPO

---

[10] Nach § 5 Abs. 3 S. 1 AufenthG iVm § 25 Abs. 4a, 4b AufenthG.
[11] Nach § 10 Abs. 1 SchwarzArbG oder § 11 Abs. 1 Nr. 3 SchwarzArbG oder nach § 15a AÜG.
[12] Vgl. BGHSt 35, 216 ff. = NJW 1988, 3105.

nur noch „freies Geleit") wird in grundsätzlich **allen Rechtshilfeabkommen** für die Ladung einer Auskunftsperson aus dem Ausland ins Inland vorausgesetzt.[13] Die zT schwankenden Formulierungen und einige durchaus beachtliche graduelle Abstufungen spiegeln unterschiedliche Fortschreibungsstadien und nur nachrangig besondere Problemschwerpunkte oder gar abweichende Wertungen wider.

36 Die wichtigste Regelung enthält hierbei Art. 12 RHÜ 1959.[14] Im bilateralen Verhältnis zu den **USA** (Art. 6 RHV DE/US), **Hongkong** (Art. 16 RHAbk DE/HK) **und Japan** (Art. 23 RHAbk EU/JP) gelten die Regelungen unter der Bezeichnung „sicheres Geleit".[15] Auch nach den **UN-Konventionen** ist in ihrem Anwendungsbereich jedem aus dem Ausland wegen einer Aussage oder sonstiger Mitwirkung bei Ermittlungen, Strafverfolgungsmaßnahmen oder Gerichtsverfahren Einreisendem dieses freie Geleit zu gewähren.[16]

37 **aa)** Danach ist aus dem grundsätzlich unmittelbar imperativen, hinreichend präzisierten Wortlaut eine bereits konstitutive Wirkung des Geleits für alle mittels Ratifikationsgesetz umgesetzten Übereinkommen anzunehmen. In diesen Fällen folgt bereits das freie Geleit in dem in den entsprechenden Übereinkommen genannten umfassenden Umfang **ipso iure** mit der entsprechenden Ladung. Eines konstitutiven Rechtsaktes des Ermittlungsorgans oder des sonst berufenen Verfolgungsorgans bedarf es nicht. Vielmehr ist die Auskunftsperson grundsätzlich über das ihr zustehende freie Geleit in Kenntnis zu setzen (→ Rn. 81)[17] Insbesondere kommt es damit nicht darauf an, dass dem Betroffenen in der Ladung wirksam freies Geleit zugesichert worden ist, oder auch nur darauf, dass die Ladung selbst wirksam erfolgt ist.[18] Dem widersprechen nicht die Formulierungen zB des RHÜ 1959, der auch als eine bloße Verpflichtung des ersuchenden Staates zur Realisierung interpretierbar scheint oder Art. 23 Abs. 2 RHAbk EU/JP, der mit einer entsprechenden Benachrichtigungspflicht auch unterstellt, dass ein freies Geleit nicht realisiert werden kann. Letzteres dürfte allerdings als extreme Ausnahme vor allem für den Fall eines höherrangigen entgegenstehenden (Verfassungs-)Rechtes oder einer Drittstaatenvereinbarung anzusehen sein.

38 **bb)** Das freie Geleit ist **unabhängig von der Staasangehörigkeit** oder sonstigen besonderen Verbindungen des Betroffenen zum ersuchten oder ersuchenden Staat eingeräumt.[19]

39 **cc)** Es gilt stets zugunsten von Betroffenen, die als **Zeugen** aussagen sollen. Ebenfalls ist die Geltung für Bekundungen als **Sachverständiger** entweder ausdrücklich oder durch allgemeine Formulierung mit eingeschlossen.[20] Soll ein Betroffener als **Beschuldigter** aussagen oder sich verantworten, gilt das freie Geleit in Bezug auf alle anderen vor der Einreise begangenen Straftaten, soweit sie nicht in der Vorladung aufgeführt sind.[21]

40 **dd)** Das freie Geleit **erstreckt** sich nur auf **Handlungen** und Verurteilungen, die vor der Abreise des Betroffenen aus dem Staat erfolgt sind. Insbesondere nicht umfasst sind damit Sanktionen und strafrechtliche Verfolgungen wegen des Aussageverhaltens, namentlich wegen einer mutmaßlich strafbaren falschen Aussage.[22] Allerdings ist zu beachten, dass grundsätzlich keine Aussagepflicht über das in der Ladung angeführte Verfahren und die

---

[13] Vgl. zB auch Art. 32 RHV DE/TN; aus Sicht der Schweiz unter dem Gesichtspunkt der Spezialität s. *Popp* Rechtshilfe Rn. 290, 305 mwN.
[14] Zur vollen Anwendbarkeit iRd Schengenraumes vgl. *Schomburg* NJW 1995, 1931.
[15] Zur Reichweite im Verhältnis mit den USA s. ausf. NK-RechtshilfeR/*Docke/Momsen* IV Rn. 413 mwN.
[16] Art. 7 Abs. 18 UNSuchtÜ; Art. 18 Abs. 27 Palermo I.
[17] BGHSt 32, 68 ff. mwN = NJW 1984, 2772.
[18] Vgl. *Hoffmann*, Der unerreichbare Zeuge im Strafverfahren, 1991, 116; nach *Walter* NJW 1977, 983 (986).
[19] Ausdr. Art. 12 Abs. 1, 2 RHÜ 1959.
[20] Vgl. für ausdr. Einbeziehung zB Art. 12 Abs. 1 RHÜ 1959 und für **die USA:** Art. 6 Abs. 1 RHV DE/US; für offenen Wortlaut **Japan:** Art. 23 Abs. 1 RHAbk EU/JP.
[21] So ausdr. Art. 12 Abs. 2 RHÜ 1959; **für Hongkong:** Art. 16 Abs. 2 RHAbk DE/HK, in anderen Abkommen wird dies entsprechend regelmäßig vorausgesetzt.
[22] Vgl. *Nagel* Beweisaufnahme 228; *Linke* EuGRZ 1980, 156 f.; *Linke* NStZ 1982, 418.

dort genannten Vorwürfe besteht. Außerdem gilt bisweilen ausdrücklich das zusätzliche Verbot, wegen nicht in der Ladung enthaltener Handlungen den Betroffenen Beschränkungen seiner Freiheit auszusetzen.[23]

ee) Das freie Geleit gilt jedenfalls, wenn der Betroffene **nach einer Ladung** im Inland erscheint. Das Abkommen mit Hongkong präzisiert in Art. 16 Abs. 1 RHAbk DE/HK, dass jeder auf Ersuchen Eingereiste, damit auch der zur Beweisaufnahme zeitweise Überstellte, in den Genuss des Geleits kommt. Bei den anderen Abkommen scheint dies durch den Grundsatz der umgehenden Rücküberstellung nicht stets in gleicher Konsequenz gesichert.

ff) Das freie Geleit **endet,** wenn der Betroffene den Staat in dem es gilt, verlässt und anschließend freiwillig wieder einreist.[24] Es endet auch nach einer gewissen Frist, sobald er die Möglichkeit hatte auszureisen, nachdem die zuständige Behörde seine Anwesenheit nicht mehr verlangt hat.[25] Genauer wird man entsprechend dem Auslieferungsrecht diesen Fristbeginn auf den Zeitpunkt setzen, wenn dem Betroffenen nach seiner Entlassung aus dem Gewahrsam des ersuchenden Staates freisteht, das Hoheitsgebiet des ersuchenden Staates zu verlassen und er dazu die tatsächliche Möglichkeit hat.[26] Im Abkommen mit Hongkong wird an die Mitteilung der ersuchenden Partei an den Betroffenen angeknüpft, dass seine Anwesenheit nicht mehr erforderlich wäre (Art. 16 Abs. 3 RHAbk DE/HK). Nach dem neueren Abkommen mit Japan beginnt gem. Art. 23 Abs. 3 lit. a RHAbk EU/JP die Frist auch zu laufen, wenn der Betroffene an dem von der zuständigen Behörde anberaumten Termin nicht erschienen ist.

Die Frist beträgt grundsätzlich 15 aufeinander folgende Tage.[27] Alleine im Verhältnis mit **Kanada** und Tunesien muss die Dauer des freien Geleites 30 Tage betragen.[28] Aufgrund der Formulierung ist, wohl auch im Verhältnis zu Hongkong, anzunehmen, dass mit jedem neuen Verlangen seiner Anwesenheit durch ein zuständiges Ermittlungsorgan die Frist erneut zu laufen beginnt.

gg) Das freie Geleit bedeutet, dass der Betroffene, der aufgrund der Vorladung aus dem Ausland im Inland erscheint, **weder verfolgt, noch in Haft gehalten, noch einer sonstigen Beschränkung seiner Freiheit unterworfen werden darf.**[29] Insoweit ist das freie Geleit als Vollstreckungs- bzw. ggf. Verfahrenshindernis in jeder Lage des Verfahrens von Amts wegen zu berücksichtigen.

Das freie Geleit schließt weiter ein, dass der Zeuge nur wegen des Verfahrens im Inland aussagen oder sonst mitwirken muss, für das er aufgrund der Ladung bzw. des Rechtshilfeersuchens eingereist ist.[30] Daraus folgt, dass seine Weigerung zu einer darüber hinausgehenden Mitwirkung weder sanktioniert, noch ein entsprechendes Verhalten erzwungen oder abgeleistet werden darf.

hh) Da eine konstitutive Entscheidung nicht erforderlich ist, erfolgt der Nachweis des freien Geleits, zB gegenüber einem Verhaftungsversuch, grundsätzlich nicht durch eine offizielle Entscheidung oder sonst eine formale Bescheinigung, sondern lediglich durch den Nachweis der Voraussetzungen. Eine gewisse Rechtssicherheit für den Betroffenen kann durch die Zusicherung bzw. Bestätigung des freien Geleits in der Ladung erreicht werden.

---

[23] Vgl. etwa für **Tunesien:** Art. 32 Abs. 2 RHV DE/TN.
[24] Vgl. etwa Art. 12 Abs. 3 RHÜ 1959; **für Hongkong:** Art. 16 Abs. 3 RHAbk DE/HK; **Japan:** Art. 23 Abs. 3 lit. b 1 RHAbk EU/JP.
[25] Vgl. etwa Art. 12 Abs. 3 RHÜ 1959; **für Hongkong:** Art. 16 Abs. 3 RHAbk DE/HK; **Japan:** Art. 23 Abs. 3 lit. a RHAbk EU/JP.
[26] BGHSt 57, 138 ff. = NJW 2012, 1301; vgl. dazu auch *Walter* NStZ 1993, 393.
[27] Vgl. etwa Art. 12 Abs. 3 RHÜ 1959; **für Japan:** Art. 23 Abs. 3 lit. a RHAbk EU/JP.
[28] **Für Kanada:** Art. 9 Abs. 1, 2 RHV DE/CA; **Tunesien:** Art. 32 Abs. 3 RHV DE/TN.
[29] Vgl. Art. 12 Abs. 1 RHÜ 1959; **für Hongkong:** Art. 16 Abs. 1, 2 RHAbk DE/HK; **Japan:** Art. 23 Abs. 1 lit. a RHAbk EU/JP.
[30] Vgl. **für Hongkong:** Art. 16 Abs. 5 RHAbk DE/HK; **Japan:** Art. 23 Abs. 1 lit. b RHAbk EU/JP; **Kanada:** Art. 9 Abs. 1 RHV DE/CA.

47 b) Im Übrigen erscheint fraglich, wie **außerhalb dieser bestehenden Abkommen** ein freies bzw. sicheres Geleit gewährleistet werden kann.[31] Dabei kann ein freies Geleit auch eine Bedingung des ersuchten Staates bei der Zustellung der Ladung darstellen, was jedoch stets ein enger Ausnahmefall sein dürfte.[32] Nach der grundlegenden eindeutigen Rechtsprechung des BGH folgt das freie bzw. sichere Geleit, jedenfalls beim vorhandenen Rechtsbestand in absehbarer Zeit, **nicht** bereits aus einer allgemeinen Regel des Völkerrechts.[33]

48 c) Vielmehr ist nach Ansicht des BGH primär auf das **sichere Geleit nach § 295 StPO** als Befreiung von der Untersuchungshaft zurückzugreifen. Dieses gilt aber nicht für Haftbefehle, die nach bereits erfolgter Entscheidung im Wege eines Vollstreckungsverfahrens ergangen sind.

49 aa) Das sichere Geleit kann jedem Beschuldigten oder einem Zeugen, der in anderer Sache Beschuldigter ist, für das Erscheinen im Inland in jeder Verfahrensphase, also auch zB für die Vernehmung vor der Staatsanwaltschaft oder Polizei, erteilt werden.[34] Das Geleit gilt nur für die prozessualen Taten iSv § 264 StPO, für die es erteilt worden ist und für die bestimmte Dauer; falls eine solche nicht bestimmt ist, bis zu seinem Erlöschen oder Abschluss des Erkenntnisverfahrens, für das die Gefahr der Untersuchungshaft besteht.[35] In dieser Sache muss ein Haftbefehl nicht bereits bestehen, es kann ausreichen, dass er zu erwarten ist; auch kann das Geleit zusätzlich zur Aussetzung von dessen Vollzug gewährt werden.[36]

50 bb) Die **Zuständigkeit** richtet sich grundsätzlich nach dem Verfahren, aufgrund dessen eine Festnahmepflicht besteht. Nach § 295 StPO entscheidet das Gericht, das in dem Erkenntnisverfahren zuständig ist, in dem der Haftbefehl ergangen ist.[37] Soll das sichere Geleit für den dort Beschuldigten gerade für dieses Verfahren gelten, so ist der Ermittlungsrichter, wenn sich das Geleit nur auf dieses Ermittlungsverfahren erstrecken soll, sonst das Gericht der Hauptsache **zuständig**.[38]

51 Das **Ermittlungsorgan,** dass das sichere Geleit im Hinblick auf das Erscheinen des Betroffenen in einem anderen Verfahren zu prüfen hat, kann auf eine entsprechende Entscheidung des zuständiges Gerichts **nur hinwirken.** Nach Ansicht des BGH[39] kann es die Aufklärungspflicht dem Tatrichter nur im Einzelfall gebieten, bei einer nicht oder nicht verständlich begründeten Weigerung von der Vollstreckungsbehörde eine Überprüfung zu verlangen.[40] Gegen eine solche Pflicht zur Gegenvorstellung kann insbesondere sprechen, dass eine Änderung der Entscheidung nach Lage des Falles von vornherein nicht zu erwarten ist. Ansonsten haben es die Ermittlungsorgane und Beteiligten hinzunehmen, dass die Unerreichbarkeit des Zeugen eintreten kann und diese auf der Weigerung einer Behörde beruht, wie dies auch bei gesperrten Zeugen der Fall wäre. Formale Rechtsbehelfe stehen den Ermittlungsorganen und reinen Beteiligten des Verfahrens, in dem der Betroffene erscheinen soll, jedenfalls nicht zur Verfügung.

52 cc) Die Erteilung steht im **Ermessen** des zuständigen Gerichtes, das das Interesse des Beschuldigten an der persönlichen Anwesenheit und das staatliche Interesse an der Durchführung eines Strafverfahrens zu berücksichtigen hat.[41] In diesem Rahmen können **Bedingungen** festgesetzt werden, die den Zweck des sicheren Geleites sichern, insbesondere

---

[31] Zur Ablehnung einer Regelung durch den Gesetzgeber vgl. BT-Drs. 9/1338, 33; *Nagel* Beweisaufnahme 228 ff.; viel zu allg. hier NK-RechtshilfeR/*v. Galen* IV Rn. 203.
[32] *Nagel* Beweisaufnahme 230 f. mwN.
[33] BGHSt 35, 216 ff. = NJW 1988, 3105.
[34] Meyer-Goßner/Schmitt/*Schmitt* StPO § 295 Rn. 2.
[35] Meyer-Goßner/Schmitt/*Schmitt* StPO § 295 Rn. 5 ff.
[36] Meyer-Goßner/Schmitt/*Schmitt* StPO § 295 Rn. 5.
[37] BGHSt 35, 216 ff. = NJW 1988, 3105.
[38] Meyer-Goßner/Schmitt/*Schmitt* StPO § 295 Rn. 10.
[39] BGHSt 35, 216 ff. = NJW 1988, 3105.
[40] Vgl. BGHSt 32, 115 (126) = NJW 1984, 247.
[41] Meyer-Goßner/Schmitt/*Schmitt* StPO § 295 Rn. 1.

Auflagen zum Reiseweg, zur Abgabe des Passes in die Verwahrung der Behörden, zu regelmäßigen Meldepflichten, zur Sicherheitsleistung, bei der allerdings die Bedingungen des Verfalles ausdrücklich bestimmt sein müssen, da § 124 StPO nicht gilt, sowie sonst zur Beseitigung von Flucht- oder Verdunkelungsgefahr.[42]

dd) Die Entscheidung erfolgt, auf Antrag oder von Amts wegen, durch **Gerichts‑** **beschluss,** der nach § 304 StPO mit der Beschwerde anfechtbar ist.[43] Allerdings steht neben dem Betroffenen, dem die Verhaftung sonst droht, die Anfechtung nur der Staatsanwaltschaft in ihrer Rolle im Verfahren, in dem die Verhaftung droht, zu. 53

ee) Der **Bewilligungsbeschluss,** der sog. Geleitbrief, muss die Stelle angeben, vor der die Prozesshandlung stattfinden soll, sowie die Straftat und ggf. die Bedingungen, nach denen das sichere Geleit erteilt wird.[44] Hat ein unzuständiges Gericht entschieden, bleibt das sichere Geleit gleichwohl wirksam und darf deswegen weder widerrufen noch geändert werden.[45] 54

ff) Solange der Betroffene noch nicht nach Bewilligung eingereist ist, können das Geleit **widerrufen** oder als minus nachträgliche Bedingungen festgesetzt werden.[46] 55

gg) Während der **Dauer der Wirksamkeit** ist eine Vollziehung eines Untersuchungshaftbefehls nach §§ 112, 116 StPO oder entsprechend einer anderen Freiheitsentziehung (insbesondere §§ 230 Abs. 2, 236 StPO) hinsichtlich der in der Bewilligung angegebenen prozessualen Taten nicht zulässig; einem Erlass eines entsprechenden Haftbefehls steht sie jedoch nicht im Wege.[47] Das sichere Geleit erlischt, ohne dass es einer Gerichtsentscheidung bedarf, wenn ein – auch noch nicht rechtskräftiges – auf Freiheitsstrafe lautendes Urteil ergeht oder wenn der Beschuldigte Anstalten zur Flucht, nicht nur zur Ausreise nach der Prozesshandlung, trifft oder wenn er die Bedingungen schuldhaft nicht erfüllt, unter denen ihm das sichere Geleit erteilt worden ist.[48] 56

d) Soweit ein freies bzw. sicheres Geleit eingreift, **genügt** dies, um einer Verhaftung entgegen gehalten zu werden. Ist diese gleichwohl erfolgt, wird das Geleit bei der Hafteröffnung bzw. -prüfung geltend gemacht und hat im Rahmen seiner Reichweite zur Freilassung zu führen. Um dies zu vermeiden, kann es sich seitens des Ermittlungsorgans, welches das Erscheinen des Betroffenen im Inland wünscht, anbieten, parallel mit den zuständigen Stellen für den Haftbefehl eine **Außervollzugsetzung zu prüfen,** insbesondere wenn das Risiko eines Entfallens des Geleits gegenüber dem einer möglichen Vereitelung oder wesentlichen Erschwerung der Beweiserhebung durch eine mögliche Verhaftung eindeutig zurücktritt. 57

e) Bei einer **drohenden Freiheitsentziehung im Vollstreckungsverfahren** bleibt nur die Einwirkung auf die zuständige Vollstreckungsbehörde, soweit kein freies Geleit aus einem Rechtshilfeinstrument unmittelbar besteht. Dabei bezieht sich das mögliche Einwirken des Ermittlungsorgans auf die Außervollzugsetzung eines Vollstreckungshaftbefehls, vor allem nach § 456a Abs. 2 StPO und § 457 StPO. Darüber entscheidet alleine das zuständige Vollstreckungsorgan nach pflichtgemäßem Ermessen.[49] Unter welchen Voraussetzungen die Vollstreckungsbehörde bei einem solchen Sachverhalt nach dem Grundsatz der Güter- und Pflichtenabwägung gehalten sein kann, durch gnadenweisen Strafaufschub für einen Zeugen zur Beschaffung eines Beweismittels im Erkenntnisverfahren gegen einen Angeklagten beizutragen, um so der eigenen Pflicht zur Amtshilfe (Art. 35 GG) zu genügen, ist im Einzelnen noch in der Diskussion.[50] 58

---

[42] Meyer-Goßner/Schmitt/*Schmitt* StPO § 295 Rn. 3.
[43] Meyer-Goßner/Schmitt/*Schmitt* StPO § 295 Rn. 9, 11.
[44] Meyer-Goßner/Schmitt/*Schmitt* StPO § 295 Rn. 9.
[45] Meyer-Goßner/Schmitt/*Schmitt* StPO § 295 Rn. 10.
[46] Meyer-Goßner/Schmitt/*Schmitt* StPO § 295 Rn. 3, 4.
[47] Meyer-Goßner/Schmitt/*Schmitt* StPO § 295 Rn. 5.
[48] § 295 Abs. 3 StPO; vgl. dazu Meyer-Goßner/Schmitt/*Schmitt* StPO § 295 Rn. 8.
[49] Vgl. Schomburg/Lagodny/Gleß/Hackner/*Schomburg/Hackner* IRG vor § 68 Rn. 71b.
[50] BGHSt 35, 216 ff. = NJW 1988, 3105; vgl. BGHSt 29, 109 (112) = NJW 1980, 464; BGHSt 32, 115 (124) = NJW 1984, 247.

6. Schutz von Auskunftspersonen

59 Der **Schutz von Auskunftspersonen** während ihrer Vernehmung und bei der Protokollierung findet zunehmend Berücksichtigung in den rechtshilferechtlichen Normen, die so die jeweiligen innerstaatlichen Rechtsordnungen ergänzen (vor allem → Rn. 154 f. und → Rn. 202). Zudem können die Interessen dieser Drittbetroffenen die Verweigerung von Übermittlungen (→ § 20 Rn. 44) und vor allem von Auskünften an Beschuldigte, Verteidigung und sonstige Verfahrensbetroffene begründen (→ § 27 Rn. 58, 63 ff., 72). Hingegen hat der weitergehende Schutz vor allem von Zeugen aufgrund ihrer Aussagen bislang lediglich in den besonderen Rechtsakten der EU sowie Art. 23 ZP II-RHÜ 1959 seinen Ausdruck gefunden. Letzterer bestimmt, dass, wenn ein Rechtshilfeersuchen einen Zeugen der Gefahr der Bedrohung aussetzt oder dieser sonst Schutz benötigt, sich die zuständigen Behörden beider Seiten bemühen, Maßnahmen zum Schutz der betroffenen Person nach Maßgabe ihres innerstaatlichen Rechts zu vereinbaren. Zu diesem Zweck kann die ursprünglich um Rechtshilfe ersuchte Seite auch auf Ersuchen vorläufige Maßnahmen treffen.[51]

II. Vernehmung im Inland und Ladung im Ausland

1. Bedeutung der Ladung

60 Der ordnungsgemäßen Ladung ins Ausland kommt eine wichtige Bedeutung nicht nur für die optimale Sicherung der tatsächlich bezweckten Aussage der geladenen Person zu. Sind Ladungen erfolglos, so ist ihre ordnungsgemäße Durchführung ein wesentliches Kriterium für Ersatzmaßnahmen in der Hauptverhandlung, insbesondere die Verlesung von Protokollen früherer Vernehmungen oder Ersatzaussagen (→ § 23 Rn. 74) sowie die Begrenzung der Aufklärungspflicht und die Ablehnung von Beweisanträgen (→ § 23 Rn. 136, 138).[52]

61 Ladungen von Auskunftspersonen, namentlich Beschuldigten, Zeugen und Sachverständigen, können **im Ausland** je nach geltender Rechtsgrundlage entweder unmittelbar durch die Ermittlungsorgane oder mithilfe des ersuchten Aufenthaltsstaates erfolgen. Eine Zustellung durch **unmittelbare Übersendung** von Schriftstücken ins Ausland auf dem Postweg kommt nur in Betracht, soweit völkerrechtliche Übereinkünfte (zB im Rahmen des Unionsrechts[53]) dies zulassen oder der Aufenthaltsstaat diese Möglichkeit einseitig eingeräumt hat (ausführlich → § 4 Rn. 11 ff.).[54]

62 Die Zuständigkeit für die Ladung als solche richtet sich weiterhin grundsätzlich nach der innerstaatlichen Zuständigkeit, soweit nicht im Rahmen der Rechtshilfe für das Ersuchen eine andere Stelle in Amtshilfe für die für Ladung zuständige Stelle tätig zu werden hat (→ § 12 Rn. 10 ff.).

2. Bewirken der Auslandsladung im Wege der Rechtshilfe

63 Die **Zustellung von Ladungen** wie von anderen Verfahrensurkunden und Gerichtsentscheidungen durch den Staat, die ihm zu diesem Zweck vom ersuchenden Staat übermittelt werden, gehört zum absoluten Kern der klassischen „kleinen Rechtshilfe", die in praktisch allen geltenden Übereinkommen geregelt ist (→ § 9 Rn. 12 ff.).[55] Daneben sind auch weitere Formen wie im Verhältnis mit **Japan** die Unterrichtung des Betroffenen von der Ladung gem. Art. 22 Abs. 1 S. 2 RHAbk EU/JP möglich (→ Rn. 15).

64 **a) Voraussetzungen. aa)** Die Ladung darf nur erfolgen, wenn die Voraussetzungen für die mögliche **Einreise** und ggf. im Anwendungsbereich der entsprechenden Rechtshilfe-

---

[51] Art. 24 ZP II-RHÜ 1959; vgl. zum Ganzen auch die Denkschrift BT-Drs. 18/1773, 44.
[52] Vgl. auch Schomburg/Lagodny/Gleß/Hackner/*Schomburg/Hackner* IRG vor § 68 Rn. 48 ff., 58 ff. mwN.
[53] Vgl. etwa Art. 5 RHÜ 2000.
[54] Nr. 115 Abs. 3 RiVASt (iVm Länderteil).
[55] Vgl. hier nur zB Art. 7 Abs. 1 RHÜ 1959; **für Japan:** Art. 22 RHAbk EU/JP.

übereinkommen das **freie Geleit beim Erscheinen im Inland** gegeben sind (Nr. 116 Abs. 4, 6 RiVASt, → Rn. 21 ff., 34 ff.). Insbesondere ist von einer Ladung abzusehen, wenn ein Aufenthaltsverbot im Inland besteht und bei der zuständigen Verwaltungsbehörde eine Ausnahmegenehmigung nicht erwirkt werden kann (Nr. 116 Abs. 5 S. 2 RiVASt).

bb) Zwischen den **EU-Mitgliedstaaten sowie den assoziierten Schengenstaaten** 65 darf gem. Art. 5 Abs. 2 RHÜ 2000 um die Zustellung mittels Rechtshilfe **nur noch in folgenden Fällen** ersucht werden:[56]

- die **Anschrift** des Empfängers ist unbekannt oder **nicht genau bekannt;**
- die entsprechenden **Verfahrensvorschriften** des ersuchenden Mitgliedstaats verlangen einen anderen als einen auf dem Postweg möglichen **Nachweis** über die Zustellung der Urkunde an den Empfänger;
- eine Zustellung auf dem Postweg **war nicht möglich;**
- oder der ersuchende Mitgliedstaat hat **berechtigte Gründe** für die Annahme, dass der Postweg nicht zum Ziel führen wird oder **ungeeignet ist.**

Hingegen hat Deutschland ausdrücklich die **Nichtanwendbarkeit** der unmittelbaren 66 Zustellung im weiteren Kreis der **Mitgliedstaaten des RHÜ 1959** erklärt,[57] sodass hier grundsätzlich von einer nicht möglichen unmittelbaren Zustellbarkeit auszugehen ist (→ § 4 Rn. 14 f.).

b) Gestaltung des Ersuchens. Das **Ersuchen** muss zunächst den allgemeinen Regeln 67 genügen (→ § 12 Rn. 115 ff.); dies gilt namentlich hinsichtlich der Übersetzungen.[58] Soweit keinerlei Rechtshilfeinstrument greifen sollte, bleibt es im Bereich der vertragsfreien Rechtshilfe beim diplomatischen Geschäftsweg.[59]

aa) Anschreiben. Nach Nr. 115 Abs. 1 S. 1 RiVASt sind in dem **Ersuchen** um Zu- 68 stellung außer den allgemein erforderlichen Angaben (→ § 12 Rn. 131 ff.) die Art des zuzustellenden Schriftstücks als **Ladung** und die Person, der zugestellt werden soll, unter Angabe ihrer **Anschrift** zu bezeichnen. Enthalten die zuzustellenden Schriftstücke eine **Sachverhaltsdarstellung,** kann darauf gem. Nr. 115 Abs. 1 S. 2 RiVASt Bezug genommen werden. Weiterhin ist die **Bitte** auszusprechen, amtlich zu bescheinigen, an welchem Tag, zu Händen welcher Person und in welcher Weise die Zustellung ausgeführt worden ist (Nr. 115 Abs. 1 S. 3 RiVASt). Mehrsprachige Vordrucke für das Ersuchen und den Zustellungsnachweis können verwendet werden. Als Hilfestellung dienen die Muster Nr. 31–31b RiVASt.

Soll der ersuchte Staat weitere Unterstützung im Wege der Rechtshilfe durch **Reise-** 69 **kostenvorschuss an die Auskunftsperson** gewähren, ist diese Bitte im Ersuchen gem. Nr. 116 Abs. 3 S. 1 RiVASt ausdrücklich anzugeben. Eine Verpflichtung, Reisekostenvorschuss zu gewähren, enthalten namentlich das RHÜ 1959 und das Abkommen mit den USA.[60] Dagegen sieht das Abkommen mit Tunesien die Gewährung von Reisekosten-

---

[56] Wenig geklärt scheint, ob auch im Bereich der Zustellung das RHÜ 2000 durch die EEA-RL abgelöst werden soll; Art. 34 Abs. 1 EEA-RL ist insoweit offen, während die amtliche Begründung BT-Drs. 18/9575, 46 sowie der RefE des BJMV zur Umsetzung der EEA-RL S. 47 nahe legen, dass nur die unmittelbare Zustellung ausgenommen vom Regelungsbereich sein soll; jedoch enthält die EEA-RL bei weitem keine entsprechend detaillierten Normen wie das RHÜ 1959 und die darauf aufbauenden Normen; zum RHÜ 2000 vgl. Schomburg/Lagodny/Gleß/Hackner/*Gleß/Schomburg* III B 1 Art. 5 Rn. 2 ff. mwN.
[57] Vorbehaltserklärung zu Art. 16 ZP II-RHÜ 1959 gem. Art. 33 Abs. 2 ZP II-RHÜ 1959 v. 20.2.2015.
[58] Nr. 14 RiVASt; Nr. 116 Abs. 6 RiVASt; vgl. zur Pflicht zur Übersetzung auch im Hinblick auf die Erreichbarkeit eines Zeugen Schomburg/Lagodny/Gleß/Hackner/*Hackner* IRG vor § 68 Rn. 62 f. mwN; im Anwendungsbereich des 2. ZP zum RHÜ 1959 würde allerdings eine Zusammenfassung der wesentlichen Inhalte in der Sprache der ersuchten Stellen genügen, Art. 15 Abs. 4 ZP II-RHÜ 1959.
[59] Schomburg/Lagodny/Gleß/Hackner/*Schomburg/Hackner* IRG vor § 68 Rn. 64.
[60] Nach Art. 5 Abs. 2 S. 2 RHV DE/US kann der ersuchende Staat einen Reisekostenvorschuss leisten; zum RHÜ 1959 → Rn. 85; § 13 Rn. 225; vgl. hierzu auch NK-RechtshilfeR/*Docke/Momsen* IV Rn. 408.

zuschüssen nur durch die konsularische Vertretung des ersuchenden Staates vor.⁶¹ Hält der ersuchende Staat das persönliche Erscheinen eines **Zeugen oder Sachverständigen** vor seinen Justizbehörden **für besonders notwendig,** so erwähnt er dies in dem Ersuchen um Zustellung der Vorladung; der ersuchte Staat fordert dann den Zeugen oder Sachverständigen auf zu erscheinen.⁶²

70   Weiterhin ergeben sich Ergänzungen aus den konkreten Rechtshilfeinstrumenten:
- Im Verhältnis zu einigen Staaten, wie zB mit der Schweiz, Österreich oder Israel, muss im Ersuchen die **Stellung des Betroffenen im Verfahren** und die **Art des Schriftstückes** bezeichnet werden.⁶³
- Die USA erwarten bei einer Zustellung neben der Rolle des Empfängers im Verfahren zusätzlich präzise Angaben hinsichtlich des Wortlauts des **Straftatbestandes,** des anwendbaren Strafrahmens sowie das der entsprechenden Straftat (mutmaßlich) zugrundeliegende Tun oder Unterlassen. Auch sonst dürfte es sich im Zweifel empfehlen, sämtliche der genannten Angaben dem Ersuchen beizufügen.
- Soll nach dem RHÜ 1959 die Zustellung in einer **besonderen Form** (→ Rn. 83 ff.) erfolgen, ist dies anzugeben (Nr. 116 Abs. 3 RiVASt). Wird auch wegen der besonderen Notwendigkeit des persönlichen Erscheinens eines Zeugen oder Sachverständigen gem. Art. 10 Abs. 1 RHÜ 1959 um die Aufforderung zum Erscheinen durch den ersuchten Staat gebeten (→ Rn. 84), müssen das Ersuchen oder die Vorladung nach Art. 10 Abs. 2 RHÜ 1959 die annähernde Höhe der zu zahlenden Entschädigungen sowie der zu erstattenden Reise- und Aufenthaltskosten angeben. Diese Reisekosten und Entschädigungen werden vom Aufenthaltsort des Zeugen oder Sachverständigen berechnet und ihm nach Sätzen gewährt, die zumindest denjenigen entsprechen, die in den geltenden Tarifen und Bestimmungen des Staates vorgesehen sind, in dem die Vernehmung stattfinden soll (Art. 9 RHÜ 1959).

71   **bb) Ladung.** Die **Ladung** selbst muss in einer für den Empfänger verständlichen Sprache erfolgen,⁶⁴ ist also entsprechend zu **übersetzen,** wenn der Ausländer die deutsche Sprache nicht hinreichend beherrscht, bzw. dafür Anhaltspunkte bestehen.⁶⁵ Dies entspricht der völkerrechtlichen Verpflichtung in einigen Rechtshilfeabkommen.⁶⁶ Eine generelle Übersetzungspflicht besteht dann nicht, wenn der Betroffene in einer Region eines Staates, dessen Staatsangehörigkeit er besitzt, lebt, in der die deutsche Sprache Amtssprache ist.⁶⁷ Dies gilt jedenfalls, wenn keine Anhaltspunkte erkennbar sind, dass er die deutsche Sprache nicht beherrscht. Ob die Bestellung eines deutschen Wahlverteidigers ausreicht, die Übersetzungspflicht ebenfalls grundsätzlich entfallen zu lassen,⁶⁸ scheint indes zweifelhaft.

72   (1) Grundsätzlich müssen die **Angaben** wie bei einer Ladung im Inland, namentlich die Sache, formale Stellung als Beschuldigter, Zeuge oder Sachverständiger sowie Zeit und Ort gegeben sein. Es stehen hierzu Muster Nr. 31c, 31d RiVASt zur Verfügung.

73   Insbesondere bei **Beschuldigtenladungen** muss der **Sachverhalt** so angegeben werden, dass mögliche Aussageverweigerungsrecht geprüft werden können. Auf sie ist jeweils ausdrücklich hinzuweisen, wobei auch nach § 77 IRG iVm §§ 140 f. StPO ein Pflichtver-

---

⁶¹ Art. 30 Abs. 3 RHV DE/TN, die Höhe bemisst sich nach dem Recht des Staates, in dem die Vernehmung stattfinden soll.
⁶² Nr. 116 Abs. 3 S. 2 RiVASt verallgemeinert nach Art. 10 Abs. 1 RHÜ 1959.
⁶³ **Für Frankreich:** Art. 8 ErgV-RHÜ 1959 DE/FR; **Israel:** Art. 10 Abs. 1 lit. b RHÜ DE/IL; **Italien:** Art. 8 Abs. 1 ErgV-RHÜ 1959 DE/IT; **die Niederlande:** Art. 8 Abs. 1 ErgV-RHÜ 1959 DE/NL; **Österreich:** Art. 11 Abs. 1 ErgV-RHÜ 1959 DE/AT; **Polen:** Art. 9 ErgV-RHÜ 1959 DE/PL; **die Schweiz:** Art. 7 Abs. 3 ErgV-RHÜ 1959 DE/CH; **Tschechien:** Art. 10 PolZV DE/CZ.
⁶⁴ Gem. Nr. 115 Abs. 1 S. 5 RiVASt iVm Nr. 181 Abs. 2 RiStBV; vgl. auch Art. 15 ZP II-RHÜ 1959.
⁶⁵ Vgl. *Schomburg* NJW 1995, 1931 mwN; HdB-EuStrafR/*Esser* § 56 Rn. 63 ff.
⁶⁶ Vgl. zB **für Japan:** Art. 22 Abs. 3 RHAbk EU/JP.
⁶⁷ Vgl. LG Aachen BeckRS 2014, 06866 = SVR 2013, 470 f. mwN für das Gebiet der deutschsprachigen Gemeinschaft in Belgien.
⁶⁸ So ebenfalls LG Aachen BeckRS 2014, 06866 = SVR 2013, 470; vgl. dazu NK-RechtshilfeR/*Kubiciel* IV Rn. 278 mwN.

teidiger beigeordnet werden kann.[69] Die Strafvorschriften müssen jedenfalls angegeben werden, wenn beidseitige Strafbarkeit erforderlich ist.[70]

(2) Gegebenenfalls ist bei der Festsetzung des Zeitpunktes für das Erscheinen eines Beschuldigten eine **Ladungsfrist** nach Übermittlung der Vorladung zu berücksichtigen. Dies ist nach dem RHÜ 1959 der Fall, wenn sich die ersuchte Vertragspartei vorbehalten hat, dass die Vorladung für den Beschuldigten, der sich in ihrem Hoheitsgebiet befindet, ihren Behörden innerhalb einer bestimmten Frist von höchstens 50 Tagen vor dem für das Erscheinen festgesetzten Zeitpunkt übermittelt wird (Art. 7 Abs. 3 RHÜ 1959). Dieselbe Ladungsfrist von 50 Tagen gilt im Verhältnis mit **Japan** gem. Art. 22 Abs. 2 RHAbk EU/JP für alle Betroffenen, sofern nicht der ersuchte Staat in dringenden Fällen darauf verzichtet. Ebenso wird von **Israel** bzw. von den **USA** eine deutsche Ladung nur ausgeführt, wenn sie dort spätestens 40 Tage bzw. einen Monat vor dem Termin zugeht, sofern es sich nicht um einen (entsprechend erklärten und begründeten) dringenden Fall handelt.[71] Im Verhältnis mit **Hongkong** gilt eine Ladungsfrist für Beschuldigte von mindestens einem Monat, soweit nicht außergewöhnliche Umstände gem. Art. 11 Abs. 2 RHAbk DE/HK vorliegen, im Verhältnis mit Frankreich wohl weiterhin 30 Tage (Art. 5 Abs. 2 ErgV-RHÜ 1959 DE/FR), ebenso wie mit der Schweiz.[72] Ebenfalls sollen im Verhältnis mit Hongkong gem. Art. 11 Abs. 2 S. 2 RHAbk DE/HK angemessene Ladungsfristen bei anderen Auskunftspersonen gewahrt werden.

74

(3) **Zwangsmaßnahmen** (einschließlich der Festsetzung von Ordnungsmitteln für den Fall des Ausbleibens) dürfen Zeugen und Sachverständigen gem. Nr. 116 Abs. 1 S. 3 RiVASt nicht angedroht werden. Beschuldigten gegenüber darf dies nur erfolgen, wenn in dem zuzustellenden Schriftstück unmissverständlich darauf hingewiesen wird, dass diese im Hoheitsgebiet des ersuchten Staates nicht vollstreckt werden können (Nr. 116 Abs. 1 S. 2 RiVASt). Der Grund hierfür ist, dass niemand gezwungen werden darf, sich in ein anderes Hoheitsgebiet zu begeben, selbst wenn er sich früher oder gar ansonsten regelmäßig dort aufhält.[73] Daher darf im gesamten vertraglichen und vertraglosen Rechtshilfebereich keine derartige Zwangsmaßnahme oder gesonderte Kostensanktion bei Nichtbefolgung angedroht oder verhängt werden.[74] Zweifelhaft ist allerdings, ob alleine aus diesem Grund eine ersuchte Stelle die Zustellung ablehnen kann.[75] Allerdings kann **stets auf die aus dem Fernbleiben automatisch entstehenden Rechtsfolgen,** namentlich §§ 329 Abs. 1, 412 S. 1 StPO für **Beschuldigte,** hingewiesen werden (Nr. 116 Abs. 1 S. 1 RiVASt).

75

Diese Regelungen gelten auch, wenn der Betroffene zwar grundsätzlich im Inland lebt, aber im Ausland während eines dortigen zeitweisen Aufenthalts geladen wird.[76] Es kommt also alleine darauf an, wo die Zustellung der Ladung bewirkt wird.

76

Vor diesem Hintergrund ist **umstritten,** ob bei **Ladung** eines im Ausland aufhältigen **Beschuldigten** ein **Hinweis nach § 216 Abs. 1 StPO,** also die Warnung, dass im Falle seines unentschuldigten Ausbleibens seine Verhaftung oder Vorführung erfolgen werde, angegeben werden kann.[77] Dies wird insbesondere bei einem gewöhnlich im Ausland Aufhältigen von der wohl hM und Rechtsprechung abgelehnt, weil die daraus folgenden

77

---

[69] *Hackner/Schierholt* Int. Rechtshilfe Rn. 185.
[70] So jedenfalls *Hackner/Schierholt* Int. Rechtshilfe Rn. 185
[71] **Für Israel:** Art. 7 RHÜ DE/IL, damit überschreitet Israel an sich wohl für Zeugen und Sachverständige die Möglichkeiten des Art. 7 Abs. 3, 26 Abs. 3 RHÜ 1959, **die USA:** Art. 4 Abs. 2 RHV DE/US; vgl. auch *Nagel* Beweisaufnahme 221.
[72] Vorbehalt der Schweiz zu Art. 7 RHÜ 1959, vgl. NK-RechtshilfeR/*Meyer* IV Rn. 665.
[73] OLG Düsseldorf NJW 1991, 2223; 1999, 1647 f.; *Hackner/Schierholt* Int. Rechtshilfe Rn. 184; NK-RechtshilfeR/*Kubiciel* IV Rn. 560.
[74] *Hackner/Schierholt* Int. Rechtshilfe Rn. 184; Schomburg/Lagodny/Gleß/Hackner/*Lagodny* IRG § 59 Rn. 51; GPKG/*Wilkitzki* IRG § 59 Rn. 19.
[75] Wie jedenfalls *Schomburg* NJW 1995, 1931 annimmt.
[76] Vgl. OLG Düsseldorf NJW 1991, 2223; *Rose* wistra 1998, 11 (14).
[77] *Hackner/Schierholt* Int. Rechtshilfe Rn. 81, 185; Schomburg/Lagodny/Gleß/Hackner/*Schomburg/Hackner* IRG § 15 Rn. 20a; *Nagel* Beweisaufnahme 222 ff. mwN mit wohl nicht überzeugendem Ansatz, zwischen

Nachteile, wenn dem Erscheinensgebot keine Folge geleistet werde, auch bei einer Vollziehung von Vorführung oder Haft nur im Inland auch eine Zwangswirkung im Ausland zukäme, die die Souveränität des Aufenthaltsstaates verletzen würde.[78] In manchen Rechtshilfeübereinkommen, wie etwa mit den USA in Art. 4 Abs. 4 RHV DE/US, wird indes lediglich auf die Zwangswirkung, nicht auf die Androhung abgestellt (wobei Angehörige des ersuchenden Staates und sonstige Ansässige nicht geschützt sind). Die vordringende Gegenmeinung beruft sich dementsprechend auch auf Nr. 78 Abs. 7 RiVASt, dass nur Androhungen im Aufhaltestaat vollstreckbarer Zwangsmittel eine Verletzung von dessen Souveränität darstellen würde, und darauf, dass es sich lediglich um eine Darstellung der Rechtslage im Inland handele, die letzten Endes nicht einfach durch, möglicherweise zeitweisen oder längeren, Aufenthalt im Ausland umgangen werden kann, zumal in den engeren Rechtsräumen der EU- und Schengen-Mitgliedstaaten die weitgehende Durchsetzung von Sanktionen angestrebt sei.[79] Zudem könne die Ungültigkeit der Warnung, die ihrerseits Voraussetzung für eine Festsetzung von Zwangsmitteln nach § 230 Abs. 2 StPO ist, leicht zu erheblicher Rechtsunsicherheit und Missbräuchen führen, wenn die Zustellung an den nach § 145a StPO empfangsbevollmächtigten Verteidiger im Inland erfolge.

78 Allenfalls kann eine Zwangsfolge, vor allem nach § 230 StPO, nur dann erfolgen, wenn der Betreffende darauf in einer ihm verständlichen Sprache hingewiesen wurde, dh einer Übersetzung, wenn er die deutsche Sprache nicht versteht, wobei es auf ein Verschulden oder eine Kenntnis der ladenden Stelle nicht ankommt.[80]

79 **(4)** In der Ladung eines Zeugen oder Sachverständigen ist die annähernde Höhe der zu zahlenden **Entschädigung** und der zu erstattenden **Reise- und Aufenthaltskosten** anzugeben. (→ Rn. 70).[81] Aufgrund zahlreicher bilateraler Ergänzungsverträge zum RHÜ 1959 gilt dies über dessen Wortlaut auch dann, wenn keine Aufforderung besonders wichtiger Betroffener zum Erscheinen erfolgt.[82] Teilweise wird dem ersuchten Staat wie beispielsweise in Art. 6 ErgV-RHÜ 1959 DE/FR insoweit ausdrücklich Ermessen eingeräumt. Dies stellt die ersuchende Stelle vor die fast unlösbare Aufgabe, eine ungefähre Höhe der erstattungsfähigen Kosten anzugeben.[83] Aus ihr helfen wohl nur die Offenlegung der rechtlichen Grundlagen, namentlich das JVEG, und ggf. Berechnungshinweise im Text der Ladung bzw. einem beigefügten Formblatt heraus.

80 **(5)** Bestehen Anhaltspunkte für eine **Visumspflicht** (→ Rn. 24 ff.), ist in der Ladung gem. Nr. 116 Abs. 2 S. 2 RiVASt die Anschrift der für den Empfänger zuständigen deutschen Auslandsvertretung mitzuteilen. Besteht gegen den Zustellungsadressaten ein **Aufenthaltsverbot** und wurde deswegen bei der zuständigen Verwaltungsbehörde eine Ausnahmegenehmigung erwirkt, ist diese der Ladung im Original oder in beglaubigter Mehrfertigung beizufügen.[84]

81 **(6)** Besteht nach völkerrechtlichen Übereinkünften **freies Geleit** oder ist nach § 295 StPO sicheres Geleit erteilt (→ Rn. 34 ff.), ist der Zustellungsadressat hierauf sowie auf eine Befristung hinzuweisen.[85] Dies sollte möglichst unter Wiedergabe der rechtlichen Vorschrif-

---

deutschen Staatsangehörigen und Ausländern zu trennen, weil die Erscheinenspflicht eine staatsbürgerliche Pflicht sei, was indes jedenfalls im Inland so nicht überzeugend scheint.
[78] OLG Köln NStZ-RR 2006, 22; KG StV 2014, 204 f. mwN.
[79] KG NStZ-RR 2011, 716 f.; OLG Saarbrücken NStZ-RR 2010, 49 f.; OLG Rostock BeckRS 2008, 21718; *Grau* NStZ 2007, 10 (12 ff.); *Hackner/Schierholt* Int. Rechtshilfe Rn. 81.
[80] Überzeugend OLG Saarbrücken NStZ-RR 2010, 49 f. mwN.
[81] Nr. 116 Abs. 2 S. 1 RiVASt; **für Tunesien:** Art. 30 RHV DE/TN; **die USA:** Art. 5 Abs. 2 S. 1 RHV DE/US.
[82] Vgl. etwa **für Israel:** Art. 8 RHÜ DE/IL; **Italien:** Art. 5 ErgV-RHÜ 1959 DE/IT; **Österreich:** Art. 8 ErgV-RHÜ 1959 DE/AT; **Polen:** Art. 6 S. 1 ErgV-RHÜ 1959 DE/PL; **die Schweiz:** Art. 4 ErgV-RHÜ 1959 DE/CH; **Tschechien:** Art. 7 S. 1 PolZV DE/CZ.
[83] Vgl. auch *Nagel* Beweisaufnahme 225 mwN; *Wenger* Auslandszeugen 20 f.
[84] Nr. 116 Abs. 5 S. 1 RiVASt; vgl. hierzu auch *Wenger* Auslandszeugen 22 ff. mwN.
[85] Nr. 116 Abs. 4 RiVASt; dies entspricht der stRspr, mit ggf. entscheidender Relevanz für die Frage, ob der darauf nicht erschienene Zeuge als unerreichbar gelten kann bzw. zu gelten hat, → § 23 Rn. 76 f.; hier

ten erfolgen. Im Verhältnis mit Japan ist der ersuchende Staat verpflichtet, im Ersuchen oder der Vorladung anzugeben, wenn das freie Geleit nicht gewährt werden kann (→ Rn. 36 f.), damit der Betroffene darüber unterrichtet ist und entscheiden kann, ob er gleichwohl im Inland des ersuchenden Staates erscheinen will (Art. 23 Abs. 2 RHAbk EU/JP). Auch ansonsten dürfte in dem lediglich klarstellenden und fürsorglichen Hinweis, dass ein Geleit nicht besteht, keine Vereitelung des Erscheinens durch das deutsche Ermittlungsorgan gesehen werden können (→ § 23 Rn. 36) und dieser somit durchaus angemessen sein.

cc) Beivermerk. Innerhalb der EU bzw. der assoziierten Schengenstaaten ist bei Ladungen 82 wie bei allen anderen amtlichen Zustellungen ein **Vermerk** beizufügen, aus dem hervorgeht, dass der Empfänger sich bei der Behörde, die die Urkunde ausgestellt hat, oder bei anderen Behörden dieses Mitgliedstaats erkundigen kann, welche Rechte und Pflichten er im Zusammenhang mit der Urkunde hat; dieser Rechtshinweis ist gem. Art. 5 Abs. 4 RHÜ 2000 ebenfalls, soweit nötig, zu übersetzen. Dies umfasst bei Beschuldigten vor allem die Rechte betreffend die Verteidigung, auch mittels Rechtsbeistand, bei Zeugen namentlich die Aufwendungsersatzansprüche.[86] Entsprechendes gilt nach Art. 22 Abs. 4 RHAbk EU/JP im Verhältnis mit Japan.

c) Verfahren der Ladungszustellung. aa) Nach dem RHÜ 1959 (Art. 7 Abs. 1 S. 2, 3 83 RHÜ 1959) und im Verhältnis mit Tunesien (Art. 28 Abs. 1 RHV DE/TN) kann die **Zustellung** durch einfache Übergabe der Urkunde **erfolgen,** sofern der ersuchte Staat nicht aufgrund eines ausdrücklichen Verlangens die Zustellung in einer Form zu bewirken hat, die in seinen Rechtsvorschriften für die Zustellung gleichartiger Schriftstücke vorgesehenen ist oder besonders vereinbart wurde.

bb) Hat der ersuchende Staat im Rahmen des RHÜ 1959 das persönliche Erscheinen für 84 **besonders notwendig** bezeichnet, so fordert der ersuchte Staat den Zeugen oder Sachverständigen auf zu erscheinen (Art. 10 Abs. 1 RHÜ 1959).

cc) Auf besonderes Ersuchen kann gem. Art. 10 Abs. 3 S. 1 RHÜ 1959 der ersuchte 85 Staat dem Zeugen oder Sachverständigen einen **Vorschuss** gewähren.

In den Ergänzungsverträgen zum RHÜ 1959 mit Österreich (Art. 8 S. 2 ErgV-RHÜ 86 1959 DE/AT), Tschechien (Art. 7 S. 2 PolZV DE/CZ) und Polen (Art. 6 S. 2 ErgV-RHÜ 1959 DE/PL) ist ausdrücklich festgelegt, dass auch der Zeuge oder Sachverständige ein Ersuchen um Gewährung eines Vorschusses beim ersuchten Staat stellen kann.

dd) Soweit ansonsten das Rechtshilfeinstrument keine Regelung trifft, besteht Einigkeit, 87 dass sich das Verfahren der Zustellung alleine nach dem Recht des ersuchten Staates richtet, wie dies auch verschiedene Übereinkommen vorsahen bzw. vorsehen.[87] Üblich ist, soweit nicht anderes vorgesehen ist bzw. vereinbart wurde, dass der ersuchte Staat die ihm am effizientesten erscheinende inländische Zustellungspraxis wählt, wie etwa auch in den USA in der Regel ein Einschreiben mit Rückschein. Stehen der Zustellung Immunitäten, zB von Parlamentsmitgliedern, entgegen, ist entsprechend dem Recht des ersuchten Staates zu verfahren, um die Zustellung gleichwohl zu bewirken.[88]

d) Zustellungsnachweis. aa) Der **Nachweis der Zustellung** erfolgt grundsätzlich durch 88 eine datierte und vom Empfänger unterschriebene Empfangsbestätigung oder durch eine Erklärung des ersuchten Staates, welche die Tatsache, die Form und das Datum der Zustellung beurkundet, die dem ersuchenden Staat unverzüglich übermittelt wird.[89]

---

nur ausf. BGHSt 32, 68 ff. mwN = NJW 1984, 2772; vgl. *Hoffmann,* Der unerreichbare Zeuge im Strafverfahren, 1991, 116 f. mwN; *Wenger* Auslandszeugen 21 f. mwN.
[86] Schomburg/Lagodny/Gleß/Hackner/*Gleß/Schomburg* III B 1 Art. 5 Rn. 7 f.
[87] Vgl. *Nagel* Beweisaufnahme 220 f. mwN.
[88] Vgl. ausf. für eingehende Ersuchen Schomburg/Lagodny/Gleß/Hackner/*Lagodny* IRG § 59 Rn. 52 mwN.
[89] Art. 7 Abs. 2 S. 1, 2 RHÜ 1959; **für Japan:** Art. 22 Abs. 5 S. 1 RHAbk EU/JP; **Tunesien:** Art. 28 Abs. 2 RHV DE/TN; **die USA:** Art. 4 Abs. 3 RHV DE/US; vgl. *Rose* wistra 1998, 11 (15).

89   **bb)** Dagegen richtet sich der Nachweis im Verhältnis mit **Hongkong** gem. Art. 11 Abs. 3 RHAbk DE/HK nach Maßgabe des Rechts des ersuchten Staates nach der erbetenen Weise.

90   **cc)** Im Bereich des **RHÜ 1959** gibt auf Verlangen des ersuchenden der ersuchte Staat gem. Art. 7 Abs. 2 S. 3 RHÜ 1959 an, ob die Zustellung seinem Recht gemäß erfolgt ist. Hat der ersuchende Staat das persönliche Erscheinen des Zeugen und Sachverständigen im Ersuchen als besonders wichtig bezeichnet, gibt ihm der ersuchte Staat die Antwort des Zeugen oder Sachverständigen bekannt (Art. 10 Abs. 2 RHÜ 1959). Hat der ersuchte Staat dem Zeugen oder Sachverständigen auf besonderen Wunsch einen **Vorschuss** gewährt, wird dieser nach Art. 10 Abs. 3 S. 2 RHÜ 1959 auf der Vorladung vermerkt.

91   **dd)** Die USA unterrichten hingegen vor allem über die Reaktion des Geladenen, wenn darum ersucht wurde, diesen zum Erscheinen aufzufordern.[90]

92   **ee)** Konnte die Zustellung **nicht vorgenommen** werden, so teilt der ersuchte Staat den Grund dem ersuchenden Staat unverzüglich mit.[91] Im Verhältnis mit Hongkong (Art. 15 Abs. 2 RHAbk DE/HK) und, auf entsprechendes Ersuchen, mit Japan (Art. 22 Abs. 5 S. 2 RHAbk EU/JP) unterrichtet der ersuchte Staat, wenn möglich, umgehend über die **Reaktion des Betroffenen auf die Ladung,** also insbesondere etwaige Äußerungen von ihm zu seiner Bereitschaft, dieser Folge zu leisten.

93   **e) Folgen der erfolgreichen Ladung und Säumnis. aa)** Bei der **Durchführung der Vernehmung im Inland** ist stets das **freie Geleit** und das nach Ermessen der für die Haftanordnung zuständigen Stelle zugesagte sichere Geleit (→ Rn. 34 ff.) zu beachten. Nach dem RHÜ 1959 und den entsprechenden anderen Rechtshilfeübereinkommen darf kein Zeuge oder Sachverständiger, der aus dem Ausland auf Vorladung im Inland erscheint, wegen Handlungen oder Verurteilungen im Inland aus der Zeit vor seiner Abreise verfolgt, verhaftet oder sonstigen Beschränkung seiner persönlichen Freiheit unterworfen werden (Art. 12 Abs. 1 RHÜ 1959). Gleiches gilt für vorgeladene Beschuldigte hinsichtlich wegen nicht in der Vorladung angeführter Handlungen oder Verurteilungen aus der Zeit vor ihrer Abreise.[92] Der Schutz erlischt jeweils erst, wenn der Betroffene nach Ausreise wieder zurückkehrt oder er während fünfzehn aufeinanderfolgenden Tagen, nachdem seine Anwesenheit von den Justizbehörden nicht mehr verlangt wurde, die Möglichkeit gehabt hat, das Hoheitsgebiet des ersuchenden Staates zu verlassen, und trotzdem dort bleibt (Art. 12 Abs. 3 RHÜ 1959).

94   **bb)** Der **Zeuge oder Sachverständige,** der einer Vorladung, um deren Zustellung ersucht worden ist, **nicht Folge leistet,** darf nach den meisten Übereinkommen selbst dann, wenn die Vorladung Zwangsandrohungen enthält, nicht bestraft oder einer Zwangsmaßnahme unterworfen werden, namentlich sofern er sich nicht später freiwillig in das Hoheitsgebiet des ersuchenden Staates begibt und dort erneut ordnungsgemäß vorgeladen wird.[93] Nach dem Übereinkommen mit den USA gilt dies gem. Art. 4 Abs. 4 RHV DE/US nur für Betroffene, die nicht Staatsangehörige oder im ersuchenden Staat ansässig sind.

95   **cc)** Beim **Beschuldigten** ist streitig, ob durch den zulässigen Hinweis auf mögliche Rechtsnachteile auch § 216 Abs. 1 StPO genügt werden kann oder ein Haftbefehl nach § 230 Abs. 2 StPO in dieser Konstellation generell ausgeschlossen ist (→ Rn. 78).[94]

3. Sonderformen

96   **a) Bewirkung der Ladung durch deutsche Auslandsvertretung.** Eine besondere Form der Übermittlung von **Ladungen** stellt auch die **durch eine deutsche Auslands-**

---

[90] → Rn. 69, vgl. hier nur NK-RechtshilfeR/*Docke/Momsen* IV Rn. 408.
[91] Jedenfalls im Geltungsbereich des RHÜ 1959, vgl. Art. 7 Abs. 2 S. 4 RHÜ 1959; ebenso für **Tunesien:** Art. 28 Abs. 3 RHV DE/TN.
[92] Unter anderem gem. Art. 12 Abs. 2 RHÜ 1959.
[93] Art. 8 RHÜ 1959; **für Japan:** Art. 22 Abs. 6 RHAbk EU/JP; **Kanada:** Art. 9 Abs. 3 RHV DE/CA; **Tunesien:** Art. 29 RHV DE/TN.
[94] *Hackner/Schierholt* Int. Rechtshilfe Rn. 81, 185.

vertretung nach § 16 KonsularG dar, die allerdings wie eine sonstige Amtshilfe alleine nach innerdeutschem Verfahren (im Rahmen der Vereinbarungen mit dem Zielstaat) erfolgt (→ § 4 Rn. 30).

b) Bewirkung der Ladung durch Rechtshilfe im Inland. Auch **in Deutschland** dem **97** **NATO-Truppenstatut** unterliegende Personen können zwar grundsätzlich direkt geladen werden (→ § 2 Rn. 49). Deutsche Gerichte und Behörden können die Verbindungsstelle aber auch ersuchen, um die Zustellung von Schriftstücken in Strafverfahren an Mitglieder einer Truppe, eines zivilen Gefolges oder an Angehörige durchzuführen (Art. 19 Abs. 6 lit. b NTS-ZA, Art. 32 Abs. 1 lit. b NTS-ZA). Die Verbindungsstelle bestätigt dann unverzüglich den Eingang des übermittelten Zustellungsersuchens. Die Zustellung ist bewirkt, wenn das zuzustellende Schriftstück dem Zustellungsempfänger von dem Führer seiner Einheit oder einem Beauftragten der Verbindungsstelle übergeben ist. Das deutsche Gericht oder die deutsche Behörde erhält unverzüglich eine Urkunde über die vollzogene Zustellung.

III. Überstellung zu Ermittlungszwecken ins Inland

1. Grundlagen

Informationserhebungen an Personen, namentlich durch Vernehmung, können im Inland **98** erfolgen, indem ein **von nichtdeutschen Stellen Inhaftierter** zu Ermittlungszwecken zeitweilig überstellt wird. Diese Informationserhebungen können in der Vernehmung als Zeuge oder ggf. Sachverständiger, psychischen Beobachtungen, körperlichen Untersuchungen oder sonstigen Beweisaufnahmen, insbesondere im Rahmen des Strengbeweises durch Sachverständige oder eigenen Augenschein erfolgen. Ausgeschlossen ist allerdings grundsätzlich die Zuführung des Beschuldigten, da die Überstellung für die Dauer des Erkenntnisverfahrens eine Auslieferung wäre.[95] Gleiches gilt für eine nur zeitweise Überstellung des Beschuldigten für einzelne Verfahrenshandlungen mit Rückkehr in einen Drittstaat, die aber ohnehin dem deutschen Strafverfahrensrecht grundsätzlich fremd wäre.

Das **Überstellungsverfahren** ist dabei aus dem Auslieferungsverfahren hergeleitet, weist **99** aber einige Verfahrenserleichterungen auf, die aus seiner sachlichen und zeitlichen Begrenzung gerechtfertigt sind. Auch hier greifen die Regelungen der verschiedenen Rechtshilfeinstrumente und des deutschen Rechtes ineinander. Eine besondere gesetzliche Regelung besteht in § 69 IRG und § 66 Abs. 1 IStGHG vor allem deswegen, weil eine gesetzliche Grundlage für die **Haft im Inland während der Überstellung erforderlich** ist.[96] Aufgrund des Grundsatzes der souveränen Gleichheit der Staaten gilt das Territorialprinzip auch im Hinblick darauf, dass nur der jeweilige souveräne Territorialstaat über eine hoheitliche Freiheitsentziehung auf seinem Gebiet bestimmen kann. Daher müssen alle Staaten, über deren Hoheitsgebiet die Zuführung erfolgt, die Haft nach ihren nationalen Regelungen vornehmen oder ggf. sonst ermöglichen – bis zur Rückkehr des Gefangenen in den Ausgangsstaat, einen anderen vereinbarten Zielstaat oder seine vereinbarte Freilassung.

Regelungen zur zeitweisen Überstellung in den ersuchenden Staat finden sich sowohl in **100** multi- als auch bilateralen **Rechtshilfeinstrumenten.** Grundlegend sind auch hier die Regelungen des RHÜ 1959 (Art. 11 RHÜ 1959), die durch das RHÜ 2000 (und das 2. ZP) nur für den umgekehrten Fall der Überstellung aus dem In- ins Ausland für eine dortige Beweisaufnahme ergänzt werden (→ Rn. 233).[97] Allerdings soll mit dem Inkraft-

---

[95] Vgl. Nr. 119 Abs. 4 RiVASt: „*Die Zuführung von Personen zu dem Zweck, sie als Beschuldigte zu vernehmen oder andere Strafverfolgungsmaßnahmen gegen sie durchzuführen, kann nur im Weg der (endgültigen oder vorübergehenden) Auslieferung erreicht werden.*"
[96] Schomburg/Lagodny/Gleß/Hackner/*Hackner* IRG § 69 Rn. 1 ff. mwN; hier wohl zu eng mit der Betonung des Spezialitäts- und Exklusiv- statt Komplementärverhältnisses der völkervertraglichen Regelungen NK-RechtshilfeR/*v. Galen* IV Rn. 197.
[97] Art. 9 RHÜ 2000, Art. 13 ZP II-RHÜ 1959; nicht nachvollziehbar erscheint hier die Auslegung, dass Art. 9 RHÜ 2000 ein vorangegangenes anderweitiges Rechtshilfeersuchen in der gleichen Strafsache bedürfe, daher iE richtig NK-RechtshilfeR/*Kubiciel* IV Rn. 294.

treten der **Europäischen Ermittlungsanordnung** zwischen den teilnehmenden Staaten seit dem 22.5.2017 eine neue abschließende zwischenstaatliche Rechtsgrundlage bestehen, die durch Art. 22 EEA-RL insbesondere die Überstellung für jede Beweiserhebung erlaubt, aber auch Rechte des gesetzlichen Vertreters eines Inhaftierten auf Stellungnahme festschreibt (→ § 11 Rn. 223 ff.). Weitere Regelungen enthalten etwa das Übereinkommen der Vereinten Nationen gegen die grenzüberschreitende organisierte Kriminalität (Art. 18 Abs. 10–12 Palermo I), oder die bilateralen Verträge wie etwa mit den USA (Art. 7 RHV DE/US),[98] Kanada (Art. 8 RHV DE/CA), Hongkong (Art. 14 RHAbk DE/HK), Japan (Art. 24 Abs. 1 RHAbk EU/JP), oder Tunesien (Art. 31 RHV DE/TN). Auch im vertragslosen Bereich wird die Überstellung bisweilen gewährt.[99]

2. Voraussetzungen

101 Die **Voraussetzungen** für die zeitweise Überstellung aus ausländischer Haft nach Deutschland zu Beweiszwecken folgen den genannten Rechtshilfeinstrumenten und subsidiär dem deutschen Recht:[100]

102 **a)** Die Überstellung muss **aus einer strafrechtlichen Haft** erfolgen, aus anderen amtlichen Gewahrsamen und Unterbringungen kann sie nach diesen Rechtsgrundlagen nicht erfolgen.[101] Dazu zählen nach § 69 Abs. 1 IRG grundsätzlich im ersuchten Staat die strafrechtliche Untersuchungshaft sowie die Vollstreckung durch freiheitsentziehende Maßnahmen einschließlich Maßregeln im ersuchten Staat. Ebenso umfasst ist gem. § 66 Abs. 1 S. 1 IStGHG der Fall, dass sich die Auskunftsperson aufgrund einer Anordnung des IStGH in Untersuchungs- oder Strafhaft befindet.

103 Die Überstellung muss weiterhin **einem deutschen Strafverfahren** dienen. Wenn es das Rechtshilfeinstrument ebenfalls erlaubt, wäre dabei auch die Überstellung für ein Ordnungswidrigkeitsverfahren möglich, dürfte jedoch wegen des generellen Verhältnismäßigkeitsgebots praktisch kaum zur Anwendung kommen.[102] Eine Strafbarkeit der Bezugstat im ersuchten Staat muss nicht bestehen.[103]

104 Ausgehen muss die Entscheidung von dem Ermittlungsorgan, das die Ermittlungen führt, also dem damit befassten Staatsanwalt oder nach Anklage das angerufene Gericht.[104] Für die Verteidigung bleibt es bei den allgemeinen Antrags- und Einwirkungsmöglichkeiten.

105 **b)** Am stärksten unterscheiden sich die einzelnene Rechtsinstrumente darin, für welche **Zwecke** die Überstellung erfolgen darf. Klar ist, wie bereits ausgeführt, dass die Zuführung von Personen zu dem Zweck, sie als Beschuldigte zu vernehmen oder andere Strafverfolgungsmaßnahmen gegen sie durchzuführen, nur im Weg der (endgültigen oder vorübergehenden) Auslieferung erreicht werden kann.[105]

- Am engsten lässt das RHÜ 1959 (und das Abkommen mit Tunesien) die Überstellung nur als Zeuge oder zur Gegenüberstellung zu.[106] Daraus folgt, dass zB eine Überstellung zur „Ermittlungs- und Aufklärungshilfe" durch das Führen eines Telefonates des Betroffenen mit Beschuldigten, nicht erfolgen kann.
- Die Europäische Ermittlungsanordnung wird hingegen für jede zeitweise Überstellung zum Zwecke der Durchführung einer Ermittlungsmaßnahme zur Erhebung von Beweis-

---

[98] Vgl. dazu iE NK-RechtshilfeR/*Docke*/*Momsen* IV Rn. 419 ff. mwN.
[99] *Nagel* Beweisaufnahme 232 mwN.
[100] ZB Art. 18 Abs. 10–12 Palermo I, nicht allerdings das UNSuchtÜ; **für Hongkong:** Art. 14 RHAbk DE/HK; für **die USA:** Art. 7 RHV DE/US.
[101] Namentlich etwa aus Art. 11 RHÜ 1959 und § 69 IRG; vgl. *Nagel* Beweisaufnahme 232 mwN.
[102] Vgl. ausf. Schomburg/Lagodny/Gleß/Hackner/*Hackner* IRG § 69 Rn. 5 mwN auch zum ursprünglichen Gesetzgebungsverfahren.
[103] NK-RechtshilfeR/*v. Galen* IV Rn. 199.
[104] Vgl. Schomburg/Lagodny/Gleß/Hackner/*Hackner* IRG § 69 Rn. 4.
[105] Nr. 119 Abs. 4 RiVASt; vgl. etwa Erwägungsgrund 25 S. 3 EEA-RL; BT-Drs. 18/9757, 35; RefE des BMJV zur Umsetzung der EEA-RL S. 32 f.
[106] Art. 11 Abs. 1 S. 1 RHÜ 1959; **für Tunesien:** Art. 31 Abs. 1 RHV DE/TN.

mitteln erlassen werden können, bei der die Anwesenheit dieser Person im Hoheitsgebiet des Anordnungsstaats erforderlich ist, sofern die Person innerhalb der vom Vollstreckungsstaat gesetzten Frist zurücküberstellt wird.[107]
- Gleich weit erlaubt das 2. ZP zum RHÜ 1959 die zeitweilige Überstellung zu allen Ermittlungszwecken, die nicht im Erscheinen als Beschuldigter bestehen.[108]
- Das Übereinkommen der Vereinten Nationen gegen die grenzüberschreitende organisierte Kriminalität sieht die Überstellung zum Zweck der Identifizierung, der Vernehmung oder einer sonstigen Hilfeleistung zur Beschaffung von Beweismitteln vor (Art. 18 Abs. 10 Palermo I).
- Für den nicht durch ein vorrangiges Vertragsgesetz überlagerten Bereich, vor allem der vertragsfreien Rechtshilfe erlaubt § 69 Abs. 1 IRG die notwendige Sicherungshaft nur für die Überstellung als Zeuge zur Vernehmung und zur Gegenüberstellung, aber auch zur Einnahme eines Augenscheins.[109]
- Nach den Verträgen mit den USA (Art. 7 Abs. 1 RHV DE/US), Kanada (Art. 8 Abs. 1 RHV DE/CA) und Hongkong (Art. 14 Abs. 1 RHAbk DE/HK) kann die Überstellung zu allen Zwecken der in dem Vertrag genannten Rechtshilfe erfolgen, ebenso gilt dies nach der etwas abweichenden Regelung im Verhältnis mit Japan in Art. 24 Abs. 1 RHAbk EU/JP zu allen Beweiszwecken.

c) Gegen die Überstellung eines **Deutschen** aus dem Aus- ins Inland bestehen wegen **106** der nötigen Rücküberstellung nach ganz hM keine verfassungsrechtlichen Bedenken.[110]

d) Nach praktisch allen Rechtshilfeinstrumenten wird die Zustimmung des Betroffenen **107** für notwendig erachtet. Liegt eine **Zustimmung des Betroffenen** nicht vor, kann der ersuchte Staat die Überstellung ablehnen bzw. hat diese abzulehnen.[111] Das Abkommen mit Japan sichert die Freiwilligkeit der Zustimmung des Betroffenen dadurch ab, dass gem. Art. 24 Abs. 6 RHAbk EU/JP wegen der Verweigerung weder eine Strafe noch eine Zwangsmaßnahme im ersuchenden Staat erfolgen darf; außerdem ist hier der Betroffene nach Art. 23 Abs. 2 RHAbk EU/JP zu unterrichten, wenn freies Geleit wegen anderer Straftaten nicht gewährt werden konnte. Wird mangels Zustimmung des Betroffenen die Überstellung abgelehnt, so ist der Zeuge als Beweismittel im Inland unerreichbar, infolge können Surrogate dieser Form der Beweisaufnahme zu prüfen sein (→ § 23 Rn. 79).[112]

3. Vorbereitung

In Deutschland soll die **Vorbereitung der Überstellung** gem. §§ 62 Abs. 2, 69 Abs. 3 **108** IRG durch die Staatsanwaltschaft bei dem Oberlandesgericht, in dessen Bezirk die Freiheitsentziehung vollzogen wird, erfolgen.[113] Damit korrespondiert die innerdeutsche Zuständigkeit aus § 74 IRG auch für Ersuchen innerhalb der EU (→ § 12 Rn. 41).

---

[107] Art. 22 Abs. 1 EEA-RL; BT-Drs. 18/9575, 35 zur Neuregelung in § 91j Abs. 5 IRG nF.
[108] Art. 11 Abs. 1 nF nach Art. 3 ZP II-RHÜ 1959; vgl. dazu die Denkschrift BT-Drs. 18/1773, 32.
[109] NK-RechtshilfeR/*v. Galen* IV Rn. 92, 201 betont hier, dass auch die Überstellung zur Gegenüberstellung und Augenschein nur in der Rolle als Zeuge, nicht als Beschuldigter in Betracht käme, wohl aus dem impliziten Argument, es handele sich um keine Auslieferung. Dies erscheint so nicht nachvollziehbar. Die gramatikalische Auslegung ist offen für drei getrennte Varianten, eine Auslieferung liegt nicht vor, da es sich um eine dezidiert vorläufige Überstellung nur für eine einzelne Beweisaufnahme handelt, das zudem befördert werden soll; zudem dürfte sie auch mit den Teilnahmerechten nach Art. 6 EMRK zu lesen sein, namentlich wenn besonders wichtige Beweise zu erheben sind.
[110] BVerfGE 29, 183 = NJW 1970, 2205; Schomburg/Lagodny/Gleß/Hackner/*Hackner* IRG § 69 Rn. 2, 14 mwN; aA allerdings NK-RechtshilfeR/*Güntge* IV Rn. 121 ff.
[111] Vgl. Nr. 119 Abs. 3 S. 1 RiVASt; insbes. nach Art. 11 Abs. 1 S. 1 lit. a RHÜ 1959; Art. 18 Abs. 10 lit. a Palermo I; **für Hongkong**: Art. 14 Abs. 1 RHAbk DE/HK; **Japan**: Art. 24 Abs. 1 RHAbk EU/JP; **Tunesien**: Art. 31 Abs. 1 UAbs. 2 lit. a RHV DE/TN; **die USA**: zwingende Ablehnung nach Art. 7 Abs. 3 Nr. 1 RHV DE/US; **Kanada**: Art. 8 Abs. 1 RHV DE/CA; vgl. Art. 22 Abs. 2 lit. a EEA-RL; vgl. hier BGH NStZ 1992, 141.
[112] Vgl. hier nur Schomburg/Lagodny/Gleß/Hackner/*Lagodny* II B Art. 11 Rn. 2 f. mwN.
[113] Schomburg/Lagodny/Gleß/Hackner/*Hackner* IRG § 69 Rn. 8 mwN.

109 **a)** Zur Vorbereitung der Überstellung ist zunächst – ggf. auch noch durch die anfordernde Stelle – zu **klären, ob eine erforderliche Zustimmung des Betroffenen** erwirkt werden kann. Dazu soll der effizienteste mögliche Weg gewählt werden, um die inhaftierte Person zu fragen, ob sie mit der Maßnahme einverstanden ist. Die RiVASt empfehlen dazu in Nr. 119 Abs. 3 RiVASt vorrangig, falls eröffnet, den unmittelbaren Geschäftsweg, ansonsten die polizeiliche Kooperation über das BKA (→ § 11 Rn. 153; § 12 Rn. 28). Konsequenterweise dürfte die direkte Kontaktaufnahme (→ § 4 Rn. 5 ff.), soweit möglich und noch effizienter, insgesamt noch vorzugswürdiger sein.

110 Nach der Europäischen Ermittlungsanordnung ausdrücklich (jedoch auch sonst praktisch im Begriff der Zustimmung und dem Recht des ersuchten Staates wohl enthalten), ist dem gesetzlichen Vertreter der inhaftierten Person die Gelegenheit gegeben, zu der zeitweiligen Überstellung Stellung zu nehmen, wenn der ersuchte Staat dies in Anbetracht des Alters der Person oder ihres körperlichen oder geistigen Zustands für erforderlich hält (Art. 22 Abs. 3 EEA-RL).

111 Weiterhin ist bereits im Vorfeld zu klären, wie das **freie bzw. sichere Geleit abzusichern ist** und ggf. die aufenthaltsrechtlichen Voraussetzungen zu schaffen sind (→ Rn. 34 ff.).

112 **b)** Als nächster vorbereitender, noch nicht vollziehender Schritt muss die **Haft** für den gesamten Überstellungsvorgang bis zur Rücküberstellung bzw. sonstigen vereinbarten Verbleib gesichert sein. Weil der ersuchende Staat sicherstellen muss, dass der Betroffene in seinem Hoheitsgebiet und gegebenenfalls im Hoheitsgebiet eines um Durchbeförderung ersuchten Staates in Haft bleibt, muss der ersuchende und jeder durchfördernde Staat einen entsprechenden wirksamen und vollziehbaren Haftbefehl erlassen haben, bevor die Bewilligung betrieben werden kann.[114] Bei dieser Haftentscheidung prüft das zuständige Gericht, ob die gesetzlichen Voraussetzungen (→ Rn. 101 ff.) vorliegen, einschließlich der Frage, ob es die Überstellung für erforderlich und insgesamt verhältnismäßig erachtet.[115]

113 Bei Überstellung nach Deutschland für ein deutsches Verfahren trifft diese **Haftentscheidung** das Gericht, das mit der Sache befasst ist; im vorbereitenden Verfahren der Richter bei dem Amtsgericht, in dessen Bezirk die Staatsanwaltschaft, die das Verfahren führt, ihren Sitz hat (§ 69 Abs. 1, 2 S. 1 IRG).[116] Die Haft wird durch **schriftlichen Haftbefehl** angeordnet. Dieser muss enthalten:
- eine eindeutige Identifikation des Betroffenen,
- die Feststellung seiner Haftsituation im Ausland,
- den Zweck der Beweiserhebung,
- die Erforderlichkeit der Anwesenheit,
- und daher die deklaratorische Feststellung der anstehenden Überstellung des Betroffenen,
- als Haftgrund die Sicherung der Rücküberstellung (sofern auf diese verzichtet wurde, bleibt wohl nur der Haftgrund der Beweisaufnahme),
- etwaige Ausführungen zu Fragen der Verhältnismäßigkeit.[117]

114 Der Haftbefehl stellt nur eine Voraussetzung für die Durchführung der Überstellung und ihre Sicherung dar. Er beinhaltet aber keine Entscheidung oder Befehl, diese Überstellung

---

[114] Art. 11 Abs. 3 RHÜ 1959; Art. 18 Abs. 11 Palermo I; **für Hongkong:** Art. 14 Abs. 2 RIIAbk DE/HK; **Japan:** Art. 24 Abs. 2 RHAbk EU/JP; **Kanada:** Art. 8 Abs. 2 RHV DE/CA; **die USA:** Art. 7 Abs. 4 Nr. 1 RHV DE/US, sofern der ersuchte Staat nichts anderes gestattet hat.
[115] Ebenso Schomburg/Lagodny/Gleß/Hackner/*Hackner* IRG § 69 Rn. 6; NK-RechtshilfeR/*v. Galen* IV Rn. 205.
[116] Zur entsprechenden Zuständigkeit bei Ordnungswidrigkeiten vgl. ausf. Schomburg/Lagodny/Gleß/Hackner/*Hackner* IRG § 69 Rn. 6 mwN; zum Problem der Haftgrundlagen auch in anderen Staaten vgl. *Nagel* Beweisaufnahme 154 f. mwN.
[117] Vgl. §§ 63 Abs. 2, 69 Abs. 3 IRG; vgl. hier Schomburg/Lagodny/Gleß/Hackner/*Hackner* IRG § 69 Rn. 8.

jetzt vorzunehmen.¹¹⁸ Die Entscheidung ist unanfechtbar (§ 69 Abs. 2 S. 2 IRG).¹¹⁹ Das gilt auch für die Staatsanwaltschaft im Falle einer Ablehnung.¹²⁰

c) Das **Ersuchen** muss dem jeweiligen Rechtshilfeinstrument in seinem Geltungsbereich genügen. Dabei gelten für die Europäische Ermittlungsanordnung die dortigen flexiblen Voraussetzungen der Übermittlung aber auch die zwingende Verwendung des Formblattes A, hier mit besonderer Relevanz des Teils H1 (→ § 11 Rn. 223 ff.). Im Rahmen des RHÜ 1959 müssen insbesondere die Erfordernisse für den ersuchten Staat im Ersuchen bzw. durch entsprechende Anlagen geklärt sein.¹²¹ Im Verhältnis zu **Kanada muss** das Ersuchen gem. Art. 10 Abs. 2 lit. f RHV DE/CA Angaben über die Person oder die Personengruppe, in deren Gewahrsam der Häftling während der Überstellung gehalten wird, den Ort, an den der Häftling überstellt werden soll und den Termin seiner Rückkehr enthalten. 115

Allgemein muss das Ersuchen auf zeitweise Überstellung zu Beweiszwecken nach Deutschland in der Regel **auch** das Ersuchen um Zustellung der Ladung an den Betroffenen (→ Rn. 60 ff.) enthalten, es sei denn, die Ladung wäre bereits früher zugestellt worden (Nr. 119 Abs. 1 RiVASt). Es ist mit dem inländischen Sicherungshaftbefehl (→ Rn. 112) der für die Durchführung der Überstellung zuständigen Staatsanwaltschaft bei dem Oberlandesgericht zuzuleiten. 116

d) Eine notwendige **Durchbeförderung** des Betroffenen durch das Hoheitsgebiet eines dritten Staates wird ebenfalls durch ein Ersuchen im Wege der Rechtshilfe gesichert. Ist der Durchbeförderungsstaat Partei des RHÜ 1959, wird diese aufgrund eines justizministeriell übermittelten Ersuchens bewilligt, wobei die Durchbeförderung eigener Staatsangehörigen abgelehnt werden kann (Art. 11 Abs. 2 RHÜ 1959).¹²² Diese besondere Ausnahme besteht hingegen ansonsten nicht. So ist mit den USA in Art. 8 RHV DE/US eine nur durch die allgemeinen Ausnahmen eingeschränkte Durchbeförderungspflicht vereinbart. Auch die Europäische Ermittlungsanordnung erlaubt gem. Art. 22 Abs. 4 EEA-RL nur die allgemeinen Ablehnungsgründe, darunter ggf. auch die Unvollständigkeit der Unterlagen (→ § 11 Rn. 240). Die Liste der erforderlichen Unterlagen kann jeder Durchbeförderungsstaat der Kommission notifizieren (Art. 33 Abs. 2 EEA-RL).¹²³ Soweit für die Gegenseitigkeit relevant, wären dies für Deutschland aus dem Überstellungsstaat die der dortigen Haft zugrundeliegende Entscheidung und ein Dokument, das die Anerkennung und Durchführung der Überstellung nachweist, einen Nachweis der Zustimmung des Betroffenen und die nötigen Unterlagen zur Haftzeitberechnung.¹²⁴ Daraus ergibt sich, dass das Überstellungs- wie auch sämtliche Durchbeförderungsersuchen parallel und ineinander verzahnt betrieben werden müssen. 117

4. Voraussetzungen und Ablehnungsgründe

Neben den allgemeinen Beschränkungen der Rechtshilfe und in aller Regel der Versagung wegen fehlender Zustimmung des Betroffenen (→ Rn. 107), gelten weitere Ablehnungsmöglichkeiten: 118

a) Nach dem RHÜ 1959 kann vom ersuchten Staat die Überstellung **abgelehnt werden**,¹²⁵ wenn 119

---

¹¹⁸ Vgl. hierzu und zum Folgenden Schomburg/Lagodny/Gleß/Hackner/*Hackner* IRG § 69 Rn. 7.
¹¹⁹ Vgl. hierzu auch NK-RechtshilfeR/*Güntge* IV Rn. 131 ff.
¹²⁰ Vgl. auch Schomburg/Lagodny/Gleß/Hackner/*Hackner* IRG § 69 Rn. 9.
¹²¹ Art. 11 Abs. 1 RHÜ 1959; für das Palermo I gelten nur dessen allgemeine Anforderungen, → § 12 Rn. 164.
¹²² Vgl. zur Durchbeförderung als eigener Haftgund NK-RechtshilfeR/*Kubiciel* IV Rn. 561 mit der missverständlichen Formulierung, aus der allerdings nur ein Grund für einen, nicht aber ein Verzicht auf einen Haftbefehl im Durchführungsstaat folgen kann.
¹²³ Vgl. BT-Drs. 18/9575, 35 f.
¹²⁴ BT-Drs. 18/9575, 36.
¹²⁵ Art. 11 Abs. 1 RHÜ 1959; daran orientiert sich ebenso **für Tunesien:** Art. 31 Abs. 1 UAbs. 2 RHV DE/TN.

- die Anwesenheit des Betroffenen im Hoheitsgebiet des ersuchten Staates in einem dort anhängigen Strafverfahren notwendig ist,
- die Überstellung geeignet ist, seine Haft zu verlängern,
- oder wenn andere überwiegenden Gründe seiner Überstellung entgegenstehen.

120   Bei der Europäischen Ermittlungsanordnung ist nach Art. 22 Abs. 2 lit. b EEA-RL von diesen nur noch als ausdrücklicher Grund genannt, dass die Überstellung geeignet ist, die Haft der inhaftierten Person zu verlängern. Bei überwiegenden anderen Gründen, ebenso wie der Notwendigkeit des Aufenthalts im ersuchten Staat für ein dortiges Verfahren soll nunmehr vor allem die Aufschiebung der Durchführung statt der Ablehnung treten.[126] Notfalls soll ansonsten zB der ordre public bzw. der Vorbehalt des Grundrechteschutzes eingreifen. Die Schweiz nimmt Überstellungen nur gegen Zusicherung des freien Geleits vor.[127]

121   b) Ähnlich zu den allgemeinen Ausnahmen besteht im Verhältnis mit den **USA** gem. Art. 7 Abs. 3 Nr. 2 RHV DE/US die Möglichkeit, die Überstellung **nicht zu bewilligen,** wenn ihr zwingende Gründe entgegenstehen. Im Verhältnis mit Hongkong genügen dafür nach Art. 14 Abs. 1 RHAbk DE/HK überwiegende entgegenstehende Gründe. Noch weitergehend scheint das Übereinkommen mit Japan die erforderliche Zustimmung des ersuchten Staates an keinerlei inhaltliche Begrenzungen zu binden, außer die zusätzliche Voraussetzung, dass die Überstellung nach seinem innerstaatlichen Recht auch zulässig sein muss (Art. 24 Abs. 1 RHAbk EU/JP).

122   c) Ansonsten gewinnen hier auch aufgrund der Nähe zu einer Auslieferung und der besonders hohen Eingriffstiefe die allgemeinen Beschränkungen der Rechtshilfe (→ § 11 Rn. 45 ff.) besonderes Gewicht.

5. Durchführung

123   Die **Durchführung** der Überstellung erfolgt entsprechend der geschlossenen **Vereinbarung**[128] oder sonstigen Bewilligung des ersuchten Staates. Nach der EEA-RL wird dabei in Art. 22 Abs. 5 Hs. 2 EEA-RL namentlich sicherzustellen sein, dass der körperliche und geistige Zustand der betroffenen Person sowie das im Anordnungsstaat geforderte Sicherheitsniveau berücksichtigt werden. Zur Auswahl günstiger Übergabeorte und für die Beförderung dorthin bzw. von dort enthalten vor allem die bilateralen Polizeiverträge mit den deutschen Nachbarstaaten allgemeine Regelungen.[129]

124   a) In Deutschland soll die Durchführung gem. §§ 62 Abs. 2, 69 Abs. 3 IRG **durch die Staatsanwaltschaft bei dem Oberlandesgericht,** in dessen Bezirk die Freiheitsentziehung vollzogen wird, erfolgen.[130] Die richterlichen Verfügungen während der Haft, namentlich im Hinblick auf Beschränkungsmaßnahmen nach § 119 StPO, trifft gem. §§ 27 Abs. 3, 69 Abs. 3 IRG der Vorsitzende des zuständigen Senats des Oberlandesgerichts. Die Generalstaatsanwaltschaft kann sich zur Durchführung der Hilfe der Polizei bedienen (Nr. 80 Abs. 2 S. 2 RiVASt, Nr. 119 Abs. 2 S. 2 RiVASt). Die Staatsanwaltschaft beim Oberlandesgericht hat auch die Einhaltung der gestellten Bedingungen und die rechtzeitige Rückführung der überstellten Person zu überwachen (Nr. 80 Abs. 2 S. 3 RiVASt, Nr. 119 Abs. 2 S. 2 RiVASt).

125   b) Der **Haftbefehl** ist dem Betroffenen unverzüglich nach seinem Eintreffen im Geltungsbereich dieses Gesetzes **bekanntzugeben** und ihm eine **Abschrift auszuhändigen** (§§ 45 Abs. 4, 69 Abs. 3 IRG).[131] Hierfür hat die veranlassende Behörde Sorge zu tragen;

---

[126] Vgl. BT-Drs. 18/9575, 35.
[127] NK-RechtshilfeR/*Meyer* IV Rn. 667.
[128] Zur Vereinbarung etwa Art. 18 Abs. 10 lit. b Palermo I; Art. 22 Abs. 5 EEA-RL; vgl. BT-Drs. 18/9575, 35 f.
[129] S. auch → § 8 Rn. 20 zur dazu erlaubten polizeilichen Grenzüberschreitung; vgl. hier nur beispielhaft Art. 30 PolZV DE/AT.
[130] Vgl. Schomburg/Lagodny/Gleß/Hackner/*Hackner* IRG § 69 Rn. 8 mwN.
[131] Vgl. Schomburg/Lagodny/Gleß/Hackner/*Hackner* IRG § 69 Rn. 8.

die Durchführung kann den überführenden Ermittlungspersonen übertragen werden.[132] Eine Vorführung vor einen Richter folgt dazu nicht.[133] Auch hier sind die erforderlichen allgemeinen Übersetzungspflichten zu beachten. Weiterhin gelten die Benachrichtigungsrechte zugunsten eines Angehörigen und der konsularischen Vertretung, bzw. die Belehrung und Entscheidung des Betroffenen darüber wie bei jeder inländischen Verhaftung.[134]

c) Für den **Vollzug der Haft** gilt § 119 StPO entsprechend wie bei einer Auslieferungshaft (über §§ 27 Abs. 1, 69 Abs. 3 IRG.). Damit gelten ergänzend die allgemeinen Vollzugsbestimmungen der Länder.[135] Die Staatsanwaltschaft beim Oberlandesgericht bestimmt die Anstalt, in welcher der Verfolgte zu verwahren ist (§§ 27 Abs. 2, 69 Abs. 3 IRG). **126**

d) Trotz fehlender Regelung ist wegen Art. 104 Abs. 2 GG davon auszugehen, dass die **Rückführung** unverzüglich erfolgen muss, wenn der Zweck der Überstellung erfolgt ist oder nicht erreicht werden kann, wobei ein Zuwarten vom Ermittlungs- auf ein zeitnahes Hauptverfahren zulässig sein soll.[136] Dies entspricht etwa der ausdrücklichen unverzüglichen Rücküberstellungspflicht im Übereinkommen der Vereinten Nationen gegen die grenzüberschreitende organisierte Kriminalität (Art. 18 Abs. 11 lit. b Palermo I) und anderen Übereinkommen, wie zB mit den USA (Art. 7 Abs. 4 Nr. 2 RHV DE/US), Kanada (Art. 8 Abs. 2 RHV DE/CA) und Japan (Art. 24 Abs. 3 RHAbk EU/JP). Zudem darf die Rücküberstellung nicht von einem gesonderten Verfahren, wie insbesondere einem Auslieferungsverfahren abhängig gemacht werden.[137] **127**

Die Haft ist allerdings zu beenden, wenn der Staat, in dem der Betroffene vor der Überstellung inhaftiert war, seine Freilassung beantragt.[138] **128**

6. Freies Geleit

Das **freie Geleit für den überstellten Betroffenen im** Inland nach den entsprechenden völkerrechtlichen Rechtshilfeinstrumenten (→ Rn. 35 ff.)[139] gilt auch hier wohl bereits aus deren Ratifikationsgesetzen in Deutschland. **129**

Dies stellt auch die EEA-RL in Art. 22 Abs. 8 EEA-RL für ihren Anwendungsbereich klar, wonach das freie Geleit für alle vor der Überstellung begangenen Straftaten gilt, (auch) wenn diese nicht in der Europäischen Ermittlungsanordnung angegeben sind, allerdings nur maximal für 15 Tage nach Freilassung im oder freiwillige Rückkehr in den ersuchenden oder Durchbeförderungsstaat (Art. 22 Abs. 9 EEA-RL).[140] Ähnlich muss im Rahmen zB des Übereinkommens der Vereinten Nationen gegen die grenzüberschreitende organisierte Kriminalität oder im Verhältnis mit den **USA** und **Japan** das uneingeschränkte freie Geleit für die Dauer der Überstellung beachtet werden.[141] Mit Japan ist ausdrücklich festgeschrieben, dass der Überstellte auch im Bereich des gewährten Geleites im Rahmen von Straf- **130**

---

[132] Schomburg/Lagodny/Gleß/Hackner/*Hackner/Lagodny* IRG § 69 Rn. 8, § 45 Rn. 22.
[133] Verwiesen wird lediglich auf § 114a, nicht §§ 115 f. StPO, vgl. Schomburg/Lagodny/Gleß/Hackner/ *Schomburg/Hackner/Lagodny* IRG § 20 Rn. 1, § 45 Rn. 22 mwN.
[134] Schomburg/Lagodny/Gleß/Hackner/*Hackner* IRG § 69 Rn. 8 aE; NK-RechtshilfeR/*v. Galen* IV Rn. 205.
[135] Schomburg/Lagodny/Gleß/Hackner/*Schomburg/Hackner* IRG § 27 Rn. 1 ff. mwN.
[136] So jedenfalls richtig Schomburg/Lagodny/Gleß/Hackner/*Hackner* IRG § 69 Rn. 11 f.; abzulehnen ist dagegen erneut mit der ganz hM die von NK-RechtshilfeR/*v. Galen* IV Rn. 206 entgegen der genannten Verträge gebildete Auslegung von § 69 IRG, nach der eine Rückführung Deutscher nur innerhalb der EU möglich wäre.
[137] Vgl. Art. 18 Abs. 11 lit. c Palermo I; **für die USA:** Art. 7 Abs. 4 Nr. 3 RHV DE/US.
[138] Vgl. ausdrücklich etwa Art. 11 Abs. 3 RHÜ 1959; Art. 22 Abs. 6 EEA-RL mit der etwas missverständlichen Formulierung, dass der Betroffene im Hoheitsgebiet des TransitMitgliedstaats, in Haft *wegen* der Handlungen oder Verurteilungen, für die er im Vollstreckungsstaat in Haft gehalten wurde, in Haft bleibe. Inländische Haftgründe bleibt indes die Rücküberstellung, nicht der stellvertretende Vollzug fremder Haftgründe, diese bilden lediglich den Hintergrund dafür.
[139] Vgl. hier nur nochmals beispielhaft Art. 12 RHÜ 1959.
[140] Vgl. zur Umsetzung dieser Begrenzung in § 91j Abs. 5 S. 2 IRG nF BT-Drs. 18/9575, 36, 82.
[141] Art. 18 Abs. 12 Palermo I; für **die USA** folgt dies aus Art. 6 RHV DE/US; **für Japan** ausdrücklich aus Art. 24 Abs. 5 RHAbk EU/JP (→ Rn. 42).

ermittlungen oder anderen Verfahren als Zeuge aussagen oder mitwirken darf, wenn er, aber auch der ersuchende und vor allem der ersuchte Staat dem zugestimmt haben (Art. 24 Abs. 5 RHAbk EU/JP). Im Verhältnis mit **Hongkong** wird das freie Geleit gleich auf die Einreise aufgrund Überstellung ausgedehnt und zusätzlich ausdrücklich nach Freilassung erstreckt (Art. 14 Abs. 3, Art. 16 Abs. 1 RHAbk DE/HK). Im Vertrag mit **Kanada** ist in Art. 8 Abs. 3 RHV DE/CA ausdrücklich festgehalten, dass der zunächst Überstellte und nach Ablauf seiner Haftzeit im ersuchenden Staat auf Mitteilung des ersuchten Staates Freigelassene das freie Geleit zu erhalten hat, als ob er aufgrund einer durch entsprechende Rechtshilfe bewirkte Ladung sich dorthin begeben hätte. Liegt kein Fall eines völkerrechtlich oder durch Umsetzung der EEA-RL bereits verbindlichen und *ipso iure* zu beachtenden freien Geleits vor, so liegt es an den deutschen Ermittlungsorganen, für die Gewährung des sicheren Geleits im konkreten Einzelfall zu sorgen (→ Rn. 47 ff.), soweit der ersuchte Staat darauf vor der Überstellung besteht. Ein fehlendes bzw. nicht erreichbares sicheres Geleit dürfte auch *de lege lata* diesem aus völkerrechtlicher *Courtoisie* bzw. allgemeinem Täuschungsverbot vor dessen Bewilligungsentscheidung offenzulegen sein. Kommt danach mangels Geleit eine Überstellung nicht zustande, ist das Beweismittel jedenfalls auf diese Weise in ordnungsgemäßer Weise nicht erreichbar (ebenfalls bereits → § 23 Rn. 79, 106, 109, 126 f., 137 ff.).[142]

7. Kosten

131 Die **Kosten für die Überstellung** sind grundsätzlich vom ersuchenden Staat zu übernehmen (→ § 13 Rn. 225, 229 ff.).[143] Im Binnenverhältnis gilt die besondere Vereinbarung des Bundes und der Länder. Die Haftdauer während der gesamten Dauer der Überstellung ist wohl stets **anzurechnen**.[144]

IV. Transnationale Videosimultanübertragung

1. Rechtsgrundlagen

132 Die Videosimultanübertragung aus dem Ausland richtet sich nach den einschlägigen Vorschriften der StPO, **insbesondere §§ 58a, 247a StPO,** in Verbindung mit den Regelungen der Rechtshilfe, die diese zulassen.[145]

133 Dies ist **innerhalb der EU** bis zur Ablösung durch das Recht der Europäischen Ermittlungsanordnung (Art. 24 EEA-RL) primär das RHÜ 2000 (Art. 10 RHÜ 2000). Im Rahmen des Europarates bzw. des **RHÜ 1959** wird Gleiches durch Art. 9 ZP II-RHÜ 1959 realisiert.

134 Daneben finden sich in vielen neueren **bi- und multilateralen Übereinkommen** entsprechende Regelungen, die allerdings meist nicht eine derartige umfassende Regelung

---

[142] Eines allgemeinen Geleitsrechts oder Analogieschlusses aus § 62 Abs. 1 Nr. 3 IRG wie von Schomburg/Lagodny/Gleß/Hackner/*Hackner* IRG § 69 Rn. 13 mwN bedarf es daher nicht, er erscheint zumal angesichts der bewussten Entscheidung der Verweise des Gesetzgebers von § 69 IRG auch auf § 62 IRG kaum zu begründen; die anstehende Neufassung von § 91j Abs. 5 S. 1 IRG nach dem RefE des BMJV zur Umsetzung der EEA-RL scheint hier allerdings auch durch die erweiterte Neufassung des Verweises von § 69 Abs. 3 IRG nF nunmehr auch auf § 62 Abs. 2 und nicht nur Abs. 1 nichts anderes vorzusehen. Für ein automatisches Geleitsrecht entgegen § 295 StPO gibt der Wortlaut nichts Hinreichendes her.

[143] Vgl. hier nur Art. 20 RHÜ 1959, allerdings abgeändert durch Art. 22 Abs. 10 EEA-RL, wobei allerdings die reinen Überstellungskosten weiter vom anordnenden Staat zu tragen sind.

[144] So jedenfalls Art. 22 Abs. 4 EEA-RL, allerdings nicht RHÜ 1959; dagegen auch Art. 18 Abs. 11 lit. d Palermo I; **für Japan:** Art. 24 Abs. 4 RHAbk EU/JP; **die USA:** Art. 7 Abs. 4 Nr. 4 RHV DE/US; und allgemein für eingehende Ersuchen in Deutschland § 62 Abs. 3 IRG; ansonsten fehlt oft eine zwischenstaatliche Regelung; wegen der (abzulehnenden) Exklusivitätsthese (→ Rn. 239) im Fall Art. 9 RHÜ 2000 problematisch für NK-RechtshilfeR/*Kubiciel* IV Rn. 296 jedoch auch iE zustimmend.

[145] Vgl. die ausführliche Grundsatzentscheidung nach BGHSt 45, 188 ff. = NJW 1999, 3788; insbes. ist auch eine Rechtshilfe erforderlich, es liegt kein Fall einer unmittelbaren Hoheitsausübung im fremden Staat vor, vgl. ausf. *Norouzi* Audiovisuelle Vernehmung 96 ff. mwN; vgl. zur Zulässigkeit ausf. auch *Swoboda*, Videotechnik im Strafverfahren, 2002, 287 ff.; *Rose* wistra 2001, 290 f.; *Lagodny* in Lagodny, Der Strafprozess vor neuen Herausforderungen. Über den Sinn und Unsinn von Unmittelbarkeit und Mündlichkeit im Strafverfahren, 2000, 167 ff., auch zur Videoaufzeichnung *de lege ferenda*.

wie das RHÜ 2000 aufweisen, sodass dieses nicht nur wegen seiner Bedeutung hier als exemplarischer Maßstab genommen werden soll.[146]

Dazu zählt auch das Rechtshilfeabkommen mit den **USA,** das allerdings nur wenige 135 Details enthält und im Übrigen auf im Einzelfall zu treffende Absprachen verweist und sich am RHÜ 2000 anlehnen will.[147]

Das Abkommen mit **Japan** enthält ausdrücklich nur Auffangregelungen, soweit die 136 beteiligten Staaten nicht im Rahmen der Konsultationen etwas anderes vereinbaren (Art. 16 RHAbk EU/JP).[148] Dabei ist zu bedenken, dass das innerstaatliche japanische Strafverfahren die Videovernehmung nicht kennt und entsprechende technische Infrasturktur vor allem bei den Gerichten grundsätzlich nicht zur Verfügung steht, sodass ein erheblicher Vorlauf erforderlich ist, wenn nicht anstelle einer förmlichen Vernehmung unter Beteiligung eines japanischen Gerichtes eine Befragung bei einer anderen Ermittlungsbehörde erfolgen kann.

Allgemein kann die Videosimultanübertragung auch **im vertragslosen Rechtshilfever-** 137 **kehr** in Betracht kommen; sie ist jedenfalls von deutscher Seite aus nicht ausgeschlossen und damit alleine von den technischen und rechtlichen Möglichkeiten des ersuchten Staates abhängig.[149]

Ersuchen deutscher Gerichte und Staatsanwaltschaften sind immer dann zulässig, wenn 138 die Vernehmung im Wege der zeitgleichen Bild- und Tonübertragung prozessual verwertbar ist.[150]

2. Deutsches Recht

Für das deutsche Strafverfahrensrecht hat das Gesetz zur Intensivierung des Einsatzes von 139 Videokonferenztechnik in gerichtlichen und staatsanwaltschaftlichen Verfahren im Mai 2013 die Anwendungsmöglichkeiten wesentlich erweitert. Allerdings konnten die Länder jeweils einzeln durch Rechtsverordnung bis Ende 2017 die neuen Regelungen für vorläufig nicht anwendbar erklären:[151]

- Für die Videovernehmung eines **Zeugen oder Sachverständigen in der Hauptverhandlung** müssen wie bisher die Voraussetzungen des § 247a StPO (→ § 23 Rn. 19 ff.) erfüllt sein. Eine Vernehmung kann daher zwar auch wegen einer besonderen Gefährdung erfolgen, wird aber doch weitaus häufiger als Alternative einer kommissarischen Vernehmung angeordnet werden.[152]
- Weiterhin gilt für die **richterliche Vernehmung von Zeugen** außerhalb der Hauptverhandlung § 168e StPO, dessen Voraussetzungen denen von § 247a Abs. 1 S. 1 Hs. 1 StPO entsprechen, bei dem allerdings der durchführende Richter bei der Auskunftsperson anwesend sein soll, sodass diese Form nicht auf grenzüberschreitende Problemlagen zugeschnitten ist. Daher stellt sich hier die Frage, ob die neue zentrale Regelung des § 58b StPO für Videovernehmungen neben § 168e StPO zur Anwendung kommen kann, was angesichts dessen einschränkender Formulierung und den Bedenken durchaus fraglich sein dürfte.[153]

---

[146] Vgl. Art. 18 Abs. 18 Palermo I; noch nicht im UNSuchtÜ.
[147] Art. 10bis Abs. 2 RHV DE/US seit 2006; vgl. BT-Drs. 16/4377, 66 f.; hierzu und zu den etwas abweichenden Zwecksetzungen vom deutschen Recht im Hinblick primär auf die Effizienz und Verfahrensbeschleunigung NK-RechtshilfeR/*Docke*/*Momsen* IV Rn. 409 mwN.
[148] Vgl. EU Ratsdok. 15008/16, 11.
[149] Vgl. BGHSt 45, 188 ff. = NJW 1999, 3788 mwN.
[150] Ausdr. BT-Drs. 17/1224, 12.
[151] Art. 9 Gesetz zur Intensivierung des Einsatzes von Videokonferenztechnik in gerichtlichen und staatsanwaltschaftlichen Verfahren v. 25.4.2013 (BGBl. 2013 I 935).
[152] Vgl. ausf. *Norouzi* Audiovisuelle Vernehmung 67 ff. mwN.
[153] Vgl. Meyer-Goßner/Schmitt/*Schmitt* StPO § 168e Rn. 1; sowie auch Kritik am Unterlaufen der besonderen Gütererfordernisse für eine richterliche Vernehmung nach Stellungnahme der Bundesrechtsanwaltskammer zu Artikel 1 und 6 des Entwurfes eines Gesetzes zur Intensivierung des Einsatzes von Videokonferenztechnik in gerichtlichen und staatsanwaltschaftlichen Verfahren, BT-Drs. 17/1224, 3 ff. mwN.

3. Kapitel

140 Die neuen Regelungen erlauben ergänzend Folgendes:
- Die Videovernehmung des **Angeklagten** kann auch an die Stelle der kommissarischen Vernehmung **im Vorfeld einer Hauptverhandlung** treten, bei der er von der Pflicht zum persönlichen Erscheinen entbunden werden soll (§ 233 Abs. 2 S. 3 StPO);
- Die **Vernehmung von Sachverständigen in der Hauptverhandlung** kann mit Videoübertragung erfolgen, solange Gegenstand keine Sicherheitsverwahrung, psychiatrische Unterbringung oder Therapieweisung iSv § 246a StPO ist (§ 247a Abs. 2 StPO).
- **Dolmetscherleistungen** können gem. § 185 Abs. 1a GVG insgesamt über Videozuschaltung erbracht werden. Allerdings soll dies in Hauptverhandlungssituationen in aller Regel wegen der Einschaltung in die persönliche Kommunikation zwischen Verteidigung und Angeklagten ausscheiden.[154]
- Außerhalb der Beweiserhebung sind noch weitere Einsatzmöglichkeiten vorgesehen.[155]

141 Für das **Ermittlungsverfahren** und die dortigen Beweiserhebungen durch die Staatsanwaltschaft, Polizei und sonstige Ermittlungspersonen im Rahmen ihrer Zuständigkeit soll unabhängig von den insoweit klarstellenden deklaratorischen Ergänzungen der StPO stets die Möglichkeit bestanden haben, **über Videoschaltungen Zeugen, Sachverständige und Beschuldigte zu vernehmen und Dolmetscher in Anspruch** zu nehmen.[156]

142 Die Entscheidung über die Durchführung einer Videovernehmung steht grundsätzlich im **pflichtgemäßen Ermessen des anordnenden Ermittlungsorgans**.[157] Dabei ist vor allem die Verfahrenseffizienz einerseits, andererseits aber auch die Notwendigkeit des ungefilterten Eindrucks und „parasprachlicher" Kommunikationsebenen zu berücksichtigen.[158] Soweit nicht nur überhaupt die Beweiserhebung mit der Billigung des Betroffenen erfolgen kann, wie insbesondere bei polizeilichen Vernehmungen, ist der Einsatz der Videoübertragungstechnik nicht von der Zustimmung der Verfahrensbeteiligten abhängig.[159] Ausdrücklich kann die Entscheidung des Gerichts nach § 247a StPO auch weder mit einer isolierten Beschwerde angefochten noch im Wege der Revision gerügt werden.[160]

143 Soll die Videoübertragung alleine der **Anhörung** und nicht der formalen Beweisaufnahme dienen, kann sie auch außerhalb der entsprechenden ausdrücklichen Befugnisnormen der StPO erfolgen, soweit die konkrete Art und Weise nicht tragenden Rechtsprinzipien oder Verfahrensvorschriften zuwider läuft.[161]

144 Der Einsatz der Videoübertragungstechnik ist stets vollständig getrennt von der Frage einer **möglichen Videoaufzeichnung** zu beurteilen, für die außer im Verhältnis mit den USA im Übrigen bislang keine Rechtshilferegeln bestehen.[162]

3. Rechtshilferechtliche Voraussetzungen

145 Aus der Perspektive des **Rechtshilferechts** müssen zusätzlich folgende Voraussetzungen gegeben sein, die auch mit den deutschen Prozessregeln nicht in Konflikt geraten:[163]

146 a) Zunächst muss eine entsprechende Beweiserhebungshandlung vorliegen:
- Der Betroffene soll als **Zeuge oder Sachverständiger** von einem Gericht oder sonstigen Justizbehörde vernommen werden. Bei der Frage, ob man unter den Begriff Sachver-

---
[154] BT-Drs. 17/12418, 14.
[155] So für die Haftanhörung § 118a Abs. 2 S. 2, 3 StPO nF und für die Anhörung bei Verteidigerausschluss § 138d Abs. 4 StPO.
[156] Vgl. insoweit die Klarstellungen in §§ 163 Abs. 3 S. 1, 163a Abs. 1 S. 2 StPO; vgl. zur Rechtsauffasung von Bundestag und -regierung iÜ BT-Drs. 17/1224, 17 f.; BT-Drs. 17/12418, 14, 16.
[157] Vgl. dazu insbes. BT-Drs. 17/1224, 11 f.; krit. etwa *Mehle* FS Grünwald, 1999, 351 ff. mwN.
[158] BT-Drs. 17/1224, 10 ff. mit der Gesetzesbegründung, vor allem S. 11, 13 f. sowie Gegenäußerung der Bundesregierung S. 16; BT-Drs. 17/12418, 14 f.
[159] BT-Drs. 17/12418, 15.
[160] BT-Drs. 17/12418, 16.
[161] Vgl. *Esser* NStZ 2003, 464 ff.; *Rinio* NStZ 2004, 188 ff.
[162] Hier auch nicht überzeugend etwa zu Art. 10 RHÜ 2000 NK-RechtshilfeR/*Kubiciel* IV Rn. 298, abgesehen von der fehlenden Spiegelung im deutschen Verfahrensrecht; zum Vertrag mit den USA entsprechend NK-RechtshilfeR/*Docke*/*Momsen* IV Rn. 410.
[163] Vgl. BGHSt 45, 188 ff. = NJW 1999, 3788; *Norouzi* Audiovisuelle Vernehmung 159 ff. mwN.

ständiger auch den Dolmetscher, der alleine sich im Zielstaat aufhalten würde, fassen könnte, dürfte entscheidend sein, wann die Grenze zur reinen Dienstleistung bei der Vernehmung eines anderen hin zu einer eigenen Beweiserhebung über gerade sprachbezogene Expertise überschritten ist. Dies dürfte jedenfalls praktisch vorab durch Konsultationen abzuklären sein.

- Eine **Beschuldigtenvernehmung** ist weitgehend nur eingeschränkt möglich, zB nach RHÜ 2000, wenn eine entsprechende zusätzliche allgemeine Vereinbarung zwischen den beteiligten Staaten besteht.[164] Im Verhältnis mit den USA und mit Japan ist sie nicht vorgesehen.[165]
- Außerdem kann im Verhältnis mit den USA der ersuchte Staat den Einsatz der Videoübertragungstechnik **für andere Zwecke** wie beispielsweise der Identifizierung von Personen oder Gegenständen oder der Festhaltung von Ermittlungsfeststellungen gestatten (Art. 10bis Abs. 5 RHV DE/US).[166] Im Rechtshilfeabkommen mit Japan ist gem. Art. 16 Abs. 1 RH-Abk EU/JP lediglich die Vernehmung oder Entgegennahme von Erklärungen vorgesehen.

b) Der Betroffene muss sich weiterhin im Hoheitsgebiet eines anderen Mitgliedstaats **147** befinden und – zumindest nach dem noch geltenden RHÜ 2000, ZP II-RHÜ 1959, sowie der Übereinkommen der Vereinten Nationen gegen die grenzüberschreitende organisierte Kriminalität – sein persönliches **Erscheinen im Inland nicht zweckmäßig oder nicht möglich sein**.[167] Die Reise ins Inland soll auch unmöglich sein, wenn die Auskunftsperson dadurch einer ernsten Gefahr ausgesetzt wäre; nicht zweckmäßig könne sie dagegen zB bei besonders jungen oder alten Auskunftspersonen sein.[168] Sind diese Voraussetzungen gegeben, hat der ersuchte Staat vorbehaltlich der allgemeinen Ablehnungsgründe im Rahmen des RHÜ 2000 eine Pflicht, eine Videovernehmung zu ermöglichen.[169] Dagegen besteht die Voraussetzung der Unmöglichkeit oder Unzweckmäßigkeit des Erscheinens im Inland für Zeugen und Sachverständige im Verhältnis zu den **USA** oder **Japan** nicht.[170] Auch die **Europäische Ermittlungsanordnung** wird mangels Regelung eine solche Voraussetzung vor allem dem innerstaatlichen Recht des ersuchenden Staates vorbehalten (Art. 24 Abs. 1, 2 EEA-RL).

c) Eine **Zustimmung** des Zeugen oder Sachverständigen ist nach dem RHÜ 2000 nicht **148** erforderlich,[171] wohl aber nach dem ZP II-RHÜ 1959 und allgemein den deutschen Rechtsvorstellungen.[172] Folgerichtig ist sie auch für Zeugen und Sachverständige im Verhältnis zu

---

[164] Art. 10 Abs. 9 RHÜ 2000; die Beschuldigtenvernehmung auf freiwilliger Basis soll auch nach Umsetzung der EEA-RL in Betracht kommen, hierzu hat die Bundesregierung eine entsprechende Erklärung zu Art. 10 Art. 9 abgegeben, die weiterhin über die Ablehnungsgründe der EEA-RL in Geltung bleiben soll, vgl. BT-Drs. 18/9575, 35 f.; zu Art. 9 Abs. 8, 9 ZP II-RHÜ 1959 hat die Bundesregierung erklärt, dass eine Beschuldigtenvernehmung nur bei freiwilliger Zustimmung des Betroffenen in Betracht komme; zu den näheren Umständen der Videovernehmung von Beschuldigten vgl. ausf. Schomburg/Lagodny/Gleß/Hackner/*Gleß/Schomburg* III B 1 Art. 10 Rn. 23 ff. mwN.
[165] BT-Drs. 16/4377, 66; **für Japan:** ausdrücklich Art. 16 Abs. 1 RHAbk EU/JP.
[166] NK-RechtshilfeR/*Docke/Momsen* IV Rn. 409 auch zur Möglichkeit der Zuschaltung von Teilnehmern, nur um deren Anwesenheitsrechte zu gewährleisten.
[167] So zB gem. Art. 10 Abs. 1 RHÜ 2000, Art. 9 Abs. 1 ZP II-RHÜ 1959; vgl. Art. 18 Abs. 18 Palermo I: nicht möglich oder nicht wünschenswert; die Einschränkung sieht die EEA-RL nicht mehr vor.
[168] Nach dem Erläuternden Bericht zum RHÜ 2000, ABl. C 379, 15; übernommen durch die Denkschrift zum RHÜ 2000-ZP 2, BT-Drs. 18/1773, 35; vgl. Schomburg/Lagodny/Gleß/Hackner/*Gleß/Schomburg* III B 1 Art. 10 Rn. 5.
[169] Schomburg/Lagodny/Gleß/Hackner/*Gleß/Schomburg* III B 1 Art. 10 Rn. 6, 8 mwN.
[170] Für **die USA:** Art. 10bis Abs. 1 S. 1 RHV DE/US; **Japan:** nach Art. 16 Abs. 1 RHAbk EU/JP muss sie allerdings für das Verfahren notwendig sein.
[171] Vgl. Erläuternder Bericht zum RHÜ 2000, ABl. 2000 C 379, 15; Schomburg/Lagodny/Gleß/Hackner/*Gleß/Schomburg* III B 1 Art. 10 Rn. 11; ebenso Art. 18 Abs. 18 Palermo I; **für Japan:** Art. 16 RHAbk EU/JP.
[172] Deutschland hat zu Art. 9 Abs. 2 ZP II-RHÜ 1959 am 9.2.2015 verbindlich erklärt, dass es nur eine Videovernehmung als mit seinen Rechtsgrundsätzen vereinbar ansehe, die mit Zustimmung der Auskunftsperson erfolge. Hintergrund ist, dass es aus deutscher Sicht auch im Völkerrecht keine Pflicht gibt, im Ausland zu einer Videovernehmung zu erscheinen, vgl. Denkschrift BT-Drs. 18/1773, 35, dies ist

den USA zwingend (Art. 10 Abs. 4 RHV DE/US, Art. 10bis Abs. 1 S. 3 RHV DE/US). Bei einer geplanten Videovernehmung eines Beschuldigten oder Verdächtigen ist auch nach dem RHÜ 2000 dessen Zustimmung zwingend; bei einer Europäischen Ermittlungsanordnung kann der ersuchte Staat bei ihrem Fehlen die Vollstreckung der Rechtshilfe verweigern.[173] Auch bei der Europäischen Ermittlungsanordnung würde es deren Sinn und Zweck eindeutig widersprechen, wenn der ersuchte Staat die Durchführung einer Videovernehmung eines Zeugen, Sachverständigen oder anderen Verdächtigen bzw. Beschuldigten wegen der fehlenden Zustimmung eines anderen Verdächtigen bzw. Beschuldigten versagen könnte.[174] Erst recht ist eine Zustimmung anderer Verfahrensbeteiligter weder erforderlich noch vorgesehen, sofern nicht allgemeine Ausnahmeklauseln der Rechtshilfeverpflichtung greifen.

149   d) Der ersuchte Mitgliedstaat **hat** nach dem RHÜ 2000 bzw. ZP II-RHÜ 1959 die Vernehmung per Videokonferenz zu bewilligen, wenn dies den **Grundprinzipien seiner Rechtsordnung nicht zuwiderläuft**[175] und er über die technischen Vorrichtungen für eine derartige Vernehmung verfügt. Ist letzteres nicht der Fall, so können ihm diese von dem ersuchenden Mitgliedstaat im gegenseitigen Einvernehmen zur Verfügung gestellt werden.[176] Die Videovernehmung kann nicht alleine deswegen abgelehnt werden, weil die Prozessregeln des ersuchten Staates diese für innerstaatliche Vernehmungen nicht vorsehen.[177]

4. Ersuchen

150   Die Grundlage der Videoübertragung bildet ein **Rechtshilfeersuchen**.[178] Zusätzlich zu den allgemeinen Form- und Inhaltsvorschriften (→ § 12 Rn. 115 ff.) muss dieses nach dem RHÜ 2000 die Justizbehörde (→ 1. Kap. Rn. 18) und die Namen der Personen, die die Vernehmung durchführen werden, bezeichnen und begründen, warum ein persönliches Erscheinen des Zeugen oder Sachverständigen nicht zweckmäßig oder möglich ist.[179] Letztgenanntes Erfordernis wird mit der Europäische Ermittlungsanordnung wegfallen, allerdings ist das entsprechende Formular anzuwenden und dort insbesondere Abschnitt H2 auszufüllen.

151   Zusätzlich sieht die Europäische Ermittlungsanordnung in Art. 24 Abs. 3 EEA-RL eine **verpflichtende Vereinbarung** über die praktischen Vorkehrungen für die Vernehmung zwischen der Anordungs- und Vollstreckungsbehörde vor, die vor allem die genauen Verpflichtungen zur Vorladung und Identitätsfeststellung beinhalten muss.

5. Durchführung

152   Die **Durchführung** erfolgt nach den Regeln des Rechtshilferechts sowie nach dem Recht sowohl des ersuchten als auch ersuchenden Staates.[180] Für die technische Durchführung der Videoübertragung stellt die EU Standards und Leitfäden bereit.[181]

---

wegen der Spannungen zur nahezu zeitgleich verabschiedeten unionsrechtlichen EEA (s. sogleich) durchaus sehr bemerkenswert.
[173] Art. 10 Abs. 9 RHÜ 2000; Art. 24 Abs. 2 lit. a EEA-RL.
[174] Insoweit leider missverständlich jedenfalls die deutsche Sprachfassung des Art. 24 Abs. 2 lit. a EEA-RL.
[175] Vgl. etwa Art. 24 Abs. 2 lit. b EEA-RL; Art. 10 Abs. 2 S. 1 RHÜ 2000.
[176] Art. 18 Abs. 18 S. 1 Palermo I; Art. 10 Abs. 2 RHÜ 2000; Art. 24 Abs. 4 EEA-RL, vgl. Nr. 77 Abs. 2 lit. e RiVASt nach dem Wortlaut allerdings nur für eingehende Ersuchen; obwohl dies auch wohl für ausgehende Ersuchen vom RefE des BMJV zur EEA-RL S. 35 angeführt wird.
[177] Vgl. Erläuternder Bericht zum RHÜ 2000, ABl. 2000 C 379, 15; Schomburg/Lagodny/Gleß/Hackner/Gleß/Schomburg III B 1 Art. 10 Rn. 7; ebenso soll die Zweckmäßigkeit durch den ersuchten Staat jedenfalls iRd RHÜ 2000 nicht zu prüfen sein, NK-RechtshilfeR/*Kubiciel* IV Rn. 299 f. mwN.
[178] Vgl. etwa **für die USA:** Art. 10bis Abs. 1 S. 2 RHV DE/US.
[179] Art. 10 Abs. 3 RHÜ 2000; ebenso Art. 9 Abs. 3 ZP II-RHÜ 1959; dagegen sind zB nach Palermo I nur die allgemeinen Anforderungen zu beachten.
[180] Art. 10 Abs. 4 RHÜ 2000; Art. 9 Abs. 5 ZP II-RHÜ 1959; vgl. iE *Norouzi* Audiovisuelle Vernehmung 179 ff. mwN.
[181] Vgl. *Generalsekretariat des Rates der EU,* Leitfaden für Videokonferenzen in grenzüberschreitenden Gerichtsverfahren, Luxemburg 2013, auch abrufbar unter https://e-justice.europa.eu/content_manual-71-de.do; (zuletzt abgerufen am 21.5.2019) dort sind auf S. 27 ff. auch die anzuwendenden technischen

§ 15 Informationserhebung durch Rechtshilfe an oder bei Dritten   **3. Kapitel**

a) Der Betroffene wird nach dem Recht des ersuchten Staates von der dort zuständigen **153**
Behörde **geladen**.[182] Umstritten ist, inwieweit eine Erscheinenspflicht greifen kann. Teilweise wird eine solche generell, teils bei eigenen Staatsangehörigen bejaht oder insgesamt verneint.[183] Letzteres dürfte die hM auch der Rechtsprechung darstellen, da zwar traditionell die Erscheinens- und Aussagepflicht als staatsbürgerliche Pflicht bezeichnet wird, jedoch dieses Personalverhältnis an der fremden Territorialhoheit ihre Grenze findet, sodass es alleine nicht durchsetzbar wäre.[184] Deutsche Sanktionsmittel bei Nichterscheinen scheiden wohl aus.[185] Allerdings könnte eine Erscheinenspflicht aufgrund des Rechtes des ersuchten Aufenthaltsstaates gegeben sein, der auch das deutsche Prozessrecht nicht entgegenstehen dürfte.[186] Daraus erklärt sich auch die Abweichung von der sonst üblichen Ladung durch den ersuchenden Staat im Verhältnis der EU-Staaten (Art. 4, 5 RHÜ 2000). Sie begründet sich aus den Organisationsfragen für den ersuchten Staat, auch um das persönliche Erscheinen und die Durchführbarkeit möglichst sicher zu stellen.[187] Eine Verpflichtung des ersuchten Staates, mittels Zwangsmaßnahmen für die Befolgung der Ladung zu sorgen, besteht indes auch aus der RHÜ 2000 gerade nicht.[188]

b) Maßnahmen zum **Schutz des Betroffenen** werden, soweit erforderlich, von den **154**
zuständigen Behörden von ersuchendem und ersuchtem Staat vereinbart.[189]

Aus Sicht des deutschen Verfahrensrechtes müssen im Rahmen der Vernehmung inner- **155**
halb der Hauptverhandlung gem. § 247a StPO die deutschen Feststellungs- und Belehrungsregelungen der §§ 57, 243 StPO eingehalten werden.[190] Bei der Frage einer optischakustischen Abschirmung kann auf die intensive Diskussion für rein inländische Videovernehmungen zurückgegriffen werden, die diese nun mittlerweile wohl eher erlaubt; als zweiter Schritt ist dann zu prüfen, ob dies überhaupt im ersuchten Staat rechtlich und tatsächlich möglich ist.[191]

c) Anwesend sind nach dem innereuropäischen Recht und dem Abkommen mit Japan **156**
am Ort, wo sich der Betroffenen befindet, ein **Vertreter der Justizbehörde des ersuchten Mitgliedstaats,** der bei Bedarf von einem Dolmetscher unterstützt wird, der vor allem auf die Einhaltung der Grundprinzipien der Rechtsordnung des ersuchten Mitgliedstaats achtet und wenn er diese verletzt sieht, sofort die erforderlichen Maßnahmen trifft, damit

---

Normen für die Übertragungstechnik fixiert. Derzeit handelt es sich um die ITU-Standards H.320 und H.310 für die Übertragung über ISDN, sowie H.323 für die Übertragung über Internet. Weiterhin sind die Normen T.120 für Datenkonferenzen sowie H.239, H.263, H.264 für die eigentliche Bildübertragung, H.281 für die Kameraführung und G.711 bzw. G.722 oder G.722.1 für die Tonübertragung. Mit Einhaltung der Normen H.460 und H.461 soll mit Firewalls und NAT-Technologien umgegangen werden.

[182] Ausdr. Art. 9 Abs. 4 ZP II-RHÜ 1959; ähnlich **für Japan:** Art. 16 Abs. 2 lit. a RHAbk EU/JP nach dem grds. der ersuchte Staat den Betroffenen identifiziert und zum Erscheinen auffordert.
[183] Vgl. *Norouzi* Audiovisuelle Vernehmung 68 ff. mwN; so auch ausdr. die Denkschrift BT-Drs. 18/1773, 35 zu Art. 9 Abs. 4 ZP II-RHÜ 1959.
[184] Vgl. OLG Hamburg MDR 1967, 686; OLG Düsseldorf NJW 1991, 2223; *Norouzi* Audiovisuelle Vernehmung 68 ff. mwN.
[185] Aus dem Gegensatz von Nr. 116 RiVASt und § 48 StPO.
[186] Vgl. etwa Schomburg/Lagodny/Gleß/Hackner/*Gleß* II B 2 Art. 9 Rn. 19 aE.
[187] Vgl. Erläuternder Bericht zum RHÜ 2000, ABl. 2000 C 379, 15.
[188] Art. 10 Abs. 8 RHÜ 2000 spricht ausdrücklich nur von unberechtigter Aussageverweigerung und Falschaussage, nicht von einer Erscheinenspflicht und einem Verstoß hiergegen, was auch die entsprechende Haltung des § 61b IRG bei nach Deutschland eingehenden Ersuchen deckt, in diesen Fällen keinerlei Sanktion vorzusehen. Die Regelung in § 61b IRG, dass der Zeuge nicht mit einer Sanktionsmöglichkeit bei Säumnis geladen wird, mit der Begründung, dass auch § 247a StPO alleine im Interesse des Zeugen wäre und seine Anwesenheit in einem ausländischen Verfahren dort vor Ort auch nicht erzwungen werden könnte, trifft allerdings auf deutliche Kritik der Lit., weil damit faktisch die Durchsetzungsmechanismen von Art. 10 Abs. 8 RHÜ 2000 ausgehöhlt würden, vgl. Schomburg/Lagodny/Gleß/Hackner/*Gleß/Schomburg* III B 1 Art. 10 Rn. 18 ff. mwN.
[189] Art. 10 Abs. 5 lit. b RHÜ 2000; Art. 24 Abs. 5 lit. b EEA-RL; Art. 9 Abs. 5 lit. b ZP II-RHÜ 1959; **für Japan:** Art. 16 Abs. 2 lit. e S. 2 RHAbk EU/JP.
[190] BGHSt 45, 188 (195) = NJW 1999, 3788; *Norouzi* Audiovisuelle Vernehmung 161 f.
[191] Vgl. etwa auch *Norouzi* Audiovisuelle Vernehmung 211 ff.

diese bei der weiteren Vernehmung beachtet werden.[192] Nach anderen Übereinkommen ist die Anwesenheit eines heimischen Justizvertreters zwischen den beteiligten Staaten zu vereinbaren (Art. 18 Abs. 18 S. 2 Palermo I).

157 d) Die Vernehmung kann entweder durch die **Leitung** des Vertreters des ersuchenden oder ersuchten Staates durchgeführt werden.[193] Innerhalb der EU und des Europarats wird die Vernehmung stets unmittelbar von oder unter Leitung der Justizbehörde des ersuchenden Mitgliedstaats nach dessen innerstaatlichen Rechtsvorschriften durchgeführt.[194] Aus deutscher Sicht ist zumindest im Fall des § 247a StPO erforderlich, dass eine unbeeinflusste Vernehmung möglich ist, bei der die Verhandlungsleitung beim Vorsitzenden des ersuchenden Gerichtes liegt und die ungeschmälerte Ausübung der prozessualen Befugnisse aller Prozessbeteiligten gewährleistet ist.[195] Damit sind Bedingungen hinsichtlich der Beschränkung von Fragerechten oder des Gebrauchs von Informationen, Letzteres auch mit § 261 StPO, wohl unvereinbar.[196]

158 Diese Vernehmung erfolgt im Rahmen der EU und im Verhältnis mit Japan erst, nachdem der anwesende Vertreter der Justizbehörde des ersuchten Mitgliedstaats die **Identität** der zu vernehmenden Person festgestellt hat.[197] Dabei bestehen an einer förmlichen Identitätsfeststellung durch den Teilnehmer des ersuchten Staates aus Sicht des BGH keine Bedenken, allerdings dürfte *zusätzlich* die Vernehmung zur Person gem. § 68 StPO geraten sein.[198] Außerdem wäre gerade auch bei der Identitätsfeststellung durch den Vertreter des ersuchten Staates auf den Schutz der Auskunftsperson (→ Rn. 59) zu achten. Sitzungspolizeiliche Maßnahmen gegen die störende Vernehmperson dürften ohne ausdrückliche Erlaubnis des ersuchten Staates nicht in Betracht kommen.[199]

159 Auf Wunsch des ersuchenden Mitgliedstaats oder der zu vernehmenden Person trägt der ersuchte Mitgliedstaat dafür Sorge, dass die zu vernehmende Person bei Bedarf von einem **Dolmetscher** unterstützt wird.[200] Allerdings sollte mit Beachtung der §§ 184 ff. GVG die Simultanübersetzung für das Gericht und die Verfahrensbeteiligten beim Gericht erfolgen.[201] So kann durch einen entsprechend vereidigten Dolmetscher die Verfahrensverantwortlichkeit des ersuchenden Staates und nicht zuletzt eine authentische Übersetzung, auch zB durch unkomplizierte Rückfragen, sichergestellt werden, zumal dann der Dolmetscher auch den deutschen Sanktionsregeln unterliegt. Ein zusätzlicher Dolmetscher am Vernehmungsort insbesondere für Rückübersetzungen an den Teilnehmer des ersuchten Staates ist dadurch nicht ausgeschlossen.

160 e) Unabhängig von der Frage der Leitung der Vernehmung wird auch im Verhältnis mit Japan die Vernehmung, soweit nichts anderes vereinbart worden ist, nach den **innerstaatlichen Rechtsvorschriften** des ersuchenden sowie den wesentlichen Rechtsgrundsätzen des ersuchten Staates durchgeführt (Art. 16 Abs. 2 lit. b RHAbk EU/JP).[202] Es gilt somit grundsätzlich vollständig das deutsche Verfahrensrecht wie für eine inländische (Video-) Vernehmung.

---

[192] Art. 10 Abs. 5 lit. a RHÜ 2000; Art. 24 Abs. 5 lit. a EEA-RL; Art. 9 Abs. 5 lit. a ZP II-RHÜ 1959; **für Japan:** Art. 16 Abs. 2 lit. c RHAbk EU/JP. Die Anwesenheit des Vertreters des ersuchten Staates ist auch aus Sicht des deutschen Verfahrensrechtes förderlich und kein Eingriff, vgl. BGHSt 45, 188 (194 f.) = NJW 1999, 3788; *Norouzi* Audiovisuelle Vernehmung 161.
[193] Art. 18 Abs. 18 S. 2 Palermo I; **für Japan:** nach Art. 16 Abs. 1, 2 lit. b RHAbk EU/JP durch den Leiter im ersuchten Staat, sofern nichts anderes vereinbart ist.
[194] Art. 10 Abs. 5 lit. b RHÜ 2000; Art. 24 Abs. 5 lit. b EEA-RL; Art. 9 Abs. 5 lit. c ZP II-RHÜ 1959.
[195] BGHSt 45, 188 (195) = NJW 1999, 3788; *Norouzi* Audiovisuelle Vernehmung 182 f. mwN.
[196] Vgl. *Norouzi* Audiovisuelle Vernehmung 244 ff. mwN.
[197] Art. 10 Abs. 5 lit. a RHÜ 2000; Art. 24 Abs. 5 lit. a EEA-RL; **für Japan:** Art. 16 Abs. 2 lit. a RHAbk EU/JP.
[198] BGHSt 45, 188 (195) = NJW 1999, 3788; *Norouzi* Audiovisuelle Vernehmung 221 ff. mwN.
[199] *Norouzi* Audiovisuelle Vernehmung 222 f.
[200] Art. 10 Abs. 5 lit. d RHÜ 2000; Art. 24 Abs. 5 lit. d EEA-RL; Art. 9 Abs. 5 lit. d ZP II-RHÜ 1959; **für Japan:** Art. 16 Abs. 2 lit. d RHAbk EU/JP.
[201] Hierzu und zum Folgenden überzeugend *Norouzi* Audiovisuelle Vernehmung 218 f.
[202] Vgl. auch Schomburg/Lagodny/Gleß/Hackner/*Gleß/Schomburg* III B 1 Art. 10 Rn. 30 mwN.

Der Betroffene kann sich auf die **Aussageverweigerungsrechte** berufen, die ihm 161 entweder nach dem Recht des ersuchenden oder des ersuchten Staates zustehen.[203] Auch für das deutsche Verfahrensrecht sind nach hM die Beachtung und Belehrung über §§ 52–55 StPO sowie § 136 StPO und der Nemo-tenetur-Grundsatz zwingend.[204] Hierzu gehören auch die Zeugnisverweigerungsrechte der Berufsgeheimnisträger nach §§ 53, 53a StPO, sofern diese eine vergleichbare und ebenso schützenswerte Vertrauensstellung einnehmen. Insbesondere in diesem Fall kann die Fürsorgepflicht einen Hinweis oder gar nach hM eine Belehrungspflicht, wenn der Zeuge das Recht nicht kennt, gebieten.[205] Die Anwendung von § 54 StPO hinsichtlich auswärtiger Amtsträger scheint hingegen fraglich, da völkerrechtlich bereits andere Möglichkeiten zur Wahrung der Staatsinteressen bestehen.[206] Mit der Meistbegünstigung bei den Aussageverweigerungsrechten ist auch der Konflikt gelöst, dass nach hM in Deutschland ein Zeuge **kein Auskunftsverweigerungsrecht** nach § 55 StPO hat, nur weil er sich durch die Aussage nach dem Recht eines anderen Staates strafbar machen würde, etwa weil er danach strafrechtlich sanktionierte Verschwiegenheitspflichten verletzen würde.[207] Eidesverweigerungsrechte müssen ebenfalls mindestens den Rahmen des deutschen Strafverfahrensrechtes beachten.[208]

Umstritten ist, ob sich das Gericht Maßnahmen wie einer Ausschnittsvergrößerung 162 während der Übertragung bedienen darf, um seinen optischen Eindruck von der Vernehmperson zu verbessern.[209]

f) Verweigert der Betroffene unberechtigt die Aussage **oder sagt falsch aus,** so muss 163 der ersuchte Staat sicherstellen, dass er in diesen Fällen wie bei einer Vernehmung alleine nach innerstaatlichem Recht **sanktioniert** wird.[210] Diese Sanktionierung erfolgt nach dessen innerstaatlichem Recht und kann sowohl Ordnungsmittel, Zwangsmaßnahmen, Straftatbestände oder andere Sanktionen umfassen, ohne dass die Rechtshilfeinstrumente darüber irgendeine Aussage treffen.[211] In beiden Fällen, also der Aussageverweigerung oder Falschaussage, sollten sich die beteiligten Behörden konsultieren.[212] Im Verhältnis mit den USA folgt nach Art. 10bis Abs. 3 RHV DE/US die Strafbarkeit wegen falscher Aussage jedenfalls in dem Staat, in dem sich der Betroffene befindet. Allerdings ist nach deutschem

---

[203] Art. 10 Abs. 5 lit. e RHÜ 2000; Art. 24 Abs. 5 lit. e EEA-RL; Art. 9 Abs. 5 lit. e ZP II-RHÜ 1959; **für Japan:** Art. 16 Abs. 2 lit. e S. 1 RHAbk EU/JP; Ebenso BGHSt 38, 188 (194); dazu auch mit krit. Stimmen in den Nachw. Schomburg/Lagodny/Gleß/Hackner/Gleß/Schomburg III B 1 Art. 10 Rn. 16; zu einzelnen Ländern vgl. zB für **Argentinien:** NK-RechtshilfeR/*Malarino* VI Rn. 18f.; **Belgien:** NK-RechtshilfeR/*Verbruggen/Vandeborek* VI Rn. 43; **Brasilien:** NK-RechtshilfeR/*Romero* VI Rn. 66; **Kanada:** NK-RechtshilfeR/*Lafontaine* VI Rn. 88; **England und Wales:** NK-RechtshilfeR/*Jones/Shah* VI Rn. 121; **Finnland:** NK-RechtshilfeR/*Helenius/Suominen* VI Rn. 143; **Frankreich:** NK-RechtshilfeR/*Walther* VI Rn. 169f.; **Italien:** NK-RechtshilfeR/*Fronza* VI Rn. 191; **Litauen:** NK-RechtshilfeR/*Svedas/Merkevicu* VI Rn. 212; zu den stark eingeschränkten Rechten im frühen Verfahrensstadium für **Luxemburg:** NK-RechtshilfeR/*Ligeti/Petschko* VI Rn. 233; **die Niederlande:** NK-RechtshilfeR/*Klip* VI Rn. 255; **Polen:** NK-RechtshilfeR/*Swiatlowski* VI Rn. 275; **Portugal:** NK-RechtshilfeR/*Sousa Mendes/Costa Ramos* VI Rn. 296; für **Russland:** NK-RechtshilfeR/*Bogush* VI Rn. 316; **Spanien:** Art. 411 ff. CPC NK-RechtshilfeR/*Bachmaier Winter* VI Rn. 336; **die Türkei:** Art. 116 StPO, vgl. NK-RechtshilfeR/*Ünver* VI Rn. 354; **Ungarn:** NK-RechtshilfeR/*Karsai* VI Rn. 376; **die USA:** NK-RechtshilfeR/*Langer* VI Rn. 402; die entsprechenden Aussageverweigerungsrechte sind das Spiegelbild dessen, dass sich die Auskunftsperson im ersuchten Staat auch strafbar machen kann, weil die Einschränkungen von §§ 152ff. StGB hinsichtlich der vernehmenden Stelle nicht gelten, dies scheint NK-RechtshilfeR/*Kubiciel* IV Rn. 302 mit seinen Zweifeln zu verkennen.
[204] Vgl. hierzu und zum Folgenden *Norouzi* Audiovisuelle Vernehmung 199ff. mwN.
[205] BGH MDR 1980, 815; OLG Dresden NStZ-RR 1997, 238.
[206] *Norouzi* Audiovisuelle Vernehmung 204.
[207] Vgl. LG Stuttgart NStZ 1992, 454; AG Köln NStZ 2014, 119 mAnm *Cordes* und mwN; Meyer-Goßner/Schmitt/*Schmitt* StPO § 55 Rn. 4; aA LG Freiburg NJW 1986, 3036; *Odenthal* NStZ 1993, 52f.; vgl. auch *Norouzi* Audiovisuelle Vernehmung 194ff. mwN.
[208] Überzeugend die ergänzende Herleitung von *Norouzi* Audiovisuelle Vernehmung 210ff. mwN.
[209] Hierzu wohl noch keine Rspr. vor, vgl. *Norouzi* Audiovisuelle Vernehmung 252f. mwN.
[210] Art. 10 Abs. 8 RHÜ 2000; Art. 24 Abs. 7 EEA-RL; Art. 9 Abs. 7 ZP II-RHÜ 1959; weiter dazu ausführend Schomburg/Lagodny/Gleß/Hackner/Gleß/Schomburg III B 1 Art. 10 Rn. 19 mwN.
[211] Vgl. ausf. BT-Drs. 18/9575, 36f.; weiterhin dazu NK-RechtshilfeR/*Kubiciel* IV Rn. 304 mwN.
[212] Vgl. Erläuternder Bericht zum RHÜ 2000, ABl. 2000 C 379, 15.

3. Kapitel 3. Kapitel. Informationserhebung unter Einschaltung ausländischer Stellen

Recht auch der aus den USA falsch Aussagende strafbar, sodass die Frage der Doppelverfolgung durch Konsultation zu lösen sein soll.²¹³

6. Protokollierung

164 Im Rahmen des EU-Rechts hat neben der Übertragung und etwaigen **Protokollierung** am Ort des Vernehmungsführenden im ersuchenden Staat die zuständige Behörde im ersuchten Staat eine Niederschrift über die Vernehmung zu erstellen und der zuständigen Behörde im ersuchenden Staat zu übermitteln.²¹⁴ Die Niederschrift muss Termin und Ort der Vernehmung, Identität der vernommenen Person, sowie Identität und Funktion aller anderen im ersuchten Mitgliedstaat an der Vernehmung teilnehmenden Personen enthalten. Weiterhin muss das Protokoll Auskunft geben zu einer etwaigen Vereidigung und zu den technischen Bedingungen, unter denen die Vernehmung stattfand. Diese Protokollierung umfasst den Inhalt der Vernehmung bzw. Aussage nur soweit dies besonders vereinbart bzw. ersucht wurde.²¹⁵ Zum Schutz der Auskunftsperson können, wie aus dem Wortlaut am Satzanfang erkennbar, die beteiligten Behörden Vereinbarungen treffen, bestimmte Angaben, wie zB Namen von Anwesenden, auch nicht aufzunehmen.²¹⁶

7. Kosten

165 Die **Kostenerstattungspflicht** ist in den entsprechenden Rechtshilfeinstrumenten gesondert geregelt (→ § 13 Rn. 220 ff.).²¹⁷

V. Telefonkonferenz

166 1. Die in den Rechtshilfedokumenten der EU und des Europarats als „Telefonkonferenz" betitelte Maßnahme bezeichnet die förmliche Vernehmung von Betroffenen durch ein Ermittlungsorgan des ersuchenden Staates, die bei einer Stelle des ersuchten Staates und mittels Übertragung nur von Audio- nicht auch Videodaten in Echtzeit erfolgt.

167 Mangels Rechtsgrundlage scheidet diese für ein deutsches Strafverfahren **im Geltungsbereich des Strengbeweises** aus.²¹⁸ Allerdings ist sie im gesamten Bereich des Freibeweises zur Informationsgewinnung sowie zur Beweiserhebung im Vor- und Zwischenverfahren zulässig. Aufgrund der Orientierung der wenigen Rechtshilferegeln an förmlicheren Vernehmungen kommen diese vor allem bei Vernehmungen im Vor- und Zwischenverfahren durch die Staatsanwaltschaft, ihre Ermittlungspersonen oder sonst die Polizei in Betracht. Derartige Vernehmungen werden ebenso wenig durch die Neuregelung der Videovernehmungen in der StPO ausgeschlossen wie ohne visuelle Mitübertragung vorgenommene Kommunikationen außerhalb der vertraglichen Rechtshilfe mit Auskunftspersonen und Verfahrensbeteiligten im Übrigen.²¹⁹

168 Mit der Möglichkeit der Telefonkonferenz im Rahmen der EU durch das RHÜ 2000 und durch die Europäische Ermittlungsanordnung (Art. 11 RHÜ 2000),²²⁰ im Rahmen des RHÜ 1959 erst durch das 2. Zusatzprotokoll (Art. 10 ZP II-RHÜ 1959), sollen

---

²¹³ BT-Drs. 16/4377, 67 f.; vgl. hierzu eingehend *Norouzi* Audiovisuelle Vernehmung 223 ff. mwN; danach NK-RechtshilfeR/*Docke/Momsen* IV Rn. 412.
²¹⁴ Art. 10 Abs. 6 RHÜ 2000; Art. 24 Abs. 6 EEA-RL; Art. 9 Abs. 6 ZP II-RHÜ 1959.
²¹⁵ Vgl. Erläuternder Bericht zum RHÜ 2000, ABl. 2000 C 379, 16.
²¹⁶ Vgl. Erläuternder Bericht zum RHÜ 2000, ABl. 2000 C 379, 16; Schomburg/Lagodny/Gleß/Hackner/ *Gleß* II B 2 Art. 9 Rn. 17; ausdrücklich hingegen der Schutz der Auskunftspersonen in Art. 9 Abs. 6 ZP II-RHÜ 1959.
²¹⁷ Namentlich in Art. 10 Abs. 7 RHÜ 2000 bzw. **für die USA:** Art. 21 Abs. 1 Nr. 5 RHV DE/US; für die Europäische Ermittlungsanordnung gelten die allgemeinen Regeln.
²¹⁸ Schomburg/Lagodny/Gleß/Hackner/*Gleß/Schomburg* III B 1 Art. 11 Rn. 7; *Swoboda*, Videotechnik im Strafverfahren, 2002, 294 f.; viel zu allg. und so nicht nachvollziehbar dagegen NK-RechtshilfeR/*Kubiciel* IV Rn. 310, nach dem eine Telefonkonferenz insgesamt ausscheiden soll.
²¹⁹ Vgl. insbes. BT-Drs. 15/4233, 23; BT-Drs. 17/1224, 17 f.; BT-Drs. 17/12418, 2, 15 f.; BT-Drs. 18/9575, 38.
²²⁰ Wird im Wesentlichen wesensgleich durch Art. 25 EEA-RL, soweit nicht durch einzelne Mitgliedstaaten die Umsetzung bislang rechtswidrig unterlassen wurde, ersetzt.

Distanzvernehmungen namentlich in Routineangelegenheiten unkompliziert und kostengünstig durchgeführt werden können.[221] Die zusätzliche Möglichkeit soll die konsularische Telefonvernehmung nicht beseitigen.[222] Gleichfalls werden die eingeräumten Möglichkeiten der unmittelbaren Kommunikation ohne Ersuchen an den Gebietsstaat (→ § 4 Rn. 1 ff.) nicht beeinträchtigt.[223]

2. Aus Sicht des **deutschen Rechtes** ist die Telefonvernehmung für Vernehmungen nach §§ 163, 163a StPO zulässig. Für informatorische Befragungen, auch des Gerichts bei freibeweislichen Fragen, wie etwa der Erreichbarkeit eines Auslandszeugen sowie Anhörungen und Befragungen, gilt dies grundsätzlich ebenfalls bzw. erst recht, soweit nicht der Sinn und Zweck der Norm eine persönliche bzw. audiovisuelle Kommunikation erfordert.[224] Diese Einschränkung dürfte allerdings im Bereich der Beweiserhebung vollständig durch die ausdrücklichen Regelungen der StPO abgedeckt sein. 169

3. Dieses innerstaatliche Recht des ersuchenden Staates gibt zunächst den Rahmen vor, wann eine Telefonkonferenz seitens des Rechtshilferechts erfolgen kann.[225] 170

a) Erforderlich für die Anwendung nach dem RHÜ 2000 und ZP II-RHÜ 1959 ist ferner, dass der **Zeuge oder Sachverständige von einer Justizbehörde** (→ **1. Kap. Rn. 18 ff.**) **vernommen** werden soll. Damit stellte sich hier die Frage, inwieweit die Polizei unter diesen Begriff, der letztlich wieder auf dem RHÜ 1959 basiert, gefasst werden kann (→ § 11 Rn. 34 ff.). Mit der Erweiterung auf jede zuständige Behörde wird die Europäische Ermittlungsanordnung in ihrem Geltungsbereich dieses Auslegungsproblem beseitigen (Art. 25 Abs. 1 EEA-RL). Eine Vernehmung von Beschuldigten bleibt aber gleichwohl außerhalb des Geltungsbereichs der Norm und ist somit notfalls im Wege der vertragsfreien bzw. sonstigen Rechtshilfe zu klären. 171

b) Bemerkenswert ist, dass nach dem RHÜ 2000 besondere **Verhinderungsgründe** an der Aussage bei dieser Justizbehörde vor Ort, anders als bei der Videovernehmung, nicht gegeben sein müssen. 172

Allerdings enthält dafür die neuere EEA-RL in Art. 25 Abs. 1 EEA-RL den Vorbehalt, dass das persönliche Erscheinen der zu vernehmenden Person im Hoheitsgebiet des Anordnungsstaates nicht zweckmäßig oder möglich sein und dieser andere geeignete Mittel geprüft haben muss. Inwieweit dies durch den ersuchten Staat justiziabel ist, erscheint zweifelhaft. Im Übrigen wäre ansonsten die Frage, ob nicht einfach in den Fällen, in denen die Voraussetzung nach der EEA-RL nicht erfüllt wäre, nicht einfach auf die anderen, allgemeineren Rechtshilfeinstrumente zurückgegriffen werden könnte. 173

c) Während nach dem RHÜ 2000 und ZP II-RHÜ 1959 noch die **Zustimmung des Betroffenen** erforderlich ist, ist diese Bedingung bei einer Ermittlungsanordnung ganz entfallen.[226] 174

4. Für das **Ersuchen** sind besondere Formvorschriften zu beachten. Für das RHÜ 2000 gilt das neben den Angaben zur vernehmenden Behörde auch hinsichtlich der Zustimmung des Betroffenen.[227] Für die Europäische Ermittlungsanordnung wird das entsprechende Formular zu verwenden sein, wobei auch hier, wie bei der Videovernehmung, der Abschnitt H2 ausgefüllt werden muss. 175

---

[221] Vgl. Erläuternder Bericht zum RHÜ 2000, ABl. 2000 C 379, 16.
[222] Vgl. Erläuternder Bericht zum RHÜ 2000, ABl. 2000 C 379, 16.
[223] Vgl. Erläuternder Bericht zum RHÜ 2000, ABl. 2000 C 379, 16; sowie etwa BT-Drs. 18/9575, 38.
[224] Diskutiert etwa bei der Hafteröffnung, vgl. BT-Drs. 17/12418; vgl. auch Stellungnahme der Bundesrechtsanwaltskammer zu Art. 1 und 6 des Entwurfes eines Gesetzes zur Intensivierung des Einsatzes von Videokonferenztechnik in gerichtlichen und staatsanwaltschaftlichen Verfahren (BT-Drs. 17/1224).
[225] Art. 11 Abs. 1 RHÜ 2000; Art. 10 Abs. 1 ZP II-RHÜ 1959, jeweils auch zum Folgenden.
[226] Art. 11 Abs. 2 RHÜ 2000; Art. 10 Abs. 2 ZP II-RHÜ 1959; Art. 25 EEA-RL verweist auch explizit nicht auf das Ablehnungsrecht in Art. 24 Abs. 2 EEA-RL für die Videovernehmung beim Beschuldigten; das Ablehnungsrecht des Zeugen war dabei wohl vor allem den geringeren anderweitigen Vorbehalten und dessen Recht an einer hinreichend umfassenden Vermittlung geschuldet, was NK-RechtshilfeR/*Kubiciel* IV Rn. 307 nicht aufgreift.
[227] Muss der **Form** des Art. 11 Abs. 4 RHÜ 2000 genügen.

176 5. Der ersuchte Mitgliedstaat hat im Rahmen der EU-Rechtshilfe die Vernehmung per Telefonkonferenz **zu bewilligen,** wenn der Rückgriff auf dieses Verfahren den Grundprinzipien seiner Rechtsordnung nicht zuwiderläuft (→ § 11 Rn. 104 ff.).[228] Dies leistet Deutschland auch als ersuchter Staat.[229]

177 Der ersuchte Mitgliedstaat kann seine Bewilligung ganz oder teilweise von der Einhaltung der Verfahrensvorschriften der Videovernehmungen abhängig machen (Art. 11 Abs. 5 S. 3 RHÜ 2000 iVm Art. 10 Abs. 5 und 8 RHÜ 2000, Art. 10 Abs. 6 ZP II-RHÜ 1959).

178 6. Die praktischen **Modalitäten der Vernehmung** werden zwischen den betroffenen Mitgliedstaaten vereinbart (Art. 11 Abs. 5 S. 1 RHÜ 2000, Art. 10 Abs. 5 S. 1 ZP II-RHÜ 1959). Der Mitgliedstaat verpflichtet sich, die Auskunftsperson vom Zeitpunkt und Ort der Vernehmung zu unterrichten, sowie für ihre Identifizierung und Überprüfung ihrer Zustimmung Sorge zu tragen (Art. 11 Abs. 5 S. 2 RHÜ 2000, Art. 10 Abs. 5 S. 2 lit. a–c ZP II-RHÜ 1959). Ansonsten gilt, namentlich für eine Europäische Ermittlungsanordnung, das Recht für die Videovernehmung entsprechend (vgl. Art. 25 Abs. 2 EEA-RL).

179 7. Sofern nichts anderes vereinbart worden ist, finden die **Kostentragungsregeln** wie für Videoübertragungen (→ Rn. 165 und → § 13 Rn. 220 ff.) entsprechende Anwendung (Art. 10 Abs. 7 RHÜ 2000 iVm Art. 11 Abs. 5 S. 4 RHÜ 2000).

VI. Vernehmungen durch die ersuchte Stelle

1. Überblick

180 Die Vernehmung von Beschuldigten, Zeugen und Sachverständigen gehört ebenfalls zum **Kern jeder zwischenstaatlichen Rechtshilfe** in Strafsachen.[230]

181 a) Aus **deutscher Sicht** folgt etwa aus dem vereinbarten Recht, eine Überstellung des Inhaftierten ins Inland verlangen zu können, erst recht die Zulässigkeit des Ersuchens, eine Vernehmung im Ausland auch unter Gegenüberstellung mit einer anderen Auskunftsperson durch die Behörden des Haftstaates vornehmen zu lassen.[231] Während das IRG für ausgehende Ersuchen keine spezielle Regelungen trifft, widmet sich Nr. 117 RiVASt speziell diesem Gegenstand. Der Einwand der Gegenseitigkeit wird zwar in diesem Bereich praktisch nicht erhoben, würde aber zur praktisch weitestgehenden Erledigung durch deutsche Gerichte und andere Stellen zurückführen.[232]

182 b) In vielen **Rechtshilfeinstrumenten** ist die Vernehmung im Ausland nur partiell oder im Rahmen allgemeiner Vorschriften geregelt. So könnte, falls sie für Deutschland Geltung erlangt hätte, mit einer EU-Beweisanordnung zwar um keine Vornahmen von Vernehmungen ersucht werden, allerdings hätte diese das Ersuchen enthalten können, Aussagen von Personen bei der Vollstreckung der Beweisanordnung, die mit ihrem Gegenstand in unmittelbarem Zusammenhang stehen, entgegenzunehmen, soweit dies dem Recht des ersuchten Staates für innerstaatliche Maßnahmen entsprechen würde (Art. 4 Abs. 6 RB 2008/978/JI). Im Rechtshilfeübereinkommen mit den **USA** wird in Art. 10 RHV DE/US die Zeugenvernehmung (auch implizit von Sachverständigen) zusammen mit der Verpflichtung zur Herausgabe von Gegenständen betrachtet. Hervorzuheben sind indes die klassi-

---

[228] Art. 25 Abs. 1 EEA-RL deutet im Wortlaut allerdings Ermessen der Vollstreckungsbehörde an, das jedoch aus der Gesamtkonstruktion nicht gegeben ist, vielmehr ist von den begrenzten abschließenden Ablehnungsgründen von Art. 11 EEA-RL auch dann auszugehen, wenn der Betroffene nicht zugestimmt hat, vgl. BT-Drs. 18/9575, 38, RefE des BMJV zur Umsetzung der EEA-RL S. 36; echtes Ermessen hingegen dürfte, trotz Denkschrift BT-Drs. 18/1773, 37 aufgrund des weiteren Rechtskreises nach Art. 10 Abs. 1 ZP II-RHÜ 1959 bestehen.
[229] Schomburg/Lagodny/Gleß/Hackner/ *Gleß/Schomburg* III B 1 Art. 11 Rn. 7.
[230] Wie es etwa in Art. 3 Abs. 2 RHÜ 1959 zum Ausdruck kommt.
[231] Vgl. BGH NStZ 1981, 146 bei KK-StPO/*Krehl* StPO § 244 Rn. 168.
[232] Nr. 22, 77 Abs. 1 RiVASt; vgl. etwa Hackner/Schierholt Int. Rechtshilfe Rn. 186; Schomburg/Lagodny/ Gleß/Hackner/*Lagodny* IRG § 59 Rn. 56 ff. mwN.

schen bilateralen Rechtshilfeübereinkommen, die meist die eingehendsten Regelungen treffen (→ § 9 Rn. 68 ff.), während vor allem die RHÜ 1959 mit Art. 3 Abs. 2 und Art. 4, 9 RHÜ 1959 nur eine besondere Regelung zur Frage der Vereidigung, zu Reisekosten und zur Benachrichtigung bei erwünschter Teilnahme enthält und alles weitere der Durchführung dem jeweiligen nationalen Recht überlässt (Art. 3 Abs. 1 RHÜ 1959). Bis auf den Ausbau des Teilnahmerechtes durch das 2. Zusatzprotokoll,[233] wurde dies auch durch die darauf aufbauenden Protokolle, weiteren Abkommen und das RHÜ 2000 nicht wesentlich fortentwickelt, wenn man von der weiteren Öffnung für das Recht des ersuchenden Staates bei der Durchführung (§ 9 Rn. 104 ff.) absieht.

c) Als **Alternative** zur förmlichen Rechtshilfe zur Vernehmung kennen die **USA** auch 183 im vertragsfreien Bereich die Möglichkeit einer **formloseren Amtshilfe zur freiwilligen Befragung.** Grundsätzlich sind nach amerikanischem Recht keine förmlichen Ersuchen um internationale Rechtshilfe notwendig, wenn freiwillig auskunftswillige Zeugen befragt werden sollen. So kann etwa eine ausländische Behörde eine amerikanische Strafverfolgungsbehörde, wie das FBI, um Befragung eines freiwilligen Zeugen und Anfertigung eines entsprechenden Protokolls bitten.

2. Anwendbares Recht

Während nach den traditionellen Prinzipien der Rechtshilfe wie dem RHÜ 1959 für die 184 Formalitäten der Vernehmung grundsätzlich vollständig das **Recht des ersuchten Staates** gilt,[234] sehen zahlreiche Übereinkommen, wie vor allem das RHÜ 2000 in Art. 4 Abs. 1 RHÜ 2000[235] vor, dass das **Recht des ersuchenden Staates,** das dieser ausdrücklich angegeben hat, soweit wie möglich zu beachten ist (→ § 11 Rn. 107 ff.). Dies hat erhebliche Auswirkungen auf die Verwertbarkeit von Vernehmungen, wenn das Recht des ersuchten Staates befolgt wurde, obwohl maßgebliche Vorschriften des deutschen Rechtes danach hätten beachtet werden können (→ § 23 Rn. 48 ff., 90 und → § 24 Rn. 30 ff.).

Soweit im Rahmen bzw. aus Sicht des Rechts des ersuchten Staates **Einflussmöglich-** 185 **keiten** bestehen, **sind diese aus Sicht des deutschen Rechts unter folgenden Gesichtspunkten zu nutzen:**

- Am stärksten und unabhängig von der Geltung deutschen Rechts für die Vernehmung zu beachten ist die grundsätzlich **uneingeschränkte Bindung der deutschen Ermittlungsorgane an deutsches Recht und Gesetz** auch für ihre Handlung im oder mit Wirkung im Ausland. Das gilt namentlich für die Wahrung von Rechtsstaatsprinzipien und Grundrechten der Auskunftsperson und weiterer Betroffener. So darf sich zB kein deutscher Richter oder Beamter im Ausland in Anwesenheit an einer Vernehmung unter Anwendung von Folter oder „physischen Zwangsmaßnahmen" für ein deutsches Strafverfahren beteiligen und hat aktiv alle entsprechenden Formen mit allen unter der Wahrung der fremden Souveränität zur Verfügung stehenden Möglichkeiten zu unterbinden und hilfsweise die Vernehmung bzw. -teilnahme unverzüglich abzubrechen. Es dürfen aber auch nicht in der Vorbereitung oder während der Durchführung der Vernehmung mögliche Verfahren mit Folter, Todesstrafe oder Ähnliches ermöglicht werden.[236]
- Bei jeder rechtshilfemäßigen Vernehmung im Ausland im Rahmen eines deutschen Straf- oder Ordnungswidrigkeitsverfahrens müssen in jedem Fall Formen beachtet werden, die **eine Verwertbarkeit für das weitere Verfahren überhaupt** sicherstellen. Das heißt beispielsweise, schwere Verstöße gegen grundlegende Schutznormen, die absehbar zu einem Beweisverwertungsverbot führen (zum Ganzen § 24 Rn 31 ff.), sind unter allen Umständen zu vermeiden. Hierzu zählen einerseits absolut vor allem die Anwendung

---

[233] Art. 2 ZP II-RHÜ 1959 als Ergänzung von Art. 4 RHÜ 1959.
[234] Wie bereits erwähnt vor allem Art. 3 Abs. 1 RHÜ 1959.
[235] Vgl. dazu insbes. Schomburg/Lagodny/Gleß/Hackner/*Gleß/Schomburg* III B 1 Art. 4 Rn. 1 f. mwN.
[236] Art. 3 EMRK; vgl. auch → § 24 Rn. 39 ff. sowie unter anderem auch Schomburg/Lagodny/Gleß/Hackner/*Lagodny* IRG § 73 Rn. 90a mwN; HdB-EuStrafR/*Kreicker* § 51 Rn. 74 ff. mwN.

unzulässiger Vernehmungsmethoden entgegen § 136a StPO oder Verstöße gegen das Verbot einer Pflicht oder eines Zwanges, sich selbst belasten zu müssen (Nemo-tenetur-Verbot). Andererseits ist bereits bei der Durchführung und Sicherung der Ergebnisse der Vernehmung die Souveränität des Gebietsstaates zu beachten, insbesondere dürfen keine Aufzeichnungen ohne Billigung entgegen einem Verbot angefertigt und mitgenommen werden (→ § 13 Rn. 131).

- Es sollte bereits vor und während der Vernehmung gleich die Situation bedacht werden, ob eine **Einführung** der gewonnenen Aufzeichnung anstelle der erneuten Vernehmung der Auskunftsperson **in der Hauptverhandlung** zumindest als möglicherweise notwendig zu bedenken ist; dann sollten die Voraussetzungen so beachtet werden, dass **möglichst** eine Verlesung der Niederschrift der anstehenden als einer „richterlichen Vernehmung" gem. § 251 Abs. 2 StPO oder § 254 StPO in Betracht kommt, wenn nicht überwiegende Gründe (zB besondere Dringlichkeit oder Situation einer rein polizeilichen Vernehmung, ggf. noch vor Offenlegung der Ermittlungen gegenüber dem Beschuldigten) für ein Absehen der dafür erforderlichen Förmlichkeiten sprechen (→ § 23 Rn. 44 ff.). Außerdem ist mit Blick auf das weitere Verfahren vor allem das sog. Konfrontationsrecht als Teil der effektiven Verteidigung zu beachten (→ § 22 Rn. 6 ff.).

> **Praxishinweis:**
> Aus Art. 6 Abs. 3 lit. d EMRK, Art. 14 Abs. 3 lit. e IPBPR folgt das ausdrückliche Recht, Fragen an Belastungszeugen zu stellen oder stellen zu lassen und die Ladung bzw. das Erscheinen und die Vernehmung von Entlastungszeugen unter denselben Bedingungen zu erwirken, wie sie für Belastungszeugen gelten. Die Konventionen geben dem Beschuldigten damit zwar nicht das Recht auf seine unmittelbare Gegenüberstellung mit dem Belastungszeugen (Konfrontation im engeren Sinn), sie garantieren aber ihm bzw. der Verteidigung grds. ausnahmslos ein unmittelbares Fragerecht.

- Allgemein muss darauf geachtet werden, möglichst die **Authentizität** der Aussage ebenso sicherzustellen wie ihre mögliche **Unverfälschtheit,** nicht nur im Zeitpunkt der Vernehmung, sondern auch danach. Daher sind insbesondere **suggestive Vernehmungshandlungen in jeder Form möglichst umfassend zu unterbinden.**
- Weiterhin sollte dem Gedanken der **Effizienz und Effektivität** in doppelter Weise Rechnung getragen werden, indem die Vernehmung sich auf das **Erforderliche** konzentriert, gleichzeitig aber eine **erneute,** zB wegen Rückfragen erforderliche, rechtshilferechtliche Vernehmung **möglichst vermieden** wird.
- In Abwägung anderer Gesichtspunkte, zB der diplomatischen Zurückhaltung und Akzeptanz der Verfahrensführung im ersuchten Staat, kann schließlich geboten sein, auf Gedanken zB des Zeugen- und **Opferschutzes** und der Rücksichtnahme auf Angehörige von Opfern oder sonstiger Gesichtspunkte, zB der RiStBV,[237] einzugehen.

186 Daraus ergeben sich folgende **konkrete Abläufe** einer Vernehmung.

3. Vorprüfung

187 Die Vernehmung von Beschuldigten, Zeugen und Sachverständigen durch den ersuchten Staat in seinem Hoheitsgebiet ist praktisch einschränkungslos möglich. Besondere **Voraussetzungen** an das Bezugsverfahren, die Bezugsstraftat oder die Strafbarkeit im ersuchten Staat werden für eine Vernehmung von Zeugen, Sachverständigen oder Beschuldigten über die bereits genannten allgemeinen Bedingungen und Grenzen der Rechtshilfe (→ § 11 Rn. 45 ff.) in aller Regel nicht gestellt.

188 Allgemein wird auch nicht das Vorliegen einer hinreichenden **Plausibilität des Vernehmungsersuchens** geprüft. Zu beachten ist allerdings, dass Staaten des **Common Law,**

---
[237] Vgl. Nr. 19 ff. RiStBV wohl auch sinngemäß ähnlich für nur indirekt Verletzte.

soweit nicht das europäische Recht Sondervereinbarungen enthält, für die Durchsetzung des Erscheinens einer Person vor den Strafverfolgungsbehörden und eine Stellungnahme oder eine Aussage (erstere in der Regel ohne, letztere unter Eid oder eidesstattlicher Versicherung) eine Vorladung **(subpoena)** verlangen. Diese Vorladung kann zB in den USA von einem amerikanischen Staatsanwalt, der einem Bundesgericht der USA untersteht, ausgestellt werden. Voraussetzung ist allerdings, dass Hinweise dafür vorliegen, dass die entsprechende Person Kenntnis von Sachverhalten hat, die Aufschluss über eine möglicherweise begangene Straftat geben. Diese müssen sich hinreichend aus der Sachverhaltsdarstellung ergeben und werden ebenso eigenständig geprüft, wie die notwendige Beweiserheblichkeit für das Verfahren im ersuchenden Staat.

4. Ersuchen

Für das **Ersuchen** um Vernehmung im ersuchten Staat ist neben den allgemeinen Vorschriften (→ § 12 Rn. 115 ff.) insbesondere Nr. 117 RiVASt zu beachten. Dabei ist ggf. unter Verwendung der Muster der RiVASt Nr. 32 für Beschuldigte oder Nr. 32a für Zeugen insbesondere anzugeben: 189

- Ein möglichst sorgfältiger Sachverhalt, der insbesondere eine Prüfung von Immunitäten und Aussageverweigerungsrechten sowie vor allem eine zielgerichtete präzise Vernehmung durch die zuständige Stelle des ersuchten Staates ermöglicht;
- ob um die Vernehmung von Beschuldigten, Zeugen oder Sachverständigen
- durch ein Gericht, durch eine Staatsanwaltschaft oder eine andere Behörde ersucht wird,[238]
- ob – jedenfalls bei der Vernehmung durch einen Richter – diese möglichst **eidlich oder uneidlich** erfolgen soll;[239]
- ob eine **Teilnahme** deutscher Ermittlungsorgane oder Verfahrensbeteiligter erbeten wird und welche Folgen dies für die Benachrichtigung über den Termin der Durchführung haben sollte;
- insbesondere ist unter wörtlicher Anführung der deutschen Gesetzesbestimmungen ausdrücklich darum zu bitten, Personen, denen ein Aussage-, Auskunfts- oder Eidesverweigerungsrecht zustehen könnte, vor der Vernehmung über das ihnen nach den deutschen Vorschriften etwa zustehende Recht zur Verweigerung der Aussage zu belehren (Nr. 117 Abs. 2 RiVASt).

a) Wird die **eidliche richterliche Vernehmung** erbeten und ist nicht sicher, ob das Recht des ersuchten Staates die Beeidigung kennt oder zulässt, empfiehlt es sich, das Ersuchen in der Form so abzufassen, dass die ausländische Behörde gebeten wird, „die Person unter Eid oder, falls dies nicht möglich ist, unter Abgabe der nach dem Recht des ersuchten Staates zulässigen feierlichen Wahrheitsversicherung zu vernehmen" (Nr. 117 Abs. 1 S. 3, 4 RiVASt). Sofern eine richterliche und uneidliche Vernehmung erbeten wird und nicht feststeht, ob auch nach dem Recht des ersuchten Staates eine uneidliche Vernehmung möglich ist, empfiehlt es sich – soweit zulässig –, die ausländische Behörde für diesen Fall hilfsweise um eidliche Vernehmung zu ersuchen. 190

b) Die Bitte zur **Belehrung über Aussageverweigerungsrechte** deckt sich mit der häufig vertraglich vereinbarten Pflicht, im Ersuchen die Angaben zu möglichen Verweigerungsrechten beizufügen.[240] 191

---

[238] Wobei nach *Hackner/Schierholt* Int. Rechtshilfe Rn. 185 im Zweifel eine nichtrichterliche Vernehmung zu erwarten ist, wenn nicht extra um eine richterliche ersucht wurde.
[239] Namentlich gem. Nr. 117 Abs. 1 RiVASt; so hingegen unterscheidet das japanische Recht im Verfahren, jedoch nicht dem grundsätzlichen Beweiswert, stark zwischen dem Testimony/Examination vor einem Richter und dem sonstigen Interview/Statement vor Polizei oder Staatsanwaltschaft, vgl. EU Ratsdok. 15008/16, 7 ff. mit den einzelnen Anforderungen; die richterliche Vernehmung benötigt allerdings deutlich mehr Verfahrenszeit, lässt aber viel einfacher die Anwesenheit eines Verteidigers zu.
[240] **Für Hongkong:** Art. 5 Abs. 3 Nr. 3 RHAbk DE/HK; **Kanada:** Art. 10 Abs. 2 lit. c RHV DE/CA.

192 **c)** Sollen deutsche Ermittlungsorgane oder Beteiligte des Erkenntnisverfahrens an der Vernehmung **teilnehmen können,** ist dies gem. Nr. 29 Abs. 2 RiVASt im Ersuchen anzugeben und um Benachrichtigung der deutschen Stelle von Ort und Zeit der Durchführung zu bitten (vgl. Art. 4 RHÜ 1959; ausführlich → § 13 Rn. 81 ff.).

193 Soweit deutsches Recht für diese Frage anwendbar ist, wie etwa nach dem RHÜ 2000 oder im Verhältnis mit der Schweiz, kann das zuständige deutsche Ermittlungsorgan bereits die Entscheidung treffen, eine Bitte um Teilnahme **nicht in das Ersuchen aufzunehmen,** wenn die Gründe des § 168 Abs. 5 S. 2 StPO vorliegen.[241] Zu beachten ist, dass das Teilnahmerecht bereits dann für richterliche und staatsanwaltschaftliche Vernehmungen besteht, wenn die Ermittlungen zwar noch im Stadium des ersten Zugriffs bei der Polizei geführt werden, aber sich bereits gegen einen konkreten Beschuldigten richten.[242] Eine Gefährdung des Untersuchungserfolgs liegt insbesondere vor, wenn infolge der mit der Benachrichtigung verbundenen zeitlichen Verzögerung der Verlust des Beweismittels droht. Sie ist aber auch dann gegeben, wenn die auf zureichende tatsächliche Anhaltspunkte gestützte Besorgnis besteht, der Anwesenheitsberechtigte werde die Benachrichtigung zur Vornahme von Verdunkelungsmaßnahmen ausnutzen, etwa den Zeugen mit Nachdruck zu einer Falschaussage anhalten.[243] Alleine eine Vertraulichkeitszusage entbindet nicht von einer genauen Prüfung der Umstände des Einzelfalls. Ebenfalls entsprechend der Regelungen bei innerstaatlicher Versagung ist die Entscheidung mit den Gründen aktenkundig zu machen, um dem erkennenden Gericht, das über die Verwertbarkeit des gewonnenen Beweisergebnisses zu entscheiden hat, die Nachprüfung zu ermöglichen, ob der zustehende Beurteilungsspielraum eingehalten wurde.[244]

194 Steht nicht fest, dass das Recht des ersuchten Staates allein zur Anwendung kommt, sollte – mangels klarer gesetzlicher Regelung – ausdrücklich im Ersuchen darauf verwiesen werden, dass den anwesenden Beteiligten des Bezugsverfahrens auch ein **Fragerecht** einzuräumen ist, wobei unzulässige Fragen zurückzuweisen sind.[245]

195 **d)** Die Nennung der **folgenden Gesetzesbestimmungen** sollte jedenfalls, vorbehaltlich der konkreten Situation im Einzelfall, bedacht werden:
- **Stets** § 136a StPO ggf. iVm § 69a Abs. 3 StPO für Zeugen sowie ggf. iVm § 163a Abs. 3 oder Abs. 4 StPO;
- Hinsichtlich der **Teilnahmerechte,** soweit diese nicht durch das Recht des ersuchten Staates oder die Regeln des Rechtshilfeinstruments überlagert werden und aus der richterlichen oder staatsanwaltschaftlichen und nicht bloß zB polizeilichen Vernehmsituation anwendbar sind: §§ 168c, 168e StPO (ggf. iVm § 163a Abs. 3 StPO);
- Hinsichtlich des **Protokolls:** grundsätzlich § 168a StPO, sowie ggf. §§ 168, 168b StPO;
- Bezüglich eines **Dolmetschers:** § 189 GVG sowie ggf. §§ 185–191a GVG unter Hinweis darauf, dass an die Stelle der deutschen Sprache insoweit die Sprache des ersuchten Staates tritt;
- Bei Vernehmung von **Zeugen** stets vorsorglich die §§ 52–53a, 55 StPO, und, soweit anwendbar §§ 48, 51, 54, 68–70 StPO;
- Bei Vernehmung von **Sachverständigen** die Vorschriften §§ 72 ff. StPO soweit anwendbar einschließlich der Normen der Zeugenvernehmung, auf die diese verweisen;
- Bei **Beschuldigtenvernehmungen** unbedingt § 136 StPO ggf. iVm § 163a Abs. 3 bzw. 4 StPO;
- Soweit anwendbar, die deutschen **Vereidigungsvorschriften** für Zeugen (§§ 59–67 StPO) und Sachverständige (§ 79 StPO).

---

[241] BGHSt 42, 86 ff. = NJW 1996, 2239; ebenso zB Schomburg/Lagodny/Gleß/Hackner/*Schomburg/Hackner* IRG vor § 68 Rn. 83 mwN.
[242] Hierzu und zum Folgenden BGH NJW 2003, 3142.
[243] BGHSt 29, 1 (3) = NJW 1980, 1056; BGHSt 32, 115 (129) = NJW 1984, 247; KK-StPO/*Griesbaum* § 168c Rn. 17; aA LR/*Erb* StPO § 168c Rn. 46; *Welp* JZ 1980, 134.
[244] Vgl. BGHSt 31, 140 ff. = NJW 1983, 1006.
[245] Vgl. Meyer-Goßner/Schmitt/*Schmitt* StPO § 168c Rn. 1 aE.

Wurden Gesetzesbestimmungen nicht genannt und die Vernehmung trotzdem korrekt durchgeführt, ist der Fehler aus Sicht des deutschen Rechtes unbeachtlich.[246] **196**

e) Mit der Umsetzung der **Europäischen Ermittlungsanordnung** im Rahmen der EU zum 22.5.2017 wird diese wohl auch im Bereich der Ersuchen um Vernehmung im Vollzugsstaat nach den allgemeinen Regeln, einschließlich der Verwendung des Formblattes A, anzuwenden sein, auch wenn diese nicht an dieser Rechtshilfehandlung orientiert scheint (→ § 11 Rn. 223 ff.). **197**

5. Vorbereitung der Vernehmung im Inland

Die **Vorbereitung der Vernehmung** richtet sich grundsätzlich nach dem Recht des ersuchten Staates. Allerdings sind in diesem Bereich besonders häufig transnationale Regeln zu beachten. **198**

a) Die **Ladung bzw. Vorführung der zu vernehmenden Person** erfolgt ebenfalls grundsätzlich nach dem Recht des ersuchten Staates.[247] Soweit deutsches Recht ausnahmsweise auch hierauf angewendet werden kann, ist die Auskunftsperson in der Ladung darauf **hinzuweisen,** ob sie als Beschuldigter, Zeuge oder Sachverständiger vernommen werden soll (vgl. Nr. 44 Abs. 1 RiStBV, Nr. 64 Abs. 1 S. 1 RiStBV). Wenn und soweit es mit dem Zweck der Untersuchung vereinbar ist, ist in der Beschuldigtenladung der Gegenstand der Beschuldigung kurz anzugeben, bei der Zeugenladung lediglich der Name des Beschuldigten und der Sachverhalt nur, wenn dies zur Vorbereitung seiner Aussage erforderlich ist (vgl. Nr. 64 Abs. 1 S. 2 RiStBV). Grundsätzlich besteht eine Übersetzungpflicht in die Sprache des Betroffenen (→ Rn. 71). Die Vorschriften für die Ladungen ins Inland gelten nicht, soweit sie speziell hieran anknüpfen, also insbesondere soweit sie das freie oder sichere Geleit, aufenthaltsrechtliche oder spezielle **reisekostenrechtliche** Fragen betreffen.[248] Dagegen referiert der offene Wortlaut zB von Art. 9 RHÜ 1959, dass sich die zu erstattetenden Reisekosten nach den geltenden Tarifen und Bestimmungen des Staates richten sollen, in dem die Vernehmung stattfinden soll, und gerade nicht, wie an anderer Stelle, nach denen des ersuchenden Staates und sind daher auch bei Vernehmungen im ersuchten Staat anzuwenden. **199**

Im Verhältnis mit den **USA** findet ein besonderes Konsultationsverfahren statt, wenn der Geladene sich auf **Immunität, Unfähigkeit oder ein Vorrecht** nach dem Recht des ersuchenden Staates beruft. Der ersuchte Staat kann dann den ersuchenden Staat um eine Erklärung über das Bestehen des Anspruchs bitten. Bestätigt dieser ihn nicht, so wird die Beweiserhebung durchgeführt; allerdings bleibt die weitere Entscheidung über das Bestehen des Anspruchs im ersuchenden Staat unberührt (Art. 10 Abs. 5 RHV DE/US). Im Verhältnis mit **Japan** dagegen können gem. Art. 15 Abs. 3 RHAbk EU/JP, wenn sich der Geladene auf Immunität, Unfähigkeit oder ein Vorrecht nach dem Recht des ersuchenden Staates beruft, seine Aussagen und Erklärungen trotzdem aufgenommen werden, wenn nicht der ersuchende Staat erklärt hat, dass dies nicht möglich ist. **200**

b) Die Bestellung eines **Pflichtverteidigers** für den (ausnahmsweise) im Ausland zu vernehmenden Beschuldigten ist grundsätzlich die Sache der zuständigen deutschen Stellen des Bezugsverfahrens nach § 140 StPO. Allerdings ist dem Beschuldigten die effektive Verteidigung auch bei der Vernehmung im Ausland im Rahmen der rechtsstaatlichen Mindeststandards stets und, soweit wie möglich, im Rahmen des Anwendungsbereichs des deutschen Verfahrensrechtes auch im ersuchten Staat zu gewähren.[249] Dies gilt nicht nur in **201**

---

[246] Dies folgt wohl für den umgekehrten Fall bei eingehenden Ersuchen, vgl. OLG Frankfurt a.M. Beschl. v. 30.3.1982 – 2 Ws 71/82; Schomburg/Lagodny/Gleß/Hackner/*Lagodny* IRG § 59 Rn. 56.
[247] So geht zB *Hackner/Schierholt* Int. Rechtshilfe Rn. 186 für eingehende Ersuchen von der vollen Anwendung inländischer Zwangsmittel nach § 77 IRG aus.
[248] Das gilt so auch wohl für Art. 8 RHÜ 1959, der für Zwangsmaßnahmen wegen Nichtbefolgung einer Ladung an die Rückkehr in den *ersuchenden* Staat abstellt.
[249] Vgl. hierzu etwa Schomburg/Lagodny/Gleß/Hackner/*Schomburg/Hackner* IRG vor § 68 Rn. 79 mwN; dabei macht die Entscheidung des EGMR NJW 2012, 3709 – Stojkovic./.Frankreich und Belgien

Staaten, für die auch Art. 6 EMRK bzw. der IPBPR gilt. Außerdem kann der ersuchte Staat unabhängig von der Verteidigerbestellung nach eigenen weitergehenden Regelungen für die Vernehmung einen Beistand für die vorzunehmende Rechtshilfemaßnahme bestellen.[250]

202 Wenig geklärt scheint bislang wie Bestellung von **Zeugenbeiständen** genau zu erfolgen hat, wenn das entsprechende deutsche Recht bei der Vernehmung im Ausland anwendbar ist. Hier dürfte jedenfalls bei Zeugen, die keinen Bezug zum Inland aufweisen, ein Ersuchen an den ersuchten Staat auch um Bestellung eines Zeugenbeistandes wohl den besten Weg darstellen.

203 c) Entscheidend ist der Mechanismus, um, soweit möglich, vor allem der **Verteidigung**, aber auch möglicherweise den beteiligten **deutschen Ermittlungsorganen** eine **Teilnahme an der Vernehmung zu ermöglichen.** Darauf war bereits im Ersuchen ausdrücklich hinzuweisen; ggf. ist dieses nachträglich entsprechend zu ergänzen. Die Teilnahme deutscher Richter oder Staatsanwälte erfordert eine nicht unerhebliche gesonderte Vorbereitung durch die deutschen Stellen (im Einzelnen → § 13 Rn. 105 ff.). Der ersuchte Staat hat hingegen vor allem die Aufgabe, Ort und Zeit der Vernehmung den deutschen Stellen, bzw. ausnahmsweise unmittelbar den Verfahrenbeteiligten so rechtzeitig mitzuteilen, dass ihre Teilnahme möglich wäre (ausführlich → § 13 Rn. 102). Nach den entsprechenden Rechtshilfeinstrumenten ist der ersuchte Staat hierzu auf ausdrückliches Verlangen verpflichtet.[251] Der ersuchte Staat kann aber auch ohne ein offizielles Ersuchen auf Teilnahme den Betroffenen, namentlich der Verteidigung im Bezugsverfahren, die Teilnahme nach eigener Ermessensentscheidung ermöglichen.[252]

204 d) Die sehr häufig vom ersuchten Staat erwartete Übung, vor einer Vernehmung bzw. grundsätzlich mit dem Ersuchen einen **Fragenkatalog** zu übermitteln, ist etwa im Verhältnis mit **Kanada** (Art. 10 Abs. 2 lit. c RHV DE/CA), **Hongkong** (Art. 5 Abs. 3 Nr. 3 RHAbk DE/HK) oder **Israel**[253] fixiert. Im Verhältnis mit **Japan** wird ein Fragenkatalog nicht zwingend vorausgesetzt, aber namentlich besteht die Pflicht zu seiner Abarbeitung, wenn eine ersuchte Teilnahme oder unmittelbare Befragung durch die anwesenden Teilnehmer nicht erfolgen kann (Art. 15 Abs. 2 S. 2 RHAbk EU/JP). Ist die Anwesenheit der Beteiligten des Bezugsverfahrens bei der Vernehmung nach den geltenden Recht nicht möglich, soll für die spätere Verlesung des Protokolls erforderlich sein, dass das Gericht ihnen die Möglichkeit gegeben hat, einen Fragenkatalog zu formulieren und dies auch gegenüber dem ersuchten Staat geltend gemacht hat.[254]

205 Bei der **Erstellung des Fragenkatalogs durch das zuständige deutsche Ermittlungsorgan** ist insbesondere auf eine unvoreingenommene und die Aussage der Auskunfts-

---

allerdings die Konventionsverletzung aufgrund der fehlenden Anwesenheit des Verteidigers bei einer iRd Rechtshilfe im Ermittlungsverfahren erfolgten Beschuldigtenvernehmung primär an der späteren Verwertung durch das erkennende Gericht in der Hauptsache fest, sodass sie jedenfalls nicht zwingend entgegen der hM (→ § 9 Rn. 73, 163) so gelesen werden kann, dass sie den ersuchten Staat zu einer Verteidigerbestellung in dieser Situation zwingen würde, wie etwa *Ambos* IntStrafR § 10 Rn. 60 unterstellt; vgl. auch dazu *Gleß* FS Wolter, 2013, 1357; *Gleß* ZStW 125 (2013), 573 (576); *Nagler* StV 2013, 325; *Stiebig* ZJS 2012, 617; *Stiebig* JR 2011, 172; *Zöller* ZJS 2010, 441; für das Verteidigungsrecht iRd EU vgl. nur HdB-EuStrafR/*Esser* § 53 Rn. 109 ff., 116 f. mwN; zum gedolmetschten Verkehr mit dem Verteidiger HdB-EuStrafR/*Esser* § 56 Rn. 63 ff., § 58 Rn. 7.

[250] Vgl. für eingehende Ersuchen und damit unter dem Gesichtspunkt der Gegenseitigkeit ua LG Hamburg BeckRS 2011, 17722: „Aus der Tatsache, dass die §§ 59 ff. IRG keine Regelung über die Bestellung eines notwendigen Verteidigers enthalten, kann jedoch nicht geschlossen werden, dass die §§ 140 ff. StPO auf die sonstige Rechtshilfe keine Anwendung finden. Angesichts der in den §§ 59 ff. IRG bestehenden Regelungslücke sind die §§ 140 ff. StPO gem. § 77 IRG vielmehr ergänzend heranzuziehen"; vgl. ebenso Schomburg/Lagodny/Gleß/Hackner/*Lagodny* IRG § 59 Rn. 42 ff., 56 mwN; NK-RechtshilfeR/*Ambos*/*Poschadel* I Rn. 48.

[251] Vgl. hier nur Art. 4 S. 1 RHÜ 1959; **für Hongkong:** Art. 10 Abs. 2 RHAbk DE/HK.

[252] Vgl. Schomburg/Lagodny/Gleß/Hackner/*Lagodny* IRG § 59 Rn. 39 mwN.

[253] **Für Israel:** Art. 10 Abs. 1 lit. a RHÜ DE/IL verlangt in nummerierter Reihenfolge genau formulierte Fragen.

[254] Vgl. *Gleß* FS Grünwald, 1999, 197 (203 mwN).

person möglichst wenig beeinflussende, sowie effektive und effiziente Vernehmungstechnik zu achten. Unter Umständen können sich an die Formulierungen des Fragenkatalogs auch die Besorgnis der Befangenheit und damit ein Ansatz für die mögliche Ablehnung des Gerichts knüpfen. Selbstverständlich sind alle suggestiven Fragen zu vermeiden. Entsprechend allgemeinen Vernehmungsprinzipien sollten die Fragen einer logischen Struktur, zB chronologisch orientiert am Sachverhalt, vor allem aber auch einer immer weiteren Verengung von offenen zu geschlossenen und Entscheidungsfragen folgen. Eine besondere Schwierigkeit entsteht dadurch, dass Folgefragen so offen formuliert werden müssen, dass die an unterschiedliche Antworten angeknüpft werden können. Hier können Fragen, die konditional für den Fall bestimmter Vernehmungssituationen vorsorglich formuliert werden, weiterhelfen, insbesondere um Nachvernehmungen zu vermeiden.

Die **Ergänzung von Fragen durch die weiteren Beteiligten** des Bezugsverfahrens, namentlich die Verteidigung und Beschuldigter im Stadium einer richterlichen Vernehmung ist wesentlicher Ausdruck des Konfrontationsrechtes und ggf. bereits Surrogat für die eigene Teilnahme vor Ort bzw. das Recht, dort Fragen stellen zu dürfen (→ § 22 Rn. 8). Dieses Recht zur Ergänzung von Fragen im zu übermittelnden Katalog wird etwa im Verhältnis mit den USA durch Art. 10 Abs. 3 S. 1 RHV DE/US und **Japan** nach Art. 15 Abs. 2 RHAbk EU/JP festgeschrieben bzw. vorausgesetzt. Es gilt aber über die EMRK bzw. den IPBPR und jedenfalls die Bindung der deutschen Seite allgemein, soweit diese einen Fragenkatalog überhaupt zu übermitteln hat. Soweit die Möglichkeit besteht, das Frage- und damit Konfrontationsrecht der Verteidigung zu verwirklichen, muss der ersuchende Staat auf dieses, also auf die aktive Teilnahme oder (ggf. zusätzliche) Abarbeitung eines ausgearbeiteten Fragenkataloges hinwirken.[255] Allerdings gilt das Recht zur Fragenstellung auch für die Verteidigung nicht uneingeschränkt: Wenn man im Verbot der Beeinträchtigung des Erinnerungsvermögens nach § 136a Abs. 2 StPO nicht wenigstens im Zusammenhang mit der Anwendung bei Zeugen nach § 69 Abs. 3 StPO ein allgemeines Verbot von Suggestivfragen anerkennen will,[256] muss man jedenfalls §§ 240 Abs. 2 S. 1, 241 StPO analog anwenden. Das Konfrontationsrecht besteht auch in Form des Fragerechtes nicht einschränkungslos, sondern nur im Verhältnis zu den weiteren Verfahrensprinzipien. Darunter fallen insbesondere die Aufklärungspflicht und daraus die Pflicht, die Vereitelung der Aufklärung durch die Gefährdung von Beweismitteln möglichst zu verhindern, wie sie in diesen Normen zum Ausdruck kommt. Diese Pflicht trifft alle Ermittlungsorgane in allen Verfahrensstadien. Fang- und Suggestivfragen sind danach durch das Ermittlungsorgan, das den Fragenkatalog für die ersuchte Stelle vorbereitet, ebenso als ungeeignet zurückzuweisen wie zB reine Wiederholungsfragen oder ungerechtfertigte Fragen nach dem persönlichen Lebensbereich gem. § 68a StPO.[257]

6. Durchführung der Vernehmung durch den ersuchten Staat

Grundsätzlich bleiben Fragen der **Organisation der Vernehmung,** namentlich die Bestimmung der weiteren Umstände sowie Ausübung der Ordnungsgewalt und Vernehmungsleitung in der ausschließlichen Hoheit des ersuchten Staates, soweit dieser nicht ausnahmsweise dem ersuchenden Staat oder dessen teilnehmenden Vertretern eine weitergehende Rolle einräumt.

a) Zu dieser Organisationshoheit zählt – bei der sonstigen Anwendung deutschen Verfahrensrechtes – die Auswahl der **Vernehmungsleitung** nach innerstaatlicher Zuständigkeit und Stellung. Aus dem Ersuchen geht lediglich hervor, ob eine Vernehmung richterlicher, staatsanwaltschaftlicher oder polizeilicher Art gewünscht wird. Namentlich kann der ersuchte Staat eine Vernehmung, deren Protokoll als „richterliche" in die deutsche Hauptverhandlung eingeführt werden soll, einem anderen funktionalen Amtsträger als einem

---
[255] Vgl. *Nagel* Beweisaufnahme 285.
[256] Vgl. Meyer-Goßner/Schmitt/*Schmitt* StPO § 136a Rn. 25 mwN.
[257] Zur Definition iRv § 241 StPO vgl. etwa Meyer-Goßner/Schmitt/*Schmitt* StPO § 241 Rn. 15.

Richter anvertrauen, wenn dieser in vergleichbaren innerstaatlichen Fällen für die faire und unbefangene Durchführung unter grundlegenden rechtsstaatlichen Anforderungen in gleichem Maße Sorge tragen kann.[258]

209 Für eine „richterliche Vernehmung" muss ein tauglicher **Protokollführer** beigezogen werden, der jedenfalls im Anwendungsbereich der deutschen StPO ein allgemein vereidigter Urkundsbeamter oder für die vorzunehmende Vernehmung gem. § 168 S. 3 StPO gesondert vereidigt sein muss.[259] Soweit deutsches Verfahrensrecht gilt, muss auch der hinzugezogene **Dolmetscher** vereidigt sein; es gelten dann die §§ 185 ff. GVG mit der Maßgabe, dass die Referenzsprache grundsätzlich die anwendbare Amtssprache des ersuchten Staates bleibt.[260] Allerdings schadet die fehlende Vereidigung nicht, wenn die Übersetzung auch sonst nachweislich korrekt ist (→ § 23 Rn. 56).[261]

210 b) Wie bereits oben (→ § 13 Rn. 81 ff.; § 23 Rn. 57) ausgeführt, kommt dem tatsächlichen **Anwesenheitsrecht** vor allem seitens des Beschuldigten bzw. durch die Verteidigung angesichts des Konfrontationsrechtes als Teil des fairen Verfahrens eine zentrale Bedeutung zu, die entweder in den Rechtshilfeinstrumenten verankert oder zB über die EMRK zu beachten sind. Aus der EMRK folgt auch, selbst wenn dies nach dem Zusammenspiel der beteiligten Rechtsordnungen nicht vorgesehen ist, dass der Beschuldigte bei seiner Vernehmung auch im Stadium des Ermittlungsverfahrens und im Wege der Rechtshilfe, das Recht auf Beistand durch einen Verteidiger hat.[262] Soweit nicht durch das Recht des ersuchten Staates oder diese transnationalen Normen verdrängt, ist aus deutscher Sicht zu unterscheiden, ob es sich um eine richterliche Vernehmsituation handelt, in der entsprechend der §§ 168c, 168e StPO zu verfahren ist, oder eine sonstige (vorgelagerte) Vernehmung, in der ein Anwesenheitsrecht generell nicht besteht.[263]

211 c) Bei der Durchführung der Vernehmung ist strikt auf die Einhaltung der anwendbaren **Rechte zur Verweigerung der Aussage, Auskunft oder Eidesleistung** zu achten. Soweit nach dem anwendbaren Recht möglich, müssen die Schweigerechte und Genehmigungsvorbehalte für eine Aussage eines Amtsträgers oder eines Berufsgeheimnisträgers berücksichtigt werden.[264] Die Aussageperson muss allgemein wenigstens auch die Rechte haben, die ihr im ersuchten Staat bei rein inländischen Vernehmungen zustünden.[265] Dies gilt insbesondere auch bei Beschuldigten bzw. Tatverdächtigen.[266] Ausdrücklich etwa kann im Verhältnis mit **Hongkong** nach Art. 10 Abs. 4 RHAbk DE/HK ein Aussageverweigerungsrecht sowohl aus dem Recht des ersuchenden als auch des ersuchten Staates abgeleitet

---

[258] Vgl. BGH StV 1995, 251 ff.; BGHSt 7, 15 (16, 17) = NJW 1955, 32; BGH NStZ 1983, 181; LR/*Sander/Cirener*, 26. Aufl. 2009, StPO § 251 Rn. 24; KK-StPO/*Diemer* StPO § 251 Rn. 17; BGHR StPO § 254 I Vernehmung, richterliche 3; Meyer-Goßner/Schmitt/*Schmitt* StPO § 254 Rn. 4 unter Verweis auf die Anmerkungen zu § 251 StPO.

[259] BGH NJW 1968, 1485; 1987, 955; NStZ 1984, 564; BeckOK StPO/*Ganter*, 33. Ed. 1.4.2019, StPO § 251 Rn. 24; BGHSt 27, 339 = NJW 1978/ 955 bei KK-StPO/*Diemer* StPO § 251 Rn. 17.

[260] BGH NJW 1968, 1485; 1978, 955; BeckOK StPO/*Ganter*, 33. Ed. 1.4.2019, StPO § 251 Rn. 24.

[261] Ist eine Übersetzung ersichtlich fehlerfrei erfolgt, kann das Urteil nicht darauf beruhen, dass der Dolmetscher nicht ordnungsgemäß gerichtlich vereidigt war, BGH StV 1981, 393.

[262] Vgl. die Entscheidung des EGMR NJW 2012, 3709 – Stojkovic./.Frankreich und Belgien: die fehlende Anwesenheit des Verteidigers bei einer iRd Rechtshilfe im Ermittlungsverfahren erfolgten Beschuldigtenvernehmung ist bei der späteren Verwertung durch das erkennende Gericht zumindest so zu berücksichtigen, dass die Rechte aus Art. 6 EMRK effektiv ausgeübt werden können, vgl. *Ambos* IntStrafR § 10 Rn. 60 mwN; *Gleß* FS Wolter, 2013, 1357 ff.; *Gleß* ZStW 125 (2013), 573 (576 ff.); *Nagler* StV 2013, 325 ff.; *Stiebig* ZJS 2012, 411; *Stiebig* JR 2011, 172; *Zöller* ZJS 2010, 441.

[263] Vgl. etwa ausf. für die Anwendung des deutschen Rechts bei Vernehmungen in der Schweiz Schomburg/Lagodny/Gleß/Hackner/*Schomburg/Hackner* IRG vor § 68 Rn. 83 mwN.

[264] *Nagel* Beweisaufnahme 170 f.; zu den Verweigerungsrechten iE, soweit die Prüfung ergibt, dass das Recht des ersuchten Staates anzuwenden ist: vgl. für **Argentinien:** zB NK-RechtshilfeR/*Malarino* VI Rn. 18 f.; **Brasilien:** NK-RechtshilfeR/*Romero* VI Rn. 66; **Kanada:** NK-RechtshilfeR/*Lafontaine* VI Rn. 88; **Russland:** NK-RechtshilfeR/*Bogush* VI Rn. 316; **die Türkei:** Art. 116 türk. StPO, vgl. NK-RechtshilfeR/*Ünver* VI Rn. 354; **die USA:** NK-RechtshilfeR/*Langer* VI Rn. 402.

[265] *Nagel* Beweisaufnahme 171 mwN.

[266] Vgl. Schomburg/Lagodny/Gleß/Hackner Einleitung Rn. 141; vgl. zu den Mindestrechtsgewährleistungen nach dem Unionsrecht HdB-EuStrafR/*Esser* § 53 Rn. 109 ff.

werden. Wird ein solches Recht aus der Rechtsordnung des ersuchenden Staates behauptet, ohne dass dies bereits amtlich mitgeteilt wurde, erwirkt der ersuchte Staat unverzüglich eine Bescheinigung des ersuchenden, inwieweit dieses besteht (Art. 10 Abs. 5 RHAbk DE/HK).

Konsequenterweise trifft anwesende deutsche Ermittlungsorgane die Pflicht, soweit dies unter Beachtung der Hoheit des ersuchten Staates möglich ist, auch in der Vernehmung um die Einhaltung und die Belehrung einer Person über ihr nach anwendbarem deutschen Recht zustehende Rechte zur Verweigerung der Aussage, der Auskunft oder der Eidesleistung, möglichst unter wörtlicher Anführung der deutschen Gesetzesbestimmungen zu bitten (vgl. auch Nr. 117 Abs. 2 RiVASt). 212

Unstreitig ist, dass, soweit deutsches Recht zur Anwendung kommt, die Belehrung als Zeuge, Sachverständiger oder Beschuldigter den Anforderungen der StPO voll genügen muss. Ist allerdings das Recht des ersuchten Staates anwendbar, ergibt sich bei einer fehlenden Belehrung über ein Schweigerecht, etwa das Zeugnisverweigerungsrecht als Angehöriger (§ 52 StPO), möglicherweise ein Verwertungsverbot nach § 252 StPO.[267] Ist eine Belehrung des Beschuldigten über seine Rechte auf Aussagefreiheit und Konsultation mit einem Verteidiger (§ 136 Abs. 1 S. 2 StPO) in Übereinstimmung mit dem anwendbaren Recht des ersuchten Staates nicht erfolgt, ist die Vernehmung nach hM nicht fehlerhaft.[268] 213

d) Bei der **eigentlichen Vernehmung** ist eine breite Spannbreite von der bloßen Abfrage entsprechend dem bereits übermittelten Fragekatalog bis hin zu vollständigen offenen Vernehmungen denkbar. 214

Stets sollte **vor der Vernehmung zur Sache** eine hinreichende Klärung der Identität der Auskunftsperson mit entsprechender Fixierung im Prokoll ebenso erfolgen, wie die Offenlegung des Vernehmungsgegenstandes und eine Vorstellung der Funktionen der Teilnehmer gegenüber der Auskunftsperson sowie die allgemeine Belehrung über die Rechte und Pflichten der Auskunftsperson. Dies sollte entsprechend dem anwendbaren Recht durch bzw. unter der Aufsicht der Vernehmungsleitung erfolgen. Dabei kann der Schutz des Zeugen auch einer genauen Feststellung seines richtigen Namens und seiner weiteren echten Personalien entgegenstehen, wie dies auch zB in § 68 StPO zum Ausdruck kommt (→ Rn. 158). 215

In der Vernehmung sollten anwesende deutsche Funktionsträger im Rahmen der „Vernehmungshoheit" des Amtsträgers des ersuchten Staates vor allem darauf dringen, dass die Aussage der Auskunftsperson unbeeinflusst erfolgt und der Beweiswert auch ihre zukünftigen Aussagen nicht gefährdet wird. Im Anwendungsbereich der StPO bietet § 69 StPO hier für Zeugen mit dem Vorrang des Sachberichts vor dem „Verhör", dh den Nachfragen, eine wichtige Orientierung. 216

Allgemein gilt für ausländische Vernehmungen nach deutschem Verfahrensrecht auch ohne Anwesenheit deutscher Teilnehmer, dass der Grundsatz des § 69 StPO nicht formalistisch beachtet sein muss, sondern mit Flexibilität angewendet worden sein kann, um eine möglichst hohe Authentizität und ggf. Glaubhaftigkeitsbeurteilung zu sichern.[269] Wenn der Vernehmung ein Fragekatalog zugrunde lag, der abgearbeitet wurde, ist § 69 StPO nicht zu beachten.[270] Für die Beschuldigten- oder Sachverständigenvernehmung fehlen entsprechende Vorgaben auf gesetzlicher Ebene ohnehin und sind allenfalls gute Praxis, wenn auch in untergesetzlichen Normen festgehalten. 217

Soweit das Recht des ersuchten Staates gilt, ergibt sich alleine daraus, ob den Teilnehmern aus dem Bezugsverfahren **eigene Fragen** unmittelbar oder über die Verneh- 218

---

[267] Schomburg/Lagodny/Gleß/Hackner/*Schomburg/Hackner* IRG vor § 68 Rn. 84 mwN.
[268] BGH NStZ 1994, 595; aA *Dencker* StV 1995, 232 ff.; Schomburg/Lagodny/Gleß/Hackner/*Hackner* IRG § 68 Rn. 85.
[269] BGH NJW 1953, 35; BGH MDR 1966, 25 [D.]; KK-StPO/*Diemer* StPO § 251 Rn. 17.
[270] Vgl. BGH BeckRS 2011, 02915; BGH StV 1981, 393; BeckOK StPO/*Ganter*, 33. Ed. 1.4.2019, StPO § 251 Rn. 24.

mungsleitung zugestanden werden und wie diese darüber entscheidet. Bei der Anwendung von deutschem Recht wird den anwesenden Teilnahmeberechtigten ein solches Fragerecht zugestanden, wobei dies entsprechend den Regelungen in der Hauptverhandlung auszuüben ist.[271] Das Zulassen der Fragen obliegt dann der Vernehmungsleitung ebenso wie zB die Zurückweisung nach §§ 68 ff. StPO, namentlich § 68a StPO. Soweit man im Verbot der Beeinträchtigung des Erinnerungsvermögens nach § 136a Abs. 2 StPO nicht wenigstens im Zusammenhang mit der Anwendung bei Zeugen nach § 69 Abs. 3 StPO ein allgemeines Verbot von Suggestivfragen anerkennen will,[272] muss man jedenfalls §§ 240 Abs. 2, 241 StPO analog anwenden mit der Folge, dass die Vernehmungsleitung das Stellen bzw. die Beantwortung unzulässiger Fragen untersagen kann. Dieser Mechanismus ist auch nicht durch die Regelungen in bestimmten Rechtshilfeinstrumenten ausgeschlossen: So können im Verhältnis mit den USA gem. Art. 10 Abs. 3 S. 1 RHV DE/US die zugelassenen Teilnehmer aus dem ersuchenden Staat wohl auch während der Vernehmung Fragen lediglich vorschlagen. Gleiches wird aber etwa nach Art. 15 Abs. 2 RHAbk EU/JP auch im Verhältnis mit Japan zugrunde zu legen sein, wo alleine das grundsätzliche Recht der Teilnehmer zu direkten Ergänzungsfragen bestimmt ist.

219 e) Traditionell gilt der Grundsatz, dass der ersuchte Staat seine eigenen **Zwangsmittel** zur Durchsetzung bzw. Sanktionierung einer Verletzung der Erscheinens-, Aussage-, Wahrheitspflicht und ggf. Vereidigungspflicht einsetzen kann. Die Grenze für teilnehmende oder die Aussage verwertende deutsche Stellen liegt hier wiederum stets bei § 136a StPO, dem Nemo-tenetur-Grundsatz sowie anderen fundamentalen Rechtsstaatsprinzipien.

220 Im **Verhältnis mit den USA** ist durch Art. 10 Abs. 1 RHV DE/US festgeschrieben, dass Zwangsmittel zur Erledigung von Ersuchen um Zeugenvernehmung oder Vorlage von Urkunden, Unterlagen und anderen Gegenständen in der gleichen Weise angewendet werden wie in strafrechtlichen Ermittlungsverfahren oder Strafverfahren im ersuchten Staat. Wer in Erledigung eines Ersuchens unter Eid falsch aussagt, unterliegt der Strafverfolgung im ersuchten Staat nach dem Strafrecht dieses Staates (Art. 10 Abs. 2 S. 2 RHV DE/US).[273] Ähnlich hat im Verhältnis mit Japan der ersuchte Staat gem. Art. 15 Abs. 1 RHAbk EU/JP die Zwangsmaßnahmen zur Durchsetzung der Zeugenaussage und Erklärungen anzuwenden, die notwendig und nach den übermittelten Informationen nach seinem Recht gerechtfertigt sind.

221 f) Auch die **Vereidigung** des Zeugen oder Sachverständigen richtet sich grundsätzlich nach dem Recht des ersuchten Staates. Nach Art. 3 Abs. 2 der RHÜ 1959 hat der ersuchte Staat dem Wunsch des ersuchenden Staates, dass Zeugen oder Sachverständige unter Eid aussagen, stattzugeben, soweit sein Recht dem nicht entgegensteht und letzterer darum ausdrücklich ersucht hat. Knapper setzen dies auch andere Abkommen voraus, wie zB das mit den USA durch Art. 10 Abs. 2 RHV DE/US.[274] Entsprechend ist nach Nr. 117 Abs. 1 S. 2 RiVASt im Ersuchen bzw. spätestens vor Ort anzugeben, ob eine richterliche Vernehmung eidlich oder uneidlich erfolgen soll. Dort finden sich auch detaillierte Empfehlungen für die Ausgestaltung des Ersuchens, wenn nicht klar ist, ob eine eidliche bzw. uneidliche Form der Vernehmung im Wege der Rechtshilfe möglich ist.

222 Soweit das deutsche Recht anwendbar ist, sind auch die deutschen Vereidigungsvorschriften für Zeugen (§§ 59–67 StPO) und Sachverständige (§ 79 StPO) anzuwenden. Eine Vereidigung des Beschuldigten ist danach prinzipiell ausgeschlossen. Ist das ausländische Recht anwendbar, ist ein **Voreid** der Auskunftsperson vor der Aussage zwar soweit dieses Recht es ermöglicht, zu vermeiden; die Vorvereidigung allein hindert ansonsten aber auch

---

[271] Vgl. hierzu und zum Folgenden Meyer-Goßner/Schmitt/*Schmitt* StPO § 168c Rn. 1 mwN.
[272] Vgl. Meyer-Goßner/Schmitt/*Schmitt* StPO § 136a Rn. 25 mwN.
[273] Näher zum Problem, dass für eingehende Ersuchen § 153 ff. StGB damit erweitert werden und zur Strafbarkeitszuständigkeit für Falschaussagen in den USA NK-RechtshilfeR/*Docke/Momsen* IV Rn. 415.
[274] So auch **für Tunesien:** Art. 25 Abs. 2 RHV DE/TN.

die spätere Verlesung und Würdigung als richterliche Vernehmung nicht, wenn sie auch als uneidliche mit entsprechend verringertem Beweiswert gewürdigt werden muss.[275]

7. Formen der Ergebnissicherung

Die Ergebnissicherung der Vernehmung erfolgt primär durch das angefertigte **Protokoll**. 223 Während die bei der Vernehmung anwesenden deutschen und ausländischen Beteiligten zur Vernehmung später ihrerseits grundsätzlich vernommen werden können, sind die unmittelbaren Wahrnehmungen der anwesenden Mitglieder des Gerichtes, das später nach der Hauptverhandlung die Beweiswürdigung vorzunehmen hat, nur über das dann verlesene Protokoll einführbar.

a) Für die Handhabung der von der Vernehmung angefertigten Protokolle bestehen je 224 nach Rechtshilfebeziehung sehr unterschiedliche Vorgaben (→ § 13 Rn. 127 ff.). „Private" Aufzeichnungen der deutschen Amtsträger sind teilweise, vor allem bei Vernehmungen in der Schweiz, den dortigen staatlichen Stellen herauszugeben und sind nicht wiederzuerhalten. Auch ansonsten wäre ihre Verwendung im weiteren Strafverfahren nicht unproblematisch und von allenfalls ergänzendem Beweiswert (→ § 23 Rn. 3 ff.).

Wenn Beobachtungen der Mitglieder des später erkennenden Gerichtes im Geltungs- 225 bereich des Strengbeweises verwertbar sein sollen, ist unbedingt darauf zu achten, dass außerhalb der reinen von der Auskunftsperson gesprochenen Inhalte soweit wie möglich **weitere Beobachtungen** mit möglicher Relevanz ebenfalls festgehalten werden (→ § 23 Rn. 9).[276] Dies betrifft insbesondere alle für die Beurteilung der Glaubwürdigkeit bedeutsamen nonverbalen Wahrnehmungen, wie zB Erscheinungsbild, Körpersprache, Emotionen, Sprechweise.[277] Eine derartige Protokollfixierung bietet sich wegen der Objektivierung natürlich auch für nichtrichterliche Vernehmungen an, auch wenn hier der Rückgriff durch spätere Vernehmung eines inländischen amtlichen Teilnehmers einfacher als bei einer richterlichen Vernehmung scheint.

Die Einführung der Niederschrift als die **einer richterlichen Vernehmung** stellt 226 erhöhte Anforderungen: Das Protokoll muss selbst **hinreichende Gewähr für seine Authentizität** geben. Daher muss es regelmäßig vom Richter und vom Protokollführer unterschrieben oder mit dem unterschriebenen Bestätigungsvermerk der Schreibkraft versehen sein.[278] Es bietet sich hier der Rückgriff auf § 168a StPO an, soweit dieser angewendet werden kann.

Als **wesentliche Förmlichkeiten** sind, soweit möglich die **Belehrungen** festzuhalten, 227 darunter: namentlich die eines Beschuldigten vor seiner ersten Vernehmung nach §§ 136 Abs. 1, 163a Abs. 3 S. 2 StPO (Nr. 45 Abs. 1 RiStBV) sowie von Zeugen bzw. ihren gesetzlichen Vertretern über die Verweigerungsrechte nach §§ 52, 55 StPO (Nr. 65 RiStBV).

Auch für richterliche Protokolle ist nicht zwingend, dass es sich um **verlustfreie Wort-** 228 **niederschriften** handelt. Es versteht sich allerdings von selbst, ohne dass es eines Rückgriffs auf die Erkenntnisse der wissenschaftlichen Glaubhaftigkeitsforschung bedarf,[279] dass die Güte einer Niederschrift als umso besser zu beurteilen ist, je näher sie sich am Wortlaut orientiert. Dabei kann auf die Empfehlung der RiStBV in Nr. 45 Abs. 2 RiStBV für Beschuldigtenvernehmungen zurückgegriffen werden: Danach empfiehlt es sich für bedeutsame Teile der Vernehmung, Fragen, Vorhalte und Antworten möglichst wörtlich in die Niederschrift aufnehmen. Legt der Beschuldigte ein Geständnis ab, so sollen die

---

[275] Vgl. BGH StV 2001, 5 mAnm *Rose* wistra 2001, 290 ff. mwN; Schomburg/Lagodny/Gleß/Hackner/ *Schomburg/Hackner* IRG vor § 68 Rn. 80.
[276] Vgl. hier nur Schomburg/Lagodny/Gleß/Hackner/*Schomburg/Hackner* IRG vor § 68 Rn. 77.
[277] Vgl. ausf. Schomburg/Lagodny/Gleß/Hackner/*Schomburg/Hackner* IRG vor § 68 Rn. 77 mwN.
[278] BGH NJW 1956, 1527; OLG Stuttgart NStZ 1986, 41; BeckOK StPO/*Ganter*, 33. Ed. 1.4.2019, StPO § 251 Rn. 24.
[279] Vgl. nur etwa *Bender/Nack/Treuer*, Tatsachenfeststellung vor Gericht. Glaubwürdigkeits- und Beweislehre, Vernehmungslehre, 4. Aufl. 2014.

Einzelheiten der Tat möglichst mit seinen eigenen Worten festgehalten und darauf geachtet werden, dass besonders solche Umstände aktenkundig gemacht werden, die nur der Täter wissen kann. Die Namen der Personen, die das Geständnis mit angehört haben, sind danach zu vermerken.

229 Aus der Niederschrift sollte jedenfalls erkennbar sein, wann die Auskunftsperson **eigene Angaben** gemacht hat und ihr nicht bloß fremde oder eigene Aussagen aus früheren Vernehmungen vorgehalten worden sind. Soweit das ausländische Recht anwendbar ist, ist auch ein bei der Vernehmung anwesender deutscher Richter nicht verpflichtet darauf hinzuwirken, dass bei der Vernehmung von Zeugen dieser Grundsatz beachtet wird.[280]

230 Aufgrund seiner Organisationshoheit kann keinesfalls vom ersuchten Staat verlangt werden, das Protokoll in **Deutsch** zu erstellen. Allerdings können in Verfahren wegen nationalsozialistischer Gewaltverbrechen in **Israel** gem. Nr. 1c ErgV-RHÜ 1959 DE/IL Vernehmungsprotokolle in deutscher Sprache geführt und den deutschen Behörden ausgehändigt werden, wobei die Kosten nach Nr. 1e ErgV-RHÜ 1959 DE/IL von den deutschen Stellen getragen werden.

231 b) Eine zusätzliche oder an die Stelle des schriftlichen Protokolls tretende **audio-visuelle Aufzeichnung der Vernehmung** ist in Deutschland bisher nur als Ergänzung in besonderen Fällen des Zeugenschutzes vorgesehen (insbesondere §§ 58a, 255a StPO). Im Verhältnis mit den USA können gem. Art. 10 Abs. 4 RHV DE/US audio-visuelle Mittel zur Aufzeichnung von Zeugenaussagen nur mit Zustimmung der aussagenden Person gestattet werden.

VII. Überstellung eines im Inland oder sonst Inhaftierten zur Beweisaufnahme im Ausland für ein inländisches Verfahren

1. Überblick und Rechtsgrundlage

232 Ein Betroffener, der in dieser oder anderer strafrechtlichen Sache sich im Inland in Haft befindet, kann zeitweise zu einer Beweiserhebung für ein inländisches Strafverfahren in den ersuchten ausländischen Staat überstellt werden. Hier greifen, ähnlich wie bei der Überstellung aus dem Ausland ins Inland, das nationale Recht, vor allem § 70 IRG, und die verschiedenen Rechtshilfeinstrumente ineinander.[281] Auch wenn eine weitgehende Verweisung auf die Normen der Zuführung ins Inland bzw. eingehender Ersuchen um Überstellung stattfindet, darf nicht einfach von einem „spiegelbildlichen Fall" ausgegangen werden. Vielmehr sind die Voraussetzungen präzise im Einzelnen zu prüfen.

233 Rechtshilferegelungen bestehen dazu **insbesondere in Art. 9 RHÜ 2000** und entsprechend für die weiteren Europaratsstaaten in Art. 13 ZP II-RHÜ 1959. Ersteres hat **Art. 23 EEA-RL** auch bei der Überstellung ins Ausland im Verhältnis der EU-Staaten, die die Richtlinie umgesetzt haben, ersetzt (→ § 11 Rn. 223 ff.).

234 Allerdings dürfte auch bereits Art. 11 des **ursprünglichen RHÜ 1959** – nicht zuletzt angesichts zahlreicher Ergänzungsverträge[282] – so zu deuten sein, dass er die Überstellung auch vom ersuchenden Staat in den ersuchten Staat zu den dort genannten Zwecken ermöglicht.[283]

---

[280] BGH BeckRS 2011, 02915; BGHR StPO § 69 Abs 1 S 1 Rechtshilfevernehmung 1; KK-StPO/*Diemer* StPO § 251 Rn. 20.
[281] Erneut aA mit Überbetonung eines angeblichen Exklusivitätsverhältnisses NK-RechtshilfeR/*v. Galen* IV Rn. 209.
[282] Vgl. etwa **für Frankreich:** Art. 7 ErgV-RHÜ 1959 DE/FR; **Israel:** Art. 9 RHÜ DE/IL; **Italien:** Art. 6 f. ErgV-RHÜ 1959 DE/IT; **die Niederlande:** Art. 7 ErgV-RHÜ 1959 DE/NL; **Österreich:** Art. 9 ErgV-RHÜ 1959 DE/AT; **Polen:** Art. 7 ErgV-RHÜ 1959 DE/PL; **die Schweiz:** Art. 11, 12 ErgV-RHÜ 1959 DE/CH; **Tschechien:** Art. 8 PolZV DE/CZ.
[283] Dem scheint alleine auf die Bedingung seiner Zurückstellung innerhalb der vom *ersuchten* Staat bestimmten Frist etwas zu widersprechen, die eher auf die Überstellung in den ersuchten Staat zu passen scheint, allerdings auch durchaus das Interesse des ersuchten Staates abdeckt, in seinem Territorium nur begrenzt eine fremde Person in einer Rechtshilfesache in Haft halten zu müssen; aA allerdings Denkschrift zum ZP II-RHÜ 1959, BT-Drs. 18/1773, 38.

Auch die bereits oben genannten (→ Rn. 100) **weiteren multi- und bilateralen Über-** 235
einkünfte decken in aller Regel auch die Überstellung aus dem ersuchenden in den
ersuchten Staat ab, ohne Sonderregelungen zu enthalten, sodass hierauf zur Vermeidung
von Wiederholungen verwiesen werden kann. So sieht nur beispielsweise das Übereinkommen mit den **USA** die Überstellung nicht nur in dieser Weise (Art. 7 Abs. 2 RHV DE/
US),[284] sondern sogar aus einem der Vertragsstaaten in einen dritten Staat vor (Art. 7 Abs. 4
Nr. 5 RHV DE/US), wobei der ersuchende Staat die Zustimmung dieses letztgenannten
Drittstaates einzuholen und die weiteren Bedingungen für die Überstellung aus dem
ersuchten Staat (→ Rn. 108 ff.) zu erfüllen hat.

Fraglich scheint, inwieweit die Überstellung eines notwendigen Betroffenen bzw. des 236
Beschuldigten sich als **Annex der eigentlichen Rechtshilfe** begreifen lässt, die in der
Vornahme der Informationserhebung im Ausland durch die ausländischen Behörden besteht, wenn für die Überstellung selbst internationale Regelungen fehlen bzw. ergänzend
nur die jeweils autonomen Regelungen der **vertragsfreien Rechtshilfe** greifen.[285] Hier
dürfte aus Sicht des deutschen Rechts § 70 IRG als Rechtsgrundlage ausreichen, wenn der
ersuchte Staat zur Vornahme auf einer derartigen Basis bereit ist.

2. Voraussetzungen

a) Zu den **allgemeinen Bedingungen** der Überstellung zählt, dass sich der Betroffene im 237
Geltungsbereich der deutschen Staatsgewalt in einem staatlichen Gewahrsam in einer freiheitsentziehenden Maßnahme befinden muss. Er muss sich in Untersuchungs- oder Strafhaft befinden oder aufgrund der Anordnung einer freiheitsentziehenden Maßregel der
Besserung und Sicherung untergebracht sein (§ 70 S. 1 IRG). Nicht umfasst sind Personen,
die sich in einem Freiheitsentzug aus einem anderen Grund befinden, etwa nach dem
Aufenthalts-, Polizei- oder Zivilrecht.[286]

b) Nach deutschem Recht ist die Überstellung **für jede Ermittlungshandlung,** für die 238
die Anwesenheit der Person erforderlich ist, erlaubt, sofern sie sich auf ein Strafverfahren
bezieht (§ 70 S. 1 IRG).[287] Praktisch ebenso weit sehen dies die zentralen Rechtshilfegrundlagen vor.[288] Lediglich das RHÜ 1959 schränkt in Art. 11 Abs. 1 RHÜ 1959 insoweit ein,
dass das persönliche Erscheinen eines Häftlings als Zeuge oder zur Gegenüberstellung
erforderlich sein muss. Der Zweck kann nach letzterem insbesondere in einer Gegenüberstellung mit einem dort inhaftierten oder sonst aufhältigen Zeugen oder anderweitigen
Beschuldigten oder einer sonstigen Informationserhebung bestehen, die ausschließlich –
oder bei Gesamtschau am verhältnismäßigsten – im Ausland durchgeführt werden kann.

c) Möglich ist die Überstellung aus Deutschland ins Ausland allerdings nur nach einer 239
qualifizierten Zustimmung des Betroffenen.[289] Damit sind die zu beachtenden deutschen Anforderungen strenger als die mancher Rechtshilfeinstrumente, nach denen der
ersuchte Staat die Überstellung ohne Einverständnis des Betroffenen ablehnen kann, allerdings ggf. nur, wenn er bei Notifizierung einen entsprechenden Vorbehalt erklärt hat.[290]
Sie decken sich aber zB mit den Regelungen in den Verträgen mit Polen (Art. 7 Abs. 2

---

[284] Vgl. hierzu und zum Ganzen NK-RechtshilfeR/*Docke/Momsen* IV Rn. 419 ff. mwN.
[285] Hierauf deutet Nr. 120 Abs. 1 S. 2 RiVASt hin.
[286] Schomburg/Lagodny/Gleß/Hackner/*Hackner* IRG § 70 Rn. 2 mwN.
[287] Eine Überstellung in einem Ordnungswidrigkeitsverfahren ist damit wohl aufgrund des klaren Wortlauts
und erkennbaren Sinn der Konkretisierung der Verhältnismäßigkeit für die besonders intensive Maßnahme
ausgeschlossen, vgl. NK-RechtshilfeR/*v. Galen* IV Rn. 212; GPKG/*Johnson* § 70 Rn. 8.
[288] Vgl. Art. 9 Abs. 1 RHÜ 2000; Art. 23 Abs. 1 EEA-RL; Art. 13 Abs. 1 ZP II-RHÜ 1959; zum Vertrag
mit den USA → Rn. 235.
[289] § 62 Abs. 1 S. 1 Nr. 1 iVm § 70 S. 2 IRG; nur unter der spezifischen „Exklusivitätsthese" nachvollziehbar die ausführliche Begründung auch im Verhältnis mit den USA bei NK-RechtshilfeR/*Docke/Momsen*
IV Rn. 422.
[290] Vgl. Art. 9 Abs. 3, 6 RHÜ 2000; Art. 27 RHÜ 2000; Art. 22 Abs. 2 lit. a EEA-RL iVm Art. 23 Abs. 1
EEA-RL; Art. 13 Abs. 3 ZP II-RHÜ 1959 mit entsprechender völkerrechtlicher Vertragserklärung
Deutschlands; Art. 7 Abs. 3 Nr. 1 RHV DE/US.

ErgV-RHÜ 1959 DE/PL) und Tschechien (Art. 8 Abs. PolZV DE/CZ), nach denen die Zustimmung der betroffenen Person erforderlich ist, sofern sie nicht im Bezugsverfahren des Ersuchens selbst Beschuldigter ist und ihre Anwesenheit für die Vornahme der Rechtshilfehandlung unerlässlich ist.

240 Erforderlich ist gem. § 62 Abs. 1 S. 1 Nr. 1 iVm § 70 S. 2 IRG, dass der Betroffene sich nach Belehrung zu Protokoll eines deutschen Richters damit einverstanden erklärt hat. Daher hat die **ersuchende Behörde zunächst** zu veranlassen, dass die zu überstellende Person durch das Gericht über die ihr zustehenden Rechte belehrt und befragt wird, ob sie mit der Überstellung einverstanden ist (Nr. 120 Abs. 1 S. 1 RiVASt). Es dürfte sich um eine richterliche Handlung im Verfahren, für das die Beweiserhebung erfolgen soll, mit der daraus folgenden Zuständigkeit handeln.[291] Die Erklärung kann auch durch einen Pfleger abgegeben werden, wenn dem Betroffenen insoweit die Einsichtsfähigkeit fehlt. Auch einem Beistand bzw. Verteidiger des Betroffenen ist, jedenfalls im Geltungsbereich der EEA-RL, Gelegenheit zur Stellungnahme einzuräumen, was am effektivsten in dem gerichtlichen Termin erfolgen kann.[292]

241 Die verfahrensmäßige Vorkehrung soll insbesondere sichern, dass sich der allgemeine Zwang der freiheitsentziehenden Maßnahme nicht auf die Entscheidungsfreiheit des Betroffenen auswirkt.[293] Daher kann das Einverständnis sachlich begrenzt, befristet oder bedingt werden, was im weiteren Verfahren zu beachten ist. Vor der Abgabe ist der Betroffene von dem Richter über die Folgen umfassend aufzuklären, insbesondere auch über die Unwiderruflichkeit des Einverständnisses.[294] Das Protokoll muss ausdrücklich den Umfang der Belehrung sowie die Erklärung enthalten und sollte ansonsten den weiteren Vorgaben von §§ 168, 168a StPO (iVm § 77 IRG) genügen.[295]

3. Durchführung

242 Für die weitere Vorbereitung und Durchführung der Überstellung ist die Generalstaatsanwaltschaft zuständig, in dessen Bezirk der Betroffene bislang inhaftiert ist.[296] Liegt das Einverständnis der zu überstellenden Person vor, sind daher die notwendigen Unterlagen dieser Staatsanwaltschaft dem Oberlandesgericht zuzuleiten (Nr. 120 Abs. 2 S. 1 RiVASt).

243 **a)** In das **Rechtshilfeersuchen** und damit den der Generalstaatsanwaltschaft ggf. vorzulegenden Entwurf (→ § 12 Rn. 81) um Durchführung der Beweiserhebung ist die Bitte aufzunehmen, die vorübergehende Überstellung zu genehmigen (Nr. 120 Abs. 1 S. 2 RiVASt). Soweit nach RHÜ 2000 und ZP II-RHÜ 1959 wegen Vorbehalts des ersuchten Staates eine Zustimmung des Betroffenen erforderlich ist, ist dem ersuchten Mitgliedstaat – möglichst mit dem Ersuchen – unverzüglich die Zustimmungserklärung oder eine Abschrift davon zu übermitteln.[297] Im Geltungsbereich der Europäischen Ermittlungsanordnung ist das Formblatt A und insbesondere der dortige Abschnitt H1 auszufüllen (→ § 11 Rn. 223 ff.).

244 **b)** Die **Ablehnungsgründe** des ersuchten Staates entsprechen den oben bereits genannten (→ § 11 Rn. 45 ff.).

245 **c)** Über die Einzelheiten für die zeitweilige Überstellung der betreffenden Person und die Frist für deren Rücküberstellung in das Hoheitsgebiet des ersuchenden Mitgliedstaats müssen in der Regel nach allen Rechtsinstrumenten die zuständigen Behörden der betrof-

---

[291] Hier bietet sich § 162 StPO iVm § 77 IRG an.
[292] Vgl. Art. 22 Abs. 3 EEA-RL iVm Art. 23 Abs. 1 EEA-RL; ebenfalls ist die Bestellung eines Pflichtverteidigers nach § 140 Abs. 2 StPO (iVm § 77 IRG) zu prüfen, vgl. NK-RechtshilfeR/*v. Galen* IV Rn. 218.
[293] Vgl. hierzu und zum Folgenden Schomburg/Lagodny/Gleß/Hackner/*Lagodny* IRG § 62 Rn. 10 ff.
[294] § 62 Abs. 1 S. 1 Nr. 1 S. 2 IRG iVm § 70 S. 2 IRG.
[295] Vgl. auch Schomburg/Lagodny/Gleß/Hackner/*Lagodny* IRG § 62 Rn. 15 mwN.
[296] Nach §§ 62 Abs. 2 und 3, 70 S. 2 IRG sowie Nr. 80 Abs. 2 S. 1 RiVASt iVm Nr. 120 Abs. 2 S. 2 RiVASt.
[297] Gem. Art. 9 Abs. 3 RHÜ 2000; Art. 13 Abs. 3 ZP II-RHÜ 1959; BGH NStZ 1992, 141.

fenen Mitgliedstaaten entsprechende **Vereinbarungen** treffen.[298] Dabei sieht vor allem die Europäische Ermittlungsanordnung vor, dass die praktischen Vorkehrungen für die zeitweilige Überstellung der Person, einschließlich der Angaben zu ihren Haftbedingungen im ersuchten Staat, und die Termine, an denen sie in das Hoheitsgebiet des ersuchenden Staats zu überstellen und aus diesem zurückzuüberstellen ist, vereinbart werden und dabei sichergestellt wird, dass der körperliche und geistige Zustand der betroffenen Person sowie das im Anordnungsstaat geforderte Sicherheitsniveau berücksichtigt werden (Art. 22 Abs. 5 iVm Art. 23 Abs. 1 EEA-RL).

Aus dem deutschen Recht gem. § 62 Abs. 1 S. 1 Nr. 3, 4 iVm § 70 S. 2 IRG müssen zwingend, damit eine Überstellung erfolgen darf, das freie Geleit und eine unverzügliche Rücküberstellung nach Durchführung gesichert sein, soweit nicht darauf verzichtet wird. **246**

Das **freie Geleit** folgt dabei in aller Regel aus dem Rechtshilfeinstrument (ausführlich → Rn. 34 ff.), so eines einschlägig ist, zB aus der EEA-RL bzw. dem RHÜ 2000 (Art. 22 Abs. 8, 9 iVm Art. 23 Abs. 2 EEA-RL).[299] Wie etwa in einigen Ergänzungsverträgen zum RHÜ 1959 festgeschrieben, gilt für die Überstellung in den ersuchten Staat auch dort das freie Geleit,[300] das zudem bisweilen nach dem offenen Wortlaut nicht befristet bis zur Aus- und Wiedereinreise scheint.[301] Das freie Geleit muss aus deutscher Sicht wohl auch Straftaten umfassen, die erst im Verlauf bzw. während oder nach der Überstellung begangen wurden.[302]

Die **gesicherte Rücküberstellung** umfasst vor allem, dass der Betroffene für die gesamte Dauer seines Aufenthalts im ersuchten Staat so in amtlichem Gewahrsam, dh Haft ist, dass er rücküberstellt werden kann, dass im ersuchten Staat dieser Rücküberstellung keine Hindernisse rechtlicher oder tatsächlicher Art entgegenstehen und, dass diese Rücküberstellung daher auch organisatorisch unverzüglich erfolgen kann. Auch hier gilt regelmäßig in Rechtshilfeinstrumenten vertraglich eine unverzügliche Rückbeförderungspflicht, soweit nicht die zuständige deutsche Bewilligungsbehörde mittlerweile um Freilassung ersucht, etwa weil der Haftgrund in Deutschland entfallen ist.[303] Auch wenn der Betroffene vor Rücküberstellung mit dem Willen des ersuchten Staates freigelassen werden sollte, muss ihm die Rückreise möglich sein.[304] **247**

d) Eine notwendige **Durchbeförderung** des Betroffenen durch das Hoheitsgebiet eines dritten Staates, der Partei des RHÜ 1959 ist, wird aufgrund eines Ersuchens bewilligt, das mit allen erforderlichen Schriftstücken auf dem justizministeriellen Geschäftsweg übersandt wird, wenn kein anderer, unittelbarerer Geschäftsweg zur Verfügung steht.[305] Dabei kann die Durchbeförderung eigener Staatsangehörigen abgelehnt werden. Mit der Europäischen Ermittlungsanordnung wird allerdings die letztgenannte Ausnahme entfallen (Art. 23 Abs. 1, 2 EEA-RL, Art. 22 Abs. 1 EEA-RL). Allgemein kann auch die Durchbeförderung durch die USA Gegenstand eines an diese gerichteten Rechtshilfeersuchens sein (vgl. insgesamt Art. 8 RHV DE/US). **248**

---

[298] Art. 9 Abs. 1, 2 RHÜ 2000; Art. 23 Abs. 2 EEA-RL iVm Art. 22 Abs. 5 EEA-RL; Art. 13 Abs. 2 ZP II-RHÜ 1959.
[299] Vgl. auch Art. 13 Abs. 6 ZP II-RHÜ 1959.
[300] **Für Frankreich:** wohl auch wegen des allgemeinen Verweises Art. 7 ErgV-RHÜ 1959 DE/FR; **die Niederlande:** Art. 7 Abs. 2 ErgV-RHÜ 1959 DE/NL; **Österreich:** Art. 9 Abs. 3 ErgV-RHÜ 1959 DE/AT; **Polen:** Art. 7 Abs. 4 ErgV-RHÜ 1959 DE/PL; **Tschechien:** Art. 8 Abs. 4 PolZV DE/CZ.
[301] Vgl. etwa **für Israel:** Art. 9 Abs. 2 RHÜ DE/IL; **Italien:** Art. 7 ErgV-RHÜ 1959 DE/IT; **die Schweiz:** Art. 6 ErgV-RHÜ 1959 DE/CH.
[302] Vgl. Schomburg/Lagodny/Gleß/Hackner/*Lagodny* IRG § 62 Rn. 17 mwN.
[303] Vgl. Schomburg/Lagodny/Gleß/Hackner/*Lagodny* IRG § 62 Rn. 22 mwN; zB **die Schweiz:** Art. 5 ErgV-RHÜ 1959 DE/CH; **für die USA:** Art. 7 Abs. 4 Nr. 2, 3 RHV DE/US.
[304] Vgl. zum Ganzen Schomburg/Lagodny/Gleß/Hackner/*Lagodny* IRG § 62 Rn. 19 f.
[305] Hierzu und zum Folgenden jeweils Art. 11 Abs. 2 RHÜ 1959 iVm Art. 9 Abs. 5 RHÜ 2000 bzw. Art. 13 Abs. 6 ZP II-RHÜ 1959; vgl. auch **für Österreich:** Art. 9 Abs. 2 ErgV-RHÜ 1959 DE/AT; zur Durchbeförderung **für Polen:** Art. 7 Abs. 3 ErgV-RHÜ 1959 DE/PL **und Tschechien:** Art. 8 Abs. 3 PolZV DE/CZ; jeweils mit Verweis auf die Durchbeförderung zur Beweisaufnahme im ersuchenden Staat; vgl. die Neuregelung durch Art. 22 Abs. 4 EEA-RL iVm Art. 23 Abs. 1 EEA-RL mit Betonung der notwendigen Unterlagen, hierzu → Rn. 110.

249 e) Nach Bewilligung der Überstellung trifft die Generalstaatsanwaltschaft gem. Nr. 80 Abs. 2 S. 1 iVm Nr. 120 Abs. 2 S. 2 RiVASt die erforderlichen Maßnahmen zur **Durchführung.** Sie kann sich hierbei der Hilfe der Polizei bedienen (Nr. 80 Abs. 2 S. 2 iVm Nr. 120 Abs. 2 S. 2 RiVASt). Die Generalstaatsanwaltschaft überwacht nach Nr. 80 Abs. 2 S. 3 iVm Nr. 120 Abs. 2 S. 2 RiVASt die Einhaltung der gestellten Bedingungen und die rechtzeitige Rückführung der überstellten Person. Für die Übergabe und Rücknahme kann auf die Ausführung bei der Überstellung ins Inland verwiesen werden (→ Rn. 123 ff.).

250 Der ersuchende Staat muss sicherstellen, dass der Betroffene in seinem Hoheitsgebiet und gegebenenfalls im Hoheitsgebiet eines um Durchbeförderung ersuchten Staates **in Haft bleibt,** sofern der um Überstellung ersuchende Staat nicht die Freilassung verlangt.[306] Wegen der Territorialhoheit muss daher der ersuchte und jeder durchfördernde Staat einen entsprechenden wirksamen und vollziehbaren Haftgrund geschaffen haben. Die Modalitäten nach denen dies geschieht, bleibt dabei den betreffenden Gebietsstaaten überlassen. Aus Sicht des deutschen Rechtes findet dies *ex ante* lediglich Grenzen in der (Grund-)Rechtsbindung der deutschen Stellen vor und bei der Überlassung eines Betroffenen an den anderen Staat, sowie *ex post* bei der Würdigung der Ergebnisse der Beweiserhebung (→ § 24 Rn. 30 ff.).

251 f) Die Dauer der Freiheitsentziehung während der Durchführung wird **angerechnet** (§ 70 S. 2 IRG iVm § 62 Abs. 3 IRG).[307] Gleiches sehen einzelne Rechtsinstrumente vor, wobei sie den Modus dem jeweils ersuchenden Mitgliedstaat überlassen.[308] Die Anrechnung erfolgt letztlich nach § 37 Abs. 4 IRG nach Anhörung aller Beteiligten, also der Generalstaatsanwaltschaft und des Betroffenen (§ 70 S. 2 IRG iVm § 52 Abs. 3 IRG).[309] Sie ergeht entweder, wenn die Überstellung im Erkenntnisverfahren, also während Untersuchungshaft erfolgte, durch das erkennende Gericht in der Abschlussentscheidung, ansonsten, wenn die Überstellung im Vollzug erfolgte, durch die Vollstreckungsbehörde gem. § 450a StPO.[310]

4. Kosten

252 Grundsätzlich sind die **Kosten für die Überstellung** vom ersuchenden Staat zu übernehmen (§ 13 Rn. 225 ff.),[311] wobei einzelne Rechtsinstrumente eine gewisse Aufteilung vorsehen können.

VIII. Klassischer Erkennungsdienst und Daktyloskopie

1. Überlick

253 Der **Erkennungsdienst** umschreibt die besonderen Teilaufgaben vor allem der Polizei, Personen zu identifizieren und wiederzuerkennen.[312] Er besteht in der Erhebung entsprechender erkennungsdienstlicher Daten an Personen, aber auch zB an Tatorten, Tatmitteln oder -produkten sowie der Suche durch Vergleich in entsprechenden Datensammlungen. Das deutsche Strafverfahrensrecht sieht in § 81b 2. Alt StPO erkennungsdienstliche Daten-

---

[306] Art. 11 Abs. 3 RHÜ 1959 iVm Art. 9 Abs. 5 RHÜ 2000; Art. 13 Abs. 4 ZP II-RHÜ 1959; auch **für Israel:** Art. 9 RHÜ DE/IL; **Italien:** Art. 6 S. 2 ErgV-RHÜ 1959 DE/IT; **Österreich:** Art. 9 ErgV-RHÜ 1959 DE/AT; **Polen:** Art. 7 Abs. 1 ErgV-RHÜ 1959 DE/PL; **die Schweiz:** Art. 5 Art. ErgV-RHÜ 1959 DE/CH; **Tschechien:** Art. 8 Abs. 1 PolZV DE/CZ; **die USA:** Art. 7 Abs. 4 Nr. 1 RHV DE/US.
[307] So ausdr. auch Art. 13 Abs. 5 ZP II-RHÜ 1959.
[308] So bestimmen etwa Art. 9 Abs. 4 RHÜ 2000 und Art. 22 Abs. 7 EEA-RL iVm § 23 Abs. 2 EEA-RL für die Haft im Hoheitsgebiet des ersuchten Mitgliedstaats, die auf die Dauer des Freiheitsentzugs, dem die betreffende Person im Hoheitsgebiet des ersuchenden Mitgliedstaats unterliegt oder unterliegen wird, angerechnet wird; vgl. auch etwa Art. 7 Abs. 4 Nr. 4 RHV DE/US.
[309] Vgl. Schomburg/Lagodny/Gleß/Hackner/*Hackner* IRG § 70 Rn. 3; zum Maßstab Schomburg/Lagodny/Gleß/Hackner/*Lagodny* IRG § 37 Rn. 16 ff. mit ausführlicher Rechtsprechungsübersicht Rn. 18a.
[310] Vgl. Schomburg/Lagodny/Gleß/Hackner/*Lagodny* IRG § 37 Rn. 16 mwN.
[311] Vgl. hier nur Art. 9 Abs. 5 RHÜ 2000 iVm Art. 20 RHÜ 1959.
[312] Vgl. *Graulich* in Lisken/Denninger HdB PolizeiR E Rn. 394.

erhebungen an Betroffenen vor. Entsprechende Befugnisse gibt es gleichermaßen im präventiven Polizeirecht. Die Verarbeitungsregelungen sind Teil des allgemeinen polizeilichen und strafprozessualen Datenrechts. Dabei ist insbesondere auf die Rolle des BKA als Zentralstelle hinzuweisen (vgl. etwa § 2 Abs. 4 Nr. 1, Abs. 7 BKAG, § 8 Abs. 6 BKAG).

Dagegen sieht das **Rechtshilferecht** praktisch keine besonderen Regelungen zum Erkennungsdienst vor, sondern stellt diesem, namentlich in Form von Interpol und Europol (→ § 17 Rn. 49 ff., 173 ff.) sowie bilateraler polizeilicher Zusammenarbeit und Datenaustausch (→ § 3 Rn. 1 ff., → § 8 Rn. 31 ff., → § 11 Rn. 146) eine Infrastruktur zur Kommunikation und zum Datenaustausch zur Verfügung. Daher kann und muss vor allem bei erkennungsdienstlichen Maßnahmen auf dieses allgemeine Instrumentarium zurückgegriffen werden. So erfolgt der Zugriff auf bereits in einem anderen Staat vorhandene Daten über bestimmte Personen nach den Regeln der Auskunft bzw. Herausgabe von Unterlagen (→ § 14 Rn. 102 ff., 227 ff.). 254

Auch die **Erhebung erkennungsdienstlicher Daten durch eine ausländische Stelle** ist rechtshilferechtlich in aller Regel nicht besonders geregelt. Es ist damit vor allem in diesem Bereich alleine das allgemeine Rechtshilferecht und komplementär das Recht des ersuchten Staates anwendbar. Aus Sicht des deutschen Rechtes wird in diesem Bereich eine verfahrensmäßige Öffnung dieser fremden Rechtsordnung für deutsche Verfahrensgrundsätze kaum erforderlich sein, wenn die Authentizität des Ergebnisses und die grundsätzliche Rechtsstaatlichkeit des Erhebungsvorgangs sichergestellt sind. Soweit die Mitwirkung des Betroffenen, zB sein Erscheinen und dazu eine Ladung, erforderlich ist, können die darauf bezogenen Normen des jeweiligen Rechtshilfeinstrumentes (→ Rn. 60 ff.) ebenso anwendbar sein, wie bei notwendigen körperlichen Untersuchungen (→ Rn. 285 ff.). 255

Allerdings erfährt dieser Bereich vor allem wegen der Bedeutung eines möglichst schnellen, von technischen Barrieren ungehinderten Datenaustausches und Abgleichs einerseits sowie der ansteigenden Relevanz des transnationalen Datenschutzes andererseits zunehmend eine **besondere Regelung**. Dies gilt nicht nur im besonders „kritischen" Bereich, wenn erkennungsdienstliche Maßnahmen DNA-Daten umfassen (→ Rn. 288 ff.). Vielmehr wurden im Zuge mit besonderen Kooperationsvorschriften in dem letztgenannten Bereich auch Regelungen hinsichtlich der „klassischen" erkennungsdienstlichen Daten geschaffen. 256

Besonders Verfahren zur **erkennungsdienstlichen Ermittlung mittels daktyloskopischer Verfahren,** dh insbesondere Fingerabdrücken, sind mittlerweile Bestandteile des Unionsrechts. Dort wird insbesondere ein erleichterter automatisierter Abgleich mittels automatisiertem Fingerabdruck-Identifizierungssystem (AFIS) ermöglicht. Dabei waren zunächst Kernstaaten der EU Vorreiter, im Rahmen des sog. Prümer Vertrages. Mittlerweile wurde das dortige Instrumentarium nicht nur im engeren Unionsrecht verallgemeinert und durch zusätzliche Rechtsakte auch auf die weiteren Schengenstaaten ausgedehnt.[313] Vielmehr erfolgte auch eine entsprechende Umsetzung im Verhältnis mit den USA. Allerdings umfassen diese Regelungen praktisch ausschließlich den Datenabgleich, werden aber gleichwohl hier im Zusammenhang behandelt. Für die gesonderte Datenerhebung am Betroffenen bleibt es bei den oben ausgeführten allgemeinen Regelungen. Die Europäische Ermittlungsanordnung wird die Regelungen zum Abgleich daktyloskopischer Daten nicht aufheben (vgl. Art. 34 EEA-RL), jedoch wohl einen alternativen Weg zur Abfrage bereitstellen und vor allem die Erhebung als invasive oder – wohl ausnahmsweise – nicht-invasive Maßnahme neu umfassen. 257

---

[313] Prümer Ratsbeschluss (B 2008/615 JI) und Beschluss des Rates über den Abschluss des Übereinkommens zwischen der Europäischen Union sowie Island und Norwegen über die Anwendung einiger Bestimmungen des Beschlusses 2008/615/JI des Rates zur Vertiefung der grenzüberschreitenden Zusammenarbeit, insbesondere zur Bekämpfung des Terrorismus und der grenzüberschreitenden Kriminalität, und des Beschlusses 2008/616/JI des Rates zur Durchführung des Beschlusses 2008/615/JI zur Vertiefung der grenzüberschreitenden Zusammenarbeit, insbes. zur Bekämpfung des Terrorismus und der grenzüberschreitenden Kriminalität, und seines Anhangs (B 2010/482/EU) v. 26.7.2010, ABl. 2010 L 238, 1 zur Ausdehnung auf die Schengenstaaten mit Ausnahme der Schweiz.

2. Europäische Union

258 Im Rahmen der **EU** ergeben sich einige Möglichkeiten der daktyloskopischen Ermittlung:
- Erleichtertes Abgleichsverfahren mit erkennungsdienstlichen Sammlungen;
- Identifizierung von Personen über ihre Fingerabdrücke im Rahmen des SIS (II);
- Zugriff auf die Fingerabdrücke, die im Visa-Informationssystem gespeichert sind;
- Abgleich mit festgestellten Fingerabdrücken bei Asylsuchenden und anderen Schutz beantragenden und illegal die Außengrenze überschreitenden Ausländern (Eurodac);
- Daneben sind die besonderen Austauschmöglichkeiten von Europol ebenfalls im Auge zu behalten (→ § 17 Rn. 84 ff.).

259 **a)** Mit dem **erleichterten Abgleichsverfahren** kann nach Art. 9 Abs. 1 Prümer Ratsbeschluss (iVm § 1 PrümVAG) in einem ersten Schritt durch jeweils automatischen Abruf geprüft werden, ob bestimmte Fingerabdrücke Mustern entsprechen, die in anderen Mitgliedstaaten gespeichert sind. Der Abgleich erfolgt zwischen den nationalen Kontaktstellen, in Deutschland gem. § 2 PrümVAG dem BKA, durch automatisierten Abruf der Fundstellendatensätze (AFIS), die im Rahmen der zur Verhinderung und Verfolgung von Straftaten eingerichteten nationalen daktyloskopischen Identifizierungssysteme bestehen. Die technischen Einzelheiten sind vor allem mit Durchführungsbestimmungen auf europäischer Ebene geregelt.[314] Dazu zählen auch die gesonderten Durchführungsakte, mit denen der Rat für bestimmte Mitgliedstaaten gesondert festgestellt hat, dass die Voraussetzungen für die Teilnahme erfüllt sind.[315] Im Übrigen gilt für die jeweiligen Kontaktstellen ihr nationales Recht (Art. 11 Abs. 1 S. 2 Prümer Ratsbeschluss). Insgesamt sind folgende Regeln anzuwenden:
- Die Mitgliedstaaten sorgen dafür, dass entsprechende Fundstellendatensätze aus dem Bestand der nationalen automatisierten daktyloskopischen Identifizierungssysteme vorhanden sind (Art. 8 S. 1 Prümer Ratsbeschluss). Eine vollständige Öffnung scheint nach dem Wortlaut allerdings nicht vorausgesetzt. Die so vorgehaltenen Fundstellendatensätze dürfen nur daktyloskopische Daten und eine Kennung enthalten, aber keine Daten, aufgrund derer der Betroffene unmittelbar identifiziert werden kann (Art. 8 S. 2, 3 Prümer Ratsbeschluss). Offene Spuren müssen als solche erkennbar sein (Art. 8 S. 4 Prümer Ratsbeschluss).
- Die Anfrage darf nur zwischen den nationalen Kontaktstellen, zum Zweck der Verhinderung und Verfolgung von Straftaten, nach Maßgabe des innerstaatlichen Rechts des abrufenden Mitgliedstaats, nur jeweils im Einzelfall und nur mittels Vergleichs erfolgen (Art. 9 Abs. 1 S. 1 Prümer Ratsbeschluss).[316] Mittlerweile gibt es ohne rechtliche Verbindlichkeit einen Leitfaden für „Bewährte Verfahren" bei der Abfrage, durch die insbesondere übermäßige Inanspruchnahmen des System vermieden werden sollen, indem Anfragen auf das unabdingbare Maß reduziert werden sollen.[317]
- Die endgültige Identifizierung der zu vergleichenden Daten erfolgt innerhalb der dazu notwendigen übermittelten Fundstellendatensätze durch die nationale Kontaktstelle des ersuchenden Mitgliedstaats (Art. 9 Abs. 2 Prümer Ratsbeschluss) und gem. Art. 11 Abs. 1 S. 2 Prümer Ratsbeschluss nach dessen Recht. Darüber hinausgehende Daten und Informationen zur weiteren Identifizierung nach Feststellung einer Übereinstimmung können nur nach anderen Vorschriften, insbesondere der Rechtshilfe und dem Recht des ersuchten Staates übermittelt werden (Art. 10 Prümer Ratsbeschluss).

260 **b)** Weiterhin ist eine Identifizierung von Personen über ihre Fingerabdrücke, konkret ihren individuellen biometrischen Identifikator, im **Schengen Informationssystem der zweiten Generation (SIS II)** vorgesehen (→ § 16 Rn. 46).

---

[314] Hierzu wurde der Beschluss 2008/616/JI und insbes. dessen Anhang, Kap. 2 gefasst aufgrund des Regelungsauftrags zu Durchführungsbestimmung gem. Art. 11 Abs. 2, 33 Prümer Ratsbeschluss.
[315] Vgl. etwa beispielhaft den Durchführungsbeschluss (EU) 2015/2050 des Rates über die Aufnahme des automatisierten Austauschs daktyloskopischer Daten mit Belgien v. 10.11.2018, ABl. 2015 L 300, 17.
[316] Vgl. hierzu *Papayannis* ZEuS 2008, 219 (232).
[317] Ratsdok. 14885/1/08; vgl. Ratsdok. 6261/17, 39.

§ 15 Informationserhebung durch Rechtshilfe an oder bei Dritten **3. Kapitel**

c) Europol und die benannten Behörden der Mitgliedstaaten erhalten für die Verhütung, 261
Aufdeckung oder Ermittlung „terroristischer oder sonstiger schwerwiegender Straftaten"
(beachte allerdings die Weite des tatsächlichen Anwendungsbereichs!) auch Zugriff auf die
Fingerabdrücke, die nach Art. 5 VISZ-Beschluss im **Visa-Informationssystem** gespeichert worden sind (→ § 14 Rn. 165 ff.). Der Zugang erfolgt entweder durch Abgleich oder
Anfrage nach einem anderen dort erlaubten Suchkriterium. Es gelten im Übrigen die
allgemeinen Regelungen für Auskünfte aus dem VIS.

d) Mit Inkrafttreten der neuen Verordnung (EU) Nr. 603/2013 (**Eurodac-VO**)[318] zum 262
20.7.2015 können die unter anderem für die Strafverfolgung zuständigen Behörden der
EU-Mitgliedstaaten sowie der Schengenstaaten[319] auch auf Eurodac zurückgreifen, das die
bei Ausländern festgestellten Fingerabdrücke enthält, die **Asyl oder anderen Schutz
beantragt oder illegal die Außengrenze überschritten haben.**[320] Damit wurde in
diesem Bereich eine vollständige Kehrtwende vollzogen, nachdem zunächst diese Daten
nach den Erklärungen bei der Einrichtung der Datei ausdrücklich besonders geschützt und
den Strafverfolgungsbehörden nicht zugänglich gemacht werden sollten.[321]

aa) Gespeichert werden in einer zentralen Infrastruktur (vgl. Art. 3, 4 Eurodac-VO) die 263
Fingerabdrücke aller Personen über 14 Jahren, die nicht Unionsbürger sind, zusammen mit
bearbeitenden und zuständigen Mitgliedstaaten in folgenden Konstellationen:

(1) Zunächst sind die Fingerabdrücke zu speichern bei jedem **Antrag** eines Nichtunions- 264
bürgers in einem Mitgliedstaat **auf internationalen Schutz,**[322] also insbesondere mit dem
Ziel

- einer Anerkennung entsprechend dem Status **als Flüchtling** nach der Genfer Flüchtlingskonvention (Art. 9 ff. GFK)
- oder auf dazu **subsidiären Schutz vor Verfolgung** zB wegen drohender Todesstrafe,
Folter oder willkürlicher Gewalt im Rahmen eines internationalen oder innerstaatlichen
Konfliktes (Art. 15 ff. GFK).

Folglich handelt es sich insbesondere um Asyl nach deutschem Recht und den dazu 265
subsidiären Schutzformen. Die Eurodac-VO sieht hierzu nunmehr enge Fristen für die
Übermittlung und ausführliche Verfahrensvorschriften abhängig vom weiteren Verfahrensverlauf und insbesondere Wechsel der Zuständigkeit zwischen den Mitgliedstaaten vor,
ebenso wie den automatischen Abgleich mit den bereits vorhandenen Fingerabdruckdaten
(Art. 9 ff. Eurodac-VO). Diese Daten werden gem. Art. 12 Eurodac-VO zehn Jahre nach
Abnahme aufbewahrt und danach automatisch gelöscht, jedoch gem. Art. 13 Eurodac-VO
sofort, wenn der Betroffene die Unionsbürgerschaft erworben hat.

(2) Weiterhin erfolgt gem. Art. 14 Abs. 1 Eurodac-VO die Speicherung bei **jeder illega-** 266
len Einreise eines Nichtunionsbürgers, der aufgegriffen und nicht sofort zurück geschickt wird oder sich bis dahin nicht nur in Haft bzw. amtlichem Gewahrsam aufhält. Diese
Daten werden nach 18 Monaten nach Abnahme oder sofort nach Ausreise, Erteilung eines
Aufenthaltstitels oder Erwerb der Unionsbürgerschaft gelöscht (Art. 16 Eurodac-VO).

---

[318] Zu Eurodac allg. vgl. etwa HdB-EuStrafR/*Eisele* § 49 Rn. 12 mwN.
[319] Vgl. für die allgemeinen ausländerpolizeilichen Behörden die Liste ABl. 2015 C 237, 1 ff.
[320] Vgl. Erwägungsgründe 51 ff. Eurodac-VO; zu Eurodac vgl. ausf. *Heußner* Informationssysteme 101 ff. mwN.
[321] Vor der Novellierung war die Fingerabdruckdatei Eurodac zur Durchführung des Dublin-Abkommens
nach den VO (EG) Nr. 2725/2000 und der darauf basierenden Durchführungsverordnung VO (EG)
Nr. 407/2002 für andere Zwecke, wie insbes. Strafverfolgung und Gefahrenabwehr allgemein, ausdrücklich nicht zugänglich und ein ausgewogenes, eher restriktives Verhältnis zwischen Datenschutz und
Verarbeitungsinteresse prägend, vgl. Art. 1 Abs. 3 VO (EG) 2725/2000.
[322] Nach Art. 2 lit. h RL 2011/95/EU des Europäischen Parlaments und des Rates über Normen für die
Anerkennung von Drittstaatsangehörigen oder Staatenlosen als Personen mit Anspruch auf internationalen
Schutz, für einen einheitlichen Status für Flüchtlinge oder für Personen mit Anrecht auf subsidiären
Schutz und für den Inhalt des zu gewährenden Schutzes v. 13.12.2011, ABl. 2011 L 337, 9 und damit der
Dublin III-VO (VO (EU) Nr. 604/2013 des Europäischen Parlaments und des Rates zur Festlegung der
Kriterien und Verfahren zur Bestimmung des Mitgliedsstaats, der für die Prüfung eines von einem Drittstaatsangehörigen oder Staatenlosen in einem Mitgliedstaat gestellten Antrags auf internationalen Schutz
zuständig ist v. 26.6.2013, ABl. 2013 L 180, 31.

267 (3) Dagegen werden die Fingerabdrücke von **im Inland angetroffenen Drittstaatern, die kein Aufenthaltsrecht** haben, nur mit den vorhandenen Daten abgeglichen, wenn eine Überprüfung begründet scheint, und nicht selbst gespeichert (Art. 17 Eurodac-VO). Das ist in der Regel der Fall, wenn der Betroffene
- den Mitgliedstaat, bei dem er einen Antrag auf internationalen Schutz gestellt haben will, nicht angeben will,
- keinen Antrag auf internationalen Schutz stellt, die Rückführung in sein Herkunftsland jedoch mit der Begründung ablehnt, er sei dort in Gefahr,
- seine Abschiebung anderweitig zu verhindern versucht, indem er es ablehnt, bei der Feststellung seiner Identität mitzuwirken,
- vor allem indem er keine oder gefälschte Ausweispapiere vorlegt.

268 Hierin lag der ursprüngliche Grund für die Schaffung des Eurodac.

269 (4) Wird einem Betroffenen **internationaler Schutz gewährt,** so werden seine Daten besonders markiert und für drei Jahre gespeichert und danach für Sicherheitsabfragen (→ Rn. 264) gesperrt, sofern nicht der Schutzstatus nachträglich wieder aberkannt wird (Art. 18 Eurodac-VO).

270 **bb)** Wie bei sonstigen EU-Verbunddateien bestehen Regelungen gem. Art. 27 Eurodac-VO für die Korrektur durch den Eingabestaat, sowie nach Art. 28, 30 ff. Eurodac-VO zur Protokollierung, technischen Datensicherheit und Kontrolle.

271 **cc)** Der Zugriff kann seit dem genannten Stichtag 20.7.2015 **zum Zweck der Gefahrenabwehr und der Strafverfolgung** von den benannten, aber lediglich national verzeichneten, nationalen Sicherheitsbehörden (Art. 5 Eurodac-VO) und von Europol (Art. 7 Eurodac-VO) im Rahmen ihrer Zuständigkeit beantragt werden (Art. 1 Abs. 2 Eurodac-VO). Reine Nachrichtendienste sind vom Zugriff (bislang) nach Art. 5 Abs. 1 S. 2 Eurodac-VO ausgeschlossen. Während für Europol Sondervorschriften Anwendung finden (Art. 21 Eurodac-VO), gelten für die nationalen Ermittlungsbehörden folgende Regeln:

272 (1) Die Anfrage ist **nur anhand von vorhandenen Fingerabdruckdaten** möglich und darf nur im **Einzelfall** erfolgen, ein systematischer Abgleich ist ausdrücklich verboten (Art. 20 Abs. 1 lit. b, Abs. 2 Eurodac-VO).

273 (2) Es müssen **hinreichende Gründe** zu der Annahme vorliegen, dass der Abgleich wesentlich zur Verhütung, Aufdeckung oder Ermittlung einer der fraglichen Straftaten **beitragen wird.** Diese hinreichenden Gründe liegen insbesondere vor, wenn der begründete Verdacht besteht, dass der Verdächtige, der Täter oder das Opfer einer terroristischen Straftat oder sonstiger schwerer Straftaten einer Personenkategorie zugeordnet werden kann, die von dieser Verordnung erfasst wird (Art. 20 Abs. 1 lit. c Eurodac-VO).

274 (3) Weiterhin muss der Abgleich für die Verhütung, Aufdeckung oder Untersuchung terroristischer oder **sonstiger schwerer Straftaten erforderlich** sein, mithin ein überwiegendes öffentliches Sicherheitsinteresse bestehen, aufgrund dessen die Abfrage der Datenbank **verhältnismäßig** und im **Einzelfall** erforderlich ist (Art. 20 Abs. 1 lit. a, b Eurodac-VO). Der Begriff der terroristischen Straftat verweist gem. Art. 2 Abs. 1 lit. j Eurodac-VO wiederum auf das dazu bestehende Unionsrecht (→ § 14 Rn. 56 ff.). Auch hier ist der Begriff der „**schweren Straftat**" unter Bezugnahme auf Art. 2 EuHB-Beschluss irreführend, umfasst er doch wie sonst alle dort aufgeführten Straftaten, deren *Höchststrafandrohung* mindestens drei Jahre beträgt, schließt mithin allenfalls Bagatelldelikte aus (Art. 2 Abs. 1 lit. k Eurodac-VO).

275 (4) Daher ist eines der wenigen Korrektive die **strenge Subsidiarität:** Der Abruf ist nur zulässig, wenn der Abgleich mit allen eigenen nationalen Fingerabdruck-Datenbanken und dem aller anderen am EU-Austausch teilnehmenden Mitgliedstaaten (sofern er nicht aus hinreichenden Gründen von vornherein erfolglos scheint), sowie dem VIS, soweit in dieser Sache der Zugriff möglich wäre, nicht zur Feststellung der Identität der betreffenden Person geführt hat (Art. 20 Abs. 1 Eurodac-VO).

dd) Der Zugriff erfolgt gem. Art. 7 Eurodac-VO nur durch Europol oder jeweils **über** 276 **eine (ggf. von mehreren) zentrale nationale Prüfstelle,** die für die Verhütung, Aufdeckung oder Untersuchung von terroristischen oder sonstigen „schweren" Straftaten zuständig ist (Art. 6 Abs. 1 Eurodac-VO). Die Prüfstelle kann organisatorisch in einer Sicherheitsbehörde integriert sein. Sie soll ihre Aufgaben jedoch nach Art. 6 Abs. 1 S. 3, 4 Eurodac-VO unabhängig und getrennt von den operativen Stellen wahrnehmen und darf von diesen bei der Prüfung keine Anweisungen entgegennehmen. Sie gewährleistet, dass die Abgleichanträge den Voraussetzungen genügen (Art. 6 Abs. 2 Eurodac-VO). Beantragung und Übermittlung der Ergebnisse dürfen gem. Art. 6 Abs. 2 Eurodac-VO nur durch ordnungsgemäß ermächtigte Mitarbeiter der Prüfstelle erfolgen.

ee) Der Zugriff erfolgt gem. Art. 19 Abs. 1 Eurodac-VO durch einen zu begründenden 277 Antrag mit einer Kennnummer der nationalen Behörde an die nationale Prüfbehörde in elektronischer Form. Nach Prüfung der Voraussetzungen – sofern nicht wegen einer gegenwärtigen Gefahr wegen einer terroristischen oder sonstigen schweren Straftat eine nachträgliche Prüfung erlaubt ist – übermittelt die nationale Prüfstelle den Antrag an die nationale Zugangsstelle, die die Anfrage in das Zentralsystem überträgt (Art. 19 Abs. 2, 3 Eurodac-VO). Die gesamte Übermittlung erfolgt grundsätzlich digital und nach detaillierten weiteren Verfahrensregeln (Art. 24 ff. Eurodac-VO).

ff) Wird nachträglich festgestellt, dass der Zugriff nicht berechtigt war, haben alle 278 nationalen Behörden gem. Art. 19 Abs. 4 Eurodac-VO die erlangten Daten zu löschen und dies der Prüfstelle zu melden.

gg) Zur Weiterübermittlung der Daten an Drittstaaten, internationale Organisationen 279 oder private Stellen → § 19 Rn. 116, 134; § 20 Rn. 13, 68, ebenso zu den Pflichten zur **Information des Betroffenen** und seine Rechte auf Auskunft, Berichtigung, Löschung und Schadensersatz im Hinblick auf die allgemeine Verarbeitung → § 27 Rn. 24.

3. USA

Im Verhältnis der Bundesrepublik Deutschland und den **USA** wird dieses erleichterte 280 automatisierte Abgleichverfahren von daktyloskopischen Erkennungsdaten „zur Verfolgung und Verhinderung schwerwiegender Straftaten" übernommen (Art. 3 ff. ZusBekämKrimÜ DE/US).

a) Da der Begriff der **„schwerwiegenden Straftaten"** trotz vielfältiger Bezugnahmen 281 nirgendwo im Vertrag oder auch nur in den Vertragsmotiven der Bundesregierung[323] definiert ist, muss wohl auf die jeweilige nationale Definition zurückgegriffen bzw. die des Partners akzeptiert werden, was vor dem Hintergrund der Rechtssicherheit durchaus kritisch zu sehen ist.[324] Es bleibt alleine eine Entschließung des Bundestags, die appellativ, jedoch ohne jede Bindungswirkung, den Ausnahmecharakter betont.[325]

b) Die **Datenübermittlung** erfolgt auch hier zweistufig, zunächst mittels automatisier- 282 ten Abrufs im Einzelfall zum Vergleich mit den vorhandenen Funddatensätzen im Speicherstaat (Art. 4 Abs. 1 ZusBekämKrimÜ DE/US). Diese erfolgt unmittelbar zwischen nationalen Kontaktstellen, für die Bundesrepublik Deutschland das BKA (Art. 6 Abs. 1 ZusBekämKrimÜ DE/US; § 1 KrimBekAbkUSAAG), wobei die innerstaatliche Übermittlung sich nach dem BKAG richtet. Das Weitere wird in einer Durchführungsvereinbarung bestimmt, hilfsweise gilt jeweils das nationale Recht (Art. 4 Abs. 1 S. 2, Art. 6 Abs. 2 ZusBekämKrimÜ DE/US).

---

[323] Vgl. etwa BR-Drs. 331/09.
[324] Vgl. Stellungnahme des Bundesrats BT-Drs. 16/13123, 21: „Schließlich fehlt eine verbindliche Definition der schwerwiegenden Kriminalität sowie der terroristischen Straftaten als Grundvoraussetzung für den Datenaustausch auf der Grundlage des Abkommens. Art. 10 Abs. 3 des Abkommens sieht zwar eine Notifizierung der Straftaten vor. Diese kann jedoch jederzeit einseitig von den Vertragsparteien geändert werden."
[325] BT-Drs. 16/13659.

283 c) Ähnlich wie innerhalb der EU gewährleisten die Vertragsdaten, dass zu allen errichteten nationalen automatisierten daktyloskopischen Identifizierungssystemen **Fundstellendatensätze** vorhanden sind. Sie dürfen gem. Art. 3 ZusBekämKrimÜ DE/US neben den eigentlichen daktyloskopischen Daten lediglich einen Index in die anderen Datenquellen beinhalten. Trotz des missverständlichen Wortlautes wird auch unter den allgemeinen Gesichtspunkten des Datenschutzes davon auszugehen sein, dass, auch wenn die endgültige Zuordnung der zu prüfenden daktyloskopischen Daten zu einem Fundstellendatensatz durch den Abrufstaat vorgenommen wird (Art. 4 Abs. 2 ZusBekämKrimÜ DE/US), dies nicht bedeutet, dass dieser die gesamte Fundstellendatenbank des anderen Staates erhält. Vielmehr dürfen nur in möglichst begrenztem Umfang die zu seinem bei der Abfrage übermittelnden Muster passenden Datensätze übermittelt werden. Dies können zwar durchaus mehrere sein. Der Charakter einer Einzelfallabfrage (vgl. Art. 4 Abs. 1 S. 2 ZusBekämKrimÜ DE/US) muss aber unter allen Umständen angesichts der schon ohnehin immanenten Bedenken aus Sicht des deutschen Verfassungsrechts unbedingt gewahrt werden.

284 d) Die Übermittlung der aus dem Fundstellendatensatz weiter folgenden Daten zur Identifizierung richtet sich dann, wie innerhalb der EU, nach dem allgemeinen Rechtshilferecht (Art. 5 ZusBekämKrimÜ DE/US).

IX. Körperliche Untersuchungen und DNA

1. Rechtsgrundlagen

285 Für **körperliche Untersuchungen** bestehen in den meisten Rechtshilfeinstrumenten keine Sonderregelungen. Es lässt sich dabei nur spekulieren, ob dies überwiegend aus der nationalen Autonomie in diesem besonders grundrechtsrelevanten Bereich oder der Seltenheit entsprechender Rechtshilfehandlungen herrühren mag.

286 a) Eine besondere rechtshilferechtliche Regelung findet sich wohl nur in **bilateralen Polizeiverträgen Deutschlands mit seinen Nachbarstaaten,** etwa dem mit **Österreich** (Art. 9 PolZV DE/AT) **bzw. mit den Niederlanden** (Art. 9 PolZV DE/NL): Danach leisten sich die Vertragsstaaten Rechtshilfe durch körperliche Untersuchung des Beschuldigten sowie sonstiger Personen, soweit es das Recht des ersuchten Vertragsstaates zulässt.[326] Allerdings werden darauf gerichtete Ersuchen nur bewilligt, wenn in formeller Hinsicht im Ersuchen angegeben ist, ob an dem gewonnenen Material im ersuchenden Vertragsstaat molekulargenetische Untersuchungen vorgenommen werden sollen, und eine **Untersuchungsanordnung** einer nach innerstaatlichem Recht zuständigen Stelle des ersuchenden Vertragsstaates vorgelegt wird oder aus einer Erklärung einer solchen Stelle hervorgeht, dass die Voraussetzungen der körperlichen Untersuchung vorlägen, wenn sich der Beschuldigte oder die sonstige Person im Hoheitsgebiet des ersuchenden Vertragsstaates befände.[327] Weiterhin befolgt der ersuchte Staat das Ersuchen nur, wenn die Untersuchung zur Feststellung verfahrenserheblicher Tatsachen erforderlich ist und in **angemessenem Verhältnis** zur Schwere der Tat steht.[328]

287 b) Ansonsten ist einerseits die mögliche Ladung des Betroffenen bzw. Vorbereitungs- und Begleitmaßnahmen und andererseits die eigentliche körperliche Untersuchung jeweils als Rechtshilfehandlung zu beurteilen. Bei letzterer ist vor allem auf das allgemeine Rechtshilfe- und vor allem das nationale Recht des ersuchten Staates zurückzugreifen.

---

[326] **Für Österreich:** Art. 9 Abs. 1 PolZV DE/AT; **die Niederlande:** Art. 9 Abs. 1 PolZV DE/NL.
[327] **Für Österreich:** Art. 9 Abs. 2 Nr. 2, 3 PolZV DE/AT; **die Niederlande:** Art. 9 Abs. 2 Nr. 2, 3 PolZV DE/NL.
[328] **Für Österreich:** Art. 9 Abs. 2 Nr. 1 PolZV DE/AT; **die Niederlande:** Art. 9 Abs. 2 Nr. 1 PolZV DE/NL.

2. Erhebung von DNA-Profilen

Die **Erhebung von tauglichen Daten für eine erkennungsdienstliche Identifizierung von Personen mittels DNA-Identifizierung** erfolgt in mehreren Stufen, indem zunächst taugliches Zellmaterial, das entsprechende Erbgutmoleküle enthält, gesichert wird. Sodann werden aus diesem die relevanten Gensequenzen analysiert, erhoben und gespeichert, wobei es stets um die Unterscheidung zu DNA-Sequenzen anderer Personen an entsprechender Stelle im Erbgut geht. Eine Auswertung des Erbguts auf mögliche Auswirkungen auf das Erscheinungsbild, bzw. den weiteren Phänotyp des Betroffenen ist, soweit überhaupt technisch denkbar, nach deutschem Recht zwingend ausgeschlossen. Die einzige Ausnahme bildet dabei das (genetische) Geschlecht, das aus dem Vorhandensein von X- und Y-Chromosomen hervorgeht (vgl. § 81e Abs. 1 StPO). Das in dieser Weise nach wissenschaftlich anerkannten Analysemethoden gewonnene DNA-Identifizierungsmuster kann sodann mit vorhandenen weiteren Mustern verglichen werden, um Aussagen über die Wahrscheinlichkeit einer Identität der Person(en) zu treffen, von der oder denen es stammt.

288

Um **Rechtshilfe** kann für sämtliche dieser Stufen der Aufenthaltsstaat des Betroffenen bzw. der Verwahrstaat von Material oder Identifizierungsmuster bei Vorliegen der deutschen Voraussetzungen gebeten werden.[329] Aus **deutscher Sicht** kann die Datenerhebung mittels Gewinnung von DNA-Material und Erstellung von DNA-Profilen wie im Inland nach §§ 81a ff. StPO erfolgen. Dabei sind die besonders strengen Voraussetzungen stets im Anwendungsbereich des inländischen Rechtes zu beachten, das seinerseits weitgehend Geltung bei der Rechtshilfe beanspruchen kann.

289

Die **Erhebung von Material für eine DNA-Identifizierung,** also zunächst menschlichem Zellmaterial, ist entweder ein körperlicher Eingriff im vorgenannten Sinn beim Betroffen oder eine bloße Spurensicherung. Die Zulässigkeit und das Verfahren der Gewinnung, Sicherung und Auswertung dieses Materials richtet sich im Rahmen der wenigen vereinbarten Rechtshilfeinstrumente weiterhin nach dem Recht des ersuchten Staates:[330]

290

a) Innerhalb des Rechtsrahmens der EU stellt dafür **derzeit der Prümer Ratsbeschluss die zentrale Rechtshilfegrundlage** dar (Art. 7 Prümer Ratsbeschluss): Wird im Zuge eines laufenden Ermittlungs- oder Strafverfahrens das DNA-Profil eines bestimmten Betroffenen, das noch nicht vorliegt, benötigt, dann leistet der ersuchte Mitgliedstaat, in dem sich der Betroffene aufhält, Rechtshilfe. Dies geschieht durch die Gewinnung und Untersuchung molekulargenetischen Materials von dieser Person sowie durch die Übermittlung des so gewonnenen DNA-Profils. Dafür müssen gem. Art. 7 lit. c Prümer Ratsbeschluss jeweils die Bedingungen nach dem Recht dieses ersuchten Mitgliedstaates vorliegen.

291

Um dies beurteilen zu können, muss der ersuchende Mitgliedstaat nach Art. 7 lit. a Prümer Ratsbeschluss mitteilen, zu welchem Zweck die Datenerhebung erforderlich ist. Er muss weiter eine nach seinem Recht erforderliche Untersuchungsanordnung oder -erklärung der zuständigen Stelle vorlegen, aus der hervorgeht, dass die Voraussetzungen für die Gewinnung und Untersuchung molekulargenetischen Materials vorlägen, wenn sich die bestimmte Person im Inland befände (Art. 7 lit. b Prümer Ratsbeschluss).

292

b) Die wenigen vorhandenen Sonderregelungen in **bilateralen Polizeiverträgen** dürften durch den Prümer Ratsbeschluss überholt sein, zumal diese „langsamere" manuelle, wenn auch schon formularmäßige Verfahren vorsehen oder einschränkenderen formellen oder materiellen Voraussetzungen und Ausgestaltungen unterliegen.[331]

293

---

[329] *Hackner/Schierholt* Int. Rechtshilfe Rn. 202.
[330] *Hackner/Schierholt* Int. Rechtshilfe Rn. 203.
[331] Vgl. etwa **für Österreich:** Art. 10 PolZV DE/AT; dagegen im Detail etwas anders ausgestaltet für **die Niederlande:** Art. 10 PolZV DE/NL; der Prümer Ratsbeschluss gilt wohl nicht im Verhältnis zur Schweiz, vgl. *Breitenmoser* in Breitenmoser/Gless/Lagodny, Schengen in der Praxis, 2009, 25 (54 f.).

294 c) Ihrerseits ist die **Europäische Ermittlungsanordnung** wohl jedenfalls auch bei der Erhebung von DNA-Material und dessen transnationaler Übermittlung anwendbar.[332] Während sich bei eingehenden Ersuchen aufgrund der nur noch ganz begrenzten Ablehnungsgründe sich massive verfassungsrechtliche Probleme stellen dürften,[333] werden für ausgehende Ersuchen aus Deutschland die detaillierten deutschen Regelungen der StPO uneingeschränkt fortgelten. Diese engen deutschen Voraussetzungen für die Maßnahme sind wie stets vorab zu prüfen. Daneben ist aber nach dem Grundsatz der möglichen Geltung des Rechtes des ersuchenden Staates auch das hohe Schutzniveau beim Vollzug der Maßnahme zu wahren, wofür die beteiligten deutschen Stellen zu sorgen haben. Ansonsten sind für solche Ersuchen die allgemeinen Regelungen und insbesondere das Formblatt A zu verwenden (→ § 11 Rn. 223 ff.), auch wenn dies auf derartige DNA-Erhebungen nicht ausgelegt scheint.

295 d) Ansonsten ist für die Spurensicherung, körperliche Untersuchung zur Entnahme, analytische Auswertung des DNA-Materials, ggf. ausnahmsweise dessen Herausgabe im Original und vor allem die Übermittlung der gewonnenen DNA-Identifizierungsmuster auf die allgemeinen Rechtshilferegelungen zurückzugreifen.

3. Abgleiche von DNA-Profilen

296 Für den **DNA-Abgleich mit bestehenden DNA-Profilen** steht im Rahmen des Prümer Ratsbeschlusses bzw. PrümV sowie für „schwerwiegende Kriminalität" (→ Rn. 257) im Verhältnis mit den USA eine erleichterte **automatisierte Möglichkeit** zur Verfügung. Auch hier gilt subsidiär zu bzw. neben dem Recht einer unionsrechtlichen Durchführungsvorschrift[334] für die beteiligten nationalen Kontaktstellen für den Verarbeitungsvorgang jeweils ihr innerstaatliches Recht (Art. 3 Abs. 1 S. 2 Prümer Ratsbeschluss, Art. 6 Abs. 2 Prümer Ratsbeschluss, Art. 7 Abs. 1 S. 2 ZusBekämKrimÜ DE/US). Die Europäische Ermittlungsanordnung soll diese Mechanismen, wie bei der Daktyloskopie, nicht ersetzen, kann sie aber, wie sonst andere Rechtshilfeinstrumente, für eine alternaive manuelle Auskunft um ergänzen (→ Rn. 257).

297 a) Nach dem Prümer Ratsbeschluss und den Vereinbarungen mit den USA führt jeder Mitgliedstaat eine nationale **DNA-Analysedateien** zur Strafverfolgung sowie dessen Bestand erschließende **Fundstellendatensätze** (Art. 3 Abs. 1 S. 1, Abs. 2 Prümer Ratsbeschluss). Die Fundstellendatensätze dürfen nur die DNA-Profile, die aus dem „nicht codierenden" Teil der DNA ermittelt wurden, und eine eindeutige Kennung (als Fundstellennachweis) enthalten, keinesfalls aber Daten, aufgrund derer der Betroffene unmittelbar identifiziert werden kann. Fundstellendatensätze, die keiner Person zugeordnet werden können, dh „offene Spuren", müssen als solche erkennbar sein. Über diesen Bestand sowie die Bedingungen für den automatisierten Abruf informiert gem. Art. 3 Abs. 3 Prümer Ratsbeschluss iVm Art. 36 Prümer Ratsbeschluss im Rahmen der EU jeder Mitgliedstaat das Generalsekretariat des Rates.

298 b) Zum Informationsaustausch, der nur zur Strafverfolgung und stets über die benannten nationalen Kontaktstellen erfolgen darf,[335] bestehen zwei automatisierte Mechanismen, die

---

[332] Vgl. etwa *Zöller,* Das Prinzip der gegenseitigen Anerkennung in der Europäischen Union, in Sinn ua: Strafrecht ohne Grenzen, 2015, 15 ff., 26; dagegen war die RB 2008/978/JI nicht auf die DNA-Erhebung anwendbar, vgl. Schomburg/Lagodny/Gleß/Hackner/*Gleß* III B 3b Rn. 11 mwN.
[333] Vgl. bereits die ausdrücklich davor warnende Entschließung des Rechtsausschusses des Deutschen Bundestags BT-Drs. 17/3234, 6 f. Nr. I.16, II.3 und II.4 sowie die allgemeinere Kritik der Europäischen Grundrechteagentur, Bericht an das Europäische Parlament zum Entwurf der Europäischen Ermittlungsanordnung 2011; eher allg. *Böse* ZIS 2014, 152 (155 f.).
[334] Art. 6 Abs. 2 Prümer Ratsbeschluss, Art. 33 Prümer Ratsbeschluss, Art. 9 Abs. 2 ZusBekämKrimÜ DE/US; zum Prümer Vertrag erläuternd *Würtenberger/Mutschler* in Breitenmoser/Gless/Lagodny, Schengen und Dublin in der Praxis, 2010, 137 (142 f. mwN).
[335] Vgl. *Papayannis* ZEuS 2008, 219 (231 f.)

innerhalb der EU durch Durchführungsvorschriften detailliert ausgestaltet werden (Art. 33 Prümer Ratsbeschluss):[336]

aa) Innerhalb der EU kann nach dem Prümer Ratsbeschluss nunmehr in den Fällen, in 299 denen dies nach dem innerstaatlichen Recht des abrufenden Mitgliedstaats vorgesehen ist, ein **automatisierter Abgleich** der DNA-Profile der **offenen Spuren** mit allen DNA-Profilen aus Fundstellendatensätzen der anderen nationalen DNA-Analyse-Dateien erfolgen (Art. 4 Prümer Ratsbeschluss).[337] Voraussetzung ist dafür das Einvernehmen der beteiligten Staaten und, dass diese Übermittlung zum Zweck des Abgleichs (auch) nach dem Recht des abrufenden Mitgliedstaates vorgesehen ist (Art. 4 Abs. 1 Prümer Ratsbeschluss). Stellt ein Mitgliedstaat infolge eines Abgleichs fest, dass übermittelte DNA-Profile mit denjenigen in seiner DNA-Analyse-Datei übereinstimmen, so übermittelt er der nationalen Kontaktstelle des anderen Mitgliedstaats unverzüglich die Fundstellendatensätze, mit denen eine Übereinstimmung festgestellt worden ist (Art. 4 Abs. 2 Prümer Ratsbeschluss).

bb) Ansonsten gestatten die Mitgliedstaaten von Prüm oder im bilateralen Verhältnis der 300 Bundesrepublik Deutschland mit den USA den **automatisierten Abruf** auf die Fundstellendatensätze ihrer DNA-Analyse-Dateien mittels eines Abgleichs der übermittelten mit den gespeicherten DNA-Identifizierungsmustern (Art. 3 Abs. 1 Prümer Ratsbeschluss, Art. 7 Abs. 1 ZusBekämKrimÜ DE/US). Die Übermittlung von Abfrage und deren Ergebnis erfolgt über die jeweiligen nationalen Kontaktstellen. Die Abfrage ist jeweils nur zulässig zum Zwecke der Strafverfolgung im Einzelfall und nach Maßgabe des innerstaatlichen Rechts des abrufenden Mitgliedstaats.

Die **Abfrage** innerhalb der EU erfolgt über das gesicherte gemeinsame Datensystem. Über- 301 mittelt werden dabei gem. Art. 8 Abs. 1 B 2008/616/JI (lediglich) folgende Informationen:

- der Mitgliedstaatencode des anfragenden Mitgliedstaats;
- das Datum, den Zeitpunkt und die Referenznummer der Anfrage;
- die DNA-Profile und deren Kennungen; bei dem DNA-Profil handelt es sich um einen Buchstaben- beziehungsweise Zahlencode, der eine Reihe von Identifikationsmerkmalen des nicht codierenden Teils einer analysierten menschlichen DNA-Probe, dh der speziellen Molekularstruktur an den verschiedenen DNA-Loci, abbildet (Art. 1 lit. c B 2008/616/JI). Die Kennung enthält einen eindeutigen Verweis auf die im ersuchenden Staat gespeicherten Informationen zu diesem Profil, die nationale Herkunft des Profils sowie zum Typ des DNA-Profils (Art. 6 B 2008/616/JI);
- die Typen übermittelter DNA-Profile (offene Spuren oder DNA-Personenprofile);
- Informationen, die für die Steuerung der Datenbanksysteme und die Qualitätssicherung für die automatisierten Abrufverfahren erforderlich sind.

Aufgrund dieser beschränkten Übermittlung ist dem ersuchten Staat eine weitere Beur- 302 teilung der Zulässigkeit des Abrufs nicht möglich.[338]

Nach der genannten Übermittlung des zu identifizierenden DNA-Profils vom abrufen- 303 den in den dateiführenden Staat erfolgt in letzterem ein **Vergleich** mit den gespeicherten DNA-Profilen. Wird keine Übereinstimmung festgestellt, teilt der dateiführende Staat dies automatisiert dem abrufenden Staat mit, sonst übermittelt er, ebenfalls automatisiert, die zugeordneten Fundstellendatensätze seiner DNA-Analyse-Dateien, jedoch nicht deren Inhalt (sog. Hit/no-hit-Verfahren"; vgl. Art. 3 Abs. 2 Prümer Ratsbeschluss, Art. 7 Abs. 2 ZusBekämKrimÜ DE/US).[339] Die automatisierte Information über das Vorliegen einer

---

[336] Hierzu weiterhin gültig der Beschluss 2008/616/JI mit detaillierten Angaben in Art. 1 ff. unter Verweis auf weitere Standardisierungsmittel.
[337] Diese Möglichkeit hatte der PrümV noch nicht vorgesehen; vgl. zur Auslegung der etwas unklaren Norm insbes. auch die Entstehung aus Art. 9 des Vorschlags Deutschlands und anderer ABl. 2007 C 276, 4; näher zum Verfahren Art. 1 ff., 11 B 2008/616/JI.
[338] Daher auch akademisch die Frage, ob der dateiverarbeitende Staat den Einschränkungen seines innerstaatlichen Rechtes entgegensetzen kann, oder wohl vielmehr auf den Vergleich wegen Bagatelldelikten oder nicht strafbaren Delikten vorzunehmen hat, vgl. *Papayannis* ZEuS 2008, 219 (232) mwN.
[339] Vgl. hierzu *Papayannis* ZEuS 2008, 219 (231 f.).

Übereinstimmung erfolgt nur, wenn der automatisierte Abruf oder Abgleich eine Übereinstimmung eines Minimums an Loci ergeben hat.[340] Die von den Mitgliedstaaten zum Zweck der Suche und des Abgleichs zur Verfügung gestellten DNA-Profile sowie die zu Abruf- und Abgleichzwecken übermittelten DNA-Profile müssen derzeit aus den 24 allgemein standardisierten mindestens sechs vollständig bestimmte DNA-Loci enthalten; zusätzlich können sie je nach Verfügbarkeit weitere Loci oder Leerfelder enthalten. Bei DNA-Personenprofilen müssen diese sechs Loci mindestens sieben der nach dem *„European Standard Set of Loci"* genormten Bereiche enthalten.[341] Mischspuren sind nicht zulässig.

304 Die **Rückmeldung (Vergleichsbericht)** enthält ausschließlich folgende Informationen (Art. 8 Abs. 2 B 2008/616/JI):

- die Angabe, ob eine oder mehrere Übereinstimmungen (Treffer) oder keine Übereinstimmungen (keine Treffer) vorliegen;
- das Datum, den Zeitpunkt und die Referenznummer der Anfrage;
- das Datum, den Zeitpunkt und die Referenznummer der Rückmeldung;
- die Mitgliedstaatencodes des anfragenden und des die Anfrage empfangenden Mitgliedstaats;
- die Kennungen des anfragenden und des die Anfrage empfangenden Mitgliedstaats;
- den Typ der übermittelten DNA-Profile (offene Spuren oder DNA-Personenprofile);
- die angefragten und übereinstimmenden DNA-Profile;
- die Informationen, die für die Steuerung der Datenbanksysteme und die Qualitätssicherung für die automatisierten Abrufverfahren erforderlich sind.

305 c) Die gesamte Übermittlung in beide Richtungen erfolgt **über nationale Kontaktstellen,** die geeignet benannt werden. Für den Austausch mit den USA folgt dies aus Art. 9 Abs. 12 ZusBekämKrimÜ DE/US. Als solche ist für Deutschland gem. § 1 KrimBekAbkUSAAG das BKA benannt. Der innerstaatliche Datenaustausch mit dieser Stelle ist, von datenschutzrechtlichen Vorgaben abgesehen (→ § 19 Rn. 97, 120, 137, 152; § 20 Rn. 50), rein durch nationales Recht geregelt, insbesondere durch das BKAG und die Umsetzungsgesetze. So trägt nach § 2 KrimBekAbkUSAAG die in Deutschland beim BKA um Durchführung ersuchende Stelle etwa auch die Verantwortung für die Zulässigkeit.

306 d) Die Übermittlung der zu den so identifizierten Fundstellendatensätzen vorhandenen personenbezogenen Daten und sonstigen Informationen richtet sich nach dem Rechtshilfe- und weiteren Recht des ersuchten Mitgliedstaats (Art. 5 Prümer Ratsbeschluss, Art. 8 ZusBekämKrimÜ DE/US).

C. Fahndung, Observation und verdeckte Ermittlungen

I. Personen- und Sachfahndung

1. Überblick

307 Der Begriff der Fahndung wird uneinheitlich gebraucht, was auch Folgen für das Ineinandergreifen des deutschen Strafprozessrechts und der internationalen Fahndungsmechanismen hat. So kann man jede Maßnahme zur Ermittlung oder Verfolgung von Personen oder Gegenständen als Fahndung in einem weiten Sinn verstehen. Dieser Begriff liegt auch dem internationalen Kooperationsrecht regelmäßig zugrunde.

308 Hingegen umfasst der engere deutsche **Fahndungsbegriff** nach der RiStBV nur die Maßnahmen, die durch die Ermittlungsorgane veranlasst werden, wenn der Täter nicht bekannt ist, sich im Ausland aufhält oder sein Aufenthalt oder der eines wichtigen Zeugen nicht ermittelt ist.[342] Mit dieser Ermittlung der Identität von Tatbeteiligten, des Aufenthalts

---

[340] Vgl. Art. 8 Abs. 3 B 2008/616/JI.
[341] Dazu ausf. und in allen Details Kap. 1 des Anhangs zum B 2008/616/J.
[342] Diese Definition in Nr. 39 Abs. 1 RiStBV ist maßgeblich für die weiteren Regelungen in Nr. 39 ff. RiStBV.

von Beschuldigten oder potentiellen Auskunftspersonen und ggf. der bezweckten Festnahme von Tatverdächtigen wird die Personenfahndung durch Ausschreibung umschrieben, wie sie gesetzlich in §§ 131–131c StPO verankert ist.

Im weiteren Sinn lässt sich die **grenzüberschreitende Fahndung nach Sachen und** 309
Personen nach den zur Verfügung stehenden **Mitteln,** wie folgt, aufteilen:
- Ausschreibung von Personen,
- Ausschreibung von Gegenständen,
- Öffentlichkeitsfahndung nach Personen und Gegenständen,
- Fahndung nach Personen und Gegenständen im Übrigen.

Da die Fahndung im letztgenannten Sinn das aktive Suchen der ermittelnden Stelle 310 beinhaltet, steht im Rahmen der Verhältnismäßigkeit auch der Rückgriff auf das gesamte Rechtshilfeinstrumentarium, insbesondere durch Auskünfte aus ausländischen Registern, von ausländischen Behörden oder ggf. eigene oder deren aktive Ermittlungshandlungen zur Verfügung, ähnlich wie eine inländische aktive Fahndung ablaufen würde. Auch hier können die Kooperationseinrichtungen EJN, Eurojust, Europol und Interpol (→ § 17) hilfreich sein.

Für die **Fahndung durch Ausschreibung** bestehen in der StPO sowie der RiStBV 311 detaillierte Vorschriften **nur für die Personenfahndung,** während die Sachfahndung die allgemeinen Ermittlungsgeneralklauseln abdecken.

Die Ausschreibung obliegt der Staatsanwaltschaft bzw. unter ihrer Sachleitung der 312 Polizei.[343] Die **Fahndungsmittel** der Ausschreibung sind vielseitig, die wichtigsten der Personenfahndung werden in Nr. 40 Abs. 1 RiStBV aufgezählt. Wie aus § 131a Abs. 5 StPO erst recht auch für die Ausschreibung zur Festnahme hervorgeht, dürfen bei allen Ausschreibungen alle Fahndungshilfsmittel der Strafverfolgungsmittel zu Hilfe genommen werden. Der Katalog der Nr. 40 Abs. 1 RiStBV ist hier ein Hilfsmittel, aber nicht abschließend.[344] Als **internationale Instrumente** und ihre Rechtshilfegrundlagen für die Personen-, aber auch Sachfahndung durch Ausschreibung sind insbesondere zu nutzen:
- die Informationssysteme und der weitere Informationsaustausch im Rahmen von **Interpol,**
- das **SIS (II),**
- sowie das **europäische Zollinformationssystem ZIS.**

Ihre genaue **Funktionsweise,** namentlich der Dateneingabe und des -abrufs, werden im 313 jeweiligen Zusammenhang ausgeführt (→ § 16 Rn. 1 ff., 59 ff.). Dabei kommt dem **Schengen-Informationssystem SIS (II)** die zentrale Bedeutung im Schengenraum zu.[345]

2. Personenfahndung

Für die internationale Personenfahndung durch Ausschreibung trifft die RiStBV 314 auch in ihrer Anlage F detaillierte Regelungen.[346] Dabei ist zu beachten, dass in Anlage F RiStBV unter „Fahndung", noch enger, nur eine solche zur Festnahme verstanden wird. Diese internationale Fahndung darf nur beantragt werden, wenn gleichzeitig die nationale Fahndung im Informationssystem der Polizei (INPOL) betrieben wird und beabsichtigt ist, im Falle der Ermittlung des Verfolgten ein Auslieferungsersuchen anzuregen (Anlage F I 1 RiStBV). Ist der Behörde, die eine internationale Fahndung veranlasst bekannt, dass der Verfolgte auch von anderen Strafverfolgungs- oder Strafvollstreckungsbehörden gesucht wird, hat sie diese zu unterrichten (Anlage F I 6 RiStBV).

Daher ist zunächst die Situation zu unterscheiden, in der nach einer Person gesucht wird. 315

---

[343] Ggf. nach § 36 Abs. 2 StPO; vgl. Nr. 39 Abs. 1 RiStBV.
[344] Dazu Meyer-Goßner/Schmitt/*Schmitt* StPO § 131a Rn. 5.
[345] Wie bereits Nr. 40 Abs. 1 lit. e RiStBV hervorhebt.
[346] Nr. 43 RiStBV sowie Nr. 41 f. RiStBV; Anlage F ist allerdings für den Bund nicht in Kraft gesetzt.

316 a) Soll nach einem **Beschuldigten** international gefahndet werden, ist gem. § 131 Abs. 2 S. 2 StPO (vgl. Nr. 41 Abs. 3 RiStBV) zunächst zu prüfen, ob ein Haft- oder Unterbringungsbefehl oder die Voraussetzungen für einen solchen vorliegen.

317 aa) Ist der Beschuldigte ausländischer Staatsangehöriger und liegen Anhaltspunkte dafür vor, dass er sich im Ausland befindet, so hat der Staatsanwalt vor Ausschreibung zur Festnahme in der Regel mit der Ausländerbehörde zu klären, ob ein Aufenthaltsverbot besteht oder bei einer späteren Abschiebung Schwierigkeiten zu erwarten sind. Ist dies der Fall, so hat er gem. Nr. 41 Abs. 4 RiStBV bei Straftaten von geringerer Bedeutung zu prüfen, **ob die Ausschreibung unterbleiben** kann.

318 bb) Liegen keine hinreichenden Anhaltspunkte vor, dass sich der Gesuchte im Inland aufhält,[347] und sind die Voraussetzungen für eine Auslieferung in allen teilnehmenden Staaten voraussichtlich erfüllt, hat grundsätzlich die Ausschreibung im **SIS II** zur Festnahme zu erfolgen. Ansonsten ist der Beschuldigte im SIS II zur Aufenthaltsermittlung auszuschreiben (vgl. Nr. 41 Abs. 2 RiStBV).

319 Zu beachten ist, dass die Ausschreibung zur Festnahme im SIS **gleichzeitig stets einen Europäischen Haftbefehl** bzw. ein Ersuchen um vorläufige Festnahme zum Zweck der Auslieferung darstellt. Für dessen **Zulässigkeit** trägt die Behörde, die die Fahndung betreibt, die Verantwortung.[348] Da im SIS II eine Beschränkung der Fahndung auf ein Land oder mehrere Länder nicht möglich ist, darf diese zur Festnahme nicht erfolgen, wenn die Auslieferung in einem Mitgliedstaat von vornherein ausgeschlossen scheint. Den „garantierten" Auslieferungstatbeständen des Europäischen Haftbefehls kommt damit eine entscheidende Bedeutung zu. Ansonsten ist bei dem weiteren Verfahren neben den bisweilen aktuelleren Vorschriften zum SIS II auch Anlage F II RiStBV zu beachten. Ebenfalls spielt bereits seit dem EUAuslÜ[349] die Frage der Verjährung im Aufgreifensstaat keine Rolle mehr.[350] Dieses kaum zu erfüllende Prüfverfahren durch die ausschreibende Stelle wird als nicht mehr erfüllbar und auch daher nicht mehr zeitgemäß wahrgenommen.[351] Es wird dadurch entschärft, dass die Ausschreibung durch die nationalen Zentralstellen bzw. Sirenen stets vor der Eingabe bzw. Anwendung geprüft werden, denen diese Aufgabe aufgrund ihrer Spezialisierung und Wissenskonzentration bzw. -vernetzung wesentlich leichter fällt. So setzt die nationale Sirene bei Auslieferungsersuchen zur Festnahme aus anderen Mitgliedstaaten ein „Flag" als Kennzeichnung, wenn es diese aus Rechtsgründen nicht für im eigenen Land ausführbar erachtet.[352]

320 Ist eine Entscheidung über die Auslieferungsfähigkeit nicht möglich, ist eine Anfrage an die betreffenden Vertragsstaaten zu richten (Konsultationsverfahren), wobei hier insbesondere Europol, Eurojust und das EJN hilfreich sein können (→ § 17 Rn. 1 ff., vor allem § 17 Rn. 194).[353] >In diesem Fall ist der obersten Justizbehörde zu berichten. Dem Bericht ist eine beglaubigte Mehrfertigung des Haftbefehls oder des vollstreckbaren Strafferkenntnisses beizufügen.

321 Soweit die Auslieferungs- und damit Ausschreibungsvoraussetzungen grundsätzlich vorliegen, dürfte für ein Ausschreibungsermessen im SIS II auch unter Berücksichtigung der Verhältnismäßigkeit wenig Raum sein.[354] Wo sich die allgemeine Strafbarkeit und Auslieferungsfähigkeit aufdrängt, wie bei schwersten („Standard"-)Delikten der allgemeinen

---

[347] Zurecht weist *Wilkesmann* NStZ 1999, 68 (70) darauf hin, dass eine solche Feststellung in einem Europa des freien Personenverkehrs schwer zu treffen ist.
[348] Vgl. nur Anlage F II 1 RiStBV; vgl. *Wilkesmann* NStZ 1999, 68 ff.
[349] Übk. aufgrund von Artikel K.3 des Vertrags über die Europäische Union über die Auslieferung zwischen den Mitgliedstaaten der Europäischen Union v. 27.9.1996 (BGBl. 1998 II 2254).
[350] *Wilkesmann* NStZ 1999, 68 (70 mwN).
[351] So etwa *Hackner* in Breitenmoser/Gless/Lagodny, Schengen in der Praxis, 2009, 277 (296): „An dem grundlegenden Missstand, dass die rechtlich verantwortliche Stelle ihrer Verantwortung nicht gerecht werden kann, ändert dies jedoch nichts".
[352] *Hackner* in Breitenmoser/Gless/Lagodny, Schengen in der Praxis, 2009, 277 (296).
[353] Vgl. hierzu ausdrücklich *Schomburg* ZRP 1999, 237 (238).
[354] *Wilkesmann* NStZ 1999, 68 (70 mwN).

Kriminalität, dürfte jedenfalls ohne Weiteres eine SIS II-Ausschreibung vorzunehmen sein.[355]

Ein weiteres Problem kann daraus entstehen, dass der Betroffene gleichzeitig von den inländischen Ausländerbehörden zur Einreiseverweigerung ausgeschrieben ist, sodass ein möglicher Konflikt für die antreffende Stelle im Vorfeld vermieden werden sollte.[356] 322

In Eilfällen können die Anfrage und die Übermittlung der für die Entscheidung über die Auslieferungsfähigkeit erforderlichen Unterlagen unmittelbar über die nationale Sirene-Kontaktstelle im BKA erfolgen. Dabei ist die oberste Justizbehörde gleichzeitig zu unterrichten 8 Anlage F II 1 RiStBV. 323

cc) Hält sich der Beschuldigte (oder bereits Verurteilte) – bei einer im Raum stehenden Freiheitsstrafe oder einer freiheitsentziehenden Maßregel der Besserung und Sicherung – vermutlich im weiteren Ausland außerhalb der Schengenstaaten auf, kann die Fahndung im Rahmen von **Interpol** erfolgen (→ § 17 Rn. 194). Ebenso kann die Fahndung über Interpol erfolgen, wenn eine Ausschreibung im SIS II, zB wegen nicht abgeschlossener Konsultationen zur Frage der Auslieferungsfähigkeit, nicht abgeschlossen sind und die Staatsanwaltschaft die Fahndung als besonders dringlich ansieht (Anlage F II 4 RiStBV). Die Fahndung kann auf Länder, Ländergruppen oder Fahndungszonen beschränkt werden. Bei der Entscheidung über die Fahndung sowie bei der Festlegung der Länder, Ländergruppen oder Fahndungszonen in denen gefahndet werden soll, ist der Grundsatz der Verhältnismäßigkeit zu beachten (Anlage F I 3 RiStBV). Einzelheiten zur Interpol-Fahndung, insbesondere die dem BKA zur Verfügung zu stellenden Daten, sind in Anlage F III RiStBV festgelegt. 324

dd) Wenn Anhaltspunkte vorliegen, dass sich der Verfolgte in einem **Drittstaat** aufhält, der Interpol nicht angehört, kann die fahndende Behörde über das BKA diese Staaten um Mitfahndung ersuchen (Anlage F I 5 RiStBV). Es handelt sich um ein Rechtshilfeersuchen zur Fahndung anderer Art (→ Rn. 309; § 11 Rn. 146). Angesichts des fast globalen Teilnehmerkreises von Interpol (→ § 17 Rn. 173) stellt dies einen seltenen Ausnahmefall dar. 325

b) Sind die Voraussetzungen für eine Ausschreibung des Beschuldigten **zur Festnahme nicht erfüllt oder** wird nach einer **anderen Auskunftsperson gesucht,** so kann unter Beachtung der Verhältnismäßigkeit auch auf die internationalen Fahndungsmittel, die zudem dafür gesonderte Instrumente zur Verfügung stellen, zurückgegriffen werden. 326

aa) Im **SIS zur Aufenthaltsermittlung ausgeschrieben** werden im Regelfall Beschuldigte, für die die Voraussetzungen der Ausschreibung zur Festnahme nicht gegeben sind (Nr. 41 Abs. 1, 5 RiStBV; → § 16 Rn. 11). Ist der Aufenthalt eines wichtigen Zeugen nicht bekannt, so kann der Staatsanwalt gem. Nr. 42, Nr. 43 Abs. 1, 3, 4 RiStBV nach Maßgabe der §§ 131a ff. StPO eine Ausschreibung auch im SIS veranlassen. 327

bb) Auch über **Interpol** können Zeugen gem. Nr. 43 Abs. 1, 3, 4 RiStBV zur Aufenthaltsermittlung ausgeschrieben werden, wenn dies nach allgemeinen Erwägungen, insbesondere Verhältnismäßigkeit und Kostenbewusstsein (Nr. 5, 5a RiStBV), gerechtfertigt scheint (→ § 17 Rn. 195). Ebenso können Drittstaaten um Mitfahndung ersucht werden, wenn Anhaltspunkte vorliegen, dass sich die gesuchte Person dort aufhält. 328

c) Nur teilweise angedeutet (vgl. Nr. 41 Abs. 7 S. 2 RiStBV) jedoch in keinem Fall ausgeschlossen sind durch diese Regelungen, die durch die Kooperationen insbesondere im Rahmen von SIS, ZIS und Interpol möglichen Formen der verdeckten **(Kontrollstellen-) Fahndung** und der **Sachfahndung** (dort), soweit diese auch nach den deutschen Regelungen zulässig sind. 329

3. Sachfahndung

Die **sonstige Fahndung nach Personen und Gegenständen,** etwa gezielte Nachschau- oder Kontrollmaßnahmen außerhalb der Ausschreibungssysteme erfolgt grundsätzlich nach den allgemeinen Rechtshilfemechanismen und -regeln, soweit Sonderregelungen fehlen. 330

---

[355] Vgl. auch *Tuffner* Kriminalistik 2000, 39 (42).
[356] Vgl. hierzu ausf. *Wilkesmann* NStZ 1999, 68 (70 mwN).

3. Kapitel

331 a) Aus Sicht des deutschen Rechtes handelt es sich um Maßnahmen nach der Generalklausel §§ 160, 161, 163 StPO. Sobald die Schwelle zu einer Zwangsmaßnahme überschritten wird, etwa einer Durchsuchung, einer Identitätsfeststellung oder Observation, greifen die besonderen Ermächtigungsgrundlagen, wie zB §§ 102 ff., 163b f., 163 f. StPO.

332 b) Derartige grenzüberschreitende Suchmaßnahmen vor Ort sehen vor allem die **bilateralen Polizeiverträge** aufgrund konkreter Ersuchen, in der Regel auf polizeilicher Ebene, vor (→ § 11 Rn. 131 ff.). Dort werden die Suchmaßnahmen ebenfalls als „Fahndung" bezeichnet, also der Begriff in einem weiteren Sinn (anders als in → Rn. 308) verstanden.

333 c) Daneben enthält das Übereinkommen mit **Japan** zusätzlich auf die Fahndung gerichtete Regelungen. Danach bemüht sich der ersuchte Staat nach Art. 20 RHAbk EU/JP nach besten Kräften Personen, Gegenstände und Orte zu ermitteln oder zu identifizieren. Zu diesem Zweck überprüft er gem. Art. 19 RHAbk EU/JP Personen, Gegenstände und Orte, wobei er notwendige Zwangsmaßnahmen nach seinem Recht anwendet, wenn der ersuchende Staat die dazu notwendigen Informationen übermittelt hat. Soweit um die Anwesenheit von Amtsträger und Beteiligten ersucht wurde, bemüht sich der ersuchte Staat nach besten Kräften, diese zu ermöglichen (Art. 19 Abs. 2 RHAbk EU/JP).

334 d) Durch den Beitritt zum Schengenraum dürften die dem SDÜ weitestgehenden bilateralen Rechtshilfevorschriften zur gemeinsamen Fahndung und Ausschreibung mit der Schweiz überholt sein.[357]

4. Öffentlichkeitsfahndung

335 Ebenso ist es, vor allem bei Vorliegen besonderer Fallkonstellationen, nicht ausgeschlossen, um **Öffentlichkeitsfahndung in einem anderen Land** zu ersuchen, sofern die dortigen Rechtsvorschriften und die des deutschen Strafprozessrechts[358] gewahrt sind. Besondere Rechtshilfenormen dazu sind bislang nicht bekannt. Auch löst alleine die Empfangbarkeit entsprechender Veröffentlichungsmedien, jedenfalls soweit sie nicht gerade nur auf ein anderes Land gezielt sind, keine notwendige Beteiligung des mitbetroffenen Staates aus.

II. Kontrollierte Lieferung

336 Viele Übereinkommen sehen als sonstige Rechtshilfe die sog. „kontrollierte Lieferung" vor. Eine entsprechende klar abgegrenzte Ermittlungsmaßnahme und spezielle gesetzliche Regelung fehlt hingegen bislang in der StPO. Als Spiegelung der Maßnahme im nationalen Recht werden weiterhin die allgemeinen Vorschriften der Observation sowie der Rechtfertigungsgrund des „Gewährenlassens" für ausreichend gehalten. Lediglich in Nr. 29a ff. RiStBV finden sich eine Definition und Regelungen, wenn auch nur für die kontrollierte Ein-, Aus- und Durchfuhr. Bei letzterem handelt es sich um den von den Strafverfolgungsbehörden überwachten illegalen Transport von Betäubungsmitteln, Waffen, Diebesgut, Hehlerware und Ähnlichem vom Ausland durch das Inland in ein Drittland; kontrollierte Ausfuhr ist der vom Inland ausgehende überwachte illegale Transport in das Ausland; kontrollierte Einfuhr ist der überwachte illegale Transport vom Ausland in das Inland (Nr. 29a RiStBV).

337 Leider ist das **zentrale Handbuch von Europol** über kontrollierte Lieferungen aus dem Jahr 2001,[359] auf das alle wesentlichen europäischen Rechtsquellen Bezug nehmen, als Verschlusssache nicht über öffentliche Quellen erhältlich.[360] Es kann aber dienstlich über die nationalen Europol-Kopfstellen angefordert werden.[361]

---

[357] Namentlich **für die Schweiz**: Art. 5–8 PolZV DE/CH.
[358] Also namentlich §§ 131 ff. StPO, Anlage B RiStBV.
[359] *Europol*, European Manual on Controlled Deliveries, (Europol 2571-14r3), vgl. dazu *Hauck*, Heimliche Strafverfolgung und Schutz der Privatheit, 2014, 35 mwN.
[360] Vgl. Erläuternder Bericht zum RHÜ 2000, ABl. 2000 C 397, 7 ff. zu Art. 12 RHÜ 2000; vgl. Schomburg/Lagodny/Gleß/Hackner/*Gleß*/*Schomburg* III B 1 Art. 12 Rn. 5 mwN.
[361] Vgl. das Handbuch für grenzüberschreitende Einsätze, Ratsdok. 10505/4/09 REV 4, S. 19.

1. Begriff

In den meisten Rechtshilfeinstrumenten wird die „kontrollierte Lieferung" ohne nähere **Definition** vorausgesetzt. Eine Ausnahme bildet das UNSuchtÜ, das man als Ausgangspunkt für das Institut ansehen kann: Dort bezeichnet der Ausdruck „kontrollierte Lieferung" die Methode, aufgrund derer unerlaubte oder verdächtige Sendungen mit Wissen und unter Aufsicht der zuständigen Behörden aus dem Hoheitsgebiet eines oder mehrerer Staaten verbracht, durch dasselbe durchgeführt oder in dasselbe verbracht werden dürfen mit dem Ziel, Personen zu ermitteln, die an der Begehung von erfassten Straftaten beteiligt sind (Art. 1 lit. g UNSuchtÜ). Entscheidend ist dabei, dass die illegale Beförderung der „heißen Ware" nur unter der Bedingung der lückenlosen Überwachung des gesamten Transportes zugelassen wird.[362]

338

Als besondere Techniken der kontrollierten Lieferung können sich, je nach Befugnis im jeweiligen Recht des betroffenen Gebietsstaates, die Kontrollen ergeben

339

- unter Einsatz verdeckter Ermittler oder von Informanten,
- mit oder ohne physischer Handhabung der Lieferung (letztere wird auch als „überwachte Lieferung" bezeichnet),
- mit ersetztem Inhalt.[363]

2. Rechtsgrundlagen

a) Der weitere **Anwendungsbereich** ergibt sich im Bereich der vertraglichen Rechtshilfe je nach Übereinkommen aus dem Kreis der Mitgliedstaaten und den erfassten Straftaten.[364]

340

aa) Mit der Umsetzung ist zwischen den **EU-Mitgliedstaaten** (mit Ausnahme Dänemarks) eine **Europäische Ermittlungsanordnung** zu grundsätzlich allen umfassten Strafsachen möglich (Art. 28 Abs. 1 lit. b EEA-RL). Ansonsten eröffnen das RHÜ 2000 und das 2. ZP zum RHÜ 1959 (Art. 12 RHÜ 2000, Art. 18 ZP II-RHÜ 1959) die kontrollierte Lieferung für die Mitgliedstaaten für alle **auslieferungsfähigen Straftaten**.[365] Diese Ausweitung gilt auch im Verhältnis mit der **Schweiz** für alle Straftaten gegen öffentliche finanzielle Interessen mit Ausnahme direkter Steuern (Art. 33 Abs. 1 BetrugBekämpfAbk EG/CH). Ähnlich weit gilt für die Zollfahndung Art. 22 Neapel II, allerdings zusätzlich allgemein begrenzt auf die dort beschriebenen Zollstraftaten.[366]

341

bb) Die **bilateralen Polizeiverträge**[367] bleiben neben diesen unionsweiten Rechtsakten in Kraft. Dies folgt daraus, dass bis auf die EEA-RL eine Vorrangnorm fehlt, vielmehr ein grundsätzliches Nebeneinander vorausgesetzt wird. Dabei sollte, soweit möglich, zwar den besonders formalisierten und dadurch vereinfachten Ersuchensformen der Europäischen Ermittlungsanordnung Vorrang eingeräumt werden. Die EEA-RL schließt jedoch nur an das RHÜ 2000 an, erlaubt aber bilaterale Übereinkünfte, wenn diese gem. Art. 34 Abs. 3 EEA-RL „zu einer weiteren Vereinfachung oder Erleichterung der Verfahren der Beweiserhebung beitragen". Dies dürfte allerdings insoweit der Fall sein, dass die Polizeiverträge weitaus präzisere Regelungen enthalten als die EEA-RL mit generellem Verweis auf die Rechtsordnung des ersuchten Staates und dadurch weitergehendere Ablehnungsmöglichkeiten bieten (Art. 28 Abs. 1 lit. b aE EEA-RL, Art. 28 Abs. 2 EEA-RL). Hilfsweise

342

---

[362] So plakativ *Cremer* ZaöRV 2000, 103 (111); wie man unter „Waren" auch Menschen fassen könnte, lässt NK-RechtshilfeR/*Kubiciel* IV Rn. 311 trotz Andeutung zu Recht offen, da dies stets evident grundrechtswidrig scheint.
[363] Vgl. das Handbuch für grenzüberschreitende Einsätze, Ratsdok. 10505/4/09 REV 4, S. 18 f.
[364] Zur Umsetzung in Österreich vgl. NK-RechtshilfeR/*Zerbes* IV Rn. 621.
[365] Es ist insoweit Nachfolgerin von Art. 73 SDÜ, der allerdings nur für Betäubungsmittel galt; Vgl. *Mohler* in Breitenmoser/Gless/Lagodny, Schengen und Dublin in der Praxis, 2010, 3 (12 f.).
[366] Vgl. *Gleß* NStZ 2000, 57 (59 mwN).
[367] **Für die Niederlande:** Art. 13 Abs. 1 S. 1 PolZV DE/NL; **Österreich:** Art. 13 Abs. 1 PolZV DE/AT; **die Schweiz:** Art. 19 Abs. 1 S. 1 PolZV DE/CH; **Tschechien:** Art. 20 Abs. 1 S. 1 PolZV DE/CZ; zum Bertrugsbekämpfungsabkommen der EU mit der Schweiz vgl. die Übersicht bei *Mohler* in Breitenmoser/Gless/Lagodny, Schengen und Dublin in der Praxis, 2010, 3 (18).

könnten die abstrakten Regelungen der Polizeiverträge auch unter dem Begriff der „Vereinbarung über die praktischen Vorkehrungen" zwischen den beteiligten Staaten subsumiert werden (Art. 28 Abs. 2 EEA-RL). Es bleibt zu hoffen, dass durch die Notifizierung der weiter anzuwendenden bilateralen Abkommen nach Art. 34 Abs. 4 EEA-RL eine entsprechende Klärung eintritt, damit weiter von dem präzisen Instrumentarium der Polizeiverträge, möglichst unter Nutzung der effizienten Ersuchensformen der EEA-RL, profitiert werden kann.

343 In den Polizeiverträgen ist ansonsten ein weiterer Anwendungsbereich festgeschrieben (→ § 11 Rn. 131 ff.): Danach kann die kontrollierte Ein-, Durch- und Ausfuhr bewilligt werden insbesondere hinsichtlich dem Handel mit Betäubungsmitteln, Waffen, Sprengstoffen, Falschgeld, Diebesgut und Hehlerware sowie bei Geldwäsche, wenn der ersuchende Vertragsstaat darlegt, dass ohne diese Maßnahme die Ermittlung von Hinterleuten und anderen Tatbeteiligten oder die Aufdeckung von Verteilerwegen aussichtslos oder wesentlich erschwert würde. Die Auslieferungsfähigkeit der Straftat wird hier nicht vorausgesetzt, teilweise jedoch die Subsidiarität.[368]

344 cc) Ähnlich enthalten die neueren bilateralen Regierungsabkommen zur Zusammenarbeit im Sicherheitsbereich Grundlagen für die Durchführung gemeinsamer kontrollierter Lieferungen zur Bekämpfung der Betäubungsmittelkriminalität.[369]

345 dd) Andere Rechtsinstrumente umfassen als taugliche Gegenstände einer kontrollierten Lieferung nur den erweiterten Drogenbereich. So umfassen das UNSuchtÜ zur Ermittlung von **Betäubungsmittel** – und damit zusammenwirkenden Geldwäsche- und Unterstützungshandlungen und das Übereinkommen der Vereinten Nationen gegen die grenzüberschreitende organisierte Kriminalität mit den dort und in den Zusatzprotokollen genannten Formen organisierter Kriminalität einschließlich Unterstützungshandlungen einen grundsätzlich globalen potentiellen Anwendungsbereich. Gleiches sieht der Rechtshilfevertrag mit der Türkei für alle BtM-Straftaten vor.[370]

346 b) Für das **Initiieren** einer kontrollierten Lieferung durch deutsche Stellen fehlt eine spezielle Rechtsgrundlage in der StPO. Nach allgemeiner Ansicht genügen insoweit die Generalklauseln §§ 161, 163 StPO als Eingriffsgrundlage, ergänzt durch §§ 163f, 100h StPO etc, soweit eine entsprechende Observation von Personen eingeschlossen ist.[371] Die Regelungen der RiStBV sind demgegenüber vor allem für eingehende Ersuchen konzipiert,[372] enthalten aber eine spezielle Ausprägung des Verhältnismäßigkeits- bzw. Ultima-ratio-Gedankens, der auch bei ausgehenden Ersuchen Geltung zu finden hat. Danach kommt ein solcher kontrollierter Transport gem. Nr. 29b Abs. 1 RiStBV nur in Betracht, wenn auf andere Weise die Hintermänner nicht ermittelt oder Verteilerwege nicht aufgedeckt werden können.

347 Gleiches gilt nach Nr. 29d RiStBV für die formale Anforderung, dass der zuständige Staatsanwalt über die Zulässigkeit des kontrollierten Transports entscheidet und er den Staatsanwalt, in dessen Bezirk ein Transport voraussichtlich das Inland verlässt bzw. der für den Einfuhrort zuständig ist, zu informieren hat.

348 Im Übrigen müssen für Durchfuhr und Ausfuhr der kontrollierten Lieferung die folgenden Erklärungen der betroffenen ausländischen Staaten vorliegen bzw. vor Durchführung beschafft werden: Das Einverständnis mit der Einfuhr oder Durchfuhr, die Zusicherung den Transport ständig zu kontrollieren und gegen die Kuriere, Hintermänner und Abnehmer zu ermitteln, die Betäubungsmittel, Waffen, das Diebesgut, die Hehlerware und Ähnliches

---

[368] **Für die Schweiz:** Art. 19 Abs. 1 PolZV DE/CH; vgl. *Mohler* in Breitenmoser/Gless/Lagodny, Schengen und Dublin in der Praxis, 2010, 3 (18); *Cremer* ZaöRV 2000, 103 (142).
[369] Namentlich **für Albanien:** SichZusAbk DE/AL, **Ägypten:** SichZusAbk DE/EGY, **Georgien:** AntiOrgKrimAbk DE/GE, **Kirgisistan:** AntiOrgKrimAbk DE/KG, **Russland:** AntiOrgKrimAbk DE/RU, **Serbien:** SichZusAbk DE/RS, **Tunesien:** AntiOrgKrimAbk DE/TN.
[370] **Für Türkei:** Art. 3, 5. Spiegelstrich AntiOrgKrimAbk DE/TR.
[371] Vgl. etwa BT-Drs. 17/4333; sowie die Denkschrift BT-Drs. 18/1773, 41 zu Art. 18 ZP II RHÜ1959.
[372] Dies gilt insbes. für Nr. 29c RiStBV, der die deutsche Zuständigkeit bestimmt, wenn noch kein Ermittlungsverfahren anhängig ist.

sicherzustellen und die Verurteilung der Täter sowie die Strafvollstreckung anzustreben sowie die Zusicherung, die deutschen Strafverfolgungsbehörden fortlaufend über den jeweiligen Verfahrensstand zu unterrichten (Nr. 29b Abs. 2 RiStBV).

3. Ersuchen

Um die Gestattung bzw. Mitwirkung an einer kontrollierten Lieferung muss nach den jeweiligen Rechtshilfeinstrumenten nach den allgemeinen Voraussetzungen **ersucht** werden (→ §§ 11; 12). 349

a) Bei der **Europäischen Ermittlungsanordnung** wird das Formular zu verwenden und insbesondere der Teilbereich H5 mit den Ausführungen zu ergänzen sein, weshalb die erbetenen Auskünfte für das betreffende Strafverfahren für relevant erachtet werden (Art. 28 Abs. 3 EEA-RL). 350

b) Nach den **bilateralen Polizeiverträgen** ist in dem Ersuchen besonders darum zu bitten, wenn ein besonderes Verfahren gewünscht wird, so insbesondere auch die Anhaltspunkte für eine Zurücklieferung innerhalb 48 Stunden oder wenn die Beamten des ersuchenden Staates die Kontrolle mit übernehmen sollen.[373] In diesem Fall kann die Beteiligung der Staatsanwaltschaft beider Staaten erforderlich sein.[374] Im Verhältnis mit den Niederlanden sollte ferner die Verfolgungsversicherung (→ Rn. 363) formularmäßig aufgenommen werden (Art. 13 Abs. 1 S. 2 PolZV DE/NL). Das Ersuchen ist regelmäßig an die im Übereinkommen für diesen Fall jeweils bestimmte zuständige polizeiliche Zentralstelle im ersuchten Staat zu richten, oder diese gleichzeitig zu unterrichten, falls zB alternativ an eine Staatsanwaltschaft das Ersuchen gestellt werden kann.[375] 351

c) In der Praxis sind spätestens bei Regelung der Durchführungsmodalitäten bereitzustellen:[376] 352

- Grund und Hintergründe für den Einsatz,
- Ermittlungsfakten, die den Einsatz rechtfertigen,
- Art und Menge der Produkte,
- sonstige Waren,
- voraussichtlicher Ort der Einfuhr in den ersuchten Staat, gegebenenfalls Informationen zur Ausfuhr aus dem ersuchten Staat,
- voraussichtliches Transportmittel und voraussichtliche Route,
- Identität der Verdachtsperson (Name, Geburtsort und -datum, Wohnsitz, Staatsangehörigkeit, Personenbeschreibung),
- Stelle, die den Einsatz bewilligt hat,
- Name der mit der Leitung des Einsatzes befassten Personen und Möglichkeiten zur Kontaktaufnahme (Kommunikation, Verkehrsmittel usw),
- erforderlichenfalls Angabe der beteiligten Zollbehörden,
- Angaben über besondere Polizeitechniken.

4. Bewilligung und Vorbereitung

Die Entscheidung darüber wird von den zuständigen Behörden der ersuchten Staaten unter Beachtung ihrer innerstaatlichen Rechtsvorschriften getroffen.[377] Teilweise finden sich Ver- 353

---

[373] **Für die Niederlande:** Art. 13 Abs. 5 S. 2 PolZV DE/NL; **Österreich:** Art. 13 Abs. 5 S. 2 PolZV DE/AT.
[374] **Für die Niederlande:** Art. 13 Abs. 5 S. 4 PolZV DE/NL.
[375] Vgl. **für die Niederlande:** Art. 13 Abs. 8 PolZV DE/NL iVm Anlage I PolZV DE/NL; **Österreich:** Art. 13 Abs. 8 PolZV DE/AT; **die Schweiz:** Art. 19 Abs. 5 PolZV DE/CH; **Tschechien:** Art. 20 Abs. 4 PolZV DE/CZ.
[376] Vgl. das Handbuch für grenzüberschreitende Einsätze, Ratsdok. 10505/4/09 REV 4, S. 20.
[377] Vgl. Art. 12 Abs. 2 RHÜ 2000; Art. 73 Abs. 2 SDÜ spricht von einer Vorwegbewilligung; vgl. auch **für die Schweiz:** Art. 33 Abs. 2 BetrugBekämpfAbk EG/CH.

weise auf ein Eilverfahren.[378] Entsprechend kann auch die Vollstreckung einer Europäischen Ermittlungsanordnung gem. Art. 28 Abs. 1 aE EEA-RL versagt werden, wenn die Durchführung der betreffenden Ermittlungsmaßnahme in einem vergleichbaren innerstaatlichen Fall nicht genehmigt würde.

354 Weitere Regelungen treffen die Polizeiverträge: Die **Bewilligung** erstreckt sich danach grundsätzlich auf das gesamte Hoheitsgebiet des ersuchten Staates.[379] Sie kann **abgelehnt** werden oder nur unter **Bedingungen** erfolgen, insbesondere wenn von der Ware ein besonderes Risiko für die an der Lieferung beteiligten Personen oder für die Allgemeinheit ausgeht.[380] Soll die Lieferung in einem **Drittstaat** beginnen oder fortgesetzt werden, müssen die Voraussetzungen und die durchgängige Kontrolle auch vom Drittstaat gewährleistet sein.[381]

5. Durchführung

355 Die **Durchführung** der kontrollierten Lieferung soll vor allem nach der Regelung der Europäischen Ermittlungsanordnung in Art. 28 Abs. 2 EEA-RL zwischen den beteiligten Staaten vorab vereinbart werden. Ansonsten erfolgt sie nach dem Verfahren des Mitgliedstaates, auf dessen Hoheitsgebiet die konkrete Observation durchgeführt wird, dh in aller Regel in dem sich jeweils gerade die Sendung befindet.[382] Seinen zuständigen Behörden obliegt auch die Befugnis zum Einschreiten und zur Leitung und Kontrolle der Maßnahmen.[383] Nach Nr. 29b Abs. 1 S. 2 RiStBV ist die Überwachung so zu gestalten, dass die Möglichkeit des Zugriffs auf Täter und Tatgegenstände jederzeit sichergestellt ist. Weiterhin gelten die allgemeinen Regelungen, soweit eine **Teilnahme deutscher Ermittlungsorgane in einem ersuchten Staat** erfolgt (→ § 13 Rn. 81 ff.). Allerdings bedarf es gem. Nr. 142a Abs. 1 RiVASt einer besonderen vorherigen Genehmigung wegen der Teilnahme nicht, wenn diese im Rahmen der grenzüberschreitenden Observationen aufgrund völkerrechtlicher Übereinkünfte gestattet ist.

356 In **bilateralen Polizeiverträgen** wird dies näher ausgestaltet: Danach übernimmt, vorbehaltlich anderer Vereinbarung, der ersuchte Staat die Kontrolle der Lieferung beim Grenzübertritt in sein Staatsgebiet oder an einem vereinbarten Übergabepunkt, um eine Kontrollunterbrechung zu vermeiden.[384] Er stellt im weiteren Verlauf der Lieferung deren ständige Überwachung in der Form sicher, dass er zu jeder Zeit die Möglichkeit des Zugriffs auf die Täter oder die Waren hat.[385]

357 Beamte des ersuchenden Vertragsstaates können in Absprache mit dem ersuchten Vertragsstaat die kontrollierte Lieferung nach der Übernahme zusammen mit den übernehmenden Beamten des ersuchten Vertragsstaates weiter begleiten.[386]

---

[378] **Für die Schweiz:** Art. 19 Abs. 3 PolZV DE/CH, vgl. *Mohler* in Breitenmoser/Gless/Lagodny, Schengen in der Praxis, 2009, 3 (18).
[379] **Für die Niederlande:** Art. 13 Abs. 2 S. 1 PolZV DE/NL; **Österreich:** Art. 13 Abs. 2 S. 1 PolZV DE/AT; **die Schweiz:** Art. 14 Abs. 1 S. 5 iVm Art. 19 Abs. 1 S. 2 PolZV DE/CH.
[380] **Für die Niederlande:** Art. 13 Abs. 3 S. 2 PolZV DE/NL; **Österreich:** Art. 13 Abs. 3 S. 2 PolZV DE/AT; **die Schweiz:** Art. 19 Abs. 1 S. 4 PolZV DE/CH; **Tschechien:** Art. 20 Abs. 1 S. 2 PolZV DE/CZ.
[381] **Für die Niederlande:** Art. 13 Abs. 6 PolZV DE/NL; **Österreich:** Art. 13 Abs. 6 PolZV DE/AT; **die Schweiz:** Art. 19 Abs. 3 PolZV DE/CH; **Tschechien:** Art. 20 Abs. 3 PolZV DE/CZ.
[382] Vgl. Art. 12 Abs. 3 S. 1 RHÜ 2000; bei der EEA folgt dies aus Art. 28 Abs. 1, 4 EEA-RL mit der allgemeinen Öffnung für das Recht des ersuchenden Staates (→ § 9 Rn. 106); Art. 73 Abs. 3 SDÜ; iErg auch **für die Niederlande:** Art. 13 Abs. 2 S. 2 PolZV DE/NL; **Österreich:** Art. 13 Abs. 2 S. 2 PolZV DE/AT; **die Schweiz:** Art. 33 Abs. 3 BetrugBekämpfAbk EG/CH.
[383] Vgl. Art. 12 Abs. 3 S. 1 RHÜ 2000; **für Österreich:** Art. 13 Abs. 2 PolZV DE/AT.
[384] **Für die Niederlande:** Art. 13 Abs. 4 S. 1 PolZV DE/NL; **Österreich:** Art. 13 Abs. 4 S. 1 PolZV DE/AT; **die Schweiz:** Art. 19 Abs. 2 S. 1 PolZV DE/CH; **Tschechien:** Art. 20 Abs. 2 S. 1 PolZV DE/CZ.
[385] **Für die Niederlande:** Art. 13 Abs. 4 S. 2 PolZV DE/NL; **Österreich:** Art. 13 Abs. 4 S. 2 PolZV DE/AT; **die Schweiz:** Art. 19 Abs. 2 S. 2 PolZV DE/CH; **Tschechien:** Art. 20 Abs. 2 S. 2 PolZV DE/CZ.
[386] **Für die Niederlande:** Art. 13 Abs. 4 S. 3 PolZV DE/NL; **Österreich:** Art. 13 Abs. 4 S. 3 PolZV DE/AT; **die Schweiz:** Art. 19 Abs. 2 S. 3, 4 PolZV DE/CH; **Tschechien:** Art. 20 Abs. 2 S. 3 PolZV DE/CZ;.

Im Einzelfall kann im Verhältnis mit Österreich und den Niederlanden auf Ersuchen **358** vereinbart werden, dass Beamte beider Staaten unter der Sachleitung eines anwesenden Beamten des ersuchten Vertragsstaates die Kontrolle auf dessen Hoheitsgebiet durchführen, wenn bei Stellung des Ersuchens aufgrund bestimmter Tatsachen Anlass zu der Annahme besteht, dass die kontrollierte Lieferung spätestens nach 48 Stunden zurück in den ersuchenden Vertragsstaat verbracht werden wird, oder soweit der ersuchte Vertragsstaat erklärt, dass er die Maßnahme aus zwingenden Gründen nicht durchführen kann.[387]

Die Beamten des ersuchenden Vertragsstaates sind an das Recht des ersuchten Staates **359** gebunden und haben die Anordnungen seiner Beamten zu befolgen.[388] Sie haben einen Nachweis der Zustimmung und ihrer amtlichen Funktion bei sich zu führen.[389] Weiterhin haben sie die Befugnis zum Einsatz der erforderlichen technischen Mittel nach innerstaatlichem Recht und Zustimmung des dortigen sachleitenden Beamten, die Befugnis zum Betreten von öffentlich zugänglichen Räumen nicht Wohnungen, und bei frischer Tat die Befugnis zur vorläufigen Festnahme, Sicherheitsdurchsuchung und Handfesselung.[390]

Die kontrollierte Lieferung kann nach Absprache zwischen den Vertragsstaaten abge- **360** fangen und derart zur Weiterbeförderung freigegeben werden, dass sie unangetastet bleibt, entfernt oder ganz oder teilweise ersetzt wird.[391]

Soweit keine anderen Regelungen getroffen sind, ist auch grundsätzlich der Rückgriff **361** auf die Regelungen zur grenzüberschreitenden Observation (→ § 3 Rn. 13 ff.) nicht ausgeschlossen.[392]

6. Umgang mit Erkenntnissen

Der mögliche Rückgriff auf Observationsregeln gilt umso mehr für die Verwendung und **362** Verarbeitung der bei der Maßnahme **gewonnenen Erkenntnisse;** oft aber nicht zwingend, ist die kontrollierte Lieferung mit einer gemeinsamen Ermittlungsgruppe verbunden (→ § 3 Rn. 58 ff.), sodass alle beteiligten Mitgliedstaaten durch ihre Teilnehmer unmittelbar Erkenntnisse gewinnen können und für diese klare Regeln bestehen.[393] Ansonsten müssen die Erkenntnisse im ersuchten Staat durch dortige Bedienstete nach den allgemeinen Regeln auf Ersuchen oder spontan übermittelt werden. Für die entsandten Vertreter gelten die allgemeinen Regelungen bei einer Teilnahme an fremden Rechtshilfehandlungen (→ § 13 Rn. 81 ff.).

Zusätzlich verweisen Polizeiverträge auch bei sonstigen kontrollierten Lieferungen auf **363** die Regelungen des SDÜ (Art. 40 Abs. 3 lit. g und h SDÜ),[394] wonach über jede Operation den Behörden der Vertragspartei, auf deren Hoheitsgebiet die Operation stattgefunden hat, **Bericht** erstattet wird und dabei das persönliche Erscheinen der observierenden Beamten gefordert werden kann. Weiter haben die Behörden der Vertragspartei, aus deren Hoheitsgebiet die – hier die Lieferung – observierenden Beamten kommen, auf Ersuchen die nachträglichen Ermittlungen einschließlich gerichtlicher Verfahren der Vertragspartei, auf deren Hoheitsgebiet eingeschritten wurde, zu unterstützen (Art. 40 Abs. 3 lit. h SDÜ). Vor allem diese bilateral fortgeschriebenen Normen dürften durch die nachfolgenden unionsweiten Rechtsakte nicht außer Wirkung gesetzt worden sein. Gleiches gilt

---

[387] **Für die Niederlande:** Art. 13 Abs. 5 PolZV DE/NL; **Österreich:** Art. 13 Abs. 5 PolZV DE/AT.
[388] **Für Österreich:** Art. 13 Abs. 4 S. 3 PolZV DE/AT; **die Schweiz:** Art. 19 Abs. 2 S. 3, 4 PolZV DE/CH; **Tschechien:** Art. 20 Abs. 2 S. 4 PolZV DE/CZ.
[389] **Für die Niederlande:** Art. 13 Abs. 7 PolZV DE/NL iVm Art. 40 Abs. 3 lit. b, c SDÜ bzw. **Österreich:** Art. 13 Abs. 7 PolZV DE/AT; **die Schweiz:** Art. 14 Abs. 3 Nr. 4 PolZV DE/CH iVm Art. 19 Abs. 4 PolZV DE/CH verlangt nur den Funktionsnachweis.
[390] **Für die Niederlande:** Art. 11 Abs. 11, 12 PolZV DE/NL; Art. 13 Abs. 7, Art. 29 PolZV DE/NL; **Österreich:** Art. 11 Abs. 11-3; Art. 13 Abs. 7 PolZV DE/AT; **die Schweiz:** Art. 14 Abs. 3 Nr. 7–9 iVm Art. 19 Abs. 4 PolZV DE/CH.
[391] **Für die Niederlande:** Art. 13 Abs. 3 S. 1 PolZV DE/NL; **Österreich:** Art. 13 Abs. 3 S. 1 PolZV DE/AT; **die Schweiz:** Art. 19 Abs. 1 S. 1 PolZV DE/CH.
[392] *Cremer* ZaöRV 2000, 103 (112 mwN).
[393] Vgl. insbes. Art. 13 Abs. 10 RHÜ 2000.
[394] Vgl. **für die Niederlande:** Art. 13 Abs. 7 PolZV DE/NL; **Österreich:** Art. 13 Abs. 7 PolZV DE/AT.

etwa für die Sonderregelungen mit den Niederlanden und Tschechien: Im Verhältnis mit den Niederlanden besteht die gegenseitige Versicherung, nach Beendigung der kontrollierten Lieferung diese sicherzustellen, gegen die Kuriere, Hintermänner und Abnehmer zu ermitteln und die Verurteilung der Täter sowie die Strafvollstreckung anzustreben (Art. 13 Abs. 1 S. 2 PolZV DE/NL). Der Ergänzungsvertrag mit Tschechien trifft eine Sonderregelung für die Verwendung der bei der kontrollierten Lieferung erhobenen Informationen (Art. 20 Abs. 2 S. 4 PolZV DE/CZ). Danach haben die Beamten des ersuchenden Staates die Maßgaben zu beachten, die der ersuchte Staat auf der Grundlage seiner innerstaatlichen Rechtsvorschriften für die Verwendung der Ermittlungsergebnisse auf dem Gebiet des ersuchenden Staates festgelegt hat.

III. Observation

1. Überblick

364 Für die grenzüberschreitende gezielte verdeckte Beobachtung von Sachen und insbesondere Personen bietet das Rechtshilferecht vor allem zwei spezielle Ansatzpunkte. Einerseits stellt die kontrollierte Lieferung (→ Rn. 336 ff.) einen Sonderfall dar, der im Fokus der Rechtshilfeinstrumente steht und meist detailliert geregelt ist. Weiterhin ist die Observation, die im eigenen Staat beginnt und im zu ersuchenden Staat fortgesetzt werden soll, seit dem SDÜ im Verhältnis der Staaten der EU und des Schengenraums sowie dem 2. Zusatzprotokoll zum RHÜ 1959 unter den dortigen Mitgliedstaaten recht präzise normiert (→ § 3 Rn. 13 ff.). Die Observation vor allem von Personen im Übrigen zu strafverfahrensrechtlichen Zwecken ist hingegen im Rechtshilferecht grundsätzlich nicht geregelt. Eine gewisse Ausnahme bildet nunmehr die Europäische Ermittlungsanordnung, die allgemein zum Mai 2017 in Kraft treten sollte. Wie bei der kontrollierten Lieferung kann eine Observation im Ausland, vor allem, wenn sie als grenzüberschreitende konzipiert war, durch die Bildung einer gemeinsamen Ermittlungsgruppe begleitet bzw. gesteuert werden (→ § 3 Rn. 58 ff.). Auf das Recht des Einsatzes verdeckter Ermittler ist nur zurückzugreifen, wenn diese tatsächlich unter einer Legende auftreten (→ Rn. 374 ff.).

365 Als eine, in der Intensität stark zurückgenommene, **Observationsmaßnahme im weiteren Sinne** lassen sich auch die verdeckten Kontrollen bezeichnen, die nach Ausschreibung im Wege der Personen- oder Sachfahndung vor allem im SIS, ZIS und Interpolrahmen erfolgen können. Daraufhin werden entsprechende Resultate des Antreffens an die ausschreibende Stelle zurückgemeldet, ohne dass die Maßnahme gegenüber den Betroffenen offengelegt wird (→ Rn. 307 ff. und § 16 Rn. 11 ff., 62 ff.; § 17 Rn. 190 ff.). Ebenfalls in diesen Zusammenhang eingeordnet werden können die sich immer stärker herausbildenden Mechanismen der laufenden Überwachung aufgrund eines einmaligen (oder fortgesetzten) Ersuchens bei Telekommunikationsverbindungen (→ Rn. 591 ff.), namentlich wenn diese über Computer erfolgen (→ Rn. 567 ff.) sowie die Überwachung von Konten bei Kredit- und Finanzinstituten (→ Rn. 629 ff.). Soweit das neue Fluggastdatenrecht der EU anwendbar sein wird, wird über die dortigen Abgleichmechanismen – also Datenbanken und Kategorienlisten – ebenfalls eine laufende Überwachung mit Rückmeldung bei jeder Fluganmeldung und -durchführung erfolgen.

2. Unmittelbare Observation im Ausland

366 **a)** Für die **unmittelbare Observation** im Sinne einer planmäßigen Beobachtung mindestens eines Betroffenen durch Ermittler mit Auslandsbezug ist damit neben den Voraussetzungen nach dem deutschen Verfahrensrecht zunächst zu prüfen, ob eine der beiden Sonderkonstellationen, die kontrollierte Lieferung oder die fortgesetzte grenzüberschreitende Observation eingreift und dafür im Verhältnis mit dem weiteren beteiligten Staat gemeinsame Sonderregelungen bestehen (→ Rn. 364). Ansonsten sind praktisch nur sinnvolle Konstellationen denkbar, in denen die Observationshandlung der ausländischen Stel-

len in deren Hoheitsgebiet ausgeführt werden soll. Die bloße personelle oder technische Amtshilfe ausländischer Stellen bei Einsätzen im ersuchenden Staat ist hiervon zu trennen und unterliegt den besonderen polizeilichen Regelungen (→ § 3 Rn. 93 ff.; § 8 Rn. 1 ff.). Soweit allerdings Auswirkungen durch die ersuchten Maßnahmen des vornehmenden Staates in Staatsgebiete oder Hoheitsbereiche von Drittstaaten eintreten, sind die besonderen völkerrechtlichen Grenzen (→ § 1 Rn. 3 ff.; § 2; § 7 Rn. 1 ff., 13 ff.) zu beachten. Auch muss das Recht des ersuchenden Staates jedenfalls bei sämtlichen Auswirkungen in seinem eigenen Hoheitsgebiet beachtet sein, damit es nicht zu einer Umgehung seiner Rechtsordnung kommt.

aa) Für die Prüfung, ob die erstrebte Maßnahme nach **deutschem Strafverfahrensrecht zulässig** ist, ist mangels besonderer Regelungen so zu entscheiden, als wenn sie ohne Auslandsbezug rein im Inland durchzuführen wäre. Bei regelmäßigen längeren Observationen sind damit §§ 100h, 163f StPO sowie im Rahmen verdeckter Beobachtungen durch Kontrollstellen oder andere Fahndungsmittel wie §§ 163d, e StPO maßgeblich.[395] **367**

bb) Derartige Observationen werden mit der Umsetzung ab Mai 2017 taugliche Maßnahmen einer **Europäischen Ermittlungsanordnung.** Eine solche kann nämlich erlassen werden zur Durchführung einer Ermittlungsmaßnahme, die die Erhebung von Beweismitteln in Echtzeit, fortlaufend oder über einen bestimmten Zeitraum beinhaltet, wobei die kontrollierte Lieferung und die Finanzkontenüberwachung nur als Beispiele angeführt sind (Art. 28 Abs. 1 EEA-RL). **368**

Wie dort muss das Ersuchen sich an die Vorgaben für eine Europäische Ermittlungsanordnung halten, also insbesondere das Anordnungsformular einschließlich Abschnitt H5 ausgefüllt werden und die allgemeinen formalen Voraussetzungen gegeben sein (→ § 11 Rn. 223 ff.). Dabei sind nach Art. 28 Abs. 3 EEA-RL die Gründe dafür anzugeben, weshalb die erbetenen Auskünfte, dh zu übermittelnden Erkenntnisse aus der Maßnahme, für das betreffende Strafverfahren für relevant erachtet werden. **369**

Ebenfalls wie bei den beiden genannten Beispielen kann die Vollstreckung einer solchen Observationsanordnung abgelehnt werden, wenn die Durchführung der betreffenden Ermittlungsmaßnahme in einem vergleichbaren innerstaatlichen Fall im ersuchten Staat nicht genehmigt würde (Art. 28 Abs. 1 EEA-RL aE). **370**

Die praktischen Vorkehrungen für die Ermittlungsmaßnahme sind dann gem. Art. 28 Abs. 2 EEA-RL zwischen dem Anordnungsstaat und dem Vollstreckungsstaat zu vereinbaren. Die Befugnis zum Handeln, zur Leitung und zur Kontrolle der Maßnahmen im Zusammenhang mit der Vollstreckung liegt gem. Art. 28 Abs. 2 EEA-RL bei den zuständigen Behörden des Vollstreckungsstaats. Für die Teilnahme deutscher Ermittlungsorgane gelten die allgemeinen Regelungen (→ § 13 Rn. 81 ff.). Insbesondere sind nach Nr. 142 Abs. 2 RiVASt auch ohne ausdrückliche Vereinbarung ausländische Bedingungen und Wünsche stets genau zu beachten, auch wenn sie erst im Ausland durch eine ausländische Behörde mitgeteilt werden. **371**

Die Übermittlung der Erkenntnisse erfolgt nach den allgemeinen Vorschriften, die insbesondere für eine Europäische Ermittlungsanordnung gelten (→ § 11 Rn. 223 ff.; § 13 Rn. 136, 141, 147). **372**

b) Ansonsten bestehen für direkte Observationsmaßnahmen im engeren Sinne alleine durch ausländische Ermittlungsbehörden derzeit keine besonderen Regelungen im Bereich der Rechtshilfe, sodass die allgemeinen Ersuchen um Ermittlungshandlungen hierfür jedenfalls genügen dürften, wenn das Recht des ersuchten Staates entsprechende Ermittlungsmaßnahmen vorsieht. **373**

---

[395] Zum Weiteren sei auf die dazu bestehende Rspr. und Lit. verwiesen; zur Anwendbarkeit außerhalb des deutschen Staatsgebietes vgl. Schomburg/Lagodny/Gleß/Hackner/*Schomburg/Hackner* IRG vor § 68 Rn. 39; da sich deren grund- und verfahrensrechtlicher Schutzcharakter praktisch auf den gesamten Regelungsgehalt erstreckt.

IV. Einsatz verdeckter Ermittler und vertraulicher Informanten

374 Zunehmende Verrechtlichung erfährt die durchaus kritische Frage des grenzüberschreitenden Einsatzes von verdeckt ermittelnden Personen. Hier sind zahlreiche Konstellationen denkbar, darunter vor allem:
- Ein verdeckter Ermittler des ersuchenden Staates soll seine verdeckten Ermittlungen im Ausland fortsetzen;
- Ein verdeckter Ermittler des ersuchenden Staates soll originär im ersuchten Staat eingesetzt werden;
- Ein verdeckter Ermittler des ersuchten Staates soll dort für ein Ermittlungsverfahren des ersuchenden Staates eingesetzt werden;
- Ein verdeckter Ermittler des ersuchten Staates soll im ersuchenden Staat eingesetzt werden;
- Der ersuchte Staat soll Hilfestellung bei einer inländischen Legende leisten;
- Die grenzüberschreitende Führung bzw. Einsatz von V-Leuten und andere Informanten.

> **Praxistipp:**
> Wegen der vielschichtigen Probleme in allen betroffenen Rechtsordnungen empfiehlt sich zunächst organisatorisch die Einbindung entsprechender Ermittlungen in eine grenzüberschreitende gemeinsame Ermittlungsgruppe (→ § 3 Rn. 58 ff.) zu prüfen.

1. Ermächtigungsgrundlage

375 Bei allen diesen Konstellationen stellt sich zunächst die Frage nach der **Ermächtigungsgrundlage** für das Initiieren einer entsprechenden Maßnahme durch die deutschen Ermittlungsorgane **nach dem deutschen Verfahrensrecht** und damit auch für möglicherweise mit zu beachtende deutsche Verfahrensnormen. Fraglich ist zunächst, in welchen grenzüberschreitenden Situationen §§ 110a ff. StPO mit den Folgen vor allem der materiellen Tatbestandsvoraussetzungen und der Zustimmung der Staatsanwaltschaft bzw. des Gerichts zur Anwendung zu kommen haben.

376 a) Aus Sicht des deutschen Verfahrensrechts ergibt sich zunächst eine klare **Trennung zwischen Verdeckten Ermittlern** und sonstigen Personen, die als vertrauliche Informanten dienen. Diese lässt sich formal anhand der statusrechtlichen Stellung als Beamte ziehen.[396] Hinter der gesetzlichen Regelung stand einerseits der Wille des Gesetzgebers, die Konfliktlagen zwischen den Amtspflichten eines eingesetzten Beamten, unter anderem das Täuschungsverbot nach § 136a StPO sowie die aus dem Legalitätsgrundsatz folgende Verfolgungspflicht zu regeln. Andererseits stellt die besondere Eingriffsintensität durch dauerhaft-planmäßig angelegte Erkenntnisgewinnung auch mittels täuschender Elemente unmittelbar durch staatliche Bedienstete, die zudem selbst weiterhin Hoheitsgewalt ausüben und ihre Befugnisse für Zwangsmaßnahmen behalten, den Einsatz systematisch im Kontext längerfristiger Observationsmaßnahmen im weiteren Sinn, wie §§ 100a ff. StPO und § 163f StPO. Die Erhebung von Informationen in die unmittelbare staatliche Verfügungssphäre erfolgt unmittelbar durch den eingesetzten Beamten als Teil der staatlichen Ermittlungsorgane.

377 Der Einsatz verdeckter Ermittler stellt nach dem BVerfG[397] „die ultima ratio der Ermittlungsbehörden bei ihrer Arbeit dar". Sie dürfen nach § 110a Abs. 1 S. 3 StPO nur dann in den abschließend vom Gesetz aufgeführten Fällen zum Einsatz kommen, wenn die Aufklärung auf andere Weise aussichtslos oder erheblich erschwert wäre. „Es bestehen mithin

---
[396] Vgl. LR/*Hauck* StPO § 110a Rn. 12; Meyer-Goßner/Schmitt/*Köhler* StPO § 110a Rn. 3; vgl. zum Ganzen hierzu krit. aus Sicht des Rechtshilferechts NK-RechtshilfeR/*Kubiciel* IV Rn. 321 ff. mwN.
[397] BVerfG NJW 2012, 833 = StV 2012, 257.

substantielle Unterschiede zwischen dem Einsatz eines Verdeckten Ermittlers und dem eines nicht offen ermittelnden Polizeibeamten, dessen Einsatz sich nach den allgemeinen Normen §§ 161, 163 StPO richtet." Dieser Unterschied liegt danach in der Schaffung der Legende. Der Gesetzgeber habe ihre heimliche und auf Täuschung ausgerichtete amtliche Tätigkeit, die zu den sonst für sie geltenden Täuschungsverboten und Belehrungspflichten (§§ 136a, 163a Abs. 4 und 5 StPO) in Widerspruch geraten könne, zum Schutz der Polizeibeamten auf eine die Generalklauseln ausformende spezielle Gesetzesgrundlage stellen wollen. Eine solche Fürsorgepflicht bestehe gegenüber Vertrauenspersonen nicht, weil sie die Polizei als Privatpersonen unterstützten und dabei nicht gegen sonst für sie geltende Amtspflichten verstoßen könnten.

Demgegenüber können zwar **Informanten,** denen Vertraulichkeit zugesichert wurde, zur Mitarbeit als V-Personen gewonnen werden, wenn sie bei der Aufklärung von Straftaten auf längere Zeit eine Strafverfolgungsbehörde vertraulich unterstützen.[398] Sie gehören jedoch dieser unter keinen Umständen organisatorisch an, auch wenn sie eine Aufwandsentschädigung oder Prämie erhalten sollten. Sie bleiben vielmehr strafprozessual Außenstehende und bloße Zeugen mit einem besonderen Identitätsschutz. Für sie gelten nach alledem konsequenterweise §§ 110a ff. StPO nach ganz hM nicht. 378

b) Wendet man diese Grundsätze auf grenzüberschreitende Sachverhalte an, so ist klar: 379

aa) Ein **deutscher Ermittlungsbeamter,** der auch oder ausschließlich im Ausland wegen eines deutschen Verfahrens unter einer Legende eingesetzt werden soll, ist verdeckter Ermittler iSv §§ 110a ff. StPO, wie dies auch der Wortlaut von § 110a Abs. 1 StPO nahelegt.[399] Auch wenn der Legalitätsgrundsatz während des Aufenthalts im fremden Hoheitsbereich eingeschränkt wäre, bleibt sowohl die besondere Fürsorgepflicht, aber auch die prozessuale Stellung bestehen. Erkenntnisse die der Beamte gewinnt, sind unmittelbar solche der deutschen Strafermittlungsbehörden; die Eingriffsintensität dadurch und durch die Täuschung durch die Legende im Verhältnis zum Betroffenen ist insoweit die gleiche wie bei einer Ermittlung im Inland, auch wenn der Beamte im Ausland nicht unmittelbar über Hoheitsrechte verfügt, die ihm der Einsatzstaat nicht vermittelt oder einräumt. Zudem genießt der Beamte im Ausland über das Rechtshilferecht häufig eine Privilegierung nicht nur bei Legenden bedingten Täuschungen, die ihn aus dem Kreis privater Hinweisgeber ebenfalls heraushebt. Dies muss auch rechtsstaatlich aus Sicht des deutschen Rechts durch die besonderen materiellen Tatbestandsvoraussetzungen und insbesondere die Ex-ante-Prüfung durch die Staatsanwaltschaft aber auch das Gericht im Fall des § 110b Abs. 2 StPO aufgewogen werden, unabhängig von der Rechtsordnung des Einsatzstaates. 380

bb) Unproblematisch bleiben zwar auch die Einordnung und die Grundlagen der **V-Person** oder Informanten bei grenzüberschreitenden Sachverhalten. Allerdings ergeben sich in der Praxis durchaus komplexe Fragestellungen. Eine Führung von V-Personen die sich zeitweise oder im Laufe der Zusammenarbeit auch längerfristig im Ausland aufhalten, kann angesichts der zunehmenden Mobilität nicht ausgeschlossen werden. Jedenfalls ihre Anwerbung im Ausland oder spätere gezielte Steuerung durch deutsche Ermittler dort im Hinblick auf bestimmte Erkenntnisziele ist als ein Eingriff in die Gebietshoheit zu werten (→ § 1 Rn. 8 ff.), und dürfte allenfalls mit ausdrücklicher ersuchter Zustimmung des Gebietsstaates vorgenommen werden. Umgekehrt sollte möglichst vermieden werden, auf Informanten im Inland nur über einen Drittstaat im Wege der Rechtshilfe zugreifen zu können. Zumindest sollte über den Drittstaat versucht werden, ob dessen V-Personen jedenfalls im Hinblick für das konkrete Ermittlungsverfahren auch als zeitweiser Informant gewonnen werden kann. 381

cc) Der verdeckte Einsatz **ausländischer Ermittlungsbeamter im deutschen Inland** soll allerdings nach weiterhin ganz hM außerhalb von §§ 110a ff. StPO stehen und nach 382

---

[398] Hierzu und zum Folgenden vgl. Nr. I.2.2. RiStBV Anlage B.
[399] Wie hier iErg Schomburg/Lagodny/Gleß/Hackner/*Lagodny* § 59 Rn. 61a ff.; zur Stellung des deutschen Beamten in Österreich vgl. NK-RechtshilfeR/*Zerbes* IV Rn. 622.

den Regeln für den Einsatz von V-Personen zu beurteilen sein.[400] Hinter der formalen Begründung, dass die Norm nur Beamte iSd §§ 2, 35 ff. BRRG erfasse, wird auch darauf verwiesen, dass dafür eine erforderliche straffe Führung sowie die wirksame, auch disziplinarrechtliche Dienstaufsicht über den Verdeckten Ermittler erforderlich sei.[401] Diese fehle, solange es keine gesetzliche Regelung gebe, die Polizeibeamte einer ausländischen Behörde ausdrücklich Beamten iSd §§ 2, 35 ff. BRRG gleichstelle.[402] Diese Begründung erweist sich jedoch als weniger tauglich mit zunehmender Gleichstellung der grenzüberschreitend eingesetzten Beamten in straf- und zivilrechtlicher Hinsicht mit inländischen sowie ihre eindeutige Unterordnung unter die Leitung und Kontrolle des Einsatzstaates (→ Rn. 391 ff.).[403] Deswegen dürfte tatsächlich vor allem auf die Eingriffsintensität gegenüber den Betroffenen abzustellen sein. Solange der ausländische Beamte keine hoheitlichen Zwangsbefugnisse und inländische Verfolgungspflicht nach dem deutschen Legalitätsgrundsatz besitzt, die ihn inländischen Beamten im Wesentlichen gleichstellen, und soweit seine Informationsaufnahme nur indirekt, nämlich über die Ergebnismitteilung im Wege der Rechtshilfeerledigung den inländischen Ermittlungsorganen zugetragen werden, ist ein Rückgriff auf §§ 110a ff. StPO nicht geboten. In diesem Sinn bleibt das „Eingliederungs- bzw. Integrationselement" in einer organisatorischen Form maßgeblich. Im Verhältnis zwischen dem Betroffenen und dem ersuchten Staat, dem der eingesetzte Beamte angehört, sind zuvorderst dessen Eingriffs- und Schutznormen für das „Ob" des Einsatzes beachtlich. Dies gilt, während für das „Wie" des Einsatzes die primäre Verantwortung bei dem Staat liegt, in dessen Gebiet der Einsatz erfolgt (→ Rn. 391 f.).

383 Im Ergebnis bedeutet dies, dass für den verdeckten Einsatz ausländischer Beamter eine **Zustimmung durch den deutschen Richter nicht erforderlich** ist.[404] Wurde für den Einsatz dennoch eine richterliche Zustimmung eingeholt, so kann die Verwertbarkeit der Angaben der Vertrauensperson oder sonstiger daraus resultierender Beweismittel nicht durch einen möglichen Fehler des Zustimmungsbeschlusses des Ermittlungsrichters beeinträchtigt sein.[405] Aus Sicht des deutschen Strafverfahrensrechts sind verdeckt ermittelnde Beamte des ausländischen Polizeidienstes deshalb insgesamt zu behandeln wie von der Polizei eingesetzte Vertrauenspersonen.

384 c) Die **Maßnahmen zum Identitätsschutz** vor, während und nach dem Einsatz obliegen maßgeblich der Hoheit und unterliegen primär dem Recht des Entsendestaates, während die Rahmenregelungen für die Informationsverwertung wiederum aus dem allgemeinen deutschen Prozessrecht sowie darin dem Rechtshilferecht und dem Informationsübermittlungsrecht des ersuchten Staates folgen (→ Rn. 395; § 24 Rn. 16 ff.).[406] Aus dem Schutz folgen besondere Verwendungsbeschränkungen, die regelmäßig in Form von Bedingungen gestellt werden. Ansonsten gelten auch die Vertraulichkeitsregelungen, die sich allgemein aus den Rechtshilfeinstrumenten ergeben (vgl. hier nur Art. 19 Abs. 3 EEA-RL).

385 d) Soll der andere Staat lediglich **Hilfestellung bei der Legende** leisten, so ist diese als allgemeine Rechtshilfehandlung zu betrachten, wenn dazu konkrete Maßnahmen erforderlich sind.[407]

---

[400] Vgl. die Grundsatzentscheidung in BGH NStZ 2007, 713 f.; BT-Drs. 17/4333, 5 f.; aA Schomburg/Lagodny/Gleß/Hackner/*Lagodny* § 59 Rn. 61k; NK-RechtshilfeR/*Kubiciel* IV Rn. 321 ff.; für § 110a StPO bei Einsatz verdeckter Ermittler iRv Gemeinsamen Ermittlungsgruppen NK-RechtshilfeR/*Wörner* IV Rn. 521, dort auch wN zu ähnlichen Ansatzpunkten.
[401] Vgl. die Gesetzesbegründung zu § 110a, BT-Drs. 12/989, 42.
[402] Vgl. BGH NStZ 2007, 713.
[403] In diese Richtung ebenfalls Schomburg/Lagodny/Gleß/Hackner/*Schomburg/Hackner* IRG vor § 68 Rn. 44 mwN sowie Schomburg/Lagodny/Gleß/Hackner/*Gleß/Schomburg* III B 1 Art. 14 Rn. 4 und NK-RechtshilfeR/*Kubiciel* IV Rn. 321, allerdings dies in Rn. 325 wieder teilweise zurücknehmend.
[404] Vgl. ausf. BVerfG NJW 2012, 833 Rn. 240.
[405] BGH NStZ 2007, 713 (714).
[406] Vgl. auch *Cremer* ZaöRV 2000, 103 (114).
[407] Vgl. hierzu ausf. Schomburg/Lagodny/Gleß/Hackner/*Schomburg/Hackner* IRG vor § 68 Rn. 42 mwN.

2. Einsatz verdeckter Ermittler im Rechtshilferecht

Rechtshilferechtlich ist bislang ebenfalls nur der grenzüberschreitende Einsatz verdeckter 386
Ermittler in wichtigen einzelnen Rechtshilfeinstrumenten geregelt.[408] Die bilateralen Polizeiverträge mit Österreich, den Niederlanden, der Schweiz, Polen und Tschechien werden dabei vor allem durch das RHÜ 2000 und die Europäische Ermittlungsanordnung nach ihrer Umsetzung fortgeführt. Die zum RHÜ 2000 parallelen Regelungen im zweiten Zusatzprotokoll zum RHÜ 1959 sind nunmehr ebenfalls für Deutschland in Kraft.[409] Daneben bestehen noch Regelungen im bilateralen Vertrag mit den USA. Erwähnung findet das Instrument auch als „besondere Ermittlungsmaßnahmen" im Übereinkommen der Vereinten Nationen gegen die grenzüberschreitende organisierte Kriminalität (Art. 20 Palermo I). Im Übrigen ist auf das allgemeine Instrumentarium der Rechtshilfe zurückzugreifen. Richtigerweise können die allgemeinen Vorschriften über die grenzüberschreitende Observation oder gemeinsame Ermittlungsgruppen in der Folge des SDÜ nicht als Grundlage für den Einsatz verdeckter Ermittler genutzt werden, da dies sowohl dem Wortlaut, den oft gegenüber gestellten Regelungen vor allem in den Polizeiverträgen und dem Sinn und Zweck der besonderen Eingriffsintensität widerspricht.[410]

a) Europäische Union. Nach den **unionsweiten Normen** kann Gegenstand der beson- 387
deren Rechtshilfe sein, den ersuchenden Staat bei seinen strafrechtlichen Ermittlungen durch verdeckt oder unter falscher Identität handelnde Beamte zu unterstützen (verdeckte Ermittlungen) (Art. 14 Abs. 1 RHÜ 2000, Art. 29 Abs. 1 EEA-RL). Mit ihrem Inkrafttreten (und mit der Ausnahme Dänemarks, das sich nicht beteiligt), kann der ersuchende Staat hierzu eine Europäische Ermittlungsanordnung grundsätzlich nach den allgemeinen Regeln erlassen. Das RHÜ 2000 sah mit Art. 14 Abs. 4 RHÜ 2000 als Grundlage der verdeckten Ermittlungen noch ausdrücklich die Vereinbarung der beiden beteiligten Staaten auf das Ersuchen und ein mögliches vollständiges *op-out* durch Vorbehaltserklärung vor. Es muss sich lediglich um **strafrechtliche Ermittlungen** handeln, wobei sich weitere Voraussetzungen aus dem Recht der beteiligten Mitgliedstaaten ergeben können (Art. 14 Abs. 2 RHÜ 2000). Mit dem Verweis auf das Erfordernis der beidseitigen Rechtskonformität und Zustimmung von ersuchendem und ersuchtem Staat erschien bei der Abfassung der Konventionen eine eingehendere Regelung von Tatbestandsmerkmalen und Qualifizierungen auf zwischenstaatlicher Ebene nicht erforderlich.[411]

aa) Für das **Ersuchen** gelten die allgemeinen Regelungen, bei der Europäischen Ermitt- 388
lungsanordnung ist gem. Art. 29 Abs. 2 S. 1 EEA-RL auf das Formular zurückzugreifen und insbesondere in Abschnitt H6 auszufüllen, warum die Anordnungsbehörde der Auffassung ist, dass die verdeckte Ermittlung für das Strafverfahren voraussichtlich relevant ist.

bb) Die **Entscheidung** über das Ersuchen wird in jedem Einzelfall von den zuständigen 389
Behörden des ersuchten Mitgliedstaats unter Beachtung der innerstaatlichen Rechtsvorschriften und Verfahren dieses Mitgliedstaats getroffen (Art. 14 Abs. 2 S. 1 RHÜ 2000, Art. 29 Abs. 2 S. 2 EEA-RL). Dem ersuchten Staat obliegt dabei ein weiter Prüf- und Beurteilungsspielraum, um der besonderen Brisanz der Maßnahme gemessen an der jeweiligen innerstaatlichen Rechtsordnung Rechnung zu tragen.[412] Aus diesem Grund kann gem. Art. 29 Abs. 3 EEA-RL auch der Vollzug einer Europäischen Ermittlungsanordnung abgelehnt werden, wenn die Durchführung der verdeckten Ermittlung in einem vergleichbaren innerstaatlichen Fall nicht genehmigt würde oder keine Einigung über die Ausgestaltung der verdeckten Ermittlungen erzielt werden konnte.

---

[408] Vgl. die hier wiedergegebene abschließende Liste der Bundesregierung BT-Drs. 17/4333, 4.
[409] Art. 19 ZP II-RHÜ 1959 orientiert sich ganz an Art. 14 RHÜ 2000, vgl. Denkschrift BT-Drs. 18/1773, 41.
[410] Daher kaum nachvollziehbar Schomburg/Lagodny/Gleß/Hackner/*Gleß* III E 1 Art. 40 Rn. 7b mwN.
[411] Schomburg/Lagodny/Gleß/Hackner/*Gleß/Schomburg* III B 1 Art. 14 Rn. 2.
[412] Vgl. etwa BT-Drs.18/1773, 41.

390 **cc)** Die **Dauer** der verdeckten Ermittlungen, die genauen Voraussetzungen und die Rechtsstellung der betreffenden Beamten bei den verdeckten Ermittlungen sind nach Art. 14 Abs. 2 S. 2 RHÜ 2000, Art. 29 Abs. 4 S. 3 EEA-RL zwischen den beteiligten Staaten unter Beachtung ihrer nationalen Rechtsvorschriften und Verfahren vorab **zu vereinbaren.**

391 Im Übrigen werden die verdeckten Ermittlungen nach den innerstaatlichen Rechtsvorschriften und Verfahren des Mitgliedstaats durchgeführt, in dessen Hoheitsgebiet sie stattfinden (Art. 14 Abs. 3 S. 1 RHÜ 2000, Art. 29 Abs. 4 S. 1 EEA-RL). Die Befugnis zum Handeln und zur Leitung und Kontrolle der Maßnahmen im Zusammenhang mit verdeckten Ermittlungen liegt gem. Art. 29 Abs. 4 S. 2 EEA-RL ausschließlich bei den zuständigen Behörden des Vollstreckungsstaats. Die beteiligten Mitgliedstaaten arbeiten zusammen, um die Vorbereitung und Überwachung der verdeckten Ermittlung sicherzustellen und um Vorkehrungen für die Sicherheit der verdeckt oder unter falscher Identität handelnden Beamten zu treffen (Art. 14 Abs. 3 S. 2 RHÜ 2000).

392 Deutsche Ermittler im Ausland haben die ausländischen Bedingungen und Wünsche stets genau zu beachten, auch wenn sie erst im Ausland durch eine ausländische Behörde mitgeteilt werden (Nr. 142 Abs. 2 RiVASt). Umgekehrt haben die deutschen Beamten im Inland gem. Nr. 138 Abs. 2 RiVASt darüber zu wachen, dass der ausländische Beamte nur in dem durch die Sachlage gebotenen Umfang in den Gang der Ermittlungen eingreift und die von der zuständigen Behörde etwa gestellten Bedingungen eingehalten werden. Ausländische Ermittler sollen in Deutschland die gleichen Berichtspflichten wie inländische Beamte haben.[413]

393 **dd)** Bei Einsätzen werden Beamte aus einem anderen Mitgliedstaat als dem, in dem der Einsatz erfolgt, in Bezug auf **Straftaten,** die gegen sie begangen werden oder die sie selbst begehen, den Beamten des Einsatzmitgliedstaats gleichgestellt (Art. 15 RHÜ 2000, Art. 17 EEA-RL). Dies gilt auch für ausländische verdeckte Ermittler in Deutschland, die ansonsten den Status von V-Personen haben. Eindeutig ist, dass nach deutschem Recht weder verdeckte Ermittler noch V-Personen milieubedingte Straftaten begehen dürfen.[414] Nicht beantwortet ist damit allerdings die Frage, ob für nach dem Rechtshilferecht verdeckt ermittelnden ausländische Beamte trotz ihrer Einordnung in Deutschland als bloße V-Personen (→ Rn. 382) die Straflosigkeit für legendenbedingte Straftaten und § 110c StPO entsprechend gilt. Obwohl hier keine ausdrückliche Umsetzung erfolgt ist, wird man dies aus dem Vertragsgesetz als insoweit unmittelbar in inländisches Recht umgesetzt ansehen müssen. Für die Umsetzung der EEA-RL sorgt insoweit der § 98d IRG. Richtigerweise genießt ein deutscher verdeckter Ermittler, der im Ausland eine Straftat begangen hat die dort aufgrund seiner verdeckten Ermittlungen straffrei gestellt ist, auch nach der Gleichstellungsklausel des RHÜ 2000 Straffreiheit in Deutschland, selbst wenn § 5 Nr. 12 StGB ansonsten erfüllt sein sollte.[415]

394 **ee)** Für **Schäden** durch den eingesetzten Beamten haftet letztlich der Anstellungsstaat; der Staat, in dem der Einsatz erfolgte, ist im Außenverhältnis ebenfalls zum Schadensersatz verpflichtet (Art. 16 RHÜ 2000, Art. 19 EEA-RL).[416]

395 **ff)** Zweifelhaft erscheint, ob die **Erkenntnisse** eines deutschen Verdeckten Ermittlers im Ausland nur soweit im Inland **verwertet werden dürfen,** wie sie formal nach Erledigung des Rechtshilfeersuchens übermittelt werden.[417] Soweit keine andere, allerdings ohne Wei-

---

[413] So jedenfalls BT-Drs. 17/4333, 10.
[414] Vgl. Nr. I 4 lit. d RiStBV Anlage D; Nr. II 2.2 RiStBV Anlage D; entsprechend auch die Stellungnahme der Bundesregierung in BT-Drs. 17/4333, 10.
[415] So überzeugend *Sinn,* Strafbarkeit grenzüberschreitend operierender verdeckter Ermittler, 2011.
[416] Umgesetzt in § 98e IRG.
[417] Dafür Schomburg/Lagodny/Gleß/Hackner/*Gleß/Schomburg* III B 1 Art. 14 Rn. 6; wohl mit überzeugender Gegenansicht für die volle Verwertbarkeit, sofern keine Vorbehalte bei der Zustimmung zum Einsatz geltend gemacht wurden NK-RechtshilfeR/*Kubiciel* IV Rn. 325a.

teres mögliche Vereinbarung bzw. Bedingung vor bzw. im Lauf der Ermittlungen getroffen wurde, wird man vielmehr aus der Systematik, insbesondere dem Fehlen einer Regelung wie bei gemeinsamen Ermittlungsgruppen, beim RHÜ 2000 und aus dem Grundsatz, dass das Wesen des Verdeckten Ermittlers gerade in der ausdrücklich vom Gebietsstaat legitimierten eigenen unmittelbaren Erkenntnisgewinnung liegt, zu schließen haben, dass dieser die von ihm gemachten Erfahrungen und Erkenntnisse ohne Weiteres in das „eigene" Ermittlungsverfahren einfließen lassen kann. Insbesondere können hier auch die Regelungen zur Teilnahme an fremden Rechtshilfehandlungen (→ § 13 Rn. 81 ff.) keine Anwendung finden, da eine solche bei den eigenen Erkenntnissen des Verdeckten Ermittlers bereits begrifflich nicht vorliegt.

b) Sonstige Abkommen. aa) In den **bilateralen Polizeiverträgen** finden sich ausführ- 396 liche Regelungen grundsätzlich nur für den Einsatz der Beamten des ersuchenden Staates als verdeckte Ermittler im ersuchten Staat. Deswegen wurden sie bereits ausführlich oben behandelt (zum Ganzen bereits ausführlich → § 3 Rn. 97 ff.). Nach diesen bilateralen, wohl auslaufenden Regelungen können sich die Vertragsstaaten einander allgemein verdeckte Ermittler zur Verfügung stellen, die im Auftrag und unter Leitung der zuständigen Behörde des jeweils anderen Vertragsstaates tätig werden.[418] Lediglich das Übereinkommen mit Tschechien verweist insoweit ausdrücklich entsprechend auf die Regelungen zum umgekehrten Fall des Einsatzes von Verdeckten Ermittlern des ersuchenden Staates im ersuchten (Art. 21 Abs. 6 PolZV DE/CZ). Dagegen ist der Einsatz eines Ermittlers des ersuchten Staates auf seinem Territorium auch zur Erfüllung eines allgemeinen Rechtshilfeersuchens eigentlich eine Selbstverständlichkeit.[419]

bb) Für die **Zollermittlungen** enthält das Neapel II-Übereinkommen eine Regelung, 397 die weitgehend den Polizeiverträgen entspricht, indem sie nur den Einsatz im ersuchten Staat vorsieht und erfordert, dass ohne den Einsatz verdeckter Ermittlungen die Aufklärung des Sachverhalts wesentlich erschwert wäre (vgl. Art. 23 Neapel II).

cc) Dagegen bestimmt das **ZP II-RHÜ 1959** in Art. 19 ZP II-RHÜ 1959 nur 398 knapp, dass dem ersuchten Staat ein weiter Beurteilungsspielraum nach seiner eigenen Rechtsordnung offen steht. Die für eine Vereinbarung erforderlichen Stellen sollen dem Generalsekretär des Europarats notifiziert werden, um eine schnelle und gezielte Kontaktaufnahme zu ermöglichen. Ebenfalls greifen die Gleichstellungsklauseln für die zivil- und strafrechtliche Verantwortlichkeit des Ermittlers im Zielland (Art. 21 f. ZP II-RHÜ 1959).

dd) Noch allgemeiner enthalten das **Übereinkommen der Vereinten Nationen** 399 **gegen die grenzüberschreitende organisierte Kriminalität** (Art. 20 Palermo I) und das bilaterale Abkommen mit den **USA** (Art. 12 Nr. 2 RHV DE/US) lediglich die Regelung, dass der ersuchte Staat die Vornahme strafrechtlicher Ermittlungen durch unter verdeckter oder falscher Identität handelnder Ermittler in seinem Hoheitsgebiet unter den nach seinem innerstaatlichen Recht geltenden Bedingungen erlauben kann.

3. Grenzüberschreitender Einsatz vertraulicher Informanten

Der grenzüberschreitende Einsatz bzw. die Führung von **vertraulichen Informanten** 400 ist bislang auch für strafrechtliche Ermittlungen nicht geregelt. Insbesondere sind die Rechtshilferechtlichen Regelungen für Verdeckte Ermittler (→ Rn. 386 ff.) nicht anwendbar.[420] Insoweit bleibt es hier bei den allgemeinen rechtshilferechtlichen Regelungen.[421]

---

[418] Vgl. **für die Niederlande:** Art. 14 Abs. 11 PolZV DE/NL, auch für präventive Einsätze; **Österreich:** Art. 14 Abs. 11 PolZV DE/AT; **die Schweiz:** Art. 17 Abs. 8; Art. 18 Abs. 3 PolZV DE/CH.
[419] Geregelt **für Tschechien:** Art. 21 Abs. 9 PolZV DE/CZ.
[420] Für das RHÜ 2000 vgl. Denkschrift BT-Drs. 18/1773 zu Art. 19; für die EEA-RL vgl. dazu BT-Drs. 18/9575, 41 f.; RefE des BMJV zur Umsetzung der EEA-RL S. 40.
[421] So auch Schomburg/Lagodny/Gleß/Hackner/*Schomburg/Hackner* IRG vor § 68 Rn. 45.

D. Beschaffung von Gegenständen, Durchsuchungen und Beschlagnahmen

I. Überblick

401 Entsprechend dem inländischen Recht lassen sich auch in der Rechtshilfe unterschiedlich konkretisierte Maßnahmen unter dem Ziel zusammenfassen, bestimmte Gegenstände für strafrechtliche Verfahren zu gewinnen.

1. Rechtsgrundlagen

402 Wie bei rein innerstaatlichen Sachverhalten ist zunächst die Frage der **anwendbaren Normen** festzustellen:

403 a) Eine Unterscheidung ist dabei zunächst hinsichtlich des **Zwecks der Beschaffung** vorzunehmen.

- Das nationale Strafverfahrensrecht ist traditionell vor allem an der offenen Sicherstellung von Gegenständen zu **Beweiszwecken,** also als sächliche Beweismittel orientiert. Dies findet bekanntermaßen in §§ 94 ff. StPO seinen Ausdruck.
- Seit langem hinzugetreten ist die **Sicherung einer späteren Vollstreckung** von Einziehungs-, Verfall- oder Rückgewinnungsmaßnahmen zugunsten von Geschädigten, wie insbesondere nach §§ 111b ff. StPO. Bezieht sich das Beweisthema gerade auch auf die Feststellung dieser Funktion oder die Identifizierung entsprechender Gegenstände, können auch die besonderen Normen dazu in Betracht kommen.[422]
- Mit zunehmender Integration in das Strafrecht[423] – obwohl grundsätzlich allgemeines Polizeirecht – kann die Sicherstellung aber auch erfolgen, um künftigen **Gefahren vorzubeugen,** sei es solcher, die durch die Gegenstände, wie Waffen, Gift- oder Suchtstoffe, falsche Wertzeichen oder Urkunden etc selbst drohen, sei es in besonderen Fällen, wie im Bereich des Erkennungsdienstes, zur Vorbereitung etwaiger zukünftiger Strafverfolgung.

404 Das Rechtshilferecht bildet im unterschiedlichen Maß diese Zwecke ab.[424] So finden sich Instrumentarien die primär gerade nicht auf die Sicherstellung zu Beweiszwecken abzielen, sondern vor allem zur Einziehung von Tatmitteln oder -gewinnen (vgl. etwa Art. 11 IntAFMAbk; Art. 12 ff. Palermo I). In einem entsprechenden Sinn kann man sogar den RB 2003/757/JI deuten (→ Rn. 455, 461 ff.). Insgesamt kann im Rechtshilferecht eine Durchsuchung und Sicherstellung bereits im Hinblick auf ein zukünftiges, noch nicht gestelltes, aber zu erwartendes Ersuchen vorgesehen sein.[425] Regelmäßig setzt jedoch auch die vorläufige Sicherung bereits ein Ersuchen, wenn auch auf polizeilicher Ebene oder nach besonders erleichterten Form- und Übermittlungsvorschriften, voraus.

405 b) Die zweite Abgrenzung betrifft den **Kreis tauglicher Gegenstände.**

406 aa) Bis auf den RB 2003/757/JI (→ Rn. 469) und das daran orientierte Abkommen mit Hongkong (Art. 17 Abs. 1 RHAbk DE/HK) fehlt eine klare Bestimmung des Kreises der tauglichen Gegenstände. Nach deutschem Verständnis bleibt es prinzipiell bei **Sachen** iSd § 90 BGB, also körperlichen Gegenständen unter Einschluss von Lebewesen, natürlich nicht aber Menschen, für die das Auslieferungs- bzw. Überstellungsrecht gilt. Umstritten ist, ob auch Rechte und Forderungen dem Rechtsregime der Sicherstellung und Herausgabe unterfallen.[426]

---

[422] So insbes. das GeldwÜ 1990 auch mit vorläufigen Sicherungsmaßnahmen entsprechender Beweismittel.
[423] Vgl. aktuelle Reformvorhaben des BMJV.
[424] Vgl. vor allem den Katalog von § 66 IRG für nach Deutschland eingehende Ersuchen, sowie daran anknüpfend § 67 IRG.
[425] Vgl. für Sicherstellungen in Deutschland, § 39 und § 67 Abs. 1 IRG allerdings mit den einschränkenden Voraussetzungen, namentlich ersterer nur im Vorgriff auf das Auslieferungsverfahren, Schomburg/Lagodny/Gleß/Hackner/*Lagodny* IRG § 39 Rn. 2 ff. mwN.
[426] Dazu vor allem für den eingehenden Rechtshilfeverkehr Schomburg/Lagodny/Gleß/Hackner/*Lagodny* IRG § 66 Rn. 7 mit Überblick über den Meinungsstand.

bb) Sollen **Kopien** von Unterlagen übermittelt werden, die aus der Sphäre von Privaten 407 stammen, unterfallen diese dem Sicherstellungs- und Herausgaberecht. Dies gilt jedenfalls dann, wenn die Kopien von den bereits beschafften oder zu beschaffenden Unterlagen gerade für die Übermittlung im Wege der Rechtshilfe hergestellt werden. Ebenso gilt es dann, wenn sich der Charakter als Beweismittel in anderer Weise gerade auf die Eigenschaft als private Unterlagen bezieht.[427] Haben die Unterlagen jedoch als solche bereits fest vor dem Rechtshilfeersuchen Eingang in inländische Verfahrensakten gefunden und erstreckt sich darauf der Beweiswert, also auf ihre Funktion in diesem inländischen Verfahren, wird man nur von einer Auskunft ausgehen können. Ansonsten dürfen die Schutzregelungen zur Sicherstellung und Herausgabe nicht durch die Anwendungen der Regelungen zur Auskunft unterlaufen werden.

cc) Relevant wird die Frage und damit zusammenhängend die grundsätzliche „offene" 408 Wirkung der Beschaffungsmaßnahmen, wenn es letztlich um **Daten** geht, die an irgendeiner Stelle anfallen bzw. „verkörpert" gespeichert sind. Dabei ist auf die Abgrenzungsprobleme bei Telekommunikation sowie auf gesonderten Datenspeichersystemen sowohl im deutschen Recht[428] als auch die Fragen bei der Anwendbarkeit allgemeiner Rechtshilfeinstrumente in diesem Bereich (→ § 9 Rn. 34, 43) hinzuweisen.

c) Die dritte Abgrenzung betrifft die der **„kleinen Rechtshilfe"** von den anderen 409 Rechtshilfebereichen. So ist zwar klar, dass, sobald die Vollstreckung nach einer bereits ergangenen Straferkenntnis eingreift, die Herausgabe nicht mehr als Beweismittel für diese Erkenntnis unter die „kleine Rechtshilfe" fallen kann.[429] Allerdings sieht zB das deutsche Recht auch eine Annexkompetenz für die Herausgabe von Beweismitteln in Durch- und Auslieferungsverfahren vor, die nicht nur im Bereich der Gegenseitigkeit relevant werden können, sondern sich auch sonst in andere Rechtsordnungen widerspiegeln können (§§ 38 f. IRG).[430] Bedeutung hat dies insbesondere für die Zuständigkeiten für die Bewilligung und Vornahme im ersuchten Staat.[431] Die Verschiebung und wohl konsequent der Vorrang dieser Sondernormen knüpft dabei an den Zusammenhang mit einer Auslieferung an. Ob sich dieser an der prozessualen Tat festmachen muss oder weiter gefasst werden kann, erscheint ungeklärt.[432]

2. Verhältnis von Durchsuchung, Beschlagnahme und Herausgabe

Bei den dazu **durchzuführenden Rechtshilfeleistungen** ist die Verbindung von Durch- 410 suchung, Beschlagnahme und Herausgabe (und Rückgabe), wie sie sich häufig im Rechtshilferecht findet (vgl. etwa Nr. 114 RiVASt, Art. 5 f. RHÜ 1959), zwar meist der Regelfall, aber nicht zwingend.

a) Meist eng verbunden mit dem eigentlichen Sicherstellungsvorgang wird auch in den 411 Rechtshilfeinstrumenten die **Durchsuchung** geregelt, da letztere in der Praxis regelmäßig der Identifizierung und Sicherstellung der entsprechenden Gegenstände für das Strafverfahren dient.

b) Die eigentliche Rechtshandlung der **Sicherstellung,** um staatlichen Gewahrsam über 412 einen bestimmten Gegenstand und damit auch ein öffentlich-rechtliches Verwahrungsverhältnis zu begründen, ist bereits nach dem deutschen Recht variantenreicher als die Beschlagnahme.

---

[427] Vgl. insoweit etwas zu allg. Schomburg/Lagodny/Gleß/Hackner/*Lagodny* IRG § 66 Rn. 8h mwN.
[428] Vgl. die Kommentierungen zu § 98 Abs. 3 StPO und §§ 100a ff. StPO sowie *Hackner/Schierholt* Int. Rechtshilfe Rn. 193 aE mwN.
[429] Vgl. § 66 Abs. 3 IRG für eingehende Ersuchen; vgl. hierzu und zum Folgenden NK-RechtshilfeR/ *Ambos/Poschadel* I Rn. 28.
[430] Vgl. etwa aus bspw. Art. 19 RHV DE/TN als Annex zum Auslieferungsverfahren hinsichtlich jedenfalls aller Beweismittel im Gewahrsam des Betroffenen.
[431] Vgl. § 38 Abs. 4 IRG; Schomburg/Lagodny/Gleß/Hackner/*Lagodny* IRG § 38 Rn. 13 ff., § 39 Rn. 5 f.
[432] Vgl. Schomburg/Lagodny/Gleß/Hackner/*Lagodny* IRG § 38 Rn. 6 mwN.

413   aa) Die **Beschlagnahme** ist nur dann erforderlich, wenn der amtliche Gewahrsam allein mittels Hoheitsakt gegen den bisherigen Inhaber der Sachherrschaft durchgesetzt werden kann, ansonsten genügt eine **bloße Sicherstellung**.[433] Eine solche Sicherstellung stellt etwa die Begründung des staatlichen Gewahrsams an Gegenständen dar, an denen zuvor kein Gewahrsam bestand oder die vom Gewahrsamsinhaber freiwillig herausgegeben wurden (§ 94 Abs. 2 StPO). Eine besondere Frage stellt wiederum dar, ob die Sicherstellung von in anderem öffentlich-amtlichen Gewahrsam stehenden Gegenständen die Beschlagnahme erfordert.[434]

414   bb) In einem besonderen Verhältnis steht dazu die Möglichkeit, einem **Gewahrsamsinhaber aufzugeben, Gegenstände in seinem Gewahrsam beizubringen.** Dies ist in der deutschen StPO mit § 95 StPO in einer häufig wenig beachteten Norm geregelt, hat jedoch vor allem im Bereich der Rechtshilfe mit dem Rechtskreis des Common Law eine besondere Relevanz. Funktional stellt im deutschen Recht die Vorlagepflicht zunächst eine Alternative zum Erlass eines (idR richterlichen) Durchsuchungs- und Beschlagnahmebeschlusses dar. Sie kann durch Sanktionen eigener Art, die an denen der Auskunftsverweigerung orientiert sind, erzwungen werden (§ 95 Abs. 2 StPO). Die tatsächliche Übernahme in den staatlichen Gewahrsam erfolgt dann allerdings auch im Wege der Beschlagnahme nach entsprechendem Beschluss, wenn die Herausgabe nicht freiwillig erfolgt.[435] Diese Vorlagepflicht wird sowohl im deutschen wie im ausländischen Recht grundsätzlich mit der Auskunftspflicht verbunden, trifft also nach deutschem Recht (anders etwa derzeit das englische Recht zur Aushändigung von Schlüsseln zu verschlüsselten Datenträgern) in keinem Fall einen Beschuldigten, der nach dem Grundsatz *nemo tenetur se ipsum accusare* davor geschützt ist.[436] Dieser verfassungsrechtliche Grundsatz muss aus deutscher Sicht auch bei einem Auskunftsverlangen im Wege der Rechtshilfe volle Wirksamkeit genießen. Dagegen ist gegen Zeugnisverweigerungsberechtigte die Herausgabeaufforderung möglich, aber nicht rechtlich zwangsweise durchsetzbar.[437]

415   Wie bereits angedeutet, erfordert vor allem das **Common Law,** soweit nicht das (europäische) Rechtshilferecht vorrangige Sondernormen bietet, für die Beschaffung von Unterlagen, zum Beispiel Bank- oder Geschäftsunterlagen, eine **Beibringungsanordnung** *(„subpoena")*. Genau wie eine Vorladung zur Stellungnahme oder Aussage kann eine solche Beibringungsanordnung ausgestellt werden, wenn das Beweismaterial Aufschluss über eine möglicherweise begangene Straftat geben kann. Auch hier ist wichtig, dass die **Sachverhaltsdarstellung** hinreichend detaillierte Angaben enthält, dass aus ihr hervorgeht, dass das erbetene Beweismaterial für das ausländische Ermittlungs- oder Strafverfahren erheblich ist. Unter diesen Voraussetzungen können entsprechende Anordnungen etwa in den **USA** auch im vertragsfreien Rechtshilfeverkehr von einem amerikanischen Staatsanwalt, der einem Bundesgericht der USA untersteht, ausgestellt werden. Nicht erforderlich ist dies allerdings, soweit nur **öffentlich zugängliche Dokumente** (zB entsprechende Publikationen) beschafft werden sollen, dies kann auch durch formlose Amtshilfe, etwa Bitte an das FBI, erfolgen; eine Einschaltung der Rechtshilfe ist erst erforderlich, wenn diese nicht öffentlich zugänglich sind.

416   c) Als letzter Akt tritt bei der Rechtshilfe nach der Sicherstellung des Gegenstandes die **Herausgabe bis hin zur möglichen Rückgabe** im Verhältnis zwischen dem ersuchenden und ersuchten Staat hinzu. Grundsätzlich kann – mit Ausnahme des RB 2003/757/JI – die Herausgabe als unselbstständige Ergebnisübermittlung der Beschlagnahme oder sonstigen Sicherstellung betrachtet werden. Die daran anschließenden Fragen, die losgelöst von der Beschaffung der Gegenstände sind, wurden deswegen eingehend bereits oben (→ § 13 Rn. 157 ff.) erläutert. Die Herausgabe kann allerdings auch isoliert stehen (→ § 14 Rn. 227 ff.) und insbesondere dann eine gesonderte Rechtshilfe erfordern, wenn die

---
[433] Meyer-Goßner/Schmitt/*Köhler* StPO § 94 Rn. 11 ff. mwN.
[434] Vgl. hierzu MükoStPO/*Hauschild* StPO § 94 Rn. 1 ff.
[435] Meyer-Goßner/Schmitt/*Köhler* StPO § 95 Rn. 1 mwN.
[436] Meyer-Goßner/Schmitt/*Köhler* StPO § 95 Rn. 5 mwN.
[437] Meyer-Goßner/Schmitt/*Köhler* StPO § 95 Rn. 6 mwN.

Sicherstellung nur als eine vorläufige Maßnahme durch das konkrete Rechtsinstrument legitimiert war, wie insbesondere durch den RB 2003/757/JI. Die Sicherstellung auch als Beschlagnahme kann umgekehrt auch ohne Herausgabe an den ersuchenden Staat erfolgen, wenn Beweiserhebungen oder andere Rechtshilfehandlungen ausschließlich im ersuchten Staat vorgenommen werden (→ Rn. 467).

3. Überblick über das einschlägige Rechtshilferecht

Aus Gründen der Übersichtlichkeit werden nachfolgend die **besonderen Rechtsgrundlagen des Unionsrechts** für die Beschaffung von Gegenständen in Strafverfahren gesondert behandelt (→ Rn. 455 ff.). Ansonsten stellt **im (pan-)europäischen Bereich** vor allem Art. 5 RHÜ 1959 die zentrale Norm der diesbezüglich vereinbarten Rechtshilfe dar. Weiterhin finden sich praktisch in allen bilateralen Abkommen mehr oder weniger ausdrückliche Regelungen. 417

Für Falschgeld dürfte außerdem **Art. 11 IntAFMAbk** anwendbar sein, nach dem falsches und verfälschtes Geld, sowie Tatmittel und -produkte beschlagnahmt, eingezogen und auf entsprechendes Ersuchen an die Regierung oder Ausgabebank, um deren Geld es sich handelt, herausgegeben werden sollen. 418

Innerstaatlich ist insbesondere Nr. 114 RiVASt zu beachten. 419

II. Beschlagnahmen und Durchsuchungen

1. Allgemeine Voraussetzungen

Für die Beschlagnahme und Durchsuchung in einem ersuchten Staat wegen einem deutschen Strafverfahren sind danach die folgenden **allgemeinen Voraussetzungen** zu beachten: 420

a) Die Durchsuchung bzw. Beschlagnahme **muss formell und materiell nach deutschem Recht,** also §§ 94 ff., 102 ff. StPO, zulässig sein (unterstellt, sie würde im Inland stattfinden). 421

b) Da die Rechtshilfeinstrumente den Kreis der **tauglichen Gegenstände** regelmäßig nicht näher bestimmen, bleibt grundsätzlich dem Recht des ersuchten Staates überlassen, für welche Gegenstände er Rechtshilfe in dieser Form leistet (→ Rn. 405 ff.). 422

c) Soweit nicht anders geregelt, kann um Durchsuchung und Sicherstellung zu allen **Zwecken** des Strafverfahrens ersucht werden. So sehen viele Übereinkommen die Sicherstellung auch zur Einziehung oder Rückgabe an den Berechtigten vor.[438] Im Verhältnis mit der Schweiz erlaubt das Abkommen zum Schutz finanzieller Interessen etwa auf Ersuchen vorläufige Maßnahmen, die erforderlich sind, um eine bestehende Lage aufrecht zu erhalten, bedrohte rechtliche Interessen zu schützen oder eben auch Beweismittel zu sichern, sofern das Rechtshilfeersuchen nicht offensichtlich unzulässig erscheint.[439] 423

2. Rechtshilferechtlicher Pflicht- und Ermessensbereich

Wie allgemein kann der ersuchte Staat über die Rechtshilfe nach Ermessen im Rahmen seiner Rechtsordnung entscheiden, soweit nicht eine vertragliche Bindung vorliegt. Der Bereich einer echten Rechtshilfepflicht unterliegt dabei jedoch – mit Rücksicht auf die besonderen jeweiligen verfassungsrechtlichen Bindungen – größeren **Einschränkungen,** die jeweils nach den zur Verfügung stehenden Rechtshilfeinstrumenten variieren. Insgesamt sind hier die möglichen Einschränkungen (vgl. schon oben zu den allgemeinen Einschrän- 424

---

[438] Vgl. etwa **für die Schweiz:** Art. 34 BetrugBekämpfAbk EG/CH; nicht weiter definiert etwa in Art. 18 Abs. 3 lit. c Palermo I; Art. 2, 7 ff. GeldwÜ.
[439] **Für die Schweiz:** Art. 29 Abs. 1 BetrugBekämpfAbk EG/CH; Art. 29 Abs. 2 BetrugBekämpfAbk EG/CH zur Vermögensbeschlagnahme als Vollstreckungssicherung, aus der evtl. auch ein Beweisgegenstand erwachsen könnte.

kungen der Rechtshilfe → § 11 Rn. 45 ff.) ausdrücklich zu beachten. Im Wesentlichen sind **drei Anknüpfungspunkte** relevant:

- Die im Raum stehenden **materiellen Tatbestände,**
- der rein formalistische Mechanismus der **Gegenseitigkeit,**
- sowie **besondere verfahrensmäßige Anforderungen** insbesondere an den Tatverdacht bzw. an Konnexität des erstrebten Gegenstandes oder Durchsuchungszweckes damit.

425 Vor allem das **RHÜ 1959** lässt durch Art. 5 RHÜ 1959 alle drei Einschränkungen ausdrücklich zu. Es besteht danach keine Rechtshilfepflicht, wenn sich der ersuchte Staat eine der dort genannten Einschränkungen für Durchsuchung und Beschlagnahme vorbehalten hat oder sich nach dem Prinzip der Gegenseitigkeit darauf beruft, dass Deutschland einen entsprechenden Vorbehalt erklärt hat. Andere Übereinkommen nehmen diese Einschränkungsmöglichkeiten auf Basis des RHÜ 1959 immer stärker zurück oder erlauben nur einen Teil der genannten Einschränkungen.[440] Wieder andere Vertragswerke, wie das NATO-Truppenstatut, sind unspezifisch hinsichtlich der weiteren Voraussetzungen und verweisen so alleine auf das innerstaatliche Recht des ersuchten Staates.[441]

426 **a) Beschränkung auf Deliktstatbestände und beidseitige Strafbarkeit.** Wird die Einschränkung der Verpflichtung Durchsuchungen und Beschlagnahmen auf Ersuchen durchzuführen, auf der Ebene der im Raum stehenden **materiellen Tatbestände** des Bezugsverfahrens durch das Rechtshilfeinstrument erlaubt, ergeben sich wieder unterschiedliche Anknüpfungspunkte, um einen gemeinsamen, möglichst vorhersehbaren und daher rechtssicheren Rahmen zu gewährleisten:

427 **aa)** Zunächst kann sich der ersuchte Staat, zB nach Art. 5 Abs. 1 lit. b RHÜ 1959, vorbehalten, **nur bei auslieferungsfähigen Straftaten** zur Durchsuchung und Beschlagnahme verpflichtet zu sein. Im **Schengenraum** ist diese Einschränkung nach Art. 51 lit. a SDÜ allerdings nicht mehr zulässig. Sie wird auch in einigen bilateralen Ergänzungsverträgen zum RHÜ 1959, zB mit Israel, ausdrücklich ausgeschlossen,[442] bzw. wird durch anders gefasste Anforderungen an die (beiderseitige) Strafbarkeit in entsprechenden Verträgen und erklärten Vorbehalten implizit nicht aufrechterhalten.

428 **bb)** Nahezu regelmäßig kann der ersuchte Staat, insbesondere im Geltungsbereich des RHÜ 1959 oder auf Grundlage von Vereinbarungen mit außereuropäischen Rechtshilfepartnern, für Beschlagnahmen und Durchsuchungen sich in diesem Bereich auf den Grundsatz der **beiderseitigen Strafbarkeit** berufen (Art. 5 Abs. 1 lit. a RHÜ 1959). Die Bezugstat, wegen der die Rechtshilfe erfolgen soll, muss also nach dem Recht des ersuchten Staates, wenn sie rein inländischen Charakter hätte, ebenfalls strafbar sein. Allerdings greifen auch hier bestimmte Mechanismen, die Abhängigkeit vom innerstaatlichen Recht des Zielstaates einzugrenzen.

429 **(1) Uneingeschränkt gilt der Grundsatz** vor allem im außereuropäischen Bereich: So ist im Verhältnis mit den **USA** die Durchsuchung und Beschlagnahme nur durchzuführen, wenn die dem Ersuchen zugrundeliegende Handlung ihrer Art nach sowohl nach dem Recht des ersuchenden Staates als auch nach dem des ersuchten Staates strafbar oder nach deutschem Recht mit Bußgeld bewehrt ist, wobei im deutschen Recht die besonderen Tatbestandsmerkmale für die Zuständigkeit der US-Bundesbehörden nicht gegeben sein müssen (Art. 11 Abs. 1 Nr. 1, Abs. 2 RHV DE/US).

430 Die doppelte Strafbarkeit muss für Durchsuchungen und Beschlagnahmen auch im Verhältnis zu **Kanada** (Art. 3 RHV DE/CA) und **Tunesien** (Art. 26 RHV DE/TN) gegeben

---

[440] Es bietet sich hier, wie stets, eine Recherche zunächst im Länderteil der RiVASt, für Ergänzungen des RHÜ 1959, dann die Liste der bilateralen Ergänzungsverträge und sodann der Vorbehalte auf der Webseite des Vertragsbüros des Europarates an.
[441] Vgl. Art. VII Abs. 6 lit. a NTS.
[442] **Für Israel:** Art. 6 RHÜ DE/IL; auch für **die Schweiz:** Art. 31 Abs. 1 lit. b BetrugBekämpfAbk EG/CH.

§ 15 Informationserhebung durch Rechtshilfe an oder bei Dritten **3. Kapitel**

sein. Bei der Rechtshilfe durch **Hongkong** folgt dies bereits aus den allgemeinen Bestimmungen (Art. 4 Abs. 1 Nr. 8 RHAbk DE/HK).

(2) Im **Schengenraum** darf dagegen der Grundsatz der doppelten Strafbarkeit zwischen Mitgliedstaaten insoweit geltend gemacht werden, dass die mutmaßliche Tat im ersuchenden und ersuchten Staat mit einer Freiheitsstrafe oder die Freiheit beschränkende Maßregel der Sicherung und Besserung „im Höchstmaß von mindestens sechs Monaten bedroht" sein muss, oder dies in einem der beiden Staaten der Fall ist und sie im anderen zumindest als Ordnungswidrigkeit verfolgt wird.[443] **431**

(3) Zwischen den **EU-Mitgliedstaaten** darf im Rahmen des Unionsrechts indes keine Überprüfung der beiderseitigen Strafbarkeit mehr erfolgen, wenn es sich um eine der dort aufgezählten Straftaten handelt, die im Entscheidungsstaat mit einer Freiheitsstrafe im Höchstmaß von mindestens drei Jahren bedroht ist (Art. 3 Abs. 2 RB 2003/757/JI, → Rn. 457, 470). **432**

(4) Dagegen gilt für die **meisten** weiteren **Mitgliedstaaten des RHÜ 1959** nach dem 1. Zusatzprotokoll zumindest die Erleichterung, dass bei fiskalischen Straftaten die beiderseitige Strafbarkeit stets gegeben ist, wenn der Tatvorwurf im ersuchten Staat einer strafbaren Handlung derselben Art entspricht (Art. 2 Abs. 1 RHÜ 1959-ZP 1). Das Ersuchen ist auch insbesondere nicht ablehnbar, weil nicht dieselbe Art Steuer besteht 8 Art. 2 Abs. 2 RHÜ 1959-ZP 1). **433**

b) Gegenseitigkeitsprinzip. Wenn sich der ersuchte Staat erlaubtermaßen auf das **Prinzip der Gegenseitigkeit** beruft (insbesondere nach Art. 5 Abs. 2 RHÜ 1959) ist zunächst festzustellen, in welchem Rahmen Deutschland Durchsuchungen und Beschlagnahmen auf eingehende Rechtshilfeersuchen gewähren würde. Auf dieser Grundlage hat Deutschland etwa auch zum RHÜ 1959 den Vorbehalt der beiderseitigen Strafbarkeit und der Vereinbarkeit mit innerstaatlichem Recht abgegeben.[444] **434**

Das **deutsche Recht** gestattet Beschlagnahmen und Durchsuchungen aufbauend auf dem Recht der Herausgabe nach §§ 66 f. IRG, sofern völkervertraglich nichts anderes bestimmt ist und keine speziellere Rechtsvorschrift, insbesondere als Annex zur Aus- oder Durchlieferung oder im Rahmen der Vollstreckung sowie im Rahmen des Unionsrechts zur Anwendung kommt (→ Rn. 409).[445] Grundsätzlich würde daher in Deutschland eine entsprechende Maßnahme voraussetzen (§ 66 Abs. 2 IRG): **435**

- Es muss um die Herausgabe sowie vorgelagerte Beschlagnahme und Durchsuchung zu diesem Zweck von bzw. nach Gegenständen gehen, die als **Beweismittel** für ein ausländisches Verfahren dienen können (→ Rn. 403).[446] Es genügt, dass die Beweiserheblichkeit für das ausländische Verfahren aus Sicht des ersuchenden Staates nicht gänzlich ausgeschlossen ist.[447] Das ausländische Verfahren muss anhängig oder zumindest zu erwarten sein und eine strafrechtliche Angelegenheit betreffen.[448]
- Die dem Ersuchen zugrundeliegende **Bezugstat** muss auch nach deutschem Recht eine rechtswidrige Tat sein, die den Tatbestand eines Strafgesetzes verwirklicht. Es genügt auch, dass es sich bei sinngemäßer Umstellung des Sachverhalts nach deutschem Recht um eine solche Tat handeln würde oder dass es eine solche Tat ist bzw. wäre, die mit einer Geldbuße geahndet werden könnte (§ 66 Abs. 2 Nr. 1 IRG).

---

[443] Gem. Art. 51 lit. a SDÜ; dies gilt auch bei Verfolgung von Delikten gegen öffentliche finanzielle Interessen außer bei direkten Steuern mit der **Schweiz** Art. 31 Abs. 1 lit. a BetrugBekämpfAbk EG/CH.
[444] Vorbehaltserklärung v. 2.10.1976 (BGBl. 1976 II 1799).
[445] § 1 Abs. 3 IRG, § 38 f., § 45 Abs. 7 IRG, §§ 66 Abs. 3 IRG, §§ 91, 94 IRG; Für Ersuchen im Geltungsbereich des RB 2003/757/JI gilt dessen Beschränkung der beidseitigen Strafbarkeit gem. § 94 Abs. 1 IRG und grds. die Pflicht zur Bewilligung gem. § 96 Abs. 1 IRG.
[446] § 66 Abs. 1 Nr. 1 IRG (iVm § 67 Abs. 1 IRG). Zu weiteren legitimen Gründen der Maßnahme vgl. § 66 Abs. 1 Nr. 2–4 IRG.
[447] Ausf. Schomburg/Lagodny/Gleß/Hackner/*Lagodny* IRG § 66 Rn. 12 mwN.
[448] Vgl. Schomburg/Lagodny/Gleß/Hackner/*Lagodny* IRG § 66 Rn. 14 mwN.

- Ein **Ersuchen** um Herausgabe braucht nicht vorzuliegen. Die Durchsuchung und Beschlagnahme kann bereits im Vorgriff vor Eingang des Ersuchens um Herausgabe vorgenommen werden oder, wenn die gewünschte Rechtshilfeleistung diese Maßnahmen aus anderem Grund erfordert (§ 67 Abs. 1, 2 IRG). Letzteres ist insbesondere der Fall, wenn lediglich Informationen an den Gegenständen erhoben werden sollen und hierzu ein zeitweise amtlicher Gewahrsam im ersuchten, nicht aber ersuchenden Staat erforderlich ist. Die Gegenstände müssen bloß identifizierbar, nicht aber bereits identifiziert sein.[449] Das Ersuchen muss eine Begründung warum die Maßnahme notwendig sein soll nicht angeben.[450]
- Mit dem Ersuchen muss eine **Beschlagnahmeanordnung** einer zuständigen Stelle des ersuchenden Staates vorgelegt werden. Alternativ genügt eine Erklärung einer solchen Stelle, aus der hervorgeht, dass die Voraussetzungen der Beschlagnahme vorlägen, wenn die Gegenstände sich im ersuchenden Staat befänden (§ 66 Abs. 2 Nr. 2 IRG). Das Erfordernis besteht auch im Rahmen der Rechtshilfe nach dem RHÜ 1959.[451] Beschluss oder Ersatzerklärung müssen von der dazu befugten Stelle im ersuchenden Staat ausgehen.[452] Die inhaltlichen Anforderungen hinsichtlich Identifizierung des Gegenstandes und Begründung gelten entsprechend denen für das Ersuchen.[453] Insgesamt muss eine Sachverhaltsdarstellung vorliegen, die eine Prüfung der Voraussetzungen für die Maßnahme ermöglicht.[454] Daraus ergeben sich auch die besonderen Anforderungen an die Ersatzerklärung.[455] Hier greift wiederum zB der Ergänzungsvertrag mit Israel ein und erleichtert den Inhalt der Ersatzerklärung.[456]
- Schließlich muss ggf. durch Akzeptanz entsprechender Bedingungen gewährleistet sein, dass **Rechte Dritter unberührt** bleiben und unter Vorbehalt herausgegebene Gegenstände auf Verlangen unverzüglich zurückgegeben werden (§ 66 Abs. 2 Nr. 3 IRG).[457]
- Die Sicherstellung und Beschlagnahme zu Beweiszwecken (nicht aber zur Einziehung) ist in Deutschland nicht zulässig im **Schutzbereich** des § 97 StPO.[458]

436 **c) Sonstige Rücksicht auf das Recht des ersuchten Staates.** Weitere Einschränkungen der Rechtshilfepflicht können sich schließlich unmittelbar mit **Rücksicht auf das Recht des ersuchten Staates** festmachen, ohne dass ein Rückgriff auf allgemeine Beschränkungstatbestände wie namentlich den ordre public (→ § 11 Rn. 110 ff.) erfolgen muss:

437 **aa)** Auch im Schengenraum gültig (vgl. auch Art. 51 lit. b SDÜ) bleibt der nach dem RHÜ 1959 mögliche (Art. 5 Abs. 1 lit. c RHÜ 1959) und auch sonst häufigere Vorbehalt eines ersuchten Staates, dass die **Durchführung mit seinem eigenen Recht vereinbar** sein muss. Dies kann aufgrund der konkurrierenden Vorbehalte hinsichtlich der materiellen Strafnormen (→ Rn. 431) nur, wie vom Wortlaut bereits angedeutet, formelle bzw. verfahrensmäßige Voraussetzungen und Einschränkungen betreffen und einerseits die konkrete Durchführung einer bewilligten Rechtshilfe begrenzen, andererseits bereits deren Bewilligung überhaupt entgegenstehen.

438 **bb)** Damit als Sonderregelung zu begreifen ist der Ausschluss der Rechtshilfe nach manchen Abkommen, wie etwa mit **Israel,** nach denen die Durchführung der Beschlag-

---

[449] Schomburg/Lagodny/Gleß/Hackner/*Lagodny* IRG § 66 Rn. 6 mwN.
[450] BGHSt 27, 222 (227 f.) = NJW 1977, 2036; Schomburg/Lagodny/Gleß/Hackner/*Lagodny* IRG § 66 Rn. 5.
[451] Schomburg/Lagodny/Gleß/Hackner/*Lagodny* IRG § 66 Rn. 32 mwN.
[452] Schomburg/Lagodny/Gleß/Hackner/*Lagodny* IRG § 66 Rn. 33 mwN.
[453] Schomburg/Lagodny/Gleß/Hackner/*Lagodny* IRG § 66 Rn. 34 f. mwN.
[454] Schomburg/Lagodny/Gleß/Hackner/*Lagodny* IRG § 66 Rn. 37 mwN.
[455] Vgl. Schomburg/Lagodny/Gleß/Hackner/*Lagodny* IRG § 66 Rn. 35 mwN; *Hackner/Schierholt* Int. Rechtshilfe Rn. 190.
[456] **Für Israel:** Art. 4 Abs. 1 S. 1 RHÜ DE/IL; vgl. hierzu OLG Celle Nds. Rpfl. 1999, 366; *Hackner/Schierholt* Int. Rechtshilfe Rn. 190.
[457] Vgl. *Hackner/Schierholt* Int. Rechtshilfe Rn. 190 Fn. 81 ff. mwN.
[458] Über § 77 Abs. 1 IRG; (vgl. § 94 Abs. 2 S. 1 Nr. 1 IRG) vgl. dazu BVerfGE 80, 367 (373 ff.); Schomburg/Lagodny/Gleß/Hackner/*Lagodny* IRG § 66 Rn. 13 mwN; NK-RechtshilfeR/*v. Galen* IV Rn. 185.

nahme oder Herausgabe verweigert wird, wenn die Gegenstände nach dem Recht des ersuchten oder wenigstens eines der beiden Staaten **beschlagnahmefrei** ist, also zB in Deutschland § 97 StPO unterliegen.[459] Für die Niederlande werden allerdings die entsprechenden Regelungen durch das Unionsrecht überlagert bzw. fortgeführt (→ Rn. 457, 469).

cc) Besondere Bedeutung hat vor allem bei Durchsuchungen und Beschlagnahmen in **439** den **USA** das dortige Erfordernis des **dringenden Tatverdachts** *(„probable cause")*.[460] Es wurzelt im 4. Zusatzartikel der Verfassung der USA. Danach dürfen Durchsuchungs- oder Haftbefehle nur erlassen werden, „wenn ein dringender Tatverdacht besteht, der durch Eid oder eidesgleiche Bekräftigung erhärtet ist; dabei sind der zu durchsuchende Ort und die festzunehmende Person oder die zu beschlagnahmenden Sachen im Einzelnen zu beschreiben." Nach der Rechtsprechung des Supreme Court erfordert der dringende Tatverdacht, dass die Fakten und Umstände, die den staatlichen Behörden bekannt waren und über die ihnen hinreichend vertrauenswürdige Angaben vorlagen, für sich genommen genügen, um einen hinreichend umsichtigen Menschen in der Annahme zu bestätigen, dass eine Straftat begangen wurde oder gerade begangen wird und dass sich an dem zu durchsuchenden Ort Beweise für die Straftat befinden. Hieraus hat sich eine fein ausdifferenzierte Dogmatik entwickelt.

- Zunächst müssen **hinreichend vertrauenswürdige Angaben** vorliegen. Dies ist grundsätzlich stets der Fall, wenn die Angaben entweder von einer staatlichen Stelle oder einem unbescholtenen Bürger stammen. Stammen die Informationen von einem bereits zuvor oder gerade durch den Verdacht der im Raum stehenden Tat belasteten mutmaßlichen Straftäter oder einer anonymen Quelle, so muss die Vertrauenswürdigkeit untermauert werden. Anerkannt sind dafür grundsätzlich die Nachweise, dass die früheren Angaben der Informationsquelle sich in der Vergangenheit als vertrauenswürdig erwiesen haben oder der Informationsgeber gerade durch die Angaben selbst eine strafrechtliche Verurteilung riskiert, folglich gerade also nicht ein Verurteilter oder Verdächtiger Angaben ins Blaue macht oder vom Verdacht, selbst die bzw. eine Straftat begangen zu haben, ablenken will. Unabhängig davon ist auch der Grund anerkannt, dass die gemachten Angaben so präzise sind, dass sie wahr sein müssen; wobei dies ein enger Ausnahmefall sein dürfte.
- Die Summe der in dieser Weise vorliegenden vertrauenswürdigen Angaben muss genügen, um nach obigem Maßstab jeweils zu **überzeugen,** dass
  – eine Straftat begangen wurde
  – sich Beweise dafür
  – gerade am zu durchsuchenden Ort befinden.

Es reicht dabei nicht aus, wenn nur die Schlussfolgerungen des Ermittlers vorliegen; es müssen auch **alle** diese Schlussfolgerung untermauernden **Beweisanzeichen im Einzelnen** vorgebracht und angegeben werden, worauf sich die Kenntnis des geschilderten Sachverhalts letztlich konkret gründet. Dabei ist auch die stark eingeschränkte Verwendbarkeit von Informationen vom Hörensagen *("hearsay")* zu berücksichtigen. Ein Ersuchen um einen Durchsuchungsbefehl muss daher **grundsätzlich eigene Beobachtungen** darlegen, die auch zeigen, dass sich aller Wahrscheinlichkeit nach zum entsprechenden Zeitpunkt konkretes Beweismaterial in den zu durchsuchenden Räumlichkeiten befindet. Wird nicht dargelegt, woher die Quellen ihre Informationen haben, ist das von den Ermittlern entdeckte Beweismaterial zu beschreiben, das die Angaben der Quellen stützt. Schließlich dürfen die Informationen auch **nicht zu alt** sein, sodass der Schluss sich aufdrängt, dass es mittlerweile unwahrscheinlich ist, dass sich das Beweismittel noch an dem zu durchsuchenden Ort befindet.

---

[459] Vgl. etwa **für Israel:** Art. 4 Abs. 1 S. 2 RHÜ DE/IL nach Recht des ersuchten Staates; **die Niederlande:** Art. 4 Abs. 1 ErgV-RHÜ 1959 DE/NL nach Recht mindestens eines der beteiligten Staaten.
[460] Vgl. insbes. die dienstlichen Mitteilungen der US-Regierung zur Rechtshilfe in Strafsachen; vgl. unter anderem auch NK-RechtshilfeR/*Langer* VI Rn. 398.

- Allerdings besteht auch die Möglichkeit der Beschlagnahme aufgrund einer Anordnung eines ausländischen Gerichtes, wenn es sich um **Tatwerkzeuge oder Erträge** aus Straftaten handelt, soweit ein multi- oder bilaterales Rechtshilfeabkommen wie das UNSuchtÜ greift. Sofern es sich nicht um ein rechtskräftiges Urteil handelt, muss die Beschlagnahme zur Sicherstellung durch ein Gericht mit entsprechender Zuständigkeit angeordnet sein und muss das sicherzustellende Vermögen genau bezeichnen und seinen Ort und ungefähren Wert angeben. Dem förmlichen Rechtshilfeersuchen ist eine beglaubigte Kopie der Anordnung beizufügen. Das Ersuchen muss eine Zusammenfassung des Sachverhalts, die Art des Verfahrens oder der Ermittlungen, den Wortlaut der Straftatbestände, wegen derer ermittelt oder Anklage erhoben wird und das entsprechende Strafmaß, die für die Genehmigung der Sicherstellung und Beschlagnahme maßgeblichen Gesetze und die Notwendigkeit der Sicherstellung und hinreichende Gründe für die Annahme, dass mit einer Beschlagnahme des Vermögens zu rechnen ist, beinhalten.

440 **d) Nötiger Verdachtsgrad.** Ähnliche Anforderungen an einen **hinreichenden und vernünftigen Anfangsverdacht** stellen die meisten Staaten in eigenen Strafverfahren.[461] Diese Regelungen gelten jedenfalls im vertragsfreien Bereich in aller Regel entsprechend.

3. Verfahren

441 **a) Ersuchen.** Für die **Form des Ersuchens** um Durchsuchung und Beschlagnahme sind gegenüber den allgemeinen Rechtshilfeanforderungen (→ § 12) weitere Voraussetzungen zu beachten.

442 **aa)** Viele Ergänzungsverträge zum **RHÜ 1959,** namentlich der mit der **Schweiz,** stellen klar, dass dem Ersuchen kein **Beschlagnahmebeschluss** beigefügt zu werden braucht, wenn sich aus dem Ersuchen eines Richters ergibt, dass die Voraussetzungen für einen gerichtlichen Beschlagnahmebeschluss im ersuchenden Staat vorliegen würden.[462] In dieser ausdrücklichen Formulierung handelt es sich um ein Recht, das dem IRG bei einem inländischen Ersuchen dann vorgehen würde, wenn es nicht bereits alle Anforderungen einer Ersatzerklärung erfüllen würde.[463]

443 Auf die förmliche Ersatzerklärung stellen hingegen die Ergänzungsverträge mit **Tschechien** und **Polen** ab. Danach muss für die Beschlagnahme und Durchsuchung eine Ausfertigung oder beglaubigte Abschrift entweder einer Anordnung einer zuständigen Stelle oder deren Erklärung beigefügt sein, dass die Gegenstände in Verwahrung genommen werden dürften, wenn sie sich im ersuchenden Staat befänden, es sei denn, die Gegenstände werden freiwillig zur Verfügung gestellt (Art. 4 Abs. 1 S. 2, Abs. 3 PolZV DE/CZ, Art. 3 Abs. 1 S. 2, Abs. 3 ErgV-RHÜ 1959 DE/PL). Allerdings sind diese durch das Unionsrecht (→ Rn. 455 ff.) insoweit wohl vollständig überholt, ebenso wie der Vertrag mit Österreich,

---

[461] Vgl. zB **für Argentinien:** Art. 224, 230 argent. StPO, NK-RechtshilfeR/*Malarino* VI Rn. 14 f.; **für Belgien:** NK-RechtshilfeR/*Verbruggen/Vandeborek* VI Rn. 38 f.; **für Brasilien:** NK-RechtshilfeR/*Romero* VI Rn. 62; **für England und Wales:** NK-RechtshilfeR/*Jones/Shah* VI Rn. 117 f.; **für Finnland:** NK-RechtshilfeR/*Helenius/Suominen* VI Rn. 140; **für Frankreich:** NK-RechtshilfeR/*Walther* VI Rn. 166; **für Italien:** NK-RechtshilfeR/*Fronza* VI Rn. 188; **für Kanada:** NK-RechtshilfeR/*Lafontaine* VI Rn. 83; **für Litauen:** NK-RechtshilfeR/*Svedas/Merkevicu* VI Rn. 209; für die sehr strikten Regeln von **Luxemburg:** NK-RechtshilfeR/*Ligeti/Petschko* VI Rn. 230; **für die Niederlande:** NK-RechtshilfeR/*Klip* VI Rn. 233; **für Polen:** NK-RechtshilfeR/*Swiatlowski* VI Rn. 271; **für Portugal:** Art. 174 ff. CCP, dazu NK-RechtshilfeR/*Sousa Mendes/Costa Ramos* VI Rn. 293; **für Russland:** Art. 182 f. CCP, vgl. NK-RechtshilfeR/*Bogush* VI Rn. 313; **für Spanien:** Art. 569 ff. CPC NK-RechtshilfeR/*Bachmaier Winter* VI Rn. 333; für die Deutschland sehr ähnlichen Verweigerungsrechte in der **Türkei:** NK-RechtshilfeR/*Ünver* VI Rn. 357 mwN; für Ungarn: Art. 81 f. ungar. StPO NK-RechtshilfeR/*Karsai* VI Rn. 379.

[462] Vgl. etwa **für die Schweiz:** Art. 2 Abs. 1 ErgV-RHÜ 1959 DE/CH; anders erlaubt allerdings **für Tunesien** Art. 34 Abs. 3 RHV DE/TN ausdr. keine Ersatzerklärung.

[463] → Rn. 435 bzw. § 66 Abs. 2 Nr. 2 IRG; insoweit auch Schomburg/Lagodny/Gleß/Hackner/*Lagodny* IRG § 66 Rn. 35, allerdings inkonsequent den Vorrang der völkerrechtlichen Vereinbarung nach § 1 Abs. 3 IRG übersehend.

der stets eine förmliche Beschlagnahmeanordnung fordert (Art. 11 Abs. 2 ErgV-RHÜ 1959 DE/AT).

So bleibt für den umgekehrten Weg, nach dem **stets ein Beschlagnahmebeschluss** 444 beizufügen ist, vor allem der Ergänzungsvertrag zum RHÜ 1959 mit **Israel** (Art. 4 Abs. 1 S. 1 RHÜ DE/IL).

bb) Im **Verhältnis mit den USA** muss das Ersuchen zusätzlich neben den oben bereits 445 genannten alle Angaben enthalten, die eine solche Maßnahme nach dem Recht des ersuchten Staates rechtfertigen. Weiterhin muss ein Beschlagnahmebeschluss einer zuständigen Behörde oder eine Erklärung der zentralen Behörde des ersuchenden Staates beigefügt werden (Art. 11 Abs. 1 Nr. 2, 3 RHV DE/US).[464] Es genügt allerdings auch, wenn aus dem Ersuchen hervorgeht, dass die Pflicht zur Herausgabe oder Beschlagnahme gegeben wäre, wenn sich der Gegenstand im ersuchenden Staat befände, also die „normale" Ersatzerklärung. Außerdem sollte die Möglichkeit der Abwendung der Beschlagnahme durch freiwillige Herausgabe im Ersuchen genannt werden, soweit dies nicht bereits im Beschlagnahmebeschluss erfolgt ist.[465]

Ähnlich muss im Verhältnis mit **Kanada** eine Erklärung einer zuständigen Behörde, dass 446 die Beschlagnahme durch Zwangsmaßnahmen erwirkt werden könnte, wenn sich die Gegenstände im ersuchenden Staat befänden, im Ersuchen enthalten sein. Ebenso sind gem. Art. 10 Abs. 2 lit. c, d RHV DE/CA die Gründe anzugeben, aufgrund derer angenommen wird, dass sich Beweismittel im Hoheitsgebiet des ersuchten Staates befinden. Auch im Verhältnis mit **Hongkong** muss entweder eine Erklärung der zuständigen Behörde, dass die Zwangsmaßnahme im Inland bewirkt werden könnte, oder eine gerichtliche Anordnung der Beschlagnahme mit dem Ersuchen vorgelegt werden (Art. 5 Abs. 3 Nr. 2 RHAbk DE/HK).

cc) Im Übrigen sind nach **deutschem Recht** gem. Nr. 114 Abs. 1, 2 RiVASt zusätzlich 447 zur ersuchenden Stelle, Gegenstand der Rechtshilfe, Sachverhalt, Betroffenem und strafbarer Handlung der Grund für diese Maßnahme anzugeben und die Gegenstände möglichst genau zu beschreiben sowie ein richterlicher Beschlagnahmebeschluss beizufügen, soweit eine völkerrechtliche Übereinkunft nichts anderes vorsieht. Dabei sollen die **Muster Nr. 28** bzw. **29** für das Ersuchen und **Muster Nr. 30** der RiVASt für den Beschlagnahmebeschluss als Orientierung verwendet werden. Vor der Stellung eines Herausgabeersuchens kann das Ergebnis der Durchsuchung oder Beschlagnahme abgewartet werden (Nr. 114 Abs. 1 S. 2 RiVASt). Den Beschlagnahmebeschluss erlässt grundsätzlich das Gericht, das auch für einen Durchsuchungs- und Beschlagnahmebeschluss bei rein innerstaatlicher Durchführung zuständig wäre, mithin das Gericht der Hauptsache oder der zuständige Ermittlungsrichter.[466]

b) Vornahme. Ansonsten bestehen für das **Verfahren bis zur Vornahme der Durch-** 448 **suchung und Beschlagnahme** in aller Regel wenige Besonderheiten.

aa) Namentlich das **RHÜ 1959** sieht keine besonderen Verfahrensregeln für die Durch- 449 führung der Maßnahmen vor, während das Unionsrecht zahlreiche Sondervorschriften enthält (→ Rn. 458, 480 ff.).

bb) Im Verhältnis mit den **USA** werden gem. Art. 19 Abs. 3 RHV DE/US aus- 450 drücklich die Gerichte des ersuchten Staates als befugt erklärt, die für die Erledigung des Ersuchens erforderlichen Beschlüsse einschließlich Durchsuchungsbefehle zu erlassen.[467] Die zuständigen Behörden des ersuchten Staates haben den ersuchenden Staat in jeder Weise im Rahmen ihrer rechtlichen Möglichkeiten vor den zuständigen Richtern und Beamten des ersuchten Staates zu unterstützen.

---

[464] Vgl. auch NK-RechtshilfeR/*Langer* VI Rn. 398 f.
[465] Vgl. NK-RechtshilfeR/*Docke*/*Momsen* IV Rn. 436 mwN.
[466] § 162 Abs. 1 S. 1 und Abs. 3 StPO (iVm § 77 IRG, sofern man nicht richtigerweise den Beschlagnahmebeschluss noch als Teil des rein strafrechtlichen Bezugsverfahrens auffassen kann).
[467] Vgl. dazu auch NK-RechtshilfeR/*Docke*/*Momsen* IV Rn. 428, 436.

451 cc) Im Verhältnis mit **Japan** sind zunächst die Durchsuchungsvorschriften zu beachten, die den oben genannten allgemeinen Verfahrensweisen entsprechen. Insbesondere muss gem. Art. 17 Abs. 2 RHAbk EU/JP grundsätzlich die gewünschte Anwesenheit von Teilnehmern aus dem ersuchenden Staat ermöglicht werden (→ § 13 Rn. 81 ff.). Begleitend zur Beschlagnahme und Durchsuchung kann die Verpflichtung dienen, mit möglichen und notwendigen Zwangsmaßnahmen Gegenstände und Orte für den ersuchenden Staat zu identifizieren, zu überprüfen und danach zu suchen (Art. 19 f. RHAbk EU/JP). Auch sonst kann der ersuchte Staat nach Art. 17 Abs. 1 RHAbk EU/JP die notwendigen und möglichen Zwangsmaßnahmen zur Durchführung der Sicherstellung anwenden, wenn die vom ersuchenden Staat übermittelten Informationen dies rechtfertigen.

452 c) **Übermittlung.** Sollen so sichergestellte Gegenstände an den ersuchenden Staat **übermittelt** werden, so gelten die gleichen Regeln wie für sonst vom ersuchten Staat herausgegebene Gegenstände (→ § 13 Rn. 157 ff.):

453 aa) Namentlich sieht das Abkommen mit den **USA** die Möglichkeit vor, darum gesondert zu ersuchen, dass jeder Amtsträger im ersuchten Staat, der einen beschlagnahmten Gegenstand verwahrt, unter Anwendung der im Ersuchen angegebenen Verfahren die Identität des Gegenstands, die lückenlose Dauer des Gewahrsams und jede Zustandsveränderung bestätigt (Art. 11 Abs. 3 RHV DE/US). Diese Bestätigungen und die in ihr enthaltenen Angaben sollen als Beweis der Richtigkeit der Einhaltung der im Vertrag angegebenen Verfahren im ersuchenden Staat zulässig sein.

454 bb) Ähnlich sind im Verhältnis mit **Hongkong** gem. Art. 17 Abs. 4 RHAbk DE/HK alle ersuchten Zusatzinformationen in Bezug auf Durchführung und Ergebnis der Maßnahme zu übermitteln.

III. Beschlagnahmen und Durchsuchungen im Rahmen der EU

1. Rechtsinstrumente

455 Gerade im Bereich der vorläufigen Sicherstellung von Gegenständen und ihrer Übermittlung zwischen den Mitgliedstaaten in strafrechtlichen Angelegenheiten hat sich das Recht der EU deutlich über die Grundlagen, vor allem im RHÜ 1959, hinausentwickelt. Nach Zwischenstufen[468] stellt heute vor allem der Rahmenbeschluss 2003/757/JI über die Vollstreckung von Entscheidungen über die Sicherstellung von Vermögensgegenständen oder Beweismitteln in der Europäischen Union[469] (RB 2003/757/JI) die gemeinsame unionsrechtliche Grundlage dar. Die **Europäische Ermittlungsanordnung** soll allerdings auch dieses Instrumentarium für die Sicherung von Beweismitteln ersetzen (Art. 34 Abs. 2 EEA-RL). Beide Rechtsinstrumente legen den Schwerpunkt auf die Beschaffung bzw. vorläufige Sicherstellung der Gegenstände namentlich durch Durchsuchung und Beschlagnahme. Für die Übergangszeit, für die als Ziel die Umsetzung der EEA-RL im Mai 2017 gilt, wird jeweils nach den umsetzenden Mitgliedstaaten zu unterscheiden sein. So bleiben auch zunächst die Sonderregelungen zum RB 2003/757/JI im deutschen IRG[470] neben den angedachten neuen umfassenderen Umsetzungsregelungen zur Europäischen Ermittlungsanordnung bestehen, betreffen aber unmittelbar nur eingehende Ersuchen. Für ausgehende Ersuchen sind hingegen vor allem die untergesetzlichen Sondervorschriften beachtlich (Nr. 194, 199 f. RiVASt).[471] Danach sollen derzeit die Formen des RB 2003/757/JI angewandt werden, wenn dies möglich ist, subsidiär bleibt allerdings die Möglichkeit, um

---

[468] Insbes. durch das SDÜ, → Rn. 431 f.
[469] Vgl. allg. HdB-EuStrafR/*Gleß* § 39.
[470] In §§ 91 ff. IRG finden sich allerdings nur Regelungen zum eingehenden Ersuchen, namentlich nach §§ 94–97 IRG zum RB 2003/757/JI.
[471] Dies sollte auch nach dem Umsetzungsgesetz, vgl. BT-Drs. 18/9575, 18 im Wesentlichen so bleiben, sodass in § 91j IRG lediglich grdl. Regelungen getroffen werden.

Durchsuchungen und Beschlagnahmen nach den allgemeinen Vorschriften (→ Rn. 432) zu ersuchen (Nr. 194 S. 1, 3 RiVASt). Im Rahmen der Einführung der Europäischen Ermittlungsanordnung soll eine entsprechende Anpassung auch der RiVASt erfolgen.[472]

2. Europäische Ermittlungsanordnung

Die **Europäische Ermittlungsanordnung** soll seit dem 22.5.2017 für alle Beweiserhebungsmaßnahmen gelten, und damit sowohl die Beschlagnahme und sonstige Sicherstellung, wie auch die vorgelagerte Durchsuchung zu diesem Zweck umfassen, aber auch die anschließende Herausgabe an den ersuchenden Staat. 456

a) Soweit die Europäische Ermittlungsanordnung Anwendung findet, gelten für die Durchsuchung und Beschlagnahme wenige Sonderregelungen gegenüber anderen Ermittlungsmaßnahmen (→ § 11 Rn. 223 ff.). Insbesondere muss das **Formblatt** zur Stellung des Ersuchens bzw. der „Anordung" verwendet werden und darf das Ersuchen nur noch aus den **abschließend aufgelisteten Gründen abgelehnt** werden. 457

b) Mit der gesonderten Regelung für die **vorläufigen Maßnahmen,** mit denen „die Vernichtung, Veränderung, Entfernung, Übertragung oder Veräußerung von Gegenständen, die als Beweismittel dienen können, vorläufig verhindert wird" (Art. 32 Abs. 1 EEA-RL) knüpft die EEA-RL voll an den bisherigen RB 2003/757/JI an. Auch hier sind insbesondere die Beschlagnahme und die darauf gerichtete Durchsuchung mit umfasst. 458

c) Anders als beim RB 2003/757/JI hat die Anordnungsbehörde gem. Art. 32 Abs. 3 S. 1 EEA-RL zusammen mit der **Ermittlungsanordnung** anzugeben, ob die gesicherten Beweismittel an den Anordnungsstaat zu übermitteln sind oder im Vollstreckungsstaat verbleiben sollen. Im letzteren Fall muss die Anordnungsbehörde nach Art. 32 Abs. 4 EEA-RL den Zeitpunkt der Aufhebung der vorläufigen Maßnahme oder den voraussichtlichen Zeitpunkt der Vorlage eines Ersuchens um Übermittlung der Beweismittel angeben. 459

d) Wie beim RB 2003/757/JI gilt eine **Frist** für die Entscheidung und Mitteilung darüber von 24 Stunden (Art. 32 Abs. 2 EEA-RL). Die Anerkennung und **Vollstreckung** der Europäischen Ermittlungsanordnung und die **Übermittlung** der Beweismittel durch die Vollstreckungsbehörde erfolgen gemäß den allgemeinen in der Richtlinie festgelegten Vorschriften (Art. 32 Abs. 3 S. 2 EEA-RL). Die Vollstreckungsbehörde kann gem. Art. 32 Abs. 5 S. 1 EEA-RL nach Anhörung der Anordnungsbehörde angemessene Bedingungen festlegen, um die Dauer der vorläufigen Maßnahme zu begrenzen. Sie hat vor der Aufhebung der Maßnahme der Anordnungsbehörde die Möglichkeit zur Stellungnahme zu geben und ihr unverzüglich die erfolgte Aufhebung mitzuteilen (Art. 32 Abs. 5 S. 2, 3 EEA-RL). 460

3. Ansonsten: EU-Sicherstellungsbeschluss

Das Instrumentarium des **RB 2003/757/JI** wird demgegenüber nicht nur bis zur Umsetzung der Europäischen Ermittlungsanordnung durch beide an der konkreten Rechtshilfe beteiligte Mitgliedstaaten in Kraft bleiben, sondern weiterhin für vorläufige Sicherungsmaßnahmen gelten, die nach Auffassung der Anordnungsbehörde zum Zeitpunkt des Ersuchens nicht (primär) im Hinblick auf ihre Eigenschaft als Beweismittel, sondern als Objekt der künftigen Einziehung erfolgen (vgl. Erwägungsgrund 34 EEA-RL). 461

a) Der **Anwendungsbereich** des RB 2003/757/JI ist ansonsten sehr weit definiert. Er gilt für alle Sicherstellungsentscheidungen eines Mitgliedstaats, die zum Zwecke der Sicherung von Beweismitteln oder der späteren Einziehung von Vermögensgegenständen im Rahmen eines Strafverfahrens erlassen werden und von einem anderen Mitgliedstaat vollzogen werden sollen (Art. 3 Abs. 1 RB 2003/757/JI).[473] 462

---

[472] Vgl. die Ankündigung BT-Drs. 18/9575, 18.
[473] Vgl. Schomburg/Lagodny/Gleß/Hackner/*Trautmann* IRG vor § 94 Rn. 2; HdB-EuStrafR/*Gleß* § 39 Rn. 14 ff.

3. Kapitel 3. Kapitel. Informationserhebung unter Einschaltung ausländischer Stellen

463 aa) Danach ist eine **Sicherstellungsentscheidung** jede von einer zuständigen Justizbehörde (→ 1. Kap. Rn. 18 f.) getroffene Maßnahme, mit der vorläufig jede Vernichtung, Veränderung, Verbringung, Übertragung oder Veräußerung von Vermögensgegenständen verhindert werden soll (Art. 2 lit. b RB 2003/757/JI). Die Beschlagnahme und ggf. vorbereitende Durchsuchung sind daher lediglich Anwendungsfälle.[474] Ebenfalls umfasst sind zB die formlose Sicherstellung ohne Überwindung einer fremden Gewahrsams- oder Rechtsposition mittels hoheitlicher Zwangswirkung.[475] Gleiches gilt für die Realisierung mithilfe einer innerstaatlichen Vorlagepflicht entsprechend § 95 StPO (→ Rn. 414).

464 bb) Der RB 2003/757/JI ist auch nicht auf die aufgeführten **Katalogstraftaten** beschränkt, vielmehr haben diese nur eine Garantiefunktion dahin, dass der Einwand der fehlenden Strafbarkeit im ersuchten Staat nicht angeführt werden darf (Art. 3 Abs. 2–4 RB 2003/757/JI).

465 cc) Entscheidend ist der **vorläufige Charakter** der Sicherstellungsmaßnahme. Das **eigentliche Ziel** des Sicherungsverfahrens ist es, einen aufgefundenen Gegenstand

- als **Beweismittel** an den ersuchenden Staat zu übermitteln (Art. 10 Abs. 1 lit. a RB 2003/757/JI),
- ihn aufgrund der Entscheidung im ersuchten Staat als Sanktion einzuziehen oder eine Einziehungsentscheidung selbst zu treffen und zu vollstrecken (Art. 10 Abs. 1 lit. b RB 2003/757/JI),
- oder aber ihn vorläufig sicherzustellen und zu verwahren, bis ein solches weiteres Ersuchen erfolgt (Art. 10 Abs. 1 lit. c RB 2003/757/JI).

466 Die eigene Informationserhebung durch den ersuchten Staat am sichergestellten Gegenstand vor dessen Rückgabe könnte damit im Geltungsbereich des RB 2003/757/JI aufgrund der Systematik ausscheiden, sofern nicht ein weiteres Ersuchen oder eine andere Rechtsgrundlage dies rechtfertigt.

467 Bereits aus dem Normtext heraus umfasst der Mechanismus des RB 2003/757/JI ausdrücklich **nicht die Herausgabe** des sichergestellten Gegenstandes an den ersuchenden Staat (Art. 10 Abs. 2 RB 2003/757/JI).[476] Sie muss nach den allgemeinen Regelungen der Rechtshilfe in Strafsachen erfolgen. Damit bleibt es hier bei den allgemeinen Erfordernissen eines Herausgabeersuchens und der Möglichkeit der Ablehnung nach den bereits genannten Kriterien (→ Rn. 424 ff.). Insoweit kommt hier den auf dem RHÜ 1959 basierenden bilateralen Ergänzungsverträgen weiterhin eine zentrale Rolle zu (zum Ganzen → Rn. 417, 425 ff. sowie → § 14 Rn. 230). Als einzige Ausnahme erklärt der RB 2003/757/JI in Art. 10 Abs. 3, dass bei den genannten Katalogstraftaten auch bei der Herausgabe nach vorläufiger Sicherstellung eine Berufung auf die fehlende Strafbarkeit im ersuchten Staat nicht mehr zulässig ist.

468 Die vorläufige Sicherstellung muss aber, um **verhältnismäßig** zu sein, entweder mit konkreter Perspektive einer „endgültigen" Maßnahme erfolgen, was auch der ersuchte Staat prüfen bzw. nachvollziehen kann.[477] Entweder ist daher ein entsprechendes Ersuchen, zB um Herausgabe, gleichzeitig zu stellen und beizufügen, eine angemessene Frist zu nennen, bis ein solches zu erwarten ist (Art. 10 Abs. 1 lit. c RB 2003/757/JI) oder aber der ersuchte Staat muss entsprechende Fristen per Bedingung festlegen (Art. 6 RB 2003/757/JI).

469 dd) Zum **Gegenstand der Sicherstellung** trifft der RB 2003/757/JI eine Festlegung, die leider aufgrund der Formulierung in unterschiedlichen Sprachfassungen gewisse Unschärfen zeigt: Die Sicherstellungsentscheidung bezieht sich – verunglückt – ausdrücklich gem. Art. 2 lit. b RB 2003/757/JI auf „Vermögensgegenstände", deren Beweiswert nach

---

[474] Vgl. Schomburg/Lagodny/Gleß/Hackner/*Trautmann* IRG vor § 94 Rn. 6.
[475] Vgl. Begr. RegE BT-Drs. 16/6563, 10.
[476] Vgl. ausf. zum Problemen Begr. RegE BT-Drs. 16/6563, 10; ebenso ausf. zu den Folgen und Problemen vgl. Schomburg/Lagodny/Gleß/Hackner/*Trautmann* IRG vor § 94 Rn. 2 mwN; ferner dazu *Ambos* IntStrafR § 12 Rn. 83 mwN.
[477] Vgl. zum Ganzen vgl. Schomburg/Lagodny/Gleß/Hackner/*Trautmann* IRG vor § 94 Rn. 2; *Gleß* StV 2004, 674.

Art. 3 Abs. 1 lit. a RB 2003/757/JI sichergestellt werden soll. Diese müssen also Beweismittel darstellen können. Beweismittel sind wiederum die Sachen, Schriftstücke oder Daten, die als beweiserhebliche Gegenstände in einem Strafverfahren wegen eines Straftatbestands dienen könnten (Art. 2 lit. d RB 2003/757/JI). Vermögensgegenstand sollen dagegen nach der Legaldefinition sein „körperliche oder unkörperliche, bewegliche oder unbewegliche Vermögensgegenstände *[sic!]* jeder Art sowie Urkunden oder rechtserhebliche Schriftstücke, die ein Recht auf solche Vermögensgegenstände oder Rechte daran belegen" (Art. 2 lit. c RB 2003/757/JI).[478] Dies soll sich mit der Reichweite des deutschen Rechts decken.[479] Die Einschränkung des Nachsatzes der Definition, der sich auf die Rolle als mögliches Tatwerkzeug, Tatziel oder Tatertrag bezieht, wird man für Beweismittel nicht anwenden dürfen, bzw. allenfalls nur äußerst zurückhaltend gebrauchen dürfen. Denn damit würde Sinn und Zweck des ganzen Beschlusses, jede Verschlechterung der Beweislage durch die notwendigen, regelmäßigen vorläufigen Maßnahmen zu verhindern, in wichtigen Bereichen nicht erreicht. Es scheint zB kaum vorstellbar, dass etwa ein Datenträger mit einer Videoaufzeichnung der Tat nicht entsprechend zu schützen wäre, ohne unter die enge Definition zu fallen. Hierbei ist zu bemerken, dass in der Fassung des ursprünglichen Vorschlags des Rahmenbeschlusses zwischen Gegenstand *("property")*, der auch Beweismittel sein konnte, und Vermögensgegenstand *("asset")* für die Einziehung noch unterschieden wurde, was wesentlich mehr dem Sinn und Zweck und der semantischen Begriffssystematisierung entspricht.[480]

b) Weder bei der Sicherungsmaßnahme noch der Herausgabe darf eine Überprüfung der **470 beiderseitigen Strafbarkeit** erfolgen, wenn eine der im RB 2003/757/JI aufgezählten Straftatenarten den Bezugspunkt bildet, die im Entscheidungsstaat mit einer Freiheitsstrafe im Höchstmaß von mindestens drei Jahren bedroht ist (Art. 3 Abs. 2 RB 2003/757/JI).[481] Dazu gehören die „üblichen" Delikte wie Beteiligung an einer kriminellen Vereinigung, Terrorismus, Tötung, schwere Körperverletzung, Freiheitsberaubung, Menschenhandel, Vergewaltigung, sexuelle Ausbeutung von Kindern sowie Kinderpornografie, illegaler Handel mit Drogen, Waffen, menschlichen Organen, gestohlenen Fahrzeugen, radioaktivem Material oder Kulturgütern, Diebstahl mit Waffen oder in organisierter Form, Betrug, Cyberkriminalität, Produktpiraterie, Brandstiftung oder Geldwäsche. Der Rat kann gem. Art. 3 Abs. 3 RB 2003/757/JI den Katalog erweitern, was für die ausgehende Rechtshilfe im Unterschied zu eingehenden Ersuchen wirksam wäre.[482]

Entscheidend für die Zuordnung zu einer Listentat (und zum ebenfalls qualifizierenden **471** Strafrahmen) soll im Übrigen die Definition des ersuchenden Staates sein.[483] Im Rahmen der Beratungen hat sich Deutschland das Recht bei Durchsuchung oder Beschlagnahme vorbehalten, bei den Straftaten Terrorismus, Cyberkriminalität, Rassismus und Fremdenfeindlichkeit, Sabotage, Erpressung und Schutzgelderpressung sowie Betrug, weiterhin die beiderseitige Strafbarkeit zu prüfen, sofern die Anordnungsbehörde nicht erklärt hat, dass die betreffende Straftat nach dem Recht des Anordnungsstaates die in der Erklärung Deutschlands enthaltenen Kriterien erfüllt.[484]

---

[478] Näher noch vgl. Schomburg/Lagodny/Gleß/Hackner/*Trautmann* IRG vor § 94 Rn. 5.
[479] Vgl. Begr. RegE BT-Drs. 16/6563, 11.
[480] Vgl. 2001/C75/02, ABl. 2001 C 75, 3; wenig weiterführend hier der Hinweis auf die rein autonom unionsrechtliche Auslegung der Begriffe, vgl. iÜ NK-RechtshilfeR/*Kubiciel* IV Rn. 380.
[481] Wohl zu allg. HdB-EuStrafR/*Gleß* § 39 Rn. 54.
[482] Für eingehende Ersuchen gilt nach § 94 IRG nur eine statische Verweisung, sodass Änderungen durch den deutschen Gesetzgeber nachzuzeichnen wären, vgl. Begr. RegE BT-Drs. 16/6563, 11; vgl. Schomburg/Lagodny/Gleß/Hackner/*Trautmann* IRG § 94 Rn. 2.
[483] Vgl. Begr. RegE BT-Drs. 16/6563, 16 ausf. auch zu Bestimmtheitsproblemen; vgl. zum Ganzen ausf. Schomburg/Lagodny/Gleß/Hackner/*Trautmann* IRG § 94 Rn. 3 ff. mwN; insges. soll ggf. eine ausführlichere Bestätigung des ersuchenden Staates, dass die Anforderungen gegeben sind, eingeholt werden. Der Wortlaut von § 94 Abs. 1 Nr. 1 IRG knüpft ebenfalls – allerdings wohl entgegen des RB 2003/757/JI – an das objektive Vorliegen und nicht das bloße Behaupten an.
[484] Vgl. Begr. RegE BT-Drs. 16/6563, 16.

472 Wird dieser Anforderung nicht genüge getan, kann der ersuchte Mitgliedstaat die Anerkennung und Vollstreckung der Sicherstellungs- bzw. Beschlagnahmeentscheidung des ersuchenden Staates davon abhängig machen, dass das Verhalten nach seinem Recht strafbar ist (Art. 3 Abs. 4 RB 2003/757/JI) bzw. die Vermögenseinziehung nach seinem Recht möglich ist (Art. 3 Abs. 5 RB 2003/757/JI). Dies gilt etwa im Verhältnis mit Tschechien (Art. 4 Abs. 1 S. 1 PolZV DE/CZ) und Polen (Art. 3 Abs. 1 S. 1 ErgV-RHÜ 1959 DE/PL) explizit, aber auch sonst allgemein wohl parallel zu den Vorbehalten des ursprünglich zugrundeliegenden RHÜ 1959 (→ Rn. 424 ff.).

473 c) Wie an anderen Stellen des Unionsrechtes wird hier erneut das im Kern weiter rechtshilferechtliche **Ersuchen** sprachlich in eine Anordnung „umetikettiert", ohne an der rechtlichen Einordnung zunächst etwas zu ändern. Allerdings tritt hier eine gewisse Verschiebung dadurch ein, dass nach der Definition die Sicherstellungsentscheidung den neuen Kern des Rechtshilfeersuchens darstellt, während in einem klassischen Rechtshilfeverfahren zB ein Beschlagnahmebeschluss des zuständigen Gerichts des Bezugsverfahrens dem eigentlichen zentralen Ersuchen mit rein rechtshilferechtlichem Charakter nur beigefügt oder gar durch eine Ersatzerklärung entbehrlich wäre. Aus Sicht des deutschen Rechts sollen die Formen des RB 2003/757/JI angewandt werden, wenn dies möglich ist, subsidiär bleibt allerdings stets die Möglichkeit, um Durchsuchungen und Beschlagnahmen nach den allgemeinen Vorschriften (→ Rn. 420 ff.) zu ersuchen (Nr. 194 S. 1, 3 RiVASt, Nr. 199 Abs. 1 RiVASt).

474 aa) Materieller Kern des Ersuchens ist die **„Sicherstellungsentscheidung"**, also die von der zuständigen Justizbehörde des Entscheidungsstaats getroffene Maßnahme, mit der vorläufig jede Vernichtung, Veränderung, Verbringung, Übertragung oder Veräußerung von Vermögensgegenständen verhindert werden soll (Art. 2 lit. c RB 2003/757/JI, Art. 4 RB 2003/757/JI). Sie ist im Regelfall ein Teil des Bezugsverfahrens und unterliegt der dortigen Zuständigkeitsverteilung. Sie kann durch jede Justizbehörde getroffen werden, ist also nach dem RB 2003/757/JI nicht notwendigerweise eine gerichtliche bzw. richterliche, auch wenn dies aus dem innerstaatlichen Recht folgt, namentlich § 98 StPO. Die Sicherstellungsentscheidung ist stets mit zu übermitteln, auch wenn das deutsche Recht dies nur für richterliche Beschlüsse vorsieht.[485]

475 bb) Mit der Sicherstellungsentscheidung ist zwingend eine formalisierte **Bescheinigung** zu übermitteln (vgl. Art. 4, 9 RB 2003/757/JI). Wenn diese fehlt, kann das Ersuchen bzw. die „Anordnung" insgesamt abgelehnt werden (→ Rn. 481). Für diese Bescheinigung ist **zwingend** das im Anhang des RB 2003/757/JI beigefügte **Formblatt** zu verwenden.[486] Die Beschreibung der Umstände sollte sich auf die Schilderung des historischen Geschehens beschränken; eine Subsumtion unter die jeweiligen Straftatbestände ist nicht erforderlich.[487] Die Bescheinigung ist gem. Art. 9 Abs. 1 RB 2003/757/JI durch die ersuchende Justizbehörde auszustellen und zu unterzeichnen, wodurch sie die Richtigkeit des Inhalts bescheinigt.

476 Wenn zugleich um Herausgabe ersucht wird, ist dies in der Bescheinigung zu markieren und ein gesondertes Herausgabeersuchen (nach Maßgabe von Nr. 114 RiVASt, → § 14 Rn. 227 ff.) beizufügen.[488] Wird zunächst nur die vorläufige Sicherstellung im Vorgriff auf ein Übergabe- oder Einziehungsersuchen begehrt, hat gem. Art. 10 Abs. 1 lit. c S. 1 RB 2003/757/JI die Bescheinigung des ersuchenden Staates das (voraussichtliche) Datum für die Übermittlung dieses Ersuchens anzugeben.

---

[485] Dies folgt unmittelbar aus Art. 4 Abs. 1 RB 2003/757/JI, während Nr. 199 Abs. 2 lit. c RiVASt nur die letztgenannte Aussage trifft.

[486] Dabei muss unmittelbar auf das Formular nach dem Anhang des RB 2003/757/JI zurückgegriffen werden; vgl. Art. 9 Abs. 1 RB 2003/757/JI.

[487] Orientiert an dem Umfang, wie dies auch § 95 Abs. 2 SDÜ vorsah, vgl. Begr. RegE BT-Drs. 16/6563, 17.

[488] Nr. 199 Abs. 3 RiVASt; Feld h Nummer 2.1.1 der Bescheinigung; vgl. Schomburg/Lagodny/Gleß/Hackner/*Trautmann* IRG vor § 94 Rn. 2.

Die Bescheinigung ist gem. Nr. 199 Abs. 2 lit. a RiVASt im Original oder in beglaubig- 477
ter **Mehrfertigung** zu übersenden. Sie ist in eine Amtssprache des ersuchten Staates oder
eine andere Amtssprache der Union, die er zu akzeptieren angegeben hat, durch den
ersuchenden Staat zu **übersetzen** (Art. 9 Abs. 2, 3 RB 2003/757/JI).[489] Diese Übersetzung ist gem. Nr. 199 Abs. 2 lit. b RiVASt zusätzlich beizufügen.

cc) Die Sicherstellungsentscheidung (mit den damit zusammenhängenden Anlagen) ist 478
von der Justizbehörde, die die Entscheidung erlassen hat, der für die Vollstreckung zuständigen
Justizbehörde in einer **Form,** die einen schriftlichen Nachweis unter Bedingungen ermöglicht, die dem Vollstreckungsstaat die Feststellung der Echtheit gestatten, **direkt zu übermitteln** (Art. 4 Abs. 1 RB 2003/757/JI).[490] Das Vereinigte Königreich und Irland können
sich gem. Art. 4 Abs. 2 RB 2003/757/JI die Übermittlung über eine Zentralbehörde vorbehalten. Für die meisten anderen Länder ist die jeweilige Justizbehörde vor Ort zuständig.[491]

Die Anordnungsbehörde unternimmt alles, einschließlich der Einschaltung des Europäi- 479
schen Justiziellen Netzes, um die **zuständige Vollstreckungsbehörde** zu ermitteln. Ist
die angerufene Behörde nicht zuständig, so übermittelt sie das Ersuchen weiter und
informiert die ersuchende Stelle (Art. 4 Abs. 3, 4 RB 2003/757/JI).

d) Die Vollstreckungsbehörde des ersuchten Staates hat die Anordnung des ersuchenden 480
Staates unverzüglich wie von inländischen Behörden erlassene Anordnungen zu **vollstrecken,** soweit kein Ablehnungs- oder Aufschubgrund besteht (Art. 5 Abs. 1 S. 1 RB 2003/
757/JI).[492] Möglichst binnen 24 Stunden soll gem. Art. 5 Abs. 3 RB 2003/757/JI eine
Entscheidung nach Erhalt darüber erfolgen und der ersuchenden Stelle mitgeteilt werden.[493] Insbesondere muss nach Art. 7 Abs. 3 RB 2003/757/JI, Art. 8 Abs. 2 RB 2003/
757/JI jede Versagung oder Aufschiebung unverzüglich gefasst und den zuständigen Justizbehörden des Entscheidungsstaats in einer Form mitgeteilt werden, die einen schriftlichen
Nachweis ermöglicht. Ebenfalls müssen bei Aufschub die möglichen Sicherungsmaßnahmen gem. Art. 8 Abs. 4 RB 2003/757/JI mitgeteilt werden.

aa) Eine **Versagung der Vollstreckung** ist gem. Art. 7 Abs. 1 RB 2003/757/JI nur 481
möglich:
- wenn die **Bescheinigung** (Art. 9 RB 2003/757/JI) nicht vorgelegt wurde, unvollständig
ist, der Sicherstellungsentscheidung **offensichtlich nicht entspricht** oder aus ihr unmittelbar ersichtlich wird, dass Rechtshilfe dem Grundsatz **ne bis in idem** zuwiderlaufen
würde. Im ersteren Fall kann die Vollstreckungsbehörde verschiedene Hilfestellungen
leisten, damit die Voraussetzung noch erfüllt werden kann (Art. 7 Abs. 2 RB 2003/757/
JI). Zudem setzt jedenfalls Deutschland gem. § 95 Abs. 1 IRG bei eingehenden Ersuchen
nur bestimmte wesentliche Bestandteile in der Bescheinigung zwingend voraus;[494]
- wenn die Maßnahme zur Beweissicherung erfolgen soll und **keine Katalogtat** nach
Art. 3 Abs. 2 RB 2003/757/JI vorliegt **und** die Handlung, aufgrund derer die Sicherstellungsentscheidung erlassen worden ist, nach dem Recht des Vollstreckungsstaats **keine
Straftat** darstellt (Art. 3 Abs. 3 bzw. 4 RB 2003/757/JI). In Steuer-, Zoll- und Währungsangelegenheiten kann die Vollstreckung der Sicherstellungsentscheidung jedoch
nicht aus dem Grund verweigert werden, dass das Recht des Vollstreckungsstaats keine
gleichartigen Steuern vorschreibt oder keine gleichartigen Steuer-, Zoll- und Währungsbestimmungen enthält wie das Recht des Entscheidungsstaats (Art. 7 Abs. 1 lit. d RB
2003/757/JI) (zum Weiteren → Rn. 470 ff.).

---

[489] So akzeptiert zB Belgien deutsch, französisch, niederländisch, aber auch englisch, NK-RechtshilfeR/
Verbruggen/Vandeborek VI Rn. 40.
[490] Vgl. HdB-EuStrafR/*Gleß* § 39 Rn. 21 ff.
[491] So zB für Belgien der örtliche Staatsanwalt, NK-RechtshilfeR/*Verbruggen/Vandeborek* VI Rn. 37; sowie in
Portugal die Staatsanwaltschaft bzw. der Untersuchungsrichter nach Art. 174 ff., 267, 269 CPP, vgl. NK-
RechtshilfeR/*Sousa Mendes/Costa Ramos* VI Rn. 292.
[492] Zu den Konsultationsinstrumenten und möglichen -pflichten vgl. HdB-EuStrafR/*Gleß* § 39 Rn. 26 ff.
[493] Vgl. Begr. RegE BT-Drs. 16/6563, 11.
[494] Vgl. Schomburg/Lagodny/Gleß/Hackner/*Trautmann* IRG § 94 Rn. 2 f. mwN.

3. Kapitel 3. Kapitel. Informationserhebung unter Einschaltung ausländischer Stellen

- wenn nach dem Recht des Vollstreckungsstaats **Befreiungen oder Vorrechte** bestehen, die die Vollstreckung der Sicherstellungsentscheidung unmöglich machen (Art. 7 Abs. 1 lit. b RB 2003/757/JI). Zu diesen Befreiungen zählt etwa bei eingehenden Ersuchen nach Deutschland der Schutzbereich des § 97 StPO[495] sowie, wenn gegen das Doppelbestrafungsverbot verstoßen würde (§ 94 Abs. 2 S. 1 Nr. 2 IRG);[496]
- wenn ein Verstoß gegen den „**europäischen ordre public**" vorliegen würde.[497]

482 Ein Ersuchen eines EU-Mitgliedstaates, das nicht den Formvorschriften des Rahmenbeschlusses entspricht, weil das vorgesehene Formular nicht verwendet wurde, kann stets als Ersuchen nach dem RHÜ 1959 und den entsprechenden bilateralen Rechtshilfevereinbarungen bewilligt werden.[498] Gleiches gilt, wenn eine Vollstreckung nach dem RB 2003/757/JI aus anderen Gründen nicht erfolgen kann.[499] Hintergrund ist, dass der RB 2003/757/JI den Zweck verfolgt, die Rechtshilfe zu erleichtern bzw. zu erweitern, nicht sie gegenüber bestehenden Instrumenten zu beschränken.

483 bb) Die Vollstreckung kann gem. Art. 8 Abs. 1 lit. a RB 2003/757/JI **aufgeschoben** werden, so lange dies angemessen erscheint, um laufende Ermittlungen nicht zu beeinträchtigen, bis eine bereits bestehende Sicherstellungsentscheidung aufgehoben wird (Art. 8 Abs. 1 lit. b RB 2003/757/JI) oder mit Blick auf eine mögliche vorrangige Sicherstellungsentscheidung (Art. 8 Abs. 1 lit. c RB 2003/757/JI). Sobald der Grund für den **Aufschub nicht mehr besteht,** trifft die Vollstreckungsbehörde unverzüglich die Vollzugsmaßnahmen und unterrichtet die Anordnungsbehörde mit möglichst schriftlichem Nachweis (Art. 8 Abs. 3 RB 2003/757/JI).

484 cc) Ansonsten sind bei der Vollstreckung die **Form- und Verfahrensvorschriften des ersuchenden Staates** einzuhalten, die dieser ausdrücklich angegeben hat, um die Gültigkeit des Beweismittels sicherzustellen, soweit diese nicht den Grundprinzipien der eigenen Rechtsordnung zuwiderlaufen (Art. 5 Abs. 1 S. 2 RB 2003/757/JI). Jede zusätzliche Anwendung von Zwangsmaßnahmen, die gemäß der Sicherstellungsentscheidung notwendig ist, erfolgt nach den geltenden Verfahrensvorschriften des Vollstreckungsstaats (Art. 5 Abs. 2 RB 2003/757/JI).

485 dd) Von der Vollstreckung der Sicherstellungsentscheidung wird die zuständige Behörde des Entscheidungsstaats unverzüglich in einer Form **unterrichtet,** die einen schriftlichen Nachweis ermöglicht (Art. 5 Abs. 1 S. 3 RB 2003/757/JI). Insbesondere werden die zuständigen Justizbehörden des Entscheidungsstaats davon unverzüglich in Kenntnis gesetzt, wenn die Sicherstellungsentscheidung in der Praxis auch nach Rücksprache mit dem Entscheidungsstaat nicht vollstreckt werden kann, weil

- der Gegenstand oder das Beweismittel verschwunden bzw. vernichtet worden ist,
- an dem in der Bescheinigung angegebenen Ort nicht aufzufinden ist,
- oder der Ort, an dem sich der Gegenstand oder das Beweismittel befindet, nicht hinreichend genau angegeben worden ist (Art. 7 Abs. 4 RB 2003/757/JI).

486 e) Der betroffene Gegenstand ist im Vollstreckungsstaat **so lange sicherzustellen,** bis er dem eigentlichen Ersuchen, vor allem nach Herausgabe oder Einziehung, endgültig entsprochen hat (Art. 6 Abs. 1 RB 2003/757/JI).[500] Nach Anhörung des Entscheidungsstaats durch Benachrichtigung und Möglichkeit der Stellungnahme können jedoch gemäß den

---

[495] Über § 77 Abs. 1 IRG; vgl. § 94 Abs. 2 S. 1 Nr. 1 IRG.
[496] Zur genauen Definition vgl. Begr. RegE BT-Drs. 16/6563, 16 f.; vgl. Schomburg/Lagodny/Gleß/Hackner/*Trautmann* IRG § 94 Rn. 8 ff. mwN.
[497] Vgl. Erwägungsgrund 6 RB 2003/757/JI, der allerdings keine ausdrückliche Entsprechung im Wortlaut des Regelungsteils findet; dies dürfte auch die Antwort darauf sein, dass der nationale ordre public nicht zur Anwendung kommen dürfte, vgl. HdB-EuStrafR/*Gleß* § 39 Rn. 53.
[498] Vgl. Begr. RegE BT-Drs. 16/6563, 17; im Anschluss vgl. Schomburg/Lagodny/Gleß/Hackner/*Trautmann* IRG vor § 94 Rn. 3 mwN.
[499] Auch zu den insoweit allerdings kaum praktisch relevanten Ausführungen außerhalb der Form für eingehende Ersuchen von Schomburg/Lagodny/Gleß/Hackner/*Trautmann* IRG vor § 94 Rn. 3.
[500] Zu einem impliziten Verhältnismäßigkeitsvorbehalt vgl. HdB-EuStrafR/*Gleß* § 39 Rn. 44.

innerstaatlichen Rechtsvorschriften und Gepflogenheiten den Umständen des Falles angemessene Bedingungen festgelegt werden, um die Dauer der Sicherstellung des Vermögensgegenstands zu begrenzen (Art. 6 Abs. 2 RB 2003/757/JI). Dies gilt gem. Art. 10 Abs. 1 lit. c S. 2 RB 2003/757/JI auch wenn der Gegenstand nur vorläufig im Vorgriff auf ein weiteres Ersuchen verwahrt werden soll. Wird die richterliche Anordnung aufgehoben, hat die zuständige deutsche Justizbehörde die zuständige Behörde des ersuchten Mitgliedstaats unverzüglich darüber zu unterrichten, damit die Sicherstellung beendet oder an dortige Verfahren angepasst werden kann (vgl. Nr. 200 RiVASt).

f) Wie bereits ausgeführt, richtet sich die **Herausgabe** alleine nach den allgemeinen 487 Regelungen, insbesondere Art. 5 RHÜ 1959 und den darauf aufbauenden bilateralen Abkommen (vor allem → § 14 Rn. 227 ff.; § 15 Rn. 416).[501] Hier können sämtliche Vorbehalte grundsätzlich geltend gemacht werden, allerdings mit zwei Einschränkungen: Vor allem erklärt der RB 2003/757/JI ausdrücklich in Art. 10 Abs. 3 RB 2003/757/JI, dass bei den genannten **Katalogstraftaten** auch bei der Herausgabe nach vorläufiger Sicherstellung zu Beweiszwecken eine Berufung auf die **fehlende Strafbarkeit** im ersuchten Staat nicht mehr zulässig ist. Da Deutschland dies durch § 97 IRG entsprechend in nationales Recht umgesetzt hat, ist insoweit auch eine Berufung auf **fehlende Gegenseitigkeit** nicht mehr möglich.

g) Gegen die Sicherstellung muss ein **Rechtsbehelf** gegeben sein, wobei die Sachgründe 488 der Entscheidung nur im Anordnungsstaat angefochten werden können (Art. 11 RB 2003/757/JI) (→ § 24 Rn. 11; § 25 Rn. 2 ff.).[502] Im Falle des Schadenersatzes besteht gem. Art. 12 RB 2003/757/JI im Rahmen der Zurechenbarkeiten ein Erstattungsanspruch des Vollstreckungs- gegen den Anordnungsstaat.

E. Informationstechnische Systeme und Daten

I. Allgemeine Grundlagen

1. Überblick

Die Sicherstellung von informationstechnischen Systemen und Daten beim Beschuldigten, 489 Auskunftspersonen oder anderen Betroffenen als Beweismittel für ein Strafverfahren steht an der Schnittstelle verschiedener Rechtshilfehandlungen und -instrumente:

a) Wenn die Systeme und Daten in physischer Form als Geräte und Datenträger 490 identifizierbar in amtlichen Gewahrsam oder sonst Obhut überführt werden können, bereitet dies im Wege der allgemeinen Rechtshilfe wenig Schwierigkeiten. Es können dann ohne Weiteres die generellen Regeln zur Sicherung und Beschaffung, namentlich durch Durchsuchung, (vorläufigen) Sicherstellung und Herausgabe Anwendung finden (→ Rn. 401 ff.), soweit nicht ausnahmsweise Sonderregeln, vor allem in den Bereichen polizeilicher Kooperation oder des Unions- und nationalen Rechts, bestehen.

b) Gerade bei transnational zugänglichen Computer- bzw. Informationsnetzwerken wie 491 dem Internet und darauf basierenden oder alternativen partiellen Netzwerken, zB von Unternehmen, stellt sich die Frage, ob eine Rechtshilfe überhaupt erforderlich ist. Stets, wenn die Verletzung fremder Hoheitsrechte nicht manifest ist, sind alternativ die **Möglichkeiten des direkten Fernzugriffs** zu bedenken (→ § 7 Rn. 9 ff., 24 ff.).

c) Weiterhin kann ein Zugriff auf Datenübertragungen mittels der zugrundeliegenden 492 **Telekommunikation** im technischen Sinn erfolgen, die nach den dafür geltenden Regeln überwacht und ausgewertet werden kann (→ Rn. 577 ff. sowie für unmittelbare Überwachung → § 7 Rn. 13 ff.).

---

[501] Vgl. hierzu nur HdB-EuStrafR/*Gleß* § 39 Rn. 82 ff.
[502] Ansonsten fehlen insbes. materielle Betroffenen- und Beschuldigten- bzw. Verteidigungsrechte als Mindeststandards in eklatanter Weise, vgl. HdB-EuStrafR/*Gleß* § 39 Rn. 59 ff.

493 **d)** Jenseits dieser Zugriffsmöglichkeiten stoßen die **klassischen Rechtshilfeinstrumente,** obwohl sie meist auch die Erhebung und Übermittlung von Daten durch offene Formulierungen der Rechtshilfehandlung mit umfassen, an rechtliche und faktische Grenzen. Diese sind einerseits der „Flüchtigkeit" der Daten geschuldet, die schnell wieder gelöscht sein können.[503] Andererseits sind zunehmend informationstechnische Systeme und Daten, über mehrere oft weit auseinanderliegende physische Geräte verteilt und bilden nur virtuell-logisch eine informationstechnisch sinnvolle Einheit.

494 **e)** Von praktisch allen Rechtshilfeinstrumenten werden diese Probleme kaum aufgegriffen. Eine der wenigen Ausnahmen bilden im Rahmen des Unionsrechtes die **vorläufige Beweismittelsicherung** nach dem RB 2003/757/JI bzw. in dessen Nachfolge im Wege der Europäischen Ermittlungsanordnung, bei denen die Beweismittel auch nicht verkörpert sein müssen und **Daten** explizit mit umfasst sind (→ Rn. 461 ff., 469).

495 Dagegen betreffen zB die „Datenaustauschabkommen" zwischen den USA und Deutschland ausschließlich andere bzw. spezielle Bereiche, nämlich erkennungsdienstliche Daten oder solche über „Wirtschaftsbeziehungen" von Personen wie Bank- und Fluggastdaten (→ Rn. 626 ff., 704 ff.).

496 **f)** Als umfassendes Rechtshilfeinstrument für informationstechnische Systeme und Daten aller Art besteht daher bislang lediglich das **Übereinkommen des Europarates über Computerkriminalität** v. 23.11.2001 (Cybercrime-Konvention, CKÜ).[504] Die gesonderte Bezeichnung gegenüber den sonstigen besonderen Rechtshilfeübereinkommen des Europarats soll hier verdeutlichen, dass es sich in dreierlei Hinsicht um eine andersartige Konvention handelt, die strukturell eher den Abkommen im Rahmen der Vereinten Nationen (→ § 9 Rn. 82 ff.) ähnelt:

- Zunächst liegt der **Fokus** nicht primär auf der Rechtshilfe, sondern ebenso auf der **Harmonisierung durch Mindeststandards** im jeweiligen nationalen materiellen Strafrecht und Strafverfahrensrecht im Bereich von mit Computersystemen begangenen Straftaten.[505]
- Ferner erweitert sich der Teilnehmerkreis über die Mitglieder des Europarates derart kontinuierlich und weit über die kontinentalen Grenzen, dass die Konvention nicht nur als **globales Übereinkommen,** sondern mittlerweile **weltweiter Standard** für ihren sachlichen Regelungsbereich betrachtet werden muss.
- Als weitere Besonderheit stellt das CKÜ ein **Mischübereinkommen** dar, das regelmäßig nur bestehende Rechtshilfeverhältnisse ergänzen und ausgestalten will, und nur für den Fall, dass zwischen zwei Mitgliedstaaten nur die vertraglose Rechtshilfe besteht, ein subsidiäres Vollabkommen für die speziellen Fragen der Computerdaten und -systeme enthält (vgl. Art. 23 ff., 27 CKÜ).[506] So gilt als letzter Auslegungsgrundsatz, dass die Mitglieder alle „einschlägigen" völkerrechtlichen Übereinkünfte über die internationale Zusammenarbeit in Strafsachen, Übereinkünfte, die auf der Grundlage einheitlicher oder auf Gegenseitigkeit beruhender Rechtsvorschriften getroffen wurden, sowie innerstaatliche Rechtsvorschriften für Zwecke der Ermittlungen oder Verfahren in Bezug auf Straftaten in Zusammenhang mit Computersystemen und -daten oder für die Erhebung von Beweismaterial in elektronischer Form für eine Straftat zur größtmöglichen gegenseitigen Zusammenarbeit anwenden (Art. 23 CKÜ).

2. Anwendungsbereich der Cybercrime-Konvention

497 Für die **Anwendung des CKÜ** ist nach den allgemeinen Kriterien für den Geltungsbereich jeweils zu unterscheiden, in welchem Maß auf ein anderes Rechtshilfeinstrument

---

[503] Vgl. auch ETS 185 Explanatory Report Rn. 256 – CKÜ.
[504] Zur Entstehungsgeschichte vor allem ETS Nr. 185 Explanatory Report Rn. 1 ff. – CKÜ.
[505] Vgl. Schomburg/Lagodny/Gleß/Hackner/*Trautmann* II D 1 Rn. 4; vgl. ETS Nr. 185 Explanatory Report Rn. 16 ff. – CKÜ.
[506] ETS Nr. 185 Explanatory Report Rn. 244, 253 ff., 262 – CKÜ insbes. zur ausdr. Ablehnung eines abschließenden Vollabkommens bei der Vertragskonferenz.

oder eben ergänzend bzw. isoliert die Normen des CKÜ direkt zurückgegriffen werden kann. Soweit die Normen des CKÜ in diesem Konkurenzverhältnis anwendbar sind, gehen sie den innerstaatlichen Rechtshilfenormen nach dem IRG vor.[507] Dies ist vor allem bei speziellen Maßnahmen der Fall, die das CKÜ in ihrem besonderen Rechtshilfeteil vorsieht (→ Rn. 531 ff.).

a) Allgemeiner Geltungsbereich. Der generelle **Geltungsbereich** für alle nach dem CKÜ möglichen Rechtshilfeersuchen bestimmt sich zunächst wie bei anderen Rechtshilfeabkommen: **498**

aa) Das CKÜ haben bislang nicht nur die meisten **Mitglieder** des Europarates (mit wenigen Ausnahmen, nämlich nur noch Irland, Russland, Schweden und San Marino), sondern zusätzlich auch auf Einladung vor allem Australien, Israel, Japan, Kanada und die USA, sowie zahlreiche lateinamerikanische Staaten und frühere „potentielle Steuer- und Datenoasen", wenn auch mit unterschiedlichen beachtenswerten Vorbehalten, ratifiziert. **499**

Das bislang **einzige Zusatzprotokoll** betreffend die Kriminalisierung mittels Computersystemen begangener Handlungen rassistischer und fremdenfeindlicher Art[508] (CKÜ-Prot) ist mittlerweile, ebenfalls unter erheblichen Vorbehalten, seit 2011 für Deutschland und die überwiegende Zahl der am CKÜ teilnehmenden Staaten in Kraft getreten. **500**

bb) Der sachliche Anwendungsbereich des CKÜ ist gestaffelt. Grundsätzlich soll die Rechtshilfe gelten für: **501**

- die im Einzelnen umschriebenen besonderen Computerstraftaten,
- andere mittels eines Computersystems begangene Straftaten
- und die Erhebung von in elektronischer Form vorhandenem Beweismaterial für eine Straftat (Art. 14 Abs. 2 CKÜ iVm Art. 23 CKÜ).[509]

Dabei gilt einerseits im Bereich der beiden zuerstgenannten Punkte, nämlich den **Straftaten in Zusammenhang mit Computersystemen und -daten,** das Rechtshilferegime für alle Handlungen, nicht nur für die Erhebung von in elektronischer Form vorhandenem Beweismaterial. Allerdings greifen die Regelungen des CKÜ grundsätzlich nur subsidiär hinter bestehenden Rechtshilfeinstrumenten ein (→ Rn. 496). Dabei kann bei den unter Punkt 1 genannten Delikten zumindest faktisch davon ausgegangen werden, dass diese spätestens mit der Umsetzung des CKÜ bzw. seinem Zusatzprotokoll in jedem Mitgliedstaat unter Strafe gestellt sind, auch wenn dies den Einwand fehlender beidseitiger Strafbarkeit nicht automatisch entfallen lässt (→ Rn. 522). **502**

Das CKÜ stellt andererseits im Bereich der „kleinen Rechtshilfe" Regelungen zur Verfügung für die **umgehende vorläufige Sicherung** und einen allgemeinen **Zugriff** – einschließlich Beschlagnahme oder ähnliche Sicherstellung und Weitergabe – **von Daten,** die mittels eines Computersystems gespeichert sind, das sich im Hoheitsgebiet einer anderen Vertragspartei befindet.[510] Weiterhin wird durch die **umgehende Weiterleitung von Verkehrsdaten** ein Mechanismus zur Verfügung gestellt, um auch ohne eine Vorratsdatenspeicherung die regelmäßig dynamisch, dh nur für kurze Dauer jeweils neu, vergebenen Internetadresskennungen weiter bis zu konkreten Geräten und Anschlüssen verfolgen zu können. Schließlich bestehen besondere Rechtshilfemaßnahmen zur Überwachung von Verkehrs- und Inhaltsdaten technischer oder echter Telekommunikation zwischen und über Computersysteme in Echtzeit. Diese besonderen Rechtshilferegelungen des Kap. 3 Abschn. 2 haben wiederum in aller Regel vorrangigen Charakter (zumal sie in aller Regel die Rechtshilfe erleichtern) gegenüber anderen einschlägigen Rechtshilfeinstrumenten (→ Rn. 532 ff.). **503**

---

[507] Aufgrund der Umsetzung mittels Vertragsgesetz, vgl. BT-Drs. 16/7218 nach § 1 Abs. 3 IRG.
[508] ETS Nr. 189.
[509] Vgl. ETS Nr. 185 Explanatory Report Rn. 242 – CKÜ; Denkschrift zum Vertragsgesetz BT-Drs. 16/7218, 52.
[510] Vgl. auch *Polakiewic* in Breitenmoser/Gless/Lagodny, Schengen und Dublin in der Praxis, 2010, 121 (129 f.).

504 Bei der Erhebung von Verkehrs- oder Inhaltsdaten in Echtzeit können die Vertragsparteien einen anderen, engeren Anwendungsbereich vorsehen (Art. 33 f. CKÜ).[511]

505 cc) Die Definitionen der wesentlichsten Grundbegriffe erfolgt dabei, wie üblich, zu Beginn des Übereinkommens.

506 Ein **Computersystem** ist dabei eine „Vorrichtung oder eine Gruppe miteinander verbundener oder zusammenhängender Vorrichtungen, die einzeln oder zu mehreren auf der Grundlage eines Programms automatische Datenverarbeitung durchführen" (Art. 1 lit. a CKÜ). „Automatisch" bedeutet ohne unmittelbares menschliches Eingreifen, „Datenverarbeitung" bedeutet, dass Daten in einem Computersystem durch Ausführung eines Computerprogramms bearbeitet werden. Es handelt sich um eine aus Hardware und Software bestehende „Vorrichtung", die zur automatischen Verarbeitung digitaler Daten entwickelt wurde.[512] Der Begriff ist nicht so auszulegen, dass nunmehr auch Video-Geräte, CD-Player, Haushaltsgeräte und ähnliche Geräte umfasst wären, nur weil dort Chips oder elektronische Teile mit eingebaut sind.[513] Ein Computersystem kann Peripheriekomponenten beinhalten und auch in einem Netzwerk mit anderen ähnlichen Vorrichtungen verbunden sein.

507 **Computerdaten** werden definiert als jede Darstellung von Tatsachen, Informationen oder Konzepten in einer für die Verarbeitung in einem Computersystem geeigneten Form einschließlich eines Programms, das die Ausführung einer Funktion durch ein Computersystem auslösen kann (Art. 1 lit. b CKÜ).[514]

508 Zu beachten ist, dass hier, etwas abweichend als im Bereich der (deutschen) Telekommunikationsüberwachungsnormen, unter **„Verkehrsdaten"** alle entsprechenden Computerdaten, dh alle auf irgendeinem Computersystem und nicht nur bei einem Telekommunikationsanbieter gespeicherte Daten verstanden werden (Art. 1 lit. d CKÜ). Sie müssen in Zusammenhang mit einer Kommunikation unter Nutzung eines Computersystems erzeugt worden sein. Weiter muss aus ihnen der Ursprung, das Ziel, der Leitweg, die Uhrzeit, das Datum, der Umfang oder die Dauer der Kommunikation oder aber die Art des für die Kommunikation benutzten Dienstes hervorgehen. Es handelt sich also insbesondere um Protokolldaten und andere Datenspuren auf vorhandenen informationstechnischen Systemen und gerade nicht primär um die bei den Telekommunikationsprovidern anfallenden Verbindungsdaten. Die so verstandenen Verkehrsdaten können sich regelmäßig bei der Benutzung von Netzwerkdiensten, wie echter und rein technischer Telekommunikation über lokale Netze und das Internet, Nutzung von Telemedien zB in Form von Webangeboten etc bei den beteiligten Computersystemen ergeben und zwar insbesondere bei vom Teilnehmer benutzten Geräten wie bei den informationstechnischen Systemen der Inhalts- oder sonstigen Diensteanbieter. „Ursprung" und „Ziel" beziehen sich auf eine Telefonnummer, eine Internetprotokolladresse oder eine ähnliche Angabe zu einer Kommunikationsstelle, die von einem Diensteanbieter bedient wird. Der Ausdruck „Art des Trägerdienstes" bezieht sich auf die Art des Dienstes, der in einem Netz benutzt wird, zB Dateiübertragung (*„file transfer"*), elektronische Post oder sofortige Mitteilungsübermittlung (*„instant messaging"*).[515] Die Begriffsbestimmung überlässt es den nationalen Gesetzgebern, den gesetzlichen Schutz von Verkehrsdaten entsprechend ihrer Vertraulichkeit zu differenzieren.[516]

509 **b) Ergänzung für bestehende Rechtshilfeübereinkommen. Grundlage für alle Ersuchen** mit derartigem Inhalt sind entweder die bestehenden Rechtshilfeübereinkommen, die entsprechend erweiternd angewendet werden oder, wo bzw. soweit solche nicht bestehen, die Auffangregelungen des Art. 27 CKÜ.

---

[511] Vgl. ETS Nr. 185 Explanatory Report Rn. 243 – CKÜ.
[512] Vgl. ETS Nr. 185 Explanatory Report Rn. 23 f. – CKÜ.
[513] Denkschrift zum Vertragsgesetz BT-Drs. 16/7218, 41.
[514] Vgl. Denkschrift zum Vertragsgesetz BT-Drs. 16/7218, 41 mit weiteren Ausführungen.
[515] ETS Nr. 185 Explanatory Report Rn. 30 – CKÜ.
[516] Vgl. ausf. ETS Nr. 185 Explanatory Report Rn. 31 – CKÜ.

aa) Daher richten sich grundsätzlich die formalen Anforderungen an das Ersuchen, die 510 Zuständigkeit, den Geschäftsgang und etwaige Berichtspflichten nach dem **jeweiligen Rechtshilfeinstrument** (→ § 12). Infrage kommen dabei gem. Art. 27 Abs. 1 CKÜ alle zwischen den beiden Staaten bestehenden Rechtshilfeverträge oder Übereinkünfte, die auf der Grundlage einheitlicher oder auf (positiv zugesicherter) Gegenseitigkeit beruhenden Rechtsvorschriften getroffen wurden. Auch zeitlich nach dem CKÜ geschlossene oder in Kraft getretene Rechtshilfeinstrumente sind insoweit umfasst.[517]

Entsprechende Rechtshilfeinstrumente müssen allerdings „**anwendbar** sein", wie zwar 511 nicht aus dem Text der Norm, aber den beiden übergeordneten Überschriften hervorgeht.[518] Dabei kann es nach der Konstruktion des CKÜ nicht darauf ankommen, dass genau die Rechtshilfehandlungen, die das CKÜ bereithält, dort bereits enthalten sind.[519] Allerdings dürfen die Rechtshilfeinstrumente nicht so eng formuliert sein, dass sie derartige Rechtshilfehandlungen ausschließen würden, wie etwa der RB 2003/757/JI für die Herausgabe von Beweismitteln, mithin auch die Übermittlung von elektronischen Daten.

Ausdrücklich setzt das CKÜ voll auf dem RHÜ 1959 und seinem Zusatzprotokoll auf, 512 soweit keine spezielleren Normen, namentlich innerhalb der EU und dem Schengenraum greifen.[520] Im Geltungsbereich des RB 2003/757/JI bzw. später der Europäischen Ermittlungsanordnung müsste damit grundsätzlich deren Form- und Übermittlungserfordernissen zu folgen sein. Allerdings kann vor allem hier die Übermittlung nach den Regeln des CKÜ als Ersuchen verstanden werden, das wirksam ist, soweit sich die ersuchte Partei dazu bereit erklärt. Im Wege der größtmöglichen Rechtshilfe und aufgrund des nicht ausschließenden bzw. beschränkenden Charakters der beiden Rechtshilfeinstrumente des Unionsrechtes dürfte dazu grundsätzlich eine Verpflichtung bestehen, sofern nicht ganz überwiegende Effizienzinteressen oder Verfahrensrechte dagegen sprechen sollten.

bb) Nur soweit beide Parteien sich darüber einig sind, stattdessen die Regelungen des 513 CKÜ anzuwenden, oder soweit eine Regelung in der Rechtshilfebeziehung zwischen den beteiligten Staaten **nicht besteht,** gelten stattdessen bzw. ergänzend die entsprechenden Regelungen des Art. 27 Abs. 1 CKÜ.

Denn nach Art. 27 Abs. 8 S. 1 CKÜ kann **im Ersuchen** die Bitte geäußert werden, das 514 Vorliegen des Ersuchens und dessen Inhalt vertraulich zu behandeln, soweit die Erledigung nichts anderes gebietet.

Die Absendung des Ersuchens und die weitere **Kommunikation** erfolgt dann gem. 515 Art. 27 Abs. 2 CKÜ grundsätzlich durch zentrale Behörden beider Vertragsparteien, die unmittelbar miteinander verkehren. Diese Behörden werden gem. Art. 27 Abs. 2 lit. c, d CKÜ beim Generalsekretär des Europarats registriert. Deutschland hat in seiner Vertragserklärung das Auswärtige Amt als zentrale Behörde benannt, da bei solchen Ersuchen der diplomatische Geschäftsweg einzuhalten sei.[521] Soweit sich der ersuchte Staat nichts anderes vorbehalten hat (Art. 27 Abs. 9 lit. e CKÜ), können einerseits in dringenden Fällen Rechtshilfeersuchen und damit in Zusammenhang stehende Mitteilungen unmittelbar zwischen den Justizbehörden übermittelt werden; allerdings ist das Ersuchen gleichzeitig gem. Art. 27 Abs. 9 lit. a CKÜ über die beiden Zentralbehörden auf den Weg zu bringen. Ist die ersuchte Justizbehörde nicht zuständig, leitet sie das Ersuchen an die zuständige Stelle weiter und setzt die ersuchende Vertragspartei davon in Kenntnis (Art. 27 Abs. 9 lit. d CKÜ). Andererseits können bei einer Rechtshilfe, die keine Zwangsmaßnahmen erfordert, unmittelbar die zuständigen Behörden kommunizieren (Art. 27 Abs. 9 lit. c CKÜ). In die Übermittlung kann gem. Art. 27 Abs. 9 lit. b CKÜ stets Interpol eingeschaltet werden.

---

[517] Vgl. ETS Nr. 185 Explanatory Report Rn. 263 aE – CKÜ.
[518] Insoweit auch missverständlich die Begründung des RegE zum Vertragsgesetz BT-Drs. 16/7218, 53.
[519] Vgl. mit ETS Nr. 185 Explanatory Report Rn. 258 – CKÜ.
[520] Vgl. ausf. ETS Nr. 185 Explanatory Report Rn. 263 – CKÜ; Denkschrift zum Vertragsgesetz BT-Drs. 16/7218, 53.
[521] Denkschrift zum Vertragsgesetz BT-Drs. 16/7218, 53.

516 Soweit auch diese „Ersatznormen" des CKÜ keine Regelung treffen, bleibt es bei der Anwendung der rein innerstaatlichen Rechtsvorschriften über die Rechtshilfe.[522] Dies gilt namentlich hinsichtlich der Form und des Inhalts des Ersuchens, aber auch im Hinblick auf die Zuständigkeitsverteilung, Einbindung von übergeordneten Stellen etc.

517 cc) **Stets,** also auch innerhalb von sonst bestehenden vereinbarten Rechtshilfebeziehungen, kann in **dringenden Fällen** die Übermittlung von Rechtshilfeersuchen oder damit in Zusammenhang stehenden Mitteilungen durch **schnelle Kommunikationsmittel** einschließlich Telefax oder elektronischer Post erfolgen, soweit diese Mittel, ggf. auch unter Einsatz einer Verschlüsselung, einen angemessenen Sicherheits- und Authentisierungsstandard bieten (Art. 25 Abs. 3 CKÜ). Eine förmliche Bestätigung hat auf Verlangen der ersuchten Vertragspartei zu folgen. Die ersuchte Vertragspartei hat Ersuchen in dieser Weise entgegenzunehmen und mit einem dieser schnellen Kommunikationsmittel zu beantworten.

518 Im Rahmen des sog. **„24/7-Netzwerk"** unterhält jede Vertragspartei eine notifizierte, rund um die Uhr erreichbare Kontaktstelle (Art. 35 CKÜ). Sie dient der weiteren Sicherstellung der unverzüglichen gegenseitigen Unterstützung. Diese erfolgt durch fachliche Beratung, umgehende vorläufige Sicherung von Computerdaten und Weitergabe von Verkehrsdaten, die zur Weiterverfolgung notwendig sind, sowie zur Erhebung von Beweismaterial, Rechtsauskünften und Ausfindigmachen verdächtiger Personen. Die Kontaktstellen verfügen über Möglichkeiten zur schnellen Kommunikation mit den Kontaktstellen der anderen Vertragsparteien. In Deutschland ist diese Stelle als *„National High Tech Crime Unit"* beim BKA angesiedelt.[523] Ansonsten können die Kontaktstellen über die Übersicht des Europarates zu den Erklärungen etc in Erfahrung gebracht werden.[524]

519 Mit diesen Mechanismen wird eine Infrastruktur zur Verfügung gestellt, die eine sehr schnelle grenzüberschreitende Kontaktaufnahme zur jedenfalls vorläufigen Sicherung von Daten ermöglicht.

520 c) **Beschränkungsmöglichkeiten.** Grundsätzlich gelten die allgemeinen **Beschränkungsmöglichkeiten** der konkreten Rechtshilfebeziehung (Art. 25 Abs. 4 S. 1 CKÜ).

521 aa) Soweit ohnehin die Versagungsgründe bereits danach – namentlich im Bereich des RB 2003/757/JI bzw. der Europäischen Ermittlungsanordnung (→ Rn. 457, 462 ff.), aber auch zB der dies bezweckenden besonderen Konventionen (→ § 11 Rn. 48) – eingegrenzt sind, gilt dies auch für die Anwendung im Geltungsbereich des CKÜ.

522 bb) Kann nach diesem Rechtshilfeinstrument der **Einwand der fehlenden Strafbarkeit im ersuchten Staat** noch erhoben werden, bleibt er grundsätzlich auch nach dem CKÜ möglich. Allerdings ist die doppelte Strafbarkeit als erfüllt anzusehen, wenn die Handlung, die der Straftat, derentwegen um Rechtshilfe ersucht wird, zugrunde liegt, nach dem Recht des ersuchten Staates ebenfalls, wenn auch eventuell eine andere Straftat darstellt, anders benannt oder in eine andere Kategorie von Straftaten eingeordnet ist (Art. 25 Abs. 5 CKÜ).[525] Hingegen ist die Berufung auf den Grundsatz der beidseitigen Strafbarkeit ausgeschlossen, wenn eine vorläufige Sicherung gespeicherter Computerdaten oder die Weitergabe gesicherter Verkehrsdaten (→ Rn. 532 ff., 541 ff.) begehrt wird (Art. 29 Abs. 3, Art. 30 Abs. 2 CKÜ).[526] Dadurch soll nicht zuletzt eine zeitraubende Prüfung bei der sofort notwendigen rein vorläufigen und revisiblen Maßnahme vermieden werden.

523 cc) Zudem **verbietet** das CKÜ in ihrem Anwendungsbereich, wenn die Bezugstat eine der in ihrem Kopfteil geregelten besonderen Computerstraftaten darstellt, die Berufung sowohl auf einen sonst möglicherweise bestehenden **Vorbehalt bei fiskalischen Taten**

---

[522] Vgl. ETS Nr. 185 Explanatory Report Rn. 264 – CKÜ.
[523] Vertragserklärung Deutschlands zu Art. 35 CKÜ.
[524] https://www.conventions.coe.int/Treaty/Commun/ListeDeclarations.asp?NT=185&CM=8&DF=02/08/2014 (zuletzt aufgerufen am 21.5.2019).
[525] Vgl. Denkschrift zum Vertragsgesetz BT-Drs. 16/7218, 53.
[526] Vgl. ausf. ETS Nr. 185 ExplanatoryReport Rn. 259 – CKÜ.

(Art. 25 Abs. 4 S. 2 CKÜ).[527] Dabei handelt es sich allerdings nicht um die regulären Straftaten, die mittels eines Computersystems begangen werden, sondern nur die ausdrücklich ausformulierten in Art. 2 ff. CKÜ und rechtswidrigen Vorsatztaten:
- Der unbefugte Zugang zu Computersystemen (Rechtswidriger Zugang, Art. 2 CKÜ);
- das mit technischen Hilfsmitteln bewirkte unbefugte Abfangen nichtöffentlicher Computerdatenübermittlungen (Rechtswidriges Abfangen, Art. 3 CKÜ);
- das unbefugte Beschädigen, Löschen, Beeinträchtigen, Verändern oder Unterdrücken von Computerdaten (Eingriff in Daten, Art. 4 CKÜ);
- die unbefugte schwere Behinderung des Betriebs eines Computersystems durch Eingeben, Übermitteln, Beschädigen, Löschen, Beeinträchtigen, Verändern oder Unterdrücken von Computerdaten (Eingriff in ein System, Art. 5 CKÜ);
- der Missbrauch von Vorrichtungen für die vorgenannten Straftaten (Art. 6 CKÜ);[528]
- computerbezogene Fälschung (Art. 7 CKÜ)[529] und Betrug (Art. 8 CKÜ);
- Straftaten mit Bezug zu Kinderpornographie (Art. 9 CKÜ);
- Straftaten in Zusammenhang mit Verletzungen des Urheberrechts und verwandter Schutzrechte (Art. 10 CKÜ);
- Versuch, Beihilfe oder Anstiftung in Bezug auf die vorgenannten Taten (Art. 10 CKÜ).
- Durch das Zusatzprotokoll zudem: Verbreitung rassistischen und fremdenfeindlichen Materials über Computersysteme, rassistisch und fremdenfeindlich motivierte Drohung und Beleidigung, Leugnung, grobe Verharmlosung, Billigung oder Rechtfertigung von Völkermord oder Verbrechen gegen die Menschlichkeit sowie darauf bezogene Anstiftung und Beihilfe (Art. 3 ff., Art. 8 Abs. 2 CKÜ-ZP 1).

d) Verfahrensbesonderheiten. Die **Erledigung eines Rechtshilfeersuchens erfolgt grundsätzlich nach dem Recht der ersuchten Vertragspartei** oder in den anwendbaren Rechtshilfeverträgen vorgesehenen Bedingungen und Ablehnungsgründen, soweit nichts anderes ausdrücklich im CKÜ bestimmt ist (Art. 25 Abs. 4 CKÜ). Dies gilt namentlich im sonst vertragsfreien Bereich hinsichtlich der allgemeinen Rechtshilfehandlungen, über die auch das CKÜ keine näheren Regelungen vorsieht, wie etwa die Vernehmung von Zeugen im ersuchten oder ersuchenden Staat, Auskünfte und Bereitstellungen amtlicher Unterlagen oder sonstige Hilfestellung in Durchsuchungs- und Beschlagnahmeangelegenheiten vor allem in Bezug auf körperliche Gegenstände (vgl. Art. 25 Abs. 4 CKÜ).[530] 524

aa) Auch beim jeweiligen Verfahren der Rechtshilfe gelten grundsätzlich die Normen der sonst **zwischen den beiden Staaten bestehenden Rechtshilfeverträge** oder Übereinkünfte, die auf der Grundlage einheitlicher oder auf Gegenseitigkeit beruhenden Rechtsvorschriften getroffen wurden (Art. 25 Abs. 4 CKÜ). Nur wenn beide Parteien sich darüber einig sind, stattdessen die Regelungen des CKÜ anzuwenden, oder soweit eine solche geregelte Rechtshilfebeziehung nicht besteht, gelten stattdessen bzw. ergänzend die entsprechenden Regelungen des CKÜ, soweit sie nicht im CKÜ ausdrücklich für vorrangig erklärt worden sind. 525

Diese Regelungen sollen vor allem auch die **Rechte der Betroffenen** im ersuchten Staat sicherstellen.[531] So soll zB eine eingreifende Maßnahme wie Durchsuchung und Beschlagnahme im Auftrag einer ersuchenden Vertragspartei erst dann vorgenommen werden, wenn die ersuchte Vertragspartei Gewissheit darüber hat, dass die erforderlichen Bedingungen für eine solche Maßnahme in einer innerstaatlichen Angelegenheit erfüllt wären. Die Vertragsparteien können ebenfalls den Schutz der Rechte von Personen in Bezug auf die im Wege der Rechtshilfe sichergestellten und herausgegebenen Sachen garantieren. 526

---
[527] Vgl. ETS Nr. 185 ExplanatoryReport Rn. 258 – CKÜ.
[528] Beachte dazu auch den Vertragsvorbehalt Deutschlands v. 9.3.2009.
[529] Beachte dazu auch den Vertragsvorbehalt Deutschlands v. 9.3.2009.
[530] Ausf. ETS Nr. 185 ExplanatoryReport Rn. 264 – CKÜ.
[531] Vgl. zum Ganzen ETS Nr. 185 ExplanatoryReport Rn. 257 f. – CKÜ.

527	**bb)** Die besonderen Formen der Zusammenarbeit bezüglich elektronischer Daten als Beweismittel (wie Sicherung und Echtzeit-Erhebung von Daten, aber auch Durchsuchung und Beschlagnahme sowie das „Netzwerk 24/7") sind stets nach den Vorschriften des CKÜ zu gewährleisten, unabhängig davon, ob diese Maßnahmen in anderen Rechtsinstrumenten und nationalen -vorschriften bereits verankert sind (Art. 25 Abs. 2 CKÜ).[532]
528	**cc)** Soweit **keine anderen Regelungen** bestehen oder die beteiligten Staaten stattdessen die des CKÜ anwenden wollen, gilt für die Bewilligung folgendes: Die ersuchte Partei kann die Durchführung ablehnen, wenn sie die Bezugstat als politisches oder mit einem solchen zusammenhängendes Delikt ansieht (Art. 27 Abs. 4 lit. a CKÜ), oder meint, dass die Erledigung geeignet ist, ihre Souveränität, Sicherheit, öffentliche Ordnung oder andere wesentliche Interessen zu beeinträchtigen (ordre public) (Art. 27 Abs. 4 lit. b CKÜ). Aus Datenschutzgründen darf danach, abgesehen von ausdrücklich in Art. 28 CKÜ genannten Gründen, die Rechtshilfe nur in Ausnahmefällen abgelehnt werden; eine umfassende, kategorische oder systematische Anwendung von eigenen Datenschutzgrundsätzen zur Versagung der Zusammenarbeit ist ausgeschlossen.[533] Der ersuchte Staat kann die Durchführung gem. Art. 27 Abs. 5 CKÜ aufschieben, wenn die Gefahr besteht, dass sie eigene strafrechtliche Ermittlungen oder Verfahren beeinträchtigen. Vor einer Ablehnung oder einem Aufschub hat er allerdings nach Art. 27 Abs. 6 CKÜ jeweils zu prüfen, ob diese Schritte durch Bedingungen abgewendet werden können und ggf. den ersuchenden Staat zu konsultieren (§ 13 Rn. 71 ff.). Insoweit greift auch der Grundsatz der größtmöglichen Rechtshilfe aus Art. 23 CKÜ (→ Rn. 509 ff.).[534]
529	Die eigentliche **Erledigung** erfolgt gem. Art. 27 Abs. 3 CKÜ nach den von der ersuchenden Vertragspartei bezeichneten Verfahren, sofern dies mit dem Recht der ersuchten Vertragspartei nicht unvereinbar ist. Dies soll sich nur auf die Verpflichtung zur Beachtung technischer Verfahrenserfordernisse beziehen, nicht jedoch auf grundsätzliche verfahrensrechtliche Garantien.[535] So darf beispielsweise nicht vom ersuchten Staat verlangt werden eine Durchsuchung und Beschlagnahme durchzuführen, die seinen grundlegenden gesetzlichen Voraussetzungen nicht entsprechen würde. Die bloße Tatsache, dass das Rechtssystem des ersuchten Vertragsstaats ein erbetenes Verfahren nicht kennt, kann hingegen nicht Grund genug sein, die Anwendung zu verweigern, wenn es nicht mit den Rechtsgrundsätzen der ersuchten Vertragspartei unvereinbar ist.[536] So sollte zB die erbetene Zeugenvereidigung auch dann vorgenommen werden, wenn dies nur nach dem Verfahrensrecht des ersuchenden Staates erforderlich ist.
530	Soweit keine anderen Rechtshilfevorschriften bestehen oder die Staaten die Regelung des CKÜ vereinbaren, sind gem. Art. 27 Abs. 7 S. 1 CKÜ die **Ergebnisse** der Erledigung unverzüglich mitzuteilen. Jede Ablehnung, jeder Aufschub, jede Verzögerung oder Unmöglichkeit aus anderem Grund sind zu begründen (Art. 27 Abs. 7 S. 2, 3 CKÜ). Ebenfalls ist gem. Art. 27 Abs. 8 S. 2 CKÜ umgehend mitzuteilen, wenn einer Bitte um Vertraulichkeit nicht entsprochen werden kann, damit die ersuchende Vertragspartei entscheiden kann, ob das Ersuchen dennoch erledigt werden soll.
531	**e) Besondere Maßnahmen im Rahmen der Cybercrime-Konvention.** Das CKÜ stellt weiterhin folgende **besonderen Maßnahmen** für die Rechtshilfe in Bezug auf Computerdaten und -systeme für alle Strafsachen zur Verfügung, egal ob eine Straftat in Zusammenhang mit Computersystemen und -daten im Raum steht und ob ein anderes Rechtshilfeinstrument grundsätzlich zwischen den beteiligten Staaten besteht. Es handelt sich um: • Die Umgehende (vorläufige) Sicherung von Computerdaten; • die Ermittlung von Diensteanbietern und Teilnehmern während der vorläufigen Sicherung;

---

[532] Vgl. ETS Nr. 185 ExplanatoryReport Rn. 258 – CKÜ.
[533] Vgl. zum Ganzen ETS Nr. 185 ExplanatoryReport Rn. 269 – CKÜ.
[534] Vgl. zum Ganzen ETS Nr. 185 ExplanatoryReport Rn. 271 – CKÜ.
[535] Vgl. zum Ganzen ETS Nr. 185 ExplanatoryReport Rn. 267 – CKÜ.
[536] Vgl. auch Denkschrift zum Vertragsgesetz BT-Drs. 16/7218, 53.

- die eigentlichen Beweiserhebungsmaßnahmen, insbesondere durch Sicherstellung und Übermittlung;
- die Erhebung von Verkehrsdaten in Echtzeit;
- die Erhebung von Inhaltsdaten in Echtzeit.

II. Umgehende vorläufige Sicherung und Ermittlungen

1. Vorläufige Sicherung gespeicherter Computerdaten

Ähnlich wie beim RB 2003/757/JI stellt ein Ersuchen auf die vorläufige Sicherung gespeicherter Computerdaten als Schutz vor deren Verlust oder Veränderung einen Kern der Rechtshilfe des CKÜ dar, während andere Regelungen hierzu nicht bestehen. Die Sicherstellung ist eine begrenzte, vorläufige Maßnahme, die viel schneller durchzuführen ist als eine traditionelle Rechtshilfehandlung.[537] Insoweit gelten zwar die allgemeinen Grundsätze zur Anwendbarkeit des CKÜ, die auf bestehenden Abkommen grundsätzlich nur aufbaut. Jedoch sind die speziellen Regelungen gerade zur umgehenden vorläufigen Sicherung von Computerdaten, seien es Verkehrsdaten oder Daten sonstiger Art, vorrangig anwendbar (→ Rn. 507 f.). 532

a) **Gegenstand** des Ersuchens müssen Computerdaten sein, die mittels eines Computersystems gespeichert sind, das sich im Hoheitsgebiet des ersuchenden Staates befindet → Rn. 506). Ziel des Ersuchens ist die Anordnung oder anderweitige Bewirkung der umgehenden Sicherung dieser Daten durch den ersuchten Staat. Weiterhin muss der ersuchende Staat beabsichtigen, wegen dieser Daten ein Rechtshilfeersuchen um Durchsuchung oder ähnlichen Zugriff, Beschlagnahme oder ähnliche Sicherstellung oder Weitergabe zu stellen (Art. 29 Abs. 1 CKÜ). Dieses Verfahren orientiert sich an anderen vorläufigen Sicherungsverfahren wie nach dem RB 2003/757/JI, deren Vorschriften aber durch das CKÜ insoweit überlagert werden. 533

b) Das **Ersuchen** soll in Anbetracht dessen, dass es sich um eine vorläufige Maßnahme handelt und das Ersuchen rasch zu verfassen und zu übermitteln ist, nur solche kurz gefassten Angaben enthalten, die zur Sicherung der Daten unbedingt erforderlich sind.[538] Der Förmlichkeiten nach dem sonst zugrundeliegenden Rechtshilfeinstrument oder nationalen Rechtshilferecht der beteiligten Staaten bedarf es nicht; die Vorschriften der RiVASt werden hinsichtlich der Form durch den abweichenden völkerrechtlichen Vertrag insoweit ebenfalls abbedungen.[539] Die Abfassung und Übermittlung kann gem. Art. 25 Abs. 3 CKÜ auch durch **schnelle Kommunikationsmittel** einschließlich Telefax oder elektronischer Post erfolgen, soweit diese Mittel, ggf. auch unter Einsatz einer Verschlüsselung, einen angemessenen Sicherheits- und Authentisierungsstandard bieten (→ Rn. 515 ff.). Die ersuchte Vertragspartei hat Ersuchen in dieser Weise entgegenzunehmen und mit einem dieser schnellen Kommunikationsmittel zu beantworten. 534

Das Ersuchen muss (lediglich) bezeichnen 535

- die Behörde, die um die Sicherung ersucht;
- die Straftat, die Gegenstand der strafrechtlichen Ermittlungen oder Verfahren ist zusammen mit einer kurzen Sachverhaltsdarstellung;
- die gespeicherten Computerdaten die zu sichern sind und der Zusammenhang zwischen ihnen und der Straftat;
- alle verfügbaren Informationen zur Ermittlung des Verwahrers der gespeicherten Computerdaten oder des Standorts des Computersystems;
- die Notwendigkeit der Sicherung und

---

[537] ETS Nr. 185 ExplanatoryReport Rn. 282 – CKÜ.
[538] ETS Nr. 185 ExplanatoryReport Rn. 285 – CKÜ.
[539] Vgl. Denkschrift zum Vertragsgesetz BT-Drs. 16/7218, 54, zwar orientiert am eingehenden Ersuchen, aber konsequenterweise nur so zu verstehen.

- die erklärte Absicht der Vertragspartei, ein Rechtshilfeersuchen um Durchsuchung oder ähnlichen Zugriff, Beschlagnahme oder ähnliche Sicherstellung oder Weitergabe der gespeicherten Computerdaten zu stellen, also ein solches „nachzureichen" (Art. 29 Abs. 2 CKÜ).[540]

536 Für das Ersuchen stellt das CKÜ vor allem mit dem „24/7-Netzwerk", an das Deutschland über das BKA angeschlossen ist, und die erleichterten Übermittlungsformen (→ Rn. 518), sehr **schnelle Übermittlungsmechanismen** bereit.

537 c) Das Ersuchen kann gem. Art. 29 Abs. 3–5 CKÜ nur **abgelehnt** werden, wenn es sich um eine politische oder damit zusamenhängende Straftat handelt oder der ordre public verletzt ist. Wie oben dargestellt, ist eine Ablehnung nicht möglich wegen der Einordnung als fiskalische Straftat (Art. 25 Abs. 4 S. 2, Art. 29 Abs. 3 S. 2 CKÜ).[541] Die fehlende Strafbarkeit der Bezugstat im ersuchten Staat kann nur dann zur Verweigerung der vorläufigen Sicherung angeführt werden,[542] wenn

- der Staat sich dies, wie auch Deutschland, durch Vertragserklärung ausdrücklich vorbehalten hat (Art. 42 CKÜ mit Art. 29 Abs. 4 CKÜ);[543]
- der zugrundeliegende Sachverhalt und nicht die bloße Kategorisierung der Straftat beachtet wird (→ Rn. 522);
- die Strafbarkeit Voraussetzung für die Erledigung eines anschließenden Rechtshilfeersuchens um Durchsuchung oder ähnlichen Zugriff, Beschlagnahme oder ähnliche Sicherstellung oder Weitergabe gespeicherter Daten ist;
- und der ersuchte Staat Grund zu der Annahme hat, dass im Zeitpunkt der Weitergabe die Voraussetzung der beiderseitigen Strafbarkeit nicht erfüllt werden kann.

Letzteres ist nicht gegeben bei den im Einzelnen im CKÜ ausformulierten besonderen Computerdelikten (Art. 29 Abs. 3–5 CKÜ).[544]

538 d) Ansonsten trifft die ersuchte Vertragspartei **alle geeigneten Maßnahmen** zur **umgehenden Sicherung** der bezeichneten Daten in Übereinstimmung mit ihrem innerstaatlichen Recht. Die Sicherung erfolgt gem. Art. 16 CKÜ nach den von den Mitgliedstaaten zu gewährleistenden Mechanismen. Danach hat jede Vertragspartei nach ihrem Ermessen die erforderlichen gesetzgeberischen und anderen Maßnahmen zu treffen, damit ihre zuständigen Behörden diese anordnen oder in ähnlicher Weise bewirken können, insbesondere wenn Gründe zu der Annahme bestehen, dass bei diesen Computerdaten eine besondere Gefahr des Verlusts oder der Veränderung besteht (Art. 16 Abs. 1, 4 CKÜ iVm Art. 14 f. CKÜ).[545] Dies kann insbesondere[546] dadurch ausgestaltet werden:

- dass eine Person, namentlich ein **Diensteanbieter,** im Wege einer **Anordnung** aufgefordert wird, bestimmte gespeicherte Computerdaten, die sich in ihrem Besitz oder

---

[540] Vgl. ETS Nr. 185 ExplanatoryReport Rn. 285 – CKÜ.
[541] Allerdings kann hinsichtlich der doppelten Strafbarkeit ein entsprechender Vorbehalt erklärt worden sein, vgl. Explanatory Report Rn. 258 aE.
[542] Für diese Einschränkung nennt der ETS Nr. 185 ExplanatoryReport Rn. 285 f. – CKÜ neben der Notwendigkeit einer schnellen Prüfung vor allem den geringen Rechtseingriff als Begründung; Letzteres erscheint im Gegensatz zu Ersterem aber nicht stichhaltig, wenn, wie derzeit in Deutschland, die vorläufige Sicherung zur Übermittlung bzw. Verwahrung in staatlichem Gewahrsam erfolgen kann.
[543] Vertragsvorbehalt Deutschlands v. 9.3.2009 zu Art. 42 lit. c CKÜ; vgl. dazu Denkschrift zum Vertragsgesetz BT-Drs. 16/7218, 54.
[544] In Bezug auf die nach den Art. 2–11 CKÜ festgelegten Straftaten wird angenommen, dass die Voraussetzung der beiderseitigen Strafbarkeit ohnehin von den Vertragsparteien erfüllt wird, vorbehaltlich der Vorbehalte, die möglicherweise zu diesen Straftaten gemacht haben, soweit das Übereinkommen dies erlaubt. Daher können die Vertragsparteien diese Voraussetzung nur in Bezug auf andere als im Übereinkommen definierte Straftaten vorsehen, vgl. ETS Nr. 185 Explanatory Report Rn. 286 – CKÜ.
[545] Dies gilt gem. Art. 17 CKÜ auch explizit für Verkehrsdaten.
[546] Der ersuchten Vertragspartei wird explizit erlaubt, auch andere Verfahren zur beschleunigten Sicherung von Daten, einschließlich des beschleunigten Erlasses eines Herausgabe- oder Durchsuchungsbeschlusses bezüglich der vorläufigen Sicherung einzusetzen. Gefordert wird im Wesentlichen, dass ein extrem schnelles Verfahren zur Verfügung steht, durch das verhindert werden kann, dass Daten unwiederbringlich verloren sind, vgl. ETS Nr. 185 Explanatory Report Rn. 283 – CKÜ.

unter ihrer Kontrolle befinden, **sicherzustellen,** und dann verpflichtet ist, die Unversehrtheit dieser Computerdaten so lange wie notwendig, längstens aber neunzig Tage, zu sichern und zu erhalten, um den zuständigen Behörden zu ermöglichen, deren Weitergabe zu erwirken, wobei die Verlängerung der Anordnung vorgesehen und die Person zur Vertraulichkeit für den Sicherstellungszeitraum verpflichtet werden kann (Art. 16 Abs. 2, 3 CKÜ),[547] oder

- direkt durch die **Sicherstellung durch eine staatliche Verwahrstelle,** ggf. im Wege der **vorläufigen Beschlagnahme.** Von dieser Maßnahme macht etwa Deutschland angesichts der Europarechtswidrigkeit der früheren Vorratsdatenspeicherung im Telekommunikationsbereich und mangels gesetzlicher Implementierung des gerade genannten Quick-Freeze-Mechanismus Gebrauch.

Ist durch die Sicherung nach Ansicht der ersuchten Vertragspartei die künftige Verfügbarkeit der Daten nicht gewährleistet oder die Vertraulichkeit der Ermittlungen der ersuchenden Vertragspartei gefährdet oder in anderer Weise beeinträchtigt, so setzt sie die ersuchende Vertragspartei umgehend davon in Kenntnis; diese entscheidet dann, ob das Ersuchen dennoch erledigt werden soll (Art. 29 Abs. 6 CKÜ).[548] 539

Jede so vorgenommene Sicherung erfolgt gem. Art. 29 Abs. 7 S. 1 CKÜ für mindestens 60 Tage, damit die ersuchende Vertragspartei ein Ersuchen um Durchsuchung oder ähnlichen Zugriff, Beschlagnahme oder ähnliche Sicherstellung oder Weitergabe der Daten stellen kann. Auch nach Eingang eines solchen Ersuchens werden die Daten nach Art. 29 Abs. 7 S. 1 CKÜ weiterhin gesichert, bis über das Ersuchen entschieden worden ist. 540

2. Sicherung von Verkehrsdaten und Ermittlungen zur Rückverfolgung

Bezieht sich die vorläufige Sicherung **auch auf Verkehrsdaten,** also Computerdaten in Zusammenhang mit einer Kommunikation unter Nutzung eines Computersystems, das Teil der Kommunikationskette war (Art. 1 lit. d CKÜ), so ergänzen vorläufige Datenerhebungen und -verarbeitungen die ansonsten rein „passive" vorläufige Sicherung. Ziel ist es, dass damit die Übertragung **bis zu ihrem Ursprung zurückverfolgt** und der Täter identifiziert oder entscheidendes Beweismaterial lokalisiert werden kann, bevor dieses verändert oder verloren ist.[549] 541

In diesen Fällen haben auch die privaten Verwahrer der vorläufigen Datensicherung nach dem nationalen Recht die Verkehrsdaten in einem solchen Umfang umgehend an die zuständige Behörde des ersuchten Staates oder an eine von dieser Behörde bezeichnete Person weiterzugeben, dass der ersuchte Staat die Diensteanbieter und den Weg feststellen kann, auf dem die Kommunikation übermittelt wurde (Art. 17 Abs. 1 lit. b CKÜ, Art. 17 Abs. 2 CKÜ iVm Art. 14, 15 CKÜ). 542

Stellt der ersuchte Staat darauf bei der Erledigung des Ersuchens um vorläufige Sicherung fest, dass ein Diensteanbieter in einem anderen Staat an der Übermittlung dieser Kommunikation beteiligt war, so gibt er umgehend die betreffenden Verkehrsdaten in so ausreichender Menge an den ersuchenden Staat weiter, dass dieser den Diensteanbieter und den Weg, auf dem die Kommunikation übermittelt wurde, feststellen kann (Art. 30 Abs. 1 CKÜ).[550] Wegen dieser Pflicht und der Gleichstellung bzw. dem Rangverhältnis der verschiedenen vorläufigen Sicherungsalternativen (→ Rn. 532) muss der ersuchte Staat auch das Recht haben, bei von ihm in seinem Gewahrsambereich sichergestellten Verkehrsdaten 543

---

[547] Dies ist aus Sicht der CKÜ die bevorzugte Sicherungsmethode, da sie die Privatsphäre der Betroffenen am besten schützt, ETS Nr. 185 Explanatory Report Rn. 283 – CKÜ.
[548] Die ersuchende Vertragspartei soll umgehend hiervon in Kenntnis gesetzt werden, damit sie einschätzen kann, ob sie das mit der Aufrechterhaltung des Sicherungsersuchens verbundene Risiko eingehen oder sich um eine eingreifendere, jedoch sicherere Form der Rechtshilfe bemühen sollte, bspw. um eine Herausgabe oder Durchsuchung und Beschlagnahme, vgl. ETS Nr. 185 Explanatory Report Rn. 288 – CKÜ.
[549] Vgl. ETS Nr. 185 Explanatory Report Rn. 290 – CKÜ.
[550] Zum Begriff des Diensteanbieters Art. 1 lit. c CKÜ.

eine entsprechende Erhebung bzw. Sichtung, mit der klaren Zweckbindung an die rechtshilfemäßige Weitergabe vorzunehmen. Von der Weitergabe darf nur abgesehen werden, wenn das Ersuchen eine Straftat betrifft, die von der ersuchten Vertragspartei als politische oder als mit einer solchen zusammenhängende angesehen wird, oder sonst der ordre public dies gebietet (Art. 30 Abs. 2 CKÜ). Weiterhin sind Vorbehalte möglich für geschlossene Netze und Kommunikationsformen sowie Einschränkungen durch die Beachtung der EMRK (Art. 17 Abs. 2 iVm Art. 14, 15 CKÜ).

544 Die ersuchende Stelle kann dann an einen weiteren Staat, auf dessen Hoheitsgebiet die Kommunikationskette verweist, ein Ersuchen um Sicherung und beschleunigte Rechtshilfe stellen, damit die Übertragung bis zu ihrem Ursprung zurückverfolgt werden kann.[551] Führt der Übertragungsweg zurück zu dem ersuchenden Staat, so wird dieser in die Lage versetzt, die Sicherung und Weitergabe weiterer Verkehrsdaten mittels innerstaatlicher Verfahren zu erlangen.

III. Beweiserhebung bezüglich Computerdaten und -systemen

1. Überblick

545 Als **eigentliche Beweiserhebungsmaßnahme** in Bezug auf Computerdaten, die mittels eines Computersystems gespeichert sind, das sich im Hoheitsgebiet einer Vertragspartei befindet, wird sowohl nach deutschem Recht wie auch regelmäßig den Rechtshilfeinstrumenten entsprechend den Vorschriften für Sachen bzw. allgemein sächlichen Beweismitteln durchgeführt. Aus Sicht des deutschen Rechts sind §§ 94 ff. StPO auch für elektronisch gespeicherte Daten, die nicht gesondert verkörpert sind, anwendbar.[552]

546 Entsprechend gelten die Vorschriften der jeweiligen Rechtshilfeinstrumente, insbesondere der Europäischen Ermittlungsanordnung und des RHÜ 1959 sowie der bilateralen Verträge und die mit diesen korrespondierenden innerstaatlichen Rechtshilfevorschriften jedenfalls in Deutschland (→ Rn. 402 ff.). Das CKÜ trifft hier nur Ergänzungen, die bestimmte Mindeststandards in ihrem Anwendungsbereich (→ Rn. 498 ff.) gewährleisten sollen. Dies erfolgt dadurch, dass in der zentralen Rechtshilfevorschrift auf das nationale Recht und damit indirekt die Umsetzung der ebenfalls im CKÜ enthaltenen Mindestharmonisierungsgebote zurückgegriffen wird.[553] Besonderheiten ergeben sich hingegen, wenn Telekommunikationsgrundrechte eingreifen (→ Rn. 581 ff.).

2. Cybercrime-Konvention

547 a) **Maßnahmen.** Während andere einschlägige internationale Regelungen weithin zu fehlen scheinen, macht vor allem das CKÜ die konkreten **Zugriffs- und Übermittlungsbefugnisse** in Bezug auf Compterdaten und informationelle Systeme an den traditionellen Begrifflichkeiten der Durchsuchung, Beschlagnahme und Herausgabe an den ersuchten Staat, aber auch alternativen Beschaffungsmaßnahmen wie der auferlegten Herausgabepflicht fest und spiegelt dabei die Regelung der §§ 94 ff. StPO wider.

548 So kann nach dem CKÜ hinsichtlich der mittels eines Computersystems im Hoheitsbereich eines anderen Staates gespeicherten Daten (einschließlich der bereits vorläufig gesicherten) ersucht werden um
- Durchsuchung oder ähnlichen Zugriff,
- um Beschlagnahme oder ähnliche Sicherstellung
- und um Weitergabe.

---

[551] Vgl. ETS Nr. 185 Explanatory Report Rn. 290 aE – CKÜ.
[552] Vgl. nur Meyer-Goßner/Schmitt/*Köhler* StPO § 94 Rn. 4 mwN.
[553] Art. 31 CKÜ der damit nicht direkt aber im Wortlaut und über das nationale Recht vor allem auf Art. 19 CKÜ verweist. Daneben kann aber auch zB Art. 18 Abs. 1 lit. a CKÜ als so gespiegelte Norm einschlägig sein.

Es handelt sich jeweils um einmalige Rechtshandlungen bezogen auf den zum Ausführungszeitpunkt vorgefundenen Zustand. Die laufende Überwachung ist hiervon gesondert geregelt und nicht durch diese Begriffe abgedeckt (→ Rn. 567 ff.). Ob Maßnahmen nur mit den Begriffen der ersten beiden Punkte umfasst sind, wenn sie offen ausgeführt werden, bzw. sie zumindest normativ eine grundsätzliche Informationspflicht der unterschiedlichen Betroffenen auslösen, überlässt das CKÜ der stark unterschiedlichen Rechtslage in den einzelnen Mitgliedstaaten.[554] Dadurch wird die bestehende begriffliche Unsicherheit auch im Rechtshilfeverkehr fortgeführt. 549

aa) Mit dem Begriff „durchsuchen" wird zum Ausdruck gebracht, dass der Staat die Befugnis zur Durchführung einer Zwangsmaßnahme ausübt und dass diese der traditionellen Durchsuchung entspricht.[555] Er beinhaltet sowohl die Suche nach als auch die Durchsicht von Daten, also etwa die Suche nach Computersystemen und Datenträgern, deren Durchsuchung, bei Computersystemen einschließlich der mit diesem zusammenhängenden Komponenten. Ebenfalls umfasst ist die Ausdehnung der Durchsuchung auf andere Computersysteme und Datenträger, wenn auf Daten, die in einem anderen System oder in einer anderen Speichervorrichtung gespeichert sind, über das durchsuchte Computersystem rechtmäßig zugegriffen werden kann, indem eine Verbindung mit anderen Computersystemen hergestellt wird.[556] Die Durchsuchung umfasst den Vorgang des Suchens, Lesens, Einsehens oder Überprüfens von Daten mit dem Ziel, die eigentlichen Beweisinformationen zu identifizieren. Auf der anderen Seite hat das Wort „Zugriff" eine neutrale Bedeutung, entspricht jedoch genauer der modernen Computerterminologie. Die beiden Ausdrücke werden benutzt, um die traditionellen Begriffe mit der modernen Terminologie zu verbinden. 550

bb) Mit **„Beschlagnahme oder ähnliche Sicherstellung"** wird die Rechtshandlung bezeichnet, mit der die Verfügungsgewalt über Daten übernommen wird.[557] Dies kann mit dem vollständigen Entzug jeder Verfügungsgewalt erfolgen, etwa wenn gleichzeitig eine polizeiliche Gefahr, zB durch den Inhalt der Daten beseitigt werden soll, oder aber durch Erstellung einer Kopie, die wiederum der ausschließlichen Verfügungsbefugnis der staatlichen Gewährsträger unterliegt. Beides kann in körperlicher oder elektronischer Form erfolgen, etwa als ultima ratio aus dem Blickwinkel der Verhältnismäßigkeit durch die Wegnahme des physischen Mediums, auf dem Daten aufgezeichnet sind, durch die Anfertigung und Einbehaltung einer Kopie der Daten oder durch sonstiges Erlangen der ausschließlichen Verfügungsgewalt über diese Daten in der Computerumgebung auf andere Weise, etwa durch Übernahme der ausschließlichen Verfügungsgewalt über ein oder auf einem Computersystem, wenn dies für die Zwecke, vor allem die Sicherung der Integrität und des Beweiswerts, ausreichen sollte. Beinhaltet ist auch die Benutzung oder die Beschlagnahme von Programmen und Computersystemen, wenn diese erforderlich sind, um auf die zu beschlagnahmenden Daten zugreifen zu können. Das Unzugänglichmachen von Daten kann beinhalten, dass die Daten verschlüsselt werden oder Personen der Zugriff auf diese Daten auf andere technische Weise verweigert wird. Die Maßnahme muss stets revisibler Natur insoweit sein, dass zumindest die Verfügbarkeit und Nutzbarkeit der Daten auch nach Aufhebung ihrer Wirkung wieder hergestellt ist oder werden kann. Eine vollständige Löschung oder Veränderung ist durch die Begrifflichkeit der Beschlagnahme nicht gedeckt. 551

cc) Im Bereich der ähnlichen Sicherstellung wird man auch die **aufgrund einem Dritten auferlegten Herausgabeverpflichtungen** durch den ersuchten Staat erlangten Daten umfasst sehen müssen (vgl. Art. 18 Abs. 1 lit. b CKÜ). Soweit das zugrundelegende Rechtshilfeverhältnis dies ermöglicht, wird auch um eine entsprechende Durchführung 552

---

[554] Vgl. zum Ganzen ETS Nr. 185 Explanatory Report Rn. 204 – CKÜ.
[555] Vgl. zum Ganzen ETS Nr. 185 Explanatory Report Rn. 184 ff. – CKÜ.
[556] Vgl. nur hierzu MüKoStPO/Hauschild StPO § 110 Rn. 15 ff., § 110 Abs. 3 StPO; Art. 19 Abs. 2 CKÜ; ETS Nr. 185 Explanatory Report Rn. 188 – CKÜ.
[557] Vgl. zum Ganzen ETS Nr. 185 Explanatory Report Rn. 187, 196 ff. – CKÜ.

einer Herausgabeverpflichtung ersucht werden können (→ Rn. 414 f.), oder diese, vor allem in auf dem Common Law basierenden Rechtsordnungen des ersuchten Staates zumindest als Alternative im Ersuchen zu berücksichtigen sein.

553 dd) Die **Weitergabe bzw. Herausgabe** an den ersuchenden Staat erfolgt zwar grundsätzlich nach den Regelungen wie bei anderen Gegenständen (→ Rn. 416). Sie bereitet aber insoweit Probleme, da beweissichere Übermittlungsmechanismen in unkörperlicher Form bislang allenfalls in Ausnahmefällen anerkannt sind (→ § 13 Rn. 194 ff.). Daher wird die Weitergabe regelmäßig in körperlicher Form, also zB in Form von Datenträgern, Ausdrucken, oder dem gesamten sichergestellten Computersystem erfolgen.

554 b) **Ersuchen.** Die Anforderungen an die Zuständigkeit, den Geschäftsweg und die Formalitäten des **Ersuchens** richten sich ausschließlich nach dem jeweiligen Rechtshilfeinstrument (→ § 12; § 15 Rn. 402 ff.). Nur im sonst vertragsfreien Verkehr oder bei Vereinbarung der beteiligten Staaten kommen die subsidiären Vorschriften des CKÜ zur Geltung (→ Rn. 513). Besonderheiten wegen des Gegenstandes gegenüber den üblichen Anforderungen solcher Ersuchen um Durchsuchung oder Beschlagnahme über das sich aus der Natur der Sache zB bei der Identifizierung des eigentlich zu erhebenden Beweisinhalts, sind bislang nicht ersichtlich.

555 c) **Durchführung.** Weiterhin erfolgt die **Erledigung** nach den Modalitäten des nationalen Rechts sowie ggf. den dazu vorrangigen allgemeinen Rechtshilfeinstrumenten.

556 aa) Im Anwendungsbereich des CKÜ (→ Rn. 497 ff.) ist das Ersuchen **umgehend zu erledigen,** wenn Gründe zu der Annahme bestehen, dass bei den einschlägigen Daten eine besondere Gefahr des Verlusts oder der Veränderung besteht oder die Übereinkünfte und Rechtsvorschriften eine umgehende Zusammenarbeit vorsehen (Art. 31 Abs. 3 CKÜ). Ansonsten gelten gem. Art. 31 Abs. 2 CKÜ die zugrundeliegenden Rechtshilfeinstrumente bzw. das nationale Recht.

557 Weiterhin ergibt sich aus dem Anwendungsbereich des CKÜ, dass aufgrund der Mindestharmonisierungspflicht vorausgesetzt werden kann, dass der ersuchte Staat die nötigen **Mechanismen** zur Verfügung stellt (Art. 18, 19 CKÜ).[558]

558 Die Durchsuchung (und erst recht die anschließende Beschlagnahme) erfordert, dass die staatlichen Behörden **Grund zu der Annahme** haben, dass sich die zu Beweiszwecken gesuchten Daten in einem Computersystem, einem Teil oder sonst einem Datenträger davon in ihrem Hoheitsgebiet befinden (vgl. Art. 19 Abs. 2 CKÜ). Voraussetzung der gesetzlichen Befugnis zur Vornahme einer Durchsuchung sind nach den innerstaatlichen Rechtsvorschriften und Menschenrechtsgarantien Anhaltspunkte dafür, dass solche Daten sich an einem bestimmten Ort befinden und bezüglich einer bestimmten Straftat als Beweismittel dienen können.[559] Die Zuverlässigkeit der Annahme ist dieselbe, ob die Daten nun in greifbarer oder in elektronischer Form vorliegen. Ebenso beziehen sich die Anhaltspunkte und die Durchsuchung auf Daten, die bereits vorhanden sind und bezüglich einer bestimmten Straftat als Beweismittel dienen können.

559 Die **Durchsuchung** deckt gem. Art. 19 Abs. 2 CKÜ auch den Fernzugriff auf andere Computersysteme oder Datenträger im ersuchten Staat ab, soweit sich die begründete Annahme gerade auf diese als Speicherort erstreckt.

560 Die Mindeststandards des CKÜ umfassen insbesondere die Befugnis der zuständigen inländischen Behörden, ein Computersystem oder einen Teil davon oder einen Computerdatenträger **zu beschlagnahmen oder in ähnlicher** Weise sicherzustellen. Dies beinhaltet namentlich auch die Befugnisse:

- Insbesondere statt der körperlichen Beschlagnahme oder sonst ausschließenden Sicherstellung (→ Rn. 551) eine Kopie der Computerdaten anzufertigen und zurückzubehalten,
- die Unversehrtheit der einschlägigen gespeicherten Computerdaten zu erhalten

---

[558] Vgl. ETS Nr. 185 Explanatory Report Rn. 292 – CKÜ.
[559] ETS Nr. 185 Explanatory Report Rn. 185 – CKÜ.

- und diese gespeicherten Computerdaten in dem Computersystem, auf das Zugriff genommen wurde, unzugänglich zu machen oder sie daraus zu entfernen (Art. 19 Abs. 3 CKÜ).
- Von einer Person, die Kenntnisse über die Funktionsweise des Computersystems oder über Maßnahmen zum Schutz der darin enthaltenen Daten hat, in vernünftigem Maß – dies meint insbesondere unter Beachtung der Grund- und Verfahrensrechte sowie der Verhältnismäßigkeit – die notwendigen Auskünfte zu erhalten, um die Durchsuchung und Beschlagnahme durchführen zu können (Art. 19 Abs. 4 CKÜ). So soll die Offenbarung eines Passworts oder einer anderen Sicherheitsmaßnahme wohl nicht vernünftig sein, wenn sie die Privatsphäre anderer Nutzer oder andere Daten, deren Durchsuchung nicht genehmigt ist, gefährden könnte. In einem solchen Fall könnte die Erteilung der „notwendigen Auskünfte" in der Bereitstellung der eigentlichen, von den zuständigen Behörden angeforderten Daten in verständlicher und lesbarer Form bestehen.[560]

Da sich die „Beschlagnahme oder ähnliche Sicherstellung" auf gespeicherte nicht greifbare Daten beziehen, müssen die zuständigen Behörden zusätzliche Maßnahmen zur Sicherung der Daten ergreifen.[561] Das heißt, sie müssen „die **Datenintegrität bewahren**" und dürfen die „Verwahrungskette" nicht unterbrechen, was bedeutet, dass die kopierten oder entfernten Daten in dem Zustand erhalten werden müssen, in dem sie sich zum Zeitpunkt der Beschlagnahme befanden, und während des Strafverfahrens nicht verändert werden dürfen. Der Begriff „entfernen" wird benutzt, um zum Ausdruck zu bringen, dass die Daten zwar entfernt oder unzugänglich gemacht, jedoch nicht zerstört werden und weiterhin vorhanden sind. 561

Dabei sind insbesondere aus der deutschen Sicht das **Selbstbelastungsverbot** und der **Verhältnismäßigkeitsgrundsatz** ebenso wie die **prozedurale Grundrechtswirkung** im Hinblick auf einen effektiven Rechtsschutz zu wahren sein. So dürfte die körperliche Beschlagnahme des Datenträgers und erst recht weiterer Komponenten oder eines ganzen Computersystems nur die *ultima-ratio* darstellen, die Entfernung von Daten nur bei Vorliegen von über die Beweisfunktion hinausgehender Gründe gerechtfertigt sein und grundsätzlich die Übersendung von verkörperten Kopien als ausreichend angesehen werden müssen, soweit der konkrete Fall nichts anderes erfordert. Auch wird die Maßnahme selbst grundsätzlich offen gegenüber dem Betroffenen durchzuführen sein, was im Rahmen der möglichen Wirkung des eigenen Rechtes im ersuchten Staat sicherzustellen ist. Es erscheint bedauerlich, dass derart wichtige Teilregelungen, die mehr oder minder unmittelbar in der Judikatur des BVerfG wurzeln, bislang keinen der Bedeutung angemessenen ausdrücklichen und klaren Eingang in das IRG gefunden haben, auch wenn sich das meiste aus der genannten Rechtsprechung und entsprechenden Anwendung der StPO ergeben mag. 562

bb) Innerhalb der **EU** werden im Übrigen die Rahmenbedingungen der Europäischen Ermittlungsanordnung auch in diesem Bereich gelten, ebenso ansonsten wie im weiteren paneuropäischen Rahmen das RHÜ 1959 mit den wenigen einschlägigen allgemeinen Regelungen sowie die darauf aufbauenden Ergänzungsverträge (→ Rn. 455 ff.). 563

cc) Unter den ansonsten vielfältigen bilateralen Rechtshilfeverhältnissen ergibt sich beispielsweise mit den **USA** folgendes Ergänzendes: 564

Es sind zunächst die Voraussetzungen für Abfragen bei US-Unternehmen zu beachten, die aus 18 U. S. C. § 2703 (d) folgen. Danach ist für die Beschaffung ohne vorheriges Einverständnis des Nutzers bzw. dazu berechtigten Providers eine **gerichtliche Anordnung** auf Herausgabe von Daten eines dafür zuständigen (US-amerikanischen) Gerichtes erforderlich, die nur ergeht, wenn die Ermittlungsbehörde konkrete Tatsachen benannt hat, die den hinreichenden Verdacht begründen, dass die erbetenen Inhalte oder Aufzeichnungen oder sonstigen Daten für ein anhängiges Ermittlungsverfahren erheblich und wesentlich 565

---

[560] ETS Nr. 185 Explanatory Report Rn. 202 – CKÜ; vgl. dazu auch Denkschrift zum Vertragsgesetz BT-Drs. 16/7218, 49 f. mwN.
[561] Vgl. zum Ganzen ETS Nr. 185 Explanatory Report Rn. 187, 196 ff. – CKÜ.

sind (→ Rn. 415). Noch höhere Anforderungen gelten für den Bereich der Telekommunikation (→ Rn. 590).

566 **d) Weitergabe bzw. Herausgabe.** Die **Weitergabe bzw. Herausgabe** an den ersuchenden Staat erfolgt zwar grundsätzlich nach den Regelungen wie bei anderen Gegenständen (→ Rn. 416). Sie bereitet aber insoweit Probleme, da beweissichere Übermittlungsmechanismen in unkörperlicher Form bislang allenfalls in Ausnahmefällen anerkannt sind (→ § 13 Rn. 194 ff.). Daher wird die Weitergabe regelmäßig in körperlicher Form, also zB in Form von Datenträgern, Ausdrucken, oder dem gesamten sichergestellten Computersystem erfolgen. Soweit möglich, sollten die Vorschriften für die Übersendung von Originalen bzw. Kopien von Unterlagen (→ § 13 Rn. 142 ff.) sinngemäß angewendet werden. Im Rahmen der Beweiskette, sei es unmittelbar im Verhältnis zB mit den USA, aber auch sonst, kann die Aussage von beteiligten Amtsträgern (→ § 13 Rn. 179 ff.) häufiger erforderlich werden, um die Identität und Integrität der übermittelten Daten zu verifizieren, diese persönliche Aussage aber auch für die Hauptverhandlung ggf. durch schriftliche Erklärungen und Behördengutachten ersetzt werden (→ § 25 Rn. 25).

IV. Datenerhebung in Echtzeit

567 Die **grenzüberschreitende Erhebung und ggf. Sicherung von Computerdaten in Echtzeit** ist als solches bislang nur im CKÜ geregelt und nur im Rahmen von Kommunikationsvorgängen vorgesehen. Eine Echtzeiterfassung von sonstigen Verarbeitungsvorgängen *innerhalb* eines Computersystems, sowohl aufgrund bloßer Interaktion mit dem Benutzer als auch rein autonomer Programmabläufe ist im Rechtshilferecht und auch dem Harmonisierungsprogramm des CKÜ nicht vorgesehen. Sie würde unter dem Gesichtspunkt des Grundrechts auf Gewährleistung der Vertraulichkeit und Integrität informationstechnischer Systeme aus Art. 1, 2 Abs. 1 GG im Bereich der rein strafrechtlichen Beweissicherung auf praktisch unüberwindliche Bedenken stoßen.[562]

568 1. Hier ergeben sich **weitreichende Überschneidungen,** jedoch keine völlige Kongruenz mit Maßnahmen zur fortlaufenden **Überwachung der Telekommunikation** (→ Rn. 591 ff.). Einerseits muss Telekommunikation nicht über Computersysteme erfolgen (zB analoges Ferngespräch), sodass die Normen der Datenerhebung über Computersysteme nicht anwendbar sind, auch wenn dies heute, vor allem im Hinblick auf die internen digitalen Netzstrukturen der Diensteanbieter, einen kaum mehr anzutreffenden Ausnahmefall darstellt.

569 2. Andererseits aber ist die **Reichweite des Begriffs der „Kommunikation" als Grundlage für bestimmte Rechtshilfeinstrumente im Kontext von Computersystemen nicht klar.**

570 **a)** Die grundrechtlich geschützte Telekommunikation setzt zumindest in Deutschland eine unkörperliche Vermittlung von Informationen an mindestens einen oder mehrere abgrenzbare individuelle Empfänger voraus. Zwar ist das Grundrecht hinsichtlich des Übertragungsmediums entwicklungsoffen und umfasst auch die Umstände der Kommunikation. Allerdings bieten in diesem Sinn Post und Telekommunikation die Voraussetzungen für die private Kommunikation zwischen Personen, die nicht am selben Ort sind, und eröffnen so eine neue Dimension der Privatsphäre.[563] Die Beteiligten sollen bei ihrem vor der Öffentlichkeit verborgenen Austausch von Nachrichten, Gedanken und Meinungen weitestgehend so gestellt werden, wie sie bei einer Kommunikation unter Anwesenden stünden. Zentral bleibt daher ein tatsächlich stattfindender oder zumindest versuchter Kommunikationsvorgang zwischen Menschen. Daran fehlt es, wenn ausschließlich technische Geräte

[562] BVerfGE 120, 274 = NJW 2008, 822 – Online-Durchsuchung.
[563] Zum Ganzen ausf. BVerfG BeckRS 2006, 26176 = JuS 2007, 375 mAnm *Sachs;* BVerfGK 9, 62 ff. = NJW 2007, 351 Rn. 50 ff. mit umfassenden wN; vgl. darunter nur von Mangoldt/Klein/Starck/*Gusy,* Grundgesetz, 7. Aufl. 2018, GG Art. 10 Rn. 18 f.

miteinander kommunizieren. Ebenfalls stellt der Zugriff eines Menschen mittels eines Computersystems auf ein anderes Computersystem, ohne dass eine Kommunikation mit einem anderen Menschen dadurch bezweckt ist, keine grundrechtlich geschützte Telekommunikation dar. Auch die bloße technische Eignung eines Geräts als Kommunikationsmittel zu dienen, sowie die von dem Gerät ausgehenden technischen Signale zur Gewährleistung der Kommunikationsbereitschaft stellen noch keine Kommunikation dar.

Ohne, dass dies auch angesichts der weiter bestehenden Dynamik im Einzelnen hier ausgeführt werden kann, spiegelt sich die Frage im Anwendungsbereich des deutschen Strafprozessrechtes, namentlich §§ 100a ff. StPO, ebenso wider wie in den technischen Normen für derartige Kommunikationsvorgänge, die keine grundrechtlich geschützte Telekommunikation sind, etwa im Telekommunikations- und Telemedienbereich, mit dem jeweiligen besonderen Datenschutzrecht. **571**

b) Das **auf Computerdaten bezogene Rechtshilferecht** vor allem in Gestalt des CKÜ bezieht jedoch trotz insoweit unklarer Definition der „Kommunikation"[564] und der dabei anfallenden Verkehrs- und Inhaltsdaten, **die sog. Computerkommunikation neben der oben genannten Telekommunikation in ihren Geltungsbereich ein.** Insoweit erscheint die Konzentration der Denkschrift zum deutschen Vertragsgesetz auf Telekommunikationsdaten und die entsprechenden Eingriffsbefugnisse nach §§ 100a, 100b und 100g StPO irreführend.[565] Dagegen hebt etwa der erklärende Bericht (ETS Nr. 185 Explanatory Report) des CKÜ ausdrücklich hervor, dass „die Erhebung von Inhaltsdaten von Computerkommunikationen in Echtzeit ebenso wichtig [ist] wie die Erhebung von Telekommunikation … wenn nicht sogar wichtiger."[566] Aus dem Weiteren geht hervor, dass „Kommunikation" im Sinne der Konvention als Überbegriff für Telekommunikation und diese Computerkommunikation zu verstehen ist, wobei letzterer etwa die reine Versendung von Daten wie Computerviren oder zum Zugriff auf fremde Computersysteme umfassen soll.[567] **572**

Mit der Aufteilung in Verkehrs- und Inhaltsdaten sowie etwaige Bestandsdaten von entsprechenden Dienstleistern wird die grundsätzliche Strukturierung des unionsrechtlichen Telekommunikationsrechtes übernommen. Aufgrund der nur teilweisen Abdeckung durch den besonderen Schutz des Telekommunikationsgeheimnisses erfolgt diese Abgrenzung im Bereich der Computerkommunikation rein funktional. So ist im Bereich der Echtzeiterhebung zunächst zu bestimmen, ob **Inhaltsdaten** vorliegen, also der eigentliche „*Content*", der übertragen wird oder übertragen werden soll, während die Echtzeiterhebung von Verkehrsdaten sich auf die weiteren Metadaten der Kommunikation bezieht. Alleine die Definition der Verkehrsdaten, vor allem das Anknüpfen an die Abhängigkeit von der Kommunikation gem. Art. 1 lit. d CKÜ würde hier zu keiner tauglichen Abgrenzung führen.[568] **573**

c) Die weiteren Grundlagen für die Echtzeitüberwachung knüpfen an den Begriff der „Telekommunikation" an, definieren diesen jedoch nicht weiter und nehmen daher zur Frage „Computerkommunikation" nicht Stellung. Derartige Grundlagen finden sich bislang lediglich im Rahmen des **Unionsrechtes,** ab deren für Mai 2017 abzuschließenden Umsetzung in der Richtlinie zur **Europäischen Ermittlungsanordnung** (Art. 30 ff. EEA-RL), die die Regelungen im **RHÜ 2000** (Art. 18 ff. RHÜ 2000) insoweit praktisch vollständig ablösen wird. Dabei wurde der Begriff Telekommunikation ausdrücklich nicht definiert, soll aber „im weitesten Sinn zu verstehen sein".[569] In diesem weiten Rahmen **574**

---

[564] Letztlich undefiniert in Art. 1 lit. d CKÜ; vgl. ETS Nr. 185 Explanatory Report Rn. 28 ff. – CKÜ.
[565] Denkschrift zum Vertragsgesetz BT-Drs. 16/7218, 42, 50 f.
[566] So ETS Nr. 185 Explanatory Report Rn. 228 aE – CKÜ in der Übersetzung der Denkschrift zum Vertragsgesetz BT-Drs. 16/7218, 85.
[567] Vgl. ETS Nr. 185 Explanatory Report Rn. 217 ff. – CKÜ.
[568] Vgl. Denkschrift zum Vertragsgesetz BT-Drs. 16/7218, 50.
[569] Vgl. Erläuternder Bericht zum RHÜ 2000, ABl. 2000 C 379, 7; dazu Schomburg/Lagodny/Gleß/Hackner/*Gleß/Schomburg* III B 1 Art. 18 Rn. 5; ausf. und exemplarisch zu verschiedensten physikalischen und logischen Telekommunikationsformen mit Übernahme der hM zu § 100a StPO NK-RechtshilfeR/

wird durch weite Ablehungs- und Verweismöglichkeiten des ersuchten Staates auf sein eigenes Recht letztlich an dessen Definition von erlaubten Telekommunikationsüberwachungsmaßnahmen angeknüpft.

575 Damit dürfte dieser Telekommunikationsbegriff auch **nicht,** wie zB das deutsche TKG am **Adressaten der Ausleitungspflicht** festmachen, und nicht nur Telekommunikationsdienstleister, sondern auch Telemediendiensteanbieter grundsätzlich umfassen können. Bei der Erhebung der Echtzeitdaten im Computersystem der Zielperson selbst, der sog. „**Quellen-TKÜ**" kann sich ohnedies kaum praktisch ein Unterschied zwischen reiner Computerkommunikation und echter grundrechtlicher Telekommunikation zwischen Personen ergeben. Alleine, und darin gelten die Rechtshilfeinstrumente ebenfalls unter Verweis auf das nationale Recht deckungsgleich, wäre jede Überwachung der inneren Vorgänge in einem einheitlichen Computersystem, auch wenn diese an Übertragungswegen zwischen verschiedenen Komponenten ansetzen würde, eine unzulässige Echtzeit-Onlineüberwachung, für die es jedenfalls im deutschen Recht für deutsche Ermittlungsorgane an einer Erhebungsgrundlage auch bei grenzüberschreitender Anwendung oder im Rechtshilfeverkehr fehlt.

576 d) Insgesamt ist daher davon auszugehen, dass der grundsätzliche Anwendungsbereich der Echtzeiterhebung von Computerdaten nach dem CKÜ als Teilbereich der weit verstandenen Telekommunikationsüberwachung zu begreifen ist, weshalb dies weiter in den dortigen Zusammenhang zu stellen ist (→ Rn. 591 ff.).

F. Telekommunikation

I. Überblick

577 Bei der Erhebung von Daten aus Telekommunikation sind auch im Rechtshilfeverkehr vor allem zwei Kriterien zu beachten: Der Gegenstand bzw. Angriffspunkt der Beweiserhebung und der besondere grundrechtliche Schutz des Fernmeldegeheimnisses.

578 1. So kann traditionelle gegenständliche Kommunikation durch **schriftliche Mitteilungen** ohne Weiteres nach den **allgemeinen Regelungen für Sachen sichergestellt** und im Rechtshilfeverkehr übermittelt werden. Zwar sind die Grundrechte des Post- und Briefgeheimnisses zu beachten, doch löst dies aus rechtshilferechtlicher Sicht keine Sonderregelungen aus (zu Direktzugriffen auf Postsendungen → § 2 Rn. 179 ff.). Vielmehr ist die Ausstrahlungswirkung des Telekommunikationsgeheimnisses in seiner nationalen oder transnationalen Ausprägung im üblichen Rahmen der Grund- und Verfahrensrechtsgeltung zu berücksichtigen (→ § 9 Rn. 120 ff., vor allem → Rn. 134).

579 2. Für andere Formen der Telekommunikation, seien sie fernmündlich oder in anderer Weise **mittels elektrischer oder elektronischer Signale und Hilfsmittel,** stellt sich die Reichweite der Telekommunikationsgrundrechte zusammen mit Fragen neuer Zugriffsformen. Dabei ist anerkannt, dass etwa das Fernmeldegeheimnis aus Art. 10 Abs. 1 3. Var. GG entwicklungsoffen ist und nicht nur die bei Entstehung des Gesetzes bekannten Arten der Nachrichtenübertragung, sondern auch neuartige Übertragungstechniken umfasst und sich erstreckt auf jede Übermittlung von Informationen mithilfe der verfügbaren Telekommunikationstechniken.[570] Der Schutzbereich des Fernmeldegeheimnisses umfasst sowohl den Inhalt der Telekommunikation als auch die näheren Umstände des Fernmeldevorgangs, allerdings nur, soweit diese überhaupt auf Kommunikationsinhalte beziehbar sind.[571] Dabei

---

Kubiciel IV Rn. 330 mwN; zur EEA-RL Denkschrift BT-Drs. 18/9575, 42 f. sowie im RefE des BMJV zur Umsetzung der EEA-RL S. 41.

[570] Zum Ganzen ausf. BVerfG NJW 2007, 351 ff.; vgl. BVerfGE 46, 120 (144) = NJW 1978, 313; BVerfGE 115, 166 ff. = NJW 2006, 976. Auf die konkrete Übermittlungsart (Kabel oder Funk, analoge oder digitale Vermittlung) und Ausdrucksform (Sprache, Bilder, Töne, Zeichen oder sonstige Daten) kommt es nicht an, vgl. ebd.; BVerfGE 106, 28 (36) = NJW 2002, 3619.

[571] Vgl. Urteil des Zweiten Senats des BVerfG NJW 2006, 976.

muss der Kommunikationsvorgang nicht-öffentlicher Natur sein, also weder auf die Kundgabe an eine unbestimmte Öffentlichkeit noch die passive Aufnahme von Informationen eben an eine Öffentlichkeit gerichtet sein.[572] Wie bereits ausgeführt, setzt allerdings dieser grundrechtliche Schutz einen tatsächlich stattfindenden oder zumindest versuchten Kommunikationsvorgang zwischen mehreren Menschen voraus (→ Rn. 581 f.).

Da heute praktisch jede Telekommunikation über Computersysteme bzw. unter deren Einschaltung erfolgt, greifen zunächst die staatlichen und **rechtshilferechtlichen Rechtsregime** in Bezug auf diese **Computerdaten,** soweit aus dem Gesichtspunkt der Telekommunikation nichts anderes folgt. Daher sind neben den wenigen Rechtshilfenormen, die unmittelbar an die Überwachung jeder Form der Telekommunikation anknüpfen, insbesondere die Europäische Ermittlungsanordnung bzw. bis zu deren Umsetzung das RHÜ 2000, auch regelmäßig die **Rechtsregime zu Computerdaten,** wie vor allem das CKÜ (vgl. Art. 33 f. CKÜ) anwendbar. So erfolgt beispielsweise auch die schlichte Telefonie, die nicht als *„Voice over IP"* direkt über das Internet erfolgt, heute mittels digitaler Verarbeitung und Übermittlung bei den entsprechenden Diensteanbietern, ebenso wie zB Telefax, SMS und natürlich alle anderen Kommunikationsformen die unmittelbar auf Diensten und Anwendungen des Internet basieren, wie Instant Chats oder Nachrichten- bzw. Chatfunktionen auf Sozialen Netzwerken. 580

Durch diese Digitalisierung hat sich die Dimension von „Telekommunikation" aufgespalten, indem sie einerseits den **logischen Kommunikationsvorgang** zwischen mindestens zwei Personen beschreibt, der grundrechtlich geschützt ist. Andererseits geht es um die rein **technische Telekommunikation** durch Übermittlung von Signalen, die einen solchen logischen Kommunikationsvorgang in vielfältiger Weise abbilden können. Daneben gibt es allerdings auch technische Kommunikationsvorgänge, die auf ähnlichen oder identischen Wegen ablaufen, aber keine logische Kommunikation zwischen mehreren Menschen beinhalten. Dies etwa, wenn ein Nutzer über sein Computersystem ein automatisiertes Angebot eines anderen Computersystems nutzt, ohne dass dies als Kommunikation mit dessen Betreiber gedeutet werden könnte. Oder wenn verschiedene Systeme bzw. Geräte lediglich technische Informationen austauschen, wie zB ihre Existenz und Kommunikationsbereitschaft anzeigen.[573] 581

Aus der deutschen Rechtslage lassen sich nach alledem mindestens drei Definitionsebenen von Telekommunikation unterscheiden: 582

- Die **grundrechtliche Dimension** stellt den wohl engsten Anwendungsbereich dar, da sie eine nicht-öffentliche Kommunikation zwischen mindestens zwei Menschen erfordert;
- Die **organisatorisch-regulierungsspezifische Dimension** folgt aus der Abgrenzung von Telekommunikations- und Telemediendiensten und bestimmt vor allem die jeweiligen Verpflichtungen der Diensteanbieter zu Datenschutz und ihre Befugnis zur Datenspeicherung und -weitergabe an staatliche Stellen. Nach der Abgrenzung im TKG und TMG umfasst die Telekommunikation in diesem Sinn nur die Handlungen, die ganz in der Übertragung von Signalen über Telekommunikationsnetze bestehen, nicht aber darüber hinausgehende Angebote (vgl. § 1 Abs. 1 TMG, § 3 Nr. 24 TKG);
- Aus deutscher **strafverfahrensrechtlicher (wie auch polizeirechtlicher) Perspektive** unterliegen aber auch technische Telekommunikationen, die zB bei der Nutzung von Telemediendiensten oder nur zwischen Geräten erfolgen, grundsätzlich dem gleichen Rechtsregime, das lediglich im Hinblick auf den notwendigen Grund- und Verfahrensrechteschutz ausdifferenziert wird.

Im **Bereich der Rechtshilfe** fehlt hingegen bislang eine klare Definition: Während beim CKÜ zumindest aus den veröffentlichten Motiven klar ist, dass an den letztgenannten, umfassenden Telekommunikationsbegriff anzuknüpfen ist, wurde die Bestimmung des grundlegenden Begriffes sowohl beim RHÜ 2000 als auch der EEA-RL bewusst offenge- 583

---

[572] Konkurrenz zu Art. 5 Abs. 1 S. 1 GG.
[573] Vgl. hierzu ausf. BVerfG NJW 2007, 351.

lassen. Auch bei den beiden Letztgenannten muss allerdings richtigweise der gleiche umfassende Telekommunikationsbegriff (hier zudem ohne Beschränkung auf Computersysteme und -daten), zugrunde gelegt werden (→ Rn. 506 ff.).

II. Bereits erfolgte Telekommunikationen

584 Soweit **retrospektiv Daten** zu **bereits erfolgten Telekommunikationen** erhoben, sichergestellt und übermittelt werden sollen, ergeben sich insoweit rechtshilferechtlich keine Unterschiede zu den dazu vorhandenen Regelungen für Computerdaten (oder analoge Aufzeichnungen) allgemein.[574]

585 1. Es gelten die **allgemeinen Möglichkeiten der Erhebung mittels Rechtshilfe** – sei es durch Auskunft bzw. Vernehmung, Dokumentenbeschlagnahme oder Beibringungsanordnung sowie sonstige Erhebungen im Rahmen von informatorischen Systemen, soweit keine Sonderregeln bestehen. Allerdings können solche Maßnahmen dann erfolglos sein, wenn die Rechtsgrundlagen aus Sicht des ersuchten Staates nicht genügen, Eingriffe in ein Telekommunikationsgeheimnis zu rechtfertigen. Daher kann insoweit auf die **allgemeinen Ausführungen** hierzu verwiesen werden (für Daten → § 13 Rn. 194 ff., sonst für Sachen gemäß → Rn. 13 Rn. 157; § 14 Rn. 227 ff.; [§ 15] Rn. 401 ff.).

586 2. Allerdings sind im Rahmen des weiten Teilnehmerkreises die **Sonderregelungen des CKÜ** für die vorläufige Sicherung und Ermittlungsmechanismen ebenso zu beachten wie deren Regelungen für die Er- und Übermittlungsmaßnahmen in Bezug auf Computerdaten (→ Rn. 489 ff.).

587 Dabei ist insbesondere das „Quick-Freeze-Verfahren" zur **umgehenden vorläufigen Sicherung** von besonderer Bedeutung (→ Rn. 532 ff.). Nach dem Wegfall der unionsrechtlichen Vorgaben zur Vorratsdatenspeicherung[575] ist dabei bei abgeschlossener Telekommunikation **stets der drohende Datenverlust** im Auge zu behalten, weil Diensteanbieter oft aus Datenschutzgründen zur alsbaldigen Löschung verpflichtet sind. So werden die Daten in den **USA,** die auch Mitglied des CKÜ sind, regelmäßig nach wenigen Wochen oder einigen, maximal wohl sechs Monaten, gelöscht, wenn kein Bedarf mehr erkennbar scheint. Alternativ zum Mechanismus des CKÜ wird zur vorläufigen Sicherung teilweise auch die unmittelbare Anforderung bei einem ausländischen Provider oder einer inländischen Tochter nicht als Eingriff in die Souveränität des Sitzstaates angesehen, jedenfalls soweit diese nicht mit Zwangsmitteln oder deren Androhung bewirkt wird bzw. werden soll. In diesen Fällen soll aber, wie auch die USA kommunizieren, die Rechtshilfe durch die Möglichkeit dieses unmittelbaren Weges zur Zielerreichung nicht ausgeschlossen oder beeinträchtigt werden. Die Rechtshilfe bietet sich hier vor allem auch dann an, wenn nicht zweifelsfrei feststeht, dass der Provider die erforderliche Vertraulichkeit gewährleisten wird.

588 3. Die Fragen der **Grundrechtsrelevanz** und damit der Unterscheidung in Inhalte, Verkehrs- und Bestandsdaten sowie der offenen und verdeckten bzw. dem Ort der Erhebung bei der Zielperson, einem Telemediendienst, mithilfe eines Telekommunikationsdienstleisters oder bei einem Kommunikationspartner ergeben sich hier in aller Regel nur bei der Bewilligung und Umsetzung des Ersuchens, gemessen jeweils am **nationalen Recht des ersuchten Staates.**

589 a) Auch die **Europäische Ermittlungsanordnung** stuft die Herausgabe bereits erlangter Verbindungs- und Inhaltsdaten aller Art als eine Maßnahme mit Zwangscharakter ein, sodass sämtliche Zurückweisungsmöglichkeiten im Rahmen der Richtlinie zur Verfügung stehen und keine erweiterte Umsetzungspflicht wie zB bei sonstigen Auskünften besteht.[576]

---

[574] Vgl. auch Schomburg/Lagodny/Gleß/Hackner/*Schomburg/Hackner* IRG vor § 68 Rn. 37; zur Anwendbarkeit des RB 2003/757/JI jedenfalls nicht auf laufende Überwachungen vgl. Schomburg/Lagodny/Gleß/Hackner/*Gleß* III B 3b Rn. 11.
[575] EuGH NJW 2014, 2169 – Digital Rights Ireland und Seitlinger.
[576] Erwägungsgrund 30 S. 2 EEA-RL.

b) Ähnlich unterliegt etwa in den **USA** Daten der rechtshilferechtliche Zugriff auf **590** informationstechnischen Systemen der jeweiligen Diensteanbieter, die sich auf Telekommunikation zwischen mehreren Teilnehmern beziehen, höheren Voraussetzungen als allgemein für Daten (→ Rn. 565). Für die Beschaffung gespeicherter E-Mail-Daten von einem Provider ist ein *„search warrant"* wie für eine Durchsuchung erforderlich, dh auch hier muss ein entsprechender dringender Tatverdacht durch vertrauenswürdige und überzeugende Anhaltspunkte vorliegen (→ Rn. 439). Es muss eine detaillierte Beschreibung der Beweismittel hinzugefügt werden, aufgrund derer es der ausländischen Behörde möglich war, zur Schlussfolgerung zu gelangen, dass eine Person in kriminelle Aktivitäten verstrickt ist und sich Beweise dafür in einem bestimmten E-Mail-Konto befinden. Die gesetzlich in 18 U.S.C. § 2703(b) vorgesehene Erleichterung für Kommunikationsinhalte, die älter als 180 Tage sind, wird nach einem Gerichtsurteil wohl nicht mehr angewendet.

III. Zukünftige Telekommunikation

Die wesentliche Besonderheit stellen indes die rechtshilferechtlichen Mechanismen dar, die **591** die Erhebung und Übermittlung von Inhalten und Verkehrsdaten für **zukünftige Telekommunikation,** also *nach* einem entsprechenden Ersuchen für eine bestimmte Dauer erlauben.

1. Rechtsgrundlagen

Ausdrückliche **rechtshilferechtliche Grundlagen** bestehen dazu bislang lediglich im **592** Unionsrecht und im Rahmen des CKÜ.[577]

a) Die **Europäische Ermittlungsanordnung** ersetzt auch im Bereich der Telekom- **593** munikationsüberwachung mit ihrer Umsetzung, die **Regelungen des RHÜ 2000**.[578] Enthalten ist in beiden Rechtshilfeinstrumenten eine Vollregelung, die nicht zwischen Inhalten und Verkehrsdaten differenziert. In diesen Regelungen sind die aus den bilateralen Ergänzungsübereinkommen zum RHÜ 1959 weitgehend aufgegangen.[579] Weitergehende bi- oder multilaterale Übereinkommen bleiben allerdings gem. Art. 22 RHÜ 2000 möglich.

b) Ansonsten sieht das CKÜ in Art. 33, 34 CKÜ – mit den weiteren Mitgliedern **594** außerhalb des Europarats wie Australien, Israel, Japan, Kanada und den USA – die Rechtshilfe bei der Erhebung von computerbasierten Verkehrs- und Inhaltsdaten in Echtzeit vor. Auch wenn bei der Durchführung im Wesentlichen auf das nationale Recht des ersuchten Staates verwiesen wird, kommen damit doch die Regelungen des CKÜ namentlich im sonst vertragsfreien Rechtshilfeverkehr oder als Ergänzung zu bestehenden Rechtshilfedokumenten, die eine solche Rechtshilfeform nicht ausdrücklich ausschließen, zur Anwendung (→ Rn. 496 ff.).

c) Derartige Überwachungsmaßnahmen sollen auch nach dem **RHÜ 1959** möglich sein, **595** wobei dies durch das CKÜ für die Staaten, die Mitglied in beiden Konventionen sind, entsprechend modifiziert wird.[580]

d) Ob dies entsprechend für **andere Rechtshilfeübereinkommen** mit Staaten gilt, die **596** nicht auch Mitglied des CKÜ sind, dürfte rechtsdogmatisch anhand der Offenheit der Vertragsformulierungen, praktisch am besten im Wege der Konsultationen vorab zu klären

---

[577] Außerdem erhält noch der IStGH die Möglichkeit, Staaten um TKÜ zu bitten nach Art. 93 Abs. 1 lit. l IStGHSt, umgesetzt in § 59 IStGHG, vgl. Schomburg/Lagodny/Gleß/Hackner/*Nemitz*/*Schomburg* VI C 4 Rn. 191.
[578] Nach Art. 3 EEA-RL wird dann nur noch als spezielle Grundlage Art. 30 f. EEA-RL und die dort genannten Regeln gelten und Art. 17 ff. RHÜ 2000 ersetzen.
[579] Vgl. **für Tschechien:** Art. 17 Art. PolZV DE/CZ; **Polen:** Art. 16 ErgV-RHÜ 1959 DE/PL.
[580] IdS insbes. die Empfehlung des Ministerkommittees R (85) 10 mit Anwendungsratschlägen für Rechtshilfeersuchen bei der Telekommunikationsüberwachung; vgl. auch Schomburg/Lagodny/Gleß/Hackner/ *Gleß*/*Schomburg* III B 1 Art. 18 Rn. 9.

sein. Auch im vertragsfreien Rechtshilfeverkehr kann die Überwachung erfolgen, Deutschland sieht dies für eingehende Ersuchen auch vor.[581]

2. Voraussetzungen

597 Damit diese Normen eingreifen, müssen folgende materiellen Voraussetzungen erfüllt sein:

598   a) Der **Anwendungsbereich** des jeweiligen Rechtsinstruments muss eröffnet sein. Ersuchender und ersuchter Staat müssen Mitglied des jeweiligen Übereinkommens bzw. Anwendungsstaat der EEA-RL sein.

599   aa) Die Überwachung nach dem **Unionsrecht** muss gem. Art. 18 Abs. 1 RHÜ 2000 zum Zweck einer strafrechtlichen Ermittlung erfolgen. Grundsätzlich umfasst sind dabei nach Art. 3 RHÜ 2000, Art. 4 EEA-RL auch Ordnungswidrigkeiten gegen natürliche und juristische Personen.

600   bb) Nach dem CKÜ ist die Erhebung von in elektronischer Form vorhandenem Beweismaterial für eine Straftat ausschlaggebend (→ Rn. 501 f.). Dabei können die Vertragsparteien sich vorbehalten, diese Form der Rechtshilfe nur für bestimmte Straftaten zu leisten. Die Echtzeiterhebung von Verkehrsdaten muss zumindest in Bezug auf die Straftaten geleistet werden, bei denen die Erhebung von Verkehrsdaten in Echtzeit in einem gleichartigen inländischen Fall möglich wäre (Art. 33 Abs. 2 CKÜ). Die Vertragsparteien sollen zudem „ermutigt" werden, diese Rechtshilfe auch ohne beidseitige Strafbarkeit zu leisten.[582] Die Echtzeiterhebung von Inhaltsdaten bleibt hingegen gem. Art. 34 CKÜ völlig den bestehenden Rechtshilfeinstrumenten und dem nationalen Rechtshilferecht überlassen.[583] Soweit nicht die unionsrechtlichen Normen greifen, soll insoweit das RHÜ 1959 grundsätzlich anwendbar sein, jedoch eine Ablehnung vor allem dann möglich sein, wenn nach dem Recht des ersuchten Staates die Natur oder Schwere der Bezugstat oder der Status des Betroffenen die Überwachung nicht erlaubt oder sonst die Gesamtumstände des Sachverhalts die Überwachung nicht rechtfertigen würden.[584] Diese Kriterien greifen über die allgemeinen ausdrücklichen Beschränkungsgründe des RHÜ 1959 bis hin zum ordre public, die jeweils einschränkungslos anwendbar sind, ein (→ § 11 Rn. 110 ff.).[585] Für die CKÜ-Mitgliedstaaten, die nicht dem RHÜ 1959 angehören, bleibt es bei den allgemeinen bilateralen Verträgen oder eben dem nationalen Rechtshilferecht des ersuchten Staates.

601   b) Es muss sich um eine **Überwachung des Telekommunikationsverkehrs,** also des Inhaltes oder der Verkehrs- und Standortdaten von Telekommunikation jeder Art im weitesten Sinn handeln (→ Rn. 579 ff.).[586]

602   c) Der ersuchte Staat muss der **richtige Adressat** für das Ersuchen sein.

603   aa) Dies folgt nach der Systematik des CKÜ daraus, dass die Verkehrs- und Inhaltsdaten in seinem Hoheitsbereich anfallen.

604   bb) Nach dem Art. 18 Abs. 2 RHÜ 2000 muss die Hilfe gerade des ersuchten Staates erforderlich sein, weil die Kommunikation der Zielperson in diesem Mitgliedstaat überwacht werden soll, oder weil seine technische Unterstützung zur Überwachung der Zielperson im ersuchenden Staat oder in einem Drittstaat, der ebenfalls Mitglied ist, benötigt wird. Für die Europäische Ermittlungsanordnung wird dies dahingehend eingeschränkt werden, dass wenn mehr als ein Mitgliedstaat in der Lage ist, in vollem Umfang die erforderliche technische Hilfe für die gleiche Überwachung des Telekommunikationsverkehrs zu leisten, die Europäische Ermittlungsanordnung nur an einen dieser Mitgliedstaaten

---

[581] Zu den Konditionen s. ausf. Nr. 77a RiVASt.
[582] ETS Nr. 185 Explanatory Report Rn. 296 – CKÜ.
[583] Vgl. ETS Nr. 185 Explanatory Report Rn. 297 – CKÜ.
[584] Nr. 1 lit. a und b der Empfehlung des Ministerkomitees R (85) 10 deklariert dies – unverbindlich als möglichst alleinige besondere Ausschlussgründe.
[585] Aus diesem Grund kann letztlich dahin stehen bleiben, ob Art. 5 RHÜ 1959 zumindest sinngemäß Anwendung zu finden hat.
[586] Vgl. etwa Erwägungsgrund 30 EEA-RL.

gerichtet wird. Dabei ist gem. Art. 30 Abs. 1, 2 EEA-RL stets der Mitgliedstaat vorrangig, in dem sich die Zielperson befindet oder befinden wird.

Zudem gilt der Grundsatz, dass, sofern die Zielperson aus dem ermittelnden Staat unmittelbar überwacht werden kann, dies vorrangig ist.[587] Hierzu kann insbesondere auch die anerkannte „**Kopfüberwachung**" dienen, ebenso wie Überwachungen der Kontaktpersonen im Inland oder die Überwachung entsprechend ohne Einschaltung eines anderen Mitgliedstaates im Wege der Rechtshilfe (→ § 7 Rn. 13 ff.). **605**

d) Die Rechtshilfehandlung kann entweder erfolgen durch die **unmittelbare Weiterleitung oder Übermittlung einer Aufzeichnung** des überwachten Telekommunikationsverkehrs an den ersuchenden Mitgliedstaat. Dabei richtet sich das spezielle Instrumentarium des CKÜ auf die Weiterleitung in Echtzeit.[588] Während die EEA-RL von vornherein auf eine Konsultation der beiden beteiligten Staaten bei der Wahl zwischen den beiden Alternativen abstellt, räumt das RHÜ 2000 grundsätzlich dem ersuchenden Staat zunächst die Wahlmöglichkeit ein (Art. 18 Abs. 1 RHÜ 2000, Art. 30 Abs. 6 S. 1 EEA-RL).[589] **606**

Allerdings muss nach Art. 18 Abs. 6 RHÜ 2000 der ersuchte Staat ein Ersuchen um eigene Aufzeichnung und Weiterleitung nur dann akzeptieren, wenn er alle erforderlichen Informationen erhalten hat, er im innerstaatlichen Fall die erbetene Maßnahme durchführen würde und die unmittelbare Weiterleitung nicht möglich ist. Dass letzteres der Fall ist, kann auf den ersuchenden Mitgliedstaat und/oder auf den ersuchten Mitgliedstaat zurückzuführen sein,[590] es sei denn, der ersuchte Mitgliedstaat hat sich vorbehalten, die Aufnahme nur durchzuführen, wenn er selbst nicht in der Lage ist, für die unmittelbare Weiterleitung zu sorgen, oder der ersuchende Staat hat den Vorbehalt erklärt und der ersuchte beruft sich auf die Gegenseitigkeit (Art. 18 Abs. 7 RHÜ 2000). Der ersuchte Staat prüft dann, ob ihm dies nach seinem innerstaatlichen Recht und Verfahren möglich ist. **607**

Gemäß Art. 18 Abs. 8 RHÜ 2000 kann der ersuchende Staat auch die **Übermittlung einer schriftlichen Transkription** der Aufnahme erbeten, falls er besondere Gründe dafür hat. **608**

e) Die Überwachung müsste nach allen genannten Rechtshilfeinstrumenten nach dem **Recht des ersuchenden Mitgliedstaates** zulässig sein. Während in Deutschland die Telekommunikationsüberwachung lediglich auf die Ausleitung bei den Telekommunikationsdiensteanbietern fixiert ist,[591] umfasst das CKÜ an sich auch durchaus die Ausleitung zB bei einem Telemediendiensteanbieter. Soweit derartige innerstaatliche Befugnisse fehlen, können diese jedoch auch nicht im Wege der Rechtshilfe nach allen verfügbaren Instrumenten verlangt werden. Verkürzen lässt sich dies darin, dass, die **Voraussetzungen** wie für eine innerstaatliche Telekommunikationsüberwachung vorliegen müssen, wobei unbeachtlich bleibt, dass die Anordnung von einer ausländischen statt inländischen Behörde kommt.[592] Würde das anderweitige national anwendbare Rechtshilferecht demgegenüber mehr vorsehen, so wäre dies ebenfalls beachtlich. In einem solchen Fall dürfte zB die Dauer der Überwachung nicht länger sein als nach inländischem Recht zulässig.[593] **609**

3. Ersuchen

Das **Ersuchen** ist von einer zuständigen Behörde in Übereinstimmung mit ihren innerstaatlichen Rechtsvorschriften an eine zuständige Behörde des ersuchten Mitgliedstats zu **610**

---

[587] Vgl. Art. 19, 20 RHÜ 2000; Art. 30 Abs. 1 EEA-RL, Art. 31 EEA-RL; vgl. Schomburg/Lagodny/Gleß/Hackner/*Gleß/Schomburg* III B 1 Art. 18 Rn. 18 mwN.
[588] Vgl. ETS Nr. 185 Explanatory Report Rn. 295 – CKÜ.
[589] Nach dem RHÜ 2000 sollte allerdings die unmittelbare Weiterleitung die Regel sein; vgl. Erläuternder Bericht zum RHÜ 2000, ABl. 2000 C 379, 7.
[590] Vgl. Erläuternder Bericht zum RHÜ 2000, ABl. 2000 C 379, 7.
[591] Vgl. etwa BT-Drs. 18/9575, 42. Sowie im vorangehenden RefE des BMJV zur Umsetzung der EEA-RL S. 41.
[592] Vgl. Schomburg/Lagodny/Gleß/Hackner/*Gleß/Schomburg* III B 1 Art. 18 Rn. 2a, 3.
[593] Vgl. Schomburg/Lagodny/Gleß/Hackner/*Gleß/Schomburg* III B 1 Art. 18 Rn. 3, 4.

richten. Während nach dem Unionsrecht eine Justizbehörde (→ 1. Kap. Rn. 18) oder sonst notifizierte zuständige Behörde das Ersuchen zu stellen hat (vgl. Art. 17 RHÜ 2000, Art. 2 lit. c EEA-RL), knüpft beim CKÜ die Zuständigkeit und der Geschäftsweg an das zugrundeliegende Rechtshilfeinstrument an. Danach ist hilfsweise die nach der Konvention registrierte zentrale Behörde zuständig (→ Rn. 515).

611   a) Bei Geltung der Europäischen Ermittlungsanordnung ist das dort **zwingende Formular A** zu verwenden und insbesondere der besondere Teil H7 auszufüllen.[594]

612   b) Sowohl nach der Europäische Ermittlungsanordnung als auch dem RHÜ 2000 muss das Ersuchen folgende **Angaben** enthalten:[595]

- die ersuchende Behörde;
- Angaben zum Zwecke der Identifizierung der Zielperson;
- ausreichende technische Daten, insbesondere die Netzanschlussnummer, um sicherzustellen, dass dem Ersuchen entsprochen werden kann;
- die gewünschte Dauer der Überwachung;
- eine Angabe des strafbaren Verhaltens, das der Ermittlung zugrunde liegt;[596]
- eine Bestätigung, dass eine rechtmäßige Überwachungsanordnung im Zusammenhang mit einer strafrechtlichen Ermittlung erlassen wurde;
- eine kurze Darstellung des Sachverhalts, wenn nicht im Geltungsbereich des RHÜ 2000 sich die Zielperson außerhalb des ersuchten Staates befindet (Art. 18 Abs. 4 S. 1 RHÜ 2000);[597] im Rahmen der Europäischen Ermittlungsanordnung muss dies gem. Art. 30 Abs. 4 EEA-RL auch enthalten, warum der ersuchende Staat die Ermittlungsmaßnahme für das Bezugsverfahren für relevant erachtet;
- beim RHÜ 2000 eine Angabe darüber, ob die direkte Weiterleitung oder Aufnahme und spätere Übersendung gewünscht wird;
- ggf. ob und warum eine Transkription gewünscht wird (Art. 18 Abs. 6, 8 RHÜ 2000; Art. 30 Abs. 7 1. Var. EEA-RL);
- im Rahmen einer Europäischen Ermittlungsanordnung, falls eine Dekodierung oder eine Entschlüsselung der Aufzeichnung erbeten wird (Art. 30 Abs. 7 2. und 3. Var. EEA-RL).

613   c) Bei Anwendung des CKÜ bleiben grundsätzlich die Regelungen eines zugrundeliegenden Rechtshilfeinstruments maßgeblich, sofern nicht – gewählt oder subsidiär – die Regelungen des CKÜ eingreifen (→ Rn. 524 ff.).

614   d) Bei der **Übermittlung** können alle Wege des jeweiligen Rechtshilfeinstruments beschritten werden, beim CKÜ also namentlich auch das „24/7-Netzwerk". Dieses dürfte neben den zahlreichen Alternativen auch im Anwendungsbereich des Unionsrechts offen stehen, da das CKÜ auch auf diesem aufbauen kann.

4. Weitere Prüfung

615   Die weitere **Prüfung** gestaltet sich grundsätzlich nach dem innerstaatlichen Recht.

616   a) Nach Art. 30 Abs. 5 S. 1 EEA-RL kann der ersuchte Staat die Vollstreckung aus den allgemeinen Versagungsgründen einer Europäischen Ermittlungsanordnung ablehnen, oder wenn die Ermittlungsmaßnahme in einem vergleichbaren innerstaatlichen Fall nicht genehmigt würde. Der Vollstreckungsstaat kann gem. Art. 30 Abs. 5 S. 2 EEA-RL seine Zu-

---

[594] ABl. 2014 L 130, 24 ff.
[595] Die Regelungen für das Ersuchen gem. Art. 18 Abs. 3 RHÜ 2000 bzw. Art. 30 Abs. 3 EEA-RL müssen dabei gegenüber Art. 14 RHÜ 1959 vorrangig angewendet werden; nach den Motiven soll ein derartiges förmliches Ersuchen im Geltungsbereich des RHÜ 2000 überflüssig sein, wenn sich die Zielperson nicht im ersuchten Mitgliedstaat befindet, näher dazu vgl. Schomburg/Lagodny/Gleß/Hackner/*Gleß/Schomburg* III B 1 Art. 18 Rn. 17.
[596] Folgt bei der EEA-RL aus Art. 5 EEA-RL.
[597] Folgt bei der EEA-RL aus Art. 5 EEA-RL; Die Anforderungen an die Sachverhaltsdarstellung sollen sich an Art. 12 Abs. 2 lit. b EuAuslÜb orientieren, vgl. Schomburg/Lagodny/Gleß/Hackner/*Gleß/Schomburg* III B 1 Art. 18 Rn. 15 mwN; NK-RechtshilfeR/*Kubiciel* IV Rn. 333 mwN.

stimmung zusätzlich von der Erfüllung jeglicher Bedingungen abhängig machen, die in einem vergleichbaren innerstaatlichen Fall zu erfüllen wären.

b) Damit wird das System des **RHÜ 2000** stark vereinfacht, nach dem bislang zu differenzieren ist: 617

- Wird nur um technische Hilfe zur Überwachung der Zielperson **im ersuchenden oder einem Drittstaat für die Überwachung ohne Aufzeichnung** ersucht, ist der ersuchte Mitgliedstaat verpflichtet, das Ersuchen zu erledigen, sobald er das formgemäße Ersuchen erhalten hat und kann dazu die Überwachung sofort anordnen (Art. 18 Abs. 5 lit. a RHÜ 2000).
- Wenn die Zielperson **im ersuchten Staat** überwacht werden soll oder die Überwachung durch Aufzeichnung und Übermittlung erfolgen soll, kann der ersuchte Staat prüfen, ob er die erbetene Maßnahme in einem vergleichbaren innerstaatlichen Fall durchführen würde und seine Zustimmung von der Erfüllung jeglicher Bedingungen abhängig machen, die in einem vergleichbaren innerstaatlichen Fall zu erfüllen wären (Art. 18 Abs. 5 lit. b, Abs. 6 RHÜ 2000). Der ersuchte Staat kann dazu gem. Art. 18 Abs. 4 S. 2 RHÜ 2000 auch jede weitere Information verlangen, damit er beurteilen kann, ob er die erbetene Maßnahme in einem vergleichbaren innerstaatlichen Fall durchführen würde.
- Wurde im Rahmen des RHÜ 2000 um eine **schriftliche Transkription** der Aufnahme ersucht, sollte der ersuchende Mitgliedstaat dieses Begehren begründen. Gründe könnten zB sein, dass im ersuchten Mitgliedstaat eher Dolmetscher oder Übersetzer zur Verfügung stehen, welche die Sprache oder den Dialekt beherrschen, die bzw. der in der zu überwachenden Telekommunikation voraussichtlich verwendet wird.[598] Der ersuchte Mitgliedstaat prüft darauf nach Maßgabe seines innerstaatlichen Rechts und seiner innerstaatlichen Verfahren, ob er dieses Begehren erfüllen kann (Art. 18 Abs. 8 S. 2 RHÜ 2000).

c) Bei der Echtzeiterhebung von **Verkehrsdaten nach dem CKÜ** leisten sich die Vertragsparteien nach den in ihrem innerstaatlichen Recht vorgesehenen Befugnissen, Bedingungen und Verfahren Rechtshilfe bei der Erhebung in Echtzeit von Verkehrsdaten, die in Zusammenhang mit bestimmten Kommunikationen in ihrem Hoheitsgebiet die mittels eines Computersystems übermittelt werden (Art. 33 CKÜ). So etwa erlauben auch die USA die Erfassung von IP-Adressen, Telefonnummern und Geodaten während einer laufenden Kommunikation, regen dafür allerdings eine vorherige Kommunikation mit der zuständigen Stelle, einem zuständigen *Trial Attorney des Office of International Affairs des U. S. Department of Justice* vor Stellen des förmlichen Ersuchens an. 618

d) Dagegen leisten sich bei der Erhebung oder Aufzeichnung in Echtzeit von **Inhaltsdaten nach dem CKÜ** bestimmter Kommunikationen, die mittels eines Computersystems übermittelt werden, die Vertragsparteien nur soweit Rechtshilfe, wie dies nach ihren anwendbaren Verträgen und innerstaatlichen Rechtsvorschriften zulässig ist (Art. 34 CKÜ). Damit soll der besonderen Intensität dieses Eingriffs Rechnung getragen werden.[599] Deshalb sind auch die Verpflichtungen für nationale Vorkehrungen zur Erfassung inhaltsbezogener Computerdaten in Echtzeit deutlich und nur auf besondere nach nationalem Recht bestimmte schwere Straftaten zurückgenommen (Art. 21 CKÜ). So kommt in den USA eine derartige Maßnahme nur infrage, wenn ein eigenes US-amerikanisches Ermittlungsverfahren läuft und darin wegen eines im amerikanischen Recht explizit bezeichneten Straftatbestands ermittelt wird; in diesem Fall besteht zur Unterstützung der amerikanischen Ermittlung die Möglichkeit, die Anordnung einer elektronischen Abhörmaßnahme zu erwirken, sofern die Voraussetzungen dafür nach amerikanischem Recht vorliegen. Allerdings können die dabei gewonnenen Daten in der Regel an ausländische Partnerbehörden weitergegeben werden. 619

---

[598] Vgl. Erläuternder Bericht zum RHÜ 2000, ABl. 2000 C 379, 7.
[599] ETS Nr. 185 Explanatory Report Rn. 297 – CKÜ.

5. Durchführung

Die **Durchführung** erfolgt entsprechend dem bewilligten Ersuchen durch den ersuchten Mitgliedstaat nach seinem Recht.

620 a) Erfolgt nach dem RHÜ 2000 die Überwachung in einem dritten Mitgliedstaat, so muss dieser gem. Art. 20 Abs. 2 lit. a RHÜ 2000 in Kenntnis gesetzt worden sein.

621 b) Für die **direkte transnationale Weiterleitung** der ausgeleiteten Daten bestehen bislang keine gemeinsamen Rechtsregime, die insbesondere die Interkonnektivität, Integrität, Datensicherheit und -schutz gewährleisten würden (→ § 13 Rn. 194 ff.). Dies mag auch ein Grund gewesen sein, warum diese direkte Weiterleitung als Regelfall des RHÜ 2000 wieder zurückgenommen wurde als eine Option nach Konsultationen über die Durchführung im Rahmen der Europäischen Ermittlungsanordnung (→ Rn. 606 f.).

622 c) Stellt im Rahmen der Europäischen Ermittlungsanordnung der ersuchende Staat während der Überwachung fest, dass er eine **Transkription,** eine **Dekodierung** oder eine Entschlüsselung der Aufzeichnung aus besonderen Gründen benötigt, kann er ergänzend darum ersuchen (Art. 30 Abs. 7 EEA-RL). Der ersuchte Staat kann nach Art. 18 Abs. 8 S. 2 RHÜ 2000 die Durchführung ablehnen, wenn sie in seiner Rechtsordnung nicht vorgesehen ist.[600]

623 d) Der Mitgliedstaat, der ein Ersuchen empfängt, behandelt die darin enthaltenen Informationen nach Maßgabe seines innerstaatlichen Rechts **vertraulich** (Art. 18 Abs. 9 RHÜ 2000). Fraglich ist, ob die Sonderregelungen zum Datenschutz im Verhältnis mit Tschechien und Polen weitergelten (Art. 17 Abs. 4, 5 PolZV DE/CZ, Art. 16 Abs. 4–7 ErgV-RHÜ 1959 DE/PL).

624 e) Sofern keine Bedingungen gestellt werden, ist die weitere Verarbeitung und Verwertung unbeschränkt möglich.[601]

625 f) Die **Kosten** der Telekommunikationsdienstleister hat nach Art. 21 RHÜ 2000 der ersuchende Staat zu tragen. Lehnt der ersuchende Staat die Tragung (weiterer) Kosten ab, so kann die Maßnahme beendet werden.[602] Gemäß Art. 30 Abs. 8 EEA-RL gilt die dortige allgemeine Kostenregelung (→ § 13 Rn. 224) mit Ausnahme der Kosten der Transkription, Dekodierung und Entschlüsselung des überwachten Fernmeldeverkehrs, die der Anordnungsstaat trägt.

G. Wirtschaftsbeziehungen

I. Finanzdaten

1. Strafrechtliche Finanzkontenerhebungen im Rahmen der EU

626 Für den Austausch von Bankdaten innerhalb der EU einschließlich Gibraltar (Art. 12 ProtRHÜ 2000) sowie Island und Norwegen (Art. 15, 16 ProtRHÜ 2000) gilt vor allem das Zusatzprotokoll zum RHÜ 2000 (ProtRHÜ 2000) und die darunter liegenden Abkommen, das RHÜ 2000 und das RHÜ 1959.[603] Die Richtlinie über die Europäische Ermittlungsanordnung löst deren Normen und Mechanismen va mit Art. 26–28 EEA-RL vollständig ab (soweit die EEA-RL mittlerweile in den Mitgliedstaaten umgesetzt ist). Damit werden in diesem Anwendungsbereich sowohl für die Erhebung bereits vorhandener Informationen als auch für solche aus einer angeordneten laufenden Überwachung entsprechender Bankverbindungen die allgemeinen Regelungen zur Sicherstellung von Unterlagen und Daten verdrängt.

---

[600] Vgl. Schomburg/Lagodny/Gleß/Hackner/*Gleß/Schomburg* III B 1 Art. 18 Rn. 22; bei der EEA-RL ergibt sich dies wohl erst recht aus den Ablehnungsgründen nach Art. 30 Abs. 5 EEA-RL.
[601] Vgl. Schomburg/Lagodny/Gleß/Hackner/*Gleß/Schomburg* III B 1 Art. 18 Rn. 24.
[602] So jedenfalls noch **für Tschechien:** Art. 17 Abs. 3 PolZV DE/CZ; **Polen:** Art. 16 Abs. 3 ErgV-RHÜ 1959 DE/PL.
[603] Gem. dem damaligen Art. 34 EUV.

Mit Inkrafttreten der Europäischen Ermittlungsanordnung scheint auch das Problem 627
gelöst, ob die **vorläufigen Sicherungsmaßnahmen** des RB 2003/757/JI sich auf Bankunterlagen beziehen können (→ Rn. 469), wobei in der Rechtspraxis durch Geltendmachung entsprechender Beschränkungsmöglichkeiten ein Gleichklang mit den restriktiveren Vorgaben des ProtRHÜ 2000 ohne Weiteres möglich scheint, wie im Rahmen von entsprechenden Maßnahmen gegen die Computerdaten der Banken durch das CKÜ (→ Rn. 497 ff.). Wo anwendbar, dürften allerdings die Normen der Auskünfte und Kontenüberwachung mithilfe der speziellen Bankeninstrumente gleich effektiv sein und das mildere Mittel darstellen.

Für Informationen der Europäischen Zentralbank und der in ihrem System angesiedelten 628
Aufsichtsmechanismen gilt nunmehr mit dem Beschluss (EU) 2016/1162[604] ein ausdrücklicher Rechtsrahmen, der die Informationsweitergabe und Weiterverwendung für nationale Strafermittlungen regelt.

a) Umfasste Ermittlungsmaßnahmen. Die besonders geregelten Ermittlungsmaßnah- 629
men im Hinblick auf Bankkonten und -geschäfte umfassen die Ermittlung,

- auf welche **Konten** bei einer Bank oder einem sonstigen Finanzinstitut eine natürliche oder juristische Person Zugang hat, welche Konten von ihr kontrolliert werden oder ihr zum Zeitpunkt des Ersuchens gehören oder gehört haben (Art. 1 Abs. 1 ProtRHÜ 2000, Art. 26 EEA-RL); dies umfasst einerseits die Ermittlung der Konten einzelner oder aller Bank- bzw. Finanzinstitute für die betreffende Person im ersuchten Staat, andererseits die Abklärung einzelner Konten, deren unpersonalisierte Identifizierungsdaten (Kontonummer etc) bereits bekannt sind;
- ob und unter welchen Modalitäten **bestimmte Bank-/Finanzgeschäfte auf bekannten Konten** in einem bestimmten Zeitpunkt in der Vergangenheit stattgefunden haben (Art. 2 Abs. 1 ProtRHÜ 2000, Art. 27 EEA-RL),
- sowie die **laufende Überwachung** bestimmter Konten für bestimmte zukünftige Zeiträume im Hinblick auf bestimmte Bankgeschäfte (Art. 3 ProtRHÜ 2000, Art. 28 Abs. 1 lit. a EEA-RL).

Obwohl der Begriff **Bankkonten** nicht an die unionsrechtlich definierten Kreditinstitute 630
anknüpft,[605] dürften diese gemeint sein. Unzweifelhaft eingeschlossen sind nicht nur private Banken im engen Sinn, sondern auch Sparkassen und sonstige Kreditinstitute, die im Hoheitsbereich des jeweiligen Mitgliedstaates niedergelassen sind. Die Europäische Ermittlungsanordnung wird dies erweitern auf Auskünfte, nicht aber laufende Überwachungen, bei Finanzinstituten außerhalb des Bankensektors; allerdings kann die Rechtshilfe dann verweigert werden, wenn die Maßnahme in einem innerstaatlichen Fall ebenfalls nicht genehmigt würde (Art. 26 Abs. 6, Art. 27 Abs. 5 EEA-RL). Dieser Begriff knüpft wiederum an die Geldwäsche-Richtlinien der Union an.[606]

aa) Bei Ersuchen über Bankkonten ergreift jeder ersuchte Mitgliedstaat die erforderli- 631
chen Maßnahmen, um festzustellen, ob eine natürliche oder juristische Person, gegen die strafrechtliche Ermittlungen laufen, eines oder mehrere Bankkonten gleich welcher Art bei

---

[604] Beschluss (EU) 2016/1162 der Europäischen Zentralbank über die Offenlegung vertraulicher Informationen bei strafrechtlichen Ermittlungen (B EZB/2016/19) v. 30.6.2016, ABl. 2016 L 192, 73.
[605] Vgl. Art. 4 Abs. 1 VO(EU) Nr. 575/2013 des Europäischen Parlaments und des Rates über Aufsichtsanforderungen an Kreditinstitute und Wertpapierfirmen und zur Änderung der Verordnung (EU) Nr. 646/2012 Text von Bedeutung für den EWR v. 26.6.2013, ABl. 2013 L 176, 1; zuvor Art. 1 Nr. 1 RL 2000/12/EG über die Aufnahme und Ausübung der Tätigkeit der Kreditinstitute v. 20.3.2000, ABl. 126, 1.
[606] Hier zuletzt Art. 3 Nr. 2 RL (EU) 2015/849 des Europäischen Parlaments und des Rates zur Verhinderung der Nutzung des Finanzsystems zum Zwecke der Geldwäsche und der Terrorismusfinanzierung, zur Änderung der Verordnung (EU) Nr. 648/2012 des Europäischen Parlaments und des Rates und zur Aufhebung der Richtlinie 2005/60/EG des Europäischen Parlaments und des Rates und der Richtlinie 2006/70/EG der Kommission v. 20.5.2015, ABl. 2015 L 141, 73; zuvor zuerst Erwägungsgrund 28 iVm Art. 1 lit. b RL 91/308/EWG des Rates zur Verhinderung der Nutzung des Finanzsystems zum Zwecke der Geldwäsche v. 10.6.1991, ABl. 1991 L 166, 77.

einer in seinem Gebiet niedergelassenen Bank unterhält oder kontrolliert (Art. 1 Abs. 1 ProtRHÜ 2000, Art. 26 EEA-RL). Der ersuchte Staat muss es ermöglicht haben, Bankkonten in seinem gesamten Gebiet ausfindig zu machen. Er ist hingegen nicht verpflichtet, ein Zentralregister von Bankkonten einzurichten, sondern kann über die Modalitäten für eine effiziente Einhaltung der Bestimmung frei entscheiden.[607] Gelingt es dem ersuchten Staat, Bankkonten in seinem Gebiet ausfindig zu machen, so ist er verpflichtet, dem ersuchenden Staat die Kontonummern und sämtliche vorhandenen und das Konto betreffenden Angaben mitzuteilen (Art. 1 Abs. 1 S. 1 ProtRHÜ 2000, Art. 26 Abs. 1 S. 1 EEA-RL). Bei der Europäischen Ermittlungsanordnung sollen als Angaben mindestens der Name und die Anschrift des Kontoinhabers, Informationen zu Vollmachten für das Konto und sonstige Informationen oder Dokumente, die der Kontoinhaber bei Kontoeröffnung vorgelegt hat und über die die Bank noch verfügt, umfasst sein.[608]

632 **Der Beschuldigte** muss diese **Konten unterhalten oder kontrollieren.** Dazu zählen zunächst die Konten, als deren **Inhaber** der Beschuldigte vermerkt ist.[609] Sonst sind unterhaltene und kontrollierte Konten viel schwerer zu ermitteln. Dies umfasst Konten, für die der Beschuldigte eine Vollmacht besitzt (Art. 1 Abs. 1 S. 2 ProtRHÜ 2000) ebenso wie Konten, deren tatsächlicher wirtschaftlicher Nutzungsberechtigter diese Person ist. Beides gilt unabhängig davon, ob der Inhaber dieser Konten eine natürliche Person, eine juristische Person oder ein Rechtssubjekt ist, das in Form oder auf Rechnung einer Treuhandverwaltung oder mittels jeder sonstigen Form der Verwaltung von Anlagevermögen agiert, bei dem die Identität der einzelnen Anleger oder der Begünstigten nicht bekannt ist. Der Begriff des Nutzungsberechtigten ist entsprechend der Geldwäsche-Richtlinien der Union auszulegen.[610]

633 Die Ermittlung nach Konten, über die der Beschuldigte nur eine **Vollmacht** hat, erfolgt nur, wenn dies in das Ersuchen ausdrücklich aufgenommen wurde und die Informationen innerhalb einer angemessenen Frist geliefert werden können (Art. 1 Abs. 1 S. 2 ProtRHÜ 2000).[611] Hintergrund ist, dass solche Suchen oft viel schwieriger sind und die Informationen über die Vollmachten oft nicht einfach in digitaler Form zugänglich sind.[612] Der ersuchte Staat ist nicht verpflichtet, alle Mittel einzusetzen, egal wie kostenintensiv und zeitaufwendig die Erhebung auch sein mag. Vielmehr sollen nur die erforderlichen Mittel eingesetzt werden, die in einem angemessenen Verhältnis zur Bedeutung und Dringlichkeit des Falles stehen. Diese Beurteilung obliegt dem ersuchten Staat.

634 **bb)** Auf ein entsprechendes Ersuchen übermittelt der ersuchte Staat alle **Bankgeschäfte,** die während eines bestimmten Zeitraums im Zusammenhang mit einem oder mehreren in dem Ersuchen angegebenen Bankkonten getätigt wurden, einschließlich der Angaben über sämtliche Überweisungs- und Empfängerkonten. Es kann sich auch um Konten von Nichtbeschuldigten handeln,[613] und zwar von Personen, gegen die zwar keine Ermittlungsver-

---

[607] Erläuternder Bericht zu Art. 1 Abs. 1 ProtRHÜ 2000, ABl. 2002 C 257, 1 ff.; daher stellt Art. 26 Abs. 2 EEA-RL in der Substanz keine Erweiterung dar, s. auch unten; allerdings ist dieses Ermessen durch die nötige praktikable Umsetzung gleichwohl eingeschränkt, vgl. NK-RechtshilfeR/*Kubiciel* IV Rn. 346 f.
[608] Erwägungsgrund 29 EEA-RL.
[609] Zum Ganzen vgl. den Erläuternden Bericht zu Art. 1 Abs. 1 ProtRHÜ 2000, ABl. 2002 C 257, 1 ff..
[610] Vgl. vor allem den Begriff des Kunden, zuletzt Erwägungsgrund 13 RL (EU) 2015/849 des Europäischen Parlaments und des Rates zur Verhinderung der Nutzung des Finanzsystems zum Zwecke der Geldwäsche und der Terrorismusfinanzierung, zur Änderung der Verordnung (EU) Nr. 648/2012 des Europäischen Parlaments und des Rates und zur Aufhebung der Richtlinie 2005/60/EG des Europäischen Parlaments und des Rates und der Richtlinie 2006/70/EG der Kommission v. 20.5.2015, ABl. 2015 L 141, 73; zuvor zuerst Art. 3 Abs. 7 RL 91/308/EWG des Rates zur Verhinderung der Nutzung des Finanzsystems zum Zwecke der Geldwäsche v. 10.6.1991, ABl.1991 L 166, 77.
[611] Ähnlich Art. 26 Abs. 2, 3 EEA-RL, durch die systematische Stellung wird deutlich, dass hinsichtlich der Ermittlung über Vollmacht keine Verfügbarkeitspflicht gegeben ist und die Pflicht nur soweit besteht, wie die Banken über die entsprechenden Informationen verfügen.
[612] Zum Ganzen vgl. den Erläuternden Bericht zu Art. 1 Abs. 1 ProtRHÜ 2000, ABl. 2002 C 257, 1 ff.
[613] Zum Ganzen vgl. den Erläuternden Bericht zu Art. 2 Abs. 1 ProtRHÜ 2000, ABl. C 257, 1 ff.; Schomburg/Lagodny/Gleß/Hackner/*Gleß/Schomburg* III B 1 Art. 2 Rn. 3; NK-RechtshilfeR/*Kubiciel* IV Rn. 352.

fahren laufen, aber deren Konten auf die eine oder andere Weise in ein Ermittlungsverfahren involviert sind, etwa wenn das Bankkonto einer unschuldigen und völlig ahnungslosen Person als „Transportmittel" zwischen zwei von der verdächtigen Person unterhaltenen Konten genutzt wird, um die Transaktion zu verschleiern. Alle derartigen Aspekte für eine Verbindung mit dem Bezugsverfahren müssen von dem ersuchenden Staat in dem Ersuchen genannt werden.

Der ersuchende Staat kann Informationen über alle Transaktionen von oder auf ein **635** Konto erhalten oder solche hinsichtlich bereits näher von ihm eingegrenzter oder bestimmter Bankgeschäfte.

cc) Schließlich hat auf Ersuchen ein Mitgliedstaat **Bankgeschäfte zu überwachen,** die **636** während eines bestimmten Zeitraums im Zusammenhang mit einem oder mehreren in dem Ersuchen angegebenen Bankkonten getätigt werden, und die betreffenden Ergebnisse dem ersuchenden Mitgliedstaat **zu übermitteln** (Art. 3 ProtRHÜ 2000, Art. 28 Abs. 1 lit. a EEA-RL). Die EEA-RL erstreckt dies auf sonstige Finanzgeschäfte. Nach ihr soll diese Erhebung in Echtzeit, fortlaufend oder über einen bestimmten Zeitraum möglich sein. Mit der 1. Variante geht die EEA-RL damit deutlich über das frühere Instrument hinaus, nach dem lediglich die Übermittlung am Ende der Überwachung verlangt werden konnte. Allerdings steht die Erhebung nach beiden Rechtsinstrumenten stets unter dem möglichen Vorbehalt, dass sie auch in einem innerstaatlichen Fall nicht genehmigt bzw. durchgeführt werden könnte.

dd) Die Angaben zu bestehenden Bankkonten und -geschäften können gem. Art. 1 **637** Abs. 2, Art. 2 Abs. 2 ProtRHÜ 2000, Art. 26 Abs. 4, Art. 27 Abs. 3 EEA-RL nur übermittelt werden, **soweit die kontoführende Bank über die diesbezüglichen Informationen verfügt.** Nach dem ProtRHÜ 2000 besteht mithin keine Pflicht für die Mitgliedstaaten aus diesen Rechtshilfeinstrumenten, besondere Erhebungs- und Speicherungsmechanismen bei den Banken oder in zentralen Registern einzuführen.[614] Allerdings wurde für eine nahezu lückenlose Erfassung durch die Geldwäscherichtlinien der EU Sorge getragen. So ist mittlerweile die Identifizierungspflicht der Kunden bei Bank- und Finanzinstitutsgeschäften praktisch lückenlos möglich.[615] Bis hin zur noch in der Umsetzung befindlichen 4. Geldwäsche-RL werden anonyme Konten und Sparbücher bei Kredit- und Finanzinstituten und bestimmte anonyme elektronische Geldsysteme verboten.[616]

b) Begrenzung durch qualifizierte Bezugstat. Mit der Ablösung des ProtRHÜ **638** 2000 durch die Europäische Ermittlungsanordnung werden sich vor allem die **Anforderungen an die Bezugstat** entscheidend ändern.

aa) Nach der **Europäischen Ermittlungsanordnung** werden allein die dortigen all- **639** gemeinen Ablehnungsgründe greifen. Dazu gehört, dass die Straftat nicht im Vollstreckungsstaat strafbar ist und außerhalb des Anordnungs- und zumindest teilweise im Hoheitsgebiet des Vollstreckungsstaates begangen ist (Art. 11 Abs. 1 lit. e EEA-RL, Art. 11 Abs. 3 EEA-RL)[617] und sie auch nicht unter die qualifizierten Katalogtaten fällt, also eine solche die auch gem. Art. 11 Abs. 1 lit. h EEA-RL mit einer Höchststrafe im Mindestmaß von drei Jahren bedroht ist (→ § 11 Rn. 223 ff.).

bb) Dagegen verlangt das **ProtRHÜ 2000** gem. Art. 1 Abs. 3 ProtRHÜ 2000, aller- **640** dings nur für die **Auskunft über Bankkonten,** von vornherein eine qualifizierte Bezugsstraftat:

---

[614] Erläuternder Bericht zu Art. 1 Abs. 2 ProtRHÜ 2000, ABl. 2002 C 257, 1 ff.
[615] Vgl. nunmehr Art. 40 RL (EU) 2015/849; zuvor Art. 30 ff. RL 2005/60/EG des Europäischen Parlaments und des Rates zur Verhinderung der Nutzung des Finanzsystems zum Zwecke der Geldwäsche und der Terrorismusfinanzierung v. 26.10.2005, ABl. 2005 L 309, 15 ff.; vgl. daneben bereits Art. 3 RL 91/308/EWG in der Fassung der Richtlinie 2001/97/EG, ABl. L 344, 76.
[616] Art. 10 ff. RL (EU) 2015/849.
[617] IdS schon die Forderung von NK-RechtshilfeR/*Kubiciel* IV Rn. 351.

- Entweder muss **beiderseitige Strafbarkeit** dergestalt vorliegen, dass die Tat **im Höchstmaß** entweder im ersuchenden Staat mit mindestens vier Jahren und im ersuchten Staat mit mindestens zwei Jahren Freiheitsstrafe oder einer die Freiheit beschränkenden Maßregel der Sicherung und Besserung bedroht ist.
- Oder aber es muss eine Straftat aus dem **Tätigkeitsbereich von Europol** nach Art. 2 EuropolÜ aF[618] vorliegen (→ § 17 Rn. 64 ff.) Die Verweisung erfolgt nur abstrakt auf die genannten Delikte. Auf konkrete Einschränkungen des EuropolÜ, namentlich die dort teilweise erforderlichen tatsächlichen Anhaltspunkte, wird nicht verwiesen.
- Soweit darin noch nicht genannt, genügt auch eine Straftat nach dem **EU-FinanzIntÜ**, also die dort weitgreifend genannten Straftaten gegen die finanziellen Interessen der Gemeinschaft.
- Schließlich wäre eine Erweiterung des Katalogs durch den Rat zu beachten (Art. 1 Abs. 6 ProtRHÜ 2000).

641 Problematisch ist, wie weit dadurch der allgemeine **Einwand der fehlenden Strafbarkeit im ersuchten Staat ausgeschlossen** ist. Für **alle Bankauskünfte** können die Mitgliedstaaten die Erledigung eines Ersuchens von denselben Bedingungen abhängig machen, die für Ersuchen um Durchsuchung oder Beschlagnahme gelten (Art. 1 Abs. 5 ProtRHÜ 2000, Art. 2 Abs. 4 ProtRHÜ 2000, Art. 3 Abs. 3 ProtRHÜ 2000). Da damit letztlich auf Art. 5 RHÜ 1959 Bezug genommen wird, steht der Einwand der doppelten Strafbarkeit grundsätzlich uneingeschränkt zur Verfügung. Dies widerspricht aber dem gerade genannten fein abgestuften Instrumentarium für die anwendbaren Straftaten. Aus diesem Grund bleibt der generelle Vorbehalt zwar grundsätzlich unangetastet, soll aber durch die Mitgliedstaaten im Lichte der genannten speziellen Regelung auszulegen sein:[619] Der ersuchte Staat dürfe alle Formen der bankbezogenen Auskunft nicht allein ablehnen, weil sie bei strafrechtlichen Ermittlungen im innerstaatlichen Recht (generell) nicht vorgesehen seien oder die innerstaatlichen Vorschriften über Durchsuchung und Beschlagnahme normalerweise ein höheres Mindeststrafmaß der Bezugsstraftat erfordern würden. Daraus folgt, dass wenn der (mutmaßliche) Bezugssachverhalt im ersuchten Staat straffrei wäre, weil er keinen Tatbestand einer tauglichen Straftat (oder Ordnungswidrigkeit) rechtswidrig erfüllen würde, der Einwand gegen die Rechtshilfepflicht unangetastet möglich bleibt.[620]

642 c) **Weitere Ablehnungsgründe.** Daneben sind besondere Regelungen zu den weiteren **Ablehnungsgründen** einer entsprechenden Rechtshilfe zu beachten:

643 aa) Während nach dem ProtRHÜ 2000 die Berufung auf ein **Bankgeheimnis** nicht möglich ist,[621] kann auch die EEA-RL, die ja zu weiteren Erleichterungen der Rechtshilfe beitragen soll, nicht so gelesen werden, dass die zu beachtenden „Immunitäten und Vorrechte" des ersuchten Staates dieses wieder einführen dürften (Art. 11 Abs. 1 lit. a EEA-RL).[622] Vielmehr ist hier in notwendiger enger Auslegung lediglich an begrenzte Schutz-

---

[618] Rechtsakt des Rates über die Fertigstellung des Übereinkommens aufgrund von Artikel K.3 des Vertrags über die Europäische Union über die Errichtung eines Europäischen Polizeiamts (Europol-Übereinkommen) v. 26.7.1995, ABl. 1995 C 316, 1. Da es sich wohl um eine statische Verweisung handelt, kommt es insoweit nicht darauf an, dass diese Bezugsnorm mittlerweile abgelöst wurde durch Art. 3 Abs. iVm Anhang I der VO (EU) 2016/794 des Europäischen Parlaments und des Rates über die Agentur der Europäischen Union für die Zusammenarbeit auf dem Gebiet der Strafverfolgung (Europol) und zur Ersetzung und Aufhebung der Beschlüsse 2009/371/JI, 2009/934/JI, 2009/935/JI, 2009/936/JI und 2009/968/JI des Rates v. 11.5.2016, ABl. 2016 L 135, 53.
[619] Vgl. zum Ganzen ausf. und ausdrücklich der Erläuternde Bericht zu Art. 1 Abs. 5 ProtRHÜ 2000, ABl. 2002 C 257, 1 ff.; ebenso im Anschluss vgl. Schomburg/Lagodny/Gleß/Hackner/*Gleß/Schomburg* III B 1a Art. 1 Rn. 19 ff.
[620] So folgerichtig auch Schomburg/Lagodny/Gleß/Hackner/*Gleß/Schomburg* III B 1a Art. 1 Rn. 19 f.
[621] Nach Art. 7 ProtRHÜ 2000 darf ausdrücklich nicht das Bankgeheimnis von einem Mitgliedstaat als Begründung für die Ablehnung jeglicher Zusammenarbeit in Bezug auf ein Rechtshilfeersuchen eines anderen Mitgliedstaats herangezogen werden.
[622] Ansonsten folgt der Ausschluss eines allgemeinen Bankgeheimnisses aus dem abschließenden Kanon der Ablehnungsgründe.

rechte der Betroffenen zu denken, die im rein nationalen Strafverfahren ebenfalls zwingend zu beachten wären, also etwa der Schutz auch der Bankkonten von Abgeordneten, Rechtsanwälten etc. Ebenso gebietet der europäische ordre public und Grundrechtsschutz kein entsprechendes Bankgeheimnis.

bb) Der Einwand einer **politischen oder fiskalischen Strafsache** ist nach der Europäischen Ermittlungsanordnung generell ausgeschlossen. Das **ProtRHÜ 2000** sieht in Art. 9 ProtRHÜ 2000 noch für politische Strafverfahren mögliche Vorbehalte der Mitgliedstaaten vor, sofern es sich nicht um entsprechend klassifizierte terroristische Delikte handelt. Für fiskalische Straftaten kann der Grundsatz der beidseitigen Strafbarkeit vorbehalten werden, wenn dieser auch für Durchsuchung und Beschlagnahme vorbehalten wurde, allerdings darf die Erfüllung des Ersuchens nicht alleine mit dem Fehlen einer zugrundeliegenden gleichartigen Abgabe oder abgaben- bzw. devisenrechtlichen Bestimmung begründet werden (Art. 8 ProtRHÜ 2000). 644

cc) Hingegen bleiben im Geltungsbereich des ProtRHÜ 2000 grundsätzlich die über das RHÜ 1959 eröffneten **allgemeinen und besonderen Ablehnungsgründe** für Durchsuchungs- und Beschlagnahmemaßnahmen bestehen, soweit sie nicht anderweitig bereits zurückgenommen sind. Dies betrifft auch die fehlende Gegenseitigkeit (→ Rn. 434 ff.). 645

d) Ersuchen. Das **Ersuchen** richtet sich weitgehend nach den für das jeweilige Rechtsinstrument geltenden Regeln. 646

aa) Bei Geltung der **Europäischen Ermittlungsanordnung** ist das dort **zwingende Formular A** zu verwenden und insbesondere der besondere Teil – H4 für Auskunft, bzw. zusätzlich H5 für die fortlaufende Überwachung – auszufüllen (→ § 11 Rn. 223 ff.).[623] 647

bb) Bei **jedem Ersuchen** um Kontenauskunft ist anzugeben, 648

- weshalb die erbetenen Auskünfte für das betreffende Strafverfahren wahrscheinlich von wesentlichem Wert sind;
- weshalb die ersuchende Stelle annimmt, dass die Konten von Banken im Vollstreckungsstaat geführt werden,
- welche Banken möglicherweise betroffen sind (soweit dies möglich ist);
- ob auch Auskünfte zu Konten gewünscht werden, die auf andere Personen laufen, über die der Beschuldigte aber Vollmacht hat;
- sowie ferner die verfügbaren Informationen, die die Durchführung erleichtern können (Art. 1 Abs. 4 ProtRHÜ 2000, Art. 26 Abs. 5 EEA-RL).

Bei der Auskunft Bankgeschäfte und der Anordnung einer laufenden Überwachung ist lediglich der erste Punkt anzugeben, aber auch für welche Konten und welchen **Zeitraum** die Erhebung erfolgen soll (Art. 2 Abs. 3 ProtRHÜ 2000, Art. 3 Abs. 2 ProtRHÜ 2000; Art. 27 Abs. 4 EEA-RL, Art. 28 Abs. 3 EEA-RL). Mit den Angaben der Gründe sollen reine *„fishing expeditions"* ohne festen Anhalt unterbunden werden. 649

cc) Bei **ergänzenden Ersuchen** nach dem ProtRHÜ 2000 müssen bereits übermittelte Informationen nicht erneut mitgeteilt werden, sofern alle zur Identifizierung erforderlichen Angaben weiter enthalten sind (Art. 6 Abs. 1 ProtRHÜ 2000). Ergänzende Ersuchen können, wenn sich Vertreter der ersuchenden Stelle vor Ort bei der ersuchten aufhalten, auch dort direkt gestellt werden (Art. 6 Abs. 2 ProtRHÜ 2000), sofern er hierzu nach der innerstaatlichen Kompetenzverteilung befugt ist.[624] Gegenüber Irland und dem Vereinigten Königreich ist gem. Art. 6 Abs. 3 RHÜ 2000 zusätzlich der Vorbehalt, dass Ersuchen nur an deren Zentralstellen erfolgen dürfen, zu beachten. 650

e) Durchführung. Die **Bewilligung** und **Durchführung** richtet sich insbesondere nach den allgemeinen Bestimmungen des jeweiligen Rechtshilfeinstruments sowie des nationalen Rechtes. 651

---

[623] ABl. 2014 L 130, 24 ff.
[624] Vgl. Erläuternder Bericht zu Art. 6 ProtRHÜ 2000, ABl. 2002 C 257, 1 ff.

652 **aa)** Der Vorbehalt der Art. 1 Abs. 5 ProtRHÜ 2000, Art. 2 Abs. 4 ProtRHÜ 2000, nach dem die Mitgliedstaaten die Erledigung eines Auskunftsersuchens von denselben Bedingungen abhängig machen können, wie sie für Ersuchen um Durchsuchung oder Beschlagnahme gelten, greift vor allem hier ein. Er erlaubt zB eine gerichtliche Ex-ante- und Ex-post-Kontrolle im ersuchten Staat. So kann vorgeschrieben sein, das Ersuchen einer Justizbehörde (→ 1. Kap. Rn. 17a ff.) jedenfalls vor der Durchführung vorzulegen, die das Ersuchen in Bezug auf die innerstaatlichen Bedingungen beurteilt.[625] Derartige Bedingungen können beispielsweise den Schutz bestimmter Betroffener und Informationen einschließen, jedoch funktional kein Bankgeheimnis (Art. 7 ProtRHÜ 2000).

653 **bb)** Namentlich die Entscheidung über die **Überwachung** wird nach Art. 3 Abs. 3 ProtRHÜ 2000 in jedem Einzelfall von den zuständigen Behörden des ersuchten Mitgliedstaats unter gebührender Berücksichtigung seines innerstaatlichen Rechts getroffen. Mit der Formulierung wird an die Regelung des RHÜ 2000 bei kontrollierten Lieferungen (→ Rn. 338, 341) angeknüpft.[626] Im Ergebnis sind die Mitgliedstaaten nur grundsätzlich verpflichtet, einen Überwachungsmechanismus zu schaffen, sie entscheiden aber frei, ob und unter welchen Voraussetzungen in einem spezifischen Fall Rechtshilfe geleistet werden kann. Dagegen sieht die Europäische Ermittlungsanordnung in Art. 28 Abs. 1 EEA-RL aE nur den Ablehnungsgrund vor, wenn eine entsprechende Ermittlungsmaßnahme in einem vergleichbaren innerstaatlichen Fall nicht genehmigt (oder durchgeführt) würde.

654 Die praktischen Einzelheiten der Überwachung werden gem. Art. 3 ProtRHÜ 2000 zwischen den zuständigen Behörden des ersuchenden und des ersuchten Mitgliedstaats vereinbart. Ausdrücklich verbleibt nach Art. 28 Abs. 4 EEA-RL die Befugnis zum Handeln, zur Leitung und zur Kontrolle der Maßnahmen bei den zuständigen Behörden des Vollstreckungsstaats.

655 **cc)** Namentlich bei der Überwachung soll grundsätzlich eine **Konsultation** der beteiligten Behörden erfolgen: Die praktischen Einzelheiten der Überwachung sollen zwischen den zuständigen Behörden des ersuchenden und des ersuchten Mitgliedstaats vereinbart werden (Art. 3 Abs. 4 ProtRHÜ 2000).[627] Neben den weiten Konsultationspflichten der EEA-RL sieht Art. 5 ProtRHÜ 2000 vor, dass die ersuchte Behörde von Amts wegen die ersuchende Stelle informiert, wenn sie weitere Ermittlungen für zweckmäßig hält.

656 **dd)** Wird das Ersuchen abgelehnt und lässt sich zwischen den beteiligten Staaten keine Lösung finden, so können Mitgliedstaaten Eurojust einschalten.[628]

657 **ee)** Die beteiligten Staaten haben alle erforderlichen Maßnahmen zu ergreifen, um zu gewährleisten, dass die Banken den betroffenen Bankkunden oder sonstige Dritte **nicht davon in Kenntnis** setzen, dass Ermittlungen durchgeführt werden oder auf Ersuchen Informationen über Bankkonten oder -geschäfte erteilt worden ist (Art. 19 Abs. 4 EEA-RL bzw. Art. 4 ProtRHÜ 2000).

658 **ff)** Die **Übermittlung der Ergebnisse** erfolgt nach den allgemeinen Regeln für Unterlagen bzw., ausnahmsweise, Daten (→ § 13 Rn. 132 ff.).

2. Strafrechtliche Rechtshilfe im Bezug auf Finanzkonten im Übrigen

659 Für die Rechtshilfe bei der Ermittlung von Daten über Konten und Geschäfte bei Kredit- und anderen Finanzinstituten finden sich spezielle Regelungen in unterschiedlicher Ausprägung in den bilateralen Verträgen mit den zentralen „westlichen" Partnern, namentlich

---

[625] Vgl. den Erläuternden Bericht zu Art. 1 Abs. 5 ProtRHÜ 2000, ABl. 2002 C 257, 1 ff.
[626] Vgl. hierzu und zum Folgenden den Erläuternden Bericht zu Art. 3 ProtRHÜ 2000, ABl. 2002 C 257, 1 ff.
[627] Nach Art. 28 Abs. 2 EEA-RL soll dies nur gelten, „*in etwaigen Fällen, in denen praktische Vorkehrungen erforderlich sind*", was jedoch regelmäßig der Fall sein dürfte, soweit nicht wirklich standardisierte Verfahren etabliert sind.
[628] Dies gilt gem. Art. 10 ProtRHÜ 2000 speziell, bzw. sonst nach den Regeln für Eurojust allg. (→ § 17 Rn. 13 ff.). Nach Ersterem konnte auch der Rat direkt befasst werden, was wohl durch den Eurojust-Klärungsmechanismus überholt ist.

den USA, Japan und der Türkei. Andere Abkommen, wie die mit Kanada und Hongkong, lassen es ganz mit den allgemeinen Mechanismen der Beschaffung und Herausgabe von Unterlagen ein Bewenden haben. Die Schweiz nimmt eine besondere Rolle ein, da sie immer stärker über den Schengen-Mechanismus und andere Zusammenarbeitsformen mit der EU assoziiert ist, jedoch gerade im Bereich der Bankauskunft lange mit besonderer Intensität das Bankgeheimnis verteidigt hat. Die weiteren Abkommen zur Reduzierung der Beschränkungsmöglichkeiten der Rechtshilfe mit den Argumenten eben des Bankgeheimnisses oder des fiskalischen Charakters der Rechtshilfe haben ebenfalls Auswirkungen auf die Rechtshilfe in Banksachen, ohne speziell eigene Regelungen für das Verfahren dieser Rechtshilfeformen zu treffen (→ § 9 Rn. 7, 39, 157; § 11 Rn. 51, 66 ff.). Schließlich bedeutet das Fehlen derartiger Regelungen nicht, dass eine Rechtshilfe ausgeschlossen wäre, sondern es gelten die allgemeinen Rechtshilferegeln, namentlich zur Beschaffung von Unterlagen und ggf. Computerdaten (→ Rn. 401 ff., 489 ff.).

a) Bilaterale Abkommen. Die bilateralen Abkommen, die mehr oder weniger ausdifferenzierte spezielle Regelungen für die Beschaffung von Bankauskünften und ggf. sogar deren laufende Überwachung beinhalten, orientieren sich mehr oder weniger an den Regelungen zwischen den EU-Staaten (→ Rn. 626 ff.). **660**

aa) USA. Darunter gehören seit 2007 **im Verhältnis zu den USA** die bilateralen Regelungen. Sie beinhalten allerdings ein zweigestuftes Verfahren, das von dem innerhalb der EU abweicht, indem die eigentliche Vorlage von Unterlagen dem allgemeinen Rechtsregime hierzu unterfällt und die Ermittlung von Kontoinformationen nur vorgelagert die Existenz und Lokalisierung dieser Unterlagen ermöglichen soll. Das Abkommen befindet sich weiterhin in der Evaluierung, vor allem scheinen Änderungen zur Beschleunigung der Rechtshilfe allgemein angedacht, bei der vor allem die US-Seite eine gewisse Besserung gelobt hat.[629] **661**

(1) Die verpflichtende Rechtshilfe bei der Ermittlung von Konteninformationen gilt gem. Art. 9bis Abs. 4 RHV DE/US **nur in Bezug auf Geldwäsche und terroristische Handlungen,** die nach dem Recht des ersuchenden wie auch des ersuchten Staates strafbar sind. Ausdrücklich vorgesehen ist zwar die Möglichkeit, die Rechtshilfeverpflichtung um andere kriminelle Bezugstaten mittels Notifikation zu erweitern. Eine derartige Erweiterung wird jedoch allenfalls zögerlich erfolgen, da ihr einige politische Zurückhaltung entgegengebracht wird.[630] Dessen ungeachtet kann die Rechtshilfe auch für andere Bezugstaten nach dem Ermessen der USA geleistet werden, sodass sich hier vor einer Entscheidung, ob ein Rechtshilfeersuchen Erfolgsaussicht hat, die entsprechenden Fachstellen des Bundesamts für Justiz bzw. der Landesjustizverwaltung konsultiert werden sollten. **662**

(2) Das Ersuchen zur Konteninformation umfasst nur **die Auskunft,** ob die im ersuchten Staat ansässigen Banken **Aufschluss darüber geben können,** ob eine bestimmte natürliche oder juristische Person, die einer Straftat verdächtig oder angeklagt ist, Inhaber eines oder mehrerer Bankkonten ist (Art. 9bis Abs. 1 UAbs. 1 S. 1 RHV DE/US). **663**

Erweitert wird dies in mehrerer Hinsicht: **664**
- Der Betroffene kann auch eine natürliche oder juristische Person sein, die bereits verurteilt oder in sonstiger Weise in Straftaten verwickelt ist;
- Die Information kann sich auch im Besitz von nicht dem Bankenwesen angehörenden Finanzeinrichtungen befinden;
- Es kann sich um nicht mit Bankkonten verbundene finanzielle Transaktionen handeln (Art. 9bis Abs. 1 UAbs. 2 RHV DE/US).

(3) Das **Ersuchen** muss gem. Art. 9bis Abs. 2 RHV DE/US zusätzlich zu den allgemeinen Angaben die Identität der natürlichen oder juristischen Person mit Bedeutung für die **665**

---
[629] EU-Ratsdok. 14735/15 v. 27.11.2015; vgl. zu den Regelungen auch NK-RechtshilfeR/*Docke/Momsen* IV Rn. 438 ff.
[630] Vgl. BT-Drs. 16/4377, 66.

Identifikation solcher Konten oder Transaktionen enthalten. Ebenso müssen ausreichende Angaben gemacht werden, um es der zuständigen Behörde des ersuchten Staates zu ermöglichen, begründeterweise anzunehmen, dass die betreffende natürliche oder juristische Person an einer Straftat beteiligt war und dass Banken oder nicht dem Bankwesen angehörende Finanzeinrichtungen im Hoheitsgebiet des ersuchten Staates im Besitz der angeforderten Informationen sein könnten, und festzustellen, dass sich die erbetene Information auf das strafrechtliche Ermittlungsverfahren oder Strafverfahren bezieht. Schließlich muss es, soweit wie möglich, Angaben darüber enthalten, welche Bank oder nicht dem Bankwesen angehörende Finanzeinrichtung betroffen sein kann, und andere Angaben, deren Verfügbarkeit helfen kann den Umfang der Nachforschungen zu begrenzen. Die Bemühungen, den Auskunftsverkehr durch Formulare zu standardisieren, scheinen bislang nicht erfolgreich gewesen zu sein, gleichwohl sollte im Rahmen der bereits genannten Konsultationsmöglichkeiten geprüft werden, ob solche Standardisierungen bestehen und inwieweit sie zu einer Beschleunigung beitragen können.[631]

666 (4) Die entsprechenden Rechtshilfeersuchen werden, vorbehaltlich eines etwaigen späteren Notenwechsels zwischen der EU und den USA, zwischen dem Bundesministerium der Justiz und dem für die Bundesrepublik Deutschland zuständigen Attaché des US-Justizministeriums, Drogenbehörde, in Bezug auf Angelegenheiten bzw. den des US-Ministeriums für innere Sicherheit, Einwanderungs- und Zollbehörde jeweils in ihrem Zuständigkeitsbereich und ansonsten des FBI übermittelt (Art. 9bis Abs. 3 RHV DE/US).

667 (5) Auf Ersuchen des ersuchenden Staates prüft der ersuchte Staat gem. Art. 9bis Abs. 1 UAbs. 1 S. 2 RHV DE/US nach den Bestimmungen dieses Artikels unverzüglich, ob entsprechende Informationen vorhanden sind bzw. ermittelt werden können und teilt die Ergebnisse seiner Nachforschungen ohne Säumnis dem ersuchenden Staat mit.

668 (6) Darauf aufbauende Ersuchen um Vorlage von Unterlagen über die nach diesem Artikel ermittelten Konten oder Transaktionen entsprechen den allgemeinen Bestimmungen des RHV DE/US (Art. 9bis Abs. 5 RHV DE/US), also insbesondere über die Herausgabe amtlicher Informationen oder ggf. der Durchsuchung und Beschlagnahme oder Vernehmung oder Vorlageaufforderung.

669 **bb) Schweiz.** Wie bereits ausgeführt, spiegelt die Rechtshilfelage mit der **Schweiz** die immer weitere Eingrenzung des Bankgeheimnisses wider:

670 (1) Außerhalb der bestehenden Rechtshilfe nach dem RHÜ 1959 mit dem dort fortbestehenden Vorbehalt bei fiskalischen Straftaten sieht das **Abkommen mit der Schweiz** bei Straftaten gegen **öffentliche Finanzinteressen** (mit Ausnahme direkter Steuern), die Übermittlung von Bank- und Finanzauskünften zu Bankkonten und Bankgeschäften vor (Art. 32 Abs. 1, 5 BetrugBekämpfAbk EG/CH). Bei letzterem ist jede Berufung auf ein Bankgeheimnis, wie sonst wohl auch nach dem SDÜ-Beitritt der Schweiz, ausdrücklich ausgeschlossen.

671 (2) Zusätzlich ist die Möglichkeit einer **laufenden Überwachung** von Konten auf Ersuchen möglich. Im Rahmen dessen, was nach ihrem Strafprozessrecht in entsprechenden internen Fällen zulässig ist, kann die ersuchte Vertragspartei im Einzelfall anordnen, dass die von, nach oder über die Bankkonten oder von bestimmten Personen getätigten Bankgeschäfte während eines genau bestimmten Zeitraums überwacht und die Ergebnisse der ersuchenden Vertragspartei nach vereinbarten Modalitäten mitgeteilt werden (Art. 32 Abs. 2 BetrugBekämpfAbk EG/CH).

672 (3) Das **Ersuchen** muss gem. Art. 32 Abs. 4 BetrugBekämpfAbk EG/CH insbesondere die Gründe enthalten, aus denen hervorgeht, weshalb die erbetenen Auskünfte für die Aufklärung der Straftat von grundlegender Bedeutung sein könnten, warum anzunehmen ist, dass die fraglichen Konten von Banken im Hoheitsgebiet der ersuchten Vertragspartei

---

[631] Vgl. Schomburg/Lagodny/Gleß/Hackner/*Lagodny/Trautmann* V B a Art. 9bis Anmerkung; sowie etwa das Handbook on the practical application of the EU-U.S. Mutual Legal Assistance and Extradition Agreements, vgl. etwa EU-Ratsdok. 8024/11, 24.

geführt werden und, sofern entsprechende Anhaltspunkte vorliegen, die Banken, die betroffen sein könnten, sowie sonst alle Informationen, die die Erledigung des Ersuchens erleichtern können.

(4) Die Vertragsparteien haben nach Art. 32 Abs. 3 BetrugBekämpfAbk EG/CH die erforderlichen Maßnahmen zu treffen, damit die Finanzinstitute weder den betroffenen Kunden noch Dritte über die Ermittlungen informieren, solange dies erforderlich ist, um ihr Ergebnis nicht zu gefährden. **673**

cc) Japan. Im Verhältnis mit **Japan** gilt eine allgemeine Rechtshilfe über Bankkonten (Art. 18 Abs. 1–3 RHAbk EU/JP). Der ersuchte Staat bestätigt, ob eine natürliche oder juristische Person, die Gegenstand strafrechtlicher Ermittlungen ist, bei den im Ersuchen bezeichneten Banken Konten unterhält oder kontrolliert. Er übermittelt Schriftstücke und Aufzeichnungen über die bezeichneten oder ermittelten Konten, über Bankgeschäfte auf diesen Konten in einem bestimmten Zeitraum oder sonstige Informationen spezifizierter Art, soweit die Bank, bei der das Konto besteht, über die betreffenden Informationen verfügt. Der ersuchte Staat kann dafür gem. Art. 18 Abs. 4 RHAbk EU/JP Bedingungen wie bei Ersuchen zur Erlangung von Gegenständen stellen. Zu beachten ist, dass eine Kontonummer alleine in aller Regel nicht zur Identifizierung eines Bankkontos ausreicht, sondern der Inhaber bzw. Empfänger einer Transaktion mit angegeben werden muss.[632] Jede Information, die diese Person näher beschreibt, sollte nach den Empfehlungen der europäisch-japanischen Experten mit beigefügt werden. Die Abfrage der Konten findet mangels zentralen Registers unmittelbar bei der jeweiligen Bank statt, die normalerweise diese Informationen ohne Weiteres mitteilt und den Inhaber darüber nicht informiert. **674**

dd) Türkei. Ähnlich sieht das Abkommen mit der **Türkei** bei Betäubungsmittel- und wohl auch anderer erheblicher Kriminalität eine möglichst umfassende Unterstützung bei Finanzermittlungen vor (Art. 3 2., 5. Spiegelstrich AntiOrgKrimAbk DE/TR). **675**

b) Tatwerkzeuge und Erträge. Für die Ermittlung von Vermögensgegenständen, die als **Tatwerkzeuge und Erträge** oder Vermögensgegenstände, deren Wert diesen Erträgen entspricht, der Einziehung unterliegen, gilt unter allen Europaratsmitgliedern und Australien das GeldwÜ 1990 bzw. seit Ende 2016 unter den Mitgliedstaaten das GeldwÜ. Soweit sich das Beweisthema gerade auch auf die Feststellung dieser Funktion oder die Identifizierung entsprechender Gegenstände bezieht, können die entsprechenden Rechtshilfenormen auch für Bankauskünfte angewendet werden (Art. 16 ff. GeldwÜ). Danach hat jeder Vertragsstaat die erforderlichen gesetzgeberischen und anderen Maßnahmen zu treffen, um seinen Gerichten oder anderen zuständigen Behörden die Befugnis zu erteilen, anzuordnen, dass Bank-, Finanz- oder Geschäftsunterlagen zum Zweck der Durchführung entsprechender Ermittlungsmaßnahmen zur Verfügung gestellt oder beschlagnahmt werden (Art. 4 Abs. 1 GeldwÜ 1990, Art. 28 Abs. 7 GeldwÜ). Das GeldwÜ sieht darüber hinaus in Art. 16 ff. GeldwÜ die konkreten Rechtshilfeformen zur Ermittlung von Konten und Kontenbewegungen sowie deren Observation vor, die den entsprechenden Regelungen des Unionsrechts nachgebildet sind. **676**

Keine Vertragspartei darf es unter Berufung auf das Bankgeheimnis ablehnen, dieser Verpflichtung Geltung zu verschaffen. Bei entsprechenden Ermittlungen sind die Vertragsparteien gem. Art. 8 GeldwÜ 1990, Art. 16 GeldwÜ zur größtmöglichen Unterstützung verpflichtet. Diese Unterstützung umfaßt insbesondere jede Maßnahme der Beschaffung und Sicherung von Beweisen hinsichtlich des Vorhandenseins, des Ortes oder der Bewegung, der Beschaffenheit, der rechtlichen Zugehörigkeit oder des Wertes der genannten Vermögensgegenstände. Die Unterstützung wird nach Maßgabe und vorbehaltlich des innerstaatlichen Rechts der ersuchten Vertragspartei sowie in Übereinstimmung mit den in dem Ersuchen bezeichneten Verfahren geleistet, soweit dies mit dem innerstaatlichen Recht **677**

---

[632] Vgl. hierzu und zum Folgenden Ratsdok. 15008/16, 12.

nicht unvereinbar ist (Art. 9 GeldwÜ 1990, Art. 21 ff. GeldwÜ). Entsprechend wird man die vorläufige Sicherung im Rahmen anderer Abkommen anwenden können.[633]

3. Steuer-/Strafrechtliche Verschaffung von Finanzinformationen

678 a) Nach den Abkommen über die Unterstützung in Steuer- und Steuerstrafsachen leisten sich die jeweiligen bilateralen Vertragsstaaten Rechtshilfe vor allem durch die Übermittlung von Informationen auf Ersuchen zu den genannten Zwecken. Weiterhin kann um die Teilnahme an einer Steuerprüfung oder eine eigene Befragung ersucht werden.

679 Insbesondere kann derzeit auf solche Abkommen mit folgenden Staaten zurückgegriffen werden:

- **Anguilla:** Art. 1 S. 1 InfoAust AI 2010
- **Armenien:** Art. 25 f. DBA AM 2016[634]
- **Bahamas:** Art. 1 S. 1 InfoAust BS 2010
- **Guernsey:** Art. 1 S. 1 AuskAust GG 2009
- **Insel Man:** Art. 1 S. 1 AuskAust IM 2009
- **Kaimaninseln:** Art. 1 S. 1 InfoAust KY 2010
- **Monaco:** Art. 1 S. 1 InfoAust MC 2010
- **Mazedonien:** Art. 26 DBA MK 2006[635]
- **San Marino:** Art. 1 S. 1 InfoAust SM 2010
- **St. Vincent und die Grenadinen:** Art. 1 S. 1InfoAust VC 2010
- **Turks- und Caicosinseln:** Art. 1 S. 1 InfoAust TC 2010
- **Virgin Islands:** Art. 1 S. 1 InfoAust VG 2010

680 aa) Die Rechtshilfe wird nach diesen Abkommen nicht nur geleistet für Festsetzung, Veranlagung, Erhebung und sonstige Durchführung und Vollstreckung der aufgezählten **Steuerarten,** sondern auch für Ermittlungen und die Verfolgung von Steuerstrafsachen. Umfasst sind die Einkommens-, Körperschafts-, Gewerbe-, Vermögens-, Erbschafts-, teilweise Umsatz- und Versicherungssteuer einschließlich der darauf erhobenen Zuschläge, sowie andere Steuern im Wesentlichen ähnlicher Art.[636] **Steuerstrafsachen** sind dabei alle darauf bezogenen vorsätzlichen Verhaltensweisen, die nach dem Strafrecht der ersuchenden Vertragspartei strafbewehrt sind, wobei es nicht darauf ankommt, ob sich die Strafregelung im Steuerrecht oder engeren Strafgesetz oder an anderer Stelle befindet.[637]

681 Bei den **Informationen** handelt es sich um alle Tatsachen, Erklärungen, Unterlagen oder Aufzeichnungen jeder Art. Diese müssen den Behörden des ersuchten Staates vorliegen oder sich im Besitz oder in der Verfügungsmacht von Personen in seinem Hoheitsbereich befinden.[638]

---

[633] ZB **für die Schweiz:** Art. 29 BetrugBekämpfAbk EG/CH; nunmehr Art. 16 ff. GeldwÜ.
[634] Abk. zwischen der Bundesrepublik Deutschland und der Republik Armenien zur Vermeidung der Doppelbesteuerung und zur Verhinderung der Steuerverkürzung auf dem Gebiet der Steuern vom Einkommen und vom Vermögen v. 29.6.2016 (BGBl. 2017 II 1077).
[635] Abk. v. 13.6.2006 zwischen der Regierung der Bundesrepublik Deutschland und der mazedonischen Regierung zur Vermeidung der Doppelbesteuerung auf dem Gebiet der Steuern vom Einkommen und vom Vermögen (BGBl. 2010 II, 1153, 1154).
[636] **Für Anguilla:** Art. 3 Abs. 1 lit. a, Abs. 2 InfoAust AI 2010 und allen anderen genannten Abkommen, dabei für **Guernsey:** Art. 3 Abs. 1 lit. a, Abs. 2 AuskAust GG 2009; **Monaco:** Art. 3 Abs. 1 lit. a, Abs. 2 InfoAust MC 2010 und **Insel Man:** Art. 3 Abs. 1 lit. a, Abs. 2 AuskAust IM 2009 jeweils ohne Umsatz- und Versicherungssteuer; **St. Vincent und Grenadinen**: Art. 3 Abs. 1 lit. a, Abs. 2 InfoAust VC 2010 bezüglich aller deutschen Steuern.
[637] **Für Anguilla:** Art. 3 Abs. 1 lit. f, g, Abs. 2 InfoAust AI 2010; **Insel Man:** Art. 3 Abs. 1 lit. f, g, Abs. 2 AuskAust IM 2009; **die Turks- und Caicosinseln:** Art. 3 Abs. 1 lit. f, g, Abs. 2 InfoAust TC 2010; sonst Art. 3 Abs. 1 lit. p, q, Abs. 2 in allen anderen Abkommen.
[638] **Für die Britischen Jungferninseln:** Art. 2, Art. 3 Abs. 1 lit. e InfoAust VG 2010; **Anguilla:** Art. 2, Art. 3 Abs. 1 lit. h InfoAust AI 2010 und **die Turks- und Caicosinseln:** Art. 2, Art. 3 Abs. 1 lit. h InfoAust TC 2010; **Insel Man:** Art. 2, Art. 3 Abs. 1 lit. i AuskAust IM 2009; sonst Art. 2, Art. 3 Abs. 1 lit. n in allen anderen Abkommen.

bb) Das **Ersuchen** um Informationsübermittlung muss schriftlich erfolgen und insbesondere als Nachweis für die voraussichtliche Erheblichkeit der Informationen die folgenden Angaben enthalten:[639] **682**
- die Bezeichnung der Person, der die Ermittlung oder Untersuchung gilt;
- den Zeitraum, für den die Informationen erbeten werden;
- die Art der erbetenen Informationen, einschließlich einer Beschreibung der erbetenen konkreten Beweismittel, und die Form, in der die Informationen der ersuchenden Partei vorzugsweise zu übermitteln sind. Dabei muss das Ersuchen vor allem angeben, wenn die Informationen in Form von Zeugenaussagen oder beglaubigten Kopien von Originaldokumenten vorgelegt werden sollen;[640]
- die steuerlichen Zwecke, für die die Informationen erbeten werden;
- die Gründe für die Annahme, dass sich die erbetenen Informationen für die Durchführung des innerstaatlichen Rechts des ersuchenden Staates voraussichtlich erheblich sind;
- berechtigte Gründe für die Annahme, dass die erbetenen Informationen im Hoheitsgebiet des ersuchten Staates befinden;
- Name und Anschrift von Personen, soweit bekannt, in deren Besitz oder Verfügungsmacht sich die erbetenen Informationen vermutlich befinden;
- eine Erklärung, dass das Ersuchen diesem Abkommen sowie dem Recht und der Verwaltungspraxis des ersuchenden Staates entspricht, und dass die erbetenen Informationen, würden sie sich in dessen Hoheitsbereich befinden, von der zuständigen Behörde nach deren Recht eingeholt werden könnten;
- eine Erklärung, dass der ersuchende Staat alle im eigenen Hoheitsgebiet zur Verfügung stehenden Maßnahmen zur Einholung der Informationen ausgeschöpft hat, ausgenommen solche, die unverhältnismäßig große Schwierigkeiten mit sich bringen würden.

Für die Ersuchen um **Teilnahme an einer Steuerprüfung** oder eine **eigene Befragung** finden sich keine derartigen Vorgaben. **683**

Zuständige Behörde für das Stellen des Ersuchens ist stets das Bundesamt für Justiz. **684**

cc) Der ersuchte Staat hat die erbetenen Informationen so umgehend wie möglich zu übermitteln. Um eine **umgehende Bearbeitung** sicherzustellen, hat die zuständige Behörde des ersuchten Staates den Eingang des Ersuchens schriftlich zu bestätigen.[641] Sie hat innerhalb von 60 Tagen nach Erhalt des Ersuchens über etwaige Mängel des Ersuchens zu unterrichten. Weiterhin hat sie die zuständige Behörde des ersuchenden Staates unverzüglich zu unterrichten, wenn die erbetenen Informationen nicht innerhalb von 90 Tagen nach Eingang des Ersuchens eingeholt und erteilt werden können. Dabei hat sie die Gründe für ihre Erfolglosigkeit, die Hindernisse der Durchführung oder die Gründe ihrer Verweigerung mitzuteilen. **685**

Die Rechtshilfe kann **verweigert** werden, wenn **686**
- das Ersuchen nicht in Übereinstimmung mit dem entsprechenden Abkommen gestellt wurde;[642]
- der ersuchende Staat nicht alle in seinem Hoheitsgebiet zur Verfügung stehenden Maßnahmen zur Einholung der Informationen ausgeschöpft hat. Ausgenommen sind allerdings die Fälle, in denen der Rückgriff auf derartige Maßnahmen unverhältnismäßig große Schwierigkeiten mit sich bringen würde;

---

[639] **Für Anguilla:** Art. 5 Abs. 1 S. 1, Abs. 6 InfoAust AI 2010 und **die Turks- und Caicosinseln:** Art. 5 Abs. 1 S. 1, Abs. 6 InfoAust TC 2010; **Insel Man:** Art. 4 Abs. 1 S. 1, Abs. 5 AuskAust IM 2009; sonst Art. 5 Abs. 1 S. 1, Abs. 5 alle Übrigen.
[640] **Für Anguilla:** Art. 5 Abs. 3 InfoAust AI 2010 und sämtliche andere, bis auf wortgleich für **Insel Man:** Art. 4 Abs. 3 AuskAust IM 2009.
[641] **Für Anguilla:** Art. 5 Abs. 7 InfoAust AI 2010, ebenso wie in den anderen Abkommen mit folgenden Ausnahmen: **die Britischen Jungferninseln:** Art. 5 Abs. 6 InfoAust VG 2010 und **Monaco:** Art. 5 Abs. 6 InfoAust MC 2010, dagegen Art. 5 Abs. 7 InfoAust BS 2010, **Guernsey:** Art. 5 Abs. 6 AuskAust GG 2009 und **Kaimaninseln:** Art. 5 Abs. 6 InfoAust KY 2010 jeweils ohne die nachfolgenden Fristangaben.
[642] Hierzu und zum Folgenden Art. 7 in allen Abkommen außer, wegen anderer Gesamtnummerierung bedingt, **für die Insel Man:** Art. 6 AuskAust IM 2009.

- die Erteilung der erbetenen Informationen der öffentlichen Ordnung des ersuchten Staates widerspräche (ordre public);
- teilweise zusätzlich, wenn die zu übermittelnden Angaben einem Aussageverweigerungsrecht unterliegen oder – statt dessen – sich im Besitz oder in der Verfügungsmacht einer anderen Person als dem Steuerpflichtigen befinden und sich nicht unmittelbar auf den Steuerpflichtigen beziehen;[643]
- die zuständige Behörde des ersuchenden Staates nach ihrem Recht die Informationen selbst nicht einholen könnte, wenn sich diese im Hoheitsgebiet des ersuchenden Staates befänden;
- die Informationen vom ersuchten Staat zur Durchführung einer Bestimmung seines Steuerrechts oder einer damit zusammenhängenden Anforderung erbeten wird, die einen Bürger des ersuchten Staates gegenüber einem Bürger des ersuchenden unter den gleichen Umständen benachteiligt;
- zur Übermittlung ein Handels-, Industrie-, Gewerbe- oder Berufsgeheimnisses oder ein Geschäftsverfahren preisgegeben werden müsste; diese dürfen aber gerade nicht im Geschäft als Finanzinstitut, Trust, Stiftung etc liegen, vielmehr geht die Übermittlungspflicht für die oben genannten Institutionen vor;
- der ersuchte Staat Verwaltungsmaßnahmen durchführen müsste, die von seinen Gesetzen und ihrer Verwaltungspraxis abweichen.

687 Vor allem im Hinblick auf die beiden zuletzt genannten Gründe gilt aber, dass stets zur Verfügung gestellt und dazu ggf. beschafft werden müssen **Informationen von Banken und anderen Finanzinstituten** sowie Vertretern und Treuhänder und über die Eigentumsverhältnisse an Gesellschaften, Gemeinschaften und anderen (juristischen) Personen einschließlich der Anteilsverhältnisse, Beteiligten bei Trustverhältnissen und bei Stiftungen Stifter, Stiftungsratsmitglieder und Begünstigte.[644]

688 **Keine Verpflichtung** zur Bereitstellung besteht auch in diesen Fällen nach einigen Abkommen wiederum bei Informationen, die sich auf einen Zeitraum beziehen, der mehr als fünf Jahre vor dem Jahr liegt, in dem das Ersuchen gestellt wurde[645] sowie hinsichtlich der Eigentumsverhältnisse börsennotierter Gesellschaften oder öffentlicher Investmentsysteme für gemeinsame Anlagen, es sei denn, diese Informationen können ohne unverhältnismäßig große Schwierigkeiten eingeholt werden.[646]

689 Ausdrücklich kann die Rechtshilfe **nicht** mit dem Argument abgelehnt werden, dass das Verhalten im ersuchten Staat **nicht strafbar** ist[647] oder dass die dem Ersuchen zugrundeliegende Steuerschuld vom Steuerpflichtigen bestritten wird.[648]

690 dd) Reichen die der zuständigen Behörde der ersuchten Partei vorliegenden Informationen nicht aus, um dem Auskunftsersuchen entsprechen zu können, so ergreift der ersuchte Staat alle geeigneten Maßnahmen **zu deren Beschaffung,** auch wenn er selbst diese Informationen nicht für eigene steuerliche Zwecke benötigt.[649]

---

[643] Letztere Alternative wohl nur **für die Britischen Jungferninseln:** in Art. 7 Abs. 4 lit. b InfoAust VG 2010, erstere wohl nur **für die Bahamas:** in Art. 7 Abs. 2 lit a InfoAust BS 2010.

[644] Auch hier Art. 5 Abs. 4 in sämtlichen Abkommen außer, wegen anderer Gesamtnummerierung, **für die Insel Man:** Art. 4 Abs. 4 AuskAust IM 2009.

[645] Für die parallelen Regelungen in sämtlichen Abkommen s. hier exemplarisch nur **für Anguilla:** Art. 5 Abs. 5 lit. b InfoAust AI 2010 und **für die Turks- und Caicosinseln:** Art. 5 Abs. 5 lit. b InfoAust TC 2010; anders nur **für die Britischen Jungferninseln:** Art. 7 Abs. 4 lit. c InfoAust VG 2010 mit einer Frist von sechs Jahren vor dem Veranlagungszeitraum.

[646] Für die parallelen Regelungen in sämtlichen Abkommen s. hier exemplarisch nur **für Anguilla:** Art. 5 Abs. 5 lit. a InfoAust AI 2010; anders **für St. Vincent und Grenadinen:** Art. 5 Abs. 4 InfoAust VC 2010 und **für die Turks- und Caicosinseln:** Art. 5 Abs. 4 InfoAust TC 2010.

[647] Art. 5 Abs. 1 S. 2 in sämtlichen Abkommen außer, wegen anderer Gesamtnummerierung, **für die Insel Man:** Art. 4 Abs. 1 S. 2 AuskAust IM 2009.

[648] Art. 7 Abs. 3 in sämtlichen Abkommen außer, wegen anderer Gesamtnummerierung, **für die Insel Man:** Art. 6 Abs. 3 AuskAust IM 2009.

[649] Art. 5 Abs. 2 in sämtlichen Abkommen außer, wegen anderer Gesamtnummerierung, **für die Insel Man:** Art. 4 Abs. 2 AuskAust IM 2009.

ee) Auf ein Ersuchen hin kann der Zielstaat auch die **Teilnahme** von Vertretern der zuständigen Behörde des ersuchenden Staates **während des relevanten Teils einer Steuerprüfung** in seinem Hoheitsgebiet erlauben.[650] Die zuständige Behörde des ersuchten Staates unterrichtet darauf den ersuchenden Staat über Zeitpunkt und Ort der Prüfung, die zur Durchführung der Prüfung befugte Behörde oder Person sowie die dazu vorgeschriebenen Verfahren und Bedingungen. Alle Entscheidungen im Zusammenhang mit der Durchführung der Prüfung werden von der die Prüfung durchführenden ersuchten Partei getroffen. 691

Allerdings kann auch die zuständige Stelle des ersuchenden Staates darum bitten, **ihr die um Befragung natürlicher Personen und Prüfung von Unterlagen** im ersuchten Staat zu gestatten.[651] Die Bewilligung kann nach einem Vorlauf von mindestens vierzehn Tagen erfolgen, soweit die Betroffenen schriftlich zugestimmt haben und soweit dies nach dem innerstaatlichen Recht des ersuchten Staates zulässig ist. Die zuständige Behörde des ersuchenden Staats hat die zuständige Behörde des ersuchten Staats über Zeitpunkt und Ort des geplanten Treffens mit den Betroffenen zu unterrichten. 692

ff) Die Protokolle zu den jeweiligen Steuerstrafabkommen enthalten ausführliche Regelungen zum **Datenschutz,** der der Datenschutz-RL entsprechen muss. 693

b) Mit dem **Übereinkommen über die gegenseitige Amtshilfe in Steuersachen der OECD**[652] und den zugehörigen OECD-Standards für den automatischen Informationsaustausch über Finanzkonten[653] und den entsprechenden mehr oder weniger intensiven erneuten staatlichen und europäischen Umsetzungsbemühungen gegenüber sog. „Steueroasen" ist ein weiterer grundsätzlicher Weg, grenzüberschreitend an Finanzdaten zu gelangen, erneut in den Fokus getreten.[654] Dieser hat insbesondere auch für den Austausch mit der Schweiz erhebliche Bedeutung.[655] 694

Ob ein solcher Datenaustausch stattfindet, richtet sich zunächst nach den konkret bestehenden Abkommen, die derzeit stark im Ausbau begriffen sind. Die OECD-Standards liefern hierfür lediglich Muster für weitere entsprechende völkerrechtliche Verträge oder Regierungsvereinbarungen, die regelmäßig letztlich bestehende oder neue Doppelbesteuerungsabkommen ausgestalten sollen. Grundsätzlich werden darin ein jährlicher Steuerdatenaustausch sowie Steuerdatenauskünfte auf Ersuchen festgeschrieben. 695

Entscheidend ist dabei, dass zwar ein Bankgeheimnis nicht mehr vorgesehen ist. Allerdings handelt es sich um einen **Austausch der Finanzbehörden.** Strafrechtliche Ermittlungsbehörden als solche sind grundsätzlich an diesen Formen des Austausches nicht beteiligt, allenfalls mit der Ausnahme entsprechender Steuerfahndungsorgane in steuerstrafrechtlichen Ermittlungen. 696

Für Deutschland ist neben dem nationalen Steuergeheimnis in § 30 AO zusätzlich Art. 22 Übereinkommen über die gegenseitige Amtshilfe in Steuersachen (AiStÜ)[656] zu beachten.[657] Danach dürfen Informationen nur den Personen oder öffentlichen Stellen zugänglich gemacht werden, die mit der Festsetzung, Erhebung oder Beitreibung, der Vollstreckung oder Strafverfolgung oder der Entscheidung über Rechtsmittel im Zusammenhang mit Steuern dieser Vertragspartei befasst sind. Nur diese dürfen die Informationen 697

---

[650] Art. 6 Abs. 2, 3 in sämtlichen Abkommen außer, wegen anderer Gesamtnummerierung, **für die Insel Man:** Art. 5 Abs. 2, 3 AuskAust IM 2009.
[651] Art. 6 Abs. 1 in sämtlichen Abkommen außer, wegen anderer Gesamtnummerierung, **für die Insel Man:** Art. 5 Abs. 1 AuskAust IM 2009.
[652] BGBl. 2015 II 967.
[653] OECD: Standard für den automatischen Informationsaustausch über Finanzkonten. Gemeinsamer Meldestandard 2014/5.
[654] Vgl. ausf. und aktuell zur Entwicklung BT-Drs. 18/5919, 24 ff.; Gesetz zum automatischen Austausch von Informationen über Finanzkonten in Steuersachen und zur Änderung weiterer Gesetze v. 21.12.2015 (BGBl. 2015 I 2531).
[655] Vgl. hierzu NK-RechtshilfeR/*Wieckowska* IV Rn. 708 ff. mwN.
[656] BGBl. 2015 II 967.
[657] Vgl. BT-Drs. 18/5919.

und nur für diese Zwecke verwenden. Eine Offenlegung in einem öffentlichen Gerichtsverfahren oder in einer Gerichtsentscheidung ist nur mit vorheriger Zustimmung des übermittelnden Staates zulässig soweit dieser nicht darauf verzichtet hat oder das gesonderte Protokoll mit entsprechender Änderung gilt (vgl. Art. 22 AiStÜ). Daraus und aus dem Kreis der einbezogenen reinen Finanzbehörden folgt aber, dass für allgemeine Strafsachen dieser Weg, sowohl direkt an die ausländischen Stellen, als auch über eine Amtshilfe der deutschen Finanzbehörden, ausgeschlossen ist.

4. Internationaler Zahlungsverkehr

698   a) Eine besondere Stellung haben die **Zahlungsverkehrsdaten,** die zwischen den Banken ausgetauscht werden. Nahezu alle Transaktionen zwischen Banken werden über die zentrale Infrastruktur der von ihnen 1973 gegründeten zentralen privatrechtlichen Genossenschaft SWIFT ausgetauscht. Dies bietet für Ermittlungen eine besonders „verlockende" Möglichkeit, um unabhängig von möglicherweise nicht voll bekannten Bank- und Konteninformationen personenbezogene Erkenntnisse nach flexiblen Kriterien durch Analysen zu gewinnen. Vor allem aber ist diese Informationserhebung nicht auf die Kooperation von Staaten und Banken im Drittstaat angewiesen. Dabei bestehen bei den **innerstaatlichen Ermittlungsmaßnahmen** bzw. solchen im Rahmen der **innereuropäischen Rechtshilfe auf Grundlage des Unionsrechts gegenüber dem in Belgien ansässigen Unternehmen keine Besonderheiten.**

699   b) Aufgrund unklarer Rechtslage und möglichen Kollisionen der Übermittlungsanordnungen von **US-Behörden** nach den Terroranschlägen v. 11.9.2001 mit nationalem und europäischem Datenschutzrecht für die in allen Rechtssphären ansässige SWIFT ergab sich eine lange Diskussion zur Regelung derartiger Übermittlungen. Zunächst scheiterte 2010 ein Ad-hoc-Abkommen der EU-Kommission im Europäischen Parlament. Dies führte schließlich zum ZahlVAbk EU/US. Dieses Übereinkommen sieht gegenüber dem Fluggastdatenabkommen förmliche und materielle Schranken in Bezug auf Unionsbürger vor. Die Beschränkungen gelten, obwohl der Vetrag asymmetrisch lediglich Zugriffe der US-Behörden auf die Zahlungsströme des SWIFT und von diesen gegebenenfalls auf Ersuchen oder spontan **die Weitergabe von daraus gewonnenen Analysedaten an EU-Behörden** beinhaltet. Ein eigenständiger Zugriff der Ermittlungsorgane der EU und ihrer Mitgliedstaaten ist lediglich anvisiert (Art. 11 ZahlVAbk EU/US), jedoch bislang nicht realisiert.

700   aa) Die **Datenanforderung der USA** erfolgt aufgrund des Programms des dortigen Finanzministeriums zum Aufspüren der Finanzierung des Terrorismus („TFTP") in Form von Vorlageanordnungen an die im Anhang genannten Zahlungsverkehrsdienstleister, derzeit nur SWIFT, bezüglich der in der EU gespeicherten Zahlungsverkehrsdaten (vgl. vor allem Art. 1, 4 Abs. 1 ZahlVAbk EU/US).

701   Die angeforderten Daten müssen möglichst präzise unter Angabe der Datenkategorien **bezeichnet** sein. Weiter muss **begründet** werden, warum die Daten notwendig zur Verhütung, Ermittlung, Aufdeckung und Verfolgung von Terrorismus und Terrorismusfinanzierung sein sollen. Dabei muss die Reichweite so eng wie möglich gefasst sein, um die Menge der angeforderten Daten auf ein Minimum zu beschränken. Dabei ist den Analysen früherer und gegenwärtiger Terrorrisiken anhand der Art der Daten und geografischer Kriterien sowie den Erkenntnissen über terroristische Bedrohungen und Schwachstellen, geografischen Analysen sowie Bedrohungs- und Gefährdungsanalysen gebührend Rechnung zu tragen. Schließlich dürfen keine Daten angefordert werden, die sich auf den Einheitlichen Euro-Zahlungsverkehrsraum beziehen (zum Ganzen Art. 4 Abs. 2 ZahlVAbk EU/US).

702   Erst wenn **Europol** geprüft hat, dass diese Kriterien eingehalten worden sind, und dies dem Zahlungsverkehrsanbieter mitgeteilt hat, trifft diesen die Pflicht, die Anordnung zu erfüllen und die Daten an die USA zu übermitteln (Art. 4 Abs. 3–9 ZahlVAbk EU/US). Die Daten sind dort gem. Art. 5, 6 ZahlVAbk EU/US mit im Einzelnen beschriebenen

technischen und organisatorischen Maßnahmen zu sichern, dürfen nur für die Terrorverhütung und -verfolgung verwendet und müssen spätestens nach fünf Jahren gelöscht werden, wenn sie nicht mehr benötigt werden. Zwar können die Regelungen so gelesen werden, dass der Zugriff von Analysten anderer US-Sicherheitsbehörden beim dortigen Finanzministerium nicht ausgeschlossen ist.[658] Grundsätzlich dürfen die Daten allerdings nur zu den genannten Zwecken und bei Unionsbürgern und in der EU Ansässigen grundsätzlich nur mit vorheriger Zustimmung von dessen nationalen Behörden übermittelt werden, bzw. mit deren unverzüglicher Benachrichtigung, wenn die Übermittlung für die Verhütung einer unmittelbaren, ernsten Gefahr für die öffentliche Sicherheit eines Vertrags- oder Drittstaats unerlässlich war. Da nur bereits als Ergebnis einer individualisierten Suchabfrage nach Maßgabe dieses Abkommens extrahierte Informationen übermittelt werden dürfen (Art. 7 lit. a ZahlVAbk EU/US), soll auch in diesen Stellen ein „*Datamining*" und Vorratsdatenbeständen, wie für das US-Finanzministerium ausdrücklich untersagt ist,[659] faktisch unmöglich gemacht werden.

bb) Jede für die Strafverfolgung, öffentliche Sicherheit oder Terrorismusbekämpfung **703** zuständige **Behörde eines EU-Staats, Europol und Eurojust** können das US-Finanzministerium um Abfrage der betreffenden über das TFTP erlangten Informationen ersuchen, wenn sie Grund zu der Annahme haben, dass eine Person oder Organisation eine Verbindung zu terroristischen Taten iSd Art. 1–4 RB (EU) 2002/475/JI bzw. Art. 3 ff. Terrorismusbekämpfungs-RL (→ § 14 Rn. 56 ff.) aufweist (Art. 10 S. 1 ZahlVAbk EU/US).[660] Dieses führt nach Art. 5, Art. 10 S. 2 ZahlVAbk EU/US unverzüglich eine Abfrage durch und stellt auf solche Ersuchen hin die betreffenden Informationen bereit.

II. Fluggastdaten

1. Überblick und aktuelle Entwicklungen

Nach mehrjähriger Diskussion wurde zum **Datenaustausch von Fluggastdaten inner- 704 halb der EU** im April 2016 die Richtlinie des Europäischen Parlaments und des Rates über die Verwendung von Fluggastdatensätzen zu Zwecken der Verhütung, Aufdeckung, Aufklärung und strafrechtlichen Verfolgung von terroristischen Straftaten und schwerer Kriminalität angenommen (PNR-RL).[661]

Mit ihr fällt die EU nach den Anschlägen von Paris und Brüssel von einem „Extrem" in das andere: Zuvor bestand der Zustand darin, dass europäische Fluggesellschaften im Rahmen der Abkommen der EU mit Australien, Kanada und den USA verpflichtet waren, entsprechende Angaben an diese Länder zu übermitteln, während eine solche Übermittlung an die Behörden der Ermittlungsstaaten geradezu untersagt war. Nach Umsetzung der Richtlinie binnen zwei Jahren wird der dort entwickelte Mechanismus für alle angeblich „schwere Kriminalität" angewandt. Sie ist definiert als Handlungen die „im Höchstmaß mit mindestens drei Jahren Freiheitsstrafe bedroht sind" und einem Katalog unterfallen, der zB den Handel mit gestohlenen Kraftfahrzeugen, betrügerische Nachahmung und Produktpiraterie oder Computerstraftaten/Cyberkriminalität umfasst, wobei letzterer Begriff wohl bezogen auf das CKÜ jede beliebige Straftat meint, die unter Benutzung eines Computersystems begangen wurde. Da hieran über Art. 6 Abs. 2 PNR-RL das gesamte umfassende Speicherungsinstrumentarium – einschließlich Repersonalisierung binnen fünf Jahren –, sowie die auch externe Übermittlungs-, Verarbeitungs-, Verwertungs und Ahndungsinstru-

---

[658] Vgl. den Wortlaut von Art. 5 Abs. 4 lit. c ZahlVAbk EU/US, der den Zugriff einerseits Analytikern, andererseits Personen iRd TFTP gewährt.
[659] Art. 5 Abs. 3 ZahlVAbk EU/US: „Das TFTP beinhaltet weder jetzt noch in Zukunft Data-Mining oder andere Arten der algorithmischen, automatischen Profilerstellung oder computergestützten Filterung".
[660] Zu Spontanübermittlung → § 10 Rn. 52.
[661] RL 2016/681 des Europäischen Parlaments und des Rates über die Verwendung von Fluggastdatensätzen (PNR-Daten) zur Verhütung, Aufdeckung, Ermittlung und Verfolgung von terroristischen Straftaten und schwerer Kriminalität v. 27.4.2016, ABl. 2016 L 119, 12.

mentarium anknüpft, werden die PNR-Daten praktisch für sämtliche strafrechtlichen bis nachrichtendienstlichen Verwendungen mit einer Speicherdauer von fünf Jahren freigegeben.

Hingegen sind sämtliche Korrektive, wie die Rechte der Betroffenen, „diskriminierungsfreien Prüfkategorien" oder „gebührend zu begründende Anfragen" überaus vage gehalten. Es stellt sich erneut die Frage, ob eine solche Regelung, wenn auch hier nur ein erneuter Schritt betreffend sehr partieller Daten, aber vor allem mit der Kategorisierung und damit weitergehenden Präjudizwirkung den Grundsätzen der Rechtsstaatlichkeit, insbesondere der Rechtssicherheit und Verhältnismäßigkeit bei der durchaus bewussten Wahl entsprechender durchaus irreführender Begrifflichkeiten, den Grundprinzipien der Union und „solange noch" den nationalen Verfassungsordnungen genügen kann. In der Praxis wird es alleine den Datenschutzbeauftragten und der Rechtspraxis überlassen bleiben, für eine tatsächliche Wahrung des Verhältnismäßigkeitsgrundsatzes, der lediglich in den Erwägungsgründen ausmalend betont wird, Sorge zu tragen.

In Deutschland ist die Richtlinie mit dem Gesetz über die Verarbeitung von Fluggastdaten zur Umsetzung der Richtlinie (EU) 2016/681 (Fluggastdatengesetz – FlugDaG) v. 6.6.2017 umgesetzt worden.[662]

2. Allgemeine Rechtshilfe

705 **Vor dem Inkrafttreten der PNR-RL** haben deutsche Ermittlungsorgane trotz natürlich rechtlich bestehender Auskunfts- und Herausgabepflichten, die auch über die bestehenden Rechtshilfeinstrumente realisiert werden könnten, *faktisch* nur sehr eingeschränkte Möglichkeiten, auf Fluggastdaten zuzugreifen.

706 **a)** Dies liegt vor allem an der Richtlinie 2004/82/EG des Rates über die Verpflichtung von Beförderungsunternehmen, Angaben über die beförderten Personen zu übermitteln.[663] Sie enthält zwar die Verpflichtung der Luftbeförderungsunternehmen, Daten der über die Außengrenzen einreisenden Passagiere ebenso wie im deutschen Recht zu übermitteln. Sie sieht allerdings auch die zwingende Löschung nach 24 Stunden nach Ankunft des Passagiers bei den Unternehmen vor. Auch bei der zur Personenkontrolle zuständigen Behörde sind die Daten binnen 24 Stunden nach Übermittlung zu löschen. Sie dürfen konkrete Daten nach dem allgemeinen polizeilichen Datenschutzrecht nur solange verarbeiten, wie sie zur Wahrnehmung ihrer eigenen begrenzten gesetzlichen Kontrollaufgaben inbesondere zur wirksamen Bekämpfung der illegalen Einwanderung weiterverwendet werden müssen. Folglich dürfte ein gewünschter Zugriff auf diese Daten im Wege der Rechtshilfe meist ins Leere laufen. Daher würde sich regelmäßig die Frage erübrigen, inwieweit eine Weiterübermittlung nach der Zweckbindung auf deren Grenzschutzaufgaben bzw. unter Rückgriff auf allgemeine Erwägungen möglich wäre. Teilweise kann sich stattdessen der Rückgriff auf aufenthaltsrechtliche Datenbanken anbieten.

707 **b)** Die PNR-RL kann auch als Beseitigung der Asymmetrie durch Übernahme der einseitig zugunsten der **USA**,[664] **Kanadas**[665] **und Australiens**[666] wirkenden Mechanismen verstanden werden, die in den entsprechenden Vereinbarungen im Vorfeld seit dem 11.9.2011 durch die EU abgeschlossen wurden. Während die Sicherheitsbehörden dieser Staaten die entsprechenden Fluggastdaten auch von europäischen Fluggesellschaften auf-

---

[662] BGBl. 2017 I 1484; vgl. dazu BT-Drs. 18/11501, 18/12149.
[663] v. 29.4.2004, ABl. 2004 L 261, 24.
[664] Aktuell: Abkommen zwischen den USA und der Europäischen Union über die Verwendung von Fluggastdatensätzen und deren Übermittlung an das United States Department of Homeland Security (PNRAbk EU/US), ABl. 2012 L 215, 5.
[665] Abk. zwischen der Europäischen Gemeinschaft und der Regierung Kanadas über die Verarbeitung von erweiterten Fluggastdaten und Fluggastdatensätzen (PNAAbk EG/CA) v. 3.10.2005, ABl. 2006 L 82, 15.
[666] Abk. zwischen der Europäischen Union und Australien über die Verarbeitung von Fluggastdatensätzen (Passenger Name Records – PNR) und deren Übermittlung durch die Fluggesellschaften an den Australian Customs and Border Protection Service (PNRAbk EU/AUS) v. 29.9.2011, ABl. 2011 L 186, 4.

grund deren neu begründeten Verpflichtung durch das Unionsrecht erhielten, war eine unmittelbare Weiterleitung an die Ermittlungsorgane der EU-Staaten ausgeschlossen. Allerdings konnten diese über den Umweg der Rechtshilfe auf Erkenntnisse der Behörden in den **USA, Kanadas** bzw. **Australien** über **sämtliche Passagiere** Auskunft erfolgen, **die von europäischen Beförderungsunternehmen in der Luft befördert wurden** oder sonst deren Daten in der EU verarbeiten, die deswegen unmittelbar in diese Staaten übermittelt wurden.[667]

aa) Das **US-Amerikanische Department of Homeland Security (DHS)** erhält die Daten gem. Art. 15 PNRAbk EU/US in einem Push-Verfahren von den genannten Luftfahrtunternehmen aus der EU unmittelbar auf eine, praktisch wohl weitgehend allgemeine, Anforderung erstmalig jeweils spätestens 96 Stunden vor planmäßigem Abflug übermittelt. Die Übermittlung und Weiterverarbeitung in den USA soll zur Verhinderung und Verfolgung von terroristischen und sonstigen „schweren" Straftaten mit einer angedrohten **Höchststrafe von mindestens drei Jahren** und mit einem, weitest gefassten Grenzbezug, dienen, ebenso wie zur **Abwehr einer vermuteten erheblichen Bedrohung, die nicht weiter präzisiert wird,** oder zum Schutz lebenswichtiger Interessen von Einzelpersonen, die wohl auch wirtschaftlicher Art sein können, sowie darüberhinaus allgemein auf eine gerichtliche Anordnung, wobei die EU und ihre Mitgliedstaaten die nur anhand von Informationen überprüfen könnten, die ihnen US-Behörden zukommen ließen, da sie auf die Direktübermittlung keinerlei Einfluss mehr haben (Art. 4 PNRAbk EU/US). 708

Deutsche oder europäische Polizei- oder Strafverfolgungsstellen wie Europol und Eurojust können im Rahmen ihrer Zuständigkeit nach den bestehenden Rechtshilfeabkommen gem. Art. 18 Abs. 1 PNRAbk EU/US oder sonst soweit zur Strafverfolgung erforderlich gem. Art. 18 Abs. 2 PNRAbk EU/US das US-Amerikanische Department of Homeland Security ersuchen, zu Untersuchungs- und Ermittlungszwecken in konkreten Fällen mit dem Ziel die nach dem Übereinkommen als terroristische oder „grenzübergreifende schwere" Straftaten (bedroht mit Freiheitsstrafe im Höchstmaß von mindestens drei Jahren) in der EU zu verhindern, aufzudecken, zu untersuchen oder strafrechtlich zu verfolgen, **analytische Informationen,** die aus diesen aus Europa übermittelten PNR gewonnen wurden, zu übermitteln, **soweit dies dem US-Amerikanische Department of Homeland Security praktisch möglich, relevant und angebracht scheint.** Worin diese „analytischen Informationen" bestehen, bleibt offen, dürfte aber wohl auch konkrete personenbezogene Daten über Passagiere oder etwaige analytisch gewonnene mutmaßliche Zusammenhänge und Folgerungen umfassen. 709

Zwar enthält dieses Abkommen weitläufig beschriebene Regelungen zur Datensicherheit und zu möglichen Rechten der Betroffenen (Art. 5 ff. PNRAbk EU/US), jedoch manifestiert sich die augenscheinliche Assymmetrie nicht nur darin, dass die europäischen Stellen keinerlei Einfluss oder Kenntnis der konkret in die USA übermittelten Daten haben und in allen weiteren Informationen, die sie darüber erhalten in von ihnen unkontrollierbarer Weise von den amerikanischen Behörden abhängen. Dies gilt insbesondere auch für die Weiterverwendung in den USA für Einreisebefragungen nach Art. 4 Abs. 3 PNRAbk EU/US, Zufallsfunde aller Art nach Art. 4 Abs. 4 PNRAbk EU/US, Weiterübermittlungen in den USA gem. Art. 16 PNRAbk EU/US und in Drittstaaten (Art. 17 PNRAbk EU/US) sowie die „aktive" **Speicherung für zunächst fünf Jahre** und weitere Speicherung für zehn Jahre nach Art. 8 PNRAbk EU/US, jeweils ohne konkreten Anlass auf Vorrat, wobei wohl anzunehmen ist, dass diese erst nach Ablauf der genannten fünf Jahre zu laufen beginnen sollen. 710

bb) Entsprechend können die näher spezifizierten **australischen Behörden** diese Daten aus Europa verlangen, wobei an die „Schwere" der Straftaten hier eine angedrohte Höchstfreiheitsstrafe von vier Jahren tritt, eine Vorabübermittlungspflicht von 72 Stunden und etwas 711

---

[667] Nach Art. 2, 3 PNRAbk EU/US bzw. Art. 4 PNRAbk EU/AUS; vgl. auch **für Kanada:** Art. 3 ff. PNAAbk EG/CA.

enger gefasste Verwendungsvorschriften, namentlich eine Speicherdauer von maximal fünfeinhalb Jahren (Art. 3, 21, 7 ff., 16 PNRAbk EU/AUS). Der *Australian Customs and Border Protection Service* stellt aufgrund von bestehenden Abkommen und sonst zur Verhütung und Verfolgung der genannten terroristischen oder „schweren" Straftaten den zuständigen Polizei- und Justizbehörden der EU sowie Europol und Eurojust Zugriff auf die PNR-Daten selbst oder sachdienliche analytische Informationen, die aus ihnen abgeleitet wurden, zum frühestmöglichen Zeitpunkt zur Verfügung (Art. 6 Abs. 1, 2 PNRAbk EU/AUS).

712   cc) Hingegen umfasst das Abkommen mit **Kanada** nur eine Übermittlungspflicht der Fluggesellschaft hinsichtlich der Fluggastdaten von Flügen nach Kanada auf jeweilige Anforderung durch die *Canada Border Service Agency*.[668] Ausdrückliche Rechtshilfeverpflichtungen für europäische Behörden finden sich bislang nicht, weshalb derzeit hier Neuverhandlungen unternommen werden.[669]

3. Europäische Union

713   Mit der Umsetzung der **PNR-RL,** die in allen Mitgliedstaaten bis 25.5.2018 erfolgt sein soll, hat sich dies grundlegend geändert. Dann haben die Ermittlungsbehörden weitestgehenden Zugriff auf Fluggastdaten der letzten fünf Jahre, egal, wo diese in Europa angefallen sind.

714   a) Umfasst sind allerdings gem. Art. 1 Abs. 1 lit. a, Art. 3 Nr. 2 PNR-RL nur die **Fluggastdaten** von Linien- und Gelegenheitsflügen zwischen Unions- und Drittstaaten. Jeder Mitgliedstaat kann aber auch entscheiden, die Richtlinie auch auf Flüge innerhalb der Union anzuwenden (Art. 2, Art. 3 Nr. 3 PNR-RL).

715   b) Sämtliche **Fluggesellschaften** sind bei solchen Flügen verpflichtet, alle Fluggastdaten 24 bis 48 Stunden vor planmäßigem Abflug sowie sofort nach Abfertigungsschluss einer zentralen PNR-Behörde des Mitgliedstaates zu übermitteln, in dem der Flug starten bzw. landen soll (Näher Art. 8 Abs. 1–4 PNR-RL). Zusätzlich haben die Fluggesellschaften zu anderen Zeitpunkten „in Einzelfällen" auf Anfrage einer der PNR-Zentralstellen Fluggastdaten zu übermitteln, wenn der Zugriff „erforderlich ist, um eine bestimmte und gegenwärtige Bedrohung im Zusammenhang mit terroristischen Straftaten oder schwerer Kriminalität abzuwehren" (Art. 8 Abs. 5 PNR-RL). Dabei sollen als terroristische Straftaten solche gelten, die im Rahmenbeschluss 2002/475/JI, nunmehr Art. 3 ff. Terrorismusbekämpfungs-RL aufgeführt sind (→ § 14 Rn. 56 ff.).[670] Gänzlich **irreführend** ist jedoch der Begriff der **„schweren Kriminalität",** da er bereits sämtliche Straftaten aus dem weiten und sehr eklektischen Katalog (Beispiele → Rn. 704; vgl. § 10 Rn. 36; § 17 Rn. 51, 65) des Anhang II enthalten soll, die nach dem nationalen Recht eines Mitgliedstaats mit einer Freiheitsstrafe oder einer freiheitsentziehenden Maßregel der Sicherung im Höchstmaß von mindestens drei Jahren bedroht sind (Art. 3 Nr. 9 PNR-RL), also nach gängigen Kategorien nicht einmal in den Bereich der mittleren Kriminalität fallen müssten. So werden namentlich durch die in keiner Weise präzisierte Aufnahme von „Computerstraftaten/ Cyberkriminalität" (Nr. 9 Anhang II PNR-RL) wohl auf sämtliche computerbezogenen Straftaten entsprechend dem CKÜ verwiesen.

716   c) Die **PNR-Zentralstellen,** die für jeweils einen oder mehrere Mitgliedstaaten auch mit dorthin abgeordneten allgemeinen Beamten eingerichtet werden können (vgl. Art. 4 PNR-RL), haben folgende Aufgaben:

717   aa) Sie **überprüfen vor planmäßiger Ankunft und Abflug alle PNR-Daten,** um Personen zu ermitteln, die laut Art. 6 Abs. 2 lit. a PNR-RL „von den zuständigen Behörden ... und gegebenenfalls ... von Europol genauer überprüft werden müssen, da sie möglicherweise an einer terroristischen Straftat oder an schwerer Kriminalität beteiligt sind." Dies erfolgt durch Abgleich der PNR-Daten entweder mit **„Datenbanken,** die

---

[668] Vgl. vor allem Art. 5 PNAAbk EG/CA.
[669] Vgl. COM(2017) 605 final v. 18.10.2017.
[670] Erwägungsgrund 12 PNR-RL.

zum Zwecke der Verhütung, Aufdeckung, Ermittlung und Verfolgung von terroristischen Straftaten und schwerer Kriminalität maßgeblich sind, einschließlich Datenbanken betreffend Personen oder Gegenstände, nach denen gefahndet wird oder die Gegenstand einer Ausschreibung sind" **oder mit im Voraus festgelegten Kriterien** (Art. 6 Abs. 3 PNR-RL). Über diese Selektionskriterien ist nur bekannt, dass sie in „nichtdiskriminierender Weise" [sic!] im Voraus festgelegt werden sollen, zielgerichtet, verhältnismäßig und bestimmt sein müssen, die besonderen Diskriminierungsverbote beachten müssen und mit den zuständigen Behörden regelmäßig überprüft werden sollen (Art. 6 Abs. 4, Abs. 2 lit. c PNR-RL). Bei einer in dieser Weise erfolgten automatisierten Selektion müssen die Treffer gem. Art. 6 Abs. 5 PNR-RL nochmals nicht-automatisiert individuell überprüft werden.

bb) Zusätzlich prüfen die PNR-Zentralstellen „auf einer hinreichenden Grundlage gebührend begründeten Anfrage" einer zuständigen Behörde, ob diese PNR-Daten „in besonderen Fällen zum Zwecke der Verhütung, Aufdeckung, Ermittlung und Verfolgung von terroristischen Straftaten oder schwerer Kriminalität" zur Verfügung gestellt werden können (Art. 6 Abs. 2 lit. b PNR-RL). 718

cc) Sämtliche übermittelten **PNR-Rohdaten,** auch solche, die nicht selektiert wurden, werden gem. Art. 12 Abs. 1 PNR-RL in den PNR-Zentralstellen für **fünf Jahre** ab dem Zeitpunkt der Übermittlung für spätere Abgleiche **gespeichert.** Nach sechs Monaten sollen sie „depersonalisiert" (verstanden im herkömmlichen Sinn: anonymisiert) werden (Art. 3 Nr. 10, Art. 12 Abs. 2 PNR-RL), allerdings bleibt die Offenlegung der vollständigen Daten in einem weiten Umfang für die gesamte Speicherdauer von fünf Jahren möglich. Es genügt, dass ein „berechtigter Grund zu der Annahme besteht, dass dies erforderlich ist", um eine der „auf einer hinreichenden Grundlage gebührend begründeten Anfrage" wegen der genannten terroristischen Straftaten oder „schwerer Kriminalität" beantworten zu können (Art. 12 Abs. 3 lit. a PNR-RL iVm Art. 6 Abs. 2 lit. b PNR-RL). Auch hier eröffnen die überaus unbestimmten „einschränkenden" Rechtsbegriffe bei dem überaus weiten Anwendungsbereich der „schweren Kriminalität" einen praktisch nur durch allgemeine Verhältnismäßigkeitserwägungen begrenzbaren Rückgriff. So kann die Genehmigung dieses Rückgriffs auch nicht nur durch eine Justizbehörde erfolgen, sondern gem. Art. 12 Abs. 3 lit. b PNR-RL jede „andere nationale Behörde, die nach nationalem Recht dafür zuständig ist zu überprüfen, ob die Bedingungen für die Offenlegung erfüllt sind." 719

d) Beteiligt am PNR-System sind die zuständigen **nationalen Ermittlungsbehörden,** definiert gem. Art. 7 Abs. 2 PNR-RL als diejenigen Behörden, die für die Verhütung, Aufdeckung, Ermittlung oder Verfolgung von terroristischen Straftaten oder schwerer Kriminalität zuständig sind.[671] Nach der am 6.6.2018 erfolgten Bekanntmachung sind dies für die Bundesrepublik Deutschland BKA, ZKA, das Bundespolizeipräsidium, die Nachrichtendienste des Bundes sowie die Landeskriminalämter.[672] 720

An sie gelangen PNR-Daten damit auf folgende Wege: 721

aa) Im Wege der Spontanübermittlung „aller relevanten und erforderlichen PNR-Daten" durch die PNR-Zentralstellen (Art. 9 Abs. 1 PNR-RL iVm Art. 6 Abs. 6 PNR-RL). 722

bb) Durch **Anforderung bei der für ihren Mitgliedstaat zuständigen nationalen PNR-Zentralstelle,** die dann weiter (→ Rn. 717 ff.) prüft und ggf. entsprechende Daten übermittelt (Art. 7 Abs. 1 PNR-RL). Ergibt sich dabei, dass Daten von anderen PNR-Zentralstellen erforderlich sind, können diese auch dort angefordert werden.[673] Sind ausnahmsweise weitere PNR-Daten direkt von den Fluggesellschaften erforderlich, um eine bestimmte und gegenwärtige Bedrohung im Zusammenhang mit terroristischen Straftaten oder schwerer Kriminalität abwehren zu können, so kann die PNR-Zentralstelle des Mitgliedstaates, in dem diese benötigt werden, gem. Art. 9 Abs. 4 PNR-RL von der 723

---

[671] Diese sind zu notifizieren, Art. 7 Abs. 1, 3 PNR-RL.
[672] ABl. 2018 C 194, 1.
[673] Art. 9 Abs. 2 PNR-RL mit der letztlich redundanten Unterscheidung von nicht depersonalisierten und depersonalisierten PNR-Daten.

PNR-Zentralstelle des zuständigen Mitgliedstaats verlangen, diese Daten bei der Fluggesellschaft einzuholen (→ Rn. 715).

Diese Rolle nimmt für Deutschland als „Fluggastdatenzentralstelle", die selbst ein Fluggastdaten-Informationssystem unterhält, das BKA gem. §§ 1, 7 FlugDaG ein.

724   cc) In Notfällen kann die zuständige Behörde nach Art. 9 Abs. 3 PNR-RL auch bei anderen PNR-Zentralstellen PNR-Daten direkt anfordern, muss aber ihre PNR-Zentralstelle gleichzeitig informieren.

725   e) Die PNR-Rohdaten und die Ergebnisse der **Verarbeitung dieser Daten** dürfen von den zuständigen Behörden der Mitgliedstaaten zur Verhütung, Aufdeckung, Ermittlung oder Verfolgung terroristischer Straftaten oder schwerer Kriminalität weiterverarbeitet werden (Art. 7 Abs. 4 PNR-RL). Die innerstaatlichen Befugnisse zur Weiterverarbeitung und -verwendung der Strafverfolgungs- oder Justizbehörden der Mitgliedstaaten in Fällen, in denen im Verlauf von Strafverfolgungsmaßnahmen im Anschluss an eine derartige Verarbeitung andere Straftaten festgestellt werden oder sich Anhaltspunkte für solche Straftaten ergeben, bleibt gem. Art. 7 Abs. 5 PNR-RL unberührt, sodass grundsätzlich eine Begrenzung auch auf die bereits weite „schwere Kriminalität" (→ Rn. 715) bei Zufallsfunden nicht stattfindet, soweit sie nicht ausdrücklich im nationalen Recht vorgesehen ist. Alleine auf der Grundlage der *automatisierten* [sic!] Verarbeitung der PNR-Daten sollen keine Entscheidungen, aus denen sich eine nachteilige Rechtsfolge oder ein sonstiger schwerwiegender Nachteil für die betroffene Person ergibt, getroffen werden (Art. 7 Abs. 6 S. 1 PNR-RL). Auch dürfen derartige Entscheidungen gem. Art. 7 Abs. 6 S. 2 PNR-RL nicht auf den besonderen Diskriminierungskriterien beruhen. Schließlich müssen die Freizügigkeitsrechte der Unionsbürger und das Asylrecht beachtet werden (Art. 6 Abs. 9 PNR-RL).

§ 16 Strafrechtlicher Informationsaustausch über supranationale Zentraldateien

A. SIS – Schengen-Informationssystem

I. Überblick und Rechtsgrundlagen

1   Das Schengen-Informationssystem (SIS) ist das wohl wichtigste europäische **Verbunddateisystem.** Seine Funktion lässt sich am besten darin zusammenfassen, dass **eine bestimmte Reaktion** durch eine zuständige Stelle eines Mitgliedstaates beim Antreffen einer **Person oder Sache,** die von einer Behörde eines anderen (oder des gleichen) Mitgliedstaates ausgeschriebenen wurde, ausgelöst werden soll. Dieser Mechanismus dient insbesondere der **Fahndung** nach Personen zur Festnahme und Auslieferung sowie zur polizeilichen Beobachtung von Personen und Sachen zur Aufenthaltsfeststellung.[1] Weiterhin zielt er auf die Aus- bzw. Zurückweisung von Drittstaatern (sog. Einreiseverweigerung) und zur Gefahrenabwehr gegenüber Vermissten. Eine umfassende amtliche Information bietet insbesondere das **Handbuch** der Europäischen Kommission für die „SIRENE" genannten zentralen nationalen SIS-Kontaktstellen.[2]

2   Hintergrund der Entstehung des SIS war vor allem, dass das Fahndungssystem von Interpol (→ § 17 Rn. 190 ff.) in einem transnationalen Raum ohne Binnengrenzkontrollen als unzureichend angesehen wurde.[3] Den Sprachbarrieren sollte weiterhin durch Maß-

---

[1] Vgl. hierzu und zum Ganzen folgenden nur etwa HdB-EuStrafR/*Eisele* § 49 Rn. 5 ff. mwN.
[2] Vgl. wohl zuletzt Entscheidung der Kommission zur Annahme des SIRENE-Handbuchs und anderer Durchführungsbestimmungen für das Schengener Informationssystem der zweiten Generation (SIS II) (E 2008/333/EG) v. 4.3.2008, ABl. 2008 L 123, 1 ff.
[3] Vgl. zum Ganzen *Tuffner* Kriminalistik 2000, 39 ff.

nahmen wie Standardisierung, möglichst weitgehender Einsatz von numerischen Daten und Transliterationsregeln Rechnung getragen werden.

1. Zunächst war das SIS durch die Art. 93–119 SDÜ geregelt, die durch den Vertrag von Amsterdam in das EU-Recht überführt worden sind. Seit der technischen Einsatzfähigkeit des Nachfolgedateisystems „SIS II" und ihrem damit verbundenen Inkrafttreten am 9.4.2013[4] stellen die Verordnung (EG) Nr. 1987/2006 des Europäischen Parlaments und des Rates über die Einrichtung, den Betrieb und die Nutzung des Schengener Informationssystems der zweiten Generation (SIS II)[5] und der Beschluss des Rates 2007/553/JI (SIS II-Beschluss)[6] die wesentlichen **Rechtsgrundlagen** dar. Sie haben damit die Normen des SDÜ praktisch vollständig abgelöst. 3

2. Diese Rechtsgrundlagen gelten für die **EU-Mitgliedstaaten,** einschließlich Dänemark, das das SIS nach Notifizierung verpflichtend auf völkerrechtlicher Basis anwendet. Dagegen nehmen das Vereinigte Königreich und Irland an allen Ausschreibungen – lediglich bis auf die zur Einreiseverweigerung (→ Rn. 20) – und am diesbezüglichen Datenverarbeitungs- und -schutzrecht teil.[7] Ferner gilt das SIS II in vollem Umfang als Weiterentwicklung des Schengen-Besitzstandes für die Schweiz und Liechtenstein sowie Island und Norwegen.[8] 4

3. Der SIS II-Rechtsrahmen umfasst nicht nur die tatsächlich in das Verbundsystem eingestellten und abgerufenen Daten. Vielmehr werden auch für den damit zusammenhängenden **Austausch von sog. Zusatzinformationen** Regelungen getroffen. Diese werden insbesondere übermittelt, wenn eine ausgeschriebene Person oder Sache angetroffen wurde und wenn die dabei angeforderten Maßnahmen getroffen werden sollen, getroffen wurden bzw. nicht getroffen werden konnten. Ebenfalls dienen Zusatzinformationen nach Art. 7, 8 SIS II-Beschluss, Art. 7, 8 SIS II-VO zur Kontrolle und Korrektur der gespeicherten Daten einschließlich der Rechtswahrnehmung von Betroffenen. 5

4. Die Infrastruktur des SIS II ist so **ausgestaltet,** dass an ein zentrales Austauschsystem („*Core System*"-"CS-SIS") jeweils nationale Zentral- bzw. Verbundsysteme mit einer einheitlichen Schnittstelle angeschlossen sind (Art. 4 ff., 9 SIS II-VO, Art. 4 ff., 9 SIS II-Beschluss). Während für das CS-SIS nach einer Übergangszeit unmittelbar durch die Kommission betrieben wird, soll der Betrieb auf eine eigene europäische Verwaltungsbehörde in Kooperation mit den beiden Staaten, in denen sich diese befindet, dh Frankreich und Österreich, unter der Aufsicht der Kommission übergehen (Art. 15 SIS II-Beschluss, Art. 15 SIS II-VO). Die Verantwortung für sein nationales System liegt gem. Art. 6 ff. SIS II-Beschluss, Art. 6 ff. SIS II-VO bei dem jeweiligen Mitgliedstaat. 6

---

[4] Beschluss des Rates zur Festlegung des Beginns der Anwendung des Beschlusses 2007/533/JI über die Einrichtung, den Betrieb und die Nutzung des Schengener Informationssystems der zweiten Generation (SIS II) (B 2013/157/EU) v. 7.3.2013, ABl. 2013 L 87, 8; zur Entstehungsgeschichte vgl. etwa *Tuffner* Kriminalistik 2000, 39 ff.; *Breitenmoser* in Breitenmoser/Gless/Lagodny, Schengen in der Praxis, 2009, 25 (42 f.); den vollständigen Überblick aller bis zu diesem Zeitpunkt das SIS fortschreibende Rechtsakte bei *Dietrich* in Breitenmoser/Gless/Lagodny, Schengen in der Praxis, 2009, 95 (107 ff.).
[5] v. 20.12.2006, ABL. 2006 L 381, 4.
[6] Beschluss 2007/533/JI des Rates über die Einrichtung, den Betrieb und die Nutzung des Schengener Informationssystems der zweiten Generation (SIS II) v. 12.6.2007, ABl. 2007 L 205, 63.
[7] Für das Vereinigte Königreich Beschluss 2000/365/EG zum Antrag des Vereinigten Königreichs Großbritannien und Nordirland, einzelne Bestimmungen des Schengen-Besitzstands auf es anzuwenden v. 29.5.2000, ABl. 2000 L 131, 43; für Irland Beschluss 2002/192/EG des Rates zum Antrag Irlands auf Anwendung einzelner Bestimmungen des Schengen-Besitzstands auf Irland v. 28.2.2002, ABl. 2002 L 64, 20.
[8] Vgl. Schreiben Dänemarks v. 15.7.2007; ferner Beschluss 1999/437/EG zum Erlaß bestimmter Durchführungsvorschriften zu dem Übereinkommen zwischen dem Rat der Europäischen Union und der Republik Island und dem Königreich Norwegen über die Assoziierung dieser beiden Staaten bei der Umsetzung, Anwendung und Entwicklung des Schengen-Besitzstands v. 17.5.1999, ABl. 1999 L 176, 31; Beschluss 2004/860/EG des Rates über die Unterzeichnung – im Namen der Europäischen Gemeinschaft – des Abkommens zwischen der Europäischen Union, der Europäischen Gemeinschaft und der Schweizerischen Eidgenossenschaft über die Assoziierung der Schweizerischen Eidgenossenschaft bei der Umsetzung, Anwendung und Entwicklung des Schengen-Besitzstands und die vorläufige Anwendung einiger Bestimmungen dieses Abkommens v. 25.10.2004, ABl. 2004 L 370, 78.

II. Ausschreibungszwecke

7   Die gespeicherten Daten, ihre Weiterverarbeitung und der weitere Austausch hängen entscheidend von dem jeweiligen konkreten Zweck ab, zu dem eine einzelne Ausschreibung erfolgt. Das SIS kennt dabei (abschließend) folgende **Ausschreibungszwecke:**

8   **1.** Zunächst werden Personen zur **Festnahme** ausgeschrieben, nach denen zum Zwecke der Übergabehaft mit Europäischem Haftbefehl oder sonst der Auslieferungshaft gesucht wird (Art. 26 SIS II-Beschluss, Art. 95 SDÜ). Die Ausschreibung erfolgt durch eine unmittelbar dazu berechtigte, in aller Regel nationale Polizeibehörde, entweder auf Grundlage eines Europäischen Haftbefehls oder sonst auf Antrag einer nationalen Justizbehörde (→ 1. Kap. Rn. 18 ff.), wobei die EU auch Verträge mit Drittstaaten über entsprechend wirkende Haftbefehle und deren Ausschreibung abschließen kann.[9] Der Europäische Haftbefehl ist als ergänzende Information stets in Kopie mit in das SIS II einzugeben, wobei dies gem. Art. 27 SIS II-Beschluss in einer oder mehreren EU-Amtssprachen erfolgen kann.[10]

9   **Bereits die Ausschreibung berechtigt und verpflichtet** nach den jeweiligen inter-, supra- und nationalen Rechtsregimen die antreffenden staatlichen Stellen zur **Festnahme** und zur Durchführung der nachfolgenden Inhaftierungs- und Überstellungsverfahren: Im Geltungsbereich des Rahmenbeschlusses RB 2002/584/JI zum Europäischen Haftbefehl hat bereits die Ausschreibung dessen Wirkung; ansonsten stellt die Ausschreibung ein eigenständiges Auslieferungsersuchen nach dem EUAuslÜ dar (Art. 31 Abs. 1 bzw. 2 SIS II-Beschluss). Daher kommt es insbesondere in beiden Fällen nicht auf eine gesonderte Übersendung der zugrundeliegenden Unterlagen (jenseits der eingestellten Ausschreibung) an. Der Austausch der weiter erforderlichen Informationen bestimmt sich vorrangig nach dem SIS II-Beschluss (→ Rn. 3),[11] hilfsweise nach den für die Überstellung bzw. Auslieferung allgemein geltenden Regeln.

10 Ist die Festnahme wegen einer erfolgten Sperrkennzeichnung durch den Auffindestaat oder wegen einer nicht abgeschlossenen Prüfung im Auslieferungsverfahren nicht möglich, so erfolgt nach Art. 30 SIS II-Beschluss an den ausschreibenden Staat eine Aufenthaltsmitteilung, wie wenn zu dieser ausgeschrieben worden wäre.

11 **2. Zur Aufenthaltsermittlung** können **Zeugen** ebenso ausgeschrieben werden wie **Beschuldigte und andere Betroffene,** die wegen Taten, derentwegen sie verfolgt werden, vor Gericht erscheinen müssen; ebenfalls ausgeschrieben werden können Personen, denen ein Strafurteil oder die Ladung zum Antritt einer Freiheitsentziehung zugestellt werden muss (Art. 34 SIS II-Beschluss, Art. 98 SDÜ). Die damit ersuchte Mitteilung von Wohnsitz oder Aufenthalt des Betroffenen erfolgt gem. Art. 35 SIS II-Beschluss im Wege des Austauschs von Zusatzinformationen zwischen antreffendem und ausschreibendem Staat.

12 **3. Zur verdeckten oder gezielten Kontrolle** werden Personen sowie (auch: Luft- und Wasser-)Fahrzeuge und Container zur Strafverfolgung oder zur Gefahrenabwehr ausgeschrieben. Erforderlich ist dazu, dass hinreichende tatsächliche Anhaltspunkte für den Verdacht einer schweren Straftat – insbesondere solche, die für einen Europäischen Haftbefehl auslieferungsfähig sind – bestehen oder dass eine Gesamtbeurteilung des Betroffenen insbesondere aufgrund vergangener Taten erwarten lässt, dass er auch künftig entsprechende schwere Straftaten begehen wird (Art. 36 Abs. 1, 2, 4 SIS II-Beschluss, Art. 99 SDÜ). Wenn es das nationale Recht erlaubt, kann die Ausschreibung gem. Art. 36 Abs. 3, 4 SIS II-Beschluss auch erfolgen, wenn konkrete Anhaltspunkte dafür vorliegen, dass durch Kontrolle ermittelbarer Informationen zur Abwehr einer erheblichen Gefahr für die innere oder äußere Sicherheit des Staates erforderlich sind.

---

[9]   Zum Letzeren Art. 26 Abs. 2 SIS II-Beschluss, in der deutschen Fassung nicht so klar wie etwa in der englischen.
[10] Allg. zur jedenfalls früher notwendigen Praxis des „Begleitpapiers" *Tuffner* Kriminalistik 2000, 39 (40).
[11] Vgl. insbes. hier Art. 28, 29 SIS II-Beschluss.

Die verdeckte oder gezielte Kontrolle wird bei Grenzkontrollen oder sonstigen zollrecht- 13
lichen oder polizeilichen Überprüfungen durchgeführt (Art. 37 Abs. 1 SIS II-Beschluss).
Sie dient dazu, zum Ausschreibungszweck die erforderlichen Informationen nach einem
Katalog zu erheben; dazu gehören namentlich etwa Ort, Zeit, Anlass und Umstände der
Kontrolle beim Auffinden, Reiseweg und -ziel, benutzte Fahrzeuge und mitgeführte Sachen
sowie Begleitpersonen und Insassen, wenn davon ausgegangen werden kann, dass sie mit
den betreffenden Personen in Verbindung stehen (Art. 37 Abs. 1, 2 SIS II-Beschluss).

Bei einer **verdeckten Kontrolle** tragen die Mitgliedstaaten gem Art. 37 Abs. 3 SIS II- 14
Beschluss dafür Sorge, dass die konkrete Datenerhebung verdeckt bleibt. Bei der **gezielten
Kontrolle** können zur bezweckten Datenerhebung **Durchsuchungen** der Person, der
Fahrzeuge, Container oder mitgeführten Gegenstände nach Maßgabe des nationalen
Rechts erfolgen (Art. 37 Abs. 4 S. 1 SIS II-Beschluss). Wenn danach eine solche Durch-
suchung nicht zulässig ist, wird die Ausschreibung durch eine verdeckte Kontrolle umge-
setzt (Art. 37 Abs. 4 S. 2 SIS II-Beschluss).

Die erhobenen gewünschten Informationen werden gem. Art. 37 Abs. 1, 2 SIS II- 15
Beschluss als Zusatzinformationen auf dem dafür vorgesehenen Weg an die ausschreibende
Stelle übermittelt.

4. Ebenso können bestimmte **Sachen, die zur Sicherstellung oder Beweissicherung** 16
im Strafverfahren gesucht werden, nach Art. 38 f. SIS II-Beschluss, Art. 100 SDÜ in das
SIS (II) aufgenommen werden. Dazu gehören gem. Art. 38 Abs. 2 SIS II-Beschluss,
Art. 100 Abs. 3 SDÜ namentlich Banknoten sowie gestohlene, unterschlagene oder sonst
abhanden gekommene Kraftfahrzeuge mit einem Hubraum von mehr als 50 ccm, Anhänger und Wohnwagen mit einem Leergewicht von mehr als 750 kg, Feuerwaffen, Blanko-
dokumente oder ausgefüllte Identitätspapiere (Pässe, Identitätskarten, Führerscheine).

Ergibt eine Abfrage, dass eine dementsprechende Ausschreibung besteht, setzt sich die 17
abrufende mit der ausschreibenden Stelle im Weg des Austauschs von Zusatzinformationen
in Verbindungen, um das weitere Vorgehen, insbesondere Maßnahmen des Auffindestaates
nach seinem Recht, abzustimmen (Art. 39 SIS II-Beschluss, Art. 100 Abs. 2 SDÜ).

5. Weiterhin können gem. Art. 32 f. SIS II-Beschluss, Art. 97 SDÜ **Vermisste** aus- 18
geschrieben werden, insbesondere solche, die im Interesse ihres **eigenen Schutzes** oder
zur Gefahrenabwehr **vorläufig in Gewahrsam** genommen werden müssen. Die Ausschreibung nach Art. 32 Abs. 5 SIS II-Beschluss muss klar erkennen lassen, ob eine
Ingewahrsamnahme erfolgen soll und, wenn ja, ob aus Gründen des Selbst- oder Fremd-
schutzes. Die Ausschreibung zur Ingewahrsamnahme darf nur aufgrund einer Anordnung
einer zuständigen Stelle, dass der Betroffene zwangsweise untergebracht werden muss,
erfolgen (Art. 32 Abs. 3 SIS II-Beschluss).

Selbst in diesem Fall darf aber die Ingewahrsamnahme zur Verhinderung der Weiterreise 19
nur nach nationalem Recht erfolgen (Art. 33 Abs. 1 S. 2 SIS II-Beschluss), also in
Deutschland etwa nach dem polizeilichen Sicherungsgewahrsam oder der zivil- oder
strafrechtlichen vorläufigen Unterbringung. Stets aber darf die auffindende Stelle der zuständigen ausschreibenden Behörde den Aufenthalt mitteilen (Art. 33 Abs. 1 S. 2, Abs. 2
SIS II-Beschluss, Art. 97 S. 3 SDÜ). Weiterhin darf sie der Person, die den Betroffenen als
vermisst gemeldet hat, mitteilen, dass die Ausschreibung gelöscht würde, woraus dessen
Auffinden gefolgert werden kann. Andere Daten, insbesondere zum Aufenthalt, dürfen bei
volljährigen Betroffenen nur mit deren Einverständnis übermittelt werden.

6. Schließlich kann ein Drittstaatsangehöriger zur **Einreise- und Aufenthaltsverwei-** 20
gerung ausgeschrieben werden (Art. 24 SIS II-VO).[12] Dies hat zunächst zur Folge, dass
dem Betroffenen kein Schengen-Visum (also für den Aufenthalt bis zu drei Monaten oder
Transit) erteilt werden darf (Art. 32 Abs. 1 lit. a, v Visakodex). Wurde ein solches Visum
dem zuwider und daher unberechtigt erteilt, wird es annulliert; erfolgt die Ausschreibung
nachträglich, wird das Visum aufgehoben; in beiden Fällen wird dies gem. Art. 34 Abs. 1,

---

[12] In Fortführung von Art. 96 SDÜ.

2, 8 EU-Visakodex im VIS (→ § 14 Rn. 165 ff.) ausgeschrieben. Auch Betroffene, die für einen solchen Schengen-Aufenthalt wegen ihrer Staatsangehörigkeit (sog. **„Positivstaater"**) oder anderer nationaler Einzelausnahmen grundsätzlich kein Visum benötigen,[13] haben im Fall einer solchen Ausschreibung kein Einreise- oder Aufenthaltsrecht im Schengenraum, wenn sie nicht über einen anderen (dh vor allem: rein nationalen) Aufenthaltstitel verfügen (Art. 5 Abs. 1 lit. d SDÜ, Art. 20 Abs. 1 SDÜ).

21 Einen Konflikt einer solchen Ausschreibung mit Aufenthaltstiteln eines Mitgliedstaates (zB für längere oder aus politischen Gründen erteilten Aufenthalt in nur einem Mitgliedstaat) löst das SDÜ durch Konsultation der beteiligten Staaten vor Erteilung, sonst die Rücknahme der Ausschreibung für den Schengenraum und allenfalls die nationale Ausschreibung im Verweigerungsstaat (Art. 21, 25 SDÜ). Ausgeschriebene Drittstaatsangehörige dürfen daher nicht einreisen, mit Ausnahme zur Durchreise in den Mitgliedstaat, dessen Aufenthaltstitel sie haben oder, wenn ihnen der Einreisestaat aus humanitären Gründen unter Unterrichtung des Ausschreibestaates es erlaubt (Art. 6 Abs. 1 lit. d, Abs. 5 Schengener Grenzkodex). Dies wiederum hat die mögliche Zurückweisung oder Ausweisung bzw. Abschiebung nach dem nationalen Recht des Antreffstaates zur Folge.[14]

22 Die Ausschreibung darf gem. Art. 24 Abs. 1 SIS II-VO nur nach den Verfahrensregeln des Ausschreibungsstaates nach individueller, nicht automatischer Entscheidung einer zuständigen Verwaltungsbehörde oder eines Gerichts erfolgen, gegen die die Möglichkeit eines Rechtsbehelfs besteht. Ein rein faktisches Untertauchen des Ausländers im Inland genügt nicht.[15] Grundlage kann entweder sein, dass die Anwesenheit des Betroffenen im Hoheitsgebiet eines Mitgliedstaats eine Gefahr für die öffentliche Sicherheit oder Ordnung, oder aber die nationale Sicherheit darstellt.

23 Dies ist einerseits insbesondere der Fall, wenn der Betroffene im entsprechenden Staat wegen eines Verbrechens (vgl. § 12 Abs. 1 StGB) verurteilt wurde, gegen ihn ein begründeter Verdacht besteht, dass er schwere Straftaten begangen hat, oder konkrete Hinweise bestehen, dass er solche Taten im Hoheitsgebiet eines Mitgliedstaats plant (Art. 24 Abs. 2 SIS II-VO, Art. 96 Abs. 2 SDÜ).[16] Auch bei diesen schweren Straftaten muss es sich mindestens um Verbrechen handeln.[17]

24 Andererseits kann die Entscheidung nach Aus- oder Zurückweisung oder Abschiebung erfolgen, wenn die Maßnahme ein Verbot der Einreise oder gegebenenfalls des Aufenthalts enthält bzw. nach sich zieht, auf der Nichtbeachtung der nationalen Rechtsvorschriften über die Einreise oder den Aufenthalt beruht und nicht aufgehoben oder ausgesetzt ist (Art. 24 Abs. 3 SIS II-VO, Art. 96 Abs. 3 SDÜ).[18]

25 Genießt der Betroffene als Familienangehöriger eines Unionsbürgers Freizügigkeit oder erwirbt er die Unionsbürgerschaft, so sind gem. Art. 25, 30 SIS II-VO entsprechende Sonderregeln zu beachten.

26 Gesondert schließlich können Personen, zur Durchsetzung eines Reiseverbotes des Sicherheitsrats der Vereinten Nationen oder einer **völkerrechtlichen Sanktion** der EU nach Art. 15 EUV ausgeschrieben werden (Art. 26 SIS II-VO).

III. Datenverarbeitung im Rahmen des SIS

27 Zur Erfüllung dieser Zwecke findet eine zwischen verschiedenen Behörden der Mitgliedstaaten aufgeteilte **Datenverarbeitung** statt:

---

[13] Insbes. gem. Art. 1 Abs. 2 Visa-VO iVm Anhang II Visa-VO.
[14] Vgl. insbes. §§ 14 Abs. 1 Nr. 2, 15 Abs. 2 Nr. 3, 57 Abs. 1, 58 Abs. 2 Nr. 1 AufenthG.
[15] *Schriever-Steinberg* in Breitenmoser/Gless/Lagodny, Schengen in der Praxis, 2009, 159 (163).
[16] Vgl. VG Koblenz BeckRS 2007, 26608 = InfAuslR 2007, 435 mwN.
[17] Vgl. VG Berlin BeckRS 2004, 28739, unterhalb dieser Schwelle ist, soweit die Regelung an sich einschlägig wäre, auch ein Rückgriff auf die Generalklausel ausgeschlossen; ebenso VG Koblenz BeckRS 2007, 26608 = InfAuslR 2007, 435.
[18] Vgl. VG Koblenz BeckRS 2007, 26608 = InfAuslR 2007, 435.

1. Ausschreibung

An deren Beginn steht die **Ausschreibung** im nationalen Teil des SIS (II). 28

a) Diese erfolgt durch eine jeweils nach innerstaatlichem Recht **zuständigen Behörde** 29
aufgrund eigener unmittelbarer Aufgabenerfüllung oder nach Auftrag einer anderen, nicht
zur unmittelbaren Eingabe berechtigten, nationalen Stelle. Diese zur Eingabe befugten
Stellen werden unter den Mitgliedstaaten notifiziert (Art. 46 Abs. 8 SIS II-Beschluss,
Art. 31 Abs. 8 SIS II-VO).[19]

b) Vor einer Ausschreibung ist gem. Art. 21 SIS II-Beschluss, Art. 21 SIS II-VO inner- 30
staatlich festzustellen, dass **Angemessenheit,** Relevanz und Bedeutung des Falles diese
rechtfertigen.

c) Zu den abschließend aufgezählten **Daten,** die von Betroffenen gespeichert werden 31
dürfen, gehören sämtliche Namen, Geburtsort und -datum, Geschlecht, Staatsangehörigkeit(en), besondere unveränderliche körperliche Merkmale, der Hinweis, ob die Person bewaffnet oder gewalttätig oder ob sie entflohen ist, der Ausschreibungsgrund, die ausschreibende Behörde, eine Bezugnahme auf die Entscheidung, die der Ausschreibung zugrunde liegt und die zu ergreifende Maßnahme, sowie – bis auf die Ausschreibung zur Einreiseverweigerung – die Art der zugrundeliegenden Straftat (Art. 20 Abs. 2, 3 SIS II-Beschluss, Art. 20 Abs. 2, 3 SIS II-VO). Hiervon werden gem. Art. 20 Abs. 1 SIS II-Beschluss, Art. 20 Abs. 1 SIS II-VO nur die Informationen im SIS (II) gespeichert, die von dem Mitgliedstaat zur Verfügung gestellt werden und für den Ausschreibungszweck erforderlich sind. Dazu gehören mit dem SIS II auch Lichtbilder und Fingerabdrücke, die allerdings nur gespeichert werden, wenn sie bestimmte Mindestqualitätsstandards erfüllen (Art. 22 lit. a SIS II-Beschluss, Art. 22 lit. a SIS II-VO).

Weiterhin können Verknüpfungen zu anderen Ausschreibungen gespeichert werden, die 32
insbesondere dieselben Personen oder Sachen, aber unterschiedliche Ausschreibungszwecke oder -behörden betreffen, wenn dafür eine operationelle Notwendigkeit besteht (Art. 20 Abs. 3 lit. m SIS-Beschluss, Art. 52 SIS II-Beschluss, Art. 20 Abs. 3 lit. m SIS-VO, Art. 37 SIS II-VO). Dadurch werden die einzelnen Ausschreibungen für sich genommen nicht verändert. Ebenso werden die Zugriffsrechte der jeweiligen Stellen nicht erweitert, sodass bestimmte Informationen für diese nicht sichtbar sein können. Abgesehen von dieser Verknüpfung können mehrere verbundene Datensätze zu einer Ausschreibung unter Aliaspersonalien angelegt werden (Art. 20 Abs. 3 lit. a SIS II-Beschluss, Art. 20 Abs. 3 lit. a SIS II-VO).

Als **ergänzende Daten** können gem. Art. 51 SIS II-Beschluss, Art. 36 SIS II-VO etwa 33
der Europäische Haftbefehl bei der Festnahmeausschreibung, sowie Informationen auf den Missbrauch oder die Verwechslungsgefahr mit der Identität einer anderen Person gespeichert werden, namentlich die im SIS II erstmals speicherbaren biometrischen Daten und Lichtbilder.

d) Ausschreibungen zu Personen dürfen nach Art. 23 Abs. 1 SIS II-Beschluss, Art. 23 34
Abs. 1 SIS II-VO ohne Angaben von Namen, Geschlecht, zu ergreifende Maßnahme und, soweit vorhanden, zugrundeliegende Entscheidung, nicht eingegeben werden. Zudem sind alle übrigen Daten, soweit sie verfügbar sind, ebenfalls einzugeben (Art. 23 Abs. 2 SIS II-Beschluss, Art. 23 Abs. 2 SIS II-VO).

e) Wurde in Bezug auf eine Person **bereits eine Ausschreibung** in das SIS II einge- 35
geben, so hat sich der Mitgliedstaat, der eine weitere Ausschreibung vornimmt, mit dem Mitgliedstaat, der die erste Ausschreibung vorgenommen hat, über die Eingabe der Ausschreibungen im Wege des Austauschs von Zusatzinformationen abzustimmen (Art. 49 Abs. 6 SIS II-Beschluss, Art. 50 SIS II-Beschluss). Dies erfolgt insbesondere, um Konflikte, zB zwischen Festnahme und verdeckter Kontrolle, zu vermeiden.

---

[19] Nähere Informationen zu den Stellen und einige Eckdaten: http://www.bka.de/DE/UnsereAufgaben/Aufgabenbereiche/InternationaleFunktion/SchengenerAbkommen/schengenderAbkommen.html (zuletzt abgerufen am 21.5.2019).

3. Kapitel 3. Kapitel. Informationserhebung unter Einschaltung ausländischer Stellen

36 f) Bei einer **Ausschreibung zur Festnahme** werden gem. Art. 24 Abs. 2 SIS II-Beschluss sämtliche Mitgliedstaaten zusätzlich im Wege des Austausches von Zusatzinformationen automatisch informiert, damit sie die Möglichkeit haben, die nachträgliche Kennzeichnung wegen Nichtvollziehbarkeit (→ Rn. 10, 50) zu verlangen.

2. Abruf

37 Ein **Zugriff** auf die eingegebenen Daten erfolgt mittels Abruf aus dem jeweiligen nationalen Teil des SIS (II). Ein unmittelbarer Zugriff auf ein nationales SIS eines anderen Mitgliedstaates ist ausgeschlossen, jedoch werden die Inhalte extrem zeitnah durch die zentrale Infrastruktur synchronisiert.

38 a) Der Kreis der unmittelbar zum Abruf **berechtigten Behörden** ist nach deren Zuständigkeit bestimmt und zu notifizieren (Art. 46 Abs. 8 SIS II-Beschluss):[20]

39 aa) Unbeschränkten unmittelbaren Zugriff haben zunächst die nationalen Behörden der Mitgliedstaaten, die für **Grenzkontrollen** nach dem EU-Grenzkodex zuständig sind, sowie sonst bezeichnete nationale Behörden die für **sonstige polizeiliche und zollrechtliche Überprüfungen** in dem betreffenden Mitgliedstaat und deren Koordinierung zuständig sind.[21] Hierunter fallen insbesondere die deutschen Ermittlungsbehörden der Polizeien von Bund und Ländern sowie des Zolls.

40 bb) **Nationalen Justizbehörden,** darunter die für die Erhebung der öffentlichen Klage im Strafverfahren und justizielle Ermittlungen vor Anklageerhebung zuständigen, also insbesondere den Staatsanwaltschaften, sowie ihre Koordinierungsstellen kann zur Ausführung ihrer Aufgaben nach den nationalen Rechtsvorschriften das Recht zur unmittelbaren Abfrage eingeräumt werden.[22] Aus der verwendeten Begrifflichkeit scheint allerdings klärungsbedürftig, ob Gerichte auch zu diesem Kreis zählen können, sofern ein Mitgliedstaat diese notifizierte.

41 cc) Während **Europol** Zugriff auf die Ausschreibungen zur Festnahme, gezielten Beobachtung und Sachfahndung hat, kann **Eurojust** neben ersteren und letzteren auch auf die Ausschreibung von Vermissten und zur Aufenthaltsermittlung zugreifen (Art. 41 bzw. 42 SIS II-Beschluss). Beide europäischen Stellen haben jeweils eigene Regeln für die Weiterverarbeitung und Übermittlung von Zusatzinformationen zu beachten.

42 dd) Ferner können auch die Behörden, die für die **Visumserteilung** und -antragsprüfung sowie für die Aufenthaltsprüfung von Drittstaatlern zuständig sind, auf die Ausschreibungen zur Einreiseverweigerung und von gestohlenen und ungültig erklärten Ausweisdokumenten zurückgreifen.[23]

43 ee) Weiterhin können gem. Art. 55 SIS II-Beschluss Daten zu Passnummer, Ausstellungsland und Dokumentenart der in das SIS II eingegebenen gestohlenen, unterschlagenen, abhanden gekommenen oder für ungültig erklärten **Pässe** mit Mitgliedspolizeiorganisationen von **Interpol** über eine Interpol-Datenbank ausgetauscht werden, soweit die EU ein entsprechendes Abkommen mit Interpol geschlossen hat.

44 ff) Zugriff auf Sachausschreibungen von Fahrzeugen erhalten auch die nationalen Behörden für die Ausstellung von **Zulassungsbescheinigungen für Fahrzeuge.** Dies dient ausschließlich dazu, um zu überprüfen, ob es sich bei den ihnen zum Zwecke der Zulassung vorgeführten Fahrzeugen um gestohlene, unterschlagene oder sonst abhanden gekommene Fahrzeuge handelt.[24]

---

[20] Vgl. hierzu *Schriever-Steinberg* in Breitenmoser/Gless/Lagodny, Schengen in der Praxis, 2009, 159 (163 f.).
[21] Art. 40 Abs. 1 SIS II-Beschluss, Art. 27 Abs. 1 SIS II-VO in Fortführung von Art. 101 Abs. 1 SDÜ.
[22] Art. 40 Abs. 1 SIS II-Beschluss, Art. 27 Abs. 1 SIS II-VO in Fortführung von Beschluss 2005/211/JI des Rates über die Einführung neuer Funktionen für das Schengener Informationssystem, auch im Hinblick auf die Terrorismusbekämpfung v. 24.2.2005, ABl. 2005 L 68, 44.
[23] Art. 27 Abs. 3 SIS II-VO in Fortschreibung von Art. 101 Abs. 2 SDÜ.
[24] Art. 102a SDÜ, der gem. Art. 68 Abs. 1 SIS II-Beschluss weitergilt; die Stellen bestimmen sich nach der RL 1999/37/EG des Rates über Zulassungsdokumente für Fahrzeuge v. 29.4.1999, ABl. 1999 L 138, 57, für sie gelten die in diesen Vorschriften genannten Sonderregeln.

b) Die genannten Stellen dürfen gem. Art. 43 SIS II-Beschluss, Art. 28 SIS II-VO nur 45
die Daten abrufen, die **zur Erfüllung ihrer Aufgaben erforderlich** sind (vgl. Art. 101
Abs. 3 SDÜ). An Drittstaaten oder an internationale Organisationen dürfen die Daten nach
Art. 54 SIS II-Beschluss, Art. 39 SIS II-VO nicht übermittelt oder ihnen zur Verfügung
gestellt werden.

c) Ein **Abruf** kann grundsätzlich nur durch Überprüfung nach den in alphanumerischen 46
Daten vorhandenen Informationen erfolgen. Während Lichtbilder stets nur verwendet
werden können, um die Identität einer Person zu bestätigen, die durch eine solche Abfrage
bereits aufgefunden wurde, können **Fingerabdrücke** auch herangezogen werden, um
Personen auf der Grundlage ihres biometrischen Identifikators zu identifizieren, sobald dies
technisch möglich ist und die Kommission das Parlament über die Einsatzfähigkeit konsultiert hat (Art. 22 lit. b, c SIS II-Beschluss, Art. 22 lit. b, c SIS II-VO).

3. Weitere Verarbeitungen

a) Führt ein Abruf zu einem **Treffer,** erfolgt der weitere Informationsaustausch mittels sog. 47
Zusatzinformationen über die zentralen nationalen SIRENE-Kontaktstellen. Er
richtet sich nach den Maßgaben der erlassenen Durchführungsvorschriften und des SIRENE-Handbuchs.[25] In jedem Fall müssen Ersuchen anderer Mitgliedstaaten um Zusatzinformationen so schnell wie möglich beantwortet werden (Art. 8 Abs. 3 SIS II-Beschluss,
Art. 8 Abs. 3 SIS II-VO). Kann die erbetene Maßnahme nicht durchgeführt werden, so
unterrichtet der ersuchte Mitgliedstaat gem. Art. 48 SIS II-Beschluss, Art. 33 SIS II-VO
den ausschreibenden Mitgliedstaat ebenfalls unverzüglich hiervon.

Bei einer **Ausschreibung zur Auslieferungshaft** (also nicht zur Überstellung aufgrund 48
Europäischen Haftbefehls), übermittelt der ausschreibende an alle anderen Mitgliedstaaten
im Wege des Austauschs von Zusatzinformationen: die um die Festnahme ersuchende
Behörde, das Bestehen eines Haftbefehls, einer Urkunde mit gleicher Rechtswirkung oder
eines rechtskräftigen Urteils, die die Art und die rechtliche Würdigung der strafbaren
Handlung, die Beschreibung der Umstände, unter denen die Straftat begangen wurde;
einschließlich der Zeit, des Orts und der Art der Täterschaft, sowie, soweit möglich, die
Folgen der Straftat und alle sonstigen Informationen, die für die Vollstreckung der Ausschreibung von Nutzen oder erforderlich sind, falls diese nicht bereits als ergänzende
Informationen im SIS II mitgeteilt und vom betroffenen Mitgliedstaat für die Durchführung
einer Ausschreibung als ausreichend erachtet wurden (Art. 29 Abs. 1, 2 SIS II-Beschluss).

b) Die **Änderung, Ergänzung, Berichtigung, Aktualisierung oder Löschung** von 49
Ausschreibungsdaten darf gem. Art. 49 Abs. 2 SIS II-Beschluss, Art. 34 Abs. 2 SIS II-VO
nur durch den ausschreibenden Mitgliedstaat vorgenommen werden.[26] Hat ein anderer
Mitgliedstaat Anhaltspunkte für die Unrichtigkeit oder Unrechtmäßigkeit einer Speicherung, setzt er den ausschreibenden Mitgliedstaat so rasch wie möglich innerhalb von zehn
Tagen (im Verfahren zum Austausch von Zusatzinformationen) in Kenntnis. Folgt Letzterer
dem nicht durch unverzügliche Prüfung und gegebenenfalls Berichtigung oder Löschung,
so findet ein Konsultationsverfahren mit Eskalation unter Vermittlung des europäischen
Datenschutzbeauftragten statt.[27] Auf die Beschwerde einer Person, die geltend macht, nicht
die in einer Ausschreibung Gesuchte zu sein, tauschen sich die Mitgliedstaaten ebenfalls
mittels Zusatzinformationen aus und nehmen gegebenenfalls eine Ergänzung um einen
Missbrauchs-/Verwechslungshinweis in der Ausschreibung vor (Art. 49 Abs. 5 SIS II-Beschluss, Art. 51 SIS II-Beschluss, Art. 34 Abs. 1 SIS II-VO, Art. 46 SIS II-VO).

---

[25] Aktuelle Version bekannt gegeben unter ABl. 2017 L 231, 6 ff.; vgl. als Rechtsgrundlage Art. 7 Abs. 2, 3, Art. 8 Abs. 1, 4 SIS II-Beschluss; Art. 7 Abs. 2, 3, Art. 8 Abs. 1, 4 SIS II-VO; vgl. näher das nachträglich eingestufte Ratsdok. 6261/17, 31 ff., inoffiziell derzeit noch verfügbar unter https://db.eurocrim.org/db/de/vorgang/368/ (zuletzt abgerufen am 21.5.2019).
[26] In Fortführung von Art. 106 Abs. 1 SDÜ.
[27] Zu beidem Art. 49 Abs. 3, 4 SIS II-Beschluss; Art. 34 Abs. 3, 4 SIS II-VO; vgl. Art. 106 Abs. 2, 3 SDÜ.

50 **c)** Jeder Mitgliedstaat kann von dem SIRENE-Büro des ausschreibenden Mitgliedstaates verlangen, dass eine Ausschreibung zur Festnahme, von Vermissten oder zur verdeckten oder gezielten Kontrolle nachträglich entsprechend **gekennzeichnet** wird, wenn diese für ihn mit seinem **nationalen Recht,** internationalen Verpflichtungen oder wesentlichen nationalen Interessen **nicht vereinbar** ist (Art. 24 Abs. 1 SIS II-Beschluss). Verlangt ein ausschreibender Mitgliedstaat in besonders dringenden und schwerwiegenden Fällen den Vollzug der Maßnahme, so prüft der vollziehende Mitgliedstaat, ob er gestatten kann, die auf sein Verlangen hinzugefügte Kennzeichnung zurückzuziehen und trifft, wenn dies der Fall ist, die nötigen Vorkehrungen, um sicherzustellen, dass die Maßnahme unverzüglich ausgeführt werden kann (Art. 24 Abs. 3 SIS II-Beschluss). Im Geltungsbereich des Europäischen Haftbefehls ist eine Kennzeichnung nur zulässig, wenn die nach nationalem Recht für die Vollstreckung zuständige Justizbehörde die Vollstreckung wegen eines entsprechenden erlaubten Grundes verweigert hat und die Kennzeichnung verlangt worden ist (Art. 25 Abs. 1 SIS II-Beschluss). Diese Justizbehörde kann gem. Art. 25 Abs. 2 SIS II-Beschluss auch nachträglich aufgrund einer allgemeinen Anweisung oder in einem besonderen Fall verlangen, dass diese Kennzeichnung erfolgt, wenn offensichtlich ist, dass die Vollstreckung des Europäischen Haftbefehls abzulehnen sein wird.

51 **d)** Die Personen- und Sachausschreibungen dürfen grundsätzlich **nicht länger** als für den verfolgten Zweck erforderlich gespeichert werden (Art. 44 Abs. 1, Art. 45 Abs. 1 SIS II-Beschluss, Art. 29 Abs. 1 SIS II-VO).[28] Der ausschreibende Mitgliedstaat hat bei Personenausschreibungen zur verdeckten Kontrolle mindestens jährlich, bei sonstigen Personenausschreibungen innerhalb von drei Jahren, bei Sachausschreibungen zur Kontrolle innerhalb von fünf, sonst nach zehn Jahren zu überprüfen, ob die Ausschreibung noch erforderlich ist (Art. 44 Abs. 2, 3 SIS II-Beschluss, Art. 45 Abs. 2–4 SIS II-Beschluss, Art. 29 Abs. 2, 3 SIS II-VO). Bei Personenfahndungen hat diese Prüfung nach zu protokollierender umfassender individueller Bewertung zu erfolgen, wobei das CS-SIS vier Monate vor Ablauf darauf hinweist und die Daten automatisch löscht, wenn keine ausdrückliche Verlängerung erfolgt ist (Art. 44 Abs. 4, 5 SIS II-Beschluss, Art. 29 Abs. 4, 5 SIS II-VO). Bei jeder Verlängerung laufen die Fristen erneut (Art. 44 Abs. 4 S. 2 SIS II-Beschluss, Art. 45 Abs. 4 S. 2 SIS II-Beschluss, Art. 29 Abs. 4 S. 2 SIS II-VO). Zusatzinformationen werden in den beteiligten SIRENE-Büros aufbewahrt, um den Austausch von Zusatzinformationen zu erleichtern, personenbezogene Daten werden aber nicht länger als für den verfolgten Zweck erforderlich gespeichert und auf jeden Fall spätestens ein Jahr nach der Löschung der entsprechenden Ausschreibung ebenfalls gelöscht (Art. 53 Abs. 1, 2 SIS II-Beschluss, Art. 38 Abs. 1, 2 SIS II-VO). Ein Mitgliedstaat kann SIS-II-Daten zu einer Ausschreibung, in deren Zusammenhang Maßnahmen in seinem Hoheitsgebiet ergriffen wurden, in nationalen Dateien für höchstens drei Jahre speichern, es sei denn, in Sonderbestimmungen des nationalen Rechts ist eine längere Erfassungsdauer vorgesehen (Art. 47 Abs. 1 SIS II-Beschluss, Art. 32 Abs. 1 SIS II-VO).

B. Europol-Informationssystem und SIENA

52 Ein weiterer unmittelbarer Informationsaustausch innerhalb der EU erfolgt über das **Europol-Informationssystem (EIS) und die ebenfalls im Rahmen der Infrastruktur von Europol betriebene** Netzanwendung für sicheren Informationsaustausch (Secure Information Exchange Network Application, SIENA).

---

[28] Vgl. zum Ganzen *Schriever-Steinberg* in Breitenmoser/Gless/Lagodny, Schengen in der Praxis, 2009, 159 (165 f.).

I. Europol-Informationssystem (EIS)

Das Europol-Informationssystem hatte seit 1995 zunächst in Art. 8 ff. EuropolÜ[29] und hatte seit dem 1.1.2010 insbesondere in Art. 11 ff. Europol-Beschluss[30] seine rechtliche Grundlage. Anders als Arbeitsdateien von Europol, auf die die Mitgliedstaaten nur indirekten Zugang über ihre Verbindungsbeamten bzw. Experten oder sonst im Wege der Amtshilfe haben (vgl. jetzt Art. 20 Europol-VO), stellt das Europol-Informationssystem eine von **Europol zentral geführte Verbunddatei zum Datenaustausch dar** (Art. 11 Abs. 1, 2 Europol-Beschluss),[31] auch wenn mittlerweile seit 2017 die Europol-VO es nicht mehr ausdrücklich regelt, sondern dies dem Verwaltungsrat unter Beteiligung des Europäischen Datenschutzbeauftragten und dem Exekutivdirektor überlässt (→ § 17 Rn. 84). Das Europol-Informationssystem dient mit einem beschränkten und genau festgelegten Inhalt im Rahmen der Erfüllung der Aufgabenstellungen von Europol dazu, einen schnellen Nachweis über die bei den Mitgliedstaaten und Europol vorhandenen Informationen zu ermöglichen. Das Europol-Informationssystem wird mittlerweile von den EU-Mitgliedstaaten sowie als Drittstaaten Australien, Schweiz, Norwegen, den USA und Mazedonien genutzt.[32] 53

Da das Europol-Informationssystem nach der gezielt „plattformunabhängigen" Neuregelung von Europol[33] nur noch deckungsgleich mit der allgemeinen Informationsverarbeitung durch die europäische Unionsagentur in den unmittelbaren Unionsrechtsakten geregelt wird, kann und muss zur Vermeidung von Wiederholungen auf die entsprechenden allgemeinen Ausführungen zu Europol verwiesen werden (→ § 17 Rn. 83 ff.). 54

In Deutschland ist nach § 1 Nr. 1 EuropolG das BKA die nationale Stelle, über welche grundsätzlich auch die Kommunikation mit dem Europol-Informationssystem zu erfolgen hat. Die deutschen Polizei- und Zollbehörden sind gem. § 2 Abs. 1 EuropolG verpflichtet, Informationen an das BKA zu übermitteln, soweit dies zur Erfüllung seiner Aufgaben als nationale Europol-Stelle erforderlich ist; das BKA darf dann diese Daten zu diesem Zweck verarbeiten.[34] Allerdings können sich die anderen deutschen Ermittlungsbehörden gem. § 2 Abs. 3 EuropolG auch unmittelbar an den deutschen Verbindungsbeamten bei Europol wenden, soweit dies zur Beschleunigung des Geschäftsganges erforderlich und ein nationaler Koordinierungsbedarf nicht erkennbar ist, sofern sie das BKA nachrichtlich beteiligen. Darüber hinaus sind diese Polizei- und Zollbehörden nach § 3 Abs. 1 S. 1 EuropolG innerstaatlich befugt, in einem automatisierten Verfahren über das BKA Daten in das Europol-Informationssystem einzugeben und abzurufen. Daten zu Personalien und Strafverfahren dürfen allerdings nur eingegeben werden, soweit dies erforderlich ist, weil wegen der Art oder Ausführung der Tat, der Persönlichkeit des Betroffenen oder sonstiger Erkenntnisse Grund zu der Annahme besteht, dass Strafverfahren gegen den Beschuldigten oder Tatverdächtigen zu führen sind (§ 3 Abs. 2 EuropolG iVm § 8 Abs. 2 BKAG). Faktisch findet dies über die INPOL-Fall-Dateien statt. 55

---

[29] Rechtsakt des Rates über die Fertigstellung des Übereinkommens aufgrund von Artikel K.3 des Vertrags über die Europäische Union über die Errichtung eines Europäischen Polizeiamts (Europol-Übereinkommen) v. 26.7.1995, ABl. 1995 C 316, 1.
[30] Beschluss 2009/371/JI des Rates zur Errichtung des Europäischen Polizeiamts (Europol) v. 6.4.2009, ABl. 2009 L 121, 37.
[31] Vgl. ausf. zu Funktionsweise und Grundlagen auch *Heußner* Informationssysteme 118 ff. mwN; HdB-EuStrafR/*Neumann* § 44 Rn. 25 ff.; HdB-EuStrafR/*Eisele* § 49 Rn. 13 ff.; krit. *Ambos* IntStrafR § 13 Rn. 7 ff. mwN.
[32] Vgl. *Kannen* Kriminalistik 2014, 584 ff. hierzu und weiter ausführend zum Europol-Informationssystem insges. und einzelnen analytischen Verknüpfungsprojekten.
[33] Vgl. Erwägungsgrund 24 Europol-VO.
[34] § 2 Abs. 1 S. 1, Abs. 2 EuropolG iVm § 13 Abs. 1 S. 1, 2, Abs. 2 und 3 BKAG, §§ 32, 34 BKAG.

II. SIENA – Netzanwendung für sicheren Informationsaustausch

56 Für den Austausch von Informationen zwischen Europol und den Mitgliedstaaten hat Europol das sichere Kommunikationssystem mit Namen **SIENA** entwickelt und seit 1.7.2009 im Einsatz. Im Sinn von Konzentrationsbestrebungen wird seitens der Kommission versucht, mit SIENA den „Europol-Kanal" als Standardkanal namentlich für sämtliche Anträge auf polizeiliche Zusammenarbeit und Amtshilfe im Rahmen der schwedischen Initiative und damit den schnellen polizeilichen Datenaustausch (→ 1. Kap. Rn. 46; → § 14 Rn. 11 ff.) zu etablieren, soweit nicht das SIS (II) in seinem speziellen Anwendungsbereich zur Anwendung kommt.[35] Namentlich soll so der Missstand vermieden werden, dass das SIS (II) und der dort mögliche Informationsaustausch außerhalb seiner eigentlichen Aufgaben genutzt wird. Dementsprechend dürfte auch die erfolgte Abschaltung der Kommunikationsplattform SISNET zu sehen sein.

57 Während sich der Rechtsrahmen des Datenaustausches hinsichtlich der Inhalte vorrangig nach den dafür geltenden Regelungen, wie etwa dem RB 2006/960/JI (→ § 14 Rn. 11 ff.), und den entsprechenden Anpassungen im deutschen Recht (→ § 14 Rn. 14) richtet, bildet mangels besonderer Regelungen der genannten Rechtsrahmen von Europol wie beim Europol-Informationssystem die Grundlage für die technische Infrastruktur. Dies erkennt auch die Europol-VO in Erwägungsgrund 24 ausdrücklich an.

So stimmen die Berechtigungen zum Zugang mit denen des Europol-Informationssystems überein. Dabei sind auch die Europol-Kooperationspartner wie Eurojust, Interpol, Australien, Kanada, Norwegen, die Schweiz und die USA angeschlossen.[36] Die Zugangsberechtigung in Deutschland richtet sich ebenfalls nach dem EuropolG und der Europol-Abfrageverordnung.[37] Auch die Datenschutzaufsicht obliegt der (Gemeinsamen) Kontrollinstanz von Europol (beachte aber → § 17 Rn. 50, 55).[38] SIENA ermöglicht Europol oder Drittstaaten keinen Zugriff auf deutsche Datenbanken.

58 Seit 2012/2013 ist das BKA-Vorgangsbearbeitungssystems an SIENA über einen Webservice angebunden. Damit wurde auch die Möglichkeit geschaffen, SIENA-Kommunikationen an einzelne oder mehrere „Unterpostfächer" zu steuern, die als „persönlich" so konfiguriert werden, dass sie für das BKA als Nationale Stelle nicht einsehbar sind. Dies war insbesondere eine Voraussetzung, um auch die nicht-polizeilichen deutschen Ermittlungsbehörden, wie etwa den Zoll an SIENA anzubinden.[39] Dabei erlaubt SIENA einen Austausch bis zum Geheimhaltungsgrad VS Vertraulich bzw. EU Confidential.[40]

C. EU-Zollinformationssystem (ZIS)

I. Zweck und Rechtsgrundlagen

59 Zweck des Zollinformationssystems der EU **(ZIS)** insgesamt ist es, durch eine raschere Bereitstellung von Informationen die Verhinderung, Ermittlung und Verfolgung von Handlungen, die entweder den (dem Unionsrecht unterliegenden) Zöllen oder Agrarregelungen zuwiderlaufen oder schwere Verstöße gegen einzelstaatliche Rechtsvorschriften darstellen, zu unterstützen und dadurch die Effizienz von Kooperations- und Kontrollmaßnahmen der zuständigen Zollbehörden zu steigern (Art. 23 Abs. 2 Zollinformations-

---

[35] Vgl. Mitteilung der Kommission an das Europäische Parlament und den Rat: Stärkung der Zusammenarbeit der Strafverfolgungsbehörden in der EU: Das Europäische Modell für den Informationsaustausch, COM(2012) 0735 final; vgl. auch HdB-EuStrafR/*Eisele* § 49 Rn. 17; Ratsdok. 6261/17, 61.
[36] Vgl. *Europol,* Jahresbericht 2011, 13.
[37] Vgl. auch BT-Drs. 16/9987, 8 f.
[38] Vgl. auch BT-Drs. 16/9987, 9.
[39] Vgl. zum Ganzen Innenministerium Baden-Württemberg, Bericht über die Beteiligung der Länder in polizeilichen Angelegenheiten der Europäischen Union im Jahr 2012 v. 10.4.2013 – 3–0123.3-A36A.
[40] Ratsdok. 6261/17, 41.

VO, sowie ursprünglich Art. 2 Abs. 2 EUZollInfTechAbk).[41] Zusätzlich zum eigentlichen ZIS wurde in den Jahren 2004/2008 ein Aktennachweissystem für Zollzwecke (das sog. „FIDE") – zunächst in Art. 12A ff. EUZollInfTechAbk und Art. 41a ff. Zollinformations-VO geschaffen. Die technische Infrastruktur des ZIS wird durch die Kommission gewährleistet und geregelt (Art. 23 Abs. 3, 4 Zollinformations-VO).

Das Zollinformationssystem der EU basierte rechtlich – wie das SIS II – auf einer **60** gemeinschaftlichen und einer intergouvernementalen Säule. Letztere war allerdings in diesem Fall zunächst als völkerrechtliches Übereinkommen, das EU-Zoll-Informationstechnologie-Abkommen, zwischen den Mitgliedstaaten ausgestaltet. Es wurde mittlerweile durch den Zollinformations-Beschluss ersetzt.[42] Die nach altem Säulenprinzip gemeinschaftsrechtliche Grundlage bilden indes die Art. 23 ff. Zollinformations-VO, die mittlerweile einige Male ohne Neukodifikation geändert wurden.[43] Eine Protokollerklärung von Rat und Kommission stellt fest, dass es sich um „zwei unterschiedliche Rechtssysteme" handelt.[44] Dies ist wohl so zu deuten, dass die Rechtsgrundlagen und Verfahren jeweils getrennt zu halten sind, mithin insbesondere die Kommission nicht anhand ihrer Kompetenzen aus der Zollinformations-VO auf nach dem Zollinformations-Beschluss eingegebene Daten zurückgreifen kann. Im Übrigen soll allerdings für die Anwender das Zollinformationssystem der EU als technisch einheitliche Infrastruktur erscheinen. Auch im Bereich der fortbestehenden intergouvernementalen Säule kann jeder Mitgliedstaat durch Erklärung eine Kontrolle entstehender Rechtsfragen durch den EuGH einräumen, was Deutschland getan hat.[45]

Subsidiär zu den genannten Rechtsrahmen und Durchführungsregelungen gelten jeweils **61** die nationalen Vorschriften der eingebenden und verarbeitenden Stellen für deren Vornahmen, auch für den Datenschutz (Art. 31, 34 Zollinformations-VO, Art. 3 Abs. 2, 3 Zollinformations-Beschluss, Art. 9 Zollinformations-Beschluss).[46] Das deutsche Ausführungsgesetz ZISAG trifft nur wenige nötige nationale Regelungen zur Zuständigkeit und Haftung.

II. ZIS-Datenverarbeitung im engeren Sinn

Das Zollinformationssystem der EU im engeren Sinne besteht aus einer **zentralen Daten-** **62** **bank,** die über Terminals von allen Mitgliedstaaten und der Kommission aus zugänglich ist (Art. 24 S. 1 Zollinformations-VO, Art. 3 Abs. 1 S. 1 Zollinformations-Beschluss).

1. Eingegeben werden die für die Zweckerfüllung erforderlichen Daten in den Katego- **63** rien Waren, Transportmittel, Unternehmen, Personen sowie Verfügbarkeit von Sachkenntnis; im Rahmen des Unionsrechts treten hinzu die erfolgte Zurückhaltung, Beschlagnahme oder Einziehung von Waren oder von den bei Kontrollen ohne erforderliche Anmeldung bei Ein- oder Ausreisenden aufgefundenen Barmittel.[47] Bei beiden Rechtsgrundlagen

---

[41] Übk. aufgrund von Artikel K.3 des Vertrags über die Europäische Union v. 26.7.1995 über den Einsatz der Informationstechnologie im Zollbereich (EU-Zoll-Informationstechnologie-Abkommen) v. 27.11.1995 (BGBl. 2004 II 386 ff., 388 ff.); aK seit 26.5.2011. Zum ZIS insges. vgl. HdB-EuStrafR/ *Zurkinden/Gellert* § 42 Rn. 40 ff.; HdB-EuStrafR/*Eisele* § 49 Rn. 18.
[42] Beschluss 2009/917/JI des Rates über den Einsatz der Informationstechnologie im Zollbereich v. 30.11.2009, ABl. 2009 L 323, 20.
[43] VO (EG) Nr. 515/97 des Rates über die gegenseitige Amtshilfe zwischen Verwaltungsbehörden der Mitgliedstaaten und über die Zusammenarbeit dieser Behörden mit der Kommission im Hinblick auf die ordnungsgemäße Anwendung der Zoll- und der Agrarregelung v. 13.3.1997, ABl. 1997 L 82, 1; vgl. die letzte – informatorische – konsolidierte Textfassung unter https://eur-lex.europa.eu/legal-content/DE/TXT/?uri=CELEX:01997R0515–20160901 (zuletzt abgerufen am 21.5.2019).
[44] Erklärung zu Artikel 1 (BGBl. 2004 II 394).
[45] Protokoll v. 29.3.1999 (BGBl. 2004 II 398 f.).
[46] Vgl. zum ZIS insges. *Heußner* Informationssysteme 27 ff. mwN.
[47] ISv Art. 2 VO (EG) Nr. 1889/2005 des Europäischen Parlaments und des Rates über die Überwachung von Barmitteln, die in die Gemeinschaft oder aus der Gemeinschaft verbracht werden v. 26.10.2005, ABl. 2005 L 309, 9.

können zusätzlich Daten in der Kategorie „allgemeine Tendenzen bei Betrugspraktiken" gespeichert werden (Art. 24 Zollinformations-VO, Art. 3 Abs. 1 S. 2 Zollinformations-Beschluss). Bis auf die letztgenannte Kategorie dürfen gem. Art. 25 Zollinformations-VO, Art. 4 Zollinformations-Beschluss personenbezogene Daten gespeichert werden, der genaue Umfang wird im Rahmen der Rechtsgrundlagen durch ein gesondertes Regelungsverfahren bestimmt.

64 a) Nach § 3 Abs. 1 ZISAG sind in Deutschland das ZKA, die Zollfahndungs- und Hauptzollämter zur Eingabe auch im automatisierten Verfahren **berechtigt**.

65 b) Allerdings dürfen **personenbezogene Daten** nur **ausschließlich zum Zweck** einer vorgeschlagenen Feststellung und Unterrichtung, verdeckte Registrierung, gezielte Kontrolle oder, im Rahmen des Unionsrechts, zur operationellen Analyse aufgenommen werden. Zudem müssen, insbesondere aufgrund früherer illegaler Handlungen oder aufgrund von Informationen im Rahmen der gegenseitigen Amtshilfe, tatsächliche Anhaltspunkte dafür vorliegen, dass die betreffende Person Handlungen begangen hat, begeht oder begehen wird, die entweder der Zoll- oder der Agrarregelung zuwiderlaufen und die von besonderem Interesse auf Gemeinschaftsebene sind oder aber, außerhalb des Unionsrechts, schwere Zuwiderhandlungen gegen die einzelstaatlichen Rechtsvorschriften begangen hat, für deren Durchführung die Zollverwaltungen dieses Mitgliedstaates ganz oder teilweise zuständig sind (Art. 27 Abs. 2 Zollinformations-VO, Art. 1 Nr. 1, Art. 5 Abs. 2 Zollinformations-Beschluss). Die bereits näher ausgeführten Bereiche von Verstößen im Warenverkehr oder Geldwäsche im Drogenhandel wurden mit einem Protokoll von 1999 erweitert;[48] sie umfassen nunmehr nach Art. 2 Zollinformations-Beschluss auch die auf Gemeinschaftsebene erlassenen Vorschriften zum Warenverkehr, zur Agrarpolitik und harmonisierten Verbrauchssteuern und die sonst den Warenverkehr betreffenden nationalen Vorschriften. Damit soll eine umfassende komplementäre Anwendung des Zollinformationssystems der EU für alle grenzüberschreitenden nationalen Aufgaben des Zolls erreicht werden.

66 Nach § 3 Abs. 2 ZISAG werden durch deutsche Zollbehörden nur Daten eingegeben, soweit dies für die Erreichung des damit verfolgten Ziels erforderlich ist, eine Gefährdung des Untersuchungszwecks nicht zu besorgen ist und die Staatsanwaltschaft, soweit zuständig, dem zugestimmt hat.[49]

67 c) Zur **Änderung** von Eintragungen im Zollinformationssystem der EU ist nur die eingebende Stelle befugt. Stellt ein anderer ZIS-Partner einen Änderungsbedarf fest, insbesondere auch aufgrund einer gerichtlichen Entscheidung, erfolgt eine Konsultation und Überprüfung. Bei Änderungen erfolgt dann gem. Art. 32 Zollinformations-VO, Art. 13 Abs. 2 Zollinformations-Beschluss grundsätzlich eine Benachrichtigung an alle Partner.

68 d) Zur Sicherung des Gebots, dass die Daten nur solange, wie erforderlich, gespeichert werden dürfen, besteht eine zwingende **jährliche Prüffrist** für den Eingabestaat. Nimmt dieser keine Verlängerung vor, werden die Daten gem. Art. 33 Zollinformations-VO, Art. 14 Zollinformations-Beschluss automatisch ein weiteres Jahr, allerdings nur zum Zweck der Überprüfung der Rechtmäßigkeit und Richtigkeit weitergespeichert und dann gelöscht.

69 2. Unmittelbaren **Zugang** zu den im Zollinformationssystem gespeicherten Daten erhalten im Rahmen des Unionsrechtes nach der Zollinformations-VO die von der Kommission benannten Dienststellen. Nach beiden Rechtsgrundlagen haben stets die von den Mitgliedstaaten benannten und nach einem besonderen Verfahren bekannt gemachten einzelstaatlichen Zollbehörden sowie gegebenenfalls andere Behörden, die innerstaatlich befugt sind, zur Erreichung der Zwecke des Zollinformationssystem tätig zu werden, Zugriff (Art. 29 Abs. 1, 2 Zollinformations-VO, Art. 7 Abs. 1, 2 Zollinformations-Beschluss). Wie dabei aus dem Umkehrschluss von §§ 3, 4 ZISAG folgt, haben in Deutsch-

---

[48] Art. 1 Abs. 1 EUZollInfTechAbk nach dem Protokoll v. 12.3.1999 (BGBl. 2004 II 401 f.).
[49] Letzteres aus dem Verweis in § 3 Abs. 2 S. 2 ZISAG auf § 478 Abs. 1 StPO.

land lediglich die Zollbehörden und nicht etwa das BKA Zugriff auf die ZIS-Datenbank. Internationalen Organisationen können die Kommission – bzw. außerhalb des Unionsrechtes einstimmig die Mitgliedstaaten – aufgrund besonderer Vereinbarungen ebenfalls Zugang gewähren (Art. 29 Abs. 3 Zollinformations-VO, Art. 7 Abs. 3 Zollinformations-Beschluss).

3. Im Rahmen der mittels Speicherung im Zollinformationssystem vorgeschlagenen **Maßnahmen** können die beteiligten Staaten, wie beim SIS (II), **Zusatzinformationen** austauschen. Insbesondere können gem. Art. 28 Abs. 1 Zollinformations-VO, Art. 6 Abs. 1 Zollinformations-Beschluss dem Speicherstaat bestimmte Daten zu den Ergebnissen der durchgeführten Maßnahmen übermittelt werden, wobei bei einer verdeckten Registrierung die Unauffälligkeit zu sichern ist. Gezielte Kontrollen finden dabei nach Maßgabe des Vornahmestaates statt; sollten sie unzulässig sein, so erfolgt stattdessen eine verdeckte Registrierung (Art. 28 Abs. 2 Zollinformations-VO, Art. 6 Abs. 2 S. 2 Zollinformations-Beschluss). 70

4. Die nach dem Unionsrecht eingegebenen Daten müssen für die Zwecke des ZIS, also auch die Verfolgung von Zuwiderhandlungen gegen Zölle, Agrarregelungen der Union oder sonstigen Zollaufgaben erhoben worden sein und dürfen nicht in einer Weise **weiterverarbeitet** werden, die mit diesen Zwecken nicht zu vereinbaren ist.[50] 71

III. Aktenauskunftssystem FIDE

Das daneben im Rahmen des ZIS-Rechtsregimes eingerichteten **Aktenauskunftssystems FIDE** hat hingegen als konkreten **Zweck,** es der Kommission bei einer Koordinierung oder Vorbereitung einer Gemeinschaftsmission in ein Drittland sowie den zuständigen Behörden eines Mitgliedstaats zu ermöglichen, die zuständigen Behörden anderer Mitgliedstaaten oder die zuständigen Dienststellen der Kommission ausfindig zu machen, die mit Ermittlungen über bestimmte Personen oder Unternehmen befasst sind oder waren, und so gezielt Kenntnis über die Existenz von zugehörigen Ermittlungsakten zu erreichen (Art. 41a Abs. 3 Zollinformations-VO, Art. 15 Zollinformations-Beschluss).[51] 72

1. Die (ebenso wie bei der ZIS-Datenbank) zuständigen Behörden können gem. Art. 41b Zollinformations-VO, Art. 16 Zollinformations-Beschluss die näher bestimmten Daten, namentlich Identität der betroffenen Personen und Unternehmen, den betroffenen Bereich sowie Identität, Adresse und Aktenzeichen der zuständigen Stelle **eingeben.** 73

Außerhalb der Zuständigkeit nach dem Unionsrecht darf die Eingabe gem. Art. 16 Abs. 1a) i) Zollinformations-Beschluss nur bei Verdacht, Feststellung oder Sanktionierung einer **schweren Zuwiderhandlung** gegen einzelstaatliche Rechtsvorschriften erfolgen. Diese schweren Zuwiderhandlungen bestimmt jeder eingebende Mitgliedstaat nach eigenem Recht. Allerdings müssen diese mindestens mit einer Freiheitsstrafe oder freiheitsentziehenden Maßregel im Höchstmaß von einem Jahr oder Geldstrafe im Höchstmaß von mindestens 15.000 EUR bedroht sein (Art. 15 Abs. 3 Zollinformations-Beschluss).[52] Eine Liste an einschlägigen Straftaten notifiziert jeder Mitgliedstaat den anderen und dem gemeinsamen Ausschuss. 74

Ebenfalls nur außerhalb der Zuständigkeit nach dem Unionsrecht darf der Mitgliedstaat auch nach seinem ordre public auf die Eintragung verzichten, wenn diese im Einzelfall die öffentliche Ordnung oder andere wesentlichen Interessen, insbesondere im Bereich des Datenschutzes beeinträchtigen würde (Art. 17 Zollinformations-Beschluss). 75

Die **Speicherdauer** richtet sich nach den Rechts- und Verwaltungsvorschriften des eingebenden Mitgliedstaats, darf aber gewisse Höchstfristen nicht überschreiten (Art. 41d 76

---

[50] Art. 26 lit. b Zollinformations-VO, Art. 35 Zollinformations-VO mit der Ausnahme der technischen Vervielfältigung, Art. 35 Abs. 2 Zollinformations-VO.
[51] Zu FIDE allg. vgl. HdB-EuStrafR/*Zurkinden/Gellert* § 42 Rn. 52 ff.
[52] Dazu ausführend § 6 Abs. 1 ZISAG.

Abs. 1 S. 1 Zollinformations-VO):⁵³ Diese betragen grundsätzlich drei Jahre bei Daten über laufende Ermittlungen, in denen keine Zuwiderhandlung bis dahin festgestellt wurde. Bei Daten über behördliche und strafrechtliche Ermittlungen, bei der die Zuwiderhandlung, nicht aber die Sanktion festgestellt ist, beträgt die Frist sechs Jahre. Sind auch die Sanktionen festgestellt, gilt eine Frist von zehn Jahren. Darüber hinaus sind die Daten nach Art. 41d Abs. 2 Zollinformations-VO, Art. 13 f. Zollinformations-Beschluss unverzüglich zu löschen, sobald der Verdacht gegen eine Person oder ein Unternehmen nicht mehr besteht.⁵⁴

77 **2.** Eine unmittelbare **Abfragebefugnis** kann nicht nur für Zollbehörden im engeren Sinne, sondern auch andere Ermittlungsbehörden eingeräumt werden (Art. 41a Abs. 3, Art. 41c Abs. 1 Zollinformations-VO, Art. 18 Abs. 2 Zollinformations-Beschluss). Eine solche besteht etwa für das BKA, wenn auch nur für das FIDE nach § 3 ZISAG. Jede Abfrage muss gem. Art. 41c Abs. 2 Zollinformations-VO zwingend (näher bestimmte) Angaben zur Person oder zum Unternehmen enthalten. Weiterführende Angaben zu Personen oder Unternehmen können zwischen der abrufenden und in FIDE ersichtlichen Stellen im Wege der Amtshilfe auf Ersuchen ausgetauscht werden (Art. 41a Abs. 4 Zollinformations-VO).

§ 17 Informationserlangung über inter- und supranationale Einrichtungen

A. Eurojust, Europäisches Justizielles Netz und internationale Netzwerke

1 Verschiedene mehr oder weniger formalisierte internationale Netzwerke von Ermittlungsorganen und Koordinierungsstellen, darunter vor allem das Europäische Justizielle Netz (EJN) und das später geschaffene Eurojust als institutionalisierte Einrichtung der EU mit Rechtspersönlichkeit, haben zum Ziel, die justizielle Rechtshilfe namentlich innerhalb der EU, vor allem auf der Ebene der Justizbehörden zu erleichtern. Das EJN ist dabei als Netz vor allem von nationalen Kontaktstellen angelegt, wenn auch verknüpft durch ein gemeinsames Sekretariat. Die deutsche Rechtsgrundlage für beide Einrichtungen ergibt sich aus dem Eurojust-Gesetz (EJG), vgl. insbesondere §§ 13 f. EJG. Das Europäische Justizielle Netz und Eurojust unterhalten besonders enge Beziehungen zueinander, die sich – unter Berücksichtigung ihrer jeweiligen Struktur – auf „Konzertierung und Komplementarität" gründen.¹ Als weitere komplementäre Maßnahme können die Mitgliedstaaten der Union untereinander vereinbaren, Verbindungsrichter und -staatsanwälte auszutauschen, die gemäß der gemeinsamen Maßnahme 96/277/JI² auf Grundlage der bilateralen Vereinbarungen die justizielle Zusammenarbeit beschleunigen und effizienter gestalten sowie den Austausch von Informationen über die Rechts- und Justizsysteme der Mitgliedstaaten und ihre Funktionsweise fördern sollen.

2 Aus Eurojust soll nach Art. 86 AEUV die **Europäische Staatsanwaltschaft** (EUStA) hervorgehen.³ Diese soll, gegebenenfalls in Verbindung mit Europol, für die strafrechtliche Untersuchung, Verfolgung und Anklageerhebung bei Straftaten zum Nachteil der finanziel-

---

⁵³ Diese Zeiträume sind nicht kumulierbar, Art. 41d Abs. 1 S. 2 Zollinformations-VO; entsprechend Art. 19 Abs. 1 Zollinformations-Beschluss.
⁵⁴ Dem folgen §§ 5, 6 Abs. 2, 3 ZISAG.
¹ Vgl. dazu Art. 10 EJN-Beschluss; zu Eurojust vgl. etwa auch *Fuchs* Kriminalistik 2015, 81 ff.; sowie insges. hierzu und zum Folgenden *Ambos* IntStrafR § 13 Rn. 16 ff. mwN; *Langbauer* Das Strafrecht vor den Unionsgerichten 327 ff.
² Gemeinsame Maßnahme 96/277/JI vom Rat aufgrund von Artikel K.3 des Vertrags über die Europäische Union angenommen, betreffend den Rahmen für den Austausch von Verbindungsrichtern/-staatsanwälten zur Verbesserung der justiziellen Zusammenarbeit zwischen den Mitgliedstaaten der Europäischen Union v. 22.4.1996, ABl. 1996 L 105, 1; vgl. hierzu *v. Langsdorff* StV 2003, 472.
³ Vgl. hierzu hier nur *Ambos* IntStrafR § 13 Rn. 24 ff. mwN; HdB-EuStrafR/*Killmann/Hofmann* § 48.

len Interessen der Union zuständig sein und dann vor den Gerichten der Mitgliedstaaten die Aufgaben der Staatsanwaltschaft wahrnehmen (Art. 86 Abs. 2 AEUV). Weitergehend können ihr diese Befugnisse gem. Art. 86 Abs. 4 AEUV auch für die Bekämpfung der schweren Kriminalität mit grenzüberschreitender Dimension eingeräumt werden. Nachdem sich die Beratungen bereits lange Zeit hingezogen haben, ist die entsprechende Verordnung (EUStA-VO) am 12.10.2017 im Rahmen einer verstärkten Zusammenarbeit der interessierten Mitgliedstaaten erlassen worden.[4] Geschuldet mag dies den Überlegungen vor allem in einzelnen neueren Mitgliedstaaten gewesen sein, dass der Übergang zu einer symbolträchtigen supranationalen Institution jenseits von OLAF in diesem besonders schwer fällt, aber auch allgemeinen verfassungsrechtlichen Bedenken. Dies hat bereits dazu geführt, dass sich die Diskussion weitgehend von einer klassisch-hierarchischen Behördenstruktur zu eher kollektiv-netzartigen Organisationsformen mit hoher Überdeckung mit dem System der nationalen Staatsanwaltschaften bewegt hat.[5] So ersetzt die Europäische Staatsanwaltschaft nun auch ausdrücklich nicht Eurojust, sondern es soll eine enge Beziehung zwischen ihnen geschaffen werden, die sich auf gegenseitige Zusammenarbeit stützt.[6] Insgesamt soll die EUStA gegenüber den Ermittlungsbehörden der Mitgliedstaaten eine eigenständige Behördenstellung einnehmen, die eher zB an das Betrugsbekämpfungsamt OLAF erinnert (vgl. daher weitergehend → § 17 Rn. 243 ff.).

I. Europäisches Justizielles Netz

1. Das durch die Gemeinsame Maßnahme 98/428/JI eingerichtete und durch den EJN-Beschluss[7] neu geordnete **Europäische Justizielle Netz** setzt sich aus den für die internationale justizielle Zusammenarbeit zuständigen Zentralbehörden, den Justizbehörden oder anderen zuständigen Behörden der Mitgliedstaaten zusammen, die im Rahmen der internationalen Zusammenarbeit eigene Zuständigkeiten besitzen (Art. 1, 2 Abs. 1 EJN-Beschluss).[8] Der Grundgedanke war der eines *„old boys network"* von Ermittlungsorganen in jeweils ähnlicher Position, das über technische, organisatorische, kulturelle und sprachliche Hindernisse bei der grenzüberschreitenden Zusammenarbeit hinweghelfen sollte.[9] Es arbeitet – auf die klassische bilaterale Rechtshilfe konzentriert – insbesondere auf dreierlei Weise: einerseits durch die nationalen Kontaktstellen, andererseits durch das Herstellen persönlicher Kontakte und sachlichen Austausch durch gemeinsame Veranstaltungen sowie dadurch, dass es über ein geeignetes Telekommunikationsnetz ständig eine Reihe grundlegender Angaben für Rechtshilfeverfahren in aktualisierter Form zur Verfügung stellt.[10]

Praxistipp:
Über dieses Telekommunikationsnetz, heute in Gestalt der **Website http://www.ejn-crim-just.europa.eu/ejn/,** hat das Sekretariat die von den Mitgliedstaaten durch die technischen

---

[4] VO(EU) 2017/1939 des Rates zur Durchführung einer Verstärkten Zusammenarbeit zur Errichtung der Europäischen Staatsanwaltschaft (EUStA) v. 12.10.2017, ABl. 2017 L 283, 1 ff.; vgl. dazu etwa *Magnus* HRRS 2018, 143; *Brodowski* StV 2017, 684; *Böse* JZ 2017, 82.
[5] Vgl. etwa Ratsdok. v. 9.12.2016, 15057/16 und 15200/16; Europäisches Parlament, Zwischenbericht über den Vorschlag für eine Verordnung des Rates über die Errichtung der Europäischen Staatsanwaltschaft v. 21.2.2014, COM(2013)0534 – 2013/0255(APP); Entwurf eines Zwischenberichts über den Entwurf einer Verordnung des Rates für die Einsetzung einer Europäischen Staatsanwaltschaft v. 15.1.2015, COM(2013)0534 – 2013/0255(APP).
[6] Vgl. Erwägungsgrund 10 EUStA-VO.
[7] Beschluss 2008/976/JI des Rates über das Europäische Justizielle Netz v. 16.12.2008, ABl. 2008 L 348, 130.
[8] Vgl. allg. zum EJN HdB-EuStrafR/*Stiegel* § 46 mwN.
[9] So *v. Langsdorff* StV 2003, 472 f.; vgl. auch *Dieckmann* NStZ 2001, 617 (620 mwN).
[10] Art. 3 EJN-Beschluss, Art. 5 f. EJN-Beschluss zu den genannten Treffen; zu den Hintergründen, Ausgangsproblemen und Zielen vgl. *v. Langsdorff* StV 2003, 472 ff.; vgl. aktuell zu den zugewiesenen Aufgaben und ihrem Umsetzungsstand Ratsdok. 14140/16 v. 8.11.2016.

> Anlaufstellen zugelieferten, stets aktualisierten Informationen bereitzustellen (Art. 4 Abs. 5, Art. 7–9 EJN-Beschluss),[11] die leider „vielen deutschen Staatsanwälten und Richtern immer noch nur unzulänglich bekannt" sind.[12]

5   a) Das Informationsangebot umfasst insbesondere zunächst die **Texte** einiger zentraler einschlägigen **Rechtsinstrumente,** den Wortlaut etwaiger völkerrechtlicher Erklärungen und Vorbehalte einzelner Staaten zu in Kraft befindlichen Übereinkommen sowie kurz gefasste rechtliche und **praktische Informationen über das Gerichtswesen** und die Verfahrenspraxis in den Mitgliedstaaten (Art. 7 lit. c, d EJN-Beschluss).

6   b) Weiterhin finden sich nicht nur die vollständigen Angaben über die **Kontaktstellen in jedem Mitgliedstaat,** gegebenenfalls mit Angabe ihrer innerstaatlichen Zuständigkeiten. Vielmehr ist auch eine Suchmaschine eingerichtet, Dank dieser mittels geografischer Angaben die Behörde in einem Mitgliedstaat ermittelt werden kann, die dafür zuständig ist, „ein bestimmtes Ersuchen um justizielle Zusammenarbeit sowie ihre Entscheidungen über eine solche Zusammenarbeit, einschließlich in Bezug auf Rechtsakte, die dem Grundsatz der gegenseitigen Anerkennung Wirkung verleihen, entgegenzunehmen und auszuführen" (Art. 7 lit. a, b EJN-Beschluss). Allerdings scheint dieses Werkzeug leider bislang nicht sämtliche Formen vor allem der Zusammenarbeit im Wege der „kleinen Rechtshilfe" zu umfassen.

7   c) Nicht rechtlich vorgesehen, aber mit erheblichem Potential scheint die ebenfalls unter http://www.ejn-crimjust.europa.eu/ejn/EJN_Compendium.aspx erreichbare **Websoftware,** mit der sehr weitgehend **Rechtshilfeersuchen** aller Art innerhalb der EU über Eingabemasken **erstellt werden können.**

8   d) Die weiteren (obligatorischen) Angebote des EJN betreffen eine **gesicherte Telekommunikationsverbindung** für die operative Arbeit der Kontaktstellen, an der die allgemeinen nationalen Anlaufstellen für Eurojust, die für Terrorismusfragen zuständigen, sowie die nationalen Mitglieder von Eurojust und die von Eurojust benannten Verbindungsrichter und -staatsanwälte in Drittstaaten teilnehmen können (Art. 9 EJN-Beschluss).

9   e) Auch für den Rechtshilfeverkehr mit Drittstaaten, namentlich solchen wie **Japan,** mit denen die EU selbst Rechtshilfeabkommen geschlossen hat, sollen sich zunehmend hilfreiche Informationen finden.[13]

10 2. Die **nationalen Kontaktstellen** werden durch jeden Mitgliedstaat nach Maßgabe seiner innerstaatlichen Vorschriften und der innerstaatlichen Zuständigkeiten so eingerichtet, dass sein gesamtes Hoheitsgebiet tatsächlich abgedeckt ist; ferner muss unter den Kontaktstellen jedes Staates eine als die nationale Anlaufstelle benannt werden (Art. 2 Abs. 2, 3 EJN-Beschluss).[14] Die Funktionen als deutsche Kontaktstellen werden gem. § 14 EJG, §§ 3, 4 EJKoV durch das Bundesamt für Justiz, den Generalbundesanwalt und die von den Ländern bestimmten Stellen ausgeübt. Auch die Kommission benennt gem. Art. 2 Abs. 7 EJN-Beschluss eine Kontaktstelle für ihren Zuständigkeitsbereich. Ebenfalls können Verbindungsrichter und -staatsanwälte Aufgaben von Kontaktstellen im Rahmen des EJN übertagen werden (Art. 2 Abs. 6 EJN-Beschluss).

11 a) Die jeweilige (zentrale) **nationale Anlaufstelle** ist in ihrem Mitgliedstaat vor allem für die Koordinierung von Auskunftsersuchen und Antworten der zuständigen Behörden der Mitgliedstaaten zuständig, aber auch für alle anderen Fragen, die das interne Funktionieren des Netzes betreffen, für die Kontakte zum Sekretariat und zur Stellungnahme bei Benennung neuer Kontaktstellen (Art. 4 Abs. 4 EJN-Beschluss).

---

[11] Zum gesamten Informationsangebot vgl. auch HdB-EuStrafR/*Stiegel* § 46 Rn. 23 ff.
[12] *v. Langsdorff* StV 2003, 472 (473).
[13] Vgl. Ratsdok. 15008/16, 16.
[14] Die hohe Anzahl von Kontaktstellen spiegelt vor allem die föderalen oder dezentralisierten Strukturen in einzelnen Mitgliedstaaten wieder, vgl. *v. Langsdorff* StV 2003, 472 (473).

b) Jeweils alle **nationalen Kontaktstellen** sollen als aktive Vermittler die justizielle 12 Zusammenarbeit zwischen den Mitgliedstaaten – insbesondere bei der Verfolgung der schweren Kriminalität – für die anderen Kontaktstellen, örtlichen Justizbehörden und den anderen zuständigen Behörden in ihrem oder einem anderen Mitgliedstaat erleichtern und dazu insbesondere möglichst zweckdienliche Direktkontakte unterstützen (Art. 4 Abs. 1 EJN-Beschluss). Sie stellen den genannten Ermittlungsorganen die erforderlichen rechtlichen und praktischen Informationen zur Verfügung, um es ihnen zu ermöglichen, ein Ersuchen um justizielle Zusammenarbeit effizient vorzubereiten, oder um die justizielle Zusammenarbeit im Allgemeinen zu verbessern (Art. 4 Abs. 2 EJN-Beschluss). Dazu sind die Kontaktstellen gem. Art. 2 Abs. 5 EJN-Beschluss so auszustatten, dass sie neben der Landessprache über ausreichende Kenntnisse in einer anderen Sprache der EU verfügen. Die Kontaktstellen unterrichten auf Einzelfallbasis ihre eigenen nationalen Mitglieder bei Eurojust über alle Fälle, die Eurojust nach ihrem Dafürhalten besser zu erledigen imstande sein dürfte (Art. 10 lit. b EJN-Beschluss). Auf der Grundlage einer Übereinkunft zwischen den betreffenden Behörden können die Kontaktstellen eines Mitgliedstaates die eines anderen aufsuchen, soweit dies erforderlich ist (Art. 4 Abs. 1 UAbs. 2 EJN-Beschluss). Ebenfalls können die nationalen Kontaktstellen die Zusammenarbeit gem. Art. 4 Abs. 3 EJN-Beschluss durch Schulungen unterstützen.

II. Eurojust

Das durch den Eurojust-Beschluss mit Rechtspersönlichkeit errichtete **Eurojust,** das in 13 Deutschland mit dem EJG umgesetzt worden ist, hat zum Ziel, die Koordinierung der in den Mitgliedstaaten laufenden Ermittlungen und Strafverfolgungsmaßnahmen zwischen den dort jeweils zuständigen Behörden und deren Zusammenarbeit weiter zu verbessern, insbesondere, indem es Ersuchen und Entscheidungen betreffend die justizielle Zusammenarbeit erleichtert (Art. 3 Abs. 1 lit. a, b EurojustB).[15]

Ebenso kann Eurojust gem. Art. 3 Abs. 1 lit. c EurojustB die zuständigen Behörden der 14 Mitgliedstaaten anderweitig unterstützen, um die Wirksamkeit ihrer Ermittlungen und Strafverfolgungsmaßnahmen zu erhöhen. Es kann auf Antrag der zuständigen nationalen Stellen oder der Kommission Ermittlungen und Strafverfolgungsmaßnahmen unterstützen, die allein diesen Mitgliedstaat sowie die Gemeinschaft betreffen (Art. 3 Abs. 2 EurojustB), oder auf Antrag einer nationalen zuständigen Behörde auch solche, die allein deren Mitgliedstaat und einen Drittstaat betreffen, wenn mit diesem Staat eine Vereinbarung über eine Zusammenarbeit geschlossen worden ist oder wenn im Einzelfall ein wesentliches Interesse an der Unterstützung besteht (Art. 3 Abs. 2 EurojustB).

Eurojust fungiert dabei in Form reiner Unterstützungsarbeit ohne jede eigene Ermitt- 15 lungsbefugnisse und nur im Bereich der repressiven Strafverfolgung.[16] Auch durch die erfolgte Benennung in Rechtsnormen im Bereich der Terrorismusbekämpfung entstehen, anders als zT bei Europol, über die repressive Verfolgung der strafbaren Vorfeldtaten hinaus keine originären präventiven Aufgaben von Eurojust.[17] Während bereits in der Literatur zu Recht kritisch darauf hingewiesen wird, dass die Verteidigung keinen Zugang zu diesen Möglichkeiten hat,[18] wird daraus – jedenfalls bislang – keine rechtsdogmatische oder gar -politische Folgerung hinsichtlich der „Waffengleichheit" und Fairness des Verfahrens gezogen, wenn man von der Rechtsprechung des BGH zur Sondersituation bei der

---

[15] Vgl. zu den Hintergründen und zur Entstehungsgeschichte etwa *v. Langsdorff* StV 2003, 472 (473 ff.); HdB-EuStrafR/*Grotz* § 45; *Milke* Europol 275 ff. mwN *Schomburg* ZRP 1999, 237 ff., insbes. vor dem Hintergrund der Ausschreibungen zur Festnahme im SIS; unter anderem auch zum aufgegebenen Ansatz einer justiziellen „Aufsichtsinstanz" über Europol *Esser/Herbold* NJW 2004, 2421 ff.
[16] *Esser/Herbold* NJW 2004, 2421 f.
[17] Vgl. ausf. *Esser* GA 2004, 711 ff. mwN.
[18] Vgl. *Esser/Herbold* NJW 2004, 2421 f.

Ablehnbarkeit von Beweisanträgen absieht, in der man wohl eine Art Ultima-ratio-Lösung des erahnten Problems erkennen kann.

16   1. Eurojust **besteht** aus jeweils einem von jedem Mitgliedstaat gemäß seiner Rechtsordnung auf grundsätzlich mindestens vier Jahre entsandten Mitglied, das die Eigenschaft eines Staatsanwalts, Richters oder Polizeibeamten mit gleichwertigen Befugnissen besitzt (Art. 2 Abs. 1 EurojustB, Art. 9 Abs. 1 EurojustB).[19] Dieses nationale Mitglied muss gem. Art. 2 Abs. 2–5 EurojustB so durch einen Stellvertreter oder Assistenten unterstützt werden, dass die Handlungsfähigkeit der Vertretung für den Mitgliedstaat rund um die Uhr gesichert ist.[20] Zudem bindet jeder Mitgliedstaat Eurojust an ein nationales Koordinierungssystem an (Art. 2 Abs. 6 EurojustB, Art. 12 EurojustB). Eurojust kann gem. Art. 2 Abs. 7 EurojustB, Art. 27a EurojustB selbst Verbindungsrichter/-staatsanwälte in Drittstaaten entsenden.

17   Als Organisation handelt Eurojust, unterstützt durch ein Sekretariat, entweder durch einzelne nationale Mitglieder oder als Kollegium aller nationalen Mitglieder, wobei dies bei jeder Aufgabenwahrnehmung angegeben werden muss (Art. 5 EurojustB).[21] Letzteres ist der Fall, wenn gem. Art. 5 Abs. 1 lit. b EurojustB mindestens ein betroffener Mitgliedstaat dies beantragt, Auswirkungen auf Ebene der Union oder anderer als der unmittelbar beteiligten Mitgliedstaaten möglich sind, es um allgemeine Fragen geht oder dies sonst ausdrücklich vorgesehen ist.

18   Durch einen über die Mitglieder, ihre Vertreter und Assistenten gesicherten Koordinierungsdauerdienst ist die jederzeitige Erreichbarkeit rund um die Uhr und unverzügliche Bearbeitung von Ersuchen in dringenden Fällen gesichert (Art. 5a EurojustB). Als „*back-office*" wird jedes nationale Mitglied durch ein nationales Eurojust-Koordinierungssystem mit einer oder mehrerer **nationalen Anlaufstellen** unterstützt, die insbesondere die weiteren nationalen Anlaufstellen für Eurojust und Terrorfragen, im Rahmen des EJN und der weiteren vorgesehenen speziellen Anlaufstellen unter anderem für Völkerrechtsstraftaten, Vermögensabschöpfung und Korruptionsbekämpfung bündeln, ohne die direkten Kontaktmöglichkeiten zu beeinträchtigen.[22]

19   2. Eurojust ist **zuständig** für alle Straftaten, für die auch Europol zuständig ist oder die mit diesen zusammenhängen, sowie – innerhalb seiner allgemeinen Ziele – ergänzend auf Antrag einer nationalen Behörde (Art. 4 EurojustB).

20   3. Eurojust hat folgende **Befugnisse** zur Erfüllung seiner Aufgaben:

21   a) Die nationalen Mitglieder und das Kollegium können die jeweils zuständigen Behörden in den Mitgliedstaaten nach Art. 6 Abs. 1 EurojustB, Art. 7 Abs. 1 EurojustB, § 3 Abs. 1 EJG **ersuchen,** die Aufnahme und Abgabe von Ermittlungen, die sonstige Koordinierung mit zuständigen Behörden in anderen Mitgliedstaaten, gemeinsame Ermittlungsteams, sowie die Übermittlung von Informationen an Eurojust in Erwägung zu ziehen. Die einzelnen Mitglieder können zudem gem. Art. 6 Abs. 1 lit. a vi, vii EurojustB noch die nationalen Behörden ersuchen, besondere Ermittlungsmaßnahmen oder sonstige gerechtfertigte Maßnahmen zu ergreifen.

22   Weiterhin können Mitglieder und Kollegium die wechselseitige Unterrichtung und eine optimale Koordinierung von Ermittlungen und Strafverfolgungsmaßnahmen gewährleisten bzw. unterstützen; sie können gem. Art. 6 Abs. 1 EurojustB, Art. 7 Abs. 1 EurojustB, Art. 27b EurojustB ferner insbesondere mit dem EJN und dessen Dokumentationsdatensammlung zusammenarbeiten und diese unterstützen, ebenso wie die Ermittlungen auf Ersuchen in einzelnen Mitglieds- oder Drittstaaten (→ Rn. 32, 37).

---

[19] Vgl. dazu § 1 EJG zur Ernennung des deutschen Mitglieds durch das Bundesministerium der Justiz im Benehmen mit den Ländern und dessen Fach- und Dienstaufsicht (Letzteres durch die abordnende Stelle).
[20] Dies wohl auch als Reaktion auf erhebliche praktische Koordinierungsprobleme vor allem bei Auslieferungsverfahren zwischen Deutschland und Frankreich, vgl. *Hertweck* Kriminalistik 1995, 721; *Caesar* in Hailbronner, Zusammenarbeit der Polizei- und Justizverwaltungen in Europa, 1996, 63 ff.; zur Ernennung und Rechtsstellung der unterstützenden Personen in Deutschland s. § 2 EJG.
[21] Zur genauen internen Arbeitsweise von Eurojust vgl. *Esser* GA 2004, 711 (716 mwN).
[22] IE Art. 12 EurojustB; §§ 7, 12 EJG, vgl. *Esser/Herbold* NJW 2004, 2421 (2422 f. mwN).

Die Mitgliedstaaten stellen sicher, dass ihre Behörden auf solche von Eurojust getragenen 23
Ersuchen ohne Verzögerung reagieren (Art. 6 Abs. 2 EurojustB). Entscheiden die zuständigen Behörden der betroffenen Mitgliedstaaten, einem Ersuchen nicht stattzugeben, so haben sie Eurojust ohne unnötige Verzögerung von ihrer Entscheidung mit hinreichender Begründung in Kenntnis zu setzen. Wenn wesentliche nationale Sicherheitsinteressen oder die Sicherheit von Personen gefährdet würden, darf sich die Begründung allerdings auf allgemeine operative Gründe beschränken (Art. 8 EurojustB, § 5 EJG).

b) Die Mitgliedstaaten tragen Sorge, dass ihr jeweiliges nationales Eurojust-Mitglied 24
unterrichtet wird über die aufgezählten, wichtigen grenzüberschreitenden Ermittlungsvorgänge.[23] Die Unterrichtung erfolgt in strukturierter Weise gem. Art. 13 Abs. 10, 11 EurojustB iVm Anhang EurojustB und nur dann nicht, wenn wesentliche nationale Sicherheitsinteressen beeinträchtigt oder die Sicherheit von Personen gefährdet würde und Bedingungen von Drittstaaten entgegenstehen (Art. 13 Abs. 8, 9 EurojustB). Zu den genannten Ermittlungsvorgängen, über zB die deutschen Ermittlungsorgane das deutsche Eurojust-Mitglied zu informieren haben, gehören insbesondere:
- die Einsetzung und Arbeitsergebnisse gemeinsamer **Ermittlungsgruppen** nach Art. 13 RHÜ 2000 oder dem RB 2002/465/JI;[24]
- **kontrollierte Lieferungen,** die mindestens drei Staaten, von denen mindestens zwei Mitgliedstaaten sind, betreffen;
- bestimmte Fälle der schweren grenzüberschreitenden oder organisierten Kriminalität, wenn die Betroffenheit anderer EU-Staaten aus den näher aufgeführten Aspekten nahe liegt;[25]
- Kompetenzkonflikte, die zwischen den beteiligten Stellen der Mitgliedstaaten aufgetreten sind oder wahrscheinlich auftreten werden;
- sowie wiederholt auftretende Schwierigkeiten oder Weigerungen bezüglich der Erledigung von Ersuchen und Entscheidungen betreffend die justizielle Zusammenarbeit.

In Deutschland hat dies regelmäßig durch den sachleitenden Staatsanwalt zu erfolgen, 25
wobei die Einschaltung zentraler deutscher Stellen zu beachten ist.

c) Die nationalen Mitglieder erhalten gem. Art. 9 Abs. 3 EurojustB, § 4 Abs. 4 EJG von 26
ihren Mitgliedstaaten unmittelbaren **Zugriff** wie ein normales nationales Ermittlungsorgan auf alle Straf-, Ermittlungs- und DNA-**Register,** sowie Verzeichnisse festgenommener Personen und alle anderen Register, deren Informationen sie jeweils für die Erfüllung ihrer Aufgaben für erforderlich halten.

d) Das nationale Mitglied kann sich als zuständige nationale Behörde nach Maßgabe des 27
nationalen Rechts in konkrete Rechtshilfeverfahren einschalten und dort Befugnisse wahrnehmen, die sein Entsendestaat ausdrücklich ihm übertragen hat, darunter mindestens die folgenden Befugnisse, soweit sie ihm als Richter, Staatsanwalt oder Polizeibeamter auf nationaler Ebene zur Verfügung stünden und keine verfassungsrechtlichen Bestimmungen oder grundlegenden Aspekte der Strafrechtsordnung, namentlich die Kompetenz- und funktionale Aufgabenverteilung der Ermittlungsorgane sowie die föderale Struktur – entgegenstehen.[26] Ist nach diesen innerstaatlichen Grundsätzen eine Übertragung allerdings nicht möglich, stellen gem. Art. 9e Abs. 2 EurojustB, Art. 9c Abs. 2 EurojustB die Mitgliedstaaten sicher, dass das Ersuchen des nationalen Mitglieds von der zuständigen nationalen Behörde ohne unnötige Verzögerung bearbeitet bzw. die Maßnahme angeordnet wird.

aa) Dessen ungeachtet muss das Mitglied als nationale Behörde aber befugt sein, **Er-** 28
suchen und Entscheidungen betreffend die justizielle Zusammenarbeit für seinen Mit-

---

[23] Zum ganzen Absatz Art. 13 Abs. 7 EurojustB; § 6 EJG; vgl. *Esser/Herbold* NJW 2004, 2421 (2422 f.).
[24] Art. 13 Abs. 5 EurojustB sowie der Rahmenbeschluss des Rates über gemeinsame Ermittlungsgruppen v. 13.6.2002, ABl. 2002 L 162, 1.
[25] Vgl. iE im Katalog von § 6 Abs. 1 EJG die Nr. 2 und 3.
[26] IE Art. 9a, 9e Abs. 1 EurojustB; eine solche Übertragung ist in Deutschland nach §§ 3, 7 EJG allerdings nicht erfolgt, *Esser/Herbold* NJW 2004, 2421 (2422 f. mwN).

gliedstaat empfangen, übermitteln, erleichtern, überwachen sowie zusätzliche Informationen zu diesen Ersuchen und Entscheidungen zu erteilen. Es hat darüber allerdings die zuständige eigene nationale Behörde unverzüglich zu unterrichten (Art. 9b Abs. 1 EurojustB, § 3 Abs. 1 EJG).

29   bb) Weiterhin kann es im Fall einer teilweisen oder unsachgerechten Erledigung eines Ersuchens gem. Art. 9b Abs. 2 EurojustB seine zuständige nationale Behörde um vollständige Erledigung und zusätzliche Maßnahmen bitten.

30   cc) Im Einvernehmen mit der zuständigen Heimatbehörde kann das Eurojust-Mitglied die Befugnis haben, Ersuchen und Entscheidungen selbst auszustellen, zu ergänzen und zu erledigen sowie Ermittlungsmaßnahmen, die in einer von Eurojust unter Einladung der zuständigen nationalen Behörde einberufenen Koordinierungssitzung für erforderlich befunden wurden, in ihrem Mitgliedstaat anordnen, sowie kontrollierte Lieferungen in ihrem Mitgliedstaat genehmigen und koordinieren (Art. 9c Abs. 1 EurojustB).[27]

31   dd) Dem Eurojust-Mitglied soll auch die Befugnis übertragen werden in **dringenden Fällen** gem. Art. 9d EurojustB, sofern die zuständige Heimatbehörde nicht rechtzeitig zu ermitteln oder zu kontaktieren ist, Ersuchen ohne Einvernehmen zu erledigen oder kontrollierte Lieferungen zu genehmigen oder zu koordinieren und hiervon die zuständige nationale Behörde unverzüglich zu unterrichten.

32   ee) Das nationale Mitglied hat in diesem Rahmen nach Art. 9a Abs. 4 EurojustB auch das Recht, in den Beziehungen zu **Justizbehörden von Drittstaaten** im Einklang mit den von dem Mitgliedstaat eingegangenen internationalen Verpflichtungen tätig zu werden. Dabei fungieren die entsprechenden nationalen Mitglieder faktisch oft als sehr hilfreiche aber eher informelle Brücke auf europäischer Seite zwischen anderen EU-Mitgliedstaaten und den früheren Kolonialgebieten ihres jeweiligen Herkunftsstaates, wie insbesondere die Mitglieder von Spanien und Portugal zu den lateinamerikanischen Staaten, das englische Mitglied zu den Commonwealth-Staaten etc.[28] Dagegen haben nach den Terroranschlägen 2001 vor allem die USA, Kanada und nicht unmittelbar an Eurojust beteiligte Nachbarstaaten über eigens benannte bzw. eingerichtete Kontakt- oder Verbindungsstellen zu allen nationalen Mitgliedern enge Kooperationsmöglichkeiten aufgebaut, die helfen können Hindernisse im Rechtshilfeverkehr auszuräumen.[29]

33   e) Die Mitglieder von Eurojust werden zu allen **gemeinsamen Ermittlungsgruppen,** die ihren Mitgliedstaat betreffen und die eine Gemeinschaftsfinanzierung im Rahmen der anwendbaren Finanzinstrumente erhalten, eingeladen (Art. 9f S. 3 EurojustB). Sie sind berechtigt, an gemeinsamen Ermittlungsgruppen, einschließlich ihrer Einsetzung, gem. Art. 13 RHÜ 2000 oder dem RB 2002/465/JI hinsichtlich ihres eigenen Mitgliedstaats teilzunehmen, wobei die Mitgliedstaaten die Teilnahme von der Zustimmung der zuständigen nationalen Behörde abhängig machen und festlegen können, ob das Mitglied als zuständige nationale Behörde oder im Namen von Eurojust an der gemeinsamen Ermittlungsgruppe teilnimmt (Art. 9f S. 1, 2, 4 EurojustB).

34   f) Wenn sich mehrere nationale Mitglieder nicht über die Lösung von **Zuständigkeitskonflikten** einig werden oder wenn ihr **wiederkehrende Weigerungen oder Schwierigkeiten** bei der Erledigung von Ersuchen und Entscheidungen in der justiziellen Zusammenarbeit gemeldet werden, kann das Kollegium eine **schriftliche Stellungnahme** abgeben, die jeweils umgehend an die betroffenen Mitgliedstaaten geleitet wird (Art. 7 Abs. 2, 3 EurojustB).[30] Auch hier müssen die Mitgliedstaaten gem. Art. 8 EurojustB unverzüglich eine Nichtbefolgung, grundsätzlich mit Gründen (→ Rn. 27), Eurojust mitteilen.

---

[27] Auch dies ist für Deutschland derzeit nicht vorgesehen, → Rn. 27.
[28] Vgl. hierzu und zum Folgenden *v. Langsdorff* StV 2003, 472 (475).
[29] Vgl. HdB-EuStrafR/*Stiegel* § 46 Rn. 8
[30] Vgl. auch die offiziell veröffentlichten *Guidelines for deciding „which jurisdiction should prosecute?"*, Ratsdok. 9628/18, EUROJUST 60.

4. Jede **Kommunikation** zwischen einem Mitgliedstaat und Eurojust erfolgt über das   **35**
von diesem Mitgliedstaat entsandte nationale Mitglied (Art. 9 Abs. 2 EurojustB).[31] Dort
findet auch die Übersetzung in die englische Arbeitssprache von Eurojust statt, wenn diese
nicht bereits zuvor erfolgt ist.[32] Die zuständigen Behörden der Mitgliedstaaten tauschen mit
Eurojust gem. Art. 13 Abs. 1 S. 1 EurojustB alle Informationen aus, die zur Wahrnehmung
seiner Aufgaben erforderlich sind. Das nationale Mitglied kann zu den zuständigen Behörden seines Landes direkt Kontakt aufnehmen.[33] Die Übermittlung von Informationen an
Eurojust gilt nur dann als Ersuchen um Hilfe von Eurojust im betreffenden Fall, wenn dies
von einer zuständigen Behörde ausdrücklich angegeben wird.[34] Die nationalen Mitglieder
von Eurojust sind berechtigt, untereinander oder mit den zuständigen Behörden ihres
Landes ohne vorherige Zustimmung alle Informationen auszutauschen, die zur Wahrnehmung der Aufgaben von Eurojust erforderlich sind (Art. 13 Abs. 3 S. 1 EurojustB). Insbesondere werden nach Art. 13 Abs. 3 S. 2 EurojustB die nationalen Mitglieder unverzüglich über einen sie betreffenden Fall unterrichtet. Eurojust übermittelt den zuständigen
nationalen Behörden gem. Art. 13a EurojustB Informationen und Rückmeldungen über
die Ergebnisse der Auswertung der Informationen, einschließlich über das Vorliegen von
Verbindungen zu bereits im Fallbearbeitungssystem gespeicherten Fällen innerhalb etwaiger
erbetener Fristen.

Eurojust unterhält **Kooperationsbeziehungen** mit anderen Organen, Einrichtungen   **36**
und Agenturen der EU, darunter zählen zumindest Europol, OLAF, Frontex und der Rat,
insbesondere mit dessen gemeinsamem Lagezentrum; es kann mit diesen Abkommen und
Arbeitsvereinbarungen schließen (Art. 26 Abs. 1, 2 EurojustB).[35] Ohne solche Vereinbarungen kann Eurojust Informationen einschließlich personenbezogener Daten von diesen
Einrichtungen direkt entgegennehmen und nutzen, soweit dies für die rechtmäßige Erfüllung seiner Aufgaben erforderlich ist, und ihnen Informationen einschließlich personenbezogener Daten direkt übermitteln, soweit dies für ihre rechtmäßige Aufgabenerfüllung
erforderlich ist und mit den Datenschutzbestimmungen von Eurojust im Einklang steht
(Art. 26 Abs. 3 EurojustB). Namentlich OLAF kann Eurojust bei der Koordinierung der
Ermittlungen und der Strafverfolgungsmaßnahmen in Zusammenhang mit dem Schutz der
finanziellen Interessen der Europäischen Gemeinschaften unterstützen, sei es auf Initiative
von Eurojust oder auf dessen eigenen Wunsch, sofern die betroffenen nationalen Behörden
eine solche Beteiligung nicht ablehnen; Eurojust wird daher auch als zuständige Behörde
im Sinn der OLAF-VO angesehen.[36]

Mit **Drittstaaten** und dritten Organisationen kann Eurojust ebenfalls Abkommen, al-   **37**
lerdings mit Zustimmung des Rates, schließen und erforderliche Daten empfangen und
übermitteln, soweit die Zustimmung des Herkunftsstaates, in Deutschland des BMJ oder
einer von ihm bezeichneten Bundesbehörde im Einvernehmen mit dem BMI, vorliegt und
die weiteren Datenschutzbestimmungen eingehalten werden.[37]

---

[31] Zu den Anforderungen an die Übersendung vgl. § 4 EJG, danach muss die Übermittlung von Informationen vor allem zur Wahrnehmung einer Aufgabe von Eurojust erforderlich sein und darf keine bundes- oder landesgesetzliche Verwendungsregelung entgegenstehen. Weiterhin trifft wohl das nationale Mitglied die Pflicht, den Empfänger auf die Zweckbindung gem. § 4 Abs. 5 EJG hinzuweisen.
[32] *Esser/Herbold* NJW 2004, 2421 (2422).
[33] Art. 9 Abs. 4 EurojustB, § 3 Abs. 4 EJG: Regelmäßig für laufende Ermittlungen nur mit der führenden Staatsanwaltschaft, unmittelbar der Polizei nur ausnahmsweise und unter deren Unterrichtung.
[34] Art. 13 Abs. 2 EurojustB; § 6 Abs. 1 S. 2 EJG, zur Form und Reichweite der Übermittlungen an Eurojust s. insges. § 4 EJG.
[35] Vgl. zu bestehenden Vereinbarungen *v. Langsdorff* StV 2003, 472 (474 f.).
[36] Art. 26 Abs. 4, 5 EurojustB, § 11 EJG; → § 17 Rn. 257 zu OLAF.
[37] Art. 26a, 27 EurojustB; die Übermittlung von Daten deutscher Stellen ist dabei regelmäßig an die Zustimmung des BMJ gebunden, § 4 Abs. 6 EJG; zum Problem des Verhältnisses zwischen Eurojust und den weiteren Europaratsmitgliedern vgl. *Schomburg* NJW 2001, 801 (803); zu dem Kooperationsabkommen vor allem mit den USA, Norwegen, Island, der Schweiz und Liechtenstein s. HdB-EuStrafR/ *Schröder/Stiegel* § 35 Rn. 57 f. mwN.

38 5. Zur Erfüllung seiner Aufgaben verarbeitet Eurojust personenbezogene Daten in automatisierter Form oder in strukturierten manuell geführten Dateien und gewährleistet dabei einen **Datenschutz** zumindest entsprechend dem Übereinkommen zum Schutz des Menschen bei der automatischen Verarbeitung personenbezogener Daten (Art. 14 Abs. 1, 2 EurojustB) (→ § 19 Rn. 1 ff.).[38] Anwendbar sind gem. Art. 14 Abs. 3 EurojustB, § 12 EJG stets die Grundsätze der Verarbeitung nach Erforderlichkeit, Aktualität und Treu und Glauben. Die Verarbeitung der Daten von Verdächtigten und Verurteilten einerseits sowie Zeugen und Opfern andererseits ist insbesondere detailliert nach erlaubten Kategorien weiter geregelt (Art. 15 Abs. 1 bzw. Abs. 2 EurojustB). Ebenso vorgesehen sind nach Art. 15 Abs. 3, 4 EurojustB erweiterte Erhebungen für Tatumstände und Sonderregeln für besonders geschützte personenbezogene Daten.

39 Für die Bearbeitung personenbezogener Daten dürften von Eurojust nur ein allgemeines **Fallbearbeitungssystem,** sowie durch die nationalen Mitglieder **befristete Arbeitsdateien** für konkrete Fälle und ein allgemeiner **Index** auf diese geführt werden (Art. 16 ff., Art. 16 Abs. 6 EurojustB). Dabei entscheidet das nationale Mitglied, das eine befristet geführte Arbeitsdatei angelegt hat, welche Informationen zu dieser in den Index aufgenommen werden und ob anderen nationalen Mitgliedern der Zugriff darauf erlaubt wird (Art. 16a Abs. 2 EurojustB, hierzu §§ 4a, b EJG). Seinen **nationalen Eurojust-Anlaufstellen** kann ein Mitgliedstaat nach Anhörung seines Mitglieds Zugriff auf diese Eurojust Dateisysteme einräumen.[39] Sie haben dann Zugriff auf Arbeitsdateien „ihres" Mitglieds sowie, soweit ihnen nicht das eingebende Mitglied eines anderen Staates den Zugriff verweigert hat, auf den Index und die Arbeitsdateien, auf denen ihrem Mitglied Zugriff eingeräumt wurde (Art. 16b Abs. 1 EurojustB).

40 Aus der Übermittlung von Daten an anerkannte Partner zur Erfüllung von deren Aufgaben, die nicht notwendigerweise im repressiven Bereich liegen müssen, wird gefolgert, dass erst recht Europol auch bei ihm vorhandene Daten und insbesondere zur Terrorismusverhinderung **präventiv** wichtige Zufallsfunde an die zuständigen Stellen der Mitgliedstaaten übermitteln darf, wenn dringende Maßnahmen zur Abwendung einer unmittelbar drohenden ernsten Gefahr für eine Person oder die öffentliche Sicherheit ergriffen werden müssen (vgl. Art. 26a Abs. 3, 9 EurojustB).[40]

41 Allgemein unterliegen die bei oder für Eurojust Tätigen gem. Art. 25 EurojustB auch nach Beendigung dieses Verhältnisses der Geheimhaltung. Daneben gilt der EU-Verschlusssachen-Beschluss 2001/264/EG (Art. 39a EurojustB) und eine Regelung des Kollegiums für den öffentlichen Zugang zu Dokumenten (Art. 39 EurojustB).

III. Weitere Strafverfolgungs-Netzwerke

42 Ähnlich wie das EJN haben sich weitere **besondere Netzwerke** herausgebildet.

43 1. Dazu gehört vor allem das Camdener zwischenstaatliche **Netz der Vermögensabschöpfungsstellen (CARIN).** Dieses globale Netz von Angehörigen der Strafverfolgungsbehörden und Experten soll zur Verbesserung der gegenseitigen Kenntnis der Methoden und Techniken bei der grenzüberschreitenden Ermittlung, Einfrierung, Beschlagnahme und Einziehung von unrechtmäßig erzielten Erträgen beitragen.[41] Seine rechtliche Grundlage findet es in der Ratsentscheidung 2007/845/JI v. 6.12.2007.[42] Der Kreis der Teilnehmer geht mittlerweile deutlich über die EU hinaus und umfasst unter anderem als Vollmitglieder die USA und die meisten weiteren Mitglieder des Europarats zumindest als Beobachter, assoziiert die Institutionen der Weltbankgruppe, sowie als weitere Beobachter zB OLAF, den IStGH und zahlreiche zusätzliche Staaten wie Australien, Kanada oder

---

[38] Vgl. hierzu und zum Folgenden HdB-EuStrafR/*Eisele* § 49 Rn. 20.
[39] Art. 16b Abs. 3 EurojustB, § 4b EJG mit Verordnungsermächtigung des BMJ zum Erlass der EJTAnV, vgl. *Esser* GA 2004, 711 (718).
[40] *Esser* GA 2004, 711 (714 ff. mwN).
[41] Vgl. zum Sachstand KOM(2011) 176; sowie Internet-Auftritt www.carin-network.org.
[42] ABl. 2007 L 332, 103.

Russland. Für Deutschland fungieren das Bundesamt für Justiz (und das Referat SO 35 „Vermögensabschöpfung" des BKA) als zentrale Koordinierungsstelle (§ 3 Nr. 1c EJKoV).

2. Ähnlich besteht das Netz der zentralen Meldestellen für **Geldwäsche-Verdachts-** 44 **anzeigen** (FIU.NET).[43]

3. Ähnlich besteht ein besonderes Europäisches Netz von Anlaufstellen zur Verfolgung 45 von Personen, die für **Völkermord, Verbrechen gegen die Menschlichkeit und Kriegsverbrechen** verantwortlich sind.[44] Die Aufgabe jeder Anlaufstelle besteht darin, im Einklang mit den einschlägigen Vereinbarungen zwischen den Mitgliedstaaten und dem geltenden innerstaatlichen Recht auf Ersuchen alle verfügbaren Informationen, die für die genannten Ermittlungen zu Völkermord, Verbrechen gegen die Menschlichkeit und Kriegsverbrechen von Belang sein können, zu erteilen bzw. die Zusammenarbeit mit den zuständigen einzelstaatlichen Behörden zu erleichtern. In den Grenzen des geltenden innerstaatlichen Rechts können die Anlaufstellen sachdienliche Informationen ohne ein diesbezügliches Ersuchen untereinander austauschen. Die Vertreter des Netzes werden zwei Mal im Jahr zu gemeinsamen Sitzungen durch den Rat der EU einberufen. Auch die Aufgaben im Rahmen dieses Netzes werden für Deutschland durch das Bundesamt für Justiz wahrgenommen (§ 3 Nr. 1b EJKoV).

4. Im Juni 2016 wurde durch den Rat der EU das neue **justizielle Cybercrime Netz-** 46 **werk** aus der Taufe gehoben, dessen Einrichtung voranschreitet.[45]

5. Ebenso besteht ein europäisches Netzwerk der **Kontaktstellen zur Korruptions-** 47 **bekämpfung**.[46]

6. Schließlich gibt es im Rahmen der EU ein besonderes gemeinsames Netzwerk 48 nationaler Experten für den Erfahrungsaustausch und die Förderung des Einsatzes von **gemeinsamen Ermittlungsgruppen**.[47]

B. Europol

Die 1992 teilweise außerhalb der EU gegründeten „Europäischen Polizeibehörde" wird 49 nunmehr auch offiziell als Europol bezeichnet. Europol als eine volle rechts- und geschäftsfähige und **vollständig in die EU integrierte Agentur** mit Sitz in Den Haag (Art. 62 Europol-VO) und Rechtsnachfolger des durch das EuropolÜ errichteten Europäischen Polizeiamts. Mittlerweile wurde Europol durch die Europol-VO v. 11.5.2016[48] erneut begründet, nachdem dies bereits zuvor 2009 aufgrund des Beschlusses des Rates 2009/371/

---

[43] Vgl. als Grundlagen Beschluss des Rates über Vereinbarungen für eine Zusammenarbeit zwischen den zentralen Meldestellen der Mitgliedstaaten beim Austausch von Informationen (B 2000/642/JI) v. 17.10.2000, ABl. 2000 L 271, 4 und RL (EU) 2015/849 des Europäischen Parlaments und des Rates zur Verhinderung der Nutzung des Finanzsystems zum Zwecke der Geldwäsche und der Terrorismusfinanzierung, zur Änderung der Verordnung (EU) Nr. 648/2012 des Europäischen Parlaments und des Rates und zur Aufhebung der Richtlinie 2005/60/EG des Europäischen Parlaments und des Rates und der Richtlinie 2006/70/EG der Kommission v. 20.5.2015, ABl. 2015 L 141, 73; vgl. näher Ratsdok. 6261/17, 49 f.
[44] Beschluss des Rates zur Einrichtung eines Europäischen Netzes von Anlaufstellen betreffend Personen, die für Völkermord, Verbrechen gegen die Menschlichkeit und Kriegsverbrechen verantwortlich sind (B 2002/494/JI) v. 13.6.2002, ABl. 2002 L 167, 1; vgl. dazu Beschluss 2003/335/JI des Rates betreffend die Ermittlung und Strafverfolgung von Völkermord, Verbrechen gegen die Menschlichkeit und Kriegsverbrechen v. 8.5.2003, ABl. 2003 L 118, 12.
[45] Schlussfolgerungen des Rates der Europäischen Union zum Europäischen Justiziellen Netz für Cyberkriminalität v. 9.6.2016, Ratsdok. 10025/16; vgl. zum Kick-off-Meeting am 24.11.2016 Ratsdok. 8482/17; sowie zur 5. Vollversammlung am 8./9.11.2018 http://www.eurojust.europa.eu/press/News/News/Pages/2018/2018-11-13_EJCN-5th-plenary-meeting.aspx
[46] Im Sinne des Beschlusses 2008/852/JI des Rates über ein Kontaktstellennetz zur Korruptionsbekämpfung v. 24.10.2008, ABl. 2008 L 301, 38; vgl. § 3 Nr. 2 EJKoV.
[47] Auch hier erfolgt die Wahrnehmung durch das Bundesamt für Justiz, vgl. § 3 Nr. 1a EJKoV.
[48] VO (EU) 2016/794 des Europäischen Parlaments und des Rates über die Agentur der Europäischen Union für die Zusammenarbeit auf dem Gebiet der Strafverfolgung (Europol) und zur Ersetzung und Aufhebung der Beschlüsse 2009/371/JI, 2009/934/JI, 2009/935/JI, 2009/936/JI und 2009/968/JI des Rates v. 11.5.2016, ABl. 2016 L 135, 53.

3. Kapitel 3. Kapitel. Informationserhebung unter Einschaltung ausländischer Stellen

JI (Europol-Beschluss) v. 6.4.2009 der Fall war.[49] Demgemäß gilt dieses „neue" Europol als Rechtsnachfolger des zuvor bestehenden und gelten entsprechende Nachfolge- und Übergangsregelungen (vgl. Art. 70 ff. Europol-VO).

50   Europol ist bereits seit 2009 Einrichtung der EU, dies zeigt sich etwa auch an den Sprachregelungen.[50] Durch die **Neubegründung 2016**, erstmalig im Rahmen des ordentlichen Gesetzgebungsverfahrens der Union, sind einerseits zahlreiche weitere Sonderregelungen entfallen, etwa hinsichtlich der Verschwiegenheit und des Status der Bediensteten. Als wesentliche Errungenschaft gegenüber dem Stand vor der letzten Novellierung ist anzusehen, dass die Datenschutzkontrolle nunmehr dem Europäischen Datenschutzbeauftragten übertragen und die Rechte Betroffener weitgehend dem allgemeinen Unionsrecht angeglichen wurde, sodass insbesondere der Rechtsweg zum EuGH offen steht (→ § 25 Rn. 6; § 27 Rn. 26). Damit sind die besondere „Gemeinsame Kontrollinstanz" und zahlreiche schwer praktikable Sonderregelungen entfallen. Eine Angleichung mit der Datenschutz-RL[51] steht allerdings explizit noch aus (vgl. Art. 2 Abs. 3 VO (EU) 2018, 1725).

51   Andererseits schreitet die kaum mehr überseh- und vor allem klar bestimmbare **Kompetenzausdehnung** von Europol weiter fort. Die Europol-VO durchzieht die Ausdehnung nicht nur auf einen immer weiteren Bereich allgemeiner Straftaten, deren Deklaration als „schwer" zwar mit anderen Normierungen einhergeht, jedoch vom Alltagsverständnis deutlich divergiert. Umso mehr führt die Fokussierung der Begründung auf die Terrorbekämpfung in die Irre.[52] Allerdings durchzieht die Neufassung die Erweiterung der Aufgaben auf den Bereich präventiver Kriminalitätsbekämpfung, wenn nicht im Grenzbereich zur allgemeinen Gefahrenabwehr und – unter dem Verweis auf mutmaßliche „Effizienzsteigerungen"[53] angesichts externen ökonomischen Rationalisierungsdrucks – das **„predictive policing"**, dessen Kategorisierung von Menschen als gefährlich und weitere „Bearbeitung", gerade bei einer europäischen Institution fern der bürgerschaftlichen und medienöffentlichen Kontrolle, erhebliche Bedenken wecken kann und wohl muss. **In all dem und zahlreichen, auf die prozedurale Ebene und Kontrolle verschobenen, Rechtsfragen hinsichtlich in erheblichem Maß unbestimmter Regelungen und Begrifflichkeiten wird vor allem die Rechtsprechung zur Sicherung des stets deklarierten demokratisch-rechtsstaatlichen Rahmens des so verfassten Europol gefragt sein.** Zudem sollten die nationalen Beschränkungen der jeweiligen Strafverfolgungsorgane nicht über den „europäischen Umweg" unterlaufen werden oder die nationalen Rechtsanwender in Unklarheit setzen.

52   Zumindest bleibt auch nach der letzten Neukonstituierung Europol weiterhin jede unmittelbare **klassische Ermittlungsbefugnis versagt** (Art. 4 Abs. 5 Europol-VO, Art. 27 Abs. 4 Europol-VO), auch wenn seine Aufgabenbeschreibungen und folgenden testweisen Befugniserweiterungen sich in Komplexen, wie der Cyberkriminalität oder Terrorismusbekämpfung, bereits seit 2009 immer stärker den klassischen Polizeibehörden annähern.[54]

---

[49] ABl. 2009 L 121, 37; vgl. zur Geschichte *Milke* Europol 23 ff. mwN; *Schelter* in Hailbronner, Zusammenarbeit der Polizei- und Justizverwaltungen in Europa, 1996, 1 ff.; *Storbeck* in Hailbronner, Zusammenarbeit der Polizei- und Justizverwaltungen in Europa, 1996, 81 ff.; *Ratzel* Kriminalistik 2007, 284 ff.; vgl. zur Genese des neuen Europol-Beschlusses *Niemeier/Walter* Kriminalistik 2010, 17 ff.; allg. zu Europol und den Rechtsgrundlagen im Überblick *Ambos* IntStrafR § 13 Rn. 4 ff. mwN; HdB-EuStrafR/*Neumann* § 44.

[50] Vgl. Art. 64 Europol-VO; bereits Art. 47 Europol-Beschluss verwies hinsichtlich der Amtssprachen auf die EU und hinsichtlich der internen Arbeitssprachen auf interne Festlegungen.

[51] VO (EU) 2018/1725 des Europäischen Parlaments und des Rates zum Schutz natürlicher Personen bei der Verarbeitung personenbezogener Daten durch die Organe, Einrichtungen und sonstigen Stellen der Union, zum freien Datenverkehr und zur Aufhebung der Verordnung (EG) Nr. 45/2001 und des Beschlusses Nr. 1247/2002/EG v. 23.10.2018, ABl. 2018 L 295, 39.

[52] Etwa in Erwägungsgrund 6, 38 Europol-VO.

[53] Vgl. etwa Erwägungsgrund 17, 22 ff. Europol-VO.

[54] Vgl. Art. 26 Abs. 3 Europol-VO; zuvor bspw. KOM(2010) 673 endgültig, 10 f.; Pressemitteilung der Europäischen Kommission v. 9.1.2013, IP 13–13.

Daher steht gem. Art. 17 ff. Europol-VO neben den zunehmenden, im Einzelnen 53 unklaren, Aufgaben als Analyseeinrichtung ihre bereits seit 1992 bestehenden Funktion als Instrument des Datenaustausches vor allem über das gemeinsame Informationssystem (→ § 16 Rn. 53 ff.) und andere Wege weiterhin in ihrem Zentrum.[55] In Deutschland wurde der Europol-Beschluss durch das EuropolG in nationales Recht umgesetzt, das grundlegend abgeändert weiterhin Bestand hat.[56]

I. Struktur

Europol wird geleitet von einem Verwaltungsrat, der aus je einem Mitglied jedes Mitglied- 54 staates und der Kommission besteht und dem – nach neuer Rechtsgrundlage vom Rat der EU nach Vorschlag des Verwaltungsrats auf vier Jahre ernannten – Exekutivdirektor, der selbst dem Verwaltungsrat nur beratend angehört.[57] Ansonsten können nur noch weitere beratende Gremien vom Verwaltungsrat eingesetzt werden (Art. 9 lit. c Europol-VO, Art. 11 I Europol-VO).

Mit der Einordnung in die allgemeine Datenschutzkontrolle ist die besondere unabhän- 55 gige gemeinsame Kontrollinstanz, gebildet aus Vertretern der nationalen Kontrollinstanzen zur Überprüfung der Rechtmäßigkeit bei der Datenverarbeitung und Wahrung der Rechte Einzelner, entfallen.[58] Allerdings besteht gem. Art. 45 Europol-VO jetzt ein Beirat für die Zusammenarbeit der europäischen und nationalen Datenschutzbeauftragten im Rahmen von Europol. Für die parlamentarische Kontrolle von Europol wurde ferner durch Art. 51 Europol-VO ein gemeinsamer Kontrollausschuss des Europaparlaments und der nationalen Parlamente geschaffen.

Das eigene **Personal von Europol** besteht gem. Art. 53 Europol-VO aus Bediens- 56 teten auf Zeit und Vertragsbediensteten nunmehr nach Statut bzw. Beschäftigungsbedingungen der Agenturen der EU.[59] Ergänzend dazu können die Mitgliedstaaten nationale Sachverständige nach der Geschäftsordnung des Verwaltungsrats als Begleitung des nationalen Mitglieds entsenden (Art. 14 Abs. 5 Europol-VO), oder Europol kann selbst auf abgeordnete nationale Sachverständige zurückgreifen (Art. 56 Europol-VO).

Zentrale Bedeutung haben allerdings weiterhin die **nationalen Verbindungsbeamten** 57 **nach Art. 8 Europol-VO,** die jede nationale Stelle zu Europol entsendet, auch wenn sie durch dieses eigene Personal und die eingerichteten nationalen Stellen mittlerweile etwas in ihrer Stellung relativiert worden sind. Sie sind von ihrer nationalen Stelle jeweils beauftragt, deren Interessen innerhalb von Europol im Einklang mit den für den Betrieb von Europol geltenden Bestimmungen zu vertreten. Ihre Rechtsstellung unterliegt – vorbehaltlich dem Europol-Beschluss und Bestimmungen des Verwaltungsrates – jeweils dem Recht des Entsendestaates.[60] Die nationalen Verbindungsbeamten können als Zwischenglied bei Informationsübermittlungen zwischen Europol und den Mitgliedstaaten dienen und ansonsten das Europol-Personal durch Übermittlung von Informationen und durch Beratung unterstützen; sie können aber auch mit den Verbindungsbeamten anderer Mitgliedstaaten unter eigener Verantwortung nach Maßgabe des innerstaatlichen Rechts bilaterale Informa-

---

[55] Vgl. dazu *Storbeck* in Hailbronner, Zusammenarbeit der Polizei- und Justizverwaltungen in Europa, 1996, 81 (90 f.); *Ratzel* Kriminalistik 2007, 284 ff.
[56] Europol-Gesetz v. 16.12.1997 (BGBl. 1997 II 2150).
[57] Vgl. Art. 15 Abs. 3, 54 Europol-VO; für die Bestimmung des deutschen Vertreters im Verwaltungsrat und eines Sachverständigen als seinen Begleiter durch die Länder s. § 6 EuropolG; zur Organisation vgl. insbes. *Milke* Europol 45 ff., 62 ff. mwN.
[58] Vgl. noch Art. 34 Europol-Beschluss, § 6 Abs. 2–4 EuropolG aF.
[59] Zu den Vorrechten s. Art. 63 Europol-VO; Art. 72 Europol-VO und Art. 57 Europol-Beschluss enthalten notwendige Übergangsregelungen; zur genauen inneren Struktur von Europol vgl. *Ratzel* Kriminalistik 2007, 284 (287 ff.); zur früheren Immunität vgl. *Böse* NJW 1999, 2416.
[60] Art. 8 Abs. 1, 5, 7 Europol-VO mit Immunitäten wie dem Personal und Recht auf Arbeitsplatz bei Europol.

tionen auch in Bezug auf Straftaten außerhalb des Zuständigkeitsbereichs von Europol austauschen, soweit dies nach innerstaatlichem Recht zulässig ist (Art. 8 Abs. 4 Europol-VO). Europol gewährleistet gem. Art. 8 Abs. 6 Europol-VO, dass die Verbindungsbeamten, soweit es ihre Position erlaubt, umfassend informiert und in die Arbeit von Europol einbezogen werden.

58 Als jeweils zentrale Kontaktstelle für Europol in jedem Mitgliedstaat fungieren eine **nationale Stelle** und deren Leiter, die jeweils notifiziert werden (Art. 7 Abs. 2 Europol-VO). Diese Stelle ist für Deutschland gem. § 1 Nr. 1 EuropolG das BKA.

59 In diesem organisatorischen Rahmen wurden insbesondere das Europäische Cybercrime Centre (EC3)[61] und zuletzt im Januar 2016, unter dem Eindruck der Anschläge von Paris, das Europäische Zentrum zur Terrorbekämpfung (ECTC) eingerichtet; bei letzterem sind auch eine Erweiterung der Rechtsgrundlagen für den Informationsaustausch und analytische Bündelung in der Diskussion.[62]

II. Zuständigkeiten

60 **Ursprünglich** klar begrenzt, war Europol für organisierte Kriminalität, Terrorismus und andere Formen schwerer Kriminalität **zuständig,** wenn **zwei oder mehr Mitgliedstaaten in einer Weise betroffen** sind, die aufgrund des Umfangs, der Bedeutung und der Folgen der Straftaten ein **gemeinsames Vorgehen der Mitgliedstaaten erfordert**.[63] Davon ausgehend ist die Kompetenzerweiterung von Europol an den Grenzen der Anwendbarkeitsrechtfertigung des Unionsrechts allerorts zu beobachten:

61 Zuerst bedarf es des binnengrenzüberschreitenden Bezugs jedenfalls nach ausdrücklichem Wortlaut nicht mehr. Europol hat nunmehr gem. Art. 1 Abs. 1 Europol-VO die Aufgabe, die Zusammenarbeit zwischen den Strafverfolgungsbehörden in der EU zu unterstützen, ohne dass diese sich in verschiedenen Mitgliedstaaten befinden müssten.

62 Bemerkenswert ist daran zunächst die immer stärkere Ausrichtung von Europol auch auf die **„vorbeugende Verbrechensbekämpfung"** bereits in den Bereich des für die von rein algorithmisch bestimmten Betroffenen überaus rechtsunsicheren *„predictive policing":*[64] Europol soll danach den zuständigen Behörden der Mitgliedstaaten genauere Kriminalitätsanalysen zur Verfügung stellen und imstande sein, Zusammenhänge zwischen Ermittlungen und typischen Vorgehensweisen unterschiedlicher krimineller Gruppen rasch zu erkennen, bei Datenabgleichen ermittelte Übereinstimmungen zu überprüfen und sich einen klaren Überblick über Entwicklungstrends zu verschaffen.

63 Auch der aufgrund unklarer sprachlicher Bezüge vielfältig auslegbar erweist Art. 3 Europol-VO. Auch unter Rückgriff auf die englische Sprachfassung wird man ihn wie folgt zu verstehen haben:

64 Europol kann danach die **Tätigkeit** der zuständigen Behörden der Mitgliedstaaten *oder* deren gegenseitige Zusammenarbeit **unterstützen und verstärken,** wobei, wie ausgeführt, ein grenzüberschreitender Bezug an dieser Stelle nicht (mehr) vorausgesetzt wird. Die genannte Tätigkeit bzw. Zusammenarbeit muss sich beziehen auf die **Verhütung und Bekämpfung** von Kriminalität. Dabei muss Zuständigkeit von Europol alternativ aus einer der drei Gründe im konkreten Fall ableitbar sein:

- **„schwere Kriminalität",** die zwei oder mehr Mitgliedstaaten betrifft,
- **Terrorismus**
- oder eine der **Kriminalitätsformen,** die ein **gemeinsames Interesse verletzen,** das Gegenstand einer Politik der Union ist, wie in Anhang I aufgeführt.

---

[61] Vgl. etwa ausf. *Oerting* Kriminalistik 2012, 705 ff.
[62] Vgl. Schlussfolgerungen des Rates v. 20.11.2015.
[63] So noch Art. 4 Abs. 1 Europol-Beschluss; Art. 2 EuropolÜ war noch deutlich restriktiver, jedoch bereits mit klarer Ausweitungstendenz; vgl. zur Genese und zum Kompromisscharakter im Vergleich zu verschiedenen Entwürfen *Niemeier/Walter* Kriminalistik 2010, 17 (19 f.).
[64] Vgl. etwa Erwägungsgrund 17, 23 f., 30 Europol-VO.

Hinsichtlich der genannten drei Hauptkategorien sollen anscheinend die **ersten beiden** 65
genannten Gruppen an andere Rechtsakte des Unionsrechts anknüpfen. Diese sind
wiederum sowohl bei der Definition des Terrorismus (vgl. etwa die Terrorismusbekämpfungs-RL) oder schwerer Kriminalität in Art. 2 Abs. 2 EuHB-Beschluss (→ § 10 Rn. 36)
bereits überaus weit und hinsichtlich der Mindestschwellen überaus unkonturiert.

Ebenso reichen die **Deliktsgruppen in Anhang I Europol-VO** überaus weit in den 66
der allgemeinen Kriminalität hinein. Auch hier scheint wegen der unpräzisen Textfassung
von Art. 3 Europol-VO nicht klar, ob und wie konkret die Verletzung des gemeinsamen
Interesses im jeweiligen Fall des Tätigwerdens gegeben sein muss. Zudem lässt sich der
frühere Rückgriff bei der Subsumtion der genannten Kriminalitätsformen und -kriterien,
die durch die zuständigen Behörden der Mitgliedstaaten nach ihren jeweiligen nationalen
Rechtsvorschriften beurteilt wurden, soweit das europäische Recht keine vorrangigen Vorgaben enthielt,[65] nicht mehr eindeutig herleiten. Einmal mehr schimmert hier die Tendenz
des Unionsrechts zur autonomen und kodifizierenden Abschließung gegenüber dem nationalen Recht der Mitgliedstaaten durch, auch wenn es diesem Anspruch (noch) nicht
genügen kann.

Dabei handelt es sich im Wesentlichen um folgende Deliktsgruppen:

1. Zunächst den Menschenhandel[66] sowie den illegalen Handel mit Organen und 67
menschlichem Gewebe, mit Drogen,[67] Hormonen und Wachstumsförderern, mit Waffen,
Munition und Sprengstoffen, mit Kulturgütern, einschließlich Antiquitäten und Kunstgegenständen, sowie mit bedrohten Tier-, Pflanzen- und Baumarten. Ebenso zählen dazu
Schleuser-[68] und Kraftfahrzeugkriminalität[69] sowie Nachahmung und **Produktpiraterie.**
Schließlich gehören die **Umweltkriminalität** und Kriminalität im Zusammenhang mit
nuklearen und radioaktiven Substanzen dazu.[70]

2. Eine weitere wichtige Bedeutung haben die **Fälschung** von amtlichen Dokumenten 68
und Handel damit, sowie die Fälschung von Geld und sonstigen Zahlungsmitteln. Europol
hat die Aufgabe **als Zentralstelle für Euro-Fälschungen** gem. Art. 4 Abs. 4 Europol-VO, während die Empfangszuständigkeit der nationalen Zentralstellen für andere Geldfälschungen verbleibt. Europol hat in diesem Rahmen spontan oder auf Ersuchen alle
Informationen und Unterlagen, die geeignet sind, die Ermittlung, Verhütung und Bestrafung der Euro-Fälschung zu erleichtern, sowie entsprechende Euromuster, Informationen und gegebenenfalls Belege über dessen Fälschungen und gegebenenfalls weitere Ver-

---

[65] Vgl. noch Art. 4 Abs. 1 Europol-Beschluss iVm Anhang (aE) Europol-Beschluss.
[66] Definiert als die Anwerbung, Beförderung, Verbringung, Beherbergung oder Aufnahme von Personen durch die Androhung oder Anwendung von Gewalt oder anderen Formen der Nötigung, durch Entführung, Betrug, Täuschung, Missbrauch von Macht oder Ausnutzung besonderer Hilflosigkeit oder durch Gewährung oder Entgegennahme von Zahlungen oder Vorteilen zur Erlangung des Einverständnisses einer Person, die Gewalt über eine andere Person hat, zum Zweck der Ausbeutung. Ausbeutung umfasst mindestens die Ausnutzung der Prostitution anderer oder andere Formen sexueller Ausbeutung, die Herstellung, den Verkauf oder den Vertrieb kinderpornografischen Materials, Zwangsarbeit oder Zwangsdienstbarkeit, Sklaverei oder sklavereiähnliche Praktiken, Leibeigenschaft oder die Entnahme von Organen.
[67] Umfasst sind danach alle Straftaten, die in Art. 3 Abs. 1 UNSuchtÜ und den dieses Übereinkommen ändernden oder ersetzenden Bestimmungen aufgeführt sind.
[68] Definiert als Aktionen, die vorsätzlich und zu Erwerbszwecken durchgeführt werden, um die Einreise in das Hoheitsgebiet der Mitgliedstaaten, den Aufenthalt oder die Arbeitsaufnahme dort entgegen den in den Mitgliedstaaten geltenden Vorschriften und Bedingungen zu erleichtern
[69] Bestimmt als Diebstahl oder Verschiebung von Personenkraftwagen, Lastkraftwagen, Sattelschleppern, Omnibussen, Krafträdern, Wohnwagen, landwirtschaftlichen Nutzfahrzeugen, Baustellenfahrzeugen, Ladungen von Lastkraftwagen oder Sattelschleppern und Einzelteilen von Kraftfahrzeugen sowie Hehlerei an diesen Sachen.
[70] Gemeint sind Straftaten gem. Art. 7 Abs. 1 des am 13.3.1980 in Wien und New York unterzeichneten Übereinkommens v. 26.10.1979 über den physischen Schutz von Kernmaterial v. 24.4.1990 (BGBl. 1990 II S. 326) iSv Art. 197 Vertrag zur Gründung der Europäischen Atomgemeinschaft und der Richtlinie 96/29/Euratom des Rates v. 13.5.1996 zur Festlegung der grundlegenden Sicherheitsnormen für den Schutz der Gesundheit der Arbeitskräfte und der Bevölkerung gegen die Gefahren durch ionisierende Strahlungen betreffen.

fahrens- und sonstige Informationen unverzüglich an die nationalen Zentralstellen der Mitgliedstaaten weiterzuleiten (Art. 1 B 2005/511/JI iVm Anhang B 2005/511/JI sowie insbes. Art. 14 IntAFMAbk).

69 3. Ebenfalls von der Kompetenz von Europol umfasst sind **Geldwäschehandlungen** aller Art, definiert als Straftaten gem. Art. 6 Abs. 1–3 GeldwÜ 1990.

70 4. Weiterhin zählen dazu unter den genannten (im Einzelnen unklaren) Voraussetzungen der **grenzüberschreitenden Bedeutung als allgemeine Delikte** namentlich die vorsätzlichen Tötungs- und schweren Körperverletzungsdelikte, Entführung, Freiheitsberaubung und Geiselnahme, Erpressung und Schutzgelderpressung, Raub in organisierter Form, Betrugsdelikte, „Computerkriminalität" (in einem weiten Sinne auch die Cyberkriminalität abdeckend) und Korruption sowie Rassismus und Fremdenfeindlichkeit.

71 5. Die Zuständigkeit von Europol erstreckt sich auch auf **im Zusammenhang dazu stehende Straftaten,** dh nämlich solche, die begangen werden, um Mittel für Europol-Straftaten zu beschaffen, sie zu erleichtern oder zu vollenden oder die sicherstellen sollen, dass sie ungesühnt bleiben (Art. 3 Abs. 2 Europol-VO).

72 6. Dieser Katalog scheint bereits seit dem Europol-Beschluss hinreichend weit und an den Grenzen des Unionsrechts, sodass immanente Erweiterungen, die im EuropolÜ vorgesehen waren, nicht mehr möglich sind.[71]

III. Allgemeine Aufgaben und Befugnisse

73 Allgemein hat Europol die Tätigkeit der zuständigen Behörden der Mitgliedstaaten sowie deren Zusammenarbeit bei der Prävention und Bekämpfung von organisierter Kriminalität, Terrorismus und anderen Formen schwerer Kriminalität zu unterstützen und zu verstärken.[72]

Bis auf Weiteres gilt das eherne Gründungsprinzip von Europol, dass Europol **keine Zwangsmaßnahmen** anwenden kann gem. Art. 4 Abs. 5 Europol-VO. Hingegen wird das weitere konstituierende Verbot, Ermittlungsmaßnahmen selbst durchzuführen, durch Art. 26 Europol-VO weiter relativiert (→ Rn. 52, 109 ff.).

74 1. Zu den genannten Zielen soll Europol vor allem **Informationen und Erkenntnisse sammeln,** speichern, verarbeiten, **analysieren und austauschen,** über die nationalen Stellen unverzüglich die zuständigen Behörden der Mitgliedstaaten über die sie betreffenden Informationen und die in Erfahrung gebrachten Zusammenhänge von Straftaten unterrichten und Ermittlungen in den Mitgliedstaaten insbesondere durch die Übermittlung aller sachdienlichen Informationen an die nationalen Stellen unterstützen (Art. 4 Abs. 1 lit. a–c Europol-VO).[73]

75 Daher hat Europol unverzüglich die nationalen Stellen und auf deren Wunsch, deren Verbindungsbeamten über die ihren Mitgliedstaat betreffenden Informationen und festgestellte Verbindungen zwischen Europol-Straftaten zu unterrichten (Art. 22 Europol-VO iVm Art. 4, 7 Abs. 2 Europol-VO). Unterliegen die Informationen Weitergabebeschränkungen, holt Europol zuvor die Zustimmung des Informationslieferanten ein (Art. 22 Abs. 1 S. 2 Europol-VO iVm Art. 19 Abs. 2 Europol-VO), sofern die Weitergabe nicht unbedingt erforderlich ist, um eine unmittelbar drohende Gefahr für Leib und Leben abzuwenden (Art. 22 Abs. 2 Europol-VO). In letztgenanntem Fall wird jedoch ebenfalls der Informationslieferant benachrichtigt.

76 Durch die Neuregelung der Europol-VO sind vor allem die Möglichkeiten der nationalen Stellen, unmittelbar Zugriff auf Informationen von Europol zu nehmen, wesentlich erweitert worden (vgl. Art. 18, 20 Europol-VO, → Rn. 124 ff.). Auf operative Analysen

---

[71] Vgl. noch Art. 2 UAbs. 3 EuropolÜ.
[72] Art. 1, 3 Abs. 1 Europol-VO, beachte die Erweiterung gegenüber Art. 3 Europol-Beschluss; vgl. historisch zu letzterem etwa *Storbeck* in Hailbronner, Zusammenarbeit der Polizei- und Justizverwaltungen in Europa, 1996, 81 (89) zur Entstehung und Auslegung.
[73] Zur Reichweite der beteiligten Behörden vgl. *Ratzel* Kriminalistik 2007, 284 (286 f.).

können sie jedoch weiterhin nur nach dem Treffer/Kein Treffer-Verfahren zugreifen, Art. 20 Abs. 2 Europol-VO.

2. Ferner kann Europol nach Art. 6 Europol-VO die zuständigen Behörden der betref- 77 fenden Mitgliedstaaten um die **Einleitung, Durchführung oder Koordinierung von Ermittlungen ersuchen** sowie in bestimmten Fällen die Einsetzung **gemeinsamer Ermittlungsgruppen** empfehlen und gem. Art. 4 Abs. 1 lit. d Europol-VO, Art. 5 Europol-VO an diesen teilnehmen (→ § 3 Rn. 58 ff.).[74]

3. Weiterhin kann es auf seine Zielsetzung bezogene Bewertungen der Bedrohungslage, 78 **strategische Analysen** und allgemeine Lageberichte, einschließlich Bewertungen der Bedrohung durch die organisierte Kriminalität, erstellen und die Mitgliedstaaten bei einer größeren internationalen Veranstaltung mit Erkenntnissen und Analysen unterstützen (Art. 4 Abs. 1 lit. e–f Europol-VO).

4. Ausdrücklich hervorgehoben wird weiterhin die Aufgabe von Europol, gem. Art. 4 79 Abs. 1 lit. m Europol-VO die Mitgliedstaaten bei der Erhebung und Analyse von Informationen aus dem **Internet**, um bei der Aufdeckung dort begangener oder erleichterten kriminellen Handlungen zu unterstützen. Zusätzlich hat Europol hier zuletzt die Möglichkeit erhalten, in Zusammenarbeit mit den Mitgliedstaaten an die betroffenen Anbieter von Online-Diensten heranzutreten, damit diese auf freiwilliger Basis die Vereinbarkeit der verwiesenen Internet-Inhalte mit ihren eigenen Geschäftsbedingungen überprüfen.

5. Zur Bekämpfung der **Euro-Fälschung** kann Europol als Zentralstelle hierfür die 80 Koordinierung der von den zuständigen Behörden der Mitgliedstaaten oder im Rahmen gemeinsamer Ermittlungsgruppen durchgeführten Maßnahmen fördern, gegebenenfalls in Verbindung mit Unionsstellen und Drittlandsstellen (Art. 4 Abs. 4 Europol-VO).

6. Mit der Realisierung des **Europäischen Reiseinformations- und -genehmi-** 81 **gungssystems (ETIAS)** erhält Europol auch in diesem Bereich wichtige Überprüfungs- und Datenverarbeitungskompetenzen, während das zentrale System durch die Europäische Grenzagentur administriert und von der Europäischen Agentur eu-LISA technisch verwaltet wird.[75] Dazu wurde durch die VO (EU) 2018/1241[76] Art. 4 Europol-VO entsprechend ergänzt, sodass Europol vor allem für den Abgleich mit der sog. ETIAS-Überwachungsliste namentlich für den Bereich des Terror- oder schweren Straftatverdachts zuständig wird.

7. Zusätzlich kann gem. Art. 4 Abs. 1 lit. g–l Europol-VO Europol **Beratung**[77] bei den 82 Ermittlungen und zur Vertiefung von speziellen Ermittlungsfähigkeiten anbieten und strategische Erkenntnisse übermitteln, um einen effizienten und effektiven Einsatz der auf nationaler Ebene und auf Unionsebene für operative Tätigkeiten vorhandenen Ressourcen zu erleichtern und zu fördern und solche Tätigkeiten zu unterstützen. Soweit ressourcenmäßig leistbar, kann Europol schließlich auch den Mitgliedstaaten im Wege der Unterstützung, Beratung und Forschung helfen, bei der Fortbildung ihrer Bediensteten, der Erleichterung der gegenseitigen technischen Unterstützung der Mitgliedstaaten, bei Methoden zur Prävention von Straftaten, bei kriminaltechnischen und kriminalwissenschaftlichen Methoden und Analysen sowie Ermittlungsmethoden.

---

[74] Vgl. *Storbeck* in Hailbronner, Zusammenarbeit der Polizei- und Justizverwaltungen in Europa, 1996, 81 (92 f.) zum Hintergrund; *Milke* Europol 49 ff. mwN.

[75] Vgl. Art. 6 VO (EU) 2018/1240 des Europäischen Parlaments und des Rates über die Einrichtung eines Europäischen Reiseinformations- und -genehmigungssystems (ETIAS) und zur Änderung der Verordnungen (EU) 1077/2011, (EU) 515/2014, (EU) 2016/399, (EU) 2016/1624 und (EU) 2017/2226 v. 12.9.2018, ABl. 2018 L 236, 1.

[76] VO (EU) 2018/1241 des Europäischen Parlaments und des Rates zur Änderung der Verordnung (EU) 2016/794 für die Zwecke der Einrichtung eines Europäischen Reiseinformations- und -genehmigungssystems (ETIAS) v. 12.9.2018, ABl. 2018 L 236, 72.

[77] Gemeint ist wohl jede Art von Unterstützung, vgl. *Storbeck* in Hailbronner, Zusammenarbeit der Polizei- und Justizverwaltungen in Europa, 1996, 81 (89 f.).

IV. Informationsverarbeitung

83 Wie bereits angedeutet, kommt damit der **Informationsverarbeitung** im weiteren Sinne die zentrale Bedeutung im Rahmen von Europol zu.

1. Grundsätze

84 **a)** Dabei ist erkennbar, dass sich die Europol-VO von der engen Regelung der einzelnen Dateisysteme, namentlich dem Europol-Informationssystem, verabschiedet hat und dies den Ausführungsregelungen, namentlich innerhalb der Organisation gem. Art. 11 Abs. 1 lit. q Europol-VO durch Beschluss des Verwaltungsrats nach Konsultation des Europäischen Datenschutzbeauftragten. Bislang hat sich allerdings bis auf diese nunmehr nach dem Wesentlichkeitsgrundsatz erfolgte Delegation in deren Aufbau nichts Erhebliches geändert.

85 Allerdings enthalten vor allem die Art. 17 ff. Europol-VO nunmehr technikneutralere Erhebungs- und Verarbeitungsschranken.

86 Den Datenschutz regeln weiterhin vor allem Art. 28 ff. Europol-VO bereichsspezifisch. Diese Regelungen sollen der JI-RL vorgehen, jedoch nach dieser mit ihr in Einklang gebracht werden (→ § 19 Rn. 19, 46).

87 Zu den allgemeinen Verarbeitungsgrundsätzen von Europol für personenbezogene Daten gehören:
- Die Verarbeitung muss für die Ziele von Europol erforderlich sein (Art. 18 Abs. 1 Europol-VO);
- Weitergehend darf die Verarbeitung nur zu genannten konkreten Zwecken erfolgen (Art. 18 Abs. 2, 3, 6, 7 Europol-VO);
- Die Weiterverarbeitung hat die konkreten Zweckbestimmungen, an welche die Daten gekoppelt sind, zu beachten (Art. 19 Europol-VO);
- Daten müssen aus einer erlaubten Informationsquelle herrühren (vgl. Art. 17 Europol-VO, → Rn. 100 ff.);
- Informationen, die eindeutig unter offenkundiger Verletzung der Menschenrechte erlangt wurden, dürfen nicht verarbeitet werden (Art. 23 Abs. 9 Europol-VO);
- Besonders schützenswerte Daten und die Daten besonders schützenswerter Personen wie Minderjähriger dürfen nur unter den erhöhten Anforderungen von Art. 30 Europol-VO verarbeitet werden (→ Rn. 88);
- Die Übermittlung an Dritte durch Europol kommt nur bei entsprechender unionsrechtlicher Grundlage in Betracht (Art. 24 ff. Europol-VO, → Rn. 152 ff.);
- Die üblichen Grundlagen des Datenschutzes, namentlich Zweckbindung, Pflichten der Verarbeitenden, Aufsicht, technische Sicherung und Rechte der Betroffenen sind – derzeit noch nach den bereichsspezifischen Regelungen – vor allem nach Art. 28 ff. Europol-VO einzuhalten, → Rn. 169 ff.).

88 **b) Besonders schützenswerte Daten** und die Daten besonders schützenswerter Personen wie Minderjähriger dürfen nur gem. Art. 30 Europol-VO verarbeitet werden. Dabei handelt es sich jedoch – auch gegenüber den früheren Rechtsgrundlagen von Europol – nicht mehr um absolute Verarbeitungsschranken, sondern lediglich ausdrücklich Ausgestaltungen des allgemeinen Verhältnismäßigkeitsgrundsatzes, sodass der Schutz derart zurückgenommen ist, dass er nahezu seine gesamte Wirkung eingebüßt hat.

89 **aa)** So ist die Verarbeitung personenbezogener Daten in Bezug auf **Opfer von Straftaten,** Zeugen oder andere Personen, die Informationen über Straftaten liefern können, oder in Bezug auf **Personen unter 18 Jahren** gem. Art. 30 Abs. 1 Europol-VO erlaubt, wenn sie für die Verhütung oder Bekämpfung von Straftaten, die unter die Ziele von Europol fallen, unbedingt notwendig und verhältnismäßig ist.

90 **bb)** Auch die nach dem allgemeinen Unionsrecht **besonders schützenswerten personenbezogenen Daten** wie (vermeintliche) „rassische" oder ethnische Herkunft, politische Meinungen, religiöse oder philosophische Überzeugungen, Gewerkschaftszugehörig-

keit sowie genetische Daten und Daten, welche die Gesundheit oder das Sexualleben betreffen, ist unter diesen „weichen" Bedingungen – unbeachtlich absoluter oder engerer Schranken in den Unions- und internationalen und nationalen Grundrechten, wie auch der Menschwürde – jedenfalls nach dem Wortlaut der Verordnung in Art. 30 Abs. 2 Europol-VO zulässig.

cc) In allen genannten Fällen kann jetzt auch eine **Übermittlung an Mitgliedstaaten** 91 **und Dritte** erfolgen, Art. 30 Abs. 5 Europol-VO, sofern sie nur „unbedingt notwendig und verhältnismäßig" ist.

dd) Selbst **automatisierte nachteilige Entscheidungen**, zB zu denken an eine Ausschreibung, Einreiseverweigerung oder Ähnliches aufgrund besonders schützenswerter personenbezogener Daten wird für zulässig erklärt, soweit nur ein Unionsrechtsakt dies zulässt, Art. 30 Abs. 4 Europol-VO. Dies eröffnet vor allem das Tor zur Einkategorisierung und damit Speicherung, Verarbeitung und Übermittlung potentieller „Gefährder" aufgrund solcher Merkmale aufgrund von Algorithmen. 92

ee) Hingegen erweist sich die **gesonderte Ermächtigung** für Bedienstete zum Umgang durch den Exekutivdirektor in Art. 30 Abs. 3 Europol-VO als ein eher oberflächliches und deklaratives Sicherungsinstrument. 93

c) Eine besondere Neuerung, die aus dem Bereich der Nachrichtendienste bekannt ist, sieht etwas versteckt, Art. 29 Europol-VO vor. Danach sind grundsätzlich **alle** für seine Ziele von Europol verarbeiteten Daten **in doppelter Hinsicht nach bestimmten, direkt genannten Codes zu qualifizieren:** 94

Einerseits ist die **Zuverlässigkeit der Quelle** (Art. 29 Abs. 1 Europol-VO) zu bewerten: 95

- **(A):** Es bestehen keine Zweifel an der Authentizität, Verlässlichkeit und Eignung der Quelle oder die Informationen stammen von einer Quelle, die sich in allen Fällen als verlässlich erwiesen hat;
- **(B):** es handelt sich um eine Quelle, deren Informationen sich in den meisten Fällen als verlässlich erwiesen haben;
- **(C):** es handelt sich um eine Quelle, deren Informationen sich in den meisten Fällen als nicht verlässlich erwiesen haben;
- **(X):** die Verlässlichkeit der Quelle kann nicht beurteilt werden.

Andererseits ist die **Richtigkeit der Information** selbst einzuschätzen (Art. 29 Abs. 2 Europol-VO): 96

- **(1):** an Wahrheitsgehalt besteht kein Zweifel;
- **(2):** ist Quelle, nicht aber dem Beamten, der sie weitergibt, persönlich bekannt;
- **(3):** ist Quelle nicht persönlich bekannt, aber durch andere bereits erfasste Informationen erhärtet;
- **(4):** ist Quelle nicht persönlich bekannt und lässt sich auf keine andere Weise erhärten.

Diese Bewertung ist grundsätzlich vom eingebenden Mitgliedstaat, hilfsweise von Europol vorzunehmen und gegebenenfalls durch die dadurch verantwortliche Stelle auf Anforderung anzupassen (vgl. Art. 29 Abs. 3–6 Europol-VO). Sind die Informationen das Ergebnis einer von Europol in Erfüllung ihrer Aufgaben vorgenommenen Analyse, so bewertet Europol diese Informationen nach Maßgabe dieses Artikels und im Einvernehmen mit den an der Analyse teilnehmenden Mitgliedstaaten (vgl. Art. 29 Abs. 7 Europol-VO).

2. Informationsquellen

a) Die Verarbeitung von Daten bei Europol wird maßgeblich durch die Stelle (mit Ausnahme natürlicher Personen) bestimmt, welche die Informationen liefert. 97

aa) Die Stelle, welche Informationen an Europol übermittelt, **bestimmt die Zwecke**, zu denen diese Informationen verarbeitet werden dürfen. Ist eine Bestimmung nicht erfolgt, klärt Europol dies mit dem Informationslieferanten, Art. 19 Abs. 1 S. 1, 2 Europol-VO. 98

Europol darf Informationen nur dann zu einem **anderen Zweck** als dem Zweck, zu dem sie übermittelt wurden, verarbeiten, wenn der Informationslieferant dem zustimmt, Art. 19 Abs. 1 S. 3 Europol-VO.

99 **bb)** Diese Stelle, oder Europol selbst in hinreichend begründeten Fällen bei aus öffentlichen Quellen selbst eingeholten Informationen, kann **zusätzliche Einschränkungen** allgemeiner oder besonderer Art vorsehen, insbesondere bezüglich der Weitergabe, Löschung oder Vernichtung der Informationen die von Europol beachtet werden, Art. 19 Abs. 2, 3 Europol-VO.

100 **b)** Die Quellen, aus denen Europol seine Informationen erhält, sind gem. Art. 17 Europol-VO klar umgrenzt:

101 **aa)** Europol erhält seine Daten primär von den **zuständigen Stellen der Mitgliedstaaten.** Grundsätzlich erfolgt die Übermittlung über die nationale Europol-Stelle. Die Mitgliedstaaten können jedoch direkte Kontakte zwischen benannten zuständigen Behörden und Europol nach Maßgabe von Bedingungen, einschließlich der vorherigen Einschaltung der nationalen Stelle, zulassen (Art. 7 Abs. 6 Europol-VO).[78] Im Fall erlaubter direkter Kontakte nach Art. 7 Abs. 5 Europol-VO erhält die nationale Stelle zeitgleich von Europol alle ausgetauschten Informationen. Die Beziehungen zwischen der nationalen Stelle und den zuständigen Behörden unterliegen dem jeweiligen innerstaatlichen Recht, insbesondere dessen verfassungsrechtlichen Vorschriften. Der zuständige nationale Verbindungsbeamte kann bei der Übermittlung von Informationen der entsendenden nationalen Stelle an Europol eingeschaltet sein bzw. werden (Art. 8 Abs. 3 Europol-VO).

102 Jeder Mitgliedstaat stellt in dieser Weise sicher, dass die für die Verwirklichung der Ziele von Europol notwendigen Informationen an die Agentur erfolgt und eine wirksame Kommunikation und Zusammenarbeit aller zuständigen Behörden mit Europol besteht, Art. 87 Abs. 6 lit. a, b Europol-VO. Dies umfasst sowohl Spontanübermittlungen aus eigener Initiative sowie Beantwortung entsprechender Anfragen.[79]

103 Eine **Übermittlungspflicht** besteht gem. Art. 7 Abs. 7 Europol-VO dann **nicht,** wenn

- die Verantwortung der Mitgliedstaaten für die Aufrechterhaltung der öffentlichen Ordnung und den Schutz der inneren Sicherheit obliegenden Verantwortung im Einzelfall beeinträchtigt wäre,
- die Übermittlung den grundlegenden Interessen der Sicherheit des betreffenden Mitgliedstaats zuwiderlaufen würde,
- durch die Übermittlung der Erfolg laufender Ermittlungen oder die Sicherheit einer Person gefährdet würde oder
- hierdurch Informationen preisgegeben würden, die sich auf Nachrichtendienste oder spezifische nachrichtendienstliche Tätigkeiten im Bereich der nationalen Sicherheit beziehen.

104 Kosten, die den nationalen Stellen für die Kommunikation mit Europol entstehen, werden von den Mitgliedstaaten getragen und Europol, mit Ausnahme der Verbindungskosten, nicht in Rechnung gestellt (Art. 7 Abs. 10 Europol-VO).

105 Eine besondere Rolle haben insoweit die zur **Bekämpfung der Terrorismusfinanzierung** gemäß der Richtlinie 2005/60/EG errichteten zentralen Meldestellen (FIU) der Mitgliedstaaten, die im Rahmen ihres Mandats und Zuständigkeitsbereichs in Bezug auf Analysen über ihre nationale Stelle mit Europol stets direkt kommunizieren dürfen gem. Art. 7 Abs. 8 EuropolVO.

106 **bb)** Soweit Europol **in anderen Rechtsakten** der Union oder in nationalen oder internationalen Rechtsakten das Recht auf elektronischen Zugang zu Daten in anderen nationalen oder internationalen Informationssystemen eingeräumt wird, kann es auf diesem Wege personenbezogene Daten abrufen, wenn dies zur Erfüllung seiner Aufgaben erforderlich ist (Art. 17 Abs. 3 Europol-VO). Dabei sind für den Zugang zu diesen Daten und

---

[78] Vgl. hierzu bereits *Qubain/Kattge/Wandl/Gamma* Kriminalistik 2007, 363 (365 f.).
[79] Dies hatte Art. 8 Abs. 4 lit. a, b, f Europol-Beschluss noch klar getrennt.

deren Verwendung die strengeren Bestimmungen aus dem Europol-Beschluss bzw. dieser Rechtsakte maßgebend.

cc) Mit anderen **Organen, Einrichtungen, Ämtern und Agenturen innerhalb der EU** kann der Direktor von Europol mit Billigung des Verwaltungsrates, mit **Drittstaaten** und den in einer Liste anerkannten **internationalen Organisationen** und öffentlich-rechtlichen Einrichtungen sowie bestimmten privaten Parteien (→ Rn. 109 ff.) Kooperationsbeziehungen eingehen; dabei ist die Pflicht zu förmlichen, unter Beteiligung des Rates der EU geschlossenen Kooperationsabkommen oder **Arbeitsvereinbarungen** nunmehr entfallen, vgl. Art. 23 ff. Europol-VO.[80] Ist noch keine Kooperationsvereinbarung geschlossen, kann Europol gem. Art. 23 Abs. 5 Europol-Beschluss, Art. 23 Abs. 3 Europol-Beschluss Informationen einschließlich personenbezogener Daten direkt entgegennehmen und verwenden, soweit dies für die rechtmäßige Erfüllung seiner Aufgaben erforderlich ist.

dd) Selbst darf sich Europol Informationen einschließlich personenbezogener Daten aus **öffentlich zugänglichen Quellen,** wie beispielsweise Medien, öffentlichen Daten und kommerziellen Informationsanbietern beschaffen und verarbeiten, hat dabei stets aber auch die möglicherweise durchzuführende Spontanübermittlung an die interessierten nationalen Stellen zu beachten (Art. 17 Abs. 2 Europol-VO).

ee) Personenbezogene Daten, die von sog. „**privaten Parteien**", die alle **privatrechtlichen juristischen Personen** umfassen, die nicht den Drittstaaten oder internationalen Organisationen zuzuordnen sind (vgl. Art. 2 lit. f Europol-VO), stammen, darf Europol gem. Art. 23, 26 Europol-VO nur unter eingeschränkten Voraussetzungen erheben und verarbeiten, soweit dies für die rechtmäßige Erfüllung seiner Aufgaben erforderlich ist. Berühren die erhaltenen oder zu übermittelnden personenbezogenen Daten die Interessen eines Mitgliedstaats, so unterrichtet Europol unverzüglich die nationale Stelle des betreffenden Mitgliedstaats (Art. 26 Abs. 8 Europol-VO).

(1) Als Grundsatz gilt weiter, dass Europol auch mit **privaten Parteien in den Mitgliedstaaten** nicht unmittelbar Kontakt aufnehmen darf, um Informationen einzuholen, vielmehr dürfen von diesen stammende Daten nur verarbeitet werden, wenn sie über die nationale Stelle dieses Mitgliedstaats gemäß dessen innerstaatlichen Rechts übermittelt werden, Art. 26 Abs. 1 Europol-VO.

(2) Dieser Grundsatz wird, wenn auch weiterhin nur vorsichtig, erneut durch die Europol-VO aufgeweicht:

Erhält Europol **unaufgefordert** personenbezogene Daten unmittelbar von privaten Parteien und kann eine zuständige Stelle eines Mitgliedstaats nicht ermittelt werden, so darf Europol diese personenbezogenen Daten ausschließlich verarbeiten, um die zuständige Stelle zu ermitteln, jedoch ansonsten erst verarbeiten, wenn diese Stelle sie erneut vorlegt (Art. 26 Abs. 2 Europol-VO).

Im Bereich der **Cyberkriminalität** kann Europol **öffentlich zugängliche** personenbezogene Daten auch unmittelbar von einer privaten Partei entgegennehmen, wenn diese erklärt, dass sie gemäß geltendem Recht befugt ist, diese Daten zu übermitteln (Art. 26 Abs. 3, Abs. 5 lit. c Europol-VO, Art. 4 Abs. 1 lit. m Europol-VO).

(3) Besteht mit einem (dadurch „privilegierten") **Drittstaat** ein Kooperationsabkommen oder ein „Angemessenheitsbeschluss", so dürfen personenbezogene Daten von privaten Parteien nur nach den dortigen Maßgaben und über die genannten Kontaktstellen des betreffenden Staates die entsprechenden Daten übermittelt werden (Art. 26 Abs. 1 lit. b, c Europol-VO). Dies löst das System der „Liste privilegierter Partner" ab.[81]

---

[80] Art. 22, 23 Europol-Beschluss, zur Liste Art. 26 Abs. 1 lit. a Europol-Beschluss; vgl. ausf. mit damaligem Stand an Vereinbarungen *Ratzel* Kriminalistik 2007, 284 (288 ff.); *Milke* Europol 116 ff.
[81] Danach durften solche Daten von Europol verarbeitet werden, wenn die private betroffene Partei in die Liste privilegierter Partner aufgenommen wurde und sie und Europol eine Vereinbarung über die Übermittlung geschlossen hatten, in der bestätigt wurde, dass die personenbezogenen Daten von ihr rechtmäßig erhoben und übermittelt wurden und in der angegeben wurde, dass die übermittelten personenbezogenen

(4) Aus Art. 26 Abs. 4 Europol-VO folgt, dass Übermittlungen von privaten Parteien in Drittstaaten, bei denen die Voraussetzungen **fehlen,** nicht von Europol selbst genutzt werden dürfen, sondern nur an privilegierten Drittstaaten oder an einen Mitgliedstaat übermittelt werden. Dessen Stellen können die Daten dann wiederum nach ihren nationalen Regeln als eigene Daten Europol vorlegen.

113 **ff) Mit natürlichen Personen** darf Europol nach Art. 27 Abs. 4 Europol-VO nicht unmittelbar Kontakt aufnehmen, um Informationen einzuholen. Informationen die von solchen „privaten Personen" stammen, dürfen von Europol nur verarbeitet werden, wenn sie über die nationale Stelle gemäß dem innerstaatlichen Recht oder über die Kontaktstelle eines privilegierten Drittstaats zugehen (Art. 27 Abs. 1 Europol-VO). Ansonsten ist nur die bereits genannte Weiterleitung und Neuvorlage möglich, Art. 27 Abs. 2 Europol-VO. Erhält Europol Informationen von einer privaten Person mit Wohnsitz in einem Drittstaat, mit dem Europol kein Kooperationsabkommen geschlossen hat, darf Europol die Informationen nur einem betroffenen Mitgliedstaat oder Drittstaat übermitteln, mit dem Europol ein Kooperationsabkommen geschlossen hat. Auch hier informiert Europol gem. Art. 27 Abs. 3 Europol-VO unverzüglich die nationale Stelle des betreffenden Mitgliedstaats, dessen Interessen die erhaltenen personenbezogenen Daten berühren.

3. Verarbeitungsformen

114 Die **Verarbeitung** von Informationen und Erkenntnissen einschließlich personenbezogener Daten durch Europol erfolgt nach Maßgabe der Europol-VO und der Ausführungsbestimmungen, soweit dies zur Erreichung der Zielvorgaben erforderlich ist.

Obwohl dies, anders als noch in Art. 10 ff. Europol-Beschluss nicht mehr in der Europol-VO ausdrücklich normiert ist, geschieht dies technisch in Gestalt des Europol-Informationssystems (→ § 16 Rn. 53 ff.), von Arbeitsdateien zu Analysezwecken und einem diesen erschließenden Index sowie anderen eingerichteten Systemen zur Verarbeitung personenbezogener Daten.[82]

115 **a)** Zunächst kann Europol **vorgelagerte Daten verarbeiten** um festzustellen, ob diese für seine Aufgaben von Bedeutung sind und sie in seine Systeme zur Verarbeitung personenbezogener Daten aufgenommen werden können (Art. 18 Abs. 6 Europol-VO). Diese Daten dürfen nur im Rahmen der vom Verwaltungsrat festgelegten Bedingungen verarbeitet, insbesondere abgerufen und einer dort bestimmten angemessene Frist von grundsätzlich höchstens sechs Monaten gespeichert werden.

116 **b)** Die Einrichtung **aller Systeme** für die Verarbeitung personenbezogener Daten wird vom Verwaltungsrat nach Anhörung des Europäischen Datenschutzbeauftragten und sonstiger Konsultationen.[83] Die Verarbeitung besonders schutzbedürftiger Daten ist nunmehr auch außerhalb der Analysedateien im Rahmen von Art. 30 Europol-VO erlaubt.[84]

117 **c)** Europol speichert alle Daten in einer Weise so, dass feststellbar ist, durch welchen Mitgliedstaat oder Dritten die Daten übermittelt wurden oder ob sie Ergebnis der Analysetätigkeit von Europol sind, um gegebenenfalls Verantwortlichkeiten und die daraus folgenden Regelungen namentlich für Verwendungsbeschränkungen und Änderungszuständigkeiten daraus erkennen zu können (Art. 38 Abs. 1 Europol-VO).

118 **d)** Diese Dateien erhalten ihre Informationen durch die jeweils nach Maßgabe der entsprechenden Ausführungsvorschriften zuständige **eingebende Stelle,** die insoweit ver-

---

Daten nur für die rechtmäßige Erfüllung der Aufgaben von Europol benutzt werden durften (Art. 25 Abs. 3 lit. c Europol-Beschluss, Art. 26 Abs. 2 Europol-Beschluss).

[82] Vgl. ausf. hierzu und zum Ganzen *Milke* Europol 74 ff.

[83] Deutlich strenger war insoweit mit ausdrücklich geforderter Festlegung der Zweckbestimmungen, Zugang, Verwendung, Speicherfristen, Datensicherheit, Überwachung, Verantwortlichkeiten sowie Rechten der Betroffenen und sonstigen Bedingungen und Einschränkungen und Vorlage an den EU-Rat zur Billigung Art. 10 Abs. 2, 3 Europol-Beschluss; darunter schien sich allerdings der Bedarf für andere Systeme nicht ergeben zu haben, vgl. *Niemeier/Walter* Kriminalistik 2010, 17 (19).

[84] Nach Art. 10 Abs. 3 S. 2 Europol-Beschluss konnte dies noch nicht erlaubt werden.

antwortlich ist (Art. 38 Abs. 2, 5, 6 Europol-VO). Hat Europol nach einer Prüfung Grund zu der Annahme, dass die von einer nationalen Stelle eingegebenen Daten unrichtig, nicht mehr aktuell oder unrechtmäßig gespeichert sind, setzt es die Stelle, von der die Daten stammen bzw. die die Daten eingegeben hat, davon in Kenntnis (Art. 38 Abs. 3, 4 Europol-VO).

4. Zwecke der Verarbeitung

Neben den üblichen Annexaufgaben für eigene Zwecke wie zB die Personalverwaltung darf Europol unmittelbar für seine Ziele personenbezogene Daten nur grundsätzlich in den nach Art. 18 Abs. 2 Europol-VO bestimmten Weisen verarbeiten, soweit kein anderer Rechtsakt des Unionsrechts anderes gestattet, wie etwa im Bereich des ETIAS (→ Rn. 81). 119

a) Vor allem die Regelung von Art. 18 Abs. 2 lit. d Europol-VO, die dies zur Erleichterung des **Informationsaustauschs zwischen Mitgliedstaaten,** Europol, anderen Unionseinrichtungen, Drittstaaten und internationalen Organisationen erlaubt, stellt eine Generalklausel auf, die eng auszulegen ist, wenn nicht die weiteren Varianten völlig leerlaufen sollen. Allerdings erlaubt gem. Anlage II Europol-VO nur diese Variante die Datenverarbeitung von Personen, die weder Verurteilte, Verdächtige noch allgemein-generelle Straftatgefährder sind, mithin zB Zeugen, Opfern und Kontaktpersonen außerhalb strategischer oder operativer Analysen, sodass die Grenzen zur folgenden Variante unklar bleiben. 120

b) Bereits das klassische Europol-Informationssystem mit SIENA fällt eher unter Art. 18 Abs. 2 lit. a Alt. 1 Europol-VO, wonach die Verarbeitung zum Abgleich zur Ermittlung etwaiger Zusammenhänge oder anderer relevanter Verbindungen zwischen Informationen in Bezug auf **Verdächtige und Verurteilte** bezüglich mindestens einer „Europol-Straftat" erlaubt ist. 121

c) Neu und grundrechtlich besonders problematisch erscheint die Verarbeitung der Daten von „Personen, in deren Fall faktische Anhaltspunkte oder triftige **Gründe dafür vorliegen, dass sie Straftaten begehen werden,** für die Europol zuständig ist" gem. Art. 18 Abs. 2 lit. a Alt. 2 Europol-VO. Es geht hier gerade nicht darum, dass ein hinreichender oder auch nur Anfangsverdacht bezüglich einer konkreten Straftat gegeben sein muss. Vielmehr ist dies als nichts weniger lesbar, alsdass die Erfassung und Verarbeitung von Personen freigegeben wird – in einer gefährlichen Tradition der Täterlehre der 1930er Jahre in Gestalt der „Gefährderlehre" –, wenn aus irgendwelchen, möglicherweise auch automatisiert-algorithmischen Gründen eine generelle Neigung der Person zur Begehung von Europol-Straftaten aufgrund irgendwelcher faktischer Anhaltspunkte vermutet wird. 122

d) Schließlich darf die Verarbeitung auch erfolgen für die strategische oder themenbezogene und die operative **Analyse** (Art. 18 Abs. 2 lit. b, c Europol-VO). 123

5. Inhalte für die Verarbeitung zum Austausch und Abgleich

Waren zuvor die Regelungen zur Verarbeitung zum Austausch und Abgleich im Wesentlichen an die Detailregelungen für das Europol-Informationssystem gekoppelt,[85] finden sich in Art. 18 Europol-VO iVm Anlage II Europol-VO nunmehr ein Katalog der Informationen die insgesamt für die Zwecke nach Art. 18 Abs. 2 Europol-VO verarbeitet werden dürfen. Die weitere Ausgestaltung ist der Regelung durch den Verwaltungsrat überlassen (vgl. Art. 18 Abs. 7 Europol-VO). 124

Wesentlich ist dabei die Unterscheidung, ob der Zweck im Abgleich zur Ermittlung etwaiger Zusammenhänge oder anderer relevanter Verbindungen oder in der Erleichterung des Informationsaustauschs zwischen Mitgliedstaaten, Europol, anderen Unionseinrichtungen, Drittstaaten und internationalen Organisationen liegt (vgl. Art. 18 Abs. 2 lit. a, d Europol-VO). 125

---

[85] Vgl. Art. 10 ff. Europol-Beschluss.

126 **a) Ersteres erlaubt** gem. Art. 18 Abs. 5 Europol-VO iVm Anlage II Teil A Europol-VO die Verarbeitung nur von personenbezogenen Daten von **Verurteilten, Tatverdächtigen und abstrakt vermuteten „Tatgefährdern"**; eine Trennung unter diesen Kategorien erfolgt dabei nicht.

127 Verarbeitet werden gem. Anlage II Teil A Abs. 2 Europol-VO als **personenbezogene Daten** die üblichen Personalien sowie Sozialversicherungsnummern, Fahrerlaubnisse, Ausweispapiere und Passdaten und „soweit erforderlich, andere zur Identitätsfeststellung geeignete Merkmale, insbesondere objektive und unveränderliche körperliche Merkmale wie daktyloskopische Daten und (dem nicht codierenden Teil der DNA entnommene) DNA-Profile". Dass damit ein verpflichtender Charakter angestrebt wird, zeigt die Liste „fakultativer" weiterer Daten in Anlage II Teil A Abs. 3 Europol-VO. Zu ihnen sollen zählen: Straftaten mit Tatmitteln und Fundstellennachweis, andere Verurteilungen wegen Europolstraftaten, aber auch der „Verdacht der Zugehörigkeit zu einer kriminellen Organisation" gem. Anlage II Teil A Abs. 2 lit. d Europol-VO.

128 **b) Zur Erleichterung des Informationsaustauschs** zwischen Mitgliedstaaten, Europol, anderen Unionseinrichtungen, Drittstaaten und internationalen Organisationen gestattet Art. 18 Abs. 5 Europol-VO iVm Anlage II Teil B Europol-VO ein weitaus größeres Spektrum an erfassten Personen und personenbezogenen Daten.

129 **aa)** Erfasst werden können dabei die personenbezogenen Daten von Verdächtigen und Verurteilten von Europol-Straftaten und „potentiellen Gefährdern", sowie von potentiellen Zeugen, Opfern, Kontakt- und Begleitpersonen und sonstigen Personen, die Informationen über die betreffende Straftat liefern können (Anlage II Teil B Abs. 1 Europol-VO). Die **Kategorie** kann danach dem Informationsstand angepasst werden (Anlage II Teil B Abs. 7 Europol-VO).

130 **bb)** Die letztgenannte Kategorie von „Personen, die Informationen über die betreffende Straftat liefern können" meint, wie im Folgenden aus den Regelungen für die Daten, die verarbeitet werden dürfen hervorgeht, **vertrauliche Informanten.** Über sie dürfen im Rahmen von Europol verarbeitet werden (Anlage II Teil B Abs. 6 Europol-VO): verschlüsselte Angaben zur Person sowie Angaben zur Art der gelieferten Information, zum Erfordernis die Anonymität zu wahren, zum gewährten Schutz und zuständigen Stelle, zu einer neuen Identität, zur Möglichkeit der Teilnahme an einer Gerichtsverhandlung, Entlohnung und gegebenenfalls negativen Erfahrungen, sowie sonst Informationen, sofern Grund zu der Annahme besteht, dass sie für die Analyse der Rolle der Betreffenden als Informanten notwendig sind.

131 **cc)** Ansonsten umfassen bei **Opfern und Zeugen** die erlaubten Daten vor allem solche zum Kontakt und Schutz (vgl. Anlage II Teil B Abs. 4, 5 Europol-VO).

132 **dd)** Weit umfassender kann Europol personenbezogene Daten erheben und verarbeiten zu der noch vielleicht am Besten als **„Zielpersonen"** erfassbaren Gruppe, die an rechtsstaatlichen Grundsätzen gemessen an sich höchst unterschiedlich zu beurteilen bleibt – reicht sie doch von den in einem gerichtlichen Verfahren **Verurteilten** über die zumindest nach strafverfahrensrechtlichen Vorschriften mit **hinreichendem Anfangsverdacht Belasteten** bis hin zu jenen ominösen Personen, die aufgrund irgendwelcher, nicht einmal notwendigerweise in ihrer Person liegenden Anhaltspunkte allgemein **unter irgendeinem Grund möglicherweise zukünftig Straftaten, für die Europol zuständig wäre, begehen zu können.**

133 Erfasst werden können über sie alle unterschiedslos gem. Art. 18 Abs. 5 Europol-VO iVm Anlage II Teil B Abs. 2 Europol-VO beispielsweise folgende **Daten:** Personalien, Vorstrafen und Verfahren mit Fundstellenverweisen, Personenbeschreibungen, Identitätsdokumente, Aufnahmen, DNA, Fingerabdrücke und sonstige forensische Identifizierungsmittel, berufliche Fähigkeiten, sämtliche Informationen zu wirtschaftlichen und finanziellen Verhältnissen, Verkehrs- und Kommunikationsmitteln. Hinzutreten gem. Anlage II Teil B Abs. 2 lit. f Europol-VO „Informationen zum Verhalten", darunter „Lebensweise (etwa über seine Verhältnisse leben) und Gewohnheiten", Ortswechsel, regelmäßig aufgesuchte Orte, Mitführen von Waffen und von anderen gefährlichen Instrumenten, Gefährlichkeit,

spezifische Gefahren wie Fluchtrisiko, Einsatz von Doppelagenten, Verbindungen zu Mitarbeitern von Strafverfolgungsbehörden, kriminalitätsbezogene Eigenschaften und Profile, Drogenmissbrauch sowie Kontakte und Begleitpersonen einschließlich Art und Beschaffenheit der Kontakte oder Verbindungen.

ee) Als **Kontakt- und Begleitpersonen** schließlich dürfen gem. Art. 18 Abs. 5 Europol-VO iVm Anlage II Teil B Abs. 3 Europol-VO jene Personen, die zu keiner anderen Kategorie gehören, erfasst werden, bei denen „ausreichende Gründe für die Annahme bestehen", dass über sie hinsichtlich einer „Zielperson" Informationen beschafft werden können, die für die Analyse relevant sind. Kontaktpersonen stehen danach mit der „Zielperson" sporadisch in Kontakt, Begleitpersonen regelmäßig. 134

Umfasst sind grundsätzlich dieselben Informationen wie bei den „Zielpersonen". 135

Zumindest soll die Beziehung zu einer „Zielperson" so rasch wie möglich zu klären und die Daten, sofern eine Beziehung nicht besteht, zu löschen sein. Die weiteren Speicherkriterien richten sich letztlich nach den Zwecken der Analyse. 136

6. Verarbeitung für Analysen und Analysedateien

Von der Reduzierung der Europol-VO auf wesentliche Grundsätze und der Ermächtigung des Verwaltungsrats zum Erlass der Ausführungsbestimmungen für konkrete Dateien sind auch die Regelungen zu Analyse- und Arbeitsdateien weitestgehend betroffen. Es gelten ansonsten die allgemeinen Verarbeitungsgrundsätze (→ Rn. 87). 137

a) Getrennt werden muss die „strategische Analyse", die alle Methoden und Techniken umfasst, mit deren Hilfe Informationen erhoben, gespeichert, verarbeitet und bewertet werden mit dem Ziel, eine Kriminalpolitik zu fördern und zu entwickeln, die zu einer effizienten und wirksamen Verhütung und Bekämpfung von Straftaten beiträgt (Art. 2 lit. b Europol-VO) von der **„operativen Analyse"**. Sie soll gem. Art. 2 lit. c Europol-VO alle Methoden und Techniken beinhalten, mit deren Hilfe Informationen erhoben, gespeichert, verarbeitet und bewertet werden mit dem Ziel, strafrechtliche Ermittlungen zu unterstützen. 138

b) Ohne dass dies weiterhin in der Europol-VO selbst verankert wäre, werden für jedes Analyseprojekt im Rahmen der Zuständigkeit von Europol parallel mit einer entsprechenden Analysegruppe **Arbeitsdateien** errichtet, deren Verarbeitung sich wie nachfolgend bestimmt.[86] 139

c) Die Europol-VO hat die Analysenerstellung und ihre Übermittlung an die betreffenden Stellen weitgehend in die allgemeinen Vorschriften eingeordnet. 140

Als Sonderbestimmung gilt vor allem gem. Art. 18 Abs. 3 Europol-VO, dass operative Analysen „im Wege von Projekten" durchgeführt werden. 141

aa) Für jedes Projekt der operativen Analyse legt der Exekutivdirektor den spezifischen Zweck, die Kategorien der personenbezogenen Daten und die Kategorien der betroffenen Personen, die Beteiligten, die Dauer der Speicherung und die Bedingungen für Zugriff auf bzw. Übermittlung und Verwendung der betreffenden Daten fest und unterrichtet den Verwaltungsrat und den EDSB darüber (Art. 18 Abs. 3 lit. a Europol-VO). 142

bb) Personenbezogene Daten dürfen nur für die Zwecke des spezifischen Projekts der operativen Analyse erhoben und verarbeitet werden. Stellt sich heraus, dass personenbezogene Daten für ein weiteres Projekt der operativen Analyse relevant sein können, ist die Weiterverarbeitung dieser personenbezogenen Daten nur insoweit zulässig, als diese Weiterverarbeitung notwendig und verhältnismäßig ist und die personenbezogenen Daten mit den Bestimmungen, die für das andere Analyseprojekt gelten, vereinbar sind (Art. 18 Abs. 3 lit. b Europol-VO). 143

---

[86] Bislang gem. Art. 14 Abs. 1, 2 S. 1 Europol-Beschluss, Art. 16 Europol-Beschluss durch eine Anordnung des Direktors nach Maßgabe des Art. 16 Europol-Beschluss und der Durchführungsbestimmungen des Rates.

144 **cc)** Mit der Neuregelung sind vor allem die Inhalte, die im Rahmen der Analysen verarbeitet werden dürfen, ebenfalls in Art. 18 Abs. 5 Europol-VO iVm Anlage II Teil B Europol-VO gefasst und decken sich mit den weiteren personenbezogenen Daten, die für den Informationsaustausch erhoben und verarbeitet werden dürfen.

145 **dd)** Für den Zugriff auf die Daten des jeweiligen Projekts ist jeweils eine konkrete darauf bezogene Ermächtigung erforderlich (Art. 18 Abs. 3 lit. c Europol-VO).

7. Übermittlungen und Weiterverwendung

146 **a)** Die **Übermittlungen an die Mitgliedstaaten** sind durch die Europol-VO neu geordnet worden:

147 **aa)** Europol hat weiterhin von sich aus unverzüglich die nationalen Stellen über die ihren Mitgliedstaat betreffenden Informationen und festgestellte Verbindungen zwischen Europol-Straftaten zu **unterrichten,** sofern dem nicht Verwendungsbeschränkungen der Information entgegenstehen (Art. 22 Abs. 1 Europol-VO).

148 Informationen, die den Staat betreffen und unbedingt erforderlich sind, um eine unmittelbar drohende Gefahr für Leib und Leben abzuwenden, übermittelt Europol ohne Beachtung etwaiger besonderer Verarbeitungsbeschränkungen des Informationslieferanten, jedoch unter Mitteilung an ihn, Art. 22 Abs. 2 Europol-VO.

149 **bb)** Ansonsten erfolgt die Übermittlung an die Mitgliedstaaten nunmehr grundsätzlich über den **unmittelbaren Zugang** der nationalen Stellen hinsichtlich der Informationen zum Abruf und zur Verbesserung des Informationsaustausches gem. Art. 20 Abs. 1 Europol-VO.

150 **cc)** Auf **strategische und operative Analysen** besteht grundsätzlich nur ein indirekter Zugriff nach einem Treffer/Kein-Treffer-Verfahren, Art. 20 Abs. 2 Europol-VO.

151 **b)** Die **Weiterverarbeitung in den Mitgliedstaaten** ist allerdings nicht mehr an die besonderen Zweckbindungen und Einschränkungen von Europol gebunden. Sie darf allerdings nur erfolgen für die **Zwecke der Verhütung und Bekämpfung** von „Europol-Straftaten" oder anderer Formen „schwerer Kriminalität", wie sie in Art. 2 Abs. 2 EuHB-Beschluss aufgeführt sind. Dabei ist zu beachten, dass der Begriff „schwere Straftaten" hier durchaus irreführend ist, handelt es sich doch um solche aus dem umfangreichen Katalog, die mit einer Höchststrafe von lediglich mindestens drei Jahren Freiheitsstrafe bedroht sind. Eine Weiterübermittlung – wohl nur der unmittelbar – „bei Europol gespeicherten" personenbezogenen Daten durch Mitgliedstaaten soll nur bei Genehmigung von Europol zulässig sein, Art. 23 Abs. 7 Europol-VO.

152 **c)** An **andere EU-Stellen, Drittstaaten und Drittorganisationen** dürfen nach Maßgabe der entsprechenden Kooperationsvereinbarungen oder auch sonst, soweit zur Aufgabenerfüllung von Europol erforderlich, die betreffenden Daten übermittelt werden (Art. 21 ff. Europol-VO). Grundsätzlich muss die Beachtung der Zweckbindung vereinbart werden und der Mitgliedstaat, der die Informationen geliefert hat, seine, jederzeit widerrufliche, Zustimmung gegeben haben, Art. 23 Abs. 6 Europol-VO.

153 **aa)** Zu **OLAF** und insbesondere **Eurojust** kann Europol engere Kooperationsformen einrichten. Grundsätzlich erfolgen diese aber nur nach den Prinzipien des indirekten Zugangs und des Treffer/Kein-Treffer-Verfahrens, Art. 21 Europol-VO. Mit Eurojust kann allerdings auch durch eine Arbeitsvereinbarung ein jeweils direkter Zugriff auf zum Zwecke des Abgleichs gespeicherte Daten eingeräumt werden, Art. 21 Abs. 2 Europol-VO.

154 **bb)** Ansonsten kann Europol personenbezogene Daten direkt an eine **Unionseinrichtung** übermitteln, soweit dies für die Erfüllung der Aufgaben von Europol oder der betreffenden Unionseinrichtung erforderlich ist, Art. 24 Europol-VO.

155 **cc)** Eine Übermittlung an einen **Drittstaat** oder eine internationale Organisation erfordert die Sicherung eines entsprechenden Datenschutzniveaus grundsätzlich durch einen Angemessenheitsbeschluss der Kommission nach Art. 36 der Richtlinie (EU) 2016/

680, ein internationales Abkommen oder eine vor dem 1.5.2017 geschlossene Kooperationsvereinbarung, Art. 25 Abs. 1 Europol-VO.

Ausnahmsweise kann der Exekutivdirektor gem. Art. 25 Abs. 5 Europol-VO in Einzelfällen die Übermittlung personenbezogener Daten an Drittstaaten oder internationale Organisationen genehmigen, wenn die Übermittlung 156
- zur Wahrung lebenswichtiger Interessen der betroffenen Person oder einer anderen Person erforderlich,
- nach dem Recht des Mitgliedstaats, aus dem die personenbezogenen Daten übermittelt werden, zur Wahrung berechtigter Interessen der betroffenen Person notwendig,
- oder zur Abwehr einer unmittelbaren und ernsthaften Gefahr für die öffentliche Sicherheit eines Mitgliedstaats oder eines Drittlandes unerlässlich ist.

Soweit Grundrechte und -freiheiten der betroffenen Person das öffentliche Interesse an der Übermittlung nicht überwiegen, dürfen allerdings auch ihre personenbezogenen Daten ohne gewährleistetes angemessenes Schutzniveau übermittelt werden, soweit dies 157
- zur Verhütung, Aufdeckung, Untersuchung oder Verfolgung von Straftaten oder zur Vollstreckung strafrechtlicher Sanktionen oder
- in Einzelfällen zur Begründung, Geltendmachung oder Abwehr von Rechtsansprüchen im Zusammenhang mit der Verhütung, Aufdeckung, Untersuchung oder Verfolgung einer bestimmten Straftat oder der Vollstreckung einer bestimmten strafrechtlichen Sanktion notwendig ist.

Die zT tautologisch und eher im Umkehrschluss andere Alternativen schwächende repitive Betonung des „Einzelfallcharakters" wird allerdings der grundsätzlichen Aushöhlung des – auch nach Unionsrecht und den Unionsgrundrechten – gerade durch entsprechende Sicherungsmaßnahme zu sichernden Datenschutzniveaus kaum gerecht. Gleiches gilt für die stark postulativ scheinende und schwer mit normativem Inhalt zu füllende Klausel, es dürfe in keinem der genannten Fälle die Ausnahmeregelung für „systematische, massive oder strukturelle Übermittlungen" gelten (Art. 25 Abs. 5 S. 3 Europol-VO).[87] 158

dd) Schließlich darf auch eine Übermittlung an **private Parteien** erfolgen. Auch hier sind die Tatbestände überaus weit gefasst und wesentlich weiter als in den Vorgängerregelungen, was mit plakativer Betonung der allgemeinen Verhältnismäßigkeitsprüfung ohne wesentlichen Gehalt auszugleichen versucht wird. Nur beispielhaft ist eine Übermittlung möglich 159
- wenn dies zur Verhinderung einer unmittelbar bevorstehenden Begehung einer Straftat, einschließlich einer terroristischen Straftat für die Europol zuständig ist, „absolut erforderlich" ist (Art. 26 Abs. 5 lit. b Europol-VO);
- oder wenn dies zur Erfüllung der Aufgaben von Europol „unbedingt" erforderlich ist, einen Einzelfall betrifft und im konkreten Fall keine Grundrechte und -freiheiten der betroffenen Person überwiegen (Art. 26 Abs. 5 lit. c Europol-VO) – mithin also lediglich eine Wiederholung der allgemeinen Grundrechtsbindung.

Unproblematischer erscheinen die Übermittlung mit **Einwilligung** oder sonst im Interesse des Betroffenen gem. Art. 26 Abs. 5 lit. a Europol-VO. 160

Noch weitergehend am, wenn nicht über dem Rand des datenschutzrechtlich Vertretbaren sind die Übermittlungsgestattungen an **private Parteien in Drittstaaten**. Selbst wenn die Angemessenheit des Datenschutzes nicht gewährleistet ist, kann die Übermittlung nach Art. 26 Abs. 6 iVm Abs. 5 lit. b, c Europol-VO bereits dann genehmigt werden, wenn dies 161
- zum Schutz lebenswichtiger Interessen der betroffenen Person oder einer anderen Person erforderlich ist,
- für die Wahrung berechtigter Interessen der betroffenen Person erforderlich ist,
- zur Abwehr einer unmittelbaren und ernsthaften Gefahr für die öffentliche Sicherheit eines Mitgliedstaats oder eines Drittlandes unerlässlich ist,

---

[87] Insoweit auch wesentlich weiter als Art. 23 Europol-Beschluss.

- in Einzelfällen zum Zwecke der Verhütung, Aufdeckung, Untersuchung oder Verfolgung von Straftaten, für die Europol zuständig ist, erforderlich ist,
- in Einzelfällen zur Begründung, Geltendmachung oder Abwehr von Rechtsansprüchen im Zusammenhang mit der Verhütung, Aufdeckung, Untersuchung oder Verfolgung einer bestimmten Straftat, für die Europol zuständig ist, notwendig ist.

Eine Einschränkungswirkung kommt dem mithin in keiner Weise mehr zu. Es wird am EuGH liegen, diese anscheinend global-transatlantisch durchaus einseitig beeinflussten Übermittlungsfreigaben einer kritischen Prüfung zu unterziehen.

162 d) Sollen Mitglieder des Verwaltungsrates, der Direktor und seine Stellvertreter, sowie aus dem sonstigen Personal von Europol **als Zeugen vernommen** werden, so ist für ihre Verschwiegenheitspflicht nunmehr Art. 19 des Statuts der Beamten der Europäischen Gemeinschaften zu beachten (→ § 13 Rn. 187 f.), da dies nunmehr für sie gilt gem. Art. 53 Europol-VO. Damit sind die Sonderregeln gem. Art. 41 Europol-Beschluss entfallen. Für die nationalen Verbindungsbeamten gilt ihr jeweiliges nationales Recht.

8. Löschung

163 Daten dürfen gem. Art. 31 Europol-VO grundsätzlich von Europol **nur so lange wie erforderlich** gespeichert werden, was spätestens drei Jahre nach Eingabe **zu überprüfen** ist. Bei Speicherungsfristen über fünf Jahren muss der Europäische Datenschutzbeauftragte informiert werden.

164 Eine Löschung kann sich auch daraus ergeben, dass der **Informationslieferant diese löscht** und dies Europol mitteilt, woraufhin Europol soweit erforderlich um die Gestattung der weiteren Speicherung ersuchen muss, Art. 31 Abs. 4, 5 Europol-VO.

165 Ebenfalls grundsätzlich zu löschen sein sollen Daten, die von einer Entscheidung betroffen sind, in der das Verfahren gegen den Betroffenen endgültig eingestellt oder dieser rechtskräftig **freigesprochen** wurde (Anlage II Teil A Abs. 5 Europol-VO). Allerdings gilt diese Regelung systematisch nur für Daten, die zu Zwecken des Abgleichs gespeichert wurden, nicht zur Analyse oder zur Informationszusammenarbeit, was so nicht nachvollziehbar scheint. Ebensowenig ist klar, ob dies auch Auswirkung auf die Speicherung und Verarbeitung als „abstrakter Gefährder" hat. Von daher erscheinen diese zudem durchaus „versteckte" Regelungen eher irreführend und unzureichend.

166 Zudem sollen – wohl trotz Vorliegens der genannten Voraussetzungen – die personenbezogenen Daten gem. Art. 31 Abs. 6 Europol-VO **nicht gelöscht** werden, wenn
- die Interessen einer betroffenen Person beeinträchtigt würden, die schutzbedürftig ist. In diesem Fall dürfen die Daten nur mit ausdrücklicher schriftlicher Einwilligung der betroffenen Person verwendet werden;
- ihre Richtigkeit von der betroffenen Person bestritten wird, solange bis der Mitgliedstaat oder Europol gegebenenfalls Gelegenheit haben, die Richtigkeit der Daten zu überprüfen;
- sie für Beweiszwecke oder zur Feststellung, Ausübung oder Verteidigung von Rechtsansprüchen weiter aufbewahrt werden müssen – dabei erscheint allerdings überaus vage, wie weit diese „Gefahren" konkret bestehen müssen;
- oder die betroffene Person Einspruch gegen ihre Löschung erhebt und stattdessen eine Einschränkung der Nutzung der Daten fordert.

167 Erneut noch problematischer erscheint, dass ein **Anspruch auf Löschung für die Betroffenen** trotz fehlenden Speichergrundes anscheinend gem. Art. 37 Abs. 2 Europol-VO nur bestehen soll, wenn er oder sie „gemäß Artikel 36 auf sie betreffende personenbezogene Daten, die von Europol verarbeitet wurden, zugegriffen hat". Ein solcher Zugriff kann aber gerade ausdrücklich nach Art. 36 Abs. 6 Europol-VO verweigert werden, „falls eine derartige Verweigerung oder Einschränkung erforderlich ist
a) für die ordnungsgemäße Erfüllung der Aufgaben von Europol,

b) zum Schutz der Sicherheit und der öffentlichen Ordnung oder zur Bekämpfung von Straftaten,
c) zur Gewährleistung, dass keine nationalen Ermittlungen gestört werden, oder
d) zum Schutz der Rechte und Freiheiten Dritter."

Würde man tatsächlich das Recht der Löschung indirekt durch diese an Vagheit und Auslegungsfähigkeit durch verschiedenste Stellen zu überbeitende Norm in Art. 36 Abs. 6 Europol-VO einschränken lassen, würde dies einen seit Entstehen des europäischen Datenschutzrechts nicht mehr gekannten Eingriff in die grundrechtlich, und zwar unabhängig von Informationsrecht verankerten Löschungsrechte der Betroffenen bedeuten. **168**

9. Datenschutz und Vertraulichkeit

Zum **Datenschutz** enthält die Europol-VO Spezialregelungen gegenüber dem allgemeinen EU-Datenschutzrecht, die zwar im Bereich der technischen Sicherungen und zB der Zugangsrechte und Protokollierung, dieses nachziehen und teilweise übertreffen (vgl. Art. 32 ff., 40 Europol-VO). Indes besteht eine frappante und allgemein rechtsstaatlich wie insbesondere grundrechtlich überaus bedenkliche erhebliche Rücknahme der Ansprüche und Rechte der Betroffenen. Hierzu tragen die überaus weiten Ausnahmeregelungen für die Informationspflichten, namentlich Benachrichtung (Art. 35 Europol-VO), Auskunft (Art. 36 Europol-VO) und die darauf anscheinend aufzubauenden Berichtigungs- und Löschungsrechte (Art. 37 Europol-VO) entscheidend bei. **169**

Die **datenschutzrechtliche Verantwortung** liegt bei den Mitgliedstaaten für ihre Eingabe oder Übermittlung, sonst bei Europol gem. Art. 38 Europol-VO.[88] Dem folgt die Kontrolle durch die nationalen Kontrollbehörden, den internen Europol- sowie nunmehr als Aufsichtsinstanz den Europäischen Datenschutzbeauftragten (vgl. Art. 41 ff. Europol-VO). Zu deren effektiver Zusammenarbeit bestehen eigene Mechanismen und insbesondere ein gemeinsamer Beirat (Art. 44 f. Europol-VO). **170**

Das **Recht der Betroffenen** zur Beschwerde beim Europäischen Datenschutzbeauftragten (Art. 47 Europol-VO) sowie das, jedenfalls nach der Europol-VO ausdrücklich nur gegen dessen Entscheidungen mögliche Klagerecht vor dem EuGH (Art. 48 Europol-VO) sowie die Ansprüche auf Schadensersatz (Art. 49 f. Europol-VO) werden durch die genannten praktisch wirkungslosen materiellen Informations-, Berichtigungs- und Löschungsansprüche weitestgehend entwertet. **171**

Zur Regelung der **Vertraulichkeit** ist die Neuregelung der bisher in Art. 40 Abs. 1 Europol-Beschluss iVm Ausführungsbeschluss 2009/968/JI[89] geregelten Maßnahmen gem. Art. 67 Europol-VO dem Verwaltungsrat und dem Exekutivdirektor übertragen worden.[90] Das allgemeine Recht auf Zugang zu Europol-Dokumenten erfolgt auf Grundlage der Tranzparenz-VO.[91] **172**

---

[88] Ausf. Art. 8 Abs. 4 lit. g Europol-Beschluss, Art. 24 Abs. 2 Europol-Beschluss, Art. 25 Abs. 6 UAbs. 2 Europol-Beschluss, Art. 29 Europol-Beschluss.
[89] Beschluss 2009/968/JI des Rates zur Annahme der Vertraulichkeitsregeln für Europol-Informationen v. 30.11.2009, ABl. 2009 L 332, 17.
[90] Bis dahin gelten die alten Instrumentarien weiter, die unter Art. 40 Abs. 2 Europol-Beschluss, Art. 46 Europol-Beschluss iVm Beschluss 2001/264/EG des Rates v. 19.3.2001 über die Annahme der Sicherheitsvorschriften des Rates v. 11.4.2001, ABl. 2001 L 101, 1 erlassen wurden, etwa wie ein Sicherheitshandbuch, ein Sicherheitskoordinator und -beauftragten von Europol, ein Sicherheitsausschuss, Akkreditierungen und vier Geheimhaltungsgrade und daraus folgende materielle Geheimschutzmaßnahmen für Europol. Die Änderung des Geheimschutzgrades konnte nur durch den einstufenden Staat bzw. Europol erfolgen und von anderen Stellen nur bei diesen beantragt werden. Die Sicherheitsüberprüfungen erfolgen durch die Mitgliedstaaten, die sich Amtshilfe leisten, ansonsten gelten ergänzend die Mindestanforderungen für EU-Verschlusssachen.
[91] Art. 65 Europol-VO iVm VO (EG) Nr. 1049/2001 des Europäischen Parlaments und des Rates über den Zugang der Öffentlichkeit zu Dokumenten des Europäischen Parlaments, des Rates und der Kommission v. 30.5.2001, ABl. 2001 L 145, 43.

C. Interpol

I. Überblick

173 Die nach der ersten Idee auf dem 1. Internationalen Kriminalpolizeikongress 1914 in Monaco gegründete Internationale Kriminalpolizeiorganisation Interpol (offiziell: ICPO/IKPO) wurde mit ihrer Verfassung (InterpolVerf) zum 13.6.1956 auf eine neue Grundlage gestellt. Sie hat zur Aufgabe, die größtmögliche Zusammenarbeit zwischen den Kriminalpolizeibehörden im Rahmen des jeweiligen nationalen Rechts im Geiste der Allgemeinen Erklärung der Menschenrechte zu sichern und zu fördern (Art. 2 InterpolVerf).[92] Anders als bei Europol kann sich der **Aufgabenbereich** auf alle Straftaten erstrecken; der Organisation ist es allerdings ausdrücklich und strikt untersagt, in irgendeiner Form in politischer, militärischer, religiöser oder rassischer Hinsicht Aktivität zu entfalten oder zu intervenieren (Art. 3 InterpolVerf).[93] Deshalb war es auch lange nicht möglich, Verdächtige der Mitgliedschaft in einer **terroristischen** Vereinigung über Interpol auszuschreiben, bis 1984 die Interpol-Versammlung beschloss, zumindest Verbrechen gegen die Menschlichkeit und bei Straftaten gegen Individualgüter, bei denen die Schwere der Rechtsgutverletzung die politische Motivation überwiegt, als Gegenstand zuzulassen.[94] Dabei haben die für das Generalsekretariat von Interpol tätigen Beamten keine Exekutivbefugnisse zur Strafverfolgung; ausschließlich das jeweilige nationale Recht in den Mitgliedstaaten bestimmt, welche exekutiven Maßnahmen zur Strafverfolgung von den eigenen nationalen Beamten durchgeführt werden dürfen.

174 Während mittlerweile die Völkerrechtssubjektivität von Interpol als Regierungsorganisation trotz Aufbau auf den Polizeidienststellen anerkannt ist, sind ihre rechtlichen **Grundlagen,** insbesondere die Statuten und internen Richtlinien keine bindenden völkerrechtlichen Vereinbarungen, sodass Rechtsgrundlage aus deutscher Sicht stets nationale Normen, wie insbesondere §§ 14 Abs. 1, 5 BKAG sind.[95] Als **Mitglied** der Organisation können gem. Art. 4 InterpolVerf alle offiziellen Polizeistellen zugelassen werden, die in ihrem Rahmen Aufgaben haben und von einem Staat hierzu bestimmt werden. Interpol kann nach Art. 35 InterpolVerf auch besondere Berater benennen, die eine weltweite Reputation in einem Interessengebiet der Organisation haben. Für die Einhaltung der Regelungen bei der Datenverarbeitung ist gem. Art. 36 f. InterpolVerf eine unabhängige Kommission eingerichtet, deren Verfahren durch besondere Regeln von der Interpol-Generalversammlung bestimmt wird. Die Kommission tagt gem. Art. 5 Interpol-KontrollO vertraulich und hat unbegrenzten Zugang zu allen bei Interpol verarbeiteten Informationen.

175 Zur Aufgabenerfüllung von Interpol sind alle Mitgliedstaaten verpflichtet, im Rahmen der Möglichkeiten ihrer Rechtsordnung möglichst umfassend, dauerhaft und aktiv mit ihr **zusammenzuarbeiten** (Art. 31 InterpolVerf). Sie sollen deswegen jeweils eine Stelle als **Nationales Zentralbüro** (hier: Büros) benennen, die die Verbindung zwischen den inländischen Dienststellen, den anderen Zentralbüros und dem Generalsekretariat der Organisation gewährleisten soll (Art. 32 InterpolVerf, Art. 19 ff. InterpolDVO). Alle Nationalen Büros nehmen im Rahmen der Interpol-Verfassung am gemeinsamen Informationsaustausch teil durch Erhebung, Aktualisierung, Löschen sowie im Rahmen der Zugriffsbedingung der Abfrage der Datenbanken sowie die Nutzung der Mitteilungs- und Informationsinstrumente der Organisation, insbesondere Anfragen *("requests")* und Warnmeldungen *("alerts")* (Art. 6 Abs. 1 InterpolDVO). Die nationalen Büros bestimmen die direkten und indirekten Zugangsrechte nationaler Stellen zum Interpol-Informationssystem

---

[92] Vgl. zur Geschichte *Stock/Herz* Kriminalistik 2008, 594 ff.
[93] *Stock/Herz* Kriminalistik 2008, 594 f.
[94] *Stock/Herz* Kriminalistik 2008, 594 (596 mwN).
[95] Vgl. zum Problemkreis und zu den gescheiterten Reformbemühungen auch von deutscher Seite vor allem auch wegen der Datenschutzfragen *Stock/Herz* Kriminalistik 2008, 594 (598 mwN).

in ihrem Verantwortungsbereich nach bestimmten Mindesterfordernissen grundsätzlich durch mit diesen geschlossene Verwaltungsvereinbarungen; Beschränkungen der Zugriffsrechte werden durch die nationalen Büros den eigenen nationalen Stellen mitgeteilt und dem Sekretariat notifiziert (Art. 6 Abs. 2 InterpolDVO, Art. 21 InterpolDVO). Als Grundprinzip sollen gem. Art. 7 InterpolDVO die nationalen Büros stets die Informationsherrschaft über die von ihnen eingegebenen Daten behalten, soweit keine besonders geregelte Ausnahme eingreift. Die nationalen Büros tragen nach Art. 17 InterpolDVO zusammen mit dem Generalsekretariat die Verantwortung für die effektive Umsetzung der Vorschriften für die Datenverarbeitung.

Ansonsten soll das Generalsekretariat mit Staaten, in denen nationale Büros nicht eingerichtet werden können, eine möglichst passende alternative Kooperation herbeiführen (Art. 33 InterpolVerf). Es kann **internationalen Regierungs- und Nichtregierungsorganisationen,** die einem öffentlichen Interesse auf zwischenstaatlicher Ebene dienen, Datenverarbeitungsrechte im Rahmen des Interpol-Informationssystems, einschließlich unmittelbaren Zugangs, oder im Anschluss an dieses, grundsätzlich auf Basis von Abkommen, die mit der Zustimmung der Generalversammlung geschlossen werden, einräumen, wenn bestimmte Mindestkriterien vor allem an Datensicherheit, Vertraulichkeit und Datenschutz erfüllt sind (Art. 27 InterpolDVO). In gleicher Weise können gem. Art. 28 InterpolDVO auch privaten Stellen Zugriffs- und Verarbeitungsrechte eingeräumt werden, allerdings grundsätzlich nur hinsichtlich analytischer Daten ohne Personenbezug; sofern ein Ausnahmefall in einem konkreten Projekt personenbezogene Daten erfordert, kann dies zugelassen werden, bei Namensdaten jedoch stets nur mit ausdrücklicher Zustimmung der Quelle. Ergänzend ist ein Verbindungsbeamter von Interpol bei Europol tätig.[96] 176

Eine Art Auftragsdatenverarbeitung durch private Stellen ist gem. Art. 16 InterpolDVO zulässig, wenn sie erforderlich ist, die Voraussetzungen für die sonst datenverarbeitende Stelle beachtet und die Kontrolle und Verantwortlichkeit, namentlich durch die nationalen Büros, sichergestellt ist. 177

Das **„Interpol Informationssystem"** umfasst alle strukturierten materiellen Ressourcen und Software der Organisation in Form von Datenbanken, Kommunikationsinfrastruktur und anderen Dienste, um Daten im Kontext der internationalen Kriminalpolizeikooperation zu verarbeiten (Art. 1 Abs. 4 InterpolDVO, Art. 4 InterpolDVO). Es wird durch das Sekretariat bereitgestellt, organisiert, verwaltet und kontrolliert.[97] 178

Das Sekretariat kann gem. Art. 25 InterpolDVO Daten selbst eingeben, die es unmittelbar aus öffentlich zugänglichen Quellen oder unmittelbar von Personen, eigenen Analysen, oder von Stellen, die keinen entsprechenden unmittelbaren Zugang haben, oder bei außergewöhnlichen Umständen auch auf Ersuchen der sonst unmittelbar eingabeberechtigten Teilnehmer erhalten hat. Im Fall schwerer und immanenter Bedrohungen ihrer Kooperationsmechanismen kann der Generalsekretär der ICPO in Abstimmung mit dem Präsidenten die erforderlichen Maßnahmen treffen (Art. 26 Abs. 1 InterpolDVO). 179

II. Datenverarbeitung allgemein

1. Struktur

Die **Datenverarbeitung** erfolgt durch **Datenbanken,** die vom Sekretariat nach Konsultation der nationalen Büros, Stellungnahme der Datenschutzkommission und Zustimmung des Exekutivausschusses mit präzisen Festlegungen unter anderem zum Zweck, Inhalt, 180

---

[96] *Stock/Herz* Kriminalistik 2008, 594 (597).
[97] Vgl. Art. 22 ff. InterpolDVO, sowie etwa Art. 86 InterpolDVO; zum Interpol-Sekretariat mit Sitz in Lyon, seinem Aufbau und seinen vier regionalen Sub-Directorates für Europa, Afrika, Amerika und Asien vgl. *Stock/Herz* Kriminalistik 2008, 594 (596 ff. mwN).

Berechtigungen, Vertraulichkeitsstufe und Beschränkungen, Verfahren bei Abfrage und Treffern, Nutzung und Veröffentlichung, eingerichtet und angepasst bzw. insgesamt gelöscht werden.[98] Nach Art. 26 Abs. 1 InterpolDVO berichtet der Exekutivausschuss jährlich über seine Zustimmungen der Generalversammlung, das Sekretariat führt ein aktuelles Register aller Datenbanken. Die Datenverarbeitung darf nur jeweils **zu bestimmten Zwecken im Rahmen der kriminalpolizeilichen Zusammenarbeit** oder sonst der Organisation erfolgen, die die verarbeitenden Stellen jeweils identifizieren und einhalten müssen; eine Umwidmung im Rahmen dieser Zwecke soll möglich sein, wenn dies dem ursprünglichen Zweck der Eingabe nicht zuwiderläuft und die davon zu benachrichtigende Stelle der Umwidmung nicht widerspricht (Art. 10 InterpolDVO). Weiterhin muss jede Datenverarbeitung gemessen am internationalen Recht, insbesondere den Menschenrechten und am jeweiligen Recht der verarbeitenden Stelle rechtmäßig sein (Art. 11 InterpolDVO), den Qualitätsanforderungen der Organisation genügen, wofür alle Stellen, nationale Büros und das Sekretariat Verantwortung tragen (Art. 12 InterpolDVO), und transparent gegenüber der Datenschutzkommission, eingeschränkt den weiteren Organen sowie der Quelle sein, und deshalb (seit 1.7.2013) protokolliert werden (Art. 13 InterpolDVO).

181   Als wesentliche Datenbanken bestehen wohl eine Fingerabdruckdatei (AFIS) sowie automatisch durchsuchbare Datenbanken (ASF) zu Terrorismusverdächtigen, Personenfahndung, Sachfahndung nach Kfz, Sicherheits- sowie Ausweisdokumenten (SLTD), gestohlenen Kreditkarten und Kunstgegenständen, DNA-Muster von Beschuldigten, verurteilten, Tatopfern und Tatortspuren, sowie Tätern und Opfern im Bereich sexueller Ausbeutung von Kindern/Kinderpornografie, die teilweise über ein geschütztes Web-Interface, das sog. Dashboard, den angeschlossenen Stellen zugänglich sind.[99]

2. Eingabe

182   Vor der **Eingabe von Daten** sind vor allem die eingebenden nationalen Büros und Stellen, die unmittelbar zugriffsberechtigten internationalen Stellen und das Generalsekretariat zur Kontrolle von deren Richtigkeit und Zulässigkeit berufen.[100]

183   Bei der Durchführung hat nach Art. 34 InterpolDVO die eingebende nationale oder internationale Stelle bzw. das nationale Büro sicherzustellen, dass die Prinzipien, insbesondere der **Neutralität** und der Aufgabenstellung, also unter Beachtung des jeweils geltenden nationalen Rechts und der Menschenrechte, eingehalten werden. Um dies hinsichtlich der Neutralität zu unterstützen, stellt das Sekretariat ein Handbuch zur Verfügung.[101] Ebenso sollen **zum Zweck der internationalen Polizeizusammenarbeit** nur Daten eingestellt werden, die selbst internationaler Natur dahingehend sind, dass sie für Stellen anderer Staaten oder internationale Stellen nutzbar und nützlich sind (Art. 35 InterpolDVO). Aus der Errichtungsfestlegung des Sekretariats (→ Rn. 180) folgen weitere Beschränkungen für die Eingabe, ebenso für die bereits in der InterpolDVO festgelegten Mindestkriterien. Zu letzteren zählt, dass **jede Eingabe über eine Person, einen Gegenstand oder ein Ereignis** Angaben über die Herkunft der Information, Zweck und Datum der Eingabe, ursprüngliche Speicherdauer, Vertraulichkeitsstufe und Zugriffsbeschränkungen, sowie alle zusätzlichen Informationen enthält, die für den Zweck und seine internationale Bedeutung wichtig sind (Art. 37 Abs. 1–4 InterpolDVO). Für alle **personenbezogenen Daten** ist zusätzlich anzugeben, was gegebenenfalls die Person mit dem eingegebenen Ereignis verbindet sowie zwingend in jedem Fall ihr **Status** als Verurteilter, Beschuldigter, Verdächtiger, Zeuge, Opfer, Vermisster, unidentifizierte Person oder unidentifizierter Leichnam, Verstorbener, mögliche Bedrohung oder von den Vereinten Nationen Sanktionierter,

---

[98] Art. 29 ff., 36 InterpolDVO; Letzteres mit ausführlichem Katalog der festzulegenden Charakteristika.
[99] *Stock/Herz* Kriminalistik 2008, 594 (599 f.).
[100] Zu Letzterem Art. 47 InterpolDVO.
[101] Art. 34 Abs. 3 InterpolDVO mit näherem Inhalt.

wobei andere Kategorien nur durch das Sekretariat eingeführt werden können (Art. 37 lit. d InterpolDVO, Art. 44 InterpolDVO).

Ebenfalls sind gem. Art. 38 InterpolDVO die Sondervorschriften für Verstorbene, Zeugen, Minderjährige und besonders schutzbedürftige Daten von der eingebenden Stelle zu beachten. Daten zu **Verstorbenen** dürfen nur zur Identifikation, Kriminalanalyse oder, wenn es eine Rolle in einem bereits eingegebenen Verfahren gespielt hat, mit unverwechselbarer Statuskennzeichnung eingegeben werden. Weiterhin sind gem. Art. 39 InterpolDVO besonders streng die Speicherdauer und Verwendung zu prüfen. Die Daten von **Zeugen und Opfern** dürfen nach Art. 40 InterpolDVO in keinem Fall in Verbindung mit anderen Ereignissen und Taten genutzt oder daraus restriktive Maßnahmen ergriffen werden und dürfen daher nicht verwechselbar sein. Ebenso dürfen **besonders schutzbedürftige Daten** nur, soweit sie relevant und von besonders wichtigem kriminalistischem Nutzen sind, in objektiv und nicht wertender oder diskriminierender Weise eingegeben und als solche klar gekennzeichnet werden, sodass sie unter keinerlei Umständen für irgendeinen diskriminierenden Zweck verwendet werden dürfen (Art. 42 InterpolDVO). Ist der Betroffene nach dem nationalen Recht der Stelle bzw. dem Recht der eingebenden Organisation **minderjährig,** so ist dies gem. Art. 41 InterpolDVO ausdrücklich mit „MINOR" zu vermerken und auf die daraus anzuwendenden besonderen Bedingungen hinzuweisen. 184

Bei der Eingabe in das Interpol-System muss die eingebende Stelle bereits mit angeben, welche besonderen Bedingungen für die Verarbeitung der Daten und insbesondere ihre Verwendung als Beweismittel in einem Strafverfahren gelten sollen (Art. 45 InterpolDVO). 185

Der eingebende Teilnehmer ist nach Art. 37 Abs. 5 InterpolDVO verpflichtet, alle Belege, auf deren Grundlage die Daten eingegeben wurden, aufzubewahren. 186

3. Aktualisierung

Die eingebende Stelle soll alle ihre Daten im Interpol-System regelmäßig **aktualisieren** und insbesondere jederzeit Speicherdauer, Vertraulichkeitsgrad, Geheimhaltungs- und besondere Verwendungsbedingungen anpassen (Art. 46 Abs. 1, 4 InterpolDVO). Wenn der Zweck der Eingabe erreicht wurde, dürfen die Daten gem. Art. 46 Abs. 2 InterpolDVO nur weiter gespeichert und aktualisiert werden, wenn die Stelle einen neuen Zweck dafür bestimmt. Stellt eine andere Stelle oder das Sekretariat Anhaltspunkte dafür fest, dass die Daten nicht korrekt sind, möchte sie diese ergänzen oder gelangt das Sekretariat zur Auffassung, dass die Mindeststandards für die Speicherung nicht mehr eingehalten werden, informiert es bzw. sie die eingebende Stelle, die unverzüglich die Änderung, Ergänzung oder Löschung prüft und gegebenenfalls selbst vornimmt (Art. 48, Art. 51 Abs. 4 InterpolDVO). 187

Alle Daten werden **grundsätzlich für höchstens fünf Jahre nach Eingabe gespeichert,** soweit die nationalen Vorschriften der eingebenden Stelle keine kürzeren, oder besondere Ausnahmen der Generalversammlung bzw. des Exekutivausschusses wenn kein Personenbezug vorliegt, keine längeren Fristen vorsehen (Art. 49 InterpolDVO). Sechs Monate vor diesem bzw. dem gespeicherten Fristablauf informiert das Generalsekretariat gem. Art. 50 Abs. 2, 3 InterpolDVO die eingebende Stelle darüber und über die weiteren Verknüpfungen, andere Verwendungen der Daten zB in Analyseprojekten, sowie, ob diese schwere oder besondere Verbrechen betreffen, für die die Generalversammlung besondere Löschfristen beschlossen hat. Die Stelle hat vor Fristablauf oder nach entsprechender Benachrichtigung zu prüfen, ob die Daten für eine weitere Prüffrist von grundsätzlich maximal fünf Jahren (→ Rn. 224; § 19 Rn. 154) weitergespeichert werden sollen, weil der ursprüngliche oder ein neuer Zweck im Rahmen der Organisation dies rechtfertigt und gegebenenfalls die Nutzungsbedingungen zu aktualisieren.[102] Bestimmt die eingebende Stelle zu irgendeinem Zeitpunkt, dass Daten nicht mehr gespeichert werden sollen oder 188

---

[102] Art. 50 Abs. 1, 4–6 InterpolDVO, wobei das Exekutivkomitee, soweit erforderlich Ausnahmen vor allem für die Anforderungen an die neue Zweckbestimmung erteilen kann, Abs. 7.

lässt sie die Löschungsfrist ohne Rückmeldung verstreichen, werden die Daten gem. Art. 8f. InterpolDVO, Art. 51 Abs. 1, 2 InterpolDVO im Interpol-System **unverzüglich gelöscht**. Es müssen dann alle Vervielfältigungen ebenfalls gelöscht werden, soweit die eingebende Stelle keiner Ausnahme ausdrücklich zustimmt (Art. 51 Abs. 6 InterpolDVO). Die nationale Stelle kann bei Meldungen über Verurteilte, Beschuldigte oder gefährliche Personen nach Maßgabe des nationalen Rechts bestimmen, dass diese maximal zehn Jahre unter unverwechselbarer Kennzeichnung weitergespeichert werden, um Informationen über ihre kriminelle Biografie zur Verfügung zu stellen, sofern die Beschuldigungen nicht widerlegt bzw. sie von diesen entlastet *(„cleared of")* sind (Art. 52 InterpolDVO). Ebenso können nach Löschung die eingebenden Stellen gem. Art. 53 InterpolDVO die Fortspeicherung reiner Verweisdaten auf sie in Form von Namen, Dokumenten-ID, Geburtsdaten, Fingerabdrücken und DNA nach Maßgabe ihres nationalen Rechtes für höchstens zehn Jahre ausdrücklich autorisieren. Ist die vollständige Löschung nicht möglich, so hat das Generalsekretariat die Daten verlässlich gegen jede weitere Nutzung zu sperren (Art. 51 Abs. 7 InterpolDVO). Ebenso können und sollen nach Art. 51 Abs. 3 InterpolDVO Daten im Polizeisystem der eingebenden Stelle gelöscht werden, wenn ihr Zweck erreicht wurde und kein neuer Zweck für die Speicherung besteht.

189 Innerhalb des Interpol-Systems dürfen bereits anderweitig eingegebene Daten an anderer Stelle **weiterverarbeitet** werden, soweit es der ursprünglichen Integrität und Vertraulichkeit aller Voraussicht nach nicht zuwiderläuft (Art. 43 Abs. 1 lit. c InterpolDVO) und zum gleichen Zweck, wenn die eingebende Stelle nicht binnen zehn Tagen widersprochen hat, sonst nur mit ihrer vorherigen Zustimmung (Art. 43 Abs. 1 lit. a, b InterpolDVO). Zudem müssen alle im Interpol-System kopierten Daten exakt vervielfältigt und weiterhin regelmäßig aktualisiert werden (Art. 43 Abs. 1 lit. d, e, Abs. 3 InterpolDVO).

III. Besondere Datenverarbeitungsformen

1. Nachrichten, Meldungen und Mitteilungen

190 **Zentrales Mittel zur Kommunikation und zum Informationsaustausch** zwischen den Teilnehmern und gegebenenfalls dem Sekretariat stellen neben **Nachrichten** *(„message")*, die direkt zwischen einzelnen dieser Stellen ausgetauscht werden, die grundsätzlich an alle Teilnehmer gerichteten **Meldungen** *(„notices")* in Form von Ersuchen *(„requests")* oder Warnungen *(„alerts")* sowie die auch in den Datenbanken aufgezeichneten und **Mitteilungen** *(„diffusions")* an einen beschränkten Teilnehmerkreis dar (Art. 1 Abs. 13–15 InterpolDVO).[103] Nachrichten dürfen gem. Art. 9 Abs. 4 InterpolDVO vom Sekretariat nur in einer Datenbank gespeichert werden, wenn es selbst mitadressiert wurde, oder der Absender dem sonst zugestimmt hat.

191 Auch das Sekretariat kann nach eigener Qualitätsprüfung Meldungen und Mitteilungen mit Ersuchen und Warnungen versenden, wenn dies nach seiner Ansicht notwendig zum Erreichen der Ziele der Organisation ist oder das Ersuchen im Kontext eines speziellen Projektes oder Ereignisses im Rahmen der internationalen kriminalpolizeilichen Zusammenarbeit erfolgt, und das betroffene nationale Büro nicht binnen 30 Tagen dem Ersuchen an eine nationale Stelle widersprochen hat; das nationale Büro kann gem. Art. 102 f. InterpolDVO auch später der Weiterverarbeitung von einer solchen Stelle übersandter Daten widersprechen.

192 a) Das Interpol-Meldungensystem basiert auf farbkodierten und sonstigen speziellen **Meldungen,** die das Sekretariat an alle nationalen Büros so **verbreitet,** dass diese alle am Tag der Verbreitung informiert werden und jederzeit unmittelbar auf eine Datenbank aller Meldungen zugreifen können (Art. 78 Abs. 1 InterpolDVO). Ebenfalls darauf zugreifen können gem. Art. 78 Abs. 2 InterpolDVO die zum unmittelbaren Zugriff durch ihre

---

[103] 80% der Kommunikation sind dabei direkte Nachrichten, *Stock/Herz* Kriminalistik 2008, 594 (597).

§ 17 Informationserlangung über inter- und supranationale Einrichtungen   **3. Kapitel**

nationalen Büros autorisierten nationalen Stellen, bzw. die durch Vereinbarung mit der Organisation dazu berechtigten internationalen Stellen.

Die **Meldungskategorien** und ihre Voraussetzungen werden nach Anhörung der Datenschutzkommission durch die Generalversammlung autorisiert, wobei folgende Typen („Buntecken") bereits in der DVO bestimmt sind (Art. 72 InterpolDVO): 193

aa) Mit **roten Meldungen** („**Rotecke**") erfolgt die **Fahndung** nach Verdächtigen einer allgemeinen Straftat, die im Höchstmaß mit mindestens zwei Jahren Freiheitsentzug geahndet wird, oder nach zu mindestens sechs (verbleibenden) Monaten Freiheitsentzug Verurteilten, sofern das Sekretariat keine Ausnahme von dieser Anforderung bewilligt (Art. 82, 83 Abs. 1 lit. a InterpolDVO). Die Straftaten dürfen nicht auf Verletzung zwischen den Mitgliedern „kontroversen Verhaltens- und kulturellen Normen", reinen Verwaltungsnormen und privaten Auseinandersetzungen beruhen, es sei denn, das Verhalten würde schwere Kriminalität erleichtern oder in Beziehung zur Organisierten Kriminalität stehen. Das Sekretariat gibt gem. Art. 83 Abs. 1 lit. a (i) InterpolDVO hierzu eine nicht abschließende Liste heraus. Mit der Fahndung verbunden ist das Ersuchen der nationalen oder internationalen Stelle mit der Befugnis zur Straftatermittlung bzw. -verfolgung, den Betroffenen zum Zweck der Auslieferung zu lokalisieren, festzunehmen oder sonst seine Bewegungsfreiheit einzuschränken (Art. 82 InterpolDVO). Erforderlich ist nicht nur eine hinreichende Kennzeichnung (→ Rn. 184, 188), sondern genügende rechtliche Angaben, mithin Zeit, Ort und Art der vorgeworfenen Tatbegehung, der Vorwurf selbst, die diese umfassenden Rechtsnormen, angedrohte Höchststrafe und Referenz auf einen gültigen Haftbefehl oder justizielle Entscheidung mit gleicher Wirkung, die möglichst bereits in Kopie beigefügt werden sollte (Art. 83 Abs. 2 lit. b InterpolDVO), ebenso wie sonstige die Durchführung unterstützende Dokumente (Art. 85 InterpolDVO). Vor Ersuchen ist sicherzustellen, dass der Haftbefehl bzw. die Bezugsentscheidung von einer hierzu befugten Stelle ausgestellt wurde, falls nicht durch eine Justizbehörde hiergegen ein Rechtsmittel zu einer solchen besteht und dass die Auslieferungsbehörden der ersuchenden Stelle ein solches Begehren auch stellen werden (Art. 84 InterpolDVO). Wird die Person von einem anderen Teilnehmer aufgefunden, hat er unverzüglich das ausschreibende nationale Büro oder internationale Stelle zu kontaktieren, die ebenfalls sofort alles Notwendige und insbesondere eine unverzügliche Übersendung der erforderlichen Dokumente veranlasst, und alle erforderlichen vorläufigen Maßnahmen zur Festnahme oder Überwachung oder Beschränkung der Fortbewegung des Betroffenen zu treffen, wobei insgesamt das Sekretariat Unterstützung leisten kann (Art. 87 InterpolDVO). Damit wird auch sichergestellt, dass es sich um die richtige Person handelt, die Voraussetzungen für eine Festnahme und Auslieferung tatsächlich vorliegen und der ordre public sowie der Schutz der Grund- und Verfahrensrechte beachtet wird.[104] Dies erfolgt innerstaatlich unter Einschaltung des Auswärtigen Amtes und/oder Bundesamtes der Justiz. Ein Treffer alleine berechtigt – soweit keine parallele Ausschreibung in INPOL oder SIS besteht – nicht zu unmittelbaren exekutiven Maßnahmen. An den besonderen *„Task Forces"* gegen Terrorismus im Rahmen von Interpol ist Deutschland bislang nicht beteiligt.[105] 194

bb) **Blaue** Meldungen dienen dazu, **Informationen über Verdächtige und Verurteilte und ihre Kriminalgeschichte sowie Zeugen und Opfer zu erhalten,** sie zu identifizieren oder zu lokalisieren (Art. 88 InterpolDVO). Spezieller hierzu sind allerdings **schwarze** Meldungen, mit denen **Leichen** identifiziert werden sollen, sofern andere Ermittlungen nicht zum Erfolg geführt haben und wegen hinreichender Kennzeichen, zumindest Lichtbild, Fingerabdrücke oder DNA erfolgversprechend scheinen (Art. 91 InterpolDVO). Gleiches gilt für **gelbe** Meldungen, mit denen **Vermisste** lokalisiert oder solche bzw. Personen die sonst nicht identifiziert werden können, identifiziert werden 195

---

[104] Vgl. etwa allg. BT-Drs. 18/548; BT-Drs.18/3236; sowie den aktuellen Fall Ahmed Mansour; BT-Drs. 18/5341.
[105] Vgl. BT-Drs. 18/3236.

sollen, wobei hinreichende Kennzeichen sowie Informationen zur Person und ihrem Umfeld mitgeteilt werden müssen (Art. 90 InterpolDVO).

196 cc) **Violette** Meldungen warnen nicht nur vor bestimmten bei Straftaten **verwendeten Methoden und Gegenständen,** sondern können auch oder stattdessen darum ersuchen, bei der Lösung damit verbundener Ermittlung zu helfen (Art. 92 Abs. 1 InterpolDVO). Dabei müssen nach Art. 92 Abs. 2, 3 InterpolDVO auch die Gegenstände oder Methoden hinreichend abgrenzbar und beschrieben sein, eine Wiederholungsgefahr bestehen und im Falle Fortdauer von Ermittlungen es sich um schwere Straftaten handeln.

197 dd) Daneben gibt es noch die Meldungen **über gestohlene Kunstwerke,** mit denen nach diesen im Rahmen kriminalistischer Ermittlungen gesucht wird, soweit sie einmalige Charakteristika und bzw. oder erheblichen wirtschaftlichen Wert haben (Art. 94 InterpolDVO).

198 ee) **Grüne** Meldungen **warnen** vor krimineller Aktivität einer Person,[106] **orange** vor solchen Ereignissen, Objekten, Methoden etc, die eine immanente Bedrohung für die öffentliche Sicherheit darstellen und wahrscheinlich Personen verletzen oder schwere Vermögensschäden hervorrufen können (Art. 93 InterpolDVO).[107]

199 ff) Eine weitere Spezialkategorie sind gem. Art. 95 InterpolDVO die Meldungen über Personen oder Organisationen, gegen die der **UN-Sicherheitsrat Sanktionen** beschlossen hat.

200 gg) **Andere Meldungen** können aufgrund besonderer Vereinbarung geschaffen werden (Art. 28, 96 InterpolDVO).

201 Die genauen **Strukturen einer Meldungsart** werden nach Art. 74 Abs. 1, 2 InterpolDVO durch das Sekretariat nach Konsultation aller nationalen Büros und der Datenschutzkommission bzw. im Fall spezieller Mitteilungen durch Vereinbarung mit der entsprechenden internationalen Organisation festgelegt. Eine Meldung kann Daten aus verschiedenen Quellen beinhalten, wenn dies klar erkennbar ist, diese dem zugestimmt haben, die Verarbeitung in dieser Form im besonderen Interesse der ersuchenden Stellen liegt und keine erheblichen zusätzlichen Kosten verursacht (Art. 74 Abs. 3 InterpolDVO).

202 Alle Meldungen, die Personen betreffen, müssen diese **mit hinreichenden Kennzeichen** durch Personaliendaten zusammen mit Beschreibung des Erscheinungsbildes, DNA-Profil, Fingerabdrücken, Informationen aus Ausweisen oder aber durch ein Lichtbild guter Qualität mit zumindest einer weiteren persönlichen Angabe wie Name oder Name der Eltern beschreiben (Art. 82 Abs. 2 lit. a InterpolDVO, Art. 88 Abs. 3 InterpolDVO, Art. 89 Abs. 3 InterpolDVO).

203 b) Ein **Ersuchen um Verbreitung einer Meldung** muss gem. Art. 75 Abs. 1 InterpolDVO in einer der Interpol-Arbeitssprachen erfolgen. Möchte eine nationale Stelle eine Meldung absetzen, hat sie dies bei ihrem nationalen Büro zu beantragen das prüft, ob die Meldung den qualitativen, nationalen und internationalen rechtlichen Anforderungen, dem Zweck der Organisation, einschließlich Neutralität und Rolle der Menschenrechte genügt (Art. 75 Abs. 2 InterpolDVO). Das Generalsekretariat prüft gem. Art. 73, 76 Abs. 1, 2 InterpolDVO ebenfalls alle Meldungen vor deren Verbreitung darauf, ob die Voraussetzungen dafür vorliegen und die Regeln eingehalten sind, sie im Interesse der Organisation ist und ihren Interessen bzw. denen ihrer Mitglieder nicht schaden kann. Während der Prüfung durch das Sekretariat wird die Meldung mit diesem klar erkennbaren Status zwischengespeichert (Art. 76 Abs. 3 InterpolDVO). Ist das Ersuchen unvollständig, soll das nationale Büro oder die internationale Stelle nach Konsultation mit dem Sekretariat unverzüglich die erforderlichen zusätzlichen Daten übermitteln oder das Sekretariat unverzüglich ihr eine andere Meldungsart oder Verbreitung vorschlagen, wenn dafür die Voraussetzungen gegeben sind (Art. 77 InterpolDVO). Das Sekretariat speichert gem. Art. 73 Abs. 2 lit. b, c

---

[106] Art. 89 InterpolDVO mit den näheren Voraussetzungen für einen entsprechenden hinreichenden Verdacht der zuständigen Stellen vor allem in Abs. 2.
[107] Besteht die Gefahr nicht mehr kann das Generalsekretariat in Absprache mit der Quelle die Meldung durch eine andere angemessene ersetzen, Art. 93 Abs. 5 InterpolDVO.

InterpolDVO jede Meldung in einer dafür bestimmten Interpol-Datenbank und sorgt gegebenenfalls für die nötigen Übersetzungen in die weiteren Arbeitssprachen nach den Richtlinien der Generalversammlung. Die nationalen Büros sollen nach Art. 79 Abs. 1 lit. a InterpolDVO alle mit Meldungen empfangenen Daten und Aktualisierungen unverzüglich allen relevanten nationalen Stellen weiterleiten. Ebenso sollen die nationalen Büros bzw. über sie die nationalen Stellen den aufgrund einer Meldung anfragenden anderen nationalen Büros, internationalen Stellen und dem Generalsekretariat alle verfügbaren Daten zu Personen oder zu den Zwecken, zu denen die Meldung erfolgte, übermitteln, soweit dies dem Zweck dienen kann (Art. 79 Abs. 1 lit. b InterpolDVO).

c) **Im Weiteren** assistiert das Sekretariat den nationalen Büros und internationalen 204 Stellen im Fall einer positiven Abfragerückmeldung, es überwacht aber auch, dass die eingebende Stelle den Anforderungen der regelmäßigen Aktualitätsüberprüfung genügt (Art. 73 Abs. 2 lit. d, e InterpolDVO). Das ursprünglich um Verbreitung der Meldung ersuchende nationale Büro bzw. internationale Stelle haben dauerhaft zu gewährleisten, dass die Daten in der Meldung weiterhin zutreffend und relevant sind (Art. 79 Abs. 2 lit. a InterpolDVO). Hat ein nationales Büro Zweifel, dass eine Meldung mit den Voraussetzungen (noch) in Einklang steht, hat es dies dem Sekretariat unverzüglich mitzuteilen, ebenso wie ein ursprünglich um die Meldung ersuchendes Büro jede erforderliche Modifikation oder Widerruf der Meldung (Art. 79 Abs. 1 lit. c, Abs. 2 lit. b InterpolDVO). Das ersuchende Büro bzw. die internationale Stelle kann gem. Art. 80 Abs. 1 InterpolDVO eine Meldung für maximal sechs Monate aussetzen. Es kann diese Aussetzung mit einem unverzüglichen Löschungsersuchen an das Sekretariat verbinden, insbesondere wenn der Zweck erreicht wurde, die Voraussetzungen für die Verbreitung nicht weiter gegeben sind oder es sonst nicht wünscht, das Ersuchen aufrecht zu erhalten (Art. 80 Abs. 2 InterpolDVO).

d) **Mitteilungen** hingegen beinhalten **standardisierte Ersuchen und Warnungen an** 205 **einige bestimmte nationale Büros** bzw. Stellen, die mittels Formularen und technischen Hilfsmitteln erfolgen, die das Generalsekretariat anhand der mit Zustimmung des Exekutivkomitees eingeführten Kategorien und Regeln bereitstellt (Art. 97 ff. InterpolDVO).[108] Es ist nach Art. 99 Abs. 3 InterpolDVO einzusetzen, wenn die Verbreitung der Information oder der Zugriff auf die enthaltenen Daten beschränkt werden soll oder die weitergehenden Voraussetzungen einer Meldung nicht erfüllt werden. Mitteilungen dienen insbesondere der Verhaftung, Einschränkung der Bewegungsfreiheit von Verurteilten oder Beschuldigten, deren Lokalisierung und Verfolgung, weiterhin dazu, zusätzliche Informationen zu erhalten, vor kriminellen Aktivitäten von Personen zu warnen oder allgemein zu Informationszwecken (Art. 97 Abs. 1 InterpolDVO). Darunter fallen insbesondere auch die sog. **Mitfahndungsersuchen an ausgewählte Staaten** (→ § 15 Rn. 328).[109] Soweit nichts Besonderes bestimmt ist, gelten für sie die gleichen Regeln wie für Meldungen (Art. 97 Abs. 2 InterpolDVO). Auch die Mitteilung muss gem. Art. 99 Abs. 1, 2 InterpolDVO in einer Arbeitssprache abgefasst sein und durch das zuständige nationale Büro geprüft sein, ob es den qualitativen und nationalen und internationalen rechtlichen Voraussetzungen, namentlich den Zwecken der Organisation, ihrer Neutralität und Rolle der Grundrechte genügt. Auch mitgeteilte Warnungen und Ersuchen müssen nach Art. 100 Abs. 2 InterpolDVO durch das sendende nationale Büro auf ihre Aktualität überwacht werden und können gem. Art. 100 Abs. 1, 3 InterpolDVO für maximal sechs Monate durch begründetes Ersuchen an das Sekretariat suspendiert und durch Mitteilung an alle ursprünglichen Adressaten insbesondere nach Zweckerfüllung zurückgenommen werden. Mitteilungen sollen auf Wunsch des sendenden nationalen Büros oder der internationalen Stelle und sonst nach den Verfahrensregeln vertraulich in einer Datenbank gespeichert werden (Art. 101 InterpolDVO).

---

[108] Zum Verfahren zur Einführung von Mitteilungskategorien Art. 97 Abs. 3 InterpolDVO, zu Formularen und technischen Hilfsmitteln Art. 98.
[109] *Stock/Herz* Kriminalistik 2008, 594 (599 mwN).

2. Analysedateien

206 Analysedateien dienen gem. Art. 71 Abs. 1 lit. a InterpolDVO lediglich der Erstellung einer Analyse und müssen danach vollständig vernichtet werden. Sie werden vom Sekretariat nach Stellungnahme der Datenschutzkommission und Stellungnahmemöglichkeit der Teilnehmer eingerichtet (Art. 68 InterpolDVO) und können, müssen aber nicht, mit den Datenbanken der Organisation verbunden oder zu deren Aktualisierung mittels Daten verwendet werden, die die Anforderungen dafür erfüllen (Art. 69 InterpolDVO). In der Analyse muss nach Art. 70 InterpolDVO bei sämtlichen personenbezogenen Daten deren Herkunft, Datum und Stellung des Betroffenen ersichtlich sein, ebenso muss eine klare Trennung zwischen Daten und Schlussfolgerungen vorgenommen sein und darauf verweisen, dass die Nutzung nur nach Konsultation des Sekretariats und der Quelle wegen etwaiger Restriktionen erfolgen soll. Die Analysen können aufbewahrt werden, wenn ein Missbrauch verhindert wird, die Kundgabe nach außen muss allen Regeln zur Sicherung der Vertraulichkeit genügen (Art. 71 Abs. 1 lit. b, Abs. 2 InterpolDVO). Das Sekretariat löscht Meldungen, wenn das ersuchende nationale Büro bzw. die internationale Stelle bestätigt hat, das der Zweck erreicht wurde, oder auf eine Konsultation, nach dem es die für sein Ersuchen notwendigen Daten erhalten hat, keinen vernünftigen Grund für seine mangelnde Aktivität genannt hat, die Voraussetzungen nicht weiter erfüllt sind oder die Meldung mit einer anderen so verknüpft ist, dass sie nach deren Löschung nicht aufrecht erhalten werden kann (Art. 81 InterpolDVO).

IV. Zugriff und Weiterverarbeitung

207 Für den **Zugriff auf Interpol-Daten** bestehen ausführliche Regelungen.

208 1. Der Zugriff auf die Interpol-Systeme kann in unterschiedlicher Weise erfolgen:

209 a) **Direkten Zugriff** auf die polizeilichen Datenbanken haben nach Maßgabe der dazu gespeicherten Charakteristika die nationalen Büros; den nationalen und internationalen Stellen kann dieser gem. Art. 54 InterpolDVO in gleichem Rahmen eingeräumt werden.

210 b) Das Sekretariat kann alle, von nationalen Stellen über ihre nationalen Büros, an sie herangetragenen Anträge auf **technischen Anschluss** der Systeme nationaler oder internationaler Stellen an das Interpol-System nach Konsultation der Datenschutzkommission und Autorisierung des Exekutivkomitees erlauben, wenn diese im Interesse der Organisation ist, das zumindest gleiche Sicherheitsniveau und Gewähr für die Einhaltung der Bedingungen für Verarbeitung der Daten wie im Interpol-System bietet und ermöglicht, dass das Sekretariat und die eingebende Stelle unverzüglich von jeder möglichen Folgerung aus den eingegebenen Daten informiert werden, die für sie von Interesse sein kann (Art. 55 InterpolDVO). Das Sekretariat hat gem. Art. 55 Abs. 5, 6 InterpolDVO ein aktuelles Register über alle diese technischen Anschlüsse zu führen und jährlich der Generalversammlung zu berichten.

211 c) Das **Herunterladen von Daten** aus dem Interpol-System in andere Systeme ist nur für maximal sechs Monate zulässig, wenn das Sekretariat dies nach denselben Kriterien und Verfahren, wie gerade für den technischen Anschluss ausgeführt, und unter Benennung eines Verantwortlichen autorisiert hat, und die Downloads mindestens wöchentlich aktualisiert und nicht in den nationalen Systemen weiter kopiert werden (Art. 56 InterpolDVO). Vor der Autorisierung gibt das Sekretariat jedem nationalen Büro, aus dessen Bereich Daten eingegeben wurden, die Bedingungen des geplanten Downloads bekannt; ab diesem Zeitpunkt können die eingebenden Stellen bzw. Büros innerhalb von 15 Tagen ihren Widerspruch geltend machen, sodass die davon umfassten Daten nicht heruntergeladen werden können (Art. 56 Abs. 5 InterpolDVO). Spätestens nach sechs Monaten sind die heruntergeladenen Daten gem. Art. 56 Abs. 1 lit. i InterpolDVO automatisch zu löschen.

212 d) **Indirekter Zugang** über ein von ihm bestimmtes Verfahren kann das Generalsekretariat den internationalen Stellen, die kein unmittelbares Zugriffsrecht haben, sowie im zeitweise unmöglichen direkten Zugriff oder besonders spezieller oder komplexer Ersuchen eingeräumt werden, wenn das Ersuchen klar und begründet und bei privaten und internationalen Stellen auch mit den Zwecken des Interpol-Systems übereinstimmen, und keine Zugangsbeschränkungen entgegenstehen; nationale Stellen haben entsprechende Anträge über ihre nationalen Büros zu stellen (Art. 57 InterpolDVO).

2. Bei allen Formen des **Zugriffs** sind gem. Art. 58 Abs. 1, 2, 4 InterpolDVO die **Beschränkungen** zu beachten, die die eingebende Stelle bzw. ihr nationales Büro aber auch ein anderes nationales Büro oder eine internationale Stelle hinsichtlich Personen, Gegenständen oder Ereignissen auferlegt hat. Die Beschränkungen dürfen nach Art. 58 Abs. 3 InterpolDVO nicht nur für bestimmte Staaten oder Stellen, sondern müssen allgemein gelten. Die Zugriffsbeschränkungen selbst sind vertrauliche Daten (Art. 58 Abs. 8 InterpolDVO). Kann ein nationales Büro oder eine internationale Stelle wegen einer solchen Beschränkung nicht auf gespeicherte Daten zugreifen, wird der sperrenden Stelle automatisch eine Benachrichtigung übersandt (Art. 58 Abs. 5 InterpolDVO). Auf Nachrichten können gem. Art. 58 Abs. 6 InterpolDVO nur die Teilnehmer zugreifen, soweit nicht der Absender bzw. sein nationales Büro etwas anderes bestimmt hat. 213

Zugriffsbeschränkungen können ansonsten nur vom Generalsekretariat in Notsituationen nach dem dafür geltenden Verfahren oder dann aufgehoben werden, wenn die Informationen bereits in der Öffentlichkeit bekannt geworden sind (Art. 58 Abs. 7 InterpolDVO). Ersteres ist erst möglich, wenn das Generalsekretariat der eingebenden Stelle, bei nationalen über das nationale Büro, eine in Anbetracht der abzuwendenden Gefahr angemessene Frist gesetzt hat und darauf in dieser Frist über denselben Weg kein ausdrücklicher Widerspruch eingegangen ist; in jedem Fall hat das Sekretariat das Exekutivkomitee und die Datenschutzkommission zu informieren (Art. 26 Abs. 5, Art. 59 InterpolDVO). 214

3. Für den **Zugang von dritten** internationalen oder privaten Organisationen und Personen kann das Sekretariat Vereinbarungen treffen, jedoch ist jeder Zugriff auf Daten nur mit der ausdrücklichen vorherigen Autorisierung der eingebenden Stelle erlaubt (Art. 60 InterpolDVO). Eine solche Form stellt insbesondere die derzeit im Roll-Out befindliche Zugangsmöglichkeit von Flug- und Schifffahrtsgesellschaften, Hotels und Banken auf die Datenbank der verlorenen und gestohlenen Ausweisdokumente dar.[110] Deutschland steht dem Vorschlag kritisch gegenüber und hat sich infolgedessen nicht daran beteiligt, der deutsche Datenbestand in der ASF-SLTD steht dem Projekt deshalb auch nicht zur Verfügung. 215

4. Die **Veröffentlichung von Informationen** erfolgt nach Regeln, die das Generalsekretariat nach Stellungnahme der Datenschutzkommission bestimmt und darf nur erfolgen, wenn die Publikation zur Warnung der Öffentlichkeit, Ersuchen um ihre Mithilfe oder sonst den Zwecken der internationalen kriminalpolizeilichen Zusammenarbeit dient und mit den Zielen der Organisation übereinstimmt, die Menschenrechte der Betroffenen beachtet, nicht geeignet ist, das öffentliche Bild oder die Interessen der Organisation und ihrer Mitglieder zu beschädigen und die Quelle der Daten die Veröffentlichung einschließlich der konkreten Methode und möglicher Empfänger zustimmt (Art. 61 Abs. 1, 2 InterpolDVO). Daten von Minderjährigen dürfen nicht veröffentlicht werden, es sei denn, dass das für die Eingabe zuständige nationale Büro bzw. die internationale Stelle und das Generalsekretariat es für essentiell für die internationale Polizeikooperation erachten und die Veröffentlichung mit dem anwendbaren nationalen und internationalen Recht in Einklang steht (Art. 61 Abs. 2 lit. e InterpolDVO). Meldungen und darin enthaltene Daten dürfen gem. Art. 61 Abs. 3 InterpolDVO durch andere als die eingebende Stellen nur nach Genehmigung des Sekretariats und unter Sicherstellung einer identischen Kopie und regelmäßigen Aktualisierung veröffentlicht werden. 216

5. Liefert eine Suchanfrage in einer Datenbank hinsichtlich der gespeicherten Daten eines Ersuchens oder einer Warnung oder auch sonst der Person des Betroffenen eine 217

---

[110] Vgl. BT-Drs. 18/3236, 3 f. zum sog. Projekt „I-Checkit".

Übereinstimmung, erhält auch das nationale Büro oder die internationale Stelle, aus deren Bereich die Eingabe erfolgte, **automatisch eine Benachrichtigung,** die zumindest die abfragende Stelle identifiziert (Art. 104 InterpolDVO). Gleichfalls wird diese übereinstimmende Abfrage in einer Datenbank für die Dauer der Speicherung der Bezugsdaten gespeichert, sodass die eingebende Stelle, diese auch sonst nachvollziehen kann (Art. 106 InterpolDVO). Bevor die abfragende Stelle eine Maßnahme aus dem Abfrageergebnis trifft, soll sie die eingebende Stelle kontaktieren; letztere soll, wohl auch bereits auf die Benachrichtigung, die Aktualität und Relevanz der gespeicherten Daten so schnell wie möglich überprüfen (Art. 105 Abs. 1, 2 InterpolDVO). Das weitere Verfahren, einschließlich der konkret zu treffenden Maßnahmen und Fristen, wird gem. Art. 105 Abs. 3 InterpolDVO durch Regeln des Generalsekretariats nach Konsultation der nationalen Büros festgelegt.

218   6. Vor einer **Weiterleitung von Informationen aus einer Interpol-Datenbank an ein anderes nationales Büro** oder eine angeschlossene internationale Organisation hat das ausführende bei dem für die Eingabe zuständigen nationalen Büro bzw. dem Sekretariat **zu überprüfen,** dass dies nicht gegen **Beschränkungen** verstößt, eine weiterleitende internationale Stelle hat dies stets beim Sekretariat zu veranlassen (Art. 67 Abs. 1 InterpolDVO). In eigener Verantwortung hat das weiterleitende Büro oder internationale Stelle gem. Art. 67 Abs. 2 InterpolDVO zu prüfen, dass besonders schutzbedürftige Daten nur weitergeleitet werden, wenn dies in spezieller Weise für strafrechtliche Ermittlung und damit die Ziele der Organisation wertvoll ist. Erfolgt die Weiterleitung im Fall eines nur indirekten Zugangs, müssen die relevanten Informationen zu Herkunft, Nutzungsbedingungen, Vertraulichkeitsgrad, Löschfrist, Status des Betroffenen und auszuführender Maßnahme und angegebene besondere Verfahren mit übermittelt werden (Art. 67 Abs. 3 InterpolDVO). Von den weitergeleiteten Informationen ist eine exakte Kopie an die eingebende Stelle zu übermitteln, wenn diese dies für erforderlich erklärt hat oder die weiterleitende Stelle dies sonst als notwendig erachtet (Art. 67 Abs. 4 InterpolDVO). Das Generalsekretariat darf Nachrichten gem. Art. 67 Abs. 5 InterpolDVO zwischen nationalen Büros und internationalen Stellen nur an andere weiterleiten, wenn es selbst mit adressiert war oder die Zustimmung des Absenders vorliegt.

219   Nationale Büros, nationale und internationale Stellen dürfen Daten aus den Interpol Datenbanken für **strafrechtliche Ermittlungszwecke** grundsätzlich **weiterverarbeiten,** soweit dies den Zielen und Tätigkeiten der Organisation, dem ursprünglichen Speicherzweck und dem anwendbaren Recht nicht widerspricht und dem nicht binnen zehn Tagen durch das Nationale Büro, von dem bzw. dessen nationalen Stellen die Daten stammen, auf Information keinen Widerspruch signalisiert hat (Art. 64 InterpolDVO). Soll die Nutzung zu solchen Zwecken durch eine internationale Stelle erfolgen, die kein unmittelbares Zugriffsrecht hat, oder kamen die Daten von dort, so ist das Sekretariat zu informieren. Für **andere,** hier administrativ genannte, **Zwecke** dürfen die Daten nur verwendet werden, wenn die genannte zuständige Stelle dem ausdrücklich zuvor zugestimmt hat (Art. 65 InterpolDVO).

220   Zudem sind die **Bedingungen** zu beachten, die die eingebende Stelle insbesondere für die Verwendung gestellt hat, auf die das Sekretariat deshalb aufmerksam machen soll (Art. 66 InterpolDVO).

221   Eine um eine Verbreitung einer Meldung ersuchende nationale Stelle darf keine Beschränkung des Zugriffs hinsichtlich einzelner anderer nationaler Stellen bzw. Büros machen, allerdings den Zugriff internationaler Organisationen, die nicht die Befugnis zu Kriminalermittlungen und Strafverfolgung haben, beschränken (Art. 78 Abs. 3 InterpolDVO).

222   Vor jeder Nutzung soll die abrufende Stelle gem. Art. 62 InterpolDVO den Zweck des Abrufs, die besondere Bedingungen und Beschränkungen für die Nutzung und die Aktualität und Relevanz der Daten bestimmen. Es liegt in der Verantwortung der abrufenden Stelle sicherzustellen, dass die Daten vor Nutzung weiterhin akkurat und relevant sind und für die dazu notwendigen Überprüfungen, als nationale Stelle über das eigene Büro als internationale über das Sekretariat, das jeweilige nationale Büro, auch bei einer eingebenden nationalen Stelle, bzw. sonst das Generalsekretariat zu kontaktieren (Art. 63 InterpolDVO).

Ansonsten dürfen Daten in Interpol-Systemen zur Verteidigung der Organisation in Rechtsstreitigkeiten, Herstellung von Statistiken und für wissenschaftliche, historische und journalistische Recherche und Veröffentlichung verarbeitet und maximal 50 Jahre gespeichert werden, wobei das nähere durch besondere Verfahrensregeln festgelegt wird (Art. 132 ff. InterpolDVO). **223**

V. Datenschutz und Datensicherheit

1. Zu **Datenschutz und Datensicherheit** bestehen ebenfalls detaillierte Regelungen, die unter anderem die Zulassung neuer Teilnehmer und ein aktuelles Teilnehmerregister beim Sekretariat, den Zugang von qualifizierten und entweder durch das Sekretariat oder die Teilnehmer autorisierten Personen (Art. 107 ff. InterpolDVO), die sonstige zwischen beiden Ebenen geteilte Sicherheitskontrolle auch durch Sicherheitsbeamte der nationalen Stellen (Art. 115 ff. InterpolDVO), und ein Warnsystem für Sicherheitsvorfälle sowie ein Wiederherstellungssystem und ein Mechanismus zum Abgleich heruntergeladener Daten und sonst möglicher Zweifel an der Qualität der Daten regeln (Art. 15, 118 f., 127 ff. InterpolDVO). Der Datenschutz soll gem. Art. 120 ff. InterpolDVO durch die zentrale Datenschutzkommission und Datenschutzbeamte der nationalen Stelle überwacht werden. Hierzu dient neben einer reinen Management-Datenbank, die Fehlverarbeitungen vermeiden soll (Art. 125 InterpolDVO), seit 1.7.2013 eine beim Generalsekretariat geführte Datenbank, die sämtliche Eingaben, Löschfristverlängerungen und Löschungen, direkte Abfragen sowie Anfragen und Rückmeldungen für zwei Jahre dokumentiert und nur zu Überprüfungen zu diesem Zweck und ausdrücklich unter keinen Umständen für Strafermittlungen verwendet werden darf (Art. 126 InterpolDVO). **224**

2. Recht breiten Raum hat die Regelung der **Vertraulichkeit** und der drei Vertraulichkeitsgrade für den Dienstgebrauch (*„for official use only"*), vertraulich (*„restricted"*) und geheim (*„confidential"*) entsprechend den auch im deutschen Geheimschutz geltenden Kriterien und die daraus folgenden Verfahrenserfordernisse im materiellen und personellen Geheimschutz für Sekretariat und nationale Büros (Art. 14, 112 ff. InterpolDVO). **225**

3. **Jedermann,** der Zugang zu Daten wünscht, die ihn oder eine Person, die er vertritt, betreffen, kann die **zentrale Datenschutzkommission anrufen** (Art. 18 InterpolDVO), und erhält daraufhin unverzüglich eine Eingangsbestätigung (Art. 4 lit. a InterpolDVO, Art. 9 lit. b, c Interpol-KontrollO). Wenn das Begehren nicht, etwa aufgrund seiner Zahl, wiederholten oder systematischen Natur, offensichtlich unbegründet ist, ist die Kommission verpflichtet, zunächst zu prüfen, ob alle betreffenden Daten ordnungsgemäß gespeichert sind oder ob sie gegebenenfalls dem Sekretariat diesbezügliche Maßnahmen vorschlägt (Art. 9 lit. d InterpolDVO, Art. 10 Interpol-KontrollO). Nur mit Zustimmung der Quelle bzw. der übermittelnden Stelle kann die Kommission dem Betroffenen mitteilen, welche Daten über ihn gespeichert sind; in jedem Fall erhält er aber unverzüglich eine Benachrichtigung, wenn seine Anfrage abgearbeitet ist (Art. 9 lit. d InterpolDVO, Art. 11 Interpol-KontrollO). **226**

D. Erhebung von Daten zwischen- und überstaatlicher Einrichtungen

Zu unterscheiden sind hier die speziell für den strafrechtlichen Austausch eingerichteten Organisationen oder Teileinrichtungen von allgemeinen supra- und internationalen Organisationen und ihren Einrichtungen. Zu letzteren ist im nationalen deutschen Recht hierzu faktisch nichts geregelt. **227**

Zwar lässt sich diese Zusammenarbeit noch gem. § 1 IRG als Rechtshilfeverkehr mit dem Ausland unter den Anwendungsbereich des IRG fassen, das Gesetz regelt aber nur ausgehende Ersuchen mit Staaten, selbst § 74a IRG schreibt nur die Zuständigkeit des Bundes für eingehende Ersuchen fest. **228**

3. Kapitel

3. Kapitel. Informationserhebung unter Einschaltung ausländischer Stellen

I. Europäische Staatsanwaltschaft (EuStA)

229 **1.** Mit der EUStA-VO vom 12.10.2017[111] hat der Unionsgesetzgeber den Auftrag aus Art. 86 AEUV nach langen Beratungen erfüllt und als „Vermächtnis" aus dem Europäischen Verfassungsvertrag eine Europäische Staatsanwaltschaft zumindest als instrument einer „verstärkten Zusammenarbeit", also verbindlich nur für die teilnehmenden Mitgliedstaaten, geschaffen. Es handelt sich um eine **Einrichtung der Union mit eigener Rechtspersönlichkeit** (Art. 1 EUStA-VO).

230 Ihre **Zuständigkeit** beschränkt sich nach derzeitigem Rechtsstand allerdings alleine auf die strafrechtliche Untersuchung, Verfolgung und Anklageerhebung bei Straftaten zum Nachteil der **finanziellen Interessen der Union**.[112] Hierzu kann die EUStA allerdings die Ermittlungen selbst führen, Strafverfolgungsmaßnahmen ergreifen und vor den zuständigen Gerichten der Mitgliedstaaten die Aufgaben der Staatsanwaltschaft wahrnehmen (Art. 4 S. 1 EUStA-VO).

231 Trotz ihrer dezentralen Organisation handelt es sich um eine einheitliche, **in sich geschlossene Behörde,** bei der alle Amtswalter, namentlich die Europäischen und Delegierten Europäischen Staatsanwälte, unabhängig von den nationalen Ermittlungsbehörden sind (vgl. Art. 6, 8 ff. EUStA-VO).

232 **2.** Während sich ausführliche Regelungen zu anderen Bereichen finden, fehlen weitgehend Regelungen für die **Übermittlung von Informationen und Erkenntnissen** an die Ermittlungsbehörden der teilnehmenden Mitgliedstaaten.

233 **a)** Besonders ausführlich geregelt sind umgekehrt die **Verpflichtungen zu Informationsweitergaben der nationalen Behörden** an die EUStA.[113]

234 **b)** Einen Sonderfall stellen die **Abgaben** und dahingehenden Konsultationsverfahren dar, wenn der vorliegende Fall anscheinend nicht in die Zuständigkeit der EUStA fällt oder die EUStA das Verfahren sonst **einstellen** will (Art. 34, 39 EUStA-VO).

235 **c)** Weiterhin finden sich ausführliche Regelungen für den Datenaustausch mit Organen und anderen Einrichtungen der Union, nicht teilnehmenden Mitgliedstaaten und **Drittstaaten und Drittorganisationen** (Art. 80 ff., 99 ff. EUStA-VO).

236 **d)** Hingegen sind Hinweise auf die **unmittelbare Informationsübermittlung in anderen Strafsachen an die nationalen Ermittlungsorgane** rar und es fehlen ausdrückliche Regelungen geradezu augenfällig. Es sollen zwar die Grundsätze gelten, dass einerseits im Sinne des Grundsatzes der loyalen Zusammenarbeit die EUStA und die zuständigen nationalen Behörden einander unterstützen und unterrichten, damit die Straftaten, die in die Zuständigkeit der EUStA fallen, wirksam bekämpft werden können. Andererseits sollen die nationalen Systeme der Mitgliedstaaten in Bezug auf die Art und Weise, wie strafrechtliche Ermittlungen organisiert werden, unberührt bleiben.[114] Im Übrigen sollen wohl die allgemeinen Regelungen für die Auskunft von Unionseinrichtungen an nationale Stellen gelten.[115]

237 **aa)** Eher mittelfristig relevant scheinen die Möglichkeiten der EUStA, Kooperationsvereinbarungen mit Behörden der Mitgliedstaaten zu treffen (Art. 99 EUStA-VO), allerdings nur, soweit dies zur Erfüllung ihrer eigenen Aufgaben erforderlich ist.

238 **bb)** Damit ist wohl vor allem auf die **EG-Datenschutz-VO** und die dazu allgemein anzuführenden Gesichtspunkte (→ § 19 Rn. 10 ff.) zu verweisen.

---

[111] VO (EU) 2017/1939 des Rates zur Durchführung einer Verstärkten Zusammenarbeit zur Errichtung der Europäischen Staatsanwaltschaft (EUStA) v. 12.10.2017, ABl. 2017 L 283, 1.
[112] Art. 4 S. 1 EUStA-VO, 22 ff. EUStA-VO iVm RL (EU) 2017/1371 des Europäischen Parlaments und des Rates über die strafrechtliche Bekämpfung von gegen die finanziellen Interessen der Union gerichtetem Betrug v. 5.7.2017, ABl. 2017 L 198, 29.
[113] Vgl. etwa Erwägungsgrund 48 ff. EUStA-VO; Art. 24 ff. EUStA-VO.
[114] Erwägungsgrund 14 f. EUStA-VO.
[115] Erwägungsgrund 90 EUStA-VO.

cc) Eingeschränkt werden dürften diese durch die besonderen Verarbeitungsschranken 239
und -regelungen in Art. 47 ff. EUStA-VO, ohne dass diese nach ihrem, gerade nicht auf
diese Übermittlungen gerichteten Wortlaut in der Praxis größerer Anwendungsbereich
zukommen dürfte. Insoweit bleibt auch die weitere dogmatische Klärung durch Rechtspraxis und -wissenschaft abzuwarten. Insgesamt wird allerdings ein Bedarf für ein weitergehendes einheitliches Unionsstrafverfahrensrecht dadurch mit unterstrichen.[116]

e) Ebenfalls noch offen erscheint, ob sich **alternative Wege der Informationsüber-** 240
mittlung für nationale Ermittler als wirkungsvoller erweisen werden, namentlich **über**
Eurojust, Europol oder OLAF.

aa) Zu allen drei Einrichtungen soll die EUStA enge Beziehungen unterhalten 241
(Art. 100 ff. EUStA-VO).

bb) Insbesondere an **Eurojust** kann die EUStA Informationen, einschließlich personen- 242
bezogener Daten, zu ihren Ermittlungen weitergeben, Art. 100 Abs. 1 lit. a EUStA-VO.
Allerdings ist auch hier die Informationsübermittlung im Übrigen einseitig in Richtung
der EUStA formuliert.

II. Europäisches Amt für Betrugsbekämpfung (OLAF)

Das **Europäische Amt für Betrugsbekämpfung OLAF** ist auf Grundlage von Art. 325 243
AEUV von der Kommission eingerichtet zur Bekämpfung von Betrügereien und sonstigen
rechtswidrigen Handlungen, die sich gegen die finanziellen Interessen der Union richten.[117] Seine Rechtsgrundlagen bilden insbesondere der aktualisierte Errichtungsbeschluss
von 1999 (OLAF-Errichtungs-Beschluss)[118] sowie die Verordnung über seine Untersuchungen (OLAF-VO) v. 11.9.2013[119] sowie die allgemeinen Verordnungen[120] und die
sektorbezogenen Regelungen[121] zum Schutz der finanziellen Interessen der EU. Mit der
am 5.7.2017 verabschiedeten RL (EU) 2017/1371[122] ist das „materielle" Recht, mit dem
die Delikte gegen die finanziellen Interessen der Union beschrieben werden, neu und
einheitlich gefasst worden. Die zugehörigen nationalen Umsetzungsakte sind bis zum
6.7.2019 zu erlassen.

1. OLAF ist dabei zunächst mit der Durchführung **interner Verwaltungsuntersuchun-** 244
gen beauftragt worden, die dazu dienen sollen entweder Betrug, Korruption und sonstige
rechtswidrige Handlungen zum Nachteil der finanziellen Interessen der Europäischen
Gemeinschaften zu bekämpfen oder andere schwerwiegende Dienstverletzungen von Beamten und Bediensteten der Union zu ermitteln (Art. 2 Abs. 1 Olaf-Errichtungs-Beschluss, Art. 4 ff. OLAF-VO).

Das Amt hat allerdings ebenfalls umfangreiche **externe Untersuchungsaufgaben** und 245
-befugnisse hinsichtlich der erstgenannten Handlungen, die zunächst der Union bzw. der

---

[116] Vgl. *Magnus* HRRS 2018, 143 ff.
[117] Vgl. ausf. zu OLAF insges. HdB-EuStrafR/*Kuhl/Spitzer* § 8, HdB-EuStrafR/*Brüner/Spitzer* § 43 mwN;
HdB-EuStrafR/*Storbeck* § 47 Rn. 7 ff.; *Ambos* IntStrafR § 13 Rn. 1 ff. mwN; mit Fokus auf dem Rechtsschutz *Langbauer* Das Strafrecht vor den Unionsgerichten 354 ff. mwN.
[118] Beschluß der Kommission zur Errichtung des Europäischen Amtes für Betrugsbekämpfung (OLAF) v.
28.4.1999, ABl. 1999 L 136, 20.
[119] VO (EU, Euratom) 883/2013 des Europäischen Parlaments und des Rates über die Untersuchungen des
Europäischen Amtes für Betrugsbekämpfung (OLAF) und zur Aufhebung der Verordnung (EG)
Nr. 1073/1999 des Europäischen Parlaments und des Rates und der Verordnung (Euratom) Nr. 1074/
1999 des Rates v. 11.9.2013, ABl. 2013 L 248, 1.
[120] VO (Euratom, EG) Nr. 2185/96 des Rates betreffend die Kontrollen und Überprüfungen vor Ort durch
die Kommission zum Schutz der finanziellen Interessen der Europäischen Gemeinschaften vor Betrug und
anderen Unregelmäßigkeiten v. 11.11.1996, ABl. 1996 L 292, 2; sowie VO (EG, Euratom) Nr. 2988/95
des Rates über den Schutz der finanziellen Interessen der Europäischen Gemeinschaften v. 18.12.1995,
ABl. 1995 L 312, 1.
[121] Vgl. Art. 8 Abs. 3 VO (EG, Euratom) 2988/95.
[122] RL (EU) 2017/1371 des Europäischen Parlaments und des Rates über die strafrechtliche Bekämpfung von
gegen die finanziellen Interessen der Union gerichtetem Betrug v. 5.7.2017, ABl. 2017 L 198, 29.

Kommission zugeschrieben wurden, übertragen bekommen (Art. 4 OLAF-VO sowie VO (EG, Euratom) 2988/95[123]; Kontroll-VO[124]). So kann es zur Feststellung des Vorliegens von Betrug oder Korruption oder jedweder sonstigen rechtswidrigen Handlung zum Nachteil der finanziellen Interessen der Union, der bzw. die im Zusammenhang mit einer Finanzhilfevereinbarung, einem Finanzhilfebeschluss oder einem Vertrag über eine Finanzhilfe der Union verübt wurde, bei Wirtschaftsteilnehmern vor Ort Kontrollen und Überprüfungen durchführen (Art. 3 Abs. 1, 2 OLAF-VO iVm Kontroll-VO).

246   2. Die **Einleitung externer Untersuchungen** wird vom Generaldirektor von sich aus oder auf Ersuchen eines betroffenen Mitgliedstaats oder eines Organs, einer Einrichtung oder sonstigen Stelle der EU beschlossen (Art. 5 OLAF-VO, vor allem Abs. 2 OLAF-VO). Die Verfolgungsverjährungsfrist beträgt gem. Art. 3 VO (EG, Euratom) 2988/95 vier Jahre.

247   a) Die Untersuchungen werden durchgeführt, soweit sie **erforderlich** sind, um die ordnungsgemäße Anwendung des Gemeinschaftsrechts sicherzustellen. Sie müssen wirksam, verhältnismäßig und abschreckend sein, um einen angemessenen Schutz der finanziellen Interessen der Gemeinschaften zu gewährleisten (Art. 2 Abs. 1, 2 VO (EG, Euratom) 2988/95). Gleichzeitig müssen sie objektiv und unparteiisch sowie unter Einhaltung der Unschuldsvermutung und der **Verfahrensgarantien** der Betroffenen zur Ermittlung sowohl der belastenden als auch der entlastenden Fakten durchgeführt werden (Art. 9 Abs. 1 OLAF-VO).

248   b) OLAF hat bereits vor der Einleitung **Zugang zu sämtlichen sachdienlichen Informationen** in den Datenbanken der Organe, Einrichtungen und sonstigen Stellen der EU und Mitgliedstaaten, wenn dies für die Überprüfung der sachlichen Richtigkeit der Behauptungen unverzichtbar ist; diese haben auch sonst loyal zu kooperieren und unverzüglich alle relevanten Informationen zu übermitteln (Art. 6, 8 OLAF-VO).

249   c) **Vor Ort** werden Kontrollen nach Maßgabe der sektorbezogenen Regelungen durchgeführt bzw. geprüft, ob die Buchhaltung und Belege und deren Kontrolle gewährleistet sind (Art. 3 Abs. 1, 2 OLAF-VO iVm Art. 9 VO (EG, Euratom) 2988/95). Die EU-Kontrolleure haben unter denselben Bedingungen wie die Kontrolleure der einzelstaatlichen Verwaltungen und unter Einhaltung der einzelstaatlichen Vorschriften Zugang zu allen Informationen und Unterlagen über die betreffenden Vorgänge, die sich für die ordnungsgemäße Durchführung der Kontrollen und Überprüfungen vor Ort als erforderlich erweisen (Art. 7 Abs. 1 Kontroll-VO). Sie weisen sich mit einer schriftlichen Ermächtigung des Generaldirektors aus (Art. 7 Abs. 2 OLAF-VO) und können dieselben materiellen Kontrollmittel benutzen wie die Kontrolleure der einzelstaatlichen Verwaltungen und insbesondere zweckdienliche Unterlagen kopieren. Erforderlichenfalls obliegt es vor allem den Mitgliedstaaten, auf Ersuchen der Kommission die im einzelstaatlichen Recht vorgesehenen Sicherungsmaßnahmen zu ergreifen, um insbesondere Beweisstücke zu sichern (Art. 7 Abs. 2 VO (Euratom, EG) 2185/96, Art. 7 Abs. 6, 7 OLAF-VO). Während der Kontrollen und Überprüfungen vor Ort handeln die Bediensteten des Amtes nach dem anwendbaren Unionsrecht einschließlich der in der OLAF-VO niedergelegten Verfahrensgarantien sowie im Einklang mit den Vorschriften und Gepflogenheiten des betroffenen Mitgliedstaats (Art. 3 Abs. 3 UAbs. 1 OLAF-VO). Dessen zuständige Behörde leistet den Olaf-Errichtungs-Beschlussdiensten die notwendige Unterstützung; erfordert diese Unterstützung gemäß den nationalen Bestimmungen die Genehmigung einer Justizbehörde, so ist diese Genehmigung zu beantragen (Art. 3 Abs. 3 UAbs. 2 OLAF-VO). Das Amt kann gem. Art. 3 Abs. 6 OLAF-VO auch an entsprechenden nationalen Maßnahmen teilnehmen.

---

[123] VO (EG, Euratom) Nr. 2988/95 des Rates über den Schutz der finanziellen Interessen der Europäischen Gemeinschaften v. 18.12.1995, ABl. 1995 L 312, 1.

[124] VO (Euratom, EG) Nr. 2185/96 des Rates betreffend die Kontrollen und Überprüfungen vor Ort durch die Kommission zum Schutz der finanziellen Interessen der Europäischen Gemeinschaften vor Betrug und anderen Unregelmäßigkeiten v. 11.11.1996, ABl. 1996 L 292, 2.

d) Das Amt kann einen Betroffenen oder einen Zeugen nach Art. 9 Abs. 2 OLAF-VO **250** zu jedem Zeitpunkt während einer Untersuchung nach festgelegter Ladungsfrist und mit weiteren bindenden Verfahrensvorgaben **befragen**. Jeder Befragte hat das Recht, keine Angaben zu machen, die ihn belasten können (Art. 9 Abs. 2 UAbs. 1 S. 2 OLAF-VO), bzw. sich in einer von ihm beherrschten Amtssprache zu äußern (Art. 9 Abs. 5 OLAF-VO). Dem Betroffenen ist vor Abschluss der Untersuchungen gem. Art. 9 Abs. 4 OLAF-VO das Recht zu gewährleisten, sich zu den Vorwürfen zu äußern.

3. OLAF ist direkter Ansprechpartner der nationalen Polizei- und Justizbehörden (Art. 2 **251** Abs. 5 Olaf-Errichtungs-Beschluss)[125] und kann diesen spontan bzw. auf Ersuchen erlangte Informationen übermitteln.

a) Liegen dem Amt **vor einer Entscheidung über die Einleitung** einer etwaigen **252** externen Untersuchung Informationen vor, die den Schluss nahelegen, dass Betrug oder Korruption oder eine sonstige rechtswidrige Handlung zum Nachteil der finanziellen Interessen der Union begangen wurde, so kann es die zuständigen Behörden der betroffenen Mitgliedstaaten in Kenntnis setzen (Art. 3 Abs. 6 OLAF-VO). Die zuständigen Behörden der betroffenen Mitgliedstaaten sind dann nach Art. 3 Abs. 6 UAbs. 2 S. 2 OLAF-VO verpflichtet, dem Amt die aufgrund der Informationen ergriffenen Maßnahmen und deren Ergebnisse auf Anfrage mitzuteilen.

b) Beschließt der Generaldirektor **keine externe Untersuchung** einzuleiten, so kann er **253** den zuständigen Behörden des betroffenen Mitgliedstaats unverzüglich alle relevanten Informationen übermitteln, damit gegebenenfalls Maßnahmen nach Maßgabe dessen nationaler Rechtsvorschriften eingeleitet werden können (Art. 5 Abs. 6 OLAF-VO).

c) Die nach Abschluss einer externen Untersuchung erstellten **Berichte und Empfeh-** **254** **lungen** werden zusammen mit allen sachdienlichen Schriftstücken gemäß den für externe Untersuchungen geltenden Regelungen den zuständigen Behörden der betroffenen Mitgliedstaaten und gegebenenfalls der Kommission übermittelt (Art. 11 Abs. 3 OLAF-VO). Werden in dem nach Abschluss einer internen Untersuchung erstellten Bericht Sachverhalte festgestellt, die eine strafrechtliche Verfolgung nach sich ziehen können, so wird dies den Justizbehörden des betroffenen Mitgliedstaats mitgeteilt (Art. 11 Abs. 5 OLAF-VO). Etwaige Hinweisgeber können auf Antrag zusätzlich über den Ausgang in Kenntnis gesetzt werden.[126]

d) Auch sonst kann das Amt den zuständigen Behörden der betroffenen Mitgliedstaaten **255** **im Laufe externer Untersuchungen erlangte Informationen** übermitteln, damit sie geeignete Maßnahmen gemäß ihren nationalen Rechtsvorschriften ergreifen können (Art. 12 Abs. 1 OLAF-VO). Im Laufe interner Untersuchungen vom Amt erlangte Informationen über Sachverhalte, die in die Zuständigkeit einer nationalen Justizbehörde fallen, werden diese gem. Art. 12 Abs. 2 OLAF-VO durch den Generaldirektor übermittelt. Namentlich bei letzterem ist die Übermittlung der Namen des Betroffenen nur unter Einhaltung der wesentlichen Verfahrensgrundsätze einschließlich Möglichkeit der vorangehenden Stellungnahme vorzunehmen (Art. 12 Abs. 2 UAbs. 3 OLAF-VO). Die zuständigen Behörden des betroffenen Mitgliedstaats haben dann gem. Art. 12 Abs. 3 OLAF-VO von sich aus oder auf Ersuchen des Amtes unter Beachtung ihrer nationalen Rechtsvorschriften diesem mitzuteilen, welche Folgemaßnahmen aufgrund der ihnen nach diesem Artikel übermittelten Informationen ergriffen wurden.

e) Das Amt kann schließlich nach Art. 12 Abs. 4 OLAF-VO auch **in nationalen** **256** **Gerichtsverfahren** in Übereinstimmung mit dem nationalen Recht und dem des Statuts der Beamten der Europäischen Gemeinschaften[127] Beweise vorlegen.

---

[125] Vgl. zum ganzen Folgenden HdB-EuStrafR/*Schröder* § 33 Rn. 60.
[126] Vgl. näher Art. 11 Abs. 8 OLAF-VO.
[127] Art. 12 Abs. 4 OLAF-VO spricht lediglich von „Statut", wie auch der Rest der deutschen Sprachfassung. Erst in Art. 1 Abs. 3 lit. d OLAF-VO in der englischen Sprachfassung wird deutlich, dass damit nur die „Staff Regulations" im Sinne des EU-Bedienstetenstatuts gemeint sein können.

3. Kapitel

3. Kapitel. Informationserhebung unter Einschaltung ausländischer Stellen

257   4. Mit **Eurojust und Europol** schließt OLAF Vereinbarungen zum Datenaustausch und zur Zusammenarbeit (Art. 13 OLAF-VO). Kann es der Koordinierung und der Zusammenarbeit zwischen nationalen Untersuchungs- und Strafverfolgungsbehörden dienlich oder förderlich sein oder hat das Amt den zuständigen Behörden der Mitgliedstaaten Informationen übermittelt, die vermuten lassen, dass Betrug oder Korruption oder eine sonstige rechtswidrige Handlung zum Nachteil der finanziellen Interessen der Union begangen wurde, so übermittelt das Amt die betreffenden Informationen an Eurojust im Rahmen dessen Mandats (Art. 13 Abs. 1 UAbs. 2 OLAF-VO).

258   Die zuständigen Behörden der betroffenen Mitgliedstaaten werden gem. Art. 13 Abs. 2 OLAF-VO in den Fällen, in denen OLAF die von ihnen übermittelten Informationen an Eurojust oder Europol weiterleitet, rechtzeitig hiervon unterrichtet.

259   5. OLAF handelt im Einklang mit der Datenschutz-RL nach Sicherstellung der Vertraulichkeit durch eigene Regelungen und unter der Kontrolle eines eigenen Datenschutzbeauftragten und Überwachungsausschusses sowie durch Parlament, Rat und Kommission.[128]

III. Organe und andere Stellen der EU

260   1. Für die Amtshilfe[129] zwischen den Organen und Einrichtungen der EU bzw. EAG und den nationalen Behörden der Mitgliedstaaten bestehen einige **Spezialregelungen:**

261   a) So ist nunmehr die Offenlegung von Informationen **der Europäischen Zentralbank** in Strafverfahren ausdrücklich geregelt.[130]

262   b) Beispielhaft ist auch zu verweisen auf die gegenseitige Amtshilfe zwischen Verwaltungsbehörden der Mitgliedstaaten und die Zusammenarbeit dieser Behörden mit der Kommission im Hinblick auf die ordnungsgemäße Anwendung der **Zoll- und der Agrarregelung** im Rahmen der Zollinformations-VO, die etwa in Art. 18 Zollinformations-VO Regelungen über die Zusammenarbeit bei möglichen Zuwiderhandlungen und in Art. 23 Abs. 2 Zollinformations-VO, Art. 30 Zollinformations-VO zur Weiterverwendung von Daten aus dem gemeinsamen Zoll-Informationssystem trifft und ihrerseits unter anderem auf die VO (EG) 45/2001/EG des Europäischen Parlaments und des Rates zum Schutz natürlicher Personen bei der Verarbeitung personenbezogener Daten durch die Organe und Einrichtungen der Gemeinschaft und zum freien Datenverkehr (EG-Datenschutz-VO)[131] verweist (→ § 16 Rn. 59 ff.).

263   c) Bei anderen als Verbund ausgelegten Organisationen, bei denen spezielle Übermittlungsvorschriften fehlen, wie etwa der **Europäischen Beobachtungsstelle für Drogen und Drogensucht** (EBDD)[132] kann sich alternativ der Weg über Europol oder häufiger über die eigene nationale Kontaktstelle, hier etwa die Deutsche Beobachtungsstelle für Drogen und Drogensucht anbieten.

264   d) Weiterhin sehen nunmehr für **Frontex** Art. 44 ff. VO 1624/2016 Regelungen für den Informationsaustausch auch mit Strafverfolgungsbehörden der Mitgliedstaaten vor.[133]

265   2. Allgemein schreibt die im November 2018 in Kraft getretene Datenschutz-RL die Regelungen über die Datenverarbeitung der Organe, Einrichtungen, Agenturen und sons-

---

[128] Art. 1 Abs. 3 lit. d OLAF-VO; Art. 10, 15, 16 OLAF-VO; Erwägungsgrund 35 OLAF-VO.
[129] Vgl. zur Abgrenzung von der Rechtshilfe und zum ganzen Folgenden HdB-EuStrafR/*Schröder* § 33 Rn. 16 ff. mwN.
[130] Vgl. Beschluss (EU) 2016/1162 insbesondere Art. 2 B EZB/2016/19.
[131] v. 18.12.2000, ABl. 2001 L 8, 1.
[132] VO (EG) Nr. 1920/2006 des Europäischen Parlaments und des Rates über die Europäische Beobachtungsstelle für Drogen und Drogensucht (Neufassung) v. 12.12.2006, ABl. 2006 L 376, 1.
[133] VO (EU) 2016/1624 des Europäischen Parlaments und des Rates v. 14.9.2016 über die Europäische Grenz- und Küstenwache und zur Änderung der Verordnung (EU) 2016/399 des Europäischen Parlaments und des Rates sowie zur Aufhebung der Verordnung (EG) Nr. 863/2007 des Europäischen Parlaments und des Rates, der Verordnung (EG) Nr. 2007/2004 des Rates und der Entscheidung des Rates 2005/267/EG v. 16.9.2016, ABl. 2016 L 251, 1.

tigen Stellen der Union fort. Sie stellt neben der DS-GVO[134] und der JI-RL die dritte Kodifikation dar, die allerdings noch weiterhin für Sonderregelungen, vor allem für Europol, die Europäische Staatsanwaltschaft und Eurojust geöffnet ist, vgl. Art. 2 Abs. 3, Art. 101 Abs. 2 VO (EU) 2018/1725.

a) Geregelt ist die gesamte Erhebung und Verarbeitung, sofern keine Spezialregelungen vorliegen sollten, soweit sie im Rahmen von Tätigkeiten erfolgen, die ganz oder teilweise in den **Anwendungsbereich des Gemeinschaftsrechts** fallen, darunter insbesondere auch die Übermittlung von personenbezogenen Daten an die Mitgliedstaaten und andere Empfänger, die in der Union niedergelassen sind (Art. 1 VO (EU) 2018/1725). Neben den bereits genannten Sonderregeln in anderen Rechtsinstrumenten, die absehbar durch Änderungsrechtsakte angeglichen werden sollen, bestehen erhebliche Sonderregelungen für Verarbeitungen innerhalb der Unionsstellen im Rahmen der polizeilichen und strafjustiziellen Zusammenarbeit in Art. 70 ff. VO (EU) 2018/1725. Diese sind weitestgehend parallel zu den Regelungen der JI-RL ausgestaltet. Ihre vollständige Behandlung würde allerdings hier den Rahmen sprengen, zumal die wichtigsten Fälle, namentlich Europol, derzeit noch ausgenommen sind. 266

b) Soweit nicht die besonderen Regelungen für zum Zwecke der Kriminalitätsbekämpfung erhobenen Daten greifen, geht die Datenschutz-RL vor allem von der Verarbeitung auf Grundlage einer Einwilligung des Betroffenen nach Art. 7 f. Datenschutz-RL aus. Ansonsten erlaubt Art. 5 Datenschutz-RL die Verarbeitung zu den genannten Zwecken, wie etwa die Erfüllung einer Aufgabe im öffentlichen Interesse, einer rechtlichen Verpflichtung, namentlich eines Vertrages, oder um lebenswichtige Interessen der betroffenen Person oder einer anderen natürlichen Person zu schützen. 267

c) Allerdings gelten nach Art. 4 Abs. 1 Datenschutz-RL insbesondere die Grundsätze der **Zweckbindung** und daran gemessenen Erforderlichkeit (dort vor allem lit. b–d). Jedoch ist eine **Zweckänderung** nach Art. 6 Datenschutz-RL zulässig insbesondere: 268

aa) mit **Einwilligung** der betroffenen Person; 269

bb) auf Grundlage des Unionsrechts, das bestimmte Anforderungen erfüllen muss: 270
Allgemein muss es in einer demokratischen Gesellschaft eine notwendige und verhältnismäßige Maßnahme zum Schutz der Ziele darstellen, die in Art. 25 Abs. 1 Datenschutz-RL aufgeführt sind. 271

Darunter zählt insbesondere gem. Art. 25 Abs. 1 lit. b Datenschutz-RL die Verhütung, Ermittlung, Aufdeckung und Verfolgung von Straftaten oder die Strafvollstreckung, einschließlich des Schutzes vor und der Abwehr von Gefahren für die öffentliche Sicherheit. 272

Daneben sind genannt etwa: 273
- die nationale Sicherheit, die öffentliche Sicherheit oder die Landesverteidigung der Mitgliedstaaten;
- der Schutz der Unabhängigkeit der Justiz und der Schutz von Gerichtsverfahren;
- die Verhütung, Ermittlung, Aufdeckung und Verfolgung von Verstößen gegen die berufsständischen Regeln reglementierter Berufe;
- der Schutz der betroffenen Person oder der Rechte und Freiheiten anderer Personen,
- sowie die Durchsetzung zivilrechtlicher Ansprüche.

cc) Ansonsten hat die verantwortliche Stelle umfassend für die Frage der Zulässigkeit der Zweckänderung am Maßstab der Rechte der Betroffenen zu prüfen: 274
- jede Verbindung zwischen den Zwecken, für die die personenbezogenen Daten erhoben wurden, und den Zwecken der beabsichtigten Weiterverarbeitung;
- den Zusammenhang, in dem die personenbezogenen Daten erhoben wurden, insbesondere hinsichtlich des Verhältnisses zwischen den betroffenen Personen und dem Verantwortlichen;

---

[134] VO (EU) 2016/679 des Europäischen Parlaments und des Rates zum Schutz natürlicher Personen bei der Verarbeitung personenbezogener Daten, zum freien Datenverkehr und zur Aufhebung der Richtlinie 95/46/EG (Datenschutz-Grundverordnung) v. 27.4.2016, ABl. 2016 L 119, 1.

- die Art der personenbezogenen Daten, insbesondere ob besondere Kategorien personenbezogener Daten gem. Art. 10 verarbeitet werden oder ob personenbezogene Daten über strafrechtliche Verurteilungen und Straftaten nach Art. 11 verarbeitet werden;
- die möglichen Folgen der beabsichtigten Weiterverarbeitung für die betroffenen Personen;
- das Vorhandensein geeigneter Garantien, wozu Verschlüsselung oder Pseudonymisierung gehören kann.

275 In den in Art. 25 Abs. 1 EU-Datenschutz-VO genannten Fällen kann auch die Pflicht zur Mitteilung bei offener und nicht-offener Datenerhebung durch die EU-Stellen entfallen und die Datenschutzansprüche des Betroffenen auf Auskunft etc eingeschränkt werden.

276 d) Für **besonders sensible personenbezogene Daten** zu Herkunft, politischer Meinung, religiöser oder weltanschaulicher Überzeugung sowie Gewerkschaftszuständigkeit, Gesundheit und Sexualleben müssen zusätzlich die Voraussetzungen von Art. 10 Datenschutz-RL erfüllt sein; betreffen die Daten schon aus sich heraus strafrechtliche Sachverhalte, ist namentlich Art. 11 Abs. 5 Datenschutz-RL zu beachten. Sie ist grundsätzlich untersagt, soweit kein besonderer Rechtfertigungsgrund gem. Art. 10 Abs. 2 Datenschutz-RL eingreift.

277 e) Die **Übermittlung** an die Behörden der Mitgliedstaaten ist nunmehr in Art. 9 VO (EU) 2018/1725 zusammen mit der an andere Empfänger innerhalb des Unionsgebiets geregelt. Sie ist unter folgenden Bedingungen möglich:

278 aa) Der **Empfänger muss nachweisen,** dass die Daten für die Wahrnehmung einer Aufgabe, die im öffentlichen Interesse liegt oder zur Ausübung der öffentlichen Gewalt gehört, erforderlich sind oder dass die Datenübermittlung für einen bestimmten öffentlichen Zweck erforderlich ist und kein Grund zu der Annahme besteht, dass die berechtigten Interessen der betroffenen Person unverhältnismäßig beeinträchtigt werden könnten. Zudem muss er nachweisen, dass die Übermittlung personenbezogener Daten erforderlich und angemessen in Bezug auf den Übermittlungszweck ist (Art. 9 Abs. 1, 2 VO (EU) 2018/1725).[135]

279 bb) Die Übermittlung muss **aus Sicht der übermittelnden Unionsstelle** den Grundsätzen für die Verarbeitung personenbezogener Daten und ihre Rechtmäßigkeit gem. Art. 4, 5 VO (EU) 2018/1725 genügen.

280 cc) Ist mit der Übermittlung eine **Zweckänderung** verbunden, so sind zusätzlich die Voraussetzungen von Art. 6 VO (EU) 2018/1725 zu beachten.

281 dd) Für die **besonders sensiblen personenbezogenen Daten** gem. Art. 10 Datenschutz-RL müssen die dort genannten Voraussetzungen erfüllt sein.

IV. Internationale Strafgerichtshöfe

282 Während sich in den Statuen der sog. Ad-hoc-Strafgerichtshöfe für das frühere Jugoslawien, für Ruanda, Sierra Leone, das Rote-Khmer-Tribunal und das Sondertribunal für den Libanon praktisch nur Regelungen für die „kleine" oder „große Rechtshilfe" der Staaten für die Tribunale finden,[136] enthält das Statut („von Rom", IStGHSt) für den **Internationalen Strafgerichtshof** in Art. 93 Abs. 10 IStGHSt eine ausdrückliche Vorschrift für die Informationsübermittlung auf **entsprechendes Ersuchen** im Wege der Rechtshilfe an Staaten.

283 1. Auf Ersuchen kann der Internationale Strafgerichtshof nach Art. 93 Abs. 10 lit. a IStGHSt mit einem **Vertragsstaat** wie Deutschland zusammenarbeiten und ihm entsprechende Rechtshilfe leisten. Der Internationale Strafgerichtshof kann aber auch nach lit. c von einem Staat, der nicht Vertragspartei des Statuts ist, gestellte Rechtshilfeersuchen nach den gleichen Voraussetzungen stattgeben.

---

[135] Vgl. zur Anwendung HdB-EuStrafR/*Schröder* § 33 Rn. 21, 24 mwN.
[136] Vgl. dazu nur *Ambos* IntStrafR § 8 Rn. 86 ff. mwN.

2. Dieser Staat muss Ermittlungen oder ein Verfahren durchführen wegen eines Verhaltens, das den **Tatbestand eines der Gerichtsbarkeit des Gerichtshofs unterliegenden Verbrechens oder** eines **schweren Verbrechens nach dem innerstaatlichen Recht** des ersuchenden Staates erfüllt. 284

3. Diese Rechtshilfe umfasst unter anderem die **Übermittlung von Erklärungen, Unterlagen oder sonstigen Beweismitteln,** die im Laufe der Ermittlungen oder des Verfahrens erlangt worden sind, welche der Gerichtshof durchgeführt hat. Wurden die Unterlagen oder sonstigen Beweismittel mithilfe eines Staates erlangt, so bedarf die Übermittlung seiner Zustimmung. Wurden die Erklärungen, Unterlagen oder sonstigen Beweismittel durch einen Zeugen oder Sachverständigen beigebracht, so erfolgt die Übermittlung vorbehaltlich des Opfer- und Zeugenschutzes nach Art. 68 IStGHSt. Dabei ist insbesondere nach Art. 68 Abs. 5 IStGHSt beachtlich, dass wenn die Offenlegung von Beweismitteln oder Informationen zu einer ernsten Gefährdung der Sicherheit eines Zeugen oder seiner Familie führen kann, der Ankläger diese für die Zwecke jedes vor Eröffnung des Hauptverfahrens geführten Verfahrens zurückhalten und statt dessen eine Zusammenfassung vorlegen kann. Diese Maßnahmen müssen in einer Weise angewendet werden, welche die Rechte des Angeklagten sowie die Fairness und Unparteilichkeit des Verfahrens nicht beeinträchtigt oder damit unvereinbar ist. 285

Weiterhin kann die Rechtshilfe in der **Vernehmung** einer auf Anordnung des Gerichtshofs inhaftierten Person bestehen. Die Bestimmungen, aufgrund derer es einer vom Gerichtshof angehörten oder vernommenen Person nach Art. 72 IStGHSt gestattet ist Einschränkungen geltend zu machen, um die Offenlegung vertraulicher Informationen im Zusammenhang mit der nationalen Sicherheit zu verhindern, finden auch Anwendung entsprechend Art. 99 Abs. 5 IStGHSt. 286

4. Das Ersuchen erfolgt gem. Art. 96 Abs. 1, 4 IStGHSt **schriftlich,** in dringenden Fällen kann es jedoch über jedes Medium erfolgen, das in der Lage ist, eine schriftliche Aufzeichnung zu hinterlassen. In letztgenannten Eilfällen muss das Ersuchen nach Art. 87 Abs. 1 lit. a. Art. 96 Abs. 1, 4 IStGHSt auf diplomatischem oder sonst festgelegtem Geschäftsgang bestätigt werden. Inhalt und Anlagen richten sich nach Art. 96 Abs. 2, 4 IStGHSt. 287

Die gewöhnlichen **Kosten** des Ersuchens an den Gerichtshof trägt dieser, die besonderen der ersuchende Staat (Art. 100 Abs. 1, 2 IStGHSt). 288

5. Der Gerichtshof kann gem. Art. 87 Abs. 4 IStGHSt alle **notwendigen Maßnahmen** treffen, einschließlich solcher zum Schutz von Informationen, um die Sicherheit oder das körperliche oder seelische Wohl der Opfer, möglichen Zeugen und deren Angehörigen zu gewährleisten. Er kann darum ersuchen, dass alle nach diesem Teil zur Verfügung gestellten Informationen in einer Weise bereitgestellt und gehandhabt werden, welche die Sicherheit und das körperliche oder seelische Wohl der Opfer, möglichen Zeugen und deren Angehörigen schützt. 289

V. Sonstige internationale Organisationen

Für die Informationserhebung bei internationalen Organisationen ergibt sich ein unübersichtliches Bild, zumal die Frage der Datenübermittlung an Strafverfolgungsorgane eines Mitglieds- oder Drittstaates oft noch nicht klar im jeweiligen konstituierenden Primär- oder Binnenrecht, geschweige denn in Übereinkommen oder sonstigen Vereinbarungen geregelt ist. Daher kann hier auch nur das System der Vereinten Nationen als ein Beispiel dienen. 290

Eine herausgehobene Bedeutung kommt dabei allgemein dem **Büro der Vereinten Nationen für Drogen- und Verbrechensbekämpfung** (*„United Nations Office on Drugs and Crime"*, UNODC) zu, das als Teil des Sekretariats ohne eigene Rechtspersönlichkeit voll im Rechtsrahmen der Vereinten Nationen operiert. 291

Die zentrale Rolle bei möglichen **Delikten von Bediensteten innerhalb des UN-Systems,** auch als Ansprechpartner für die nationale Strafverfolgung, hat seit 1994 das 292

3. Kapitel

„*Office of Internal Oversights*". Es soll nach der einschlägigen Resolution Anzeigen bzw. Berichte von möglichen Verletzungen der Regeln der Vereinten Nationen untersuchen und, mit angemessenen Empfehlungen, an den Generalsekretär berichten, ob juristische oder disziplinarische Schritte einzuleiten sind.[137]

293 Grundlage für die Kooperation bilden stets die vertraglich durch die Mitglieder und gegebenenfalls durch Vereinbarungen mit den Sitzstaaten der Organe oder Stellen ausgestalteten Privilegien und Immunitäten, die ihre Grundlage allmählich im allgemeinen Völkerrecht nehmen. So bestimmt Art. 105 Abs. 1, 2 UN-Charta die Grundlagen der **sachlichen und persönlichen Immunitäten** der Organisation, soweit diese für die Verwirklichung ihrer Ziele erforderlich sind. Nach Art. 105 Abs. 3 UN-Charta kann die Generalversammlung Empfehlungen abgeben, um die Anwendung der Vorrechte zu regeln oder dazu den Mitgliedern Übereinkommen vorschlagen. So bestimmt etwas auf Grundlage von Art. 105 UN-Charta das **Übereinkommen über die Vorrechte und Immunitäten der Vereinten Nationen** v. 13.2.1946 in Art. 2 Abs. 3 UNImmÜ die sachliche Immunität der UN-Liegenschaften gegenüber jedem exekutiven, justiziellen oder legislativen Handeln und Art. 2 Abs. 4 UNImmÜ die Unverletzlichkeit der Archive, während Art. 2 Abs. 1 UNImmÜ die Möglichkeit für die Vereinten Nationen selbst umfasst, die Immunität in einem konkreten Fall ausdrücklich aufzuheben, sofern es sich um keine exekutiven Maßnahmen handelt. Bei der Kommunikation gilt hingegen nur ein Gleichbehandlungsgrundsatz mit anderen Staaten nach Art. 3 UNImmÜ, sodass etwa das nachrichtendienstliche Abhören nicht besonders geregelt ist. In persönlicher Hinsicht werden sowohl die Vertreter der Mitgliedstaaten nach Art. 4 UNImmÜ als auch die ständigen Bediensteten nach Art. 5 UNImmÜ und die Experten bei Missionen der Vereinten Nationen nach Art. 6 UNImmÜ geschützt, darunter auch die Immunität vor der Durchsuchung, vor der Verfolgung wegen Kommunikation, die Unverletzlichkeit aller Papiere und Dokumente, sowie ihres Vermögens wie des diplomatischen Personals.

294 Mit den Resolutionen **zur strafrechtlichen Verantwortlichkeit von UN-Bediensteten und Missionsexperten** zuerst Nr. 62/80 v. 6.12.2007[138] und derzeit zuletzt Nr. 68/78 v. 16.12.2013[139] haben die Vereinten Nationen die Grundsätze der Vorrechte und ihre Ausnahmen unter dem Gesichtspunkt der am häufigsten strafrechtlich relevanten Fälle mit allgemeinerer Perspektive weiter ausgestaltet. Hintergrund waren gehäufte Vorwürfe von sexuellen Übergriffen von Peace-Keeping-Truppen, die 2005 zu den Resolutionen Nr. 59/281 und Nr. 59/300[140] führten, wobei letztere ausdrücklich festlegte, dass als ursprünglicher Sinn der UN-Charta erreicht werden sollte, das nie ein UN-Personal und Missionsexperte von den Konsequenzen kriminellen Handelns während Ausübung seiner Verpflichtungen faktisch abgeschirmt, aber auch nicht ungerechtfertigt oder ohne „*due process*", dh ohne angemessenes und faires Verfahren, bestraft werden sollte.[141] Darin wurde an der Verantwortlichkeit der Ahndung durch den Entsendestaat festgehalten,[142] jedoch auch die Tatortstaaten aufgefordert, Kooperation und Informationsaustausch untereinander und mit den Vereinten Nationen unter Anwendung der Rechte auf „*due process*" selbst zu erleichtern und dazu für Strafermittlungs- und Auslieferungsverfahren Unterstützung auch bei der Beweissicherung und -erhebung gemäß ihrem nationalen Recht oder von gemeinsamen Übereinkommen zu leisten.[143] Ausdrücklich sieht Art. 5 lit. b der Resolution 68/78 vor:

„*In accordance with their national law, to explore ways and means of facilitating the possible use of information and material obtained from the United Nations for purposes of criminal proceedings initiated in their territory for the*

---

[137] Art. 5 C (IV) A/RES/48/218B v. 29.7.1994; vgl. zum Ganzen vor allem *Münch* Max Planck Yearbook of United Nations Law 10 (2006), 71 (73 ff. mwN).
[138] Res. GA (62) Nr. 80 bei: A/RES/62/63.
[139] Res. GA (68) Nr. 78 bei: GA A/RES/68/105.
[140] Vgl. A/59/19/Rev.1.
[141] Res. 68/78 Erwägungsgrund Nr. 3.
[142] Res. 68/78 para 2 ff.
[143] Res. 68/78 para 4, 5a.

prosecution of crimes of a serious nature committed by United Nations officials and experts on mission, bearing in mind due process considerations".

Er setzt damit die Informationsübermittlung aus der Organisation der Vereinten Nationen an Mitgliedstaaten voraus. Dazu gehört nach Art. 5c der Resolution auch ausdrücklich der Opferschutz. Art. 9 verpflichtet das Sekretariat, glaubhafte Anschuldigungen, dass eine Straftat von UN-Personal verübt wurde, dem Entsendestaat zur Kenntnis zu bringen und bei diesen die von ihm gewünschte angemessene Unterstützung des Sekretariats für Ermittlung und Verfolgung zu erfragen. Art. 11 verpflichtet die Vereinten Nationen, wenn interne Ermittlungen den Verdacht einer ernsthaften Straftat von UN-Bediensteten oder Missionsexperten ergeben haben, jede angemessene Maßnahme, die die mögliche Verwendung von Informationen und Unterlagen zum Zweck der Strafverfolgung in den Mitgliedstaaten unter Berücksichtigung des *„due process"* zu prüfen, allerdings nach Art. 12 auch wenn Anschuldigungen sich nach den internen Untersuchungen als haltlos erweisen, die Glaubwürdigkeit und Reputation der Organisation wiederherzustellen. Darüber hinaus sieht Art. 13 die allgemeine Verpflichtung der Vereinten Nationen vor, zum Zweck von staatlich eingeleiteter Strafverfolgung, den Staaten bei der Ausübung von Jurisdiktionsgewalt innerhalb des Rahmens der die Handlungen der Vereinten Nationen regelnden relevanten Regeln des Völkerrechts und Übereinkommen, Informationen und Unterlagen zur Verfügung zu stellen. 295

Allgemein hat auf diesen Grundlagen das Sekretariat die Praxis der Organisation bei der Übermittlung von Informationen und Material zuletzt wie folgt dargestellt: 296

„The United Nations cooperates with law enforcement and judicial authorities of relevant Member States in accordance with its rights and obligations under the Convention on the Privileges and Immunities of the United Nations of 1946, as well as other relevant international agreements and applicable legal principles. Accordingly, the Organization will disclose documents and/or information and waive immunity on **a case-by-case basis** *where, in the opinion of the SecretaryGeneral, immunity would* **impede the course of justice** *and can be waived* **without prejudice to the interests of the United Nations.** *Consequently, information obtained by the Organization may be provided to the relevant authorities, and documents may be shared,* **subject to consideration of confidentiality and privileges and immunities.** *Documents may be redacted where necessary. It should be noted that, since the United Nations does not have any criminal investigative or prosecutorial jurisdiction, the use of any documents or information provided by the United Nations, including their admissibility in any legal proceedings, is a matter for* **determination by the relevant judicial authorities** *to which such documents or information have been provided."*[144]

---

[144] Criminal accountability of United Nations officials and experts on mission. Report of the Secretary-General 22.7.2013, A/68/173.

4. Kapitel. Verarbeitung und Nutzung ausländischer Informationen

§ 18 Überblick über bestehende Verarbeitungsschranken

Während die im Strafverfahren gewissermaßen den „krönenden Abschluss" bildende Beweisaufnahme und -verwertung im Urteil strengeren und engeren Regelungen folgt (→ § 22–24, vor allem § 24 Rn. 16 ff.), sind jedoch auch bei jeder Datenverarbeitung im weiteren Umfeld eines Strafverfahrens allgemeine Grundsätze und Schranken zu beachten. Dies gilt bei allen vor- und nachgelagerten Verwendungen von Daten und Erkenntnissen, wie etwa als Ausgangspunkt weiterer Ermittlungsmaßnahmen, zur Fahndung oder zur Mitteilung an Verfahrensbeteiligte oder andere Stellen. Die genannten Schranken und Prinzipien ergeben sich **a)** neben den allgemeinen Grundsätzen **b)** einerseits aus expliziten Zustimmungsvorbehalten und Verarbeitungsschranken sowie **c)** möglichen Verwendungsverboten aus Rechtsfehlern. 1

A. Systematik

Sowohl aus der Systematik des deutschen Strafprozessrechts, als auch völkerrechtlich aus dem Prinzip der Souveränität folgt der **Grundsatz,** dass derjenige, der Beweisgegenstände oder Informationen in seinem **Herrschaftsbereich** hat, diese verarbeiten oder verwenden kann, sofern ihn kein Verbot daran hindert. Ein **genereller Zustimmungsvorbehalt** für alle in einem anderen Staat gewonnenen Erkenntnisse lässt sich demgegenüber **ebensowenig begründen** wie ein stets impliziter Spezialitätsvorbehalt für aufgrund von Rechts- oder Amtshilfe übermittelte Informationen (→ § 20 Rn. 1 ff.).[1] Entsprechende Klauseln in internationalen Rechtsinstrumenten sind insoweit lediglich Selbstbeschränkungen der beteiligten Staaten, keine konstitutiven Verarbeitungsgestattungen, an die sich der verarbeitende Staat allerdings mit völkerrechtlicher (und politischer) Wirkung binden will. 2

Schließlich führen auch die **besonderen Regelungen für die Observation** (→ § 3 Rn. 13 ff.; § 15 Rn. 364 ff., vgl. etwa Art. 40 SDÜ), zum Einsatz **verdeckter Ermittler** (→ § 3 Rn. 97 ff.; § 15 Rn. 374 ff.) sowie zur **Telekommunikationsüberwachung** (zB in Art. 17 f., 20 RHÜ 2000; → § 7 Rn. 13 ff.; § 15 Rn. 577 ff.) nicht im Umkehrschluss dazu, im Verhältnis der Vertragsparteien oder Drittstaaten jede Informationserhebung, die ohne Zustimmung oder außerhalb der vereinbarten Grundlagen mit dem Träger der Gebietshoheit erfolgt, als unzulässig oder gar unverwertbar anzusehen. Es handelt sich bei den genannten einzelnen Maßnahmen um solche, die in einem herausgehobenen Maß die staatliche Souveränität berühren können, ohne die völkerrechtlichen Grenzen stets oder typischerweise zwingend zu überschreiten. So sind die besonderen Regelungen in den genannten Bereichen historisch insbesondere als Maßnahmen zur Stärkung zwischenstaatlicher Rechtssicherheit und Vertrauensbildung vor dem Hintergrund von früheren mutmaßlichen „Pannen" und Skandalen beim grenzüberschreitenden Einsatz von Drogen-Schein- 3

---

[1] Vgl. BVerfG NJW 2011, 591 ff.; iE auch *Gleß* NStZ 2000, 57 (60 f. mwN), überzeugend aus der Auslegung von Art. 39, 40 SDÜ gegen die Gegenmeinung mit einem a priori Zustimmungsvorbehalt für alle aus unmittelbarer Erkenntnisgewinnung im Gebietsstaat gewonnenen Erkenntnisse aus der Prämisse, dass jede solche Erkenntnisgewinnung immer vollständig unter der Hoheit des Gebietsstaates bleibe; namentlich kein allgemeiner Spezialitätsvorbehalt etwa im Verhältnis mit den USA, vgl. NK-RechtshilfeR/*Docke/Momsen* IV Rn. 5 mwN.

4. Kapitel

käufern und Observationsteams zu sehen.² Gleichzeitig bewirken die besonderen Normen eine deutlich erhöhte Rechtssicherheit sowohl für die Einsatzkräfte als auch die Behörden im Zielstaat, wie sich etwa im Regelungszusammenhang mit dem Tragen und Einsatz von Dienstwaffen zeigt. Wie bereits im Wortlaut des RHÜ 2000 zum Ausdruck kommt,³ sollen die allgemeinen Grundsätze des Völkerrechts unbeschadet bleiben. Aus der Regelung darf nicht geschlossen werden, dass die Überwachung von Telekommunikation und erst recht andere Überwachungen in anderen Situationen unzulässig wären.⁴

4 I. Wo, wie durchaus häufig und regelmäßig bei unmittelbarer Kenntniserlangung im fremden Gebiet, spezielle Verarbeitungs- und Verwendungregeln fehlen, gilt damit der **Grundsatz: Wer eine Information oder ein Beweismittel (erhalten) hat, kann sie auch nutzen und verwerten.**

5 Dies dürfte auch für die **Verwendung in einem anschließenden Strafverfahren** gelten, soweit Informationen im Rahmen **polizeilicher Zusammenarbeit** übermittelt und keine ausdrücklichen Einschränkungen und Zustimmungsvorbehalte in der jeweiligen völkerrechtlichen Rechtsgrundlage oder bei der Übermittlung vereinbart wurden, wie allerdings namentlich im RB 2006/960/JI und den Vorgängerregelungen (→ § 14 Rn. 50 f.).⁵ Insoweit dürfte es sich um bilaterale Regelungen handeln, die über den RB 2006/960/JI hinausgehen und als solche parallel zu ihm wirksam bleiben. Hingegen enthalten vor allem die Regierungsabkommen zur Bekämpfung besonders schwerer, organisierter oder terroristischer Kriminalität keinen derartigen allgemeinen Vorbehalt, sondern lediglich Regelungen zur Spezialität und Zweckbindung (→ § 11 Rn. 218 ff.). Damit ist die Frage zentral, ob die Verwendung in einem Strafverfahren eine Zweckänderung bedeutet. Obwohl die justizielle Rechtshilfe ausdrücklich ausgeklammert werden soll, wird man dies jedoch wohl eher nicht generell annehmen können. Erklärter Zweck ist jeweils die Bekämpfung der genannten Kriminalitätsformen bzw. die Aufklärung und Ermittlung von Straftaten insgesamt. Die Frage des möglichen justiziellen Verwendungsvorbehalts obliegt dem jeweiligen übermittelnden Staat, der dies durch Bedingungen oder vorherige Beteiligung seiner Justizstellen gewährleisten kann.

6 Soweit Schranken überschritten werden, die nicht für die **Informationserhebung** als solche galten, sondern für die **Vorgänge, die dieser zugrunde lagen,** wird man erst recht die allgemeinen Grundsätze der fehlerhaften Beweiserhebung anzuwenden haben, sofern nicht ausnahmsweise die Verletzung der Souveränität derart eklatant ist, dass eine absolute Verarbeitungssperre unabdingbar ist (vor allem → § 1 Rn. 3 ff.). Ersteres, nicht letzteres wird man zB annehmen müssen, wenn die vertraglichen zeitlichen und räumlichen Begrenzungen einer Nacheile überschritten sind, ohne dass diese als gänzlich willkürliche „Anmaßung" von Hoheitsrechten erscheint.⁶

7 II. Selbstverständlich sind die eigenen **innerstaatlichen Schranken für die Verarbeitung und Nutzung nach allgemeinen Regeln** zu beachten. Soweit also solche des

---

² Vgl. *Busch,* Polizeiliche Drogenbekämpfung – eine internationale Verstrickung, 1999, 245 f. mwN, sowie *Aden/Busch* in Roggan/Kutscha, Handbuch zum Recht der Inneren Sicherheit, 2006, 539.
³ In Art. 20 Art. 1 RHÜ 2000 und den Erwägungsgründen 9 und 10 RHÜ 2000.
⁴ Schomburg/Lagodny/Gleß/Hackner/*Gleß/Schomburg* III B 1 Art. 20 Rn. 3.
⁵ Ausdrückliche Regelungen dafür, dass hinsichtlich der justiziellen Verwertung der durch polizeiliche Rechtshilfe erlangten Informationen bereits in einigen Polizeiverträgen zwischenzeitlich auf diesen Zustimmungsvorbehalt allg. verzichtet worden ist, finden sich bislang nur im Verhältnis mit Österreich aus Art. 7 Abs. 5 PolZV DE/AT; leider geht ansonsten unter den bilateralen Polizeiverträgen trotz oder gerade wegen ihrem Aufbau auf dem SDÜ nur aus dem Abkommen mit Polen in Art. 5 Abs. 7 PolZV DE/PL die (umgekehrte) Klarstellung hervor, dass, (nur) wenn die übermittelnde Behörde zum Zeitpunkt der Übermittlung von Informationen, einschließlich personenbezogener Daten, ihre Zustimmung erteilt hat, sie als Beweismittel in dem Strafverfahren, im Rahmen dessen sie übermittelt wurden, verwendet werden können. Dies entspricht der Regelungen im RB 2006/960/JI (früher SDÜ) und der Umsetzung im IRG; vgl. §§ 92 Abs. 2, 92b IRG; Denkschrift BT-Drs. 18/3696, 32 f., sowie sogleich → Rn. 12 ff.
⁶ Vgl. auch Schomburg/Lagodny/Gleß/Hackner/*Gleß* III E 1 Art. 41 Rn. 7 wonach nach hM in Deutschland kein Verwertungsverbot gelten soll unter Berufung auf *Goy,* Vorläufige Festnahme und grenzüberschreitende Nacheile, 2002, 257 f.

Strafprozessrechts und Rechtshilferechts nicht greifen, findet das allgemeine Datenschutzrecht Anwendung (→ § 19 [Rn. 1 ff.]). Weiterhin ist die Grundrechtsrelevanz zu erkennen. So stellt nach der ständigen Rechtsprechung des BVerfG die weitere Verarbeitung und Nutzung von Informationen einen eigenen Grundrechtseingriff dar.[7] Zudem darf bei einer Übermittlung oder Zweckänderung der neue Zweck nicht mit den Einschränkungen, die aus der Erhebungsmethode folgen, unvereinbar sein.[8]

B. Zustimmungsvorbehalte und Verarbeitungsverbote

Zu den nach § 72 IRG zwingend in Deutschland zu beachtenden Bedingungen zählen 8 auch die Zustimmungsvorbehalte zur erstmaligen oder weiteren Verwendung, die sich in den entsprechenden Übereinkommen finden, oder die sonst durch den ersuchten Staat ausdrücklich erklärt werden.[9] Ob für letztere eine Berechtigung vorhanden ist, dürfte allerdings selbst alleine am Maßstab des gemeinsamen Rechtshilferechts zu messen sein. Vor allem dürfte es nicht inzident von den deutschen Stellen, denen die Bedingungen auferlegt wurden, derart nachzuprüfen sein, dass diese einseitig für unwirksam erklärt werden könnten. Keinesfalls darf bei einer Überschreitung der Befugnis entgegen der gestellten und gegebenenfalls stillschweigend akzeptierten Bedingung im Nachhinein die eigene Rechtsauffassung „eigenmächtig" zugrunde gelegt und die Verwertung auf dieser Grundlage vorgenommen werden. Allerdings können, sollten und gegebenenfalls müssen derartige Bedenken zum Anlass genommen werden, mit dem anderen Staat eine einvernehmliche Klärung herbeizuführen, namentlich im Rahmen der vereinbarten Konsultationsmechanismen.

Derartige Zustimmungsvorbehalte des Herkunftsstaates ergeben sich grundsätzlich nur 9 im Umfang der jeweiligen Rechtshilfe oder sonstigen Grundlage zur eigenen Informationsgewinnung. Dabei sind entsprechende Vorbehalte ausdrücklich nicht nur an das Rechtshilferecht gebunden. Vielmehr können sie auch bei **unmittelbaren Ermittlungshandlungen** oder der **Beteiligung an arbeitsteiligen Ermittlungen** bestehen. Dies gilt etwa für gemeinsame Ermittlungsgruppen (→ § 3 Rn. 74 f.; § 20 Rn. 33), aber auch beim gemeinsamen transnationalen Einsatz von verdeckten Ermittlern,[10] oder unmittelbarer grenzüberschreitender Telekommunikationsüberwachung (Art. 20 Abs. 4 lit. a iii RHÜ 2000). Vor allem die Schweiz betont die Verarbeitungsvorbehalte gegenüber den Erkenntnissen, die **amtliche Teilnehmer bei Rechtshilfehandlungen** gemacht haben, die aber noch nicht offiziell als Ergebnis übermittelt wurden auch in *ipso iure* zu beachtenden Rechtshilfeinstrumenten (→ § 13 Rn. 131), sodass es auf ausdrücklich kommunizierte Bedingungen nicht ankommt (Art. 30 Abs. 3 BetrugBekämpfAbk EG/CH). Einen ent-

---

[7] Vgl. etwa BVerfGE 125, 260 (309) = NJW 2010, 833; vgl. umf. *Scheller,* Ermächtigungsgrundlagen für die internationale Rechts- und Amtshilfe zur Verbrechensbekämpfung, 1995, 272 f.
[8] BVerfGE 65, 1 (62) = NJW 1984, 419; BVerfGE 100, 313 (360) = NJW 2000, 55; so wäre etwa eine verdachtslose strategische Fernmeldeüberwachung des BND nach §§ 5 ff. G10-G mit Art. 10 GG nicht zu vereinbaren, wenn sie von vornherein auf Zwecke der Verhinderung oder Verfolgung von Straftaten zielen würde. Daher dürfen diese Daten nur unter besonders gesteigerten Anforderungen der Verhältnismäßigkeit den Strafverfolgungsbehörden zugänglich gemacht werden (BVerfGE 100, 313 [391 ff.] = NJW 2000, 55). Es ist insbes. auch nicht gerechtfertigt, die Übermittlungsschwelle für personenbezogene Daten, die aus Eingriffen in das Fernmeldegeheimnis gem. §§ 1, 3 G10-G stammen, unter diejenige abzusenken, welche auch sonst bei strafverfolgenden Eingriffe in das Fernmeldegeheimnis nach § 100a StPO gilt. Ebenfalls ist eine gleiche Verdachtsgrundlage vorzuschreiben.
[9] Vgl. hierzu und zum Folgenden insbes. BVerfG NJW 2011, 591 ff.
[10] Der ersuchte Vertragsstaat kann Maßgaben für die Verwendung der im Wege einer verdeckten Ermittlung gewonnenen Erkenntnisse festlegen; **für die Niederlande:** Art. 14 Abs. 2 S. 2 PolZV DE/NL; **Österreich:** Art. 14 Abs. 2 S. 2 PolZV DE/AT; **die Schweiz:** Art. 17 Abs. 3 S. 1, 2 PolZV DE/CH schreibt noch die wohl selbstverständliche Mitteilung darüber an den ersuchten Staat fest; allein der Vertrag mit Tschechien enthält die wohl sonst allg. anwendbare Regelung, dass die Vertragsstaaten alles unternehmen, auch nach Beendigung des Einsatzes, die **Identität des Verdeckten Ermittlers geheim zu halten** und seine Sicherheit zu gewährleisten, **für Tschechien:** Art. 21 Abs. 7 PolZV DE/CZ.

sprechenden allgemeinen Vorbehalt hinsichtlich der Erkenntnisse eines **deutschen Verdeckten Ermittlers** im Ausland wird man hingegen nicht ableiten können (→ § 15 Rn. 395).

10   I. Die wichtigsten Fälle des Zustimmungsvorbehaltes oder sonstiger Verwendungsschranken liegen einerseits in den bereits oben dargestellten Fällen einer durch sonst nicht erlaubten **Zweckänderung** erlangter personenbezogener Daten und gegebenenfalls anderer Erkenntnisse bzw. der vorgeschriebenen **Spezialitätsbindung** (→ § 21 Rn. 9). So dürfen etwa ausländische Eintragungen der **Strafregisterauszüge** aus dem unionsweiten Verbundsystem gem. Art. 9 Abs. 1 RB 2009/315/JI nur für das jeweilige Verfahren verwendet werden, für das sie eingeholt wurden (→ § 14 Rn. 154 ff.).

11   II. Weitere Zustimmungsvorbehalte bzw. Verwendungsverbote folgen aus den Regelungen zur **Vertraulichkeit** und dazu oder aus anderen Gründen ausdrücklich gestellten **Bedingungen** (→ § 21 Rn. 10 ff.). Dabei ist die Reichweite der Bedingungen und insbesondere ihre Fernwirkung aus ihrem Kontext heraus jeweils konkret zu ermitteln und im Zweifel beim sie stellenden Staat nachzufragen.[11] So sind beispielsweise auch nach dem **RB 2006/960/JI** zusätzlich Bedingungen, die die übermittelnde Strafverfolgungsbehörde nach Maßgabe ihres nationalen Rechts für die Verwendung der Informationen und Erkenntnisse durch die empfangende Strafverfolgungsbehörde festgelegt hat, zu beachten.[12]

12   III. Unter den wenigen weiteren Zustimmungserfordernissen ragt alleine das zur **Sicherung der Verfahrensherrschaft der Justizbehörden** bei der strafrechtlichen Verwertung und Nutzung hervor. Nach Art. 39 Abs. 1, 2 SDÜ, nunmehr ersetzt bzw. ergänzt durch die Regelungen des RB 2006/960/JI[13] sowie § 92b S. 2 Alt. 2 IRG, ist die Zustimmung der zuständigen Justizbehörde für jede strafprozessuale Verwendung von Informationen erforderlich, die sich Polizeidienststellen untereinander im Rahmen der **polizeilichen Zusammenarbeit ohne Zustimmung der Justizbehörde** übermittelt haben (→ § 14 Rn. 50 f.).[14] Zu beachten ist, dass hinsichtlich der justiziellen Verwertung der durch polizeiliche Rechtshilfe erlangten Informationen bereits in einigen Polizeiverträgen zwischenzeitlich auf diesen Zustimmungsvorbehalt allgemein verzichtet worden ist, wie zB im Verhältnis mit Österreich (→ Rn. 5).[15]

13   Sollen aufgrund des RB 2006/960/JI erhaltene Informationen und Erkenntnisse als Beweismittel vor einer Justizbehörde verwendet werden, so ist dies nur möglich, wenn der ersuchte Mitgliedstaat die Zustimmung zur Nutzung als Beweismittel bereits zum Zeitpunkt der Übermittlung erteilt hat oder er sonst vor der Verwendung einwilligt – falls nach seinem nationalen Recht erforderlich, unter Rückgriff auf die zwischen den Mitgliedstaaten geltenden Rechtsinstrumente für die justizielle Zusammenarbeit (Art. 1 Abs. 4 S. 2, 3 RB 2006/960/JI); nach § 92b S. 2 Alt. 2 IRG ist für die Verwertung vor deutschen Gerichten die einfache Zustimmung ausreichend.[16] Offen scheint allerdings, inwieweit die Zustimmung nachträglich die Verarbeitung oder Verwertung rechtfertigen kann. Da dadurch der justiziellen Befassung und Prüfung genüge getan ist, wird man dies zulassen müssen.[17] Eine Widerruflichkeit mit Wirkung *ex tunc* wird man allerdings aus Gründen der Rechtssicherheit ablehnen müssen.

14   IV. Andere zwingende ausdrückliche **Verarbeitungsverbote** sind dem Rechtshilferecht wohl nicht bekannt.

---

[11] *Nagel* Beweisaufnahme 316 mwN.
[12] Art. 8 Abs. 4 S. 1 RB 2006/960/JI; § 92b S. 3 IRG; § 27a Abs. 1 BKAG; § 33a BPolG; § 35a ZFdG; § 11b ZollVG.
[13] Es ersetzt Art. 39 Abs. 1–3; Art. 46 SDÜ gem. Art. 12 Abs. 1 RB 2006/960/JI.
[14] Vgl. die Kritik an der Konstruktion NK-RechtshilfeR/*Kubiciel* IV Rn. 391 mwN; allg. für ein nur relatives Beweisverwertungsverbot jedenfalls ohne Fernwirkung NK-RechtshilfeR/*Wörner* IV Rn. 498.
[15] **Für Österreich:** Art. 7 Abs. 5 PolZV DE/AT.
[16] Gleiches gilt nach § 27a Abs. 1 BKAG; § 33a BPolG; § 35a ZFdG; § 11b ZollVG.
[17] AA NK-RechtshilfeR/*Wörner* IV Rn. 499.

C. Verarbeitungsschranken aus erheblichen und fortwirkenden Rechtsfehlern

Die andere wichtige Schranke für die Verwendung erlangter Informationen im gesamten Verfahren kann daraus folgen, dass sie mit **erheblichen und fortwirkenden Rechtsfehlern** behaftet sind. 15

I. Hier stellt sich zunächst die Frage der Wirkung solcher Fehler, die zunächst alleine nach den allgemeinen Regeln des inländischen Strafrechts zu beurteilen ist. Denn die Verwertung von Datenerhebungen, die im Ausland erhoben oder von dort übermittelt wurden, im deutschen Strafverfahren, richtet sich zunächst stets nach dem dafür geltenden deutschen Recht.[18] 16

1. Die **strafprozessuale Dogmatik** knüpft nach hM aufgrund der Situation der obergerichtlichen Rechtsprechung aus der Perspektive der Revision in der Regel an der Beweiswürdigung im Urteil an (ausführlich → § 24 Rn. 16 ff.). Die Verarbeitung im Übrigen, namentlich für weitere Ermittlungsmaßnahmen oder andere Verfahrensschritte, wird konsequenterweise vor allem unter der Frage der **Fort- und Fernwirkung** diskutiert. Hierauf kann und muss aus Platzgründen verwiesen werden.[19] Dabei ist zu beachten, dass die deutsche Rechtsprechung eine Fernwirkung grundsätzlich nicht anerkennt,[20] während die Literatur weitgehend die Anwendung der Abwägungslehre fordert. Dies gilt etwa auch entgegen der möglichen Andeutung im Wortlaut von § 477 Abs. 2 StPO für **Zufallsfunde,** die als Spurenansatz für Nichtkatalogtaten verwendet werden dürfen.[21] 17

2. Der zweite Ansatz sind die **echten Verwendungsverbote,** die aus Gründen des Datenschutzes alle Verarbeitungen umfassen sollen und zunehmend Eingang in die StPO finden (vgl. § 81a Abs. 3 StPO, § 100d Abs. 6 StPO).[22] Solche ausdrücklichen Regelungen **fehlen** allerdings (wenn man von der Bindungswirkung von Bedingungen in § 72 IRG absieht) sowohl im deutschen **Rechtshilferecht** wie im Unionsrecht oder völkerrechtlichen Vereinbarungen sowohl für den Bereich der Rechtshilfe als auch unmittelbaren grenzüberschreitenden Ermittlungen. Selbstverständlich gelten indes die deutschen Verwendungsverbote uneingeschränkt in gleicher Weise für Informationen, die mit ausländischer Hilfe oder sonst mit Auslandsbezug erlangt wurden. 18

3. Als weiterer Ansatz mag einerseits der Gedanke eine etwas klarere Brücke zur traditionellen Dogmatik liefern, dass eine Verarbeitung im Strafverfahren **nicht erforderlich** und damit erlaubt sein kann, wenn sie im Hinblick alleine auf eine strafprozessuale Verwertung erfolgt, die unter jedem Gesichtspunkt unter ein Beweisverwertungsverbot fallen wird. Danach wäre hingegen die Verarbeitung möglich, wenn die Verwertung abhängig von der Zustimmung oder der Nichtgeltendmachung eines Widerspruchs noch möglich wäre. Weiterhin wären die Verarbeitungen, die nicht auf eine solche Verwertung gerichtet wären, im weiteren Sinne gesondert zu bewerten. Hier kann wiederum der Rückgriff auf die Fort- und Fernwirkung erfolgen. Schließlich wäre die Verarbeitung nach allgemeinen Datenschutzüberlegungen möglich, wenn sie mit der wirksamen Einwilligung des Betroffenen erfolgen würde. 19

Andererseits müssen die **übergeordneten Grundsätze aus dem Völkerrecht** bzw. dessen Interpretation aus deutscher Sicht sich auch bei der Datenverarbeitung im weiteren Sinne ebenso wie bei der Beweisverwertung durchsetzen. Dies gilt insbesondere 20

---

[18] BGHSt 58, 32 Rn. 21 ff. m. umfangr. wN = NStZ 2013, 596.
[19] Nach der sog. Informationsbeherrschungslehre wäre jede weitere Verarbeitung der fehlerhaft erlangten Informationen ohne Zustimmung des daran Berechtigten unzulässig und als unwirksam zu gestalten, vgl. zum Ganzen einschließlich der Diskussion mit überzeugend ablehnender hM und weiteren Ansätzen hier nur *Rogall* FS Grünwald, 1999, 523 ff. mwN sowie ansonsten § 21 Rn. 9; § 22 Rn. 9; § 24 Rn. 17.
[20] Jedoch mit der einzigen Ausnahme nach § 7 G10-G.
[21] Vgl. BGHSt 27, 355 (358) = NJW 1978, 1390; BGHSt 32, 68 (70) = NJW 1984, 2772; *Ambos* Beweisverwertungsverbote 34 mwN.
[22] Dazu *Singelnstein* ZStW 2008, 854 ff. mwN; *Pitsch,* Strafprozessuale Beweisverbote, 2009, 251 ff.; *Ambos* Beweisverwertungsverbote 3 f. mwN.

- für den Schutz fremder Souveränität und Hoheitsrechte;
- damit für die grundsätzliche Enthaltung von der Überprüfung bzw. Verurteilung fremden staatlichen Handels als rechtswidrig insbesondere nach eigenen Maßstäben des deutschen Rechts;
- für die Einhaltung akzeptierter Bedingungen eines anderen Völkerrechtssubjekts, auch wenn die Annahme der Bedingungen durch die deutsche Seite nicht hätte erfolgen dürfen, sofern nicht nach dem Völkerrecht die Möglichkeit der Loslösung besteht.

21 Die Frage, ob ein Rechtsfehler hinreichend erheblich vorliegt, ist ebenfalls nach deutschem Recht zu prüfen. Dabei sind zunächst die beiden Fallkonstellationen zu unterscheiden, ob die Informationen von einem fremden Staat oder in diesem unmittelbar erlangt wurden.

22 II. Vor allem der **Schutz fremder Souveränität und Hoheitsrechte** kann hierbei einen **absoluten Sperrcharakter** für alle Verarbeitungsvorgänge entfalten.

23 1. Wie bereits festgestellt, ist **jede hoheitliche Maßnahme,** namentlich die Ausübung oder Androhung von Zwang im Ausland mit hoheitlichem Anspruch und anderes, offenes Auftreten als Hoheitsträger innerhalb der Gebietshoheit eines anderen Staates grundsätzlich eine Verletzung von dessen Souveränität und daher völkerrechtswidrig. Aufgrund der völkerrechtlichen Vorgaben können die weiteren Rechtsfolgen nicht den Kriterien des verletzenden Staates überlassen bleiben, sondern muss der Verstoß richtigerweise absolut wirken (→ § 24 Rn. 22 ff.).

24 2. Jedenfalls für den nachrichtendienstlichen Bereich scheint bislang Stand des Völkerrechts zu sein, dass durch **schlichte Erhebungen im Ausland,** egal ob bei oder unter Umgehung der amtlichen Stellen des betroffenen Hoheitsträgers, ohne Anmaßung von Hoheitsgewalt keine Verletzung des Völkerrechts vorliegt, jedenfalls solange nicht spezielle Schutznormen wie die Immunität diplomatischer oder konsularischer Vertretungen, der Staatsoberhäupter oder der diplomatischen Delegationen verletzt werden, sodass sich daraus auch keine Hindernisse für die Verarbeitung und Verwendung entsprechender Informationen und Erkenntnisse ergeben. Die wesentlichen Schranken des Völkerrechts, nach Art. 2 UN-Charta und der diese konkretisierenden Resolution der Generalversammlung 2625 (XXV)[23] dürften durch schlichte Informationserhebungen nicht berührt sein (→ § 1 Rn. 8 ff.).

25 Auch die von der UN-Generalversammlung jüngst einvernehmlich ohne Abstimmung angenommene, unverbindliche Deklaration „*The right to privacy in the digital age*"[24] fordert im wesentlichen nur die Mitgliedstaaten auf, nach ihrem eigenen **Recht das universelle Menschenrecht auf Privatheit** bzw. Datenschutz nach Art. 12 AEMR und Art. 17 IPBPR zu respektieren, die daraus folgenden Verpflichtungen zu erfüllen und hierzu effektive nationale Kontrollmechanismen *ex ante* und *ex post* bereitzustellen. Ein über die Kriterien des allgemeinen Datenschutz- und Strafverfahrensrechts hinausreichendes Verarbeitungsverbot wird sich daraus nicht ableiten lassen.

26 3. Einen etwas weiteren Kreis von Erhebungsverboten dürfte für die Strafverfolgungsorgane das deutsche Recht der Exterritorialitäten bzw. **Immunität** gem. §§ 18–21 GVG ziehen (zum Ganzen → § 2 Rn. 1 ff.). Der darin enthaltene Schutz diplomatischer und konsularischer Vertretungen sowie von Repräsentanten anderer Staaten und deren Begleitung bei Aufenthalt im Inland auf amtliche Einladung ist dabei sinngemäß aus der Logik der Anwendung der inländischen Befugnisnormen im Ausland auch auf solche in Drittstaaten zu erstrecken. Weiterhin findet gem. § 20 Abs. 2 GVG der allgemeine Grundsatz der Immunität der Staatsoberhäupter Anwendung, der für die Amtsdauer (sog. *ratio personae*) lediglich nach Art. 27 Abs. 1 S. 2 IStGHSt eingeschränkt ist, danach nur für frühere

---

[23] Erklärung über Grundsätze des Völkerrechts betreffend freundschaftliche Beziehungen und Zusammenarbeit zwischen den Staaten im Einklang mit der Charta der Vereinten Nationen A/RES/2625 (XXV) v. 24.10.1970.

[24] A/RES/68/167 basierend auf UN A/C.3/68/L.45 limited; angenommen UN GA A/68/PV.70 S. 20 am 18.12.2013.

Ausübungen des Amtes *(ratio materiae)*.[25] Die Bedeutung der Reichweite der Immunität von ausländischen Regierungs- und Parlamentsmitgliedern scheint hierbei nicht geklärt. Insbesondere der verdeckten Infomationserhebung im nachrichtendienstlichen Bereich dürfte jedenfalls die internationale Praxis der Annahme eines verbietenden Völkergewohnheitsrechts bis auf Weiteres entgegenstehen. Auch hier wird es naheliegen, vor dem völkerrechtlichen Hintergrund grundsätzlich ein absolutes Verwertungs- und darauf bezogenes Verarbeitungshindernis anzunehmen.

III. Verstöße des erhebenden Staates gegen sein eigenes Recht sind – zur Wahrung 27 von dessen Souveränität – grundsätzlich durch die Behörden und Gerichte des weiterverarbeitenden Staates nicht nachzuprüfen bzw. festzustellen (zum Ganzen ausführlich → § 24 Rn. 30, 34).[26] Selbstverständlich kann der verarbeitende Staat aufgrund seiner eigenen Maßstäbe entscheiden, entsprechende Informationen nicht zu verwenden bzw. weiterzuverarbeiten. Allerdings kann dem die fehlende Rechtmäßigkeit der Erhebung oder aktiven Übermittlung nur ausnahmsweise zugrunde gelegt werden. Dies gilt natürlich nicht, wenn eigene Amtsträger im Ausland tätig waren. Jedoch vor allem bei Informationen, die ein anderer Staat erhoben und auf Bitte oder spontan übermittelt hat, richtet sich der Prüfungsmaßstab für die Verwertbarkeit hinsichtlich der Erhebung und Übermittlung grundsätzlich nur nach dem Rechtshilferecht bzw. dem zugrundeliegenden Völkerrecht, namentlich den gemeinsamen Grundrechtsverbürgungen (→ § 9 Rn. 120 ff.; § 24 Rn. 39 ff.). Ein weiterer Ansatzpunkt kann dabei auch sein, dass durch eine Verwertung eigene Standards in einem Ausmaß verletzt sind, dass der deutsche *ordre publique* verletzt wäre. Ebenso soll jedenfalls ein Ausgangspunkt für die Unverwertbarkeit folgen, wenn mittels der Rechtshilfe gezielt höhere Anforderungen des deutschen Rechts umgangen wurden oder wenn Informationen des anderen Staates unter Verletzung des Rechtshilfe- oder sonstigen zwischenstaatlichen Rechts durch deutsche Behörden erlangt wurden (zum Ganzen → § 24 Rn. 38). Zudem stellt eine wesentliche Einschränkung dar, dass auch für die Bewertung der Beweisgewinnung als Verarbeitungs- bzw. Verwertungsgrundlage insoweit das deutsche Recht zu beachten ist, wie es der ersuchte Staat, gestützt auf die Öffnung seiner Rechtsordnung (→ § 9 Rn. 101 ff.), bei der Erhebung beachten wollte, und wohl auch soweit seine ausführenden Stellen hätten beachten müssen. Schließlich sind im Rahmen der arbeitsteiligen Zusammenarbeit innerhalb der EU im Sinne eines effektiven umfassenden Rechtsschutzes gegenüber dem Anerkennungsprinzip Entwicklungen zu einer weitergehenden bzw. vollen Überprüfung der Entscheidungen bzw. Vollzugsmaßnahmen des jeweils anderen Staates erkennbar (→ § 25 Rn. 4 ff.).

§ 19 Datenschutz und Datensicherheit

A. Überblick

I. Systematik

Mit der grundlegenden Novellierung durch das Unionsrecht, dem das BDSG bereits gefolgt 1 ist, ist eine wesentliche Rechtsvereinheitlichung im Bereich der Datenverarbeitung auch für die grenzüberschreitende Kriminalitätsbekämpfung und Strafjustiz eingetreten.

An der Spitze der Kodifikation der EU steht zwar in der öffentlichen Wahrnehmung die 2 DS-GVO,[1] allerdings findet sie gerade keine Anwendung gem. Art. 2 Abs. 2 lit. d DS-GVO für den Bereich der Verarbeitung personenbezogener Daten durch die zuständigen

---

[25] Näher *Kau* in Graf Vitzthum/Proelß VölkerR 3. Abschnitt Rn. 46 ff. mwN.
[26] Vgl. hier zum Ganzen nur beispielhaft BGHSt 58, 32 ff. = NStZ 2013, 596.
[1] VO (EU) 2016/679 des Europäischen Parlaments und des Rates zum Schutz natürlicher Personen bei der Verarbeitung personenbezogener Daten, zum freien Datenverkehr und zur Aufhebung der Richtlinie 95/46/EG (Datenschutz-Grundverordnung) v. 27.4.2016, ABl. 2016 L 119, 1.

Behörden zum Zwecke der Verhütung, Ermittlung, Aufdeckung oder Verfolgung von Straftaten oder der Strafvollstreckung, einschließlich des Schutzes vor und der Abwehr von Gefahren für die öffentliche Sicherheit. Dafür ist speziell die JI-RL verabschiedet worden, die bis zum 6.5.2018 in allen Mitgliedstaaten umzusetzen war. Beide Unionsgesetze finden keine Anwendung für die Verarbeitung personenbezogener Daten durch öffentliche Stellen im Rahmen einer Tätigkeit, die nicht in den Anwendungsbereich des Unionsrechts fällt, darunter insbesondere der Bereich der Verteidigung sowie vorgelagert, der nachrichtendienstlichen Aufklärung und Abwehr.

3   Weiterhin bestehen allerdings eine **Fülle von Sondervorschriften** fort, die aus der früheren Phase der Union herrühren, als jedes Instrument der Zusammenarbeit im Bereich Inneres und Strafjustiz mit eigenen Datenschutzvorschriften ausgestaltet wurde.[2] Insoweit ist ein Konsolidierungsprozess durch Eliminierung seitens des Unionsgesetzgebers im Gang, jedoch bei weitem nicht abgeschlossen, vgl. Art. 60 ff. JI-RL.

4   Spiegelbildlich ist das **deutsche Recht** mit dem BDSG, das als vollständige Neurechtssetzung zum 25.5.2018 in Kraft getreten ist, neben allgemeinen Vorschriften in die drei weiteren Teile gegliedert, die diesen Rahmen des unionsrechts jeweils übernehmen. Daher finden sich die wesentlichen Regelungen des Bundes zu den genannten Zwecken der Strafverfolgung in §§ 45 ff. BDSG nF wieder.

5   Allerdings gilt das BDSG nach § 1 Abs. 1 Nr. 2 BDSG für öffentliche Stellen der **Länder** nur, soweit sie Bundesrecht ausführen oder als Organe der Rechtspflege tätig werden und es sich nicht um Verwaltungsangelegenheiten handelt und der Datenschutz nicht durch Landesgesetz geregelt ist.

6   Ebenfalls verbleibt es auch auf der Ebene des Bundesrechts dabei, dass besondere Rechtsvorschriften dem BDSG vorgehen, und dieses nur dort unberücksichtigte Lücken schließen kann, § 1 Abs. 2 BDSG.

7   Daraus ergibt sich weiterhin für den Bereich der grenzüberschreitenden Ermittlungen und der dabei erfolgenden Verarbeitung personenbezogener Daten durch deutsche Stellen eine Vielzahl zu beachtender Rechtsgrundlagen und -normen.

8   Auf die allgemeinen für die Verarbeitung von Daten in deutschen Ermittlungs- und weiteren Strafverfahren zu beachtenden Datenschutz- sowie anderen Verarbeitungs-, Aufbewahrungs- bzw. Speicherungs- und Vernichtungs- bzw. Löschungsregelungen kann hier aus Platzgründen nicht eingegangen werden.[3] Vielmehr muss sich die Darstellung auf die spezifischen Vorgaben des supra- und internationalen Rechts für die Verarbeitung und Nutzung der transnational gewonnenen und übermittelten Erkenntnisse im gesamten Verfahrenslauf in einem Überblick beschränken. Die Besonderheiten der gerichtlichen Verwertung im Hauptverfahren durch die Beweisaufnahme und -würdigung in der Abschlussentscheidung sowie die Rechte der Betroffenen werden unten (→ §§ 22–24) gewürdigt. Der rein interne Datenschutz ausländischer oder internationaler Einrichtungen und Informationssysteme ist bereits oben besprochen worden (insbesondere → § 17 Rn. 84 ff., 169 ff., 180 ff., 224 ff.).

9   Hinsichtlich der durch deutsche Stellen zu beachtenden Vorschriften zum Datenschutz und für die Verwendung von Daten, bestehen besondere Regelungen im Bereich der Rechtshilfe neben einigen bi- und wenigen multilateralen Abkommen vor allem im Bereich des **SDÜ** und der weiteren Rechtsinstrumente der **EU**. Diese bilden Rechtsstandards, auf deren Einhaltung sich deutsche Stellen als Übermittlungspartner grundsätzlich verlassen können, die aber auch für das gesamte Strafverfahren in Deutschland gelten, soweit sie Eingang in das hier anwendbare Recht gefunden haben. Um erhebliche Rechtsunsicherheit aus der Fülle an unterschiedlichen völkervertraglichen und unionsrechtlichen

---

[2] Vgl. nur *Johannes/Weinhold* DatenschutzR § 1 Rn. 49.
[3] Vgl. hier insbes. § 477 StPO, die Polizeigesetze, BDSG/LDSG, Aktenordnungen, Schriftgutgesetze uvm, insbes. im untergesetzlichen Vorschriftenbereich; vgl. zu den EU-Verbunddaten den Überblick von *Heußner* Informationssysteme 310 ff. mwN; allg. die gängigen Kommentare wie nur beispielhaft *Simitis* BDSG.

Bestimmungen und Rechtsgrundlagen zu vermeiden, wird nicht nur dem umsetzenden deutschen Gesetzgeber angeraten sein, möglichst bei der Anwendung das Prinzip der Meistbegünstigung, soweit wie möglich, zugrunde zu legen.[4]

II. Europäische Union

Im Rahmen des Unionsrechts soll das Datenschutzrecht künftig auf **drei Kodifikationen,** neben der bereits genannten DS-GVO und der JI-RL auf der Datenschutz-RL für den Datenschutz durch die Organe, Agenturen und Einrichtungen der Union ruhen. 10

Abgelöst sind damit insbesondere die RL 95/46/EG (Datenschutz-RL 1995),[5] sowie für den Bereich Justiz und Inneres der früheren „3. Säule" der **Rahmenbeschluss 2008/977/ JI** über den Schutz personenbezogener Daten, die im Rahmen der polizeilichen und justiziellen Zusammenarbeit in Strafsachen verarbeitet werden (RB 2008/977/JI),[6] soweit er nicht in der nationalen Umsetzung „weiterlebt". 11

Seine **Grundlage** findet das genannte sekundäre Unionsrecht vor allem in Art. 16 AEUV. Neben dem Grundrecht auf Datenschutz in Art. 16 Abs. 1 AEUV, das mittlerweile in Art. 8 EU-Grundrechtecharta weiter ausgeprägt ist, gibt Art. 16 Abs. 2 AEUV der Union das Recht zur Gesetzgebung im ordentlichen Verfahren über den Datenschutz im Rahmen der Ausübung von Tätigkeiten, die in den Anwendungsbereich des Unionsrechts fallen, und über den freien Datenverkehr. In der Erklärung Nr. 21 zum Lissabon-Vertrag (Erklärung zum Schutz personenbezogener Daten im Bereich der justiziellen Zusammenarbeit in Strafsachen und der polizeilichen Zusammenarbeit) wurde darauf hingewiesen, dass sich aufgrund des spezifischen Charakters der Bereiche polizeiliche und justizielle Zusammenarbeit in Strafsachen bereichsspezifische Vorschriften als notwendig erweisen könnten.[7] 12

1. Richtlinie (EU) 2016/680 – JI-RL

a) Anwendung allgemein. Mit Wirkung zum 6.5.2018 ist die neue Richtlinie (EU) 2016/680 des Europäischen Parlaments und des Rates zum Schutz natürlicher Personen bei der Verarbeitung personenbezogener Daten durch die zuständigen Behörden zum Zwecke der Verhütung, Ermittlung, Aufdeckung oder Verfolgung von Straftaten oder der Strafvollstreckung sowie zum freien Datenverkehr und zur Aufhebung des Rahmenbeschlusses 2008/977/JI des Rates (JI-RL) in Kraft getreten.[8] Bis dahin musste sie durch die Mitgliedstaaten umgesetzt werden (Art. 63 Abs. 1 JI-RL), was in Deutschland für den Bund primär durch die Neufassung des BDSG erfolgt ist. Da auch die bereichsspezifischen Regelungen von Bund und Ländern anzupassen waren, wurden insbesondere die Polizeigesetze einschließlich des BKAG und andere bereichsspezifische Regelungen umfassend angepasst.[9] 13

Grundsätzlich stellt die Richtlinie nur Mindestanforderungen an den Datenschutz dar, sodass die Umsetzung diese hinsichtlich der Pflichten der öffentlichen Stellen und der Rechte der Betroffenen ohne Weiteres übertreffen können, vgl. Art. 1 Abs. 3 JI-RL. Allerdings haben die Mitgliedstaaten sicherzustellen, dass der Austausch personenbezogener 14

---

[4] Zur Rolle als notwendige Mindestgewährleistung angesichts stark divergierender nationaler Standards aber weiterer Lücken s. *Papayannis* ZEuS 2008, 219 ff. mwN; *Schriever/Steinberg* DuD 2007, 571 ff.
[5] RL 95/46/EG des Europäischen Parlaments und des Rates zum Schutz natürlicher Personen bei der Verarbeitung personenbezogener Daten und zum freien Datenverkehr v. 24.10.1995, ABl. 1995 L 281, 31; vgl. dazu HdB-EuStrafR/*Eisele* § 50 Rn. 2, 10 ff.
[6] v. 27.11.2008, ABl. 2008 L 350, 60; vgl. allg. zur Genese und Umsetzung am Beispiel der Schweiz *Rudin/Stämpfli* in Breitenmoser/Gless/Lagodny, Schengen und Dublin in der Praxis, 2010, 197 (207 ff. mwN).
[7] Vgl. BeckOK DatenschutzR/*Wolff*, 28. Ed. 1.2.2018, BDSG § 45 Rn. 11.1.
[8] ABl. 2016 L 119, 89; zur Aufhebung und Ersetzung aller Bezugnahmen s. Art. 59 Abs. 1, 2 JI-RL; zur Entstehungsgeschichte vgl. ausführlich *Johannes/Weinhold* Datenschutzrecht § 1 Rn. 8 ff. mwN.
[9] Vgl. zur Normbereinigung durch den Landesgesetzgeber allgemein *Göbel-Zimmermann/Kern* NVwZ 2014, 1202.

Daten zwischen den zuständigen Behörden in der Union, sofern er nach dem Unionsrecht oder dem Recht der Mitgliedstaaten vorgesehen ist, nicht aus Gründen, die mit dem Schutz natürlicher Personen bei der Verarbeitung personenbezogener Daten verbunden sind, eingeschränkt oder verboten wird, Art. 1 Abs. 2 lit. b JI-RL.

15 In **Ausnahmefällen,** in denen dies für die vor dem 6.5.2016 eingerichteten automatisierten Verarbeitungssysteme mit einem unverhältnismäßigen Aufwand verbunden wäre, können die Mitgliedstaaten vorsehen, dass die Richtlinie erst bis zum 6.5.2023 voll umgesetzt werden muss, sodass bis dahin immer noch der RB 2008/977/JI als unionsrechtlicher Rahmen Anwendung findet.[10]

16 Die am 6.5.2016 gültigen **besonderen Bestimmungen** zum Schutz personenbezogener Daten in Unionsrechtsakten „im Bereich der justiziellen Zusammenarbeit in Strafsachen und der polizeilichen Zusammenarbeit, die die Verarbeitung im Verkehr der Mitgliedstaaten untereinander sowie den Zugang der von den Mitgliedstaaten bestimmten Behörden zu den gemäß den Verträgen errichteten Informationssystemen im Anwendungsbereich dieser Richtlinie regeln", sollen unberührt bleiben (Art. 60 JI-RL). Gleiches soll gem. Art. 61 JI-RL für bis dahin abgeschlossene internationale Übereinkünfte für die Übermittlung mit Drittstaaten und internationalen Organisationen gelten.

17 **b) Sachlicher Anwendungsbereich.** Die Richtlinie gilt für die Verarbeitung personenbezogener Daten natürlicher Personen durch die zuständigen Behörden zum Zwecke der Verhütung, Ermittlung, Aufdeckung oder Verfolgung von Straftaten oder der Strafvollstreckung, einschließlich des Schutzes vor und der Abwehr von Gefahren für die öffentliche Sicherheit (Art. 1 Abs. 1 JI-RL, Art. 2 Abs. 1 JI-RL).

18 **aa) Erfasste Stellen.** Als **datenverarbeitende Stelle** erfasst sind auch alle nichtstaatlichen Stellen oder Einrichtungen, denen durch das Recht der Mitgliedstaaten die Ausübung öffentlicher Gewalt und hoheitlicher Befugnisse für die Zwecke dieser Richtlinie übertragen wurde sowie Auftragsverarbeiter entsprechender Daten zu den genannten Zwecken.[11]

19 Für die Verarbeitung durch die Organe, Einrichtungen, Ämter und Agenturen der EU ebenso wie für die durch die Mitgliedstaaten bei Tätigkeiten, die nicht in den Anwendungsbereich des Unionsrechts fallen, bleibt es indes ausschließlich bei den dafür geltenden Regelungen (Art. 2 Abs. 3 JI-RL).

20 **bb) Erfasste Daten und Verarbeitung.** Zur Beseitigung mittlerweile aufgetretener Auslegungsschwierigkeiten werden **personenbezogene Daten** gem. Art. 3 Nr. 1 JI-RL präziser definiert als „alle Informationen, die sich auf eine identifizierte oder identifizierbare natürliche Person […] beziehen; als identifizierbar wird eine natürliche Person angesehen, die direkt oder indirekt, insbesondere mittels Zuordnung zu einer Kennung wie einem Namen, zu einer Kennnummer, zu Standortdaten, zu einer Online-Kennung oder zu einem oder mehreren besonderen Merkmalen, die Ausdruck der physischen, physiologischen, genetischen, psychischen, wirtschaftlichen, kulturellen oder sozialen Identität dieser natürlichen Person sind, identifiziert werden kann."

21 Der Begriff der **„Verarbeitung"** wird ebenfalls besonders weit gefasst. Er umfasst „jeden mit oder ohne Hilfe automatisierter Verfahren ausgeführten Vorgang oder jede solche Vorgangsreihe im Zusammenhang mit personenbezogenen Daten wie das Erheben, das Erfassen, die Organisation, das Ordnen, die Speicherung, die Anpassung oder Veränderung, das Auslesen, das Abfragen, die Verwendung, die Offenlegung durch Übermittlung, Verbreitung oder eine andere Form der Bereitstellung, den Abgleich oder die Verknüpfung, die Einschränkung, das Löschen oder die Vernichtung", Art. 3 Nr. 2 JI-RL.

---

[10] Art. 63 Abs. 2 JI-RL, nach Abs. 3 sind weitere Verzögerungen in diesen Fällen bei schwerwiegenden Schwierigkeiten möglich.
[11] Vgl. Erwägungsgrund 11 JI-RL; dazu BeckOK DatenschutzR/*Wolff,* 28. Ed. 1.2.2018, BDSG § 45 Rn. 8.

Wie sonst im allgemeinen Datenschutzrecht, gilt die JI-RL nur für 22
- die ganz oder teilweise automatisierte Verarbeitung personenbezogener Daten
- sowie für die nichtautomatisierte Verarbeitung personenbezogener Daten, die in einem Dateisystem gespeichert sind oder gespeichert werden sollen (Art. 2 Abs. 2 JI-RL).

Dabei ist bei den Mitgliedstaaten zu unterscheiden, ob die konkrete Tätigkeit unter die 23 generellen Ausnahmen von der Anwendung des Unionsrechts, namentlich im Bereich der nationalen Sicherheit fällt oder ansonsten die DS-GVO gilt. Letztere gilt auch bei allen (Weiter-)Verarbeitungen bei öffentlichen Stellen, die nicht zu den genannten Zwecken erfolgt (Art. 9 JI-RL).[12]

Dieser konkrete Bezug der Tätigkeit und damit Abgrenzung vor allem zwischen DS- 24 GVO und JI-RL soll auch bei der **Weiterverarbeitung** durch andere Stellen gelten, die die entsprechenden Daten erhalten haben.[13]

cc) Zwecksetzung: Verhütung, Ermittlung, Aufdeckung oder Verfolgung von 25 **Straftaten.** Die Verarbeitung muss erfolgen zum Zwecke der Verhütung, Ermittlung, Aufdeckung oder Verfolgung von Straftaten oder der Strafvollstreckung, *einschließlich* des Schutzes vor und der Abwehr von Gefahren für die öffentliche Sicherheit.

Der Begriff der **Straftat** soll unionsrechtlich zu bestimmen sein.[14] Eine entsprechende 26 Auslegung des EuGH steht indes noch aus. Ungeklärt ist damit weiterhin insbesondere, inwieweit deutsche **Ordnungswidrigkeiten** dem Unionsbegriff unterfallen,[15] was der deutsche Gesetzgeber allerdings annimmt.[16]

Eine zentrale Frage der Abgrenzung des Anwendungsbereichs des JI-RL stellt aus 27 deutscher Sicht die Frage dar, wann polizeiliche bzw. **gefahrenabwehrende Datenverarbeitung** unter die Normen fallen soll, während sich ansonsten die Frage der Geltung der DS-GVO oder gar alleine des nationalen Rechts stellt.

Der Unionsgesetzgeber nimmt dabei auf die deutsche Abgrenzungsdogmatik zwischen 28 präventivem und repressivem Handeln keine Rücksicht. Die JI-RL soll anwendbar sein, wenn Straftaten entstehen können, die auch durch das präventive Handeln verhütet werden sollen.[17] Dem schließt sich die bisherige Literatur an, ohne selbst klarere Abgrenzungskriterien entwickeln zu können.[18] Da vorliegend wegen der jeweiligen konkreten Zwecksetzung jener rein präventive Bereich lediglich für vorgelagerte Übermittlungen, nicht aber für die hier alleine fokussierte strafrechtliche Weiterverarbeitung personenbezogener von Relevanz ist, kann insoweit die weitere Entwicklung abgewartet werden.

Der Begriff der öffentlichen Sicherheit soll hier unionsrechtlich und gerade nicht im Sinn 29 des deutschen Gefahrenabwehrrechts zu definieren sein. Als Rechtfertigungsgrund zur Einschränkung der Grundfreiheiten ist er dem Unionsrecht seit dessen Beginn bekannt.[19] Eine Erweiterung gegenüber dem Bezug zur Verhütung von Straftaten ist, aus dem Wortlaut eindeutig, nicht gegeben.

dd) Grenzüberschreitender Bezug? Ebenso muss hier die Frage nicht im Kern beant- 30 wortet werden, inwieweit die JI-RL einen grenzüberschreitenden Bezug voraussetzt.

---
[12] Vgl. näher etwa BeckOK DatenschutzR/*Wolff*, 28. Ed. 1.2.2018, BDSG § 45 Rn. 12.1.
[13] Vgl. Erwägungsgrund 34 S. 4–7 JI-RL; ausf. BeckOK DatenschutzR/*Wolff*, 28. Ed. 1.2.2018, BDSG § 45 Rn. 13 ff.
[14] Vgl. Erwägungsgrund 13 JI-RL.
[15] Vgl. etwa BeckOK DatenschutzR/*Wolff*, 28. Ed. 1.2.2018, BDSG § 45 Rn. 18 ff.
[16] BT-Drs. 18/11325, 110 f.
[17] Vgl. Erwägungsgrund 11 f. JI-RL; ausf. BeckOK DatenschutzR/*Wolff*, 28. Ed. 1.2.2018, BDSG § 45 Rn. 14 ff.; *Johannes/Weinhold* Datenschutzrecht, § 1 Rn. 19, 22.
[18] Vgl. etwa auch *Zerdick* in Ehmann/Selmayr, Datenschutz-Grundverordnung, 2. Aufl. 2018, DS-GVO Art. 2 Rn. 12; *Kühling/Raab* in Kühling/Buchner, Datenschutz-Grundverordnung, 2. Aufl. 2018, DS-GVO Art. 2 Rn. 29; *Weinhold/Johannes* DVBl 2016, 1501 (1503).
[19] Vgl. etwa Art. 36 AEUV sowie dazu EuGH Urt. v. 10.7.1984 – Rs. 71/83, Slg. 1984, 2727 Rn. 34 – Campus Oil Limited/Minister für Industrie und Energie; näher auch *Johannes/Weinhold* DatenschutzR § 1 Rn. 25 ff. mwN.

4. Kapitel 4. Kapitel. Verarbeitung und Nutzung ausländischer Informationen

31 Der vorangehende RB 2008/977/JI setzte einen solchen grenzüberschreitenden Bezug noch eindeutig voraus.[20] Für rein innerstaatliche Übermittlungen und Sachverhalte war er damit nicht anwendbar, jedenfalls solange sie sich nicht als Weiterverarbeitungen von in seinem Geltungsbereich erfassten Daten darstellten.[21]

32 Während die JI-RL in Anspruch nimmt, auch bei rein innerstaatlichen Datenverarbeitungen, dh ohne „Grenzübertritt der Daten", zu gelten.[22] Aus diesem Grund entsteht die Frage, ob die Richtlinie kompetenzgerecht erlassen wurde. Sie wurde auf Art. 16 Abs. 2 AEUV gestützt, der auf die Ausübung von Tätigkeiten, die in den Anwendungsbereich des Unionsrechts fallen, verweist. Insoweit hat die Union nach Art. 82 ff. AEUV lediglich stark begrenzte Kompetenzen, die nach einer starken Ansicht in der Literatur einen grenzüberschreitenden Sachverhalt voraussetzen.[23] Allerdings folgt daraus nicht die Unwirksamkeit der Richtlinie für den Rechtsanwendungs- oder Umsetzungsnormgeber, sondern nur die mögliche Anfechtbarkeit als Ultra-vires-Rechtsakt.

33 Die JI-RL selbst beruft sich darauf, dass es zur wirksamen Zusammenarbeit entscheidend sei, ein einheitliches und hohes Schutzniveau für die personenbezogenen Daten natürlicher Personen zu gewährleisten und den Austausch personenbezogener Daten zwischen den zuständigen Behörden der Mitgliedstaaten zu erleichtern sei.[24]

34 Die genannten Unionskompetenzen umfassen nach Art. 82 Abs. 2 lit. b AEUV „Die Rechte des Einzelnen im Strafverfahren" neben Regelungen zB für die Rechte der Opfer von Straftaten oder die Zulässigkeit von Beweismitteln auf gegenseitiger Basis. Einzelne können dabei alle verfahrensbeteiligten Privatpersonen sein.[25] Allerdings ist fraglich, ob der Datenschutz hier unter den Begriff ihrer Rechte subsumiert werden kann, sollen damit doch vor allen Verfahrensrechte aller Art, justizielle und andere Grundrechte umfasst sein, die unmittelbar und nicht als bloßer Rechtreflex Individualschutz vermitteln.[26] Diese Kompetenz zum Erlass von Mindestvorschriften ist wie auch zur Zulässigkeit von Beweismitteln auf gegenseitiger Basis nicht zwingend an die grenzüberschreitende Zusammenarbeit im konkreten Fall gebunden, sondern auch zur abstrakten grundsätzlichen Erleichterung der gegenseitigen Anerkennung gerichtlicher Urteile und Entscheidungen möglich. Daher dürfte der Restbereich, den die JI-RL nicht aufgrund der Kompetenzen aus Art. 16, 82 ff. AEUV abbildet, sehr gering und als Annex im Sinne der traditionellen unionsrechtlichen Arrondierungsbefugnis anzusehen sein.

35 **c) Verhältnis zur nationalen Sicherheit und GASP.** Bei der Behandlung von Sachverhalten mit Bezug zur nationalen Sicherheit weichen die JI-RL und die sich auf sie berufenden Regelungen des BDSG erkennbar ab. Die JI-RL soll überhaupt nicht zur Geltung kommen, für die Verarbeitung personenbezogener Daten, welche im Rahmen

---

[20] Der Rahmenbeschluss sollte gem. Art. 1 Abs. 2 RB 2008/977/JI gelten, wenn personenbezogene Daten zum Zweck der Verhütung, Ermittlung, Feststellung oder Verfolgung von Straftaten oder der Vollstreckung strafrechtlicher Sanktionen zwischen Mitgliedstaaten übermittelt oder bereitgestellt werden oder wurden, die Übermittlung an oder durch Behörden oder Informationssysteme im Rahmen der bisherigen Zusammenarbeit im Bereich Strafjustiz und Polizei erfolgte oder von Behörden oder Informationssystemen, die aufgrund des Vertrags über die EU oder des Vertrags zur Gründung der Europäischen Gemeinschaft errichtet worden sind, an die zuständigen Behörden der Mitgliedstaaten übermittelt oder ihnen bereitgestellt werden oder wurden.

[21] Erwägungsgrund 8, 9 RB 2008/977/JI.

[22] Vgl. hierzu und zum Folgenden *Johannes/Weinhold* DatenschutzR § 1 Rn. 17 mwN; BeckOK DatenschutzR/*Wolff*, 28. Ed. 1.2.2018, BDSG § 45 Rn. 24 ff.; *Gola*, Datenschutz-Grundverordnung, 2. Aufl. 2018, DS-GVO Art. 2 Rn. 25; *Kugelmann* DuD 2012, 581; *Weinhold/Johannes* DVBl 2016, 1501 f.

[23] Vgl. *Kugelmann* DuD 2012, 581; BeckOK DatenschutzR/*Wolff*, 28. Ed. 1.2.2018, BDSG § 45 Rn. 24 mwN, wobei die zitierte BR-Drs. 51/12, S. 2 die Argumentation wohl nicht hergibt, da dort lediglich auf den Sekundärrechtsakt RB 2008/977/JI verwiesen wird, der jedoch nicht die Grenzen des Primärrechts abbilden muss.

[24] Erwägungsgrund 7, 15 JI-RL.

[25] Vgl. hierzu und zum Folgenden *Vogel/Eisele* in Grabitz/Hilf/Nettesheim, 65. EL August 2018, AEUV Art. 82 Rn. 103.

[26] Vgl. Streinz/*Satzger*, EUV/AEUV, 3. Aufl. 2018, AEUV Art. 82 Rn. 60.

einer die nationale Sicherheit betreffende Tätigkeit oder Tätigkeiten von Agenturen oder Stellen, die mit Fragen der nationalen Sicherheit befasst sind, erfolgen, ebensowenig im Bereich der gemeinsamen Außen- und Sicherheitspolitik gem. Art. 39 EUV.[27]

aa) Dabei haben die Abgrenzungsfragen zur **nationalen Sicherheit** bereits einige Beachtung gefunden.[28] Danach fällt die nationale Verteidigung als auch die Tätigkeit der Inlands- und Auslandsnachrichtendienste darunter.[29] 36

bb) Hingegen scheint der Anwendungsbereich der JI-RL **im Verhältnis zur strafrechtlichen Rechtshilfe gegenüber Drittstaaten** bislang nicht hinreichend betrachtet. Grundsätzlich dürfte von der Vermutung auszugehen sein, dass zu strafrechtlichen Zwecken empfangene und übermittelte personenbezogene Daten ebenso wie der Vorgang der Übermittlung selbst unter die JI-RL fallen. Insoweit erscheint auch Art. 39 EUV als Ausnahmevorschrift eng auszulegen, unabhängig davon, ob ein entsprechender Umsetzungsakt besteht, was bislang nicht der Fall ist.[30] Dies wird durch die Regelungen zur Weitergabe von personenbezogenen Daten an Drittstaaten sowie internationalen Organisationen und Empfang von solchen Daten von ihnen in den bisherigen zahlreichen bereichsspezifischen Rechtsakten bestätigt. Lediglich im Hinblick auf den politischen Abschluss von Rechtshilfeinstrumenten oder politisches Eingreifen in diese wird man von Maßnahmen der GASP sprechen können, die nicht dem Anwendungsbereich des allgemeinen Unionsrechts in Gestalt der JI-RL, der DS-GVO oder der sonstigen Datenschutzrechtsakte unterfallen. 37

d) Verhältnis zur richterlichen Tätigkeit. Ebenfalls ein besonderes Auslegungs- und Anwendungsproblem birgt der Erwägungsgrund 80 JI-RL: Danach soll die Richtlinie auch für die Tätigkeit der nationalen Gerichte und anderer Justizbehörden gelten. Jedoch soll sich die Zuständigkeit der Datenschutzaufsichtsbehörden nicht auf „die von Gerichten im Rahmen ihrer justiziellen Tätigkeit vorgenommenen Datenverarbeitungen erstrecken, damit die Unabhängigkeit der Richter bei der Ausübung ihrer richterlichen Aufgaben gewahrt bleibt." Die Einhaltung der Vorschriften der Richtlinie durch die Gerichte und andere unabhängige Justizbehörden unterliege jedoch in jedem Fall stets der unabhängigen Überwachung gem. Art. 8 Abs. 3 der EU-Grundrechtecharta. 38

Während die Datenschutzaufsicht damit auch gem. Art. 45 Abs. 2 JI-RL ausgeschlossen sein soll, können die Pflichten der Verarbeiter und die Rechte von Betroffenen gerade in der Geltung des justiziellen Strafverfahrensrechts in einen Widerspruch geraten, der noch nicht hinreichend durch Rechtsprechung und Literatur erfasst scheint. Eindeutig scheint der Sinn und Zweck der über Art. 45 Abs. 2 JI-RL hinausreichenden Ausnahme nach dem Erwägungsgrund 80: Die rechtsstaatlich und auch letztlich **grundrechtlich verankerte richterliche Unabhängigkeit** soll weiterhin geschützt werden und daher Vorrang vor dem Datenschutzrecht behaupten. 39

Nichts anderes formuliert der Erwägungsgrund mit „Diese Ausnahme sollte allerdings begrenzt werden auf justizielle Tätigkeiten in Gerichtssachen und sich nicht auf andere Tätigkeiten beziehen, mit denen Richter nach dem Recht der Mitgliedstaaten betraut werden können." Allerdings sollen auch „andere unabhängige Justizbehörden im Rahmen ihrer justiziellen Tätigkeit, beispielsweise Staatsanwaltschaften" an diesem Privileg teilnehmen. 40

Soweit die innere Unabhängigkeit, wie zB Beratungsgeheimnisse oder richterliches Ermessen bei der Amtsausübung nach den nationalen Verfassungs- und Rechtsordnungen berechtigte Geltung beanspruchen, muss richtigerweise die Anwendung der JI-RL ausgeschlossen werden. Damit kehrt man wieder zu den ursprünglichen Fragen der Reichweite im Bereich der Rechtshilfe zurück (→ Rn. 37). 41

---

[27] Erwägungsgrund 14 JI-RL; vgl. dazu auch *Boehm* JA 2009, 435 (439).
[28] Klarer insoweit Art. 1 Abs. 4 RB 2008/977/JI „die wesentlichen nationalen Sicherheitsinteressen und spezifische nachrichtendienstliche Tätigkeiten, die die innere Sicherheit betreffen."
[29] Vgl. dazu nur *Kugelmann* DuD 2012, 581; BeckOK DatenschutzR/*Wolff,* 28. Ed. 1.2.2018, BDSG § 45 Rn. 19 ff.
[30] Vgl. BeckOK DatenschutzR/*Wolff,* 28. Ed. 1.2.2018, BDSG § 45 Rn. 22 f.

4. Kapitel

2. Altrecht nach dem Rahmenbeschluss 2008/977/JI

42 Aufgrund seiner Rechtsnatur hat der Rahmenbeschluss auch nach Ende seiner offiziellen Geltungsfrist durch Ablösung durch die JI-RL zwar erst recht keine eigenständige unmittelbare Wirkung, sondern prägt lediglich durch frühere intern wirkende Umsetzungsverpflichtung der Mitgliedstaaten die erfolgten Anpassungen ihres eigenen Rechts.[31] Damit beinhaltet er – unabhängig vom mittlerweile weitergehenden Unionsrecht – die grundlegenden Standards, die seitdem in seinem Anwendungsbereich erwartet werden und die so auch in die deutsche Verarbeitung und Nutzung, soweit im Rahmen des nationalen Rechts möglich, noch weiterhin ausstrahlen. Dabei enthält der Rahmenbeschluss ausdrücklich nur ein Mindestschutzniveau, über dem das deutsche Recht bereits regelmäßig lag (Art. 1 Abs. 5 RB 2008/977/JI).[32]

Umfasst waren alle zumindest teilweise automatisierten **Verarbeitungen personenbezogener Daten** sowie jede Verarbeitung von solchen Daten, die in einer Datei, also einer strukturierten, nach bestimmten Kriterien zugänglichen Sammlung gespeichert sind oder gespeichert werden sollen.[33] Mit diesem engen Datenverarbeitungsbegriff, der mittlerweile durch und infolge des neueren Unionsrechts im allgemeinen Datenschutz überholt ist, wird noch die konventionelle Aktenhaltung ausgenommen.

43 **Räumlich** galten die Regelungen auch weitgehend für das Vereinigte Königreich und die Republik Irland trotz ihrer Opt-out-Möglichkeit sowie, als Fortschreibung des Schengen-Acquis für Norwegen, Island, die Schweiz und Liechtenstein.[34]

44 Da bestehende oder zukünftige **Übereinkünfte mit Drittstaaten** dem Rahmenbeschluss vorgehen sollten,[35] und als Übereinkommen des Europarates das DatSchÜ[36] mit seinem Zusatzprotokoll und namentlich das RHÜ 1959 ausdrücklich nicht berührt sein sollte,[37] war umstritten, ob die Zusammenarbeit der EU-Mitgliedstaaten auf dieser Basis oder dem darauf aufbauenden RHÜ 2000 vom Anwendungsbereich ebenfalls ausgenommen sein sollen. Soweit andererseits die Datenschutz-RL oder die Datenschutzrichtlinie für elektronische Kommunikation[38] selbst gelten, namentlich weil ehemaliges Gemeinschaftsrecht anwendbar ist, gingen diese vor.[39]

45 Weil ebenso unter den Mitgliedstaaten geschlossene Vereinbarungen mit einem höheren Datenschutzstandard weiterhin zulässig blieben,[40] dürften weiter in Kraft geblieben sein zB die in Abkommen mit Polen (Art. 16 Abs. 5, 7 ErgV-RHÜ 1959 DE/PL) und Tschechien (Art. 17 Abs. 4 S. 3, Abs. 5 PolZV DE/CZ) besonders festgelegten Datenschutzregelungen für originär aufgrund der Rechtshilfe erhobene oder nur nach inländischem Verfahren erhobene und im Wege der Rechtshilfe übermittelten TKÜ-Erkenntnisse.

46 Bei EU-Informationssystemen, Agenturen und Einrichtungen, die alleine bereits im Gemeinschaftsrecht wurzelten, richtete sich der Datenschutz weiter alleine nach den dort

---

[31] Für Deutschland vgl. insbes. Beschlussvorschlag der 193. Innenministerkonferenz v. 9.12.2011, TOP 10, http://www.innenministerkonferenz.de/IMK/DE/termine/to-beschluesse/11-12-09/Anlage 10.pdf, zuletzt abgerufen am 21.5.2019.
[32] RB 2008/977/JI.
[33] Art. 1 Abs. 3, Art. 2 lit. d RB 2008/977/JI, dort auch lit. a, b zur weiteren Definititon von personenbezogenen Daten und ihrer Verarbeitung, die weitgehend dem allgemeinen Datenschutzrecht entspricht.
[34] Vgl. Erwägungsgrund 43–47 RB 2008/977/JI.
[35] Art. 26 RB 2008/977/JI, wobei für die Weiterübermittlung der Zustimmungvorbehalt des Art. 13 Abs. 1 lit. c, Abs. 2 RB 2008/977/JI gilt.
[36] Übk. zum Schutz der Menschen bei der automatischen Verarbeitung personenbezogener Daten v. 28.1.1981 (BGBl. 1985 II 538), Zusatzprotokoll zum Übereinkommen zum Schutz des Menschen bei der automatischen Verarbeitung personenbezogener Daten bezüglich Kontrollstellen und grenzüberschreitendem Datenverkehr v. 8.11.2011.
[37] Erwägungsgrund 41 RB 2008/977/JI.
[38] RL 2002/58/EG des Europäischen Parlaments und des Rates über die Verarbeitung personenbezogener Daten und den Schutz der Privatsphäre in der elektronischen Kommunikation v. 12.7.2002, ABl. 2002 L 201, 37.
[39] Erwägungsgrund 36 RB 2008/977/JI.
[40] Dies folgt aus dem sogar dafür im Wortlaut offenen Art. 1 Abs. 5 RB 2008/977/JI.

geltenden speziellen Regeln in den jeweiligen Rechtsakten, etwa beim VIS und Eurodac sowie den allgemeinen Verbunddateien (→ § 14 Rn. 221 ff.). Soweit EU-Rechtsakte im Bereich der Zusammenarbeit von Polizei und Strafjustiz noch aus der früheren „3. Säule" spezifische Bestimmungen für die Verwendung grenzüberschreitend übermittelter Daten bestehen bzw. herausgewachsen sind, behielten diese Regelungen ebenfalls Vorrang (Art. 28 RB 2008/977/JI). Dies betrifft namentlich die Regelungen zum SIS (II), Europol, Eurojust, Zollinformationssystem und Prümer Ratsbeschluss,[41] aber wohl ebenfalls den RB 2006/960/ JI (zu allen → Rn. 47 ff.). Die Verarbeitung bei OLAF richtete sich weiter alleine nach der EG-Datenschutz-VO und dem weiteren Unionsrecht zur unionsinternen Sicherstellung der Vertraulichkeit (Art. 1 Abs. 3 lit. d OLAF-VO, Art. 10, 15, 16 OLAF-VO, Erwägungsgrund 35 OLAF-VO). Allerdings entstand ein gewisses Spannungsfeld dort, wo diese Bereichsregelungen, wie der Prümer Ratsbeschluss, noch ergänzend auf die tendenziell auf niedrigerem Niveau eingeordneten EuDatSchEmpf in Verbindung mit dem DatSchÜ verweisen, auch wenn die Spannung praktisch angesichts der Detailregelungen und der nötigen nationalen Umsetzung als alleinigem Maßstab für unmittelbare Rechte und Pflichten selten Auswirkungen zeigen dürfte. Ansonsten gilt der RB 2008/977/JI weitgehend unstreitig als Fortschreibung der allgemeinen Datenschutzregelungen in Art. 126–130 SDÜ, die damit überholt werden.[42] Fraglich ist damit weiterhin, ob sich die Verweise in Rechtshilfeübereinkommen auf das SDÜ „dynamisch" auf den RB 2008/977/JI beziehen sollen. So verweisen etwa bilaterale Polizeiverträge mit den Nachbarstaaten weitgehend bei der transnationalen Verarbeitung von Daten ausdrücklich namentlich auf das SDÜ und gegebenenfalls subsidiär das RHÜ 2000 in seinem Anwendungsbereich, sofern sie selbst keine detaillierteren Regelungen enthalten, die bei höheren Anforderungen an den Datenschutz weiter wirksam bleiben können.[43] Verwiesen hingegen Unionsrechtsakte pauschal auf das DatSchÜ, sollten jeweils die strengeren Vorschriften zwischen diesem und dem RB 2008/977/JI Anwendung finden.[44]

3. Weitergeltende Spezialregelungen

Wie bereits dargestellt, bleiben bis zu der anstehenden und gebotenen Rechtsbereinigung gegenüber beiden allgemeinen Rechtsakten einige **EU-Spezialregelungen vorrangig**, die sich im Polizeibereich zwar ähneln, aber auch signifikante Unterschiede in wesentlichen Details und im Schutzniveau in beide Richtungen aufweisen:[45]

a) So ersetzen die aktuellen Regelungen des **SIS II** (Art. 68 Abs. 1 SIS II-Beschluss) die früheren speziellen SIS-Datenschutzregelungen in Art. 92–119 SDÜ.[46] Subsidiär gilt das allgemeine europäische Datenschutzrecht, insbesondere für den Schutz besonders sensibler Daten.[47] Dazu gehört als Mindeststandard auch das Dat-

---

[41] Erwägungsgrund 39 RB 2008/977/JI; dabei ist wohl von einer vollständigen Spezialität des Prümer Ratsbeschlusses nach dessen Art. 24 Abs. 2 für alle dort geregelten Datenübermittlungsbereiche, also etwa auch bei Großveranstaltungen und evtl. bei terroristischen Straftaten auszugehen, da insbes. die Vorschriften zur Zweckbindung, Erforderlichkeit und Löschung über den RB erkennbar hinausgehen; krit. ausführend zum Datenschutz nach Prümer Ratsbeschluss *Würtenberger/Mutschler* in Breitenmoser/Gless/Lagodny, Schengen und Dublin in der Praxis, 2010, 137 (146 f. mwN).
[42] Vgl. Erwägungsgrund 45 ff. RB 2008/977/JI.
[43] **Für die Niederlande:** Art. 26 Abs. 1 PolZV DE/NL; **Österreich:** Art. 26 Abs. 1 S. 1, 2 PolZV DE/AT; **Polen:** Art. 21 ErgV-RHÜ 1959 DE/PL; **Tschechien:** Art. 24 ff. PolZV DE/CZ; Art. 18 ff. ErgV-RHÜ 1959 DE/PL mit Definition personenbezogener Daten entsprechend deutschem Datenschutzrecht **für Tschechien:** in Art. 24 PolZV DE/CZ; Art. 18 ErgV-RHÜ 1959 DE/PL; zum Erhalt ohne Übermittlung **für Tschechien:** Art. 27 PolZV DE/CZ; Art. 21 ErgV-RHÜ 1959 DE/PL.
[44] Erwägungsgrund 40 RB 2008/977/JI.
[45] Vgl. die Übersicht bei *Johannes/Weinhold* Datenschutzrecht, § 1 Rn. 48 ff.; etwa zum Prümer Ratsbeschluss *Papayannis* ZEuS 2008, 219 (236 f.).
[46] SIS II-Beschluss. Vgl. hierzu und zur „traurigen" Umsetzung *Rudin/Stämpfli* in Breitenmoser/Gless/Lagodny, Schengen und Dublin in der Praxis, 2010, 197 (198 ff.).
[47] Art. 56 f. SIS II-Beschluss spricht noch für den intergouvernmentalen Bereich vom Abkommen des Europarates als Bezugspunkt, jedoch dürfte auch hier das EU-Recht anzuwenden sein in Art. 40 f. SIS II-VO.

4. Kapitel

SchÜ.[48] Dabei erfolgt die Abgrenzung wohl bis auf Weiteres auch nach der „Säule", dem die konkrete Ausschreibung bislang zuzuordnen gewesen wäre (→ § 16 Rn. 7 ff.).[49]

49 **b)** Der Datenschutz hinsichtlich des **Zollinformationssystems** ist zunächst lediglich, und auch nur im Bereich der Zollinformations-VO, mit den Grundsätzen der Verarbeitung nach Treu und Glauben, Zweckbindung, sachlicher und zeitlicher Erforderlichkeit, Richtigkeit und Aktualität beschrieben (Art. 26 Zollinformations-VO). Ansonsten wird auf die jeweiligen Rechtsordnungen der Mitgliedstaaten verwiesen, die die allgemeinen europäischen Datenschutzgrundlagen umgesetzt haben müssen (Art. 34 Zollinformations-VO).

50 **c)** Besonders problematisch erweist sich die neue **Europol**-VO, die trotz der mittlerweile durchgesetzten Eingliederung der Agentur in die allgemeine Aufsicht des Europäischen Datenschutzbeauftragten hinsichtlich der Rechte der Betroffenen weiterhin überaus weit und insgesamt unzureichend hinter dem Schutzniveau der JI-RL zurückfällt und gefährliche Lücken offenbart (§ 17 Rn. 169 ff.; § 27 Rn. 69 ff., 111 ff.; vgl. hier nur Art. 28 ff. Europol-VO).[50]

51 **d)** Soweit **Eurojust** personenbezogene Daten in automatisierter Form oder in strukturierten manuell geführten Dateien verarbeitet, gewährleistet es dabei einen Datenschutz zumindest entsprechend dem DatSchÜ (Art. 14 Abs. 1, 2 EurojustB). Anwendbar sind gem. Art. 14 Abs. 3 EurojustB, § 12 EJG stets die Grundsätze der Verarbeitung nach Erforderlichkeit, Aktualität und Treu und Glauben. Die Verarbeitung der Daten von Verdächtigen und Verurteilten einerseits sowie Zeugen und Opfern andererseits ist insbesondere detailliert nach erlaubten Kategorien weiter geregelt (Art. 15 Abs. 1 bzw. 2 EurojustB).

52 **e)** Die nach dem **RB 2006/960/JI** unmittelbar oder auf bilateraler Ebene ausgetauschten Informationen unterliegen den nationalen Datenschutzbestimmungen des empfangenden Mitgliedstaates, sodass für die Informationen und Erkenntnisse dieselben Datenschutzvorschriften gelten, als wären sie im empfangenden Mitgliedstaat gesammelt worden (Art. 8 Abs. 2 S. 1 RB 2006/960/JI). Zudem gelten die Regelungen des DatSchÜ und, soweit ratifiziert, das Zusatzprotokoll (Art. 8 Abs. 2 S. 2 RB 2006/960/JI). Bei der Verarbeitung personenbezogener Daten, die nach diesem Rahmenbeschluss durch Strafverfolgungsbehörden erlangt wurden, sollen ferner die Grundsätze der EuDatSchEmpf beachtet werden.

53 **f)** Die **Europäische Ermittlungsanordnung** verweist in ihrem Geltungsbereich allgemein auf den Mindeststandard des DatSchÜ sowie das aktuelle Unionsrecht zum Datenschutz bei der polizeilichen und justiziellen Zusammenarbeit in Strafsachen, mithin die oben aufgeführten Regelungen, sowie allgemein die entsprechenden europäischen Grundrechte.

4. SDÜ als historisches Auffangrecht

54 Allenfalls in Restbereichen in besonderen Konstellationen beachtlich bleiben damit die **Art. 126 ff. SDÜ** als ursprünglicher Ausgangspunkt des Datenschutzrechts bei der polizeilichen und justiziellen Zusammenarbeit.

III. Datenschutzübereinkommen des Europarats

55 Allgemeine maßgebende Bedeutung hat weiterhin das **Übereinkommen des Europarats** zum Schutz des Menschen bei der automatischen Verarbeitung personenbezogener Daten bezüglich Kontrollstellen und grenzüberschreitendem Datenverkehr (DatSchÜ) v.

---

[48] Vgl. VG Wiesbaden BeckRS 2013, 54596 = InfAuslR 2013, 397 ff.
[49] Vgl. *Schefer/Stämpfli* in Breitenmoser/Gless/Lagodny, Schengen in der Praxis, 2009, 135 (136 f. mwN).
[50] Auch der vorangehende Europol-Beschluss enthielt Regelungen zum Datenschutz in seinem Geltungsbereich, mithin gesamten Informationsverbund, mit einem zwar ausführlichen Kanon an üblichen Datenschutzbestimmungen, bei dem EuDatSchÜ und EuDatSchEmpf ergänzend und lückenfüllend den Mindeststandard bestimmten (Art. 27 Europol-Beschluss).

§ 19 Datenschutz und Datensicherheit   **4. Kapitel**

28.1.1981, das alle Mitgliedstaaten sowie Mauritius und Uruguay ratifiziert haben.[51] Dieses Übereinkommen enthält allgemeine Anforderungen einschließlich technischen Datenschutzes und Rechten von Betroffenen für automatisierte Dateien bzw. Datensammlungen und die automatische Verarbeitung von personenbezogenen Daten im öffentlichen und privaten Bereich, insbesondere zum grenzüberschreitenden Austausch von Daten, der nur zur Realisierung des eigenen nationalen Datenschutzniveaus eingeschränkt werden kann (vgl. Art. 12 DatSchÜ). Dabei kann jeder Mitgliedstaat durch Vorbehalt bestimmte Bereiche von der Geltung ausnehmen (vgl. Art. 2, 3 DatSchÜ). In welchem Ausmaß dies, wie häufig, für die Bereiche der inneren Sicherheit und der Strafverfolgung der Fall ist, ist entsprechend staatenbezogen zu prüfen. Hingegen hat Deutschland keine entsprechende Einschränkung erklärt. Mittlerweile liegt das Protokoll zur Änderung des Übereinkommens zur Ratifizierung aus.[52] Es ist allerdings bislang, auch trotz Aufforderung bzw. Ermächtigung der EU an ihre Mitgliedstaaten, es für die Union mitzuzeichnen,[53] noch weit von einem Inkrafttreten entfernt.

Auf diese Konvention nehmen andere Übereinkommen des Europarats, zB zum Schutz 56 von Frauen vor Gewalt, ausdrücklich Bezug (Art. 65 GewSchÜ).

Ergänzt wurde dieses durch ein **Zusatzprotokoll** bezüglich Kontrollstellen und grenz- 57 überschreitendem Datenverkehr (DatSchÜZP) v. 8.11.2001,[54] das von Deutschland, allerdings bislang nicht von einigen wichtigen Staaten wie Italien oder dem Vereinigten Königreich, ratifiziert wurde. Zentral ist dort die Vorschrift des Art. 2 DatSchÜZP. Danach sorgt jeder Mitgliedstaat dafür, dass personenbezogene Daten an einen Empfänger, der der Hoheitsgewalt eines Drittstaates oder Organisation untersteht, nur dann weitergegeben werden dürfen, wenn dieser Staat oder diese Organisation ein angemessenes Schutzniveau für die beabsichtigte Datenweitergabe gewährleistet. Abweichend davon kann der Mitgliedstaat die Weitergabe erlauben, wenn dies im internen Recht entweder wegen spezifischer Interessen des Betroffenen oder berechtigter überwiegender, insbesondere wichtiger öffentlicher Interessen vorgesehen ist. Eine entsprechende Erlaubnis ist auch möglich, wenn Garantien, die sich insbesondere aus Vertragsklauseln ergeben können, von der für die Weitergabe verantwortlichen Stelle geboten und diese von den zuständigen Behörden in Übereinstimmung mit dem internen Recht für ausreichend befunden werden.

Weiterhin sind im Rahmen des Europarates die **Empfehlung Nr. R (87) 15 des** 58 **Ministerkomitees** des Europarats an die Mitgliedstaaten über die Nutzung personenbezogener Daten im Polizeibereich (EuDatSchEmpf) v. 17.9.1987 in Verbindung mit dem DatSchÜ zu beachten, allerdings ist eine entsprechende Umsetzung in das nationale Recht erst recht nötig.[55]

IV. Weitere Rechtshilfeübereinkommen

Unter den zahlreichen **bilateralen Rechtshilfeübereinkommen** hat vor allem das Daten- 59 schutz-Rahmenabkommen der EU mit den **USA** (DatSchAbk USA/EU)[56] berechtigte Aufmerksamkeit erfahren.

Demgegenüber enthalten die mit Hongkong (Art. 9 Abs. 3 RHAbk DE/HK) und 60 Kanada (Art. 14 Abs. 3 lit. b–d RHV DE/CA) außerhalb dieses Bereiches „modellhaft"

---

[51] ETS Nr. 108 mit Änderungserklärung; vgl. zum Ganzen HdB-EuStrafR/*Eisele* § 50 Rn. 1.
[52] ETS Nr. 223.
[53] Beschluß (EU) 2019/682 des Rates zur Ermächtigung der Mitgliedstaaten, im Interesse der Europäischen Union zur Änderung des Übereinkommens des Europarats zum Schutz des Menschen bei der automatischen Verarbeitung personenbezogener Daten zu ratifizieren v. 9.4.2019, ABl. 2019 L 115, 7.
[54] ETS Nr. 181.
[55] *Schefer/Stämpfli* in Breitenmoser/Gless/Lagodny, Schengen in der Praxis, 2009, 135 (143 ff. mwN).
[56] Abk. zwischen den Vereinigten Staaten von Amerika und der Europäischen Union über den Schutz personenbezogener Daten bei der Verhütung, Untersuchung, Aufdeckung und Verfolgung von Straftaten, ABl. 2016 L 336, 3; iK seit dem 1.2.2017, vgl. ABl. 2017 L 25, 1.

entsprechende Regelungen⁵⁷ zur Datensicherheit der im Rahmen entsprechender Rechtshilfeersuchen ausgetauschter personenbezogener Daten, die definiert werden als Einzelangaben über persönliche und sachliche Verhältnisse einer bestimmten oder bestimmbaren natürlichen Person.⁵⁸

61 Ebenso enthalten die deutschen Regierungsabkommen zur Bekämpfung von Terrorismus, organisierter und schwerer Kriminalität (→ § 11 Rn. 221) und die Protokolle zu den neueren bilateralen Steuerstrafabkommen (→ § 15 Rn. 678 ff.) ausnahmslos ausführliche Regelungen zum Datenschutz, die sich am gängigen deutschen bzw. unionsrechtlichen Standard orientieren. Die besonderen Abkommen zum Informationsaustausch in Steuer- und Steuerstrafsachen verweisen beim Umfang der im Rahmen der Zusammenarbeit zu übermittelnden personenbezogenen Daten neben dem Grundsatz der Erforderlichkeit auf die Datenschutz-RL.⁵⁹ Die strategischen Partnerschaftsabkommen mit Australien, Kanada, Neuseeland und Vietnam enthalten nur kurze Verweise auf allgemeine Datenschutzstandards, vor allem orientiert an den Richtlinien der OECD.⁶⁰ An der Regelungsdichte weitaus überragt werden sie von den Vorschriften des organisatorischen und technischen Datenschutzes für **Fahrzeugregisterdaten** im Verhältnis mit der Schweiz (Art. 35 PolZV DE/CH).

B. Datenschutzgrundsätze

I. Allgemein

62 Auch für die Erhebung, Verarbeitung und Nutzung von aus dem Ausland stammenden personenenbezogenen Daten im Inland gelten die Grundsätze des deutschen Datenschutzrechtes, die mit denen im Rahmen des bisherigen Gemeinschaftsrechtes der EU korrespondieren.⁶¹ Auch hier werden deshalb nur besondere Aspekte der einschlägigen bereichsspezifischen europäischen und völkerrechtlichen Regelungen angesprochen, deren Umsetzung in aller Regel dem nationalen deutschen Recht obliegt. Dazu gehört insbesondere im europäischen Konventionsraum das „right to private life" aus Art. 8 EMRK. Dieses hat durch eine reiche Rechtsprechung des EGMR eine Ausformung gefunden, die weitgehend mit dem deutschen Grundrechtsschutz harmonisiert, auch wenn wohl noch kein vergleichbarer institutioneller Schutz wie durch die Grundrechte auf informationelle Selbstbestimmung oder gar Integrität informationstechnischer Systeme erreicht ist.⁶²

63 Die Grundsätze der **Datensparsamkeit, -erforderlichkeit, und -richtigkeit** ergeben sich bei den besonderen EU-Informationssystemen bereits aus ihren Eingabebedingungen. Sie werden dort aber nochmals durch das spezielle Datenschutzrecht, wie auch im Folgenden ausgeführt vor allem in den Berichtigungs- und Löschvorschriften fortgeschrieben (→ Rn. 128 ff.; § 27 Rn. 91 ff.). Bereits nach dem SDÜ und den darauf aufbauenden bilateralen Ergänzungs- und Polizeiabkommen mit den deutschen Nachbarstaaten ist die übermittelnde Vertragspartei verpflichtet, auf die **Richtigkeit** der personenbezogenen Daten zu achten. Nach den bilateralen Verträgen erstreckt sich die Pflicht ausdrücklich auch darauf, dass der Umfang der Datenübermittlung zur Erfüllung des Ersuchens bzw. sonstigen Übermittlungszweckes erforderlich war und nicht unter Verstoß gegen nationale Übermitt-

---

[57] Vgl. BT-Drs. 15/2598, 22 f.
[58] **Für Kanada:** Art. 14 Abs. 1 RHV DE/CA bzw. **für Hongkong:** Art. 9 Abs. 1 RHAbk DE/HK.
[59] Vgl. zB **für die Bahamas:** Nr. 2 Protokoll zum InfoAust BS 2010.
[60] Vgl. für das noch schwebende Abkommen mit **Australien:** Art. 40 RHAbk EU/AUS; **Kanada:** Art. 25 StratPartAbk EU/CA; **Neuseeland:** Art. 37 PartAbk EU/NZ; **Vietnam:** Art. 26 PartAbk EU/VN.
[61] Vgl. etwa Simitis/*Dammann* BDSG § 1 Rn. 197 ff.
[62] Vgl. ausf. *Schefer/Stämpfli* in Breitenmoser/Gless/Lagodny, Schengen in der Praxis, 2009, 135 (138 ff. mwN); *Heußner* Informationssysteme 310 ff. mwN aus Sicht des EU-Rechtes, sowie zum Folgenden; allg. zum Ganzen natürlich die gängigen Kommentare, wie zB Simitis/*Simitis* BDSG Einl. Rn. 151 ff.

lungsverbote erfolgte (Art. 126 Abs. 3 lit. b SDÜ).⁶³ Auch in den Rechtshilfeübereinkommen, die den Datenschutz miterfassen, finden sich mehr oder weniger ausdrückliche Regelungen zu diesen Grundsätzen. Beispielsweise sind nach dem Abkommen mit **Kanada** die Vertragsparteien gem. Art. 14 Abs. 3 lit. b RHV DE/CA zur **Sorgfalt** im Umgang verpflichtet und haben besonders auf Korrektheit und Vollständigkeit zu achten. Nach dem Abkommen mit **Hongkong** gilt nach Art. 8 Abs. 3 Nr. 1 RHAbk DE/HK ausdrücklich der Grundsatz der Erforderlichkeit, dh es sind nur die Daten zu übermitteln, die das gestellte Ersuchen betreffen.

II. Europäische Union – JI-RL

1. Besonders zu rechtfertigen ist insbesondere im Rahmen des **EU-Informationsver-** 64
bundes die Verarbeitung sog. „**besonders geschützter personenbezogener Daten**". Bei dieser, vor allem dem Unionsrecht und von ihm in nationales Recht mehr oder minder ausstrahlenden eigenen Kategorie handelt es sich um Daten, aus denen namentlich die rassische und ethnische Herkunft, politische Meinungen, religiöse oder philosophische Überzeugungen oder die Gewerkschaftszugehörigkeit des Betroffenen hervorgehen, sowie Daten über Gesundheit oder Sexualleben. Ihre Verarbeitung im weiteren Sinne ist nur zulässig, wenn dies unbedingt notwendig ist und das innerstaatliche Recht einen angemessenen Schutz gewährleistet (Art. 10 JI-RL; zuvor Art. 6 RB 2008/977/JI). Dies gilt zB auch beim SIS II.⁶⁴ Ebenso sind im Rahmen von Eurojust Sonderregeln für solche besonders geschützten personenbezogenen Daten vorgesehen (Art. 15 Abs. 3, 4 EurojustB).

2. Die in anderen Rechtsakten (wie dem RB 2008/977/JI) entwickelten **Prinzipienka-** 65
taloge fasst am wohl umfangreichsten die neue JI-RL zusammen. Danach hat jede Verarbeitung zu erfolgen (Art. 4 JI-RL):
- auf rechtmäßige Weise und nach Treu und Glauben;
- als bzw. nach Erhebung für festgelegte, eindeutige und rechtmäßige Zwecke;
- nicht in einer Weise, die nicht mit diesen Zwecken zu vereinbaren ist;
- nicht übermäßig entsprechend den Verarbeitungszwecken;
- sachlich richtig und erforderlichenfalls auf dem neuesten Stand;
- nicht länger, als es für die Zwecke, für die sie verarbeitet werden, erforderlich ist, in einer Form, die die Identifizierung der betroffenen Personen ermöglicht;
- unter Gewährleistung einer angemessenen Sicherheit der personenbezogenen Daten.

a) Zu Letzterem zählen der Schutz vor unbefugter oder unrechtmäßiger Verarbeitung 66
und vor unbeabsichtigtem Verlust, unbeabsichtigter Zerstörung oder unbeabsichtigter Schädigung durch geeignete technische und organisatorische Maßnahmen.

b) Der Datenschutzgrundsatz der **Verarbeitung nach Treu und Glauben** ist dabei ein 67
anderes Konzept als das Recht auf ein faires Verfahren iSd Art. 47 GRCh und Art. 6 EMRK: Neben den allgemeinen Zweckbindungs- und Datenerfordernisgrundsätzen soll er vor allem beinhalten, dass natürliche Personen über die Risiken, Vorschriften, Garantien und Rechte im Zusammenhang mit der Verarbeitung ihrer personenbezogenen Daten informiert und darüber aufgeklärt werden, wie sie ihre diesbezüglichen Rechte geltend machen können.⁶⁵

3. Neu gebieten Art. 6 f. JI-RL, dass bei der Verarbeitung, damit auch Erhebung, 68
Speicherung und Übermittlung, personenbezogener Daten soweit wie möglich unterschieden werden muss zwischen faktenbasierten und auf persönlichen Einschätzungen beruhen-

---

⁶³ **Für Polen:** Art. 20 Nr. 2 ErgV-RHÜ 1959 DE/PL; **die Schweiz:** Art. 27 Nr. 2 S. 1, 2 PolZV DE/CH; **Tschechien:** Art. 26 Nr. 2 PolZV DE/CZ; insbes. auch bei spontan übermittelten Informationen **für die Niederlande:** Art. 15 PolZV DE/NL.
⁶⁴ Art. 56 f. SIS II-Beschluss spricht noch für den intergouvernmentalen Bereich vom Abkommen des Europarates als Bezugspunkt, jedoch dürfte auch hier das EU-Recht anzuwenden sein, wie in Art. 40 f. SIS II-VO.
⁶⁵ Erwägungsgrund 26 S. 4 ff. JI-RL.

den Informationen (Art. 7 Abs. 1 JI-RL) und so klar wie möglich die verschiedenen Kategorien betroffener Personen **unterschieden und getrennt** werden müssen, namentlich Tatverdächtige (einschließlich solcher Personen, gegen die ein begründeter Verdacht besteht, dass sie eine Straftat in naher Zukunft begehen werden), verurteilte Straftäter, (potentielle) Straftatopfer, sowie Bezugs- und Verbindungspersonen, Art. 6 JI-RL.

69   4. Zu Recht besondere Beachtung finden die Mechanismen der „**automatisierten Einzelfallentscheidung**", hier noch deutlicher als im Bereich der DS-GVO. Art. 11 Abs. 1 JI-RL stellt derartige Entscheidungen, einschließlich Profiling, die eine nachteilige Rechtsfolge für die betroffene Person haben oder sie erheblich beeinträchtigen, unter ein generelles Verbot mit dem Vorbehalt der Erlaubnis durch eine Regelung durch das Recht der Union oder der Mitgliedstaaten, die allerdings geeignete Garantien für die Rechte und Freiheiten der betroffenen Person bieten muss. Zum absoluten Mindestbestand gehört dabei das Recht des Betroffenen, ein persönliches Eingreifen einer natürlichen Person seitens des Verantwortlichen verlangen zu können, Art. 11 Abs. 1 S. 2 JI-RL.

70   Vor allem dürfen automatisierte Einzelfallentscheidungen grunsätzlich nicht auf den **besonders geschützten personenbezogenen Daten** beruhen, Art. 11 Abs. 2 JI-RL. Allerdings wird dieser an sich gebotene Kernbereichsschutz zB gegen automatisierte rassisch, politisch oder sexuell begründete Entscheidungen, unterlaufen durch eine vollständige Relativierung, dass dies doch möglich sein dürfe, sofern „geeignete Maßnahmen zum Schutz der Rechte und Freiheiten sowie der berechtigten Interessen der betroffenen Person getroffen wurden". Lediglich ein **Profiling** mit einer diskriminierenden Wirkung aufgrund der besonders geschützten Daten soll nie zulässig sein, Art. 11 Abs. 3 JI-RL. Insoweit wird Art. 21, 52 GRCh Rechnung getragen.[66] Als solches Profiling gilt gem. Art. 3 Nr. 4 JI-RL jede Art der automatisierten Verarbeitung personenbezogener Daten, die darin besteht, dass diese personenbezogenen Daten verwendet werden, um bestimmte persönliche Aspekte, die sich auf eine natürliche Person beziehen, zu bewerten, insbesondere um Aspekte bezüglich Arbeitsleistung, wirtschaftliche Lage, Gesundheit, persönliche Vorlieben, Interessen, Zuverlässigkeit, Verhalten, Aufenthaltsort oder Ortswechsel dieser natürlichen Person zu analysieren oder vorherzusagen.

71   5. Die JI-RL enthält – weit stärker als das frühere Recht und angeglichen an die DS-GVO – in Art. 19 ff. JI-RL Regelungen zur konkreten **Verantwortung der Verantwortlichen** der jeweiligen Datenverarbeitung sowie die **Auftragsverarbeiter** in Art. 22 f. JI-RL und ihr Verhältnis untereinander vor. Diese werden jeweils in Art. 3 Nr. 8 und 9 JI-RL definiert.

72   6. Für **strafrechtliche Ermittlungsverfahren und Strafverfahren** sieht die JI-RL nur noch einige wenige, aber zentrale Öffnungsklauseln vor, die auf die Verfahrensbesonderheiten Rücksicht nehmen sollen und die Umsetzung der Richtlinie im Verhältnis zum nationalen Strafverfahrensrecht zurücknehmen und dadurch erleichtern sollen. Hierzu zählt die Rücknahme im Bereich der Aufsicht über Entscheidungen, die der richterlichen Unabhängigkeit unterliegen gem. Art. 45 Abs. 2 JI-RL (→ Rn. 38 ff.). Vor allem können die Rechte der Betroffenen in datenschutzrechtlicher Hinsicht durch die allgemeinen Verfahrensrechte gewährleistet werden gem. Art. 18 JI-RL.

C. Technisch-organisatorische Vorkehrungen, Dokumentation und Kontrolle

73   Die technisch-organisatorische Datensicherheit ist mittlerweile vor allem für innerhalb der EU übermittelte personenbezogene Daten überaus fein, aber auch sehr unübersichtlich ausgeprägt. Daher kann hier lediglich ein akzentuiertes Bild gezeichnet werden, das „im Ernstfall" durch detaillierte Informationen vertieft werden muss, zB durch die speziellen europäischen und innerstaatlichen Durchführungsrechtsakte bzw. Verordnungen und Ver-

---

[66] Vgl. Erwägungsgrund 38 JI-RL.

waltungsvorschriften einerseits, andererseits durch entsprechende Handbücher und sonstige Erläuterungen. Diese Anforderungen lassen sich gliedern zwischen solchen, die **I.** die Verarbeitung allgemein, **II.** den Übermittlungsvorgang selbst, und solche, die **III.** die weitere Verarbeitung, einschließlich **IV.** der Protokollierung und Dokumentation und **V.** die Datenschutzkontrolle betreffen.

I. Verarbeitung allgemein

Erstmals durch die JI-RL regelt das Unionsrecht allgemeine technisch-organisatorische Anforderungen an die Verarbeitung personenbezogener Daten ohne eine grenzüberschreitende Übermittlung. 74

1. Diese Verpflichtungen bestehen zunächst darin, dass der Verantwortliche einer Datenverarbeitung jederzeit die Einhaltung der Datenschutzgrundsätze und Zweckbindung **nachweisen** können muss, Art. 4 Abs. 3 JI-RL. 75

2. Weiterhin sind alle zuständigen Behörden zu verpflichten, alle angemessenen Maßnahmen zu ergreifen, um zu gewährleisten, dass personenbezogene Daten, die unrichtig, unvollständig oder nicht mehr aktuell sind, nicht übermittelt oder bereitgestellt werden, Art. 7 Abs. 2 S. 1 JI-RL. 76

3. Die Mitgliedstaaten haben weiter vorzusehen, dass der Verantwortliche unter Berücksichtigung der Art, des Umfangs, der Umstände und der Zwecke der Verarbeitung sowie der unterschiedlichen Eintrittswahrscheinlichkeit und Schwere der Risiken für die Rechte und Freiheiten natürlicher Personen geeignete **technische und organisatorische Maßnahmen** umsetzt, um sicherzustellen und den Nachweis dafür erbringen zu können, dass die Verarbeitung in Übereinstimmung mit dieser Richtlinie erfolgt. Diese Maßnahmen werden erforderlichenfalls überprüft und aktualisiert, Abs. 1 Art. 19 JI-RL. 77

Im Einzelnen handelt es sich um folgende Mechanismen: 78

a) Die Verantwortlichen haben angemessene technische und organisatorische Maßnahmen, wie zB Pseudonymisierung, **zu treffen,** die dafür ausgelegt sind, Datenschutzgrundsätze wie etwa Datenminimierung wirksam umzusetzen und die notwendigen Garantien in die Verarbeitung aufzunehmen, um den Anforderungen dieser Richtlinie zu genügen und die Rechte der betroffenen Personen zu schützen, Art. 20 Abs. 1 JI-RL. Dabei sind zu berücksichtigen: 79

- der Stand der Technik,
- die Implementierungskosten,
- Art, Umfang, Umstände und Zwecke der Verarbeitung,
- sowie die unterschiedliche Eintrittswahrscheinlichkeit und Schwere der mit der Verarbeitung verbundenen Risiken für die Rechte und Freiheiten natürlicher Personen sowohl zum Zeitpunkt der Festlegung der Mittel für die Verarbeitung als auch zum Zeitpunkt der eigentlichen Verarbeitung.

b) Durch geeignete technische und organisatorische Maßnahmen ist sicherzustellen, dass durch Voreinstellung grundsätzlich nur personenbezogene Daten, deren Verarbeitung für den jeweiligen bestimmten Verarbeitungszweck erforderlich ist, verarbeitet werden, und zwar hinsichtlich der Datenmenge, des Verarbeitungsumfangs, der Speicherfrist und der Zugänglichkeit, Art. 20 Abs. 2 S. 1, 2 JI-RL. 80

c) Solche Maßnahmen müssen auch sicherstellen, dass personenbezogene Daten durch Voreinstellungen nicht ohne Eingreifen der Person einer unbestimmten Zahl von natürlichen Personen zugänglich gemacht werden, Art. 20 Abs. 2 S. 3 JI-RL. 81

d) Hat eine Form der Verarbeitung, insbesondere bei Verwendung neuer Technologien, aufgrund der Art, des Umfangs, der Umstände und der Zwecke der Verarbeitung voraussichtlich ein hohes Risiko für die Rechte und Freiheiten natürlicher Personen zur Folge, so muss der Verantwortliche vorab eine **Abschätzung der Folgen** der vorgesehenen Verarbeitungsvorgänge für den Schutz personenbezogener Daten durchführen und die Aufsichtsbehörde **vorab konsultieren,** vgl. näher Art. 27 f. JI-RL. 82

II. Übermittlungsvorgänge

83 Wie sonst, richten sich die unterschiedlich detaillierten Vorgaben für den **Übermittlungsvorgang** nach den jeweiligen Rechtsakten, wobei der RB 2008/977/JI hier eine zentrale Auffangfunktion im Unionsrecht innehatte, die durch die JI-RL teilweise explizit, teilweise durch übergreifendere Verarbeitungsregeln aufgegriffen wird. Sie gilt, wie der Rahmenbeschluss zuvor indes nur, soweit nicht besondere in sich geschlossene Anforderungen, deren Schutzniveau tendenziell höher ist, zu Daten in Verbundsystemen oder sonst aus besonderen Datenquellen eingreifen.

84 1. Nach dem **allgemeinen Unionsrecht,** bestehen zahlreiche Vorschriften, die bei einer (weiteren oder nach der JI-RI erstmaligen) Übermittlung zu beachten sind:

85 a) Namentlich hat gem. Art. 7 Abs. 2 S. 2, 3 JI-RL jede zuständige Behörde **vor ihrer Übermittlung,** soweit durchführbar, die Qualität der personenbezogenen Daten oder Bereitstellung zu überprüfen.[67]

86 b) Bei jeder Übermittlung sind nach Möglichkeit die erforderlichen Informationen beizufügen, die es der empfangenden zuständigen Behörde gestatten, die Richtigkeit, die Vollständigkeit und die Zuverlässigkeit der personenbezogenen Daten sowie deren Aktualitätsgrad zu beurteilen.[68]

87 c) Die übermittelnde Stelle hat weiterhin dem Empfänger die **besonderen Verarbeitungsbeschränkungen mitzuteilen,** die unter den konkreten Umständen für den Datenaustausch auch bei entsprechenden innerstaatlichen Datenübermittlungen gelten würden. Dadurch wird der Empfänger zur Einhaltung verpflichtet (Art. 9 Abs. 3 JI-RL, Art. 12 RB 2008/977/JI).

88 Explizit nach Art. 9 Abs. 1 RB 2008/977/JI konnte die übermittelnde Stelle **Fristen** für die Löschung, Sperrung oder Überprüfung der weiteren Erforderlichkeit durch die empfangende Stelle setzen. Die **empfangende Stelle** hat bei spontan übersandten Daten unverzüglich zu prüfen, ob diese für den Übermittlungszweck benötigt werden und, falls dies nicht der Fall sein sollte, diese nach den allgemeinen Regeln zu löschen (Art. 8 Abs. 1 S. 4 RB 2008/977/JI). Demgegenüber verweist Art. 5 S. 1 JI-RL lediglich darauf, dass die Einhaltung der entsprechenden Fristen durch verfahrensrechtliche Vorkehrungen allgemein sicherzustellen sind.

89 d) Gelangt einer übermittelnden Stelle zur Kenntnis, dass **unrichtige** personenbezogene Daten **übermittelt** worden sind oder die personenbezogenen Daten unrechtmäßig übermittelt worden sind, so ist dies dem Empfänger unverzüglich mitzuteilen. Darauf ist eine Berichtigung oder Löschung oder die Einschränkung der Verarbeitung der personenbezogenen Daten vorzunehmen, Art. 7 Abs. 3 JI-RL. Diese Berichtigung oder Löschung ist damit weder auf den Übermittelnden noch den unmittelbaren Empfänger beschränkt.

90 e) Überaus bedeutsame Regelungen sind nunmehr gem. Art. 35–40 JI-RL für die **Weiterübermittlung in Drittstaaten und internationale Organisationen** getroffen worden, soweit keine Sonderregeln gelten. Dazu zählt auch der gemeinsame Standpunkt zum Austausch mit Interpol, soweit er nicht im Rahmen des SIS II erfolgt (vgl. zu den Weiterübermittlungsregelungen → § 20 Rn. 65 ff.).[69]

91 2. Diese Grundsätze ziehen sich in den **speziellen Rechtsnormen des Unionsrechtes,** beispielsweise den Folgenden, fort:

92 a) Aufgrund der hohen Brisanz der **DNA- und Fingerabdruckdaten** sowie nur etwas geringerer der weiteren nach dem **Prümer Ratsbeschluss** übermittelten Daten trifft dieser Beschluss besonders ausführliche Vorgaben für die technische und organisatorische Absicherung der Übermittlungsvorgänge, die sich zudem in einer Durchführungsmaßnahme weiter geregelt finden (Art. 29 f. Prümer Ratsbeschluss). Nach diesen und dem Stand

---

[67] Vgl. zuvor Art. 8 Abs. 1 S. 1 RB 2008/977/JI.
[68] Ebenso Art. 8 Abs. 1 S. 2 RB 2008/977/JI.
[69] Gemeinsamer Standpunkt 2005/69/JI des Rates v. 24.1.2005 zum Austausch bestimmter Daten mit Interpol v. 29.1.2005, ABl. 2005 L 27, 61; vgl. dazu Erwägungsgrund 25 JI-RL.

der Technik haben übermittelnde und empfangende Stelle entsprechende Maßnahmen zu ergreifen, um sicherzustellen, dass personenbezogene Daten wirksam gegen zufällige oder unbefugte Zerstörung, Verlust, Zugang, Veränderung und Bekanntgabe geschützt sind (Art. 29 Abs. 1 Prümer Ratsbeschluss). Dazu nahmen die Kontrollinstanzen nach Art. 30 Abs. 5 S. 3 Prümer Ratsbeschluss auch Stichprobeprüfungen vor. Der automatisierte Abruf von DNA-, Fingerabdruck oder Kfz-Daten darf zudem nur durch besonders ermächtigte Beamte der nationalen Kontaktstellen erfolgen, deren Name auf Ersuchen den Aufsichtsbehörden sowie den anderen Mitgliedstaaten zur Verfügung gestellt werden muss (Art. 30 Abs. 2 lit. a Prümer Ratsbeschluss).

b) Bei Übermittlungen nach dem **RB 2006/960/JI** hat gem. Art. 8 Abs. 1 RB 2006/ **93** 960/JI jeder Mitgliedstaat sicherzustellen, dass die für die verwendeten Kommunikationswege geltenden Datenschutzregeln angewandt werden. Zudem gelten die Regelungen des EuDsÜbk und, soweit ratifiziert, hier in Besonderheit das Zusatzprotokoll v. 8.11.2001 betreffend Kontrollstellen und grenzüberschreitendem Datenverkehr (Art. 8 Abs. 2 S. 2 RB 2006/960/JI).

c) Um die Sicherheit etwa von **ZIS-Daten** bei der Übermittlung oder Weitergabe an **94** Dritte zu gewährleisten, treffen der weiterübermittelnde Mitgliedstaat – bzw. im Geltungsbereich der Verordnung die Kommission – besondere Maßnahmen (Art. 30 Abs. 4 S. 2, 3 Zollinformations-VO; im Übrigen bereits → § 16 Rn. 62 ff.).

3. Orientiert an den unionsrechtlichen Regelungen dürfen nach den **Regierungs-** **95** **abkommen zur schweren Kriminalität** personenbezogene Daten ausschließlich an Polizei- und Justizbehörden sowie an sonstige, für die Verhütung und Verfolgung von Straftaten zuständige, öffentliche Stellen übermittelt werden.[70] Bei der Übermittlung muss die übermittelnde Stelle achten auf:[71]

- die Richtigkeit der zu übermittelnden Daten;
- die Erforderlichkeit und Verhältnismäßigkeit in Bezug auf den mit der Übermittlung verfolgten Zweck;
- die nach ihrem innerstaatlichen Recht geltenden Übermittlungsverbote.

Dabei unterbleibt die Übermittlung personenbezogener Daten, soweit Grund zu der **96** Annahme besteht, dass dadurch gegen Zwecke eines innerstaatlichen Gesetzes verstoßen oder schutzwürdige Interessen der betroffenen Personen beeinträchtigt würden. Zusätzlich weist die übermittelnde Stelle auf die nach ihrem Recht geltenden Löschungsfristen hin, ohne dass dies wohl stets zwingend eine Bedingung ausdrücken muss, dass die Daten mit deren Ablauf zu löschen sind (→ Rn. 139).[72]

4. Vor dem gleichen Hintergrund hat beim automatisierten **Abruf von DNA- und** **97** **daktyloskopischen Daten** im Verhältnis mit den **USA** eine abzuschließende Durchführungsvereinbarung vorzusehen, dass moderne Technologie in geeigneter Weise eingesetzt wird, um den Schutz, die Sicherheit, die Vertraulichkeit und die Integrität der Daten sicherzustellen, bei der Nutzung allgemein zugänglicher Netze Verschlüsselungs- und Authentifizierungsverfahren angewendet werden, die von den dafür zuständigen Stellen anerkannt worden sind, und ein Mechanismus besteht, um sicherzustellen, dass nur erlaubte Abrufe durchgeführt werden (Art. 16 Abs. 2 ZusBekämKrimÜ DE/US).

5. Besonders ausführliche Regelungen unter den Rechtshilfeverträgen trifft indes der **98** Polizeivertrag mit der **Schweiz** für die Übermittlungen, die **Fahrzeugdaten** betreffen. Jeder Vertragsstaat hat dabei für die Übermittlung von personenbezogenen Daten besondere Vorkehrungen zur Datensicherheit zu treffen, darunter insbesondere, dass Datenträger nicht unbefugt gelesen, kopiert, verändert oder entfernt werden können, automatisierte Datenverarbeitungssysteme mithilfe von Einrichtungen zur Datenübertragung nicht von Unbefugten genutzt werden können und gewährleistet ist, dass die zur Benutzung eines auto-

---

[70] ZB **für Kirgisistan:** Nr. 3 S. 1 AntiOrgKrimAbk DE/KG.
[71] ZB **für Kirgisistan:** Nr. 4 AntiOrgKrimAbk DE/KG; **Russland:** Nr. 3 AntiOrgKrimAbk DE/RU.
[72] ZB **für Kirgisistan:** Nr. 6 AntiOrgKrimAbk DE/KG.

matisierten Datenverarbeitungssystems Berechtigten ausschließlich auf die ihrer Zugriffsberechtigung unterliegenden Daten zugreifen können (Art. 9 Abs. 1 S. 4 PolZV DE/CH, Art. 35 Abs. 7 S. 1, 2 PolZV DE/CH). Die Beteiligten haben zudem Maßnahmen zu ergreifen, um zu verhindern, dass bei der Übertragung personenbezogener Daten sowie bei einem Transport von Datenträgern die Daten unbefugt gelesen, kopiert, verändert oder gelöscht werden können (Art. 9 Abs. 1 S. 4 PolZV DE/CH, Art. 35 Abs. 7 S. 2 PolZV DE/CH). Die übermittelnde Behörde darf die Übermittlung nur zulassen, wenn die Anfrage unter Verwendung einer Kennung der zum Empfang dieser Daten berechtigten Behörde erfolgt (Art. 9 Abs. 1 S. 4 PolZV DE/CH, Art. 35 Abs. 4 S. 1 PolZV DE/CH). Sie hat weiterhin durch ein selbstständiges Verfahren zu gewährleisten, dass eine Übermittlung nicht vorgenommen wird, wenn die technische Kennung keiner berechtigten Behörde des Partnerstaates entspricht (Art. 9 Abs. 1 S. 4 PolZV DE/CH, Art. 35 Abs. 4 S. 3 PolZV DE/CH). Versuchte Anfragen ohne oder mit fehlerhafter Kennung hat sie zu protokollieren und im Zusammenwirken mit der anfragenden Behörde Fehlversuchen nachzugehen (Art. 9 Abs. 1 S. 4 PolZV DE/CH, Art. 35 Abs. 4 S. 4 PolZV DE/CH). Der Empfänger hat sicherzustellen, dass die übermittelten Daten nur bei den zum Empfang bestimmten Endgeräten empfangen werden (Art. 9 Abs. 1 S. 4 PolZV DE/CH, Art. 35 Abs. 5 S. 1 PolZV DE/CH).

99 6. Im Rahmen der besonderen Abkommen zum **Informationsaustausch in Steuer- und Steuerstrafsachen** ist die übermittelnde Stelle der Beantwortung eines ordnungsgemäß gestellten Ersuchens verpflichtet (soweit sie für die auf ein Ersuchen zu übermittelnden Daten zuständig ist), die Richtigkeit und voraussichtliche Erheblichkeit der zu übermittelnden Daten, sowie ihre Verhältnismäßigkeit in Bezug auf den mit ihrer Übermittlung verfolgten Zweck gemäß ihrem innerstaatlichen Recht zu gewährleisten. Voraussichtlich erheblich sind die Daten, wenn im konkreten Fall die ernstliche Möglichkeit besteht, dass der andere Vertragsstaat ein Besteuerungsrecht hat, und keine Anhaltspunkte dafür vorliegen, dass die Daten der zuständigen Behörde der anderen Vertragspartei bereits vorliegen oder dass die zuständige Behörde der anderen Vertragspartei ohne die Informationen besteuern könnte.[73]

100 7. Das Herunterladen von Daten aus dem **Interpol**-System in andere Systeme ist nur für die Dauer von maximal sechs Monaten zulässig, wenn das Sekretariat dies nach denselben Kriterien und Verfahren, wie gerade für den technischen Anschluss ausgeführt, und unter Benennung eines Verantwortlichen autorisiert hat, und die Downloads mindestens wöchentlich aktualisiert und nicht in den nationalen Systemen weiter kopiert werden (Art. 56 InterpolDVO).

III. Datensicherheit im engeren Sinne

101 Die **Regelungen zur Datensicherheit in jedem teilnehmenden Staat** stellen damit den Rahmen bereits für die Übermittlung, aber insbesondere für jede weitere Verarbeitung der übermittelten personenbezogenen Daten dar. Besonders hier ist der nationale Gesetzgeber stark gefordert, die zT im Detail ganz erheblich divergierenden Vorgaben durch EU-Rechtsakte oder sonst vereinbartes Recht praktikabel und rechtssicher umzusetzen.

102 1. Die JI-RL enthält auch hier sehr ausführliche technische und organisatorische Anforderungen zur Datensicherheit bei der Verarbeitung, die noch über die des **RB 2008/977/JI** hinausgehen und vor allem unabhängig von einer grenzüberschreitenden Übermittlung gelten sollen. Diese zielen darauf, insbesondere die unbeabsichtigte oder unerlaubte Vernichtung, Verlust, Änderung, Weitergabe oder den Zugang zu verhindern. Die Maßnahmen müssen unter Berücksichtigung des Standes der Technik und der bei ihrer Durchführung entstehenden Kosten ein Schutzniveau gewährleisten, das den von der Verarbeitung ausgehenden Risiken und der Art der zu schützenden Daten angemessen ist

---

[73] Vgl. zB **für die Bahamas:** Nr. 2 lit. c Protokoll zum InfoAust BS 2010.

(Art. 29 ff. JI-RL; zuvor Art. 22 Abs. 1 RB 2008/977/JI). Bei den automatisierten Verarbeitungen umfassen sie die Kontrolle des Zugangs, der Datenträger und Speicher, der Benutzer und des Zugriffs, der Übermittlungen, Eingabe und des Transports sowie die Gewährleistung der Wiederherstellung im Störungsfall, der Zuverlässigkeit des Betriebs und der Datenintegrität, dh dass gespeicherte Daten nicht durch Fehlfunktionen des Systems verfälscht werden (ausführlich Art. 19 Abs. 2 JI-RL bzw. Art. 22 Abs. 2 RB 2008/977/JI). Eine Auftragsverarbeitung ist nur zulässig, wenn diese aufgrund eines Rechtsaktes oder schriftlichen Vertrages erfolgt, die Maßnahmen und das Weisungsrecht der Stelle vom Auftragsverarbeiter beachtet werden und die zuständige Behörde diesen entsprechend überwacht (Art. 22 JI-RL und Art. 22 Abs. 3, 4 RB 2008/977/JI).

Die JI-RL behandelt die unbefugte Weitgabe und -verwendung von geschützten Daten **103** vor allem als unberechtigte Weiterverarbeitung, während Art. 21 RB 2008/977/JI noch spezieller die Rolle der handelnden Personen unter dem Gesichtspunkt der persönlichen Vertraulichkeitsverpflichtung erfasste.

Neu setzen sich im Zuge der JI-RL immer mehr die Mechanismen durch, dass bei **104** **schwerwiegenden Verletzungen** des Schutzes personenbezogener Daten nicht nur die Aufsichtsbehörden (Art. 30 JI-RL) sondern grundsätzlich auch die Betroffenen (Art. 31 JI-RL) **zu informieren** sind. Die Benachrichtigung der Betroffenen kann allerdings nicht erforderlich sein oder kann aus den Gründen, aus denen einen Mitteilung aus vermutet überwiegenden öffentlichen Interessen unterbleiben kann, ebenfalls unterlassen werden, Art. 31 Abs. 3, 5 JI-RL.

Darüber hinaus haben die Mitgliedstaaten allgemein geeignete Maßnahmen zu ergreifen, **105** um die ordnungsgemäße Anwendung dieser Bestimmungen sicherzustellen, und dazu insbesondere wirksame, angemessene und abschreckende **Sanktionen** bei Verstößen festzulegen (allgemein Art. 57 JI-RL, zuvor Art. 24 RB 2008/977/JI). Eine derartige flankierende Maßnahme findet sich in fast allen speziellen Rechtsakten, wie etwa zum SIS (Art. 65 SIS II-Beschluss, Art. 49 SIS II-VO) und zum VIS (Art. 9 VISZ-Beschluss).

2. Unter den speziellen Regelungen des Unionsrechts bestehen zum **SIS II** entsprechend **106** überaus detaillierte Vorschriften zur technisch-organisatorischen Datensicherheit.[74] Gleiches gilt für die technische Datensicherheit im Rahmen des Zollinformationssystems (Art. 38 f. Zollinformations-VO). Auch der EurojustB enthält ausführliche Bestimmungen zum zugriffsberechtigten Personenkreis (Art. 18 EurojustB) und zur Datensicherheit (Art. 22 EurojustB). Detaillierte Regelungen finden sich zur technischen und organisatorischen Datensicherheit[75] sowie zur Transparenz der Herkunft von Daten finden sich gleichfalls bei den Europolstatuten (Art. 29 Abs. 5 Europol-Beschluss). Da sich im Rahmen des Prümer Ratsbeschlusses die Datenverarbeitung in aller Regel in der Übermittlung und kurzen überschaubaren Folgemaßnahmen sowie der Dokumentation erschöpft, finden sich dort allgemeine Regelungen nur mit Bezug zur Übermittlung, sind aber im dortigen Kontext weit zu verstehen (vgl. Art. 29 f. Prümer Ratsbeschluss, → Rn. 92). Ebenso enthält die Eurodac-VO in Art. 34 Eurodac-VO ausführliche Regelungen zu den technisch-organisatorischen Vorkehrungen für die Datensicherheit. Zudem werden die Verantwortlichkeit für die Datenverarbeitung und insbesondere die Richtigkeit, Rechtmäßigkeit und Datensicherheit klar zugewiesen (Art. 23 Eurodac-VO).

3. Auch **andere Rechtshilfeübereinkommen** statuieren technisch-organisatorische **107** Sicherungsanforderungen für übermittelte Daten. So haben etwa beide Seiten für die auf Grundlage des **Kriminalitätsabkommens mit den USA** ausgetauschten personenbezogenen Daten die notwendigen technischen Maßnahmen und organisatorischen Vorkehrungen zu gewährleisten, um personenbezogene Daten gegen zufällige oder unrechtmäßige Zerstörung, zufälligen Verlust oder unbefugte Bekanntgabe, unbefugte Veränderung, unbe-

---

[74] Art. 10 f., 13 f., 16 f., 46 Abs. 4 SIS II-Beschluss; Art. 66 SIS II-Beschluss; Art. 10 f., 13 f., 16 f., 31 Abs. 4 SIS II-VO; Art. 50 SIS II-VO.
[75] Art. 35 Europol-Beschluss: Maßnahmen gelten dann als erforderlich, wenn ihr Aufwand in einem angemessenen Verhältnis zu dem angestrebten Schutzzweck steht, Art. 35 Abs. 1 S. 2 Europol-Beschluss.

fugten Zugang oder jede unbefugte Form der Verarbeitung zu schützen (Art. 16 Abs. 1 ZusBekämKrimÜ DE/US). Fortgeführt wird dies durch das im Dezember 2016 ratifizierte Abkommen zwischen den Vereinigten Staaten von Amerika und der Europäischen Union über den Schutz personenbezogener Daten bei der Verhütung, Untersuchung, Aufdeckung und Verfolgung von Straftaten (DatSchAbk USA/EU).[76] Ebenso haben nach dem Übereinkommen mit der **Türkei** und Ergänzungsverträgen mit deutschen Nachbarstaaten die übermittelnde und empfangende Stelle die Daten wirksam gegen unbefugten Zugang, unbefugte Veränderung und unbefugte Bekanntgabe zu schützen.[77] Nach den Übereinkommen mit **Hongkong und Kanada** haben die Vertragsparteien die übermittelten Daten gegen unbefugten Zugang, unbefugte Veränderung und unbefugte Bekanntgabe zu sichern (Art. 14 Abs. 3 lit. d RHV DE/CA, Art. 8 Abs. 3 Nr. 5 RHAbk DE/HK). Gleiches gilt im Rahmen der Regierungsabkommen zur schweren Kriminalität und der besonderen Abkommen zum **Informationsaustausch in Steuer- und Steuerstrafsachen**.[78]

108 4. Im Rahmen von **Interpol** bestehen ebenfalls detaillierte Regelungen, die unter anderem regeln:
- die Zulassung neuer Teilnehmer und ein aktuelles Teilnehmerregister beim Sekretariat (Art. 107 ff. InterpolDVO),
- den Zugang von qualifizierten und entweder durch das Sekretariat oder die Teilnehmer autorisierten Personen (Art. 111 InterpolDVO),
- die sonstige zwischen beiden Ebenen geteilte Sicherheitskontrolle auch durch Sicherheitsbeamte der nationalen Stellen (Art. 115 ff. InterpolDVO),
- ein Warnsystem für Sicherheitsvorfälle,
- ein Wiederherstellungssystem,
- und ein Mechanismus zum Abgleich heruntergeladener Daten und sonst möglicher Zweifel an der Qualität der Daten regeln (Art. 15, 118 f., 127 ff. InterpolDVO).

IV. Nachvollziehbarkeit und Protokollierung

109 Ein wesentliches Augenmerk lenkt das europäische Datenschutzrecht auf die **Nachvollziehbarkeit und Protokollierung** der erfolgten Übermittlungen, Weiterverarbeitungen und -nutzungen, was aber auch in bi- und multilateralen Rechtshilfeinstrumenten zunehmend Eingang findet.

110 1. Grundsätzlich ist im Rahmen der **EU,** namentlich der JI-RL die **umfassende Dokumentation** eines der wesentlichsten Elemente der Datenverarbeitung, unabhängig von den Mitteilungs-, Auskunfts- und Informationspflichten, die an anderer Stelle geregelt sind.

111 a) Diese bestehen zunächst darin, dass der Verantwortliche einer Datenverarbeitung **jederzeit die Einhaltung** der Datenschutzgrundsätze und Zweckbindung **nachweisen** können muss, Art. 4 Abs. 3 JI-RL.

112 b) Weiterhin müssen alle Verantwortlichen ein **Verzeichnis aller Kategorien von Tätigkeiten der Verarbeitung,** die ihrer Zuständigkeit unterliegen, führen mit Angaben unter anderem zum dafür zuständigen Datenschutzbeauftragten, den Zwecken und Inhalten der Verarbeitung sowie der Rechtsgrundlage (s. ausführlich Art. 24 Abs. 1 JI-RL). Ähnliches gilt für die Auftragsverarbeiter, Art. 24 Abs. 2 JI-RL)

113 c) Für **jede Verarbeitung** personenbezogener Daten in **automatisierten Verarbeitungssystemen** müssen zumindest die Erhebung, Veränderung, Abfrage, Offenlegung einschließlich Übermittlung, Kombination und Löschung protokolliert werden, Art. 25

---

[76] v. 2.6.2016, ABl. 2016 L 336, 1, insbes. Art. 9 ff. DatSchAbk USA/EU.
[77] **Für Polen:** Art. 20 Nr. 6 ErgV-RHÜ 1959 DE/PL; **die Schweiz:** Art. 27 Nr. 6 PolZV DE/CH; **Türkei:** Art. 6 Nr. 7 AntiOrgKrimAbk DE/TR; **Tschechien:** Art. 26 Nr. 5 PolZV DE/CZ.
[78] Vgl. zB für **die Bahamas:** Nr. 2 lit. j Protokoll zum InfoAust BS 2010; **Kirgisistan:** Nr. 8 AntiOrgKrimAbk DE/KG; **Russland:** Nr. 7 AntiOrgKrimAbk DE/RU.

Abs. 1 S. 1 JI-RL. Die Protokolle über Abfragen und Offenlegungen müssen es ermöglichen, die Begründung, das Datum und die Uhrzeit dieser Vorgänge und so weit wie möglich die Identifizierung der Person, die die personenbezogenen Daten abgefragt oder offengelegt hat, und die Identität des Empfängers solcher personenbezogenen Daten festzustellen. Die Protokolle dürfen ausschließlich zur Überprüfung der Rechtmäßigkeit der Datenverarbeitung, der Eigenüberwachung, der Sicherstellung der Integrität und Sicherheit der personenbezogenen Daten sowie für Strafverfahren (wohl in Bezug auf Verletzungen) verwendet werden und müssen der Aufsichtsbehörde auf Anforderung zur Verfügung gestellt werden, Art. 25 Abs. 2, 3 JI-RL.

Ähnlich war nach dem RB 2008/977/JI jede Übermittlung personenbezogener Daten zur Überprüfung der Rechtmäßigkeit der Datenverarbeitung, der Eigenüberwachung und der Sicherstellung der Integrität und Sicherheit der Daten zu protokollieren oder sonst zu dokumentieren und diese Dokumentation auf Anforderung der zuständigen Kontrollstelle zu übermitteln, die diese Informationen nur zu den genannten Zwecken verwenden durfte (Art. 10 RB 2008/977/JI). 114

d) Namentlich ist nochmals auf die besonderen Protokollierungspflichten bei Übermittlung in Drittstaaten und internationale Organisationen nach Art. 37 Abs. 3 JI-RL, Art. 38 Abs. 3 JI-RL hinzuweisen. 115

2. Für die Übermittlung vor allem von **DNA-Profilen, Fingerabdrücken und Kfz-Kennzeichen** greifen die strengeren Protokollierungsvorschriften des **Prümer Ratsbeschlusses**, wonach nicht nur die übermittelnde, sondern auch die empfangende Stelle jede, auch nicht-automatisierte Übermittlung ausführlich mit Datum, Beteiligten, Anlass und Umfang zu protokollieren bzw. zu dokumentieren und der Kontrollbehörde auf Ersuchen innerhalb von vier Wochen mitzuteilen hat.[79] Die im automatischen Verfahren abrufende Stelle protokolliert darüber hinaus die Kennung des Beamten, der den Abruf durchgeführt hat, sowie des Beamten, der die Anfrage oder Übermittlung veranlasst hat (Art. 30 Abs. 2 lit. b S. 2 Prümer Ratsbeschluss). Diese Protokolldaten dürfen nur zur Kontrolle des Datenschutzes und Sicherstellung der Datensicherheit verwendet werden und sind wiederum besonders zu schützen und nach 18 Monaten zu löschen (Art. 30 Abs. 4, 5 UAbs. 2 Prümer Ratsbeschluss). Ebenso bestehen zum SIS II überaus detaillierte Vorschriften zur Protokollierung.[80] Für die Daten im Rahmen des **VIS** erfolgt die Protokollierung nach § 5 VISZG durch das Bundesverwaltungsamt. Auch bei Eurodac werden alle Datenverarbeitungsvorgänge im Zentralsystem durch die zuständige Agentur protokolliert (Art. 28 Eurodac-VO). Diese dürfen nur für die datenschutzrechtliche Kontrolle verwendet werden. Zudem enthält die Eurodac-VO in Art. 36 Eurodac-VO weitere ausführliche Regelungen zur Protokollierung und Dokumentierung, allerdings ohne unmittelbar die diese durchführende Stelle zu bezeichnen. Diese dürften an der detaillierten Verantwortungsverteilung an anderer Stelle anknüpfen (Art. 23 Eurodac-VO). 116

3. Auch der Austausch im Rahmen von **Europol** unterliegt detaillierten Regeln zur Protokollierung einschließlich des Zugriffs der Mitgliedstaaten auf diese Protokolldaten allein zu Kontrollzwecken (Art. 18 Europol-Beschluss).[81] Hinsichtlich des Europol-Informationssystems hat das BKA zudem zB durchschnittlich jeden zehnten Abruf zu protokollieren (§ 3 Abs. 3 EuropolG iVm § 11 Abs. 6 BKAG). Bei **Interpol** führt das Generalsekretariat eine Datenbank, die sämtliche Eingaben, Löschfristverlängerungen und Löschungen, direkten Abfragen sowie Anfragen und Rückmeldungen für zwei Jahre dokumentiert und nur zu Überprüfungen zu diesem Zweck und ausdrücklich unter keinen Umständen für Strafermittlungen verwendet werden darf (Art. 126 InterpolDVO). 117

---

[79] Art. 30 Abs. 1, 3 Prümer Ratsbeschluss mit ausführlichen Detailregelungen.
[80] Art. 12 SIS II-Beschluss; Art. 12 SIS II-VO für Mitgliedstaaten, Art. 17 SIS II-Beschluss; Art. 17 SIS II-VO für die zentrale Ebene.
[81] Die Protokolldaten sind, soweit nicht für konkrete Überprüfungen noch benötigt, spätestens nach 18 Monaten zu löschen.

118 4. Ähnliche allgemeine Protokollierungspflichten folgen aus den **Polizei- und Ergänzungsverträgen** unter anderem mit Polen, Tschechien und der Schweiz, die sich noch an der Vorläuferregelung im SDÜ orientieren. Danach waren die Übermittlung und der Empfang personenbezogener Daten in der Datei, aus der sie übermittelt werden, und in der Datei, in der sie gespeichert werden, festzuhalten (Art. 126 Abs. 3 lit. e SDÜ).[82] Dabei trennt zum Beispiel der Polizeivertrag mit der **Schweiz** zwischen der Protokollierung im automatisierten Verfahren, dem Kenntlichmachen bei Dateiübermittlung und dem Aktenkundigmachen bei sonstiger Übermittlung (Art. 27 Nr. 6 PolZV DE/CH).

119 5. Vor allem für die **Übermittlung von Fahrzeugdaten** besteht im Verhältnis mit der **Schweiz** eine umfassende Protokollierungspflicht für die übermittelnde Behörde: sie hat Aufzeichnungen zu führen, die für jede Anfrage die verwendeten und übermittelten Daten, den Zeitpunkt der Übermittlung, den Empfänger und den von ihm angegebenen Zweck enthalten (Art. 9 Abs. 1 S. 4 PolZV DE/CH, Art. 35 Abs. 5 S. 1 PolZV DE/CH). Auch die Übermittlung an oder der automatisierte Abruf durch die örtlich zuständige Behörde von der zentralen Registerbehörde wird entsprechend protokolliert (Art. 9 Abs. 1 S. 4 PolZV DE/CH, Art. 35 Abs. 5 S. 4 PolZV DE/CH). Diese Protokolldaten dürfen nur für Zwecke der Datenschutzkontrolle, insbesondere der Kontrolle der Rechtmäßigkeit und Richtigkeit der Übermittlungen verwendet werden, sind in geeigneter Weise gegen zweckfremde Verwendung und gegen sonstigen Missbrauch zu schützen und spätestens nach sechs Monaten zu löschen (Art. 9 Abs. 1 S. 4 PolZV DE/CH, Art. 35 Abs. 5 S. 2, 3 PolZV DE/CH).

120 6. Nach dem **Kriminalitätsabkommen und dem polizeilichen Datenschutzabkommen mit den USA** führt jede Vertragspartei ein Protokoll der nach diesem Abkommen an die andere Vertragspartei übermittelten und von ihr erhaltenen Daten, um eine wirksame Datenschutzkontrolle nach Maßgabe des jeweils innerstaatlichen Rechts zu gewährleisten, um die Vertragsparteien in die Lage zu versetzen, ihre Rechte auf Auskunft, Berichtigung, Löschung und Unterrichtung über die weitere Verarbeitung wirksam wahrnehmen zu können und um Datensicherheit zu gewährleisten (Art. 15 Abs. 1 ZusBekämKrimÜ DE/US, Art. 11 DatSchAbk USA/EU). Das Protokoll umfasst gem. Art. 15 Abs. 2 lit. c ZusBekämKrimÜ DE/US insbesondere auch bei Weitergabe der Daten an andere Stellen den Empfänger. Die Protokolldaten sind durch geeignete Vorkehrungen gegen zweckfremde Verwendung und sonstigen Missbrauch zu schützen und zwei Jahre aufzubewahren. Nach Ablauf der Aufbewahrungsfrist sind die Protokolldaten unverzüglich zu löschen, soweit innerstaatliches Recht einschließlich anwendbarer Datenschutz- und Datenaufbewahrungsvorschriften nicht entgegensteht (Art. 15 Abs. 3 ZusBekämKrimÜ DE/US).

121 7. Auch aufgrund der Abkommen mit **Hongkong** (Art. 8 Abs. 3 Nr. 4 RHAbk DE/HK), **Kanada** (Art. 14 Abs. 3 lit. c RHV DE/CA) und der **Türkei** (Art. 6 Nr. 6 AntiOrgKrimAbk DE/TR) haben die beteiligten Stellen die Übermittlung und den Empfang von Daten in geeigneter Weise festzuhalten bzw. aktenkundig zu machen. Gleiches gilt nach den Regierungsabkommen zur schweren Kriminalität[83] und im Rahmen der besonderen Abkommen zum **Informationsaustausch in Steuer- und Steuerstrafsachen**.[84]

V. Unabhängige Kontrollstellen

122 Die Garantie **unabhängiger Kontrollstellen** für den Datenschutz, die entweder durch spezielle Datenschutzbeauftragte der einzelnen Stellen oder zentrale staatliche Kontrollinstanzen wie dem deutschen BfDI oder den Landesdatenschutzbeauftragten realisiert werden, stellt einen wesensbestimmenden, zentralen Punkt des unionsrechtlichen Daten-

---

[82] **Für Polen:** Art. 20 Nr. 5 ErgV-RHÜ 1959 DE/PL; **Tschechien:** Art. 26 Nr. 4 PolZV DE/CZ.
[83] ZB **für Kirgisistan:** Nr. 7 AntiOrgKrimAbk DE/KG; **Russland:** Nr. 6 AntiOrgKrimAbk DE/RU.
[84] Vgl. zB **für die Bahamas:** Nr. 2 lit. h Protokoll zum InfoAust BS 2010.

schutzes dar.[85] Hier knüpfen die ebenfalls stark fragmentierten und divergierenden Bestimmungen in den einzelnen Rechtsakten zum polizeilichen und justiziellen Datenaustausch an die allgemeinen Entwicklungen des Unionsrechtes, vor allem in der bereits zuvor vergemeinschafteten Säule, an. Die Grundgedanken werden aber auch von Institutionen wie **Interpol,** jedoch wohl in Rechtshilfeübereinkommen – wegen ihres weit weniger institutionalisierten Charakters – (noch) nicht übernommen. Bei **Interpol** soll der Datenschutz gem. Art. 120 ff. InterpolDVO durch die zentrale Datenschutzkommission und Datenschutzbeamte der nationalen Stelle überwacht werden. Hierzu dient eine reine Management-Datenbank, die Fehlverarbeitungen vermeiden soll (Art. 125 InterpolDVO).

1. Im Rahmen des **Unionsrechts** nehmen die unabhängigen Aufsichtsbehörden über den Datenschutz bis hin zum europäischen Datenschutzbeauftragten und ihre effiziente Zusammenarbeit untereinander und mit den datenverarbeitenden Stellen eine zentrale Rolle ein:

Für die Datenverarbeitung **Verantwortliche und Auftragsverarbeiter** müssen auf Anfrage mit der Aufsichtsbehörde bei der Erfüllung ihrer Aufgaben zusammenarbeiten, Art. 26 JI-RL. Zusätzlich haben alle für die Datenverarbeitung Verantwortlichen, einen, gegebenenfalls auch gemeinsamen, eigenen Datenschutzbeauftragten zu bestellen, der vor allem die Einhaltung der Datenschutzvorschriften überprüft, mit den Aufsichts- und Kontrollinstanzen zusammenarbeitet und nach innen beratend wirkt, vgl. Art. 32–34 JI-RL.

Jeder Mitgliedstaat muss eine oder mehrere **Aufsichtsbehörden** einrichten, die bei der Überprüfung der Einhaltung der Richtlinie in ihren beiden Zielen – Gewährleistung der persönlichen Datenschutzrechte und Erleichterung des „freien Datenverkehrs" zwischen den Mitgliedstaaten – und der Ausübung ihrer Befugnisse völlig unabhängig handelt, Art. 41 ff. JI-RL. Zur Abstimmung und Koordinierung der nationalen Aufsichtsbehörden wird gem. Art. 51 JI-RL ein gemeinsamer Ausschuss eingerichtet. Zudem haben sich die jeweiligen Aufsichtsbehörden nach Art. 50 JI-RL Amtshilfe zu leisten.

Nach der JI-RL wie zuvor dem **RB 2008/977/JI** sind diese Aufsichtsbehörden bzw. zuvor „unabhängige Kontrollstellen" mit wirksamen Untersuchungs- und Einwirkungsbefugnissen, Vertraulichkeitssicherung sowie einem Petitionsrecht jedes Betroffenen vorzusehen, die nach näher festgelegten Umständen unter anderem auch vor der Einrichtung neuer Dateien oder Verarbeitungen zu konsultieren sind (Art. 45 ff. JI-RL; zuvor Art. 23, 25 RB 2008/977/JI).

2. Detailliert ist die Überwachung des Datenschutzes durch die nationalen (Art. 60 SIS II-Beschluss, Art. 50 SIS II-VO) und gemeinschaftlichen Kontrollinstanzen (Art. 61 ff., Art. 67 f. SIS II-Beschluss, Art. 50 SIS II-VO)[86] beim **SIS (II)** geregelt. Ähnliches gilt gem. Art. 37 Zollinformations-VO für die Kontrolle beim **ZIS.** Der **EurojustB** enthält weiterhin ausführliche Bestimmungen zur Kontrolle durch einen Datenschutzbeauftragten und eine Kontrollinstanz (Art. 17, 23 EurojustB, § 9 EJG). Gleiches gilt für die EUStA-VO (Art. 70 ff. EUStA-VO). Entsprechend der Verteilung der datenschutzrechtlichen Verantwortung bei den Mitgliedstaaten für ihre Eingabe oder Übermittlung, sonst bei **Europol,**[87] folgt die Kontrolle durch die nationale bzw. gemeinsame Kontrollinstanz, die letztendlich an Rat und Europäisches Parlament berichtet (Art. 33 f. Europol-Beschluss). Neben der gemeinsamen Kontrollinstanz besteht ein Datenschutzbeauftragter, der dieser insbesondere etwaige Beanstandungen, denen der Direktor nicht abgeholfen hat, berichtet (Art. 28 Europol-Beschluss). Auch der **Prümer Ratsbeschluss** setzt gem. Art. 30 Abs. 5 UAbs. 1 S. 1 Prümer Ratsbeschluss entsprechend eingerichtete oder beauftragte Datenschutz- oder justizielle Kontrollbehörden voraus. Für die Daten im Rahmen des **VIS** erfolgt die deutsche

---

[85] Einen Überblick über das Recht der EU-Verbunddateien bietet etwa *Heußner* Informationssysteme 352 ff. mwN.
[86] Vgl. ausf. zu gemeinsamen Kontrollinstanzen vor allem am gleichartigen Beispiel der Europol-GKI *Heußner* Informationssysteme 393 ff. mwN.
[87] Ausf. Art. 8 Abs. 4 lit. g Europol-Beschluss; Art. 24 Abs. 2 Europol-Beschluss; Art. 25 Abs. 6 UAbs. 2 Europol-Beschluss; Art. 29 Europol-Beschluss.

Datenschutzkontrolle nach § 4 VISZG durch das Bundesverwaltungsamt. Auch für das **Eurodac-System** und die aus ihm stammenden Daten bestehen ausführliche Regelungen zum Europäischen Datenschutzbeauftragten und jeweils nationalen Kontrollbehörden mit weitgehenden Kontrollrechten (Art. 30 ff. Eurodac-VO).

D. Korrekturmechanismen, Berichtigung, Sperrung und Löschung

I. Berichtigung

128 Grundsätzlich müssen personenbezogene Daten **zutreffend,** dh auch: auf dem neuesten Stand sein. Sie sind daher zu berichtigen, wenn sie unrichtig sind, und, sofern dies möglich und nötig ist, zu vervollständigen oder auf den neuesten Stand zu bringen (Art. 4 Abs. 1 RB 2008/977/JI).

129 **1.** Soweit die Änderung in Verbunddateien oder zentralen Datensystemen internationaler Einrichtungen **nur durch die eingebende Stelle** erfolgen kann bzw. darf, treffen die entsprechenden Rechtsgrundlagen Vorkehrungen, wie andere beteiligte Stellen, die Bedenken an der Aktualität und Rechtmäßigkeit haben, auf diese Stelle einwirken können (insbesondere für Interpol → § 17 Rn. 187, 217).

130 Ansonsten steht die **Möglichkeit der Aktualisierung der im eigenen Herrschaftsbereich** gespeicherten Daten in der Pflicht der jeweiligen Stelle, auf die der Betroffene durch seine Ansprüche auf Prüfung, Berichtigung, Löschung bzw. Sperrung (→ § 27 Rn. 91 ff.), ebenso einwirken wie eine meist vorhandene Kontrollstelle, oder die anderen operativ beteiligten Stellen (Art. 28 Abs. 1 S. 1, 3 Prümer Ratsbeschluss).

131 **2.** Auch weil es sich bei derartigen Korrekturmitteilungen erneut um Übermittlungen von personenbezogenen Daten handelt, sind diese insbesondere in den EU-Rechtsakten geregelt:

132 So hat nach Art. 7 Abs. 3 JI-RL, dem **RB 2008/977/JI** und, nur im Wortlaut etwas abweichend, dem **Prümer Ratsbeschluss,** die übermittelnde Stelle, wenn sie feststellt, dass die Übermittlung unrechtmäßig oder unrichtig war, dies dem Empfänger unverzüglich mitzuteilen, der darauf verpflichtet ist, die Daten unverzüglich zu berichtigen, zu löschen oder zu sperren.[88] Ausdrücklich hat nach Art. 18 JI-RL sowie dem RB 2008/977/JI die Berichtigung von personenbezogenen Daten in einem Gerichtsbeschluss oder einem damit verbundenen Gerichtsdokument im Einklang mit der nationalen Prozessordnung zu erfolgen.[89]

133 Entsprechendes gilt unter anderem für das **SIS II** (→ § 16 Rn. 49). Hat ein Betroffener zu Recht die Berichtigung oder Löschung von Daten in **Europol** Dateien beantragt, werden die Mitgliedstaaten oder Dritten, die diese Daten empfangen oder übermittelt haben, unverzüglich unterrichtet und sind dann verpflichtet, die betreffenden Daten ebenfalls zu berichtigen oder zu löschen, bzw. wenn die Löschung nicht möglich, die Daten so zu sperren, dass eine weitere Verarbeitung nicht möglich ist (Art. 37 Abs. 3, 5, 7 Europol-VO. Für **Eurojust** schreibt das deutsche Recht zwingende Korrekturmitteilungen vor, soweit deutsche Stellen Informationen übermittelt haben, die sich als unrichtig oder unzulässig übermittelt herausgestellt haben (§ 4 Abs. 5 S. 2, 3 EJG). Ebenso sind im **VIS** gem. Art. 24 VIS-VO Berichtigungen und Löschungen nur durch den eintragenden Mitgliedstaat möglich, der Hinweis eines anderen löst die unverzügliche Prüfpflicht und gegebenenfalls ein Konsultationsverfahren aus.

134 Nach der **Eurodac-VO** darf nur der eingebende Herkunftsmitgliedstaat die entsprechenden Daten ändern oder löschen, abrufende Staaten haben auf die Daten nur Lesezugriff, wenn ein Treffer beim Abgleich erfolgt ist (Art. 27 Abs. 1 Eurodac-VO). Daher hat ein Mitgliedstaat oder die Agentur, wenn sie Grund zur Annahme hat, dass im Zentralsystem

---

[88] Art. 9 Abs. 2 RB 2008/977/JI; Art. 28 Abs. 1 S. 2, 4 Prümer Ratsbeschluss.
[89] Art. 4 Abs. 4 RB 2008/977/JI.

gespeicherte Daten sachlich falsch oder rechtswidrig gespeichert sind, den Herkunftsmitgliedstaat so bald wie möglich zu benachrichtigen (Art. 27 Abs. 4 Eurodac-VO). Der Herkunftsmitgliedstaat überprüft die betreffenden Daten und ändert oder löscht sie nötigenfalls unverzüglich. Es sind die Löschfristen von zehn Jahren im Zentralsystem und 18 Monaten bei den erhebenden Mitgliedstaaten zu beachten (Art. 12, 16 Eurodac-VO). Ebenso sind die vom Zentralsystem erhaltenen Informationen über sonstige Daten, die sich als unzuverlässig herausgestellt haben, zu löschen, sobald festgestellt ist, dass die Daten unzuverlässig sind (Art. 25 Abs. 4 S. 3 Eurodac-VO). Hinsichtlich der Berichtigung, Löschung oder Sperrung von Daten, deren Verarbeitung nicht den rechtlichen Bestimmungen entspricht, insbesondere wenn diese Daten unvollständig oder unrichtig sind, verweist die Eurodac-VO auf die Datenschutz-RL.[90] Ergibt die endgültige Identifizierung, dass das vom Zentralsystem übermittelte Abgleichergebnis nicht den Fingerabdruckdaten entspricht, die zum Zwecke eines Abgleichs übermittelt wurden, löschen die Mitgliedstaaten **das Ergebnis des Abgleichs** sofort und teilen dies der Kommission und der Agentur so bald wie möglich, spätestens jedoch nach drei Arbeitstagen mit (Art. 25 Abs. 5 Eurodac-VO). Ansonsten ist lediglich der Herkunftsmitgliedstaat berechtigt, die Daten, die er an das Zentralsystem übermittelt hat, durch Berichtigung oder Ergänzung zu verändern oder sie zu löschen (Art. 27 Abs. 3 Eurodac-VO). Die Berichtigung und die Löschung sollen ohne übermäßige Verzögerung durch den Mitgliedstaat, der die Daten übermittelt hat, nach seinen Rechts- und Verwaltungsvorschriften und Verfahren vorgenommen werden. Werden die Ansprüche in einem anderen Mitgliedstaat geltend gemacht, haben sich dessen Behörden mit denen des Herkunftsmitgliedstaats der Daten in Verbindung zu setzen, damit diese die Richtigkeit der Daten sowie die Rechtmäßigkeit ihrer Übermittlung und ihrer Speicherung im Zentralsystem überprüfen können (Art. 29 Abs. 6 Eurodac-VO).

3. Die damit aufgegriffenen und überholten Regelungen des SDÜ finden sich auch in 135 verschiedenen **Rechtshilfeübereinkommen,** wie mit Hongkong, Kanada, den USA, der Türkei, der Schweiz oder den Ergänzungs-/Polizeiverträgen mit den Nachbarstaaten.

a) Stets ist die **übermittelnde Vertragspartei verpflichtet,** auf die Richtigkeit der 136 personenbezogenen Daten zu achten und darauf, dass diese zur Erfüllung des Ersuchens bzw. sonstigen Übermittlungszweckes erforderlich waren und nicht unter Verstoß gegen nationale Übermittlungsverbote übermittelt worden sind (→ Rn. 95 ff.). Erweist sich, von Amts wegen oder aufgrund eines Antrags des Betroffenen, dass unrichtige Daten oder Daten, die nicht hätten übermittelt werden dürfen, übermittelt worden sind, so hat sie dies der empfangenden Vertragspartei oder den empfangenden Vertragsparteien unverzüglich mitzuteilen; diese ist bzw. diese sind verpflichtet, die Berichtigung oder Vernichtung vorzunehmen oder zu vermerken, dass die Daten unrichtig sind oder unrechtmäßig übermittelt wurden.[91]

b) Im Rahmen des **Kriminalitäts- und Datenschutzabkommens mit den USA** 137 müssen die Korrekturmechanismen vollständig den Schutz des Betroffenen übernehmen, da dieser durch das Abkommen praktisch rechtlos gestellt wird (Art. 8, 17 DatSchAbk USA/EU). Deshalb hat dort auch umgekehrt jede Vertragspartei, wenn sie feststellt, dass Daten, die sie von der anderen Vertragspartei nach diesem Abkommen erhalten hat unrichtig sind, nicht nur alle geeigneten Maßnahmen zum Schutz vor fälschlichem Vertrauen auf diese Daten, insbesondere durch Ergänzung, Löschung oder Berichtigung zu ergreifen (Art. 14 Abs. 2 ZusBekämKrimÜ DE/US). Sondern sie hat dann, wenn sie

---

[90] Art. 29 Abs. 4, 5 Eurodac-VO iVm Art. 12 lit. b Datenschutz-RL.
[91] Vgl. Art. 126 Abs. 3 lit. b SDÜ; **für Polen:** Art. 20 Nr. 2 ErgV-RHÜ 1959 DE/PL; **die Schweiz:** Art. 27 Nr. 2 S. 1, 2 PolZV DE/CH; **Tschechien:** Art. 26 Nr. 2 PolZV DE/CZ; insbes. auch bei spontan übermittelten Informationen **für die Niederlande:** Art. 15 PolZV DE/NL; ebenso **für die Türkei:** Art. 6 Nr. 3 S. 4, 5 AntiOrgKrimAbk DE/TR; **Hongkong:** Art. 8 Abs. 3 Nr. 3 RHAbk DE/HK; **die USA:** Art. 17 ZahlVAbk EU/US; letztere Option der Kennzeichnung ist dabei nicht ausdrücklich vorgesehen, wie etwa im Verhältnis mit der Schweiz vor Inkrafttreten des SDÜ, vgl. **für die Schweiz:** Art. 27 Nr. 2 S. 3 PolZV DE/CH; dies gilt auch für die Fahrzeugdaten Art. 9 Abs. 1 S. 4 PolZV DE/CH; Art. 35 Abs. 6 PolZV DE/CH.

erkennt, dass wesentliche Daten, die sie nach diesem Abkommen der anderen Vertragspartei übermittelt oder von ihr empfangen hat, unrichtig oder nicht verlässlich oder Gegenstand erheblicher Zweifel sind, dies der anderen Vertragspartei mitzuteilen (Art. 14 Abs. 3 ZusBekämKrimÜ DE/US). Die empfangende Vertragspartei ist auf Verlangen der übermittelnden verpflichtet Daten, die sie nach diesem Abkommen erlangt hat, in Übereinstimmung mit ihrem innerstaatlichen Recht zu korrigieren, zu sperren oder zu löschen, wenn sie unrichtig oder unvollständig sind oder ihre Erhebung oder Weiterverarbeitung im Widerspruch zu diesem Abkommen oder zu den für die übermittelnde Vertragspartei geltenden Vorschriften steht (Art. 11 Abs. 2 lit. c ZusBekämKrimÜ DE/US; Art. 14 Abs. 1 ZusBekämKrimÜ DE/US).

138 c) Erweist sich im Rahmen der besonderen Abkommen zum **Informationsaustausch in Steuer- und Steuerstrafsachen,** dass unrichtige Daten oder Daten, die nicht übermittelt werden durften, übermittelt worden sind, so ist dies der empfangenden Stelle unverzüglich mitzuteilen. Diese ist verpflichtet, die Berichtigung oder Löschung solcher Daten unverzüglich vorzunehmen.[92]

139 d) Ähnliches gilt nach den **Regierungsabkommen zur schweren Kriminalität,** nach denen zudem dem Empfänger unverzüglich mitzuteilen ist, wenn sich erweist, dass unrichtige Daten oder Daten, die nicht übermittelt werden durften, übermittelt wurden. Der Empfänger ist verpflichtet, die Daten zu berichtigen bzw. zu vernichten.[93] Nach diesen Regierungsabkommen sind die übermittelten personenbezogenen Daten zu löschen, sobald sie für den Zweck, für den sie übermittelt worden sind, nicht mehr erforderlich sind.[94] Die Hinweispflicht der übermittelnden Stelle auf die nach ihrem Recht geltenden Löschungsfristen[95] wird man so lesen müssen, dass deren Beachtung auch nach der Übermittlung die Gestalt einer Bedingung für die Übermittlung annehmen können, aber nicht müssen.

140 4. Für die Weiterverwendung von **Interpol**-Daten soll vor jeder Nutzung die abrufende Stelle die besonderen Bedingungen für die Aktualität und Relevanz der Daten bestimmen (Art. 62 InterpolDVO). Es liegt in ihrer Verantwortung sicherzustellen, dass die Daten vor Nutzung weiterhin akurat und relevant sind. Für die dazu notwendigen Überprüfungen hat sie als nationale Stelle über das eigene Interpol-Büro das jeweilige nationale Büro der eingebenden Stelle bzw. sonst das Generalsekretariat zu kontaktieren (Art. 63 InterpolDVO).

II. Sperrung bzw. Kennzeichnung

141 Wie bereits das SDÜ als Vorbild für manches Rechtshilfeübereinkommen, sieht der **Prümer Ratsbeschluss** ausdrücklich einen Mechanismus für personenbezogene Daten, deren Richtigkeit oder Rechtmäßigkeit bestritten und ungeklärt ist, vor (Art. 28 Abs. 2 Prümer Ratsbeschluss). Daten, deren Richtigkeit der Betroffene bestreitet und deren Richtigkeit oder Unrichtigkeit sich nicht feststellen lässt, sind danach nach Maßgabe des innerstaatlichen Rechts der Mitgliedstaaten auf Verlangen des Betroffenen **zu kennzeichnen.** Eine Kennzeichnung darf nach Maßgabe des innerstaatlichen Rechts und nur mit Zustimmung des Betroffenen oder aufgrund einer Entscheidung des zuständigen Gerichts oder der unabhängigen Datenschutzbehörde aufgehoben werden. Ähnlich sieht Art. 16 Abs. 3 JI-RL allgemein wie zuvor der RB 2008/977/JI gem. Art. 18 Abs. RB 2008/977/JI eine solche Kennzeichnung als eine mögliche, aber hier nicht zwingende Maßnahme in der gleichen Situation vor.

---

[92] Vgl. zB **für die Bahamas:** Nr. 2 lit. c Protokoll zum InfoAust BS 2010.
[93] Vgl. zB **für Russland:** Nr. 3 S. 4 AntiOrgKrimAbk DE/RU.
[94] ZB **für Kirgisistan:** Nr. 6 S. 2 AntiOrgKrimAbk DE/KG; **Russland:** Nr. 5 S. 2 AntiOrgKrimAbk DE/RU.
[95] ZB **für Kirgisistan:** Nr. 6 S. 1 AntiOrgKrimAbk DE/KG; ebenso letztlich unverbindlich trotz etwas deutlicherem Wortlaut für **Russland:** Nr. 5 S. 1 AntiOrgKrimAbk DE/RU.

III. Löschung

Personenbezogene Daten sind zu **löschen,** wenn sie nicht mehr für die Zwecke, für die sie 142
erhoben oder verbreitet wurden, erforderlich sind.

1. Für **innerhalb der EU** verarbeitete (bzw. übermittelte) personenenbezogene Daten 143
treffen Art. 5, 16 JI-RL bzw. Art. 4 RB 2008/977/JI allgemein nähere Regelungen:

a) Zur Absicherung ist für die Löschung von personenbezogenen Daten oder eine 144
regelmäßige Überprüfung der Notwendigkeit ihrer Speicherung eine **angemessene Frist**
vorzusehen, deren Einhaltung durch verfahrensrechtliche Vorkehrungen sicherzustellen ist
(Art. 5 JI-RL, Art. 5 RB 2008/977/JI).

Die Fristen, die eine übermittelnde Behörde dem Empfänger angegeben hat, sind gem.
Art. 9 RB 2008/977/JI von diesem zu beachten, wenn die Daten nicht zum Zeitpunkt des
Ablaufs für eine laufende Ermittlung, Verfolgung von Straftaten oder Vollstreckung strafrechtlicher Sanktionen benötigt werden. Bei der JI-RL folgt dies nicht mehr aus einer
gesonderten Regelung sondern den allgemeinen Grundsätzen besonderer Verarbeitungsbeschränkungen sowie der Beschränkung der Verarbeitung nach Rechtmäßigkeit und damit
Erforderlichkeit, vgl. Art. 5, 8, 9, 16 JI-RL.

b) Die Löschung oder Sperrung von Daten in einem **Gerichtsbeschluss** oder einem 145
damit verbundenen **Gerichtsdokument** hat im Einklang mit der nationalen Prozessordnung zu erfolgen (Art. 18 JI-RL, Art. 4 Abs. 4 RB 2008/977/JI). Daten können auch
dadurch gelöscht werden, dass der Datenträger vernichtet wird.[96] Besteht berechtigter
Grund zu der Annahme, dass eine Löschung die schutzwürdigen Interessen der betroffenen
Person beeinträchtigen würde, so werden die personenbezogenen Daten nicht gelöscht,
sondern lediglich **gesperrt,** sie dürfen dann nur noch zu dem Zweck verarbeitet werden,
der ihrer Löschung entgegenstand (Art. 16 Abs. 3 JI-RL, Art. 4 Abs. 3 RB 2008/977/JI).

c) Als Neuerung sieht der Rahmenbeschluss ausdrücklich als weitere Alternative die 146
Möglichkeit der **Anonymisierung oder Archivierung** in einem gesonderten Datenbestand über einen angemessenen Zeitraum nach Maßgabe des innerstaatlichen Rechts vor
(Art. 4 Abs. 2 RB 2008/977/JI). Eine Archivierung in einem gesonderten Datenbestand
soll erst dann zulässig sein, wenn die Daten nicht mehr für die Verhütung, Ermittlung,
Aufdeckung oder Verfolgung von Straftaten oder die Vollstreckung strafrechtlicher Sanktionen benötigt und verwendet werden, und kann dann sehr lange Zeit fortdauern (Erwägungsgrund 13 RB 2008/977/JI). Diese Regelung greift Art. 4 Abs. 3, Art. 9 Abs. 2 JI-RL nur noch insoweit auf, dass eine solche wissenschaftlich-historische Verarbeitung stets
zulässig ist und sich eine erneute Umwidmung nach dem neuen Verwendungszweck
bemessen lassen müsste.

2. Unter den **Sonderbestimmungen** im weiteren EU-Recht am schärfsten sind auch 147
hier die Bestimmungen des **Prümer Ratsbeschlusses.** Danach sind übermittelte DNA-
und daktyloskopische Daten nach Beendigung des Datenabgleichs oder nach der automatisierten Beantwortung der Anfrage zu löschen, soweit nicht die Weiterverarbeitung zur
Protokollierung oder Vorbereitung eines Rechtshilfeersuchens erforderlich ist (Art. 26
Abs. 2 S. 3 Prümer Ratsbeschluss). Übermittelte Kfz-Daten sind nach der automatisierten
Beantwortung der Anfrage unverzüglich zu löschen, soweit nicht die Weiterverarbeitung
zur Protokollierung erforderlich ist (Art. 26 Abs. 3 S. 2 Prümer Ratsbeschluss). Ansonsten
sieht der Prümer Ratsbeschluss die Löschung bzw. Sperrung vor, wenn die Daten nicht
hätten übermittelt werden dürfen, sie für den bestimmten Zweck nicht (mehr) erforderlich
sind oder sobald die im innerstaatlichen Recht des übermittelnden Mitgliedstaats vorgesehene Höchstfrist für die Aufbewahrung der Daten abgelaufen ist, wenn die übermittelnde
Stelle die empfangende Stelle bei der Übermittlung auf diese Höchstfrist hingewiesen hat
(Art. 28 Abs. 3 Prümer Ratsbeschluss). Ein Mechanismus von Prüfungsfristen, sowie der
Löschung und Sperrung gilt auch für das **SIS II,** das Zollinformationssystem sowie

---

[96] So noch ausdrücklich Erwägungsgrund 14 RB 2008/977/JI.

natürlich das **Europol-Informationssystem** (jeweils → § 16 Rn. 49 ff., 67 ff.; § 17 Rn. 163 ff.). Der **EurojustB** enthält weitere ausführliche Bestimmungen zu Speicherfristen (Art. 21 EurojustB).[97]

148 Mit der Neuregelung der **Fluggastdatenverarbeitung innerhalb der EU** wird eine vollständige Kehrtwende vollzogen: Bislang müssen die bei der Bundespolizeibehörde eingegangenen Daten 24 Stunden nach der Einreise der Fluggäste des betreffenden Fluges gelöscht werden, sofern sie nicht zur Erfüllung der genannten Aufgaben,[98] also insbesondere für die Strafverfolgung benötigt werden (§ 31a Abs. 5 S. 2 BPolG). Die weitergehenden Übermittlungspflichten nach den §§ 63 f. AufenthG bleiben unberührt (§ 31a Abs. 6 BPolG). Damit hat der Bundesgesetzgeber die Vorgaben der RL 2004/82/EG[99] umgesetzt, die die Verpflichtung der Luftbeförderungsunternehmen zur Übermittlung und Löschung der Passagierdaten nach 24 Stunden ebenso festschreibt (Art. 3, 6 Abs. 1 UAbs. 2, 4 RL 2004/82/EG) wie die Löschpflichten der für die Personenkontrolle zuständigen Behörde binnen 24 Stunden mit Ausnahme der nötigen Weiterverwendung zur Wahrnehmung ihrer gesetzlichen Kontrollaufgaben, insbesondere zur wirksamen Bekämpfung der illegalen Einwanderung (Art. 6 Abs. 1 UAbs. 1, 3 RL 2004/82/EG). Mit Umsetzung der Neuregelung müssen sämtliche übermittelten PNR-Rohdaten, auch solche, die nicht selektiert wurden, in den PNR-Zentralstellen für fünf Jahre ab dem Zeitpunkt der Übermittlung für spätere Abgleiche gespeichert werden (Art. 12 Abs. 1 PNR-RL). Nach sechs Monaten sollen sie gem. Art. 3 Nr. 10, Art. 12 Abs. 2 PNR-RL „depersonalisiert" (verstanden im herkömmlichen Sinn: anonymisiert) werden. Allerdings bleibt die Offenlegung der vollständigen Daten in einem weiten Umfang für die gesamte Speicherdauer von fünf Jahren möglich. Es genügt, dass ein „berechtigter Grund zu der Annahme besteht, dass dies erforderlich ist", um eine der „auf einer hinreichenden Grundlage gebührend begründeten Anfrage" wegen der genannten terroristischen Straftaten oder „schwerer Kriminalität" beantworten zu können (Art. 12 Abs. 3 lit. a iVm Art. 6 Abs. 2 lit. b PNR-RL). Für die Speicherung bei den ermittelnden Stellen gelten die allgemeinen Regelungen.

149 **3.** Dagegen sehen die **Rechtshilfeübereinkommen,** darunter die Polizeiverträge, sowie das neuere Kriminalitätsübereinkommen mit der Türkei, eine unverzügliche Löschungspflicht, nicht aber zwingende Fristen oder Überprüfungspflichten vor. Die Daten sind danach unverzüglich zu **löschen,** wenn sie nicht mehr für einen der genannten Zwecke benötigt werden oder es sich herausstellt, dass sie sich auf unbeteiligte Dritte beziehen.[100]

150 **a)** Namentlich sind übermittelte Unterlagen mit Erkenntnissen aus **Telekommunikationsüberwachungen** nach den Abkommen mit **Polen** (Art. 16 Abs. 5, 7 ErgV-RHÜ 1959 DE/PL) **und Tschechien** (Art. 17 Abs. 4 S. 3, Abs. 5 PolZV DE/CZ) zu vernichten, sobald sie, auch für zusätzliche Strafverfahren für die sie nachträglich ersucht wurden, nicht mehr benötigt werden.

151 **b)** Weiterhin besteht jedenfalls nach dem bilateralen Vertrag mit Polen, der Schweiz und der Türkei die Verpflichtung der übermittelnden Stelle, auf ihre **inländischen Löschfristen** hinzuweisen.[101] Die im Verhältnis mit der Schweiz übermittelten **Fahrzeugdaten** dürfen nicht länger als für den verfolgten Zweck erforderlich vom empfangenden Vertragsstaat gespeichert werden, wobei sich **Prüf- und Löschungsfristen** nach Maßgabe des nationalen Rechts bestimmen.[102]

---

[97] Zu Eurodac → Rn. 262 ff.
[98] Wiederum nach § 2 Abs. 2 S. 1 Nr. 2 BPolG; § 12 Abs. 1 S. 1 Nr. 1–3 BPolG.
[99] RL 2004/82/EG des Rates über die Verpflichtung von Beförderungsunternehmen, Angaben über die beförderten Personen zu übermitteln v. 29.4.2004, ABl. 2004 L 261, 24.
[100] **Für Polen:** Art. 20 Nr. 4 S. 2 ErgV-RHÜ 1959 DE/PL; **die Schweiz:** Art. 27 Nr. 4 S. 2 PolZV DE/CH; entsprechend auch **für die Türkei:** Art. 6 Nr. 5 S. 2 AntiOrgKrimAbk DE/TR; **die USA:** Art. 11 Abs. 2 lit. b ZusBekämKrimÜ DE/US.
[101] **Für Polen:** Art. 20 Nr. 4 S. 1 ErgV-RHÜ 1959 DE/PL; **die Schweiz:** Art. 27 Nr. 4 S. 1 PolZV DE/CH; auch **für die Türkei:** Art. 6 Nr. 5 S. 1 AntiOrgKrimAbk DE/TR.
[102] **Für die Schweiz:** Art. 9 Abs. 1 S. 4 PolZV DE/CH; Art. 35 Abs. 6 S. 6, 7 PolZV DE/CH.

§ 19 Datenschutz und Datensicherheit   **4. Kapitel**

152 **c)** Aus den gleichen Gründen wie beim Prümer Ratsbeschluss sind die im Verhältnis mit den **USA** im Rahmen des automatischen Abrufs von **DNA- und daktyloskopischen Daten** übermittelten Daten unverzüglich nach dem Abgleich zu löschen, soweit sie nicht zur Abwehr einer ernsthaften Bedrohung der öffentlichen Sicherheit oder zu Anschlussverfahren benötigt werden (Art. 13 Abs. 3 S. 3 ZusBekämKrimÜ DE/US).

153 **d)** Im Rahmen der besonderen Abkommen zum **Informationsaustausch in Steuer- und Steuerstrafsachen** weist die übermittelnde Stelle, soweit das für sie geltende innerstaatliche Recht in Bezug auf die übermittelten personenbezogenen Daten besondere Löschungsvorschriften vorsieht, die empfangende Stelle darauf hin. In jedem Fall sind die übermittelten personenbezogenen Daten zu löschen, sobald sie für den Zweck, für den sie übermittelt worden sind, nicht mehr erforderlich sind[103] oder wenn die Weiterverarbeitung zu keinem eigenen Zweck des Abkommens erfolgte und bei vorläufiger Nutzung die einzuholende Zustimmung der übermittelnden Stelle nicht erfolgt.[104]

154 **4.** Aus dem **Interpolsystem** dezentral heruntergeladene Daten sind spätestens nach sechs Monaten automatisch zu löschen (Art. 56 Abs. 1 lit. i InterpolDVO).

E. Auskunftspflicht und Haftung gegenüber dem übermittelnden Staat

155 **I.** Sowohl in manchen europäischen Rechtsgrundlagen wie einigen Rechtshilfeübereinkommen ist ausdrücklich eine **Auskunftspflicht** des empfangenden Staates verankert, auf Ersuchen des übersendenden Staates anzugeben, welche Daten empfangen und **wie und mit welchem Ergebnis sie verwendet** wurden.[105] Während eine solche Regelung der JI-RL im Binnenbereich fehlt, fasste der Rahmenbeschluss dies lediglich etwas flexibler mit der Unterrichtungspflicht über die Verarbeitung der Daten wortgleich mit dem Prümer Ratsbeschluss (Art. 15 RB 2008/977/JI; Art. 32 Prümer Ratsbeschluss) als einige **bilaterale Abkommen.** Nach dem Kriminalitätsabkommen mit den **USA** etwa soll die empfangende Vertragspartei sicherstellen, dass ihre Antwort der übermittelnden Vertragspartei zeitnah mitgeteilt wird (Art. 18 S. 2 ZusBekämKrimÜ DE/US). Nach den Regierungsabkommen zur schweren Kriminalität und im Rahmen der besonderen Abkommen zum **Informationsaustausch in Steuer- und Steuerstrafsachen** unterrichtet die empfangende die übermittelnde Stelle auf Ersuchen im Einzelfall zum Zweck der Unterrichtung des Betroffenen über die Verwendung der Daten und die dadurch erzielten Ergebnisse.[106] Auch nach dem RB 2006/960/JI kann der empfangende Mitgliedstaat in besonderen Fällen vom übermittelnden Mitgliedstaat ersucht werden, Auskünfte über die Verwendung und weitere Verarbeitung der übermittelten Informationen und Erkenntnisse zu erteilen (Art. 8 Abs. 4 S. 5 RB 2006/960/JI).

156 Die ersuchende Stelle ist nach einigen Rechtsgrundlagen auch verpflichtet, die **Ergebnisse der strafrechtlichen Ermittlungen oder polizeilichen Erkenntnisgewinnungsverfahren,** in deren Rahmen der Austausch der Informationen und Erkenntnisse stattgefunden hat, mitzuteilen, soweit es sich die zuständige übermittelnde Strafverfolgungsbehörde **ausbedungen** hat.[107] Bei solchen Mitteilungen haben wiederum nach Art. 8, 9 RB 2006/960/JI die Regelungen des Daten- und Vertraulichkeitsschutzes zu gelten.

157 **II.** Im Rahmen der vorhandenen europäischen Informationsverbünde finden sich regelmäßig detaillierte Regelungen der **Verteilung von Verantwortungsbereichen** und daraus folgend der **Haftung im Innenverhältnis,** namentlich für Folgen von Fehlern sowie

---
[103] Vgl. zB **für die Bahamas:** Nr. 2 lit. i Protokoll zum InfoAust BS 2010.
[104] Vgl. zB **für die Bahamas:** Nr. 2 lit. b S. 4 Protokoll zum InfoAust BS 2010.
[105] Vgl. **für die USA:** Art. 18 S. 1 ZusBekämKrimÜ DE/US; Art. 8 Abs. 3 Nr. 2 RHAbk DE/HK; nur für die Ergebnisse auch **für Türkei:** Art. 6 Nr. 1 AntiOrgKrimAbk DE/TR.
[106] Vgl. zB **für die Bahamas:** Nr. 2 lit. d Prot. zum InfoAust BS 2010 sowie zB **für Kirgisistan:** Nr. 2 AntiOrgKrimAbk DE/KG; **Russland:** Nr. 1 AntiOrgKrimAbk DE/RU.
[107] Vgl. hier etwa Art. 8 Abs. 4 S. 2 RB 2006/960/JI.

bei Inanspruchnahme von Berechtigten auf Schadensersatz im Außenverhältnis (→ § 28 [Rn. 1 ff.]).

158 Hierzu bestehen auch zur anschließenden **Haftung im Innenverhältnis** klare Regelungen zB im Rahmen des Zollinformationssystems (Art. 40 f. Zollinformations-VO) wobei nach § 1 ZISAG für die Bundesrepublik Deutschland der Bund, vertreten durch das ZKA haftet. Ebenfalls ist für Eurojust die Haftung geregelt (Art. 24, 27c EurojustB). Die datenschutzrechtliche Verantwortung liegt bei den Mitgliedstaaten für ihre Eingabe oder Übermittlung, sonst bei Europol.[108] Dem folgt die Haftung gem. Art. 52 Europol-Beschluss.

§ 20 Spezialität und Zweckbindung

A. Abgrenzung

1 Eine zentrale Bedeutung für Verarbeitung und Verwendung der aus dem Ausland erhaltenen Informationen im gesamten weiteren Strafverfahren spielen die Grenzen durch bereits in den Rechtsgrundlagen angelegten Verwendungsbeschränkungen. Vor allem im klassischen Rechtshilferecht bewirkt der vom Auslieferungsverfahren herrührende **Spezialitätsgrundsatz,** dass übermittelte Erkenntnisse ohne Zustimmung des übermittelnden Staates nur für das Verfahren, für das sie übermittelt wurden, verwendet werden können.[1] Diese Funktion übernimmt mit zunehmender Durchdringung des Rechtshilfe- durch das Datenschutzrecht immer stärker die flexiblere Bindung der Verwendung der übermittelten Daten an ihren Übermittlungs- oder Erhebungszweck.[2] Daher sollen vorliegend beide Verarbeitungs- und Verwendungsschranken abgestuft nach der Regelungs- und Anforderungsdichte gemeinsam behandelt werden, wobei besondere Anforderungen noch abschließend gewürdigt werden sollen. Die weiteren Verwendungsbeschränkungen durch Sondervorschriften des Vertraulichkeitsschutzes und ausdrückliche Bedingungen des übermittelten Staates werden weiter unten behandelt (→ § 21).

2 Ein wesentlicher Unterschied ist allerdings zwischen den Regelungen der Spezialität und denen des Datenschutzes festzustellen: Während der Spezialitätsgrundsatz nach hM Ausfluss der staatlichen Souveränität ist und daher **nicht zur Disposition des Betroffenen** steht,[3] dürften die Datenschutzregelungen in ihrem allgemeinen Kontext anzuwenden sein. Dies bedeutet, dass – soweit aus der Auslegung der konkreten Regelungen nichts anderes folgen muss – eine **Einwilligung** die weitergehende Verarbeitung erlauben kann. Die Voraussetzungen dieser Einwilligung dürften sich an den sonst geltenden Vorschriften zu orientieren haben. Berechtigt hierzu wären aber stets nur die Personen, auf die sich die geschützten Daten bezögen, nicht aber der Beschuldigte oder Verdächtige als solcher. Auch in diesen Fällen kann daher eine Verarbeitungs- und Nutzungsschranke auch zulasten des Beschuldigten wirken, bis hin dazu, ihm eine Entlastung gegenüber dem Schuldvorwurf unmöglich zu machen, sofern kein anderer datenschutzrechtlicher Rechtfertigungsgrund eingreifen kann.[4]

---

[108] Ausf. Art. 8 Abs. 4 lit. g Europol-Beschluss; Art. 24 Abs. 2 Europol-Beschluss; Art. 25 Abs. 6 UAbs. 2 Europol-Beschluss; Art. 29 Europol-Beschluss.
[1] Vgl. etwa *Gleß* NStZ 2000, 57 (58 mwN).
[2] So etwa im Verhältnis mit den USA explizit keine Spezialität der zB nach Deutschland übermittelten Erkenntnisse, aber datenschutzrechtliche Verwendungsvorgaben, vgl. etwa die Erläuterungen bei NK-RechtshilfeR/*Docke*/*Momsen* IV Rn. 435 mwN.
[3] Vgl. NK-RechtshilfeR/*Ambos*/*Poschadel* I Rn. 60 mwN; *Vogler* ZStW 105 (1993), 3 ff.; *v. Bubnoff,* Auslieferung, Verfolgungsübernahme, Vollstreckungshilfe: Ein Handbuch für die Praxis, 1988, 30; vgl. aus schweizerischer Sicht *Popp* Rechtshilfe Rn. 339 f. mwN danach soll ein Verzicht grds. möglich sein, soweit nicht absolute staatliche Interessenschranken wie der ordre public eingreifen.
[4] Vgl. hier nur BVerfG NJW 2011, 591 ff. mwN; NK-RechtshilfeR/*Ambos*/*Poschadel* I Rn. 60 mwN.

B. Spezialität

Der **Grundsatz der Spezialität** ist im „kleinen Rechtshilferecht" der Informationsüber- 3
mittlung, anders als im Auslieferungsrecht, eine eher seltene Ausnahme und namentlich
kein völkerrechtlicher Grundsatz.[5] Er findet sich am häufigsten im Rahmen von auf
bestimmte Deliktsformen (negativ) fokusierten Rechtshilfebeziehungen, -instrumenten
oder Formen der Informationsgewinnung, die besondere Grundrechtsrelevanz widerspiegeln. Nach ganz hM ist auch nicht jeder Übermittlung eine Spezialitätsbindung für das
Bezugsverfahren immanent, vielmehr muss ein solcher Vorbehalt ausdrücklich erklärt
werden.[6]

I. Aus der vereinbarten bzw. zugestimmten Anwendung der Spezialität ergibt sich für 4
den ersuchenden Staat eine Beschränkung seiner Hoheitsrechte. Ihr (äußerer) Umfang
bestimmt sich aufgrund der Rechtshilferegelungen nach dem jeweiligen konkreten Rechtshilfeverhältnis:[7]

1. Maßgeblich ist insoweit, ausgehend von Sinn und Zweck des Spezialitätsgrundsatzes, 5
der **Verfolgungswille des ersuchenden Staates,** wie er für den ersuchten Staat im
Rechtshilfeverfahren **objektiv erkennbar zum Ausdruck** gebracht wird. Dem ersuchten
Staat steht es frei, bei insoweit bestehenden Unklarheiten oder Unschärfen im Hinblick auf
den Tatvorwurf seinerseits um Ergänzung der Darstellung der Handlungen zu ersuchen.
Sieht er hiervon ab, bringt er mit der unbedingten Bewilligung zum Ausdruck, dass die
Rechtshilfe zur Verfolgung all derjenigen Taten erfolgt, die für alle Verfahrensbeteiligten
erkennbar vom Verfolgungswillen des ersuchenden Staates erfasst waren, auch wenn die
einzelnen Taten noch nicht näher konkretisiert waren.

2. Der dem Spezialitätsgrundsatz zugrundeliegende **Tatbegriff** umfasst den **gesamten** 6
mitgeteilten Lebenssachverhalt, innerhalb dessen der Verfolgte einen oder mehrere
Straftatbestände erfüllt haben soll. Im Rahmen dieses historischen Vorgangs sind die Gerichte des ersuchenden Staates nicht gehindert, die Tat abweichend rechtlich oder tatsächlich zu würdigen. Auch eine Änderung in der Rechtsauffassung oder des Strafgesetzes
berührt die Hoheitsinteressen des ersuchten Staates regelmäßig nicht. Dementsprechend
steht der – vor allem dem Schutz dieser Interessen dienende – Spezialitätsgrundsatz auch
etwa eine Verurteilung wegen Einzeltaten anstelle einer im Ersuchen angenommenen
fortgesetzten Handlung nicht entgegen.[8]

3. Das Verfolgungs- bzw. hier **Verarbeitungshindernis** eines Verstoßes gegen den 7
Spezialitätsgrundsatz kann zu jedem Zeitpunkt des Verfahrens, insbesondere noch durch das
Revisionsgericht, auch mit Wirkung *ex tunc* beseitigt werden, indem die **Zustimmung
des betroffenen Staates** erlangt wird.[9] Darüber hinaus kann die Genehmigung der
Betroffenen diese Wirkung nur auslösen, wenn der Schutz aus der Spezialität formal zu
seiner Disposition steht, was aber wohl nur namentlich im Auslieferungsrecht der Fall ist.[10]
Nur ein Teil der Literatur vertritt die Ansicht, dass der Spezialitätsgrundsatz bei einer
anderweitigen, jedoch alleine zugunsten des Beschuldigten erfolgenden Verwendung unbeachtlich sei. Dem hält die hM den rein souveränitätsschützenden und damit grundsätzlich

---

[5] Vgl. hierzu und zum Ganzen BVerfG NJW 2011, 591 ff. mwN; *Nagel* Beweisaufnahme 129 ff. mwN; *Schultz* ZStW 96 (1984), 595 (613 f.); *Böse* ZStW 114 (2002), 148 (174); fokusiert auf das Auslieferungsrecht auch zB HdB-EuStrafR/*Lagodny* § 31 Rn. 37 mwN.
[6] Vgl. *Vogler* GA 1986, 195 (200) dagegen *Böse* ZStW 2002, 148 (172 ff.); *Norouzi* Audiovisuelle Vernehmung 244 mwN.
[7] Vgl. zum Ganzen BGHSt 57, 138 = NJW 2012, 1301; BGH BeckRS 2011, 00863 jew. mwN; vgl. dazu *Schomburg/Lagodny/Gleß/Hackner* Einl. Rn. 74 mwN.
[8] Vgl. BGH NStZ 1995, 608.
[9] BGHSt 57, 138 = NJW 2012, 1301 (vgl. Schomburg/Lagodny/Gleß/Hackner/*Schomburg/Hackner,* 4. Aufl. 2006, IRG § 72 Rn. 28b. Zu den formalen Anforderungen an eine solche Zustimmung aus Sicht des schweizerischen Rechts vgl. *Popp* Rechtshilfe Rn. 317 ff. mwN.
[10] BGHSt 57, 138 = NJW 2012, 1301.

absoluten Charakter des Prinzips entgegen; allenfalls in Analogie zu konkreten Vereinbarungen im Auslieferungsrecht ließe sich bei einer dem Beschuldigten eingeräumten Dispositionsbefugnis an eine solche Anwendung denken.[11]

8   II. Insbesondere je traditioneller das Rechtshilfeinstrument, je spezieller sein sachlicher Anwendungsbereich, je weiter der Kreis der Teilnehmer und je stärker besondere Informationserhebungsbefugnisse und Mitteilungspflichten Betroffener sind, umso mehr muss mit einer strikten Spezialität gerechnet werden. Danach dürfen bei vielen global ausgerichteten Übereinkommen, aber auch etwa dem **Europäischen Geldwäscheübereinkommen,** Informationen und Beweismittel ohne vorherige Zustimmung des ersuchten Staates für Ermittlungen, Strafverfolgungen und Verfahren, die nicht in dem Ersuchen genannt waren, nicht verwendet werden.[12]

9   1. Nach den **UN-Konventionen, wie im Bereich Betäubungsmittel, Terrorismusfinanzierung und Organisierte Kriminalität** kann der ersuchte Staat verlangen, dass der ersuchende Vertragsstaat von ihm erhaltene Informationen oder Beweismittel nicht ohne seine vorherige Zustimmung für andere als in dem Ersuchen bezeichnete Ermittlungen, Strafverfolgungsmaßnahmen oder Gerichtsverfahren übermittelt oder verwendet.[13] Allerdings hindert dies jedenfalls bei letztgenanntem Übereinkommen den ersuchenden Vertragsstaat nicht daran, in seinem Verfahren Informationen oder Beweise offenzulegen, die einen Beschuldigten entlasten (Art. 18 Abs. 19 S. 2 Palermo I).[14]

10 2. Der Grundsatz der Spezialität wird insbesondere konsequent von Staaten wie der **Schweiz** durchgesetzt, die Rechtshilfe insbesondere in Steuerangelegenheiten nur sehr eingeschränkt gewähren, um zu verhindern, dass anderweitig erlangte Daten auch in solchen (Steuer-)Sachen verwertet werden könnten.[15] So sieht etwa insbesondere Art. 2 der Vertragserklärung der Schweiz zum RHÜ 1959 (bezüglich dessen Art. 2) v. 13.12.1996 vor, dass die Schweiz sich das Recht vorbehält, Rechtshilfe im Rahmen des Übereinkommens nur unter der ausdrücklichen Bedingung zu leisten, dass die in der Schweiz getroffenen Ermittlungsergebnisse und Informationen in übermittelten Dokumenten und Dateien nur für den Zweck der Ermittlung und Verfolgung der Straftaten verwendet werden, für die die Rechtshilfe erfolgte.[16] Allerdings darf der ersuchte Staat nach der Neufassung die Ergebnisse auch für andere Beteiligte der Straftat oder für Straftaten nutzen, wenn dafür die Schweiz Rechtshilfe gewähren würde.[17] Von Liechtenstein scheint jedoch ein derartiger Vorbehalt nicht (mehr) vorgebracht zu werden. Soweit die Spezialität, wie hier in einer Bedingung zum Ausdruck gebracht werden muss,[18] gelten die Regelungen dafür, namentlich im Hinblick auf den notwendigen Zeitpunkt, die nachträgliche Veränderung und die Auslegung (→ § 21 Rn. 2 ff.).

11 3. Auch das entsprechende allgemeine Spezialitätsgebot mit Zustimmungsvorbehalt des ersuchten Staates bei der **Rechtshilfe in Abgabenstrafsachen zwischen den Schengenstaaten** (Art. 50 Abs. 3 SDÜ)[19] ist nur noch in Ausnahmefällen anwendbar. Es wird

---

[11] Vgl. auch *Gleß* NStZ 2000, 57 (58 mwN).
[12] Art. 7 Abs. 14 UNSuchtÜ, Art. 18 Abs. 19 S. 1 Palermo I; **für Japan:** Art. 13 Abs. 1 RHAbk EU/JP; nach Art. 32 GeldwÜ 1990 kann der Zustimmungsvorbehalt bei Übermittlung oder als allgemeiner Vorbehalt erklärt sein; Art. 28 CKÜ im Fall der subsidiären Anwendung.
[13] Art. 7 Abs. 13 UNSuchtÜ, Art. 18 Abs. 193 Palermo I, Art. 12 Abs. 3 AntiTerrorFinÜ.
[14] Eine entsprechende Regelung fehlt allerdings noch im UNSuchtÜ.
[15] Vgl. *Lagodny* in Breitenmoser/Gless/Lagodny, Schengen in der Praxis, 2009, 259 (265); grdl. zur Prüfungsweise der Spezialität im schweizerischen Recht *Popp* Rechtshilfe Rn. 287 ff. mwN, namentlich Rn. 308 ff. zur Informationsverwertung.
[16] Vgl. Dazu *Popp* Rechtshilfe Rn. 328.
[17] „*The requesting State may make use of the results of investigations made in Switzerland and the information contained in documents or files transmitted notwithstanding the condition mentioned under letter b, when the facts giving rise to the request constitute another offence for which mutual assistance may be granted by Switzerland or where the criminal proceedings in the requesting State are directed against other persons who have participated in the commission of the offence.*"
[18] *Popp* Rechtshilfe Rn. 331 ff.
[19] Vgl. hierzu *Schomburg* NJW 1995, 1931 (1934).

insbesondere durch Art. 8 Abs. 3 ProtRHÜ 2000 aufgehoben, soweit dieses in Kraft ist (→ § 9 Rn. 34).

4. Da fraglich ist, ob bei Erkenntnissen sowohl aus eigens auf Ersuchen oder vorab 12 aufgrund inländischem Verfahren durchgeführter **Telekommunikationsüberwachungsmaßnahmen** im Verhältnis mit **Tschechien** (Art. 17 Abs. 4 PolZV DE/CZ) **und Polen** (Art. 16 Abs. 4 ErgV-RHÜ 1959 DE/PL) der Grundsatz der Spezialität mit zwingender Zustimmung und bei dieser zugrundeliegenden hypothetischer Ersatzprüfung auch noch nach Inkrafttreten des RHÜ 2000 zu beachten ist, sollte zumindest eine entsprechende vorsorgliche Abstimmung oder Konsultation mit den jeweiligen Stellen geprüft werden.

5. Schließlich dürfen die für die Zwecke von **Eurodac** erhaltenen personenbezogenen 13 Daten durch die Behörden der Mitgliedstaaten nur zur Verhütung, Aufdeckung oder Untersuchung des konkreten Falls, für den die Daten von einem Mitgliedstaat oder von Europol angefordert wurden, verarbeitet werden (Art. 33 Abs. 4 Eurodac-VO).

III. Terminologisch erscheint der Übergang der Spezialität zur „moderneren" Zweck- 14 bindung häufig fließend, etwa im Abkommen mit **Japan,** wonach gilt: „Der ersuchte Staat verwendet die nach diesem Abkommen übermittelten oder erlangten Zeugenaussagen, Erklärungen, Gegenstände oder Informationen einschließlich personenbezogener Daten nicht ohne die vorherige Genehmigung des ersuchten Staates für andere Zwecke als für die Ermittlungen, die Strafverfolgung oder das sonstige (Gerichts-)Verfahren, die/das in dem Ersuchen beschrieben sind/ist" (Art. 13 Abs. 1 S. 1 RHAbk EU/JP). Diese generelle Spezialität wird wiederum durch mögliche Bedingungen bei der Erteilung der Zustimmung erweitert (Art. 13 Abs. 1 S. 2 RHAbk EU/JP). Das Abkommen mit **Hongkong** verbindet noch weitergehend, aufgrund der nicht stets unproblematischen Rechtshilfesituation, beide Ansätze und erlaubt im Sinn einer strengen Spezialität zusätzlich die Verwendung von Auskünften und Beweismitteln ganz grundsätzlich nur für die ersuchten Zwecke ohne vorherige Zustimmung, unabhängig davon, ob es sich um personenbezogene Daten handelt (Art. 8 Abs. 2 RHAbk DE/HK).

C. Zweckbindung im Unionsrecht

Soweit im Rahmen der konkreten Rechtshilfebeziehungen **Datenschutzregelungen** be- 15 stehen, dürfen personenbezogene Daten nur zu festgelegten, eindeutigen und rechtmäßigen Zwecken erhoben und grundsätzlich **nur zu diesem Zweck verarbeitet** werden (Art. 4 Abs. 1 lit. c, Abs. 2 JI-RL; Art. 3 Abs. 1 RB 2008/977/JI).

I. Besondere Regelungen

Dabei ist innerhalb der **EU** bzw. des erweiterten **Schengenraumes** die **Zweckbindung** 16 etwa bei Fahndungsdaten des SIS und ZIS, einigen besonderen Informationssystemen, sowie dem Austausch von Daten über DNA, Fingerabdrücke, aber auch Kfz-Informationen aufgrund der heftigen Genese der jeweiligen Rechtsakte besonders strikt, jedoch in stets unterschiedlichen Details ausgeprägt. Demgegenüber orientiert sich der RB 2008/977/JI in Fortsetzung der allgemeinen Regelungen des SDÜ, die sich auch in den bilateralen Ergänzungsverträgen dazu finden, weitgehend an den moderneren bi- und multilateralen Rechtshilfeübereinkommen, soweit sie den Datenschutz als Anknüpfungskriterium aufgenommen haben.

1. Wohl am schärfsten ist dabei die Zweckbindung nach dem Prümer Ratsbeschluss 17 insbesondere für die Übermittlungen von **DNA-, Fingerabdruck- und Kfz-Daten** im Rahmen des oft der allgemeinen Rechtshilfe vorgelagerten schnellen Datenaustausches anzusehen. Danach ist zu beachten, dass jede Weitergabe zwischen verschiedenen Stellen im empfangenden Mitgliedstaat nur nach vorheriger Zustimmung des übermittelnden Mitgliedstaats und nach Maßgabe des innerstaatlichen Rechts des empfangenden Mitgliedstaats möglich ist, wenn die empfangenden Behörden, Stellen und Gerichte im Rahmen einer Förderung des (gegebenenfalls abgeänderten) Übermittlungszweckes zuständig sind (Art. 27 Prümer Ratsbeschluss).

18 a) Die vor allem für das Hit/no hit-Verfahren im Vorfeld etwaiger formaler Rechtshilfeersuchen grenzüberschreitend übermittelten **DNA- und daktyloskopischen Daten** dürfen ausnahmslos nur verarbeitet werden zur Feststellung, ob die verglichenen DNA-Profile oder daktyloskopischen Daten übereinstimmen, dann der Vorbereitung und Einreichung eines Amts- oder Rechtshilfeersuchens nach innerstaatlichem Recht im Fall der Übereinstimmung dieser Daten sowie der Protokollierung der Übermittlungen (Art. 26 Abs. 2 Prümer Ratsbeschluss).

19 b) **Kfz-Daten** dürfen von dem dateiführenden Mitgliedstaat ausschließlich zur automatisierten Beantwortung der Anfrage oder zur Protokollierung vom abrufenden Mitgliedstaat nur für das Verfahren verwenden, für das die Anfrage erfolgt ist, sodass diese stets der Spezialität unterliegen (Art. 26 Abs. 3 Prümer Ratsbeschluss).

20 c) Alle anderen nach dem Prümer Ratsbeschluss übermittelten personenbezogenen Daten, insbesondere hinsichtlich **Großveranstaltungen und Verhinderung von Terrorismus,** darf der empfangende Mitgliedstaat ausschließlich zu den Zwecken verarbeiten, zu denen sie gemäß diesem Beschluss übermittelt worden sind, eine Verarbeitung zu anderen Zwecken ist nur nach vorheriger Zustimmung des die Datei führenden Mitgliedstaats und nur nach Maßgabe des innerstaatlichen Rechts des empfangenden Mitgliedstaats zulässig, soweit das innerstaatliche Recht des dateiführenden Mitgliedstaats diese Verarbeitung zu solchen anderen Zwecken zulässt (Art. 26 Abs. 1 Prümer Ratsbeschluss).

21 2. Weiterhin dürfen gem. Art. 9 Abs. 1 RB 2009/315/JI ausländische Eintragungen der **Strafregisterauszüge aus dem unionsweiten Verbundsystem** nur für das jeweilige Verfahren verwendet werden, für das sie eingeholt wurden (→ § 14 Rn. 154). Die einzigen beiden Ausnahmen sind die – aus Sicht des RB 2009/315/JI unbeschränkte – Verwendung in dem Mitgliedstaat, aus dem die personenbezogenen Daten ursprünglich stammten (Art. 9 Abs. 5 RB 2009/315/JI) sowie die Verwendung im ersuchenden Staat, um einer unmittelbaren und ernsthaften Gefahr für die öffentliche Sicherheit vorzubeugen (Art. 9 Abs. 3 RB 2009/315/JI).

22 3. Die **SIS-Ausschreibungsdaten** dürfen von anderen als dem ausschreibenden Staat grundsätzlich nur die der jeweiligen Ausschreibung entsprechenden **Zwecke verarbeitet** werden.[20]

23 a) Zulässig ist daneben die erforderliche technische Vervielfältigung bei Abfragezugriffen berechtigter Behörden innerhalb eines Nationalen Schengen Informationssystems nach weiteren Detailregeln.[21]

24 b) Eine Verarbeitung der mit der Ausschreibung verbundenen Informationen zu anderen Zwecken ist – mit Ausnahme der zur Einreiseverweigerung erfolgten – auch mit der **vorherigen Zustimmung** des ausschreibenden Mitgliedstaats zulässig, wenn sie in Verbindung mit einem spezifischen Fall stehen und soweit dies zur Abwehr einer schwerwiegenden und unmittelbar bevorstehenden Gefahr für die öffentliche Sicherheit und Ordnung oder aus schwerwiegenden Gründen der Sicherheit des Staates oder zur Verhütung einer Straftat mit erheblicher Bedeutung erforderlich ist (Art. 46 Abs. 5 SIS II-Beschluss).

25 c) Die Daten dürfen, mit Ausnahme bei der Ausschreibung zur Einreiseverweigerung und Sachausschreibungen von Ausweisdokumenten durch die Visums- und Aufenthaltsbehörden, insbesondere **nicht zu Verwaltungszwecken** genutzt werden.[22]

---

[20] Art. 46 Abs. 1 SIS II-Beschluss, Art. 31 Abs. 1 SIS II-VO, vgl. Art. 102 Abs. 1 SDÜ.
[21] Art. 46 Abs. 2, 3 SIS II-Beschluss, Art. 31 Abs. 2, 3 SIS II-VO insbes. mit strengeren Regelungen nach Etablierung des VIS.
[22] Art. 46 Abs. 6 SIS II-Beschluss, Art. 31 Abs. 5, 6 SIS II-VO mit einem wohl redaktionell falschen Verweis auf einen Beschluss 2006/000/JHA, bei dem es sich um den SIS II-Beschluss handeln dürfte, wie auch in der französischen Fassung deutlich wird, dass es sich hier um ein versehentlich nicht ausgefülltes Blankett handelt.

d) Auch die **Zusatzinformationen** dürfen gem. Art. 8 Abs. 2 SIS II-Beschluss nur für die 26 Zwecke verwendet werden, für die sie mitgeteilt wurden. Allerdings hat ein Mitgliedstaat das Recht, Zusatzdaten zu eigenen Ausschreibungen oder zu einer solchen, in deren Zusammenhang Maßnahmen in seinem Hoheitsgebiet ergriffen wurden, in nationalen Dateien nach den nationalen Rechtsvorschriften zu speichern (Art. 53 Abs. 3 SIS II-Beschluss).

e) Ebenso kann jeder Mitgliedstaat in seinem Nationalen Schengen Informationssystem 27 von ihm **eigens eingespeicherte Daten** nach nationalem Recht auch zu anderen Zwecken nutzen, soweit das europäische Recht, insbesondere das allgemeine Datenschutzrecht keine anderen Vorgaben macht (Art. 46 Abs. 9 SIS II-Beschluss, Art. 31 Abs. 9 SIS II-VO). Ebenfalls hat jeder ausschreibende Mitgliedstaat das uneingeschränkte Recht, Daten zu einer bestimmten Ausschreibung in nationalen Dateien zu verarbeiten (Art. 47 Abs. 2 SIS II-Beschluss, Art. 32 Abs. 2 SIS II-VO). Aus dem folgt, dass der die Ausschreibung die Verarbeitung von dazu verwendeten oder sonst zugrundeliegenden Informationen nicht beeinträchtigt.

4. In das Zollinformationssystem nach dem Unionsrecht eingegebene Daten müssen für 28 die Zwecke des ZIS, also auch für die Verfolgung von Zuwiderhandlungen gegen Zölle, Agrarregelungen der Union oder sonstigen Zollaufgaben erhoben worden sein und dürfen nicht in einer Weise weiterverarbeitet werden, die mit diesen Zwecken nicht zu vereinbaren ist.[23] Eine ansonsten nicht von vornherein ausgeschlossene Verarbeitung zu anderen Zwecken oder durch andere als die gemeldeten Behörden und Stellen bedarf der vorherigen Genehmigung des Eingabestaates (Art. 30 Zollinformations-VO). Eine Weiterverarbeitung ohne Zustimmung ist auch hinsichtlich der im Rahmen des Unionsrechts eingegebenen Daten durch spezielle Analytiker in Risikomanagementsystemen möglich (Art. 35 Abs. 3 Zollinformations-VO). Zur Weitergabe trifft der Anhang zur Zollinformations-VO detailliertere Regelungen.

Die Weiterverarbeitung der Daten aus **FIDE** erfolgt nach den gleichen Beschränkungen 29 wie für die ZIS-Datenbank, unterliegt also insbesondere der Zweckbindung und dem ansonsten folgenden Zustimmungsvorbehalt (Art. 41a Abs. 5 Zollinformations-VO).

5. Die von **Europol** an sie übermittelten Daten und Erkenntnisse dürfen von den 30 Behörden der Mitgliedstaaten entweder im Rahmen ihrer Zuständigkeit zur Prävention und Bekämpfung von Europol- und anderen schweren Straftaten genutzt werden (Art. 20 Abs. 3 Europol-VO). Die Regelungen zu einer möglichen weiteren Nutzung, auch gegenüber Aufsichtsstellen, in Form der vorherigen Zustimmung oder Konsultation bei einer Verwendung zu anderen Zwecken (vgl. Art. 19 Abs. 2 Europol-B) ist entfallen, bzw. dem allgemeinen Unionsrecht, vor allem der JI-RL überlassen, ohne dass das Verhältnis klar würde. Mitgeteilte Verwendungsbeschränkungen des Staates oder der Drittstelle, die die Daten ursprünglich eingegeben hat, sind jedenfalls auch vom Verwender zu beachten (Art. 19 Abs. 2, 3 Europol-VO).

6. Ausdrücklich dürfen Informationen und Erkenntnisse, die nach dem **RB 2006/960/JI** 31 zur Verfügung gestellt werden, von den zuständigen Strafverfolgungsbehörden des Mitgliedstaates, dem sie zur Verfügung gestellt wurden, nur für die Zwecke verwendet werden, für die sie nach diesem Rahmenbeschluss übermittelt wurden (Art. 8 Abs. 3 S. 1 Var. 1 RB 2006/960/JI; § 92b S. 1 IRG). Ansonsten ist eine vorherige Genehmigung des übermittelnden Mitgliedstaats erforderlich, die erteilt werden kann, soweit es dessen Recht gestattet (Art. 8 Abs. 3 S. 1 Var. 3 S. 2 RB 2006/960/JI; § 92b S. 2 Alt. 1 IRG). Eine Genehmigung ist nur dann nicht erforderlich, wenn die Informationen und Erkenntnisse zur Abwehr einer unmittelbaren und ernsthaften Gefahr für die öffentliche Sicherheit verwendet werden (Art. 8 Abs. 3 S. 1 Var. 2 RB 2006/960/JI, § 92b S. 1 IRG). Diese Zweckbindung gilt auch für präventiv erlangte Erkenntnisse.[24] Wenn das nationale Recht des Empfangsstaates eine

---

[23] Art. 26 lit. b Zollinformations-VO, Art. 35 Zollinformations-VO mit der Ausnahme der technischen Vervielfältigung, Art. 35 Abs. 2 Zollinformations-VO.
[24] § 27a Abs. 1 BKAG, § 33a BPolG, § 35a ZFdG, § 11b ZollVG.

Abweichung von den Verwendungsbeschränkungen für die Gerichte, die an der Gesetzgebung beteiligten Institutionen oder jede andere unabhängige Stelle vorsieht, die gesetzlich geschaffen und mit der Kontrolle der zuständigen Strafverfolgungsbehörden beauftragt ist, dürfen die Informationen und Erkenntnisse nur nach vorheriger Konsultierung des übermittelnden Mitgliedstaats verwendet werden, dessen Interessen und Standpunkte so weit wie möglich zu berücksichtigen sind (Art. 8 Abs. 4 S. 3, 4 RB 2006/960/JI).

32   7. Für die Weiterverarbeitung von Daten aus dem **VIS** gelten wohl weiterhin die Vorschriften von Art. 8 ff. VISZ-Beschluss, wonach die Verwendung nur für die genannten „schweren Straftaten" sowie zu Datenschutz und Datensicherheit, Protokollierung und Realisierung von Rechten Betroffener nach Art. 14 VISZ-Beschluss zulässig ist.

33   8. Speziell für **Gemeinsame Ermittlungsgruppen** gelten ausgefeilte Verwertungsbestimmungen nach dem Grundsatz der Zweckbindung, soweit nicht die konkreten Vereinbarungen anderes vorsehen. Verwendet werden dürfen die von einem Mitglied während seiner Zugehörigkeit zu einer gemeinsamen Ermittlungsgruppe rechtmäßig durch eigene Ermittlungsmaßnahmen, Informationsvorlagen oder sonst erlangte Informationen, soweit sie den zuständigen Behörden der betroffenen Mitgliedstaaten nicht anderweitig und damit nach anderen, gegebenenfalls leichteren Rechtsvorschriften, zugänglich sind.

34   a) Dies gilt uneingeschränkt für die Zwecke, zu denen die Gruppe gebildet wurde.[25]

35   b) Zur Verwertung, Aufdeckung, Ermittlung und Strafverfolgung **anderer Straftaten** bedarf es der **vorherigen Zustimmung** des Mitgliedstaats, in dem die Informationen erlangt wurden.[26] Diese Zustimmung kann nur in Fällen verweigert werden, in denen die Verwendung die strafrechtlichen Ermittlungen im betreffenden Mitgliedstaat beeinträchtigen würde oder in Fällen, in denen dieser Mitgliedstaat sich weigern könnte, Rechtshilfe zu leisten.

36   c) Zur **Abwehr einer unmittelbaren und ernsthaften Gefahr** für die öffentliche Sicherheit können die Informationen sofort verwendet werden, in einem anschließend daraus folgenden strafrechtlichen Ermittlungsverfahren aber nur wieder nach der gerade genannten Zustimmung (Art. 13 Abs. 10 lit. c RHÜ 2000, Art. 1 Abs. 10 lit. c RB 2002/465/JI).

37   d) Jede Verarbeitung **zu einem anderen Zweck** kann nur nach Vereinbarung aller an der Gruppe beteiligten Mitgliedstaaten erfolgen (Art. 13 Abs. 10 lit. d RHÜ 2000, Art. 1 Abs. 10 lit. d RB 2002/465/JI).

38   e) Zusätzlich dürfen gem. Art. 5 Abs. 3 Europol-VO Informationen, die ein Mitglied des **Europol**-Personals im Rahmen seiner Teilnahme an einer gemeinsamen Ermittlungsgruppe mit Zustimmung und unter Verantwortung des Mitgliedstaats, der die betreffende Information zur Verfügung gestellt hat, erlangt, nach den für Europol geltenden Bedingungen in einem Europol-Dateisystem gespeichert und weiterverarbeitet werden. (→ § 17 Rn. 77, 87, 99).

39   9. Mit der Wirksamkeit des neuen **Unionsrechts zur Fluggastdatenspeicherung** dürfen die PNR-Rohdaten und die Ergebnisse der Verarbeitung dieser Daten von den zuständigen Behörden der Mitgliedstaaten ohne Weiteres zur Verhütung, Aufdeckung, Ermittlung oder Verfolgung terroristischer Straftaten oder schwerer Kriminalität weiterverarbeitet werden (Art. 7 Abs. 4 PNR-RL). Ansonsten bleiben die innerstaatlichen Befugnisse zur Weiterverarbeitung und -verwendung der Strafverfolgungs- oder Justizbehörden der Mitgliedstaaten in Fällen, in denen im Verlauf von Strafverfolgungsmaßnahmen im Anschluss an eine derartige Verarbeitung andere Straftaten festgestellt werden oder sich Anhaltspunkte für solche Straftaten ergeben, unberührt (Art. 7 Abs. 5 PNR-RL). Damit findet grundsätzlich eine Begrenzung auch auf die bereits weite „schwere Kriminalität"

---

[25] Art. 13 Abs. 10 lit. a RHÜ 2000, Art. 1 Abs. 10 lit. a RB 2002/465/JI; vgl. dazu NK-RechtshilfeR/*Wörner* IV Rn. 524 f.

[26] Art. 13 Abs. 10 lit. b RHÜ 2000, die Zustimmung kann allerdings nur unter bestimmten Bedingungen verweigert werden; vgl. Art. 1 Abs. 10 lit. b RB 2002/465/JI; etwas ungenau hier NK-RechtshilfeR/*Kubiciel* IV Rn. 320 mwN.

§ 20 Spezialität und Zweckbindung   **4. Kapitel**

(→ § 15 Rn. 725) bei Zufallsfunden nicht statt, soweit sie nicht ausdrücklich im nationalen Recht vorgesehen ist. Als alleinige Einschränkung gilt, dass auf der Grundlage der *automatisierten* [sic!] Verarbeitung der PNR-Daten keine Entscheidungen ergehen sollen, aus denen sich eine nachteilige Rechtsfolge oder ein sonstiger schwerwiegender Nachteil für die betroffene Person ergibt (Art. 7 Abs. 6 S. 1 PNR-RL). Auch dürfen derartige Entscheidungen gem. Art. 7 Abs. 6 S. 2 PNR-RL nicht auf den besonderen Diskriminierungskriterien beruhen. Schließlich sollen die Freizügigkeitsrechte der Unionsbürger und das Asylrecht beachtet werden (Art. 6 Abs. 9 PNR-RL).

II. Allgemeines Unionsrecht

1. Nach dem allgemeinen Unionsrecht, nunmehr vor allem der JI-RL ist bei der Frage, 40 wann eine Weiterverarbeitung zu einem anderen Zweck zulässig ist, zunächst zu trennen, ob der **neue Zweck** ebenfalls ein solcher gem. Art. 1 Abs. 1 JI-RL, mithin im Rahmen der Verhütung, Ermittlung, Aufdeckung oder Verfolgung von Straftaten oder der Strafvollstreckung, einschließlich des Schutzes vor und der Abwehr von Gefahren für die öffentliche Sicherheit ist.

    a) Ist der neue Zweck ein solcher der genannten **Kriminalitätsbekämpfung,** ist die 41 Zweckänderung erlaubt, wenn die konkrete Verarbeitung zum neuen Zweck erlaubt, erforderlich und verhältnismäßig ist, Art. 4 Abs. 2 JI-RL. Der Rahmenbeschluss sah hier noch zusätzlich vor, dass die neue Verarbeitung nicht mit dem ursprünglichen Zweck unvereinbar sein durfte (Art. 3 Abs. 2 S. 1 RB 2008/977/JI), was sich nunmehr allenfalls aus anderen Regelungen des Unions- oder nationalen Rechts ergeben kann.

    b) Stets zulässig ist die Weiterverarbeitung für **historische, statistische oder wissen-** 42 **schaftliche Zwecke,** sofern geeignete Garantien, wie die Anonymisierung der Daten, vorgesehen sind.[27]

    c) **Ansonsten** ist für die Zweckänderung und neue Verarbeitung die DS-GVO an- 43 zuwenden, Art. 9 Abs. 1, 2 JI-RL.

    2. Als weitere wesentliche Änderung ist nach Art. 9 JI-RL die zuvor nach Art. 11 S. 1 44 lit. d RB 2008/977/JI erforderliche **Zustimmung** des übermittelnden Mitgliedstaats oder die Einwilligung der betroffenen Person in eine **Zweckänderung** bei personenbezogenen Daten, die zwischen verschiedenen Mitgliedstaaten übermittelt oder bereitgestellt wurden, **entfallen.**

    Ohne Zustimmung oder Einwilligung durften zuvor die übermittelten Daten unter 45 Zweckänderung verwendet werden, für die Verhütung, Ermittlung, Feststellung oder Verfolgung von anderen Straftaten oder der Vollstreckung von anderen strafrechtlichen Sanktionen (Art. 11 S. 1 lit. a RB 2008/977/JI). Ebenso durften sie verwendet werden in anderen justiziellen und verwaltungsbehördlichen Verfahren, die mit der Verhütung, Ermittlung, Feststellung oder Verfolgung von Straftaten oder Vollstreckung von strafrechtlichen Sanktionen unmittelbar zusammenhängen (Art. 11 S. 1 lit. b RB 2008/977/JI). Die Auslegung dieser Merkmale war entsprechend dem Erläuternden Bericht zu Art. 23 Abs. 1 lit. b RHÜ 2000[28] vorzunehmen, wobei für taugliche Annexverfahren in Deutschland die Mitteilungspflichten nach GVG/MiStra ein positiver Anhaltspunkt sein konnte. Immer zulässig blieb auch die Verwendung zu anderen Zwecken übermittelter Daten zur Abwehr einer unmittelbaren und ernsthaften Gefahr für die öffentliche Sicherheit (Art. 11 S. 1 lit. c RB 2008/977/JI).

III. Unionseigene Organe, Agenturen und Einrichtungen

Für die Organe, Agenturen und anderen Einrichtungen bzw. Dienststellen der EU 46 gelten im Übrigen nach der EG-Datenschutz-VO insbesondere die Grundsätze der Zweck-

---
[27] Art. 4 Abs. 3, Art. 9 Abs. 2 JI-RL, Art. 3 Abs. 2 S. 2 RB 2008/977/JI, Art. 11 S. 2 RB 2008/977/JI.
[28] ABl. 2002 C 257, 1 ff.

bindung und daran gemessenen Erforderlichkeit (Art. 4 Abs. 1 EUOrgDSVO).[29] Jedoch ist eine Zweckänderung nicht nur zulässig, wenn sie durch die internen Vorschriften des Organs oder der Einrichtung der Gemeinschaft ausdrücklich erlaubt ist. Sondern zum Zwecke der Verhütung, Ermittlung, Feststellung und Verfolgung von schweren Straftaten dürfen auch personenbezogene Daten, die ausschließlich zur Gewährleistung der Sicherheit oder Kontrolle der Verarbeitungssysteme oder -vorgänge erfasst werden, verwendet werden (Art. 6 EUOrgDSVO). Allgemein können die Organe und Einrichtungen der Gemeinschaft die Anwendung des Zweckbindungsgrundsatzes insoweit einschränken, also eine Zweckänderung vornehmen, wie es notwendig ist für die Verhütung, Ermittlung, Feststellung und Verfolgung von Straftaten (Art. 4 Abs. 1; 20 lit. a EUOrgDSVO).[30] In diesen Fällen kann auch die Pflicht zur Mitteilung bei offener und nicht-offener Datenerhebung nach Art. 11, 12 Abs. 1 EUOrgDSVO durch die EU-Stellen entfallen und die Datenschutzansprüche des Betroffenen auf Auskunft etc mit Ausnahme des Widerspruchsrechts eingeschränkt werden (vgl. Art. 13–17; 20 lit. a EUOrgDSVO). Diese Einschränkungen finden auch für Verkehrsdaten bei der Nutzung von Telekommunikationsnetzen oder Endgeräten Anwendung, die unter der Kontrolle eines Organs oder einer Einrichtung der Gemeinschaft betrieben werden (Art. 34 ff., Art. 37 Abs. 1, Art. 20 lit. a EUOrgDSVO).

D. Zweckbindung im allgemeinen Rechtshilferecht

I. Grundsatz

47 Soweit in Rechtshilfeübereinkommen der Datenschutz Berücksichtigung gefunden hat, orientiert sich hier die allgemeine Verwendungsbeschränkung auch am Zweckbindungsgrundsatz. Danach ist eine Zweckänderung ohne vorherige Zustimmung des übermittelnden Staates, die gegebenenfalls in den Formen der Rechtshilfe einzuholen ist, nur erlaubt, wenn ein Ausnahmetatbestand eingreift. Diese Zustimmung muss aber nicht stets ausreichen, vielmehr kann die Zweckbindung noch enger auch zusätzlich auf die jeweiligen Anforderungen des Rechtes einer der beiden beteiligten Seiten verweisen.

II. Einzelne Rechtshilfeinstrumente

48 1. Diese engere Zweckbindung gilt zunächst **innereuropäisch** für die auf das SDÜ aufsetzenden **Ergänzungs- und Polizeiverträge** sowie nach dem **ZP II-RHÜ 1959**.[31] Eine Nutzung der personenbezogenen Daten durch die empfangende Vertragspartei ist ausschließlich zu den Zwecken zulässig, zu denen die Übermittlung solcher Daten in diesem Übereinkommen vorgesehen ist; eine Nutzung zu anderen Zwecken ist nur nach vorheriger Zustimmung der übermittelnden Vertragspartei und nur nach Maßgabe des Rechts der empfangenden Vertragspartei zulässig. Die Zustimmung darf erteilt werden, soweit das nationale Recht der übermittelnden Vertragspartei dies zulässt.[32] Die übermittelten personenbezogenen Daten dürfen ausschließlich durch die Behörden und Gerichte genutzt werden, die für eine Aufgabe im Rahmen der genannten zuständig sind (Art. 126 Abs. 3 lit. b SDÜ).

49 Dagegen ist die Nutzung von eigenen Erkenntnissen aus einer erlaubten **Observation** wohl ohne weitere Zustimmung und ohne Spezialität möglich.[33]

---

[29] Vor allem lit. b–d.
[30] Das Widerspruchsrecht findet sich in Art. 18 EUOrgDSVO.
[31] Vgl. zu Letzterem Art. 26 ZP II-RHÜ 1959, beachte hierzu auch die beiden von Deutschland abgegebenen Erklärungen, die auf eine engstmögliche Bindung bei der ursprünglichen Übermittlung und weiteren Verwendung hinauslaufen.
[32] Art. 126 Abs. 3 lit. a SDÜ; **für Polen**: Art. 19 Abs. 1, 2 ErgV-RHÜ 1959 DE/PL; **Tschechien**: Art. 25 Abs. 1, 2 PolZV DE/CZ.
[33] AA wenn die konkrete Genehmigung noch nicht eingeholt ist wohl *Ambos* Beweisverwertungsverbote 97 mwN (→ § 3 Rn. 37).

2. Für die nach dem Kriminalitäts- und sonst dem Datenschutzabkommen mit den **USA** 50 übermittelten Daten gilt eine weitgehend eingeschränkte Zweckbindung, die nur außerhalb der üblichen Ausnahmen eine explizite Zustimmung des Übermittlungsstaates erfordert (Art. 13 Abs. 1 lit. d ZusBekämKrimÜ DE/US; Art. 7 DatSchAbk USA/EU). Besonders „weich" fällt die Regelung im DatSchAbk USA/EU aus (Art. 6 Abs. 2 DatSchAbk USA/EU):[34] Die Weiterverarbeitung darf lediglich „nicht unvereinbar mit den Zwecken sein, für die die Daten übermittelt wurden. Sie gilt insbesondere dann als konform, wenn sie gemäß den Bestimmungen geltender internationaler Abkommen und schriftlich niedergelegter internationaler Rahmen für die Verhütung, Aufdeckung, Untersuchung oder Verfolgung schwerer Straftaten erfolgt." Und schließlich nach Art. 6 Abs. 5 DatSchAbk USA/EU „Die Vertragsparteien stellen in ihren jeweiligen Rechtsvorschriften sicher, dass personenbezogene Daten in einer Weise verarbeitet werden, die in Bezug auf die Zwecke der Verarbeitung unmittelbar relevant und weder exzessiv noch zu weit gefasst ist."

Dies gilt allerdings nicht für die DNA- und daktyloskopischen Daten im Rahmen des 51 automatischen Abgleichs, die nur für diesen, dessen Protokollierung und ein dahingehendes anschließendes Rechtshilfeverfahren verwendet werden dürfen.[35] Gerade die fehlende bzw. unpräzise Zweckbindung bei der Fortspeicherung war indes einer der Kritikpunkte des Europäischen Datenschutzbeauftragten am neuen Art. 12 DatSchAbk USA/EU.[36]

3. Im Verhältnis mit der **Schweiz** gilt ebenfalls der Grundsatz der Zweckbindung, der 52 die Spezialität (→ Rn. 1) mitumfasst und hinsichtlich der **übermittelten Fahrzeugdaten** ausnahmslos zu berücksichtigen ist. Die übermittelten Daten dürfen nur zu dem Zweck genutzt werden, zu dessen Erfüllung sie übermittelt wurden.[37] Auch im Bereich des Schutzes öffentlicher finanzieller Interessen wird dieser Grundsatz praktisch nicht zurückgenommen (Art. 36 BetrugBekämpfAbk EG/CH). Insgesamt ist hier noch eindeutig der konsequente Schutz vor „Zufallsfunden" vor allem im Bereich der fiskalischen Strafbarkeit erkennbar.

4. Nach **den Regierungsabkommen zur schweren Kriminalität** ist die Nutzung der 53 Daten durch den Empfänger grundsätzlich nur zu dem angegebenen Zweck und zu den durch die übermittelnde Stelle vorgeschriebenen Bedingungen zulässig.[38] Die weitere Übermittlung an andere Stellen und die Verwendung der übermittelten Daten für einen anderen als den angegebenen Zweck dürfen nur mit vorheriger Zustimmung der übermittelnden Stelle erfolgen.[39] Nach einzelnen Abkommen, etwa mit Russland, ist die Verwendung darüber hinaus zur (anderweitigen) Verhütung und Verfolgung von Straftaten von erheblicher Bedeutung sowie zum Zwecke der Abwehr von erheblichen Gefahren für die öffentliche Sicherheit zulässig (Nr. 2 S. 2 AntiOrgKrimAbk DE/RU). Ebenfalls der eingeschränkten Zweckbindung unterliegen die personenbezogenen Daten aus dem Austausch mit der **Türkei** nach dem Vertrag zur Bekämpfung schwerer Kriminalität.[40]

5. Die im Rahmen der besonderen Abkommen zum **Informationsaustausch in** 54 **Steuer- und Steuerstrafsachen** (→ § 15 Rn. 677 ff.) übermittelten Daten dürfen durch die empfangende Stelle nur zu dem von der übermittelnden Stelle angegebenen Zweck verwendet werden.[41] Für andere Zwecke können die Informationen verwendet werden,

---

[34] Vgl. näher die Motive der Kommission in COM(2016) 237 final, S. 8.
[35] Art. 13 Abs. 3 ZusBekämKrimÜ DE/US (iVm Art. 6 Abs. 3 DatSchAbk USA/EU).
[36] Vgl. ABl. 2016 C 186, 4.
[37] Vgl. BVerfG NJW 2011, 591 ff. allg.; vgl. **für die Schweiz:** Art. 9 Abs. 1 S. 2 PolZV DE/CH; Vorbehaltserklärung der Schweiz zum RHÜ 1959, jede Rechtshilfe nur unter der Bedingung der Spezialität zu leisten.
[38] ZB **für Kirgisistan:** Nr. 1 AntiOrgKrimAbk DE/KG.
[39] ZB **für Kirgisistan:** Nr. 3 S. 2 AntiOrgKrimAbk DE/KG; **Russland:** Nr. 2 S. 1 AntiOrgKrimAbk DE/RU.
[40] **Für die Türkei:** Art. 6 Nr. 2 S. 1 AntiOrgKrimAbk DE/TR.
[41] Vgl. zB **für die Bahamas:** Nr. 2 lit. a Protokoll zum InfoAust BS 2010; vgl. auch die Erklärungen der Bundesrepublik Deutschland zur mehrseitigen Vereinbarung v. 27.1.2016 zwischen den zuständigen Behörden über den Austausch länderbezogener Berichte v. 29.1.2018 (BGBl. 2018 II 67), Nr. 6 und Nr. 1 aE zu § 5.

wenn dies nach dem Recht beider Vertragsparteien möglich ist und die zuständige Behörde des übermittelnden Staates dieser Verwendung zugestimmt hat.[42] Ohne diese vorherige Zustimmung ist eine solche Verwendung nur zulässig, wenn sie zur Abwehr einer im Einzelfall bestehenden dringenden Gefahr für das Leben, die körperliche Unversehrtheit oder die persönliche Freiheit einer Person oder zum Schutz bedeutender Vermögenswerte erforderlich ist und Gefahr im Verzug besteht.[43] In diesem Fall unverzüglich um nachträgliche Genehmigung zu ersuchen.[44] Wird diese verweigert, ist die weitere Verwendung für diesen anderen Zweck unzulässig und die übermittelten Daten sind unverzüglich durch die empfangende Stelle **zu löschen**.[45]

55   6. Auch für die in Deutschland dem **NATO-Truppenstatut** unterliegenden Personen gilt für alle Übermittlungen zwischen den beteiligten Stellen der Zweckbindungsgrundsatz an die im NATO-Truppenstatut vorgesehenen Zwecke, wobei Verwendungsbeschränkungen nach dem Recht des einen Vertragsstaates vom anderen beachtet werden sollen, soweit dem nicht überwiegende nationale Sicherheitsinteressen entgegenstehen (Art. 3 Abs. 3 lit. a S. 2, 3, lit. c NTS-ZA).

56   7. Innerhalb des **Interpol-Systems** dürfen bereits anderweitig eingegebene Daten an anderer Stelle weiterverarbeitet werden, soweit es der ursprünglichen Integrität und Vertraulichkeit aller Voraussicht nach nicht zuwiderläuft (Art. 43 Abs. 1 lit. c InterpolDVO). Soll die Weiterverarbeitung dem gleichen Zweck dienen, genügt es, wenn die eingebende Stelle nicht binnen zehn Tagen widersprochen hat, sonst ist sie nur mit ihrer vorherigen Zustimmung möglich (Art. 43 Abs. 1 lit. a, b InterpolDVO). Auch ansonsten dürfen nationale Büros, nationale und internationale Stellen die Daten aus den Interpol Datenbanken für strafrechtliche Ermittlungszwecke grundsätzlich weiterverarbeiten, soweit dies den Zielen und Tätigkeiten der Organisation, dem ursprünglichen Speicherzweck und dem anwendbaren Recht nicht widerspricht und dem nicht binnen zehn Tagen durch das Nationale Büro, von dem bzw. dessen nationalen Stellen die Daten stammen, auf Mitteilungen einen Widerspruch signalisiert hat (Art. 64 InterpolDVO). Vor jeder Nutzung soll die abrufende Stelle den Zweck des Abrufs, die besondere Bedingungen und Beschränkungen für die Nutzung und die Aktualität und Relevanz der Daten bestimmen (Art. 62 InterpolDVO). Für andere, hier administrativ genannte, Zwecke dürfen die Daten gem. Art. 65 InterpolDVO nur verwendet werden, wenn die genannte zuständige Stelle dem ausdrücklich zuvor zugestimmt hat.

E. Umwidmung

57   Bei der Prüfung, ob eine anderweitige Verwendung ohne Zustimmung des übermittelnden Staates in Betracht kommt, ist aufgrund der stark unterschiedlichen Anforderungen jeweils ein Blick in die, gegebenenfalls konkurrierenden und sich überlagernden, konkreten Rechtshilfeverhältnisse und gegebenenfalls doch die Konsultation des Partnerstates oder einer gemeinsamen Einrichtung unabdingbar (→ § 13 Rn. 23 ff. und → Rn. 12, 30 f.; § 21 Rn. 2).

58   In **systematischer Betrachtung** ergeben sich dabei namentlich folgende Ansatzpunkte:

59   I. So erlauben unter dem Gedanken der „**Hypothetischen Ersatzübermittlung**" die Abkommen mit der **Schweiz** (ohne die genannte Ausnahme), **Polen und Tschechien, sowie Kanada** und **Hongkong** (mit der zusätzlichen Einschränkung der Spezialität, → Rn. 10 ff.) die Verwendung ohne Zustimmung für Zwecke, für die die Daten ebenfalls

---

[42] Vgl. zB **für die Bahamas:** Nr. 2 lit. b S. 1 Protokoll zum InfoAust BS 2010.
[43] Vgl. zB **für die Bahamas:** Nr. 2 lit. b S. 2 Protokoll zum InfoAust BS 2010; zT folgert dies erst aus den Protokollerklärungen, wie etwa **für Armenien:** Nr. 11 zu Art. 25 **DBA AM 2016; vgl. auch Art. 26 Abs. 4 DBA AM 2016.**
[44] Vgl. zB **für die Bahamas:** Nr. 2 lit. b S. 3 Protokoll zum InfoAust BS 2010.
[45] Vgl. zB **für die Bahamas:** Nr. 2 lit. b S. 4 Protokoll zum InfoAust BS 2010.

§ 20 Spezialität und Zweckbindung   **4. Kapitel**

übermittelt werden dürfen.[46] Ohne auf das Institut zu verweisen, liegt dieses auch der nach dem BetrugBekämpfAbk EG/CH ohne Zustimmung erlaubten Verwendung in einem weiteren Verfahren gegen andere Beschuldigte oder wegen anderer Tatbestände jeweils wegen derselben (prozessualen) Tat zugrunde (Art. 36 lit. a, b BetrugBekämpfAbk EG/CH).

II. Darüber hinaus ist nach den Abkommen mit der **Schweiz, Polen, Tschechien,** 60 **Hongkong und Kanada** und der **Türkei** die Verwendung ohne Zustimmung erlaubt für Zwecke zur **Verhinderung von Straftaten von erheblicher Bedeutung** sowie **zur Abwehr von erheblichen Gefahren für die öffentliche Sicherheit**.[47] Das Kriminalitätsabkommen mit den USA schwächt die Hürde ab auf die Verhinderung einer ernsthaften Bedrohung ihrer öffentlichen Sicherheit (Art. 13 Abs. 1 lit. b ZusBekämKrimÜ DE/US).

III. Nach dem Kriminalitäts- und dem Datenschutzabkommen mit den **USA** dürfen die 61 empfangenden Behörden grundsätzlich alle übermittelten Daten auch ohne ausdrückliche Zustimmung für den Zweck ihrer (gegebenenfalls anschließenden oder anderweitigen) **strafrechtlichen Ermittlungen** verarbeiten.[48] Gleiches gilt mit der **Türkei** im Rahmen des Kriminalitätsabkommens für Straftaten von erheblicher Bedeutung (Art. 6 Nr. 2 S. 2 AntiOrgKrimAbk DE/TR).

IV. Darüber hinaus ist nach den Abkommen mit der **Schweiz, Polen und Tschechien** 62 sowie den **USA** die Verwendung ohne Zustimmung erlaubt für die mit den genannten Verfahren **zusammenhängenden gerichtlichen und Verwaltungsverfahren**.[49]

V. Eher als Einschränkung eines allgemeinen Grundsatzes, dass die Zweckbeschränkung 63 nicht mehr fortwirken kann, wenn die Informationen anderweitig bekannt geworden sind, sind vor dem Hindergrund des besonderen US-amerikanischen Prozessrechtes die entsprechenden Regelungen aufzufassen. Danach dürfen übermittelte Informationen für jeden Zweck verwendet werden, wenn sie im ersuchenden Staat im normalen Verlauf des Verfahrens, für das sie zur Verfügung gestellt wurden oder eines anderen Verfahrens, für das sie nach den genannten Regeln ohne Zustimmung verwendet werden konnten, **öffentlich bekannt geworden** sind (Art. 15 Abs. 3 Nr. 4 RHV DE/US).

Mit der Neufassung 2007 des Abkommens mit den USA ist die zusätzliche Ausnahme 64 entfallen, dass Informationen weiterhin ohne Zustimmung offen gelegt werden können, wenn das Beweismittel oder die Information den Angeklagten entlasten kann oder die Wahrhaftigkeit und Glaubwürdigkeit eines Zeugen betrifft, der gegen den Angeklagten ausgesagt hat (Art. 15 Abs. 4 aF RHV DE/US). Dabei hatte der ersuchende Staat den ersuchten Staat im Voraus über jede vorgesehene Weitergabe zu unterrichten. Eine Auslegung im Umkehrschluss, dass öffentlich ansonsten bekannt gewordene Informationen nur aufgrund der Tatsache, dass sie zuvor einmal aus den USA zu einem anderen Zweck übermittelt worden sind, nicht in andere Strafverfahren, noch dazu zur Entlastung, verwendet werden dürften, erscheint auch gemessen an Art. 6 Abs. 1 EMRK kaum haltbar.

---

[46] **Für Polen:** Art. 19 Abs. 1 ErgV-RHÜ 1959 DE/PL; **die Schweiz:** Art. 26 S. 2 PolZV DE/CH verweisen dabei auch auf das nach dem RHÜ 1959 oder dem bilateralen Vertrag; **Tschechien:** Art. 25 Abs. 1 PolZV DE/CZ; vgl. ansonsten **für Hongkong:** Art. 9 Abs. 2 RHAbk DE/HK; **Kanada:** Art. 14 Abs. 2 RHV DE/CA.
[47] **Für Hongkong:** Art. 9 Abs. 2 RHAbk DE/HK; **Kanada:** Art. 14 Abs. 2 RHV DE/CA; **Polen:** Art. 19 Abs. 1 ErgV-RHÜ 1959 DE/PL; **die Schweiz:** Art. 26 S. 2 PolZV DE/CH; **Tschechien:** Art. 25 Abs. 1 PolZV DE/CZ; **die Türkei:** Art. 6 Nr. 2 S. 2 AntiOrgKrimAbk DE/TR, nur sofern die Übermittlung auf dieser Grundlage erfolgte.
[48] Art. 13 Abs. 1 lit. a ZusBekämKrimÜ DE/US; Art. 6 DatSchAbk USA/EU, → § 19 Rn. 59; Rn. 50 f.
[49] **Für Polen:** Art. 19 Abs. 1 ErgV-RHÜ 1959 DE/PL; **die Schweiz:** Art. 26 S. 2 PolZV DE/CH; Art. 36 lit. c BetrugBekämpfAbk EG/CH; **Tschechien:** Art. 25 Abs. 1 PolZV DE/CZ; **die USA:** Art. 13 Abs. 1 lit. c ZusBekämKrimÜ DE/US.

F. Weiterübermittlung

65 Allgemein sind auch in diesen Fallkonstellationen die Kriterien zu beachten, die das BVerfG für die Übermittlung von Daten an staatliche Stellen im Ausland nach den **allgemeinen deutschen verfassungsrechtlichen Grundsätzen** von Zweckänderung und Zweckbindung entwickelt hat.[50] Bei der Beurteilung der neuen Verwendung ist danach einerseits die Eigenständigkeit der anderen Rechtsordnung zu achten. Eine Übermittlung von Daten ins Ausland verlangt andererseits eine Vergewisserung darüber, dass ein hinreichend rechtsstaatlicher Umgang mit den Daten im Empfängerstaat zu erwarten ist.

66 Häufig enthalten **spezielle Regelungen,** vor allem im Rahmen des ausdifferenzierten Datenschutzrechts auf Ebene der EU, für die Weiterleitung der durch die Stellen der Mitgliedstaaten erhaltenen Informationen an andere Stellen innerhalb des Empfangsstaates, vor allem aber an Drittstaaten, internationale oder nichtstaatliche Organisationen zusätzliche Einschränkungen.

67 **I.** Dabei haben **spezielle EU-Instrumente,** soweit sie die Weiterübermittlung explizit oder implizit ausschließen, wie insbesondere die Weiterübermittlungssperren des Prümer Ratsbeschlusses (→ Rn. 17 ff.), stets Vorrang.

68 Gleiches gilt, wenn an die Weiterübermittlung **besondere qualifizierte Anforderungen** gekoppelt sind: Etwa dürfen nach Art. 3 Abs. 3 VIS-VO die aus dem VIS erlangten Daten an Drittländer oder internationale Organisationen nur in dringenden Ausnahmefällen ausschließlich zum Zwecke der Verhütung und Aufdeckung terroristischer und sonstiger schwerwiegender Straftaten unter Einhaltung der Verfahren des VISZ-Beschluss und der Protokollierung sowie nach dem jeweiligen innerstaatlichen Recht übermittelt oder zugänglich gemacht werden. Dagegen enthält die **Eurodac-VO** ein explizites Verbot der Übermittlung von Daten aus der Eurodac-Datei an Drittstaaten, internationale Organisationen oder private Stellen (Art. 35 Abs. 1 Eurodac-VO). Die personenbezogenen Daten, die in der Folge eines Treffers ausgetauscht wurden, dürfen nicht an solche Dritte weitergegeben werden, wenn ein ernstzunehmendes Risiko besteht, dass die von der Datenverarbeitung betroffene Person infolge dieser Weitergabe gefoltert, unmenschlich und erniedrigend behandelt oder bestraft wird oder ihre Grundrechte in sonstiger Weise verletzt werden (Art. 35 Abs. 2, Art. 35 Abs. 1 Eurodac-VO).

69 Ähnliche Regelungen finden sich in zahlreichen der bereits aufgeführten Rechtsakte, ohne dass hier im Einzelnen darauf eingegangen werden kann.

70 **II.** Für das **allgemeine Unionsrecht** hat die **JI-RL** die Möglichkeiten der Übermittlung empfangener Daten gegenüber dem **RB 2008/977/JI** wesentlich neu gefasst.

71 **1.** Dabei ergibt sich für die **Weiterleitung innerhalb öffentlicher Stellen in der Union** ein neuer Ansatz, da die Richtlinie nicht mehr an eine Erstübermittlung anknüpft und so jede Weiterverarbeitung in der Union alleine im Hinblick auf die Anwendung von JI-RL, DS-GVO oder Datenschutz-VO am Verwendungszweck bzw. Empfänger misst, vgl. Art. 9 JI-RL.

72 **2. Nicht mehr übernommen,** sondern alleine durch Verweis auf die DS-GVO und das nationale Recht gelöst hat die JI-RL die besonderen Einschränkungen des **RB 2008/977/JI** bei der Weiterleitung der von einem anderen Mitgliedstaat empfangenen Daten an Dritte: An **nicht-öffentliche Stellen** durften danach die Daten nur dann weitergeleitet werden, wenn die Herkunftsstelle zuvor zugestimmt hatte, überwiegende schutzwürdige Interessen der betroffenen Person nicht entgegenstanden sowie die Weiterleitung im Einzelfall für die weiterleitende zuständige Behörde unerlässlich war für
- die Erfüllung einer ihr rechtmäßig zugewiesenen Aufgabe,
- zur Verhütung, Ermittlung, Feststellung oder Verfolgung von Straftaten
- oder zur Vollstreckung von strafrechtlichen Sanktionen,

---

[50] Vgl. BVerfG NJW 2016, 1781.

- zur Abwehr einer unmittelbaren und ernsthaften Gefahr für die öffentliche Sicherheit
- oder einer schwerwiegenden Beeinträchtigung der Rechte Einzelner (Art. 14 Abs. 1 RB 2008/977/JI).

Bei einer solchen Weiterleitung hatte die zuständige Behörde darauf hinzuweisen, zu 73 welchen Zwecken die Daten ausschließlich verwendet werden dürfen (Art. 14 Abs. 2 RB 2008/977/JI).

Die Vorschriften zur Übermittlung personenbezogener Daten sollten auf die Freigabe 74 von Daten für Private (wie Strafverteidiger und Opfer) im Zusammenhang mit Strafverfahren nicht anwendbar sein (Erwägungsgrund 18 RB 2008/977/JI).

3. Für Übermittlungen in **Drittstaaten sowie internationale Organisationen** sieht 75 die JI-RL in Art. 35 ff. JI-RL allerdings, im Einklang mit der DS-GVO, ein abgestuftes Instrumentarium vor.

a) Jede Übermittlung muss für einen **Zweck** der Kriminalitätsbekämpfung gem. Art. 1 76 Abs. 1 JI-RL – nicht notwendigerweise im Ursprungs- oder Zielland – erforderlich sein und an eine dafür **zuständige Stelle** erfolgen (Art. 35 Abs. 1 lit. a, b JI-RL).[51]

b) Eine Weiterleitung erfordert grundsätzlich die vorherige **Zustimmung** des Staates, 77 aus dem die personenbezogenen Daten **zuvor übermittelt wurden.** Sie kann nur entfallen, wenn Gefahr im Verzug dergestalt vorliegt, dass die Weiterleitung der Daten zur Abwehr einer unmittelbaren und ernsthaften Gefahr für die öffentliche Sicherheit eines Mitgliedstaats oder eines Drittstaats oder für die wesentlichen Interessen eines Mitgliedstaats unerlässlich ist und die vorherige Zustimmung nicht rechtzeitig eingeholt werden kann. In diesem Fall ist die für die Zustimmung zuständige Behörde unverzüglich zu unterrichten (Art. 35 Abs. 1 lit. c, Abs. 2 JI-RL).[52] Erfolgte die ursprüngliche Übermittlung aus einem Drittstaat oder einer internationalen Organisation, ist die Weiterleitung nur mit deren Genehmigung oder nach gebührender Berücksichtigung sämtlicher maßgeblicher Faktoren, einschließlich der Schwere der Straftat, des Zwecks der ursprünglichen Übermittlung personenbezogener Daten und des Schutzniveaus des Empfängers möglich, Art. 35 Abs. 1 lit. e JI-RL.

c) Schließlich soll der empfangende Drittstaat bzw. die entsprechende internationale 78 Einrichtung ein **angemessenes Schutzniveau** für die beabsichtigte Datenverarbeitung gewährleisten, gem. Art. 13 Abs. 1 lit. d, Abs. 3, 4 RB 2008/977/JI, wenn nicht das innerstaatliche Recht des Weiterleitungsstaates wegen überwiegender schutzwürdiger bzw. berechtigter Interessen eines Betroffenen oder wichtiger öffentlicher Interessen anderes vorsieht oder der Empfänger konkrete Garantien bietet, die vom Weiterleitungsstaat als angemessen befunden werden.

Die **JI-RL** fasst dies, orientiert an der DS-GVO wesentlich detaillierter. Danach gilt, dass 79 die Weiterübermittlung unter einer der folgenden Bedingungen erfolgen darf:

aa) Es besteht ein **Angemessenheitsbeschluss** der Kommission, der den Vorgang 80 umfasst, vgl. ausführlich Art. 36 JI-RL.

bb) Es bestehen sonst geeignete Garantien aufgrund eines rechtsverbindlichen Instru- 81 ments, also vor allem einer **völkerrechtlichen Vereinbarung,** Art. 37 Abs. 1 lit. a JI-RL.

cc) Der Verantwortliche kommt nach **Beurteilung aller Umstände** zu der Auffassung, 82 dass geeignete Garantien zum Schutz personenbezogener Daten bestehen, hat dann aber die Aufsichtsbehörde zu unterrichten und die Übermittlung ausführlich zu dokumentieren, Art. 37 Abs. 1 lit. b, Abs. 2, 3 JI-RL.

dd) Ansonsten ist die Übermittlung gleichwohl auch – unter entsprechender Protokol- 83 lierung und Einschaltung der Aufsichtsbehörde – nach Art. 38 möglich, wenn die Übermittlung **erforderlich** ist

- zum Schutz lebenswichtiger Interessen der betroffenen Person oder einer anderen Person;

---

[51] Vgl. Art. 13 Abs. 1 lit. a, b RB 2008/977/JI.
[52] Ebenso bereits Art. 13 Abs. 1 lit. c, Abs. 2 RB 2008/977/JI.

- zur Wahrung berechtigter Interessen der betroffenen Person, wenn dies im Recht des Mitgliedstaats, aus dem die personenbezogenen Daten übermittelt werden, vorgesehen ist;
- zur Abwehr einer unmittelbaren und ernsthaften Gefahr für die öffentliche Sicherheit eines Mitgliedstaats oder eines Drittlandes;
- oder, sofern die öffentlichen Interessen die der Betroffenen überwiegen, im Einzelfall allgemein für die in Art. 1 Abs. 1 JI-RL genannten Zwecke der Kriminalitätsbekämpfung oder zur Geltendmachung, Ausübung oder Verteidigung von Rechtsansprüchen im Zusammenhang mit den genannten Zwecken.

84   Gerade die allgemeine Abwägung und Anwendung für die Zwecke der Kriminalitätsbekämpfung (genauer Art. 38 Abs. 1 lit. d JI-RL) führt dabei das feinabgestufte Instrumentarium ad absurdum, jedenfalls wenn es nicht überaus restriktiv angewandt wird.[53] Zudem erscheint sinnwidrig und kaum im Hinblick auf die grundrechtliche Schutzposition des Betroffenen, dass die Interessenabwägung nur letztgenannten Fällen vorbehalten wird. Es dürfte hier insgesamt die Rechtsprechung des EuGH abzuwarten sein, jedoch den Mitgliedstaaten eine mehr mit der grundrechtlichen Verankerung im Einklang stehende engere Umsetzung angeraten sein.

85   Sozusagen als „salvatorische Klausel" bestimmt Art. 35 Abs. 3 JI-RI, dass sämtliche Bestimmungen zur Übermittlungen in diesem Bereich angewendet werden sollen, um sicherzustellen, dass das durch die Richtlinie gewährleistete Schutzniveau für natürliche Personen nicht untergraben werden solle. Das Verhältnis dieser Klausel zu den weiten genannten Ausnahmen scheint indes ungeklärt.

86   **4.** Schließlich regeln Art. 35, 39 JI-RL noch die Übermittlung **unmittelbar an nichtstaatliche Empfänger in Drittstaaten.** Damit soll eine Möglichkeit eröffnet werden, wenn in speziellen Einzelfällen reguläre Verfahren wirkungslos oder ungeeignet seien, insbesondere weil die Übermittlung nicht rechtzeitig durchgeführt werden könne oder weil diese Behörde in dem betreffenden Drittland die Rechtsstaatlichkeit oder die internationalen Menschenrechtsbestimmungen nicht achte, und es dringend geboten sei, personenbezogene Daten zu übermitteln, um das Leben einer Person zu schützen, die Gefahr laufe, Opfer einer Straftat zu werden, oder um die unmittelbar bevorstehende Begehung einer Straftat, einschließlich einer terroristischen Straftat, zu verhindern.[54]

87   **a)** Neben der klaren fortwirkenden Zweckbestimmung und weiteren Erfordernissen einer rechtmäßigen Verarbeitung soll danach die **Feststellung der zuständigen Behörde** gem. Art. 39 Abs. 1 lit. b, c JI-RL erforderlich sein, dass
- im konkreten Fall keine Grundrechte und Grundfreiheiten der betroffenen Person das öffentliche Interesse an einer Übermittlung überwiegen,
- und die Übermittlung an eine zuständige Behörde in dem Drittland wirkungslos oder ungeeignet wäre, insbesondere weil die Übermittlung nicht rechtzeitig durchgeführt werden kann.

88   **b) Verfahrensmäßig** muss die zuständige Behörde dem Empfänger den festgelegten Zweck oder die festgelegten Zwecke mitteilen, für die die personenbezogenen Daten nur dann durch diesen verarbeitet werden dürfen, wenn eine derartige Verarbeitung erforderlich ist, Art. 39 Abs. 1 lit. e JI-RL. Weiterhin muss die an sich für den Empfang zuständige Behörde in dem Drittland unverzüglich unterrichtet werden, es sei denn, dies scheint wirkungslos oder ungeeignet, Art. 39 Abs. 1 lit. d JI-RL. Ferner muss die übermittelnde zuständige Behörde jede Übermittlung dieser Art dokumentieren und die Aufsichtsbehörde darüber unterrichten, Art. 39 Abs. 3, 4 JI-RL.

89   **III.** Durchaus überraschend, erlaubt das **Kriminalitätsabkommen mit den USA** mit Zustimmung der ersuchten Partei ausdrücklich die Übermittlung von Daten im Zusam-

---

[53] Wie auch Erwägungsgrund 72, 73 JI-RL ausdrücklich zu Bedenken geben, ohne die Konsequenzen klar zu machen.
[54] Erwägungsgrund 73 S. 3–6 JI-RL.

menhang mit Terrorverdächtigen sowohl an Drittstaaten, internationale Organisationen und namentlich private Körperschaften (Art. 13 Abs. 2 ZusBekämKrimÜ DE/US).[55]

§ 21 Bedingungen und Vertraulichkeit

A. Überblick

Die Verpflichtungen zur Vertraulichkeit und zur Einhaltung von ausdrücklich mitgeteilten Bedingungen für die Verarbeitung und Verwendung der übermittelten Informationen und Beweismittel gehen häufig praktisch ineinander über. Sie sind gewissermaßen die Umkehrung, oder aber eine Ergänzung zur engeren Spezialitäts- oder Zweckbindung übermittelter Informationen, die regelmäßig *ipso iure* bereits aus den Rechtshilfeinstrumenten folgt.[1] Der Schutz der Vertraulichkeit ist der andere Hauptfall der gestellten Bedingungen, neben den notwendigen anderen, die der ersuchte Staat stellen muss, um seinen innerstaatlichen Anforderungen zu genügen und die Rechtshilfe überhaupt leisten zu können (→ § 13 Rn. 71 ff. und sogleich → Rn. 2 ff.). Die Vertraulichkeit kann dabei an die Stelle anderweitiger Beschränkungen der Rechtshilfe oder andere Beschränkungsmittel wie insbesondere Zweckbindung und Spezialität treten. Ein Beispiel sind die wohl mittlerweile überholten generellen Bestimmungen im Ergänzungsvertrag mit Österreich, dass alle in fiskalischen Angelegenheiten bei der Rechtshilfe erlangten geheimhaltungspflichtigen Informationen auch geheimzuhalten sind (Art. 4 Abs. 3 ErgV-RHÜ 1959 DE/AT).[2] Zu unterscheiden sind darüber hinaus die Mechanismen des materiellen Geheimschutzes, die allgemeinen rechtshilferechtlichen Vertraulichkeitsregime sowie besondere Schutzvorschriften, die hinzutreten und daher, soweit möglich, stets mitgeprüft werden sollten (→ Rn. 10). 1

B. Bedingungen

Übermittelt der Staat Beweismittel oder Informationen nur unter **Bedingungen,** so sind diese, wie bereits aus § 72 IRG folgt, stets durch die deutschen Stellen zu beachten. Dies ist die Spiegelung eines Völkerrechtssatzes: Gestellte und akzeptierte Bedingungen sind allgemein stets einzuhalten.[3] Dies dürfte nach dem Wortlaut auch dann gelten, wenn die Bedingung gegen das Rechtshilferecht verstößt. Ist dies aus Sicht des ersuchenden Staates der Fall, sehen viele Rechtshilfevereinbarungen Konsultations- und Schlichtungsmechanismen vor. 2

I. Anwendungsbereich

Ein fester Kanon oder nur umrissener **Wirkungsbereich** für Bedingungen besteht nicht. Die äußere Grenze bildet der Bezug zum Strafverfahren überhaupt: Sie müssen ihrer Natur nach für das strafrechtliche Bezugsverfahren beachtlich sein. Sie können sich etwa beziehen 3

---

[55] Ob dies noch nach Art. 6 f. DatSchAbk USA/EU fortgilt, bleibt abzuwarten.
[1] Vgl. NK-RechtshilfeR/*Racknow* I Rn. 134; GPKG/*Vogler*/*Walter* IRG § 72 Rn. 4.
[2] Wohl zur Wahrung des Steuergeheimnisses und der früher fehlenden Rechtshilfe in Steuerstrafsachen, während andere Staaten zB die Schweiz, den Weg über die Spezialität bzw. Zweckbindung gegangen sind, → § 20 Rn. 10.
[3] Dies gilt zunächst bereits analog aus dem Grundsatz des *pacta sunt servanda* und wird durch die Reaktion bei nicht einhaltbaren Bedingungen, namentlich der teilweise ausdrücklich geregelten Konsultationspflicht, erst ausdrücklich. Art. 4 Abs. 6 RHAbk DE/HK; vgl. weiter etwa **für Österreich:** Art. 26 Abs. 1 S. 3 PolZV DE/AT; **die Schweiz:** Art. 28 Abs. 1 PolZV DE/CH; vgl. dazu und zum ganzen Folgenden auch BGHSt 31, 51 = NJW 1982, 1954 zur Auslieferung; *Schuster* Verwertbarkeit 138 f.; GPKG/*Vogler*/*Walter* IRG § 72 Rn. 5, 7.

4. Kapitel

auf die Art bzw. das Höchstmaß einer Sanktion im Falle einer Verurteilung, die Reichweite und Ausnahmen von der Aussagepflicht von Auskunftspersonen, sowie namentlich besondere Verwertungs- und Verarbeitungsbeschränkungen.[4] Dabei lassen sich vor allem zwei Hauptkategorien erkennen: Einerseits Bedingungen, die dem ersuchten Staat nach seiner innerstaatlichen Rechtsordnung überhaupt erst die Rechtshilfeleistung ermöglichen, andererseits Bedingungen, die in konkurrierenden Interessen, etwa anderer Ermittlungsverfahren oder Geheimhaltungsinteressen von Betroffenen, namentlich eben der Vertraulichkeit (→ § 13 Rn. 72). Eine scharfe Trennung beider Pole besteht dabei nicht, allerdings kann eine Differenzierung in der Wirkung in den Rechtshilfeinstrumenten daran anknüpfen: So sind zB im Verhältnis zu den USA zwingend Bedingungen, die zur Wahrung eines Ermittlungs- bzw. Strafverfahrens im ersuchten Staat oder sonst zur Wahrung des ordre public des ersuchten Staates akzeptiert wurden, einzuhalten, solche der Vertraulichkeit zumindest nach besten Kräften (Art. 14 Abs. 2 RHV DE/US, Art. 15 Abs. 1 RHV DE/US, Art. 19 Abs. 5 Nr. 2 RHV DE/US).

II. Wirksamkeit

4 **Verstoßen Bedingungen** gegen die völkerrechtlichen Verpflichtungen aus den Rechtshilfeinstrumenten, so sind sie nach ganz hM voll beachtlich, wenn sie vom ersuchten Staat akzeptiert worden sind.[5] Erst recht sind Verstöße der Bedingungen gegen das innerstaatliche Recht des ersuchten Staates unbeachtlich.[6]

5 Dies wird auch nicht durch die Sonderregelung im Rahmen der besonderen Abkommen zum **Informationsaustausch in Steuer- und Steuerstrafsachen** infrage gestellt: Werden danach **Daten** übermittelt, beachtet die empfangende Stelle alle durch die übermittelnde Stelle vorgeschriebenen **Bedingungen** zum Schutz personenbezogener Daten.[7] Dies soll allerdings nur gelten, soweit diese Bedingungen mit dem jeweiligen Übereinkommen in Einklang stehen, also namentlich nicht die Verwendung für die Zwecke für die Festsetzung und Erhebung der umfassten Steuern, für die Vollstreckung entsprechender Steuerforderungen oder Ermittlungen in oder die Verfolgung von entsprechenden Steuerstrafsachen voraussichtlich erheblich sind.[8] Auch hier spricht einiges dafür, dass aus dem Verbot derartiger Bedingungen nicht zwingend deren Unbeachtlichkeit im Fall folgt, dass sie gleichwohl durch den ersuchenden Staat akzeptiert wurden.

III. Nachträgliche Bedingungen

6 Dass Bedingungen auch bei der Durchführung der Ermittlungs- bzw. Rechtshilfehandlung angebracht werden können, ist unstreitig.[9] Erhebt der übermittelnde Staat **nachträglich** nach Übermittlung Bedingungen, so scheint indes ungeklärt, ob diese beachtlich sind. Dies gilt insbesondere, wenn bereits eine Verarbeitung oder Verwertung stattgefunden hat. Nach dem BGH sind solche nachträglichen Bedingungen jedenfalls dann nicht mehr beachtlich, wenn bereits hinsichtlich der Verwertung Teilrechtskraft eingetreten ist, dh sie bereits in Beweisaufnahme und Entscheidung verwertet wurden und die darauf beruhende Schuldentscheidung bereits rechtskräftig geworden ist.[10] Umstritten ist weiterhin, ob namentlich die Bedingung der Spezialität (→ § 20 Rn. 3 ff.) nach vollzogener

---

[4] Vgl. iE NK-RechtshilfeR/*Racknow* I Rn. 136 mwN allerdings nur für die vertragsfreie Rechtshilfe.
[5] Vgl. BGH NStZ 2012, 646 (647); GPKG/*Vogler/Walter* IRG § 72 Rn. 5; Schomburg/Lagodny/Gleß/ Hackner/*Hackner* IRG § 72 Rn. 3; NK-RechtshilfeR/*Racknow* I Rn. 3.
[6] Vgl. bereits Art. 26 WKV (→ § 11 Rn. 44; vgl. auch § 9 Rn. 141); hier nur NK-RechtshilfeR/*Racknow* I Rn. 134 mwN.
[7] Vgl. zB **für die Bahamas:** Nr. 2 lit. a Protokoll zum InfoAust BS 2010.
[8] Vgl. zB **für die Bahamas:** Nr. 2 lit. a Protokoll zum InfoAust BS 2010 iVm Art. 1, 8 Abs. 3 InfoAust BS 2010.
[9] Nr. 142 Abs. 2 RiVASt; vgl. auch zu Bedingungen zB Art. 30 Abs. 1 S. 3 BetrugBekämpfAbk EG/CH.
[10] BGHSt 51, 202 = NJW 2007, 853.

Rechtshilfe rückwirkend verändert, also auch insbesondere teilweise zurückgenommen werden kann.[11] Konsequenterweise wird man dies wie bei sonstigen Bedingungen bejahen müssen (→ § 24 Rn. 13). Auch bei der nachträglichen Erweiterung der Bedingungen im Sinne weitergehender Verpflichtungen des ersuchenden Staates mit grundsätzlicher Wirkung *ex nunc* ist zu trennen zwischen der völkerrechtlichen Rechtmäßigkeit einerseits und andererseits der Wirksamkeit für die Behörden des ersuchten Staates, wenn diese ein solches Vorgehen akzeptiert haben. Auch hier bleiben die möglicherweise vertragswidrigen Bedingungen wirksam.[12]

Jedenfalls zulässig sind nachträgliche **Interpretationen** der gestellten Bedingung durch die zuständige Stelle des ersuchten Staates.[13] Richtigerweise sind in jeder Situation, in der dies inzident erforderlich ist, die Bedingungen nach den anerkannten Grundsätzen, namentlich Wortlaut, Sinn und Zweck, durch die Stellen des ersuchenden Staates auszulegen.[14] 7

Die Frage, ob die gebundenen Stellen gegebenenfalls im Wege eines **Nachtragsersuchens auf die Aufhebung einer Bedingung** dringen müssen, scheint noch nicht hinreichend geklärt.[15] Jedenfalls kann die Aufhebung durch ein solches Ersuchen selbst noch durch das Revisionsgericht betrieben werden. Zudem ist in solchen Fällen dem Beschuldigten rechtliches Gehör zu gewähren. Auf seinen Antrag müsste über das Nachtragsersuchen entsprechend zu entscheiden sein, wie über selbstständige Anträge auf Ersuchen bzw. Beweiserhebung (→ § 23 Rn. 104 ff. und → § 26 Rn. 12 ff.). Eine eigene Pflicht des jeweiligen Ermittlungsorgans besteht wohl nur im Rahmen der Aufklärungspflicht, soweit ein hinreichender Anlass dafür besteht und ein solches Nachtragsersuchen entsprechende Erfolgsaussichten hat. 8

IV. Rechtsfolgen

Ist einerseits die Einhaltung der Bedingung, namentlich gemessen an den deutschen Verfahrensstandards, voran dem Grundsatz des fairen Verfahrens aus Art. 6 EMRK oder sonst zentraler verfassungsrechtlich-rechtsstaatlicher Prinzipien, und andererseits deren Beseitigung nicht erreichbar, ist die bedingt übermittelte Information als Beweismittel **unverwertbar**.[16] Eine **Fernwirkung** besteht jedoch nach hM wohl nicht, vielmehr können unverwertbare Beweise auch als Anknüpfungspunkt für weitere Ermittlungen in Betracht kommen.[17] Ebenso entsteht in aller Regel kein Hindernis für den Fortgang des Verfahrens (→ § 18 Rn. 15 ff. und → § 24 Rn. 7 ff.). Führen nachträgliche Bedingungen dazu, dass bereits verwertete Beweismittel nicht hätten verwertet werden dürfen, führt dies auch nicht zu einem Prozesshindernis.[18] 9

---

[11] Vgl. Gless/Eymann StV 2008, 318 ff.; verneinend GPKG/*Vogler/Walter* IRG § 72 Rn. 7; BGHSt 31, 51 (53 f.) = NJW 1982, 1954 zur Auslieferung.
[12] Dies verkennt etwa NK-RechtshilfeR/*Racknow* I Rn. 134, wenn er nur auf Art. 48 WKV abstellt.
[13] Vgl. BFH, Beschl. v. 24.3.1987 – I B 111/86, Orientierungssatz 1.
[14] Vgl. hierzu und zum Ganzen vorangehenden, hier eher zweifelnd BVerfG NJW 2011, 591 ff. mwN; eindeutig dafür BGHSt 34, 334 (341 ff.) = NJW 1987, 2168; Schomburg/Lagodny/Gleß/Hackner/Schomburg/Hackner IRG § 72 Rn. 2 und 10; *Schuster* Verwertbarkeit 118 und 138; vgl. NK-RechtshilfeR/*Racknow* I Rn. 135 mit weiterer Rechtsprechungsübersicht.
[15] Vgl. hierzu und zum Folgenden BGH NStZ 2012, 646 (648); NK-RechtshilfeR/*Racknow* I Rn. 135 mwN.
[16] Allg. Ansicht, vgl. nur NK-RechtshilfeR/*Racknow* I Rn. 135 mwN.
[17] So jedenfalls NK-RechtshilfeR/*Racknow* I Rn. 135 mwN für beide Ansichten; dies fügt sich zwar in die deutsche Dogmatik, erscheint aber durchaus völkerrechtlich nicht unproblematisch. Jedoch wird man auch Letzterem entgegnen können, dass es grundsätzlich wiederum Sache der Bedingung und des sie stellenden Staates wäre, den Fall der Fernwirkung mit zu regeln.
[18] BGHSt 51, 202 = NJW 2007, 853.

C. Vertraulichkeit

I. Regelungsmöglichkeiten

10 Die Frage der **Vertraulichkeit** der Behandlung von Informationen, die im Wege einer internationalen Zusammenarbeit übermittelt werden, stehen – neben den teilweise überlagernden Institutionen der Spezialität und Zweckbindung (→ § 20) und des allgemeinen Datenschutzes (→ § 19) mehrere Stufen zur Verfügung:

- Zunächst kann es, etwa im vertrags- oder insoweit regelungsfreien Rechtshilfeverkehr erforderlich sein, **sämtliche Vetraulichkeitsregelungen durch Bedingungen** des ersuchten Staates oder vorab abgeklärte ergänzende Bitten des ersuchenden Staates festzulegen.
- Auf einer zweiten Stufe können **Regelungen** für die Vertraulichkeit der jeweils mit dem Ersuchen und seiner Erledigung übersandten Informationen bereits **in den einzelnen Übereinkommen** bestehen. Häufig enthalten die Rechtshilfeinstrumente wiederum einen Hinweis auf die Umsetzung durch gesondert gestellte Bedingungen.
- Auf dieser Stufe können konkurrierende Vertragsnormen zB zum Opfer- oder Zeugenschutz eingreifen.
- Auf einer dritten Stufe kann hingegen vor allem das höher integrierte Unionsrecht an einen **umfassenden Datenschutz** (→ § 19 Rn. 10 ff.) und **materiellen Geheimschutz** mit festgelegten Schutzklassen, begleitet von einem organisatorischen und personalen Geheimschutzregime anknüpfen, ohne diesen jeweils im Einzelnen „aktualisieren" zu müssen. Gleiches gilt etwa für den Datenaustausch innerhalb von internationalen Organisationen wie Interpol, der NATO oder beim nachrichtendienstlichen oder sonst behördlichen Austausch zwischen deren Mitgliedstaaten (→ § 9 Rn. 28; § 13 Rn. 198; § 12 Rn. 103, 172, 225).

11   Zu den letztgenannten gehört **im Rahmen der Einrichtungen der EU,** wie OLAF, Eurojust oder allgemeine Organe, gemeinsame Agenturen oder sonstige Einrichtungen insbesondere die EG-Datenschutz-VO. Zur Regelung der Vertraulichkeit bei **Europol** speziell hatte der Rat entsprechend Art. 40 Abs. 1 Europol-Beschluss den Ausführungsbeschluss 2009/968/JI erlassen, der mittlerweile durch die autonome Rechtsetzung nach Art. 67 Europol-VO formal weggefallen ist: Er regelte vier (übliche) Geheimhaltungsgrade und daraus folgende materielle Geheimschutzmaßnahmen auch für die Mitgliedstaaten einschließlich des Herausgeberprinzips.

12   Ohne dass ein solches formales Instrumentarium ausdrücklich bestimmt ist, folgt doch aus dem Verweis auf Vertraulichkeitseinstufungen eine zumindest ähnliche Handhabung bei Übermittlungen nach dem **RB 2006/960/JI,** wo die Strafverfolgungsbehörden in jedem konkreten Fall den Erfordernissen des Untersuchungsgeheimnisses gebührend Rechnung zu tragen und nach Maßgabe ihres nationalen Rechts die Vertraulichkeit aller zur Verfügung gestellten Informationen und Erkenntnisse, die als vertraulich eingestuft wurden, zu gewährleisten haben (Art. 9 RB 2006/960/JI).

13   Ansonsten finden sich Regelungen **in zahlreichen Rechtshilfeübereinkommen** bis hin zur verabschiedeten Europäischen Ermittlungsanordnung, um die Vertraulichkeit von Informationen und insbesondere den dahinter stehenden Schutz von Quellen und des Bezugs- oder anderer Verfahren nicht zu gefährden, mit unterschiedlich starker Betonung notwendiger Bedingungsvereinbarungen oder Ipso-iure-Charakter.

II. Anknüpfungspunkte

14 Die einzuhaltende Vertraulichkeit kann dabei an **unterschiedlichste Sachverhalte** anknüpfen:

§ 21 Bedingungen und Vertraulichkeit **4. Kapitel**

1. Der vertraglich vereinbarten Vertraulichkeit können auch Informationen unterliegen, 15
die ein Staat **durch unmittelbare Informationserhebung** im Hoheitsbereich eines
anderen erhalten hat. So sind nach EUSuchtÜ die Bedingungen, die der Flaggenstaat bei
seiner Genehmigung zum Zugriff auf ein ihm zugeordnetes **Schiff** durch den außerhalb
seiner eigentlichen Gebietshoheit eingreifenden Staat hinsichtlich der Verwertung erlangter
Informationen gemacht hat, zu beachten (Art. 23 EuDrogenÜbk). Der Flaggenstaat kann
inbesondere die Genehmigung von der Bedingung abhängig machen, dass die erlangten
Informationen oder Beweismittel ohne seine vorherige Zustimmung von den Behörden
des eingreifenden Staates nicht für andere als die einschlägige Straftaten betreffenden
Ermittlungen oder Verfahren verwendet oder weitergeleitet werden.

Soweit nicht ebenfalls durch das neuere EU-Recht überholt, sehen etwa noch die Ergän- 16
zungsverträge mit **Polen** (Art. 22 ErgV-RHÜ 1959 DE/PL) **und Tschechien** (Art. 28
PolZV DE/CZ) vor, dass bei allen grenzüberschreitenden Übermittlungen Daten nach
diesem Abkommen, die dem Geheimschutz unterliegen, Bedingungen zu dessen Wahrung
vor der Übermittlung möglich sind, die dann von dem Empfangsstaat zur Beachtung der
Geheimhaltungspflicht zu beachten sind. In diesem Sinn wird man auch, soweit noch
anwendbar, die Verweise in **bilateralen Polizeiverträgen** auf die Datenschutzvorschriften
im SDÜ lesen müssen. So verweisen etwa die Polizeiverträge mit Österreich und den
Niederlanden auch für personenbezogene Daten, die durch grenzüberschreitende Tätigkeit
auf dem Hoheitsgebiet des anderen Vertragsstaates erhoben worden sind, weiter für die
Verwertung auf Art. 126–130 SDÜ bzw. RHÜ 2000 und etwaige in diesem Rahmen
gestellte Bedingungen.[19]

Beachtlich ist insbesondere auch das Neapel II-Übereinkommen, da dies für die Zoll- 17
fahndung auch einen Bedingungsvorbehalt für unmittelbar durch eigene Ermittlungen im
Gebietsstaat erlangte Erkenntnisse beinhaltet.[20]

2. Weitaus häufiger geregelt, kann im **Rahmen einer Rechtshilfe der ersuchende** 18
Staat von jedem Staat, der im Rahmen der Rechtshilfe und insbesondere des Ersuchens
Informationen über und aus einem Ermittlungsverfahren erhält, verlangen, das **Ersuchen**
und dessen Inhalt vertraulich zu behandeln, soweit die Erledigung des Ersuchens nichts
anderes gebietet.[21] Kann der ersuchte Vertragsstaat der verlangten Vertraulichkeit nicht
entsprechen, so hat er den ersuchenden Vertragsstaat umgehend davon in Kenntnis zu
setzen. In letztgenanntem Fall kann die zuständige (Zentral-)Behörde des ersuchenden
Staates, wie etwa die Abkommen mit den USA (Art. 14 Abs. 1 S. 2 RHV DE/US) und
Kanada (Art. 13 Abs. 2 RHV DE/CA) ausführlich regeln – jedoch sonst aus allgemeinen
Grundsätzen folgen würde – danach entscheiden, ob das Ersuchen dennoch erledigt werden
soll (→ § 13 Rn. 8 ff.). Ähnlich hat etwa im Verhältnis mit Hongkong der ersuchte Staat
das Ersuchen grundsätzlich nach bestem Bemühen vertraulich zu behandeln, soweit der
ersuchende Staat nicht eine gegenteilige Genehmigung erteilt (Art. 6 Abs. 5 RHAbk DE/
HK).

3. Zentraler ist jedoch für die Weiterverarbeitung die Vorschrift, dass **durch die Rechts-** 19
hilfe übermittelte bzw. erlangte Beweismittel, Erkenntnisse und sonstige Infor-
mationen grundsätzlich vertraulich zu behandeln sind. Diese findet sich in zahlreichen
Rechtshilfeinstrumenten (→ Rn. 26).

So sieht etwa zukünftig **die Europäische Ermittlungsanordnung** vor, dass die An- 20
ordnungsbehörde die von der Vollstreckungsbehörde zur Verfügung gestellten Beweismittel
oder Informationen gemäß ihrem nationalen Recht nicht offenlegt, soweit die Offenlegung
nicht für die in der Europäische Ermittlungsanordnung beschriebenen Ermittlungen oder

---

[19] **Für Österreich:** Art. 26 Abs. 1 PolZV DE/AT; **die Niederlande:** Art. 26 Abs. 1 S. 2 PolZV DE/NL.
[20] Art. 19 Abs. 7 Neapel II, Art. 23 Abs. 3 S. 2 Neapel II; vgl. *Gleß* NStZ 2000, 57 (60).
[21] Art. 19 Abs. 1, 2 EEA-RL, Art. 7 Abs. 14 UNSuchtÜ, Art. 18 Abs. 20 Palermo I, Art. 33 Abs. 1 GeldwÜ 1990; **für Japan:** Art. 10 Abs. 4 RHAbk EU/JP; **Kanada:** Art. 13 Abs. 2 RHV DE/CA; **die USA:** Art. 14 Abs. 1 RHV DE/US; ohne Möglichkeit der Ausnahme des Empfangsstaates **für die Türkei:** Art. 7 AntiOrgKrimAbk DE/TR; Art. 27 Abs. 8 CKÜ im Fall der subsidiären Anwendung.

Verfahren erforderlich ist und die Vollstreckungsbehörde nichts anderes angegeben hat (Art. 19 Abs. 3 EEA-RL).

21 Wohl noch allgemeiner ist die Vertraulichkeit der übermittelten Beweismittel und Informationen durch den ersuchenden Staat nach **GeldwÜ 1990** zu beachten, soweit es den Grundlagen seines innerstaatlichen Rechts nicht widerspricht oder das im Ersuchen erkennbare Verfahren nichts anderes gebietet (Art. 32 Abs. 2 GeldwÜ 1990).

22 4. Schließlich kann sich Bedarf für eine Vertraulichkeitsverpflichtung auch ohne Ersuchen, bei **spontan übermittelten Informationen aus Sicht des Absenders** ergeben. So sind nach dem Übereinkommen der Vereinten Nationen gegen die grenzüberschreitende organisierte Kriminalität **ohne Ersuchen** übermittelte Informationen auf den entsprechenden Wunsch (missverständlich auch „Ersuchen" genannt) des übermittelnden Staates vertraulich zu behandeln oder ihr Gebrauch entsprechend einzuschränken (Art. 18 Abs. 4 Palermo I). Dies hindert die Offenlegung von Informationen innerhalb des zugehörigen Verfahrens des Empfangsstaates zur Entlastung eines Beschuldigten nicht (Art. 18 Abs. 5 Palermo I). In diesen Fällen ist allerdings der Staat, der die Informationen übermittelt hat, vorab zu informieren und zu konsultieren, bzw. wenn ausnahmsweise keine vorherige Unterrichtung möglich, unverzüglich von der Offenlegung in Kenntnis zu setzen. Ähnlich können nach vielen multi- und bilateralen Rechtshilfeverträgen zum Schutz der Vertraulichkeit von spontan zu übermittelnden Informationen Bedingungen vorabgestellt werden, die bei Zustimmung für den Empfängerstaat ausnahmslos bindend sind.[22]

III. Ausnahmen

23 Von der Vertraulichkeitsbindung gibt es einige bereits **fest vereinbarte Ausnahmen** unter dem Gesichtspunkt überwiegenden oder entfallenden Interesses, die sich allerdings stark nach den einzelnen Rechtshilfeinstrumenten unterscheiden:

24 1. So entfällt die Vertraulichkeitspflicht im bilateralen Verhältnis mit den **USA** bei anderweitigem öffentlichen Bekanntwerden und erlaubter Offenlegung zur Entlastung des Angeklagten oder Überprüfung der Wahrhaftigkeit und Glaubwürdigkeit eines Zeugen, der gegen den Angeklagten ausgesagt hat, wobei bei letzterem der ersuchende Staat den ersuchten Staat im Voraus über jede vorgesehene Weitergabe unterrichtet (Art. 15 Abs. 4, 5 RHV DE/US).

25 2. Ebenfalls hindert sie nach dem **Übereinkommen der Vereinten Nationen gegen die grenzüberschreitende organisierte Kriminalität** den ersuchenden Vertragsstaat nicht daran, in seinem Verfahren Informationen oder Beweise offenzulegen, die einen Beschuldigten entlasten (Art. 18 Abs. 19 S. 2 Palermo I). Bevor der ersuchte Staat Informationen oder Beweise offenlegt, hat er den ersuchten Vertragsstaat vorab davon zu unterrichten und diesen auf Verlangen zu konsultieren bzw. wenn ausnahmsweise keine vorherige Unterrichtung möglich ist, diesen unverzüglich von der Offenlegung in Kenntnis zu setzen (Art. 18 Abs. 19 S. 3, 4 Palermo I).

IV. Vertraulichkeitsschutz durch Bedingungen

26 Die wichtigste Regelung zur Berücksichtigung der beiderseitigen Vertraulichkeits-, respektive Verwendungsinteressen stellen jedoch **Bedingungen** dar, die der schutzinteressierte Übermittler von Informationen ausdrücklich dem Empfänger stellt. Für diese gelten die oben genannten Regelungen (→ Rn. 2 ff.). So kann etwa im Verhältnis zu **Kanada** (Art. 13 Abs. 1 RHV DE/CA), **Japan** (Art. 13 Abs. 2 RHAbk EU/JP) und **Hongkong** (Art. 8 Abs. 1 RHAbk DE/HK) der ersuchte Staat nach Konsultation des ersuchenden

---

[22] Vgl. etwa Art. 22 Abs. 2–4 TerrorVerhÜ, Art. 34 Abs. 2–4 MenschHÜ, Art. 33 Abs. 3 GeldwÜ 1990 und im Verhältnis mit **Japan** Art. 18 Abs. 2 RHAbk EU/JP.

Staates (zusätzlich) verlangen, dass überlassene Informationen oder Beweismittel oder deren Quelle vertraulich behandelt oder nur unter von ihm gestellten Bedingungen offenbart oder verwendet werden.[23] Ähnlich kann im **bilateralen Verhältnis mit den USA** die zentrale Behörde des ersuchten Staates darum ersuchen, dass die nach diesem Vertrag überlassenen Beweismittel oder Auskünfte **vertraulich** behandelt oder nur unter von ihr genannten Bedingungen verwertet werden; nimmt der ersuchende Staat die an Bedingungen geknüpften Auskünfte oder Beweismittel an, so bemüht er sich nach besten Kräften, die Bedingungen zu erfüllen (Art. 14 Abs. 2 RHV DE/US).[24]

V. Vertraulichkeitsschutz durch Verwendungs- und Verarbeitungsbeschränkungen

Daneben können in unterschiedlichen Situationen **zusätzliche Verwendungs- bzw. Verarbeitungsbeschränkungen** aus dem Gedanken des besonderen Schutzes von Vertraulichkeit oder berechtigten „Geheimnissen" zu beachten sein: 27

1. So haben im Rahmen der polizeilichen und justiziellen Zusammenarbeit im Rahmen der Rechtsakte der EU der **empfangene Mitgliedstaat sowie die Agenturen und Einrichtungen der Union** in der ursprünglichen 3. Säule ebenso die besonderen Verarbeitungsbeschränkungen einzuhalten, die unter besonderen Umständen für den Datenaustausch auch bei entsprechend innerstaatlichen Datenübermittlungen in dem den übermittelnden Mitgliedstaat gelten würden, soweit ihn dieser auf diese hingewiesen hat (Art. 12 RB 2008/977/JI). Solche besonderen Beschränkungen können sich aus deutscher Sicht insbesondere aus der Art der Erhebung, zB mit besonderen technischen oder sonst verdeckten Mitteln und Methoden oder besonderen Amts- oder Berufsgeheimnissen oder sektoralem Datenschutz zB für Steuer-, Sozial- oder Gesundheitsdaten ergeben. 28

2. Für den Bereich des **Menschenhandels** findet sich in Art. 11 MenschHÜ eine Sondervorschrift. Personenbezogene Daten über die **Opfer** dürfen zunächst nur nach Maßgabe des Übereinkommens zum Schutz des Menschen bei der automatischen Verarbeitung personenbezogener Daten (DatSchÜ)[25] gespeichert und verwendet werden. Weiterhin hat jede Vertragspartei Maßnahmen zu treffen, um insbesondere sicherzustellen, dass die Identität eines Kindes, das Opfer von Menschenhandel ist, oder Einzelheiten, welche die Identifizierung eines solchen Kindes ermöglichen, nicht durch die Medien oder auf sonstige Weise öffentlich bekannt gemacht werden, es sei denn, um in Ausnahmefällen Familienmitglieder des Kindes ausfindig zu machen oder auf andere Weise sein Wohl und seinen Schutz zu gewährleisten. Schließlich hat jede Vertragspartei in Übereinstimmung mit Art. 10 EMRK Maßnahmen zu erwägen mit dem Ziel, die Medien zu veranlassen, das Privatleben und die Identität der Opfer zu schützen, sei es durch Selbstregulierung oder durch regulierende Maßnahmen, die vom Staat allein oder vom Staat und dem Privatsektor gemeinsam getroffen werden. 29

3. Bei **Interpol** ist die Vertraulichkeit mit drei Vertraulichkeitsgraden für den Dienstgebrauch (*„for official use only"*), vertraulich (*„restricted"*) und geheim (*„confidential"*) entsprechend den auch im deutschen Geheimschutz geltenden Kriterien und die daraus folgenden Verfahrenserfordernisse im materiellen und personellen Geheimschutz für Sekretariat und nationale Büros detailliert geregelt (Art. 14, 112 ff. InterpolDVO). Auch bei Daten aus den Interpol-Datenbanken sind die **Bedingungen** zu beachten, die die eingebende Stelle insbesondere für die Verwendung gestellt hat, auf die das Sekretariat deshalb aufmerksam machen soll (Art. 66 InterpolDVO). Auch für nationale Stellen, die einen indirekten Zugang erhalten haben (Art. 57 InterpolDVO), sind die Beschränkungen zu beachten. 30

---

[23] Ähnlich Art. 24 EUSuchtÜ.
[24] Beachte allerdings nunmehr Art. 6 Abs. 3 DatSchAbk USA/EU, der generelle Bedingungen verbieten will.
[25] v. 28.1.1981 (BGBl. 1985 II 538).

31 Die **Veröffentlichung** von Informationen aus dem Interpolsystem erfolgt nach Regeln, die das Generalsekretariat nach Stellungnahme der Datenschutzkommission bestimmt. Sie darf nur erfolgen, wenn die Publikation
- zur Warnung der Öffentlichkeit, Ersuchen um ihre Mithilfe oder sonst den Zwecken der internationalen kriminalpolizeilichen Zusammenarbeit dient,
- mit den Zielen der Organisation übereinstimmt,
- die Menschenrechte der Betroffenen beachtet,
- nicht geeignet ist, das öffentliche Bild oder die Interessen der Organisation und ihrer Mitglieder zu beschädigen
- und die Quelle der Daten die Veröffentlichung einschließlich der konkreten Methode und möglicher Empfänger zustimmt (Art. 61 Abs. 1, 2 InterpolDVO).

32 Daten von Minderjährigen dürfen nicht veröffentlicht werden, es sei denn, dass das für die Eingabe zuständige nationale Büro bzw. die internationale Stelle und das Generalsekretariat es für essentiell für die internationale Polizeikooperation erachten und die Veröffentlichung mit dem anwendbaren nationalen und internationalen Recht in Einklang steht (Art. 61 Abs. 2 lit. e InterpolDVO). Meldungen und darin enthaltene Daten dürfen durch andere als die eingebenden Stellen nur nach Genehmigung des Sekretariats und unter Sicherstellung einer identischen Kopie und regelmäßigen Aktualisierung veröffentlicht werden (Art. 61 Abs. 3 InterpolDVO).

5. Kapitel. Beweisaufnahme und Beweisverwertung

§ 22 Grundsätze

A. Aufklärungspflicht

Die dem Gericht gem. § 244 Abs. 2 StPO und dem zugrundeliegenden Verfassungsrecht 1
aufgetragene Aufklärung, dh Erforschung der Wahrheit, ist – auch im Hinblick auf das
materielle Schuldprinzip des Strafrechts – das zentrale Anliegen des Strafprozesses.[1] Das
Gericht hat im Rahmen des Möglichen und Zulässigen die Aufgabe der **Stoffsammlung
in optimaler Weise** zu erfüllen.[2] Es muss „alle nicht von vornherein aussichtslosen Schritte
unternehmen, um zu einer möglichst zuverlässigen Beweisgrundlage zu gelangen". Dazu
muss es sich grundsätzlich aller erreichbaren, nicht durch ein Beweiserhebungs- oder -verwertungsverbot ausgeschlossenen sachnächsten Beweismittel bedienen und sie in der nach
den Umständen bestmöglichen Form verwenden.[3]

Diesen prozessualen **Bewertungsmaßstab** hat vor allem der BGH verschiedentlich 2
konkretisiert. Er hat jedoch wohl am besten die Grenzen wie folgt gefasst: Der Tatrichter
könne von einer Beweiserhebung absehen, wenn er für die Prognose, dass sie nicht zu
relevantem Beweisstoff führen werde, rationale Gründe habe, die in hohem Maße plausibel
seien.[4] Der Tatrichter muss danach einen möglicherweise beweisbaren Sachverhalt zum
Gegenstand der Beweisaufnahme machen, wenn bei Gelingen des Beweises aus ihm ableitbare Schlüsse den Schuldvorwurf widerlegen, in relevanter Weise modifizieren, infrage
stellen oder stützen können.[5] Dazu ist es erforderlich, die Relationen zwischen dem
(neuen) Beweisthema und dem vermutlichen Wert des in Betracht kommenden Beweismittels sowie zwischen Inhalt und Wert des möglicherweise zu erlangenden und des schon
erlangten Beweisstoffs zu erfassen.[6] Diese Beurteilung ist keine Frage des Ermessens. Ein
sachlogischer Zusammenhang besteht oder besteht nicht; im Fall seines Bestehens muss die
Nichterhebung eines faktisch möglichen und rechtlich zulässigen Beweises mit rational
nachvollziehbarer Begründung gerechtfertigt werden können.

Konkret ausgeformt bedeutet dies, dass **grundsätzlich dem sachnäheren Beweis-** 3
mittel und dem höherwertigen Beweisverfahren der Vorzug zu geben ist, wenn und

---

[1] BVerfGE 57, 250 (275) = NJW 1981, 1719; BGHSt 63, 45 (61) = NJW 1983, 1043; BVerfG NJW 2003, 2444: Gebot bestmöglicher Sachverhaltsaufklärung; s. ferner BVerfGE 86, 288 (317) = NJW 1992, 2947; BGHSt 107, 104 (118 f.) = NJW 2003, 2004; BGHSt 115, 166 (192) = NJW 2006, 976; BGHSt 118, 212 (230 f., 233) = NJW 2007, 2977; BGHSt 122, 248 (270) = NJW 2009, 1469; BVerfG NJW 2012, 907 (909); zum prozessualen Wahrheitsbegriff *Kühne* GA 2008, 361 ff.; KK-StPO/*Krehl* StPO § 244 Rn. 28.
[2] BGHSt 1, 94 (96); BGHSt 10, 116 (118) = NJW 1957, 598; BGHSt 23, 176 (187) = NJW 1970, 523; BGHSt 29, 109 (112) = NJW 1980, 464; BGHSt 34, 209 (210) = NJW 1987, 660; KK-StPO/*Krehl* StPO § 244 Rn. 28.
[3] BGHSt 56, 127 (134) = JR 2011, 311 mAnm *Löffelmann* u. *Meinicke* HRRS 2011, 398; BGHSt 46, 73 (79) = NJW 2000, 2518; BGHSt 31, 148 (152) = NJW 1983, 1005.
[4] Vgl. BGHSt 36, 159 (165) = NJW 1989, 3291; *Herdegen* NStZ 1998, 444 (445 f.); so auch KK-StPO/ *Krehl* StPO § 244 Rn. 33 zum ganzen Absatz sowie zu den alternativen Formulierungen: die Sach- und Beweislage müsse die Sachverhaltserforschung von Amts wegen „nahelegen" oder „aufdrängen" vgl. BGHSt 46, 73 (79) = NJW 2000, 2517 (2519); BGH NJW 1989, 3294; NStZ 1990, 384; 1992, 450; StV 1987, 4; 1991, 245; 1993, 114; 1996, 4; bzw. eine „verständige" Würdigung Zweifel an der Richtigkeit oder Vollständigkeit der bisherigen Überzeugungsbildung nahe legen, BGH NJW 1951, 283; NStZ-RR 1996, 299.
[5] BGH NJW 1994, 1294 (1295).
[6] BGHSt 36, 159 (165) = NJW 1989, 3291; BGH MDR 1985, 324 (325); StV 1989, 467; vgl. auch BGH NStZ 2005, 456 (460) zum Wert anthropologischer Identitätsgutachten.

solange die angemessenen Bemühungen zur Aufklärung nicht erschöpft sind.[7] So ist im Rahmen der Aufklärungspflicht etwa der persönlichen Vernehmung vor der Videovernehmung, dieser wiederum vor der kommissarischen richterlichen Vernehmung und schließlich der Verlesung sonstiger Niederschriften von Vernehmungen oder Erklärungen Vorrang zu geben.[8] Beweisaufnahmen mit (theoretisch) sachferneren Beweismitteln oder auf geringerwertiger Beweisstufe sind geboten, wenn ihnen nicht von vornherein ein Beweiswert abzusprechen ist und wenn der sachnähere Originalbeweis oder die Beweiserhebung auf höherwertigerer Beweisebene aus tatsächlichen oder rechtlichen Gründen nicht möglich ist.[9]

4 Aus dem Gebot bestmöglicher Aufklärung kann aber **keine Verpflichtung** des Tatgerichts hergeleitet werden, dass es (gegebenenfalls auch durch einzelne seiner Mitglieder) **an einer Beweisaufnahme im Ausland** teilnimmt oder dass es einem inhaftierten Beschuldigten die Anwesenheit bei einer Zeugenvernehmung im Ausland ermöglicht.[10] Die Aufklärungspflicht besteht insoweit nicht unbegrenzt.[11] Insbesondere gibt es auch klare Grenzen beim Ausfindigmachen von Zeugen im Rahmen der Aufklärungspflicht.[12]

5 Das Aufklärungsgebot richtet sich an das Gericht; das **Verhalten der Verfahrensbeteiligten** hat für den Umfang der ihm aus diesem Gebot erwachsenden Pflichten keine konstitutive Bedeutung. Der Richter muss daher auch ohne vorherigen Antrag und gegebenenfalls auch gegen den Willen der Prozessbeteiligten entlastende und belastende Beweismöglichkeiten ausschöpfen.[13] So kann auch ein allgemeiner Verzicht auf ein Beweismittel, namentlich einen Zeugen, die Aufklärungspflicht nicht suspendieren.[14] Auch die „allseitige Zustimmung" der Prozessbeteiligten zur Verlesung von Urkunden lässt das Gebot der bestmöglichen Sachaufklärung nicht entfallen, wenn die Vernehmung von Zeugen oder Sachverständigen ein höheres Maß an Aufklärung versprechen würde; die Zustimmung ist freilich ein Umstand, der in die Beurteilung der Gebotenheit weiterer Sachaufklärung eingeht.[15] Die Aufklärungspflicht nach § 244 Abs. 2 StPO wird durch das Einverständnis in eine Verlesung nach §§ 251 Abs. 1 Nr. 1, Abs. 2 Nr. 3 StPO nicht eingeschränkt und kann trotz der allseitigen Zustimmung die persönliche Vernehmung der Beweisperson gebieten.[16] Dies gilt etwa dann, wenn die Vernehmungsniederschrift unklar ist, die Feststellung der Glaubwürdigkeit der Auskunftsperson in Rede steht oder der Aussage eine entscheidende Bedeutung für das Urteil zukommt.[17] Ist die Beweisperson nicht erreichbar, kann zumindest die ergänzende Vernehmung der Verhörperson geboten sein.[18] Umgekehrt aktualisie-

---

[7] BVerfGE 57, 250 (277) = NJW 1981, 1719; BGHSt 9, 230 (232) = NJW 1956, 1367; BGHSt 10, 186 (191 f.) = NJW 1957, 918; BGHSt 22, 118 (121 f.) = NJW 1968, 1485; BGHSt 29, 109 (113) = NJW 1980, 464; BGHSt 31, 148 (152) = NJW 1983, 1005; BGHSt 32, 68 (73) = NJW 1984, 2772; BGHSt 33, 83 (89 f.) = NJW 1985, 984; BGHSt 46, 73 (79) = NJW 2000, 2517 (2518); BGH NStZ 1984, 179; 1985, 466; 2004, 50; OLG Düsseldorf NStZ-RR 2008, 180: Augenschein statt Zeugenbefragung zur Bedeutung pornographischer Schriften; s. auch BGH NStZ-RR 2011, 171 (172): möglichst breite Tatsachengrundlage für Unterbringung durch Vernehmung des früheren gesetzlichen Betreuers. KK-StPO/*Krehl* StPO § 244 Rn. 36 mwN; BVerfGE 57, 250 (277) = NJW 1981, 1719; BGHSt 31, 148 (152) = NJW 1983, 1005; BGH NJW 1984, 65 [66]).
[8] Vgl. auch KK-StPO/*Krehl* StPO § 244 Rn. 37a mwN → § 23 Rn. 10, 32.
[9] BVerfGE 57, 250 (277) = NJW 1981, 1719; BGH NJW 1966, 1524; NStZ 1986, 519 (520); *Herdegen* NStZ 1984, 97 (101), insbes. auch zu gesperrten Zeugen KK-StPO/*Krehl* StPO § 244 Rn. 39 mwN.
[10] Ausdr. KK-StPO/*Krehl* StPO § 244 Rn. 39 unter Berufung auf BGH StV 1992, 403; BGHR StPO § 244 Abs. 2 Auslandszeuge 2, 5; BGH StV 1992, 403.
[11] BGHSt 32, 115 (123) = NJW 1984, 247; BGHSt 46, 73 ff. = NJW 2000, 2517.
[12] → 23 Rn. 126 ff., 137 ff. Hier nur BGH NJW 2001, 695 Rn. 18, 22 f.
[13] BGHSt 34, 209 (210) = NJW 1987, 660; BGH NJW 1966, 1524; 1967, 299; 1989, 3294; NStZ 1988, 37; 1990, 384; 1991, 399; StV 1983, 495; 1987, 4; 1989, 518; 1990, 98; 1991, 245; KK-StPO/*Krehl* StPO § 244 Rn. 32.
[14] BGH NJW 2011, 547 (548); KK-StPO/*Krehl* StPO § 244 Rn. 34 mwN.
[15] KK-StPO/*Krehl* StPO § 244 Rn. 38 mwN.
[16] BGH NJW 1957, 918; BeckOK StPO/*Ganter*, 33. Ed. 1.4.2019, StPO § 251 Rn. 14 mwN.
[17] BGH NStZ 1988, 37; OLG Celle StV 1991, 294; OLG Köln StV 1998, 585; BeckOK StPO/*Ganter*, 33. Ed. 1.4.2019, StPO § 251 Rn. 14.
[18] RGSt 67, 254; BeckOK StPO/*Ganter*, 33. Ed. 1.4.2019, StPO § 251 Rn. 14 mwN.

ren Beweisanträge, wie auch andere **Beweisbegehren,** die Aufklärungspflicht, wenn auch das Aufklärungsgebot die Beweiserhebung verlangt.[19] Aus dem Recht auf konfrontative Zeugenbefragung (sogleich unten) ergibt sich jedoch keine Erweiterung der Aufklärungspflicht.[20]

B. Effektive Verteidigung, Verfahrensfairness und Konfrontationsgebot

Während das deutsche Verfassungsrecht für das Strafverfahren weitgehend nur organisatorisch-formale Rahmenregelungen wie Art. 101, 103, 104 GG trifft, sehen, soweit nicht bereits Bestandteil des Völkergewohnheitsrechts, die verbindlich in innerstaatliches Recht umgesetzten völkerrechtlichen Übereinkommen in Art. 14 IPBPR und Art. 6 EMRK das Recht auf ein faires Verfahren „in billiger Weise" vor, dass verschiedentlich ausgestaltet ist und insbesondere das gerichtliche Hauptverfahren in Deutschland entscheidend mitprägt. 6

Nach Art. 6 Abs. 3 lit. d EMRK; Art. 14 Abs. 3 lit. e IPBPR hat jede angeklagte Person das ausdrückliche Recht, Fragen an Belastungszeugen zu stellen oder stellen zu lassen und die Ladung bzw. das Erscheinen und die Vernehmung von Entlastungszeugen unter denselben Bedingungen zu erwirken, wie sie für Belastungszeugen gelten. Die Konventionen geben dem Beschuldigten damit zwar nicht das Recht auf seine unmittelbare Gegenüberstellung mit dem Belastungszeugen (Konfrontation im engeren Sinn), sie garantieren ihm bzw. der Verteidigung aber grundsätzlich ausnahmslos ein unmittelbares Fragerecht.[21] Dieses **Konfrontationsrecht** soll sicherstellen, dass Zeugen nicht einseitig vernommen werden und dass bei ihrer Einvernahme auch die für die Verteidigung wichtigen Gesichtspunkte zur Sprache kommen können. Sie soll es außerdem ermöglichen, die Glaubwürdigkeit des Zeugen und den Wahrheitsgehalt seiner Aussage zu hinterfragen. 7

Das Konfrontationsrecht soll in der Regel bei einer unmittelbaren Konfrontation mit dem Zeugen in der öffentlichen Hauptverhandlung ausgeübt werden können. Es kann aber auch schon im Vorverfahren gewährt werden. Wenn es zuvor nicht **ausgeübt** werden konnte, kann es jedenfalls bis vor Erlass des Urteils nachgeholt werden. Eine Möglichkeit der erneuten, ergänzenden Befragung eines Belastungszeugen kann notwendig werden, wenn eine erste Möglichkeit der Konfrontation für den Beschuldigten nicht effektiv war, zB weil er zu diesem Zeitpunkt noch keinen Verteidiger hatte, oder zwischenzeitlich neuerliche ergänzende, belastende Angaben des Zeugen erfolgt sind. Die Konfrontation muss im Rahmen des Gesamtverfahrens in irgendeiner Form dem Angeklagten oder seinem Verteidiger in dem für die Verteidigung erforderlichen Umfang effektiv ermöglicht werden. Ist die Vernehmung des Zeugen nicht in Anwesenheit oder unter Übertragung der Verteidigung möglich, ist das Konfrontationsrecht durch die Möglichkeit von, notfalls auch wiederholt übermittelten, schriftlich fixierten Fragen an den Zeugen im Rahmen einer erneuten kommissarischen oder ähnlichen Vernehmung sicherzustellen. Den Antworten des Zeugen auf die schriftlichen Fragen muss im Rahmen der Beweiswürdigung dasselbe Gewicht beigemessen werden wie den im Rahmen einer mündlichen Vernehmung gegebenen Antworten. Das Einreichen eines solchen Fragenkatalogs vor der Einvernahme schließt indes das Recht der Verteidigung nicht aus, nach Vorliegen der protokollierten Aussage ergänzende Fragen an den Zeugen zu stellen. Ausnahmsweise wird die Verlesung einer Vernehmungsniederschrift, bei deren Zustandekommen das Fragerecht nicht ausgeübt werden konnte, als zulässig angesehen, wenn die Befragung nicht möglich ist, weil der Vernommene verstorben, vernehmungsunfähig oder unerreichbar ist. Die Verwertung setzt 8

---

[19] *Roxin/Schünemann,* Strafverfahrensrecht, 29. Aufl. 2017, § 45 Rn. 5 ff.; KK-StPO/*Krehl* StPO § 244 Rn. 35 mwN.
[20] Vgl BGH NStZ-RR 2007, 315; BGH NJW 2008, 2341 (2342 f.); KK-StPO/*Krehl* StPO § 244 Rn. 39.
[21] Vgl. BGHSt 46, 93 (96) = NJW 2000, 3505; BGH StV 1996, 471; BVerfGK BeckRS 2007, 23981; BVerfG NStZ 2007, 534; hierzu und zum Folgenden umf. LR/*Esser* EMRK Art. 6 Rn. 773 ff. mwN; HdB-EuStrafR/*Esser* § 56 Rn. 35 ff., 68 mwN; Karpenstein/Mayer/*Meyer* EMRK Art. 6 Rn. 198 ff. mwN.

aber voraus, dass die Verteidigung ihre Einwände gegen den Inhalt der protokollierten Aussage sowie die nach ihrer Ansicht offenen Fragen dem Gericht vortragen kann.

9 Wird das Konfrontationsrecht im Laufe eines Verfahrens bis zur Verurteilung **nicht beachtet,** liegt nach der Rechtsprechung des EGMR (und zuvor auch der EKMR) eine Verletzung von Art. 6 Abs. 3 lit. d EMRK nur dann nicht vor, wenn drei Stufen gewahrt sind:

- Zunächst muss das Gericht, auch im Urteil nachvollziehbar, einen **legitimen Grund** dafür geprüft und angenommen haben, wie insbesondere die sachliche oder rechtliche Unerreichbarkeit, den Tod, die besondere Schutzbedürftigkeit des Zeugen – zB als Opfer einer Sexualstraftat oder vor Repressalien – oder die Berufung des Zeugen auf ein Zeugnisverweigerungsrecht.[22]
- Zweitens müssen im Lauf des Verfahrens **alle verhältnismäßigen Maßnahmen** unternommen worden sein, den Mangel des effektiven Konfrontationsrechts zu **kompensieren.**[23] Die nationalen Strafverfolgungsbehörden und Gerichte haben danach für die bestmögliche Gewährleistung des Befragungsrechts einzustehen. Sie müssen von Amts wegen alle ihnen rechtlich möglichen, Erfolg versprechenden Maßnahmen ergreifen (zB bei Aufenthaltsermittlung, Vorführung und Durchführung der Vernehmung eines gleichzeitig zu schützenden Zeugen), um dem Beschuldigten eine Konfrontation vor Abschluss der Hauptverhandlung zu ermöglichen. Diese Verpflichtung der Ermittlungsorgane zur bestmöglichen Gewährleistung des Befragungsrechts kann auch etwa in die Ablehnung von Beweisanträgen mangels Erforderlichkeit oder Unerreichbarkeit ausstrahlen, die uU restriktiver zu handhaben sein kann (→ § 23 Rn. 131 f.).
- Nur wenn die Durchsetzung und Kompensation des Konfrontationsrechts nicht in vollem Umfang gelingen, stellt sich die Frage nach dem Ausschluss bzw. der Einschränkung der **Verwertung der belastenden Aussagen.** Einigkeit scheint insoweit gegeben zu sein, dass **keine Fernwirkung** besteht, also dass auch derartige Aussagen ohne Einschränkung als Ansatzpunkt für wiederum voll verwertbare weitere Ermittlungen verwendet werden.[24] Auch hat sich das von einer starken Meinung der Literatur geforderte **Verwertungsverbot,** zumindest sofern eine den Ermittlungsorganen des Gerichtsstaates zurechenbare Verletzung vorliegt, nicht in der **Rechtsprechung** durchgesetzt. Vielmehr wird dort grundsätzlich nach der **Beweiswürdigungslösung** nur von einer **Einschränkung des Beweiswertes** ausgegangen, die allerdings in Ausnahmefällen, wenn die Fairness des Verfahrens insgesamt nicht mehr gegeben ist, zu einem Verwertungsverbot, sonst aber auch, vor allem mangels anderer Beweismittel, dazu führen kann, dass der Beweis nicht zu führen ist.[25] Dabei ist für die hier behandelten Fälle der Beweiserhebung im Ausland zu beachten, dass Ursachen für die Beeinträchtigung des Konfrontationsrechtes durch den erhebenden Staat selbst dann nicht dem verwertenden Staat zugerechnet werden, wenn beide Mitglieder der EMRK sind.[26]

10 Nach der **deutschen Rechtspraxis** sind Angaben von Belastungszeugen, die bis zum Abschluss der Beweisaufnahme nicht mit dem Angeklagten bzw. seiner Verteidigung konfrontiert worden sind, in der Beweisaufnahme namentlich durch Vernehmung der Verhörpersonen und Verlesung von Niederschriften erheb- und im Weiteren verwertbar, wenn die Vernehmung im Übrigen rechtsstaatlichen Voraussetzungen entsprach. Weiterhin darf die verlesene Aussage nicht das einzige Beweismittel sein. Sie muss einer besonders sorgfältigen Beweiswürdigung unterzogen werden und durch andere wichtige Gesichtspunkte

---

[22] LR/*Esser* EMRK Art. 6 Rn. 790 mwN.
[23] LR/*Esser* EMRK Art. 6 Rn. 792 ff. mwN.
[24] LR/*Esser* EMRK Art. 6 Rn. 791 ff. mwN.
[25] BGHSt 46, 93 (100) = NJW 2000, 3505; BGH NStZ 2005, 224 = JR 2005, 247 mAnm *Esser;* BGH NJW 2007, 237; NStZ-RR 2008, 49; 2009, 212 = StV 2009, 346; gegen ein Beweisverwertungsverbot auch KK-StPO/*Schädler* EMRK Art. 6 Rn. 54; für die Lit. dagegen umf. LR/*Esser* EMRK Art. 6 Rn. 796 ff. Fn. 2033 ff. mwN.
[26] Vgl. BGHSt 55, 70 = NJW 2010, 2224; LR/*Esser* EMRK Art. 6 Rn. 795 Fn. 2030 mwN.

außerhalb der Aussage gestützt werden, wobei es nicht erforderlich ist, dass diese weiteren Beweisergebnisse schon für sich allein die Verurteilung tragen.[27]

Auch das für NATO-Fälle **speziell** vorgesehene ausdrückliche Konfrontationsrecht in Art. 7 Abs. 9 lit. c NTS muss nach richtiger Ansicht lediglich als Ordnungsvorschrift gelesen werden, die das allgemeine Verwertungsrecht der StPO nicht einschränken soll.[28] Jedenfalls kann auch hier der Verlesung der Niederschrift einer Vernehmung des Belastungszeugen nicht widersprochen werden, wenn der Angeklagte, bzw. in seinem Auftrag die Verteidigung, bei dieser anwesend war.[29] **11**

§ 23 Beweisaufnahme in der Hauptverhandlung

A. Verfahren allgemein

Für die Beweisaufnahme in der Hauptverhandlung von im Ausland bzw. mit besonderem Auslandsbezug erhobenen Beweismitteln gilt zunächst nichts anderes als bei reinem Inlandsbezug. Innerhalb des Geltungsbereiches des **Strengbeweises** – also, soweit die Beweiserhebung Tatsachen und Erfahrungssätze betrifft, die für den Urteilsspruch zur Schuld- und Rechtsfolgenfrage, zur Entschädigung des Verletzten oder des Angeklagten und zu den Kosten und Auslagen als bedeutsam angesehen werden oder eigenständige Sachverhalte, welche die Beweiskraft eines Beweismittels betreffen[1] – erfolgt die Erhebung (zwingend) entsprechend den in §§ 244–256 StPO festgelegten Regeln des Strengbeweises. Diese sehen ausschließlich, gegebenenfalls mittels Videodirektübertragung, eine Beweiserhebung durch Vernehmung von Zeugen und Sachverständigen, Verlesung von Urkunden oder Einnahme eines Augenscheins vor.[2] Ansonsten können auch alle Mittel des Freibeweises, zB formlose Auskünfte, auch mittels Telefonkonferenz (→ § 15 Rn. 166 ff.), nach den allgemeinen Regeln der §§ 238 ff. StPO, eingesetzt werden.[3] **1**

Eine Beweisaufnahme darf **nicht erfolgen,** wenn bereits absehbar jede Beweisverwertung aufgrund eines Verwertungsverbotes zwingend ausgeschlossen sein wird (→ § 24 Rn. 16 ff.). Davon unabhängig sind bei der Beweisaufnahme die ausdrücklichen **Bedingungen** aus einer **geleisteten Rechtshilfe** (→ § 21 Rn. 2) und die, welche sich aus den Grundsätzen der Spezialität und Vertraulichkeit ergeben, zu beachten, vgl. § 72 IRG. **2**

B. Erkenntnisse aus kommissarischen Ermittlungshandlungen

Der Tatrichter darf seiner Entscheidung zur Schuld- oder Straffrage nur das zugrunde legen, was er an Erkenntnissen durch die Verhandlung und in der Verhandlung im Rahmen einer förmlichen Beweiserhebung oder unter Berücksichtigung der Einlassung des Angeklagten gewonnen hat.[4] Dies schließt es grundsätzlich aus, außerhalb der Hauptverhandlung er- **3**

---

[27] BGHSt 51, 325 = NJW 2007, 2341; s. auch *Cornelius* NStZ 2008, 244 ff.; s. auch BGHSt 46, 93 = NJW 2000, 3505; BGH JR 2007, 300 mAnm *Eisele;* BVerfG NJW 2010, 925 mAnm *Safferling* StV 2010, 337 (339 ff.); vgl. auch BVerfG NStZ 2007, 534 zum Konfrontationsrecht bei der audiovisuellen Vernehmung; BVerfG NJW 2010, 925 Rn. 20; BGHSt 55, 70 Rn. 16 aE = NJW 2010, 2224 s. auch KK-StPO/*Diemer* StPO § 251 Rn. 8.
[28] Wie hier ausdr. KK-StPO/*Diemer* StPO § 251 Rn. 8 mwN.
[29] BGHSt 26, 18 (19) = NJW 1978, 2457; *Marenbach* NJW 1974, 1070 (1071 f. mwN); KK-StPO/*Diemer* StPO § 251 Rn. 8; abw. BGH MDR 1973, 729.
[1] Vgl BGH NStZ 1981, 309 (310); KK-StPO/*Krehl* StPO § 244 Rn. 8.
[2] Vgl. *Danckert* NStZ 1985, 469; vgl. auch BGHR StPO § 244 Abs. 3 S. 2 – Ungeeignetheit 20. Dienstliche Äußerungen scheiden im Bereich des Strengbeweises als zulässige Beweismittel aus, vgl. BGHSt 45, 354 = NJW 2000, 1204; KK-StPO/*Krehl* StPO § 244 Rn. 19 mwN.
[3] Vgl. ausf. KK-StPO/*Krehl* StPO § 244 Rn. 8 f., 16 f., 18 ff. jeweils mwN.
[4] Vgl. BGHSt 19, 193 (195) = NJW 1964, 602; s. auch BGHSt 45, 354 (357) = NJW 2000, 1204; BGH BeckRS 2013, 05643 = NStZ 2013, 357.

langtes Wissen des Richters ohne förmliche Beweiserhebung hierüber zum Nachteil des Angeklagten zu verwerten. Auch jede kommissarische Vernehmung und Augenscheinnahme auf Grundlage von §§ 223 ff. StPO ist in diesem Sinn als außerhalb der Hauptverhandlung zu werten, da damit die den Anforderungen des Strengbeweises auch zugrundeliegenden Prinzipien der Öffentlichkeit und Mündlichkeit beeinträchtigt werden.

4   Eine Einführung der eigenen Wahrnehmungen durch den beauftragten teilnehmenden Richter durch **Äußerungen in der Hauptverhandlung** können zu dessen Ausschluss nach § 22 Nr. 5 StPO führen, wenn dadurch erkennbar wird, dass ihm die dem Gesetzgeber vor Augen stehende kritische Distanz eines unbeteiligten Dritten fehlt.[5] Dies ist allerdings bei einem gem. §§ 223 ff. StPO beauftragten Mitglied des erkennenden Gerichts in der Regel nicht der Fall.[6]

5   **Dienstliche Erklärungen** der an einer Rechtshilfehandlung teilnehmenden Gerichtsmitglieder können nur hinsichtlich von Tatsachen, die dem Freibeweis unterliegen, in zulässiger Weise zum Gegenstand der Hauptverhandlung gemacht werden. Dies ist beispielsweise möglich, wenn im Blick auf Verfahrenshindernisse oder Verwertungsverbote allein die **äußeren Umstände des Zustandekommens einer Zeugenaussage** von Bedeutung sind, ohne dass diese Umstände Auswirkungen auf die Beurteilung des Inhalts der Aussage haben.[7] Ebenso, wenn die in Form einer dienstlichen Äußerung erfolgende Information dazu dient, den Verfahrensbeteiligten Umstände bekanntzugeben, die für den Fortgang des Verfahrens von Bedeutung sind.[8] Im Bereich des Strengbeweises scheiden indes dienstliche Äußerungen als zulässige Beweismittel generell aus.[9]

6   Eine Ausnahme von der Pflicht zur Strengbeweisaufnahme ist zwar möglich bei **gerichtskundigen Tatsachen** wenn sie zuvor, auch in ihrer Wertung als »gerichtskundig«, zum Gegenstand der Hauptverhandlung gemacht worden sind.[10] Allgemein dürfen **Wahrnehmungen von Mitgliedern des Gerichtes** außerhalb der Hauptverhandlung, jedenfalls soweit sie komplex, ausschließlich auf den Einzelfall bezogen und für die Überführung des Angeklagten von wesentlicher Bedeutung sind, auch dann nicht als gerichtsbekannt behandelt werden, wenn sie »nur« mittelbar beweiserhebliche Indiztatsachen betreffen.[11] Umstritten ist hingegen, inwieweit einzelfallbezogene Beweisergebnisse, die im anhängigen Verfahren von erkennenden Richtern außerhalb der Hauptverhandlung gewonnen worden sind, überhaupt als gerichtskundig behandelt werden dürfen.[12] Allenfalls für knappe, leicht überschaubare Informationen, die einem Mitglied des erkennenden Gerichts in einem laufenden Verfahren »aufgedrängt« werden, bevor dieses das Gespräch abbrechen und den Informanten auf eine Zeugenvernehmung in der Hauptverhandlung verweisen kann, mag dies zutreffen.[13] Dagegen kommt die **gezielte Gewinnung von Wahrnehmungen** von vornherein nicht in Betracht, wenn aus Anlass des gegenständlichen Verfahrens erst eine

---

[5] Vgl. BGHSt 39, 239 = NJW 1993, 2758 mAnm *Bottke* NStZ 1994, 81; BGHSt 44, 4 = NJW 1998, 1234; *Schmid* GA 1980, 285 (292 ff.); BGHSt 45, 354 = NJW 2000, 1204.
[6] BGHSt 45, 354 = NJW 2000, 1204.
[7] Vgl. BGH NJW 1977, 443; BGH Urt. v. 9.5.1978 – 1 StR 93/78 [nicht abgedruckt] zit. nach BGH NJW 2000, 1204.
[8] Vgl. BGHSt 44, 4 (12) = NJW 1998, 1234.
[9] Vgl. BGH NJW 2000, 1204; BGHSt 45, 354 ff. = NJW 2000, 1204; KK-StPO/*Krehl* StPO § 244 Rn. 19 mwN.
[10] BGH NStZ 2013, 357; vgl. KK-StPO/*Schoreit* StPO § 261 Rn. 9.
[11] BGHSt 45, 354 ff. = NJW 2000, 1204: Solche Beweisergebnisse unterscheiden sich weder in ihrer Bedeutung für die Wahrheitsfindung noch in der Schwierigkeit ihrer Ermittlung grdl. von Beweisergebnissen, die die Tatausführung selbst betreffen; vgl. dazu KK-StPO/*Ott* StPO § 261 Rn. 11; *Eisenberg*, Beweisrecht der StPO, 9. Aufl. 2015, Rn. 27; KK-StPO/*Schlüchter*, 9. Lfg., StPO § 244 Rn. 93.
[12] Bejahend BGHSt 39, 239 (241) = NJW 1993, 2758 mzustAnm *Bottke* NStZ 1994, 81; BGHSt 44, 4 (9) = NJW 1998, 1234; aA für Beweisergebnisse aus einer früheren, ausgesetzten Hauptverhandlung *Eisenberg*, Beweisrecht der StPO, 3. Aufl. 1999, Rn. 28; LR/*Gollwitzer* StPO Rn. 27; Meyer-Goßner/Schmitt/*Schmitt* StPO § 244 Rn. 52; BGHSt 45, 354 = NJW 2000, 1204; für eine Behandlung als gerichtskundige Tatsachen allgemein auch *Nagel* Beweisaufnahme 293 f.
[13] Vgl. BGHSt 39, 239 = NJW 1993, 2758; BGHSt 45, 354 = NJW 2000, 1204.

dadurch veranlasste »private Beweisaufnahme« des Gerichts außerhalb der Hauptverhandlung zur Gerichtskundigkeit führen soll.[14]

Stattdessen hat das Gericht auch in diesen Fällen stets durch Strengbeweismittel, etwa durch einen **kommissarischen Augenschein** nach § 225 StPO oder aber durch Zeugen und Sachverständige, wie etwa Ermittlungsbeamte im Rahmen ihrer Befugnisse, die gewonnenen Erkenntnisse in die Beweisaufnahme in der Hauptverhandlung einzuführen. Dabei dürfte aufgrund des amtlich-hoheitlichen Charakters bei Durchführung im Ausland in aller Regel die Rechtshilfe erforderlich sein, soweit nicht die oben ausgeführten Ausnahmen greifen. 7

Ebenso gilt dies hinsichtlich der **kommissarischen Vernehmung von Auslandszeugen**. So dürfen auch Vorhalte in der kommissarischen Vernehmung nur im Rahmen des Strengbeweises, also insbesondere durch Zeugenaussagen anderer Anwesender (und nicht des Gerichts, → Rn. 4 f.), Zeugenaussagen des vorgehaltenen Geschehens, zB eine frühere polizeiliche Aussage oder aber unter den allgemeinen Anforderungen der Verlesung eingeführt und verwertet werden.[15] 8

Namentlich der **Eindruck, den ein Zeuge** bei seiner Vernehmung – verbal durch seine Aussage und nonverbal durch sein Auftreten – vermittelt, kann für die Glaubhaftigkeit seiner Aussage und damit mittelbar für die Beurteilung der Schuldfrage von Bedeutung sein und unterliegt damit dem Strengbeweis.[16] Konsequenterweise handelt es sich nach hM und stRspr des BGH bei dem persönlichen Eindruck, den ein beauftragter Richter bei einer kommissarischen Zeugenvernehmung von dem Zeugen gewinnt, auch nicht um eine gerichtsbekannte Tatsache, die einer förmlichen Beweiserhebung in der Hauptverhandlung nicht mehr bedürfte und den Prozessbeteiligten – zur Wahrung des rechtlichen Gehörs – in der Hauptverhandlung lediglich mitgeteilt werden müsste.[17] Selbst wenn sämtliche Mitglieder des erkennenden Gerichts bei der konsularischen Vernehmung eines Zeugen im Ausland anwesend waren, so dürfen ihre Wahrnehmungen, namentlich ihr vom Zeugen gewonnener persönlicher Eindruck, bei der Urteilsfindung nur insoweit verwertet werden, wie solche Wahrnehmungen in der verfahrensrechtlich gebotenen Weise, also insbesondere durch Zeugen und gem. § 251 StPO Urkunden, in die Hauptverhandlung eingeführt worden sind.[18] 9

Kommt dem **Aussageverhalten des Zeugen eine vorhersehbar besondere Bedeutung** zu, so kann das Gericht zudem in geeigneten Fällen anstelle der Beauftragung eines Mitglieds des erkennenden Gerichts mit der Teilnahme an der kommissarischen Vernehmung von der Möglichkeit einer audiovisuellen Zeugenvernehmung gem. § 247a StPO Gebrauch machen.[19] Wo dies nicht möglich ist und kein Ersatz für die Verlesung, insbesondere durch Vernehmung der ausländischen Vernehmperson, erfolgen kann, findet das Institut der kommissarischen Vernehmung ihre Grenzen. Seinem damit eingeschränkten Erkenntniswert ist bereits bei der Entscheidung über einen entsprechenden Beweisantrag Rechnung zu tragen; dieser kann – etwa bei der oben beschriebenen Situation – wegen Unerreichbarkeit und/oder Ungeeignetheit des Beweismittels abzulehnen sein.[20] 10

Rein aussagespezifische Eindrücke, etwa ein Widerstreben der Auskunftsperson beim Leisten der Aussage, können sich bereits aus der **verlesenen Niederschrift der Aussage** selbst ergeben, nicht aber Eindrücke zum persönlichen Erscheinungsbild und insbesondere körperlichen Verhaltens während der Aussage, soweit diese nicht protokolliert sind.[21] 11

---

[14] BGH NStZ 2013, 357; s. auch KK-StPO/*Fischer* StPO § 244 Rn. 137.
[15] BGH NStZ 1982, 41.
[16] Vgl. BGHSt 45, 354 = NJW 2000, 1204.
[17] BGHSt 45, 354 = NJW 2000, 1204; entgegen der von *Foth* MDR 1983, 716 (718) und *Itzel* NStZ 1989, 383 vertretenen Auffassung.
[18] BGH NJW 1989, 2205 = BeckRS 9998, 85837 mAnm *Itzel*.
[19] Vgl. BGH StV 1999, 580; BGHSt 45, 354 = NJW 2000, 1204.
[20] StRspr; vgl. BGHSt 22, 118 (122) = NJW 1968, 1485; BGH StV 1981, 601; BGHSt 45, 354 = NJW 2000, 1204; wN bei *Pfeiffer/Miebach* NStZ 1985, 14.
[21] BGH NJW 1989, 2205 = BeckRS 9998, 85837 mAnm *Itzel*.

Beobachtungen der unmittelbar beauftragten Vernehmpersonen oder sonst anwesenden Richter, die mit der kommissarischen Vernehmung in engem Zusammenhang stehen und die für die Beweiswürdigung, insbesondere die Beurteilung der Glaubwürdigkeit des Zeugen, von Bedeutung sein können, wie das Erscheinungsbild des Zeugen, Körpersprache, zögernde oder flüssige Aussage, oder erkennbare Emotionen des Zeugen sind Teil der prozessualen Vernehmung und können daher in die **Vernehmungsschrift aufgenommen** und so nach § 251 Abs. 1 StPO im Urkundenbeweis in die Hauptverhandlung eingeführt werden.[22] Dies gilt auch für persönliche Eindrücke des beauftragten Richters, sofern die Anknüpfungstatsachen hierfür ebenfalls in die Niederschrift aufgenommen werden und dem erkennenden Gericht ermöglichen, insoweit etwa vorgenommene Wertungen einer eigenen Beurteilung zu unterziehen.[23]

12 Ebenso sind durch das Gericht die Möglichkeiten zu nutzen, die vernehmende Stelle im Ausland **um Aufnahme** entsprechender Beobachtungen in die Vernehmungsniederschrift zu ersuchen, insbesondere soweit dies im Rahmen der eigenen Anwesenheit möglich ist.

13 Eine Benennung eines bei der Vernehmung mitanwesenden beauftragten Richters des erkennenden Gerichtes **als Zeugen** führt zwar gem. § 22 Nr. 5 StPO zu dessen Ausschluss von der Ausübung des Richteramts im vorliegenden Verfahren. Einem Missbrauch des dahingehenden Beweisantragsrechts kann mit dem Instrumentarium des § 244 Abs. 3 StPO dadurch begegnet werden, dass durch eine – in zulässiger Weise im Freibeweisverfahren eingeholte – dienstliche Äußerung des als Zeugen benannten Richters geklärt werden kann, ob mit dem Beweisantrag lediglich prozessfremde Zwecke verfolgt werden; ist dies der Fall, kann ein solcher Beweisantrag wegen Unzulässigkeit bzw. Prozessverschleppung zurückgewiesen werden.[24] Ergibt die dienstliche Äußerung, dass der Richter die in sein Wissen gestellten Tatsachen bestätigen könnte, so wird zu prüfen sein, ob nicht andere Personen, die ebenfalls an der kommissarischen Vernehmung teilgenommen haben, die behaupteten Tatsachen in gleicher Weise als Zeugen bekunden können. Erst wenn diese Möglichkeiten ausscheiden und wenn auch eine Wahrunterstellung nicht in Betracht kommt, kann es im Einzelfall erforderlich sein, den beauftragten Richter über eine streitige, beweiserhebliche Tatsache, über die sich die Vernehmungsniederschrift nicht verhält, förmlich als Zeugen zu hören mit der Folge, dass er in der Sache vom Richteramt ausgeschlossen wäre.[25]

C. Vernehmung von Zeugen und Sachverständigen

I. Allgemeine Regeln

14 Für die Vernehmung von Zeugen und Sachverständigen in der Hauptverhandlung gelten zunächst die **allgemeinen Regeln,** namentlich aus §§ 48 ff., 72 ff., 238 ff. StPO. Für die Sicherung der Anwesenheit mittels der Ladung sind beim Auslandsbezug der Auskunftsperson teilweise komplexe Regelungen zu beachten (→ § 15 Rn. 60 ff.). Die Staatsanwaltschaft kann nach den genannten Regeln gem. § 214 Abs. 3 StPO selbst Zeugen in die Hauptverhandlung laden.[26] Weitgehend ungelöst scheint indes, wie mit dem Selbstladerecht des Angeklagten nach §§ 220 Abs. 1, 38 Abs. 1 StPO zu verfahren ist, da dieses normalerweise über einen Gerichtsvollzieher und damit mit hoheitlicher Hilfe unmittelbar zu bewirken ist, jedoch Regelungen für eine transnationale Anwendung fehlen.[27] Der BGH

---

[22] Vgl. nur RGSt 37, 213; BGHSt 2, 1 (3) = NJW 1952, 478; BGH bei *Holtz* MDR 1977, 108; BGH NStZ 1983, 182; 1989, 382 mkritAnm *Itzel;* alle nach BGHSt 45, 354 = NJW 2000, 1204.
[23] Vgl. KK-StPO/*Diemer,* 4. Aufl. 1998, StPO § 251 Rn. 20; LR/*Gollwitzer* StPO § 223 Rn. 34; Meyer-Goßner/Schmitt/*Schmitt* StPO § 223 Rn. 24; KK-StPO/*Tolksdorf,* 4. Aufl. 1998, StPO § 223 Rn. 22; aA AK-StPO/*Keller* § 223 Rn. 17.
[24] Vgl. bereits BGHSt 7, 330 (331) = NJW 1955, 1239; BGHSt 45, 354 ff. = NJW 2000, 1204.
[25] Vgl. hierzu BGHSt 45, 354 = NJW 2000, 1204; *Rissing-van-Saan* MDR 1993, 310 ff.
[26] Vgl. *Rose* wistra 1998, 11 (16 mwN).
[27] Vgl. zum Ganzen ausf. *Rose* wistra 1998, 11 (17 f. mwN).

scheint dies bei der Reduzierung des Ermessens bei der Ladungspflicht des Gerichtes auf Beweisanträge nach § 244 StPO sozusagen kompensatorisch mitberücksichtigt zu haben (→ Rn. 132 ff.).

Die **Verweigerungsrechte** auch **der Amtsträger und Bediensteten ausländischer** 15 **Stellen** aus ihrem Dienstrecht sind durch deutsche Gerichte hinzunehmen. Dies folgt vor allem aus den §§ 54, 76 Abs. 2 StPO, die ohnehin nur auf das jeweilige öffentliche Genehmigungsrecht verweisen, sowie in ihrer Verbindung mit § 72 IRG. Die regelmäßig von deutschen Amtswaltern vorgelegten Aussagegenehmigungen sind ohnehin nur ein Ausdruck der erfolgten Genehmigung, sodass bei ausländischen Amtsträgern solche nicht erwartet werden dürfen, jedoch der Zeuge oder Sachverständige – gegebenenfalls auch freibeweislich – zu befragen ist, ob er in seiner Auskunftsfähigkeit durch das Recht seiner Stelle beschränkt ist. Ebenfalls muss hingenommen werden, wenn ein Zeuge insgesamt durch einen ausländischen Staat gesperrt wird.[28]

Nach hM hat ein Zeuge **kein Auskunftsverweigerungsrecht** nach § 55 StPO, nur 16 weil er sich durch die Aussage nach dem Recht eines anderen Staates strafbar machen würde, etwa weil er danach strafrechtlich sanktionierte Verschwiegenheitspflichten verletzen würde.[29]

II. Transnationale Videovernehmung in der Hauptverhandlung

Für die Durchführung einer **transnationalen Videovernehmung in der Hauptver-** 17 **handlung** gelten über § 247a StPO die bereits oben ausführlich gemachten Ausführungen zur Rechtshilfe (→ § 15 Rn. 132 ff.).

1. Die Durchführung muss **rechtlich und tatsächlich möglich** sein, also das verein- 18 barte oder vertragslose Rechtshilferecht die Vernehmung zulassen und die tatsächlichen technischen und organisatorischen Möglichkeiten dazu bestehen, wobei eine ablehnende Entscheidung des ersuchten Staates hinzunehmen ist.[30]

2. Weiterhin muss ein **Durchführungsgrund nach § 247a StPO** bestehen. 19

a) Gemäß § 247a Abs. 1 S. 1 Hs. 2 StPO ist eine solche Vernehmung eines **Zeugen** in 20 der Hauptverhandlung unter den Voraussetzungen des § 251 Abs. 2 StPO zulässig, soweit dies zur Erforschung der Wahrheit erforderlich ist, also wenn dem Erscheinen des Zeugen für längere oder ungewisse Zeit **nicht zu beseitigende Hindernisse** entgegenstehen (Nr. 1), ihm sonst wegen der **großen Entfernung** das Erscheinen **nicht zugemutet** werden kann (Nr. 2), **oder** wohl auch, wenn neben dem dazu nötigen Verteidiger des Angeklagten dieser und die Staatsanwaltschaft **einverstanden** sind (Nr. 3).[31]

Diese Videovernehmung soll nach hM wegen des Bezugs in S. 1 nur für Zeugen gelten 21 und muss zur Erforschung der Wahrheit erforderlich sein.[32] Einerseits dürfen die vorhandenen richterlichen Vernehmungsprotokolle, Aufzeichnungen nach § 255a StPO oder sonstigen Beweismittel nicht ausreichen, sondern muss eine weitergehende bzw. bessere Aufklärung zu erwarten sein. Dies kann etwa der Fall sein bei kritischer Beweislage, mangelbehaftetem oder unvollständigem Protokoll oder bei Widerstreiten der Amtsaufklärungspflicht gegen kostspielige oder sonst stärker belastende unmittelbare Vernehmungen. Andererseits muss die Videovernehmung ein insgesamt taugliches Mittel sein, sodass sie wohl regelmäßig nicht geeignet ist, vor allem durch eine Identifizierung gefährdete Zeugen zu schützen.

---

[28] HansOLG Hamburg NJW 2005, 2326; KK-StPO/*Diemer* StPO § 251 Rn. 9.
[29] Vgl. LG Stuttgart NStZ 1992, 454; AG Köln NStZ 2014, 119 mAnm *Cordes* und mwN; Meyer-Goßner/Schmitt/*Schmitt* StPO § 55 Rn. 4; aA LG Freiburg NJW 1986, 3036; *Odenthal* NStZ 1993, 52 f.
[30] Vgl. hier nur die Grundsatzentscheidung BGHSt 45, 188 ff. = NJW 1999, 3788 mwN.
[31] Vgl. hierzu ausf. → Rn. 65 ff.; insges. hier mit *Norouzi* Audiovisuelle Vernehmung 67 ff. mwN.
[32] Vgl. zum Ganzen nur Meyer-Goßner/Schmitt/*Schmitt* StPO § 247a Rn. 6; derartige Aufzeichnungen dürfen iÜ auch nicht als Überprüfung der Urteilsgrundlagen in der Revision verwendet werden, vgl. *Hofmann* NStZ 2002, 569 ff. mwN.

22 **b)** Die richterliche Vernehmung eines Zeugen mittels Bild-/Tonübertragung kann in der Hauptverhandlung auch erfolgen, falls die **dringende Gefahr eines schwerwiegenden Nachteils für sein Wohl** besteht, wenn er in Gegenwart der in der Hauptverhandlung Anwesenden vernommen wird, § 247a Abs. 1 S. 1 Hs. 1 StPO.[33] Anders als bei den Ausschließungsgründen nach § 168c Abs. 3 StPO, § 247 StPO muss die Gefahr nicht von dem Angeklagten herrühren, allerdings sind die Anforderungen an die Gefahrenintensität und -wahrscheinlichkeit deutlich höher.[34] Die Vorschriften sind auf Nachteile wie namentlich sekundäre Traumatisierungen ausgelegt, denen – vor allem kindliche – Opfer von Sexualstraftaten oder sonstige kindliche Zeugen, aber auch gebrechliche, sonst anfällige oder aufgrund sonstiger Gefahren zu schützende Zeugen durch eine Vielzahl unmittelbar bei der Vernehmung anwesender Verfahrensbeteiligter ausgesetzt sind.[35] Daneben kann vor allem bei sonst gem. §§ 96, 110b Abs. 3 StPO zu sperrenden Zeugen die Videoübertragung zum notwendigen Schutz nur ausreichen, wenn nicht ihre Identifizierung wesentliche Gefahren birgt.

23 **c)** Ohne weitere Erfordernisse kann nunmehr in der Hauptverhandlung die Vernehmung eines **Sachverständigen** in dieser Weise erfolgen, sofern es sich nicht um einen Fall der notwendigen Zuziehung nach § 246a StPO bei einer im Raum stehenden freiheitsentziehenden Maßregel oder Therapieweisung wegen einer Sexualstraftat an Minderjährigen handelt, § 247a Abs. 2 StPO.[36]

24 **3.** In allen genannten Fällen hat das Gericht im Rahmen seiner **Aufklärungspflicht** die alternativen Formen einerseits der Verlesung von Niederschriften, andererseits der unmittelbaren Ladung in die Hauptverhandlung zu bedenken, wenn auch nicht zwingend zu dokumentieren. Es gelten hier die gleichen Abwägungskriterien wie bei der kommissarischen Vernehmung, allerdings mit entsprechend konkretisiertem Inhalt. Dies betrifft einerseits die Möglichkeit, die vor allem auch die technische Machbarkeit und rechtliche Bewilligung durch den ersuchten Staat umfasst, andererseits die Frage der Erscheinenspflicht und Aussagebereitschaft unter diesen Bedingungen für die Auskunftsperson. Schließlich ist der Beweiswert dieser Form der Befragung, die zwar direkt in der Hauptverhandlung erfolgt, allerdings durch ein technisches Medium vermittelt wird und gegebenenfalls Einflüssen des ersuchten Staates ausgesetzt ist, zu bedenken.[37]

D. Verlesung von Niederschriften und Erklärungen

I. Anwendung der allgemeinen Regeln

25 Auch die Beweisaufnahme von im Ausland erhobenen Urkunden erfolgt zunächst alleine nach den §§ 249 ff. StPO. Soweit unmittelbare Vernehmungen von Sachverständigen oder Zeugen im Bereich des Strengbeweises durch Sachbeweismittel ersetzt werden sollen, gilt der Unmittelbarkeitsgrundsatz gem. § 250 StPO. Danach müssen, soweit nicht die Voraussetzungen für eine schlichte Verlesung – vor allem für Gutachten und Aussagen über Ermittlungshandlungen und ihre Ergebnisse – nach § 256 StPO gegeben sind, die Voraussetzungen für die Verlesung der Niederschrift einer richterlichen Vernehmung eines Angeklagten selbst nach § 254 StPO oder anderer Auskunftsperson nach § 251 Abs. 2 StPO, ansonsten für sonstige Vernehmungen oder schriftliche Erklärungen nach § 251 Abs. 1

---

[33] Vgl. *Norouzi* Audiovisuelle Vernehmung 79 f. mwN.
[34] Vgl. hier nur Meyer-Goßner/Schmitt/*Schmitt* StPO § 247a Rn. 3.
[35] Vgl. hierzu und zum Folgenden nur Meyer-Goßner/Schmitt/*Schmitt* StPO § 168e Rn. 1; § 247a Rn. 1a.
[36] Vgl. auch Meyer-Goßner/Schmitt/*Schmitt* StPO § 247a Rn. 1d; die Möglichkeit wurde durch das Gesetz zur Intensivierung des Einsatzes von Videokonferenztechnik in gerichtlichen und staatsanwaltschaftlichen Verfahren zum 1.11.2013 eingeführt, vgl. BT-Drs. 17/12418.
[37] Vgl. zur konkreten Ausgestaltung der Amtsaufklärungspflicht *Norouzi* Audiovisuelle Vernehmung 82 ff.; ausf. *Kilian-Herklotz* in Lagodny, Der Strafprozess vor neuen Herausforderungen. Über den Sinn und Unsinn von Unmittelbarkeit und Mündlichkeit im Strafverfahren, 2000, 195 ff. mwN.

StPO erfüllt sein. Davon uneingeschränkt bleibt die Möglichkeit des Vorhalts insbesondere nach § 253 StPO und den allgemeinen Regeln.

Dagegen unterliegt die – etwa nach § 225 StPO erfolgte – kommissarische Inaugenscheinnahme und Verlesung der Beobachtungen keinen entsprechenden Einschränkungen und ist alleine an der Aufklärungspflicht zu messen. Problematisch ist indes, ob die Voraussetzungen für richterliche Protokolle entsprechend den Voraussetzungen nach § 251 Abs. 2 StPO und damit zB §§ 168a, e StPO beachtet sein müssen.[38] Einen unabhängigen Grund für die Verlesung einer kommissarischen Beschuldigtenvernehmung stellt der Fall der erlaubten Abwesenheit nach § 233 StPO dar, wobei hier an Form und Verfahren wegen des Schutzes des Angeklagten besonders hohe Anforderungen zu stellen sind.[39] 26

1. Während für **Videoaufnahmen** mittlerweile die Spezialvorschrift des § 255a StPO ergänzend wiederum unter anderem auf § 251 StPO verweist, gelten nach wohl richtiger Ansicht unter anderem die §§ 251, 254, 256 StPO unmittelbar entsprechend für die **Inaugenscheinnahme von Tonaufnahmen,** die funktional wie Schriftstücke Aufzeichnungen von Vernehmungen oder sonstigen Äußerungen einer Auskunftsperson für das Strafverfahren darstellen.[40] Gleiches wird für digitale Aufzeichnungen anderer Art, egal ob zB in Form von in der Verhandlung am Bildschirm eingesehenen E-Mails, Chatprotokollen oder digitalisierten Dokumenten, zu gelten haben. 27

2. Da namentlich kein Grund besteht, die **schriftlichen Feststellungen** von **Ermittlungsorganen** mit der Ausnahme von Vernehmungen bzw. Befragungen und die **Gutachten und Zeugnisse** nur alleine wegen eines Auslandsbezugs abweichend zu behandeln,[41] kann hinsichtlich der **Verlesung nach § 256 StPO** auf die allgemeine Kommentierung verwiesen werden. 28

Auch eine Verlesung von Vernehmungsniederschriften und schriftlichen Erklärungen ist stets ohne Weiteres **außerhalb des Geltungsbereiches des Strengbeweises** zulässig und kann dann durch Verfügung des Vorsitzenden erfolgen, § 251 Abs. 3 StPO.[42] 29

3. Bei einer **Verlesung sonst nach § 251 StPO** ist zuerst der **zwingend erforderliche begründete Gerichtsbeschluss** zu beachten, dessen Fehlen zu einem revisiblen Mangel des auf der Beweisaufnahme beruhenden Urteils führt.[43] Die Gründe dürfen sich nicht auf die Wiedergabe des Gesetzeswortlautes beschränken; allerdings genügt bei Verlesung aufgrund Zustimmung aller Beteiligten der Verweis auf deren tatsächliche Feststellung.[44] Hingegen kann eine Verlesung nach §§ 253, 254 StPO durch den Vorsitzenden nach § 238 Abs. 1 StPO verfügt werden.[45] Die Abgrenzung erfolgt nach der formalen Verfahrensstellung des Urhebers der einzuführenden Äußerungen zum Zeitpunkt der Beweisaufnahme. Handelt es sich um einen Mitangeklagten, so ist § 254 StPO einschlägig; hingegen gilt § 251 für alle sonstigen Beweispersonen, die in der Hauptverhandlung die Stellung als Zeuge oder Sachverständiger hätten, selbst wenn sie früher im gleichen Verfahren oder noch in anderem Verfahren, aber zum gleichen Sachverhalt beschuldigt, angeklagt oder verurteilt wären.[46] 30

---

[38] Vgl. *Nagel* Beweisaufnahme 251, 310 f. mwN, konsequenterweise dürfte die Lösung in der Beweiswürdigung als Unterscheidung zwischen förmlichen richterlichen Protokollen und anderen Niederschriften liegen.
[39] Vgl. ausf. *Nagel* Beweisaufnahme 252 ff., 311 f. mwN.
[40] Vgl. Meyer-Goßner/Schmitt/*Schmitt* StPO § 251 Rn. 2; BeckOK StPO/*Ganter,* 33. Ed. 1.4.2019, StPO § 251 Rn. 2; derartige Aufzeichnungen dürfen iÜ nicht als Überprüfung der Urteilsgrundlagen in der Revision verwendet werden, vgl. *Hofmann* NStZ 2002, 569 ff. mwN; krit. zu Videoaufzeichnungen bei kommissarischen und vorgelagerten Vernehmungen etwa *Mehle* FS Grünwald, 1999, 351 ff. mwN.
[41] Vgl. etwa BGH NJW 1992, 58 (59); Meyer-Goßner/Schmitt/*Schmitt* StPO § 256 Rn. 12.
[42] Vgl. KK-StPO/*Diemer* StPO § 251 Rn. 30 mwN.
[43] Nach stRspr begründet es die Revision, wenn der nach § 251 Abs. 4 StPO geforderte Gerichtsbeschluss nicht ergangen ist, vgl. BGH NStZ 2011, 356; 1988, 283; 1993, 144 und NStZ 2010, 649; KK-StPO/*Diemer* StPO § 251 Rn. 31.
[44] KK-StPO/*Diemer* StPO § 251 Rn. 31.
[45] Meyer-Goßner/Schmitt/*Schmitt* StPO § 253 Rn. 2; § 254 Rn. 1.
[46] Vgl. KK-StPO/*Diemer* StPO § 251 Rn. 2 mwN.

31 4. Zwingende Gründe können einer Verlesung entgegenstehen.

32 a) Die Verlesung darf nicht erfolgen, wenn die **Aufklärungspflicht die persönliche Vernehmung zwingend gebietet**.[47] Wurde aus diesem Grund namentlich in der Begründung der Ablehnung eines Beweisantrages auf Vernehmung der Auskunftsperson die kommissarische und audiovisuelle Vernehmung als nutzlos angesehen, ist es nicht zulässig, eine den Antragsteller beschwerende Niederschrift über eine frühere (richterliche, staatsanwaltschaftliche oder polizeiliche) Vernehmung des Zeugen zum selben Beweisthema zu verlesen.[48]

33 b) **Unter keinen Umständen verlesen** werden dürfen Vernehmungsniederschriften, wenn dadurch zwingende Beweiserhebungs- und -verwertungsverbote verletzt werden. Dazu zählt etwa § 136a StPO.[49]

34 Weiterhin darf das **Zeugnisverweigerungsrecht** nach §§ 52–53a StPO in der Beweisaufnahme nicht unterlaufen werden, § 252 StPO. Wohl aber darf eine schriftliche Erklärung für den Fall, dass der verweigerungsberechtigte Zeuge verstorben ist, verlesen werden.[50] Steht einem Zeugen, gegebenenfalls neben § 55 StPO, auch ein Zeugnisverweigerungsrecht aus § 52 StPO zu und hat er auf letzteres nicht ausdrücklich von sich aus verzichtet, sind frühere Vernehmungen nicht verlesbar.[51] Wurde ein Zeuge im Geltungsbereich des deutschen oder ausländischen Rechtes nicht, soweit dort ebenfalls vorgeschrieben, über ein ihm nach deutschem Recht zustehendes Zeugnisverweigerungsrecht belehrt und verweigert er bis zur Hauptverhandlung das Zeugnis, so darf entsprechend § 252 StPO eine Verlesung nicht erfolgen.[52] Ist der Aufenthalt eines Zeugnisverweigerungsberechtigten, egal aus welchen Gründen, nicht ermittelbar, dann sind seine Erklärungen verlesbar, wenn er sich bis zu diesem Zeitpunkt nicht auf sein Schweigerecht berufen hat.[53]

35 Liegt alleine in der Berufung auf ein Auskunftsverweigerungsrecht nach § 55 StPO der Grund, warum ein Zeuge nicht vernommen werden kann, dürfen jedenfalls nach § 251 Abs. 1 Nr. 2 StPO nicht-richterliche Vernehmungsprotokolle und frühere schriftliche Erklärungen nicht verlesen werden.[54] Umstritten ist indes, inwieweit die Zustimmung aller Beteiligten eine Verlesung auch nicht-richterlicher Vernehmungen möglich macht, wobei die besseren Gründe dafür sprechen, dass diese ohnehin gesetzlich gegebene Variante durch das Auskunftsverweigerungsrecht nicht eingeschränkt wird.[55]

36 Hat die Staatsanwaltschaft den Zeugen lediglich auf seine Rechte, Pflichten und Konsequenzen hinsichtlich einer Aussage hingewiesen, und verweigert dieser darauf aus dem Ausland die Mitwirkung an einer Vernehmung, ist dies kein Verstoß gegen die (angebliche) „Waffengleichheit" bzw. Fairness im Verfahren und führt als solches nicht zu einem Verlesungsverbot früherer Aussagen.[56]

---

[47] S. dazu auch → § 22 Rn. 3, 5; [§ 23] Rn. 9 ff., 66. Vgl. hier nur BeckOK StPO/*Ganter*, 33. Ed. 1.4.2019, StPO § 251 Rn. 14 mwN.

[48] KK-StPO/*Krehl* StPO § 244 Rn. 170; s. auch BGH NStZ 2011, 422; StV 1993, 232; *Herdegen* NStZ 1984, 97 (101; 337, 340).

[49] BeckOK StPO/*Ganter*, 33. Ed. 1.4.2019, StPO § 251 Rn. 15.

[50] Vgl. Meyer-Goßner/Schmitt/*Schmitt* StPO § 252 Rn. 1 ff. mwN; BGH NStZ 1982, 126; BeckOK StPO/*Ganter*, 33. Ed. 1.4.2019, StPO § 251 Rn. 29.

[51] BGH NJW 1984, 136 = BeckRS 9998, 101237; BGH Urt. v. 5.12.1978 – 5 StR 767/78; Fortentwicklung BGH Urt. v. 28.10.1975 – 5 StR 407/75.

[52] BGH NStZ 1992, 394; KK-StPO/*Diemer* StPO § 251 Rn. 20.

[53] BGHSt 25, 176 = NJW 1973, 1139; BGHSt 27, 139 = NJW 1977, 1161; Meyer-Goßner/Schmitt/*Schmitt* StPO § 252 Rn. 12, 17; KK-StPO/*Diemer* StPO § 251 Rn. 6 mwN.

[54] BGH NJW 1984, 136; NStZ 1984, 211; offen gelassen in BGH NStZ 1988, 36, dazu *Dölling* NStZ 1988, 6 (7 f.); vgl. insges. KK-StPO/*Diemer* StPO § 251 Rn. 7 mwN; BeckOK StPO/*Ganter*, 33. Ed. 1.4.2019, StPO § 251 Rn. 19 ff. mwN.

[55] Vgl. BGH NStZ 1988, 36, zulässig BGH NJW 2002, 309 (310); ausf. insges. KK-StPO/*Diemer* StPO § 251 Rn. 7 mwN; Meyer-Goßner/Schmitt/*Schmitt* StPO § 251 Rn. 11, 24.

[56] BGH NStZ 2004, 347 f. = StV 2004, 465 f.

[Beachte!] Allgemein sind auch bei der Verlesung natürlich die **Bedingungen** und die Grundsätze der Spezialität und Vertraulichkeit aus der **geleisteten Rechtshilfe** zu befolgen, vgl. § 72 IRG.[57]

c) Niederschriften einer früheren Vernehmung können bei einer **Vernehmung der Verhörperson** nur vorgehalten werden, sodass der Beweiswert die Erklärung der nunmehr vernommenen Verhörperson ist; sie können hingegen in diesem Rahmen nicht eigenständig nach § 253 StPO verlesen und dadurch unabhängig als Beweismittel aufgenommen werden.[58]

5. Werden nach § 251 StPO Urkunden verlesen, ist alternativ zum Vorlesen durch den Vorsitzenden oder auf seine Weisung eines Gerichtsmitgliedes **nur das Selbstleseverfahren** nach § 249 Abs. 2 StPO, **nicht aber die zusammenfassende Bekanntgabe** des wesentlichen Inhalts durch den Vorsitzenden statthaft.[59]

Das Protokoll bzw. die Erklärung muss grundsätzlich **in vollem Umfang** verlesen werden, eine Teilverlesung ist nur mit Zustimmung der Beteiligten gestattet.[60] **Mitverlesen** werden können die in die Niederschrift einbezogenen Schriftstücke und Protokolle, wenn sie bei der früheren Vernehmung vorgelesen und von dem Vernommenen genehmigt wurden.[61] Allerdings müssen für diese wohl, wie der BGH andeutet, die Voraussetzungen des § 251 StPO ebenfalls jeweils erfüllt sein.[62] Auch dürfen Aussagen anderer Personen, auf die sich die Vernehmung bezogen hat, nur nach den allgemeinen Regeln für diese Aussage verlesen werden.[63] In der Vernehmung vorgehaltene Urkunden dürfen ebenfalls verlesen werden, dadurch wird aber nur der Inhalt des Vorhalts festgestellt.[64] **Vermerke** des Richters bzw. der sonstigen Vernehmpersonen über den Verfahrensgang, das Verhalten des Vernommenen sowie seine persönlichen Eindrücke können ebenfalls verlesen werden.[65]

6. Zwischen verlesbaren Urkunden gibt es **keine Rangordnung,** insbesondere dürfen nicht-richterliche Niederschriften auch verlesen werden, wenn Protokolle von richterlichen Vernehmungen existieren, sofern nur im Übrigen die Voraussetzungen erfüllt sind.[66]

7. Nach der Rechtsprechung und wohl hM bedarf es keiner **Übersetzung** in der Hauptverhandlung, es kann vielmehr auf schriftlich vorab gefertigte Übersetzungen zurückgegriffen werden, soweit dies im Rahmen der Aufklärungspflicht als ausreichend angesehen wird. Der schriftliche Übersetzer handelt insoweit als Augenscheingehilfe und nicht als Sachverständiger.[67] Um sich von der Richtigkeit zu überzeugen, kann auch die Überprüfung und gegebenenfalls Nachübersetzung durch einen im Inland vereidigten Übersetzer ausreichen.[68] Bestehen oder entstehen Zweifel an der Korrektheit, muss allerdings in aller Regel ein Übersetzer als Sachverständiger eingesetzt und in der Hauptverhandlung mit Konfrontationsrecht der Verteidigung vernommen werden.

---

[57] § 20 Rn. 2, 7; § 21 Rn. 2.
[58] BGH NStZ 2013, 479 mwN.
[59] Vgl. BeckOK StPO/*Ganter*, 33. Ed. 1.4.2019, StPO § 251 Rn. 37 mwN; dies wohl auch weiterhin aus allgemeinen Erwägungen trotz Entfalles der ausdrücklichen Ausnahmevorschrift in § 249 Abs. 2 S. 6 StPO aF, vgl. *Nagel* Beweisaufnahme 290.
[60] BGH NStZ 1988, 283; BeckOK StPO/*Ganter*, 33. Ed. 1.4.2019, StPO § 251 Rn. 37.
[61] BGH NJW 1953, 35; RGSt 1, 393; 14, 1; 18, 24; BeckOK StPO/*Ganter*, 33. Ed. 1.4.2019, StPO § 251 Rn. 28.
[62] BGH NStZ 1982, 41 deutet dies an, dass „Vernehmungsbeamte nicht vernommen werden können".
[63] Vgl. Meyer-Goßner/Schmitt/*Schmitt* StPO § 251 Rn. 31; BeckOK StPO/*Ganter*, 33. Ed. 1.4.2019, StPO § 251 Rn. 28.
[64] BGH NStZ 1982, 41; BeckOK StPO/*Ganter*, 33. Ed. 1.4.2019, StPO § 251 Rn. 28.
[65] StRspr und aA, vgl. nur BGHSt 2, 1 (3) = NJW 1952, 478; NStZ 1983, 182 sowie nur BeckOK StPO/*Ganter*, 33. Ed. 1.4.2019, StPO § 251 Rn. 28.
[66] BGH NJW 1964, 1868; NStZ 1986, 469; BeckOK StPO/*Ganter*, 33. Ed. 1.4.2019, StPO § 251 Rn. 5.
[67] Vgl. BGH GA 1982, 40; vgl. hierzu und zum Folgenden auch *Nagel* Beweisaufnahme 290 ff. mwN; LR/*Mosbacher* StPO § 249 Rn. 38 f.; KK-StPO/*Diemer* StPO § 249 Rn. 5.
[68] BGH NStZ 1983, 181.

II. Niederschrift einer ausländischen richterlichen Vernehmung

42 Die Verlesung als **Niederschrift einer richterlichen Vernehmung** nach §§ 251 Abs. 2–4; 254 StPO ist aufgrund der höheren abstrakten Qualität der Beweissicherung in einem weiteren Umfang erlaubt als die sonstiger Vernehmungsprotokolle und schriftlicher Erklärungen. So muss im Fall allseitiger Zustimmung der Angeklagte keinen Verteidiger haben. Auch muss das sonst zur Verlesung erforderliche Hindernis, das einer Vernehmung in der Hauptverhandlung entgegensteht, zwar für längere Zeit bestehen, aber doch zeitlich begrenzt und kann eine erneute kommissarische Vernehmung überflüssig sein.

1. Anwendungsbereich

43 Die urkundlichen Niederschriften (bzw. gleichgestellten Aufzeichnungen, → Rn. 27) der richterlichen Vernehmungen von Auskunftspersonen, die im Zeitpunkt der Beweisaufnahme die Stellung von Zeugen und Sachverständigen – auch wenn sie ansonsten Beschuldigte waren oder sind –, jedenfalls aber in der aktuellen Hauptverhandlung nicht von Mitangeklagten haben, werden nach § 251 Abs. 2–4 StPO verlesen. Zusätzlich können Geständnisse eines (Mit-)Angeklagten aus einem richterlichen Protokoll gem. § 254 Abs. 1 StPO verlesen werden. Die Anforderungen an das Verfahren und die Stellung des ausländischen Vernehmers sind in beiden Fällen die gleichen.[69]

2. Qualifizierte Anforderungen an die Niederschrift

44 Voraussetzung für die **Verlesbarkeit als Niederschrift einer richterlichen Vernehmung** ist auch bei Aufnahme durch ausländische Stellen, dass die Protokolle nach der einzuhaltenden Zuständigkeits- und Verfahrensordnung des Vernehmungsorts eine **vergleichbare Beweisfunktion** erfüllen wie die Niederschriften über eine Vernehmung durch einen deutschen Richter, und dass die Anhörung grundlegenden rechtsstaatlichen Anforderungen genügt.[70] Die Vernehmung einschließlich ihrer Organisation und Dokumentation muss daher insbesondere den Grundsätzen der Sicherung der **möglichst unbeeinflussten Authentizität der Aussagen** und, soweit im laufenden Strafverfahren erfolgt, dem **Konfrontationsrecht** der Verteidigung im Rahmen des **Rechts auf faires Verfahren** in einem den Wesensansprüchen des deutschen Rechtsstaatsprinzips an eine richterliche Vernehmung genügen.

45 **a) Richterliche Vernehmperson.** Danach ist zwar **nicht die Art des Verfahrens entscheidend,** in dem die Aussage erfolgte, sodass auch die in Vernehmungen vor einem Richter in anderen Verfahren – namentlich anderen Straf- sowie Zivil-, Verwaltungs- oder Disziplinarverfahren – angefertigten Protokolle nach § 251 Abs. 2 StPO verlesbar sind.[71] Diese müssen alleine den für das dortige Verfahren geltenden Formvorschriften entsprechen.[72]

46 Auch besteht kein genügender Grund, die Verlesung dann von strengeren Voraussetzungen abhängig zu machen, wenn die ausländischen Vernehmungen nicht im Wege zwischenstaatlicher Rechtshilfe, sondern im Rahmen **eines von den ausländischen Behörden**

---

[69] BGH MDR 1994, 1134 ff.; ebenso wohl BGHR StPO § 254 I Vernehmung, richterliche 3; Kleinknecht/Meyer-Goßner/Schmitt/*Schmitt* StPO § 254 Rn. 4 unter Verweis auf die Anm. zu § 251.
[70] Vgl. BGH MDR 1994, 1134 ff.; BGHSt 7, 15 (16, 17) = NJW 1955, 32; BGH NStZ 1983, 181; LR/*Sander/Cirener* § 251 Rn. 24; KK-StPO/*Mayr*, 3. Aufl. 1993, StPO § 251 Rn. 18; AK-StPO/*Dölling* § 251 Rn. 26, jeweils zur Verlesbarkeit nach § 251 StPO; vgl. insges. ausf. auch *Nagel* Beweisaufnahme 298 ff. mwN jedoch noch unter Verkennung des Konfrontationsrechtes.
[71] BGH NJW 1957, 918; BeckOK StPO/*Ganter*, 33. Ed. 1.4.2019, StPO § 251 Rn. 23.
[72] Vgl. etwa Meyer-Goßner/Schmitt/*Schmitt* StPO § 251 Rn. 30; KK-StPO/*Diemer* StPO § 251 Rn. 16; *Krause,* Zum Urkundenbeweis im Strafprozess, 1966, 164 f.; offen gelassen in BGHSt 5, 214 f. = NJW 1954, 361, jedoch entgegen der anderslautenden Rspr. des RG in RGSt 56, 257 mit Tendenz zur hier vertretenen Auffassung.

§ 23 Beweisaufnahme in der Hauptverhandlung **5. Kapitel**

(zunächst) eigenständig geführten (Straf-)Verfahrens erfolgt sind.[73] Allerdings müssen die Zuständigkeits- und Verfahrensordnung des Vernehmungsortes und der Vorgang der Anhörung grundlegenden deutschen rechtsstaatlichen Anforderungen genügen.[74]

Insbesondere ist auch nicht ausschlaggebend, ob die Aussage bei einer Vernehmung durch bzw. vor einer amtlichen Stelle im Ausland stattfand, die als **„Richter"** bezeichnet wird. Vielmehr kann eine „richterliche" Vernehmung auch nach anderen, nach dem Recht des vornehmenden Staates zuständigen Stellen erfolgen, wobei dieser im Rahmen eines entsprechenden Rechtshilfeersuchens diese autonom bestimmt. Entscheidend hingegen ist, ob den Niederschriften ihrem **Beweiswert und ihrer Beweisfunktion** nach einem richterlichen Vernehmungsprotokoll nach deutschem Strafprozessrecht vergleichbar sind. Wo sich dies nicht bereits aus formalen Absicherungen wie der organisatorischen und funktionellen Unabhängigkeit der staatlichen Verhörperson ergibt, kann es auch ausreichen, wenn nach dem dortigen inländischen Verfahrensrecht der Amtsträger eine vergleichbare Funktion wie ein deutscher (Ermittlungs-)Richter wahrnimmt bzw. aufgrund seiner funktionalen Stellung den Niederschriften über seine Vernehmungen eine, zB im rechtlich-faktischen Beweiswert herausgehobene Beweisbedeutung zukommt. Deswegen werden etwa namentlich Vernehmungen vor entsprechenden schweizerischen Amtsträgern wie Staats- oder Bezirksanwälten und Amtsstatthaltern in Deutschland regelmäßig als richterliche anerkannt.[75] Ob der Angeklagte sich eine zutreffende Vorstellung darüber gemacht hat, dass sein Geständnis in einem Verfahren vor einem deutschen Gericht entsprechend nach § 254 StPO als richterliches Geständnis verwertet werden könnte, ist unerheblich.[76] 47

b) Wesentliche Förmlichkeiten der Vernehmung. Als Maßstab müssen allerdings die **wesentlichen Förmlichkeiten** gewahrt sein, wobei sich der Maßstab nach dem deutschen Recht insoweit richtet (→ § 9 Rn. 100 ff.; § 15 Rn. 198 ff.), wie dieses für den Erhebungsstaat zur Anwendung kommen kann bzw. aufgrund unbedingt geltender Rechtsgrundsätze beachtet werden muss. 48

Ist etwa, namentlich durch Art. 4 RHÜ 2000, der ersuchte Staat grundsätzlich verpflichtet, die vom ersuchenden Mitgliedstaat ausdrücklich angegebenen Formvorschriften und Verfahrensweisen einzuhalten, so sind die Niederschriften über Vernehmungen im Gebiet dieser Rechtsordnung grundsätzlich nur dann als richterliche nach § 251 Abs. 2 StPO verles- und verwertbar, wenn die **Vorschriften des deutschen Rechts eingehalten** worden sind.[77] Ist nach dem Recht des Vernehmungsortes zulässigerweise die Vernehmung dem anwesenden deutschen Richter mit der Maßgabe übertragen, dass sie nach deutschem Recht durchgeführt werden kann, so ist dies ebenfalls für eine spätere Verwertbarkeit einzuhalten.[78] Die Vernehmung durch einen deutschen Konsul oder Konsulatsbeamten im Ausland ist innerstaatliche Rechtshilfe, damit ganz nach den deutschen Verfahrensvorschriften zu vollziehen (→ § 5 Rn. 4 f.) und kann danach einer richterlichen gleichstehen.[79] 49

Soweit das **Recht des Vernehmungsortes** anzuwenden ist, sind Niederschriften als richterliche verlesbar, wenn die am Vernehmungsort für richterliche Vernehmungen geltenden Zuständigkeits- und Verfahrensvorschriften beachtet worden sind, weil nicht erwartet werden kann, dass bei der Erledigung von Rechtshilfeersuchen deutsches Prozessrecht 50

---

[73] BGH MDR 1994, 1134 ff.
[74] BGH NStZ 1983, 181; BGH NJW 1994, 3364 f.; vgl. unter anderem KK-StPO/*Diemer* StPO § 251 Rn. 20.
[75] BGH MDR 1994, 1134 ff.; BGH BeckRS 1990, 31084414; BGHR StPO § 254 I Vernehmung, richterliche 3, für den Bezirksanwalt in Zürich; BGHSt 7, 15 ff. = NJW 1955, 32; ebenso für einen Staatsanwalt der ehemaligen UdSSR BGH NStZ 1983, 181.
[76] BGH BeckRS 1990, 31084414; StV 1981, 393 zu einem „*commissioner*" nach dem Recht des USA-Bundesstaates New York, einem beauftragten Nichtbeamten.
[77] BGH NStZ 2007, 417; vgl. unter anderem KK-StPO/*Diemer* StPO § 251 Rn. 20; *Gleß* FS Grünwald, 1999, 197, 208 ff. mwN.
[78] BGH NStZ 1996, 609 f.; vgl. unter anderem KK-StPO/*Diemer* StPO § 251 Rn. 20.
[79] Vgl. BGHSt 26, 140 (142) = NJW 1975, 1612; BGH NStZ 1984, 128; vgl. unter anderem KK-StPO/*Diemer* StPO § 251 Rn. 20.

angewendet wird.⁸⁰ Die Zuständigkeits- und Verfahrensordnung des Vernehmungsortes und der Vorgang der Anhörung müssen allerdings grundlegenden deutschen rechtsstaatlichen Anforderungen genügen.⁸¹ Das gilt auch, wenn die Vernehmung nicht im Wege der Rechtshilfe, sondern im Rahmen eines von den ausländischen Behörden eigenständig geführten Verfahrens erfolgt.⁸² Sind andererseits die Verfahrensvorschriften am Vernehmungsort in bestimmter Beziehung strenger als die entsprechenden deutschen, so hindert ihre Verletzung nicht die Verlesung, wenn die geringeren Anforderungen des deutschen Rechts erfüllt sind.⁸³

51 **c) Im Einzelnen.** Konkret sind folgende Aspekte besonders zu beachten:

52 **aa) Rechtzeitige Benachrichtigung und Organisation.** Besondere Bedeutung aufgrund des Konfrontationsrechts im Rahmen des fairen Verfahrens (→ § 15 Rn. 203 ff.; § 22 Rn. 6 ff.) hat bereits die **rechtzeitige Benachrichtigung und Organisation** einer richterlichen Vernehmung vor der Hauptverhandlung, wenn sie gerade im Hinblick auf das deutsche Strafverfahren erfolgt oder zu diesem Zeitpunkt sonst die nunmehr Beteiligten bereits bei der Durchführung erkennbar ihre Rechtsstellung namentlich als Beschuldigter bzw. Verteidiger oder Nebenbeteiligte hatten. Ist nach der maßgebenden Verfahrensordnung die Anwesenheit des Beschuldigten (Angeklagten) und des Verteidigers gestattet, so war das deutsche Ermittlungsorgan verpflichtet, die ersuchte Behörde im Rechtshilfeersuchen zu bitten, die ersuchende Behörde vom Termin so rechtzeitig zu benachrichtigen, dass die Beteiligten verständigt werden und am Termin teilnehmen können, oder diese selbst zu verständigen.⁸⁴ Gleiches gilt bei einer konsularischen Vernehmung.⁸⁵ Bei der Beurteilung, ob eine Benachrichtigung rechtzeitig erfolgt ist, sind neben der angemessenen Vorbereitungszeit der Verteidigung die Gesamtumstände, insbesondere auch die Zeit, die intern innerhalb und zwischen den beteiligten Behörden mit der Vorbereitung verstrichen ist, zu berücksichtigen.⁸⁶ Erst recht gilt bei zumindest teilweiser kommissarischer Vernehmung im Ausland, dass, wenn mehrere Zeugen an verschiedenen Orten durch verschiedene Richter in solcher zeitlichen Nähe vernommen werden, eine Teilnahme an allen Vernehmungen dadurch praktisch vereitelt wird, dies der Verlesung aller betroffenen Protokolle nach §§ 251 Abs. 2, 254 StPO entgegensteht.⁸⁷ Hingegen genügt es zur Verlesbarkeit nach diesen Vorschriften, dass die zur Anwesenheit Berechtigten die Möglichkeit hatten, teilzunehmen. Die Ablehnung der Erstattung der Reisekosten des Verteidigers ohne Ermessensfehler berührt die Verlesbarkeit nicht.⁸⁸

53 Auch wenn den Beteiligten die konkrete Teilnahme wegen anderen Gründen nicht möglich ist, oder weil der Zeuge die Aussage bei Teilnahme des Verteidigers verweigert, bleibt eine fehlende Benachrichtigung ursächlich, weil in diesen Fällen das Konfrontationsrecht durch **Ersatzmaßnahmen,** wie namentlich einen **Fragekatalog der Verteidigung** zumindest teilweise hätte realisiert werden können.⁸⁹ Der Anspruch auf Anwesenheit bei der Vernehmung ist allerdings verzichtbar.⁹⁰

---

⁸⁰ BGH wistra 2000, 390 mwN; vgl. unter anderem KK-StPO/*Diemer* StPO § 251 Rn. 20.
⁸¹ Vgl. etwa BGH StV 1981, 393.
⁸² S. gerade oben; BGH NStZ 1983, 181; NJW 1994, 3364 f.; vgl. unter anderem KK-StPO/*Diemer* StPO § 251 Rn. 20.
⁸³ BGH Urt. v. 19.12.1975 – 2 StR 480/73 (nicht abgedruckt), zit. nach BGH wistra 1990, 157; ausdr. KK-StPO/*Diemer* StPO § 251 Rn. 20.
⁸⁴ BGHSt 35, 82 = NStZ 1988, 563 mAnm *Naucke;* BGH NStZ 1996, 595 (596 f.); KK-StPO/*Diemer* StPO § 251 Rn. 22.
⁸⁵ BGH GA 1976, 242; BGH BeckRS 1976, 00295.
⁸⁶ BGH BeckRS 1976, 00295 mwN.
⁸⁷ KK-StPO/*Diemer* StPO § 251 Rn. 18.
⁸⁸ BGH MDR 1978, 460; KK-StPO/*Diemer* StPO § 251 Rn. 18.
⁸⁹ BGH BeckRS 1976, 00295; BGHSt 9, 24 = BeckRS 9998, 121055 = NJW 1956, 557; BGHSt 26, 332 = NJW 1976, 1546 mAnm *Krause* NJW 1976, 2029; BGHSt 29, 1 = NJW 1980, 1056; Anm. von *Willms* LM StPO 1975 § 168c Nr. 2; BGH GA 1976, 242; MDR 1977, 461; BGHSt 31, 140 = NJW 1983, 1006; BGH StV 1997, 512; KK-StPO/*Diemer* StPO § 251 Rn. 18; *Meyer-Goßner* JR 1977, 257.
⁹⁰ BGH NJW 1952, 1426; 1976, 1950 mAnm *Tenckhoff.*

§ 23 Beweisaufnahme in der Hauptverhandlung

Unterlässt es das im Rahmen eines Rechtshilfeersuchens mit einer Zeugenvernehmung 54 befasste ausländische Gericht, den Angeklagten von dem Vernehmungstermin zu benachrichtigen, obwohl dies (auch) nach den einschlägigen nationalen Verfahrensvorschriften geboten wäre, bzw. wird sonst das Konfrontationsrecht vereitelt (→ § 13 Rn. 81 ff., 97 ff.; § 22 Rn. 8), kann das Vernehmungsprotokoll in der Hauptverhandlung nicht nach § 251 Abs. 2 StPO verlesen werden.[91] Dabei setzt die hM wie bei einer entsprechenden Unterlassung bei einer konsularischen Vernehmung den rechtzeitigen **Widerspruch** des Angeklagten oder des Verteidigers voraus. Auch bei einem Verstoß gegen die Benachrichtigungspflicht kann das Protokoll demnach als richterliche Vernehmung verlesen werden, wenn der Angeklagte nicht widerspricht. **Ansonsten** kommt eine Verlesung **als nichtrichterliches Protokoll** in Betracht (→ Rn. 90 ff.).[92]

Im Übrigen kann auf §§ 168 ff., 223 f. StPO und die Rechtsprechung und die weitere 55 Kommentierung zu diesen verwiesen werden.[93]

bb) Durchführung der Vernehmung. Die **Durchführung der Vernehmung** muss die 56 Gewähr für die genannten Prinzipien bieten. Daraus folgt, dass bei der Vernehmung jedenfalls kein nach anwendbarem deutschem Recht oder sonst wegen möglicher Interessenkonflikte ausgeschlossener Richter mitwirken darf.[94] Soweit nach der konkreten Verfahrensordnung nichts anderes vorgesehen ist, muss ein tauglicher **Protokollführer** beigezogen werden, der jedenfalls im Geltungsbereich der deutschen StPO, vereidigter Urkundsbeamter oder für jede Vernehmung gesondert vereidigt sein muss.[95] Soweit deutsches Verfahrensrecht gilt, muss auch der hinzugezogene **Dolmetscher** vereidigt sein.[96] Allerdings ist für konsularische Vernehmungen alleine das KonsularG und sonst bei Anwendbarkeit anderer deutscher Verfahrensordnungen diese allein zu beachten; ist dort zB die Beziehung eines Protokollführers nicht vorgeschrieben, ist sie auch nicht im Hinblick auf § 251 Abs. 2 StPO erforderlich.[97] Ist einem Konsularbeamten bei einer konsularischen Vernehmung die Beherrschung der Sprache der Auskunftsperson zuzutrauen, namentlich weil es sich um eine Amts- oder Verkehrssprache des Staates handelt, in der sich die Auslandsvertretung befindet in der er tätig ist, so ist die Zuziehung eines Dolmetschers nicht erforderlich.[98] Ist eine Übersetzung ersichtlich fehlerfrei erfolgt, kann das Urteil nicht darauf beruhen, dass der Dolmetscher nicht ordnungsgemäß gerichtlich vereidigt war.[99]

Soweit anwendbar, müssen die Formvorschriften der §§ 168, 168a StPO beachtet sein. 57 So muss, jedenfalls soweit realisierbar, das Konfrontationsrecht des Angeklagten bzw. seiner Verteidigung gesichert sein. Das **Anwesenheitsrecht der Verfahrensbeteiligten** ist so weit zu beachten, wie dies nach dem anwendbaren Recht vorgesehen ist. Sieht das anwendbare ausländische Recht die Anwesenheit des Staatsanwalts und des Verteidigers bei Vernehmungen außerhalb der Hauptverhandlung nicht vor, können die Protokolle gleichwohl verlesen werden, wenn ansonsten die genannten Maßstäbe erfüllt sind.[100]

Sind die Grundsätze zur wirksamen Sperrerklärung bei einer kommissarischen Verneh- 58 mung nicht beachtet worden, darf die Niederschrift nicht verlesen werden.[101]

---

[91] OLG Celle StV 1995, 179; so KK-StPO/*Diemer* StPO § 251 Rn. 22.
[92] BGH NStZ 1998, 312; NStZ-RR 2002, 110 (111); NJW 1976, 380; es genügt, wenn während einer Verlesungspause widersprochen worden ist (BGH MDR 1976, 814 [H.]); vgl. zum Ganzen BeckOK StPO/*Ganter*, 33. Ed. 1.4.2019, StPO § 251 Rn. 25; KK-StPO/*Diemer* StPO § 251 Rn. 18.
[93] Vgl. auch KK-StPO/*Diemer* StPO § 251 Rn. 18 mwN.
[94] § 22 StPO; RGSt 30, 70; BeckOK StPO/*Ganter*, 33. Ed. 1.4.2019, StPO § 251 Rn. 24.
[95] BGH NJW 1968, 1485; BGH NJW 1987, 955; NStZ 1984, 564; BGHSt 27, 339 = NJW 1978, 955; KK-StPO/*Diemer* StPO § 251 Rn. 17; BeckOK StPO/*Ganter*, 33. Ed. 1.4.2019, StPO § 251 Rn. 24.
[96] BGH NJW 1968, 1485; 1978, 955; BeckOK StPO/*Ganter*, 33. Ed. 1.4.2019, StPO § 251 Rn. 24.
[97] BGH Urt. v. 2.8.1977 – 1 StR 130/77.
[98] BGH Urt. v. 2.8.1977 – 1 StR 130/77.
[99] BGH StV 1981, 393.
[100] BGH MDR 1977, 461; KK-StPO/*Diemer* StPO § 251 Rn. 22.
[101] KK-StPO/*Diemer* StPO § 251 Rn. 9 mwN.

59   Selbst ein nach dem anwendbaren Recht im Vernehmungsstaat vorgeschriebener Voreid eines Zeugen, der nach deutschem Recht wegen Verdachts eigener Tatbeteiligung nicht vereidigt werden könnte, führt lediglich dazu, dass die Vernehmung als uneidliche mit entsprechend verringertem Beweiswert gewürdigt werden muss.[102]

60   Soweit anwendbar, muss der Grundsatz des Vorrangs des **Sachberichtes des Zeugen** vor gezielter Befragung gem. § 69 StPO, allerdings durchaus nicht formalistisch, sondern mit Flexibilität, beachtet sein, um eine möglichst hohe Authentizität und gegebenenfalls Glaubhaftigkeitsbeurteilung zu sichern.[103] Wenn der Vernehmung allerdings rechtmäßig ein Fragekatalog zugrunde lag, der abgearbeitet wurde, ist § 69 StPO nicht zu beachten.[104]

61   Aus der Niederschrift muss jedenfalls erkennbar sein, dass die Auskunftsperson **eigene Angaben** gemacht hat und ihr nicht bloß ein Protokoll einer nichtrichterlichen Vernehmung vorgehalten worden ist. Allerdings ist dann eine ergänzende Bezugnahme auf solche Protokolle nicht ausgeschlossen, die dann auch in diesem Rahmen mitverlesen werden dürfen[105] und sollten. Ist das ausländische Recht anwendbar, ist auch ein bei der Vernehmung anwesender deutscher Richter nicht verpflichtet, darauf hinzuwirken, dass bei der Vernehmung von Zeugen dieser Grundsatz beachtet wird.[106]

62   Die Geltendmachung von formalen Mängeln der kommissarischen Vernehmung selbst ist verwirkt, wenn der Verlesung der Aussage in der Hauptverhandlung **nicht widersprochen** wurde.[107]

63   cc) Protokollierung. Ferner muss das **Protokoll** selbst hinreichende Gewähr für seine Authentizität geben. Daher muss es regelmäßig vom Richter und vom Protokollführer unterschrieben oder mit dem unterschriebenen Bestätigungsvermerk der Schreibkraft versehen sein.[108] Die fehlende Unterschrift des Richters ist jedenfalls unschädlich, wenn dieser durch das unterschriebene Übersendungsschreiben die Gewähr übernommen hat[109] oder ein Mitglied des erkennenden Gerichts den Zeugen als beauftragter Richter vernommen hat.[110] Konsequenterweise muss es danach ebenfalls ausreichen, wenn ein beauftragter Richter an der Vernehmung im Ausland teilgenommen hat, und so die hinreichende Gewähr für die Authentizität geben kann. Nicht notwendig ist die Unterschrift der vernommenen Auskunftsperson.[111] Wohl systematisch kein Verlesungskriterium dürften die darüber hinaus gehenden rechtshilferechtlich vereinbarten Legitimierungsformen für die Übersendung von Niederschriften sein (→ § 13 Rn. 142 ff.). Bei Protokollen aus anderen Verfahren gelten die Formvorschriften der StPO nicht; insoweit müssen nur die Vorschriften der Verfahrensordnung eingehalten worden sein, in der sie angefertigt wurden.[112]

64   dd) Hilfsweise Verlesung nach anderen Vorschriften. Genügt die Niederschrift diesen Anforderungen nicht, kann sie auch nicht mit Zustimmung der Beteiligten nach § 251 Abs. 2 oder § 254 StPO verlesen werden. Zulässig ist aber, fehlerhafte richterliche Pro-

---

[102] Vgl. BGH NStZ 2000, 547 mAnm *Rose* wistra 2001, 290 ff. mwN.
[103] BGH NJW 1953, 35; MDR 1966, 25 bei *Dallinger* zu § 69 Rn. 4, 8; KK-StPO/*Diemer* StPO § 251 Rn. 17.
[104] Vgl. BGH BeckRS 2011, 02915; StV 1981, 393; BeckOK StPO/*Ganter*, 33. Ed. 1.4.2019, StPO § 251 Rn. 24.
[105] BGH NJW 1953, 35; KK-StPO/*Diemer* StPO § 251 Rn. 17; Meyer-Goßner/Schmitt/*Schmitt* StPO § 251 Rn. 31; erg. Rn. 23.
[106] BGH BeckRS 2011, 02915; KK-StPO/*Diemer* StPO § 251 Rn. 20.
[107] BGH NStZ 1992, 394; Meyer-Goßner/Schmitt/*Schmitt* StPO § 251 Rn. 45; KK-StPO/*Diemer* StPO § 251 Rn. 9; BeckOK StPO/*Ganter*, 33. Ed. 1.4.2019, StPO § 251 Rn. 25 jedenfalls hinsichtlich der Benachrichtigungspflicht.
[108] BGH NJW 1956, 1527; OLG Stuttgart NStZ 1986, 41; BeckOK StPO/*Ganter*, 33. Ed. 1.4.2019, StPO § 251 Rn. 24.
[109] BGH BeckRS 1978, 00120.
[110] BGHSt 9, 297 (298).
[111] RGSt 34, 396.
[112] KK-StPO/*Diemer* StPO § 251 Rn. 16; BeckOK StPO/*Ganter*, 33. Ed. 1.4.2019, StPO § 251 Rn. 26.

§ 23 Beweisaufnahme in der Hauptverhandlung   **5. Kapitel**

tokolle als nichtrichterliche Protokolle nach § 251 Abs. 1 mit Beachtung gewisser Sonderregeln zu verlesen (→ Rn. 90 ff.).[113]

3. Verlesungsgrund

Die Verlesung ist nur zulässig, wenn einer der genannten **Verlesungsgründe** erfüllt ist: 65

a) Allseitiges Einverständnis, § 251 Abs. 2 Nr. 3 StPO. In aller Regel ergeben sich 66 keine besonderen Probleme aus einem etwaigen Auslandsbezug, wenn alle in der Hauptverhandlung notwendigen Beteiligten **einverstanden** sind, § 251 Abs. 2 Nr. 3 StPO, wobei der anwesende Angeklagte nicht anwaltlich vertreten bzw. verteidigt sein muss.[114] Das Einverständnis kann jedenfalls nach der Verlesung nicht mehr widerrufen und in der Revision nicht angefochten werden.[115] Ist die Verlesung ohne Zustimmung ausgeführt, kann der Verstoß durch nachträgliche Erklärung geheilt werden.[116] Das allseitige Einverständnis kann nach stRspr die Aufklärungspflicht des Gerichtes nicht einschränken, insbesondere nicht die mögliche persönliche Vernehmung der Auskunfts- oder gegebenenfalls einer Verhörperson ersetzen, soweit diese erforderlich und möglich ist (→ § 2 Rn. 5).[117] Das Einverständnis als solches soll nicht über Verstöße gegen Belehrungspflichten hinweghelfen können;[118] ob der Verlesung in einem solchen Fall das zwischenzeitlich erhobene Auskunftsverweigerungsrecht des Zeugen nach § 55 StPO entgegen steht, ist umstritten.[119] Jedenfalls ersteres scheint von untergeordneter praktischer Relevanz, soweit derartige Mängel nach der Rechtsprechung mittels rechtzeitigen Widerspruchs geltend gemacht werden müssen.

b) Hindernisse, § 251 Abs. 2 Nr. 1 StPO. Hingegen sind im Rahmen des § 251 Abs. 2 67 Nr. 1 StPO Sachverhalte mit Auslandsbezug von erheblicher Relevanz. Danach ist die Verlesung zulässig, wenn dem **Erscheinen** des Zeugen, Sachverständigen oder Mitbeschuldigten **in der Hauptverhandlung** für eine **längere oder ungewisse Zeit** Krankheit, Gebrechlichkeit oder andere **nicht zu beseitigende Hindernisse** entgegenstehen.

aa) Erscheinen in der Hauptverhandlung. Bezugspunkt ist hier zunächst das **Erschei-** 68 **nen in der Hauptverhandlung**, mithin (weiterhin allein) das **körperliche Auftreten** der vernehmungsfähigen Auskunftsperson am Ort des Gerichts. Aus dem Zusammenhang mit § 223 StPO eindeutig, sind gerade derartige kommissarische Vernehmungen, selbst durch bzw. in Anwesenheit des gesamten Gerichts, kein Teil der Hauptverhandlung in diesem Sinn.

Auch die eingeführte **Möglichkeit der direktübertragenen Video-/Audiovernehmung** 69 nach § 247a StPO soll diese Anforderungen nicht verändern, vor allem nicht verschärfen. Hiervon zu unterscheiden ist, dass stattdessen das Gericht in seinem Ermessen im Rahmen seiner allgemeinen Aufklärungspflicht zu prüfen hat, ob die Verlesung ausreicht. Diese Entscheidung ist – insbesondere nicht im Hinblick auf eine alternative Videovernehmung – weiter zu begründen.[120] Hierzu hebt der letzte Satzteil in § 247a S. 1 Hs. 2

---

[113] Vgl. BGH NJW 1968, 1485; BeckOK StPO/*Ganter*, 33. Ed. 1.4.2019, StPO § 251 Rn. 24.
[114] Vgl. KK-StPO/*Diemer* StPO § 251 Rn. 29 mwN; Meyer-Goßner/Schmitt/*Schmitt* StPO § 251 Rn. 24 ff. mwN.
[115] BGH NStZ 1997, 611; Ob ein Widerruf bis zur Verlesung der Niederschrift möglich ist, oder ob eine Bindung bereits mit der Anordnung der Beweisverwendung nach § 251 Abs. 4 StPO eintritt, ist str., vgl. KK-StPO/*Diemer* StPO § 251 Rn. 11 mwN; BeckOK StPO/*Ganter*, 33. Ed. 1.4.2019, StPO § 251 Rn. 9 ff., 13 mwN.
[116] Meyer-Goßner/Schmitt/*Schmitt* StPO § 251 Rn. 27 mwN; BeckOK StPO/*Ganter*, 33. Ed. 1.4.2019, StPO § 251 Rn. 13 mwN.
[117] Vgl. hier nur BGH NJW 1957, 918; BeckOK StPO/*Ganter*, 33. Ed. 1.4.2019, StPO § 251 Rn. 14 mwN.
[118] Vgl. etwa BeckOK StPO/*Ganter*, 33. Ed. 1.4.2019, StPO § 251 Rn. 15 mwN; KK-StPO/*Diemer* StPO § 251 Rn. 11 f. mwN.
[119] Vgl. ausf. hierzu und zum Folgenden KK-StPO/*Diemer* StPO § 251 Rn. 12 mwN.
[120] BT-Drs. 13/9063, 4; BGHSt 46, 73 = NJW 2000, 2517; vgl. etwa *Norouzi* Audiovisuelle Vernehmung 108 ff. mwN.

StPO hervor, dass die Anordnung der audiovisuellen Vernehmung unter Aufklärungsgesichtspunkten dann nicht erforderlich ist, wenn von ihr keine weitergehende oder bessere Sachaufklärung zu erwarten ist als durch das Verlesen eines bereits vorliegenden richterlichen Vernehmungsprotokolls.[121] Dabei kann der Niederschrift auch deshalb einen erheblichen Beweiswert beikommen, weil der Verteidiger bei der kommissarischen Vernehmung anwesend war und sein Fragerecht ausgeübt hat.[122] Gegen eine (erneute) Vernehmung mittels Videoübertragung kann etwa auch sprechen, dass der Angeklagte teilgeständig ist, andere beweiskräftige Umstände für einen Tatnachweis vorhanden sind und Anhaltspunkte für eine Änderung des Aussageverhaltens der Auskunftsperson nicht bestehen.[123]

70 Zu einer Beweisaufnahme im Ausland oder zur Teilnahme an ihr ist das Gericht, wie bereits dargestellt, nicht verpflichtet, sodass das Angebot hierzu für die Frage des Erscheinens der Auskunftsperson irrelevant ist.[124]

71 **bb) Hindernis am Erscheinen.** Es muss ein Hindernis am Erscheinen bestehen, wobei Krankheit oder Gebrechlichkeit lediglich als Beispiele genannt sind. Das Vorliegen ist gegebenenfalls freibeweislich zu klären.

72 Hinsichtlich **Krankheit und Gebrechlichkeit** als körperliche Zustände im weiteren Sinne, die einem vernehmungsfähigen Erscheinen entweder als solche entgegen stehen oder sich durch ein Erscheinen voraussichtlich erheblich verschärfen würden, kann auf die allgemeine Kommentierung verwiesen werden.[125]

73 Hingegen kann ein solches Hindernis insbesondere auch bestehen, wenn die Auskunftsperson **im Ausland** für das Gericht dergestalt **unerreichbar** iSv § 244 Abs. 3 S. 2 Var. 5 StPO ist, dass ihr Erscheinen in der Hauptverhandlung nicht erreicht werden kann. Unerreichbarkeit eines Zeugen für eine Vernehmung in der Hauptverhandlung ist gegeben, wenn das Tatgericht dem Aufklärungsgebot genügende Bemühungen entfaltet hat und keine begründete Aussicht besteht, dass vertretbare weitere Bemühungen zur Ermittlung der Person oder des Aufenthaltsorts des Zeugen oder zu seinem Erscheinen in der Hauptverhandlung führen werden.[126] Das **Ausmaß der erforderlichen Bemühungen** ist unter Abwägung der Bedeutung der Sache und der Relevanz der Zeugenaussage für die Wahrheitsfindung einerseits und des Interesses an der zügigen Durchführung des Verfahrens sowie der Erfolgschancen weiterer Bemühungen andererseits zu bestimmen.[127] Nachforschungen ohne Anhaltspunkte oder auf der Grundlage ganz vager Angaben braucht das Gericht nicht anzustellen. Andererseits kann ein Zeuge nicht schon nach dem ersten Fehlschlag von Routineermittlungen als unerreichbar angesehen werden, falls konkrete Anhaltspunkte für weitere Nachforschungen gegeben sind und noch Aussicht auf Erfolg besteht.[128] Teilweise wird in der Literatur seit längerem gefordert, dass, wenn nicht von vornherein ausgeschlossen, auch entsprechende Versuche zB über das EJN und Eurojust unternommen werden müssten,[129] was allerdings bislang in der Rechtsprechung keinen Widerhall gefunden hat.

---

[121] BGHSt 32, 115 (123) = NJW 1984, 247; BGH BGHSt 46, 73 = NJW 2000, 2517: vgl. BT-Drs. 13/9063, 4; LR/*Becker* StPO § 247a Rn. 16; Kleinknecht/Meyer-Goßner/Schmitt/*Schmitt* StPO § 247a Rn. 6; s. auch SK-StPO/*Schlüchter* StPO § 251 Rn. 3: auf den abstrakten Wert des Beweismittels komme es nicht an.
[122] BGH Urt. v. 31.7.1979 – 1 StR 304/79; BGHSt 46, 73 = NJW 2000, 2517.
[123] BGHSt 46, 73 = NJW 2000, 2517.
[124] BGH NStZ 1985, 14; 375, 376; aA OLG Karlsruhe Justiz 1988, 134; vgl. KK-StPO/*Krehl* StPO § 244 Rn. 167.
[125] Vgl. Meyer-Goßner/Schmitt/*Schmitt* StPO § 223 Rn. 4 f. mwN; § 251 Rn. 20.
[126] Vgl. BGHSt 22, 118 (120) = NJW 1968, 1485; BGHSt 32, 68 (73) = NJW 1984, 2772; BGH NJW 1979, 1788; 2000, 443, 447; NStZ 1983, 422; 1993, 50; JZ 1988, 982; StV 1983, 496; 1987, 45; KK-StPO/*Krehl* StPO § 244 Rn. 160.
[127] BGHSt 22, 118 (120) = NJW 1968, 1485; BGHSt 32, 68 (73) = NJW 1984, 2772; BGH NJW 1990, 1124; 2000, 443, 447; NStZ 1983, 422; 1993, 349; StV 1987, 45; JZ 1988, 982; NStZ 2003, 562; KK-StPO/*Krehl* StPO § 244 Rn. 160; *Wenger* Auslandszeugen 48 f.
[128] Vgl. BGH NStZ 1982, 78; 1983, 180 (181); 1983, 422; StV 1983, 496; 1987, 45; 1992, 6; KK-StPO/*Krehl* StPO § 244 Rn. 162.
[129] Vgl. *v. Langsdorff* StV 2003, 472 (476).

(1) Unerreichbarkeit kann etwa anzunehmen sein, wenn der Aufenthalt der Auskunfts- 74
person oder eine verlässliche Kontaktmöglichkeit **nicht ermittelt** werden kann[130] bzw. der
Betroffene auf Kontaktaufnahmen **nicht antwortet**. Dies ergibt sich allerdings im Fall eines
ursprünglichen inländischen Aufenthalts nicht bereits daraus, dass ein Zeuge auf Ladung
nicht erschienen oder dass eine Ladung als unzustellbar in Rücklauf gekommen ist, und
kann auch nicht schon aus der Tatsache abgeleitet werden, dass ein Zeuge unbekannt
verzogen ist.[131] Hält sich der Zeuge mutmaßlich im Ausland auf, muss grundsätzlich der
ordnungsgemäße Zustellungsversuch einer förmlichen Ladung abgewartet werden,
außer wenn diese nach sicherer Prognose zwecklos wäre.[132] Diese Ladung muss jedenfalls bei
wesentlichen Zeugen stets alle notwendigen Hinweise, unter anderem auf das freie Geleit,
die Fahrtkostenerstattung und etwaige aufenthaltsrechtliche Gestattungen bzw. Erlaubnis-
möglichkeiten enthalten (→ § 15 Rn. 71 ff.).[133] Auch wenn sich ein wesentlicher Zeuge vor
dem Hintergrund des Verdachts einer möglichen Tatbeteiligung ins Ausland abgesetzt hat,
darf nicht daraus gefolgert werden, dass er in keinem Fall erscheinen werde, jedenfalls nicht,
wenn er nicht mit förmlicher Ladung auf das mögliche freie bzw. sichere Geleit hingewiesen
worden ist.[134] Bei einem mutmaßlich ausschlaggebenden Zeugen darf das Gericht auch die
Schlussfolgerung der Unerreichbarkeit aus dem völligen Fehlen auf eine einzige förmliche
Ladung nicht ziehen, wenn ihm eine weitere Aufklärung zB über die Rückmeldung des
ersuchten Staates nach Art. 10 Abs. 1 RHÜ 1959 offensteht. Dies gilt insbesondere, wenn
nicht gesichert ist, dass der Zeuge die (deutsche oder andere) Sprache, in der ihm die Ladung
übersandt wurde, versteht, und nicht andere Gründe für das einmalige Ausbleiben ausgeschlossen werden können.[135] Ist die förmliche Ladung nicht fehlerfrei oder die fehlende
Reaktion in solchen entscheidenden Fällen nicht klar zu deuten, muss die Ladung gegebenenfalls wiederholt werden.[136] Nach der besonderen Bedeutung des Zeugen können auch
weitere Ermittlungen, zB durch die Botschaft oder im Rahmen der Rechtshilfe erforderlich
sein.[137] Allerdings ist zu beachten, dass die Situation des § 251 StPO geringere Anforderungen als die Unerreichbarkeit nach § 244 Abs. 3 StPO stellt, weil bereits eine Aussage der
Auskunftsperson vorliegt; dies gilt umso mehr, wenn bei der bereits erfolgten Vernehmung
das Konfrontationsrecht gewahrt wurde, sodass hier selbst fehlende Hinweise auf das freie
Geleit oder die Reisekostenerstattung unschädlich sein können.[138] Ist eine direkte Kontaktaufnahme nicht völkerrechtlich erlaubt und der Gebietsstaat nicht für eine Rechtshilfe bei
der Ladung erreichbar oder nicht zu dieser zu bewegen, ist der Zeuge unerreichbar, wenn
keine alternative Ladungsmöglichkeit, insbesondere über die konsularische Vertretung, zur
Verfügung steht.[139] Allein das Fehlen einer konkreten vereinbarten Grundlage genügt nicht,
da auch die vertraglose Rechtshilfe zu prüfen ist. Auf einen Versuch kann allerdings verzichtet werden, wenn nach der bekannten Praxis derartige Ersuchen wegen des Vorliegens
eines bekannten Beschränkungsgrundes mit an Sicherheit grenzender Wahrscheinlichkeit
abgelehnt werden, insbesondere weil sie nach den einschlägigen Übereinkommen als unzulässig angesehen werden.[140] Ebenfalls ein Fall der Unerreichbarkeit soll vorliegen, wenn

---

[130] Vgl. hierzu BGH StV 1982, 602; NStZ 1982, 212, 472; BayObLG StV 1988, 65; *Wenger* Auslandszeugen 46 f.
[131] OLG Schleswig SchlHA 1987, 118; vgl. KG StV 2005, 13; OLG Hamm VRS 74, 365; OLG Köln StV 2002, 355; OLG München NStZ-RR 2007, 50; KK-StPO/*Krehl* StPO § 244 Rn. 163.
[132] BGH NJW 1985, 391 (392); wistra 1990, 156; StV 1985, 48; NJW 1982, 2738; NStZ 1982, 212; 1985, 375; 1991, 143; 1992, 141; 1993, 349; StV 1984, 408 (409); 1985, 48; 1985, 134; NJW 2002, 2403; KK-StPO/*Krehl* StPO § 244 Rn. 167.
[133] Vgl. BGH NJW 1979, 1788; BGHSt 32, 68 ff. = NJW 1984, 2772; BGH NStZ 1984, 375 f.; *Wenger* Auslandszeugen 38 mwN.
[134] Vgl. BGH NJW 1979, 1788.
[135] Vgl. BGH NStZ 1984, 375 f.
[136] Vgl. BGH NStZ 1982, 472; 1984, 375; *Wenger* Auslandszeugen 37 f. mwN.
[137] Vgl. BayObLG StV 1988, 56.
[138] BGHSt 32, 68 ff. = NJW 1984, 2772.
[139] *Nagel* Beweisaufnahme 241 mwN; *Wenger* Auslandszeugen 44 f. mwN.
[140] *Nagel* Beweisaufnahme 242 mwN.

der ersuchte Staat auf einem Originalersuchen, also nicht nur Übersetzung, in seiner Sprache besteht und hierzu der deutsche Richter unter Berufung auf § 184 GVG nicht bereit ist, was in seinem Ermessen stehen soll.[141]

75 **(2)** Vor allem, soweit rechtlich **keine Erscheinenspflicht** der Auskunftsperson besteht, bzw. diese **nicht zum Erscheinen gezwungen** werden kann, kann ein entsprechendes Hindernis vorliegen.[142] Dies ist bei Fällen mit Auslandsbezug gegeben, wenn im Inland eine entsprechende Immunität eingreift (→ § 24 Rn. 1 ff.) oder sich die Auskunftsperson im Ausland aufhält. Damit das Hindernis tatsächlich besteht, muss feststehen, dass nicht trotzdem, namentlich auf freiwilliger Grundlage, ihr Erscheinen in der Hauptverhandlung bewirkt werden kann.

76 Dazu ist grundsätzlich erforderlich, dass die Auskunftsperson sich **bestimmt und endgültig weigert,** einer förmlichen Ladung Folge zu leisten, oder eine solche von vornherein aussichtslos scheint.[143] Eine bloße Auskunft, nicht erscheinen zu wollen, insbesondere wenn sie vor längerer Zeit oder in einem wesentlich früheren Ermittlungsstadium oder ohne Diskussion der diversen unterstützenden Maßnahmen von freiem Geleit über Zeugenschutz bis zur Reisekostenerstattung (→ § 15 Rn. 21 ff., 34 ff., 59) erfolgt ist, reicht nicht aus, wenn daraus nicht ausgeschlossen scheint, dass die Auskunftsperson bei Kenntnis aller Umstände sich nicht doch zur Aussage in der Hauptverhandlung bewegen lässt.[144]

77 Dass einem Zeugen Strafverfolgung oder Strafvollstreckung drohen, macht ihn ebenfalls nicht ohne Weiteres unerreichbar, wenn er freies bzw. sicheres Geleit genießen würde und die Möglichkeit besteht, dass eine Belehrung über diese Rechtslage ihn zum Erscheinen veranlasst.[145]

78 Auch die besondere Aufforderung mittels Rechtshilfe zu erscheinen muss, soweit sie zur Verfügung steht (→ § 15 Rn. 14, 70, 79), regelmäßig ausgeschöpft werden.[146] Es bedarf hingegen dann nicht erneuter Versuche, den Zeugen zum Erscheinen in der Hauptverhandlung zu befragen bzw. zu bewegen, wenn unter den gegebenen Umständen das Gericht die klare und bestimmte Weigerung des Zeugen, zur Hauptverhandlung zu erscheinen, als endgültige Absage auffassen kann, weil jeder Anhalt dafür fehlt, dass der Zeuge anderen Sinnes geworden sein könnte und nunmehr bereit gewesen wäre, zur Hauptverhandlung zu kommen und als Zeuge auszusagen.[147] Eine definitive Weigerung kann auch in Ausflüchten, nichtssagenden Entschuldigungen, im Nichtreagieren auf gerichtliche Anfragen zum Ausdruck kommen.[148] Allein ein unklares Verhalten eines Zeugen darf demgegenüber nicht als endgültige Weigerung angesehen werden.[149] Für eine endgültige Absage hinsichtlich der Anreise zur Beweisaufnahme in der Hauptverhandlung kann auch sprechen, dass der Zeuge mittlerweile gegebenenfalls mehrfach im Wege der Rechtshilfe vernommen worden war.[150] Dies gilt selbst dann, wenn die Absage gegenüber anderen Ermittlungsorganen oder in Bezug auf einen wesentlich früher angesetzten Hauptverhandlungstermin erfolgt ist.[151]

---

[141] Vgl. BGHSt 32, 342 = NJW 1984, 2050; dazu zu Recht krit. *Nagel* Beweisaufnahme 243 f.
[142] Vgl. KK-StPO/*Diemer* StPO § 251 Rn. 26 mwN; Meyer-Goßner/Schmitt/*Schmitt* StPO § 223 Rn. 6.
[143] BGH NStZ 1992, 141; BGH Urt. v. 2.8.1977 – 1 StR 130/77; vgl. hierzu und zum Folgenden BGH NStZ 1985, 281; BeckRS 2001, 30161954 = StV 2001, 664; KK-StPO/*Diemer* StPO § 251 Rn. 26 f. mwN; KK-StPO/*Krehl* StPO § 244 Rn. 167.
[144] Vgl. BGHSt 22, 118 (121) = NJW 1968, 1485.
[145] BGH NJW 1982, 2738; 1983, 528; BGHSt 32, 68 (74) = NJW 1984, 2772; BGH NJW 1979, 1788; 1982, 2738; NStZ 1981, 146; StV 1982, 207; 1984, 408 (409); 1985, 134; KK-StPO/*Krehl* StPO § 244 Rn. 167.
[146] Vgl. BGH NJW 1982, 2738; NStZ 1984, 375 (376); KK-StPO/*Krehl* StPO § 244 Rn. 167; *Herdegen* NStZ 1984, 337 (339).
[147] BGH Urt. v. 2.8.1977 – 1 StR 130/77.
[148] BGHSt 32, 68 (75) = NJW 1984, 2772; BGH NStZ 1982, 472; 1985, 375; 1991, 143; 1993, 50; KK-StPO/*Krehl* StPO § 244 Rn. 164.
[149] BGH NStZ 1982, 341; 1984, 375; BGH StV 1984, 60; 1984, 324; 1984, 408; 1985, 48; 1985, 134; BGHR StPO § 244 Abs. 3 S. 2 Unerreichbarkeit 20; KK-StPO/*Krehl* StPO § 244 Rn. 164.
[150] BGH Urt. v. 2.8.1977 – 1 StR 130/77.
[151] BGH Urt. v. 2.8.1977 – 1 StR 130/77.

(3) Ist die Auskunftsperson in **Haft** bzw. in längerem amtlichem Gewahrsam **in einem** 79 **anderen Staat,** hat das Gericht von den Möglichkeiten der, auch ausservertraglichen, Rechtshilfe zur (gegebenenfalls zeitweisen) Überstellung Gebrauch zu machen.[152] Es liegt dann ein Hindernis namentlich vor, wenn eine Auslieferung oder vor allem vorübergehende Überstellung zu Beweiszwecken durch den Staat, der die Auskunftsperson in Gewahrsam hält, abgelehnt wird bzw. sonst nicht erreicht werden kann, oder wenn die Überstellung an Bedingungen geknüpft wird, welche die zuständige deutsche Behörde nicht erfüllen kann oder will.[153] Ebenso kann die Niederschrift über die Vernehmung eines im Ausland verhafteten Zeugen verlesen werden, wenn es völlig ungewiss ist, ob der Zeuge **nach seiner Freilassung** einer Vorladung Folge leisten wird.[154]

(4) Ebenfalls ein Hindernis kann darstellen, wenn die Reise zur Hauptverhandlung durch 80 staatliche **Ein- oder Ausreiseverweigerungen** unmöglich ist.[155] Allerdings haben sich die Ermittlungsorgane auch um ein Visum zu bemühen, vgl. Nr. 116 Abs. 5 RiVASt (→ § 15 Rn. 21 ff.). Ergeben sich bei der Ausreise andere erhebliche Hindernisse seitens des Ausgangsstaates, zB ein Umtausch- oder Depotzwang von Guthaben, ist zwar zunächst die Beseitigungsmöglichkeit beim Ausgangsstaat oder mit Amtshilfe deutscher Stellen zu prüfen, jedoch anderenfalls ein hinreichendes Hindernis anzunehmen.[156]

(5) Ebenfalls aus Rechtsgründen ist ein Zeuge unerreichbar, wenn er – namentlich als 81 Vertrauensperson oder verdeckter Ermittler – durch einen ausländischen Staat **gesperrt** worden ist.[157] Entsprechend wird man auch eine vollständige **Versagung der Aussagegenehmigung** für die Hauptverhandlung einzuordnen haben, während die angekündigte Berufung auf ein Schweigerecht nach §§ 52 ff. StPO nur im Rahmen der allgemeinen Regeln und Rechtsprechung unter anderem zu § 252 StPO durch eine Vernehmung der Verhörperson und nur in den vorgesehenen Ausnahmefällen durch Verlesung der Protokolle früherer Vernehmungen umgangen werden kann.[158]

(6) Unerreichbar aus Rechtsgründen ist aber auch ein Zeuge, der nicht vernommen 82 werden kann und darf, weil er bei wahrheitsgemäßer Aussage mit **politischer Verfolgung** in seinem Heimatland zu rechnen hätte.[159] Unter besonderen Umständen kann auch ein Zeuge am Erscheinen verhindert sein, wenn ihm oder seinen Angehörigen auch sonst infolge seiner Vernehmung in der Hauptverhandlung **Gefahr für Leib und Leben droht**.[160] Gleiches kann gelten, wenn sich kindliche Zeugen weigern, in der Hauptverhandlung zu erscheinen und hierzu nicht gezwungen werden können, oder wenn sich die Erziehungsberechtigten etwa wegen ernsthaft zu befürchtender schwerer psychischer Beeinträchtigungen endgültig weigern, das Kind in der Hauptverhandlung erscheinen zu lassen.[161] Hier sind allerdings die vorrangigen Möglichkeiten des Zeugenschutzes, unter anderem nach § 247 StPO, in rechtlicher und tatsächlicher Hinsicht zu prüfen und mit den Betroffenen abzuklären.

cc) **Für ungewisse oder zumindest längere Zeit.** Das Hindernis muss **für ungewisse** 83 **oder zumindest längere Zeit dem Erscheinen in nicht zu beseitigender Weise entgegenstehen.** Ob dies der Fall ist, ist aufgrund einer Abwägung der Bedeutung der

---

[152] BGH Urt. v. 31.7.1979 – 1 StR 304/79; KK-StPO/*Diemer* StPO § 251 Rn. 26 f. mwN.
[153] BGH Urt. v. 19.12.1975 – 2 StR 480/73 [nicht abgedruckt], zit. nach BGH wistra 1990, 157; vgl. Meyer-Goßner/Schmitt/*Schmitt* StPO § 224 Rn. 6 mwN; KK-StPO/*Diemer* StPO § 251 Rn. 26; § 244 Rn. 172 ff. mwN.
[154] BGH Urt. v. 21.10.1980 – 1 StR 466/80 zit. nach *Pfeiffer*, NStZ 1982, 188, 189 f.; vgl. KK-StPO/*Diemer* StPO § 251 Rn. 27.
[155] Meyer-Goßner/Schmitt/*Schmitt* StPO § 224 Rn. 6 mwN.
[156] Vgl. *Nagel* Beweisaufnahme 238 mwN; *Wenger* Auslandszeugen 45 f. mwN.
[157] HansOLG Hamburg NJW 2005, 2326); KK-StPO/*Diemer* StPO § 251 Rn. 9; BeckOK StPO/*Ganter*, 33. Ed. 1.4.2019, StPO § 251 Rn. mwN.
[158] Vgl. hierzu die allgemeine Kommentierung insbes. zu § 252 StPO sowie → Rn. 34; → § 15 Rn. 213.
[159] BGHSt 17, 337 (345 ff., 349 f.) = NJW 1962, 1873; KK-StPO/*Diemer* StPO § 251 Rn. 25 mwN.
[160] BGH NStZ 1993, 350; BeckOK StPO/*Ganter*, 33. Ed. 1.4.2019, StPO § 251 Rn. 17.
[161] KK-StPO/*Diemer* StPO § 251 Rn. 25 mwN; *Laubenthal* JZ 1996, 355 ff., 342; *Zschockelt/Wegner* NStZ 1996, 305 ff., 308.

Sache und der Wichtigkeit der Zeugenaussage für die Wahrheitserforschung gegen das Interesse an einer zügigen Durchführung des Verfahrens zu entscheiden.[162]

84 Dazu hat das Gericht zunächst freibeweislich hinreichend unter Berücksichtigung der Pflicht zu erschöpfender Sachaufklärung zu seiner Überzeugung zu ermitteln, ob das Hindernis vorübergehender Art ist, und wie lange es in diesem Fall aller Voraussicht nach andauern wird.[163] Das Gericht hat dabei namentlich von den Möglichkeiten der Rechtshilfe Gebrauch zu machen.[164]

85 Auf dieser Basis hat der Tatrichter dann nach pflichtgemäßem Ermessen, das in der Revision nur auf Rechtsfehler geprüft werden kann, anhand der Bedeutung der Sache und der Wichtigkeit der Zeugenaussage für die Wahrheitserforschung gegen das Interesse an einer zügigen Durchführung des Verfahrens, an der auch der Angeklagte interessiert ist, **abzuwägen, ob die Behebung eines vorübergehenden Hindernisses abzuwarten ist**.[165] Dabei sollen die Anforderungen aufgrund der systematischen Verknüpfung in tatsächlicher Hinsicht zwar weniger streng als im Fall des § 251 Abs. 1 Nr. 2 StPO sein. Ist aber nur eine persönliche Vernehmung der Auskunftsperson in der Hauptverhandlung sachgemäß, will etwa das Gericht von ihr einen persönlichen Eindruck gewinnen, es oder ein Beteiligter zusätzliche Fragen an sie stellen, oder ist eine Gegenüberstellung nötig, so müssen auch längere Verzögerungen in Kauf genommen werden.[166] So wurde zB eine Verzögerung von einem halben Jahr bei einem entscheidenden Zeugen und erheblicher Rechtsfolge als hinzunehmen angesehen.[167] Bei einem wichtigen Zeugen muss in einem Schwurgerichtsverfahren jedenfalls eine Verzögerung von fünf Wochen hingenommen werden.[168] Ist einem Zeugen die Anreise aus dem Urlaub nicht zumutbar, muss die Hauptverhandlung um ein oder zwei Sitzungstage verlängert werden, um eine persönliche Vernehmung zu ermöglichen.[169] Hingegen braucht das Gericht insbesondere bei Untersuchungshaft des Angeklagten, wenn der Zeuge bei früheren Vernehmungen im Ermittlungsverfahren nichts Sachdienliches ausgesagt hat, trotz der Bedeutung der Sache nicht abzuwarten, ob eine spätere Ladung Erfolg haben wird.[170]

86 **dd) Nachholen während laufender Hauptverhandlung.** Liegt insbesondere in diesem Fall des § 251 Abs. 2 Nr. 1 StPO noch keine (ausreichende) Niederschrift einer richterlichen Vernehmung vor, so kann diese auch während des Laufs der gegebenenfalls unterbrochenen oder vor einem Neubeginn der ausgesetzten Hauptverhandlung entsprechend § 223 Abs. 1 StPO und unter Beachtung des Rechtshilferechts auch im Ausland erfolgen und deren Ergebnis dann nach § 251 Abs. 2 StPO verlesen werden.

87 **c) Unzumutbares Erscheinen, § 251 Abs. 2 Nr. 2 StPO.** Der vor allem historisch bedeutsame gesonderte Grund des § 251 Abs. 2 Nr. 2 StPO greift ein, wenn zwar die Vernehmung des Zeugen oder Sachverständigen in der Hauptverhandlung **möglich ist, ihm** dies aber aufgrund der großen Entfernung unter Berücksichtigung der Bedeutung seiner Aussage **nicht zugemutet werden** kann. Aufgrund einerseits der mittlerweile weitgehenden Übernahme von nur hier ausdrücklich genannten Abwägungskriterien im Rahmen von § 251 Abs. 2 Nr. 1 StPO bei der Beurteilung von Hindernis und Zeitraum und andererseits der enormen Verbesserungen der Transportmittel seit Erlass der Norm, die mit

---

[162] Vgl. BGHSt 22, 118 (120 ff.) = NJW 1968, 1485; BGH Beschl. v. 20.11.1975 – 4 StR 616/75; BGH Urt. v. 31.8.1978 – 1 StR 179/78.
[163] BGHSt 22, 118 (120) = NJW 1968, 1485; BGH Beschl. v. 20.11.1975 – 4 StR 616/75; BGH Urt. v. 31.7.1979 – 1 StR 304/79; KK-StPO/*Diemer* StPO § 251 Rn. 27.
[164] → Rn. 74; vgl. auch KK-StPO/*Diemer* StPO § 251 Rn. 26 f. mwN.
[165] Vgl. BGHSt 22, 118 (120 ff.) = NJW 1968, 1485; BGH Beschl. v. 20.11.1975 – 4 StR 616/75; BGH Urt. v. 31.8.1978 – 1 StR 179/78; KK-StPO/*Diemer* StPO § 251 Rn. 27.
[166] Vgl. KK-StPO/*Diemer* StPO § 251 Rn. 27.
[167] OLG München StV 2006, 464.
[168] BGH NStZ-RR 1997, 268; BeckOK StPO/*Ganter*, 33. Ed. 1.4.2019, StPO § 251 Rn. 17.
[169] BGH StV 1983, 444; BeckOK StPO/*Ganter*, 33. Ed. 1.4.2019, StPO § 251 Rn. 17.
[170] BGH NStZ 1991, 143.

§ 223 Abs. 2 StPO korrespondiert, ist ihre Bedeutung stark geschwunden.[171] Umfasst sind insbesondere Fälle, in denen die Auskunftsperson jedenfalls nicht erwiesenermaßen unerreichbar ist, also im Ausland nicht bereits endgültig sein Erscheinen verweigert hat. Umgekehrt kann sich bei Vorliegen dieser Variante eine weitere Nachforschung hinsichtlich der Erreichbarkeit wohl erübrigen.

Wie aus dem Wortlaut ersichtlich, ist die Unzumutbarkeit des Erscheinens unter Berücksichtigung aller Umstände des Einzelfalls, namentlich der Bedeutung der Sache, der Aussage und des persönlichen Eindrucks des Gerichts unter Berücksichtigung seiner Aufklärungspflicht und des Konfrontationsrechts, der Notwendigkeit der Beschleunigung, der Verkehrsverhältnisse und Erreichbarkeit des Verhandlungsortes und der persönlichen Situation der Auskunftsperson – etwa Alter, Gesundheitszustand, familiärer oder beruflicher Unabkömmlichkeit – zu beurteilen.[172] Bei überragender Bedeutung, zB einem besonders schweren strafrechtlichen Vorwurf, muss sogar eine Anreise aus Übersee erfolgen, der einzige Belastungszeuge muss in der Regel persönlich erscheinen.[173] Urlaub im Inland ist kein zureichender Grund, wenn die Zeugenaussage wichtig ist.[174] Wenn die Anreise nur vorübergehend unzumutbar und die persönliche Vernehmung unerlässlich ist, muss die Hauptverhandlung vertagt oder notfalls ausgesetzt werden.[175] Die Reise vom außereuropäischen Wohnort zum Termin ist einem Zeugen grundsätzlich zuzumuten, wenn das Verfahren einen hinreichend schweren Schuldvorwurf betrifft und der Zeuge das einzige Beweismittel ist.[176] **88**

4. Vereidigung

Nach jeder Verlesung nach § 251 Abs. 2 StPO hat der Vorsitzende **festzustellen,** ob der Vernommene bzw. Erklärende **vereidigt worden ist** und, wenn nicht, zu entscheiden, ob die Vereidigung nachzuholen ist, § 251 Abs. 4 S. 3, 4.[177] Soweit das deutsche Recht der Vereidigung im Ausland Anwendung finden kann,[178] sind für die Entscheidung alleine die §§ 59 ff. StPO maßgebend. Danach sind Feststellung und Entscheidung überflüssig, wenn die Auskunftsperson als Beschuldigter vernommen wurde, eidesunmündig war oder sonst ein Grund des § 60 StPO eingreift. Ist die Nichtvereidigung bereits in der Niederschrift vermerkt, muss eine Feststellung nicht erfolgen.[179] Da sich mit der Neufassung des § 59 Abs. 1 S. 1 StPO eine Pflicht zur Vereidigung nur noch nach dem dort und in den §§ 60–63 StPO eingerahmten Ermessen des Gerichts ergibt, dürfte diese regelmäßig nicht erforderlich sein, sodass sich die Frage der Durchführbarkeit gemessen an der ausländischen Rechtsordnung dann nicht stellt. Jedoch ist die Möglichkeit eines erneuten Rechtshilfeersuchens auf Vereidigung jedenfalls aus dem Rechtshilferecht kaum ausgeschlossen. Wie bei der inländischen Rechtshilfe muss die Auskunftsperson dann, sofern dem nicht das anwendbare ausländische Recht entgegensteht, erneut kommissarisch vernommen werden.[180] Jedenfalls dann, wenn der ersuchte Richter erkennbar bewusst von der Vereidigung abgesehen hat, ist § 238 StPO anwendbar, sodass der Vorsitzende über die Nachholung alleine verfügt und das Gericht nur bei Beanstandung dagegen beschließt.[181] Auch wenn man Feststellung und Entscheidung **89**

---

[171] Vgl. KK-StPO/*Diemer* StPO § 251 Rn. 28 mwN.
[172] BGH Urt. v. 12.7.1979 – 1 StR 254/79; BGH MDR 1979, 990; NStZ 1981, 271; 1990, 28; 1994, 228; Meyer-Goßner/Schmitt/*Schmitt* StPO § 223 Rn. 8; KK-StPO/*Diemer* StPO § 251 Rn. 28.
[173] BGHSt 9, 230 = NJW 1956, 1367; Meyer-Goßner/Schmitt/*Schmitt* StPO § 223 Rn. 8.
[174] BGH StV 1981, 164.
[175] KK-StPO/*Diemer* StPO § 251 Rn. 28.
[176] BGHSt 9, 230 = NJW 1956, 1367.
[177] Vgl. KK-StPO/*Diemer* StPO § 251 Rn. 32; Meyer-Goßner/Schmitt/*Schmitt* StPO § 251 Rn. 43 f.; vollständiger Formulierungs-/Protokollierungsvorschlag bei BeckOK StPO/*Ganter*, 33. Ed. 1.4.2019, StPO § 251 Rn. 39 f.
[178] → § 15 Rn. 221 f.
[179] Meyer-Goßner/Schmitt/*Schmitt* StPO § 251 Rn. 43; mwN MüKo-StPO/*Kreicker* StPO § 251 Rn. 87.
[180] Vgl. LR/*Sander/Cirener* StPO § 251 Rn. 91; Meyer-Goßner/Schmitt/*Schmitt* StPO § 251 Rn. 44.
[181] Vgl. KK-StPO/*Diemer* StPO § 251 Rn. 32; Meyer-Goßner/Schmitt/*Schmitt* StPO § 251 Rn. 43 f.

nicht als wesentliche Förmlichkeit ansehen wollte, empfiehlt es sich jedenfalls, diese im Protokoll zu vermerken.[182]

III. Allgemeine Verlesung nach § 251 Abs. 1 StPO

90 Die **Verlesung von anderen Niederschriften und insbesondere schriftlichen Erklärungen** nach § 251 Abs. 1 StPO ist demgegenüber hinsichtlich des tauglichen Gegenstandes erheblich weiter, jedoch bei den Gründen der Verlesung deutlich strenger.

1. Tauglicher Gegenstand

91 Tauglicher Gegenstand der Verlesung nach § 251 Abs. 1 StPO sind alle Protokolle einer Vernehmung oder eigene schriftliche Erklärungen einer Auskunftsperson.[183] Der Zeitpunkt ihrer Entstehung und ihr Anlass sind für die Verlesbarkeit ohne Bedeutung. Beide Arten können im Ermittlungsverfahren oder unabhängig davon entstanden oder vom Gericht veranlasst oder eingeholt worden sein.[184] Ausländische Protokolle sind ohne Weiteres umfasst, soweit ihre Verwertung zulässig ist. Das heißt, zB müssen sie den deutschen Ermittlungsbehörden grundsätzlich zur Verwendung im Strafverfahren zur Verfügung gestellt worden sein, die bloße Überlassung zu Informationszwecken genügt nicht (→ § 24 Rn. 12).[185]

92 Zu keiner der beiden verlesbaren Kategorien zählen allerdings insbesondere Vermerke bzw. Aktennotizen von Ermittlungsbeamten über Angaben eines Beschuldigten, der die Protokollierung verweigert. Diese sind weder als Vernehmungsprotokoll noch als schriftliche Erklärung des Beschuldigten verlesbar.[186] Das Gleiche gilt für eine mündlich erstattete und von dem Polizeibeamten schriftlich angefertigte Strafanzeige.[187] Eigene schriftliche Erklärungen von aussageverweigernden Personen können hingegen grundsätzlich verlesen werden (→ § 15 Rn. 10; Rn. 34 f.).[188]

93 Zur ihrer Verlesbarkeit werden an nichtrichterliche Vernehmungsniederschriften **praktisch keinerlei Formanforderungen** gestellt.[189] Das Fehlen der Unterschrift des Vernehmungsbeamten oder der Auskunftsperson schadet nicht. Das Protokoll muss auch der Auskunftsperson nicht vorgelesen und von ihr genehmigt worden sein. Auch muss die **Identität** der Auskunftsperson, zB einer V-Person, nicht festgestellt sein, bzw. falsche Angaben zu dieser stehen ebenfalls der Verlesung nicht entgegen.[190] **Auch** Niederschriften, die zur **Protokollierung von richterlichen Vernehmungen** erfolgten, die aber aufgrund **wesentlicher Mängel** (der Vernehmung oder der Niederschrift) nicht den Anforderungen des § 251 Abs. 2 StPO genügen, können nach § 251 Abs. 1 StPO verlesen werden. Allerdings muss das Gericht zuvor gem. § 265 StPO auf die Mängel und beabsichtige Verwertung als nichtrichterliche Vernehmung hinweisen.[191]

---

[182] Für eine wesentliche Förmlichkeit Meyer-Goßner/Schmitt/*Schmitt* StPO § 251 Rn. 43, dagegen wohl KK-StPO/*Diemer* StPO § 251 Rn. 32.
[183] Vgl. Meyer-Goßner/Schmitt/*Schmitt* StPO § 250 Rn. 6 ff.
[184] BGH GA 1954, 347; NStZ 1981, 270; BGHSt 33, 178 (181) = NJW 1985, 1789; KK-StPO/*Diemer* StPO § 251 Rn. 10.
[185] BGH MDR 1978, 806; NJW 1987, 2168 (2171); BeckOK StPO/*Ganter*, 33. Ed. 1.4.2019, StPO § 251 Rn. 15; Meyer-Goßner/Schmitt/*Schmitt* StPO § 251 Rn. 13.
[186] BGH NStZ 1992, 48; BeckOK StPO/*Ganter*, 33. Ed. 1.4.2019, StPO § 251 Rn. 8.
[187] BeckOK StPO/*Ganter*, 33. Ed. 1.4.2019, StPO § 251 Rn. 8 mwN.
[188] BGH NStZ 1988, 36; Meyer-Goßner/Schmitt/*Schmitt* § 250 Rn. 8.
[189] Vgl. hierzu und zum Folgenden BGH NJW 1954, 361; OLG Düsseldorf StV 1984, 107; BeckOK StPO/*Ganter*, 33. Ed. 1.4.2019, StPO § 251 Rn. 5.
[190] BeckOK StPO/*Ganter*, 33. Ed. 1.4.2019, StPO § 251 Rn. 6; zu Letzterem *Fischer* NJW 1974, 68; aA OLG Frankfurt a.M. NJW 1973, 2074, das eine Verlesung für unzulässig erachtet.
[191] BGH NJW 1968, 1485; NStZ 1998, 312; BeckOK StPO/*Ganter*, 33. Ed. 1.4.2019, StPO § 251 Rn. 7; KK-StPO/*Diemer* StPO § 251 Rn. 19 mwN.

2. Verlesungshindernisse

Verlesungshindernisse können sich insbesondere aus den oben genannten allgemeinen 94 Gründen ergeben, wie Bedingungen und Einschränkungen durch den rechtshilfeleistenden Staat, sonst aus dem Rechtshilferecht oder dem allgemein anwendbaren Verfahrensrecht (→ § 9 Rn. 95 ff.). Durch eine Vertraulichkeitszusage wird allerdings die Verlesung einer Vernehmungsniederschrift oder schriftlichen Erklärung nicht gehindert.[192]

3. Verlesungsgrund

Unter den drei möglichen Verlesungsgründen ergibt sich allenfalls eine praktische Rang- 95 ordnung.

a) Ohne Weiteres, und insbesondere ohne jede Besonderheit bei Auslandsbezug, kann 96 die Verlesung nämlich gem. § 251 Abs. 1 Nr. 3 StPO stets erfolgen, soweit Vorliegen oder die Höhe eines (materiellen) **Vermögensschadens, nicht aber eines immateriellen Schadens,** Gegenstand der Verlesung ist.[193]

b) Ebenfalls keine Besonderheiten wirft der Fall des § 251 Abs. 1 Nr. 1 StPO auf, dass **alle** 97 **Beteiligten einverstanden** sind, wobei besonders darauf zu achten ist, dass hier alle mitbetroffenen Angeklagten einen Verteidiger haben müssen, der ebenfalls zustimmt und Privatkläger und gegebenenfalls Nebenbeteiligte ebenfalls berücksichtigt werden müssen.[194] Ansonsten ist auf das oben zu § 251 Abs. 2 Nr. 3 StPO Ausgeführte zu verweisen (→ Rn. 66).

c) Die für eine Verlesung sonst erforderlichen Voraussetzungen des § 251 Abs. 1 Nr. 2 98 StPO, dass die Auskunftsperson verstorben ist oder aus einem anderen Grund **in absehbarer Zeit gerichtlich nicht vernommen werden kann,** setzen voraus, dass das Vernehmungshindernis auf tatsächlichen Gründen – also nicht etwa einem ausgeübten Zeugnisverweigerungsrecht – beruhen und sich insoweit aus äußeren, nicht vom Zeugen beherrschbaren Umständen ergeben muss.[195] Der Rückgriff jedenfalls auf frühere nichtrichterliche Vernehmungsniederschriften soll auch ausgeschlossen sein, wenn sich der Zeuge im Verlauf der Hauptverhandlung auf § 55 StPO beruft.[196]

Sie unterscheiden sich gegenüber denen bei der Verlesung richterlicher Vernehmungs- 99 niederschriften im Wesentlichen in zwei Punkten:

aa) Umstritten ist hier einerseits der **Vergleichspunkt,** ob nicht nur die Vernehmung in 100 der Hauptverhandlung, sondern (irgend-)eine gerichtliche Vernehmung unmöglich sein muss, sodass **stets mit zu prüfen** ist, ob eine **kommissarische richterliche Vernehmung** der Auskunftsperson, vor allem nach §§ 223 f. StPO im Wege der Rechtshilfe oder, soweit möglich, nach dem deutschen KonsularG (noch) in Betracht kommt.[197] Ob eine Vernehmung durch einen Richter oder einen Konsul im Ausland einen wesentlichen Gewinn für die Wahrheitsfindung verspricht, muss wiederum ganz der Entscheidung des Tatrichters nach pflichtgemäßem Ermessen überlassen bleiben.[198] Allerdings hat dieser, wiederum in Ausstrahlung des Konfrontationsrechts, zu berücksichtigen, ob der Angeklagte oder sein Verteidiger bereit und in der Lage sind, einer solchen Vernehmung beizuwohnen, um an die Auskunftsperson Fragen zu stellen oder ihr Vorhalte zu machen, wenn dies zuvor nicht möglich war.[199] Deshalb kann eine Äußerung der weiterhin vernehmungsbereiten

---

[192] KK-StPO/*Diemer* StPO § 251 Rn. 9 mwN.
[193] Vgl. Meyer-Goßner/Schmitt/*Schmitt* StPO § 251 Rn. 12 mwN.
[194] Vgl. iE Meyer-Goßner/Schmitt/*Schmitt* StPO § 251 Rn. 8, 24 ff. mwN; KK-StPO/*Diemer* StPO § 251 Rn. 11.
[195] BGH NJW 2007, 2195 ff. mwN; KK-StPO/*Diemer* StPO § 251 Rn. 13.
[196] Ausf. ebd. BGH NJW 1984, 136.
[197] BGH NJW 1968, 1485; aA *Nagel* Beweisaufnahme 296 f. mwN unter Berufung unter anderem auf BGH NStZ 1985, 561 f.; 1986, 469 f.; Meyer-Goßner/Schmitt/*Schmitt* StPO § 251 Rn. 10.
[198] StRspr, vgl. unter anderem BGH NJW 1952, 1305; 1968, 1485; StV 1992, 548 f.; BGHSt 13, 300 (302) = NJW 1960, 54; BGHSt 22, 118 (122) = NJW 1968, 1485; BGH NJW 1983, 527; JR 1984, 129; NStZ 1985, 375 (376); KK-StPO/*Diemer* StPO § 251 Rn. 14 mwN; wN bei *Herdegen* NStZ 1998, 444.
[199] BGH NJW 1968, 1485.

Auskunftsperson außerhalb einer amtlichen Vernehmung, zB gegenüber dem konsularischen Personal bei Aushändigung der Ladung, sie hätte bereits in ihrer polizeilichen Vernehmung alles ausgesagt, was sie beitragen könne, nicht ausreichend sein.[200] Die Wertlosigkeit einer kommissarischen Vernehmung der Zeugen ist insbesondere begründungsbedürftig, wenn es sich um ein (begrenztes) Beweisthema handelt, das keiner persönlichen Konfrontation des Zeugen mit dem Angeklagten oder Präsenz gegenüber dem Gericht und den weiteren Beteiligten bedarf, insbesondere wenn der Zeuge weder zum Angeklagten, einem mutmaßlichen Mitbeteiligten oder Tatopfer in irgendeiner persönlichen Beziehung steht.[201] Ist eine (erneute) richterliche Vernehmung nicht in absehbarer Zeit möglich oder verspricht sie keinen wesentlichen Erkenntnisgewinn, so können neben den bestehenden Niederschriften bereits durchgeführter richterlicher Vernehmungen auch nicht-richterliche Protokolle und Erklärungen verlesen werden, wenn aus Gründen der Aufklärungspflicht die Benutzung aller vorhandenen Beweismittel geboten ist.[202]

101 bb) Demgegenüber ist die **zeitliche Komponente,** für die die Auskunftsperson in dieser Weise nicht zur Verfügung steht, strenger, da es nicht auch auf längere, sondern auf nicht absehbare Zeit gerichtet ist. Wie bei § 251 Abs. 2 Nr. 1 StPO gibt es dafür, ob eine lebende Auskunftsperson **in absehbarer Zeit** gerichtlich nicht vernommen werden kann, keinen für alle Fälle gültigen Maßstab. Die Entscheidung, ob diese Voraussetzung gegeben ist, erfordert vielmehr eine **Abwägung** der Bedeutung der Sache und der Wichtigkeit der Zeugenaussage für die Wahrheitsfindung einerseits gegen das Interesse an einer reibungslosen und beschleunigten Durchführung des Verfahrens andererseits unter Berücksichtigung der Pflicht zur erschöpfenden Sachaufklärung. Die sich hieraus ergebenden Bemühungen des Gerichts, die unmittelbare Vernehmung eines Zeugen trotz erheblicher Schwierigkeiten zu ermöglichen, müssen der Bedeutung der Aussage angemessen sein.[203]

102 Diese Kriterien gelten insbesondere für die **Ermittlung des Aufenthaltes** der Auskunftsperson oder das **Abwarten auf die Wiederherstellung** ihrer (gerichtlichen) **Vernehmungsfähigkeit.**[204] Es gilt aber vor allem auch für die Beurteilung einer **Weigerung der Auskunftsperson,** soweit sie keine Mitwirkungspflicht trifft, die sich nicht nur auf die Einvernahme in der Hauptverhandlung selbst, sondern auch auf die anderen genannten möglichen und sinnvollen Alternativen gerichtlicher Vernehmung erstrecken und zudem nach allen Umständen unabänderlich sein muss.[205] Ob eine solche Weigerung vorliegt, ist im Wesentlichen eine nicht revisible Tatfrage. Indessen darf sich das Gericht angesichts einer entscheidenden Bedeutung der Aussage nicht mit der bloßen kurzen Anfrage des Vorsitzenden begnügen. Es muss vielmehr versuchen, der Auskunftsperson die Bedeutung ihrer Aussagen für den Ausgang des Verfahrens und für das Schicksal des Angeklagten deutlich zu machen, um sie dadurch zu bewegen, doch freiwillig zur Vernehmung zu erscheinen.[206] Ebenso ist zu prüfen, ob eine Ladung auf diplomatischem Wege eine Änderung der Haltung der Auskunftsperson bewirken könnte.[207]

4. Vereidigung

103 Bei einer Verlesung von Vernehmungen, die nicht nach § 251 Abs. 2 StPO erfolgt, ist keine Feststellung und Entscheidung über eine Vereidigung der Auskunftsperson zu treffen.[208]

---

[200] BGH StV 1992, 548 f.
[201] BGH StV 1992, 548 f.
[202] BGHSt 19, 354 = NJW 1964, 1868; KK-StPO/*Diemer* StPO § 251 Rn. 13; BeckOK StPO/*Ganter,* 33. Ed. 1.4.2019, StPO § 251 Rn. 18.
[203] BGH NJW 1953, 1522; BGH Urt. v. 24.6.1954 – 3 StR 629/53, zit. nach *Pfeiffer* NStZ 1983, 354 (357); BGH NJW 1968, 1485.
[204] Vgl. etwa KK-StPO/*Diemer* StPO § 251 Rn. 14 mwN.
[205] BGH NJW 1968, 1485.
[206] BGH NJW 1968, 1485.
[207] BGH NJW 1968, 1485.
[208] BGH BeckRS 1993, 31091534; missverständlich hier Meyer-Goßner/Schmitt/*Schmitt* StPO § 251 Rn. 44.

E. Beweisanträge

I. Anträge auf Beweisaufnahme mit Auslandsbezug allgemein

Auch für Anträge zur Beweisaufnahme mit Auslandsbezug gelten zunächst grundsätzlich keine Besonderheiten. Liegt ein tauglicher echter und formal zulässiger Beweisantrag vor, so muss geprüft werden, ob dieser nach § 244 Abs. 3 ff. StPO abgelehnt werden muss bzw. kann. 104

1. Unter den **formalen Voraussetzungen**[209] ist auf die Ausschlussgründe der Unbestimmtheit des Beweismittels, der bloßen Wiederholung der Beweisaufnahme und sonstiger Unzulässigkeit aufgrund besonderer Konstellationen besonders zu achten (→ Rn. 109 f., 119 ff.). Tatsächlich als Beweisantrag **hinreichend bestimmt** ist das Begehren, bei einer benannten oder umschriebenen ausländischen Behörde Auskünfte zu konkreten Sachverhalten anzufordern, wie etwa die Tatsache einer Eheschließung, oder die Beiziehung bestimmter ausländischer (Straf-)Akten, aus denen ein Schreiben verlesen werden soll.[210] 105

2. Die **Ablehnungsgründe** der **Unerreichbarkeit** und **mangelnden Erforderlichkeit** wirken sich besonders bei Anträgen auf Vernehmungen von Auslandszeugen aus und werden entsprechend dort im Zusammenhang eingehend behandelt (→ Rn. 128 ff., 137 ff.). Eine **Unerreichbarkeit** kann insbesondere auch bei Urkunden und Augenscheinobjekten darin bestehen, dass ausländische Stellen oder Privatpersonen, ohne dazu gezwungen werden zu können, die Herausgabe bzw. das Zugänglichmachen verweigern und auch die Mittel der Rechtshilfe erfolglos sind.[211] 106

a) Besonderes Augenmerk ist jedoch zunächst bei allen beantragten Beweisaufnahmen mit Auslandsbezug auf die möglicherweise zwingende Ablehnung wegen **Unzulässigkeit** zu legen. 107

Dabei sind zunächst dieselben **allgemeinen Maßstäbe** anzulegen, die insbesondere bei Beweisthemenverboten[212] oder hinsichtlich der Vernehmung einer Auskunftsperson bei Berufung des Zeugen auf ein Zeugnisverweigerungs- oder umfassendes Auskunftsverweigerungsrecht oder einer darauf bezogenen Verlesung gelten.[213] 108

Wegen des **Auslandsbezugs** kann die Unzulässigkeit der Beweisaufnahme auch gegeben sein, wenn die beantragte **neue Beweiserhebung unzulässig** ist, etwa gegen das Völkerrecht allgemein oder konkret zwingendes Rechtshilferecht verstößt. Hierunter fällt etwa die grenzüberschreitende Vornahme eigener hoheitlicher Ermittlungshandlungen ohne Einschaltung eines betroffenen Staates oder die Vernehmung eines fremden Amtsträgers, obwohl dies ausdrücklich im Rechtshilferecht versagt ist. In diesen Bereichen scheint indes die Grenze zum Ablehnungsgrund der Unerreichbarkeit nicht stets völlig trennscharf. Letzterer dürfte gegeben sein, wenn ein entsprechend dem Beweisantrag ersuchter bzw. im Vorfeld vor einem förmlichen Ersuchen angefragter Staat hinreichend bestimmt erklärt, dass ihm die entsprechende Beweiserhebung bzw. -übermittlung aus Rechtsgründen – auch im Weg der vertragslosen Rechtshilfe – nicht möglich sei. Erst recht dürfte von Unerreichbarkeit auszugehen sein, wenn der ersuchte Staat erklärt, die ersuchte Rechtshilfe aus tatsächlichen Gründen nicht leisten zu können. Von der Rechtsprechung wird etwa auch eine Gefährdung des Zeugen bzw. seiner Angehörigen an Leib und Leben (→ Rn. 82) zwar bei § 251 StPO als Fall der Unerreichbarkeit gesehen, jedoch bei § 244 StPO eher als Unzulässigkeit der Beweisaufnahme eingeordnet, ebenso wie das Fehlen einer Aussagege- 109

---

[209] Vgl. insbes. KK-StPO/*Krehl* StPO § 244 Rn. 64 ff. mit umfassendem Überblick über die BGH-Rechtsprechung.
[210] BGH BeckRS 1976, 00295.
[211] Vgl. auch KK-StPO/*Krehl* StPO § 244 Rn. 158.
[212] Vgl. KK-StPO/*Krehl* StPO § 244 Rn. 11 f. mwN.
[213] Vgl. hier nur KK-StPO/*Krehl* StPO § 244 Rn. 109 f. mwN.

nehmigung oder das Vorliegen eines Zeugnisverweigerungsrechts, nicht aber eines Auskunftsverweigerungsrechts aus § 55 StPO.[214]

110 Aber auch die Beweisaufnahme **bereits zur Verfügung stehender Beweismittel** kann unzulässig sein. Dies ist namentlich der Fall, wenn ein – für die spätere Sachentscheidung zwingendes – **Beweisverwertungsverbot** vorliegt, etwa aufgrund von Bedingungen, auch zur Vertraulichkeit oder Spezialität, seitens des übermittelnden Staates, die gem. § 72 IRG einzuhalten sind (→ § 25 Rn. 10 ff.). Weiterhin sind auch Beweisverwertungsverbote nach den deutschen innerstaatlichen Verwertungsregeln zu beachten. Sie sind namentlich zu prüfen, wenn gegen fremde Souveränität durch unmittelbare Gewinnung, gegen zwingende für Deutschland geltende Rechtsgrundsätze, wie das Folterverbot, oder sonst gegen anwendbares deutsches Recht verstoßen wurde, beispielsweise wenn die Niederschrift einer Vernehmung verlesen werden soll, bei deren Aufnahme gegen die Benachrichtigungspflicht verstoßen wurde (→ § 15 Rn. 203 ff.). Dabei sind die inländischen entwickelten Institute zur Entscheidung, wann aus einem Fehler im Prozess der Beweiserhebung und -sicherung ein Beweisverwertungsverbot folgt, wie insbesondere Rechtskreistheorie und Abwägungslehre, zu beachten (→ § 25 Rn. 16 ff.). Erscheint danach die Verwertung nicht gänzlich ausgeschlossen, dürfte im Zweifel nicht von einer Unzulässigkeit der Beweisaufnahme auszugehen sein, soweit dieser nicht eigene, besondere Gründe, etwa der Geheimhaltung oder sonst ganz überwiegender geschützter Interessen Dritter entgegenstehen.

111 b) Der Antrag, einen erkennenden Richter als Zeugen über Rechtshilfehandlungen im Ausland zu vernehmen an denen er teilgenommen hat, kann bereits als **unzulässig,** jedenfalls aber wegen **Prozessverschleppung** abzulehnen sein.[215] Ansonsten ergeben sich hinsichtlich der Verschleppungsabsicht durch die besonderen Zeitläufe bei ausländischen Beweiserhebungen zusätzliche Argumente für eine Annahme,[216] während die **Wahrunterstellung** als häufig „letzte Ablehnungsoption" ganz nach den allgemeinen Regeln zu erfolgen hat.[217]

112 c) Bei der Ablehnung wegen **Offenkundigkeit** ist insbesondere zu beachten, dass **Erkenntnisse, die Gerichtsmitglieder** in Bezug auf das konkrete Verfahren erworben haben, nur höchst eingeschränkt als gerichtskundig zugrunde gelegt werden können (→ Rn. 6; § 25 Rn. 2).[218] Da allgemeinkundig auch solche Tatsachen sind, die aus **allgemein zugänglichen Quellen** erworben werden können,[219] kann es keine Rolle spielen, ob diese Quellen aus dem Ausland herrühren (zB ausländische Lexika) oder sich dort befinden (zB offen zugängliche Informationen auf Internet-Servern im Ausland). Allerdings ist der Gesamtinhalt des Internet ebenso wenig „allgemeinkundig" wie der Gesamtbestand großer Bibliotheken, denn „Allgemein-Zugänglichkeit" bedeutet noch nicht „Allgemein-Kundigkeit".[220] Insoweit ist zwischen Webseiten, die allgemeine, enzyklopädische Informationen enthalten, wie zB Wikipedia, Medien-Webseiten wie Nachrichten-Webseiten entsprechend den Regelungen für konventionelle Medien, Homepages von öffentlichen Behörden und Webseiten mit spezialisierten, meist speziellen Interessen, Vor-Wissen oder Fachkenntnis voraussetzenden Inhalten zu unterscheiden, die jeweils in Analogie zu traditionellen Veröffentlichungen bzw. Informationsangeboten zu behandeln sind.

113 d) Die **Bedeutungslosigkeit der Beweistatsache** namentlich aus tatsächlichen Gründen ist der zentrale Ablehnungsgrund, dessen praktische Relevanz trotz Schwerpunkt der

---

[214] Vgl. BGHSt 17, 337 (347 f.) = NJW 1962, 1873; BGHSt 33, 70 (74) = NJW 1985, 986 = JZ 1985, 496; BGHSt 39, 141 (145) = NJW 1993, 1214 = JZ 1993, 1012 mAnm *Beulke/Satzger;* KK-StPO/*Krehl* StPO § 244 Rn. 171 mwN.
[215] Vgl. BGH NJW 2000, 1204; auch zu Letzterem KK-StPO/*Krehl* StPO § 244 Rn. 108 mwN.
[216] Vgl. allg. nur KK-StPO/*Krehl* StPO § 244 Rn. 175 ff. mwN.
[217] Vgl. auch nur KK-StPO/*Krehl* StPO § 244 Rn. 183 ff. mwN.
[218] Vgl. zu den allgemeinen Einschränkungen KK-StPO/*Krehl* StPO § 244 Rn. 137 ff. mwN.
[219] Vgl. KK-StPO/*Krehl* StPO § 244 Rn. 132 ff. mwN.
[220] Vgl. hierzu und zum Folgenden KK-StPO/*Krehl* StPO § 244 Rn. 133 f.

Entscheidungen des BGH zu Beweisbeschlüssen in jüngster Zeit[221] nicht selten weiterhin verkannt wird. Gerade bei oft mühsam zu erfüllenden, aber auch aus anderen Gründen, vor allem der Unerreichbarkeit oder mangelnden Erforderlichkeit, abzulehnenden Beweisanträgen mit Auslandsbezug kann er einschlägig sein.

Aus tatsächlichen Gründen bedeutungslos sind Tatsachen, wenn das Gericht auch **114** für den Fall, dass die Tatsache erwiesen wäre, daraus keinen für die Entscheidung relevanten Schluss ziehen würde.[222] Die Schlussfolgerungskette zwischen der Hilfstatsache, die das beantragte Beweismittel erbringen soll, und den für die Schuld- und Rechtsfolgenfrage relevanten gesetzlichen Haupttatsachen ist in diesen Fällen nicht durchgehend zwingend, sondern zumindest in einem Zwischenschritt unterbrechbar, bzw. durch andere Faktoren unterbrochen. Bedeutungslos ist eine Hilfstatsache also, wenn sie entweder keinerlei Folgerung auf eine Haupttatsache zulässt oder wenn bei derzeitiger Beweislage eine bei ihrem Vorliegen nur mögliche Schlussfolgerung auf das Vorliegen einer Haupttatsache vom Gericht bei umfassender Würdigung der Beweislage nicht gezogen würde.[223] Letzteres kann der Fall sein, wenn sie eben keinen durchgängig zwingenden Schluss bis zum Vorliegen einer Haupttatsache auslöst, sondern nur zwar mögliche Schlüsse auf diese zulässt, jedoch eine deshalb (notwendige und) mögliche rechtsfehlerfreie zusammenfassende hypothetische Würdigung ergibt, dass selbst, wenn die behauptete Beweistatsache erwiesen wäre, sie hinter dem überwiegenden Gewicht der Gegenindizien zurückträte.[224] Insoweit handelt es sich um eine vorweggenommene Beweiswürdigung, die sich von der im Urteil nur durch ihren vorläufigen Charakter unterscheidet.[225]

Wenn die Bedeutungslosigkeit aus tatsächlichen Umständen gefolgert wird und diese **115** nicht auf der Hand liegen, muss das Gericht sie in der Beschlussbegründung angeben und darlegen, aus welchen Erwägungen es der Beweistatsache keinerlei Bedeutung zumessen würde.[226] Das Gericht darf aber **nicht einfließen lassen,** ob es die Beweistatsache selbst für erweislich hält, sie bereits als ausgeschlossen oder sonst (un-)wahrscheinlich bzw. „unwahr" betrachtet, also zB ob der Zeuge entsprechende Hilfstatsachen tatsächlich wie beantragt bekunden wird, oder ob er zB dabei lügen wird; dies darf das Gericht weder interessieren noch artikulieren, denn dies wäre eine nicht nur unnötige, sondern der Argumentation der Bedeutungslosigkeit gerade widersprechende und zudem insoweit unzulässige Beweisantizipation.[227] Bei der (hypothetischen) Beweiswürdigung zur Abwägung mit anderen Indizien dürfen daher auch keine Abstriche an der Beweisbehauptung selbst vorgenommen werden; sie darf nicht entgegen ihrem Sinn ausgelegt und ihre Tragweite nicht durch nur theoretisch mögliche Deutungen abgeschwächt werden.[228] Den Gegenindizien muss umgekehrt nach der **vorläufigen Beweiswürdigung** eine den Schluss rechtfertigende Bedeutung zukommen: Ist ihr Beweiswert aus bestimmten Gründen vermindert (→ § 24 Rn. 59 ff.), ist dies auch hier im Rahmen einer dann besonders umfassenden und sorgfältigen Würdigung zu berücksichtigen, zB auch, wenn der Hauptbelastungszeuge seine Aussage nur im Rahmen einer Verfahrens-

---

[221] Vgl. etwa BGH NStZ 2013, 352 = BeckRS 2013, 05412; BGH NStZ 2014, 110 = StV 2014, 262; BGH NStZ 2013, 611 = StV 2014, 260; BGH NStZ 2014, 111 = wistra 2014, 146.
[222] BGH NStZ 2003, 380; KK-StPO/*Krehl* StPO § 244 Rn. 143.
[223] StRspr; vgl. BGH NJW 2004, 3051 (3056); 2005, 2242 (2243); NStZ-RR 2007, 52; KK-StPO/*Krehl* StPO § 244 Rn. 143.
[224] Vgl. BGH StraFo 2007, 78; StV 2008, 121 (122); 2010, 557 (558); NStZ-RR 2012, 82; NJW 1953, 35; 1961, 2069 (2070); 1988, 501 (502); NStZ 1984, 42; 1992, 551; 1997, 503 mAnm *Herdegen;* 1998, 369; BGH StV 1990, 340; 1993, 173; 1994, 62; 2001, 95; 2001, 95 (96); 2001, 96; 2002, 350 (352); NStZ 2003, 380 f.; KK-StPO/*Krehl* StPO § 244 Rn. 144.
[225] BGH NStZ 2007, 352; 2011, 713; KK-StPO/*Krehl* StPO § 244 Rn. 144.
[226] KK-StPO/*Krehl* StPO § 244 Rn. 144.
[227] BGH StraFo 2007, 331; BGH NStZ-RR 2012, 353 = StV 2012, 582; BGH NStZ-RR 2008, 205; KK-StPO/*Krehl* StPO § 244 Rn. 143.
[228] Vgl BGH NJW 1988, 501 (502); NStZ 1981, 309; 1985, 376; 1997, 503 mAnm *Herdegen;* BGH StV 1983, 90; 1983, 318; 1994, 62; 1996, 411; 2002, 350 (352); 2008, 288; 2010, 558 (559); KK-StPO/*Krehl* StPO § 244 Rn. 144.

absprache gemacht hat.[229] Umgekehrt muss eine Mehrzahl benannter Hilfstatsachen auch in ihrem Zusammenwirken im Fall ihrer Erwiesenheit berücksichtigt werden, eine isolierte Betrachtung jeweils nur einzelner Beweisanträge und ihrer Behandlung durch den Tatrichter reicht nicht.[230]

116 Die **Begründung** des Ablehnungsbeschlusses muss nicht sämtliche Bewertungen der bisherigen Beweisergebnisse offen legen. Abstrakt-generelle Anforderungen lassen sich kaum aufstellen.[231] Ausreichend ist es in der Regel, wenn der Beschluss hinreichend konkret darlegt, warum die behauptete Tatsache keinen zwingenden Schluss auf eine Haupttatsache ermöglicht und aufgrund welcher Beweisergebnisse das Gericht nach derzeitiger Beurteilung einen nur möglichen Schluss nicht ziehen würde.[232] Es reicht allerdings nicht aus, wenn die Begründung sich im Wesentlichen nur auf die Formel reduzieren lässt, die unter Beweis gestellte Hilfstatsache lasse keinen zwingenden, sondern lediglich einen möglichen Schluss zu, den das Gericht nicht ziehen wolle.[233] Vielmehr müssen die Gründe dem Revisionsgericht die Prüfung ermöglichen, ob der Beweisantrag rechtsfehlerfrei zurückgewiesen wurde, aber auch die Prozessbeteiligten so weit über die Auffassung des Gerichts unterrichten, dass diese sich auf die neue Verfahrenslage, zB durch weitere Anträge, einstellen können.[234] Deshalb müssen die Erwägungen grundsätzlich so konkret sein, wie sie bei einer Beweiswürdigung in den schriftlichen Urteilsgründen sein müssten, allerdings weiterhin prognostisch bleiben.[235] Ein Nachschieben solcher möglicher, aber im Ablehnungsbeschluss nicht ausgeführter Gründe erst in den Urteilsgründen reicht nicht aus.[236] Wird bereits jeder mögliche Schluss abgelehnt, weil dem Gericht nicht erkennbar scheint, warum die Beweisbehauptung den behaupteten Schluss auf die Haupttatsache zulassen soll, kommt es im Kern darauf an, ob im konkreten Fall nach allgemeiner, oder jedenfalls richterlicher Erfahrung der aufgezeigte Zusammenhang erkennbar ohne Weiteres sicher zu verneinen ist.[237] Alleine, dass die behaupteten Tatsachen Vorfälle nach der Tat betreffen sollen, an denen der Angeklagte nicht beteiligt sein soll, reichen nicht aus, wenn sie Relevanz für die Glaubhaftigkeit anderer Beweise haben können.[238]

II. Anträge auf Vernehmung von Auslandszeugen und -sachverständigen

117 1. Der Antrag auf Einführung von Erkenntnissen von Auskunftspersonen mit Auslandsbezug ist zwar im Regelfall auf deren Ladung und Vernehmung in der Hauptverhandlung gerichtet, kann aber auch auf Vernehmung in anderer Weise, insbesondere mittels Videoübertragung oder kommissarischer Vernehmung begehrt werden. Die Einführung bereits vorhandener Niederschriften und schriftlicher Erklärungen aller Art beurteilt sich jedoch weitgehend nach den für Urkunden bzw. Augenscheinsobjekte geltenden Regeln, bei denen sich allenfalls im Rahmen der Zulässigkeit Sonderfragen stellen können (→ Rn. 25 ff. zu § 251).

118 a) Auch bei jedem Begehren, eine Auskunftsperson mit Auslandsbezug zu vernehmen, ist zunächst zu prüfen, ob es sich um einen **echten Beweisantrag** handelt, der die formalen Voraussetzungen erfüllt.

---

[229] BGH NStZ 2004, 691 (692); vgl. auch BGH NStZ-RR 2007, 116 (117 f.); BGHSt 48, 161 (168) = NJW 2003, 1615 mAnm *Kargl* NStZ 2003, 672; KK-StPO/*Krehl* StPO § 244 Rn. 144.
[230] BGH StV 2010, 558 (559); 2011, 646; BGHR StPO § 244 Abs. 3 S. 2 Bedeutungslosigkeit 11; BGH Urt. v. 21.6.2006 – 2 StR 57/06 [in NStZ 2006, 687 insoweit nicht abgedr.]; KK-StPO/*Krehl* StPO § 244 Rn. 145.
[231] BGH NStZ 2013, 352 = BeckRS 2013, 05412.
[232] Vgl. BGH NStZ 2013, 352 = BeckRS 2013, 05412.
[233] BGH NStZ 2014, 110 = StV 2014, 262; BGH NStZ 2014, 111 mAnm *Allgayer*.
[234] StRspr, vgl. BGH NStZ 2000, 267 f.; 2011, 713 f.
[235] BGH NStZ 2014, 110 = StV 2014, 262 mwN; BGH NStZ 2013, 611.
[236] BGH StV 2007, 176; 2010, 557 (558); KK-StPO/*Krehl* StPO § 244 Rn. 144.
[237] BGH NStZ 2013, 352 = BeckRS 2013, 05412; Alsberg/Büse/Meyer/*Güntge*, Der Beweisantrag im Strafprozess, 6. Aufl. 2013, Rn. 1427 ff.
[238] BGH NStZ 2013, 352 = BeckRS 2013, 05412.

aa) Dabei ist hinsichtlich der Erfordernisse eines Beweisantragsrechtes und hinreichender **äußerer Förmlichkeit** sowie der Bestimmtheit der Beweistatsache auf die allgemeine Rechtsprechung und Kommentierung zu verweisen. Eine von der neueren Rechtsprechung eher gelockerte Hürde stellt die **Unbestimmtheit des Beweismittels,** also unzureichende Angaben über die Identität der Auskunftsperson dar, die ein Beweisbegehren zu einem bloßen Beweisermittlungsantrag machen können, den der Vorsitzende formlos nach Ermessen der Aufklärungspflicht ablehnen kann.[239] Ein Zeuge ist im Beweisantrag grundsätzlich mit vollem Namen und genauer Anschrift anzuführen, bzw. oder sonst einem nachvollziehbaren Weg, auf dem er erreicht werden kann.[240] Entscheidend ist somit die Individualisierbarkeit und potentielle Erreichbarkeit des Zeugen.[241]   119

Kann der Antragsteller nur den Weg aufzeigen, auf dem der Zeuge mutmaßlich zuverlässig ermittelt werden kann, handelt es sich nur um einen **Beweisermittlungsantrag,** wenn erst Nachforschungen angestellt werden müssen, die nicht sogleich auf dem vom Antragsteller angegebenen Weg zum Ziel führen.[242] Die durch einen solchen Beweisermittlungsantrag aktualisierte Aufklärungspflicht kann zwar eine Verpflichtung des Gerichts begründen, im Rahmen seiner rechtlichen und tatsächlichen Möglichkeiten erkennbaren Ermittlungsmöglichkeiten nachzugehen. Die an diese Bemühungen zu stellenden Anforderungen sollen bei mutmaßlichen Auslandszeugen aber „eher weniger streng" zu handhaben sein.[243]   120

bb) In aller Regel hat kein Prozessbeteiligter einen Anspruch auf **nochmalige Vernehmung** eines – in der Hauptverhandlung oder kommissarisch – bereits gehörten Zeugen über dieselbe Beweistatsache; ein auf eine solche wiederholte Vernehmung gerichteter Antrag ist kein Beweisantrag iSd § 244 StPO.   121

Daher ist insbesondere der Antrag auf eine andere Form einer bereits erfolgten Vernehmung einer Auskunftsperson, also beispielsweise der Videovernehmung nach erfolgter konventioneller kommissarischer Vernehmung, beim gleichen Beweisthema als lediglich auf Wiederholung einer bereits ordnungsgemäß durchgeführten Beweiserhebung gerichteter Beweisermittlungsantrag bzw. eine Beweisanregung und nicht als echter Beweisantrag zu behandeln, jedenfalls, wenn die ursprüngliche Vernehmung ordnungsgemäß bzw. in Hauptverhandlung und Sachentscheidung verwertbar durchgeführt wurde.[244]   122

Über einen solchen Wiederholungsantrag hat zwar der Tatrichter auch ausdrücklich zu befinden, aber nur im Rahmen der allgemeinen Aufklärungspflicht nach § 244 Abs. 2 StPO, ohne bei einer Ablehnung an die Gründe des § 244 Abs. 3 StPO gebunden zu sein.[245] Dies gilt jedoch nur, falls der Zeuge über dieselben Tatsachen wie bei seiner früheren Vernehmung gehört werden soll, nicht aber, wenn seine Vernehmung zu einem neuen Beweisgegenstand erstrebt wird.[246] Auch wenn der Zeuge bislang lediglich nichtrichterlich vernommen wurde und nur gegenüber einer anderen Stelle erklärt hat, er habe   123

---

[239] Vgl. KK-StPO/*Schneider* StPO § 240 Rn. 79 ff., 100 ff.; 161 f. jeweils mwN.
[240] Vgl. BGHSt 40, 3 (6 f.) = NJW 1994, 1294; BGH NStZ 1995, 246; 1999, 152; BGHR StPO § 244 Abs. 6 Beweisantrag 40; BGH BeckRS 2003, 04060; BeckRS 2003, 04643; BeckRS 2006, 07998 [in NStZ 2006, 686 insoweit nicht abgedr.]; KK-StPO/*Schneider* StPO § 240 Rn. 79; die Angabe des Wohnorts allein genügt regelmäßig nicht, vgl. BGH BeckRS 2012, 22085; eine Angabe „Justizvollzug in Portugal" reicht ebenfalls nicht aus, vgl. BGH NStZ 2006, 713.
[241] Vgl. bereits RG GA 38 (1891), 60 f.; *Wenger* Auslandszeugen 7 ff. mwN.
[242] Vgl. BGHSt 40, 3 (6) = NJW 1994, 1294; BGH NStZ 1981, 309 (310); 1995, 246; 1999, 152 = JR 1999, 432 mAnm *Rose;* BGH NStZ 2009, 649 = JR 2010, 456 mAnm *Popp;* BGH NStZ 2011, 231; NStZ-RR 2011, 116 (117); StV 1989, 379; StraFo 2010, 341; BGHR StPO § 244 Abs. 6 Beweisantrag 23, 34, 46; s. auch *Basdorf* FS Widmaier, 2008, 51 (60 f.); BGHSt 40, 3 (6) = NStZ 1994, 247 mAnm *Widmaier;* dazu *Wohlers* JR 1994, 289; vgl. auch BGH NStZ-RR 2002, 270; zu eng aber BGH NStZ 2011, 231, wenn bei Nennung einer Ortschaft mit landestypischen Zusätzen ohne Weiteres ein Beweisermittlungsantrag angenommen wird; vgl. insges. auch KK-StPO/*Schneider* StPO § 240 Rn. 79.
[243] BGH NStZ 1982, 78; 1983, 180 (181); 1983, 422; StV 1983, 496; 1987, 45; BGHSt 32, 68 (73) = NJW 1984, 2772; KK-StPO/*Schneider* StPO § 240 Rn. 161 f. mwN.
[244] BGHSt 46, 73 ff. Rn. 18 mwN = NJW 2000, 2517.
[245] BGH GA 1958, 305 (306 mN); BGH BeckRS 1970, 00040.
[246] BGH Urt. v. 2.8.1977 – 1 StR 130/77.

damals alles gesagt, was er wisse, lässt dies den Antrag auf richterliche bzw. konsularische kommissarische Vernehmung nicht als bloße Wiederholung erscheinen, insbesondere wenn das Konfrontationsrecht der Verteidigung erstmals im Raum steht.[247]

124 Die beantragte Vernehmung eines Zeugen auch im Ausland kann dann als unzulässiges bzw. **ungeeignetes Beweismittel** abgelehnt werden, wenn er Angehöriger des Angeklagten iSd § 52 StPO ist und zwar gegebenenfalls außerhalb der Hauptverhandlung, aber in hinreichendem zeitlichem Zusammenhang mit ihr erklärt hat, er wolle von seinem Zeugnisverweigerungsrecht Gebrauch machen, die Willenserklärung nicht durch einen Irrtum über ihre rechtliche Tragweite beeinflusst ist und auch sonst keine Gründe vorhanden sind, die ihn veranlassen könnten, seine Entscheidung über die Zeugnisverweigerung zu ändern.[248] Ebenso ist ein Zeuge ungeeignet, Tatsachen zu bekunden, die seiner sinnlichen Wahrnehmung nicht zugänglich sind, wie fremde psychische Vorgänge (anders als deren äußere Erscheinungen) oder Einstellungen; ebenso ist ein Sachverständiger ohne hinreichende Anknüpfungstatsachen ungeeignet.[249] Entscheidend ist, dass nach sicherer Lebenserfahrung die Beweiserhebung mit diesem Beweismittel allein aus sich heraus das im Beweisantrag in Aussicht gestellte Ergebnis nicht erbringen kann.[250] Ob solche Umstände vorliegen, hat das Gericht im Freibeweis, unmittelbar oder mittelbar bei dem Zeugen oder Sachverständigen zu klären.[251] Allerdings darf weder das Gericht noch sonst ein Ermittlungsorgan oder eine eingeschaltete Stelle aktiv einen Zeugen befragen, welches Schweigerecht aus § 52 StPO oder § 55 StPO er ausüben wolle.[252]

125 b) Zur **Bedeutungslosigkeit** kann in vollem Umfang auf das oben gesagte (→ Rn. 113 ff.) verwiesen werden, ebenso wie zu den übrigen Ablehnungsgründen, namentlich der durchaus nicht trivialen Wahrunterstellung und der Prozessverschleppung, auf die allgemeine Rechtsprechung und (Kommentar-)Literatur.

126 2. Hinsichtlich des **Antrags auf Vernehmung von Auslandszeugen in der Hauptverhandlung** ergeben sich darüber hinaus vor allem zwei besondere konkurrierende Ablehnungsgründe: Einerseits der, dass die Vernehmung nicht erforderlich ist gem. § 244 Abs. 5 S. 2 StPO und andererseits der, dass der Zeuge für alle geeigneten Vernehmungsformen unerreichbar ist, § 244 Abs. 3 S. 2 Var. 5 StPO. Dabei ist die Vorschrift des § 244 Abs. 5 S. 2 StPO zwar sachlich vorrangig, schließt aber die Berufung auf die allgemeine Vorschrift des § 244 Abs. 3 StPO nicht aus.[253]

127 Wenn einem (Entlastungs-)Zeugen aus dem Ausland im Rahmen der Aufklärungspflicht eine derartige Bedeutung zukommen kann, dass seine Vernehmung auch grundsätzlich durch das Gericht für erforderlich gehalten werden muss, kann nur eine Ablehnung wegen Unerreichbarkeit erfolgen; diese darf sich aber bei der weiteren Begründung zu dieser Festlegung nicht in Widerspruch setzen.[254] Ansonsten verstößt die Ablehnung nach § 244 Abs. 5 S. 2 StPO grundsätzlich nicht gegen das rechtliche Gehör oder ein faires Verfahren, da diese kein Recht auf ein bestimmtes Beweismittel gewähren und es der Betroffene sonst in der Hand hätte, dem Gericht ein Beweismittel oder einen Verfahrensgang aufzuzwingen, der gegen den auch im Interesse des Angeklagten bestehenden Beschleunigungsgrundsatz verstoßen würde.[255]

128 a) Gemäß § 244 Abs. 5 S. 1 iVm S. 2 StPO kann ein Beweisantrag auf Vernehmung eines Zeugen abgelehnt werden, dessen Ladung im Ausland zu bewirken wäre, wenn die Durchführung nach dem pflichtgemäßen Ermessen des Gerichts zur Erforschung der

---

[247] BGH StV 1992, 548 f.
[248] BGH NStZ 1982, 126 (vgl. BGHSt 21, 12 = NJW 1966, 742; vgl. BayObLG MDR 1981, 338).
[249] Vgl. KK-StPO/*Diemer* StPO § 244 Rn. 150 mwN.
[250] BGH NStZ 2008, 707; StV 1990, 98; NStZ 1995, 45; 2000, 156; NStZ-RR 2002, 242; StraFo 2004, 137; Meyer-Goßner/Schmitt/*Schmitt* StPO § 244 Rn. 58; KK-StPO/*Diemer* StPO § 244 Rn. 149 mwN.
[251] BGH NStZ 1982, 126.
[252] BGH NJW 1984, 136.
[253] BGHSt 45, 188 (189) = NJW 1999, 3788; BGHSt 55, 11 = NJW 2010, 2365 ff.
[254] BGHSt 55, 11 = NJW 2010, 2365 ff.
[255] Vgl. BVerfG NStZ 1997, 94 f.

Wahrheit **nicht erforderlich** ist.[256] Kann ein Zeuge trotz Wohnsitz im **Ausland** bei einem Aufenthalt im Inland tatsächlich geladen werden, kann die Ausnahme nicht eingreifen, ebensowenig, wenn der Zeuge sich nur kurzfristig im Ausland aufhält und seine ladungsfähige Adresse im Inland tatsächlich behält.[257]

Maßgebendes Kriterium für die **Erforderlichkeit** ist damit, ob die Erhebung des **129** beantragten Beweises ein Gebot der **Aufklärungspflicht** ist.[258] In diesem Fall gilt das Verbot einer Beweisantizipation nicht, vielmehr ist es dem Tatrichter ausdrücklich erlaubt und aufgegeben, unter Zugrundelegung des bisherigen Ergebnisses der Beweisaufnahme seine Entscheidung davon abhängig zu machen, welche Ergebnisse von der Beweisaufnahme zu erwarten sind und wie diese zu erwartenden Ergebnisse zu würdigen wären.

Die Ablehnung ist jedenfalls begründet, wenn das Gericht – unter Berücksichtigung **130** sowohl des Vorbringens zur Begründung des Beweisantrags als auch der in der bisherigen Beweisaufnahme angefallenen Erkenntnisse sowie gegebenenfalls freibeweislicher Ermittlungen – zu dem **Ergebnis** kommt, dass der benannte Zeuge entweder die Beweisbehauptung nicht werde bestätigen können oder, selbst wenn er die Behauptung bestätigen würde, jedenfalls ein Einfluss auf die Überzeugung des Gerichtes auch dann sicher ausgeschlossen ist.[259] Letzterer Fall überdeckt sich indes mit dem der tatsächlichen Bedeutungslosigkeit weitgehend. Während allerdings bei der Bedeutungslosigkeit in jedem Fall der Zusammenhang zwischen Beweistatsache und Entscheidung an einer Stelle der Folgerungskette zur vollen Überzeugung des Gerichtes nach der bisherigen Beweisaufnahme unterbrochen sein muss, ist die Reichweite der Aufklärungspflicht enger begrenzt, und es ist insoweit eine Abwägung zwischen dem überhaupt möglichen bzw. voraussichtlichen Beweiswert und den Verzögerungsfolgen für das Verfahren vorzunehmen.

Dabei sind in einer **Gesamtwürdigung** unter Berücksichtigung der jeweiligen Beson- **131** derheiten des Einzelfalls neben dem Gewicht der Strafsache die Bedeutung der Beweistatsache für die Entscheidung und der Beweiswert des weiteren Beweismittels vor dem Hintergrund des bisherigen Beweisergebnisses, einschließlich seiner Klarheit und Gesichertheit, einerseits und der zeitliche und organisatorische Aufwand der Ladung und Vernehmung mit der damit verbundenen Verzögerung des Verfahrens andererseits unter Beachtung des Verhältnismäßigkeitsgrundsatzes abzuwägen. Hierbei sind die bisherigen Beweisergebnisse, die Bedeutung und mögliche verfahrenstechnische Schwierigkeiten der Beweiserhebung in die Abwägung einzustellen.[260]

Eine **besondere Bedeutung der Aussage** des Zeugen für die Entscheidung hat nicht **132** zwingend zur Folge, dass der tatrichterliche Spielraum bei der Beurteilung der Erforderlichkeit auf Null reduziert wird.[261] Wenn die dem Angeklagten vorgeworfene Tat im Ausland begangen wurde und (auch) die belastenden Beweismittel von dort stammen, wird einer Ablehnung von Beweisanträgen des Angeklagten nach Abs. 5 S. 2 in der Regel das Aufklärungsgebot entgegenstehen.[262] Allenfalls ergänzend wegen § 246 Abs. 1 StPO darf

---

[256] Vgl. zum Ganzen ausf. *Wenger* Auslandszeugen 90 ff. mwN.
[257] *Wenger* Auslandszeugen 5 ff. mwN.
[258] Hierzu und zum Gesamten bzw. Folgenden grdl. BGH NJW 2001, 695; KK-StPO/*Krehl* StPO § 244 Rn. 212 mwN; vgl. *Wenger* Auslandszeugen 90 ff. mwN; zur Anwendung bei audiovisueller Übertragung ausf. *Norouzi* Audiovisuelle Vernehmung 135 ff. mwN.
[259] StRspr vgl. etwa BVerfG NStZ 1997, 94 f.; BGH NJW 1994, 1484 f.; StV 1994, 283 f., 635; NStZ 1994, 554, 593.
[260] Vgl BGH NStZ 2007, 349 f.; NJW 2001, 695 f.; 2005, 2322 (2323); NStZ 2002 mAnm *Julius;* BGH StV 2011, 398; OLG Köln StraFo 2008, 383; s. auch die Grundsätze in Rn. 167; ferner: BGH NStZ 2011, 268: Widerspruch zur Einlassung des Angeklagten; BGH NStZ 2009, 168 (169); 2011, 231; StraFo 2010, 155: krit. insoweit *Fezer* FS Widmaier, 2008, 186; krit. zum Gewicht der Strafsache: LR/*Becker* StPO § 244 Rn. 355; *Eisenberg,* Beweisrecht der StPO, 9. Aufl. 2015, Rn. 268; abl. auch OLG Frankfurt a.M. StraFo 1998, 271; s. aber BGH NStZ 2009, 168 (169); 2011, 231; StraFo 2010, 155; KK-StPO/*Krehl* StPO § 244 Rn. 213.
[261] BGH NStZ 2005, 701; KK-StPO/*Krehl* StPO § 244 Rn. 213.
[262] BGH NJW 2010, 2365 (2368); BGH BeckRS 2006, 09467.

ein sehr später Zeitpunkt der Beweisantragstellung bei der Bewertung der Erforderlichkeit der Aussage berücksichtigt werden.[263] Nicht gerechtfertigt ist die Ablehnung, weil die Behauptung eines Auslandsaufenthalts zur Tatzeit als Alibi erstmals in der Hauptverhandlung erfolgt.[264]

133 Eine erhöhte Aufklärungspflicht des Gerichts hinsichtlich der vom Angeklagten beantragten Entlastungszeugen kann auch aufgrund der besonders schwierigen Beweissituation, zum Nachteil des Angeklagten, bestehen, insbesondere wenn „objektive" Indizien fehlen und dem Angeklagten das Konfrontationsrecht mit den alleinigen Belastungszeugen versagt blieb.[265]

134 Insgesamt dürfte mit *Wenger*[266] als Richtschnur gelten, dass eine Ablehnung nach § 244 Abs. 5 S. 2 StPO möglich ist, wenn sich entweder die Beweislage bereits so zulasten des Beweisziels verdichtet hat, dass der dem entgegen benannte Auslandszeuge sie nach der Überzeugung des Gerichtes nicht mehr entkräften kann, oder aber anderweitig feststeht, dass seine Aussage geringer gewichtet werden wird als die vorhandenen Beweismittel und diese so nicht mehr erschüttern kann. Letzteres ist namentlich der Fall, wenn aus freibeweislicher und antizipierter Würdigung der Zeuge nicht erreichbar sein wird, keine tauglichen Angaben machen kann oder machen wird, insbesondere weil er schon im vorangehenden Verfahren entsprechende Reaktionen gezeigt hat und nicht ersichtlich ist, dass sich sein Einlassungsverhalten ändern wird.

135 Die **Begründung** der Ablehnung braucht keine detaillierte Beweiswürdigung zu enthalten, der Angeklagte muss allerdings unbedingt in die Lage versetzt werden, seine Verteidigung auf die Ablehnung und ihre Gründe einzurichten.[267] Dabei sind insbesondere konkret die Gründe darzulegen, warum der Beweiswert der Aussage des Zeugen von vornherein als eingeschränkt angesehen würde.[268]

136 Weil das Gewicht der Strafsache sowie Bedeutung und Beweiswert des weiteren Beweismittels gegenüber den Nachteilen der Verfahrensverzögerungen abzuwägen sind, kann die Aufklärungspflicht im Einzelfall, vor allem bei schwer erreichbaren, weit entfernt wohnenden oder sich im Ausland aufhaltenden Zeugen wegen des Gebotes, das Verfahren beschleunigt und mit prozesswirtschaftlich vertretbarem Aufwand zu erledigen, geringer sein.[269] Zwar muss die **Erreichbarkeit** des Zeugen bei Berufung auf § 244 Abs. 5 S. 1 iVm S. 2 StPO grundsätzlich gerade nicht geprüft sein, allerdings kann der Schwierigkeit der Erreichbarkeit des Zeugen und der Ungeeignetheit einer Vernehmung außerhalb der Hauptverhandlung als Abwägungskriterium im Rahmen der Verhältnismäßigkeit (ergänzendes) Gewicht zukommen.[270] Im Freibeweisverfahren können **Ermittlungen** darüber angestellt werden, ob von einem Auslandszeugen relevante Bekundungen zur Beweisfrage zu erwarten sind, insbesondere, ob der Zeuge geladen werden kann, einer Ladung Folge leisten oder sich auf ein Zeugnis- oder Auskunftsverweigerungsrecht berufen würde, ob von ihm sachdienliche Angaben zu erwarten sind oder evidente Umstände vorliegen, die der Glaubhaftigkeit seiner Aussage entgegenstehen.[271] Dies kann durch eigene Telefonate oder auch Verwertung (schriftlicher oder mündlicher) Angaben Dritter, zB von ausländischen Stellen oder Auslandsvertretungen oder Verbindungsbeamten im Ausland gesche-

---

[263] Vgl BGH NJW 2005, 300 (304); NStZ 2011, 231; KK-StPO/*Krehl* StPO § 244 Rn. 213 mwN; vgl. auch *Rose* NStZ 2012, 18 (24).
[264] BGH NStZ 2009, 705; dazu: *Rose* NStZ 2012, 18 (24).
[265] Vgl. BGH NStZ 2014, 51 mwN.
[266] *Wenger* Auslandszeugen 115.
[267] BGH NStZ 2014, 51 mwN; StV 2011, 398; StraFo 2010, 341; s. auch OLG Hamm StV 2005, 542 (543); OLG Köln StraFo 2008, 383; *Rose* NStZ 2012, 18 (27); KK-StPO/*Krehl* StPO § 244 Rn. 214.
[268] BGH NJW 2001, 695.
[269] Vgl. auch in LR/*Becker* StPO § 244 Rn. 57.
[270] BGH NJW 2001, 695.
[271] BGH NJW 2005, 2322 (2323); NStZ 2004, 99 (100); NStZ-RR 1998, 178; StV 1995, 173; 2003, 317; StraFo 2007, 118; BGH BeckRS 2006, 09467 [in NStZ-RR 2007, 48 insoweit nicht abgedr.]; BGH StV 2007, 227; LR/*Becker* StPO § 37 Rn. 358.

hen.²⁷² Aus dem Umstand, dass das Gericht sich (zunächst) um die Ladung des Zeugen bemüht hat, kann nicht hergeleitet werden, dass es sich aus Gründen der Aufklärungspflicht selbst gezwungen sah, den Zeugen zu hören. Eine Selbstbindung tritt insoweit in keinem Fall ein. Vielmehr ist ein solches Bemühen lediglich Ausdruck der Befugnis des Gerichtes, im Freibeweis die Möglichkeit der Erreichbarkeit von Zeugen zu prüfen, bei denen ungewiss, ja sogar zweifelhaft ist, ob diese sachdienliche Angaben machen können, was zweckmäßig sein kann, weil auf diese Weise unnötiger Streit vermieden und das Verfahren gefördert wird.²⁷³

b) Der Antrag auf Vernehmung eines nicht im Inland befindlichen Zeugen oder Sachverständigen, dessen Aussage nicht von vornherein tatsächlich bedeutungslos oder nicht erforderlich erscheint, kann nach § 244 Abs. 3 S. 2 Var. 5 StPO abgelehnt werden, wenn die Auskunftsperson **tatsächlich unerreichbar** ist (→ Rn. 73 ff., 176). 137

aa) Eine sich dauerhaft im Ausland aufhaltende Auskunftsperson ist in diesem Sinn **nur dann unerreichbar,** wenn sie dort **auch nicht im Wege der Rechtshilfe** vernommen werden kann,²⁷⁴ oder wenn der persönliche Eindruck von dem Zeugen so entscheidend ist, dass eine Vernehmung durch einen ersuchten Richter für die Wahrheitsfindung wertlos ist.²⁷⁵ Ob letzteres der Fall ist, hat der Tatrichter nach pflichtgemäßem Ermessen zu entscheiden, das in der Revision nur auf Rechtsfehler überprüft werden kann.²⁷⁶ 138

Innerhalb des BGH scheint umstritten, ob das Gericht von sich aus die Videosimultanvernehmung und die kommissarische Vernehmung, auch wenn diese nicht ausdrücklich beantragt ist, als Minus-Maßnahmen stets selbst **mit zu prüfen** hat (so vor allem der 1. Senat mit dem sog. „**erweiterten Erreichbarkeitsbegriff**") oder ob, so namentlich der 4. und 5. Senat, das Gericht vor Ablehnung eines Beweisantrages auf Ladung und Vernehmung in der Hauptverhandlung durch die allgemeine Fürsorgepflicht gehalten ist, den Verteidiger zu fragen, ob er sich auch mit einer kommissarischen oder eben nun auch gem. § 247a StPO simultan übertragenen Vernehmung begnügen würde.²⁷⁷ Vor allem nach der Ansicht des 1. Senats des BGH umfasst ein Antrag auf Ladung eines Zeugen im Ausland vor das Prozessgericht nach dem sog. erweiterten Erreichbarkeitsbegriff *„jedes Weniger, das der Tatrichter nicht als für die Wahrheitsfindung wertlos erachtet".*²⁷⁸ Demnach ist ohne gesonderte Antragstellung auch die Vernehmung eines Zeugen per Videokonferenz in dem im Wege der Rechtshilfe gestellten Antrag auf Zeugenladung enthalten.²⁷⁹ Dagegen vertreten der 4. und 5. Senat die bzw. neigen zu der Auffassung, dass es einem ausdrücklich zu formulierenden Begehren eines Beweisantragstellers obliegt, ob er sich nach Feststellung der Unerreichbarkeit eines Zeugen für dessen von ihm begehrte Vernehmung in der Hauptverhandlung mit dem bei einer kommissarischen Vernehmung oder einer Bild-Ton-Übertragung gegebenen Defizit an Unmittelbarkeit im Vergleich zur konfrontativen Vernehmung im Gerichtssaal begnügen möchte.²⁸⁰ Allerdings verstößt nach dieser Ansicht das Gericht nichtsdestotrotz gegen seine **Aufklärungspflicht,** wenn bei verständiger Würdigung der Sachlage durch den abwägenden Richter die Verwendung einer Aufklärungsmöglichkeit den Schuldvorwurf möglicherweise infrage gestellt hätte.²⁸¹ Dies kann 139

---

²⁷² BGH StraFo 2007, 118: Angaben des Verbindungsbeamten des BKA im Ausland; BGH NStZ 1995, 244 (245); 2002, 653 (654) mAnm *Julius;* s. auch *Basdorf* StV 1995, 314; KK-StPO/*Krehl* StPO § 244 Rn. 212 mwN.
²⁷³ BGH NJW 2001, 695; BGHR StPO § 244 Abs. 5 S. 2 Auslandszeuge 5 und 6; BGH NStZ 1994, 554.
²⁷⁴ BGH GA 1954, 222; KK-StPO/*Krehl* StPO § 244 Rn. 169 f. mwN.
²⁷⁵ BGHSt 22, 118 = NJW 1968, 1485; KK-StPO/*Krehl* StPO § 244 Rn. 169 f. mwN.
²⁷⁶ BGHSt 13, 300 = NJW 1960, 54; BGHSt 22, 118 = NJW 1968, 1485; vgl. zum Ganzen auch *Norouzi* Audiovisuelle Vernehmung 108 ff. mwN.
²⁷⁷ BGHSt 22, 118 = NJW 1968, 1485.
²⁷⁸ BGHSt 45, 188 ff. = NJW 1999, 3788; BGH StV 2000, 345; NStZ 2004, 347 f. = StV 2004, 465 f.
²⁷⁹ Vgl. BGH NStZ 2000, 385 = StV 2000, 345.
²⁸⁰ BGH NStZ 2008, 232 f. = StV 2009, 5454 ff.; vgl. BGHSt 22, 118 (122) = NJW 1968, 1485; BGHSt 45, 188 (196) = NJW 1999, 3788; BGHSt 46, 73 (78) = NJW 2000, 2517.
²⁸¹ BGH NStZ 2008, 232 f. = StV 2009, 5454 ff.; vgl. BGHR StPO § 244 Abs. 2 Umfang 1; BGH StV 2005, 253 (254).

insbesondere der Fall sein, wenn eine möglicherweise entlastende Identifizierungsgegenüberstellung zwar die kommissarische Vernehmung ausschließt, aber eine technisch und rechtlich mögliche Bild-Ton-Übertragung trotz gewisser Einschränkungen der Unmittelbarkeit nicht von vornherein dazu ungeeignet gewesen wäre.[282] Der 3. Senat sieht indes jedenfalls in der Rüge, das Tatgericht habe fehlerhaft eine Unerreichbarkeit angenommen, nicht hinreichend die Geltendmachung einer Verletzung von § 247a StPO durch eine unterlassene Erwägung der Videovernehmung, diese müsse vielmehr ausdrücklich gerügt werden.[283]

140 Die Entscheidung ist, wenn nicht entbehrlich, so jedenfalls **nicht ursächlich** für einen Mangel des Urteils, wenn eine solche Direktübertragung im konkreten Fall technisch oder rechtlich nicht möglich ist[284] oder sich der Zeuge dieser endgültig verweigert hat. Hinsichtlich der erstgenannten Varianten ist eine Negativauskunft vor allem technischer Unmöglichkeit, aus der Souveränität eines ersuchten Staates selbst hinzunehmen, wenn dieser bereits entsprechende Rechtshilfevereinbarungen abgeschlossen hat.[285] Die Gründe des Tatrichters, mit denen er einen Zeugen wegen Gefahren für diesen als ein für die Vernehmung in der Hauptverhandlung unerreichbares Beweismittel angesehen hat, sowie die Gründe, auf die er die Ablehnung einer kommissarischen Vernehmung gestützt hat, können auch gegen eine audiovisuelle Vernehmung gem. § 247a Abs 1 S. 1 Alt. 1 StPO angeführt werden, selbst wenn er vergessen hat, die Begründung ausdrücklich auf diesen „Zwischenfall" zu erstrecken.[286]

141 bb) Die Frage, ob nur eine Vernehmung des Zeugen vor dem erkennenden Gericht die nach Sach- und Rechtslage erforderliche Ausschöpfung des Beweismittels gewährleistet oder ob auch eine **kommissarische oder audiovisuelle Vernehmung zur Sachaufklärung tauglich** ist, hat der Tatrichter nach seinem **pflichtgemäßen Ermessen** zu entscheiden.[287] Diese Entscheidung, die eine gewisse Vorauswürdigung des Beweismittels erfordert,[288] unterliegt – vergleichbar der tatrichterlichen Beweiswürdigung – nur in eingeschränktem Umfang revisionsrechtlicher Überprüfung.[289] Danach hat der Tatrichter die für seine Ermessensausübung **maßgeblichen Gesichtspunkte einer Ablehnung im Beweisbeschluss darzulegen.** Die Entscheidung kann dann nur bei Widersprüchen, Unklarheiten, Verstößen gegen Denk- und Erfahrungssätze oder damit vergleichbaren Mängeln vom Revisionsgericht beanstandet werden.[290]

142 Die für die Ausübung des Ermessens maßgebenden Erwägungen müssen folglich schlüssig und widerspruchsfrei ergeben, weshalb die kommissarische oder audiovisuelle Vernehmung **zur Sachaufklärung ungeeignet und daher ohne jeden Beweiswert** ist. Dabei sind die Qualität des angebotenen Beweismittels und die Bedeutung des Beweisthemas vor dem Hintergrund einer möglicherweise gegebenen besonderen Beweislage zu berücksichtigen.[291]

143 So ist die Wertlosigkeit einer kommissarischen Vernehmung des Zeugen insbesondere begründungsbedürftig, wenn es sich um ein (begrenztes) Beweisthema handelt, dass keiner persönlichen Konfrontation des Zeugen mit dem Angeklagten oder Präsenz gegenüber dem Gericht und den weiteren Beteiligten bedarf, insbesondere wenn der Zeuge weder

---

[282] BGH NStZ 2008, 232 f. = StV 2009, 5454 ff.
[283] BGH NStZ-RR 2003, 290.
[284] BGH NStZ 2000, 385.
[285] BGH NStZ 2000, 385.
[286] BGH NStZ 2001, 160: wegen Gefahr eines Selbstmordes, wegen einer zu befürchtenden Dekompensation, wenn eine Zeugin erneut in den Blickpunkt der Öffentlichkeit gerät und zum Gegenstand einer Sensationsberichterstattung gemacht wird.
[287] BGH StV 1992, 548; NJW 2000, 443 (447).
[288] BGH GA 1971, 85 (86); NStZ 2004, 347 f. = StV 2004, 465 f.
[289] Damit ist die Entscheidung des Tatrichters vom Revisionsgericht hinzunehmen, das nicht sein Ermessen an die Stelle des tatrichterlichen Ermessens setzen kann, BGH NJW 2000, 443 (447 mwN); hierzu und zum Folgenden insbes. BGH NStZ 2004, 347 f. = StV 2004, 465 f.
[290] BGH NStZ 2004, 347 f. = StV 2004, 465 f.
[291] BGHSt 55, 11 = NJW 2010, 2365 ff.

§ 23 Beweisaufnahme in der Hauptverhandlung   5. Kapitel

zum Angeklagten, einem mutmaßlichen Mitbeteiligten oder Tatopfer in irgendeiner persönlichen Beziehung steht.[292]

Zwar kann daher grundsätzlich die Ablehnung einer kommissarischen oder audiovisuellen Vernehmung unter anderem mit der Begründung erfolgen, wegen der zentralen Bedeutung des Zeugen und seiner Nähe zum Angeklagten sei dessen Glaubwürdigkeit und die Glaubhaftigkeit seiner Aussage besonders kritisch zu überprüfen. Dies erfordere eine umfangreiche Befragung unter Vorhalt der Einlassungen des Angeklagten und umfangreicher Materialien und mehrere Verhandlungstage. Weiterhin kann die Ablehnung damit begründet werden, dass neben dem Inhalt der Aussage vor allem die nonverbalen Reaktionen des Zeugen für die Beurteilung des Wahrheitsgehalts der Aussage von hohem Interesse seien. Beides könne im Rahmen einer kommissarischen oder audiovisuellen Vernehmung nicht geleistet und festgestellt werden. Folglich käme ihr im Vergleich zu einer Aussage in der Hauptverhandlung nur ein deutlich verminderter Beweiswert zu und lasse sie dadurch wertlos scheinen.[293] 144

Liegt allerdings eine **besondere Beweislage** vor, kann die Ablehnung allenfalls dann in Betracht kommen, wenn der Beweiswert einer lediglich kommissarischen oder audiovisuellen Vernehmung des Zeugen vor dem Hintergrund des Ergebnisses der bisherigen Beweisaufnahme und des zeitlichen und organisatorischen Aufwands der Ladung und Vernehmung mit den damit verbundenen Nachteilen durch die Verzögerung des Verfahrens in einer Weise zurücktritt, dass jeglicher Erkenntniswert für die Sachaufklärung sicher ausgeschlossen werden kann. Ein – etwa wegen des fehlenden persönlichen Eindrucks des Zeugen in der Hauptverhandlung oder wegen der eingeschränkten Möglichkeit, ihm Vorhalte zu machen – lediglich geminderter oder zweifelhafter Beweiswert einer so gewonnenen Aussage darf hingegen regelmäßig nicht mit einer völligen Untauglichkeit des Beweismittels gleichgesetzt werden. Die Beurteilung hat sich daher bei einer derartigen Fallgestaltung eher an den strengen Maßstäben auszurichten, die sonst allgemein für die Bewertung eines Beweismittels als völlig ungeeignet anerkannt sind.[294] Eine solche besondere Beweislage kann sich hinsichtlich eines offenkundig wichtigen, wenn nicht einzigen verbliebenen Entlastungszeugen dadurch ergeben, dass es einem Angeklagten nicht zum Nachteil gereichen darf, dass dem Verfahren eine Auslandstat zugrunde liegt oder die Tat jedenfalls einen starken Auslandsbezug aufweist und die Beweisführung infolge dessen im Wesentlichen auf ausländische Beweismittel zurückgreifen muss. In einem solchen Fall ist dem legitimen Anliegen eines Angeklagten, sich gegen die aus dem Ausland stammenden und ihn belastenden Beweismittel durch die Benennung von im Ausland ansässigen Entlastungszeugen zu verteidigen, in der Weise Rechnung zu tragen, dass an die Ablehnung eines solchen Beweisantrags strengere Maßstäbe anzulegen sind, bis dahin, dass jeglicher Erkenntniswert für die Sachaufklärung sicher ausgeschlossen werden können muss.[295] 145

Auch **gegen eine Videosimultanvernehmung** kann die eingeschränkte Unmittelbarkeit der Beweisaufnahme aufgrund der fehlenden körperlichen Anwesenheit und des technischen Mediums, allgemeiner Hemmung der Auskunftsperson wegen der ungewohnten Situation, sich vor einer Kamera äußern zu müssen, angeführt werden.[296] So kann zur Begründung angeführt werden, zur Bewertung der Aussage sei ein persönlicher Eindruck, wie ihn nur die Vernehmung in **körperlicher Anwesenheit** des Zeugen zu vermitteln vermöge,[297] erforderlich, wenn die Bedenken am Beweiswert durch weitere Elemente verstärkt werden. Dazu zählen etwa eine enge Verbundenheit des Zeugen mit dem Ange- 146

---

[292] BGH StV 1992, 548 f.
[293] Vgl. BGHSt 55, 11 ff. = NJW 2010, 2365 ff. mwN.
[294] BGHSt 55, 11 ff. = NJW 2010, 2365 ff.; vgl. Meyer-Goßner/Schmitt/*Schmitt* StPO § 244 Rn. 58 mwN; KK-StPO/*Krehl* StPO § 244 Rn. 169 f. mwN.
[295] BGHSt 55, 11 ff. = NJW 2010, 2365 ff.; KK-StPO/*Krehl* StPO § 244 Rn. 169 f. mwN.
[296] BGHSt 45, 188 ff. = NJW 1999, 3788; vgl. *Diemer* NStZ 2001, 393 (395 f.); *Norouzi* Audiovisuelle Vernehmung 82 ff. mwN.
[297] BGH NStZ 2004, 347 f. = StV 2004, 465 f.

klagten, seine Tatnähe, seine bisher widersprüchlichen Angaben und zudem seine Scheu, in Deutschland Angaben zu machen – augenscheinlich aus Furcht vor strafrechtlicher Verfolgung wegen Falschaussage verbunden mit der mangelnden effektiven Sanktionierbarkeit einer etwaigen Falschaussage im Ausland.

147 cc) Das für § 244 Abs. 3 S. 2 Var. 5 StPO nötige **Ausmaß der Bemühungen um eine Erreichbarkeit** des Zeugen ist generell unter Abwägung der Bedeutung der Sache und der Relevanz der Zeugenaussage für die Wahrheitsfindung einerseits und des Interesses an der zügigen Durchführung des Verfahrens sowie der Erfolgschancen weiterer Bemühungen andererseits zu bestimmen.[298] Eine Beweisbehauptung, die im Falle des Gelingens des Beweises von wesentlicher Bedeutung für das Verfahrensergebnis sein würde, zwingt grundsätzlich dazu, alle nicht von vornherein als aussichtslos erscheinenden Möglichkeiten auszuschöpfen und gegebenenfalls auch eine Unterbrechung oder Aussetzung der Hauptverhandlung in Kauf zu nehmen.[299] Ist dagegen die Beweisbehauptung nur von untergeordneter Bedeutung oder der Stellenwert des Beweismittels im Rahmen der gesamten Beweiskonstellation gering oder ist nicht zu erwarten, dass der Zeuge in der Hauptverhandlung etwas anderes als bei früheren, bereits eingeführten Vernehmungen aussagen werde, kann dem Interesse an einer reibungslosen und zügigen Durchführung des Verfahrens größeres Gewicht beigelegt werden.[300] Bei langfristiger Vernehmungsunfähigkeit eines Zeugen können sich die Ablehnungsgründe der Ungeeignetheit und der Unerreichbarkeit überschneiden. Antizipationen unter Berücksichtigung des bisherigen Beweisergebnisses sind somit zur Beurteilung des im Einzelfall angemessenen Verhältnisses von gerichtlichen Bemühungen und möglichem Aufklärungserfolg nicht unzulässig.[301]

148 Wegen ihrer **Ablehnung, an einer Vernehmung mitzuwirken,** ist die sich im Ausland aufhaltende Auskunftsperson erst dann unerreichbar iSd § 244 Abs. 3 StPO, wenn alle Bemühungen vergeblich waren und weitere Versuche aussichtslos sind (→ Rn. 73 ff., 149). Dies kann zwar auch ohne förmliche Ladung gegeben sein, allerdings nur dann, wenn sich der Zeuge oder Sachverständige definitiv geweigert hat auszusagen, oder wenn das Gericht ausnahmsweise nach gewissenhafter Prüfung der maßgebenden Umstände davon überzeugt ist, dass der Zeuge einer Vorladung zur Hauptverhandlung keine Folge leisten werde und der Versuch einer Ladung deswegen von vornherein völlig aussichts- und zwecklos ist.[302]

149 Das ist aber in der Regel nur dann der Fall, wenn das Tatgericht unter Beachtung seiner ihm obliegenden Aufklärungspflicht alle der Bedeutung des Zeugen entsprechenden **Bemühungen** zur Beibringung vergeblich entfaltet hat, und auch keine begründete Aussicht besteht, dass die Auskunftsperson in absehbarer Zeit als Beweismittel herangezogen werden kann.[303] Diese Bemühungen richten sich auch nach dem möglicherweise einschlägigen Rechtshilferecht, wie etwa Art. 7 ff. RHÜ 1959 (ausf. → § 15 Rn. 11 ff.).[304] Die notwendigen Bemühungen sind entsprechend zu maximieren, wenn das Gericht (gegebenenfalls ansonsten in der Ablehnungsbegründung ausführend) eine Vernehmung im Wege der Rechtshilfe für ungeeignet hält, weil es zur Beurteilung der Glaubwürdigkeit des Zeugen ganz wesentlich auf den persönlichen Eindruck in der Hauptverhandlung ankomme.[305]

---

[298] → Rn. 73, vgl. BGHSt 22, 118 (120) = NJW 1968, 1485; BGHSt 32, 68 (73) = NJW 1984, 2772; BGH NJW 1990, 1124; 2000, 443 (447); NStZ 1983, 422; 1993, 349; StV 1987, 45; JZ 1988, 982; NStZ 2003, 562; KK-StPO/*Krehl* StPO § 244 Rn. 160.
[299] BGH NStZ 1982, 78; 1982, 341; 1983, 180 (181); StV 1983, 496; 1984, 5; 1986, 418 (419); 1987, 45; KK-StPO/*Krehl* StPO § 244 Rn. 160.
[300] BGHSt 32, 68 (73) = NJW 1984, 2772; BGH NStZ 1982, 127; 1982, 472; JZ 1988, 982; KK-StPO/*Krehl* StPO § 244 Rn. 160; Alsberg/Nüse/Meyer/*Güntge,* Der Beweisantrag im Strafprozess, 6. Aufl. 2013, Rn. 1412.
[301] So KK-StPO/*Krehl* StPO § 244 Rn. 160.
[302] BGH BeckRS 2001, 30161954 = StV 2001, 664; NStZ 1991, 143.
[303] BGH BeckRS 2001, 30161954 = StV 2001, 664 mwN.
[304] Vgl. hier nur BGH NJW 1979, 1788; *Walter* NJW 1977, 983 (985 f.).
[305] BGH BeckRS 2001, 30161954 = StV 2001, 664.

§ 24 Beweisverwertung in strafgerichtlichen Urteilen　　　　　　　　　　　　　　**5. Kapitel**

Eine endgültige Weigerung kann etwa dann **nicht** angenommen werden, wenn ein im 150 Ausland wohnhafter und benannter mutmaßlicher Alibizeuge in einer früheren Verfahrensphase mitgeteilt hat, er sei nicht gewillt, eine Aussage zu machen, in Unkenntnis davon, dass (nunmehr) ein Bekannter von ihm im Verfahren wegen schwerwiegender Straftaten angeklagt ist.[306]

Bei Beurteilung, ob der Zeuge in keinem Fall einer Ladung Folge leisten wird, dürfen 151 allerdings die weiteren **Gesamtumstände,** die dem Erscheinen und der Aussage des Zeugen in der Hauptverhandlung entgegenstehen, in die Abwägung einbezogen werden.[307] Dies kann insbesondere aus einer im Raum stehenden eigenen Tatbeteiligung oder sonstigen Strafbarkeit des Zeugen, zB wegen einer sonst wahrscheinlichen Falschaussage, oder etwaigem Vermeidungsverhalten des Zeugen wie in ihrer Glaubhaftigkeit zumindest fraglichen vorgebrachten Entschuldigungen wie Reiseunfähigkeit folgen.[308] Auch braucht das Gericht nicht auf einen etwaigen Willenswandel des Zeugen trotz der Bedeutung der Sache insbesondere bei Untersuchungshaft des Angeklagten zu warten, wenn der Zeuge bei früheren Vernehmungen im Ermittlungsverfahren nichts Sachdienliches ausgesagt hatte.[309]

3. Entsprechend sind Beweisanträge, die sich unmittelbar auf **Vernehmung mittels** 152 **transnationaler Videosimultanübertragung** und auf **kommissarische Vernehmung** richten, zu beurteilen.[310] Folgt man dem erweiterten Erreichbarkeitsbegriff, dann müsste in dem bloßen Antrag auf Videovernehmung auch ein solcher auf eine kommissarische Vernehmung hilfsweise enthalten und daher mit zu bescheiden sein. Ansonsten wäre auch in dieser Konstellation jedenfalls die Aufklärungspflicht des Gerichts zu bedenken. Beide Vernehmungsformen können bereits aufgrund mangelnder Rechtshilfe unzulässig oder die Auskunftspersonen sonst aus den genannten Gründen unerreichbar sein. Ebenfalls können die Vernehmungsformen ungeeignet oder nicht erforderlich sein, wenn das Gericht nur der unmittelbaren Vernehmung einen (hinreichenden) Beweiswert zumisst, der sich aus der notwendigen Gesamtwürdigung, gegebenenfalls mit freibeweislichen Ergänzungen bemisst (→ § 22 Rn. 3, 5; → Rn. 32).[311] Die Videovernehmung kann auch namentlich nicht erforderlich sein, wenn sie keinen besseren Beweiswert erwarten lässt als ein bereits vorliegendes richterliches Vernehmungsprotokoll.[312]

Zu beachten ist, dass die Ablehnung der Videovernehmung nur dann durch das Gericht 153 begründet werden muss, wenn die Auskunftsperson damit überhaupt nicht als Beweismittel zur Verfügung steht.[313] Denn in diesem Fall steht nicht nur eine nicht anfechtbare (§ 247a Abs. 1 S. 2 StPO) und daher nicht begründungspflichtige Entscheidung (§ 34 StPO) nach § 247a StPO im Raum, sondern eben eine, die die Aufklärungspflicht nach § 244 StPO berührt.

§ 24 Beweisverwertung in strafgerichtlichen Urteilen

A. Bindung an den Inbegriff der Hauptverhandlung

Nach § 261 StPO entscheidet das Gericht nach seiner aus dem Inbegriff der Verhandlung 1 geschöpften Überzeugung über das Ergebnis der Beweisaufnahme. Darin ist die zwingende **Kontrollfunktion der Hauptverhandlung** mit den darin verwirklichten Grundsätzen

---
[306] BGH BeckRS 2001, 30161954 = StV 2001, 664.
[307] BGH NStZ 1991, 143.
[308] BGH NStZ 1991, 143.
[309] BGH NStZ 1991, 143.
[310] Vgl. zum Ganzen *Norouzi* Audiovisuelle Vernehmung 68 ff., 128 ff. mwN.
[311] Vgl. hierzu *Kilian-Herklotz* in Lagodny, Der Strafprozess vor neuen Herausforderungen. Über den Sinn und Unsinn von Unmittelbarkeit und Mündlichkeit im Strafverfahren, 2000, 195 ff.
[312] BGHSt 46, 73 = NJW 2000, 2517.
[313] Vgl. hierzu und zum Folgenden umfassend *Diemer* NStZ 2001, 393 ff. mwN.

5. Kapitel

der effektiven Verteidigung – einschließlich des umfassenden rechtlichen Gehörs und des Konfrontations- und Entlastungsrechtes – sowie der Kontrolle durch Mündlichkeit und Öffentlichkeit verankert. Das Gericht darf daher jeder Abschlussentscheidung, die nicht bloß eine formale zB aufgrund dauerhaften Verfahrenshindernisses oder Verweisung wegen Unzuständigkeit ist, grundsätzlich **nur Tatsachen** bzw. Erkenntnisse zugrunde legen, die zumindest **Gegenstand der Hauptverhandlung** waren, sodass diese Beteiligtenrechte und Grundprinzipien (im Rahmen ihrer rechtlichen Schranken) gewahrt sind.

2 **I.** Das heißt konkret einerseits: in der Hauptverhandlung müssen nicht nur alle Beweistatsachen, sondern **auch alle offenkundigen Tatsachen** und Erfahrungssätze, auf die sich die Entscheidung stützt, erörtert worden sein, wenn es nicht – wie bei allgemeinkundigen Tatsachen, die jedermann kennt – um Selbstverständlichkeiten geht, deren Erörterung sich erübrigt.[1] Das Gericht muss dabei auch darauf hinweisen, dass es diese Tatsachen oder Erfahrungssätze (möglicherweise) als offenkundig seiner Entscheidung zugrunde legen wird und den Verfahrensbeteiligten Gelegenheit geben, sich über die Annahme der Offenkundigkeit zu äußern, Bedenken dagegen geltend zu machen und Beweisanträge zu stellen, die den Nachweis der Unrichtigkeit der Tatsache oder des Erfahrungssatzes oder des Fehlens der Voraussetzungen der Offenkundigkeit bezwecken können.[2]

3 Bei **Erhebungen im Wege der Rechtshilfe im Ausland** dürfen folglich, selbst wenn alle Gerichtsmitglieder und Verfahrensbeteiligten dort anwesend gewesen wären, – unabhängig von der Frage der Einführung als gerichtskundige oder Beweistatsache – nur die Wahrnehmungen im Urteil verwertet werden, die in ordnungsgemäßer Weise Gegenstand der Hauptverhandlung waren, in der Reichweite des Strengbeweises also durch förmliche Beweismittel eingeführt wurden (→ § 23 Rn. 3 ff.). Ein Rückgriff auf das Institut gerichtsbekannter Tatsachen ist ausgeschlossen. Gleiches gilt im Fall „interner Ermittlungen" durch Gerichtsmitglieder etwa durch gezielte private Inaugenscheinnahme fraglicher Örtlichkeiten in Bezug auf das Verfahren (→ § 23 Rn. 6).

4 **II.** Andererseits darf sich das Gericht in der Beweiswürdigung **nicht in Widerspruch zu seinen Beschlüssen** auf Beweisanträge in der Hauptverhandlung setzen, was die Beurteilung der Bedeutungslosigkeit und Erforderlichkeit von Beweiserhebungen oder die Wahrunterstellung von Tatsachen angeht.[3]

5 Hat das Gericht einen Beweisantrag abgelehnt, weil es die Beweistatsache für tatsächlich **bedeutungslos** erachtet hat, darf es dieser im Urteil nicht eine Bedeutung beimessen, auch wenn es sie für widerlegt oder zweifelhaft erachtet. Erst recht darf es nicht gegenläufige Beweiserwägungen anstellen, zumal die Beweistatsache als fiktiv erwiesen unterstellt war und wäre.[4] Wurde in der Ablehnung eines Beweisantrages auf Vernehmung der Auskunftsperson die kommissarische oder audiovisuelle Vernehmung als mangels persönlichen Eindrucks **nutzlos** angesehen, ist es nicht zulässig, eine den Antragsteller beschwerende Entscheidung auf die Verwertung einer Niederschrift über eine frühere (richterliche, staatsanwaltschaftliche oder polizeiliche) Vernehmung des Zeugen zum selben Beweisthema zu stützen.[5]

6 Besondere Aufmerksamkeit ist bei einer **Wahrunterstellung** geboten, die Urteilsgründe dürfen ihr auch dann nicht widersprechen, wenn der Beweisantrag mit anderer Begrün-

---

[1] BVerfGE 48, 206 (209); BGHSt 6, 292 (296) = NJW 1954, 1656; BGH NStZ 1995, 246 (247); StV 1988, 514; BGHR StPO § 261 Gerichtskundigkeit 1; KK-StPO/*Krehl* StPO § 244 Rn. 139.
[2] BGH NStZ 1995, 246 (247); StV 1998, 251; NStZ 2013, 121; LR/*Becker* StPO § 37 Rn. 213; KK-StPO/*Krehl* StPO § 244 Rn. 139; *Stein* JW 1922, 299.
[3] Vgl. etwa KK-StPO/*Krehl* StPO § 244 Rn. 146 mwN.
[4] Vgl. zuletzt BGH NStZ 2013, 611; daneben BGH GA 1964, 77; BGHR StPO § 244 Abs. 3 S. 2 Bedeutungslosigkeit 22; durch Annahme des Gegenteils, vgl. BGH StV 1992, 147 mAnm *Deckers;* StV 1993, 173; 1993, 622; 1996, 648; 2001, 95; 2001, 96; BGH NStZ 2000, 267 (268); 2009, 555; 2013, 118; BGH StraFo 2008, 29; 2010, 466; NStZ-RR 2013, 117; BGH BeckRS 2002, 30251343; KK-StPO/*Krehl* StPO § 244 Rn. 146 mwN.
[5] S. auch BGH NStZ 2011, 422; StV 1993, 232; KK-StPO/*Krehl* StPO § 244 Rn. 170; *Herdegen* NStZ 1984, 97 (101, 337, 340).

dung hätte zurückgewiesen werden können.⁶ Die Entscheidungsgründe dürfen die Tatsache nicht in Zweifel ziehen, müssen sich aber nur dann mit ihr überhaupt ausdrücklich auseinandersetzen, wenn nicht ohne Weiteres erkennbar ist, wie das Ergebnis der Beweiswürdigung mit der Wahrunterstellung vereinbart werden kann, oder wenn ohne Erörterung der als wahr unterstellten Tatsache die Beweiswürdigung lückenhaft bliebe.⁷ Eine zugesagte Wahrunterstellung wird auch dann eingehalten, wenn der unterstellte Umstand in den Urteilsgründen als bedeutungslos bezeichnet wird, es liegt dann jedenfalls kein Mangel vor, auf dem die Verurteilung beruht.⁸

B. Spezialität, Vertraulichkeit, Zustimmungsvorbehalt und andere Bedingungen

Auch bei der Beweisverwertung in gerichtlichen Abschlussentscheidungen ist vom Grundsatz des § 72 IRG auszugehen: „Bedingungen, die der ersuchte Staat an die Rechtshilfe geknüpft hat, sind zu beachten." Insoweit gelten grundsätzlich sämtliche bereits (→ § 18, 20, 21) getroffenen Ausführungen entsprechend. 7

Eine Nachprüfung der einmal akzeptierten Bedingungen ist damit grundsätzlich weder möglich noch in den Urteilsgründen geboten.⁹ 8

I. Soweit der betroffene Staat auf die Einhaltung des Rechtshilferechtes besteht, darf er sich auch auf alle ihm danach zustehenden Verweigerungsgründe und Bedingungen berufen, insbesondere den ordre public und auch solche, die er sich durch Erklärungen zu Übereinkommen wirksam vorbehalten hat.¹⁰ Dies hat der verwertende Staat durch ein Beweisverwertungsverbot grundsätzlich zu beachten, jedenfalls soweit die Ausnahmen in ihrer Gesamtheit noch in irgendeiner Weise geeignet scheinen können, die Verweigerung oder Bedingung der Rechtshilfe aus der maßgebenden Sicht des betroffenen Staates zu rechtfertigen. 9

II. Weiterhin sind die kraft Vereinbarung geltenden Beschränkungen der Zweckbindung und Spezialität sowie der Vertraulichkeit als wichtige Fälle von Bedingungen iSv § 72 IRG zu beachten (ausf. → § 18 Rn. 11 f. und § 21 Rn. 2 ff.).¹¹ 10

1. Ein **allgemeiner Zustimmungsvorbehalt** für die Verwertung besteht bei im Wege der Rechtshilfe erlangten Beweisergebnissen nicht, sondern nur, soweit er ausdrücklich in der vertraglichen Grundlage der Rechtshilfe bestimmt oder bei Übermittlung der Informationen ausdrücklich die Zustimmung zur weiteren Verwertung vorbehalten worden ist (ausf. → § 18 Rn. 2, 9). Erst recht besteht kein automatischer Zustimmungsvorbehalt für die Erkenntnisse der eigenen Ermittlungsbeamten des Gerichtsstaates, die sich erlaubterweise im betroffenen Gebietsstaat aufgehalten haben, wenn in der Gestattung kein solcher Zustimmungsvorbehalt vorgesehen war oder erklärt wurde. Ein solcher genereller Zustimmungsvorbehalt besteht namentlich nicht bei der Verwertung von durch Observation nach Art. 40 SDÜ gewonnenen Informationen.¹² Wo, wie durchaus häufig und regelmäßig bei unmittelbarer Kenntniserlangung im fremden Gebiet spezielle Verarbeitungs- und Verwendungsregeln fehlen, gilt damit der Grundsatz: Wer eine Information hat, kann sie auch verwerten. 11

---

⁶ BGHSt 32, 44 (47) = NJW 1984, 2228; BGHSt 40, 169 (184 ff.) = NJW 1994, 3238; BGH StV 1988, 91; 2007, 18; NStZ 2003, 101; BeckRS 2004, 05419; NStZ 2005, 526; BGHSt 51, 364 = NStZ 2007, 717; BGH StV 2012, 581; OLG Stuttgart StraFo 2005, 204; KK-StPO/*Krehl* StPO § 244 Rn. 193.
⁷ BGHSt 28, 310 (311) = NJW 1979, 1513; BGH NJW 1961, 2069; NStZ 2011, 231; StV 1984, 142; 1988, 91; BGHR StPO § 244 Abs. 3 S. 2 Wahrunterstellung 2, 3, 12, 30 und 36; LR/*Becker* StPO § 37 Rn. 317; KK-StPO/*Krehl* StPO § 244 Rn. 193; aA *Herdegen* NStZ 1984, 337 (342 f.).
⁸ BGH NStZ 1982, 126.
⁹ Zur möglichen Konsultation und Nachverhandlung → § 13 Rn. 24 ff.; § 18 Rn. 8; § 20 Rn. 12, 30 f., 57; § 21 Rn. 2 ff..
¹⁰ BGHSt 34, 334 ff. = NJW 1987, 2168.
¹¹ Vgl. hier nur BGHSt 34, 334 ff. = NJW 1987, 2168.
¹² *Janicki* Beweisverbote 499.

12   2. Hat indes ein ersuchter Staat Erkenntnisse, Unterlagen oder wohl auch Gegenstände, namentlich **„informell"** oder im Wege bloßer polizeilicher Amtshilfe, nur zu Informationszwecken, nicht aber zur Verwendung als unmittelbares Beweismittel, insbesondere nicht als Beweismittel im Strafverfahren gegen den Angeklagten, überlassen und einer solchen Verwertung widersprochen bzw. auf Ersuchen nicht ausdrücklich zugestimmt, sind diese Informationen insgesamt nicht verwertbar.[13] Aus der vorangegangenen einverständlichen formlosen Überlassung von Unterlagen kann der Empfängerstaat nicht mehr Rechte herleiten, als ihm bei der Übergabe erkennbar eingeräumt worden sind. In einem Fall, in dem polizeiliche Akten ohne den Willen der Justizbehörden des ersuchten Staates außerhalb des geregelten Rechtshilfeverkehrs lediglich zu Informationszwecken in die Verfügungsgewalt eines anderen Vertragsstaates gegeben werden, dürfen sie deshalb in einem dort anhängigen Strafverfahren als Beweismittel jedenfalls dann nicht verwertet werden, wenn und sobald der ersuchte Staat eindeutig zum Ausdruck gebracht hat, dass er einer solchen Verwertung widerspricht und die Rechtshilfe verweigert, und wenn er nach dem Rechtshilfeübereinkommen und zusätzlichen Vereinbarungen zu einer solchen Verweigerung berechtigt ist. Entsprechende Regelungen zur Sicherung der Verfahrenshoheit der Justiz des Übermittlungsstaates sehen auch zentrale Rechtshilfedokumente, wie etwa der RB 2006/960/JI und dazu speziell § 92b IRG vor.[14] Nach seinem Sinn und Zweck hindert dieses Beweisverwertungsverbot auch das Gericht daran, so faktisch erlangte Erkenntnisse aus der Vernehmung zB eines deutschen Polizeibeamten zu seinen Wahrnehmungen zu verwerten, der diese gewonnen hat.[15]

13   **III.** Bedingungen oder Untersagungen der Verwertung sind auch grundsätzlich dann mit Wirkung *ex nunc* zu beachten, wenn der Staat, der die Erkenntnisse übermittelt bzw. deren Erhebung geduldet hat, sich erst nach diesem Zeitpunkt, dh **nachträglich,** in zulässiger Weise auf Verweigerungsgründe oder Bedingungen beruft.[16] Allerdings kann ein solches Verhalten keinesfalls *per se* ein umfassendes Verfahrenshindernis begründen, sondern nur ein Verwertungshindernis hinsichtlich der konkreten Informationen, Beweismittel, auf die sich die Verweigerung bzw. nicht erfüllbare Bedingung beschränkt.[17] Insoweit ist das Verwertungsverbot allerdings zwingend. Soweit das Urteil auf dennoch verwerteten Erkenntnissen beruht, ist es rechtsfehlerhaft.

14   Allerdings hat der BGH dies etwas dahingehend relativiert, dass bei der Frage der Verwertung oder gar der Durchbrechung der Rechtskraft aufgrund Einschränkungen des ersuchten Staates nach bestandskräftiger Rechtshilfebewilligung und geleisteter Rechtshilfe das Gericht des ersuchenden Staates, das über die Verwendung der Beweismittel erneut entscheiden soll, auch die sachliche Berechtigung eines späteren Widerrufs der Rechtshilfebewilligung überprüfen kann bzw. muss.[18] § 72 IRG gelte für diese Konstellationen nicht. Danach muss die sachliche Berechtigung des ersuchten Staates zumindest plausibel sein. Auch wenn dies *de facto* auf eine Überprüfung von Hoheitsakten eines anderen Staates durch deutsche Gerichte hinausläuft, sei dies hinnehmbar. Denn der ersuchte Staat habe seinerseits autonom entschieden, ohne den betroffenen Strafverfolgungsbehörden des ersuchenden Staates insoweit eigene prozessuale Rechte zugestanden zu haben. Im Übrigen habe der ersuchte Staat auch hinreichend die Gelegenheit gehabt, zum Beispiel durch eine entsprechende Formulierung des Spezialitätsvorbehaltes spätestens bei Übermittlung des Rechtshilfeergebnisses, seine Interessen zu schützen. Auch aus den Grundlagen des Völkervertragsrechts kämen zwar gegebenenfalls dem ersuchten Staat gewisse Ansprüche, zB bei

---

[13] So hierzu und zum Ganzen BGHSt 34, 334 ff. = NJW 1987, 2168.
[14] Vgl. auch ausf. → § 14 Rn. 50; → § 18 Rn. 5, 12; → § 20 Rn. 31; allerdings wird zunehmend diskutiert, ob das Beweisverwertungsverbot des § 92b S. 2 IRG keine absolute Wirkung entfaltet sondern der Abwägung und allgemeinen Dogmatik zugänglich ist, vgl. insbes. NK-RechtshilfeR/*Wörner* IV Rn. 498 mwN.
[15] BGHSt 34, 334 = NJW 1987, 2168; offen gelassen von BVerfG NJW 2011, 591 mwN.
[16] BGHSt 34, 334 = NJW 1987, 2168; BGHSt 51, 202 = NJW 2007, 853.
[17] BGHSt 51, 202 = NJW 2007, 853.
[18] BGHSt 51, 202 = NJW 2007, 853; vgl. auch BGHSt 31, 51 (54) = NJW 1982, 1954.

§ 24 Beweisverwertung in strafgerichtlichen Urteilen   **5. Kapitel**

Irrtum oder Täuschung, auch gegebenenfalls auf Schadensersatz zu. Dies führe aber nicht zu Ansprüchen der mitbetroffenen Einzelpersonen, also insbesondere des Verurteilten, auf Unterlassung bzw. Folgenbeseitigung der bereits erfolgten Verwertung.

Ist hinsichtlich der Beweisverwertung bereits Teilrechtskraft zB durch Berufungs- 15 beschränkung oder nur anderweitig erfolgreiche Revision eingetreten, so führt die nachträgliche Verweigerung nicht zu deren Durchbrechung. Sie rechtfertigt weder unmittelbar noch wohl analog § 359 StPO die Wiederaufnahme des Verfahrens.[19] Das nachträglich ausgesprochene Verwertungsverbot ist keine neue Tatsache iSd § 359 Nr. 5 StPO, sondern bloße Rechtstatsache, weil es lediglich die rechtliche Bewertung eines Sachverhalts betrifft und eine Rechtsfolge setzt.[20]

C. Beweisverwertungsverbote

I. Allgemeine Dogmatik

Für die allgemeine Frage, ob konkrete Beweise im Urteil durch ein deutsches Gericht 16 verwertet werden dürfen, bildet auch bei allen Formen des Auslandsbezugs stets das deutsche Recht den notwendigen Ausgangspunkt.[21] Damit gilt auch hier uneingeschränkt das deutsche Recht generell für selbstständige Beweisverwertungsverbote ebenso wie grundsätzlich für die Verknüpfung zwischen unselbstständigem Beweisverwertungsverbot und der Tatsache mangelhafter Beweiserhebung. Vor allem die inzidente Frage allerdings, welche konkreten Vorschriften für die Beweiserhebung zu beachten sind und im Falle ihrer Verletzung ein Beweisverwertungsverbot zwingend oder relativ auslösen (müssen), ist wesentlich komplexer zu beantworten.[22] Auch der BGH stellt dabei fest, dass die Gründe, die zu einer Unverwertbarkeit der im Ausland gewonnenen Beweise im inländischen Strafverfahren führen können, nicht in allen Einzelheiten geklärt sind; es bestehe jedoch weitgehend Einigkeit darüber, dass sich Beweisverwertungsverbote im Zusammenhang mit Beweisrechtshilfe entweder aus der inländischen Rechtsordnung des ersuchenden Staates oder aus völkerrechtlichen Grundsätzen ergeben könnten.[23]

Ein Teil der Unsicherheit im Detail ist der Tatsache geschuldet, dass bereits der 17 **dogmatische Hintergrund** der rein innerstaatlich begründeten Beweisverwertungsverbote – allen systematischen Kategorisierungen zum Trotz[24] – nicht hinreichend geklärt scheint.[25] Als wesentliches Element dürfte wohl einerseits die Unzuverlässigkeit des Beweismittels als solches aufgrund seiner fehlerhaften Gewinnung gelten.[26] Andererseits scheint ein zentraler Grund aber im erstmaligen oder aktualisierten Verstoß gegen Grundrechte und wesentliche Rechtspositionen von Betroffenen oder sonstige wesentliche

---

[19] BGHSt 51, 202 = NJW 2007, 853 allerdings durchaus unklar hinsichtlich der analogen Anwendung, soweit nicht das Verwertungsverbot erst in Revisionsverfahren nach zuvor erfolgter Teilrechtskraft erfolgt ist, allerdings generell ausgeschlossen, soweit Rechtshilfe abgeschlossen ist.
[20] BGHSt 51, 202 = NJW 2007, 853; BGHSt 39, 75 (79 f.) = NJW 1993, 1481; vgl. Meyer-Goßner/Schmitt/*Schmitt* StPO § 359 Rn. 24 f.; KK-StPO/*W. Schmidt* StPO § 359 Rn. 19.
[21] Vgl. BGH NStZ 1983, 376; *Nagel* Beweisaufnahme 376; *Scheller* Ermächtigungsgrundlagen 95; *Gleß* FS Grünwald, 1999, 197, 202 mwN; *Janicki* Beweisverbote 479.
[22] Dies jedenfalls seit im Jahr 1943 durch Rechtsänderung nicht mehr nur formal korrekte Protokolle einwandfreier richterlicher Vernehmungen, sondern eben auch sonstige Niederschriften und schriftliche Erklärungen verlesen werden konnten; vgl. zum Ganzen ausf. *Gleß* FS Grünwald, 1999, 196 (206 ff. mwN); zum Beweisverwertungsverbot allg. bereits *Beling* Beweisverbote 1903.
[23] BGHSt 58, 32 = NStZ 2013, 596; *Ambos* Beweisverwertungsverbote, 81; vgl. auch *Gleß*, Beweisrechtsgrundsätze einer grenzüberschreitenden Strafverfolgung, 2006, 141 ff.; *Gleß* JR 2008, 317 (323 ff.).
[24] Vgl. *Sydow*, Kritik der Lehre von den Beweisverwertungsverboten, 1976, 16 ff., 96 ff.; *Dencker*, Verwertungsverbote im Strafprozeß, 1977, 13 ff.; *Rogall* ZStW 1979, 1 ff.; *Mergner* Fernwirkung 6 mwN; *Ambos* Beweisverwertungsverbote 21 ff. mwN.
[25] Vgl. ausf. etwa *Mergner* Fernwirkung 22 ff. mwN; *Amelung* StraFo 1999, 181; *Ambos* Beweisverwertungsverbote 18 ff.
[26] Vgl. *Grünwald*, Das Beweisrecht der Strafprozessordnung, 1993, 141 ff.; *Gleß* FS Grünwald, 1999, 197 ff. mwN; aber auch wohl *Rudolphi* MDR 1970, 93, vgl. *Mergner* Fernwirkung 25 mwN.

Rechtsprinzipien zu liegen, der gerade durch die (perpetuierende) Verwertung in einer Urteilsfindung und -begründung erfolgt. Weiterhin scheint es schließlich aber auch um die, durchaus demonstrative, Sicherung der Rechtsstaatlichkeit und Fairness des Verfahrens, die Sanktionierung von Verstößen bei der Beweiserhebung durch staatliche Stellen, nicht zuletzt im Sinne von deren generalpräventiver Disziplinierung zu gehen.[27] Gerade der letztgenannte Gedanke dominiert dabei das *„Common Law"*, das von der Einhaltung seines Verfahrensrechts durch die Prozessbeteiligten abhängig ist, denen die Beweisgewinnung weitgehend anvertraut ist.

18 Aufgrund des Auslandsbezuges tritt schließlich zu dieser Trias die Achtung des Völkerrechts und insbesondere der Souveränität des mitbeteiligten bzw. -betroffenen Gebietsstaates, allerdings durchaus in mehreren Perspektiven hinzu: Einerseits kann die Achtung der Souveränitätsrechte als wesentlicher Rechtsgrundsatz, für sich genommen, zu einem Verwertungsverbot führen. Andererseits kann sie einer anprangernden Disqualifizierung der geleisteten Beweiserhebung als „unrechtmäßig" oder „unverwertbar" im Wege stehen. Hier aktualisiert sich die Frage des anwendbaren Rechtes (→ § 9 Rn. 95 ff.), dass die souveräne Gleichheit der Staaten einer Verabsolutierung der eigenen Verfahrensnormen theoretisch und mit der Aufklärungspflicht ihr praktisch entgegensteht.

19 Daraus folgt, dass Anlass für ein Beweisverbot wie stets uneingeschränkt das Handeln der eigenen, dh deutschen, staatlichen Organe sein kann. Dies gilt etwa auch, wenn eine Videoübertragung vor Ende der Vernehmung so abbricht, dass das Konfrontationsrecht nicht realisiert werden kann.[28] Hinsichtlich der Sphäre des mitbeteiligten fremden Staates können die Grundlagen des anzuwendenden Maßstabs nur sein:

- die zwischen den beteiligten Staaten vereinbarten oder sonst gemeinsamen Normen und Wertentscheidungen;
- das übrige für sie gemeinsam geltende Völkerrecht;
- weiterhin Zweifel, die nicht die Erhebung als solche, sondern primär die darüber hinaus reichende Zuverlässigkeit des Beweismittels nachvollziehbar betreffen;
- sowie schließlich überragende rechtsstaatliche Grundsätze, die auch in die *ex post*-Bewertung der Erhebung hineinreichen.

20 In diesem konkretisierten Sinn kann man auch mit *Nagel* und Anderen durchaus im transnationalen Beweisrecht ein Kollisionsrecht erblicken, bei dem das Recht des verwertenden Staates durch das des erhebenden Staates modifiziert ist.[29]

II. Konkrete Fallkonstellationen

21 Daraus lassen sich folgende **konkreten** Schlussfolgerungen ziehen, ob ein Beweisverwertungsverbot überhaupt **in Betracht** kommt:

1. Unzulässiger Eingriff in fremde Souveränität

22 Allgemein anerkannt ist der Grundsatz, dass bei (auch zum Zeitpunkt der Vornahme) **unzulässigen Eingriffen in das Souveränitätsrecht eines anderen Staates** ein aus der Verletzung des Völkerrechts abgeleitetes inländisches Verwertungsverbot folgt.[30] Denn bei einem Völkerrechtsverstoß sei der Verursacher verpflichtet *„[to] wipe-out all the consequences of the illegal act an re-establish the situation which would, in all probability, have existed if that act had not been committed"*[31]. Beruht daher ein Urteil auf einem in diesem Sinn einer Folgenbeseitigungspflicht unterliegenden Verstoß gegen ein völkerrechtlich begründetes Beweis-

---

[27] Vgl. *Baumann/Brenner* Beweisverwertungsverbote 18 mwN.
[28] *Norouzi* Audiovisuelle Vernehmung 253 ff. mwN.
[29] Vgl. *Nagel* Beweisaufnahme 301 f. mwN; *Gleß* FS Grünwald, 1999, 197, 206 mwN.
[30] BGHSt 58, 32 = NStZ 2013, 596; s. BGHSt 34, 334 (343 f.) = NJW 1987, 2168.
[31] StIGH, „Factory at Chorzow", Urt. v. 26.7.1927, PCIJ Ser. A Nr. 9, S. 21; dazu *Ambos* Beweisverwertungsverbote 73 ff. mwN.

verwertungsverbot, kann es keinen Bestand haben.[32] Dieser Grundsatz ist auch durch die Gerichte im Verfahren zu beachten. Auf die Unterlassung hat ein Beschuldigter zwar keinen individualrechtlichen Anspruch. Sie kann sich aber als völkerrechtlicher Reflex zu seinen Gunsten auswirken, wenn er der Tat nur deshalb nicht überführt werden kann, weil andere Beweismittel nicht zur Verfügung stehen.

Nach zutreffender Ansicht dürfte dieses Beweisverwertungsverbot **keiner Abwägung** 23 unterliegen, sondern absolut gelten, jedenfalls soweit der Verstoß eklatant und nicht nur eine geringfügige Überschreitung durch den anderen Staat eingeräumter Befugnisse ist. Denn die zugrundeliegende völkerrechtliche Pflicht, die Folgen völkerrechtswidrigen Handelns auszugleichen, besteht jedenfalls dann ohne Rücksicht auf konkrete Abwägungen des innerstaatlichen Einzelfalles.[33] Dieses Verwertungsverbot entfaltet auch Fernwirkung insoweit, dass die Souveränitätsverletzung nicht durch andere mittelbare Beweismittel, zB die Vernehmung eines deutschen Polizeibeamten, der die Beweismittel erfasst hat, umgangen werden darf.[34]

a) Vor allem die über das im Rahmen der Rechtshilfe konkret Vereinbarte hinaus- 24 gehende Benutzung von Erkenntnissen und Gegenständen als unmittelbares Beweismittel entgegen dem ausdrücklich erklärten Willen des ersuchten Staates wäre – jedenfalls bei rechtzeitiger Geltendmachung (→ Rn. 13 ff.) – eine völkerrechtliche Vertragsverletzung, die jeder empfangende Staat und seine Organe zu unterlassen haben, selbst wenn nicht § 72 IRG eingreifen würde.

b) Dies dürfte auch stets der Fall sein, wenn **Hoheitsrechte ohne jede wirksame** 25 **Erlaubnis oder nachträgliche Genehmigung** in einem fremden Staatsgebiet ausgeübt bzw. angemaßt wurden (→ § 1 Rn. 3 ff.).

c) Es ist aber auch der Fall, wenn die Beweisaufnahme unter Verstoß gegen das Rechts- 26 hilferecht und ohne anderweitige Zustimmung des betroffenen Staates erfolgt ist, jedenfalls wenn dieser seine Zustimmung nach dem zwischen ihm und dem die Beweisaufnahme vornehmenden Staat geltenden Rechtshilferecht verweigern durfte.[35]

Wenn Rechtshilfevereinbarungen, wie etwa das RHÜ 1959, andere als die darin 27 vorgesehenen Formen der Zusammenarbeit zwischen Strafverfolgungsbehörden nicht explizit ausschließen, was wohl nirgends der Fall ist, bleibt es den Unterzeichnerstaaten unbenommen, einander „außervertraglich" Rechtshilfe zu leisten.[36] Allerdings müssen die vertraglichen Bestimmungen von Übereinkommen zwischen ihnen doch – allerdings nur mit Wirkung *ex nunc* – eingehalten werden, sobald eine Seite es allgemein oder im Einzelfall verlangt.[37] Soweit der betroffene Staat auf die Einhaltung des Rechtshilferechtes besteht, darf er sich auch auf alle ihm dort zustehenden Verweigerungsgründe berufen, insbesondere den ordre public und auch solche, die er sich durch Erklärungen zum Übereinkommen wirksam vorbehalten hat.[38] Dies hat der verwertende Staat durch ein Beweisverwertungsverbot grundsätzlich zu beachten, jedenfalls soweit die Ausnahmen in ihrer Gesamtheit noch in irgendeiner Weise geeignet scheinen können, die Verweigerung der Rechtshilfe aus der maßgebenden Sicht des betroffenen Staates zu rechtfertigen.

d) Ebenfalls ist der Fall anerkannt, wenn der förmliche Rechtshilfeweg, sei es durch 28 Eigenmacht, sei es in einem „kleinen Dienstweg" **ohne Autorisierung der zuständigen (Justiz-)Behörden** und ohne nachträgliche Genehmigung umgangen wurde, indem faktisch aus der Gewahrsamssphäre des betroffenen Staates zugängliche Informationen oder Beweismittel übernommen worden sind (→ § 13 Rn. 22; Rn. 12).

---

[32] BGHSt 34, 334 = NJW 1987, 2168.
[33] Vgl. *Tiedemann* FS Bockelmann, 1979, 819 ff.; *Nagel* Beweisaufnahme 6 f.
[34] BGHSt 34, 334 = NJW 1987, 2168.
[35] BGHSt 34, 334 = NJW 1987, 2168.
[36] BGHSt 34, 334 = NJW 1987, 2168.
[37] BGHSt 34, 334 ff. = NJW 1987, 2168.
[38] BGHSt 34, 334 ff. = NJW 1987, 2168.

5. Kapitel

29   e) Dagegen **nicht** ausreichen dürfte, wenn in einem fremden Staatsgebiet **ohne Verletzung der Souveränität, jedoch des einfachen dortigen Rechtes,** Erkenntnisse und Informationen in einem Verfahren durch oder wie durch eine Privatperson gewonnen wurden, wie dies etwa im Bereich der verdeckten nachrichtendienstlichen Informationsgewinnung, vor allem aber offene Wahrnehmungen und Beobachtungen, die in keiner Form den Anschein hoheitlichen Handelns erwecken oder sonst sich als Ausübung von Hoheit darstellen. In diesen Fällen ist das Verhalten alleine an den inländischen Eingriffsermächtigungen und Befugnisnormen des Entsendestaates zu messen. Fallkonstellationen, bei denen dabei Straftaten der Privatpersonen, durch die bzw. von denen die Informationen erlangt werden, gegebenenfalls unter Beihilfe oder Anstiftung staatlicher Stellen begangen wurden, stellen dabei sicher den Grenzbereich dar, bei dem die genauen konkreten Umstände zu berücksichtigen sind.[39]

2. Verletzung nur ausländischen Rechts – Hypothetische Beachtung inländischen Rechts

30   Wurden zwar Rechtsnormen des anderen beteiligten Staates, die auch dem Schutz des Betroffenen dienen, verletzt, aber die rechtlichen Voraussetzungen, die in einem **vergleichbaren inländischen Fall für die hoheitliche Erhebung gegolten hätten ("quasi-Betrachtung"), eingehalten,** so kann sich kein Verwertungsverbot ergeben.[40] Jeder weiteren Prüfung, ob dort an sich weitergehende Anforderungen gegolten hätten, ist das erkennende Gericht enthoben, da das eigene Recht mit den verbundenen Standards und Werteentscheidungen gewahrt ist.

3. Rückgriff auf die allgemeine Dogmatik

31   Liegt hingegen ein erheblicher **Rechtsverstoß aus Perspektive beider** Rechtsordnungen – sowohl nach dem Recht des erhebenden Staates wie auch bei der quasi-Betrachtung nach dem Recht für einen vergleichbaren inländischen Fall – vor, so kann ein Beweisverwertungsverbot grundsätzlich nach den gleichen Regeln folgen, wie in einem inländischen Fall.[41]

32   Dabei sind grundsätzlich die inländischen Regelungen für unselbstständige Beweisverwertungsverbote, namentlich nach hM der **Abwägungslehre oder der Rechtskreistheorie,** zu beachten. Allerdings kann sich eine, diese verdrängende, absolute Unverwertbarkeit aus der Verletzung rechtshilferechtlicher, vor allem multilateraler, Bestimmungen durch den ersuchten ausländischen Staat ergeben.[42]

33   Dazu kann insbesondere der Fall gehören, wenn und soweit das Rechtshilferecht die Anwendung des Rechtes des ersuchenden Staates gebietet und dieses durch den ersuchten Staat nicht beachtet wird. Ist der ersuchte ausländische Staat rechtshilferechtlich zur Vornahme der erbetenen Beweiserhebung nach dem Recht des ersuchenden Staates verpflichtet, wird sich ein inländisches Beweisverwertungsverbot grundsätzlich aus der Verletzung der maßgeblichen inländischen Beweiserhebungsregeln ergeben.[43] Ein solcher gemeinsamer Verstoß kann sich insbesondere aus Verletzung des vereinbarten oder zB durch Rechtsakte

---

[39] Auf die ausführliche Diskussion zum „Ankauf von Steuer-CD" soll hier nicht weiter eingegangen werden, richtigerweise wird man jedenfalls iErg mit *Ambos* Beweisverwertungsverbote 11 ff. mwN auf ein einfaches und relatives Beweisverwertungsverbot bei tatsächlich festgestellten Übertretungen des eigenen Rechtes abstellen müssen, das wegen überwiegender staatlicher Interessen und praktisch nicht schützenswerter Betroffenenpositionen nicht eingreift; allerdings wird man in der Bereitschaft Beweismittel in einem Staat (auch gegen Geld) entgegen zu nehmen, nicht stets eine gezielte Umgehung der Rechtshilfe, die in solchen Fällen oft gar nicht gleich effektiv einschreiten könnte, erkennen können, was auch *Ambos* zumindest hinsichtlich einer gezielten Straftatbegehung durch die deutschen Amtsträger verneint.
[40] Vgl. BGH GA 1976, 218 (219); NStZ 1985, 376; VRS 20, 122 (124); OLG Celle StV 1995, 179; *Nagel* Beweisaufnahme 306; *Janicki* Beweisverbote 484 mwN.
[41] Vgl. *Janicki* Beweisverbote 483 f. mwN.
[42] BGH NStZ 2007, 417 bezüglich Art. 4 Abs. 1 RHÜ 2000.
[43] BGHSt 58, 32 = NStZ 2013, 596 (s. bereits Senat NJW 1996, 2239 [2240] bezüglich § 168c Abs. 5 StPO).

der EU koordinierten Rechtshilfe-, sonstigen Verfahrens- oder gar materiellen Rechtes ebenso ergeben wie aus **gemeinsamen, verbindlichen Grundrechtestandards**.[44] Gerade mit letzterem geht, wenn der Verstoß nicht bereits durch den Vornahmestaat selbst festgestellt ist, indes auch der völkerrechtliche „Vorwurf" einher, sich rechtswidrig verhalten zu haben. Vor diesem Hintergrund kann es oft der zulässige, wie argumentativ sicherere Weg sein, einen solchen Verstoß dahingestellt zu lassen und alleine auf das im Inland zwingend vorrangige Recht abzustellen (→ § 9 Rn. 120 ff.).

4. Verletzung nur sonst geltenden inländischen Rechts

Wurden bei der Erhebung und Übermittlung, soweit der andere Staat hierfür zuständig war, **lediglich Normen verletzt, die primär für die inländische Beweiserhebung gelten,** ohne dass dies eine wesentliche und dort zu einem Beweisverwertungsverbot führende Verletzung des Rechtes des ausländischen Staates darstellen würde, ist grundsätzlich, soweit dessen Recht Anwendung findet (→ § 9 Rn. 95 ff.), dessen Souveränität anzuerkennen.[45] Denn für das Handeln des Staates, der Erkenntnisse übermittelt hat, gilt grundsätzlich allein dessen Recht, sodass sich insoweit auch die Beurteilung der Rechtmäßigkeit der Beweiserhebung einschließlich Übermittlung grundsätzlich aus der Ex-post-Sicht der Verwertbarkeit dieser Erkenntnisse danach richtet.[46] 34

a) Ein wesentlicher Ausnahmetatbestand liegt vor, wenn eine **Beachtung** der deutschen Verfahrensvorschriften nach dem (Kollisions- oder sonstigen Verfahrens-)Recht des Vornahmestaates **möglich gewesen wäre und** dies aufgrund einer den **deutschen Stellen zurechenbaren Handlung** unterblieben ist.[47] 35

Umstritten ist allerdings lediglich, in welchem Maße die deutsche Stelle dabei eine aktive Pflicht trifft, ein solches Übergehen des eigenen Rechts zu verhindern.[48] So ist allgemein anerkannt, dass die deutschen Stellen nicht aktiv den anderen Staat ersuchen dürfen, das deutsche Verfahrensrecht nicht zu beachten. Auch trifft die deutsche Stelle wohl die Verpflichtung, generell um die mögliche Beachtung des deutschen Verfahrensrechtes zu ersuchen und diesen Wunsch insbesondere zu aktualisieren, wenn ihr konkret bekannt wird, dass dies zwar möglich ist, aber konkret nicht erfolgen soll. Dies kann zB der Fall sein, dass ein deutscher Amtsträger bei der Vornahme einer Erhebungshandlung anwesend ist und dabei eine reale Einflussmöglichkeit trotz Kenntnis nicht nutzt. 36

Weiterhin muss die deutsche Seite wohl auf die – aufgrund klarer Rechtshilfenormen wie dem RHÜ 1959 – ohne Weiteres ersichtliche mögliche **Anwendung zentraler Vorschriften konkret hinweisen,** die typischerweise wesentliche Positionen der Verfahrens- 37

---

[44] Vgl. die Entscheidung des EGMR NJW 2012, 3709 – Stojkovic/.Frankreich und Belgien: die fehlende Anwesenheit des Verteidigers bei einer iRd Rechtshilfe im Ermittlungsverfahren erfolgten Beschuldigtenvernehmung ist bei der späteren Verwertung durch das erkennende Gericht so zu berücksichtigen, dass die Rechte aus Art. 6 EMRK effektiv ausgeübt werden können, vgl. *Ambos* IntStrafR § 10 Rn. 60 mwN; *Gleß* FS Wolter, 2013, 1357 ff.; *Gleß* ZStW 125 (2013), 573 (576 ff.); *Nagler* StV 2013, 325 ff.; *Stiebig* ZJS 2012, 617; *Stiebig* JR 2011, 172; *Zöller* ZJS 2010, 441.
[45] Vgl. NK-RechtshilfeR/*Kubiciel* IV Rn. 273 mwN; aA etwa *Schnorr von Carolsfeld* FS Maurach, 1972, 623; dazu auch *Gleß* FS Grünwald, 1999, 197, 205 ff. mit abweichenden Ansichten für Widerspruchslösung oder völlig ausgeschlossene Verwendung wegen unzureichender Beweisqualität.
[46] Vgl. grds. BGHSt 58, 32 ff. = NStZ 2013, 596; *Ambos* Beweisverwertungsverbote 81; *Böse* ZStW 114 (2002), 148 (149, 152 und 180); *Gleß* JR 2008, 317 (321); *Jahn*, Gutachten für den 67. Deutschen Juristentag, 2008, C 117; vgl. auch *Schuster* Verwertbarkeit 264 ff.; teilw. aA *Perron* ZStW 112 (2000), 202 (219) hinsichtlich der Verwertung der Ergebnisse im Ausland durchgeführter Telekommunikationsüberwachung. Von diesem Grundsatz geht auch die Rspr. des Bundesgerichtshofs aus, implizit jeweils BGH NStZ 1992, 394; 1994, 595 (596); NStZ-RR 2002, 67; s. auch BGHSt 38, 263 (265 f.) = NJW 1992, 1637.
[47] Vgl. RG HRR 1938 Nr. 637, BGH BeckRS 2011, 02915; NStZ 1992, 394; OLG Bremen NJW 1962, 2314; *Nagel* Beweisaufnahme 284, 307 f. mwN; insbes. auch die Erläuterung bei *Janicki* Beweisverbote 480 ff. mwN.
[48] Vgl. insbes. *Gleß* FS Grünwald, 1999, 197 (203 mwN in Fn. 35); *Ambos* Beweisverwertungsverbote 83 f. mwN.

5. Kapitel

beteiligten und Verfahrensprinzipien beinhalten. Dazu wird man insbesondere das Anwesenheits- und Konfrontationsrecht sowie die zentralen Zeugnis- und Auskunftsverweigerungsrechte und Genehmigungsvorbehalte zählen müssen.[49] Allerdings erscheint dies bereits bei der Frage der konkreten Beschuldigtenrechte nach § 136 StPO ebenso fraglich wie etwa bei dem Vorrang des freien Sachberichts des Zeugen nach § 69 Abs. 1 S. 1 StPO, seiner (Vor-)Vereidigung oder Unterwerfung unter nach deutschem Recht nicht zulässige Sanktionierungen. Überspitzt gesagt, kann eine Übersendung der gesamten StPO (zudem noch mit ebenfalls einschlägigen weiteren Vorschriften sowie Rechtsprechung dazu) nicht Gegenstand der Pflicht der deutschen Stelle sein.[50] Allerdings könnte es normativ *de lege ferenda* bzw. in der Rechtspraxis überaus hilfreich sein, einen Katalog vergleichbar § 114b StPO, selbst auch auf passenderer untergesetzlicher Ebene wie etwa der Erweiterung der RiVASt, zu entwickeln, welche Verfahrensregelungen konkret, soweit möglich, zu beachten und damit dem ersuchten Staat mitzuteilen wären. Ob eine solche Normierung allerdings – obwohl deutlich weniger dogmatisch verzwickt – alsbald wahrscheinlicher ist als eine normative Fixierung der Kriterien für das Durchgreifen unselbstständiger Beweisverwertungsverbote an sich, scheint eher fraglich.

38 b) Aus der allgemeinen Rechtsprechung des BGH ohne Weiteres ableitbar ist – als zum vorgenannten durchaus sehr benachbarter – Ausnahmetatbestand, dass die Einschaltung eines anderen Staates nicht bewusst und gezielt nur als **Umgehung** der rechtsstaatlichen Anforderungen des eigenen Verfahrensrechts benutzt werden darf.[51]

39 c) Eine Verwertung kann jedenfalls auch dann ausgeschlossen sein, wenn gerade dadurch (perpetuiert) **übergeordnete wesentliche Prinzipien des deutschen Rechtes** verletzt würden.[52] Als gewisser Vergleichsmaßstab kann hier der Ordre-public-Vorbehalt in der „umgekehrten" Situation der aktiven Hilfeleistung betrachtet werden.[53]

40 aa) Zentrale Grundprinzipien, wie das **Folterverbot,** sind zudem bereits dergestalt völkerrechtlich verankert, dass ihre Missachtung stets zu einer Unverwertbarkeit führen muss, die auch auf § 136a StPO gestützt werden kann.[54] Dazu hat der EGMR die Kriterien neu bestimmt.[55]

41 Wie bislang gilt, dass die Verwertung von Beweisen, die unter Verstoß gegen Art. 3 EMRK durch Folter oder eine sonstige besonders schwere **unmenschliche oder entwürdigende Behandlung** – egal ob eines Beschuldigten oder sonst Betroffenen – gewonnen worden waren, stets automatisch dazu führt, dass das Verfahren insgesamt nicht fair geführt worden ist und ein Verstoß gegen Art. 6 EMRK vorliegt.[56]

42 Zur Begründung eines solchen Beweisverwertungsverbots muss zwar richtigerweise weiterhin grundsätzlich der Nachweis eines solchen Verstoßes geführt werden.[57] Allerdings, so der EGMR nunmehr, genügt es dazu, wenn der Angeklagte aufzeigt, dass ein „tatsächliches Risiko" dafür besteht, dass die Beweise auf diese Art und Weise erlangt worden sind, sofern

---

[49] Vgl. hierzu und zum Folgenden BGH JR 1993, 425 ff.; NStZ 1994, 595 ff.; *Janicki* Beweisverbote 480.
[50] Vgl. auch *Ambos* Beweisverwertungsverbote 83 mwN: nur bei einem gewichtigen Verstoß Verwertungsverbot begründbar; ähnlich wohl *Schuster* Verwertbarkeit 119 ff. „Anknüpfungspunkt" für ein Verwertungsverbot.
[51] Vgl. RG JW 1938, 658; BGH NStZ 1988, 583; krit. *Gleß* FS Grünwald, 1999, 197, 204 mwN.
[52] Vgl. BGH NStZ 1983, 181 f.; JR 1993, 425 ff.
[53] Vgl. *Hackner/Schierholt* Int. Rechtshilfe Rn. 237 mwN; *Böse* ZStW 2002, 148 (153 ff.); Schomburg/Lagodny/Gleß/Hackner*/Schomburg/Hackner* IRG vor § 68 Rn. 11; *Ambos* Beweisverwertungsverbote 83 mwN allerdings wohl zu eng mit der zusätzlichen Bedingung, dass die verletzten Verfahrensgarantien auch völkerrechtlich anerkannt sein müssten.
[54] Vgl. etwa KK-StPO/*Diemer* StPO § 251 Rn. 8 mwN; vgl. ausf. *Pösl,* Das Verbot der Folter in Art. 3 EMRK, 2015, 287 ff. mit umfassenden wN.
[55] EGMR NLMR 2012, 314 – El Haski./.Belgien; vgl. Anm. *Schüller* ZIS 2013, 245 ff.; *Heine* NStZ 2013, 680 ff.
[56] EGMR StV 2006, 617 – Jalloh./.Deutschland; vgl. dazu *Ambos* Beweisverwertungsverbote 105 mwN, die dort noch diagnostizierte unbefriedigende Beweissituation, ggf. mit non liquet zulasten des nachweispflichtigen Betroffenen scheint nunmehr durch die El Haski-Rspr. gelöst; vgl. allg. zum Ganzen HdB-EuStrafR/*Kreicker* § 51 Rn. 74 ff.
[57] Richtig hier wohl *Heine* NStZ 2013, 680 ff. gegenüber *Schüller* ZIS 2013, 245 ff.

das Justizsystem des betreffenden Staates keine verlässliche Gewähr dafür bietet, dass Foltervorwürfen oder Vorwürfen unmenschlicher oder entwürdigender Behandlung ernsthaft, unparteiisch und unabhängig nachgegangen wird.[58] Das Gericht kann, so der EGMR, die Beweise dann nur verwerten, wenn es sich mit den hierfür vorgebrachten Argumenten auseinandergesetzt und sich davon überzeugt hat, dass trotz dieser Argumente ein solches Risiko nicht bestanden hat. Als Beweismittel für diese Indizfragen stehen etwa sachkundige Berichte von internationalen Regierungs- und anderen anerkannten Organisationen wie zB des UN-Menschenrechtsrats und der UN-Anti-Folterkommission, sowie von Nichtregierungsorganisationen wie Human Rights Watch und Amnesty International zur Verfügung. So dürfte auch die Praxis der USA seit den Terroranschlägen von 2001 dazu führen, dass stets ein Nachweis erbracht werden muss, dass derartige Misshandlungen dort ausgeschlossen werden können. Dies kann allerdings durchaus dadurch erfolgen, dass die Aussagen nachweislich im Rahmen des ordentlichen Verfahrens der nicht-militärischen Gerichtsbarkeit erfolgt sind.[59] Anders als noch vor allem das Hanseatische Oberlandesgericht im Fall Al-Motassadeq[60] ist ansonsten nach dem EGMR jede, auch noch so vorsichtige Verwertung wegen eines sonst vorliegenden Verstoßes gegen Art. 6 EMRK ausgeschlossen.[61] Dies entfaltet auch Fernwirkung, soweit der Verstoß kausal fortwirkt; diese Wirkung entfällt also etwa, wenn die Aussage unter völlig freien Bedingungen, zB nach Einreise im Inland vor Gericht unter Ausschluss illegalen Druckes von außen, wiederholt wird.[62]

bb) Auch ansonsten scheint noch im Grundsatz Einigkeit zu bestehen, dass bei einem **43 Verstoß gegen wesentliche Verfahrensgrundsätze,** die schlicht **für das deutsche rechtsstaatliche Verfahren nicht tragbar** wären, eine Verwertung nicht in Betracht kommen kann.[63] Hierzu werden insbesondere auch alle weiteren Verstöße gegen §§ 136a, 69 Abs. 3 StPO gezählt.[64] Dabei sind auch abweichende Einstellungen, etwa der anglo-amerikanischen Staaten zur Wirkungsweise des Nemo-tenetur-Grundsatzes, mit deutschen Rechtsprinzipien unvereinbar und daher sämtliche zumindest daraus unmittelbar folgende Erkenntnisse potentiell unverwertbar.[65]

cc) Andererseits kann weder erwartet werden, dass der ersuchte Staat, soweit er hierzu **44** nicht verpflichtet ist, die **Anforderungen des deutschen Rechtes beachtet,** noch kann daraus, soweit ein Mindestniveau der Verfahrensprinzipien nicht verletzt ist, dessen **Souveränität** dadurch in Abrede gestellt werden, dass im Zweifel ein Verwertungsverbot angenommen wird, indem eine Nachprüfung dessen Verfahren als „rechtsstaatswidrig" oder ähnliches einordnet.[66]

- Dies etwa, weil ein **Anwesenheitsrecht der Verteidigung** nicht umgesetzt wurde, da es nicht vorgesehen ist.[67] Einer solchen Auffassung widerspricht auch klar die Judikatur des EGMR zum Konfrontationsrecht (→ § 22 Rn. 7 ff.), nach der gerade bei der Hauptverhandlung der ungenügenden Konfrontation in vorgelagerten Vernehmungen keine absolute Sperrwirkung zukommt. Ist daher das Recht des ersuchten Staates anzuwenden, das das Anwesenheitsrecht der Verteidigung und des Angeklagten ausschließt, insbesondere weil es von einem Prinzip der geheimzuhaltenden Voruntersuchung ausgeht, ist dies

---

[58] EGMR NLMR 2012, 314 – El Haski./.Belgien unter Berufung auf EGMR NVwZ 2013, 487 – Othman (Abu Qatada)./.Vereinigtes Königreich.
[59] *Heine* NStZ 2013, 680 (683).
[60] OLG Hamburg NJW 2005, 2326.
[61] *Heine* NStZ 2013, 680 (683); *Schüller* ZIS 2013, 245 (247); dagegen noch die genannten Entscheidungen OLG Hamburg NJW 2005, 2326; BGH NJW 2007, 384.
[62] Vgl. auch BGHSt 55, 314 (317) = NJW 2011, 1523 mAnm Norouzi.
[63] Vgl. BGH StV 1982, 153 f.; NStZ 1983, 181; etwa KK-StPO/*Diemer* StPO § 251 Rn. 8 mwN; hierzu krit. *Gleß* FS Grünwald, 1999, 197, 204 mwN.
[64] Vgl. BGH JR 1993, 425 ff.; OLG Hamburg NJW 2005, 2326 f.; *Nagel* Beweisaufnahme 303 mwN; *Ambos* Beweisverwertungsverbote 25 ff., 30 mwN; *Ambos* StV 2009, 151 (158 ff.); *Schuster* Verwertbarkeit 122 ff.
[65] Vgl. ausf. *Janicki* Beweisverbote 462 ff. mwN.
[66] Vgl. bereits RG 40, 189 (190); GA 52 (1905), 95; 54 (1907), 481 (482).
[67] Daher abzulehnen hier auch *Böse* ZStW 2002, 148 (168 ff.).

grundsätzlich hinzunehmen. Es führt nicht zu einem Verwertungsverbot, sofern dem Konfrontationsrecht in anderer Weise hinreichend genügt ist (→ Rn. 60 ff.; § 22 Rn. 9).[68]

- Dass das anwendbare Recht des ersuchten Staates keine Rücksicht auf ein **Schweigerecht** nach dem Recht des ersuchenden Staates nimmt, sollte nur noch eine verschwindende Ausnahme sein. Hier bietet sich eine vollständige Gleichbehandlung mit der Konstellation an, dass die Vernehmung im Inland erfolgt wäre, sodass insbesondere die Rechtskreistheorie und die Abwägungslehre sowie die Heilung durch fehlenden rechtzeitigen Widerspruch in Betracht kämen, um keine Umgehung des deutschen Prozessrechtes zu ermöglichen, während damit kein Eingriff in die Souveränität des ersuchten Staates verbunden ist.[69]
- Auch der routinemäßige **Voreid,** soweit nach dem anwendbaren Recht zwingend, führt nicht zur Unverwertbarkeit an sich, sondern ist im Rahmen der Beweiswürdigung (→ Rn. 70) zu berücksichtigen.[70]

45 **d)** Eine weitere, dies allerdings meist überlappende Ausnahme kann darin liegen, wenn das deutsche Beweiserhebungsverbot tatsächlich den **Beweiswert** eines konkreten Beweises **als solchen** so stark angreift, dass selbst eine Zumessung eines bloß verringerten Beweiswerts nicht ausreicht. Dies kann etwa der Fall sein, wenn die Herkunft eines Beweismittels oder einer Information so völlig diffus und nicht nachvollziehbar scheint, dass sie den Prinzipien des deutschen Erkenntnisverfahrens entgegensteht. Auch unter diesem Gesichtspunkt sind unter Folter, Hypnose oder Lügendetektor[71] gewonnene Aussagen ebenso zu würdigen wie Beweismittel, die der erkennbar selbst am Ausgang interessierte andere Staat in zu hinterfragender bzw. zweifelhafter Weise vorgelegt hat.[72]

5. Eigenständige Beweisverwertungsverbote

46 Schließlich nach allgemeinen deutschen Regeln zu würdigen sind die Fälle, in denen die **Beweisverwertung selbst durch eigenständige Verbote** ausdrücklich oder durch Einwirkung höherrangigen Rechts verboten ist. Soweit Beweisverwertungsverbote **ausdrücklich normiert** sind, sind diese auch anwendbar.[73] Allerdings gilt das widerum nicht, wenn ein solches Beweisverwertungsverbot nur an einem – eben teilweise zurückgenommenen – Beweiserhebungsverbot oder der Verarbeitung im Ausland anknüpft. Ein plakatives und daher meist angeführtes Beispiel ist hier § 252 StPO.[74]

47 Dazu zählt aber auch, wenn erst durch die öffentliche Beweisaufnahme oder perpetuierende Beweisverwertung überragende Rechtspositionen verletzt würden, worunter man auch die Verlesung und Verwertung von Erkenntnissen aus dem **Kernbereich persönlicher Lebensentfaltung** einschließlich des Vertrauens in die Integrität und Vertraulichkeit informationstechnischer Systeme fassen dürfte.[75] Dies kann sich insbesondere auch daraus ergeben, dass die Beweissicherung und Informationserhebung in nicht staatlichen Stellen zurechenbarer Weise durch Private erfolgte.[76]

---

[68] Vgl. bereits RGSt 46, 50 (53); BGHSt 7, 15 (16) = NJW 1955, 32; *Nagel* Beweisaufnahme 157 ff. mwN.
[69] Vgl. im Ansatz auch *Nagel* Beweisaufnahme 158 mwN.
[70] *Nagel* Beweisaufnahme 159 mwN.
[71] Vgl. BGH NStZ 1988, 425 f.; StV 1999, 74 ff.; *Janicki* Beweisverbote 480.
[72] Vgl. BGH JR 1993, 425 ff.; BGHSt 49, 112 ff. = NJW 2004, 1259.
[73] Vgl. Übersicht bei *Mergner* Fernwirkung 10 ff., 85 ff. mwN allerdings unter Berücksichtigung der Abwägungslehre jedenfalls bei Fernwirkung nach der hL; ebenso ausf. iE *Ambos* Beweisverwertungsverbote 25 ff., 36 ff. mwN.
[74] Vgl. nur BGH NStZ 1992, 394; 1983, 181 f.; *Janicki* Beweisverbote 481 mwN; *Mergner* Fernwirkung 17 mwN; *Ambos* Beweisverwertungsverbote 36 ff. mwN.
[75] Vgl. BVerfGE 34, 238 ff. = NJW 1973, 891; BGHSt 14, 358 = NJW 1960, 1580; BGHSt 19, 325 = NJW 1964, 1139; *Baumann/Brenner* Beweisverwertungsverbote 36 ff. mwN; auch *Janicki* Beweisverbote 464 ff. mwN; *Mergner* Fernwirkung 18 ff. mwN; *Ambos* Beweisverwertungsverbote 70 ff. mwN.
[76] Vgl. BGHSt 14, 358 = NJW 1960, 1580; BGHSt 19, 325 = NJW 1964, 1139; BGHSt 34, 39 = NJW 1986, 2261; *Bienert,* Private Ermittlungen und ihre Bedeutung auf dem Gebiet der Beweisverwertungs-

In gleichem Maß wird man wohl die Regelungen des **§ 477 Abs. 2 S. 2 StPO (analog)** 48 stets vorrangig für anwendbar ansehen müssen. Danach darf eine Verwertung von personenbezogenen Daten, die nach der StPO nur für eine **Katalogtat** erhoben werden dürften, nur zur Aufklärung solcher Straftaten erfolgen, zu deren Aufklärung eine solche Maßnahme nach diesem Gesetz hätte angeordnet werden dürfen. Ebenso gelten die Verwertungsverbote im Falle einer Wohnraum- oder Telekommunikationsüberwachung, vgl. auch § 100d Abs. 5 StPO.[77]

6. Fernwirkung und Fortwirkung

Bei der sog. **Fernwirkung,** also der Verwertung anderer Beweismittel, für deren Entdeckung bzw. Gewinnung allerdings der ursprüngliche Verstoß bei der Erhebung eines anderen Beweismittels noch kausal ist, ergeben sich keine Besonderheiten zur allgemeinen Dogmatik.[78] Grundsätzlich wird sie bekanntermaßen von der ganz hM im deutschen Recht nicht anerkannt. So ist auch zu recht anzunehmen, dass zB eine **rechtsfehlerhafte Ausschreibung,** etwa im SIS (II), nicht dazu führt, dass die danach ansonsten rechtsfehlerfrei aufgefundenen und erhobenen Beweismittel nicht verwertet werden dürften.[79] 49

Davon zu unterscheiden ist die **Fortwirkung** zB einer unzulässigen Methode oder 50 unterlassenen Belehrung in weiteren Vernehmungen. Hier könnte gerade durch den mittlerweile wegfallenden Auslandsbezug die Fortwirkung entfallen oder noch weiter zu berücksichtigen sein. So könnte zB ein für den Betroffenen noch einheitlicher Vernehmungszusammenhang zwischen der fehlerhaften Vernehmung durch einen ausländischen und dann inländischen Amtsträger gegeben sein, sodass in diesen Fällen die qualifizierenden Maßnahmen zur Heilung, etwa die qualifizierte Belehrung zusätzlich erforderlich wären, um die danach gewonnenen Erkenntnisse verwerten zu können.[80]

III. Reichweite im konkreten Fall

Liegt danach eine Grundlage für ein Beweisverwertungsverbot vor, ist dessen **tatsächliche** 51 **Reichweite im konkreten Fall** grundsätzlich nach den allgemeinen, nationalen Regeln (wie in einem rein inländischen Fall) zu prüfen. Insoweit kann weitgehend auf die breite vorhandene Übersichts-, Kommentar- und vertiefende Literatur verwiesen werden.[81] Allerdings können auch Sonderregeln aufgrund des Auslandsbezugs eingreifen:

1. So kann insbesondere, allerdings ausnahmsweise, aus dem konkreten **Übereinkom-** 52 **men** eine Abweichung von den nationalen Beweisverwertungsverbotsregeln folgen. Beispielsweise ist unklar, ob für Erkenntnisse aus gemeinsamen Ermittlungsgruppen (→ § 20 Rn. 33 ff.) nach Art. 13 Abs. 10 RHÜ 2000 ein absolutes Verwertungsverbot gilt, da danach nur „rechtmäßig *erlangte* Informationen" unter weiteren Bedingungen verwendet werden dürfen.[82]

---

verbote, 1997, 23 ff., 1143 ff.; *Hofmann* JuS 1992, 587 (591); *Mergner* Fernwirkung 17, 29 ff.; *Ambos* Beweisverwertungsverbote 106 ff. mwN.

[77] Vgl. auch *Janicki* Beweisverbote 482 f.; *Scheller* Ermächtigungsgrundlagen 97 ff.
[78] Vgl. insbes. BGHSt 27, 355 (358) = NJW 1978, 1390; BGHSt 29, 244 = NJW 1980, 1700; BGHSt 32, 68 = NJW 1984, 2772; BGHSt 34, 362 = NJW 1987, 2525; *Mergner* Fernwirkung vor allem S. 38 ff. mwN zur Rspr., die bislang auf § 7 Abs. 3 G10-G in BGHSt 29, 244 = NJW 1980, 1700 nicht angewandte Ausnahmefälle keinerlei Fernwirkung sieht, gegen die wohl in der hL angewandte Abwägungslehre; *Reinecke,* Die Fernwirkung von Beweisverwertungsverboten, 1990, 229 ff., 243 ff.; *Knoll,* Die Fernwirkung von Beweisverwertungsverboten, 1992; *Ambos* Beweisverwertungsverbote 146 ff. mit Vergleich mit den USA S. 128 ff. jeweils mwN.
[79] Vgl. etwa *Janicki* Beweisverbote 503.
[80] Vgl. etwa *Baumann/Brenner* Beweisverwertungsverbote 91 ff. allg. zur Fortwirkung mwN; *Ambos* Beweisverwertungsverbote 53 mwN.
[81] Vgl. etwa die systematisch kommentierende Überblicksdarstellung von *Baumann/Brenner* Beweisverwertungsverbote; *Eisenberg,* Beweisrecht der StPO, 9. Aufl. 2015, Rn. 356 ff.; *Fischer* StGB Einl. Rn. 55 ff.
[82] Vgl. *Janicki* Beweisverbote 519 f.

53 2. Ferner wird, wie bereits ausgeführt, weitgehend bei der Verletzung der völkerrechtlichen **Souveränitätsregeln** stets ein **absolutes Verwertungsverbot** angenommen.[83]

54 3. Aus der **EMRK** ergibt sich, unabhängig von einer Auslandsberührung mit einem anderen Konventions- oder Drittstaat, grundsätzlich keine bindende Vorgabe für die konkrete nationale Ausgestaltung und Funktion von Beweisverwertungsverboten, solange das Verfahren noch insgesamt als „fair" im Rahmen von Art. 6 EMRK angesehen werden kann.[84] Insbesondere kann danach aus Art. 6 EMRK nicht abgeleitet werden, dass jedes unter einer Rechtsverletzung gewonnene Beweismittel absolut unverwertbar wäre. Für ein faires Verfahren ist dabei vor allem wohl erforderlich, dass die Verurteilung nicht ausschließlich auf dem rechtswidrig gewonnenen Beweismittel basiert. Bei der notwendigen Gesamtschau ist auch mit zu berücksichtigen, ob der Betroffene die Möglichkeit hatte, der Verwertung mit dem Argument entgegenzutreten, das Beweismittel sei nicht authentisch, da rechtswidrig erlangt. Eine aus der EMRK gebotene **absolute Wirkung** des Beweisverbotes, sodass dieses einer Abwägung nicht mehr zugänglich ist, kann indes folgen, wenn die rechtsstaatlichen Mindeststandards nicht eingehalten wurden, etwa nach Art. 8 EMRK, wenn wesentliche Eingriffe in das Privatleben durch Erhebung der Kommunikation und deren Verwertung im Strafverfahren nicht durch eine klare und präzise Rechtsnorm gerechtfertigt sind.[85] Absolut unverwertbar sind nach dem EGMR auch Beweismittel, die alleine aus der Verbindung polizeilicher Tatprovokation und verdeckter Ermittlung gewonnen worden sind.[86] Dem setzt der BGH allerdings weiterhin nur eine Berücksichtigung bei der Strafzumessung entgegen.[87]

55 4. Ansonsten gelten in der Rechtsprechung die **allgemeinen dogmatischen Kriterien,** die sie hierzu entwickelt hat, auch wenn ein Auslandsbezug vorliegt und nur bei der Verwertung wesentlicher Grundsätze verletzt worden sind.[88] Zu dieser konkreten Anwendung relativer Beweisverwertungsverbote gehört zunächst die Rechtskreistheorie,[89] der Schutzzweck bzw. die Wesentlichkeit der Norm,[90] die Widerspruchslösung[91] und vor allem die Abwägungslehre,[92] ohne dass diese hier im Einzelnen ausgeführt werden könnten oder müssten. Auch aus ausdrücklich normierten Verwertungsverboten muss dabei nicht deren absolute Geltung unter Ausschluss der Abwägungskriterien folgen.[93] Teilweise finden sich auch ausdrückliche Hinweise auf eine Abweichung, wie mustergültig etwa für die Verwertung von Steuerdaten in nicht-fiskalischen Strafverfahren, soweit an der Verfolgung ein zwingendes öffentliches Interesse besteht, § 30 Abs. 4 Nr. 5 AO, § 393 Abs. 2 S. 2 AO.

56 Scheiden danach in einer **Vorstufe** absolute Entscheidungsgründe wie die Heilung durch nicht rechtzeitig erfolgten Widerspruch vor allem bei unterlassenen Belehrungen, die Unwesentlichkeit der verletzten Norm als einer reinen Ordnungsvorschrift oder ihr ausschließlicher Schutzzweck zugunsten Dritter oder rein objektiver Interessen ebenso aus wie eine absolute Geltung des Beweisverwertungsverbots wegen der Schwere der (primären

---

[83] Vgl. mit aA allerdings etwa *Norouzi* Audiovisuelle Vernehmung 235 ff. für die Abwägungslehre.
[84] Vgl. EGMR EuGRZ 1988, 390 – Schenk/.Schweiz; dazu *Janicki* Beweisverbote 175 ff. mwN.
[85] EGMR StV 1998, 683 ff. – Kopp/.Schweiz mAnm *Kühne; Janicki* Beweisverbote 177 f.
[86] EGMR EuGRZ 1999, 660 ff. – Teixeira des Castro/.Portugal; *Janicki* Beweisverbote 178 ff.; *Ambos* Beweisverwertungsverbote 65 ff. mwN.
[87] BGH JZ 2000, 363 (366 f.); *Janicki* Beweisverbote 180 f. mwN; wohl mit einem Scheingegensatz in der Rspr. zwischen Abwägung und Rechtskreistheorie *Ambos* Beweisverwertungsverbote 41 ff. mwN.
[88] Vgl. etwa KK-StPO/*Diemer* StPO § 251 Rn. 8 mwN.
[89] Vgl. etwa BGHSt 11, 213 (215) = NJW 1958, 557; *Baumann/Brenner* Beweisverwertungsverbote 23 ff.; *Mergner* Fernwirkung 11 f. mwN.
[90] Stets exemplarisch am Beispiel der §§ 81a Abs. 1 S. 2, 81d StPO, vgl. etwa BGHSt 24, 125 = NJW 1971, 1097; BayObLG NJW 1966, 415; *Baumann/Brenner* Beweisverwertungsverbote 99 f., 108 mwN.
[91] Vgl. BGHSt 38, 214 = NJW 1992, 1463; BGHSt 50, 206 (215 f.) = NJW 2005, 3895; *Mergner* Fernwirkung 12 mwN; *Ambos* Beweisverwertungsverbote 53 f.
[92] Vgl. etwa zur Abwägungslehre bei Verwertungen aus dem Privatbereich gegenüber absolutem Verwertungsverbot hinsichtlich des Intimbereichs *Baumann/Brenner* Beweisverwertungsverbote 120 mwN.
[93] Vgl. *Mergner* Fernwirkung 85 ff. mwN.

bzw. sekundären) Verletzung bei der Erhebung oder Verwertung,[94] so hat die Abwägung zu erfolgen.

In dieser **Abwägung** sind die Interessen für und gegen eine Verwertung gegenüber- 57 zustellen. Für eine Verwertung spricht vor allem das staatliche Strafverfolgungs- und das allgemeine Aufklärungsinteresse, dagegen vor allem das Individualinteresse des Einzelnen. Dazu sind weitere Faktoren in diese Abwägung einzustellen. Hierzu zählt etwa die Schwere des Eingriffs hinsichtlich der Verletzungshandlung der staatlichen Stellen und ihrer Folgen für den Betroffenen und Dritte, einschließlich der Möglichkeit hypothetischer Ersatzeingriffe, dh die Möglichkeit, den Beweis auch rechtmäßig zu erlangen,[95] sowie die mögliche Wirkung einer „Disziplinierung" und Behauptung der rechtsstaatlichen Selbstbeschränkung. Weiterhin sind zugunsten einer Verwertung die Folgen einer Nichtverwertbarkeit zu bedenken, mithin die Schwere der im Raum stehenden Straftat, die konkrete Bedeutung des Beweismittels in der Beweisführung, darunter das Fehlen von hinreichenden alternativen Beweismitteln einerseits, aber andererseits die Beachtung der EMRK-Rechtsprechung zur Notwendigkeit ergänzender Beweismittel (→ § 22 Rn. 9), aber auch die Funktion zB zur Entlastung von Dritten. Umstritten scheint, ob ein Verstoß gegen § 69 Abs. 3 StPO, § 136a StPO, sofern er alleine durch ausländische Ermittlungsorgane unter Berücksichtigung eigenen Rechtes begangen worden ist, einer Abwägung zugänglich bzw. nur bei einem schwerwiegenden Verstoß gegen die Menschenwürde überhaupt für ein Verwertungsverbot beachtlich ist.[96]

Selbst wenn ein Beweisverwertungsverbot danach vorgelegen hätte, kann dies – jedenfalls 58 im Hinblick auf die Revisibilität eines Urteils – zuletzt **unbeachtlich** sein, wenn im konkreten Fall hypothetische Erwägungen dessen Ursächlichkeit für ein Urteil ausschließen. Ist eine richterliche Niederschrift unzulässig verlesen worden, so kann das Beruhen des Urteils auf dem Verfahrensfehler auszuschließen sein, wenn eine persönliche Vernehmung der Auskunftsperson zu keinem anderen Ergebnis geführt hätte, weil der Verteidiger bei der Vernehmung anwesend war und Fragen gestellt hat.[97]

D. Einschränkungen des Beweiswertes

Sind bestimmte Beweise mit Auslandsbezug verwertbar, kann ihnen gleichwohl ein redu- 59 zierter Beweiswert zukommen, was in der Urteilsbegründung ausführlich zu würdigen ist:

I. Nach der deutschen Rechtspraxis sind Angaben von Belastungszeugen, die bis zum 60 Abschluss der Beweisaufnahme nicht mit dem Angeklagten bzw. seiner Verteidigung **konfrontiert** worden sind, zwar grundsätzlich verwertbar. Dies gilt jedenfalls, wenn die Informationsaufnahme, namentlich durch Vernehmung, im Übrigen rechtsstaatlichen Voraussetzungen entsprach. Die verlesene Aussage muss aber einer besonders sorgfältigen Beweiswürdigung unterzogen werden. Auch darf sie nicht das einzige Beweismittel sein. Das heißt, sie muss zumindest durch andere wichtige Gesichtspunkte außerhalb der Aussage gestützt werden, wobei es nicht erforderlich ist, dass diese weiteren Beweisergebnisse schon für sich allein die Verurteilung tragen.[98] Aus den Urteilsgründen muss allerdings hervorgehen, dass sich das Gericht dabei der Grenzen seiner Überzeugungsbildung bewusst ist

---

[94] Vgl. etwa BGHSt 34, 39 = NJW 1986, 2261; BGHSt 34, 39 (43, 52) = NJW 1986, 2261.
[95] Vgl. BGHSt 31, 304 (306) = NJW 1983, 1570; BGHSt 36, 119 = NJW 1989, 1741; hierzu *Ambos* Beweisverwertungsverbote 50 f. mwN.
[96] So jedenfalls OLG Hamburg NJW 2005, 2326; vgl. dazu krit. etwa *Norouzi* Audiovisuelle Vernehmung 258 ff. mwN.
[97] BGH Urt. v. 31.7.1979 – 1 StR 304/79; KK-StPO/*Diemer* StPO § 251 Rn. 27.
[98] BGHSt 51, 325 = NJW 2007, 2341; s. auch *Cornelius* NStZ 2008, 244 ff.; s. auch BGHSt 46, 93 = NJW 2000, 3505; BGH JR 2007, 300 mAnm *Eisele*; BVerfG NJW 2010, 925 mAnm *Safferling* StV 2010, 337 (339 ff.); vgl. auch BVerfG NStZ 2007, 534 zum Konfrontationsrecht bei der audiovisuellen Vernehmung BVerfG NJW 2010, 925; BGHSt 55, 70 = NJW 2010, 2224, KK-StPO/*Diemer* StPO § 251 Rn. 8; → § 22 Rn. 9; umfassend, wenn auch abw. LR/*Esser* EMRK Art. 6 Rn. 792 ff. mwN.

und sie gewahrt hat,[99] es sich also insbesondere der besonderen Schwierigkeiten bei der Beurteilung der Glaubhaftigkeit der Aussagen gegenwärtig war.[100]

61 1. Das gilt bereits immer dann, wenn das Gericht die Glaubwürdigkeit des Zeugen und die Glaubhaftigkeit seiner Angaben, die er als Beschuldigter in dem gegen ihn durchgeführten Strafverfahren gemacht hatte, nicht unmittelbar in der Hauptverhandlung beurteilen konnte. Insbesondere ist der **geringere Beweiswert** der verlesenen Niederschrift einer Aussage eines als Beschuldigter Vernommenen zu beachten.[101] Wegen der begrenzten Zuverlässigkeit mittelbarer Beweisführung durch die Einvernahme von Zeugen vom Hörensagen oder die Verlesung von Vernehmungsprotokollen, sind besondere Anforderungen an die Beweiswürdigung und an die Begründung der tatrichterlichen Entscheidung zu stellen, insbesondere wenn der Zeuge anonym bleibt. Die mittelbar in das Verfahren eingeführten Angaben derartiger Gewährsleute bedürfen sorgfältigster Überprüfung auch deswegen, weil bei dieser Art der Beweisführung das Fragerecht der Verteidigung Einbußen erleidet.[102] Auf die mittelbar wiedergegebenen Aussagen dürfen Feststellungen daher regelmäßig nur dann gestützt werden, wenn sie durch andere wichtige Beweisanzeichen bestätigt werden.

62 Dabei ist auch allgemein im Rahmen der Beweiswürdigung zu berücksichtigen, wenn die Exekutive die unmittelbare Beweisaufnahme durch eine Sperrerklärung endgültig verhindert hat, egal ob diese aus Sicht des Gerichtes angemessen erscheint oder nicht. Ist die **Identität des Zeugen,** dessen Aussage nur mittelbar in der Beweisaufnahme eingeführt wurde, etwa bei einem V-Mann, nicht bekannt, sind alleine deswegen bereits an die Beweiswürdigung strenge Maßstäbe anzulegen.[103] Das Gleiche gilt allgemein bei einem Zeugen, der einen falschen Namen benutzt.[104]

63 2. Wird die Vernehmung eines Auslandszeugen dadurch verhindert, dass der fremde Staat, in dem sich der Zeuge aufhält, die für die Vernehmung **erforderliche Rechtshilfe verweigert,** und ist der Zeuge daher **unerreichbar,** hat dies grundsätzlich **bei der Würdigung der erhobenen Beweise außer Betracht** zu bleiben. Insbesondere muss sich der Tatrichter in aller Regel nicht mit der Frage auseinandersetzen, welches Ergebnis die Vernehmung eines mangels Rechtshilfe eines fremden Staates unerreichbaren Zeugen möglicherweise hätte erbringen können.[105]

64 3. Eine **Besonderheit** gilt dann, wenn, wie der BGH im Fall al-Motassadeq herausgearbeitet hat, Entlastungsbeweise durch die inländische Exekutive oder eine ausländische Regierung in vergleichbarer Weise **verhindert werden, obwohl** seine Erhebung ein Gebot der **Aufklärungspflicht** gewesen wäre:[106]

„Kann ein zentrales Beweismittel wegen einer Sperrerklärung oder einer verweigerten Aussagegenehmigung nicht in die Hauptverhandlung eingeführt werden, obwohl ohne die Sperrerklärung oder verweigerte Aussagegenehmigung die Erhebung des Beweises ein Gebot der Aufklärungspflicht gewesen wäre (§ 244 Abs. 2 StPO) bzw. ein Beweisantrag des Angeklagten auf Erhebung des Beweises aus keinem der in § 244 Abs. 3–5 StPO genannten Ablehnungsgründe hätte zurückgewiesen werden können, muss der Tatrichter die hierdurch bedingte Einschränkung seiner Erkenntnismöglichkeiten sowie die Beschneidung der Verteidigungsrechte des Angeklagten bei seiner Überzeugungsbildung berücksichtigen und in den Urteilsgründen im Rahmen der Beweiswürdigung erörtern. Andernfalls ist

---

[99] Vgl. BVerfGK StV 1995, 561 f.
[100] Vgl. BVerfGK NStZ 1997, 94 f.
[101] BGH NJW 1957, 918 (919); BeckOK StPO/*Ganter,* 33. Ed. 1.4.2019, StPO § 251 Rn. 4.
[102] BGHSt 49, 112 = NJW 2004, 1259; BGHSt 17, 382 (386) = NJW 1962, 1876; BGHSt 34, 15 (18) = NJW 1986, 1766; BGHSt 46, 93 (105 f.) = NJW 2000, 3505; BGHSt 39, 141 (145 f.) = NJW 1993, 1214 = JZ 1993, 1012 mAnm *Beulke/Satzger;* BGHSt 36, 159 (166) = NJW 1989, 3291; BGHSt 45, 321 (340 mwN) = NJW 2000, 1123.
[103] BGH NStZ 1986, 278; BeckOK StPO/*Ganter,* 33. Ed. 1.4.2019, StPO § 251 Rn. 6.
[104] BeckOK StPO/*Ganter,* 33. Ed. 1.4.2019, StPO § 251 Rn. 6; *Fischer* NJW 1974, 68; aA OLG Frankfurt a.M. NJW 1973, 2074, das eine Verlesung für unzulässig erachtet.
[105] BGHSt 49, 112 = NJW 2004, 1259.
[106] Hierzu und zum Folgenden BGHSt 49, 112 = NJW 2004, 1259.

seine Beweiswürdigung lückenhaft und der Anspruch des Angeklagten auf ein faires, rechtsstaatliches Verfahren (Art. 20 Abs. 3 iVm Art. 2 Abs. 1 GG; Art. 6 Abs. 1 MRK) verletzt […] Nach ständiger Rechtsprechung des BGH darf jedoch ein Konflikt zwischen Geheimhaltungsinteressen der Exekutive einerseits und den Verteidigungsinteressen des Angeklagten sowie der Pflicht des Gerichts zur Wahrheitsermittlung (§ 244 Abs. 2 StPO) andererseits nicht dazu führen, dass sich die Geheimhaltungsinteressen nachteilig für den Angeklagten auswirken. In derartigen Fällen muss durch eine besonders vorsichtige Beweiswürdigung und gegebenenfalls die Anwendung des Zweifelssatzes der Verkürzung der Beweisgrundlage und damit der Erkenntnismöglichkeiten des Gerichts Rechnung getragen werden."[107]

Ein um Rechtshilfe ersuchter oder spontan teilweise leistender **anderer Staat** steht dabei der eigenen Exekutive nur gleich, wenn er ein erhebliches eigenes Interesse an dem Ausgang des Strafverfahrens hat, etwa weil die angeklagten Straftaten und deren Folgen maßgeblich auch seine eigene Sicherheit sowie die Rechtsgüter seiner Bürger verletzten und die Bundesrepublik Deutschland daher in einer Art stellvertretenden Strafrechtspflege auch für ihn tätig wird. Ebenso ist zu berücksichtigen, wenn dieser Staat nur teilweise und insbesondere einseitig Beweismittel zur Verfügung gestellt hat, während er andere zentrale Beweismittel vorenthält, versagt oder durch Bedingungen vor der Verwertung gesperrt hat, obwohl er sich eigentlich vertraglich zur Rechtshilfe verpflichtet hat. „Die andernfalls nicht auszuschließende Gefahr, dass der ausländische Staat durch die selektive Gewährung von Rechtshilfe den Ausgang des in Deutschland geführten Strafverfahrens in seinem Sinne steuert, kann im Hinblick auf das Recht des Angeklagten auf eine faire Verfahrensgestaltung nicht hingenommen werden."[108] 65

Dies bedeutet allerdings nicht, dass die so nicht nachprüfbaren Entlastungsbehauptungen des Angeklagten als wahr unterstellt werden müssten. Vielmehr ist die Sperrung bei der abschließenden **Würdigung des gesamten Beweisergebnisses** dergestalt mit zu berücksichtigen, dass der Tatrichter in seine Erwägungen die Möglichkeit einzubeziehen hat, dass das gesperrte Beweismittel, wäre es in die Hauptverhandlung eingeführt worden, das Entlastungsvorbringen bzw. die entlastende Beweisbehauptung des Angeklagten bestätigt hätte. Diese Möglichkeit hat er dem übrigen Beweisergebnis gegenüberzustellen und auf dieser Grundlage unter Beachtung des Zweifelssatzes zu entscheiden, ob das potentiell entlastende Ergebnis der unterbliebenen Beweiserhebung durch die verwertbaren sonstigen Beweismittel so weit entkräftet wird, dass trotz der geschmälerten Erkenntnisgrundlage der Inbegriff der Hauptverhandlung die Überzeugung von der Schuld des Angeklagten trägt.[109] 66

„Je mehr sich das Ergebnis der Beweisaufnahme mit dem Entlastungsvorbringen des Angeklagten in Einklang bringen lassen könnte, je näher das gesperrte Beweismittel zu der Tat steht und je stärker es daher potentiell zu deren Aufklärung hätte beitragen können, um so höhere Anforderungen sind dabei an den argumentativen Aufwand des Tatrichters zur Begründung seiner Überzeugung von der Schuld des Angeklagten zu stellen, insbesondere wenn die Beweise, auf die er diese Überzeugung stützt, nur indiziell auf die Schuld des Angeklagten hindeuten."

II. Ebenso sollen **erhebliche Abweichungen vom eigenen Form- und Verfahrensrecht** bei der ausländischen Beweiserhebung in einer kritischen oder im Beweiswert geminderten Beweiswürdigung ausgeglichen werden.[110] 67

Sind nur die wesentlichen Ergebnisse und **nicht der genaue Wortlaut** einer Aussage aufgenommen worden, so ist Vorsicht bei der Bewertung der Zuverlässigkeit des Protokollinhalts geboten.[111] 68

---

[107] Unter Berufung auf BGH NStZ 2000, 265 (266 f.); s. auch BVerfG NStZ 2000, 151 (153); Fortführung BGHSt 17, 382 = NJW 1962, 1876; BGHSt 19, 141 = NJW 1964, 308; BGHSt 34, 15 = NJW 1986, 1766; BGHSt 36, 159 = NJW 1989, 3291; BGHSt 45, 321 = NJW 2000, 1123 und BGHSt 46, 93 = NJW 2000, 3505.
[108] BGHSt 49, 112 = NJW 2004, 1259.
[109] BGHSt 49, 112 = NJW 2004, 1259; vgl. LR/*Menges* StPO § 96 Rn. 70 ff.; s. auch *Herdegen* NStZ 1984, 97 (101).
[110] Vgl. BGHSt 2, 300 (304); OLG Hamm DAR 1959, 192 f.; *Gleß* FS Grünwald, 1999, 197 (203 mwN).
[111] BGH Urt. v. 15.5.1975 – 4 StR 157/75; KK-StPO/*Diemer* StPO § 251 Rn. 16.

69 Nach dem Recht des Vornahmestaates zulässig erfolgte bzw. gebotene **wesentliche Abweichungen von den deutschen Form- und Verfahrensvorschriften** können ebenfalls bei der Würdigung der Aussage zu berücksichtigen sein.[112] Ebenfalls kann sich, soweit trotz Berufung der Auskunftsperson auf ein **Auskunftsverweigerungsrecht** § 55 StPO eine Verlesung ihrer früheren Erklärung erfolgt, der möglicherweise geringere Beweiswert zu berücksichtigen sein.[113]

70 Selbst ein nach dem anwendbaren Recht im Vernehmungsstaat vorgeschriebener **Voreid** eines Zeugen, der nach deutschem Recht auch wegen Verdacht eigener Tatbeteiligung nicht vereidigt werden könnte, führt lediglich dazu, dass die Vernehmung als uneidliche mit entsprechend verringertem Beweiswert gewürdigt werden muss.[114] Dies dürfte jedenfalls gelten, wenn der Voreid ohne Rücksicht auf einen dem deutschen Recht vergleichbaren Selbst- oder Fremdbelastungsschutz oder routinemäßig abgenommen wird, bei einer intensiven Belehrung unter Wahrung der deutschen Vorgaben dürfte gleichwohl durch einen Voreid die Bedeutung für die Glaubhaftigkeit gesteigert sein.[115]

71 Eine wesentliche Rolle spielt bei Zeugenaussagen im Ausland auch, ob der Zeuge im Fall einer Falschaussage rechtlich und effektiv mit einer strafrechtlichen oder sonstigen **Sanktionierung** zu rechnen hätte.[116]

72 Umgekehrt ist erheblich zu berücksichtigen, wenn nach Überzeugung des Gerichtes die Aussage im Ausland nicht völlig unbeeinflusst von dem Aufenthaltsstaat war.[117]

73 Bei einer audio-visuell transnational übertragenen Vernehmung ist zwar der Zusatzeindruck von der Auskunftsperson, je nach Qualität der Übertragung, gegebenenfalls stark eingeschränkt, was in die Erwägungen einzubeziehen ist, jedoch kann diesen Beobachtungen von körperlichen Merkmalen ohnehin nach der neueren Rechtsprechung des BGH regelmäßig nur eine untergeordnete Bedeutung zukommen.[118]

---

[112] BGHSt 2, 300 (304); KK-StPO/*Diemer* StPO § 251 Rn. 21 aE.
[113] Vgl. KK-StPO/*Diemer* StPO § 251 Rn. 7.
[114] Vgl. BGH StV 2001, 5 mAnm *Rose* wistra 2001, 290 ff. mwN.
[115] So wohl auch *Nagel* Beweisaufnahme 314.
[116] Vgl. *Nagel* Beweisaufnahme 314; *Norouzi* Audiovisuelle Vernehmung 255 f. mwN.
[117] Vgl. *Norouzi* Audiovisuelle Vernehmung 248, 256 ff. mwN für audiovisuelle Vernehmungen.
[118] Vgl. *Norouzi* Audiovisuelle Vernehmung 251 mwN.

6. Kapitel. Rechtsschutz

§ 25 Überblick

A. Rechtslage

Die **traditionellen Rechtshilfeinstrumente, das nationale Rechtshilfe- und das Völkerrecht** im Übrigen schweigen sich, anders als gerade im Bereich der Auslieferung, über die Frage des Rechtsschutzes regelmäßig aus. Damit bleibt sie weitgehend der Gerichtsbarkeit nach den jeweiligen Rechtsordnungen der beteiligten Staaten überlassen. Mehr oder weniger gilt hier einerseits der Grundsatz der völkerrechtlichen Zurückhaltung und Souveränitätsachtung, andererseits der notwendigen Inzidenzprüfung vorgelagerter Entscheidungen und Ersuchen vor allem im die Sicherungs- oder Ermittlungshandlung vornehmenden Staat. Der (Dritt-)Betroffene ist in einem Vornahmestaat entweder auf Rechtsbehelfe in diesem Staat verwiesen, deren Erfolgsaussichten aufgrund des meist vorgerückten Stadiums und Bindungen des Rechtshilfeverkehrs wenig klar scheinen, oder auf Rechtsbehelfe in einer regelmäßig für ihn fremden Rechtsordnung und gegebenenfalls „fernen" Staat, in dem die Anordnung bzw. Entscheidung zur Durchführung der Maßnahme ergangen ist, sei es unmittelbar oder im Wege der ersuchten Rechtshilfe. 1

Vor diesem Hintergrund entwickeln sich zwar langsam, aber stetig, im Bereich des **Datenschutzrechtes** sowie der **Zusammenarbeit innerhalb internationaler Einrichtungen,** wie Europol und Interpol, vor allem aber zwischen den EU-Mitgliedstaaten Regeln zur Verbesserung des Rechtsschutzes. Dies ist Spiegelbild des Anerkennungsprinzips und der arbeitsteiligen Kooperation. 2

Schließlich greift der **deutsche Rechtsschutz** wieder vollständig im Hinblick auf die **Verwertung bzw. weitere Verarbeitung** der gewonnenen Informationen und Beweismittel durch deutsche Stellen (→ § 9 Rn. 98; → § 18 Rn. 7; → §§ 26–28). 3

B. Grundsatz des jeweiligen Rechtsschutzes und Tendenzen der Überwindung

Insgesamt kann der **Grundsatz** gelten, dass der Einstieg in den Rechtsschutz gegenüber grenzüberschreitenden Ermittlungen, Beweiserhebungen sowie der weiteren Verarbeitung und Verwendung stets **im jeweiligen nationalen Recht und vor den nationalen Gerichten** liegt, freilich durch supra- und internationale Normen zunehmend mitgeprägt wird. 4

I. Die **europäischen Gerichte** sind vor allem bei unmittelbar dem Unionsrecht zuzuordnenden Rechtswirkungen sowie bei der inzidenten **Vorabentscheidung** zuständig, ein gesondertes Rechtsmittel nach dem mitgliedsstaatlichen Instanzenzug geben sie bekanntermaßen nicht. Der EuGH kann nunmehr, soweit es die Auslegung und Anwendung des Unionsrechtes erfordert, auch in Strafsachen ohne Weiteres von den nationalen Instanz- und Letztinstanzgerichten um Vorabentscheidung entsprechender Rechtsfragen angerufen werden, die für deren Schlussentscheidung erheblich sind.[1] Dabei kann das anrufende 5

---

[1] Art. 267 Abs. 1 AEUV, dieser gilt nach Ablauf der Übergangsfrist auch im Bereich der strafrechtlichen Zusammenarbeit der früheren 3. Säule, vgl. HdB-EuStrafR/*Böse* § 54 Rn. 7 ff. mwN auch zu den weiteren Voraussetzungen; vgl. daneben und neben den allgemeinen Lehrbüchern zum Europarecht hier nur *Hecker* EuropStrafR 211 ff. mwN; *Langbauer* Das Strafrecht vor den Unionsgerichten 156 ff. mwN; zu den formalen Anforderungen der Vorabentscheidung vgl. insbes. Empfehlungen an die nationalen Gerichte bezüglich der Vorlage von Vorabentscheidungsersuchen, ABl. 2016 C 439, 1.

6. Kapitel

Gericht im hier in aller Regel einschlägigen Bereich der justiziellen und polizeilichen Zusammenarbeit in Strafsachen sowie der EuGH bei Bedarf selbst ein Eilvorabentscheidungsverfahren initiieren (Art. 107 VerfO EuGH). Diese Norm ist zwar an Haftsachen orientiert, aber nicht auf sie beschränkt. Für die Prüfungsbefugnis ist ansonsten Art. 276 AEUV beachtlich, der allerdings weitgehend die allgemeine Kompetenzverteilung deklaratorisch aufgreift.[2]

6 II. Ansonsten können gegen **unmittelbar dem Unionsrecht zuzuordnende Rechtshandlungen** die Anfechtung mittels der Nichtigkeitsklage (Art. 263 AEUV), die Verpflichtung mittels der Untätigkeitsklage (Art. 265 AEUV) und sekundär die Entschädigung mit der Schadensersatzklage (Art. 268, 340 Abs. 2 AEUV) betrieben werden.[3] Dies gilt seit 2014 auch zB für Handlungen von Europol und Eurojust sowie allgemein für die frühere Zusammenarbeit im nicht vergemeinschafteten Bereich der „3. Säule", jedenfalls uneingeschränkt für den Primärschutz der Nichtigkeits- oder Untätigkeitsklage.[4] Hingegen gestaltet sich die Abgrenzung im Bereich des Schadensersatzrechts komplizierter (→ § 28 Rn. 6 ff.).

7 Zulässig ist die Nichtigkeits- oder Untätigkeitsklage auch einer natürlichen und juristischen Person, wenn die infrage stehende Handlung einer, der Union zurechenbaren, Stelle an sie **gerichtet** ist oder sie sonst **individuell und unmittelbar** betrifft (Art. 263 Abs. 4 AEUV, Art. 288 Abs. 4 AEUV).[5] Eine Nichtigkeitsklage gegen die Aufnahme in eine unionsgeführte Datei durch eine Unionseinrichtung wurde als zulässig angesehen, wenn dies zu einer verschärften Überwachung des Betroffenen führte.[6] Hingegen verneinten bei der Übermittlung von personenbezogenen Daten durch eine Unionseinrichtung, namentlich OLAF, an eine nationale Strafverfolgungsbehörde die Unionsgerichte eine unmittelbare Betroffenheit, denn auch nachfolgende Ermittlungsmaßnahmen durch die nationalen Ermittlungsbehörden beruhten auf deren selbstständiger Prüfung und Entscheidung.[7] Wegen fehlendem gleichwertigen Datenschutz kann die Übermittlung von personenbezogenen Daten an einen Drittstaat angefochten werden, während formale Fehler bei der Weitergabe an nationale Justizbehörden wenigstens mit der Amtshaftungsklage geprüft werden können.[8]

8 III. Der **EGMR** kann nur nach Erschöpfung des innerstaatlichen Rechtswegs angerufen werden, seine Entscheidungen wirken auch nur unmittelbar *inter partes* und völkerrechtlich bzw. im Hinblick auf eine Schadensersatzpflicht.[9] Sie können jedoch gem. § 359 Nr. 6 StPO zu einem Wiederaufgreifen des Verfahrens führen und im Rahmen des nationalen Rechtes ein Gebot konventionsfreundlichen Verhaltens auslösen.[10]

C. Rechtsschutz gegen internationale Organisationen

9 Bei der **Anrufung nationaler Gerichte wegen der Tätigkeit internationaler Organisationen** und ihrer Einrichtungen und Bediensteten sind grundsätzlich deren Immunitäten und Vorrechte zu beachten (→ § 2 Rn. 15 ff.). Während dies zB allgemein auch Eurojust und Europol umfasst, gilt die Immunität für Bedienstete der Union jedenfalls ausdrücklich

---

[2] Vgl. HdB-EuStrafR/*Böse* § 54 Rn. 17 mwN.
[3] Vgl. zur allgemeinen Europarechtsliteratur neben den Kommentierungen zum AEUV hier nur exemplarisch *Streinz*, Europarecht, 10. Aufl. 2016, Rn. 633 ff. mwN; HdB-EuStrafR/*Böse* § 54 Rn. 18 ff., insbes. Rn. 22, 35 ff. auch zu Europol und Eurojust als nunmehr tauglichen Klagegegnern auch bei privilegierten Klägern.
[4] HdB-EuStrafR/*Neumann* § 44 Rn. 64; HdB-EuStrafR/*Eisele* § 50 Rn. 6 mwN; HdB-EuStrafR/*Böse* § 54 Rn. 35 ff. mwN.
[5] Vgl. etwa HdB-EuStrafR/*Böse* § 54 Rn. 26 ff. mwN.
[6] Vgl. EuG BeckRS 2013, 80306; HdB-EuStrafR/*Böse* § 54 Rn. 29 mwN.
[7] Vgl. nur EuGH Urt. v. 19.4.2005 – C-521/04, Slg. 2005, I-3105 = BeckRS 2005, 70890 – Tillack; mit vorangehender Entscheidung des EuG; dazu ausf. und krit. HdB-EuStrafR/*Böse* § 54 Rn. 29.
[8] Vgl. HdB-EuStrafR/*Böse* § 54 Rn. 29 mwN.
[9] Vgl. nur HdB-EuStrafR/*Böse* § 52.
[10] Vgl. zum Ganzen *Janicki* Beweisverbote 171 ff. mwN.

nicht für Europol-Bedienstete, die in gemeinsamen Ermittlungsgruppen Amtshandlungen vornehmen sollen.[11]

Weiterhin ist die **Zurücknahme des verfassungsgerichtlichen Schutzes bei Zuständigkeit der Unionsgerichte** zu berücksichtigen, wie sie sich insbesondere aus der Rechtsprechung des BVerfG ergeben: Danach ist die Verfassungsbeschwerde gegen Maßnahmen der Union unzulässig solange ein adäquater Grundrechtsschutz durch die Unionsgerichte gewährleistet ist und die Kompetenzen der Union nicht in offensichtlicher und strukturwirksamer Weise überschritten sind.[12]

D. Problem der Drittbetroffenen

Ähnlich wie im Auslieferungsrecht stellt sich in der „kleinen Rechtshilfe" das Problem des **zwischen den beteiligten Staaten liegenden Rechtsschutzes** der gezielten oder Drittbetroffenen, der auch einige Befassung der Literatur erfahren hat: So wird insbesondere bei der weiteren Ausrichtung an den Grundsätzen der Anerkennung und Verfügbarkeit der EU-Rechtsakte sehr problematisch betrachtet, dass der in einem Mitgliedstaat Betroffene gegen eine ihn belastende Ermittlungsmaßnahme eigentlich nur noch in dem „anordnenden" bzw. diese durch Rechtshilfe auslösenden Mitgliedstaat vorgehen könnte, was für ihn aufgrund fehlender Rechtsbehelfsbelehrungen, Rücksicht in Verfahrensrecht und Fristen, sprachlichen, geografischen und anderen Barrieren aufgrund nicht vorhandener Kenntnis des anderen Rechtssystems häufig geradezu völlig ausgeschlossen sei.[13] Ähnlich gestaltet sich ein Rechtsschutz, namentlich mit den USA problematisch, der durch faktische und rechtliche Hürden – allen Beteuerungen auch in den Rechtshilfeinstrumenten zum Trotz – praktisch regelmäßig ins Leere laufen muss (etwa → § 9 Rn. 153 ff. sowie → § 15 Rn. 709 f. und → § 27 Rn. 31 f., 48, 127 sowie vor allem 87 f.).

§ 26 Rechtsschutz in Bezug auf die Informationserhebung im Ausland

A. Strafrechtliches Bezugsverfahren

Für sämtliche Maßnahmen zur Informations- und Beweiserhebung für ein deutsches Strafverfahren ist dieses **strafrechtliche Bezugsverfahren** der Ausgangspunkt.[1]

 I. Der **Rechtsschutz gegen Ermittlungsmaßnahmen** richtet sich zunächst nach den allgemeinen Regeln.

 1. Danach ist gegen **richterliche Beschlüsse** die Beschwerde nach § 304 StPO zu erheben. Diese ist nach richtiger hM nicht daran gebunden, dass die beschlossene Ermittlungsmaßnahme noch nicht erledigt ist, sondern kann ohne Weiteres auch nach Erledigung eingelegt werden. Allerdings ist, falls der gerichtliche Beschluss bereits nach Anhängigkeit durch das Gericht des Hauptverfahrens ergangen ist, § 305 StPO zu beachten. Über den Wortlaut hinaus kommt eine Anfechtung nur bei solchen Maßnahmen in Betracht, die bei der Urteilsfällung nicht geprüft werden, weil sie weder rückwirkend beseitigt, noch nachgeholt werden können.[2] Daher werden die Beschlagnahme und das Festsetzen von Ord-

---

[11] Art. 1a VO (Euratom, EGKS, EWG) Nr. 549/69 des Rates zur Bestimmung der Gruppen von Beamten und sonstigen Bediensteten der Europäischen Gemeinschaften, auf welche die Artikel 12, 13 Absatz 2 und Artikel 14 des Protokolls über die Vorrechte und Befreiungen der Gemeinschaften Anwendung finden v. 25.3.1969, ABl. 1969 L 74, 1.
[12] Vgl. hierzu und zum Folgenden die Rechtsprechungsübersicht bei HdB-EuStrafR/*Esser* § 56 Rn. 12 ff.
[13] Vgl. etwa *Gazeas* ZRP 2005, 18 (21 f.); *Ahlbrecht* NStZ 2006, 70 (73 f. mwN).
[1] NK-RechtshilfeR/*Racknow* I Rn. 117, 133; GPKG/*Vogel/Burchard* IRG vor § 1 Rn. 3, 18 f.
[2] Vgl. zum Ganzen Meyer-Goßner/Schmitt/*Schmitt* StPO § 305 Rn. 1 f., 6 f. mwN; KK-StPO/*Zabeck* StPO § 305 Rn. 1 ff. mwN.

nungs- und Zwangsmitteln nur exemplarisch genannt. Ebenfalls umfasst sind etwa die nicht genannte Durchsuchung oder körperliche Untersuchung. Gleiches gilt für Maßnahmen, die nicht auf die Vorbereitung der Sachentscheidung ausgerichtet sind, wie insbesondere hinsichtlich der Beiordnung oder Ausschluss eines Verteidigers oder über die Zulassung eines Nebenklägers. Die Beschwerde steht mit diesen Einschränkungen den Verfahrensbeteiligten, einschließlich der Staatsanwaltschaft und Nebenbeteiligten im Rahmen ihrer Rechtsstellung zu. Sie kann sich sowohl gegen eine beschlossene Maßnahme als auch auf die Ablehnung eines Antrags, zB eine bestimmte Beweiserhebung durchzuführen, beziehen. Andere Betroffene, wie etwa Auskunftspersonen bzw. Gewahrsamsinhaber oder Eigentümer bei Durchsuchungen und Beschlagnahmen sind ebenfalls, zudem ohne die genannte Einschränkung, zur Beschwerde befugt (§ 304 Abs. 2 StPO, § 305 S. 2 Hs. 2 StPO). Beschwerdeberechtigt sind namentlich bei Beschlagnahmen neben den Verfahrensbeteiligten auch der letzte Gewahrsamsinhaber sowie der nichtbesitzende Eigentümer, wenn sein Rückforderungsrecht beeinträchtigt ist.

4 2. Wird durch primär **vollstreckungssichernde Maßnahmen** nach §§ 111b ff. StPO in die Rechte Dritter eingegriffen, kommen bei Anordnung eines Arrestes als weitere Rechtsbehelfe die Vollstreckungserinnerung (§ 766 ZPO) und die Drittwiderspruchsklage (§§ 771 ff. ZPO) in Betracht.

5 3. Gegen **verdeckte Ermittlungsmaßnahmen, die nicht aufgrund eines gerichtlichen Beschlusses** erfolgt sind, ist mittlerweile vor allem § 101 Abs. 7 StPO vorrangig anwendbar. Danach können bei Rasterfahndung, Abgleichen, verdeckten Telekommunikationsdatenerhebungen, akustischer Wohnraumüberwachung, Observation und verdeckten Fahndungsmaßnahmen die aufgezählten Betroffenen die richterliche Überprüfung binnen zwei Wochen nach ihrer Benachrichtigung beantragen.[3] Diese Überprüfung kann auch gegen die Art und Weise der Durchführung gerichtet sein.

6 4. **Ansonsten** scheint mittlerweile anerkannt, dass bei allen strafprozessualen Maßnahmen der Polizei oder Staatsanwaltschaft im Rahmen der Beweissicherung und Informationserhebung, **§ 98 Abs. 2 S. 2 StPO** anzuwenden ist. Dies ist nur dann nicht der Fall, wenn die vorgenannten Sonderformen eingreifen, oder das Gesetz gegen die Art und Weise der Durchführung eines richterlichen Beschlusses eine Sonderregel enthält.[4] Dies gilt jedenfalls mittlerweile unstrittig dann, wenn es sich um Zwangsmaßnahmen bzw. Maßnahmen mit einem solchen potentiellen Charakter handelt. Anerkannt ist dies auch namentlich für **internationale Fahndungsmaßnahmen** und insbesondere die Ausschreibung im SIS.[5]

7 Der Rechtsschutz gilt hinsichtlich der Entscheidung zur Durchführung der Maßnahme ebenso wie der Art und Weise ihres Vollzugs, auch nach deren Erledigung. Anders als bei § 101 Abs. 7 S. 2 StPO muss allerdings ein konkretes Rechtsschutzinteresse dargelegt werden, dass, soweit keine Wiederholungsgefahr dargetan ist, nach der Rspr. in einem tiefgreifenden bzw. schweren Grundrechtseingriff bestehen muss.[6] Bei Drittbetroffenen genügt auch ein allgemeines Rehabilitationsinteresse wegen fortdauernder Diskriminierung, weil dieses sonst nicht im weiteren Verfahren erfüllt werden kann.

8 II. Dabei macht es für Maßnahmen der Beweissicherung und Informationsbeschaffung zunächst keinen Unterschied, ob diese **grenzüberschreitend** unmittelbar durch deutsche Stellen oder im Wege der Rechtshilfe erfolgt (ist).

9 1. Grundsätzlich bleibt die **Anordnung bzw. Entscheidung zur Vornahme** einer Zwangsmaßnahme als Handlung des ersuchenden Staates in vollem Umfang gerichtlich

---

[3] Zum Berechtigtenkreis iE § 101 Abs. 4 StPO.
[4] Wie etwa § 110 Abs. 3 S. 2 StPO, § 111e Abs. 2 S. 3 StPO, §§ 128, 161a Abs. 3 StPO, § 163a Abs. 3 StPO, sowie gegen freiheitsentziehende Maßnahmen, wie zB nach § 81 Abs. 4 StPO; vgl. zum Ganzen *Beulke/Swoboda* Strafprozessrecht, 14. Aufl. 2018, § 15 IV; *Roxin/Schünemann*, Strafverfahrensrecht, § 29 Rn. 11 ff.; *Volk/Engländer* Grundkurs StPO, 9. Aufl. 2018, § 10 V.
[5] OLG Celle NStZ 2010, 534 mwN.
[6] Vgl. näher *Roxin/Schünemann*, Strafverfahrensrecht, § 29 Rn. 21 ff.

§ 26 Rechtsschutz in Bezug auf die Informationserhebung im Ausland   **6. Kapitel**

anfecht- bzw. jedenfalls nachprüfbar. Dies gilt insbesondere auch für das Handeln deutscher Ermittlungsbeamter im Ausland. Die Regelungen zur Haftung und zivil- bzw. strafrechtlichen Gleichstellung im SDÜ und den nachfolgenden Regelungen wie namentlich den Polizeiverträgen, ändern hieran nichts. Sofern Regelungen zu Rechtsbehelfen fehlen, muss der Rechtsschutz gegen die unmittelbare Ermittlungsmaßnahme grundsätzlich vor dem Vornahmestaat begehrt werden, während gegenüber dem Gebietsstaat ein einklagbarer Schutzanspruch gegen entsprechende Maßnahmen gegeben sein kann.[7] Dabei gelten die allgemeinen Regeln und Rechtsbehelfe (→ Rn. 1 ff.) so, als wäre die Maßnahme ohne Auslandsbezug erfolgt.

2. Dieses Instrumentarium dürfte **auch bei der Informationsbeschaffung aus der Sphäre eines anderen Staates** anzuwenden sein. Daher dürfte für §§ 23 ff. EGGVG nur noch ein Restbereich gelten, der die unmittelbare Informationsgewinnung bzw. Beweiserhebung und -sicherung nicht betrifft. Umstritten ist dabei lediglich die Frage, ob für Sperrerklärungen hinsichtlich § 96 StPO der Justizverwaltungs- oder, wohl vorzugswürdig, der allgemeine Verwaltungsrechtsweg eröffnet ist. 10

3. Allerdings verdeckt dies die überaus problematische Frage, inwieweit die **Art und Weise der Ausführung eines Rechtshilfeersuchens** unter den genannten Voraussetzungen Gegenstand einer gerichtlichen Ex-post-Kontrolle im ersuchenden Staat sein kann. Zwar sieht § 98 StPO bzw. die entsprechenden Normen keine Beschränkung vor, jedoch dürfte der allgemeine Grundsatz, dass nur das Handeln deutscher staatlicher Stellen einer unmittelbaren gerichtlichen Überprüfung zugänglich ist, auch insoweit zu gelten haben. Jedenfalls dürfte ein unmittelbarer Antrag auf Feststellung der Rechtswidrigkeit oder gar Aufhebung einer, wenn auch im Wege der Rechtshilfe erfolgten, Ermittlungsmaßnahme allein ausländischer oder internationaler Stellen nicht zulässig sein, soweit nicht die Rechtsnormen völker- bzw. europarechtskonform auszulegen sind, um überhaupt eine effektive Nachprüfung zu ermöglichen. Nach traditioneller Meinung kann selbst, wenn eine Verpflichtung zur Rechtshilfe besteht, diese und ihre Ausführung nicht am Maßstab der Grundrechte des Grundgesetzes überprüft werden.[8] Etwas anderes könne, so das BVerfG, nur gelten, wenn die Bundesrepublik Deutschland „**einen bestimmenden Einfluss**" auf die Ausgestaltung und den Vollzug der innerstaatlichen Ordnung des ersuchten Staates hätte", gemeint ist wohl letztlich: auf den Vollzug der Rechtshilfemaßnahme als solcher hätte. Daraus ergibt sich die dogmatische spannende Frage, inwieweit durch die neuen Anerkennungsmechanismen der EU, vor allem der europäischen Ermittlungsanordnung, sich ein solcher bestimmender Einfluss auf den ersuchenden bzw. „anordnenden" Staat verschiebt, der seine Grundrechte nach den Grundsätzen des Europarechts anwendet, soweit er nicht durch das Unionsrecht daran gehindert ist (→ Rn. 38 ff.). 11

III. **Beantragt der Beschuldigte zu seiner Entlastung während des Ermittlungsverfahrens bei den Ermittlungsbehörden** die Erhebung von Beweisen, so hat er zumindest einen Anspruch auf deren rechtsfehlerfreie Entscheidung darüber. 12

1. Entsprechende Beweise sind zu erheben, wenn sie, nach hM nach dem pflichtgemäßen Ermessen der Polizei bzw., gegebenenfalls nach Vorlage, der Staatsanwaltschaft, von Bedeutung sind, § 163a Abs. 2 StPO.[9] Darauf haben die Ermittlungsbehörden den Beschuldigten bei seiner Vernehmung bis zum Abschluss des Ermittlungsverfahrens auch auf die Möglichkeit von Entlastungsanträgen hinzuweisen (§ 163a Abs. 3 S. 2, Abs. 4 S. 2 StPO, § 136 Abs. 1 S. 3 StPO). Die Ablehnungsgründe des § 244 StPO gelten – jedenfalls unmittelbar – nicht. Jedoch kann zB die Unzulässigkeit, tatsächliche oder rechtliche Unerheblichkeit, Unerreichbarkeit oder auch offenkundige Verschleppungsabsicht hinreichende Gründe für die fehlende Bedeutung der beantragten Beweiserhebung liefern, auch wenn die Ermitt- 13

---

[7] Vgl. auch *Cremer* ZaöRV 2000, 103 (138 mwN).
[8] Vgl. zum Ganzen etwa BVerfG Beschluss des Zweiten Senats BVerfGE 57, 9 (23 ff.) = NJW 1981, 1154 zum Auslieferungsverfahren.
[9] Vgl. zum Ganzen Meyer-Goßner/Schmitt/*Schmitt* StPO § 163a Rn. 15 mwN.

lungsbehörden auf diese Ablehnungsmöglichkeiten nicht beschränkt sind. Alleine die Tatsache, dass die ansonsten erreichbare Beweisaufnahme im Ausland erfolgen müsste, rechtfertigt unter rechtsstaatlichen Gesichtspunkten keine Ablehnung. Insbesondere kann die Klärung nicht nur wegen einer möglicherweise länger dauernden Rechtshilfe einem späteren Verfahrensstadium − namentlich nach Anklageerhebung oder Eröffnung des Hauptverfahrens − überlassen bleiben. Anderes muss selbstverständlich gelten, wenn die Möglichkeiten der Beweisaufnahme im Ausland nachweislich gescheitert oder nach dem bereits oben ausgeführten offensichtlich zum Scheitern verurteilt sind, namentlich weil ein erforderliches Ersuchen nach sachgerechter Einschätzung als aussichtslos angesehen werden darf.[10]

14   2. Entsprechende Pflichten gelten für den Richter, wenn bei einer **richterlichen Vernehmung** der Beschuldigte zu seiner Entlastung einzelne Beweiserhebungen beantragt. Der Richter hat diese, soweit er sie für erheblich erachtet, vorzunehmen, wenn der Verlust der Beweise zu besorgen ist oder die Beweiserhebung die Freilassung des Beschuldigten begründen kann, § 166 Abs. 1 StPO. Die Norm greift bei jeder richterlichen Vernehmung im Ermittlungsverfahren, egal aus welchem Grund, sofern keine Spezialvorschriften vorhanden sind. Hierzu zählt insbesondere § 117 Abs. 3 Hs. 1 StPO, nach dem im Haftverfahren ein Bezug zur Anordnung und Vollstreckung des Haftbefehls gegeben sein muss, was den dringenden Tatverdacht zum Maßstab macht. Nicht eingreifen soll die Beweiserhebungspflicht nach hM bei Anhörungen vor dem Beschwerdegericht. Ein Rechtsbehelf gegen die richterliche Entscheidung ist nicht gegeben.[11]

15   Umstritten ist, ob dem jeweils für die Vernehmung zuständigen Richter ein allgemeines oder nur ein Notbeweisaufnahmerecht eingeräumt wird, bzw. ob der Beschuldigte sogar einen Anspruch darauf hat, eine entsprechende Beantragung bzw. Vernehmung beim Ermittlungsrichter zB bei Weigerung der Ermittlungsbehörden nach § 163a Abs. 2 StPO zu erwirken. Jedenfalls dürfte die Leitungsbefugnis der Staatsanwaltschaft für das Ermittlungsverfahren nicht erheblich infrage gestellt werden, weshalb ihr im Regelfall, sobald dies möglich ist, gem. § 167 StPO die weitere Durchführung zu überlassen ist.[12] Daher dürften die Anwendungsfälle im Rahmen grenzüberschreitender Beweisaufnahmen selten sein: Zwar dürfte die Möglichkeit des Richters, wenn die Beweiserhebung in einem anderen Amtsbezirk vorzunehmen ist, den Richter des letzteren um ihre Vornahme ersuchen (§ 166 Abs. 2 StPO), auch zumindest entsprechend bei grenzüberschreitenden Sachverhalten ins Ausland gelten. Allerdings dürfte in diesen Fällen stets praktisch die Einschaltung der Staatsanwaltschaft möglich sein und ansonsten zumindest konkurrierend Mechanismen im Rahmen polizeilicher Kompetenzen eingreifen.

16   Weigert sich die Staatsanwaltschaft, eine Beweissicherung im Ausland vorzunehmen, kann dies jedenfalls im Ermittlungsverfahren nicht durch den Richter übernommen werden. Vielmehr ist gegebenenfalls durch Verfahrens- oder Aufsichtsmittel dagegen vorzugehen und notfalls das Verhalten bei mutmaßlichem Beweisverlust in der Beweiswürdigung zugunsten des Angeklagten zu werten. Erfolgt andererseits keine Beweissicherung bzw. -erhebung durch das Gericht, muss die Staatsanwaltschaft, soweit ihr entsprechende Sachverhalte in oder aus den formalen Anhörungen oder Anregungen bekannt werden, gleichzeitig nach § 163a Abs. 2 StPO ihr Tätigwerden prüfen.

17   3. Ein eigenständiges Beschwerderecht oder sonstiger Rechtsbehelf steht dem Beschuldigten gegen die Ablehnung nicht zu. Vielmehr greift hier vor allem der Gedanke des § 305 StPO, sodass eine Überprüfung zusammen mit dem Urteil und seiner Anfechtung zu erfolgen hat.

---

[10] Vgl. BVerfG NJW 1984, 40 (zum Begehren auf ein an die ehemalige DDR zu richtendes Rechtshilfeersuchen); BVerwG BeckRS 1981, 30430866.
[11] Vgl. hierzu und zum Folgenden Meyer-Goßner/Schmitt/*Schmitt* StPO § 166 Rn. 1 ff. mwN.
[12] Vgl. Meyer-Goßner/Schmitt/*Schmitt* StPO § 167 Rn. 1.

B. Probleme eines ergänzenden Rechtsschutzes

Ein ergänzender **Rechtsschutz, der unmittelbar an das Handeln der deutschen** 18
**Stellen im Ausland bzw. gegenüber den zuständigen Völkerrechtssubjekten zur
Erkenntnisgewinnung anknüpft,** scheint umstritten.[13] Tatsächlich ist zu unterscheiden:

I. Allgemein gilt der Grundsatz, dass die gesamte Kommunikation mit den ausländischen 19
Stellen als Teil des **(reinen) Verwaltungsverfahrens** im Rahmen der auswärtigen Beziehungen verstanden wird. Dies gilt auch für das Stellen des Rechtshilfeersuchens bei den ausländischen Stellen. Auch wenn es durch eine „Justizbehörde", also etwa einen Landgerichtspräsidenten oder eine Staatsanwaltschaft erfolgt, handelt es sich nach dieser Auffassung nicht um einen Justizverwaltungsakt iSv §§ 23 ff. EGGVG. Möglich ist damit stets nur der Rechtsweg zu den Verwaltungsgerichten.[14] Dabei ist aufgrund der Organleihe hinsichtlich der außenpolitischen Entscheidung des Bundes nach § 74 IRG konsequenterweise richtiger Klagegegner gem. § 78 VwGO grundsätzlich die Bundesrepublik Deutschland, auch wenn eine Landesbehörde im Rahmen delegierter Befugnisse über die Bewilligung bzw. das Stellen der Ersuchen zu entscheiden hat.[15]

II. Gegen das **Weiterleiten bzw. Stellen eines Ersuchens** um Beweiserhebung, ent- 20
weder soweit es bevor steht oder bereits erfolgt ist, sind (im Rahmen des Rechtshilfeverfahrens) keine Rechtsbehelfe gegeben. Allein das Stellen eines Ersuchens hat keine unmittelbare Rechtswirkung (jedenfalls für den von der Beweiserhebung Betroffenen) und ist daher nicht anfechtbar.[16] Eine Anfechtungsklage scheitert ebenso wie ein entsprechender Eilantrag bereits nach § 80 VwGO am fehlenden Vorliegen eines Verwaltungsaktes gegenüber dem Betroffenen. Eine Regelung erfolgt mangels unmittelbarer Rechtswirkung durch das reine Stellen bzw. Weiterleiten des Ersuchens nicht: Das Ersuchen als solches bewirkt einerseits, so das BVerfG, weder unmittelbar noch mittelbar einen der Bundesrepublik Deutschland zurechenbaren Eingriff in die Grundrechte des Betroffenen. Seine Folge sei lediglich, dass der ersuchte Staat eine Prüfung dahingehend anstelle, ob die vertraglichen oder sonstigen, nach seinem innerstaatlichen Recht zu beachtenden Voraussetzungen der Zulässigkeit einer Rechtshilfe gegeben seien, insbesondere eine Pflicht zur Durchführung bestehe. Das Ergebnis dieser Prüfung und die Durchführung stelle allein selbstständiges hoheitliches Verhalten eines fremden Staates im Bereich seiner Hoheitsgewalt dar. Andererseits ist die Belastungswirkung gegenüber dem Betroffenen bereits durch die Entscheidung zur Veranlassung des Ersuchens im Bezugsverfahren erfolgt. Aus diesem Grund sind die dortigen Rechtsbehelfe ebenso einschlägig wie für einen rein inländischen Fall (→ Rn. 2 ff.). Ein darüber hinausgehendes allgemeines Rechtsschutzbedürfnis besteht nicht. Auch Einwände von Drittbetroffenen sind nach den Regelungen entweder im Bezugsverfahren oder im ersuchten Staat nach den dortigen Regelungen zu prüfen. Aus den gleichen Gründen kann auch das interne (innerdeutsche Amtshilfe-)Ersuchen des Gerichtes oder der Ermittlungsbehörde an eine andere inländische Behörde, die für das Stellen des

---

[13] Sehr umstritten ist, ob in Deutschland ein Rechtsschutz gegen die Versagung bzw. Ablehnung oder auf Verpflichtung zur Rechtshilfe aus §§ 23 ff. EGGVG besteht. Vgl. dagegen nur Meyer-Goßner/Schmitt/*Schmitt* EGGVG § 23 Rn. 4 mwN; aA wohl eine starke Ansicht der Lit., vgl. *Schädel* Bewilligung 196 unter nicht nachvollziehbarer Berufung auf *Nagel*.
[14] So die mittlerweile ganz hM und stRspr, vgl. VG Berlin BeckRS 2004, 28738; OLG Hamm Beschl. v. 27.4.1993 – 1 VAs 13/93; OVG Berlin StV 2002, 87; OVG Hamburg BeckRS 2009, 31380; OLG Stuttgart NJW 1990, 3100; zur aA, es handele sich um einen Justizverwaltungsakt auf dem Gebiet der Strafrechtspflege iSv § 23 EGGVG, vgl. *Nagel* Beweisaufnahme 272 ff.
[15] Vgl. NK-RechtshilfeR/*Racknow* I Rn. 139; GPKG/*Grotz* IRG § 74 Rn. 24; Schomburg/Lagodny/Gleß/Hackner/*Schomburg*/*Hackner* IRG § 74 Rn. 2.
[16] Vgl. hierzu und zum Folgenden maßgeblich BVerfGE 58, 9 (23 ff.) = NJW 1981, 1154; ebenso OLG Celle NStZ 2010, 534; OLG München NJW 1975, 509; Meyer-Goßner/*Schmitt* EGGVG § 23 Rn. 4 mwN.

Ersuchens zuständig ist, als solches ebenso wenig angefochten werden, wie jedes andere Amtshilfeersuchen, zB an eine deutsche Auslandsvertretung.[17]

21 **III.** Gleiches muss gelten, wenn ein Antragsteller direkt bei der inländischen Rechtshilfebehörde das **Stellen eines Ersuchen begehrt, statt hierzu seine Antragsrechte im Bezugsverfahren** auszuüben. Ein über die dortigen Rechte hinausgehender Primäranspruch kann im Rechtshilfeverfahren nicht bestehen, egal, ob das Verhältnis zum Bezugsverfahren als Amtshilfe oder anderer Art einzuordnen wäre. Für eine allgemeine Leistungsklage fehlt es, jedenfalls nach der Beweisantragslösung des BGH, an einem entsprechenden Anspruch. Die Verfahrensbeteiligten sind darauf verwiesen, Anträge für eigene Beweiserhebungen im Bezugsverfahren geltend zu machen.

22 **IV.** Davon ist jedoch der Fall zu unterscheiden, dass der Beteiligte im Bezugsverfahren sich gegen das **Unterlassen** der **Weiterleitung bzw. Stellen eines Rechtshilfeersuchens** wendet, das im Bezugsverfahren bereits **durch das zuständige Ermittlungsorgan beschlossen** wurde. In diesem Fall hat der Beschuldigte oder ein anderer Verfahrensbeteiligter, der kein Teil der Staatsgewalt ist, einen Anspruch auf ermessensfehlerfreie Entscheidung der zuständigen Stelle, wobei der Verteidiger keine eigenen Rechte geltend machen kann.[18] Es handelt sich insbesondere nicht um einen, jeder gerichtlichen Überprüfung unzugänglichen „justizfreien Hoheits-/Regierungsakt".[19] Die Berücksichtigungsfähigkeit außenpolitischer Gesichtspunkte berührt nicht die Zulässigkeit der gerichtlichen Kontrolle, sondern nur deren Umfang. Die Entscheidung über die Stellung eines Ersuchens an einen anderen Staat ist auch nicht etwa im Kernbereich des Regierungshandelns in Gestalt staatsleitender Hoheitsakte angesiedelt, die sich außerhalb der rechtlich geregelten öffentlichen Lebensbereiche im Gebiet der verantwortlichen politischen Leitung vollziehen und so ihrer Struktur und besonderen politischen Funktion nach unter keinem Gesichtspunkt subjektiv öffentliche Rechte berühren können.[20]

23 Das Handeln bzw. Nichthandeln der Bewilligungsbehörde nach § 74 Abs. 1 S. 1 IRG unterliegt allerdings nur einer (sehr) eingeschränkten Kontrolle.[21] Es fließen insoweit wertende Gesichtspunkte und Einschätzungen in die Entscheidung der Bewilligungsbehörde ein, als die schützenswerten Beziehungen zu auswärtigen Staaten mit Sorgfalt in den Blick genommen und gegenüber den berechtigten Interessen der an einem strafrechtlichen Verfahren Beteiligten abgewogen werden müssen. Es besteht dabei neben den üblicherweise gesondert zu prüfenden Rechtsfragen ein weiter außenpolitischer Beurteilungs- und Ermessensspielraum, in welchem gerade auch Raum für Zweckmäßigkeitserwägungen ist. Diese können im konkreten Einzelfall dazu führen, dass die Interessen von Verfahrensbeteiligten, auch von Drittbetroffenen wie Nebenklägern und sonstigen mutmaßlich Verletzten, als weniger gewichtig eingestuft werden. Wenn auch die rechtsstaatlich gebotene Wahrheitsermittlung im Strafverfahren, die zuständigen Behörden grundsätzlich zur fördernden Mitwirkung bei Rechtshilfeersuchen verpflichtet,[22] muss ein Rechtshilfeersuchen aber jedenfalls dann nicht weitergeleitet werden, wenn es nach sachgerechter Einschätzung als aussichtslos angesehen werden darf.[23] Die Behörde darf in jedem Stadium des Verfahrens die Erfolgsmöglichkeiten eines denkbaren Vorgehens im Auge haben und entsprechend abschätzen. Verspricht ein bestimmtes Vorgehen offensichtlich keinen Erfolg und birgt eher die Gefahr der Herbeiführung ernsthafter außenpolitischer Probleme im Verhältnis zu anderen Staaten, erscheint das Absehen von der Stellung eines Rechtshilfeersuchens vertretbar.

---

[17] Meyer-Goßner/Schmitt/*Schmitt* EGGVG § 23 Rn. 6 mwN.
[18] Vgl. BVerfG NJW 1984, 40.
[19] BVerfG NJW 1969, 1895; OVG Münster OVGE 34, 131 ff.
[20] Vgl. VG Köln BeckRS 2010, 56676.
[21] Vgl. BVerfG NJW 1984, 40; OLG Hamm NStZ 1982, 215; VG Köln BeckRS 2010, 56676 sowie NK-RechtshilfeR/*Rackow* I Rn. 117.
[22] Vgl. dazu BVerfGE 57, 250 (275) = NJW 1981, 1719.
[23] Vgl. BVerfGE 64, 158 = NJW 1984,40 (zum Begehren auf ein an die ehemalige DDR zu richtendes Rechtshilfeersuchen); BVerwG BeckRS 1981, 30430866.

§ 26 Rechtsschutz in Bezug auf die Informationserhebung im Ausland   **6. Kapitel**

Ein eigener Antrag des Beteiligten im Bezugsverfahren auf Weiterleitung bzw. Stellen bei 24
der Bewilligungsbehörde ist richtigerweise für eine Klage bzw. gerichtlichen Überprüfungsantrag nicht erforderlich.[24]

Anders wird dies allerdings weithin jedenfalls insoweit gesehen, wenn durch **Versagen** 25
einer vom Strafgericht des Bezugsverfahrens im Wege der innerstaatlichen Amtshilfe
erbetenen Stellung eines Rechtshilfeersuchens die damit erstrebten Beweismittel für den
Angeklagten nicht erreichbar werden. Dann soll in der Versagung grundsätzlich ein
anfechtbarer Justizverwaltungsakt gem. §§ 23 ff. EGGVG vorliegen (→ § 12 Rn. 90).[25]
Weiterhin wird die Ermessens- und Rechtsfehlerfreiheit der Versagung auch im Rahmen
der Revision in der Hauptsache inzident ebenso geprüft wie ein hinreichendes Bemühen
des erkennenden Gerichtes, eine ermessens- und rechtsfehlerfreie Entscheidung der zuständigen Rechtshilfebehörde zu erlangen.[26]

V. Noch nicht vollständig geklärt scheint, ob der Rechtsschutz nach §§ 22, 23 EGGVG 26
eröffnet sein kann, wenn der Betroffene sich gerade gegen die **Übermittlung von ihn
betreffenden Informationen** im Rahmen des Ersuchensvorgangs ins Ausland wenden
will. Dafür spräche zwar der Gedanke des lückenlosen Rechtsschutzes gegen den vorliegenden Eingriff in das Recht auf informationelle Selbstbestimmung.[27] Allerdings wird
man auch hier im Zuge der „Integrationslösung" als richtigen Angriffspunkt einen lückenlosen Rechtsschutz im Bezugsverfahren nötig und hinreichend ansehen müssen, um nicht
auf diesem Weg die zuvor entwickelte Regelung zu unterlaufen. Entsprechend dürfte das
zuletzt Genannte für den Empfang bzw. die Erhebung der von einer ausländischen Stelle
übermittelten Daten gelten.[28] Die Übermittlung selbst ist jedenfalls nach § 17 Nr. 2
EGGVG stets zulässig, wenn sie erforderlich ist.

C. Rechtsschutz im Erhebungsstaat

Daneben kann im Bereich der „kleinen Rechtshilfe" vor allem für Drittbetroffene der 27
Rechtsschutz in dem Staat, in dem ihn **die konkreten Maßnahmen der Beweissicherung und Informationsbeschaffung treffen,** zentrale Bedeutung haben.

I. Hierbei bleibt es zunächst bei dem Grundsatz, dass **unmittelbar in einem anderen** 28
Staat handelnde Amtsträger eines anderen, wenn schon nicht der Immunität unterliegen, dann doch dieses Verhalten nach Grundsätzen des öffentlichen Rechts nicht überprüfbar ist, soweit entsprechende Zurechnungsnormen fehlen.[29] Unbeeinträchtigt bleibt natürlich bei fehlender staatlicher Immunität die straf- und zivilrechtliche Haftung und daraus
folgende gerichtliche Beurteilung im Gebietsstaat (→ § 1 Rn. 25 f.).

II. Bei der Beurteilung von **Handlungen eines um Rechtshilfe ersuchten Staates** 29
nach dessen Recht sind die Grundsätze des deutschen Rechtes nur eine Lösung unter
vielen. Dies gilt sowohl für den Grundsatz, dass nur das Handeln deutscher Staatsgewalt der
unmittelbaren gerichtlichen Überprüfung unterliegt, als auch für die Grundsätze des
Rechtsschutzes gegen die Rechtshilfebewilligung und -leistung.

Allerdings **wäre** bei einer **von einem anderen Staat von Deutschland ersuchten** 30
Rechtshilfehandlung im Rahmen der gebotenen gerichtlichen Überprüfbarkeit als eine
Vorfrage inzident auch zu prüfen, ob die Voraussetzungen für den Vollzug vorlagen und
darunter, ob die Anordnung, Entscheidung oder sonst das Ersuchen durch den ersuchenden
Staat den innerstaatlichen Anforderungen namentlich in formeller und materieller rechts-

---

[24] VG Köln BeckRS 2010, 56676 mwN.
[25] Vgl. OLG Hamm NStZ 1982, 215; BVerfG NJW 1984, 40; *Nagel* Beweisaufnahme 281.
[26] Vgl. BGHSt 31, 323 = NJW 1983, 2335.
[27] Vgl. *Scheller* Ermächtigungsgrundlagen 204 ff., 230 ff. mwN; HdB-EuStrafR/*Gleß* § 38 Rn. 71 aE mwN.
[28] Vgl. *Scheller* Ermächtigungsgrundlagen 311 ff. mwN.
[29] Vgl. etwa *Gleß/Grothe/Heine,* Europol Justizielle Einbindung und Kontrolle von Europol. Rechtsvergleichendes Gutachten im Auftrag des Bundesministeriums der Justiz, 2 Bde., 2001, 622 f. mwN.

6. Kapitel

hilferechtlicher Hinsicht genügen.³⁰ Auch würde die außenpolitische Bewilligungsentscheidung regelmäßig (nur) inzident im Rahmen des Rechtsschutzes gegen die eigentlich belastende Vollzugsmaßnahme und deren innerstaatliche Anordnung zu prüfen sein (sog. Integrationslösung).³¹

31 Umstritten scheint insbesondere in anderen Staaten, inwieweit im Rahmen des Erfordernisses der **beiderseitigen Strafbarkeit** deren Vorliegen im ersuchenden durch den ersuchten Staat zu prüfen ist.³²

32 Nicht nur in Deutschland, sondern etwa auch in der Schweiz, ist dabei die traditionelle Einordnung der Behandlung eingehender Rechtshilfe als durchgängiges **Verwaltungsverfahren** zu beachten, die immer stärkerer Diskussion ausgesetzt ist.³³ Daraus folgt insbesondere, dass die strafprozessualen Verfahrensrechte im Rechtshilfeverfahren innerhalb des ersuchten Staates nicht unmittelbar gelten (müssen), namentlich nicht Art. 6 Abs. 3 EMRK.³⁴ Auch deshalb wird aufgrund der immer engeren und arbeitsteiligen transnationalen Zusammenarbeit in Strafsachen immer stärker eine insgesamt strafverfahrensrechtliche Einordnung des gesamten Verfahrens gefordert. Dem ist allerdings die bisherige gerichtliche Praxis nicht gefolgt.

33 Allerdings werden regelmäßig die **Rechtsbehelfe des allgemeinen Strafverfahrens zumindest entsprechend** angewendet, wenn wie häufig, besondere Rechtsbehelfe im Rechtshilferecht fehlen.

34 Beispielsweise kann sich in **Österreich** der Rechtsbehelf gegen die – auch im Wege der Rechtshilfe erbetene – Durchsuchung entweder als Einspruch gegen die Anordnung der Staatsanwaltschaft oder als Beschwerde gegen die gerichtliche Bewilligung richten.³⁵ Ein Widerspruch gegen die Sicherstellung hat eine aufschiebende Wirkung, sodass die entsprechenden Unterlagen bis zu einer Entscheidung zu versiegeln und nicht zu erheben bzw. zu nutzen sind.³⁶

35 In der **Schweiz** ist grundsätzlich die Verwaltungsgerichtsbeschwerde binnen einer Frist von 30 Tagen, bzw. zehn Tagen nach einer Zwischenverfügung, zum Bundesgericht gegeben, die allerdings regelmäßig nur den unmittelbar durch eine Rechtshilfemaßnahme betroffenen und nicht dem Beschuldigten offen steht.³⁷

36 Ähnlich könnte nach deutschem Recht jedenfalls für eingehende Ersuchen nur der unmittelbar von einer Ermittlungsmaßnahme im Inland Betroffene, nicht aber der Beschuldigte Rechtsbehelfe gegen die Durchsuchungs- und Beschlagnahmeentscheidung nach § 67 IRG einlegen.³⁸ Wird nur gegen eine Herausgabeentscheidung ein Rechtsbehelf geltend gemacht, prüft das Gericht weder den im Ausland erhobenen Vorwurf noch den innerstaatlichen Beschlagnahmeakt, sondern alleine, ob die Herausgabe unter dem Ge-

---

[30] So angedeutet auch NK-RechtshilfeR/*Ambos/Poschadel* I Rn. 48 mwN.
[31] Vgl. hier nur NK-RechtshilfeR/*v. Galen* IV Rn. 132 ff., 183, 193 mwN.
[32] Vgl. etwa für die Schweiz, wo dies von der hM weithin angenommen wird *Popp* Rechtshilfe Rn. 235 mwN.
[33] Vgl. zB aus Sicht der Schweiz *Popp* Rechtshilfe Rn. 18 f.
[34] So die traditionelle hM, vgl. Karpenstein/Mayer/*Mayer* EMRK Art. 6 Rn. 31; *Gleß* FS Grünwald, 1999, 197 (199); *Stiebig* ZJS 2012, 617; *Stiebig* JR 2011, 172; *Zöller* ZJS 2010, 441; da die Entscheidung des EGMR NJW 2012, 3709 – Stojkovic./.Frankreich und Belgien, die fehlende Anwesenheit des Verteidigers bei einer iRd Rechtshilfe im Ermittlungsverfahren erfolgten Beschuldigtenvernehmung primär an der späteren Verwertung durch das erkennende Gericht in der Hauptsache festmacht und ansonsten sich auf die Ausgestaltungshoheit der Mitgliedstaaten bezieht, kann sie ebenfalls im Geist der genannten traditionellen hM interpretiert werden, sodass die Argumente von *Ambos* IntStrafR § 10 Rn. 60 nicht zwingend sind; vgl. auch dazu *Gleß* FS Wolter, 2013, 1357 ff.; *Gleß* ZStW 125 (2013), 573 (576 ff.); *Nagler* StV 2013, 325 ff.
[35] §§ 87, 106 öStPO, vgl. NK-RechtshilfeR/*Zerbes* IV Rn. 612 ff. mwN.
[36] Ausf. NK-RechtshilfeR/*Zerbes* IV Rn. 618 mwN.
[37] Ausf. iE *Popp* Rechtshilfe Rn. 540 ff. mwN.
[38] Vgl. grdl. OLG Hamm NStZ 1995, 455; offen gelassen OLG Düsseldorf NStZ 2002, 108; ersterem hingegen zust. OLG Frankfurt a.M. Beschl. v. 17.9.2003 – Ausl. II 11/16; zit. nach *Schmidt* NStZ-RR 2005, 161 (167).

§ 26 Rechtsschutz in Bezug auf die Informationserhebung im Ausland **6. Kapitel**

sichtspunkt des Rechtshilferechtes rechtmäßig ist, sodass die Prüfung sich auch erledigt hat, sobald die Herausgabe erfolgt ist.[39]

D. Regelungen im Rechtshilferecht

Das **Rechtshilferecht** enthält demgegenüber wenige weitergehende Grundlagen. Zu beachten sind hier insbesondere die Geltung der Grundrechtsverbürgungen aus IPBPR und EMRK, jedenfalls, soweit sie an hoheitliche Verfahren aller Art und nicht nur echte Strafverfahren anknüpfen. 37

I. Europäische Union

Das **neuere Unionsrecht** bemüht sich als Spiegelbild der arbeitsteiligen Zusammenarbeit im Zeichen des **Anerkennungsprinzips** zumindest, auch aus Lehren rund um den ersten Versuch zur Regelung des Europäischen Haftbefehls, um Maximen, die einen lückenlosen, effektiven Rechtsschutz sicherstellen sollen.[40] Es gelangt hier allerdings – möglicherweise auch wegen nationaler Befindlichkeiten und begrenzter Kompetenzen – nicht zu konsequenten Lösungen. Das Anerkennungsprinzip stößt hier, wie beim Europäischen Haftbefehl an die Grenzen, die die Mitgliedstaaten weiterhin in ihren nationalen Verfassungsordnungen und Rechtsstaatsverbürgungen sehen. So bleibt zwar das Grundbild bestehen, dass die Entscheidung des einen Mitgliedstaates im anderen vollzogen wird und konsequenterweise möglichst die Anordnungsentscheidung nur im ersteren, die Art und Weise der Durchführung nur in letzterem gerichtlich zu überprüfen sei. Allerdings wird eine solche nahtlose Arbeitsteilung in der Praxis und, diese teilweise widerspiegelnd, auch in den Normtexten nicht erreicht. Dabei gleichen sich die **Rechtsakte zur Europäischen Ermittlungsanordnung, der RB 2003/757/JI** und der gescheiterte RB 2008/978/JI als Entwicklungslinie. 38

1. Die Mitgliedstaaten sind verpflichtet, dass gegen sämtliche umfassten grenzüberschreitenden Beweissicherungs- bzw. Ermittlungsmaßnahmen Rechtsbehelfe eingelegt werden können, die den Rechtsbehelfen gleichwertig sind, die in einem vergleichbaren innerstaatlichen Fall zur Verfügung stehen (Art. 14 EEA-RL). Sie haben dabei sicherzustellen, dass der Betroffene mindestens vor einem Gericht des Entscheidungs- oder des Vollstreckungsstaats nach den einzelstaatlichen Rechtsvorschriften des jeweiligen Staates einen Rechtsbehelf einlegen kann, um seine berechtigten Interessen zu wahren (Art. 11 Abs. 1 RB 2003/757/JI). Nach der EEA-RL haben die Anordnungs- und Vollstreckungsbehörde die geeigneten Maßnahmen zu ergreifen, um zu gewährleisten, dass Informationen über die nach nationalem Recht bestehenden Möglichkeiten zur Einlegung der Rechtsbehelfe bereitgestellt werden, sobald diese anwendbar werden, und zwar so rechtzeitig, dass die Rechtsbehelfe effektiv wahrgenommen werden können, sofern nicht dadurch das Erfordernis der Gewährleistung der Vertraulichkeit einer (vor allem nicht offen geführten) Ermittlung dadurch untergraben wird (Art. 14 Abs. 3 EEA-RL). 39

Für die Einlegung müssen gem. Art. 11 Abs. 5 RB 2003/757/JI Fristen gelten, die den betroffenen Parteien die Möglichkeit zur wirksamen Ausübung ihres Beschwerderechts gewährleisten.[41] Nach EEA-RL müssen zudem die Fristen für die Einlegung eines Rechtsbehelfs (mindestens) mit denen identisch sein, die in solchen vergleichbaren innerstaatlichen Fällen zur Verfügung stehen.[42] 40

---

[39] OLG Düsseldorf NStZ 2002, 108; *Schmidt* NStZ-RR 2005, 161 (167).
[40] Vgl. hierzu und zum Folgenden am Beispiel des RB 2003/757/JI NK-RechtshilfeR/*Kubiciel* IV Rn. 384; GPKG/*Böse* RB Sicherstellung Rn. 15 f.; zum RB 2008/978/JI HdB-EuStrafR/*Gleß* § 38 Rn. 69 ff.
[41] Zu den praktischen Schwierigkeiten für den Betroffenen vgl. Schomburg/Lagodny/Gleß/Hackner/*Trautmann* IRG vor § 94 Rn. 9 mwN.
[42] Auch zum Vorangegangenen Art. 14 Abs. 1, 4 EEA-RL.

41 2. Während die **sachlichen Gründe für den Erlass** der Sicherstellungsentscheidung bzw. Ermittlungsanordnung nur durch eine Klage im Anordnungsstaat angefochten werden können, bleibt auch im Vollstreckungsstaat stets der Einwand der Garantien der dort geltenden Grundrechte unberührt (Art. 11 Abs. 2 RB 2003/757/JI).[43] Für den Fall, dass Deutschland Entscheidungsstaat bzw. der ersuchende Staat ist, gelten die allgemeinen Regelungen der StPO.[44] Bei nach Deutschland eingehenden Ersuchen würde ansonsten über das ausländische Ersuchen, eine Beschlagnahme oder Durchsuchung vorzunehmen, das Amtsgericht entscheiden (§ 67 Abs. 3 IRG), gegen dessen Entscheidung die Beschwerde zum Landgericht zulässig wäre (§ 77 IRG iVm § 304 StPO). In diesen Fällen soll sich nach deutscher Rechtsmeinung die Anfechtung an der Vornahmeanordnung festmachen und nur eventuell auch die Leistungsermächtigung gegenüber dem ersuchenden Staat durch den Betroffenen angefochten werden können.[45]

42 3. Nach dem RB 2003/757/JI soll von einer Klage im Vollstreckungsstaat einschließlich ihrer Begründung die Erlassbehörde **unterrichtet** werden, damit sie die von ihr für wesentlich erachteten Argumente vorbringen kann (Art. 11 Abs. 3 S. 1 RB 2003/757/JI). Ebenso soll sie gem. Art. 11 Abs. 3 S. 2 RB 2003/757/JI vom Ausgang des Gerichtsverfahrens unterrichtet werden. Nach der EEA-RL wird die gegenseitige Informationspflicht auf beide Klagekonstellationen erweitert. Danach unterrichten sich die Anordnungsbehörde und Vollstreckungsbehörde in allen Fällen über die Rechtsbehelfe, die gegen den Erlass bzw. die Anerkennung oder Vollstreckung einer Europäischen Ermittlungsanordnung eingelegt werden (Art. 14 Abs. 5 EEA-RL). Nur im RB 2003/757/JI ist in diesem Zusammenhang fixiert, dass beide beteiligten Staaten dafür zu sorgen haben, dass die betroffenen Parteien des Bezugsverfahrens angemessen informiert werden (Art. 11 Abs. 4 RB 2003/757/JI).

43 4. Die Anfechtung mittels des Rechtsbehelfs, wohl egal in welchem der beteiligten Staaten, bewirkt grundsätzlich **nicht,** dass die Durchführung der Ermittlungsmaßnahme **aufgeschoben** wird, es sei denn, dies ist in vergleichbaren innerstaatlichen Fällen vorgesehen (Art. 14 Abs. 6 EEA-RL).[46]

44 5. Der Anordnungsstaat hat allerdings nach Art. 14 Abs. 7 S. 1 EEA-RL eine **erfolgreiche Anfechtung** der Anerkennung oder Vollstreckung einer Ermittlungsanordnung im Einklang mit seinem nationalen Recht zu berücksichtigen. Dies dürfte sich insbesondere auf die weitere Verarbeitung und insbesondere Beweisverwertung beziehen. Denn unbeschadet der nationalen Verfahrensvorschriften sollen die Mitgliedstaaten allgemein sicherstellen, dass in einem Strafverfahren im Anordnungsstaat bei der Bewertung der mittels einer Ermittlungsanordnung erlangten Beweismittel die Verteidigungsrechte gewahrt und ein faires Verfahren gewährleistet werden (Art. 14 Abs. 7 S. 2 EEA-RL).

45 6. Mit alledem ist allerdings – wozu auch die Umsetzung in deutsches Recht keine Stellung bezieht – nicht klar, wie der Auftrag des Art. 14 Abs. 1 EEA-RL und letztlich der europäischen Grundrechte zu erfüllen ist, einen **„gleichwertigen Schutz"** durch Rechtsbehelfe **angesichts geteilter Gerichtsbarkeit** mit unterschiedlichen Kompetenzen und möglichen Prüfungs- bzw. Wirkungslücken konkret zu vermeiden. Vor allem stellt sich einerseits die Frage, ob damit eine fehlende oder eingeschränkte Nachprüfbarkeit der Art und Weise der Vollstreckung durch den Rechtsbehelf im Anordnungsstaat vereinbar ist. Ein stets aufzuteilender Rechtsweg zwischen den Gerichten verschiedener Staaten alleine aufgrund des Auslandsbezugs würde wohl dem genannten Prinzip der Gleichwertigkeit wider-

---

[43] Letzteres jedenfalls nach Art. 14 Abs. 2 EEA-RL; ebenso sah Art. 18 des gescheiterten RB 2008/978/JI einen geteilten Rechtsweg entsprechend den Entscheidungskompetenzen des Anordnungs- und Vollstreckungsstaates vor, der zwar gem. Art. 18 Abs. 5 für die Betroffenen erleichtert werden soll, jedoch diese durchaus praktische Schwierigkeiten bei der effektiven Rechtswahrnehmung gestellt hätte, ausf. zur Problematik beim RB 2003/757/JI HdB-EuStrafR/*Gleß* § 39 Rn. 63 ff. mwN.
[44] Vgl. hierzu und zum Folgenden die Begr. RegE BT-Drs. 16/6563, 12.
[45] Vgl. iE Schomburg/Lagodny/Gleß/Hackner/*Trautmann* IRG vor § 94 Rn. 10 f. mwN.
[46] Nur letzteres nicht in Art. 11 Abs. 1 RB 2003/757/JI.

sprechen. Zudem könnte die Rechtsordnung des Vollstreckungsstaats Rechtsbehelfe gegen die reine Art und Weise der Vollstreckung ausschließen. Andererseits stellen sich bei einer – wohl konsequenten – vollen Nachprüfbarkeit der Art und Weise der Vollstreckung im Anordnungsstaat nicht nur erhebliche Probleme bei der Kenntnis und Anerkenntnis von dessen grundrechtlichen Garantien (Art. 14 Abs. 2 EEA-RL), sondern auch der Gefahr widersprüchlicher Entscheidungen oder eines „forum shopping". Hierauf scheint die Gerichtsbarkeit in der Union jedenfalls mit den bloßen europäischen und nationalen Normen allenfalls fragmentarisch vorbereitet.

Nach traditioneller Meinung kann selbst, wenn diese Prüfung zum Ergebnis kommt, **46** dass eine Verpflichtung zur Rechtshilfe besteht, diese und die Ausführung der Rechtshilfe nicht am Maßstab der Grundrechte des Grundgesetzes überprüft werden.[47] Etwas anderes könne, so das BVerfG, nur gelten, wenn die Bundesrepublik Deutschland „**einen bestimmenden Einfluss** auf die Ausgestaltung und den Vollzug der innerstaatlichen Ordnung des ersuchten Staates hätte"; gemeint ist wohl letztlich: auf den Vollzug der Rechtshilfemaßnahme als solcher. Daraus ergibt sich die dogmatische spannende Frage, inwieweit durch die neuen Anerkennungsmechanismen der EU, vor allem der europäischen Ermittlungsanordnung, sich ein solcher bestimmender Einfluss auf den ersuchenden bzw. „anordnenden" Staat verschiebt, der seine Grundrechte nach den Grundsätzen des Europarechts anwendet, soweit er nicht durch das Unionsrecht daran gehindert ist. Letzteres dürfte durchaus in der allgemeinen Linie des Rechtsverbundes liegen, den die EU darstellt (→ § 25 Rn. 4 ff.).

II. Weitere Rechtshilfeverträge

In reinen **Rechtshilfeverträgen** finden sich nur wenige Regelungen. So etwa in Art. 5 **47** GeldwÜ 1990. Danach hat jede Vertragspartei die erforderlichen gesetzgeberischen und anderen Maßnahmen zu treffen, damit Personen, die durch die Maßnahmen betroffen sind, zur Wahrung ihrer Rechte über wirksame Rechtsbehelfe verfügen.

III. Europäische und internationale Organisationen und Einrichtungen

Nachdem **Europol** mittlerweile als eine europäische Agentur im Rahmen der EU **48** eingeordnet ist, schließt dies den innerstaatlichen Rechtsschutz gegen originär eigene Maßnahme der Organisation weitgehend aus.[48] Dagegen sind Rechtsbehelfe wie die Nichtigkeits- oder Untätigkeitsklage zum Europäischen Gericht erster Instanz eröffnet. Zudem bzw. zuvor kommt der Gemeinsamen Kontrollinstanz die entscheidende Rechtskontrolle vor, hinter der der allgemeine europäische Rechtsweg subsidiär bzw. eingeschränkt ist.[49]

Entsprechend ist der Rechtsschutz gegen Maßnahmen von **Eurojust** ausgestaltet.[50] **49**

---

[47] Vgl. zum Ganzen etwa BVerfGE 57, 9 (23 ff.) = NJW 1981, 1154 zum Auslieferungsverfahren.
[48] Vgl. hier nur ausf. *Milke* Europol 162 ff.; s. ansonsten → § 25 Rn. 6.
[49] *Milke* Europol 133 ff., 91 ff. mwN; zum Rechtsschutz vor allem vor den europäischen Gerichten vgl. *Ambos* IntStrafR § 13 Rn. 14 f. mwN; ausf. auch *Langbauer* Das Strafrecht vor den Unionsgerichten 277 ff.
[50] *Langbauer* Das Strafrecht vor den Unionsgerichten 327 ff.

6. Kapitel

§ 27 Rechte hinsichtlich der Datenspeicherung und Informationsverarbeitung

A. Überblick

1 **I.** Bei den Primäransprüchen von Betroffenen hinsichtlich der Verarbeitung von auf natürliche Personen bezogenen Daten oder sonst besonders durch die Rechtsordnung geschützte Informationen greifen nationale und über- bzw. zwischenstaatliche Regelungen ineinander.

2 Dabei liefern die letztgenannten Normen – mit Ausnahme der Vollharmonisierung der DS-GVO, allerdings gerade nicht für den Bereich der Kriminalitätsbekämpfung – einen Mindeststandard, der zwar gegenüber staatlichen Institutionen in aller Regel nicht unmittelbar gilt, aber zumindest indirekt bei der Auslegung und Anwendung der nationalen Rechtsgrundlagen zu berücksichtigen ist. Unmittelbare Geltung kommt den völker- und unionsrechtlichen Normen – neben den Ansprüchen etwa gegen Interpol und die unionsrechtlichen Einrichtungen – allenfalls bei der nicht ordnungsgemäßen Umsetzung des Unionsrechts zu. Es bleibt weiterhin beim Grundsatz, dass das jeweilige nationale Recht des Staates anzuwenden ist, vor dessen Stellen bzw. gegenüber dem ein Recht geltend gemacht wird. Diese kann sich allerdings in einem Anwendungsbefehl oder dynamischer Bezugnahme auf das jeweilige interne nationale Recht erschöpfen.

3 Ebenso gilt hier noch – etwa im Vergleich mit dem Schadensersatzrecht oder dem Recht der Informationserhebung – am stärksten der Grundsatz, dass die Rechte jeweils gegenüber den die Daten speichernden und verarbeitenden Stellen einzeln geltend gemacht werden müssen, auch wenn hier vor allem für den Bereich von Verbunddateien und anderer Zusammenarbeitsformen vor allem des Unionsrechts Entwicklungen zu „one stop shops" zu beobachten sind, also eine Geltendmachung in einem Teilnahmestaat Wirkungen auch in anderen zumindest auslösen soll (→ Rn. 11 ff.).

4 **II. Gegenüber deutschen Stellen** bleibt es so grundsätzlich bei den allgemeinen, vor allem datenschutzrechtlichen Ansprüchen des deutschen Rechts, die allenfalls im Licht des Unions- und Völkerrechts auszulegen sind, soweit nicht gerade Spezialregelungen für besondere Konstellationen bestehen, die etwa durch ein Vertragsgesetz unmittelbare Geltung erhalten haben.

5 **1.** Durch die Erweiterung des **Anwendungsbereichs des deutschen Datenschutzrechtes,** nicht zuletzt unter unionsrechtlichem Einfluss, ist die frühere Ausgrenzung nichtautomatisierter Dateien und insbesondere sonstiger nicht strukturierter Sammlungen personenbezogener Daten, namentlich von Akten, entfallen.[1] Damit sind die früher komplementären Normen zu Informationen in Akten und sonstigen Unterlagen zu Sondernormen geworden, deren Verhältnis zu den allgemeinen Datenschutznormen entsprechend abschließend zu bestimmen ist.

6 Für den Bereich des **Strafverfahrens** ergibt sich daraus eine Kollision der **traditionellen Verfahrensregeln mit dem Datenschutzrecht,** der aber durch den **Vorrang** von ersteren gelöst wird – vgl. etwa insbesondere Art. 18 JI-RL –, sodass praktisch keine wesentliche Änderung eingetreten ist. So gehen die traditionellen Akteneinsichtsrechte weiterhin den besonderen datenschutzrechtlichen Einsichts- und Auskunftsrechten aus §§ 474 ff. StPO vor, die wiederum ihrerseits in ihrem Geltungsbereich die allgemeinen Datenschutzgesetze verdrängen.[2] Auch bei den Berichtigungs-, Lösch- und Sperransprüchen gilt dies entsprechend (→ Rn. 92 ff.). Insgesamt bleibt es hier bei der traditionellen Trennung zwischen besonderen Dateien im herkömmlichen Sinn (vor allem §§ 489 ff. StPO) und

---

[1] Vgl. noch die (geringfügigere) Einschränkung § 1 Abs. 1 S. 2 BDSG, allerdings nur für nichtöffentliche Stellen; zur alten Rechtslage § 1 Abs. 3 BDSG 1990, § 3 Abs. 2 BDSG 1990; Simitis/*Dix* BDSG § 1 Rn. 159 mwN.

[2] Vgl. etwa Meyer-Goßner/Schmitt/*Schmitt* StPO vor § 474 Rn. 1 f. mwN.

den konventionellen „Speichermethoden" der Akte mit dem Ineinandergreifen von Strafverfahrens-, Schriftgut- und Archivrecht.

2. Als letzte Stufe vor dem allgemeinen Verwaltungs- und Staatshaftungsrecht greifen **subsidiär,** je nach angesprochener Behörde, das Bundes- oder ein Landesdatenschutzgesetz ein, soweit nicht besondere Regelungen auch der Ansprüche von Betroffenen bestehen, etwa in den Polizeigesetzen oder Gesetzen der Sicherheitsbehörden, dem BKAG, dem ZFdG oder dem BPolG bzw. den Gesetzen der einzelnen deutschen Nachrichtendienste, wie dem BVerfSchG. Vorrangig sind ebenfalls die speziellen Regelungen für bestimmte Register und Dateisysteme in den jeweiligen Errichtungsgesetzen zu beachten, wie etwa das BZRG oder §§ 494 f. StPO für das staatsanwaltschaftliche Verfahrensregister.

3. Dazwischen schieben sich die Regelungen für die (dateigebundene) **Datenverarbeitung für Zwecke des Strafverfahrens** in den zentralen Regelungen in §§ 483 ff. StPO. Sie gelten für die Verarbeitung personenbezogener Daten in Dateien durch Gerichte, Strafverfolgungsbehörden einschließlich Vollstreckungsbehörden, Bewährungshelfer, Aufsichtsstellen bei der Führungsaufsicht und für die Gerichtshilfe für Zwecke des Strafverfahrens.

Eine wichtige Ausnahme gilt allerdings durch die Verweise auf das jeweilige polizeiliche Datenschutzrecht:
- Erfolgt die Speicherung in einer Datei der Polizei zusammen mit Daten, deren Speicherung sich nach den Polizeigesetzen richtet, so ist für die Verarbeitung und Nutzung personenbezogener Daten und die Rechte der Betroffenen das für die speichernde Stelle geltende Recht maßgeblich (§ 483 Abs. 3 StPO).
- Dies gilt gem. §§ 483 Abs. 3, 485 S. 4 StPO auch für die polizeiliche Vorgangsverwaltung.
- Auch die Verwendung personenbezogener Daten, die für Zwecke künftiger Strafverfahren in Dateien der Polizei gespeichert sind oder werden, richtet sich, ausgenommen die Verwendung für Zwecke eines Strafverfahrens, nach den Polizeigesetzen (§ 484 Abs. 4 StPO).

4. Damit sind die wichtigsten **Verbunddateien der Polizeibehörden** des Bundes und der Länder umfasst, die Anschluss zu den europäischen und internationalen Verbundsystemen haben bzw. daraus stammende Daten weiterverarbeiten und nutzen. So gelten für die meisten Verbunddateien, die vom BKA betrieben werden, namentlich INPOL mit allen seinen Ausprägungen, §§ 11 f. BKAG und damit für die Rechte der Betroffenen zB § 32 BKAG. Ansonsten gelten für Auskunft und Berichtigung gegenüber bundesweiten Verbunddateien auch §§ 19, 19a BDSG. Mittlerweile ist durch die Neufassung von § 3 Abs. 1a S. 2 BKAG auch klargestellt, dass der nationale Teil des **SIS II** als eine derartige Verbunddatei des BKA anzusehen ist.[3]

III. Das **Unionsrecht** macht indes in seinem Anwendungsbereich **zunehmend Vorgaben für die nationale Ausgestaltung der Betroffenenrechte.** Es sieht stets – wenn auch stark fragmentiert und teilweise dogmatisch uneinheitlich – möglichst effektive Ansprüche auf Auskunft, Berichtigung bzw. Löschung, gegebenenfalls ergänzende Mitteilungspflichten sowie eine Schadenshaftung vor.[4]

Probleme ergeben sich hier vor allem in der **funktionalen Kompetenzaufteilung** zwischen den verschiedenen gerichtlichen und sonstigen Kontrollinstanzen. Als Grundsätze können festgehalten werden, dass ein Auskunftsanspruch im Regelfall in jedem beteiligten Mitgliedstaat gegen die dort für den inhaltlichen Anschluss an die Verbunddatei zuständigen Behörden geltend gemacht werden kann. Für Berichtigung und Löschung gilt dies grundsätzlich ebenfalls. Allerdings liegen diese häufig nur in der Kompetenz der eingebenden Stelle. Auch haften im Regelfall alle teilnehmenden Mitgliedstaaten gegenüber dem Ge-

---
[3] Anders früher noch die hM, vgl. insbes. VG Wiesbaden BeckRS 2009, 31668.
[4] Vgl. hierzu und zum Folgenden *Heußner* Informationssysteme 367 ff. mwN.

schädigten und regeln lediglich unter sich den Regress nach dem Grundsatz der Verantwortlichkeit. Die Anrufung von EuGH und EuG ist dagegen nur in ausdrücklich vorbehaltenen Fällen, jedenfalls nicht unmittelbar gegen die europäischen Rechtsgrundlagen denkbar.[5]

13   Nach richtiger Ansicht kann das Gericht eines Mitgliedstaates im Rahmen der aus dem Unionsrecht abgeleiteten Prüfung auch die Rechtmäßigkeit der Erhebungs- und Speicherungsrechts- oder -realakte eines anderen Mitgliedstaates **inzident prüfen,** soweit dies für seine Entscheidung erforderlich ist.[6] Nicht entscheidungserheblich ist dies etwa, wenn eine Übermittlung lediglich Anlass, aber nicht ausschließlich der Grund für das weitere Vorgehen des abrufenden Staates war, das mit dem Rechtsbehelf angegriffen wird. Dies ist etwa anzunehmen, wenn ein Eintrag lediglich auf eine Gefahr hinweist, aufgrund derer die Vornahmebehörde auch hätte handeln müssen bzw. können, wenn sie den Hinweis aus einer anderen Quelle erhalten hätte. Darunter wiederum wird man typischerweise Fälle wie die Lebensmittelwarnungen ansehen müssen,[7] aber auch SIS II-Eintragungen bezüglich hilfloser Personen.

14   Im Gegensatz dazu stehen klar **SIS II-Ausschreibungen** zur Fahndung oder Einreiseverweigerung, die erst aus sich selbst heraus die Voraussetzungen für ein Einschreiten schaffen. Hier gilt auch einerseits ausdrücklich, dass unanfechtbare Entscheidungen der Gerichte eines Mitgliedstaates von allen Vertragsparteien zu vollziehen sind.[8] Andererseits ist auch durch den EuGH bereits entschieden, dass auch diese Ausschreibungen nie den ausführenden Mitgliedstaat von den ihm möglichen eigenen Prüfungen entheben, zB ob eine Einreiseverweigerung nicht mehr gültig ist, weil ein privilegiertes Einreiserecht erworben wurde, sodass das Unterlassen der Prüfung eigenständige nationale Rechte und Rechtsbehelfe auslösen kann.[9]

15   1. Durch den **RB 2008/977/JI** hat das Unionsrecht auch für diese Ansprüche **allgemeine Regelungen** geschaffen, auch wenn diese der Umsetzung in den Mitgliedstaaten bedürfen und angesichts wohl erfolgter Vollumsetzung durch die deutschen Rechtsnormen sich die Frage einer unmittelbaren Anwendung erübrigt.

16   Dabei greifen die allgemeinen Regelungen des RB 2008/977/JI allerdings nur ein, wenn die besonderen Regelungen für die Einrichtungen der Union, darunter Eurojust, Europol und OLAF, besondere Verbunddateien oder Kooperationsinstrumente keinen Vorrang beanspruchen (→ § 19 Rn. 10 ff.).

17   Auch die neue JI-RL belässt es bei diesen speziellen Regelungen, soweit sie zum 6.5.2016 bestanden (Art. 59, 60 JI-RL).

18   Danach muss dem Betroffenen, unbeschadet etwaiger vorgelagerter verwaltungsrechtlicher Beschwerdeverfahren das Recht eingeräumt werden, im Falle der Verletzung seiner Datenschutzansprüche, die ihm nach innerstaatlichen Rechtsvorschriften garantiert sind, bei Gericht einen **wirksamen Rechtsbehelf** einzulegen (Art. 20 RB 2008/977/JI).

19   Für die Geltendmachung kann, sofern nicht der Rechtsweg beschränkt oder ausgeschlossen ist, weil aufgrund der besonderen Schutzbedürftigkeit eine Kontrollinstanz statt dessen eingerichtet wurde, **ein nach nationalem Recht zuständiges Gericht** in dem Mitgliedstaat, in dem der Anspruch erhoben wird, angerufen werden.

20   2. Die Prinzipien greifen die dazu vorrangigen **besonderen Rechtsakte des Unionsrechtes** auf.

---

[5] *Heußner* Informationssysteme 389 ff. mwN.
[6] Vgl. *Heußner* Informationssysteme 386 ff. mwN; *Ehlers,* Die Europäisierung des Verwaltungsprozeßrechts, 1999, 11 ff.; *Hofmann,* Rechtsschutz und Haftung im Europäischen Verwaltungsverbund, 2004, 242; wesentliche Ausnahme bilden sog. transnationale Verwaltungsakte, deren Überprüfung aus ihrem Sinn und Zweck in anderen als dem erlassenden Mitgliedstaat trotz transnationaler Wirkung ausgeschlossen ist, vgl. *Neßler* VwZ 1995, 863 (865).
[7] Vgl. *Heußner* Informationssysteme 386 f.
[8] Vgl. *Heußner* Informationssysteme 403 mwN.
[9] EuGH ECLI:EU:C:2006:69 = BeckEuRS 2006, 421034, vgl. dazu etwa *Heußner* Informationssysteme 407 ff. mwN.

a) So ergänzen die Rechtsakte zum **SIS II**, dass jeder nicht nur das Recht hat, einen 21
Rechtsbehelf einzulegen wegen einer seine Person betreffenden Ausschreibung auf Auskunft, Berichtigung, Löschung, Information oder Schadensersatz bei dem nach dem Recht eines Mitgliedstaates zuständigen Gericht bzw. Behörde, also der Rechtsbehelf nicht in einem bestimmten Mitgliedstaat erhoben werden muss. Hier findet sich auch die leider nicht im Unionsrecht sonst verallgemeinerte Verpflichtung aller Mitgliedstaaten, eine derartige unanfechtbare Entscheidung der Gerichte oder Behörden in einem Staat zu vollziehen (Art. 59 SIS II-Beschluss; Art. 43. SIS II-VO). Damit wird der besonderen Bedeutung der Ausschreibungen Rechnung getragen.[10]

Auch deswegen werden weitere Verfahrensgewährleistungen ergänzt: So soll zB der 22
Betroffene so schnell wie möglich, spätestens jedoch drei Monate nach Stellung seines Antrags bzw. früher, wenn die nationalen Rechtsvorschriften dies vorsehen, in Kenntnis gesetzt werden, welche Maßnahmen zur Wahrung seines Rechts auf Berichtigung oder Löschung getroffen wurden.

b) Im Rahmen des Zollinformationssystems sind die Rechte der Betroffenen auf Auskunft, 23
Berichtigung und Löschung sowie Durchsetzung mittels Klage oder Beschwerde ebenfalls ausdrücklich verankert, jedoch wird weitergehend auf das europäische und nationale Recht verwiesen (Art. 36 Zollinformations-VO, Art. 22 f. Zollinformations-Beschluss).

c) Ähnlich sollen bei **Eurodac** die Information des Betroffenen und seine Rechte auf 24
Auskunft, Berichtigung, Löschung und Schadensersatz aus den allgemeinen Datenschutzregeln der EU folgen.[11] Dagegen unterliegt nach Art. 33 Eurodac-VO die Übermittlung und Weiterverarbeitung zur Gefahrenabwehr und Strafermittlungen dem nationalen Recht ausdrücklich nach dem RB 2008/977/JI.

d) Hinsichtlich der im **VIS** gespeicherten Daten wird betont, dass die Rechte nur jeweils 25
in einem Mitgliedstaat, also nicht mehrfach, geltend gemacht werden sollen. Dazu sollen die Mitgliedstaaten über beantragte Auskünfte Aufzeichnungen führen (Art. 38 Abs. 1 S. 2, 3 VIS-VO). Bei Anträgen auf Berichtigung, Löschung und Sperrung greift nach Art. 38 Abs. 2, 3 VIS-VO der übliche Mechanismus der Benachrichtigung an den dafür verantwortlichen Staat durch einen anderen in Anspruch genommenen. Letzteres gilt auch im Hinblick auf die bereits durch Sicherheitsbehörden abgerufenen Daten, wobei nach Art. 14 VISZ-Beschluss für darauf bezogene Auskünfte ebenfalls Sondervorschriften bestehen (→ Rn. 79).

e) Soweit seinen Auskunfts- oder Berichtigungsbegehren an **Europol** nicht stattgegeben 26
wurde, kann der Betroffene Beschwerde dagegen beim Europäischen Datenschutzbeauftragten einlegen, gegen dessen Entscheidung der EuGH angerufen werden kann (Art. 36 Abs. 7 Europol-VO, Art. 37, 43, 47, 48 Europol-VO). Die besondere „gemeinsame Kontrollinstanz" ist seit 2017 entfallen.

f) Werden Ansprüche im Rahmen von **Eurojust** auf Auskunft, Berichtigung und Lö- 27
schung in Deutschland geltend gemacht, sind sie beim BMJ einzureichen, das sie an Eurojust weiterleitet (§ 8 Abs. 1 EJG).[12] Die Reichweite und Geltendmachung des unentgeltlichen Auskunfsrechtes und der Löschungs- und Berichtigungsansprüche bestimmt sich ergänzend nach dem BDSG.[13] Gegen die Entscheidungen kann die Kontrollinstanz angerufen werden, die dann bindend entscheidet (Art. 19 Abs. 7, Art. 20 Abs. 2, Art. 23 Abs. 8 EurojustB).[14]

---

[10] Zudem gilt hier wie allg. vorrangig zwar das nationale Recht, sollen sich aber aus SDÜ bzw. SIS II-Rechtsakt und DatSchÜ die dortigen Rechte anonsten unmittelbar ergeben, vgl. jedenfalls *Schefer/Stämpfli* in Breitenmoser/Gless/Lagodny, Schengen in der Praxis, 2009, 135 (147 ff. mwN), auch insbes. zu Problemen der Normenzersplitterung gerade beim SIS und daraus folgenden erheblichen Anwendungsproblemen, die aber jedenfalls von deutschen Verwaltungsgerichten nicht derart dogmatisch betrachtet zu werden scheinen.
[11] Im Hinblick auf die allgemeine Verarbeitung folgen nach den Sonderregeln des Art. 29 Eurodac-VO.
[12] Vgl. *Esser/Herbold* NJW 2004, 2421 (2423 mwN).
[13] § 8 Abs. 2 EJG, die Bezüge auf das BDSG 1990 dürften noch an das BDSG 2017 anzupassen sein; umfasst sind wohl, entgegen *Esser/Herbold* NJW 2004, 2421 (2423), nicht nur für Daten von deutschen Stellen.
[14] Vgl. *Esser/Herbold* NJW 2004, 2421 (2423).

6. Kapitel

28 g) Bei den Ansprüchen wegen Datenübermittlungen nach **Prümer Ratsbeschluss** und PrümV bestimmt das deutsche Umsetzungsgesetz ausdrücklich in § 8 Abs. 2 PrümVAG, dass die Bundesrepublik Deutschland durch das BKA vertreten wird.

29 IV. Dagegen enthalten die **völkerrechtlichen Rechtshilfeinstrumente** traditionell praktisch keine Vorgaben zum Rechtsschutz und zu einzelnen Rechten der Betroffenen.

30 1. Neuere Entwicklungen zeigen sich insbesondere unter dem Gedanken der Fortwirkung des deutschen und europäischen Datenschutzrechts in Gestalt von besonderen Erfordernissen auch für Übermittlungen in Drittstaaten. Aufgrund der Symmetrie finden sich damit ebenfalls regelmäßig Regelungen für Rechte bei der Übermittlung von personenbezogenen Daten und anderen besonders schützenswerten Informationen. Zu diesen neueren Verträgen gehören außerhalb des erweiterten Bereichs der Schengenstaaten und anderer ähnlicher bilateraler Vertragskonstellationen vor allem die Verträge über die Rechtshilfe in **Steuer- und -strafsachen**.

31 2. In datenschutzrechtlich und rechtsstaatlich unvertretbarer Weise schloß demgegenüber das **Abkommen mit den USA** für den Bereich der Terrorverdachts-, daktyloskopischen und DNA-Übermittlungen alle Auskünfte der möglicherweise Betroffenen aus, sofern nicht aus anderen Gründen Ansprüche hergeleitet werden könnten (Art. 11 Abs. 3 ZusBekämKrimÜ DE/US). An ihre Stelle trat ein gestuftes Verfahren, in dem das deutsche BKA trotz seiner Stellung als Strafverfolgungs- und Polizeibehörde auf Antrag des Betroffenen dessen Rechte gegenüber der sicherheitsbehördlichen Verarbeitung in den USA geltend machen soll.[15] Dagegen ist die Rechtewahrnehmung hinsichtlich der Zahlungsverkehrsdaten über die Datenschutzbeauftragten eher an den sonstigen europäischen Mindeststandards ausgestaltet (Art. 15 f. ZahlVAbk EU/US).

32 Am 2.12.2016 schloss die EU mit den USA nach Verhandlungsbeginn 2011 ein **Abkommen über den Schutz personenbezogener Daten** bei der Verhütung, Untersuchung, Aufdeckung und Verfolgung von Straftaten (DatSchAbk USA/EU).[16] Dieses ist explizit auf den Rechtsschutz der Betroffenen und die Datenschutzaufsicht gerichtet und soll einen Mindeststandard entsprechend dem europäischen Datenschutz gewährleisten.[17] Seine Umsetzung in den USA findet es im **Judicial Redress Act of 2015**.[18] Danach sollen EU-Bürger, nicht hingegen Drittstaater oder juristische Personen, fortan gegen Datenschutzverletzungen den US-Gerichtsweg beschreiten können, bzw. nach formeller Anerkennung der EU oder Mitgliedstaaten als entsprechend privilegierte Partnerstaaten, den amerikanischen Staatsbürgern bei der zivilrechtlichen Ausübung von Ansprüchen gegen verdeckte Datenspeicherung gleichgestellt werden. Allerdings müssen Unionsbürger, sofern diese Gültigkeit allgemein erklärt wird, zunächst versuchen, ihre Datenschutzrechte auf dem Verwaltungsweg durchzusetzen. Erst wenn sie damit endgültig gescheitert sind, dürfen sie ein Gericht anrufen, wobei stets die US-Distriktgerichte zuständig sind (vgl. Art. 18 f. DatSchAbk USA/EU, vor allem Art. 19 Abs. 1 DatSchAbk USA/EU). Eine Untätigkeitsklage oder Fristen scheinen weder im US-Gesetz noch im Übereinkommen vorgesehen, sodass eine Verzögerung und Untätigkeit *ad infinitum* durch amerikanische Behörden wohl nicht angegriffen werden kann. Die Ansprüche selbst werden wiederum durch zahlreiche Ausnahmen beschränkt, darunter die Interessen der inneren Sicherheit der USA oder Berichte an die Bundesregierung über Straftaten oder zu deren Vorbeugung. Zudem sind in der EU lebende Drittstaatenangehörige nicht geschützt, sodass auch vom juristischen Dienst des Europäischen Parlaments hinterfragt wird, ob ein angemessener Schutz für den transnationalen Datenaustausch bestehen wird.[19] Gleichwohl finden sich die genannten Einschränkungen nunmehr auch im DatSchAbk USA/EU

---

[15] Vgl. insbes. § 5 KrimBekAbkUSAAG.
[16] ABl. 2016 L 336, 1; vgl. Beschluss 2016/2220 des Rats dazu.
[17] Vgl. Motive der Kommission zum Entwurf des Ratsbeschlusses und Abkommens v. 29.4.2016, COM (2016) 237 final, S. 2 f.
[18] U. S. Public Law 114–126 – Feb. 24, 2016.
[19] Vgl. Europäisches Parlament, SJ-0784/15, D(2015)57806 v. 14.1.2016.

§ 27 Rechte hinsichtlich der Datenspeicherung und Informationsverarbeitung 6. Kapitel

übernommen (→ Rn. 48, 88 f.). Ebenso ist nur die unmittelbare Übermittlung in Strafverfahren umfasst, nicht eine solche über sonstige polizeiliche oder vor allem nachrichtendienstliche Kanäle, die indirekt in Strafverfahren genutzt werden. Insgesamt mag man dies als ersten Schritt betrachten, der indes eher symbolische als irgeneine erwartbare effektive Wirkung hat.[20]

B. Informations- und Mitteilungspflichten

Während tendenziell die Datenerhebungen und zur Beweisgewinnung vor allem in frühen 33 Stadien zum Schutz der Ermittlungen vertraulich sein sollen, was vor allem die klassischen Rechtshilfeverträge hervorheben, laufen die datenschutzrechtlichen Transparenzgebote dem zuwider, sodass in den unterschiedlichen Situationen ein Ausgleich gefunden werden muss. Vor allem innerhalb des Unionsrechts und bei besonders sensiblen Datenerhebungen finden sich Vorschriften, die grundsätzlich die beteiligten Behörden zur Information der Betroffenen verpflichten, aber mehr oder weniger weite Ausnahmen im Rahmen einer Interessenabwägung zulassen. Die Informations- und Mitteilungspflichten knüpfen – durchaus im groben ähnlich wie im deutschen Verfahrensrecht – vor allem an zwei Situationen an: Einerseits der offenen Datenerhebung beim Betroffenen, andererseits der unverzüglichen nachträglichen Information über besonders grundrechts- bzw. datenschutzintensive nicht offene Eingriffe und Überwachungsmaßnahmen. Gerade im erstgenannten Fall kann die vorherige Information auch Teil eines grundrechtlich zu gewährenden rechtlichen Gehörs sein, wenn eine Interessenabwägung eine verdeckte Datenerhebung nicht rechtfertigt.[21]

I. Vor allem in diesem Bereich enthält die neue **RL (EU) 2016/680 zum Datenschutz** 34 **in Strafsachen (JI-RL)** wesentliche Weiterentwicklungen und schreibt nicht nur die Situationen, in denen eine Mitteilung erfolgen muss, sondern den genauen Umfang an Informationen einschließlich von Hinweisen zu den eröffneten Rechtsbehelfen fest (vgl. Art. 12 f. JI-RL). Exemplarisch werden hier Vorgaben für die Interessenabwägung getroffen (Art. 13 Abs. 3 JI-RL): Danach können die Mitgliedstaaten durch Gesetze bestimmen, dass die Unterrichtung der betroffenen Person soweit und so lange aufgeschoben, eingeschränkt oder unterlassen werden kann, wie diese Maßnahme in einer demokratischen Gesellschaft erforderlich und verhältnismäßig ist, sofern gleichzeitig den Grundrechten und den berechtigten Interessen der betroffenen natürlichen Person Rechnung getragen wird und zusätzlich einer der folgenden Gründe dies rechtfertigt:

- zu gewährleisten, dass behördliche oder gerichtliche Untersuchungen, Ermittlungen oder Verfahren nicht behindert werden;
- •zu gewährleisten, dass die Verhütung, Aufdeckung, Ermittlung oder Verfolgung von Straftaten oder die Strafvollstreckung nicht beeinträchtigt werden;
- der Schutz der öffentlichen Sicherheit;
- der Schutz der nationalen Sicherheit;
- der Schutz der Rechte und Freiheiten anderer.

Sämtliche dieser Varianten bieten den staatlichen Stellen **weite Begründungsräume,** 35 die für den Betroffenen kaum transparent sind.

Insoweit gilt vor allem der Notwendigkeit einer Gesetzgebung mit den erforderlichen 36 parlamentarischen Diskussionen gewisse Beachtung. § 56 Abs. 2 BDSG hat dem insoweit Rechnung getragen. Die Vorschrift geht zum Schutz der betroffenen Person über das durch die RL (EU) 2016/680 zum Datenschutz in Strafsachen Gebotene hinaus, indem tatbestandlich jeweils eine Gefährdung – gegenüber einer in der Richtlinie angesprochenen

---

[20] Insoweit nicht nachvollziehbar die geradezu euphorische Würdigung durch die Kommission in COM (2016) 237 final, S. 3.
[21] Vgl. für ein solches rechtliches Gehör vor Aufnahme in eine Terrorliste HdB-EuStrafR/*Esser* § 58 Rn. 37 mwN.

Beeinträchtigung – der genannten Rechtsgüter oder Zwecke vorausgesetzt wird und der Schutz der nationalen Sicherheit nicht explizit genannt ist.[22] Allerdings ist gem. § 56 Abs. 3 BDSG die vorherige Zustimmung des deutschen Nachrichtendienstes einzuholen, wenn sich die Benachrichtung auf Übermittlungen von Daten an diese bezieht. Der Mechanismus, mit einer „Nicht-Benachrichtigung" auf den Datenschutzbeauftragten zu verweisen (vgl. § 56 Abs. 4 BDSG) erscheint nicht besonders praktikabel.[23]

37 Im Verweis von § 56 Abs. 3 BDSG auf das weitere Zustimmungserfordernis anderer Behörden des Bundesministeriums der Verteidigung, wenn die **Sicherheit des Bundes** berührt wird, ist klar, dass mit Sicherheit in diesem Sinn allenfalls die enge Bedeutung der äußeren und inneren Sicherheit iSv § 92 Abs. 3 Nr. 2 StGB zu verstehen ist. Im Sinne der JI-RL sind indes die **öffentliche Sicherheit** und die **nationale Sicherheit** im bereits oben genannten Sinn rein unionsrechtlich zu deuten (→ § 19 Rn. 29, 35 ff.).

38 Nach den vorangehenden, **generellen Regelungen des RB 2008/977/JI** sollten die Mitgliedstaaten grundsätzlich sicherstellen, dass Betroffene im Einklang über die Erhebung oder Verarbeitung personenbezogener Daten durch ihre zuständigen Behörden informiert werden (Art. 16 RB 2008/977/JI). Dies gilt allerdings nur im Einklang mit dem innerstaatlichen Recht und soweit nicht der Mitgliedstaat, der die Daten übermittelt hat, nach Maßgabe seines innerstaatlichen Rechts darum ersucht hat, von der Information abzusehen. Liegt ein solches Ersuchen vor, darf die Mitteilung an den Betroffenen nicht ohne vorherige Zustimmung des übermittelnden Staates erfolgen. Eine Erweiterung der nationalen Informationspflichten ist somit nicht beabsichtigt, sondern vor allem eine zusätzliche Einschränkung durch das Zustimmungserfordernis.[24]

39 II. Demgegenüber **vorrangig** sind entsprechende Normen des **Unionsrechts für besondere Arten von Datensammlungen,** bei denen eine Belehrung über die Speicherung und Verarbeitung insbesondere dann gut erfolgen kann, wenn die Erhebung offen gegenüber den Betroffenen erfolgt:

40 1. So sieht etwa das **SIS II-Recht** lediglich die Information von Drittstaatsangehörigen, die Gegenstand einer Ausschreibung zur Einreiseverweigerung sind, vor; diese sind schriftlich zusammen mit einer Abschrift der oder unter Angabe der der Ausschreibung zugrundeliegenden innerstaatlichen Entscheidung grundsätzlich zu informieren.[25] Demgegenüber wäre eine Mitteilung einer Ausschreibung zur Fahndung, Beobachtung und Aufenthaltsermittlung offenkundig widersinnig.

41 2. Ähnlich sind die Betroffenen und ihre Einlader bei Visumsbeantragung über ihre Speicherung und Verarbeitung im **VIS** sowie ihre Rechte schriftlich allgemein zu informieren (Art. 37 VIS-VO). Ebenso sieht die **Eurodac-VO** bei der Datenerhebung umfangreiche Benachrichtigungspflichten an die Betroffenen spätestens zum Zeitpunkt der Übermittlung der sie betreffenden Daten an das Zentralsystem vor (Art. 29 Eurodac-VO). Diese Informationspflicht besteht nicht, wenn die Erteilung dieser Informationen sich als unmöglich erweist oder einen unverhältnismäßigen Aufwand erfordern würde. Benachrichtigungen über die weitere Verarbeitung erfolgen hingegen nicht.

42 3. Hingegen besteht weiterhin keine aktive Benachrichtigungspflicht bei **Europol,** wie im Übrigen auch bei **Interpol,** bei keiner Datenerhebung oder -verarbeitung. Ebenso ist beispielsweise eine Benachrichtigungspflicht für bei **Eurojust** gespeicherte oder übermittelte Daten bislang nicht vorgesehen.[26]

---

[22] Vgl. hierzu BT-Drs. 18/11325, 112 f.; BeckOK DatenschutzR/*Schild,* 28. Ed. 1.2.2018, BDSG § 56 Rn. 6 ff.

[23] Vgl. näher die Vorstellung bei BeckOK DatenschutzR/*Schild,* 28. Ed. 1.2.2018, BDSG § 56 Rn. 8 ff.

[24] Vgl. Beschlussvorschlag der Innenministerkonferenz vom 9.12.2011, TOP 10, http://www.innenministerkonferenz.de/IMK/DE/termine/to-beschluesse/11-12-09/Anlage 10.pdf, S. 34 f. (zuletzt abgerufen am 21.5.2019).

[25] Vgl. iVm Art. 10, 11 Datenschutz-RL 1995.

[26] Insoweit auch die durchaus berechtigte Kritik von *Esser/Herbold* NJW 2004, 2421 (2423).

4. Ausführlich beschrieben werden hingegen die Mitteilungspflichten nach Art. 58 **43** EUStA-VO im Rahmen der neu eingerichteten Europäischen Staatsanwaltschaft.

III. Außerhalb des Unionsrechts gibt es wenige vertragliche Verpflichtungen zur **44** Information der Betroffenen, die sich vor allem an besonders datenschutzintensive Maßnahmen knüpfen und unter dem Vorbehalt überwiegender Ermittlungsinteressen stehen.

1. So sind bei **Telekommunikationsüberwachungen nach den Abkommen mit** **45** **Polen** (Art. 16 Abs. 6, 7 ErgV-RHÜ 1959 DE/PL) **und Tschechien** (Art. 17 Abs. 4 S. 4, Abs. 5 PolZV DE/CZ) die Betroffenen wie in inländischen Verfahren über die Maßnahme zu benachrichtigen, wobei der ersuchende den ersuchten Staat darüber unterrichtet, wann die Benachrichtigung ohne Gefährdung des Untersuchungszweckes und wichtiger Interessen erfolgen kann.

2. Unter den Rechtshilfeinstrumenten zur **Fluggastdatenerhebung** sieht bislang ledig- **46** lich Australien eine Informationspflicht der Passagiere über die Speicherung und Weiterverarbeitung vor, die zudem auf die Fluggesellschaften übertragen wird, während die australische Behörde weitere Informationen auf einer Webseite zur Verfügung stellen muss (Art. 11 PNRAbk EU/AUS-Übk).

3. Nach den **besonderen Abkommen zum Informationsaustausch in Steuer-** **47** **und Steuerstrafsachen** hat die empfangende Stelle den Betroffenen über die Datenerhebung bei der übermittelnden Stelle zu unterrichten. Die Information kann unterbleiben, soweit und solange eine Abwägung ergibt, dass das öffentliche Interesse daran gegenüber dem Informationsinteresse des Betroffenen überwiegt.[27] Zudem unterrichtet die empfangende die übermittelnde Stelle auf Ersuchen im Einzelfall zum Zweck der Unterrichtung des Betroffenen über die Verwendung der Daten und die dadurch erzielten Ergebnisse.[28]

4. Im Verhältnis mit den **USA** wird die grundsätzliche Informationspflicht der Betroffe- **48** nen, die nach dem DatSchAbk USA/EU ohnehin nur bei Datensicherheitsvorfällen und nicht etwa bei der Datenerhebung oder -übermittlung besteht, sowie die bei der Erhebung in den dortigen speziellen Fällen nach dem **Kriminalitätsabkommen** praktisch zunichte gemacht durch umfassende Ausnahmetatbestände: Danach bleiben zunächst die jeweiligen nationalen Informationspflichten der Betroffenen unberührt (Art. 17 Abs. 1 ZusBekämKrimÜ DE/US). Allerdings dürfen die Informationen nicht nur nach den jeweiligen Rechtsvorschriften der Vertragsparteien verweigert werden, sondern insbesondere in den Fällen, in denen die Zwecke der Verarbeitung, Ermittlungen oder strafrechtliche Verfolgungsmaßnahmen der zuständigen Behörden in einem der beiden Staaten oder die Rechte und Freiheiten Dritter durch die Bereitstellung dieser Informationen *gefährdet* würden (Art. 17 Abs. 2 ZusBekämKrimÜ DE/US, Art. 10 Abs. 3 DatSchAbk USA/ EU).

C. Anspruch auf Auskunft über gespeicherte Informationen und Akteneinsicht

I. Grundlagen

Auch bei den Ansprüchen auf Auskunft über gespeicherte Informationen und Akten- **49** einsicht ist zunächst auf das jeweilige nationale Recht der beteiligten Staaten abzustellen (→ Rn. 1 ff.):

1. Dabei haben zunächst die **allgemeinen Akteneinsichts- und Auskunftsansprü-** **50** **che** der Verfahrensbeteiligten, Drittbetroffenen und sonstigen Personen über das Bezugsverfahren vor allem nach §§ 147, 385 Abs. 3 StPO, §§ 406e, 474 ff. StPO volle Gültigkeit. Sie dürften auch gem. § 77 IRG in vollem Umfang entsprechend auf gesonderte Akten

---

[27] Vgl. zB **für die Bahamas:** Nr. 2 lit. e Protokoll zum InfoAust BS 2010.
[28] Vgl. zB **für die Bahamas:** Nr. 2 lit. d Protokoll zum InfoAust BS 2010.

und Daten des Rechtshilfeverfahrens bei den beteiligten deutschen Stellen anzuwenden sein.[29]

51 2. Ergänzend treten dazu die Ansprüche der Betroffenen gegen deutsche Stellen auf **Auskunft,** die aus den besonderen rechtshilferechtlichen Instrumenten erwachsen. Aufgrund der unions- oder völkervertraglichen Umsetzungspflicht dürften diese regelmäßig nicht durch die eben genannten Vorschriften eingegrenzt sein, sondern im Zweifel eigenständig neben diesen stehen, jedenfalls wo eine entsprechend gebotene offene Auslegung nicht hinreichend scheint.

52 3. Zusätzlich wirken die Auskunftsansprüche der Rechtshilfeinstrumente über die jeweilige **Rechtsordnung des mitbeteiligten Staates.** Da die Rechtshilfeinstrumente in aller Regel keine unmittelbaren Rechte für Betroffene begründen, richtet sich die Grundlage und unmittelbare Ausgestaltung der Ansprüche nach dem jeweiligen autonomen Recht. Hiervon gibt es zwei wesentliche Ausnahmen: Gegenüber „abgeleiteten Völkerrechtssubjekten", also insbesondere internationalen Organisationen wie etwa Interpol, gelten die Anspruchsgrundlagen aus dem Primär- und Sekundärrecht unmittelbar. Weiterhin kann sich aus der nicht (rechtzeitig) erfolgten Umsetzung des Unionsrechts ein unmittelbarer Anspruch nach dessen allgemeinen Grundsätzen ergeben.

II. Europäische Union

53 Erneut sind vor allem **innerhalb des engeren europäischen Rechtsrahmens** Ansprüche des Betroffenen auf Auskunft im supra- und internationalen Recht geregelt. Solche Ansprüche ergeben sich im europäischen Rahmen traditioneller Weise aus dem SDÜ und den diese fortführende Regelungen, namentlich auch in den mehr oder weniger darauf aufbauenden bilateralen Polizeiverträgen.[30] Zudem knüpft das Recht auf effektive Verteidigung nach der EMRK und der GRCh an eine effektive Akteneinsicht ebenso an (→ § 9 Rn. 133 f.),[31] wie an die prozeduralen Rechte zum Datenschutz.[32] Auch hier gehen (noch) die besonderen bereichsspezifischen Regelungen des Unionsrechts den allgemeinen Normen, vor allem noch aktuell der JI-RL, wie zuvor des RB 2008/977/JI, vor.

54 1. Vor allem die **RL (EU) 2016/680 zum Datenschutz in Strafsachen** will – unbeschadet des möglichen Vorrangs des Strafverfahrensrechts in Art. 18 JI-RL – die Auskunftsansprüche in Art. 14 f. JI-RL im Rahmen des Unionsrechts für den Bereich der Kriminalitätsbekämpfung mittelfristig **vereinheitlichen.** Die Regelungen sind weitestgehend in § 57 BDSG übernommen worden. Schon nach dem zuvor geltenden **RB 2008/977/JI** hatte jede betroffene Person das Recht, auf in angemessenen Abständen gestellten Antrag frei und ungehindert und ohne unzumutbare Verzögerung oder übermäßig hohe Kosten Auskunft von der verantwortlichen Stelle oder nationalen Kontrollstelle darüber zu erhalten, ob und welche sie betreffenden Daten an welche Empfänger übermittelt wurden (Art. 17 Abs. 1 lit. a RB 2008/977/JI). Zu beachten ist, dass sich der RB 2008/977/JI nach dem alten Datenbegriff nicht auf Akten bezog sowie hinsichtlich des Anwendungsbereichs für nationale Sicherheitsbehörden weiter eingeschränkt war (→ § 19 Rn. 42 ff.).

55 a) Nach der **RL (EU) 2016/680 zum Datenschutz in Strafsachen** wird in ihrem – prinzipiell gesamten, jedoch durch die Sonderregeln weiter erheblich eingeschränkten – weiten datenschutzrechtlichen **Anwendungsbereich** der jeweils nach Art. 3 Nr. 8 JI-RL, Art. 19 ff. JI-RL Verantwortliche gegenüber dem mutmaßlichen Betroffenen, mithin einer natürlichen Person, zur Auskunft verpflichtet.

---

[29] Aus § 77 IRG begründet, vgl. ausf. und überzeugend Schomburg/Lagodny/Gleß/Hackner/*Lagodny/Hackner/Trautmann* IRG § 77 Rn. 7 ff. mwN; NK-RechtshilfeR/*Ambos/Poschadel* I Rn. 48 mwN.
[30] Den Ausgangspunkt stellt Art. 126 Abs. 3 lit. c, d SDÜ dar; **für Polen:** Art. 20 Nr. 2, 3, 7 ErgV-RHÜ 1959 DE/PL; **Tschechien:** Art. 26 Nr. 2, 3, 6 PolZV DE/CZ; **die Schweiz:** Art. 27 Nr. 3, 7 PolZV DE/CH.
[31] Hier nur HdB-EuStrafR/*Esser* § 53 Rn. 44, 48, § 58 Rn. 13 mwN.
[32] Vgl. Karpenstein/Mayer/*Pätzold* EMRK Art. 8 Rn. 24 mwN.

b) Nach Art. 14 JI-RL hat der Betroffene zunächst einen Anspruch, von dem Verant- 56
wortlichen eine **Bestätigung** darüber zu bekommen, ob ihn betreffende personenbezogene Daten verarbeitet werden. Ist das der Fall, so hat er das Recht, **folgende Informationen** zu erhalten:
- die Zwecke der Verarbeitung und deren Rechtsgrundlage;
- die Kategorien personenbezogener Daten, die verarbeitet werden;
- die Empfänger oder Kategorien von Empfängern, gegenüber denen die personenbezogenen Daten offengelegt worden sind, insbesondere bei Empfängern in Drittländern oder bei internationalen Organisationen;
- falls möglich die geplante Dauer, für die die personenbezogenen Daten gespeichert werden oder, falls dies nicht möglich ist, die Kriterien für die Festlegung dieser Dauer;
- das Bestehen eines Rechts auf Berichtigung oder Löschung personenbezogener Daten oder Einschränkung der Verarbeitung personenbezogener Daten der betroffenen Person durch den Verantwortlichen;
- das Bestehen eines Beschwerderechts bei der Aufsichtsbehörde sowie deren Kontaktdaten;
- Mitteilung zu den personenbezogenen Daten, die Gegenstand der Verarbeitung sind, sowie alle verfügbaren Informationen über die Herkunft der Daten.

c) Dieses Auskunftsrecht kann (wie zuvor ähnlich nach dem RB 2008/977/JI)[33] bis auf 57
den Kern, von einer unabhängigen Kontrollinstanz bestätigt erhalten, dass alle erforderlichen Überprüfungen durchgeführt wurden, gem. Art. 15 JI-RL durch Gesetzgebung der Mitgliedstaaten **eingeschränkt** werden.

Die Beschränkung muss allerdings unter Berücksichtigung der schutzwürdigen Interessen 58
der betroffenen Person notwendig und verhältnismäßig sein, um
- behördliche oder gerichtliche Ermittlungen, Untersuchungen oder Verfahren, nicht zu behindern;
- die Verhütung, Aufdeckung, Ermittlung oder Verfolgung von Straftaten oder die Strafvollstreckung nicht zu beeinträchtigen;
- die öffentliche bzw. nationale Sicherheit
- oder die betroffene Person oder die Rechte und Freiheiten anderer zu schützen.

aa) In diesen Fällen ist eine **Verweigerung** oder Einschränkung der Auskunft einschließ- 59
lich der tatsächlichen oder rechtlichen **Gründe,** auf die die Entscheidung gestützt wird, schriftlich **mitzuteilen,** soweit dem nicht ebenfalls einer der genannten Gründe entgegensteht. In allen diesen Fällen ist die betroffene Person darauf hinzuweisen, dass sie bei der zuständigen nationalen Kontrollstelle, bei einer Justizbehörde oder vor Gericht Beschwerde einlegen kann, vgl. Art. 15 Abs. 3 JI-RL; zuvor Art. 17 Abs. 3 RB 2008/977/JI. Hier geht § 57 Abs. 6 S. 2, 3 BDSG mit seinen Einschränkungen das Auskunftsverlangen **gänzlich unbeantwortet** zu lassen („neither confirm nor deny") wohl über den Wortlaut der Richtlinie zum Nachteil der Betroffenen hinaus, sodass sich hier die Frage der ordnungsgemäßen Umsetzung stellt, sieht doch Art. 15 Abs. 3 S. 3 JI-RL jedenfalls die konkrete Mitteilung über den möglichen Rechtsbehelf und die Aufsichtsbehörde vor. Eine derartige Information, die gerade nichts über gespeicherte Daten aussagen muss, stellt wohl den Inbegriff des von der RL (EU) 2016/680 zum Datenschutz in Strafsachen propagierten Grundsatzes der Verarbeitung von Daten nach Treu und Glauben dar.[34]

Spätestens im gerichtlichen Verfahren ist die Auskunftsverweigerung ebenso zu begrün- 60
den, wie eine eventuelle Sperrerklärung nach § 99 VwGO, denn ohne sie wäre eine gerichtliche Kontrolle nicht möglich.[35]

bb) Die einzelnen Varianten bieten nach dem ersten Anschein einen großen Spielraum 61
für die jeweiligen verantwortlichen Stellen, müssen aber umso mehr voll durch die Daten-

---
[33] Vgl. zuvor Art. 17 Abs. 1 lit. b, Abs. 2 RB 2008/977/JI.
[34] Vgl. Erwägungsgrund 26 JI-RL.
[35] Vgl. BeckOK DatenschutzR/*Schild,* 28. Ed. 1.2.2018, BDSG § 57 Rn. 27.

schutzaufsicht und im Falle **gerichtlicher Kontrolle** zur Realisierung der dahinterstehenden Grundrechte auf effektiven Datenschutz **voll überprüfbar** sein.[36] Aufgrund ihres Ausnahmecharakters sind sie zudem eng auszulegen.

62 Die Varianten der **öffentlichen Sicherheit** sowie der **nationalen Sicherheit** sind als Rechtsbegriffe des Unionsrechts auszulegen (→ § 19 Rn. 29, 35 ff. zur Anwendung der RL (EU) 2016/680 zum Datenschutz in Strafsachen).

63 Unter dem Schutz der **Rechte und Freiheiten anderer** ist insbesondere der Schutz vertraulicher Quellen vor dem Hintergrund besonderer Gefahren für Leib und Leben bei deren Aufdeckung zu betrachten. Allenfalls untergeordnete Bedeutung dürften andere Rechtspositionen wie etwa Urheberrechte oder Betriebsgeheimnisse haben.

64 Die Pflicht zur Angabe der verfügbaren Informationen zur Datenquelle bedeutet nicht zwingend, dass die Identität natürlicher Personen oder gar vertrauliche Informationen preisgegeben werden müssen. Der Verantwortliche muss sich bei der Angabe zu den personenbezogenen Daten, die Gegenstand der Verarbeitung sind, letztlich von dem gesetzgeberischen Ziel leiten lassen, bei der betroffenen Person ein Bewusstsein über Umfang und Art der verarbeiteten Daten zu erzeugen und es ihr zu ermöglichen, aufgrund dieser Informationen zu ermessen, ob die Verarbeitung rechtmäßig ist und – wenn Zweifel hieran bestehen – gegebenenfalls die Geltendmachung weiterer Betroffenenrechte auf diese Informationen stützen zu können.[37]

65 Da nur Rechtspositionen „anderer" abzuwägen sind, ist fraglich, ob es weiterhin möglich ist, von einer Benachrichtigung im wohlverstandenen Interesse der betroffenen Person abzusehen, wenn sie als **Drittbetroffener nur geringfügig** von einer Ermittlungsmaßnahme betroffen ist, wie nach **§ 101 Abs. 4 S. 4 StPO**.[38] Allerdings sieht die **RL (EU) 2016/680 zum Datenschutz in Strafsachen** gewisse besondere Berücksichtigungen justizieller Strafverfahren vor,[39] diese dürften eine solche Einschränkung, zumal gestützt auf Art. 18 JI-RL, durchaus tragen.

66 cc) Zudem hat der Verantwortliche im Einzelfall zu prüfen, ob die Auskunft etwa nur teilweise eingeschränkt oder zu einem späteren Zeitpunkt erteilt werden kann.[40]

67 2. Das Auskunftsrecht über die nach den **SIS II-Rechtsakten** gespeicherten Daten richtet sich ausdrücklich nach dem Recht des Mitgliedstaats, in dessen Hoheitsgebiet das Auskunftsrecht beansprucht wird (Art. 58 Abs. 1–4, 6 SIS II-Beschluss, Art. 41 Abs. 1–4, 6 SIS II-VO). Die Auskunftserteilung an den Betroffenen unterbleibt, wenn dies zur Durchführung einer rechtmäßigen Aufgabe im Zusammenhang mit einer Ausschreibung oder zum Schutz der Rechte und Freiheiten Dritter unerlässlich ist. Ein Mitgliedstaat, der die Ausschreibung nicht vorgenommen hat, darf Auskunft zu den darauf bezogenen Daten nur erteilen, wenn er vorher dem ausschreibenden Mitgliedstaat Gelegenheit zur Stellungnahme gegeben hat. Dies erfolgt im Wege des Austauschs von Zusatzinformationen. Der Betroffene wird so schnell wie möglich informiert, spätestens jedoch 60 Tage nach Stellung seines Antrags auf Auskunft oder früher, wenn die nationalen Rechtsvorschriften dies vorsehen. Wie bei der Berichtigung und Löschung und wie bei vergleichbaren Auskünften ohne SIS-Bezug, ist **in Deutschland** umstritten, ob im Rahmen des eröffneten Verwaltungsrechtswegs ein Verwaltungsakt vorliegt oder nicht (→ Rn. 104). Hat der Kläger gleichzeitig mit der Auskunft die vollständige Löschung begehrt, die dann dementsprechend ausgeführt wird, ist das Auskunftsbegehren aus tatsächlichen Gründen erledigt bzw. geht ins Leere.[41]

---

[36] Vgl. VG Wiesbaden BeckRS 2016, 43310; BeckOK DatenschutzR/*Schild,* 28. Ed. 1.2.2018, BDSG § 57 Rn. 27 ff.; *Schwichtenberg* DuD 2016, 605 (608); *Weinhold* ZD-Aktuell 2017, 05451; *Weinhold/Hornung* ZD 2012, 147 (150 f.).
[37] Vgl. BeckOK DatenschutzR/*Schild,* 28. Ed. 1.2.2018, BDSG § 57 Rn. 22.
[38] Für eine Unvereinbarkeit des § 101 Abs. 4 S. 4 StPO mit der JI-RL etwa *Bäcker/Hornung* ZD 2012, 147 (151).
[39] Vgl. Erwägungsgrund 20 JI-RL.
[40] Vgl. BT-Drs. 18/11325, 113; BeckOK DatenschutzR/*Schild,* 28. Ed. 1.2.2018, BDSG § 57 Rn. 21.
[41] Vgl. VG Wiesbaden NVwZ-RR 2007, 529 = BeckRS 2007, 21424.

3. Die Rechte der Betroffenen auf Auskunft sind ebenfalls im Rahmen des Zollinforma- 68
tionssystems ausdrücklich verankert, jedoch wird weiter auf das europäische und nationale
Recht verwiesen (Art. 36 Zollinformations-VO, Art. 22 S. 1 Zollinformations-Beschluss).
Die Auskunft kann verweigert werden, wenn die Zwecke des ZIS, insbesondere laufende
Maßnahmen, operationale Analysen (im Rahmen des Unionsrechts) oder behördliche oder
strafrechtliche Ermittlungen oder der Schutz der staatlichen Sicherheit oder Rechte und
Freiheiten Dritter beeinträchtigt würden (Art. 36 Abs. 2 Zollinformations-VO, Art. 22
S. 2 Zollinformations-Beschluss).

4. Bei **Europol** wird das Auskunftsrecht von Betroffenen als Zugangsrecht bezeichnet 69
und zunächst anscheinend betroffenenfreundlich ausgestaltet:

a) Grundsatz: Jede betroffene Person hat nach Art. 36 Abs. 1 Europol-VO das Recht, 70
ohne übermäßige Kosten in dem Mitgliedstaat seiner Wahl bei der zu diesem Zweck
benannten Behörde dieses Mitgliedstaats in angemessenen Abständen Auskunft darüber zu
erhalten, ob sie betreffende personenbezogene Daten von Europol verarbeitet werden und
folgende weitere Information gem. Art. 36 Abs. Europol-VO dazu zu erhalten:

- eine Mitteilung in verständlicher Form über die Daten, die Gegenstand der Verarbeitung
  sind, sowie über alle verfügbaren Informationen zur Herkunft der Daten;
- Angaben zu den Zwecken der Verarbeitung, den Datenkategorien, die verarbeitet werden, den Empfängern oder Kategorien von Empfängern, an die die Daten übermittelt
  werden;
- die Rechtsgrundlage für die Datenverarbeitung;
- die geplante Speicherfrist;
- sowie eine Belehrung über das Recht auf Berichtigung, auf Löschung der sie betreffenden
  personenbezogenen Daten bzw. auf Einschränkung der Verarbeitung dieser Daten durch
  Europol.

b) Verfahren: In **Deutschland** ist gem. § 1 Nr. 2 S. 1 EuropolG das BKA für die 71
Entgegennahme entsprechender Anträge zuständig. Die Behörde hat den Antrag spätestens
innerhalb eines Monats nach Eingang an Europol weiterzuleiten, das unverzüglich, spätestens aber innerhalb von **drei Monaten** ihn zu beantworten hat (Art. 36 Abs. 3, 4 Europol-
VO).

Vor einer Auskunft **konsultiert** Europol die zuständigen Behörden der betroffenen Mitgliedstaaten; lehnt ein Mitgliedstaat die von Europol vorgeschlagene Antwort ab, so setzt er
in jedem Fall Europol unter Angabe von Gründen davon in Kenntnis (Art. 36 Abs. 5
Europol-VO). Auch hier ist das BKA gem. § 1 Nr. 2 S. 2 EuropolG die zuständige
nationale Behörde, das sich gegebenenfalls weiter mit den beteiligten Landes- oder Bundesbehörden abstimmt.

c) Einschränkungen: Statt den beantragten Informationen wird dem Betroffenen gem. 72
Art. 36 Abs. 6 Europol-VO nur eine teilweise Auskunft erteilt oder mitgeteilt, dass eine
Überprüfung vorgenommen worden ist, soweit dies unter Berücksichtigung der Interessen
der betroffenen Person erforderlich ist

- für die ordnungsgemäße Erfüllung der Aufgaben von Europol,
- zum Schutz der Sicherheit und der öffentlichen Ordnung der Mitgliedstaaten,
- zur Bekämpfung von Straftaten,
- namentlich zur Gewährleistung, dass keine nationalen Ermittlungen gestört werden
- oder zum Schutz der Rechte und Freiheiten Dritter (Art. 36 Abs. 6 Europol-VO).

Diese Einschränkungen müssen als äußerst vage bezeichnet werden und bieten – nicht 73
zuletzt im Wechselspiel mit den weiteren Ansprüchen unter anderem auf Berichtigung und
Löschung – erhebliche Einfallstore für sowohl im Hinblick auf die konkreten Grundrechte
sowohl des Datenschutzes als auch etwaiger Einschüchterungseffekte auf anderes grundrechtlich geschütztes Verhalten und deren Bedeutung für freiheitlich demokratische Ge-
meinwesen ungerechtfertigte Beeinträchtigungen der europäischen Agentur, die zusammen
mit der Fokussierung auf predictive policing und Verfolgung irgendwie abstrakter „Straftat-

gefährder" ohne konkreten Anfangsverdacht die „schlimmsten Befürchtungen", die bei der Gründung der ersten Form von Europol noch generell verworfen wurden, sich nunmehr bewahrheitet sehen.

74 Dem kann lediglich die ohnehin als Ausnahmevorschriften gebotene engstmögliche Anwendung und volle und strikte Nachprüfung durch die Datenschutzbehörden und Unionsgerichte sowie gegebenenfalls ergänzend den nationalen Gerichten entgegengehalten werden.

75 **d) Rechtsbehelf:** Wird der Anspruch nicht erfüllt, steht jedenfalls nach der Entscheidung (nunmehr) des Europäischen Datenschutzbeauftragten der Weg zum Europäischen Gericht offen (→ Rn. 26; § 26 Rn. 48).[42]

76 5. Ähnlich ausführlich, jedoch in der Sache weniger brisant, sind nunmehr auch die Auskunftsansprüche gegenüber der neu eingerichteten **Europäischen Staatsanwaltschaft** in Abwägung der Rechte der Betroffenen mit notwendigen Geheimhaltungsinteressen geregelt (Art. 59 f. EUStA-VO). Sie sind direkt gegenüber der Einrichtung geltend zu machen, können aber auch vor allem bei geltend gemachten Geheimhaltungsinteressen durch Europäischen Datenschutzbeauftragten wahrgenommen werden (Art. 62 EUStA-VO).

77 6. Ebenfalls sind im **Eurojust** Ansprüche auf Auskunft (Art. 19 EurojustB) geregelt, die in Deutschland beim BMJ einzureichen sind, das sie nach § 8 Abs. 1 EJG an Eurojust weiterleitet (→ Rn. 27).

78 7. Eine gewisse Lücke, die durch die allgemeinen Regeln (→ Rn. 54 ff.) aufzufüllen ist, entsteht bei Übermittlungsvorgängen nach dem **Prümer Ratsbeschluss** hinsichtlich etwaiger im Anschluss noch vorhandener Daten. Da der Beschluss von der Übermittlung der DNA- und Fingerabdruckdaten ausgeht, bei denen die eigentlichen Daten ohnehin unverzüglich zu löschen sind, sodass die Auskunft regelmäßig ins Leere gehen dürfte, verankert er lediglich einen Anspruch auf Prüfung durch die zuständige Kontrollbehörde (Art. 30 Abs. 5 UAbs. 1 S. 2 Prümer Ratsbeschluss). Allerdings bleibt damit die Speicherung und Verarbeitung von ebenfalls nach dem Prümer Ratsbeschluss übermittelten Daten, vor allem wegen Großveranstaltungen und zur Terrorismusverhütung außer Betracht, was angesichts der grundrechtlichen Vorgaben des Datenschutzes auf nationaler und europäischer Ebene ohne Lückenfüllung durch den RB 2008/977/JI grundrechtlich durchaus nicht unproblematisch erscheint.

79 8. Jede Person hat das Recht auf Auskunft über die Daten, die im **VIS** gespeichert sind und sie betreffen und über den Mitgliedstaat, der sie an das VIS übermittelt hat. Diese Datenauskunft wird nur von einem Mitgliedstaat erteilt. Jeder Mitgliedstaat führt Aufzeichnungen über diesbezügliche Anträge auf Auskunft (Art. 38 Abs. 1 VIS-VO).[43] Das Auskunftsrecht hinsichtlich der in **Eurodac** gespeicherten Informationen richtet sich grundsätzlich nach dem allgemeinen Unionsrecht, dessen Regeln allerdings leicht modifiziert werden (Art. 29 Abs. 4 S. 1 Eurodac-VO). Jedenfalls hat die betroffene Person ein Recht, darüber eine Mitteilung zu erhalten, welche sie betreffenden Daten im Zentralsystem gespeichert sind und welcher Mitgliedstaat die Daten an das Zentralsystem übermittelt hat (Art. 29 Abs. 4 S. 2 Eurodac-VO). Fordert eine Person sie betreffende Daten an, wird hierüber von der zuständigen Behörde eine schriftliche Aufzeichnung angefertigt, in der die Anforderung sowie die Art und Weise ihrer Bearbeitung festgehalten werden; diese Aufzeichnung stellt die zuständige Behörde den nationalen Kontrollbehörden unverzüglich zur Verfügung (Art. 29 Abs. 11 Eurodac-VO). In jedem Mitgliedstaat kann jede Person nach Maßgabe der Rechts- und Verwaltungsvorschriften und Verfahren des betreffenden Mitgliedstaats eine Beschwerde bei den zuständigen Behörden oder gegebenenfalls eine Klage bei den zuständigen Gerichten des betreffenden Mitgliedstaats erheben, wenn ihr das vorgesehene Auskunftsrecht verweigert wird (Art. 29 Abs. 14 Eurodac-VO).

---

[42] HdB-EuStrafR/*Eisele* § 50 Rn. 6 mwN.
[43] Ausdr. unbeschadet ist das allgemeine Auskunftsrecht nach Art. 12 lit. a Datenschutz-RL 1995.

§ 27 Rechte hinsichtlich der Datenspeicherung und Informationsverarbeitung **6. Kapitel**

9. Ausführliche Regelungen erfährt auch der Anspruch des Betroffenen auf Auskunft 80 über die im Rahmen des **EU-Verbundes der Strafregister** über ihn gespeicherten Informationen (→ § 14 Rn. 129, 148).

III. Ähnlich besteht ein Auskunftsrecht gegenüber **Interpol,** namentlich im Hinblick 81 auf die dortigen Ausschreibungen:[44] Jedermann, der Zugang zu Daten wünscht, die ihn oder eine Person, die er vertritt, betreffen, kann mit diesem Begehren die zentrale Datenschutzkommission von Interpol anrufen (Art. 18 InterpolDVO), und erhält daraufhin unverzüglich eine Eingangsbestätigung (Art. 4 lit. a, Art. 9 lit. b, c Interpol-KontrollO).

Wenn das Begehren nicht – etwa aufgrund seiner Zahl, wiederholten oder systematischen 82 Natur – offensichtlich unbegründet ist, ist die Kommission verpflichtet, zunächst zu prüfen, ob alle betreffenden Daten ordnungsgemäß gespeichert sind oder ob sie gegebenenfalls dem Sekretariat diesbezügliche Maßnahmen vorschlägt (Art. 9 lit. d, Art. 10 Interpol-KontrollO). Allerdings kann die Kommission dem Betroffenen nur mit Zustimmung der Quelle bzw. übermittelnden Stelle mitteilen, welche Daten über ihn gespeichert sind (Art. 9 lit. d, Art. 11 Interpol-KontrollO). In jedem Fall erhält der Betroffene aber unverzüglich eine Benachrichtigung, wenn seine Anfrage abgearbeitet ist.

IV. In den allgemeinen völkerrechtlichen Rechtshilfeinstrumenten wird immer noch 83 selten, jedoch zunehmend ein Auskunftsanspruch festgeschrieben.

1. Ausführlichere Regelungen wie etwa im Verhältnis mit der **Schweiz** hinsichtlich 84 übermittelter **Fahrzeugdaten** sind dabei (noch) die Ausnahme. Danach hat der Betroffene nach dem nationalen Recht des Vertragsstaates, in dessen Hoheitsgebiet das Auskunftsrecht beansprucht wird, das Recht über die zu seiner Person übermittelten und gespeicherten Daten Auskunft zu erhalten (Art. 9 Abs. 1 S. 4 PolZV DE/CH, Art. 35 Abs. 6 S. 4 PolZV DE/CH). Die Auskunftserteilung an den Betroffenen unterbleibt, wenn dies zur Durchführung einer rechtmäßigen Aufgabe im Zusammenhang mit den genannten Zwecken unerlässlich ist (Art. 9 Abs. 1 S. 4 PolZV DE/CH, Art. 35 Abs. 6 S. 5 PolZV DE/CH).

2. Ähnlich wird, wie im Kriminalitätsabkommen mit der **Türkei,** zunehmend allgemein 85 im Rechtshilfeinstrument fixiert, dass grundsätzlich ein Auskunftsanspruch bestehen solle, soweit nicht das Geheimhaltungsinteresse überwiege, der sich im Übrigen nach dem innerstaatlichen Recht, wo er geltend gemacht wird, richten solle (Art. 6 Nr. 4 AntiOrgKrimAbk DE/TR). Dies deckt sich mit den entsprechenden anderen **Regierungsabkommen zur schweren Kriminalität**.[45]

3. Nach den **besonderen Abkommen zum Informationsaustausch in Steuer-** 86 **und Steuerstrafsachen** ist dem Betroffenen auf Antrag Auskunft zu erteilen über die zu seiner Person übermittelten Daten sowie über deren vorgesehenen Verwendungszweck. Die Information kann unterbleiben, soweit und solange eine Abwägung ergibt, dass das öffentliche Interesse daran gegenüber dem Informationsinteresse des Betroffenen überwiegt.[46]

4. Während etwa der Auskunftsanspruch über die dort gespeicherten **Fluggastdaten** bei 87 der australischen Zoll- und Grenzschutzdienststelle sehr effektiv ausgestaltet ist (Art. 12 PNRAbk EU/AUS-Übk), scheinen andere Auskunftsansprüche von vornherein praktisch wirkungslos:[47] Im **Verhältnis mit den USA** kann hier der Betroffene für die DNA- und daktyloskopischen Daten sowie allgemeine Übermittlungen wegen Terrorverdachts faktisch sämtlicher, ihm ohnehin nur indirekt zustehender, Rechte beraubt werden, da die ohnehin von den Sicherheitsbehörden extensivst gehandhabten Ausnahmeregelungen für alle Auskünfte, die mit seiner möglichen Interessenwahrnehmung just durch das BKA gegenüber

---

[44] Vgl. etwa allg. BT-Drs. 18/548.
[45] Hierzu und zum Folgenden zB **für Kirgisistan:** Nr. 5 AntiOrgKrimAbk DE/KG; **Russland:** Nr. 4 AntiOrgKrimAbk DE/RU.
[46] Vgl. zB **für die Bahamas:** Nr. 2 lit. f Protokoll zum InfoAust BS 2010.
[47] Vgl. dazu auch HdB-EuStrafR/*Schröder/Stiegel* § 35 Rn. 13 mwN.

den USA gelten, mithin jede Auskunft, auch über Berichtigungs-, Löschungs- oder Sperrbegehren unterbleibt, soweit die Unterrichtung
- die öffentliche Sicherheit oder Ordnung bzw.
- *die ordnungsgemäße Erfüllung* der in der Zuständigkeit des BKA liegenden *Aufgaben gefährden* [sic!];
- sonst dem Wohle des Bundes oder eines Landes *Nachteile* bereiten würde,
- oder die Daten oder die Tatsache ihrer Speicherung nach einer Rechtsvorschrift oder „ihrem Wesen nach", insbesondere wegen der überwiegenden berechtigten Interessen eines Dritten, geheim gehalten werden müssen (§ 5 Abs. 2 KrimBekAbkUSAAG).

88   5. Daran dürfte sich auch nichts durch das **allgemeine polizeiliche Datenschutzabkommen mit den USA,** das DatSchAbk USA/EU von 2016, ändern. Dieses regelt ohnehin nicht die Datenspeicherung außerhalb des strafrechtlichen Gebiets, mithin insbesondere nicht im Bereich der Nachrichtendienste und des auf dieser Basis erfolgten und möglicherweise indirekt weiterübermittelten Datenaustausches (Art. 2c, Art. 3 Abs. 2 DatSchAbk USA/EU). Zwar solle der Zugang zu diesen Daten im Einzelfall „angemessenen, den berechtigten Interessen der betroffenen Person Rechnung tragenden Beschränkungen" nach internem Recht unterworfen werden, jedoch erweist sich dies als rein appelative Leerformel, angesichts der Vielzahl möglicher Begründungen einer Auskunftverweigerung, um (Art. 16 Abs. 2 DatSchAbk USA/EU):
- die Rechte und Freiheiten, einschließlich der Privatsphäre, anderer zu schützen, was bereits äußerst weit jede Auskunftsverweigerung etwa zum entferntesten denkbaren Schutz etwaiger Informanten einschließt;
- die öffentliche und die nationale Sicherheit oder sensible Strafverfolgungsdaten zu schützen;
- die Behinderungen behördlicher oder gerichtlicher Ermittlungen, Untersuchungen oder Verfahren zu vermeiden;
- Beeinträchtigungen der Verhütung, Aufdeckung, Untersuchung oder Verfolgung von Straftaten oder der Strafvollstreckung zu vermeiden oder
- anderweitig in den Rechtsvorschriften über die Informationsfreiheit und den Zugang der Öffentlichkeit zu Dokumenten genannte Interessen zu schützen.

89   So bleibt als wesentliche Verbesserung nur, dass die Gründe für die Verweigerung genannt werden müssen (Art. 16 Abs. 5 DatSchAbk USA/EU) und grundsätzlich die Möglichkeit eines administrativen und subsidiär gerichtlichen Rechtsbehelfs zu bestehen hat (Art. 18 f. DatSchAbk USA/EU). Indes ist über deren Effektivität, namentlich tatsächlicher Wirksamkeit in angemesener Zeit nichts ausgesagt, worauf zu Recht bereits der Europäische Datenschutzbeauftragte hingewiesen hat.[48] Richtig ist auch sein Hinweis, dass der Zugang zu Gericht weiter auf Unionsbürger begrenzt ist, mithin juristische Personen und Drittstaater weiterhin keinerlei einklagbaren Anspruch auf gerichtliche Nachprüfung besitzen.

90   6. Dagegen erhält der Betroffene hinsichtlich seiner **Zahlungsverkehrsdaten** einen zwar gegebenenfalls nach flexiblen Regelungen eingeschränkten, aber nicht von vornherein völlig unwirksamen Auskunftsanspruch gegebenenfalls über seine nationale Datenschutzbehörde (Art. 15 ZahlVAbk EU/US).

D. Ansprüche auf Berichtigung, Löschung und Sperrung

I. Grundlagen

91   Auch bei den Ansprüchen auf Berichtigung, Löschung und Sperrung greifen nationale und über- bzw. zwischenstaatliche Regelungen ineinander (→ Rn. 1 ff.). Gegenüber deutschen Stellen bleibt es so grundsätzlich bei den allgemeinen, vor allem datenschutzrechtlichen

---

[48] Stellungnahme zum Abkommen, ABl. 2016 C 186, 4.

Ansprüchen des deutschen Rechts, die allenfalls im Licht des Unions- und Völkerrechts auszulegen sind, soweit nicht gerade Spezialregelungen für besondere Konstellationen bestehen.

1. Dabei sind die **bereichsspezifischen Löschungs- und Berichtigungsvorschriften** 92 vorrangig anzuwenden, wie insbesondere hinsichtlich des Bundeszentralregisters (§ 20 BZRG), des staatsanwaltschaftlichen Verfahrensregisters (§ 494 StPO) oder anderer Register.[49]

2. Auf einer zweiten Stufe sind die **spezifischen kriminalpolizeilichen Rechts-** 93 **grundlagen** zu sehen. Sie sind gem. § 483 Abs. 4 StPO anwendbar auf strafprozessuale Daten, deren Speicherung in einer Datei der Polizei zusammen mit solchen erfolgt, deren Speicherung sich nach den **Polizeigesetzen** richtet. Dies gilt für praktisch alle polizeilichen Dateien, namentlich innerhalb des Verbundes mit dem BKA oder den Landespolizeien. Für diese gelten damit vor allem § 32 BKAG sowie entsprechende Regelungen der Landespolizeigesetze.

Zudem sieht das BKAG eine der wenigen ausdrücklichen Regelungen zur Berichtigung, 94 Sperrung und Löschung in Bezug auf Akten vor, mithin Unterlagen, die nicht dem Dateibegriff unterfallen (§ 33 BKAG).

3. Für die Berichtigung, Sperrung und Löschung **im Rahmen der deutschen Daten-** 95 **verarbeitung für Zwecke des Strafverfahrens** finden sich im Übrigen auf dritter Stufe die zentralen Regelungen in §§ 483, 489 StPO. Sie gelten für die Verarbeitung personenbezogener Daten in Dateien durch Gerichte, Strafverfolgungsbehörden einschließlich Vollstreckungsbehörden, Bewährungshelfer, Aufsichtsstellen bei Führungsaufsicht und die Gerichtshilfe für Zwecke des Strafverfahrens.

Soweit hinsichtlich der in Dateien gespeicherten Daten die objektiven Voraussetzungen 96 für eine Berichtigung, Löschung oder Sperrung gem. § 489 StPO erfüllt sind, hat der Betroffene hierauf auch einen entsprechenden Anspruch.[50] Dieser Anspruch kann nach §§ 23 ff. EGGVG durchgesetzt werden.[51] Zu beachten ist, dass die Löschung wegen Fristablauf im Hinblick auf laufende Verfahren unterbleibt, und dabei oder sonst an die Stelle der Löschung die Sperrung oder die Abgabe an ein Archiv treten kann (§ 489 Abs. 6, 7, 9 StPO). Eine Nichtbeweisbarkeit der Richtigkeit und Unrichtigkeit der gespeicherten Daten im Sinne des *non liquet* begründet keinen Anspruch auf Berichtigung.[52]

4. Liegt keine solche Datenverarbeitung vor, ergeben sich Berichtigungs-, Löschungs- 97 und Sperransprüche, die nicht unter die **allgemeinen Datenschutzregelungen** fallen, höchst ausnahmsweise im Strafverfahren, etwa in Bezug auf das Urteil oder Übermittlungen nach der MiStra. Ansonsten bleibt es bei den allgemeinen Ansprüchen des Staatshaftungs- und Verwaltungsrechts.

II. Europäische Union

Gegenüber diesen Regelungen sind praktisch keine Fallkonstellationen absehbar, in denen 98 es des unmittelbaren Rückgriffs auf das **Unionsrecht** bedürfte. Allerdings bildet dieses einen Mindeststandard für entsprechende Ansprüche in anderen Mitgliedstaaten und gewährleistet insbesondere zunehmend Mechanismen für die grenzüberschreitende Wirkung von entsprechenden Ansprüchen.

1. **Allgemein** hat der Betroffene nach Art. 16 JI-RL ein Recht auf Berichtigung oder 99 Löschung für Daten, die zur Kriminalitätsbekämpfung in den Mitgliedstaaten verarbeitet werden gegen den dafür Verantwortlichen.[53] Dieser Anspruch ist in §§ 58 f. BDSG umgesetzt.

---

[49] S. dazu in den jeweiligen Errichtungsgesetzen.
[50] Vgl. vor allem KK-StPO/*Gieg* StPO § 489 Rn. 3.
[51] Vgl. BVerfG StV 2007, 226 L; Meyer-Goßner/Schmitt/*Schmitt* StPO § 489 Rn. 9 mwN.
[52] SK-StPO/*Weßlau* § 489 Rn. 2; KK-StPO/*Gieg* § 489 Rn. 2.
[53] Vgl. zuvor Art. 18 Abs. 1 S. 1 RB 2008/977/JI iVm Art. 4, 6, 8 RB 2008/977/JI.

6. Kapitel

Das Recht umfasst gem. Art. 16 Abs. 1, 2 JI-RL:
- die unverzügliche Berichtigung unrichtiger Daten;
- die Vervollständigung unvollständiger personenbezogener Daten, auch mittels einer ergänzenden Erklärung;
- die unverzügliche Löschung, wenn die Verarbeitung rechtswidrig ist oder die personenbezogenen Daten zur Erfüllung einer rechtlichen Verpflichtung gelöscht werden müssen, der der Verantwortliche unterliegt.

100 Anstelle der Löschung kann der Verantwortliche deren Verarbeitung einschränken, wenn die behauptete Unrichtigkeit nicht festgestellt werden kann, oder die personenbezogenen Daten für Beweiszwecke weiter aufbewahrt werden müssen. Im ersten Fall muss der Betroffene vor einer erneuten Aufhebung der Verarbeitungsbeschränkung informiert werden, Art. 16 Abs. 3 JI-RL.[54]

101 Wird das Begehren verweigert, muss der Verantwortliche den Betroffenen über die Gründe unterrichten, wobei die Mitgliedstaaten davon Ausnahmen für die gleichen Fälle wie bei der Auskunftsverweigerung vorsehen können, also insbesondere die Gefährdungen von Untersuchungen und Verfahren, namentlich in der Kriminalitätsbekämpfung sowie der Schutz der nationalen und öffentlichen Sicherheit und von Rechten und Freiheiten anderer, Art. 16 Abs. 4 S. 1, 2 JI-RL.[55]

102 Der Anspruch kann – je nach dem nationalen Recht – bei der verantwortlichen Behörde oder der zuständigen nationalen Kontrollstelle geltend gemacht werden (Art. 16 Abs. 1, Art. 17 Abs. 1 JI-RL, Art. 18 Abs. 1 S. 2 RB 2008/977/JI).

103 **2.** Wegen der besonderen Eingriffsreichweite[56] besteht insbesondere hinsichtlich der Berichtigung, Löschung und Sperrung von **Ausschreibungen im Schengen-Informations-System (SIS)** eine umfangreiche Judikatur, auch der deutschen Rechtsprechung, die aber auch jedenfalls teilweise sinngemäß auf andere europäische Datensammlungen und -übermittlungen übertragen werden kann. Nach dem Unionsrecht hat jedermann das Recht, unrichtige Daten im SIS II, die sich auf seine Person beziehen – und damit namentlich Ausschreibungen aller Art – berichtigen oder unrechtmäßig gespeicherte Daten löschen zu lassen Art. 58 Abs. 5, 7 SIS II-Beschluss, Art. 41 Abs. 5, 7 SIS II-VO).[57] Nach richtiger Auffassung besteht der Anspruch auf Berichtigung und Löschung und damit die Klagemöglichkeit des Betroffenen **in jedem Mitgliedstaat,** nicht nur in dem, in dem die Eingabe erfolgt ist, auch nach Fortschreibung des SDÜ im SIS II-Beschluss.[58]

104 **a)** In **Deutschland** ist der Anspruch auf Berichtigung und Löschung im **allgemeinen Verwaltungsrechtsweg** durchzusetzen.[59] Da es sich beim SIS II um eine polizeiliche Datei iSv § 483 Abs. 3 StPO handelt, gelten weder die Datenschutzvorschriften der StPO noch §§ 23 ff. EGGVG. Hinsichtlich der statthaften Klage-/Antragsart ist umstritten, ob Gegenstand die Entscheidung, ob ein personenbezogenes Datum gelöscht wird oder nicht, mithin wohl ein Verwaltungsakt, oder aber die Löschung oder Berichtigung selbst als Realakt ist; dies hat allerdings vor allem im vorläufigen Rechtsschutz kaum Auswirkung, da sich stets die Situation des § 123 VwGO stellen dürfte.[60] Ebenfalls erfolgreich kann auch eine Feststellungsklage hinsichtlich der Rechtswidrigkeit der Speicherung und der daraus fol-

---

[54] Vgl. ähnlich Art. 18 Abs. 1 S. 5 RB 2008/977/JI.
[55] Vgl. zuvor Art. 18 Abs. 1 S. 3–5 RB 2008/977/JI, danach war der Betroffene, der einen Rechtsbehelf eingelegt hatte in Kenntnis zu setzen, ob der für die Verarbeitung Verantwortliche ordnungsgemäß gehandelt hatte oder nicht, oder durch die zuständige nationale Kontrollstelle mitzuteilen, dass eine Überprüfung stattgefunden hat.
[56] Da die Ausschreibung durch anschließende Zurückweisungen oder vorläufige Festnahmen zu häufigen erkennbaren erheblichen Beeinträchtigungen der Betroffenen führen.
[57] Vgl. *Heußner* Informationssysteme 403 ff. mwN.
[58] Art. 111 Abs. 1 SDÜ soll insoweit fortgelten, auch wenn er nicht in Art. 59 SDÜ II-RB aufgeführt ist, vgl. HdB-EuStrafR/*Eisele* § 50 Rn. 4 mwN.
[59] Vgl. etwa VG Berlin BeckRS 2004, 28739; VG Wiesbaden BeckRS 2013, 54596.
[60] Für ersteres etwa VG Wiesbaden BeckRS 2007, 21424 = NVwZ-RR 2007, 529; BeckRS 2010, 49011 = NVwZ-RR 2011, 4 (Ls.) = InfAuslR 2011, 173 ff.; BeckRS 2014, 51099 = ZD 2013, 636; BeckRS

genden Pflicht der für die Eingabe verantwortlichen (auch ausländischen) Stelle sein, diese zu löschen.[61]

b) Anspruchsgegner ist grundsätzlich das BKA, das wohl auch Widerspruchsbehörde ist. Es muss sich das Verhalten einer ausschreibenden Stelle, jedenfalls eines anderen Mitgliedstaates, zurechnen lassen.[62] Dagegen ist der Anspruch gegen eine ausschreibende deutsche Stelle, die auch für die Löschung und Berichtigung der Daten zuständig ist, etwa eine zuständige Ausländerbehörde, zu richten.[63] 105

c) Im **vorläufigen Rechtsschutz** ist ein Löschantrag im Hinblick auf eine fremde Ausschreibung grundsätzlich wegen Vorwegnahme der Hauptsache unzulässig,[64] sofern keiner der allgemeinen Ausnahmefälle greift. Er wäre gegebenenfalls gerichtlicherseits als *minus* in ein Begehren auf vorläufige Sperrung oder vergleichbare Markierung umzudeuten, soweit eine solche zur Verfügung steht.[65] 106

d) Bei der Frage der **Begründetheit** sind auch etwaige zur Verfügung stehende **besondere Rechtsbehelfe und Prüfungsverfahren** zu berücksichtigen: 107

aa) So dürfen bei einer „eigenen" **deutschen Ausschreibung zur Einreiseverweigerung** nicht inzident die Voraussetzungen der Ausweisungsentscheidung geprüft werden, da sonst die dagegen einzulegenden Rechtsbehelfe umgangen würden. Zudem wirkt sich hier der allgemeine verwaltungsrechtliche Meinungsstreit zur Wirksamkeit widersprochener aufenthaltsbeendender Verwaltungsakte (Wirksamkeits-/Vollstreckbarkeitstheorie) aus.[66] 108

bb) Liegt der Ausschreibung ein (aus- oder inländischer) **Europäischer Haftbefehl** (oder sonst ein Auslieferungsersuchen) zugrunde, kann das Verwaltungsgericht im Verfahren hinsichtlich der Speicherung allenfalls Unrichtigkeiten im formellen Bereich überprüfen.[67] 109

- Eine **Unrichtigkeit im formellen Bereich** kann vorliegen, wenn die Formalitäten nach dem SIS II-Beschluss oder dem Sirene-Handbuch nicht eingehalten wurden und es dadurch zu unrichtigen und falschen Angaben im SIS II gekommen ist.[68]
- **Inhaltliche oder tatbestandliche Voraussetzungen** sind alleine nach den auslieferungsrechtlichen Vorschriften, also vor allem im Prüfverfahren vor dem zuständigen Oberlandesgericht, vorzubringen. Allenfalls könnte ein Durchgriff erwogen werden, völlig offensichtliche Gründe für eine Ablehnung der Vollstreckung (zB nach Art. 3 EuHB-Beschluss) auch im verwaltungsgerichtlichen Eilrechtsschutz zu berücksichtigen. Nur bei einer entsprechenden, wohl nicht notwendigerweise rechtskräftigen, Feststellung im auslieferungsrechtlichen Überprüfungsverfahren – etwa, dass der Haftbefehl wegen fehlender inhaltlicher Tiefe zum entsprechenden Strafvorwurf bereits in sich nicht haltbar ist – könnte der Antrag auf Sperrung bzw. bei evidenten Fehlern auf Löschung auch im verwaltungsrechtlichen Eilverfahren begründet sein.[69]
- Der Antrag vor den deutschen Verwaltungsgerichten kann erfolgreich auf die Löschpflicht gerichtet werden, wenn der **Zweck** der Ausschreibung für die ausschreibende Stelle **erkennbar erreicht** ist, insbesondere wenn die Aufenthaltsermittlung zur Mitteilung des nicht weiter infrage stehenden Aufenthaltes geführt hat und gleichwohl eine Löschung oder Sperrung nicht erfolgt.[70]

2013, 54594 = ZD 2013, 640; für Realakt VG München BeckRS 2012, 49794; VG Koblenz BeckRS 2007, 26608 = InfAuslR 2007, 435.
61 VG Wiesbaden BeckRS 2013, 54596 = InfAuslR 2013, 397 ff.
62 VG Wiesbaden BeckRS 2010, 49011 = InfAuslR 2011, 173 ff.; ausdrücklich zur Notwendigkeit des Widerspruches beim BKA VG Wiesbaden BeckRS 2014, 51099 = ZD 2013, 636.
63 VG München BeckRS 2012, 49794; VG Koblenz BeckRS 2007, 26608 = InfAuslR 2007, 435.
64 VG Wiesbaden BeckRS 2013, 54594 = ZD 2013, 640.
65 Vgl. VG Wiesbaden BeckRS 2013, 54596 = InfAuslR 2013, 397 ff.
66 So jedenfalls VG München BeckRS 2012, 49794.
67 Vgl. zum Ganzen VG Wiesbaden BeckRS 2014, 51099 = ZD 2013, 636; VG Wiesbaden BeckRS 2013, 54594 = ZD 2013, 640.
68 VG Wiesbaden BeckRS 2014, 51099 = ZD 2013, 636.
69 VG Wiesbaden BeckRS 2013, 54594 = ZD 2013, 640.
70 VG Wiesbaden BeckRS 2013, 54596 = InfAuslR 2013, 397 ff.

6. Kapitel

- Erfolgt die Ausschreibung zur Aufenthaltsermittlung als **Ersatzmaßnahme** für einen nicht in allen Schengen-Staaten vollstreckbaren Haftbefehl und für eine aus diesem Grund nicht zulässige Ausschreibung zur Festnahme, ist sie trotz des Verfolgungsanspruchs des ausschreibenden Mitgliedstaates gleichwohl unter den genannten Voraussetzungen zu löschen, wenn sie zu unnötigen belastenden Maßnahmen gegen den Betroffenen führt, denen technisch nicht, zB durch eine entsprechende Markierung des Datensatzes in dem Mitgliedstaat, in dem nur Maßnahmen zur Aufenthaltsermittlung möglich und wegen der insoweit eingetretenen Zweckerreichung nicht erforderlich sind, begegnet werden kann.[71]

110 e) Exemplarisch ist beim SIS II ebenfalls auf den Mechanismus zu verweisen, dass, nachdem auf die Beschwerde einer Person, die geltend macht, nicht die in einer Ausschreibung gesuchte zu sein, sich die Mitgliedstaaten mittels Zusatzinformationen austauschen und gegebenenfalls eine Ergänzung um einen Missbrauchs-/Verwechslungshinweis in der Ausschreibung vornehmen (Art. 49 Abs. 5, Art. 51 SIS II-Beschluss; Art. 34 Abs. 1, Art. 46 SIS II-VO; → § 16 Rn. 49; → § 19 Rn. 133).

111 3. Hinsichtlich der bei **Europol gespeicherten Daten** setzt sich das Problem der erheblichen Rechtsverkürzung und -hinderung der Betroffenen in besonderer Weise fort:

112 a) Zwar soll gem. Art. 37 Abs. 1 und 2 Europol-VO jede betroffene Person das Recht haben, die Berichtigung von sie betreffenden fehlerhaften personenbezogenen Daten, die bei Europol gespeichert sind, sowie deren Vervollständigung oder Aktualisierung bzw. deren Löschung zu verlangen, wenn diese für die Zwecke, für die sie erhoben oder weiterverarbeitet wurden, nicht mehr benötigt werden.

b) Allerdings soll zumindest nach dem Wortlaut der Verordnung dieses Recht den Betroffenen nur zustehen, **nachdem** sie gem. Art. 36 Europol-VO auf sie betreffende personenbezogene Daten, die von Europol verarbeitet wurden, **zugegriffen hat.** Einen solchen Zugriff kann Europol oder eine mitbeteiligte Behörde gerade gem. Art. 36 Abs. 5, 6 Europol-VO unter nicht für den Betroffenen transparenten, überaus weiten Gründen vereiteln, sodass damit auch die Berichtigung und Löschung alleine der eigenen Verpflichtung von Europol bzw. der beteiligten Behörden überlassen bleibt und der gesamte Sinn eines davon unabhängigen grundrechtlich fundierten Anspruchs auf Berichtigung und Löschung damit in einem gewissen Rückfall in prärechtstaatliche Zeiten aufgehoben wird. Angesichts der bereits ausführlich dargestellten Reichweite der Datenspeicherungen vor allem von ohne jeden Anfangsverdacht einer konkreten Straftat als „potentielle Gefährder" allein aufgrund von Algorithmen und vagester Anhaltspunkte speicher- und verarbeitbarer Personen **wird eine solche Normierung den freiheitlichen, demokratischen, rechtsstaatlichen und menschenwürdeverankerten Grundwerten der Union, wie auch den Mitgliedstaaten, nicht gerecht.**

113 Im Vorgriff auf eine hoffentlich in dieser Hinsicht klärenden partiellen Nichtigkeitsentscheidung des EuGH kann nur damit beholfen werden, von einer möglichst grundrechtsnähernden, jedoch wohl nicht wahrenden **Auslegung** auszugehen, das alleine ausreichen muss, dass der Betroffene **um Auskunft ersucht hat** bzw. in seinem Berichtigungsverlangen bereits ein solches Auskunftsersuchen gesehen werden muss, wobei es auf die eng und voll nachprüfbar anzuwendenden und zu jedenfalls gegenüber den Aufsichtsinstanzen voll zu begründenden Ausnahmegründe der **Versagung des „Zugriffs" gerade in keiner Weise ankommen kann.**

114 c) **Verfahrensmäßig** kann Europol auch im schutzwürdigen Interesse der betroffenen Person statt der von ihr begehrten Löschung ihre Verarbeitung so einschränken, dass die Daten nur noch zu schutzwürdigen Interessen verarbeitet werden dürfen, Art. 37 Abs. 3 Europol-VO.

115 Ansonsten erfolgt die Löschung, Verarbeitungseinschränkung und Berichtigung bei Europol von Drittstaaten, internationalen Organisationen, Unionseinrichtungen, unmittelbar durch private Parteien, aus öffentlich zugänglichen Quellen oder eigenen Analysen von

---

[71] VG Wiesbaden BeckRS 2013, 54596 = InfAuslR 2013, 397 ff.

Europol erlangten Daten durch Europol, sonst durch die Mitgliedstaaten, die sie Europol übermittelt haben in Abstimmung mit Europol, Art. 37 Abs. 4–6 Europol-VO. In diesen Fällen benachrichtigt Europol alle Empfänger der betreffenden Daten unverzüglich, die dann gemäß den für sie geltenden Regeln in ihrem eigenen System ebenfalls die entsprechende Berichtigung, Löschung oder Einschränkung der Verarbeitung vornehmen müssen, Art. 37 Abs. 7 Europol-VO.

d) Den **betroffenen Personen** soll Europol „binnen kürzester Frist", spätestens aber innerhalb von drei Monaten nach Eingang eines entsprechenden Antrags, schriftlich mitteilen, dass die betreffenden Daten berichtigt oder gelöscht wurden bzw. ihre Verarbeitung eingeschränkt wurde oder sie schriftlich über jede Verweigerung der Vornahme, die Gründe dafür sowie über die Möglichkeit, Beschwerde beim EDSB einzulegen oder den Rechtsweg zu beschreiten, informieren, Art. 37 Abs. 8, 9 Europol-VO. **116**

4. Auch gegenüber der neu eingerichteten **Europäischen Staatsanwaltschaft** können Betroffene unmittelbar oder vermittelt durch den Europäischen Datenschutzbeauftragten Ansprüche auf Berichtigung oder Löschung geltend machen (Art. 61 f. EUStA-VO). **117**

5. Ebenfalls sind im **Eurojust** unmittelbare Ansprüche auf Berichtigung und Löschung (Art. 20 EurojustB)[72] geregelt, die ebenfalls in Deutschland beim BMJ einzureichen sind, das sie gem. § 8 Abs. 1 EJG an Eurojust weiterleitet (→ Rn. 27).[73] **118**

6. Hinsichtlich der nach dem **Prümer Ratsbeschluss** automatisiert übermittelten **DNA-, Fingerabdruck-, oder Kfz-Daten** besteht ein entsprechender Anspruch auf Berichtigung unrichtiger Daten und Löschung unzulässigerweise verarbeiteter Daten, der mit einer wirksamen Beschwerde an ein unabhängiges und unparteiisches, auf Gesetz beruhendes Gericht iSd Art. 6 Abs. 1 EMRK oder eine unabhängige Kontrollstelle, jedoch sonst nach dem nationalen Recht, wo er gestellt wird, durchgesetzt werden kann (Art. 31 Abs. 1 Prümer Ratsbeschluss). Weiterhin ist ein Anspruch auf Prüfung der Rechtmäßigkeit der Speicherung durch die zuständige Kontrollbehörde verankert (Art. 30 Abs. 5 UAbs. 1 S. 2 Prümer Ratsbeschluss). **119**

7. Bei den Daten des **VIS** ist zu unterscheiden zwischen den im eigentlichen Informationssystem gespeicherten und den bei den Sicherheitsbehörden nach Abruf vorhandenen Informationen. **120**

a) Jede Person kann beantragen, dass die sie betreffenden unrichtigen Daten unmittelbar im VIS **berichtigt und** unrechtmäßig gespeicherte Daten **gelöscht** werden. Der (für die Eingabe) verantwortliche Mitgliedstaat führt die Berichtigung und Löschung unverzüglich entsprechend seinen Rechts- und Verfahrensvorschriften durch. Erfolgt der Antrag bei einem anderen als dem verantwortlichen Mitgliedstaat, wird letzterer von ersterem innerhalb von 14 Tagen kontaktiert, er überprüft darauf die Richtigkeit der Daten und die Rechtmäßigkeit der Datenverarbeitung im VIS innerhalb eines Monats, berichtigt oder löscht die Daten und bestätigt der betroffenen Person unverzüglich schriftlich, dass er entsprechende Maßnahmen ergriffen hat (Art. 38 Abs. 2–4 VIS-VO). Ansonsten teilt er der betroffenen Person unverzüglich schriftlich mit, warum er nicht zu einer Berichtigung oder Löschung der sie betreffenden Daten bereit ist und welche Schritte sie unternehmen kann, wenn sie diese Erklärung nicht akzeptiert (Art. 38 Abs. 5, 6 VIS-VO). Dies beinhaltet Informationen darüber, wie bei den zuständigen Behörden oder Gerichten dieses Mitgliedstaats Klage erhoben oder Beschwerde eingelegt werden kann und darüber, ob gemäß den Rechts- und Verfahrensvorschriften dieses Mitgliedstaats eine Unterstützung, unter anderem von den nationalen Kontrollstellen, dh Datenschutzbeauftragten, vorgesehen ist. Ebenfalls unionsrechtlich garantiert ist das Recht, dass Betroffene in allen Mitgliedstaaten eine Klage oder Beschwerde bei den zuständigen Behörden oder Gerichten des betreffenden Mitgliedstaats erheben können, wenn ihnen in diesem Staat das Recht auf **121**

---

[72] Vgl. dazu HdB-EuStrafR/*Eisele* § 50 Rn. 7.
[73] Vgl. *Esser/Herbold* NJW 2004, 2421 (2423 mwN).

Berichtigung oder Löschung der sie betreffenden Daten verweigert wird (Art. 40 Abs. 1 VIS-VO).

122 **b)** Hinsichtlich der bei Sicherheitsbehörden aus Abrufen vorhandenen VIS-Daten gilt: Jeder hat das Recht, auf seine Person bezogene sachlich unrichtige Daten berichtigen oder unrechtmäßig gespeicherte Daten löschen zu lassen (Art. 14 Abs. 5 S. 1 VISZ-Beschluss). Erhalten die benannten Sicherheitsbehörden ein darauf gerichtetes Ersuchen, so haben sie dies unverzüglich der Visumbehörde des Mitgliedstaats mitzuteilen, die die Daten in das VIS eingegeben hat; diese Visumbehörde überprüft die betreffenden Daten und berichtigt oder löscht sie erforderlichenfalls unverzüglich (Art. 14 Abs. 5 S. 2 VISZ-Beschluss).

123 **8.** Im Rahmen des Anwendungsbereichs der **Eurodac-VO** kann jede Person in allen Mitgliedstaaten verlangen, dass sachlich falsche Daten berichtigt oder unrechtmäßig gespeicherte Daten gelöscht werden (Art. 29 Abs. 5 Eurodac-VO). Die Berichtigung und die Löschung soll „ohne übermäßige Verzögerung" durch den Mitgliedstaat, der die Daten in das System übermittelt hat, nach seinen Rechts- und Verwaltungsvorschriften und Verfahren vorgenommen werden. Werden die Ansprüche in einem anderen Mitgliedstaat geltend gemacht, haben sich dessen Behörden mit denen des Herkunftsmitgliedstaats der Daten in Verbindung zu setzen, damit diese die Richtigkeit der Daten sowie die Rechtmäßigkeit ihrer Übermittlung und ihrer Speicherung im Zentralsystem überprüfen können (Art. 29 Abs. 6 Eurodac-VO). Der betreffende Mitgliedstaat bestätigt der betroffenen Person schriftlich ohne übermäßige Verzögerung, dass er Maßnahmen zur Berichtigung oder Löschung der sie betreffenden Daten ergriffen hat (Art. 29 Abs. 7 Eurodac-VO). Wenn er nicht der Ansicht ist, dass die im Zentralsystem gespeicherten Daten sachlich falsch sind oder unrechtmäßig gespeichert wurden, hat er dies dem Betroffenen ohne übermäßige Verzögerung in einer schriftlichen Begründung zu erläutern (Art. 29 Abs. 8 Eurodac-VO). Er hat dem Betroffenen weiter mitzuteilen, welche Schritte er ergreifen kann, wenn er mit der Erläuterung nicht einverstanden ist. Hierzu gehören Angaben darüber, auf welche Weise bei den zuständigen Behörden oder Gerichten des betreffenden Mitgliedstaats Klage zu erheben oder gegebenenfalls Beschwerde einzulegen ist und Angaben über jede finanzielle oder sonstige Unterstützung, die gemäß den Rechts- und Verwaltungsvorschriften sowie den Verfahren des betreffenden Mitgliedstaats zur Verfügung steht. Jede Person kann nach Maßgabe der Rechts- und Verwaltungsvorschriften und der Verfahren des Mitgliedstaats, der die Daten übermittelt hat, hinsichtlich der sie betreffenden, im Eurodac-Zentralsystem gespeicherten Daten eine Beschwerde bei den zuständigen Behörden oder gegebenenfalls eine Klage bei den zuständigen Gerichten des betreffenden Mitgliedstaats erheben, um ihre Rechte auf Berichtigung und Löschung geltend zu machen. Die Verpflichtung der nationalen Kontrollbehörden zur Unterstützung und, sofern beantragt, Beratung der betroffenen Person, bleibt während des ganzen Verfahrens bestehen (Art. 29 Abs. 15 Eurodac-VO). Im Übrigen verweist die Eurodac-VO hinsichtlich der Ansprüche auf Berichtigung, Löschung oder Sperrung von Daten auf die Datenschutz-RL (Art. 29 Abs. 4, 5 Eurodac-VO iVm Art. 12 lit. b EUDSRI).

124 **9.** Beim Zollinformationssystem richten sich nach Art. 22 Zollinformations-Beschluss die entsprechenden Ansprüche nach den allgemeinen Regeln des EUPolDSRB.[74]

III. Sonstige Rechtshilfeinstrumente

125 Ansprüche auf Berichtigung und Löschung sind sonst allenfalls in einzelnen **Rechtshilfeinstrumenten** ausdrücklich geregelt.

126 **1.** Die früheren Ergänzungsverträge der mitteleuropäischen **EU-Beitrittskandidaten** nehmen dabei noch auf die überholten Regelungen des SDÜ Bezug und dürften daher allenfalls noch eingeschränkt von den Regelungen des Rahmenbeschlusses abweichen.[75]

---

[74] Vgl. dazu HdB-EuStrafR/*Eisele* § 50 Rn. 7.

2. Dagegen zu beachten sind nach Art. 16 ZahlVAbk EU/US die entsprechenden Ansprü- 127
che etwa bezüglich der Zahlungsverkehrsdaten im Verhältnis mit den **USA**. In einer besonders
ausführlichen Formulierung sieht nun das Mantelabkommen über den strafrechtlichen Datenschutz mit den USA einen Anspruch auf „Berichtigung oder Bereinigung" vor (Art. 17 Abs. 1,
3 DatSchAbk USA/EU), der auch durch einen administrativen und zumindest subsidiär
gerichtlichen Rechtsbehelf, wenn auch ohne Garantie einer zeitnahen Entscheidung, verfolgt
werden kann (Art. 18 f. DatSchAbk USA/EU). Alleine fehlt dem durch das kaum vorhandene
Auskunftsrecht (→ Rn. 87 ff.) dann die Grundlage, wenn die Unrichtigkeit der Daten nicht zB
durch Vollstreckungsmaßnahmen dem Betroffenen aktiv zur Kenntnis gelangt ist.

3. Wohl effektiver ausgestaltet sind die entsprechenden Ansprüche bei den Fluggastdaten 128
gegenüber dem **australischen** Zoll- und Grenzschutzdienst (Art. 13 PNRAbk EU/AUS-Übk).

4. Die besonderen Abkommen zum **Informationsaustausch in Steuer- und Steuer-** 129
strafsachen enthalten zwar nur objektive Regelungen zur Löschung, diese dürften jedoch
innerhalb der nationalen Anspruchsgrundlagen auf Löschung und Sperrung zur Geltung
kommen (→ § 19 Rn. 153).[76] Gleiches gilt für die Regierungsabkommen zur schweren
Kriminalität.[77]

§ 28 Schadensersatz

A. Grundsätze

Ausgangspunkt besonderer rechtshilfe- und vertraglicher Regelung zum Schadensersatz 1
wegen transnationaler Ermittlungsmaßnahmen sind die **traditionellen Prinzipien des**
Völkerrechts und **allgemeinen Rechtsgrundsätze** des jeweiligen innerstaatlichen
Rechts.

Der alleine bestehende völkergewohnheitsrechtliche Wiedergutmachungsanspruch be- 2
schränkt sich allerdings auf das Verhältnis zwischen Staaten und hat keinerlei Wirkung für
Private.[1]

Es bleibt daher beim Grundsatz, dass **jeweils gegen die beteiligten Staaten** nach dem 3
dafür geltenden Recht vorzugehen ist.[2] Es gelten also insbesondere **gegenüber Deutschland** die Regelungen des allgemeinen deutschen Staatshaftungsrechts, während sich die
Klage gegen ausländische und internationale Institutionen **vor deutschen Gerichten** vor
allem nach den Regelungen der Immunität, des internationalen Privatrechts und des
danach anwendbaren Zivilrechts bemisst.[3] Kollisionsrechtlich würde ansonsten vor deutschen Gerichten grundsätzlich das Schadensersatzrecht des Amtsstaates, also des Staates,
dessen Organe gehandelt haben, gelten, weil auf Rechtsgutsbeeinträchtigungen durch
ausländische Staaten und andere öffentlich-rechtliche Körperschaften deutsches Staatshaftungsrecht prinzipiell keine Anwendung findet.[4] Solange sich in den entsprechenden

---

[75] Art. 126 Abs. 3 lit. c, d SDÜ zu Berichtigung und Schadensersatz; **für Polen:** Art. 20 Nr. 2, 3, 7 ErgVRHÜ 1959 DE/PL; **Tschechien:** Art. 26 Nr. 2, 3, 6 PolZV DE/CZ; **die Schweiz:** Art. 27 Nr. 3, 7 PolZV DE/CH.
[76] Vgl. zB **für die Bahamas:** Nr. 2 lit. b S. 4, lit. i Protokoll zum InfoAust BS 2010.
[77] Vgl. zB **für Kirgisistan:** Nr. 6 AntiOrgKrimAbk DE/KG; **Russland:** Nr. 5 AntiOrgKrimAbk DE/RU.
[1] Vgl. *Baldus/Grzeszick/Wienhues* StaatshaftungsR Rn. 573 ff.; *Schröder* in Graf Vitzthum/Proelß VölkerR 7. Abschnitt Rn. 28.
[2] Insbes. findet keine allgemeine Haftungsbeschränkung, aber auch keine -zurechnung durch das Verhalten anderer beteiligter Staaten statt, iE hier auch HdB-EuStrafR/*Lagodny* § 31 Rn. 70 ff. mwN unter dem Gesichtspunkt des „international arbeitsteiligen Strafverfahrens".
[3] Vgl. etwa *Baldus/Grzeszick/Wienhues* StaatshaftungsR Rn. 570 ff. mwN.
[4] Es gelten insbes. nicht Art. 40 f. EGBGB, vgl. BGH NJW 2003, 3488 (3941); OLG Köln NJW 1999, 1555 (1556); ebenso hierzu und zum Folgenden *Baldus/Grzeszick/Wienhues* StaatshaftungsR Rn. 570.

6. Kapitel

Haftungsregelungen des Unions- und Völkervertragsrechts kein ausdrücklicher Verzicht auf die Staatenimmunität bzw. ein ausdrückliches Recht, als ausländischer Staat auch vor den Gerichten des anderen Vertragsstaates verklagt zu werden, findet, wird man von einem solchen Souveränitätsverzicht nicht ausgehen können. Es bleibt dann dabei, dass der ausländische Staat vor seinen Gerichten entsprechend verklagt werden kann, aber auch nur dort. Umgekehrt dürfte die Klage eines Inländers gegen den deutschen Staat im Ausland wegen dort selbst vorgenommener oder ersuchter Maßnahmen regelmäßig wegen den genannten Konfliktregelungen und Staatenimmunität nicht möglich sein.

4   Uneingeschränkt besteht die grundsätzliche Möglichkeit, wegen Maßnahmen eines ersuchten oder sonst vornehmenden oder gestattenden Staates mit dessen Rechtswegen und -behelfen, gegebenenfalls **vor seinen eigenen Gerichten,** Entschädigung bzw. Schadensersatz zu beanspruchen.

B. Besondere Regelungen

5   Besondere Regelungen scheinen vor diesem Hintergrund im Verhältnis mehrerer beteiligter Staaten bei der strafrechtlichen Kooperation nur in einzelnen Bereichen vorhanden, die überwiegend von einem Anspruch im Außenverhältnis an alle beteiligten Staaten ausgehen, die im Innenverhältnis eine Regresspflicht trifft. In diesem Sinn wird man auch die Haftungsregelungen in allgemeinen Rechtshilfeabkommen, so ausnahmsweise vorhanden, verstehen dürfen. Dabei ist sorgfältig auszulegen, ob es sich um reine Zurechnungsnormen handelt oder inwieweit ausnahmsweise in Ergänzung oder alternativ zum sonstigen Staatshaftungsrecht unmittelbar eigene Anspruchsgrundlagen geschaffen werden sollten.[5]

I. Haftung europäischer und internationaler Organisationen

6   Letzteres ist bei der Haftung von internationalen Organisationen zu erwarten, die praktisch kein allgemeines „Organisationshaftungsrecht" vorsehen, wie etwa Interpol. Hingegen dürften die Haftungsvorschriften von Europol nach seiner Eingliederung als Agentur der EU lediglich die nach Art. 268, 340 AEUV bestehenden allgemeinen Grundlagen für Ansprüche auf Schadensersatz ergänzen.

7   1. Allgemein haftet die **EU** für Schäden, die Privatpersonen innerhalb besonderer Rechtsbeziehungen mit ihr und außerhalb von ihnen entstanden sind (Art. 340 Abs. 1 und 2 AEUV).[6] Für die gerichtliche Geltendmachung sind die Unionsgerichte, namentlich das Gericht erster Instanz, zuständig (Art. 268 AEUV iVm Art. 256 Abs. 1 AEUV und Art. 51 EuGHSt). Ergibt sich ein Haftungsanspruch gegen die EU neben dem gegen einen Mitgliedstaat aus dem gleichen Grund, ist zweifelhaft, ob tatsächlich noch eine frühere Rechtsprechung des EuGH gilt, wonach zunächst dem innerstaatlichen Gericht die Gelegenheit gegeben sein muss, endgültig über den Schadensersatz zu entscheiden.[7] Die Amtshaftungsklage ist wohl unzulässig, wenn der Kläger eine zuvor mögliche Nichtigkeits- oder Unterlassungsklage schuldhaft versäumt hat.[8]

8   2. Dies gilt insbesondere für **Europol.** Europol haftet entsprechend vertraglichen Vereinbarungen gem. Art. 49 Abs. 1 Europol-VO sowie außervertraglichen für den durch Verschulden seiner Organe oder seiner Bediensteten in Ausübung ihres Amtes verursachten Schaden und hat ihn in dem Maße zu ersetzen, wie er diesen zuzurechnen ist (Art. 49 Abs. 3, 4 Europol-VO 2016). Trotz Fortfalls der ausdrücklichen Regelung dürfte der Schadensersatz weiterhin auch in einem Anspruch auf Unterlassung einer Handlung oder

---

[5]   Vgl. etwa *Baldus/Grzeszick/Wienhues* StaatshaftungsR Rn. 588 ff. zur Unterscheidung.
[6]   Vgl. zum Ganzen *Baldus/Grzeszick/Wienhues* StaatshaftungsR Rn. 595 ff. mwN.
[7]   Vgl. EuGH Urt. v. 14.7.1967 – C 5/66, Slg. 1967 I-331, 360 – Kampffmeyer ua./.Kommission der WEG; *Heußner* Informationssysteme 430 f. mwN.
[8]   Vgl. hierzu und zum Folgenden HdB-EuStrafR/*Böse* § 54 Rn. 51 f.

auf Widerruf bestehen können.⁹ Dies schließt andere Schadensersatzansprüche nach dem innerstaatlichen Recht der Mitgliedstaaten nicht aus.

Mit der Neuregelung in Art. 49 Abs. 4 Europol-VO ist wohl eine ausdrückliche Zuständigkeitszuweisung für die gerichtliche Entscheidung auch für alle außervertraglichen Schadensersatzansprüche an den EuGH erfolgt. Die komplizierten Regelungen zur Geltendmachung vor dem zuständigen mitgliedstaatlichen Gericht ist damit aufgegeben und eine solche wohl auch nicht mehr möglich.¹⁰ Allerdings ist durch den in Art. 49 Abs. 5 Europol-VO fortgeführten Verweis von Art. 53 Abs. 2 Hs. 1 Europol-B, der die Rechtsprechung zu Art. 340 Abs. 2 AEUV aufgreift, weiterhin eine europäische Amtshaftungsklage möglich.¹¹ 9

Für den Schaden, der durch in rechtlicher oder sachlicher Hinsicht fehlerhafte **Daten, die von Europol gespeichert oder verarbeitet wurden,** verursacht worden ist, kann hingegen jeder Geschädigte Ersatz alternativ im Wege der Amtshaftungsklage nach Art. 340 Abs. 2 AEUV oder gegenüber dem Mitgliedstaat beanspruchen, in dem der Schadensfall eingetreten ist; hierzu wendet er sich an die nach dem innerstaatlichen Recht dieses Mitgliedstaats zuständigen Gerichte. Der Umfang der Haftung bestimmt sich nach dem innerstaatlichen Recht dieses Mitgliedstaats bzw. dem auf Europol anwendbaren Recht, die im Innenverhältnis dem erstattenden Staat zum Ausgleich verpflichtet sind (Art. 50 Europol-VO). 10

3. Ebenfalls ist für **Eurojust** die Haftung gem. Art. 24, 27c EurojustB geregelt. Ansprüche wegen Schadensersatzes richten sich nach dem Recht des Sitzstaates, mithin dem der Niederlande, und sind vor den dortigen Gerichten geltend zu machen (§ 10 EJG). 11

4. Hingegen traditionell sehr umstritten ist die Frage, ob Klage auf Schadensersatz gegen **Interpol** vor deutschen Zivilgerichten erhoben werden kann.¹² Eine Regelung in der Verfassung oder dem Sekundärrecht der Organisation besteht nicht. Allgemein setzt eine solche Einklagbarkeit sowohl eine Anerkennung der Privatrechtsfähigkeit, wohl vermittelt über den Sitzstaat, und eine Nichtanwendbarkeit einer Immunität voraus. Auch letzteres kann wohl angenommen werden, da kein entsprechender allgemeiner völkerrechtlicher Grundsatz zugunsten von Internationalen Organisationen besteht und besondere Immunitätsprivilegien über die Unpfändbarkeit etc nicht vereinbart sind. 12

II. Grenzüberschreitender Einsatz von Amtsträgern

Ansonsten bestehen zunächst Sonderregelungen für die Schadensersatzhaftung beim grenzüberschreitenden Einsatz von Amtsträgern, insbesondere von Ermittlern und anderen Polizeikräften. Diese finden sich im Bereich des SDÜ, des RHÜ 2000, der EEA-RL, des ZP II-RHÜ 1959 sowie bilateraler Abkommen zwischen den europäischen Staaten.¹³ Dabei wird durchweg eine gesamtschuldnerartige Haftung der beteiligten Staaten postu- 13

---

⁹ Nach Art. 53 Abs. 3 Europol-Beschluss aF hatte, soweit nicht im Bereich des Datenschutzes durch speziellere Ansprüche verdrängt, der Geschädigte gegenüber Europol auch ausdrücklich einen Anspruch auf Unterlassung einer Handlung oder auf Widerruf; die neue englische Sprachfassung von Art. 49 Abs. 3 Europol-VO gibt den „Schadensersatz" in den Worten „make good any damage caused" wieder und dürfte damit auch einen Anspruch auf Folgenbeseitigungsanspruch als Naturalrestitution beinhalten.

¹⁰ Art. 51 Abs. 2, 4 Europol-Beschluss 2009 enthielt den ausdrücklichen Verweis auf die Möglichkeit, Schadensersatzansprüche vor mitgliedstaatlichen Gerichten geltend zu machen, dabei ergaben sich Fragen nach dem Verhältnis zur Amtshaftungsklage vor dem EuG. Folgte man dem Immunitätsrecht der Union nach Art. 51 Europol-Beschluss, so war nach dem Wortlaut des entsprechenden Protokolls die Durchführung von Zwangsmaßnahmen ohne Ermächtigung eines Unionsgerichts in die Vermögensgegenstände und Guthaben der Union unzulässig, vgl. Art. 1 S. 3 Protokoll (Nr. 7) über die Vorrechte und Befreiungen der Europäischen Union, ABl. 2012 C 326, 266.

¹¹ AA wohl HdB-EuStrafR/*Böse* § 54 Rn. 52, der eher von einer bloß subsidiären Haftung nach Art. 340 Abs. 2 AEUV auszugehen scheint.

¹² Vgl. zum Ganzen insbes. *Randelzhofer* FS Schlochauer, 1981, 531 ff. mwN.

¹³ Art. 126 Abs. 3 lit. c, d SDÜ; Art. 16 RHÜ 2000; Art. 18 EEA-RL; Art. 21 f. ZP II-RHÜ 1959; **für Polen:** Art. 20 Nr. 2, 3, 7 ErgV-RHÜ 1959 DE/PL; **Tschechien:** Art. 26 Nr. 2, 3, 6 PolZV DE/CZ; **die Schweiz:** Art. 27 Nr. 3, 7 PolZV DE/CH.

liert. Allerdings entbindet dies nicht davon, jeweils die Anspruchsvoraussetzungen im konkreten Verhältnis zu dem jeweiligen Staat im Einzelnen zu prüfen. Art. 43 Abs. 2 SDÜ und die diesen fortschreibenden Normen werden dabei grundsätzlich nicht als Anspruchsgrundlage eingeordnet.[14] Jedoch wird das Handeln der fremden Beamten dem Gebietsstaat zugerechnet und kann auch deren Verhalten eine Amtspflichtverletzung oder Verletzung einer Schutznorm in Gestalt des Amtsträgerstrafrechts erfüllen.[15]

14 Für Teilnehmer von Europol an **gemeinsamen Ermittlungsgruppen** haftet der Mitgliedstaat des Einsatzgebietes wie für eigene Beamte.[16]

III. Europäische Union im Übrigen

15 1. Für den **Bereich der Rechtshilfe fehlt** es auch innerhalb der EU an einer **allgemeinen Regelung,** die stets zu einer gemeinsamen Haftung von ersuchendem und ersuchtem Staat führen würde. Interessanterweise sah alleine der Rahmenbeschluss zur gescheiterten Europäischen Beweisanordnung eine Regelung vor, nach der der Anordnungsstaat dem Vollstreckungsstaat in Fällen, in denen er nach Maßgabe seines Rechts Betroffenen Schadensersatz geleistet hat, zu erstatten hat, soweit nicht der Schaden auf das Verhalten des Vollstreckungsstaats zurückzuführen ist (Art. 19 Abs. 1 EEA-RL). Ausdrücklich sollten allerdings die nationalen Rechtsvorschriften der Mitgliedstaaten über Schadenersatzansprüche nach Art. 19 Abs. 2 EEA-RL unberührt bleiben, sodass gerade keine besondere Haftungszurechnung durch das Unionsrecht, sondern ein bloßer Regress im Innenverhältnis erfolgte. Für die Europäische Ermittlungsanordnung findet sich stattdessen nur noch eine Regelung für die gesamtschuldnerartige Haftung beider beteiligter Staaten beim Einsatz von Beamten im anderen Hoheitsgebiet (→ Rn. 13) und zusätzlich einen allgemeinen Regressverzicht außerhalb dieser Fallkonstellation (Art. 18 EEA-RL).

16 2. Stattdessen hat sich die unionsrechtliche Schadensersatzregelung bei der strafrechtlichen und polizeilichen Kooperation der Mitgliedstaaten vor allem ausgehend vom **Datenschutzrecht** ausgeprägt. So ist insbesondere regelmäßig für Schäden aufgrund der **Verarbeitung von Daten in europäischen Verbunddatensystemen** ein Schadensersatzanspruch vorgesehen, der durch das entsprechende Sekundärrecht ausgeformt ist, jedoch in diesem Licht in den Mitgliedstaaten nach den Grundsätzen des Kollisions- und nationalen materiellen Rechtes auszugestalten ist:[17] Während bei verbundenen IT-Systemen im Bereich der Verwaltung meist der Grundsatz getrennter Haftung nur des Verursachers herrscht, hat sich für die europäischen Verbunddateien im Bereich der polizeilichen und justiziellen Zusammenarbeit das Gesamthaftungsprinzip als Leitbild durchgesetzt. Dieses kann entweder bedeuten, dass Schadensersatz von vornherein bei allen angeschlossenen Staaten eingefordert werden kann, oder aber jedenfalls bei einer Stelle, die die Informationen verarbeitet und dadurch zum Schaden beigetragen hat.[18]

17 a) So haftet innerhalb des Verbunds des **SIS II** jeder Mitgliedstaat nach Maßgabe seines nationalen Rechts für die durch den Betrieb des SIS II **verursachten Schäden,** auch wenn diese durch unsachgemäße bzw. unrichtige Ausschreibung verursacht wurden (Art. 64 SIS II-Beschluss; Art. 48 SIS II-VO). Ist der in Anspruch genommene Mitgliedstaat nicht der ausschreibende Mitgliedstaat, so hat letzterer den geleisteten Ersatz auf Anforderung zu erstatten, es sei denn, die Nutzung der Daten durch den die Erstattung beantragenden Mitgliedstaat hätte gegen das für das SIS geltende Recht verstoßen. Für

---

[14] NK-RechtshilfeR/*Kubiciel* IV Rn. 236 mwN; gleiches muss für Art. 16 Abs. 2 RHÜ 2000 als „Nachfolgeregelung" gelten, vgl. NK-RechtshilfeR/*Kubiciel* IV Rn. 327.
[15] Vgl. Art. 42 SDÜ.
[16] Art. 3 Abs. 1, 2 RB 2002/465/JI mit Kostenerstattung im Innenverhältnis nur als Regress bei Drittschäden Art. 3 Abs. 3, 4 RB 2002/465/JI.
[17] Vgl. hierzu und zum Folgenden *Heußner* Informationssysteme 419 ff. mwN.
[18] Vgl. auch *Heußner* Informationssysteme 432 ff. mwN namentlich zu ZIS, SIS (I) und Europol-Informationssystem.

sonstige Schäden im SIS II, die darauf zurückzuführen sind, dass ein Mitgliedstaat seinen Verpflichtungen aus diesem Beschluss nicht nachgekommen ist, haftet der betreffende Mitgliedstaat, es sei denn, die Verwaltungsbehörde oder andere am SIS II beteiligte Mitgliedstaaten haben keine angemessenen Schritte unternommen, um den Schaden abzuwenden oder zu minimieren.

b) Jede Person oder jeder Mitgliedstaat, der bzw. dem durch eine rechtswidrige Verarbeitung oder durch andere gegen die **VIS-VO** oder den VISZ-Beschluss verstoßende Handlungen ein Schaden entsteht, hat das Recht, von dem für den Schaden verantwortlichen Mitgliedstaat Schadensersatz zu verlangen (Art. 33 Abs. 1 S. 1 VIS-VO; Art. 10 Abs. 1 S. 1 VISZ-Beschluss). Die Geltendmachung von Schadensersatzansprüchen unterliegt dem innerstaatlichen Recht des beklagten Mitgliedstats (Art. 33 Abs. 3 VIS-VO; Art. 10 Abs. 3 VISZ-Beschluss). Allerdings soll der in Anspruch genommene Mitgliedstaat „teilweise oder vollständig von seiner Haftung befreit" werden, wenn er nachweist, dass er für den Umstand, durch den der Schaden eingetreten ist, nicht verantwortlich ist (Art. 33 Abs. 1 S. 2 VIS-VO; Art. 10 Abs. 1 S. 2 VISZ-Beschluss). Dies kann nach der Systematik nur als Ausgleich, Regress und gegebenenfalls Freistellungsanspruch zwischen den beteiligten Staaten im Innenverhältnis gelten, der das Außenverhältnis zum Betroffenen nicht berührt. Alles andere wäre diesem nicht zuzumuten und würde dem Sinn der gesamtschuldähnlichen Haftung widersprechen. Ebenso wird man die Regelung durchaus als Indiz für eine gewollte Haftungszurechnung im Außenverhältnis wie bei den anderen Verbunddateien ansehen können. 18

c) Exakt die gleiche Norm findet sich für das **Eurodac** in Art. 37 Eurodac-VO. 19

d) Der **Prümer Ratsbeschluss** sieht vor, dass die Mitgliedstaaten sicherstellen müssen, dass dem Betroffenen einer Datenverarbeitung im Anwendungsbereich des Beschlusses die Möglichkeit eröffnet wird, einen Schadensersatzanspruch „oder Abhilfe anderer Art" gerichtlich durchzusetzen. Die Einzelheiten des Verfahrens zur Durchsetzung dieser Rechte und die Gründe für die Einschränkung des Auskunftsrechts sollen sich nach dem innerstaatlichen Recht des Mitgliedstaats, in dem der Betroffene seine Rechte geltend macht, richten (Art. 31 Abs. 1 S. 3 Hs. 2, Abs. 2 Prümer Ratsbeschluss). Mit der zweiten Alternative wird ein allgemeiner Folgenbeseitigungsanspruch im Sinne echter Restitution statt Kompensation angedeutet, ohne dass sich dies in der weiteren Entwicklung des Unionsrechtes durchgesetzt hätte. Den Mitgliedstaaten ist aber auch sonst nicht verwehrt, als Plus-intra-simile-Schadensersatz durch Naturalrestitution vorzusehen. 20

Für die Schadensersatzansprüche nach dem Prümer Ratsbeschluss und dem PrümV sieht das deutsche Umsetzungsgesetz ausdrücklich vor, dass die Bundesrepublik Deutschland für die Schäden, die durch die Verletzung von Datenschutzrechten entstanden sind, unter Beachtung der Haftungszurechnung des übermittelnden Staates nach Maßgabe ihres nationalen Rechts haftet.[19] Bei den Ansprüchen wegen Datenübermittlungen nach Prümer Ratsbeschluss und PrümV wird die Bundesrepublik Deutschland durch das BKA vertreten (§ 8 Abs. 2 PrümVAG). 21

3. Allgemein hat nach Art. 56 JI-RL (wie zuvor Art. 19 RB 2008/977/JI) jede Person, der wegen einer **rechtswidrigen Verarbeitung** oder einer anderen, mit den innerstaatlichen Vorschriften zur Umsetzung des Rechtsakts nicht zu vereinbarenden Handlung ein Schaden entsteht, Anspruch auf Schadenersatz gegenüber dem für die Verarbeitung Verantwortlichen oder der sonst nach innerstaatlichem Recht zuständigen Stelle. 22

Dabei soll der **Begriff des Schadens** im Lichte der Rechtsprechung des Gerichtshofs weit und auf eine Art und Weise ausgelegt werden, die den Zielen der Richtlinie in vollem Umfang entspricht.[20] Namentlich sollen die betroffenen Personen einen vollständigen und wirksamen Ersatz für den erlittenen Schaden erhalten. Verwiesen ist dabei namentlich auf 23

---

[19] § 8 Abs. 1 PrümVAG iVm Art. 40 Abs. 1 S. 3, Abs. 2 S. 1 PrümV bzw. Art. 31 Abs. 1 S. 3, Abs. 2 S. 1 Prümer Ratsbeschluss.
[20] Vgl. hierzu und zum Folgenden Erwägungsgrund 88 JI-RL.

einen physischen, materiellen oder immateriellen Schaden für natürliche Personen, darunter etwa Verlust der Kontrolle über ihre personenbezogenen Daten oder Einschränkung ihrer Rechte, Diskriminierung, Identitätsdiebstahl oder -betrug, finanzielle Verluste, unbefugte Aufhebung der Pseudonymisierung, Rufschädigung, Verlust der Vertraulichkeit von dem Berufsgeheimnis unterliegenden personenbezogenen Daten oder andere erhebliche wirtschaftliche oder gesellschaftliche Nachteile für die betroffene natürliche Person.[21]

24 Der Anspruch soll **unabhängig** von weiteren aufgrund von Verstößen gegen andere Vorschriften des Unionsrechts oder des Rechts der Mitgliedstaaten bestehen. Die Verarbeitung in diesem Sinn ist **rechtswidrig,** wenn sie gegen einen ordnungsgemäß erlassenen Durchführungsrechtsakt verstößt.[22]

25 Ferner wird zusätzlich zu den Pflichten, einen solchen Schaden zu verhindern, das Augenmerk darauf gelegt, dass die verantwortlichen Stellen den entstehenden Schaden möglichst zu minimieren haben, etwa indem die Aufsichtsbehörden und die Betroffenen von einer Verletzung des Schutzes personenbezogener Daten unverzüglich benachrichtigt werden sollen, wenn die Verletzung des Schutzes personenbezogener Daten voraussichtlich zu einem hohen Risiko für die Rechte und Freiheiten natürlicher Personen führt, damit sie die erforderlichen Vorkehrungen treffen können (vgl. ausf. Erwägungsgrund 61, 62 JI-RL).

26 Der **Anspruchsgegner** bestimmt sich mittels der Begriffsdefinitionen des Art. 3 Nr. 7, 8 JI-RL sowie im Fall gemeinsamer Verantwortlicher nach Art. 19, 21 JI-RL unter Abgrenzung der jeweiligen Pflichten. Auch Auftragsverarbeiter sind insoweit Verantwortliche, Art. 22 Abs. 5 JI-RL. Bei einem Schaden aufgrund unzureichender Umsetzung der Richtlinie gelten die allgemeinen Grundsätze des Unionsrechts.

27 Demgegenüber ist die Regelung von Art. 19 Abs. 1 RB 2008/977/JI entfallen, dass sich eine weiterverarbeitende Stelle nicht damit entlasten könne, dass ihr von anderen übermittelte Daten unrichtig gewesen sind, allerdings in diesen Fällen Regress nehmen, wobei ein etwaiges Verschulden des Empfängers zu berücksichtigen ist und auch sonst der Schadensersatzanspruch ohne staatliche Exkulpationsmöglichkeit bestehen sollte.

28 Beiden Rechtsakten ist gemeinsam, dass die besonderen Datenschutzregelungen, namentlich zu den besonderen Verbunddateien, auch hier vorgehen (vgl. Art. 60 f. JI-RL) und außerhalb ihres Anwendungsbereichs die DS-GVO oder alleine das Recht der Mitgliedstaaten eingreifen (→ Rn. 16 ff.).

IV. Weiteres Rechtshilferecht

29 Auch innerhalb des **weiteren Rechtshilferechtes** finden sich zunehmend Schadensersatzregelungen, die an das Datenschutzrecht anknüpfen. Vor allem durch die besonderen Abkommen zum **Informationsaustausch in Steuer- und Steuerstrafsachen** haftet die empfangende (regelmäßig: deutsche) Stelle nach Maßgabe ihres innerstaatlichen Rechts für den Ersatz der Schäden, die jemand im Zusammenhang mit Übermittlungen im Rahmen des Datenaustauschs nach diesem Abkommen rechtswidrig erleidet. Sie kann sich im Verhältnis zum Geschädigten zu ihrer Entlastung nicht darauf berufen, dass der Schaden durch die übermittelnde Stelle verursacht worden ist.[23] Insbesondere wenn durch eine nicht erlaubte Verwendung von übermittelten Informationen ein Schaden entstanden ist, ist dieser von der Stelle, die die Informationen empfangen hat, zu ersetzen.[24] Dagegen enthalten die Regierungsabkommen zur Bekämpfung der schweren Kriminalität noch ebenso wenig Schadensersatzregelungen wie die klassischen Rechtshilfeverträge. Bei den neueren Regierungsabkommen zur Zusammenarbeit im Sicherheitsbereich ist indes eine gesamtschuldnerartige Haftung jedenfalls für den Bereich des Informationsaustausches festzustel-

---

[21] Vgl. ausf. Erwägungsgrund 61 S. 1 JI-RL.
[22] Vgl. Erwägungsgrund 88 S. 3, 4 JI-RL.
[23] Vgl. zB **für die Bahamas:** Nr. 2 lit. g Protokoll zum InfoAust BS 2010.
[24] Vgl. zB **für die Bahamas:** Nr. 2 lit. b S. 5 Protokoll zum InfoAust BS 2010.

len, da hier eine haftungshindernde Verweisung auf den übermittelnden Staat ausgeschlossen, jedoch der Regress möglich sein soll.²⁵

C. Umsetzung im deutschen Recht

Nach alledem wird man die entsprechenden Regelungen innerhalb des **Rahmens des deutschen Rechts** umzusetzen haben. 30

I. Anspruchsgrundlagen

Für Deutschland kann dabei zunächst auf die einschlägige Literatur zum Staatshaftungsrecht 31 verwiesen werden.²⁶ Als **allgemeine Haftungsgrundlagen** kommen hier die gesamten zur Verfügung stehenden Staatshaftungsansprüche in Betracht, namentlich aus § 839 BGB iVm Art. 34 GG, §§ 823 ff. BGB im Übrigen, Regelungen der Eigentumsentschädigungen und Aufopferung, namentlich nach den jeweiligen Polizeigesetzen. Zudem könnte auch in diesem Bereich ein gesonderter Anspruch aus Verletzung einer individualschützenden Unionsrechtsnorm begründet sein.²⁷

1. Unter dem Gesichtspunkt des Strafverfahrensrechts sind ergänzend bzw. vorrangig die 32 **Ansprüche nach dem StrEG** zu beachten. Diese berechtigen allerdings nur den Beschuldigten bzw. erwiesenermaßen unrechtmäßig Verurteilten, gegen den sich gerade in dieser Rolle die entsprechende Maßnahme gerichtet hat.²⁸

2. Dagegen gilt die spezielle **Haftungsregelung des BKAG** für den Bereich der 33 internationalen Zusammenarbeit und die Verbunddateien grundsätzlich nicht.²⁹

3. Im vorliegenden Bereich des Informationsrechts kann sich daneben insbesondere ein 34 grundsätzlich verschuldensunabhängiger Anspruch mit Exkulpationsmöglichkeit aus den **Datenschutzgesetzen,** namentlich § 83 BDSG und den entsprechenden Regelungen der Länder,³⁰ ergeben.

II. Voraussetzungen

Dabei macht es keinen materiellen Unterschied, ob Verletzungshandlung, -erfolg oder Schaden im In- oder Ausland durch zurechenbares Handeln der deutschen Stellen eingetreten sind. 35
Auch die völkerrechtliche Immunität ist rein prozessual und keine Haftungsfreizeichnung.

III. Haftungszurechnung

Innerhalb dieser Rechtsgrundlagen stellt sich die Frage, wodurch und inwieweit den 36 deutschen Stellen das Handeln ausländischer Stellen im Rahmen einer konkreten Kooperation zugerechnet werden kann. Soweit **entsprechende völker- und unionsrechtliche Haftungszuschreibungen** für das Handeln ausländischer oder internationaler Stellen und Amtsträger existieren (→ Rn. 5 ff.), die in das deutsche Recht – vor allem durch Ratifizie-

---

25 Vgl. zB für **Albanien:** Art. 8 Nr. 5 SichZusAbk DE/AL; ähnlich **Ägypten:** SichZusAbk DE/EGY; **Georgien:** AntiOrgKrimAbk DE/GE; **Kirgisistan:** AntiOrgKrimAbk DE/KG; **Russland:** AntiOrgKrimAbk DE/RU; **Serbien:** SichZusAbk DE/RS; **Tunesien:** AntiOrgKrimAbk DE/TN.
26 Vgl. etwa *Baldus/Grzeszick/Wienhues* StaatshaftungsR; sowie die jeweilige Lit. zum Polizeirecht für die polizeilichen Entschädigungsansprüche.
27 Vgl. hierzu *Baldus/Grzeszick/Wienhues* StaatshaftungsR Rn. 286 ff.
28 BGH NJW 1990, 397; OLG Hamm wistra 2006, 359; OLG Nürnberg NStZ-RR 2003, 62 (63); OLG Frankfurt a.M. NStZ-RR 2002, 320; OLG Celle NdsRpfl 1986, 38 (48); KG NJW 1978, 2406; zu Letzterem ausdrücklich KG BeckRS 2009, 20227.
29 Der Verweis von § 35 BKAG auf §§ 51 ff. BPolG soll nur für die weiteren Aufgaben des BKA gelten, die durch unmittelbare Handlungsmöglichkeiten nach außen geprägt sind. Ob dies für eine Analogie ausreicht, erscheint vor allem angesichts der anscheinenden Geplantheit der Regelungslücke sehr zweifelhaft.
30 Vgl. Auflistung bei Simitis/*Simitis* BDSG § 7 Rn. 80 Fn. 190.

rung – übernommen wurden, wird man diese ohne Weiteres, also auch ohne besondere zusätzliche gesetzliche Norm zu berücksichtigen haben.

37 **1.** Dies geschieht für **im inländischen Zuständigkeitsbereich aufgrund unionsrechtlicher Grundlage eingesetzte Polizeibeamte** bereits ausdrücklich nach den Polizeigesetzen. Dort wird auch mit haftungsrechtlicher Wirkung bestimmt, dass ihre „Maßnahmen ..., als Maßnahmen derjenigen Polizeidienststelle, in deren örtlichem und sachlichem Zuständigkeitsbereich sie tätig geworden sind" gelten.[31] Daran knüpft wiederum die Vorschrift an, dass zur Entschädigung der Staat oder die Körperschaft verpflichtet ist, „in deren Dienst der Beamte steht, der die Maßnahme getroffen hat."[32]

38 **2.** Allgemein wird man beim Amtshaftungsanspruch, aber auch bei den Schadensersatzansprüchen für Gehilfen, den **weisungsabhängig eingegliederten ausländischen Amtsträger** (jedenfalls bekräftigt bei entsprechenden Zurechnungsregelungen) vom jeweiligen Haftungsbegriff umfasst sehen müssen.

39 **3.** Ansonsten wird man die durch **Vertragsgesetz oder sonstigen Anwendungsbefehl** umgesetzten Haftungszurechnungen gemeinsam mit der allgemeinen Anspruchsgrundlage als haftungsbegründende Norm anzusehen haben. Sie stellt entsprechende ausländische Stellen und Handelnde inländische in dem Sinn gleich, dass es auf dieses Merkmal für die Haftung der deutschen Stellen bzw. des Verwaltungsträgers nicht ankommen kann. Außerdem überlagert die gesamtschuldnerartige gemeinsame Haftung im Außenverhältnis jeden Einwand der Exkulpation mit Hinweis alleine auf das ausländische Handeln und verlangt richtigerweise eine volle Handlungs- und Verschuldenszurechnung im Außenverhältnis zum Betroffenen. Andere anspruchbegründende oder hindernde Merkmale dürften hingegen durchaus auch Einzelwirkung entfalten, wie etwa der Verzicht oder eine andere Einrede nur eines beteiligten Staates. Der interne Ausgleich ist dann entsprechend dem Wortlaut und Sinn und Zweck der jeweiligen Haftungsverbundnormen und konkreten Verschuldensbeiträge zu suchen.

40 **4.** Hingegen wird für die **bloße Leistung von Rechtshilfe** ohne derartige Zurechnungsnormen nur dann eine schadensersatzpflichtige Haftung des deutschen Staats in Betracht kommen, wenn diesen bzw. dessen Amtsträger selbstständig die entsprechenden Anspruchsgrundlagen erfüllen, also zB eine eigene Amtspflicht schuldhaft verletzt haben und sich, auch nicht durch das Dazwischentreten des fremden Staates exkulpieren können. Der im Rahmen der Rechtshilfe handelnde ausländische Beamte wird unter keinem Gesichtspunkt inländischer Amtsträger oder Weisungsabhängiger.[33]

D. EMRK

41 Schließlich kann auf der überstaatlichen Ebene bei Verletzung der **EMRK** eine Entschädigung für den dadurch erlittenen Schaden durch den EGMR zugesprochen werden.[34]

---

[31] Vgl. etwa **für Baden-Württemberg:** § 78 Abs. 2 S. 2 BWPolG iVm Abs. 3 S. 2 BWPolG.
[32] Vgl. etwa **für Baden-Württemberg:** § 56 S. 1 BWPolG.
[33] Vgl. auch *Hübner*, Ausländisches Recht vor deutschen Gerichten. Grundlagen und europäische Perspektiven der Ermittlung ausländischen Rechts im gerichtlichen Verfahren, 2014, 249 f. mwN dort auch zur Frage, ob § 839a BGB bei gerichtlicher Bestellung einer ausländischen Stelle als gerichtlichem Sachverständigen, namentlich auch bei Rechtshilfe im Wege der Rechtsauskunft eingreifen kann, was wohl in vorliegenden Strafverfahren auch unter Berücksichtigung der immunitäts- und kollisionsrechtlichen Fragestellungen kaum anzunehmen scheint.
[34] Vgl. dazu etwa *Baldus/Grzeszick/Wienhues* StaatshaftungsR Rn. 576 ff.; HdB-EuStrafR/*Böse* § 52 Rn. 12.

Sachverzeichnis

Abfrage
- automatisierte ~§ 19 113
- Register § 14 28

Abgabe § 17 234
- der Strafverfolgung § 17 230
- des Verfahrens § 17 234
- öffentlich-rechtliche ~§ 13 215

Abgabenorganisierte Kriminalität § 15 130
Abgabenbetrug § 11 69
Abgabenstrafsachen § 20 11
Abgeordnetenbestechung § 9 61
Abkommen über den Schutz personenbezogener Daten § 27 32
Abkommen zwischen den Vereinigten Staaten von Amerika und der Europäischen Union über den Schutz personenbezogener Daten bei der Verhütung, Untersuchung, Aufdeckung und Verfolgung von Straftaten (DatSchAbk USA/EU) § 19 59 ff., 107
Ablehnung des Ersuchens § 13 50; § 15 60, 528, 530; § 26 13
- Begründungspflicht § 23 153
- besondere Beweislage § 23 145
- Beweisantrag § 15 60
- einer nicht berechtigten Stelle § 13 41
- Gegenseitigkeit § 11 54; § 15 117
- Gründe § 11 54
- Konsultation § 13 46
- Konsultationspflicht § 13 68
- Kosten § 13 30
- Nachberichtspflicht § 13 50
- nicht bei Beweisaufnahme im Ausland § 13 81
- Ultima-ratio § 13 39, 46
- Wohlwollende Auslegung § 13 42

Ablehnung von Beweisanträgen § 22 9
Ablehnungsgründe § 11 45; § 21 147
- in der Person der Betroffenen § 11 105

Abschlussentscheidung § 14 107; § 15 251; § 19 8; § 24 1, 7
Abschrift § 13 145; § 14 107
- Beglaubigung § 12 198, 202; § 13 146, 148, 200
- Kopie § 13 146
- Mehrfertigung § 13 145
- Original § 13 145, 200
- Übersetzung § 13 153
- Urteil § 10 25; § 12 50; § 14 107

Absolute Verarbeitungsschranke § 17 88
Abwägungslehre § 18 17; § 23 110; § 24 32, 44
Abwehr einer ernsthaften Bedrohung der öffentlichen Sicherheit § 19 152

Abwehr von Gefahren § 11 128
Acquis Communautaire § 12 46; § 19 40
Acta gestionis § 1 21 f.; § 2 14
Acta (iure) imperii § 1 21 f.
Ad-hoc-Strafgerichtshöfe § 17 282
Adhäsionsverfahren § 11 21, 25
AFIS, s. auch Fingerabdruck § 15 259
Agenten § 1 24
Agenturen der Europäischen Union § 17 265; § 21 28
Agrarmarktdaten § 14 215
Air Defense Identification Zones § 2 152
Akten § 27 5
- für Zollzwecke § 16 59
- Recht auf ~ § 27 6
Akteneinsicht, traditionell § 27 6
Aktennotizen von Ermittlungsbeamten § 23 92
Aktualität § 17 205, 217
- Grundsatz der „alerts" § 17 175
Al Motassadeq-Fall § 24 42, 64
Alibizeuge § 21 150
Allgemeine Erklärung der Menschenrechte (AEMR) § 1 18
Allgemeine Leistungsklage § 26 21
Allgemeiner Akteneinsichts- und Auskunftsanspruch § 27 50
Allgemeines Persönlichkeitsrecht § 1 25; § 7 12; § 14 76
Allgemeines polizeiliches Datenschutzabkommen mit den USA § 27 8
Allgemeines Rechtsschutzbedürfnis § 26 20
Allgemeines Rehabilitationsinteresse § 26 7
Allgemeinkundige Tatsachen § 24 2
Allgemeinkundigkeit § 23 112
Amnesty International § 24 42
Amsterdam, Vertrag von § 9 19; § 16 3
Amtsaufklärungspflicht § 9 113; § 23 21, 127, 129, 133, 136, 139, 149, 152 f.
Amtsbezirk § 26 15
Amtsermittlungsgrundsatz § 14 84
Amtsgeheimnis § 2 47; § 13 193
- NATO § 2 47
Amtsgericht, Präsident § 12 16, 71, 82
Amtshaftung
- Anspruch § 28 38
- Klage § 25 8; § 28 7
Amtshandlungen im Ausland § 8 28
- Teilnahme deutscher Richter und Beamter § 6 5

Sachverzeichnis

Amtshilfe § **11** 33, 127; § **12** 90; § **16** 56; § **17** 260
– durch deutsche Auslandsvertretungen § **5** 4
– formlose zur freiwilligen Befragung § **15** 183
  – anwendbares Recht § **15** 184
– innerstaatliche § **5** 29
– konsularische § **5** 30
– polizeiliche § **24** 12
– Verfahren § **12** 86
Amtssiegel § **12** 193
Amtssprache § **17** 250; § **23** 56
Amtsstatthalter § **23** 47
Amtsträger § **23** 15
– ausländische § **2** 1
– Aussage § **23** 16
– Aussagegenehmigung § **13** 181 f.
– Benachrichtigung der Dienststelle § **13** 193
– Europäische Union § **13** 187 f.
– Europol § **13** 190
– Immunität § **13** 185
– internationale Organisationen § **13** 186
– NATO § **13** 193
– Verschwiegenheit § **13** 190
Amtswalter § **23** 15
Analysedatei § **17** 137, 165, 184
– Datenschutzkommission § **17** 180
– indirekter Zugang § **17** 212
– Rechtsstreitigkeiten § **17** 223
– Sekretariat § **17** 180
– wissenschaftliche, historische und journalistische Recherche § **17** 223
– Zugriff auf Interpol-Daten § **17** 207
Analysegruppe Europol § **17** 139 ff.
Analysen und Lagebilder § **14** 218 ff.
Analytische Information § **15** 709
Androhung von Zwangsmittel § **15** 587
Anerkennung, gegenseitige § **19** 34
Anerkennungsmechanismen § **26** 11, 46
Anerkennungsprinzip § **11** 82; § **11** 226; § **25** 2; § **26** 38
Anfechtung § **26** 44
– Berücksichtigung des Anordnungsstaats bei erfolgreicher Anfechtung der Anerkennung § **26** 44
– Klage § **26** 20
Angeklagter § **23** 66, 97, 100
– Einlassung § **23** 3
Angemessenes Schutzniveau § **17** 157; § **20** 78
– Beurteilung aller Umstände § **20** 82
– völkerrechtliche Vereinbarung § **20** 81
Angemessenheitsbeschluss § **17** 155; § **20** 80
Angriff, Luftfahrzeug § **2** 154
Anhörung § **15** 20
Anknüpfungstatsache § **23** 11
Anliegerstaaten § **2** 106
Anmaßung von Hoheitsrechten § **18** 6
Annexverfahren § **20** 45
Anonymisierung von Daten § **19** 146

Anonymität § **17** 130
– Informanten § **17** 130
– Zeugen § **17** 130; § **24** 61
Anordnung § **15** 473, 538; § **26** 9
– Diensteanbieter § **15** 538
Anordnungsbehörde § **13** 90; § **15** 479; § **26** 42
Anordnungsstaat § **26** 21, 41
Anschreiben § **12** 131
– Absenderangabe § **12** 137
– Angaben erforderlich § **12** 134
– Ausführungen zum Bezugsverfahren § **12** 139
– Bezugssachverhalt § **12** 140
– Muster § **12** 135
– Sachverhalt § **12** 139
– wesentliche Straftaten § **12** 140
– zuständige Behörde § **12** 132
Anschlussverfahren § **19** 152
Anschlusszone § **2** 107
– Durchsuchung § **2** 107
– Festhalten § **2** 107
– Kontrolle § **2** 107
– Nacheile § **2** 107
Anschriften ausländischer Behörden § **12** 130
Anspruch § **19** 130; § **27** 96
– auf Auskunft § **11** 222
– auf Auskunft über gespeicherte Informationen und Akteneinsicht § **27** 49 ff.
  – aus besonderen rechtshilferechtlichen Instrumenten § **27** 51
  – Europäische Union § **27** 53
  – über die Rechtsordnung des mitbeteiligten Staats § **27** 52
– auf rechtsfehlerfreie Entscheidung § **26** 12
– auf Schadensersatz § **28** 22
Antarktis § **2** 166
– Gebietshoheit § **2** 167
– Gewässer § **2** 167
– Inspekteure § **2** 168
– Jurisdiktion § **2** 168
– wissenschaftliches Personal § **2** 168
– ~vertrag § **2** 166
Antizipation § **23** 147
– Beweisergebnis § **23** 147
Antizipierte Würdigung § **23** 143
Antrag § **23** 117
– auf Ermittlungsmaßnahmen § **26** 12
– des Betroffenen § **14** 148
– Frist § **14** 149
Anwendbares Recht § **24** 18
– Empfangnahme § **9** 99
– Ergebnisse § **9** 99
– erbetene Form § **9** 103
– Europäische Union § **9** 104
– Europäische Beweis- bzw. Ermittlungsanordnung § **9** 84
– formlose Amtshilfe zur freiwilligen Befragung § **15** 183
– Öffnung § **9** 101

Sachverzeichnis

– Recht des ersuchenden Staates § 9 101
– Stellung des Rechtshilfeersuchens § 9 99
– Übermittlung § 9 99
– USA § 9 103
– Verwertbarkeit § 15 185
Anwendungsvorrang § 2 35
– Unionsrecht § 2 35
Anwesenheit § 13 81; § 15 156; § 22 8
– körperliche § 23 146
– Videosimultanvernehmung § 23 146
– der Verfahrensbeteiligten § 23 57
– von Amtsträgern § 12 145
Anwesenheitsberechtigte § 13 125
– Bedingung § 13 124
– Verwendung § 13 127
Anwesenheitsrecht § 13 98; § 15 210; § 24 37
– der Verfahrensbeteiligten § 13 98
– der Verteidigung § 24 44
– im ersuchten Staat § 13 100
Anzeige zum Zwecke der Strafverfolgung § 10 11
– Geschäftsweg § 10 11
– Gewalt gegen Frauen § 10 17
– Übermittlung § 10 14
– Übersetzung § 10 13
Apostille
– Haager ~ § 12 212
– Prüfungsbehörde § 12 211
– Übereinkommen § 12 208
Arbeitsdatei § 17 139
Arbeitsgruppe § 8 24
Arbeitsteilige Kooperation § 25 2
Archipelgewässer § 2 94
Archive § 27 96
Archivierung, Daten § 19 146 f.
Arrest § 26 4
Arzneimittel § 9 60
ASF-SLTD § 17 215
Asyl § 11 62; § 15 262
Asylantrag § 15 262
Asylbewerber § 14 164
Asylrecht § 20 39
Audiovernehmung § 23 69
Aufbewahrung § 14 247
– Frist § 19 120
Aufenthalt
– Ermittlung § 16 11; § 22 9; § 23 102; § 27 40
    – Zeugen § 16 11
    – Beschuldigte § 16 11
– Feststellung § 16 1
– Kosten § 15 70
– Reisekosten § 15 70
– Ort § 23 73
– Register § 14 164
    – Ausländerregister § 14 164
– Verbot § 15 80
    – Visumspflicht § 15 80
Aufenthaltstitel § 15 23 f.; § 16 21

Aufenthaltsrechtliche Gestattung § 23 74
Aufforderung zum Erscheinen § 15 14
– besondere § 23 78
Aufgabe im öffentlichen Interesse § 17 267
Aufklärungsgebot § 23 132
– Tatrichter § 23 3
Aufklärungsinteresse § 24 57
Aufklärungspflicht § 15 60; § 21 8; § 22 1, 4; § 23 24, 26, 32, 66, 69, 100, 119 f., 123
– erhöhte ~ § 23 133
– persönliche Vernehmung § 23 32
– sachnächste ~ § 22 1
– Tatrichter § 22 2
Auflage § 3 24
– Dienstwaffe § 3 28
– Nachweis der Zustimmung § 3 28
Aufschub § 13 25, 54, 58 ff.; § 15 528, 530
– Anfechtung mittels Rechtsbehelf § 26 43
– niedrigste Dringlichkeitsstufe § 11 102
Aufsichtsbehörde § 19 125; § 20 83
Auftragsverarbeitung § 19 71, 102, 124
Aufwendungsersatzanspruch § 15 82
Aufzeichnung
– audiovisuelle § 15 231
– digitale § 23 27
    – Inaugenscheinnahme von Tonaufnahmen § 23 27
– private § 15 224
– schriftliche § 13 144
Augenschein § 15 98; § 23 1, 3, 41
– kommissarisch § 23 7
– Objekt § 23 106
Aushändigung
– von Beweisgegenständen § 13 88
– der Ladung § 23 100
Auskunft § 14 102, 212; § 15 211; § 20 46
– formlose ~ § 23 1
– Geschäftsweg § 14 8
– Justizbehörde § 14 8
– Rechtsauskünfte § 14 78
– Verbunddateisystem § 14 5
– vertraulich § 21 26
Auskunftsanspruch § 27 12
– allgemeiner § 27 50
– Berechtigter § 27 34
– Kontrolle § 27 57
– Rechtsbehelf § 27 18
– SIS II § 27 13 f.
– Verbunddateien § 27 10
Auskunftsfähigkeit § 23 15
Auskunftsperson § 15 8; § 21 3, 122; § 26 3
– Identität § 23 119
– unerreichbar § 15 33
– Weigerung § 23 102
Auskunftspflicht gegenüber dem übermittelnden Staat § 19 155
Auskunftsverlangen § 27 59
– gänzlich unbeantwortet § 27 59

679

Sachverzeichnis

Auskunftsverweigerung § 27 60, 88
– Recht auf ~ § 23 16, 35, 66, 108, 136; § 24 37, 69
– nicht aufgrund der Aussage nach dem Recht eines anderen Staates § 23 16
Ausländer; s. auch deutsche Staatsangehörige § 15 262
Ausländerregister § 14 164
– Aufenthaltsregister § 14 164
– Gegenseitigkeitszusage § 12 96
Ausländisches Recht, Verletzung § 24 29
Auslandkopfüberwachung § 7 17
– bewilligt § 7 20
– Bewilligung oder Beendigung § 7 20
– verwendet § 7 20
Auslandsmissionen § 8 14
– Europäische Union § 8 15
– Leitung § 8 17
– Polizei § 8 14 f., 28
– Zugriff auf behördliche Sammlungen personenbezogener Daten § 8 17
Auslandssachverständige § 23 117
Auslandstat § 23 145
Auslegung
– im Licht des Unions- und Völkerrechts § 27 4
– wohlwollende § 13 42
Ausleitungspflicht § 15 575
Auslieferung § 11 18
Auslieferungsfähige Straftat § 3 15, 42; § 15 427
Auslieferungshaft § 16 48
Auslieferungshilfe § 11 18
Ausnahmetatbestand § 27 48
– USA § 27 48
Aussage § 13 179
– ausländische Amtsträger § 13 179, 181
– protokollierte ~ § 22 8
– schriftliche ~ § 15 10
Aussagebereitschaft § 23 24
Aussagegenehmigung § 13 181; § 15 6; § 23 15; § 24 64
Aussagepflicht § 15 219; § 21 3
Aussageverweigerungsrecht § 13 181; § 15 211
– Belehrungspflicht § 15 161
Ausschließliche Wirtschaftszone § 2 108
Ausschluss
– des beauftragten Richters § 23 13
– der Öffentlichkeit § 13 193
Ausschreibung § 15 311; § 16 10; § 20 27; § 27 103
– Abruf § 16 37
– Beweissicherung § 16 16
– Daten § 16 31
– ergänzende Daten § 16 33
– Festnahme § 16 8, 36
– rechtsfehlerhafte § 24 49
– Sicherstellung § 16 16
– SIS § 16 27
– von Vermissten § 16 18
– von Waffen § 14 204
– Zugriff des SIS (II) § 16 37
– zur Aufenthaltsermittlung im SIS § 16 41
– zur Einreiseverweigerung § 16 31
– zuständige Behörde § 16 29
– Zweck § 16 7
Außenpolitischer Beurteilungs- und Ermessensspielraum § 26 23
Außervollzugsetzung § 15 57
– Haftbefehl § 15 57
– Vollstreckungsverfahren § 15 58
Austausch
– von Strafnachrichten § 14 107
– von Zusatzinformationen § 16 35 f.
Authentifizierung § 4 26
– Verfahren § 19 97
Authentizität § 13 165; § 15 226; § 23 44, 60, 63
– Einführung § 15 226
– übersandte Unterlagen § 13 165
– Kontrolle § 13 195
– Nachweis § 12 199
– Beglaubigung § 12 199
– erweiterte Legalisation § 12 205
– EU- und Schengen Staaten § 12 201
– Form § 12 205
– Legalisation § 12 209
– Muster § 12 216
– Zuständigkeit § 12 215
Auswärtiger Dienst § 13 240
– Kostenfreiheit § 13 240
Ausweis § 17 202
– biometrisch § 2 156
– Dokument (FADO) § 14 170, 225
Ausweisungsgrund § 15 27, 29
Automatisches Mitteilungs- und Auskunftsverfahren (AuMiAu) § 14 123
– ECRIS § 14 124
– Europäisches Strafregisterinformationssystem § 14 125
Automatisierte Einzelfallentscheidung § 19 69
Automatisierte nachteilige Entscheidung § 17 92
Automatisierter Abruf § 19 119
Automatisierter Datenabruf § 12 117
Autorisierung § 19 100

Bank § 15 629
– Auskünfte über Bankgeschäfte § 15 670
– Auskünfte über Bankkonten § 15 670
– Bankgeschäfte § 15 634, 670
– Überwachung von Bankgeschäften § 15 671
Bankauskunft § 15 641
Bankdaten § 15 495
Bankgeheimnis § 9 157; § 11 53, 75; § 15 643, 659; § 15 677
– Konto § 15 629
– Schweiz § 11 76
Bankinformation § 13 73; § 15 698

Sachverzeichnis

Bankkonten § 15 670; § 16 16
– Auskünfte § 15 641
– Identifizierung § 15 629
– Überwachung § 15 671
Banknoten § 16 16
Bannbruch § 13 215
Barmittel § 16 63
BDSG § 19 1
Beamte unterstellt § 8 21
Bedarf zur Abwehr von Gefahren § 8 23
Bedarfsgrenzkontrollstelle § 8 21
– Grenzkontrolle § 8 21
Bedeutungslosigkeit § 23 125, 130; § 24 4
– der Beweistatsache § 23 113
– erweislich § 23 115
– tatsächliche ~ § 23 114, 130; § 24 5
Bedienstete § 13 187; § 23 15
– internationaler Organisation § 13 186
Bedingung § 13 25, 45, 71, 124, 163, 174, 176; § 15 52, 528; § 17 101, 220; § 18 8 f., 11, 20; § 20 1; § 21 1 ff., 10, 13, 30; § 23 36; § 24 9, 13
– Anwesenheitsberechtigte § 13 124
– Aufhebung § 21 8
– Beachtlichkeit § 21 4
    – eigenmächtig § 18 8
– Einhaltung § 21 2
– Mitteilung an den übermittelnden Staat § 2 159
– nachträgliche ~ § 21 6
– Rechtsfolge § 21 9
– Schutz personenbezogener Daten § 9 152
– sicheres Geleit § 15 52
– Teilrechtskraft § 21 6
– Verstoß gegen völkerrechtliche Verpflichtung § 21 4
– Verwendung von übermittelten Informationen § 13 71
– Völkerrechtssatz § 21 2
Beförderung § 13 173
Beförderungsunternehmer § 19 148
Befragung § 15 692; § 17 250
– ergänzende ~ § 22 8
– exterritoriale ~ § 2 8
Befragungspflicht § 13 100
Befugnisnorm § 1 32
Beglaubigung § 12 179, 198
– Anlagen § 12 157
– Unterlagen § 14 113
Begleitbericht § 12 35, 92, 159
Begleitschreiben § 12 158
– Mehrfertigung § 12 157
Begründung des Ablehnungsbeschlusses § 23 116, 153
Behörde, zentrale § 12 121
Beibringungsanordnung § 15 415
Beiordnung § 26 3
Beistand § 15 201

Beivermerk § 15 82
– Ladung § 15 82
Belastungszeugen § 22 8, 10; § 24 60
– Fragen an § 13 81
Belehrung § 24 56
– fehlende ~ § 15 213
– über Aussageverweigerungsrechte § 15 191
– Regelungen über ~ § 9 114
– qualifizierte ~ § 24 50
Belgrader Konvention § 2 86
Benachrichtigungspflicht § 13 24, 219; § 23 110
Beobachtung § 15 7; § 27 40
– der Mitglieder des später erkennenden Gerichts § 15 225
– der unmittelbar beauftragten Vernehmperson § 23 11
– im öffentlichen Raum § 1 25
Beratungsgeheimnis § 19 41
Bericht § 12 197; § 17 254
Berichtigung § 14 178; § 16 49; § 19 89, 128, 130, 136 f.; § 27 12, 103, 112
Berichtigungsanspruch § 27 6, 91
– Anspruchsgegner § 27 105
– Berechtigter
– Durchsetzung § 27 104
– Kontrolle § 27 102
Berichtigungsvorschrift § 19 63
Berichtspflicht § 12 4, 93, 159
– Beschlagnahme und Herausgabe von bedeutsamen Kulturgütern § 12 94
– besondere Bedeutung in politischer, tatsächlicher oder rechtlicher Beziehung § 12 94
– menschenrechtswidrige Behandlung § 12 94
– ordre public § 12 94
– Teilnahme im Ausland § 12 21
– Todesstrafe § 12 94
– ~vorlage § 13 114
Besatzungsrecht § 2 24 ff.
Bescheinigung § 15 475
– Mehrfertigung § 15 475
– Sicherstellung § 15 475
– Übersetzung § 15 475
Beschaffung von Gegenständen, Durchsuchung und Beschlagnahme § 15 401
– Annexkompetenz § 15 409
– Beweiszweck § 15 403
– Daten § 15 408
– Datenspeichersystem § 15 408
– Durch- und Auslieferungsverfahren § 15 409
– Gefahrenvorbeugung § 15 404
– Gegenstand § 15 405
– Kopie § 15 407
– öffentlich zugängliche Dokumente § 15 415
– Sicherung der Vollstreckung § 15 403
– Telekommunikation § 15 408
– Zweck der Beschaffung § 15 403

Sachverzeichnis

Beschlagnahme § 9 45; § 11 87, 206; § 13 77, 157, 168; § 15 401, 410, 413, 503, 527, 548, 551, 558, 641, 644; § 16 63; § 26 3, 41
– Archive § 2 53
– besondere Bedeutung in politischer, tatsächlicher oder rechtlicher Beziehung § 11 206
– Dienstpostsendung § 2 53
– dringender Tatverdacht § 15 439
– Einschränkung § 15 424
– Einziehung § 9 45
– Ersuchen § 15 441
– Erträge aus Straftaten § 9 45 f.; § 15 439
– Europäische Ermittlungsanordnung § 9 26, 106
– Gegenseitigkeit § 11 87; § 15 434
– Gegenstände § 11 82; § 15 403
– hearsay § 15 439
– hinreichend vertrauenswürdige Angaben § 15 439
– im Rahmen der Europäischen Union § 15 455
– Liegenschaft § 2 54
– nötiger Verdachtsgrad § 15 440
– Post § 2 181
– probable cause § 15 439
– unzulässige Sendungsinhalte § 2 182
– USA § 15 439
– Verfahren § 15 441
– Vollstreckungssicherung § 15 403
– von bedeutsamen Kulturgütern § 11 206
– von Waren § 16 63
– Voraussetzungen § 15 420
Beschlagnahmeanordnung § 14 240
Beschlagnahmebeschluss § 14 239; § 15 473
– Beschlagnahmeanordnung § 14 240
– Muster § 15 447
– Vornahme § 15 448
Beschlagnahmeentscheidung § 26 36
Beschlagnahmefreiheit § 14 246; § 15 438
Beschlagnahmemaßnahme § 9 46
Beschleunigungsgebot § 13 55
Beschleunigungsgrundsatz § 23 127
Beschränkungen § 11 45; § 17 213, 218
– Rechtshilfe § 12 152
– Übereinkommen zum Abbau von ~ § 11 47
– vertraglose Rechtshilfe § 11 49
Beschränkungstatbestand § 14 74
– Terrorismusbekämpfung § 14 74
Beschuldigte § 9 119; § 13 241; § 15 39, 72, 105, 195, 206, 210, 632; § 16 11, 55; § 17 183, 205; § 20 2; § 23 52; § 24 22
– Falschaussage § 15 39
– Personenfahndung § 15 307
– subjektive Rechte § 9 122
– Subjektsqualität § 14 76
– Verteidigung § 14 84
Beschuldigtenladung § 15 73
Beschuldigtenvernehmung § 15 146
– Kommissarische § 23 26

Beschwerde § 16 49
– gegen die Ablehnung § 26 17
Besondere Schutzbedürftigkeit § 22 9
Besondere Verarbeitungsbeschränkung § 19 87
– Mitteilung § 19 87
Besonderes Abkommen zum Informationsaustausch in Steuer- und Strafsachen § 27 47
Besonderes Prüf- und Bewilligungsverfahren § 12 81
Besonders schutzbedürftige Daten § 17 184
Bestätigung der Nichtexistenz § 14 113
– Telekommunikationsüberwachung § 14 116
Bestätigungsvermerk § 23 63
Bestechung und Bestechlichkeit
– Bekämpfung § 9 94
– Europäische Union § 9 93
Bestechungsdelikte § 11 79
Bestimmtheit § 23 119
– des Beweismittels § 23 119
– der Beweistatsachen § 23 119
Betäubungsmittel (Btm) § 2 182; § 3 19; § 9 70, 75, 80, 84; § 14 217; § 15 336, 343 f.; § 20 9
– Meer § 2 133
Beteiligung an arbeitsteiligen Ermittlungen § 18 9
Beteiligung der nationalen Zentralstelle § 11 205
– Form des Ersuchens § 11 205
– Weiterleitung § 11 209
Betreten von Wohnungen § 15 359
Betroffene § 9 119; § 14 181, 212; § 24 57
Betroffenheit
– Handlungen von Europol und Eurojust § 25 6
– Nichtigkeitsklage § 25 6
– OLAF § 25 7
– Schadensersatzklage § 25 6
– Untätigkeitsklage § 25 6
Beurlaubte Truppenangehörige § 2 35
Berufsständisches Verfahren § 11 22
Bewährungshelfer § 27 95
Beweisantrag § 22 5; § 23 13, 104, 124, 128, 130, 152; § 24 4, 64
– Ablehnungsgründe § 23 106
– Auslandsbezug § 23 109
– Bedeutungslosigkeit § 23 113
– Begründung des ~ § 23 116, 130, 135
– besondere Bedeutung der Aussage § 23 132
– Bestimmtheit § 23 105
– echter § 23 118
– Erforderlichkeit § 23 106
– formale Voraussetzungen § 23 105
– formale Zulässigkeit § 23 105
– Gesamtwürdigung § 23 131
– Offenkundigkeit § 23 112
– Prozessverschleppung § 23 111
– Unerreichbarkeit § 23 106
– Unzulässigkeit § 23 107
– wiederholte Vernehmung § 23 121

Sachverzeichnis

Beweisantragsrecht § **23** 119
Beweisaufnahme § **23** 1 ff.
Beweisbegehren § **22** 5
Beweisbeschluss § **23** 141
Beweisergebnis § **21** 147
– Antizipation § **21** 147
Beweiserhebung § **15** 545; § **25** 4
– Computerdaten § **15** 545
– Computersystem § **15** 545
– förmliche ~ § **23** 3
– transnationale § **15** 20
Beweiserhebungsantrag § **26** 14
Beweiserhebungspflicht § **26** 14
Beweiserhebungsverbot § **23** 33
Beweisermittlungsantrag § **23** 119 f.
Beweisfunktion § **23** 44, 47
Beweisgrundlage § **22** 1
Beweisintegrität § **13** 22
Beweismittel § **2** 143; § **17** 285; § **18** 13; § **21** 19; § **22** 1 ff.; § **24** 12
– Bestätigung § **13** 166
– Förmliche ~ § **24** 3
– Gefährdung von ~ § **15** 206
– gesperrte § **24** 66
– im ersuchten Staat § **13** 166
– mittelbare ~ § **24** 23
– nicht das einzige ~ § **22** 10
– Nichtexistenz § **13** 166
– sachferne ~ § **22** 3
– ungeeignetes ~ § **23** 124, 145
– vertraulich § **21** 26
– Verzicht § **22** 5
Beweisperson
– Nichterreichbarkeit § **22** 5
– persönliche Vernehmung § **22** 5
Beweissicherung § **16** 16
– Ausschreibung § **16** 16
– Gefahr im Verzug § **11** 181
– Weigerung im Ausland § **26** 16
Beweisstücksicherung § **17** 249
Beweistatsache § **23** 130
Beweisthema § **22** 2
Beweisthemenverbot § **23** 108
Beweisverwertung § **9** 111; § **24** 7, 15
Beweisverwertungsrecht § **22** 11
Beweisverwertungsverbot § **9** 111; § **23** 32, 110; § **24** 9, 12, 16, 33
– Schutzzweck § **24** 55
– Wesentlichkeit § **24** 55
Beweiswert § **13** 17; § **22** 3; § **23** 24, 47, 142, 152; § **24** 44
– bisheriges Beweisergebnis § **23** 131
– Einschränkung § **24** 9, 59 ff.
– geminderter oder zweifelhafter § **23** 145
– Sicherung § **15** 551
Beweiswürdigung § **22** 8, 10; § **24** 6
Beweiswürdigungslösung § **22** 9
Bewilligung § **12** 90; § **20** 5

Bewilligungsbehörde § **9** 15; § **12** 30, 36, 70, 159
– eingeschränkte Kontrolle § **26** 23
– Handeln der ~ § **26** 23
– Nichthandeln der ~ § **26** 23
Bewilligungsbeschluss § **15** 54
Bewilligungsverfahren § **12** 81
Bilaterale Polizeiverträge § **19** 46
– Datenschutz § **19** 46
Bilaterale Rechtshilfeabkommen § **9** 68
– Japan § **9** 69
– USA § **9** 69
Bild-Ton-Übertragung § **23** 139
Binnengewässer § **2** 73
Binnengrenzkontrolle § **3** 45
Biometrische Daten und Lichtbilder § **16** 33
BKAG § **27** 7; § **28** 33
BMJV § **12** 23, 77; § **14** 83
Bodensee § **2** 74
– Nacheile § **2** 75
– Obersee § **2** 76
– Observation § **2** 75
– Sicherstellung § **2** 78
– Übergabe von Personen § **2** 82
– Übergabe von Sachen § **2** 82
– Überlinger See § **2** 76
– unaufschiebbare Maßnahme § **2** 78
– vorläufige Festnahme § **2** 78
Botschaft § **1** 24
BtM-Sache § **12** 59; § **13** 229
BtM-Straftat § **11** 65
Bundesamt für Justiz (BfJ) § **10** 22; § **12** 23, 60; § **13** 36
Bundesbeauftragter für den Datenschutz und die Informationsfreiheit (BfDI) § **19** 122
Bundeskriminalamt (BKA) § **3** 90; § **8** 41; § **11** 38, 130, 146, 148 f., 153, 206; § **12** 26, 59, 62, 109 ff., 113; § **15** 109, 253, 259, 323, 536, 720; § **16** 55, 58; § **17** 43; § **19** 117; § **27** 10, 31, 87, 93, 105; § **28** 21
– Einvernehmen mit ~ § **11** 161
– Befugnis zur Datenübermittlung und -ausschreibung
– Bundespolizei § **3** 91
– keine hoheitliche Tätigkeit § **3** 90
– unmittelbare Kommunikation
Bundespolizei § **2** 161
Bundesnachrichtendienst (BND) § **14** 21
Bundesstaatliche Kompetenzverteilung § **12** 69
Bundeszentralregister (BZR) § **10** 22; § **27** 92
– Europarat § **10** 23
Büro der Vereinten Nationen für Drogen und Verbrechensbekämpfung (UNODC) § **17** 291

CARIN § **12** 24
Chain of Custody § **9** 115; § **13** 164
Charta der Grundrechte der Europäischen Union (GRCh) § **9** 127; § **11** 121; § **13** 14; § **27** 53
– ordre public § **11** 110, 120

Sachverzeichnis

Chat § 7 14
Chatfunktion § 15 580
Chicagoer Abkommen § 2 148, 156
Cloud-Computing § 7 33
Cloud-Speicher § 7 39
CKÜ § 7 9, 39; § 9 49; § 11 79; § 13 195; § 15 496, 556
– Echtzeiterhebung von Verkehrsdaten § 15 618
Common Law § 24 17
Computer § 7 11; § 11 79; § 15 365
– Sicherheitslücke § 7 11
Computerdaten § 13 36, 78, 195; § 15 496, 507, 580, 659
– Banken § 15 627
Computerkommunikation § 15 572
Computerkriminalität § 10 46; § 12 53; § 13 57; § 17 70
Computernetzwerk § 15 491
Computerstraftat § 15 704
Computersystem § 9 49; § 15 496, 506, 570
– Straftaten im Zusammenhang mit ~ § 15 502
Container § 16 12, 14
Cybercrime § 13 68
– Netzwerk § 17 46
Cybercrime-Konvention § 11 64; § 15 496
– Anwendungsbereich § 15 497
Cyberkriminalität § 9 80; § 15 470 f., 704; § 17 112

Daktyloskopisch
– Daten § 9 69; § 12 43; § 13 198; § 15 259; § 19 152; § 20 18, 51
– Erkennungsdienst § 14 164
– Identifizierungssystem § 15 283
– Verfahren § 15 257
Datamining § 15 702
Daten § 13 194; § 15 503
– aktualisieren § 17 187
– elektronische ~ § 9 49
– elektronische Kommunikation § 13 194
– personenbezogene ~ § 13 72; § 19 20
– rechtswidriger Eingriff § 14 59
– unrichtige § 19 128
Datenaustausch § 11 128
– schneller § 15 256
– schneller polizeilicher § 13 53; § 14 5
Datenbanken § 17 180
– Interpol Informationssystem § 17 178
Datenerforderlichkeit § 19 63
Datenerfordernisgrundsatz § 19 67
Datenerhebung in Echtzeit § 15 567, 575 f.
Datenminimierung § 19 79
Datennetz § 7 9
Datenrichtigkeit § 19 63
Datenschutz § 9 27; § 11 218; § 13 72; § 14 198; § 17 169 ff., 176, 224; § 20 2, 47; § 21 10
– ~ansprüche des Betroffenen § 20 46
– by default § 19 81

– durch Organe, Agenturen und Einrichtungen der Union § 19 10
– ~grundsatz
 – faktenbasiert § 19 68
 – Nachweis § 19 75
 – Öffnungsklauseln § 19 72
 – persönliche Einschätzung § 19 68
 – Prinzipienkatalog § 19 65
 – Right to private life § 19 62
 – strafrechtliche Ermittlungsverfahren und Strafverfahren § 19 72
– ~gründe § 13 27
– ~recht § 15 706; § 19 10; § 25 2
 – Anwendungsbereich des deutschen ~ § 27 5
 – Bereich des Strafverfahrens § 27 5
 – Bundes- oder Landesdatenschutzgesetz § 27 5, 7
– ~regelung § 14 75 f.
Datenschutzbeauftragter § 14 76; § 15 704
– eigener ~ § 19 124
– europäischer ~ § 16 49, 53; § 17 50, 84, 116, 171; § 19 122; § 27 75
– Landesdatenschutzbeauftragter § 19 122
Datenschutzgesetz § 28 34
Datenschutzrechtliche Verantwortung § 17 170
Datenschutzrechtliches Transparenzgebot § 27 33
Datensicherheit § 17 176, 224
Datensparsamkeit § 19 63
Datenträger § 13 195; § 15 490
– Transport § 14 198
Datenübertragung § 19 99
Datenverarbeitende Stelle § 19 18
Datenverarbeitung § 15 506; § 17 180
– automatisierte ~ § 19 113
– Begriff § 19 42
– Interpol Informationssystem § 17 178
– Polizeigesetz § 27 93
– zentrale Regelungen § 27 95
– für Zwecke des Strafverfahrens § 27 8
Delegation, diplomatische § 1 11
De-facto-Regime § 9 1
Deklaration „The right to privacy in the digital age" § 1 18
Dekodierung § 15 622, 625
Department of Homeland Security § 15 709
Depersonalisierung § 19 148
Derogation § 11 11
Deutsche Auslandsvertretung
– grenznahe deutsche Gerichte § 4 31
– Kommunikation über ~ § 4 29
– konsularische Amtshilfe § 4 30
– Zustellung Zeugnis § 4 30
Deutsche Ermittlungsorgane § 2 51; § 15 192
Diensteanbieter § 15 538
Dienstfahrzeug § 8 3
Dienstliche Erklärung § 23 5
Dienstrecht § 23 15

684

Sachverzeichnis

Dienstsiegel § 12 156
Dienstwaffe § 1 20; § 8 3
Dienstweg § 13 216
– Gefahr im Verzug § 11 192
– gemeinsame Zentren § 11 191
– Grenzzusammenarbeit § 11 195
– unmittelbare Kommunikation § 11 195
– Verbindungsbeamte § 11 191
Digitale Signierung § 13 195
Diplomat § 1 21; § 2 3
Diplomatische Vertretung § 1 11, 24
– ausländische in Deutschland § 12 97
Diplomatischer Geschäftsweg § 12 38; § 15 515
Diplomatischer Weg § 12 80; § 23 102
Diplomatisches Personal § 17 293
Direkte Kontaktaufnahme § 15 109
Direkte transnationale Weiterleitung § 15 621
Direktkontakt § 17 12
Direktübertragene Video-/Audiovernehmung § 23 69
Diskriminierende Wirkung § 19 70
Diskriminierungsverbot § 9 151; § 11 50
Disziplinarrechtliche Verfahren § 11 21
Disziplinierung § 24 57
DNA § 9 20, 154; § 11 233; § 12 43; § 13 198; § 15 256; § 17 181, 188, 195, 202; § 19 92, 97, 116, 152; § 20 16 ff., 51
– Abgleich von DNA-Profilen § 15 296
– Analysedateien § 15 296
– Daten § 9 69; § 27 119
– Identifizierung § 15 288
– Identifizierungsmuster § 15 288
– Gewinnung von DNA-Material § 15 289
– Gewinnung von DNA-Profilen § 15 289
– Loci § 15 301
– Sequenz § 15 288
Delikte von Bediensteten innerhalb des UN-Systems § 17 292
Doppelsanktionierungsverbot § 9 150
Dokument
– elektronisches § 13 200
– übermittelte Dokumente § 20 10
Dokumenten- und Visumsberater § 3 91
Dolmetscher § 12 191, 226; § 15 159, 195, 209, 617; § 23 56
– Sachverständiger § 15 146
Donau § 2 86
Doppelbesteuerungsabkommen § 11 51, 71
Doppelbestrafungsverbot § 11 103
– Ermittlungsanordnung § 11 104
Doppelverfolgungsverbot § 9 135
Dringende Fälle § 17 31
Drittbetroffene § 26 23; § 27 65
– Rechtsschutz § 25 11
Drittstaaten § 16 45; § 17 32, 37, 107, 112, 152, 235; § 19 37, 90, 115; § 20 75, 89; § 25 7; § 27 32
Drittwiderspruchsklage § 26 4

DS-GVO § 19 1, 10; § 27 2
Drogen § 15 470; § 16 65
Drogendelikte § 13 63
Drogenkriminalität § 14 223
Due process § 17 294 f.
Durchbeförderung § 15 112, 248
– eigener Staatsangehöriger § 15 117
– Ersuchen § 15 115
– Haft § 15 112
– Haftbefehl § 15 112
Durchbeförderungspflicht § 15 117
Durchbrechung der Rechtskraft § 24 14
Durchfahrten § 2 95
Durchführung
– Aufschub § 13 51
– Beschleunigungsgebot § 13 55
– Durchführungszeitraum § 13 52
– Europäische Ermittlungsanordnung § 13 51
– rechtshilferechtliche Vorgabe § 13 52
– schneller polizeilicher Datenaustausch § 13 53
– Zeitpunkt § 13 51
– Zurückstellung § 13 121
Durchlieferung § 12 15
Durchreise § 14 167
Durchsichtsrecht, im Inland § 13 156
Durchsuchung § 11 87; § 13 168; § 15 410 f., 490, 527, 548, 550, 558, 641, 644; § 16 14; § 17 293; § 26 3, 34, 41
– Archive § 2 5
– Dienstpostsendungen § 2 53
– dringender Tatverdacht § 15 439
– Einschränkungen § 15 424
– hinreichend vertrauenswürdige Angaben § 15 432
– Liegenschaft § 2 54
– Luftfahrzeug § 2 151
– Massenvernichtungswaffen § 2 131
– nötiger Verdachtsgrad
– probable cause § 15 439
– USA § 15 439
– Voraussetzungen § 15 420
Durchsuchungsbefehl § 13 78
Durchsuchungsentscheidung § 26 36

Echte Verwendungsverbote § 18 18
Echtzeiterhebung § 15 576
– Daten § 15 527
– Verkehrsdaten § 15 618
– CKÜ § 15 618
ECRIS § 13 197
EEA-RL § 13 207; § 15 233, 643; § 28 13
E-evidence § 13 200
EGMR (Europäischer Gerichtshof für Menschenrechte) § 24 44; § 25 8
Eidesleistung § 15 211
Eigentümer § 26 3
Eilbedürftiges Ersuchen § 12 186

685

Sachverzeichnis

Eilfall § **12** 109
– E-Mail § **12** 218
– Telefax § **12** 218
Eilvorabentscheidungsverfahren § **25** 5
Einbezogene Schriftstücke § **23** 39
Eingebende Stelle § **19** 129
Eingeschränkter Erkenntniswert § **23** 10
Eingangsstempel § **12** 129
Eingriffs- bzw. Befugnisnorm § **1** 32
Einlader § **14** 170, 181
Einreise- und Aufenthaltsverweigerung § **14** 172; § **15** 322; § **16** 1, 4, 20; § **27** 14, 108
Einreisebefragung § **15** 710
Ein- oder Ausreiseverweigerung § **23** 80
– Verdeckter Ermittler § **8** 25
Einsatz Verdeckter Ermittler § **8** 25; § **15** 386
– Anwerbung im Ausland § **15** 381
– deutsche Ermittlungsbeamte § **15** 380
– Einsatz ausländischer Polizeibeamter in Deutschland § **8** 27
– Einsatz ausländischer Ermittlungsbeamter im deutschen Inland § **15** 382
– im Ausland § **3** 97
– Informant § **15** 381
– innerstaatliches Recht § **8** 28
– Legende § **3** 97; § **15** 380
– Leitung § **15** 382
– Kontrolle des Einsatzes § **15** 382
– Souveränität § **3** 97; § **8** 30
– Steuerung § **15** 381
– Verwertungsverbot § **8** 30
– V-Person § **15** 381, 393
– Zustimmung durch Richter § **15** 383
– Zwangsbefugnis § **15** 382
Einschreiben mit Rückschein § **15** 87
Einschüchterungseffekt § **27** 73
Einwand der fehlenden Strafbarkeit im ersuchten Staat § **15** 641
Einwilligung § **17** 160, 267, 269; § **20** 2, 44
Einziehung von Tatwerkzeugen und Erträgen § **11** 24
Einverständnis § **22** 5; § **23** 66, 97
Einziehungsmaßnahme § **9** 46
EJN § **12** 24, 39, 106; § **13** 196, 218; § **14** 10; § **23** 73
– Nachberichtspflicht § **13** 218
Elbe § **2** 87
E-Mail (elektronische Post) § **12** 119
Empfangsbestätigung § **13** 1
– Formblatt § **13** 3
Empfänger § **20** 65
EMRK (Europäische Konvention zum Schutz der Menschenrechte und Grundfreiheiten) § **13** 81; § **15** 210, 543; § **22** 6, 9; § **24** 41, 54; § **26** 32; § **27** 53
Empfehlung § **17** 254
Empfehlung Nr. R (87) 15 des Ministerkomitees § **19** 58

Ems § **2** 88
– unaufschiebbare Maßnahme § **2** 88
Enge Spezialität § **14** 154
– zweckgebunden § **14** 153
Entlastung von Beschuldigten § **21** 25
Entlastungsbeweise § **24** 64
Entlastungsrecht § **24** 1
Entlastungsvorbringen § **24** 66
Entlastungszeuge § **23** 133, 145
Entschädigung § **15** 70, 79
– Angeklagter § **23** 1
– Anspruch § **13** 178
– Haft § **11** 25
– Opfer § **9** 47
– des Verletzten § **9** 47; § **23** 1
Entschlüsselung § **15** 625
Entziehung der Fahrerlaubnis § **14** 111
Epidemie § **14** 216
Erbgut § **15** 288
Erfahrungssätze § **24** 2
Erfassungsdauer § **16** 51
Erforderlichkeit § **19** 88, 95; § **22** 9; § **23** 106, 126 f., 129; § **24** 4
Erforschung der Wahrheit § **23** 20
Ergänzung § **13** 23; § **16** 49; § **19** 137
– Schwierigkeiten bei der Erledigung § **13** 22
Ergänzung eines Ersuchens § **15** 650
Ergebnisse von Strafverfahren
– Europäische Union § **10** 22
– Übermittlung § **10** 21
Erheblichkeit § **19** 99
Erheblichkeitsschwelle § **11** 102
– USA § **11** 102
Erkennbarkeit des Rechtes § **14** 76
Erkenntnisse § **21** 19
Erkennungsdienst § **15** 253
Erkennungsdienstliche Behandlung § **15** 7
Erklärungen § **17** 285
Erlaubte Offenlegung § **21** 24
– Entlastung des Angeklagten § **21** 24
– Glaubwürdigkeit von Zeugen und Angeklagten § **21** 24
Ermessen § **23** 128, 138
Ermittler im Ausland
– Dienstwaffe § **3** 9
– Einsatz § **3** 2, 8
– Haftung § **3** 9
– Immunität § **3** 12
– im Weg der allgemeinen Rechtshilfe § **3** 96
– innerstaatliches Recht des Entsendestaates § **3** 2
– Rechtsschutz § **3** 12
– Rechtswegegarantie § **3** 12
– Uniform § **3** 9
– Verfahrensregeln § **3** 7
– Verkehrsregeln § **3** 9
– völkerrechtliche Zulässigkeit § **3** 3
– zivil- und strafrechtliche Verantwortlichkeit § **3** 12

Sachverzeichnis

Ermittlung § **15** 307 f., 676; § **23** 136
– der Konten § **15** 629
– der Person § **23** 73
– des Wohnorts § **13** 77
– selbst geführte ~ § **13** 61
– von Kontoinformationen § **15** 661
– zur Rückverfolgung § **15** 541
Ermittlungsanordnung
– Doppelbestrafungsverbot § **11** 103 f.
Ermittlungsmaßnahme § **3** 72; § **9** 46
– assoziierte Mitglieder § **3** 73
– Unterstützung durch Drittstaat § **3** 72
– transnationale § **1** 3
Ermittlungsrichter § **12** 86; § **13** 106
Erreichbarkeit § **23** 135 f.
Ersatzaussage § **15** 60
Ersatzzustellung § **4** 28
Erscheinen im Inland § **15** 12
Erscheinen (in der Hauptverhandlung) § **23** 67
– Hindernis § **23** 67
– keine Pflicht § **15** 12
Erscheinenspflicht § **15** 152, 219; § **23** 24, 75
Erscheinungsbild § **17** 202
Erstattung
– notwendige Kosten § **12** 154
– Reisekosten § **23** 52
Erstattungsfähige Kosten § **15** 79
Erstellung von DANN-Profilen
Ersuchen § **11** 6; § **12** 195; § **13** 101; § **14** 31, 66, 131; § **15** 67, 150, 349, 514, 534, 554, 610, 665; § **17** 7, 21; § **21** 18
– Ablehnung § **12** 90
– Auslieferung § **14** 234
– Beteiligung weiterer Behörden § **12** 84
– Bewilligung § **15** 354
– des Bundes § **12** 19
– Durchbeförderung § **15** 117
– ergänzende § **13** 83
– fehlerhaftes ~ § **13** 32
– Fristsetzung § **13** 33
– Haftbefehl § **15** 112
– Herausgabe § **14** 234
– innerdeutsche Zuständigkeitsverteilung § **12** 5
– Kommunikation § **13** 35 ff.
– Konsultation § **13** 49
– Nachbesserung § **13** 49
– Rechtshilfeleistung § **13** 207
– Richterlicher Beschluss § **14** 237
– Rücknahme § **13** 49
– Rücksichtnahme auf die Hoheit des ersuchten Staats § **9** 113
– Schwierigkeiten bei der Erledigung § **13** 23
– Stellung § **26** 21
– Terminbenachrichtigung § **13** 103
– Übermittlungsweg § **12** 102
– um Verbreitung einer Meldung § **17** 203
– unvollständiges ~ § **13** 33

– unzureichend § **13** 203
– völkerrechtliche Rahmenbedingung § **12** 1
– Vollstreckungshilfe § **14** 234
– von besonderer Bedeutung § **12** 94
– Vorbereitung § **15** 354
– Websoftware § **17** 7
– Zuständigkeit § **12** 4, 13
– Zweifel § **12** 99
Ersuchende Stelle § **12** 3, 32, 63, 66
Erträge § **15** 676
– aus Straftaten § **9** 45
– Beschlagnahme § **9** 45
– Einziehung § **9** 45
– ~sicherung § **11** 75; § **12** 53
Erweiterter Erreichbarkeitsbegriff § **23** 139, 152
EUCARIS § **14** 191
EuG § **27** 12
EuGH § **25** 5; § **27** 12; § **28** 7
EU-Grundrechtecharta (GRCh) s. Charta der Grundrechte der Europäischen Union
EuHB-Beschluss § **10** 36
EU-Informationssystem § **19** 46
EU-Mitgliedstaat § **15** 432
– Gegenseitigkeitsprinzip § **15** 434
EU-Sicherstellungsbeschluss § **15** 461
EU- und Schengenstaaten § **12** 201
– Authentizitätsnachweis § **12** 199
EU-Verbunddatei § **15** 270
Euro § **14** 219; § **15** 701
– Banknoten § **14** 219
– Fälschung § **9** 29; § **17** 68, 80
– Münzen § **14** 219
Eurodac § **15** 258; § **19** 106, 116; § **20** 13, 68; § **27** 24, 79; § **28** 19
– Datenbank § **14** 164
– System § **19** 127
– VO § **13** 197; § **15** 262 f.; § **19** 134; § **27** 41, 123
Eurojust § **9** 13; § **10** 32; § **12** 106 f.; § **13** 196; § **14** 10, 49, 69, 72; § **15** 320, 656, 703, 709; § **17** 1, 12 ff., 153, 240, 242, 257; § **19** 46, 51, 133; § **21** 11; § **23** 73; § **25** 6, 9; § **26** 49; § **27** 27, 42, 77, 118; § **28** 11
– back office § **17** 18
– Befugnis § **17** 20
– dringende Fälle § **17** 31
– Entscheidung § **17** 28
– Ersuchen § **17** 28
– Kommission § **17** 14
– Kommunikation mit Mitgliedstaat § **17** 35
– Kooperationsbeziehung § **17** 36
– Nationales Mitglied § **17** 16
– personenbezogene Daten § **17** 38
– Zuständigkeit § **17** 19
Eurojust-Beschluss § **19** 106, 127, 147
Europaabgeordneter
– parlamentarische Assistenten § **13** 189
– Zeugnisverweigerungsrecht § **13** 189

Sachverzeichnis

Europaparlament § **13** 189
– parlamentarische Assistenten § **13** 189
Europarat § **9** 44
– Spezialübereinkommen § **9** 44
Europäische Agentur EU-LISA § **17** 81
Europäische Beobachtungsstelle für Drogen und Drogensucht (EBDD bzw. engl. EMCDDA) § **14** 217, 223, 263
Europäische Beweis- bzw. Ermittlungsanordnung § **9** 26, 106; § **11** 223; § **12** 46, 125; § **15** 110, 117; § **19** 53; § **26** 11, 38, 46
– Anordnungsbehörde § **11** 243; § **15** 479
– Anordnungsstaat § **11** 231
– Deutschland § **11** 224
– Ersuchen § **9** 107
– Gegenstand § **11** 231
– Geltungsbereich § **11** 227
– gemeinsame Ermittlungsgruppe § **11** 231
– Gerichtliche Entscheidung § **11** 231
– Grundrechtsschutz § **11** 241
– Formblätter § **11** 239
– Form- und Verfahrensvorschrift § **12** 125
– materielle Voraussetzungen § **11** 242
– Observation § **11** 232
– Rechtsbehelf § **26** 39
– Staatsanwaltschaft § **11** 239
– Umsetzungsverzögerung § **11** 225
– Versagungsgründe § **11** 240
– Vollstreckungsstaat § **11** 231
Europäische Cybercrime Centre (EC3) § **17** 59
Europäische Ermittlungsanordnung § **9** 26; 129, 161; § **11** 83, 124, 224; § **12** 45, 176; § **13** 3, 21, 25, 43, 54, 80, 129, 136, 139, 141, 158, 224; § **15** 120, 133, 147 f., 168, 197, 245, 257, 294, 350, 355, 364, 368, 387, 455 f., 574, 580, 589, 604, 616, 622, 626, 631, 647, 653; § **21** 19
– Ablehnung § **15** 118 ff.
– Anerkennungsprinzip § **13** 11
– außergewöhnliche Kosten § **13** 224
– Beurteilung § **11** 84
– Deutschland § **11** 224
– Durchführung § **15** 355
– Formblätter § **11** 239
– Form- und Verfahrensvorschriften § **11** 238
– Freiheit der Meinungsäußerung § **9** 129
– freies Geleit § **15** 129
– Grundrechtsschutz § **11** 241
– Herausgabe von Gegenständen § **14** 229
– innerhalb der EU § **13** 38
– materielle Voraussetzung § **11** 242
– neue Terminologie § **11** 237
– ordre public § **11** 110
– Pressefreiheit § **9** 129
– Ratsbeschluss zur Sicherstellung von Vermögensgegenständen und Beweismitteln § **14** 230
– Rückkehr des Gefangenen § **15** 99
– Schweiz § **13** 131

– search warrant § **15** 590
– Staatsanwaltschaft § **11** 239
– Strengbeweis § **15** 167
– Umsetzungsverzögerung § **11** 225
– Übermittlungszeitraum § **13** 137
– USA § **15** 590
– Verfahren § **11** 237
– Versagungsgründe § **11** 240
– vertragsloser Rechtshilfeverkehr § **15** 137
Europäische Grenz- und Küstenwacheteams § **8** 13
Europäische Menschenrechtskonvention (EMRK) § **9** 126; § **28** 41
– Grundrechte § **9** 132
Europäisches Reiseinformations- und -genehmigungssystem (ETIAS) § **17** 81
Europäische Staatsanwaltschaft (EuStA) § **9** 21; § **17** 2, 229; § **27** 76, 117
EuStA-VO § **27** 43
Europäische Union § **9** 3, 13, 80; § **12** 40, 165; § **13** 187; § **14** 212; § **15** 512
– Anwendung § **2** 59
– bilaterale Vereinbarungen § **12** 49
– dienstliche Schriftstücke § **2** 60
– Einrichtungen § **17** 260, 265; § **19** 46; § **21** 11, 28
– Europarat § **12** 47
– Finanzielle Interessen § **17** 230, 243, 245, 252
– Grundlage § **19** 12
– Immunität § **2** 61
– Liegenschaft § **2** 60
– Missbrauch der Immunität § **2** 61
– Organe § **17** 260, 265
– Polizei § **2** 60
– Schengenraum § **11** 82
– Telekommunikationskontrolle § **2** 60
– Vertrag von Lissabon § **19** 12
Europäische Zentralbank § **15** 628; § **17** 261
Europäischer Grundrechtsschutz § **13** 43; § **15** 643
Europäischer Garantiefond für die Landwirtschaft (EGFL) § **14** 215
– gemeinsame Agrarpolitik § **14** 215
Europäisches Amt für Betrugsbekämpfung (OLAF) § **10** 32; § **17** 153, 243; § **21** 11
– Generaldirektor § **17** 246
– nationale Gerichtsverfahren § **17** 256
– Untersuchung § **17** 246
– vor Ort § **17** 249
– Zugang § **17** 248
Europäisches Gericht erster Instanz (EuG) § **26** 48
Europäisches Informationsnetz für Drogen und Drogensucht (REITOX) § **14** 217
Europäisches Juristisches Netz (EJN) § **9** 13; § **10** 32; § **13** 200
Europäisches Justizielles Netz (EJN) § **12** 23, 45, 124, 127; § **15** 320; § **17** 1 f.

Sachverzeichnis

Europäisches Strafregisterinformationssystem § **14** 118
Europäisches Polizeiamt § **17** 49
Europäisches Übereinkommen über Rechtshilfe in Strafsachen (RHÜ 1959)
– Chile § **9** 41
– Israel § **9** 41
– Mitgliedstaaten § **9** 41
– Südkorea § **9** 41
– Zweites Zusatzprotokoll zu RHÜ 1959 § **9** 41
Europäisches Zentrum zur Terrorbekämpfung (ECTC) § **17** 59
Europäisches Zollinformationssystem (ZIS) § **15** 365
Europol § **3** 64, 75, 80; § **9** 127; § **10** 20, 32; § **11** 129 f., 147; § **12** 106, 109; § **13** 190, 197; § **14** 10, 32, 49, 69, 71, 219; § **15** 254, 258, 271, 276, 320, 337, 640, 702 f.; § **16** 41; § **17** 15, 36, 240, 257; § **19** 46, 50, 117, 127, 133, 147, 158; § **20** 30, 38; § **21** 11; § **25** 2, 6, 9; § **26** 48; § **27** 26, 42, 111; § **28** 8
– Agentur § **17** 49
– Analyse § **17** 74, 78 f.
– Auskünfte § **27** 70
– Ausnahmeregelungen § **17** 169
– Aussagegenehmigung § **13** 190
– Austausch § **17** 74
– Bedingungen § **17** 115
– Beirat für die Zusammenarbeit der europäischen und nationalen Datenschutzbeauftragten § **17** 55
– bilaterale Polizeiverträge § **3** 78
– Daten § **17** 133
– Datenschutz § **17** 169 ff.
– Datenschutzkontrolle § **17** 50
– demokratisch-rechtsstaatlicher Rahmen § **17** 51
– Drittstaaten § **3** 82; § **17** 112
– Eingebende Stelle § **17** 118
– Ermittlungsgruppen § **17** 77
– Ermittlungsbefugnis § **17** 52
– Exekutivdirektor § **16** 53; § **17** 54
– gemeinsame Kontrollinstanz § **17** 50, 55
– Informationen § **17** 74
– Informationen weitergeben § **3** 71
– Informationssystem § **14** 10; § **17** 53
– Japan § **3** 79
– Kooperationsabkommen § **17** 107
– Liste „privilegierter Partner" § **17** 112
– Löschfristen § **17** 218
– Löschung § **17** 164
– Nationale Stellen und OLAF § **17** 221
– natürliche Person § **17** 113
– Personal § **17** 56
– private Parteien § **17** 159
– private Parteien in Drittstaaten § **17** 161
– Straftaten § **17** 64, 127
– USA § **3** 77
– unaufgeforderter Erhalt von personenbezogenen Daten § **17** 111
– Verantwortlichkeit § **17** 117
– Verarbeitung § **17** 114
– Verbindungsbeamte § **17** 57
– Vereitelung § **27** 112
– Verschwiegenheitspflicht § **13** 190
– Verwaltungsrat § **16** 53; § **17** 54, 115
– Zwangsmaßnahme § **17** 73
Europol-Beschluss § **19** 106
Europol-Informationssystem (EIS) § **16** 52 f.; § **17** 84, 120
– Informationsquelle § **17** 97 ff.
Europol-Straftat § **17** 129, 151
EUSuchtÜ § **2** 135
– Flaggenstaat § **2** 136
– Kostenerstattung § **2** 144
– Verwertung § **2** 145
Exekutivdirektor § **17** 142, 156
Experte § **16** 53
Exkulpation § **28** 39
Exkulpationsmöglichkeit § **28** 28
Exterritorialität § **18** 26
EZB § **14** 219

Fahndung § **11** 140, 172; § **12** 117; § **16** 1; § **17** 194
– Ausschreibung § **27** 40
– grenzüberschreitend § **3** 94
– Ringalarmfahndung § **3** 94
– Spezialeinheit § **3** 95
– nach Personen und Gegenständen § **15** 330
Fahndung
– Begriff § **15** 308
– Daten § **20** 16
– Maßnahme § **12** 109; § **26** 5
– Mittel § **15** 312, 368
– Richtlinien
Fahrer § **14** 203
Fahrerlaubnis § **10** 26
Fahrtkostenerstattung § **23** 74
Fahrzeug § **11** 173; § **14** 203; § **16** 12, 14, 44
– ~daten § **11** 173; § **13** 198; § **19** 98, 119, 151; § **20** 52; § **27** 84
– ~register § **12** 43; § **14** 191
– ~registerdaten § **19** 61
Faires Verfahren § **13** 81; § **24** 54
Fallbezogene entsandte Ermittler § **3** 93
Falschaussage § **23** 146, 151
– im Ausland § **23** 146
– unter Eid § **15** 220
Falscher Name § **24** 62
Falschgeld (Falschmünzerei) § **9** 83; § **13** 159; § **14** 109; § **15** 343, 418
Falschgeldbekämpfung § **12** 55
– Einheitlichkeit § **12** 55
Falschgeldkriminalität § **10** 46
– Spontanübermittlung

689

Sachverzeichnis

Falschmünzer § **10** 27, 49; § **13** 233; § **14** 109
– Fingerabdruck § **14** 109
– Lichtbild § **14** 109
Falschmünzerei-Abkommen § **14** 219
Fälschung
– Euro § **10** 47
Fernerkundung § **2** 177
– aktive Sensortechnik § **7** 8
– flugzeuggestützte ~ § **7** 8
– mittels passiver Sensorik § **7** 8
– Satelliten § **7** 4
– von eigenem Territorium aus § **7** 8
– weltraumbasierte ~ § **7** 7
Fernkopie: s. Telefax
Fernmeldegeheimnis § **15** 577, 579
Fernwirkung § **24** 49
Fernzugriff § **15** 491
– berechtigte Person § **7** 28
– georedundante Speicherung § **7** 36
– informationstechnische Systeme § **1** 25
– Inhaber § **7** 29 f.
– Umleiten von Datenströmen § **7** 36
– Verfügungsbefugnis § **7** 27
– virtueller Server § **7** 30
– Zustimmung § **7** 25 f., 35
– Zustimmung mittels Rechtshilfe § **7** 35
– Zwischenspeicherung § **7** 36
Fernzugriff auf Computersysteme
– cloud computing § **7** 33
Festhalterecht § **3** 3
Festnahme § **10** 8; § **12** 109; § **15** 359; § **16** 9
Festsetzung von Ordnungs- und Zwangsmitteln § **26** 3
Feuerwaffen und Schusswaffen § **9** 87; § **16** 16
FIDE (Aktenauskunftssystem) § **16** 72; § **20** 29
– Abfragebefugnis § **16** 77
– Speicherdauer § **16** 76
Finanzbehörde § **15** 696
Finanzierung des Terrorismus („TFTP") § **8** 41; § **9** 46, 88; § **15** 700
Finanzinstitut § **15** 629, 637, 686 f.
Finanzkonto § **15** 659
Fingerabdruck § **14** 170; § **15** 257; § **16** 46; § **17** 188, 195, 202; § **19** 92, 116; § **20** 17
– automatisiertes Fingerabdruck-Identifizierungssystem (AFIS) § **15** 257
Fingerabdruckdaten § **13** 197; § **27** 119
Fishing-expedition § **12** 168; § **14** 31; § **15** 649
– USA § **12** 168
File transfer § **15** 508
Fiskalische Delikte § **9** 7
– Begriff der ~ § **11** 67
– Doppelbesteuerungsabkommen § **11** 71
– Schweiz § **11** 69
– Strafbarkeit § **20** 52
– Strafsache § **15** 644
– Straftat § **9** 39, 157; § **11** 51, 81
– Tat § **15** 523

Fiskalischer Charakter § **15** 659
Flaggengrundsatz § **2** 70
Flaggenhoheit § **2** 70
Flaggenprinzip § **2** 70, 91
Flaggenstaat § **21** 15
– EUSuchtÜ § **2** 137
– vorrangige Gerichtsbarkeit § **2** 94
Flüchtling § **15** 264
Fluggast § **2** 156; § **19** 148
Fluggastdaten § **15** 495, 704, 707, 714; § **27** 87
– Australien § **2** 164
– Europäische Union § **15** 714
– Kanada § **2** 164
– Übermittlung § **2** 162
– USA § **2** 164
Fluggastdatenerhebung § **27** 46
Fluggastdatenrecht § **15** 365
Fluggastdatenspeicherung § **20** 39
Fluggastdatenverarbeitung § **19** 148
Fluggesellschaft § **15** 704, 707, 714; § **17** 215
Folgenbeseitigungspflicht § **24** 22
Folter § **24** 45
– ~verbot § **23** 110; § **24** 40
Form § **12** 122
– elektronische ~ § **12** 117
Formanforderung § **23** 93
Formblatt (Formular) § **12** 117, 125 f.; § **13** 164; § **14** 132; § **15** 79, 243, 350, 369, 457
Formblatt A § **15** 243
Förmlichkeit § **23** 119
Formvorschrift § **9** 119; § **23** 44
– anwendbares Recht § **9** 100
forum shopping § **26** 45
Förderprogramm § **14** 212
Förmliche persönliche Beweiserhebung § **15** 9
– Erforderlichkeit § **15** 9
– Verzichtbarkeit § **15** 9
Fort- und Fernwirkung § **18** 17, 19; § **24** 50
Fracht § **2** 156
Fragenkatalog § **15** 204; § **22** 8; § **23** 53, 60
– Ergänzung von Fragen durch weitere Beteiligte § **15** 206
– Erstellung durch das zuständige deutsche Ermittlungsorgan § **15** 205
Fragerecht § **15** 194; § **22** 7 f.
Freibeweis § **23** 1, 5, 13, 84, 124, 136
– Würdigung § **23** 134
Freies bzw. sicheres Geleit § **13** 206; § **15** 34 ff., 64, 81, 93, 111, 129, 246; § **23** 76 f.
– Bedeutung § **15** 44
– Befristung § **15** 81
– Beschuldigter § **15** 39
– Europäische Ermittlungsanordnung § **15** 130
– freiwillige Wiedereinreise § **15** 42
– Frist § **15** 42 f.
– Sachverständiger § **15** 39
Freiheit der Aussendung von Signalen § **2** 176
Freiheit der Meinungsäußerung § **14** 64

Sachverzeichnis

Freiheit der Schifffahrt § 2 109
Freiheitsentziehende Maßnahmen § 12 49
Freiheitsentziehung § 15 99
Freizügigkeit § 16 25
Freizügigkeitsrecht § 20 39
Fremde Streitkräfte
– ausländische § 15 16
– Durchreise § 2 68
– Strafgerichtsbarkeit § 2 68
– vorübergehender Aufenthalt § 2 68
– Zwangsmaßnahmen § 2 68
Fremdenfeindlichkeit § 9 51
Frist § 13 54; § 17 188; § 19 88; § 25 11; § 26 40
– Antrag des Betroffenen § 27 31
Fristablauf § 17 188
Fristüberschreitung § 13 54
Frontex § 8 13; § 17 36, 264
Führerschein § 16 16
– Internationaler § 14 202
Fundstellendatensätze § 15 283, 297
Fundstellennachweis § 17 127
Funktionale Kompetenzaufteilung § 27 12
Fußballspiel § 9 64

GASP § 19 35
Gebietshoheit § 1 3, 17; § 2 147; § 3 3; § 18 3, 23
– Hoheitsgebiet § 15 75
Gebietsstaat § 26 9
Gebrechlichkeit § 23 72
Gebühr für einen Rechtsbeistand § 13 232
Gefahr § 11 140; § 20 54
– abzuwehren § 10 29
– für die öffentliche Sicherheit § 14 156, 172; § 17 161; § 20 24, 31, 36, 40, 60, 83
– für Leib und Leben § 23 82
– im Verzug § 11 181; § 13 215; § 20 54
– Beweissicherung § 11 182
Gefährder § 17 92, 120
Gefährderlehre § 17 122
Gefährdung der freiheitlichen demokratischen Grundordnung § 15 29
Gefährdung des Untersuchungserfolgs § 13 99
– Absicherung durchführen § 13 99
Gefährliche oder verbotene Inhalte
– Kontrolle § 2 181
Gefahrenabwehr § 15 270; § 16 1, 12
Gefangenenüberstellung § 12 81
Gegenseitigkeit § 11 85 ff.; § 13 171, 241; § 14 163, 245; § 15 181, 496
– Ablehnung § 15 118 ff.
– Beschlagnahme § 11 87
– Durchsuchung § 11 87
– Prüfung § 11 90
– Rechtsbehelf § 15 488
– Übersetzung § 11 87
– vertraglose Rechtshilfe § 11 88
– Zusicherung § 11 91

Gegenseitigkeitsprinzip § 15 434
– EU-Mitgliedstaat § 15 432
Gegenseitigkeitszusage § 12 96
– ausländische diplomatische Vertretung in Deutschland § 12 96
Gegenüberstellung § 15 7, 181, 238
Geheime Voruntersuchung § 24 44
Geheimhaltung § 2 54; § 16 58; § 17 41; § 21 1, 3; § 23 110
Geheimhaltungsinteresse § 9 133; § 24 64
Geheimschutz § 9 7; § 13 193; § 17 225
– materieller § 21 1, 10 f.
Geiselnahme § 2 154; § 14 58
– terroristische Straftat
Geldfälschung § 14 219
– Falschmünzerei § 9 83
Geldwäsche § 9 45, 80 f.; § 15 343, 470, 632, 662; § 16 65; § 17 69; § 20 8
Geldwäsche-RL § 15 637
GeldWÜ 1990 § 12 166; § 13 235, 237, 676; § 21 21
Geleit
– Dauer der Wirksamkeit § 15 56
– Erlöschen § 15 56
– Widerruf § 15 55
Geltendmachung von formalen Mängeln § 23 62
Gemeinsame Agrarpolitik § 14 215
– Europäischer Garantiefond für die Landwirtschaft (EGFL) § 14 215
Gemeinsame Ermittlungsgruppe § 15 362; § 17 24; § 17 33; § 20 33; § 24 52; § 25 9; § 28 14
– Anker-Mitgliedstaat
– Assoziierte Mitglieder § 3 64
– Bildung § 3 65
– Ersuchen § 3 66
– Europol § 3 63
– Europäische Union § 3 59
– Europol § 3 59
– Joint Investigation Teams (JIT) § 3 58
– Leitfaden § 3 59
– Leitung § 3 69
– Recht des Einsatzstaates § 3 68
– Rechtsgrundlage § 3 59
– Rechtsvorschriften des Einsatzstaates § 3 70
– Europol § 3 62
– Vereinbarung § 3 67
Gemeinsame Kontrollinstanz § 19 127
Gemeinsame Streife § 8 4, 24
– Leitung § 8 5, 7
– Wahrnehmung hoheitlicher Befugnisse § 8 6
Gemeinsame Zentren § 3 80, 88; § 8 2; § 11 191; § 12 107
– Beteiligung von Drittstaaten § 3 86
– Übermittlung personenbezogener Daten § 3 89
– Überstellung von Ausländern § 3 86
Gemeinsames Datensystem § 12 115

691

Sachverzeichnis

Genehmigung
– allgemein § 13 108
– besondere Umstände § 13 117
– Bund ins Benehmen § 13 116
– Durchführung § 13 11
– Polizeibeamte § 13 108
– Teilnahme § 13 122
– Untersagung § 13 118
– Zuständigkeit § 13 108
Genehmigungsrecht § 23 15
Genehmigungsvorbehalt § 24 37
Gerichtsbeschluss § 7 23; § 12 173; § 13 78; § 15 53; § 19 132, 145; § 23 30
Gerichtshilfe § 27 95
Gerichtsvernehmung
Gerichtliche Anordnung auf Herausgabe von Daten § 15 565
Gerichtliche Kontrolle § 27 61
Gerichtsbarkeit § 2 114
Gerichtsbekannte Tatsache § 23 9; § 24 3
Gerichtskundige Tatsachen § 23 6
– gezielte Gewinnung von Wahrnehmung § 23 6
Gerichtskundigkeit § 23 112
Gerichtswesen, praktische Informationen über das ~ § 17 5
Gesamthaftungsprinzip § 28 16
Geschäfte § 15 659
Geschäftsgang § 12 159; § 13 107
Geschäftsweg § 3 113; § 4 30; § 8 36; § 10 12; § 12 28, 75
– Anzeige zum Zweck der Strafverfolgung § 10 11
– diplomatischer § 12 28, 38
– konsularischer § 12 28
– ministerieller § 12 28
– unmittelbarer § 12 28, 34, 52, 71, 109; § 13 122
Gesetzlichkeit der Strafe § 9 134
Gesicherte Telekommunikationsverbindung § 17 8
Gestohlene Kunstwerke § 17 197
Gewahrsam § 14 239; § 15 413
Gewahrsamsinhaber § 15 413; § 26 3
Gewalt an Frauen § 9 56, 59; § 10 17
Gewalttätigkeit § 8 40
Gewässer, innere § 2 94
Gezielte Kontrolle § 16 12, 14, 70
Glaubhaftigkeit § 23 9; § 23 136, 144; § 24 61
Glaubhaftigkeitsbeurteilung § 23 60
Glaubwürdigkeit § 23 144
– des Zeugen § 20 64; § 23 11; § 24 61
Gleichwertiger Schutz § 26 45
Gnadensache § 11 25
GRCh s. Charta der Grundrechte der Europäischen Union
Grenzgebiet § 8 2
Grenzkontrolle § 16 13, 39
– Bedarfsgrenzkontrollstelle § 8 21

Grenzüberschreitende Einsätze § 2 21 ff.
– Dienstwaffe § 8 3
– Europäische Union § 8 1
– Feststellung der Identität § 8 9
– Grenze überschreiten § 8 12
– Hilfeleistung § 8 10
– Kontrollen § 8 9
– Nothilfe § 8 12
– Notwehr oder Nothilfe § 8 3
– notwendige Maßnahmen § 8 9
– ohne vorherige Zustimmung § 8 12
– (präventiv-) polizeiliche ~ § 8 1
– Polizeiverträge § 8 1
– SDÜ § 8 1
– Vertrag von Prüm § 8 1
– vorläufige Festnahme § 8 9
Grenzüberschreitende Ermittler
– technische ~ § 3 118
Grenzüberschreitende Ferneingriffe § 1 9
Grenzüberschreitende Kontrollmaßnahme § 8 19
Grenzüberschreitende Kommunikation mittels
– Verbindungsbeamter § 4 32
– Verfahrensbeteiligte § 4 33
Grenzüberschreitende Militäreinsätze § 9 91
– Europäische Union (EU) § 2 58; § 9 93
– Truppen § 2 58
Grenzüberschreitende Militärstationierungen § 9 91
– Aufnahmestaat § 2 22
– Entsendestaat § 2 22
– Immunität § 2 21
– NATO § 9 91
Grenzüberschreitende Observation § 3 13
Grenzüberschreitende Reisezüge § 8 19
Grenzüberschreitende Telekommunikationsüberwachung § 18 9
Grenzüberschreitende Übermittlungen § 21 16
– Teilnahme eines Ermittlungsbeamten an ~ § 7 14
– Überwachung von ~ § 7 13
Grenzüberschreitender Datenverkehr § 19 57
Grenzüberschreitender Einsatz vertraulicher Informanten § 15 400
Grenzüberschreitender Einsatz von Amtsträgern § 28 13
Grenzüberschreitender Einsatz von Polizeibeamten § 1 19
Grenzsicherungszweck § 8 13
Großveranstaltung § 8 40; § 20 20
– mit grenzüberschreitender Dimension § 8 32
Grundfreiheit § 19 29; § 20 87
Grund- und Verfahrensrechte § 13 14, 89
– aus der Rechtsordnung des ersuchenden Staats § 9 160
– (inner-)staatliche Pflicht § 9 159
– Mechanismus der zwischenstaatlichen Geltendmachung der ~ § 9 142

– Unmittelbarkeit des Eingriffs § 9 160
– zwischenstaatliches Rechtshilfeinstrument § 9 121
Grundprinzipien der Rechtsordnung § 15 149
Grundprinzip der gegenseitigen Anerkennung § 11 122
Grundrechte § 17 157, 205; § 18 7; § 26 41, 46
– auf Gewährleistung der Vertraulichkeit und Integrität informationstechnischer Systeme § 15 568
– auf informationelle Selbstbestimmung § 1 25; § 19 62
– Bindung § 9 137
– der betroffenen Person § 17 157
– Eingriff § 26 20
– EMRK § 1 35; § 13 14
– Europäische Union § 1 35
– Grundgesetz § 1 27; § 26 11
– Grundrechte § 14 76
– inländische Grundrechte § 3 11
– IPBPR (Internationaler Pakt über bürgerliche und politische Rechte) § 3 11; § 9 139; § 13 81
– Recht auf effektiven Rechtsschutz § 9 133
– Völkerrecht § 1 35
Grundrechtestandard § 24 33
Grundrechtlich fundierter Anspruch § 27 112
Grundrechtsverbürgungen § 9 139, § 18 27
Grundrechtseingriff § 18 7; § 26 7
– Verarbeitung und Nutzung von Informationen § 18 7
Grundsatz § 18 2
– der Hauptverhandlung im Ausland § 6 6
– der öffentlichen Beweisaufnahme § 13 82
– der Öffentlichkeit § 6 6
– der Rechtssicherheit § 14 76
– der Rechtsstaatlichkeit § 15 704
– der souveränen Gleichheit der Staaten § 1 3
– des fairen Verfahrens § 21 9
Günstigkeitsprinzip der internationalen Rechtshilfe § 9 7

Haager Apostille
– Zuständigkeit § 12 215
Haager Übereinkommen Legalisation § 12 205, 208
Haft § 15 17, 112, 128; § 23 79
– Beendigung § 15 128
– Durchbeförderung § 15 112
– für den Überstellungsvorgang § 15 112
Haftbefehl § 10 8; § 15 50, 57, 112, 125; § 16 48; § 17 194
– Durchführung § 15 123
– Ersuchen § 15 115
– Europäischer ~ § 15 319; § 16 8, 12, 33, 50; § 26 38; § 27 109
– Vereinbarung § 15 123
Haftgrund § 15 250
Haftsachen § 25 5

Haftung § 8 3
– europäischer und internationaler Organisationen § 28 6
– im Innenverhältnis § 19 158
Halterdaten § 11 173
– Schweiz § 14 194
Handfessel § 15 359
Hauptverhandlung § 23 1, 3 ff., 9, 14; § 24 1
– Ausland § 6 2, 6
– Grundsatz der Öffentlichkeit § 6 6
– Inbegriff § 24 1
– Vernehmung § 23 117
Hauptzollamt § 16 64
Hausdurchsuchung § 13 78
Häusliche Gewalt § 9 459
Heilung § 24 50, 56
Herausgabe § 15 410, 416, 487, 490, 553, 566
– durch einen Dritten § 13 157
– von bedeutsamen Kulturgütern § 11 206
– von Gegenständen § 13 28, 231; § 14 245
– Sicherstellung § 14 245
Herausgabeentscheidung § 26 36
Herausgabeverpflichtung § 15 552
– Auferlegung Dritter § 15 552
– Europäische Ermittlungsanordnung § 14 229
Herkunftsmitgliedstaat § 19 134
Herkunftsstaat § 18 9
Herrschaftsbereich § 18 2
Hilfeleistung
– bei Großereignissen § 8 10
– bei Katastrophen § 8 10
– bei schweren Unglücksfällen § 8 10
Himmelskörper § 2 169, 171
Hindernis § 23 20, 67
– Abwarten § 23 85
– Bedeutung § 23 88
– Entfernung § 23 87
– Ermittlung, ob das Hindernis vorübergehender Art ist § 23 84
– Erscheinen in der Hauptverhandlung § 23 67
– Nachholen § 23 86
– pflichtgemäßes Ermessen § 23 85
– Situation der Auskunftsperson § 23 88
– Unzumutbarkeit § 23 87 f.
– vorübergehender Art § 23 84
Hintermänner § 15 363
Hinweisgeber § 17 254
Hinweispflicht § 19 139
Hit/No-hit-Verfahren § 15 303; § 20 18
Hohe See § 2 109
– angehalten § 2 114
– Erhaltung § 2 125
– Fischbestände § 2 125
– Kontrolle § 2 125
– Kontrolle § 2 125
– Luftraum über ~ § 2 147
– Nacheile § 2 118
– Suchtstoffe § 2 128

Sachverzeichnis

Hoheit des ersuchten Staates § 15 212
Hoheitliches Handeln § 24 29
– Anschein § 24 29
Hoheitsakt § 1 25
Hoheitsgebiet § 1 21; § 15 99
Hoheitsrecht § 18 20, 22; § 20 4; § 24 25
Höchstfrist § 14 43
Humanitäre Einsätze § 8 14
Human Rights Watch § 24 42
Hypnose § 24 45
Hypothetische Ersatzprüfung § 20 12
Hypothetische Ersatzübermittlung § 20 59
Hypothetische Erwägung § 24 58

Identifizierungsgegenüberstellung § 23 139
Identität § 27 64
– falsche § 15 391
– Feststellung § 8 9
– Feststellung Prozessbeteiligter § 15 157
– Papiere § 16 16
– Schutz § 15 384
Illegale
– Einreise § 15 266
– Einwanderung § 15 706
– Überschreitung der Außengrenze § 15 262
Immunität § 1 21; § 2 3, 61, 63, 94; § 12 100; § 13 167; § 15 6, 87, 200; § 17 293; § 18 26; § 23 75; § 25 9; § 26 28; § 28 3, 12
– Auslandsvertretungen § 2 1
– der Mitglieder des Europäischen Parlamentes § 2 9
– Dienst- oder Wohnungsräume § 2 11
– Diplomatengepäck § 2 9
– diplomatische § 1 11, 26; § 2 1 f.; § 18 24
– Europäische Union § 2 15
– fremde Truppen § 2 66
– Grenzüberschreitende Militärstationierung und -einsätze § 2 21
– internationale Organisationen § 2 15 ff.
– konsularische § 1 11, 26; § 2 1 f.; § 18 24
– Luftfahrzeuge § 2 155
– Missbrauch § 2 61
– Mitglieder des Europäischen Parlamentes § 2 20
– NATO § 2 46
– personale § 2 2
– Staatsoberhaupt § 18 26
– Unionsgericht § 2 19
– Vereinte Nationen § 2 15 f.
– Verletzung der ~ § 2 12
– Vermögens~ § 2 13
– von ausländischen Regierungs- und Parlamentsmitgliedern § 18 26
– Zeugnisverweigerungsrecht § 13 185
– Zufallsfund § 2 12
Implementierungskosten § 19 79
Inaugenscheinnahme von Tonaufnahmen § 23 27
– digitale Aufzeichnung § 23 27

Individualschutz § 19 34
Indiztatsache § 23 6
Informanten § 15 378; § 27 88
– Einsatz verdeckter ~ § 15 374
– Schutz § 17 130
Information des Betroffenen § 15 279
Informationelle Selbstbestimmung
– Recht auf ~ § 14 76
Informationsaustausch § 14 65
– terroristische Straftat § 14 65
Informationserhebung § 1 4; § 9 1
– Ausübung oder Androhung von Zwang § 1 6
– offenes Auftreten § 1 6
– öffentlich-zugängliche Informationen § 1 5
– unter Einschaltung ausländischer Stellen § 9 1
– Zugriffsmöglichkeit in Strafsache § 14 182
Informationsnetzwerk § 15 491
Informationspflicht § 9 7
– Ausnahmeregelungen für Europol § 17 169
– Einschränkung § 27 57
– Umfang der ~ § 27 56
Informationssystem § 17 53
– Europol § 17 49
– schwere Behinderung § 14 59
Informationstechnische Daten § 15 489 f.
Informationstechnische Systeme § 1 9; § 7 1; § 15 489 f., 493
– cloud computing § 7 33
– Inhaber § 7 30
– Provider § 7 33
– Zwang § 7 32
Informationsverarbeitung
– Rechte § 27 1
Informationsverbund der Europäischen Union § 19 64
– bei schwerwiegenden Verletzungen § 19 104
Ingewahrsamnahme § 16 18
– Verhinderung der Weiterreise § 16 19
– Vermisste § 16 18
Inhafthaltung § 2 142
Inhaftierung § 16 9
Inhaftnahme § 13 77
Inhaltsdaten § 15 503, 573
Inländische Tochter § 15 587
Innerdeutsches Amtshilfe-Ersuchen § 26 20
Innerstaatliche Zuständigkeit
– BKA § 11 153 f.
– Ersuchen § 11 146
– Sachleitungsbefugnis § 11 150
– unmittelbare Kommunikation § 11 153
– Verbandskompetenz im Bundesstaat § 11 152
INPOL § 17 194
Instant messaging § 15 508
Instant Chats § 15 580
Integrität
– der personenbezogenen Daten § 19 113
– informationstechnischer Systeme § 19 62; § 24 47

Sachverzeichnis

Integritätskontrolle § 13 195
Interessen Dritter § 23 110
Internationale Fahndungsmaßnahme § 26 6
Internationale Fernmeldeunion § 13 199
Internationale Kooperation der Polizei § 11 128
Internationale Kriminalpolizeiorganisation § 17 173
Internationale Organisation § 17 107; § 25 9
Internationaler Pakt über bürgerliche und politische Rechte (IPBPR) § 22 6
Internationale Postsendung
– Immunität § 2 179
Internationale Raumstation (ISS) § 2 174
– Kommandant § 2 174
– Rechtshilfepflicht § 2 174
Internationaler Schutz § 15 269
Internationaler Strafgerichtshof § 17 282
– Vertragsstaat § 17 283
Internationaler Zahlungsverkehr § 15 698
Internet § 7 9; § 15 508
Internetprotokolladresse § 15 508
Internet-Server § 23 112
Interpol § 2 139; § 3 80; § 11 147; § 12 104, 105 f., 109, 219; § 14 32; § 15 254, 312, 324, 328, 365; § 16 43; § 19 90, 108, 117, 122; § 21 10; § 21 30; § 25 2; § 27 42, 52, 81; § 28 12
– Abkommen § 17 176
– alerts § 17 175
– alternative Übermittlungsmöglichkeit § 12 103
– blaue Meldung § 17 195
– Büro § 19 140
– Daten § 17 180
– Datenschutzabkommen § 17 206
– Datenschutzbeamte § 17 224
– Datenschutzkommission § 17 180
– Errichtungsfestlegung § 17 183
– Ersuchen um Verbreitung einer Meldung § 17 203
– Exekutivbefugnisse § 17 173
– gelbe Meldung § 17 195
– Generalsekretariat § 17 173, 175, 203; § 19 140
– Generalversammlung § 17 174, 203
– Kategorien § 17 193
– Meldungen (notices) § 17 190, 192
– Mitglied § 17 174
– Mitfahndungsersuchen an ausgewählte Staaten § 17 205
– Mitteilungen (diffusions) § 17 190
– Nachrichten (message) § 17 190
– Nationales Zentralbüro/nationales Büro § 17 211
– Neutralität § 17 183
– requests § 17 175
– rote Meldung § 17 194
– Schwarze Meldung § 17 195
– Sekretariat § 17 204 ff., 210
– unabhängige Kommission § 17 174
– Verbreitung einer Meldung § 17 203
– Violette Meldung § 17 196
– Völkerrechtssubjekte § 17 174
– zentrale Datenschutzkommission § 17 224, 226; § 19 122; § 27 81
– Zugriff auf Interpol-Daten § 17 207 ff.
– Zwischenstaatliche Stellen § 12 104
Interpol Informationssystem § 17 178
– Datenbank § 17 180
– Datenverarbeitung § 17 180
Interpolsystem § 19 100, 154; § 20 56
Interpretation § 21 7
Interventionsverbot § 1 16
Ipso-iure-Charakter § 21 13
IRG § 9 2
IStGH § 12 15, 42
IStGHSt § 17 282

Jedermannsrecht § 3 3
JI-RL § 19 2, 10, 110; § 20 40, 70; § 27 17, 34
– besondere Bestimmungen § 19 16
– erfasste Daten und Verarbeitung § 19 20
– erfasste Stellen § 19 18
– grenzüberschreitender Bezug § 19 30
– innerstaatliche Datenverarbeitung § 19 32
– polizeiliche bzw. gefahrenabwehrende Datenverarbeitung § 19 27
– sachlicher Anwendungsbereich § 19 17
– Straftat § 19 26
– Ultra-vires-Rechtsakt § 19 32
– Unabhängigkeit der Richter § 19 38
– Verhältnis zu BDSG § 19 13
– Verhältnis zu BKAG § 19 13
– Verhältnis zur nationalen Sicherheit und GASP § 19 35
– Verhältnis zur richterlichen Tätigkeit § 19 38
– Weiterverarbeitung § 19 24
– Zweck § 19 25
Judicial Redress Act of 2015 (USA) § 3 58; § 27 32
Jurisdiktion § 2 168
– Inspekteure § 2 168
– wissenschaftliches Personal § 2 168
Juristische Person § 15 632
Justizbehörde § 11 34, 36; § 12 164; § 14 36, 84; § 16 40, 50; § 17 3, 194, 251, 254; § 18 13; § 19 38; § 24 28; § 25 7; § 26 19
– Autorisierung der zuständigen ~ § 24 28
– Verfahrensherrschaft § 18 12
– Zustimmung § 14 12
Justizfreier Hoheits-/Regierungsakt § 26 22
Justizielle und polizeiliche Zusammenarbeit in Strafsachen § 25 5
Justizorgan § 11 32

Sachverzeichnis

Kapitän § 2 104
Katalogtat § 24 45
Kennzeichen § 17 202
Kennzeichnung § 16 50
– Aufhebung § 19 141
Kernbereich
– des Regierungshandelns § 26 22
– persönlicher Lebensentfaltung § 24 47
Kind § 21 29; § 23 82
Kinderpornografie § 15 470; § 17 181
Kinderschutz § 9 58
Klage im Vollstreckungsstaat § 26 42
Klagerecht vor dem EuGH § 17 171
Kleine Rechtshilfe § 9 1; § 12 2
Kollision § 24 20
Kollisionsrecht § 24 35; § 28 3
Kombattantenstatus § 1 7
Kommissarische Inaugenscheinnahme § 23 26
Kommission § 17 254
Kommunikation § 1 22; § 2 9; § 15 508, 515, 569 ff.; § 17 293
– absehbare Verzögerung § 13 65
– unmittelbare ~ § 11 153; § 15 515
Kommunikationsinhalt § 15 579
Kommunikationskette § 15 541
Kompensation § 22 9
Kompetenzkonflikt § 17 24
– Zugriff auf Straf-, Ermittlungs-, und DNA-Register § 17 26
Konfrontation § 23 100, 143; § 24 60
Konfrontationsrecht § 13 81; § 15 206, 10; § 22 8 f., 11; § 23 44, 53 f., 100, 133; § 24 1, 19, 37
– des Angeklagten § 23 57
– in öffentlicher Hauptverhandlung § 22 8
– im Vorverfahren § 22 8
Konsul § 23 49, 100
Konsularbeamte § 2 3; § 23 56
Konsularische Vertretung § 1 11, 21; § 23 74
Konsularische Amtshilfe § 4 30
– Rechtshilfe § 5 1
Konsularischer Geschäftsweg § 13 122
Konsularische Vernehmung § 5 1; § 23 9, 52, 56
– Amtshilfeersuchen § 5 4
– Anwesenheit § 23 9
– Befugnis § 5 3
– Berichtspflicht § 5 4
– Dolmetscher § 5 6
– Fragerecht § 5 5
– Protokoll § 5 6
– Teilnahmerecht der Prozessbeteiligten § 5 5
– Zwangsmittel § 5 8
– Vertretung § 23 74
Konsulat § 13 122
– reisekostenrechtliche Genehmigung § 13 123
Konsultation § 13 23, 49, 54, 203; § 15 528, 655; § 19 82; § 21 26; § 27 71
Konsultationsmechanismus § 21 3

Konsultationspflicht § 13 24 f., 68, 239
Konsultationsverfahren § 16 49
Kontaktperson § 17 134
Kontaktstelle § 12 24; § 15 518; § 17 6
– nationale § 8 42; § 17 10, 12; § 19 92
Konten § 15 629, 659
– laufende Überwachung § 15 629
– von Nichtbeschuldigten § 15 634
Konteninformation § 15 698
Kontrollbehörde § 27 119
Kontrolle § 2 85; § 8 9; § 17 245, 249; § 20 46
– des Zugangs § 19 102
Kontrollierte Lieferung § 1 19; § 3 4; § 15 336, 366; § 17 24
– Abnehmer § 15 348, 363
– Anordnungen § 15 359
– Bewilligung § 15 353 f.
– Begriff § 15 338
– Durchführung § 15 355
– Ersuchen § 15 349
– Hintermänner § 15 348
– Kurier § 15 348, 363
– Kontrolle § 15 355
– Leitung § 15 355
– Recht des ersuchten Staates § 15 359
– Rechtsgrundlage § 15 340 ff.
– Technik § 15 339
– technische Mittel § 15 359
– Vorbereitung § 15 353 f.
Kontrollstelle § 15 367; § 19 57
– Einwirkungsbefugnis § 19 126
– längere Observation § 15 367
– nationale § 27 54, 102
– Untersuchungsbefugnis § 19 126
– Vertraulichkeitssicherung § 19 126
Kontoführende Bank § 15 637
Kooperationsabkommen § 17 107
Kopfüberwachung § 15 605
Kopie § 15 551, 558, 562; § 17 218
Körperlicher Eingriff § 15 290
Körperliches und seelisches Wohl der Opfer § 17 289
Korrespondenz § 2 9
Korruption § 9 61, 80, 94; § 10 46; § 12 53, 56; § 13 57; § 17 70
Korruptionsbekämpfung § 17 47
Korruptionsdelikte § 11 75
Kosten § 13 241; § 15 131, 625; § 17 288; § 19 102; § 23 1
– außergewöhnliche § 13 30, 224
– des Strafverfahrens § 13 241
– Telefonkonferenz § 15 166
– Verzicht auf Erstattung § 13 241
– Videosimultanübertragung § 15 132
Kostenfreiheit § 13 240
– auswärtiger Dienst § 13 240
Kostenübernahmeerklärung § 15 28

Sachverzeichnis

Kraftfahrzeug (Kfz) § 11 173; § 15 704; § 16 16; § 17 181; § 20 16
– Daten § 19 92, 147; § 20 17, 19; § 27 119
– Kennzeichen § 19 116
Kraftfahrzeugkriminalität § 17 67
Krankheit § 23 71
Kredit- und andere Finanzinstitute § 15 659
Kriegsgefangene § 2 36, 69
Kriegsschiffe § 2 112
Kriegsverbrechen § 9 29; § 10 41; § 12 42; § 17 45
Kriegsverbrecher § 12 24
Kriminalitätsform § 11 141
– terroristische § 11 141
– organisierte § 11 141; § 12 121
– Schleusungskriminalität § 11 141
Kriminelle Organisation § 17 127
Kritische Infrastruktur § 14 59
Kulturgut § 9 65; § 11 206; § 15 470
Kurier § 15 363
Kuriergepäck § 2 9
Küstenmeer § 2 93, 106
Küstenstaat § 2 93
– Strafgerichtsbarkeit § 2 99

Ladung § 2 143; § 4 27; § 15 13, 60, 63, 77, 82, 199, 255; § 16 11; § 23 14, 24, 74, 76, 117
– alternative § 23 74
– Art und Weise § 4 17
– Bedeutung § 15 60
– Befolgung § 2 49
– Beivermerk § 15 82
– Bewirkung durch deutsche Auslandsvertretung § 15 96
– Bewirkung durch Rechtshilfe im Inland § 15 97
– Erfolglos § 15 60
– Folgen § 15 93
– förmliche Zustellung § 4 19
– im Ausland § 23 128
– mittels Rechtshilfe § 4 16
– Moderne Kommunikationsmittel § 4 21
– NATO § 15 97
– ordnungsgemäß § 15 60
– Säumnis § 15 93
– Sprachen § 4 22
– Übersetzungspflicht § 4 24
– unmittelbare § 4 1
– unmittelbare Übersendung § 15 61
– Vernehmung § 15 60
– Voraussetzung § 15 64
– wiederholte § 23 74
– Zuständigkeit § 15 63
– Zustellung mittels Rechtshilfe § 15 65
– Zwangsmittel § 15 77
Ladungsfrist § 15 74
– Zwangsmaßnahme § 15 75
Ladungspflicht des Gerichts
– Reduzierung des Ermessens § 23 14

Ladungszustellung
– einfache Übergabe § 15 83
– Einschreiben mit Rückschein § 15 87
– inländische Zustellungspraxis § 15 87
– Verfahren § 15 83
Landesjustizverwaltung § 12 16, 88
Landeskriminalamt (LKA) § 12 113; § 15 720
– Beteiligungspflicht § 11 165
– Europäische Union § 11 167
– Unionsrecht § 11 167
Landesverteidigung § 17 273
Landeverlangen § 2 151
Landwirtschaftsfond für die Entwicklung des ländlichen Raums (ELER) § 14 215
– Tierverbringungssystem TRACES § 14 215
Lanzarote-Konvention § 9 58
Laufendes strafrechtliches Ermittlungsverfahren § 13 26, 62
Lebensmittelrecht § 14 216
Lebensmittelsicherheit § 14 216
Legende § 7 14; § 15 374
– Hilfestellung § 15 385
– verdeckte Ermittler § 15 376
Leichen-Identifikation § 17 195
Lichtbild § 16 46; § 17 195, 202
Löschfrist § 19 134
Löschung § 14 178; § 15 706; § 16 49; § 19 88 f., 130, 137, 142; § 27 12, 103, 112
– angemessene Frist § 19 144
– Gerichtsbeschluss § 19 145
– Gerichtsdokument § 19 145
Löschungsanspruch § 17 167; § 27 6, 91
– Anspruchsgegner § 27 105
– vorläufiger Rechtsschutz § 27 106
Löschungsfrist § 17 188; § 19 96, 139, 151
Löschvorschrift § 19 63
Lotus-Entscheidung § 1 12
Luftbeförderungsunternehmen § 19 148
Luftfahrtbetreiber § 2 160
Luftfahrzeug § 14 58
– Angriffe auf ~ § 2 154
– Befugnisse des Kommandanten § 2 159
– Besatzung § 2 156
– Beschlagnahmung § 2 155
– Flaggenprinzip § 2 154
– Flüchtlinge § 2 156
– im Flug § 2 158
– Übereinkommen zur Bekämpfung der widerrechtlichen Inbesitznahme § 9 90
– widerrechtlich unternommene Inbesitznahme § 2 159
Lufthoheit § 2 147
Luftraum
– grenzüberschreitende hoheitliche Befugnis § 2 150
Luftverkehr
– Freiheit des ~ § 2 148
Lügendetektor § 24 45

697

Sachverzeichnis

MAD § 14 21
Mannheimer-Akte § 2 84
Massenvernichtungswaffen
– Durchsuchung § 2 131
Meer § 2 89
– Betäubungsmittel § 2 133
Meerenge § 2 105
Mehrfertigung § 12 159, 194 f.; § 13 216; § 15 477
– beglaubigte § 12 157
Meinungsfreiheit § 13 43
Meistbegünstigung § 11 50
Meistbegünstigungsgrundsatz § 9 44
Meldebescheinigung § 14 6
Menschenhandel § 9 56, 80, 86; § 10 46; § 13 57; § 15 30, 470; § 17 67; § 21 29
Menschenhandelsdelikt § 15 30
Menschenrechte § 17 216; § 20 86; § 21 31
– Datenschutz § 1 18
– Privatheit § 1 18
Menschlichkeit
– Verbrechen gegen die ~ § 9 29
Migration § 9 80
Militärische Straftat § 11 56; § 12 19
– Begriff § 11 59
– „gemeines Recht" § 11 60
Militärluftfahrzeug § 2 112
Missionsexperte § 17 294
Mitangeklagter § 23 30
Minderjährige § 17 184; § 21 32
Mindestvorschrift § 19 34
Missbrauchs-/Verwechselungshinweis § 27 110
MiStra § 27 97
Mitfahndungsersuchen § 17 205
Mitteilung § 17 205; § 19 136; § 27 59
– an den übermittelnden Staat § 13 208
– Bedingung § 13 208
– besondere Verarbeitungsbeschränkungen § 19 87
– unrichtiger personenbezogener Daten § 19 89
Mitteilungspflicht § 20 8
– nach GVG/MiStra § 20 45
Mitverlesung
– Vermerke des Richters § 23 39
Mitwirkungsrecht von Beschuldigtem § 9 114
Mitwirkungsrecht von Verteidigung § 9 114
Moderne Kommunikationsmittel § 4 24
– Ladung § 4 16
– Sprachen § 4 22
– Übersetzungspflicht § 4 24
Mond § 2 169
Mondorfer Vertrag § 11 178
(fern-)mündlich § 12 121
Mündlichkeit § 24 1
Münze § 14 219
– Euro § 14 219

Nachberichtspflicht § 13 50, 214, 216 ff.
– Ablehnung § 13 50, 215
– EJN § 13 218
Nachbesserung § 13 49
Nacheile § 2 109; § 3 5; § 8 25; § 13 210
– Bericht § 3 55
– Betreten von Wohnungen und Grundstücken § 3 55
– besondere Dringlichkeit § 3 49
– Dienstwaffen § 3 55
– Durchführung § 3 50
– Erkennbarkeit § 3 51
– Festhalterecht § 3 52
– Festnahme § 3 52
– Gefährdung von Leib, Leben und Gesundheit § 3 55
– Luftfahrzeug § 3 47
– örtliche zuständige Behörde des Zielstaates
– räumliche Reichweite § 3 53
– Schadensersatzhaftung § 3 55
– Schleierfahndung § 3 44
– See § 3 47
– Sicherheitsdurchsuchung § 3 53
– Verfolgung von Vollstreckungsflüchtlingen § 3 43
– Vernehmung § 3 54
– Verwertbarkeit § 3 56
– Völkergewohnheitsrecht § 3 39
– Voraussetzungen § 3 40
– Zoll § 3 59
Nachforschung § 23 73
Nachrichtendienst § 7 2; § 9 28; § 14 21; § 19 36; § 27 7, 36, 88
– Eingriffsgrundlage § 7 3
– Residenturen der ~ § 1 24
– staatliche Befugnisnorm § 1 25
– verdeckte andere Operationen § 1 24
Nachrichtendienstliche Aufklärung § 1 23
Nachschieben von Gründen § 23 116
Nachtragsersuchen § 21 8
National High Tech Crime Unit § 15 519
– Beschränkungsmöglichkeit § 15 519
– BKA § 15 520
Nationale Anlaufstelle § 17 11, 18
Nationale Sicherheit § 17 273; § 19 35 f.; § 27 37, 58, 62, 88
– Schutz § 27 34
Nationale Sicherheitsinteressen § 14 42
Nationale Verteidigung § 19 36
Nationale Visabehörde § 14 189
Nationales Büro § 17 203, 205, 211, 218, 221
Nationales Mitglied § 17 16
– Eurojust § 17 16
Nationales Strafregister § 14 134
Nationales Übermittlungsverbot § 19 136
Nationales Zentralbüro § 17 175

Sachverzeichnis

Nationalsozialistisches Gewaltverbrechen § 12 63
NATO § 2 23, 27, 41; § 15 16; § 20 55; § 21 10; § 22 11
– Abgabe des Verfahrens § 2 44
– Amtsgeheimnis § 2 47
– Anwendungsbereich § 2 28
– ausschließliche Gerichtsbarkeit § 2 38
– Bedienstete § 13 193
– Beschlagnahme § 2 52
– Beschuldigtenrecht § 2 47
– Beurlaubte Truppenangehörige § 2 35
– Beweissicherung § 2 45
– deutsche Ermittlungsorgane § 2 51
– Durchsuchung § 2 52
– Entsendestaat § 2 47
– Geheimhaltung § 2 54
– Gerichtsbarkeit § 2 37
– Familienangehörige § 2 35
– Festnahme § 2 45
– Immunität § 2 46, 55
– in Deutschland § 2 41
– konkurrierende Gerichtsbarkeit § 2 39, 43
– Ladung § 2 49; § 15 96
– Mitglieder der Truppe § 2 38
– Personal § 2 29
– Polizeigewalt § 2 55
– Recht auf Anwesenheit § 2 47
– Rechtshilfe § 2 57
– Schutzmaßnahmen § 2 50
– Staatsangehörige des Aufnahmestaats § 2 38
– Staatsschutz-Straftaten § 2 43
– Stationierung § 2 30
– Streitkräfte § 10 53
– Teilnahme § 2 51
– Truppe § 2 41
– Überwachungs- und Ermittlungsmaßnahme § 2 56
– Vernehmung § 2 49
– Vertreter des Entsendestaates § 2 47
– Verzicht § 2 43
– ziviles Gefolge § 2 34, 39
Neapel II-Übereinkommen § 14 32; § 21 17
Ne bis in idem § 15 481
Nebenbeteiligte § 23 52
Nebenverfahren § 11 21, 23
Negativauskunft § 23 140
– technische Unmöglichkeit § 23 140
Neiße § 2 87
Nemo-tenetur-Grundsatz § 9 113; § 15 219; § 24 43
Network of Judicial Registers § 14 125
(Camdener) Netz der Vermögensabschöpfungsstellen (CARIN) § 17 43
Netz von Anlaufstellen zur Verfolgung von Personen § 17 45
Netzwerk § 15 491
Nicht-öffentliche Stelle § 20 72

Nichterreichbarkeit
– Begründung § 23 135
– von Zeugen im Ausland § 23 134
Nichtigkeitsklage § 25 6
Nichtmitgliedstaat § 14 145
Nichtstaatliche Empfänger in Drittstaaten § 20 86
Nichtvereidigung § 23 89
Niederschrift § 13 229; § 23 37, 61, 69, 79
Niederschrift einer richterlichen Vernehmung § 15 226; § 23 42
– Geständnis § 15 228
– qualifizierte Anforderungen § 23 41
– Sprache § 15 230
– wesentliche Förmlichkeit § 15 227
Niederschrift einer ausländischen richterlichen Vernehmung
– Ausmaß der erforderlichen Bemühungen § 23 73
– Hilfsweise Verlesung nach anderen Vorschriften § 23 64
– Verlesungsgrund § 23 65
Non liquet § 27 96
Notbeweisaufnahmerecht § 26 15
Notwehr § 3 3
Notwendige Maßnahme § 8 9
Notwendiger Nachweis ausreichender Mittel § 15 28
Nukleare Antriebe § 2 177
Nuklearterrorismus § 9 889

Oberlandesgericht
– Zuständigkeit in Rechtshilfesachen § 12 16
Oberste Justizverwaltung § 14 83
Observation § 1 19 f.; § 3 4 f.; § 8 25; § 11 17; § 12 15; § 13 190, 194; § 15 307, 336, 363 ff., 386, 676; § 18 3; § 20 49; § 24 11; § 26 5
– angehalten § 3 30
– Bericht § 3 37
– Beweismittel § 3 37
– Dienstwaffe § 3 28
– Durchführung § 3 28
– Einreise § 3 32
– einstellen § 3 27
– Ersuchen § 3 2
– festhalten § 3 35
– festgenommen § 3 30
– Formular § 15 369
– gemeinsame Observationsteams § 3 36
– Geschäftsweg § 3 22
– grenzüberschreitende hoheitliche Befugnis § 2 150
– Kontaktperson § 3 17
– längere ~ § 15 367
– Luftfahrzeug § 3 32
– Nacheile § 2 150
– Nachweis der Zustimmung § 3 28
– ohne vorherige Zustimmung § 3 25

699

Sachverzeichnis

– polizeiliches Ersuchen § 3 22
– räumlicher Bereich § 3 31
– Sicherungsbefugnisse § 3 35
– Sonderrechte im Straßenverkehr § 3 32
– Straftat § 3 18
– Tarnmittel § 3 33
– technische Mittel § 3 34
– Verhinderung § 3 18
– Verwertbarkeit der Erkenntnisse § 3 37
– Vollstreckung § 3 16, 42
– von Personen § 15 346
– Voraussetzung § 3 340
– Zollfahndung § 3 13
Observationsteam § 18 3
Oder § 2 87
OECD § 9 157; § 11 74, 79; § 12 56; § 15 694; § 19 61
Offen erkennbare Information § 1 23
Offene Informationsquellen § 7 9
Offene Spur § 15 299
Offenkundige Tatsachen § 24 2
Offenkundigkeit § 23 112; § 24 2
Offenlegung vertraulicher Informationen § 13 209
Öffentlich zugängliche Quelle § 17 108
Öffentliche Bekanntheit § 20 63
Öffentliche Ordnung § 15 528
– Schutz § 27 72
Öffentliche Sicherheit § 15 702; § 17 273; § 19 29; § 27 37, 58, 62, 88
Öffentlichkeit § 17 214, 216; § 24 1
Öffentlichkeitsfahndung § 15 335
Öffentlichkeitsgebot § 9 134
Office of Internal Oversights § 17 292
Office of International Affairs § 12 170; § 13 36
OLAF § 14 212; § 17 2, 36, 43, 240; § 19 46; § 27 16
Old boys network § 17 3
One stop shops § 27 3
Online-Foren § 7 14
Operative Analyse § 17 138, 150
Opfer § 17 89, 120, 131, 183 f., 195; § 21 29
Opferentschädigung § 12 53
Opferschutz § 15 185; § 17 295
Opt-Out-Möglichkeit § 9 9
Ordnungsgemäßer Zustellungsversuch § 23 74
Ordnungsvorschrift § 24 56
Ordnungswidrigkeit § 11 21, 23, 25, 27, 29 f., 82, 140; § 12 50; § 13 43; § 14 80; § 19 26
– beteiligte Stellen § 11 32
– Europäische Union § 11 25
– strafrechtliche Angelegenheit § 11 29
Ordnungswidrigkeitsverfahren § 11 236; § 15 103
– Ersuchen § 14 86
Ordre public § 9 158; § 11 80, 109 f., 200, 206, 215; § 13 14, 19, 72 f., 87; § 14 75; § 15 120,
436, 528, 543, 686; § 16 75; § 18 27; § 24 9, 27, 39
– Betriebs- oder Geschäftsgeheimnisse § 11 115
– Beziehungen zu Drittstaaten § 11 115
– Charta der Grundrechte § 11 121
– Deutschland § 11 117
– Europäische Ermittlungsanordnung § 11 124
– europäischer ~ § 9 159; § 11 121; § 15 481, 643
– Form des Ersuchens § 11 202
– innerhalb der Europäischen Union § 11 120
– Interpretationshoheit § 11 114
– nach dem RHÜ 1959 § 11 111
– Todesstrafe § 11 113
– Verfassungsprinzipien § 11 115
– wesentliche Interessen § 11 114
Organisierte Kriminalität § 3 4; § 9 40, 72, 75, 78, 80, 85; § 10 46; § 11 42, 141, 215; § 13 56, 69, 87, 206; § 15 130; § 17 60; § 18 5; § 20 9; § 21 22
– Zeuge § 15 130
Organleihe § 26 19

Palermo I-IV § 9 85; § 11 42, 74, 80, 95; § 12 54, 104, 121; § 15 105, 399; § 21 22, 25
Pass § 15 23; § 16 16, 43
– ~ersatz § 15 23
Passwort § 15 560
Peace-Keeping-Truppe § 17 294
Personal von Europol § 17 162
– Umgang § 13 72
Personenbezogene Daten § 17 38; § 19 63, 131
– besonders geschützte ~ § 17 88; § 19 64
– Übermittlung § 17 277
– Qualität § 19 85
– Richtigkeit § 14 200; § 19 95, 99, 136
– Sorgfalt § 19 63
– unrichtige ~ § 19 89
Personenfahndung § 15 307 ff., 314; § 17 181
– Beschuldigter § 15 315
Personenfeststellung § 12 109
Personenkontrolle § 15 706
Persönliches Erscheinungsbild § 23 11
Pflicht zum Erscheinen § 13 184
– Zeuge im Ausland § 13 184
Pflicht zur Angabe der verfügbaren Informationen zur Datenquelle § 27 64
Pflicht zur Mitteilung bei offener und nicht-offener Datenerhebung § 20 46
Pflicht zur Sachverhaltsaufklärung § 12 87
Pflichtgemäßes Ermessen § 23 141
Pflichtverteidiger § 15 201
Phänotyp § 15 288
Piraterie (Seeräuberei) § 2 109, 111, 114, 117
PNR (Passenger Name Records) § 2 161; § 15 715; § 20 39
PNR-Rohdaten § 15 719; § 19 148; § 20 39
PNR-Zentralstelle § 15 716, 718; § 19 148

Sachverzeichnis

Politische Anschauung § 11 106
Politische Strafsache § 15 644
Politische Straftat § 9 52; § 11 53, 215; § 12 19; § 13 87; § 14 75; § 15 528
– absolute politische Delikte § 11 63
– Begriff § 11 63
– Europäische Union § 11 62
– relative politische Delikte § 11 63
– zusammenhängende strafbare Handlung § 11 64
Politische Verfolgung § 23 82
Polizeiliche Ebene § 12 74
Polizeiliche Kontrolle § 2 161
Polizeiliche Rechtshilfe § 13 219
– Begriff § 11 126
– Gegenstand § 11 182
– Rechtsgrundlagen § 11 131
Polizeiliche Zusammenarbeit § 9 3, 19, 37; § 10 35, 42; § 13 210, 228; § 14 19; § 16 56
– ohne Zustimmung der Justizbehörde § 18 12
– Schweiz § 9 39
Pornografie § 15 523
Positivstaater § 16 20
Post § 13 175
– elektronische ~ § 12 118; § 15 508, 517, 534
– Freiheit der Durchbeförderung § 2 180
Polizeivertrag § 3 4, 39; § 20 48; § 21 16; § 27 53
Potentielle Gefährder § 17 129; § 27 112
PRADO (Online-Register) § 14 225
Predictive policing § 17 51, 62; § 27 73
Pressefreiheit § 9 129; § 14 64
– Europäische Ermittlungsordnung § 9 129
Prinzip der Meistbegünstigung § 19 9
Prinzip des kohärenten Handelns § 9 139
Prinzip der Mündlichkeit § 23 3
Prinzip der Öffentlichkeit § 23 3
Privatsphäre § 15 560; § 27 88
– Schutz § 13 72
Produktpiraterie § 15 704
Produktsicherheit § 14 216
– Austausch über Produktgefahren (RAPEX) § 14 216
Profiling § 19 70
Protokoll § 15 195, 223; § 17 180; § 19 98; § 23 61
– Abfrage § 19 113
– ausländisches § 23 91
– automatisiertes Verarbeitungssystem § 19 113
– Identifizierung der Person § 19 113
– Identität des Empfängers § 19 113
– Kategorie von Tätigkeit § 19 112
– private Aufzeichnung § 15 224
– richterliches ~ § 23 26
– Überprüfung § 19 113
– Verlesung § 15 60
Protokollführer § 23 56

Protokollierung § 15 164; § 19 109; § 20 83; § 23 63
– Niederschrift § 15 164
– Verweigerung § 23 92
Protokollierungspflicht § 14 199
Provider § 7 33
– ausländischer § 15 587
Prozedurale Grundrechtsverwirkung § 15 562
Prozessbeteiligter § 15 157
– Identitätsfeststellung § 15 158
Prozessbedingung § 21 9
Prozesshindernis § 21 9
Prozessverschleppung § 23 13, 111
Prüffrist § 16 68; § 19 151
Prüfung § 13 25; § 19 130
– Anerkennungsprinzip § 13 11
– Einschränkung § 13 9
– Europäische Ermittlungsanordnung § 13 11
Prüfungsbehörde § 12 30, 34 f., 70, 84, 89, 159, 211
Prüfungsvermerk § 12 129
Prüm
– Vertrag von ~ § 9 18
– Besitzstand § 9 20
– Ratsbeschluss § 8 32; § 13 198; § 15 259, 291, 296, 303; § 19 46, 92, 116, 127, 130, 132, 141, 147; § 20 17; § 27 28, 78, 119; § 28 20
Pseudonymisierung § 19 79
Psychische Beobachtung § 15 98
Psychotrope Stoffe § 2 182

Quellen-TKÜ § 15 575
Quick-freeze-Verfahren § 15 538, 587

RaBIT § 8 13
Radioaktive Stoffe § 2 182
RASFF § 14 216
Rassismus und Fremdenfeindlichkeit § 15 471, 523
Rasterfahndung § 26 5
Ratsbeschluss zur Sicherstellung von Vermögensgegenständen und Beweismitteln § 14 230
– Europäische Ermittlungsanordnung § 14 229
RB 2003/757/JI § 14 230
RB 2006/960/JI § 18 13; § 19 93; § 20 31; § 21 12; § 24 12
RB 2008/977/JI § 19 102, 114; § 27 15
Recht auf
– Anwesenheit § 2 47
– Auskunft § 15 279; § 19 120
– Aussagefreiheit § 15 213
– Aussageverweigerung § 13 190
– Berichtigung § 15 279; § 19 120
– effektiven Rechtsschutz § 9 133
– effektive Verteidigung § 9 113
– faires Verfahren § 22 6; § 23 44
– friedliche Durchfahrt § 2 96
– informationelle Selbstbestimmung § 7 14

Sachverzeichnis

- konfrontative Zeugenbefragung § 22 5
- Leben § 9 134
- Löschung § 15 279; § 19 120
- rechtliches Gehör § 9 113
- Schadensersatz § 15 279
- Schutz der Privatsphäre § 13 43
- unmittelbare Gegenüberstellung mit dem Belastungszeugen § 22 7
- Unterrichtung § 19 120
- wirksamer Rechtsbehelf § 27 10, 18

Recht des Betroffenen § 15 526; § 17 50; § 19 69; § 24 17
- auf Information über verdeckte Überwachungsmaßnahmen § 9 133
- Bedingungen § 6 5
- Beschwerde § 17 171
- Erscheinen § 6 5
- persönliches Eingreifen § 19 69

Rechtliche Möglichkeit der Einreise § 15 21
- Aufenthaltstitel § 15 21
- Lebensunterhalt einschließlich der Mittel für die Rückreise § 15 21

Rechtmäßigkeit der Datenverarbeitung § 19 113
- Überprüfung § 19 113

Rechtmäßigkeit der Übermittlung § 19 134

Rechtsauskunft § 12 98; § 14 77
- Ersuchen § 14 86, 101
- Europäisches Justizielles Netz § 14 77
- Geschäftsweg § 14 101
- Kosten § 14 100
- Übermittlungsstellen § 14 88

Rechtsbehelf § 12 125; § 25 1; § 26 39
- ersuchter Staat § 9 166
- Gleichwertigkeit § 26 39
- Information über Möglichkeit zur Einlegung des ~ § 26 39
- innerstaatlicher ~ § 9 165

Rechtsbehelfsbelehrung § 25 11

Rechtsfehler § 18 15
- Verarbeitungsschranke § 18 15

Rechtsgrundlage
- Begriff der Polizei § 11 136
- berechtigte Dienststelle § 11 133
- innerstaatliche Zuständigkeit § 11 143
- Ordnungsbehörde § 11 136
- Polizeivollzugsdienst § 11 136

Rechtshilfe § 2 57, 80; § 7 35; § 9 6, 16; § 11 19; § 15 1 ff., 13
- an oder bei Dritten § 15 1 ff.
- Autonomes Ermessen § 9 11
- Beschränkungsmöglichkeit § 9 167
- Bodensee § 2 80
- Ermittler im Ausland § 3 3
- Leistungsverpflichtung § 9 6
- Leistung nach Ermessen § 9 9
- polizeiliche § 13 219
- Priorisierung § 9 17
- Rechtsgrundlage § 9 5

- Rechtskreise § 9 16
- Schwierigkeiten bei der Erledigung § 13 23
- strafrechtlicher Art § 11 19
- strafrechtliche Bezugsverfahren § 9 163
- um Auskunft § 14 164
- unaufschiebbare Maßnahme § 2 81
- vertraglose ~ § 11 44, 49
- vertragsfreie § 13 238; § 15 236
- vertragsfreier Bereich § 9 10
- Verwaltungsverfahren § 9 163; § 26 32
- Verweigerungsmöglichkeit § 9 167
- weitergehende § 9 9
- Zustellung § 15 13
- Zustimmung zum Fernzugriff § 7 35

Rechtshilfeersuchen § 11
- Anwendbare Rechtshilfeinstrumente § 11 9
- Art und Weise der Ausführung § 26 11
- Polizeiliches § 12 18
- Stellung § 26 19
  - Antrag des Beteiligten im Bezugsverfahren § 26 24
  - Rechtsschutz § 26 18
- Taugliche Rechtshilfehandlung § 11 14 ff.
- Voraussetzungen § 11 1 ff.
- Vorbehalte und sonstige Erklärungen § 11 12
- Weiterleitung § 26 20, 22
  - Anfechtungsklage § 26 20
  - Antrag des Beteiligten im Bezugsverfahren § 26 24
  - Rechtsbehelf § 26 20

Rechtshilfehandlung § 26 30
- Amtliche Teilnehmer § 18 9
- Prüfung der Voraussetzung für den Vollzug § 26 30

Rechtshilferecht
- bloße Leistung von Rechtshilfe § 28 40
- Umsetzung im deutschen Recht § 28 30

Rechtshilfeverfahren § 13 79

Rechtskräftiger Freispruch § 17 165

Rechtskreistheorie § 23 110; § 24 32, 44, 55

Rechtsprinzipien § 24 17

Rechtsschutz § 3 12
- Drittbetroffene § 25 11
- effektiver ~ § 15 561; § 26 38
- gegen die unmittelbare Ermittlungsmaßnahme § 26 9
- gegenüber grenzüberschreitenden Ermittlung § 25 4
- Stellung des Rechtshilfeersuchens § 26 19
- strafrechtliches Bezugsverfahren § 26 1

Rechtsschutzinteresse § 26 7

Rechtssicherheit § 9 157; § 11 4; § 15 704; § 18 3
- zwischenstaatliche § 1 20

Rechtsstaatliche Anforderung § 23 50
- grundlegende § 23 44

Rechtsstaatliche Mindeststandards § 24 54

Rechtsstaatliches Verfahren § 24 64

702

Sachverzeichnis

Rechtsstaatlichkeit § **20** 86; § **24** 17
Rechtsstaatsprinzip § **23** 44
– fundamentales § **15** 219
Rechtsweg § **17** 50
– „Gemeinsame Kontrollinstanz" § **17** 50
Rechtsweggarantie § **3** 12
Regierung
– ausländische § **13** 122
Register § **14** 5
– ~abfrage § **14** 28
– ~behörde § **14** 122
Regress § **3** 12
– Anspruch im Innenverhältnis § **28** 5
Reisekosten § **13** 229; § **15** 70, 79, 199
– ~vorschuss § **13** 225; § **15** 69, 85
Reisekostenrechtliche Genehmigung § **13** 122
– Konsulat § **13** 122
Reiseunfähigkeit § **21** 151
Repräsentanten fremder Staaten § **2** 3
Rhein § **2** 84
– Abkommen zwischen Deutschland und Frankreich § **2** 85
– Kontrolle § **2** 85
– Revidierte Rheinschifffahrtsakte § **2** 84
– Vorladung § **2** 84
– Zustellung § **2** 84
RHÜ 2000 § **15** 574
– Ergänzungsverträge § **9** 36
Richter § **23** 12
– beauftragter § **23** 12
Richterliche Entscheidung § **13** 156
Richterliche Protokolle § **23** 26
Richterliche Unabhängigkeit § **19** 39, 72
Richterliche Vernehmperson § **23** 45
Richterliche Vernehmsituation § **15** 210
Richterliche Vernehmung
– eidliche § **15** 190
Richterliche Vernehmungsprotokolle § **23** 47
Richterlicher Beschluss
– Beschlagnahmebeschluss § **14** 239
– Herausgabe § **14** 242
– Muster § **14** 238
Richterliches Ermessen § **19** 41
Richtiger Klagegegner § **26** 19
Richtlinie für den Verkehr mit dem Ausland in strafrechtlichen Angelegenheiten (RiVASt) § **9** 3
Risiko für Recht und Freiheit § **19** 77, 79
RiVASt § **9** 3
RL (EU) 2016/680 zum Datenschutz in Strafsachen § **27** 55
Rotecke § **17** 194
Routineermittlung § **23** 73
Routing § **1** 31; § **7** 9
Rückführung § **15** 127
Rückgabe § **13** 173, 177 f.; § **14** 247; § **15** 416
– Gegenstände § **13** 228
– übermittelte Unterlagen § **13** 140

– Weltraumfahrzeuge § **2** 172
– Weltraumgegenstände § **2** 172
Rückkehr von Gefangenen § **15** 99
– Europäische Ermittlungsanordnung § **15** 99

Sachaufklärung § **23** 141
Sachdienliche Angabe § **23** 136
Sachfahndung § **15** 309, 330; § **17** 181
Sachverständige § **13** 222, 225, 229 f., 232; § **15** 8, 72, 98, 171, 195; § **17** 285; § **23** 1, 7, 23, 30, 41, 124, 148
– nationale § **17** 56
Sachverständigengutachten § **14** 226
Sanktionen § **24** 71
– bei Verstößen § **19** 105
– einer Verletzung § **15** 219
Satellitengestütztes Navigationssystem § **2** 176
Säulenstruktur § **9** 24
– Europäische Beweisanordnung § **9** 25
– Kodifizierung § **9** 25
– Ordentliches Gesetzgebungsverfahren § **9** 25
– Umsetzungspflicht § **9** 25
Säumnis § **15** 93
– Ladung § **15** 93
Salvatorische Klausel § **20** 85
Schaden § **15** 394; § **28** 23
Schadensersatz § **11** 222; § **15** 394; § **24** 14; § **25** 8; § **27** 2; § **28** 1
– durch Naturalrestitution § **28** 20
– Haftung § **28** 6 ff.
Schadensersatzanspruch § **17** 171; § **28** 28
Schadensersatzleistung § **13** 237
Schadensersatzklage § **25** 6
Schadensersatzrecht des Amtsstaates § **28** 3
Schengen § **15** 659
Schengen-Acquis § **19** 43
Schengen-Besitzstand § **9** 18; § **12** 42
Schengener Durchführungsübereinkommen (SDÜ) § **3** 4; § **9** 19; § **14** 209; § **15** 363 f.; § **16** 1; § **19** 54, 118, 135; § **20** 16; § **21** 16; § **26** 9; § **27** 126; § **28** 13
Schengenraum § **3** 81; § **14** 6; § **15** 334, 364, 427, 431, 512; § **20** 16
– SDÜ § **3** 81
Schengen-Informationssystem (SIS) § **11** 129; § **14** 10; § **15** 258, 365; § **16** 27; § **17** 194; § **20** 16, 22; § **26** 6; § **27** 103
– Ausschreibung § **16** 28
– Infrastruktur § **16** 6
– unmittelbarer Zugang § **16** 69
– Zusatzinformation § **16** 5, 70
Schengen Informationssystem der zweiten Generation (SIS II) § **14** 204; § **15** 260, 312, 318; § **19** 42, 48, 90, 106, 127, 133, 147; § **24** 49; § **26** 6; § **27** 13 f., 21, 40, 67, 103; § **28** 17
Schengen-Visum § **14** 167; § **15** 26; § **16** 20
Schiedsspruch Islas de Palmas § **1** 12
– Souveränität § **1** 12

Sachverzeichnis

Schiffe § 21 15
Schleierfahndung § 3 44
– Grenzraum § 3 44
Schleuserkriminalität § 3 91; § 11 141;
  § 17 67
– Innerstaatliche Zuständigkeit § 11 143
Schleusung von Migranten § 9 86
Schlichtungsmechanismus § 21 3
Schnelle Kommunikationsmittel § 15 517, 534
Schnelle Übermittlungsmechanismen § 15 536
Schneller Datenaustausch § 10 33
– alternative Übermittlungsform § 12 115
– auf polizeilicher Ebene innerhalb der Europäischen Union § 14 11 f.
– Beweismittel § 14 12
– körperlich § 12 116
Schriftlich fixierte Frage § 22 8
Schriftliche Erklärung einer öffentlichen Behörde § 15 10
Schriftliche Transkription § 15 608, 617, 622, 625
– Weiterleitung § 15 607
Schuldfrage § 23 1, 3, 9, 114
Schuldvorwurf § 22 2
Schusswaffen (Feuerwaffen) § 8 44; § 9 66, 87; § 14 58
Schutzpflicht § 15 6
Schutzzweck § 24 56
Schwedische Initiative § 16 56
Schweigerecht § 15 213; § 24 44
Schwellenwerte § 13 44
– USA § 13 44
Schwere Kriminalität § 15 704, 715, 719, 725; § 17 12, 60, 66, 194; § 19 61, 139, 148, 155; § 20 39, 53; § 27 85; § 28 29
– grenzüberschreitend § 17 24
– organisiert § 17 24
– Zufallsfund § 15 725
Schwere Straftat § 15 274, 281, 708; § 16 12; § 17 151; § 20 32
– USA § 15 280
SDÜ § 3 39, 81; § 8 38; § 15 334
– Schengenraum § 3 81
Seerecht § 2 89
Selbstbelastungsverbot § 9 134; § 15 561
Selbstbindung § 23 136
Selbsthilferecht § 3 3
Selbstladerecht § 4 33
– des Angeklagten § 23 14
Selbstleseverfahren § 23 38
Selbstverteidigungsrecht
– völkerrechtliches
Self-executing Norm
Sexualstraftat § 23 22 f.
Sexuelle Ausbeutung § 15 470
Sicheres Geleit § 15 48
– Bedingung § 15 52
– Zuständigkeit § 15 48

Sicherer Kommunikationsweg § 12 121
Sicherheit § 13 193
– angemessene S ~ § 19 65
– nicht übermäßig § 19 65
– des Bundes § 27 37
– des Staates § 20 24
– eines Zeugen § 17 285
– oder das körperliche oder seelische Wohl der Opfer § 17 289
– personenbezogener Daten
Sicherheitsdurchsuchung § 15 359
Sicherheitskontrolle § 19 108
Sicherheitslücke § 7 11
– Computer § 7 11
– Überwindung erkennbarer Schutzmechanismen § 7 11
Sicherheitsmaßnahme § 15 560
Sicherheitsrat der Vereinten Nationen § 16 26
– Reiseverbot § 16 26
Sicherstellung § 13 157; § 15 412, 489 f., 503, 548, 551; § 16 16; § 26 34
– ähnliche ~ § 15 503, 533, 535
– Beweismittel
– Dauer § 15 486
– staatliche Verwahrstelle § 15 538
Sicherstellungsentscheidung § 15 463, 474 f.
– Form § 15 478
Sicherung von Verkehrsdaten § 15 541
– Herausgabepflicht § 15 542
SIENA § 16 52, 56; § 17 121
– Zugangsberechtigung § 16 57
Simultanübersetzung § 15 159
SIRENE § 14 32; § 15 323; § 16 1, 47, 51
Sklavenhandel § 2 111, 114, 116
Sklaverei § 9 57
SMS § 15 580
Sonderbotschafter § 2 5
Souveränität § 1 9, 10, 17, 20 ff.; § 7 1, 34; § 8 30; § 15 77, 99, 528; § 18 3, 6, 20, 22, 27; § 20 2; § 23 110, 140; § 24 18, 29, 34, 44; § 25 1; § 28 3
– des Sitzstaates § 15 587
– deutsches Recht § 7 2
– Eingriff § 1 3, 25
– Legende § 7 34
– unzulässiger Eingriff § 24 22
– Verletzung § 1 25; § 2 14
– V-Person § 7 34
– Verwertungsverbot § 1 23
– Zustimmung § 7 26
Souveränitätsregel § 24 53
Soziale Netzwerke § 7 12; § 15 580
– verdeckter Ermittler § 7 12
Speicherfrist § 19 80
Sperranspruch § 27 6, 91
Sperrerklärung § 23 58; § 24 62, 64; § 27 60
Sperrkennzeichnung § 16 10

Sachverzeichnis

Spezialeinheiten § 3 95; § 8 11
Spezialität § 9 157; § 18 5; § 20 3, 49; § 21 6; § 23 36, 110; § 24 10
– Disposition des Betroffenen § 20 2
– Genehmigung des Betroffenen § 20 7
– Schweiz § 20 10
– Zustimmung des betroffenen Staats § 20 7
Spezialitätsbindung § 18 10
Spezialitätsgrundsatz § 11 219; § 14 200
– Löschungsfrist § 14 200
– Prüffrist § 14 200
Spezialitätsvorbehalt § 24 14
Spionage § 1 16
Spontanübermittlung § 10 28
– Anzeige zum Zweck der Strafverfolgung § 10 11
– Falschgeldkriminalität § 10 46
– Geschäftsweg § 10 12
– Informationen § 21 22
– Informationsverbund der Europäischen Union § 10 5
– Pflichten zur Übermittlung § 10 4
– Rechtshilfegrundlage § 10 2
– Spezialvereinbarung § 10 42
– Übermittlungsnorm § 10 13
– übermitteln § 10 14
– übersetzen § 10 13
– Unionsrecht § 10 4
– Weiterübermittlung § 14 135
– Zuständigkeit § 10 3
Spontanübermittlungspflicht § 10 39
Spoofing § 7 9
Sportveranstaltung § 9 64
Sprache § 14 34; § 23 74
– Übermittlungspflicht § 14 35
Sprechfunk § 7 10
Sprengstoff § 14 58; § 15 343
– Markierung § 2 154
Spurensicherung § 15 295
Staatenimmunität § 2 1, 13, 67; § 28 3
Staatliche Fernwirkung § 1 11
Staatsangehörigkeit § 11 105
Staatsanwalt § 15 104, 317, 347; § 17 16; § 23 47, 57
– beigeordneter ~ (AUSA) § 13 78
Staatsanwaltschaft § 11 34, 36; § 12 16, 71 f., 79, 85, 107, 215; § 13 156; § 14 19, 24; § 15 8, 18, 49, 324; § 16 40; § 17 2, 230; § 23 14, 20, 36; § 26 3, 6, 15 f., 34
Staatsanwaltschaftliches Verfahrensregister § 27 92
Staatsluftfahrzeug § 2 149
Staatsoberhaupt § 1 11; § 2 3
Steuerdaten § 9 157
Steuergeheimnis § 9 157
Steuern § 9 39
Steueroasen § 9 76, 157
Steuerstrafabkommen § 13 236; § 19 61

Steuerstrafsachen § 9 76; § 11 83; § 13 87; § 15 678, 680; § 19 61, 99, 107, 121, 137, 153, 155; § 20 54; § 21 5; § 27 30, 86, 129; § 28 29
Steuerstrafverfahren § 14 111
Steuerverwaltung § 14 214
Stille SMS § 1 27
– Bewilligung oder Beendigung § 7 21
– vorläufig fortsetzen § 7 21
Straf- und zivilrechtliche Haftung § 26 28
Strafantrag § 10 8 f.
Strafanzeige § 10 7
Strafbarkeit
– beid(er)seitige ~ § 9 44; § 11 53; § 15 428, 470, 522, 600, 640; § 26 31
  – Europäische Ermittlungsanordnung § 11 83
  – Schengenraum § 15 427, 431
  – Steuerstraftat § 11 82
– doppelte ~ § 15 522
– fehlende ~ § 13 13
Straffrage § 23 3
Strafrechtliche Angelegenheit § 11 29 f.
– Ordnungswidrigkeit § 11 29
Strafrechtliches Bezugsverfahren § 9 165; § 26 1
– Beweisaufnahme im Ausland § 26 13
– gegen Ermittlungsverfahren § 26 2
– gegen richterliche Beschlüsse § 26 3
– Rechtsschutz § 26 2; § 26 9
Strafregister § 10 22; § 14 106; § 27 80
Strafregisterauskunft § 14 118
Strafregisterauszug § 12 50; § 18 10; § 20 21
– im Zusammenhang mit Computersystemen § 15 502
– politische § 11 61
Strafverfolgungsbehörde § 14 22
– zuständige § 14 22
Strafverlangen § 10 8
– Verfolgungsübernahmeersuchen § 10 6
Strafvollstreckung § 11 25
Straßenverkehr § 10 18
– Ahndung von Zuwiderhandlungen im ~ § 9 63
– USA § 10 19
Straßenverkehrsregister
– Schweiz § 14 194
Strategische Analyse § 17 138, 150
Strengbeweis § 15 8, 98, 225; § 23 1, 5 ff., 9, 25, 29; § 24 3
Strenge Verwendungsbeschränkung § 9 157
Subjektive Rechte § 9 122
– Beschuldigter § 9 122
Subpoena § 15 18, 188, 415
Subsidiärer Schutz § 15 264
Subsidiarität § 15 275
Subversive Tätigkeit § 1 16
Suchtstoff § 2 100; § 9 60, 84; § 12 121; § 13 68; § 14 217
– Hohe See § 2 128
Suggestivfrage § 15 206
SWIFT § 15 699

705

Sachverzeichnis

Tatbegriff § 20 6
Tatbestandserfüllung § 13 18
Tatgefährder § 17 126
Tatmittel § 13 159; § 17 127
Tatprodukt § 13 159
Tatprovokation § 24 54
Tatsächliche Gründe § 23 109
Tatrichter § 22 2; § 23 3, 85, 123, 138; § 24 61
Tatverdächtiger § 16 55; § 17 126
Tatwerkzeug § 15 676
Technische Mittel § 1 25; § 3 118
Teilgeständnis § 23 69
Teilnahme § 15 203
– an Befragung § 15 6709
– an Steuerprüfung § 15 679
– Bedingungen § 6 5
– Benachrichtigung
– begründen § 12 145
– deutscher Ermittlungsorgane § 6 1; § 15 355
– Genehmigung § 13 108, 122
– innerdeutsche Genehmigung § 13 108
– innerstaatliches Recht § 6 4
– Rechte betroffener § 6 5
– Strafvorschrift § 12 144
– Verfahrensvorschrift § 12 147
Teilnahme an Beweisaufnahme
– keine Verpflichtung § 22 4
Teilnahme an Ermittlungsmaßnahmen
– vertragslose Rechtshilfe § 13 83
Teilnahme an kommissarischer Vernehmung § 23 10
Teilnahme an Rechtshilfehandlung § 13 81
– Antrag § 13 93
– Aushändigung von Beweisgegenständen § 13 88
– Beschlagnahme § 13 88
– Durchsuchung § 13 88
– freies Geleit § 2 103; § 13 96
– Gegenseitigkeit § 13 94
– Zustimmung § 13 92, 95
Teilnahme im Ausland
– ausländische diplomatische Vertretung in Deutschland § 12 97
– Gegenseitigkeitszusage § 12 96
Teilnahmerecht § 13 87; § 15 182, 195
– Vernehmung § 13 87
Teilnehmender Richter § 23 4
Teilrechtskraft § 24 15
Telefax § 12 117 ff.; § 15 517, 534, 581
Telefonat § 23 136
Telefonkonferenz § 13 36; § 15 20; § 23 1
– Ersuchen § 15 175
– Europäische Ermittlungsanordnung § 13 36; § 15 168
– Kosten § 15 179
– Sachverständiger § 15 175
– Strengbeweis § 15 167

– Verhinderungsgründe § 15 172
– Zustimmung § 15 174
Telefonnummer § 15 508
Telekommunikation § 7 13; § 9 43; § 13 36, 194, 231; § 15 365, 492, 570, 572, 577 ff.
– Auslandskopfüberwachung § 1 27
– deutsches Recht § 7 2
– Formen § 15 579
– grenzüberschreitende § 7 1
– grundrechtliche Dimension § 15 582
– Eingriffsgrundlage § 7 3
– Erheben von retrospektiven Daten
– logischer Kommunikationsvorgang § 15 581
– Öffentlichkeit § 15 579
– organisatorisch-regulierungsspezifische Dimension § 15 582
– Schutz § 9 134
– strafverfahrensrechtliche (polizeirechtliche) Perspektive § 15 582
– technische ~ § 15 581
– transnationale § 1 2, 22
Telekommunikationsbereich § 15 571
Telekommunikationsnetz § 17 3; § 20 46
Telekommunikationsprovider § 15 508
Telekommunikationssatellit § 2 175
Telekommunikationsüberwachung (TKÜ) § 11 17, 95, 233; § 13 226; § 14 116; § 15 575, 609; § 18 3; § 19 150; § 20 12; § 24 48; § 27 44
– Auslandskopfüberwachung § 7 17
– Bestätigung der Nichtexistenz § 14 113
– Bodenstation § 7 16 f.
– Europäische Union § 7 15
– Kontaktstelle § 7 19
– Überwachungsanordnung § 7 18 f
– unmittelbare (Fern-)Zugangsmöglichkeit § 7 16
Telemedien § 15 508
– Schutz § 9 134
Telemedienanbieter § 15 609
Telemedienbereich § 15 571
Terminbenachrichtigung § 13 103; § 23 52
Territoriale Integrität § 1 3
Territorialprinzip § 15 99
Terrorismus § 2 131; § 9 40, 70, 75, 81; § 10 46, 52; § 11 62, 74, 107, 129; § 14 5, 52 ff.; § 15 470 f., 699, 703 f.; § 17 15, 32, 60, 173, 194; § 19 61, 148; § 20 9, 20, 89; § 24 42; § 27 78, 87
– Israel § 9 71
– Türkei § 8 45; § 9 72
Terrorismusbekämpfung § 8 33
– deutsche Nachbarstaaten § 8 34
– im Einzelfall § 8 33
– zur Abwehr von Gefahren für die öffentliche Sicherheit oder Ordnung § 8 35
Terrorismusfinanzierung § 17 105
Terrorismusverdacht § 17 181

Sachverzeichnis

Terroristische
– Bedrohung § 15 701
– Daten § 9 154
– Handlung § 14 52; § 15 662
– Kriminalität § 11 141
– Vereinigung § 14 60
– Vorfeldstraftat § 14 63
Terroristische Straftat § 8 41; § 9 52 ff.;
 § 11 65; § 14 54; § 15 708, 725; § 17 159;
 § 20 86
– Begriff der ~ § 14 56
Tiere § 14 215
– Landwirtschaftsfond für die Entwicklung des ländlichen Raums (ELER) § 14 215
– Tierverbringungssystem TRACES § 14 215
Todesstrafe § 22 9
– drohende § 11 107
Tokioter Abkommen § 2 157
– Festnahme § 2 157
Transitdurchfahrt § 2 105
Transitzone § 14 167
Transnationales Beweisrecht § 24 20
– Kooperationsverhältnis § 9 117
Treffer/Kein-Treffer-Verfahren § 17 153
Traumatisierung § 23 22
Treu und Glauben § 19 65; § 27 59
Treuhandverwaltung § 15 632

Übergabe § 13 175; § 15 249
– an der Grenze § 13 175
– Aufschub § 13 159
– von Gegenständen § 8 20
– von Personen § 2 143; § 8 20
Überlassung zu Informationszwecken § 23 91
Übermittlung § 2 162; § 14 150, 247; § 17 21, 146, 285; § 19 136; § 20 3
– Ausland § 20 65
– besonders sensible personenbezogene Daten § 17 277
– direkt über das Internet § 13 195
– Eilfall § 12 217 f.
– elektronische ~ § 14 150
– E-Mail § 12 218
– der Ergebnisse § 13 51, 132
– der Erkenntnisse § 15 372
– Europäische Ermittlungsanordnung § 15 456
– Gefährdung § 14 41
– Interpol § 12 218
– Muster § 12 216
– personenbezogener Daten § 3 88
– private Partei § 17 109
– Post § 12 217
– Telefax § 12 218
– traditionelle ~ § 12 217
– Verbunddatei § 12 220
– Verweigerung § 14 38, 40 f.
– von Ergebnissen § 13 71

– von Gegenständen § 13 157
– von übermittelten Informationen § 13 71
Übermittlungspflicht § 14 35; § 17 103
– Sprache § 14 34
Übermittlungsregelung § 14 75
Übermittlungssperre § 14 164
Übermittlungsstelle § 14 88
– Ersuchen § 14 86
Übermittlungsvorgang § 19 83 ff.
Übersandte Unterlagen § 13 165
– Authentizität § 13 165
Übersendung aus Akten § 14 102
Übersendungsschreiben § 23 63
Übersetzer § 12 191; § 15 617; § 23 41
Übersetzung § 11 87; § 12 196 f., 229, 232; § 15 71, 477; § 17 203
– Dolmetscher § 12 191
– Durchführung § 12 189
– in der Hauptverhandlung § 23 41
– mehrsprachige Vordrucke § 12 190
Übersetzungspflicht § 4 25; § 12 174
Übersetzungsverzicht § 12 186
Überstellung § 13 230 ff.; § 23 79
– ins Inland § 15 98
 – eines Deutschen § 15 106
 – Voraussetzung § 15 100
 – Zustimmung des Betroffenen § 15 107, 9
– Kosten § 13 229; § 15 252
– zu Beweiszwecken § 23 79
Überstellung zur Beweisaufnahme im Ausland § 15 232
Überstellungsverfahren § 15 99; § 16 9
Überwachung § 15 653
– Konten § 15 365, 629
– Kontenbewegungen § 11 233
– laufende § 15 629, 671
– Telekommunikation § 1 20; § 15 568
Umgehung rechtsstaatlicher Anforderungen § 24 38
Umtausch- oder Depotzwang von Guthaben § 23 80
Umweltdelikte § 9 62
Umweltschutz § 14 216
Umwidmung § 17 180
UN
– Bedienstete § 2 17
– Delegation § 2 17
– Einsätze § 2 62
– Experten bzw. Sachverständige § 2 17
– Liegenschaften § 2 63 f., 67
– Militärbeobachter § 2 65
– Mitglieder des UN-Sekretariats § 2 65
– Zivilkräfte § 2 65
– Zivilpolizisten § 2 65
UN-Anti-Folterkommission § 24 42
UN-Bedienstete § 17 294
UN-Menschenrechtsrat § 24 42
UN-Seerechtsübereinkommen § 2 89

Sachverzeichnis

UN-Sicherheitsrat Sanktionen § **17** 199
Unabhängige Kontrollstelle § **19** 122
Unabhängigkeit
– der Richter § **19** 38
– Verhörperson § **23** 47
Unerreichbarkeit § **22** 9; § **23** 73, 106, 109, 126 f.; § **24** 63; § **26** 13
– Bestimmte und endgültige Weigerung § **23** 76
– definitive Weigerung § **23** 78, 148
– tatsächliche § **23** 137
– unklares Verhalten § **23** 78
Unionsbürger § **16** 25
United Nations Office on Drugs and Crime (UNODC) § **14** 223
Universelles Menschenrecht auf Privatheit § **18** 25
Unmenschliche oder entwürdigende Behandlung § **24** 41
Unmittelbare Kommunikation § **15** 515
– Anfragen § **4** 6
– Ermittlung einer Kontaktmöglichkeit § **4** 7
– Fragebögen § **4** 8
Unmittelbarer Übermittlungsweg § **14** 159
Unmittelbare Beweiserhebung § **15** 6
– mildere Form § **15** 6
Unmittelbarkeit § **23** 146
Unmöglichkeit § **9** 141; § **11** 92 f.; § **15** 530
– der Rechtshilfe § **9** 141
– rechtlich zulässig § **11** 94
– tatsächliche Gründe § **11** 93
Unschuldsvermutung § **9** 134; § **17** 247
Untätigkeitsklage § **25** 6
Unterlagen § **13** 142; § **14** 108; § **17** 249, 285
– elektronische ~ § **13** 156
– formlose Überlassung § **24** 12
– Herausgabe (Europäische Ermittlungsanordnung) § **14** 229
– übermittelte ~ § **13** 140
  – Rückgabe § **13** 140
– Vorlage von ~ § **15** 220
Unterrichten der Erlassbehörde § **26** 42
Unterrichtung von der Ladung § **15** 15
Unterschriften § **23** 63
Untersuchung, körperliche § **15** 98, 285 ff.; § **26** 3
Untersuchungsanordnung § **15** 286
Unverletzlichkeit aller Papiere und Dokumente § **17** 293
Unverwertbarkeit § **21** 9
– im Ausland gewonnene Beweise § **24** 16
Unverzügliche Unterrichtung § **20** 88
Unzulässige neue Beweiserhebung § **23** 109
Urkunde § **23** 1, 106
Urkundsbeweis § **23** 11
Urlaub § **23** 88
Urteil § **22** 8
– Gründe § **24** 6, 8

USA § **13** 44, 63, 164; § **19** 59, 107, 120; § **20** 50, 61 f., 89; § **27** 31 f., 48
– Ausnahmetatbestand § **27** 48
– DNA- und daktyloskopische Daten § **9** 154; § **19** 97
– niedrigste Dringlichkeitsstufe § **13** 63
– Schwellenwerte § **13** 44
– weniger dringlich § **13** 63
US-Streitkräfte
– Beurlaubte Truppenangehörige § **2** 35
– Familienangehörige § **2** 35

V-Leute § **15** 374; § **24** 62
Verbindungsbeamte § **3** 80; § **8** 2; § **11** 191; § **12** 107; § **13** 190; § **14** 32; § **16** 53; § **17** 57
– an den deutschen Auslandsvertretungen § **3** 90
– Europol § **17** 49
– Befugnisse § **3** 88
– Bundespolizei § **3** 91
Verbindungsdaten § **15** 508
Verbindungsrichter § **17** 1
Verbindungsstaatsanwalt § **17** 1
Verbindungsstelle § **17** 32
Verbot mit dem Vorbehalt der Erlaubnis § **19** 69
Verbot von Folter § **9** 134
Verbrauchssteuer § **16** 65
Verbrechen gegen die Menschlichkeit § **9** 29; § **10** 41; § **12** 42; § **15** 523; § **17** 45
Verbunddatei § **10** 32; § **12** 220; § **16** 53; § **27** 10
Verbunddateisystem § **12** 44; § **14** 164, 190; § **16** 1; § **28** 16
– Auskunft § **14** 5
Verbundinformationssystem § **12** 117
Verbundsystem § **19** 83
Verdächtige § **17** 120, 183, 195
Verdeckte Ermittler § **7** 12; § **15** 376; § **18** 3, 9
– ausländische in Deutschland § **15** 393
– Durchführung § **3** 115
– Einsatz sogar ohne vorheriges Ersuchen § **3** 114
– Einsatz zu präventiven Zwecken § **3** 108
– erforderliche Maßnahme § **3** 117
– Ersuchen § **3** 109
– Gefahr der Enttarnung § **3** 114
– Geschäftsweg § **3** 113
– Identität des ~ § **3** 120
– in sozialen Netzwerken § **7** 12
– Legende § **15** 377, 380
– Leitung § **3** 117
– Straftaten von erheblicher Bedeutung § **3** 107
– Unterrichtung § **3** 116
Verdeckte Ermittlungen
– Beendigung § **3** 118
– grenzüberschreitend
Verdeckte Ermittlungsmaßnahmen § **1** 8; § **26** 5
Verdeckte (Kontrollstellen-)Fahndung § **15** 329
Verdeckte Informationserhebung § **1** 27

Sachverzeichnis

Verdeckte Kontrolle § 16 12, 14, 70
Verdeckte Telekommunikationsdatenerhebung § 26 5
Verdeckte Überwachungsmaßnahmen § 11 233
Vereidigung § 15 195, 221 f.; § 23 103
– des Beschuldigten § 15 222
– Durchführbarkeit § 23 89
– erneute kommissarische Vernehmung § 23 89
– Feststellung § 23 89
Vereidigungspflicht § 15 219
Verfahren gegen juristische Personen § 11 21, 25
Verfahrensbeteiligte § 12 148; § 13 83, 98, 100; § 22 5; § 23 22
Verfahrensfairness § 9 113; § 23 36; § 24 17
Verfahrensgarantie § 14 64; § 15 529; § 17 247, 249
Verfahrenshindernis § 21 9; § 23 5; § 24 13
Verfahrensrecht § 9 100, 119; § 24 33, 35; § 25 11
– erhebliche Abweichungen § 24 67
Verfahrensübernahme § 10 10
Verfallsmaßnahme § 9 46
Verfassungsbeschwerde § 25 10
Verfassungsprinzipien § 11 115
Verfassungsrechtliche Grundsätze § 20 65
Verhältnismäßigkeitsgebot § 15 103
Verhältnismäßigkeitsgrundsatz § 15 561; § 23 131
Verhinderung von Straftaten § 11 128; § 19 29
Verhörperson § 22 5
Verkehrsdaten § 15 503, 508, 522, 541; § 20 46
– in Echtzeit § 15 600
Verkehrsregisterauskunft § 14 193
Verlesung § 23 28
– der Niederschrift der Aussage § 23 11
– der Niederschrift einer Vernehmung § 22 11
– Gerichtsbeschluss § 23 30
– sonstiger Niederschriften § 22 3
Verlesung von Niederschriften § 22 10; § 23 24, 25, 90
– Abwägung § 23 101
– Mängel § 23 93
– Protokollierung von richterlichen Vernehmungen § 23 93
– tauglicher Gegenstand § 23 91
– Verlesungsgrund § 23 95
– Verlesungshindernis § 23 94
– zeitliche Komponente § 23 101
Verletzter § 15 30
Vermisste Personen § 16 18; § 17 195
– Ingewahrsamnahme § 16 18
Vermögensschaden § 23 96
Vernehmung § 2 49; § 13 87, 144; § 15 6, 8; § 17 286; § 23 1, 117
– alternative § 15 183
– audio-visuell transnational übertragen § 24 73
– audio-visuelle Aufzeichnung § 15 231; § 23 140, 142
– Authentizität § 15 185

– Common Law § 15 188
– der ausländischen Vernehmperson § 23 10
– durch die ersuchte Stelle § 15 172
– eigene Frage § 15 218
– ergänzende ~ § 22 5
– exterritoriale ~ § 2 8
– fehlerhafte ~ § 24 50
– frühere § 23 123
– kommissarische ~ § 9 19; § 22 8; § 23 3, 8, 10, 24, 52, 58, 117, 122, 139, 142 f., 152
– nicht richterliche ~
– nochmalige ~ § 23 121
– Ordnungsgewalt § 15 207
– örtlich zuständige Behörden des Zielstaates § 3 54
– persönliche ~ § 22 3; § 23 66
  – Aufklärungspflicht § 23 32
  – Beweisperson § 22 5
– Protokollführer § 15 209
– richterliche ~ § 22 3; § 26 14
– Schweiz § 15 224
– Teilnahmerecht § 13 87
– Unverfälschtheit § 15 185
– Urkundsbeamter § 15 209
– „Vernehmungshoheit" § 15 216
– Vernehmungsleitung § 15 208
– zur Sache § 15 214
Vernehmung der Verhörperson § 22 10; § 23 37
Vernehmung per Videokonferenz
– Aussageverweigerungsrecht § 15 161
Vernehmung mittels transnationaler Videosimultanübertragung § 21 152
Vernehmung von Zeugen und Sachverständigen § 23 14
Vernehmungsfähigkeit § 23 102
Vernehmungsunfähigkeit § 21 147
Vernehmungsprotokoll § 23 21
– Verlesung § 24 61
Verpflichtung zur Rechtshilfe § 26 11
Versagung der Aussagegenehmigung § 23 81
Verschlüsselung § 15 551; § 19 97
Verschwiegenheitspflicht § 13 190; § 23 16
– Europol § 13 190
Verstorbener § 17 183 f.
Verstoß gegen Belehrungspflichten § 23 66
Verteidiger § 15 213; § 23 20, 52, 57, 97, 100, 139; § 26 3
Verteidigung § 9 113, 119; § 14 84; § 15 203, 206, 210; § 17 15; § 22 7 f.
– angemessene Vorbereitungszeit § 23 52
– effektive ~ § 9 113
– Selbstladerecht § 4 33
Verteidigungsrechte § 26 44
Vertrag von Lissabon § 9 24
Vertraglose Rechtshilfe § 9 11; § 11 44, 88; § 15 496; § 23 109
– Selbstbindung § 9 3
– Zulässigkeit § 11 44

709

Sachverzeichnis

Vertragsfreie Rechtshilfe § 9 143; § 13 71, 238
– konforme Auslegung § 9 147
Vertragsloser Rechtshilfeverkehr § 12 38; § 15 137
Vertrauliche Behandlung § 12 150
Vertrauliche Informanten § 17 130
Vertraulicher Inhalt § 21 18
Vertraulichkeit § 9 152; § 13 22; § 15 514, 539, 623; § 17 172, 176, 218, 225, 286; § 18 10; § 20 1; § 21 1, 10, 30; § 23 36, 110; § 24 10
– Datenschutz § 9 133
– informationstechnischer Systeme § 24 47
– Schutz § 9 134
Vertraulichkeitsgrade § 21 30
Vertraulichkeitsschutzgründe § 13 27
Vertraulichkeitszusage § 15 193
Verurteilte § 17 120, 126, 132, 183, 195, 205
Verwahrung § 13 173, 176
Verwahrungskette § 15 561
Verwaltungsrechtliche Informationssysteme § 14 211
Verwaltungsverfahren § 26 32
– eingehende Rechtshilfe § 26 32
Verweigerung der Informationsweitergabe § 9 123
– internationale Grundrechtsverbürgung § 9 124
– internationale Organisationen § 9 124
Verweigerungsgründe § 24 9
Verweigerungsrecht § 23 15
Verweisdaten § 17 188
Verwendung von übermittelten Informationen § 13 71
– Bedingung § 13 71
Verwendungs- und Verarbeitungsregeln § 9 152
Verwendungsregelung § 14 75
Verwertbarkeit von Erkenntnissen § 15 395
Verwertbarkeit
– Anwendbares Recht § 15 184
– Authentizität § 15 185
– Unverfälschtheit § 15 185
Verwertungsverbot § 8 30; § 15 213; § 22 9; § 23 5; § 24 13, 30
Videoaufnahme § 23 27
Videoaufzeichnung § 15 469
– Anhörung § 15 143
– Niederschrift § 15 164
– Protokollierung § 15 164
– Sachverständiger § 15 146
– Zeuge § 15 146
Videosimultanübertragung § 13 199; § 15 20, 132; § 23 139
– Aussageverweigerungsrecht § 15 161
– Vertragsloser Rechtshilfeverkehr § 15 137
Videosimultanvernehmung § 23 146
Videoübertragung § 23 1, 117; § 24 19

Videovernehmung § 13 223; § 15 139; § 22 3; § 23 69, 122, 152
– Anhörung § 15 143
– Anwesenheit § 15 156
– Dolmetscher § 15 140
– Durchführung § 15 152
– für andere Zwecke § 15 146
– Leitung § 15 157
– Sachverständiger § 15 140, 146
– Sanktionsmittel bei Nichterscheinen § 15 153
– Schutz des Betroffenen § 15 154
– Staatsanwaltschaft § 15 140
– transnationale § 23 17
– Verhandlungsleitung § 15 157
– Vernehmung von Zeugen § 15 139
– Videoaufzeichnung § 15 144
– Zeuge § 15 146
– Zustimmung § 15 148
VIS § 13 197; § 14 164 ff.; § 16 20; § 19 105, 116, 127, 133; § 20 32, 68; § 27 25, 41, 79, 120
VIS-VO § 28 18
Visa-Informationssystem § 15 258, 261
Visakodex § 16 20
Visum § 15 25; § 16 42
– Aufenthaltstitel § 15 25
– Schengen-Visum § 15 26
Visumsbeantragung § 14 173
Visumsmarke § 14 173, 175
Visumspflicht § 15 80
– Aufenthaltsverbot § 15 80
Voice over IP § 15 580
Völkergewohnheitsrecht § 1 10; § 2 1, 67; § 3 3; § 7 7; § 22 6
Völkergewohnheitsrechtlicher Wiedergutmachungsanspruch § 28 2
Völkermord § 9 29; § 10 41; § 12 24, 42; § 15 523; § 17 45
Völkerrecht § 9 97; § 18 20
– Allgemeine Grundsätze § 18 3
– Androhung oder Anwendung von Gewalt § 1 15
– Beweisverwertungsverbot § 18 19
– Erlaubnisnorm § 1 25
– Gewaltverbot § 1 15
– Straftat § 9 29; § 11 60; § 14 5
– Subjekt § 9 1
– territoriale Unversehrtheit § 1 15
– wesentliche Grundprinzipien § 1 14
Völkerrechtliche Rücksichtnahme § 9 117
Völkerrechtliche Sanktion § 16 26
Völkerrechtliche Verpflichtungserklärung § 11 4
Völkerrechtlicher Schutz § 1 24
Vollharmonisierung (EU) § 27 2
Vollstreckung § 15 460
– Europäische Ermittlungsanordnung § 15 460
Vollstreckungsbehörde § 13 3, 13, 90; § 15 479
Vollstreckungserinnerung § 26 4
Vollstreckungshilfe § 11 18

Sachverzeichnis

Vollstreckungsstaat § 26 41
Vollstreckungsverfahren
– Außervollzugsetzung § 15 57 f.
Vollzug der Haft § 15 126
Vorabentscheidungsverfahren (EuGH) § 25 5
Vorbehalte und Erklärungen § 18 9
Vorbereitende Maßnahme § 13 77
Vorbericht § 12 92
Vorbeugende Verbrechensbekämpfung § 17 62
Voreid § 15 222; § 23 59; § 24 44, 70
Vorfeldstraftat § 14 63
– terroristische Vereinigung § 14 60
Vorführung zu vernehmender Personen § 15 199
Vorladung § 2 84
Vorlagepflicht § 15 414
Vorläufige Beweiswürdigung § 23 115
Vorläufige Maßnahme § 15 458
Vorläufige Sicherung § 15 503, 522
Vorläufige Sicherungsmaßnahme § 15 627
Vornahmebehörde § 12 31
Vornahmestaat § 26 9
Vorrang § 11 51
– der Grundrechtsverbürgung § 9 139
Vorrangige Gerichtsbarkeit
– Flaggenstaat § 2 94
Vorratsdaten § 15 702
Vorratsdatenspeicherung § 15 538
– Fluggastdaten § 2 163
Vorschuss § 15 90
– Reisekosten § 15 85
V-Person § 7 34; § 15 378; § 23 93
– Legende § 7 34
– Souveränität § 7 35

Waffen § 3 19; § 15 336, 343, 470
– atomare § 14 58
– biologische § 14 58
– chemische § 14 58
Waffenbehörde § 14 205
Waffenerwerb § 14 207, 209
Waffengleichheit § 13 83; § 23 36
Waffenhandel § 14 207
Waffenregister § 14 206
– Sport- und Jagd~ § 14 34
Wahrheitspflicht § 15 219
Wahrnehmung von Mitgliedern des Gerichts außerhalb der Hauptverhandlung § 23 6
Wahrunterstellung § 23 13, 111; § 24 4, 6
Ware § 16 63
Warenverkehr § 16 65
Wasserfahrzeug § 14 58
Webangebot § 15 508
Webseite § 23 112
Websoftware § 12 127
Weiterübermittlung § 14 135; § 15 279; § 19 90; § 20 67 f.
– im ersuchten Staat § 13 213
– nicht-öffentliche Stelle § 20 72

Weiterverarbeitende Stelle § 17 189; § 28 27
Weiterverarbeitung § 14 188; § 17 219; § 19 137
Weiterverwendung § 14 50
Weltpostvertrag § 2 180
Weltraum § 2 169 ff.
– Besatzung § 2 171
– Durchflug § 2 170
– Völkergewohnheitsrecht § 2 169
Weltraumfahrzeug § 2 171
Weltraumfreiheit § 2 177
Weltraumgegenstand § 2 171
– Bergung § 2 173
– frei zugänglich § 2 172
– Register § 2 171
– Registrierstaat § 2 171, 173
– Telekommunikationssatellit § 2 175
Weltraummüll § 2 178
Weltraumtouristen § 2 171
Wesentliche Eingriffe in das Privatleben § 24 54
Wesentliche Förmlichkeiten § 23 48
– Einhaltung der Vorschriften deutschen Rechts § 23 49
– Recht des Vernehmungsortes § 23 50
Wesentliche Verfahrensgrundsätze § 24 43
Widerspruch § 23 54, 62; § 24 56
Widerspruchslösung § 24 55
Widerstandsrecht § 11 62
Wiederaufnahme (des Verfahrens) § 24 15
Wiederholungsantrag § 23 123
Wiederholungsgefahr § 26 7
Wikipedia § 23 112
Willkürverbot § 9 151
Wirksame Datenschutzkontrolle § 19 120
Wirksamer Rechtsschutz § 9 133
Wirkstoff § 9 60
Wirtschaftlicher Nutzungsberechtigter § 15 632
Wohnraumüberwachung § 9 43; § 11 95; § 24 48; § 26 5
Wohnsitz im Ausland § 23 128
WWW-Seite § 7 9

Zahlungsverkehrsdaten § 15 698; § 27 90, 127
Zeitweise Überstellung § 12 50; § 13 225
Zentrale Behörde § 12 52; 121; § 14 106; § 15 515; § 17 3
– Ersuchen zu anderen Zwecken § 14 144
– unmittelbar § 13 134
– Weg der Übermittlung § 13 133
Zentrale Meldestelle für Geldwäsche-Verdachtsanzeigen (FIU.NET) § 17 44
Zentrale Registerbehörde § 14 197
Zentrale Zugangsstelle § 14 186
Zentralstellen § 11 41; § 12 41, 43, 51; § 14 134
– Spontanübermittlung § 14 136
Zentralsystem § 14 212; § 19 134
Zeuge § 15 8, 72, 98, 171, 195, 238; § 16 11; § 17 120, 131, 162, 183 f., 195, 285, 289; § 22

Sachverzeichnis

8 f.; § 23 1, 7, 13, 20, 30, 59, 73, 100, 124, 134, 143, 148; § 24 62, 71
– Ausfindigmachen § 22 4
– durch ausländischen Staat gesperrt § 23 15
– Eindruck bei Vernehmung § 23 9
– Erreichbarkeit § 23 134
– Falschaussage § 24 71
– Identität § 24 62
– im Ausland § 13 184
   – Pflicht zum Erscheinen § 13 184
– kindliche § 23 22
– organisierte Kriminalität § 15 130
– Sachbericht § 23 60
– Vernehmung § 15 139
– vom Hörensagen § 24 61
Zeugenaussage personenbezogener Daten § 20 14
Zeugenausschreibung
– im SIS § 15 327
Zeugenbeistand § 15 202
Zeugenschutz § 15 185; § 17 130; § 23 21
Zeugnisverweigerungsrecht § 13 185; § 15 213; § 23 34, 98, 108, 124, 136; § 24 37
– Belehrung § 23 34
– Europaabgeordneter § 13 189
– Immunität § 2 5; § 13 185
Zielperson § 17 132
ZIS (EU-Zollinformationssystem) § 14 10, 204; § 15 312; § 16 59; § 19 46, 49, 94, 106, 127, 158; § 20 16, 28; § 27 23, 68, 124
ZKA § 15 720; § 19 158
Zoll § 3 83, 100; § 9 38; § 10 35, 42; § 11 38, 162; § 14 18, 32; § 15 397, 666; § 16 13, 39, 55; § 17 260; § 19 49; § 20 28
– gemeinsame Zentren § 3 84
Zollamtliche Schleierfahndung § 3 45
Zollbehörde § 16 66
Zollfahndung § 16 64
Zollkontrolle § 2 183 f.
– Post § 2 183
Zollpfandrecht § 13 172
Zufallsfund § 18 17; § 20 39, 52
Zugangsberechtigung § 16 57
– SIENA § 16 56
Zugriffsrecht § 17 175
Zukünftige Telekommunikation § 15 591
– Europäische Ermittlungsanordnung § 15 593 ff.

Zusage der Gegenseitigkeit § 12 116
Zusammenfassende Bekanntgabe § 23 38
Zusatzprotokoll CKÜ § 15 500
Zuständige Behörde § 12 132; § 13 3; § 20 87
– Anschreiben § 12 131
Zuständigkeit § 13 107; § 15 50
– sicheres Geleit § 15 50
Zuständigkeitskonflikt § 17 34
Zuständigkeitsvereinbarung § 12 13, 66, 78, 88
– Bund § 12 19
Zustellung § 2 7, 84; § 15 13
– Immunität § 2 5
– Nachweis der ~ § 15 88
– Rechtshilfe § 15 13
Zustellungsnachweis § 15 87
– persönliches Erscheinen § 15 90
Zustimmung § 14 36; § 20 44, 47, 77; § 21 32; § 22 5
– allseitige § 22 5
– des Betroffenen § 15 239
– des betroffenen Staates § 24 26
– Rechtshilfe § 7 35
Zustimmungsvorbehalt § 18 2, 5
– allgemeiner ~ § 24 11
– automatischer ~ § 24 11
– Grundsatz § 24 11
Zuverlässigkeit des Betriebs § 19 102
Zwangsmaßnahme § 14 27; § 15 75; § 26 9
– Ladungsfrist § 15 74
Zwangsmittel § 15 219
– Androhung § 15 77
– Festsetzung § 15 77
– Ladung § 15 77
Zweckänderung § 20 41, 47, 65
Zweckbindung § 9 152, 157; § 17 180, 268; § 19 75; § 20 1, 14, 65; § 24 10
– Zentralstelle § 14 134
Zweckbindungsgrundsatz § 19 67; § 20 46
Zweifelssatz § 24 66
Zwingende Rechtsgrundsätze § 23 110

1. Internationaler Kriminalpolizeikongress § 17 173
24/7-Netzwerk § 15 518, 527, 536, 614
– Bestands- und Verkehrsdaten § 7 23
– Notfall § 7 23
– USA § 7 23